翻訳
図書目録
2014-2016

I

総記
人文
社会

日外アソシエーツ

Catalog of Books Translated into Japanese from Foreign Languages

2014-2016

I: General Works, Humanities & Social Sciences

Compiled by
Nichigai Associates, Inc.

本書はディジタルデータでご利用いただくことができます。詳細はお問い合わせください。

●編集担当● 高橋 朝子

2014-2016版の刊行に際して

小社では、翻訳文献を調査・探索するツールの一環として「翻訳図書目録シリーズ」を企画し、1984年末より刊行を続けている。それらを収録期間の年代順に列挙すると次のようになる。

「翻訳図書目録 明治・大正・昭和戦前期」(2006.12 ～ 2007.1刊)

「翻訳図書目録 45/76」(1991.3刊)
「翻訳図書目録 77/84」(1984.11 ～ 12刊)
「翻訳図書目録 84/88」(1988.7刊)
「翻訳図書目録 88/92」(1992.12刊)

「全集・合集収載 翻訳図書目録 45/75」(1996.3 ～ 5刊)
「全集・合集収載 翻訳図書目録 76/92」(1995.4 ～ 8刊)

「翻訳図書目録 92/96」(1997.7刊)
「翻訳図書目録 1996-2000」(2001.1刊)
「翻訳図書目録 2000-2003」(2004.8刊)
「翻訳図書目録 2004-2007」(2008.5刊)

「全集・合集収載 翻訳図書目録 1992-2007」(2009.3刊)

「翻訳図書目録 2008-2010」(2011.6 ～ 7刊)
「翻訳図書目録 2011-2013」(2014.5 ～ 6刊)

このシリーズは、当初から「Ⅰ 総記・人文・社会」「Ⅱ 科学・技術・産業」「Ⅲ 芸術・言語・文学」という主題別の3分冊構成を採り、書誌にあたる本文は原著者名アルファベット表記(中国・朝鮮人はカナ表記)を見出しとし、巻末に書名索引、原著者名カナ表記索引を付していた。

「92/96」からは見出しを一般の人々にも使いやすいカナ表記五十音順に改め、別に著者名索引（ABC順）を付した。また、多数著者の著作を収めた論文集や作品集についても原本調査を行って個別の著者名から引けるようにした。探したい図書がどの分冊に収録されているか判りにくい場合も多いことを考慮して、総索引（著者名（五十音順／ABC順）／書名／原書名）を新たに別巻として設けたのもこの「92/96」からである。

今回刊行する「2014-2016」は、「92/96」「1996-2000」「2000-2003」「2004-2007」「2008-2010」「2011-2013」の方針を踏襲している。本版の収録期間は2014年1月から2016年12月までの3年間である。なお、書誌事項等の調査には主にbookplusとJAPAN/MARCを使用した。

本書が既刊分と併せて幅広く活用されることを祈りたい。

2017年3月

日外アソシエーツ

凡　例

1.「翻訳図書目録 2014-2016」の構成

次の4分冊で構成される。

Ⅰ　総記・人文・社会

Ⅱ　科学・技術・産業

Ⅲ　芸術・言語・文学

Ⅳ　総索引

本書はその第Ⅰ分冊である。

2. 収録対象

2014年1月より2016年12月までに日本国内で刊行された翻訳図書ないしは翻訳を含む図書、および2013年以前に刊行されたもので前版までに収録されなかった翻訳図書や翻訳を含む図書を収録した。これらには日本国内で編訳されたものも含む。

第Ⅰ分冊には、「日本十進分類法」に準拠して、概ね0門～3門に該当する図書（総記・図書館・学術・哲学・宗教・歴史・地理・社会科学・政治・経済・教育・民俗など）を収録している。ただし、情報科学は第Ⅱ分冊に、民話集は第Ⅲ分冊に収めた。収録した図書は5,619冊である。

3. 見出し（原著者名）

1) 個人・機関・団体を問わず、著者・編者・作者など原著者名のカナ表記を見出しに立て、判明する限りアルファベット表記または漢字表記を併記した。
2) 機関・団体名の場合は原則、漢字カナ表記を見出しに採用した。
3) 特定の国や地域の法規集などは、その国名・地域名を見出しに立てた。
4) その他、聖書、法令集、民話など著者不明の場合は本文の末尾に「無著者」としてまとめた。

4．見出しのカナ表記

1) カナ表記は原則として、その図書における表示に従った。ただし図書によって表記が異なる場合は一般的な名を採用し、不採用の名から適宜参照を立てた。

2) 図書にカナ表記がなかった場合は、編集部で妥当と思われるカナ表記を作成し、末尾右肩に「＊」マークを付して区別できるようにした。

3) 韓国・朝鮮人名は民族読みを見出しに採用し、日本語読みからの参照を立てた。中国人名は日本語読みを見出しに採用し、民族読みから適宜参照を立てた。

5．見出しの排列

1) 原著者名の姓の五十音順、名の五十音順とし、姓・名に分けられないものや機関・団体名については全体を姓と見なして排列した。その際、機関・団体名のアルファベット表記もカナに読み下して排列した。

2) 排列にあたって、ヂ→シ、ヅ→スと見なし、長音符は排列上無視した。

6．図書の排列

見出しの下の図書は刊行年月順に排列し、刊行年月が同じものは書名の五十音順とした。

7．図書の記載事項

書名／副書名／巻次／各巻書名／各巻副書名／各巻巻次／原書名／著者表示／資料種別表示／版表示／出版地＊／出版者／刊行年月／ページ数または冊数／大きさ／叢書名／叢書番号／副叢書名／副叢書番号／叢書責任者表示／注記／定価（刊行時）／ISBN／内容細目または内容タイトル・内容著者表示／文献番号

＊出版地が東京の場合は省略した。

8．著者名索引（ABC 順）

原著者名のアルファベット表記を姓の ABC 順、名の ABC 順に排列し、見出しのカナ表記（機関・団体名の漢字カナ表記）を補記してその掲載頁を指示した。

9．書誌事項等の出所

本目録に掲載した各図書の基本的な書誌事項はデータベース「bookplus」およびJAPAN/MARCに拠ったが、多数著者の著作を収めた合集や論文集などの細目についてはすべて調査し個別著者とその著作タイトルを掲載した。

【ア】

ア, フウ*　阿 風

◇中国史の時代区分の現在―第六回日中学者中国古代史論壇論文集　中国社会科学院歴史研究所, 東方学会〔編〕, 渡辺義浩編　汲古書院　2015.8　462, 4p　27cm　〈布装〉13000円　①978-4-7629-6554-8

内容「崇士重商」宋代以降の徽州人による四民観（阿風著, 仙石知子訳）〔00001〕

アイアランド, クリストファー　Ireland, Christopher

◇CEOからDEOへ―「デザインするリーダー」になる方法（Rise of the DEO）マリア・ジュディース, クリストファー・アイアランド著, 坂東智子訳　ビー・エヌ・エヌ新社　2014.9　319p　21cm　〈文献あり 索引あり〉2600円　①978-4-86100-935-8

内容 NOW　ME　WE　DO　BE　NEXT〔00002〕

アイアンガー, B.K.S.　Iyengar, B.K.S.

◇ヨーガの樹―意識・心・身体を統合し魂を解放する科学（THE TREE OF YOGA）B.K.S.アイアンガー著, 吉田つとむ訳, 石飛道子サンスクリット語監修　サンガ　2015.11　304p　20cm　2500円　①978-4-86564-029-8

内容 第1部 ヨーガと人生（ヨーガは一つである　ヨーガの樹 ほか）第2部 樹とその部位（努力、気づき、そして喜び　アーサナの深み ほか）第3部 ヨーガと健康（全体性としての健康　目的と副産物 ほか）第4部 自己と内なる旅（原点回帰　パタンジャリの『ヨーガ・スートラ』ほか）第5部 世界のヨーガ（芸術としてのヨーガ　指導者と指導について）〔00003〕

アイヴァリー, オースティン　Ivereigh, Austen

◇教皇フランシスコ キリストとともに燃えて―偉大なる改革者の人と思想（THE GREAT REFORMER）オースティン・アイヴァリー著, 宮崎修二訳　明石書店　2016.2　627p　20cm　2800円　①978-4-7503-4297-9

内容 第1章 遥か遠く、遥か昔に―1936‐1957　第2章 使命―1958‐1966　第3章 嵐の中のパイロット―1967‐1974　第4章 対立の坩堝―1975‐1979　第5章 追放された指導者―1980‐1992　第6章 羊の匂いがする司教―1993‐2000　第7章 ガウチョ枢機卿―2001‐2007　第8章 他の人のための人―2008‐2012　第9章 コンクラーベ―2013　エピローグ 大いなる改革〔00004〕

アイヴァンホー, フィリップ・J.

◇徳倫理学―ケンブリッジ・コンパニオン（The Cambridge Companion to Virtue Ethics）ダニエル・C.ラッセル編, 立花幸司監訳, 相沢康隆, 稲村一隆, 佐良土茂樹訳　春秋社　2015.9　521, 29p　20cm　〈文献あり 索引あり〉5200円　①978-4-393-32353-3

内容 徳倫理学と中国の儒教の伝統（フィリップ・J.アイヴァンホー著, 相沢康隆訳）〔00005〕

IFRS財団

◇国際財務報告基準IFRS　2014 part A　概念フレームワーク及び要求事項（International Financial Reporting Standards）IFRS財団編, 企業会計基準委員会, 財務会計基準機構監訳　中央経済社　c2014　1374p　26cm　〈2014年1月1日現在で公表されている基準書等　タイトルは表紙による〉①978-4-502-12221-7〔00006〕

◇国際財務報告基準〈IFRS〉詳説　第1巻（iGAAP 2014 A guide to IFRS reporting 原著第7版の抄訳）トーマツ訳　レクシスネクシス・ジャパン　2014.8　1516p　22cm　〈索引あり〉14000円　①978-4-902625-84-4

内容 国際財務報告基準に関して　財務報告に関する概念フレームワーク　財務諸表の表示　会計方針、会計上の見積りの変更および誤謬　公正価値測定　棚卸資産　有形固定資産　投資不動産　無形資産　資産の減損　リース　借入コスト　外国為替ルレート変動の影響　引当金、偶発負債および偶発資産　売却目的で保有する非流動資産および非継続事業　収益　工事契約　サービス委譲契約　株式に基づく報酬〔00007〕

◇国際財務報告基準〈IFRS〉詳説　第2巻（iGAAP 2014 A guide to IFRS reporting 原著第7版の抄訳）トーマツ訳　レクシスネクシス・ジャパン　2014.8　1543p　22cm　〈索引あり〉14000円　①978-4-902625-85-1

内容 従業員給付　法人所得税　企業結合　連結財務諸表　共同支配の取決め　関連会社および共同支配企業に対する投資　他の企業への関与の開示　個別財務諸表（IAS第27号（2011年））キャッシュ・フロー計算書　後発事象〔ほか〕〔00008〕

◇国際財務報告基準〈IFRS〉詳説　第3巻（iGAAP 2014 A guide to IFRS reporting 原著第7版の抄訳）トーマツ訳　レクシスネクシス・ジャパン　2014.8　1287p　22cm　〈索引あり〉13000円　①978-4-902625-86-8

内容 金融商品：適用範囲　金融商品：金融資産　金融商品：金融負債と資本　金融商品：デリバティブ　金融商品：組込デリバティブ　金融商品：測定　金融商品：金融商品の公正価値測定　金融商品：認識および認識の中止　金融商品：ヘッジ会計―基本的事項　金融商品：ヘッジ会計―複雑なヘッジ会計　金融商品：ヘッジ会計―設例　金融商品：開示　金融商品：国際財務報告基準の初度適用　金融商品：IFRS第9号の経過規定　金融商品に関する基準設定についての2014年4月末までの重要な進展〔00009〕

◇国際財務報告基準IFRS　2014 part B　付属文書（International Financial Reporting Standards）IFRS財団編, 企業会計基準委員会, 財務会計基準機構監訳　中央経済社　2014.12　2118p　26cm　〈2014年1月1日現在で公表されている基準書等　タイトルは表紙による〉①978-4-502-12221-7〔00010〕

◇国際財務報告基準IFRS　2014特別追補版　IFRS第15号「顧客との契約から生じる収益」（Revenue from Contracts with Customers）IFRS財団編, 企業会計基準委員会 公益財団法人財務会計基準機構監訳　中央経済社　2015.2

367p　26cm　4500円　①978-4-502-13441-8
内容 目的　範囲　認識　測定　契約コスト　表示　開示　〔00011〕

◇国際財務報告基準IFRS　2014特別追補版〔2〕IFRS第9号「金融商品」　IFRS財団編, 企業会計基準委員会 公益財団法人財務会計基準機構監訳　中央経済社　2015.3　635p　26cm　〈背のタイトル：IFRS国際財務報告基準〉8000円　①978-4-502-14181-2
内容 第1章 目的　第2章 範囲　第3章 認識及び認識の中止　第4章 分類　第5章 測定　第6章 ヘッジ会計　第7章 発効日及び経過措置　付録　〔00012〕

◇国際財務報告基準IFRS　2015 PART A　2015年1月1日現在で公表されている基準書等—概念フレームワーク及び要求事項（International Financial Reporting Standards）　IFRS財団編, 企業会計基準委員会 公益財団法人財務会計基準機構監訳　中央経済社　2015.11　1453p　26cm　〈索引あり〉①978-4-502-15861-2　〔00013〕

◇国際財務報告基準IFRS　2015 PART B　2015年1月1日現在で公表されている基準書等—付属文書（International Financial Reporting Standards）　IFRS財団編, 企業会計基準委員会 公益財団法人財務会計基準機構監訳　中央経済社　2015.11　2519p　26cm　〈索引あり〉①978-4-502-15861-2　〔00014〕

◇IFRS基準　2016 PART A　2016年1月13日現在で公表されている基準書等—概念フレームワーク及び要求事項（International Financial Reporting Standards）　IFRS財団編, 企業会計基準委員会 公益財団法人財務会計基準機構監訳　中央経済社　2016.10　1461p　26cm　〈「国際財務報告基準IFRS」の改題、巻次を継承　索引あり　発売：〔中央経済グループパブリッシング〕〉①978-4-502-19411-5　〔00015〕

◇IFRS基準　2016 PART B　2016年1月13日現在で公表されている基準書等—付属文書（International Financial Reporting Standards）　IFRS財団編, 企業会計基準委員会 公益財団法人財務会計基準機構監訳　中央経済社　2016.10　2599p　26cm　〈「国際財務報告基準IFRS」の改題、巻次を継承　索引あり　発売：中央経済グループパブリッシング〉①978-4-502-19411-5　〔00016〕

◇国際財務報告基準〈IFRS〉詳説—iGAAP 2016　第1巻（iGAAP 2016 A guide to IFRS reporting の抄訳）　トーマツ訳　第一法規　2016.11　1750p　22cm　〈索引あり〉16000円　①978-4-474-05570-4
内容 国際財務報告基準に関して　財務報告に関する概念フレームワーク　財務諸表の表示　会計方針、会計上の見積りの変更および誤謬　公正価値測定　棚卸資産　有形固定資産　投資不動産　無形資産　資産の減損〔ほか〕　〔00017〕

◇国際財務報告基準〈IFRS〉詳説—iGAAP 2016　第2巻（iGAAP 2016 A guide to IFRS reporting の抄訳）　トーマツ訳　第一法規　2016.11　1543p　22cm　〈索引あり〉14000円　①978-4-474-05571-1
内容 従業員給付　法人所得税　企業結合　連結財務諸表　共同支配の取決め　関連会社および共同支配企業に対する投資　他の企業への関与の開示　個別財務諸表　キャッシュ・フロー計算書　後発事象〔ほか〕　〔00018〕

◇国際財務報告基準〈IFRS〉詳説—iGAAP 2016　第3巻（iGAAP 2016 A guide to IFRS reporting の抄訳）　トーマツ訳　第一法規　2016.11　1347p　22cm　〈索引あり〉14000円　①978-4-474-05572-8
内容 金融商品：適用範囲　金融商品：金融資産　金融商品：金融負債と資本　金融商品：デリバティブ　金融商品：組込デリバティブ　金融商品：測定　金融商品：金融商品の公正価値測定　金融商品：認識および認識の中止　金融商品：ヘッジ会計　金融商品：ヘッジ会計 - 設例〔ほか〕　〔00019〕

アイエンガー, シーナ　Iyengar, Sheena

◇選択の科学—コロンビア大学ビジネススクール特別講義（THE ART OF CHOOSING）　シーナ・アイエンガー著, 桜井祐子訳　文芸春秋　2014.7　460p　16cm　（文春文庫 S13-1）〈文献あり〉800円　①978-4-16-790155-4
内容 オリエンテーション 私が「選択」を研究テーマにした理由　第1講 選択は本能である　第2講 集団のためか、個人のためか　第3講「強制」された選択　第4講 選択を左右するもの　第5講 選択は創られる　第6講 豊富な選択肢は必ずしも利益にならない　第7講 選択の代償　最終講 選択と偶然と運命の三元連立方程式　〔00020〕

アイク, デーヴィッド　Icke, David

◇ハイジャックされた地球を99%の人が知らない—知って帰るのだ！　全宇宙を内蔵する《あなた》へ！　サタンームーンマトリックスによって真実情報のすべては切断される　上（REMEMBER WHO YOU ARE）　デーヴィッド・アイク著, 本多繁邦訳　ヒカルランド　2014.8　533p　19cm　〈著作目録あり 作品目録あり〉2500円　①978-4-86471-208-8
内容 第1章 畜生、なにが起こってるんだ？　第2章「世界」はあなたの「頭」の中にある　第3章 人生はゲーム　第4章 分裂　第5章 ハイジャックされた地球　第6章 大空の映画館　第7章 土星の世界　第8章 セメント役　〔00021〕

◇ハイジャックされた地球を99%の人が知らない　下　今こそ声を上げ、不服従のダンスを踊るのだ！—すべての方面から推進される《血族》による支配と淘汰のアジェンダ（REMEMBER WHO YOU ARE）　デーヴィッド・アイク著, 本多繁邦訳　ヒカルランド　2014.9　521p　19cm　〈著作目録あり 作品目録あり〉2500円　①978-4-86471-216-3
内容 「イスラエル」はロスチャイルド　大きな選択—許すのか、それとも阻止するのか　HAARP—世界との戦争　人類大淘汰計画　マネーを制する者はすべてを制す　すべてはつながっている　“真実の振動”　〔00022〕

アイクス, ウィリアム　Ickes, William John

◇共感の社会神経科学（THE SOCIAL NEUROSCIENCE OF EMPATHY）　ジャン・

デセティ, ウィリアム・アイクス編著, 岡田顕宏訳　勁草書房　2016.7　334p　22cm　〈索引あり〉 4200円　①978-4-326-25117-9
内容 共感精度（ウィリアム・アイクス著）〔00023〕

アイケンベリー, G.ジョン　Ikenberry, G.John
◇現代日本の政治と外交　5　日本・アメリカ・中国─錯綜するトライアングル（THE TROUBLED TRIANGLE）　猪口孝監修　猪口孝, G.ジョン・アイケンベリー編　原書房　2014.4　301, 6p　22cm　〈文献あり 索引あり〉 4800円　①978-4-562-04962-2
内容 日本・アメリカ・中国 他（猪口孝, ジョン・アイケンベリー著, 猪口孝監訳）〔00024〕

アイサウィ, アブデルハク
◇日本・アルジェリア友好の歩み─外交関係樹立50周年記念誌　私市正年, スマイル・デベシュ, 在アルジェリア日本国大使館編著　千倉書房　2014.8　286p　19cm　2800円　①978-4-8051-1041-6
内容 地震のリスクに共にさらされて（アブデルハク・アイサウィ）〔00025〕

アイザックソン, ウォルター　Isaacson, Walter
◇スティーブ・ジョブズ　1（STEVE JOBS）　ウォルター・アイザックソン〔著〕, 井口耕二訳　講談社　2015.9　570p　15cm　（講談社+α文庫 G260-1）〈2011年刊の増補〉 850円　①978-4-06-281614-4
内容 子ども時代─捨てられて、選ばれる　おかしなふたり─ふたりのスティーブ　ドロップアウト─ターンオン、チューンイン　アタリとインド─禅とゲームデザインというアート　アップル1─ターンオン、ブートアップ、ジャックイン　アップル2─ニューエイジの夜明け　クリスアンとリサ─捨てられた過去を持つ男　ゼロックスとリサ─グラフィカルユーザインターフェース　株式公開─富と名声を手にするマック誕生─革命を起こしたいと君は言う…〔ほか〕〔00026〕
◇スティーブ・ジョブズ　2（STEVE JOBS）　ウォルター・アイザックソン〔著〕, 井口耕二訳　講談社　2015.9　561p　15cm　（講談社+α文庫 G260-2）〈2011年刊の増補〉 850円　①978-4-06-281615-1
内容 再臨─野獣、ついに時機めぐり来たる　王政復古─今日の敗者も明日は勝者に転じるだろう　シンク・ディファレント─iCEOのジョブズ　デザイン原理─ジョブズとアイブのスタジオ　iMac─hello（again）　CEO─経験を積んでもなおクレージー　アップルストア─ジーニアスバーとイタリアの砂岩　デジタルハブ─iTunesからiPod　iTunesストア─ハーメルンの笛吹き　ミュージックマン─人生のサウンドトラック〔ほか〕〔00027〕

アイズナー, ウィル　Eisner, Will
◇陰謀─史上最悪の偽書『シオンのプロトコル』の謎（THE PLOT）　ウィル・アイズナー著, 門田美鈴訳　いそっぷ社　2015.3　143p　26cm　1800円　①978-4-900963-65-8〔00028〕

アイセイ, デイヴ　Isay, David
◇9.11ビル崩壊のさなかに夫婦が交わした最後の言葉─本当にあった37の愛のかたち（All There Is）　デイヴ・アイセイ著, 高見浩訳　河出書房新社　2014.2　229p　20cm　1500円　①978-4-309-20645-5
内容 恋に落ちたとき　愛した人の思い出　とうとう見つけた愛〔00029〕

アイセル, ディーター
◇経済危機下の分権改革─「再国家化」と「脱国家化」の間で　山田徹編著　公人社　2015.7　247p　21cm　3800円　①978-4-86162-103-1
内容 ドイツの連邦制度と経済危機（ディーター・アイセル著, 山田徹訳）〔00030〕

アイゼンバーグ, ナンシー
◇共感の社会神経科学（THE SOCIAL NEUROSCIENCE OF EMPATHY）　ジャン・デセティ, ウィリアム・アイクス編著, 岡田顕宏訳　勁草書房　2016.7　334p　22cm　〈索引あり〉 4200円　①978-4-326-25117-9
内容 共感的反応：同情と個人的苦悩（ナンシー・アイゼンバーグ, ナタリー・D.エッガム著）〔00031〕

アイソム, ラニアー・S.　Isom, Lanier Scott
◇賃金差別を許さない！─巨大企業に挑んだ私の闘い（GRACE AND GRIT）　リリー・レッドベター, ラニアー・S.アイソム〔著〕, 中窪裕也訳　岩波書店　2014.1　295p　20cm　3300円　①978-4-00-023883-0
内容 第1章 ポッサムトロット　第2章 チャールズとの結婚　第3章 働きに出る　第4章 ゴム産業の労働者となる　第5章 心明るく、足取りも軽く　第6章 ワニに膝まで食われて　第7章 虎のしっぽを摑んで　第8章 名誉を守るために　第9章 レッドベター氏、都へ行く　第10章 平等賃金の祖母となる　付録 オバマ大統領のスピーチ─リリー・レッドベター公正賃金復元法の署名にあたって〔00032〕

アイデンミュラー, ホルスト
◇ヨーロッパ意思表示論の展開と民法改正─ハイン・ケッツ教授古稀記念（Störungen der Willensbildung bei Vertragsschluss）　R.ツィンマーマン編集, 半田吉信訳著　信山社　2014.6　287p　22cm　（総合叢書 2─〔民法〕）〈索引あり〉 8800円　①978-4-7972-5452-5
内容 契約商議における強制手段（ホルスト・アイデンミュラー著）〔00033〕

アイバノフ, オムラーム・ミカエル　Aïvanhov, Omraam Mikhaël
◇生命（いのち）の言葉365（DAILY MEDITATIONS）　オムラーム・ミカエル・アイバノフ著, 田中響子, 北村未央共訳　太陽出版　2014.4　373p　19cm　1800円　①978-4-88469-806-5〔00034〕

アイリフ, アレックス　Ayliffe, Alex
◇あらしを静めたイエスさま（Jesus and the storm）　ロイス・ロック文, アレックス・アイリフ絵, 大越結実訳　いのちのことば社CS成長センター　2012.10　16p　13cm　（わくわくバイブルみにぶっく─新約聖書 2）　100円　①978-4-

ア

820-60310-8 〔00035〕

◇イースターのお話（The Easter story） ロイス・ロック文, アレックス・アイリフ絵, 大越結実訳 いのちのことば社CS成長センター 2012.10 16p 13cm （わくわくバイブルみにぶっく―新約聖書 6） 100円 ①978-4-820-60314-6 〔00036〕

◇選ばれたモーセ（Moses and his sister） ロイス・ロック文, アレックス・アイリフ絵, 大越結実訳 いのちのことば社CS成長センター 2012.10 16p 13cm （わくわくバイブルみにぶっく―旧約聖書 3） 100円 ①978-4-820-60305-4 〔00037〕

◇最初のクリスマス（Baby Jesus by lion） ロイス・ロック文, アレックス・アイリフ絵, 大越結実訳 いのちのことば社CS成長センター 2012.10 16p 13cm （わくわくバイブルみにぶっく―新約聖書 1） 100円 ①978-4-820-60309-2 〔00038〕

◇魚にのまれたヨナ（Jonah and the whale） ロイス・ロック文, アレックス・アイリフ絵, 大越結実訳 いのちのことば社CS成長センター 2012.10 16p 13cm （わくわくバイブルみにぶっく―旧約聖書 5） 100円 ①978-4-820-60307-8 〔00039〕

◇主の祈り（Our Father） ロイス・ロック文, アレックス・アイリフ絵, 大越結実訳 いのちのことば社CS成長センター 2012.10 16p 13cm （わくわくバイブルみにぶっく―新約聖書 5） 100円 ①978-4-820-60313-9 〔00040〕

◇世界のはじまり（In the beginning） ロイス・ロック文, アレックス・アイリフ絵, 大越結実訳 いのちのことば社CS成長センター 2012.10 15p 13cm （わくわくバイブルみにぶっく―旧約聖書 1） 100円 ①978-4-820-60303-0 〔00041〕

◇ノアとはこぶね（Noah and the ark） ロイス・ロック文, アレックス・アイリフ絵, 大越結実訳 いのちのことば社CS成長センター 2012.10 16p 13cm （わくわくバイブルみにぶっく―旧約聖書 2） 100円 ①978-4-820-60304-7 〔00042〕

◇まいごの羊（The lost sheep） ロイス・ロック文, アレックス・アイリフ絵, 大越結実訳 いのちのことば社CS成長センター 2012.10 16p 13cm （わくわくバイブルみにぶっく―新約聖書 4） 100円 ①978-4-820-60312-2 〔00043〕

◇守られたダニエル（Daniel and the lions） ロイス・ロック文, アレックス・アイリフ絵, 大越結実訳 いのちのことば社CS成長センター 2012.10 16p 13cm （わくわくバイブルみにぶっく―旧約聖書 6） 100円 ①978-4-820-60308-5 〔00044〕

◇ゆうかんなダビデ（Brave David） ロイス・ロック文, アレックス・アイリフ絵, 大越結実訳 いのちのことば社CS成長センター 2012.10 16p 13cm （わくわくバイブルみにぶっく―旧約聖書 4） 100円 ①978-4-820-60306-1 〔00045〕

◇よいサマリヤ人（The good Samaritan） ロイス・ロック文, アレックス・アイリフ絵, 大越結実訳 いのちのことば社CS成長センター 2012.10 16p 13cm （わくわくバイブルみにぶっく―新約聖書 3） 100円 ①978-4-820-60311-5 〔00046〕

◇はじめてのおいのり（My Very First Prayers） ロイス・ロックぶん, アレックス・アイリッフェきりえ, かげやまあきこやく サンパウロ 2014.11 159p 14cm 〈索引あり〉①978-4-8056-7037-8 〔00047〕

◇はじめてよむこどものせいしょ（My Very First Bible） ロイス・ロックぶん, アレックス・アイリッフェきりえ, といかわみゆきやく, すずきしんいちかんしゅう サンパウロ 2014.11 256p 14cm ①978-4-8056-7037-8 〔00048〕

アイルランド, R.デュエーン Ireland, R.Duane

◇戦略経営論―競争力とグローバリゼーション（Strategic Management 原著第11版の翻訳） マイケル・A.ヒット,R.デュエーン・アイルランド, ロバート・E.ホスキソン著, 久原正治, 横山寛美監訳 改訂新版 センゲージラーニング 2014.9 647p 21cm 〈索引あり 発売：同友館〉3700円 ①978-4-496-05077-0

内容 第1部 戦略要因分析（戦略経営と戦略的競争力 外部環境：機会、脅威、業界内の競争、競合企業分析 内部組織：経営資源、ケイパビリティ（組織能力）、コア・コンピタンス、および競争優位） 第2部 戦略行動：戦略の策定（事業戦略 敵対的競合関係と競争のダイナミクス 企業戦略 企業合併と買収（M&A）戦略 国際戦略 協調戦略） 第3部 戦略行動：戦略の実行（コーポレート・ガバナンス 組織構造とコントロール 戦略的リーダーシップ 戦略的アントレプレナーシップ） 〔00049〕

アイロット, ニコラス

◇民主政治はなぜ「大統領制化」するのか―現代民主主義国家の比較研究（The Presidentialization of Politics） T.ポグントケ,P.ウェブ編, 岩崎正洋監訳 京都 ミネルヴァ書房 2014.5 523, 7p 22cm 〈索引あり〉8000円 ①978-4-623-07038-1

内容 パーション大統領（ニコラス・アイロット著, 渡辺博明訳） 〔00050〕

アインシュタイン, アルバート Einstein, Albert

◇アインシュタインひらめきの言葉 アルバート・アインシュタイン〔著〕, 弓場隆, ディスカヴァー編集部編訳 ディスカヴァー・トゥエンティワン 2014.5 159p 18cm 1400円 ①978-4-7993-1493-7 〔00051〕

◇アインシュタインの言葉 アインシュタイン〔著〕, 弓場隆訳 エッセンシャル版〔ギフト版〕 ディスカヴァー・トゥエンティワン 2015.11 1冊（ページ付なし） 15cm 〈他言語標題：EINSTEIN'S VOICE 初版のタイトル：アインシュタインにきいてみよう〉1000円 ①978-4-7993-1807-2

内容 1 生き方について 2 科学、そして、神秘について 3 独創性について 4 学校教育について 5 戦争と平和について　6 国家、そして、ユダヤ人であることについて　7 結婚、そして、家族について　8 自分について、そして再び、生き方について　〔00052〕

◇アインシュタイン人生を変える言葉101　アインシュタイン〔著〕, 志村史夫監修・編訳　宝島社　2016.3　127p　19cm　〈他言語標題：Einstein's words for your life　英語抄訳付　文献あり〉　1100円　①978-4-8002-5189-3

内容 1 元気を出したいときに読む言葉　2 幸せについて考えるときに読む言葉　3 生きるヒントを得たいときに読む言葉　4 自分に自信がなくなったときに読む言葉　5 恋愛に悩んだときに読む言葉　6 人間関係で困っているときに読む言葉　7 "仕事"について見直したいときに読む言葉　8 難しい問題に直面したとき助けてくれる言葉　9 よいアイデアが思いつかないときにヒントになる言葉　10 情報や知識をどう生かすかわからないとき読む言葉　11 賢くなりたいときに読む言葉　〔00053〕

◇ひとはなぜ戦争をするのか　アルバート・アインシュタイン, ジグムント・フロイト著, 浅見昇吾訳　講談社　2016.6　111p　15cm　（講談社学術文庫 2368）〈「ヒトはなぜ戦争をするのか？」（花風社 2000年刊）の改題、再構成〉　500円　①978-4-06-292368-2

内容 フロイトへの手紙 アルバート・アインシュタイン　アインシュタインへの手紙 ジグムント・フロイト　〔00054〕

アインシュタイン, エリザベス・ロボズ　Einstein, Elizabeth Roboz

◇ハンス・アルバート・アインシュタイン―彼の生涯と私たちの思い出（Hans Albert Einstein）　エリザベス・ロボズ・アインシュタイン著, 中藤達昭, 福岡捷二訳　技報堂出版　2015.6　129p　21cm　〈文献あり〉　1000円　①978-4-7655-1817-8

内容 第1章 序章　第2章 幼少時代と家族背景（一九〇四‐一九一四）　第3章 少年期から中年期の時代（一九一四‐一九五八）　第4章 エリザベス・ロボズ・アインシュタイン　第5章 二人の生活（一九五九‐一九七三）　第6章 終章　〔00055〕

アインホルン, ステファン　Einhorn, Stefan

◇「やさしさ」という技術―賢い利己主義者になるための7講（Konsten Att Vara Snäll）　ステファン・アインホルン著, 池上明子訳　飛鳥新社　2015.12　223p　20cm　1500円　①978-4-86410-421-0

内容 第1講 やさしさと倫理　第2講 偽りのやさしさ　第3講 やさしさ・勇気・利己主義　第4講 あなたが「よい人間」になれない理由　第5講 やさしさは得か？　第6講「成功」とは何か？　第7講 なぜ、やさしくなると成功するのか？　〔00056〕

アーウィン, キャシー　Urwin, Cathy

◇乳児観察と調査・研究―日常場面のこころのプロセス（Infant Observation and Research）　キャシー・アーウィン, ジャニーン・スターンバーグ編著, 鵜飼奈津子監訳　大阪　創元社　2015.5　273p　22cm　〈文献あり 索引あり〉　4200円　①978-4-422-11539-9

内容 イントロダクション 他（ジャニーン・スターンバーグ, キャシー・アーウィン著, 鵜飼奈津子訳）　〔00057〕

アーウィン, スティーヴ　Erwin, Steve

◇薔薇の祈り―ルワンダ虐殺、ロザリオの祈りに救われて（THE ROSARY）　イマキュレー・イリバギザ, スティーヴ・アーウィン著, 原田葉子訳　女子パウロ会　2015.4　288p　19cm　1350円　①978-4-7896-0746-9

内容 プロローグ 天を地に引き寄せる　第1章 ロザリオとともに育つ　第2章 喜びの神秘（月曜日と土曜日の祈り）　第3章 光の神秘（木曜日の祈り）　第4章 苦しみの神秘（火曜日と金曜日の祈り）　第5章 栄えの神秘（水曜日と日曜日の祈り）　エピローグ 奇跡の日々　〔00058〕

アーウィン, ニール　Irwin, Neil

◇マネーの支配者―経済危機に立ち向かう中央銀行総裁たちの闘い（THE ALCHEMISTS）　ニール・アーウィン著, 関美和訳　早川書房　2014.3　479p　20cm　〈年表あり〉　2500円　①978-4-15-209446-9

内容 第1部 錬金術師の誕生――六五六年から二〇〇六年まで（ヨハン・パルムストルヒと中央銀行の誕生　ロンバード街、統べよブリタニア、バジョットの格言 ほか）　第2部 パニック―二〇〇七年から二〇〇八年まで（三人の委員会　クリスマスまでには終わるだろう ほか）　第3部 ショックの余波―二〇〇九年から二〇一〇年まで（FRBの闘い　ギリシャ悲劇 ほか）　第4部 第二の波―二〇一一年から二〇一二年まで（チョッパー、トロイカ、ドーヴィルの密約　ヨーロッパの大統領 ほか）　〔00059〕

アウグスティヌス　Augustinus, Aurelius, Saint, Bp.of Hippo

◇神の国　上（La Cité de Dieu）　アウグスティヌス〔著〕, 金子晴勇ほか訳　教文館　2014.1　789p　22cm　（キリスト教古典叢書）〈他言語標題：De Civitate Dei　「アウグスティヌス著作集 11～15」（1980～1983年刊）の改題、改訂・合冊し再刊〉　6200円　①978-4-7642-1807-9

内容 蛮族のローマ侵入の際、教会が避難所となった。キリスト教徒も災難にあったが、彼らにとってそれは究極の滅びとはならない。暴行を受けたキリスト者の女性が自殺することの可否　異教の神々によるローマ人の道徳的退廃。神々は演劇において卑猥な仕草を許容しただけではなく、それを要求した。その道徳的退廃は個人と社会の全領域に及んだ　神々はトロイアを守ることもローマを救うこともできなかった。ローマ史におけるその無力の諸事例　ローマは神々のおかげで拡大発展したのではない。個々の神々に対する批判的考察。キケロとウァロの宗教観　占星術によって運命を予知することはできない。自由意志と神の摂理について。かつてローマ人は領土を拡大したが、それは彼らの名誉欲と支配欲によるものであった。キリスト者皇帝に与えられる真の幸福とそのはたすべき義務について　ウァロの『人事と神事との故事来歴』の内容に対する批判をとおして、神話に登場したり、国家が公認している異教徒たちの神々なるものが、永遠の生命など付与しえないことを論ずる　ウァロの『人事と神事との故事来歴』第一六巻に述べられている「選ばれた神々」といえども、永遠の生命を付与しえない　プラトン主義者たちの神観に対する批判を、主としてアプレイウスの「妖鬼」（ダイモン）論の検討をとおして論ずる　異教徒たちのダイモンをキリスト教の天使と比較して、ダイモンが神と人間との真の仲介者たりえないことを論ずる救済観を中心とするキリスト教とプラトン主義との比較、ならびに、主として『魂の帰天』にみられるポルフュリオスのキリスト教批判に対する反論〔ほか〕〔00060〕

ア

◇神の国　下（La Cité de Dieu）　アウグスティヌス〔著〕, 泉治典ほか訳　教文館　2014.3　681, 64p　22cm　（キリスト教古典叢書）〈他言語標題：De Civitate Dei　「アウグスティヌス著作集 11～15」（1980～1983年刊）の改題、改訂・合冊し再刊　索引あり〉6200円　①978-4-7642-1808-6

内容 人類にとって第二の死は必然であるか　「肉に従って生きる」とは何か　罪の原因は肉ではなく霊魂の中にある　神に従って生きるとはどういう意味か　プラトン派の霊魂・身体観　意志が情念の源である　聖書において愛を意味する用語　ストア派による賢者の情念について　聖徒たちの正しい情念　罪を犯す前の最初の人間の情念〔ほか〕〔00061〕

◇告白　1　アウグスティヌス著, 山田晶訳　中央公論新社　2014.3　355p　16cm　（中公文庫 ア8-1）〈「世界の名著 16 アウグスティヌス」（1978年刊）の再編集　文献あり 年譜あり〉895円　①978-4-12-205928-3〔00062〕

◇告白　2　アウグスティヌス著, 山田晶訳　中央公論新社　2014.3　359p　16cm　（中公文庫 ア8-2）〈「世界の名著 16 アウグスティヌス」（1978年刊）の再編集〉895円　①978-4-12-205929-0〔00063〕

◇告白　3　アウグスティヌス著, 山田晶訳　中央公論新社　2014.3　375p　16cm　（中公文庫 ア8-3）〈「世界の名著 16 アウグスティヌス」（1978年刊）の再編集　索引あり〉895円　①978-4-12-205930-6〔00064〕

◇アウグスティヌス神学著作集　アウグスティヌス〔著〕, 金子晴勇, 小池三郎訳　教文館　2014.7　730, 12p　22cm　（キリスト教古典叢書）〈年譜あり 索引あり〉6800円　①978-4-7642-1809-3

内容 エンキリディオン―信仰・希望・愛　霊と文字　自然と恩恵　キリストの恩恵と原罪（全二巻）　恩恵と自由意志　聖徒の予定　ドナティストの矯正　解説〔00065〕

アオキ, マサヒコ*　青木 昌彦

◇比較制度分析のフロンティア（INSTITUTIONS AND COMPARATIVE DEVELOPMENTの抄訳, COMPLEXITY AND INSTITUTIONSの抄訳〔etc.〕）　青木昌彦, 岡崎哲二, 神取道宏監修　NTT出版　2016.9　356p　22cm　（叢書《制度を考える》）〈他言語標題：Frontiers of Comparative Institutional Analysis〉4500円　①978-4-7571-2325-0

内容 政治―経済的プレイにおける前近代から近代的状態への移行（青木昌彦著, 波多野駿訳）〔00066〕

アガルワラ, マシュー

◇国連大学包括的「富」報告書―自然資本・人工資本・人的資本の国際比較（Inclusive Wealth Report 2012）　国連大学地球環境変化の人間・社会的側面に関する国際研究計画, 国連環境計画編, 植田和弘, 山口臨太郎訳, 武内和彦監修　明石書店　2014.12　358p　26cm　〈文献あり 索引あり〉8800円　①978-4-7503-4113-2

内容 国の経済は〈仮想的に〉持続可能といえるか？（ジャイルス・アトキンソン, マシュー・アガルワラ, パブロ・ムニョス著）〔00067〕

アガンベン, ジョルジョ　Agamben, Giorgio

◇いと高き貧しさ―修道院規則と生の形式（ALTISSIMA POVERTÀ）　ジョルジョ・アガンベン〔著〕, 上村忠男, 太田綾子訳　みすず書房　2014.10　214, 26p　20cm　〈索引あり〉4800円　①978-4-622-07853-1

内容 1 規則と生（規則の誕生　規則と法律　俗世からの逃亡と創憲）　2 典礼と規則（生の規則　口述と書記　典礼のテクストとしての規則）　3 "生の形式"（生の発見　法権利を放棄する　いと高き貧しさと使用）〔00068〕

◇到来する共同体（La comunità che viene）　ジョルジョ・アガンベン著, 上村忠男訳　新装版　調布　月曜社　2015.2　153p　18cm　（叢書・エクリチュールの冒険）　1800円　①978-4-86503-021-1

内容 なんであれかまわないもの　リンボから　見本　生起　個体化の原理　くつろぎ　マネリエス　悪魔的なもの　バートルビー　取り返しがつかないもの　倫理　ディム・ストッキング　光背　偽名　階級のない社会　外　同名異義語　シェキナー　天安門〔00069〕

◇身体の使用―脱構成的可能態の理論のために（L'USO DEI CORPI）　ジョルジョ・アガンベン〔著〕, 上村忠男訳　みすず書房　2016.1　487, 11p　20cm　〈文献あり 索引あり〉5800円　①978-4-622-07964-4

内容 第1部 身体の使用（働きを欠いた人間　クレーシス　使用と配慮 ほか）　第2部 存在論の考古学（存在論的装置　ヒュポスタシスの理論　様態的存在論のために）　第3部 "生の形式"（分割された生　その形式から切り離すことのできない生　生きている観想 ほか）〔00070〕

◇スタシス―政治的パラダイムとしての内戦（STASIS）　ジョルジョ・アガンベン著, 高桑和巳訳　青土社　2016.5　146, 6p　20cm　〈文献あり 索引あり〉1800円　①978-4-7917-6921-6

内容 1 スタシス　2 リヴァイアサンとビヒモス〔00071〕

アギーレ, X.A.*　Aguirre, Ximena Alvarez

◇国家ブランディング―その概念・論点・実践（NATION BRANDING）　キース・ディニー編著, 林田博光, 平沢敦監訳　八王子　中央大学出版部　2014.3　310p　22cm　（中央大学企業研究所翻訳叢書 14）　4500円　①978-4-8057-3313-4

内容 国家ブランディングにおける倫理的責任（Ximena Alvarez Aguirre,Ximena Siles Renjel,Jack Yan著, 舟木律子訳）〔00072〕

アグエロンド, イネス

◇学びのイノベーション―21世紀型学習の創発モデル（Innovating to Learn, Learning to Innovate）　OECD教育研究革新センター編著, 有本昌弘監訳,

多々納誠子, 小熊利江訳　明石書店　2016.9　329p　22cm　4500円　①978-4-7503-4400-3
内容 イノベーションのダイナミクス(イネス・アグエロンド著, 小熊利江訳)　〔00073〕

アクショーノフ, ゲンナジー・ペトローヴィチ
◇科学の参謀本部―ロシア/ソ連邦科学アカデミーに関する国際共同研究　市川浩編著　札幌　北海道大学出版会　2016.2　522p　22cm　〈索引あり〉12500円　①978-4-8329-8224-6
内容 ロシア科学アカデミーにおける科学研究組織化に果たしたヴラジーミル・ヴェルナツキーの役割 他(ゲンナジー・ペトローヴィチ・アクショーノフ著, 市川浩訳)　〔00074〕

アクツ, サトシ*　Akutsu, Satoshi
◇国家ブランディング―その概念・論点・実践(NATION BRANDING)　キース・ディニー編著, 林田博光, 平沢敦監訳　八王子　中央大学出版部　2014.3　310p　22cm　(中央大学企業研究所翻訳叢書 14)　4500円　①978-4-8057-3313-4
内容 国家ブランディング戦略の要素(Satoshi Akutsu著, 鄭玹朱訳)　〔00075〕

アクティマイアー, P.　Achtemeier, Paul J.
◇ローマの信徒への手紙(Romans)　P.アクティマイアー〔著〕, 村上実基訳　日本キリスト教団出版局　2014.3　391p　22cm　(現代聖書注解)〈文献あり〉5800円　①978-4-8184-0606-3
内容 序論　第1部 神の主権と過去の問題―恵みと怒り　ローマ一章一節 - 四章二二節(序論と冒頭陳述　福音と神の怒り　福音と神の恵み)　第2部 神の主権と現在の問題―恵みと律法 ローマ四章二三節 - 八章三九節(罪と恵み―アダムとキリスト　罪、恵み、そして律法　聖霊と恵みの保証)　第3部 神の主権と将来の問題―イスラエルと神の恵みの計画 ローマ九章一節 - 一一章三六節(神の恵みとイスラエルの拒絶　恵み、信仰、そして律法の目的　イスラエルと神と共にあるイスラエルの将来)　第4部 神の主権と日々の生活の問題―恵みと生の構造 ローマ一二章一節 - 一六章二七節(恵みと共同体　恵みと国家　恵みと隣人―行為における愛　恵みと信仰における一致―弱さと強さ　恵みとパウロの使徒としての計画　挨拶と最後の陳述)　〔00076〕

アコスタ, アルベルト
◇21世紀の豊かさ―経済を変え、真の民主主義を創るために　中野佳裕編・訳, ジャン=ルイ・ラヴィル, ホセ・ルイス・コラッジオ編　コモンズ　2016.10　415p　20cm　〈他言語標題：REINVENTING THE COMMONS IN THE 21st CENTURY〉3300円　①978-4-86187-137-5
内容 発展に対するオルタナティブとしてのブエン・ビビール(アルベルト・アコスタ著)　〔00077〕

アゴスティーニ, マルタ
◇刑事コンプライアンスの国際動向　甲斐克則, 田口守一編　信山社　2015.7　554p　22cm　(総合叢書 19―〔刑事法・企業法〕)〈他言語標題：International Trends of Criminal Compliance 文献あり〉12800円　①978-4-7972-5469-3
内容 イタリアにおける経済犯罪防止に向けたコンプライアンス・プログラム(マウロ・カテナッチ, マルタ・アゴスティーニ, ジュリア・ファロティーコ, ステファーノ・マンティーニ, フェデリコ・メログラーノ著, 早稲田大学GCOE刑事法グループ訳)　〔00078〕

アサカワ, カンイチ　朝河 貫一
◇中世日本の土地と社会　朝河貫一著, 矢吹晋編訳　柏書房　2015.3　255, 133p　22cm　〈他言語標題：Land and Society in Medieval Japan　著作目録あり 索引あり〉9500円　①978-4-7601-4566-9　〔00079〕

アサド, タラル
◇宗教と公共空間―見直される宗教の役割　島薗進, 磯前順一編　東京大学出版会　2014.7　294p　22cm　4400円　①978-4-13-010410-4
内容 宗教と政治のあいだで(タラル・アサド著, 磯前順一, 苅田真司訳)　〔00080〕

アサバ, ユウキ*　浅羽 祐樹
◇現代日本の政治と外交　7　日本と韓国―互いに敬遠しあう関係(JAPANESE AND KOREAN POLITICS)　猪口孝監修　猪口孝編　原書房　2015.3　336, 4p　22cm　〈文献あり 索引あり〉4800円　①978-4-562-04964-6
内容 韓国における両院制議院内閣制(浅羽祐樹著)　〔00081〕

アザム, ジュヌヴィエーヴ
◇21世紀の豊かさ―経済を変え、真の民主主義を創るために　中野佳裕編・訳, ジャン=ルイ・ラヴィル, ホセ・ルイス・コラッジオ編　コモンズ　2016.10　415p　20cm　〈他言語標題：REINVENTING THE COMMONS IN THE 21st CENTURY〉3300円　①978-4-86187-137-5
内容 生態学的カオスの脅威と解放のプロジェクト(ジュヌヴィエーヴ・アザム著)　〔00082〕

アザール, ポール　Hazard, Paul
◇ヨーロッパ精神の危機―1680 - 1715(La Crise de la Conscience européenne(1680 - 1715))　ポール・アザール著, 野沢協訳　新装版　法政大学出版局　2015.4　560, 189p　19cm　(叢書・ウニベルシタス)　7000円　①978-4-588-14012-9
内容 第1部 心理の激変(静から動へ　旧から新へ ほか)　第2部 伝統的な信仰を倒せ(理性派　奇蹟の否定―彗星、神託、妖術師 ほか)　第3部 再建の試み(ロックの経験論　理神論と自然宗教 ほか)　第4部 想像的・感性的価値(詩のない時代　生活の万華鏡 ほか)　〔00083〕

アジア開発銀行《Asian Development Bank》
◇躍進するアジア地域主義―繁栄共有に向けたパートナーシップ(Emerging Asian Regionalism : A partnership for shared prosperity)　アジア開発銀行著, 荒川博人監訳, 国際協力機構開発問題研究チーム訳　一灯舎　2013.2　262p　26cm　2800円　①978-4-907600-21-1
内容 第1章 なぜアジア地域主義か？　第2章 アジア地域主義：背景と概要　第3章 生産の統合　第4章 金融市場の統合　第5章 マクロ経済の相互依存の活用　第

6章 社会包摂的かつ持続可能な成長　第7章 協力の枠組みの構築　第8章 今後の展望　〔00084〕

アジベーコフ, G.M.　Adibekov, Grant Mkrtychevich
◇資料集コミンテルンと日本共産党（Коминтерн и Япония）　和田春樹,G.M.アジベーコフ監修, 富田武, 和田春樹編訳　岩波書店　2014.9　426, 17p　22cm　〈索引あり〉15000円　①978-4-00-022936-4　〔00085〕

アジミ, ナスリーン　Azimi, Nassrine
◇ベアテ・シロタと日本国憲法—父と娘の物語　ナスリーン・アジミ, ミッシェル・ワッセルマン著, 小泉直子訳　岩波書店　2014.1　71p　21cm　（岩波ブックレット No.889）　560円　①978-4-00-270889-8
内容 第1部（父、レオ—日本の音楽家を育てた天才ピアニスト　娘、ベアテ—男女平等を日本国憲法に書き込む　アメリカ帰国後のベアテ—アジア文化の紹介者として）　第2部（思い起こされる日々—ベアテへのインタビュー　ベアテ最後の日々（ニコル・ゴードン））　〔00086〕

アジャシャンティ　Adyashanti
◇自由への道—スピリチュアルな悟りへの実践ガイド（THE WAY OF LIBERATION）　アジャシャンティ著, 坪田明美訳　ナチュラルスピリット　2014.5　78p　19cm　〈文献あり〉1000円　①978-4-86451-120-9
内容 第1章 五つの基盤（志を明確にする　無条件に貫く　自分の権限を決して放棄しない　完全に誠実でいることを実践する　自分の人生の面倒をしっかりみる）　第2章 三つの方向づけの理念（存在という問題　偽りの自己　夢の状態）　第3章 核となる実践法（瞑想　探究　黙考）　〔00087〕

◇禅空を生きる（EMPTINESS DANCING）　アジャシャンティ著, 鈴木純子訳　太陽出版　2014.11　349p　19cm　1800円　①978-4-88469-824-9
内容 目覚め　サットサン　開かれること　純真さ　調和　自由　光り輝く中心　静寂　意識　深み〔ほか〕　〔00088〕

アシャール, ギイ　Achard, Guy
◇古代ローマの女性たち（La Femme à Rome）　ギイ・アシャール著, 西村昌洋訳　白水社　2016.5　167, 3p　18cm　（文庫クセジュ 1005）　〈文献あり〉1200円　①978-4-560-51005-6　〔00089〕

アシュトン, ケヴィン　Ashton, Kevin
◇馬を飛ばそう—IoT提唱者が教える偉大なアイデアのつくり方（HOW TO FLY A HORSE）　ケヴィン・アシュトン著, 門脇弘典訳　日経BP社　2015.12　441p　19cm　〈文献あり　発売：日経BPマーケティング〉2000円　①978-4-8222-5135-2
内容 第1章 創造は誰にでもできる　第2章 思考プロセスは誰でも同じ　第3章 災難を予測する　第4章 ものの見え方を知る　第5章 功績は誰のものか？　第6章 影響の連鎖　第7章 創造に必要なもの　第8章 組織を創造する　第9章 天才にさよなら　〔00090〕

アシュフォード, スーザン・J.
◇経験学習によるリーダーシップ開発—米国CCLによる次世代リーダー育成のための実践事例（Experience-Driven Leader Development）　シンシア・D.マッコーレイ,D.スコット・デリュ, ポール・R.ヨスト, シルベスター・テイラー編, 漆嶋稔訳　日本能率協会マネジメントセンター　2016.8　511p　27cm　8800円　①978-4-8207-5929-4
内容 経験学習のためのマインドフル・エンゲージメント他（D.スコット・デリュ, スーザン・J.アシュフォード）　〔00091〕

アージリス, クリス　Argyris, Chris
◇組織の罠—人間行動の現実（Organizational Traps）　クリス・アージリス〔原著〕, 河野昭三監訳　文真堂　2016.3　210p　21cm　〈文献あり 索引あり〉2000円　①978-4-8309-4900-5
内容 第1部 なぜ人々は自らの標榜価値とは逆の行動をするのか（人々は難局にどう対処するのか　罠にはまった行動　罠にはまる理由）　第2部 従来のアプローチで罠はいかに無視されてきたか—そして、罠はどのように扱われるべきか（リーダーシップと罠　組織文化、リーダーシップ、そして罠（Ian Smithとの共著）新しいアプローチの改善）　結論 組織の罠と人間の苦境　〔00092〕

アスコー, リチャード・S.　Ascough, Richard S.
◇パウロの教会はどう理解されたか（What Are They Saying About the Formation of Pauline Churches？）　リチャード・S.アスコー著, 村山盛葦訳　日本キリスト教団出版局　2015.12　173p　21cm　（神学は語る）　〈文献あり 索引あり〉2400円　①978-4-8184-0935-4
内容 序論　第1章 シナゴーグ　第2章 哲学学派　第3章 古代密儀宗教　第4章 任意団体　結論　〔00093〕

アースタッド, オラ　Erstad, Ola
◇21世紀型スキル—学びと評価の新たなかたち（ASSESSMENT AND TEACHING OF 21ST CENTURY SKILLS）　P.グリフィン,B.マクゴー,E.ケア編, 三宅なほみ監訳, 益川弘如, 望月俊男編訳　京都　北大路書房　2014.4　265p　21cm　〈索引あり〉2700円　①978-4-7628-2857-7
内容 21世紀型スキルを定義する（マリリン・ビンクレー, オラ・アースタッド, ジョーン・ハーマン, ゼンタ・ライゼン, マーティン・リプリー, メイ・ミラーリッチ, マイク・ランブル著, 山口悦司, 林一雅, 池尻良平訳）　〔00094〕

アスタフィエヴァ, エレーナ
◇ロシア帝国の民族知識人—大学・学知・ネットワーク　橋本伸也編　京都　昭和堂　2014.5　345, 14p　22cm　〈索引あり〉6000円　①978-4-8122-1358-2
内容 ロシア正教会とローマ・カトリック教会（エレーナ・アスタフィエヴァ著, 石田幸司, 清水領訳, 橋本伸也, 長縄宣博校訂）　〔00095〕

アステル, クリスティーン　Astell, Chrissie
◇絵で見る天使百科—その由来から癒やしの効果ま

で（DISCOVERING ANGELS）　クリスティーン・アステル著, 白須清美訳　原書房　2016.9　154p　20×20cm　〈文献あり〉2400円　Ⓘ978-4-562-05349-0

内容 イントロダクション（なぜ今、天使なの？　天使のクラリオン・コール　象徴と実在）　さまざまな姿の天使（聖典の中の天使　天使との出会い　天国の天使　生命の樹の天使　堕天使）　愛される大天使（天使との接触　守護の大天使ミカエル　啓示の大天使ガブリエル　癒やしの大天使ラファエル　平和の大天使ウリエル　愛の大天使チャミュエル　啓蒙の大天使ジョフィエル　喜びの大天使ザドキエル）〔*00096*〕

アズヘッド, マーク　Adshead, Mark

◇性加害行動のある少年少女のためのグッドライフ・モデル（The Good Lives Model for Adolescents Who Sexually Harm）　ボビー・プリント編, 藤岡淳子, 野坂祐子監訳　誠信書房　2015.11　231p　21cm　〈索引あり〉3000円　Ⓘ978-4-414-41461-5

内容 グッドライフ・アプローチにたいする少年と実践家の反応（シャロン・リーソン, マーク・アズヘッド）〔*00097*〕

アズベリー, キャスリン　Asbury, Kathryn

◇遺伝子を生かす教育―行動遺伝学がもたらす教育の革新（G IS FOR GENES）　キャスリン・アズベリー, ロバート・プローミン著, 土屋広幸訳　新曜社　2016.11　176p　21cm　〈文献あり 索引あり〉2300円　Ⓘ978-4-7885-1502-4

内容 第1部 理論的に考える（遺伝学、学校、学習　我々は現在の知識をどのようにして得たか　読む、書く　算数　体育―誰が、何を、なぜ、どこで、どのように？　科学（理科）―違う思考法？　IQと意欲はどうやったらうまく一致するか？　特別な教育の必要性―着想とインスピレーション　教室の中の「クローン」　ギャップに注意―社会的地位と学校の質　遺伝学と学習―重要な7つのアイデア）　第2部 実地に応用する（個別化の実際　11項目の教育政策のアイデア―日教育大臣）〔*00098*〕

アズマ, エイイチロウ　東 栄一郎

◇日系アメリカ移民二つの帝国のはざまで―忘れられた記憶1868-1945（Between Two Empires）　東栄一郎著, 飯野正子監訳, 長谷川寿美, 小沢智子, 飯野朋美, 北脇実千代訳　明石書店　2014.6　496p　20cm　〈文献あり 索引あり〉4800円　Ⓘ978-4-7503-4028-9

内容 第1部 日系人社会の複合的起源（商業移民、植民者、そして労働者―初期日系アメリカ社会の不均質な起源）　第2部 コミュニティの形成と分岐（移民集団の再形成―道徳的な市民性のトランスナショナルな構築　「在米同胞」―人種排斥とアメリカの「マイノリティ」の誕生）　第3部 先駆者と後継者（「民族発展の先駆者」―歴史の創造と人種的アイデンティティ　世代をめぐる問題―将来に向けた二世の教育　移民の国際主義の報い―祖先の国の二世）　第4部 移民ナショナリズムの複雑さ（日本を助けることは自らを助けること――世の愛国心の意味　エスニック・ナショナリズムと人種をめぐる闘争―カリフォルニア州デルタ地域におけるエスニック集団間の関係）〔*00099*〕

アスマン, ヤン

◇死者の復活―神学的・科学的論考集（RESURRECTION）　T.ピーターズ,R.J.ラッセル,M.ヴェルカー編, 小河陽訳　日本キリスト教団出版局　2016.2　441p　22cm　5600円　Ⓘ978-4-8184-0896-8

内容 古代エジプトにおける復活（ヤン・アスマン著）〔*00100*〕

アスラン, レザー　Aslan, Reza

◇イエス・キリストは実在したのか？（Zealot）　レザー・アスラン著, 白須英子訳　文芸春秋　2014.7　352, 11p　20cm　〈文献あり 年表あり〉1850円　Ⓘ978-4-16-390093-3

内容 第1部 ローマ帝国とユダヤ教（ローマ帝国と手を結ぶユダヤの大祭司たち　「ユダヤ人の王」ヘロデの実像　ヘロデ王は、赤子大虐殺などしていない　地上の革命を求める者たち　世界最強帝国に宣戦布告する　聖都壊滅という形で現実化した「世の終わり」）　第2部 革命家、イエス（イエスの蔭に隠された洗礼者ヨハネ　善きサマリア人の挿話の本当の意味　無償で悪魔祓いをする男　暴力革命も辞さなかった男　イエスは自分を何者と見ていたのか？　ピラト裁判は創作だった）　第3部 キリスト教の誕生（ユダヤ人ディアスポラから生まれたキリスト教　パウロがキリスト教を世界宗教にした　イエスの弟ヤコブが跡を継いだに見えたが…）〔*00101*〕

アゼベド, R.*　Azevedo, Roger

◇自己調整学習ハンドブック（HANDBOOK OF SELF-REGULATION OF LEARNING AND PERFORMANCE）　バリー・J.ジマーマン, ディル・H.シャンク編, 塚野州一, 伊藤崇達監訳　京都　北大路書房　2014.9　434p　26cm　〈索引あり〉5400円　Ⓘ978-4-7628-2874-4

内容 自己調整学習を評価し伝えるためのハイパーメディアの利用（Roger Azevedo, Amy Johnson, Amber Chauncey, Arthur Graesser著, 沖林洋平訳）〔*00102*〕

アセモグル, ダロン　Acemoglu, Daron

◇経済学者、未来を語る―新「わが孫たちの経済的可能性」（IN 100 YEARS）　イグナシオ・パラシオス＝ウエルタ編, 小坂恵理訳　NTT出版　2015.2　295p　20cm　〈索引あり〉2200円　Ⓘ978-4-7571-2335-9

内容 孫たちが受け継ぐ世界（ダロン・アセモグル著）〔*00103*〕

◇国家はなぜ衰退するのか―権力・繁栄・貧困の起源　上（WHY NATIONS FAIL）　ダロン・アセモグル, ジェイムズ・A.ロビンソン著, 鬼沢忍訳　早川書房　2016.5　414p　16cm　（ハヤカワ文庫 NF 464）〈索引あり〉1000円　Ⓘ978-4-15-050464-9

内容 序文　第1章 こんなに近いのに、こんなに違う　第2章 役に立たない理論　第3章 繁栄と貧困の形成過程　第4章 小さな相違と決定的な岐路―歴史の重み　第5章「私は未来を見た。うまくいっている未来を」―収奪的制度のもとでの成長　第6章 乖離　第7章 転換点　第8章 縄張りを守れ―発展の障壁〔*00104*〕

◇国家はなぜ衰退するのか―権力・繁栄・貧困の起源　下（WHY NATIONS FAIL）　ダロン・ア

ア

ア

セモグル, ジェイムズ・A.ロビンソン著, 鬼沢忍訳　早川書房　2016.5　410p　16cm　(ハヤカワ文庫 NF 465)　〈文献あり 索引あり〉 1000円 ①978-4-15-050465-6

内容 第9章 後退する発展　第10章 繁栄の広がり　第11章 好循環　第12章 悪循環　第13章 こんにち国家はなぜ衰退するのか　第14章 旧弊を打破する　第15章 繁栄と貧困を理解する　付録 著者と解説者の質疑応答 〔00105〕

アタナシオス

◇砂漠に引きこもった人々―キリスト教聖人伝選集　戸田聡編訳　教文館　2016.3　305p　22cm　3500円　①978-4-7642-7406-8

内容 ヒエロニュムス『テーバイのパウルス伝』(プロローグ―最初に砂漠に住んだ修道者は誰か　迫害と殉教の時代 ほか)　アタナシオス『アントニオス伝』(誕生から子ども時代まで　召命 ほか)　ヒエロニュムス『ヒラリオン伝』(誕生から、修道者になるまで　悪魔による最初の試み ほか)　ヒエロニュムス『囚われの修道士マルクス伝』(マルクスとその連れ合い　マルクスの生い立ちと、彼が修道士になるまで ほか)　著者不明『エジプト人マカリオス伝』ギリシア語版(マカリオスの両親　財産を失う ほか) 〔00106〕

アダムス, ジョーン

◇ディスアビリティ現象の教育学―イギリス障害学からのアプローチ　堀正嗣監訳　現代書館　2014.3　308p　21cm　(熊本学園大学付属社会福祉研究所社会福祉叢書 24)　4000円　①978-4-7684-3531-1

内容 何がそんなに特別なのか?(ジョーン・アダムス, ジョン・スウェイン, ジム・クラーク著, 原田琢也訳) 〔00107〕

アダムス, スティーブ　Adams, Steve

◇もしも地球がひとつのリンゴだったら (IF...A Mind-Bending New Way of Looking at Big Ideas and Numbers)　デビッド・J.スミス文, スティーブ・アダムス絵, 千葉茂樹訳　小峰書店　2016.7　39p　26×26cm　(絵本地球ライブラリー)　1500円　①978-4-338-28206-2

内容 もしも…　太陽系の惑星　地球の歴史　生命の歴史　過去3000年の歴史　発明の歴史　過去1000年の発明の歴史　大陸　水　生物の種　お金　エネルギー　寿命　人口　食べ物　あなたの人生　銀河系 〔00108〕

アダムス, マーク　Adams, Mark

◇アトランティスへの旅―失われた大陸を求めて (MEET ME IN ATLANTIS)　マーク・アダムス著, 森夏樹訳　青土社　2015.12　393, 7p　20cm　〈文献あり 索引あり〉 2600円　①978-4-7917-6898-1

内容 遺失物取扱い所?　―モロッコ、アガディール近辺　あの無力感―ニューヨーク州ニューヨーク　哲学一〇一問(哲学入門)―フォーダム大学ローエンスタイン・アカデミック・ビル　「深海に消えた」―エジプト、サイス(紀元前六〇〇年頃)　オコーネル氏のアトランティペディアーアイルランド、リートリム郡　素人演芸会―ミネソタ州ナイニンガーシティ(一八八二年頃)　失われた都市は双子の都市に出会う―ミネソタ州セントポール　ぶどう酒色をした海の秘密―地中海でテレビで見たままに―コネティカット州ハートフォード　セカンド・オピニオン―スペイン、マドリッド〔ほか〕 〔00109〕

アダムス, マリリー・G.　Adams, Marilee G.

◇すべては「前向き質問」でうまくいく―質問思考の技術/クエスチョン・シンキング (CHANGE YOUR QUESTIONS, CHANGE YOUR LIFE)　マリリー・G.アダムス著, 鈴木義幸監修, 中西真雄美訳　新版　ディスカヴァー・トゥエンティワン　2014.12　270p　19cm　1500円　①978-4-7993-1623-8

内容 第1章 人生を変える質問力　第2章 選択の地図との出会い　第3章『批判する人の道』を行くと泥沼にはまる　第4章『学ぶ人の道』を行くと未来がひらける　第5章 自分を責めない、人のせいにしない　第6章 まず、受け入れる　第7章 思考と行動を変える、究極の質問とは?　第8章 困ったときは、質問ブレーンストーミング　第9章 思いこみにとらわれないために　第10章 偉大な成果は、偉大な質問から始まる「すべては『前向き質問』でうまくいく」スペシャル・ワークブック 〔00110〕

アダムズ, リン　Adams, Lynn W.

◇自閉症スペクトラム障害の子どもの親となったあなたへ―子育ての手引き (PARENTING ON THE AUTISM SPECTRUM)　リン・アダムズ著, 川合紀宗, 若松昭彦訳　京都　北大路書房　2016.11　229p　21cm　〈文献あり 索引あり〉 2300円　①978-4-7628-2953-6

内容 第1章 自閉症スペクトラム障害についての事実　第2章 賢明な消費者になるために　第3章 自閉症スペクトラム障害の子どもが暮らしやすい家　第4章 おしゃべりして、遊んで、試して、なってみる!　第5章 学校が始まる!　第6章 行動に制御される前にそれを制御する　第7章 アスペルガー障害の子どもの特性　第8章 家族みんなで支える　第9章 高校卒業後の進路 〔00111〕

アダムズ, レジナルド・B., Jr.　Adams, Reginald B., Jr.

◇ヒトはなぜ笑うのか―ユーモアが存在する理由 (INSIDE JOKES)　マシュー・M.ハーレー, ダニエル・C.デネット, レジナルド・B.アダムズJr.著, 片岡宏仁訳　勁草書房　2015.2　563p　20cm　〈文献あり 索引あり〉 3500円　①978-4-326-15432-6

内容 導入　ユーモアはなんのためにある?　ユーモアの現象学　ユーモア理論の学説略史　認知的・進化論的ユーモア理論のための20の問い　情動と計算　ユーモアをこなせる心　ユーモアとおかしみ　高階ユーモア　反論を考える　周縁例―非ジョーク、ダメなジョーク、近似的ユーモア　それにしてもなんで笑うんだろう?　おあとがよろしいようで 〔00112〕

アダムスキー, ドミトリー

◇イスラエル情報戦史 (ISRAEL'S SILENT DEFENDER)　佐藤優監訳, アモス・ギルボア, エフライム・ラピッド編, 河合洋一郎訳　並木書房　2015.6　373p 図版32p　21cm　〈年表あり〉 2700円　①978-4-89063-328-9

内容 IDIの対ソ諜報活動(ドミトリー・アダムスキー著) 〔00113〕

アタリ, ジャック　Attali, Jacques

◇危機とサバイバル―21世紀を生き抜くための〈7つの原則〉（Survivre aux crises）　ジャック・アタリ著, 林昌宏訳　作品社　2014.2　292p　20cm　2200円　①978-4-86182-310-7

内容 日本語版序文 日本は“21世紀の危機”をサバイバルできるか？　序文 21世紀を襲う“危機”から“サバイバル”するために　第1部 21世紀に予測される“危機”―歴史に学び、未来に備える（時代を見通す目を養う　危機の歴史から、未来を考える　サバイバル戦略）　第2部 21世紀を“サバイバル”するために―個人/企業/国家/人類のための“七つの原則”（個人のサバイバル―あなたは本当に生き残る気があるのか？　企業のサバイバル―危機に直面した際の企業経営とは？　国家のサバイバル―私たちの公的活動を再検討する　人類のサバイバル―未来の歴史・未来の人類）〔00114〕

◇所有の歴史―本義にも転義にも（AU PROPRE ET AU FIGURÉ―Une histoire de la propriété）　ジャック・アタリ著, 山内昶訳　新装版　法政大学出版局　2014.5　531, 41p　19cm　（叢書・ウニベルシタス）　6200円　①978-4-588-09988-5

内容 第1章 生命のモノ（持ち＝食べること　武器を持つ狩人 ほか）　第2章 モノの力（死者の像　土地国家 ほか）　第3章 自己のために持つこと（“自己の死”　名前の生 ほか）　第4章 人間の固有性（生きること、それだけ　狩の形象 ほか）〔00115〕

◇世界精神マルクス―1818-1883（KARL MARX OU L'ESPRIT DU MONDE）　ジャック・アタリ〔著〕, 的場昭弘訳　藤原書店　2014.7　579p　22cm　〈文献あり 年譜あり 索引あり〉4800円　①978-4-89434-973-5

内容 1 ドイツの哲学者――八一八‐四三年　2 ヨーロッパの革命家――八四三年十月‐四九年八月　3 イギリスの経済学者――八四九年八月‐五六年三月　4 インターナショナルの主人――八五六年四月‐六四年十二月　5『資本論』の思想家――八六五年一月‐七一年十月　6 最後の戦い――八七一年十二月‐八三年三月　7 世界精神〔00116〕

◇ユダヤ人、世界と貨幣――神教と経済の4000年史（LES JUIFS, LE MONDE ET L'ARGENT）　ジャック・アタリ著, 的場昭弘訳　作品社　2015.2　665p　20cm　〈文献あり 著作目録あり 索引あり〉3800円　①978-4-86182-489-0

内容 第1章「創世記」紀元前二〇〇〇‐紀元七〇年（古代エジプトまで―物々交換から貨幣まで　エジプトのイスラエル―銀から金へ ほか）　第2章「出エジプト記」七〇‐一〇九六年（ローマとともにそして神殿なく―最初のノマードのネットワーク　貨幣に対するキリスト教徒とユダヤ人 ほか）　第3章「レヴィ記」一〇九六‐一七八九年（より東への旅（一〇〇〇年）　金貸しと裏切り者 ほか）　第4章「民数記」一七八九‐一九四五年（産業革命の伝達者たち　三つの幻想 ほか）　第5章「申命記」一九四五年‐（大地と書物　ノマードがいなければ定住者もいない ほか）〔00117〕

◇「ちゃぶ台返し」のススメ―運命を変えるための5つのステップ（Devenir Soi）　ジャック・アタリ著, 橘明美訳　飛鳥新社　2016.4　197p　19cm　1500円　①978-4-86410-465-4

内容 序論“自分になる”こととは？　―あなたは自分で思っているよりも自由　第1部 甘受する世界―それでもあなたは他人まかせでいいのか　第2部 新たなルネサンス―自ら問題に立ち向かう人々が出現している　第3部“自分になる”ことについて考えた人々―押し付けられた運命と格闘してきた人々の歴史　第4部“自分になる”ための五つのステップ―具体的にはどうすればいいのか　結論 今、ここで、“自分になる”こと―必要なのは行動する勇気〔00118〕

◇未来のために何をなすべきか？―積極的社会建設宣言（MANIFESTE POUR UNE SOCIÉTÉ POSITIVE）　ジャック・アタリ, 積極的経済フォーラム著, 的場昭弘訳　作品社　2016.6　150p　19cm　1400円　①978-4-86182-581-1

内容 序文 われわれは、いま、未来の世代に“声”を残すべきだ　第1章 積極的社会、集団的計画　第2章 国家、長期的に積極的経済を保証するもの　第3章 地方、積極的な協力の創造者　第4章 企業、重要な積極的成長のモーター　第5章 市民、積極的社会の活動の鍵　結論 活動している積極的経済　附録 未来の世代のために尽くすことこそ、継続的、均衡成長のための鍵である〔00119〕

◇アタリ文明論講義―未来は予測できるか（PEUT-ON PRÉVOIR L'AVENIR？）　ジャック・アタリ著, 林昌宏訳　筑摩書房　2016.9　254p　15cm　（ちくま学芸文庫 ア31-2）〈文献あり〉1000円　①978-4-480-09751-4

内容 第1章 天の予言、神々の権力（民衆の未来を語る　未来の全体像を解読する　未来のエッセンスを暴き出す　なぜこれらの予言テクニックをいまだに信じるのか）　第2章 時間を操る、人間の力（予言から逃れる―自由と恩寵　天気予報　高まる時間の価値―思索と予想　“歴史”の意義―長い時間　予測術を身につけるための四つのメソード）　第3章 偶然を制御する、マシンの威力（モデル―シミュレーション、予測、予言　偶然性に回帰する　予言する独裁者）　第4章 私の未来予測（自分自身の未来を予測する　身近な人や見ず知らずの他人の未来を予測する　企業の未来を予測する　国の未来を予測する　人類の未来を予測する）〔00120〕

アーチャー, ジョン

◇死別体験―研究と介入の最前線（Handbook of Bereavement Research and Practice 原著第3版の抄訳）　マーガレット・S.シュトレーベ, ロバート・O.ハンソン, ヘンク・シュト, ウォルフガング・シュトレーベ編, 森茂起, 森年恵訳　誠信書房　2014.3　322p　22cm　〈文献あり 索引あり〉4400円　①978-4-414-41454-7

内容 悲嘆の諸理論（ジョン・アーチャー著）〔00121〕

アーチャー, M.

◇国際社会学の射程―社会学をめぐるグローバル・ダイアログ　西原和久, 芝真里編訳　東信堂　2016.2　118p　21cm　（国際社会学ブックレット 1）　1200円　①978-4-7989-1336-0

内容 形態生成の増大と社会学という使命（M.アーチャー著, 小坂有資訳）〔00122〕

アッカマン, ブルース　Ackerman, Bruce A.

◇熟議の日―普通の市民が主権者になるために（Deliberation Day）　ブルース・アッカマン, ジェイムズ・S.フィシュキン著, 川岸令和, 谷沢正嗣, 青山豊訳　早稲田大学出版部　2014.12

ア

336p 21cm 〈索引あり〉 3800円 ①978-4-657-14011-1

内容 第1部 よく考えてみよう（想像してみよう 祝日思考実験から現実の実験へ 徳性の循環 パラダイムを拡大する 熟議の値段は？） 第2部 熟議と民主主義（大衆民主主義をめぐる問題 責任あるシティズンシップ 恐るべき非対称 2つの未来） 〔00123〕

アックスウォージー, トーマス

◇世界はなぜ争うのか―国家・宗教・民族と倫理をめぐって 福田康夫, ヘルムート・シュミット, マルコム・フレーザー他著, ジェレミー・ローゼン編集, 渥美桂子訳 朝倉書店 2016.3 296p 21cm 〈他言語標題：Ethics in Decision-Making〉 非売品

内容 寛容（トーマス・アックスウォージー著） 〔00124〕

◇世界はなぜ争うのか―国家・宗教・民族と倫理をめぐって 福田康夫, ヘルムート・シュミット, マルコム・フレーザー他著, ジェレミー・ローゼン編集, 渥美桂子訳 朝倉書店 2016.5 296p 21cm 〈他言語標題：Ethics in Decision-Making〉 1850円 ①978-4-254-50022-6

内容 寛容（トーマス・アックスウォージー著） 〔00125〕

アッシャー, ショーン Usher, Shaun

◇注目すべき125通の手紙―その時代に生きた人々の記憶（LETTERS OF NOTE） ショーン・アッシャー編, 北川玲訳 大阪 創元社 2014.12 383p 28cm 〈索引あり〉 3000円 ①978-4-422-90032-2

内容 女王陛下のレシピ―エリザベス二世からアイゼンハワー大統領へ 地獄からの便り―切り裂きジャックから自警団長へ 時計のねじを巻く―E.B.ホワイトから知人へ 死刑を宣告されました―メアリー・ステュアートから義弟アンリ三世（仏）へ 世界でもっとも有名なスープ缶―キャンベル社マーケティング・マネジャーからアンディ・ウォーホルへ 言論の自由―ビル・ヒックス（コメディアン）から牧師へ アニメーターを志す人に―ジョン・クリックファルシ（アニメーター）から14歳の少年へ エレファントマン―ロンドン病院長からタイムズ紙へ 言葉が好きです―ロバート・ピロシュ（映画脚本家）から各人へ 死の直前に書かれた手紙―ヴァージニア・ウルフから夫レナードへ〔ほか〕 〔00126〕

アッシャー, ダニエル

◇イスラエル情報戦史（ISRAEL'S SILENT DEFENDER） 佐藤優監訳, アモス・ギルボア, エフライム・ラピッド編, 河合洋一郎訳 並木書房 2015.6 373p 図版32p 21cm 〈年表あり〉 2700円 ①978-4-89063-328-9

内容 コンバット・インテリジェンス（ダニエル・アッシャー著） 〔00127〕

アッシャー, E.L* Usher, Ellen L.

◇自己調整学習ハンドブック（HANDBOOK OF SELF-REGULATION OF LEARNING AND PERFORMANCE） バリー・J.ジマーマン, ディル・H.シャンク編, 塚野州一, 伊藤崇達監訳 京都 北大路書房 2014.9 434p 26cm 〈索引あり〉 5400円 ①978-4-7628-2874-4

内容 自己調整学習における自己効力感の評価（Dale H. Schunk, Ellen L.Usher著, 中谷素之訳） 〔00128〕

アッシュ, トレイシー Ash, Tracey

◇古代エジプトのセレスティアル・ヒーリング―高波動へのソースコード（ANCIENT EGYPTIAN CELESTIAL HEALING） トレイシー・アッシュ著, 鏡見沙椰訳 ナチュラルスピリット 2016.3 278p 21cm 〈文献あり〉 2300円 ①978-4-86451-199-5

内容 第1部（古代エジプトの大ピラミッド 組み込まれたソースコード 2012年3月カイロ博物館とアブグラブの古代の記憶 瞑想と高波動の輝かしさの科学 自己変容の科学 ほか） 第2部「15日間の瞑想プロセス」ソースコードの瞑想（1日目 具現化のひな型 2日目 クンダリーニ・スイッチ 3日目 オシリス―輝かしい戦士のひな型 4日目 ハトホル―愛のひな型 5日目 ホルス―英雄のひな型 ほか） 〔00129〕

◇ライフヴィジョン―エジプトのエソテリック技法 トレイシー・アッシュ著, 鏡見沙椰訳 ヴォイス出版事業部 2016.7 147p 19cm 〈他言語標題：LIFE VISION〉 1800円 ①978-4-89976-454-0

内容 第1章 あなたのライフヴィジョンを生きよう 第2章「インフニットアイ」へシフトするための四つの扉 第3章「重力」を使って人生を自由自在に！ 第4章 神性への鍵となる四つのアーキタイプ 第5章 人生がワクワクするコヒージョンへの入り方 第6章 古代エジプトの叡智を自分に取り入れる 第7章 自分の波動を最大限に高める 〔00130〕

アッシュクロフト＝ノーウィッキ, ドロレス Ashcroft-Nowicki, Dolores

◇輝ける小径―パスワーキングの実践（The Shining Paths ; An Experiential Journey Through the Tree of Life） ドロレス・アッシュクロフト＝ノーウィッキ著, 高橋佳代子訳, 秋端勉監修 国書刊行会 2016.12 321p 21cm （現代魔術大系 3） 4600円 ①978-4-336-03863-0

内容 第1部（マルクトからイェソドへ マルクトからホドへ イェソドからホドへ マルクトからネツァクへ イェソドからネツァクへ ほか） 第2部（生命の木の光球 マルクトの体験 イェソドの体験 ホドの体験 ネツァクの体験 ほか） 〔00131〕

アッセルト, W.J.ファン Asselt, Willem Jan van

◇改革派正統主義の神学―スコラ的方法論と歴史的展開（Inleiding in de Gereformeerde Scholastiek（重訳）） W.J.ファン・アッセルト編, 青木義紀訳 教文館 2016.6 333, 12p 22cm 〈文献あり 索引あり〉 3900円 ①978-4-7642-7392-4

内容 序論 他（W.J.ファン・アッセルト,P.L.ロウヴェンダール著） 〔00132〕

アットウッド, クリス Attwood, Chris

◇ブレイクスルー！―自分らしく生きていくための12の壁の壊し方（Breakthrough！） ジャネット・アットウッド, マーシー・シャイモフ, クリス・アットウッド, ジェフ・アフレック著, 鶴田豊和訳 フォレスト出版 2014.4 205p 20cm 1300円 ①978-4-89451-613-7

内容 あらゆるコントロールから解き放たれる（ジャネッ

ト・アットウッド　クリス・アットウッド）　無条件で幸福になる方法（マーシー・シャイモフ）　失った情熱を取り戻す方法（ジェフ・アフレック）　右脳を使ってリッチになろう（エレン・ロギン）　夢の職業に就く方法（スージー・ステッドマン）　仕事も人生も大好きになる「4つのステップ」（ジェーン・カヴァノー）　人生の喜びを引き寄せる「本当の自分」になろう（シャノン・サウス博士）　今、この時を生きる方法（クリフ・トーマス医学博士）　自分自身を愛する方法（シャン・マクリーン）　心に羅針盤を持つ（スコット・ワーナー博士）　カレンダーに「いつか」という日はない（バーバラ・エディ）　情熱的に生きるために必要な「たった1つのこと」（ジャネット・アットウッド）　〔00133〕

アットウッド, ジャネット　Attwood, Janet Bray

◇ブレイクスルー！―自分らしく生きていくための12の壁の壊し方（Breakthrough！）　ジャネット・アットウッド, マーシー・シャイモフ, クリス・アットウッド, ジェフ・アフレック著, 鶴田豊和訳　フォレスト出版　2014.4　205p　20cm　1300円　①978-4-89451-613-7

内容 あらゆるコントロールから解き放たれる（ジャネット・アットウッド　クリス・アットウッド）　無条件で幸福になる方法（マーシー・シャイモフ）　失った情熱を取り戻す方法（ジェフ・アフレック）　右脳を使ってリッチになろう（エレン・ロギン）　夢の職業に就く方法（スージー・ステッドマン）　仕事も人生も大好きになる「4つのステップ」（ジェーン・カヴァノー）　人生の喜びを引き寄せる「本当の自分」になろう（シャノン・サウス博士）　今、この時を生きる方法（クリフ・トーマス医学博士）　自分自身を愛する方法（シャン・マクリーン）　心に羅針盤を持つ（スコット・ワーナー博士）　カレンダーに「いつか」という日はない（バーバラ・エディ）　情熱的に生きるために必要な「たった1つのこと」（ジャネット・アットウッド）　〔00134〕

アデア, ジョン　Adair, John Eric

◇英国超一級リーダーシップの教科書―マネージメントにもっとも必要な能力をどう身につけるか（CREATING SUCCESS 原著第2版の翻訳）　ジョン・アデア著, 酒井正剛監訳, 高橋朗訳　こう書房　2015.3　207p　19cm　1400円　①978-4-7696-1138-7

内容 第1章 リーダーが持つ優れた品格とは―資質からのアプローチ　第2章 リーダーにとっての知識とは―状況対応型アプローチ　第3章 リーダーに求められる行動とは―ファンクションからのアプローチ　第4章 具体的なリーダーシップ・ファンクションとは　第5章 どのように自分を磨くか　第6章 戦略レベルのリーダーシップ　第7章 次のリーダーをどのように育てるか　〔00135〕

アディ, クントロ

◇アジアにおけるイエズス会大学の役割　高祖敏明, サリ・アガスティン共編　上智大学出版　2015.12　253p　21cm　〈発売：ぎょうせい〉　2500円　①978-4-324-09945-2

内容 サナタダルマ大学とイエズス会の全人教育（クントロ・アディ著）　〔00136〕

アーディ, デイナ　Ardi, Dana

◇現場力を引き出すリーダーの条件―「オーケストラ型」マネジメント（THE FALL OF THE ALPHAS）　デイナ・アーディ著, 伊豆原弓訳　日経BP社　2014.8　309p　19cm　〈発売：日経BPマーケティング〉　1600円　①978-4-8222-5042-3

内容 第1章 強いのは命令しないリーダーと「オーケストラ型」の組織　第2章 技術革新が変えた指揮系統　第3章 リーダーは競争好きでなくていい　第4章 情報で自由になった労働者　第5章 コミュニケーション、コラボレーション、キュレーション　第6章 全員が自己実現のために働く　第7章 エリート社員はもういらない　第8章 カリスマではなく、組織の一員であれ　第9章 二人以上でチームを引っ張る　第10章 不安定な時代にとるべきリーダーシップ　〔00137〕

アティシャ　Atīśa

◇菩提道灯論―全訳　アティシャ〔著〕, 望月海慧訳　浦安　起心書房　2015.3　374p　22cm　〈文献あり 索引あり〉　7700円　①978-4-907022-08-2　〔00138〕

アティーヤ, アズィズ・S.　Atiya, Aziz Suryal

◇東方キリスト教の歴史（A History of Eastern Christianity）　アズィズ・S.アティーヤ著, 村山盛忠訳　教文館　2014.5　604, 75p　22cm　〈文献あり 索引あり〉　8000円　①978-4-7642-7379-5

内容 第1部 アレクサンドリアのキリスト教コプト（人）とコプト教会　第2部 アンティオキアとヤコブ派教会　第3部 ネストリオス派教会　第4部 アルメニア教会　第5部 南インド聖トマス・キリスト教会　第6部 マロン派教会　第7部 消滅した教会 結語　〔00139〕

アデュジャ, カヨデ

◇経験学習によるリーダーシップ開発―米国CCLによる次世代リーダー育成のための実践事例（Experience-Driven Leader Development）　シンシア・D.マッコーレイ,D.スコット・デリュ, ポール・R.ヨスト, シルベスター・テイラー編, 漆嶋稔訳　日本能率協会マネジメントセンター　2016.8　511p　27cm　8800円　①978-4-8207-5929-4

内容 個人と組織のニーズを満たす能力開発：ハイバリュー能力開発ツールの設計（ロバート・マッケナ, メアリー・M.プランケット, カヨデ・アデュジャ）　〔00140〕

アデル, デボラ　Adele, Deborah

◇ヤマ・ニヤマ―ヨガの10の教え（The Yamas & Niyamas）　デボラ・アデル著, 中沢甘茉訳　ガイアブックス　2016.7　179p　19cm　1700円　①978-4-88282-966-9

内容 1つ目の宝石 アヒムサ（非暴力）　2つ目の宝石 サティア（不嘘）　3つ目の宝石 アスティヤ（不盗）　4つ目の宝石 ブラフマチャリヤ（不過度）　5つ目の宝石 アパリグラハ（不貪）　6つ目の宝石 ソウチャ（清浄）　7つ目の宝石 サントーシャ（知足）　8つ目の宝石 タパス（自己鍛練）　9つ目の宝石 スワディヤーヤ（自我の探究）　最後の宝石 イシュワラ・パラニダーナ（降伏）　〔00141〕

アドヴァニ, ニーシャ

◇経験学習によるリーダーシップ開発―米国CCLによる次世代リーダー育成のための実践事例

(Experience-Driven Leader Development)　シンシア・D.マッコーレイ,D.スコット・デリュ,ポール・R.ヨスト,シルベスター・テイラー編,漆嶋稔訳　日本能率協会マネジメントセンター　2016.8　511p　27cm　8800円　①978-4-8207-5929-4

ア

内容 一時的なクロス・ファンクショナルな経験の設計(ニーシャ・アドヴァニ)　〔00142〕

アトキンソン, アンソニー・B.　Atkinson, Anthony Barnes

◇21世紀の不平等 (INEQUALITY)　アンソニー・B.アトキンソン著, 山形浩生, 森本正史訳　東洋経済新報社　2015.12　369, 56p　22cm　〈索引あり〉3600円　①978-4-492-31470-8

内容 第1部 診断(議論の基礎　歴史から学ぶ　不平等の経済学)　第2部 行動のための提案(技術変化と対抗力　将来の雇用と賃金　資本の共有　累進課税　万人に社会保障を)　不平等を減らす提案　第3部 できるんだろうか? (パイの縮小?　グローバル化のせいで何もできないか?　予算は足りるだろうか?)　この先の方向性　〔00143〕

アトキンソン, イアン　Atkinson, Ian

◇最高の答えがひらめく、12の思考ツール―問題解決のためのクリエイティブ思考 (THE CREATIVE PROBLEM SOLVER)　イアン・アトキンソン著, 笹山裕子訳　ビー・エヌ・エヌ新社　2015.6　207p　21cm　〈文献あり 索引あり〉1800円　①978-4-86100-990-7

内容 1 インサイト(あなたの脳はここで間違える)　2 イノベーション(問題を大きくする　他人になる　反逆する　制約を受ける　選択肢を設計する　古い+古い=新しい　逆行分析する　問題を回避する　ランダムを挿入する　精査し、推定する　シンプルな解決をする　組み合わせ、再定義する)　3 インスピレーション(準備　創出　発展　実施)　〔00144〕

アトキンソン, ウィリアム・ウォーカー　Atkinson, William Walker

◇〈アトキンソン版〉引き寄せの法則　2　最強の願望物質化―あなたのメンタルパワー《念波》を最大化する集中レッスン　ウィリアム・W.アトキンソン著, 林陽訳・解説　ヒカルランド　2014.2　242p　20cm　(アトキンソンシリーズ 002)　〈他言語標題:Law of Attraction and Practical Mental Influence　「引き寄せの法則 奥義篇」(徳間書店 2008年刊)の改題、加筆・修正〉1600円　①978-4-86471-176-0

内容 第1部 これがメンタルパワーの正体だ―振動・引き寄せ・願望物質化の科学法則とその活用法　第2部 これがメンタルパワーの威力だ―人心操作の様々な秘法と具体的な手順　第3部 これがメンタルパワーの活用だ―念波の原理活用と使用上の注意点・防御法　第4部 これがメンタルパワーの核心だ―心霊的影響力の仕組みと自己防衛術の完全マスター　〔00145〕

◇〈アトキンソン版〉引き寄せの法則　3　秘技キバリオン&エメラルドタブレット―あなたのメンタルを《アルケミスト》へと変容させるマスターコース (The Kybalion)　ウィリアム・W.アトキンソン著, 林陽訳・解説　ヒカルランド　2014.7　247p　20cm　(アトキンソンシリーズ 003)　〈「引き寄せの奥義キバリオン」(徳間書店 2008年刊)の改題、加筆・修正〉1556円　①978-4-86471-186-9

内容 宗教の根源/最古最強の密教ヘルメス学―あなたが本来獲得すべき「すべての秘技」をここに授けるのだ　ヘルメス錬金術の集大成/秘伝「キバリオン」啓示―宇宙の波動のすべてをマスターするとき、あなたはこの惑星の光そのものとなるのだ　超覚醒の扉/ヘルメス七大原理―あなたは元よりマスターとなるべき運命を背負ってこの世界にやって来たのだ　精神的変容の奥義/魔術―あなたは元々思いを物質化できる「魂のアルケミスト」なのだ　根本真理/不可知を知る―無限なる「全(The All)」こそが有限なるあなたのすべて/今こそ囚われの身から抜け出すのだ!　万物の進化/運命を決する鍵―宇宙とは何か、どのように創造されたのか/「全」を感取して、あなたはもはやマスターとなるのだ!　逆説の法則/絶対と相対を複眼せよ―「宇宙はあるが、ない」という聖なる逆説を心に刻みつつ、覚者への道を歩むのだ　霊的成長/引き戻しの法則との相関―被造物と創造物は「全」の瞑想の中で一つになるのだ　三大界宇宙/七大原理の実働世界―超人(super‐man)、超越人(over‐man)への道を歩むのだ/人類はまだやっと第五層に立ったところ…　振動の原理/万物の現象・存在の源―物質も精神もエーテルもすべては振動/だからあなたは振動を「意のままに」するべきなのだ〔ほか〕　〔00146〕

◇潜在意識と幸運の法則―100年前から活用されている「引き寄せの法則」(The Law of Attraction)　ウィリアム・W.アトキンソン著, 遠藤昭則訳　イースト・プレス　2015.6　190p　20cm　1600円　①978-4-7816-1334-5

内容 レッスン1 潜在意識、すなわち内なる意識　レッスン2 潜在意識の働き　レッスン3 心の地下室　レッスン4 記憶の倉庫　レッスン5 自分を「作り変える」　レッスン6 意識しなくても考えている　レッスン7 内なる意識の助け　レッスン8 洞察力あるいは先見の明　レッスン9 リーランド・メソッド　レッスン10 直感力そしてそれを超えて　〔00147〕

◇成功の秘訣―オーディオブックCD『引き寄せの法則』の実践編　ウィリアム・ウォーカー・アトキンソン著, 関岡孝平訳　〔録音資料〕　パンローリング　〔2016〕　録音ディスク 3枚(181分):CD　〈他言語標題:The secret of success　企画・制作:でじじ〉1300円　①978-4-7759-8380-5　〔00148〕

◇内面波動(オーラ・パワー)の使い手になる!　引き寄せの法則オーラ篇 (Human Aura and Thought Forms)　ウィリアム・W.アトキンソン著, 林陽訳　新装版　ヒカルランド　2016.9　113p　19cm　〈初版のタイトル等:引き寄せの法則 オーラ篇(徳間書店 2008年刊)〉1333円　①978-4-86471-416-7

内容 引き寄せの法則を動かす本体「オーラ」の知られざる作用　オーラとは実在する力「念体」である!　オーラの基本形「プラーナオーラ」は、生命の原物質でもある!　アストラルカラーをキャッチする幽眼の鍛え方　人間の内面をまる裸にするアストラルカラーの必須知識　人間の本性たる「エーテル複体」と光の万華鏡の探求!　オーラの原物質から発せられる「念体」が人に及ぼす影響力　どんな感情・思考を引き寄せるかを決定づける「色」の奥義的意味!　「気」の壮大なる貯蔵庫たる「オーラ」の治療への応

用法　オーラの振動を強化する方法あるいは中和する方法　防衛オーラの形成による自己防衛法　人を動かすメンタルオーラの使い方〔00149〕

アトキンソン, ジャイルス

◇国連大学包括的「富」報告書―自然資本・人工資本・人的資本の国際比較（Inclusive Wealth Report 2012）　国連大学地球環境変化の人間・社会的側面に関する国際研究計画, 国連環境計画編, 植田和弘, 山口臨太郎訳, 武内和彦監修　明石書店　2014.12　358p　26cm　〈文献あり 索引あり〉8800円　①978-4-7503-4113-2

内容 国の経済は〈仮想的に〉持続可能といえるか？（ジャイルス・アトキンソン, マシュー・アガルワラ, パブロ・ムニョス著）〔00150〕

アドシェイド, マリナ　Adshade, Marina

◇セックスと恋愛の経済学―超名門ブリティッシュ・コロンビア大学講師の人気授業（DOLLARS AND SEX）　マリナ・アドシェイド著, 酒井泰介訳　東洋経済新報社　2015.1　313p　20cm　〈文献あり〉1800円　①978-4-492-31452-4

内容 1 あなたの恋愛　2 出会いの大学時代　3 バーチャル恋愛　4 渡る世間は鬼ばかり　5 結婚―この妙なる制度　6 生計を立てる　7 新世代の草食系男女　8 生来の好きもの　9 愛の終わり〔00151〕

アドマイト, クラウス　Adomeit, Klaus

◇ドイツ労働法（ARBEITSRECHT 原著第14版の翻訳）　ペーター・ハナウ, クラウス・アドマイト著, 手塚和彰, 阿久沢利明訳　新版　信山社出版　2015.2　503p　23cm　〈索引あり〉12500円　①978-4-7972-2711-6

内容 労働法と経済　労働法：その規定の構成　団結体・労働協約・労働争議　事業所内および企業内の共同決定　使用者と被用者：労働関係　被用者の採用　労働に関する権利義務　賃金支払義務　労働関係の終了　労働裁判所手続き　追補 2006年以後の最も重要な変化〔00152〕

アドマティ, アナト　Admati, Anat R.

◇銀行は裸の王様である―金融界を震撼させた究極の危機管理（The Bankers' New Clothes）　アナト・アドマティ, マルティン・ヘルビッヒ著, 土方奈美訳　東洋経済新報社　2014.6　321, 182p　22cm　〈文献あり 索引あり〉4000円　①978-4-492-68136-7

内容 銀行は「裸の王様」だ　第1部 借り入れ、銀行業、そしてリスク（まず、借り入れのリスクを知ろう　なぜ借り入れがそんなに危ういのか　『素晴らしき哉、人生！』は本当か ほか）　第2部 自己資本を厚くすべきこれだけの理由（打つべき手はわかっている　銀行が自己資本を毛嫌いする理由　他人のカネで博打を打つ構造 ほか）　第3部 これからの銀行規制の話をしよう（やるなら今だ！　政治と銀行　他人のお金の正しい扱い方）〔00153〕

アドラー, アルフレッド　Adler, Alfred

◇勇気はいかに回復されるのか　アルフレッド・アドラー著, 岸見一郎訳・注釈　アルテ　2014.2　190p　19cm　（アドラー・アンソロジー）〈他言語標題：How can courage be restored？　文献あり　発売：星雲社〉2000円　①978-4-434-18906-7

内容 第1章 失われた勇気（人生の課題　人生の課題からの逃避 ほか）　第2章 勇気とは何か（有用な勇気　英雄主義（ヒロイズム）とは違う ほか）　第3章 勇気のくじき方（子どもを罰する　「大きくなったらわかる」ほか）　第4章 勇気づけの方法（スプーン一杯の薬のように　ただ勇気づける ほか）　第5章 カウンセリングでの援助（カウンセラーの役割　自分自身の経験を感じる ほか）〔00154〕

◇人はなぜ神経症になるのか―アドラー・セレクション（Problems of Neurosis ： A Book of Case Histories）　アルフレッド・アドラー著, 岸見一郎訳　新装版　アルテ　2014.6　190p　19cm　〈発売：星雲社〉2000円　①978-4-434-19333-0

内容 第1章 有用でない優越性の目標　第2章 人生の諸課題に対処できないこと　第3章 共同体感覚の欠如と男性的抗議　第4章 愛と結婚の諸問題　第5章 神経症的ライフスタイルと心理療法　第6章 感情の神経症的利用　第7章 家族布置　第8章 早期回想　第9章 続・有用でない優越性の目標　第10章 職業の選択と眠る時の姿勢　第11章 臓器言語と夢〔00155〕

◇恋愛はいかに成就されるのか　アルフレッド・アドラー著, 岸見一郎訳・注釈　アルテ　2014.8　188p　19cm　（アドラー・アンソロジー）〈他言語標題：How can love be accomplished？　文献あり　発売：星雲社〉2000円　①978-4-434-19620-1

内容 第1章 愛と結婚の課題（三つ目の絆　愛は二人の課題 ほか）　第2章 愛のためらい（愛はこんなものよ　二人と恋に落ちる ほか）　第3章 愛の躓き（危険な兆候　甘やかされて育った子どもの結婚 ほか）　第4章 愛の方法（他者への関心、interestの意味　対等なパートナーを選ぶ ほか）　第5章 症例（性的機能　愛の関係とその障害）〔00156〕

◇子どもの教育（The Education of Children）　アルフレッド・アドラー著, 岸見一郎訳　新装版　アルテ　2014.9　254p　19cm　（アドラー・セレクション）〈発売：星雲社〉2000円　①978-4-434-19705-5

内容 序論　パーソナリティの統一性　優越性の追求とその教育的意味　優越性の追求の方向づけ　劣等コンプレックス　子どもの成長 劣等コンプレックスの防止　共同体感覚とそれの発達の障害 家族における子どもの位置　状況と治療の心理学　準備としての新しい状況　学校の子ども　外からの影響　思春期と性教育　教育の誤り　親教育〔00157〕

◇生きるために大切なこと―原典（The Science of Living）　アルフレッド・アドラー著, 桜田直美訳　方丈社　2016.9　253p　19cm　1400円　①978-4-908925-00-9

内容 生きることの科学　劣等コンプレックスとはなにか　優等コンプレックスとはなにか　ライフスタイル　幼少期の記憶からわかること　態度と体の動きからわかること　夢とその解釈　問題を抱えた子供と教育　社会に適応するということ　共同体感覚、コモンセンス、劣等コンプレックス　恋愛と結婚　性とセックスの問題　結論〔00158〕

アドルノ, テオドール・W.　Adorno, Theodor W.

◇ティリッヒとフランクフルト学派―亡命・神学・政治　深井智朗監修, フリードリヒ・ヴィルヘルム・グラーフ, アルフ・クリストファーセン, エルトマン・シュトルム, 竹淵香織編　法政大学出版局　2014.2　293, 33p　19cm　（叢書・ウニベルシタス）　3500円　Ⓘ978-4-588-01005-7

内容 パウル・ティリッヒの思い出（マックス・ホルクハイマー, テオドール・W.アドルノ, エドゥアルト・ハイマン, エルンスト・ブロッホ述, ヴォルフ＝ディーター・マルシュ司会, ゲルハルト・ライン編集, 小柳敦史訳）〔00159〕

アートレス, ローレン　Artress, Lauren

◇聖なる道を歩く―黙想と祈りのラビリンス・ウォーク（WALKING A SACRED PATH 原著第2版の翻訳）　ローレン・アートレス著, リチャード・ガードナー監修, 武田光世訳　Sophia University Press上智大学出版　2014.12　230p　21cm　〈文献あり　発売：ぎょうせい〉1100円　Ⓘ978-4-324-09854-7

内容 第1章 聖なる道を歩くために　第2章 新しい巡礼・新しい道　第3章 ラビリンス―聖なる紋様・聖なる道　第4章 ラビリンスを歩く―その過程　第5章 霊的な飢餓の種　第6章 内なる神聖さの再発見　第7章 ラビリンス―変容への青写真　第8章 ヴィジョンの誕生　追補 ラビリンス・ムーヴメントの四つの課題〔00160〕

アトワーン, アブドルバーリ　Atwan, Abdel Bari

◇イスラーム国　アブドルバーリ・アトワーン著, 春日雄宇訳, 中田考監訳　集英社インターナショナル　2015.8　399p　20cm　〈発売：集英社〉2400円　Ⓘ978-4-7976-7298-5

内容 知っておくべきこと　イスラーム国の構造と構成員　アブー・バクル・バグダーディーへの道　イラクのルーツ　シリアのイスラーム国―その背景　パワーの源泉―ワッハーブ主義、サウディアラビア、アメリカとイスラーム国　野蛮さという戦略　イスラーム国の外国人戦闘員　反アルカーイダとしてのイスラーム国―敵対する兄弟　野蛮さをあえて宣伝することの意味　西欧とイスラーム―危険なゲーム　イスラーム国の未来〔00161〕

アナス, ジュリア　Annas, Julia

◇古代懐疑主義入門―判断保留の十の方式（THE MODES OF SCEPTICISM）　J.アナス,J.バーンズ著, 金山弥平訳　岩波書店　2015.6　494, 36p　15cm　（岩波文庫 33-698-1）〈「懐疑主義の方式」（1990年刊）の改題　文献あり 索引あり〉1320円　Ⓘ978-4-00-336981-4

内容 懐疑哲学　古代哲学における懐疑主義　十の方式　人間と他の動物　人間の多様性　感覚　情況　場所と置かれ方　混合　量　相対性　平凡と稀少　習慣と確信〔00162〕

◇徳倫理学基本論文集　加藤尚武, 児玉聡編・監訳　勁草書房　2015.11　342, 7p　22cm　〈索引あり〉3800円　Ⓘ978-4-326-10248-8

内容 古代の倫理学と現代の道徳（ジュリア・アナス著, 納富信留, 三浦太一訳）〔00163〕

アーナソン, ヴィンセント　Arnason, Vincent

◇赤毛のエイリークの末裔たち　2　ニュー・アイスランダー（The new Icelanders）　山元正憲訳　デイヴィッド＆ヴィンセント・アーナソン編著　上尾　プレスポート　2015.12　296p　19cm　（1000点世界文学大系 北欧篇 7-2）〈共同刊行：北欧文化通信社〉1500円　Ⓘ978-4-905392-10-1

内容 シビル（巫女）の歌　マニトバのアイスランド人：原初の神話　マイケル・オリトによる絵画「ソルゲイルの雄牛の図」　フリズヨウン・フリズリックスソン：ヨウン・ビャルトナソン宛ての手紙　一八七五年マニトバ自由新報　ニュー・アイスランド憲法　ダフェリン卿の訪問　天然痘に関する手紙（1887年3月13日）　アイスランド移民への助言　シモン・シモンソンの思い出話〔ほか〕〔00164〕

アーナソン, デイヴィッド　Arnason, David

◇赤毛のエイリークの末裔たち　2　ニュー・アイスランダー（The new Icelanders）　山元正憲訳　デイヴィッド＆ヴィンセント・アーナソン編著　上尾　プレスポート　2015.12　296p　19cm　（1000点世界文学大系 北欧篇 7-2）〈共同刊行：北欧文化通信社〉1500円　Ⓘ978-4-905392-10-1

内容 シビル（巫女）の歌　マニトバのアイスランド人：原初の神話　マイケル・オリトによる絵画「ソルゲイルの雄牛の図」　フリズヨウン・フリズリックスソン：ヨウン・ビャルトナソン宛ての手紙　一八七五年マニトバ自由新報　ニュー・アイスランド憲法　ダフェリン卿の訪問　天然痘に関する手紙（1887年3月13日）　アイスランド移民への助言　シモン・シモンソンの思い出話〔ほか〕〔00165〕

アナン, コフィ　Annan, Kofi Atta

◇世界論　安倍晋三, 朴槿恵ほか〔著〕, プロジェクトシンジケート叢書編集部訳　土曜社　2014.1　185p　19cm　（プロジェクトシンジケート叢書）〈他言語標題：A WORLD OF IDEAS　文献あり〉1199円　Ⓘ978-4-907511-05-0

内容 移民を憐れむ歌（コフィ・アナン著）〔00166〕

◇秩序の喪失　プロジェクトシンジケート叢書編集部訳　土曜社　2015.2　164, 3p　19cm　（プロジェクトシンジケート叢書）〈他言語標題：Loss of order〉1850円　Ⓘ978-4-907511-15-9

内容 秩序のために（コフィ・アナン著）〔00167〕

◇安定とその敵（Stability at bay）　Project Syndicate〔編〕　土曜社　2016.2　120, 2p　18cm　（プロジェクトシンジケート叢書）　952円　Ⓘ978-4-907511-36-4

内容 国連制裁、再考を要す（コフィ・アナン, キショール・マブバニ著）〔00168〕

◇介入のとき―コフィ・アナン回顧録　上（INTERVENTIONS）　コフィ・アナン, ネイダー・ムザヴィザドゥ〔著〕, 白戸純訳　岩波書店　2016.11　248p　20cm　2700円　Ⓘ978-4-00-061161-9

内容 ピースキーパー、ピースメーカー　独立―アフリカでの子供時代　守るべき誓約―ソマリア、ルワンダ、ボスニア、そして内戦が多発する世界での平和維持の試み　国家主権と人権―コソボ、東チモール、ダルフール、そして保護する責任　人びとのための国連―グローバルガバナンス改革と法の支配の回復　アフリカの運命―戦争と平和〔00169〕

◇介入のとき―コフィ・アナン回顧録　下（INTERVENTIONS）　コフィ・アナン, ネイダー・ムザヴィザドゥ〔著〕, 白戸純訳　岩波書店　2016.11　220, 7p　20cm　〈索引あり〉

2700円 ①978-4-00-061162-6
内容 第6章 人間の安全保障の再定義―貧困撲滅とミレニアム開発目標　第7章 世界の断層線―中東における平和構築（国連を和平会議に？　働きかけと信頼醸成　業績を残して―二〇〇〇年、イスラエルのレバノン撤退　深淵に―キャンプ・デーヴィッドと第二次インティファーダ　カルテット形成 ほか）　第8章 九・一一の戦争―テロ、アフガニスタン、イラク、そして危機に瀕する国連（イラクと国連　九・一一、アフガニスタン、新たな戦争　予告された戦争の記録　嵐のなかへ―侵攻後のイラク　爆撃が止まる時―イラクの教訓）　終章 リアリストの夢 〔00170〕

アヌルッダ　Anuruddha
◇アビダンマッタサンガハ―南方仏教哲学教義概説（Abhidhammatthasaṅgaha）〔アヌルッダ〕〔著〕, 水野弘元監修, ウ・ウエープッラ, 戸田忠訳注　新装版　中山書房仏書林　2013.12　314, 9p　22cm　3000円　①978-4-89097-075-9 〔00171〕

アーネソン, スティーブ　Arneson, Steve
◇結局は上司との関係が9割以上（WHAT YOUR BOSS REALLY WANTS FROM YOU）　スティーブ・アーネソン著, 斎藤栄一郎訳　講談社　2015.4　190p　19cm　1300円　①978-4-06-219468-6
内容 1 上司を研究する（いつ、どんな状態のときが一番話しかけやすいか　上司の好きなマネジメントスタイルは何か　部下のどんな行動を好むか ほか）　2 上司はあなたをどう見ているのか（上司はあなたをどう評価しているか　上司の業務にとって、あなたはどの程度重要か　上司はあなたのどの部分を要改善と見ているのか ほか）　3 積極的に関係の改善をはかる（「心がまえ」ひとつでこれだけ違う　ストーリーを修正する　録音した「自分の愚痴」を聞いてみよう ほか） 〔00172〕

アーノブ, ロバート・F.　Arnove, Robert F.
◇21世紀の比較教育学―グローバルとローカルの弁証法（COMPARATIVE EDUCATION）　ロバート・F.アーノブ, カルロス・アルベルト・トーレス, スティーヴン・フランツ編著, 大塚豊訳　福村出版　2014.3　727p　22cm　〈文献あり 索引あり〉 9500円　①978-4-571-10168-7
内容 比較教育学の再構築 他（ロバート・F.アーノブ著） 〔00173〕

アーノルド, キャロライン・L.　Arnold, Caroline L.
◇世界のトップエリートが絶対に妥協しない小さな習慣（SMALL MOVE, BIG CHANGE）　キャロライン・L.アーノルド著, 白川司訳　大和書房　2015.1　287p　19cm　1600円　①978-4-479-79464-6
内容 1 「マイクロ目標」はつくり方がすべて（マイクロ目標はわかりやすい　マイクロ目標は続けられる　マイクロ目標は毎回達成感が得られる　マイクロ目標は今日効果が現れる　マイクロ目標はカスタマイズできる　マイクロ目標は最高の言葉で　マイクロ目標は便乗できる　マイクロ目標は一点集中で一生ものになる　マイクロ目標に「試乗」する）　2「マイクロ目標」で人生を変える（睡眠―よく寝るともっとうまくいく　運動―健康は人生の必須条件　ダイエット―食事を心から楽しみ、味わう　片づけ―生産性を高め、ストレスもなくなる　対人関係―人格を成長させてくれる　やりくり―お金の心配から開放される　時間管理―信頼をキャリアを高める） 〔00174〕

アーバー, サラ
◇イギリスにおける高齢期のQOL―多角的視点から生活の質の決定要因を探る（UNDERSTANDING QUALITY OF LIFE IN OLD AGE）　アラン・ウォーカー編著, 岡田進一監訳, 山田三知子訳　京都　ミネルヴァ書房　2014.7　249p　21cm　（新・MINERVA福祉ライブラリー 20）〈文献あり 索引あり〉 3500円　①978-4-623-07097-8
内容 高齢期におけるQOL格差（ポール・ヒッグス, マーティン・ハイド, サラ・アーバー, デイヴィッド・ブレーン, エリザベス・ブリーズ, ジェイムズ・ナズルー, ディック・ウィギンス著） 〔00175〕

アバド, グンヴォル・ラーション　Abbad, Gunvor Larsson
◇知的障害・発達障害のある子どもの面接ハンドブック―犯罪・虐待被害が疑われる子どもから話を聴く技術（ATT INTERVJUA BARN）　アン-クリスティン・セーデルボリ, クラーラ・ヘルネル・グンペルト, グンヴォル・ラーション・アバド著, 仲真紀子, 山本恒雄監訳, リンデル佐藤良子訳　明石書店　2014.9　107p　21cm　〈文献あり 索引あり〉 2000円　①978-4-7503-4063-0
内容 第1章 はじめに　第2章 障害とハンディキャップ（身体障害と精神障害　診断　知的障害　発達障害）　第3章 知的障害、発達障害、またはその両方のある子どもへの面接（面接の計画を立てる　面接　面接技法　面接の段階　おわりに） 〔00176〕

アーバン, ウィリアム・L.　Urban, William L.
◇ビジュアル版 世界の歴史都市―世界史を彩った都の物語（The Great Cities in History）　ジョン・ジュリアス・ノーウィッチ編, 福井正子訳　柊風舎　2016.9　303p　27×21cm　15000円　①978-4-86498-039-5
内容 リューベック―およびハンザ同盟の諸都市（ウィリアム・L.アーバン） 〔00177〕

アーバン, ジョージ
◇インタヴューズ　3　毛沢東からジョン・レノンまで（THE PENGUIN BOOK OF INTERVIEWS）　クリストファー・シルヴェスター編, 新庄哲夫他訳　文芸春秋　2014.6　463p　16cm　（文春学芸ライブラリー―雑英 7）　1690円　①978-4-16-813018-2
内容 ガリーナ・ヴィシネフスカヤ（ガリーナ・ヴィシネフスカヤ述, ジョージ・アーバンインタヴュアー, 吉田美枝訳） 〔00178〕

アピア, クワメ・アンソニー
◇哲学がかみつく（Philosophy Bites）　デイヴィッド・エドモンズ, ナイジェル・ウォーバートン著, 佐光紀子訳　柏書房　2015.12　281p　20cm　〈文献あり〉 2800円　①978-4-7601-4658-1
内容 コスモポリタンという考え方（クワメ・アンソニー・アピア述） 〔00179〕

ア

アビビ, シモン
◇イスラエル情報戦史（ISRAEL'S SILENT DEFENDER）　佐藤優監訳, アモス・ギルボア, エフライム・ラピッド編, 河合洋一郎訳　並木書房　2015.6　373p 図版32p　21cm　〈年表あり〉　2700円　①978-4-89063-328-9
内容 モサドの創設（シモン・アビビ著）　〔00180〕

アービング, ゾーイ　Irving, Zoe
◇イギリス社会政策講義―政治的・制度的分析（UNDERSTANDING SOCIAL POLICY 原著第8版の翻訳）　マイケル・ヒル, ゾーイ・アービング著, 埋橋孝文, 矢野裕俊監訳　京都　ミネルヴァ書房　2015.2　372p　21cm　〈文献あり 索引あり〉 4000円　①978-4-623-07254-5
内容 第1章 社会政策を学ぶ（はじめに　個人と社会 ほか）　第2章 現代社会政策の形成（はじめに　貧困と福祉国家以前の国家 ほか）　第3章 社会政策の立案策定（はじめに　代議政体モデル ほか）　第4章 政策執行（はじめに　政策執行の構造―中央政府 ほか）　第5章 社会保障（はじめに　イギリスの社会保障における際立った特徴 ほか）　第6章 雇用政策（はじめに　雇用政策への代替アプローチ ほか）　第7章 保健医療政策（はじめに　国民保健サービス（NHS）の組織と運営 ほか）　第8章 成人のためのソーシャルケア（はじめに　ソーシャルケア・サービスの概観 ほか）　第9章 教育と子ども（はじめに　公費による学校システムの組織と運営 ほか）　第10章 住宅（はじめに　住宅システムが今日の形態に至るまで ほか）　第11章 世界の中のイギリス（はじめに　政策学習 ほか）　第12章 社会政策と社会変化（はじめに　家族の変化 ほか）　〔00181〕

アブエライシュ, イゼルディン　Abuelaish, Izzeldin
◇それでも、私は憎まない―あるガザの医師が払った平和への代償（I SHALL NOT HATE）　イゼルディン・アブエライシュ著, 高月園子訳　亜紀書房　2014.1　325p　19cm　〈年表あり〉 1900円　①978-4-7505-1402-4
内容 第1章 砂と空　第2章 難民の子供時代　第3章 キャリアの道　第4章 揺れ動く心　第5章 喪失　第6章 攻撃　第7章 悲劇のあとに　〔00182〕

アフジャ, マニート　Ahuja, Maneet
◇40兆円の男たち―神になった天才マネジャーたちの素顔と投資法（The Alpha Masters）　マニート・アフジャ著, 長尾慎太郎監修, スペンサー倫亜訳　パンローリング　2015.3　415p　20cm　（ウィザードブックシリーズ 224）　2800円　①978-4-7759-7184-0
内容 第1章 レイ・ダリオ―グローバルマクロの達人　第2章 ピエール・ラグランジュとティム・ウォン―人間対マシン　第3章 ジョン・ポールソン―リスクアービトラジャー　第4章 マーク・ラスリーとソニア・ガードナー―ディストレス債券の価値探求者　第5章 デビッド・テッパー―恐れを知らない先発者　第6章 ウィリアム・A.アックマン―アクティビストの答え　第7章 ダニエル・ローブ―毒舌で有名なマネジャー　第8章 ジェームズ・チェイノス―金融界の探偵　第9章 ボアズ・ワインシュタイン―デリバティブの草分け　〔00183〕

アブラショフ, マイケル　Abrashoff, D.Michael
◇アメリカ海軍に学ぶ「最強のチーム」のつくり方（IT'S YOUR SHIP）　マイケル・アブラショフ著, 吉越浩一郎訳・解説　三笠書房　2015.6　253p　15cm　（知的生きかた文庫 よ19-2―〔BUSINESS〕）　〈「即戦力の人心術」（2008年刊）の改題〉 600円　①978-4-8379-8341-5
内容 1「硬直した組織」に、ガツンと変化を起こす　2 部下を迷わせない、確たる「一貫性」　3「やる気」を巧みに引き出す法　4 明確な「使命」を共有せよ　5 チームで「負け組」を出さない！　6 なぜ「この結果か」をよく考える　7「合理的なリスク」を恐れるな！　8「いつものやり方」を捨てろ　9 あなたはまだ、部下をほめ足りない！　10「頭を使って遊べる」人材を育てよ　11 永遠に語り継がれる「最強のチームワーク」　〔00184〕

アブラハム, ニコラ　Abraham, Nicolas
◇表皮と核（L'écorce et le noyau）　ニコラ・アブラハム, マリア・トローク著, 大西雅一郎, 山崎冬太監訳　京都　松籟社　2014.3　537p　19cm　〈訳：阿尾安泰ほか〉 4200円　①978-4-87984-326-5
内容 第1部 諸学の学としての精神分析　第2部 取り込み的関係にある"触れる - 触れられる"こととしての「私は - 私を」　第3部 精神分析の概念構成再構築に向けてのアナセミー的大文字　第4部 "自我"の直中のクリプト―いくつかの新しいメタ心理学的な展望　第5部 大文字の子どもと双数的一体性　第6部 無意識における亡霊の働きと無知の掟　〔00185〕

アブー＝ルゴド, J.L.　Abu-Lughod, Janet L.
◇ヨーロッパ覇権以前―もうひとつの世界システム 上（BEFORE EUROPEAN HEGEMONY）　J.L.アブー＝ルゴド〔著〕, 佐藤次高, 斯波義信, 高山博, 三浦徹訳　岩波書店　2014.1　264, 23p　19cm　（岩波人文書セレクション）　〈2001年刊の再刊〉 2600円　①978-4-00-028682-4
内容 システム形成への問い　第1部 ヨーロッパ・サブシステム―古き帝国からの出現（シャンパーニュ大市の諸都市　ブリュージュとヘント―フランドルの商工業都市　ジェノヴァとヴェネツィアの海洋商人たち）　第2部 中東心臓部―東洋への三つのルート（モンゴルと北方の道　シンドバードの道―バグダードとペルシア湾）　〔00186〕
◇ヨーロッパ覇権以前―もうひとつの世界システム 下（BEFORE EUROPEAN HEGEMONY）　J.L.アブー＝ルゴド〔著〕, 佐藤次高, 斯波義信, 高山博, 三浦徹訳　岩波書店　2014.1　210, 91p　19cm　（岩波人文書セレクション）　〈2001年刊の再刊　文献あり 索引あり〉 2600円　①978-4-00-028683-1
内容 第2部 中東心臓部（承前）（マムルーク朝政権下のカイロの独占）　第3部 アジア―インド洋システム - その三つの部分（インド亜大陸―すべての地に通じる道　海峡と瀬戸　絹の中国）　結論（一三世紀世界システムの再構成）　〔00187〕

アフレック, ジェフ　Affleck, Geoff
◇ブレイクスルー！―自分らしく生きていくための12の壁の壊し方（Breakthrough！）　ジャネット・アットウッド, マーシー・シャイモフ, クリス・アットウッド, ジェフ・アフレック著, 鶴田豊和訳　フォレスト出版　2014.4　205p　20cm　1300円　①978-4-89451-613-7

内容 あらゆるコントロールから解き放たれる(ジャネット・アットウッド　クリス・アットウッド)　無条件で幸福になる方法(マーシー・シャイモフ)　失った情熱を取り戻す方法(ジェフ・アフレック)　右脳を使ってリッチになろう(エレン・ロギン)　夢の職業に就く方法(スージー・ステッドマン)　仕事も人生も大好きになる「4つのステップ」(ジェーン・カヴァノー)　人生の喜びを引き寄せる「本当の自分」になろう(シャノン・サウス博士)　今、この時を生きる方法(クリフ・トーマス医学博士)　自分自身を愛する方法(シャン・マクリーン)　心に羅針盤を持つ(スコット・ワーナー博士)　カレンダーに「いつか」という日はない(バーバラ・エディ)　情熱的に生きるために必要な「たった1つのこと」(ジャネット・アットウッド)　〔00188〕

アベル, ヘザー

◇女友だちの賞味期限―実話集（The friend who got away）　ジェニー・オフィル, エリッサ・シャッペル編著, 糸井恵訳　プレジデント社　2014.3　317p　19cm　〈2006年刊の改訳、再編〉　1500円　①978-4-8334-2076-1

内容 絶交の理由 B面 なぜ親友エミリーを失ったか(ヘザー・アベル著)　〔00189〕

アーベンハウス, R.　Avenhaus, Rudolf

◇データ検証序説―法令遵守数量化（Compliance Quantified）　Rudolf Avenhaus,Morton John Canty著, 今野広一訳　丸善プラネット　2014.11　319p　22cm　〈文献あり 索引あり　発売：丸善出版〉　4000円　①978-4-86345-219-0

内容 第1章 検証理論　第2章 計数抜取　第3章 計量抜取　第4章 層別計量抜取　第5章 中間査察　第6章 グローバル抜取　第7章 物質会計　第8章 会計の検証　第9章 査察員リーダーシップ　〔00190〕

アボット, ジョージ

◇経済学大図鑑（The Economics Book）　ナイアル・キシテイニーほか著, 若田部昌澄日本語版監修, 小須田健訳　三省堂　2014.2　352p　25cm　〈索引あり〉　4000円　①978-4-385-16222-5

内容 さあ、交易をはじめよう―紀元前400年～後1770年　理性の時代―1770年～1820年　産業革命と経済革命―1820年～1929年　戦争と不況―1929年～1945年　戦後の経済学―1945年～1970年　現代の経済学―1970年～現在　〔00191〕

アマトーリ, フランコ　Amatori, Franco

◇ビジネス・ヒストリー―グローバル企業誕生への道程（BUSINESS HISTORY）　F.アマトーリ, A.コリー著, 西村成弘, 伊藤健市訳　京都　ミネルヴァ書房　2014.10　400, 14p　20cm　〈文献あり 索引あり〉　3200円　①978-4-623-07208-8

内容 第1部 関連する論点　第2部 産業革命以前と第一次産業革命期の企業　第3部 ビッグ・ビジネスの誕生と統合　第4部 両大戦間期における国家と市場　第5部 第二次世界大戦からベルリンの壁崩壊まで―「空間収縮」時代　第6部 現代のグローバル化　〔00192〕

アマビール, テレサ

◇変革の知　ジャレド・ダイアモンドほか〔述〕, 岩井理子訳　KADOKAWA　2015.2　251p　18cm　(角川新書 K-1)　900円　①978-4-04-102413-3

内容 社会の感情も管理できる企業が成功する(テレサ・アマビール, ボリス・グロイスバーグ述)　〔00193〕

アマンダ　Amanda

◇世界がぶつかる音がする―サーバンツの物語（The Sound of Worlds Colliding）　クリスティン・ジャック編, 永井みぎわ訳　ヨベル　2016.6　300p　19cm　1300円　①978-4-907486-32-7

内容 ゾーラにあった日(アマンダ)　〔00194〕

アミット, メイヤー

◇イスラエル情報戦史（ISRAEL'S SILENT DEFENDER）　佐藤優監訳, アモス・ギルボア, エフライム・ラピッド編, 河合洋一郎訳　並木書房　2015.6　373p 図版32p　21cm　〈年表あり〉　2700円　①978-4-89063-328-9

内容 政策決定者とインテリジェンス機関の長の関係(メイヤー・アミット著)　〔00195〕

アーミテイジ, デイヴィッド　Armitage, David

◇思想のグローバル・ヒストリー―ホッブズから独立宣言まで（FOUNDATIONS OF MODERN INTERNATIONAL THOUGHT）　デイヴィッド・アーミテイジ〔著〕, 平田雅博, 山田園子, 細川道久, 岡本慎平訳　法政大学出版局　2015.3　339, 69p　20cm　(叢書・ウニベルシタス 1023)　〈文献あり 索引あり〉　4600円　①978-4-588-01023-1

内容 近代国際思想の基礎を再考する　第1部 歴史的基礎(思想史における国際論的転回　グローバリゼーションの前史はあるのか　象と鯨―世界史における帝国と海洋)　第2部 十七世紀における基礎―ホッブズとロック(ホッブズと近代国際思想の基礎　ジョン・ロックの国際思想　ジョン・ロック、カロライナ、あの『統治二論』　帝国の理論家ジョン・ロック？)　第3部 十八世紀における基礎(十八世紀ブリテンにおける議会と国際法　エドマンド・バークと国家理性　ジェレミー・ベンサムのグローバル化)　第4部 基礎の上に構築する―一七七六年以後の国家形成(独立宣言と国際法　独立宣言、一七七六～二〇一二年)　〔00196〕

アムシュトゥッツ, マルク

◇デリダ、ルーマン後の正義論―正義は〈不〉可能か（Nach Jacques Derrida und Niklas Luhmann）　グンター・トイプナー編著, 土方透監訳　新泉社　2014.4　317p　22cm　〈文献あり〉　3800円　①978-4-7877-1405-3

内容 法の生成(マルク・アムシュトゥッツ著, 徳安彰訳)　〔00197〕

アムスタッツ, マーク・R.　Amstutz, Mark R.

◇エヴァンジェリカルズ―アメリカ外交を動かすキリスト教福音主義（EVANGELICALS AND AMERICAN FOREIGN POLICY）　マーク・R.アムスタッツ著, 加藤万里子訳　太田出版　2014.11　329, 33p　19cm　(ヒストリカル・スタディーズ 11)　2700円　①978-4-7783-1413-2

内容 第1章 キリスト教と外交政策　第2章 福音派の本

質と起源　第3章 福音派のグローバルな展開の起源—宣教活動　第4章 福音派の政治倫理　第5章 福音派とアメリカの対イスラエル外交政策　第6章 福音派と世界の貧困　第7章 福音派の外交政策アドボカシー　第8章 福音派の外交政策アドボカシーの欠陥　第9章 より効果的なグローバルな関わりへ　〔00198〕

ア

アムスター=バートン, マシュー　Amster-Burton, Matthew

◇米国人一家、おいしい東京を食べ尽くす（Pretty Good Number One）　マシュー・アムスター＝バートン著, 関根光宏訳　エクスナレッジ　2014.5　349p　19cm　〈文献あり〉1700円　①978-4-7678-1806-1

内容 お茶　中野　ラーメン　世界一のスーパー　朝ご飯　豆腐　東京のアメリカンガール　ラッシュアワー　焼き鳥　ほっとする街　天ぷら　チェーン店　うどんとそば　カタカナ　鮪　肉　鍋物　お風呂　餃子と小籠包　お好み焼き　居酒屋　たこ焼き　洋菓子　うなぎ　浅草　帰国する　〔00199〕

アームストロング, カレン　Armstrong, Karen

◇ムハンマド—世界を変えた預言者の生涯（MUHAMMAD Prophet for Our Time）　カレン・アームストロング著, 徳永里砂訳　国書刊行会　2016.1　257p　20cm　2700円　①978-4-336-05939-0

内容 第1章 マッカ　第2章 ジャーヒリーヤ　第3章 ヒジュラ　第4章 ジハード　第5章 サラーム　〔00200〕

アームストロング, ジョン　Armstrong, John

◇お金の不安がなくなる哲学（How to Worry Less about Money）　ジョン・アームストロング著, 熊丸三枝子訳　イースト・プレス　2014.5　198p　18cm　（自由に生きるための哲学講義スクール・オブ・ライフ Vol.1）　1500円　①978-4-7816-1167-9

内容 第1章 はじめに　第2章 そもそもお金の不安とは　第3章 お金は何を意味しているのか　第4章 お金はいくら必要なのか　第5章 善い人生に本当に必要なものとは　第6章 お金を稼ぎ、善良な人間でいる方法　第7章 これからのお金との向き合い方　ホームワーク—お金の問題を理解するうえでためになる本のリスト　〔00201〕

アムルシュ, モハメド

◇日本・アルジェリア友好の歩み—外交関係樹立50周年記念誌　私市正年, スマイル・デベシュ, 在アルジェリア日本国大使館編著　千倉書房　2014.8　286p　19cm　2800円　①978-4-8051-1041-6

内容 国費留学生留学体験記（モハメド・アムルシュ）　〔00202〕

アメリー, コリン　Amery, Colin

◇ビジュアル版 世界の歴史都市—世界史を彩った都の物語（The Great Cities in History）　ジョン・ジュリアス・ノーウィッチ編, 福井正子訳　柊風舎　2016.9　303p　27×21cm　15000円　①978-4-86498-039-5

内容 プラハールドルフ2世の魔法の都 他（コリン・アメリー）　〔00203〕

アメリカ合衆国議会図書館《Library of Congress》

◇RDA資源の記述とアクセス—理念と実践　Barbara B.Tillett,Library of Congress著, 酒井由紀子, 鹿島みづき, 越塚美加共訳　樹村房　2014.10　383p　30cm　〈索引あり〉5500円　①978-4-88367-233-2

内容 FRBRレビュー（FRADとFRSADを含む）　RDAの背景と構造　FRBRクイズ　体現形と個別資料の属性の記録　作品と表現形の属性の記録　個人・家族・団体の属性の記録　関連の記録　アジアの典拠レコードの例　RDAツールキットの構造　場所の属性の記録〔ほか〕　〔00204〕

アメリカ合衆国国務省

◇国際テロに関する国別報告書—米国務省報告書 2011年（Country reports on terrorism 2011）　米国務省〔著〕, 公共政策調査会編　公共政策調査会　2013.8　411p　21cm　（Special report no.122）　〔00205〕

◇国際テロに関する国別報告書—米国務省報告書 2012年（Country reports on terrorism. 2012）　米国務省〔著〕, 公共政策調査会編　公共政策調査会　2015.1　477p　21cm　（Special report no.127）　〔00206〕

アメリカ合衆国商務省

◇現代アメリカデータ総覧　2012（Statistical Abstract of the United States）　アメリカ合衆国商務省センサス局編, 鳥居泰彦監訳　柊風舎　2015.5　1033p　27cm　〈索引あり〉28000円　①978-4-86498-026-5

内容 人口　出生、死亡、結婚、離婚　保健・栄養　教育　法律の執行・裁判所および刑務所　地理・環境　選挙　州・地方政府の財政と雇用　連邦政府の財政と雇用　国家安全保障・退役軍人〔ほか〕　〔00207〕

アメリカ合衆国戦略活動局

◇サボタージュ・マニュアル—諜報活動が照らす組織経営の本質　米国戦略諜報局〔著〕, 越智啓太監訳・解説, 国重浩一訳　京都　北大路書房　2015.7　123p　19cm　1400円　①978-4-7628-2899-7　〔00208〕

アメリカ合衆国大統領経済諮問委員会

◇米国経済白書　2014（ECONOMIC REPORT OF THE PRESIDENT）　大統領経済諮問委員会〔著〕, 萩原伸次郎監修,『米国経済白書』翻訳研究会訳　蒼天社出版　2014.7　316p　26cm　〈文献あり 索引あり〉2800円　①978-4-901916-41-7

内容 総論「財政の崖」を乗り越えて進む米国経済—危機後5年、オバマ政権はなぜ最低賃金の大幅アップを求めるのか　1 機会を分かち合う持続可能な成長の促進　2 2013年の回顧と将来の見通し　3 米国復興及び再投資法5年間の経済効果　4 最近のヘルスケア・コストの傾向と経済への影響、そしてケア適正化法の役割　5 生産性成長を促進する　6「貧困との戦い」から50年—進捗報告　7 連邦プログラム改善のためのツールとしての評価　〔00209〕

◇米国経済白書　2015（ECONOMIC REPORT OF THE PRESIDENT）　大統領経済諮問委員会〔著〕, 萩原伸次郎監修,『米国経済白書』翻訳

研究会訳　蒼天社出版　2015.11　340p　26cm　〈文献あり〉2800円　①978-4-901916-46-2

内容 総論 オバマ政権とTPP『中間層重視の経済学』の"二つの顔"　大統領経済報告 2015年経済諮問委員会年次報告　1 中間層重視の経済学―生産性、不平等、労働参加の役割　2 2014年の回顧と将来の見通し　3 米国労働市場における到達点と課題　4 家族に優しい職場政策の経済学　5 事業税改革と経済成長　6 エネルギー革命―低炭素エネルギー未来の経済的利益とその基盤　7 グローバルエコノミーのなかの米国　参考文献　〔00210〕

アメリカ合衆国陸軍

◇日本陸軍暗号―新教程　米陸軍通信保安部編, 伊藤秀美, 保坂広志訳　〔電子資料〕　つくば　紫峰出版　2013.8　CD-ROM 1枚　12cm　1143円　①978-4-9906157-6-5　〔00211〕

◇新教程日本陸軍暗号　米陸軍通信保安部編, 伊藤秀美, 保坂広志訳・解説　第2版　つくば　紫峰出版　2014.5　184p　21cm　2200円　①978-4-907625-07-8　〔00212〕

アメリカ最高裁判所

◇同性婚 だれもが自由に結婚する権利　同性婚人権救済弁護団編　明石書店　2016.10　259p　21cm　2000円　①978-4-7503-4393-8

内容 1 悩み・孤立・生きづらさ―私たちが同性婚を求めるのはなぜか（子どものころに感じた不安や戸惑い 社会から受け入れられない自分を受け入れられない ほか）　2 なぜ、差別や偏見があるのだろう？ ―「同性愛嫌悪」の根底にあるもの（同性愛ってなんだろう？ なぜ、同性愛になるのだろう？　ほか）　3 同性カップルを取り巻く不利益―かくも不平等な法律、制度、ルール（パートナーが亡くなったとき　事故や病気のとき ほか）　4 憲法や法律は同性婚をどうとらえているか―「憲法で禁じられている」の誤り（民法ではどうなっているんだろう？　憲法ではどう解釈できるのだろう？　ほか）　5 世界にひろがる同性婚―日本との違いはどこにあるのか　〔00213〕

アメリカ図書館協会《American Library Association》

◇図書館のめざすもの　竹内悊編・訳　新版　日本図書館協会　2014.10　83p　21cm　〈他言語標題：Objectives of the Library〉800円　①978-4-8204-1410-0　〔00214〕

◇図書館の原則―図書館における知的自由マニュアル〈第9版〉（Intellectual Freedom Manual 原著第9版の翻訳）　アメリカ図書館協会知的自由部編纂, 川崎良孝, 福井佑介, 川崎佳代子訳　改訂4版　日本図書館協会　2016.7　305p　21cm　〈文献あり 索引あり〉3000円　①978-4-8204-1605-0　〔00215〕

◇アメリカ図書館協会の知的自由に関する方針の歴史『図書館における知的自由マニュアル』第9版への補遺（A History of ALA Policy on Intellectual Freedom ： A Supplement to the Intellectual Freedom Manual 原著第9版の翻訳）　アメリカ図書館協会知的自由部編, 川崎良孝訳　神戸　京都図書館情報学研究会　2016.9　290p　22cm　〈背のタイトル：アメリカ図書館協会の知的自由に関する方針の歴史　索引あり　発売：日本図書館協会〉6000円　①978-4-8204-1608-1　〔00216〕

アメリカ保健機構

◇セクシュアル・ヘルスの推進―行動のための提言（Promotion of sexual health recommendations for action）　Pan American Health Organization,World Health Organization〔著〕, 松本清一, 宮原忍日本語版・監修　増補版　日本性教育協会　2015.4　69p　26cm　〔00217〕

アーメント, アーニャ

◇ヨーロッパ史のなかの裁判事例―ケースから学ぶ西洋法制史（Fälle aus der Rechtsgeschichte）　U.ファルク,M.ルミナティ,M.シュメーケル編著, 小川浩三, 福田誠治, 松本尚子監訳　京都　ミネルヴァ書房　2014.4　445p　22cm　〈索引あり〉6000円　①978-4-623-06559-2

内容 私生児, 庶子, 取り替えっ子（アーニャ・アーメント著, 松本尚子訳）　〔00218〕

アモルーソ, ソフィア　Amoruso, Sophia

◇#GIRLBOSS―万引きやゴミあさりをしていたギャルがたった8年で100億円企業を作り上げた話（#GIRLBOSS）　ソフィア・アモルーソ著, 阿部寿美代訳　CCCメディアハウス　2015.3　267p　19cm　〈年譜あり〉1700円　①978-4-484-15109-0

内容 1 # ガールボスになる　2 どうやって# ガールボスになったと思う？　3 つまらぬ仕事は身を助く　4 万引きとヒッチハイク　5 お金は足元より、銀行にある方がステキ　6 チチンプイプイ―魔術的思考の力　7 アンチ・ファッション　8 雇い、雇われ、クビにされ　9 会社を経営するということ　10 何ごとにも独創性を　11 チャンスって何？　〔00219〕

アモレス, アナリン・サルバドール

◇沖縄ジェンダー学　第3巻　交差するアイデンティティ　喜納育江編著　大月書店　2016.2　266, 11p　22cm　（琉球大学国際沖縄研究所ライブラリ）〈索引あり〉3400円　①978-4-272-35053-7

内容 刺青師としての女性たち（アナリン・サルバドール・アモレス著, 山里晃平訳）　〔00220〕

アーモンド, デイヴィッド

◇子どもの本がつなぐ希望の世界―イェラ・レップマンの平和への願い　日本国際児童図書評議会40周年記念出版委員会編, 早川敦子, 板東悠美子監修　彩流社　2016.3　227, 3p　19cm　2200円　①978-4-7791-2220-0

内容 想像する力（デイヴィッド・アーモンド述, 早川敦子訳）　〔00221〕

アヤド, サラ　Ayad, Sara

◇世界を変えた100の本の歴史図鑑―古代エジプトのパピルスから電子書籍まで（THE HISTORY OF THE BOOK IN 100 BOOKS）　ロデリック・ケイヴ, サラ・アヤド著, 大山晶訳, 樺山紘一日本語版監修　原書房　2015.5　288p　27cm　〈文献あり 索引あり〉3800円　①978-4-562-05110-6

内容 第1章 本のはじまり　第2章 東方における取り組

み　第3章 偉大なる古典　第4章 中世世界と本　第5章 東方からの光　第6章 変化の原動力　第7章 危険な発明　第8章 印刷と啓蒙　第9章 印刷の発展　第10章 動乱の20世紀　第11章 デジタル化と本の未来 〔00222〕

ア

アラウホ, エリベルト　Araújo, Heriberto

◇進撃の華人―中国「静かな世界侵略」の脅威（La silenciosa conquista China（重訳））　フアン・パブロ・カルデナル, エリベルト・アラウホ著, 窪田恭子訳　講談社　2014.9　296p　19cm　1600円　①978-4-06-219106-7

内容 第1章 強すぎる移民―新旧華僑が世界を席巻する　第2章 中央アジア制覇を目論む「新たなシルクロード」　第3章 地球のあらゆる鉱山を占拠せよ　第4章 黒い金―石油をめぐるブラックな国際取引　第5章 多くの国々を苦しめる独善的なインフラの贈り物　第6章「世界の工場」に永久搾取される犠牲者　第7章 中国の奇跡が地球を破壊する　第8章 パクス・シニカ―中国覇権の時代が平和？ 〔00223〕

アラビー, イブン

◇井筒俊彦全集　別巻　井筒俊彦著　慶応義塾大学出版会　2016.8　268, 186p　20cm　〈付属資料：12p：月報 第13号　著作目録あり 年譜あり 索引あり〉 7200円　①978-4-7664-2083-8

内容 『叡智の台座』〈第一章〉（イブン・アラビー著, 井筒俊彦訳） 〔00224〕

アラン　Alain

◇幸福論（PROPOS SUR LE BONHEUR）　アラン著, 村井章子訳　日経BP社　2014.7　595p　18cm　〈文献あり　発売：日経BPマーケティング〉 1800円　①978-4-8222-5018-8

内容 名馬ブケファロス　刺激　悲しいマリー　神経衰弱　憂鬱　情念　恐怖　想像力　想像力という病　気で病む男〔ほか〕 〔00225〕

◇幸福論―あなたを幸せにする93のストーリー（Propos sur le bonheur）　アラン著, 田中裕子訳　幻冬舎エデュケーション　2014.11　349p　19cm　〈発売：幻冬舎〉 1100円　①978-4-344-97810-2

内容 イライラの本当の原因を探してあげよう　体の力を抜いてイライラを追い出そう　幸せになるには意志の力が必要　悲しい気分のときは、悲しい出来事が起こる　憂うつな気分はすべて体調のせいである　悲しみの原因は心の中にあるのではない　体調が心配なときは、健康な“ふり”をする　理屈よりもラム酒のほうが役立つ　不幸せを感じるのは幸せな人だけ　不機嫌は、ほほえむだけで治る〔ほか〕 〔00226〕

◇生きること信じること　アラン〔著〕, 神谷幹夫編訳　岩波書店　2015.6　202p　20cm　2400円　①978-4-00-061047-6

内容 精神の宗教性　信仰について　対神徳　メタファーについて　宗教と政治　預言　名誉の神学　神学について　見かけの物事　瞑想〔ほか〕 〔00227〕

◇アランの幸福論（PROPOS SUR LE BONHEURの抄訳（重訳））　アラン著, 斎藤慎子訳　エッセンシャル版〔ギフト版〕　ディスカヴァー・トゥエンティワン　2015.11　1冊（ページ付なし）　15cm　〈文献あり〉 1000円　①978-4-7993-1806-5

内容 1 不安と感情について　2 自分自身について　3 人生について　4 行動について　5 人とのかかわりについて　6 仕事について　7 幸せについて 〔00228〕

◇アランの「幸福論」（PROPOS SUR LE BONHEUR）　アラン著, 笹根由恵訳　ウェッジ　2016.12　201p　19cm　（今度こそ読み通せる名著）　1300円　①978-4-86310-171-5

内容 名馬ブケファロス―ほんとうの原因を探す　刺激と怒り―体じゅうの力を抜いて得られるもの　神経衰弱―気分の浮き沈みはすべて体調次第　恐れは病気―恐怖心は病気を引き起こす　気で病む男―不機嫌にはほほえみを　医学―医者のおまじないとは　ほほえみ―無理にでもほほえむことは、不安やいらだちに効果的　心のしぐさ―幸せを演じることで悲劇から救われる　トレーニング―体を動かすと気分も変わる　不機嫌―不機嫌ではなく楽しい気分でいることで望みは叶う〔ほか〕 〔00229〕

◇幸福論（Propos sur le bonheur）　アラン〔著〕, 宗左近訳　中央公論新社　2016.12　30, 293p　18cm　（中公クラシックス W91）〈現代教養文庫（社会思想社 1965年刊）に新たな解説を付す〉 1900円　①978-4-12-160170-4

内容 名馬ブケファルス　刺激　悲しいマリー　神経衰弱　ふさぎの虫　情念　神託のおわり　想像力について　精神の病い　気で病む男〔ほか〕 〔00230〕

アラン, グラハム　Allan, Graham

◇家族生活の社会学―家庭内役割の不平等はなぜ続くのか（FAMILY LIFE）　グラハム・アラン著, 天木志保美訳　新曜社　2015.9　288p　20cm　〈文献あり 索引あり〉 4500円　①978-4-7885-1443-0

内容 第1章 序論　第2章 社会のなかの家族　第3章 女性、結婚、家事労働　第4章 家庭と余暇　第5章 結婚―不平等な関係　第6章 離婚とひとり親家族　第7章 高齢者、家族、コミュニティ・ケア　第8章 失業と家族生活　第9章 結婚、家族、国家 〔00231〕

アラン, ジュリー

◇ディスアビリティ現象の教育学―イギリス障害学からのアプローチ　堀正嗣監訳　現代書館　2014.3　308p　21cm　（熊本学園大学付属社会福祉研究所社会福祉叢書 24）　4000円　①978-4-7684-3531-1

内容 フーコーと特別な教育的ニーズ（ジュリー・アラン著, 中村好孝訳） 〔00232〕

アーリ, ジョン　Urry, John

◇グローバルな複雑性（Global Complexity）　ジョン・アーリ〔著〕, 吉原直樹監訳, 伊藤嘉高, 板倉有紀訳　法政大学出版局　2014.3　268p　20cm　（叢書・ウニベルシタス 1011）〈文献あり 索引あり〉 3400円　①978-4-588-01011-8

内容 第1章「社会」とグローバルなもの　第2章 複雑性への転回　第3章「グローバル」な分析の限界　第4章 ネットワークと流動体　第5章 グローバルな創発　第6章 社会秩序化と権力　第7章 グローバルな複雑性 〔00233〕

◇モビリティーズ―移動の社会学（MOBILITIES）　ジョン・アーリ著, 吉原直樹, 伊藤嘉高訳　作品社　2015.3　493p　20cm　〈文献あり 索引あり〉 3800円　①978-4-86182-528-6

内容 第1部 モバイルな世界（社会生活のモバイル化「モ

バイル」な理論と方法　モビリティーズ・パラダイム）　第2部 移動とコミュニケーション（踏みならされた道、舗装された道　「公共」鉄道　自動車と道路になじむ　飛行機で飛び回る　つながる、想像する）　第3部 動き続ける社会とシステム（天国の門、地獄の門　ネットワーク　人に会う　場所　システムと暗い未来）　日本語版解説 アーリの社会理論を読み解くために　〔00234〕

◇社会を越える社会学―移動・環境・シチズンシップ（SOCIOLOGY BEYOND SOCIETIES）　ジョン・アーリ〔著〕, 吉原直樹監訳　改装版　法政大学出版局　2015.6　385, 77p　20cm　（叢書・ウニベルシタス 845）〈文献あり 索引あり〉5000円　①978-4-588-14017-4

内容 第1章 社会　第2章 メタファー　第3章 旅行　第4章 感覚　第5章 時間　第6章 居住　第7章 シチズンシップ　第8章 社会学　〔00235〕

◇モバイル・ライブズ―「移動」が社会を変える（MOBILE LIVES）　アンソニー・エリオット, ジョン・アーリ著, 遠藤英樹監訳　京都　ミネルヴァ書房　2016.11　253p　22cm　〈索引あり〉5000円　①978-4-623-07687-1

内容 第1章 モバイル・ライブズ―さらに遠くへ？　第2章 新しい技術・新しいモビリティーズ　第3章 ネットワークと不平等　第4章 グローバルズとモビリティーズ　第5章 モバイルな関係―遠距離の親密性　第6章 過剰な消費　第7章 せめぎ合う未来　〔00236〕

アリー, R.W.　Alley, R.W.

◇年を重ねるほど知恵を深めるセラピー（Getting Older, Growing Wiser）　キャロル・アン・モロウ文, R.W.アリー絵, 目黒摩天雄訳　サンパウロ　2014.1　1冊（ページ付なし）　16cm　（Elf-Help books）〈英語併記〉700円　①978-4-8056-6324-0　〔00237〕

◇虐待の傷を癒やすセラピー（Healing from Abuse）　シンシア・ガイゼン文, R.W.アリー絵, 目黒摩天雄訳　サンパウロ　2014.3　1冊（ページ付なし）　16cm　（Elf-Help books）〈英語併記〉700円　①978-4-8056-2094-6　〔00238〕

◇対立を解決するセラピー（Conflict Resolution Therapy）　ジュリエット・ガルシェ文, R.W.アリー絵, 目黒摩天雄訳　サンパウロ　2015.6　1冊（ページ付なし）　16cm　（Elf-Help books）〈英語併記〉700円　①978-4-8056-5633-4　〔00239〕

◇友情セラピー（Friendship Therapy）　キャス・P.ドッターウィック, ジョン・D.ペリー文, R.W.アリー絵, 目黒摩天雄訳　サンパウロ　2015.6　1冊（ページ付なし）　16cm　（Elf-Help books）〈英語併記〉700円　①978-4-8056-8809-0　〔00240〕

アリエリー, ダン　Ariely, Dan

◇不合理だからうまくいく―行動経済学で「人を動かす」（THE UPSIDE OF IRRATIONALITY）　ダン・アリエリー著, 桜井祐子訳　早川書房　2014.3　438p　16cm　（ハヤカワ文庫 NF 405）〈「不合理だからすべてがうまくいく」(2010年刊)の改題　文献あり〉880円　①978-4-15-050405-2

内容 先延ばしと治療の副作用からの教訓　第1部 職場での理屈に合わない不合理な行動（高い報酬は逆効果―なぜ巨額のボーナスに効果があるとは限らないのか　働くことの意味―レゴが仕事の喜びについて教えてくれること　イケア効果―なぜわたしたちは自分の作るものを過大評価するのか　自前主義のバイアス―なぜ「自分」のアイデアは「他人」のアイデアよりいいのか　報復が正当化されるとき―なぜわたしたちは正義を求めるのか）　第2部 家庭での理屈に合わない不合理な行動（順応について―なぜわたしたちはものごとに慣れるのか（ただし、いつでもどんなものにも慣れるとは限らない）　イケてる？　イケてない？　―順応、同類婚、そして美の市場　市場が失敗するとき―オンラインデートの例　感情と共感について―なぜわたしたちは困っている一人は助けるのに、おおぜいを助けようとはしないのか　短期的な感情がおよぼす長期的な影響―なぜ悪感情にまかせて行動してはいけないのか　わたしたちの不合理性が教えてくれること―なぜすべてを検証する必要があるのか）　〔00241〕

◇お金と感情と意思決定の白熱教室―楽しい行動経済学（HEATED DISCUSSION CLASSROOM）　ダン・アリエリー著, NHK白熱教室制作チーム訳　早川書房　2014.6　196p　19cm　1500円　①978-4-15-209466-7

内容 第1回 人間は“不合理”な存在である　第2回 あなたが“人に流される”理由　第3回 デート必勝法教えます!?　―人々の感情をどう動かすか　第4回 ダイエット成功への道！　―自分をコントロールする方法とは　第5回 “お金”の不思議な物語　第6回 私たちは何のために働くのか？　―仕事のモチベーションを高める方法　〔00242〕

◇ずる―嘘とごまかしの行動経済学（THE〈HONEST〉TRUTH ABOUT DISHONESTY）　ダン・アリエリー著, 桜井祐子訳　早川書房　2014.9　329p　16cm　（ハヤカワ文庫 NF 415）〈文献あり〉800円　①978-4-15-050415-1

内容 なぜ不正はこんなにおもしろいのか　シンプルな合理的犯罪モデル（SMORC）を検証する　つじつま合わせ仮説　ゴルフ　自分の動機で目が曇る　なぜ疲れているとしくじるのか　なぜにせものを身につけるとごまかしをしたくなるのか　自分自身を欺く　創造性と不正―わたしたちはみな物語を語る　感染症としての不正行為―不正菌に感染するしくみ　協働して行なう不正行為―なぜ一人よりみんなの方がずるをしやすいのか　半・楽観的なエンディング―人はそれほどごまかしをしない！　〔00243〕

◇いつでもどこでも結果を出せる自己マネジメント術（MANAGE YOUR DAY-TO-DAY）　ジョスリン・K.グライ編, 上原裕美子訳　サンマーク出版　2015.9　233p　19cm　〈文献あり〉1500円　①978-4-7631-3493-6

内容 私たちはなぜ、時間を「ムダ遣い」してしまうのか？（ダン・アリエリー）　〔00244〕

◇アリエリー教授の人生相談室―行動経済学で解決する100の不合理（IRRATIONALLY YOURS）　ダン・アリエリー著, 桜井祐子訳　早川書房　2016.5　260p　19cm　〈索引あり〉1600円　①978-4-15-209614-2

内容 人に頼まれると断れない　就職する前に冒険してみたいけど　転職したら幸せになれる？　レベルの低い環境で一番を目指す？　なぜ外部の人材の方が評

価される？　職場のホッチキスが消えない方法　会議中のマルチタスクはバレない？　作業時間が三倍増えたのに喜ばれた　これってコンサル流のトーク術？　告げ口したら嫌われた〔ほか〕　〔00245〕

ア

アリストテレス　Aristotelēs

◇アリストテレス全集　7　魂について 自然学小論集　アリストテレス〔著〕, 内山勝利, 神崎繁, 中畑正志編集委員　中畑正志, 坂下浩司, 木原志乃訳　岩波書店　2014.2　529, 24p　22cm　〈付属資料：8p：月報 3　索引あり〉6000円　①978-4-00-092777-2

内容 魂について　自然学小論集　気息について　〔00246〕

◇アリストテレス全集　13　問題集　アリストテレス〔著〕, 内山勝利, 神崎繁, 中畑正志編集委員　丸橋裕, 土屋睦広, 坂下浩司訳　岩波書店　2014.6　715, 24p　22cm　〈付属資料：8p：月報 4　索引あり〉7400円　①978-4-00-092783-3

内容 医療に関する諸問題　発汗に関する諸問題　飲酒と酩酊に関する諸問題　性交に関する諸問題　疲労に起因する諸問題　横臥と姿勢起因する諸問題　共感起因する諸問題　凍えと身震いに起因する諸問題　打撲傷、瘢痕および鞭跡に関する諸問題　自然学諸問題摘要〔ほか〕　〔00247〕

◇アリストテレス全集　3　トポス論　ソフィスト的論駁について　アリストテレス〔著〕, 内山勝利, 神崎繁, 中畑正志編集委員　山口義久訳, 納富信留訳　岩波書店　2014.7　524, 12p　22cm　〈付属資料：8p：月報 5　索引あり〉5800円　①978-4-00-092773-4

内容 トポス論（序論・問答法的な探求の道筋　付帯性のトポス　付帯性のトポスへの補足　類のトポス　固有性のトポス　定義のトポス　同一性に関するトポス　問答法的議論の実践）　ソフィスト的論駁について　〔00248〕

◇アリストテレス全集　15　ニコマコス倫理学　アリストテレス〔著〕, 内山勝利, 神崎繁, 中畑正志編集委員　神崎繁訳　岩波書店　2014.8　501, 31p　22cm　〈付属資料：8p：月報 6　文献あり　索引あり〉6000円　①978-4-00-092785-7

内容 幸福　性格に関わる徳と行為および感情の中間性　行為の責任とその要件、そして徳の各論　性格に関わるさまざまな徳　正義について　思考に関わるさまざまな徳　抑制と無抑制、快楽について　友愛について　友愛と正義　快楽と活動・幸福再考　〔00249〕

◇アリストテレス全集　2　分析論前書　分析論後書　アリストテレス〔著〕, 内山勝利, 神崎繁, 中畑正志編集委員　今井知正, 河谷淳訳, 高橋久一郎訳　岩波書店　2014.11　608, 20p　22cm　〈付属資料：8p：月報 7　文献あり 索引あり〉6600円　①978-4-00-092772-7

内容 分析論前書（推論の成立の研究　推論作成の方法　推論の還元分析　推論の派生形態 ほか）　分析論後書（知識（エピステーメー）と論証の構造（論証的知識のあり方　論証の原理 ほか）　論証の原理の探求のあり方について（定義論　原因論 ほか））　〔00250〕

◇アリストテレス全集　19　アテナイ人の国制　著作断片集 1　アリストテレス〔著〕, 内山勝利, 神崎繁, 中畑正志編集委員　橋場弦訳, 国方栄二訳　岩波書店　2014.12　504, 36p　22cm　〈付属資料：10p：月報 8　文献あり 索引あり〉6000円　①978-4-00-092789-5

内容 アテナイ人の国制（キュロンの陰謀と失敗。アルクメオン家の追放　ソロン改革前夜の党争。ヘクテモロイの窮状　太古の国制　ドラコンの国制　ソロン調停者となる　負債の切り捨て断行　ソロンの財産政治　ソロンの立法 ほか）　欠失した冒頭の断片ヘラクレイデスによる抜粋　〔00251〕

◇アリストテレス全集　6　気象論　宇宙について　アリストテレス〔著〕, 内山勝利, 神崎繁, 中畑正志編集委員　三浦要訳, 金沢修訳　岩波書店　2015.3　370, 25p　22cm　〈付属資料：8p：月報 9　文献あり 索引あり〉5600円　①978-4-00-092776-5

内容 気象論（序論　予備的考察　大気上層域において現れる流れ星および関連現象　大気上層域において現れる髪の毛星 "彗性" について ほか）　宇宙について（哲学への賞賛とアレクサンドロスへの要請　天における現象の記述　水と土の領域における静的現象の記述　月下の領域における動的現象の記述 ほか）　〔00252〕

◇アリストテレス全集　12　小論考集　アリストテレス〔著〕, 内山勝利, 神崎繁, 中畑正志編集委員　土橋茂樹, 瀬口昌久, 和泉ちえ, 村上正治訳　岩波書店　2015.10　431, 26p　22cm　〈付属資料：8p：月報 10　文献あり 索引あり〉5600円　①978-4-00-092782-6

内容 色彩について　聴音について　観相学　植物について　異聞集　機械学　分割不可能な線について　風の方位と名称について　メリッソス、クセノパネス、ゴルギアスについて　〔00253〕

◇アリストテレス全集　8　動物誌　上　アリストテレス〔著〕, 内山勝利, 神崎繁, 中畑正志編集委員　金子善彦, 伊藤雅巳, 金沢修, 浜岡剛訳　岩波書店　2015.11　370, 8p　22cm　〈付属資料：8p：月報 10〉5600円　①978-4-00-092778-9

内容 第1巻 動物探究の概要とヒトの諸部分　第2巻 有血動物の非同質部分　第3巻 有血動物の生殖器と同質部分　第4巻 無血動物の諸部分　第5巻 動物の生殖・発生　第6巻 動物の生殖・発生（つづき）　〔00254〕

◇アリストテレス全集　9　動物誌　下　アリストテレス〔著〕, 内山勝利, 神崎繁, 中畑正志編集委員　金子善彦, 伊藤雅巳, 金沢修, 浜岡剛訳　岩波書店　2015.12　299, 96p　22cm　〈付属資料：8p：月報 12　索引あり〉5600円　①978-4-00-092779-6

内容 第7巻　第8巻　第9巻　第10巻　〔00255〕

◇ニコマコス倫理学　上（HΘIKA NIKOMAXEIA）　アリストテレス著, 渡辺邦夫, 立花幸司訳　光文社　2015.12　513p　16cm　（光文社古典新訳文庫 KBア2-1）　1280円　①978-4-334-75322-1

内容 第1巻 幸福とは何か―はじまりの考察（行為の目的の系列から善さについて考える　最高の目的としての幸福は政治学と倫理学によって研究される ほか）　第2巻 人柄の徳の総論（人柄の徳は、人が育つ過程における行為習慣の問題である　倫理学は自分が善き人になるためのものである ほか）　第3巻 徳の観点からみた行為の構造、および勇気と節制の徳（徳を考えるために自発的な行為を考える　ただ単に自発的なだけではない、選択に基づいた行為 ほか）　第4巻いくつかの人柄の徳の説明（お金や物品のからむ人間関係における中間性としての気前良さ　大事業への出費を惜しまない中間性としての物惜しみのなさ ほか）　第5巻 正義について（対人関係において発揮される徳を総称して「正義の徳」ということがあること　対人関係における徳としての全体的正義と、ほかの徳と区別される部分的正義 ほか）〔00256〕

◇ニコマコス倫理学　下（HΘIKA NIKOMAXEIA）　アリストテレス著, 渡辺邦夫, 立花幸司訳　光文社　2016.1　556p　16cm　（光文社古典新訳文庫 KBア2-2）〈文献あり 年譜あり〉1280円　①978-4-334-75324-5

内容 第6巻 知的な徳（学問的に知る部分と推理して知る部分　理論的思考と実践的思考 ほか）　第7巻 欲望の問題―抑制のなさと快楽をめぐって（「抑制のなさ」にかんして語られる通念　「抑制のなさ」にかんする哲学的難問 ほか）　第8巻 愛について（愛の必要性と価値にかんするまえがき　愛の三種類の根拠と、愛の成立条件 ほか）　第9巻 愛について（続き）（愛の不平と友好的取引にまつわる不平について　恩恵に対して、どのようにお返しすべきか？ ほか）　第10巻 幸福論の結論（快楽論序説　エウドクソスの快楽主義 ほか）〔00257〕

◇アリストテレス全集　16　大道徳学 エウデモス倫理学　アリストテレス〔著〕, 内山勝利, 神崎繁, 中畑正志編集委員　新島竜美, 荻野弘之訳　岩波書店　2016.2　474, 29p　22cm　〈付属資料：5p：月報 13　文献あり 索引あり〉6000円　①978-4-00-092786-4

内容 大道徳学　エウデモス倫理学　徳と悪徳について〔00258〕

◇アリストテレス全集　10　動物論三篇　アリストテレス〔著〕, 内山勝利, 神崎繁, 中畑正志編集委員　浜岡剛, 永井竜男訳　岩波書店　2016.3　420, 21p　22cm　〈付属資料：4p：月報 14　索引あり〉5400円　①978-4-00-092780-2

内容 動物の諸部分について　動物の運動について　動物の進行について〔00259〕

アリソン, グレアム　Allison, Graham T.

◇決定の本質―キューバ・ミサイル危機の分析　1（ESSENCE OF DECISION 原著第2版の翻訳）　グレアム・アリソン, フィリップ・ゼリコウ著, 漆嶋稔訳　第2版　日経BP社　2016.3　417p　20cm　（NIKKEI BP CLASSICS）〈初版：中央公論社 1977年刊　索引あり　発売：日経BPマーケティング〉2400円　①978-4-8222-5128-4

内容 第1章 第一モデル―合理的アクター（厳密な行動モデル　合理的アクターのパラダイム　古典モデルの解説）　第2章 キューバ・ミサイル危機―第一モデルによる分析（ソ連がキューバに攻撃用ミサイル配備を決定した理由　アメリカが海上封鎖でミサイル配備に対応した理由　ソ連がミサイルを撤去した理由）　第3章 第二モデル―組織行動（組織論理と効率　組織論理と組織文化　相互作用的複雑性　アメリカ航空宇宙局（NASA）―主役と犠牲　組織行動のパラダイム）〔00260〕

◇決定の本質―キューバ・ミサイル危機の分析　2（ESSENCE OF DECISION 原著第2版の翻訳）　グレアム・アリソン, フィリップ・ゼリコウ著, 漆嶋稔訳　第2版　日経BP社　2016.3　475p　20cm　（NIKKEI BP CLASSICS）〈初版：中央公論社 1977年刊　索引あり　発売：日経BPマーケティング〉2400円　①978-4-8222-5129-1

内容 第4章 キューバ・ミサイル危機―第二モデルによる分析（キューバにおけるソ連ミサイル配備　アメリカのキューバ封鎖　ソ連ミサイルのキューバ撤去）　第5章 第三モデル―政府内政治（政府内政治の解説　集団過程が選択と行動に及ぼす影響　政府内政治のパラダイム）　第6章 キューバ・ミサイル危機―第三モデルによる分析（アメリカによる海上封鎖　ソ連によるキューバからのミサイル撤去）　第7章 結論（要約―解釈の相違　要約―答えが異なるのか、問いが異なるのか　今後の展開）〔00261〕

アリソン, サリー・A.

◇経験学習によるリーダーシップ開発―米国CCLによる次世代リーダー育成のための実践事例（Experience-Driven Leader Development）　シンシア・D.マッコーレイ,D.スコット・デリュ, ポール・R.ヨスト, シルベスター・テイラー編, 漆嶋稔訳　日本能率協会マネジメントセンター　2016.8　511p　27cm　8800円　①978-4-8207-5929-4

内容 新任指導主事育成のためのストレッチ課題（サリー・A.アリソン, マーシャ・グリーン）〔00262〕

アリソン, シャリ　Arison, Shari

◇いい人生はいいことをすれば手に入る（Activate your goodness Transforming the world through doing good）　シャリ・アリソン著, 矢鋪紀子訳　サンマーク出版　2014.3　220p　20cm　1500円　①978-4-7631-3344-1

内容 第1章 いいことをしてみよう　第2章 自分にいいことをしよう　第3章 身近な人たちにいいことをしよう　第4章 日々の暮らしでいいことをしよう　第5章 住んでいる町と国のためにいいことをしよう　第6章 いいことを世界に知らせよう　第7章 人類のためにいいことをしよう　第8章 地球のためにいいことをしよう　第9章 いいことをすると、人生はどのように変わるか　第10章 善行の日〔00263〕

アリーナ, リシャール

◇リターン・トゥ・ケインズ（THE RETURN TO KEYNES）　ブラッドリー・W.ベイトマン, 平井俊顕, マリア・クリスティーナ・マルクッツォ編, 平井俊顕監訳　東京大学出版会　2014.9　388, 56p　22cm　〈文献あり 索引あり〉5600円　①978-4-13-040262-0

内容 ケインジアン―新古典派総合の「旧」から「新」へ（リシャール・アリーナ著, 野口旭訳）〔00264〕

アリバー, R.Z.　Aliber, ロバート・Z.

◇熱狂、恐慌、崩壊―金融危機の歴史（MANIAS, PANICS AND CRASHES 原著第6版の翻訳）　C.P.キンドルバーガー,R.Z.アリバー著, 高遠裕子訳　日本経済新聞出版社　2014.9　545p　20cm　〈著作目録あり 索引あり〉3600円　①978-4-532-35607-1

内容 金融危機―繰り返されるテーマ　典型的危機の解剖　投機熱　火に油―信用膨張　決定的段階―バブルが弾けるとき　陶酔感と紙の資産　バーナード・マドフ―詐欺、不正、信用サイクル　国際的な伝染 一六一八～一九三〇年　バブルの伝染―メキシコシティ、東京、バンコク、ニューヨーク、ロンドン、レイキャ

ピク　政策対応―傍観、勧告、銀行休業　国内の最後の貸し手　国際的な最後の貸し手　リーマン・ショック―避けられた恐慌　歴史の教訓　エピローグ 二〇一〇年～二〇二〇年　〔00265〕

ア

アリンダー, ジャスミン

◇コダクロームフィルムで見るハートマウンテン日系人強制収容所（COLORS OF CONFINEMENT）　ビル・マンボ写真, エリック・L.ミューラー編, 岡村ひとみ訳　紀伊国屋書店　2014.7　151p　16×20cm　2900円　①978-4-314-01119-8

内容 収容所の中のカメラ（ジャスミン・アリンダー著）　〔00266〕

ある英国の説教者《Unknown Christian》

◇「祈り」をささげた人々―Voice of Christian Forerunners（THE Kneeling Christianの抄訳, THE Prayer Lifeの抄訳〔etc.〕）　ある英国の説教者, アンドリュー・マーレー,E.M.バウンズ著, 湖浜馨, 金井為一郎, 羽鳥純二訳　いのちのことば社　2015.5　126p　18cm　1000円　①978-4-264-03339-4

内容 1 ある英国の説教者『祈ることを教えてください』（求めよ。そうすれば与えられる　しるしを求めること　祈りとは何か）　2 アンドリュー・マーレー『祈りの生活』（祈らない罪　なぜ祈らないか　祈らない生活に対する戦い　どうしたら祈らない生活から救われるか　密室に関する二、三の提案）　3 E・M・バウンズ『祈りの力』（神の器　神のために実を得る道　大いなる祈りの人　神の求めたもうもの）〔00267〕

アールクイスト, ダイアン　Ahlquist, Diane

◇月と幸せ―ムーンスペルズ（Moon Spells）　ダイアン・アールクイスト著, 永井二菜訳　パンローリング　2016.7　275p　21cm　（フェニックスシリーズ 34）　1300円　①978-4-7759-4153-9

内容 1 月まじないの準備（月相を読む　月のカレンダー　まじないの場所　セレモニーの意義と段取り　魔法陣を描く　チェックリスト　時間を捻出するには　課題の克服―天気、スペース、信仰、周囲の理解　瞑想の環"ムーンサークル"）　2 セレモニーの演出（月まじないの効果を高めるには　演出用のアイテム）　3 願いをかなえる月まじない（ヒーリング　ロマンス　仕事/キャリア　女性向けのまじない　男性向けのまじない　天界との交信　エトセトラ）　4 未来を照らすスポットライト（十二支占い　数秘術　西洋占星術）　〔00268〕

アルクライシ, シーク・アブドゥルアジィズ

◇世界はなぜ争うのか―国家・宗教・民族と倫理をめぐって　福田康夫, ヘルムート・シュミット, マルコム・フレーザー他著, ジェレミー・ローゼン編集, 渥美桂子訳　朝倉書店　2016.3　296p　21cm　〈他言語標題：Ethics in Decision-Making〉 非売品

内容 金融における倫理規範（シーク・アブドゥルアジィズ・アルクライシ述）　〔00269〕

◇世界はなぜ争うのか―国家・宗教・民族と倫理をめぐって　福田康夫, ヘルムート・シュミット, マルコム・フレーザー他著, ジェレミー・ローゼン編集, 渥美桂子訳　朝倉書店　2016.5　296p　21cm　〈他言語標題：Ethics in Decision-Making〉 1850円　①978-4-254-50022-6

内容 金融における倫理規範（シーク・アブドゥルアジィズ・アルクライシ述）　〔00270〕

アルクール, ベルナール・E.　Harcourt, Bernard E.

◇悪をなし真実を言う―ルーヴァン講義1981（MAL FAIRE, DIRE VRAI.FONCTION DE L'AVEU EN JUSTICEの抄訳）　ミシェル・フーコー著, ファビエンヌ・ブリヨン, ベルナール・E.アルクール編, 市田良彦監訳, 上尾真道, 信友建志, 箱田徹訳　河出書房新社　2015.1　453p　20cm　6200円　①978-4-309-24689-5

内容 ルーレ、告白と治療術　自己の「真実を言う」ことと自己認識から得られると想定される効果　告白のさまざまな特徴　西洋キリスト教社会での広がり：個人は自己の真理と結びつき、述べられた真理によって他者との関係における義務を課される　歴史-政治的問題：個人は自らの真理と自らに行使される権力にどう結びつくか　歴史―哲学的問題：個人は自ら誓約する真理陳述の諸形式によって互いにどう結びつくか　実証主義との対位法：真理陳述の批判哲学　刑罰制度における「誰が裁かれるのか」という問題　刑罰実践と統治術　真理による統治〔ほか〕〔00271〕

アルコウディス, S.

◇高等教育の質とその評価―日本と世界　山田礼子編著　東信堂　2016.9　261p　22cm　〈索引あり〉 2800円　①978-4-7989-1383-4

内容 オーストラリア高等教育における基準の明示化への挑戦（S.アルコウディス著, 沖清豪訳）　〔00272〕

アルコーン, ランディ　Alcorn, Randy C.

◇ほんとうの天国―永遠の世界を想う50日（50 Days of Heaven）　ランディ・アルコーン著, 佐藤知津子訳　いのちのことば社　2014.9　366p　19cm　1800円　①978-4-264-03263-2　〔00273〕

アル・サウド, トルキ・ビン・ファイサル

◇世界論　安倍晋三, 朴槿恵ほか〔著〕, プロジェクトシンジケート叢書編集部訳　土曜社　2014.1　185p　19cm　（プロジェクトシンジケート叢書）〈他言語標題：A WORLD OF IDEAS　文献あり〉 1199円　①978-4-907511-05-0

内容 イランは変わったか？（トルキ・ビン・ファイサル・アル・サウド著）　〔00274〕

アルサディール, ヌアー

◇女友だちの賞味期限―実話集（The friend who got away）　ジェニー・オフィル, エリッサ・シャッペル編著, 糸井恵訳　プレジデント社　2014.3　317p　19cm　〈2006年刊の改訳、再編〉 1500円　①978-4-8334-2076-1

内容 どろぼう猫なぜ彼女は私のすべてを真似したか（ヌアー・アルサディール著）　〔00275〕

アルセーニエフ, V.　Arsen'ev, Vladimir Klavdievich

◇デルスー・ウザーラ（Дерсу Узала）　V.アルセーニエフ作, 大森巳喜生訳　都城　文昌堂　2014.3　334p　21cm　〈折り込 1枚〉 2000円　①978-5-699-33439-1　〔00276〕

アルタッカー, クローディア・アズーラ　Altucher, Claudia Azula

◇人生がうまくいく人の断る力（THE POWER OF NO）　ジェームズ・アルタッカー, クローディア・アズーラ・アルタッカー著, 石田久二監訳　アチーブメント出版　2016.6　236p　19cm　1400円　①978-4-905154-85-3

内容 プロローグ 2番目にパワフルな言葉　第1章 人生を選択する「ノー」　第2章 愛する人に出会うための「ノー」　第3章 偽りに突きつける「ノー」　第4章 過去の怒りに対する「ノー」　第5章 欠乏感への「ノー」　第6章 雑音への「ノー」　第7章 自分自身への「ノー」　エピローグ そして「イエス」と言える　〔00277〕

アルタッカー, ジェームズ　Altucher, James

◇人生がうまくいく人の断る力（THE POWER OF NO）　ジェームズ・アルタッカー, クローディア・アズーラ・アルタッカー著, 石田久二監訳　アチーブメント出版　2016.6　236p　19cm　1400円　①978-4-905154-85-3

内容 プロローグ 2番目にパワフルな言葉　第1章 人生を選択する「ノー」　第2章 愛する人に出会うための「ノー」　第3章 偽りに突きつける「ノー」　第4章 過去の怒りに対する「ノー」　第5章 欠乏感への「ノー」　第6章 雑音への「ノー」　第7章 自分自身への「ノー」　エピローグ そして「イエス」と言える　〔00278〕

アルチュセール, ルイ　Althusser, Louis

◇政治と歴史―エコール・ノルマル講義1955-1972（POLITIQUE ET HISTOIRE, DE MACHIAVEL À MARX, COURS SUR ROUSSEAU）　ルイ・アルチュセール著, 市田良彦, 王寺賢太訳　平凡社　2015.4　558p　22cm　〈文献あり〉7200円　①978-4-582-70339-9

内容 政治と歴史 マキァヴェッリからマルクスへ（歴史哲学の諸問題（一九五五‐一九五六）　マキァヴェッリ（一九六二）　ルソーとその先行者たち―一七‐一八世紀における政治哲学（一九六五‐一九六六）　ホッブズ（一九七一‐一九七二））　ルソー講義 1972（ルソー講義（一九七二））　〔00279〕

◇終わりなき不安夢―夢話1941-1967（DES RÊVES D'ANGOISSE SANS FIN）　ルイ・アルチュセール著, 市田良彦訳　書肆心水　2016.7　316p　20cm　〈著作目録あり 年譜あり〉3600円　①978-4-906917-56-3　〔00280〕

アルティ, アメリ　Artis, Amélie

◇「連帯金融」の世界―欧州における金融の社会化運動（INTRODUCTION À LA FINANCE SOLIDAIRE）　アメリ・アルティ著, 尾上修悟訳　京都　ミネルヴァ書房　2016.4　222, 14p　20cm　〈文献あり 索引あり〉3500円　①978-4-623-07599-7

内容 序論　第1章 銀行・金融システムにおける連帯金融―一つの特別なアクター（銀行・金融システムの変化　特殊な社会・金融的仲介の形態としての連帯金融　連帯金融：非伝統的金融における国際的な現実）　第2章 今日の連帯金融の概観（現代の連帯金融：組織的な諸形態と多様な活動　連帯金融の組織的諸形態の比較）　第3章 連帯金融による経済に対する融資のテコ（連帯金融の借り手は脆弱さをもたらす複数の要因が交錯するところに位置する　生産的活動への融資：その制約と超克との間で　連帯金融：リスク削減の因習的なメカニズム）　第4章 連帯金融のパフォーマンスと有効性（連帯金融におけるパフォーマンスからインパクトの分析へ　金融システムにおける連帯金融の位置づけ：競争的かそれとも補完的か）　訳者解説 A.アルティの連帯金融論―金融の社会・経済的分析をめぐって　〔00281〕

アルドリッチ, D.P.　Aldrich, Daniel P.

◇災害復興におけるソーシャル・キャピタルの役割とは何か―地域再建とレジリエンスの構築（BUILDING RESILIENCE）　D.P.アルドリッチ著, 石田祐, 藤沢由和訳　京都　ミネルヴァ書房　2015.4　295p　22cm　〈文献あり 索引あり〉4000円　①978-4-623-07266-8

内容 第1章 ソーシャル・キャピタル―災害後の復興におけるその役割　第2章 ソーシャル・キャピタル―二面性を持つ復興資源　第3章 関東大震災（1923年）　第4章 阪神・淡路大震災（1995年）　第5章 インド洋大津波（2004年）　第6章 ハリケーン・カトリーナ（2005年）　第7章 国家と市場の狭間で―進むべき方向性　〔00282〕

アルノルト, クラウス　Arnold, Claus

◇キリスト教神学資料集　下（The Christian Theology Reader, Third Edition）　アリスター・E.マクグラス編, 古屋安雄監訳　オンデマンド版　キリスト新聞社　2013.9　630, 49p　21cm　〈原書第3版〉10000円　①978-4-87395-641-1

内容 アルフレッド・ロワジー（一八五七―一九四〇）（クラウス・アルノルト）　〔00283〕

◇キリスト教の主要神学者　下　リシャール・シモンからカール・ラーナーまで（Klassiker der Theologie）　F.W.グラーフ編　安酸敏真監訳　教文館　2014.9　390, 7p　22cm　〈索引あり〉4200円　①978-4-7642-7384-9

内容 アルフレッド・ロワジー（クラウス・アルノルト著, 安酸敏真訳）　〔00284〕

アルバー, トラヴィス

◇マニフェスト本の未来（Book ： a futurist's manifesto）　ヒュー・マクガイア, ブライアン・オレアリ編　ボイジャー　2013.2　339p　21cm　2800円　①978-4-86239-117-9

内容 読書システムの垣根を越えて：ソーシャルリーディングの今後（トラヴィス・アルバー著）　〔00285〕

アルパジェス, ディディエ　Harpagès, Didier

◇脱成長（ダウンシフト）のとき―人間らしい時間をとりもどすために（LE TEMPS DE LA DÉCROISSANCE）　セルジュ・ラトゥーシュ, ディディエ・アルパジェス著, 佐藤直樹, 佐藤薫訳　未来社　2014.6　152, 15p　19cm　〈文献あり〉1800円　①978-4-624-01191-8

内容 序章 いまこそそのとき　第1章 時間の多様性の喪失：方向転換の必然性（生産至上主義の名のもとに押しつぶされた時間　強制されたスピード　製品寿命の人為的操作　永遠を現在に：持続可能な発展　仮想的な時間　時間を売るということ）　第2章 本来の時間をとりもどす（時空間の再構築　より良く生きるために働く量を減らそう　隔たりを減らし、ゆとりを見出す　地域活動の再発見　時間を元に戻す）　終章 同じ世界で別の生き方をする　〔00286〕

ア

アルバート, スチュアート　Albert, Stuart

◇パーフェクト・タイミング―最高の意思決定をもたらす戦略的時間術（WHEN）　スチュアート・アルバート著, 柴田裕之訳　河出書房新社　2014.2　345p　20cm　1800円　①978-4-309-24648-2

内容 序章 6つのレンズ　第1章 シーケンス―どんな流れで物事が起こっているか　第2章 パンクチュエーション―時間の流れに句読点を打つ　第3章 インターバル―何がどんな間隔で起こるのか　第4章 スピード―速い/遅いを的確にとらえる　第5章 シェイプ―物事には起こり方の「かたち」がある　第6章 ポリフォニー―同時並行で何が起こっているか　第7章 6つのレンズを活用する　第8章 タイミング分析の要点―7つのステップ　〔00287〕

アルパート, マイケル　Alpert, Michael

◇短期力動療法入門（Short-Term Therapy for Long-Term Change）　マリオン・ソロモン, ロバート・ネボルスキー, リー・マッカロー, マイケル・アルパート, フランシーン・シャピロ, デヴィッド・マラン著, 妙木浩之, 飯島典子監訳　金剛出版　2014.12　228p　21cm　〈索引あり〉　3800円　①978-4-7724-1393-0

内容 第1章 短期心理療法の挑戦　第2章 Davanlooによるインテンシヴな短期力動心理療法　第3章 短期力動心理療法における情動恐怖症の脱感作　第4章 共感促進的セラピー　第5章 トラウマと適応的情報処理のプロセス：EMDRの力動的、行動的接点　第6章 共謀関係に陥った夫婦の行き詰まりを打開する　第7章 アタッチメントの絆と親密さ：愛の基本的な刷り込みは変容可能か？　第8章 今後の展望　〔00288〕

アルバーノ, アン＝マリー　Albano, Anne Marie

◇不登校の認知行動療法セラピストマニュアル（WHEN CHILDREN REFUSE SCHOOL 原著第2版の翻訳）　C.A.カーニー,A.M.アルバーノ著, 佐藤容子, 佐藤寛監訳　岩崎学術出版社　2014.10　208p　26cm　〈文献あり 索引あり〉　3500円　①978-4-7533-1083-8

内容 第1章 セラピストのための基本的知識　第2章 アセスメント　第3章 事前相談セッションと治療セッションの進め方　第4章 ネガティブな感情を引き起こす学校に関連した刺激を回避するために学校に行かない子ども　第5章 対人場面や評価される場面を回避するために学校に行かない子ども　第6章 周囲から注目を得るために不登校になっている子ども　第7章 学校の外で具体的な強化子を得るために学校に行かない子ども　第8章 つまずきと再発の予防　付録 アセスメント尺度　〔00289〕

◇不登校の認知行動療法保護者向けワークブック（WHEN CHILDREN REFUSE SCHOOL 原著第2版の翻訳）　C.A.カーニー,A.M.アルバーノ著, 佐藤容子, 佐藤寛監訳　岩崎学術出版社　2014.10　160p　26cm　3000円　①978-4-7533-1084-5

内容 第1章 はじめに　第2章 アセスメント　第3章 事前相談セッションと治療セッションではどんなことをするのか　第4章 苦痛を引き起こす対象や状況を回避するために学校に行かない子ども　第5章 対人場面や評価される場面を回避するために学校に行かない子ども　第6章 周囲から注目を得るために不登校になっている子ども　第7章 学校の外に何か「よいこと」があるために学校に行かない子ども　第8章 つまずきと再発を予防する　〔00290〕

アル・ハバシ, シャイク・ムハンマド

◇世界はなぜ争うのか―国家・宗教・民族と倫理をめぐって　福田康夫, ヘルムート・シュミット, マルコム・フレーザー他著, ジェレミー・ローゼン編集, 渥美桂子訳　朝倉書店　2016.3　296p　21cm　〈他言語標題：Ethics in Decision-Making〉　非売品

内容 意思決定におけるグローバル倫理（シャイク・ムハンマド・アル・ハバシ述）　〔00291〕

◇世界はなぜ争うのか―国家・宗教・民族と倫理をめぐって　福田康夫, ヘルムート・シュミット, マルコム・フレーザー他著, ジェレミー・ローゼン編集, 渥美桂子訳　朝倉書店　2016.5　296p　21cm　〈他言語標題：Ethics in Decision-Making〉　1850円　①978-4-254-50022-6

内容 意思決定におけるグローバル倫理（シャイク・ムハンマド・アル・ハバシ述）　〔00292〕

アルバレス, シーザー　Alvarez, Cesar

◇高勝率システムの考え方と作り方と検証―リスクが少なく無理しない短期売買（How To Trade High Probability Stock Gaps 原著第2版の翻訳）　ローレンス・A.コナーズ, シーザー・アルバレス, マット・ラドケ著, 長尾慎太郎監修, 山口雅裕訳　パンローリング　2014.4　301p　22cm　（ウィザードブックシリーズ 216）　7800円　①978-4-7759-7183-3

内容 第1部 ギャップを利用した高勝率の株式トレード法（第2版）　第2部 押し目買い戦略　第3部 VXXのトレンドフォロー戦略　第4部 ETFでのギャップトレード―決定版　第5部 コナーズRSIに基づくレバレッジ型ETFのトレード　第6部 ETFの買い下がりトレード　第7部 ボリンジャーバンドを利用したトレード―数量化された指針　〔00293〕

アルバレス, メリッサ　Alvarez, Melissa

◇サイキックパワー最大化レッスン―あなたを宇宙的にバージョンアップする唯一の方法 今世で最後に学ぶべきもの〈魂の覚醒部分〉をRe-Birth！（YOUR PSYCHIC SELF）　メリッサ・アルバレス著, 川口富美子訳　ヒカルランド　2015.3　403p　21cm　〈文献あり〉　3000円　①978-4-86471-263-7

内容 第1章 霊的成長のファースト・ステップ―あなたの内なる能力を磨くために、まず初めに知っておきたいこと　第2章 直感力向上に役立つツール―あなたの悟りを深め、望む現実を作り出すために助けとなる方法　第3章 さまざまな情報をキャッチする「クレア」能力―直感力を高めるために必要不可欠な能力は誰にでも備わっている　4章 あなたの直感力が働いていることを示すサイン―霊的な領域からのメッセージは日常生活のあちこちで見つけられる　第5章 直感力を日々の生活の中で活用する方法―自分の能力が開発されていくと、人生がますます豊かになる　第6章 能力のタイプとさまざまな霊能体験―霊性と直感力についての理解を深めて、宇宙から情報を受け取る　第7章 直感力リーディングの方法、リーダーのタイプ、精霊の見分け方―霊的な存在とつながる能力をどのように使うかはあなた次第　第8章 直感力によるコミュニケーションのタイプ―守護霊や別次元の存在と日常的につながると、霊的な成長が加速する　第9章 ネ

ガティブな状況から身を守るために―霊的な道を歩む上で注意しなくてはいけないこと　第10章 霊的悟りを得る旅はどこに向かって進むのか―自分の能力の活かし方にはいくつかの選択肢がある　〔*00294*〕

アルピ, クロード　Arpi, Claude

◇ヒストリー・オブ・チベット（Glimpses on the history of Tibet）　クロード・アルピ著, 下山明子訳　ダライ・ラマ法王日本代表部事務所　2015.2　118p　26cm　〔*00295*〕

アルビア, ジュセッペ　Arbia, Giuseppe

◇Rで学ぶ空間計量経済学入門（A PRIMER FOR SPATIAL ECONOMETRICS）　ジュセッペ・アルビア著, 堤盛人監訳　勁草書房　2016.8　252p　22cm　〈索引あり〉4000円　①978-4-326-50425-1

内容 第1章 古典的線形回帰モデル　第2章 空間計量経済学における重要な定義　第3章 空間計量経済モデル　第4章 空間計量経済学における最近の話題　第5章 ビッグデータのための代替モデル　第6章 これからの空間計量経済学　〔*00296*〕

アルフォンソ10世　Alfonso

◇アルフォンソ十世賢王の七部法典―スペイン王立歴史アカデミー1807年版 逐文対訳試案、その道程と訳註　第2部 下巻　第19章―第31章（Las siete partidas del Rey Don Alfonso X el Sabio）　アルフォンソ十世賢王〔編纂〕, 相沢正雄, 青砥清一試訳　横浜　相沢正雄　2014.4　431p　26cm　〈文献あり〉4000円　①978-4-9903027-8-8　〔*00297*〕

◇アルフォンソ十世賢王の七部法典―スペイン王立歴史アカデミー1807年版 逐文対訳試案、その道程と訳註　第3部 上巻　第1章―第10章（Las siete partidas del Rey Don Alfonso X el Sabio）　アルフォンソ十世賢王〔編纂〕, 相沢正雄, 青砥清一試訳　横浜　相沢正雄　2014.11　349p　26cm　〈文献あり〉4000円　①978-4-9903027-9-5　〔*00298*〕

◇アルフォンソ十世賢王の七部法典―スペイン王立歴史アカデミー1807年版 逐文対訳試案、その道程と訳註　第3部 中巻　第11章―第20章（Las siete partidas del Rey Don Alfonso X el Sabio）　アルフォンソ十世賢王〔編纂〕, 相沢正雄, 青砥清一試訳　横浜　相沢正雄　2015.8　531p　26cm　〈文献あり〉5000円　①978-4-9907998-0-9　〔*00299*〕

◇アルフォンソ十世賢王の七部法典―スペイン王立歴史アカデミー1807年版 逐文対訳試案、その道程と訳註　第3部 下巻　第21章―第32章（Las siete partidas del Rey Don Alfonso X el Sabio）　アルフォンソ十世賢王〔編纂〕, 相沢正雄, 青砥清一試訳　横浜　相沢正雄　2015.9　343p　26cm　〈文献あり〉4000円　①978-4-9907998-1-6　〔*00300*〕

◇アルフォンソ十世賢王の七部法典―スペイン王立歴史アカデミー1807年版 逐文対訳試案、その道程と訳註　第4部　第1章―第27章（Las siete partidas del Rey Don Alfonso X el Sabio）　アルフォンソ十世賢王〔編纂〕, 相沢正雄, 青砥清一試訳　横浜　相沢正雄　2015.11　386p　26cm　〈文献あり〉4000円　①978-4-9907998-2-3　〔*00301*〕

◇アルフォンソ十世賢王の七部法典―スペイン王立歴史アカデミー1807年版 逐文対訳試案、その道程と訳註　第5部　第1章―第15章（Las siete partidas del Rey Don Alfonso X el Sabio）　アルフォンソ十世賢王〔編纂〕, 相沢正雄, 青砥清一試訳　横浜　相沢正雄　2016.1　493p　26cm　〈文献あり〉5000円　①978-4-9907998-3-0　〔*00302*〕

◇アルフォンソ十世賢王の七部法典―スペイン王立歴史アカデミー1807年版 逐文対訳試案、その道程と訳註　第6部　第1章―第19章（Las siete partidas del Rey Don Alfonso X el Sabio）　アルフォンソ十世賢王〔編纂〕, 相沢正雄, 青砥清一試訳　横浜　相沢正雄　2016.3　377p　26cm　〈文献あり〉4000円　①978-4-9907998-4-7　〔*00303*〕

◇アルフォンソ十世賢王の七部法典―スペイン王立歴史アカデミー1807年版 逐文対訳試案、その道程と訳註　第7部　第1章―第33章（Las siete partidas del Rey Don Alfonso X el Sabio）　アルフォンソ十世賢王〔編纂〕, 相沢正雄, 青砥清一試訳　横浜　相沢正雄　2016.5　503p　26cm　〈文献あり〉5000円　①978-4-9907998-5-4　〔*00304*〕

アルブリットン, サラ・C.　Albritton, Sarah C.

◇MBTIへのいざない―ユングの「タイプ論」の日常への応用（I'm not crazy, I'm just not you (2nd ed.)）　ロジャー・R.ペアマン, サラ・C.アルブリットン著, 園田由紀訳　JPP　2012.1　308p　21cm　〈文献あり〉3500円　①978-4-905050-21-6　〔*00305*〕

アルペ, ペドロ　Arrupé, Pedro

◇ペドロ・アルペ―イエズス会士の霊的な旅―ジャン・クロード・ディーチS.J.との自伝的会話（One Jesuit's spiritual journey, autobiographical conversations with Jean-Claude Dietsch, S.J.）　ジャン・クロード・ディーチ〔述〕, ペドロ・アルペ著, 緒形隆之訳　習志野　教友社　2015.7　241p　22cm　〈著作目録あり　年譜あり〉2000円　①978-4-907991-15-9　〔*00306*〕

アルベッロ, ギー

◇叢書『アナール1929-2010』―歴史の対象と方法　4　1969-1979（Anthologie des Annales 1929-2010）　E.ル＝ロワ＝ラデュリ,A.ビュルギエール監修, 浜名優美監訳　E.ル＝ロワ＝ラデュリ編, 池田祥英, 石川学, 井上桜子, 志村幸紀, 下村武, 寺本敬子, 中村督, 平沢勝行訳　藤原書店　2015.6　456p　22cm　8800円　①978-4-86578-030-7

内容 十八世紀半ばのフランスの道路の大きな変化（ギー・アルベッロ著, 下村武訳）　〔*00307*〕

ア

アルベローニ, フランチェスコ　Alberoni, Francesco

◇死ぬまで続く恋はあるか（L'ARTE DI AMARE）　フランチェスコ・アルベローニ著, 泉典子訳　中央公論新社　2014.1　211p　20cm　1900円　①978-4-12-004582-0

内容 1 偏見を克服する（恋愛を考え直す　恋愛は単独個人の体験か　恋をするのはどんなときか ほか） 2 恋愛は探求の旅（東洋の恋愛　西洋の恋愛　現代の恋愛 ほか） 3 完璧な愛（性と愛の完璧な融合　完璧な愛はどうしたら実現できるか　深い愛を支える親和力 ほか）〔00308〕

アルボレダ - フローレス, フリオ　Arboleda-Flórez, Julio

◇パラダイム・ロスト―心のスティグマ克服、その理論と実践（Paradigms Lost）　ヒーザー・スチュアート, フリオ・アルボレダ－フローレス, ノーマン・サルトリウス著, 石丸昌彦監訳　中央法規出版　2015.6　296p　22cm〈文献あり 索引あり〉5000円　①978-4-8058-5192-0

内容 第1部 実効性を失ったパラダイム（イントロダクション―スティグマとは何か、どのように形成されるか　ロストパラダイム（先進国は差別につながるスティグマを根絶した　発展途上国にスティグマはほとんど存在しない　スティグマを低減するにはよく整備されたプランが必要である　科学はプログラムの最良のガイドである　精神科医はアンチスティグマ・プログラムを牽引すべきである　精神疾患に関する知識が向上すればスティグマを根絶できる　態度の変化は成功の度合いを測る物差しである　コミュニティのケアがスティグマを取り除いている　アンチスティグマ・キャンペーンは順調に展開している　精神疾患はありふれたごく普通の病気である　スティグマを撲滅することはできない）） 第2部 スティグマとその弊害を克服するプログラムの構築（実行に移す　プログラムの優先事項を決める　プログラムの構築　プログラムのモニタリングと効果判定） 付録 スティグマ経験についての質問票〔00309〕

アルムブルスター, ルドヴィーク　Armbruster, Ludwíg

◇黄金のプラハから来たイエズス会士（Tokijské květyの抄訳）　ルドヴィーク・アルムブルスター著, アレシュ・パラーンインタビュー, 羽生真名訳　習志野　教友社　2015.5　295p　22cm　2000円　①978-4-907991-14-2〔00310〕

アルメンダリズ, ベアトリス　Armendariz, Beatriz

◇マイクロファイナンス事典（THE HANDBOOK OF MICROFINANCE）　ベアトリス・アルメンダリズ, マルク・ラビー編, 笠原清志監訳, 立木勝訳　明石書店　2016.2　704p　27cm〈索引あり〉25000円　①978-4-7503-4293-1〔00311〕

アルント

◇キリスト教神秘主義著作集　12　十六世紀の神秘思想（Von dreierlai Leden der menschen, Paradoxa ducenta octoginta〔etc.〕）　木塚隆志, 中井章子, 南原和子訳　教文館　2014.5　598, 27p　22cm〈文献あり 年表あり 索引あり〉7900円　①978-4-7642-3212-9

内容 真のキリスト教〈抄〉（アルント著）〔00312〕

アルント, アンドレアス

◇経済・環境・スポーツの正義を考える　尼寺義弘, 牧野広義, 藤井政則編著　京都　文理閣　2014.3　316p　22cm（阪南大学叢書 102）〈他言語標題：Thinking about the Justice of Economy, Enviroment & Sports〉3500円　①978-4-89259-727-5

内容 マルクスとヘーゲルの弁証法（アンドレアス・アルント著, 尼寺義弘訳）〔00313〕

アレイン, パトリック　Alain, Patrick

◇リーダーとして話すための英語パワーフレーズ3000（THE LEADER PHRASE BOOK）　パトリック・アレイン著, 阿部川久広訳　増補改訂版　すばる舎　2014.12　394p　21cm　2800円　①978-4-7991-0396-8

内容 1 一般的な会話で　2 職場で　3 対立と怒り　4 外交　5 交渉　6 問題を解決する　7 礼儀　8 マキャベリストのテクニック　9 リーダーのためのボーナス・セクション　10 メンバーの力を引き出すコーチング〔00314〕

アレヴィ, エリー　Halévy, Elie

◇哲学的急進主義の成立　1　ベンサムの青年期1776-1789年（LA FORMATION DU RADICALISME PHILOSOPHIQUE.tome1 ： LA JEUNESSE DE BENTHAM 1776-1789 原著第2版の翻訳）　エリー・アレヴィ〔著〕, 永井義雄訳　法政大学出版局　2016.8　439, 4p　20cm（叢書・ウニベルシタス 1037）〈文献あり 索引あり〉7600円　①978-4-588-01037-8

内容 第1巻 ベンサムの青年期 一七七六 - 一七八九年（起源と原理　ベンサムの法哲学　経済理論と政治理論） 付録〔00315〕

◇哲学的急進主義の成立　2　最大幸福主義理論の進展1789-1815年（LA FORMATION DU RADICALISME PHILOSOPHIQUE tome 2 ： L'ÉVOLUTION DE LA DOCTRINE UTILITAIRE DE 1789 À 1815）　エリー・アレヴィ〔著〕, 永井義雄訳　法政大学出版局　2016.10　368, 6p　20cm（叢書・ウニベルシタス 1038）〈文献あり 索引あり〉6800円　①978-4-588-01038-5

内容 第1章 政治問題（有益性の原理対人権宣言―バークとベンサム　マキントッシュ、ペインおよびゴドウィン） 第2章 経済問題（保護を求める権利―ウィリアム・ゴドウィン　人口の原理―ロバート・マルサス） 第3章 ベンサム、ジェイムズ・ミルおよびベンサム主義者たち（急進主義の誕生　アダム・スミスからリカードゥへ　民衆の教育　ベンサムの声望の高まり）〔00316〕

◇哲学的急進主義の成立　3　哲学的急進主義（LA FORMATION DU RADICALISME PHILOSOPHIQUE tome 3 ： LE RADICALISME PHILOSOPHIQUE）　エリー・アレヴィ著, 永井義雄訳　法政大学出版局　2016.12　565, 12p　19cm（叢書・ウニベルシタス）　9000円　①978-4-588-01039-2

内容 第1章 経済社会の自然法則（リカードゥ　ジェイムズ・ミルとマカロク） 第2章 司法組織と国家組織（手続法と司法組織　憲法（統治機関法）） 第3章 思想の

法則と行政の規則（知識　行動）　終わりにあたって 〔00317〕

アレグザンダー, エベン　Alexander, Eben

◇マップ・オブ・ヘヴン―あなたのなかに眠る「天国」の記憶（THE MAP OF HEAVEN）　エベン・アレグザンダー, トレミー・トンプキンズ著, 白川貴子訳　早川書房　2015.7　200p　19cm 〈文献あり〉1700円　①978-4-15-209548-0

内容 第1章 知識の贈り物　第2章 意味の贈り物　第3章 ヴィジョンの贈り物　第4章 強さの贈り物　第5章 帰属の贈り物　第6章 喜びの贈り物　第7章 希望の贈り物 〔00318〕

アレクサンダー, F.M.　Alexander, Frederick Matthias

◇人類の最高遺産―意識的な指導と調整によって人類は進化し文明社会を生き延びる（Man's Supreme Inheritance 原著新版の翻訳）　F.M.アレクサンダー著, 横江大樹訳　名古屋　風媒社　2015.4　366p　21cm　4000円　①978-4-8331-5294-5

内容 1 人類の最高遺産（旧式な状況から現代的な必要へ　旧式の治療方法とその副作用　潜在意識と抑制　意識的調整　意識的調整を応用する　習慣的な思考が及ぶ肉体　民族文化と子どもの訓練　進化の水準と1914年の危機に及ぼした影響）　2 意識的な指導と調整（大意　論点　意識的な指導と調整の道筋　意識的な指導と調整の練習　意識的な指導と調整を再教育として理解する　個人の過ちと妄想　覚書と例証）　3 理論と実践、新しい手法による呼吸の再教育（初版1907年）（理論の立つ呼吸の再教育　過ちを避けると同時に事実を記憶して理論を立て実践する呼吸の再教育　呼吸の再教育を訓練する　結論としての印象） 〔00319〕

アレクサンダー, P.A.*　Alexander, Patricia A.

◇自己調整学習ハンドブック（HANDBOOK OF SELF-REGULATION OF LEARNING AND PERFORMANCE）　バリー・J.ジマーマン, ディル・H.シャンク編, 塚野州一, 伊藤崇達監訳　京都　北大路書房　2014.9　434p　26cm 〈索引あり〉5400円　①978-4-7628-2874-4

内容 教科における自己調整学習（Patricia A. Alexander, Daniel L.Dinsmore, Meghan M. Parkinson, Fielding I.Winters著, 進藤聡彦訳） 〔00320〕

アレクサンドロブナ, ラリサ

◇不正選挙―電子投票とマネー合戦がアメリカを破壊する（LOSER TAKE ALL）　マーク・クリスピン・ミラー編著, 大竹秀子, 桜井まり子, 関房江訳　亜紀書房　2014.7　343, 31p　19cm　2400円　①978-4-7505-1411-6

内容 ドン・シーゲルマンの苦難（ラリサ・アレクサンドロブナ著） 〔00321〕

アレクシエーヴィチ, スヴェトラーナ　Aleksievich, Svetlana

◇セカンドハンドの時代―「赤い国」を生きた人びと（ВРЕМЯ СЕКОНД ХЭНД）　スヴェトラーナ・アレクシエーヴィチ〔著〕, 松本妙子訳　岩波書店　2016.9　606, 15p　20cm 〈年表あり〉2700円　①978-4-00-061151-0

内容 第1部 黙示録による慰め（街の喧騒と台所の会話から――一九九一‐二〇〇一　赤いインテリアの十の物語）　第2部 空の魅力（街の喧騒と台所の会話から―二〇〇二‐二〇一二　インテリアのない十の物語）　庶民のコメント 〔00322〕

アレクセーエフ, ミハイル

◇ゾルゲ事件関係外国語文献翻訳集　no.39　日露歴史研究センター事務局編　〔川崎〕　日露歴史研究センター事務局　2014.3　64p　30cm　700円

内容 『あなたのラムゼイリヒアルト・ゾルゲと中国におけるソ連軍事諜報機関1930-1933年』より抜粋 11（ミハイル・アレクセーエフ著） 〔00323〕

◇ゾルゲ事件関係外国語文献翻訳集　no.40　日露歴史研究センター事務局編　〔川崎〕　日露歴史研究センター事務局　2014.6　68p　30cm　700円

内容 『あなたのラムゼイリヒアルト・ゾルゲと中国におけるソ連軍事諜報機関1930-1933年』より抜粋 12（ミハイル・アレクセーエフ著） 〔00324〕

◇ゾルゲ事件関係外国語文献翻訳集　no.41　日露歴史研究センター事務局編　〔川崎〕　日露歴史研究センター事務局　2014.9　60p　30cm　700円

内容 『あなたのラムゼイリヒアルト・ゾルゲと中国におけるソ連軍事諜報機関1930-1933年』より抜粋 13（ミハイル・アレクセーエフ著） 〔00325〕

◇ゾルゲ事件関係外国語文献翻訳集　no.42　日露歴史研究センター事務局編　〔川崎〕　日露歴史研究センター事務局　2015.2　65p　30cm　700円

内容 『あなたのラムゼイリヒアルト・ゾルゲと中国におけるソ連軍事諜報機関1930-1933年』より抜粋 14（ミハイル・アレクセーエフ著） 〔00326〕

◇ゾルゲ事件関係外国語文献翻訳集　no.43　日露歴史研究センター事務局編　〔川崎〕　日露歴史研究センター事務局　2015.6　65p　30cm　700円

内容 『あなたのラムゼイリヒアルト・ゾルゲと中国におけるソ連軍事諜報機関1930-1933年』より抜粋 15 他（ミハイル・アレクセーエフ著） 〔00327〕

◇ゾルゲ事件関係外国語文献翻訳集　no.44　日露歴史研究センター事務局編　〔川崎〕　日露歴史研究センター事務局　2015.10　64p　30cm　700円

内容 『あなたのラムゼイリヒアルト・ゾルゲと中国におけるソ連軍事諜報機関1930-1933年』より抜粋 16（ミハイル・アレクセーエフ著） 〔00328〕

◇ゾルゲ事件関係外国語文献翻訳集　no.46　日露歴史研究センター事務局編　〔川崎〕　日露歴史研究センター事務局　2016.5　64p　30cm　700円

内容 『あなたのラムゼイリヒアルト・ゾルゲと中国におけるソ連軍事諜報機関1930-1933年』より抜粋 17（ミハイル・アレクセーエフ著） 〔00329〕

◇ゾルゲ事件関係外国語文献翻訳集　no.47　日露歴史研究センター事務局編　〔川崎〕　日露歴史研究センター事務局　2016.10　63p　30cm　700円

内容 『あなたのラムゼイリヒアルト・ゾルゲと中国におけるソ連軍事諜報機関1930-1933年』より抜粋 18（ミハイル・アレクセーエフ著）〔00330〕

アレグロ, ジョン・M.　Allegro, John Marco

◇聖なるキノコと十字架―古代中近東の豊穣神信仰の中に、キリスト教の性質と起源を探す研究（The sacred mushroom and the cross）　ジョン・M.アレグロ著, 高橋健訳　無頼出版　2015.5 184p 26cm 3000円 ①978-4-903077-11-6 〔00331〕

アレックス, L.M.　Alex, L.M.

◇1年をとおしてよむせいしょ―365のものがたりとおいのり（The One Year Handy Bible）　L.M.アレックスぶん, アン・K.クラークおいのり, グスタヴォ・マサリイラスト, といかわみゆきやく　サンパウロ　2016.2 496p 19cm 2800円 ①978-4-8056-0480-9 〔00332〕

アレン, ジェームズ　Allen, James

◇自分を導く普遍の真理思いと結果の法則　ジェームズ・アレン著, 関岡孝平訳　〔録音資料〕　パンローリング　〔2014〕　録音ディスク 2枚（88分）：CD　（耳で聴く本オーディオブックCD）〈他言語標題：As a man thinketh　企画・制作：でじじ〉1300円 ①978-4-7759-8245-7 〔00333〕

◇本当の幸せをよぶ「心の法則」―図解　ジェームズ・アレン著, 森川信子訳　愛蔵版　イースト・プレス　2014.4 183p 21cm 1200円 ①978-4-7816-1179-2

内容 1「思考」と「人格」に働く法則　2「思考」と「環境」に働く法則　3「思考」と「健康」に働く法則　4「思考」と「目標」に働く法則　5「思考」と「成功」に働く法則　6「思考」と「理念」に働く法則　7「思考」と「癒し」に働く法則 〔00334〕

◇ジェームズ・アレンの成功への道のり―オーディオブックCD　ジェームズ・アレン著, 関岡孝平訳　〔録音資料〕　パンローリング　〔2015〕　録音ディスク 3枚（164分）：CD　〈他言語標題：The path to prosperity　企画・制作：でじじ〉1300円 ①978-4-7759-8350-8 〔00335〕

◇ジェームズ・アレン 人生を変える幸せの黄金法則 完全版　ジェームズ・アレン著, 望月俊孝監修　ゴマブックス　2015.3 255p 19cm 1500円 ①978-4-7771-1603-4

内容 ジェームズ・アレンの自分の心を癒す方法特別編（あなたの心が求めているもの　苦しい経験はあなたを成長させるためのもの　穏やかで充実した人生を送るためには）　あなたは運命を変えることができる特別編（あなた自身を知ることから始めましょう　強い意志を手に入れるために　「集中」してみましょう　あなた自身の心を見つめてみましょう―瞑想　「目標」を持ち、運命を切り拓きましょう）　ジェームズ・アレン幸せを呼び込む引き寄せの黄金法則（「正しい道」に生きる　本当の幸せにたどりつく）〔00336〕

◇ジェームズ・アレン全一冊　ジェームズ・アレン著, 平松洋解説, 稲田クリスティーナ幸子訳　KADOKAWA　2015.9 381p 19cm 〈他言語標題：THE ESSENTIAL JAMES ALLEN〉 1900円 ①978-4-04-600579-3

内容 思いのままに　運命の支配者　情念から平和へ　幸福と成功の礎石　平和の道　心のなかから　喜びに満ちた人生　心、身体、環境の主としての人間　穏やかな人生へ　善の門を通って　繁栄を支える八本の柱　神の王国への第一歩　人生の困難を照らす光　人間と組織　成功への道　素晴らしい生活 〔00337〕

◇「起こること」にはすべて意味がある（Light on Life's Difficulties）　ジェームズ・アレン著, 「引き寄せの法則」研究会訳　三笠書房　2015.11 205p 15cm （王様文庫 B172-1） 590円 ①978-4-8379-6766-8

内容 運も幸せも―何が起こるかはわかっている　「思いこみ」にとらわれないためのルール　世の中は「原因」と「結果」で動いている　"自分のなかのガラクタ"はどんどん手放す　「心のレンズ」を磨きあげる方法　自分に嘘をついていないか　「自己犠牲」が楽しみになるとき　「人生の主導権」は握ってはなさない　自分と向きあう強さ　「行動」を確実に「結果」に！〔ほか〕 〔00338〕

◇「思いのパワー」がすべてを決めている（As a Man Thinketh）　ジェームズ・アレン著, 「引き寄せの法則」研究会訳　三笠書房　2016.5 133p 15cm （王様文庫 B172-2） 580円 ①978-4-8379-6785-9

内容 1章「思い」が、あなたのすべてを決める　2章「思い」が、目の前の現実を創る　3章「思い」が、肉体を健やかにする　4章「思い」が、人を強くする　5章「思い」が、明日を変えていく　6章「思いのパワー」が奇跡を起こす　7章 穏やかな心をもつ人は、必ず幸せになる 〔00339〕

◇原因と結果の法則―新訳（As a Man Thinketh）　ジェームズ・アレン〔著〕, 山川紘矢, 山川亜希子訳　KADOKAWA　2016.7 105p 15cm （角川文庫 iア15-1） 440円 ①978-4-04-101791-3

内容 第1章 思考と人格　第2章 環境に対する思考の影響　第3章 健康に対する思考の影響　第4章 思いと目的　第5章 思いと成功　第6章 ビジョンと高邁な目的　第7章 平和な心 〔00340〕

◇創業メンタリティ―危機を救い、さらに企業を強くする3つの戦略（THE FOUNDER'S MENTALITY）　クリス・ズック, ジェームズ・アレン著, 火浦俊彦監訳・解説, 門脇弘典訳　日経BP社　2016.7 279p 19cm 〈文献あり　発売：日経BPマーケティング〉2000円 ①978-4-8222-5164-2

内容 第1章 創業目線―持続的成長にいたるカギ　第2章 予期できる3つの成長の危機―偉大な企業はいかに道を見失うのか　第3章 過重負荷と戦う―創業目線で高成長時の混乱をいかに克服するか　第4章 失速をはね返す―成長の鈍化に際していかに過去の輝きを再発見するか　第5章 急降下を止める―急落する企業をいかに創業目線で救うか　第6章 リーダーのためのアクションプラン―組織のあらゆるレベルに創業目線を根づかせる 〔00341〕

アレン, デビッド　Allen, David

◇ストレスフリーの整理術―はじめてのGTD（GETTING THINGS DONE 原著改訂版の翻訳）　デビッド・アレン著, 田口元監訳　全面改訂版　二見書房　2015.12 398p 19cm 1680円 ①978-4-576-15187-8

内容 第1部 GTDの基本(仕事は変わった。さて、あなたの仕事のやり方は？　生活をコントロールする―GTD実践のための5つのステップ　創造的にプロジェクトを進めるために―プロジェクトプランニングの5つのステップ)　第2部 ストレスフリー環境で高い生産性を発揮しよう(さあ、始めよう―時間と場所、ツールの準備　把握する―"気になること"のすべてを把握する　見極める―インボックスを空にする　整理する―最適な受け皿を用意する　更新する―システムの機能を維持する　選択する―最善の行動を選ぶ　プロジェクトを管理する)　第3部 基本原則のパワーを体感しよう(「把握する」習慣を身につけると何が変わるか　次にとるべき行動を決めると何が変わるか　望んでいる結果に目を向けると何が変わるか　GTDと認知科学　GTDマスターへの道)〔00342〕

アレン, ネイト

◇経験学習によるリーダーシップ開発―米国CCLによる次世代リーダー育成のための実践事例（Experience-Driven Leader Development）　シンシア・D.マッコーレイ,D.スコット・デリュ,ポール・R.ヨスト,シルベスター・テイラー編,漆嶋稔訳　日本能率協会マネジメントセンター　2016.8　511p　27cm　8800円　①978-4-8207-5929-4

内容 リーダー育成のためのビデオ事例の活用 他(ネイト・アレン)〔00343〕

アレン, フランクリン　Allen, Franklin

◇コーポレートファイナンス　上（PRINCIPLES OF CORPORATE FINANCE 原著第10版の翻訳）　リチャード・A.ブリーリー,スチュワート・C.マイヤーズ,フランクリン・アレン著,藤井真理子,国枝繁樹監訳　日経BP社　2014.6　879p　22cm　〈索引あり　発売：日経BPマーケティング〉6000円　①978-4-8222-4860-4

内容 第1部 価値(企業の目標とガバナンス　現在価値の計算方法　債権の評価　普通株式の価値　純現在価値とその他の投資基準　純現在価値に基づく投資判断)　第2部 リスク(リスクとリターン入門　ポートフォリオ理論と資本資産価格モデル　リスクと資本コスト)　第3部 資本支出予算におけるベストプラクティス(プロジェクト分析　投資、戦略、経済的レント　エージェンシー問題、報酬、業績評価)　第4部 資金調達の決定と市場の効率性(効率的市場と行動ファイナンス　企業の資金調達の概要　企業はどのように証券を発行するのか)　第5部 利益還元政策と資本構成(利益還元政策　負債政策は重要か　企業はどれだけ借り入れるべきか　資金調達と評価)〔00344〕

◇コーポレートファイナンス　下（PRINCIPLES OF CORPORATE FINANCE 原著第10版の翻訳）　リチャード・A.ブリーリー,スチュワート・C.マイヤーズ,フランクリン・アレン著,藤井真理子,国枝繁樹監訳　日経BP社　2014.6　726p　22cm　〈索引あり　発売：日経BPマーケティング〉6000円　①978-4-8222-4861-1

内容 第6部 オプション　第7部 負債による資金調達　第8部 リスク管理　第9部 財務計画と運転資本の管理　第10部 合併、企業支配権とガバナンス　第11部 結論〔00345〕

◇金融は人類に何をもたらしたか―古代メソポタミア・エジプトから現代・未来まで（FINANCING THE FUTURE）　フランクリン・アレン,グレン・ヤーゴ著,藤野直明監訳,空閑裕美子訳　東洋経済新報社　2014.9　352, 53p　20cm　〈索引あり〉2600円　①978-4-492-65463-7

内容 第1章 金融の歴史　第2章 金融イノベーションのための枠組み―資本構成を管理する　第3章 企業金融のイノベーション　第4章 住宅金融のイノベーション　第5章 環境金融―地球を救うイノベーション　第6章 開発金融　第7章 医薬品金融　第8章 金融イノベーションの6つの教訓〔00346〕

アレン, ロバート・G.　Allen, Robert G.

◇豊かさを手に入れた15人に学ぶ人生の富の法則―The Power of Mentorship　ロバート・G.アレン,臼井由妃,董秀珍,末広哲史,的場つよし,宮本竜弥,古市佳央,塚越悦子,西尾暁子,Rosa,まつやまいずみ,石井真美,丹治雅則,日比野憲吾,舛岡美寿子著　枚方　ミラクルマインド出版　2014.5　300p　19cm　〈訳：成田美穂子　発売：サンクチュアリ出版〉1500円　①978-4-86113-610-8

内容 マネー・マシン構築 5つの成功法則(ロバート・G・アレン)　身も心も豊かになるお金の法則(臼井由妃)　富を築く思考と性格―思考と行動の習慣が運命を決める(董秀珍)　心の富を手に入れる8つのステップ(末広哲史)　富を引き寄せる言葉の心理学(的場つよし)　富の源泉、必要なものはすでにあなたの中にある―成功し続けるためのリ・デザインとゴールデン・リレーションシップ(宮本竜弥)　誰のために、何のために(古市佳央)　大切な人と豊かさを分かち合うために(塚越悦子)　女性が輝く覚悟(西尾暁子)　愛する人に贈りたいローズセラピーの花束を(Rosa)〔ほか〕〔00347〕

アレン, D.E.　Allen, Deborah E.

◇学生が変わるプロブレム・ベースド・ラーニング実践法―学びを深めるアクティブ・ラーニングがキャンパスを変える（THE POWER OF PROBLEM-BASED LEARNING）　ダッチ・B.J,グロー・S.E,アレン・D.E編,山田康彦,津田司監訳,三重大学高等教育創造開発センター訳　京都　ナカニシヤ出版　2016.2　282p　22cm　〈索引あり〉3600円　①978-4-7795-1002-1

内容 なぜPBL教育なのか？―学士課程教育改革の事例研究 他(Barbara J.Dach, Susan E.Groh, Deborah E.Allen著,岩垣(山路)紀子,津田司訳)〔00348〕

アーレント, ハンナ　Arendt, Hannah

◇アーレント＝ブリュッヒャー往復書簡―1936-1968（HANNAH ARENDT/Heinrich BLÜCHER BRIEFE）　ハンナ・アーレント,ハインリヒ・ブリュッヒャー〔著〕,ロッテ・ケーラー編,大島かおり,初見基訳　みすず書房　2014.2　535, 18p　22cm　〈年譜あり 索引あり〉8500円　①978-4-622-07818-0〔00349〕

◇活動的生（VITA ACTIVA oder Vom tätigen Leben）　ハンナ・アーレント〔著〕,森一郎訳　みすず書房　2015.6　526, 23p　22cm　〈索引あり〉6500円　①978-4-622-07880-7

内容 第1章 人間の被制約性　第2章 公的なものの空間と、私的なものの領域　第3章 労働　第4章 制作　第5章 行為　第6章 活動的生と近代〔00350〕

◇責任と判断（RESPONSIBILITY AND JUDGMENT）　ハンナ・アレント著,ジェローム・コーン編, 中山元訳　筑摩書房　2016.8　558p　15cm　(ちくま学芸文庫 ア7-4)　1600円　①978-4-480-09745-3

内容 プロローグ(ソニング賞受賞スピーチ) 一九七五年　第1部 責任(独裁体制のもとでの個人の責任 一九六四年　道徳哲学のいくつかの問題 一九六五 - 六六年　アレントの『基本的な道徳命題』の異稿　集団責任 一九六八年　思考と道徳の問題―W.H.オーデンに捧げる 一九七一年)　第2部 判断(リトルロックについて考える 一九五九年　『神の代理人』―沈黙による罪？　一九六四年　裁かれるアウシュヴィッツ 一九六六年　身からでたさび 一九七五年)　〔*00351*〕

アロウェイ, R.G.　Alloway, Ross G.

◇ワーキングメモリと日常―人生を切り拓く新しい知性 (WORKING MEMORY)　T.P.アロウェイ,R.G.アロウェイ編著, 湯沢正通, 湯沢美紀監訳　京都　北大路書房　2015.10　340p　21cm　(認知心理学のフロンティア)　〈文献あり 索引あり〉　3800円　①978-4-7628-2908-6

内容 ワーキングメモリ：序論 他(Ross G.Alloway, Tracy Packiam Alloway著, 湯澤正通訳)　〔*00352*〕

アロウェイ, T.P.　Alloway, Tracy Packiam

◇ワーキングメモリと日常―人生を切り拓く新しい知性 (WORKING MEMORY)　T.P.アロウェイ,R.G.アロウェイ編著, 湯沢正通, 湯沢美紀監訳　京都　北大路書房　2015.10　340p　21cm　(認知心理学のフロンティア)　〈文献あり 索引あり〉　3800円　①978-4-7628-2908-6

内容 ワーキングメモリ：序論 他(Ross G.Alloway, Tracy Packiam Alloway著, 湯澤正通訳)　〔*00353*〕

アロージョ, エドソン　Araujo, Edson

◇包括的で持続的な発展のためのユニバーサル・ヘルス・カバレッジ―11ヵ国研究の総括 (Universal health coverage for inclusive and sustainable development)　前田明子, エドソン・アロージョ, シェリル・キャッシン, ジョセフ・ハリス, 池上直己, マイケル・ライシュ著　日本国際交流センター　2014.10　73p　21cm　〈文献あり〉　①978-4-88907-140-5　〔*00354*〕

アロステギ・サンチェス, J.　Aróstegui Sánchez, Julio

◇スペインの歴史―スペイン高校歴史教科書 (CRISOL, Historia)　J.アロステギ・サンチェス,M.ガルシア・セバスティアン,C.ガテル・アリモント,J.パラフォクス・ガミル,M.リスケス・コルベーリャ著, 立石博高監訳, 竹下和亮, 内村俊太, 久木正雄訳　明石書店　2014.6　386p　27cm　(世界の教科書シリーズ 41)　5800円　①978-4-7503-4032-6

内容 1 現代スペインの起源(スペインの歴史的起源 アンダルスと最初のキリスト教諸国(8世紀 - 12世紀)　キリスト教諸国の拡大と危機(13世紀 - 15世紀) ほか)　2 19世紀のスペイン(旧体制の危機(1808 - 1833)　自由主義国家の形成(1833 - 1874)　農業の変化と工業の発展(1833 - 1930) ほか)　3 20世紀のスペイン(王政復古体制の危機(1902 - 1931)　第二共和政(1931 - 1936)　スペイン内戦(1936 - 1939) ほか)　〔*00355*〕

アロニカ, ルー　Aronica, Lou

◇才能を磨く―自分の素質の生かし方、殺し方 (FINDING YOUR ELEMENT)　ケン・ロビンソン, ルー・アロニカ著, 宮吉敦子訳　大和書房　2014.1　269p　19cm　1500円　①978-4-479-79428-8

内容 1 エレメントを見つける　2 何が「できる」のか？　3 自分の中を掘る　4 何が「好き」なのか？　5 何をすると「幸せ」か？　6 世界との「接し方」を変える　7「現状」を正確に知る　8「同族」を探す　9 次はどうする？　10 足を踏みだす　〔*00356*〕

アロヨ・ギナー, C.*　Arroyo-Giner, Christina

◇自己調整学習ハンドブック (HANDBOOK OF SELF-REGULATION OF LEARNING AND PERFORMANCE)　バリー・J.ジマーマン, ディル・H.シャンク編, 塚野州一, 伊藤崇達監訳　京都　北大路書房　2014.9　434p　26cm　〈索引あり〉　5400円　①978-4-7628-2874-4

内容 動機づけの自己調整方略のアセスメント (Christopher A.Wolters, Maria B.Benzon, Christina Arroyo-Giner著, 伊藤崇達訳)　〔*00357*〕

アーロン, エレイン・N.　Aron, Elaine N.

◇ひといちばい敏感な子―子どもたちは、パレットに並んだ絵の具のように、さまざまな個性を持っている (THE HIGHLY SENSITIVE CHILD)　エレイン・N.アーロン著, 明橋大二訳　1万年堂出版　2015.2　443p　19cm　〈文献あり〉　1800円　①978-4-925253-84-0

内容 1 HSCを理解するための基礎編―その子の「敏感さ」を知ることは、子育てでとても大切なことです(人一倍敏感で、育てにくい子―それはもしかすると、HSCかもしれません　親のちょっとした理解とスキルによって、子どもの成長は大きく変わります　親がHSPでない場合―違いを認め合えば、実はとてもうまくやっていけます　親子で同じ敏感タイプだった場合―親が肩の力を抜けば、子どもも楽になります　輝ける子に育つために―幸せの扉を開く、4つのカギ)　2 年齢別悩み解決編―人一倍敏感な子のための、子育てアドバイス 赤ちゃんから思春期まで(乳児期―HSCには、赤ちゃんの時からすでにいくつかの特徴があります　幼児期(家庭生活)―育児の悩みを乗り切り、無理なく生活習慣を身につけるには　幼児期(外の世界へ)―最初のハードルをうまくサポートすれば、次からは自分で乗り越えていけます　小学生時代を健やかに過ごし、生きる力を育むために 学校生活は、学び友情を深めながら、社会へ巣立つための土台に　中学、高校、そして大人の世界へ―人生の船出へ送り出す、最後の仕上げにかかりましょう)　〔*00358*〕

アロンソン, エリオット　Aronson, Elliot

◇ザ・ソーシャル・アニマル―人と世界を読み解く社会心理学への招待 (The Social Animal 原著第11版の翻訳)　E.アロンソン著, 岡隆訳　サイエンス社　2014.4　500p　21cm　〈索引あり〉　3800円　①978-4-7819-1336-0

内容 第1章 社会心理学とは何か　第2章 同調　第3章 マスコミ、宣伝、説得　第4章 社会的認知　第5章 自己正当化　第6章 人間の攻撃　第7章 偏見　第8章 好意、愛、対人感受性　第9章 科学としての社会心理学　〔*00359*〕

◇ジグソー法ってなに？―みんなが協同する授業（Cooperation in the Classroom）　エリオット・アロンソン, シェリー・パトノー共著, 昭和女子大学教育研究会訳　丸善プラネット　2016.8　179p　21cm　〈文献あり 索引あり　発売：丸善出版〉 1800円　①978-4-86345-299-2

内容 1章 学級内の競争と文化的多様性　2章 協同学習―背景と課題　3章 どうすれば個人競争集団を協同的グループへ変身させられるか　4章 ジグソーパズルのピース　5章 パズルピースの分析―ジグソー学級での問題解決　6章 すべてのピースを組み合わせる　7章 ジグソー法に関する調査　8章 ジグソー法を共有する―現職教員向けの研修　9章 競争社会という文脈における協同　〔00360〕

アン, イザベル

◇道教の聖地と地方神　土屋昌明, ヴァンサン・ゴーサール編　東方書店　2016.2　287p　22cm　〈他言語標題：DAOIST SACRED SITES AND LOCAL GODS　索引あり〉 4600円　①978-4-497-21601-4

内容 江西西山への巡礼（イザベル・アン著, 趙婧雯訳）　〔00361〕

アン, クリスティーン

◇正義への責任―世界から沖縄へ　1　那覇　琉球新報社　2015.11　55p　21cm　〈発売：琉球プロジェクト（〔那覇〕）〉 565円　①978-4-89742-193-3

内容 沖縄と朝鮮、つながる闘い―人権抑圧に戦争利用（クリスティーン・アン）　〔00362〕

アン, ジウォン　安 智源

◇日韓でいっしょに読みたい韓国史―未来に開かれた共通の歴史認識に向けて　徐毅植, 安智源, 李元淳, 鄭在貞著, 君島和彦, 国分麻里, 山崎雅稔訳　明石書店　2014.1　211p　23cm　〈「若者に伝えたい韓国の歴史」（2004年刊）の改題・改訂　年表あり 索引あり〉 2000円　①978-4-7503-3958-0

内容 第1部 韓国の歴史と文化（文明の発生と国家の登場　いくつかの国から統一国家へ　統一国家の安定と文化の発展　欧米との出会いと近代社会　南北分断と大韓民国の発展）　第2部 韓国と日本の文化交流―文化交流の歴史を正しく理解しよう（原始時代、東北アジア大陸と日本列島の文化交流　3国から日本列島に向かった人々、そして文化　統一新羅と高麗による対日外交の閉塞と民間での文化交流　朝鮮から日本に向かう文化の流れ　日本の近代化と文化の流れの逆転　韓国と日本の新しい関係と文化交流）　〔00363〕

アン, チェ　Ahn, Ché

◇グッバイ軟弱なキリスト教（Say Goodbye to Powerless Christianity）　チェ・アン著, マルコーシュ翻訳委員会訳　マルコーシュ・パブリケーション（発売）　2015.12　253p　19cm　1800円　①978-4-87207-273-0

内容 復活　小さな使徒の誕生　預言者的な教会に働く力　世界に広がるビジョン　癒しの信仰を引き上げる　しるしと不思議による伝道　祈りによって歩む―パラダイムシフト　聖め―あなたの心を神に寄り添わせるには　ハリウッド万歳！　召命への応答　メディア・マニア　霊的刷新からリバイバルへ　改革　〔00364〕

アン, チゲン　安 智源

⇒アン, ジウォン

アン, ビョンウ

◇東アジアの歴史―韓国高等学校歴史教科書　アンビョンウ, キムヒョンジョン, イグヌ, シンソンゴン, ハムドンジュ, キムジョンイン, パクチュンヒョン, チョンヨン, ファンジスク著, 三橋広夫, 三橋尚子訳　明石書店　2015.9　282p　21cm　（世界の教科書シリーズ 42）〈文献あり 年表あり 索引あり〉 3800円　①978-4-7503-4237-5

内容 1 国家の形成　2 東アジア世界の成立　3 国際関係の変化と支配層の再編　4 東アジア社会の持続と変化　5 近代国家樹立への模索　6 今日の東アジア　付録　〔00365〕

アン, ビョンム　安 炳茂

◇民衆神学を語る　安炳茂著, 心園記念事業会編, 金忠一訳　大阪　かんよう出版　2016.6　519p　20cm　（安炳茂著作選集 第1巻）　5500円　①978-4-906902-51-4

内容 1（"民衆"を見出すまで）　2（民衆の書―聖書　民衆イエス　民衆の神　民衆の共同体―教会　罪と体制　民衆の解放と聖霊事件　神の国―民衆の国）　3（民衆による伝承　イエスの民衆伝記　食卓共同体の実現　民衆の復活事件）　〔00366〕

アン, ヒョンモ《Ahn, Hyungmo》

◇ビル・ゲイツ　アンヒョンモ文, スタジオチョンビ絵, 簗田順子訳　岩崎書店　2014.12　183p　23cm　（オールカラーまんがで読む知っておくべき世界の偉人 16）〈他言語標題：Bill Gates 年譜あり〉 1600円　①978-4-265-07686-4

内容 1 かしこい子ども　2 コンピューターとの出会い　3 レイクサイド・プログラマーズ・グループ　4 世界で一番かがやく人たち　5 ハーバード大学入学　6 マイクロソフト　7 はばたきのとき　8 夢見る天才　〔00367〕

アン, ヘイモ*　安 炳茂

⇒アン, ビョンム

アン, ユン＝ヨ　An, Yun-Jo

◇インストラクショナルデザインの理論とモデル―共通知識基盤の構築に向けて（INSTRUCTIONAL-DESIGN THEORIES AND MODELS, Volume 3）　C.M.ライゲルース, A.A.カー＝シェルマン編, 鈴木克明, 林雄介監訳　京都　北大路書房　2016.2　449p　21cm　〈索引あり〉 3900円　①978-4-7628-2914-7

内容 理論の構築（チャールス・M.ライゲルース, ユン＝ヨ・アン著, 根本淳子訳）　〔00368〕

アン, Y.H.*　Ahn, Young Hoon

◇災害と行政―防災と減災から　松岡京美, 村山徹編　京都　晃洋書房　2016.4　210p　21cm　〈索引あり〉 2500円　①978-4-7710-2743-5

内容 韓国の自然災害への政策（Ahn,Young Hoon著, 松岡京美訳）　〔00369〕

アング, アンドリュー　Ang, Andrew

◇資産運用の本質―ファクター投資への体系的アプ

ローチ（Asset Management）　アンドリュー・アング著, 坂口雄作, 浅岡泰史, 角間和男, 浦壁厚郎監訳　金融財政事情研究会　2016.4　861p　21cm　〈文献あり 索引あり　発売：きんざい〉　8500円　①978-4-322-12831-4
内容 第1部 アセット・オーナー（アセット・オーナー選好　平均・分散投資 ほか）　第2部 ファクター・リスク・プレミアム（ファクター理論　ファクター　株式 ほか）　第3部 委託ポートフォリオ運用（投資運用委託　ミューチュアル・ファンドと他の1940年投資会社法に基づくファンド　ヘッジファンド ほか）〔00370〕

アングロシーノ, マイケル　Angrosino, Michael V.
◇質的研究のためのエスノグラフィーと観察（DOING ETHNOGRAPHIC AND OBSERVATIONAL RESEARCH）　マイケル・アングロシーノ著, 柴山真琴訳　新曜社　2016.4　147p　21cm　（SAGE質的研究キット 3　ウヴェ・フリック監修）〈文献あり 索引あり〉　1800円　①978-4-7885-1476-8
内容 1章 イントロダクション—エスノグラフィーと参与観察　2章 エスノグラフィーの有効性—エスノグラフィーの方法によって、どのようなトピックを効果的かつ効率よく研究できるのか　3章 フィールドサイトの選定　4章 フィールドでのデータ収集　5章 観察について　6章 エスノグラフィー・データの分析　7章 エスノグラフィー・データの表現方略　8章 倫理的配慮　9章 21世紀のエスノグラフィー〔00371〕

アンサリ, アジズ　Ansari, Aziz
◇当世出会い事情—スマホ時代の恋愛社会学（MODERN ROMANCE）　アジズ・アンサリ, エリック・クライネンバーグ著, 田栗美奈子訳　亜紀書房　2016.9　347, 6p　19cm　〈文献あり〉　1900円　①978-4-7505-1484-0
内容 第1章 運命の人を探して　第2章 最初の誘い　第3章 オンラインデート　第4章 選択肢は多いほどいいのか　第5章 愛に関する国際的な調査　第6章 古き問題、新しき形—セクスティング、浮気、のぞき見、別れ話　第7章 身を固める〔00372〕

アンジェイェフスキ, ジュリー
◇動物と戦争—真の非暴力へ、《軍事—動物産業》複合体に立ち向かう（Animals and War）　アントニー・J.ノチェッラ二世, コリン・ソルター, ジュディー・K.C.ベントリー編, 井上太一訳　新評論　2015.10　306p　20cm　〈文献あり 索引あり〉　2800円　①978-4-7948-1021-2
内容 戦争（ジュリー・アンジェイェフスキ著）〔00373〕

アンジェラ, アルベルト　Angela, Alberto
◇古代ローマ人の愛と性—官能の帝都を生きる民衆たち（Amore e sesso nell'antica Roma）　アルベルト・アンジェラ著, 関口英子, 佐瀬奈緒美訳　河出書房新社　2014.4　390p　20cm　〈文献あり〉　2500円　①978-4-309-22604-0
内容 第1章「愛しい人よ、千のキスをしておくれ」　第2章 初体験　第3章 プデンティッラの婚礼　第4章 内縁の妻たち　第5章 愛人の要求ならすべてを受け入れる妻たち　第6章 公共浴場の湯気のなかで　第7章 美の競演　第8章 剣闘士とマトローナ　第9章 果てしない愛のゲーム　第10章 娼婦たちの世界へ　第11章 権力者の性　第12章「ギリシアの悪癖」〔00374〕

アーンスト・アンド・ヤングLLP
◇IFRS国際会計の実務　上巻（International GAAP 2015）　アーンスト・アンド・ヤングLLP著, 新日本有限責任監査法人日本語版監修　Japan Edition 5　レクシスネクシス・ジャパン　2015.4　1194p　22cm　〈索引あり〉　12000円　①978-4-902625-87-5〔00375〕
◇IFRS国際会計の実務　中巻（International GAAP 2015）　アーンスト・アンド・ヤングLLP著, 新日本有限責任監査法人日本語版監修　Japan Edition 5　レクシスネクシス・ジャパン　2015.4　1066p　22cm　〈索引あり〉　11000円　①978-4-902625-88-2〔00376〕
◇IFRS国際会計の実務　下巻（International GAAP 2015）　アーンスト・アンド・ヤングLLP著, 新日本有限責任監査法人日本語版監修　Japan Edition 5　レクシスネクシス・ジャパン　2015.4　1291p　22cm　〈索引あり〉　12000円　①978-4-902625-89-9〔00377〕
◇IFRS国際会計の実務—金融商品・保険契約（International GAAP 2015）　アーンスト・アンド・ヤングLLP著, 新日本有限責任監査法人日本語版監修　Japan Edition 5　レクシスネクシス・ジャパン　2015.9　1250p　22cm　〈索引あり〉　14000円　①978-4-902625-96-7〔00378〕

アンソニー, スコット・D.　Anthony, Scott D.
◇イノベーションの最終解（Seeing What's Next）　クレイトン・M.クリステンセン, スコット・D.アンソニー, エリック・A.ロス著, 桜井祐子訳　翔泳社　2014.7　460p　20cm　〈索引あり〉　2200円　①978-4-7981-3231-0
内容 第1部 理論を分析に用いる方法（変化のシグナル—機会はどこにある？　競争のバトル—競合企業の経営状況を把握する　戦略的選択—重要な選択を見きわめる　イノベーションに影響を与える市場外の要因）　第2部 理論に基づく分析の実例（破壊の学位—教育の未来　破壊が翼を広げる—航空の未来　ムーアの法則はどこへ向かうのか？　—半導体の未来　肥大化した業界を治療する—医療の未来　海外のイノベーション—理論をもとに企業と国家の戦略を分析する　電線を切断する—通信の未来　結論—次に来るのは何か？）〔00379〕
◇ザ・ファーストマイル—イノベーションの不確実性をコントロールする（The First Mile）　スコット・D.アンソニー著, 津嶋辰郎, 津田真吾, 山田竜也監修, 川又政治訳　翔泳社　2014.12　272p　20cm　〈文献あり 索引あり〉　2800円　①978-4-7981-3839-8
内容 第1部 ファーストマイルで使うツールキット（アイデアを書き下ろす　評価　フォーカス　テストし学び、軌道修正　実験マニュアル）　第2部 ファーストマイルの課題を克服する（ファーストマイルの四つの課題を克服する　戦略的な実験を支える体制　ファーストマイルでのリーダーシップ）〔00380〕

アンソニー, ロバート　Anthony, Robert Newton
◇テキストアンソニー会計学（ESSENTIALS OF

ACCOUNTING 原著第11版の翻訳）　ロバート・アンソニー, レスリー・ブライトナー著, 西山茂監訳, 高島恵美子, 松下信人, 宮坂雅夫訳　東洋経済新報社　2016.2　486p　21cm　4200円　①978-4-492-60222-5

内容 第1章 基本原則　第2章 貸借対照表の変化：損益の測定　第3章 会計記録と会計システム　第4章 収益と貨幣性資産　第5章 費用の測定：損益計算書　第6章 棚卸資産と売上原価　第7章 固定資産と減価償却　第8章 負債および純資産の部　第9章 キャッシュフロー計算書　第10章 財務諸表の分析　第11章 非営利組織体の財務諸表　第12章 国際財務報告基準〔*00381*〕

アンゾフ, H.イゴール　Ansoff, H.Igor

◇アンゾフ戦略経営論―新訳（STRATEGIC MANAGEMENT 原著クラシック版の翻訳）　H.イゴール・アンゾフ著, 中村元一監訳, 田中英之, 青木孝一, 崔大竜訳　新装版　中央経済社　2015.10　343p　21cm　〈文献あり〉3800円　①978-4-502-16841-3

内容 序論　総合的な枠組み　環境の歴史的な展望　予算編成行動のモデル　環境の乱気流のモデル　戦略的な能力　権力　志望目標および組織文化　戦略的なリーダーシップ　環境的な選択のモデル　移行行動　移行行動のモデル　基本的な公理〔*00382*〕

アンダース, ギュンター　Anders, Günther

◇核の脅威―原子力時代についての徹底的考察（Die atomare Drohung 原著第7版の翻訳）　ギュンター・アンダース〔著〕, 青木隆嘉訳　法政大学出版局　2016.5　311p　20cm　（叢書・ウニベルシタス 1040）　3400円　①978-4-588-01040-8

内容 哀悼される未来　激変　今日における責任について　核による死は自殺ではない　原子力時代の退廃―無風状態への警告　原子力時代への提言　アポカリプス不感症の根源　矮小化―その手口　ヒポクラテスの誓い―「生産スト」問題の検討　途方もない事実　猶予期間〔*00383*〕

◇時代おくれの人間　上　第二次産業革命時代における人間の魂（DIE ANTIQUIERTHEIT DES MENSCHEN 1 ： Über die Seele im Zeitalter der zweiten industriellen Revolution）　ギュンター・アンダース著, 青木隆嘉訳　新装版;復刊　法政大学出版局　2016.5　421p　19cm　（叢書・ウニベルシタス）　4800円　①978-4-588-14032-7

内容 序論　プロメテウス的羞恥　幻影と原型としての世界―ラジオとテレビにかんする哲学的考察（提供される世界　幻影　情報　原型　一般的結論）　時間なき存在―ベケットの『ゴドーを待ちながら』について　核兵器とアポカリプス不感症の根源（最初の恐るべき確認　核兵器の特性　自分自身より小さな人間　道徳的想像力の形成と感情の可塑性　アポカリプス不感症の歴史的根源　絶滅とニヒリズム）〔*00384*〕

◇時代おくれの人間　下　第三次産業革命時代における生の破壊（DIE ANTIQUIERTHEIT DES MENSCHEN 2 ： Über die Zerstörung des Lebens im Zeitalter der dritten industriellen Revolution）　ギュンター・アンダース著, 青木隆嘉訳　新装版;復刊　法政大学出版局　2016.5　520p　19cm　（叢書・ウニベルシタス）　5800円　①978-4-588-14033-4

内容 序論 三つの革命（一九七九年）　時代おくれの外観　時代おくれの唯物論（一九七八年）　時代おくれの製品（一九五八年）　時代おくれの人間世界（一九五八/一九六一年）　時代おくれの大衆（一九六一年）　時代おくれの労働（一九七七年）　時代おくれの機械1（一九六〇年）　時代おくれの機械2（一九六九年）　時代おくれの哲学的人間学（一九七九年）〔ほか〕〔*00385*〕

アンダーズ, モード　Anders, Maud

◇女性狙撃手―フォト・ドキュメント ソ連最強のスナイパーたち（SOVIET WOMEN SNIPERS OF THE SECOND WORLD WAR）　ユーリ・オブラズツォフ, モード・アンダーズ著, 竜和子訳　原書房　2015.8　109p　22cm　〈文献あり〉　2400円　①978-4-562-05185-4

内容 第1章 大祖国戦争を戦った女性たち　第2章 女性狙撃手たち　第3章 中央女子狙撃訓練学校　第4章 スナイパー・ライフル　第5章 第3突撃軍の女性狙撃手たち　女性狙撃手たちの遺産〔*00386*〕

アンダースン, フランシス・I.　Andersen, Francis I.

◇ヨブ記（Job）　フランシス・I.アンダースン著, 清水武夫訳　いのちのことば社　2014.1　524p　22cm　（ティンデル聖書注解）　5000円　①978-4-264-02255-8

内容 緒論（ヨブの物語　ヨブ記の研究　ヨブ記の構想　ヨブ記の文学的な背景　ヨブ記の文学的な特性　ヨブ記の詩歌　ヨブ記の成り立ち　ヨブ記の本文と言語　ヨブ記の著作年代と著者　ヨブ記を理解するための方法論　ヨブ記における苦難の問題）　アウトライン　注解　補注（ヨブ3‐10章についての注釈　主の語りかけについての注釈）〔*00387*〕

アンダーセン, クリストファー　Andersen, Christopher P.

◇愛しの（スイート）キャロライン―ケネディ王朝復活へのオデッセイ（SWEET CAROLINE）　クリストファー・アンダーセン著, 前田和男訳　ビジネス社　2014.11　399p　20cm　〈年譜あり〉2800円　①978-4-8284-1776-9

内容 序章 素晴らしきアメリカの家族の物語へ、ようこそ　第1章 ケネディ王朝瓦解の予兆　第2章 愛しのキャロライン誕生　第3章 若き大統領と華麗なる一族、ホワイトハウスへ　第4章 愛するJFK、ダラスに死す　第5章 父代りの叔父ボビー、ロスに斃る　第6章 母の再婚―継父・海運王との奇想な日々　第7章 恋と破局、伴侶との出会い、母との永遠の別れ　第8章 母の跡を継ぎ、キャメロン城の女王に　第9章 最愛の弟の死を越えて、ケネディ王朝復活へ〔*00388*〕

アンダーソン, キャロル・B.　Anderson, Carol Boyles

◇裁判員への説得技法―法廷で人の心を動かす心理学（INSIDE JURORS' MINDS）　キャロル・B.アンダーソン著, 石崎千景, 荒川歩, 菅原郁夫訳　京都　北大路書房　2014.3　232p　22cm　〈索引あり〉3000円　①978-4-7628-2856-0

内容 第1章 序論　第2章 百聞は一見にしかず：法廷における知覚と情報処理入門　第3章 記憶　第4章 なぜ、そして、どのように陪審員は知覚と記憶を操作するのか　第5章 陪審員共通のバイアス　第6章 社会的バイアス：帰属理論　第7章 文化的規範と文化バイアス　第8章 ヒューリスティックスとほかの情報処理方略　第9章 学習成果の実践〔*00389*〕

ア

アンダーソン, ケヴィン・B.　Anderson, Kevin
◇周縁のマルクス―ナショナリズム、エスニシティおよび非西洋社会について（Marx at the Margins）　ケヴィン・B.アンダーソン著, 平子友長監訳, 明石英人, 佐々木隆治, 斎藤幸平, 隅田聡一郎訳　社会評論社　2015.2　430p　21cm　〈文献あり 索引あり〉4200円　①978-4-7845-1495-3
内容 第1章 一八五〇年代における植民地との出会い―インド、インドネシアおよび中国に対するヨーロッパの衝撃　第2章 ロシアとポーランド―民族解放と革命の関係　第3章 人種、階級、奴隷制―第二次アメリカ革命としての南北戦争　第4章 アイルランド―ナショナリズム、階級および労働運動　第5章『要綱』から『資本論』へ―複線的テーマ　第6章 非西洋社会および前資本主義社会に関する晩期の諸著作　補遺 一九二〇年代から今日までの『マルクス＝エンゲルス全集』(MEGA)の遍歴　〔00390〕

アンダーソン, スコット　Anderson, Scott
◇ロレンスがいたアラビア　上（LAWRENCE IN ARABIA）　スコット・アンダーソン著, 山村宜子訳　白水社　2016.10　403p 図版16p　20cm　2800円　①978-4-560-09243-9
内容 第1部（聖地の「プレイボーイたち」　変わり種　別のところ、別のいいもの　最後の一〇〇万まで　あきれた混乱　秘密を守る人たち　背信）　第2部（戦いを交える　キングメーカーになる男　無の中に収まって　欺瞞の霧）　〔00391〕
◇ロレンスがいたアラビア　下（LAWRENCE IN ARABIA）　スコット・アンダーソン著, 山村宜子訳　白水社　2016.10　326, 46p　20cm　〈文献あり 索引あり〉2800円　①978-4-560-09244-6
内容 第2部（大胆な企て　アカバ）　第3部（傲慢　炎に向かって　募る怒り　孤独な追跡　ダマスカス）　エピローグ―パリ　〔00392〕

アンダーソン, ハーレーン　Anderson, Harlene
◇ナラティヴ・セラピー―社会構成主義の実践（Therapy as social construction（抄訳））　シーラ・マクナミー, ケネス・J.ガーゲン編, 野口裕二, 野村直樹訳　三鷹　遠見書房　2014.12　177p　19cm　〈文献あり　金剛出版1997年刊の改訂〉2400円　①978-4-904536-80-3
内容 クライエントこそ専門家である―セラピーにおける無知のアプローチ（ハーレーン・アンダーソン, ハロルド・グーリシャン）　〔00393〕
◇会話・協働・ナラティヴ―アンデルセン・アンダーソン・ホワイトのワークショップ（Masters of Narrative and Collaborative Therapies）　タピオ・マリネン, スコット・J.クーパー, フランク・N.トーマス編, 小森康永, 奥野光, 矢原隆行訳　金剛出版　2015.9　301p　19cm　〈文献あり 索引あり〉3200円　①978-4-7724-1445-6
内容 コラボレイティヴ・アプローチの可能性（ハーレーン・アンダーソン述）　〔00394〕

アンダーソン, フィリッパ
◇経営学大図鑑（The Business Book）　イアン・マルコーズほか著, 沢田博訳　三省堂　2015.2　352p　25cm　〈索引あり〉4200円　①978-4-385-16230-0
内容 小さく始めて、大きく育てる―ビジネスを立ち上げ、しっかり育てる方法　部下のハートに火をつけろ―人を活かすリーダーシップ　お金をもっと働かせよう―財務の管理　ビジョンを忘れるな―戦略、その実行　成功するセールス―マーケティングを活用する　商品を届ける―生産後の勝負　経営学人名録　用語解説　〔00395〕

アンダーソン, マーガレット
◇細胞が伝える癒やしのメッセージ―細胞との対話でがんを治す（Healing by contacting your cells）　バーバラ・ウルフ, マーガレット・アンダーソン共著, 中沢英雄, 浜谷絹子, 大橋明悠希共訳　函南町（静岡県）　環境意識コミュニケーション研究所　2016.6　198p　19cm　2315円　①978-4-904564-26-4　〔00396〕

アンダーヒル, イヴリン　Underhill, Evelyn
◇実践する神秘主義―普通の人たちに贈る小さな本（Practical Mysticism）　イヴリン・アンダーヒル著, 金子麻里訳　新教出版社　2015.5　230p　20cm　2100円　①978-4-400-31078-5
内容 第1章 神秘主義とは何か　第2章 "実在"の世界　第3章 神秘家の準備　第4章「黙想」と「潜心」　第5章 自己適応について　第6章 愛と意志について　第7章 観想の第一段階　第8章 観想の第二段階　第9章 観想の第三段階　第10章 神秘的な生　〔00397〕
◇神秘主義―超越的世界へ到る途（Mysticismの抄訳）　イーヴリン・アンダーヒル著, 門脇由紀子, 今野喜和人, 鶴岡賀雄, 村井文夫訳　ナチュラルスピリット　2016.9　595p　20cm　〈ジャプラン出版 1990年刊の改訂版　文献あり 索引あり〉4000円　①978-4-86451-217-6
内容 第1章 はじめに　第2章 自我の覚醒　第3章 自我の浄化　第4章 自我の照明　第5章 声とヴィジョン　第6章 内面への旅――潜心と静寂　第7章 内面への旅二―観想　第8章 脱我と歓喜　第9章 魂の暗夜　第10章 合一の生　〔00398〕

アーンツ, アーノウド　Arntz, Arnoud
◇スキーマ療法実践ガイド―スキーマモード・アプローチ入門（Schematherapie in der Praxis（重訳））　アーノウド・アーンツ, ジッタ・ヤコブ著, 伊藤絵美監訳, 吉村由未訳　金剛出版　2015.9　364p　22cm　〈文献あり 索引あり〉4400円　①978-4-7724-1447-0
内容 第1部 ケースの概念化（スキーマ療法とは何か？モードの概念　モードの概念について当事者と話し合う）　第2部 治療（治療の全体像　コーピングモードを克服する　脆弱なチャイルドモードに対応する　怒れるチャイルドモードと衝動的チャイルドモードに対応する　非機能的ペアレントモードに対応する　ヘルシーアダルトモードを強化する）　〔00399〕

アンデウェグ, ルディ・B.
◇現代日本の政治と外交　3　民主主義と政党―ヨーロッパとアジアの42政党の実証的分析（POLITICAL PARTIES AND DEMOCRACY）　猪口孝監修　猪口孝, ジャン・ブロンデル編　原書房　2014.10　270, 22p　22cm　〈文献あり 索引あり〉4800円　①978-4-562-04960-8

内容 オランダ（ルディ・B.アンデウェグ著, 竜和子訳）〔00400〕

アンデルセン, エスベン・スロス　Andersen, Esben Sloth

◇シュンペーター—社会および経済の発展理論（Joseph A.Schumpeter）　エスベン・スロス・アンデルセン著, 小谷野俊夫訳　一灯舎　2016.6　423, 27p　20cm　（マクミラン経済学者列伝）〈文献あり 索引あり〉2500円　①978-4-907600-43-3

内容 はじめに　出生から青年時代—一八八三‐一九一三年　均衡経済学から発展経済学へ　企業者対経済システム　シュンペーターの標準的な例としての鉄道化　幕間劇—一九一四‐二五年　社会発展の一般理論に向けて　経済学者の小さなメッカ—一九二五‐三二年　ハーバード大学教授と研究計画—一九三二‐四二年　発展の三部作とシュンペーターのモデル　資本主義のエンジンの基本的な働き　資本主義のエンジンへの複雑な働き　資本主義発展の経済史　資本主義のエンジンの変容　資本主義のエンジンと長期的な社会発展　晩年—一九四三‐五〇年　〔00401〕

アンデルセン, トム　Andersen, Tom

◇ナラティヴ・セラピー—社会構成主義の実践（Therapy as social construction（抄訳））　シーラ・マクナミー, ケネス・J.ガーゲン編, 野口裕二, 野村直樹訳　三鷹　遠見書房　2014.12　177p　19cm　〈文献あり　金剛出版1997年刊の改訂〉2400円　①978-4-904536-80-3

内容 「リフレクティング手法」をふりかえって（トム・アンデルセン）　〔00402〕

◇会話・協働・ナラティヴ—アンデルセン・アンダーソン・ホワイトのワークショップ（Masters of Narrative and Collaborative Therapies）　タピオ・マリネン, スコット・J.クーパー, フランク・N.トーマス編, 小森康永, 奥野光, 矢原隆行訳　金剛出版　2015.9　301p　19cm　〈文献あり 索引あり〉3200円　①978-4-7724-1445-6

内容 言葉（トム・アンデルセン述）　〔00403〕

◇リフレクティング・プロセス—会話における会話と会話（THE REFLECTING TEAM）　トム・アンデルセン著, 鈴木浩二監訳　新装版　金剛出版　2015.10　174p　21cm　〈他言語標題：REFLECTING PROCESSES　文献あり 索引あり〉3200円　①978-4-7724-1456-2

内容 第1部 リフレクティング・チーム（リフレクティング・チームの背景と歴史　基本的概念と実践の構造　実践のための指針）　第2部 対話についての対話（マイクとある問題についてのさまざまな定義　旅立ち、見送り、置き去りについての話—リフレクティングによる4つの話し合い）　第3部 さらなるリフレクションズ（本書の終わりは新たな始まり　'The Reflecting Team'に対する2年後のリフレクション　1994年、6年後の本書との再会）　〔00404〕

アンデルセン, ハンス・クリスチャン　Andersen, Hans Christian

◇アンデルセンに聞く聖書の言葉　田島靖則編訳　リトン　2015.6　88p　19cm　700円　①978-4-86376-043-1　〔00405〕

アントナッチ, ゲイリー　Antonacci, Gary

◇ウォール街のモメンタムウォーカー（Dual Momentum Investing）　ゲイリー・アントナッチ著, 長尾慎太郎監修, 山下恵美子訳　パンローリング　2015.8　268p　22cm　（ウィザードブックシリーズ 227）〈文献あり〉4800円　①978-4-7759-7194-9

内容 第1章 世界初のインデックスファンド　第2章 上昇するものは…上昇し続ける　第3章 近代ポートフォリオ理論の原理と応用　第4章 モメンタムの合理的説明とそれほど合理的ではない説明　第5章 資産の選択—良い選択、悪い選択、醜い選択　第6章 スマートベータと都市伝説　第7章 リスクの測定と制御　第8章 グローバル・エクイティ・モメンタム　第9章 モメンタムのさらに効果的な使い方　第10章 最終的考察　〔00406〕

アントニオ, アンソニー・ライジング

◇高等教育の社会学（SOCIOLOGY OF HIGHER EDUCATION）　パトリシア・J.ガンポート編著, 伊藤彰浩, 橋本鉱市, 阿曽沼明裕監訳　町田　玉川大学出版部　2015.7　476p　22cm　（高等教育シリーズ 167）〈索引あり〉5400円　①978-4-472-40514-3

内容 多様性の社会学（アンソニー・ライジング・アントニオ, マルセラ・M.ミューニッツ著, 丸山和昭訳）　〔00407〕

アントニオ, パゴラ・エロルサ・ホセ　Pagola, José Antonio

◇イエスあなたはいったい何者ですか（Jesus. Aproximacion historica）　パゴラ・エロルサ・ホセ・アントニオ著, フスト・セグラ, 加藤喜美子共訳　ドン・ボスコ社　2015.5　509p　19cm　1400円　①978-4-88626-591-3　〔00408〕

アントノプロス, アンドレアス・M.　Antonopoulos, Andreas M.

◇ビットコインとブロックチェーン—暗号通貨を支える技術（Mastering Bitcoin）　アンドレアス・M.アントノプロス著, 今井崇也, 鳩貝淳一郎訳　NTT出版　2016.7　301p　24cm　〈索引あり〉3700円　①978-4-7571-0367-2

内容 第1章 イントロダクション　第2章 ビットコインの仕組み　第3章 ビットコインクライアント　第4章 鍵、アドレス、ウォレット　第5章 トランザクション　第6章 ビットコインネットワーク　第7章 ブロックチェーン　第8章 マイニングとコンセンサス　第9章 その他のチェーン、通貨、アプリケーション　第10章 ビットコインの安全性　〔00409〕

アンドリューズ, デイヴ

◇世界がぶつかる音がする—サーバンツの物語（The Sound of Worlds Colliding）　クリスティン・ジャック編, 永井みぎわ訳　ヨベル　2016.6　300p　19cm　1300円　①978-4-907486-32-7

内容 愛と暴力と消極性 他（デイヴ・アンドリューズ）　〔00410〕

アンドリューズ, テッド　Andrews, Ted

◇アニマルスピーク—守護動物「トーテム」のメッセージで目覚める本当のあなた（ANIMAL

SPEAK）　テッド・アンドリューズ著, 永井二菜訳　パンローリング　2014.6　319p　21cm（フェニックスシリーズ 20）　1800円　①978-4-7759-4124-9

内容 はじめに―動物の言葉を学ぶには　第1部 自然界のさまざまなシンボル　第2部 翼のもつ魔力　第3部 哺乳類のメッセージ　第4部 昆虫と爬虫類のユニークな言葉　おわりに―文明社会でトーテルアニマルと出会うには　〔00411〕

アンドレイカ, ジャック　Andraka, Jack

◇ぼくは科学の力で世界を変えることに決めた（BREAKTHROUGH）　ジャック・アンドレイカ, マシュー・リシアック著, 中里京子訳　講談社　2015.11　270p　19cm　1600円　①978-4-06-219800-4

内容 はじめに 家族会議　1 アンドレイカ家に生まれて　2 サイエンスフェアと「いじめ」　3 カミングアウトと大事な人の死　4 宿敵の膵臓がん　5 患者のことを忘れないで　6 193番目の奇跡　7 キャンサー・ペーパー・ボーイ　8 うわっ！　モーリー・セイファーを殺しちゃった！　9 ブレイクスルー　ジャックの学校―実験+ヒント+情報　〔00412〕

アントワイラー, クリストフ

◇日本とはなにか―日本民族学の二〇世紀　ヨーゼフ・クライナー編　東京堂出版　2014.3　390p　22cm　〈他言語標題：WHAT IS JAPAN？〉　7500円　①978-4-490-20860-3

内容 文明学および生態史観（クリストフ・アントワイラー著, 鈴村裕輔, 松野義明訳）　〔00413〕

アンニョリ, アントネッラ　Agnoli, Antonella

◇拝啓市長さま、こんな図書館をつくりましょう（Caro sindaco, parliamo di biblioteche, La biblioteca che vorrei〔etc.〕）　アントネッラ・アンニョリ〔著〕, 萱野有美訳　みすず書房　2016.4　257, 9p　20cm　〈文献あり〉 2800円　①978-4-622-07937-8

内容 第1部 拝啓 市長さま、こんな図書館をつくりましょう（共有財産としての図書館　レンガ、書架、電子書籍）　第2部 新しい「知の広場」（私がほしい図書館　「みんなの図書館」のつくり方）　第3部 子どものための図書館（0歳から13歳）（「子ども」が存在しなかった頃　今日の子どものための図書館　早すぎることは決してない（0歳から5歳）　注文の多い小さな客（6歳から13歳）　ヤングアダルト　大人　計画）　補遺 アントネッラさんに訊いてみよう！　〔00414〕

アーンハート, フィリップ　Earnhart, Philip

◇人生を決断できるフレームワーク思考法（50 ERFOLGSMODELLE）　ミカエル・クロゲラス, ローマン・チャペラー, フィリップ・アーンハート〔著〕, 月沢李歌子訳　講談社　2016.2　203p　15cm　（講談社+α文庫 A159-1）　〈「仕事も人生も整理整頓して考えるビジュアル3分間シンキング」（2012年刊）の改題、加筆・修正　文献あり〉 560円　①978-4-06-281650-2

内容 自分をレベルアップする（効率よく仕事をするために―アイゼンハワー・マトリックス　正しい目的・目標を設定する―SWOT分析 ほか）　自分をもっと知る（幸せを感じるのはどんなとき？　―フロー・モデル　人からどんなふうに見られたい？　―ジョハリの窓 ほか）　世の中の仕組みをさらに理解する（人間はなにを必要とし、なにを求めるのか―マズローのピラミッド　ライフスタイルを分類する―ミリュー・モデルとブルデュー・モデル ほか）　周囲の人々を育てる（チームの強みと弱みを明確にする―チーム・モデル　チーム意識を育てるには―ドレクスラー＝シベット・チーム・パフォーマンス・モデル ほか）　今度はあなたの番です（自分でモデルを作ってみよう）　〔00415〕

アンバリ, F.T.*　Anbari, Frank T.

◇PMBOK問題集―PMBOKガイド第5版対応（Q & As for the PMBOK Guide 原著第5版の翻訳）　アイテック教育研究開発部監訳, Frank T.Anbari〔編〕　アイテック情報処理技術者教育センター　2014.3　319p　19cm　1700円　①978-4-87268-973-0

内容 問題（組織の影響とプロジェクト・ライフサイクル　プロジェクトマネジメント・プロセス　プロジェクト統合マネジメント　プロジェクト・スコープ・マネジメント　プロジェクト・タイム・マネジメント　プロジェクト・コスト・マネジメント　プロジェクト品質マネジメント　プロジェクト人的資源マネジメント　プロジェクト・コミュニケーション・マネジメント　プロジェクト・リスク・マネジメント　プロジェクト調達マネジメント　プロジェクト・ステークホルダー・マネジメント）　解答　〔00416〕

アンブロージ, オルガ　Ambrosi, Olga

◇よいたよりの使者―シスター・テクラ・メルロの生涯　オルガ・アンブロージ著, アグネス・レト訳　女子パウロ会　2015.2　239p　15cm　（パウロ文庫）　〈聖パウロ女子修道会 1965年刊の再刊〉 600円　①978-4-7896-0748-3

内容 まれに見る円満な女性　家庭教育　少女時代・青春時代　一大決心　総長―プリマ・マエストラ　隠れた美徳　信仰・剛毅・優しさ　神への愛　人びとへの愛　プリマ・マエストラの祈り　宣教に燃える心　いのちの奉献　人びとは語る　〔00417〕

アンブロジェッティ, フランチェスカ　Ambrogetti, Francesca

◇教皇フランシスコとの対話―みずからの言葉で語る生活と意見（EL PAPA FRANCISCO）　教皇フランシスコ〔述〕, フランチェスカ・アンブロジェッティ, セルヒオ・ルビン著, 八重樫克彦, 八重樫由貴子訳　新教出版社　2014.4　245p　19cm　1500円　①978-4-400-22668-0

内容 インタビューに答える（ロサおばあちゃんと狐の襟巻つきコート　「そろそろ働いてもいい頃合いだ…」「イエスと同じ体験をしている」　信仰に目覚めた春の日　苦境から教育する　ターザンごっこをしていた頃　人との出会いを求め、外に出ていく試み　宗教のメッセージを損なう危険性　信仰の光と影　いまだ飛び立てぬ祖国への憂い　「歩み寄りの文化」の構築　「実はタンゴも好きでしてね」　国民の和解への長く険しい道のり　アルゼンチンを覆った闇の時代　未来に希望を託す理由）　付論『マルティン・フィエロ』に基づく一考察（国民的叙事詩『マルティン・フィエロ』　あらゆる要素を含んだ詩『マルティン・フィエロ』　市民道徳が集約された『マルティン・フィエロ』　おわりに―言葉と友情）　〔00418〕

アンブローズ, スーザン・A.　Ambrose, Susan A.

◇大学における「学びの場」づくり―よりよいティーチングのための7つの原理（How Learning Works）　スーザン・A.アンブローズ, マイケル・W.ブリッジズ, ミケーレ・ディピエトロ, マーシャ・C.ラベット, マリー・K.ノーマン著, 栗田佳代子訳　町田　玉川大学出版部　2014.7　267p　21cm　（高等教育シリーズ 164）〈文献あり 索引あり〉3200円　①978-4-472-40489-4

内容 序論 学習に関する研究と教育実践の橋渡し　第1章 学生の先行知識が学習におよぼす影響　第2章 知識の体系化の方法が学習におよぼす影響　第3章 学習のモチベーションを高める要素　第4章 学生が熟達するには　第5章 学習を強化できる練習とフィードバック　第6章 学生の発達レベルと授業の雰囲気が学生の学習にとって重要な理由　第7章 自律的な学習者になってもらうために　結語 7つの原理を私たち自身にあてはめる　〔00419〕

アンベール, マルク

◇排外主義を問いなおす―フランスにおける排除・差別・参加　中野裕二, 森千香子, エレン・ルバイ, 浪岡新太郎, 園山大祐編著　勁草書房　2015.5　252p　22cm　〈年表あり 索引あり〉4500円　①978-4-326-60277-3

内容 コンヴィヴィアリズム（マルク・アンベール著, 平野暁人訳）　〔00420〕

アンホルト, S.*　Anholt, Simon

◇国家ブランディング―その概念・論点・実践（NATION BRANDING）　キース・ディニー編著, 林田博光, 平沢敦監訳　八王子　中央大学出版部　2014.3　310p　22cm　（中央大学企業研究所翻訳叢書 14）　4500円　①978-4-8057-3313-4

内容 国家ブランディングの妥当性と範囲, 発展（Yvonne Johnston,Leslie de Chernatony,Simon Anholt著, 徐誠敏訳）　〔00421〕

アンリ, ミシェル　Henry, Michel

◇身体の哲学と現象学―ビラン存在論についての試論　ミシェル・アンリ著, 中敬夫訳　新装版;復刊　法政大学出版局　2016.5　398p　19cm　（叢書・ウニベルシタス）　4800円　①978-4-588-14036-5

内容 序論 身体に関する問いの見かけ上の偶然性と、身体の存在論的分析の必要性　第1章 身体についてのビランの分析の哲学的諸前提　第2章 主観的身体　第3章 運動と感覚作用　第4章 諸記号の二重の使用と自己の身体の構成の問題　第5章 デカルト的二元論　第6章 メーヌ・ド・ビランの思想の批判。受動性の問題　結論 身体の存在論的理論と受肉の問題。肉と霊　〔00422〕

◇見えないものを見る―カンディンスキー論（VOIR L'INVISIBLE : Sur Kandinsky）　ミシェル・アンリ著, 青木研二訳　新装版;復刊　法政大学出版局　2016.5　232p　19cm　（叢書・ウニベルシタス）　3000円　①978-4-588-14035-8

内容 内部/外部―見えないものと見えるもの　「抽象絵画」という表現において「抽象」の意味するもの　フォルム　純粋な絵画的フォルム　抽象的なフォルム―要素の理論　絵画性の解明　点　線　基礎平面　要素の統一性　目に見えない色　フォルムと色　フォルムと色の統一性に関する困難さ　コンポジション　壮大な芸術　音楽と絵画　芸術の本質　絵画はすべて抽象的である　芸術と宇宙　〔00423〕

【イ】

イ, ウジョン*　李 雨鍾

◇百済寺刹研究―日本語版　大韓民国国立扶余文化財研究所原著, 奈良県立橿原考古学研究所訳　橿原　奈良県立橿原考古学研究所　2014.12　225p　27cm　〈文献あり〉非売品　①978-4-905398-31-8

内容 百済寺院の上部構造築造方法研究の推移（李雨鍾著）　〔00424〕

イ, ウンジョン*　李 垠廷

◇親権と未成年後見　新・アジア家族法三国会議編　日本加除出版　2014.7　166p　21cm　2700円　①978-4-8178-4176-6

内容 親権制限の柔軟化（李垠廷著, 金亮完訳）　〔00425〕

イ, ウンモ*　李 銀模

◇新時代の刑事法学―椎橋隆幸先生古稀記念　下巻　井田良, 川出敏裕, 高橋則夫, 只木誠, 山口厚編　信山社　2016.11　797p　22cm　〈著作目録あり 年譜あり〉16000円　①978-4-7972-8202-3

内容 私人が秘密録音した録音テープの証拠能力（李銀模著, 氏家仁訳）　〔00426〕

イ, カングン*　李 康根

◇古代環東海交流史　1　高句麗と倭　東北亜歴史財団編著, 羅幸柱監訳, 橋本繁訳　明石書店　2015.7　253p　22cm　〈索引あり〉7200円　①978-4-7503-4181-1

内容 高句麗と古代日本の建築（李康根著）　〔00427〕

イ, ギュハク　李 圭鶴

◇新来会者のための聖書による道しるべ　李圭鶴著, 金容昭訳　いのちのことば社（発売）　2014.11　255p　21cm　1500円　①978-4-264-03224-3

内容 第1部 クリスチャンの信仰―定着と養育（聖書が真理であると信じます　創造主なる神を信じます　救い主イエス・キリストを信じます　聖霊が私の内に宿っていることを信じます　三位一体の神を信じます ほか）　第2部 クリスチャンとしての人生―弟子訓練（イエス様の弟子　聖霊による洗礼と油注ぎ　聖霊の賜物（タラント）　聖霊の実　イエス・キリストの再臨とクリスチャンの終末 ほか）　〔00428〕

イ, キョンウォン*　李 京遠

◇日韓民衆史研究の最前線―新しい民衆史を求めて　アジア民衆史研究会, 歴史問題研究所編　有志舎　2015.12　391, 4p　22cm　6400円　①978-4-903426-00-6

内容 東学の布教と儒教倫理の活用（李京遠著, 趙景達訳）　〔00429〕

イ

イ, キョンソプ*　李 京燮

◇古代東アジアと文字文化　国立歴史民俗博物館, 小倉慈司編　同成社　2016.3　209p　19cm 〈文献あり 年表あり〉2300円　①978-4-88621-718-9

内容 古代韓国の木簡文化と日本木簡の起源(李京燮著, 橋本繁訳)　〔00430〕

イ, キョンヨプ*　李 京燁

◇国際常民文化研究叢書　第7巻　アジア祭祀芸能の比較研究　神奈川大学国際常民文化研究機構編　横浜　神奈川大学国際常民文化研究機構　2014.10　424p　30cm 〈他言語標題：International Center for Folk Culture Studies monographs 文献あり〉非売品　①978-4-9907018-7-1

内容 漁業に関する祭祀芸能にみられる漁撈の儀礼的再現の様相(李京燁著, 金良淑訳)　〔00431〕

イ, グヌ

◇東アジアの歴史―韓国高等学校歴史教科書　アンビョンウ, キムヒョンジョン, イグヌ, シンソンゴン, ハムドンジュ, キムジョンイン, パクチュンヒョン, チョンヨン, ファンジスク著, 三橋広夫, 三橋尚子訳　明石書店　2015.9　282p　21cm (世界の教科書シリーズ 42) 〈文献あり 年表あり 索引あり〉3800円　①978-4-7503-4237-5

内容 1 国家の形成　2 東アジア世界の成立　3 国際関係の変化と支配層の再編　4 東アジア社会の持続と変化　5 近代国家樹立への模索　6 今日の東アジア　付録　〔00432〕

イ, クンギ　韋 君宜

◇韋君宜研究―記憶のなかの中国革命　楠原俊代著　福岡　中国書店　2016.2　543, 8p　22cm 〈年譜あり〉10000円　①978-4-903316-48-2

内容 思痛録 韋君宜 著　韋君宜論考. 武漢時期の韋君宜. 延安時代の韋君宜. 一九五〇年代の韋君宜. 文革期の韋君宜. 韋君宜の著作における「歴史」の意味について　〔00433〕

イ, サンイル*　李 相日

◇国境を越える民俗学―日韓の対話によるアカデミズムの再構築　崔仁鶴, 石井正己編　三弥井書店　2016.5　222p　21cm　2800円　①978-4-8382-3301-4

内容 民俗学の伝統とその現代的意味(李相日著, 倉石美都訳)　〔00434〕

イ, サンジョン*　李 尚典

◇中国国共内戦と朝鮮人部隊の活躍―一九四五年八月～一九五〇年四月　吉在俊, 李尚典著, 李東埼訳　同時代社　2015.12　243p　21cm 〈年表あり〉2315円　①978-4-88683-793-6

内容 第1章 国際主義的義務とみなして　第2章 勝利の鍵―革命根拠地の建設　第3章 国家的後方の役割　第4章 勝利の前奏曲　第5章 危機打開の方略　第6章 東北解放の勝ちどき　第7章 支援は全国解放の日まで　第8章 国際主義戦士たちの帰国　〔00435〕

イ, ジェスン*　李 在承

◇「慰安婦」問題の現在―「朴裕河現象」と知識人　前田朗編　三一書房　2016.4　243p　19cm　1800円　①978-4-380-16001-1

内容 感情の混乱と錯綜(李在承著, 古橋綾訳)　〔00436〕

イ, シコウ　伊 志宏

◇中国企業成長調査研究報告―最新版　伊志宏主編, RCCIC編著, 森永洋花訳　日本僑報社　2016.10　226p　21cm　3600円　①978-4-86185-216-9

内容 調査対象企業の基本情報分析　第1部 企業の内部管理編(企業管理における従業員の幸福度　国有企業と古参社員　企業内部の「仕組み」: 外部拡張より内部安定　多様化する企業管理形態：「パートナーシップ」制度)　第2部 企業管理哲学編(ニーチェの「力への意志」―ウーバーの企業管理哲学　知識は権利なり：滴滴快的による『業界基準』　ローカル企業の変革：リーニンの苦境から見る企業変革の挫折)　第3部 企業の外部ネットワーク運営編(海外M&A：お金がすべてではない　中国におけるサプライチェーン・ファイナンスの三大モデル)　第4部 インターネット時代における企業イノベーション編(企業採用活動の新たな枠組み：ソーシャルリクルーティング　「インターネット+」の本質　産業イノベーションと企業戦略の選択：ネットワーク化産業チェーンの集大成　企業イノベーションの新ルート：組織モジュール化及び社内ベンチャーに基づく統合モデル)　〔00437〕

イ, ジョンウォン

◇ヘレン・ケラー　オヨンソク文, イジョンウォン絵, 簗田順子訳　岩崎書店　2014.10　155p　23cm (オールカラーまんがで読む知っておくべき世界の偉人 12) 〈年譜あり〉1600円　①978-4-265-07682-6

内容 01 けもののような子ども　02 サリヴァン先生との出会い　03 フロースト・キングのおはなし　04 新たな夢へのチャレンジ　05 私の本, 私のおはなし　06 世の中へのさけび　07 消えない希望　〔00438〕

イ, ジョンベ*　李 正培

◇日韓の刑事司法上の重要課題―日本比較法研究所・韓国法務部との交流30周年記念シンポジウム　椎橋隆幸編著　八王子　中央大学出版部　2015.3　250p　22cm (日本比較法研究所研究叢書 100) 3200円　①978-4-8057-0599-5

内容 国民参与裁判制度の施行状況と今後の課題(李正培著, 氏家仁訳)　〔00439〕

イ, ジョンホ*　李 鍾護

◇検閲の帝国―文化の統制と再生産　紅野謙介, 高栄蘭, 鄭根埴, 韓基亨, 李恵鈴編　新曜社　2014.8　478p　22cm 〈他言語標題：EMPIRE OF CENSORSHIP 年表あり〉5100円　①978-4-7885-1401-0

内容 検閲の変容と拡張,「親日文学」というプロセス(李鍾護著, 金誾愛訳)　〔00440〕

イ, ジョンムク*　李 鍾黙

◇朝鮮時代の女性の歴史―家父長的規範と女性の一生　奎章閣韓国学研究院編著, 小幡倫裕訳　明石書店　2015.3　384p　22cm 〈文献あり 索引あり〉8000円　①978-4-7503-4158-3

内容 閨中を支配する唯一の文字(李鍾黙著)　〔00441〕

イ, ジンギョン　李 珍景

◇不穏なるものたちの存在論―人間ですらないもの、卑しいもの、取るに足らないものたちの価値と意味　李珍景著, 影本剛訳　インパクト出版会　2015.4　311p　19cm　2800円　①978-4-7554-0253-1

内容 第1章 不穏性とは何か？　第2章 不穏なるものたちの存在論　第3章 障害者：存在、障害の陰にあるもの　第4章 バクテリア：わたしたちは皆バクテリアだ　第5章 サイボーグ：「初めにサイボーグありき」　第6章 オンコマウス：シミュラークルの政治学　第7章 フェティシスト：愛の存在論あるいはフェティシズムのへ招待　第8章 プレカリアート：プロレタリアートの不可能性　エピローグ 出口あるいは入口　〔00442〕

◇ドゥルーズ―没後20年新たなる転回　河出書房新社　2015.10　269p　21cm　〈文献あり 著作目録あり〉2100円　①978-4-309-24735-9

内容 ドゥルーズの唯物論、あるいは「外部による思惟」(李珍景著, 影本剛訳)　〔00443〕

イ, スギン　李 淑仁

◇朝鮮時代の女性の歴史―家父長的規範と女性の一生　奎章閣韓国学研究院編著, 小幡倫裕訳　明石書店　2015.3　384p　22cm　〈文献あり 索引あり〉8000円　①978-4-7503-4158-3

内容 画家と賢母、その不都合な同居(李淑仁著)　〔00444〕

イ, スクチャ《Lee, Sukja》

◇マリー・キュリー　イスクチャ文, スタジオチョンビ絵, 猪川なと訳　岩崎書店　2014.12　159p　23cm　(オールカラーまんがで読む知っておくべき世界の偉人 15)　〈他言語標題：Marie Curie　年譜あり〉1600円　①978-4-265-07685-7

内容 1 まずしい家の、かしこい少女　2 国を失った悲しみ　3 家庭教師になる　4 ソルボンヌの変わりもの女学生　5 キュリー夫人　6 ラジウム発見　7 最後のたたかい　〔00445〕

イ, スジョン《Lee, Soojung》

◇ホーキング　イスジョン文, スタジオチョンビ絵, 簗田順子訳　岩崎書店　2014.3　187p　23cm　(オールカラーまんがで読む知っておくべき世界の偉人 10)　〈年譜あり〉1600円　①978-4-265-07680-2

内容 01 天才物理学者の誕生　02 新しい世界　03 科学者を夢見て　04 努力を忘れた天才　05 ぼくは平気さ　06 ブラックホール　07 もうひとつの試練　08 終わらない挑戦　〔00446〕

◇エジソン　イスジョン文, スタジオチョンビ絵, 猪川なと訳　岩崎書店　2015.1　179p　23cm　(オールカラーまんがで読む知っておくべき世界の偉人 18)　〈他言語標題：Thomas Edison　年譜あり〉1600円　①978-4-265-07688-8

内容 1 卵をあたためた少年　2 ママは最高の先生　3 危険な実験室　4 夢を乗せて走る列車　5 失敗は成功のもと　6 メンロパークの魔術師　7 闇を照らす　8 永遠の光として　〔00447〕

◇リンカーン　イスジョン文, スタジオチョンビ絵, 簗田順子訳　岩崎書店　2015.1　179p　23cm　(オールカラーまんがで読む知っておくべき世界の偉人 17)　〈他言語標題：Abraham Lincoln　文献あり 年譜あり〉1600円　①978-4-265-07687-1

内容 1 お母さんのおくりもの　2 本好きエイブ　3 正直な青年　4 政治の世界に飛びこむ　5 丸太小屋からホワイトハウスへ　6 南北戦争　7 奴隷解放宣言　8 自由と平等を残して　〔00448〕

イ, スンウン*　李 承恩

◇チャイナ・リスクといかに向きあうか―日韓台の企業の挑戦　園田茂人, 蕭新煌編　東京大学出版会　2016.3　247, 10p　19cm　〈文献あり〉3600円　①978-4-13-040275-0

内容 韓国中小企業の中国適応戦略(金潤泰, 李承恩著, 金佳栄訳)　〔00449〕

イ, スンヒ*　李 承姫

◇検閲の帝国―文化の統制と再生産　紅野謙介, 高栄蘭, 鄭根埴, 韓基亨, 李恵鈴編　新曜社　2014.8　478p　22cm　〈他言語標題：EMPIRE OF CENSORSHIP　年表あり〉5100円　①978-4-7885-1401-0

内容 植民地朝鮮における興行市場の病理学と検閲体制(李承姫著, 金泰植訳)　〔00450〕

イ, スンホン　李 承憲

◇CHANGE―脳と世界を変える本当の力　一指 李承憲著　産学社　2016.7　227p　21cm　1600円　①978-4-7825-3443-4

内容 第1章 変化が必要だ　第2章 人間とはいったいどういう存在なのか　第3章「生命電子」　第4章 世界を変える本当の力　第5章 絶対尺度　第6章 創造的精神と覚醒した脳　第7章 偉大な経験へのいざない　〔00451〕

イ, ソンシ*　李 成市

◇古代環東海交流史　1　高句麗と倭　東北亜歴史財団編著, 羅幸柱監訳, 橋本繁訳　明石書店　2015.7　253p　22cm　〈索引あり〉7200円　①978-4-7503-4181-1

内容 高句麗僧・慧慈と聖徳太子　他(李成市著)　〔00452〕

イ, ソンジェ*　李 成制

◇古代環東海交流史　1　高句麗と倭　東北亜歴史財団編著, 羅幸柱監訳, 橋本繁訳　明石書店　2015.7　253p　22cm　〈索引あり〉7200円　①978-4-7503-4181-1

内容 高句麗の対倭外交開始とその背景 他(李成制著)　〔00453〕

イ, ソンム　李 成茂

◇韓国史―政治文化の視点から　李成茂, 李熙真著, 平木実, 中村葉子訳　日本評論社　2015.8　521p　23cm　〈索引あり〉6400円　①978-4-535-58669-7

内容 1 古代―天孫の統治する時代(国家の成立と支配階層の形成　征服国家の時代―支配階層の争い　統合された支配構造確立の時代)　2 高麗―官僚制を標榜した貴族の時代(豪族の連合政権　文臣貴族　武人政治　権門世族)　3 朝鮮―両班官僚の時代(士大夫中心の改革　専制王権の確立と勲臣　勲臣政治　士

林政治　蕩平政治　外戚勢道政治）4 近現代―平等を掲げた時代（前近代の朝鮮支配層に加えられた圧迫―開港の圧力とその対応　支配構造の変化と外国勢力の介入　外国勢力の支配―日本帝国主義の植民地支配　外国勢力による政権樹立とその後遺症―分断と戦争、独裁　南・北韓の政権の変化と自主性の強化）〔00454〕

イ

イ, ダム

◇終わらない冬―日本軍「慰安婦」被害者のはなし　カンジェスク文, イダム絵, ヤンユハ, 都築寿美枝訳　大阪　日本機関紙出版センター　2015.8　1冊（ページ付なし）　25×27cm　〈他言語標題：An Endless Winter〉1000円　①978-4-88900-925-5　〔00455〕

イ, チュングン　李 春根

◇米国に堂々と対した大韓民国の大統領たち　李春根著, 洪熒訳　統一日報社　2014.5　287p　19cm　1300円　①978-4-907988-02-9　〔00456〕

◇激動の東北アジア韓国の進路―強国に囲まれた大韓民国はどこへ進むべきか　李春根著, 洪熒訳　統一日報社　2014.12　155p　19cm　1390円　①978-4-907988-04-3　〔00457〕

イ, テジン　李 泰鎮

◇安重根と東洋平和論　李泰鎮, 安重根ハルピン学会編著, 勝村誠, 安重根東洋平和論研究会監訳　日本評論社　2016.9　421p　22cm　〈文献あり　索引あり〉6000円　①978-4-535-58690-1

内容 安重根のハルピン義挙と高宗皇帝 他（李泰鎮著, 波佐場清訳）〔00458〕

イ, ドゥヨン*　李 斗暎

◇韓国出版発展史―1945〜2010　李斗暎著, 舘野晳訳　市川　出版メディアパル　2015.8　494p　22cm　〈索引あり〉4000円　①978-4-902251-61-6

内容 第1章 現代韓国出版をどう見るのか　第2章 文化建設の旗幟を掲げて　第3章 戦争の惨禍からの出発　第4章 出版の大衆化時代へ　第5章 出版産業化を目指して　第6章 商業出版時代の開幕　第7章 韓国出版、先進化への道　〔00459〕

イ, ドガン*　李 道剛

◇東北アジア平和共同体構築のための倫理的課題と実践方法―「IPCR国際セミナー2012」からの提言　韓国社会法人宗教平和国際事業団著, 世界宗教者平和会議日本委員会編, 山本俊正監修, 中央学術研究所編集責任　佼成出版社　2014.7　222, 3p　18cm　（アーユスの森新書 009）　900円　①978-4-333-02672-2

内容 東アジアの伝統と共同体の市場規律（李道剛著, 金永完訳）〔00460〕

イ, ドンウォン　李 東元

◇日韓条約の成立―李東元回想録 椎名悦三郎との友情　李東元著, 具末謨訳　彩流社　2016.8　281p　20cm　2500円　①978-4-7791-2245-3

内容 序章 わが生い立ちと大統領との出会い（「裏口」入学の右翼青年　洪命熹、「私と一緒に北に行こうか？」マリリン・モンロー捕獲作戦 ほか）　第1章 日韓条約の成立（「明治維新」的志士、朴正煕　椎名は「幸運配達人」　頭を上げた李承晩と頭を下げた朴正煕 ほか）　第2章 回顧と教訓（椎名悦三郎の遺言　「地位」は短くとも「名」は長い　「南北国連同時加盟」は二十五も年を取った ほか）〔00461〕

イ, ドンギュ《Lee, Dongkyu》

◇モンテッソーリ　イドンギュ文, オチョンニョン絵, 築田順子訳　岩崎書店　2015.2　163p　23cm　（オールカラーまんがで読む知っておくべき世界の偉人 19）〈他言語標題：Maria Montessori　年譜あり〉1600円　①978-4-265-07689-5

内容 しっかりした子　マリアの夢　お医者さんになりたい　新たな挑戦　医師から教育者に　世界をおどろかせた教育法　マリアの信念　〔00462〕

イ, ナヨン　李 娜栄

◇ポスト工業社会における東アジアの課題―労働・ジェンダー・移民　筒井淳也, グワンヨンシン, 柴田悠編著　京都　ミネルヴァ書房　2016.3　252p　22cm　（立命館大学産業社会学部創設50周年記念学術叢書）〈索引あり〉5500円　①978-4-623-07634-5

内容 韓国社会の重層的なジェンダー不平等（ナヨン・イ著, 古橋綾訳）〔00463〕

◇「慰安婦」問題の現在―「朴裕河現象」と知識人　前田朗編　三一書房　2016.4　243p　19cm　1800円　①978-4-380-16001-1

内容 「『帝国の慰安婦』事態に対する立場」声明の経緯と今後の方向（李娜栄著, 古橋綾訳）〔00464〕

イ, ヒョンソ

◇7つの名前を持つ少女―ある脱北者の物語　イヒョンソ, デヴィッド・ジョン著, 夏目大訳　大和書房　2016.3　470p　20cm　〈他言語標題：The Girl with Seven Names〉2200円　①978-4-479-57017-2

内容 1 地上で最も偉大な国（首都へ向かう列車　世界の果ての街　壁からのぞく目 ほか）　2 竜の腹の中へ（安氏を訪ねる　中国の生活　悪夢 ほか）　3 暗闇への旅（ようこそ韓国へ　北の女たち　統一の家 ほか）〔00465〕

イ, ヒョンソン*　李 賢鮮

◇チャイナ・リスクといかに向きあうか―日韓台の企業の挑戦　園田茂人, 蕭新煌編　東京大学出版会　2016.3　247, 10p　19cm　〈文献あり〉3600円　①978-4-13-040275-0

内容 韓国の大企業はなぜ中国投資に積極的なのか（朴濬植, 李賢鮮著, 園田茂人, 岸保行訳）〔00466〕

イ, ビョンフン

◇ポスト工業社会における東アジアの課題―労働・ジェンダー・移民　筒井淳也, グワンヨンシン, 柴田悠編著　京都　ミネルヴァ書房　2016.3　252p　22cm　（立命館大学産業社会学部創設50周年記念学術叢書）〈索引あり〉5500円　①978-4-623-07634-5

内容 韓国サービス労働者の職務ストレス（ビョンフン・イ著, 古橋綾訳）〔00467〕

イ, ビョンホ* 李 炳鎬
◇都城制研究 9 東アジア古代都城の立地環境 奈良女子大学古代学学術研究センター編 〔奈良〕 奈良女子大学古代学学術研究センター 2015.3 134p 30cm 〈文献あり〉
内容 韓国古代都城の立地環境（李炳鎬著, 井上直樹訳） 〔00468〕

イ, フィジン 李 煕真
◇韓国史―政治文化の視点から 李成茂, 李煕真著, 平木実, 中村葉子訳 日本評論社 2015.8 521p 23cm 〈索引あり〉 6400円 ①978-4-535-58669-7
内容 1 古代―天孫の統治する時代（国家の成立と支配階層の形成 征服国家の時代―支配階層の争い 統合された支配構造確立の時代） 2 高麗―官僚制を標榜した貴族の時代（豪族の連合政権 文臣貴族 武人政治 権門世族） 3 朝鮮―両班官僚の時代（士大夫中心の改革 専制王権の確立と勲臣 勲臣政治 士林政治 蕩平政治 外戚勢道政治） 4 近現代―平等を掲げた時代（前近代の朝鮮支配層に加えられた圧迫―開港の圧力とその対応 支配構造の変化と外国勢力の介入 外国勢力の支配―日本帝国主義の植民地支配 外国勢力による政権樹立とその後遺症―分断と戦争、独裁 南・北韓の政権の変化と自主性の強化） 〔00469〕

イ, ヘギョン* 李 恵景
◇国際移動と移民政策―日韓の事例と多文化主義再考 有田伸, 山本かほり, 西原和久編 東信堂 2016.2 94p 21cm （国際社会学ブックレット 2） 1000円 ①978-4-7989-1337-7
内容 韓国への結婚移民（李恵景著, 金泰植訳） 〔00470〕

イ, ヘスン* 李 蕙丞
◇日韓が共有する近未来へ 松原孝俊, 崔慶原編 本の泉社 2015.6 251p 19cm （ゆにっとフォンテ） 1700円 ①978-4-7807-1230-8
内容 日本における韓国語教育（李蕙丞著, 川口大輔訳） 〔00471〕

イ, ヘスン* 李 慧淳
◇朝鮮時代の女性の歴史―家父長的規範と女性の一生 奎章閣韓国学研究院編著, 小幡倫裕訳 明石書店 2015.3 384p 22cm 〈文献あり 索引あり〉 8000円 ①978-4-7503-4158-3
内容 苦痛を踏み台に咲いた知性（李慧淳著） 〔00472〕

イ, ヘリョン 李 恵鈴
◇検閲の帝国―文化の統制と再生産 紅野謙介, 高栄蘭, 鄭根埴, 韓基亨, 李恵鈴編 新曜社 2014.8 478p 22cm 〈他言語標題：EMPIRE OF CENSORSHIP 年表あり〉 5100円 ①978-4-7885-1401-0
内容 植民地のセクシュアリティと検閲（李恵鈴著, 和田圭弘訳） 〔00473〕
◇朝鮮の女性〈1392-1945〉―身体、言語、心性 金賢珠, 朴茂瑛, イヨンスク, 許南麟編 クオン 2016.3 414p 19cm （クオン人文・社会シリーズ 02） 3800円 ①978-4-904855-36-2
内容 『無情』のその多くの妓生 李光洙の民族共同体、または植民地的平等主義（李恵鈴著, 舘野晳訳） 〔00474〕

イ, ミンジュ* 李 旻柱
◇検閲の帝国―文化の統制と再生産 紅野謙介, 高栄蘭, 鄭根埴, 韓基亨, 李恵鈴編 新曜社 2014.8 478p 22cm 〈他言語標題：EMPIRE OF CENSORSHIP 年表あり〉 5100円 ①978-4-7885-1401-0
内容 植民地朝鮮における民間新聞の写真検閲に関する研究（李旻柱著, 金泰植訳） 〔00475〕

イ, ムンウン* 李 文雄
◇甦る民俗映像―DVDブック 渋沢敬三と宮本馨太郎が撮った一九三〇年代の日本・アジア 宮本瑞夫, 佐野賢治, 北村皆雄, 原田健一, 岡田一男, 内田順子, 高城玲編 岩波書店 2016.3 432, 16p 21cm 〈作品目録あり〉 17000円 ①978-4-00-009963-9
内容 アチックミューゼアムのウルサンでの活動とその現代的な意味（李文雄著, 李恵燕訳） 〔00476〕

イ, ユンジョン* 李 潤楨
◇近代の日本と朝鮮―「された側」からの視座 君島和彦編 東京堂出版 2014.9 393p 22cm 9000円 ①978-4-490-20875-7
内容 李光洙の初期優生思想の形成（李潤楨著, 野木香里訳） 〔00477〕

イ, ユンソン* 李 允先
◇東シナ海域における朝鮮半島と日本列島―その基層文化と人々の生活 原尻英樹, 金明美共編著 大阪 かんよう出版 2015.8 408p 21cm 〈索引あり〉 2800円 ①978-4-906902-44-6
内容 島地域のカンガンスルレの跳び合いの伝統と求愛方式（李允先著, 金明美, 原尻英樹訳） 〔00478〕

イ, ユンヘ* 李 尹慧
◇百済寺刹研究―日本語版 大韓民国国立扶余文化財研究所原著, 奈良県立橿原考古学研究所訳 橿原 奈良県立橿原考古学研究所 2014.12 225p 27cm 〈文献あり〉 非売品 ①978-4-905398-31-8
内容 百済寺院の下部構造の築造方法（李尹慧著） 〔00479〕

イ, ヨンシク* 李 淵植
◇帝国以後の人の移動―ポストコロニアリズムとグローバリズムの交錯点 蘭信三編著 勉誠出版 2013.11 981, 9p 22cm 〈索引あり〉 12000円 ①978-4-585-22061-9
内容 朝鮮半島における日本人送還政策と実態（李淵植著, 李洪章訳） 〔00480〕
◇近代の日本と朝鮮―「された側」からの視座 君島和彦編 東京堂出版 2014.9 393p 22cm 9000円 ①978-4-490-20875-7
内容 「在朝日本人」の引揚問題をめぐる日本と韓国の認識（李淵植著, 金耿昊訳） 〔00481〕

イ, ヨンジュン
◇ゲームの終焉―検証―六者会談破局と北朝鮮核危

機のゆくえ 北朝鮮の核の罠・鎖・泥沼・瀬戸際・迷夢・幻想の終焉　イヨンジュン著, 崔誠姫訳　伊豆　ビスタピー・エス　2015.7　387p　21cm〈年表あり〉4900円　①978-4-907379-03-2

内容 第1部 第一次北朝鮮核危機と米朝枠組み合意(北朝鮮核問題の序幕　南北朝鮮とIAEAのトゥルース・オア・デア(Truth or Dare)　瀬戸際の北朝鮮と米朝交渉　米朝枠組み合意へ向かう道)　第2部 第二次核危機と六者会談(米朝枠組み合意の終焉　危機の中での六者会談発足　9・19共同声明と新たな難関　瀬戸際から飛び出した北朝鮮　破局の沼を超えて)　第3部 第三次北朝鮮核危機と幻想の終焉(検証問題、その真実の罠　20年ぶりに覚めた迷夢　未来の課題と難関)　第4部 新たなる選択の岐路で(戦略的再点検の必要性　北朝鮮核問題の鎖を超えて)　付録(核問題の深層理解のための専門知識　北朝鮮核問題主要日誌　北朝鮮核問題関連合意文書/国連決議)　〔00482〕

イ, ヨンフン　李 永勲

◇まことの喜び―苦難の中でも喜べ思い煩いはこの世に属することである　李永勲著, 金義顕訳　柏　イーグレープ　2015.5　293p　19cm〈文献あり〉1500円　①978-4-903748-93-1　〔00483〕

イ, リツトウ　尉 立東

◇2015産業統合のチャイナ・エンジン　中国M&A公会監修, 尉立東, 柏亮ほか著, 中出了真, 黄伯, 陳亮訳　明月堂書店　2015.9　188p　19cm　2000円　①978-4-903145-50-1

内容 第1部 産業統合の歴史概要(産業統合の歴史　中国産業統合の起動)　第2部 産業M&Aのチャンス(金融業:インターネット金融がM&Aの起爆剤となる　インターネットM&Aの趨勢と反復　消費財業界のM&Aチャンスについての研究報告　文化メディア産業　複合改革:古い瓶に新しい酒を詰めるチャンス多し　グローバルなM&A気運　高速鉄道経済圏がもたらした地域統合の生態圏)　第3部 産業M&Aのプラットフォームとツール(企業買収ファンド　M&Aローン　M&A債券　レバレッジ・バイアウト　M&Aの見積もり　M&A税務　M&A仲裁)　〔00484〕

イァーネス, アルベルト　Ianes, Alberto

◇イタリアの協同組合(LE COOPERATIVE)　アルベルト・イァーネス著, 佐藤紘毅訳　緑風出版　2014.5　229p　20cm〈文献あり〉2200円　①978-4-8461-1330-8

内容 第1章 協同組合企業とは何か、その可能性　第2章 どのように市場と向かい合うのか　第3章 ヨーロッパにおける起源　第4章 イタリアにおける協同組合　第5章 社会協同組合とフェアトレード　第6章 ガバナンス/"大きくなる"戦略　第7章 協同組合と政治　第8章 イタリアの協同組合を理解するための要点　〔00485〕

イヴァノーフ, ボリス・イリイチ

◇科学の参謀本部―ロシア/ソ連邦科学アカデミーに関する国際共同研究　市川浩編著　札幌　北海道大学出版会　2016.2　522p　22cm〈索引あり〉12500円　①978-4-8329-8224-6

内容 ソ連邦科学アカデミー・工学部〈1935-1963年〉(ボリス・イリイチ・イヴァノーフ著, 市川浩訳)　〔00486〕

イヴァーノフ=ラズームニク　Ivanov-Razumnik

◇監獄と流刑―イヴァーノフ=ラズームニク回想記(Писательскиесудьбыの抄訳)　イヴァーノフ=ラズームニク〔著〕, 松原広志訳　横浜　成文社　2016.6　374p　22cm〈索引あり〉5000円　①978-4-86520-017-1

内容 第1章 最初の洗礼(一九〇一年三月四日、カザン聖堂広場　地区警察署と騎兵連隊馬場 ほか)　第2章 二〇年後(物理学徒から作家の途へ　家宅捜査、「左派エスエルの陰謀」ほか)　第3章 記念日(一九三三年、二重の記念日　家宅捜査 ほか)　第4章 流刑(ノヴォシビルスク送り　ノヴォシビルスクの二か月、サラトフへ ほか)　第5章 復習(一九三七年、三度目の逮捕、モスクワへ　ブティルカの「日常生活」ほか)　〔00487〕

イェ, クリス　Yeh, Chris

◇ALLIANCE―人と企業が信頼で結ばれる新しい雇用(THE ALLIANCE)　リード・ホフマン, ベン・カスノーカ, クリス・イェ著, 篠田真貴子監訳, 倉田幸信訳　ダイヤモンド社　2015.7　201p　20cm　1500円　①978-4-478-06257-9

内容 1 ネットワーク時代の新しい雇用―職場に信頼と忠誠を取り戻す「アライアンス」とは　2 コミットメント期間を設定しよう―アライアンスは仕事の内容と期間を定める　3 コミットメント期間で大切なもの―社員と会社の目標および価値観をそろえる　4 変革型コミットメント期間を導入する　5 社員にネットワーク情報収集力を求める―社員を通して世界を自社内に取り込む　6 ネットワーク情報収集力を育てるには―社員の人脈を伸ばすコツと戦術　7 会社は「卒業生」ネットワークをつくろう―生涯続く個人と会社のアライアンス関係　8「卒業生」ネットワークを活かすには―効果的に導入するためのコツとテクニック　〔00488〕

イェ, ミンシエン　葉 明生

⇒ヨウ, メイセイ*

イェーガー, ヴィリギス　Jäger, Willigis

◇現代に甦るエックハルト的霊性(Wohin unsere Sehnsucht führt-Mystik im 21. Jahrhundert (2版))　ヴィリギス・イェーガー著, 八城圀衛訳　習志野　教友社　2014.8　300p　21cm　(W.イェーガー講話集 1)　2000円　①978-4-907991-03-6　〔00489〕

◇21世紀神秘思想―エックハルト的霊性(Wohin unsere Sehnsucht führt―Mystik im 21. Jahrhundert)　ヴィリギス・イェーガー著, 八城圀衛訳　習志野　教友社　2016.10　323p　21cm　(W.イェーガー講話集 2)　2000円　①978-4-907991-28-9

内容 5 復活祭　6 聖体の祭儀　7 召命と修練　8 祈りと癒し　9 聖霊降臨と女性的なもの　10 消滅と誕生　〔00490〕

イェーガー, ウルス

◇BoPビジネス3.0―持続的成長のエコシステムをつくる(Base of the Pyramid 3.0)　フェルナンド・カサード・カニェーケ, スチュアート・L.ハート編著, 平本督太郎訳　英治出版　2016.8　311p　22cm〈文献あり〉3200円　①978-4-

86276-233-7
内容 いまこそビジョンと目的を見つめなおす（ウルス・イェーガー, ヴィジェイ・サテ著）〔00491〕

イエーガー, ポール・T. Jaeger, Paul T.

◇公立図書館・公共政策・政治プロセス―経済的・政治的な制約の時代にコミュニティに奉仕し、コミュニティを変化させる（Public libraries, public policies, and political processes） ポール・T.イエーガー, アースラ・ゴーハム, ジョン・カーロ・バートット, リンジー・C.サリン著, 川崎良孝訳 神戸 京都図書館情報学研究会 2016.3 246p 22cm 〈文献あり 発売：日本図書館協会〉 6000円 ①978-4-8204-1511-4 〔00492〕

イェーガー, ミヒャエル

◇人間関係の新しい紡ぎ方―3・11を受けとめて 総合人間学会編 学文社 2014.6 164p 21cm （総合人間学 8） 1900円 ①978-4-7620-2459-7
内容 ドイツにおけるエネルギー転換（ミヒャエル・イェーガー著, 真鍋正紀訳）〔00493〕

イエシュケ, ヴァルター Jaeschke, Walter

◇経済・環境・スポーツの正義を考える 尼寺義弘, 牧野広義, 藤井政則編著 京都 文理閣 2014.3 316p 22cm （阪南大学叢書 102） 〈他言語標題：Thinking about the Justice of Economy, Enviroment & Sports〉 3500円 ①978-4-89259-727-5
内容 ヘーゲルの自由概念 他（ヴァルター・イェシュケ著, 牧野広義訳）〔00494〕

◇ヘーゲルハンドブック―生涯・作品・学派（Hegel-Handbuch） W.イェシュケ〔著〕, 神山伸弘, 久保陽一, 座小田豊, 島崎隆, 高山守, 山口誠一監訳 知泉書館 2016.6 727p 27cm 〈文献あり 著作目録あり 年譜あり 索引あり〉 16000円 ①978-4-86285-234-2
内容 1 生涯（シュトゥットガルト（1770‐88年） テュービンゲン（1788‐93年） ベルン（1793‐96年） ほか） 2 作品（テュービンゲンからベルンへの移転（1793‐94年） ベルン時代の構想（1795‐96年） フランクフルト時代の構想（1797‐1800年） ほか） 3 学派（三月革命を前にした時代の初期における哲学の状況 宗教をめぐる論争 法と国家をめぐる論争 ほか）〔00495〕

イェシュテット, マティアス Jestaedt, Matthias

◇越境する司法―ドイツ連邦憲法裁判所の光と影（Das entgrenzte Gericht） マティアス・イェシュテット, オリヴァー・レプシウス, クリストフ・メラース, クリストフ・シェーンベルガー著, 鈴木秀美, 高田篤, 棟居快行, 松本和彦監訳 風行社 2014.9 380p 22cm 5000円 ①978-4-86258-070-2
内容 連邦憲法裁判所という現象（マティアス・イェシュテット著, 高田倫子, 高田篤訳）〔00496〕

イェスコム, エドワード Yescombe, Edward

◇プロジェクトファイナンスの理論と実務（Principles of Project Finance 原著第2版の翻訳） エドワード・イェスコム著, 佐々木仁監訳, 榎本哲也, 大和田慶, 三浦大助訳 第2版 金融財政事情研究会 2014.10 787p 22cm 〈発売：きんざい〉 8000円 ①978-4-322-12302-9
内容 第1部 プロジェクトファイナンス市場の概要と主要プレイヤーの役割 第2部 プロジェクトファイナンスの枠組みを構築する各種契約 第3部 プロジェクトファイナンスにおけるリスク分析 第4部 事業のファイナンシャル・ストラクチャリングおよびドキュメンテーション 第5部 事業への外部支援の種類 第6部 プロジェクトファイナンスの現状と展望〔00497〕

イエズス会

◇イエズス会士日本通信―耶蘇会士日本通信 豊後・下篇 上 村上直次郎訳, 柳谷武夫編輯 オンデマンド版 雄松堂書店 2014.12 426, 13p 23cm （新異国叢書 第1輯第1巻） 〈初版：雄松堂出版 1968年刊 印刷・製本：デジタルパブリッシングサービス 索引あり〉 10200円 ①978-4-8419-0666-0 〔00498〕

イェーツ, ルース Yates, Ruth

◇小学校で法を語ろう（Let's Talk about Law in Elementary School） W.キャシディ,R.イェーツ編著, 同志社大学法教育研究会訳 成文堂 2015.12 232p 21cm 3000円 ①978-4-7923-0584-0
内容 クラスのなかで民主制の諸原理を身につけること 他（ルース・イェーツ著, 渡辺暁彦訳）〔00499〕

イェルウェン, モルテン Jerven, Morten

◇統計はウソをつく―アフリカ開発統計に隠された真実と現実（POOR NUMBERS） モルテン・イェルウェン著, 渡辺景子訳 青土社 2015.8 283, 19p 20cm 〈文献あり 索引あり〉 2800円 ①978-4-7917-6874-5
内容 第1章 私たちはアフリカの所得と成長について何を知っているのか（国民経済計算とは何か アフリカの国民経済計算―主な問題点 ほか） 第2章 アフリカの富と発展を測定する（植民地の実験 実際の開発 ほか） 第3章 事実、仮定、そして論争―データセットから学ぶこと（ナイジェリア―人口を数える ナイジェリア―作物を数える ほか） 第4章 開発のためのデータ―アフリカ統計の利用と改善（データの質は政策決定者にとって問題なのか 政策サークルの中での統計局 ほか） 結論 数字による開発（GDPとその他の数字 成長に関連するもの―他の数字による開発 ほか）〔00500〕

イェルシャルミ, ヨセフ・ハイーム Yerushalmi, Yosef Hayim

◇フロイトのモーセ―終わりのあるユダヤ教と終わりのないユダヤ教（FREUD'S MOSES） ヨセフ・ハイーム・イェルシャルミ著, 小森謙一郎訳 岩波書店 2014.9 277p 20cm 〈文献あり〉 3900円 ①978-4-00-024697-2
内容 第1章 第四の屈辱 第2章 ジークムント・フロイト、ユダヤの歴史家 第3章 父の宗教、息子の宗教、「ユダヤ民族特有の事柄」 第4章 一つの事例史？ 第5章 フロイトとのモノローグ〔00501〕

イェレミアス, イェルク Jeremias, Jörg

◇なぜ神は悔いるのか―旧約的神観の深層（Die Reue Gottes 原著増補改訂版の翻訳） イェルク・イェレミアス著, 関根清三, 丸山まつ訳 日本キリスト教団出版局　2014.7　223p　22cm　〈索引あり〉3000円　①978-4-8184-0861-6　〔00502〕

イ

イーカーチ, ロジャー　Ekirch, A.Roger
◇失われた夜の歴史（At Day's Close）　ロジャー・イーカーチ著, 樋口幸子, 片柳佐智子, 三宅真砂子訳　インターシフト　2015.2　511p　20cm　〈文献あり　発売：合同出版〉3200円　①978-4-7726-9543-5
内容 第1部 死の影（夜の恐怖―天上と地上　生命の危険―略奪、暴行、火事）　第2部 自然界の法則（公権力の脆弱さ―教会と国家　人の家は城塞である―よい夜のために　目に見える暗闇―夜の歩き方）　第3部 闇に包まれた領域（暗闇の仕事―仲間と共に　共通の庇護者―社交、セックス、そして孤独　騎士ウォーカー―王侯貴族たち　束縛から放たれて―庶民）　第4部 私的な世界（寝室でのしきたり―儀式　心の糸のもつれ―眠りを妨げるもの　私たちが失った眠り―リズムと天啓）　〔00503〕

イーガン, キエラン　Egan, Kieran
◇深い学びをつくる―子どもと学校が変わるちょっとした工夫（LEARNING IN DEPTH）　キエラン・イーガン著, 高屋景一, 佐柳光代訳　京都　北大路書房　2016.10　232p　21cm　〈文献あり　索引あり〉3200円　①978-4-7628-2948-2
内容 第1章 問題点　第2章 提案　第3章 反対意見と応答　第4章 テーマの性質　第5章 実施にあたっての原則と例　第6章 ポートフォリオの作成　第7章 次に何をすればよいか？　〔00504〕

イギリス
◇新外国証券関係法令集 イギリス―2012年金融サービス法　日本証券経済研究所編　日本証券経済研究所　2016.5　556p　21cm　2500円　①978-4-89032-268-8
内容 1 イングランド銀行　2 2000年金融サービス市場法の修正　3 共済組合　4 財務省とイングランド銀行、FCA又はPRAの間での協力　5 審問及び調査　6 規制機関に対する不服申立の調査　7 金融サービスに関する違反行為　8 2009年銀行法の修正　9 雑則　10 総則　〔00505〕

イグナティエフ, マイケル　Ignatieff, Michael
◇火と灰―アマチュア政治家の成功と失敗（FIRE AND ASHES）　マイケル・イグナティエフ著, 添谷育志, 金田耕一訳　風行社　2015.2　256p　19cm　2800円　①978-4-86258-077-1
内容 第1章 傲慢　第2章 野望　第3章 僥倖　第4章 部屋を読む　第5章 金銭と言語　第6章 責任と代表　第7章 当事者適格性　第8章 敵と対抗者　第9章 タクシー・ドライバーが言うには　第10章 天職　〔00506〕

イーグルトン, テリー　Eagleton, Terry
◇アメリカ的、イギリス的（Across the Pond）　テリー・イーグルトン著, 大橋洋一, 吉岡範武訳　河出書房新社　2014.5　251p　19cm　（河出ブックス 071）　1600円　①978-4-309-62471-6
内容 1 英語、この引き裂かれた言語　2 あのあまりに社交的な精神　3 肉体は死んでも意志は死なない　4 アメリカ人、それは義務に忠実に人たち　5 あのあまりに肯定的な精神　6 一と多　7 洗練されたものと善良なもの　〔00507〕

イケガミ, ナオキ　池上 直己
◇包括的で持続的な発展のためのユニバーサル・ヘルス・カバレッジ―日本からの教訓（Universal health coverage for inclusive and sustainable development）　池上直己編著　日本国際交流センター　2014.9　240p　21cm　〈文献あり〉　①978-4-88907-139-9
内容 日本の医療制度の政治的・歴史的背景 他（ジョン・C.キャンベル, 池上直己, 津川友介）　〔00508〕

イシハラ, バージ*　石原 バージ
◇台風ヨランダはフィリピン社会をどう変えるか―地域に根ざした支援と復興の可能性を探る フィリピンの台風災害に関する緊急研究集会報告書　山本博之, 青山和佳編著　京都　京都大学地域研究統合情報センター　2014.4　71p　30cm　（CIAS discussion paper no.45）
内容 フィリピン台風災害への対応（石原バージ述, 矢元貴美通訳・補足）　〔00509〕

イシュマエル, タシュミア
◇BoPビジネス3.0―持続的成長のエコシステムをつくる（Base of the Pyramid 3.0）　フェルナンド・カサード・カニェーケ, スチュアート・L.ハート編著, 平本督太郎訳　英治出版　2016.8　311p　22cm　〈文献あり〉3200円　①978-4-86276-233-7
内容 インクルーシブな市場をつくる新しい組織のあり方（タシュミア・イシュマエル著）　〔00510〕

イスキエルド, ミゲール・ルイスカバーニャス
◇地球時代の「ソフトパワー」―内発力と平和のための知恵　浅香幸枝編　大津　行路社　2012.3　362p　22cm　（南山大学地域研究センター共同研究シリーズ 4）〈文献あり〉2800円　①978-4-87534-440-7
内容 ソフトパワーと平和構築（ミゲール・ルイスカバーニャス・イスキエルド著, 三好勝訳）　〔00511〕

イスタンス, デイビッド
◇学びのイノベーション―21世紀型学習の創発モデル（Innovating to Learn, Learning to Innovate）　OECD教育研究革新センター編著, 有本昌弘監訳, 多々納誠子, 小熊利江訳　明石書店　2016.9　329p　22cm　4500円　①978-4-7503-4400-3
内容 イノベーティブな学習環境の摸索（フランシスコ・ベナビデス, ハナ・デュモン, デイビッド・イスタンス著, 多々納誠子訳）　〔00512〕

イズツ, トシヒコ　井筒 俊彦
◇禅仏教の哲学に向けて（Toward a Philosophy of Zen Buddhism）　井筒俊彦著, 野平宗弘訳　ぷねうま舎　2014.1　370, 4p　20cm　〈索引あり〉3600円　①978-4-906791-24-8
内容 1 無位の真人―禅におけるフィールド覚知の問題　2 自我意識の二つの次元　3 禅仏教における意味と無意味　4 分節の哲学的問題　5 公案を通じての思考と非思考　6 禅における内部と外部　7 東アジアの芸術と哲学における色彩の排除　〔00513〕

イスマイル, サリム　Ismail, Salim

◇シンギュラリティ大学が教える飛躍する方法―ビジネスを指数関数的に急成長させる（EXPONENTIAL ORGANIZATIONS）　サリム・イスマイル, マイケル・マローン, ユーリ・ファン・ギースト著, 小林啓倫訳　日経BP社　2015.8　374p　19cm　〈文献あり　発売：日経BPマーケティング〉1800円　①978-4-8222-5103-1

内容 1 飛躍型企業を解明する（破壊的な変化がやってきた　「所有」をめぐる2つの会社の物語　飛躍型企業の周りにある5つの特徴　飛躍型企業の内側にある5つの特徴　飛躍型企業がもたらす真新しい世界）　2 飛躍型企業をつくり上げる（飛躍型企業を立ち上げる　中小企業が飛躍型企業になるために必要なこと　大企業が飛躍型企業になるには　飛躍型企業に生まれ変わった大企業　飛躍型リーダーを目指す）〔00514〕

イズラエル, リチャード　Israel, Richard

◇マインドマップ・リーダーシップ―現場主導で組織に革命を起こす（GRASS ROOTS LEADERS）　トニー・ブザン, トニー・ドッティーノ, リチャード・イズラエル著, 近田美季子監訳　ダイヤモンド社　2013.12　314p　21cm　2400円　①978-4-478-00684-9〔00515〕

イスラン, アンリ　Isselin, Henri

◇マルヌの会戦―第一次世界大戦の序曲1914年秋（LA BATAILLE DE LA MARNE）　アンリ・イスラン著, 渡辺格訳　中央公論新社　2014.1　363p　20cm　〈文献あり〉2500円　①978-4-12-004553-0

内容 第1章 一九一四年夏　第2章 マルヌへの序曲（九月二日‐四日）　第3章 会戦（九月五日‐九日）　第4章 戦勝の拡大（九月十日‐十二日）　第5章 論争と解説〔00516〕

◇第一次世界大戦の終焉―ルーデンドルフ攻勢の栄光と破綻 1918年春（LA RUÉE ALLEMANDE : PRINTEMPS 1918）　アンリ・イスラン著, 渡辺格訳　中央公論新社　2014.5　350p　19cm　2500円　①978-4-12-004611-7

内容 第1章 一九一七年の決算　第2章 戦いの実情　第3章 欧州中央部諸帝国の情勢　第4章 連合軍　第5章 ピカルディー、フランドルの攻撃（三月‐四月）　第6章 シュマン・デ・ダムとマの攻勢（五月‐六月）　第7章 シャンパーニュにおける攻勢（七月）　第8章 勝利の栄冠〔00517〕

一致に関するルーテル＝ローマ・カトリック委員会

◇争いから交わりへ―2017年に宗教改革を共同で記念するルーテル教会とカトリック教会（From Conflict to Communion）　一致に関するルーテル＝ローマ・カトリック委員会〔著〕, ルーテル／ローマ・カトリック共同委員会訳　教文館　2015.2　218p　19cm　1200円　①978-4-7642-6457-1

内容 第1章 エキュメニカルでグローバルな時代に宗教改革を記念する　第2章 マルティン・ルターと宗教改革を見る新たな視点　第3章 ルターの宗教改革とカトリック側からの反応に関する歴史的描写　第4章 ルーテル教会とローマ・カトリック教会の対話に照らして見たマルティン・ルターの神学の主要テーマ　第5章 共同の記念に召されて　第6章 五つのエキュメニカルな責務〔00518〕

イップ, グレッグ

◇英エコノミスト誌のいまどき経済学（ECONOMICS 原著第3版の翻訳）　サウガト・ダッタ編, 松本剛史訳　日本経済新聞出版社　2014.9　321p　19cm　〈索引あり〉2000円　①978-4-532-35606-4

内容 マクロ経済のマネジメント（サウガト・ダッタ, グレッグ・イップ, ザニー・ミントン‐ベドーズ著）〔00519〕

イッペン, シャンドラ・ミチコ・ゴッシュ　Ippen, Chandra Ghosh

◇虐待・DV・トラウマにさらされた親子への支援―子ども‐親心理療法（DON'T HIT MY MOMMY！　原著改訂版の抄訳）　アリシア・F. リーバマン, シャンドラ・道子・ゴッシュ・イッペン, パトリシア・ヴァン・ホーン著, 渡辺久子監訳, 佐藤恵美子, 京野尚子, 田中祐子, 小室愛枝訳　日本評論社　2016.10　232p　21cm　〈文献あり〉2400円　①978-4-535-56356-8

内容 第1章 子ども‐親心理療法―関係性に焦点を当てたトラウマ治療（基本の前提概念　子ども‐親心理療法の歴史的起源と発展 ほか）　第2章 子ども‐親心理療法の段階（第1段階 基礎段階：見立てと治療契約　第2段階 中核的介入段階 ほか）　第3章 ケースマネジメント（児童虐待が疑われる時―児童保護局への通告　親権問題が起こる時―家庭裁判所との連携）　第4章 さまざまな治療法との類似点と相違点（心理療法全般に必須の項目　子ども‐親心理療法と相容れない項目）〔00520〕

イーデン, ジェレミー　Eden, Jeremy

◇背伸びしない上司がチームを救う―生産性と利益を上げるあきれるほど簡単な77の方法（LOW-HANGING FRUIT）　ジェレミー・イーデン, テリー・ロング著, 月谷真紀訳　扶桑社　2015.1　287p　19cm　1600円　①978-4-594-07184-4

内容 はじめに なぜすぐ手の届く成果は目につきにくいのか　第1部 すぐ手の届く成果の見つけかた―問題の発見は解決よりも難しい　第2部 問題は見えた。さあ解決だ！　第3部 すぐ手の届く果実の収穫に向けて、チームのモチベーションを上げよ　第4部 ワン・カンパニーは見果てぬ夢ではない　第5部 決定し実行せよ　第6部 説明責任は絶対に押えておきたい　第7部 時間が足りない？　時間を作るのは意外に簡単だ　補足〔00521〕

イートン, クレメント　Eaton, Clement

◇アメリカ南部連合史（A History of the Southern Confederacy）　クレメント・イートン著, 益田育彦訳　文芸社　2016.2　547p　15cm　〈索引あり〉1000円　①978-4-286-16860-9〔00522〕

イノグチ, タカシ　猪口 孝

◇現代日本の政治と外交　5　日本・アメリカ・中国―錯綜するトライアングル（THE TROUBLED TRIANGLE）　猪口孝監修　猪口孝,G.ジョン・アイケンベリー編　原書房　2014.4　301, 6p　22cm　〈文献あり 索引あり〉4800円　①978-4-562-04962-2

内容 日本・アメリカ・中国（猪口孝, ジョン・アイケンベリー著, 猪口孝監訳）〔00523〕

◇現代日本の政治と外交　3　民主主義と政党—ヨーロッパとアジアの42政党の実証的分析（POLITICAL PARTIES AND DEMOCRACY）　猪口孝監修　猪口孝, ジャン・ブロンデル編　原書房　2014.10　270, 22p　22cm　〈文献あり 索引あり〉4800円　①978-4-562-04960-8

内容 序論 他（ジャン・ブロンデル, 猪口孝著, 小林朋則訳）〔00524〕

◇現代日本の政治と外交　6　日本とロシア—真逆か、相違か？（JAPANESE AND RUSSIAN POLITICS）　猪口孝監修　猪口孝編　原書房　2015.3　245, 4p　22cm　〈文献あり 索引あり〉4800円　①978-4-562-04963-9

内容 日本とロシア 他（猪口孝著, 大槻敦子訳）〔00525〕

◇現代日本の政治と外交　7　日本と韓国—互いに敬遠しあう関係（JAPANESE AND KOREAN POLITICS）　猪口孝監修　猪口孝編　原書房　2015.3　336, 4p　22cm　〈文献あり 索引あり〉4800円　①978-4-562-04964-6

内容 アベノミクスとアベ・ジオポリティックス 他（猪口孝著）〔00526〕

イノベーション・ネットワーク《Innovation Network, Inc.》

◇政策評価・行政評価のためのロジックモデル・ワークブック　Innovation Network,Inc.著, 茂木康俊訳　広島　広島大学地域経済システム研究センター　2014.7　27p　30cm　①978-4-9907890-0-8〔00527〕

◇政策評価・行政評価のための評価計画策定ワークブック—ロジックモデルに基づく執行評価・アウトカム評価（Evaluation plan workbook）　Innovation Network,Inc.著, 茂木康俊訳　広島　広島大学地域経済システム研究センター　2016.10　28p　30cm　①978-4-9907890-1-5〔00528〕

イバーラ, ハーミニア　Ibarra, Herminia

◇世界のエグゼクティブが学ぶ誰もがリーダーになれる特別授業（ACT LIKE A LEADER, THINK LIKE A LEADER）　ハーミニア・イバーラ著, 河野英太郎監修, 新井宏征訳　翔泳社　2015.9　222p　19cm　（Harvard Business Review Press）　1600円　①978-4-7981-4166-4

内容 第1章 リーダーとして行動し、考える方法—「外から変わる」　第2章 仕事を再定義する　第3章 チームを超えたネットワーク、社外のネットワーク　第4章 自分自身を楽しむ　第5章 ステップアップのプロセス　結論 行動しましょう〔00529〕

イブン・ジュバイル, M.　Ibn Jubayr, Muhammad ibn Ahmad

◇メッカ巡礼記—旅の出会いに関する情報の備忘録　1（Tadhkirat bi'l-Akhbār 'an Ittifāqāt al-Asfār）　イブン・ジュバイル〔著〕, 家島彦一訳注　平凡社　2016.1　377p　18cm　（東洋文庫 868）〈布製　年表あり〉3100円　①978-4-582-80868-1

内容 五七八年シャウワール月八日〜ズー・アル＝カアダ月　同年（五七八年）ズー・アル＝ヒッジャ月　（五）七九年ムハッラム月　（五七九年）サファル月　（五七九年）第一ラビーウ月　（五七九年）第二ラビーウ月　（五七九年）第一ジュマーダー月　（五七九年）第二ジュマーダー月〔00530〕

◇メッカ巡礼記—旅の出会いに関する情報の備忘録　2（Tadhkirat bi'l-Akhbār 'an Ittifāqāt al-Asfār）　イブン・ジュバイル〔著〕, 家島彦一訳注　平凡社　2016.3　381p　18cm　（東洋文庫 869）〈布装　年表あり〉3100円　①978-4-582-80869-8

内容 9 五七九年 無二なるラジャブ月　10 五七九年 神聖なるシャアバーン月　11 五七九年 偉大なるラマダーン月　12 五七九年 シャウワール月　13 五七九年 ズー・アル＝カアダ月　14 五七九年 ズー・アル＝ヒッジャ月　15 五八〇年ムハッラム月　16 五 八〇年サファル月〔00531〕

◇メッカ巡礼記—旅の出会いに関する情報の備忘録　3（Tadhkirat bi'l-Akhbār 'an Ittifāqāt al-Asfār）　イブン・ジュバイル〔著〕, 家島彦一訳注　平凡社　2016.5　443p　18cm　（東洋文庫 871）〈布装　文献あり 年表あり 索引あり〉3300円　①978-4-582-80871-1

内容 5 八〇年第一ラビーウ月　五八〇年 第二ラビーウ月　五八〇年 第一ジュマーダー月　五八〇年 第二ジュマーダー月　五八〇年 無二なるラジャブ月　五八〇年 神聖なるシャアバーン月　五八〇年 偉大なるラマダーン月　五八〇年 シャウワール月　五八〇年 ズー・アル＝カアダ月　五八〇年 ズー・アル＝ヒッジャ月　五 八一年ムハッラム月〔00532〕

イム, キョンスン*　林 京順

◇検閲の帝国—文化の統制と再生産　紅野謙介, 高栄蘭, 鄭根埴, 韓基亨, 李恵鈴編　新曜社　2014.8　478p　22cm　〈他言語標題：EMPIRE OF CENSORSHIP　年表あり〉5100円　①978-4-7885-1401-0

内容 新たな禁忌の形成と階層化された検閲機構としての文壇（林京順著, 和田圭弘訳）〔00533〕

イム, サンソン*　林 相先

◇古代環東海交流史　2　渤海と日本　東北亜歴史財団編著, 羅幸柱監訳, 橋本繁訳　明石書店　2015.7　251p　22cm　〈索引あり〉7200円　①978-4-7503-4182-8

内容 渤海と日本の交流史（林相先著）〔00534〕

イム, ソクギュ*　林 碩奎

◇古代環東海交流史　1　高句麗と倭　東北亜歴史財団編著, 羅幸柱監訳, 橋本繁訳　明石書店　2015.7　253p　22cm　〈索引あり〉7200円　①978-4-7503-4181-1

内容 若草伽藍と上淀廃寺で出土した壁画片（林碩奎著）〔00535〕

◇古代環東海交流史　2　渤海と日本　東北亜歴史財団編著, 羅幸柱監訳, 橋本繁訳　明石書店　2015.7　251p　22cm　〈索引あり〉7200円　①978-4-7503-4182-8

内容 石山寺所蔵「加句霊験仏頂尊勝陀羅尼記」他（林碩奎著）〔00536〕

イム, トクスン　任 徳淳

◇独島・鬱陵島の研究―歴史・考古・地理学的考察　洪性徳, 保坂祐二, 朴三憲, 呉江原, 任徳淳著, 朴智泳監訳, 韓春子訳　明石書店　2015.12　229p　22cm　〈索引あり〉5500円　①978-4-7503-4244-3

内容 独島・鬱陵島の研究―歴史・考古・地理学的考察　17世紀後半の韓日外交交渉と鬱陵島―安竜福被拉と渡日事件を中心に　高宗と李奎遠の于山島認識の分析　明治初年太政官文書の歴史的性格　古代鬱陵島社会と集団に関するいくつかの問題―鬱陵島の調査、古代の遺物を中心に　独島の機能、空間価値と所属―政治地理・地政学的視角　〔00537〕

イム, ヨンジェ《Lim, Youngje》

◇シュバイツァー　イムヨンジェ文, ワンプロダクション絵, 猪川なと訳　岩崎書店　2014.11　163p　23cm　(オールカラーまんがで読む知っておくべき世界の偉人 13)　〈年譜あり〉1600円　①978-4-265-07683-3

内容 01 自分だけ幸せではいられない　02 命をいつくしむ少年　03 アフリカのことを知る　04 人々のための生きる　05 アフリカの人々とともに　06 戦争の渦の中へ　07 アフリカのエデンの園　〔00538〕

イム, P.*　Imm, Pamela S.

◇エンパワーメント評価の原則と実践―教育、福祉、医療、企業、コミュニティ介入プログラムの改善と活性化に向けて（Empowerment Evaluation Principles in Practice）　D.M.フェターマン,A.ワンダーズマン編著, 笹尾敏明監訳, 玉井航太, 大内潤子訳　風間書房　2014.1　310p　21cm　〈索引あり〉3500円　①978-4-7599-2022-2

内容 エンパワーメント評価の原則 他（Abraham Wandersman,Jessica Snell-Johns,Barry E.Lentz, David M.Fetterman,Dana C.Keener,Melanie Livet, Pamela S.Imm,Paul Flapohler著, 笹尾敏明訳）　〔00539〕

イーリー, マーク　Earey, Mark

◇学び直すリタジー―礼拝、その意味と働き（Liturgical Worship）　マーク・イーリー著, 田代弘子, 石田雅嗣, 工藤マナ, 竹内謙太郎訳　聖公会出版　2015.4　194p　19cm　〈文献あり〉2000円　①978-4-88274-276-0　〔00540〕

イーリ, マーク

◇正義への責任―世界から沖縄へ　1　那覇　琉球新報社　2015.11　55p　21cm　〈発売：琉球プロジェクト(〔那覇〕)〉565円　①978-4-89742-193-3

内容 史実隠しが軍隊復活に―不正義を闇へ葬るな（マーク・イーリ）　〔00541〕

イリイチ, イヴァン　Illich, Ivan

◇コンヴィヴィアリティのための道具（TOOLS FOR CONVIVIALITY）　イヴァン・イリイチ著, 渡辺京二, 渡辺梨佐訳　筑摩書房　2015.10　252p　15cm　(ちくま学芸文庫 イ57-1)　〈日本エディタースクール出版部 1989年刊の再刊〉1100円　①978-4-480-09688-3

内容 1 二つの分水嶺　2 自立共生的な再構築　3 多元的な均衡（生物学的退化　根元的独占　計画化の過剰　分極化　廃用化　欲求不満）　4 回復（科学の非神話化　言葉の再発見　法的手続きの回復）　5 政治における逆倒（神話と多数派　崩壊から混沌へ　危機の洞察　急激な変化）　〔00542〕

イリエス, フローリアン　Illies, Florian

◇1913―20世紀の夏の季節（1913）　フローリアン・イリエス著, 山口裕之訳　河出書房新社　2014.12　428, 6p　20cm　〈文献あり〉4200円　①978-4-309-22617-0　〔00543〕

イリゴエン, マリー＝フランス　Hirigoyen, Marie-France

◇フランス人の新しい孤独（LES NOUVELLES SOLITUDES）　マリー＝フランス・イリゴエン著, 小沢君江訳　緑風出版　2015.12　244p　19cm　2200円　①978-4-8461-1517-3

内容 孤独感　1 不可能な出会い（女性の独立　土台がぐらつく男たち　カップルの変革　ますますむずかしくなる男女関係）　2 一人でパフォーマンスを目指す（職場での孤独　インフォメーションとバーチャル幻想　消費文化に踊らされるナルシズム　出会い系サイト）　3 新しい孤独（解放されること　ノンセクシャル・ライフ　一人でいられる資質　孤独を選ぶ）　〔00544〕

イリバギザ, イマキュレー　Ilibagiza, Immaculée

◇薔薇の祈り―ルワンダ虐殺、ロザリオの祈りに救われて（THE ROSARY）　イマキュレー・イリバギザ, スティーヴ・アーウィン著, 原田葉子訳　女子パウロ会　2015.4　288p　19cm　1350円　①978-4-7896-0746-9

内容 プロローグ 天を地に引き寄せる　第1章 ロザリオとともに育つ　第2章 喜びの神秘（月曜日と土曜日の祈り）　第3章 光の神秘（木曜日の祈り）　第4章 苦しみの神秘（火曜日と金曜日の祈り）　第5章 栄えの神秘（水曜日と日曜日の祈り）　エピローグ 奇跡の日々　〔00545〕

イルガング, ベルンハルト　Irrgang, Bernhard

◇解釈学的倫理学―科学技術社会を生きるために（Hermeneutische Ethik）　ベルンハルト・イルガング著, 松田毅監訳　京都　昭和堂　2014.5　391, 31p　22cm　〈文献あり 索引あり〉5500円　①978-4-8122-1401-5

内容 序論 倫理学におけるプラグマティズムと解釈学（具体的倫理学―決疑論と事例研究を超えて　「あれもこれも」の倫理学―ポスト現象学とプラグマティズムのあいだ）　第1章 倫理的なものの解釈学―プラグマティックな「あれもこれも」の地平における解釈技法（理解と解釈―自己を方向づける技法としての解釈学的倫理学　倫理学的解釈技法の方法論上の基本範例―「あれもこれも」のパースペクティブから ほか）　第2章 人間学的基礎―人間的 - 技術的な実践 - 解釈学的倫理学の解釈の基礎（個人に実現される自由、行為の状況適応、倫理的責任帰属　人間的な日常の実践―ハイデガーとウィトゲンシュタインから ほか）　第3章 テクノロジーの権力と折り合いをつける―人間の自己保存のための倫理学（テクノロジーの権力と技術のリスクとに折り合いをつけること―最少倫理と範例による方向づけのあいだで実現に根ざすこと　探究的倫理学―開放性、柔軟性、修正可能性―不安定性、価値および解釈の対立に直面して ほか）　第4章 結論―公共的討議の場での日常道徳と専門家の倫理的能力　〔00546〕

イン, アモラ・クァン　Yin, Amorah Quan
◇ワンネスを生きる（ONENESS）　アモラ・クァン・イン著, 穴口恵子監修, 鈴木純子訳　太陽出版　2016.1　263p　19cm　1800円　①978-4-88469-868-3　〔00547〕

ウ

イン, エイカン＊　尹 永寛
◇秩序の喪失　プロジェクトシンジケート叢書編集部訳　土曜社　2015.2　164, 3p　19cm　（プロジェクトシンジケート叢書）〈他言語標題：Loss of order〉1850円　①978-4-907511-15-9
内容 習近平主席の大戦略（尹永寛著）　〔00548〕

イン, カイトウ＊　尹 海東
◇宗教と公共空間―見直される宗教の役割　島薗進, 磯前順一編　東京大学出版会　2014.7　294p　22cm　4400円　①978-4-13-010410-4
内容 植民地近代と公共性（尹海東著, 沈熙燦訳）　〔00549〕

イン, サイウン＊　尹 載云
⇒ユン, ジェウン＊

イン, ヘイセキ＊　尹 炳奭
⇒ユン, ビョンソク＊

イン, リュウキュウ＊　尹 竜九
◇梁職貢図と東部ユーラシア世界　鈴木靖民, 金子修一編　勉誠出版　2014.5　538p　22cm　8500円　①978-4-585-22060-2
内容 「梁職貢図」流伝と模本（尹竜九著, 近藤剛訳）　〔00550〕

イングリッシュ, デイヴィッド・M.
◇信託制度のグローバルな展開―公益信託甘粕記念信託研究助成基金講演録　新井誠編訳　日本評論社　2014.10　634p　22cm　6800円　①978-4-535-52055-4
内容 信託法成文法化の必要性 他（デイヴィッド・M.イングリッシュ著, 新井誠訳）　〔00551〕

イングリッシュ, T.J.　English, T.J.
◇マフィア帝国ハバナの夜―ランスキー・カストロ・ケネディの時代（HAVANA NOCTURNE）　T.J.イングリッシュ著, 伊藤孝訳　さくら舎　2016.6　362p　19cm　〈文献あり〉1800円　①978-4-86581-054-7
内容 米暗黒街のふたりの顔役　ハバナ会議―マフィア帝国建設の野望　暴力と腐敗の国キューバ　キーフォーバー委員会のマフィア審問　マフィアが仕切るハバナギャンブル　犯罪国家の繁栄　燃え広がる反政府運動の火　マフィア内部に響く不協和音　ハニートラップに落ちたJ.F.ケネディ　ニューヨークで惨殺された殺人狂マフィア　破壊と混乱、軋む独裁政権　革命軍の首都進攻　キューバ革命の略奪と粛清　〔00552〕

イングレバート, クリア　Englebert, Clear
◇ハワイアン風水（FENG SHUI FOR HAWAI'I）　クリア・イングレバート著, 伊庭野れい子訳　太玄社　2014.8　207p　21cm　〈文献あり　発売：ナチュラルスピリット〉1900円　①978-4-906724-12-3
内容 家の外側（山側か海側にある正面玄関　わかりにくい入り口 ほか）　インテリア（正面玄関　家の奥の窓 ほか）　家具と電化製品（家具の配置　電化製品の位置 ほか）　飾り物（色　修理 ほか）　〔00553〕

インゴルド, ティム　Ingold, Tim
◇ラインズ―線の文化史（Lines）　ティム・インゴルド著, 工藤晋訳　左右社　2014.6　267, 8p　20cm　〈文献あり〉2750円　①978-4-86528-101-9
内容 第1章 言語・音楽・表記法　第2章 軌跡・糸・表面　第3章 上に向かう・横断する・沿って進む　第4章 系譜的ライン　第5章 線描・記述・カリグラフィー　第6章 直線になったライン　〔00554〕

インドラワティ, S.M.
◇秩序の喪失　プロジェクトシンジケート叢書編集部訳　土曜社　2015.2　164, 3p　19cm　（プロジェクトシンジケート叢書）〈他言語標題：Loss of order〉1850円　①978-4-907511-15-9
内容 汚れたカネと開発（S.M.インドラワティ著）　〔00555〕

【ウ】

ウ, シュン＊　于 春
◇仏教文明の転回と表現―文字・言語・造形と思想　新川登亀男編　勉誠出版　2015.3　655p　22cm　9800円　①978-4-585-21025-2
内容 長安における北周時代の仏教造像（于春著, 肥田路美訳）　〔00556〕

ヴー, ティ・フン　Vũ, Thị Phụng
◇ベトナムアーカイブズの成立と展開―阮朝期・フランス植民地期・そして1945年から現在まで　ヴー・ティ・フン, グエン・ヴァン・ハム, グエン・レ・ニュン著, 伊沢亮介訳　伊豆　ビスタピー・エス　2016.4　210p　21cm　（シリーズベトナムを知る）　4630円　①978-4-907379-08-7
内容 第1章 文書保存に関する国家管理機関の設立と組織　第2章 文書保存職員の養成と活用　第3章 文書保存に関する法規定の公布　第4章 保存資料の収集と管理　第5章 保存資料の科学的構築と安全な保管　第6章 保存資料の利用と有効活用　第7章 文書保存分野における研究と応用ならびに国際協力　第8章 ベトナム文書保存のゆくえ　〔00557〕

ウ, ビョンチャン＊　禹 柄彰
◇親権と未成年後見　新・アジア家族法三国会議編　日本加除出版　2014.7　166p　21cm　2700円　①978-4-8178-4176-6
内容 親権法と未成年後見法の現況と改正動向（禹柄彰著, 金亮完訳）　〔00558〕

ウー, フイイン 呉 慧穎
⇒ゴ, ケイエイ*

ウ, ブンリ 宇 文利
◇中国人の価値観―古代から現代までの中国人を把握する 宇文利著, 重松なほ訳 日本僑報社 2015.12 146p 19cm 〈文献あり〉1800円 ①978-4-86185-210-7
内容 第1章 中国人の価値観概論と評価 第2章 生まれ続ける生存価値観 第3章 国家至上主義的な政治価値観 第4章 世のため人のための経済価値観 第5章 多元性を包含する文化価値観 第6章 文明の進歩を促す社会価値観 〔00559〕

ウ, ヘイショウ* 禹 柄彰
⇒ウ, ビョンチャン*

ヴァイアース, ミヒャエル
◇岡田英弘著作集 8 世界的ユーラシア研究の六十年 岡田英弘著 藤原書店 2016.7 687p 20cm 〈布装 索引あり〉8800円 ①978-4-86578-076-5
内容 モンゴル学者ヴァルター・ハイシヒ（ミヒャエル・ヴァイアース著, 岡田英弘訳） 〔00560〕

ヴァイゲル
◇キリスト教神秘主義著作集 12 十六世紀の神秘思想（Von dreierlai Leden der menschen, Paradoxa ducenta octoginta〔etc.〕） 木塚隆志, 中井章子, 南原和子訳 教文館 2014.5 598, 27p 22cm 〈文献あり 年表あり 索引あり〉7900円 ①978-4-7642-3212-9
内容 世界の場所についての有益な小論（ヴァイゲル著） 〔00561〕

ヴァイサー＝ローマン, エリザベート
◇経済・環境・スポーツの正義を考える 尼寺義弘, 牧野広義, 藤井政則編著 京都 文理閣 2014.3 316p 22cm （阪南大学叢書 102）〈他言語標題：Thinking about the Justice of Economy, Enviroment & Sports〉3500円 ①978-4-89259-727-5
内容 ヘーゲルにおける「人倫」と「憲法体制」（エリザベート・ヴァイサー＝ローマン著, 牧野広義訳） 〔00562〕
◇ヘーゲル講義録研究（Nachschriften von Hegels Vorlesungen） オットー・ペゲラー編, 寄川条路監訳 法政大学出版局 2015.11 279, 2p 22cm 〈索引あり〉3000円 ①978-4-588-15074-6
内容 ヘーゲル学派の講義 他（エリザベト・ヴァイサー＝ローマン著, 小島優子訳） 〔00563〕

ヴァイス, ロバート・S.
◇死別体験―研究と介入の最前線（Handbook of Bereavement Research and Practice 原著第3版の抄訳） マーガレット・S.シュトレーベ, ロバート・O.ハンソン, ヘンク・シュト, ウォルフガング・シュトレーベ編, 森茂起, 森年恵訳 誠信書房 2014.3 322p 22cm 〈文献あり 索引あり〉4400円 ①978-4-414-41454-7
内容 悲嘆の本質と原因（ロバート・S.ヴァイス著） 〔00564〕

ヴァイニング, エリザベス・グレイ Vining, Elizabeth Gray
◇皇太子の窓（WINDOWS FOR THE CROWN PRINCE） E.G.ヴァイニング著, 小泉一郎訳 文芸春秋 2015.4 493p 16cm （文春学芸ライブラリー―雑英 14）〈1989年刊の再刊〉1550円 ①978-4-16-813044-1 〔00565〕

ヴァイン, デイヴィッド Vine, David
◇米軍基地がやってきたこと（BASE NATION） デイヴィッド・ヴァイン著, 西村金一監修, 市中芳江, 露久保由美子, 手嶋由美子訳 原書房 2016.4 455, 39p 20cm 2800円 ①978-4-562-05304-9
内容 第1部 基盤（基地国家の誕生 リトルアメリカからリリー・パッドへ） 第2部 足跡（故郷を追われた人々 植民地の今 独裁者との結託 マフィアとの癒着 毒物による環境汚染） 第3部 労働（すべての人が奉仕する 商品としての性 軍事化された男性性） 第4部 金（費用勘定書 「ぼろ儲けする側」 軍事施設建設（ミルコン）反対論） 第5部 選択（沖縄に海兵隊は必要か 「もうたくさん」 蓮の葉戦略 真の安全） 〔00566〕

ヴァインガルト, マルクス・A.
◇なぜ“平和主義”にこだわるのか（ENTRÜSTET EUCH! ―WARUM PAZIFISMUS FÜR UNS DAS GEBOT DER STUNDE BLEIBT） マルゴット・ケースマン, コンスタンティン・ヴェッカー編, 木戸衛一訳 いのちのことば社 2016.12 261p 19cm 1500円 ①978-4-264-03611-1
内容 宗教による平和？ パラダイム転換の時が来た（マルクス・A.ヴァインガルト） 〔00567〕

ヴァインケ, アンネッテ Weinke, Annette
◇ニュルンベルク裁判―ナチ・ドイツはどのように裁かれたのか（DIE NÜRNBERGER PROZESSE） アンネッテ・ヴァインケ著, 板橋拓己訳 中央公論新社 2015.4 230p 18cm （中公新書 2313）〈文献あり〉820円 ①978-4-12-102313-1
内容 第1章 米英ソ、連合国内での議論―主要戦争犯罪人の“処置”（チャーチルの「アウトロー」計画 スターリンの豹変 ほか） 第2章 国際軍事法廷（IMT）―24人の主要戦争犯罪人への処断（国際軍事法廷設置の合意 連合四ヵ国代表団のメンバー ほか） 第3章 12の継続裁判―「第三帝国」エリートたちへの裁き（アメリカ単独の管轄 テイラー首席検察官の意図 ほか） 第4章 戦後ドイツへの影響―東西の相違と政治文化の転換（集団的罪責をめぐる批判 キリスト教会からの批判 ほか） 終章 「ニュルンベルク」から「ハーグ」へ？ （「ニュルンベルク原則」の確立 ジェノサイド条約 ほか） 〔00568〕

ヴァインズ, デイヴィッド Vines, David
◇リーダーなき経済―世界を危機から救うための方策（The Leaderless Economy） ピーター・テミン, デイビッド・バインズ著, 貫井佳子訳 日本経済新聞出版社 2014.11 427p 20cm 〈文献あり 索引あり〉3200円 ①978-4-532-35611-8
内容 第1章 壊れた世界経済 第2章 イギリスの世紀と大恐慌 第3章 マクミラン委員会からブレトンウッ

ズまでのケインズ　第4章 アメリカの世紀と世界金融危機　第5章 ヨーロッパの国際均衡を取り戻す　第6章 世界の国際均衡を取り戻す　第7章 理論を用いて歴史の教訓から学ぶ　〔00569〕

ウ

◇学び直しケインズ経済学―現在の世界経済問題を考える（KEYNES）　ピーター・テミン, デイヴィッド・ヴァインズ著, 小谷野俊夫訳　一灯舎　2015.5　201, 18p　19cm　〈文献あり 索引あり〉　1800円　①978-4-907600-32-7

内容 第1章 ケインズ以前の経済学 その一―デイヴィッド・ヒューム　第2章 ヴェルサイユにおけるケインズ　第3章 ケインズとマクミラン委員会　第4章 ケインズ以前の経済学 その二―マーシャル　第5章 一般理論　第6章 IS - LM曲線　第7章 流動性のわな　第8章 ブレトンウッズとスワン・ダイアグラム　第9章 ケインズの時代：危機と反動　第10章 国際間の倹約のパラドックス　〔00570〕

ヴァーグナー, ゲルハルト

◇ヨーロッパ意思表示論の展開と民法改正―ハイン・ケッツ教授古稀記念（Störungen der Willensbildung bei Vertragsschluss）　R.ツィンマーマン編集, 半田吉信訳著　信山社　2014.6　287p　22cm　（総合叢書 2―〔民法〕）〈索引あり〉8800円　①978-4-7972-5452-5

内容 契約法における虚言（ゲルハルト・ヴァーグナー著）　〔00571〕

ヴァグナー, ベルント・C.　Wagner, Bernd C.

◇アインシュタインとヒトラーの科学者―ノーベル賞学者レーナルトはなぜナチスと行動を共にしたのか（The Man Who Stalked Einstein）　ブルース・J.ヒルマン, ビルギット・エルトル＝ヴァグナー, ベルント・C.ヴァグナー著, 大山晶訳　原書房　2016.2　301p　20cm　〈文献あり 索引あり〉2500円　①978-4-562-05293-6

内容 引き合わない勝利　事件の核心　親密さは軽蔑の元　興味深い夕べ　論争する紳士たち　逃したチャンス　ストックホルムのレーナルト　アインシュタイン対ウプサラの小教皇　危険な選択　レーナルトとヒトラー　ドイツ物理学　学会の不純物　ヒムラーtpハイゼンベルク　わが人生に悔いなし　〔00572〕

ヴァケ, F.　Waquet, Françoise

◇学問の共和国（La République des Lettres）　H.ボーツ,F.ヴァケ〔著〕, 池端次郎, 田村滋男訳　知泉書館　2015.1　245, 37p　22cm　〈文献あり 索引あり〉5000円　①978-4-86285-202-1

内容 第1章 "学問の共和国"とは何か　第2章 "学問の共和国"の時間　第3章 "学問の共和国"の空間　第4章 "学問の共和国"の市民　第5章 "学問の共和国"の力学　第6章 "学問の共和国"の作品　〔00573〕

ヴァシロフスキー, ギュンター　Wassilowsky, Günter

◇キリスト教の主要神学者　上　テルトゥリアヌスからカルヴァンまで（Klassiker der Theologie, Bd.1 : Von Tertullian bis Calvin）　F.W.グラーフ編, 片柳栄一監訳　教文館　2014.8　360, 5p　21cm　3900円　①978-4-7642-7383-2

内容 ロベルト・ベラルミーノ（一五四二―一六二一）（ギュンター・ヴァシロフスキー）　〔00574〕

ヴァッキー, ヘレナ

◇アジア共同体―その構想と課題　林華生編著　町田　蒼蒼社　2013.11　434p　22cm　3800円　①978-4-88360-119-6

内容 越境汚染の政治経済学（柯仲祐, ヘレナ・ヴァッキー著, 片小田広大訳）　〔00575〕

ヴァッラ, ロレンツォ　Valla, Lorenzo

◇「コンスタンティヌスの寄進状」を論ず（De Falso Credita et Enentita Constantini Donatione（重訳））　ロレンツォ・ヴァッラ著, 高橋薫訳　水声社　2014.4　192p　22cm　3000円　①978-4-8010-0008-7

内容 間違って帰せられ、偽ものである「コンスタンティヌスの寄進状」を論ず　コンスタンティヌスの寄進状　〔00576〕

◇快楽について（DE VERO FALSOQUE BONO）　ロレンツォ・ヴァッラ著, 近藤恒一訳　岩波書店　2014.10　525p　15cm　（岩波文庫 33-697-1）　1200円　①978-4-00-336971-5

内容 第1巻 ストア主義讃美とエピクロス主義讃美（パヴィーアの集い―対話はじまる（1）　カトーネの弁論―ストア主義讃美（2 - 7）　ヴェージョの反論―ストア派批判とエピクロス主義讃美（8 - 16）　ヴェージョの快楽論―快楽説の具体的展開（17 - 32）　ヴェージョの快楽論―性的快楽を中心に（33 - 49））　第2巻 ストア主義論駁―ヴェージョの弁論（勇気について（1 - 2）　名誉について―名誉も一種の快楽（10 - 13）　正義について（14 - 31）　エピローグ（32 - 36））　第3巻 キリスト教的快楽説―ラウデンセの弁論（ヴェージョ邸の晩餐のあとで（1 - 3）　アリストテレス批判―中庸の説をめぐって（4）　ストア派批判―カトーネ批判（5 - 6）　カトーネとヴェージョの弁論にたいする制定（7 - 14）　キリスト教的快楽説（15 - 23）　天国の快楽（至福）（24 - 25）　終章―対話を終えて（26 - 28））　〔00577〕

ヴァーディ, ルシンダ　Vardey, Lucinda

◇マザー・テレサ語る（A SIMPLE PATH）　マザー・テレサ〔述〕, ルシンダ・ヴァーディ編, 猪熊弘子訳　早川書房　2016.2　278p　16cm　（ハヤカワ文庫 NF 457）〈年譜あり〉700円　①978-4-15-050457-1

内容 1 祈り　2 信仰　3 愛　4 奉仕　5 平和　〔00578〕

ヴァドロルジュ, ロイック

◇二十世紀の都市と住宅―ヨーロッパと日本　中野隆生編　山川出版社　2015.5　482p　22cm　6000円　①978-4-634-67239-0

内容 フランスのニュータウン政策一九五〇～八〇年代（ロイック・ヴァドロルジュ著, 平野奈津恵訳）　〔00579〕

ヴァーナム - アットキン, ステュウット　Varnam-Atkin, Stuart

◇日本風物詩―海外から訪れた人たちを惹きつける日本の物事　ステュウット・ヴァーナム - アットキン著, とよざきようこ訳　IBCパブリッシング　2014.7　194p　18cm　〈他言語標題：THE BEST OF JAPANESE CULTURE〉1800円　①978-4-7946-0286-2

内容 1 寺社仏閣　2 街の風景　3 冠婚葬祭　4 遊び　5

伝統芸能・美術　6 歳時記　〔00580〕

ヴァーバ, シドニー

◇社会科学の方法論争―多様な分析道具と共通の基準（Rethinking social inquiry 原著第2版の翻訳）　ヘンリー・ブレイディ, デヴィッド・コリアー編, 泉川泰博, 宮下明聡訳　勁草書房　2014.5　432p　22cm　〈文献あり 索引あり〉4700円　①978-4-326-30231-4
内容 研究デザインの重要性（ゲアリー・キング, ロバート・コヘイン, シドニー・ヴァーバ著）〔00581〕

ヴァフロメーエヴァ, オクサーナ

◇ロシア帝国の民族知識人―大学・学知・ネットワーク　橋本伸也編　京都　昭和堂　2014.5　345, 14p　22cm　〈索引あり〉6000円　①978-4-8122-1358-2
内容 ベストゥジェフ課程における外国人女子学生（オクサーナ・ヴァフロメーエヴァ著, 橋本伸也訳）〔00582〕

ウァーモールド, ジェニー　Wormald, Jenny

◇オックスフォード ブリテン諸島の歴史　7　17世紀―1603年―1688年（The Short Oxford History of the British Isles：Seventeenth Century 1603-1688）　鶴島博和日本語版監修　ジェニー・ウァーモールド編, 西川杉子監訳　慶応義塾大学出版会　2015.5　367, 57p　22cm　〈文献あり 年表あり 索引あり〉6800円　①978-4-7664-1647-3
内容 序論 他（ジェニー・ウァーモールド著, 西川杉子訳）〔00583〕

ヴァラ, アレシア・A.　Varra, Alethea A.

◇アクセプタンス&コミットメント・セラピー実践ガイド―ACT理論導入の臨床場面別アプローチ（A Practical Guide to Acceptance and Commitment Therapy）　スティーブン・C.ヘイズ, カーク・D.ストローサル編著, 谷晋二監訳, 坂本律訳　明石書店　2014.7　473p　22cm　〈文献あり〉5800円　①978-4-7503-4046-3
内容 ACTのケース・フォーミュレーション 他（スティーブン・C.ヘイズ, カーク・D.ストローサル, ジェイソン・ルオマ, アレシア・A.ヴァラ, ケリー・G.ウィルソン）〔00584〕

ヴァリアン, ハル・R.　Varian, Hal R.

◇入門ミクロ経済学（Intermediate Microeconomics 原著第9版の翻訳）　ハル・R.ヴァリアン著, 佐藤隆三監訳　勁草書房　2015.8　696p　21cm　〈共同刊行：オータス研究所　訳：大住栄治ほか　索引あり〉4000円　①978-4-326-95132-1
内容 市場　予算制約　選好　効用　選択　需要　顕示選好　スルツキー方程式　売買　異時点間の選択〔ほか〕〔00585〕

ヴァルジッツ, ルッツ　Warsitz, Lutz

◇ファーストジェットパイロット―ドイツ人テストパイロット エーリッヒ・ヴァルジッツの物語（THE FIRST JET PILOT）　ルッツ・ヴァルジッツ著, 宮脇史生訳　イカロス出版　2015.6　177p　21cm　2500円　①978-4-8022-0037-0
内容 エーリッヒ・ヴァルジッツ機長の回想　ロケット熱　決死隊　ノイハルデンベルクでの飛行テスト　ペーネミュンデ　ハインケルHe176プロジェクト　He176―製作と開発　ハインケルHe176―空中への跳躍　ハインケルHe176―初飛行　ヒトラーへのデモ飛行　総統官邸　ハインケル178―極秘開発　世界初のジェット飛行　デモ飛行　開発中止　1941年フランス―前線部隊の指導　ハインケルHe280か、それともエッサーシュミットMe262か　シベリア抑留　1951-1982年〔00586〕

ヴァルス, マニュエル

◇秩序の喪失　プロジェクトシンジケート叢書編集部訳　土曜社　2015.2　164, 3p　19cm　（プロジェクトシンジケート叢書）〈他言語標題：Loss of order〉1850円　①978-4-907511-15-9
内容 フランスを立て直す方法（マニュエル・ヴァルス著）〔00587〕

ヴァルター, ペーター　Walter, Peter

◇キリスト教神学資料集　下（The Christian Theology Reader, Third Edition）　アリスター・E.マクグラス編, 古屋安雄監訳　オンデマンド版　キリスト新聞社　2013.9　630, 49p　21cm　〈原書第3版〉10000円　①978-4-87395-641-1
内容 ヨゼフ・クロイトゲン（一八一一―一八三）（ペーター・ヴァルター）〔00588〕

◇キリスト教の主要神学者　下　リシャール・シモンからカール・ラーナーまで（Klassiker der Theologie）　F.W.グラーフ編　安酸敏真監訳　教文館　2014.9　390, 7p　22cm　〈索引あり〉4200円　①978-4-7642-7384-9
内容 ヨゼフ・クロイトゲン（ペーター・ヴァルター著, 安酸敏真訳）〔00589〕

ヴァルテール, フィリップ

◇神話のシルクロード―井本英一ほか　篠田知和基編　千葉　楽瑯書院　2014.3　478p　22cm　〈文献あり〉
内容 プルタルコスによる農業の起源神話（『食卓歓談集』第4巻・論題5）（フィリップ・ヴァルテール著, 渡辺浩司訳）〔00590〕

ヴァルデンフェルス, ベルンハルト

◇間文化性の哲学　谷徹編　京都　文理閣　2014.8　284p　21cm　（立命館大学人文学企画叢書 01）〈他言語標題：Philosophy of Interculturality〉3500円　①978-4-89259-736-7
内容 間文化性への現象学的パースペクティブ（ベルンハルト・ヴァルデンフェルス著, 亀井佑佳訳）〔00591〕

ヴァルト, アントン　Wald, Anton

◇オーストリアの歴史―第二次世界大戦終結から現代まで ギムナジウム高学年歴史教科書（ZEITBILDER 8）　アントン・ヴァルト, エドゥアルト・シュタゥディンガー, アロイス・ショイヒャー, ヨーゼフ・シャイプル著, 中尾光延訳　明石書店　2014.5　342p　21cm　（世界の教科書シリーズ 40）　4800円　①978-4-7503-4012-8
内容 オーストリア―第二共和国　二つの“ブロック”に

組織化された世界政治　戦争は終わった、しかし、平和はどこにもない　第二次世界大戦終結以降の危機の根源　“ソヴィエト連邦”から“独立国家共同体”へ　“人民民主主義”から“我々が人民だ”まで　アメリカ―無(有)限の可能性へと開かれた国？　第二次世界大戦以降の中国と日本　アジアとアフリカの非植民地化　こんにちの“第三世界”〔ほか〕　〔00592〕

ウ

ヴァルトルタ, マリア　Valtorta, Maria

◇私に啓示された福音　第5 中巻（L'evangelo come mi è stato rivelato）　マリア・ヴァルトルタ著, 殿村直子訳　伊東　天使館ピーアイジー研究所　2015.5　260p　19cm　2000円　①978-4-938928-54-4

内容 イエズスの公生活の第三年 つづき　〔00593〕

◇私に啓示された福音　第6 上巻（L'evangelo come mi è stato rivelato）　マリア・ヴァルトルタ著, 殿村直子訳　伊東　天使館ピーアイジー研究所　2016.5　8, 278p　19cm　2100円　①978-4-938928-56-8

内容 イエズスの公生活の第三年 つづき　〔00594〕

◇私に啓示された福音　第6 中巻（L'evangelo come mi è stato rivelato）　マリア・ヴァルトルタ著, 殿村直子訳　伊東　天使館ピーアイジー研究所　2016.9　253p　19cm　2100円　①978-4-938928-57-5

内容 イエズスの公生活の第三年 つづき　〔00595〕

ヴァンアントワーペン, ジョナサン　VanAntwerpen, Jonathan

◇公共圏に挑戦する宗教―ポスト世俗化時代における共棲のために（THE POWER OF RELIGION IN THE PUBLIC SPHERE）　ユルゲン・ハーバーマス, チャールズ・テイラー, ジュディス・バトラー, コーネル・ウェスト〔著〕, エドゥアルド・メンディエッタ, ジョナサン・ヴァンアントワーペン編, 箱田徹, 金城美幸訳　岩波書店　2014.11　209, 3p　20cm　〈索引あり〉　2500円　①978-4-00-022938-8

内容 序章 公共圏における宗教の力 「政治的なもの」―政治神学のあいまいな遺産の合理的意味　なぜ世俗主義を根本的に再定義すべきなのか　対談 ハーバーマス×テイラー　ユダヤ教はシオニズムなのか？　預言宗教と資本主義文明の未来　対談 バトラー×ウェスト　総括討議 ハーバーマス×テイラー×バトラー×ウェスト　後記―宗教に備わる多くの力　付論 ハーバーマスへのインタビュー ポスト世俗化世界社会とは？ ―ポスト世俗意識と多文化型世界社会の哲学的意義について　〔00596〕

ヴァン・カーク, シルヴィア　Van Kirk, Sylvia

◇優しい絆―北米毛皮交易社会の女性史1670-1870年（Many Tender Ties）　シルヴィア・ヴァン・カーク著, 木村和男, 田中俊弘訳　〔柏〕　麗沢大学出版会　2014.10　287, 60p　22cm　〈文献あり 年表あり 索引あり　発売：広池学園事業部（柏）〉　4000円　①978-4-89205-626-0

内容 第1章 白人到来　第2章 現地の慣習　第3章 わが社の優等社員　第4章 仲介者としての女たち　第5章 現地の娘たち　第6章 私の唯一の慰め　第7章 完全にイギリス式のマナー　第8章 愛らしく優しい異邦人　第9章 「血」の問題　第10章 われらの失いし世界　〔00597〕

ヴァン・スティーンウィク, エリザベス　Van Steenwyk, Elizabeth

◇女探偵☆ケイト・ウォーン―リンカーン大統領の命をすくえ！（How Kate Warne Saved President Lincoln）　エリザベス・ヴァン・スティーンウィク文, ヴァレンティナ・ベローニ絵, おびかゆうこ訳　光村教育図書　2016.9　〔32p〕　26cm　1400円　①978-4-89572-898-0　〔00598〕

ヴァンゼー会議記念館

◇資料を見て考えるホロコーストの歴史―ヴァンゼー会議とナチス・ドイツのユダヤ人絶滅政策（Die Wannsee-Konferernz und der Völkermord an den europäischen Juden（第2版））　ヴァンゼー会議記念館編著, 山根徹也, 清水雅大訳　〔横浜〕　横浜市立大学学術研究会　2015.11　292p　21cm　（横浜市立大学新叢書 8）〈文献あり　年表あり　発売：春風社（横浜）〉2000円　①978-4-86110-461-9

内容 はじめに―ある四人のホロコースト生存者の生涯　人種主義とユダヤ人敵視　ヴァイマル共和国における統合と反セム主義　1933年から1939年のドイツにおける人種主義政策とユダヤ人迫害　戦争と東部および南東部ヨーロッパでの民族虐殺　ドイツ占領下での人々の選択肢　ヨーロッパ・ユダヤ人の大量虐殺への道　会議に参加した諸官庁　ヴァンゼー会議　1945年以後の会議参加者と議事録　強制移送　ゲットー　強制収容所・絶滅収容所　収容所における強制労働と死　現在に映る過去　〔00599〕

ヴァンダー＝クリフト, エマ

◇分けないから普通学級のない学校―カナダBC州のインクルーシブ教育　一木玲子, 長瀬修, 和田明〔執筆〕, 国民教育文化総合研究所編集　アドバンテージサーバー　2014.7　78p　21cm　700円　①978-4-86446-025-5

内容 インクルーシブ教育の原点を考えよう！（ノーマン・クンツ, エマ・ヴァンダー＝クリフト述, 鈴木真帆訳）　〔00600〕

ヴァンフーザー, ケヴィン・J.　Vanhoozer, Kevin J.

◇だれもが知りたいキリスト教神学Q&A（Theology Questions Everyone Asks）　G.M.バーグ,D.ラウバー編, 本多峰子訳　教文館　2016.3　235p　21cm　〈文献あり〉2800円　①978-4-7642-7405-1

内容 聖書とは何か（ケヴィン・J.ヴァンフーザー）　〔00601〕

ヴァン・プラグ, ジェームズ　Van Praagh, James

◇天国の愛する人を想うあなたへ―Heal your heart Oracle Book（How to Heal A Grieving Heart）　ドリーン・バーチュー, ジェームズ・ヴァン・プラグ著, 奥野節子訳　JMA・アソシエイツステップワークス事業部　2014.4　209p　15cm　1800円　①978-4-904665-68-8　〔00602〕

◇人生を、もっと幸せに生きるために―死者からのアドバイス（UNFINISHED BUSINESS）　ジェームズ・ヴァン・プラグ著, 安達直子訳　エンジン・ルーム　2014.12　335p　19cm　〈文献

あり　発売：河出書房新社〉1600円　①978-4-309-92041-2

内容 第1部 心の荷物（罪の意識　後悔　愛と恐怖心）　第2部 自分がしてもらいたいことを他者にする（責任のなすりつけ合い　許しと忘却　カルマ）　第3部 視界が開ける（障害を乗り越える　倫理的に正しい道を進む　明確な意識）　第4部 新しい人生（超越した状態　自分の人生を生きる　やり残しのない人生）
〔00603〕

ヴァン・ホーン, パトリシア　Van Horn, Patricia

◇子ども - 親心理療法—トラウマを受けた早期愛着関係の修復（PSYCHOTHERAPY WITH INFANTS AND YOUNG CHILDREN）　アリシア・F.リーバーマン, パトリシア・ヴァン・ホーン著, 青木紀久代監訳, 門脇陽子, 森田由美訳　福村出版　2014.11　425p　22cm　〈文献あり 索引あり〉7000円　①978-4-571-24054-6

内容 1章 発達につまずくとき—関係性を第一に　2章 危険に対処する—ストレス - トラウマ連続体　3章 子ども - 親心理療法の実践—治療の目標と戦略　4章 アセスメントのプロセス　5章「ほど良く」でなくなるとき—早期関係性の動揺　6章 赤ちゃん部屋のお化けと天使—関係性の阻害と障害を治療する　7章 子ども - 親心理療法（CPP）のバリエーション　8章 調律の喪失—治療関係の失敗　9章 子ども - 親心理療法と他のサービス制度の統合　10章 結びの考察—視点の提示
〔00604〕

◇虐待・DV・トラウマにさらされた親子への支援—子ども - 親心理療法（DON'T HIT MY MOMMY！ 原著改訂版の抄訳）　アリシア・F.リーバマン, シャンドラ・道子・ゴッシュ・イッペン, パトリシア・ヴァン・ホーン著, 渡辺久子監訳, 佐藤恵美子, 京野尚子, 田中祐子, 小室愛枝訳　日本評論社　2016.10　232p　21cm　〈文献あり〉2400円　①978-4-535-56356-8

内容 第1章 子ども - 親心理療法—関係性に焦点を当てたトラウマ治療（基本の前提概念　子ども - 親心理療法の歴史的起源と発展 ほか）　第2章 子ども - 親心理療法の段階（第1段階 基礎段階：見立てと治療契約　第2段階 中核的介入段階 ほか）　第3章 ケースマネジメント（児童虐待が疑われる時—児童保護局への通告　親権問題が起こる時—家庭裁判所との連携）　第4章 さまざまな治療法との類似点と相違点（心理療法全般に必須の項目　子ども - 親心理療法と相容れない項目）
〔00605〕

ヴァン=マーネン, ジョン　Van Maanen, John

◇キャリア・マネジメント—変わり続ける仕事とキャリア　セルフ・アセスメント（CAREER ANCHORS ： The Changing Nature of Work and Careers：Self-Assessment 原著第4版の翻訳）　エドガー・H.シャイン, ジョン・ヴァン=マーネン著, 木村琢磨監訳, 尾川丈一, 清水幸登訳　みよし　プロセス・コンサルテーション　2015.6　35p　26cm　〈著作目録あり　発売：白桃書房〉800円　①978-4-561-25660-1

内容 自分のキャリア・アンカーを理解するためのセルフ・アセスメント　自己採点方法　キャリア・アンカーの8つのカテゴリー（TF—専門・職能別能力（Technical/Functional Competence「TF」）　GM—経営管理能力（General Managerial Competence「GM」）　AU—自律・独立（Autonomy/Independence「AU」）　SE—保障・安定（Security/Stability「SE」）　EC—起業家的創造性（Entrepreneurial Creativity「EC」）　SV—奉仕・社会貢献（Service/Dedication to a Cause「SV」）　CH—純粋な挑戦（Pure Challenge「CH」）　LS—生活様式（Lifestyle「LS」））　次のステップと選択肢
〔00606〕

◇キャリア・マネジメント—変わり続ける仕事とキャリア　パーティシパント・ワークブック（CAREER ANCHORS ： The Changing Nature of Work and Careers：Participant Workbook 原著第4版の翻訳）　エドガー・H.シャイン, ジョン・ヴァン=マーネン著, 木村琢磨監訳, 尾川丈一, 藤田広志訳　みよし　プロセス・コンサルテーション　2015.6　134p　26cm　〈文献あり　発売：白桃書房〉3000円　①978-4-561-25661-8

内容 キャリア開発　キャリア・ヒストリー分析を行い、キャリア・アンカーを明らかにする　8種類のキャリア・アンカー・カテゴリー　キャリア・ヒストリー分析の評価と『セルフ・アセスメント』での自己採点　よくある質問　改革を進める：自分のキャリア・アンカーと仕事・家族・自分自身の折り合いをつける　未来のことを考える　あなたのキャリア開発のためのヒント
〔00607〕

◇キャリア・マネジメント—変わり続ける仕事とキャリア　ファシリテーター・ガイド（CAREER ANCHORS ： The Changing Nature of Work and Careers：Facilitator's Guide 原著第4版の翻訳）　エドガー・H.シャイン, ジョン・ヴァン=マーネン著, 木村琢磨監訳, 尾川丈一, 藤田広志訳　みよし　プロセス・コンサルテーション　2015.6　54p　26cm　〈文献あり　発売：白桃書房〉3500円　①978-4-561-25662-5

内容『セルフ・アセスメント（質問紙調査）』の使い方　『パーティシパント・ワークブック』の使い方（個人向けのキャリア・カウンセリング、キャリア・コーチング　グループで『セルフ・アセスメント』と『パーティシパント・ワークブック』使用する　選択した仕事を分析するために役割マップを使用する　グループで「仕事キャリアと家族/生活の優先順位グリッド」を使用する　個人の成長ニーズを明らかにするためにチェックリストを使用する）　マネジャーは質問紙調査と『パーティシパント・ワークブック』をどのように活用すべきか　マネジャーはサクセッション・プランニングにおいて役割マップをどのように活用すべきか　ワークショップの設計とトピックス　キャリア開発プラン　結論
〔00608〕

ウィ, ジェミン*　魏 在民

◇日韓の刑事司法上の重要課題—日本比較法研究所・韓国法務部との交流30周年記念シンポジウム　椎橋隆幸編著　八王子　中央大学出版部　2015.3　250p　22cm　（日本比較法研究所研究叢書 100）　3200円　①978-4-8057-0599-5

内容 取調べに対する規律（魏在民著, 氏家仁訳）
〔00609〕

ヴィアード, アラン・D.

◇成長戦略論—イノベーションのための法と経済学（RULES FOR GROWTH）　ロバート・E.ライタン編著, 木下信行, 中原裕彦, 鈴木淳人監訳

ウ

ウ

NTT出版　2016.3　383p　23cm　6500円
①978-4-7571-2352-6
内容 租税政策と成長（アラン・D.ヴィアード著, 鈴木淳人監訳, 長谷川圭輔訳）〔00610〕

ウィーヴァー, スチュアート　Weaver, Stewart
◇ヒマラヤ探検史―地勢・文化から現代登山まで（HIMALAYA）　フィリップ・パーカー編, 藤原多伽夫訳　東洋書林　2015.2　353p　22cm〈文献あり 索引あり〉4500円　①978-4-88721-820-8
内容 初期の旅行家と冒険家（1815年までのヒマラヤ）他（スチュアート・ウィーヴァー）〔00611〕

ヴィヴァン, ミシェル
◇デザイン保護法制の現状と課題―法学と創作の視点から　麻生典, クリストフ・ラーデマッハ編　日本評論社　2016.12　614p　21cm　6300円　①978-4-535-52182-7
内容 フランスと欧州における意匠法の概要 他（ミシェル・ヴィヴァン著, 麻生典訳）〔00612〕

ヴィーヴィオルカ, アネット
◇ミュージアムと負の記憶―戦争・公害・疾病・災害：人類の負の記憶をどう展示するか　竹沢尚一郎編著　東信堂　2015.10　276p　22cm　2800円　①978-4-7989-1317-9
内容 アウシュヴィッツをおとずれること（アネット・ヴィーヴィオルカ著, 竹沢尚一郎訳）〔00613〕

ヴィヴェーカーナンダ, スワーミー　Vivekananda, Swami
◇ヴィヴェーカーナンダの物語―スワーミー・ヴィヴェーカーナンダの生涯における注目すべきできごとと彼の言葉（Swami Vivekananda the friend of all）　逗子　日本ヴェーダーンタ協会　2014.5　127p　19cm〈スワーミー・ヴィヴェーカーナンダ生誕150周年記念出版〉800円　①978-4-931148-56-7〔00614〕
◇カルマ・ヨーガ―働きのヨーガ（Karma yoga）　スワーミー・ヴィヴェーカーナンダ〔述〕,〔日本ヴェーダーンタ協会〕〔訳〕　逗子　日本ヴェーダーンタ協会　2014.5　159p　19cm〔00615〕

ヴィエルメッター, ゲオルク　Vielmetter, Georg
◇LEADERSHIP 2030―リーダーの未来を変える6つのメガトレンド（LEADERSHIP 2030）　ゲオルク・ヴィエルメッター, イヴォンヌ・セル著, ヘイグループ訳　生産性出版　2015.8　292p　21cm〈文献あり〉2800円　①978-4-8201-2042-1
内容 序章 帝国と馬糞　第1章 ロスト・イン・トランスレーション：グローバリゼーション2.0　第2章 気候変動と資源の欠乏：環境危機　第3章 個人へのパワーシフト：「個の台頭」と価値の多様化　第4章 バーチャルな世界で働く：デジタル時代　第5章 社会の不安定化：人口動態の変化　第6章 大いなる期待？　：技術の融合　第7章 メガトレンドを加速させる現象、ジレンマ、パーフェクトストーム　第8章「見出し」ではなく「脚注」に：共創型（Altrocentric）のリーダー　終章 共創型リーダーシップへの旅〔00616〕

ヴィガー, ローター　Wigger, Lothar
◇人間形成と承認―教育哲学の新たな展開　ローター・ヴィガー, 山名淳, 藤井佳世編著　京都　北大路書房　2014.7　229p　21cm〈文献あり 索引あり〉3000円　①978-4-7628-2863-8
内容 現代において人間形成（ビルドゥング）に向き合うことは何を意味するか　第1部 伝統の人間形成論と今日における人間形成研究のあいだ（現代における人間形成論と人間形成研究――つの状況記述の試み　ドイツの古典的人間形成論の文脈で見た自伝研究　ヘーゲルの人間形成論と現代の人間形成研究　ビルドゥングとビオグラフィ―あるいは、Bildungstheoretische Biographieforschung）　第2部 人間形成論としての承認論（承認と人間形成　承認の場所―不正の感情と自己形成　制度の目的・承認のコンフリクト・人間形成　質的な伝記研究、承認論、人間形成論）　第3部 人間形成論から教育現実を読み解く（ドイツにおける教員養成改革と教育学の変容　変貌を遂げる教員養成と教育学―今日のドイツは明日の日本か　ドイツにおけるアビトゥーアと学修能力をめぐる議論　試験・学校・人間形成―ヴィガー氏のアビトゥーア論に寄せて）〔00617〕

ヴィガレロ, ジョルジュ　Vigarello, Georges
◇男らしさの歴史　1　男らしさの創出―古代から啓蒙時代まで（HISTOIRE DE LA VIRILITÉ）　A.コルバン,J-J.クルティーヌ,G.ヴィガレロ監修　G.ヴィガレロ編, 鷲見洋一監訳　藤原書店　2016.12　788p 図版48p　22cm　8800円　①978-4-86578-097-0
内容 序文 他（アラン・コルバン, ジャン＝ジャック・クルティーヌ, ジョルジュ・ヴィガレロ著, 小倉孝誠訳）〔00618〕

ウィギンズ, デイヴィッド　Wiggins, David
◇ニーズ・価値・真理―ウィギンズ倫理学論文集（NEEDS, VALUES, TRUTH 原著改訂第3版の抄訳）　デイヴィッド・ウィギンズ著, 大庭健, 奥田太郎編・監訳　勁草書房　2014.7　342, 10p　20cm　（双書現代倫理学 1）〈索引あり〉3700円　①978-4-326-19967-9
内容 第1章 ニーズの要求　第2章 普遍化可能性、不偏性、真理　第3章 真理、発明、人生の意味　第4章 賢明な主観主義？〔00619〕

ウィギンス, ディック
◇イギリスにおける高齢期のQOL―多角的視点から生活の質の決定要因を探る（UNDERSTANDING QUALITY OF LIFE IN OLD AGE）　アラン・ウォーカー編著, 岡田進一監訳, 山田三知子訳　京都　ミネルヴァ書房　2014.7　249p　21cm　（新・MINERVA福祉ライブラリー 20）〈文献あり 索引あり〉3500円　①978-4-623-07097-8
内容 高齢期におけるQOL格差（ポール・ヒッグス, マーティン・ハイド, サラ・アーバー, デイヴィッド・ブレーン, エリザベス・ブリーズ, ジェイムズ・ナズルー, ディック・ウィギンス著）〔00620〕

ウィークス, ジェフリー　Weeks, Jeffrey
◇われら勝ち得し世界―セクシュアリティの歴史と親密性の倫理（THE WORLD WE HAVE WON）　ジェフリー・ウィークス著, 赤川学監訳

弘文堂　2015.12　434p　22cm　〈文献あり 索引あり〉 4500円　①978-4-335-55173-4

内容 第1章 異なる世界　第2章 抑制の文化　第3章 大転換1―民主化と自律　第4章 大転換2―規制、リスク、そして抵抗　第5章 混沌とした快楽―多様性と新しい個人主義　第6章 現代のセクシュアリティにおける諸矛盾　第7章 親密性という契機―規範、価値、日常的コミットメント　第8章 性的な不公正と性的な権利―グローバリゼーションと正義の探求　〔00621〕

ウィークス, マーカス　Weeks, Marcus

◇経済学大図鑑（The Economics Book）　ナイアル・キシテイニーほか著, 若田部昌澄日本語版監修, 小須田健訳　三省堂　2014.2　352p　25cm　〈索引あり〉 4000円　①978-4-385-16222-5

内容 さあ、交易をはじめよう―紀元前400年～後1770年　理性の時代―1770年～1820年　産業革命と経済革命―1820年～1929年　戦争と不況―1929年～1945年　戦後の経済学―1945年～1970年　現代の経済学―1970年～現在　〔00622〕

◇政治学大図鑑（The Politics Book）　ポール・ケリーほか著, 堀田義太郎日本語版監修, 豊島実和訳　三省堂　2014.9　352p　25cm　〈索引あり〉 4200円　①978-4-385-16226-3　〔00623〕

◇10代からの心理学図鑑（Heads Up Psychology）　マーカス・ウィークス著, ジョン・ミルディンホール監修, 渡辺滋人訳　三省堂　2015.9　160p　24cm　〈索引あり〉 2200円　①978-4-385-16234-8

内容 私を動かすものは何？（どうして親は必要なのか？　成長できない？　ほか）　脳はどう働くのか？（心と脳は別のもの？　脳で何が起こっているのか？　ほか）　心はどう働くのか？（知識とは？　判断・決断・意思決定 ほか）　自分らしさとは？（あなたの個性をつくるのは何？　私ってどんな人間？　ほか）　私の居場所はどこ？（みんなに従う？　なぜ「いい人」が悪いことをするのか？　ほか）　〔00624〕

◇10代からの哲学図鑑（Heads Up Philosophy）　マーカス・ウィークス著, スティーブン・ロー監修, 日暮雅通訳　三省堂　2015.11　160p　25cm　〈索引あり〉 2200円　①978-4-385-16235-5

内容 知識って何？（「知ること」の必要性　どうやって知るのか？　ほか）　現実って何？（宇宙は何からできている？　宇宙には構造があるのだろうか？　ほか）　心って何？（「不滅の魂」は存在するのか？　心と体は別々のもの？　ほか）　論理的思考って何？（真か偽か？　証明せよ…　論証って何？　ほか）　何が正しくて何がまちがっているの？（善とか悪とかは存在しない　よい人生とは？　ほか）　〔00625〕

ウィークス, ルイス・B.　Weeks, Louis

◇長老教会の源泉―信仰をかたちづくる聖書の言葉（The Presbyterian Source）　ルイス・B.ウィークス〔著〕, 原田浩司訳　札幌　一麦出版社　2014.5　150p　21cm　2000円　①978-4-86325-064-2　〔00626〕

ウィクセル, リカルド・K.　Wicksell, Rikard K.

◇アクセプタンス&コミットメント・セラピー実践ガイド―ACT理論導入の臨床場面別アプローチ（A Practical Guide to Acceptance and Commitment Therapy）　スティーブン・C.ヘイズ, カーク・D.ストローサル編著, 谷晋二監訳, 坂本律訳　明石書店　2014.7　473p　22cm　〈文献あり〉 5800円　①978-4-7503-4046-3

内容 慢性疼痛患者を対象としたACT（パトリシア・ロビンソン, リカルド・K.ウィクセル, グンナー・L.オルソン）　〔00627〕

ヴィクター, クリスティーナ

◇イギリスにおける高齢期のQOL―多角的視点から生活の質の決定要因を探る（UNDERSTANDING QUALITY OF LIFE IN OLD AGE）　アラン・ウォーカー編著, 岡田進一監訳, 山田三知子訳　京都　ミネルヴァ書房　2014.7　249p　21cm　（新・MINERVA福祉ライブラリー 20）　〈文献あり 索引あり〉 3500円　①978-4-623-07097-8

内容 高齢者の社会的孤立と孤独感（クリスティーナ・ヴィクター, トーマス・シャーフ著）　〔00628〕

ヴィグドー, ジェイコブ

◇移民の経済学（THE ECONOMICS OF IMMIGRATION）　ベンジャミン・パウエル編, 薮下史郎監訳, 佐藤綾野, 鈴木久美, 中田勇人訳　東洋経済新報社　2016.11　313, 35p　20cm　〈文献あり 索引あり〉 2800円　①978-4-492-31488-3

内容 アメリカ移民の市民的・文化的同化政策（ジェイコブ・ヴィグドー著, 佐藤綾野訳）　〔00629〕

ヴィクトリア, ブライアン・アンドレー　Victoria, Brian A.

◇禅と戦争―禅仏教の戦争協力（ZEN AT WAR）　ブライアン・アンドレー・ヴィクトリア著, エイミー・ルイーズ・ツジモト訳　新装版　えにし書房　2015.12　317p　19cm　〈初版：光人社 2001年刊　文献あり〉 3000円　①978-4-908073-19-9

内容 廃仏毀釈運動　初期に見られる仏教側の社会的目覚め　内山愚童―革新的曹洞禅僧　既成仏教教団による革新的社会活動の拒絶　軍部政策に吸い込まれた仏教（一九一三 - 三〇）　軍国主義に対する仏教側の反抗　禅、その暗殺者たち　皇道仏教の誕生　皇国禅、そして軍人禅の登場　戦時に協力した禅の指導者たち　戦後における皇道仏教、皇国禅、あるいは軍人禅への反応　戦後日本における企業禅の登場　〔00630〕

ヴィクトリヤ, キム

◇日本の外国人学校―トランスナショナリティをめぐる教育政策の課題　志水宏吉, 中島智子, 鍛治致編著　明石書店　2014.7　404p　22cm　〈文献あり〉 4500円　①978-4-7503-4038-8

内容 「西町文化」を発信する（キム ヴィクトリヤ著, 藤田智博訳）　〔00631〕

ヴィクトル, ジェームズ

◇いつでもどこでも結果を出せる自己マネジメント術（MANAGE YOUR DAY-TO-DAY）　ジョスリン・K.グライ編, 上原裕美子訳　サンマーク出版　2015.9　233p　19cm　〈文献あり〉 1500円　①978-4-7631-3493-6

内容 デート中はスマートフォンの電源を切りなさい（ジェームズ・ヴィクトル）　〔00632〕

ウ

ウ

ヴィクトル, ジャン=クリストフ　Victor, Jean-Christophe
◇最新地図で読む世界情勢―これだけは知っておきたい世界のこと（LE DESSOUS DES CARTES, JUNIOR）　ジャン=クリストフ・ヴィクトル, ドミニク・フシャール, カトリーヌ・バリシュニコフ著, 鳥取絹子訳　CCCメディアハウス　2015.9　111p　25cm　1800円　①978-4-484-15122-9　〔00633〕

ウィグフィールド, A.*　Wigfield, Allan
◇自己調整学習ハンドブック（HANDBOOK OF SELF-REGULATION OF LEARNING AND PERFORMANCE）　バリー・J.ジマーマン, ディル・H.シャンク編, 塚野州一, 伊藤崇達監訳　京都　北大路書房　2014.9　434p　26cm　〈索引あり〉5400円　①978-4-7628-2874-4
内容 学業的な自己調整プロセスの発達に対する影響要因（Allan Wigfield, Susan L.Klauda, Junna Cambria著, 岡田涼訳）　〔00634〕

ウィークランド, ジョン・H.
◇家族相互作用―ドン・D.ジャクソン臨床選集（Selected Essays at the Dawn of an Eraの抄訳, Interactional Theory in the Practice of Therapyの抄訳）　ドン・D.ジャクソン著, ウェンデル・A.レイ編, 小森康永, 山田勝訳　金剛出版　2015.4　342p　20cm　5400円　①978-4-7724-1413-5
内容 統合失調症症状と家族相互作用 他（ドン・D.ジャクソン, ジョン・H.ウィークランド著, 山田勝訳）　〔00635〕

ヴィーコ, ジャンバッティスタ　Vico, Giovanni Battista
◇ヴィーコ自叙伝（Vita di Giambattista Vico scritta da sé medesimo）　ジャンバッティスタ・ヴィーコ〔著〕, 福鎌忠恕訳　新装版　法政大学出版局　2015.11　447p　20cm　（叢書・ウニベルシタス 289）〈索引あり〉5000円　①978-4-588-14022-8
内容 ジャンバッティスタ#ヴィーコ本人自身により執筆された生涯（自叙伝本文―1725 - 28年に執筆　自叙伝補遺―1728 - 31年に執筆）　ヴィッラローザ侯爵補記（補記本文―1818年）　参考論文・文献（ヴィーコとル・クレール　思想史における「伝説」(légendes)の諸問題―モンテスキューとヴィーコをめぐって）　〔00636〕

ヴィシネフスカヤ, ガリーナ
◇インタヴューズ　3　毛沢東からジョン・レノンまで（THE PENGUIN BOOK OF INTERVIEWS）　クリストファー・シルヴェスター編, 新庄哲夫他訳　文芸春秋　2014.6　463p　16cm　（文春学芸ライブラリー―雑英 7）　1690円　①978-4-16-813018-2
内容 ガリーナ・ヴィシネフスカヤ（ガリーナ・ヴィシネフスカヤ述, ジョージ・アーバンインタヴュアー, 吉田美枝訳）　〔00637〕

ウィジャー, チャック　Widger, Chuck
◇ゴールベース資産管理入門―顧客志向の新たなアプローチ（Personal Benchmark）　チャック・ウィジャー, ダニエル・クロスビー著, 新井聡監訳, 野村証券ゴールベース研究会訳　日本経済新聞出版社　2016.5　333p　22cm　〈文献あり 索引あり〉4000円　①978-4-532-13465-5
内容 第1部 新しい方法の必要性（市場における自由と, アドバイザーの責任　投資家の感情と意思決定　リスク, それは個人的なもの）　第2部 パーソナル・ベンチマーク・アプローチとは（マルチ・アセット・クラス投資哲学とは　ポケットの力　アクティブ・マネージャーの選択）　第3部 ゴールベースの投資戦略を実行するために（人生の目標（ゴール）を実現するための投資　パーソナル・ベンチマークを追求する　わかりやすい説明を ほか）　〔00638〕

ヴィシュワナンダ, シュリ・スワミ　Vishwananda, Sri Swami
◇ただ愛のみ―万物の本質（JUST LOVE）　シュリ・スワミ・ヴィシュワナンダ著, 山下豊子訳　ナチュラルスピリット　2015.12　478p　19cm　2200円　①978-4-86451-188-9
内容 第1章 愛　第2章 神の名　第3章 謙遜　第4章 献身　第5章 従順　第6章 グル　〔00639〕

ヴィズギン, ヴラジーミル・パーヴロヴィチ
◇科学の参謀本部―ロシア/ソ連邦科学アカデミーに関する国際共同研究　市川浩編著　札幌　北海道大学出版会　2016.2　522p　22cm　〈索引あり〉12500円　①978-4-8329-8224-6
内容 熱核兵器開発におけるソ連邦科学アカデミーの役割 他（ヴラジーミル・パーヴロヴィチ・ヴィズギン著, 市川浩訳）　〔00640〕

ウィスケ, マーシャ・ストーン　Wiske, Martha Stone
◇インストラクショナルデザインの理論とモデル―共通知識基盤の構築に向けて（INSTRUCTIONAL-DESIGN THEORIES AND MODELS, Volume 3）　C.M.ライゲルース,A.A.カー＝シェルマン編, 鈴木克明, 林雄介監訳　京都　北大路書房　2016.2　449p　21cm　〈索引あり〉3900円　①978-4-7628-2914-7
内容 理解を促進する（マーシャ・ストーン・ウィスケ, ブライアン・J.ベイティ著, 村上正行訳）　〔00641〕

ウィストン, D.*　Winston, Diana
◇マインドフルネスのすべて―「今この瞬間」への気づき（Fully PRESENT : The Science, Art, and Practice of Mindfulness）　Susan L. Smalley,Diana Winston著, 本間生夫, 下山晴彦監訳, 中野美奈, 政岡ゆり訳　丸善出版　2016.12　250p　21cm　2600円　①978-4-621-08599-8
内容 1 マインドフルネスとは何か？　2 はじめに　3 呼吸への意識―呼吸の重要性　4 マインドフルに向けて―身体と意識　5 痛みに対する取り組み　6 嫌な気分―ネガティブ感情に対処する　7 よいことを感じ、幸福を見つける　8 注意を払う。でも、どうやって？　9 ストレスとなる思考　10 マインドフルネスを阻害するもの　11 マインドフルネスの実践　〔00642〕

ヴィスー・ペトラ, L.*　Visu-Petra, Laura
◇ワーキングメモリと日常―人生を切り拓く新しい知性（WORKING MEMORY）　T.P.アロウェイ,R.G.アロウェイ編著, 湯沢正通, 湯沢美紀監訳

京都　北大路書房　2015.10　340p　21cm　（認知心理学のフロンティア）〈文献あり 索引あり〉3800円　①978-4-7628-2908-6

内容 ワーキングメモリと不安：個人差と発達の相互作用を探る（Laura Visu-Petra, Lavinia Cheie, Andrei C.Miu著, 滝口圭子訳）〔00643〕

ヴィスワナサン, ヴァンダナ

◇経験学習によるリーダーシップ開発―米国CCLによる次世代リーダー育成のための実践事例（Experience-Driven Leader Development）　シンシア・D.マッコーレイ,D.スコット・デリュ, ポール・R.ヨスト, シルベスター・テイラー編, 漆嶋稔訳　日本能率協会マネジメントセンター　2016.8　511p　27cm　8800円　①978-4-8207-5929-4

内容 ラーニング・アジリティの開発：マイクロファイナンスの教訓（リンドン・レゴ, ヴァンダナ・ヴィスワナサン, ペグ・ロス）〔00644〕

ヴィダ, ジュディス・E.

◇スーパーヴィジョンのパワーゲーム―心理療法家訓練における影響力・カルト・洗脳（Power Games）　リチャード・ローボルト編著, 太田裕一訳　金剛出版　2015.3　424p　22cm　〈索引あり〉6000円　①978-4-7724-1417-3

内容 四部構造訓練モデルに向かって〈権力の〉同一化関係から〈愛情の〉内在化関係へ（ケルション・J.モラド, ジュディス・E.ヴィダ著）〔00645〕

ヴィターレ, ジョー　Vitale, Joe

◇スピリチュアル・マーケティング（SPIRITUAL MARKETING）　ジョー・ヴィターレ著, 白川貴子訳　ヴォイス　2014.1　180p　18cm　（VOICE新書 021）〈2003年刊の再刊〉1100円　①978-4-89976-412-0

内容 第1章 スピリチュアル・マーケティングの着想を得たきっかけ　第2章 別なかたちもある　第3章 第一のステップ―自分の望んでいないことを知る　第4章 第二のステップ―欲しいもの、したいこと、なりたいものを知る　第5章 第三のステップ―意識を明晰にする　第6章 第四のステップ―願望が成就したときのすばらしい気分を味わう　第7章 第五のステップ―流れに身を委ねる　第8章 百万ドルの処方箋〔00646〕

◇お金持ちの法則「豊かさは、与えたものに比例する」（The Greatest Money-Making Secret in History）　ジョー・ヴィターレ著, 白川貴子訳　ヴォイス出版事業部　2014.2　178p　18cm　（VOICE新書 022）〈2004年刊の再刊〉1100円　①978-4-89976-413-7

内容 お金持ちの法則、とっておきの秘訣　法則を発動させる大切な鍵　お金持ちの法則、もうひとつの秘密　落とし穴にご注意　わたしの告白　三千万ドルを差し出した偉大な男　本当に与えるということ、あるいはあなたの「帳尻合わせ」の意識について　「金で示して見せろ！」　スピリチュアルな意識を啓蒙する神のごとき意識を持つ〔ほか〕〔00647〕

◇なぜ、あの人にばかり奇跡が起きるのか？（Expect Miracles 原著第2版の翻訳）　ジョー・ヴィターレ著, プレシ南日子訳　きこ書房　2014.5　291p　20cm　1600円　①978-4-87771-318-8

内容 第1章 奇跡は、「新しい現実」　第2章 すでに周りで起きている奇跡に「気づく」　第3章 すべての責任を「受け入れる」　第4章「許し」は最強のヒーリング　第5章 思考の「習慣」を変える　第6章「感謝」の気持ちを表現する　第7章 あなたの中の聖なる力を「目覚め」させる　第8章 奇跡は「毎日」起きている〔00648〕

◇「思い出す」だけで、人生に奇跡が起こる（THE REMEMBERING PROCESS）　ダニエル・バレット, ジョー・ヴィターレ著, 住友進訳　きこ書房　2015.5　271p　19cm　1600円　①978-4-87771-329-4

内容 第1章 想像できることは、未来のどこかに存在している　第2章 欲しがるほどに目標は遠のいてしまう　第3章 未来にある過去を思い出す方法　第4章 信じていることが、現実をつくり出す　第5章 想起プロセスを応用する　第6章 不足しているものは何もない　第7章 未来は無限に広がっている〔00649〕

ヴィツェル, マイケル　Witzel, Michael

◇21世紀の宗教研究―脳科学・進化生物学と宗教学の接点　井上順孝編, マイケル・ヴィツェル, 長谷川真理子, 芦名定道〔執筆〕　平凡社　2014.8　215p　20cm　〈文献あり〉2400円　①978-4-582-70330-6

内容 神話の「出アフリカ」（マイケル・ヴィツェル著, 石黒弓美子, 新崎隆子訳）〔00650〕

ウィックホースト, ヴィッキー

◇クォンタムタッチ2.0―THE NEW HUMAN 人類の新たな能力（Quantum-Touch）　リチャード・ゴードン, クリス・ダフフィールド, ヴィッキー・ウィックホースト著, ユール洋子訳　ヴォイス出版事業部　2014.4　261p　19cm　1600円　①978-4-89976-416-8

内容 第1部 ニューヒューマンのOS（さあ、始めましょう　発見し、そしてニューヒューマンになる ほか）　第2部 基本的なヒーリングアプリ（痛みの軽減　筋肉、腱、靱帯、筋膜 ほか）　第3部 想像を超えた人間の能力（脳の中に働きかける　耳のクォンタムタッチ ほか）　第4部 新しい科学、新しい未来（ニューヒューマンの洞察と考察　宇宙の神秘的徴候についての解釈 ほか）〔00651〕

ヴィックリー, ウィリアム・S.　Vickrey, William Spencer

◇限界費用価格形成原理の研究　2　ウィリアム・S.ヴィックリー著, 大石泰彦, 臼井功, 関哲雄, 庭田文近編・監訳　勁草書房　2016.3　312p　22cm　（日本交通政策研究会研究双書 30）〈他言語標題：The Study of Marginal Cost Pricing Principle　索引あり〉6000円　①978-4-326-50256-1

内容 限界費用価格形成に対する若干の異論　ニューヨーク地下鉄の料金構造の変更に関する一提案　輸送と公益事業における価格形成―公益事業に対する限界費用価格形成の若干の含意　都市交通・郊外交通における価格形成　混雑理論と交通投資　公益サーヴィス事業における反応的価格形成　最大産出量か、最大厚生か―オフピーク価格形成問題に関する追論　航空会社の過剰予約―いくつかのさらなる解決法　ピークロード・プライシングに長期費用を用いることの誤謬　限界費用価格形成と平均費用価格形成　解題：

ヴィックリーの限界費用価格形成原理研究について 〔00652〕

ヴィッサー, リヒャルト
◇そのつどの今　新田章著　悠光堂　2015.5　408p　21cm　3500円　①978-4-906873-42-5
内容 フリードリヒ・ニーチェ 他（リヒャルト・ヴィッサー著, 新田章二訳） 〔00653〕

ヴィッセ, M.
◇改革派正統主義の神学―スコラ的方法論と歴史的展開（Inleiding in de Gereformeerde Scholastiek (重訳)）　W.J.ファン・アッセルト編, 青木義紀訳　教文館　2016.6　333, 12p　22cm　〈文献あり 索引あり〉 3900円　①978-4-7642-7392-4
内容 哲学者が言うように 他（T.T.J.プレイツィエール, M.ヴィッセ著） 〔00654〕

ウィッター, ブレット　Witter, Bret
◇ぼくは、チューズデー―介助犬チューズデーのいちにち（TUESDAY TUCKS ME IN）　ルイス・カルロス・モンタルバン文, ブレット・ウィッター共著, ダン・ディオン写真, おびかゆうこ訳　ほるぷ出版　2015.5　40p　24×24cm　1400円　①978-4-593-50575-3 〔00655〕

ウィッツ, ベンジャミン
◇成長戦略論―イノベーションのための法と経済学（RULES FOR GROWTH）　ロバート・E.ライタン編著, 木下信行, 中原裕彦, 鈴木淳人監訳　NTT出版　2016.3　383p　23cm　6500円　①978-4-7571-2352-6
内容 災害への備えを革新できるか（ベンジャミン・ウィッツ著, 中原裕彦監訳, 利光秀方訳） 〔00656〕

ウィッティントン, ルーシー　Whittington, Lucy
◇自分だけの〈コレ！　〉を見つけよう―魅力を最大限に引き出す7ステップ（FIND YOUR THING）　ルーシー・ウィッティントン著, 黒沢修司訳　経済界　2016.3　273p　19cm　1400円　①978-4-7667-8601-9
内容 PROLOGUE あなたにはもう"コレ！"がある　1 あなたの"コレ！"を見つける（なぜ自分の"コレ！"を探すのか？　あなたの"コレ！"の見つけ方　あなたの"コレ！"を始める）　2 あなたの"コレ！"で有名になる（フェイムネームを考える　人を惹きつけるストーリーを作る　不可能なことは何もないと知る　スポットライトを浴びる） 〔00657〕

ウィッテンバーグ, イスカ　Wittenberg, Isca
◇自閉症世界の探求―精神分析的研究より（EXPLORATIONS IN AUTISM）　ドナルド・メルツァー, ジョン・ブレンナー, シャーリー・ホクスター, ドリーン・ウェッデル, イスカ・ウィッテンバーグ著, 平井正三監訳, 賀来博光, 西見奈子他訳　金剛出版　2014.11　300p　22cm　〈文献あり 索引あり〉 3800円　①978-4-7724-1392-3
内容 A 理論（探究の目的、範囲、方法　自閉状態およびポスト自閉心性の心理学）　B 臨床上の諸発見（中核的自閉状態―ティミー　自閉症における原初の抑うつ―ジョン　自閉症における障害された生活空間の地理学―バリー　自閉症の残余状態と学ぶことへのその影響―ピフィー　幼児期自閉症、統合失調症、躁うつ状態における緘黙症：臨床精神病理学と言語学との相関関係）　C 本書で見出された知見の含み（強迫機制全般に対する自閉症の関係　精神機能のパラメーター（媒介変数）としての次元性：自己愛組織との関係　おわりに） 〔00658〕

ウィットソン, J.*　Whitson, James A.
◇学生が変わるプロブレム・ベースド・ラーニング実践法―学びを深めるアクティブ・ラーニングがキャンパスを変える（THE POWER OF PROBLEM-BASED LEARNING）　ダッチ・B.J, グロー・S.E, アレン・D.E編, 山田康彦, 津田司監訳, 三重大学高等教育創造開発センター訳　京都　ナカニシヤ出版　2016.2　282p　22cm　〈索引あり〉 3600円　①978-4-7795-1002-1
内容 教員養成教育におけるPBL（Eugene Matusov, John St.Julien, James A.Whitson著, 守山紗弥加訳） 〔00659〕

ヴィディヤランカール, アニル　Vidyalankar, Anil
◇ヨーガ・スートラ―パタンジャリ哲学の精髄 原典・全訳・注釈付　A.ヴィディヤーランカール著, 中島巌編訳　大阪　東方出版　2014.9　232p　22cm　〈文献あり〉 3000円　①978-4-86249-232-6
内容 序説　本論（ヨーガの性質と目的　ヨーガの実践　ヨーガの最終的成果　ヨーガ・スートラの主要概念要約）　ヨーガ・スートラ原典全訳（三昧　実践　自在力　純粋絶対） 〔00660〕
◇サンダハンの入門サンスクリット　アニル・ヴィディヤランカール, 中島巌著　改訂・増補・縮刷版　大阪　東方出版　2016.11　428p　21cm　7000円　①978-4-86249-272-2
内容 サンスクリット・アルファベットとデーヴァナーガリー文字　母音と子音　簡単な単語と文章の読み方練習　子音結合consonant cluster　ハランタ記号halanta　アヴァグラハavagraha　デーヴァナーガリーの数詞numerals　二つのサンディsandhi規則　ギーターと般若心経の読誦〔ほか〕 〔00661〕

ウィドウズ, ナンシー　Widdows, Nancy
◇人づきあいが苦手な人のためのワークブック―中高生が大人になるまでに身につけておくこと（the social success workbook for teens）　バーバラ・クーパー, ナンシー・ウィドウズ原著, 田中究監訳, 補永栄子, 川上俊亮, 小笠原さゆ里訳　日本評論社　2016.3　143p　21cm　2000円　①978-4-535-56346-9
内容 4コママンガのストーリーを考える　あなたがうれしくなること　あなたが心配になること　あなたが腹の立つこと　怒りの強弱　どこで気持ちを感じるのでしょう　気持ちの色キーホルダーを作ってみよう　いろいろな物の見方　あなた自身のことで、変えたくないことと、変わりたいこと　私の脳はどこか違っているのでしょうか？〔ほか〕 〔00662〕

ウィトゲンシュタイン, ルートウィヒ　Wittgenstein, Ludwig
◇論理哲学論考（LOGISCH-PHILOSOPHISCHE ABHANDLUNG）　ヴィトゲンシュタイン著, 丘沢静也訳　光文社　2014.1　169p　16cm　（光文社古典新訳文庫 KBウ1-1）〈年譜あり〉

880円 ①978-4-334-75284-2 〔00663〕

◇超訳ヴィトゲンシュタインの言葉　ルートヴィヒ・ヴィトゲンシュタイン〔著〕, 白取春彦編訳　ディスカヴァー・トゥエンティワン　2014.8　1冊（ページ付なし）　20cm　〈文献あり〉 1700円 ①978-4-7993-1542-2

内容 1 考えることについて　2 言葉について　3 心について　4 人生について　5 人間について　6 世界について　7 自己について 〔00664〕

◇ウィトゲンシュタインの講義―数学の基礎篇 ケンブリッジ1939年（WITTGENSTEIN'S LECTURES ON THE FOUNDATIONS OF MATHEMATICS）　ウィトゲンシュタイン〔述〕, コーラ・ダイアモンド編, 大谷弘, 古田徹也訳　講談社　2015.1　615p　15cm　（講談社学術文庫 2276）　〈文献あり 索引あり〉 1680円 ①978-4-06-292276-0 〔00665〕

◇ウィトゲンシュタイン『秘密の日記』―第一次世界大戦と『論理哲学論考』　ルートヴィヒ・ウィトゲンシュタイン著, 丸山空大訳, 星川啓慈, 石神郁馬解説　春秋社　2016.4　287, 4p　20cm　〈文献あり 年譜あり〉 2800円 ①978-4-393-32366-3

内容 ウィトゲンシュタイン『秘密の日記』―解説 戦場のウィトゲンシュタイン（第一次世界大戦　東部戦線 トルストイの『要約福音書』　『論理哲学論考』と「撃滅戦」　ブルシーロフ攻勢前夜　ブルシーロフ攻勢の激闘　『草稿一九一四 - 一九一六』　一九一六年の暮れから捕虜になるまで　エピローグ） 〔00666〕

◇ラスト・ライティングス（LAST WRITINGS ON THE PHILOSOPHY OF PSYCHOLOGY. VOLUME 1・2）　ルートウィヒ・ウィトゲンシュタイン著, 古田徹也訳　講談社　2016.5　509p　20cm　〈索引あり〉 2700円 ①978-4-06-218696-4

内容 第1巻（MS137～MS138（一九四八～四九年））　第2巻（MS169（一九四九年頃）　MS170（一九四九年頃）　MS171（一九四九年または五〇年）　MS173（一九五〇年）　MS174（一九五〇年）　MS176（一九五一年）） 〔00667〕

ウィドーソン, ケイ　Widdowson, Kay

◇ちいさいこどものせいしょ（Tiny Tots Bible）　ロイス・ロックぶん, ケイ・ウィドーソンえ, かげやまあきこやく　サンパウロ　2014.12　127p　19cm　1400円 ①978-4-8056-5815-4

内容 ノアとはこぶね　アブラハムとかみさまのやくそく　ゆめみるヨセフ　モーセのながいたび　みちをしめすヨシュア　ダビデとゴリアテ　ちいさいおんなのことおおきなかわ　ヨナとくらいうみ　ダニエルとライオン　ベツレヘムでうまれたあかちゃん　おくりものをもってきたはかせたち　おおきくよいこになりました　イエスさまとあらし　ちいさいおんなのこ　パンとさかな　たすけてあげたひと　まいごになったひつじ　おうさまがやってきた　はじめてのイースター 〔00668〕

ウィドマー, エレン

◇中国書籍史のパースペクティブ―出版・流通への新しいアプローチ　永冨青地編訳　勉誠出版　2015.6　359p　22cm　6000円 ①978-4-585-29097-1

内容 杭州と蘇州の還読斎（エレン・ウィドマー著） 〔00669〕

ウィードマン, K.P.*　Wiedmann, Klaus-Peter

◇国家ブランディング―その概念・論点・実践（NATION BRANDING）　キース・ディニー編著, 林田博光, 平沢敦監訳　八王子　中央大学出版部　2014.3　310p　22cm　（中央大学企業研究所翻訳叢書 14）　4500円 ①978-4-8057-3313-4

内容 原産国とナショナル・アイデンティティから国家ブランディングまで（Renata Sanches,Flavia Sekles,Anthony Gortzis,Gianfranco Walsh,Klaus-Peter Wiedmann著, 金炯中訳） 〔00670〕

ウィナー, ミシェル・ガルシア　Winner, Michelle Garcia

◇きみはソーシャル探偵！―子どもと学ぶソーシャルシンキング（You Are a Social Detective！）　ミシェル・ガルシア・ウィナー, パメラ・クルーク著, ケリー・ノップ絵, 稲田尚子, 三宅篤子訳　金子書房　2016.4　63p　29cm　3000円 ①978-4-7608-2404-5 〔00671〕

ウィニー, P.*　Winne, Philip H.

◇自己調整学習ハンドブック（HANDBOOK OF SELF-REGULATION OF LEARNING AND PERFORMANCE）　バリー・J.ジマーマン, ディル・H.シャンク編, 塚野州一, 伊藤崇達監訳　京都　北大路書房　2014.9　434p　26cm　〈索引あり〉 5400円 ①978-4-7628-2874-4

内容 自己調整学習の認知的ならびにメタ認知的分析（Philip H.Winne著, 塚野州一訳） 〔00672〕

ウィニコット, ドナルド・W.　Winnicott, Donald Woods

◇遊ぶことと現実（Playing and Reality）　D.W.ウィニコット著, 橋本雅雄, 大矢泰士訳　改訳　岩崎学術出版社　2015.10　241p　22cm　〈文献あり 索引あり〉 4000円 ①978-4-7533-1101-9

内容 移行対象と移行現象　夢を見ること、空想すること、生きること――次的解離を記述するケース・ヒストリー　遊ぶこと―理論的記述　遊ぶこと―創造的活動と自己の探求　創造性とその諸起源　対象の使用と同一化を通して関係すること　文化的体験の位置づけ　私たちの生きている場所　子どもの発達における母親と家族の鏡 - 役割　本能欲動とは別に交叉同一化において相互に関係すること　青年期発達の現代的概念とその高等教育への示唆 〔00673〕

ヴィノック, ミシェル　Winock, Michel

◇フランスの肖像―歴史・政治・思想（PARLEZ-MOI DE LA FRANCE 原著増補改訂版の翻訳）　ミシェル・ヴィノック著, 大嶋厚訳　吉田書店　2014.3　425p　20cm　〈年表あり 索引あり〉 3200円 ①978-4-905497-21-9

内容 フランス国民はフランスの存続を望んでいるか　フランスは地理ではない　フランスは思想である　「教会の長女」は堕落したのか　玉座と祭壇―古くからの同盟関係　中央集権と行政組織―フランスの二つの乳房　革命の名声、大革命の失敗　大革命からライックな共和国へ　平等を求める意思　共産主義―フラ

ンス的熱狂〔ほか〕〔00674〕

◇ミッテラン―カトリック少年から社会主義者の大統領へ（FRANÇOIS MITTERRAND）　ミシェル・ヴィノック著, 大嶋厚訳　吉田書店　2016.8　499p 図版16p　20cm　〈文献あり 年譜あり 索引あり〉3900円　①978-4-905497-43-1

内容「バレス的な少年」　フランシスク勲章とロレーヌの十字架　永遠の大臣　アルジェリアの暴風　共和国の長衣をまとって　改宗者　四〇万票差で　勝利　社会主義との別れ　君主　偉大さを求めて　治世の終わり〔00675〕

ウ

ヴィーマー, トマス

◇顔とその彼方―レヴィナス『全体性と無限』のプリズム　合田正人編　知泉書館　2014.2　234, 5p　22cm　（明治大学人文科学研究所叢書）〈索引あり〉4200円　①978-4-86285-178-9

内容 複数の序文言語の意味性について（トマス・ヴィーマー著, 藤岡俊博訳）〔00676〕

ウィマラサラ, スドゥフンポラ

◇万有聖力　心のベクトル場 上巻（Vishva Shakthi）　デルドゥエ・ニャナスマナ, スドゥフンポラ・ウィマラサラ, 須賀則明, 鳥居修著　姫路　ブックウェイ　2016.9　105, 53p　19cm　1000円　①978-4-86584-192-3

内容 第1章 万有聖力の研究　第2章 万有域と万有聖力　第3章 仏の心核　第4章 体験談　第5章 陰の力と陽の力　第6章 人体のチャクラ〔00677〕

ウィーラー, マイケル　Wheeler, Michael

◇交渉は創造である―ハーバードビジネススクール特別講義（The Art of Negotiation）　マイケル・ウィーラー著, 土方奈美訳　文芸春秋　2014.11　397p　20cm　2000円　①978-4-16-390167-1

内容 第1部 基礎編（そもそも交渉が必要か？　『オーシャンズ11』にみる交渉の三角形　ニューヨークの大地上げに学ぶ）　第2部 変化する現場で（一流の交渉人は「二面性」を兼ね備える　アドリブの極意　危機的状況をどう脱するか？）　第3部 各段階のテクニック（開始　重大局面　締めくくり方）　第4部 上級編（創造力による枠組み転換　追求者と満足者　交渉に正義はあるか？）〔00678〕

ウィーラン, チャールズ　Wheelan, Charles J.

◇経済学をまる裸にする―本当はこんなに面白い（Naked Economics）　チャールズ・ウィーラン著, 山形浩生, 守岡桜訳　日本経済新聞出版社　2014.7　421p　19cm　1800円　①978-4-532-31941-0

内容 市場の力―パリを喰わせているのは誰？　インセンティブの重要性―鼻を切り落とせば命が助かる？（あなたがサイならば）　政府と経済（政府はみんなのお友だち（そしてあの弁護士どもにも拍手喝采）　軍はなぜ500ドルもするねじ回しを買うのか）　情報の経済学―マクドナルドが流行るのはおいしいからではない　生産性と人的資本―なぜビル・ゲイツは大金持ちなのか　金融市場―手っ取り早く金持ちになる方法（と、ダイエット！）の経済学　利権団体の力―政治の経済学　スコアをつける―どっちの経済が大きいの？　中央銀行―なぜ紙幣はただの紙切れではないのか　国際経済学―すてきなアイスランドが破綻した理由　貿易とグローバリゼーション―アジアのタコ部屋工場がよい理由　開発経済学―国富論/国貧論〔00679〕

◇統計学をまる裸にする―データはもう怖くない（Naked Statistics）　チャールズ・ウィーラン著, 山形浩生, 守岡桜訳　日本経済新聞出版社　2014.7　349p　19cm　1800円　①978-4-532-35603-3

内容 何のために？　記述統計―史上最高の野球選手はだれ？　記述のごまかし―「人柄がいい」など、正しいのに怪しい発言について　相関―ネットフリックスはなぜ私の好きな映画がわかるのか？　確率の基礎―99ドルプリンタで保証期間の延長は無意味　モンティ・ホール問題　確率の困ったところ―自信過剰の数学おたくが世界金融システムを破壊しかけた話　データの重要性―「入力がゴミなら結果もゴミ」　中心極限定理―統計学の超セレブ　推定―なぜ私はカンニングを疑われたのか？　世論調査―国民の64パーセントが死刑賛成（ただし標本誤差±3パーセント）とは？　回帰分析―魔法の霊薬　回帰分析のありがちなまちがい―必須の警告　プログラム評価―ハーバード大に入ると人生が変わるか？　結論―統計学で答えられるかもしれない5つの問題　補遺―統計ソフト〔00680〕

ウィリアムズ, グランモア

◇イギリス宗教史―前ローマ時代から現代まで（A History of Religion in Britain）　指昭博, 並河葉子監訳, 赤江雄一, 赤瀬理穂, 指珠恵, 戸渡文子, 長谷川直子, 宮崎章訳, シェリダン・ギリー, ウィリアム・J.シールズ編　法政大学出版局　2014.10　629, 63p　22cm　〈文献あり 年表あり 索引あり〉9800円　①978-4-588-37122-6

内容 中世のウェールズと宗教改革（グランモア・ウィリアムズ著, 赤江雄一訳）〔00681〕

ウィリアムズ, ジアンナ

◇ワーク・ディスカッション―心理療法の届かぬ過酷な現場で生き残る方法とその実践（WORK DISCUSSION）　マーガレット・ラスティン, ジョナサン・ブラッドリー編, 鈴木誠, 鵜飼奈津子監訳　岩崎学術出版社　2015.5　215p　21cm　〈文献あり 索引あり〉3700円　①978-4-7533-1090-6

内容 児童養護施設の職員とのワーク・ディスカッション・セミナー（ジアンナ・ウィリアムズ著, 磯部あゆみ訳）〔00682〕

ウィリアムス, ジョフリー　Williams, Geoffrey

◇適性・適職発見テスト―An appropriate job〔2016年度版〕　ジェームス・バレット, ジョフリー・ウィリアムス共著, 織田正美訳　一ツ橋書店　2014.5　128p　19cm　900円　①978-4-565-16035-5

内容 1 適性テスト（論理的思考力　言語的思考力 ほか）　2 採点とテスト結果（採点の仕方　適性プロフィール ほか）　3 パーソナリティテスト（性格　動機）　4 適職選び（適職を見つけるには　興味（動機）別職業一覧表）〔00683〕

◇適性・適職発見テスト―An appropriate job〔2017年度版〕　ジェームス・バレット, ジョフリー・ウィリアムス共著, 織田正美訳　一ツ橋書店　2015.6　128p　19cm　900円　①978-4-565-

17035-4
内容 1 適性テスト（論理的思考力　言語的思考力　数的思考力　抽象的思考力　技術的能力　事務的能力）2 採点とテスト結果　3 パーソナリティテスト（性格　動機）4 適職選び 〔00684〕

◇適性・適職発見テスト―An appropriate job 〔2018年度版〕 ジェームス・バレット, ジョフリー・ウィリアムス共著, 織田正美訳　一ツ橋書店　2016.6　128p　19cm　900円　①978-4-565-18035-3
内容 1 適性テスト（論理的思考力　言語的思考力　数的思考力　抽象的思考力　技術的能力　事務的能力）2 採点とテスト結果（採点の仕方　適性プロフィール　テスト結果の解釈　次の段階へ）3 パーソナリティテスト（性格　動機）4 適職選び（適職を見つけるには　興味（動機）別職業一覧表） 〔00685〕

ウィリアムズ, チャールズ・F.　Williams, Charles F.
◇駿河台分室物語　〔浜松〕　〔名倉有一〕 〔2015〕　2冊　30cm　非売品
内容 本編：日本陸軍の秘密戦 池田徳真 著, 名倉有一, 名倉和子 訳　資料編：対米謀略放送「日の丸アワー」の記録 池田徳真, チャールズ・F.ウィリアムズ ほか著, 名倉有一 編, 名倉有一, 名倉和子 訳 〔00686〕

ウィリアムズ, トレバー・I.　Williams, Trevor Illtyd
◇ノーベルと爆薬（Alfred Nobel Pioneer of High Explosives）トレバー・I.ウィリアムズ作, 片神貴子訳　町田　玉川大学出版部　2015.12　115p　22cm　（世界の伝記科学のパイオニア）〈年譜あり 索引あり〉1900円　①978-4-472-05963-6
内容 1 ノーベルとノーベル賞　2 爆薬の歴史　3 若き日のノーベル　4 国際的な事業　5 ノーベルと石油産業　6 ノーベルという人物　7 遺言状とその影響 〔00687〕

ウィリアムス, ネイサン　Williams, Nathan
◇嫌悪とその関連障害―理論・アセスメント・臨床的示唆（DISGUST AND ITS DISORDERS） B.O.オラタンジ,D.マッケイ編著, 堀越勝監修, 今田純雄, 岩佐和典監訳　京都　北大路書房　2014.8　319p　21cm　〈索引あり〉3600円　①978-4-7628-2873-7
内容 嫌悪の認知的側面（Nathan L.Williams, Kevin M.Connolly, Josh M.Cisler, Lisa S.Elwood, Jefferey L.Willems, Jefferey M.Lohr著, 岩佐和典訳） 〔00688〕

ウィリアムス, ピーター
◇小学校で法を語ろう（Let's Talk about Law in Elementary School） W.キャシディ,R.イェーツ編著, 同志社大学法教育研究会訳　成文堂　2015.12　232p　21cm　3000円　①978-4-7923-0584-0
内容 法科学を通した法の探究（アラン・マッキンノン, ピーター・ウィリアムス著, 川崎友巳訳） 〔00689〕

ウィリアムズ, ピーター
◇イギリス宗教史―前ローマ時代から現代まで（A History of Religion in Britain） 指昭博, 並河葉子監訳, 赤江雄一, 赤瀬理穂, 指珠恵, 戸渡文子, 長谷川直子, 宮崎章訳, シェリダン・ギリー, ウィリアム・J.シールズ編　法政大学出版局　2014.10　629, 63p　22cm　〈文献あり 年表あり 索引あり〉9800円　①978-4-588-37122-6
内容 イギリスの宗教と世界―ミッションと帝国一八〇〇～一九四〇年（ピーター・ウィリアムズ著, 並河葉子訳） 〔00690〕

ウィリアムズ, ヘザー・アンドレア　Williams, Heather Andrea
◇引き裂かれた家族（マイ・ピープル）を求めて―アメリカ黒人と奴隷制（Help Me to Find My People） ヘザー・アンドレア・ウィリアムズ著, 樋口映美訳　彩流社　2016.5　303, 57p　22cm　〈文献あり 索引あり〉3600円　①978-4-7791-2236-1
内容 第1部 離散（「丈夫な少年を売ります」―奴隷とされた子供たちの別れと喪失　「神が合わせし者を何人も別れさせてはならない」―夫と妻の別れ　「子供たちに再会しますように」―家族の別れと白人たち）第2部 捜索（古い綿布に包まれた青いガラス玉―奴隷制下での家族捜し　「情報を求む」―奴隷制廃止後の家族捜し）第3部 再会（語れぬほどの深い幸福感―家族の再会）エピローグ（「私の家族捜しを助けてください」―家族の別れと離散の系譜） 〔00691〕

ウィリアムズ, マイケル　Williams, Michael
◇いじめ・暴力に向き合う学校づくり―対立を修復し、学びに変えるナラティヴ・アプローチ（SAFE AND PEACEFUL SCHOOLS） ジョン・ウィンズレイド, マイケル・ウィリアムズ著, 綾城初穂訳　新曜社　2016.9　251p　21cm　〈文献あり 索引あり〉2800円　①978-4-7885-1491-1
内容 学校で起きている対立を理解する　ナラティヴの視点　カウンセリング　メディエーション　ピア・メディエーション　修復会議を開く　修復的実践　サークル会話　秘密いじめ対策隊　ガイダンス授業　「暴力に向き合う」グループ　すべてを一つにまとめ上げる 〔00692〕

ウィリアムズ, マーク　Williams, J.Mark G.
◇自分でできるマインドフルネス―安らぎへと導かれる8週間のプログラム（Mindfulness） マーク・ウィリアムズ, ダニー・ペンマン著, 佐渡充洋, 大野裕監訳　大阪　創元社　2016.7　244p　21cm　〈文献あり 索引あり〉2800円　①978-4-422-11621-1
内容 無駄な努力　なぜ自分を責めるのか　自分の人生に目覚める　8週間のマインドフルネスプログラムへの導入　第1週「自動操縦」への目覚め　第2週 マインドフルに身体を感じる　第3週 迷路の中のネズミ　第4週 噂をのりこえる　第5週 困難と向き合う　第6週 過去にとらわれたままでいるか、今を生きるか　第7週 ダンスをやめたのはいつ？　第8週 あるがままの尊い人生 〔00693〕

ウィリアムズ, ラリー　Williams, Larry R.
◇ラリー・ウィリアムズのフォーキャスト　2014（Larry Williams forecast. 2014） ラリー・ウィリアムズ著, 成田博之訳　〔電子資料〕 パンローリング　〔2014〕　CD-ROM 1枚　12cm　〈ホルダー入（19cm）〉28000円　①978-4-7759-6921-2 〔00694〕

◇ラリー・ウィリアムズのフォーキャスト　2014

下半期 (Larry Williams mid-year forecast. 2014) ラリー・ウィリアムズ著, 成田博之訳 〔電子資料〕 パンローリング 〔2014〕 CD-ROM 1枚 12cm 〈ホルダー入(19cm)〉 38000円 ①978-4-7759-6922-9 〔00695〕

◇ラリー・ウィリアムズのフォーキャスト 2015 (Larry Williams forecast. 2015) ラリー・ウィリアムズ著, 成田博之訳 〔電子資料〕 パンローリング c2015 CD-ROM 1枚 12cm 〈ホルダー入(19cm)〉 28000円 ①978-4-7759-6923-6 〔00696〕

◇ラリー・ウィリアムズのフォーキャスト 2016 (Larry Williams forecast 2016) ラリー・ウィリアムズ著, 成田博之訳 〔電子資料〕 パンローリング 2016.1 CD-ROM 1枚 12cm 〈ホルダー入(19cm)〉 28000円 ①978-4-7759-6924-3 〔00697〕

ウィリアムス, ルーク Williams, Luke

◇デザインコンサルタントの仕事術 (DISRUPT) ルーク・ウィリアムス著, 福田篤人訳 英治出版 2014.11 251p 21cm 1600円 ①978-4-86276-192-7

内容 デザインコンサルタントは何を考えているのか―常識破りの思考法 第1部 仮説、チャンス、アイデア(破壊的仮説を立てる―正解するために、まずは間違える 破壊的チャンスを見つける―いちばん目につかない場所を探る 破壊的アイデアを生み出す―想像もつかないアイデアには競争相手もつかない) 第2部 ソリューションとプレゼン(破壊的ソリューションを仕上げる―「新しさのための新しさ」は無駄 破壊的プレゼンで売り込む―聴衆の心をつかむストーリーの作り方 変化への本能―誰も見ていないところを見よう) 〔00698〕

ウィリアムズ, レイチェル Williams, Rachel

◇世界冒険アトラス (ATLAS OF ADVENTURES) レイチェル・ウィリアムズ文, ルーシー・レザーランド絵, 徳間書店児童書編集部訳 徳間書店 2015.10 85p 38cm 〈文献あり 索引あり〉 2800円 ①978-4-19-863990-7

内容 ヨーロッパ 北アメリカ 中央アメリカ・南アメリカ アジア・中東 アフリカ オセアニア 南極 〔00699〕

ウィリアムズ, レイモンド Williams, Raymond

◇想像力の時制―文化研究 2 レイモンド・ウィリアムズ〔著〕, 川端康雄編訳, 遠藤不比人, 大貫隆史, 河野真太郎, 鈴木英明, 山田雄三訳 みすず書房 2016.2 389, 7p 22cm 〈索引あり〉 6500円 ①978-4-622-07815-9

内容 1 歴史・想像力・コミットメント(想像力の時制 ユートピアとSF 作家 コミットメントとつながり ライティング、スピーチ、「古典」) 2 アヴァンギャルドとモダニズム(メトロポリス的知覚とモダニズムの出現 ブルームズベリー分派 演劇化された社会における演劇 リアリズムの擁護) 3 文学研究と教育(英文学研究の危機 成人教育と社会変化 わがケンブリッジ 走る男を見る) 4 文学と社会(文学と社会学 リュシアン・ゴルドマン追悼 一八四八年のイングランド小説の諸形式 小説における地域と階級 可能性の実践 テリー・イーグルトンとの対話) 〔00700〕

ウィリアムズ, ロビン Williams, Robin

◇シンプルでよく効く資料作成の原則―コンテンツとデザインからプレゼンを変える (The Non-Designer's Presentation Book) Robin Williams著, 小山香織訳 マイナビ 2015.9 195p 21cm 〈索引あり〉 2000円 ①978-4-8399-5621-9

内容 1 デザインをする前に―プレゼンテーションをすることになったら(何から始める? 内容を整理する) 2 コンテンツを最適化する―プレゼンテーションデザインのコンセプトを考えるための4つの原則(明快さ 関連性 アニメーション プロット) 3 スライドをデザインする―プレゼンテーションデザインのビジュアルを考えるための4つの原則(コントラスト 反復 整列 近接 すべてを取り入れる) 4 原則の、さらにその先へ―プレゼンテーションデザインに関する考察の仕上げ(ソフトウェアを知る プリントアウト資料 従うべきでないルール あなたの目に、耳を傾ける) 〔00701〕

◇ノンデザイナーズ・デザインブック (THE NON-DESIGNER'S DESIGN BOOK 原著第4版の翻訳) Robin Williams著, 吉川典秀訳 第4版 マイナビ出版 2016.7 257p 26cm 〈初版:毎日コミュニケーションズ 1998年刊 索引あり〉 2180円 ①978-4-8399-5555-7

内容 1 デザインの原則(イントロダクション 近接 整列 反復 コントラスト 4つのデザイン原則の復習 カラーを使ったデザイン おまけのチップス&トリック 日本語によるデザインサンプル) 2 活字でデザインする(欧文タイポグラフィの基本 活字(と人生) 活字のカテゴリー 活字のコントラスト 和文のための補足) 3 Extra(参考になりましたか? 解答と回答例 この本で使った書体) 〔00702〕

ウィリアムズ, B.A.* Williams, Barbara A.

◇学生が変わるプロブレム・ベースド・ラーニング実践法―学びを深めるアクティブ・ラーニングがキャンパスを変える (THE POWER OF PROBLEM-BASED LEARNING) ダッチ・B.J, グロー・S.E, アレン・D.E編, 山田康彦, 津田司監訳, 三重大学高等教育創造開発センター訳 京都 ナカニシヤ出版 2016.2 282p 22cm 〈索引あり〉 3600円 ①978-4-7795-1002-1

内容 入門物理学のPBL授業モデル(Barbara A. Williams著, 内田富儀訳) 〔00703〕

ウィリアムズ, E. Williams, Eric Eustace

◇コロンブスからカストロまで―カリブ海域史, 1492-1969 1 (FROM COLUMBUS TO CASTRO) E.ウィリアムズ〔著〕, 川北稔訳 岩波書店 2014.1 443p 15cm (岩波現代文庫―学術 307) 1480円 ①978-4-00-600307-4

内容 西へむかって出帆! クリストファー・コロンブスと西インド諸島の発見 金と砂糖 白人の資本と有色人の労働 スペインの植民地政策 植民地ナショナリズム ヨーロッパの闘技場 白い貧民 王様の名は砂糖 資本主義と奴隷制 排他主義―重商主義諸国の植民地政策 白い植民地人と黒い植民地人 汚名をそそげ! くたばれ、植民地主義―アメリカ独立革命 くたばれ、植民地主義も奴隷制も―ハイチ革命 ハイチ革命以後の植民地主義と奴隷制

〔00704〕

◇コロンブスからカストロまで—カリブ海域史, 1492-1969　2（FROM COLUMBUS TO CASTRO）　E.ウィリアムズ〔著〕, 川北稔訳　岩波書店　2014.2　394, 36p　15cm　（岩波現代文庫—学術 308）〈文献あり 索引あり〉1480円　①978-4-00-600308-1
内容 カリブ海域における奴隷制の廃止　自由な労働の試練　アジア系移民　一九世紀西インド諸島の砂糖経済　世界砂糖市場の争奪戦　一九世紀の植民地主義　「明白な天命」　アメリカの地中海　砂糖王国アメリカ　二〇世紀の植民地主義　植民地の独立運動　カストロ主義　カリブ海地方のゆくえ　〔00705〕

ウィリアムソン, カレン　Williamson, Karen
◇かみさまきいて（My little prayers）　カレン・ウィリアムソン文, アマンダ・エンライト絵, 大越結実訳　いのちのことば社CS成長センター　2013.9　84p　17×17cm　1000円　①978-4-8206-0318-4　〔00706〕

ウィリアムソン, ジョン　Williamson, John
◇危機管理ハンドブック（Emergency Planning Officer's Handbook）　ブライアン・ディロン著, イアン・ディキンソン, フランク・ホワイトフォード, ジョン・ウィリアムソンコンサルタント・エディター, MIMMS日本委員会監訳　へるす出版　2014.2　308p　21cm　〈索引あり〉5200円　①978-4-89269-839-2　〔00707〕

ウィリアムソン, ティモシー
◇哲学がかみつく（Philosophy Bites）　デイヴィッド・エドモンズ, ナイジェル・ウォーバートン著, 佐光紀子訳　柏書房　2015.12　281p　20cm　〈文献あり〉2800円　①978-4-7601-4658-1
内容 曖昧さについて（ティモシー・ウィリアムソン述）　〔00708〕

ウィリアムソン, ピアーズ・R.　Williamson, Piers R.
◇拡散するリスクの政治性—外なる視座・内なる視座　長島美織, グレン・D.フック, ピアーズ・R.ウィリアムソン著　奈良　萌書房　2015.3　178p　21cm　2400円　①978-4-86065-090-2
内容 支配的ディスコースにおけるリスク減衰（ピアーズ・R.ウィリアムソン著, 長島美織訳）　〔00709〕

ウィリアムソン, ピーター　Williamson, Peter S.
◇マルコによる福音書—カトリック聖書注解（The Gospel of Mark）　メアリー・ヒーリー著, ピーター・ウィリアムソン, メアリー・ヒーリー編, 田中昇訳, 湯浅俊治監修　サンパウロ　2014.12　462p　21cm　〈文献あり 索引あり〉4000円　①978-4-8056-8039-1
内容 福音書のプロローグ　権威ある新しい教え　医者、花婿、安息日の主　新しいイスラエル、新しい家族　神の国のたとえ　自然、悪霊、病気そして死を支配する権威　イエスはご自分のものである人々のもとに来る　パンの理解　弟子となる歩みの途中で　日々の生活における福音〔ほか〕　〔00710〕

ウィリモン, W.H.　Willimon, William H.
◇異質な言葉の世界—洗礼を受けた人にとっての説教（Peculiar speech）　W.H.ウィリモン〔著〕, 上田好春訳　日本キリスト教団出版局　2014.5　230p　19cm　〈索引あり〉2200円　①978-4-8184-0890-6　〔00711〕

◇介入する神の言葉—洗礼を受けていない人への説教（The Intrusive Word）　W.H.ウィリモン〔著〕, 上田好春訳　日本キリスト教団出版局　2014.8　278p　19cm　〈索引あり〉2400円　①978-4-8184-0898-2　〔00712〕

◇翼をもつ言葉—説教をめぐるバルトとの対話（CONVERSATIONS WITH BARTH ON PREACHING）　ウィリアム・ウィリモン著, 宇野元訳　新教出版社　2015.9　452p　22cm　〈索引あり〉5500円　①978-4-400-32100-2　〔00713〕

◇教会を通り過ぎていく人への福音—今日の教会と説教をめぐる対話（Preaching to Strangers）　W.H.ウィリモン,S.ハワーワス〔著〕, 東方敬信, 平野克己訳　日本キリスト教団出版局　2016.8　240p　19cm　2200円　①978-4-8184-0948-4　〔00714〕

ヴィリーン, D.P.　Verene, Donald Phillip
◇象徴・神話・文化（SYMBOL, MYTH, AND CULTURE）　E.カッシーラー著, D.P.ヴィリーン編, 神野慧一郎, 薗田坦, 中才敏郎, 米沢穂積訳　京都　ミネルヴァ書房　2013.12　358, 3p　22cm　（ミネルヴァ・アーカイブズ）〈著作目録あり 索引あり　1985年刊の複製〉8000円　①978-4-623-06755-8
内容 哲学的問題としての哲学の概念. 文化の哲学としての批判的観念論. デカルト、ライプニッツ、ヴィコ. ヘーゲルの国家論. 歴史哲学. 言語と芸術 1. 言語と芸術 2. 芸術を教育することの価値. 哲学と政治. ユダヤ教と現代の政治的神話. われわれの現代の政治的神話の技術. 群の概念と知覚の理論についての考察　〔00715〕

ヴィール, カトリン　Wiehle, Katrin
◇遊んで学べる！　えほん世界地図—キッズアトラス（CHILDREN'S ACTIVITY ATLAS）　ジェニー・スレーター文, カトリン・ヴィール, マーティン・サンダースイラスト　主婦の友社　2015.3　29p　29cm　〈索引あり〉1800円　①978-4-07-298560-1
内容 北アメリカ　南アメリカ　アフリカ北部　アフリカ南部　ヨーロッパ北部　ヨーロッパ南部　ユーラシア北部　中東と南アジア　東アジア　東南アジア　オセアニア　北極と南極　〔00716〕

ウィルキン・アームブリスター, E.*　Wilkin-Armbrister, Elsa
◇国家ブランディング—その概念・論点・実践（NATION BRANDING）　キース・ディニー編著, 林田博光, 平沢敦監訳　八王子　中央大学出版部　2014.3　310p　22cm　（中央大学企業研究所翻訳叢書 14）　4500円　①978-4-8057-3313-4

内容 国家ブランディングと原産国効果(Martial Pasquier,João R.Freire,Elsa Wilkin-Armbrister著,山本慎悟訳)〔00717〕

ウ

ウィルキンス, ミラ　Wilkins, Mira

◇アメリカにおける外国投資の歴史—1607～1914（THE HISTORY OF FOREIGN INVESTMENT IN THE UNITED STATES TO 1914）　ミラ・ウィルキンス著, 安保哲夫, 山崎克雄監訳　京都　ミネルヴァ書房　2016.7　1267p　22cm　〈文献あり 索引あり〉15000円　①978-4-623-06391-8

内容 第1部 発展途上国の時代—1607～1874年（初期の対米投資—1607～1776年　政治的独立/経済的従属—1776～1803年　開発の半世紀—1803～1853年　19世紀中葉の危険な20年間—1854～1874年）　第2部 世界最大の債務国—1875～1914年（背景　鉄道と土地　貴金属と石炭、鉄、鋼　その他鉱物—鋼から石油　食料・飲料・タバコ・食品雑貨類　繊維製品、衣料品、皮革製品および関連製品　化学産業　他の製造業　銀行業　金融（サービス）、商業（サービス）、および通信サービス　その他のサービス　アメリカ合衆国における外国投資への反応）〔00718〕

ウィルキンソン, エイミー　Wilkinson, Amy

◇クリエイターズ・コード—並外れた起業家たちに共通する6つのエッセンシャル・スキル（THE CREATOR'S CODE）　エイミー・ウィルキンソン著, 武田玲子訳　日本実業出版社　2016.9　254p　20cm　1700円　①978-4-534-05425-8

内容 はじめに コードを解読する　第1章 ギャップを見つける　第2章 光に向かって進む　第3章 OODAループを飛行する　第4章 賢く失敗する　第5章 知恵のネットワークを築く　第6章 小さなギフトを贈る　おわりに 6つのパワー〔00719〕

ウィルキンソン, トビー　Wilkinson, Toby A.H.

◇図説古代エジプト人物列伝（Lives of the Ancient Egyptians）　トビー・ウィルキンソン著, 内田杉彦訳　悠書館　2015.1　464p　22cm　〈文献あり 年表あり 索引あり〉6000円　①978-4-903487-97-7

内容 第1部 建国—初期王朝時代　第2部 ピラミッド時代—古王国時代　第3部 内戦と復興—第一中間期と中王国時代　第4部 黄金時代—第18王朝初期　第5部 大いなる異端の時代—アマルナ時代　第6部 帝国時代のエジプト—ラメセス朝時代　第7部 神々の黄昏—第三中間期、末期王朝時代、プトレマイオス朝時代〔00720〕

◇〈図説〉古代エジプト文明辞典（Dictionary of Ancient Egypt）　トビー・ウィルキンソン著, 大城道則監訳　柊風舎　2016.5　397p　22cm　〈文献あり 索引あり〉15000円　①978-4-86498-036-4

内容 王名一覧と編年表　図説 古代エジプト文明辞典　遺跡平面図と地図〔00721〕

ウィルキンソン, フィリップ　Wilkinson, Philip

◇ビジュアルではじめてわかる宗教—あなたは宗教を「目撃」する！　フィリップ・ウィルキンソン著, 島田裕巳監訳, 秋山淑子, 高崎恵, 富永和子訳　東京書籍　2015.8　351p　23cm　〈索引あり〉2800円　①978-4-487-80922-6

内容 宗教とは何か？　原始宗教　一神教　インドの宗教　東アジアの宗教　新宗教運動　神名・人名事典　要覧〔00722〕

ウィルクス, パジェット　Wilkes, Paget

◇救霊の動力（The Dynamic of Service）　パジェット・ウィルクス著, 沢村五郎, 鎌野善三訳　改訂増補版　神戸　関西聖書神学校　2016.5　399p　19cm　〈初版のタイトル等：救霊の秘訣（日本伝道隊聖書学舎出版部 昭和10年刊）　発売：いのちのことば社〉2000円　①978-4-264-03489-6〔00723〕

ウィルケン, ロバート・ルイス　Wilken, Robert Louis

◇古代キリスト教思想の精神（The Spirit of Early Christian Thought）　R.L.ウィルケン著, 土井健司訳　教文館　2014.6　328, 26p　22cm　〈文献あり 索引あり〉4100円　①978-4-7642-7382-5

内容 キリストの十字架に基を定めて　畏怖に満ちた血のない犠牲　この世での神の御顔　つねに御顔を求めよ　わたしの意思ではなく、あなたの意志のままに　終わりははじまりのなかに与えられている　信仰の合理性　主が神である人びとは幸い　キリストの栄光に満ちた業　これを別ものにして　神に似ること　情動的知性による認識〔00724〕

◇キリスト教一千年史—地域とテーマで読む　上（THE FIRST THOUSAND YEARS）　ロバート・ルイス・ウィルケン著, 大谷哲, 小坂俊介, 津田拓郎, 青柳寛俊訳　白水社　2016.10　307p　20cm　3400円　①978-4-560-08457-1

内容 エルサレムでのはじまり　エフェソス、ローマ、エデッサ—キリスト教の拡大　キリスト教共同体の形成　内部の分裂　カタコンベを建設する　教養ある信仰—アレクサンドリアのオリゲネス　迫害—カルタゴのキプリアヌス　キリスト教徒皇帝—コンスタンティヌス　ニカイア公会議とキリスト教の信条　修道制　キリスト教的エルサレム　皇帝ユリアヌス、ユダヤ人、キリスト教徒　司教と皇帝—アンブロシウスとテオドシウス　建築と芸術　音楽と礼拝　病人、老人、貧者—病院の誕生　教皇としてのローマ司教　キリスト教社会のルール—カノン法　ヒッポのアウグスティヌス〔00725〕

◇キリスト教一千年史—地域とテーマで読む　下（THE FIRST THOUSAND YEARS）　ロバート・ルイス・ウィルケン著, 大谷哲, 小坂俊介, 津田拓郎, 青柳寛俊訳　白水社　2016.10　280, 22p　20cm　〈文献あり 年表あり 索引あり〉3400円　①978-4-560-08458-8

内容 キリストをめぐる一大論争　エジプトとコプト、ヌビア　アフリカのシオン—エチオピア　シリア語を話すキリスト教徒—東方教会　アルメニアとグルジア　中央アジア、中国、インド　キリスト教帝国—ユスティニアヌス　西方での新たなはじまり　ラテン・キリスト教の北への広がり　エルサレム略奪、さらなるキリスト論論争　唯一神の他に神はなし—イスラームの勃興　聖画像とビザンティウムの構造　アラビア語を話すキリスト教徒　イスラーム支配下のキリスト教徒—エジプトと北アフリカ　イスラーム支配下のキリスト教徒—スペイン　西の皇帝—シャルルマーニュ　スラヴ人の間のキリスト教〔00726〕

ウィルコック, デイヴィド　Wilcock, David

◇ザ・シンクロニシティ・キー―宇宙と人生を導く隠れた叡智（The Synchronicity Key）　デイヴィド・ウィルコック著, 創造デザイン学会訳　アートヴィレッジ　2014.4　685p　21cm　3000円　①978-4-905247-31-9

内容 第1部 生きた宇宙の中の魂の旅（探究　歴史のサイクルと「一者の法」ほか）　第2部 魔法の世界に入る（カルマは現実である　再生（生まれ変わり）ほか）　第3部 勝利と敗北のサイクル（ジャンヌ・ダルクの復活　ローマとアメリカの間の2160年サイクル ほか）　第4部 外なる危機と内なる危機を解決する（時代の終わりにおけるサイクルと予言　9・11と陰謀団の敗退―サイクル的見通し ほか）〔00727〕

ウィルス, フランク　Wills, Frank

◇認知行動療法の新しい潮流　3　ベックの認知療法（Beck's Cognitive Therapy）　ウィンディ・ドライデン編　フランク・ウィルス著, 大野裕監修監訳, 坂本律訳　明石書店　2016.6　236p　20cm　〈文献あり 索引あり〉2800円　①978-4-7503-4359-4

内容 第1部 認知療法の理論的特徴（ベックとそのグループ　定式化　認知的テーマによる分類　適用領域による変化　深層のスキーマ ほか）　第2部 認知療法の実践的特徴（治療原則に対応する実践モデル　定式化に基づく治療の焦点化　定式化を用いた人間関係や協調の問題への対処　確固たる治療関係の構築　治療関係における協働の重視 ほか）〔00728〕

ウィルソン, ウォード　Wilson, Ward

◇核兵器をめぐる5つの神話（FIVE MYTHS ABOUT NUCLEAR WEAPONS）　ウォード・ウィルソン著, 黒沢満日本語版監修, 広瀬訓監訳　京都　法律文化社　2016.5　173p　21cm　（RECNA叢書）〈文献あり 索引あり〉2500円　①978-4-589-03775-6

内容 神話1 原爆こそが日本降伏の理由（修正主義者　伝統的解釈 ほか）　神話2 水爆は「革命的な」兵器（水爆革命　戦略爆撃は決定的か ほか）　神話3 危機を回避する核抑止（核抑止　キューバミサイル危機 ほか）　神話4 核兵器は安全の守護者（長い平和　火山の乙女 ほか）　神話5 核兵器こそが唯一の切り札（核兵器という「魔神」　力の通貨 ほか）〔00729〕

ウィルソン, ケリー・G.　Wilson, Kelly G.

◇アクセプタンス&コミットメント・セラピー実践ガイド―ACT理論導入の臨床場面別アプローチ（A Practical Guide to Acceptance and Commitment Therapy）　スティーブン・C.ヘイズ, カーク・D.ストローサル編著, 谷晋二監訳, 坂本律訳　明石書店　2014.7　473p　22cm　〈文献あり〉5800円　①978-4-7503-4046-3

内容 アクセプタンス&コミットメント・セラピーとは何か 他（スティーブン・C.ヘイズ, カーク・D.ストローサル, カーラ・バンティング, マイケル・トゥーヒグ, ケリー・G.ウィルソン）〔00730〕

◇アクセプタンス&コミットメント・セラピー〈ACT〉―マインドフルな変化のためのプロセスと実践（Acceptance and Commitment Therapy 原著第2版の翻訳）　スティーブン・C.ヘイズ, カーク・D.ストローサル, ケリー・G.ウィルソン著, 武藤崇, 三田村仰, 大月友監訳　星和書店　2014.9　609p　21cm　〈文献あり 索引あり〉4800円　①978-4-7911-0883-1〔00731〕

ウィルソン, コリン　Wilson, Colin

◇殺人の人類史　上（An End to Murder）　コリン・ウィルソン, デイモン・ウィルソン著, 松田和也訳　青土社　2016.12　386p　20cm　3200円　①978-4-7917-6961-2

内容 第1部 現在にいたる長い血みどろの道―デイモン・ウィルソン（「科学の大いなる悲劇」「カインの遺伝」渚のダーウィン　縁者殺害　「なぜ戦う」「悪魔の棲む楽園」　文明化された人喰い　「いたる処で鎖に」「我はスパルタクス」「彼らは私の妻と子を売ることはもうできない。もう二度と。もう二度と。われわれは今や自由である。神を讃えよ」ほか）〔00732〕

◇殺人の人類史　下（An End to Murder）　コリン・ウィルソン, デイモン・ウィルソン著, 松田和也訳　青土社　2016.12　305, 14p　20cm　〈文献あり 索引あり〉3000円　①978-4-7917-6962-9

内容 第2部 殺人者と生きる―コリン・ウィルソン（ロッティング・ヒルの三人の殺人鬼　怪物狩り　「虎よ、虎よ」　性の精髄　ポルノを創った男 ほか）　第3部 結論―デイモン・ウィルソン（なぜ戦わない　腐った林檎　良い林檎）〔00733〕

ウィルソン, サンドラ・A.

◇EMDRがもたらす治癒―適用の広がりと工夫（EMDR Solutions）　ロビン・シャピロ編, 市井雅哉, 吉川久史, 大塚美菜子監訳　二瓶社　2015.12　460p　22cm　〈索引あり〉5400円　①978-4-86108-074-6

内容 幻肢痛プロトコル（ロバート・H.ティンカー, サンドラ・A.ウィルソン著, 天野玉記訳）〔00734〕

ウィルソン, ジョナサン　Wilson, Jonathan

◇震災ボランティアは何ができるのか―3.11「希望の絆」の記録　ジョナサン・ウィルソン著, 岩間香純, みなみななみ訳, 岩上敬人監修　いのちのことば社（発売）　2014.6　156p　21cm　1600円　①978-4-264-03238-0

内容 津波　世界リスク指標と日本の特殊な役割　最初の48時間　状況の査定をする　災害が招く「災害」　支援活動　ボランティアの重要性　ボランティアベースの仕組み　復興支援活動　心のケア　子どものトラウマケア　放射能に対応する　クラッシュジャパンの理念〔00735〕

ウィルソン, デイモン　Wilson, Damon

◇殺人の人類史　上（An End to Murder）　コリン・ウィルソン, デイモン・ウィルソン著, 松田和也訳　青土社　2016.12　386p　20cm　3200円　①978-4-7917-6961-2

内容 第1部 現在にいたる長い血みどろの道―デイモン・ウィルソン（「科学の大いなる悲劇」「カインの遺伝」渚のダーウィン　縁者殺害　「なぜ戦う」「悪魔の棲む楽園」　文明化された人喰い　「いたる処で鎖に」「我はスパルタクス」「彼らは私の妻と子を売ることはもうできない。もう二度と。もう二度と。われわれは今や自由である。神を讃えよ」ほか）〔00736〕

◇殺人の人類史　下（An End to Murder）　コリン・ウィルソン, デイモン・ウィルソン著, 松田和也訳　青土社　2016.12　305, 14p　20cm　〈文献あり 索引あり〉3000円　①978-4-7917-6962-9

内容 第2部 殺人者と生きる―コリン・ウィルソン（ロッティング・ヒルの三人の殺人鬼　怪物狩り　「虎よ、虎よ」　性の精髄　ポルノを創った男 ほか）　第3部 結論―デイモン・ウィルソン（なぜ戦わない　腐った林檎　良い林檎）　〔00737〕

ウィルソン, テッド・N.C.　Wilson, Ted N.C.

◇起きよ、光を放て。主は来たりたもう。（Almost home）　テッド・N.C. ウィルソン著, 長谷川徹訳　立川　福音社　2016.11　318p　19cm　1500円　①978-4-89222-482-9　〔00738〕

ウィルソン, バリー　Wilson, Barrie A.

◇失われた福音―「ダ・ヴィンチ・コード」を裏付ける衝撃の暗号解読（THE LOST GOSPEL）　シンハ・ヤコボビッチ, バリー・ウィルソン共著, 守屋彰夫翻訳監修, 桜の花出版編集部訳　桜の花出版　2016.11　764p 図版16p　19cm　〈文献あり　発売：星雲社〉2300円　①978-4-434-22631-1

内容 第1部 不可思議な古文書（古文書17202　書かれている事、いない事　古文書についてわかっている事は何か　いつ書かれたのか　文章以上の意味があるのか）　第2部 古文書を読み解く（一番重要な証拠は何か　ヨセフ　アセナト　アセナトの物語　ヨセフの物語　史上最高の結婚式　イエスと異邦人　イエスと子供を殺しマリアを誘拐する計画　悪者　磔刑の裏にある権力政治）　第3部 推測できること（結論あとがき）　〔00739〕

ウィルソン, ビー　Wilson, Bee

◇キッチンの歴史―料理道具が変えた人類の食文化（CONSIDER THE FORK）　ビー・ウィルソン著, 真田由美子訳　河出書房新社　2014.1　366p　20cm　〈文献あり〉2800円　①978-4-309-02260-4

内容 第1章 鍋釜類　第2章 ナイフ　第3章 火　第4章 計量する　第5章 挽く　第6章 食べる　第7章 冷やす　第8章 キッチン　〔00740〕

◇サンドイッチの歴史（Sandwich）　ビー・ウィルソン著, 月谷真紀訳　原書房　2015.7　185p　20cm　（「食」の図書館）〈文献あり〉2000円　①978-4-562-05169-4

内容 序章 サンドイッチとは何か　第1章 サンドイッチ伯爵起源説を検証する　第2章 イギリスのサンドイッチ史　第3章 サンドイッチの社会学　第4章 アメリカのサンドイッチ　第5章 世界のサンドイッチ　〔00741〕

ウィルソン, フィオナ

◇イギリスにおける高齢期のQOL―多角的視点から生活の質の決定要因を探る（UNDERSTANDING QUALITY OF LIFE IN OLD AGE）　アラン・ウォーカー編著, 岡田進一監訳, 山田三知子訳　京都　ミネルヴァ書房　2014.7　249p　21cm　（新・MINERVA福祉ライブラリー 20）〈文献あり 索引あり〉3500円　①978-4-623-07097-8

内容 虚弱な高齢者のアイデンティティとQOL（ケヴィン・マッキー, ムーナ・ダウンズ, メアリー・ギルフーリ, ケン・ギルフーリ, スーザン・テスター, フィオナ・ウィルソン著）　〔00742〕

ウィルソン, マーサ

◇ブック・アートをめぐって　中西美穂編　京都　キョートット出版　2015.12　77p　21cm　1000円　①978-4-9902637-5-1

内容 フランクリン・ファーネスにみる運動としての「オルタナティヴ・スペース」とアーティスト・ブックの空間（マーサ・ウィルソン述, 登久希子コーディネーター, レベッカ・ジェニスン訳）　〔00743〕

ウィルソン, マービン・R.　Wilson, Marvin R.

◇私たちの父アブラハム―ここにあった！　信仰の原点（Our father Abraham）　マービン・R. ウィルソン著, B.F.P.Japan出版部訳, B.F.P. Japan編　B.F.P. Japan　2015.10　517p　22cm　（B.F.P books）　2800円　①978-4-9900937-8-5　〔00744〕

ウィルソン, ロブ

◇プロ・トレーダー―マーケットで勝ち続ける16人の思考と技術（TRADERS AT WORK）　ティム・ブールキン, ニコラス・マンゴー著, 森山文那生訳　日経BP社　2016.5　284p　21cm　〈発売：日経BPマーケティング〉2200円　①978-4-8222-5063-8

内容 英国海軍の規律をトレーディングに活かす（ロブ・ウィルソン述）　〔00745〕

ウィルソン, A.N.　Wilson, A.N.

◇ビジュアル版 世界の歴史都市―世界史を彩った都の物語（The Great Cities in History）　ジョン・ジュリアス・ノーウィッチ編, 福井正子訳　柊風舎　2016.9　303p　27×21cm　15000円　①978-4-86498-039-5

内容 ロンドン―ルネサンスから王政復古へ 他（A.N. ウィルソン）　〔00746〕

ウィルモット, ジャン

◇経験学習によるリーダーシップ開発―米国CCLによる次世代リーダー育成のための実践事例（Experience-Driven Leader Development）　シンシア・D.マッコーレイ,D.スコット・デリュ, ポール・R.ヨスト, シルベスター・テイラー編, 漆嶋稔訳　日本能率協会マネジメントセンター　2016.8　511p　27cm　8800円　①978-4-8207-5929-4

内容 ともに高みへ：組織横断的な学習共同体の構築（ジャン・ウィルモット）　〔00747〕

ウィルモット, H.P.　Willmott, H.P.

◇第一次世界大戦の歴史大図鑑（World War 1）　H.P.ウィルモット著, 五百旗頭真, 等松春夫監修, 山崎正浩訳　大阪　創元社　2014.9　335p　31cm　〈索引あり〉13000円　①978-4-422-21522-8

内容 1 戦争への道（1878‐1914）　2 開戦（1914）　3 拡大する戦火（1914‐1916）　4 戦争と国家の勃興（1915）　5 消耗戦（1916）　6 海空戦とアメリカの

参戦（1914 - 1918） 7 幻滅、反乱そして革命（1917） 8 最後の大規模攻勢（1918） 9 新世界秩序（1919 - 1923） 10 戦争追悼施設 〔00748〕

ウィレット, ジョン・B.　Willett, John B.

◇縦断データの分析 2 イベント生起のモデリング（Applied Longitudinal Data Analysis） JUDITH D.SINGER,JOHN B.WILLETT〔著〕, 菅原ますみ監訳 朝倉書店 2014.2 p304～638 21cm 〈訳：松本聡子ほか 文献あり 索引あり〉 6500円 ①978-4-254-12192-6

内容 9章 イベント生起について検討するための枠組み 10章 離散時間のイベント生起データを記述する 11章 基本的な離散時間ハザードモデルをあてはめる 12章 離散時間ハザードモデルを拡張する 13章 連続時間イベント生起データを記述する 14章 コックス回帰モデルをあてはめる 15章 コックス回帰モデルを拡張する 〔00749〕

ウィレムズ, J.L.*　Willems, Jefferey L.

◇嫌悪とその関連障害―理論・アセスメント・臨床的示唆（DISGUST AND ITS DISORDERS） B.O.オラタンジ,D.マッケイ編著, 堀越勝監修, 今田純雄, 岩佐和典監訳 京都 北大路書房 2014.8 319p 21cm 〈索引あり〉 3600円 ①978-4-7628-2873-7

内容 嫌悪の認知的側面（Nathan L.Williams, Kevin M.Connolly, Josh M.Cisler, Lisa S.Elwood, Jefferey L.Willems, Jefferey M.Lohr著, 岩佐和典訳） 〔00750〕

ウィン, トマス　Winn, Thomas Clay

◇よろこびの告知―トマス・ウィン説教集 トマス・ウィン〔述〕, 楠本史郎校閲, 梅染信夫, 北陸学院史料室編訳 金沢 北陸学院 2014.10 239p 19cm 〈年譜あり〉 〔00751〕

ウィン, T.*　Wynn, Thomas

◇ワーキングメモリと日常―人生を切り拓く新しい知性（WORKING MEMORY） T.P.アロウェイ,R.G.アロウェイ編著, 湯沢正通, 湯沢美紀監訳 京都 北大路書房 2015.10 340p 21cm （認知心理学のフロンティア） 〈文献あり 索引あり〉 3800円 ①978-4-7628-2908-6

内容 ワーキングメモリの進化（Fred L.Coolidge, Thomas Wynn, Karenleigh A.Overmann著, 松吉大輔訳） 〔00752〕

ヴィンクラー, ハインリヒ・アウグスト

◇ドイツ連邦主義の崩壊と再建―ヴァイマル共和国から戦後ドイツへ 権左武志編 岩波書店 2015.12 271p 22cm 7700円 ①978-4-00-061097-1

内容 ヴァイマル・ボン・ベルリン（ハインリヒ・アウグスト・ヴィンクラー著, 今野元訳） 〔00753〕

ウィンストン, アンドリュー・S.　Winston, Andrew S.

◇ビッグ・ピボット―なぜ巨大グローバル企業が〈大転換〉するのか（THE BIG PIVOT） アンドリュー・S.ウィンストン著, 藤美保代訳 英治出版 2016.7 477p 20cm 2100円 ①978-4-86276-232-0

内容 第1部 3つの脅威とチャンス（どんどん暑くなるから、クリーンなビジネスが勝つ いよいよ資源が足りなくなるから、イノベーションが勝つ なにもかも見えてしまうから、隠さない者が勝つ ビッグ・ピボットするためのあたらしいマインドセット） 第2部 ビッグ・ピボット 10の戦略（ビジョン・ピボット バリュー・ピボット パートナー・ピボット ビッグ・ピボット） 〔00754〕

ウィンズレイド, ジョン　Winslade, John

◇話がこじれたときの会話術―ナラティヴ・メディエーションのふだん使い（WHEN STORIES CLASH） G.モンク,J.ウィンズレイド著, 池田真依子訳 京都 北大路書房 2014.6 110p 21cm 〈文献あり〉 2200円 ①978-4-7628-2860-7 〔00755〕

◇いじめ・暴力に向き合う学校づくり―対立を修復し、学びに変えるナラティヴ・アプローチ（SAFE AND PEACEFUL SCHOOLS） ジョン・ウィンズレイド, マイケル・ウィリアムズ著, 綾城初穂訳 新曜社 2016.9 251p 21cm 〈文献あり 索引あり〉 2800円 ①978-4-7885-1491-1

内容 学校で起きている対立を理解する ナラティヴの視点 カウンセリング メディエーション ピア・メディエーション 修復会議を開く 修復的実践 サークル会話 秘密いじめ対策隊 ガイダンス授業 「暴力に向き合う」グループ すべてを一つにまとめ上げる 〔00756〕

ウィンター, ジャネット　Winter, Jeanette

◇マララとイクバル―パキスタンのゆうかんな子どもたち（Malala, a Brave Girl from Pakistan/Iqbal, a Brave Boy from Pakistan） ジャネット・ウィンターさく, 道伝愛子やく 岩崎書店 2015.3 1冊（ページ付なし） 29cm 1600円 ①978-4-265-85084-6 〔00757〕

ウィンター, ジョナサン

◇経験学習によるリーダーシップ開発―米国CCLによる次世代リーダー育成のための実践事例（Experience-Driven Leader Development） シンシア・D.マッコーレイ,D.スコット・デリュ, ポール・R.ヨスト, シルベスター・テイラー編, 漆嶋稔訳 日本能率協会マネジメントセンター 2016.8 511p 27cm 8800円 ①978-4-8207-5929-4

内容 バーチャル・ラウンドテーブル：学習コミュニティをつくる技術 他（ジョナサン・ウィンター） 〔00758〕

ヴィンター, ヨハネス

◇軍服を着た救済者たち―ドイツ国防軍とユダヤ人救出工作（Retter in Uniform） ヴォルフラム・ヴェッテ編, 関口宏道訳 白水社 2014.6 225, 20p 20cm 2400円 ①978-4-560-08370-3

内容 ヴィリ・シュルツ大尉（ヨハネス・ヴィンター著） 〔00759〕

ウィンターズ, F.J.*　Winters, Fielding I.

◇自己調整学習ハンドブック（HANDBOOK OF SELF-REGULATION OF LEARNING AND

ウ

ウ

PERFORMANCE) バリー・J.ジマーマン, ディル・H.シャンク編, 塚野州一, 伊藤崇達監訳 京都 北大路書房 2014.9 434p 26cm 〈索引あり〉 5400円 ①978-4-7628-2874-4

内容 教科における自己調整学習(Patricia A. Alexander, Daniel L.Dinsmore, Meghan M. Parkinson, Fielding I.Winters著, 進藤聡彦訳) 〔00760〕

ウインチェスター, ケント Winchester, Kent

◇だいじょうぶ! 親の離婚—子どものためのガイドブック (WHAT IN THE WORLD DO YOU DO WHEN YOUR PARENTS DIVORCE?) ケント・ウインチェスター, ロベルタ・ベイヤー著, 高島聡子, 藤川洋子訳 日本評論社 2015.5 133p 18cm 1500円 ①978-4-535-56338-4

内容 「離婚する」ってどういう意味? どうして離婚する親がいるの? 離婚について話してもいいのかな? 離婚は、ぼく/私のせい? 家族に今、何が起こっているの? 気持ちが落ち着かなくて困るんだけど? 自分の気持ちを話したいとき、どうしたらいい? もし両親が興奮して、おかしくなっちゃっているときは? これから誰がぼく/私の世話をしてくれるの? どこに住むことになるの? 〔ほか〕 〔00761〕

ウヴネース・モーベリ, カースティン Uvnäs-Moberg, Kerstin

◇ペットへの愛着—人と動物のかかわりのメカニズムと動物介在介入 (Bindung zu Tieren(重訳)) Henri Julius,Andrea Beetz,Kurt Kotrschal, Dennis Turner,Kerstin Uvnäs-Moberg著, 太田光明, 大谷伸代監訳, 加藤真紀訳 緑書房 2015.9 180p 26cm 〈文献あり 索引あり〉 3800円 ①978-4-89531-243-1

内容 第1章 人と動物の不思議な関係 第2章 なぜ人は動物とかかわろうとする意志と能力があるのか—進化生物学の観点から 第3章 人と動物のかかわりによる健康、社会的交流、気分、自律神経系、およびホルモンへの効果 第4章 関係性の生理学—オキシトシンの統合機能 第5章 対人関係—愛着と養育 第6章 愛着および養育とその生理学的基礎とのつながり 第7章 人と動物の関係—愛着と養育 第8章 要素を結びつける—人と動物の関係における愛着と養育の生理学 第9章 治療への実用的意義 〔00762〕

ウェイクリン, ジェニファー

◇乳児観察と調査・研究—日常場面のこころのプロセス (Infant Observation and Research) キャシー・アーウィン, ジャニーン・スターンバーグ編著, 鵜飼奈津子監訳 大阪 創元社 2015.5 273p 22cm 〈文献あり 索引あり〉 4200円 ①978-4-422-11539-9

内容 里親養育を受ける乳児の治療的観察(ジェニファー・ウェイクリン著, 柏谷純子訳) 〔00763〕

ウェイジンガー, ヘンドリー Weisinger, Hendrie

◇プレッシャーなんてこわくない—誰でも本番で勝てるメンタル強化術 (PERFORMING UNDER PRESSURE) ヘンドリー・ウェイジンガー,J. P.ポーリウ=フライ著, 高橋早苗訳 早川書房 2015.11 325p 19cm 〈文献あり〉 1800円 ①978-4-15-209581-7

内容 1 プレッシャーのしくみを知ろう(プレッシャーの威力 ストレスとプレッシャーのちがい プレッシャーの正体 チョーキングとは何か プレッシャーは思考にどう影響するか プレッシャーの罠にかからないためには 「第三の変数」を見逃すな) 2 今すぐプレッシャーを解消しよう(二二のプレッシャー解消法) 3 プレッシャーに強くなる鎧をつけよう(COTEの鎧を構築する 自信 楽観性 ねばり強さ 熱意) 付録(プレッシャーに対処できる人が持つ一〇の要素 ウェイジンガー・プレッシャー評価リスト(WPAI)) 〔00764〕

ヴェイタヤキ, ジョエリ

◇島嶼地域の新たな展望—自然・文化・社会の融合体としての島々 藤田陽子, 渡久地健, かりまたしげひさ編 福岡 九州大学出版会 2014.4 382p 22cm (琉球大学国際沖縄研究所ライブラリ) 〈索引あり〉 3600円 ①978-4-7985-0130-7

内容 太平洋島嶼における地域主体型の漁業管理とその意義(ジョエリ・ヴェイタヤキ著, 岩木幸太訳) 〔00765〕

ウェイド, ジェームズ・R.

◇信託制度のグローバルな展開—公益信託甘粕記念信託研究助成基金講演録 新井誠編訳 日本評論社 2014.10 634p 22cm 6800円 ①978-4-535-52055-4

内容 米国における信託の日常的利用状況(ジェームズ・R.ウェイド著, 新井誠訳) 〔00766〕

ウェイバー, ベン Waber, Ben

◇職場の人間科学—ビッグデータで考える「理想の働き方」 (PEOPLE ANALYTICS) ベン・ウェイバー著, 千葉敏生訳 早川書房 2014.5 324p 19cm 1800円 ①978-4-15-209458-2

内容 ワカらない組織からワカる組織へ—スピード・デートや給与交渉がうまくいくには 組織の誕生—チンパンジーの餌探しからLinux開発まで ウォーター・サーバーの効用—バンク・オブ・アメリカが変えたたったひとつのこと 距離なんて関係ない? —ESPNの成功とオフィスレイアウトの秘密 ボクは専門家—データが明らかにした真の貢献者とは あなたはクリエイティブ系? —サウスパークの制作チームはなぜ独創的なのか 無理して出勤するか、家で休むか—社内の病気の広まり方をシミュレーションしてみた 年間一兆二〇〇〇億ドルが無駄に? —eBayによるSkype買収が失敗したワケ 複雑化する世界—巨大プロジェクトを成功させるコミュニケーション 組織の未来—ピープル・アナリティクスは仕事をどう変えるのか〔ほか〕 〔00767〕

ヴェイユ, シモーヌ Weil, Simone

◇超自然的認識 (La Connaissance surnaturelleの抄訳) シモーヌ・ヴェイユ著, 田辺保訳 改装版 勁草書房 2014.5 419p 20cm 3500円 ①978-4-326-15429-6

内容 アメリカ・ノート. ロンドンで書かれた覚え書 〔00768〕

◇工場日記 シモーヌ・ヴェイユ著, 田辺保訳 筑摩書房 2014.11 287p 15cm (ちくま学芸文庫 ウ5-3) 〈底本:講談社学術文庫 1986年刊

文献あり 著作目録あり 年譜あり〉 1200円 ①978-4-480-09646-3
内容 工場日記　断片　アルベルチーヌ・テヴノン夫人にあてた手紙三通　ある女生徒への手紙　ボリス・スヴァリーヌへの手紙　Xへの手紙の断片 〔00769〕

ウェイン, マイケル　Wayne, Michael
◇ビギナーズ『資本論』(MARX'S DAS KAPITAL FOR BEGINNERS)　マイケル・ウェイン著, 鈴木直監訳, 長谷澪訳　筑摩書房　2014.1　286p　15cm　(ちくま学芸文庫 ヒ4-9) 〈画：チェスンギョン　文献あり〉 1200円 ①978-4-480-09590-9
内容 第1章 商品　第2章 商品の交換　第3章 流通と労働力の購入　第4章 価値　第5章 資本主義下の労働　第6章 再生産と恐慌　第7章 商品のフェティシズムとイデオロギー　第8章 資本主義ののちに来たるもの？ 〔00770〕

ヴェーカーシュ, ラヨシュ
◇中東欧地域における私法の根源と近年の変革 (Geschichtliche Wurzeln und Reformen in mittel-und osteuropäischen Privatrechtsordnungen)　奥田安弘, マルティン・シャウアー編, 奥田安弘訳　八王子　中央大学出版部　2014.11　190p　21cm　(日本比較法研究所翻訳叢書 70)　2400円 ①978-4-8057-0371-7
内容 遅れてきた私法法典化(ラヨシュ・ヴェーカーシュ著) 〔00771〕

ウェグナー, ニーナ　Wegner, Nina
◇代表的日本人　内村鑑三著, ニーナ・ウェグナー英文リライト, 牛原真弓訳　IBCパブリッシング　2016.3　207p　19cm　(対訳ニッポン双書)〈他言語標題：Representative Men of Japan〉 1500円 ①978-4-7946-0399-9
内容 第1章 西郷隆盛―新日本の創設者(1868年の日本の維新　出生、教育、感化 ほか)　第2章 上杉鷹山―封建領主(封建制度　人と事業 ほか)　第3章 二宮尊徳―農民聖者(19世紀初頭の日本の農業　少年時代 ほか)　第4章 中江藤樹―村の先生(昔の日本の教育　青年時代 ほか)　第5章 日蓮上人―仏僧(日本の仏教　生誕と出家 ほか) 〔00772〕

ウェザフォード, キャロル・ボストン　Weatherford, Carole Boston
◇ハリエットの道 (MOSES)　キャロル・ボストン・ウェザフォード文, カディール・ネルソン絵, さくまゆみこ訳　日本キリスト教団出版局　2014.1　1冊(ページ付なし)　30cm　(リトルベル)　1800円 ①978-4-8184-0880-7 〔00773〕

ウェスターリンデ, M.*　Westerlind, Marie
◇社会教育福祉の諸相と課題―欧米とアジアの比較研究　松田武雄編著　岡山　大学教育出版　2015.4　274p　22cm 〈他言語標題：Diverse Aspects and Issue of Social Pedagogy　索引あり〉 2800円 ①978-4-86429-324-2
内容 参加、教育と社会教育学(Marie Westerlind著, 石川拓訳, 松田武雄, 河野明日香監訳) 〔00774〕

ヴェスティング, トーマス　Vesting, Thomas
◇法理論の再興 (Rechtstheorie)　トーマス・ヴェスティング著, 毛利透, 福井康太, 西土彰一郎, 川島惟訳　成文堂　2015.4　262p　22cm 〈文献あり 索引あり〉 5800円 ①978-4-7923-0575-8
内容 第1章 位置と機能　第2章 規範　第3章 システム1　第4章 システム2(ルーマン)　第5章 妥当　第6章 解釈　第7章 進化 〔00775〕

ウェスト, コーネル　West, Cornel
◇民主主義の問題―帝国主義との闘いに勝つこと (Democracy Matters)　コーネル・ウェスト著, 越智博美, 松井優子, 三浦玲一訳　法政大学出版局　2014.2　290p　20cm 〈索引あり〉 3500円 ①978-4-588-62209-0
内容 第1章 民主主義は恐ろしい状況に陥っている　第2章 アメリカにおけるニヒリズム　第3章 アメリカにおける民主主義の豊かな伝統　第4章 民主主義的なユダヤとイスラムのアイデンティティを形成すること　第5章 アメリカにおけるキリスト教アイデンティテイの危機　第6章 若者文化に関与することの必要性　第7章 民主主義という鎧を身につけること 〔00776〕
◇哲学を回避するアメリカ知識人―プラグマティズムの系譜 (The American Evasion of Philosophy)　コーネル・ウェスト著, 村山淳彦, 堀智弘, 権田建二訳　未來社　2014.9　533, 10p　20cm　(ポイエーシス叢書 62)〈索引あり〉 5800円 ①978-4-624-93262-6
内容 第1章 アメリカのプラグマティズムの前史としてのエマソン　第2章 アメリカのプラグマティズムの歴史的誕生　第3章 アメリカのプラグマティズムの独り立ち―ジョン・デューイ　第4章 二十世紀中葉のプラグマティズム知識人たちが抱えたジレンマ　第5章 アメリカのプラグマティズムの衰退と再興―W.V.クワインとリチャード・ローティ　第6章 預言的プラグマティズム―文化批評と政治参加 〔00777〕
◇公共圏に挑戦する宗教―ポスト世俗化時代における共棲のために (THE POWER OF RELIGION IN THE PUBLIC SPHERE)　ユルゲン・ハーバーマス, チャールズ・テイラー, ジュディス・バトラー, コーネル・ウェスト〔著〕, エドゥアルド・メンディエッタ, ジョナサン・ヴァンアントワーペン編, 箱田徹, 金城美幸訳　岩波書店　2014.11　209, 3p　20cm 〈索引あり〉 2500円 ①978-4-00-022938-8
内容 序章 公共圏における宗教の力　「政治的なもの」―政治神学のあいまいな遺産の合理的意味　なぜ世俗主義を根本的に再定義すべきなのか　対談 ハーバーマス×テイラー　ユダヤ教はシオニズムなのか？　預言　宗教と資本主義文明の未来　対談 バトラー×ウェスト　総括討議 ハーバーマス×テイラー×バトラー×ウェスト　後記―宗教に備わる多くの力　付論 ハーバーマスへのインタビュー ポスト世俗化世界社会とは？ ―ポスト世俗意識と多文化型世界社会の哲学的意義について 〔00778〕
◇コーネル・ウェストが語るブラック・アメリカ―現代を照らし出す6つの魂 (BLACK PROPHETIC FIRE)　コーネル・ウェスト著, クリスタ・ブッシェンドルフ編, 秋元由紀訳　白水社　2016.8　291, 15p　19cm 〈年譜あり 索引あり〉 2400円 ①978-4-560-09249-1

ウ

内容 はじめに―いまこそ預言者的精神を語り継ごう　第1章 火のついた魂は美しい―フレデリック・ダグラス　第2章 ブラック・フレイム―W.E.B.デュボイス　第3章 良心の炎―マーティン・ルーサー・キング,ジュニア　第4章 民主的実存主義の熱―エラ・ベイカー　第5章 革命の炎―マルコムX　第6章 預言者の炎―アイダ・B.ウェルズ　終章 オバマ時代の預言者的精神　〔00779〕

ウエスト, スコット　West, Scott

◇信頼を勝ち取る言葉―全米消費者調査で見えた！（THE LANGUAGE of TRUST）　マイケル・マスランスキー著, スコット・ウエスト, ゲイリー・デモス, デイビッド・セイラー共著, インベスコ・コミュニケーション・アカデミー訳・監修　日経BPコンサルティング　2014.10　323p　21cm　〈発売：日経BPマーケティング〉1800円　①978-4-86443-068-5

内容 第1章 信頼を勝ち取るための新しい言葉（米国の「信頼が失われた時代」　はじめにまず言葉ありき）　第2章 信頼されるメッセージを伝える4つの原則（パーソナル化せよ　わかりやすい言葉で語れ　ポジティブであれ　真実味を持たせよ）　第3章 言葉の新しい順序（聞かせる技術―議論する前に相手の興味を引くこと　あなたのことはどうでもいい―「自分」ではなく「相手」を優先すること　そういうつもりで言ったのではない―背景や前後関係（Context）が本来の意味を伝える）　第4章 メディアとメッセージ（デジタル世界における信頼を勝ち取る言葉　信頼を失う法則―20の禁句）　〔00780〕

ウエスト, マイケル・A.　West, Michael A.

◇チームワークの心理学―エビデンスに基づいた実践へのヒント（Effective Teamwork 原著第3版の翻訳）　マイケル・A.ウエスト著, 下山晴彦監修, 高橋美保訳　東京大学出版会　2014.5　394p　21cm　〈文献あり 索引あり〉2800円　①978-4-13-040264-4

内容 第1部 効果的なチームとは（効果的なチームを作る　チームワークの実際）　第2部 チームを作る（チームを作る　チームをリードする ほか）　第3部 チームワーキング（チームの方向を定める　チームプレイ ほか）　第4部 組織におけるチーム（組織におけるチーム　バーチャルチームでの仕事 ほか）　〔00781〕

ウエスト, メイ

◇インタヴューズ　3　毛沢東からジョン・レノンまで（THE PENGUIN BOOK OF INTERVIEWS）　クリストファー・シルヴェスター編, 新庄哲夫他訳　文芸春秋　2014.6　463p　16cm　（文春学芸ライブラリー―雑英 7）　1690円　①978-4-16-813018-2

内容 メイ・ウエスト（メイ・ウエスト述, シャーロット・チャンドラーインタヴュアー, 宮本高晴訳）〔00782〕

ヴェストファル=グライター, ターニャ

◇21世紀型学習のリーダーシップ―イノベーティブな学習環境をつくる（Leadership for 21st Century Learning）　OECD教育研究革新センター編著, 木下江美, 布川あゆみ監訳, 斎藤里美, 本田伊克, 大西公恵, 三浦綾希子, 藤浪海訳　明石書店　2016.9　308p　22cm　4500円　①978-4-7503-4410-2

内容 さまざまな学校制度にみる学習づくりのリーダーシップの開発アプローチ（ターニャ・ヴェストファル=グライター, ジュディ・ハルバート, リンダ・ケイサー, ローサー・サラヴァート, ロネ・レネ・クリスティアンセン, ペア・トロンスモ, スザンヌ・オーウェン, ドリト・トゥービン著, 木下江美訳）　〔00783〕

ウェストン, ウォルター　Weston, Walter

◇宣教師ウェストンの観た日本（Japan）　ウォルター・ウェストン著, 山本秀峰訳　露蘭堂　2014.4　231p　22cm　〈文献あり 年譜あり　発売：ナウカ出版営業部（富士見）〉3200円　①978-4-904059-54-8

内容 絵の背景　日本アルプスと聖域　荘厳な祭りと楽しい祭り　赤ん坊の楽園　日本の宿屋　日本の家　スポーツと娯楽　道端の風景　対照と矛盾　困った質問―「日本人は正直か？」〔ほか〕　〔00784〕

ウェストン, マーサ　Weston, Martha

◇考える練習をしよう（THE BOOK OF THINK）　マリリン・バーンズ著, マーサ・ウェストン絵, 左京久代訳　普及版　晶文社　2015.10　125p　21cm　1300円　①978-4-7949-6893-7

内容 1 自己流で考えちゃだめだ（自分のことならよく知ってるってホント？　いつも見えているものをちゃんと見ること　せまい見かたってどういうことだろう？　ほか）　2 問題にぶつかったらどうするか（火のないところに煙は立たない　何が問題なのかはっきりさせること　「マザー・グース」で考えてみよう）　3 頭にだって屈伸運動が必要だ（思いつきだけじゃだめだ　どんな考えも書きだしてみること　理屈は1つってかぎらないんだ ほか）　〔00785〕

ウェスルマン, ハンク　Wesselman, Henry Barnard

◇スピリットウォーカー―時空を超えた未来からのメッセージ（SPIRITWALKER）　ハンク・ウェスルマン著, 真野明裕訳　ヴォイス出版事業部　2014.5　381p　19cm　〈「スピリチュアル・ウォーカー」（早川書房 1996年刊）の改題、再編集〉1850円　①978-4-89976-420-5

内容 当初の出会い　最初の旅―ナイノアの道中　シャーマンと考察　第二の旅―森の中の都市　岩石芸術　第三の旅―補助霊　ナポオポオ　第四の旅―知恵の蛇　ケアラケクア湾　第五の旅―生命の木〔ほか〕　〔00786〕

ヴェダー, リチャード・K.

◇移民の経済学（THE ECONOMICS OF IMMIGRATION）　ベンジャミン・パウエル編, 藪下史郎監訳, 佐藤綾野, 鈴木久美, 中田勇人訳　東洋経済新報社　2016.11　313, 35p　20cm　〈文献あり 索引あり〉2800円　①978-4-492-31488-3

内容 穏当な移民改革案（リチャード・K.ヴェダー著, 鈴木久美訳）　〔00787〕

ヴェッカー, コンスタンティン　Wecker, Konstantin

◇なぜ“平和主義”にこだわるのか（ENTRÜSTET EUCH！　―WARUM PAZIFISMUS FÜR UNS DAS GEBOT DER STUNDE BLEIBT）　マルゴット・ケースマン, コンスタンティン・ヴェッカー編, 木戸衛一訳　いのちのことば社　2016.

12　261p　19cm　1500円　①978-4-264-03611-1

内容 〈対談〉平和主義の声を強めるために 他（マルゴット・ケースマン, コンスタンティン・ヴェッカー〔述〕, マティアス・モルゲンロート〔インタビュアー〕）〔00788〕

ヴェックヴェルト, クリスティーネ

◇新MEGAと『ドイツ・イデオロギー』の現代的探究―広松版からオンライン版へ　大村泉, 渋谷正, 窪俊一編著　八朔社　2015.3　337p　21cm　3500円　①978-4-86014-072-4

内容 新MEGA I/5のコンセプト（ゲラルト・フープマン, クリスティーネ・ヴェックヴェルト, ウルリヒ・パーゲル著, 大村泉訳）〔00789〕

ウェッジウッド, C.ヴェロニカ　Wedgwood, Cicely Veronica

◇イギリス・ピューリタン革命―王の戦争（The King's War 1641-1647）　C.ヴェロニカ・ウェッジウッド著, 瀬原義生訳　京都　文理閣　2015.2　664p　22cm　6500円　①978-4-89259-751-0

内容 第1部 平和から戦争へ――六四一年一一月 - 一六四三年四月（ロンドン、失わる――六四一年一一月 - 一六四二年一月　戦争の準備――六四二年二月 - 七月　秋の会戦――六四二年八月 - 一一月　不満の冬――六四二年一一月 - 一六四三年四月）　第2部 第一次市民戦争――六四三年四月 - 一六四五年一〇月（運命の並衡――六四三年四月 - 九月　スコットランド人の到来――六四三年九月 - 一六四四年三月　北部と西部――六四四年三月 - 一〇月　軍隊の改革――六四四年一〇月 - 一六四五年四月　騎士党の最後――六四五年四月 - 一〇月）　第3部 戦争と平和のあいだ――六四五年一〇月 - 一六四七年一月（長老派と独立派――六四五年一〇月 - 一六四六年四月　国王とスコットランド人）〔00790〕

ウェッジウッド＝ベン, アントニー

◇インタヴューズ　3　毛沢東からジョン・レノンまで（THE PENGUIN BOOK OF INTERVIEWS）　クリストファー・シルヴェスター編, 新庄哲夫他訳　文芸春秋　2014.6　463p　16cm　（文春学芸ライブラリー―雑英 7）　1690円　①978-4-16-813018-2

内容 アントニー・ウェッジウッド＝ベン（アントニー・ウェッジウッド＝ベン述, スーザン・バーンズインタヴュアー, 山岡洋一訳）〔00791〕

ウェッセルズ, デイビッド　Wessels, David

◇企業価値評価―バリュエーションの理論と実践　上（VALUATION 原著第6版の翻訳）　マッキンゼー・アンド・カンパニー, ティム・コラー, マーク・フーカート, デイビッド・ウェッセルズ著, マッキンゼー・コーポレート・ファイナンス・グループ訳　ダイヤモンド社　2016.8　504p　22cm　〈索引あり〉 4200円　①978-4-478-06877-9

内容 第1部 原理編（なぜ、企業価値か？　価値創造の基本原則　企業価値不変の法則とリスクの役割　株式市場の魔力　市場はすべて織り込み済み　投下資産収益率（ROIC）　成長とは何か）　第2部 実践編（企業価値評価のフレームワーク　財務諸表の組み替え　業績の分析　将来の業績予測　継続価値の算定　資本コストの推定　企業価値から1株当たりの価値へ　算定結果の分析　マルチプル法の活用法と注意点　事業単位ごとの企業価値評価）　資料編〔00792〕

◇企業価値評価―バリュエーションの理論と実践　下（VALUATION 原著第6版の翻訳）　マッキンゼー・アンド・カンパニー, ティム・コラー, マーク・フーカート, デイビッド・ウェッセルズ著, マッキンゼー・コーポレート・ファイナンス・グループ訳　ダイヤモンド社　2016.8　509p　22cm　〈索引あり〉 4200円　①978-4-478-06878-6

内容 第3部 上級編（税金と企業価値評価　営業外損益、引当金および準備金　リースおよび退職給付債務　資産収益率を測定する別の方法　インフレーション下の企業価値評価　クロスボーダーの企業価値評価　ケース・スタディ：ハイネケン）　第4部 管理編（事業ポートフォリオ戦略と価値創造　価値創造のための業績管理　M&Aによる価値創造　事業売却を通じた価値創造　資本構成、配当、自社株買い　インベスター・リレーションズ（IR））　第5部 応用編（新興国市場での企業価値評価　高成長企業の価値評価　シクリカルな企業の価値評価　銀行の企業価値評価　経営の自由度）〔00793〕

ヴェッチ, ミロシュ

◇ヨーロッパ史のなかの裁判事例―ケースから学ぶ西洋法制史（Fälle aus der Rechtsgeschichte）　U.ファルク,M.ルミナティ,M.シュメーケル編著, 小川浩三, 福田誠治, 松本尚子監訳　京都　ミネルヴァ書房　2014.4　445p　22cm　〈索引あり〉 6000円　①978-4-623-06559-2

内容 大審院で裁かれた電気窃盗（ミロシュ・ヴェッチ著, 藤本幸二訳）〔00794〕

ヴェッテ, ヴォルフラム　Wette, Wolfram

◇軍服を着た救済者たち―ドイツ国防軍とユダヤ人救出工作（Retter in Uniform）　ヴォルフラム・ヴェッテ編, 関口宏道訳　白水社　2014.6　225, 20p　20cm　2400円　①978-4-560-08370-3

内容 歴史研究の問題としての国防軍援助者と救済者 他（ヴォルフラム・ヴェッテ著）〔00795〕

ウェッデル, ドリーン　Weddell, Doreen

◇自閉症世界の探求―精神分析的研究より（EXPLORATIONS IN AUTISM）　ドナルド・メルツァー, ジョン・ブレンナー, シャーリー・ホクスター, ドリーン・ウェッデル, イスカ・ウィッテンバーグ著, 平井正三監訳, 賀来博光, 西見奈子他訳　金剛出版　2014.11　300p　22cm　〈文献あり 索引あり〉 3800円　①978-4-7724-1392-3

内容 A 理論（探究の目的、範囲、方法　自閉状態およびポスト自閉心性の心理学）　B 臨床上の諸発見（中核的自閉状態―ティミー　自閉症における原初の抑うつ―ジョン　自閉症における障害された生活空間の地理学―バリー　自閉症の残余状態と学ぶことへのその影響―ピフィー　幼児期自閉症、統合失調症、躁うつ状態における緘黙症：臨床精神病理学と言語学との相関関係）　C 本書で見出された知見の含み（強迫機制全般に対する自閉症の関係　精神機能のパラメーター（媒介変数）としての次元性：自己愛組織との関係　おわりに）〔00796〕

ウ

ウェッブ, キャロライン　Webb, Caroline
◇最高の自分を引き出す脳が喜ぶ仕事術（HOW TO HAVE A GOOD DAY）　キャロライン・ウェッブ著, 月沢李歌子訳　草思社　2016.5　383p　19cm　〈文献あり〉1700円　①978-4-7942-2203-9
内容 第1部 優先順位―1日の方向性を設定する　第2部 生産性―時間をもっと有効に使う　第3部 人間関係―あらゆるつきあいを最大限に活用する　第4部 思考力―聡明で、知的で、創造的な自分になるために　第5部 影響力―あなたの言葉や行動の影響を最大化する　第6部 レジリエンス―逆境や問題に賢く対処する　第7部 エネルギー―熱意と楽しみを高める　〔00797〕

ウェデル＝ウェデルスボルグ, トーマス　Wedell-Wedellsborg, Thomas
◇イノベーションは日々の仕事のなかに―価値ある変化のしかけ方（INNOVATION AS USUAL）　パディ・ミラー, トーマス・ウェデル＝ウェデルスボルグ著, 平林祥訳　英治出版　2014.9　238p　19cm　〈文献あり〉1500円　①978-4-86276-191-0
内容 序章 日々の仕事のなかでイノベーションを起こすには？　第1章 フォーカス―真に重要なことに焦点を絞るには？　第2章 外の世界とつながる―影響力のあるアイデアを生み出すには？　第3章 アイデアをひねる―アイデアに磨きをかけるには？　第4章 アイデアを選ぶ―本当に価値のあるアイデアを選別するには？　第5章 ひそかに進める（ステルスストーミング）―社内政治をかいくぐるには？　第6章 あきらめない―イノベーション追求のモチベーションを高めるには？　〔00798〕

ヴェドリーヌ, ユベール　Védrine, Hubert
◇最新世界情勢地図（Atlas du monde global）　パスカル・ボニファス, ユベール・ヴェドリーヌ〔著〕, 佐藤絵里訳　増補改訂版　ディスカヴァー・トゥエンティワン　2016.9　153p　19×26cm　1800円　①978-4-7993-1975-8
内容 第1部 過去における大きな転換点（地球で栄えた最初の人類　ヨーロッパの全盛期 ほか）　第2部 グローバル化した世界についてのさまざまな解釈（「国際共同体」という命題　「文明の衝突」という命題 ほか）　第3部 世界のさまざまなデータ（人口　世界の言語 ほか）　第4部 それぞれから見た世界（米国から見た世界　カナダから見た世界 ほか）　〔00799〕

ウェーナー, ヤーン
◇インタヴューズ　3　毛沢東からジョン・レノンまで（THE PENGUIN BOOK OF INTERVIEWS）　クリストファー・シルヴェスター編, 新庄哲夫他訳　文芸春秋　2014.6　463p　16cm　（文春学芸ライブラリー―雑英 7）　1690円　①978-4-16-813018-2
内容 ジョン・レノン（ジョン・レノン述, ヤーン・ウェーナーインタヴュアー, 片岡義男訳）　〔00800〕

ヴェナブルズ, スティーブン　Venables, Stephen
◇ヒマラヤ探検史―地勢・文化から現代登山まで（HIMALAYA）　フィリップ・パーカー編, 藤原多伽夫訳　東洋書林　2015.2　353p　22cm　〈文献あり 索引あり〉4500円　①978-4-88721-820-8
内容 戦間期のヒマラヤ（1919-1939）（スティーブン・ヴェナブルズ）　〔00801〕

ヴェーヌ, ポール　Veyne, Paul
◇パンと競技場―ギリシア・ローマ時代の政治と都市の社会学的歴史（LE PAIN ET LE CIRQUE）　ポール・ヴェーヌ〔著〕, 鎌田博夫訳　新装版　法政大学出版局　2015.11　782, 222, 8p　20cm　（叢書・ウニベルシタス 600）〈索引あり〉　10000円　①978-4-588-14023-5
内容 第1章 主体と行為（ローマ社会における寄付―小史　恵与指向とは何か ほか）　第2章 ギリシア人の恵与指向（恵与指向以前―古典期アテナイ　有力者の寡頭制 ほか）　第3章 ローマにおける共和主義的寡頭政治（寡頭政治の政府　なぜ高官は競技会を提供するのか ほか）　第4章 皇帝とその首都（自律と他律　服従または世論 ほか）　〔00802〕

ヴェーバー, グンタード　Weber, Gunthard
◇ファミリー・コンステレーション―隠された愛の調和（LOVE'S HIDDEN SYMMETRY）　バート・ヘリンガー原著, グンタード・ヴェーバー, ハンター・ボーモント編著, 小林真美訳　コスモス・ライブラリー　2015.8　390p　21cm　〈発売：星雲社〉2500円　①978-4-434-21024-2
内容 第1部 近親関係システムの現象学（罪、潔白、そして良心の限界　男性と女性：家族の基盤　両親と子どもたち　家族という集合体の良心　愛とその偉大なる魂）　第2部 心理療法の考慮点（治療上の姿勢　役に立つ介入の方法　システム論に基づく心理療法の特定の主題）　〔00803〕

ヴェーバー, フリッツ
◇歴史に生きるローザ・ルクセンブルク―東京・ベルリン・モスクワ・パリ - 国際会議の記録　伊藤成彦編著　社会評論社　2014.9　369p　21cm　2700円　①978-4-7845-1523-3
内容 古典的帝国主義論における中国と日本（フリッツ・ヴェーバー著, 保住敏彦訳）　〔00804〕

ウェバー, マーク　Weber, Mark
◇ルイ・ヴィトン元CEOが教える出世の極意（ALWAYS IN FASHION）　マーク・ウェバー著, 須川綾子訳　飛鳥新社　2015.8　238p　19cm　1389円　①978-4-86410-424-1
内容 1 ゼロから這い上がる（差し出された手をはねのけてはいけない　目指すのは「ゴールの一歩先」がちょうどいい ほか）　2 挫折を乗り越える（人間の真価は「どん底での行動」で決まる　限界状況での拠り所は「自尊心」 ほか）　3 組織を動かす（新しい環境では、まずは三人の信用を勝ちとれ　利益を生まない理想に価値はない ほか）　4 自分を磨き続ける（ファッション、それは「欲望」のビジネス　ファッションビジネスは商品がすべて ほか）　〔00805〕

ヴェーバー, マックス　Weber, Max
◇ソーシャル・ウェルビーイング研究論集　第1号　川崎　専修大学社会知性開発研究センター/ソーシャル・ウェルビーイング研究センター　2015.3　190p　26cm　〈文部科学省私立大学戦略的研究基盤形成支援事業（平成26年度―平成30年度）文献あり〉①978-4-9908234-0-5

内容 ジンメル「芸術展について」、ヴェーバー「技術と文化について」(矢崎慶太郎, 中林練共訳)〔00806〕

◇職業としての学問―圧縮版 (Wissenschaft als Beruf) マックス・ヴェーバー著, 野崎敏郎訳・注解 京都 晃洋書房 2016.2 185, 19p 22cm 〈文献あり 索引あり〉 2600円 ①978-4-7710-2673-5

内容 職業としての学問 訳者解説 大学人ヴェーバーの思想と闘争 付 日本語で読むことのできる参考文献〔00807〕

ウェブ, デイブ

◇正義への責任―世界から沖縄へ 2 琉球新報社編, 乗松聡子監修・翻訳 那覇 琉球新報社 2016.6 77p 21cm 〈発売：琉球プロジェクト(〔那覇〕)〉 565円 ①978-4-89742-208-4

内容 障壁でなく信頼構築を―軍事力では安全築けぬ(デイブ・ウェブ)〔00808〕

ウェブ, ポール Webb, Paul D.

◇民主政治はなぜ「大統領制化」するのか―現代民主主義国家の比較研究 (The Presidentialization of Politics) T.ポグントケ,P.ウェブ編, 岩崎正洋監訳 京都 ミネルヴァ書房 2014.5 523, 7p 22cm 〈索引あり〉 8000円 ①978-4-623-07038-1

内容 民主主義社会における政治の大統領制化 他(トーマス・ポグントケ, ポール・ウェブ著, 荒井祐介訳)〔00809〕

ウェブスター, アンドリュー

◇経験学習によるリーダーシップ開発―米国CCLによる次世代リーダー育成のための実践事例 (Experience-Driven Leader Development) シンシア・D.マッコーレイ,D.スコット・デリュ, ポール・R.ヨスト, シルベスター・テイラー編, 漆嶋稔訳 日本能率協会マネジメントセンター 2016.8 511p 27cm 8800円 ①978-4-8207-5929-4

内容 経験に基づくシミュレーションの構築(ジェームズ・チシェロム, グレッグ・ウォーマン, アンドリュー・ウェブスター)〔00810〕

ウェブスター, ジェイソン Webster, Jason

◇二重スパイコード・ネーム《ガルボ》―史上最も偉大なダブル・エージェントがノルマンディー上陸作戦を成功に導くまで (THE SPY WITH 29 NAMES) ジェイソン・ウェブスター著, 安原和見訳 河出書房新社 2016.8 393, 11p 20cm 〈文献あり〉 2400円 ①978-4-309-22679-8

内容 一九四一〜四二年―イングランド 一九四一年秋―スペイン 一九四一年一二月―リスボン 一九四二年四月―イングランド南部 一九一二〜三九年―スペイン 一九三九〜四一年―スペイン、ポルトガル 一九四一年―リスボン 一九四一年一二月二五日―東部戦線南方 一九四二年春―ロンドン 一九四二年春〜夏―ロンドン〔ほか〕〔00811〕

ウェブスター＝ストラットン, キャロライン Webster-Stratton, Carolyn

◇すばらしい子どもたち―成功する育児プログラム (The Incredible Years 原著改訂版の翻訳) キャロライン・ウェブスター＝ストラットン著, 北村俊則監訳, 大橋優紀子, 竹形みずき, 土谷朋子, 松長麻美訳 星和書店 2014.11 465p 21cm 〈文献あり 索引あり〉 3200円 ①978-4-7911-0889-3

内容 第1部 成功する子育ての基礎(子どもとの遊び方 ポジティブな注目をすること・励ますこと・褒めること 見える形の報酬(ごほうび)、インセンティブ、称賛 ほか) 第2部 コミュニケーションと問題解決(考えが動揺したときのコントロール ストレスや怒りからのタイムアウト 効果的なコミュニケーション技術 ほか) 第3部 よくある問題行動への対処法(子どもの「スクリーン・タイム」のコントロール 公共の場での行動 ダラダラした行動 ほか)〔00812〕

ヴェブレン, ソースティン Veblen, Thorstein

◇有閑階級の理論 (The Theory of the Leisure Class) ソースティン・ヴェブレン著, 高哲男訳 増補新訂版 講談社 2015.7 429p 15cm (講談社学術文庫 2308) 〈ちくま学芸文庫 1998年刊の訳文に全面的に改稿を加え、「附論経済学はなぜ進化論的科学でないのか」を加え再刊 索引あり〉 1280円 ①978-4-06-292308-8

内容 序説 金銭的な張り合い 顕示的閑暇 顕示的消費 金銭的な生活様式の基準 金銭的な好みの規範 金銭的文化の表現としてのドレス 産業からの免除と保守主義 古代的特質の保存 現代における武勇の存続 幸運を信じる心 信仰心や忠誠心に貫かれた儀式 妬みとは無縁な関心の存続 金銭的な文化の表現としての高等教育〔00813〕

◇有閑階級の理論 (AN INTRODUCTION to The Theory of the Leisure Class) ソースタイン・ヴェブレン著, 村井章子訳 新版 筑摩書房 2016.11 407p 15cm (ちくま学芸文庫) 1200円 ①978-4-480-09750-7

内容 序論 財力の張り合い 衒示的閑暇 衒示的消費 生活の金銭的基準 美的感覚の金銭的基準 金銭文化の表現としての衣装 労働の免除と保守主義 古代の性質の保存 武勇の保存 運頼み 宗教儀式 差別化に無関心な気質の保存 金銭文化の表現としての高等教育〔00814〕

ウェラー, パトリック Weller, Patrick Moray

◇ウェストミンスター政治の比較研究―レイプハルト理論・新制度論へのオルターナティヴ (COMPARING WESTMINSTER) R.A.W.ローズ, ジョン・ワンナ, パトリック・ウェラー著, 小堀真裕, 加藤雅俊訳 京都 法律文化社 2015.10 307p 22cm 〈文献あり 索引あり〉 7200円 ①978-4-589-03691-9

内容 第1章 ウェストミンスターを探求する(ウェストミンスター・モデルに関する信念 ウェストミンスターを比較する ほか) 第2章 ウェストミンスターを比較する(競合するアプローチ 解釈アプローチというオルターナティヴ ほか) 第3章 生きている伝統(君主大権 責任政府という伝統 ほか) 第4章 執政と内閣(主張の検討―カナダの独裁制 大統領化に関する逸話はどこかよそで信憑性を得る ほか) 第5章 大臣責任(「規則なし」という進化する伝統 「責任政府」―公式的立場 ほか) 第6章 公務サーヴィス(屈折した諸伝統 諸伝統の伝達と再修正 ほか) 第7章 議会と代表(議会主権に対する今日の制限 執政府の持続 ほか) 第8章 ウェストミンスターの意味(ウェ

ストミンスターの諸議論の立脚点　ウェストミンスター神話の恩恵 ほか）〔00815〕

ウ

ヴェラー, マークーフィリップ

◇ヨーロッパ私法の展望と日本民法典の現代化　川角由和, 中田邦博, 潮見佳男, 松岡久和編　日本評論社　2016.3　541p　22cm　（竜谷大学社会科学研究所叢書 第108巻）〈他言語標題：Perspectives of European Private Law and Modernization of Japanese Civil Code〉7000円　①978-4-535-52165-0

内容 継続的契約の解約告知における継続の利益（マークーフィリップ・ヴェラー著, 寺川永訳）〔00816〕

ウェラー, M.P.*　Weller, Marc-Philippe

◇債権法改正に関する比較法的検討―日独法の視点から 独日法律家協会・日本比較法研究所シンポジウム記録集　只木誠, ハラルド・バウム編　八王子　中央大学出版部　2014.6　439p　22cm　（日本比較法研究所研究叢書 96）〈他言語標題：Schuldrechtsmodernisierung in Japan　ドイツ語抄訳付〉5500円　①978-4-8057-0595-7

内容 継続的契約の解約告知における継続性の利益（Marc-Philippe WELLER述, 高田淳訳）〔00817〕

ウェリンズ, リチャード　Wellins, Richard S.

◇世界基準のリーダー養成講座―人を通じて成果を生み出す「任せる力」（YOUR FIRST LEADERSHIP JOB）　テイシー・バイアム, リチャード・ウェリンズ著, 服部千佳子訳　朝日新聞出版　2016.4　297p　21cm　2000円　①978-4-02-331499-3

内容 第1部 カタリスト型リーダーシップ（さあ、あなたはリーダーだ―旅の始まり　ボスか、カタリストか―優れたリーダーとは　リーダーへの移行をうまく乗り切る方法―成功に必要な素質　リーダーシップ・ブランドその1―信頼のおける対応をする　リーダーシップ・ブランドその2―進んでフィードバックを受け入れる ほか）　第2部 リーダーシップスキルの達人になるために（最高の人材を採用・選抜する―行動は行動を予測する　上司はあなたに何を求めているか？ ―良き助言者になろう　エンゲージメントとリテンション―部下が活気づく環境をつくり出そう　会議―会議を有意義なものにしよう！　コーチング―成功から学ぶ ほか）　第3部 ボーナスチャプターとツール〔00818〕

ヴェルー, ナターシャ　Vellut, Natacha

◇「ひきこもり」に何を見るか―グローバル化する世界と孤立する個人　鈴木国文, 古橋忠晃, ナターシャ・ヴェルー, マイア・ファンステン, クリスチーナ・フィギュエイレド編　青土社　2014.11　276p　19cm　2600円　①978-4-7917-6823-3

内容 青年の「ひきこもり」/ひとつの否定的選択として（ナターシャ・ヴェルー著）〔00819〕

ヴェルカー, ミヒャエル　Welker, Michael

◇死者の復活―神学的・科学的論考集（RESURRECTION）　T.ピーターズ,R.J.ラッセル,M.ヴェルカー編, 小河陽訳　日本キリスト教団出版局　2016.2　441p　22cm　5600円　①978-4-8184-0896-8

内容 神学的現実主義と終末論的象徴体系（ミヒャエル・ヴェルカー著）〔00820〕

ヴェルク, イェンス

◇二院制の比較研究―英・仏・独・伊と日本の二院制　岡田信弘編　日本評論社　2014.3　237p　22cm　5500円　①978-4-535-52020-2

内容 形態は機能に従う（イェンス・ヴェルク著, 加藤一彦訳）〔00821〕

ウェルシュ, トーマス　Welsh, Thomas

◇教育分権化の国際的潮流（Decentralization of Education）　ノエル・マクギン, トーマス・ウェルシュ〔著〕, 西村幹子, 笹岡雄一訳・解説　東信堂　2015.1　91p　21cm　（ユネスコ国際教育政策叢書 8　黒田一雄, 北村友人叢書編）〈文献あり 索引あり〉1200円　①978-4-7989-1263-9

内容 第1章 基本的な概念と定義（分権化の複雑性　分権化のイメージ）　第2章 なぜ分権化か？（なぜ教育は集権化されたのか（政治的正統性　職業的専門性市場の効率性））　第3章 どの決定が再配置されるべきか（決定の場所における差異　教育に関する決定の範疇 ほか）　第4章 分権化への準備状況：満たさなければならない諸条件（分権化のためのプロポーザルへのステークホルダーの関与　どのように異なるステークホルダーのグループが分権化に反応するのか ほか）　第5章 提言（補完性の模範原則）〔00822〕

ウェルシュ, メアリー

◇学校を場とする放課後活動の政策と評価の国際比較―格差是正への効果の検討　金藤ふゆ子編著　福村出版　2016.3　343p　22cm　5200円　①978-4-571-10172-4

内容 オーストラリアの学校を場とする放課後活動の政策と評価（メアリー・ウェルシュ著, 錦織嘉子訳）〔00823〕

ヴェルジュリ, ベルトラン

◇霊性と東西文明―日本とフランス―「ルーツとルーツ」対話　竹本忠雄監修　勉誠出版　2016.2　526p　22cm　〈表紙のタイトル：Dialogue Racines contre Racines〉7500円　①978-4-585-21030-6

内容《霊性》－いのちの高級智（ベルトラン・ヴェルジュリ著, 野田農訳）〔00824〕

ウェルズ, ラリー

◇分けないから普通学級のない学校―カナダBC州のインクルーシブ教育　一木玲子, 長瀬修, 和田明〔執筆〕, 国民教育文化総合研究所編集　アドバンテージサーバー　2014.7　78p　21cm　700円　①978-4-86446-025-5

内容 制度の変革（ラリー・ウェルズ述, 長瀬修訳）〔00825〕

ウエルタ・デ・ソト, ヘスース　Huerta de Soto, Jesús

◇通貨・銀行信用・経済循環（Dinero, Crédito Bancario y Ciclos Económicos（重訳））　ヘスース・ウエルタ・デ・ソト著, 蔵研也訳　春秋社　2015.11　498, 203p　22cm　〈文献あり 索引あり〉6500円　①978-4-393-61113-5

内容 第1章 不定期預金契約の法的な性質　第2章 不定

期預金契約を規律する法原理に対する違反の歴史　第3章 部分的な準備金制度を法的に正当化しようとする試み　第4章 信用拡大の過程　第5章 銀行の信用拡大と経済システムへの影響　第6章 経済循環理論についての追加的な考察　第7章 マネタリズムとケインズ理論への批判　第8章 中央銀行制度と自由銀行制度　第9章 銀行制度改革の提案――一〇〇パーセント準備金を要求する理論　〔00826〕

ウェルチ, アンソニー

◇21世紀の比較教育学―グローバルとローカルの弁証法（COMPARATIVE EDUCATION）　ロバート・F.アーノブ, カルロス・アルベルト・トーレス, スティーヴン・フランツ編著, 大塚豊訳　福村出版　2014.3　727p　22cm　〈文献あり 索引あり〉9500円　①978-4-571-10168-7

内容 専門技術主義、不確実性、倫理（アンソニー・ウェルチ著）　〔00827〕

ウェルチ, ジャック　Welch, Jack

◇ジャック・ウェルチの「リアルライフMBA」―ビジネスで勝ち残るための13の教え（The Real-Life MBA）　ジャック・ウェルチ, スージー・ウェルチ著, 斎藤聖美訳　日本経済新聞出版社　2016.10　279p　20cm　1800円　①978-4-532-32107-9

内容 第1部 IT'S ABOUT THE GAME ゲームについて（つまらない仕事を取り除く　大失敗をして、よくなる　成長がなければだめだ　複雑なグローバリゼーションというもの　もう財務を恐れない　マーケティングをどう考えるか　危機管理―コロシアムにようこそ）　第2部 IT'S ABOUT THE TEAM チームについて（リーダーシップ2・0　素晴らしいチームを築く　天才、さすらい人、盗人）　第3部 IT'S ABOUT YOU 君のことだ（私の人生をどうしよう？　キャリアで行き詰まらないために　勝負は最後までわからない）　〔00828〕

ウェルチ, スージー　Welch, Suzy

◇ジャック・ウェルチの「リアルライフMBA」―ビジネスで勝ち残るための13の教え（The Real-Life MBA）　ジャック・ウェルチ, スージー・ウェルチ著, 斎藤聖美訳　日本経済新聞出版社　2016.10　279p　20cm　1800円　①978-4-532-32107-9

内容 第1部 IT'S ABOUT THE GAME ゲームについて（つまらない仕事を取り除く　大失敗をして、よくなる　成長がなければだめだ　複雑なグローバリゼーションというもの　もう財務を恐れない　マーケティングをどう考えるか　危機管理―コロシアムにようこそ）　第2部 IT'S ABOUT THE TEAM チームについて（リーダーシップ2・0　素晴らしいチームを築く　天才、さすらい人、盗人）　第3部 IT'S ABOUT YOU 君のことだ（私の人生をどうしよう？　キャリアで行き詰まらないために　勝負は最後までわからない）　〔00829〕

ウェルチ, デイヴィッド・A.　Welch, David A.

◇「普通」の国日本（JAPAN AS A 'NORMAL COUNTRY'？）　添谷芳秀, 田所昌幸, デイヴィッド・A.ウェルチ編著　千倉書房　2014.3　340p　20cm　〈索引あり〉2800円　①978-4-8051-1032-4

内容 「普通の国」とは何か 他（添谷芳秀, 田所昌幸, デイヴィッド・A.ウェルチ著, 添谷芳秀, 田所昌幸訳）　〔00830〕

◇キューバ危機―ミラー・イメージングの罠（The Cuban Missile Crisis 原著第2版の翻訳）　ドン・マントン, デイヴィッド・A.ウェルチ著, 田所昌幸, 林晟一訳　中央公論新社　2015.4　229p　20cm　〈文献あり 索引あり〉2300円　①978-4-12-004718-3

内容 第1章 危機の背景（アメリカ・キューバ関係史　ピッグス湾侵攻とマングース作戦 ほか）　第2章 ミサイルの配備と発見（軍事力の内訳　情報をめぐるイタチごっこ ほか）　第3章 発見から海上封鎖へ（静けさの前の嵐　選択肢をしぼる ほか）　第4章 最悪の嵐（演説　アメとムチ ほか）　第5章 その後（キューバのミサイルの撤去　爆撃機をめぐるキューバ危機 ほか）　〔00831〕

◇苦渋の選択―対外政策変更に関する理論（PAINFUL CHOICES）　デイヴィッド・A.ウェルチ著, 田所昌幸監訳　千倉書房　2016.2　373p　21cm　〈文献あり 索引あり〉3200円　①978-4-8051-1074-4

内容 序　第1章 驚愕、予期、理論　第2章 対外政策変更の理論　第3章 無益な島をめぐる紛争　第4章 アジアの戦争におけるアメリカの若者　第5章 カナダの対米自由貿易政策―2つの葬儀と1つの婚礼　第6章 結論　〔00832〕

ヴェルデ, アントニオ　Verde, Antonio

◇イタリア文化会館の歴史　マリア・シーカ, アントニオ・ヴェルデ著, イタリア文化会館編, 山崎彩訳　イタリア文化会館　2012.12　144p　26cm　〈文献あり〉

内容 日伊文化交流とイタリア文化会館の歴史 マリア・シーカ, アントニオ・ヴェルデ 著. イタリア文化会館（1999-2012）イタリア文化会館 編　〔00833〕

ウェルデリッヒ, ドナ・E.　Werderich, Donna E.

◇ランゲージアーツ―学校・教科・生徒をつなぐ6つの言語技術（Language Arts 原著第5版の翻訳）　パメラ・J.ファリス, ドナ・E.ウェルデリッヒ著, 高橋邦年監訳, 渡辺雅仁, 田島祐規子, 満尾貞行訳　町田　玉川大学出版部　2016.7　337p　26cm　〈索引あり〉3800円　①978-4-472-40519-8

内容 第1章 ランゲージアーツを教える　第2章 ライティング：多次元的プロセス　第3章 ライティング：物語、詩、説明、説得　第4章 リーディングの指導方法：文章と読み手のインタラクション　第5章 スピーキング：考えていることを声に出して話す　第6章 リスニング：受容的スキル　第7章 ビューイングとビジュアル・プレゼンテーション：多面的モダリティとランゲージアーツ　〔00834〕

ウェルド, ニキ　Weld, Nicki

◇「三つの家」を活用した子ども虐待のアセスメントとプランニング　ニキ・ウェルド, ソニア・パーカー, 井上直美編著　明石書店　2015.1　243p　21cm　2800円　①978-4-7503-4122-4

内容 第1章 三つの家について（三つの家の背景　三つの家を支える理論　活用の一般原則　それぞれの家の意味の理解）　第2章 三つの家を使う（子どもと使う　少年少女と使う　親、家族と使う）　第3章 三つの家を他の場面で使う（道のりにつなげる　家族応援会議で使う　スーパービジョンで使う）　第4章 三つの家の日本での展開　〔00835〕

ウ

ヴェルト, ニコラ　Werth, Nicolas

◇共産主義黒書　ソ連篇（LE LIVRE NOIR DU COMMUNISME）　ステファヌ・クルトワ, ニコラ・ヴェルト著, 外川継男訳　筑摩書房　2016.3　630p　15cm　（ちくま学芸文庫 ク26-1）〈恵雅堂出版 2001年刊の再刊　年表あり 索引あり〉　1700円　①978-4-480-09723-1

内容 共産主義の犯罪　第1部 人民に敵対する国家―ソ連における暴力、抑圧、テロル（十月革命のパラドックスと食い違い　「プロレタリア独裁の武装せる腕」赤色テロル　「醜悪な戦争」　タンボフから大飢饉へ　息継ぎから「大転換」へ　強制的集団化とクラーク撲滅　大飢饉　「社会的異分子」と抑圧のサイクル　大テロル（一九三六 - 一九三八）　収容所帝国　勝利の陰に　グラーグの最盛期と危機　最後の陰謀　スターリン主義からの脱却）　〔00836〕

ウェルトハイマー, アンドリュー　Wertheimer, Andrew B.

◇アメリカ強制収容所における日系人の図書館―1942-1946年（Japanese American community libraries in America's concentration camps）　アンドリュー・ウェルトハイマー著, 川崎良孝, 久野和子訳　神戸　京都図書館情報学研究会　2015.8　226p　22cm　〈発売：日本図書館協会〉　4000円　①978-4-8204-1503-9　〔00837〕

ウェルナー, H.　Werner, Heinz

◇発達心理学入門―精神発達の比較心理学（Einführung in die Entwicklungspsychologie（重訳））　H.ウェルナー著, 園原太郎監修, 鯨岡峻, 浜田寿美男訳　京都　ミネルヴァ書房　2015.9　583p　22cm　（ミネルヴァ・アーカイブズ）〈文献あり 索引あり　1976年刊の複製〉10000円　①978-4-623-07462-4

内容 第1編 序論（発達心理学の領域、問題および方法）　第2編 原始的な心的活動（感覚 - 運動、知覚、情動の体制　原始的イメージ　原始的な空間概念と時間概念　原始的行動　原始的思考）　第3編 世界と人格（原始的世界と現実の諸領域　原始的人格）　〔00838〕

ウェルフォード, メアリー　Welford, Mary

◇実践セルフ・コンパッション―自分を追いつめず自信を築き上げる方法（The compassionate mind approach to building your self-confidence using compassion focused therapy）　メアリー・ウェルフォード著, 石村郁夫, 野村俊明訳　誠信書房　2016.8　281p　21cm　〈文献あり〉3600円　①978-4-414-41463-9

内容 自信は生まれながらに備わっているものではなく、築き上げて維持するものである　進化が人間に与えた影響を理解する　自らを傷つける方法と理由そして慈悲の効果　自分の経験を理解する　慈悲とは何か　セルフ・コンパッションの発達に対する障害　マインドフルネスを用いた慈悲のための準備　コンパッションのためのさらなる準備　慈悲の心を発達させる　自分を傷つける考え方に対して慈悲の考え方を使う　慈悲の手紙を書く　慈悲の行動を実践する　自信を築き上げるためのさらなる方法　エクササイズの振り返りと今後の方向性　〔00839〕

ヴェルマー, アルブレヒト

◇人権への権利―人権、民主主義そして国際政治（Recht auf Menschenrechte）　ハウケ・ブルンクホルスト, ヴォルフガング・R.ケーラー, マティアス・ルッツ＝バッハマン編, 舟場保之, 御子柴善之監訳　吹田　大阪大学出版会　2015.1　335, 13p　21cm　〈索引あり〉3700円　①978-4-87259-491-1

内容 ハンナ・アーレントの革命論（アルブレヒト・ヴェルマー著, 金慧訳）　〔00840〕

ヴェレンホーファー, マリーナ　Wellenhofer-Klein, Marina

◇ドイツ物権法（Sachenrecht 原著第30版の翻訳）　マンフレート・ヴォルフ, マリーナ・ヴェレンホーファー原著, 大場浩之, 水津太郎, 鳥山泰志, 根本尚徳訳　成文堂　2016.11　708p　22cm　〈索引あり〉9800円　①978-4-7923-2696-8

内容 第1章 基礎　第2章 占有法　第3章 法律行為に基づく動産所有権の取得　第4章 法律に基づく動産所有権の取得　第5章 動産担保権　第6章 土地に関する権利の得喪　第7章 所有者・占有者関係　第8章 所有権妨害除去請求権と相隣法　第9章 土地質権　第10章 利用権　〔00841〕

ヴェンテ, マルティン　Wendte, Martin

◇キリスト教神学の主要著作―オリゲネスからモルトマンまで（Hauptwerke der Systematischen Theologie）　R.A.クライン,C.ポルケ,M.ヴェンテ編, 佐々木勝彦, 佐々木悠, 浜崎雅孝訳　教文館　2013.12　424, 18p　22cm　〈索引あり〉4000円　①978-4-7642-7375-7

内容 何のための著作史か 他（レベッカ・A.クライン, クリスティアン・ポルケ, マルティン・ヴェンテ著, 佐々木勝彦訳）　〔00842〕

ヴェンデブルク, ドロテア　Wendebourg, Dorothea

◇キリスト教の主要神学者　上　テルトゥリアヌスからカルヴァンまで（Klassiker der Theologie, Bd.1 ： Von Tertullian bis Calvin）　F.W.グラーフ編, 片柳栄一監訳　教文館　2014.8　360, 5p　21cm　3900円　①978-4-7642-7383-2

内容 グレゴリオス・パラマス（一二九六―一三五九）（ドロテア・ヴェンデブルク）　〔00843〕

ヴェンデホルスト, クリスチアンネ・C.

◇ヨーロッパ私法の展望と日本民法典の現代化　川角由和, 中田邦博, 潮見佳男, 松岡久和編　日本評論社　2016.3　541p　22cm　（竜谷大学社会科学研究所叢書 第108巻）〈他言語標題：Perspectives of European Private Law and Modernization of Japanese Civil Code〉7000円　①978-4-535-52165-0

内容 不当利得（クリスチアンネ・C.ヴェンデホルスト著, 松岡久和監訳, 吉永一行, 滝久範, 村田大樹ほか訳）　〔00844〕

ウェンデル, サラ

◇マニフェスト本の未来（Book ： a futurist's manifesto）　ヒュー・マクガイア, ブライアン・

オレアリ編　ボイジャー　2013.2　339p　21cm　2800円　Ⓘ978-4-86239-117-9
内容 コントロールできない会話（サラ・ウェンデル著）〔*00845*〕

ウォー, イーヴリン　Waugh, Evelyn
◇インタヴューズ　3　毛沢東からジョン・レノンまで（THE PENGUIN BOOK OF INTERVIEWS）　クリストファー・シルヴェスター編, 新庄哲夫他訳　文芸春秋　2014.6　463p　16cm　（文春学芸ライブラリー―雑英 7）　1690円　Ⓘ978-4-16-813018-2
内容 イーヴリン・ウォー（イーヴリン・ウォー述, ジュリアン・ジェブインタヴュアー, 小野寺健訳）〔*00846*〕

ウォー, ピーター
◇イギリスにおける高齢期のQOL―多角的視点から生活の質の決定要因を探る（UNDERSTANDING QUALITY OF LIFE IN OLD AGE）　アラン・ウォーカー編著, 岡田進一監訳, 山田三知子訳　京都　ミネルヴァ書房　2014.7　249p　21cm　（新・MINERVA福祉ライブラリー 20）〈文献あり 索引あり〉3500円　Ⓘ978-4-623-07097-8
内容 高齢者の家族役割と経済的役割（リンダ・クラーク, マリア・エヴァンドロー, ピーター・ウォー著）〔*00847*〕

ウォーカー, アラン　Walker, Alan
◇イギリスにおける高齢期のQOL―多角的視点から生活の質の決定要因を探る（UNDERSTANDING QUALITY OF LIFE IN OLD AGE）　アラン・ウォーカー編著, 岡田進一監訳, 山田三知子訳　京都　ミネルヴァ書房　2014.7　249p　21cm　（新・MINERVA福祉ライブラリー 20）〈文献あり 索引あり〉3500円　Ⓘ978-4-623-07097-8
内容 グローウィング・オールダー・プログラム 他（アラン・ウォーカー, キャサリン・ヘイガン・ヘネシー著）〔*00848*〕

ウォーカー, エレイン・F.　Walker, Elaine F.
◇異常心理学大事典（Abnormal Psychology）　M.E.P.セリグマン,E.F.ウォーカー,D.L.ローゼンハン著, 上里一郎, 瀬戸正弘, 三浦正江監訳　西村書店　2016.8　763p　27cm　〈文献あり 索引あり〉8800円　Ⓘ978-4-89013-467-0
内容 異常性：過去と現在　アセスメント、診断、研究法　心理学的アプローチ　生物学的アプローチと神経科学　不安障害　身体表現性障害と解離性障害　気分障害　早期に発症する疾患　パーソナリティ障害　統合失調症　高齢期の障害　心理的要因と身体疾患　性障害　精神作用性物質使用障害　社会的・法的観点　未来への方向性〔*00849*〕

ウォーカー, ジェシー　Walker, Jesse
◇パラノイア合衆国―陰謀論で読み解く《アメリカ史》（THE UNITED STATES OF PARANOIA）　ジェシー・ウォーカー著, 鍛原多恵子訳　河出書房新社　2015.8　491p　20cm　2700円　Ⓘ978-4-309-22636-1
内容 第1部 初期の神話（アメリカ政治はパラノイド・スタイル　荒野の悪魔　隣人は悪魔　底辺の獣　黒幕天使の策謀）　第2部 現代の恐怖（ウォーターゲート事件　ジョン・トッドの伝説　マインドファック作戦　ランボーの亡霊　悪魔のカフェテリア　すべてがそれを示している）〔*00850*〕

ウォーカー, デッカー・F.　Walker, Decker F.
◇カリキュラムと目的―学校教育を考える（Curriculum and Aims 原著第5版の翻訳）　デッカー・F.ウォーカー, ジョナス・F.ソルティス著, 佐藤隆之, 森山賢一訳　町田　玉川大学出版部　2015.3　201p　21cm　〈文献あり 索引あり〉2800円　Ⓘ978-4-472-40494-8
内容 第1章 教師とカリキュラム　第2章 教育の目的　第3章 一般教育　第4章 カリキュラム現象の概念化　第5章 カリキュラム作成の手順　第6章 カリキュラム実践の解明と批評　第7章 交差する改革の流れ　第8章 事例と論争〔*00851*〕

ウォーカー, ピーター　Walker, Peter W.L.
◇聖地の物語―目で見る聖書の歴史（The Story of the Holy Land）　ピーター・ウォーカー著,〔大塚春香〕,〔中田有紀〕〔翻訳協力〕　いのちのことば社　2015.11　161p　27cm　2200円　Ⓘ978-4-264-03432-2〔*00852*〕

ヴォー・グエン・ザップ　Vo-nguyen-Giap
◇人民の戦争・人民の軍隊―ヴェトナム人民軍の戦略・戦術（Guerre du peuple, Armée du peuple）　ヴォー・グエン・ザップ著, 真保潤一郎, 三宅蕗子訳　改版　中央公論新社　2014.10　247p　16cm　（中公文庫 サ8-1）　1000円　Ⓘ978-4-12-206026-5
内容 第1章 人民の戦争・人民の軍隊　第2章 党は武装蜂起の準備と一九四五年八月の総蜂起を成功裏に指導した　第3章 党はフランス帝国主義者とアメリカ帝国主義者との長期抵抗戦争を成功へと導く　第4章 党は人民の革命軍の建設を成功裏に指導した　第5章 ディエン・ビエン・フー　第6章 勝利への道〔*00853*〕
◇愛国とは何か―ヴェトナム戦争回顧録を読む（Tong hanh dinh trong muaxuan dai thang（重訳））　ヴォー・グエン・ザップ著, 古川久雄訳・解題　京都　京都大学学術出版会　2014.12　473p　19cm　（学術選書 067）〈索引あり〉2800円　Ⓘ978-4-87698-867-9
内容 第1章 空のディエンビエンフー戦　第2章 歴史的会議　第3章 戦略基本案と勝機案　第4章 戦略的決断　第5章 痛点への打撃　第6章 攻勢を総攻勢へ　第7章 サイゴン包囲作戦開始　第8章 チュオンサ島嶼の解放　第9章 ホーチミン作戦　第10章 回想〔*00854*〕

ヴォーゲル, エズラ・F.　Vogel, Ezra F.
◇鄧小平　エズラ・F.ヴォーゲル著, 橋爪大三郎聞き手　講談社　2015.11　253p　18cm　（講談社現代新書）　800円　Ⓘ978-4-06-288345-0
内容 第1章 鄧（とう）小平とは何者か　第2章 革命家、鄧（とう）小平　第3章 国共内戦から新中国成立へ　第4章 文化大革命　第5章 鄧（とう）小平の改革開放　第6章 天安門事件　終章 これからの中国〔*00855*〕

ウ

ヴォシェ, アンドレ

◇霊性と東西文明―日本とフランス―「ルーツとルーツ」対話　竹本忠雄監修　勉誠出版　2016.2　526p　22cm　〈表紙のタイトル：Dialogue Racines contre Racines〉7500円　①978-4-585-21030-6

内容 聖者から聖域へ（アンドレ・ヴォシェ著, 吉田好克訳）〔00856〕

ウォータース, アリス　Waters, Alice

◇エディブル・スクールヤード―学校を食べちゃおう！（EDIBLE SCHOOLYARD）　アリス・ウォータース著, 八須理明, 高橋良枝訳, 吉開俊也日本版構成・監修　コンパッソ　2015.3　79p　28cm　〈発売：木耳社〉2800円　①978-4-8393-1171-1　〔00857〕

ウォーターズ, ドノヴァン

◇信託制度のグローバルな展開―公益信託甘粕記念信託研究助成基金講演録　新井誠編訳　日本評論社　2014.10　634p　22cm　6800円　①978-4-535-52055-4

内容 今日のカナダにおける信託の活用方法（ドノヴァン・ウォーターズ著, 新井誠訳）〔00858〕

ウォード, キース

◇哲学がかみつく（Philosophy Bites）　デイヴィッド・エドモンズ, ナイジェル・ウォーバートン著, 佐光紀子訳　柏書房　2015.12　281p　20cm　〈文献あり〉2800円　①978-4-7601-4658-1

内容 東洋と西洋の観念論（キース・ウォード述）〔00859〕

ウォード, トニー　Ward, Tony

◇性犯罪からの離脱―「良き人生モデル」がひらく可能性（DESISTANCE FROM SEX OFFENDING）　D.リチャード・ローズ, トニー・ウォード著, 津富宏, 山本麻奈監訳　日本評論社　2014.7　379p　21cm　〈文献あり 索引あり〉5000円　①978-4-535-98383-0

内容 第1部 全般的な問題　第2部 犯罪学の視点　第3部 司法心理学の視点　第4部 社会への再参入と再統合　第5部 治療につなぐ　第6部 離脱に着目した介入　第7部 これからの道のり〔00860〕

ヴォート, リサ　Vogt, Lisa

◇慈経―自由訳 安らかであれ幸せであれ　一条真也訳・著, リサ・ヴォート写真　三五館　2014.3　1冊（ページ付なし）　19cm　〈他言語標題：Metta sutta〉1000円　①978-4-88320-605-6　〔00861〕

ウォード, W.R.

◇イギリス宗教史―前ローマ時代から現代まで（A History of Religion in Britain）　指昭博, 並河葉子監訳, 赤江雄一, 赤瀬理穂, 指珠恵, 戸渡文子, 長谷川直子, 宮崎章訳, シェリダン・ギリー, ウィリアム・J.シールズ編　法政大学出版局　2014.10　629, 63p　22cm　〈文献あり 年表あり 索引あり〉9800円　①978-4-588-37122-6

内容 一八世紀イギリスにおける福音主義の復活（W.R.ウォード著, 並河葉子訳）〔00862〕

ウォード=パーキンズ, ブライアン　Ward-Perkins, Bryan

◇ローマ帝国の崩壊―文明が終わるということ（THE FALL OF ROME : AND THE END OF CIVILIZATION）　ブライアン・ウォード=パーキンズ著, 南雲泰輔訳　白水社　2014.6　286, 49p　19cm　3300円　①978-4-560-08354-3

内容 そもそもローマは滅んだのか　第1部 ローマ帝国の崩壊（戦争の恐怖　敗北への道　新しい主人のもとで生きる）　第2部 文明の終わり（快適さの消滅　なぜ快適さは消滅したか　ひとつの文明の死とは　この最善なる可能世界において, あらゆる物事はみな最前なのか　補遺 陶片から人びとへ）〔00863〕

ウォーナー, L.　Warner, Langdon

◇遙かなる敦煌への道（The Long Old Road in China）　L.ウォーナー著, 劉学新訳, 茂木雅博監訳　同成社　2014.5　232p　20cm　2500円　①978-4-88621-668-7

内容 古くからの北西の道　古代中国の都, 西安　西域へ　象の石窟　蘭州と六つに折れ曲がった山道　涼州　ロシア人のエクソダス　駱駝のキャラバン　黒い川を下る　マルコ・ポーロの町, エドゼナ　砂漠の冬　寺院を呑み込んだ砂丘　敦煌　千仏洞　帰り道〔00864〕

ウォーバートン, ナイジェル　Warburton, Nigel

◇哲学と対決する！（Philosophy Bites Back）　デイヴィッド・エドモンズ, ナイジェル・ウォーバートン著, 菅靖彦訳　柏書房　2015.10　334p　20cm　〈文献あり〉2800円　①978-4-7601-4657-4

内容 ソクラテスとソクラテス式問答法―メアリー・マーガレット・マッケーブ　プラトンの性愛―アンジー・ホッブス　アリストテレスの倫理学―テレンス・アーウィン　トマス・アクィナスの倫理学―アンソニー・ケニー　ニッコロ・マキャヴェッリの『君主論』―クェンティン・スキナー　ミシェル・ド・モンテーニュについて―サラ・ベイクウェル　ルネ・デカルトの「我思う, ゆえに我あり」―A・C・グレーリング　バールーフ・デ・スピノザの情念―スーザン・ジェームズ　ジョン・ロックの寛容―ジョン・ダン　ジョージ・バークリーのパズル―ジョン・キャンベル〔ほか〕〔00865〕

◇哲学がかみつく（Philosophy Bites）　デイヴィッド・エドモンズ, ナイジェル・ウォーバートン著, 佐光紀子訳　柏書房　2015.12　281p　20cm　〈文献あり〉2800円　①978-4-7601-4658-1

内容 倫理学（ゲッ！　―ジュリアン・サヴァレスキュ　相対主義―サイモン・ブラックバーン ほか）　政治問題（コスモポリタンという考え方―クワメ・アンソニー・アピア　信頼性と差別―ミランダ・フリッカー ほか）　形而上学と精神（無限について―A・W・ムーア　科学的実在論―デヴィッド・パピノー ほか）　美学（アートの定義―デレク・マトラバース　建築の美学―アラン・ド・ボトン ほか）　神, 無神論, そして人生の意味について（神についての非実在論―ドン・キューピット　人生の意味―ジョン・コッティンガム ほか）〔00866〕

◇「表現の自由」入門（Free Speech）　ナイジェル・ウォーバートン〔著〕, 森村進, 森村たまき訳　岩波書店　2015.12　125, 9p　19cm　〈文献あり 年表あり 索引あり〉1900円　①978-4-00-024525-8

内容 第1章 表現の自由　第2章 思想の自由市場？　第3章 感情を害する、害されること　第4章 ポルノグラフィの検閲　第5章 インターネット時代の表現の自由　結論 言論の自由の未来　〔00867〕

ウォピスクス, フラウィウス

◇ローマ皇帝群像　4（Scriptores Historiae Augustae.5.Auf-lage）　アエリウス・スパルティアヌス他〔著〕, 井上文則訳・解題　京都　京都大学学術出版会　2014.9　323, 53p　20cm+（西洋古典叢書 L025　内山勝利, 大戸千之, 中務哲郎, 南川高志, 中畑正志, 高橋宏幸編集委員）〈付属資料：8p：月報 109　布装　年表あり 索引あり〉3700円　①978-4-87698-486-2

内容 神君アウレリアヌスの生涯 他（フラウィウス・ウォピスクス著）　〔00868〕

ウォボルディング, ロバート　Wubbolding, Robert E.

◇リアリティ・セラピーの理論と実践（USING REALITY THERAPY）　ロバート・ウォボルディング著, 柿谷正期訳　アチーブメント出版　2015.7　259p　19cm　〈「セルフ・コントロール」（サイマル出版会 1992年刊）の改題　文献あり〉1700円　①978-4-905154-84-6

内容 行動には目的がある―内側からの動機づけ　リアリティ・セラピーの実践―カウンセリングの指針　カウンセリング関係の確立―避けるべきこと　カウンセリングの方法（イメージ写真、欲求、見方　行動全体を探り、評価させる　計画を立て、決意させる）　逆説手法のカウンセリング　結婚・家族カウンセリング　二つの事例―独身女性と夫婦　置き換えプログラム―リアリティ・セラピーと個人的成長　職場でのリアリティ・セラピー　「質問」の意義とQ&A　〔00869〕

ウォーマン, グレッグ

◇経験学習によるリーダーシップ開発―米国CCLによる次世代リーダー育成のための実践事例（Experience-Driven Leader Development）　シンシア・D.マッコーレイ,D.スコット・デリュ, ポール・R.ヨスト, シルベスター・テイラー編, 漆嶋稔訳　日本能率協会マネジメントセンター　2016.8　511p　27cm　8800円　①978-4-8207-5929-4

内容 経験に基づくシミュレーションの構築（ジェームズ・チシェロム, グレッグ・ウォーマン, アンドリュー・ウェブスター）　〔00870〕

ウォームズリー, アン　Walmsley, Ann

◇プリズン・ブック・クラブ―コリンズ・ベイ刑務所読書会の一年（THE PRISON BOOK CLUB）　アン・ウォームズリー著, 向井和美訳　紀伊国屋書店　2016.9　445p　19cm　1900円　①978-4-314-01142-6

内容 墓地でのウォーキング　約束は守られた『スリー・カップス・オブ・ティー』　あなたは正常ですか？『月で暮らす少年』『夜中に犬に起こった奇妙な事件』　Nで始まる差別語『ニグロたちの名簿』　きれいな朝焼けは看守への警告『かくも長き旅』　夏に読んだ本　読書会という隠れ蓑『ガーンジー島の読書会』　グレアムとフランクの読書会『サラエボのチェリスト』　この環境に慣らされてしまったのさ『戦争』　虐待かネグレクトか『ガラスの城の子どもたち』〔ほか〕　〔00871〕

ウォーラーステイン, イマニュエル　Wallerstein, Immanuel Maurice

◇人種・国民・階級―「民族」という曖昧なアイデンティティ（RACE, NATION, CLASSE）　エティエンヌ・バリバール, イマニュエル・ウォーラーステイン著, 若森章孝, 岡田光正, 須田文明, 奥西達也訳　唯学書房　2014.6　384, 7p　22cm　〈新装版 大村書店 1997年刊に「資本主義世界経済と国民、人種主義、移民現象」を加え再刊　索引あり　発売：アジール・プロダクション〉4500円　①978-4-902225-87-7

内容 第1部 普遍的人種主義（「新人種主義」は存在するか？　資本主義のイデオロギー的緊張―普遍主義対人種主義・性差別主義　人種主義と国民主義）　第2部 歴史的国民（民族性の構築―人種主義、ナショナリズム、エスニシティ　国民形態―歴史とイデオロギー　資本主義世界経済における世帯構造と労働力の形成）　第3部 諸階級―両極化と重層的決定（資本主義世界経済における階級コンフリクト　マルクスと歴史―実りのある思想と不毛の思想　ブルジョワ（ジー）―その観念と現実　階級闘争から階級なき闘争へ？）　第4部 社会的コンフリクトの軸心移動（独立後ブラック・アフリカにおける社会的抗争―人種と身分集団の概念の再考　「階級の人種主義」　人種主義と危機）　〔00872〕

◇知の不確実性―「史的社会科学」への誘い（The Uncertainties of Knowledge）　イマニュエル・ウォーラーステイン〔著〕, 山下範久監訳, 滝口良, 山下範久訳　藤原書店　2015.10　274p　20cm　〈文献あり 索引あり〉2800円　①978-4-86578-046-8　〔00873〕

◇国際社会学の射程―社会学をめぐるグローバル・ダイアログ　西原和久, 芝真里編訳　東信堂　2016.2　118p　21cm　（国際社会学ブックレット 1）　1200円　①978-4-7989-1336-0

内容 歴史社会科学者（I.ウォーラースティン著, 仲修平訳）　〔00874〕

ウォラック, マイケル　Wallach, Michael A.

◇心の七つの見方（SEVEN VIEWS OF MIND）　リーサ・ウォラック, マイケル・ウォラック共著, 岡隆訳　新曜社　2016.11　206, 19p　19cm　〈索引あり〉2600円　①978-4-7885-1478-2

内容 第1章 物理的世界とは異なるものとしての心　第2章 話し方としての心　第3章 行動としての心　第4章 頭の中のソフトウェアとしての心　第5章 脳としての心　第6章 科学的構成概念としての心　第7章 社会的構成概念としての心　終章 心を（完全に）見失うことなく二元論を避ける方法　〔00875〕

ウォラック, リーサ　Wallach, Lise

◇心の七つの見方（SEVEN VIEWS OF MIND）　リーサ・ウォラック, マイケル・ウォラック共著, 岡隆訳　新曜社　2016.11　206, 19p　19cm　〈索引あり〉2600円　①978-4-7885-1478-2

内容 第1章 物理的世界とは異なるものとしての心　第2章 話し方としての心　第3章 行動としての心　第4章 頭の中のソフトウェアとしての心　第5章 脳としての心　第6章 科学的構成概念としての心　第7章 社会的構成概念としての心　終章 心を（完全に）見失うことなく二元論を避ける方法　〔00876〕

ウ

ウォーリス, シャノン・M.

◇経験学習によるリーダーシップ開発―米国CCLによる次世代リーダー育成のための実践事例（Experience-Driven Leader Development）　シンシア・D.マッコーレイ,D.スコット・デリュ, ポール・R.ヨスト, シルベスター・テイラー編, 漆嶋稔訳　日本能率協会マネジメントセンター　2016.8　511p　27cm　8800円　①978-4-8207-5929-4

内容 リーダーシップ開発手段としての企業ボランティア活動（シャノン・M.ウォーリス, ジェフリー・J.マクヘンリー）　〔00877〕

ウォリス, ピート　Wallis, Pete

◇犯罪被害を受けた子どものための支援ガイド―子どもと関わるすべての大人のために（Are You Okay?）　ピート・ウォリス著, 野坂祐子, 大岡由佳監訳　金剛出版　2016.2　263p　21cm　〈索引あり〉3600円　①978-4-7724-1469-2

内容 第1部 「なにが起こったんだろう？」―犯罪とそれによる影響（犯罪とは　間接的被害者あるいは「隠れた傷つき」　犯罪の影響を理解してサインを認識すること）　第2部 「あなたはひとりじゃない」―支援のためのさまざまな手立て（問題として取り上げ、うまく反応すること　アセスメント、守秘義務、通告）　第3部 「これからどうなるの？」―修復的取り組み（修復的アプローチ　加害と被害の重なり　新たな一歩のために）　〔00878〕

ウォリネッツ, スティーブン・B.

◇民主政治はなぜ「大統領制化」するのか―現代民主主義国家の比較研究（The Presidentialization of Politics）　T.ポグントケ,P.ウェブ編, 岩崎正洋監訳　京都　ミネルヴァ書房　2014.5　523, 7p　22cm　〈索引あり〉8000円　①978-4-623-07038-1

内容 カナダ（ハーマン・バクビス, スティーブン・B.ウォリネッツ著, 古地順一郎訳）　〔00879〕

ウォーリン, リチャード　Wolin, Richard

◇1968パリに吹いた「東風」―フランス知識人と文化大革命（THE WIND FROM THE EAST）　リチャード・ウォーリン〔著〕, 福岡愛子訳　岩波書店　2014.7　383, 35p　22cm　4800円　①978-4-00-025985-9

内容 マオイストへの誘惑　第1部 造反の時（ブリュエ＝アン＝ナルトワの決戦　60年代のフランス　68年5月―リビドーの政治の勝利　マオイストとは誰のことだったのか　アラン・バディウのセクト的マオイズムについて）　第2部 知識人の時（ジャン＝ポール・サルトルが完璧なマオイストだった瞬間　文化・政治地獄のなかの『テル・ケル』　フーコーとマオイストたち―バイオポリティクスとアンガージュマン　ありえない遺産―文化大革命からアソシエイションのデモクラシーへ）　〔00880〕

ウォール, エリック　Wahl, Erik

◇アンシンク―眠れる創造力を生かす、考えない働き方（UNThink）　エリック・ウォール著, 住友進訳　講談社　2014.3　254p　19cm　1600円　①978-4-06-218871-5

内容 1 あのころ…かつての自分（忘れた自分を取り戻す）　2 現在…今、自分が置かれている状況（「大人の殻」を脱ぎ捨てる）　3 これから…！　どういう自分になれるのか？（「あたりまえ」を挑発する　直感力を研ぎ澄ます　自分の思いに従う ほか）　〔00881〕

ウォルサー, ロビン・D.　Walser, Robyn D.

◇アクセプタンス＆コミットメント・セラピー実践ガイド―ACT理論導入の臨床場面別アプローチ（A Practical Guide to Acceptance and Commitment Therapy）　スティーブン・C.ヘイズ, カーク・D.ストローサル編著, 谷晋二監訳, 坂本律訳　明石書店　2014.7　473p　22cm　〈文献あり〉5800円　①978-4-7503-4046-3

内容 グループ形式でのACTの実施（ロビン・D.ウォルサー, ジャクリーン・ピストレッロ）　〔00882〕

ウォルシュ, カール・E.　Walsh, Carl E.

◇スティグリッツマクロ経済学（ECONOMICS 原著第4版の翻訳）　ジョセフ・E.スティグリッツ, カール・E.ウォルシュ著, 藪下史郎, 秋山太郎, 蟻川靖浩, 大阿久博, 木立力, 宮田亮, 清野一治訳　第4版　東洋経済新報社　2014.5　676p　21cm　〈他言語標題：MACRO ECONOMICS　索引あり〉3800円　①978-4-492-31446-3

内容 第1部 マクロ経済学入門（マクロ経済学の課題　マクロ経済活動の測定　インフレーションとデフレーション）　第2部 完全雇用マクロモデル（完全雇用モデル　完全雇用下の財政　開放経済　経済成長と生産性　貨幣、物価水準と中央銀行）　第3部 マクロ経済変動（経済変動の理論　総支出と総所得　総需要とインフレーション　中央銀行と利子率　金融・財政政策）　第4部 グローバル・エコノミー（国際金融システム　開放マクロ経済と政府の政策　経済発展と移行経済）　第5部 新しいマクロ経済理論（インフレーションと失業　マクロ経済政策論争）　〔00883〕

ウォルシュ, ニール・ドナルド　Walsch, Neale Donald

◇人類との対話　2　たったひとつの大切なこと（CONVERSATION WITH HUMANITY：THE ONLY THINGS THAT MATTERS）　ニール・ドナルド・ウォルシュ〔著〕, 飯島奈美訳　アルファポリス　2014.5　323p　19cm　〈発売：星雲社〉1800円　①978-4-434-19173-2

内容 第1部（あなたの魂は何が起きているか、すべてわかっている　あなたには信じられるか？　知るべきことを知っていると理解する、それが大切だ ほか）　第2部（基本本に戻る　もう一度、思い出す　「やれやれ」を乗り越えよう ほか）　第3部（人は本当に、“ひとが願うこと”に応えて人生をおくるべきだろうか？　“魂の道”でないものとは　“ひとが願うこと”と“ひとが魂の道で行うこと” ほか）　〔00884〕

◇神との対話―25のコア・メッセージ（WHAT GOD SAID）　ニール・ドナルド・ウォルシュ著, 吉田利子訳　サンマーク出版　2015.4　500p　20cm　〈文献あり〉2500円　①978-4-7631-3444-8

内容 百万分の一のチャンス　いま、必要な本　問題はシステム　明快でシンプルな説明　二十五のコア・メッセージ　役立たずの信念　窓ガラスに衝突する虫のように　わたしたちは何をするつもりなのか？　あなたはそのひとりではない　否定でもなく、放棄でもなく〔ほか〕 〔*00885*〕

ウォルシュ, メラニー　Walsh, Melanie

◇さようなら、おばあちゃん（Goodbye Grandma）　メラニー・ウォルシュさく, なかがわちひろやく　ほるぷ出版　2014.2　〔40p〕　28cm　1600円　①978-4-593-50558-6 〔*00886*〕

ウォールシュ, G.*　Walsh, Gianfranco

◇国家ブランディング―その概念・論点・実践（NATION BRANDING）　キース・ディニー編著, 林田博光, 平沢敦監訳　八王子　中央大学出版部　2014.3　310p　22cm　（中央大学企業研究所翻訳叢書 14）　4500円　①978-4-8057-3313-4

内容 原産国とナショナル・アイデンティティから国家ブランディングまで（Renata Sanches,Flavia Sekles,Anthony Gortzis,Gianfranco Walsh,Klaus-Peter Wiedmann著, 金炯中訳） 〔*00887*〕

ウォルソール, アン

◇江戸のなかの日本、日本のなかの江戸―価値観・アイデンティティ・平等の視点から（Values, Identity, and Equality in Eighteenth-and Nineteenth-Century Japan）　ピーター・ノスコ, ジェームス・E.ケテラー, 小島康敬編, 大野ロベルト訳　柏書房　2016.12　415p　22cm　〈索引あり〉 4800円　①978-4-7601-4759-5

内容 賢兄愚弟（アン・ウォルソール著） 〔*00888*〕

ウォルター, イザベル　Walter, Isabel

◇研究活用の政策学―社会研究とエビデンス（USING EVIDENCE）　サンドラ・M.ナトリー, イザベル・ウォルター, ヒュー・T.O.デイヴィス著, 惣脇宏, 豊浩子, 籾井圭子, 岩崎久美子, 大槻達也訳　明石書店　2015.1　449p　22cm　〈文献あり 索引あり〉 5400円　①978-4-7503-4121-7

内容 第1章 はじめに：エビデンスの活用　第2章 研究活用の形態　第3章 研究活用を方向づける要素　第4章 研究活用のモデル　第5章 研究活用改善のメカニズム　第6章 主要な理論と概念：学習理論、ナレッジマネジメント、イノベーション普及理論　第7章 実践における研究活用の改善　第8章 政策における研究活用の改善　第9章 研究インパクト評価　第10章 結論 〔*00889*〕

ウォルター, エカテリーナ　Walter, Ekaterina

◇THINK LIKE ZUCK―マーク・ザッカーバーグの思考法（THINK LIKE ZUCK）　エカテリーナ・ウォルター著, 斎藤栄一郎訳　講談社　2014.5　269p　19cm　〈年表あり〉 1500円　①978-4-06-218959-0

内容 はじめに 世界をつなぐ　第1章 Passion―情熱　第2章 Purpose―目的　第3章 People―人材　第4章 Product―製品　第5章 Partnerships―協力　おわりに 挑む者に勝利あり 〔*00890*〕

ウォルターズ, ウィリアム　Walters, William

◇統治性―フーコーをめぐる批判的な出会い（Governmentality）　ウィリアム・ウォルターズ著, 阿部潔, 清水知子, 成実弘至, 小笠原博毅訳　調布　月曜社　2016.7　333p　19cm　〈文献あり 索引あり〉 2500円　①978-4-86503-034-1

内容 イントロダクション　第1章 フーコー、権力、統治性　第2章 統治性3・4・7　第3章 よみがえるフーコー効果？　国際統治性研究へのいくつかの覚え書き　第4章 統治性と系譜学をふたたびつなぐ―スタイルの問題　結論―統治性との出会い 〔*00891*〕

ウォルターズ, ヘレン　Walters, Helen

◇ビジネスモデル・イノベーション―ブレークスルーを起こすフレームワーク10（TEN TYPES OF INNOVATION）　ラリー・キーリー, ライアン・ピッケル, ブライアン・クイン, ヘレン・ウォルターズ著, 平野敦士カール監修, 藤井清美訳　朝日新聞出版　2014.2　270p　19×24cm　〈文献あり〉 2500円　①978-4-02-331269-2

内容 第1部 イノベーション　第2部 イノベーションの10タイプ　第3部 たくさん使えば使うほど強力に　第4部 変化に気づく　第5部 イノベーションを主導する　第6部 イノベーションを育成する　第7部 補足 〔*00892*〕

ウォルタース, C.A.*　Wolters, Christopher A.

◇自己調整学習ハンドブック（HANDBOOK OF SELF-REGULATION OF LEARNING AND PERFORMANCE）　バリー・J.ジマーマン, ディル・H.シャンク編, 塚野州一, 伊藤崇達監訳　京都　北大路書房　2014.9　434p　26cm　〈索引あり〉 5400円　①978-4-7628-2874-4

内容 動機づけの自己調整方略のアセスメント（Christopher A.Wolters, Maria B.Benzon, Christina Arroyo-Giner著, 伊藤崇達訳） 〔*00893*〕

ウォルターストーフ, ニコラス　Wolterstorff, Nicholas

◇涙とともに見上げるとき―亡き子を偲ぶ哀歌（Lament for a Son）　ニコラス・ウォルターストーフ著, 正井進訳　いのちのことば社　2013.12　142p　19cm　1300円　①978-4-264-03181-9 〔*00894*〕

ウォルツァー, マイケル　Walzer, Michael

◇解釈としての社会批判（INTERPRETATION AND SOCIAL CRITICISM）　マイケル・ウォルツァー著, 大川正彦, 川本隆史訳　筑摩書房　2014.10　248p　15cm　（ちくま学芸文庫 ウ24-1）〈風行社 1996年刊の再刊　著作目録あり 索引あり〉 1200円　①978-4-480-09639-5

内容 第1章 道徳哲学の三つの道　第2章 社会批判の実践　第3章 社会批判者としての預言者 〔*00895*〕

◇解放のパラドックス―世俗革命と宗教的反革命（THE PARADOX OF LIBERATION）　マイケル・ウォルツァー著, 萩原能久監訳　風行社　2016.1　194, 9p　22cm　〈索引あり〉 2500円　①978-4-86258-091-7

内容 第1章 民族解放の逆説　第2章 逆説の例証―シオニズム対ユダヤ教　第3章 逆説の否定―マルクス主義の視点　第4章 民族解放の未来 〔*00896*〕

ウ

ヴォルテール, F.M.A.　Voltaire, François Marie Arouet de

◇寛容論（TRAITÉ SUR LA TOLÉRANCE）　ヴォルテール著, 斉藤悦則訳　光文社　2016.5　343p　16cm　(光文社古典新訳文庫 KBウ3-1)　〈年譜あり〉 1060円　①978-4-334-75332-0

内容 ジャン・カラス殺害のあらまし　ジャン・カラス処刑の結果　十六世紀における宗教改革の思想　寛容は危険なものなのか、また、寛容を重んずる民族は存在するか　寛容はいかなるばあいに許されるか　不寛容ははたして自然の法であり、人間の権利であるのか　不寛容は古代ギリシアの時代にもあったのか　ローマ人は寛容だったか　殉教者たち　偽の伝説や迫害の物語の危険性〔ほか〕　〔00897〕

◇ヴォルテール回想録（Œuvres complètes de Voltaire.Tome 1の抄訳）　ヴォルテール〔著〕, 福鎌忠恕訳　中央公論新社　2016.10　279p　18cm　(中公クラシックス W90)　〈大修館書店1989年刊の改訂　索引あり〉 1800円　①978-4-12-160169-8　〔00898〕

ウォルドマン, マーク・ロバート　Waldman, Mark Robert

◇心をつなげる―相手と本当の関係を築くために大切な「共感コミュニケーション」12の方法（WORDS CAN CHANGE YOUR BRAIN）　アンドリュー・ニューバーグ, マーク・ロバート・ウォルドマン著, 川田志津訳　東洋出版　2014.3　302p　20cm　1800円　①978-4-8096-7728-1

内容 知識編 頭の中はどうなっているのか―コミュニケーションの仕組みとは？ (新しい会話法　言葉は「脳」を変える　脳はマルチリンガル―コミュニケーションスキルは向上する　心の中を自覚する―意識の言語　心がつながる仕組み―協調の言語　関係を築く―信頼の言語)　実践編 協調を生み、信頼関係を築く「共感コミュニケーション」(いちばん深いところにある価値観は？ ―「共感コミュニケーション」で大切なこと　「共感コミュニケーション」を理解する　「共感コミュニケーション」を実践する)　応用編「共感コミュニケーション」を活用する (パートナーとの共感コミュニケーション　職場での共感コミュニケーション　家庭での共感コミュニケーション)　〔00899〕

ウォルドロン, ジェレミー　Waldron, Jeremy

◇ヘイト・スピーチという危害（THE HARM IN HATE SPEECH）　ジェレミー・ウォルドロン〔著〕, 谷沢正嗣, 川岸令和訳　みすず書房　2015.4　293, 43p　20cm　〈索引あり〉 4000円　①978-4-622-07873-9

内容 第1章 ヘイト・スピーチにアプローチする　第2章 アンソニー・ルイスの『敵対する思想の自由』　第3章 なぜヘイト・スピーチを集団に対する文書名誉毀損と呼ぶのか　第4章 憎悪の外見　第5章 尊厳の保護か、不快感からの保護か　第6章 C.エドウィン・ベイカーと自律の議論　第7章 ロナルド・ドゥオーキンと正統性の議論　第8章 寛容と中傷　〔00900〕

ウォルビー, シルヴィア　Walby, Sylvia

◇知識経済をジェンダー化する―労働組織・規制・福祉国家（GENDERING THE KNOWLEDGE ECONOMY）　S.ウォルビー,H.ゴットフリート, K.ゴットシャル, 大沢真理編著, 大沢真理編訳　京都　ミネルヴァ書房　2016.8　382p　22cm　(現代社会政策のフロンティア 10)　〈索引あり〉 5500円　①978-4-623-07783-0

内容 知識経済のジェンダー化の理論を構築する (シルヴィア・ウォルビー著)　〔00901〕

ヴォルフ, ウルズラ　Wolf, Ursula

◇論理哲学入門（LOGISCH - SEMANTISCHE PROPÄDEUTIK）　エルンスト・トゥーゲントハット, ウルズラ・ヴォルフ著, 鈴木崇夫, 石川求訳　筑摩書房　2016.11　360p　15cm　(ちくま学芸文庫)　1300円　①978-4-480-09762-0

内容「論理学」とは何か　文、言明文、言明、判断　論理的含意と論理的真理―分析性とア・プリオリ性　矛盾律　伝統的論理学の基本性格―判断論と三段論法　単称文と一般文の構造に関する現代の考え方―論理的・意味論的形式と文法的形式　複合文　一般名辞、概念、クラス　単称名辞　同一性　存在　存在、否定、肯定　真理　必然性と可能性　〔00902〕

ヴォルフ, フリーダー・オットー

◇資本の専制、奴隷の叛逆―「南欧」先鋭思想家8人に訊くヨーロッパ情勢徹底分析　広瀬純編著　航思社　2016.1　379p　19cm　〈他言語標題：Dictadura capitalista y esclavos rebeldes Conversaciones "bajo la coyuntura"〉 2700円　①978-4-906738-15-1

内容 ブリュッセルの「一方的命令」とシリザのジレンマ (エチエンヌ・バリバール, サンドロ・メッザードラ, フリーダー・オットー・ヴォルフ著, 上尾真道, 森元斎訳)　〔00903〕

ヴォルフ, マンフレート　Wolf, Manfred

◇ドイツ物権法（Sachenrecht 原著第30版の翻訳）　マンフレート・ヴォルフ, マリーナ・ヴェレンホーファー原著, 大場浩之, 水津太郎, 鳥山泰志, 根本尚徳訳　成文堂　2016.11　708p　22cm　〈索引あり〉 9800円　①978-4-7923-2696-8

内容 第1章 基礎　第2章 占有法　第3章 法律行為に基づく動産所有権の取得　第4章 法律に基づく動産所有権の取得　第5章 動産担保権　第6章 土地に関する権利の得喪　第7章 所有者・占有者関係　第8章 所有権妨害除去請求権と相隣法　第9章 土地質権　第10章 利用権　〔00904〕

ウォルフ, リック

◇多様性を拓く教師教育―多文化時代の各国の取り組み（Educating Teachers for Diversity）　OECD教育研究革新センター編著, 斎藤里美監訳, 布川あゆみ, 本田伊克, 木下江美, 三浦綾希子, 藤浪海訳　明石書店　2014.8　403p　22cm　4500円　①978-4-7503-4053-1

内容 多様な教師の確保と定着 (リック・ウォルフ, サビヌ・サーヴェリエンヌ, マリーケ・メーウィッセ著, 三浦綾希子訳)　〔00905〕

ウォルフレン, カレル・ヴァン　Wolferen, Karel Van

◇日本に巣喰う4つの"怪物"　カレル・ヴァン・ウォルフレン著, 井上実訳　KADOKAWA　2014.10　253p　19cm　〈他言語標題：Political Monsters in and around Abe's Japan〉 1700円　①978-4-04-653326-5

内容 「仕方がない」にいかに抗うか　"怪物"を語るための思考の道具　マスメディアという最大の"怪物"　歴史の産物としての安倍政権　金権政治という"怪物"　国際政治と"偽の怪物"　TPPという"隠れた怪物"　安倍政権は"怪物"から逃れられるか　ウクライナ危機と「新たなる冷戦」　"怪物"が巣喰う日中韓外交　日本国憲法とマッカサーの虚栄心　安倍政権の行く手を阻む"怪物"たち　〔00906〕

◇偽りの戦後日本　カレル・ヴァン・ウォルフレン, 白井聡著　KADOKAWA　2015.4　222p　19cm　1600円　①978-4-04-653342-5

内容 第1章 日本はふたたび戦争に踏み出すのか（40年前への逆戻り　「大政翼賛会」化した日本の政界 ほか）　第2章 敗戦国の空虚な70年（「敗戦」を認められない日本人　二度目の「敗戦」が必要なのか ほか）　第3章 右傾化する日本人（政治に「神話」を持ち込む安倍政権　存在感を増す「反米保守」 ほか）　第4章 新自由主義が支配する世界（小泉政権が日本に残した反知性主義　「ポチョムキン村」化する日本 ほか）　第5章 終わらない「敗戦」を乗り越えるために（脱原発には二度目の悲劇が必要なのか　ドイツとイタリアにできて日本にできない脱原発 ほか）　〔00907〕

ヴォルペルト, シュテファニー

◇名前のない母子をみつめて―日本のこうのとりのゆりかご ドイツの赤ちゃんポスト　蓮田太二, 柏木恭典著　京都　北大路書房　2016.4　200p　19cm　〈文献あり〉1800円　①978-4-7628-2933-8

内容 ドイツの赤ちゃんポストと匿名出産を振り返る（シュテファニー・ヴォルペルト著, 柏木恭典訳）　〔00908〕

ウォーレス, クリストファー

◇経済学大図鑑（The Economics Book）　ナイアル・キシテイニーほか著, 若田部昌澄日本語版監修, 小須田健訳　三省堂　2014.2　352p　25cm　〈索引あり〉4000円　①978-4-385-16222-5

内容 さあ、交易をはじめよう―紀元前400年～後1770年　理性の時代―1770年～1820年　産業革命と経済革命―1820年～1929年　戦争と不況―1929年～1945年　戦後の経済学―1945年～1970年　現代の経済学―1970年～現在　〔00909〕

ウォーレス, ポール

◇英エコノミスト誌のいまどき経済学（ECONOMICS 原著第3版の翻訳）　サウガト・ダッタ編, 松本剛史訳　日本経済新聞出版社　2014.9　321p　19cm　〈索引あり〉2000円　①978-4-532-35606-4

内容 進化しつつある分野（マシュー・ビショップ, サウガト・ダッタ, パトリック・レイン, ジョン・パーカー, ジョン・スムトニアク, ポール・ウォーレス著）　〔00910〕

ウォレン, ケイ　Warren, Kay

◇キリスト教信仰の土台―人生をささえる聖書の学び　上（Foundations）　トム・ホラディ, ケイ・ウォレン共著, 小坂直人訳　パーパス・ドリブン・ジャパン　2014.1　351p　19cm　1800円　①978-4-902680-23-2

内容 聖書的世界観　聖書　神　キリスト　聖霊　創造　〔00911〕

◇キリスト教信仰の土台―人生をささえる聖書の学び　下（Foundations）　トム・ホラディ, ケイ・ウォレン共著, 小坂直人訳　パーパス・ドリブン・ジャパン　2014.9　391p　19cm　1800円　①978-4-902680-24-9　〔00912〕

ウォーレン, シャロン・A.　Warren, Sharon A.

◇引き寄せの古典的名著マグネタイジング（MAGNETIZING YOUR HEART'S DESIRE）　シャロン・A.ウォーレン著, 白川貴子訳　ヴォイス出版事業部　2016.6　362p　19cm　1800円　①978-4-89976-453-3

内容 引き寄せの法則を作動させる　引き寄せて願いをかなえる技術　あらゆる思考はエネルギー　創造するとは、引き寄せること　ドリームチーム　シンクロニシティ　難局は気づくためのきっかけ　成長にともなう危険　成り行きで生きていますか、それとも選択していますか？　学習は実践に道を譲る　想像しよう！　神聖なスパイラル―中心への回帰　儀式を楽しむ―さっそく始めよう　マインド・マッピングと焦点を合わせる環　エネルギーを整える　まとめ　見えない存在とは？　〔00913〕

ウォレン, リック　Warren, Richard

◇人生を導く5つの目的―自分らしく生きるための42章（THE PURPOSE DRIVEN LIFE 増補改訂版の翻訳）　リック・ウォレン著, 尾山清仁, 小坂直人訳　増補改訂版　パーパス・ドリブン・ジャパン　2015.9　438p　20cm　〈文献あり〉2300円　①978-4-902680-25-6

内容 私は何のために生きているのか　第1の目的 あなたは神の喜びのために造られた　第2の目的 あなたは神の家族となるために造られた　第3の目的 あなたはキリストのようになるために造られた　第4の目的 あなたは神に仕えるために造られた　第5の目的 あなたは使命のために造られた　〔00914〕

◇クリスマスの3つの目的（The Purpose of Christmas）　リック・ウォレン著, ホーバード豊子訳　いのちのことば社　2016.10　127p　19cm　1000円　①978-4-264-03597-8

内容 クリスマスの目的　お祝いのとき　救いのとき　和解のとき　〔00915〕

ウォレン, ローナ

◇イギリスにおける高齢期のQOL―多角的視点から生活の質の決定要因を探る（UNDERSTANDING QUALITY OF LIFE IN OLD AGE）　アラン・ウォーカー編著, 岡田進一監訳, 山田三知子訳　京都　ミネルヴァ書房　2014.7　249p　21cm　（新・MINERVA福祉ライブラリー 20）〈文献あり 索引あり〉3500円　①978-4-623-07097-8

内容 ジェンダーと民族性からみた高齢期の社会参加（ケイト・デーヴィッドソン, ローナ・ウォレン, メアリー・メイナード著）　〔00916〕

ヴォーン, ジェニー　Vaughan, Jenny

◇池上彰が注目するこれからの大都市・経済大国 4 ムンバイ・インド（DEVELOPING WORLD series : INDIA AND MUMBAI）　池上彰監修, 稲葉茂勝訳・著, こどもくらぶ編集　ジェニー・ヴォーン原著　講談社　2016.2　47p

29cm 〈索引あり〉 3000円 ①978-4-06-219585-0 〔00917〕

ウ

ウォン, A.W.K.* Wong, Adelina Wei Kwan
◇世界における日本のユング心理学　日本ユング心理学会編　大阪　創元社　2016.9　192p　21cm　(ユング心理学研究 第8巻)　〈文献あり〉 2000円　①978-4-422-11498-9
内容 クライエントが表現した作品と中国の象形古文字を関連づけることの臨床的意味 (Adelina Wei Kwan Wong著, 粉川尚枝訳) 〔00918〕

ウォン, R.ビン
◇比較制度分析のフロンティア (INSTITUTIONS AND COMPARATIVE DEVELOPMENTの抄訳, COMPLEXITY AND INSTITUTIONSの抄訳〔etc.〕)　青木昌彦, 岡崎哲二, 神取道宏監修　NTT出版　2016.9　356p　22cm　(叢書《制度を考える》)　〈他言語標題：Frontiers of Comparative Institutional Analysis〉 4500円　①978-4-7571-2325-0
内容 大分岐を超えて (ジャン＝ローラン・ローゼンサール,R.ビン・ウォン著, 日野正子訳) 〔00919〕

ウォンズブラ, ヘンリー Wansbrough, Henry
◇聖書読解事典―ヴィジュアル版 (THE BIBLE A Reader's Guide)　ヘンリー・ウォンズブラ著, 北和丈訳　原書房　2014.2　288p　26cm　〈文献あり 索引あり〉 3800円　①978-4-562-04958-5
内容 旧約聖書 (創世紀　出エジプト記　レビ記　民数記　申命記 ほか)　新約聖書 (マタイによる福音書　マルコによる福音書　ルカによる福音書　ヨハネによる福音書　使徒言行録 ほか) 〔00920〕

ウスター, W.L. Worcester, William Loring
◇たとえの言葉 (The language of parable)　W.L.ウスター著, 鈴木泰之訳　スヴェーデンボリ出版　2013.12　439p　19cm　2500円　①978-4-906861-13-2 〔00921〕

ウター, ハンス＝イェルク Uther, Hans-Jörg
◇国際昔話話型カタログ―アンティ・アールネとスティス・トムソンのシステムに基づく分類と文献目録 FFコミュニケーションno.284/285/286 (The types of international folktales (第2版))　ハンス＝イェルク・ウター著, 加藤耕義訳, 小沢俊夫日本語版監修　川崎　小沢昔ばなし研究所　2016.8　9, 2272p　22cm　18000円　①978-4-902875-76-8 〔00922〕

ウタン‐アダン, アンヌ
◇ヨーロッパ私法の展望と日本民法典の現代化　川角由和, 中田邦博, 潮見佳男, 松岡久和編　日本評論社　2016.3　541p　22cm　(竜谷大学社会科学研究所叢書 第108巻)　〈他言語標題：Perspectives of European Private Law and Modernization of Japanese Civil Code〉 7000円　①978-4-535-52165-0
内容 パリ商工会議所におけるヨーロッパ私法の共通化への対応 (中田邦博, 馬場圭太インタビュアー, アンヌ・ウタン‐アダン述) 〔00923〕

ウチムラ, カンゾウ　内村 鑑三
◇代表的日本人　内村鑑三著, 関岡孝平訳　〔録音資料〕　パンローリング　〔2014〕　録音ディスク 6枚 (379分)：CD　(耳で聴く本オーディオブックCD)　〈企画・制作：でじじ〉 1300円　①978-4-7759-8265-5 〔00924〕
◇ぼくはいかにしてキリスト教徒になったか (HOW I BECAME A CHRISTIAN)　内村鑑三著, 河野純治訳　光文社　2015.3　372p　16cm　(光文社古典新訳文庫 KBウ2-1)　〈年譜あり〉 1080円　①978-4-334-75307-8
内容 第1章 異教　第2章 キリスト教との出会い　第3章 始めの教会　第4章 新しい教会と平信徒伝道　第5章 世の中へ―感傷的なキリスト教　第6章 キリスト教国の第一印象　第7章 キリスト教国にて―慈善家たちの中で　第8章 キリスト教国にて―ニューイングランドでの大学生活　第9章 キリスト教国にて―神学の概観　第10章 キリスト教国についての率直な印象―帰国 〔00925〕
◇代表的日本人　内村鑑三著, ニーナ・ウェグナー英文リライト, 牛原真弓訳　IBCパブリッシング　2016.3　207p　19cm　(対訳ニッポン双書)　〈他言語標題：Representative Men of Japan〉 1500円　①978-4-7946-0399-9
内容 第1章 西郷隆盛―新日本の創設者 (1868年の日本の維新　出生、教育、感化 ほか)　第2章 上杉鷹山―封建領主 (封建制度　人と事業 ほか)　第3章 二宮尊徳―農民聖者 (19世紀初頭の日本の農業　少年時代 ほか)　第4章 中江藤樹―村の先生 (昔の日本の教育　青年時代 ほか)　第5章 日蓮上人―仏僧 (日本の仏教　生誕と出家 ほか) 〔00926〕
◇後世への最大遺物―現代語抄訳　内村鑑三著, 大山国男訳　京都　便利堂　2016.7　59p　19cm　300円　①978-4-89273-105-1 〔00927〕
◇代表的日本人　内村鑑三著, 藤田裕行訳　アイバス出版　2016.9　221p　19cm　〈他言語標題：REPRESENTATIVE MEN OF JAPAN　発売：サンクチュアリ出版〉 1400円　①978-4-86113-666-5
内容 西郷隆盛―新たな日本を築いた男 (一八六八年、日本の革命　出生、教育、啓示 ほか)　上杉鷹山―封建領主 (封建政府　人となりと事績 ほか)　二宮尊徳―農民聖者 (十九世紀初頭の日本の農業　少年時代 ほか)　中江藤樹―村の先生 (古き日本の教育　少年時代と意識の目覚め ほか)　日蓮上人―仏教僧 (日本の仏教　誕生と出家 ほか) 〔00928〕

ウッズ, フィリップ・A.
◇ディスアビリティ現象の教育学―イギリス障害学からのアプローチ　堀正嗣監訳　現代書館　2014.3　308p　21cm　(熊本学園大学付属社会福祉研究所社会福祉叢書 24)　4000円　①978-4-7684-3531-1
内容 学校選択、市場、そして特別な教育的ニーズ (カール・バッグレイ, フィリップ・A.ウッズ著, 渡辺充佳訳) 〔00929〕

ウッズ, ボブ Woods, Bob
◇認知症の人のための認知活性化療法マニュアル―エビデンスのある楽しい活動プログラム (Making a Difference)　山中克夫, 河野禎之日本版著, Aimee Spector,Lene Thorgrimsen,Bob Woods,Martin Orrell原版著　中央法規出版　2015.12　115p　26cm　〈文献あり 索引あり〉　2400円　①978-4-8058-5277-4

内容 第1章 認知活性化療法(CST)の基本原則と手続き(基本原則　基本的な手続き　活動記録　誘導、出迎え、セッションが始まるまでの働きかけ(全セッション共通)　ウォーミング・アップ(10分間) ほか)　第2章 認知活性化療法(CST)の実際のプログラム(体を動かして遊びましょう　音や音楽を楽しみましょう　子どもの頃の話をしましょう　食べ物や食事の話をしましょう　最近のニュースや流行の話をしましょう ほか)　第3章 よくある質問Q&A　〔00930〕

ウッデン, ジョン　Wooden, John R.

◇元祖プロ・コーチが教える育てる技術（A lifetime of observations and reflections on and off the court）　ジョン・ウッデン, スティーブ・ジェイミソン〔著〕, 弓場隆訳　ディスカヴァー・トゥエンティワン　2014.1　154p　19cm　〈2004年刊の新装版〉 1300円　①978-4-7993-1450-0

内容 1 人を育てる(指導する者に与えられた素晴らしい特権　指導者とは、人びとに意欲を起こさせるために銃を必要としない人のことである　自分の指導下にある人たちに敬意を払いなさい ほか)　2 チームを育てる(最高の選手を集めても、最高のチームになるとはかぎらない　チームを成功に導く六つの条件　目標はひとりのスターを育てることではなく、チームに最高の結果をもたらすこと ほか)　3 成功のピラミッド(最高の自分になるために全力を尽くすのが成功者　私が見いだした成功の定義　持っているものは人によって異なるが、それを最大限に発揮する機会は誰にでも平等にある ほか)　〔00931〕

ウッテン, トム　Wooten, Tom

◇災害とレジリエンス―ニューオリンズの人々はハリケーン・カトリーナの衝撃をどう乗り越えたのか（WE SHALL NOT BE MOVED）　トム・ウッテン著, 保科京子訳　明石書店　2014.7　395p　20cm　〈年表あり〉 2800円　①978-4-7503-4050-0

内容 第1部 クレセント・シティとカトリーナ(「故郷を思い出す場所」　無防備な街　「間借りした家のソファー」)　第2部 一年後(「世界すべてが灰色」　ビラージ・デ・レスト「地図にその名をまた刻む」　ハリグローブ「地区を作り直す」　レイクビュー「邪魔するな」　ブロードムア「これはどこにでもある計画ではない」　ロウワー・ナインス・ウォード「質問ばかりで、答えのない会合」　各地区と市全域の都市計画「約束はもらえど、守られず」)　第3部 鳴り響く鐘の音(ブロードムア「日常生活を取り戻せ」　ビラージ・デ・レスト「皆、つながっている」　ハリグローブ「ゆっくり、けれど確実に」　レイクビュー「状況は大きく変わった」　ロウワー・ナインス・ウォード「家にいるのが一番」　栄誉)　〔00932〕

ウッド, ゴードン・S.　Wood, Gordon S.

◇アメリカ独立革命（THE AMERICAN REVOLUTION）　ゴードン・S.ウッド〔著〕, 中野勝郎訳　岩波書店　2016.1　206, 19p　20cm　〈文献あり 年表あり 索引あり〉 2600円　①978-4-00-022088-0

内容 第1章 起源　第2章 アメリカの抵抗　第3章 革命　第4章 憲法制定と戦争　第5章 共和主義　第6章 共和主義社会　第7章 連邦憲法　〔00933〕

ウッド, フィリップ　Wood, Philip R.

◇国際金融の法と実務―基礎的理論の整理とその実例（Law and practice of international finance）　フィリップ・ウッド著, 奥井誠訳　仙台　東北大学出版会　2014.12　597p　26cm　〈索引あり〉　6000円　①978-4-86163-237-2

内容 第1部 イントロダクション及びリーガル・ファミリー　第2部 倒産法制と国際金融　第3部 国際的なローンと債券　第4部 リスク削減手段　第5部 国際金融の規制制度　第6部 スペシャル・トピック　第7部 国際私法　〔00934〕

ウッド, フランシス　Wood, Frances

◇中国書籍史のパースペクティブ―出版・流通への新しいアプローチ　永冨青地編訳　勉誠出版　2015.6　359p　22cm　6000円　①978-4-585-29097-1

内容 大英博物館における漢籍について 他(フランシス・ウッド著)　〔00935〕

◇ビジュアル版 世界の歴史都市―世界史を彩った都の物語（The Great Cities in History）　ジョン・ジュリアス・ノーウィッチ編, 福井正子訳　柊風舎　2016.9　303p　27×21cm　15000円　①978-4-86498-039-5

内容 北京―および紫禁城(フランシス・ウッド)　〔00936〕

ウッドフィン, アルフレド・J.

◇次の大震災に備えるために―アメリカ海兵隊の「トモダチ作戦」経験者たちが提言する軍民協力の新しいあり方　ロバート・D.エルドリッヂ編　近代消防社　2016.5　141p　18cm　(近代消防新書)　900円　①978-4-421-00886-9

内容 日本における大規模災害救援活動と在日米軍の役割についての提言(ロバート・D.エルドリッヂ, アルフレド・J.ウッドフィン)　〔00937〕

ウッドホール, モーリン　Woodhall, Maureen

◇教育の経済分析（Cost-benefit Analysis in Educational Planning）　モーリン・ウッドホール〔著〕, 小川啓一訳・解説　東信堂　2016.6　98p　21cm　(ユネスコ国際教育政策叢書 12　黒田一雄, 北村友人叢書編)　〈文献あり 索引あり〉 1200円　①978-4-7989-1267-7

内容 費用便益分析の目的　費用の計測　便益の計測　割引現在価値の計測　教育投資の収益率　教育費用便益分析に対する反論　収益率の計算　収益率計算の代替手法　収益率の解釈：比較　教育費用便益分析の実例　政策を導くための費用便益分析　結論：教育計画における費用便益分析の実践的有用性　〔00938〕

ウッドール, パム

◇英エコノミスト誌のいまどき経済学（ECONOMICS 原著第3版の翻訳）　サウガト・ダッタ編, 松本剛史訳　日本経済新聞出版社　2014.9　321p　19cm　〈索引あり〉 2000円　①978-4-532-35606-4

内容 経済学の基本をめぐる議論 他(マシュー・ビショップ, サイモン・コックス, サウガト・ダッタ, パトリッ

ク・レイン, パム・ウッドール著)　〔00939〕

ウツリョウシ　尉繚子

◇司馬法 尉繚子 李衛公問対　守屋洋, 守屋淳訳・解説　新装版　プレジデント社　2014.9　414p　21cm　(全訳「武経七書」 2)　2800円　①978-4-8334-2097-6

内容 『司馬法』(仁本篇　天子之義篇　定爵篇　厳位篇　用衆篇)『尉繚子』(天官篇　兵談篇　制談篇　戦威篇　攻権篇　兵教上篇　兵教下篇　兵令上篇　兵令下篇)『李衛公問対』(上の巻　中の巻　下の巻)　〔00940〕

ヴュルテンベルガー, トーマス　Würtenberger, Thomas

◇グローバル化と社会国家原則―日独シンポジウム　高田昌宏, 野田昌吾, 守矢健一編　信山社　2015.5　386p　22cm　(総合叢書 17―〔ドイツ法〕)　12000円　①978-4-7972-5467-9

内容 国家の役割の変化に直面した公法学(トーマス・ヴュルテンベルガー著, 松戸浩訳)　〔00941〕

◇国家と憲法の正統化について―トーマス・ヴュルテンベルガー論文集 (Zur Legitimation von Staat und Verfassung)　トーマス・ヴュルテンベルガー著, 畑尻剛編訳　八王子　中央大学出版部　2016.12　417p　21cm　(日本比較法研究所翻訳叢書)　5100円　①978-4-8057-0376-2

内容 第1部 国家と政治の正統化に関する不可避な問題(歴史上の支配の正統化モデル　歴史的視角における基本法の正統性について)　第2部 憲法国家秩序の保証人としての憲法裁判(憲法の解釈―現実的な考察　憲法裁判官法の正統性　憲法の規範力と憲法の最適な現実化の枠条件)　第3部 自由な政治秩序の条件としての国家行為の受容(行政手続と調停手続における受容マネジメント　法律の受容　裁判所の判決の受容)　第4部 時代精神と法(時代精神と法―問題提起　国民の法意識における揺らぎと変化　時代精神に定位した法の継続的形成の民主的正統性について)　第5部 あらたな挑戦(ドイツ基本法における憲法改正と憲法変遷　レジリエンス(復元力)　自由の表現―欧米における政治文化の重要な基礎)　〔00942〕

ヴュルナー, ヘルミーネ

◇軍服を着た救済者たち―ドイツ国防軍とユダヤ人救出工作 (Retter in Uniform)　ヴォルフラム・ヴェッテ編, 関口宏道訳　白水社　2014.6　225, 20p　20cm　2400円　①978-4-560-08370-3

内容 ラインホルト・ロフィ少尉(ヘルミーネ・ヴュルナー著)　〔00943〕

ヴラスコヴィッツ, パトリック　Vlaskovits, Patrick

◇リーン・アントレプレナー―ビジョナリーに学ぶ事業開発、イノベーション、市場破壊 (The Lean Entrepreneur)　ブラント・クーパー, パトリック・ヴラスコヴィッツ著, 千葉敏生訳　翔泳社　2014.3　236p　19×26cm　2480円　①978-4-7981-3359-1

内容 1 スタートアップ革命　2 ビジョン、価値観、企業文化　3 海には色んな魚がいる　4 価値の流れを進む　5 流れに飛び込む　6 事業の実現性をテストする　7 データは諸刃の剣　8 死の谷を乗り越えて　9 顧客ファネルを見据えるのが真のビジョナリー　10 最後に　〔00944〕

ヴラナ, S.*　Vrana, Scott R.

◇嫌悪とその関連障害―理論・アセスメント・臨床的示唆 (DISGUST AND ITS DISORDERS)　B.O.オラタンジ,D.マッケイ編著, 堀越勝監修, 今田純雄, 岩佐和典監訳　京都　北大路書房　2014.8　319p　21cm　〈索引あり〉 3600円　①978-4-7628-2873-7

内容 嫌悪の心理生理学：動機・作用・自律神経(Scott R.Vrana著, 和田由美子訳)　〔00945〕

ウルタド, シルヴィア

◇高等教育の社会学 (SOCIOLOGY OF HIGHER EDUCATION)　パトリシア・J.ガンポート編著, 伊藤彰浩, 橋本鉱市, 阿曽沼明裕監訳　町田　玉川大学出版部　2015.7　476p　22cm　(高等教育シリーズ 167)　〈索引あり〉 5400円　①978-4-472-40514-3

内容 カレッジ・インパクト(シルヴィア・ウルタド著, 加藤靖子訳)　〔00946〕

ヴルチェク, アンドレ　Vltchek, Andre

◇チョムスキーが語る戦争のからくり―ヒロシマからドローン兵器の時代まで (ON WESTERN TERRORISM)　ノーム・チョムスキー, アンドレ・ヴルチェク著, 本橋哲也訳　平凡社　2015.6　228p　19cm　〈年表あり 索引あり〉 1700円　①978-4-582-70329-0

内容 第1章 植民地主義の暴力的遺産　第2章 西洋の犯罪を隠蔽する　第3章 プロパガンダとメディア　第4章 ソヴィエト・ブロック　第5章 インドと中国　第6章 ラテンアメリカ　第7章 中東とアラブの春　第8章 地球上でもっとも破壊された場所における希望　第9章 米国権力の衰え　〔00947〕

ウールドリッジ, エイドリアン　Wooldridge, Adrian

◇増税よりも先に「国と政府」をスリムにすれば？―英「エコノミスト」編集長の直言 (THE FOURTH REVOLUTION)　ジョン・ミクルスウェイト, エイドリアン・ウールドリッジ著, 浅川佳秀訳　講談社　2015.1　286p　20cm　1700円　①978-4-06-219349-8

内容 国家はなぜ存在するのか　第1部 国家「理想像」の変遷史(トマス・ホッブズの国民国家―王による支配が終わり、国民が議会を通じて国を治める「国民国家」が誕生する　J.S.ミルの自由主義国家―実力次第で成功できる新しい制度や、効率的な小さな政府を望む声が高まる　ビアトリス・ウェッブの福祉国家―資本主義の矛盾が剝き出しになった時代、万人の幸福を国家が担う枠組みが生まれる　ミルトン・フリードマンの「半」革命―行き過ぎた福祉国家の反動で、スリム化の気運が生まれるも、不完全に終わった)　第2部 現在の国家・政府・地方が抱える問題点(カリフォルニア州、7つの問題と1つの長所―肥大化する行政や、利権化する公務員はなぜ世界中で常態化したのか？　アジアに学ぶ「未来の国家」モデル―良くも悪くも、シンガポールと中国が我々に教えてくれること)　第3部 変革の嵐(北欧―改革が始まる場所―スウェーデンやデンマークでは、行政に市場原理を導入して成功を収めつつある　国家・政府を再起動せよ―公務員や行政府が抱きがちな、誤った固定観念を捨て、新しい政策に舵を切れ　国家を作り替える3つの政策―鍵を握るのは国有資産売却・補助金の廃止・給付金制度の見直しだ)　第4の革命―民主主義の修正

方法 〔00948〕

ウルフ, アーネスト・S.　Wolf, Ernest S.

◇自己心理学入門―コフート理論の実践（TREATING THE SELF）　アーネスト・S.ウルフ著, 安村直己, 角田豊訳　新装版　金剛出版　2016.2　228p　21cm　〈文献あり 索引あり〉　4000円　①978-4-7724-1481-4

内容 第1部 自己の心理学（イントロダクション：歴史的展開　全体的オリエンテーション：人間の内的生活　自己心理学の基本概念　自己と自己対象　自己対象関係障害：自己の障害　自己愛憤怒）　第2部 治療（場面設定　原則　治療プロセス　自己対象転移　逆転移の問題　分析における現実　終結） 〔00949〕

ヴルフ, クリストフ　Wulf, Christoph

◇教育人間学へのいざない（Einführung in die Anthropologie der Erziehung）　クリストフ・ヴルフ著, 今井康雄, 高松みどり訳　東京大学出版会　2015.4　233p　22cm　〈文献あり 索引あり〉　4500円　①978-4-13-051328-9

内容 1 改善不可能なものの完全化（教育の夢　近代の教育学的ディスクルス　個人的なものの完全化）　2 社会的ミメーシス（ミメーシス、身振り、儀礼　労働の身振りと労働の儀礼　イメージとファンタジー）　3 グローバルで多文化的な教育（暴力の背後遡及不可能性　他者　教育におけるグローバル化）　4 歴史性、文化性、超領域性（歴史的教育人間学への転回　複数性と歴史性　文化性・遂行性・多文化性　超領域性） 〔00950〕

ウルフ, ジョナサン　Wolff, Jonathan

◇「正しい政策」がないならどうすべきか―政策のための哲学（ETHICS AND PUBLIC POLICY）　ジョナサン・ウルフ著, 大沢津, 原田健二朗訳　勁草書房　2016.10　312, 14p　20cm　〈文献あり 索引あり〉　3200円　①978-4-326-15440-1

内容 序論　第1章 動物実験　第2章 ギャンブル　第3章 ドラッグ　第4章 安全性　第5章 犯罪と刑罰　第6章 健康　第7章 障碍　第8章 自由市場　第9章 結論 〔00951〕

ウルフ, スーザン

◇徳倫理学基本論文集　加藤尚武, 児玉聡編・監訳　勁草書房　2015.11　342, 7p　22cm　〈索引あり〉　3800円　①978-4-326-10248-8

内容 道徳的聖者（スーザン・ウルフ著, 佐々木拓訳） 〔00952〕

ウルフ, ディビッド　Wolff, David

◇ハルビン駅へ―日露中・交錯するロシア満洲の近代史（To the Harbin Station）　ディビッド・ウルフ著, 半谷史郎訳　講談社　2014.10　444p　20cm　〈文献あり 索引あり〉　2500円　①978-4-06-213998-4

内容 まえがき ハルビン前史―日露善隣の長い十九世紀　第1章 それは鉄道からはじまった　第2章 日常的な省庁間の争い　第3章 満洲植民―政策、成果、反応　第4章 戦争、革命、政治――九〇四年から一九〇八年のハルビン　第5章 彼ヲ知リ己ヲ知ラバ―国境地域のロシア東洋学　補論 ロシア中国学の系譜―北京、カザン、ペテルブルグ、ウラジオストク（一七一五年～一八九九年）　あとがき ハルビンと日本―残照の中の輝き 〔00953〕

ウルフ, バーバラ　Wolf, Barbara

◇細胞が伝える癒やしのメッセージ―細胞との対話でがんを治す（Healing by contacting your cells）　バーバラ・ウルフ, マーガレット・アンダーソン共著, 中沢英雄, 浜谷絹子, 大橋明悠希共訳　函南町（静岡県）　環境意識コミュニケーション研究所　2016.6　198p　19cm　2315円　①978-4-904564-26-4 〔00954〕

ウルフ, マーティン　Wolf, Martin

◇シフト＆ショック―次なる金融危機をいかに防ぐか（THE SHIFTS AND THE SHOCKS）　マーティン・ウルフ著, 遠藤真美訳　早川書房　2015.4　494p　20cm　〈文献あり〉2600円　①978-4-15-209535-0

内容 第1部 ショック（危機の火消しから緊縮へ　ユーロ圏危機　新世界）　第2部 シフト（なぜ金融は脆弱になったのか　世界経済のシフトはどのように進んだのか）　第3部 解決策（定説の破綻　金融を再生する　長く険しい道　不幸な結婚を修復する　次は火だ） 〔00955〕

ウルフェン, ハイス・ファン　Wulfen, Gijs van

◇スタート・イノベーション！―ビジネスイノベーションをはじめるための実践ビジュアルガイド＆思考ツールキット　ハイス・ファン・ウルフェン著, 高崎拓哉訳, 小山竜介日本語版監修・序文, 山口博志, 上原哲郎, 田川欣哉日本語版監修・解説　ビー・エヌ・エヌ新社　2015.2　263p　21cm　〈他言語標題：START INNOVATION！　文献あり 索引あり〉2600円　①978-4-86100-964-8

内容 1章 イノベーションを起こした偉大な探検家　2章 探検の出発前に　3章 全速前進でスタート！　4章 観察と学び　5章 アイデアを出す　6章 アイデアをテストする　7章 帰還　8章 その後の展開　9章 イノベーションのツールキット 〔00956〕

ウルリッチ, デイブ　Ulrich, David N.

◇グローバル時代の人事コンピテンシー―世界の人事状況と「アウトサイド・イン」の人材戦略（Global HR Competencies）　デイブ・ウルリッチ, ウェイン・ブロックバンク, ジョン・ヤンガー, マイク・ウルリッチ著, 加藤万里子訳　マグロウヒル・エデュケーション　2014.3　406p　19cm　〈索引あり　発売：日本経済新聞出版社〉　3500円　①978-4-532-60536-0

内容 第1部 グローバルなビジネスの変化と人事が果たすべき役割（概要と理論　世界的な展望）　第2部 世界九大地域のビジネスと人事（アフリカ　オーストラリアとニュージーランド　中国　ヨーロッパ　インド　ラテンアメリカ諸国　中東　北アメリカ　トルコ）　第3部 まとめ（共通のコンピテンシーと地域特有のコンピテンシー　グローバル人事の未来―今後はどうなるのか？） 〔00957〕

ウルリッチ, マイク　Ulrich, Mike

◇グローバル時代の人事コンピテンシー―世界の人事状況と「アウトサイド・イン」の人材戦略（Global HR Competencies）　デイブ・ウルリッチ, ウェイン・ブロックバンク, ジョン・ヤン

エ

ガー, マイク・ウルリッチ著, 加藤万里子訳　マグロウヒル・エデュケーション　2014.3　406p　19cm　〈索引あり　発売：日本経済新聞出版社〉　3500円　①978-4-532-60536-0
内容 第1部 グローバルなビジネスの変化と人事が果たすべき役割（概要と理論　世界的な展望）　第2部 世界九大地域のビジネスと人事（アフリカ　オーストラリアとニュージーランド　中国　ヨーロッパ　インド　ラテンアメリカ諸国　中東　北アメリカ　トルコ）　第3部 まとめ（共通のコンピテンシーと地域特有のコンピテンシー　グローバル人事の未来―今後はどうなるのか？）　〔*00958*〕

ヴレイ, アルダート　Vrij, Aldert
◇嘘と欺瞞の心理学―対人関係から犯罪捜査まで虚偽検出に関する真実（Detecting Lies and Deceit 原著第2版の翻訳）　アルダート・ヴレイ著, 太幡直也, 佐藤拓, 菊地史倫監訳　福村出版　2016.8　614p　22cm　〈索引あり〉 9000円　①978-4-571-25046-0
内容 導入　嘘をつくということ：自分中心の言動と社会的潤滑油　非言語的行動と欺瞞　欺瞞の個別の言語的手がかり　欺瞞の非言語的、言語的手がかりに関する信念　専門的なツールを使わない嘘検知　行動分析のための面接法　供述の妥当性評価　リアリティ・モニタリング　科学的内容分析　生理学的虚偽検出：懸念にもとづくアプローチ　生理学的虚偽検出：定位反射にもとづくアプローチ　生理学的虚偽検出：機能的磁気共鳴画像法（fMRI）　思わぬ危険性：嘘をつく人を見抜けない理由　嘘を見抜くチャンス：嘘検地、虚偽検出スキルを向上させる方法　〔*00959*〕

ヴロンスキー, ピーター　Vronsky, Peter
◇シリアルキラーズ―プロファイリングがあきらかにする異常殺人者たちの真実（SERIAL KILLERS）　ピーター・ヴロンスキー著, 松田和也訳　青土社　2015.11　523, 3p 図版16p　20cm　〈文献あり 索引あり〉 3600円　①978-4-7917-6889-9
内容 第1部 怪物たちの歴史（連続殺人のポストモダン時代、一九七〇年から二〇〇〇年―「レス＝デッド」の沈黙　連続殺人小史―ローマからボストンまで、殺人の二〇〇〇年）　第2部 論理と狂気（シリアルキラーの分類―怪物性の類型論　怪物性の進化―幻視型、使命型、快楽主義者、権力型、怒りの報復型、代理ミュンヒハウゼン症候群、連続スプリー型殺人者とその他の新たなカテゴリー　狂気の問題―彼らの頭の中　シリアルキラーの幼児期―怪物の作り方　連続殺人鬼の最初の殺人―トリガー、ファシリテーター、探偵小説誌、倒錯的ハードコアポルノ、そして聖書　殺しの時間―狂気の論理）　第3部 怪物と戦う（犯罪プロファイリングの技術と科学―その成功と失敗　シリアルキラーから生き延びる―怪物の爪を逃れる方法）　〔*00960*〕

ウンガー, マイケル　Ungar, Michael
◇リジリアンスを育てよう―危機にある若者たちとの対話を進める6つの戦略（Strengths-Based Counseling With At-Risk Youth）　マイケル・ウンガー著, 松嶋秀明, 奥野光, 小森康永訳　金剛出版　2015.1　193p　21cm　〈索引あり〉 2600円　①978-4-7724-1404-3
内容 1 サバイバルとスライバル　2 3つのアイデンティティ―パンダ、カメレオン、ヒョウ　3 リジリアンスを育てる6つの戦略　4 真実から行為へ―「戦略2」から「戦略5」までを実行に移す　5 若者のリジリアンスのたくさんの表現　6 「いじめ」の新しい見方　7 リジリアンスを評価する　8 RYSIの結果を解釈する　結論 必要なのは変わることだ　解説 非行臨床にいかすリジリアンスの視点　〔*00961*〕

ウンターベルグ, バスティアン　Unterberg, Bastian
◇クラウドストーミング―組織外の力をフルに活用したアイディアのつくり方（CROWDSTORM）　ショーン・エイブラハムソン, ピーター・ライダー, バスティアン・ウンターベルグ著, 須川綾子訳　阪急コミュニケーションズ　2014.2　295, 5p　19cm　1800円　①978-4-484-14102-2
内容 第1章 まずはコンテクストから　第2章 知的財産、機密保持、ブランド　第3章 適切な問いを投げかける　第4章 意欲を高める公正なインセンティブ　第5章 パートナーシップを構築する　第6章 最良の人材を採用する　第7章 優れた結果を得るためのコミュニティ管理　第8章 参加者の貢献度を測る　第9章 膨大な数のアイディアを手なずける　第10章 最適なオンライン空間を構築する　第11章 さらに先へ　〔*00962*〕

【エ】

エイ, ケン*　栄 剣
◇現代中国のリベラリズム思潮―1920年代から2015年まで　石井知章編　藤原書店　2015.10　566p　22cm　〈年表あり 索引あり〉 5500円　①978-4-86578-045-1
内容 中国リベラリズムの「第三の波」（栄剣著, 本田親史訳）　〔*00963*〕

エイ, シンコウ*　栄 新江
◇シルクロードと近代日本の邂逅―西域古代資料と日本近代仏教　荒川正晴, 柴田幹夫編　勉誠出版　2016.3　811p　22cm　〈著作目録あり 年譜あり〉 8500円　①978-4-585-22125-8
内容 トゥルファン出土『金光明経』写本題記と高昌への祆教伝来（栄新江著, 村井恭子訳）　〔*00964*〕

エイカー, ショーン　Achor, Shawn
◇成功が約束される選択の法則―必ず結果が出る今を選ぶ5つの仕組み（BEFORE HAPPINESS）　ショーン・エイカー著, 高橋由紀子訳　徳間書店　2014.6　311p　19cm　1600円　①978-4-19-863817-7
内容 序章「ポジティブ才能」が成功の牽引役　1 最も価値ある現実を選択する―いくつもの現実からポジティブな成長につながるものを選び出す　2 メンタルマップを作る―成功への道筋を描く　3 一番力が出るスポット（Xスポット）を見つける―成功促進要素を利用する　4 ノイズを消去する―ネガティブなノイズを消去してポジティブなシグナルを大きくする　5 ポジティブな視点の「植えつけ」―ポジティブな現実を他の人にも広める　終章 ひらめきの瞬間はこうして生まれる―経験によって発見され、科学によって実証されたこと　〔*00965*〕

英国監査実務審議会

◇財務諸表監査における「職業的懐疑心」　増田宏一, 梶川融, 橋本尚監訳, 「監査人の職業的懐疑心に関する研究」部会訳　同文舘出版　2015.8　158p　22cm　〈索引あり〉2600円　①978-4-495-20291-0

内容 職業的懐疑心/共通認識の確立および監査品質の確保における中心的な役割の再確認（英国監査実務審議会編）〔00966〕

英国行動障害支援協会

◇行動障害の理解と適切行動支援―英国における行動問題への対処アプローチ　英国行動障害支援協会編, 清水直治監訳, ゲラ弘美編訳　ジアース教育新社　2015.6　173p　26cm　1800円　①978-4-86371-316-1

内容 序章 行動障害と適切行動支援　1章 行動障害：その対処の基礎（行動障害の理解　行動障害の原因 ほか）　2章 行動障害：その対処と実際（コミュニケーションと行動障害　自傷行動 ほか）　3章 英国のインクルージョンとノーマライゼーション：社会・福祉・医療・教育についてのQ&A（社会　福祉 ほか）　4章 親の声・家族の声：行動障害のある子どもの子育てを体験して（将来の夢は新聞配達をする娘の手伝い（7歳・自閉症の娘の父）　激しい自傷行動に早めの対処を（7歳・重度知的障害・結節性硬化症の娘の母）ほか）〔00967〕

エイコフ, ラッセル・L.　Ackoff, Russell Lincoln

◇逆転の教育―理想の学びをデザインする（Turning Learning Right Side Up）　ラッセル・L.エイコフ, ダニエル・グリーンバーグ著, 呉春美, 大沼安史訳　緑風出版　2016.4　315p　20cm　2400円　①978-4-8461-1605-7

内容 1 教育システムのどこが間違っているのか（学ぶこと教えること　教室という環境　教科と分野　この新しき世界　反デモクラシーの学校教育　変化に抵抗するもの）　2 教育に役立つもの（発展した社会が個人の自己実現のために提供できる環境とは　リベラル・デモクラシー環境が個人の自己実現に特に求めるもの　自分の教育に、どう貢献するか？　芸術の占める位置）　3 生涯教育の理想のヴィジョン（わたしたちは理想の教育環境を心に描かなければならない。その理由は何か。どう思い描くべきか　就学前をどうするか？　幼稚園から高校（K‐12）まで　大学、大学院での学び　教育と人生　「引退」なき老後）　4 補論・理想の学校に資金を回す〔00968〕

エイデン, エレツ　Aiden, Erez

◇カルチャロミクス―文化をビッグデータで計測する（Uncharted）　エレツ・エイデン, ジャン＝バティースト・ミシェル著, 阪本芳久訳　草思社　2016.2　349p　19cm　2200円　①978-4-7942-2187-2

内容 第1章 歴史を見通す新しい眼鏡　第2章 ジップの法則と不規則動詞たち　第3章 ビッグデータで辞書を評価する　第4章 名声を定量化することは可能か？　第5章 言論弾圧の痕跡を測る　第6章 集合的記憶と集合的忘却　第7章 ビッグデータがもたらす未来〔00969〕

エイブラハム, ジェイ　Abraham, Jay

◇限界はあなたの頭の中にしかない―小さなアクションで、最大の成果を引き寄せる　ジェイ・エイブラハム著, 島藤真澄訳　PHP研究所　2015.5　236p　19cm　〈他言語標題：The limit is only in your brain〉1500円　①978-4-569-82526-7

内容 第1章 あなたの人生をコントロールするのは誰か　第2章 成功者は皆、「他者」から学ぶ　第3章 あなたのいちばんの味方は、あなた自身　第4章 なぜ、あなたは働くのか―今日すべき3つのことを考える　第5章「問題解決力」が人生を好転させる　第6章 ビジネスを突き動かす「基本原理」―なぜ、いとも簡単に売上が伸びるのか　第7章 マーケティングは死んだ　第8章 善なる経営　エピローグ 気高く生きる〔00970〕

エイブラハムソン, ショーン　Abrahamson, Shaun

◇クラウドストーミング―組織外の力をフルに活用したアイディアのつくり方（CROWDSTORM）　ショーン・エイブラハムソン, ピーター・ライダー, バスティアン・ウンターベルグ著, 須川綾子訳　阪急コミュニケーションズ　2014.2　295, 5p　19cm　1800円　①978-4-484-14102-2

内容 第1章 まずはコンテクストから　第2章 知的財産、機密保持、ブランド　第3章 適切な問いを投げかける　第4章 意欲を高める公正なインセンティブ　第5章 パートナーシップを構築する　第6章 最良の人材を採用する　第7章 優れた結果を得るためのコミュニティ管理　第8章 参加者の貢献度を測る　第9章 膨大な数のアイディアを手なずける　第10章 最適なオンライン空間を構築する　第11章 さらに先へ〔00971〕

エイムス, ケネス・M.　Ames, Kenneth M.

◇複雑採集狩猟民とはなにか―アメリカ北西海岸の先史考古学（PEOPLES OF THE NORTHWEST COAST）　ケネス・M.エイムス, ハーバート・D.G.マシュナー著, 佐々木憲一監訳, 設楽博己訳　雄山閣　2016.9　292p 図版32p　27cm　〈文献あり 索引あり〉12000円　①978-4-639-02429-3

内容 第1章 序章　第2章 生態系：自然環境と人口動態　第3章 アメリカ北西海岸最初の人々　第4章 パシフィック期と近代　第5章 アメリカ北西海岸の生業　第6章 世帯とその外延世界　第7章 社会的地位と儀礼　第8章 戦争　第9章 北西海岸の美術　第10章 結論〔00972〕

エヴァース, ディルク

◇死者の復活―神学的・科学的論考集（RESURRECTION）　T.ピーターズ,R.J.ラッセル,M.ヴェルカー編, 小河陽訳　日本キリスト教団出版局　2016.2　441p　22cm　5600円　①978-4-8184-0896-8

内容 時間の流れの中の記憶と復活の概念（ディルク・エヴァース著）〔00973〕

エヴァリー, ジョージ・S., Jr.　Everly, George S., Jr

◇STRONGER「超一流のメンタル」を手に入れる―米海軍ネイビーシールズ式（STRONGER）　ジョージ・S.エヴァリーJr., ダグラス・A.ストラウス, デニス・K.マコーマック著, 桜田直美訳　かんき出版　2016.11　269p　19cm　1600円　①978-4-7612-7215-9

内容 序章 超一流のメンタルとはどのようなものか？　第1章 能動的な楽観主義を手に入れる　第2章 決断力と行動力を手に入れる　第3章 道徳的な指針を手に入

れる　第4章 粘り強さを手に入れる　第5章 周囲のサポートを手に入れる　終章 超一流のメンタルを手に入れる　〔00974〕

エ

エヴァリット, アントニー　Everitt, Anthony

◇キケロ―もうひとつのローマ史（CICERO）　アントニー・エヴァリット著, 高田康成訳　新装復刊　白水社　2015.5　493, 35p　20cm　〈文献あり 年表あり 索引あり〉5800円　①978-4-560-08440-3

内容 さまざまな断層―危機に瀕した帝国　息子よ、常に一番であれ！　最も勇敢であれ！　―アルピーヌムからローマへ　聖なる場所―名誉の階梯　「新人」執政官―深まる陰謀　色男の逆襲―窮地に立つヒーロー盛衰―三人組の天下　理想的な政体―政治を論ず　キリキアという幕間―内戦の気配　「言い知れぬ狂気」―共和政擁護の戦い　勝てば独り占め―ローマの支配者カエサル　「軍服はトガに服すべし」―哲学的考察　「何事だ、これは暴力沙汰ではないか！」―紀元前四四年三月十五日　世継―オクタウィアヌス登場　ローマの第一人者―キケロの内戦　浜辺の死―共和制の終焉　事後の検証　〔00975〕

エヴァンズ, シャーン　Evans, Siân

◇英国の幽霊伝説―フォト・ストーリー ナショナル・トラストの建物と怪奇現象（GHOSTS）　シャーン・エヴァンズ著, 村上リコ日本版監修, 田口未和訳　原書房　2015.1　285p　22cm　〈索引あり〉3500円　①978-4-562-05125-0

内容 アバコンウィ・ハウス（コンウィ）　エイヴベリー（ウィルトシャー）　バッダースリー・クリントン（ウォリックシャー）　ベルトン・ハウス（リンカーンシャー）　ベニンバラ・ホール（ノース・ヨークシャー）　ベリントン・ホール（ヘレフォードシャー）　ブリックリング・ホール（ノーフォーク）　ブロックハンプトン・エステート（ウースターシャー）　バックランド・アビー（デヴォン）　カースルリグ・ストーンサークル（湖水地方）〔ほか〕　〔00976〕

エヴァンス, スーザン・トビィ　Evans, Susan Toby

◇ビジュアル版 世界の歴史都市―世界史を彩った都の物語（The Great Cities in History）　ジョン・ジュリアス・ノーウィッチ編, 福井正子訳　柊風舎　2016.9　303p　27×21cm　15000円　①978-4-86498-039-5

内容 テオティワカン―神々の生まれし場所 他（スーザン・トビィ・エヴァンス）　〔00977〕

エヴァンドロー, マリア

◇イギリスにおける高齢期のQOL―多角的視点から生活の質の決定要因を探る（UNDERSTANDING QUALITY OF LIFE IN OLD AGE）　アラン・ウォーカー編著, 岡田進一監訳, 山田三知子訳　京都　ミネルヴァ書房　2014.7　249p　21cm　（新・MINERVA福祉ライブラリー 20）〈文献あり 索引あり〉3500円　①978-4-623-07097-8

内容 高齢者の家族役割と経済的役割（リンダ・クラーク, マリア・エヴァンドロー, ピーター・ウォー著）　〔00978〕

エウェイク, C.D.*　Ewijk, Charlotte Dignath van

◇自己調整学習ハンドブック（HANDBOOK OF SELF-REGULATION OF LEARNING AND PERFORMANCE）　バリー・J.ジマーマン, ディル・H.シャンク編, 塚野州一, 伊藤崇達監訳　京都　北大路書房　2014.9　434p　26cm　〈索引あり〉5400円　①978-4-7628-2874-4

内容 メタ分析による自己調整学習スキルの習得に関する評価（Charlotte Dignath van Ewijk著, 塚野州一訳）　〔00979〕

エヴェレット, T.*　Everett, Tina

◇臨床が変わる！　PT・OTのための認知行動療法入門（Cognitive-Behavioural Interventions in Physiotherapy and Occupational Therapy）　マリー・ダナヒー, マギー・ニコル, ケイト・デヴィッドソン編, 菊池安希子監訳, 網本和, 大嶋伸雄訳者代表　医学書院　2014.4　184p　26cm　〈索引あり〉4200円　①978-4-260-01782-4

内容 慢性疲労症候群の認知行動療法（Tina Everett, Anne Stewart著, 須山夏加訳）　〔00980〕

エキ, ケイリ*　易 恵莉

◇近現代中国人日本留学生の諸相―「管理」と「交流」を中心に　大里浩秋, 孫安石編著　御茶の水書房　2015.3　638, 4p　22cm　（神奈川大学人文学研究叢書 35　神奈川大学人文学研究所編）13000円　①978-4-275-02010-9

内容 秋瑾の日本留学及び服部繁子と実践女学校（易恵莉著, 大里浩秋訳）　〔00981〕

エキ, ゼンサク*　易 善策

◇2015産業統合のチャイナ・エンジン　中国M&A公会監修, 尉立東, 柏亮ほか著, 中出了真, 黄伯, 陳亮訳　明月堂書店　2015.9　188p　19cm　2000円　①978-4-903145-50-1

内容 第1部 産業統合の歴史概要（産業統合の歴史　中国産業統合の起動）　第2部 産業M&Aのチャンス（金融業：インターネット金融がM&Aの起爆剤となる　インターネットM&Aの趨勢と反復　消費財業界のM&Aチャンスについての研究報告　文化メディア産業　複合改革：古い瓶に新しい酒を詰めるチャンス多し　グローバルなM&A気運　高速鉄道経済圏がもたらした地域統合の生態圏）　第3部 産業M&Aのプラットフォームとツール（企業買収ファンド　M&Aローン　M&A債券　レバレッジ・バイアウト　M&Aの見積もり　M&A税務　M&A仲裁）　〔00982〕

エキンズ, ポール

◇国連大学包括的「富」報告書―自然資本・人工資本・人的資本の国際比較（Inclusive Wealth Report 2012）　国連大学地球環境変化の人間・社会的側面に関する国際研究計画, 国連環境計画編, 植田和弘, 山口臨太郎訳, 武内和彦監修　明石書店　2014.12　358p　26cm　〈文献あり 索引あり〉8800円　①978-4-7503-4113-2

内容 自然という富の将来を守る（ポール・エキンズ著）　〔00983〕

エクストローム, マッツ　Ekström, Mats

◇社会を説明する―批判的実在論による社会科学論（EXPLAINING SOCIETY）　バース・ダナーマーク, マッツ・エクストローム, リセロッテ・ヤコブセン, ジャン・Ch.カールソン著, 佐藤春吉監

訳　京都　ナカニシヤ出版　2015.3　342p　22cm　〈文献あり 索引あり〉3200円　①978-4-7795-0875-2

内容 第1部 批判的実在論への導入（科学、実在、概念　概念的抽象と因果性）　第2部 方法論的含意（説明的な社会科学のための一般化、科学的推論、モデル　社会科学の方法論における理論　批判的方法論的多元主義―インテンシヴならびにエクステンシヴな研究デザイン　社会科学と実践　結論）〔00984〕

エクベリ, ペーテル　Ekberg, Peter

◇自分で考えよう―世界を知るための哲学入門（TÄNK SJÄLV）　ペーテル・エクベリ作, スヴェン・ノードクヴィスト絵, 枇谷玲子訳　晶文社　2016.10　119p　21cm　1400円　①978-4-7949-6936-1

内容 1 いつだって、あらたにもう1つ問いを立てていい（哲学の世界のヒーローたち　知りたがりの哲学者 ほか）　2 頭のなかのトラに、しま模様はなん本入っているだろう？（目の前にないものを思いうかべるみんな夢？ ほか）　3 地球はタルトみたいな形をしているの？（信じることと、そうであるということ　五感と記憶 ほか）　4 泥棒するのは、ときにはゆるされる？（道徳的判断をするための理性　優しいうそ ほか）　5 空想のオレンジじゃ、できないことって？（牛は哲学者になれるの？　人間に限界はない ほか）〔00985〕

エクレス, ロバート・G.　Eccles, Robert G.

◇統合報告の実際―未来を拓くコーポレートコミュニケーション（THE INTEGRATED REPORTING MOVEMENT）　ロバート・G.エクレス, マイケル・P.クルス著, 北川哲雄監訳, KPMGジャパン統合報告アドバイザリーグループ訳　日本経済新聞出版社　2015.7　324p　21cm　3200円　①978-4-532-32008-9

内容 南アフリカ共和国―コーポレートガバナンス改革に端を発する統合報告の発展　統合報告の発展　統合報告の発展に向けた機運　統合報告に取り組むそれぞれの理由　マテリアリティ―統合報告における重要性の考え方　サステナブル・バリュー・マトリックス―マテリアリティ・マトリックスの先にあるもの　比較検証マテリアリティ・マトリックス―フォード社とダイムラー社　マテリアリティ・マトリックス・レビューの方法論　統合報告書の内容とその現状　124社の統合報告書の分析手法　ウェブサイトを利用した企業報告の現状　ウェブサイトの分類方法　情報技術の活用と未来　未来への提言〔00986〕

エクロフ, ベン

◇21世紀の比較教育学―グローバルとローカルの弁証法（COMPARATIVE EDUCATION）　ロバート・F.アーノブ, カルロス・アルベルト・トーレス, スティーヴン・フランツ編著, 大塚豊訳　福村出版　2014.3　727p　22cm　〈文献あり 索引あり〉9500円　①978-4-571-10168-7

内容 東欧および中欧の教育（イベータ・シローバ, ベン・エクロフ著）〔00987〕

エーコ, ウンベルト　Eco, Umberto

◇異世界の書―幻想領国地誌集成（STORIA DELLE TERRE E DEI LUOGHI LEGGENDARI）　ウンベルト・エーコ編著, 三谷武司訳　東洋書林　2015.11　479p　25cm　〈文献あり 索引あり〉9500円　①978-4-88721-821-5

内容 平板な大地と対蹠地　聖書の土地　ホメロスの土地と七不思議　東方の驚異―アレクサンドロスから司祭ヨハネまで　地上の楽園、浄福者の島、エルドラード　アトランティス、ムー、レムリア　ウルティマ・トゥーレとヒュペルボレイオイ　聖杯の彷徨　アラムート、山の老人、暗殺教団　コカーニュの国　ユートピアの島々　ソロモンの島と南大陸　地球の内部、極地神話、アガルタ　レンヌ・ル・シャトーの捏造　虚構の場所とその真実〔00988〕

エコノミスト社

◇2050年の世界―英『エコノミスト』誌は予測する（Megachange）　英『エコノミスト』編集部著, 東江一紀, 峯村利哉訳　文芸春秋　2015.3　483p　16cm　（文春文庫 エ9-1）　950円　①978-4-16-790310-7

内容 第1部 人間とその相互関係（人口の配当を受ける成長地域はここだ　人間と病気の将来　経済成長がもたらす女性の機会 ほか）　第2部 環境、信仰、政府（宗教はゆっくりと後退する　地球は本当に温暖化するか　弱者が強者となる戦争の未来 ほか）　第3部 経済とビジネス（新興市場の時代　グローバリゼーションとアジアの世紀　貧富の格差は収斂していく ほか）　第4部 知識と科学（次なる科学　苦難を越え宇宙に進路を　情報技術はどこまで進歩するか ほか）〔00989〕

◇通貨の未来 円・ドル・元　英『エコノミスト』編集部〔著〕, 池村千秋訳　文芸春秋　2016.4　221p　20cm　〈他言語標題：THE FUTURE OF CURRENCIES THE YEN, THE DOLLAR, THE YUAN〉1500円　①978-4-16-390440-5

内容 第1部 ドルの未来―責任を放棄した王者（ドル支配の限界とコスト　基軸通貨が交代するとき　ポピュリストたちの台頭　「最後の貸し手」がいないシステム　ニューヨークを人民元取引のハブにする）　第2部 元の未来―両刃の剣（人民元は基軸通貨になれるか？　市場全面開放というトレードオフ　二〇一六年の元安の意味を考える　習近平のジレンマ）　第3部 仮想通貨の未来―究極の基軸通貨か？（絶対に改竄できないサイバー上の公開帳簿　仮想通貨の帳簿が世界を変える）　第4部 円の未来―黄昏の安定通貨（マイナス金利という実験　アベノミクスを採点する）〔00990〕

エーザー, アルビン　Eser, Albin

◇「侵害原理」と法益論における被害者の役割（Das “Principle of Harm” und die Rolle des Opfers in der Rechtsgutstheorie）　アルビン・エーザー著, 甲斐克則編訳　信山社　2014.2　173p　22cm　（法学翻訳叢書 7―ドイツ刑事法）　6800円　①978-4-7972-6157-8

内容 第1部 犯罪概念における「侵害原理」―刑法上の保護法益の比較分析（刑事不法の実質としての侵害　刑法上の侵害の性質　法益の構造　侵害の最終的定義―結語 ほか）　第2部 法益と被害者―他方を犠牲にして一方をより高めることについて（人間共同体の解消としての犯罪　自由の領域および主観的権利の侵害としての犯罪　権利侵害から法益侵害へ　犯罪の客体を一般的にものへ高めることについて ほか）〔00991〕

◇浅田和茂先生古稀祝賀論文集　上巻　井田良, 井上宜裕, 白取祐司, 高田昭正, 松宮孝明, 山口厚編

集委員　成文堂　2016.10　982p　22cm　25000円　①978-4-7923-5189-2
内容 自殺関与の不処罰性（アルビン・エーザー著, 嘉門優訳）〔00992〕

エ

エシャム, バーバラ　Esham, Barbara
◇ボクはじっとできない―自分で解決法をみつけたADHDの男の子のはなし（Mrs.Gorski, I Think I Have the Wiggle Fidgets）　バーバラ・エシャム文, マイク・ゴードン, カール・ゴードン絵, 品川裕香訳　岩崎書店　2014.11　28p　23×23cm　1600円　①978-4-265-85082-2〔00993〕

エジントン, デビッド・W.　Edgington, David W.
◇よみがえる神戸―危機と復興契機の地理的不均衡（Reconstructing KOBE）　デビッド・W.エジントン著, 香川貴志, 久保倫子共訳　大津　海青社　2014.1　349p　22cm　〈文献あり 年表あり 索引あり〉3600円　①978-4-86099-293-4
内容 第1章 序論　第2章 地震と都市復興　第3章 神戸と阪神地震　第4章 復興計画の策定と復興への対応　第5章 反対運動、住民参加、そしてフェニックス計画　第6章 近隣地区における事例研究　第7章 象徴的事業と地域経済　第8章 結論　付録〔00994〕

エス, マルガリータ・ファン　Ess, Margarete van
◇ビジュアル版 世界の歴史都市―世界史を彩った都の物語（The Great Cities in History）　ジョン・ジュリアス・ノーウィッチ編, 福井正子訳　柊風舎　2016.9　303p　27×21cm　15000円　①978-4-86498-039-5
内容 ウルク―世界最古の都市（マルガリータ・ファン・エス）〔00995〕

エスコバル, アルトゥロ
◇21世紀の豊かさ―経済を変え、真の民主主義を創るために　中野佳裕編・訳, ジャン=ルイ・ラヴィル, ホセ・ルイス・コラッジオ編　コモンズ　2016.10　415p　20cm　〈他言語標題：REINVENTING THE COMMONS IN THE 21st CENTURY〉3300円　①978-4-86187-137-5
内容 開発批判から〈もうひとつの経済〉の考察へ（アルトゥロ・エスコバル著）〔00996〕

エスターシェ, アントニオ
◇幸福　橘木俊詔編著　京都　ミネルヴァ書房　2014.3　193, 2p　26cm　（福祉+α 6　橘木俊詔, 宮本太郎監修）〈他言語標題：HAPPINESS 文献あり 索引あり〉2500円　①978-4-623-07030-5
内容 幸福と音楽（カーラ・ビセット・ベンチコウ, アントニオ・エスターシェ, ビクター・ギンスバーグ著, 渡辺円香訳）〔00997〕

エストゥルース, アンドリュー　Eschtruth, Andrew D.
◇老後資金がショートする―米国に学ぶ破産回避法（FALLING SHORT）　チャールズ・エリス, アリシア・マネル, アンドリュー・エストゥルース著, 玉木伸介監訳, 遠山勲, 村上正人訳　中央経済社　2016.11　220p　19cm　〈文献あり 索引あり 発売：中央経済グループパブリッシング〉2000円　①978-4-502-20371-8
内容 第1章 はじめに―豊かな退職後に向けて　第2章 現状に至った背景　第3章 問題はどれほど深刻であるのか　第4章 個人としてできることは何か　第5章 国としてできることは何か〔00998〕

エストマン, ペーター
◇ヨーロッパ史のなかの裁判事例―ケースから学ぶ西洋法制史（Fälle aus der Rechtsgeschichte）　U.ファルク,M.ルミナティ,M.シュメーケル編著, 小川浩三, 福田誠治, 松本尚子監訳　京都　ミネルヴァ書房　2014.4　445p　22cm　〈索引あり〉6000円　①978-4-623-06559-2
内容 忘れっぽい代弁人（ペーター・エストマン著, 田口正樹訳）〔00999〕

エソンバ, ミケル・アンヘル
◇多様性を拓く教師教育―多文化時代の各国の取り組み（Educating Teachers for Diversity）　OECD教育研究革新センター編著, 斎藤里美監訳, 布川あゆみ, 本田伊克, 木下江美, 三浦綾希子, 藤浪海訳　明石書店　2014.8　403p　22cm　4500円　①978-4-7503-4053-1
内容 スペインにおける多様性のための教師教育（ミケル・アンヘル・エソンバ著, 藤浪海訳）〔01000〕

エチェヴェリ, ルイス・ゴメス
◇グローバルビジョンと5つの課題―岐路に立つ国連開発（United Nations Development at a Crossroadsの抄訳）　ブルース・ジェンクス, ブルース・ジョーンズ編, 丹羽敏之監訳　人間と歴史社　2015.10　280p　21cm　3000円　①978-4-89007-199-9
内容 気候変動とエネルギー（ルイス・ゴメス・エチェヴェリ著）〔01001〕

エッカーマン, ヴィリギス
◇修道院文化史事典（KULTURGESCHICHTE DER CHRISTLICHEN ORDEN IN EINZELDARSTELLUNGEN）　P.ディンツェルバッハー,J.L.ホッグ編, 朝倉文市監訳　普及版　八坂書房　2014.10　541p　20cm　〈文献あり 索引あり〉3900円　①978-4-89694-181-4
内容 アウグスチノ隠修士会（ヴィリギス・エッカーマン著, 谷隆一郎訳）〔01002〕

エッガム, ナタリー・D.
◇共感の社会神経科学（THE SOCIAL NEUROSCIENCE OF EMPATHY）　ジャン・デセティ, ウィリアム・アイクス編著, 岡田顕宏訳　勁草書房　2016.7　334p　22cm　〈索引あり〉4200円　①978-4-326-25117-9
内容 共感的反応：同情と個人的苦悩（ナンシー・アイゼンバーグ, ナタリー・D.エッガム著）〔01003〕

エック, ジョン・E.　Eck, John E.
◇犯罪分析ステップ60（Crime Analysis for Problem Solvers in 60 Small Steps）　ロナルド・クラーク, ジョン・エック著, 守山正監訳　成文堂　2015.4　267p　21cm　2750円　①978-4-7923-5145-8

内容 1 自分自身の準備をする 2 問題志向型ポリシングを学ぶ 3 環境犯罪学を学ぶ 4 問題の所在を走査する 5 深く分析する 6 実務の対応を見いだす 7 活動の効果を評価する 8 効果的に情報伝達する 〔01004〕

エックシュタイン, ハンス＝ヨアヒム

◇死者の復活―神学的・科学的論考集（RESURRECTION） T.ピーターズ,R.J.ラッセル,M.ヴェルカー編, 小河陽訳 日本キリスト教団出版局 2016.2 441p 22cm 5600円 ①978-4-8184-0896-8

内容 ルカにおける体の復活（ハンス＝ヨアヒム・エックシュタイン著） 〔01005〕

エッケル, サラ Eckel, Sara

◇あなたは何も悪くない―今まで結婚できなかった27の思い違い（IT'S NOT YOU） サラ・エッケル著, エンドウユリカ訳 すばる舎リンケージ 2014.8 237p 19cm 〈文献あり 発売：すばる舎〉 1300円 ①978-4-7991-0365-4

内容 「あなたには問題がある」 「自信がないからよ」 「ネガティブすぎるんじゃない？」 「ちょっとたくましすぎるんじゃない？」 「あなたが強い女だからよ」 「やけになってるんじゃない？」 「一人の時間を楽しめるようにならないとね」 「えり好みしすぎだからだよ」 「尽くしすぎ」 「恋の駆け引きを知らないのね」〔ほか〕 〔01006〕

エッケルト, ミヒャエル Eckert, Michael

◇ハインリッヒ・ヘルツ（Heinrich Hertz） ミヒャエル・エッケルト著, 重光司訳 東京電機大学出版局 2016.9 275p 20cm 〈文献あり 年譜あり〉 2000円 ①978-4-501-62990-8

内容 プロローグ 自由ハンザ都市の伝統 エンジニアか、物理学者か 物理学の帝国宰相のものでの教え 天職としての物理学者 キール大学での私講師 仕事、生活、変化への憧れ 火花実験 導線上の波 電気力の伝播 ボンからの招聘 電気力学から力学原理へ そんなに悲しまないでください 追憶 〔01007〕

エッシャー, サンドラ Escher, Sandra

◇まわりには聞こえない不思議な声―中高生のための幻声体験ガイド（YOUNG PEOPLE HEARING VOICES） サンドラ・エッシャー, マリウス・ローム著, 藤田純一監訳 日本評論社 2016.5 175p 21cm 2400円 ①978-4-535-98438-7

内容 声について理解しよう（声が聞こえるってどういうこと？ 声とのつきあい方 声はどんな影響をもたらすのか 声が聞こえるときに何が起こったのか 声が聞こえてくるきっかけ 声と感情の関係 声をどう理解すればよいか） 声を体験した子たちの物語（ポーラの物語 デイビッドの物語 エミリーの物語 ベンの物語 デイジーの物語） ご家族のみなさんへ（声が聞こえる子をもつ親の立場から タムシンの母・マリーの話 アンの母・カリンの話 聞こえる声をどう解釈するか 精神医療が果たすべき役割） 付録 〔01008〕

エッティンゲン, ガブリエル Oettingen, Gabriele

◇成功するにはポジティブ思考を捨てなさい―願望を実行計画に変えるWOOPの法則（Rethinking Positive Thinking） ガブリエル・エッティンゲン著, 大田直子訳 講談社 2015.6 251p 19cm 1600円 ①978-4-06-219473-0

内容 1 ポジティブ思考は毒になる 2 ポジティブ思考のメリット 3 心は「願い」にだまされる 4 夢をリアルに追求する 5 無意識を利用する 6 WOOPのマジック 7 人生をWOOPで回す 8 ポジティブ思考を「毒」から「薬」へ 〔01009〕

エーディナウ, ジョン Eidinow, John

◇ポパーとウィトゲンシュタインとのあいだで交わされた世上名高い10分間の大激論の謎（WITTGENSTEIN'S POKER ： The story of a ten‐minute argument between two great philosophers） デヴィッド・エドモンズ, ジョン・エーディナウ著, 二木麻里訳 筑摩書房 2016.12 449, 7p 15cm （ちくま学芸文庫） 1600円 ①978-4-480-09759-0

内容 「火かき棒事件」 くいちがう証言 ウィトゲンシュタインの魔力 魔法つかいの弟子たち 第三の男、バートランド・ラッセル ケンブリッジ大学哲学科 ウィーンという都市 ウィトゲンシュタイン宮殿のコンサート かつてユダヤ人として ポパー、『わが闘争』を読む〔ほか〕 〔01010〕

エディンバラ・レヴュー

◇日本および日本人 エディンバラ・レヴュー編, ラザフォード・オールコック〔著〕, 山本秀峰訳 露蘭堂 2015.4 151p 22cm 〈文献あり 年譜あり 年表あり 発売：ナウカ出版営業部（富士見）〉 2900円 ①978-4-904059-55-5

内容 1 日本人の言語・風習・性格（日本語の形成の歴史と特徴 日本人の言語と風習 日本語の文法） 2 江戸の風景・桜田門外の変（江戸の地理的特徴 田園と市街地 日本人の気性 江戸城の周辺 桜田門外の変） 3 開港とイギリス（日本の開港の現状 西洋列強がとるべき態度 日本との貿易の展望） 〔01011〕

エドゥワルド, レイ Eduardo, Leigh

◇ミストレス―野望の女性史（Mistressesの抄訳） レイ・エドゥワルド著, 勝野憲昭訳 近代文芸社 2015.5 253p 19cm 2000円 ①978-4-7733-7974-7

内容 第1章 サタンとの対話―モンテスパン侯爵夫人（一六四一～一七〇七） 第2章 提督の遺言―エマ・ハミルトン（一七六五～一八一五） 第3章 生への渇望―ジョルジュ・サンド（一八〇四～一八七六） 第4章 運命の回廊―エヴァ・ブラウン（一九一二～一九四五） 第5章 ピグマリオンのガラテア―マリオン・デーヴィス（一八九七～一九六一） 〔01012〕

エトキンド, A.

◇秩序の喪失 プロジェクトシンジケート叢書編集部訳 土曜社 2015.2 164, 3p 19cm （プロジェクトシンジケート叢書） 〈他言語標題：Loss of order〉 1850円 ①978-4-907511-15-9

内容 ロシアの反革命戦争（A.エトキンド著） 〔01013〕

エドストローム, バート

◇戦後日本首相の外交思想―吉田茂から小泉純一郎まで 増田弘編著 京都 ミネルヴァ書房 2016.9 460, 11p 22cm 〈索引あり〉 4500円 ①978-4-623-07506-5

内容 戦後日本の首相イメージ（バート・エドストローム著, 植田麻記子訳, 増田弘監訳）〔01014〕

エ

エドモンズ, デイヴィッド　Edmonds, David

◇太った男を殺しますか？―「トロリー問題」が教えてくれること（Would you kill the fat man？）デイヴィッド・エドモンズ著, 鬼沢忍訳　太田出版　2015.9　301p　20cm　（atプラス叢書 11）〈文献あり〉1800円　①978-4-7783-1484-2

内容 第1部 哲学と路面電車（チャーチルのジレンマ　分岐線 ほか）　第2部 実験と路面電車（肘掛椅子から腰をあげる　何かおかしい気がする ほか）　第3部 心と脳と路面電車（不合理な動物　ニューロンと戦う ほか）　第4部 トロリーとその批判者（逆火という名の電車　終着駅）〔01015〕

◇哲学と対決する！（Philosophy Bites Back）デイヴィッド・エドモンズ, ナイジェル・ウォーバートン著, 菅靖彦訳　柏書房　2015.10　334p　20cm　〈文献あり〉2800円　①978-4-7601-4657-4

内容 ソクラテスとソクラテス式問答法―メアリー・マーガレット・マッケーブ　プラトンの性愛―アンジー・ホッブス　アリストテレスの倫理学―テレンス・アーウィン　トマス・アクィナスの倫理学―アンソニー・ケニー　ニッコロ・マキャヴェッリの『君主論』―クェンティン・スキナー　ミシェル・ド・モンテーニュについて―サラ・ベイクウェル　ルネ・デカルトの「我思う、ゆえに我あり」―A・C・グレーリング　バールーフ・デ・スピノザの情念―スーザン・ジェームズ　ジョン・ロックの寛容―ジョン・ダン　ジョージ・バークリーのパズル―ジョン・キャンベル〔ほか〕〔01016〕

◇哲学がかみつく（Philosophy Bites）デイヴィッド・エドモンズ, ナイジェル・ウォーバートン著, 佐光紀子訳　柏書房　2015.12　281p　20cm　〈文献あり〉2800円　①978-4-7601-4658-1

内容 倫理学（ゲッ！ ―ジュリアン・サヴァレスキュ　相対主義―サイモン・ブラックバーン ほか）　政治問題（コスモポリタンという考え方―クワメ・アンソニー・アピア　信頼性と差別―ミランダ・フリッカー ほか）　形而上学と精神（無限について―A・W・ムーア　科学的実在論―デヴィッド・パピノー ほか）　美学（アートの定義―デレク・マトラバース　建築の美学―アラン・ド・ボトン ほか）　神、無神論、そして人生の意味について（神についての非実在論―ドン・キューピット　人生の意味―ジョン・コッティンガム ほか）〔01017〕

◇ポパーとウィトゲンシュタインとのあいだで交わされた世上名高い10分間の大激論の謎（WITTGENSTEIN'S POKER：The story of a ten‐minute argument between two great philosophers）デヴィッド・エドモンズ, ジョン・エーディナウ著, 二木麻里訳　筑摩書房　2016.12　449, 7p　15cm　（ちくま学芸文庫）1600円　①978-4-480-09759-0

内容 「火かき棒事件」　くいちがう証言　ウィトゲンシュタインの魔力　魔法つかいの弟子たち　第三の男、バートランド・ラッセル　ケンブリッジ大学哲学科　ウィーンという都市　ウィトゲンシュタイン宮殿のコンサート　かつてユダヤ人として　ポパー、『わが闘争』を読む〔ほか〕〔01018〕

エドモンドソン, エイミー・C.　Edmondson, Amy C.

◇チームが機能するとはどういうことか―「学習力」と「実行力」を高める実践アプローチ（TEAMING）エイミー・C.エドモンドソン著, 野津智子訳　英治出版　2014.5　390p　22cm　2200円　①978-4-86276-182-8

内容 第1部 チーミング（新しい働き方　学習とイノベーションと競争のためのチーミング）　第2部 学習するための組織づくり（フレーミングの力　心理的に安全な場をつくる　上手に失敗して、早く成功する　境界を超えたチーミング）　第3部 学習しながら実行する（チーミングと学習を仕事に活かす　成功をもたらすリーダーシップ）〔01019〕

エドリン, アーロン

◇成長戦略論―イノベーションのための法と経済学（RULES FOR GROWTH）ロバート・E.ライタン編著, 木下信行, 中原裕彦, 鈴木淳人監訳　NTT出版　2016.3　383p　23cm　6500円　①978-4-7571-2352-6

内容 イノベーションと成長を促進するうえでの法の重要性（ロバート・クーター, アーロン・エドリン, ロバート・E.ライタンほか著, 鈴木淳人監訳, 山岡浩巳訳）〔01020〕

エドルンド, ヨナス

◇財政赤字の国際比較―民主主義国家に財政健全化は可能か（Deficits and Debt in Industrialized Democracies）井手英策, ジーン・パーク編　岩波書店　2016.3　330p　22cm　5400円　①978-4-00-023062-9

内容 スウェーデンにおける財政パフォーマンス（ヨナス・エドルンド, 伊集守直著, 高端正幸訳）〔01021〕

エドワーズ, ジョナサン　Edwards, Jonathan

◇ジョナサン・エドワーズ選集　3　原罪論（The Great Christian Doctrine of Original Sin Defended）ジョナサン・エドワーズ著, 大久保正健訳, 森本あんり監修　新教出版社　2015.3　411, 37p　22cm　〈他言語標題：The Selected Works of Jonathan Edwards　索引あり〉7000円　①978-4-400-32053-1

内容 第1部 観察と経験によって、そして聖書の思想と証言、ならびに反対者の言っている主張から発見される事実や出来事から取り出される原罪の証拠のいくつかを考察する（人類の罪深さの事実に現れた原罪の証拠　万人の死、特にさまざまな事情の中での幼児の死が原罪を証明する）　第2部 原罪の教義を証明する聖書の個々の箇所の考察（原罪の教義との関連でみた、「創世記」の最初の三章の考察　聖書の他の箇所、特に原罪の教義を証明する旧約聖書の他の部分についての考察 ほか）　第3部 聖書がキリストの贖罪について述べていることのうち、原罪の教義について私たちに与えられている証拠について考察する（贖罪の本質から獲得される原罪の証拠　原罪の教義の証拠は、贖罪の適用について聖書が教えていることから明らかである）　第4部 さまざまな反論への回答（自分で選択した行為でもないのに、人間が罪の中に生まれ、選択の余地なく罪人であると考えるのは、罪の本性と矛盾する考えであるという反論をめぐって　人間本性は生まれつき腐敗しているという教義に対する反論、すなわち、人間が罪において存在を始めたと考えることは、人間を存在させた造り主が、堕落を造り

出したと考えることになる、という反論について ほか）〔01022〕

◇ジョナサン・エドワーズ選集 1 自由意志論（Freedom of the Will） ジョナサン・エドワーズ著, 森本あんり監修 柴田ひさ子訳 新教出版社 2016.3 398, 20p 22cm 〈他言語標題：The Selected Works of Jonathan Edwards 索引あり〉 7000円 ①978-4-400-32051-7

内容 第1部 本題に入る前に、ここではまず、さまざまな関連用語や関連事項について説明する（意志の本性について 意志の決定 ほか） 第2部 アルミニウス主義者は、道徳的主体の自由とは本質的に意志の自由であると主張する。「自由意志」なるものは本当に存在するのであろうか。ここでは、この問題について考察する（アルミニウス主義者は意志に自己決定力があると主張する。この「自由意志」という概念には明らかな矛盾がある ここまでの論証について予想される言い逃れ ほか） 第3部 アルミニウス主義者の主張によれば、人が道徳的主体として徳や悪を行い賞賛や非難の対象となるには自由意志が必要であるという。第三部では、この問題について検証を進める（神が至高の徳を備えておられるのは必然であるが、神は賞賛に値する イエス・キリストが地上でなされた「意志の行為」は必然的に聖なるものであるが、真の徳と呼ぶべきものであり賞賛に値する ほか） 第4部 アルミニウス主義者は前述した「自由」や「道徳的主体」などの概念を支持し、カルヴァン主義者と対立する。ここでは、彼らの主な論拠について考察する（徳や悪は、人格や意志の行為の「原因」にあるのではなく、そうした人格や行為そのものにある アルミニウス主義の自由意志や道徳的主体性などの教理に見られる、能動と主体といった形而上学的概念の誤りや矛盾について ほか）〔01023〕

エドワーズ, ハリー Edwards, Harry

◇霊癒の科学 ハリー・エドワーズ著, 山本競訳, 脇長生 監修, 佐々木静編 竜稚会霊魂研究資料刊行会 2013.5 161p 21cm〔01024〕

◇霊的治療の解明（SPIRIT HEALING） ハリー・エドワーズ著, 梅原伸太郎訳 新装版 国書刊行会 2014.11 336p 20cm 2800円 ①978-4-336-05872-0

内容 第1部 霊的治療とは何か（潜在的治癒能力 総体としての自己 治療を統べる公式 治療方法 治癒能力の開発 霊的治療と教会 霊的治療と医学 神の意図） 第2部 霊的治療の応用（治療エネルギー なぜ失敗するのか 精神治療 信仰治療 器質性疾患の治療 神経性疾患の治療 超常的治癒の例 結語）〔01025〕

◇霊癒の科学 ハリー・エドワーズ著, 山本競訳, 脇長生監修, 霊魂研究資料刊行会編 霊魂研究資料刊行会 2015.5 162p 21cm 2500円 ①978-4-908396-10-6〔01026〕

◇ジャック・ウェバーの霊現象（THE MEDIUMSHIP OF JACK WEBBER） ハリー・エドワーズ著, 梅原伸太郎監修, 近藤千雄訳 新装版 国書刊行会 2015.12 292p 図版38p 22cm 〈初版のタイトル：世界心霊宝典 第4巻〉 3600円 ①978-4-336-05983-3

内容 霊媒ジャック・ウェバー 赤外線写真 トリックの防止措置 サンデーピクトリアル紙記者バーナード・グレイ氏のリポート 心霊評論家コリン・エバンズ氏の論評 デイリー・ミラー紙記者“カサンドラ”のリポート 上着の瞬間的脱着現象 物品引寄現象（アポーツ） 頭部の幽体写真 霊媒の浮揚現象〔ほか〕〔01027〕

エドワーズ, ポール Edwards, Paul

◇認知症と共に生きる人たちのためのパーソン・センタードなケアプランニング（Enriched Care Planning for People with Dementia） ヘイゼル・メイ, ポール・エドワーズ, ドーン・ブルッカー著, 水野裕監訳, 中川経子訳 京都 クリエイツかもがわ 2016.2 260p 26cm 2600円 ①978-4-86342-174-5

内容 第1章 パーソン・センタードなケアプランニングとは 第2章 人生歴 第3章 今までの生活スタイルとこれからの生活に望むこと 第4章 性格傾向 第5章 心と体の健康 第6章 何かをする潜在的な能力 第7章 認知能力 第8章 今まさに生きている人生 第9章 パーソン・センタードなケアプランを実行し、見直しをする ケアプランの書式〔01028〕

エドワーズ, マーク Edwards, Mark

◇英国式図解のアイデア―絵心のない人のための資料作成のヒント（THE VISUAL COMMUNICATIONS BOOK） マーク・エドワーズ著, 渡部典子訳 ダイヤモンド社 2016.8 151p 18cm 1100円 ①978-4-478-06805-2

内容 1 ビジュアル・フレームワークをフル活用する（フレームワークとさまざまな構造を利用する グラフを賢く使うには、奥深い知識が必要 ほか） 2 物理的効果を利用する（色を使いこなす 一部の文字を囲んで強調する ほか） 3 フレームワークをカスタマイズして使う（システムを見せれば、プレゼンはシンプルになる プロセスを描けば、正確にコミュニケーションできる ほか） 4 図解コミュニケーションのヒント（図解コミュニケーションで注意すること 視聴する人の役割 ほか）〔01029〕

エドワーズ, ラッセル Edwards, Russell

◇切り裂きジャック127年目の真実（Naming Jack the Ripper） ラッセル・エドワーズ著, 深沢誉子訳 KADOKAWA 2015.2 301p 20cm 1800円 ①978-4-04-102742-4

内容 第1章 私の生い立ち―バーケンヘッドからブリック・レーンへ 第2章 ホワイトチャペルに殺人犯出没 第3章 真夜中の恐怖―メアリー・アン・ニコルズとアニー・チャップマン殺害 第4章 邪魔された殺人鬼―エリザベス・ストライド殺害 第5章 地獄より―キャサリン・エドウズ殺害 第6章 一番残忍な殺人―メアリー・ジェーン・ケリー殺害 第7章 ショールの歴史 第8章 血痕の発見 第9章 DNAを探せ！ 第10章 容疑者の絞り込み 第11章 アーロン・コスミンスキーとは何者か？ 第12章 切り裂きジャックはお前だ！〔01030〕

エヌゼル, マリー・ド Hennezel, Marie de

◇セックス・アンド・ザ・シックスティーズ―フランス人に学ぶいつまでも素敵な男女生活の秘訣 マリー・ド・エヌゼル著, 小原竜彦訳 エクスナレッジ 2016.3 358p 19cm 〈他言語標題：SEX and the 60's〉 1700円 ①978-4-7678-2134-4

内容 1章 愛ある性生活の行く末は 2章 第二の思春期 3章 時の経過にさからう夫婦たち 4章 セックスに

エ

飽きた人々　5章 孤独と自由　6章 別の性のありかた　7章 他のさまざまなエロス道　8章 老年期の愛〔01031〕

エバンス, アレックス

◇グローバルビジョンと5つの課題―岐路に立つ国連開発（United Nations Development at a Crossroadsの抄訳）　ブルース・ジェンクス, ブルース・ジョーンズ編, 丹羽敏之監訳　人間と歴史社　2015.10　280p　21cm　3000円　①978-4-89007-199-9

内容 持続可能な開発（アレックス・エバンス著）〔01032〕

エバンス, スザンヌ　Evans, Suzanne

◇伸びる子が育つ家族のつくり方―マキャベリの『君主論』に学ぶ17の教訓（MACHIAVELLI for MOMS）　スザンヌ・エバンス著, 花塚恵訳, 高浜正伸監訳　かんき出版　2014.3　286p　19cm　1380円　①978-4-7612-6984-5

内容 1 理想の家族づくりを始める（私がマキャベリ信奉者になった瞬間―なぜ、『君主論』に学ぼうと思ったか　寛大になりすぎるのは危険である―優れた親は子どもたちに制約を課す　統治に不可欠なものは、健全なルールと守らせる規律―子どもたちとルールを決めて守らせる　新たに取得した公国を統治するほうが難しい―継子の躾の難しさを乗り越える　何かをするたびに、褒めるか咎めるかする―褒め言葉が持つ力を最大限に生かす　君主は優れた人物の言動を研究するべきである―偉人の言動を通じて子どもに美徳を教える　延期すると機会を逃し、適切に軍隊を派遣できない―宿題を先延ばしにしない大切さを教える　民衆の支持で君主になったら、彼らと良好な関係を維持すべき―時には柔軟に子どもの言うことを聞く）　2 理想の家族づくりの雲行きが怪しくなる（君主が手にできる最強の要塞は人々の愛情である―子どもたちとの絆を深める　あるべき姿のために、いまある姿を放棄してはいけない―目の前にある現実を受け入れる　愛されるよりも、恐れられるべきなのか―マキャベリの教訓の限界を試す　自分の利益のためなら、ウソをつく必要もある―子どもにウソをつく重大さを知る　外部からの攻撃よりも、内部の反乱のほうが危険である―夫婦間の意見の相違にどう対処するか）　3 自分なりの家族のあり方を見つける（狂おしいほど愛を求める個人のエゴしか残らない―いちばん恐れていることを克服する　有能な人材を見いだし忠誠を誓わせる―子育ての仲間を見つけて味方にする　空想に浸らず物事の真実を突け―ありのままを受け入れる大切さを知る　自分自身で下した判断でなければ役に立たない―子どもに決めさせ自立心を育ませる　運にすべてを委ねる者は身を滅ぼす―家族のことは親が自分でなんとかすべき）〔01033〕

エバンズ, ティモシー・グラント

◇包括的で持続的な発展のためのユニバーサル・ヘルス・カバレッジ―日本からの教訓（Universal health coverage for inclusive and sustainable development）　池上直己編著　日本国際交流センター　2014.9　240p　21cm　〈文献あり〉　①978-4-88907-139-9

内容 序文（武見敬三, ティモシー・グラント・エバンズ謝辞）〔01034〕

エバンス, ボーガン　Evans, Vaughan

◇戦略フレームワーク25―世界標準の思考ツールが一気にわかる（25 NEED TO KNOW STRATEGY TOOLS）　ボーガン・エバンス著, 東方雅美訳　ダイヤモンド社　2016.3　325p　19cm　〈文献あり〉　1600円　①978-4-478-06759-8

内容 キーセグメントの発見　長期目標の設定　具体目標の設定　基本理念―ジム・コリンズ、ジェリー・I・ポラス　HOOFモデルによる需要予測　ファイブ・フォース―マイケル・ポーター　競争力の評価　リソースとケイパビリティ―ロバート・グラント　バリュー・チェーン―マイケル・ポーター　アンゾフの成長マトリックス―イゴール・アンゾフ〔ほか〕〔01035〕

エバンズ, メアリー・J.

◇旧約聖書入門（OLD TESTAMENT INTRODUCTION）　メアリー・J.エバンズ著, 大塚春香訳　いのちのことば社　2016.9　31p　23cm　（エッセンシャル・バイブル・レファレンス）〈文献あり 索引あり〉　500円　①978-4-264-03581-7

内容 旧約聖書とは　選ばれた家族　新しい国家　王による統治　捕囚と帰還　律法の民　預言者の方法　預言者のメッセージ　詩歌と知恵の書　宗教的な生活　宗教的建造物　宗教活動　創造と契約　イスラエルの神　行動する神〔01036〕

エピクテートス　Epictet

◇人生談義　上　エピクテートス著, 鹿野治助訳　岩波書店　2016.5　263p　15cm　（岩波文庫）〈第13刷（第1刷1958年）〉　780円　①4-00-336081-8

内容 1 語録（アリアーノスのルーキウス ゲリウスに対する挨拶　第1巻（われわれの権内にあるものとわれわれの権内にないものとについて　どのようにして人は、すべての場合、自分の人となりに合ったものを保持することができるか　神が人々の父であるということからして、どういう結果になるか　進歩について　アカデミー派の人々に対して ほか）　第2巻（大胆は、細心と矛盾しないということ　平静について　人を哲学者たちに推薦する人々に対して　かつて姦通罪で逮捕されたことのある人に対して　いかにして、おおらかな心と、注意深さとが両立するか ほか））〔01037〕

◇人生談義　下（Dissertationes ab Arriano Digestae）　エピクテートス著, 鹿野治助訳　岩波書店　2016.5　312p　15cm　（岩波文庫）〈第11刷（第1刷1958年）〉　900円　①4-00-336082-6

内容 1 語録（承前）（おしゃれについて　進歩しようとする人は何について修行せねばならないか、およびわれわれは最も大切なことをおろそこにしているということについて　何がすぐれた人の対象（材料）であり、何に対して人は修行せねばならないか ほか）　2 断片　3 提要〔01038〕

エブケ, ヴェルナー・F.　Ebke, Werner F.

◇国際関係私法の挑戦―中央大学・ミュンスター大学交流25周年記念　山内惟介, ヴェルナー・F.エブケ編著　八王子　中央大学出版部　2014.1　432p　21cm　（日本比較法研究所研究叢書）〈本文：日独両文〉　5500円　①978-4-8057-0591-9

内容 第1部 Würdigungen（中央大学・ミュンスター大学間の交流におけるグロスフェルト、ザンドロック両博士の功績　Bernhard Grossfeld　Otto Sandrock）　第2部 Deutsches, Südafrikanisches und Koreanisches Recht（Die deutsche wissenschaftliche Beschäftigung mit dem japanischen Recht　Beschneidung und Unmündigkeit：Rechtsvergleichende Gedanken aus südafrikanischer Sicht zu der Verfassungswidrigkeit entsprechender Eingriffe in Grundrechte　Überblick über die Einführung der koreanischen Limited Partnership und Limited Liability Company）　第3部 Japanisches Recht und Grundlagen（継親（連れ子）養子縁組の課題と将来　国際私法における『法規からの出発』と『法律関係からの出発』　国際私法と比較法との関係について―桑田三郎博士「マカーロフ『国際私法と比較法』」に関する一考察　契約準拠法に関するローマ条約第6条第2項b号の解釈―Jan Voogsgeerd vs.Navimer SA事件（C‐384/10）判決に対する論評）〔01039〕

エプスタイン, マーク・J.　Epstein, Marc J.

◇社会的インパクトとは何か―社会変革のための投資・評価・事業戦略ガイド（Measuring and Improving Social Impacts）　マーク・J.エプスタイン, クリスティ・ユーザス著, 鵜尾雅隆, 鴨崎貴泰監訳, 松本裕訳　英治出版　2015.10　333p　22cm　〈文献あり〉3500円　①978-4-86276-207-8

内容 第1部 何を投資するのか？（社会的インパクト創造サイクル　投資家を理解する）　第2部 どの問題に取り組むのか？（問題を理解する　投資の選択肢を理解する）　第3部 どのような手順を踏むのか？（社会的インパクトがどのように生み出されるのか　行動をインパクトにつなげる）　第4部 成功はどのように測定するのか？（測定の基本　測定手法　インパクトを測定する）　第5部 インパクトを大きくするにはどうすればいいのか？（社会的インパクト測定の成熟度　インパクトを大きくする　行動への呼びかけ）〔01040〕

エプストン, デービッド

◇ナラティヴ・セラピー―社会構成主義の実践（Therapy as social construction（抄訳））　シーラ・マクナミー, ケネス・J.ガーゲン編, 野口裕二, 野村直樹訳　三鷹　遠見書房　2014.12　177p　19cm　〈文献あり　金剛出版1997年刊の改訂〉2400円　①978-4-904536-80-3

内容 書きかえ療法―人生というストーリーの再著述（デービッド・エプストン, マイケル・ホワイト）〔01041〕

エフドキモーヴァ, タチヤナ

◇歴史に生きるローザ・ルクセンブルク―東京・ベルリン・モスクワ・パリ‐国際会議の記録　伊藤成彦編著　社会評論社　2014.9　369p　21cm　2700円　①978-4-7845-1523-3

内容 ローザ・ルクセンブルクの文学的・歴史的遺産における自由の理念（タチヤナ・エフドキモーヴァ述, 伊藤成彦訳）〔01042〕

エプリー, ニコラス　Epley, Nicholas

◇人の心は読めるか？（MINDWISE）　ニコラス・エプリー著, 波多野理彩子訳　早川書房　2015.1　335p　19cm　1800円　①978-4-15-209517-6

内容 第1部 間違いだらけの「読心術」（第六感を過信しない　まずは自分の心を知る）　第2部 それに「心」はあるのか？（相手の「心」を見る　モノの「心」を見る）　第3部 相手は何を考えている？（自分を基準に考えない　ステレオタイプを味方につける　相手の行動から本心を読まない）　第4部 どうすれば他人の目で見ることができるのか？（読心術の達人になる）〔01043〕

エベン, シュムエル

◇イスラエル情報戦史（ISRAEL'S SILENT DEFENDER）　佐藤優監訳, アモス・ギルボア, エフライム・ラピッド編, 河合洋一郎訳　並木書房　2015.6　373p 図版32p　21cm　〈年表あり〉2700円　①978-4-89063-328-9

内容 デビルズ・アドボケイト（シュムエル・エベン著）〔01044〕

エマソン, ラルフ・ウォルドー　Emerson, Ralph Waldo

◇エマソン選集　1　自然について　ラルフ・ウォルドー・エマソン著　斎藤光訳　デジタル・オンデマンド版　日本教文社　2015.10　302, 7p　21cm　〈印刷・製本：デジタル・オンデマンド出版センター　年表あり 索引あり〉3500円　①978-4-531-02631-9

内容 天文学　博物学者　自然　アメリカの学者　神学部講演　自然の方法　自然〔01045〕

◇エマソン選集　2　精神について　ラルフ・ウォルドー・エマソン著　入江勇起男訳　デジタル・オンデマンド版　日本教文社　2015.10　304, 7p　21cm　〈印刷・製本：デジタル・オンデマンド出版センター　索引あり〉3500円　①978-4-531-02632-6

内容 歴史　自己信頼　償い　精神の法則　愛　友情　神　円　知性〔01046〕

エメリー, エドウィン　Emery, Edwin

◇アメリカ報道史―ジャーナリストの視点から観た米国史（The Press and America）　マイケル・エメリー, エドウィン・エメリー, ナンシー・L.ロバーツ著, 大井真二, 武市英雄, 長谷川倫子, 別府三奈子, 水野剛也訳　松柏社　2016.9　1066p　22cm　〈索引あり〉15000円　①978-4-7754-0238-2

内容 アメリカン・プレスの遺産　植民地時代　プレスとアメリカ独立革命　新国家の建設　西部への拡大　大衆のための新聞　抑しがたい対立（南北戦争）　国民生活における変革　ニュー・ジャーナリズム　庶民の擁護者　ニュース企業のとりで　第1次世界大戦とアメリカ　ラジオ、映画、ジャズ・ジャーナリズムの1920年代　大恐慌とニュー・ディール　第2次世界大戦の勃発　テレビ時代の到来　挑戦そして異議あり　信頼のゆらぎ　メディアを改善する努力　メディア・テクノロジー：21世紀の挑戦〔01047〕

エメリー, マイケル　Emery, Michael C.

◇アメリカ報道史―ジャーナリストの視点から観た米国史（The Press and America）　マイケル・エメリー, エドウィン・エメリー, ナンシー・L.ロバーツ著, 大井真二, 武市英雄, 長谷川倫子, 別府三奈子, 水野剛也訳　松柏社　2016.9　1066p

エ

22cm 〈索引あり〉15000円 ①978-4-7754-0238-2
内容 アメリカン・プレスの遺産　植民地時代　プレスとアメリカ独立革命　新国家の建設　西部への拡大　大衆のための新聞　抑しがたい対立(南北戦争)　国民生活における変革　ニュー・ジャーナリズム　庶民の擁護者　ニュース企業のとりで　第1次世界大戦とアメリカ　ラジオ、映画、ジャズ・ジャーナリズムの1920年代　大恐慌とニュー・ディール　第2次世界大戦の勃発　テレビ時代の到来　挑戦そして異議あり　信頼のゆらぎ　メディアを改善する努力　メディア・テクノロジー：21世紀の挑戦　〔*01048*〕

エモンズ, ロバート・A.　Emmons, Robert A.
◇ありがとうの小さな練習帳—幸せを招き寄せる感謝のレッスン26 (THE LITTLE BOOK OF GRATITUDE)　ロバート・A.エモンズ著, Lurrie Yu訳　プレジデント社　2016.12　93p　17×12cm　1000円　①978-4-8334-2213-0
内容 第1章「ありがとう」とは？　第2章「ありがとう」の恩恵　第3章 なぜ「ありがとう」は効くの？　第4章 さあ、感謝の気持ちを表そう　第5章「ありがとう」について誤解されていること　第6章「ありがとう」の3つのステップ　第7章「ありがとう」ってどんなイメージ？　第8章 最後のレッスン　〔*01049*〕

エラーズ, ケビン・L.　Ellers, Kevin L.
◇危機対応最初の48時間—だれもが知っておきたい災害時のケア (THE FIRST 48 HOURS)　ジェニファー・S.シズニー, ケビン・L.エラーズ共著, 岩上敬人訳　いのちのことば社　2014.6　222p　19cm　1600円　①978-4-264-03236-6
内容 プロローグ 隣人とはだれのことか　第1章 危機対応とは　第2章 存在という力　第3章 危機における安全とは　第4章 評価とトリアージ　第5章 支援の仕方—危機対応における実際的支援　第6章 情報を集める　第7章 過去、現在、未来についての教育　第8章 自分の物語を話してもらう　第9章 危機における希望　第10章 長期的な支援へ　〔*01050*〕

エラスムス, デシデリウス　Erasmus, Desiderius
◇エラスムス＝トマス・モア往復書簡 (Opus epistolarum Des.Erasmi Roterodamiの抄訳)　エラスムス, トマス・モア〔著〕, 沓掛良彦, 高田康成訳　岩波書店　2015.6　442, 4p　15cm (岩波文庫 33-612-3) 〈年譜あり 索引あり〉1080円 ①978-4-00-336123-8　〔*01051*〕
◇エラスムス『格言選集』　エラスムス〔著〕, 金子晴勇編訳　知泉書館　2015.9　185p　20cm 〈布装　文献あり 年譜あり〉2200円　①978-4-86285-216-8
内容 友人たちのものはすべて共有である　人間は人間にとって神である　人間は人間にとって狼である　悪しき守護霊　魔法の杖　火に油を注ぐ(さらに悪化させる)　フクロウをアテネに持参する(余計なことをする)　白鳥の歌　別世界にいるように　人の数だけ意見がある〔ほか〕　〔*01052*〕
◇エラスムス神学著作集　エラスムス〔著〕, 金子晴勇訳　教文館　2016.2　699, 11p　22cm (キリスト教古典叢書) 〈索引あり〉6800円 ①978-4-7642-1811-6
内容 エンキリディオン—キリスト教戦士の手引き　フォルツ宛書簡　新約聖書の序文(敬虔なる読者への呼びかけ(パラクレーシス)　方法論(メトドゥス)　弁明書(アポロギア))　真の神学方法論　対話集(敬虔な午餐会(宗教的な饗宴)　エピクロス派　ロイヒリンの神格化)　解説(総説 エラスムスと宗教改革の精神『エンキリディオン』『フォルツ宛書簡』『新約聖書の序文』『真の神学方法論』『対話集』)　〔*01053*〕

エラード, ロバート・E.　Erard, Robert E.
◇ロールシャッハ・アセスメントシステム—実施, コーディング, 解釈の手引き (RORSCHACH PERFORMANCE ASSESSMENT SYSTEM)　グレゴリー・J.メイヤー, ドナルド・J.ビグリオン, ジョニ・L.ミウラ, ロバート・E.エラード, フィリップ・エルドバーグ著, 高橋依子監訳, 高橋真理子訳　金剛出版　2014.12　591p　27cm 〈文献あり 索引あり〉15000円　①978-4-7724-1402-9
内容 序説　実施法　基本的コード化　上級用コード化　上級用明確化　形態水準表　コード化の練習　反応水準からプロトコル水準への変換　基準的参照データ　解釈への勧告　臨床事例　反応数最適化実施法　形態水準表の発展　信頼性　変数の選択と妥当性　基準的参照データの作成　〔*01054*〕

エラリアン, モハメド　El-Erian, Mohamed A.
◇世界経済危険な明日 (THE ONLY GAME IN TOWN)　モハメド・エラリアン著, 久保恵美子訳　日本経済新聞出版社　2016.10　411p　20cm 〈索引あり〉2500円　①978-4-532-35715-3
内容 第1部 本書の執筆理由、および構成と内容　第2部 状況解説：中央銀行業務の発展、崩壊、復活　第3部 何が起きたのか、それはどういう意味をもつのか　第4部 未来へ向けて進むべき道　第5部「起きるはず」のことから、「起きるかもしれない」ことへ　第6部 二峰性分布の状況を乗り切るためのカギ　第7部 すべてを総合する　〔*01055*〕

エリアス, ノルベルト　Elias, Norbert
◇諸個人の社会—文明化と関係構造 (DIE GESELLSCHAFT DER INDIVIDUEN)　ノルベルト・エリアス著, ミヒャエル・シュレーター編, 宇京早苗訳　新装版　法政大学出版局　2014.2　302p　19cm (叢書・ウニベルシタス) 3300円　①978-4-588-09980-9
内容 第1部 諸個人の社会——九三九年　第2部 自己意識と人間像の問題——九四〇年代‐一九五〇年代　第3部 われわれ＝われのバランスの変化——九八七年　〔*01056*〕
◇モーツァルト—ある天才の社会学 (MOZART : Zur Soziologie eines Genies)　ノルベルト・エリアス著, 青木隆嘉訳　新装版　法政大学出版局　2014.2　193p　19cm (叢書・ウニベルシタス) 2200円　①978-4-588-09981-6
内容 モーツァルトについての社会学的考察(断念と放棄　宮廷社会における市民芸術家　"自由芸術家"へのモーツァルトの歩み　職人の芸術と芸術家の芸術　人間のうちなる芸術家　天才となる道　モーツァルトの青春時代—二つの社会のはざまに)　モーツァルトの反逆—ザルツブルクからウィーンへ(解放の実現—モーツァルトの結婚)　構想—ドラマとしてのモーツァルトの生涯(覚え書き)　メモ二篇　〔*01057*〕

エリアーデ, ミルチャ　Eliade, Mircea

◇加入礼・儀式・秘密結社—神秘の誕生—加入礼の型についての試論（INITIATION, RITES, SOCIÉTÉS SECRÉTES 原著第2版の翻訳） ミルチャ・エリアーデ〔著〕, 前野佳彦訳　法政大学出版局　2014.1　387, 19p　20cm　（叢書・ウニベルシタス 1006）〈索引あり〉4800円　①978-4-588-01006-4

内容 成人式および未開の宗教における部族の加入礼　秘密の祭祀の形をとる成人式　個人的な加入礼と秘密結社　軍事的加入礼とシャーマンの加入礼　大宗教における加入礼的主題　解説 "ディオニュソス的なもの"と加入礼（前野佳彦）〔01058〕

◇聖と俗—宗教的なるものの本質について　ミルチャ・エリアーデ著, 風間敏夫訳　新装版　法政大学出版局　2014.1　258, 15p　19cm　（叢書・ウニベルシタス）　2900円　①978-4-588-09976-2

内容 序言（聖なるものはみずから顕われる　ふた通りの「世界のなかに在ること」 ほか）　第1章 聖なる空間と世界の浄化（空間の均質性と聖体示現　神体示現と徴表 ほか）　第2章 聖なる時間と神話（俗なる時間持続と聖なる時間　templum（寺院）—tempus（時間） ほか）　第3章 自然の神聖と宇宙的宗教（天の神聖と天上の神々　遥かなる神 ほか）　第4章 人間の生存と生命の浄化（"世界に開かれた"生存　生の浄化 ほか）　付録 宗教学の歴史〔01059〕

◇ポルトガル日記1941-1945（Diario Portugués (1941-1945)）　ミルチャ・エリアーデ著, 奥山倫明, 木下登, 宮下克子訳　作品社　2014.1　484p　20cm　〈他言語標題：JURNAL PORTUGHEZ 1941-1945〉4200円　①978-4-86182-464-7

内容 ポルトガル日記（1941年　1942年　1943年　1944年　1945年）　補遺〔01060〕

◇エリアーデ＝クリアーヌ往復書簡—1972-1986（Mircea Eliade, Ioan Petru Culianu）　ミルチャ・エリアーデ, ヨアン・ペトル・クリアーヌ著, ダン・ペトレスク, テレザ・クリアーヌ＝ペトレスク編, 佐々木啓, 奥山史亮訳　慶応義塾大学出版会　2015.8　199, 17p　22cm　〈著作目録あり 年譜あり 索引あり〉5500円　①978-4-7664-2247-4〔01061〕

エリオット, アンソニー　Elliott, Anthony

◇モバイル・ライブズ—「移動」が社会を変える（MOBILE LIVES）　アンソニー・エリオット, ジョン・アーリ著, 遠藤英樹監訳　京都　ミネルヴァ書房　2016.11　253p　22cm　〈索引あり〉5000円　①978-4-623-07687-1

内容 第1章 モバイル・ライブズ—さらに遠くへ?　第2章 新しい技術・新しいモビリティーズ　第3章 ネットワークと不平等　第4章 グローバルズとモビリティーズ　第5章 モバイルな関係—遠距離の親密性　第6章 過剰な消費　第7章 せめぎ合う未来〔01062〕

エリオット, ダイアン

◇現代を読み解くための西洋中世史—差別・排除・不平等への取り組み（Why the Middle Ages Matter）　シーリア・シャゼル, サイモン・ダブルデイ, フェリス・リフシッツ, エイミー・G.リーメンシュナイダー編著, 赤阪俊一訳　明石書店　2014.9　368p　20cm　（世界人権問題叢書 89）　4600円　①978-4-7503-4072-2

内容 性的なスキャンダルと聖職者—災厄のための中世の青写真（ダイアン・エリオット）〔01063〕

エリオット, ボブ　Elliot, Bob

◇ビジネスは30秒で話せ！—短く、魅力的に伝えるプレゼンの技術（Make Your Point！）　ケビン・キャロル, ボブ・エリオット著, 高松綾子訳　すばる舎　2015.1　222p　19cm　1400円　①978-4-7991-0404-0

内容 第1章 準備（人生、常に本番—いつでも話ができる心構えを　シンプル・イズ・ザ・ベスト—話は簡潔なほどよし ほか）　第2章 内容（論理化の基本ルール—「始め・中・終わり」の順に話す　このダイヤモンド・モデルは本当に素晴らしい！　—話を論理的に構成するためのパターン表 ほか）　第3章 話し方（相互作用の法則—人生はブーメラン！　相手を惹き付ける話し手の共通点—"デキるヤツ"で"フレンドリー"に見せる ほか）　第4章 質問者への対応（「ちょっと質問なんですが…」に上手く対応する—質問を予測し、回答を準備しておく　攻めの姿勢で前へ進め—守りに入る必要なし ほか）　第5章 まとめ（メッセージを伝える原動力は信頼性—アリストテレスの三要素を使え　コミュニケーションを妨げるトップ10 ほか）〔01064〕

エリオット, マーク　Elliott, Mark W.

◇人生を聖書と共に—リチャード・ボウカムの世界　リチャード・ボウカム, マーク・エリオット, 伊藤明生, 岡山英雄, 山口希生, 浅野淳博, 小林高徳, 横田法路, 遠藤勝信著, 山口秀生, 山口希生訳　新教出版社　2016.11　119p　20cm　1600円　①978-4-400-32456-0

内容 リチャード・ボウカムとはどういう人か（マーク・エリオット著, 山口秀生訳）〔01065〕

エリオット, ロバート

◇共感の社会神経科学（THE SOCIAL NEUROSCIENCE OF EMPATHY）　ジャン・デセティ, ウィリアム・アイクス編著, 岡田顕宏訳　勁草書房　2016.7　334p　22cm　〈索引あり〉4200円　①978-4-326-25117-9

内容 心理療法における共感：対話的・身体的な理解（マティアス・デカイザー, ロバート・エリオット, ミア・レイスン著）〔01066〕

エリオット, J.H.

◇礫岩のようなヨーロッパ　古谷大輔, 近藤和彦編　山川出版社　2016.7　221p　21cm　〈索引あり〉3800円　①978-4-634-64083-2

内容 複合君主政のヨーロッパ（J.H.エリオット著, 内村俊太訳）〔01067〕

エリクソン, アンダース　Ericsson, Karl Anders

◇ワーキングメモリと日常—人生を切り拓く新しい知性（WORKING MEMORY）　T.P.アロウェイ, R.G.アロウェイ編著, 湯沢正通, 湯沢美紀監訳　京都　北大路書房　2015.10　340p　21cm　（認知心理学のフロンティア）〈文献あり 索引あり〉3800円　①978-4-7628-2908-6

内容 熟達者のワーキングメモリ：伝統的なワーキングメモリ概念との質的な相違（K.Anders Ericsson, Jerad

H.Moxley著, 大塚一徳, 宮谷真人訳）〔01068〕

◇超一流になるのは才能か努力か？（PEAK）アンダース・エリクソン, ロバート・プール著, 土方奈美訳　文芸春秋　2016.7　365p　20cm　1850円　①978-4-16-390495-5

内容 序章 絶対音感は生まれつきのものか？　第1章 コンフォート・ゾーンから飛び出す「限界的練習」　第2章 脳の適応性を引き出す　第3章 心的イメージを磨きあげる　第4章 能力の差はどうやって生まれるのか？　第5章 なぜ経験は役に立たないのか？　第6章 苦しい練習を続けるテクニック　第7章 超一流になる子供の条件　第8章「生まれながらの天才」はいるのか？　終章 人生の可能性を切り拓く〔01069〕

エ

エリクソン, エリク・H.　Erikson, Erik Homburger

◇洞察と責任―精神分析の臨床と倫理（Insight and Responsibility）エリク・H.エリクソン著, 鑪幹八郎訳　改訳版　誠信書房　2016.8　270p　22cm〈文献あり 索引あり〉3600円　①978-4-414-41464-6

内容 第1章 最初の精神分析家　第2章 臨床的エビデンスの特質　第3章 現代におけるアイデンティティと根こぎ感　第4章 人格的強さと世代のサイクル　第5章 心理的現実と歴史的かかわり関与性　第6章 黄金律の問題再考〔01070〕

エリクソン, カイ・T.　Erikson, Kai

◇あぶれピューリタン逸脱の社会学（Wayward Puritans）カイ・T.エリクソン著, 村上直之, 岩田強訳　現代人文社　2014.6　247p　21cm〈索引あり　発売：大学図書〉2800円　①978-4-87798-581-3〔01071〕

エリクソン, ベティ・アリス　Erickson, Betty Alice

◇ミルトン・エリクソン心理療法―〈レジリエンス〉を育てる（HOPE & RESILIENCY）ダン・ショート, ベティ・アリス・エリクソン, ロキサンナ・エリクソン―クライン著, 浅田仁子訳　春秋社　2014.4　405p　20cm〈文献あり〉3500円　①978-4-393-36530-4

内容 ミルトン・H.エリクソンの略歴　1 癒しと健康の土台（人間の条件　心の健康と癒し　臨床医の役割　哲学的枠組み）2 臨床上のストラテジー（核となる6つのストラテジー　注意のそらし―Distraction　分割―Partitioning　前進―Progression　暗示―Suggestion　新たな方向づけ―Reorientation　利用―Utilization　結論）〔01072〕

エリクソン, ミルトン・H.　Erickson, Milton H.

◇ミルトン・エリクソンの催眠の現実―臨床催眠と間接暗示の手引き（Hypnotic Realities）ミルトン・H.エリクソン, アーネスト・L.ロッシ, シーラ・I.ロッシ著, 横井勝美訳　金剛出版　2016.5　346p　22cm〈文献あり〉5400円　①978-4-7724-1491-3

内容 第1章 会話での誘導―早期学習セット　第2章 リカピテュレーションによる間接誘導　第3章 握手誘導　第4章 相互トランス誘導　第5章 連想によるトランス学習　第6章 催眠学習を促進すること　第7章 間接的に条件づけされた閉眼誘導　第8章 学習の無限のパターン―二年後のフォローアップ　第9章 まとめ〔01073〕

エリクソン, L.*　Eriksson, Lisbeth

◇社会教育福祉の諸相と課題―欧米とアジアの比較研究　松田武雄編著　岡山　大学教育出版　2015.4　274p　22cm〈他言語標題：Diverse Aspects and Issue of Social Pedagogy　索引あり〉2800円　①978-4-86429-324-2

内容 スウェーデンの社会教育学（Lisbeth Eriksson著, 石川拓訳, 松田武雄, 河野明日香監訳）〔01074〕

エリクソン-クライン, ロキサンナ　Erickson-Klein, Roxanna

◇ミルトン・エリクソン心理療法―〈レジリエンス〉を育てる（HOPE & RESILIENCY）ダン・ショート, ベティ・アリス・エリクソン, ロキサンナ・エリクソン―クライン著, 浅田仁子訳　春秋社　2014.4　405p　20cm〈文献あり〉3500円　①978-4-393-36530-4

内容 ミルトン・H.エリクソンの略歴　1 癒しと健康の土台（人間の条件　心の健康と癒し　臨床医の役割　哲学的枠組み）2 臨床上のストラテジー（核となる6つのストラテジー　注意のそらし―Distraction　分割―Partitioning　前進―Progression　暗示―Suggestion　新たな方向づけ―Reorientation　利用―Utilization　結論）〔01075〕

エリス, キース　Ellis, Keith

◇エジソンと電灯（Thomas Edison Genius of Electricity）キース・エリス作, 児玉敦子訳　町田　玉川大学出版部　2015.12　139p　22cm（世界の伝記科学のパイオニア）〈年譜あり 索引あり〉1900円　①978-4-472-05964-3

内容 1 若き発明家　2 電信会社の争いのはざまで　3 声だけが聞こえる　4 あかりをともせ　5 伝説の人エジソン　6 かげりゆく伝説　7 つきぬ情熱 蓄音機と活動写真〔01076〕

エリス, スティーブン

◇アフリカ・ドラッグ考―交錯する生産・取引・乱用・文化・統制　落合雄彦編著　京都　晃洋書房　2014.5　242p　22cm（竜谷大学国際社会文化研究所叢書 16）〈索引あり〉3000円　①978-4-7710-2506-6

内容 西アフリカの国際ドラッグ取引（スティーブン・エリス著, 落合雄彦, 原口武彦訳）〔01077〕

エリス, チャールズ　Ellis, Charles D.

◇敗者のゲーム―Timeless Strategies for Successful Investing（WINNING THE LOSER'S GAME 原著第6版の翻訳）チャールズ・エリス著, 鹿毛雄二訳　日本経済新聞出版社　2015.1　261p　20cm〈文献あり〉1700円　①978-4-532-35628-6

内容 第1部 資産運用でまず押さえるべきこと（運用は「敗者のゲーム」になった　運用機関の本当の役割　それでも市場に勝ちたいなら ほか）第2部 運用を少し理論的に見てみよう（「時間」が教える投資の魅力　収益率の特徴と中身　リスクが収益を生み出す ほか）第3部 個人投資家への助言（個人投資家にとっての課題　投資信託、どう選ぶ　手数料は高い！ ほか）〔01078〕

◇キャピタル―驚異の資産運用会社（CAPITAL）チャールズ・エリス著, 鹿毛雄二訳　日本経済新聞出版社 2015.8 350p 15cm (日経ビジネス人文庫 え1-2) 〈日本経済新聞社 2005年刊の再刊〉 1200円 ①978-4-532-19773-5

内容 第1部 草創期の試練(創立者ジョナサン・ラブラスの思想 小さな運用会社の仲間たち スター・プレーヤーはいらない! チームリーダーの発掘 投信を誰に、どう売るのか?) 第2部 戦線を広げる(司令塔としての持株会社 真の投資家向けサービスとは? 果敢な買収戦略 年金運用への挑戦 国際分散投資の苦難と栄光 エマージング投資でナンバーワン!) 第3部 最高峰を目指す(チームプレーのできるプロフェッショナル 組織図のない組織運営 ハイレベルの報酬・処遇体系 卓越した運用能力) 〔01079〕

◇老後資金がショートする—米国に学ぶ破産回避法 (FALLING SHORT) チャールズ・エリス, アリシア・マネル, アンドリュー・エストゥルース著, 玉木伸介監訳, 遠山勲, 村上正人訳 中央経済社 2016.11 220p 19cm 〈文献あり 索引あり 発売:中央経済グループパブリッシング〉 2000円 ①978-4-502-20371-8

内容 第1章 はじめに—豊かな退職後に向けて 第2章 現状に至った背景 第3章 問題はどれほど深刻であるのか 第4章 個人としてできることは何か 第5章 国としてできることは何か 〔01080〕

エリチエ, フランソワーズ Héritier, Françoise

◇序列を解体する (MASCULIN/FÉMININ.2 : DISSOUDRE LA HIÉRARCHIE) フランソワーズ・エリチエ著, 井上たか子, 石田久仁子訳 明石書店 2016.10 455p 20cm (男性的なもの/女性的なもの 2) 〈文献あり〉 5500円 ①978-4-7503-4428-7

内容 女性という生き物 第1部 今なお続く固定観念(女性の頭 女性の危険性について 暴力と女性について—不変の枠組み、永続的な思考法、不安定な内容 ほか) 第2部 批判(母性の特権と男性支配 ジェンダーをめぐる諸問題と女性の権利 「今日の混迷」における男女の差異) 第3部 解決策と障壁(可能で考えるヒトの産生 避妊—男性的なものと女性的なものという二つのカテゴリーの新たな関係に向けて 民主主義は女性を女性として代表すべきだろうか ほか) 〔01081〕

エリヤ

◇アシジの聖フランシスコ伝記資料集—Fontes Franciscani フランシスコ会日本管区訳・監修 教文館 2015.11 809, 9p 22cm (キリスト教古典叢書) 〈索引あり〉 7800円 ①978-4-7642-1810-9

内容 聖なるフランシスコの帰天についての回状(兄弟エリヤ著) 〔01082〕

エリンク, C.M. Enriquez, Colin Metcalfe

◇ビルマの幽境 (A. Burmese Loneliness) C.M.エリンク著, 緬甸研究会訳編 大空社 2016.9 218p 22cm (アジア学叢書 311) 〈折り込 2枚 興文社 昭和17年刊の複製〉 9600円 ①978-4-283-01165-6

内容 幽境への道 ケントンの祭 ケントンの市場 シヤン人種 ケントンの寺院 冬の平原 ロイモイ 麗しの森 メコンの流域 泰国境 支那国境 産業と工芸 〔01083〕

エルヴィユー=レジェ, ダニエル

◇霊性と東西文明—日本とフランス—「ルーツとルーツ」対話 竹本忠雄監修 勉誠出版 2016.2 526p 22cm 〈表紙のタイトル:Dialogue Racines contre Racines〉 7500円 ①978-4-585-21030-6

内容 脱宗教社会のカトリック文法(ダニエル・エルヴィユー=レジェ著, 西田充穂訳) 〔01084〕

エルウッド, L.* Elwood, Lisa S.

◇嫌悪とその関連障害—理論・アセスメント・臨床的示唆 (DISGUST AND ITS DISORDERS) B.O.オラタンジ,D.マッケイ編著, 堀越勝監修, 今田純雄, 岩佐和典監訳 京都 北大路書房 2014.8 319p 21cm 〈索引あり〉 3600円 ①978-4-7628-2873-7

内容 嫌悪の認知的側面 他(Nathan L.Williams, Kevin M.Connolly, Josh M.Cisler, Lisa S.Elwood, Jefferey L.Willems, Jefferey M.Lohr著, 岩佐和典訳) 〔01085〕

エルズィーペン, クリストフ

◇キリスト教神学の主要著作—オリゲネスからモルトマンまで (Hauptwerke der Systematischen Theologie) R.A.クライン,C.ポルケ,M.ヴェンテ編, 佐々木勝彦, 佐々木悠, 浜崎雅孝訳 教文館 2013.12 424, 18p 22cm 〈索引あり〉 4000円 ①978-4-7642-7375-7

内容 フリードリヒ・シュライアマハー『信仰論』(クリストフ・エルズィーペン著, 佐々木勝彦訳) 〔01086〕

エルツェ, アンドレアス

◇キリスト教神学の主要著作—オリゲネスからモルトマンまで (Hauptwerke der Systematischen Theologie) R.A.クライン,C.ポルケ,M.ヴェンテ編, 佐々木勝彦, 佐々木悠, 浜崎雅孝訳 教文館 2013.12 424, 18p 22cm 〈索引あり〉 4000円 ①978-4-7642-7375-7

内容 フィリップ・メランヒトン『神学総覧〈ロキ・コンムーネス〉』(アンドレアス・エルツェ著, 佐々木勝彦, 浜崎雅孝訳) 〔01087〕

エルドバーグ, フィリップ Erdberg, Philip

◇ロールシャッハ・アセスメントシステム—実施, コーディング, 解釈の手引き (RORSCHACH PERFORMANCE ASSESSMENT SYSTEM) グレゴリー・J.メイヤー, ドナルド・J.ビグリオン, ジョニ・L.ミウラ, ロバート・E.エラード, フィリップ・エルドバーグ著, 高橋依子監訳, 高橋真理子訳 金剛出版 2014.12 591p 27cm 〈文献あり 索引あり〉 15000円 ①978-4-7724-1402-9

内容 序説 実施法 基本的コード化 上級用コード化 上級用明確化 形態水準表 コード化の練習 反応水準からプロトコル水準への変換 基準的参照データ解釈への勧告 臨床事例 反応数最適化実施法 形態水準表の発展 信頼性 変数の選択と妥当性 基準的参照データの作成 〔01088〕

エルトマン・シュトルム

◇ティリッヒとフランクフルト学派—亡命・神学・政治 深井智朗監修, フリードリヒ・ヴィルヘルム・グラーフ, アルフ・クリストファーセン, エルトマン・シュトルム, 竹渕香織編　法政大学出版局　2014.2　293, 33p　19cm　(叢書・ウニベルシタス)　3500円　①978-4-588-01005-7

内容 対話のなかのパウル・ティリッヒとマックス・ホルクハイマー―これまで未公刊だった三つのテクスト(一九四二/四五)(エルトマン・シュトルム編, 佐藤貴史, 宮崎直美, 深井智朗編訳)　〔01089〕

エ

エルドリッジ, ロバート・D.　Eldridge, Robert D.

◇尖閣問題の起源―沖縄返還とアメリカの中立政策 (The Origins of U.S.Policy in the East China Sea Islands Dispute)　ロバート・D.エルドリッヂ著, 吉田真吾, 中島琢磨訳　名古屋　名古屋大学出版会　2015.4　338, 25p　22cm　〈文献あり 索引あり〉　5500円　①978-4-8158-0793-1

内容 序章 尖閣問題とアメリカの「中立政策」　第1章 尖閣諸島の歴史　第2章 アメリカの占領・統治下の沖縄と尖閣諸島　第3章 国連ECAFEの調査と尖閣問題の起源　第4章 沖縄返還交渉とアメリカの「中立政策」　第5章 沖縄返還協定と日本国内および関係諸国の反応　〔01090〕

◇次の大震災に備えるために―アメリカ海兵隊の「トモダチ作戦」経験者たちが提言する軍民協力の新しいあり方　ロバート・D.エルドリッヂ編　近代消防社　2016.5　141p　18cm　(近代消防新書)　900円　①978-4-421-00886-9

内容 なぜ大震災に備える必要があるのか 他(ロバート・D.エルドリッヂ)　〔01091〕

エルトル＝ヴァグナー, ビルギット　Ertl-Wagner, Birgit

◇アインシュタインとヒトラーの科学者―ノーベル賞学者レーナルトはなぜナチスと行動を共にしたのか (The Man Who Stalked Einstein)　ブルース・J.ヒルマン, ビルギット・エルトル＝ヴァグナー, ベルント・C.ヴァグナー著, 大山晶訳　原書房　2016.2　301p　20cm　〈文献あり 索引あり〉　2500円　①978-4-562-05293-6

内容 引き合わない勝利　事件の核心　親密さは軽蔑の元　興味深い夕べ　論争する紳士たち　逃したチャンス　ストックホルムのレーナルト　アインシュタイン対ウプサラの小教皇　危険な選択　レーナルトとヒトラー　ドイツ物理学　学会の不純物　ヒムラーtpハイゼンベルク　わが人生に悔いなし　〔01092〕

エル＝ハイ, ジャック　El-Hai, Jack

◇ナチスと精神分析官 (THE NAZI AND THE PSYCHIATRIST)　ジャック・エル＝ハイ著, 高里ひろ, 桑名真弓訳　KADOKAWA　2015.4　340p　19cm　2200円　①978-4-04-731712-3

内容 1 家　2 モンドルフ＝レ＝バン　3 精神科医　4 廃墟の中で　5 インクブロット　6 侵入者　7 裁判所　8 ナチ気質　9 青酸カリ　10 死後　〔01093〕

エルバース, アニータ　Elberse, Anita

◇変革の知　ジャレド・ダイアモンドほか〔述〕, 岩井理子訳　KADOKAWA　2015.2　251p　18cm　(角川新書 K-1)　900円　①978-4-04-102413-3

内容 つまらない1000人より確実な1人に集中せよ(アニータ・エルバース述)　〔01094〕

◇ブロックバスター戦略―ハーバードで教えているメガヒットの法則 (BLOCKBUSTERS)　アニータ・エルバース著, 鳩山玲人監訳・解説, 庭田よう子訳　東洋経済新報社　2015.10　312, 28p　20cm　〈索引あり〉　2200円　①978-4-492-53371-0

内容 序章 ショービジネス成功のカギはブロックバスター　第1章 ブロックバスターに勝負を賭ける(映画&出版業界)　第2章 ブロックバスターを売り出して管理する(音楽業界)　第3章 スーパースターに投資する(スポーツ業界)　第4章 スーパースターは自らの力をどのように行使するか(映画&スポーツ業界)　第5章 デジタル技術はブロックバスターの優位に終焉をもたらすか(IT業界)　第6章 ブロックバスター戦略は広告手法を変える(出版&音楽業界)　終章 エンタメ業界の戦略は他のビジネスでも通用するのか(サービス&ファッション業界)　〔01095〕

エルフ, マルティン

◇現代日本の政治と外交　3　民主主義と政党―ヨーロッパとアジアの42政党の実証的分析 (POLITICAL PARTIES AND DEMOCRACY)　猪口孝監修　猪口孝, ジャン・ブロンデル編　原書房　2014.10　270, 22p　22cm　〈文献あり 索引あり〉　4800円　①978-4-562-04960-8

内容 ドイツ(マルティン・エルフ著, 小林朋則訳)　〔01096〕

エルファーズ, ユースト　Elffers, Joost

◇権力(パワー)に翻弄されないための48の法則　上 (THE 48 LAWS OF POWER)　ロバート・グリーン, ユースト・エルファーズ著, 鈴木主税訳　パンローリング　2016.9　380p　19cm　(フェニックスシリーズ 37)　〈角川書店 1999年刊の新装改訂　文献あり〉　1600円　①978-4-7759-4156-0

内容 主人より目立ってはならない　友を信じすぎず、敵をうまく使え　本当の目的は隠しておけ　必要以上に多くを語るな　名声は大いに頼りになる―生命をかけて名声を守れ　ぜひとも人の注目を集めよ　他人を自分のために働かせよ、ただし手柄は決して渡すな　他人に足を運ばせよ―必要ならば餌を使え　言葉でなく行動によって勝て　感染を避けよ―不幸な人間や不運な人間とはつきあうな〔ほか〕　〔01097〕

◇権力(パワー)に翻弄されないための48の法則　下 (THE 48 LAWS OF POWER)　ロバート・グリーン, ユースト・エルファーズ著, 鈴木主税訳　パンローリング　2016.9　397p　19cm　(フェニックスシリーズ 38)　〈角川書店 1999年刊の新装改訂　文献あり〉　1600円　①978-4-7759-4157-7

内容 何かを信じたがる人間の性向を利用して、盲目的な崇拝者をつくれ　大胆に行動せよ　終わりにいたるまで計画を立てよ　努力は人に見せるな　選択肢を支配せよ―自分に都合のいいカードを引かせる　幻想に訴えよ　人の摘みねじを見つけろ　自分のやりかたで王になれ―王のように振る舞えば、王のように扱ってもらえる　タイミングをはかる技術を習得せよ　手に入らないものは相手にするな。無視することが最大の復讐である〔ほか〕　〔01098〕

エルマン, B.A.　Elman, Benjamin A.

◇哲学から文献学へ―後期帝政中国における社会と知の変動（From Philosophy to Philology）　B.A.エルマン〔著〕, 馬淵昌也, 林文孝, 本間次彦, 吉田純訳　知泉書館　2014.12　352, 68p　22cm〈索引あり〉7600円　①978-4-86285-200-7

内容 第1章 後期帝政中国における学術の革命　第2章 道心・人心の一節をめぐる論争　第3章 考証学と広範なる認識論的視点の形成　第4章 揚子江下流域における学術の専門化　第5章 学問・図書館・書籍出版　第6章 江南における学問的コミュニケーションの回路　第7章 終局　〔01099〕

エルモア, リチャード・F.　Elmore, Richard F.

◇教育における指導ラウンド―ハーバードのチャレンジ（Instructional Rounds in Education）　エリザベス・A.シティ, リチャード・F.エルモア, サラ・E.フィアマン, リー・テイテル著, 八尾坂修監訳　風間書房　2015.10　288p　21cm〈文献あり 索引あり〉2800円　①978-4-7599-2098-7

内容 第1部 構成要素（指導の核心　行動の理論）　第2部 ラウンドの実践（ネットワークの立ち上げ　見ることを学び、即断しようとする癖をやめる　ラウンド実践Part1：実践および観察における課題　ラウンド実践Part2：報告会および次なる段階への取組　ラウンドの円滑化）　第3部 ラウンドと体系的改善（ラウンドから学ぶ　ラウンドから実践における大規模な改善への移行）　〔01100〕

エルラー, ミヒャエル　Erler, Michael

◇プラトン（PLATON）　ミヒャエル・エルラー著, 三嶋輝夫, 田中伸司, 高橋雅人, 茶谷直人訳　講談社　2015.10　382p　19cm（講談社選書メチエ 608―知の教科書）〈文献あり 年表あり 索引あり〉1850円　①978-4-06-258611-5

内容 その人物と生涯　作品と著者　文脈の中のプラトン　継承と刷新―プラトンの文化批判　ソクラテスの徒プラトン―認識への道　プラトンと言語　プラトンの人間学　「この世からかの世へ」（『テアイテトス』176a‐b）―経験界とイデア　プラトンの主要教説　プラトンの実践哲学　魂のセラピーとしての自然についての考察　プラトンと善き生　後世への影響　〔01101〕

エルリッヒ, ヨチ

◇イスラエル情報戦史（ISRAEL'S SILENT DEFENDER）　佐藤優監訳, アモス・ギルボア, エフライム・ラピッド編, 河合洋一郎訳　並木書房　2015.6　373p 図版32p　21cm〈年表あり〉2700円　①978-4-89063-328-9

内容 独立戦争（ヨチ・エルリッヒ著）　〔01102〕

エルリッヒ, ルーベン

◇イスラエル情報戦史（ISRAEL'S SILENT DEFENDER）　佐藤優監訳, アモス・ギルボア, エフライム・ラピッド編, 河合洋一郎訳　並木書房　2015.6　373p 図版32p　21cm〈年表あり〉2700円　①978-4-89063-328-9

内容 大衆の支持を得る戦い（ルーベン・エルリッヒ著）　〔01103〕

エルワージー, シーラ　Elworthy, Scilla

◇内なる平和が世界を変える（PIONEERING THE POSSIBLE：Awakened Leadership for a World That Works）　シーラ・エルワージー著, 伊藤守監訳, 城下真知子訳　ディスカヴァー・トゥエンティワン　2016.12　513, 22p　19cm　2800円　①978-4-7993-2013-6

内容 第1章 ドラゴンの背に乗って　第2章 意識における跳躍　第3章 変革者はいかに内なる力を使っているか　第4章 判断の底にある価値観を変えよう　第5章 新たな価値観への移行　第6章 私たちの戦略―ここから未来へ　第7章 私たちはいったい何者なのかを自覚するために　第8章 あなたの心に響く世界をイメージする　第9章 コンクリートを突き破って芽が出る　〔01104〕

エルンスト, ヴォルフガング

◇ヨーロッパ意思表示論の展開と民法改正―ハイン・ケッツ教授古稀記念（Störungen der Willensbildung bei Vertragsschluss）　R.ツィンマーマン編集, 半田吉信訳著　信山社　2014.6　287p　22cm（総合叢書 2―〔民法〕）〈索引あり〉8800円　①978-4-7972-5452-5

内容 錯誤（ヴォルフガング・エルンスト著）　〔01105〕

エルンスト, ゲルハルト　Ernst, Gerhard

◇あなたを変える七日間の哲学教室（DENKEN WIE EIN PHILOSOPH）　ゲルハルト・エルンスト著, 岡本朋子訳　早川書房　2014.2　277p　19cm〈文献あり〉1800円　①978-4-15-209443-8

内容 月曜日 どう生きていくか？　火曜日 他人とどう生きていくか？　水曜日 道徳にはどれほどの客観性があるのか？　木曜日 何を知ることができるのか？　金曜日 世界には何が存在するのか？　土曜日 哲学とは何か？　日曜日 哲学は何のためにあるのか？　〔01106〕

エレンベルグ, アラン

◇「ひきこもり」に何を見るか―グローバル化する世界と孤立する個人　鈴木国文, 古橋忠晃, ナターシャ・ヴェルー, マイア・ファンステン, クリスチーナ・フィギュエイレド編　青土社　2014.11　276p　19cm　2600円　①978-4-7917-6823-3

内容 メンタルヘルス/自律条件下の社会関係と個人差（アラン・エレンベルグ著）　〔01107〕

エロー, ジャン＝マルク

◇世界論　安倍晋三, 朴槿恵ほか〔著〕, プロジェクトシンジケート叢書編集部訳　土曜社　2014.1　185p　19cm（プロジェクトシンジケート叢書）〈他言語標題：A WORLD OF IDEAS　文献あり〉1199円　①978-4-907511-05-0

内容 フランス流の改革（ジャン＝マルク・エロー著）　〔01108〕

エン, エイ　袁衛

◇中国発展報告―最新版　陳雨露監修, 袁衛, 彭非編著, 日中翻訳学院監訳, 平間初美訳　日本僑報社（発売）　2015.7　375p　21cm〈他言語標題：STUDIES ON CHINA'S DEVELOPMENT INDEX〉3800円　①978-4-86185-178-0

内容 中国発展指数（袁衛, 彭非著） 〔01109〕

エン, エン* 袁 淵

◇2015産業統合のチャイナ・エンジン 中国M&A公会監修, 尉立東, 柏亮ほか著, 中出了真, 黄伯, 陳亮訳 明月堂書店 2015.9 188p 19cm 2000円 ①978-4-903145-50-1
内容 第1部 産業統合の歴史概要（産業統合の歴史 中国産業統合の起動） 第2部 産業M&Aのチャンス（金融業：インターネット金融がM&Aの起爆剤となる インターネットM&Aの趨勢と反復 消費財業界のM&Aチャンスについての研究報告 文化メディア産業 複合改革：古い瓶に新しい酒を詰めるチャンス多し グローバルなM&A気運 高速鉄道経済圏がもたらした地域統合の生態圏） 第3部 産業M&Aのプラットフォームとツール（企業買収ファンド M&Aローン M&A債券 レバレッジ・バイアウト M&Aの見積もり M&A税務 M&A仲裁） 〔01110〕

エン, ガク 袁 岳

◇最新大国中国の民衆白書―中国最大手の民営調査機関が明かす急成長した中国20年の都市生活実態。 (People White Paper of superpower China) 袁岳, 張軍原著, 顧暁次郎編著, 古川猛監修, 三明インターナショナル訳 東方通信社 2015.5 212p 21cm 〈発売：ティ・エー・シー企画〉 1500円 ①978-4-924508-19-4 〔01111〕

エン, コウハイ 袁 行霈

◇中国の文明―北京大学版 3 文明の確立と変容 上（秦漢―魏晋南北朝） 稲畑耕一郎日本語版監修・監訳, 袁行霈, 厳文明, 張伝璽, 楼宇烈原著主編, 柿沼陽平訳 潮出版社 2015.7 474, 18p 23cm 〈他言語標題：THE HISTORY OF CHINESE CIVILIZATION 文献あり 年表あり 索引あり〉 5000円 ①978-4-267-02023-0 〔01112〕

◇中国の文明―北京大学版 5 世界帝国としての文明 上（隋唐―宋元明） 稲畑耕一郎日本語版監修・監訳, 袁行霈, 厳文明, 張伝璽, 楼宇烈原著主編 紺野達也訳 潮出版社 2015.10 455, 18p 23cm 〈他言語標題：THE HISTORY OF CHINESE CIVILIZATION 文献あり 年表あり 索引あり〉 5000円 ①978-4-267-02025-4 〔01113〕

◇中国の文明―北京大学版 6 世界帝国としての文明 下（隋唐―宋元明） 稲畑耕一郎日本語版監修・監訳, 袁行霈, 厳文明, 張伝璽, 楼宇烈原著主編 原田信訳 潮出版社 2015.12 476, 20p 23cm 〈他言語標題：THE HISTORY OF CHINESE CIVILIZATION 文献あり 年表あり 索引あり〉 5000円 ①978-4-267-02026-1
内容 第7章 学問領域の拡大と教育の発展 第8章 北方民族の発展と中華文明への貢献 第9章 外国との関係史の新たな一ページ 第10章 先進的な科学技術と科学観念の発展 第11章 文学の下方への移行と全面的繁栄 第12章 芸術の様相と時代の精神 第13章 多種多彩な社会生活 〔01114〕

◇中国の文明―北京大学版 7 文明の継承と再生 上（明清―近代） 稲畑耕一郎日本語版監修・監訳, 袁行霈, 厳文明, 張伝璽, 楼宇烈原著主編 松浦智子訳 潮出版社 2016.2 497, 17p 23cm 〈他言語標題：THE HISTORY OF CHINESE CIVILIZATION 文献あり 年表あり 索引あり〉 5200円 ①978-4-267-02027-8
内容 緒論 第1章 社会経済の発展 第2章 初期の啓蒙思潮と政治文明の新要素 第3章 総括するなかで発展した伝統的な科学技術 第4章 多民族国家の強化と発展 第5章 政治の発展と国家の経済および民衆の生活 第6章 清代前期・中期の文化意識とその業績 第7章 西洋学問の東洋への伝播と中華文明の外国への伝播 〔01115〕

◇中国の文明―北京大学版 4 文明の確立と変容 下（秦漢―魏晋南北朝） 稲畑耕一郎日本語版監修・監訳, 袁行霈, 厳文明, 張伝璽, 楼宇烈原著主編 住谷孝之, 土谷彰男訳 潮出版社 2016.4 363, 14p 23cm 〈他言語標題：THE HISTORY OF CHINESE CIVILIZATION 文献あり 年表あり 索引あり〉 4800円 ①978-4-267-02024-7
内容 第7章 歴史学と地理学の基礎固めとその発展（紀伝体の新たな歴史学を創り出した『史記』 紀伝体による断代歴史学の確立と発展 ほか） 第8章 秦漢魏晋南北朝の文学（文学の自覚 伝記文学の伝統の確立 ほか） 第9章 芸術の全面的な繁栄（芸術の新たな局面の幕開け 建築芸術の力強さと美しさ ほか） 第10章 科学技術の形成と発展（天文暦算 中国薬学の体系の基礎固めと発展 ほか） 第11章 社会生活（多彩な衣・食・住・行 家庭と宗族 ほか） 〔01116〕

◇中国の文明―北京大学版 8 文明の継承と再生 下（明清―近代） 稲畑耕一郎日本語版監修・監訳, 袁行霈, 厳文明, 張伝璽, 楼宇烈原著主編 岩田和子訳 潮出版社 2016.6 441, 18p 23cm 〈他言語標題：THE HISTORY OF CHINESE CIVILIZATION 文献あり 年表あり 索引あり〉 5000円 ①978-4-267-02028-5 〔01117〕

◇中国の文明―北京大学版 1 古代文明の誕生と展開 上（先史・夏殷周―春秋戦国） 稲畑耕一郎日本語版監修・監訳, 袁行霈, 厳文明, 張伝璽, 楼宇烈原著主編 角道亮介訳 潮出版社 2016.8 495, 14p 23cm 〈他言語標題：THE HISTORY OF CHINESE CIVILIZATION 文献あり 年表あり 索引あり〉 5000円 ①978-4-267-02021-6
内容 総説（世界の古代文明 中華文明を支える思想内容 ほか） 緒論（中華文明が誕生した地理的環境 中国大陸の古代の居住民 ほか） 第1章 中華文明の曙（文明胎動期の経済 社会の階層化と複雑化 ほか） 第2章 中華文明の幕開け―夏（夏王朝の成立と中原の優位化 夏文化の考古学的探索 ほか） 第3章 殷周時代―文明の興隆（殷周王朝の成立と華夏文明の興隆 殷周時代の宗法と分封制・井田制 ほか） 第4章 燦爛たる青銅器文化（青銅器文化の中心地とその形成 大規模な青銅器生産 ほか） 〔01118〕

◇中国の文明―北京大学版 2 古代文明の誕生と展開 下（先史・夏殷周―春秋戦国） 稲畑耕一郎日本語版監修・監訳, 袁行霈, 厳文明, 張伝璽, 楼宇烈原著主編 野原将揮訳 潮出版社 2016.10 469, 15p 23cm 〈他言語標題：THE HISTORY OF CHINESE CIVILIZATION 文献あり 年表あり 索引あり〉 5000円 ①978-4-267-02022-3
内容 第5章 鉄器の活用と生産の増大 第6章 殷周期の都市と商業 第7章 漢字の起源と早期の発展 第8章 殷周時期の宗教と信仰 第9章 教育の発達と学術の隆

盛　第10章 文学と芸術の誕生と繁栄　〔01119〕

エン, ホコク*　閻 歩克

◇中国の文明―北京大学版　3　文明の確立と変容 上（秦漢―魏晋南北朝）　稲畑耕一郎日本語版監修・監訳, 袁行霈, 厳文明, 張伝璽, 楼宇烈原著主編, 柿沼陽平訳　潮出版社　2015.7　474, 18p　23cm　〈他言語標題：THE HISTORY OF CHINESE CIVILIZATION　文献あり 年表あり 索引あり〉5000円　①978-4-267-02023-0　〔01120〕

エンゲル, デイヴィッド・M.

◇振舞いとしての法―知と臨床の法社会学　西田英一, 山本顕治編　京都　法律文化社　2016.2　297p　22cm　〈著作目録あり 年譜あり〉6000円　①978-4-589-03719-0

内容 何が不法行為法の敷居を高くしているのか（デイヴィッド・M.エンゲル著, 久保秀雄抄訳）〔01121〕

エンゲル, リチャード　Engel, Richard

◇中東の絶望、そのリアル―戦場記者が、現地に暮らした20年（AND THEN ALL HELL BROKE LOOSE）　リチャード・エンゲル著, 冷泉彰彦訳　朝日新聞出版　2016.11　346, 7, 4p　19cm　〈年表あり 索引あり〉1800円　①978-4-02-251433-2

内容 PROLOGUE 「中東問題」の責任（1996‐1997カイロ）　1 夢想するカイロ（1997‐2000カイロ）　2 殺しのラリー（2000‐2003エルサレム）　3 イラク・サバイバル（2003バグダッド）　4 ステージ4の戦場記者（2003‐2006バグダッド）　5 国境地帯に降る爆弾（2006ベイルート、イスラエルとレバノンの国境地帯）　6 ISの萌芽（2006‐2007ベイルート）　7 独裁者と「アラブの春」の幸福（2008‐2011カイロ、リビア、シリア）　8 誘拐とパスタ料理（2011‐2013シリア）　9 増殖するISの残忍（2012‐2015中東周辺）　EPILOGUE 絶望の次の中東へ（2015ニューヨーク）　〔01122〕

エンゲル・デ・アブレウ, P.M.J.*　Engel de Abreu, Pascale M.J.

◇ワーキングメモリと日常―人生を切り拓く新しい知性（WORKING MEMORY）　T.P.アロウェイ,R.G.アロウェイ編著, 湯沢正通, 湯沢美紀監訳　京都　北大路書房　2015.10　340p　21cm　（認知心理学のフロンティア）〈文献あり 索引あり〉3800円　①978-4-7628-2908-6

内容 ワーキングメモリと知能：展望（Andrew R.A. Conway, Brooke N.Macnamara, Pascale M.J.Engel de Abreu著, 湯澤正通訳）　〔01123〕

エンゲルハルト, マルク

◇刑事コンプライアンスの国際動向　甲斐克則, 田口守一編　信山社　2015.7　554p　22cm　（総合叢書 19―〔刑事法・企業法〕）〈他言語標題：International Trends of Criminal Compliance 文献あり〉12800円　①978-4-7972-5469-3

内容 ドイツの経済犯罪の防止のためのコンプライアンス・プログラム（ウルリッヒ・ズィーバー, マルク・エンゲルハルト著, 早稲田大学GCOE刑事法グループ訳）　〔01124〕

エントウィッスル, バズル　Entwistle, Basil

◇日本の進路を決めた10年―国境を超えた平和への架け橋（Japan's Decisive Decade）　バズル・エントウィッスル著, 藤田幸久訳　増補改訂版　ジャパンタイムズ　2016.10　255p 図版16p　19cm　〈年表あり〉1400円　①978-4-7890-1651-3　〔01125〕

エンライト, アマンダ　Enright, Amanda

◇かみさまきいて（My little prayers）　カレン・ウィリアムソン文, アマンダ・エンライト絵, 大越結実訳　いのちのことば社CS成長センター　2013.9　84p　17×17cm　1000円　①978-4-8206-0318-4　〔01126〕

遠流台湾館

◇台湾史小事典　呉密察監修, 遠流台湾館編著, 横沢泰夫日本語版編訳　第3版　福岡　中国書店　2016.11　383p　22cm　〈文献あり 索引あり〉2800円　①978-4-903316-52-9

内容 台湾史小事典（三国‐オランダ時代　鄭氏時代　清代　日本時代　戦後　民主化の時代）　付録　〔01127〕

【オ】

オ, カンウォン　呉 江原

◇独島・鬱陵島の研究―歴史・考古・地理学的考察　洪性徳, 保坂祐二, 朴三憲, 呉江原, 任徳淳著, 朴智泳監訳, 韓春子訳　明石書店　2015.12　229p　22cm　〈索引あり〉5500円　①978-4-7503-4244-3

内容 独島・鬱陵島の研究―歴史・考古・地理学的考察　17世紀後半の韓日外交交渉と鬱陵島―安竜福被拉と渡日事件を中心に　高宗と李奎遠の于山島認識の分析　明治初年太政官文書の歴史的性格　古代鬱陵島社会と集団に関するいくつかの問題―鬱陵島の調査、古代の遺物を中心に　独島の機能、空間価値と所属―政治地理・地政学的視角　〔01128〕

オ, サンヨル*　呉 尚烈

◇東北アジア平和共同体構築のための倫理的課題と実践方法―「IPCR国際セミナー2012」からの提言　韓国社会法人宗教平和国際事業団著, 世界宗教者平和会議日本委員会編, 山本俊正監修, 中央学術研究所編集責任　佼成出版社　2014.7　222, 3p　18cm　（アーユスの森新書 009）　900円　①978-4-333-02672-2

内容 経済的側面から見た東北アジア平和共同体構築のための倫理的課題と実践方法（呉尚烈著, 金永完訳）　〔01129〕

オ, ジェシク　呉 在植

◇私の人生のテーマは「現場」―韓国教会の同時代史を生きて　呉在植著, 山田貞夫訳　新教出版社　2014.11　353p　20cm　2500円　①978-4-400-52349-9

内容 第1章 後悔することなく生きてきた　第2章 記憶の彼方、幼少の時代　第3章 現場と運動　第4章 海外

を経巡る　第5章 日本で出会った人々　第6章 帰国、また新たな始まり　第7章 再びジュネーブに　第8章 道はまた他の道に繋がる　第9章 蘆玉信、彼女の名を呼ぶ　第10章 私が彼の名を呼ぶとき彼は私に来て花となった　〔01130〕

オ

オ, スグン*　呉 守根

◇民事手続の現代的使命—伊藤真先生古稀祝賀論文集　高橋宏志, 上原敏夫, 加藤新太郎, 林道晴, 金子宏直, 水元宏典, 垣内秀介編　有斐閣　2015.2　1472p　22cm　〈著作目録あり 年譜あり〉 28000円　①978-4-641-13686-1

内容 韓国における企業構造調整促進法(呉守根著, 崔裕奈, 崔延任訳)　〔01131〕

オ, チョンニョン《Oh, ChunNyun》

◇モンテッソーリ　イドンギュ文, オチョンニョン絵, 簗田順子訳　岩崎書店　2015.2　163p　23cm　(オールカラーまんがで読む知っておくべき世界の偉人 19) 〈他言語標題：Maria Montessori　年譜あり〉 1600円　①978-4-265-07689-5

内容 しっかりした子　マリアの夢　お医者さんになりたい　新たな挑戦　医師から教育者に　世界をおどろかせた教育法　マリアの信念　〔01132〕

オ, ドヨプ　呉 道燁

◇この身が灰になるまで—韓国労働者の母・李小仙の生涯　呉道燁著, 村山俊夫訳　緑風出版　2014.3　268p　19cm　2000円　①978-4-8461-1404-6

内容 第1部 貧しかった日々、固い絆—1945年8月 - 1970年10月　第2部 炎の痕から立ち上がる人々—1970年11月 - 1971年9月　第3部 暴圧の闇夜—1971年4月 - 1978年8月　第4部 大路に躍り出た人たち—1979年10月 - 1986年5月　第5部 美しき出会い—1986年8月 - 2008年11月　第6部 李小仙、幼い頃に—1929年12月 - 1945年8月　〔01133〕

オー, マイケル　Oh, Michael

◇和解を通して　マイケル・オー著　ヨベル　2014.8　63p　18cm　(ヨベル新書 025) 〈他言語標題：Reconciled to God　英語併記〉 400円　①978-4-907486-09-9

内容 ローザンヌ運動と日本の教会 金本悟 著. ローザンヌ運動の日本の教会への貢献 倉沢正則 著. 和解を通して マイケル・オー 著, 立石充子 訳. これからの世界 マイケル・オー 著, 立石充子 訳　〔01134〕

オ, ヨンソク《Oh, Youngseok》

◇ネルソン・マンデラ　オヨンソク文, スタジオチョンビ絵, 簗田順子訳　岩崎書店　2014.1　155p　23cm　(オールカラーまんがで読む知っておくべき世界の偉人 5) 〈年譜あり〉 1600円　①978-4-265-07675-8

内容 01 黒い王族　02 学校に行く　03 大学生になったマンデラ　04 ヨハネスブルグで　05 黒人解放運動　06 27年間の刑務所生活　07 自由、そして、新たな希望　〔01135〕

◇ヘレン・ケラー　オヨンソク文, イジョンウォン絵, 簗田順子訳　岩崎書店　2014.10　155p　23cm　(オールカラーまんがで読む知っておくべき世界の偉人 12) 〈年譜あり〉 1600円　①978-4-265-07682-6

内容 01 けもののような子ども　02 サリヴァン先生との出会い　03 フロースト・キングのおはなし　04 新たな夢へのチャレンジ　05 私の本、私のおはなし　06 世の中へのさけび　07 消えない希望　〔01136〕

オ, ヨンソプ*　呉 瑛燮

◇安重根と東洋平和論　李泰鎮, 安重根ハルピン学会編著, 勝村誠, 安重根東洋平和論研究会監訳　日本評論社　2016.9　421p　22cm　〈文献あり 索引あり〉 6000円　①978-4-535-58690-1

内容 安重根の義兵運動(呉瑛燮著, 勝村誠訳)　〔01137〕

オイヤー, ポール　Oyer, Paul Edward

◇道端の経営学—戦略は弱者に学べ（Roadside MBA）　マイケル・マッツェオ, ポール・オイヤー, スコット・シェーファー著, 楠木建監訳, 江口泰子訳　ヴィレッジブックス　2015.2　374p　19cm　1850円　①978-4-86491-199-3

内容 プロローグ 軽い気持ちでドライブに　第1章 事業規模を拡大する　第2章 参入障壁を築く　第3章 商品の差別化を図る　第4章 価格を適切に設定する　第5章 ブランドを管理する　第6章 交渉を有利に進める　第7章 人を雇う　第8章 インセンティブ制を導入する　第9章 権限を委譲する　第10章 大企業と戦う　エピローグ 戦略はそれ自体が動く目標である　〔01138〕

◇オンラインデートで学ぶ経済学（EVERYTHING I EVER NEEDED TO KNOW ABOUT ECONOMICS, I LEARNED FROM ONLINE DATING）　ポール・オイヤー著, 土方奈美訳　NTT出版　2016.7　273p　19cm　〈索引あり〉 2400円　①978-4-7571-2354-0

内容 第1章 手を打つべきタイミングを見きわめる—サーチ理論　第2章 予防線、ごまかし、そして明らかなウソ—チープトーク　第3章 フェイスブック効果—ネットワーク外部性　第4章 言葉を行動で証明する—シグナリング　第5章 ステレオタイプ—統計的差別　第6章 大きな魚か大きな池か—厚い市場と薄い市場　第7章 マイナスイメージ—逆淘汰　第8章 同僚や隣人に同じような人が多いのはなぜ？ —正の同類交配　第9章 教育とルックスは報われる—能力への報酬　第10章 家庭での交渉—家族　〔01139〕

オイラー, エリザベス

◇東アジアの宗教文化—越境と変容　国立歴史民俗博物館, 松尾恒一編　岩田書院　2014.3　467, 3p 図版 8p　21cm　〈文献あり〉 4800円　①978-4-87294-863-9

内容 謡曲『経政』にみる幽霊と他界(エリザベス・オイラー著, 若林晴子訳)　〔01140〕

オイルシュレーガー, ハンス=ディーター

◇日本とはなにか—日本民族学の二〇世紀　ヨーゼフ・クライナー編　東京堂出版　2014.3　390p　22cm　〈他言語標題：WHAT IS JAPAN？〉 7500円　①978-4-490-20860-3

内容 鳥居竜蔵(ハンス＝ディーター・オイルシュレーガー著, 鈴村裕輔訳)　〔01141〕

◇日本はどのように語られたか—海外の文化人類学的・民俗学的日本研究　桑山敬己編　京都　昭和

堂　2016.3　437, 14p　22cm　〈索引あり〉 5000円　①978-4-8122-1534-0
内容 西洋の民族学的言説にみるアイヌ（ハンス・D.オイルシュレーガー著, 桑山敬己訳）　〔01142〕

オウ, エイカン　王 永寛

◇酷刑―血と戦慄の中国刑罰史　王永寛著, 尾鷲卓彦訳　徳間書店　2016.2　301p　15cm　（徳間文庫カレッジ）〈徳間文庫 2001年刊の再刊　年表あり〉 1050円　①978-4-19-907054-9
内容 凌遅（りょうち）―切りきざみ　車裂（しゃれつ）―車ざき　斬首（ざんしゅ）―うち首　腰斬（ようざん）―腰きり　剝皮（はくひ）―皮はぎ　炮烙（ほうらく）―銅柱やき　烹煮（ほうしゃ）―釜ゆで　剖腹（ほうふく）―腹さき　抽腸（ちゅうちょう）―腸引きずりだし　射殺（しゃさつ）―射ころし〔ほか〕　〔01143〕

オウ, ガクグン*　汪 学群

◇中国史の時代区分の現在―第六回日中学者中国古代史論壇論文集　中国社会科学院歴史研究所, 東方学会〔編〕, 渡辺義浩編　汲古書院　2015.8　462, 4p　27cm　〈布装〉 13000円　①978-4-7629-6554-8
内容 明代思想の特色に関する試論（汪学群著, 阿部亘訳）　〔01144〕

オウ, ガクトウ*　王 学東

◇歴史に生きるローザ・ルクセンブルク―東京・ベルリン・モスクワ・パリ - 国際会議の記録　伊藤成彦編著　社会評論社　2014.9　369p　21cm　2700円　①978-4-7845-1523-3
内容 中国におけるローザ・ルクセンブルク研究の現状（王学東著, 田中祥之訳）　〔01145〕

オウ, ガクブン　王 学文

◇ゼミナール中国文化―カラー版　祝祭日編　王学文著, 田中久幾訳, 劉偉監訳　グローバル科学文化出版　2016.12　157p　21cm　〈文献あり〉 2980円　①978-4-86516-047-5　〔01146〕

オウ, キ　汪 暉

◇世界史のなかの東アジア―台湾・朝鮮・日本　汪暉著, 丸川哲史編訳　青土社　2015.10　195p　20cm　2200円　①978-4-7917-6882-0
内容 第1章 政治と社会の断裂―現代政治における代表性の危機とは何か（グローバル政治における代表性の危機　二〇世紀中国における代表性の政治原理の再構築　「ポスト政党政治」の条件　理論に関する議論と政党の「自己革命」　人民戦争と大衆路線　階級再編と階級政治の衰退　「ポスト政党政治」と憲政改革の方向）　第2章 二〇世紀中国史という視野における朝鮮戦争（「中国、朝鮮、東方、そして世界に有利である」―朝鮮戦争の歴史条件　人民戦争から国際主義同盟戦争への転向における政治的意義）　第3章 現代中国史の巨大な変化の中の台湾問題―二〇一四年台湾「ひまわり運動」を切り口として（両岸政治関係における危機と統一派の衰退　反サービス貿易運動と反TPP　政治アイデンティティの最重要性と二つの規則の衝突）　〔01147〕

◇中国式発展の独自性と普遍性―「中国模式」の提起をめぐって　宇野重昭, 江口伸吾, 李暁東編　国際書院　2016.3　390p　21cm　〈索引あり〉 3800円　①978-4-87791-273-4
内容 インタビュー記録1（汪暉述, 李暁東, 江口伸吾, 唐燕霞ほか聞き手, 黄宇暁訳）　〔01148〕

◇世界史のなかの世界―文明の対話、政治の終焉、システムを越えた社会　汪暉著, 丸川哲史編訳　青土社　2016.5　341p　20cm　2800円　①978-4-7917-6927-8
内容 第1章 二つの大洋の間の文明―二〇一五年六月二九日カシュガル大学での講演（海洋時代と新たに定義された中国　歴史叙述の中の中心と周辺 ほか）　第2章 代表性の断裂（はじめに―政治システムと社会形態のズレ　「何が平等なのか」を再び問う ほか）　第3章 二つのニュープアとその未来―階級政治の衰微と再形成、そしてニュープアの尊厳政治（ニュープアとニューワーカーの誕生　不確定的な主体―農民工・労働者階級あるいはニューワーカー ほか）　第4章 毛沢東主義運動の亡霊（金融化資本主義時代の「毛主義運動」　プラチャンダとの対話―人民民主は可能か？ ほか）　第5章 記念碑を越える、あるいは真知のはじまり（青空と雪山の間で　横向きの時間 ほか）　〔01149〕

オウ, ギ*　王 巍

◇2015産業統合のチャイナ・エンジン　中国M&A公会監修, 尉立東, 柏亮ほか著, 中出了真, 黄伯, 陳亮訳　明月堂書店　2015.9　188p　19cm　2000円　①978-4-903145-50-1
内容 第1部 産業統合の歴史概要（産業統合の歴史　中国産業統合の起動）　第2部 産業M&Aのチャンス（金融業：インターネット金融がM&Aの起爆剤となる　インターネットM&Aの趨勢と反復　消費財業界のM&Aチャンスについての研究報告　文化メディア産業　複合改革：古い瓶に新しい酒を詰めるチャンス多し　グローバルなM&A気運　高速鉄道経済圏がもたらした地域統合の生態圏）　第3部 産業M&Aのプラットフォームとツール（企業買収ファンド　M&Aローン　M&A債券　レバレッジ・バイアウト　M&Aの見積もり　M&A税務　M&A仲裁）　〔01150〕

オウ, キセイ　王 麒誠

◇新疆物語―絵本でめぐるシルクロード　王麒誠著, 日中翻訳学院監訳, 本田朋子訳　日本僑報社（発売）　2015.7　182p　21cm　980円　①978-4-86185-179-7
内容 新疆のあゆみ　豊富多彩な新疆文化（お祭り　特色ある飲食文化　果物とドライフルーツ　手工芸品）　新疆を旅しよう（壮美な新疆　文明の光　様々な風情　山々に眠る地下資源　希望の船）　〔01151〕

オウ, キセイ*　王 奇生

◇中国議会100年史―誰が誰を代表してきたのか　深町英夫編　東京大学出版会　2015.12　291p　22cm　〈他言語標題：A Hundred Years' History of Chinese Parliamentarianism　索引あり〉 5000円　①978-4-13-036257-3
内容 「神聖」から「唾棄」へ（王奇生著, 張玉萍訳）　〔01152〕

オウ, ギョクガイ*　汪 玉凱

◇転換を模索する中国―改革こそが生き残る道　高尚全主編, 岡本信広監訳, 岡本恵子訳　科学出版社東京　2015.6　375p　21cm　4800円　①978-4-907051-34-1
内容 政治体制改革についての5つの提案（汪玉凱著）

〔01153〕

オウ, キリョウ　王 希亮

◇日本の右翼―歴史的視座からみた思潮と思想　歩平, 王希亮著, 山辺悠喜子, 宮崎教四郎, 和田千代子, 斎藤一晴, 奥村正雄訳　明石書店　2015.7　565p　20cm　(明石ライブラリー 159)　8000円　①978-4-7503-4226-9

内容 序論　戦前の右翼(右翼思想と右翼運動の発生　国家革新運動と二〇世紀初期右翼運動の変遷　日本を戦争の道へ導いた軍隊ファシズム右翼)　戦後の右翼(米軍占領時期の右翼勢力　サンフランシスコ条約と右翼の蘇生、復活　岸信介内閣の反動政治と右翼運動の高まり　新右翼の登場と「民族派運動」　七〇年代の右翼「昭和維新運動」　新保守主義時代の右翼　文化教育界における右翼団体の形成及びその活動)　結び　〔01154〕

オウ, キングン*　汪 錦軍

◇現代中国の市民社会・利益団体―比較の中の中国　辻中豊, 李景鵬, 小嶋華津子編　木鐸社　2014.6　444p　22cm　(現代世界の市民社会・利益団体研究叢書 5　辻中豊編)　〈文献あり 索引あり〉　4000円　①978-4-8332-2323-2

内容 公共サービスの委託(汪錦軍著, 許旭成, 和嶋克洋訳)　〔01155〕

オウ, キンミン*　王 錦民

◇中国の文明―北京大学版　5　世界帝国としての文明　上(隋唐―宋元明)　稲畑耕一郎日本語版監修・監訳, 袁行霈, 厳文明, 張伝璽, 楼宇烈原著主編　紺野達也訳　潮出版社　2015.10　455, 18p　23cm　〈他言語標題：THE HISTORY OF CHINESE CIVILIZATION　文献あり 年表あり 索引あり〉　5000円　①978-4-267-02025-4　〔01156〕

◇中国の文明―北京大学版　7　文明の継承と再生　上(明清―近代)　稲畑耕一郎日本語版監修・監訳, 袁行霈, 厳文明, 張伝璽, 楼宇烈原著主編　松浦智子訳　潮出版社　2016.2　497, 17p　23cm　〈他言語標題：THE HISTORY OF CHINESE CIVILIZATION　文献あり 年表あり 索引あり〉　5200円　①978-4-267-02027-8

内容 緒論　第1章 社会経済の発展　第2章 初期の啓蒙思潮と政治文明の新要素　第3章 総括するなかで発展した伝統的な科学技術　第4章 多民族国家の強化と発展　第5章 政治の発展と国家の経済および民衆の生活　第6章 清代前期・中期の文化意識とその業績　第7章 西洋学問の東洋への伝播と中華文明の外国への伝播　〔01157〕

◇中国の文明―北京大学版　8　文明の継承と再生　下(明清―近代)　稲畑耕一郎日本語版監修・監訳, 袁行霈, 厳文明, 張伝璽, 楼宇烈原著主編　岩田和子訳　潮出版社　2016.6　441, 18p　23cm　〈他言語標題：THE HISTORY OF CHINESE CIVILIZATION　文献あり 年表あり 索引あり〉　5000円　①978-4-267-02028-5　〔01158〕

オウ, ゲンキ*　王 彦輝

◇中国史の時代区分の現在―第六回日中学者中国古代史論壇論文集　中国社会科学院歴史研究所, 東方学会〔編〕, 渡辺義浩編　汲古書院　2015.8　462, 4p　27cm　〈布装〉　13000円　①978-4-7629-6554-8

内容 秦漢聚落形態研究(王彦輝著, 高橋康浩訳)　〔01159〕

オウ, ゲンシュウ*　王 元周

◇安重根と東洋平和論　李泰鎮, 安重根ハルピン学会編著, 勝村誠, 安重根東洋平和論研究会監訳　日本評論社　2016.9　421p　22cm　〈文献あり 索引あり〉　6000円　①978-4-535-58690-1

内容 中国人が書いた安重根に関する著作物と彼に抱く三つのイメージ(王元周著, 渡辺正恵訳)　〔01160〕

オウ, ケンセン*　王 見川

◇戦争・災害と近代東アジアの民衆宗教　武内房司編　有志舎　2014.3　313, 3p　22cm　6600円　①978-4-903426-82-2

内容 清末の災難における扶乩団体の慈善活動(王見川著, 小武海桜子訳)　〔01161〕

オウ, シセイ　王 志誠

◇台湾信託法の理論と展開　王志誠著, 新井誠監訳　日本加除出版　2014.4　159p　22cm　〈索引あり〉　3000円　①978-4-8178-4153-7

内容 第1章 台湾信託制度発展史　第2章 台湾における信託法理論の発展　第3章 台湾における信託実務の発展と問題　第4章 台湾における不動産開発信託の発展と特色　第5章 都市再開発信託の現況と法律問題　第6章 有価証券信託の種類、発展及び課税に関する論争　〔01162〕

オウ, シュウコン　汪 習根

◇法治社会における基本的人権―発展権の法的制度研究　汪習根著, 呂衛清訳　白帝社　2016.9　379p　21cm　3200円　①978-4-86398-262-8

内容 第1章 序章　第2章 発展権の歴史的由来　第3章 発展権の内包する基本的意義　第4章 発展権の価値づけ　第5章 発展権の憲法規範の分析　第6章 発展権の法律重心の位置づけ　第7章 発展権の司法判断適合性の分析　付録 発展権のグローバル法的メカニズムの構築に向けて　〔01163〕

オウ, ショウコウ　王 紹光

◇中国の発展の道と中国共産党　胡鞍鋼, 王紹光, 周建明, 韓毓海著, 中西真訳　日本僑報社　2016.12　200p　21cm　3800円　①978-4-86185-200-8

内容 上編 中国共産党の伝統と政治力(中国伝統文明の発展と超越　マルクスの理論、その展開と超越　欧米式発展の道の超越)　下編 中国の優勢と中国共産党(偉大なる戦略転換　中国民主政治の道　人民社会の建設)　〔01164〕

オウ, ショウセキ　王 小錫

◇道徳資本研究　王小錫著, 劉慶紅訳　千倉書房　2016.3　315p　22cm　〈索引あり〉　3700円　①978-4-8051-1089-8

内容 第1章 道徳資本の理論的根拠(「実経済」とは道徳を含める経済である　道徳の目的は精神的あるいは、物質的か ほか)　第2章 道徳資本理論(道徳資本の概念とその価値の実現　道徳資本の依頼性と独立性 ほか)　第3章 中国の伝統的道徳思想史(徳性主義　功利主義 ほか)　第4章 資本としての道徳が企業経営に及ぼす影響力(道徳はある意味では精神生産力である

道徳生産力のレベルの根拠と基準 ほか）〔01165〕

オウ, ショウヒョウ*　王 霄冰

◇東アジアの宗教文化—越境と変容　国立歴史民俗博物館, 松尾恒一編　岩田書院　2014.3　467, 3p 図版 8p　21cm　〈文献あり〉4800円　①978-4-87294-863-9

内容 中国における孔子祭儀礼の形成と中日韓での伝承の比較考察（王霄冰著, 徐銘訳）〔01166〕

オウ, ショウブン*　王 承文

◇中国史の時代区分の現在—第六回日中学者中国古代史論壇論文集　中国社会科学院歴史研究所, 東方学会〔編〕, 渡辺義浩編　汲古書院　2015.8　462, 4p　27cm　〈布装〉13000円　①978-4-7629-6554-8

内容 漢晋の道教における「静室」と斎戒制度の淵源に関する考察（王承文著, 冨田絵美訳）〔01167〕

オウ, ショウホ*　王 小甫

◇中国の文明—北京大学版　5　世界帝国としての文明　上（隋唐—宋元明）　稲畑耕一郎日本語版監修・監訳, 袁行霈, 厳文明, 張伝璽, 楼宇烈原著主編　紺野達也訳　潮出版社　2015.10　455, 18p　23cm　〈他言語標題：THE HISTORY OF CHINESE CIVILIZATION　文献あり 年表あり 索引あり〉5000円　①978-4-267-02025-4　〔01168〕

◇中国の文明—北京大学版　6　世界帝国としての文明　下（隋唐—宋元明）　稲畑耕一郎日本語版監修・監訳, 袁行霈, 厳文明, 張伝璽, 楼宇烈原著主編　原田信訳　潮出版社　2015.12　476, 20p　23cm　〈他言語標題：THE HISTORY OF CHINESE CIVILIZATION　文献あり 年表あり 索引あり〉5000円　①978-4-267-02026-1

内容 第7章 学問領域の拡大と教育の発展　第8章 北方民族の発展と中華文明への貢献　第9章 外国との関係史の新たな一ページ　第10章 先進的な科学技術と科学観念の発展　第11章 文学の下方への移行と全面的繁栄　第12章 芸術の様相と時代の精神　第13章 多種多彩な社会生活〔01169〕

オウ, ショウレイ*　王 承礼

◇近代日本と「満州国」　植民地文化学会編　不二出版　2014.7　590p　22cm　6000円　①978-4-8350-7695-9

内容 中国東北における抗日戦争とその歴史的位置 他（王承礼著, 岡田英樹訳）〔01170〕

オウ, ショシン*　汪 曙申

◇大国の責任とは—中国平和発展への道のり　金燦栄等著, 日中翻訳学院監訳, 本田朋子訳　日本僑報社　2014.7　304p　19cm　2500円　①978-4-86185-168-1

内容 第1章 中国の大国責任の分析　第2章 国際責任の起源　第3章 責任ある大国としての中国—そのモチベーションと歴史的特徴　第4章 平和維持と責任分担　第5章 発展の推進と福祉の共有　第6章 協力の推進と共同繁栄の実現　第7章 友好的共存、調和とウインウイン　第8章 中国の国際責任—チャンスと課題〔01171〕

オウ, シン　王 森

◇チベット仏教発展史略　王森著, 田中公明監訳, 三好祥子訳　科学出版社東京　2016.5　377p　22cm　〈文献あり 年譜あり 索引あり　発売：国書刊行会〉8800円　①978-4-336-05969-7

内容 第1章 吐蕃時代のチベット仏教　第2章 仏教の復興と広がり　第3章 ニンマ派　第4章 カダム派　第5章 サキャ派　第6章 カギュー派　第7章 その他諸派　第8章 ゲルク派（黄教）　第9章 元代の十三万戸について　第10章 明代におけるウー・ツァンの政治状況　付録1 ツォンカパ伝論　付録2 ツォンカパ年譜〔01172〕

オウ, シンチュウ*　王 振忠

◇契約と紛争の比較史料学—中近世における社会秩序と文書　臼井佐知子,H.ジャン・エルキン, 岡崎敦, 金炫栄, 渡辺浩一編　吉川弘文館　2014.12　362, 9p　22cm　12000円　①978-4-642-02922-3

内容 一九世紀中国における省をまたぐ訴訟案件の処理（王振忠著, 佐和田成美訳）〔01173〕

オウ, セイ　王 征

◇西海固の人々—中国最貧地区に住む回族の暮らし　石舒清著, 王征写真, 徳間佳信訳　勉誠出版　2014.9　370p　20cm　3200円　①978-4-585-23030-4

内容 第1部 母なる大地（乾いた海　髪菜狩り　昔ながらの家 ほか）　第2部 すぐに萎れる花（手を引いて　米麵夫妻　しきたり ほか）　第3部 澄んだ水と麦の穂（経を聴く　礼拝の思い出　澄んだ水と麦の穂 ほか）〔01174〕

オウ, セイ*　王 政

◇現代中国のジェンダー・ポリティクス—格差・性売買・「慰安婦」　小浜正子, 秋山洋子編　勉誠出版　2016.10　247p　21cm　2400円　①978-4-585-23048-9

内容 〈女性意識〉と〈社会性別意識〉（王政著, 秋山洋子訳）〔01175〕

オウ, セイクン*　王 政勛

◇21世紀日中刑事法の重要課題—日中刑事法シンポジウム報告書　山口厚, 甲斐克則編　成文堂　2014.6　230p　21cm　〈会期・会場：2013年9月29日—30日 西北政法大学〉2500円　①978-4-7923-5115-1

内容 罪数論体系の再構築（王政勛著, 金光旭訳）〔01176〕

オウ, ソ*　王 素

◇梁職貢図と東部ユーラシア世界　鈴木靖民, 金子修一編　勉誠出版　2014.5　538p　22cm　8500円　①978-4-585-22060-2

内容 梁職貢図と西域諸国（王素著, 菊地大, 速水大訳）〔01177〕

◇湖南出土簡牘とその社会　伊藤敏雄, 窪添慶文, 関尾史郎編　汲古書院　2015.3　250p　22cm　〈文献あり〉6500円　①978-4-7629-6552-4

内容 長沙呉簡書法研究序説（王素, 宋少華著, 石原遼平訳）〔01178〕

オ

オウ, ソウ　汪 錚

◇中国の歴史認識はどう作られたのか（Never Forget National Humiliation）　ワンジョン著, 伊藤真訳　東洋経済新報社　2014.5　358, 46p　20cm　〈文献あり 索引あり〉2600円　①978-4-492-21216-5

内容 序章「戦車男」から愛国主義者へ　第1章 選び取られた栄光、選び取られたトラウマ　第2章 歴史的記憶、アイデンティティ、政治　第3章「中華帝国」から国民国家へ―国恥と国家建設　第4章 勝者から敗者へ―愛国主義教育キャンペーン　第5章「革命の前衛組織」から愛国主義の政党へ―中国共産党の再構築　第6章 震災からオリンピックへ―新たなトラウマ、新たな栄光　第7章 記憶、危機、外交　第8章 記憶、教科書、そして中国と日本の和解　第9章 記憶、愛国主義、そして中国の台頭　〔*01179*〕

◇東アジア和解への道―歴史問題から地域安全保障へ　天児慧, 李鍾元編　岩波書店　2016.9　214, 4p　20cm　2400円　①978-4-00-024528-9

内容 中国と日本の和解（汪錚著, 大平剛史訳）　〔*01180*〕

オウ, タン　王 丹

◇中華人民共和国史十五講　王丹著, 加藤敬事訳　筑摩書房　2014.1　694, 2p　15cm　（ちくま学芸文庫 オ24-1）〈年表あり〉2000円　①978-4-480-09596-1

内容 中華人民共和国の成立　軍事/朝鮮戦争　都市/「三反」・「五反」運動　農村/「土地改革」から人民公社へ　知識分子/思想改造から胡風事件、「反右派」運動へ　党内/盧山会議　外交/中ソ関係の破綻と中米合作　「文化大革命」の発動と展開　文化大革命の終焉―林彪事件から四・五天安門事件へ　鄧（とう）小平時代の開幕　八〇年代の改革開放―胡耀邦から趙紫陽へ　六・四天安門事件　経済と文化　公民社会の成長　六〇年の回顧　〔*01181*〕

オウ, チョウコウ*　汪 朝光

◇中国議会100年史―誰が誰を代表してきたのか　深町英夫編　東京大学出版会　2015.12　291p　22cm　〈他言語標題：A Hundred Years' History of Chinese Parliamentarianism　索引あり〉5000円　①978-4-13-036257-3

内容 権威主義的指導者と議会（汪朝光著, 張玉萍訳）　〔*01182*〕

オウ, テイブン*　王 貞文

◇東アジアでボンヘッファーを読む―東アジア・ボンヘッファー学会2013　日本ボンヘッファー研究会編　新教出版社　2014.11　182p　21cm　（新教コイノーニア 29）　1800円　①978-4-400-32450-8

内容 台湾（王貞文著, 多田恵訳）　〔*01183*〕

オウ, トウ　王 韜

◇扶桑遊記　王韜著, 丸山雅美訳　宇都宮　随想舎　2014.2　231p　21cm　1800円　①978-4-88748-282-1

内容 上巻（閏三月初七日～四月初六日）　中巻（四月初七日～五月十六日）　下巻（五月十七日～七月十五日）　〔*01184*〕

オウ, トクイ*　王 徳威

◇漂泊の叙事――九四〇年代東アジアにおける分裂と接触　浜田麻矢, 薛化元, 梅家玲, 唐顥芸編　勉誠出版　2015.12　561p　22cm　8000円　①978-4-585-29112-1

内容 戦争の叙事と叙事の戦争（王徳威著, 浜田麻矢訳）　〔*01185*〕

オウ, ハク*　王 博

◇中国の文明―北京大学版　2　古代文明の誕生と展開　下（先史・夏殷周―春秋戦国）　稲畑耕一郎日本語版監修・監訳, 袁行霈, 厳文明, 張伝璽, 楼宇烈原著主編　野原将揮訳　潮出版社　2016.10　469, 15p　23cm　〈他言語標題：THE HISTORY OF CHINESE CIVILIZATION　文献あり 年表あり 索引あり〉5000円　①978-4-267-02022-3

内容 第5章 鉄器の活用と生産の増大　第6章 殷周期の都市と商業　第7章 漢字の起源と早期の発展　第8章 殷周時期の宗教と信仰　第9章 教育の発達と学術の隆盛　第10章 文学と芸術の誕生と繁栄　〔*01186*〕

オウ, ビン*　王 敏

◇日本のアイデンティティとアジア―2013年アルザス・シンポジウム報告　法政大学国際日本学研究所編　法政大学国際日本学研究所　2015.1　252, 20p　21cm　（国際日本学研究叢書 21）〈文献あり　英語併載〉

内容 日本の禹王文化について（王敏著, 及川茜訳）　〔*01187*〕

オウ, ヒンシン*　王 品蓁

◇18歳からの民主主義　岩波新書編集部編　岩波書店　2016.4　230p　18cm　（岩波新書 新赤版 1599）　840円　①978-4-00-431599-5

内容 民主一新世界への憧れ（王品蓁著, 伯川星矢訳）　〔*01188*〕

オウ, フウ*　王 風

◇漂泊の叙事――九四〇年代東アジアにおける分裂と接触　浜田麻矢, 薛化元, 梅家玲, 唐顥芸編　勉誠出版　2015.12　561p　22cm　8000円　①978-4-585-29112-1

内容 張愛玲「五四遺事」における「五四」と四〇年代の「遺事」（王風著, 浜田麻矢訳）　〔*01189*〕

オウ, ブンホウ*　王 文鋒

◇近代日本と「満州国」　植民地文化学会編　不二出版　2014.7　590p　22cm　6000円　①978-4-8350-7695-9

内容 偽満州国軍の潰滅（王文鋒著, 星名宏修訳）　〔*01190*〕

オウ, ホウイ*　王 邦維

◇中国の文明―北京大学版　3　文明の確立と変容　上（秦漢―魏晋南北朝）　稲畑耕一郎日本語版監修・監訳, 袁行霈, 厳文明, 張伝璽, 楼宇烈原著主編, 柿沼陽平訳　潮出版社　2015.7　474, 18p　23cm　〈他言語標題：THE HISTORY OF CHINESE CIVILIZATION　文献あり 年表あり 索引あり〉5000円　①978-4-267-02023-0

〔01191〕

オウ, ホショウ　王 甫昌

◇族群―現代台湾のエスニック・イマジネーション　王甫昌著, 松葉隼, 洪郁如訳　東方書店(発売)　2014.11　171p　22cm　(台湾学術文化研究叢書)〈文献あり 索引あり〉2500円　①978-4-497-21417-1

内容 第1篇 族群とは何か(前言　「族群」・「族群アイデンティティー」とは何か)　第2篇 現代台湾社会の族群の想像―台湾の四大族群(「四大族群」内部の相違　台湾「族群の想像」の起源―「本省人」/「外省人」族群意識の形成過程　「原住民」と「漢人」の区分　本省人における「閩(びん)南」と「客家」　「外省人」族群分類イメージの台頭　対抗的な族群意識から「四大族群」へ　結論)〔01192〕

オウ, レイタン　王 麗丹

◇ゼミナール中国文化―カラー版　工芸編　郭秋恵, 王麗丹著, 長屋めぐみ訳, 劉偉監訳　グローバル科学文化出版　2016.8　294p　21cm　2980円　①978-4-86516-041-3

内容 1 工芸文化　2 器用　3 服飾　4 インテリア　5 装飾　6 遊芸　7 商業　8「活きた」伝統工芸〔01193〕

オウヴァリー, リチャード　Overy, R.J.

◇ヒトラーと第三帝国(THE PENGUIN HISTORICAL ATLAS OF THE THIRD REICH)　リチャード・オウヴァリー著, 永井清彦監訳, 秀岡尚子, 牧人舎訳　新装版　河出書房新社　2015.1　132p　25cm　(地図で読む世界の歴史)〈年表あり 索引あり〉2200円　①978-4-309-61191-4

内容 1 戦争から第三帝国へ 1918～33年　2 独裁政権の確立　3 ドイツの外交政策 1933～39年　4 拡大と戦争 1939～45年　5 ドイツの「新秩序」　6 ドイツの社会と総力戦　7 第3帝国の終焉と戦後のドイツ〔01194〕

オーウェン, スザンヌ

◇21世紀型学習のリーダーシップ―イノベーティブな学習環境をつくる(Leadership for 21st Century Learning)　OECD教育研究革新センター編著, 木下江美, 布川あゆみ監訳, 斎藤里美, 本田伊克, 大西公恵, 三浦綾希子, 藤浪海訳　明石書店　2016.9　308p　22cm　4500円　①978-4-7503-4410-2

内容 さまざまな学校制度にみる学習づくりのリーダーシップの開発アプローチ(ターニャ・ヴェストファル＝グライター, ジュディ・ハルバート, リンダ・ケイサー, ローサー・サラヴァート, ロネ・レネ・クリスティアンセン, ペア・トロンスモ, スザンヌ・オーウェン, ドリト・トゥービン著, 木下江美訳)〔01195〕

オーウェン, ロジャー　Owen, Roger

◇現代中東の国家・権力・政治(State, Power and Politics in the Making of the Modern Middle East 原著第3版の翻訳)　ロジャー・オーウェン著, 山尾大, 溝渕正季訳　明石書店　2015.2　470p　21cm　〈文献あり 索引あり〉3000円　①978-4-7503-4140-8

内容 第1部 国家と国家建設(帝国の終焉―現代中東諸国家の誕生　アラブ世界における国家の力の拡大―一党支配体制　アラブ世界における国家の力の拡大―家族支配とリビアの新たな選択　アラブ民族主義―アラブの統一とアラブ諸国間関係　第二次世界大戦以降のイスラエル、トルコ、イランの国家と政治　一九九〇年代における中東政治の再編)　第2部 現代中東政治を理解するためのいくつかのテーマ(経済再建のポリティクス　政党と選挙―アラブ世界における民主主義の難題　宗教復興のポリティクス　政治のなかの軍、政治の外の軍　非国家アクターの役割)　第3部 九・一一の衝撃(米国による中東再編の試み)　二一世紀初頭の中東〔01196〕

オーウェンズ, パトリシア　Owens, Patricia

◇戦争と政治の間―ハンナ・アーレントの国際関係思想(BETWEEN WAR AND POLITICS)　パトリシア・オーウェンズ〔著〕, 中本義彦, 矢野久美子訳　岩波書店　2014.3　270, 35p　22cm　〈文献あり 索引あり〉4600円　①978-4-00-025957-6

内容 第1章 暴力と権力、政治と戦争　第2章 戦争において誰が開示されるのか―歴史、戦争、物語　第3章 ブーメラン効果―全体戦争の帝国主義的起源について　第4章「無罪であることの危うさ」―戦争と法律　第5章 偽善に対する憤り―人権のためのリベラルな戦争　第6章 シュトラウス、嘘、イラク戦争を超えて―新保守主義批判　第7章 人道主義的条件？　戦争とグローバルな公共性の構築について〔01197〕

オウェンズ＝リード, ダニエル　Owens-Reid, Dannielle

◇LGBTの子どもに寄り添うための本―カミングアウトから始まる日常に向き合うQ&A(This Is a Book for Parents of Gay Kids)　ダニエル・オウェンズ＝リード, クリスティン・ルッソ著, 金成希訳　白桃書房　2016.2　214p　21cm　〈文献あり 索引あり〉1852円　①978-4-561-51093-2

内容 第1章 子どものカミングアウト　第2章 親としての最初の反応　第3章 誰に話すか　第4章 子どもの将来　第5章 性教育について　第6章 信仰との関係　第7章 ジェンダー・アイデンティティ　第8章 子どもを支えていくために〔01198〕

欧州

⇒ヨーロッパも見よ

欧州職業訓練開発センター《CEDEFOP》

◇職場でのキャリア開発―就業者を支援するキャリアガイダンスのレビュー(Career development at work)　労働政策研究・研修機構編　労働政策研究・研修機構　2014.3　36, 153p　30cm　(JILPT資料シリーズ no.132―欧州におけるキャリアガイダンス政策とその実践 2)〈文献あり〉〔01199〕

◇政策から実践へ―欧州における生涯ガイダンスに向けたシステム全体の変化(From policy to practice)　労働政策研究・研修機構編　労働政策研究・研修機構　2014.3　27, 91p　30cm　(JILPT資料シリーズ no.131―欧州におけるキャリアガイダンス政策とその実践 1)〈文献あり〉〔01200〕

◇ヨーロッパ諸国の公共雇用サービス機関(PES)におけるキャリアガイダンス―傾向と課題 欧州委員会レポートの翻訳及び解説(Career guidance in Europe's public employment services） 労働政策研究・研修機構編　労働政策研究・研修機構　2014.3　197p　30cm　（JILPT資料シリーズ no.133―欧州におけるキャリアガイダンス政策とその実践 3）〈文献あり〉〔01201〕

オ

欧州連合《EU》

◇EUを知るための12章（Europe in 12 lessons）　パスカル・フォンテーヌ著，〔駐日欧州連合代表部〕〔訳編〕　第2版　駐日欧州連合代表部広報部　2013.12　87p　23cm　〈年表あり〉①978-92-9238-105-9〔01202〕

◇ヨーロッパ統計年鑑　2013‐14　データと図表で見るヨーロッパ案内（Europe in figures―Eurostat Yearbook）　ヨーロッパ連合編，猪口孝監訳，藤井真人訳　柊風舎　2016.5　616p　26cm　38000円　①978-4-86498-037-1

内容 人口統計　生活条件統計　健康統計　教育・訓練統計　労働市場統計　経済・財政統計　国際収支統計　農林漁業統計　工業・サービス業統計　技術革新・情報社会統計　環境統計　エネルギー統計　運輸統計〔01203〕

◇ヨーロッパ統計年鑑　2015　データと図表で見るヨーロッパ案内（Europe in figures―Eurostat Yearbook）　ヨーロッパ連合編，猪口孝監訳，藤井真人訳　柊風舎　2016.12　715p　26cm　38000円　①978-4-86498-044-9

内容 人口統計　生活条件統計　健康統計　教育・訓練統計　労働市場統計　経済・財政統計　国際収支統計　農林漁業統計　工業・サービス業統計　技術革新・情報社会統計　環境統計　エネルギー統計　輸送統計〔01204〕

オウリー，サラ

◇世界がぶつかる音がする―サーバンツの物語（The Sound of Worlds Colliding）　クリスティン・ジャック編，永井みぎわ訳　ヨベル　2016.6　300p　19cm　1300円　①978-4-907486-32-7

内容 スラムからの贈り物（サラ・オウリー）〔01205〕

オウレット，マシュー・L.

◇FDガイドブック―大学教員の能力開発（A GUIDE TO FACULTY DEVELOPMENT 原著第2版の抄訳）　ケイ・J.ガレスピー，ダグラス・L.ロバートソン編著，羽田貴史監訳，今野文子，串本剛，立石慎治，杉本和弘，佐藤万知訳　町田　玉川大学出版部　2014.2　338p　21cm　（高等教育シリーズ 162）〈別タイトル：Faculty Developmentガイドブック　文献あり 索引あり〉3800円　①978-4-472-40487-0

内容 ファカルティ・ディベロップメントについての概観（マシュー・L.オウレット著）〔01206〕

オーエンズ，トレヴァー　Owens, Trevor

◇リーン・スタートアップを駆使する企業―急成長する新規事業の見つけ方・育て方（THE LEAN ENTERPRISE）　トレヴァー・オーエンズ，オービー・フェルナンデス著，村上彩訳，TBWAHAKUHODOQUANTUM監修・解説　日経BP社　2015.6　404p　20cm　〈発売：日経BPマーケティング〉2000円　①978-4-8222-5093-5

内容 リーン・スタートアップ導入の手順　戦略をどう立てるか？　イノベーションを起こす組織の条件　どんな形の報酬で報いるべきか？　「テーマ」ではなく「哲学」を持て　スタートアップは企業にこう導入する　実験・検証の具体的な方法　リーン・アカウンティングの活用法　社内インキュベーションの育て方　早めの買収を心がける　買収できないときは投資しよう　イノベーションのフロー〔01207〕

オオガタ，トオル　大形徹

◇道教の聖地と地方神　土屋昌明，ヴァンサン・ゴーサール編　東方書店　2016.2　287p　22cm　〈他言語標題：DAOIST SACRED SITES AND LOCAL GODS　索引あり〉4600円　①978-4-497-21601-4

内容 南岳衡山与洞天福地（大形徹著，仇詩琪訳）〔01208〕

オカクラ，カクゾウ　岡倉覚三

⇒オカクラ，テンシン（岡倉天心）

オカクラ，テンシン　岡倉天心

◇日本の覚醒―英文収録（The Awakening of Japan）　岡倉天心著，夏野広訳　講談社　2014.9　233p　15cm　（講談社学術文庫 2253）　840円　①978-4-06-292253-1

内容 1 アジアの夜　2 蛹　3 仏教と儒教　4 内からの声　5 白禍　6 幕閣と大奥　7 過渡期　8 復古と維新　9 再生　10 日本と平和〔01209〕

オカダ，アミナ・タハ＝フセイン

◇霊性と東西文明―日本とフランス―「ルーツとルーツ」対話　竹本忠雄監修　勉誠出版　2016.2　526p　22cm　〈表紙のタイトル：Dialogue Racines contre Racines〉7500円　①978-4-585-21030-6

内容 十九世紀フランス絵画における「詩人礼讃」（アミナ・タハ＝フセイン・オカダ著，松岡佳世訳）〔01210〕

オキーフ，ジャック　O'Keeffe, Jac

◇生まれながらの自由―あなたが探している自由はあなたの中にある（BORN TO BE FREE）　ジャック・オキーフ著，五十嵐香緒里訳　ナチュラルスピリット　2015.6　168p　19cm　1400円　①978-4-86451-169-8

内容 1 幸福　2 体験　3 観照者　4 スピリチュアリティ　5 自然な状態　6 深い眠り　7 セラピー　8 自己への問いかけ　9 努力を手放す　10 無であること〔01211〕

オク，ハンフム　玉漢欽

◇苦難に咲く花　オクハンフム著　いのちのことば社マナブックス　2014.2　159p　19cm　1400円　①978-4-264-03123-9〔01212〕

オークス，ジョン

◇マニフェスト本の未来（Book : a futurist's manifesto）　ヒュー・マクガイア，ブライアン・オレアリ編　ボイジャー　2013.2　339p　21cm　2800円　①978-4-86239-117-9

内容 出版再考－痛みを感じ、痛みを抑える（ジョン・

オークス著）〔01213〕

オクラホマ州立大学

◇消防業務エッセンシャルズ（Essentials of fire fighting and fire department operations（第6改訂版））　オクラホマ州立大学消防出版部著, 熊丸由布治監修・翻訳　日本防災デザイン　2015.9　1629p　28cm　〈編集・執筆：Frederick M. Stowell, 副編集者：Lynne Murnane〉22223円　①978-4-908503-00-9〔01214〕

オークリー, ジャスティン

◇徳倫理学―ケンブリッジ・コンパニオン（The Cambridge Companion to Virtue Ethics）　ダニエル・C.ラッセル編, 立花幸司監訳, 相沢康隆, 稲村一隆, 佐良土茂樹訳　春秋社　2015.9　521, 29p　20cm　〈文献あり 索引あり〉5200円　①978-4-393-32353-3

内容 徳倫理学と生命倫理学（ジャスティン・オークリー著, 相沢康隆訳）〔01215〕

オークリー, バーバラ　Oakley, Barbara A.

◇直感力を高める数学脳のつくりかた（A MIND FOR NUMBERS）　バーバラ・オークリー著, 沼尻由起子訳　河出書房新社　2016.5　322p　19cm　〈文献あり〉1900円　①978-4-309-25346-6

内容 扉を開けよう　ゆっくりやろう―がんばりすぎると裏目に出る　学ぶこととは創造すること―エジソン, トマスのうたた寝から教わること　情報はチャンクにして記憶し、実力がついたと錯覚しない―チャンクが増えれば「直感」が働き出す　ずるずると引き延ばさない―自分の習慣を役立たせよう　ゾンビだらけ―どうすれば、さっさと勉強に取りかかれるか　チャンキングと、ここぞというときに失敗すること―専門知識を増やして不安を和らげよう　先延ばし防止策　先延ばしのQ&A　記憶力を高めよう　記憶力アップの秘訣　自分の能力を正しく判断しよう　脳を作り直そう　想像力に磨きをかけよう　独習　自信過剰にならない―チームワーク力を利用しよう　試験を受けてみよう　潜在能力を解き放とう〔01216〕

オケ, チエリー

◇受容と抵抗―西洋科学の生命観と日本 国際シンポジウム報告書　法政大学国際日本学研究所編　法政大学国際日本学研究所　2015.2　257p　21cm　（国際日本学研究叢書 22）〈他言語標題：La réception et la résistance　フランス語併記〉

内容 黒川紀章の共生の哲学における二元論（チエリー・オケ著, 松井久訳）〔01217〕

オコティ, エレーン　Okotie, Elleen

◇性加害行動のある少年少女のためのグッドライフ・モデル（The Good Lives Model for Adolescents Who Sexually Harm）　ボビー・プリント編, 藤岡淳子, 野坂祐子監訳　誠信書房　2015.11　231p　21cm　〈索引あり〉3000円　①978-4-414-41461-5

内容 若者の動機づけと積極的関与を高めるために（エレーン・オコティ, ポール・クエスト）〔01218〕

オコーナー, パトリシア・M.G.

◇経験学習によるリーダーシップ開発―米国CCLによる次世代リーダー育成のための実践事例（Experience-Driven Leader Development）　シンシア・D.マッコーレイ,D.スコット・デリュ, ポール・R.ヨスト, シルベスター・テイラー編, 漆嶋稔訳　日本能率協会マネジメントセンター　2016.8　511p　27cm　8800円　①978-4-8207-5929-4

内容 中核業務による能力開発力のレバレッジ（パトリシア・M.G.オコーナー）〔01219〕

オサリヴァン, ジョン

◇英エコノミスト誌のいまどき経済学（ECONOMICS 原著第3版の翻訳）　サウガト・ダッタ編, 松本剛史訳　日本経済新聞出版社　2014.9　321p　19cm　〈索引あり〉2000円　①978-4-532-35606-4

内容 ミクロ経済学（サウガト・ダッタ, パトリック・レイン, ジョン・オサリヴァン著）〔01220〕

オーシェイ, ティム　O'Shei, Tim

◇ポンペイのひみつ―地中に埋もれたローマの古代都市（Secrets of Pompeii）　ティム・オーシェイ著, 六耀社編集部編訳　六耀社　2015.10　32p　24cm　（世界遺産◎考古学ミステリー）　1850円　①978-4-89737-801-5

内容 1 川を掘り、古代都市を発見！　2 ポンペイの建物と遺物　3 古代ポンペイ人　4 ポンペイのさいご　5 ポンペイの保護〔01221〕

オシオ, タカシ*　小塩 隆士

◇包括的で持続的な発展のためのユニバーサル・ヘルス・カバレッジ―日本からの教訓（Universal health coverage for inclusive and sustainable development）　池上直己編著　日本国際交流センター　2014.9　240p　21cm　〈文献あり〉　①978-4-88907-139-9

内容 日本のユニバーサル・ヘルス・カバレッジを維持するためのマクロ経済的な状況と課題（小塩隆士, 見明奈央子, 池上直己）〔01222〕

O.C.タナー・インスティテュート

◇500万人の成功体験からわかった「いい仕事」をする人の45の極意（Great Work）　デヴィッド・スタート,O.C.タナー・インスティテュート著, 須川綾子訳　ダイヤモンド社　2014.9　230p　19cm　1600円　①978-4-478-02735-6

内容 1 考えかたを変えてみる（「誰にでもできる仕事」を「自分にしかできない仕事」に変える　変わりたいなら、あなたの目の前にすでにあるものから始める）　2 行動を変えてみる（ひらめきのあとの「一呼吸」が、結果を左右する　「どうして思いつかなかったのだろう？」と後悔しないために、とにかく見る脳に新しい回路を生み出す「人間関係」をつくる　行動する前に浮かんだアイディアを頭のなかでスケッチする　仕事が完成するのは、それが誰かに愛されたとき）〔01223〕

オシツキ, マシアン

◇経験学習によるリーダーシップ開発―米国CCLによる次世代リーダー育成のための実践事例

オ

オ

（Experience-Driven Leader Development）　シンシア・D.マッコーレイ,D.スコット・デリュ,ポール・R.ヨスト, シルベスター・テイラー編, 漆嶋稔訳　日本能率協会マネジメントセンター　2016.8　511p　27cm　8800円　①978-4-8207-5929-4
内容 奉仕事業によるグローバル・リーダー育成（マシアン・オシツキ, キャロライン・スミー）〔01224〕

オショウ　和尚
⇒ラジニーシ, A.*

オーシロ, スーザン・M.　Orsillo, Susan M.
◇アクセプタンス＆コミットメント・セラピー実践ガイド―ACT理論導入の臨床場面別アプローチ（A Practical Guide to Acceptance and Commitment Therapy）　スティーブン・C.ヘイズ, カーク・D.ストローサル編著, 谷晋二監訳, 坂本律訳　明石書店　2014.7　473p　22cm　〈文献あり〉5800円　①978-4-7503-4046-3
内容 不安障害を対象としたACT（スーザン・M.オーシロ, リザベス・レーマー, ジェニファー・ブロック＝ラーナー, チャド・ルジュヌ, ジェームス・D.ハーバート）〔01225〕

オスカニアン, フレデリック　Oscanyan, Frederick S.
◇子どものための哲学授業―「学びの場」のつくりかた（PHILOSOPHY IN THE CLASSROOM 原著第2版の翻訳）　マシュー・リップマン, アン・マーガレット・シャープ, フレデリック・オスカニアン著, 河野哲也, 清水将吾監訳　河出書房新社　2015.4　384p　20cm　〈索引あり〉3200円　①978-4-309-24701-4
内容 1 よく考える子どもを育てるために（教育をデザインし直す必要性　思考と学校カリキュラム　哲学―教育において失われた次元　子どものための哲学に関するいくつかの教育的前提）　2 子どものための哲学のねらいと方法（「子どものための哲学」の教育課程　教えるための方法論―価値の考察と実践における基準　哲学のディスカッションを導く）　3 実際の学校生活で思考スキルを生かすために（子どもが論理的に考えられるよう後押しする　道徳教育は哲学的な探求から切り離すことができるのか　子どものための倫理的探求における哲学的テーマ）〔01226〕

オスターワルダー, アレックス　Osterwalder, Alexander
◇バリュー・プロポジション・デザイン―顧客が欲しがる製品やサービスを創る（Value Proposition Design）　アレックス・オスターワルダー, イヴ・ピニュール, グレッグ・バーナーダ, アラン・スミス著, 関美和訳　翔泳社　2015.4　287p　19×23cm　〈索引あり〉2800円　①978-4-7981-4056-8
内容 1 Canvas キャンバス（Customer Profile 顧客プロフィール　Value Map バリュー・マップ ほか）　2 Design デザイン（Prototyping Possibilities プロトタイピング　Starting Points 出発点 ほか）　3 Test テスト（What to Test 何を検証するか　Testing Step‐by‐Step 段階を踏んで検証する ほか）　4 Evolve 進化する（Create Alignment 方向性を一致させる　Measure & Monitor 測定しモニターする ほか）〔01227〕

オースティン, アン・E.
◇FDガイドブック―大学教員の能力開発（A GUIDE TO FACULTY DEVELOPMENT 原著第2版の抄訳）　ケイ・J.ガレスピー, ダグラス・L.ロバートソン編著, 羽田貴史監訳, 今野文子, 串本剛, 立石慎治, 杉本和弘, 佐藤万知訳　町田　玉川大学出版部　2014.2　338p　21cm　（高等教育シリーズ 162）〈別タイトル：Faculty Developmentガイドブック　文献あり 索引あり〉3800円　①978-4-472-40487-0
内容 キャリアの各段階における教員への支援（アン・E.オースティン著）〔01228〕

オースティン, ギャレス
◇比較制度分析のフロンティア（INSTITUTIONS AND COMPARATIVE DEVELOPMENTの抄訳, COMPLEXITY AND INSTITUTIONSの抄訳〔etc.〕）　青木昌彦, 岡崎哲二, 神取道宏監修　NTT出版　2016.9　356p　22cm　（叢書《制度を考える》）〈他言語標題：Frontiers of Comparative Institutional Analysis〉4500円　①978-4-7571-2325-0
内容 アジア・アフリカの発展「径路」と「文明」（ギャレス・オースティン著, 川嶋稔哉訳）〔01229〕

オースティン, A.W.　Austen, Alfred Walter
◇シルバーバーチの教え―霊的叡智の宝庫　上（Teachings of Silver Birch）　A.W.オースティン編, 近藤千雄訳, スピリチュアリズム普及会訳補　新版　豊橋　スピリチュアリズム普及会　2015.11　228p　19cm　①978-4-905275-09-1〔01230〕
◇シルバーバーチの教え―霊的叡智の宝庫　下（Teachings of Silver Birch）　A.W.オースティン編, 近藤千雄訳, スピリチュアリズム普及会訳補　新版　豊橋　スピリチュアリズム普及会　2015.11　225p　19cm　①978-4-905275-10-7〔01231〕

オズノス, エヴァン　Osnos, Evan
◇ネオ・チャイナ―富、真実、心のよりどころを求める13億人の野望（AGE OF AMBITION）　エヴァン・オズノス著, 笠井亮平訳　白水社　2015.8　435, 14p　20cm　〈索引あり〉2600円　①978-4-560-08451-9
内容 第1部 富（解放　天啓　文明の洗礼 ほか）　第2部 真実（足かせをつけて踊る　民衆を導く自由の女神　奇跡と魔法のエンジン ほか）　第3部 心のよりどころ（心の空白　通りすがり　ソウルクラフト ほか）〔01232〕

オズノビシェフ, セルゲイ
◇現代日本の政治と外交　6　日本とロシア―真逆か、相違か？（JAPANESE AND RUSSIAN POLITICS）　猪口孝監修　猪口孝編　原書房　2015.3　245, 4p　22cm　〈文献あり 索引あり〉4800円　①978-4-562-04963-9
内容 実利的現実主義（セルゲイ・オズノビシェフ著, 大槻敦子訳）〔01233〕

オズボーン, ジョージ
◇世界論　安倍晋三, 朴槿恵ほか〔著〕, プロジェクトシンジケート叢書編集部訳　土曜社　2014.1　185p　19cm　（プロジェクトシンジケート叢書）〈他言語標題：A WORLD OF IDEAS　文献あり〉1199円　①978-4-907511-05-0
内容 英国は戻ってきた（ジョージ・オズボーン著）〔01234〕

オズボーン, メアリー・ポープ　Osborne, Mary Pope
◇世界を変えた英雄たち（HEROES FOR ALL TIMES）　メアリー・ポープ・オズボーン, ナタリー・ポープ・ボイス著, 高畑智子訳　KADOKAWA　2014.11　127p　19cm　（マジック・ツリーハウス探険ガイド 9）〈年譜あり 索引あり〉700円　①978-4-04-067166-6
内容 1 ランプを持つ貴婦人フローレンス・ナイチンゲール　2 多くの奴隷を救った女性ハリエット・タブマン　3 女性の権利をうったえたスーザン・B.・アンソニー　4 暴力を使わずに戦いぬいたマハトマ・ガンディー　5 人種差別に立ち向かったマーティン・ルーサー・キング・Jr.　6 森を愛し、山を守ったジョン・ミュア〔01235〕
◇サバイバル入門（MAGIC TREE HOUSE SURVIVAL GUIDE）　メアリー・ポープ・オズボーン, ナタリー・ポープ・ボイス著, 高畑智子訳　KADOKAWA　2015.11　127p　19cm　（マジック・ツリーハウス探険ガイド 11）　780円　①978-4-04-103685-3　〔01236〕

オズボーン, ロバート　Ausbourne, Robert
◇錯視の不思議―人の目はなぜだまされるのか（VISIBLE MAGIC）　ロバート・オズボーン著, 渡辺滋人訳　大阪　創元社　2015.11　156p　26cm　〈文献あり 索引あり〉2500円　①978-4-422-70101-1
内容 はじめに 思い込みにとらわれる心　第1章 目の仕組み　第2章 不確かな世界　第3章 頭の中の色彩　第4章 現実を一ひねり　第5章 歪んだ世界　第6章 残り続ける像　第7章 自然界の錯視　第8章 指を使った錯視　第9章 隠れたものを見る　〔01237〕

オダーバーグ, デイヴィド
◇アリストテレス的現代形而上学（Contemporary Aristotelian Metaphysics）　トゥオマス・E.タフコ編著, 加地大介, 鈴木生郎, 秋葉剛史, 谷川卓, 植村玄輝, 北村直彰訳　春秋社　2015.1　451, 17p　20cm　（現代哲学への招待―Anthology　丹治信春監修）〈文献あり 索引あり〉4800円　①978-4-393-32349-6
内容 現実性なくして潜在性なし（デイヴィド・オダーバーグ著, 谷川卓訳）〔01238〕

オータン, クレマンティーヌ　Autain, Clémentine
◇子どもと話すマッチョってなに？（Les machos expliqués à mon frère）　クレマンティーヌ・オータン著, 山本規雄訳　現代企画室　2014.6　131p　19cm　1200円　①978-4-7738-1414-9
内容 第1章 マッチョ、性差別、押し付けられる規範　第2章 歴史を少しばかり　第3章 今日の男女不平等　第4章 フェミニストの闘い　「マッチョ」の意味をまだ知らない日本人は多いかもしれない（内田春菊）〔01239〕

オーチンクロス, イヴ
◇インタヴューズ 3 毛沢東からジョン・レノンまで（THE PENGUIN BOOK OF INTERVIEWS）　クリストファー・シルヴェスター編, 新庄哲夫他訳　文芸春秋　2014.6　463p　16cm　（文春学芸ライブラリー―雑英 7）　1690円　①978-4-16-813018-2
内容 ノーマン・メイラー（ノーマン・メイラー述, イヴ・オーチンクロス, ナンシー・リンチインタヴュアー, 山形浩生訳）〔01240〕

オーツ, ジョーン　Oates, Joan
◇ビジュアル版 世界の歴史都市―世界史を彩った都の物語（The Great Cities in History）　ジョン・ジュリアス・ノーウィッチ編, 福井正子訳　柊風舎　2016.9　303p　27×21cm　15000円　①978-4-86498-039-5
内容 バビロン―ネブカドネザルと空中庭園（ジョーン・オーツ）〔01241〕

オーツセン, トニー　Ortzen, Tony
◇霊的新時代の到来―シルバーバーチの霊訓　トニー・オーツセン編, 近藤千雄訳　豊橋　スピリチュアリズム普及会　2014.6（2刷）　301p　19cm　〈（コスモ・テン・パブリケーション1990年刊）の増訂〉①978-4-905275-12-1　〔01242〕

オッタヴィアニ, ジム　Ottaviani, Jim
◇マンガ現代物理学を築いた巨人ニールス・ボーアの量子論（SUSPENDED IN LANGUAGE）　ジム・オッタヴィアニ原作, リーランド・パーヴィス他漫画, 今枝麻子, 園田英徳訳　講談社　2016.7　318p　18cm　（ブルーバックス B-1975）〈文献あり 年表あり〉1080円　①978-4-06-257975-9
内容 舞台の準備―ニールス・ボーア登場　古典物理をあとに　博士号取得から三部作まで　彼ならではのスタイルで　若い世代　理論物理研究所　ハイゼンベルク　ソルヴェイ会議1927年と1930年　家での日々　核物理学の発展　戦時の再会　核と政治　哲学にむかって　舞台を去る　〔01243〕

オツバンジョ, O.B.*　Otubanjo, Olutayo B.
◇国家ブランディング―その概念・論点・実践（NATION BRANDING）　キース・ディニー編著, 林田博光, 平沢敦監訳　八王子　中央大学出版部　2014.3　310p　22cm　（中央大学企業研究所翻訳叢書 14）　4500円　①978-4-8057-3313-4
内容 国家ブランディングの概念をめぐる実際的問題点（Inga Hlín Pálsdóttir,Olutayo B.Otubanjo,T.C. Melewar,Gyorgy Szond著, 姜京守訳）〔01244〕

オッペンハイマー, アンドレス　Oppenheimer, Andres
◇ラテンアメリカの教育戦略―急成長する新興国との比較（¡ BASTA DE HISTORIAS ! ）　アンドレス・オッペンハイマー著, 渡辺尚人訳　時事通信出版局　2014.12　355p　20cm　〈発売：時事通信社〉2800円　①978-4-7887-1391-8

オ

内容 先を見なければならない　フィンランド―世界のチャンピオン　シンガポール―最もグローバル化された国　インド―世界の新しい超大国？　中国が資本主義を教える時　イスラエル―スタートアップの国　チリー第一世界に向けて　ブラジル―全員の主張　アルゼンチン―失われた機会の国　ウルグアイとペルー―児童1人に1台のコンピューター　メキシコ―「先生」の王国　ベネズエラとコロンビア―正反対の道　進歩のための12の鍵　〔*01245*〕

◇創造か死か―ラテンアメリカに希望を生む革新の5つの鍵（CREAR O MORIR）　アンドレス・オッペンハイマー著, 渡辺尚人訳　明石書店　2016.4　383p　20cm　3800円　①978-4-7503-4340-2

内容 第1章 来るべき世界　第2章 ガストン・アクリオ―レシピをプレゼントする料理長　第3章 ジョルディ・ムニョスとメーカーズの運動　第4章 ブレ・ペティスと新しい産業革命　第5章 ラファエル・ユステと脳の操作者　第6章 ペップ・グアルディオラと儲けている時の刷新の技　第7章 ブランソン、ムスク、カルギーマンと再発明の技　第8章 サルマン・カーンと「反転学校」　第9章 ゾレッジー、フォン・アンと社会的革新者たち　第10章 革新の五つの秘訣　〔*01246*〕

オデル, ブルース

◇不正選挙―電子投票とマネー合戦がアメリカを破壊する（LOSER TAKE ALL）　マーク・クリスピン・ミラー編著, 大竹秀子, 桜井まり子, 関房江訳　亜紀書房　2014.7　343, 31p　19cm　2400円　①978-4-7505-1411-6

内容 阻まれた大勝利（ジョナサン・D.サイモン, ブルース・オデル著）　〔*01247*〕

オトゥール, メアリー・エレン　O'Toole, Mary Ellen

◇FBI元心理分析官が教える危険な人物の見分け方―あなたは毎日 "隣りの隠れた犯罪者" に狙われている！（DANGEROUS INSTINCTS）　メアリー・エレン・オトゥール, アリサ・バウマン著, 松本剛史訳　学研パブリッシング　2014.9　399p　20cm　〈発売：学研マーケティング〉　1800円　①978-4-05-406089-0

内容 第1章 本能や直感は期待を裏切る　第2章 SMARTな決断を下しているか？　第3章 パーソナリティが人間を突き動かす　第4章 危険な人々の行動を見きわめる　第5章 なぜ大事な情報を見落としてしまうのか　第6章 よい決断を下すためのスキル　第7章 あなたが直面する状況の危険度　第8章 求める情報を探りだすためのスキル　第9章 危険な問題行動を見きわめる　第10章 決断を下すときに注意すべきこと　第11章 リスクを最小にするためのガイド　〔*01248*〕

オドネル, ロッド

◇ケインズは、《今》、なぜ必要か？―グローバルな視点からの現在的意義　ケインズ学会編, 平井俊顕監修　作品社　2014.2　274p　20cm　2400円　①978-4-86182-458-6

内容 哲学から見たケインズの今日的妥当性（ロッド・オドネル著, 藤原新訳）　〔*01249*〕

オードワン=ルゾー, ステファヌ

◇第一次世界大戦とその影響　軍事史学会編　錦正社　2015.3　494p　21cm　〈『軍事史学』第50巻第3・4合併号と同内容〉　4000円　①978-4-7646-0341-7

内容 今日のフランスにおける第一次世界大戦（ステファヌ・オードワン=ルゾー著, 剣持久木訳）　〔*01250*〕

オートン, ジョー

◇インタヴューズ　3　毛沢東からジョン・レノンまで（THE PENGUIN BOOK OF INTERVIEWS）　クリストファー・シルヴェスター編, 新庄哲夫他訳　文芸春秋　2014.6　463p　16cm　（文春学芸ライブラリー―雑英 7）　1690円　①978-4-16-813018-2

内容 ジョー・オートン（ジョー・オートン述, ジャイルズ・ゴードンインタヴュアー, 吉田美枝訳）　〔*01251*〕

オドンネル, ジョン　O'Donnell, John R.

◇D.トランプ破廉恥な履歴書（TRUMPED！）　ジョン・オドンネル, ジェームズ・ラザフォード著, 植山周一郎訳　飛鳥新社　2016.4　294p　19cm　〈「経営者失格」(1992年刊) の改題・再編集した新装版〉　1204円　①978-4-86410-488-3

内容 トランプの虚と実　会社を疲弊させるワンマン経営　大衆を嫌っていた「ヒーロー」　対決を好み、競争をあおる　コスト計算なき放漫経営　冷酷非情な「取引の達人」　部下に要求すること　自意識過剰のふるまい　かけがえなき腹心の死　トランプ一流の保身術　バブルの申し子　大物ギャンブラー、柏木昭男　神から人間への転落　トランプ最後の大ばくち　帝国崩壊の足音　トランプと決別した日　〔*01252*〕

オニール, オノラ　O'Neill, Onora

◇正義の境界（BOUNDS OF JUSTICE）　オノラ・オニール〔著〕, 神島裕子訳　みすず書房　2016.2　258, 40p　22cm　〈文献あり 索引あり〉　5200円　①978-4-622-07955-2

内容 第1部 哲学的な正義の境界（実践的推論の四つのモデル　行為者性と自律　原理、実践的判断力、制度　カントの正義とカント主義の正義　あなたが拒否できない申し出はどちらか？　女性の権利―誰の責務か？）　第2部 政治的な正義の境界（トランスナショナルな経済的正義　正義、ジェンダー、インターナショナルな境界　アイデンティティ、境界、国家　遠くの見知らぬ人、道徳的地位、透過的な境界）　〔*01253*〕

オニール, ジム

◇秩序の喪失　プロジェクトシンジケート叢書編集部訳　土曜社　2015.2　164, 3p　19cm　（プロジェクトシンジケート叢書）　〈他言語標題：Loss of order〉　1850円　①978-4-907511-15-9

内容 原油価格を読む（ジム・オニール著）　〔*01254*〕

オノ, ヨシヤス*　小野 善康

◇リターン・トゥ・ケインズ（THE RETURN TO KEYNES）　ブラッドリー・W.ベイトマン, 平井俊顕, マリア・クリスティーナ・マルクッツォ編, 平井俊顕監訳　東京大学出版会　2014.9　388, 56p　22cm　〈文献あり 索引あり〉　5600円　①978-4-13-040262-0

内容 日本の長期不況と経済政策（小野善康著, 池田毅訳）　〔*01255*〕

オノレイ, カール　Honoré, Carl

◇難題解決の達人たち―即効策はなぜ効かないのか

（THE SLOW FIX） カール・オノレイ著, 松本剛史訳 新潮社 2014.4 328, 6p 20cm 〈文献あり 索引あり〉2000円 ①978-4-10-506671-0
内容 なぜ即効策を求めるのか？ 告白する―ミスの魔法と「おのれの過失」 じっくり考える―明日できることを今日しない 全体論的に考える―点と点を繋ぎ合わせる 長い目で考える―明日のことに今日取り組む 小さく考える―悪魔は細部に… 準備をする―何があってもあわてない コラボレーションする―ひとつの頭より二つの頭 クラウドソーシングする―大衆の知恵 触媒となる―同輩のなかのリーダー 委譲する―自己責任でやる（ただし良い意味で） 感じる―感情の起伏を調節する プレイする―問題解決は一度に一ゲームずつ 進化する―まだ先があるの？ 〔01256〕

オバーグ, ダイアン Oberg, Dianne
◇IFLA学校図書館ガイドラインとグローバル化する学校図書館（Global Action on School Library Guidelines） バーバラ・A.シュルツ＝ジョーンズ, ダイアン・オバーグ編著, 全国学校図書館協議会監修, 大平睦美, 二村健編訳 学文社 2016.8 188p 26cm 〈索引あり〉3200円 ①978-4-7620-2650-8
内容 第1部 国際学校図書館ガイドラインの開発 第2部 国家および地方のガイドラインの開発と使用 第3部 学校図書館の実践を変えるガイドラインの利用 第4部 ガイドラインを利用する学校図書館への広報と発展 第5部 学校図書館員の教師的役割のためのガイドライン 第6部 学校図書館員の初期準備のためのガイドライン 〔01257〕

オーバードーファー, ドン Oberdorfer, Don
◇二つのコリア―国際政治の中の朝鮮半島（THE TWO KOREAS 原著第3版の翻訳） ドン・オーバードーファー, ロバート・カーリン著, 菱木一美訳 第3版 共同通信社 2015.10 601, 53p 20cm 〈索引あり〉3700円 ①978-4-7641-0682-6
内容 野鳥さえずる非武装地帯 始まりの終わり 深まる苦悩 カーターの戦慄 暗殺とその余波 テロと対話 ソウルの民主化闘争 ソウル五輪、国際社会へのデビュー モスクワの変心 立場を変えた中国 核問題への関与 脱退と関与 核兵器をめぐる対決 死去と合意 危機の北朝鮮 関与政策への転換 米朝枠組み合意の終焉 混迷の米韓同盟 裸の王様 〔01258〕

オーバードルフ, マイケル
◇ハーバード・ビジネス・レビューBEST10論文―世界の経営者が愛読する（HBR's 10 Must Reads） ハーバード・ビジネス・レビュー編集部編, DIAMONDハーバード・ビジネス・レビュー編集部訳 ダイヤモンド社 2014.9 357p 19cm （Harvard Business Review） 1800円 ①978-4-478-02868-1
内容 "イノベーションのジレンマ"への挑戦（クレイトン・M.クリステンセン, マイケル・オーバードルフ著） 〔01259〕

オーバードルファー, ベルント Oberdorfer, Bernd
◇キリスト教の主要神学者 上 テルトゥリアヌスからカルヴァンまで（Klassiker der Theologie, Bd.1 : Von Tertullian bis Calvin） F.W.グラーフ編, 片柳栄一監訳 教文館 2014.8 360, 5p 21cm 3900円 ①978-4-7642-7383-2
内容 ジョン・ウィクリフ（一三三〇頃―一三八四）（ベルント・オーバードルファー） 〔01260〕
◇死者の復活―神学的・科学的論考集（RESURRECTION） T.ピーターズ,R.J.ラッセル,M.ヴェルカー編, 小河陽訳 日本キリスト教団出版局 2016.2 441p 22cm 5600円 ①978-4-8184-0896-8
内容 終末論と復活に関するシュライエルマッハーの見解（ベルント・オーバードルファー著） 〔01261〕

オバマ, バラク Obama, Barack
◇オバマ大統領がヒロシマを訪れた日 広島テレビ放送編 ポプラ社 2016.7 62p 19cm 〈他言語標題：The Day When President Obama Visited Hiroshima 英語抄訳付〉1100円 ①978-4-591-15153-2
内容 オバマ大統領ヒロシマ演説〈対訳〉（オバマ述, 小島明子訳） 〔01262〕
◇きみに聞いてほしい―広島に来た大統領 池上彰訳, 葉祥明画 リンダパブリッシャーズ 2016.12 38, 5p 21cm 〈発売：徳間書店〉1600円 ①978-4-19-864311-9 〔01263〕

オーバーマイヤー, バスティアン Obermayer, Bastian
◇パナマ文書（Panama Papers） バスティアン・オーバーマイヤー, フレデリック・オーバーマイヤー著, 姫田多佳子訳 KADOKAWA 2016.8 440p 19cm 1800円 ①978-4-04-104709-5
内容 スタート ウラジーミル・プーチンの謎めいた友人 過去の影 コメルツ銀行の嘘 シリア内戦とモサック＝フォンセカの関与 武装親衛隊からCIA、そしてパナマへ UEFA本部ニヨンへ続く足跡 釣りと発見と偉大な芸術の話 ホワイトハウスを背に 火花のように飛散して〔ほか〕 〔01264〕

オーバーマイヤー, フレデリック Obermaier, Frederik
◇パナマ文書（Panama Papers） バスティアン・オーバーマイヤー, フレデリック・オーバーマイヤー著, 姫田多佳子訳 KADOKAWA 2016.8 440p 19cm 1800円 ①978-4-04-104709-5
内容 スタート ウラジーミル・プーチンの謎めいた友人 過去の影 コメルツ銀行の嘘 シリア内戦とモサック＝フォンセカの関与 武装親衛隊からCIA、そしてパナマへ UEFA本部ニヨンへ続く足跡 釣りと発見と偉大な芸術の話 ホワイトハウスを背に 火花のように飛散して〔ほか〕 〔01265〕

オーバーマン, K.* Overmann, Karenleigh A.
◇ワーキングメモリと日常―人生を切り拓く新しい知性（WORKING MEMORY） T.P.アロウェイ,R.G.アロウェイ編著, 湯沢正通, 湯沢美紀監訳 京都 北大路書房 2015.10 340p 21cm （認知心理学のフロンティア）〈文献あり 索引あり〉3800円 ①978-4-7628-2908-6
内容 ワーキングメモリの進化（Fred L.Coolidge, Thomas Wynn, Karenleigh A.Overmann著, 松吉大輔訳） 〔01266〕

オ

オハロラン, ジェーン

◇アイルランド大飢饉―ジャガイモ・「ジェノサイド」・ジョンブル　勝田俊輔, 高神信一編　刀水書房　2016.2　386p　22cm　〈文献あり 索引あり〉6500円　①978-4-88708-427-8

内容 一九～二〇世紀アイルランド文学と大飢饉(ジェーン・オハロラン著, 勝田俊輔訳)　〔01267〕

オハンロン, ビル　O'Hanlon, Bill

◇人生を劇的に変えるほんの少しの習慣―52 methods（The Change Your Life Book）　ビル・オハンロン著, 家入葉子訳　宝島社　2016.9　159p　19cm　1200円　①978-4-8002-5854-0

内容 1 行動に変化を起こす秘訣(伝達のやり方を変えてみましょう　問題や「もやもや」した記憶を外に表現してみましょう　Baby Steps, Bob, Baby Steps 小分けにして処理しましょう ほか)　2 見方に変化を起こす秘訣(視点を変えてみましょう　これまでとは違うものに意識を向けたり、思い出したりしてください。あるいは、これまでとは違う方法でそうしてみてください　別の質問をしてみてください ほか)　3 環境に変化を起こす秘訣(文字通り場所を変えてみてください　時間設定を変えてみてください　録音による治療をしてみましょう ほか)　〔01268〕

オハンロン, マイケル・E.　O'Hanlon, Michael E.

◇米中衝突を避けるために―戦略的再保証と決意（STRATEGIC REASSURANCE AND RESOLVE）　ジェームズ・スタインバーグ, マイケル・E.オハンロン著, 村井浩紀, 平野登志雄訳　日本経済新聞出版社　2015.1　385p　20cm〈索引あり〉3000円　①978-4-532-16949-7

内容 第1部 懸念の根拠(紛争の原因　中国の戦略を決める要因　米国の戦略を決める要因)　第2部 戦略的再保証の実際(軍事支出と軍の近代化　有事のシナリオ：危機的局面で安定性をどう高めるか　戦略的領域：核、宇宙、そしてサイバー　海外基地、戦力の配備、そして運用　おわりに　政策提言の要旨　米国と中国の海軍艦艇)　〔01269〕

オハンロン, W.H.　O'Hanlon, William Hudson

◇ミルトン・エリクソンの催眠療法入門（SOLUTION-ORIENTED HYPNOSIS）　W.H.オハンロン,M.マーチン著, 宮田敬一監訳, 津川秀夫訳　新装版　金剛出版　2016.4　242p　21cm　〈文献あり 索引あり〉3400円　①978-4-7724-1483-8

内容 第1章 解決志向催眠の原則　第2章 催眠誘導の実際　第3章 トランス現象　第4章 なぜトランスを使うのか　第5章 問題のクラス・解決のクラス　第6章 性的虐待の後遺症の治療　第7章 痛みと身体の問題の治療　第8章 私はただの催眠家です　〔01270〕

オファ, アヴナ

◇欲望と消費の系譜　草光俊雄, 真嶋史叙監修　NTT出版　2014.7　179p　20cm　(シリーズ消費文化史)　〈文献あり〉2400円　①978-4-7571-4328-9

内容 消費と幸福(アヴナ・オファ著, 真嶋史叙訳)　〔01271〕

オファーマン‐ブリュッハルト, スザンネ

◇リーガルマーケットの展開と弁護士の職業像　森勇編著　八王子　中央大学出版部　2015.8　545p　22cm　(日本比較法研究所研究叢書 102)　6700円　①978-4-8057-0802-6

内容 ドイツにおける専門弁護士制度(スザンネ・オファーマン‐ブリュッハルト著, 応本昌樹訳)　〔01272〕

オフィル, ジェニー　Offill, Jenny

◇女友だちの賞味期限―実話集（The friend who got away）　ジェニー・オフィル, エリッサ・シャッペル編著, 糸井恵訳　プレジデント社　2014.3　317p　19cm　〈2006年刊の改訳、再編〉1500円　①978-4-8334-2076-1

内容 世界の終わりありがた迷惑だった神様の話(ジェニー・オフィル著)　〔01273〕

オブズフェルド, M.　Obstfeld, Maurice

◇クルーグマンの国際経済学―理論と政策　上巻　貿易編（INTERNATIONAL ECONOMICS 原著第8版の翻訳）　P.R.クルーグマン,M.オブズフェルド著, 山本章子, 伊藤博明, 伊能早苗, 小西紀嗣訳　丸善出版　2014.3　410p　22cm　〈ピアソン桐原 2010年刊の再刊　索引あり〉3500円　①978-4-621-06614-0

内容 第1部 国際貿易理論(世界貿易：概観　労働生産性と比較優位：リカード・モデル　資源、比較優位と所得分配　貿易の標準モデル ほか)　第2部 国際貿易政策(貿易政策の手段　貿易政策の政治経済　発展途上国の貿易政策　貿易政策を巡る議論)　付録 数学に関する補足説明　〔01274〕

◇クルーグマンの国際経済学―理論と政策　下巻　金融編（INTERNATIONAL ECONOMICS 原著第8版の翻訳）　P.R.クルーグマン,M.オブズフェルド著, 山本章子, 伊藤博明, 伊能早苗, 小西紀嗣訳　丸善出版　2014.3　512p　22cm　〈ピアソン桐原 2011年刊の再刊　索引あり〉4600円　①978-4-621-06615-7

内容 第3部 為替レートと開放経済のマクロ経済学(国民所得勘定および国際収支　為替レートと外国為替市場：為替レートの決定要因となるアセット・マーケット・アプローチ　貨幣、利子率、為替レート　長期的な価格水準と為替レート　短期的な生産と為替レート　固定為替相場制と外国為替介入)　第4部 国際マクロ経済政策(国際通貨制度、1870～1973年　変動相場制の下でのマクロ経済政策と協調　最適通貨圏とヨーロッパの経験　国際資本市場：機能性と政策課題　発展途上国：成長、危機、および改革)　付録 数学に関する補足説明(第21章の数学に関する補足説明：リスク回避と国際分散投資)　〔01275〕

オブホルツァー, アントン　Obholzer, Anton

◇組織のストレスとコンサルテーション―対人援助サービスと職場の無意識（THE UNCONSCIOUS AT WORK）　アントン・オブホルツァー, ヴェガ・ザジェ・ロバーツ編, 武井麻子監訳, 榊恵子ほか訳　金剛出版　2014.3　311p　21cm　〈文献あり 索引あり〉4200円　①978-4-7724-1357-2

内容 権限, 権力, リーダーシップ―グループ関係トレーニングからの寄与 他(アントン・オブホルツァー著, 鷹野朋実訳)　〔01276〕

オブライエン, アンソニー・パトリック O'Brien, Anthony Patrick

◇ハバード経済学 1 入門編（ECONOMICS 原著第4版の翻訳） R.グレン・ハバード, アンソニー・パトリック・オブライエン著, 竹中平蔵, 真鍋雅史訳 日本経済新聞出版社 2014.4 363p 23cm 〈索引あり〉3000円 ①978-4-532-13452-5

内容 1章 経済学：基礎とモデル 2章 トレードオフ、比較優位と市場システム 3章 価格の決定：需要と供給の相互作用 4章 経済的効率性、政府の価格規制と租税 5章 外部性、環境政策と公共財 6章 弾力性：需要と供給の反応の強さ 7章 企業、株式市場とコーポレート・ガバナンス 8章 完全競争市場における企業 9章 独占的競争：より現実的な環境における競争モデル 10章 GDP：総生産と総所得の測定 11章 経済成長、金融システムと景気循環 〔01277〕

◇ハバード経済学 2 基礎ミクロ編（ECONOMICS 原著第4版の翻訳） R.グレン・ハバード, アンソニー・パトリック・オブライエン著, 竹中平蔵, 真鍋雅史訳 日本経済新聞出版社 2014.4 441p 23cm 〈索引あり〉3600円 ①978-4-532-13453-2

内容 経済学：基礎とモデル 企業、株式市場とコーポレート・ガバナンス 比較優位と、貿易から得られる利益 消費者選択と行動経済学 技術、生産と費用 完全競争市場における企業 独占的競争：より現実的な環境における競争モデル 寡占：競争が緩やかな市場の企業 独占と反トラスト政策 価格戦略 労働市場と、その他の生産要素市場 情報の経済学 公共選択、税と所得分配 〔01278〕

◇ハバード経済学 3 基礎マクロ編（ECONOMICS 原著第4版の翻訳） R.グレン・ハバード, アンソニー・パトリック・オブライエン著, 竹中平蔵, 真鍋雅史訳 日本経済新聞出版社 2014.4 481p 23cm 〈索引あり〉3600円 ①978-4-532-13454-9

内容 経済学：基礎とモデル 企業、株式市場とコーポレート・ガバナンス GDP：総生産と総所得の測定 失業とインフレーション 経済成長、金融システムと景気循環 長期的な経済成長：源泉と政策 短期的な総支出と総生産 総需要と総供給の分析 貨幣、銀行と連邦準備制度 金融政策 財政政策 インフレ、失業とFedの政策 開放経済におけるマクロ経済学 〔01279〕

オブライエン, ジョン O'Brien, John

◇トマス・ジェファソン本を愛し、集めた人（Thomas Jefferson Builds a Library） バーブ・ローゼンストック文, ジョン・オブライエン絵, 渋谷弘子訳 さ・え・ら書房 2014.9 1冊（ページ付なし） 24×24cm 1400円 ①978-4-378-04141-4 〔01280〕

オブライエン, パトリシア

◇文化の新しい歴史学（THE NEW CULTURAL HISTORY） リン・ハント編, 筒井清忠訳 岩波書店 2015.10 363, 5p 19cm （岩波人文書セレクション） 〈1993年刊の再刊 索引あり〉3100円 ①978-4-00-028817-0

内容 ミシェル・フーコーの文化史（パトリシア・オブライエン著） 〔01281〕

オブラズツォフ, ユーリ Obraztsov, Youri

◇女性狙撃手―フォト・ドキュメント ソ連最強のスナイパーたち（SOVIET WOMEN SNIPERS OF THE SECOND WORLD WAR） ユーリ・オブラズツォフ, モード・アンダーズ著, 竜和子訳 原書房 2015.8 109p 22cm 〈文献あり〉2400円 ①978-4-562-05185-4

内容 第1章 大祖国戦争を戦った女性たち 第2章 女性狙撃手たち 第3章 中央女子狙撃訓練学校 第4章 スナイパー・ライフル 第5章 第3突撃軍の女性狙撃手たち 女性狙撃手たちの遺産 〔01282〕

オベーセーカラ, ガナナート Obeyesekere, Gananath

◇キャプテン・クックの列聖―太平洋におけるヨーロッパ神話の生成（THE APOTHEOSIS OF CAPTAIN COOK） ガナナート・オベーセーカラ〔著〕, 中村忠男訳 みすず書房 2015.5 426, 20p 22cm 〈文献あり 年譜あり 索引あり〉6800円 ①978-4-622-07860-9

内容 キャプテン・クックとヨーロッパ的想像力 神話モデル 即興、合理性、野生の思考 三度目の来臨―再び南海へ タヒチ訪問とエイメオの破壊 ハワイの発見 列聖化の命題 さらなる列聖化に対する反論―手垢の付いた知覚と文化的概念 人類学と擬史 政治と列聖化―ハワイからの視点〔ほか〕 〔01283〕

オマーティアン, ストーミー Omartian, Stormie

◇主よ、心を癒やしてください―みことばと祈りによる7つのステップ（Lord, I Want to Be Whole） ストーミー・オマーティアン著, 土屋治子訳 いのちのことば社CS成長センター 2014.8 319p 19cm 1500円 ①978-4-8206-0326-9

内容 序章 健やかな心を求めて 第1章 過去を手放す 第2章 神の教えに従順に歩む 第3章 解放される 第4章 完全な回復を求める 第5章 神の賜物を受け取る 第6章 罪の落とし穴を避ける 第7章 しっかりと立つ 終章 神に造られた本来のあなたとなる 〔01284〕

オマリー, E.L. O'Malley, Edward Loughlin

◇日本立法資料全集 別巻844 英国国会選挙訴願判決例 E.L.オマリー,H.ハードカッスル,J.S.サンタース合著, 内閣法制局訳 復刻版 信山社出版 2014.3 832p 23cm 〈内閣法制局 明治23年刊の複製〉80000円 ①978-4-7972-7142-3 〔01285〕

オム, ヘオク* 厳 海王

◇東北アジア平和共同体構築のための倫理的課題と実践方法―「IPCR国際セミナー2012」からの提言 韓国社会法人宗教平和国際事業団著, 世界宗教者平和会議日本委員会編, 山本俊正監修, 中央学術研究所編集責任 佼成出版社 2014.7 222, 3p 18cm （アーユスの森新書 009） 900円 ①978-4-333-02672-2

内容 韓国『在外同胞法』に対する再度の違憲訴訟（厳海王著, 金永完訳） 〔01286〕

オームス, ヘルマン

◇変容する聖地 伊勢 ジョン・ブリーン編 京都 思文閣出版 2016.5 10, 321p 21cm 2800円 ①978-4-7842-1836-3

内容 伊勢に見え隠れする仏教七六六～七八〇（ヘルマ

ン・オームス著）〔01287〕

オームロッド, ポール　Ormerod, Paul

◇経済は「予想外のつながり」で動く―「ネットワーク理論」で読みとく予測不可能な世界のしくみ（POSITIVE LINKING）　ポール・オームロッド著, 望月衛訳　ダイヤモンド社　2015.9　364p　20cm　〈文献あり 索引あり〉2000円　①978-4-478-02181-1

内容 序章 ネットワーク理論が経済学を進化させる　第1章 100年前の経済学で21世紀の社会を理解できるのか？　―経済学からネットワーク理論へ　第2章 タバコの税率を上げたら健康被害が増えた？　―インセンティブから影響力へ　第3章 サイモンとケインズが突いた「合理的経済人」の矛盾―合理性から経験則へ　第4章 経済学者はなぜいまだに金融危機を防げないのか―数式から信頼へ　第5章 なぜひと握りのスターだけが「幸運」を手にするのか―需要と供給から偶然と流行へ　第6章 複雑なネットワークを読みとく3つのポイント―正規分布からべき乗則へ　第7章「人まね」、それは不確実な世界を生きぬくための最適戦略―合理的選択から模倣へ　第8章 高失業率の町に起業家精神をもたらすことはできるのか？　―格差の固定化からランダムな変化へ　第9章 ネットワーク理論で社会を豊かにすることはできるのか？　―上からの政策から「人伝て」の政策へ〔01288〕

オーメロッド, ジャン　Ormerod, Jan

◇さよなら、ねずみちゃん（Goodbye Mousie）　ロビー・H.ハリス作, ジャン・オーメロッド絵, 飛鳥井望, 亀岡智美監訳, 遠藤智子訳　誠信書房　2015.9　1冊（ページ付なし）　22×22cm　（子どものトラウマ治療のための絵本シリーズ）　1700円　①978-4-414-41372-4〔01289〕

オーラー, ノルベルト　Ohler, Norbert

◇中世の旅（REISEN IM MITTELALTER）　ノルベルト・オーラー著, 藤代幸一訳　新装版　法政大学出版局　2014.11　455, 24p　19cm　（叢書・ウニベルシタス）　3800円　①978-4-588-09992-2

内容 1 基本と諸条件（地域と気候　乗用、輓曳用、荷物運搬用の動物　船の旅、陸の旅　旅にとっての宗教、商業および情報制度の意義　道中での意志の疎通 ほか）　2 文献調査と証言（ある迷走　ボニファティウスの旅　旅の王国　“北方人”の船旅とグレティル・サガ　旅する聖職者たち ほか）〔01290〕

オライリー, バリー　O'Reilly, Barry

◇リーンエンタープライズ―イノベーションを実現する創発的な組織づくり（Lean Enterprise）　ジェズ・ハンブル, ジョアンヌ・モレスキー, バリー・オライリー著, 角征典監訳, 笹井崇司訳　オライリー・ジャパン　2016.10　355p　21cm　（THE LEAN SERIES　エリック・リースシリーズエディタ）　〈文献あり 索引あり　発売：オーム社〉3400円　①978-4-87311-774-4

内容 第1部 指向（イントロダクション　企業ポートフォリオのダイナミクスを管理する）　第2部 探索（投資リスクをモデル化して計測する　不確実性を探索して機会を見つける　製品/市場フィットを評価する）　第3部 活用（継続的改善をデプロイする　価値を明らかにしてフローを増やす　リーンエンジニアリングプラクティスを導入する　製品開発に実験的手法を使う　ミッションコマンドを実行する）　第4部 変革（イノベーション文化を育てる　GRCにリーン思考を取り入れる　財務管理を進化させて製品イノベーションを促進する　ITを競争優位にする　今いる場所から始めよう）〔01291〕

オラタンジ, B.O.　Olatunji, Bunmi O.

◇嫌悪とその関連障害―理論・アセスメント・臨床的示唆（DISGUST AND ITS DISORDERS）　B.O.オラタンジ,D.マッケイ編著, 堀越勝監修, 今田純雄, 岩佐和典監訳　京都　北大路書房　2014.8　319p　21cm　〈索引あり〉3600円　①978-4-7628-2873-7

内容 嫌悪感受性：測定法と操作的定義 他（Bunmi O. Olatunji, Josh M.Cisler著, 岩佐和典訳）〔01292〕

オラト, ジュリーデ・アクユズ

◇契約と紛争の比較史料学―中近世における社会秩序と文書　臼井佐知子,H.ジャン・エルキン, 岡崎敦, 金炫栄, 渡辺浩一編　吉川弘文館　2014.12　362, 9p　22cm　12000円　①978-4-642-02922-3

内容 オスマン朝社会の紛争問題における終審機構としての御前会議（ジュリーデ・アクユズ・オラト著, 沢井一彰訳）〔01293〕

オランジュ, ソフィ

◇教育の大衆化は何をもたらしたか―フランス社会の階層と格差　園山大祐編著　勁草書房　2016.5　326p　22cm　〈年表あり 索引あり〉3500円　①978-4-326-60292-6

内容 上級技術者証書〈BTS〉という選択（ソフィ・オランジュ著, 田川千尋訳）〔01294〕

オーリー, アンスガー

◇消費者法の現代化と集団的権利保護　中田邦博, 鹿野菜穂子編　日本評論社　2016.8　591p　22cm　（竜谷大学国際社会文化研究所叢書 第18巻）〈他言語標題：Modernisation of Consumer Law and Collective Redress〉7500円　①978-4-535-52208-4

内容 ヨーロッパ不正競争防止法（アンスガー・オーリー著, 原田昌和訳）〔01295〕

オリヴィエ, ベルナール　Ollivier, Bernard

◇サマルカンドへ―ロング・マルシュ 長く歩く　2（LONGUE MARCHE 2 ： Vers Samarcande）　ベルナール・オリヴィエ著, 内藤伸夫, 渡辺純訳　藤原書店　2016.7　441p　19cm　3600円　①978-4-86578-073-4

内容 嵐　バザール　キャラバンサライ　渇き　泥棒警官　テヘラン　砂漠　芸術家たち　タリヤーク　サヴァク　巡礼者たち　国境　トルクメン人　カラクム　ブハラ　サマルカンドの青い空〔01296〕

オリヴェイラ, アナ・ロドリゲス　Oliveira, Ana Rodrigues

◇ポルトガルの歴史―小学校歴史教科書（História e Geografia de Portugal.vol.1）　アナ・ロドリゲス・オリヴェイラ, アリンダ・ロドリゲス, フランシスコ・カンタニェデ著, A.H.デ・オリヴェイラ・マルケス校閲, 東明彦訳　明石書店　2016.4

503p 21cm (世界の教科書シリーズ 44) 5800円 ①978-4-7503-4346-4
内容 A イベリア半島―最初の住民からポルトガルの形成(12世紀)まで(自然環境と最初の住民 イベリア半島のローマ人 イベリア半島のイスラーム教徒 ポルトガル王国の形成) B 13世紀からイベリア統一と再独立(17世紀)まで(13世紀のポルトガルと1383‐1385年の革命 15世紀・16世紀のポルトガル イベリアの統一から再独立まで) C 18世紀のポルトガルから自由主義社会の成立まで(18世紀の帝国と絶対王政 ポンバル侯時代のリスボン 1820年と自由主義 19世紀後半のポルトガル) D 20世紀(王政の崩壊と第一共和政 新国家体制 1974年「4月25日」と民主制) 〔01297〕

オリヴェイラ, カルメン・L. Oliveira, Carmen L.
◇めずらしい花ありふれた花―ロタと詩人ビショップとブラジルの人々の物語 (FLORES RARAS E BANALÍSSIMAS) カルメン・L.オリヴェイラ著, 小口未散訳 水声社 2016.2 363p 図版16p 20cm 〈文献あり〉3500円 ①978-4-8010-0131-2
内容 一九七八年、ボストン おお、旅人よ みだらな花梗 昔シナの王さまがおったとさ 一九九四年、リオデジャネイロ 日々の暮らし 八百屋が幸運を運んでくる 美しきピンドラーマ ドナ・ロタ ウアーイ―なぜ? 〔ほか〕 〔01298〕

オール・イー
◇世界がぶつかる音がする―サーバンツの物語 (The Sound of Worlds Colliding) クリスティン・ジャック編, 永井みぎわ訳 ヨベル 2016.6 300p 19cm 1300円 ①978-4-907486-32-7
内容 変えられた長い道のり―僧侶から農民へ、捕虜から癒す者へ(オール・イー) 〔01299〕

オルヴェウス, ダン Olweus, Dan
◇オルヴェウス・いじめ防止プログラム―学校と教師の道しるべ (Olweus Bullying Prevention Program Schoolwide Guide, Olweus Bullying Prevention Program Teacher Guide) ダン・オルヴェウス, スーザン・P.リンバー, ヴイツキー・C.フラークス, ナンシー・ムリン, シェーン・リース, マリーネ・スナイダー著, 小林公司, 横田克哉監訳, オルヴェウス・いじめ防止プログラム刊行委員会訳 現代人文社 2013.12 295p 21cm 〈発売:大学図書〉2500円 ①978-4-87798-573-8
内容 第1部 オルヴェウス・いじめ防止プログラム学校版ガイド(「オルヴェウス・いじめ防止プログラム」の導入 「いじめ防止プログラム」の実施にあたって考えること 学校で「いじめ防止プログラム」を開始する ほか) 第2部 オルヴェウス・いじめ防止プログラム教師版ガイド(「オルヴェウス・いじめ防止プログラム」の導入 いじめのいろいろな側面を理解すること 学校全体でプログラムを実施するためのサポート ほか) 第3部 資料篇(いじめの実態と「反いじめ4ルール」(本文の補足) いじめ記録帳 反いじめ活動の進め方と留意点 ほか) 〔01300〕

オールコック, ラザフォード Alcock, Rutherford
◇日本および日本人 エディンバラ・レヴュー編, ラザフォード・オールコック〔著〕, 山本秀峰訳 露蘭堂 2015.4 151p 22cm 〈文献あり 年譜あり 年表あり 発売:ナウカ出版営業部(富士見)〉2900円 ①978-4-904059-55-5
内容 1 日本人の言語・風習・性格(日本語の形成の歴史と特徴 日本人の言語と風習 日本語の文法) 2 江戸の風景・桜田門外の変(江戸の地理的特徴 田園と市街地 日本人の気性 江戸城の周辺 桜田門外の変) 3 開港とイギリス(日本の開港の現状 西洋列強がとるべき態度 日本との貿易の展望) 〔01301〕

オールソン, エスビョルン Ohlsson, Esbjørn
◇一般化線形モデルを使用した損害保険料率の算定 (Non-life insurance pricing with generalized linear models) エスビョルン・オールソン, ビョルン・ヨハンソン共著, 岩沢宏和監修, 日本アクチュアリー会ASTIN関連研究会訳 日本アクチュアリー会 2014.1 229p 21cm 〈文献あり〉 〔01302〕

オルソン, エリック・T
◇アリストテレス的現代形而上学 (Contemporary Aristotelian Metaphysics) トゥオマス・E.タフコ編著, 加地大介, 鈴木生郎, 秋葉剛史, 谷川卓, 植村玄輝, 北村直彰訳 春秋社 2015.1 451, 17p 20cm (現代哲学への招待―Anthology 丹治信春監修) 〈文献あり 索引あり〉4800円 ①978-4-393-32349-6
内容 同一性・量化・数(エリック・T.オルソン著, 鈴木生郎訳) 〔01303〕

オールソン, キルステン
◇国連大学包括的「富」報告書―自然資本・人工資本・人的資本の国際比較 (Inclusive Wealth Report 2012) 国連大学地球環境変化の人間・社会的側面に関する国際研究計画, 国連環境計画編, 植田和弘, 山口臨太郎訳, 武内和彦監修 明石書店 2014.12 358p 26cm 〈文献あり 索引あり〉8800円 ①978-4-7503-4113-2
内容 各国の包括的富を計上する(パブロ・ムニョス, エローム・ダーキー, キルステン・オールソン, レオニー・ピアソン著) 〔01304〕

オルソン, グンナー・L. Olsson, Gunnar L.
◇アクセプタンス&コミットメント・セラピー実践ガイド―ACT理論導入の臨床場面別アプローチ (A Practical Guide to Acceptance and Commitment Therapy) スティーブン・C.ヘイズ, カーク・D.ストローサル編著, 谷晋二監訳, 坂本律訳 明石書店 2014.7 473p 22cm 〈文献あり〉5800円 ①978-4-7503-4046-3
内容 慢性疼痛患者を対象としたACT(パトリシア・ロビンソン, リカルド・K.ウィクセル, グンナー・L.オルソン) 〔01305〕

オルソン, ジェフ Olson, Jeff A.
◇スライト・エッジ―小さな習慣の驚くべき威力 (The Slight Edge) ジェフ・オルソン著, 藤島みさ子訳 きこ書房 2016.10 428p 19cm 〈文献あり〉1700円 ①978-4-87771-355-3
内容 第1部 小さな習慣が人生に奇跡を起こす(99.9%の人がやっていないこと 成功する人は、成功しない人がやりたがらないことをする 世界で8番目の不思議 あたりまえのことをきちんとやる 宇宙最強の力 そ

オ

れが見えないだけ　幸せの科学　始まりは1セントから）　第2部 すべてが、常に変化し続けている（人生の2つの道　最初の一歩を踏み出す　人生とは「行動」すること　5%の人たちとマスターマインドを結成する　ゆっくりと着実に進む者が最後に勝つ　反復の威力　書き出したその瞬間、夢は現実になり始める）〔01306〕

オルティス, エルネスト　Ortiz, Ernesto
◇アカシックレコードの使い手になる！―すべてのネガティブをリセットして新しい未来を創造するその方法！（The Akashic Records）　エルネスト・オルティス著, 星一人訳　ヒカルランド　2016.6　346p　19cm　〈文献あり〉2500円　①978-4-86471-379-5
内容 第1部 アカシックレコードをイメージしてみよう（アカシックレコード（アーカーシャの記録）とは宇宙を1つにまとめる結合組織のごときもの/これなしに宇宙は存在しない！　アカシックレコードとは人生の長旅におけるロードマップやGPSのようなもの/そこにはあらゆる必要事項が書き込まれている！）第2部 アカシックレコードを知ろう（人間が経験できる領域その1/物質界　人間が経験できる領域その2/アストラル界 ほか）　第3部 アカシックレコードの領域に行って“問題のすべて”を解消しよう！（依存とそのパターンをアカシックレコードで消す！　親族、友人、その他のこじれた人間関係の消去 ほか）　第4部 アカシックレコードの情報を最大限に活かす！（内観/「存在すること」「なすこと」「もつこと」の実践　アカシックレコードの力を借りて、内観、瞑想、行動を統合する ほか）　第5部 アカシックレコードに秘められた可能性（アカシックレコードとエネルギー中枢の車輪“チャクラ”との関係を見る！　神/スピリット/ソース（源）からの惜しみなき愛“恩寵と恩寵点” ほか）〔01307〕

オルテガ・エラエス, フアン＝ミゲル
◇裁判員裁判時代の法廷通訳人　水野かほる, 津田守編著　吹田　大阪大学出版会　2016.2　320p　22cm　〈索引あり〉6000円　①978-4-87259-507-9
内容 通訳者の資格試験をめぐって（フアン＝ミゲル・オルテガ・エラエス著, 森直香訳）〔01308〕

オールマン, ポール
◇経験学習によるリーダーシップ開発―米国CCLによる次世代リーダー育成のための実践事例（Experience-Driven Leader Development）　シンシア・D.マッコーレイ,D.スコット・デリュ, ポール・R.ヨスト, シルベスター・テイラー編, 漆嶋稔訳　日本能率協会マネジメントセンター　2016.8　511p　27cm　8800円　①978-4-8207-5929-4
内容 ハイポテンシャル人材のための研修プロジェクト（ポール・オールマン）〔01309〕

オルロフ, ドミートリー　Orlov, Dmitry
◇崩壊5段階説―生き残る者の知恵（The Five Stages of Collapse）　ドミートリー・オルロフ〔著〕, 大谷正幸訳　新評論　2015.12　550p　20cm　〈文献あり〉5000円　①978-4-7948-1023-6
内容 序 崩壊論の概略　第1章 金融の崩壊　第2章 商業の崩壊　第3章 政治の崩壊　第4章 社会の崩壊　第5章 文化の崩壊〔01310〕

オレアリ, ブライアン　O'Leary, Brian Francis
◇マニフェスト本の未来（Book ： a futurist's manifesto）　ヒュー・マクガイア, ブライアン・オレアリ編　ボイジャー　2013.2　339p　21cm　2800円　①978-4-86239-117-9
内容 コンテナではなく、コンテキスト 他（ブライアン・オレアリ著）〔01311〕

オレスケス, ナオミ　Oreskes, Naomi
◇こうして、世界は終わる―すべてわかっているのに止められないこれだけの理由（THE COLLAPSE OF WESTERN CIVILIZATION）　ナオミ・オレスケス, エリック・M.コンウェイ著, 渡会圭子訳　ダイヤモンド社　2015.6　143, 8p　20cm　1400円　①978-4-478-06481-8
内容 第1章 これだけの手を打たなかった―21世紀に人類が犯したミス（すべてわかっていたのに崩壊した大気が「飽和状態」になっている ほか）　第2章 エネルギーをめぐる狂騒が始まる―熱波、人口大移動、パンデミック（「正当な自然科学者」へのバッシング　科学者の温暖化予測は「過小評価」だった ほか）　第3章 最後の一線を越える―こうして人類は「崩壊」を自ら選ぶ（崩壊の予測もできたし、回避のノウハウもあった　シンクタンクを「隠れ蓑」にする企業 ほか）エピローグ なぜ中国は切り抜けられたのか？（「中央集権国家」が生き残った皮肉）〔01312〕

オーレル, マーティン　Orrell, Martin
◇認知症の人のための認知活性化療法マニュアル―エビデンスのある楽しい活動プログラム（Making a Difference）　山中克夫, 河野禎之日本版著, Aimee Spector,Lene Thorgrimsen,Bob Woods,Martin Orrell原版著　中央法規出版　2015.12　115p　26cm　〈文献あり 索引あり〉2400円　①978-4-8058-5277-4
内容 第1章 認知活性化療法（CST）の基本原則と手続き（基本原則　基本的な手続き　活動記録　誘導、出迎え、セッションが始まるまでの働きかけ（全セッション共通）　ウォーミング・アップ（10分間）ほか）　第2章 認知活性化療法（CST）の実際のプログラム（体を動かして遊びましょう　音や音楽を楽しみましょう　子どもの頃の話をしましょう　食べ物や食事の話をしましょう　最近のニュースや流行の話をしましょう ほか）　第3章 よくある質問Q&A〔01313〕

オレン, アリー
◇イスラエル情報戦史（ISRAEL'S SILENT DEFENDER）　佐藤優監訳, アモス・ギルボア, エフライム・ラピッド編, 河合洋一郎訳　並木書房　2015.6　373p 図版32p　21cm　〈年表あり〉2700円　①978-4-89063-328-9
内容 海軍情報部（シュロモ・ゲタ, アリー・オレン著）〔01314〕

オーロット, パトリシア・J.
◇経験学習によるリーダーシップ開発―米国CCLによる次世代リーダー育成のための実践事例（Experience-Driven Leader Development）　シンシア・D.マッコーレイ,D.スコット・デリュ, ポール・R.ヨスト, シルベスター・テイラー編,

漆嶋稔訳　日本能率協会マネジメントセンター　2016.8　511p　27cm　8800円　①978-4-8207-5929-4
内容 私生活上の経験から学ぶこと（マリアン・N.ルーダーマン, パトリシア・J.オーロット）　〔01315〕

オロパデ, ダヨ　Olopade, Dayo
◇アフリカ希望の大陸―11億人のエネルギーと創造性（THE BRIGHT CONTINENT）　ダヨ・オロパデ著, 松本裕訳　英治出版　2016.8　397p　20cm　2200円　①978-4-86276-236-8
内容 1 方向感覚―なぜアフリカの新しい地図が必要なのか　2 カンジュ―天才と犯罪者の間を歩く、アフリカ流生存戦略　3 しくじり国家―アフリカの政府はなぜうまくいかないのか　4 ほしくないもの―アフリカにとってのありがた迷惑　5 家族の地図―アフリカ人は元祖ソーシャルネットワークに生きる　6 テクノロジーの地図―アフリカのデジタル革命に学ぶこと　7 商業の地図―商取引から見えるアフリカの明るい未来　8 自然の地図―アフリカの食糧と資源が世界を変える　9 若者の地図―走り出すアフリカの新世代　10 二つの公的機関―結局、誰に責任がある？　〔01316〕

オン, テツグン*　温 鉄軍
◇中国式発展の独自性と普遍性―「中国模式」の提起をめぐって　宇野重昭, 江口伸吾, 李暁東編　国際書院　2016.3　390p　21cm　〈索引あり〉　3800円　①978-4-87791-273-4
内容 1949年以来の中国の都市と農村における市場化プロセス（董筱丹, 張蘭英, 劉雨晴, 温鉄軍著, 黄宇暁訳）　〔01317〕

オング, ウィルソン　Ong, Wilson
◇てんごくは、ほんとうにある（HEAVEN IS REAL FOR KIDS）　トッド・バーポ, ソーニャ・バーポさく, ウィルソン・オングえ, ホーバード豊子やく　大阪　かんよう出版　2015.12　1冊（ページ付なし）　19×19cm　1500円　①978-4-906902-46-0　〔01318〕

オンケン, ウィリアム, Jr.
◇自分を成長させる極意―ハーバード・ビジネス・レビューベスト10選（HBR'S 10 MUST READS ON MANAGING YOURSELF）　ピーター・F.ドラッカー, クレイトン・M.クリステンセン他著, ハーバード・ビジネス・レビュー編集部編, DIAMONDハーバード・ビジネス・レビュー編集部訳　ダイヤモンド社　2016.1　311p　19cm　1600円　①978-4-478-06830-4
内容 これで、時間は完全に支配できる/仕事の「サル」を手なずける（ウィリアム・オンキン・ジュニア著）　〔01319〕

オーンスタッド, クリスティン
◇経験学習によるリーダーシップ開発―米国CCLによる次世代リーダー育成のための実践事例（Experience-Driven Leader Development）　シンシア・D.マッコーレイ,D.スコット・デリュ, ポール・R.ヨスト, シルベスター・テイラー編, 漆嶋稔訳　日本能率協会マネジメントセンター　2016.8　511p　27cm　8800円　①978-4-8207-5929-4
内容 リーダーシップ・ジャーニー：計画的内省の経験（ニコール・L.ダブズ, アンドリュー・K.マンデル, クリスティン・オーンスタッド, スコット・テイラー）　〔01320〕

オンブロージ, オリエッタ
◇終わりなきデリダ―ハイデガー、サルトル、レヴィナスとの対話　斎藤元紀, 沢田直, 渡名喜庸哲, 西山雄二編　法政大学出版局　2016.11　372, 26p　22cm　〈文献あり〉3500円　①978-4-588-15081-4
内容 犬だけでなく（オリエッタ・オンブロージ著, 馬場智一訳）　〔01321〕

【カ】

カ, カ*　華 夏
◇東北アジア平和共同体構築のための課題と実践―「IPCR国際セミナー2013」からの提言　韓国社会法人宗教平和国際事業団著, 世界宗教者平和会議日本委員会編, 山本俊正監修, 金永完監訳, 中央学術研究所編集責任　佼成出版社　2016.8　191, 3p　18cm　（アーユスの森新書 010）　900円　①978-4-333-02739-2
内容 「天人合一」思想と生態文明の建設（華夏述, 金永完訳）　〔01322〕

カー, カースティン
◇学校を場とする放課後活動の政策と評価の国際比較―格差是正への効果の検討　金藤ふゆ子編著　福村出版　2016.3　343p　22cm　5200円　①978-4-571-10172-4
内容 イギリスの学校を場とする放課後活動の政策と評価（アラン・ダイソン, カースティン・カー, リンダ・リース, 錦織嘉子著, 錦織嘉子訳）　〔01323〕

カ, キンシュウ*　華 金秋
◇2015産業統合のチャイナ・エンジン　中国M&A公会監修, 尉立東, 柏亮ほか著, 中出了真, 黄伯, 陳亮訳　明月堂書店　2015.9　188p　19cm　2000円　①978-4-903145-50-1
内容 第1部 産業統合の歴史概要（産業統合の歴史　中国産業統合の起動）　第2部 産業M&Aのチャンス（金融業：インターネット金融がM&Aの起爆剤となる　インターネットM&Aの趨勢と反復　消費財業界のM&Aチャンスについての研究報告　文化メディア産業　複合改革：古い瓶に新しい酒を詰めるチャンス多し　グローバルなM&A気運　高速鉄道経済圏がもたらした地域統合の生態圏）　第3部 産業M&Aのプラットフォームとツール（企業買収ファンド　M&Aローン　M&A債券　レバレッジ・バイアウト　M&Aの見積もり　M&A税務　M&A仲裁）　〔01324〕

カ, グン　夏 軍
◇日本の中国侵略植民地教育史　3　華東・華中・華南編　宋恩栄, 余子侠主編　曹必宏, 夏軍, 沈嵐著, 王智新監修・監訳, 皮細庚, 王偉軍, 樊士進, 童暁薇訳　明石書店　2016.1　624p　22cm　〈文献あり〉9200円　①978-4-7503-4279-5

〔01325〕

カ, ケイコク*　賈 慶国

◇現代日本の政治と外交　5　日本・アメリカ・中国―錯綜するトライアングル（THE TROUBLED TRIANGLE）　猪口孝監修　猪口孝,G.ジョン・アイケンベリー編　原書房　2014.4　301, 6p　22cm　〈文献あり 索引あり〉4800円　①978-4-562-04962-2

内容 中国の対米方針と国内的背景（賈慶国著, 猪口孝監訳）〔01326〕

ガ, ケイバイ*　賀 桂梅

◇漂泊の叙事――一九四〇年代東アジアにおける分裂と接触　浜田麻矢, 薛化元, 梅家玲, 唐顥芸編　勉誠出版　2015.12　561p　22cm　8000円　①978-4-585-29112-1

内容 戦争、女性と国族〈ネーション〉の叙事（賀桂梅著, 田村容子訳）〔01327〕

カ, シケツ　柯 志杰

◇タイポさんぽ台湾をゆく―路上の文字観察　藤本健太郎編著, 柯志杰コラム執筆　誠文堂新光社　2016.6　159p　21cm　1200円　①978-4-416-61680-2

内容 到着一撃目　「排」はおいしい字なのです　ノリでイケそなパラレルワールド　外から見る異国情緒　珈琲と咖啡（コーヒー）の違いの分からない男　当て字翻訳ロゴ名人芸　日台洗剤浪漫　丸ゴシック・サイバーパンク　ステンシルの聖地　台湾マンションタイポトレンド〔ほか〕〔01328〕

ガ, ショウデン　賀 照田

◇中国が世界に深く入りはじめたとき―思想からみた現代中国　賀照田著, 鈴木将久編訳　青土社　2014.1　288p　20cm　2600円　①978-4-7917-6757-1

内容 困惑と不安のなかの模索―雑誌編集から見た中国知識界のいま　第1部 中国政治を考察して（中国の現代史と思想と政治　中国が世界に深く入りはじめたとき―ナンディと中国の歴史的ターニングポイント）　第2部 中国思想を考察して（中国学術思想界を制約するいくつかの問題　貧弱な論争 意図せざる結果　現代中国思想論争の歴史的意義と学術的意義）　第3部 中国社会を考察して（時代の要請と中国人文思想の再出発　中産階級の夢の浮沈と中国の未来―近年のネット流行語から見る中国知識青年の経済的・社会心理的境遇）〔01329〕

カー, ジョージ・H.　Kerr, George H.

◇沖縄―島人の歴史（Okinawa 原著改訂版の翻訳）　ジョージ・H.カー著, 山口栄鉄訳　勉誠出版　2014.4　620p　22cm　7000円　①978-4-585-22088-6

内容 第1部 中山―東海の独立王国（神代時代より一三一四年まで　葛藤の一世紀 一三一四～一三九八年　中山国最良の日々――三九八～一五七三年）　第2部 孤立―「遠海の孤島」（大陸の戦争と独立の喪失 一五七三～一六〇九年　孤立化の時代 一六〇九～一七九七年）　第3部 二つの世界の挟間にあって（防波堤としての琉球弧 一七九七～一八五三年　「禿鷹」と「ハツカネズミ」―沖縄におけるペリー 一八五三～一八五四年　日本国、沖縄人を「保護」 一八五五～一八七八年）　第4部 沖縄県―辺境の領地（琉球王国の終焉 一八七九～一八九〇年　日本国の同化政策 一八九〇～一九四〇年　金槌と鉄床に挟まれて―沖縄と第二次世界大戦 一九四一～一九四五年　ジョージ・H・カーの琉球史学 初期「国際琉球学・欧文琉球学」の最高峰―訳者「あとがき」に代えて）〔01330〕

カー, ショーン・D.　Carr, Sean D.

◇金融恐慌1907―米FRB創設の起源とJ.P.モルガン（THE PANIC OF 1907）　ロバート・F.ブルナー, ショーン・D.カー著, 雨宮寛, 今井章子訳　東洋経済新報社　2016.8　388p　20cm　〈「ザ・パニック」(2009年刊) の改題　文献あり 索引あり〉2800円　①978-4-492-44429-0

内容 ウォール街の支配者たち　金融システムへの衝撃「静かなる」暴落　やせ細る信用　富と名声を求め続けた銅の王者　買い占めと引き締め　ドミノ倒し　最後の貸し手、資金決済機構　ニッカーボッカー信託会社の繁栄と陰り　社長の不信任投票〔ほか〕〔01331〕

カ, チュウユウ*　柯 仲祐

◇アジア共同体―その構想と課題　林華生編著　町田　蒼蒼社　2013.11　434p　22cm　3800円　①978-4-88360-119-6

内容 越境汚染の政治経済学（柯仲祐, ヘレナ・ヴァッキー著, 片小田広大訳）〔01332〕

カー, デボラ

◇死別体験―研究と介入の最前線（Handbook of Bereavement Research and Practice 原著第3版の抄訳）　マーガレット・S.シュトレーベ, ロバート・O.ハンソン, ヘンク・シュト, ウォルフガング・シュトレーベ編, 森茂起, 森年恵訳　誠信書房　2014.3　322p　22cm　〈文献あり 索引あり〉4400円　①978-4-414-41454-7

内容 人生後期の死別体験（デボラ・カー著）〔01333〕

カ, トウゲン　夏 東元

◇鄭観応伝　夏東元著, 河野明訳　大阪　河野明　2016.4　362p　22cm　〈私家本〉〔01334〕

カ, バイ　華 梅

◇ゼミナール中国文化―カラー版　服飾編　華梅著, 徳永冬美訳, 劉偉監訳　グローバル科学文化出版　2016.8　153p　21cm　2980円　①978-4-86516-038-3

内容 1 未開の文化から帝政へ（古代の「ワンピース」から平服の長衣へ　人々が信じ難い絹 ほか）　2 帝政の滅亡 洋服の到来（三つ編みの切断と脚の解放　長袍と洋服の共存 ほか）　3 日進月歩の当代服装（農工服は一種の革新　かつて皆が着た軍便服 ほか）　4 多民族ファッションの花園（少数民族ファッションの美しさ　たくさんある民族伝説 ほか）〔01335〕

カ, ヘイ*　何 萍

◇歴史に生きるローザ・ルクセンブルク―東京・ベルリン・モスクワ・パリ‐国際会議の記録　伊藤成彦編著　社会評論社　2014.9　369p　21cm　2700円　①978-4-7845-1523-3

内容 ローザ・ルクセンブルク『資本蓄積論』と中国（何萍著, 星野中訳）〔01336〕

カー, ミランダ　Kerr, Miranda
◇EMPOWER YOURSELF―Daily Affirmations to Reclaim Your Power!　(EMPOWER YOURSELF)　ミランダ・カー著, 中沢歩訳　トランスメディア　2014.7　225p　21cm　〈本文は日本語　英語抄訳付〉1500円　①978-4-901929-80-6　〔01337〕

カイ, レイイ*　會 令尉
◇2015産業統合のチャイナ・エンジン　中国M&A公会監修, 尉立東, 柏亮ほか著, 中出了真, 黄伯, 陳亮訳　明月堂書店　2015.9　188p　19cm　2000円　①978-4-903145-50-1
内容 第1部 産業統合の歴史概要 (産業統合の歴史　中国産業統合の起動)　第2部 産業M&Aのチャンス (金融業：インターネット金融がM&Aの起爆剤となる　インターネットM&Aの趨勢と反復　消費財業界のM&Aチャンスについての研究報告　文化メディア産業　複合改革：古い瓶に新しい酒を詰めるチャンス多し　グローバルなM&A気運　高速鉄道経済圏がもたらした地域統合の生態圏)　第3部 産業M&Aのプラットフォームとツール (企業買収ファンド　M&Aローン　M&A債券　レバレッジ・バイアウト　M&Aの見積もり　M&A税務　M&A仲裁)　〔01338〕

ガイオソ, ロムロ・ウェイラン　Gayoso, Romulo Werran
◇戦略のためのシナリオ・プランニング―勝ち残りの思考と意思決定 (HOW TO WIN IN EVERY SCENARIO)　ロムロ・ウェイラン・ガイオソ著, 奈良潤訳　フォレスト出版　2015.6　328p　22cm　〈文献あり〉2800円　①978-4-89451-663-2
内容 第1部「舞台」「登場人物」「物語 (＝シナリオ)」を準備する (本書で学ぶシナリオ・プランニングとは？　主体―国際舞台におけるさまざまな要因　国際舞台で勝つ国, 負ける国　シナリオ・プランニングの方法論―理論編　シナリオ・プランニングの方法論―実践編)　第2部 実際にいくつもの「シナリオ」を思い描いてみる (シナリオ・プランニングを事例から学ぶ)　第3部 シナリオ・プランニングで, 日本が勝ち残るための戦略を考える (日本が考えるべきシナリオ・プランニング)　〔01339〕

ガイガー, ジョン　Geiger, John
◇サードマン―奇跡の生還へ導く人 (THE THIRD MAN FACTOR)　ジョン・ガイガー〔著〕, 伊豆原弓訳　新潮社　2014.4　365p　16cm　(新潮文庫 シ-38-14)　〈「奇跡の生還へ導く人」(2010年刊) の改題〉670円　①978-4-10-218491-2
内容 サードマン　シャクルトンの天使　世にあらわれた幽霊　守護天使　退屈の病理　複数誘因の法則　存在の気配　喪失効果　ムーサ・ファクター　救済者の力〔ほか〕　〔01340〕

カイザー, ヴォルフガング　Kayser, Wolfgang Johannes
◇ヨーロッパ史のなかの裁判事例―ケースから学ぶ西洋法制史 (Fälle aus der Rechtsgeschichte)　U.ファルク,M.ルミナティ,M.シュメーケル編著, 小川浩三, 福田誠治, 松本尚子監訳　京都　ミネルヴァ書房　2014.4　445p　22cm　〈索引あり〉6000円　①978-4-623-06559-2
内容 生まれながらの自由人か, それとも被解放自由人か (ヴォルフガング・カイザー著, 森光訳)　〔01341〕

ガイス, ギルバート
◇刑事コンプライアンスの国際動向　甲斐克則, 田口守一編　信山社　2015.7　554p　22cm　(総合叢書 19―〔刑事法・企業法〕)　〈他言語標題：International Trends of Criminal Compliance　文献あり〉12800円　①978-4-7972-5469-3
内容 アメリカ合衆国における企業行動規範 (ヘンリー・N.ポンテル, ギルバート・ガイス著, 早稲田大学GCOE刑事法グループ訳)　〔01342〕

ガイス, ペーター　Geiss, Peter
◇ドイツ・フランス共通歴史教科書―ドイツ ギムナジウム第11ないし12学年 フランス リセ第1学年〈2年生〉近現代史　ウィーン会議から1945年までのヨーロッパと世界 (Histoire/Geschichte)　ペーター・ガイス, ギヨーム・ル・カントレック監修, 福井憲彦, 近藤孝弘監訳　明石書店　2016.2　389p　27cm　(世界の教科書シリーズ 43)　〈訳：加納教孝 ほか〉5400円　①978-4-7503-4306-8
内容 第1部 民族の時代 (1814～1914年)　第2部 19世紀および20世紀初頭における産業社会の形成　第3部 19世紀および20世紀前半における文化の発展　第4部 ヨーロッパの拡大と植民地主義　第5部 第一次世界大戦　第6部 戦間期における民主主義と全体主義体制　第7部 第二次世界大戦　〔01343〕

ガイゼン, シンシア　Geisen, Cynthia
◇虐待の傷を癒やすセラピー (Healing from Abuse)　シンシア・ガイゼン文, R.W.アリー絵, 目黒摩天雄訳　サンパウロ　2014.3　1冊 (ページ付なし)　16cm　(Elf-Help books)　〈英語併記〉700円　①978-4-8056-2094-6　〔01344〕

ガイドゥク, イリヤ・V.
◇コロンボ・プラン―戦後アジア国際秩序の形成　渡辺昭一編著　法政大学出版局　2014.3　362p　22cm　〈他言語標題：The Colombo Plan and the International Order in Asia after World War 2　索引あり〉5800円　①978-4-588-37711-2
内容 二つの戦争の間の平和攻勢 (イリヤ・V.ガイドゥク著, 秋田茂訳)　〔01345〕

ガイトナー, ティモシー・F.　Geithner, Timothy F.
◇ガイトナー回顧録―金融危機の真相 (Stress Test)　ティモシー・F.ガイトナー著, 伏見威蕃訳　日本経済新聞出版社　2015.8　685p 図版16p　20cm　4000円　①978-4-532-16962-6
内容 海外に出たアメリカ人　危機で学んだこと　逆風に立ち向かう　燃えるにまかせろ　崩壊　「私たちはこれを解決します」　火中へ　計画は無計画に勝る　状況は改善、気分は最悪　改革を目指す戦い　余震　金融危機を回顧する　〔01346〕

ガイル, ギル　Guile, Gill
◇よくみてさがそうせいしょえほん　Gill Guile〔画〕, 日本聖書協会文　日本聖書協会　2015.2　1冊 (ページ付なし)　32cm　〈『聖書新共同訳』準拠〉1400円　①978-4-8202-9236-4　〔01347〕

カ

◇よくみてさがそうせいしょえほんクリスマス　ギル・ガイルえ, にほんせいしょきょうかいぶん　日本聖書協会　2015.9　1冊（ページ付なし）　31cm　〈『聖書新共同訳』準拠〉1200円　①978-4-8202-9237-1　〔01348〕

◇わくわくせいしょものがたり―まどがひらく、13のおはなし（Lift The Flap Bible Stories）　マイケル・バーガフ文, ギル・ガイル絵, 中嶋典子訳　いのちのことば社CS成長センター　2016.11　1冊（ページ付なし）　23cm　1100円　①978-4-8206-0333-7　〔01349〕

カ

ガウ, ジェイン

◇イギリスにおける高齢期のQOL―多角的視点から生活の質の決定要因を探る（UNDERSTANDING QUALITY OF LIFE IN OLD AGE）　アラン・ウォーカー編著, 岡田進一監訳, 山田三知子訳　京都　ミネルヴァ書房　2014.7　249p　21cm　（新・MINERVA福祉ライブラリー 20）〈文献あり 索引あり〉3500円　①978-4-623-07097-8

内容 高齢期の外出, 移動とQOL（キャロライン・ホランド, レオニ・ケラハー, シーラ・M.ピース, トーマス・シャーフ, エリザベス・ブリーズ, ジェイン・ガウ, メアリー・ギルフーリ著）　〔01350〕

ガウ, ジョン　Gau, John

◇戦いの世界史――万年の軍人たち（SOLDIERS）　ジョン・キーガン, リチャード・ホームズ, ジョン・ガウ著, 大木毅監訳　原書房　2014.6　384p　22cm　〈索引あり〉5000円　①978-4-562-05072-7

内容 戦いの相貌　戦闘精神　歩兵　騎兵　砲兵　戦車　消耗人員　工兵　航空戦力　司令官　戦争の原動力　不正規兵　戦争体験　〔01351〕

カヴァナフ, パトリック・B.

◇スーパーヴィジョンのパワーゲーム―心理療法家訓練における影響力・カルト・洗脳（Power Games）　リチャード・ローボルト編著, 太田裕一訳　金剛出版　2015.3　424p　22cm　〈索引あり〉6000円　①978-4-7724-1417-3

内容 草刈り, 精神分析的教育, イデオロギーと権力と知識の絡み合いについて（パトリック・B.カヴァナフ著）　〔01352〕

カウチ, グレッグ　Couch, Greg

◇テレビを発明した少年―ファイロウ・ファーンズワース物語（The Boy Who Invented TV）　キャスリーン・クルル文, グレッグ・カウチ絵, 渋谷弘子訳　さ・え・ら書房　2015.8　1冊（ページ付なし）　29cm　1500円　①978-4-378-04143-8　〔01353〕

カウファー, カトリン　Kaufer, Katrin

◇出現する未来から導く―U理論で自己と組織、社会のシステムを変革する（LEADING FROM THE EMERGING FUTURE）　C.オットー・シャーマー, カトリン・カウファー著, 由佐美加子, 中土井僚訳　英治出版　2015.7　361p　22cm　2400円　①978-4-86276-178-1

内容 第1章 表面―死と再生の諸症状　第2章 構造―システムが生む断絶　第3章 思考を転換する―経済進化のマトリックス　第4章 源―意図と意識につながる　第5章 個人の転換を導く―「私」から「我々」へ　第6章 関係性の転換を導く―エゴからエコへ　第7章 組織の転換を導く―エコ・システム経済を目指して　第8章 出現する未来から導く―今こそ　〔01354〕

カウフマン, アラン・S.　Kaufman, Alan S.

◇エッセンシャルズWISC-IVによる心理アセスメント（Essentials of WISC-IV assessment (2nd edition)）　ドーン・P.フラナガン, アラン・S.カウフマン著, 上野一彦監訳　日本文化科学社　2014.3　612p　21cm　〈文献あり〉6000円　①978-4-8210-6368-0　〔01355〕

◇エッセンシャルズKABC-2による心理アセスメントの要点（Essentials of KABC-2 Assessment）　Alan S.Kaufman,Elizabeth O.Lichtenberger, Elaine Fletcher-Janzen,Nadeen L.Kaufman〔著〕, 藤田和弘, 石隈利紀, 青山真二, 服部環, 熊谷恵子, 小野純平監修　丸善出版　2014.8　332p　21cm　〈索引あり〉3800円　①978-4-621-08752-7　〔01356〕

カウフマン, ジョシュ　Kaufman, Josh

◇たいていのことは20時間で習得できる（THE FIRST 20 HOURS）　ジョシュ・カウフマン著, 土方奈美訳　日経BP社　2014.9　399p　19cm　〈発売：日経BPマーケティング〉1800円　①978-4-8222-5048-5

内容 第1章 自己紹介―ぼくが学習中毒になったわけ　第2章 超速スキル獲得法10のルール　第3章 効果的学習のための10の基本ルール　第4章 ヨガ　第5章 プログラミング　第6章 タッチタイピング　第7章 囲碁　第8章 ウクレレ　第9章 ウインドサーフィン　〔01357〕

カウフマン, トーマス　Kaufmann, Thomas

◇キリスト教神学資料集　下（The Christian Theology Reader, Third Edition）　アリスター・E.マクグラス編, 古屋安雄監訳　オンデマンド版　キリスト新聞社　2013.9　630, 49p　21cm　〈原書第3版〉10000円　①978-4-87395-641-1

内容 ヨハン・ゲアハルト（一五八二―一六三七）（トーマス・カウフマン）　〔01358〕

◇キリスト教の主要神学者　下　リシャール・シモンからカール・ラーナーまで（Klassiker der Theologie）　F.W.グラーフ編　安酸敏真監訳　教文館　2014.9　390, 7p　22cm　〈索引あり〉4200円　①978-4-7642-7384-9

内容 ヨハン・ゲアハルト（トーマス・カウフマン著, 安酸敏真訳）　〔01359〕

カウフマン, ナーダン・L.*　Kaufman, Nadeen L.

◇エッセンシャルズKABC-2による心理アセスメントの要点（Essentials of KABC-2 Assessment）　Alan S.Kaufman,Elizabeth O.Lichtenberger, Elaine Fletcher-Janzen,Nadeen L.Kaufman〔著〕, 藤田和弘, 石隈利紀, 青山真二, 服部環, 熊谷恵子, 小野純平監修　丸善出版　2014.8　332p　21cm　〈索引あり〉3800円　①978-4-621-08752-7　〔01360〕

カウフマン, ハーバート Kaufman, Herbert

◇官僚はなぜ規制したがるのか―レッド・テープの理由と実態（Red Tape 原著新版の翻訳） ハーバート・カウフマン著, 今村都南雄訳 勁草書房 2015.12 115p 22cm 〈索引あり〉 3300円 ①978-4-326-30245-1

内容 第1章 嫌悪の対象（あまりに多い規制要件 「ポイント外れ」の規制要件 沼地 スケープゴート） 第2章 私たち自身が作ったもの（思いやりがいかにレッド・テープを産み出すか 代表性とその帰結 多様性、不信、民主主義） 第3章 糸巻きを回し直して（不毛な一般的治癒策の探求 症状の治療 死、走性、そしてレッド・テープ） 〔*01361*〕

カウリー, マルコム Cowley, Malcolm

◇八十路から眺めれば（THE VIEW FROM 80） マルコム・カウリー著, 小笠原豊樹訳 草思社 2015.10 137p 16cm （草思社文庫 カ1-1） 700円 ①978-4-7942-2158-2

内容 第1章 八十歳からの老いの国（入国手続き 老いを告げる肉体からのメッセージ一覧 ほか） 第2章 老いの技術（八十歳からの未来を考える 長生きの種族たち ほか） 第3章 黄金の老年（老年を語る 老いに効くクスリ ほか） 第4章 失われた時を求めて（老後の計画 老人よ、大いに語れ） 〔*01362*〕

ガウル, ハンス・フリートヘルム

◇民事手続法制の展開と手続原則―松本博之先生古稀祝賀論文集 徳田和幸, 上野泰男, 本間靖規, 高田裕成, 高田昌宏編集委員 弘文堂 2016.4 861p 22cm 〈著作目録あり〉 13000円 ①978-4-335-35676-6

内容 日本およびドイツにおける法律が定める既判力の限定および既判力の打破が拡張される発展的傾向（ハンス・フリートヘルム・ガウル著, 越山和広訳） 〔*01363*〕

カエサル, ガーイウス・ユーリウス Caesar, Gaius Julius

◇ガリア戦記―カエサル戦記集（Commentarii de Bello Gallico） カエサル〔著〕, 高橋宏幸訳 岩波書店 2015.2 352, 29p 20cm 〈文献あり 年表あり 索引あり〉 3000円 ①978-4-00-061016-2 〔*01364*〕

◇内乱記―カエサル戦記集（Julius Caesar The Civil War Books.1, Julius Caesar The Civil War Books.2〔etc.〕） カエサル〔著〕, 高橋宏幸訳 岩波書店 2015.10 272, 31p 20cm 〈他言語標題：Commentarii de bello civili 文献あり 年表あり 索引あり〉 3000円 ①978-4-00-024173-1

内容 第1巻（内乱勃発 コルフィーニウムの攻防 ポンペイウス、イタリアを去る ほか） 第2巻（マッシリア攻囲 ヒスパーニア、ウァッローの降伏 マッシリア降伏 ほか） 第3巻（カエサル、執政官選挙を実施して当選、経済・行政施策を実施 カエサル、ブルンディシウムへ出発 ポンペイウスの戦争準備 ほか） 〔*01365*〕

ガオ, イザベッレ Gao, Isabelle

◇ゲームで学ぶ子どものせいしょ レイア・ジェンセン, イザベッレ・ガオぶん, ホセ・ペレス・モンテーロイラスト, といかわみゆきやく サンパウロ 2016.4 232p 24cm 2800円 ①978-4-8056-2823-2 〔*01366*〕

カーカップ, ジェイムズ Kirkup, James

◇日本人と英米人―身ぶり・行動パターンの比較 ジェイムズ・カーカップ, 中野道雄著 新版 大修館書店 2014.1 208p 19cm 1800円 ①978-4-469-24583-7

内容 第1部 非言語的伝達の諸相（ジェスチャーの悲劇 文化・異文化に気づく 沈黙の言語 サイン・ランゲージ 日本人鑑別法 ほか） 第2部 身ぶりと行動の日英比較（親指と小指 「だまれ」の合図 thumb up（down） 幽霊のしぐさ 指し示す ほか） 〔*01367*〕

ガーガリ, ジョージ

◇岩波講座コミュニケーションの認知科学 3 母性と社会性の起源 安西祐一郎, 今井むつみ, 入来篤史, 梅田聡, 片山容一, 亀田達也, 開一夫, 山岸俊男編集委員 開一夫編 岩波書店 2014.8 183p 22cm 〈他言語標題：The Cognitive Science of Human Communication 文献あり 索引あり〉 3200円 ①978-4-00-011373-1

内容 教える・教えられる（ガーガリ・チブラ, ジョージ・ガーガリ著, 開一夫訳） 〔*01368*〕

カク, エイトウ* 郭 衛東

◇中国の文明―北京大学版 8 文明の継承と再生 下（明清―近代） 稲畑耕一郎日本語版監修・監訳, 袁行霈, 厳文明, 張伝璽, 楼宇烈原著主編 岩田和子訳 潮出版社 2016.6 441, 18p 23cm 〈他言語標題：THE HISTORY OF CHINESE CIVILIZATION 文献あり 年表あり 索引あり〉 5000円 ①978-4-267-02028-5 〔*01369*〕

カク, キクン 郭 貴勲

⇒クァク, クィフン*

ガク, ケイヘイ* 岳 慶平

◇中国の文明―北京大学版 4 文明の確立と変容 下（秦漢―魏晋南北朝） 稲畑耕一郎日本語版監修・監訳, 袁行霈, 厳文明, 張伝璽, 楼宇烈原著主編 住谷孝之, 土谷彰男訳 潮出版社 2016.4 363, 14p 23cm 〈他言語標題：THE HISTORY OF CHINESE CIVILIZATION 文献あり 年表あり 索引あり〉 4800円 ①978-4-267-02024-7

内容 第7章 歴史学と地理学の基礎固めとその発展（紀伝体の新たな歴史学を創り出した『史記』 紀伝体による断代歴史学の確立と発展 ほか） 第8章 秦漢魏晋南北朝の文学（文学の自覚 伝記文学の伝統の確立 ほか） 第9章 芸術の全面的な繁栄（芸術の新たな局面の幕開け 建築芸術の力強さと美しさ ほか） 第10章 科学技術の形成と発展（天文暦算 中国薬学の体系の基礎固めと発展 ほか） 第11章 社会生活（多彩な衣・食・住・行 家庭と宗族 ほか） 〔*01370*〕

カク, コウイ 霍 宏偉

◇洛陽銅鏡 上巻 霍宏偉, 史家珍主編, 岡村秀典監訳, 田中一輝, 馬淵一輝訳 科学出版社東京 2016.7 223p 29cm ①978-4-907051-37-2 〔*01371*〕

◇洛陽銅鏡 下巻 霍宏偉, 史家珍主編, 岡村秀典監訳, 田中一輝, 馬淵一輝訳 科学出版社東京

2016.7　p226～447　29cm　〈文献あり〉①978-4-907051-38-9　〔*01372*〕

カク, シュウケイ　郭 秋恵

◇ゼミナール中国文化—カラー版　工芸編　郭秋恵, 王麗丹著, 長屋めぐみ訳, 劉偉監訳　グローバル科学文化出版　2016.8　294p　21cm　2980円　①978-4-86516-041-3

内容 1 工芸文化　2 器用　3 服飾　4 インテリア　5 装飾　6 遊芸　7 商業　8「活きた」伝統工芸　〔*01373*〕

カク, ジュントウ*　郭 潤涛

◇中国の文明—北京大学版　7　文明の継承と再生　上（明清—近代）　稲畑耕一郎日本語版監修・監訳, 袁行霈, 厳文明, 張伝璽, 楼宇烈原著主編　松浦智子訳　潮出版社　2016.2　497, 17p　23cm　〈他言語標題：THE HISTORY OF CHINESE CIVILIZATION　文献あり 年表あり 索引あり〉5200円　①978-4-267-02027-8

内容 緒論　第1章 社会経済の発展　第2章 初期の啓蒙思潮と政治文明の新要素　第3章 総括するなかで発展した伝統的な科学技術　第4章 多民族国家の強化と発展　第5章 政治の発展と国家の経済および民衆の生活　第6章 清代前期・中期の文化意識とその業績　第7章 西洋学問の東洋への伝播と中華文明の外国への伝播　〔*01374*〕

カク, リョウゲン*　霍 燎原

◇近代日本と「満州国」　植民地文化学会編　不二出版　2014.7　590p　22cm　6000円　①978-4-8350-7695-9

内容 日本侵略者による中国東北各民族大虐殺（霍燎原著, 趙夢雲訳）　〔*01375*〕

ガーゲン, ケネス・J.　Gergen, Kenneth J.

◇ナラティヴ・セラピー—社会構成主義の実践（Therapy as social construction（抄訳））　シーラ・マクナミー, ケネス・J.ガーゲン編, 野口裕二, 野村直樹訳　三鷹　遠見書房　2014.12　177p　19cm　〈文献あり　金剛出版1997年刊の改訂〉2400円　①978-4-904536-80-3

内容 序章 他（シーラ・マクナミー, ケネス・J.ガーゲン）　〔*01376*〕

◇ダイアローグ・マネジメント—対話が生み出す強い組織（RELATIONAL LEADING）　ケネス・J.ガーゲン, ロネ・ヒエストゥッド〔著〕, 伊藤守監訳, 二宮美樹訳　ディスカヴァー・トゥエンティワン　2015.11　219p　19cm　1800円　①978-4-7993-1816-4

内容 1「リレーショナル・リーディング」と「対話」のむずかしさ　2「対話」を理解する　3 組織文化を創る　4 チームを率いるということ　5 組織変革　6 コンフリクト　7 対話における「感情」　8「クリエイティビティ」と「イノベーション」　9「共同で構成するもの」としてのコーチング　〔*01377*〕

カザ, グレゴリー・J.　Kasza, Gregory J.

◇国際比較でみる日本の福祉国家—収斂か分岐か（One World of Welfare ： Japan in Comparative Perspective）　グレゴリー・J.カザ著, 堀江孝司訳　京都　ミネルヴァ書房　2014.6　290p　21cm　（新・MINERVA福祉ライブラリー 19）　4000円　①978-4-623-07002-2

内容 第1章 先見性のある近代化：福祉国家の発展についての比較の観点からの概観　第2章 戦争と福祉政策　第3章 発展指向型国家か福祉国家か：戦後福祉支出の比較分析　第4章「ユニークな福祉社会」か：政策内容の比較分析　第5章 地域研究と政策研究：東アジア型福祉モデルの探究　第6章 福祉レジームの分野における例外か　第7章 収斂か分岐か：国際的波及の理論　〔*01378*〕

カザコフ, O.I.

◇日ロ関係史—パラレル・ヒストリーの挑戦　五百旗頭真, 下斗米伸夫,A.V.トルクノフ,D.V.ストレリツォフ編　東京大学出版会　2015.9　713, 12p　22cm　〈年表あり〉9200円　①978-4-13-026265-1

内容 ロ日関係発展の可能性（O.I.カザコフ,V.O.キスタノフ,D.V.ストレリツォフ著, 河原地英武訳）　〔*01379*〕

カサード・カニェーケ, フェルナンド　Casado Cañeque, Fernando

◇BoPビジネス3.0—持続的成長のエコシステムをつくる（Base of the Pyramid 3.0）　フェルナンド・カサード・カニェーケ, スチュアート・L.ハート編著, 平本督太郎訳　英治出版　2016.8　311p　22cm　〈文献あり〉3200円　①978-4-86276-233-7

内容 教訓をどう活かすか 他（フェルナンド・カサード・カニェーケ著）　〔*01380*〕

ガザーリー　Ghazzālī

◇哲学者の自己矛盾—イスラームの哲学批判（Tahāfut al-Falāsifah）　ガザーリー〔著〕, 中村広治郎訳註　平凡社　2015.12　378p　18cm　（東洋文庫 867）〈布装〉3100円　①978-4-582-80867-4

内容 第1部（世界の無始性についての彼らの説の批判　世界・時間・運動の無終性についての彼らの説の批判　神は世界の行為者・造物主であり、世界はその被造物・行為である、との彼らの説の欺瞞性、またそれは彼らにとっては比喩的表現であり、文字通りの真実ではないことの証明　世界の造物主の存在を彼らは証明しえないことの説明　神は唯一であること、互いに他の原因とならない二つの必然的存在者を想定することはできないこと、これらを彼らは証明できないことの説明 ほか）　第2部 自然学（因果律と奇跡について　人間の霊魂は空間を占めない自立的な霊的実体であること（後略）　人間の霊魂は生成後は消滅不可能であり、それは永続的で消滅は考えられない、との彼らの説の批判　肉体の復活（ba'th）、肉体に霊が返されること、物質的な地獄の存在（後略））　〔*01381*〕

ガジ, シュロモ

◇イスラエル情報戦史（ISRAEL'S SILENT DEFENDER）　佐藤優監訳, アモス・ギルボア, エフライム・ラピッド編, 河合洋一郎訳　並木書房　2015.6　373p 図版32p　21cm　〈年表あり〉2700円　①978-4-89063-328-9

内容 集団思考の問題点（シュロモ・ガジ著）　〔*01382*〕

カジェ, ジュリア　Cagé, Julia

◇なぜネット社会ほど権力の暴走を招くのか（Sauver les médias）　ジュリア・カジェ著, 山本知子, 相川千尋訳　徳間書店　2015.6　221p　20cm　1600円　①978-4-19-863960-0

内容 はじめに これまでになく弱体化しているメディアの救い方（コピー情報を掲載する競争　絶滅していく新聞 ほか）　第1章 メディア崩壊が真実を殺す（本当に情報の時代なのか？　新聞・雑誌のかかえるパラドックス ほか）　第2章 広告幻想の終わり（広告収入はなくなる　広告が新聞の自由を守る？　ほか）　第3章 21世紀のための新しいメディア会社（デジタル時代の資金調達　市場原理がもたらしたもの ほか）　結びに代えて メディアと民主主義を守れ（駅馬車の最後　今こそ変革のとき）〔01383〕

カー＝シェルマン, アリソン・A.　Carr-Chellman, Alison A.

◇インストラクショナルデザインの理論とモデル―共通知識基盤の構築に向けて（INSTRUCTIONAL-DESIGN THEORIES AND MODELS, Volume 3）　C.M.ライゲルース,A.A.カー＝シェルマン編, 鈴木克明, 林雄介監訳　京都　北大路書房　2016.2　449p　21cm〈索引あり〉3900円　①978-4-7628-2914-7

内容 教授理論の理解 他（チャールス・M.ライゲルース, アリソン・A.カー＝シェルマン著, 林雄介訳）〔01384〕

カジヒロ, カイル

◇正義への責任―世界から沖縄へ　2　琉球新報社編, 乗松聡子監修・翻訳　那覇　琉球新報社　2016.6　77p　21cm〈発売：琉球プロジェクト（〔那覇〕）〉565円　①978-4-89742-208-4

内容 不服従の運動に感銘―創造的エネルギーを体現（カイル・カジヒロ）〔01385〕

カシュダン, トッド　Kashdan, Todd B.

◇ネガティブな感情が成功を呼ぶ（THE UPSIDE OF YOUR DARKSIDE）　トッド・カシュダン, ロバート・ビスワス＝ディーナー著, 高橋由紀子訳　草思社　2015.6　287p　19cm　1600円　①978-4-7942-2138-4

内容 第1章 幸福を求めるほど不安になるのはなぜ？　第2章 快適な生活がもたらしたもの　第3章 嫌な気分にはメリットがある　第4章 ポジティブな感情には落とし穴がある　第5章 マインドフルネスにとらわれるな　第6章 ネガティブな感情を反転する　第7章 ありのままの自分とつきあう〔01386〕

カーショー, イアン　Kershaw, Ian

◇運命の選択1940-41―世界を変えた10の決断　上（FATEFUL CHOICES）　イアン・カーショー著, 河内隆弥訳　白水社　2014.11　397p　20cm　3800円　①978-4-560-08396-3

内容 第1章 ロンドン、一九四〇年春―英国、戦争を決断　第2章 ベルリン、一九四〇年夏、秋―ヒトラー、ソ連攻撃を決断　第3章 東京、一九四〇年夏、秋―日本、「絶好の機会」を捉えることを決断　第4章 ローマ、一九四〇年夏、秋―ムッソリーニ、分け前獲得を決断　第5章 ワシントンDC、一九四〇年夏 - 四一年春―ルーズヴェルト、手助けを決断　第6章 モスクワ、一九四一年春 - 夏―スターリン、自分が一番よく知っているとして決断〔01387〕

◇運命の選択1940-41―世界を変えた10の決断　下（FATEFUL CHOICES）　イアン・カーショー著, 河内隆弥訳　白水社　2014.11　263, 141p　20cm〈文献あり 索引あり〉3800円　①978-4-560-08397-0

内容 第7章 ワシントンDC、一九四一年夏 - 秋―ルーズヴェルト、宣戦布告なき開戦を決断　第8章 東京、一九四一年秋―日本、開戦を決断　第9章 ベルリン、一九四一年秋―ヒトラー、合衆国に宣戦布告を決断　第10章 ベルリン/東プロイセン、一九四一年夏 - 秋―ヒトラー、ユダヤ人絶滅を決断〔01388〕

◇ヒトラー　上　1889-1936―傲慢（HITLER 1889-1936）　イアン・カーショー著, 川喜田敦子訳, 石田勇治監修　白水社　2016.1　611, 190p　図版32p　22cm〈文献あり 索引あり〉8000円　①978-4-560-08448-9

内容 夢と挫折　転落　高揚と憤激　才能の発見　ビアホールの扇動家　「太鼓たたき」　指導者の登場　運動の掌握　躍進　権力に向かって　独裁体制の確立　権力の全面的掌握　総統のために〔01389〕

◇ヒトラー　下　1936-1945―天罰（HITLER 1936-1945）　イアン・カーショー著, 石田勇治監修　福永美和子訳　白水社　2016.5　870, 274p　図版48p　22cm〈文献あり 索引あり〉11000円　①978-4-560-08449-6

内容 不断の急進化　膨張への推進力　ジェノサイド・メンタリティの兆し　誤算　一か八か　解き放たれた野蛮　権力の絶頂　「絶滅戦争」の構想　決戦　「予言」の実行　最後の大博打　包囲されて　奇跡を願って　悪運　絶体絶命　奈落へ　破滅〔01390〕

カーズィン, バリー　Kerzin, Barry

◇物質と心―脳と内なる心の関係を探す、二人のノーベル賞受賞者による対話　ダライ・ラマ法王十四世テンジン・ギャツォ, 利根川進, 我喜屋まり子, バリー・カーズィン著, 丸山智恵子訳　サンガ　2016.11　149p　20cm　1400円　①978-4-86564-066-3

内容 1 心を養うのは宗教？ 科学？ ―イントロダクション（バリー・カーズィン）　2 優しさや愛情は生物学的な要素？（ダライ・ラマ法王十四世テンジン・ギャツォ）　3 脳の解明にはどれくらいの時間が必要？（利根川進博士）　4 ディスカッション　5 高齢化社会における幸福感と精神的深化の関係とは？（我喜屋まり子博士）　6 会場からの質問〔01391〕

カスカート, トーマス　Cathcart, Thomas

◇「正義」は決められるのか？―トロッコ問題で考える哲学入門（THE TROLLEY PROBLEM, OR WOULD YOU THROW THE FAT GUY OFF THE BRIDGE？）　トーマス・カスカート著, 小川仁志監訳, 高橋璃子訳　かんき出版　2015.11　167p　20cm　1400円　①978-4-7612-7126-8

内容 プロローグ 暴走する路面電車　新聞記事 正義の味方か、殺人犯か？　―路面電車のヒロイン、殺人罪で起訴される 勇敢な市民が一夜にして容疑者に　警察資料 その時現場で何が起こったのか―サンフランシスコ市警の事件報告書　陪審員の選任 誰が「正義」を決めるのか―世論の法廷へようこそ　検察側の主張―功利主義の危険な罠―クリーブランド・カニンガム地区検事長による最終弁論　弁護側の反論 常識と直感―弁護人マーサ・バウムガーデンによる最終弁論 クリティカル・シンキング講座 アナロジーの功罪―宇宙は時計に似ているか？　心理学者の見解「よい」ことは定義可能か―迷走する路面電車論争に科学の視点を　カトリック司教の意見 アクィナスの「二重結果の原則」―ペドロ・オショーネシー司教による法廷助言書　ラジオ討論 利他主義のジレンマ―自己犠牲の境界線　大学教授の議論 犠牲者は誰だったのか―もうひとつのシナリオ　結論の前に 判断の根拠を問いなおす―「正義」は決められるのか？　運命の評決 正義か罪か―陪審員の出した結論　エピローグ 正義を考えるということ　〔01392〕

カ

ガスコイン, ヘザー

◇小学校で法を語ろう（Let's Talk about Law in Elementary School）　W.キャシディ,R.イェーツ編著, 同志社大学法教育研究会訳　成文堂　2015.12　232p　21cm　3000円　①978-4-7923-0584-0

内容 物語劇を通して法を見る（ヘザー・ガスコイン著, 新井京訳）　〔01393〕

カスタネダ, カルロス　Castaneda, Carlos

◇力の話（TALES OF POWER）　カルロス・カスタネダ著, 真崎義博訳　太田出版　2014.4　371p　19cm　2200円　①978-4-7783-1337-1　〔01394〕

カスツーリ, N.　Kastūri, Nā.

◇百八の宝石―うるわしき神の御名 バガヴァン シュリサティアサイババ誕生祝賀特別増刊号（Garland of 108 precious gems）　N.カスツーリ著, 若林千鶴子訳　改訂新版　シュリ・サティア・サイ・出版物日本刊行センター　2016.11　150p　19cm　〔01395〕

カスティーヤ, ホセ・M.

◇経済危機下の分権改革―「再国家化」と「脱国家化」の間で　山田徹編著　公人社　2015.7　247p　21cm　3800円　①978-4-86162-103-1

内容 危機時におけるスペインの自治州国家（ホセ・M.カスティーヤ著, 柴田直子訳）　〔01396〕

ガスティル, ジョン　Gastil, John

◇市民の司法参加と民主主義―アメリカ陪審制の実証研究（THE JURY AND DEMOCRACY）　ジョン・ガスティル, ペリー・ディース, フィリップ・J.ワイザー, シンディ・シモンズ著, ダニエル・H.フット監訳, 佐伯昌彦, 森大輔, 笹倉香奈訳　日本評論社　2016.3　340p　21cm　〈文献あり 索引あり〉 5300円　①978-4-535-52131-5

内容 民主制への陪審制の貴重な寄与をはじめて実証的に検証する！　第1章 我らの手にある自由　第2章 国家と社会との間で　第3章 陪審員席から投票箱へ　第4章 召喚状に応じる　第5章 市民裁判官　第6章 裁判所からコミュニティへ　第7章 市民としての態度への影響　第8章 陪審制の活性化のために　第9章 政治的社会と熟議民主主義　方法論に関する補足　〔01397〕

カステラーニ, マルゲリータ

◇ワーク・ディスカッション―心理療法の届かぬ過酷な現場で生き残る方法とその実践（WORK DISCUSSION）　マーガレット・ラスティン, ジョナサン・ブラッドリー編, 鈴木誠, 鵜飼奈津子監訳　岩崎学術出版社　2015.5　215p　21cm 〈文献あり 索引あり〉 3700円　①978-4-7533-1090-6

内容 服役中の親に面会する子どものためのプレイの設定（マルゲリータ・カステラーニ著, Dalrymple規子訳）　〔01398〕

カステリヨン, セバスティアン　Castellion, Sébastien

◇異端者を処罰すべからざるを論ず（De hœreticis non puniendis（重訳））　セバスティアン・カステリヨン〔著〕, 高橋薫, 相田淑子, 宮川慎也訳　八王子　中央大学出版部　2014.3　534p　20cm（中央大学人文科学研究所翻訳叢書 9　中央大学人文科学研究所編）〈布装　文献あり 年譜あり〉 4000円　①978-4-8057-5408-5

内容 異端者を処罰すべからざることを論ず（誹謗について　ベリーという瑣事について　カルヴァンの著書 ベーズの著書　この著作の由来 ほか）　付属資料 テオドール・ド・ベーズ『行政官の権威を論ず』（抄訳と要約）　〔01399〕

カステル, ピエール＝アンリ

◇「ひきこもり」に何を見るか―グローバル化する世界と孤立する個人　鈴木国文, 古橋忠晃, ナターシャ・ヴェルー, マイア・ファンステン, クリスチーナ・フィギュエイレド編　青土社　2014.11　276p　19cm　2600円　①978-4-7917-6823-3

内容 自律と自給自足/政治的・道徳的概念から個人の「社会病理」へ（ピエール＝アンリ・カステル著）　〔01400〕

カステル, ロベール　Castel, Robert

◇社会喪失の時代―プレカリテの社会学（LA MONTÉE DES INCERTITUDES）　ロベール・カステル著, 北垣徹訳　明石書店　2015.4　487p　20cm　〈索引あり〉 5500円　①978-4-7503-4185-9

内容 第1部 労働の規制緩和（隷属と自由のあいだの労働―法の位置　労働にはいかなる中核的重要性があるのか　労働法―手直しか、つくり直しか ほか）　第2部 保障の再編成（社会国家の名において　変転する社会国家のなかの社会事業　守られるとはどういうことか―社会保障の社会人間学的次元 ほか）　第3部 社会喪失への道のり（社会喪失の物語―トリスタンとイズーについて　歴史のなかの周縁人　排除、罠の概念 ほか）　〔01401〕

カストナー, ファティマ

◇デリダ、ルーマン後の正義論―正義は〈不〉可能か（Nach Jacques Derrida und Niklas Luhmann）　グンター・トイプナー編著, 土方透監訳　新泉社　2014.4　317p　22cm　〈文献あり〉 3800円　①978-4-7877-1405-3

内容 謝罪をめぐる世界劇場（ファティマ・カストナー著, 渡会知子訳）　〔01402〕

カストロ, エドゥアルド・ヴィヴェイロス・デ　Castro, Eduardo Batalha Viveiros de

◇食人の形而上学―ポスト構造主義的人類学への道（Métaphysiques cannibales）　エドゥアルド・ヴィヴェイロス・デ・カストロ著, 檜垣立哉, 山崎

吾郎訳　京都　洛北出版　2015.10　379p　19cm　〈文献あり〉 2800円　①978-4-903127-23-1

内容 1部 アンチ・ナルシス（事象への驚くべき回帰 パースペクティヴ主義　多自然主義　野生の思考のイマージュ）　2部 人類学的視点から読む『資本主義と分裂症』（奇妙な相互交差　多様体の反 - 社会学　すべては生産である）　3部 悪魔的縁組（捕食の形而上学　横断するシャーマニズム　システムの強度的条件）　4部 食人的なコギト（概念のなかの敵　構造主義の生成）〔01403〕

◇インディオの気まぐれな魂（O mármore e a murta（重訳））　エドゥアルド・ヴィヴェイロス・デ・カストロ著, 近藤宏, 里見竜樹訳　水声社　2015.11　212p　20cm　（〈叢書〉人類学の転回）〈文献あり〉 2500円　①978-4-8010-0136-7

内容 一六世紀ブラジルにおける不信仰の問題（宗教体系としての文化　地獄と栄光について　楽園にある区分　信仰の困難について）　トゥピナンバはいかにして戦争に負けた/戦争を失ったか（時間を語る　古い法　記憶の汁　強情な食人者たち　気まぐれさをたたえて）〔01404〕

カストロノヴァ, エドワード　Castronova, Edward

◇「仮想通貨」の衝撃（WILDCAT CURRENCY）　エドワード・カストロノヴァ〔著〕, 伊能早苗, 山本章子訳　KADOKAWA　2014.6　302p　19cm　（角川EPUB選書 011）　1400円　①978-4-04-080012-7

内容 第1部 爆発的に増えている通貨（仮想経済圏が持つポテンシャル　貨幣のさまざまな形　仮想通貨は合法か？　それは貨幣なのか？）　第2部 この先、仮想通貨はどうなっていくのか？　（「計算の単位」としてのお金　「価値を蓄える」というお金の役割　お金の進化を予測する　勝手通貨に国家はどう対していくのか）　エピローグ バーチャル世界では「目的」こそが重要〔01405〕

カストロ・ルス, フィデル　Castro Ruz, Fidel

◇キューバ革命勝利への道―フィデル・カストロ自伝（LA CONTRAOFENSIVA ESTRATÉGICA）　フィデル・カストロ・ルス著, 工藤多香子, 田中高, 富田君子訳　明石書店　2014.10　516p　20cm　4800円　①978-4-7503-4086-9

内容 1958年8月　1958年9月　1958年10月　1958年11月　1958年12月　1959年1月1日〔01406〕

カズニック, ピーター　Kuznick, Peter J.

◇よし、戦争について話をしよう。戦争の本質について話をしようじゃないか！―オリバー・ストーンが語る日米史の真実　オリバー・ストーン, ピーター・カズニック, 乗松聡子著　金曜日　2014.8　189p　21cm　1000円　①978-4-906605-96-5

内容 広島編 なぜ原爆が落とされたのか（第8回平和首長会議でのオリバー・ストーンの講演（2013年8月5日 広島国際会議場にて）―「ヒロシマ」と「ナガサキ」が二度と起こらないように　8・6ヒロシマ平和へのつどい2013 パネルディスカッション（2013年8月5日 広島・ゲバントホールにて）―勝者も敗者も歴史でウソをつく　原水爆禁止2013年世界大会 オリバー・ストーンとピーター・カズニックの講演（2013年8月6日 広島県立総合体育館にて）―悲しみを超えて）　長崎編 自分たちの歴史を知らない日本人（アメリカン大学・立命館大学の学生とのセッション（2013年8月8日 長崎原爆被災者協議会にて）―加害者でもある日本 原水爆禁止2013年世界大会オリバー・ストーンの講演（2013年8月9日 長崎市民会館体育館にて）―「歴史」を学ぶことの意味とは）　東京編 真実が最良のプロパガンダ（『アジア太平洋ジャーナルジャパン・フォーカス』『週刊金曜日』合同インタビュー（2013年8月11日 東京都内にて）―語られない米国の暗部　外国特派員協会での会見時の質疑応答（2013年8月12日 外国特派員協会にて）―世界を変える時間はある）　沖縄編 米軍基地が居座ることの愚かさ（稲嶺進名護市長訪問（2013年8月14日 沖縄県名護市長室にて）―「闘う人fighter」との出会い　琉球新報創刊120年記念オリバー・ストーン基地の島OKINAWAを語る（2013年8月14日）（全ての国で抵抗運動を　米国に幻想を抱いてはいけない））〔01407〕

◇オリバー・ストーンが語るもうひとつのアメリカ史　1　二つの世界大戦と原爆投下（THE UNTOLD HISTORY OF THE UNITED STATES）　オリバー・ストーン, ピーター・カズニック著　大田直子, 鍛原多恵子, 梶山あゆみ, 高橋璃子, 吉田三知世訳　早川書房　2015.7　440p　16cm　（ハヤカワ文庫 NF 439）　920円　①978-4-15-050439-7

内容 帝国のルーツ―「戦争はあこぎな商売」（「覇権国家」アメリカの光と影　歴史に縛られたくないアメリカ人 ほか）　第1章 第一次世界大戦―ウィルソンvsレーニン（ウィルソン―革命嫌いの人種差別主義者　メキシコ革命とウィルソン ほか）　第2章 ニュー・ディール―「私は彼らの憎しみを喜んで受け入れる」（世界大不況下のアメリカとFDR　「あこぎな両替商」との決別 ほか）　第3章 第二次世界大戦―誰がドイツを打ち破ったのか？（枢軸国の侵略、始まる　スターリンのあせり―独ソ不可侵条約 ほか）　第4章 原子爆弾―凡人の悲劇（歴史の流れを変えた発明　核エネルギーへの危惧―アインシュタインの後悔 ほか）〔01408〕

◇オリバー・ストーンが語るもうひとつのアメリカ史　2　ケネディと世界存亡の危機（THE UNTOLD HISTORY OF THE UNITED STATES）　オリバー・ストーン, ピーター・カズニック著　熊谷玲美, 小坂恵理, 関根光宏, 田沢恭子, 桃井緑美子訳　早川書房　2015.7　472p　16cm　（ハヤカワ文庫 NF 440）　960円　①978-4-15-050440-3

内容 第5章 冷戦―始めたのは誰か？（第二次大戦後の荒廃　ひとり活況を示すアメリカ ほか）　第6章 アイゼンハワー―高まる軍事的緊張（米ソ対立は本当に避けられなかったか？　ますます増える原爆の備蓄数 ほか）　第7章 JFK―「人類史上、最も危険な瞬間」（新しい指導者、フルシチョフ　ソ連のスプートニク・ショック ほか）　第8章 LBJ―道を見失った帝国（ケネディ暗殺の余波　「偉大な社会」を目指したジョンソン新大統領 ほか）　第9章 ニクソンとキッシンジャー―「狂人」と「サイコパス」（「覇権国家アメリカ」というビジョンは共有する二人　反戦の大きなうねりに乗って ほか）〔01409〕

◇オリバー・ストーンが語るもうひとつのアメリカ史　3　帝国の緩やかな黄昏（THE UNTOLD HISTORY OF THE UNITED STATES）　オリバー・ストーン, ピーター・カズニック著　金子浩, 柴田裕之, 夏目大訳　早川書房　2015.7　549p　16cm　（ハヤカワ文庫 NF 441）　1100円

カ

カ

①978-4-15-050441-0
内容 第10章 デタントの崩壊—真昼の暗黒(フォード大統領の時代—アメリカの受けた痛手　南ベトナムの敗北と、反故にされたベトナムへの資金供与協定 ほか)　第11章 レーガン時代—民主主義の暗殺(「想像を絶する」、レーガン大統領の知的レベル　「ラテンアメリカがあんなにたくさんの国に分かれていたなんて驚いたよ」 ほか)　第12章 冷戦の終結—機会の逸失(ゴルバチョフ、冷戦の終結を宣言　ブッシュ・シニア—「究極のエスタブリッシュメント」大統領候補 ほか)　第13章 ブッシュ＝チェイニー体制の瓦解—「イラクでは地獄の門が開いている」(イスラム過激派による9・11テロの衝撃　ネオコンにとって、9・11は「新たな真珠湾のような」好機だった ほか)　第14章 オバマ—傷ついた帝国の運営(「救済者」と思えたオバマは、事態をより悪化させた　経済顧問はほぼ全員、金融危機を招いたルービンの手下—彼らは嬉々として銀行家たちを救済した ほか)　〔01410〕

◇正義への責任—世界から沖縄へ　1　那覇　琉球新報社　2015.11　55p　21cm　〈発売：琉球プロジェクト(〔那覇〕)〉 565円　①978-4-89742-193-3
内容 沖縄は孤立していない—不正義との戦い最前線に(ピーター・カズニック)　〔01411〕

◇語られなかったアメリカ史—オリバー・ストーンの告発　1　世界の武器商人アメリカ誕生 (The Untold History of the United States.Volume 1 Young Readers Editionの翻訳)　オリバー・ストーン, ピーター・カズニック著, スーザン・キャンベル・バートレッティ編著, 鳥見真生訳　あすなろ書房　2016.4　226p　22cm　1500円　①978-4-7515-2767-2
内容 序説 国民の再生のために(それは真実の歴史なのか？　労働者革命の予感　資本家対労働者)　第1部 アメリカ帝国のルーツ(金ぴか時代と海外膨張　中南米諸国でのビッグビジネス　バナナ戦争とメキシコ革命干渉 ほか)　第2部 ニューディール政策(大恐慌「憲法では国民の腹はふくらまない」　ソ連への憧れと幻滅 ほか)　〔01412〕

◇語られなかったアメリカ史—オリバー・ストーンの告発　2　なぜ原爆は投下されたのか？ (The Untold History of the United States.Volume 1 Young Readers Editionの翻訳)　オリバー・ストーン, ピーター・カズニック著, スーザン・キャンベル・バートレッティ編著, 鳥見真生訳　あすなろ書房　2016.4　213p　22cm　1500円　①978-4-7515-2768-9
内容 第3部 第二次世界大戦：ナチス・ドイツを破ったのは、実は誰だったのか？(第二次世界大戦勃発　過激な男ヘンリー・ウォレス　ソ連への援助とアメリカ参戦　孤軍奮闘するソ連　軍神のゆくえ　戦後世界構築への道　トルーマン大統領誕生　終戦近し)　第4部 原爆：凡夫の悲劇的決断(マンハッタン計画　1944年シカゴ民主党全国大会　無条件降伏という障害　虫けらのように忌み嫌われていた日本人　広島への原爆投下　戦争がおわり、核開発戦争がはじまる)　〔01413〕

◇正義への責任—世界から沖縄へ　2　琉球新報社編, 乗松聡子監修・翻訳　那覇　琉球新報社　2016.6　77p　21cm　〈発売：琉球プロジェクト(〔那覇〕)〉 565円　①978-4-89742-208-4
内容 圧政への健全な主張—これ以上基地は造るな(オリバー・ストーン, ピーター・カズニック)　〔01414〕

◇オリバー・ストーンの「アメリカ史」講義—ダイジェスト版 (THE CONCISE UNTOLD HISTORY OF THE UNITED STATES)　オリバー・ストーン, ピーター・カズニック著, 夏目大訳　早川書房　2016.7　477p　19cm　2800円　①978-4-15-209627-2
内容 理想主義を標榜する帝国の誕生　新規まき直し(ニュー・ディール)の時代　第二次世界大戦　超大国間の駆け引き　原爆投下　つくられた脅威　冷戦下の世界　ケネディとフルシチョフ　迷走の始まり　民主主義の暗殺　冷戦の終わりと新保守主義　傷ついた帝国の行方　〔01415〕

カスノーカ, ベン　Casnocha, Ben

◇ALLIANCE—人と企業が信頼で結ばれる新しい雇用 (THE ALLIANCE)　リード・ホフマン, ベン・カスノーカ, クリス・イェ著, 篠田真貴子監訳, 倉田幸信訳　ダイヤモンド社　2015.7　201p　20cm　1500円　①978-4-478-06257-9
内容 1 ネットワーク時代の新しい雇用—職場に信頼と忠誠を取り戻す「アライアンス」とは　2 コミットメント期間を設定しよう—アライアンスは仕事の内容と期間を定める　3 コミットメント期間で大切なもの—社員と会社の目標および価値観をそろえる　4 変革型コミットメント期間を導入する　5 社員にネットワーク情報収集力を求める—社員を通して世界を自社内に取り込む　6 ネットワーク情報収集力を育てるには—社員の人脈を伸ばすコツと戦術　7 会社は「卒業生」ネットワークをつくろう—生涯続く個人と会社のアライアンス関係　8「卒業生」ネットワークを活かすには—効果的に導入するためのコツとテクニック　〔01416〕

ガスマン, オリヴァー　Gassmann, Oliver

◇33の法則—イノベーション成功と失敗の理由 (33 Erfolgsprinzipien der Innovation)　オリヴァー・ガスマン, サシャ・フリージケ著, 山内めぐみ, 黒川亜矢子訳　さくら舎　2014.3　243p　19cm　1500円　①978-4-906732-69-2
内容 はじめに—イノベーションとは、誰もが持っている能力である　再結合の法則—車輪を発明したのは、とんでもない怠け者だったに違いない　ビートルズの法則—ライバルは眠らない　ロジャースの法則—未来はすぐそこだ。しかし、未来は万人に平等ではない　サービスの法則—「少ないくらいがちょうどいい」は言い訳にすぎない　オープンイノベーションの法則—知識を分配する　クロスインダストリーの法則—扉の向こうにあるもの　クラウドソーシングの法則—多くの人々を巻き込む「技」とは　フォードの法則—疑い深い者は、私たちがいかに世界を変えることができるかを言わない　ヨギ・ベラの法則—見ているだけで、様々なことに気づくものだ〔ほか〕　〔01417〕

◇ビジネスモデル・ナビゲーター (The Business Model Navigator)　オリヴァー・ガスマン, カロリン・フランケンバーガー, ミハエラ・チック著, 渡辺哲, 森田寿訳　翔泳社　2016.10　422p　21cm　〈索引あり〉 2200円　①978-4-7981-4688-1
内容 1 ビジネスモデル革新の手引き(ビジネスモデルとはなにか？　ビジネスモデル・ナビゲーター　変革の管理)　2 ビジネスモデル全55の勝ちパターン(アドオン　アフィリエイト　合気道　オークション　バーター　キャッシュマシン ほか)　〔01418〕

ガスリー, スチュアート・E. Guthrie, Stewart

◇〈日本文化〉はどこにあるか 国学院大学日本文化研究所編, 井上順孝責任編集, 井上順孝, 篠田謙一, スチュアート・E.ガスリー, 河野哲也, ウィリアム・W.ケリー著, 〔藤井修平〕,〔加藤久子〕〔訳〕 春秋社 2016.8 232p 20cm 2300円 ①978-4-393-33351-8

内容 神仏はなぜ人のかたちをしているのか（スチュアート・E.ガスリー著, 藤井修平訳） 〔01419〕

カスーリス, トーマス Kasulis, Thomas P.

◇神道（SHINTO） トーマス・カスーリス著, 衣笠正晃訳, 守屋友江監訳 筑摩書房 2014.10 303p 15cm （ちくま学芸文庫 カ37-1）〈文献あり 索引あり〉1300円 ①978-4-480-09644-9

内容 第1章 鳥居をくぐる 第2章 日常のなかの関連性 第3章 古代神道（先史時代〜七九四年）―草分けとなった人々 第4章 奈良から宣長へ（七九四〜一八〇一年）―道を示した人々 第5章 すべての道は東京に通ず（一八〇一〜二〇〇二年）―イデオロギーを作ったエンジニアたち 第6章 故郷への道 〔01420〕

◇インティマシーあるいはインテグリティー―哲学と文化的差異（INTIMACY OR INTEGRITY : Philosophy and Cultural Difference） トマス・カスリス著, 衣笠正晃訳, 高田康成解説 法政大学出版局 2016.7 291, 3p 19cm （叢書・ウニベルシタス） 3400円 ①978-4-588-01047-7

内容 序章 第1章 文化的志向性 第2章 インティマシーとは何か 第3章 インテグリティーとは何か 第4章 世界観としてのインティマシーとインテグリティー―認識論、分析と議論、形而上学 第5章 インティマシーとインテグリティーの規範的領域―美学、倫理学、政治学 第6章 異文化の衝突―インティマシーとインテグリティーが衝突するとき インティミットな書誌 〔01421〕

カズンズ, J.B.* Cousins, J.Bradley

◇エンパワーメント評価の原則と実践―教育、福祉、医療、企業、コミュニティ介入プログラムの改善と活性化に向けて（Empowerment Evaluation Principles in Practice） D.M.フェターマン,A.ワンダーズマン編著, 笹尾敏明監訳, 玉井航太, 大内潤子訳 風間書房 2014.1 310p 21cm 〈索引あり〉3500円 ①978-4-7599-2022-2

内容 本物のエンパワーメント評価とは？（J.Bradley Cousins著, 笹尾敏明, 玉井航太訳） 〔01422〕

ガセイル, E.A. Gutheil, Emil Arthur

◇夢分析の手引き―心理療法の実践のために（The Handbook of Dream Analysis） E.A.ガセイル著, 鑪幹八郎監訳, 茂野良一, 丸山公男, 本間望, 鈴木由紀子訳 大阪 創元社 2015.11 722p 22cm 〈文献あり 索引あり〉9000円 ①978-4-422-11613-6

内容 第1章 夢の要素 第2章 夢の機制 第3章 夢の象徴 第4章 積極的分析解釈 第5章 夢と臨床 第6章 心理療法を受けている期間に見る夢 第7章 諸心理学派の夢解釈（批判的概観） 第8章 積極的分析による夢解釈 〔01423〕

カセカンプ, アンドレス Kasekamp, Andres

◇バルト三国の歴史―エストニア・ラトヴィア・リトアニア石器時代から現代まで（A HISTORY OF THE BALTIC STATES） アンドレス・カセカンプ著, 小森宏美, 重松尚訳 明石書店 2014.3 381p 20cm （世界歴史叢書）〈文献あり 年表あり 索引あり〉3800円 ①978-4-7503-3987-0

内容 第1章 ヨーロッパ最後の多神教の民 第2章 リトアニアの拡大と中世リヴォニア――二九〇〜一五六〇 第3章 ポーランド・リトアニア「共和国」とスウェーデンおよびロシアの勃興――五六一〜一七九五 第4章 専制下での長い十九世紀――七九五〜一九一七 第5章 短い独立時代――九一七〜一九三九 第6章 前門の虎、後門の狼――九三九〜一九五三 第7章 ソヴィエト体制の下で――九五三〜一九九一 第8章 西への回帰――九九一〜二〇一二 〔01424〕

カセムブロート, J.F.デ Casembroot, F.de

◇1863年と1864年におけるメデューサ号艦長の下関戦争―対訳（De Medusa in de wateren van Japan, in 1863 en 1864, (第2版)） J.F.デ・カセムブロート〔著〕, 中本静暁編訳 下関 カペレン文庫 2016.9 188p 30cm 1800円 ①978-4-9909211-0-1 〔01425〕

ガーソン, ジョセフ

◇正義への責任―世界から沖縄へ 1 那覇 琉球新報社 2015.11 55p 21cm 〈発売：琉球プロジェクト（〔那覇〕）〉565円 ①978-4-89742-193-3

内容 不動の信念で行動を―「知的誠実さ」が人を守る（ジョセフ・ガーソン） 〔01426〕

カーソン, ロバート Kurson, Robert

◇海賊船ハンター―カリブ海に沈む「伝説」を探せ（PIRATE HUNTERS） ロバート・カーソン著, 森夏樹訳 青土社 2016.8 391, 5p 図版16p 20cm 〈索引あり〉3200円 ①978-4-7917-6944-5

内容 他に類を見ない海賊物語 バニスターの島 こんなことは意味がない とても評判のいいイギリス人 年老いた漁師の知恵 どこにも行き場がない ジョン・チャタトン その男にふさわしい場所 ジョン・マテーラ 予言者 海賊の黄金時代 シュガー・レック ずっと友だちでいよう 漂流 溺死 戦闘 別の方法 ゴールデン・フリース（金の羊毛）号 〔01427〕

カーター, ジミー Carter, Jimmy

◇アクションを起こそう―女性、宗教、暴力、権力（A CALL TO ACTION） ジミー・カーター著, 伊藤淑子, 千年よしみ, 釜野さおり訳 国書刊行会 2016.6 273p 20cm 2400円 ①978-4-336-06007-5

内容 私の子ども時代 平和と女性の権利への献身 聖書と男女平等 満員の刑務所と合法的な殺人 性的暴行とレイプ 暴力と戦争 旅行者として観察したこと 女性とカーターセンター 人権のヒーローから学ぶこと 女児殺し レイプ 奴隷と売春 配偶者虐待 「名誉」の殺人 女性器切除 幼児婚とダウリー殺人 政治、収入、そして母性の健康 進歩への道 〔01428〕

カ

カーター, ジョン

◇プロ・トレーダー―マーケットで勝ち続ける16人の思考と技術（TRADERS AT WORK）　ティム・ブールキン, ニコラス・マンゴー著, 森山文那生訳　日経BP社　2016.5　284p　21cm　〈発売：日経BPマーケティング〉2200円　①978-4-8222-5063-8

内容 成功のカギは規律とルーティン（ジョン・カーター述）〔01429〕

カーター, C.スー

◇共感の社会神経科学（THE SOCIAL NEUROSCIENCE OF EMPATHY）　ジャン・デセティ, ウィリアム・アイクス編著, 岡田顕宏訳　勁草書房　2016.7　334p　22cm　〈索引あり〉4200円　①978-4-326-25117-9

内容 共感に関する神経学的および進化的視点（C.スー・カーター, ジェームズ・ハリス, スティーヴン・W.ポージェス著）〔01430〕

カタソノワ, エレーナ・L.

◇ゾルゲ事件関係外国語文献翻訳集　no.41　日露歴史研究センター事務局編　〔川崎〕　日露歴史研究センター事務局　2014.9　60p　30cm　700円

内容 ハルハ河戦争から70年歴史文献の諸問題（エレーナ・L.カタソノワ著）〔01431〕

ガダマー, ハンス=ゲオルク　Gadamer, Hans-Georg

◇真理と方法―哲学的解釈学の要綱　2（WAHRHEIT UND METHODE 原著第4版の抄訳）　ハンス=ゲオルク・ガダマー〔著〕, 轡田収, 巻田悦郎訳　新装版　法政大学出版局　2015.6　p293〜675 28p　20cm　（叢書・ウニベルシタス 176）　4200円　①978-4-588-14018-1

内容 第2部 真理への問いを精神科学における理解へと拡張する（歴史的準備　"解釈学的経験の理論"の要綱）〔01432〕

ガーダム, アーサー　Guirdham, Arthur

◇偉大なる異端―カタリ派と明かされた真実（THE GREAT HERESY）　アーサー・ガーダム著, 大野竜一訳　ナチュラルスピリット　2016.6　309p　19cm　〈索引あり〉2300円　①978-4-86451-206-0

内容 第1部 カタリ派の歴史と思想（異端審問の発端　カタリ派の基本教義、二元論の伝播　カタリ派の教義と行為に関する誤解　エンドゥーラについて　原始キリスト教徒とパルフェの共通点 ほか）　第2部 エソテリックな教え（魂の輪廻　オーラ　諸惑星　創造　宝石 ほか）〔01433〕

ガタリ, フェリックス　Guattari, Félix

◇人はなぜ記号に従属するのか―新たな世界の可能性を求めて（LIGNES DE FUITE）　フェリックス・ガタリ著, 杉村昌昭訳　青土社　2014.3　410p　20cm　3600円　①978-4-7917-6768-7

内容 第1部 記号的従属と集合的装備（無意識は言語のように構造化されていない　集合的装備はどこから始まり、どこで終わるのか　資本主義革命 ほか）　第2部 社会的無意識の語用論的分析（主要テーマの紹介　語用論あるいは言語学の食み子　記号論的に形成された素材 ほか）　第3部 語用論的構成要素の一例―顔貌性（顔貌性について　人間と動物における行動の序列構成　草の茎の記号論 ほか）〔01434〕

◇リトルネロ（RITOURNELLES）　フェリックス・ガタリ〔著〕, 宇野邦一, 松本潤一郎訳　みすず書房　2014.11　176p　22cm　4800円　①978-4-622-07825-8〔01435〕

◇エコゾフィーとは何か―ガタリが遺したもの（QU'EST-CE QUE L'ÉCOSOPHIE？）　フェリックス・ガタリ著, 杉村昌昭訳　青土社　2015.2　525p　20cm　4800円　①978-4-7917-6848-6

内容 第1部 エコゾフィーのための論説　第2部 エコゾフィーの実践　第3部 精神的エコロジーに関する断章　第4部 主観性の生産について　第5部 社会的エコロジーと統合された世界資本主義　第6部 メディアとポストメディアの時代　第7部 環境エコロジーと戦争機械〔01436〕

◇ドゥルーズ書簡とその他のテクスト（LETTRES ET AUTRES TEXTES）　ジル・ドゥルーズ著, 宇野邦一, 堀千晶訳　河出書房新社　2016.8　400, 4p　20cm　〈索引あり〉3800円　①978-4-309-24769-4

内容 ジル・ドゥルーズ、フェリックス・ガタリーレーモン・ベルールとの『アンチ・オイディプス』についての討論（ジル・ドゥルーズ, フェリックス・ガタリ, レーモン・ベルール述, 宇野邦一訳）〔01437〕

カタン, エマニュエル

◇フランス現象学の現在　米虫正巳編　法政大学出版局　2016.9　331, 3p　20cm　〈他言語標題：PHÉNOMÉNOLOGIE FRANÇAISE À L'ŒUVRE　執筆：ディディエ・フランクほか　索引あり〉4200円　①978-4-588-13021-2

内容 いまだかつて見た者なき神（エマニュエル・カタン著, 服部敬弘, 樋口雄哉訳）〔01438〕

カチャノスキー, ニコラス

◇移民の経済学（THE ECONOMICS OF IMMIGRATION）　ベンジャミン・パウエル編, 藪下史郎監訳, 佐藤綾野, 鈴木久美, 中田勇人訳　東洋経済新報社　2016.11　313, 35p　20cm　〈文献あり 索引あり〉2800円　①978-4-492-31488-3

内容 雇用ビザ：国際比較（アレクサンドル・パディア, ニコラス・カチャノスキー著, 中田勇人訳）〔01439〕

カチョ・トカ, ロベルト　Cacho Toca, Roberto

◇スペイン北部の旧石器動産美術―日本語/カラー版　概説・図録篇（Palaeolithic mobile arts in Northern Spain）　セサル・ゴンサーレス・サインス, ロベルト・カチョ・トカ〔著〕, 吉川敦子訳, 関雄二監訳, 深沢武雄編　テクネ　2014.6　424p　19cm　〈文献あり〉①978-4-907162-26-9〔01440〕

カチロー, トレーシー　Cutchlow, Tracy

◇最高の子育てベスト55―いまの科学で「絶対にいい！」と断言できるIQが上がり、心と体が強くなるすごい方法（ZERO to FIVE）　トレーシー・カチロー著, 鹿田昌美訳　ダイヤモンド社

2016.11　311p　19cm　1600円　①978-4-478-06633-1

内容 1 愛情―安心感が子どもの「脳」をぐんぐん伸ばす　2 語りかけ―言葉のシャワーが「IQ」を上げる　3 生活習慣―「記憶力」と「集中力」が上がる食べ方、寝方　4 遊び―「思考力」と「想像力」を磨く楽しい方法　5 つながり―親との交流が「心」と「体」を強くする　6 しつけ―叱るより、ルールで「スキル」を身につける　7 動く―動くことで「頭」がよくなり「健康」になる　8 スローダウン―時間を止めて、人生をフルに味わう　〔01441〕

カツ, キンホウ　葛 金芳

◇宦官―中国四千年を操った異形の集団　顧蓉, 葛金芳著, 尾鷲卓彦訳　徳間書店　2015.12　333p　15cm　（徳間文庫カレッジ）〈年譜あり〉1100円　①978-4-19-907047-1

内容 序章 中国史を読み解くキーワード　第1章 異常心理と病的行動　第2章 歪んだ集団力学　第3章 屈辱の「中性」奴隷　第4章 どちらが最高権力者か―皇帝と宦官　第5章 後宮の闇の中で―后妃と宦官　第6章 不倶戴天の政敵―官僚と宦官　第7章 乗っ取られた統帥権―軍隊と宦官　第8章 暴走する秘密警察―司法権と宦官　第9章 なぜ増殖し続けたのか　第10章 知られざる業績　〔01442〕

ガーツ, ゲイリー　Goertz, Gary

◇社会科学のパラダイム論争―2つの文化の物語（A TALE OF TWO CULTURES）　ゲイリー・ガーツ, ジェイムズ・マホニー著, 西川賢, 今井真士訳　勁草書房　2015.8　314p　22cm　〈文献あり 索引あり〉3800円　①978-4-326-30242-0

内容 第1部 因果モデルと因果推論（結果の理由 対 原因の効果　因果モデル　非対称性　ヒュームの因果論とその2つの定義）　第2部 事例過程分析（事例過程分析 対 事例比較分析　因果メカニズムと過程追跡　反実仮想）　第3部 概念と測定（概念：定義・指標・誤差　意味と測定　意味論・統計学・データの変形　概念上の対義語と分類枠組み）　第4部 研究設計と一般化（事例選択と仮説検証　一般化　射程　結論）〔01443〕

カツ, チョウコウ　葛 兆光

◇中国再考―その領域・民族・文化　葛兆光〔著〕, 辻康吾監修, 永田小絵訳　岩波書店　2014.2　160, 50p　15cm　（岩波現代文庫―学術 309）〈索引あり〉960円　①978-4-00-600309-8

内容 序章 「中国」の歴史的成り立ちとアイデンティティの混迷　第1章 世界観―古代中国の「天下」から現代世界の「万国」へ　第2章 国境―「中国」の領域についての議論　第3章 歴史―長期的に中国文化を考える　第4章 周辺―十六、十七世紀以来の中国、朝鮮、日本の相互認識　第5章 現実―中国と西側の文化の相違は衝突に到るか　〔01444〕

カックス, ステラ　Cox, Stella M.

◇主の御手の中に―宣教師ラルフ・カックスの生涯（ONE MAN'S VISION FOR JAPAN）　ステラ・カックス著, 新美幸子訳　いのちのことば社　2014.3　222p　19cm　1800円　①978-4-264-03191-8

内容 旅立ち　海軍からボブ・ジョーンズ大学へ　ステラとの出会い　ついに日本へ　四国へ　肉と霊の子どもたち　初めてのファーロー　宣教二期目、東京へ　高松クリスチャンセンターと十年計画　家族〔ほか〕　〔01445〕

カッサスス, フワン

◇学びのイノベーション―21世紀型学習の創発モデル（Innovating to Learn, Learning to Innovate）　OECD教育研究革新センター編著, 有本昌弘監訳, 多々納誠子, 小熊利江訳　明石書店　2016.9　329p　22cm　4500円　①978-4-7503-4400-3

内容 学習環境の構築（フワン・カッサスス, マリア・デ・イバッラ, リリア・ペレス＝フランコ, フアナ・M.サンチョギル, マルチェラ・トーヴァー＝ゴメス, マルガリータ・ソリーリャ著, 多々納誠子訳）〔01446〕

カッシオーラ, ジョエル・J.　Kassiola, Joel Jay

◇産業文明の死―経済成長の限界と先進産業社会の再政治化（THE DEATH OF INDUSTRIAL CIVILIZATION）　ジョエル・J.カッシオーラ著, 松野弘監訳, 岡村竜輝, 帯谷博明, 孫栄振, 所伸之訳　京都　ミネルヴァ書房　2014.5　353p　22cm　〈文献あり 索引あり〉4800円　①978-4-623-06598-1

内容 第1部 先進産業社会の危機―「経済成長」中毒症の帰結（現代の産業危機と「成長の限界」をめぐる論争　産業社会的な幻想の終焉）　第2部 政治学の還元主義と近代経済学（近代における経済学の登場と政治学の崩壊　産業社会と経済還元主義―限界なき成長への過剰な依存による脱政治化 ほか）　第3部 物質主義の価値観―限界なき競争的な物質主義と規範的な「成長の限界」論争（生物物理学的な「成長の限界」を超えて―産業社会的価値観の評価　物質主義と近代政治哲学）　第4部 超産業社会的価値観―限界なき経済成長への中毒症から、非物質主義と非競争、参加民主主義、および、共同体への置換（超産業社会的な共同体への社会転換　結論―新しい超産業社会に向かって）　〔01447〕

カッシーラー, E.　Cassirer, Ernst

◇象徴・神話・文化（SYMBOL, MYTH, AND CULTURE）　E.カッシーラー著, D.P.ヴィリーン編, 神野慧一郎, 薗田坦, 中才敏郎, 米沢穂積訳　京都　ミネルヴァ書房　2013.12　358, 3p　22cm　（ミネルヴァ・アーカイブズ）〈著作目録あり 索引あり　1985年刊の複製〉8000円　①978-4-623-06755-8

内容 哲学的問題としての哲学の概念. 文化の哲学としての批判的観念論. デカルト、ライプニッツ、ヴィコ. ヘーゲルの国家論. 歴史哲学. 言語と芸術 1. 言語と芸術 2. 芸術を教育することの価値. 哲学と政治. ユダヤ教と現代の政治的神話. われわれの現代の政治的神話の技術. 群の概念と知覚の理論についての考察　〔01448〕

◇ジャン＝ジャック・ルソー問題（DAS PROBLEM JEAN-JACQUES ROUSSEAU）　E.カッシーラー〔著〕, 生松敬三訳　新装版　みすず書房　2015.7　110p　20cm　2300円　①978-4-622-07927-9　〔01449〕

カッチャーリ, マッシモ　Cacciari, Massimo

◇抑止する力―政治神学論（Il potere che frena : Saggio di teologia politica）　マッシモ・カッチャーリ著, 上村忠男訳　調布　月曜社　2016.

カ

12　269p　19cm　2700円　①978-4-86503-038-9

内容 第1章 政治神学の問題　第2章 帝国とカテコーン　第3章 エポックとアエウム　第4章 だれがカテコーンなのか　第5章 エクスクルスス―「皇帝のものは皇帝に…」　第6章 教会とカテコーン　第7章 敵対する者のノモス　第8章 二つの都市　第9章 大審問官　第10章 エピメーテウスの時代　〔01450〕

カ

カッツ, エリオット・M.

◇動物と戦争―真の非暴力へ、《軍事―動物産業》複合体に立ち向かう（Animals and War）　アントニー・J.ノチェッラ二世, コリン・ソルター, ジュディー・K.C.ベントリー編, 井上太一訳　新評論　2015.10　306p　20cm　〈文献あり 索引あり〉　2800円　①978-4-7948-1021-2

内容 戦争と動物、その未来（ビル・ハミルトン, エリオット・M.カッツ著）　〔01451〕

カッツ, マーカス　Katz, Marcus

◇シークレット・オブ・ザ・タロット―世界で最も有名なタロットの謎と真実（Secrets of the Waite-Smith tarot）　マーカス・カッツ, タリ・グッドウィン著, 伊泉竜一訳　フォーテュナ　2016.10　357p　22cm　〈文献あり　発売：JRC〉　3500円　①978-4-86538-055-2

内容 どのようにタロットを読むべきか　ピクシー―パメラ・コールマン・スミス　研究者―A.E.ウェイト　ウェイト=スミス・タロット・デッキ　大アルカナを解読する　小アルカナを解読する　Q&A　小アルカナのためのカバラ　カードの色　パメラの音楽　スプレッドとリーディングの方法　ウェイトのタロットの読み方　〔01452〕

カッツ, マベル　Katz, Mabel

◇ほのぼのとホ・オポノポノ―クリーニングし◇消去し◇引き寄せる 無敵ゼロ・フリークエンシーの体験　マベル・カッツ著, 伊藤功, 伊藤愛子訳　ヒカルランド　2016.3　272p　19cm　〈他言語標題：Honobonoto Ho'oponopono〉 1667円　①978-4-86471-357-3

内容 第1部 ホ・オポノポノの秘訣（ホ・オポノポノは「引き寄せの法則」の重要なパズルのピース　ホ・オポノポノと記憶　ホ・オポノポノのクリーニング　ホ・オポノポノのトレーニングをする）　第2部 ホ・オポノポノとあなた（宇宙に助けを求めること―これがホ・オポノポノの基本です　人間関係の改善に役立つホ・オポノポノ）　第3部 ホ・オポノポノと社会とあなた（ホ・オポノポノで訪れる変化の時　豊かさへと続くホ・オポノポノの道　ホ・オポノポノは私の平和と地球の平和のツールです！）　〔01453〕

ガッティ, ドメニコ・デリ

◇比較制度分析のフロンティア（INSTITUTIONS AND COMPARATIVE DEVELOPMENTの抄訳, COMPLEXITY AND INSTITUTIONSの抄訳〔etc.〕）　青木昌彦, 岡崎哲二, 神取道宏監修　NTT出版　2016.9　356p　22cm　（叢書《制度を考える》）〈他言語標題：Frontiers of Comparative Institutional Analysis〉 4500円　①978-4-7571-2325-0

内容 産業間不均衡と長期的危機（ドメニコ・デリ・ガッティ, マウロ・ガレガティ, ブルース・C.グリーンウォルド, アルベルト・ルッソ, ジョセフ・E.スティグリッツ著, 藪下史郎訳）　〔01454〕

ガッティング, ガリー　Gutting, Gary

◇いま哲学に何ができるのか？（WHAT PHILOSOPHY CAN DO）　ガリー・ガッティング〔著〕, 外山次郎訳　ディスカヴァー・トゥエンティワン　2016.8　359p　20cm　〈文献あり〉 2500円　①978-4-7993-1940-6

内容 第1章 政策論争は不毛か？　第2章 科学の取扱説明書　第3章 科学の限界　第4章 科学にもとづく無神論　第5章 宗教的不可知論　第6章 幸福、仕事、資本主義　第7章 資本主義社会における教育　第8章 アートの価値とは？　第9章 人工妊娠中絶は殺人か？　第10章 哲学にできること　〔01455〕

カップ, カール・ウィリアム　Kapp, Karl William

◇制度派経済学の基礎（THE FOUNDATIONS OF INSTITUTION ECONOMICS）　カール・ウィリアム・カップ著, セバスチャン・バーガー, ロルフ・ステパッチャー編集, 大森正之訳　出版研　2014.10　311p　22cm　〈索引あり　発売：人間の科学新社〉 3500円　①978-4-8226-0316-8

内容 1 序章：制度派経済学の永続的な妥当性の高まり　2 制度派経済学と従来の経済理論　3 制度派経済学の学問上の先行者たち　4 制度の本質と意義：制度変革の理論のために　5 人間の行為と経済行動についての制度派の理論　6 人間の欲求と社会的最低限の理論をめざして　7 制度派における資本概念と資本形成の過程　8 科学技術と営利企業の相互作用について　9 科学技術について2（続）　10 複数部門の経済と経済的支配の理論　〔01456〕

カップ, ブリギット

◇子どもと離婚―合意解決と履行の支援　二宮周平, 渡辺惺之編　信山社　2016.4　456p　22cm　6200円　①978-4-7972-9305-0

内容 複雑な家族問題のために子どもを中心にした解決を創造する 他（ブリギット・カップ著, 村本邦子訳）　〔01457〕

カツマレク, ジーン

◇不正選挙―電子投票とマネー合戦がアメリカを破壊する（LOSER TAKE ALL）　マーク・クリスピン・ミラー編著, 大竹秀子, 桜井まり子, 関房江訳　亜紀書房　2014.7　343, 31p　19cm　2400円　①978-4-7505-1411-6

内容 タミー・ダックワースがたどった運命（ジーン・カツマレク著）　〔01458〕

カディ, エイミー　Cuddy, Amy Joy Casselberry

◇〈パワーポーズ〉が最高の自分を創る（PRESENCE）　エイミー・カディ著, 石垣賀子訳　早川書房　2016.7　383p　19cm　1700円　①978-4-15-209626-5

内容 第1章 プレゼンスとは何か　第2章 自分のストーリーを信じ、受けとめる　第3章 説教をやめ、耳を傾けよう―プレゼンスがプレゼンスを呼ぶ　第4章 私はここにいるべき人間じゃない　第5章 パワーのなさは足かせになり、パワーは自由をさずけてくれる　第6章 身をかがめる、塔をつくる―伝える身体　第7章 幸せへの鍵「笑うから楽しい」　第8章 身体が心をつくる―「ヒトデになる方法」を見つけよう　第9章 パワーポーズを実践する　第10章 セルフナッジ―小さな変化を大きな違いに　第11章 本物になるまでふりをし続ける　〔01459〕

ガディ, クリフォード・G.　Gaddy, Clifford G.

◇プーチンの世界―「皇帝」になった工作員（Mr. Putin ： Operative in the Kremlin）　フィオナ・ヒル, クリフォード・G.ガディ著, 浜野大道, 千葉敏生訳, 畔蒜泰助監修　新潮社　2016.12　522p　19cm　3200円　①978-4-10-507011-3

内容 第1部 工作員、現わる（プーチンとは何者なのか？　ボリス・エリツィンと動乱時代　国家主義者　歴史家　サバイバリスト　アウトサイダー　自由経済主義者　ケース・オフィサー　システム）　第2部 工作員、始動（ステークホルダーたちの反乱　プーチンの世界　プーチンの「アメリカ教育」　ロシア、復活　国外の工作員）　〔01460〕

ガーディナー, ミュリエル　Gardiner, Muriel

◇狼男による狼男―フロイトの「最も有名な症例」による回想（THE WOLF-MAN BY THE WOLF-MANの抄訳）〔Sergius Pankejeff〕〔原著〕, ミュリエル・ガーディナー編著, 馬場謙一訳　みすず書房　2014.9　319, 11p　20cm　〈索引あり〉 5400円　①978-4-622-07848-7

内容 第1部 狼男の回想録（子ども時代の思い出　一九〇五‐一九〇八年―無意識の悲哀　一九〇八年―スペインの城　一九〇九‐一九一四年―移り変わる決心　一九一四‐一九一九年―分析の後　一九一九‐一九三八―日常生活　一九三八年―クライマックス）　第2部 精神分析と狼男（ジグムント・フロイトの思い出　フロイトの「ある幼児期神経症の病歴より」への補遺（一九二八年））　第3部 後年の狼男（狼男との出会い（一九三八‐一九四九年）　狼男との再会（一九五六年）　老いゆく狼男　診断的印象）　〔01461〕

カテナッチ, マウロ

◇刑事コンプライアンスの国際動向　甲斐克則, 田口守一編　信山社　2015.7　554p　22cm　（総合叢書 19―〔刑事法・企業法〕）〈他言語標題 : International Trends of Criminal Compliance　文献あり〉 12800円　①978-4-7972-5469-3

内容 イタリアにおける経済犯罪防止に向けたコンプライアンス・プログラム（マウロ・カテナッチ, マルタ・アゴスティーニ, ジュリア・ファロティーコ, ステファーノ・マンティーニ, フェデリコ・メログラーノ著, 早稲田大学GCOE刑事法グループ訳）　〔01462〕

カデューシン, アルフレッド　Kadushin, Alfred

◇スーパービジョンインソーシャルワーク（SUPERVISION IN SOCIAL WORK 原著第5版の翻訳）　アルフレッド・カデューシン, ダニエル・ハークネス共著, 福山和女監修, 万歳芙美子, 荻野ひろみ監訳, 田中千枝子責任編集　第5版　中央法規出版　2016.11　659p　22cm　〈文献あり 索引あり〉 10000円　①978-4-8058-5425-9

内容 第1章 歴史および概念規定の意義　第2章 管理的スーパービジョン　第3章 管理的スーパービジョン―実践上の課題　第4章 教育的スーパービジョン―定義、形態、内容、およびプロセス　第5章 教育的スーパービジョンの実施における原則と問題点　第6章 支持的スーパービジョン　第7章 スーパーバイザーになること、スーパーバイザーであることの課題とストレス　第8章 評価　第9章 グループ・スーパービジョン　第10章 スーパービジョンの課題と刷新　〔01463〕

ガテル・アリモント, C.　Gatell Arimont, Cristina

◇スペインの歴史―スペイン高校歴史教科書（CRISOL, Historia）　J.アロステギ・サンチェス,M.ガルシア・セバスティアン,C.ガテル・アリモント,J.パラフォクス・ガミル,M.リスケス・コルベーリャ著, 立石博高監訳, 竹下和亮, 内村俊太, 久木正雄訳　明石書店　2014.6　386p　27cm　（世界の教科書シリーズ 41）　5800円　①978-4-7503-4032-6

内容 1 現代スペインの起源（スペインの歴史的起源　アンダルスと最初のキリスト教諸国（8世紀‐12世紀）　キリスト教諸国の拡大と危機（13世紀‐15世紀）　ほか）　2 19世紀のスペイン（旧体制の危機（1808‐1833）　自由主義国家の形成（1833‐1874）　農業の変化と工業の発展（1833‐1930）ほか）　3 20世紀のスペイン（王政復古体制の危機（1902‐1931）　第二共和政（1931‐1936）　スペイン内戦（1936‐1939）　ほか）　〔01464〕

カトウィック, ポール・ヴァン

◇経験学習によるリーダーシップ開発―米国CCLによる次世代リーダー育成のための実践事例（Experience-Driven Leader Development）　シンシア・D.マッコーレイ,D.スコット・デリュ, ポール・R.ヨスト, シルベスター・テイラー編, 漆嶋稔訳　日本能率協会マネジメントセンター　2016.8　511p　27cm　8800円　①978-4-8207-5929-4

内容 リーダーシップ経験のフレームワーク（ポール・ヴァン・カトウィック, ジョイ・ハズチャ, メイナード・ゴフ）　〔01465〕

カドゥシン, チャールズ　Kadushin, Charles

◇社会的ネットワークを理解する（Understanding Social Networks）　チャールズ・カドゥシン著, 五十嵐祐監訳　京都　北大路書房　2015.8　317p　21cm　〈索引あり〉 3400円　①978-4-7628-2900-0

内容 イントロダクション　ネットワークの基本的な概念（ネットワークにおける個人　全体ネットワーク　ネットワークの分割）　社会的ネットワークの心理学的基盤　小集団、リーダーシップ、社会的ネットワーク：その基本的構成単位　組織とネットワーク　スモールワールド、サークル、コミュニティ　ネットワーク、影響、普及と拡散　社会関係資本としてのネットワーク　社会的ネットワーク研究における倫理的なジレンマ　おわりに：社会的ネットワークに関する10の基本的なアイデア　〔01466〕

ガードナー, ダン　Gardner, Dan

◇リスクにあなたは騙される（RISK）　ダン・ガードナー著, 田淵健太訳　早川書房　2014.7　541p　16cm　（ハヤカワ文庫 NF 413―〈数理を愉しむ〉シリーズ）　1060円　①978-4-15-050413-7

内容 リスク社会　二つの心について　石器時代が情報時代に出会う　感情に勝るものはない　数に関する話　群れは危険を察知する　恐怖株式会社　活字にするのにふさわしい恐怖　犯罪と認識　恐怖の化学　テロに脅えて　結論―今ほど良い時代はない　〔01467〕

◇超予測力―不確実な時代の先を読む10カ条

（SUPERFORECASTING）　フィリップ・E.テトロック, ダン・ガードナー著, 土方奈美訳　早川書房　2016.10　405p　19cm　2200円　①978-4-15-209644-9

内容 楽観的な懐疑論者　「知っている」という錯覚　予測を評価する　超予測力　「超頭がいい」のか　「超数字に強い」のか　「超ニュースオタク」なのか　永遠のベータ　スーパーチーム　リーダーのジレンマ〔ほか〕　〔01468〕

カ

ガードナー, ノラ

◇経験学習によるリーダーシップ開発―米国CCLによる次世代リーダー育成のための実践事例（Experience-Driven Leader Development）　シンシア・D.マッコーレイ,D.スコット・デリュ, ポール・R.ヨスト, シルベスター・テイラー編, 漆嶋稔訳　日本能率協会マネジメントセンター　2016.8　511p　27cm　8800円　①978-4-8207-5929-4

内容 エグゼクティブの人事異動（ノラ・ガードナー, キャメロン・ケネディ）　〔01469〕

ガードナー, ハワード　Gardner, Howard

◇グッドワークとフロー体験―最高の仕事で社会に貢献する方法（Goodwork）　ハワード・ガードナー, ミハイ・チクセントミハイ, ウィリアム・デイモン著, 大森弘監訳, 安室憲一, 梅野巨利, 山口隆英, 西井進剛訳　京都　世界思想社　2016.2　311p　21cm　〈索引あり〉2800円　①978-4-7907-1679-2

内容 第1部 予備知識（困難な時代のグッドワーク　グッドワークの条件　体と心の形成についての初期の考察）　第2部 遺伝学（脚光を浴びる遺伝学　よく整合したドメインの黄金時代　遺伝学に迫る暗雲）　第3部 ジャーナリズム（ニュースメディアが手に入れた権力と品位の低下　ジャーナリズムの強みの源泉　今日のジャーナリズムにおけるグッドワーク）　第4部 これからのグッドワーク（ジャーナリズムと遺伝学におけるグッドワークの回復　多様な世界でのグッドワーク）　〔01470〕

ガードナー, リチャード・A.　Gardner, Richard A.

◇聖なる道を歩く―黙想と祈りのラビリンス・ウォーク（WALKING A SACRED PATH 原著第2版の翻訳）　ローレン・アートレス著, リチャード・ガードナー監修, 武田光世訳　Sophia University Press上智大学出版　2014.12　230p　21cm　〈文献あり　発売：ぎょうせい〉1100円　①978-4-324-09854-7

内容 第1章 聖なる道を歩くために　第2章 新しい巡礼・新しい道　第3章 ラビリンス―聖なる紋様・聖なる道　第4章 ラビリンスを歩く―その過程　第5章 霊的な飢餓の種　第6章 内なる神聖さの再発見　第7章 ラビリンス―変容への青写真　第8章 ヴィジョンの誕生　追補 ラビリンス・ムーヴメントの四つの課題　〔01471〕

◇宗教と宗教学のあいだ―新しい共同体への展望　リチャード・A.ガードナー, 村上辰雄共編著　上智大学出版　2015.9　444p　21cm　〈発売：ぎょうせい〉2500円　①978-4-324-09429-7

内容 序論 チャールズ・ロングの思想―新しい共同体への展望　第1部 宗教学の遺産（航路と祈り―大西洋世界における宗教の起源　時間と身体と空間の癒し―宗教・時間性・衛生　奴隷制の遺産と二十一世紀への展望）　第2部 宗教と政治・権力（ポスト世俗主義時代における民主主義と宗教の政治的位相　宗教学と植民地主義―宗教の問題としての西洋　オウム真理教と、マンガとアニメをめぐるパニック）　第3部 宗教学と新しいヒューマニズム（新たな対話の共同体の創出　過去を振り返りつつ、未来に目を向ける―西行から生命倫理まで　アジア学院―土とともに生きる）　第4部 宗教と文化接触（グアダルーペの聖母と二種類の宗教経験―個人的聖体験と儀礼的風土の共有体験　宗教学と先住民的価値観―オノンダガ・ネーションの事例　先住民宗教の重要性―カナダからの提言）　第5部 危機と宗教学（周縁性の創造力―荒木美智雄の民衆宗教論　赤岩栄とキリスト教の日本土着化　宗教学から見た「水俣」―個人・社会・環境世界における「身体」の癒し）　〔01472〕

カドバニー, ジョン　Kadvany, John David

◇リスク―不確実性の中での意思決定（Risk）　Baruch Fischhoff,John Kadvany著, 中谷内一也訳　丸善出版　2015.4　240p　18cm　（サイエンス・パレット 023）〈文献あり 索引あり〉1000円　①978-4-621-08918-7

内容 1 リスクについての意思決定（単純な枠組み　超未熟児　自動車保険のリスク ほか）　2 リスクを定義する（すべての死は廟堂か？　リスク－ベネフィット・トレード・オフについての選好の顕在化　リスクの次元 ほか）　3 リスクを分析する（犠牲者をカウントする　量と健康影響との相関分析　原因を明確にする ほか）　4 リスクについての意思決定を実行する（単純な決定ルール　効用　不確実な価値 ほか）　5 リスク認知（リスク認知の認知　死亡リスクについての判断　明快な質問、明快な回答 ほか）　6 リスクコミュニケーション（不幸なリスクコミュニケーションデザインしだいで良くも悪くもなる　リスクコミュニケーションは受け手に、十分な情報を伝えているか？　ほか）　7 リスク・文化・社会（確率から統計、不確実性へ　原因　象徴的な危険 ほか）　〔01473〕

カトレット, ホアン　Catret, Juan

◇ヘロニモ・ナダル神父の生涯―聖イグナチオ・デ・ロヨラの「心」　ホアン・カトレット著, 高橋敦子訳　習志野　教友社　2013.5　173p　19cm　〈文献あり〉1200円　①978-4-902211-87-0　〔01474〕

◇薩摩のベルナルドの生涯―初めてヨーロッパに行った日本人　ホアン・カトレット著, 高橋敦子訳　習志野　教友社　2013.7　100p　19cm　〈文献あり〉1000円　①978-4-902211-89-4　〔01475〕

◇ホアン・デ・ポランコ神父―聖イグナチオ・デ・ロヨラの秘書　ホアン・カトレット著, 高橋敦子訳　習志野　教友社　2013.12　71p　19cm　〈文献あり〉800円　①978-4-902211-96-2

内容 第1章 家族と召命（1517～1541年）　第2章 パドヴァでの勉学と養成（1542～1546年）　第3章 初代総長聖イグナチオの秘書（1547～1556年）　第4章 ライネス神父の総長（1557～1565年）　第5章 フランシスコ・デ・ボルハ総長の秘書（1565～1572年）　第6章 波乱の第3回イエズス会総会（1573年）　第7章 ポランコ神父の最期の日々と死、その人となり（1574～1576年）　第8章 ポランコ神父の著作　〔01476〕

◇アラスカの宣教師セグンド・ヨレンテ神父―40年

間、孤独に立ち向かいユーモアを忘れずに生きた人　ホアン・カトレット編著, 高橋敦子訳　長崎　聖母の騎士社　2014.6　135p　19cm　〈著作目録あり　年譜あり〉800円　①978-4-88216-355-8

内容 第1章 家族のこと、そして宣教師としての召命　第2章 アラスカに着く　第3章 初めてそりで冬の旅をする　第4章 アラスカの春と夏　第5章 忘れがたい出来事、人々、そして物　第6章 両親の死と弟のアラスカ訪問　第7章 アラスカの政治家　第8章 宣教師の霊性　第9章 活動と観想　第10章 司祭叙階25周年に　第11章 生と死の秋　〔01477〕

◇ヤン・ローターン神父の生涯―イエズス会の第2の創立者　ホアン・カトレット著, 高橋敦子訳　習志野　教友社　2014.6　142p　19cm　1000円　①978-4-907991-00-5　〔01478〕

◇ペドロ・デ・リバデネイラ神父の生涯―聖イグナチオの最初の伝記記者　ホアン・カトレット著, 高橋敦子訳　習志野　教友社　2015.1　106p　19cm　〈文献あり〉900円　①978-4-907991-08-1

内容 第1章 家族と教育（1526～1549年）　第2章 学院の教師であり、聖イグナチオの大使となる（1549～1556年）　第3章 ライネス総長時代のリバデネイラ神父（1557～1565年）　第4章 ボルハ総長とメルクリアン総長のもとに（1565～1573年）　第5章 人生の終わりまでスペインに住み、著述に励む（1574～1611年）　第6章 最初の『聖イグナチオ伝』の著者　第7章 『聖イグナチオの統治のしかた』の著者、リバデネイラ神父　〔01479〕

◇イグナチオの心を悩ませた2人の仲間―ボバディーリャ神父とロドリゲス神父の生涯　ホアン・カトレット著, 高橋敦子訳　習志野　教友社　2015.4　113p　19cm　〈文献あり〉900円　①978-4-907991-13-5　〔01480〕

ガナー, ミヒャエル

◇成年後見人の医療代諾権と法定代理権―障害者権利条約下の成年後見制度　田山輝明編著　三省堂　2015.6　279p　21cm　〈索引あり〉3200円　①978-4-385-32247-6

内容 権利条約の影響における代弁人の代理権成年後見人の法定代理権 他（ミヒャエル・ガナー述, 青木仁美訳）　〔01481〕

カナザワ, サトシ　Kanazawa, Satoshi

◇知能のパラドックス―なぜ知的な人は「不自然」なことをするのか？（THE INTELLIGENCE PARADOX）　サトシ・カナザワ著, 金井啓太訳　PHP研究所　2015.8　318p　20cm　2000円　①978-4-569-82549-6

内容 1章 進化心理学とは何か？　2章 人間の脳の本質と限界　3章 知能とは何か？　4章 どんなときに知能は重要なのか（あるいは重要でないのか）　5章 保守主義者より自由主義者のほうが知能が高いのはなぜか？　6章 神を信じる者より信じない者のほうが知能が高いのはなぜか？　7章 知能の高い男性ほど、1人の相手とだけつき合う傾向が強いのはなぜか？　そして、知能の高い女性にそれがあてはまらないのはなぜか？　8章 朝型人間より夜型人間のほうが知能が高いのはなぜか？　9章 なぜ同性愛者は異性愛者より知能が高いのか？　10章 知能の高い人ほどクラシック音楽を好むのはなぜか？　11章 なぜ知能の高い人ほどたくさん酒を飲みたばこを吸うのか？　12章 なぜ知能の高い人は究極的には人生の敗者なのか？　13章 知能の影響には他にどんなものがあるか？　〔01482〕

カナビラン, K.

◇国際社会学の射程―社会学をめぐるグローバル・ダイアログ　西原和久, 芝真里編訳　東信堂　2016.2　118p　21cm　（国際社会学ブックレット 1）　1200円　①978-4-7989-1336-0

内容 法学と社会学との対話（K.カナビラン著, 仲修平訳）　〔01483〕

カナヘレ, プアラニ・カナカッオレ　Kanahele, Pua Kanaka'ole

◇ホロ・マイ・ペレ―Journey with Goddesses女神たちの旅路（Holo Mai Pele）　プアラニ・カナカッオレ・カナヘレ著, 吉田玲子訳　イカロス出版　2016.9　112p　19×26cm　〈英語抄訳付〉2500円　①978-4-8022-0238-1　〔01484〕

カーニー, クリストファー・A.　Kearney, Christopher A.

◇親子でできる引っ込み思案な子どもの支援（Silence is Not Golden）　クリストファー・A.カーニー著, 大石幸二監訳　学苑社　2014.8　178p　21cm　〈文献あり 索引あり〉2200円　①978-4-7614-0763-6

内容 第1章 引っ込み思案の定義　第2章 子どもの社会行動の評価　第3章 家庭で行なえる練習　第4章 地域社会や学校で自分でできる練習　第5章 ソーシャルスキルの促進　第6章 リラクセーションと現実検討力の支援　第7章 効果の維持と特別な問題　〔01485〕

◇不登校の認知行動療法セラピストマニュアル（WHEN CHILDREN REFUSE SCHOOL 原著第2版の翻訳）　C.A.カーニー,A.M.アルバーノ著, 佐藤容子, 佐藤寛監訳　岩崎学術出版社　2014.10　208p　26cm　〈文献あり 索引あり〉3500円　①978-4-7533-1083-8

内容 第1章 セラピストのための基本的知識　第2章 アセスメント　第3章 事前相談セッションと治療セッションの進め方　第4章 ネガティブな感情を引き起こす学校に関連した刺激を回避するために学校に行かない子ども　第5章 対人場面や評価される場面を回避するために学校に行かない子ども　第6章 周囲から注目を得るために不登校になっている子ども　第7章 学校の外で具体的な強化子を得るために学校に行かない子ども　第8章 つまずきと再発の予防　付録 アセスメント尺度　〔01486〕

◇先生とできる場面緘黙の子どもの支援（Helping Children with Selective Mutism and Their Parents）　クリストファー・A.カーニー著, 大石幸二監訳, 松岡勝彦, 須藤邦彦訳　学苑社　2015.4　183p　21cm　〈文献あり 索引あり〉2200円　①978-4-7614-0770-4

内容 第1章 場面緘黙や話すことを嫌がる子どもの定義と説明　第2章 場面緘黙や話すことを嫌がるケースの評価　第3章 家庭場面でのエクスポージャー法に基づく実践　第4章 地域や学校場面でのエクスポージャー法に基づく実践　第5章 随伴性マネジメント　第6章 コミュニケーションに問題を抱える子どもへの支援方略　第7章 ぶり返し防止、他の介入および特別な問題　〔01487〕

カ

カニー, ロラント　Kany, Roland

◇キリスト教の主要神学者　上　テルトゥリアヌスからカルヴァンまで（Klassiker der Theologie, Bd.1 ： Von Tertullian bis Calvin）　F.W.グラーフ編, 片柳栄一監訳　教文館　2014.8　360, 5p　21cm　3900円　①978-4-7642-7383-2

内容 アウグスティヌス（三五四―四三〇）（ロラント・カニー）〔01488〕

カーニー, A.T.　Kearney, A.T.

◇最強の調達戦略―成熟市場の企業収益力を向上させる経営手法　A.T.カーニー監修, 野田武編著　東洋経済新報社　2014.2　247p　21cm　2400円　①978-4-492-53340-6

内容 第1章 なぜ今、調達戦略なのか？　第2章 調達戦略の基本的な考え方と先進企業の趨勢　第3章「調達戦略のチェスボード」基本編　第4章「調達戦略のチェスボード」活用編　第5章 グローバル調達の高度化に向けて　第6章 間接材コストへの取組み〔01489〕

カニーゲル, ロバート　Kanigel, Robert

◇無限の天才―夭逝の数学者・ラマヌジャン（THE MAN WHO KNEW INFINITY）　ロバート・カニーゲル著, 田中靖夫訳　新装版　工作舎　2016.9　381p　22cm　〈文献あり 年譜あり 索引あり〉5500円　①978-4-87502-476-7

内容 第1章 冷厳なる寺院にて 1887 - 1903　第2章 歓喜に満ちて 1903 - 1908　第3章 庇護者を求めて 1908 - 1913　第4章 ハーディ G・H・ハーディ - 1913まで　第5章「自己紹介をさせて下さい…」1913 - 1914　第6章 ラマヌジャンの春 1914 - 1916　第7章 イギリスの冷気 1916 - 1918　第8章「やや変調をきたして」1918 - 現在〔01490〕

ガニョン, アラン＝G.　Gagnon, Alain-G.

◇マルチナショナル連邦制―不確実性の時代のナショナル・マイノリティ（L'Âge des incertitudes）　アラン＝G.ガニョン著, 丹羽卓訳　彩流社　2015.3　275, 22p　20cm　〈文献あり 索引あり〉3500円　①978-4-7791-2069-5

内容 序章 ナショナルな文化、民主政、正当性　第1章 多元的文脈における言語多様性　第2章 多元的ネイション国家をめざす新しい賭け　第3章 ケベックのシティズンシップ体制の諸要素　第4章 自治の時　第5章 共同体を結合させる　第6章 共同体間の和解の道を再考する　結論 尊厳と歓待の政治に向かって〔01491〕

カニンガム, スコット　Cunningham, Scott

◇願いを叶える魔法のハーブ事典（CUNNINGHAM'S ENCYCLOPEDIA OF MAGICAL HERBS）　スコット・カニンガム著, 木村正典監修, 塩野未佳訳　パンローリング　2014.11　381p　21cm　（フェニックスシリーズ 23）〈文献あり〉1800円　①978-4-7759-4129-4

内容 第1部 ハーブを使った魔法の基本（ハーブのパワー　魔法の流儀　呪文と唱え方　魔法の目的　ハーブ事典の項目について）　第2部 魔法に使うハーブの事典〔01492〕

◇魔女の教科書―自然のパワーで幸せを呼ぶウイッカの魔法入門（WICCA）　スコット・カニンガム著, 佐藤美保訳　パンローリング　2015.4　165p　21cm　（フェニックスシリーズ 27）〈「神と結ばれる魔術」（心交社 2008年刊）の改題、新装改訂版〉1500円　①978-4-7759-4136-2

内容 第1部 ウイッカの魔法・基礎知識編（魔法とは何か　魔法の道具）　第2部 ウイッカの魔法・実践編（魔法の練習　ウイッカになる儀式　魔法の儀式）　第3部 影の書「立石」（影の書「立石」への誘い　魔女の心得「立石」版　季節の祝祭―進め方とならわし　パワーを引き出すジェスチャー―エレメントと神々の力　魔法のレシピ―食べ物・お香・オイル　ハーブの魔法―儀式で使うには　水晶と宝石の魔法　ルーン文字の魔法　魔法の具体例〔01493〕

◇願いを叶える魔法の香り事典（THE COMPLETE BOOK OF INCENSE, OILS & BREWS）　スコット・カニンガム著, 木村正典監修, 白井美代子訳　パンローリング　2016.2　309p　21cm　（フェニックスシリーズ 32）〈文献あり〉1800円　①978-4-7759-4151-5

内容 1 基本事項（魔法について　調合比率について　パワーを注ぐ儀式 ほか）　2 手順とレシピ（インセンス（お香）　オイル　オイントメント（軟膏）ほか）　3 代用品（魔法の代用品一覧）〔01494〕

◇願いを叶える魔法のパワーアイテム事典―113のパワーストーンと16のメタルが生み出す地球の力（CUNNINGHAM'S ENCYCLOPEDIA OF CRYSTAL, GEM & METAL MAGIC）　スコット・カニンガム著, 白井美代子訳　パンローリング　2016.3　293p 図版16p　21cm　（フェニックスシリーズ 33）〈文献あり〉1800円　①978-4-7759-4152-2

内容 1 始まりと魔法（すべての石にはパワーがある　魔法とは変化をもたらすこと　石には陽と陰のエネルギーがある　色に秘められた魔力　形状に秘められた魔力　石の入手　石の浄化　石に秘められたストーリー　石の占い　石のタロット　装身具に秘められた魔力　身近な石を使った魔法）　2 魔法と伝承（魔法に使うパワーストーンの事典）　3 メタルの魔法（魔法に使うメタルの事典）　4 補足情報（パート2の分類リスト）　巻末付録 100のパワーストーン/メタル〔01495〕

◇西洋魔法で開運入門―四大元素“土風火水”がパワーを引き寄せる（Earth Power）　スコット・カニンガム著, 狩野綾子訳　パンローリング　2016.11　187p　21cm　（フェニックスシリーズ 42）〈文献あり〉1500円　①978-4-7759-4161-4

内容 第1部 基本編（大地に触れる　魔法について　魔法のテクニック　魔法のエレメント）　第2部 四大元素の魔法（土の魔法　風の魔法　火の魔法　水の魔法）　第3部 自然を使った魔法（石の魔法　木の魔法　人形（イメージ）の魔法　結び目の魔法　キャンドルの魔法　ロウの魔法　鏡の魔法　雨、霧、そして嵐の魔法　海の魔法）〔01496〕

カニンガム, フロイド・T.　Cunningham, Floyd Timothy

◇ホーリネスを生きる神の民―フロイド・カニンガム聖化大会講演集 ホーリネス信仰を教会に受肉する　フロイド・T.カニンガム著, 飯塚弘道, 飯塚俊雄共訳　日本聖化協力会出版委員会　2014.10　118p　19cm　〈会期：2011年10月16日―18日〉1300円　①978-4-938774-59-2〔01497〕

カニンガム, ロビン　Coningham, Robin

◇ビジュアル版 世界の歴史都市―世界史を彩った都の物語（The Great Cities in History）　ジョン・ジュリアス・ノーウィッチ編, 福井正子訳　柊風舎　2016.9　303p　27×21cm　15000円　①978-4-86498-039-5

内容 モヘンジョ＝ダロ―およびインダス文明（ロビン・カニンガム）〔01498〕

カニンガム, ローレンス・A.　Cunningham, Lawrence A.

◇バフェットからの手紙―世界一の投資家が見たこれから伸びる会社、滅びる会社（The Essays of Warren Buffett 原著第3版の翻訳）　バフェット〔原著〕, ローレンス・A.カニンガム著, 長尾慎太郎監修, 藤原康史訳　第3版　パンローリング　2014.8　587p　20cm　（ウィザードブックシリーズ 219）　2300円　①978-4-7759-7185-7

内容 プロローグ 株主に関する企業原則　第1章 コーポレートガバナンス（企業統治）　第2章 ファイナンスと投資　第3章 投資の選択肢　第4章 普通株　第5章 合併・買収　第6章 評価と会計　第7章 会計上のごまかし　第8章 会計方針　第9章 税務〔01499〕

◇バフェットからの手紙―世界一の投資家が見たこれから伸びる会社、滅びる会社（The Essays of Warren Buffett 原著第4版の翻訳）　ローレンス・A.カニンガム著, 長尾慎太郎監修, 増沢浩一, 藤原康史, 井田京子訳　第4版　パンローリング　2016.9　599p　20cm　（ウィザードブックシリーズ 239）　2000円　①978-4-7759-7208-3

内容 プロローグ 株主に関する企業原則　第1章 コーポレートガバナンス（企業統治）　第2章 ファイナンスと投資　第3章 投資の選択肢　第4章 普通株　第5章 合併・買収　第6章 評価と会計　第7章 会計上のごまかし　第8章 税務　第9章 バークシャー五〇周年とその後〔01500〕

カーネギー, デール　Carnegie, Dale

◇デール・カーネギーの悩まずに進め―新たな人生を始める方法（How to stop worrying and start living）　デール・カーネギー著, 関岡孝平訳〔電子資料〕　パンローリング（発売）〔2014〕　CD-ROM 1枚　12cm　〈ホルダー入（19cm）〉　2500円　①978-4-7759-8308-9〔01501〕

◇道は開ける―決定版カーネギー あらゆる悩みから自由になる方法（HOW TO STOP WORRYING AND START LIVING）　D.カーネギー著, 東条健一訳　新潮社　2014.2　302p　19cm　1400円　①978-4-10-506651-2

内容 第1章 不安と悩みが消えない人へ　第2章 すべての問題は消去できる　第3章 自分を壊さないために　第4章 幸せになるための科学的方法　第5章 もう絶対に悩まない　第6章 あなたはなぜ批判されるのか？　第7章 心の疲れよ、さようなら〔01502〕

◇道は開ける―新訳（How to Stop Worrying and Start Living）　D.カーネギー〔著〕, 田内志文訳　KADOKAWA　2014.11　508p　15cm　（角川文庫 iカ14-1）　720円　①978-4-04-101965-8

内容 1 そもそも不安とは何なのか　2 不安分析の基本テクニック　3 不安の習慣。その先手を打つには　4 平穏と幸福とをもたらす心の在り方を育てる七つの方法　5 不安に打ち勝つ黄金律　6 批判を気にせず忘れる方法　7 疲労と不安を予防して元気になる六つの方法　8 幸福と成功とをもたらす仕事の見つけかた　9 お金の不安を軽くするには　10 私はこうして不安を乗り越えた三十二の実話〔01503〕

◇道は開ける―マンガでわかる 新訳　D.カーネギー原作, 田内志文訳, 浅野なおマンガ　KADOKAWA　2015.1　174p　19cm　1000円　①978-4-04-102360-0〔01504〕

◇D.カーネギー人生のヒント　デール・カーネギー著, 菅靖彦訳・編　三笠書房　2015.4　197p　18cm　1000円　①978-4-8379-5758-4

内容 1 自分だけの才能の見つけ方・伸ばし方　2 くじけない心のつくり方　3 幸運のつかみ方　4 信頼のおける人間関係を築く　5 人生を存分に楽しむ　6 心からの幸せをつかむ〔01505〕

◇図解〈新訳〉道は開ける　D.カーネギー原作, 田内志文訳, 海外名著研究会編　KADOKAWA　2015.5　94p　26cm　1000円　①978-4-04-102969-5

内容 1 そもそも不安とは何なのか　2 不安分析の基本テクニック　3 不安の習慣。その先手を打つには　4 平穏と幸福とをもたらす心の在り方を育てる7つの方法　5 不安に打ち勝つ黄金律　6 批判を気にせず忘れる方法　7 疲労と不安を予防して元気になる6つの方法　8 幸福と成功とをもたらす仕事の見つけかた　9 お金の不安を軽くするには〔01506〕

◇こうすれば必ず人は動く　D.カーネギー著, 田中孝顕訳　きこ書房　2015.7　308p　16cm　〈他言語標題：How to Win Friends & Influence People　2008年刊の再刊〉700円　①978-4-87771-331-7

内容 人を非難する前にしておくべき心の手続き　あたり前のことをあたり前にして成功する方法　誰もあなたには関心がない　愚かなことで人を動かせば、破滅しかない　年齢は付加価値である―とればとるほど価値は増す　空しい勝利には挑むな―議論に勝ってすべてを失うこともある　小が大に勝つ―敵対者を味方につける効果的な方法　ホワイトハウス・ギャングの教え―相手の波長に合わせて相手を支配する友、遠方よりわざわざ来たる―ちょっとした方法が強力な磁石となって奇跡を生む　成功に占める「知識」の割合は15パーセントに過ぎない〔ほか〕〔01507〕

◇D.カーネギー マンガで読み解く 人を動かす（HOW TO WIN FRIENDS AND INFLUENCE PEOPLE）　デール・カーネギー原作, 歩川友紀脚本, 青野渚, 福丸サクヤ漫画　大阪　創元社　2015.9　214p　19cm　1000円　①978-4-422-10115-6

内容 すべてはこの本から始まった　町中にあふれる些細なトラブル　企画はあなたでプレゼンはあたし　同期入社がライバルになりうる頃　聞き上手という才能　北風と太陽と、人それぞれの理由　古きものを残し、新しきものを拓く　ピーターパンかトム・ソーヤーか　番外編 父は忘れる、母も忘れる　応用編 PTAの会長になる　応用編 町内会の会長になる　新しい人生を踏みだそう〔01508〕

◇道は開ける―決定版カーネギー あらゆる悩みから自由になる方法　D.カーネギー著, 東条健一訳〔点字資料〕　日本点字図書館（製作）　2015.12　4冊　27cm　〈厚生労働省委託　原本：新潮社 2014〉〔01509〕

カ

◇人を動かす（HOW TO WIN FRIENDS AND INFLUENCE PEOPLE）　D.カーネギー著, 山口博訳　文庫版　大阪　創元社　2016.1　318p　15cm　650円　①978-4-422-10098-2

内容 1 人を動かす三原則（盗人にも五分の理を認める　重要感を持たせる ほか）　2 人に好かれる六原則（誠実な関心を寄せる　笑顔を忘れない ほか）　3 人を説得する十二原則（議論を避ける　誤りを指摘しない ほか）　4 人を変える九原則（まずほめる　遠まわしに注意を与える ほか）〔01510〕

◇道は開ける（HOW TO STOP WORRYING AND START LIVING）　D.カーネギー著, 香山晶訳　文庫版　大阪　創元社　2016.1　346p　15cm　700円　①978-4-422-10099-9

内容 1 悩みに関する基本事項　2 悩みを分析する基礎技術　3 悩みの習慣を早期に断つ方法　4 平和と幸福をもたらす精神状態を養う方法　5 悩みを完全に克服する方法　6 批判を気にしない方法　7 疲労と悩みを予防し心身を充実させる方法〔01511〕

◇D.カーネギー マンガで読み解く道は開ける　デール・カーネギー原作, 歩川友紀脚本, 青野渚, たかうま創, 永井博華漫画　大阪　創元社　2016.3　198p　19cm　1000円　①978-4-422-10116-3

内容 第1話 悩みの正体をつきとめる　第2話 悲しみを乗り越える　第3話 劣等感を克服する　第4話 批判に向き合う　第5話 疲れを追い払う〔01512〕

◇D.カーネギーの未来を拓く言葉―真摯に生きるために大切な60の教え（Life is short Make It Great, Embrace Change For Success〔etc.〕）　D.カーネギー協会編, 片山陽子訳　大阪　創元社　2016.4　159p　19cm　1200円　①978-4-422-10038-8

内容 第1章 人といかにつきあうか（箴言1　人間関係の原則 ほか）　第2章 自分の心を整える（ほほえみ　会話 ほか）　第3章 仕事をうまく進めるために（仕事に誇りをもつ　最高のほめ言葉 ほか）　第4章 よりよく生きる知恵（今を生きる　熱中する ほか）〔01513〕

◇人生論（HOW TO ENJOY YOUR LIFE AND YOUR JOB）　D.カーネギー著, 山口博, 香山晶訳　文庫版　大阪　創元社　2016.5　247p　15cm　〈奥付のタイトル：カーネギー人生論〉　650円　①978-4-422-10108-8

内容 1 平和と幸福をもたらす七つの方法（自己を知り、自己に徹する　疲労と悩みを予防する四つの習慣 ほか）　2 人を動かす原則（盗人にも五分の理を認める　重要感を持たせる ほか）　3 人を説得する原則（誤りを指摘しない　穏やかに話す ほか）　4 人を変える原則（遠まわしに注意を与える　自分の過ちを話す ほか）〔01514〕

◇D.カーネギー名言集（DALE CARNEGIE'S SCRAPBOOK）　ドロシー・カーネギー編, 神島康訳　文庫版　大阪　創元社　2016.5　267p　15cm　〈奥付のタイトル：カーネギー名言集〉　650円　①978-4-422-10100-2

内容 1 いかにして自信を得るか　2 信ずる心　3 人間関係について　4 仕事について　5 自分自身について〔01515〕

◇道は開ける―新・完訳（How to Stop Worrying and Start Living）　デール・カーネギー著, 近藤隆文訳　アチーブメント　2016.5　589p　20cm　〈発売：アチーブメント出版〉　2000円　①978-4-905154-91-4

内容 第1部 悩みについてまず知っておきたいこと　第2部 悩みを分析する基礎技術　第3部 悩みグセを断って自分を守ろう　第4部 安らぎと幸せをもたらす心がまえを育む7つの方法　第5部 悩みに打ち勝つための黄金律　第6部 批判に悩まされないために　第7部 疲労と悩みを防ぎ、体力と気力を高める6つの方法　第8部 幸福と成功をもたらす仕事を見つけるには　第9部 どうすればお金の悩みを軽くできるか　第10部「私はいかにして悩みを克服したか」―32の実話〔01516〕

◇人を動かす―新訳（How to Win Friends and Influence People）　D.カーネギー〔著〕, 田内志文訳　KADOKAWA　2016.7　413p　15cm　（角川文庫 iカ14-2）　640円　①978-4-04-101963-4

内容 1 人を扱う基本技術　2 人に好かれるためには　3 自分の考えを人に分からせる　4 リーダーになるには攻撃せず、議論を呼ばずに人を変える　5 奇跡の効果をもたらす手紙　6 幸せな家庭を築く七つの原則〔01517〕

◇人を動かす―完全版（HOW TO WIN FRIENDS AND INFLUENCE PEOPLE）　D.カーネギー著, 東条健一訳　新潮社　2016.11　350p　20cm　1500円　①978-4-10-506653-6

内容 第1章 人間の取扱説明書　第2章 人に好かれる6つの方法　第3章 相手を自分の考え方に同調させる12の方法　第4章 怒らせずに人を変える9つの方法　第5章 敵を味方に変える方法　第6章 家庭生活を幸福にする7つの原則〔01518〕

カーネギー, ドロシー　Carnegie, Dorothy Reeder

◇D.カーネギー名言集（DALE CARNEGIE'S SCRAPBOOK）　ドロシー・カーネギー編, 神島康訳　文庫版　大阪　創元社　2016.5　267p　15cm　〈奥付のタイトル：カーネギー名言集〉　650円　①978-4-422-10100-2

内容 1 いかにして自信を得るか　2 信ずる心　3 人間関係について　4 仕事について　5 自分自身について〔01519〕

ガーネット, ニコール

◇成長戦略論―イノベーションのための法と経済学（RULES FOR GROWTH）　ロバート・E.ライタン編著, 木下信行, 中原裕彦, 鈴木淳人監訳　NTT出版　2016.3　383p　23cm　6500円　①978-4-7571-2352-6

内容 土地利用規制とイノベーション及び成長（ニコール・ガーネット著, 木下信行監訳, 小林正典訳）〔01520〕

ガーネット, ブルース

◇多様性を拓く教師教育―多文化時代の各国の取り組み（Educating Teachers for Diversity）　OECD教育研究革新センター編著, 斎藤里美監訳, 布川あゆみ, 本田伊克, 木下江美, 三浦綾希子, 藤浪海訳　明石書店　2014.8　403p　22cm　4500円　①978-4-7503-4053-1

内容 教育の場での多様性（ブルース・ガーネット著, 木下江美訳）〔01521〕

ガーネット, リチャード

◇環太平洋諸国〈日・韓・中・米・豪〉における外国判決の承認・執行の現状　増田晋編著　商事法

務 2014.1 244p 26cm (別冊NBL No.145) 3400円 ①978-4-7857-7117-1
内容 オーストラリア(リチャード・ガーネット述, サイマル・インターナショナル訳) 〔01522〕

カーネマン, ダニエル Kahneman, Daniel
◇ファスト＆スロー―あなたの意思はどのように決まるか？ 上 (Thinking, Fast and Slow) ダニエル・カーネマン著, 村井章子訳 早川書房 2014.6 446p 15cm (ハヤカワ・ノンフィクション文庫) 840円 ①978-4-15-050410-6
内容 第1部 二つのシステム(登場するキャラクター 注意と努力 怠け者のコントローラー ほか) 第2部 ヒューリスティクスとバイアス(少数の法則 アンカー 利用可能性ヒューリスティック ほか) 第3部 自信過剰(わかったつもり 妥当性の錯覚 直感対アルゴリズム) 〔01523〕
◇ファスト＆スロー―あなたの意思はどのように決まるか？ 下 (Thinking, Fast and Slow) ダニエル・カーネマン著, 村井章子訳 早川書房 2014.6 427p 15cm (ハヤカワ・ノンフィクション文庫) 840円 ①978-4-15-050411-3
内容 第3部 自信過剰(承前)(エキスパートの直感は信用できるか 外部情報に基づくアプローチ 資本主義の原動力) 第4部 選択(ベルヌーイの誤り プロスペクト理論 保有効果 悪い出来事 四分割パターン めったにない出来事 リスクポリシー メンタル・アカウンティング 選好の逆転 フレームと客観的事実) 第5部 二つの自己(二つの自己 人生は物語 「経験する自己」の幸福感 人生について考える) 〔01524〕

カーノイ, マーティン Carnoy, Martin
◇グローバリゼーションと教育改革 (Globalization and Educational Reform) マーティン・カーノイ〔著〕, 吉田和浩訳・解説 東信堂 2014.8 105p 21cm (ユネスコ国際教育政策叢書 2) 〈文献あり 索引あり〉 1200円 ①978-4-7989-1249-3
内容 第1章 グローバリゼーションの衰退？ 第2章 グローバリゼーションの労働への影響 第3章 グローバリゼーションの教育改革戦略への影響 第4章 世界経済における教育改革の明示化 第5章 教育の実践に対するグローバリゼーションの影響 第6章 グローバリゼーションと文化的アイデンティティー 第7章 グローバル経済のための教育戦略 〔01525〕

カノスキー, S.E.* Kanoski, Scott E.
◇ワーキングメモリと日常―人生を切り拓く新しい知性 (WORKING MEMORY) T.P.アロウェイ,R.G.アロウェイ編著, 湯沢正通, 湯沢美紀監訳 京都 北大路書房 2015.10 340p 21cm (認知心理学のフロンティア) 〈文献あり 索引あり〉 3800円 ①978-4-7628-2908-6
内容 ワーキングメモリと食習慣(Scott E.Kanoski著, 中條和光訳) 〔01526〕

カノフスキ, ベルント
◇ヨーロッパ史のなかの裁判事例―ケースから学ぶ西洋法制史 (Fälle aus der Rechtsgeschichte) U.ファルク,M.ルミナティ,M.シュメーケル編著, 小川浩三, 福田誠治, 松本尚子監訳 京都 ミネルヴァ書房 2014.4 445p 22cm 〈索引あり〉 6000円 ①978-4-623-06559-2
内容 ハインリヒ獅子公に対する訴訟(ベルント・カノフスキ著, 田口正樹訳) 〔01527〕

ガノール, ボアズ
◇イスラエル情報戦史 (ISRAEL'S SILENT DEFENDER) 佐藤優監訳, アモス・ギルボア, エフライム・ラピッド編, 河合洋一郎訳 並木書房 2015.6 373p 図版32p 21cm 〈年表あり〉 2700円 ①978-4-89063-328-9
内容 パレスチナ領内でのインテリジェンス活動(シャローム・ハラリ著, ボアズ・ガノール著) 〔01528〕

カーバー, ロバート Carver, Robert
◇システマティックトレード―独自のシステムを開発するための完全ガイド (Systematic Trading) ロバート・カーバー著, 長尾慎太郎監修, 山下恵美子訳 パンローリング 2016.7 444p 22cm (ウィザードブックシリーズ 237) 7800円 ①978-4-7759-7206-9
内容 第1部 理論(人間の脳は不完全 システマティックなトレードルール) 第2部 ツールボックス(最適化 ポートフォリオアロケーション) 第3部 フレームワーク(フレームワークの概要 投資対象 予測値 複合予測値 ボラティリティターゲット ポジションサイジング ポートフォリオ 速度とサイズ) 第4部 実践(セミオートマティックトレーダーの例 アセットアロケーションタイプの投資家の例 忠実なシステムズトレーダーの例) 〔01529〕

ガバッチア, ダナ・R. Gabaccia, Donna R.
◇移民からみるアメリカ外交史 (FOREIGN RELATIONS) ダナ・R.ガバッチア著, 一政(野村)史織訳 白水社 2015.12 245, 25p 20cm 〈索引あり〉 3200円 ①978-4-560-08475-5
内容 第1章 孤立か、独立か？ ――八五〇年以前のアメリカの移民 第2章 移民の外国とのつながりの発見とアメリカ帝国――八五〇～一九二四年 第3章 移民と移民制限 危険な世界での保護――八五〇～一九六五年 第4章 移民とグローバル化――九六五年から現在まで 結語 「故国と忠誠を変更する、人の譲ることのできない権利」 〔01530〕

カービィ, リンダ・K. Kirby, Linda K.
◇MBTIタイプ入門―Myers-Briggs Type Indicator (MBTI)受検者のタイプ検証のためのガイド (Introduction to type (6th ed.)) イザベル・ブリッグス・マイヤーズ著, 園田由紀訳 第6版/リンダ K.カービィ, キャサリン D.マイヤーズ/改訂 JPP 2011.1 43p 30cm 2000円 〔01531〕

カビール, ナイラ Kabeer, Naila
◇選択する力―バングラデシュ人女性によるロンドンとダッカの労働市場における意思決定 (THE POWER TO CHOOSE) ナイラ・カビール著, 遠藤環, 青山和佳, 韓載香訳 ハーベスト社 2016.4 436p 21cm 〈文献あり 索引あり〉 3600円 ①978-4-86339-074-4
内容 労働の基準、二重基準？ 一国際貿易における選択的連帯 「合理的な愚か者」と「文化的なまぬけ」？ ―社会科学における構造と行為主体性に関する諸説

カ

黄金のバングラの変わりゆく顔―ダッカ調査の背景　パルダの再交渉―ダッカにおける女性労働者の労働市場における意思決定　個人化されたエンタイトルメント―工場賃金と世帯内権力関係　七つの海と一三の河を越えて―ロンドン調査の背景　構造の再構成―ロンドンにおける家内労働者の労働市場における意思決定　仲介されたエンタイトルメント―在宅の出来高賃金労働と世帯内権力関係　労働市場における排除と経済学―逆説の説明　選択の力と「見えない事実の確認」―構造と行為主体性の再検討　弱い勝者、強い敗者―国際貿易における保護主義の政治学〔01532〕

カビル, フマユン

◇「学校化」に向かう南アジア―教育と社会変容　押川文子, 南出和余編著　京都　昭和堂　2016.2　399p　22cm　6300円　①978-4-8122-1539-5

内容 パキスタンにおけるマドラサ改革の問題（フマユン・カビル著, 井出翔太郎, 日下部達哉訳）〔01533〕

カブ, ジョン・B., Jr.　Cobb, John B., Jr.

◇教会の再生―どこで主流教会は間違ってしまったのか、そして、何をなすべきか？　欧米キリスト教の衰退と再生へのヒント日本の教会が学ぶべきこと！　(Reclaiming the church)　ジョン・B.カブ,Jr.著, 郷義孝訳　名古屋　三恵社　2014.6　212p　19cm　2000円　①978-4-86487-257-7〔01534〕

ガーブ, スザンヌ　Garbe, Suzanne

◇マチュ・ピチュのひみつ―インカ帝国の失われた都市（Secrets of Machu Picchu）　スザンヌ・ガーブ著, 六耀社編集部編訳　六耀社　2015.10　32p　24cm　（世界遺産◎考古学ミステリー）　1850円　①978-4-89737-799-5

内容 1 インディ・ジョーンズは、本当にいた？　2 マチュ・ピチュの建造物と遺物　3 インカ帝国の人々の暮らしと文化　4 インカ帝国の滅亡　5 どのようにマチュ・ピチュを保護するか〔01535〕

カブサヌ, M.*　Kavussanu, Maria

◇自己調整学習ハンドブック（HANDBOOK OF SELF-REGULATION OF LEARNING AND PERFORMANCE）　バリー・J.ジマーマン, ディル・H.シャンク編, 塚野州一, 伊藤崇達監訳　京都　北大路書房　2014.9　434p　26cm　〈索引あり〉　5400円　①978-4-7628-2874-4

内容 スポーツのスキルと知識の獲得：自己調整プロセスの役割（Anastasia Kitsantas, Maria Kavussanu著, 伊藤崇達訳）〔01536〕

カプチャン, チャールズ　Kupchan, Charles

◇ポスト西洋世界はどこに向かうのか―「多様な近代」への大転換（No one's world）　チャールズ・カプチャン著, 坪内淳監訳, 小松志朗訳　勁草書房　2016.5　9, 267, 42p　20cm　〈文献あり〉　2500円　①978-4-326-35167-1

内容 第1章 大転換　第2章 西洋の勃興　第3章 直近の世界の大転換―西洋が世界を圧倒したとき　第4章 次に来る大転換―非西洋の勃興　第5章 西洋モデルとは異なる未来　第6章 西洋の復活　第7章 誰のものでもない世界をどうまとめるのか〔01537〕

カプニャイ, ファン・カルロス

◇地球時代の「ソフトパワー」―内発力と平和のための知恵　浅香幸枝編　大津　行路社　2012.3　362p　22cm　（南山大学地域研究センター共同研究シリーズ 4）　〈文献あり〉　2800円　①978-4-87534-440-7

内容 ソフトパワーと平和構築（ファン・カルロス・カプニャイ著, アルベルト松本訳）〔01538〕

カプラン, エイブラハム　Kaplan, Abraham

◇権力と社会―政治研究の枠組み（Power and society）　ハロルド・D.ラスウェル, エイブラハム・カプラン著, 堀江湛, 加藤秀治郎, 永山博之訳　芦書房　2012.10　338p　21cm　〈文献あり〉　3000円〔01539〕

カプラン, デービッド・E.　Kaplan, David E.

◇調査報道ジャーナリズムの挑戦―市民社会と国際支援戦略　花田達朗, 別府三奈子, 大塚一美, デービッド・E.カプラン著　旬報社　2016.12　197p　21cm　1700円　①978-4-8451-1485-6

内容 第1部 調査報道ジャーナリズムの生成とその存立条件（なぜいま日本で調査報道か―ジャーナリズムとグローバル市民社会の接続　ジャーナリズムの基盤構造と調査報道の水脈　調査報道ジャーナリストを阻む法的障壁―厚く高い日本の壁）　第2部 調査報道ジャーナリズムを支援する国際的戦略（著者紹介　はじめに　要約　範囲と方法論　概観：世界規模で広がる調査報道ジャーナリズム　調査報道の世界地図　非営利モデル　持続可能なモデル　ジャーナリズムスクールの役割　基準と質　観察と評価　知見と推奨）〔01540〕

カプラン, マリアナ　Caplan, Mariana

◇グルと弟子の心理学―魂の道を求めて 1（THE GURU QUESTION）　マリアナ・カプラン著, 小林真行訳　コスモス・ライブラリー　2014.3　282p　19cm　〈発売：星雲社〉　1700円　①978-4-434-19046-9

内容 いざ、スピリチュアル・スーパーマーケットへ　スピリチュアルな権威性の諸タイプ　禁句としての「グル」―スピリチュアルな教師に対する批判およびスピリチュアルなスキャンダルの性質　スピリチュアルな教師の重要性　基礎となる心理的な健全性　権力の力学との自覚的な関係　互いに対する信頼と明け渡し　教師とのであい―真の教師および生徒を見わける基準の定義　ルールを破る　スピリチュアルな一夫一婦制か、「浮気を重ねる」か〔ほか〕〔01541〕

◇グルと弟子の心理学―魂の道を求めて 2（THE GURU QUESTION）　マリアナ・カプラン著, 小林真行訳　コスモス・ライブラリー　2015.4　225p　19cm　〈文献あり　発売：星雲社〉　1700円　①978-4-434-20514-9

内容 第13章 教師の側の欠陥　第14章 真の力の源泉　第15章 愛という至福のために　第16章 ワールド・スピリチュアリティのヴィジョン　エピローグ 予想外の顛末―教師に対する虚偽の告発　付章 教師・研究者へのインタビュー〔01542〕

カプラン, ロバート・スティーヴン　Kaplan, Robert Steven

◇戦略マップ―バランスト・スコアカードによる戦略策定・実行フレームワーク（STRATEGY

MAPS）ロバート・S.キャプラン，デビッド・P.ノートン著，桜井通晴，伊藤和憲，長谷川恵一監訳　復刻版　東洋経済新報社　2014.2　531p　22cm　〈初版：ランダムハウス講談社 2005年刊　索引あり〉4800円　①978-4-492-53339-0

内容 第1部 概観（序論　戦略マップ）　第2部 企業価値創造のプロセス（業務管理のプロセス　顧客管理のプロセス ほか）　第3部 インタンジブルズ（インタンジブルズを企業の戦略に方向づける　人的資本レディネス ほか）　第4部 戦略と戦略マップの構築（戦略マップのカスタマイズ　戦略実行キャンペーンの計画）　第5部 ケースファイル（民間企業　公的組織 ほか）〔01543〕

◇ハーバードの自分を知る技術―悩めるエリートたちの人生戦略ロードマップ（What You're Really Meant to Do）ロバート・スティーヴン・カプラン著，福井久美子訳　阪急コミュニケーションズ　2014.7　253p　19cm　1500円　①978-4-484-14111-4

内容 第1章 あなたが生まれもった使命―はじめの一歩　第2章 自分の長所と短所を知ろう―自分の能力は自分で伸ばす　第3章 あなたが本当にやりたいこと―夢をみよう　第4章 自分を理解しよう―心の声の影響力について　第5章 チャンスを活かす方法―仕事力とキャリアマネージメント　第6章 "優秀な人"と"一流の人"の違い―品格とリーダーシップ　第7章 人間関係の重要性―すべてを一人でやることはできない　第8章 なりたい自分に近づくために―それぞれの道を歩む〔01544〕

◇ハーバード・ビジネス・レビューBEST10論文―世界の経営者が愛読する（HBR's 10 Must Reads）ハーバード・ビジネス・レビュー編集部編，DIAMONDハーバード・ビジネス・レビュー編集部訳　ダイヤモンド社　2014.9　357p　19cm　（Harvard Business Review）1800円　①978-4-478-02868-1

内容 バランス・スコアカードの導入インパクト（ロバート・S.キャプラン，デイビッド・P.ノートン著）〔01545〕

◇ハーバードの"正しい疑問"を持つ技術―成果を上げるリーダーの習慣（WHAT TO ASK THE PERSON IN THE MIRROR）ロバート・スティーヴン・カプラン著，福井久美子訳　CCCメディアハウス　2015.7　279p　19cm　1600円　①978-4-484-15117-5

内容 第1章 会社の未来像を描く技術―目的地がわかっている方がスムーズにたどり着ける　第2章 時間を管理する技術―ビジョンと優先事項に時間をかける　第3章 フィードバックを活用する技術―トップダウンコーチングとボトムアップコーチング　第4章 部下を育てる技術―後継者を育成する　第5章 迷走した組織を正す技術―白紙の状態から会社を設計し直す　第6章 みんなのお手本となる技術―あなたの信念や価値観を伝える　第7章 自分の能力を開花させる技術―自分の持ち味を生かす　第8章 正しい疑問を持つ技術―視野を広げるための訓練〔01546〕

◇自分を成長させる極意―ハーバード・ビジネス・レビューベスト10選（HBR'S 10 MUST READS ON MANAGING YOURSELF）ピーター・F.ドラッカー，クレイトン・M.クリステンセン他著，ハーバード・ビジネス・レビュー編集部編，DIAMONDハーバード・ビジネス・レビュー編集部訳　ダイヤモンド社　2016.1　311p　19cm　1600円　①978-4-478-06830-4

内容 自分を成長させ続ける「7つの質問」/ビジネスで定期的に考えるべき最重要の問い（ロバート・S.キャプラン著）〔01547〕

◇ハーバードのリーダーシップ講義―「自分の殻」を打ち破る（WHAT YOU REALLY NEED TO LEAD）ロバート・スティーヴン・カプラン著，福井久美子訳　CCCメディアハウス　2016.8　227p　19cm　〈文献あり〉1500円　①978-4-484-16108-2

内容 はじめに―誰でもリーダーになれる　第1章 経営者マインドをもつ―経営者になったつもりで考え、行動する　第2章 自分の殻を破る―意欲的に学び、"正しい疑問"をもち、アドバイスを求め、孤立を避ける　第3章 リーダーとしてのスキルを伸ばす―二つのプロセスをマスターする　第4章 真の人間関係を築く―自分をさらけ出し、グループの力を活用する　第5章 終わりなき旅をする―もう一段階上のリーダーをめざして〔01548〕

カプラン，ロバート・D.　Kaplan, Robert D.

◇南シナ海中国海洋覇権の野望（ASIA'S CAULDRON）ロバート・D.カプラン著，奥山真司訳　講談社　2014.10　273p　19cm　1800円　①978-4-06-219244-6

内容 プロローグ チャンパ遺跡で考えたこと　第1章 人道・平和主義者のジレンマ　第2章 中国のカリブ海　第3章 ベトナムの行く末　第4章 文明入り混じるマレーシア　第5章「よい独裁者」がいる都市国家シンガポール　第6章 植民地時代の重荷に苦しむフィリピン　第7章 アジアのベルリン・台湾　第8章 北京の思惑　エピローグ ボルネオ島のスラム街〔01549〕

◇地政学の逆襲―「影のCIA」が予測する覇権の世界地図（THE REVENGE OF GEOGRAPHY）ロバート・D.カプラン著，桜井祐子訳　朝日新聞出版　2014.12　411p　20cm　2800円　①978-4-02-331351-4

内容 第1部 空間をめぐる競争（ポスト冷戦の世界　地理の逆襲　ヘロドトスとその継承者たち　ユーラシア回転軸理論　ナチスによる歪曲　リムランド理論　シーパワーの魅惑　空間の危機）　第2部 二一世紀初めの世界地図（ヨーロッパの統合　拡大するロシア　大中華圏　インドのジレンマ　中軸国家イラン　旧オスマン帝国）　第3部 アメリカの大戦略（岐路に立つメキシコ）〔01550〕

◇南シナ海が"中国海"になる日―中国海洋覇権の野望（ASIA'S CAULDRON）ロバート・D.カプラン〔著〕，奥山真司訳　講談社　2016.1　389p　15cm　（講談社+α文庫 G275-1）〈「南シナ海中国海洋覇権の野望」（2014年刊）の改題、加筆・修正〉920円　①978-4-06-281643-4

内容 プロローグ チャンパ遺跡で考えたこと　第1章 人道・平和主義者のジレンマ　第2章 中国のカリブ海　第3章 ベトナムの行く末　第4章 文明入り混じるマレーシア　第5章「よい独裁者」がいる都市国家シンガポール　第6章 植民地時代の重荷に苦しむフィリピン　第7章 アジアのベルリン・台湾　第8章 北京の思惑　エピローグ ボルネオ島のスラム街〔01551〕

ガブリエル，マルクス　Gabriel, Markus

◇神話・狂気・哄笑―ドイツ観念論における主体性

（Mythology, madness, and laughter）　マルクス・ガブリエル, スラヴォイ・ジジェク著, 大河内泰樹, 斎藤幸平監訳, 飯泉佑介, 池松辰男, 岡崎竜, 岡崎佑香訳　八王子　堀之内出版　2015.11　356p　20cm　（Nνξ 叢書 1）〈文献あり〉3500円　①978-4-906708-54-3

内容 緒論 ポスト・カント的観念論への回帰を求めて　第1章 反省という神話的存在―ヘーゲル、シェリング、必然性の偶然性について（現象―ヘーゲルの反省論　神話という思考以前の存在―反省の限界についてのシェリングの考察　必然性の偶然性）　第2章 二つの自由をめぐる規律訓練―ドイツ観念論における狂気と習慣（ヘーゲルの習慣　自己のオート‐ポイエーシス（自己‐制作）　何も指示しない表現　習慣、動物、人間）　第3章 フィヒテの哄笑（フィヒテの自我からヘーゲルの主体へ　絶対者と現象　フィフテ的な賭け　障害（Anstoß）と事‐行（Tat‐Handlung）　分割と限定　有限な絶対者　定立された前提）　付録「なぜ世界は存在しないのか」　〔01552〕

カ

カヘン, アダム　Kahane, Adam

◇社会変革のシナリオ・プランニング―対立を乗り越え、ともに難題を解決する（Transformative Scenario Planning）　アダム・カヘン著, 小田理一郎監訳, 東出顕子訳　英治出版　2014.11　235p　20cm　〈文献あり〉2400円　①978-4-86276-185-9

内容 第1章 必要に迫られて生まれた発明　第2章 未来への新しい取り組み方　第3章 ステップ1―システム全体からチームを招集する　第4章 ステップ2―何が起きているか観察する　第5章 ステップ3―何が起こりうるかについてストーリーを作成する　第6章 ステップ4―何ができ、何をなさねばならないか発見する　第7章 ステップ5―システムの変革をめざして行動する　第8章 新しいストーリーが新しい現実を生み出す　第9章 社会変革のインナーゲーム　〔01553〕

カーマイケル, エミー　Carmichael, Amy

◇御翼の陰に隠されて（You Are My Hiding Place）　エミー・カーマイケル著, デイヴィッド・ハザード編, 棚瀬多喜雄訳　新装版　いのちのことば社　2016.10　191p　19cm　1300円　①978-4-264-03591-6

内容「ふるさと」に帰る　寄りかかる　一人ひとりがとうとい　間を置いて　いちどきに一歩ずつ　沈黙の歌　山さえあれば　もし人を軽んじるならば　個人的な好き嫌いに　人からほめられることを求める〔ほか〕　〔01554〕

カマチョ, キース・L.　Camacho, Keith Lujan

◇戦禍を記念する―グアム・サイパンの歴史と記憶（CULTURES OF COMMEMORATION）　キース・L.カマチョ〔著〕, 西村明, 町泰樹訳　岩波書店　2016.9　269, 37p　22cm　5400円　①978-4-00-061152-7

内容 序章 戦争・記憶・歴史　第1章 忠誠と解放　第2章 マリアナ諸島における第二次世界大戦　第3章 戦争の爪あと　第4章 宗教的行列から市民的パレードへ　第5章 英雄なき地　第6章 記憶と歴史の周縁で　第7章 ドゥエニャス神父の生涯と死　〔01555〕

カミングス, カルヴィン・ノックス　Cummings, Calvin Knox

◇キリストを告白するために（Confessing Christ 原著第4版の翻訳）　カルヴィン・ノックス・カミングス著, 八重樫和彦訳　仙台　正統長老教会日本ミッション　2013.12　175p　21cm　〈1992年刊の改訂　発売：いのちのことば社〉1400円　①978-4-264-03189-5

内容 序章 神―私たちの信じる神　第1章 聖書―私たちの信仰告白の土台　第2章 キリスト―私たちが告白するお方　第3章 悔い改めと信仰―真の信仰告白に必要な条件　第4章 キリスト者の生活―信仰告白に生きる　第5章 教会―信仰告白において一つとなるところ　第6章 神が与える成長の糧―御言葉・礼典・祈り　第7章 キリストを他の人々に告白する―その資格と方法　〔01556〕

カミングス, ブルース　Cumings, Bruce

◇朝鮮戦争論―忘れられたジェノサイド（THE KOREAN WAR）　ブルース・カミングス著, 栗原泉, 山岡由美訳　明石書店　2014.4　295p　20cm　（世界歴史叢書）〈文献あり〉3800円　①978-4-7503-3988-7

内容 第1章 戦争の経緯　第2章 記憶する側　第3章 忘れ去る側　第4章 抑圧の文化　第5章 分断の三八度線―忘れられた占領　第6章「最も不公平な結果」―空爆　第7章 記憶の洪水　第8章 アメリカと冷戦を作り直した「忘れられた戦争」　第9章 鎮魂―和解への動きのなかで　〔01557〕

カム, エフライム

◇イスラエル情報戦史（ISRAEL'S SILENT DEFENDER）　佐藤優監訳, アモス・ギルボア, エフライム・ラピッド編, 河合洋一郎訳　並木書房　2015.6　373p 図版32p　21cm　〈年表あり〉2700円　①978-4-89063-328-9

内容 イランの核開発疑惑（エフライム・カム著）　〔01558〕

カム, ファップ

◇ティク・ナット・ハン マインドフルネスの教え―プラムヴィレッジ来日ツアー2015ドキュメントブック　ティク・ナット・ハン, プラムヴィレッジ僧侶団, 佐々涼子, 島田啓介他〔著〕　サンガ　2015.11　335p　21cm　〈他言語標題：The Heart of Thich Nhat Hanh〉2500円　①978-4-86564-027-4

内容 ブラザー・ファップ・カム法話（中田亜希翻訳・構成, ブラザー・ファップ・カム述）　〔01559〕

カムテカー, ラチナ

◇徳倫理学―ケンブリッジ・コンパニオン（The Cambridge Companion to Virtue Ethics）　ダニエル・C.ラッセル編, 立花幸司監訳, 相沢康隆, 稲村一隆, 佐良土茂樹訳　春秋社　2015.9　521, 29p　20cm　〈文献あり 索引あり〉5200円　①978-4-393-32353-3

内容 古代の徳倫理学（ラチナ・カムテカー著, 稲村一隆訳）　〔01560〕

カメロン, ジェイムズ・K.

◇イギリス宗教史―前ローマ時代から現代まで（A History of Religion in Britain）　指昭博, 並河葉子監訳, 赤江雄一, 赤瀬理穂, 指珠恵, 戸渡文子, 長谷川直子, 宮崎章訳, シェリダン・ギリー, ウィリアム・J.シールズ編　法政大学出版局　2014.10　629, 63p　22cm　〈文献あり 年表あり 索引あり〉 9800円　Ⓘ978-4-588-37122-6
内容 スコットランドの教会（ジェイムズ・K.カメロン著, 赤瀬理穂訳）　〔*01561*〕

カモデカ, M.* Camodeca, Marina
◇ゆがんだ認知が生み出す反社会的行動―その予防と改善の可能性　吉沢寛之, 大西彩子,G.ジニ, 吉田俊和編著　京都　北大路書房　2015.3　270p　21cm　3000円　Ⓘ978-4-7628-2889-8
内容 認知のゆがみと反社会的行動：ヨーロッパの動向（Gianluca Gini,Marina Camodeca,Simona C.S. Caravita）　〔*01562*〕

ガラ, シェイリン・G.
◇動物と戦争―真の非暴力へ、《軍事―動物産業》複合体に立ち向かう（Animals and War）　アントニー・J.ノチェッラ二世, コリン・ソルター, ジュディー・K.C.ベントリー編, 井上太一訳　新評論　2015.10　306p　20cm　〈文献あり 索引あり〉 2800円　Ⓘ978-4-7948-1021-2
内容 動物たちの前線（ジャスティン・R.グッドマン, シェイリン・G.ガラ, イアン・E.スミス著）　〔*01563*〕

ガライ, ダン Galai, Dan
◇リスクマネジメントの本質（The Essentials of Risk Management 原著第2版の翻訳）　Michel Crouhy,Dan Galai,Robert Mark著, 三浦良造訳者代表　第2版　共立出版　2015.8　602p　23cm　〈索引あり〉 8000円　Ⓘ978-4-320-11111-0
内容 リスク管理の鳥瞰図　企業におけるリスク管理入門　銀行と規制当局：危機後の規制枠組み　コーポレートガバナンスとリスク管理　リスクとリターンの理論に対するユーザー向けガイド　金利リスクとデリバティブによるヘッジ　市場リスクの計測：バリューアットリスク、期待ショートフォール、その他類似する方法　資産負債管理　クレジットスコアリングとリテール信用リスク管理　商業信用リスクと個々の信用格付　クレジットポートフォリオのリスクと信用リスクモデリングのための定量的アプローチ　信用リスク移転市場とその示唆　カウンターパーティー信用リスク：CVA、DVA、FVA　オペレーショナルリスク　モデルリスク　ストレステストとシナリオ分析　リスク資本の配賦ならびにリスク調整後業績評価　〔*01564*〕

カライル, ゴーピ Kallayil, Gopi
◇リセット―Google流最高の自分を引き出す5つの方法（THE INTERNET TO THE INNER-NET）　ゴーピ・カライル著, 白川部君江訳　あさ出版　2016.8　342p　19cm　1900円　Ⓘ978-4-86063-874-0
内容 第1部 ログイン（蓮の花のように浮かぶ　あえて愚者になる ほか）　第2部 アクセス（自ら取りに行く　空きスペースを常に用意しておく ほか）　第3部 最適化（言葉に秘められた力　プラクティカルに考える ほか）　第4部 検索（地球最後のフロンティアで生きるということ　可能性を広げる扉の開け方 ほか）　第5部 サインアップ（人はつながりあっている　心のレンズを変える ほか）　〔*01565*〕

カラヴィタ, S.C.S.* Caravita, Simona C.S.
◇ゆがんだ認知が生み出す反社会的行動―その予防と改善の可能性　吉沢寛之, 大西彩子,G.ジニ, 吉田俊和編著　京都　北大路書房　2015.3　270p　21cm　3000円　Ⓘ978-4-7628-2889-8
内容 認知のゆがみと反社会的行動：ヨーロッパの動向（Gianluca Gini,Marina Camodeca,Simona C.S. Caravita）　〔*01566*〕

カラス, ルース・メイゾ
◇現代を読み解くための西洋中世史―差別・排除・不平等への取り組み（Why the Middle Ages Matter）　シーリア・シャゼル, サイモン・ダブルデイ, フェリス・リフシッツ, エイミー・G.リーメンシュナイダー編著, 赤阪俊一訳　明石書店　2014.9　368p　20cm　（世界人権問題叢書 89）　4600円　Ⓘ978-4-7503-4072-2
内容 結婚―中世の夫婦と伝統の使用（ルース・メイゾ・カラス）　〔*01567*〕

ガラーノ, ローナ Garano, Lorna
◇性の悩み、セックスで解決します。―900人に希望を与えた性治療士の手記（An Intimate Life）　シェリル・T.コーエン - グリーン, ローナ・ガラーノ著, 柿沼瑛子訳　イースト・プレス　2014.2　441p　19cm　2200円　Ⓘ978-4-7816-1127-3
内容 重い息遣い マーク　布団の下の罪　性格の不一致 ブライアン　セックス中毒　魔法なんてない ジョージ　処女ではない　どんなに遅くとも ラリー　西へ 完璧すぎる マリアン　サロゲートへの道　〔*01568*〕

カラベニック, S.A.* Karabenick, Stuart A.
◇自己調整学習ハンドブック（HANDBOOK OF SELF-REGULATION OF LEARNING AND PERFORMANCE）　バリー・J.ジマーマン, ディル・H.シャンク編, 塚野州一, 伊藤崇達監訳　京都　北大路書房　2014.9　434p　26cm　〈索引あり〉 5400円　Ⓘ978-4-7628-2874-4
内容 援助要請研究における方法論とアセスメントの問題（Stuart A.Karabenick著, 瀬尾美紀子訳）　〔*01569*〕

カラベリ, アンナ・M.
◇ケインズは、《今》、なぜ必要か？―グローバルな視点からの現在的意義　ケインズ学会編, 平井俊顕監修　作品社　2014.2　274p　20cm　2400円　Ⓘ978-4-86182-458-6
内容 今日の世界でケインズの国際経済学は通用するのか？（アンナ・カラベリ, マリオ・チェドリーニ著, 伊藤宣広訳）　〔*01570*〕
◇リターン・トゥ・ケインズ（THE RETURN TO KEYNES）　ブラッドリー・W.ベイトマン, 平井俊顕, マリア・クリスティーナ・マルクッツォ編, 平井俊顕監訳　東京大学出版会　2014.9　388, 56p　22cm　〈文献あり 索引あり〉 5600円　Ⓘ978-4-13-040262-0
内容 現代のグローバル・インバランス（アンナ・M.カラベリ, マリオ・A.チェドリーニ著, 岩本武和訳）　〔*01571*〕

ガラン, クリスチャン
◇「ひきこもり」に何を見るか―グローバル化する

世界と孤立する個人　鈴木国文, 古橋忠晃, ナターシャ・ヴェルー, マイア・ファンステン, クリスチーナ・フィギュエイレド編　青土社　2014.11　276p　19cm　2600円　①978-4-7917-6823-3

内容 出ていくか留まるか/「ひきこもり」を理解するための四つの手がかり（クリスチャン・ガラン著）〔01572〕

カ

カラン, ロドルフ　Calin, Rodolphe

◇レヴィナス著作集　1　捕囚手帳ほか未刊著作（EMMANUEL LEVINAS.ŒUVRES1）　エマニュエル・レヴィナス著, ロドルフ・カラン, カトリーヌ・シャリエ監修, 三浦直希, 渡名喜庸哲, 藤岡俊博訳　法政大学出版局　2014.3　545, 27p　22cm　〈索引あり〉5200円　①978-4-588-12121-0

内容 1 捕囚手帳—一九四〇‐一九四五年　2 捕囚をめぐるテクストとベルクソン讃（捕囚　イスラエルびとの捕虜における精神性　ユダヤ的捕虜体験　〔ベルクソン讃〕）　3 哲学雑記（東　手帳）〔01573〕

◇レヴィナス著作集　2　哲学コレージュ講演集（EMMANUEL LEVINAS ： OEUVRES 2 ： PAROLE ET SILENCE et autres conférences inédites au Collège philosophique）　エマニュエル・レヴィナス著, ロドルフ・カラン, カトリーヌ・シャリエ監修, 藤岡俊博, 渡名喜庸哲, 三浦直希訳　法政大学出版局　2016.7　408, 18p　21cm　4800円　①978-4-588-12122-7

内容 発話と沈黙　権力と起源　糧　教え　書かれたものと口頭のもの　意欲　分離　可能事の彼方　隠喩　補遺1 "意義"　補遺2〔01574〕

カラン, ロバート　Curran, Robert

◇恐怖のオオカミ男（THE WEREWOLF HANDBOOK）　ロバート・カラン原作, 粟生こずえ文　学研教育出版　2015.7　80p　20cm　(封印された博士ノート)　〈索引あり　発売：学研マーケティング〉1100円　①978-4-05-204126-6

内容 オオカミ男とは何か？　どこにいるのか？　オオカミ男を見わける10の特徴　オオカミ男から命を守るためには　きみの命を守る3つの黄金ルール　オオカミ男の種類　古代のオオカミ男　魔女とオオカミ男　ウルフ・マスター　半人半獣のレイナック団〔ほか〕〔01575〕

◇伝説のヴァンパイア（THE VAmPiRE HAnDBOOK）　ロバート・カラン原作, 粟生こずえ文　学研教育出版　2015.7　80p　20cm　(封印された博士ノート)　〈索引あり　発売：学研マーケティング〉1100円　①978-4-05-204124-2

内容 ヴァンパイアとは何か？　どんな姿をしているか？　どこにいるのか？　ヴァンパイアを見わける10の特徴　ヴァンパイアから命を守るためには　きみの命を守る3つの黄金ルール　ヴァンパイアの種類　ストリゴイイ　ペナンガル　アスワング〔ほか〕〔01576〕

◇呪いのゾンビ（THE ZOmBiE HAnDBOOK）　ロバート・カラン原作, 粟生こずえ文　学研教育出版　2015.7　80p　20cm　(封印された博士ノート)　〈索引あり　発売：学研マーケティング〉1100円　①978-4-05-204125-9

内容 ゾンビとは何か？　どんな姿をしているか？　どこにいるのか？　ゾンビを見われる4つの特徴　ゾンビから命を守るためには　ゾンビの攻撃　ゾンビの種類　ブードゥー教のゾンビ　海を渡ったゾンビ　ミイラ〔ほか〕〔01577〕

カランカ, パオラ

◇東インド会社とアジアの海賊　東洋文庫編　勉誠出版　2015.4　312p　20cm　〈年表あり〉2800円　①978-4-585-22098-5

内容 中国沿岸の商業と海賊行為（パオラ・カランカ著, 弥永信美訳）〔01578〕

カーランスキー, マーク　Kurlansky, Mark

◇塩の世界史—歴史を動かした小さな粒　下（SALT ： A WORLD HISTORY）　マーク・カーランスキー著, 山本光伸訳　中央公論新社　2014.5　281p　15cm　(中公文庫)　1000円　①978-4-12-205950-4

内容 第2部 ニシンのかがやきと征服の香り（承前）（自由、平等、免税　独立の維持　塩をめぐる戦い　赤い塩）　第3部 ナトリウムの完璧な融合（ナトリウムの悪評　地質学という神話　沈みゆく地盤　塩と偉大な魂　振り返らずに　自責最後の塩の日々　マー、ラーそして毛　魚より塩をたくさん　大粒の塩、小粒の塩）〔01579〕

カランツィス, ジョージ　Kalantzis, George

◇だれもが知りたいキリスト教神学Q&A（Theology Questions Everyone Asks）　G.M.バーグ,D.ラウバー編, 本多峰子訳　教文館　2016.3　235p　21cm　〈文献あり〉2800円　①978-4-7642-7405-1

内容 神とは誰か（ジョージ・カランツィス）〔01580〕

ガーランド, デービッド　Garland, David

◇処罰と近代社会—社会理論の研究（Punishment and Modern Society）　デービッド・ガーランド著, 向井智哉訳, 藤野京子監訳　現代人文社　2016.11　379p　21cm　〈発売：大学図書〉4800円　①978-4-87798-652-0〔01581〕

カリー, コンスタンス　Curry, Constance

◇アメリカ公民権の炎—ミシシッピ州で闘ったアロン・ヘンリィ（Aaron Henry ： The Fire Ever Burning）　アロン・ヘンリィ, コンスタンス・カリー著, 樋口映美訳　彩流社　2014.6　376, 18p　22cm　〈年譜あり 索引あり〉4500円　①978-4-7791-2023-7

内容 聖書と暦とシアーズ通販カタログ　ボーイスカウトの大将　「誰とも対等に」　コットン・ボール・コート　「分離すれど平等」という嘘　準備はできた空っぽの箱　ミスター・ドーアの約束　非道なたくらみ　「神よ、奴らを許したまえ」〔ほか〕〔01582〕

カリヴァン, ジュード　Currivan, Jude

◇シンプルに生きる。シンプルに考える。　ジュード・カリヴァン著, 三浦英樹訳　アスペクト　2015.3　205p　19cm　1400円　①978-4-7572-2402-5

内容 1つ目の要素 Emotional—あなたの感情（楽しく仕事をする　心から人を許す ほか）　2つ目の要素

Physical―あなたのからだ(毎朝ストレッチをしよう 穀類や食物繊維、フルーツ、野菜などの健康的な食事を摂る ほか) 3つ目の要素 Mental―あなたの精神(新たなことを学びつづける、発見しつづける 抗うことをやめる ほか) 4つ目の要素 Spiritual―あなたの魂(肉体を伴ったスピリチュアルな存在であることを認識する 身体、感情、思考、スピリチュアリティを豊かにしていくということ ほか) 〔01583〕

カリエール, J.C. Carrière, Jean-Claude

◇万国奇人博覧館 (LE LIVRE DES BIZARRES) J-C.カリエール,G.ベシュテル著, 守能信次訳 筑摩書房 2014.5 732p 15cm (ちくま文庫 か65-1) 1500円 ①978-4-480-43165-3

内容 愛書家 アイッサウア族 アイドル崇拝 アイホルン兄弟 アイム アインシュタイン アヴォーアーズ 遊び人 アドレス〔ほか〕 〔01584〕

カリオティ, パトリツィア

◇日蘭関係史をよみとく 上巻 つなぐ人々 松方冬子編 京都 臨川書店 2015.6 336, 2p 22cm 4200円 ①978-4-653-04311-9

内容 長崎の唐人社会(パトリツィア・カリオティ著, クレインス桂子訳) 〔01585〕

カリーゼ, マウロ

◇民主政治はなぜ「大統領制化」するのか―現代民主主義国家の比較研究 (The Presidentialization of Politics) T.ポグントケ,P.ウェブ編, 岩崎正洋監訳 京都 ミネルヴァ書房 2014.5 523, 7p 22cm 〈索引あり〉 8000円 ①978-4-623-07038-1

内容 大統領制化、イタリアの流儀(マウロ・カリーゼ著, 藤原真史訳) 〔01586〕

カリッシュ, アラン

◇FDガイドブック―大学教員の能力開発 (A GUIDE TO FACULTY DEVELOPMENT 原著第2版の抄訳) ケイ・J.ガレスピー, ダグラス・L.ロバートソン編著, 羽田貴史監訳, 今野文子, 串本剛, 立石慎治, 杉本和弘, 佐藤万知訳 町田 玉川大学出版部 2014.2 338p 21cm (高等教育シリーズ 162) 〈別タイトル：Faculty Developmentガイドブック 文献あり 索引あり〉 3800円 ①978-4-472-40487-0

内容 ファカルティ・ディベロップメントのプログラム評価(キャスリン・M.プランク, アラン・カリッシュ著) 〔01587〕

ガリバー, アマンダ Gulliver, Amanda

◇きみのためのクリスマスものがたり (My own little Christmas Story) クリスティーナ・グディングス文, アマンダ・ガリバー絵 いのちのことば社CS成長センター 2015.8 29p 19cm 500円 ①978-4-8206-0330-6 〔01588〕

カリファ, ドミニク Kalifa, Dominique

◇犯罪・捜査・メディア―19世紀フランスの治安と文化 (CRIME ET CULTURE AU XIXe SIÈCLE) ドミニク・カリファ〔著〕, 梅沢礼訳 法政大学出版局 2016.10 296, 52p 20cm (叢書・ウニベルシタス 1049) 〈索引あり〉 4000円 ①978-4-588-01049-1

内容 第1部 犯罪(犯行現場―パリのトポグラフィーと社会的イマジネール 「アパシズム」の考古学―一九世紀の野蛮人とアメリカ・インディアン 「危険階級」の終焉? ―『ファントマ』シリーズにおける労働者と犯罪者 夜襲という恐怖) 第2部 捜査(警察官の回想録―ひとつのジャンルの出現? 捜査官ジャヴェール 二〇世紀初頭の「危険性」と「社会防衛」 処罰の危機?) 第3部 メディア(一九世紀における三面記事と犯罪小説 監獄の光景 戦時中の三面記事(一八七〇・一九一四) 一九一四年から一九一八年にかけて―連載小説の終焉?) 〔01589〕

カリフォルニア州地方債公金運用アドバイザリー委員会

◇カリフォルニア州公金運用読本 (California Public Fund Investment Primer(抄訳)) カリフォルニア州地方債・公金運用アドバイザリー委員会著, 野村資本市場研究所編訳 野村資本市場研究所 2011.5 181p 21cm (資本市場研究選書 no.7) 〈表紙のタイトル：カルフォルニア州公金運用読本〉 2800円 ①978-4-901316-39-2 〔01590〕

◇カリフォルニア州地方債読本 (California Debt Issuance Primer Handbook) カリフォルニア州地方債・公金運用アドバイザリー委員会著, 野村資本市場研究所編訳 野村資本市場研究所 2011.5 143p 21cm (資本市場研究選書 no. 6) 〈表紙のタイトル：カルフォルニア州地方債読本〉 2900円 ①978-4-901316-38-5 〔01591〕

カリル, クリスチャン Caryl, Christian

◇すべては1979年から始まった―21世紀を方向づけた反逆者たち (STRANGE REBELS) クリスチャン・カリル著, 北川知子訳 草思社 2015.1 467, 19p 19cm 〈文献あり〉 2300円 ①978-4-7942-2102-5

内容 不安の高まり 辰年 「粗野だが、歓迎すべき無秩序状態」 革命家の帝王 トーリー党の暴徒 旅する教皇ヨハネ・パウロ二世 イマーム 銃を片手に預言者のプロレタリアート 事実に基づき真実を求める〔ほか〕 〔01592〕

カーリン, ジョン Carlin, John

◇二人のマンデラ―知られざる素顔 (KNOWING MANDELA) ジョン・カーリン著, 新田享子訳 潮出版社 2014.12 235p 19cm 1700円 ①978-4-267-01995-1

内容 第1章 大統領とジャーナリスト 第2章 大きな期待 第3章 知られざる孤独 第4章 命懸けの説得 第5章 最後の敵 第6章 私たちのヒーロー 第7章 白い涙 第8章 高潔の人 〔01593〕

カーリン, マイケル

◇共感の社会神経科学 (THE SOCIAL NEUROSCIENCE OF EMPATHY) ジャン・デセティ, ウィリアム・アイクス編著, 岡田顕宏訳 勁草書房 2016.7 334p 22cm 〈索引あり〉 4200円 ①978-4-326-25117-9

内容 共感と知識の投影(レイモンド・S.ニッカーソン, スーザン・F.バトラー, マイケル・カーリン著) 〔01594〕

カ

カーリン, ロバート　Carlin, Robert

◇二つのコリア―国際政治の中の朝鮮半島（THE TWO KOREAS 原著第3版の翻訳）　ドン・オーバードーファー, ロバート・カーリン著, 菱木一美訳　第3版　共同通信社　2015.10　601, 53p　20cm　〈索引あり〉3700円　①978-4-7641-0682-6

内容 野鳥さえずる非武装地帯　始まりの終わり　深まる苦悩　カーターの戦慄　暗殺とその余波　テロと対話　ソウルの民主化闘争　ソウル五輪、国際社会へのデビュー　モスクワの変心　立場を変えた中国　核問題への関与　脱退と関与　核兵器をめぐる対決　死去と合意　危機の北朝鮮　関与政策への転換　米朝枠組み合意の終焉　混迷の米韓同盟　裸の王様　〔01595〕

カーリンズ, マーヴィン　Karlins, Marvin

◇元FBI捜査官が教える「心を支配する」方法（THE LIKE SWITCH）　ジャック・シェーファー, マーヴィン・カーリンズ著, 栗木さつき訳　大和書房　2015.11　295p　19cm　1500円　①978-4-479-79502-5

内容 第1章 "人に好かれる公式"のつくり方　第2章 ひと言も話さずに、相手を見抜く　第3章 瞬時に心をつかむ「情報コントロール術」　第4章 人を引きつける「魅力」の法則　第5章 相手を「思い通りに動かす」言葉の使い方　第6章 信頼関係を築く四つの秘訣　第7章 ネット社会の賢い泳ぎ方　〔01596〕

カリンチ, マリアン　Karinch, Maryann

◇米陸軍諜報指導官に質問されたらあなたは何も隠せない―交渉事で主導権を握るための質問術（Find Out Anything from Anyone, Anytime）　ジェームズ・O.パイル, マリアン・カリンチ共著, 柏倉美穂訳　三五館　2015.7　233p　19cm　1500円　①978-4-88320-641-4

内容 序章 質問テクニック習得の効果　第1章 考え方を変える　第2章 上手な質問の作り方　第3章 質問のタイプを把握する　第4章 領域別に「発見」する　第5章 よく聴き、よく黙り、よくメモする　第6章 答えを分析する　第7章 専門知識はどうたずねるか？　〔01597〕

カル, カルロス・I.　Calle, Carlos I.

◇アインシュタインとコーヒータイム（Coffee with Einstein）　カルロス・I.カル著, 大森充香訳　三元社　2015.12　143p　16cm　（コーヒータイム人物伝）〈文献あり 索引あり〉1500円　①978-4-88303-390-4

内容 アルベルト・アインシュタイン（1879‐1955）小伝　アインシュタインとコーヒータイム（原子を数える　驚異の年　時間と空間の真実性　時間について傑作　量子理論と相対性理論　方程式　原子爆弾　やり残した仕事　イメージによる思考　信仰　父と息子たち　アインシュタインと関わった女性たち　巨人たちの肩の上　音楽とボート）　〔01598〕

カール, ズィークフリート

◇キリスト教神学の主要著作―オリゲネスからモルトマンまで（Hauptwerke der Systematischen Theologie）　R.A.クライン,C.ポルケ,M.ヴェンテ編, 佐々木勝彦, 佐々木悠, 浜崎雅孝訳　教文館　2013.12　424, 18p　22cm　〈索引あり〉4000円　①978-4-7642-7375-7

内容 カンタベリーのアンセルムス『モノロギオン』『プロスロギオン』（ズィークフリート・カール著, 佐々木勝彦, 浜崎雅孝訳）　〔01599〕

カールガード, リッチ　Karlgaard, Richard

◇グレートカンパニー―優れた経営者が数字よりも大切にしている5つの条件（THE SOFT EDGE）　リッチ・カールガード著, 野津智子訳　ダイヤモンド社　2015.9　305p　20cm　2000円　①978-4-478-03961-8

内容 第1章 「グレートカンパニー」が持つ成功し続ける条件とは何か　第2章 なぜ経営者は財務諸表だけを眺めていてはいけないのか　第3章 永続企業の第一の条件 チーム全体の信頼を高める　第4章 永続企業の第二の条件 変化に対応し続けるための「知性」を育てる　第5章 永続企業の第三の条件 失敗を恐れないチームをつくる　第6章 永続企業の第四の条件 他社には真似できない「テイスト」を生み出す　第7章 永続企業の第五の条件 心に響くストーリーの語り手になる　結論 データと感性の融合が最強のチームをつくる　〔01600〕

◇超チーム力―会社が変わるシリコンバレー式組織の科学（TEAM GENIUS）　リッチ・カールガード, マイケル・S.マローン著, 浜野大道訳　ハーパーコリンズ・ジャパン　2016.4　385, 12p　19cm　1700円　①978-4-596-55106-1

内容 変化は猛毒―正しいチームで毒を制す！　チームに隠された魔法の数字　新しいチーム科学　違いの力　最強チームの育て方　チームの基礎　ペア―12+5タイプのパートナーシップ　トリオ―不安定な関係　チームの典型―中規模サイズのケーススタディ　チームから組織へ　チームの誕生と寿命　チームの引退と死　〔01601〕

ガルシア, エクトル　García Puigcerver, Héctor

◇コモエスタ・ニッポン！―世界で最も読まれているスペイン語ブログのひとつは日本ガイドだった（Un geek en japón）　エクトル・ガルシア著, 浜田真由美, 浜田和久, 関佳代訳　宝島社　2015.3　263p　19cm　1400円　①978-4-8002-3841-2

内容 第1章 歴史（とてもはしょった日本の歴史　極端な保守主義　日本語の複雑さ ほか）　第2章 美術（浮世絵―浮いている世界　ジャポニズム―ゴッホと浮世絵　書道 ほか）　第3章 文化（本音と建前　謙遜の美徳　日本での男女関係 ほか）　第4章 伝統（動物フィギュア　桜　なぜ、日本ではマスクを着けるんだろう？　ほか）　第5章 会社（第二次世界大戦後の日本経済　系列（グループ）を作る　日本における「見えざる手」 ほか）　第6章 社会（長所と短所　安全な日本　家族生活 ほか）　第7章 現代（「おたく」の生活　学生の生活　キャリアウーマンの生活 ほか）　第8章 漫画（マンガ革命　マンガの発祥　手塚治虫：マンガの父 ほか）　第9章 音楽（日本の音楽の起源　演歌という名のバラード　今日の日本の音楽 ほか）　第10章 映画（日本映画　クラシック映画から現代の映画まで　芸能人の種類 ほか）　〔01602〕

ガルシア・セバスティアン, M.　García Sebastián, M.

◇スペインの歴史―スペイン高校歴史教科書（CRISOL, Historia）　J.アロステギ・サンチェス,M.ガルシア・セバスティアン,C.ガテル・アリモント,J.パラフォクス・ガミル,M.リスケス・コルベーリャ著, 立石博高監訳, 竹下和亮, 内村俊太, 久木正雄訳　明石書店　2014.6　386p　27cm　(世界の教科書シリーズ 41)　5800円　①978-4-7503-4032-6

内容 1 現代スペインの起源(スペインの歴史的起源　アンダルスと最初のキリスト教諸国(8世紀 - 12世紀)　キリスト教諸国の拡大と危機(13世紀 - 15世紀)ほか)　2 19世紀のスペイン(旧体制の危機(1808 - 1833)　自由主義国家の形成(1833 - 1874)　農業の変化と工業の発展(1833 - 1930)ほか)　3 20世紀のスペイン(王政復古体制の危機(1902 - 1931)　第二共和政(1931 - 1936)　スペイン内戦(1936 - 1939)ほか)　〔*01603*〕

ガルシア・テソロ, アナ・イサベル

◇日出づる国と日沈まぬ国―日本・スペイン交流の400年　上川通夫, 川畑博昭編　勉誠出版　2016.3　357, 20p　22cm　7500円　①978-4-585-22145-6

内容 大航海時代の日本におけるスペインと日本の最初の言語的接触(アナ・イサベル・ガルシア・テソロ著, 川畑博昭訳)　〔*01604*〕

ガルシェ, ジュリエット　Garesché, Juliette

◇対立を解決するセラピー(Conflict Resolution Therapy)　ジュリエット・ガルシェ文, R.W.アリー絵, 目黒摩天雄訳　サンパウロ　2015.6　1冊(ページ付なし)　16cm　(Elf-Help books)　〈英語併記〉700円　①978-4-8056-5633-4　〔*01605*〕

ガルス, ペトゥル

◇キリスト教神学の主要著作―オリゲネスからモルトマンまで(Hauptwerke der Systematischen Theologie)　R.A.クライン,C.ポルケ,M.ヴェンテ編, 佐々木勝彦, 佐々木悠, 浜崎雅孝訳　教文館　2013.12　424, 18p　22cm　〈索引あり〉4000円　①978-4-7642-7375-7

内容 パウル・ティリッヒ『組織神学1-3』(ペトゥル・ガルス著, 佐々木勝彦訳)　〔*01606*〕

カールソン, ジャン・Ch.　Karlsson, Jan Ch.

◇社会を説明する―批判的実在論による社会科学論(EXPLAINING SOCIETY)　バース・ダナーマーク, マッツ・エクストローム, リセロッテ・ヤコブセン, ジャン・Ch.カールソン著, 佐藤春吉監訳　京都　ナカニシヤ出版　2015.3　342p　22cm　〈文献あり 索引あり〉3200円　①978-4-7795-0875-2

内容 第1部 批判的実在論への導入(科学、実在、概念　概念的抽象と因果性)　第2部 方法論的含意(説明的な社会科学のための一般化、科学的推論、モデル　社会科学の方法論における理論　批判的方法論的多元主義―インテンシヴならびにエクステンシヴな研究デザイン　社会科学と実践　結論)　〔*01607*〕

カールソン, ニコラス　Carlson, Nicholas

◇FAILING FAST―マリッサ・メイヤーとヤフーの闘争(MARISSA MAYER AND THE FIGHT TO SAVE YAHOO!)　ニコラス・カールソン著, 長谷川圭訳　KADOKAWA　2015.10　415p　19cm　1800円　①978-4-04-103388-3

内容 プロローグ ボビーは五セントもっていた　スパーキーのビッグマシン　ゴッドファーザー計画　マイクロソフトのビッグオファー　ヤフーが陥ったカオス　極度の恥ずかしがり屋　グーグルとマリッサの進化　孫正義とジャック・マー　サード・ポイント　裸のCEO　白羽の矢　希望　「アリババの傘」がなくなる日　失敗はできるだけ早く　エピローグ マリッサはヤフーを救えるのか?　〔*01608*〕

カールソン, J.C.　Carleson, J.C.

◇CIA諜報員が駆使するテクニックはビジネスに応用できる(Work Like a Spy)　J.C.カールソン著, 夏目大訳　東洋経済新報社　2014.7　358p　19cm　1500円　①978-4-492-53338-3　〔*01609*〕

カルダー, ケント・E.　Calder, Kent E.

◇ワシントンの中のアジア―グローバル政治都市での攻防(Asia in Washington)　ケント・E.カルダー著, ライシャワー東アジア研究センター監修・監訳　中央公論新社　2014.6　325p　20cm　〈文献あり 年表あり〉2500円　①978-4-12-004636-0

内容 序章 新しいパラダイムへ　第1章 グローバル政治都市とは　第2章 パワーゲームの変容　第3章 アジア・ファクター　第4章 膨張するアジア　第5章 ワシントンにおけるアジア各国の外交活動　第6章 機能を拡大するワシントン　第7章 今、何をすべきか　〔*01610*〕

◇シンガポール―スマートな都市、スマートな国家(SINGAPORE : Smart City, Smart State)　ケント・E.カルダー著, 長谷川和弘訳　中央公論新社　2016.12　273p　19cm　2300円　①978-4-12-004927-9

内容 第1章 シンガポールと変化する世界　第2章 「賢い」ための条件―小国、無資源、不安定な環境　第3章 シンガポールはいかにして賢くなったのか　第4章 賢い国家―最小限かつ機能を付与するガバナンス　第5章 賢い都市―住みやすく、持続可能な都市コミュニティの建設　第6章 賢いグローバル・ハブ―アイディアと行動の触媒　第7章 結論―政策ラボとしてのシンガポールと世界の将来　〔*01611*〕

カルターリ, ヴィンチェンツォ　Cartari, Vincenzo

◇西欧古代神話図像大鑑　続篇　東洋・新世界篇/本文補註/図版一覧(LE VERE E NOVE IMAGINI DE GLI DEI DELLI ANTICHI)　カルターリ〔著〕, 大橋喜之訳　L.ピニョリア増補　八坂書房　2014.9　429, 11p　23cm　〈索引あり〉4800円　①978-4-89694-176-0

内容 カルターリ『神々の姿』(第二部 東西インドの神々　本文補註　追補)　解題 ロレンツォ・ピニョリア版―変身する書物　〔*01612*〕

カルディロ, ジョセフ　Cardillo, Joseph

◇水のごとくあれ!―武術の「実践知」と「エナジー」を使いこなして 柔らかい心身で生きるための15の瞑想エクササイズ(Be Like Water)　ジョセフ・カルディロ著, 湯川進太郎訳　BABジャパン　2015.10　259p　19cm　1400円　①978-4-86220-930-6

内容 気を呼び込む―芯を見つけよ　心を空っぽにする―思い込みを避けよ　炎となり、手となる―他者を観察し、他者の声を聴け　脅威を評価する―恐れを克服せよ　肌で感じる―感受性と直観を養え　目標を知る―衝動をコントロールせよ　力を溜めて、放つ―エ

カ

ナジーを向けよ　リズムを感じる—適切に反応せよ　レンジを見つける—快適なゾーンを広げよ　優先順位を決める—純益を考慮せよ〔ほか〕　〔01613〕

カルデック, アラン　Kardec, Allan

◇霊媒の書（Le Livre des Médiums）　アラン・カルデック著, 前田茂樹訳　名古屋　ブイツーソリューション　2015.12　559p　21cm　〈発売：星雲社〉3000円　①978-4-434-20999-4

内容 第1部 予備知識（精霊は実在するか　奇跡と超自然現象　方法論　体系）　第2部 精霊現象（精霊の物質への働きかけ　物理現象とテーブル・ターニング　知的現象　物理現象における理論　自然発生的物理現象 ほか）　〔01614〕

カ

カルデナル, フアン・パブロ　Cardenal, Juan Pablo

◇進撃の華人—中国「静かな世界侵略」の脅威（La silenciosa conquista China（重訳））　フアン・パブロ・カルデナル, エリベルト・アラウホ著, 窪田恭子訳　講談社　2014.9　296p　19cm　1600円　①978-4-06-219106-7

内容 第1章 強すぎる移民—新旧華僑が世界を席巻する　第2章 中央アジア制覇を目論む「新たなシルクロード」　第3章 地球のあらゆる鉱山を占拠せよ　第4章 黒い金—石油をめぐるブラックな国際取引　第5章 多くの国々を苦しめる独善的なインフラの贈り物　第6章「世界の工場」に永久搾取される犠牲者　第7章 中国の奇跡が地球を破壊する　第8章 パクス・シニカ—中国覇権の時代が平和？　〔01615〕

カルテン, トビー・J.　Karten, Toby J.

◇インクルーシブな学級づくり・授業づくり—子どもの多様な学びを促す合理的配慮と教科指導（Inclusion Strategies & Interventions）　トビー・J.カルテン著, 川合紀宗訳　学苑社　2016.3　223p　26cm　〈文献あり 索引あり〉3800円　①978-4-7614-0778-0

内容 第1部 インクルーシブな学級における学びの促進（インクルーシブな学級の理解　指導のための組織づくり　児童生徒のニーズへの対処　評価・合理的配慮・データの利用）　第2部 効果的なカリキュラム実践のための方略（読み書き・コミュニケーション　算数・数学　社会科・理科　図工（美術）・音楽・体育　学際的アプローチ　移行支援計画）　第3部 インクルーシブな学級の維持（専門家間の連携　インクルージョンの賞賛）　〔01616〕

ガルトゥング, ヨハン　Galtung, Johan

◇ガルトゥング紛争解決学入門—コンフリクト・ワークへの招待（Transcend and Transform）　ヨハン・ガルトゥング著, 藤田明史, 奥本京子監訳, トランセンド研究会訳　京都　法律文化社　2014.9　241p　21cm　〈索引あり〉3000円　①978-4-589-03621-6

内容 1 月曜日—自分自身の、または人と人との間のミクロ・コンフリクト　2 火曜日—社会内のメゾ・コンフリクト　3 水曜日—国家間および民族間のマクロ・コンフリクト　4 木曜日—地域と文明におけるメガ・コンフリクト　5 金曜日—深層文化・深層行動・深層構造　6 土曜日—創造性・対話・交渉　7 日曜日—トランセンド法概観　〔01617〕

カルドーナ, フランチェスカ

◇組織のストレスとコンサルテーション—対人援助サービスと職場の無意識（THE UNCONSCIOUS AT WORK）　アントン・オブホルツァー, ヴェガ・ザジェ・ロバーツ編, 武井麻子監訳, 榊恵子ほか訳　金剛出版　2014.3　311p　21cm　〈文献あり 索引あり〉4200円　①978-4-7724-1357-2

内容 不確かな未来に直面する（フランチェスカ・カルドーナ著, 堀井湖浪訳）　〔01618〕

カルトン, フランシス

◇異文化間教育とは何か—グローバル人材育成のために　西山教行, 細川英雄, 大木充編　くろしお出版　2015.10　237p　21cm　（リテラシーズ叢書 4）　2400円　①978-4-87424-673-3

内容 異文化間教育とは何か（フランシス・カルトン著, 堀晋也訳）　〔01619〕

カルニエテ, サンドラ　Kalniete, Sandra

◇ダンスシューズで雪のシベリアへ—あるラトビア人家族の物語（AR BALLES KURPĒM SIBĪRIJAS SNIEGOS）　サンドラ・カルニエテ〔著〕, 黒沢歩訳　新評論　2014.3　12, 392p　19cm　〈文献あり 年譜あり〉3500円　①978-4-7948-0947-6

内容 前兆　占領　追放　私の祖父ヤーニス　ヴィヤトラグの十字架　ラトビアにおける戦争　銃殺か、もしくは無罪を　強制移住と飢餓　変化　祖母エミリヤ　無法者の家族　ママが雨水で髪を洗ってくれる　これ以上子どもを貢ぎはしない　長い家路　〔01620〕

カルニセロ, スーザン　Carnicero, Susan

◇交渉に使えるCIA流嘘を見抜くテクニック（SPY THE LIE）　フィリップ・ヒューストン, マイケル・フロイド, スーザン・カルニセロ, ドン・テナント著, 中里京子訳　大阪　創元社　2015.2　246p　19cm　1400円　①978-4-422-30062-7

内容 人を嘘つきと呼ぶことの難しさ　嘘発見を妨げるもの　嘘を見抜くためのメソッド—すべてはこれに尽きる　嘘を見抜くうえでのパラドックス—真実を見つけるために無視する真実　人はどのように嘘をつくのか—言葉　最強の嘘　嘘つきの怒り　人はどのように嘘をつくのか—行動　嘘のなかの真—意図せずに発せられた言葉　訊かなければ嘘は見抜けない　嘘をかわして主導権をにぎる　鵜呑みにしてはならないしぐさ　典型的な嘘の実例　テクニックはどう使うべきか　〔01621〕

◇交渉に使えるCIA流真実を引き出すテクニック（GET THE TRUTH）　フィリップ・ヒューストン, マイケル・フロイド, スーザン・カルニセロ, ピーター・ロマリー, ドン・テナント著, 鈴木淑美訳　大阪　創元社　2015.7　266p　19cm　1400円　①978-4-422-30063-4

内容 女スパイの告白とインフォマーシャル—「その場思考」モードの驚くべき力　最良のシナリオか最悪のシナリオか　「取り調べ」モードにスイッチを入れるとき　モノローグで真実を引き出す　効果を上げる「話し方」　相手に合わせてモノローグを組み立てる　モノローグに抵抗されたら　相手の発言を聞き逃さない　嘘も方便　対立や敵対は逆効果—人を裁くなラルフの告白—こうして彼は口を開いた　もしO・J・

シンプソンを取り調べたとしたら　真実を引き出したいなら 〔01622〕

ガルニロン, ピエール

◇ヘーゲル講義録研究（Nachschriften von Hegels Vorlesungen）　オットー・ペゲラー編, 寄川条路監訳　法政大学出版局　2015.11　279, 2p　22cm　〈索引あり〉3000円　①978-4-588-15074-6

内容 哲学史講義（ピエール・ガルニロン, フリードリヒ・ホーゲマン著, 小井沼広嗣訳） 〔01623〕

カルバリー, W.*　Calvery, Wesley

◇カルバリ宣教師（Even a Texan with an autoharp）　Wesley Calvery〔著〕, 池田晶信訳　北見　北見自分史会　2014.4　179p　21cm　1000円 〔01624〕

カルピニ, G.　Carpini, Giovanni di Plano

◇中央アジア・蒙古旅行記　カルピニ, ルブルク〔著〕, 護雅夫訳　講談社　2016.6　445p　15cm　（講談社学術文庫 2374）〈桃源社 1979年刊の再刊〉1330円　①978-4-06-292374-3

内容 第1部 プラノ＝カルピニのジョン修道士の旅行記―「モンゴル人の歴史」（タルタル人の土地、その位置、地勢、気候　タルタル人の風采、かれらの衣服、かれらの住居・財産・結婚について　タルタル人の神の礼拝、かれらが罪悪とみなすこと、占いとお祓い、葬儀そのほかについて　タルタル人の性格、良い点・悪い点、かれらのしきたり、食物そのほかについて　タルタル人の帝国のおこり、その首長たち、皇帝および諸侯たちの行なった支配 ほか）　第2部 ルブルクのウィリアム修道士の旅行記（ガザリアの地区　タルタル人とその住居　タルタル人の食物　タルタル人の、コスモス酒の醸りかた　タルタル人の食べる動物、その衣服、その狩猟 ほか） 〔01625〕

カルプ, アンドリュー　Culp, Andrew

◇ダーク・ドゥルーズ（DARK DELEUZE）　アンドリュー・カルプ著, 大山載吉訳　河出書房新社　2016.11　229p　20cm　〈文献あり〉2400円　①978-4-309-24782-3

内容 イントロダクション　存在の絶滅　無に向かって前進すること　崩壊、破壊、壊滅　"外"の呼びかけ　結論　注　解説 大山載吉　応答1 憎しみはリゾームを超えるか 宇野邦一　応答2 反戦運動の破綻の後に―ダーク・ドゥルーズに寄せて 小泉義之　応答3 破壊目的あるいは減算中継―能動的ニヒリズム宣言について 江川隆男　応答4 OUT TO LUNCH 堀千晶 〔01626〕

ガルブレイス, ジェームス・K.　Galbraith, James K.

◇格差と不安定のグローバル経済学―ガルブレイスの現代資本主義論（INEQUALITY AND INSTABILITY）　ジェームス・K.ガルブレイス著, 塚原康博, 鈴木賢志, 馬場正弘, 鑓田亨訳　明石書店　2014.10　347p　22cm　〈文献あり 索引あり〉3800円　①978-4-7503-4084-5

内容 不平等の物理学と倫理学　新しい不平等の尺度の必要性　賃金の不平等と世界の発展　家計所得の不平等の推定　経済的不平等と政治体制　アメリカにおける地域間不平等：1969年～2007年　州レベルでの所得不平等とアメリカの選挙　ヨーロッパにおける不平等と失業レベルの問題　ヨーロッパの賃金と柔軟性理論　中国におけるグローバリゼーションと不平等　アルゼンチンとブラジルにおける金融と権力　ソビエト崩壊後のキューバにおける格差　経済格差と世界の危機 〔01627〕

ガルブレイス, ジョン・K.　Galbraith, John Kenneth

◇満足の文化（THE CULTURE OF CONTENTMENT）　J.K.ガルブレイス著, 中村達也訳　筑摩書房　2014.5　212p　15cm　（ちくま学芸文庫 カ36-1）　1000円　①978-4-480-09605-0

内容 満足の文化　満足の社会的性格―その概観　下層階級なしには社会は機能しない　課税と公共サービス―ねじれ効果　金融荒廃の放任　官僚症候群　経済学の適応　満足の外交政策―遊戯と現実　軍部の拡張　満足の政治　将来の予測　レクイエム 〔01628〕

◇アメリカの資本主義（American Capitalism 原著改訂版の翻訳）　ジョン・K.ガルブレイス著, 新川健三郎訳　白水社　2016.9　256, 2p　20cm　〈「ガルブレイス著作集 1」（TBSブリタニカ 1980年刊）の改題、抜粋　索引あり〉2400円　①978-4-560-09511-9

内容 幻影による不安　信頼感の基礎　権力の問題　競争モデルの破棄　経済的権力の鬼　不況恐怖症　技術開発の経済学　不体裁な富裕の経済学　拮抗力の理論　拮抗力と国家　農業の場合　分散した決定権の役割　中央集権化した決定権の役割　抑制の問題 〔01629〕

カルボーネ, マウロ

◇間文化性の哲学　谷徹編　京都　文理閣　2014.8　284p　21cm　（立命館大学人文学企画叢書 01）〈他言語標題：Philosophy of Interculturality〉3500円　①978-4-89259-736-7

内容 沈黙、さまざまな沈黙（マウロ・カルボーネ著, 佐藤勇一訳） 〔01630〕

カルポフ, V.　Karpov, Viktor

◇ウクライナに抑留された日本人　O.ポトィリチャク,V.カルポフ, 竹内高明著, 長勢了治編訳　東洋書店　2013.12　59p　21cm　（ユーラシア・ブックレット no.188　ユーラシア研究所・ブックレット編集委員会企画・編集）〈文献あり〉800円　①978-4-86459-159-1 〔01631〕

カルマ・チャクメ　Karma-chags-med

◇全訳極楽誓願註―チベット浄土教講義録　中沢中訳, カルマ・チャクメ本偈, ソナム・チュードゥプ註釈　浦安　起心書房　2014.3　348p　22cm　7200円　①978-4-907022-05-1 〔01632〕

カルマノ, ミカエル

◇アジアにおけるイエズス会大学の役割　高祖敏明, サリ・アガスティン共編　上智大学出版　2015.12　253p　21cm　〈発売：ぎょうせい〉2500円　①978-4-324-09945-2

内容 コメントに代えて（ミカエル・カルマノコメンテーター） 〔01633〕

ガレガティ, マウロ

◇比較制度分析のフロンティア（INSTITUTIONS

AND COMPARATIVE DEVELOPMENTの抄訳, COMPLEXITY AND INSTITUTIONSの抄訳〔etc.〕) 青木昌彦, 岡崎哲二, 神取道宏監修 NTT出版 2016.9 356p 22cm (叢書《制度を考える》) 〈他言語標題：Frontiers of Comparative Institutional Analysis〉 4500円 ①978-4-7571-2325-0

内容 産業間不均衡と長期的危機 (ドメニコ・デリ・ガッティ, マウロ・ガレガティ, ブルース・C.グリーンウォルド, アルベルト・ルッソ, ジョセフ・E.スティグリッツ著, 藪下史郎訳) 〔01634〕

カ

ガレスピー, ケイ・J. Gillispie, Kay J.

◇FDガイドブック―大学教員の能力開発 (A GUIDE TO FACULTY DEVELOPMENT 原著第2版の抄訳) ケイ・J.ガレスピー, ダグラス・L.ロバートソン編著, 羽田貴史監訳, 今野文子, 串本剛, 立石慎治, 杉本和弘, 佐藤万知訳 町田 玉川大学出版部 2014.2 338p 21cm (高等教育シリーズ 162) 〈別タイトル：Faculty Developmentガイドブック 文献あり 索引あり〉 3800円 ①978-4-472-40487-0

内容 組織開発 (ケイ・J.ガレスピー著) 〔01635〕

カレル, アレクシー Carrel, Alexis

◇ルルドへの旅―ノーベル賞受賞医が見た「奇跡の泉」 (Le Voyage de Lourdes (重訳)) アレクシー・カレル著, 田隅恒生訳 中央公論新社 2015.10 239p 16cm (中公文庫 カ7-1) 740円 ①978-4-12-206183-5

内容 ルルドへの旅 解題 (『ルルドへの旅』をどう読むか アレクシー・カレルの生涯と業績 わが国のルルド伝承受容の時代背景) 附録 ルゝドの洞窟 (出現の話 病気の平癒 ルゝドの参詣 ルゝド出現の理由) 〔01636〕

カレル, クリストファー Currell, Christopher

◇カレルエフェクト―量子ポテンシャルのハーモニック共鳴 カレルエフェクトの基礎 クリストファー・カレル著, カレルりえ訳 〔函南町 (静岡県)〕 トランスフォーメーション・ツールズ 2016.3 113p 21cm 3500円 ①978-4-9908904-0-7 〔01637〕

ガーレル, スパイク Gerrell, Spike

◇ジェームズ・ドーソンの下半身入門―まるごと男子！ 読本 (Being a Boy) ジェームズ・ドーソン著, スパイク・ガーレルイラスト, 藤堂嘉章訳 太郎次郎社エディタス 2015.3 190p 19cm 1350円 ①978-4-8118-0780-5

内容 序章 男子入門 1章 クールであれ 2章 見た目を磨く 3章 下半身入門 セクシータイム 4章 セックスの必需品 5章 彼氏になる 終章 大人になる 〔01638〕

カレロヴァ, リュボフィ

◇現代日本の政治と外交 6 日本とロシア―真逆か、相違か？ (JAPANESE AND RUSSIAN POLITICS) 猪口孝監修 猪口孝編 原書房 2015.3 245, 4p 22cm 〈文献あり 索引あり〉 4800円 ①978-4-562-04963-9

内容 近代化の政治 (リュボフィ・カレロヴァ著, 大槻敦子訳) 〔01639〕

カレン, L.M.

◇アイルランド大飢饉―ジャガイモ・「ジェノサイド」・ジョンブル 勝田俊輔, 高神信一編 刀水書房 2016.2 386p 22cm 〈文献あり 索引あり〉 6500円 ①978-4-88708-427-8

内容 大飢饉の歴史研究と二〇世紀アイルランド政治 (L.M.カレン著, 勝田俊輔訳) 〔01640〕

ガロ, カーマイン Gallo, Carmine

◇ビジネスと人を動かす驚異のストーリープレゼン―人生・仕事・世界を変えた37人の伝え方 (THE STORYTELLER'S SECRET) カーマイン・ガロ著, 井口耕二訳 日経BP社 2016.11 425p 19cm 〈発売：日経BPマーケティング〉 1800円 ①978-4-8222-5178-9

内容 第1部 心に火をつけてくれるストーリーテラー (「心が踊ること」をストーリーの基礎にする―アップル共同創業者、スティーブ・ジョブズの場合 勇気・信念・自由をもって語る―テレビプロデューサー、マーク・バーネットの場合 ほか) 第2部 教育するストーリーテラー (データではなくストーリーで人を動かす―人権派弁護士、ブライアン・スティーブンソンの場合 予想外で衝撃、驚きのストーリーを作る―マイクロソフト共同創業者、ビル・ゲイツの場合 ほか) 第3部 シンプルにするストーリーテラー (封筒の裏に書けるくらい簡潔に伝える―ヴァージン・グループ創業者、リチャード・ブランソンの場合 3点ルールを駆使する―ホルヘ・マリオ・ベルゴリオ - ローマ教皇フランシスコ - の場合 ほか) 第4部 周りを奮起させるストーリーテラー (内面を見直す物語とする―講演家、ダレン・ハーディの場合 ミッションとビジョンを描く―救急病院、ウォールナッツヒル・メディカルセンターの場合 ほか) 第5部 社会運動を興すストーリーテラー (練習に練習を重ねる―マーティン・ルーサー・キング・ジュニア牧師の場合 自分をさらけ出して人の心を動かす―フェイスブックCOO、シェリル・サンドバーグの場合 ほか) 〔01641〕

カーロック, ランデル Carlock, Randel S.

◇ファミリービジネス最良の法則 (WHEN FAMILY BUSINESSES ARE BEST) ランデル・カーロック, ジョン・ワード著, 階戸照雄訳 ファーストプレス 2015.2 374p 21cm 〈索引あり〉 3800円 ①978-4-904336-81-6

内容 第1部 なぜグローバル・ビジネス・ファミリーにとってプランニングが必要なのか (なぜファミリービジネスは悪戦苦闘しているのか ファミリー計画と事業計画の策定を同時進行させる) 第2部 人間の価値を生み出す (ファミリーの価値観と企業文化 ファミリーとビジネスのビジョン：ファミリーのコミットメントを探る) 第3部 ファミリーとビジネスの戦略 (ファミリーの戦略：ファミリーの参加に関するプランニング ビジネス戦略：会社の将来の計画 ファミリービジネスを成功へと導くための投資) 第4部 ファミリーとビジネスのガバナンス (ファミリービジネス・ガバナンスと取締役会の役割 ファミリー・ガバナンス：ファミリー集会とファミリー協定) 第5部 企業形態のファミリービジネスの受託責任 (木を植える人々) 〔01642〕

カワサキ, ガイ　Kawasaki, Guy
◇起業への挑戦（THE ART OF THE START 2.0）　ガイ・カワサキ著, 三木俊哉訳　武蔵野　海と月社　2016.10　359p　21cm　〈「完全網羅起業成功マニュアル」(2009年刊) の改題、増補改訂版〉 2400円　Ⓘ978-4-903212-56-2
内容 始動する　製品を発売する　リーダーシップをとる　自己資本で経営する　資金を調達する　売り込む　チームをつくる　ファンを増やす　ソーシャルメディアを使う　事業を拡大する〔ほか〕　〔01643〕

カワトウ, アキオ　河東 哲夫
◇現代日本の政治と外交　6　日本とロシア―真逆か、相違か？（JAPANESE AND RUSSIAN POLITICS）　猪口孝監修　猪口孝編　原書房　2015.3　245, 4p　22cm　〈文献あり 索引あり〉 4800円　Ⓘ978-4-562-04963-9
内容 大統領府の場当たり政策 (河東哲夫著, 大槻敦子訳)　〔01644〕

カン, イクカイ　韓 毓海
◇中国の発展の道と中国共産党　胡鞍鋼, 王紹光, 周建明, 韓毓海著, 中西真訳　日本僑報社　2016.12　200p　21cm　3800円　Ⓘ978-4-86185-200-8
内容 上編 中国共産党の伝統と政治力 (中国伝統文明の発展と超越　マルクスの理論、その展開と超越　欧米式発展の道の超越)　下編 中国の優勢と中国共産党 (偉大なる戦略転換　中国民主政治の道　人民社会の建設)　〔01645〕

カン, ウォンテク*　康 元沢
◇現代日本の政治と外交　7　日本と韓国―互いに敬遠しあう関係（JAPANESE AND KOREAN POLITICS）　猪口孝監修　猪口孝編　原書房　2015.3　336, 4p　22cm　〈文献あり 索引あり〉 4800円　Ⓘ978-4-562-04964-6
内容 韓国の二〇一二年大統領選挙 (康元沢著)　〔01646〕

カン, エイグ*　韓 永愚
⇒ハン, ヨンヌ

カン, カクヘイ*　韓 格平
◇中国史の時代区分の現在―第六回日中学者中国古代史論壇論文集　中国社会科学院歴史研究所, 東方学会〔編〕, 渡辺義浩編　汲古書院　2015.8　462, 4p　27cm　〈布装〉 13000円　Ⓘ978-4-7629-6554-8
内容 元代の詩序にみる元人の詩学観 (韓格平著, 稀代麻也子訳)　〔01647〕

カン, カンドウ　韓 鑒堂
◇ゼミナール中国文化―カラー版　漢字編　韓鑒堂著, 佐藤嵐士訳, 劉偉監訳　グローバル科学文化出版　2016.12　202p　21cm　2980円　Ⓘ978-4-86516-043-7　〔01648〕

カン, キ*　韓 暉
◇荒川亘荒川フジ遺稿集　荒川亘, 荒川フジ著, 荒川さんを偲ぶ会世話人編　白順社　2013.11　349p　22cm　〈著作目録あり 年譜あり〉 2000円　Ⓘ978-4-8344-0137-0
内容 梅の花を贈ってくれた先生 (韓暉著, 深谷昴史訳)　〔01649〕

カン, キキョウ　韓 基亨
⇒ハン, キヒョン

カン, キシュク*　韓 嬉淑
⇒ハン, ヒスク*

カン, キョウソ*　韓 亨祚
⇒ハン, ヒョンジョ

カン, キョク*　韓 旭
⇒ハン, ウク*

カン, ケントウ*　韓 賢東
⇒ハン, ヒョンドン

カン, コウカク*　韓 岡覚
◇近代日本と「満州国」　植民地文化学会編　不二出版　2014.7　590p　22cm　6000円　Ⓘ978-4-8350-7695-9
内容 歴史のこだま (韓岡覚, 呂金藻, 馮伯陽著, 伊藤宜雄訳, 丸山昇閲)　〔01650〕

カン, コウキュウ*　韓 洪九
⇒ハン, ホング

カン, ジェスク
◇終わらない冬―日本軍「慰安婦」被害者のはなし　カンジェスク文, イダム絵, ヤンユハ, 都築寿美枝訳　大阪　日本機関紙出版センター　2015.8　1冊 (ページ付なし)　25×27cm　〈他言語標題：An Endless Winter〉 1000円　Ⓘ978-4-88900-925-5　〔01651〕

カン, ジケイ*　韓 慈卿
⇒ハン, ザギョン*

カン, シュンショウ*　咸 舜燮
⇒ハム, スンソプ*

カン, ショウトウ*　韓 相禱
⇒ハン, サント*

カン, ジョンシク*　姜 晶植
◇東シナ海域における朝鮮半島と日本列島―その基層文化と人々の生活　原尻英樹, 金明美共編著　大阪　かんよう出版　2015.8　408p　21cm　〈索引あり〉 2800円　Ⓘ978-4-906902-44-6
内容 済州島巫俗研究の現況と課題 (姜晶植著, 金明美訳)　〔01652〕

カン, セイコウ*　韓 政鎬
⇒ハン, ジョンホ*

カン, セイソウ*　闞 正宗
◇シルクロードと近代日本の邂逅―西域古代資料と日本近代仏教　荒川正晴, 柴田幹夫編　勉誠出版　2016.3　811p　22cm　〈著作目録あり 年譜あり〉 8500円　Ⓘ978-4-585-22125-8

内容 植民時期観音のイメージ作成と文化伝播(闞正宗著, 魏瑾訳)〔01653〕

カン, ソンハク　姜 声鶴

◇戦史に学ぶ軍事戦略―孫子とクラウゼヴィッツを現代に生かすために　姜声鶴著, 尹永洙訳, 滝田賢治日本語監修　彩流社　2014.4　345p　22cm〈他言語標題：Military Strategy Learned from the Military History　索引あり〉3800円 ①978-4-7791-1967-5

内容 第1章 21世紀の軍事戦略論―クラウゼヴィッツと孫子の融合の必要性　第2章 日清戦争の軍事戦略的評価―竜と侍の決闘　第3章 日露戦争の経緯と軍事戦略　第4章 北朝鮮の安全保障政策と軍事戦略　第5章 北朝鮮における軍事戦略の歴史と展望―トロイの木馬からのロシアン・ルーレットへ？　第6章 中国と日本の海軍力増強と東北アジア地域の安定化　第7章 空軍力と戦争―アキレウスかそれともヘラクレスか？　第8章 韓国の安全保障条件と空軍力の将来―韓国の安全保障のアトラスに向けて〔01654〕

カーン, ティモシー　Kahn, Timothy J.

◇性問題行動のある知的障害者のための16ステップ―「フットプリント」心理教育ワークブック(FOOTPRINTS)　クリシャン・ハンセン, ティモシー・カーン著, 本多隆司, 伊庭千恵監訳　第2版　明石書店　2015.11　296p　26cm　2600円 ①978-4-7503-4271-9

内容 自分のことをしろう　カウンセリングってなんだろう　正しいタッチ　わたしの歴史　境界線　性的な気もちと人間関係　正しい考えかた　きっかけ　危険ゾーン　選択　気もち　行動のサイクル　被害者と共感　安心して生活するためのわたしの計画　復習してまとめよう　ステップを実行して生きる〔01655〕

カン, テグォン　姜 泰権

◇キム・サンギュ教授のことわざ経済学―韓国の「ことわざ」で学ぶ現代人の必須概念36　金商奎著, 姜泰権日本語版監修, 平川敬介訳　大阪　大阪教育図書　2014.5　169p　21cm　2000円 ①978-4-271-31026-6

内容 第1章 根っこの経済(海を埋めることはできても人の欲望を満たすことはできない―希少性　野ウサギを捕まえようとして飼いウサギを失う―機会費用 ほか)　第2章 木の経済(家計の経済(10回計ってハサミを入れよ―合理的消費　安いのはオカラの餅―非合理的消費 ほか)　企業の経済(念入りに建てた塔が崩れるものか―勤勉性　子どもも多すぎれば、みすぼらしい―供給 ほか)　分かち合いの経済(大豆を植えたところに大豆が生え、小豆を植えたところに小豆が生える―公正分配　熊が芸をして、お金は主人が持っていく―不公正分配))〔01656〕

カン, ナレ*　韓 ナレ

⇒ハン, ナレ*

ガン, ハクキン　顔 伯鈞

◇「暗黒・中国」からの脱出―逃亡・逮捕・拷問・脱獄　顔伯鈞著, 安田峰俊編訳　文芸春秋　2016.6　253p　18cm　(文春新書 1083)　780円 ①978-4-16-661083-9

内容 惶惶たるは喪家の犬の如し　かくして私はお尋ね者となった　天津の「出エジプト記」　イスラーム村と秘密の隠れ家　貧しきハーケンクロイツ　家あれども、帰る能わず　南への逃亡　ミャンマー、シャン州第四特区軍閥　東へ西へ　顔伯鈞、逮捕さる　北京第一拘置所獄中記　都落ち、再逮捕、そして　君子は以て自強して息まず〔01657〕

カン, ピ　韓 非

◇非情のススメ―超訳韓非子　永井義男編訳　辰巳出版　2015.5　222p　20cm　1500円 ①978-4-7778-1470-1

内容 第1章 法―上に立つためのリーダーの思想(人を信じると足元をすくわれる　やさしいだけでは信頼は得られない ほか)　第2章 術―指揮するための厳格なルール(きちんとした名分を掲げる　実績が目標を越えるのもよくない ほか)　第3章 勢―直すことのできない人間の業(おたがいに自分の利益が優先　君の死を望む人がいるのは当然 ほか)　第4章 道―建前ではない世間の本音(同じ行為でも相手の見方は変わる　主従関係は計算で成り立つ ほか)　第5章 従―成功するための部下の心得(権力者の意向を知るには　素人判断をするな ほか)〔01658〕

カン, ホウセキ*　韓 奉錫

⇒ハン, ポンソク*

カン, ミュン・クー

◇財政赤字の国際比較―民主主義国家に財政健全化は可能か(Deficits and Debt in Industrialized Democracies)　井手英策, ジーン・パーク編　岩波書店　2016.3　330p　22cm　5400円 ①978-4-00-023062-9

内容 韓国おける財政パフォーマンス〈1970-2012年〉(ミュン・クー・カン著, 嶋田崇治訳)〔01659〕

カン, ヨンギョン*　姜 英卿

◇歴史をひらく―女性史・ジェンダー史からみる東アジア世界　早川紀代, 秋山洋子, 伊集院葉子, 井上和枝, 金子幸子, 宋連玉編　御茶の水書房　2015.6　252p　22cm　2800円 ①978-4-275-02016-1

内容 新羅における善徳女王の即位背景と統治性格(姜英卿著, 井上和枝訳)〔01660〕

韓国

⇒大韓民国も見よ

韓国

◇韓国移民関連法令集　松本誠一, 吉川美華編訳　東洋大学アジア文化研究所　2014.2　152p　30cm　(東洋大学アジア文化研究所資料集)〈奥付のタイトル：韓国移民法令集〉①978-4-903878-12-6〔01661〕

韓国経済新聞社

◇韓国はなぜ危機か　韓国経済新聞著, 豊浦潤一訳　中央公論新社　2016.6　270p　18cm　(中公新書ラクレ 556)　840円 ①978-4-12-150556-9

内容 1章 このままでは大韓民国に未来はない　2章 危機に立つ大韓民国　3章 後退する国会と政府　4章 冷め行く成長エンジン　5章 若者を泣かせる労組　6章 北朝鮮の核より恐ろしい少子化　7章 創意にあふれる人材を育てられない教育　8章 人のせいにばかりする大韓民国　9章 対談 リーダーたちこそ骨身を削る率

先垂範を 10章 識者インタビュー 〔01662〕

カンザー, マーク Kanzer, Mark

◇「ねずみ男」の解読―フロイト症例を再考する (Freud and His Patientsの抄訳) マーク・カンザー, ジュール・グレン編, 馬場謙一監訳, 児玉憲典訳 金剛出版 2015.7 234p 22cm 〈文献あり〉 3400円 ①978-4-7724-1427-2

内容 ねずみ男の転移神経症 他(マーク・カンザー著, 児玉憲典訳) 〔01663〕

ガンシュ, クリスティアン Gansch, Christian

◇オーケストラ・モデル―多様な個性から組織の調和を創るマネジメント (Vom Solo zur Sinfonie) クリスティアン・ガンシュ著, シドラ房子訳 阪急コミュニケーションズ 2014.6 268p 19cm 1700円 ①978-4-484-14106-0

内容 1 オーケストラという「企業」(オーケストラの第一印象 ソロから交響曲へ ほか) 2 個人からチームへ(オーケストラのグループ力学 現在の技術レベルvs長年の経験 ほか) 3 理想のチームワーク(平等はありえない 責任は人をやる気にさせる ほか) 4 指揮者のマネジメント術(指揮者の役割とは 調和のとれたものだけが共有される ほか) 5 インスピレーション、そしてイノベーション(意思によるコントロールと成り行き任せ イノベーションを妨げるもの ほか) 〔01664〕

ガンズ, H.J.

◇国際社会学の射程―社会学をめぐるグローバル・ダイアログ 西原和久, 芝真里編訳 東信堂 2016.2 118p 21cm (国際社会学ブックレット 1) 1200円 ①978-4-7989-1336-0

内容 未来に目を向けること(H.J.ガンズ著, 高見具広訳) 〔01665〕

カンダ, エドワード・R. Canda, Edward R.

◇ソーシャルワークにおけるスピリチュアリティとは何か―人間の根源性にもとづく援助の核心 (Spiritual Diversity in Social Work Practice 原著第2版の翻訳) エドワード・R.カンダ, レオラ・ディラッド・ファーマン著, 木原活信, 中川吉晴, 藤井美和監訳 京都 ミネルヴァ書房 2014.12 661p 22cm 〈文献あり 索引あり〉 10000円 ①978-4-623-07199-9

内容 第1部 スピリチュアリティに配慮したソーシャルワークの中心的な価値観と概念(指針となる原則 共感、サービスへの召命、ソーシャルワークの倫理原則 スピリチュアリティの意味) 第2部 ソーシャルワーク実践のためのスピリチュアルな多様性の探究(人間の多様性、スピリチュアリティ、ソーシャルワーク実践 ソーシャルサービスの宗教的観点とソーシャルワーク実践への洞察 非宗派的な霊的観点、観点の比較、協力に向けての示唆) 第3部 スピリチュアリティに配慮したソーシャルワークの実際(スピリチュアリティに配慮した実践的文脈の創造 スピリチュアルな発達の理解とアセスメント スピリチュアリティに配慮した文化的に適切な実践のための倫理的ガイドライン スピリチュアリティ志向の変容的実践 世界的な視座) 〔01666〕

カンター, ジョナサン・W. Kanter, Jonathan

◇認知行動療法の新しい潮流 2 行動活性化 (Behavioral Activation) ウィンディ・ドライデン編 ジョナサン・W.カンター, アンドリュー・M.ブッシュ, ローラ・C.ラッシュ著, 大野裕監修, 岡本泰昌監訳, 西川美樹訳 明石書店 2015.8 244p 20cm 〈文献あり 索引あり〉 2800円 ①978-4-7503-4229-0

内容 第1部 行動活性化の理論的特徴(特徴的な歴史 人間の行動についての特徴的な定義 特徴的な専門用語 特徴的な理念と理論 特徴的な行動ABCモデル ほか) 第2部 行動活性化の実践的特徴(特徴的な歴史 初回治療の論理的根拠 活動モニタリング 価値観の評価 単純な活性化 ほか) 〔01667〕

カンター, ロザベス・モス

◇ハーバード・ビジネス・レビューBEST10論文―世界の経営者が愛読する (HBR's 10 Must Reads) ハーバード・ビジネス・レビュー編集部編, DIAMONDハーバード・ビジネス・レビュー編集部訳 ダイヤモンド社 2014.9 357p 19cm (Harvard Business Review) 1800円 ①978-4-478-02868-1

内容 イノベーションの罠(ロザベス・モス・カンター著) 〔01668〕

カンタニェデ, フランシスコ Cantanhede, Francisco

◇ポルトガルの歴史―小学校歴史教科書 (História e Geografia de Portugal.vol.1) アナ・ロドリゲス・オリヴェイラ, アリンダ・ロドリゲス, フランシスコ・カンタニェデ著, A.H.デ・オリヴェイラ・マルケス校閲, 東明彦訳 明石書店 2016.4 503p 21cm (世界の教科書シリーズ 44) 5800円 ①978-4-7503-4346-4

内容 A イベリア半島―最初の住民からポルトガルの形成(12世紀)まで(自然環境と最初の住民 イベリア半島のローマ人 イベリア半島のイスラーム教徒 ポルトガル王国の形成) B 13世紀からイベリア統一と再独立(17世紀)まで(13世紀のポルトガルと1383-1385年の革命 15世紀・16世紀のポルトガル イベリアの統一から再独立まで) C 18世紀のポルトガルから自由主義社会の成立まで(18世紀の帝国と絶対王政 ポンバル侯時代のリスボン 1820年と自由主義 19世紀後半のポルトガル) D 20世紀(王政の崩壊と第一共和政 新国家体制 1974年「4月25日」と民主制) 〔01669〕

カンタラメッサ, ラニエロ Cantalamessa, Raniero

◇司祭職―信徒にとって、聖職者にとって (L'anima di ogni sacerdozio) ラニエロ・カンタラメッサ著, 小西広志訳 サンパウロ 2014.2 187p 19cm 1200円 ①978-4-8056-3907-8

内容 第1講話 イエス・キリストの僕であり、友 第2講話 聖霊に仕える 第3講話 新しい契約の奉仕者たち 第4講話 わたしたちはキリスト・イエスこそ「主」であると宣べ伝えています 第5講話 キリストはご自分を神にささげられた 第6講話 「わたしのもとに立ち返るのなら」 第7講話 マリア、司祭の母、司祭の模範 第8講話 わたしたちには、偉大な大祭司がおられます 〔01670〕

カント, イマヌエル Kant, Immanuel

◇純粋理性批判 上 (Kritik der reinen Vernunft 原著第1版・第2版の翻訳) イマヌエル・カント著, 石川文康訳 筑摩書房 2014.3 373p

20cm　3600円　①978-4-480-84741-6

内容 1 超越論的原理論（超越論的感性論　超越論的論理学）〔01671〕

◇純粋理性批判　下（Kritik der reinen Vernunft 原著第1版・第2版の翻訳）　イマヌエル・カント著, 石川文康訳　筑摩書房　2014.3　562p　20cm　〈索引あり〉4500円　①978-4-480-84742-3

内容 第2部 超越論的論理学（続）（超越論的弁証論）　2 超越論的方法論（純粋理性の訓育　純粋理性のカノン「規範」　純粋理性の建築術　純粋理性の歴史）〔01672〕

カ

◇自分自身を支配できる人間になれ―カントの言葉 大哲学者が考え抜いた人生の秘訣　金森誠也編訳　PHP研究所　2015.5　255p　18cm　1800円　①978-4-569-82483-3

内容 第1章 天才の多様性（カントのみた夢　奇妙な夢ほか）　第2章 女は結婚で自由になり、男は結婚で自由を失う（魔女信仰はつづく　似た者夫婦 ほか）　第3章 社交上手な者は実は浅薄だ（社交上手な者は実は浅薄だ　老人の悪習 ほか）　第4章 強者の論理は人間を幸せにしない（すぐれた演説　アダム・スミスの言葉 ほか）　第5章 若者よ自力更生をはかれ（単細胞な者を笑ってはならない　若者よ自力更生をはかれ ほか）〔01673〕

◇永遠平和のために（Zum ewigen Frieden）　イマヌエル・カント著, 池内紀訳　集英社　2015.6　114p　18cm　〈綜合社 2007年刊の復刊〉1300円　①978-4-08-771631-3

内容 カント先生の紹介　カントの言葉「永遠平和のために」より　永遠平和のために　補説　付録〔01674〕

◇判断力批判（Kritik der Urteilskraft）　イマヌエル・カント〔著〕, 熊野純彦訳　作品社　2015.6　590p　22cm　〈索引あり〉7600円　①978-4-86182-530-9

内容 第1部 直感的判断力の批判（直感的判断力の分析論　直感的判断力の弁証論）　第2部 目的論的判断力の批判（目的論的判断力の分析論　目的論的判断力の弁証論）　附録 目的論的判断力の方法論〔01675〕

カンドリ, ミチヒロ*　神取 道宏

◇比較制度分析のフロンティア（INSTITUTIONS AND COMPARATIVE DEVELOPMENTの抄訳, COMPLEXITY AND INSTITUTIONSの抄訳〔etc.〕）　青木昌彦, 岡崎哲二, 神取道宏監修　NTT出版　2016.9　356p　22cm　（叢書《制度を考える》）〈他言語標題：Frontiers of Comparative Institutional Analysis〉4500円　①978-4-7571-2325-0

内容 経済学の理論と現実（神取道宏著, 野田俊也訳）〔01676〕

カンブシュネ, ドゥニ　Kambouchner, Denis

◇人がいじわるをする理由はなに？（Chouette penser！：DE BONNES RAISONS D'ÊTRE MÉCHANT？）　ドゥニ・カンブシュネ文, ギヨーム・デジェ絵, 伏見操訳　岩崎書店　2016.10　93p　20cm　（10代の哲学さんぽ 8）　1300円　①978-4-265-07914-8

内容 1 お説教は役立たず？　2 いじわるの種類　3 本当にゆるせないこと　4 人はみんないじわる？　5 いじわるのよい面とは？　6 哲学にとってむずかしいこと　7 よくない選択をしたのは、だれ？　8 未来のことを考えよう〔01677〕

カンブリア, J.*　Cambria, Junna

◇自己調整学習ハンドブック（HANDBOOK OF SELF-REGULATION OF LEARNING AND PERFORMANCE）　バリー・J.ジマーマン, ディル・H.シャンク編, 塚野州一, 伊藤崇達監訳　京都　北大路書房　2014.9　434p　26cm　〈索引あり〉5400円　①978-4-7628-2874-4

内容 学業的な自己調整プロセスの発達に対する影響要因（Allan Wigfield, Susan L.Klauda, Junna Cambria著, 岡田涼訳）〔01678〕

カンボジア

◇外国著作権法令集　48　カンボジア編　財田寛子, 横山真司共訳, 阿部浩二監修　著作権情報センター　2014.3　27p　21cm　〈SARVH共通目的事業（平成25年度）〉非売品〔01679〕

カンポス・ロドリゲス, アウグスト・ジョルジェ　Campos Rodrigues, Augusto Jorge

◇もっと悟ってもっとアセンション―神社仏閣にいた神々はすでに立ち去りました ホワイトブラザーフッドが語った"日本の新しい霊的現実"のすべて　アウグスト・ジョルジェ・カンポス・ロドリゲス著, 高木友子訳　ヒカルランド　2015.4　356p　19cm　1843円　①978-4-86471-275-0

内容 1 高次元医学から見た食と健康について―スピリチュアルドクターらによるアドバイス　2 自然界のデヴァをこれ以上消滅させてはならない―自然災害をスルーする多次元的生き方へ　3 聖白色同胞団は日本が引き起こした由々しき問題を契機に日本人と神々と緊急に繋がり始めました　4 政治・経済・社会の汚れた動き―全ては戦争、お金、権力、性、宗教のパラレルワールドの中にある！　5 アセンションの繋がる霊的時間（多次元的時間）について―スピリット、神々たちも私たちと同じ"変化"を超えようとしている〔01680〕

ガンポート, パトリシア・J.　Gumport, Patricia J.

◇高等教育の社会学（SOCIOLOGY OF HIGHER EDUCATION）　パトリシア・J.ガンポート編著, 伊藤彰浩, 橋本鉱市, 阿曽沼明裕監訳　町田　玉川大学出版部　2015.7　476p　22cm　（高等教育シリーズ 167）〈索引あり〉5400円　①978-4-472-40514-3

内容 高等教育の社会学 他（パトリシア・J.ガンポート著, 伊藤彰浩訳）〔01681〕

カンリフ委員会

◇カンリフ委員会審議記録　第1巻　春井久志, 森映雄訳　蒼天社出版　2014.1　508p　27cm　32000円　①978-4-901916-36-3〔01682〕

◇カンリフ委員会審議記録　第2巻　春井久志, 森映雄訳　蒼天社出版　2014.1　435p　27cm　32000円　①978-4-901916-37-0〔01683〕

◇カンリフ委員会審議記録　第3巻　春井久志, 森映雄訳　蒼天社出版　2014.1　114p　27cm　25000円　①978-4-901916-38-7〔01684〕

【キ】

キ, ケイキョウ*　奇 桂亨

◇歴史をひらく―女性史・ジェンダー史からみる東アジア世界　早川紀代, 秋山洋子, 伊集院葉子, 井上和枝, 金子幸子, 宋連玉編　御茶の水書房　2015.6　252p　22cm　2800円　①978-4-275-02016-1

内容 女性と強制移住（奇桂亨著, 李宣定訳）〔01685〕

ギ, ザイミン*　魏 在民

⇒ウィ, ジェミン*

ギ, ショウシン*　魏 尚進

◇安定とその敵（Stability at bay）　Project Syndicate〔編〕　土曜社　2016.2　120, 2p　18cm　（プロジェクトシンジケート叢書）　952円　①978-4-907511-36-4

内容 中国減速で浮かぶ国、沈む国（魏尚進著）〔01686〕

キ, シン*　季 進

◇漂泊の叙事―一九四〇年代東アジアにおける分裂と接触　浜田麻矢, 薛化元, 梅家玲, 唐顥芸編　勉誠出版　2015.12　561p　22cm　8000円　①978-4-585-29112-1

内容 浮雲を看て世事を知るに慣る（季進著, 杉村安幾子訳）〔01687〕

キアリ, サドリ　Khiari, Sadri

◇人民とはなにか？（Qu'est-ce qu'un peuple ?）アラン・バディウ, ピエール・ブルデュー, ジュディス・バトラー, ジョルジュ・ディディ＝ユベルマン, サドリ・キアリ, ジャック・ランシエール著, 市川崇訳　以文社　2015.5　221p　20cm　2400円　①978-4-7531-0325-6

内容 「人民」という語の使用に関する二四の覚え書き　「大衆的（人民の）」と言ったのですか？　われわれ人民―集会の自由についての考察　可感的にする（表象可能な民衆、想像の民衆？　弁証法的イメージの前で目を擦る　覆いを取り去る、ヘテロトピアを可視的にする　接近し、資料を集め、可感的にする）　人民と第三の人民（人民は何に抗して形成されるのか　人種によって/抗して形成される人民　急進的左翼の国家主義への傾倒　いかにしてフランス人たらずしてフランス人であり得るのか）　不在のポピュリズム〔01688〕

キーイ, ジョン　Keay, John

◇ビジュアル版 世界の歴史都市―世界史を彩った都の物語（The Great Cities in History）　ジョン・ジュリアス・ノーウィッチ編, 福井正子訳　柊風舎　2016.9　303p　27×21cm　15000円　①978-4-86498-039-5

内容 シンガポール―ライオンの都（ジョン・キーイ）〔01689〕

キイス, ダニエル　Keyes, Daniel

◇24人のビリー・ミリガン　上（THE MINDS OF BILLY MILLIGAN）　ダニエル・キイス著, 堀内静子訳　新版　早川書房　2015.5　408p　16cm　（ハヤカワ文庫 NF 430）　1000円　①978-4-15-050430-4

内容 第1部　混乱の時期　第2部　"教師"の誕生〔01690〕

◇24人のビリー・ミリガン　下（THE MINDS OF BILLY MILLIGAN）　ダニエル・キイス著, 堀内静子訳　新版　早川書房　2015.5　435p　16cm　（ハヤカワ文庫 NF 431）　1000円　①978-4-15-050431-1

内容 第2部 "教師"の誕生（承前）　第3部 狂気の彼方〔01691〕

ギウ, ジャン＝ミシェル

◇第一次世界大戦とその影響　軍事史学会編　錦正社　2015.3　494p　21cm　〈『軍事史学』第50巻第3・4合併号と同内容〉4000円　①978-4-7646-0341-7

内容 一九二〇年代における国際連盟とその支援団体（ジャン＝ミシェル・ギウ著, 松沼美穂, 末次圭介訳）〔01692〕

キヴィネン, オスモ

◇ディスアビリティ現象の教育学―イギリス障害学からのアプローチ　堀正嗣監訳　現代書館　2014.3　308p　21cm　（熊本学園大学付属社会福祉研究所社会福祉叢書 24）　4000円　①978-4-7684-3531-1

内容 学校システムと特別支援教育（ヨエル・キヴィラウマ, オスモ・キヴィネン著, 原田琢也訳）〔01693〕

キヴィラウマ, ヨエル

◇ディスアビリティ現象の教育学―イギリス障害学からのアプローチ　堀正嗣監訳　現代書館　2014.3　308p　21cm　（熊本学園大学付属社会福祉研究所社会福祉叢書 24）　4000円　①978-4-7684-3531-1

内容 学校システムと特別支援教育（ヨエル・キヴィラウマ, オスモ・キヴィネン著, 原田琢也訳）〔01694〕

キェルケゴール, セーレン　Kierkegaard, Søren

◇キェルケゴールの日記―哲学と信仰のあいだ（Søren Kierkegaards Skrifter）　セーレン・キェルケゴール著, 鈴木祐丞編訳　講談社　2016.4　283p　20cm　1900円　①978-4-06-219519-5

内容 第1部 一八四八年の宗教的転機まで（一八三七年～一八四六年　一八四七年～一八四八年三月）　第2部 一八四八年の宗教的転機（宗教的転機の端緒　宗教的転機の展開　宗教的転機の帰結）　第3部 一八四八年の宗教的転機後（一八四八年の宗教的転機後～一八五三年　一八五四年～一八五五年）〔01695〕

キーオ, ドナルド・R.　Keough, Donald R.

◇ビジネスで失敗する人の10の法則（The Ten Commandments for Business Failure）　ドナルド・R.キーオ著, 山岡洋一訳　日本経済新聞出版社　2014.5　232p　15cm　（日経ビジネス人文庫 き5-1）　760円　①978-4-532-19730-8

内容 リスクをとるのを止める　柔軟性をなくす　部下を遠ざける　自分は無謬だと考える　反則すれすれのところで戦う　考えるのに時間を使わない　専門家

と外部コンサルタントを全面的に信頼する　官僚組織を愛する　一貫性のないメッセージを送る　将来を恐れる　仕事への熱意、人生への熱意を失う〔*01696*〕

キ

ギオネ, エマニュエル　Guionet, Emmanuel

◇学校へいきたい！―世界の果てにはこんな通学路が！　〔1〕　エルボル―キルギスの12歳（LES CHEMINS DE L'ÉCOLE）〔飫肥糺〕〔編訳〕　六耀社　2016.10　75p　22cm　1400円　①978-4-89737-865-7　〔*01697*〕

◇学校へいきたい！―世界の果てにはこんな通学路が！　〔2〕　フランクリン―マダガスカルの13歳（LES CHEMINS DE L'ÉCOLE）〔飫肥糺〕〔編訳〕　六耀社　2016.11　75p　22cm　1400円　①978-4-89737-866-4　〔*01698*〕

キーオン, ダミアン　Keown, Damien

◇オックスフォード仏教辞典（A Dictionary of Buddhism）　末木文美士監訳, 豊嶋悠吾編訳, Damien Keown著　朝倉書店　2016.2　407p　22cm　〈他言語標題：Oxford DICTIONARY OF BUDDHISM　年表あり 索引あり〉9000円　①978-4-254-50019-6　〔*01699*〕

キーガン, ジョン　Keegan, John

◇戦いの世界史――一万年の軍人たち（SOLDIERS）　ジョン・キーガン, リチャード・ホームズ, ジョン・ガウ著, 大木毅監訳　原書房　2014.6　384p　22cm　〈索引あり〉5000円　①978-4-562-05072-7

内容 戦いの相貌　戦闘精神　歩兵　騎兵　砲兵　戦車　消耗人員　工兵　航空戦力　司令官　戦争の原動力　不正規兵　戦争体験　〔*01700*〕

◇戦略の歴史　上（A HISTORY OF WARFARE）　ジョン・キーガン著, 遠藤利国訳　中央公論新社　2015.2　419p　16cm　（中公文庫 キ6-1）〈心交社 1997年刊の上下2分冊〉1250円　①978-4-12-206082-1

内容 第1章 人類の歴史と戦争（戦争とはなにか？　クラウゼヴィッツとは何者だったか？　文化としての戦争　戦争なき文化）付論1 戦争の制約　第2章 石（人間はなぜ戦うか　戦争と人間の本性　戦争と人類学者　原始的な種族と戦争　戦争のはじまり　戦争と文明）付論2 要塞　第3章 肉（戦車軍団　戦車とアッシリア　軍馬　ステップの騎馬民族　フン族　騎馬民族の地平線 四五三〜一二五八年　騎馬民族の没落）付論3 軍団　〔*01701*〕

◇戦略の歴史　下（A HISTORY OF WARFARE）　ジョン・キーガン著, 遠藤利国訳　中央公論新社　2015.2　316p　16cm　（中公文庫 キ6-2）〈心交社 1997年刊の上下2分冊　文献あり 索引あり〉1100円　①978-4-12-206083-8

内容 第4章 鉄（ギリシア人と鉄　密集方陣の戦争　ギリシア人と海陸戦略　マケドニアと密集方陣戦争の頂点　ローマ近代的な軍隊の祖国　ローマ以降のヨーロッパ軍隊なき大陸）付論4 兵站と補給　第5章 火（火薬と要塞　過渡期の火力戦争　海上の火力兵器　火力兵器の定着　政治革命と軍事変革　火力兵器と国民皆兵の文化　究極の兵器　法と戦争目的）〔*01702*〕

◇チャーチル―不屈の指導者の肖像（WINSTON CHURCHILL）　ジョン・キーガン〔著〕, 富山太佳夫訳　岩波書店　2015.8　225p　20cm　〈文献あり〉2800円　①978-4-00-023887-8　〔*01703*〕

ギーゲレンツァー, ゲルト　Gigerenzer, Gerd

◇賢く決めるリスク思考―ビジネス・投資から、恋愛・健康・買い物まで（RISK SAVVY）　ゲルト・ギーゲレンツァー著, 田沢恭子訳　インターシフト　2015.6　384, 28p　19cm　〈発売：合同出版〉2200円　①978-4-7726-9545-9

内容 第1部 リスクの正体をとらえよ（人間はバカなのか　確実性は幻想にすぎない　なぜ守りの意思決定をしてしまうのか ほか）第2部 賢く決める方法（投資に失敗しないシンプルな法則　リーダーは直観で決めている　ゲームから買い物まで ほか）第3部 リスク教育（リスク・リテラシーを身につける学習）〔*01704*〕

キサンタス, A.*　Kitsantas, Anastasia

◇自己調整学習ハンドブック（HANDBOOK OF SELF-REGULATION OF LEARNING AND PERFORMANCE）　バリー・J.ジマーマン, ディル・H.シャンク編, 塚野州一, 伊藤崇達監訳　京都　北大路書房　2014.9　434p　26cm　〈索引あり〉5400円　①978-4-7628-2874-4

内容 スポーツのスキルと知識の獲得：自己調整プロセスの役割（Anastasia Kitsantas, Maria Kavussanu著, 伊藤崇達訳）〔*01705*〕

キシテイニー, ナイアル　Kishtainy, Niall

◇経済学大図鑑（The Economics Book）　ナイアル・キシテイニーほか著, 若田部昌澄日本語版監修, 小須田健訳　三省堂　2014.2　352p　25cm　〈索引あり〉4000円　①978-4-385-16222-5

内容 さあ、交易をはじめよう―紀元前400年〜後1770年　理性の時代―1770年〜1820年　産業革命と経済革命―1820年〜1929年　戦争と不況―1929年〜1945年　戦後の経済学―1945年〜1970年　現代の経済学―1970年〜現在　〔*01706*〕

◇政治学大図鑑（The Politics Book）　ポール・ケリーほか著, 堀田義太郎日本語版監修, 豊島実和訳　三省堂　2014.9　352p　25cm　〈索引あり〉4200円　①978-4-385-16226-3　〔*01707*〕

キジロス, マーク

◇経験学習によるリーダーシップ開発―米国CCLによる次世代リーダー育成のための実践事例（Experience-Driven Leader Development）　シンシア・D.マッコーレイ,D.スコット・デリュ, ポール・R.ヨスト, シルベスター・テイラー編, 漆嶋稔訳　日本能率協会マネジメントセンター　2016.8　511p　27cm　8800円　①978-4-8207-5929-4

内容 強さとストレッチ：OJDの原動力 他（マーク・キジロス）〔*01708*〕

キージング, F.M.　Keesing, Felix Maxwell

◇大南洋諸島の全貌（South Seas in the Modern World）　F.M.キージング著, 日本外政協会太平洋問題調査部訳　大空社　2015.9　699, 11p　22cm　（アジア学叢書 298）〈布装　文献あり 索引あり　同盟通信社 昭和18年刊の複製〉

27000円 ①978-4-283-01150-2 〔01709〕

キース, ケント・M. Keith, Kent M.

◇それでもなお、人を愛しなさい―人生の意味を見つけるための逆説の10カ条 (THE PARADOXICAL COMMANDMENTS) ケント・M.キース著, 大内博訳 早川書房 2016.9 141p 16cm (ハヤカワ文庫 NF 476―〔社会文化〕) 600円 ①978-4-15-050476-2

内容 第1部 おかしな世界 第2部 逆説の10ヵ条 第3部 逆説的な人生 〔01710〕

キーズ, スザン

◇ロジャーズの中核三条件 共感的理解 野島一彦監修, 三国牧子, 本山智敬, 坂中正義編著 大阪 創元社 2015.8 138p 21cm (カウンセリングの本質を考える 3) 〈他言語標題：Empathic Understanding 文献あり 索引あり〉 2200円 ①978-4-422-11460-6

内容 愛情：三条件との関係(スザン・キーズ著, 三国牧子, 中鉢路子監訳, 梶原律子訳) 〔01711〕

キース, ロブレ

◇経験学習によるリーダーシップ開発―米国CCLによる次世代リーダー育成のための実践事例 (Experience-Driven Leader Development) シンシア・D.マッコーレイ,D.スコット・デリュ, ポール・R.ヨスト, シルベスター・テイラー編, 漆嶋稔訳 日本能率協会マネジメントセンター 2016.8 511p 27cm 8800円 ①978-4-8207-5929-4

内容 業績管理とリーダーシップ開発：矛盾または将来性？(ロバート・マッケナ, ロブレ・キース) 〔01712〕

キスタノフ, V.O.

◇日ロ関係史―パラレル・ヒストリーの挑戦 五百旗頭真, 下斗米伸夫,A.V.トルクノフ,D.V.ストレリツォフ編 東京大学出版会 2015.9 713, 12p 22cm 〈年表あり〉 9200円 ①978-4-13-026265-1

内容 ロ日関係発展の可能性(O.I.カザコフ,V.O.キスタノフ,D.V.ストレリツォフ著, 河原地英武訳) 〔01713〕

ギースト, ユーリ・ファン Geest, Yuri van

◇シンギュラリティ大学が教える飛躍する方法―ビジネスを指数関数的に急成長させる (EXPONENTIAL ORGANIZATIONS) サリム・イスマイル, マイケル・マローン, ユーリ・ファン・ギースト著, 小林啓倫訳 日経BP社 2015.8 374p 19cm 〈文献あり 発売：日経BPマーケティング〉 1800円 ①978-4-8222-5103-1

内容 1 飛躍型企業を解明する(破壊的な変化がやってきた 「所有」をめぐる2つの会社の物語 飛躍型企業の周りにある5つの特徴 飛躍型企業の内側にある5つの特徴 飛躍型企業がもたらす真新しい世界) 2 飛躍型企業をつくり上げる(飛躍型企業を立ち上げる 中小企業が飛躍型企業になるために必要なこと 大企業が飛躍型企業になるには 飛躍型企業に生まれ変わった大企業 飛躍型リーダーを目指す) 〔01714〕

キースリング, ロイ

◇EMDRがもたらす治癒―適用の広がりと工夫 (EMDR Solutions) ロビン・シャピロ編, 市井雅哉, 吉川久史, 大塚美菜子監訳 二瓶社 2015.12 460p 22cm 〈索引あり〉 5400円 ①978-4-86108-074-6

内容 EMDR実践に資源の開発の戦略を統合する(ロイ・キースリング著, 岡田太陽訳) 〔01715〕

ギゾー, フランソワ Guizot, François-Pierre-Guillaume

◇ヨーロッパ文明史―ローマ帝国の崩壊よりフランス革命にいたる (HISTOIRE DE LA CIVILISATION EN EUROPE) フランソワ・ギゾー〔著〕, 安士正夫訳 新装版 みすず書房 2014.9 326p 20cm 〈2006年刊の再刊 文献あり〉 3600円 ①978-4-622-07881-4

内容 ヨーロッパ文明史 ヨーロッパの文明におけるフランスの役割 文明というものは語りうること それは歴史上のもっとも普遍的な事実なること 文明なる語の日常通俗的な意味について 二つの主要事実が文明を構成する(一)社会の発展(二)個人の発達 この主張の証拠 これら二つの事実は相互に必然的に結びついており、晩かれ早かれ互いに他の原因となること 人間の運命はその現在のもしくは社会的の状態の中にことごとく包含されるか 文明の歴史は二つの観点から観察せられ、提示せられうる〔ほか〕 〔01716〕

キーゾウ, ライナー・マリア

◇デリダ、ルーマン後の正義論―正義は〈不〉可能か (Nach Jacques Derrida und Niklas Luhmann) グンター・トイプナー編著, 土方透監訳 新泉社 2014.4 317p 22cm 〈文献あり〉 3800円 ①978-4-7877-1405-3

内容 法律(ライナー・マリア・キーゾウ著, 土方透訳) 〔01717〕

キダー, ラッシュワース・M. Kidder, Rushworth M.

◇意思決定のジレンマ (HOW GOOD PEOPLE MAKE TOUGH CHOICES) ラッシュワース・M.キダー著, 中島茂監訳, 高瀬恵美訳 日本経済新聞出版社 2015.3 395p 19cm 2000円 ①978-4-532-16956-5

内容 第1章「あれも正しい」「これも正しい」―誰もが直面する「難しい選択」 第2章「正」対「悪」の選択―カギとなる倫理とモラルバロメーター 第3章「正しい」選択を導く倫理的(エシカル)フィットネス 第4章 核となる価値観(コア・バリュー) 第5章「あれも正しい」「これも正しい」―ジレンマパラダイムの本質 第6章 その他の三つのジレンマパラダイム 第7章「難しい選択」の問題を解決するための原理 第8章 そして「倫理」が残った 二〇〇九年改訂版エピローグ 健全で誠実な文化を持つ組織を構築する―経済危機時代における倫理(エシックス) 〔01718〕

キツ, ザイシュン 吉 在俊

◇中国国共内戦と朝鮮人部隊の活躍―一九四五年八月～一九五〇年四月 吉在俊, 李尚典著, 李東埼訳 同時代社 2015.12 243p 21cm 〈年表あり〉 2315円 ①978-4-88683-793-6

内容 第1章 国際主義的義務とみなして 第2章 勝利の鍵―革命根拠地の建設 第3章 国家的後方の役割 第

4章 勝利の前奏曲　第5章 危機打開の方略　第6章 東北解放の勝ちどき　第7章 支援は全国解放の日まで　第8章 国際主義戦士たちの帰国　〔01719〕

キ

キッシンジャー, ヘンリー　Kissinger, Henry

◇国際秩序（World Order）　ヘンリー・キッシンジャー著, 伏見威蕃訳　日本経済新聞出版社　2016.6　477p　20cm　〈索引あり〉3700円　①978-4-532-16976-3

内容 世界秩序という問題　ヨーロッパ―多元主義的な国際秩序　ヨーロッパの力の均衡システムと、その終焉　イスラム主義と中東―無秩序の世界　アメリカとイラン―秩序への取り組みのちがい　アジアの多様性　アジアの秩序に向けて―対決か協調か？　「すべての人類のために行動する」―アメリカとその秩序の概念　アメリカ―矛盾をはらんだ超大国　テクノロジー、釣り合い、人道的良心　私たちの時代の世界秩序は？　〔01720〕

◇ニクソン訪中機密会談録　毛里和子, 毛里興三郎訳　増補決定版　名古屋　名古屋大学出版会　2016.8　336, 8p　20cm　〈索引あり〉3600円　①978-4-8158-0843-3

内容 資料1 一九七二年二月二十一日 毛沢東・ニクソン会談　資料2 一九七二年二月二十一日 第一回全体会談　資料3 一九七二年二月二十二日 ニクソン・周恩来第一回会談　補足資料 一九七二年二月二十三日 キッシンジャー・葉剣英会談　資料4 一九七二年二月二十三日 ニクソン・周恩来第二回会談　資料5 一九七二年二月二十四日 ニクソン・周恩来第三回会談　資料6 一九七二年二月二十五日 ニクソン・周恩来第四回会談　資料7 一九七二年二月二十六日 第二回全体会談　資料8 一九七二年二月二十八日 ニクソン・周恩来第五回会談　〔01721〕

キッチャー, モウリーン

◇EMDRがもたらす治癒―適用の広がりと工夫（EMDR Solutions）　ロビン・シャピロ編, 市井雅哉, 吉川久史, 大塚美菜子監訳　二瓶社　2015.12　460p　22cm　〈索引あり〉5400円　①978-4-86108-074-6

内容 EMDRの戦略的発達モデル（モウリーン・キッチャー著, 布施晶子訳）　〔01722〕

キッチング, J.*　Kitching, Julian

◇セオリー・オブ・ナレッジ―世界が認めた『知の理論』（Theory of Knowledge 原著第2版の抄訳）　Sue Bastian,Julian Kitching,Ric Sims著, 大山智子訳, 後藤健夫編　ピアソン・ジャパン　2016.1　171p　26cm　〈発売：ネリーズ〉2300円　①978-4-907421-35-9

内容 第1部 国際標準を教えるフロンティア（対談 どこへ向かう世界の教育 IBプログラムのこれまでとこれから）　第2部 セオリー・オブ・ナレッジ：TOKとは（TOK概要　知るための方法　知識の領域）　第3部「知の理論」を日本で教える（鼎談 TOKを取り入れることで、日本の高校の授業も先生も、生徒も変わる）　〔01723〕

キッツ, フォルカー　Kitz, Volker

◇すべては心理学で解決できる（PSYCHO？LOGISCH！）　フォルカー・キッツ, マヌエル・トゥッシュ著, 柴田さとみ訳　サンマーク出版　2014.7　311p　19cm　〈文献あり〉1700円　①978-4-7631-3364-9

内容 サイアクな気分を一瞬で変える方法―心理セラピーの「リフレーミング」　楽しいことは、じゃまされたほうがいい！　―「慣れ」の力を逆手にとる　相手の遅刻にイライラしてしまうのにはワケがある―「理由づけ」のパターンを知る　「頭の中の引き出し」は、こうして働いている―記憶のトリック「プライミング」　あなたは、月収いくらなら満足できますか？　―比較の落とし穴を避けるには　女性が「泣き虫」に、男性が「感情オンチ」になる理由―「ニセの感情」にダマされない　笑顔をつくるだけで人は幸せになれる―究極の「顔面フィードバック理論」　「思考が現実化する」ことの心理学的根拠―「予言の自己成就」の絶大なパワー　マンネリなセックスと日常から抜け出す方法―頭の中の「カテゴリー」を変えてみる　口論で人間関係がこじれてしまうのを防ぐには―心理セラピーの「聞く」テクニック〔ほか〕　〔01724〕

◇敏腕ロビイストが駆使する人を意のままに動かす心理学（DU MACHST WAS ICH WILL）　フォルカー・キッツ著, 畔上司訳　CCCメディアハウス　2014.11　267, 10p　19cm　〈文献あり〉1600円　①978-4-484-14120-6

内容 1 議論（あなたの言葉に耳を傾ける人なんて一人もいない　あなたの希望に関心を持つ人なんて一人もいない　めげずに希望を叶える方法）　2 情動（相手の理性ではなく意志に影響を与えよう　怠けぐせのある脳を使ってみよう　相手の動機を活用しよう）　3 人材（適切なターゲットを選ぶ）　4 人を操るテクニック（相手に話を聞いてもらう方法　交渉するのではなく相手を操ることが大事　群衆の力を利用しよう）　〔01725〕

ギッティング, ジョン　Gittings, John

◇ビジュアル版 世界の歴史都市―世界史を彩った都の物語（The Great Cities in History）　ジョン・ジュリアス・ノーウィッチ編, 福井正子訳　柊風舎　2016.9　303p　27×21cm　15000円　①978-4-86498-039-5

内容 上海―中国のスーパーシティ（ジョン・ギッティング）　〔01726〕

キットウ, S.L.*　Kitto, Sherry L.

◇学生が変わるプロブレム・ベースド・ラーニング実践法―学びを深めるアクティブ・ラーニングがキャンパスを変える（THE POWER OF PROBLEM-BASED LEARNING）　ダッチ・B.J, グロー・S.E, アレン・D.E編, 山田康彦, 津田司監訳, 三重大学高等教育創造開発センター訳　京都　ナカニシヤ出版　2016.2　282p　22cm　〈索引あり〉3600円　①978-4-7795-1002-1

内容 生命工学科目におけるPBLの展開（Sherry L. Kitto, Lesa G.Griffiths著, 丸山直樹訳）　〔01727〕

キーティング, ジャック

◇21世紀の比較教育学―グローバルとローカルの弁証法（COMPARATIVE EDUCATION）　ロバート・F.アーノブ, カルロス・アルベルト・トーレス, スティーヴン・フランツ編著, 大塚豊訳　福村出版　2014.3　727p　22cm　〈文献あり 索引あり〉9500円　①978-4-571-10168-7

内容 オーストラリア、イギリス、アメリカにおける教育改革の政治経済学（ジャック・キーティング, ローズマリー・プレストン, ペニー・ジェーン・バーク, リ

チャード・ヴァン・ヘルトゥム, ロバート・F.アーノブ著） 〔01728〕

ギデール, マテュー Guidère, Mathieu

◇地図で見るアラブ世界ハンドブック（ATLAS DES PAYS ARABES 原著第3版の翻訳） マテュー・ギデール著, 太田佐絵子訳, クレール・ルヴァスール地図制作 原書房 2016.12 161p 21cm 〈文献あり 索引あり〉 2800円 ①978-4-562-05357-5

内容 「アラブの春」以後 アラブ諸国―過去と現在 権力と政治 戦争と平和 人々と社会 経済と発展 変革と革命 民主主義への長い道のり 付録 アラブ連盟の22カ国 〔01729〕

ギデンズ, アンソニー Giddens, Anthony

◇社会の構成（THE CONSTITUTION OF SOCIETY） アンソニー・ギデンズ著, 門田健一訳 勁草書房 2015.1 461p 22cm 〈文献あり 索引あり〉 6000円 ①978-4-326-60273-5

内容 第1章 構造化理論の諸原理 第2章 意識、自己、社会的出会い 第3章 時間、空間、範域化 第4章 構造、システム、社会的再生産 第5章 変動、進化、権力 第6章 構造化理論、経験的調査、社会批判 〔01730〕

◇揺れる大欧州―未来への変革の時（TURBULENT AND MIGHTY CONTINENT） アンソニー・ギデンズ〔著〕, 脇阪紀行訳 岩波書店 2015.10 241, 18p 19cm 〈索引あり〉 2500円 ①978-4-00-025421-2

内容 序章 第1章 運命共同体としてのEU 第2章 緊縮政策とその影響 第3章 社会モデルはもうなくなったのか 第4章 世界市民に必要なこと 第5章 気候変動とエネルギー 第6章 EUの安全保障政策の行方 結論 〔01731〕

祈禱の使徒ローマ本部

◇使徒の心でイエスと歩む道 祈禱の使徒ローマ本部編, 祈禱の使徒, イエズス会霊性センター「せせらぎ」訳 夢窓庵 2016.10 35p 21cm （祈禱の使徒文書 1（2014年12月3日ローマ）） 300円 ①978-4-944088-40-9 〔01732〕

キナ, ローラ

◇沖縄ジェンダー学 第3巻 交差するアイデンティティ 喜納育江編著 大月書店 2016.2 266, 11p 22cm （琉球大学国際沖縄研究所ライブラリ） 〈索引あり〉 3400円 ①978-4-272-35053-7

内容 オキナワ系アメリカ人のチャンプルー精神とハパ・アイデンティティ（ローラ・キナ著, 加瀬保子訳） 〔01733〕

キーナー, D.* Keener, Dana C.

◇エンパワーメント評価の原則と実践―教育、福祉、医療、企業、コミュニティ介入プログラムの改善と活性化に向けて（Empowerment Evaluation Principles in Practice） D.M.フェターマン,A.ワンダーズマン編著, 笹尾敏明監訳, 玉井航太, 大内潤子訳 風間書房 2014.1 310p 21cm 〈索引あり〉 3500円 ①978-4-7599-2022-2

内容 エンパワーメント評価の原則 他（Abraham Wandersman,Jessica Snell-Johns,Barry E.Lentz, David M.Fetterman,Dana C.Keener,Melanie Livet, Pamela S.Imm,Paul Flapohler著, 笹尾敏明訳） 〔01734〕

キーニー, ブラッドフォード Keeney, Bradford P.

◇ブッシュマン・シャーマン―エクスタティックなダンスでスピリットを呼び覚ます（BUSHMAN SHAMAN） ブラッドフォード・キーニー著, 松永秀典訳 コスモス・ライブラリー 2015.3 366p 19cm 〈著作目録あり 発売：星雲社〉 2200円 ①978-4-434-20450-0

内容 大いなる愛 ミズーリでの至福体験 線を円にする 再スタート ブッシュマンに会う 愛の矢を射る スピリットの試練を生きぬく ズールーの人々の中で カラハリの星の導き スピリットと深く関わる〔ほか〕 〔01735〕

ギネ, クリストフ

◇「ひきこもり」に何を見るか―グローバル化する世界と孤立する個人 鈴木国文, 古橋忠晃, ナターシャ・ヴェルー, マイア・ファンステン, クリスチーナ・フィギュエイレド編 青土社 2014.11 276p 19cm 2600円 ①978-4-7917-6823-3

内容 学校恐怖症とその変化形/学校保健の現場から（クリストフ・ギネ著） 〔01736〕

ギフォード, エリザベス・V. Gifford, Elizabeth V.

◇アクセプタンス&コミットメント・セラピー実践ガイド―ACT理論導入の臨床場面別アプローチ（A Practical Guide to Acceptance and Commitment Therapy） スティーブン・C.ヘイズ, カーク・D.ストローサル編著, 谷晋二監訳, 坂本律訳 明石書店 2014.7 473p 22cm 〈文献あり〉 5800円 ①978-4-7503-4046-3

内容 ACT臨床の基礎知識―治療のコア・プロセス、介入の方略、セラピストのコンピテンシー（カーク・D.ストローサル, スティーブン・C.ヘイズ, ケリー・G.ウィルソン, エリザベス・V.ギフォード） 〔01737〕

ギフォード, クライブ Gifford, Clive

◇だまされる脳（Brain Twisters） クライブ・ギフォード著, 日向やよい訳 ゆまに書房 2016.2 63p 26cm （脳と目の科学 2） 2500円 ①978-4-8433-4799-7

内容 驚きの脳 脳の秘密 脳をまる裸にする！ 神経は複雑！ 脳は2つある!? 脳の奥深く… 脳は年中無休 五感以外の感覚 まっすぐに見る 匂いと味の深い関係 触覚とは何か？ 驚きの耳の働き 「考える」を考える 注意！ 注意！ マジックの目くらまし 推測ゲーム 知能とは何か？ 論理的思考とは何か？ 問題を解決する 感情の秘密 感情と体の関係 言葉ではない「言葉」 恐怖症を探る！ 思い出してごらん… 短期記憶・長期記憶 思い出せるかな？ 記憶をよび起こすもの 脳は変化する 用語解説 〔01738〕

◇ふしぎな目（Eye Benders） クライブ・ギフォード著, 石黒千秋訳 ゆまに書房 2016.2 63p 26cm （脳と目の科学 1） 2500円 ①978-4-8433-4798-0

内容 自分の目を信用できる？ もっと脳のことを知ろ

う　神経網とは何か？　目のしくみ　水晶体のしくみ　だまされるな！　ぐるぐる、めまい　盲点とは何か？　両目で見る　残像とは何か？　灰色の影　光と影　色は魔術師　脳は休まない　驚きのサイズ　遠近法で見る　本当に直線？　眺めのよい部屋　奥行きの知覚　トリック写真　空間をうめる　3Dトリックアート　隠し絵　あべこべ　顔、顔、顔　不可能図形　究極の光景　ステレオグラム　用語解説　〔01739〕

キ

ギブス, テリー　Gibbs, Terri

◇笑って愛して生きよう！―人生を本気で楽しむための67の名言とステップ（LIVE LOVE LAUGH）　ジャネット・フィルプ, ミシェル・フェリー, テリー・ギブス著, 〔加藤成泰〕〔翻訳協力〕　JMA・アソシエイツステップワークス事業部　2014.2　147p　19cm　1400円　①978-4-904665-59-6

内容 停滞（SHRR）　与える　ストレッチで心を広げる　言葉の力を使う　学習のスイッチを入れる　お金は送るもの　観察する　更年期は新しい人生への招待状　へそくりをつかう　大声で叫ぶ〔ほか〕　〔01740〕

ギブソン, ジェームズ　Gibson, L.James

◇アメイジング・ラブ―あなたの人生に希望をもたらす想像を超えた愛の不思議発見の旅（Beyond imagination）　ジョン・ボールドウィン, ジェームズ・ギブソン, ジェリー・トーマス著, 島田穂波訳　立川　福音社　2014.4　175p　15cm　200円　①978-4-89222-446-1　〔01741〕

ギブソン, ジョイス・テイラー　Gibson, Joyce Taylor

◇インストラクショナルデザインの理論とモデル―共通知識基盤の構築に向けて（INSTRUCTIONAL-DESIGN THEORIES AND MODELS, Volume 3）　C.M.ライゲルース,A.A.カー＝シェルマン編, 鈴木克明, 林雄介監訳　京都　北大路書房　2016.2　449p　21cm　〈索引あり〉3900円　①978-4-7628-2914-7

内容 ディスカッションを用いたアプローチ（ジョイス・テイラー・ギブソン著, 野田啓子訳）　〔01742〕

ギブリン, レス　Giblin, Les

◇人望が集まる人の考え方（HOW TO HAVE CONFIDENCE AND POWER IN DEALING WITH PEOPLE）　レス・ギブリン〔著〕, 弓場隆訳　ディスカヴァー・トゥエンティワン　2016.7　239p　19cm　1500円　①978-4-7993-1869-0

内容 1 人間の習性をうまく活用する（成功と幸福を手に入れる方法　人を動かす基本的な秘訣　自分の「隠れ資産」を有効に使う方法　他人の行動と態度をコントロールする方法　相手によい第一印象を与える方法）2 友情をはぐくんで相手を味方につける（人々をひきつける3つの条件　相手とすぐに打ち解ける方法）　3 効果的な話し方で成功する（言葉で表現する能力を磨く方法　聞き上手になる方法　たちまち相手の賛同を得る方法）　4 人々にうまく働きかける（相手の全面協力を得て成果を上げる方法　人間関係で奇跡を起こす方法　相手を怒らせずに注意を与える方法）　5 人間関係のワークブック（成功と幸福をもたらす効果的な行動計画）　〔01743〕

ギホン, モルデハイ　Gichon, Mordechai

◇古代ユダヤ戦争史―聖地における戦争の地政学的研究（BATTLES OF THE BIBLE）　モルデハイ・ギホン, ハイム・ヘルツォーグ著, 池田裕訳　悠書館　2014.6　24, 399, 39p　20cm　〈年表あり 索引あり〉4800円　①978-4-903487-89-2

内容 場面の設定　ヨシュアの軍事遠征　士師時代の戦争　王国樹立と正規軍　統一王国　初期イスラエル時代　オムリとアハブの治世におけるイスラエル　アハブ以後のイスラエル　レハブアム時代におけるユダの防衛システム　ウジヤ治世下のユダ　ユダ最後の世紀　初期マカベア戦争　解放から独立へ　〔01744〕

ギボンズ, アンドリュー・S.　Gibbons, Andrew S.

◇インストラクショナルデザインの理論とモデル―共通知識基盤の構築に向けて（INSTRUCTIONAL-DESIGN THEORIES AND MODELS, Volume 3）　C.M.ライゲルース,A.A.カー＝シェルマン編, 鈴木克明, 林雄介監訳　京都　北大路書房　2016.2　449p　21cm　〈索引あり〉3900円　①978-4-7628-2914-7

内容 シミュレーションを用いたアプローチ 他（アンドリュー・S.ギボンズ, マーク・マッコンキー, ケイ・キオンジュ・セオ, デイビッド・A.ワイリー著, 村上正行訳）　〔01745〕

ギボンズ, ジョン・F.

◇ドラッカー―人・思想・実践　ドラッカー学会監修, 三浦一郎, 井坂康志編著　文真堂　2014.10　254p　21cm　〈索引あり〉2800円　①978-4-8309-4837-4

内容 コンサルタントの条件（ピーター・F.ドラッカー述, ジョン・F.ギボンズ聞き手, 井坂康志訳）　〔01746〕

キム

◇世界がぶつかる音がする―サーバンツの物語（The Sound of Worlds Colliding）　クリスティン・ジャック編, 永井みぎわ訳　ヨベル　2016.6　300p　19cm　1300円　①978-4-907486-32-7

内容 スラム住民が土地所有権を得るために 他（ルベン, キム）　〔01747〕

キム, イェリム*　金 艾琳

◇朝鮮の女性〈1392-1945〉―身体、言語、心性　金賢珠, 朴茂瑛, イヨンスク, 許南麟編　クオン　2016.3　414p　19cm　（クオン人文・社会シリーズ 02）　3800円　①978-4-904855-36-2

内容 壊れた愛の政治学：1930年代後半の革命、愛、別れ（金艾琳著, 中野宣子訳）　〔01748〕

キム, イルウ　金 日宇

◇韓国・済州島と遊牧騎馬文化―モンゴルを抱く済州　金日宇, 文素然著, 井上治監訳, 石田徹, 木下順子訳　明石書店　2015.1　131p　20cm　〈索引あり〉2200円　①978-4-7503-4129-3

内容 1 予見された出会い（耽羅星主、モンゴルのカーンと出会う　済州、高麗の都の候補地に ほか）　2 三別抄と済州、そしてモンゴル（三別抄、済州を掌握する最後の反モンゴル勢力倒れる ほか）　3 モンゴルとの一〇〇年、済州の変化（モンゴルの直接支配の始まり　牧場の歴史の始まり ほか）　4 モンゴル支配一〇〇年に終止符、崔瑩将軍の牧胡討伐（モンゴルの衰亡　明

の登場 ほか）５モンゴルとの一〇〇年が遺したもの（再び高麗に帰属するも明に馬を捧げる　済州、朝鮮建国の決定的な契機に ほか）〔01749〕

キム, イルス*　金 日秀

◇新時代の刑事法学―椎橋隆幸先生古稀記念　下巻　井田良, 川出敏裕, 高橋則夫, 只木誠, 山口厚編　信山社　2016.11　797p　22cm　〈著作目録あり 年譜あり〉 16000円　①978-4-7972-8202-3

内容 判決前調査制度の導入に伴う諸難題（金日秀著, 氏家仁訳）〔01750〕

キム, ウォンギ　金 元基

◇なぜ、あの人の願いはかなうのか？―うまくいく人の「エコーの法則」　キムウォンギ著, 吉川南訳　サンマーク出版　2014.7　238p　19cm　1500円　①978-4-7631-3377-9

内容 序章 自分の手で奇跡を起こす「エコーの使い方」 1章「お金に選ばれる人」になりなさい　2章 成功する人の行動習慣に学びなさい　3章 幸せに「気づいた」人だけが幸せになれる　4章 健康でいたければ「わたしは健康」と唱えなさい　5章「得てから」でなく「まず先に」与えなさい　終章 エコーの法則で毎日が変わる〔01751〕

キム, ウンクック*　金 恩国

◇古代環東海交流史　2　渤海と日本　東北亜歴史財団編著, 羅幸柱監訳, 橋本繁訳　明石書店　2015.7　251p　22cm　〈索引あり〉 7200円　①978-4-7503-4182-8

内容 クラスキノ城と福良港（金恩国著）〔01752〕

キム, ウンジュ

◇+1cm（イッセンチ）―たった1cmの差があなたの世界をがらりと変える　キムウンジュ文, ヤンヒョンジョンイラスト, 簗田順子, 文響社編集部訳　文響社　2016.7　271p　19cm　1430円　①978-4-905073-35-2

内容 BREAKING.+1cm、視線を変えるだけでも新しい世界が見える　LOVING.愛と争いを生む男女の1cmの違い　FINDING.こころの奥1cmで起きること　RELAXING.忙しいときほどあと1cmの余裕が必要だ　GETTING CLOSER.お互いに1cm近づいて　DREAMING.あなたの夢が叶うまで、あとたった1cm〔01753〕

キム, オクキュン　金 玉均

◇朝鮮開化派選集―金玉均・朴泳孝・兪吉濬・徐載弼　金玉均, 朴泳孝, 兪吉濬, 徐載弼〔著〕, 月脚達彦訳注　平凡社　2014.4　310p　18cm　（東洋文庫 848）〈布装　文献あり 年表あり〉 2900円　①978-4-582-80848-3

内容 甲申日録（金玉均）　建白書（朴泳孝）　中立論（兪吉濬）『西遊見聞』（兪吉濬）（抄）（第三編「邦国の権利」　第4編「人民の権利」「人世の競励」　第5編「政府の始初」「政府の種類」　第十四編 開化の等級）　独立新聞創刊辞（徐載弼）〔01754〕

キム, オノ　金 彦鎬

◇本でつくるユートピア―韓国出版情熱の現代史　金彦鎬著, 舘野晳訳　北沢図書出版　2015.4　437p　23cm　2500円　①978-4-87371-025-9

内容 今も思い出す偉大な思想家、咸錫憲先生―咸錫憲先生の本を読み、つくりながら　一日たりとも忘れたことのない祖国と故郷―ベルリンでの尹伊桑先生へのインタビュー　私は歴史の道を歩きたい―言論人・宋建鎬先生との対話　私は真実を明らかにするために書く―李泳禧先生の『偶像と理性』をつくって　母と祖国が教えてくれた言葉を守りたい―李五徳先生の教育運動、国語・作文運動　発禁となった朴玄埰（さい）先生の『民族経済論』―本をつくり国土をめぐる歴史の前で民衆とともに―神学者・安炳茂先生との出会いと本づくり　マルク・ブロックの『歴史のための弁明』―正義の歴史は決して死なない　私は現実を改革しようとする現実主義者です―スパーセラーとなった塩野七生先生の『ローマ人の物語』　ハンギル社を訪れた偉大な歴史家ホブズボーム先生―歴史に関心を持つことは未来に希望を託すこと〔ほか〕〔01755〕

キム, キョンスク*　金 景淑

◇契約と紛争の比較史料学―中近世における社会秩序と文書　臼井佐知子,H.ジャン・エルキン, 岡崎敦, 金炫栄, 渡辺浩一編　吉川弘文館　2014.12　362, 9p　22cm　12000円　①978-4-642-02922-3

内容 朝鮮後期の山訟の展開過程と訴訟の長期化（金景淑著, 田中俊光訳）〔01756〕

キム, ギョンミ*　金 庚美

◇朝鮮時代の女性の歴史―家父長的規範と女性の一生　奎章閣韓国学研究院編著, 小幡倫裕訳　明石書店　2015.3　384p　22cm　〈文献あり 索引あり〉 8000円　①978-4-7503-4158-3

内容 隠れた働き手、朝鮮の女性たちの労働現場（金庚美著）〔01757〕

キム, グァンシク　金 光植

◇1900～1999韓国仏教100年―朝鮮・韓国仏教史図録　金光植編, 東アジア仏教運動史研究会訳　皓星社　2014.7　454p　31cm　〈索引あり〉 25000円　①978-4-7744-0490-5

内容 都城出入り禁止解除前後の南大門　1900年代初頭の4月初8日慶祝法要　1907年頃の円丘壇　都城出入り禁止解除を提案した日本僧侶・佐野前励　『東洋教報』第4号　『韓国開教論』　『浄土宗韓国開教誌』　親日派の李容九と武田範之　日本僧侶の武田範之と内田良平　奥村円心に送った李東仁の手紙〔ほか〕〔01758〕

キム, クィオク*　金 貴玉

◇「慰安婦」問題を/から考える―軍事性暴力と日常世界　歴史学研究会, 日本史研究会編　岩波書店　2014.12　257p　20cm　2700円　①978-4-00-061005-6

内容 日本軍「慰安婦」制度が朝鮮戦争期の韓国軍「慰安婦」制度に及ぼした影響と課題（金貴玉著, 野木香里訳）〔01759〕

キム, クリスティン

◇北東アジアの歴史と記憶（Northeast Asia's Difficult Past）　金美景,B.シュウォルツ編著, 千葉真監修, 稲正樹, 福岡和哉, 寺田麻佑訳　勁草書房　2014.5　315, 9p　22cm　〈索引あり〉 3200円　①978-4-326-30226-0

内容 共和制韓国における朝鮮君主制、一九四五～一九六五年（クリスティン・キム著, 寺田麻佑, 稲正樹訳）

〔01760〕

キム, サンギュ　金 商奎

◇キム・サンギュ教授のことわざ経済学―韓国の「ことわざ」で学ぶ現代人の必須概念36　金商奎著, 姜泰権日本語版監修, 平川敬介訳　大阪　大阪教育図書　2014.5　169p　21cm　2000円　①978-4-271-31026-6

内容 第1章 根っこの経済（海を埋めることはできても人の欲望を満たすことはできない―希少性　野ウサギを捕まえようとして飼いウサギを失う―機会費用 ほか）　第2章 木の経済（家計の経済（10回計ってハサミを入れよ―合理的消費　安いのはオカラの餅―非合理的消費 ほか）　企業の経済（念入りに建てた塔が崩れるものか―勤勉性　子どもも多すぎれば、みすぼらしい―供給 ほか）　分かち合いの経済（大豆を植えたところに大豆が生え、小豆を植えたところに小豆が生える―公正分配　熊が芸をして、お金は主人が持っていく―不公正分配））　〔01761〕

キム, サンボク　金 相福

◇信仰の確信をきずく七つの土台―キム・サンボク説教集　金相福著, 廉成俊編訳　町田　ぶどうの木キリスト教会　2014.11　254p　19cm　〈発売：いのちのことば社〉1800円　①978-4-264-03280-9

内容 救い　新生　内住　祈り　赦し　導き　勝利　〔01762〕

キム, ジェチョル*　金 才喆

◇九州考古学会総会研究発表資料集　平成27年度　九州考古学会編　福岡　九州考古学会　2015.11　116p　30cm　〈会期・会場：2015年11月28日―29日 西南学院大学コミュニティセンター　文献あり〉

内容 韓国古代土器窯変遷（金才喆著, 比嘉えりか訳）　〔01763〕

キム, ジノ　金 振鎬

◇真実を見抜く分析力―ビジネスエリートは知っているデータ活用の基礎知識（Keeping Up with the Quants）　トーマス・H.ダベンポート, キムジノ著, 河本薫監修, 古川奈々子訳　日経BP社　2014.4　325p　19cm　〈発売：日経BPマーケティング〉1800円　①978-4-8222-5005-8

内容 第1章 だれにでも分析スキルは必要　第2章「何を解決したいのか」を明確に！　第3章 分析手法について知っておく　第4章 分析結果を伝え、実行に移す　第5章 分析には創造力が不可欠　第6章 数字を怖がるな！　第7章 分析専門家と働くコツ　〔01764〕

キム, ジュンギ　金 濬起

◇少女の物語―日本軍「慰安婦」被害者　金濬起作, 韓国挺身隊問題対策協議会訳　大阪　日本機関紙出版センター　2014.8　53p　22×25cm　〈他言語標題：herstory〉1700円　①978-4-88900-909-5　〔01765〕

キム, ジョンイン

◇東アジアの歴史―韓国高等学校歴史教科書　アンビョンウ, キムヒョンジョン, イグヌ, シンソンゴン, ハムドンジュ, キムジョンイン, パクチュンヒョン, チョンヨン, ファンジスク著, 三橋広夫, 三橋尚子訳　明石書店　2015.9　282p　21cm　（世界の教科書シリーズ 42）〈文献あり 年表あり 索引あり〉3800円　①978-4-7503-4237-5

内容 1 国家の形成　2 東アジア世界の成立　3 国際関係の変化と支配層の再編　4 東アジア社会の持続と変化　5 近代国家樹立への模索　6 今日の東アジア　付録　〔01766〕

キム, ジョンウン　金 正恩

◇金正恩著作集　金正恩〔著〕, チュチェ思想国際研究所編集　白峰社　2014.1　241p　22cm　1800円　①978-4-938859-23-7

内容 金正日総書記を永遠に高くいただき総書記の遺訓を貫徹しよう. 金正日総書記の逝去に深い哀悼の意をあらわしたすべての人民軍将兵と人民に. 金正日同志をわが党の永遠なる総書記として高くいただきチュチェの革命偉業をりっぱになしとげよう. 先軍の旗をさらに高くかかげ最後の勝利をめざして力強くたたかおう. 金日成主席はわが党と人民の永遠なる領袖である. 社会主義強盛国家建設の要求に即して国土管理事業に革命的転換をもたらすために. 明日の強盛朝鮮をささえる柱となれ. 金正日愛国主義を具現して富強な祖国の建設をおしすすめよう. 革命家の遺児は万景台の血統、白頭の血統をしっかり継いでいく先軍革命の頼もしい根幹となるべきである.　われわれの社会科学は全社会の金日成・金正日主義化偉業遂行に積極的に貢献しなければならない. 人工衛星打ち上げの成功に寄与した科学者、技術者、労働者、幹部のために催された宴会での演説. 新年の辞. 朝鮮労働党第四回細胞書記大会でおこなった演説. 全国軽工業大会でおこなった演説. 朝鮮労働党中央委員会二〇一三年三月総会における報告. 金正日総書記の先軍革命思想と業績をとわに輝かそう　〔01767〕

キム, ジョンヒ*　金 貞姫

◇古代環東海交流史　2　渤海と日本　東北亜歴史財団編著, 羅幸柱監訳, 橋本繁訳　明石書店　2015.7　251p　22cm　〈索引あり〉7200円　①978-4-7503-4182-8

内容 8世紀半ば渤海と日本の「安史の乱」認識（金貞姫著）　〔01768〕

キム, ジンホ　金 鎮虎

◇無礼者たちのクリスマス―韓国キリスト教保守主義批判　崔亨黙, 白賛弘, 金鎮虎著, 金忠一訳　大阪　かんよう出版　2014.12　380p　19cm　〈文献あり〉3200円　①978-4-906902-36-1

内容 第1章 韓国キリスト教の保守化、力に向かった不適切なる憧憬（起源：一九〇七年の平壌大復興運動　維新体制・軍事政権期の裏取引 ほか）　第2章 アメリカ製の福音主義と韓国教会（アメリカ根本主義キリスト教の発展と没落　根本主義と初期の韓国教会―宣教師、神学、反共主義 ほか）　第3章 権力に向かった欲望、その排他的実践（無礼者たちの政治勢力化　無礼者たちのクリスマス ほか）　第4章 鼎談―自発的貧困を実践する、有意義なる少数にこそ未来がある（露日戦争と平壌大復興運動　洋大人意識と宣教師 ほか）　〔01769〕

◇市民K、教会を出る―韓国プロテスタントの成功と失敗、その欲望の社会学　金鎮虎著, 香山洋人訳　新教出版社　2015.2　262p　21cm　2400円　①978-4-400-40735-5

内容 神の退陣、神々の帰還　第1部 市民K、教会に行く―韓国プロテスタントの昨日(アメリカの霊としておいでになったんですね―韓国プロテスタントのアメリカ主義　羞恥心と復讐―神社参拝から反共主義へ　生産的憎悪―治癒と帰福、成長主義の発明 ほか)　第2部 市民K、教会を離れる―韓国プロテスタントの今日(市民の登場と神の追放―市民K、教会を離れる　信頼を失った「言葉の宗教」―韓国教会の説教の実態　教会売買スキャンダル―教会成長至上主義の裏面 ほか)　第3部 市民K、小さな教会と出会う―韓国プロテスタントの明日(小さな教会の誕生―小さなものたちの反乱、希望の前兆　再び民衆の中に神と出会う―他者性の神学と信仰運動　キリスト教右派と新貴族主義 ほか)　〔01770〕

キム, ソンウク　金 成昱

◇金正恩政権の末路―金正恩政権はこのようにして滅ぶ　金成昱著, 梁基述訳　統一日報社　2014.12　149p　19cm　1390円　①978-4-907988-06-7　〔01771〕

キム, ソンホ*　金 盛浩

◇東アジアでボンヘッファーを読む―東アジア・ボンヘッファー学会2013　日本ボンヘッファー研究会編　新教出版社　2014.11　182p　21cm　(新教コイノーニア 29)　1800円　①978-4-400-32450-8

内容 韓国(金盛浩著, 八谷俊久訳)　〔01772〕

キム, チョル　金 哲

◇抵抗と絶望―植民地朝鮮の記憶を問う　金哲著, 田島哲夫訳　大月書店　2015.3　305, 8p　20cm　〈著作目録あり 索引あり〉2800円　①978-4-272-43097-0

内容 序章 喉に刺さったとげ―植民地の記憶と「親日派」　第1章「国民」という奴隷―抵抗史とファシズム　第2章「民族」が語られるとき―自己欺瞞と忘却　第3章 植民地的無意識とは何か―朝鮮の満州　第4章「朝鮮人」から「東洋人」へ―植民地朝鮮における「近代の超克」論　第5章「欠如」としての国(文)学―「民族学」=「国家学」の誕生　第6章 愛国と売国―われわれの自画像　第7章 日帝の清算―「私たちは安泰に過ごしている」　終章 抵抗と絶望　〔01773〕

キム, テウン*　金 泰雄

◇近代の日本と朝鮮―「された側」からの視座　君島和彦編　東京堂出版　2014.9　393p　22cm　9000円　①978-4-490-20875-7

内容 一九三〇年代前半の植民地下群山府日本人商工業の立地と空間体系(金泰雄著, 秋岡あや訳)　〔01774〕

キム, ドクレ

◇神を信じるってどういうこと?―マンガ キリスト教入門　キムミンジョン原作, キムドクレ文・絵, 藤本匠訳　いのちのことば社　2014.1　255p　21cm　1800円　①978-4-264-03160-4

内容 1章 神様を知ることなど到底できない?　2章 私はどうやって生きていくべきなの?　3章 神様は何をしてくれたの?　4章 この厳しい地上で生きていく　5章 ひとつになれば生き、ひとりになれば死ぬ　6章 神様を信じたら何をすればいいの?　〔01775〕

キム, ナクチュン　金 洛中

◇百済寺刹研究―日本語版　大韓民国国立扶余文化財研究所原著, 奈良県立橿原考古学研究所訳　橿原　奈良県立橿原考古学研究所　2014.12　225p　27cm　〈文献あり〉非売品　①978-4-905398-31-8

内容 百済寺院伽藍配置の定型化および変遷の様相(金洛中著)　〔01776〕

キム, ナムイル　金 南一

◇評伝―城門の外でイエスを語る　金南一著, 金忠一訳　大阪　かんよう出版　2016.6　378p　20cm　(安炳茂著作選集 別巻)　〈文献あり　年譜あり　著作目録あり〉4500円　①978-4-906902-61-3

内容 第1章 少年時代:母、間島、そして教会　第2章 青年時代:解放、戦争、そして青年求道者　第3章 ドイツ留学の時代:史的イエスを探し求めて　第4章 神学的転換期:この地で復活したイエス　第5章 民主化闘争期:荒野において―解職と投獄　第6章 民衆神学の定立期:城門の外で神学の歴史を新しく書く　第7章 最後の模索期:功成而不居の暮らし　エピローグ 神の前にあってあなたは可能性である　〔01777〕

キム, ナンジュ*　金 蘭珠

◇近現代東アジアと日本―交流・相剋・共同体　土田哲夫編　八王子　中央大学出版部　2016.11　349p　21cm　4200円　①978-4-8057-1152-1

内容 植民地朝鮮と日本伝統芸能の遭遇(金蘭珠著, 花井みわ訳)　〔01778〕

キム, ハクチュン　金 学俊

◇西洋人の見た朝鮮―李朝末期の政治・社会・風俗　金学俊著, 金容権訳　山川出版社　2014.12　530, 52p　22cm　〈文献あり 索引あり〉3000円　①978-4-634-15059-1

内容 第1部 西洋列強の朝鮮進出以前の時期に新羅・高麗・朝鮮について言及した西洋人の記録　第2部 西洋列強が朝鮮への航海を開始した後に朝鮮を見た西洋人の記録　第3部 開港から日清戦争勃発まで　第4部 日清戦争勃発から日本の朝鮮「保護国」化直前まで　第5部「保護国」時期に朝鮮を見た西洋人　第6部 西洋人の観察の要約とその評価　〔01779〕

キム, ハンジョン　金 漢宗

◇韓国の歴史教育―皇国臣民教育から歴史教科書問題まで　金漢宗著, 国分麻里, 金玹辰訳　明石書店　2015.10　377p　21cm　〈文献あり 索引あり〉3800円　①978-4-7503-4248-1

内容 1部 解放前後から一九六〇年代まで(皇国臣民を育てる教育―国民学校と国民科　解放以後の初めての国史教科書―『初等国史』と中等用『国史教本』　民主市民育成とアメリカ式民主主義教育―新教育運動と社会科の導入 ほか)　2部 一九六〇年代後半から一九七〇年代中盤まで(民族中興の歴史的使命―国民教育憲章と歴史教育　初等学校から大学校まで国史を必修に―国史教育強化と国史科独立　主体的民族史観を大義名分として―国史教科書の国定化 ほか)　3部 一九九〇年代中盤以後から現在まで(歴史と社会科は敵対関係なのか―社会科の統合と国史教育の選択をめぐる論争　ポストモダン歴史学と民族主義歴史学―民族主義歴史学と歴史教育の論争　「西欧中心」から「ヨーロッパ中心、中国副中心」へ―ヨーロッパ中

心の世界史教育批判 ほか)　〔01780〕

キム, ヒョンジ*　金 賢智

◇原発災害下の福島朝鮮学校の記録─子どもたちとの県外避難204日　具永泰, 大森直樹編, 遠藤正承訳　明石書店　2014.3　123p　21cm　2000円　①978-4-7503-3996-2

内容 合同授業と合同生活の歩み(金賢智著)　〔01781〕

キ

キム, ヒョンジョン

◇東アジアの歴史─韓国高等学校歴史教科書　アンビョンウ, キムヒョンジョン, イグヌ, シンソンゴン, ハムドンジュ, キムジョンイン, パクチュンヒョン, チョンヨン, ファンジスク著, 三橋広夫, 三橋尚子訳　明石書店　2015.9　282p　21cm　(世界の教科書シリーズ 42)　〈文献あり 年表あり 索引あり〉 3800円　①978-4-7503-4237-5

内容 1 国家の形成　2 東アジア世界の成立　3 国際関係の変化と支配層の再編　4 東アジア社会の持続と変化　5 近代国家樹立への模索　6 今日の東アジア　付録　〔01782〕

キム, ヒョンミ*　金 賢美

◇韓国家族─グローバル化と「伝統文化」のせめぎあいの中で　平田由紀江, 小島優生編　亜紀書房　2014.6　277p　19cm　2000円　①978-4-7505-1409-3

内容 「社会的再生産」の危機と韓国家族の多層化(金賢美著, 羅一等訳)　〔01783〕

キム, ヒョンヨン*　金 炫栄

◇自己語りと記憶の比較都市史　渡辺浩一, ヴァネッサ・ハーディング編　勉誠出版　2015.11　263, 2p　22cm　〈他言語標題：Comparative Urban History of Ego-document and Memory〉 4500円　①978-4-585-22131-9

内容 一八～一九世紀のソウル知識人の自己と社会認識(金炫栄著, 田中俊光訳)　〔01784〕

キム, ピルジェ　金 泌材

◇大韓民国の敵統合進歩党─統合進歩党はなぜ解散されねばならないか　金泌材編著, 洪熒訳　統一日報社　2014.12　217p　19cm　1390円　①978-4-907988-05-0　〔01785〕

キム, ファソン*　金 花善

◇韓国家族─グローバル化と「伝統文化」のせめぎあいの中で　平田由紀江, 小島優生編　亜紀書房　2014.6　277p　19cm　2000円　①978-4-7505-1409-3

内容 延辺中韓離散家族(金花善著, 羅一等訳)　〔01786〕

キム, ホ*　金 澔

◇朝鮮の女性〈1392-1945〉─身体、言語、心性　金賢珠, 朴茂瑛, イヨンスク, 許南麟編　クオン　2016.3　414p　19cm　(クオン人文・社会シリーズ 02)　3800円　①978-4-904855-36-2

内容 朝鮮王室の出産知識の系譜：『臨産予知法』と『胎産要録』の比較(金澔著, 吉原育子訳)　〔01787〕

キム, ボヒョン*　金 甫炫

◇日韓の刑事司法上の重要課題─日本比較法研究所・韓国法務部との交流30周年記念シンポジウム　椎橋隆幸編著　八王子　中央大学出版部　2015.3　250p　22cm　(日本比較法研究所研究叢書 100)　3200円　①978-4-8057-0599-5

内容 捜査過程における映像録画制度に関して(金甫炫著, 氏家仁訳)　〔01788〕

キム, ミキョン　金 美景

◇北東アジアの歴史と記憶 (Northeast Asia's Difficult Past)　金美景, B.シュウォルツ編著, 千葉真監修, 稲正樹, 福岡和哉, 寺田麻佑訳　勁草書房　2014.5　315, 9p　22cm　〈索引あり〉 3200円　①978-4-326-30226-0

内容 北東アジアの記憶の問題 他(バリー・シュウォルツ, 金美景著, 稲正樹, 福岡和哉訳)　〔01789〕

キム, ミギョン　金 美敬

◇心が折れそうになったら、お姉さまにお聞き！　金美敬著, 吉川南訳　サンマーク出版　2014.1　380p　19cm　1600円　①978-4-7631-3338-0

内容 1 DREAM(そのままオバサンになってもいいの？ 夢の見方を間違えたら、その夢はかなわない ほか)　2 WORK(女だって「一家の大黒柱」になれる　「家」と「仕事」、どちらを取るかはあなた次第 ほか)　3 PASSION(能力を認めてもらいたければ、会社を学校にすべし　社長に「貸し」をつくれ、それがほんとうの給料だ ほか)　4 LOVE(「結婚」と「結婚式」を混同するな！　あなたがシンデレラ？　現実に王子さまはいない！　ほか)　5 FAMILY(バカバカしい固定観念に負けないで　妊娠には「戦略」と「準備」が不可欠 ほか)　6 MONEY(ヒストリーがあってこそお金はたまる　「数字のお金」に振り回されるな ほか)　〔01790〕

キム, ミヨン*　金 美栄

◇朝鮮時代の女性の歴史─家父長的規範と女性の一生　奎章閣韓国学研究院編著, 小幡倫裕訳　明石書店　2015.3　384p　22cm　〈文献あり 索引あり〉 8000円　①978-4-7503-4158-3

内容 女性にとって家族とは何だったのか(金美栄著)　〔01791〕

キム, ミンジョン

◇神を信じるってどういうこと？─マンガ キリスト教入門　キムミンジョン原作, キムドクレ文・絵, 藤本匠訳　いのちのことば社　2014.1　255p　21cm　1800円　①978-4-264-03160-4

内容 1章 神様を知ることなど到底できない？　2章 私はどうやって生きていくべきなの？　3章 神様は何をしてくれたの？　4章 この厳しい地上で生きていく　5章 ひとつになれば生き、ひとりになれば死ぬ　6章 神様を信じたら何をすればいいの？　〔01792〕

キム, ユミ*　金 由美

◇親権と未成年後見　新・アジア家族法三国会議編　日本加除出版　2014.7　166p　21cm　2700円　①978-4-8178-4176-6

内容 子の福祉と親権法の課題(金由美著, 金亮完訳)　〔01793〕

キム, ユンテ* 金 潤泰

◇チャイナ・リスクといかに向きあうか―日韓台の企業の挑戦 園田茂人, 蕭新煌編 東京大学出版会 2016.3 247, 10p 19cm 〈文献あり〉 3600円 ①978-4-13-040275-0

内容 韓国中小企業の中国適応戦略(金潤泰, 李承恩著, 金佳栄訳) 〔01794〕

キム, ヨンイ* 金 容儀

◇国際常民文化研究叢書 第7巻 アジア祭祀芸能の比較研究 神奈川大学国際常民文化研究機構編 横浜 神奈川大学国際常民文化研究機構 2014.10 424p 30cm 〈他言語標題：International Center for Folk Culture Studies monographs 文献あり〉 非売品 ①978-4-9907018-7-1

内容 韓国の舞童と日本の稚児舞楽の比較研究序論(金容儀著, 宮原葉子訳) 〔01795〕

キム, ヨンミ

◇東アジアの労働市場と社会階層 太郎丸博編 京都 京都大学学術出版会 2014.5 240p 22cm (変容する親密圏/公共圏 7) 〈索引あり〉 3200円 ①978-4-87698-379-7

内容 物質主義はどこで生き残っているのか(チャン・チンフェン, ジ・キハ, 髙松里江, キム・ヨンミ著, 山本耕平訳) 〔01796〕

キム, ヨンワン 金 永完

◇東北アジア平和共同体構築のための倫理的課題と実践方法―「IPCR国際セミナー2012」からの提言 韓国社会法人宗教平和国際事業団著, 世界宗教者平和会議日本委員会編, 山本俊正監修, 中央学術研究所編集責任 佼成出版社 2014.7 222, 3p 18cm (アーユスの森新書 009) 900円 ①978-4-333-02672-2

内容 儒教倫理と東北アジア平和共同体の人権保護体制(金永完著, 金永完訳) 〔01797〕

キム, リンヒ* 金 昤希

◇朝鮮の女性〈1392-1945〉―身体、言語、心性 金賢珠, 朴茂瑛, イヨンスク, 許南麟編 クオン 2016.3 414p 19cm (クオン人文・社会シリーズ 02) 3800円 ①978-4-904855-36-2

内容 口述叙事の中の女性排泄物モチーフについてのジェンダー批評的読解(金昤希著, 吉原育子訳) 〔01798〕

キム, W.チャン Kim, W.Chan

◇ハーバード・ビジネス・レビューBEST10論文―世界の経営者が愛読する (HBR's 10 Must Reads) ハーバード・ビジネス・レビュー編集部編, DIAMONDハーバード・ビジネス・レビュー編集部訳 ダイヤモンド社 2014.9 357p 19cm (Harvard Business Review) 1800円 ①978-4-478-02868-1

内容 ブルー・オーシャン戦略(W.チャン・キム, レネ・モボルニュ著) 〔01799〕

◇ブルー・オーシャン戦略―競争のない世界を創造する (Blue Ocean Strategy 原著補訂版の翻訳) W.チャン・キム, レネ・モボルニュ著, 入山章栄監訳, 有賀裕子訳 新版 ダイヤモンド社 2015.9 371p 20cm 〈初版：ランダムハウス講談社 2005年刊 文献あり 索引あり〉 2000円 ①978-4-478-06513-6

内容 第1部 ブルー・オーシャン戦略とは(ブルー・オーシャン戦略を生み出す 分析のためのツールとフレームワーク) 第2部 ブルー・オーシャン戦略を策定する(市場の境界を引き直す 細かい数字は忘れ、森を見る 新たな需要を掘り起こす 正しい順序で戦略を考える) 第3部 ブルー・オーシャン戦略を実行する(組織面のハードルを乗り越える 実行を見据えて戦略を立てる 価値、利益、人材についての提案を整合させる ブルー・オーシャン戦略を刷新する レッド・オーシャンの罠を避ける) 〔01800〕

ギムペル‐ヘニング, ニルス

◇ドイツ会計現代化論 佐藤博明, ヨルク・ベェトゲ編著 森山書店 2014.4 185, 5p 22cm 〈索引あり〉 3500円 ①978-4-8394-2140-3

内容 ドイツにおける無形資産会計(ハンス‐ユルゲン・キルシュ, ニルス・ギムペル‐ヘニング著, 佐藤誠二訳) 〔01801〕

キムリッカ, ウィル Kymlicka, Will

◇哲学がかみつく (Philosophy Bites) デイヴィッド・エドモンズ, ナイジェル・ウォーバートン著, 佐光紀子訳 柏書房 2015.12 281p 20cm 〈文献あり〉 2800円 ①978-4-7601-4658-1

内容 マイノリティの権利(ウィル・キムリッカ述) 〔01802〕

◇人と動物の政治共同体―「動物の権利」の政治理論 (Zoopolis : A Political Theory of Animal Rights) スー・ドナルドソン, ウィル・キムリッカ著, 青木人志, 成広孝監訳 尚学社 2016.12 399p 21cm 4000円 ①978-4-86031-126-1

内容 第1部 拡張された「動物の権利」論(動物の普遍的な基本的権利 シティズンシップ理論による動物の権利の拡張) 第2部 応用編(動物の権利論における家畜動物 市民としての家畜動物 野生動物の主権 デニズンとしての境界動物 結論) 〔01803〕

キャヴァノー, J.C.* Cavanaugh, John C.

◇学生が変わるプロブレム・ベースド・ラーニング実践法―学びを深めるアクティブ・ラーニングがキャンパスを変える (THE POWER OF PROBLEM-BASED LEARNING) ダッチ・B.J, グロー・S.E, アレン・D.E編, 山田康彦, 津田司監訳, 三重大学高等教育創造開発センター訳 京都 ナカニシヤ出版 2016.2 282p 22cm 〈索引あり〉 3600円 ①978-4-7795-1002-1

内容 PBLを成功させるために―PBLに対する大学執行部の支援(John C.Cavanaugh著, 中島英博訳) 〔01804〕

ギャグノン, ブルース

◇正義への責任―世界から沖縄へ 2 琉球新報社編, 乗松聡子監修・翻訳 那覇 琉球新報社 2016.6 77p 21cm 〈発売：琉球プロジェクト(〔那覇〕)〉 565円 ①978-4-89742-208-4

内容 沖縄の抵抗 支持高く―外国軍の占領終わらせよ(ブルース・ギャグノン) 〔01805〕

キ

キャシディ, ドーン Cassidy, Dawn
◇家族生活教育―人の一生と家族（FAMILY LIFE EDUCATION 原著第2版の翻訳） レイン・H.パウエル, ドーン・キャシディ著, 倉元綾子, 黒川衣代監訳 鹿児島 南方新社 2013.11 392p 21cm 〈文献あり 索引あり〉 3500円 ①978-4-86124-281-6 〔01806〕

キャシディ, ワンダ Cassidy, Wanda
◇小学校で法を語ろう（Let's Talk about Law in Elementary School） W.キャシディ,R.イェーツ編著, 同志社大学法教育研究会訳 成文堂 2015.12 232p 21cm 3000円 ①978-4-7923-0584-0
内容 どうして小学校の授業で法を教えるのか？（ワンダ・キャシディ著, 川崎友巳訳） 〔01807〕

キャシディ=ウェルチ, メガン
◇現代を読み解くための西洋中世史―差別・排除・不平等への取り組み（Why the Middle Ages Matter） シーリア・シャゼル, サイモン・ダブルデイ, フェリス・リフシッツ, エイミー・G.リーメンシュナイダー編著, 赤阪俊一訳 明石書店 2014.9 368p 20cm （世界人権問題叢書 89） 4600円 ①978-4-7503-4072-2
内容 難民――三世紀フランスの見方（メガン・キャシディ＝ウェルチ） 〔01808〕

キャッシュマン, ケヴィン Cashman, Kevin
◇優れたリーダーは、なぜ「立ち止まる」のか―自分と周囲の潜在能力を引き出す法則（THE PAUSE PRINCIPLE） ケヴィン・キャッシュマン著, 樋口武志訳 英治出版 2014.8 253p 20cm 1800円 ①978-4-86276-181-1
内容 第1章 立ち止まるということ（先へ進むために立ち止まる―逆説的リーダーシップ 経験知から学ぶ ほか） 第2章 自己を育む（全人的リーダーになる すべては自己認識から ほか） 第3章 他者を育む（いたわりと励ましのバランスをとる やりすぎない ほか） 第4章 イノベーションを育む（イノベータの共通点 目的意識はイノベーションの栄養源 ほか） 〔01809〕

キャッシン, シェリル Cashin, Cheryl
◇包括的で持続的な発展のためのユニバーサル・ヘルス・カバレッジ―11ヵ国研究の総括（Universal health coverage for inclusive and sustainable development） 前田明子, エドソン・アロージョ, シェリル・キャッシン, ジョセフ・ハリス, 池上直己, マイケル・ライシュ著 日本国際交流センター 2014.10 73p 21cm 〈文献あり〉 ①978-4-88907-140-5 〔01810〕

ギャニオン, G.W. Gagnon, George W.
◇構成主義的な学びのデザイン（Constructivist learning design） G.W.ギャニオン,M.コレイ〔著〕, 菅原良監訳, 太田和寿, 福田志保編 青山ライフ出版 2015.8 327p 21cm 〈文献あり〉 5000円 ①978-4-86450-175-0 〔01811〕

ギャノン, ジャック・R. Gannon, Jack R.
◇アメリカのろう者の歴史―写真でみる〈ろうコミュニティ〉の200年（Through Deaf Eyes） ダグラス・C.ベイントン, ジャック・R.ギャノン, ジーン・リンドキスト・バーギー著, 松藤みどり監訳, 西川美樹訳 明石書店 2014.10 163p 28cm 〈文献あり〉 9200円 ①978-4-7503-4087-6
内容 第1章 はじめに 第2章 合衆国へのろう教育の到来 第3章 ろうコミュニティの誕生 第4章 手話をめぐる闘い 第5章 戦争と経済不況の時代 第6章 アクセスとアウェアネス 〔01812〕

キャノン, ドロレス Cannon, Dolores
◇人類の保護者―UFO遭遇体験の深奥に潜むもの（THE CUSTODIANS） ドロレス・キャノン著, 誉田光一訳 ナチュラルスピリット 2016.8 784p 21cm 3800円 ①978-4-86451-211-4
内容 第1部（方向転換 凝縮された、あるいは歪められた時間 物事はすべて見掛けどおりとは限らない 夢の中に隠された情報 埋もれた記憶 図書館 宇宙人は語る） 第2部（小さい灰色の宇宙人との遭遇 ハイウェイからの誘拐 山の中の宇宙人基地 エネルギーの医師 ジャニスの実の父親 究極の経験 UFO研究者を調査する 結論） 〔01813〕

キャノン, C.A.* Cannon, Christine A.
◇学生が変わるプロブレム・ベースド・ラーニング実践法―学びを深めるアクティブ・ラーニングがキャンパスを変える（THE POWER OF PROBLEM-BASED LEARNING） ダッチ・B.J, グロー・S.E, アレン・D.E編, 山田康彦, 津田司監訳, 三重大学高等教育創造開発センター訳 京都 ナカニシヤ出版 2016.2 282p 22cm 〈索引あり〉 3600円 ①978-4-7795-1002-1
内容 看護実践に備えるためのPBL教育（Christine A.Cannon, Kathleen A.Schell著, 高植幸子訳） 〔01814〕

キャピー, フォレスト Capie, Forrest
◇イングランド銀行―1950年代から1979年まで（THE BANK OF ENGLAND） フォレスト・キャピー著, イギリス金融史研究会訳, 小林襄治, 幸村千佳良訳者代表 日本経済評論社 2015.9 1096p 22cm 〈文献あり 索引あり〉 18000円 ①978-4-8188-2381-5
内容 序と概観 1950年代のイングランド銀行 貨幣・金融の枠組みとイングランド銀行 1964年までのイングランド銀行の対外的責任 危機から「磔の苦難」へ ラドクリフ以降の国内金融政策 その他さまざまな活動と成果 ポンド：切り下げからスミソニアンへ 競争と信用調節への道 競争と信用調節 セカンダリー・バンキング危機 銀行業の監督 貨幣量目標とマネタリー・コントロール 1970年代のイングランド銀行とポンド イングランド銀行の業務の自由 結語 〔01815〕

キャプラン, ブライアン
◇移民の経済学（THE ECONOMICS OF IMMIGRATION） ベンジャミン・パウエル編, 藪下史郎監訳, 佐藤綾野, 鈴木久美, 中田勇人訳 東洋経済新報社 2016.11 313, 35p 20cm 〈文献あり 索引あり〉 2800円 ①978-4-492-31488-3
内容 国境の開放化に関する急進的な見解（ブライア

ン・キャプラン, ヴィパル・ネイク著, 佐藤綾野訳) 〔01816〕

キャプロー, ルイ　Kaplow, Louis

◇数理法務概論 (Analytical Methods for Lawyers 原著第2版の翻訳)　ハウェル・ジャクソン, ルイ・キャプロー, スティーブン・シャベル, キップ・ビスクシィ, デビッド・コープ著, 神田秀樹, 草野耕一訳　有斐閣　2014.3　520p　22cm 〈索引あり〉 5500円 ①978-4-641-12566-7

内容 第1章 決定分析　第2章 ゲームと情報　第3章 契約　第4章 会計　第5章 ファイナンス　第6章 ミクロ経済学　第7章 法の経済分析　第8章 統計分析　第9章 多変数統計 〔01817〕

キャベンディッシュ, ルーシー　Cavendish, Lucy

◇魔女の手引き―魔女が教える魔術の基本と実践スペル (Spellbound)　ルーシー・キャベンディッシュ著, 住友玲子訳　アールズ出版　2015.8　253p　21cm　2200円 ①978-4-86204-276-7 〔01818〕

キャム, フィリップ　Cam, Philip

◇共に考える―小学校の授業のための哲学的探求 (THINKING TOGETHER)　フィリップ・キャム著, 桝形公也監訳, 井谷信, 高井弘弥, 中川雅道, 宮沢是訳　奈良　萌書房　2015.11　160p 21cm (P4C叢書) 〈文献あり〉 1800円 ①978-4-86065-099-5

内容 第1部 探求への招待 (考えることを学ぶ　教育的活動としての哲学的探求)　第2部 教師の仕事 (物語教材を選ぶ　探求の共同体を作る　ディスカッションの計画を立て様々な補助手段を準備する)　第3部 考えるためのツール (概念のツー　推論のツール) 〔01819〕

キャメロン, ジュリア　Cameron, Julia

◇子供はみんなアーティスト！ (The Artist's Way For Parents)　ジュリア・キャメロン, エマ・ライブリー著, 沼田壮平監訳, 荒尾日南子, 渡辺典代訳　A-Works　2015.3　261p　19cm 1600円 ①978-4-902256-62-8

内容 安心を育む　好奇心を育む　つながりを育む　心地良い環境を育む　自分を表現する力を育む　発明する力を育む　感じる心を育む　集中力を育む　自分らしく生きる力を育む　自分らしさを育む　自立心を育む　信じる心を育む 〔01820〕

ギャラス, ジェイナ

◇幸福　橘木俊詔編著　京都　ミネルヴァ書房 2014.3　193, 2p　26cm (福祉+α 6　橘木俊詔, 宮本太郎監修) 〈他言語標題：HAPPINESS 文献あり 索引あり〉 2500円 ①978-4-623-07030-5

内容 幸福をめぐる研究と政策 (ブルーノ・S.フライ, ジェイナ・ギャラス著, 渡辺円香, 笠井高人訳) 〔01821〕

ギャラット, クリス　Garratt, Chris

◇ビギナーズ倫理学 (INTRODUCING ETHICS) デイヴ・ロビンソン著, 鬼沢忍訳　筑摩書房 2014.4　183p　15cm (ちくま学芸文庫 ヒ4-8) 〈文献あり〉 1100円 ①978-4-480-09589-3

内容 舞台の準備 (10の中心問題　信念体系の社会的起源 ほか)　倫理学小史 (ギリシャの都市国家　民主主義 ほか)　倫理学と動物 (中傷する哲学者たち　動物の権利 ほか)　倫理学と安楽死 (コックス医師とボイズ夫人の裁判　裁判 ほか) 〔01822〕

キャラン, ジェイミー・キャット　Callan, Jamie Cat

◇いつも、いまが幸せ―〈生きる喜び〉を見つける12のレッスン (BONJOUR, HAPPINESS！)　ジェイミー・キャット・キャラン著, 永峯涼訳 プレジデント社　2014.7　253p　19cm　1400円 ①978-4-8334-2092-1

内容 第1章 日々の暮らしに喜びを見出す　第2章 優雅に年を重ねる　第3章 秘密の花園をもつ　第4章 食こそ人生の喜び　第5章 フランス流「禅」のすすめ　第6章 田舎暮らしへの招待　第7章 体重とは静かにつき合う　第8章 美をあきらめない　第9章 もっとロマンチックに！　第10章 ランジェリーの魔法　第11章 おしゃれを愉しむ　第12章 本当の出発 〔01823〕

◇セクシーに生きる (FRENCH WOMEN DON'T SLEEP ALONE)　ジェイミー・キャット・キャラン著, 永峯涼訳　小学館　2016.9　229p 15cm (小学館文庫プレジデントセレクト Pシ1-1) 〈プレジデント社 2011年刊の再刊〉 550円 ①978-4-09-470008-4

内容 フランス女性はデートから入らない　出会いって、すごくカンタン！　フランス女性は出会う人すべてを"誘惑"する　フランス女性はあるがままの自分が好き　知的な女性は美しい　フランス女性はボディケアを怠らない　フレンチ・コネクション・ランジェリー　取り巻きのパワー　フランス女性と秘密の花園　フランス女性がセクシーな理由　マリアージュ・ア・ラ・モード　フランス女性のようにセクシーに生きる18の秘訣　料理をする楽しみ 〔01824〕

キャリー, ベネディクト　Carey, Benedict

◇脳が認める勉強法―「学習の科学」が明かす驚きの真実！ (How We Learn)　ベネディクト・キャリー著, 花塚恵訳　ダイヤモンド社　2015.12　357p　19cm 〈索引あり〉 1800円 ①978-4-478-02183-5

内容 1 脳はいかに学ぶか (学習マシンとしての脳―記憶という生命現象を解き明かす　なぜ脳は忘れるのか―記憶のシステムを機能させる忘却の力)　2 記憶力を高める (環境に変化をつける―いつもの場所、静かな環境で勉強するのは非効率　勉強時間を分散する――度に勉強するより分けたほうが効果的　無知を味方にする―最善のテスト対策は、自分で自分をテストすること)　3 解決力を高める (ひらめきを生む―アイデアの「孵化」が問題解決のカギ　創造性を飛躍させる―無から有をつくりあげる「抽出」のプロセス　反復学習の落とし穴―別のことを差し挟む「インターリーブ」の威力)　4 無意識を活用する (考えないで学ぶ―五感の判別能力を学習に活用する　眠りながら学ぶ―記憶を整理・定着させる睡眠の力を利用する) 〔01825〕

キャリアー, F.W.

◇世界初市民性教育の国家規模カリキュラム―20世紀初期アメリカNEA社会科委員会報告書の事例から　渡部竜也編訳　横浜　春風社　2016.2 235p　22cm　4722円 ①978-4-86110-490-9

内容 コミュニティ・シヴィックスの教授 (J.リン・バー

キ

ナード,F.W.キャリアー, アーサー・ウィリアム・ダン, クラレンス・D.キングスレー著）〔01826〕

ギャレット, ブラッドリー・L.　Garrett, Bradley L.

◇「立入禁止」をゆく―都市の足下・頭上に広がる未開地（EXPLORE EVERYTHING）　ブラッドリー・L.ギャレット著, 東郷えりか訳　青土社　2014.11　292, 22p　22cm　〈索引あり〉4200円　①978-4-7917-6826-4

内容 1 UEの世界　2 歴史の廃墟　3 遷移をとらえる　4 潜入集団の台頭　5 地下の聖杯　6 新世界をハッキング　7 群衆と手錠〔01827〕

ギャレット, ブランドン・L.　Garrett, Brandon

◇冤罪を生む構造―アメリカ雪冤事件の実証研究（CONVICTING THE INNOCENT）　ブランドン・L.ギャレット著, 笹倉香奈, 豊崎七絵, 本庄武, 徳永光訳　日本評論社　2014.7　422p　21cm　〈索引あり〉5500円　①978-4-535-51929-9

内容 第1章 はじめに　第2章 虚偽の自白　第3章 誤った目撃者　第4章 誤った科学的証拠　第5章 嘘をつくジェイルの情報提供者　第6章 有罪判決を言い渡してしまった裁判　第7章 救済手続の高い壁　第8章 雪冤に向けた闘い　第9章 刑事司法制度の改革〔01828〕

ギャレット, ロバータ

◇イギリスの今―文化的アイデンティティ（British Cultural Identities 原著第4版の翻訳）　マイク・ストーリー, ピーター・チャイルズ編, 塩谷清人監訳　京都　世界思想社　2013.12　466, 27p　21cm　〈索引あり〉3800円　①978-4-7907-1608-2

内容 ジェンダー、性、家族（ロバータ・ギャレット著, 久保陽子訳）〔01829〕

ギャレット, ローリー

◇グローバルビジョンと5つの課題―岐路に立つ国連開発（United Nations Development at a Crossroadsの抄訳）　ブルース・ジェンクス, ブルース・ジョーンズ編, 丹羽敏之監訳　人間と歴史社　2015.10　280p　21cm　3000円　①978-4-89007-199-9

内容 グローバルヘルス（ローリー・ギャレット著）〔01830〕

ギャロップ, アナベル・T.

◇多文化交流のなかのイスラーム―東南アジアの写本美術、物語、装いから 2013年10月19日NIHU「イスラーム地域研究」主催国際シンポジウム講演記録　川島緑編　上智大学アジア文化研究所　2015.3　57p　26cm　（NIHU program Islamic area studies―SIAS working paper series 24）〈共同刊行：上智大学イスラーム研究センター〉①978-4-904039-93-9

内容 東と西（アナベル・T.ギャロップ述, 川島緑訳）〔01831〕

キャロル, ケビン　Carroll, Kevin

◇ビジネスは30秒で話せ！―短く、魅力的に伝えるプレゼンの技術（Make Your Point！）　ケビン・キャロル, ボブ・エリオット著, 高松綾子訳　すばる舎　2015.1　222p　19cm　1400円　①978-4-7991-0404-0

内容 第1章 準備（人生、常に本番―いつでも話ができる心構えを　シンプル・イズ・ザ・ベスト―話は簡潔なほどよし ほか）　第2章 内容（論理化の基本ルール―「始め・中・終わり」の順に話す　このダイヤモンド・モデルは本当に素晴らしい！　―話を論理的に構成するためのパターン表 ほか）　第3章 話し方（相互作用の法則―人生はブーメラン！　相手を惹き付ける話し手の共通点―"デキるヤツ"で"フレンドリー"に見せる ほか）　第4章 質問者への対応（「ちょっと質問なんですが…」に上手く対応する―質問を予測し、回答を準備しておく　攻めの姿勢で前へ進め―守りに入る必要なし ほか）　第5章 まとめ（メッセージを伝える原動力は信頼性―アリストテレスの三要素を使え　コミュニケーションを妨げるトップ10 ほか）〔01832〕

キャロル, ビデミ

◇21世紀の比較教育学―グローバルとローカルの弁証法（COMPARATIVE EDUCATION）　ロバート・F.アーノブ, カルロス・アルベルト・トーレス, スティーヴン・フランツ編著, 大塚豊訳　福村出版　2014.3　727p　22cm　〈文献あり 索引あり〉9500円　①978-4-571-10168-7

内容 アフリカにおける万人のための教育（ジョエル・サモフ, ビデミ・キャロル著）〔01833〕

キャロル, マイケル　Carroll, Michael

◇マインドフル・リーダー―世界のトップが実践する「影響力」が覚醒する習慣（THE MINDFUL LEADER）　マイケル・キャロル著, 荻野淳也監訳, 樋口アリシア夏来訳　SBクリエイティブ　2016.8　275p　19cm　1500円　①978-4-7973-8497-0

内容 1 心を開く―自分自身と仲間の力を最大限に引き出すために（職場の現実に心を開く　「自己欺瞞」を克服する―なぜ、私達は間違うのか ほか）　2 マインドフル・リーダーの「10の力」を磨く（シンプリシティ―混乱から逃れる　落着き―心を集中させる ほか）　3 マインドフル・リーダーの仕事術―仕事と全存在をシンクロさせる（心・体・環境へのコントロールを手放す　全体とかかわる ほか）　4「何もしない時間」を実践する瞑想と黙想のトレーニング（瞑想　黙想 ほか）〔01834〕

キャロル, ローリー　Carroll, Rory

◇ウーゴ・チャベス―ベネズエラ革命の内幕（COMANDANTE（重訳））　ローリー・キャロル〔著〕, 伊高浩昭訳　岩波書店　2014.4　20, 286, 10p　20cm　〈年表あり 索引あり〉3500円　①978-4-00-022228-0〔01835〕

キャンティ, M.J.　Canty, Morton John

◇データ検証序説―法令遵守数量化（Compliance Quantified）　Rudolf Avenhaus,Morton John Canty著, 今野広一訳　丸善プラネット　2014.11　319p　22cm　〈文献あり 索引あり　発売：丸善出版〉4000円　①978-4-86345-219-0

内容 第1章 検証理論　第2章 計数抜取　第3章 計量抜取　第4章 層別計量抜取　第5章 中間査察　第6章 グローバル抜取　第7章 物質会計　第8章 会計の検証　第9章 査察員リーダーシップ〔01836〕

キャンブロン＝マッケイブ, ネルダ　Cambron-

McCabe, Nelda H.

◇学習する学校―子ども・教員・親・地域で未来の学びを創造する（SCHOOLS THAT LEARN） ピーター・M.センゲ, ネルダ・キャンブロン＝マッケイブ, ティモシー・ルカス, ブライアン・スミス, ジャニス・ダットン, アート・クライナー著, リヒテルズ直子訳　英治出版　2014.1　885p　21cm　4800円　①978-4-86276-140-8

内容 スタート（オリエンテーション　5つのディシプリン入門）　第1部 教室（教室のドアを開ける　学習者を理解する　実践　生産的な会話　教室におけるシステム思考）　第2部 学校（学校に入っていく　学校のビジョン　今の現実　能力開発　リーダーシップ）　第3部 コミュニティ（コミュニティに入る　アイデンティティ　つながり　持続可能性）　〔*01837*〕

キャンベル, ヴェラ・L.　Campbell, Vera Leona

◇美と力にあふれるすみの柱―「西南女学院月報」・「広報西南女学院」から　ヴェラ・L.キャンベル著, 植田浩司編, 船津丸勝, 合田博子訳　北九州　西南女学院　2014.12　203p　26cm　〈他言語標題：Corner stones of beauty and strength　英語併記〉　〔*01838*〕

キャンベル, ジェームズ・W.P.　Campbell, James W. P.

◇世界の図書館―美しい知の遺産（The Library） ジェームズ・W.P.キャンベル著, ウィル・プライス写真, 桂英史日本語版監修, 野中邦子, 高橋早苗訳　河出書房新社　2014.10　327p　32cm　〈文献あり 索引あり〉 8800円　①978-4-309-25555-2　〔*01839*〕

キャンベル, ジョーゼフ　Campbell, Joseph

◇千の顔をもつ英雄　上（THE HERO WITH A THOUSAND FACES）　ジョーゼフ・キャンベル著, 倉田真木, 斎藤静代, 関根光宏訳　新訳版　早川書房　2015.12　315p　16cm　（ハヤカワ文庫 NF 452）〈初版：人文書院 1984年刊〉 740円　①978-4-15-050452-6

内容 プロローグ モノミス―神話の原形　第1部 英雄の旅（出立　イニシエーション）　〔*01840*〕

◇千の顔をもつ英雄　下（THE HERO WITH A THOUSAND FACES）　ジョーゼフ・キャンベル著, 倉田真木, 斎藤静代, 関根光宏訳　新訳版　早川書房　2015.12　337p　16cm　（ハヤカワ文庫 NF 453）〈初版：人文書院 1984年刊　文献あり〉 740円　①978-4-15-050453-3

内容 第1部 英雄の旅（承前）（帰還　鍵）　第2部 宇宙創成の円環（流出　処女出産　英雄の変貌　消滅）　エピローグ 神話と社会　〔*01841*〕

◇生きるよすがとしての神話（Myths to Live by） ジョーゼフ・キャンベル〔著〕, 飛田茂雄, 古川奈々子, 武舎るみ訳　KADOKAWA　2016.11　453p　15cm　（〔角川ソフィア文庫〕〔C153-1〕）〈角川書店 1996年刊の再刊〉 1240円　①978-4-04-400187-2

内容 科学は神話にどんな影響を及ぼしたか　人類の出現　儀式の重要性　東洋と西洋の分離　東洋宗教と西洋宗教の対立　東洋芸術のインスピレーション　禅　愛の神話　戦争の神話と平和の神話　統合失調症―内面世界への旅　月面歩行―宇宙への旅　結び―もはや境界線はない　〔*01842*〕

キャンベル, ジョナサン・G.

◇イギリス宗教史―前ローマ時代から現代まで（A History of Religion in Britain）　指昭博, 並河葉子監訳, 赤江雄一, 赤瀬理穂, 指珠恵, 戸渡文子, 長谷川直子, 宮崎章訳, シェリダン・ギリー, ウィリアム・J.シールズ編　法政大学出版局　2014.10　629, 63p　22cm　〈文献あり 年表あり 索引あり〉 9800円　①978-4-588-37122-6

内容 イギリスのユダヤ教徒（ジョナサン・G.キャンベル著, 宮崎章訳）　〔*01843*〕

キャンベル, ジョン・C.　Campbell, John Creighton

◇包括的で持続的な発展のためのユニバーサル・ヘルス・カバレッジ―日本からの教訓（Universal health coverage for inclusive and sustainable development）　池上直己編著　日本国際交流センター　2014.9　240p　21cm　〈文献あり〉　①978-4-88907-139-9

内容 日本の医療制度の政治的・歴史的背景 他（ジョン・C.キャンベル, 池上直己, 津川友介）　〔*01844*〕

◇自民党政権の予算編成（CONTEMPORARY JAPANESE BUDGET POLITICS）　ジョン・C.キャンベル著, 真淵勝訳　勁草書房　2014.12　300p　22cm　（ポリティカル・サイエンス・クラシックス 6　河野勝, 真淵勝監修）〈「予算ぶんどり」（サイマル出版会 1984年刊）の改題、新訳　索引あり〉 4800円　①978-4-326-30235-2

内容 第1章 はじめに　第2章 省庁　第3章 大蔵省：ミクロの予算編成　第4章 大蔵省：マクロの予算編成　第5章 自由民主党　第6章 リーダーシップの役割　第7章 復活折衝　第8章 その他の予算　第9章 予算編成システム　第10章 結論　〔*01845*〕

キャンベル, デヴィッド　Campbell, David

◇関係的契約理論―イアン・マクニール撰集（The Relational Theory of Contract）　イアン・マクニール著, デヴィッド・キャンベル編, 池下幹彦, 東繁彦共訳　日本評論社　2015.2　323p　22cm　〈文献あり 索引あり〉 5800円　①978-4-535-51832-2

内容 第1部 序論（イアン・マクニールと関係的契約理論（デヴィッド・キャンベル））　第2部 関係的契約理論（交換と協力　契約の性質と契約規範　現在化と契約のスペクトルに沿った調整　救済分析　関係理論についての省察　関係理論を踏まえた教授法についての論評）　第3部 後書き（関係的契約理論―課題と質問）　〔*01846*〕

キャンベル, G.マイケル　Campbell, G.Michael

◇世界一わかりやすいプロジェクトマネジメント（IDIOT'S GUIDE TO PROJECT MANAGEMENT 原著第6版の翻訳）　G.マイケル・キャンベル著, 中嶋秀隆訳　第4版　総合法令出版　2015.4　451p　21cm　〈他言語標題：IDIOT'S GUIDES AS EASY AS IT GETS！ Project Management〉 2900円　①978-4-86280-443-3

内容 1 プロジェクトマネジメントの威力　2 プロジェ

クト定義フェーズ　3 プロジェクト計画フェーズ　4 プロジェクト実行フェーズ　5 監視・コントロール・フェーズ　6 プロジェクト終結フェーズ　〔*01847*〕

キュウ, ホウセイ*　邱 澎生

◇東アジアの都市構造と集団性—伝統都市から近代都市へ　井上徹, 仁木宏, 松浦恒雄編　大阪　清文堂出版　2016.3　312p　22cm　（大阪市立大学文学研究科叢書 第9巻）〈文献あり〉8200円　Ⓘ978-4-7924-1053-7

内容 一九世紀前半期、清代重慶城の債務訴訟における「証拠」問題（邱澎生著, 辻高広訳）　〔*01848*〕

キューシック, エドマンド

◇イギリスの今—文化的アイデンティティ（British Cultural Identities 原著第4版の翻訳）　マイク・ストーリー, ピーター・チャイルズ編, 塩谷清人監訳　京都　世界思想社　2013.12　466, 27p　21cm　〈索引あり〉3800円　Ⓘ978-4-7907-1608-2

内容 宗教と文化遺産（エドマンド・キューシック著, 宇貫亮訳）　〔*01849*〕

奎章閣韓国学研究院

◇朝鮮時代の女性の歴史—家父長的規範と女性の一生　奎章閣韓国学研究院編著, 小幡倫裕訳　明石書店　2015.3　384p　22cm　〈文献あり 索引あり〉8000円　Ⓘ978-4-7503-4158-3

内容 第1部 朝鮮時代の女性の再発見（失われた声を求めて—新たに読み解く朝鮮時代の女性たちの人生　画家と賢母、その不都合な同居—「申師任堂」はどのように作られたのか　苦痛を踏み台に咲いた知性—朝鮮時代の女性知性人の系譜　隠れた働き手、朝鮮の女性たちの労働現場—機織から針仕事、金利貸しから出張料理まで　愛の嘆き節なぞやめてしまえ—妓の人生、その冷酷な現実　禁じようにも禁じ得ず—女性への規制とその亀裂）　第2部 朝鮮時代の女性 その人生の現場（女性にとって家族とは何だったのか—常識とは異なる朝鮮時代の婚姻と祭祀規則　女学校はなかった。しかし教育は重要だった—家門の栄光を照らす「鏡作り」　閨中を支配する唯一の文字—翻訳小説からゲームブックまで、女性の文字生活とハングル　信心の力で儒教的画一化に抵抗する—朝鮮の女性の信仰生活：仏教を中心として　朝鮮時代の女性の愛—文学の中のエロスと規範：密会から烈女の誕生まで　朝鮮時代の女性芸術家の誕生—詩と歌で昇華した魂　女性の目から読み解く女性たちの遊び—仲睦まじき閨中の趣味生活）　〔*01850*〕

キュステンマッハー, ヴェルナー・ティキ
Küstenmacher, Werner Tiki

◇世界で一番シンプルな時間術（SIMPLIFY YOUR LIFE ： Endlich mehr Zeit haben）　マリオン・キュステンマッハー, ヴェルナー・ティキ・キュステンマッハー〔著〕, 佐伯美穂訳　新装版　ディスカヴァー・トゥエンティワン　2016.3　166p　19cm　1300円　Ⓘ978-4-7993-1853-9

内容 第1章 シンプルな時間術で「時間の常識」の一歩先へ（今日、何をしてたんだっけ？　—何ひとつ達成できなかった1日　「収穫ゼロの1日」を「充実した1日」に変える4つのコツ ほか）　第2章 毎日を充実感でいっぱいにする「時間のコツと原則」（忙しい毎日を楽しむ原則とコツ　「やるべきこと」を減らしてリストを短くする ほか）　第3章 シンプルに毎日をすごす「1冊の手帳の使いこなし方」（手帳の使い方を見直す　1冊の手帳を使う—シンプルな手帳の使い方 ほか）　第4章 時間となかよくなる「心の持ち方」をマスターする（クマに学ぶ「ストレスから自由になる方法」　アリに学ぶ「情報の洪水から自由になる方法」 ほか）　第5章 休日・朝・夜…オフタイムで「エネルギーを充電」する（幸福は日曜日のすごし方で決まる　1日を最高の状態でスタートさせるには ほか）　〔*01851*〕

キュステンマッハー, マリオン　Küstenmacher, Marion

◇世界で一番シンプルな時間術（SIMPLIFY YOUR LIFE ： Endlich mehr Zeit haben）　マリオン・キュステンマッハー, ヴェルナー・ティキ・キュステンマッハー〔著〕, 佐伯美穂訳　新装版　ディスカヴァー・トゥエンティワン　2016.3　166p　19cm　1300円　Ⓘ978-4-7993-1853-9

内容 第1章 シンプルな時間術で「時間の常識」の一歩先へ（今日、何をしてたんだっけ？　—何ひとつ達成できなかった1日　「収穫ゼロの1日」を「充実した1日」に変える4つのコツ ほか）　第2章 毎日を充実感でいっぱいにする「時間のコツと原則」（忙しい毎日を楽しむ原則とコツ　「やるべきこと」を減らしてリストを短くする ほか）　第3章 シンプルに毎日をすごす「1冊の手帳の使いこなし方」（手帳の使い方を見直す　1冊の手帳を使う—シンプルな手帳の使い方 ほか）　第4章 時間となかよくなる「心の持ち方」をマスターする（クマに学ぶ「ストレスから自由になる方法」　アリに学ぶ「情報の洪水から自由になる方法」 ほか）　第5章 休日・朝・夜…オフタイムで「エネルギーを充電」する（幸福は日曜日のすごし方で決まる　1日を最高の状態でスタートさせるには ほか）　〔*01852*〕

キューネ, トーマス

◇軍服を着た救済者たち—ドイツ国防軍とユダヤ人救出工作（Retter in Uniform）　ヴォルフラム・ヴェッテ編, 関口宏道訳　白水社　2014.6　225, 20p　20cm　2400円　Ⓘ978-4-560-08370-3

内容 ユダヤ人救済者と「仲間意識」（トーマス・キューネ著）　〔*01853*〕

キューピット, ドン

◇哲学がかみつく（Philosophy Bites）　デイヴィッド・エドモンズ, ナイジェル・ウォーバートン著, 佐光紀子訳　柏書房　2015.12　281p　20cm　〈文献あり〉2800円　Ⓘ978-4-7601-4658-1

内容 神についての非実在論（ドン・キューピット述）　〔*01854*〕

キュフラー, マシュー

◇現代を読み解くための西洋中世史—差別・排除・不平等への取り組み（Why the Middle Ages Matter）　シーリア・シャゼル, サイモン・ダブルデイ, フェリス・リフシッツ, エイミー・G.リーメンシュナイダー編著, 赤阪俊一訳　明石書店　2014.9　368p　20cm　（世界人権問題叢書 89）　4600円　Ⓘ978-4-7503-4072-2

内容 同性愛—アウグスティヌスとキリスト教徒の性的志向（マシュー・キュフラー）　〔*01855*〕

キュリー, エーヴ　Curie, Eve
◇キュリー夫人伝（MADAME CURIE）　エーヴ・キュリー著, 河野万里子訳　新装版　白水社　2014.7　542p　19cm　〈年譜あり〉2600円　①978-4-560-08389-5
内容 第1部（マーニャ　暗い日々　少女時代 ほか）　第2部（パリ　ひと月四十ルーブル　ピエール・キュリー ほか）　第3部（ひとり　成功と試練　第一次世界大戦 ほか）〔01856〕

ギュル, アブドゥラー
◇秩序の喪失　プロジェクトシンジケート叢書編集部訳　土曜社　2015.2　164, 3p　19cm　（プロジェクトシンジケート叢書）〈他言語標題：Loss of order〉1850円　①978-4-907511-15-9
内容 中東の点の光（アブドゥラー・ギュル著）〔01857〕

キュール, ヨハネス　Kühl, Johannes
◇アントロポゾフィー協会と精神科学自由大学　ヨハネス・キュール, ヨハネス・グライナー著, 竹下哲生訳　四国中央　Saks-Books　2016.9　170p　21cm　〈他言語標題：Anthroposophische Gesellschaft und Freie Hochschule für Geisteswissenschaft〉2000円　①978-4-9906920-7-0〔01858〕

キュンク, ハンス　Küng, Hans
◇キリスト教思想の形成者たち―パウロからカール・バルトまで（Große christliche Denker）　ハンス・キュンク著, 片山寛訳　新教出版社　2014.10　345p　20cm　2900円　①978-4-400-32423-2
内容 パウロ―キリスト教の世界宗教への夜明け　オリゲネス―古代とキリスト教精神の偉大な統合　アウグスティヌス―ラテン的・西方的神学の父　トマス・アクィナス―大学の学問と教皇の宮廷神学　マルチン・ルター―パラダイム転換の古典的事例としての福音への回帰　フリードリヒ・シュライエルマッハー―近代の薄明の中の神学　カール・バルト―ポストモダンへの移行における神学　エピローグ―時代にかなった神学への指針〔01859〕
◇世界はなぜ争うのか―国家・宗教・民族と倫理をめぐって　福田康夫, ヘルムート・シュミット, マルコム・フレーザー他著, ジェレミー・ローゼン編集, 渥美桂子訳　朝倉書店　2016.3　296p　21cm　〈他言語標題：Ethics in Decision-Making〉非売品
内容 アブラハムを始祖とする三つの一神教（ハンス・キュング著）〔01860〕
◇キリスト教は女性をどう見てきたか―原始教会から現代まで（Die Frau im Christentum）　H.キュンク著, 矢内義顕訳　教文館　2016.4　191, 3p　19cm　〈索引あり〉2100円　①978-4-7642-6723-7
内容 第1章 原始キリスト教における女性（一つの歴史―女性たちについても　イエス―女性たちの友 ほか）　第2章 初期の教会における女性（パウロの場合の女性使徒と女性預言者　女性の位置をめぐる争い ほか）　第3章 中世の教会における女性（アウグスティヌス―原罪がセクシュアリティを堕落させること　性道徳の厳格主義 ほか）　第4章 宗教改革時代における女性（ルターの改革の根本的な衝撃　女性が置かれた状態の変化 ほか）　第5章 近代そして近代以降における女性（哲学的な革命と女性　政治的な革命と女性 ほか）〔01861〕
◇世界はなぜ争うのか―国家・宗教・民族と倫理をめぐって　福田康夫, ヘルムート・シュミット, マルコム・フレーザー他著, ジェレミー・ローゼン編集, 渥美桂子訳　朝倉書店　2016.5　296p　21cm　〈他言語標題：Ethics in Decision-Making〉1850円　①978-4-254-50022-6
内容 アブラハムを始祖とする三つの一神教（ハンス・キュング著）〔01862〕

キョ, エイゼン*　許 栄善
⇒ホ, ヨンソン

キョ, ガケイ*　許 雅恵
◇中国伝統社会への視角　汲古書院　2015.7　386, 10p　22cm　（宋代史研究会研究報告 第10集　宋代史研究会編）　11000円　①978-4-7629-6553-1
内容 図籍の間接的流通再論（許雅恵著, 原信太郎アレシャンドレ訳）〔01863〕

キョ, キリン*　許 紀霖
◇現代中国のリベラリズム思潮―1920年代から2015年まで　石井知章編　藤原書店　2015.10　566p　22cm　〈年表あり 索引あり〉5500円　①978-4-86578-045-1
内容 最近十年間の中国における歴史主義的思潮（許紀霖著, 藤井嘉章訳, 王前監訳）〔01864〕

キョ, コウ*　許 宏
◇中華文明の考古学　飯島武次編　同成社　2014.3　486p　27cm　12000円　①978-4-88621-658-8
内容 宮室建築と中原国家文明の形成（許宏著, 内田宏美訳）〔01865〕

キョ, セイコウ*　許 成鋼
◇比較制度分析のフロンティア（INSTITUTIONS AND COMPARATIVE DEVELOPMENTの抄訳, COMPLEXITY AND INSTITUTIONSの抄訳〔etc.〕）　青木昌彦, 岡崎哲二, 神取道宏監修　NTT出版　2016.9　356p　22cm　（叢書《制度を考える》）〈他言語標題：Frontiers of Comparative Institutional Analysis〉4500円　①978-4-7571-2325-0
内容 中国における構造問題の制度的基礎（許成鋼著, 津上俊哉訳）〔01866〕

キョ, セイユウ*　許 世融
◇東アジア高度成長の歴史的起源　堀和生編　京都　京都大学学術出版会　2016.11　371p　22cm　〈他言語標題：The Historical Origins of The High Economic Growth in East Asia　年表あり 索引あり〉4800円　①978-4-8140-0054-8
内容 終戦前後の台日貿易〈1941-1961年〉（許世融著, 堀内義隆訳）〔01867〕

キョ, セツキ*　許 雪姫
◇講座東アジアの知識人　第4巻　戦争と向き合って―満洲事変～日本敗戦　趙景達, 原田敬一, 村田雄二郎, 安田常雄編　安田常雄本巻担当　有志舎　2014.3　396p　22cm　3600円　①978-4-

903426-81-5
内容 林献堂（許雪姫著, 若林正文訳）〔01868〕

キョー, ダーモット
◇オックスフォード ブリテン諸島の歴史　11　20世紀—1945年以後（The Short Oxford History of the British Isles : The British Isles Since 1945）　鶴島博和日本語版監修　キャスリーン・バーク編, 西沢保監訳　慶応義塾大学出版会　2014.11　301, 47p　22cm　〈文献あり 年表あり 索引あり〉6400円　①978-4-7664-1651-0
内容 アイルランド一九四五～二〇〇一年（ダーモット・キョー著, 高神信一訳）〔01869〕

キョ, ナンセイ*　許 南整
⇒ホ, ナムジョン

キョ, ナンリン*　許 南麟
⇒ホ, ナムリン*

キョウ, エイケイ*　姜 英卿
⇒カン, ヨンギョン*

キョウ, ケンメイ　匡 賢明
◇民富優先—中国の二次転換と改革の行方　遅福林, 方栓喜, 匡賢明編著, 張兆洋訳, 駱鴻監修　岡山　グローバル科学文化出版　c2013　313p　21cm　(シリーズ中国経済の行方—中国（海南）改革発展研究院中国改革研究報告 2011）　2800円　①978-4-86516-033-8〔01870〕

キョウ, ショウショク*　姜 晶植
⇒カン, ジョンシク*

キョウ, セイカク　姜 声鶴
⇒カン, ソンハク

キョウ, タイケン　姜 泰権
⇒カン, テグォン

キョウ, ヤクセイ　姜 躍生
◇移転価格税制実務指針—中国執行実務の視点から　範堅, 姜躍生著, 角田伸広, 大谷泰彦監訳, KPMG編訳　中央経済社　2015.10　463p　22cm　5400円　①978-4-502-16421-7
内容 第1章 独立企業原則　第2章 移転価格算定方法　第3章 比較可能性分析　第4章 移転価格争議の回避と解決の管理方法　第5章 移転価格文書　第6章 無形資産に対する特別の考慮　第7章 グループ内役務に関する特別の考慮　補論1 中国移転価格戦略における調整要因、契機、思索　補論2 中国移転価格税制の最新動向〔01871〕

キョウ, リョウキン*　姜 良芹
◇中華民国の憲政と独裁—1912-1949　久保亨, 嵯峨隆編著　慶応義塾大学出版会　2011.9　300p　22cm　〈他言語標題：Constitutional Government and Dictatorship of Republican China　索引あり〉4800円　①978-4-7664-1874-3
内容 連邦論と1920年代の連省自治運動（姜良芹著, 味岡徹, 嵯峨隆訳）〔01872〕

教皇庁教理省
◇指針人格の尊厳—生命倫理のいくつかの問題について（Instructio dignitas personae）　教皇庁教理省著, カトリック中央協議会司教協議会秘書室研究企画訳　カトリック中央協議会　2014.7　63p　19cm　850円　①978-4-87750-186-0〔01873〕

教皇庁聖書委員会
◇聖書とキリスト論　教皇庁聖書委員会著, 和田幹男訳　カトリック中央協議会　2016.4　111p　19cm　〈他言語標題：On Sacred Scripture and Christology　索引あり〉1200円　①978-4-87750-197-6〔01874〕

ギョク, カンキン*　玉 漢欽
⇒オク, ハンフム

キョク, テツカ　曲 鉄華
◇日本の中国侵略植民地教育史　1　東北編　宋恩栄, 余子俠主編　曲鉄華, 梁清著, 王智新監修, 大森直樹監訳, 楊僑, 張方鼎, 朴明権, 王紫薇訳　明石書店　2016.1　619p　22cm　〈文献あり〉9200円　①978-4-7503-4277-1〔01875〕

キヨサキ, ロバート　Kiyosaki, Robert T.
◇金持ち父さんの投資ガイド　上級編　起業家精神から富が生まれる（Rich Dad's Guide to Investing）　ロバート・キヨサキ著, 白根美保子, 林康史, 今尾金久訳　改訂版　筑摩書房　2014.3　309p　21cm　〈文献あり 著作目録あり〉1900円　①978-4-480-86430-7
内容 第2ステージ どのタイプの投資家になりたいか？（九十対十の謎を解く　金持ち父さんによる投資家の分類　ゆっくりと金持ちになる方法 ほか）　第3ステージ しっかりしたビジネスを作り上げる（なぜビジネスを起こすのか？　B‐Iトライアングルとは何か？）　第4ステージ 洗練された投資家になる（洗練された投資家の考え方　投資を分析する ほか）　第5ステージ 富を還元する（「お返し」をする用意はできているか？）〔01876〕
◇金持ち父さんの投資ガイド　入門編　投資力をつける16のレッスン（Rich Dad's Guide to Investing）　ロバート・キヨサキ著, 白根美保子, 林康史, 今尾金久訳　改訂版　筑摩書房　2014.3　274p　21cm　〈文献あり 著作目録あり〉1600円　①978-4-480-86429-1
内容 第1ステージ 投資家になる心構えはできているか？（「何に投資したらいいのでしょう？」　しっかりした土台を築く　金持ち父さんの十六の投資家レッスン　九十対十の謎とは何か？）〔01877〕
◇金持ち父さんの子供はみんな天才—親だからできるお金の教育（Rich Dad's Rich Kid Smart Kid）　ロバート・キヨサキ著, 白根美保子訳　改訂版　筑摩書房　2014.9　340p　21cm　〈著作目録あり〉1900円　①978-4-480-86432-1
内容 第1部 お金は一つの考え方にすぎない（生まれた時はだれでもリッチキッド、スマートキッド　あなたの子供は天才か？　お金を与える前に力を与える　金持ちになるためには「宿題」が大事　人生にはいくつの勝利の方程式が必要か？　三十歳になる前に「時代遅れ」になる？　あなたの子供は三十歳までに引退できるか？）　第2部 大事なのはファイナンシャル教育（銀行は「成績表を見せろ」とは言わない　子供は遊びながら学習する　貯金では金持ちになれない　いい負債と悪い負債の違い　本物のお金で学ぶ　ファイナンシャルIQを高めるそのほかの方法　小遣いは何のため？）　第3部 子供の才能を見つける（子供が持って生まれた才能を見つける方法　成功とは自分自身でいられる自由を持つこと）　子供にお金のことを教えたいと思う親のためのアドバイス　〔01878〕

◇金持ち父さんのアンフェア・アドバンテージ―知っている人だけが得をするお金の真実（Unfair Advantage）　ロバート・キヨサキ著, 白根美保子訳　筑摩書房　2015.3　310p　21cm　〈文献あり〉1900円　①978-4-480-86437-6

内容 第1章 知識のアンフェア・アドバンテージ　第2章 税金のアンフェア・アドバンテージ　第3章 借金のアンフェア・アドバンテージ　第4章 リスクのアンフェア・アドバンテージ　第5章 補償のアンフェア・アドバンテージ　結論 資本主義擁護論　〔01879〕

◇金持ち父さんの起業する前に読む本―ビッグビジネスで成功するための10のレッスン（Rich Dad's Before You Quit Your Job）　ロバート・キヨサキ著, 白根美保子訳　改訂版　筑摩書房　2015.8　278p　21cm　〈文献あり 著作目録あり〉1700円　①978-4-480-86438-3

内容 第1章 従業員と起業家はどこが違う？　第2章 へまをすればするほど金持ちになる　第3章 なぜ、ただ働きをするのか？　第4章 実社会での頭のよさと学校での頭のよさ　第5章 お金がものを言う　第6章 三種類のお金　第7章 ビッグビジネスへ移るにはどうしたらいいか？　第8章 ビジネスリーダーの仕事とは何か？　第9章 よい客を見つけるには　第10章 起業する前にやっておくこと　〔01880〕

◇金持ち父さんの若くして豊かに引退する方法（Rich Dad's Retire Young Retire Rich）　ロバート・キヨサキ著, 白根美保子訳　改訂版　筑摩書房　2015.11　434p　21cm　〈著作目録あり〉2400円　①978-4-480-86439-0

内容 第1部 頭脳のレバレッジ（若くして豊かに引退する方法　なぜできるだけ早く引退するのがいいか？ほか）　第2部 プランのレバレッジ（あなたのプランは遅いか、速いか？　豊かな未来を見ることのレバレッジ ほか）　第3部 行動のレバレッジ（習慣のレバレッジ　あなたのお金のレバレッジ ほか）　第4部 最初の一歩のレバレッジ（やり続けるにはどうしたらいいか？）　〔01881〕

◇金持ち父さんの「大金持ちの陰謀」―お金についての8つの新ルールを学ぼう（RICH DAD'S CONSPIRACY OF THE RICH）　ロバート・キヨサキ著, 井上純子訳　筑摩書房　2016.3　313p　21cm　〈著作目録あり〉1900円　①978-4-480-86441-3

内容 第1部 大金持ちの陰謀（何が諸悪の根源か？　オバマは世界を救えるか？　私たちの教育に対する陰謀　私たちのお金に対する陰謀―銀行は決して破産しない　私たちの富に対する陰謀　私たちのファイナンシャル・インテリジェンスに対する陰謀）　第2部 陰謀に反撃する（「陰謀ゲーム」で彼らの陰謀を打ち負かす　私たちは今どこにいるのか　あなたにとって重要なことは何か？　自分のお金を印刷しよう　セールスこそ成功の秘訣　未来のための家を建てる　ファイナンシャル教育―アンフェア・アドバンテージを学ぶ　もし私が学校を作ったら）　特別付録 ロバート・キヨサキに聞くQ&A　〔01882〕

◇金持ち父さんのセカンドチャンス―お金と人生と世界の再生のために（Second Chance）　ロバート・キヨサキ著, 岩下慶一訳　筑摩書房　2016.9　322p　21cm　〈著作目録あり〉1900円　①978-4-480-86446-8

内容 1 過去（なぜ金持ちはお金のために働かないか　未来を見通す男　私にできることは何か？　ほか）　2 現在（ビフォア・アフター）　3 未来（「学校に行く」の裏側　「ミスを犯すな」の裏側　「いい成績を取る」の裏側 ほか）　〔01883〕

キヨタキ, ノブヒロ*　清滝 信宏

◇比較制度分析のフロンティア（INSTITUTIONS AND COMPARATIVE DEVELOPMENTの抄訳, COMPLEXITY AND INSTITUTIONSの抄訳〔etc.〕）　青木昌彦, 岡崎哲二, 神取道宏監修　NTT出版　2016.9　356p　22cm　（叢書《制度を考える》）〈他言語標題：Frontiers of Comparative Institutional Analysis〉4500円　①978-4-7571-2325-0

内容 金融制約へのメカニズムデザイン・アプローチ（清滝信宏著, 舘健太郎訳）　〔01884〕

ギラー, ピンカス　Giller, Pinchas

◇カバラー　ピンカス・ギラー著, 中村圭志訳　講談社　2014.10　318p　19cm　（講談社選書メチエ 584―知の教科書）〈文献あり 索引あり〉1750円　①978-4-06-258587-3

内容 第1章 カバラーとは何か　第2章 カバラーの歴史　第3章 カバラーの形而上学　第4章 ルーリアのカバラー　第5章 霊魂　第6章 神秘主義的実践とミツヴォート　第7章 祈り　第8章 瞑想との関係　第9章 神の名　第10章 カバラーと現代のユダヤ教　〔01885〕

ギラン, ミシェル　Gielan, Michelle

◇悪い知らせをうまく伝えるには？―幸せ拡散7つのルール（BROADCASTING HAPINESS）　ミシェル・ギラン著, 月沢李歌子訳　草思社　2016.12　254p　19cm　1500円　①978-4-7942-2247-3

内容 1 ポジティブの力を利用する（パワーリードで脳が気持ちよくなる準備をする　フラッシュメモリーで過去の成果を未来の成功の糧にする　よい質問でポジティブ思考を引き出す）　2 ストレスとネガティブな気持ちを克服する（ファクトチェックで後ろ向きから前向きに　戦略的撤退でネガティブな人と上手につきあう　4つのCで悪い知らせをうまく伝える）　3 ポジティブな拡散力を生み出す（前向きな考え方を拡散する）　〔01886〕

ギリー, シェリダン　Gilley, Sheridan

◇イギリス宗教史―前ローマ時代から現代まで（A History of Religion in Britain）　指昭博, 並河葉子監訳, 赤江雄一, 赤瀬理穂, 指珠恵, 戸渡文子, 長谷川直子, 宮崎章訳, シェリダン・ギリー, ウィリアム・J.シールズ編　法政大学出版局　2014.10　629, 63p　22cm　〈文献あり 年表あり 索引あり〉9800円　①978-4-588-37122-6

内容 序論 他（シェリダン・ギリー,W.J.シールズ著, 指昭博訳）　〔01887〕

キーリー, ジャッキー Keeley, Jackie

◇行動探求―個人・チーム・組織の変容をもたらすリーダーシップ（ACTION INQUIRY） ビル・トルバートほか著, 小田理一郎, 中小路佳代子訳 英治出版 2016.2 341p 22cm 〈文献あり〉 2400円 ①978-4-86276-213-9

内容 第1部 行動探求のリーダーシップ・スキルを学ぶ（行動探求の基本 話し方としての行動探求 組織化する方法としての行動探求 行動探求―概念と体験） 第2部 変容をもたらすリーダーシップ（機会獲得型と外交官型 専門家型と達成者型 再定義型の行動論理 変容者型の行動論理） 第3部 変容をもたらす組織（変容をもたらす会議、チーム、組織 組織変革をファシリテーションする 社会的ネットワークの組織と、協働的な探求への変容 協働的な探求の真髄） 第4部 行動探求の究極の精神的・社会的な意図（アルケミスト型の行動についての新鮮な気づき 探求の基盤コミュニティを創り出す） 〔01888〕

キーリー, ラリー Keeley, Larry

◇ビジネスモデル・イノベーション―ブレークスルーを起こすフレームワーク10（TEN TYPES OF INNOVATION） ラリー・キーリー, ライアン・ピッケル, ブライアン・クイン, ヘレン・ウォルターズ著, 平野敦士カール監修, 藤井清美訳 朝日新聞出版 2014.2 270p 19×24cm 〈文献あり〉 2500円 ①978-4-02-331269-2

内容 第1部 イノベーション 第2部 イノベーションの10タイプ 第3部 たくさん使えば使うほど強力に 第4部 変化に気づく 第5部 イノベーションを主導する 第6部 イノベーションを育成する 第7部 補足 〔01889〕

キリアコ, ソニア Chiriaco, Sonia

◇稲妻に打たれた欲望―精神分析によるトラウマからの脱出（Le Désir Foudroyé） ソニア・キリアコ著, 向井雅明監訳 誠信書房 2016.9 222p 21cm 〈文献あり〉 2700円 ①978-4-414-41465-3

内容 1 幼児期の侵害（ニーナの秘密 めまい） 2 セクシュアリティは常に外傷的である（天使ガブリエル リュシーにとってのひとつの謎 ほか） 3 愛の傷（謎の女アナ フローラ、分析家、そして小さなノート ほか） 4 死と喪（勇敢な少年、リュ アリス、人形と亡霊 ほか） 5 究極的脅威 〔01890〕

ギリアット, ペネロピ

◇インタヴューズ 3 毛沢東からジョン・レノンまで（THE PENGUIN BOOK OF INTERVIEWS） クリストファー・シルヴェスター編, 新庄哲夫他訳 文芸春秋 2014.6 463p 16cm （文春学芸ライブラリー―雑英 7） 1690円 ①978-4-16-813018-2

内容 ウラジーミル・ナボコフ（ウラジーミル・ナボコフ述, ペネロピ・ギリアットインタヴュアー, 若島正訳） 〔01891〕

キリアン, マティアス

◇リーガルマーケットの展開と弁護士の職業像 森勇編著 八王子 中央大学出版部 2015.8 545p 22cm （日本比較法研究所研究叢書 102） 6700円 ①978-4-8057-0802-6

内容 ドイツにおける特別裁判権と専門化した弁護士 他（マティアス・キリアン著, 森勇監訳, 応本昌樹訳） 〔01892〕

ギリェム, ヴィセント Guillem Primo, Vicent

◇魂の法則（LAS LEYES ESPIRITUALES） ヴィセント・ギリェム著, 小坂真理訳 ナチュラルスピリット 2014.6 381p 19cm 1500円 ①978-4-86451-125-4

内容 第一の法則「進化の法則」（霊的世界 進化の構図 人間の構成形態 人間の転生とそれが霊性進化に果たす役割 霊界との交信 転生のプロセス 他世界での生） 第二の法則「自由意志の法則」 第三の法則「霊的裁きの法則」 第四の法則「愛の法則」（愛vsエゴ（我欲） 人間関係と「愛の法則」 「愛の法則」から見た病気 イエスの地上での使命 別れ） 〔01893〕

◇愛の法則（LA LEY DEL AMOR） ヴィセント・ギリェム著, 小坂真理訳 ナチュラルスピリット 2015.5 286p 19cm （魂の法則 2） 1200円 ①978-4-86451-164-3

内容 愛の法則から見たパートナーとの関係 愛の法則から見たカップルにおける不実 パートナーとの関係におけるエゴ的感情 愛の法則から見た子どもとの関係 愛の法則から見た隣人愛 愛の法則から見た十戒 イエスの地上での使命―その2 〔01894〕

ギリガン, スティーブン Gilligan, Stephen G.

◇ジェネラティブ・トランス―創造的フローを体現する方法（GENERATIVE TRANCE） スティーブン・ギリガン著, 上地明彦訳 春秋社 2014.12 372p 20cm 〈文献あり〉 3200円 ①978-4-393-36528-1

内容 第1部 ジェネラティブ・トランスの枠組み（意識と現実（リアリティー）の構築 トランスのさまざまの側面 ジェネラティブ・トランスにおける三つの意識フィルター、三つの意識レベル ジェネラティブ・トランスの4ステップ） 第2部 ジェネラティブ・トランスの実践（「センターへと降りる」：ジェネラティブ・トランスにおける身体的チューニング 「オープンネス（開放性）を越えて」：ジェネラティブ・トランスの微細なフィールド 創造的受容の原理 相補性の原理 無限の可能性の原理） 〔01895〕

ギリス, ジョン・R. Gillis, John R.

◇沿岸と20万年の人類史―「境界」に生きる人類、文明は海岸で生まれた（THE HUMAN SHORE） ジョン・R.ギリス著, 近江美佐訳 一灯舎 2016.3 312, 47p 20cm 〈文献あり 索引あり〉 2800円 ①978-4-907600-41-9

内容 序論 第1章 もうひとつのエデンの園 第2章 古代に海に出た人々と沿岸 第3章 近世の大西洋のフロンティア 第4章 沿岸の固定 第5章 海の再発見 第6章 沿岸の夢と悪夢 結論 沿岸と共存するために 〔01896〕

キリチェンコ, A.A.

◇日ロ関係史―パラレル・ヒストリーの挑戦 五百旗頭真, 下斗米伸夫,A.V.トルクノフ,D.V.ストレリツォフ編 東京大学出版会 2015.9 713, 12p 22cm 〈年表あり〉 9200円 ①978-4-13-026265-1

内容 一九四五年の満洲電撃戦と日本人捕虜（A.A.キリチェンコ著, 富田武訳） 〔01897〕

ギリンガム, ジョン

◇オックスフォード ブリテン諸島の歴史 3 ヴァイキングからノルマン人へ（The Short Oxford History of the British Isles : From the Vikings to the Normans（800-1100）） 鶴島博和日本語版監修 ウェンディ・デイヴィス編, 鶴島博和監訳 慶応義塾大学出版会 2015.10 371, 49p 22cm 〈文献あり 年表あり 索引あり〉7400円 ①978-4-7664-1643-5

内容 ブリテン、アイルランド、大陸（ジョン・ギリンガム著, 小沢実訳） 〔*01898*〕

ギル, ネイサン Gill, Nathan

◇すでに目覚めている（ALREADY AWAKE） ネイサン・ギル著, 古閑博丈訳 ナチュラルスピリット 2015.1 298p 19cm 1900円 ①978-4-86451-151-3

内容 明晰さ（ストーリー "意識" 生という劇 ありのままの生 スピリチュアルな生きかた 私は"それ"だ。でも…。 すでにあるもの 明白なこと） 2004年夏 対話 〔*01899*〕

ギル, ベイツ Gill, Bates

◇巨竜・中国の新外交戦略—日本はどう向き合うべきか（RISING STAR） ベイツ・ギル著, 進藤栄一監訳, 古沢嘉朗, 畠山京子訳 柏書房 2014.7 338p 20cm 2800円 ①978-4-7601-4407-5

内容 序章 中国外交の原型を読み解く—何が変わり、何が変わっていないのか 第1章 新安全保障外交とは 第2章 地域安全保障メカニズムを求めて 第3章 軍備管理と不拡散 第4章 主権と介入 第5章 新たな課題 第6章 新たな好機 第7章 今後の展望へ 補章（1）日本の対中戦略を構築する 補章（2）大国外交に転じた習近平の中国 〔*01900*〕

ギル, J.S.* Gill, Jan S.

◇臨床が変わる! PT・OTのための認知行動療法入門（Cognitive-Behavioural Interventions in Physiotherapy and Occupational Therapy） マリー・ダナヒー, マギー・ニコル, ケイト・デヴィッドソン編, 菊池安希子監訳, 網本和, 大嶋伸雄訳者代表 医学書院 2014.4 184p 26cm 〈索引あり〉4200円 ①978-4-260-01782-4

内容 認知と行動の生物医学的関連（Jan S.Gill著, 林純子訳） 〔*01901*〕

ギールケ, オットー・フォン Gierke, Otto von

◇ドイツ団体法論 第1巻〔第1分冊〕 ドイツゲノッセンシャフト法史 第1分冊（Das deutsche Genossenschaftsrecht） オットー・フォン・ギールケ〔著〕, 庄子良男訳 信山社出版 2014.8 457p 22cm 13000円 ①978-4-7972-2645-4 〔*01902*〕

◇ドイツ団体法論 第1巻〔第2分冊〕 ドイツゲノッセンシャフト法史 第2分冊（Das deutsche Genossenschaftsrecht） オットー・フォン・ギールケ〔著〕, 庄子良男訳 信山社出版 2014.9 516p 22cm 14000円 ①978-4-7972-2646-1 〔*01903*〕

◇ドイツ団体法論 第1巻〔第3分冊〕 ドイツゲノッセンシャフト法史 第3分冊（Das deutsche Genossenschaftsrecht） オットー・フォン・ギールケ〔著〕, 庄子良男訳 信山社出版 2014.11 328p 22cm 10000円 ①978-4-7972-2647-8 〔*01904*〕

◇ドイツ団体法論 第1巻〔第4分冊〕 ドイツゲノッセンシャフト法史 第4分冊（Das deutsche Genossenschaftsrecht） オットー・フォン・ギールケ〔著〕, 庄子良男訳 信山社出版 2015.11 480, 124p 22cm 〈文献あり 索引あり〉 16000円 ①978-4-7972-2648-5

内容 時代区分—五つの時期の境界設定 序文 最古の法の氏族ゲノッセンシャフト 民族ゲノッセンシャフト 民族ゲマインデの部分ゲノッセンシャフト 諸部族および諸民族への民族諸団体の拡大、諸同盟、王制、諸帝国 氏族、部族および民族の定住 村々と農民団体の諸マルクゲマインデ より狭いマルクゲマインデとより広いマルクゲマインデ 純粋に政治的なゲノッセンシャフトの土地に対する関係〔ほか〕 〔*01905*〕

キルシュ, ハンス - ユルゲン

◇ドイツ会計現代化論 佐藤博明, ヨルク・ベェトゲ編著 森山書店 2014.4 185, 5p 22cm 〈索引あり〉3500円 ①978-4-8394-2140-3

内容 ドイツにおける無形資産会計（ハンス - ユルゲン・キルシュ, ニルス・ギムペル - ヘニング著, 佐藤誠二訳） 〔*01906*〕

キルシュナー, ヨーゼフ Kirschner, Josef

◇他人を気にしない生き方（DIE KUNST, EIN EGOIST ZU SEIN） ヨーゼフ・キルシュナー著, 畔上司訳 CCCメディアハウス 2016.3 299p 19cm 1600円 ①978-4-484-16102-0

内容 第1章 人間は誰でもエゴイストだ。だが自分の希望どおりの生活を送っている人はほとんどいない 第2章 自分の願望を実現するか、あきらめるか? それを決めるのはテンション・空想力・創造力だ 第3章 誰もが安心を求めているが、実際にそれを手にしているのはごく少数の人だけだ 第4章「まず自分のことを考え、それから他者のことを考える」というコンセプト 第5章 おおぜいの人が一生を通じて、業績向上をノルマと感じている決定的な理由 第6章 人は誰でもテリトリーを持っている。自分でテリトリーを守らなければ、他者に徐々に侵入されてしまう 第7章「私は喜びを得るために行動する。そして自分の行動すべてに喜びを感じる」 第8章 重要なことと重要でないことを区別し、それに基づいて人生の決断を下さなければならない理由 第9章「大目標を達成するための小さなステップ」という戦略 〔*01907*〕

ギルソン, ロナルド・J.

◇成長戦略論—イノベーションのための法と経済学（RULES FOR GROWTH） ロバート・E.ライタン編著, 木下信行, 中原裕彦, 鈴木淳人監訳 NTT出版 2016.3 383p 23cm 6500円 ①978-4-7571-2352-6

内容 契約, 不確実性, イノベーション（ロナルド・J.ギルソン, チャールズ・F.セーブル, ロバート・E.スコット著, 鈴木淳人監訳, 杉村和俊訳） 〔*01908*〕

ギルバート, アラン・D.

◇イギリス宗教史—前ローマ時代から現代まで（A History of Religion in Britain） 指昭博, 並河葉

キ

子監訳, 赤江雄一, 赤瀬理穂, 指珠恵, 戸渡文子, 長谷川直子, 宮崎章訳, シェリダン・ギリー, ウィリアム・J.シールズ編　法政大学出版局　2014.10　629, 63p　22cm　〈文献あり 年表あり 索引あり〉9800円　①978-4-588-37122-6
内容 世俗化と将来(アラン・D.ギルバート著, 宮崎章訳)　〔01909〕

キ

ギルバート, マーティン　Gilbert, Martin
◇アラブ・イスラエル紛争地図 (THE ROUTLEDGE ATLAS OF THE ARAB-ISRAELI CONFLICT 原著第8版の翻訳)　マーティン・ギルバート著, 小林和香子監訳, 今井静, 今野泰三, 近藤重人, 松山健二, 村山なほみ, 吉岡明子訳　明石書店　2015.5　204p　27cm　8800円　①978-4-7503-4196-5
内容 第1部 紛争への序章　第2部 ユダヤ人の民族的郷土　第3部 紛争の激化　第4部 イスラエル国家　第5部 六日戦争(第三次中東戦争)後　第6部 ヨム・キプール戦争(第四次中東戦争)　第7部 キャンプ・デービッドとその後　〔01910〕

ギルフーリ, ケン
◇イギリスにおける高齢期のQOL―多角的視点から生活の質の決定要因を探る (UNDERSTANDING QUALITY OF LIFE IN OLD AGE)　アラン・ウォーカー編著, 岡田進一監訳, 山田三知子訳　京都　ミネルヴァ書房　2014.7　249p　21cm　(新・MINERVA福祉ライブラリー 20)　〈文献あり 索引あり〉3500円　①978-4-623-07097-8
内容 QOLの意味と測定 他(メアリー・ギルフーリ, ケン・ギルフーリ, アン・ボウリング著)　〔01911〕

ギルフーリ, メアリー
◇イギリスにおける高齢期のQOL―多角的視点から生活の質の決定要因を探る (UNDERSTANDING QUALITY OF LIFE IN OLD AGE)　アラン・ウォーカー編著, 岡田進一監訳, 山田三知子訳　京都　ミネルヴァ書房　2014.7　249p　21cm　(新・MINERVA福祉ライブラリー 20)　〈文献あり 索引あり〉3500円　①978-4-623-07097-8
内容 QOLの意味と測定 他(メアリー・ギルフーリ, ケン・ギルフーリ, アン・ボウリング著)　〔01912〕

ギルボア, アモス　Gilboa, Amos
◇イスラエル情報戦史 (ISRAEL'S SILENT DEFENDER)　佐藤優監訳, アモス・ギルボア, エフライム・ラピッド編, 河合洋一郎訳　並木書房　2015.6　373p 図版32p　21cm　〈年表あり〉2700円　①978-4-89063-328-9
内容 3つの情報機関 他(アモス・ギルボア, エフライム・ラピッド著)　〔01913〕

ギルボア, イツァーク　Gilboa, Itzhak
◇不確実性下の意思決定理論 (THEORY OF DECISION UNDER UNCERTAINTY)　イツァーク・ギルボア著, 川越敏司訳　勁草書房　2014.1　302p　22cm　〈文献あり 索引あり〉3800円　①978-4-326-50391-9
内容 第1部 直観的な定義(研究の動機付けとなる例　自由意志と決定論 ほか)　第2部 行動的定義(ケース・スタディ　理論の役割 ほか)　第3部 代替的な行動的諸理論(ショケ期待効用　プロスペクト理論 ほか)　第4部 認知的起源(事例ベースの質的信念　頻度主義再論 ほか)　〔01914〕

ギルマン, ピーター　Gillman, Peter
◇ヒマラヤ探検史―地勢・文化から現代登山まで (HIMALAYA)　フィリップ・パーカー編, 藤原多伽夫訳　東洋書林　2015.2　353p　22cm　〈文献あり 索引あり〉4500円　①978-4-88721-820-8
内容 黄金時代(1953-1960)(ピーター・ギルマン)　〔01915〕

ギルモア, ジェニファー
◇女友だちの賞味期限―実話集 (The friend who got away)　ジェニー・オフィル, エリッサ・シャッペル編著, 糸井恵訳　プレジデント社　2014.3　317p　19cm　〈2006年刊の改訳、再編〉1500円　①978-4-8334-2076-1
内容 潰瘍性大腸炎私の病気を作品のネタにした女(ジェニファー・ギルモア著)　〔01916〕

ギレスピー, ジョン　Gillespie, John Kinsey
◇日本人がグローバルビジネスで成功するためのヒント―日英対訳　ジョン・ギレスピー著, 小野寺粛訳　IBCパブリッシング　2014.11　175p　19cm　〈他言語標題：Tips for How to Succeed in a Global Business Context〉1600円　①978-4-7946-0310-4
内容 1 グローバルな環境で求められるコミュニケーション能力とは？(ことばよりも大事なこと　コミュニケーション再考　グローバルなコミュニケーション・スキル)　2 日本人と欧米人との価値観の違い(よい第一印象を与える　欧米人の価値観を理解する：個人主義とは？　欧米人の価値観を理解する：平等とは？　欧米人のビジネス心理を理解する)　3 部下のコーチングができなければ、ぜったい昇進できない(物事を成し遂げる　マネジメントを改善する　フィードバックを与える)　4 会議やプレゼンで評価されるシンプルな方法(会議で発言する　説得力のあるプレゼンをする)　5 グローバルに行動する(グローバルな基準を設定する　グローバル・コミュニティに加わる)　〔01917〕

ギレボー, クリス　Guillebeau, Chris
◇マンガでわかる1万円起業 (THE $100 START UP : Reinvent The Way You Make A Living, Do What You Love, And Create A New Future)　クリス・ギレボー原作, あいはらせとまんが, 本田直之監修　飛鳥新社　2015.4　173p　19cm　1000円　①978-4-86410-345-9
内容 1話 起業はゼロ準備でできる　2話 アイデアはどこにでもある　3話 あなたも「専門家」になれる　4話 お客様はどこにいる？　5話 大切なのはタイミング　6話 買ってもらえる伝え方　7話 まず売ってみる　〔01918〕
◇1万円起業―片手間で始めてじゅうぶんな収入を稼ぐ方法 (THE $100 STARTUP)　クリス・ギレボー著, 本田直之監訳　文庫版　飛鳥新社　2015.5　285p　15cm　〈2013年刊の加筆・修正〉

630円　①978-4-86410-404-3

内容 第1部 気がつけば、起業家(自分を再発見しよう―あなたが「やってきたこと」には必ず別の使い道がある　魚を与えよ！ ―幸せを箱に入れて売る方法　情熱だけでは成功しない―あなたのしたいことを他人がほしがるものにリンクさせよう ほか)　第2部 さあ、街で売ろう(ビジネスプランはA4用紙1枚に―あなたのミッション宣言がこの1文よりずっと長いなら、それは長すぎるかもしれない　断れないオファー―「ほしい！」と言わせるまでの完全ガイド　本日発売！―「待ってました」と思わせる準備から「買ってよかった」と言われるフォローまで ほか)　第3部 利益を増やす次の一手(収入を倍増させる微調整―順調に進みはじめたときこそ、やり方を見直そう　自分をフランチャイズしよう―もっと楽しく、もっと稼ぐためにあなたのクローンをつくる方法　大きくなるのはいいこと？ ―事業を成長させるべきか、させざるべきか。それが問題だ ほか)　〔*01919*〕

◇自分再起動―自由度の高い人生を生み出す究極の方法（THE HAPPINESS OF PURSUIT）　クリス・ギレボー著, 本田直之監訳　飛鳥新社　2015.7　253p　19cm　1389円　①978-4-86410-409-8　〔*01920*〕

キン, イチコウ*　金 一虹

◇歴史をひらく―女性史・ジェンダー史からみる東アジア世界　早川紀代, 秋山洋子, 伊集院葉子, 井上和枝, 金子幸子, 宋連玉編　御茶の水書房　2015.6　252p　22cm　2800円　①978-4-275-02016-1

内容 南洋の移民(金一虹, 楊笛著, 大橋史恵訳)　〔*01921*〕

◇現代中国のジェンダー・ポリティクス―格差・性売買・「慰安婦」　小浜正子, 秋山洋子編　勉誠出版　2016.10　247p　21cm　2400円　①978-4-585-23048-9

内容 中国社会の変容と女性の経済参画 他(金一虹著, 朴紅蓮訳)　〔*01922*〕

キン, インテイ*　金 允貞

◇家事事件処理手続の改革　新・アジア家族法三国会議編　日本加除出版　2015.6　172p　21cm　3000円　①978-4-8178-4237-4

内容 家事訴訟法の実務及び運用上の課題(金允貞著, 金亮完訳)　〔*01923*〕

キン, エイカン　金 永完

⇒キム, ヨンワン

キン, エイシュウ*　金 英周

◇東北アジア平和共同体構築のための課題と実践―「IPCR国際セミナー2013」からの提言　韓国社会法人宗教平和国際事業団著, 世界宗教者平和会議日本委員会編, 山本俊正監修, 金永完監訳, 中央学術研究所編集責任　佼成出版社　2016.8　191, 3p　18cm　(アーユスの森新書 010)　900円　①978-4-333-02739-2

内容 東北アジア三国の共通点と課題を求めて(金英周述, 金永完訳)　〔*01924*〕

キーン, エリン・オリヴァー　Keene, Ellin Oliver

◇理解するってどういうこと？―「わかる」ための方法と「わかる」ことで得られる宝物（TO UNDERSTAND）　エリン・オリヴァー・キーン著, 山元隆春, 吉田新一郎訳　新曜社　2014.10　365, 60p　21cm　〈文献あり 索引あり〉2200円　①978-4-7885-1409-6

内容 第1章 理解について考え直す　第2章 私たちの頭のなか、生活のなかの理解を探る　第3章 理解に駆られて　第4章 アイディアをじっくり考える　第5章 もがくことを味わい楽しむ　第6章 理解のルネサンス　第7章 変わり続けること以上に確実なことはない　第8章 すばらしい対話　第9章 感じるために、記憶するために、理解するために　〔*01925*〕

キン, オンコク*　金 恩国

⇒キム, ウンクック*

キン, ガイリン*　金 艾琳

⇒キム, イェリム*

キン, ガクシュン*　金 学俊

⇒キム, ハクチュン

キン, カゼン*　金 花善

⇒キム, ファソン*

キン, カンシュウ　金 漢宗

⇒キム, ハンジョン

キン, キギョク*　金 貴玉

⇒キム, クィオク*

キン, キツドウ　金 吉堂

◇中国回教史論叢　金吉堂, 傅統先著, 外務省調査部, 井東憲訳　書肆心水　2015.7　350p　22cm　〈「中国回教史研究」(生活社 1940年刊)と「支那回教史」(岡倉書房 1942年刊)の改題、合本　文献あり〉6900円　①978-4-906917-43-3

内容 中国回教史研究 上巻 中国回教史学 金吉堂 著, 外務省調査部 訳. 中国回教史研究 下巻 中国回教史略 金吉堂 著, 外務省調査部 訳. 中国回教史 傅統先 著, 井東憲 訳　〔*01926*〕

キン, ギョクキン*　金 玉均

⇒キム, オクキュン

キン, ケイシュク*　金 景淑

⇒キム, キョンスク*

キン, ケンエイ*　金 炫栄

⇒キム, ヒョンヨン*

キン, ゲンキ*　金 元基

⇒キム, ウォンギ

キン, ゲンコウ*　金 彦鎬

⇒キム, オノ

キン, ケンチ*　金 賢智

⇒キム, ヒョンジ*

キン, ケンビ*　金 賢美

⇒キム, ヒョンミ*

キン, コウ* 金 澔
⇒キム, ホ*

キン, コウショク* 金 光植
⇒キム, グァンシク

キン, コウビ* 金 庚美
⇒キム, ギョンミ*

キ

キン, サイテツ* 金 才喆
⇒キム, ジェチョル*

キン, サンエイ 金 燦栄
◇大国の責任とは—中国平和発展への道のり　金燦栄等著, 日中翻訳学院監訳, 本田朋子訳　日本僑報社　2014.7　304p　19cm　2500円　①978-4-86185-168-1
内容 第1章 中国の大国責任の分析　第2章 国際責任の起源　第3章 責任ある大国としての中国—そのモチベーションと歴史的特徴　第4章 平和維持と責任分担　第5章 発展の推進と福祉の共有　第6章 協力の推進と共同繁栄の実現　第7章 友好的共存、調和とウインウイン　第8章 中国の国際責任—チャンスと課題　〔01927〕

キン, シュンキキ* 金 濬起
⇒キム, ジュンギ

キン, ジュンタイ* 金 潤泰
⇒キム, ユンテ*

キン, ショウケイ 金 商奎
⇒キム, サンギュ

キン, シンコウ* 金 振鎬
⇒キム, ジノ

キン, セイイク* 金 成昱
⇒キム, ソンウク

キン, セイオン* 金 正恩
⇒キム, ジョンウン

キン, セイケイ* 金 成奎
◇宋代史から考える　『宋代史から考える』編集委員会編　汲古書院　2016.7　455, 20p　22cm　12000円　①978-4-7629-6557-9
内容 宋代東アジア帝王生日小考（金成奎著, 洪性珉訳）〔01928〕

キン, セイコウ* 金 盛浩
⇒キム, ソンホ*

キン, ソウフク* 金 相福
⇒キム, サンボク

キン, タイユウ* 金 泰雄
⇒キム, テウン*

キン, チンコ* 金 鎮虎
⇒キム, ジンホ

キン, テイキ* 金 貞姫
⇒キム, ジョンヒ*

キン, テツ* 金 哲
⇒キム, チョル

キーン, ドナルド　Keene, Donald
◇ドナルド・キーン著作集　第10巻　自叙伝決定版　ドナルド・キーン著　新潮社　2014.6　469p　22cm　〈他言語標題：The Collected Works of Donald Keene　索引あり〉3200円　①978-4-10-647110-0
内容 "かけ橋"としての人生, メトロポリタンに「還暦のドミンゴ」を聴く（川島啓助, 武藤浩史訳）〔01929〕
◇ドナルド・キーン著作集　第11巻　日本人の西洋発見　ドナルド・キーン著　新潮社　2014.12　525p　22cm　〈他言語標題：The Collected Works of Donald Keene　索引あり〉3400円　①978-4-10-647111-7
内容 日本人の西洋発見, 渡辺崋山（芳賀徹, 角地幸男訳）〔01930〕
◇ドナルド・キーン著作集　第12巻　明治天皇　上　ドナルド・キーン著　〔角地幸男〕〔訳〕　新潮社　2015.7　413p　22cm　〈他言語標題：The Collected Works of Donald Keene〉3000円　①978-4-10-647112-4
内容 孝明天皇　祐宮誕生　ついに開港へ　タウンゼント・ハリスの要求　結ばれた不平等条約、天皇は譲位を表明　睦仁の学問　皇女和宮　天皇と将軍の「逆転」、公家の血気　蛤御門の変　条約勅許問題と将軍家茂の死〔ほか〕〔01931〕
◇ドナルド・キーン著作集　第13巻　明治天皇　中　ドナルド・キーン著　〔角地幸男〕〔訳〕　新潮社　2015.11　421p　22cm　〈他言語標題：The Collected Works of Donald Keene〉3000円　①978-4-10-647113-1
内容 江華島事件と東奥巡幸　西国不平士族の乱　西南戦争と西郷隆盛の最期　大久保利通暗殺さる　ふたたびの巡幸と、その座を追われた琉球王　グラント将軍が与えた大いなる影響　「教育勅語」への道　財政危機とようやく緒についた憲法起案　自らの言葉を発し始めた天皇　自由民権運動の「生と死」〔ほか〕〔01932〕
◇ドナルド・キーン著作集　第14巻　明治天皇　下　ドナルド・キーン著　〔角地幸男〕〔訳〕　新潮社　2016.9　402p　22cm　〈他言語標題：The Collected Works of Donald Keene　文献あり 索引あり〉3000円　①978-4-10-647114-8
内容 閔妃暗殺　英照皇太后の死、内政の悩み　初の政党内閣の短命　皇太子成婚、義和団事件　皇孫裕仁誕生、日英同盟　ロシアの東方進出と撤兵合意破り　戦争回避努力の挫折　日露戦争の国際政治　シオドア・ルーズヴェルトの調停による講和　追い詰められた韓国皇帝の抵抗　生みの母の死　伊藤博文、安重根に撃たる　韓国を併合する　「大逆」の陰謀　崩御　大喪、乃木殉死　〔01933〕

キン, ナンイツ* 金 南一
⇒キム, ナムイル

キン, ニチウ*　金 日宇
⇒キム, イルウ

キン, ニッシュウ*　金 日秀
⇒キム, イルス*

キン, ビエイ*　金 美栄
⇒キム, ミヨン*

キン, ビケイ　金 美景
⇒キム, ミキョン

キン, ビケイ*　金 美敬
⇒キム, ミギョン

キン, ヒツザイ*　金 泌材
⇒キム, ピルジェ

キン, ホゲン*　金 甫炫
⇒キム, ボヒョン*

キン, ユウビ*　金 由美
⇒キム, ユミ*

キン, ヨウキ*　金 容暉
◇東北アジア平和共同体構築のための課題と実践―「IPCR国際セミナー2013」からの提言　韓国社会法人宗教平和国際事業団著, 世界宗教者平和会議日本委員会編, 山本俊正監修, 金永完監訳, 中央学術研究所編集責任　佼成出版社　2016.8　191, 3p　18cm　(アーユスの森新書 010)　900円　①978-4-333-02739-2
内容「「平和への権利」の協働を目指して」を読んで(金容暉述, 金永完訳)　〔01934〕

キン, ヨウギ*　金 容儀
⇒キム, ヨンイ*

キン, ラクチュウ*　金 洛中
⇒キム, ナクチュン

キン, ランシュ*　金 蘭珠
⇒キム, ナンジュ*

キン, リツグン*　金 立群
◇安定とその敵 (Stability at bay)　Project Syndicate〔編〕　土曜社　2016.2　120, 2p　18cm　(プロジェクトシンジケート叢書)　952円　①978-4-907511-36-4
内容 AIIB準備万端(金立群著)　〔01935〕

キン, レイキ*　金 昤希
⇒キム, リンヒ*

キング, ゲアリー
◇社会科学の方法論争―多様な分析道具と共通の基準 (Rethinking social inquiry 原著第2版の翻訳)　ヘンリー・ブレイディ, デヴィッド・コリアー編, 泉川泰博, 宮下明聡訳　勁草書房　2014.5　432p　22cm　〈文献あり 索引あり〉4700円　①978-4-326-30231-4
内容 研究デザインの重要性(ゲアリー・キング, ロバート・コヘイン, シドニー・ヴァーバ著)　〔01936〕

キング, ゴッドフリー・レイ　King, Godfré Ray
◇明かされた秘密 (Unveiled Mysteries)　ゴッドフリー・レイ・キング著, 八重樫克彦, 八重樫由貴子訳　ナチュラルスピリット　2015.6　267p　19cm　1600円　①978-4-86451-167-4
内容 1章 マスターとの出会い　2章 サハラ砂漠　3章 ロイヤル・ティトン　4章 イエローストーンの謎　5章 インカ時代の記憶　6章 アマゾン川に沈む帝都　7章 秘密の渓谷　8章 神の遍在する力　9章 金星からの訪問者　〔01937〕

キング, サージ・カヒリ　King, Serge
◇フナ―今すぐ成功するハワイの実践プログラム (HUNA)　サージ・カヒリ・キング著, 阿蘇品友里訳　青志社　2016.4　237p　19cm　1500円　①978-4-86590-023-1
内容 フナとは『七つの法則』でできている　実現への第一歩を踏み出す　なりたいパーソナリティをつくるエネルギーを解き放つ重要な意味　欲しいものに焦点を合わせる　今この瞬間の力を手にする　愛すると成功する　自分の影響力を広げる　お金との関係を変える　宇宙の法則に従ってパターンを変える　決断上手な人になる　最強の『成功の公式』　〔01938〕

キング, サリー
◇ブッダの変貌―交錯する近代仏教　末木文美士, 林淳, 吉永進一, 大谷栄一編　京都　法藏館　2014.3　415, 11p　22cm　(日文研叢書)　〈他言語標題：TRANSFORMATIONS of the BUDDHA　索引あり〉8000円　①978-4-8318-6226-6
内容 社会参加仏教とは何か？(サリー・キング著, 高橋原抄訳)　〔01939〕
◇ブッダの変貌―交錯する近代仏教　末木文美士, 林淳, 吉永進一, 大谷栄一編　京都　人間文化研究機構国際日本文化研究センター　2014.3　415, 11p　22cm　(日文研叢書 51)　〈他言語標題：Transformations of the Buddha　文献あり〉非売品　①978-4-901558-64-8
内容 社会参加仏教とは何か？(サリー・キング著, 高橋原抄訳)　〔01940〕

キング, シェリル・A.　King, Cheryl A.Polewach
◇十代の自殺の危険―臨床家のためのスクリーニング、評価、予防のガイド (TEEN SUICIDE RISK)　シェリル・A.キング, シンシア・E.フォスター, ケリー・M.ロガルスキー著, 高橋祥友監訳, 高橋晶, 今村芳博, 鈴木吏良訳　金剛出版　2016.1　266p　19cm　〈文献あり 索引あり〉2800円　①978-4-7724-1466-1
内容 第1章 イントロダクション　第2章 全般的な危険因子と保護因子　第3章 スクリーニング―どのようにして自殺の危険を認識するか　第4章 自殺の危険についての評価と定式化　第5章 介入計画とケアマネジメント　第6章 親や学校との連携　第7章 法的問題　〔01941〕

キング, デボラ　King, Deborah
◇あなたが生きにくいのはチャクラに原因があった

（TRUTH HEALS）　デボラ・キング著, 桜庭雅文, 山岡恵訳　徳間書店　2014.2　263p　19cm 〈索引あり〉 1600円　①978-4-19-863760-6

内容 プロローグ チャクラのゆがみが人生を狂わせる　第1チャクラの章 生きる希望と気力はルートチャクラから湧いてくる　第2チャクラの章 幼少期の性的体験がセクシャルチャクラをゆがませる　第3チャクラの章 自尊心が満たされない思いは太陽神経叢チャクラが原因　第4チャクラの章 人として愛され愛する力はハートチャクラから生まれる　第5チャクラの章 嘘によって傷ついた喉のチャクラは真実を欲する　第6チャクラの章 第三の目（サードアイ）を通ってくる自分の直感を信じて生きる　第7チャクラの章 高い次元とつながっているクラウンチャクラ　エピローグ 真実を実践すると人生が変わる　〔*01942*〕

キ

キング, トーマス・A.　King, Thomas A.

◇歴史に学ぶ会計の「なぜ？」―アメリカ会計史入門（MORE THAN A NUMBERS GAME）　トーマス・A.キング著, 友岡賛訳　税務経理協会　2015.1　370p　19cm 〈文献あり〉 3400円　①978-4-419-06165-4

内容 複式記入　鉄道　税　原価　情報開示　基準　学術的知見　インフレーション　不安定性　無形資産　負債　オプション　利益　サーベンス－オクスリー法　エピローグ　〔*01943*〕

キング, ブレット　King, Brett

◇脱・店舗化するリテール金融戦略―バンクからバンキングの時代へ（BANK 3.0）　ブレット・キング著, 上野博訳　東洋経済新報社　2015.1　336p　22cm 〈索引あり〉 3800円　①978-4-492-65467-5

内容 01 顧客行動の変化（「ハイパーコネクト」な消費者が求めるもの　顧客経験から得られるもの）　02 銀行の再構築（支店は存在するか？　顧客獲得と関係深化―顧客サポートのエコシステム　インターネット―収益を上げにくい理由　モバイルバンキング―すでに巨大だが, まだほんの始まり　セルフサービスの進化　私はブランドより大衆を信用する）　03 未来への道―チャネルを超えて（進化し続けるテクノロジーとの付き合い方　データはクラウンドへ　エンゲージメント・バンキング―デジタル・リレーションシップの構築　モバイル決済, デジタルキャッシュ, 価値貯蔵　影響力ポイント―バンキングにおけるコンテキスト活用とメッセージ発信　銀行進化へのロードマップ）　〔*01944*〕

キング, マーティン・ルーサー

◇なぜ“平和主義”にこだわるのか（ENTRÜSTET EUCH！ ―WARUM PAZIFISMUS FÜR UNS DAS GEBOT DER STUNDE BLEIBT）　マルゴット・ケースマン, コンスタンティン・ヴェッカー編, 木戸衛一訳　いのちのことば社　2016.12　261p　19cm　1500円　①978-4-264-03611-1

内容 非暴力への遍歴（マーティン・ルーサー・キング）　〔*01945*〕

キングストン, デニス　Kingston, Denise

◇「保育プロセスの質」評価スケール―乳幼児期の「ともに考え、深めつづけること」と「情緒的な安定・安心」を捉えるために（Assessing Quality in Early Childhood Education and Care）　イラム・シラージ, デニス・キングストン, エドワード・メルウィッシュ著, 秋田喜代美, 淀川裕美訳　明石書店　2016.2　117p　26cm　2300円　①978-4-7503-4233-7

内容 サブスケール1 信頼、自信、自立の構築（自己制御と社会的発達　子どもの選択と自立した遊びの支援　小グループ・個別のかかわり、保育者の位置取り）　サブスケール2 社会的、情緒的な安定・安心（社会情緒的な安定・安心）　サブスケール3 言葉・コミュニケーションを支え、広げる（子ども同士の会話を支えること　保護者が子どもの声を聴くこと、子どもが他者の言葉を聴くように支えること　子どもの言葉の使用を保育者が支えること　迅速で適切な応答）　サブスケール4 学びと批判的思考を支える（好奇心と問題解決の支援　お話・本・歌・言葉遊びを通した「ともに考え、深めつづけること」　調べること・探求を通した「ともに考え、深めつづけること」　概念発達と高次の思考の支援）　サブスケール5 学び・言葉の発達を評価する（学びと批判的思考を支え、広げるための評価の活用　言葉の発達に関する評価）　〔*01946*〕

キングスレー, クラレンス・D.

◇世界初市民性教育の国家規模カリキュラム―20世紀初期アメリカNEA社会科委員会報告書の事例から　渡部竜也編訳　横浜　春風社　2016.2　235p　22cm　4722円　①978-4-86110-490-9

内容 コミュニティ・シヴィックスの教授（J.リン・バーナード,F.W.キャリアー, アーサー・ウィリアム・ダン, クラレンス・D.キングスレー著）　〔*01947*〕

キングズレー, パトリック　Kingsley, Patrick

◇シリア難民―人類に突きつけられた21世紀最悪の難問（THE NEW ODYSSEY）　パトリック・キングズレー著, 藤原朝子訳　ダイヤモンド社　2016.11　342p　20cm 〈文献あり〉 2000円　①978-4-478-06885-4

内容 プロローグ ハーシムの「旅」のはじまり―2015年4月15日水曜日午後11時　第1章 祝えなかった誕生日―ハーシム、シリアから脱出す 2012年4月15日日曜日午後6時シリア　第2章 その「荷」は生きている―「第2の海」サハラを越える砂漠ルート ニジェール、スーダン　第3章 魂の取引―密航業者のモラルとネットワーク リビア、エジプト　第4章 屈辱からの出航―ハーシム、密航船に詰め込まれる 2015年4月20日月曜日正午・地中海のまんなか　第5章 転覆か、救助か―なぜ危険だとわかっている航海に乗り出すのか 地中海、イタリア　第6章 ストレスだらけの「約束の地」―ハーシム、ヨーロッパで戸惑い逃げる 2015年4月26日日曜日午前11時30分・イタリア、フランス　第7章 運命を司る「見えない線」―国境に翻弄される難民とEU トルコ、ギリシャ、セルビア、マケドニア、ハンガリー　第8章 訪れた最後の試練―ハーシム、待ちわびた瞬間まであと一息 2015年4月27日月曜日午前11時50分・ドイツ、デンマーク　第9章「門戸」を閉ざされて―根本から解決する方法はあるのか ハンガリー、オーストリア、セルビア、クロアチア　第10章 世界に「居場所」を求めて―ハーシム、難民認定を待つ 2015年10月23日金曜日正午・スウェーデン　エピローグ そのあと起きたこと　〔*01948*〕

ギングリッチ, ニュート　Gingrich, Newt

◇金持ちは税率70%でもいいvsみんな10%課税がいい―1時間でわかる格差社会の増税論（Should We Tax the Rich More？）　ポール・クルーグマ

ン, ジョージ・パパンドレウ, ニュート・ギングリッチ, アーサー・ラッファー著, 町田敦夫訳　東洋経済新報社　2014.6　174p　19cm　1200円　①978-4-492-61062-6

内容 第1章 金持ちからもっと税金を取るべきか？ ―賛成：ポール・クルーグマン、ジョージ・パパンドレウ 反対：ニュート・ギングリッチ、アーサー・ラッファー（賛成58%、反対28%、未定14%　クルーグマンの論点 ほか）　第2章 ギングリッチへのインタビュー―一律10%課税はどうか（政府は金を奪っていく　リッチな人は、税を逃れる手だてを見つける ほか）　第3章 クルーグマンへのインタビュー―金持ちは最高税率70%でもいける（富裕層への税率は低すぎる　70%の最高税率でも税収は減らない ほか）　第4章 ラッファーへのインタビュー―税制を改革して12%の一律課税に（税率を上げると税収は減る　ラッファーの一律課税案 ほか）〔*01949*〕

キンザー, スティーブン　Kinzer, Stephen

◇ダレス兄弟―国務長官とCIA長官の秘密の戦争（THE BROTHERS）　スティーブン・キンザー著, 渡辺惣樹訳　草思社　2015.11　590p　20cm　〈索引あり〉3700円　①978-4-7942-2166-7

内容 第1部 兄弟（語られない出来事　ジョンの出世とアレン　おもしろみのない兄弟　ウォールストリートから来た男）　第2部 六人の怪物たち（イラン工作　グアテマラ工作：共産主義にのめり込んだ男　非情と悪知恵　インドネシア工作：自己陶酔の大統領　コンゴ動乱、顎鬚の過激主義者　鬚をはやした強い男）　第3部 二十世紀（神の顔をした男）〔*01950*〕

ギンスバーグ, ビクター

◇幸福　橘木俊詔編著　京都　ミネルヴァ書房　2014.3　193, 2p　26cm　（福祉+α 6　橘木俊詔, 宮本太郎監修）〈他言語標題：HAPPINESS　文献あり 索引あり〉2500円　①978-4-623-07030-5

内容 幸福と音楽（カーラ・ビセット・ベンチコウ, アントニオ・エスターシェ, ビクター・ギンスバーグ著, 渡辺円香訳）〔*01951*〕

ギンズブルグ, カルロ　Ginzburg, Carlo

◇ミクロストリアと世界史―歴史家の仕事について　カルロ・ギンズブルグ〔著〕, 上村忠男編訳　みすず書房　2016.9　288p　20cm　4200円　①978-4-622-08545-4

内容 緯度、奴隷、聖書―ミクロストリアの一実験　世界を地方化する―ヨーロッパ人、インド人、ユダヤ人（一七〇四年）　わたしたちの言葉と彼らの言葉―歴史家の仕事の現在にかんする省察　ヴァールブルクの鋏　内なる対話―悪魔の代言人としてのユダヤ人　ミクロストリアと世界史　無意志的な啓示―歴史を逆なでしながら読む〔*01952*〕

キンズロー, フランク　Kinslow, Frank J.

◇クォンタム・リヴィングの秘密―純粋な気づきから生きる（THE SECRET OF QUANTUM LIVING）　フランク・キンズロー著, 古閑博丈訳　ナチュラルスピリット　2014.2　333p　21cm　2400円　①978-4-86451-108-7

内容 1 純粋な気づきとQE（奇跡　幸せになる方法　純粋な気づき　自分が考えた考えは自分が考えたと考えていた　"自己"と知り合う ほか）　2 QEとともに生きる（心　身体　人間関係　その他）〔*01953*〕

◇ユースティルネス―何もしない静寂が、すべてを調和する！（WHEN NOTHING WORKS, TRY DOING NOTHING）　フランク・キンズロー著, 鐘山まき訳　ナチュラルスピリット　2015.10　235p　21cm　1800円　①978-4-86451-178-0

内容「無」の技法　"何もしない"ほうがよい理由　ユースティルネス・テクニック―どこからきてどのように作用するのか？　自分の中に秘められた音楽を発見する―ユーフィーリングの探し方　ユースティルネス・テクニックの実践　ストップハンド・テクニック　ユースティルネスで癒す　ポジティブ思考のネガティブな面　コイン・テクニック　自己超越者の秘密　悟りの科学―完全な人になる方法　決断する方法―金魚より賢く考える　メイキング・ラブ　変容の理論―普遍的な愛への進化　完全な人になるために―ユースティルネスと過ごす60日　人類のレースに勝つ―普遍的レベルでの普遍的な愛〔*01954*〕

キンドルバーガー, C.P.　Kindleberger, Charles Poor

◇熱狂、恐慌、崩壊―金融危機の歴史（MANIAS, PANICS AND CRASHES 原著第6版の翻訳）　C.P.キンドルバーガー,R.Z.アリバー著, 高遠裕子訳　日本経済新聞出版社　2014.9　545p　20cm　〈著作目録あり 索引あり〉3600円　①978-4-532-35607-1

内容 金融危機―繰り返されるテーマ　典型的危機の解剖　投機熱　火に油―信用膨張　決定的段階―バブルが弾けるとき　陶酔感と紙の資産　バーナード・マドフ―詐欺、不正、信用サイクル　国際的な伝染 一六一八～一九三〇年　バブルの伝染―メキシコシティ、東京、バンコク、ニューヨーク、ロンドン、レイキャビク　政策対応―傍観、勧告、銀行休業　国内の最後の貸し手　国際的な最後の貸し手　リーマン・ショック―避けられた恐慌　歴史の教訓　エピローグ 二〇一〇年～二〇二〇年〔*01955*〕

キンブロ, デニス　Kimbro, Dennis Paul

◇あきらめなかった人々―思考は現実化する（THINK AND GROW RICH A BLACK CHOICE）　デニス・キンブロ, ナポレオン・ヒル著, 田中孝顕訳　きこ書房　2016.9　207p　19cm　1380円　①978-4-87771-356-0

内容 第1章 内なる自分へ―最後のフロンティア　第2章 どこまでも羽ばたく想像力　第3章 震えるような願望　第4章 心の壁を突き破る　第5章 何としても、粘り抜け　第6章 最大のチャンスは、常に自分自身の中にある　第7章 熱中したふりをする　第8章 ロックフェラーが本当に欲しかったもの　第9章 六文字の魔法の言葉〔*01956*〕

キンレイ・ドルジ　Kinley Dorji

◇「幸福の国」と呼ばれて―ブータンの知性が語るGNH（WITHIN THE REALM OF HAPPINESS）　キンレイ・ドルジ著, 真崎克彦, 菊地めぐみ訳　コモンズ　2014.7　230p　19cm　〈年表あり〉2200円　①978-4-86187-117-7

内容 プロローグ「幸福の国」の成り立ちと未来　第1章 幼少期の思い出（おばあちゃんの思い出　おじいちゃんの知恵袋　父から聞いたある伝説）　第2章 移ろいゆく時代（プリティ・ウーマン　わが友カルマ　別世界の住人）　第3章 現代ブータンの課題（国民に仕える

近代化の荒波　あるベンガル虎の独白　伝説は生き続ける）　第4章 海外から見た「幸福の国」（災い転じて日本で考えたこと　答えは母国にある）　〔01957〕

【ク】

ク

クー, エレイン
◇愛する者は死なない―東洋の知恵に学ぶ癒し　カール・ベッカー編著, 駒田安紀監訳　京都　晃洋書房　2015.3　151p　20cm　（京都大学こころの未来研究センターこころの未来叢書 2）　1500円　①978-4-7710-2535-6
内容 中国人遺族の経験（セシリア・チャン, エイミー・チョウ, サミュエル・ホー, イェニー・ツイ, アグネス・ティン, ブレンダー・クー, エレイン・クー著, 赤塚京子訳）　〔01958〕

グー, キン　Gu, Qing
◇教師と学校のレジリエンス―子どもの学びを支えるチーム力（Resilient Teachers, Resilient Schools）　クリストファー・デー, キン・グー著, 小柳和喜雄, 木原俊行監訳　京都　北大路書房　2015.11　245p　21cm　〈索引あり〉3000円　①978-4-7628-2911-6
内容 1 教師のレジリエンスの本質（レジリエンスの本質―学際的な研究の展望　学校における優れた教授―学習は、なぜレジリエンスを必要とするのか　ウェルビーイング、感情、そしてケアの重要性）　2 教師のレジリエンスを形づくる…文脈の勘案（職場におけるアイデンティティとコミットメント―職業的自己の役割　教師の成長、教師であり続けること、教師としての再生　レジリエンスを活性化する職場の諸要因）　3 教師のレジリエンスで何が問題となるか（レジリエントなリーダーと学校　教職歴全体を通したコミットメントと有能さに関するレジリエンスの役割―現場から明らかになったこと　耐え抜くことを超えて―変革期にあって教師のレジリエンスと質を維持するために）　〔01959〕

クー, ブレンダー
◇愛する者は死なない―東洋の知恵に学ぶ癒し　カール・ベッカー編著, 駒田安紀監訳　京都　晃洋書房　2015.3　151p　20cm　（京都大学こころの未来研究センターこころの未来叢書 2）　1500円　①978-4-7710-2535-6
内容 中国人遺族の経験（セシリア・チャン, エイミー・チョウ, サミュエル・ホー, イェニー・ツイ, アグネス・ティン, ブレンダー・クー, エレイン・クー著, 赤塚京子訳）　〔01960〕

ク, リュウウ　区 竜宇
◇台頭する中国その強靱性と脆弱性（China's Rise）　区竜宇著, 白瑞雪, ブルーノ・ジュタン, ピエール・ルッセ寄稿, 寺本勉, 喜多幡佳秀, 湯川順夫, 早野一訳　柘植書房新社　2014.8　449, 24p　22cm　4600円　①978-4-8068-0664-6
内容 中国の台頭とそこに内在する矛盾 他（区竜宇著, 寺本勉訳）　〔01961〕
◇香港雨傘運動―プロレタリア民主派の政治論評集　区竜宇著, 早野一編訳　柘植書房新社　2015.9　349p　21cm　〈年表あり〉3700円　①978-4-8068-0678-3
内容 第1部 雨傘運動の総括と展望（中国共産党と雨傘運動　六つのシナリオと一〇万人のキャスト―雨傘運動の内部力学について ほか）　第2部 オキュパイ・セントラル雨傘の前奏曲（二〇一三年六月～二〇一四年七月）（香港社会の地殻変動　新しい民主化運動 青年とプロレタリア ほか）　第3部 雨傘運動のなかで（二〇一四年九月～一二月）（学生ストと新しい世代　雨傘運動の拡大 ほか）　第4部 雨傘運動が終わって（二〇一五年一月～）（新しい世代の古い路線？　思想を大いに解放しよう―独立を目指さない自決権について ほか）　〔01962〕

クア, アネット
◇デザイン保護法制の現状と課題―法学と創作の視点から　麻生典, クリストフ・ラーデマッハ編　日本評論社　2016.12　614p　21cm　6300円　①978-4-535-52182-7
内容 欧州デザイン保護法制（アネット・クア著, 押鴨涼子訳）　〔01963〕

クァク, クィフン*　郭 貴勲
◇被爆者はどこにいても被爆者―郭貴勲・回想録　郭貴勲著, 井下春子訳, 韓国人被爆者・郭貴勲手記出版委員会編　〔出版地不明〕　韓国人被爆者・郭貴勲手記出版委員会　2016.3　277p　21cm　〈年譜あり〉　〔01964〕

グィリー, ローズマリ・エレン　Guiley, Rosemary
◇悪魔と悪魔学の事典（The Encyclopedia of Demons and Demonology）　ローズマリ・エレン・グィリー著, 金井美子, 木村浩美, 白須清美, 巴妙子, 早川麻百合, 三浦玲子訳　原書房　2016.4　552p　22cm　〈文献あり 索引あり〉5800円　①978-4-562-05315-5　〔01965〕

クイン, ブライアン　Quinn, Brian
◇ビジネスモデル・イノベーション―ブレークスルーを起こすフレームワーク10（TEN TYPES OF INNOVATION）　ラリー・キーリー, ライアン・ピッケル, ブライアン・クイン, ヘレン・ウォルターズ著, 平野敦士カール監修, 藤井清美訳　朝日新聞出版　2014.2　270p　19×24cm　〈文献あり〉2500円　①978-4-02-331269-2
内容 第1部 イノベーション　第2部 イノベーションの10タイプ　第3部 たくさん使えば使うほど強力に　第4部 変化に気づく　第5部 イノベーションを主導する　第6部 イノベーションを育成する　第7部 補足　〔01966〕

クイン, ロバート・E.
◇自分を成長させる極意―ハーバード・ビジネス・レビューベスト10選（HBR'S 10 MUST READS ON MANAGING YOURSELF）　ピーター・F.ドラッカー, クレイトン・M.クリステンセン他著, ハーバード・ビジネス・レビュー編集部編, DIAMONDハーバード・ビジネス・レビュー編集部訳　ダイヤモンド社　2016.1　311p　19cm　1600円　①978-4-478-06830-4
内容 人の上に立つために最も大切な「4つのこと」/最高

のリーダーが力を発揮する秘密は何か？（ロバート・E.クィン著）〔01967〕

クインティリアヌス
◇弁論家の教育　4　クインティリアヌス著，森谷宇一，戸高和弘，伊達立晶，吉田俊一郎訳　京都　京都大学学術出版会　2016.12　285，16p　19cm（西洋古典叢書）　3400円　①978-4-8140-0034-0
内容 第9巻（文彩一般について　考えの文彩　言葉の文彩　配語法）　第10巻（読むこと　模倣　書くこと　修正　作文練習の諸形式　考えること　即興）〔01968〕

クヴァール，スタイナー　Kvale, Steinar
◇質的研究のための「インター・ビュー」（DOING INTERVIEWS）　スタイナー・クヴァール著，能智正博，徳田治子訳　新曜社　2016.4　245p　21cm　（SAGE質的研究キット 2 ウヴェ・フリック監修）〈文献あり 索引あり〉2700円　①978-4-7885-1475-1
内容 インタビュー調査ことはじめ　インタビュー実践の認識論に関わる問題　インタビュー実践の倫理的課題　インタビュー調査を計画する　インタビューを実施する　インタビューの多様なかたち　インタビューの質　インタビューを文字に起こす　インタビューを分析する　インタビューから得られた知の妥当化と一般化　インタビューの知を報告する　インタビューの質のさらなる向上に向けて〔01969〕

クウェック，デニス
◇21世紀型学習のリーダーシップ―イノベーティブな学習環境をつくる（Leadership for 21st Century Learning）　OECD教育研究革新センター編著，木下江美，布川あゆみ監訳，斎藤里美，本田伊克，大西公恵，三浦綾希子，藤浪海訳　明石書店　2016.9　308p　22cm　4500円　①978-4-7503-4410-2
内容 21世紀型学習をつくるリーダーシップ（クレイヴ・ディモック，デニス・クウェック，ヤンシー・トー著，三浦綾希子訳）〔01970〕

グゥラート，ピーター　Goullart, Peter
◇忘れ去られた王国―落日の麗江雲南滞在記（THE FORGOTTEN KINGDOM）　ピーター・グゥラート著，西本晃二訳　国分寺　スタイルノート　2014.12　453p　22cm　3600円　①978-4-7998-0131-4
内容 麗江に到るキャラヴァン旅行　麗江　麗江の市場と酒場　さらなる前進　協同組合のスタート　医療行為　納西族　チベット（蔵）族　崩族、ロロ族と民家族　ラマ教寺院　「天邪鬼」（あまんじゃく）「心中および『東巴』儀礼」　「婚礼さまざま」　「麗江のお祭り」　「納西族の音楽・芸術と余暇」　「協同組合事業の進展」　「鶴慶の馬賊」　「麗江最後の日々」〔01971〕

クエスト，ポール　Quest, Paul
◇性加害行動のある少年少女のためのグッドライフ・モデル（The Good Lives Model for Adolescents Who Sexually Harm）　ボビー・プリント編，藤岡淳子，野坂祐子監訳　誠信書房　2015.11　231p　21cm　〈索引あり〉3000円　①978-4-414-41461-5
内容 若者の動機づけと積極的関与を高めるために（エレーン・オコティ，ポール・クエスト）〔01972〕

クエルマルツ，エディス　Quellmalz, Edys
◇21世紀型スキル―学びと評価の新たなかたち（ASSESSMENT AND TEACHING OF 21ST CENTURY SKILLS）　P.グリフィン，B.マクゴー，E.ケア編，三宅なほみ監訳，益川弘如，望月俊男編訳　京都　北大路書房　2014.4　265p　21cm　〈索引あり〉2700円　①978-4-7628-2857-7
内容 知識構築のための新たな評価と学習環境（マリーン・スカーダマリア，ジョン・ブランスフォード，ボブ・コズマ，エディス・クエルマルツ著，河﨑美保，齊藤萌木，大浦弘樹，舘野泰一訳）〔01973〕

グエン，ヴァン・キム
◇朱印船貿易絵図の研究　菊池誠一編　京都　思文閣出版　2014.2　67，3p 図版26p　22×31cm　〈年表あり〉7800円　①978-4-7842-1712-0
内容 絵図に描かれた島と燕（グエン・ヴァン・キム著，菊池誠一訳）〔01974〕

グエン，ヴァン・ハム　Nguyen, Văn Hàm
◇ベトナムアーカイブズの成立と展開―阮朝期・フランス植民地期・そして1945年から現在まで　ヴー・ティ・フン，グエン・ヴァン・ハム，グエン・レ・ニュン著，伊沢亮介訳　伊豆　ビスタピー・エス　2016.4　210p　21cm　（シリーズベトナムを知る）　4630円　①978-4-907379-08-7
内容 第1章 文書保存に関する国家管理機関の設立と組織　第2章 文書保存職員の養成と活用　第3章 文書保存に関する法規定の公布　第4章 保存資料の収集と管理　第5章 保存資料の科学的構築と安全な保管　第6章 保存資料の利用と有効活用　第7章 文書保存分野における研究と応用ならびに国際協力　第8章 ベトナム文書保存のゆくえ〔01975〕

グエン，ズク・キエン　Nguyêñ, Duc Kiên
◇後発者の利を活用した持続可能な発展―ベトナムからの視点―ホップ・ステップ・ジャンプ　グエン・ズク・キエン，チャン・ヴァン，ミヒャエル・フォン・ハウフ，グエン・ホン・タイ著，チャン・ティ・ホン・キー訳　伊豆　ビスタピー・エス　2016.3　126p　21cm　（シリーズ：ベトナムを知る）〈文献あり〉3700円　①978-4-907379-10-0
内容 第1章 21世紀の経済発展方向　第2章 20世紀中盤から現在に至るベトナム　第3章 先発者の経験　第4章 後発者の利点　第5章 後発者の利点と知識経済　第6章 持続可能な発展三角形　第7章 工業化モデル　第8章 低所得国のモデル　第9章 おわりに〔01976〕

グエン，ティ・トゥエン
◇戦後70年を越えてドイツの選択・日本の関与　中村登志哉編著　一芸社　2016.8　165p　22cm　〈他言語標題：Beyond 70 Years after the World War 2：International Engagement of Germany and Japan〉2800円　①978-4-86359-114-1
内容 ドイモイ後のベトナムにおける日本像（グエン・ティ・トゥエン著，井原伸浩訳）〔01977〕

ク

グエン, ティ・ホア
◇子どもとお金—おこづかいの文化発達心理学　高橋登, 山本登志哉編　東京大学出版会　2016.9　325p　22cm　〈索引あり〉4800円　Ⓘ978-4-13-051334-0
内容 ベトナムの子どもとおこづかい（ファン・ティ・マイ・フォン, グエン・ティ・ホア著, 高橋登, 藤井貴之訳）〔01978〕

グエン, ドク・ターン
◇東アジア経済と労働移動　トラン・ヴァン・トゥ, 松本邦愛, ド・マン・ホーン編著　文真堂　2015.6　265p　21cm　〈索引あり〉3000円　Ⓘ978-4-8309-4867-1
内容 ベトナムにおける労働力輸出（グエン・ドク・ターン著, 西晃訳）〔01979〕

グエン, ホン・タイ　Nguyen, Hong Thai
◇後発者の利を活用した持続可能な発展—ベトナムからの視点—ホップ・ステップ・ジャンプ　グエン・ズク・キエン, チャン・ヴァン, ミヒャエル・フォン・ハウフ, グエン・ホン・タイ著, チャン・ティ・ホン・キー訳　伊豆　ビスタピー・エス　2016.3　126p　21cm　（シリーズ：ベトナムを知る）〈文献あり〉3700円　Ⓘ978-4-907379-10-0
内容 第1章 21世紀の経済発展方向　第2章 20世紀中盤から現在に至るベトナム　第3章 先発者の経験　第4章 後発者の利点　第5章 後発者の利点と知識経済　第6章 持続可能な発展三角形　第7章 工業化モデル　第8章 低所得国のモデル　第9章 おわりに〔01980〕

グエン, レ・ニュン　Nguyen, Le Nhung
◇ベトナムアーカイブズの成立と展開—阮朝期・フランス植民地期・そして1945年から現在まで　ヴー・ティ・フン, グエン・ヴァン・ハム, グエン・レ・ニュン著, 伊沢亮介訳　伊豆　ビスタピー・エス　2016.4　210p　21cm　（シリーズベトナムを知る）　4630円　Ⓘ978-4-907379-08-7
内容 第1章 文書保存に関する国家管理機関の設立と組織　第2章 文書保存職員の養成と活用　第3章 文書保存に関する法規定の公布　第4章 保存資料の収集と管理　第5章 保存資料の科学的構築と安全な保管　第6章 保存資料の利用と有効活用　第7章 文書保存分野における研究と応用ならびに国際協力　第8章 ベトナム文書保存のゆくえ〔01981〕

グエン, T.N.*　Nguyen, Thi Nhung
◇教育格差をこえる日本・ベトナム共同授業研究—「教え込み」教育から「子ども中心主義」の学びへ　村上呂里編著　明石書店　2015.3　270p　22cm　〈ベトナム語抄訳付〉4800円　Ⓘ978-4-7503-4166-8
内容 ベトナム側はこの試みをどう受けとめたか（Pham Hong Quang,Tu Quang Tan,Nguyen Thi Nhung著, 那須泉訳）〔01982〕

クエンク, ナオミ・L.
◇MBTI stepII 受検者ガイド—タイプの表れ方の個人差を理解するために　ジーン・M.クメロウ, ナオミ・L.クエンク著, 園田由紀訳　JPP　2011.1　27p　30cm　2200円　Ⓘ978-4-905050-11-7〔01983〕

クォン, オゴン
◇再論東京裁判—何を裁き、何を裁かなかったのか（Beyond Victor's Justice？）　田中利幸, ティム・マコーマック, ゲリー・シンプソン編著, 田中利幸監訳, 饗庭朋子, 伊藤大将, 佐藤晶子, 高取由紀, 仁科由紀, 松島亜季訳　大月書店　2013.12　597, 17p　20cm　〈索引あり〉6800円　Ⓘ978-4-272-52099-2
内容 忘れられた犠牲者、忘れられた被告人（クォン・オゴン著, 伊藤大将訳）〔01984〕

クォン, オボム*　権 五範
◇マルクスとエコロジー—資本主義批判としての物質代謝論　岩佐茂, 佐々木隆治編著　八王子　堀之内出版　2016.6　364p　20cm　（Nνξ 叢書 02）〈文献あり〉3500円　Ⓘ978-4-906708-60-4
内容 マルクスの資本主義に対するエコロジー的批判と二一世紀の食糧危機（権五範著, 梁英聖訳）〔01985〕

クォン, ドンテク*　権 東沢
◇「東アジア的教師」の今　東アジア教員養成国際共同研究プロジェクト編　小金井　東京学芸大学出版会　2015.3　253p　21cm　〈索引あり〉2400円　Ⓘ978-4-901665-38-4
内容 韓国の教員養成機関における質保証の取り組みとその発展方案（権東沢著, 李連姫訳, 裵光雄監訳）〔01986〕

クォン, ヒョクテ　権 赫泰
◇正義への責任—世界から沖縄へ　2　琉球新報社編, 乗松聡子監修・翻訳　那覇　琉球新報社　2016.6　77p　21cm　〈発売：琉球プロジェクト（〔那覇〕）〉565円　Ⓘ978-4-89742-208-4
内容 東北アジア絡む普天間—「連帯」には「ねじれ」克服必要（クォンヒョクテ）〔01987〕
◇平和なき「平和主義」—戦後日本の思想と運動　権赫泰著, 鄭栄桓訳　法政大学出版局　2016.8　239p　20cm　（サピエンティア 45）　3000円　Ⓘ978-4-588-60345-7
内容 第1章 歴史と安保は分離可能なのか—韓日関係の非対称性　第2章 捨象の思想化という方法—丸山真男と朝鮮　第3章 善隣学生会館と日中関係—国民国家の論理と陣営の論理　第4章 国境内で「脱/国境」を想像する方法—日本のベトナム反戦運動と脱営兵士　第5章 団塊の世代の「反乱」とメディアとしての漫画—『あしたのジョー』を中心に　第6章 広島の「平和」を再考する—主体の復元と「唯一の被爆国」の論理　第7章 二つのアトミック・サンシャイン—被爆国日本はいかにして原発大国となったか〔01988〕

クォン, ホンイク*　権 憲益
◇北東アジアの歴史と記憶（Northeast Asia's Difficult Past）　金美景,B.シュウォルツ編著, 千葉真監修, 稲正樹, 福岡和哉, 寺田麻佑訳　勁草書房　2014.5　315, 9p　22cm　〈索引あり〉3200円　Ⓘ978-4-326-30226-0
内容 独島・竹島紛争における視差ビジョン（権憲益著, 稲正樹訳）〔01989〕

ククーシキナ, オリガ
◇「世界の特別ニーズ教育と社会開発」シリーズ　1　ロシアの障害児教育・インクルーシブ教育

黒田学編　京都　クリエイツかもがわ　2015.4　112p　21cm　〈他言語標題：THE COMPARATIVE STUDIES SERIES IN SPECIAL NEEDS EDUCATION AND SOCIAL DEVELOPMENT〉 1600円　①978-4-86342-162-2
内容 ヴィゴツキー理論と障害児教育分野の教育基準（オリガ・ククーシキナ著, 小西文子, 荒木穂積訳）〔01990〕

クークリン, スーザン　Kuklin, Susan
◇カラフルなぼくら―6人のティーンが語る、LGBTの心と体の遍歴（BEYOND MAGENTA）　スーザン・クークリン著, 浅尾敦則訳　ポプラ社　2014.7　313p　19cm　〈文献あり〉 1500円　①978-4-591-14083-3　〔01991〕

クシアノビッチ, アレハンドロ　Cussiánovich, Alejandro
◇子どもと共に生きる―ペルーの「解放の神学」者が歩んだ道（Ensayos sobre Infancia, Sujeto de Derechos y Protagonista）　アレハンドロ・クシアノビッチ著, 五十川大輔編訳　現代企画室　2016.10　286p　21cm　（インディアス群書）　2800円　①978-4-7738-1610-5
内容 第1章 自由な存在となるために（わたしたちは搾取されている大勢の人たちのひとり）　第2章 子どもたちは本当に権利の主体として扱われているのだろうか？（内戦の傷跡　出生証明書を持たない子どもたち　危機の時代の子どもたち）　第3章 働く子どもたち―それはスキャンダルか、憐みの対象か、尊厳ある存在か（働く子どもたち、それは二〇世紀末の特筆すべき社会問題　働く子どもたちと「最悪な形態の労働」が孕む逆説　貧しい者たちの歴史の一部としての働く子どもたちの歴史）　第4章 主役としての子どもたち（子ども主導組織の先駆的経験として――九四〇年代初頭　真の子ども主導組織の誕生――九七〇年代半ば）　補章 ペルーの働く子どもたちと日本との出会い（ペルーの働く子どもたちが永山則夫を知ったとき（太田昌国/義井豊）　永山記念集会へのメッセージ（アレハンドロ・クシアノビッチ）「働く子ども・青少年のための教育機関」の誕生（インファント－永山則夫））　〔01992〕

クジミンコフ, V.V.
◇日ロ関係史―パラレル・ヒストリーの挑戦　五百旗頭真, 下斗米伸夫,A.V.トルクノフ,D.V.ストレリツォフ編　東京大学出版会　2015.9　713, 12p　22cm　〈年表あり〉 9200円　①978-4-13-026265-1
内容 冷戦下ソ日関係のジグザグ（V.V.クジミンコフ,V.N.パヴリャテンコ著, 小沢治子訳）　〔01993〕

クシュナー, バラク　Kushner, Barak
◇思想戦 大日本帝国のプロパガンダ（THE THOUGHT WAR : Japanese Imperial Propaganda）　バラク・クシュナー著, 井形彬訳　明石書店　2016.12　417p　19cm　3700円　①978-4-7503-4436-2
内容 序章 万人の、万人による、万人のためのプロパガンダ　第1章「武器なき戦い」―プロパガンダ専門家とその手法　第2章「姿なき爆弾」への対処―社会規範の規定　第3章 軍官民の協力関係―広告とプロパガンダ　第4章 娯楽と戦争―プロパガンダに加担した演芸人の軌跡　第5章 三つ巴の攻防―中国大陸を巡る思想戦　第6章「精神的武装解除」の実現―敗北に向けた準備　終章　〔01994〕

クシュナー, バラック
◇歴史のなかの消費者―日本における消費と暮らし1850-2000（THE HISTORICAL CONSUMER）　ペネロピ・フランクス, ジャネット・ハンター編, 中村尚史, 谷本雅之監訳　法政大学出版局　2016.3　367p　22cm　〈索引あり〉 4400円　①978-4-588-32707-0
内容 甘味と帝国（バラック・クシュナー著）〔01995〕

グスタフソン, アグネ
◇北欧学のフロンティア―その成果と可能性　岡沢憲芙編著　京都　ミネルヴァ書房　2015.1　414p　22cm　〈索引あり〉 6500円　①978-4-623-07200-2
内容 歴史から見たヤルマール・ブランティング（アグネ・グスタフソン著, 斉藤弥生訳）　〔01996〕

グスタフソン, ハラルド
◇礫岩のようなヨーロッパ　古谷大輔, 近藤和彦編　山川出版社　2016.7　221p　21cm　〈索引あり〉 3800円　①978-4-634-64083-2
内容 礫岩のような国家（ハラルド・グスタフソン著, 古谷大輔訳）　〔01997〕

クスマノ, マイケル　Cusumano, Michael A.
◇ストラテジー・ルールズ―ゲイツ、グローブ、ジョブズから学ぶ戦略的思考のガイドライン（STRATEGY RULES）　デイビッド・ヨッフィー, マイケル・クスマノ著, 児島修訳　パブラボ　2016.3　390p　19cm　〈発売：星雲社〉 1700円　①978-4-434-21618-3
内容 第1章 未来のビジョンを描き、逆算して今何をすべきかを導き出す　第2章 会社を危険にさらすことなく、大きな賭けをする　第3章 製品だけではなく、プラットフォームとエコシステムを構築する　第4章 パワーとレバレッジを活用する―柔道と相撲の戦術　第5章 個人的な強み（パーソナル・アンカー）を核にして組織をつくる　終章 次世代への教訓　〔01998〕

クーゼス, ジェームズ・M.　Kouzes, James M.
◇リーダーシップ・チャレンジ（THE LEADERSHIP CHALLENGE 原書第5版の翻訳）　ジェームズ・M.クーゼス, バリー・Z.ポズナー著, 関美和訳　海と月社　2014.5　394p　21cm　2800円　①978-4-903212-47-0
内容 最高のリーダーとは？　模範となる　共通のビジョンを呼び起こす　プロセスに挑戦する　人々を行動にかりたてる　心から励ます　〔01999〕

クセノフォーン　Xenophon
◇クセノフォーン ソークラテースの思い出　佐々木理訳　岩波書店　2016.7　294, 16p　15cm　（岩波文庫）〈第40刷（第1刷1963年）〉 900円　①4-00-336031-1　〔02000〕

クーター, ロバート
◇成長戦略論―イノベーションのための法と経済学

(RULES FOR GROWTH)　ロバート・E.ライタン編著, 木下信行, 中原裕彦, 鈴木淳人監訳　NTT出版　2016.3　383p　23cm　6500円　①978-4-7571-2352-6

内容 イノベーションと成長を促進するうえでの法の重要性(ロバート・クーター, アーロン・エドリン, ロバート・E.ライタンほか著, 鈴木淳人監訳, 山岡浩巳訳)〔02001〕

ク

クタンセ, シリル・P.　Coutansais, Cyrille P.

◇ヴィジュアル版海から見た世界史―海洋国家の地政学(ATLAS DES EMPIRES MARITIMES)　シリル・P.クタンセ著, 樺山紘一日本語版監修, 大塚宏子訳　原書房　2016.2　289p　19×25cm　4800円　①978-4-562-05286-8

内容 海洋国家の時代―古代～1492年(クレタ島、帝国の母胎　フェニキアからカルタゴへ　ギリシアの冒険譚 ほか)　植民地の時代―新大陸発見～1945年(ポルトガルの夢　夢想にふけるスペイン　オランダ連合州、あるいは資本製造所 ほか)　世界的な主役の時代―第2次世界大戦～現代(超大国アメリカ　中国、未来の海の女王か?　インド、インド洋征服へ ほか)〔02002〕

クツ, ガクン*　屈 雅君

◇現代中国のジェンダー・ポリティクス―格差・性売買・「慰安婦」　小浜正子, 秋山洋子編　勉誠出版　2016.10　247p　21cm　2400円　①978-4-585-23048-9

内容 現代中国における三種の女性話語 他(屈雅君著, 福島俊子, 秋山洋子訳)〔02003〕

クーツ, ダイアン・L.

◇自分を成長させる極意―ハーバード・ビジネス・レビューベスト10選(HBR'S 10 MUST READS ON MANAGING YOURSELF)　ピーター・F.ドラッカー, クレイトン・M.クリステンセン他著, ハーバード・ビジネス・レビュー編集部編, DIAMONDハーバード・ビジネス・レビュー編集部訳　ダイヤモンド社　2016.1　311p　19cm　1600円　①978-4-478-06830-4

内容 「レジリエンス」を鍛え上げる/強い人格をつくるために最も必要な能力(ダイアン・L.クーツ著)〔02004〕

クック, グレース　Cooke, Grace

◇秘儀への道―ホワイト・イーグルの霊示(SPIRITUAL UNFOLDMENT 3)　〔グレース・クック〕〔著〕, 桑原啓善訳　新装版　鎌倉　でくのぼう出版　2016.3　211p　19cm　〈発売:星雲社〉1300円　①978-4-434-21741-8

内容 第1部 秘儀への道(太古の秘教学校　その道に歩を踏み入れて　我と非我　肉体、魂、霊　奉仕における想念の力 ほか)　第2部 静寂の声(至福の宝石　愛の奉仕　人間の中の神　神は法、されど神は愛　すべてのものを新しくする生命 ほか)〔02005〕

クック, コンスタンス・ユーイング

◇FDガイドブック―大学教員の能力開発(A GUIDE TO FACULTY DEVELOPMENT 原著第2版の抄訳)　ケイ・J.ガレスピー, ダグラス・L.ロバートソン編著, 羽田貴史監訳, 今野文子, 串本剛, 立石慎治, 杉本和弘, 佐藤万知訳　町田　玉川大学出版部　2014.2　338p　21cm　(高等教育シリーズ 162)　〈別タイトル:Faculty Developmentガイドブック　文献あり 索引あり〉　3800円　①978-4-472-40487-0

内容 研究大学における効果的実践(コンスタンス・ユーイング・クック, ミシェル・マリンコビッチ著)〔02006〕

クック, ティナ

◇ディスアビリティ現象の教育学―イギリス障害学からのアプローチ　堀正嗣監訳　現代書館　2014.3　308p　21cm　(熊本学園大学付属社会福祉研究所社会福祉叢書 24)　4000円　①978-4-7684-3531-1

内容 分離教育の場からの声(ティナ・クック, ジョン・スウェイン, サリー・フレンチ著, 高橋真琴訳)〔02007〕

クック, ルース

◇世界がぶつかる音がする―サーバンツの物語(The Sound of Worlds Colliding)　クリスティン・ジャック編, 永井みぎわ訳　ヨベル　2016.6　300p　19cm　1300円　①978-4-907486-32-7

内容 言葉なんてない(ルース・クック)〔02008〕

クック=グロイター, スザンヌ　Cook-Greuter, Susanne

◇行動探求―個人・チーム・組織の変容をもたらすリーダーシップ(ACTION INQUIRY)　ビル・トルバートほか著, 小田理一郎, 中小路佳代子訳　英治出版　2016.2　341p　22cm　〈文献あり〉　2400円　①978-4-86276-213-9

内容 第1部 行動探求のリーダーシップ・スキルを学ぶ(行動探求の基本　話し方としての行動探求　組織化する方法としての行動探求　行動探求―概念と体験)　第2部 変容をもたらすリーダーシップ(機会獲得型と外交官型　専門家型と達成者型　再定義型の行動論理　変容者型の行動論理)　第3部 変容をもたらす組織(変容をもたらす会議、チーム、組織　組織変革をファシリテーションする　社会的ネットワークの組織と、協働的な探求への変容　協働的な探求の真髄)　第4部 行動探求の究極の精神的・社会的な意図(アルケミスト型の行動についての新鮮な気づき　探求の基盤コミュニティを創り出す)〔02009〕

クック - ディーガン, ロバート

◇成長戦略論―イノベーションのための法と経済学(RULES FOR GROWTH)　ロバート・E.ライタン編著, 木下信行, 中原裕彦, 鈴木淳人監訳　NTT出版　2016.3　383p　23cm　6500円　①978-4-7571-2352-6

内容 大学と経済成長(ロバート・E.ライタン, ロバート・クック - ディーガン著, 中原裕彦監訳, 石井芳明訳)〔02010〕

グッゾ, リチャード・A.

◇経験学習によるリーダーシップ開発―米国CCLによる次世代リーダー育成のための実践事例(Experience-Driven Leader Development)　シンシア・D.マッコーレイ, D.スコット・デリュ, ポール・R.ヨスト, シルベスター・テイラー編, 漆嶋稔訳　日本能率協会マネジメントセンター　2016.8　511p　27cm　8800円　①978-4-8207-

5929-4
内容 キャリアにおける学習効果の評価（リチャード・A.グッゾ, ヘイグ・R.ナルバンティアン）〔02011〕

グッド, グレッグ　Goode, Greg
◇気づきの視点に立ってみたらどうなるんだろう？―ダイレクトパスの基本と対話（STANDING AS AWARENESS 原著改訂版の翻訳）　グレッグ・グッド著, 古閑博丈訳　ナチュラルスピリット　2014.5　194p　19cm　〈索引あり〉1500円　①978-4-86451-118-6
内容 気づきの視点に立つには　気づきと恋に落ちる　観照―その定着から崩壊まで　対話（ダイレクトパス　あなたの経験　化学研究者の来訪　では、どう話すべきか　意識は非二元的か　物質は探究の妨げになる？　自分とは何か　悟りを経験したいのはなぜか　サットサンで悟れなかった理由　悟りの社会的イメージ　探求は分離感を強めるか　「悟り」の物語　気づきに対する執着）〔02012〕
◇ダイレクトパス―ユーザーガイド（THE DIRECT PATH）　グレッグ・グッド著, 古閑博丈訳　ナチュラルスピリット　2016.6　452p　19cm　〈索引あり〉2600円　①978-4-86451-205-3
内容 第1部 世界（物体　ここでの戦略―客観性の有無を検証するために ほか）　第2部 身体（物体として　感じる主体として ほか）　第3部 心（なぜ心が重要なのか　なぜ心を調べるのか ほか）　第4部 観照意識（二種類の観照　不透明な観照 ほか）　第5部 非二元の認識（となると、何が残ってる？　道からの自由 ほか）〔02013〕

グッドウィン, ジェイソン　Goodwin, Jason
◇ビジュアル版 世界の歴史都市―世界史を彩った都の物語（The Great Cities in History）　ジョン・ジュリアス・ノーウィッチ編, 福井正子訳　柊風舎　2016.9　303p　27×21cm　15000円　①978-4-86498-039-5
内容 イスタンブール―スルタンたちの都（ジェイソン・グッドウィン）〔02014〕

グッドウィン, タリ　Goodwin, Tali
◇シークレット・オブ・ザ・タロット―世界で最も有名なタロットの謎と真実（Secrets of the Waite-Smith tarot）　マーカス・カッツ, タリ・グッドウィン著, 伊泉竜一訳　フォーテュナ　2016.10　357p　22cm　〈文献あり　発売：JRC〉3500円　①978-4-86538-055-2
内容 どのようにタロットを読むべきか　ピクシー―パメラ・コールマン・スミス　研究者―A.E.ウェイト　ウェイト=スミス・タロット・デッキ　大アルカナを解読する　小アルカナを解読する　Q&A　小アルカナのためのカバラ　カードの色　パメラの音楽　スプレッドとリーディングの方法　ウェイトのタロットの読み方〔02015〕

グッドウィン, ドリス・カーンズ　Goodwin, Doris Kearns
◇フランクリン・ローズヴェルト　上　日米開戦への道（NO ORDINARY TIME）　ドリス・カーンズ・グッドウィン著, 砂村栄利子, 山下淑美訳　中央公論新社　2014.8　567p　20cm　4200円　①978-4-12-004645-2
内容 決戦の時が来た　BBガンを構えた数人の坊やたち　ハドソンに遡る　ここに居るとつぶされてしまいそう　国家の一大事（ノー・オーディナリー・タイム）　私は曲芸師だ　彼女にはまったくお手上げだな　民主主義の兵器工廠　通常営業　偉大な時を生きていた　まったくの別世界　兵隊ごっこに興じる二人の少年〔02016〕
◇フランクリン・ローズヴェルト　下　激戦の果てに（NO ORDINARY TIME）　ドリス・カーンズ・グッドウィン著, 砂村栄利子, 山下淑美訳　中央公論新社　2014.9　573p　20cm　〈索引あり〉4200円　①978-4-12-004646-9
内容 何かご支援できることは？　たまげた、フランクのおやじさんじゃねえか！　反撃開始だ　こんな偉大な男と会ったのは初めてだよ　あなたのせいなのです　決して忘れられない光景でした　心ゆくまで眠りたい　宙吊り状態で　老大家はまだ捨てたものではない　猛烈に忙しい女　祖国はいいものだ　皆が涙している　新たな国が誕生しつつある〔02017〕

グッドマン, エイミー　Goodman, Amy
◇いまこそ民主主義の再生を！―新しい政治参加への希望　中野晃一, コリン・クラウチ, エイミー・グッドマン著　岩波書店　2015.12　63p　21cm　（岩波ブックレット）　520円　①978-4-00-270941-3
内容 私物化される政治と国家―新自由主義に乗っ取られた"自由"　"独立した報道"は可能か―沈黙を強いられた人びとの"盾"となるために　自由な個人の連帯へ―グローバルな少数派支配に抗して〔02018〕

グッドマン, ジャスティン・R.
◇動物と戦争―真の非暴力へ、《軍事―動物産業》複合体に立ち向かう（Animals and War）　アントニー・J.ノチェッラ二世, コリン・ソルター, ジュディー・K.C.ベントリー編, 井上太一訳　新評論　2015.10　306p　20cm　〈文献あり 索引あり〉2800円　①978-4-7948-1021-2
内容 動物たちの前線（ジャスティン・R.グッドマン, シェイリン・G.ガラ, イアン・E.スミス著）〔02019〕

グッドマン, マーク　Goodman, Marc
◇フューチャー・クライム―サイバー犯罪からの完全防衛マニュアル（Future Crimes）　マーク・グッドマン著, 松浦俊輔訳　青土社　2016.2　595, 11p　20cm　〈索引あり〉3400円　①978-4-7917-6909-4
内容 第1部 立ちこめる暗雲（接続し、依存し、無防備　システムクラッシュ　ムーアの無法者　お客様ではなく、製品　監視救済　ビッグデータ、ビッグリスク　家のIT電話　画面を信用する　画面が増えれば問題が増える）　第2部 犯罪の未来（クライム・インク　デジタル地下世界の中　すべての物がハッキング可能になるとき　ハッキングされた我が家　人をハッキングする　機械の台頭―サイバー犯罪が3Dになる　次世代セキュリティの脅威―サイバーは始まりにすぎないわけ）　第3部 生き残るための進歩（生き残るための進歩　活路）　付録 すべてが接続され、誰もが弱点だらけ―そこでそれについてできること〔02020〕

グッドマン, マシュー　Goodman, Matthew
◇トップ記事は、月に人類発見！―十九世紀、アメ

ク

リカ新聞戦争（THE SUN AND THE MOON）　マシュー・グッドマン著, 杉田七重訳　柏書房　2014.4　493p　20cm　〈文献あり〉2700円　①978-4-7601-4349-8

内容 第1部 太陽（ベンジャミン・デイの「口笛を吹く少年」　町のニュース　ハヤブサの紋章を受け継いだ男　マシアスの極悪非道の詐欺行為 ほか）　第2部 月（天文学的大発見　月への旅行　「その話が真実なら、最高に素晴らしい」　絵のように美しい月の景色 ほか）〔02021〕

ク

グッドマン, マーティン　Goodman, Martin

◇ビジュアル版 世界の歴史都市―世界史を彩った都の物語（The Great Cities in History）　ジョン・ジュリアス・ノーウィッチ編, 福井正子訳　柊風舎　2016.9　303p　27×21cm　15000円　①978-4-86498-039-5

内容 エルサレム―ヘロデとイエスの時代（マーティン・グッドマン）〔02022〕

グティエレス, マリア・イサベル・アルコネロ

◇裁判員裁判時代の法廷通訳人　水野かほる, 津田守編著　吹田　大阪大学出版会　2016.2　320p　22cm　〈索引あり〉6000円　①978-4-87259-507-9

内容 スペインにおけるリーガル通訳翻訳、司法通訳翻訳、公認通訳翻訳（マリア・イサベル・アルコネロ・グティエレス著, イグナシオ・キロス, 森直香訳）〔02023〕

グディングス, クリスティーナ　Goodings, Christina

◇きみのためのクリスマスものがたり（My own little Christmas Story）　クリスティーナ・グディングス文, アマンダ・ガリバー絵　いのちのことば社CS成長センター　2015.8　29p　19cm　500円　①978-4-8206-0330-6〔02024〕

グーデナフ, オリバー・R.

◇成長戦略論―イノベーションのための法と経済学（RULES FOR GROWTH）　ロバート・E.ライタン編著, 木下信行, 中原裕彦, 鈴木淳人監訳　NTT出版　2016.3　383p　23cm　6500円　①978-4-7571-2352-6

内容 企業設立のデジタル化（オリバー・R.グーデナフ著, 中原裕彦監訳, 利光秀方訳）〔02025〕

グデーリアン, ハインツ　Guderian, Heinz Wilhelm

◇戦車に注目せよ―グデーリアン著作集（Achtung - Panzer!）　ハインツ・グデーリアン著, 大木毅編訳・解説, 田村尚也解説　作品社　2016.12　708p　19cm　5500円　①978-4-86182-610-8

内容 戦車に注目せよ！（一九三七年）　戦車部隊と他兵科の協同（一九三七年）　「機械化」機械化概観（一九三五年）　快速部隊の今昔（一九三九年）　近代戦に於けるモーターと馬（一九四〇年）　西欧は防衛し得るか？（一九五〇年）　そうはいかない！　西ドイツの姿勢に関する論考（一九五一年）〔02026〕

クトゥブ, サイイッド　Quṭb, Sayyid

◇サイイッド・クトゥブ三部作―イスラーム原理主義のイデオロギー アルカイダからイスラム国までオバマ大統領が憎む思想　サイイッド・クトゥブ著, 岡島稔, 座喜純訳・解説　名古屋　ブイツーソリューション　2015.5　499p　20cm　〈文献あり〉2500円　①978-4-86476-306-6

内容 イスラームと世界平和. 未来はこの宗教のためにある. 道しるべ〔02027〕

クドリヤフツエフ, F.A.　Kudriavtsev, Fëdor Aleksandrovich

◇ブリヤート蒙古民族史（Istoria Buryat-Mongolyskowo Noroda）　クドリヤフツエフ著, 蒙古研究所訳　大空社　2015.4　424, 49p　22cm　（アジア学叢書 294）〈布装　索引あり　紀元社 昭和18年刊の複製〉18500円　①978-4-283-01145-8〔02028〕

クナップ, ロバート　Knapp, Robert C.

◇古代ローマの庶民たち―歴史からこぼれ落ちた人々の生活（INVISIBLE ROMANS）　ロバート・クナップ著, 西村昌洋監訳, 増永理考, 山下孝輔訳　白水社　2015.6　470, 28p 図版16p　20cm　〈文献あり 索引あり〉4800円　①978-4-560-08427-4

内容 第1章 真ん中の人々―庶民の男性　第2章 女には女の人生―庶民の女性　第3章 服従しつつ生き抜く―貧民　第4章 囚われの身で励む―奴隷　第5章 奴隷の身より解き放たれて―解放奴隷　第6章 戦いに生きる―兵士　第7章 売り物の性―娼婦　第8章 名声と死―剣闘士　第9章 無法者の世界―盗賊と海賊〔02029〕

グナラタナ, バンテ・ヘーネポラ　Gunaratana, Bhante Henepola

◇エイトマインドフル・ステップス―ブッダが教えた幸せの実践（EIGHT MINDFUL STEPS TO HAPPINESS）　バンテ・H.グナラタナ著, 出村佳子訳　サンガ　2014.11　349p　21cm　〈奥付・背のタイトル：8マインドフル・ステップス〉2400円　①978-4-86564-000-7

内容 はじめに　1 正しい見方―正見　2 正しい思考―正思惟　3 正しい言葉―正語　4 正しい行動―正業　5 正しい生計―正命　6 正しい精進―正精進　7 正しい気づき―正念　8 正しい集中―正定　ブッダの約束〔02030〕

クーニー, バーバラ　Cooney, Barbara

◇クリスマス（CHRISTMAS）　バーバラ・クーニーさく, 安藤紀子やく　ロクリン社　2015.11　1冊（ページ付なし）　22cm　〈長崎出版 2007年刊の再刊〉1500円　①978-4-907542-20-7〔02031〕

クニッゲ, アドルフ・F.V.　Knigge, Adolf Franz Friedrich Ludwig, Freiherr von

◇コミュニケーションの秘訣―超訳人間交際術　アドルフ・F.V.クニッゲ著, 服部千佳子訳　イースト・プレス　2014.5　325p　18cm　〈「人間交際術」（2010年刊）の改題、改筆〉1200円　①978-4-7816-1177-8

内容 第1章 人づきあいが楽になる智恵　第2章 自分も周りも愉快になる会話　第3章 一歩抜きん出る人づきあいの秘訣　第4章 どんな人ともうまくつきあえるコツ　第5章 友人や家族、隣人、異性とのつきあい方〔02032〕

クニッシュ, メアリー　Knysh, Mary E.
◇はじめてのドラムサークル―教師と指導者のための実践ガイド　飯田和子, 石川武, 菊本るり子, メアリー・クニッシュ共著　音楽之友社　2014.2　110p　21cm　2400円　①978-4-276-31357-6
内容 1 ドラムサークルの特徴と基礎知識(ファシリテーションの基本 ファシリテーターって何？　ファシリテーションの実際 ほか)　2 教員による授業実践―日本編(学校でのドラムサークル　学校で取り組むには 始めるにあたって ほか)　3 指導者による実践―アメリカ編(ブレスからリズムへ、動きに音を　ハートビート・リズム ほか)　4 指導者による実践―日本編(教員以外の指導者によるドラムサークル　外部ファシリテーターにとっての学校ドラムサークル ほか)　〔02033〕

クーニッヒ, フィリップ
◇日独公法学の挑戦―グローバル化社会の公法　松本和彦編　日本評論社　2014.3　320p　22cm〈他言語標題：Herausforderungen der Öffentlichen Rechtswissenschaft in Japan und Deutschland　索引あり〉5300円　①978-4-535-51981-7
内容 国家と社会の間の機能変動(フィリップ・クーニッヒ著, 高田倫子訳)　〔02034〕

グーニン, ルイス・M
◇アリストテレス的現代形而上学(Contemporary Aristotelian Metaphysics)　トゥオマス・E.タフコ編著, 加地大介, 鈴木生郎, 秋葉剛史, 谷川卓, 植村玄輝, 北村直彰訳　春秋社　2015.1　451, 17p　20cm　(現代哲学への招待―Anthology　丹治信春監修)〈文献あり 索引あり〉4800円　①978-4-393-32349-6
内容 発生ポテンシャル(ルイス・M.グーニン著, 北村直彰訳)　〔02035〕

クヌッセン, ティム
◇民主政治はなぜ「大統領制化」するのか―現代民主主義国家の比較研究(The Presidentialization of Politics)　T.ポグントケ,P.ウェブ編, 岩崎正洋監訳　京都　ミネルヴァ書房　2014.5　523, 7p　22cm〈索引あり〉8000円　①978-4-623-07038-1
内容 デンマーク(ティム・クヌッセン, カリーナ・ペゼアセン著, 渡辺博明訳)　〔02036〕

クノー, ジェームズ　Cuno, James
◇ビジュアル版 世界の歴史都市―世界史を彩った都の物語(The Great Cities in History)　ジョン・ジュリアス・ノーウィッチ編, 福井正子訳　柊風舎　2016.9　303p　27×21cm　15000円　①978-4-86498-039-5
内容 シカゴ―アメリカのエンジン(ジェームズ・クノー)　〔02037〕

クノップ, グイド　Knopp, Guido
◇ヒトラーの共犯者―12人の側近たち　上(Hitlers Helfer)　グイド・クノップ著, 高木玲訳　原書房　2015.12　376, 6p　20cm〈2001年刊の新装版 文献あり〉2800円　①978-4-562-05271-4
内容 1 火つけ役―ヨーゼフ・ゲッベルス　2 ナンバー・ツー―ヘルマン・ゲーリング　3 実行者―ハインリヒ・ヒムラー　4 代理人―ルドルフ・ヘス　5 建築家―アルベルト・シュペーア　6 後継者―カール・デーニッツ　〔02038〕

◇ヒトラーの共犯者―12人の側近たち　下(Hitlers Helfer)　グイド・クノップ著, 高木玲訳　原書房　2015.12　416, 5p　20cm〈2001年刊の新装版 文献あり〉2800円　①978-4-562-05272-1
内容 1 抹殺者―アドルフ・アイヒマン　2 ヒトラー・ユーゲント団員―バルドゥール・フォン・シーラッハ　3 影の男―マルティン・ボルマン　4 手先―ヨアヒム・フォン・リッベントロープ　5 死刑執行人―ローラント・フライスラー　6 死の医師―ヨーゼフ・メンゲレ　〔02039〕

クノブロッホ, クラウディア
◇BoPビジネス3.0―持続的成長のエコシステムをつくる(Base of the Pyramid 3.0)　フェルナンド・カサード・カニェーケ, スチュアート・L.ハート編著, 平本督太郎訳　英治出版　2016.8　311p　22cm〈文献あり〉3200円　①978-4-86276-233-7
内容 新事業を生み出す参加型のマーケットリサーチ(アリーヌ・クレーマー, クリスティーナ・ティーベス・グラール, クラウディア・クノブロッホ著)　〔02040〕

クーパー, アンドリュー
◇乳児観察と調査・研究―日常場面のこころのプロセス(Infant Observation and Research)　キャシー・アーウィン, ジャニーン・スターンバーグ編著, 鵜飼奈津子監訳　大阪　創元社　2015.5　273p　22cm〈文献あり 索引あり〉4200円　①978-4-422-11539-9
内容 現場で(アンドリュー・クーパー, ヘザー・プライス著, 中沢鮎美訳)　〔02041〕

クーパー, キャサリン・F
◇古代世界の呪詛板と呪縛呪文(Curse Tablets and Binding Spells from the Ancient World)　ジョン・G.ゲイジャー編, 志内一興訳　京都　京都大学学術出版会　2015.12　472p　22cm〈索引あり〉5400円　①978-4-87698-891-4
内容 序章　第1章 競技呪詛板―劇場や競走場で　第2章 性愛の呪詛板―セックス、愛、そして結婚　第3章 訴訟・政争―「法廷で舌が麻痺しますように！」　第4章 ビジネス、商店、酒場での呪詛板　第5章 正義と復讐を求める嘆願呪詛板　第6章 その他の呪詛板　第7章 護符、解毒呪文、対抗呪文　第8章 文学史料、碑文史料の証言　〔02042〕

クーパー, クリス　Cooper, Chris
◇最後までやりきる力―目標達成のコーチが教える、やる気がなくても楽にできる方法(THE POWER TO GET THINGS DONE)　スティーヴ・レヴィンソン, クリス・クーパー〔著〕, 門脇弘典訳　クロスメディア・パブリッシング　2016.3　189p　19cm〈発売：インプレス〉1380円　①978-4-8443-7464-0
内容 1 最後までやりきるのはなぜ難しいのか(動機だけではやる気が続かない理由　手をつけたくない仕事　経営者を待ち受ける罠)　2「もっとがんばる」をやめる(やる気は自然とは湧いてこない　自分の決意

を真剣に扱う　決意に必要な力を与える）　3 やりとげるための賢い戦略（自分を追い込む方法を探す　嫌いな作業を解毒する　お金で助けを買う）　4「最後までやりきる」を続ける（「最後までやりきる力」を維持するカギ）〔*02043*〕

クーパー, スコット・J.　Cooper, Scot J.

◇会話・協働・ナラティヴ―アンデルセン・アンダーソン・ホワイトのワークショップ（Masters of Narrative and Collaborative Therapies）　タピオ・マリネン, スコット・J.クーパー, フランク・N.トーマス編, 小森康永, 奥野光, 矢原隆行訳　金剛出版　2015.9　301p　19cm　〈文献あり 索引あり〉3200円　①978-4-7724-1445-6

内容 オープニング・トリアローグ 他（スコット・J.クーパー, タピオ・マリネン, フランク・N.トーマス述）〔*02044*〕

クーパー, スザンヌ・フェイジェンス　Cooper, Suzanne Fagence

◇エフィー・グレイ―ラスキン、ミレイと生きた情熱の日々（THE MODEL WIFE）　スザンヌ・フェイジェンス・クーパー〔著〕, 安達まみ訳　岩波書店　2015.5　384, 21p　20cm　3400円　①978-4-00-022293-8

内容 春（一八五四年）　かがやく瞳―エフィーの子ども時代　結婚式に亡霊あらわる―エフィーの求愛時代　生きがい―ロンドンとヴェネツィアのエフィー（一八四八 - 五〇年）　美しき女たちの夢―ロンドンとヴェネツィアのエフィー（一八五〇 - 五三年）　キツネテブクロをあしらったエフィー―ロンドンとスコットランド（一八五三年）　聖アグネス祭前夜（一八五三 - 五四年）　待ちわびて（一八五四 - 五五年）　うら若き母親（一八五五 - 七二年）　強き塔（一八七二 - 八五年）　姉妹―エフィーとその娘たち　ソフィー・グレイ　時という刈り取り手（一八八五 - 九七年）〔*02045*〕

クーパー, ダイアナ　Cooper, Diana

◇ユニコーンミラクル（THE WONDER OF UNICORNS）　ダイアナ・クーパー著, フィンチ・グレース史訳　岡山　三雅　2015.11　305p　21cm　〈発売：星雲社〉2100円　①978-4-434-21341-0

内容 ユニコーン到来　ユニコーンについて　自分のユニコーンに出会う　どのようにユニコーンは私達を助けるのか　ユニコーンの名前　ユニコーンとの繋がり　ユニコーンヒエラルキー　ユニコーンのサイン　ユニコーンの角　ユニコーンと天使の役割〔ほか〕〔*02046*〕

◇大天使パーフェクトアセンションガイド―進化するライトボディへの55ステップ（THE ARCHANGEL GUIDE TO ASCENSION）　ダイアナ・クーパー, ティム・ワイルド著, フィンチ・グレース史訳　岡山　三雅　2016.8　410p　21cm　〈発売：星雲社〉2400円　①978-4-434-22386-0

内容 レディー・ガイアと魂の契約　ユニコーン　12のチャクラを整えて、あなたの5次元マカバを活性化させる　大天使メタトロン　グレートセントラルサン　エレメンタルドラゴン　エレメンタル王国　全銀河宇宙評議会　世界をサポートするために全銀河宇宙評議会に嘆願する　コスミックダイアモンドバイオレットの炎〔ほか〕〔*02047*〕

クーパー, バーバラ　Cooper, Barbara

◇人づきあいが苦手な人のためのワークブック―中高生が大人になるまでに身につけておくこと（the social success workbook for teens）　バーバラ・クーパー, ナンシー・ウィドウズ原著, 田中究監訳, 補永栄子, 川上俊亮, 小笠原さゆ里訳　日本評論社　2016.3　143p　21cm　2000円　①978-4-535-56346-9

内容 4コママンガのストーリーを考える　あなたがうれしくなること　あなたが心配になること　あなたが腹の立つこと　怒りの強弱　どこで気持ちを感じるのでしょう　気持ちの色キーホルダーを作ってみよう　いろいろな物の見方　あなた自身のことで、変えたくないことと、変わりたいこと　私の脳はどこか違っているのでしょうか？〔ほか〕〔*02048*〕

クーパー, ブラント　Cooper, Brant

◇リーン・アントレプレナー―ビジョナリーに学ぶ事業開発、イノベーション、市場破壊（The Lean Entrepreneur）　ブラント・クーパー, パトリック・ヴラスコヴィッツ著, 千葉敏生訳　翔泳社　2014.3　236p　19×26cm　2480円　①978-4-7981-3359-1

内容 1 スタートアップ革命　2 ビジョン、価値観、企業文化　3 海には色んな魚がいる　4 価値の流れを進む　5 流れに飛び込む　6 事業の実現性をテストする　7 データは諸刃の剣　8 死の谷を乗り越えて　9 顧客ファネルを見据えるのが真のビジョナリー　10 最後に〔*02049*〕

クーパー, ミック　Cooper, Mick

◇心理臨床への多元的アプローチ―効果的なセラピーの目標・課題・方法（Pluralistic Counselling and Psychotherapy）　ミック・クーパー, ジョン・マクレオッド著, 末武康弘, 清水幹夫監訳　岩崎学術出版社　2015.7　269p　21cm　〈文献あり 索引あり〉3600円　①978-4-7533-1092-0

内容 第1章 多元的アプローチへの導入　第2章 多元的アプローチの基盤　第3章 協働的なセラピー関係の構築　第4章 クライアントの目標：セラピーの出発点　第5章 課題：セラピーの実践の焦点化　第6章 方法：変化を促進するための資源　第7章 実証的研究：多元的なカウンセリンクとサイコセラピーを発展させる　第8章 スーパービジョン、トレーニング、継続的専門職能力開発（CPD）、サービスの提供：多元的な観点　第9章 ディスカッション：新しいパラダイムに向けて〔*02050*〕

グビン, バーバラ　Gubbin, Barbara

◇IFLA公共図書館サービスガイドライン―理想の公共図書館サービスのために（IFLA public library service guidelines（2nd, completely revised edition））　クリスティー・クーンツ, バーバラ・グビン編, 山本順一監訳　日本図書館協会　2016.1　210p　21cm　〈訳：竹内ひとみほか　文献あり〉1200円　①978-4-8204-1513-8〔*02051*〕

グプタ, マヘンドラ　Gupta, Mahendra Nath

◇不滅の言葉（コタムリト）―大聖ラーマクリシュナ　第3巻　マヘンドラ・グプタ著, 田中嫺玉訳, ラーマクリシュナ研究会編集　名古屋　ブイツーソリューション　2014.11　685p　19cm　〈文献あり　発売：星雲社〉3800円　①978-4-434-19357-6

内容 学者シャシャダルとの会見―一八八四年六月二十五日（水）　学者シャシャダル及び信者たちと共に―一八八四年六月三十日（月）　帰山車祭の日に信者たちと共に―一八八四年七月三日（木）　南神寺において信者たちと共に―一八八四年八月三日（日）　アダル氏邸において信者たちと共に―一八八四年九月六日（土）　タクール、聖ラーマクリシュナ、南神寺において―一八八四年九月七日（日）　ナレンドラなど信者たちと共に―一八八四年九月十四日（日）　ラディカ・ゴスワミーなど信者たちと共に―一八八四年九月十九日（金）　カルカッタでチャイタニヤ・リーラーを観劇―一八八四年九月二十一日（日）　サーダーラン・ブラフマ協会において―一八八四年九月二十六日（金）〔ほか〕　〔02052〕

◇不滅の言葉（コタムリト）―大聖ラーマクリシュナ　第4巻　マヘンドラ・グプタ著，田中嫺玉訳，ラーマクリシュナ研究会編集　名古屋　ブイツーソリューション　2015.12　637p　19cm　〈文献あり　発売：星雲社〉3600円　①978-4-434-21222-2

内容 南神村において信者たちと共に　聖ラーマクリシュナとバンキム氏　聖ラーマクリシュナの芝居見物　五聖樹の杜で聖ラーマクリシュナと信者たち　誕生祝いに信者たちと楽しいキールタン　ギリシュ・ゴーシュの邸にて　ドラ・ヤートラ祭の日、南神寺において　南神寺における聖ラーマクリシュナと信者たち　聖ラーマクリシュナ、信者の家を訪問　カルカッタの信者の家にて〔ほか〕　〔02053〕

グプティル，エイミー　Guptill, Amy E.

◇食の社会学―パラドクスから考える（Food and Society）　エイミー・グプティル，デニス・コプルトン，ベッツィ・ルーカル著，伊藤茂訳　NTT出版　2016.3　270p　19cm　〈文献あり 索引あり〉2800円　①978-4-7571-4339-5

内容 第1章 食の社会学―原則とパラドクス　第2章 食とアイデンティティ―包摂と排除　第3章 スペクタクルとしての食―豪華ディナーと過酷な労働　第4章 栄養と健康―体によくてもおいしくない？　第5章 ブランド化とマーケティング―消費者主権と企業の影響力　第6章 工業化される食―安い食品にかかる高いコスト　第7章 グローバルフード―複雑化する食品供給網　第8章 食料アクセスの問題―余剰と不足が同時に起きている　第9章 食と社会変化―新たな価値を求めて　〔02054〕

グーベルト，リーズベット

◇共感の社会神経科学（THE SOCIAL NEUROSCIENCE OF EMPATHY）　ジャン・デセティ，ウィリアム・アイクス編著，岡田顕宏訳　勁草書房　2016.7　334p　22cm　〈索引あり〉4200円　①978-4-326-25117-9

内容 他者の苦痛を知覚する：共感の役割に関する実験的・臨床的証拠（リーズベット・グーベルト，ケネス・D.クレイグ，アン・バイス著）　〔02055〕

クボ，マイケル・F.

◇映画で読み解く現代アメリカ―オバマの時代　越智道雄監修，小沢奈美恵，塩谷幸子編著　明石書店　2015.4　310p　19cm　〈文献あり〉2500円　①978-4-7503-4180-4

内容 ウィキリークスが政府・既存メディア・プライバシーに与えた衝撃（マイケル・F.クボ著，小沢奈美恵訳）　〔02056〕

クーマー，ヴィジェイ（製品開発）　Kumar, Vijay

◇101デザインメソッド―革新的な製品・サービスを生む「アイデアの道具箱」（101 Design Methods）　ヴィジェイ・クーマー著，渡部典子訳　英治出版　2015.2　319p　21cm　2500円　①978-4-86276-175-0

内容 1 目的を見出す　2 コンテクストを知る　3 人々を知る　4 インサイトをまとめる　5 コンセプトを探求する　6 解決策を練る　7 製品・サービスを実現する　〔02057〕

クマー，マーサ・J.　Kumar, Martha Joynt

◇ホワイトハウスの広報戦略―大統領のメッセージを国民に伝えるために（Managing the President's Messageの抄訳）　マーサ・J.クマー著，吉牟田剛訳　東信堂　2016.2　288p　22cm　〈索引あり〉2800円　①978-4-7989-1329-2

内容 第1章 効果的なコミュニケーション活動の仕組づくり（大統領のコミュニケーションの課題　現代のホワイトハウスのコミュニケーション活動 ほか）　第2章 ビル・クリントン大統領のコミュニケーション活動（就任する時　大統領の主張を支持する ほか）　第3章 ジョージ・W.ブッシュ大統領のコミュニケーション活動（就任する時　大統領の主張を支持する ほか）　第4章 バラク・オバマ大統領のコミュニケーション活動（大統領職を報道することに報道機関が置く優先度　大統領が記者と会見する場所 ほか）　第5章 大統領のメッセージを伝えるために（効果的な大統領のコミュニケーション活動の要素　上手なコミュニケーション活動が大統領にもたらすもの ほか）　〔02058〕

クマール，サティシュ　Kumar, Satish

◇サティシュ・クマールのゆっくり問答―with辻信一　サティシュ・クマール著，辻信一通訳・監修　下関　素敬SOKEIパブリッシング　2015.4　223p　19cm　（ゆっくり小文庫）　1500円　①978-4-9905667-4-6

内容 マインドフルな暮らし（私は大地に支えられている。　ようこそ、難局よ、よい機会をありがとう。　自然こそがお釈迦さまの先生。 ほか）　スピリチュアルな旅（イズムをワズムへ！　エコロジーもエコノミーも、愛が基本。　誰もが科学者、宗教者、そしてアーティスト。 ほか）　ビー・ザ・チェンジ！（人の手を助けるよい技術、それにとって代わる悪い技術。　パソコンの時間が、自然の中で過ごす時間を越えないように。　テクノロジーのために才能を犠牲にするのはもったいない。 ほか）　〔02059〕

クメラ，クリスティン・A.　Chmela, Kristin

◇吃音のある学齢児のためのワークブック―態度と感情への支援（The School-Age Child Who Stutters）　リサ・スコット編，クリスティン・A.クメラ，ニーナ・リアドン著，長沢泰子監訳，中村勝則，坂田善政訳　学苑社　2015.6　201p　26cm　〈文献あり〉2500円　①978-4-7614-0773-5

内容 第1章 はじめに（バランス感覚を養おう　吃音に対する態度と感じ方はさまざま ほか）　第2章 コミュニケーション力を高める（子どもの内なる感情をとら

える　励まし褒めことばを使う） 第3章 アセスメント（子どもと吃音について話し合おう　記述式課題を活用しよう） 第4章 指導の手立て（スピーチノートを作る　話すということ・どもるということ ほか） 第5章 指導の例（ジョン　ヘイリー ほか）〔02060〕

ク

クメロウ, ジーン・M.

◇MBTI stepII 受検者ガイド―タイプの表れ方の個人差を理解するために　ジーン・M.クメロウ, ナオミ・L.クエンク著, 園田由紀訳　JPP　2011.1　27p　30cm　2200円　①978-4-905050-11-7 〔02061〕

クラー, クリスティアーネ

◇歴史のなかの社会国家―20世紀ドイツの経験　辻英史, 川越修編　山川出版社　2016.1　315, 22p　22cm　〈文献あり〉4000円　①978-4-634-67229-1

内容 ドイツ連邦共和国における家族と社会国家（クリスティアーネ・クラー著, 辻英史, 北村陽子訳）〔02062〕

グライ, ジョスリン・K.　Glei, Jocelyn Kendall

◇いつでもどこでも結果を出せる自己マネジメント術（MANAGE YOUR DAY-TO-DAY）　ジョスリン・K.グライ編, 上原裕美子訳　サンマーク出版　2015.9　233p　19cm　〈文献あり〉1500円　①978-4-7631-3493-6

内容 01「習慣」を柱にする―日々の仕事に安定したリズムを作るには（「未読メール」と「人生の夢」、どっちが大事？　「毎日少しずつ」が大きなパワーを生み出す ほか） 02「集中力」を高める―誘惑に流されず、重要なポイントだけに意識を向けるには（あわただしい状況でも集中力を十分に発揮するには？　あらゆる誘惑に打ち勝つ思考のコントロール法 ほか） 03「ツール」に振り回されない―最新のテクノロジーをうまく活用するには（メールに主導権を奪われないための3つのステップ　「ソーシャルメディア」を上手に使いこなす方法 ほか） 04「クリエイティブ・マインド」を磨く―創造性を発揮しやすい環境を作るには（「ずっとやりたかったこと」を、やってみよう　ひらめきを得るために「彼ら」がやっている工夫 ほか）〔02063〕

クライアン, ダン　Cryan, Dan

◇ロジックの世界―論理学の哲人たちがあなたの思考を変える（INTRODUCING LOGIC）　ダン・クライアン, シャロン・シュアティル文, ビル・メイブリン絵, 田中一之訳　講談社　2015.3　190p　18cm　（ブルーバックス B-1906）〈文献あり 索引あり〉800円　①978-4-06-257907-0

内容 ロジックとは？　文を研究する　対立の四角形　三段論法　接続詞のロジック　ライプニッツの法則　背理法　新オルガノン　フレーゲの量化詞　文脈の原則〔ほか〕〔02064〕

クライナー, アート　Kleiner, Art

◇学習する学校―子ども・教員・親・地域で未来の学びを創造する（SCHOOLS THAT LEARN）　ピーター・M.センゲ, ネルダ・キャンブロン＝マッケイブ, ティモシー・ルカス, ブライアン・スミス, ジャニス・ダットン, アート・クライナー著, リヒテルズ直子訳　英治出版　2014.1　885p　21cm　4800円　①978-4-86276-140-8

内容 スタート（オリエンテーション　5つのディシプリン入門） 第1部 教室（教室のドアを開ける　学習者を理解する　実践　生産的な会話　教室におけるシステム思考） 第2部 学校（学校に入っていく　学校のビジョン　今の現実　能力開発　リーダーシップ） 第3部 コミュニティ（コミュニティに入る　アイデンティティ　つながり　持続可能性）〔02065〕

◇なぜ良い戦略が利益に結びつかないのか―高収益企業になるための5つの実践法（STRATEGY THAT WORKS : How Winning Companies Close the Strategy‐to‐Execution Gap）　ポール・レインワンド, チェザレ・メイナルディ著, PwC Strategy＆訳, アート・クライナー協力　ダイヤモンド社　2016.12　333p　19cm　2000円　①978-4-478-06993-6

内容 第1章 戦略と実行のギャップを克服する　第2章 自社の独自性を貫く　第3章 戦略を日常業務に落とし込む　第4章 自社の組織文化を活用する　第5章 成長力を捻出するためにコストを削減する　第6章 将来像を自ら作り出す　第7章 大胆に、恐れずに〔02066〕

グライナー, ヨハネス　Greiner, Johannes

◇アントロポゾフィー協会と精神科学自由大学　ヨハネス・キュール, ヨハネス・グライナー著, 竹下哲生訳　四国中央　Saks-Books　2016.9　170p　21cm　〈他言語標題：Anthroposophische Gesellschaft und Freie Hochschule für Geisteswissenschaft〉2000円　①978-4-9906920-7-0 〔02067〕

クライネンバーグ, エリック　Klinenberg, Eric

◇シングルトン―ひとりで生きる！（Going Solo）　エリック・クライネンバーグ著, 白川貴子訳　鳥影社　2014.11　366p　19cm　〈他言語標題：SINGLETON　文献あり〉1800円　①978-4-86265-476-2

内容 1章 独身者　2章 ひとりで暮らす力　3章 離婚　4章 自分を守る　5章 二人でも独り　6章 独りで老いる　7章 単身生活の再設計〔02068〕

◇当世出会い事情―スマホ時代の恋愛社会学（MODERN ROMANCE）　アジズ・アンサリ, エリック・クライネンバーグ著, 田栗美奈子訳　亜紀書房　2016.9　347, 6p　19cm　〈文献あり〉1900円　①978-4-7505-1484-0

内容 第1章 運命の人を探して　第2章 最初の誘い　第3章 オンラインデート　第4章 選択肢は多いほどいいのか　第5章 愛に関する国際的な調査　第6章 古き問題、新しき形―セクスティング、浮気、のぞき見、別れ話　第7章 身を固める〔02069〕

グライフェンスタイン, ケアスティン

◇キリスト教神学の主要著作―オリゲネスからモルトマンまで（Hauptwerke der Systematischen Theologie）　R.A.クライン,C.ポルケ,M.ヴェンテ編, 佐々木勝彦, 佐々木悠, 浜崎雅孝訳　教文館　2013.12　424, 18p　22cm　〈索引あり〉4000円　①978-4-7642-7375-7

内容 エルンスト・トレルチ『キリスト教の絶対性と宗教史』（ケアスティン・グライフェンスタイン著, 佐々木勝彦訳）〔02070〕

グライム, I.*　Gleim, Irvin N.

◇Gleim CIA review―日本語版　part 1　internal audit basics for the new 3-part exam (Gleim CIA review (17th edition))　Irvin N.Gleim著, 〔日本内部監査協会〕〔訳〕　日本内部監査協会　2015.3　278p　30cm　5000円　①978-4-907332-10-5　〔02071〕

◇Gleim CIA review―日本語版　part 2　internal audit practice for the new 3-part exam (Gleim CIA review (17th edition))　Irvin N.Gleim〔著〕, 〔日本内部監査協会〕〔訳〕　日本内部監査協会　2015.9　285p　30cm　5000円　①978-4-907332-11-2　〔02072〕

◇Gleim CIA review―日本語版　part 3　internal audit knowledge elements for the new 3-part exam (Gleim CIA review (17th edition))　Irvin N.Gleim〔著〕, 〔日本内部監査協会〕〔訳〕　日本内部監査協会　2015.11　692p　30cm　10000円　①978-4-907332-12-9　〔02073〕

クライヤー, ロバート

◇再論東京裁判―何を裁き、何を裁かなかったのか (Beyond Victor's Justice?)　田中利幸, ティム・マコーマック, ゲリー・シンプソン編著, 田中利幸監訳, 饗庭朋子, 伊藤大将, 佐藤晶子, 高取由紀, 仁科由紀, 松島亜季訳　大月書店　2013.12　597, 17p　20cm　〈索引あり〉6800円　①978-4-272-52099-2

内容 レーリンク判事(ロバート・クライヤー著, 高取由紀訳)　〔02074〕

クライン, ゲイリー　Klein, Gary A.

◇「洞察力」があらゆる問題を解決する (SEEING WHAT OTHERS DON'T)　ゲイリー・クライン著, 奈良潤訳　フォレスト出版　2015.11　350p　19cm　1700円　①978-4-89451-674-8

内容 1 目には見えない問題を見抜くための扉―問題解決の「引き金」をどう引くのか? (見えない問題とは何かをつかむ　洞察力を導く5つの認識パターン　出来事のつながりから見抜く方法　偶然の一致と好奇心から見抜く方法　出来事の矛盾から見抜く方法　絶望的な状況における、やけっぱちな推測による方法　「見えない問題を見抜く」ための別の方法　問題発見への3つのプロセス)　2 見えない問題を見抜くための「心の扉」を開ける―私たちを邪魔するものの正体は何か? (自信を持って誤る偽りの発見　問題を見抜く人、見抜けない人　厳格なITシステムが直感を鈍らせる　組織は「見えない問題を見抜く力」をどのように抑圧しているのか?　結局、人が問題を見抜けないのはなぜなのか?)　3 目には見えない問題を見抜く「心の扉」を開け放つ―問題解決法を身につけることができるのか? (「見えない問題を見抜く力」は自分自身を救う　「見えない問題を見抜く力」は人を救う　「見えない問題を見抜く力」は組織を救う　見えない本質を見抜く人になるためのヒント　「見えない問題を見抜く力」という魔法)　〔02075〕

クライン, レベッカ・A.　Klein, Rebekka A.

◇キリスト教神学の主要著作―オリゲネスからモルトマンまで (Hauptwerke der Systematischen Theologie)　R.A.クライン,C.ポルケ,M.ヴェンテ編, 佐々木勝彦, 佐々木悠, 浜崎雅孝訳　教文館　2013.12　424, 18p　22cm　〈索引あり〉4000円　①978-4-7642-7375-7

内容 何のための著作史か 他(レベッカ・A.クライン, クリスティアン・ポルケ, マルティン・ヴェンテ著, 佐々木勝彦訳)　〔02076〕

クライン=ルブール, F.　Klein-Rebour, F.

◇パリ職業づくし―中世～近代の庶民生活誌 (Métiers Disparus)　ポール・ロレンツ監修, F.クライン＝ルブール著, 北沢真木訳　改訂新版　論創社　2015.11　309p　20cm　〈文献あり〉3000円　①978-4-8460-1472-8

内容 過去の呼び声　ペンと筆　早打ち　昔のアトランション　職工たち　火にまつわる仕事　戦争　行商人　民間医療師と刑の執行人　ファンシーグッズ　水上で　見張り　苦役　女性の仕事　〔02077〕

グラヴィエ, アンヌ

◇まちどおしいねクリスマス―24のアドベントストーリー (24 histoires de Noël pour attendre Jésus avec les petits)　MAME編, つばきうたこ訳　ドン・ボスコ社　2014.10　79p　23cm　1200円　①978-4-88626-574-6

内容 天使のおつげ　他(アンヌ・グラヴィエ作)　〔02078〕

グラー＝ヴィティッヒ, クラウディア　Grah-Wittich, Claudia

◇シュタイナー教育基本指針　1　誕生から三歳まで (Kindheit-Bildung-Gesundheit)　ライナー・パツラフ, クラウディア・マッキーン, イーナ・フォン・マッケンゼン, クラウディア・グラー＝ヴィティッヒ著, 入間カイ訳　水声社　2014.2　235p　20cm　〈文献あり〉2500円　①978-4-8010-0022-3

内容 第1部 教育的基礎と目標設定(中心には個性　変容における発達 ほか)　第2部 乳幼児期の発達とその促進(受胎、妊娠、誕生　生後一年 直立と歩行学習 ほか)　第3部 乳幼児保育における教育的実践(関係の形成―乳幼児保育の基礎　自由な運動と自律的な遊び ほか)　第4部 保育施設運営のための条件(根本衝動　乳幼児保育の基準 ほか)　付録 三歳未満の子どもを受け入れる施設のための品質指標　〔02079〕

クラウス, ローレンス・M.　Krauss, Lawrence Maxwell

◇ファインマンさんの流儀―量子世界を生きた天才物理学者 (QUANTUM MAN)　ローレンス・M.クラウス著, 吉田三知世訳　早川書房　2015.5　446p　16cm　(ハヤカワ文庫 NF 432―〈数理を愉しむ〉シリーズ)　〈文献あり〉1100円　①978-4-15-050432-8

内容 第1部 偉大さへの道(光、カメラ、作用　量子的な宇宙　新しい考え方　量子の国のアリス　終わりと始まり　無垢の喪失　偉大さへの道　ここより無限に　無限を馴らす　鏡におぼろに映ったもの)　第2部 宇宙の残りの部分(心の問題と問題の核心　宇宙を整理しなおす　鏡に映った像に隠されているもの　気晴らしと楽しみ・喜び　宇宙の尻尾をねじり回す　上から下まで　真実、美、そして自由)　〔02080〕

クラウゼヴィッツ, カール・フォン　Clausewitz, Carl von

◇隣の大国をどう斬り伏せるか―超訳クラウゼ

ヴィッツ『戦争論』(VOM KRIEGE) クラウゼヴィッツ〔原著〕, 兵頭二十八著 PHP研究所 2016.1 316p 15cm (PHP文庫 ひ24-5) 〈「戦争論」(2011年刊) の改題、加筆・修正〉 700円 ①978-4-569-76476-4
内容 第1部 戦争の性質 第2部 戦争の理論 第3部 戦略概論 第4部 戦闘 第5部 戦闘力 第6部 防禦 第7部 攻撃 第8部 戦争計画についてのノート 〔02081〕

ク

クラウセン, ヨハン・ヒンリヒ Claussen, Johann Hinrich
◇キリスト教神学資料集 下 (The Christian Theology Reader, Third Edition) アリスター・E.マクグラス編, 古屋安雄監訳 オンデマンド版 キリスト新聞社 2013.9 630, 49p 21cm 〈原書第3版〉 10000円 ①978-4-87395-641-1
内容 アドルフ・フォン・ハルナック (一八五一―一九三〇) (ヨハン・ヒンリヒ・クラウセン) 〔02082〕
◇キリスト教の主要神学者 下 リシャール・シモンからカール・ラーナーまで (Klassiker der Theologie) F.W.グラーフ編 安酸敏真監訳 教文館 2014.9 390, 7p 22cm 〈索引あり〉 4200円 ①978-4-7642-7384-9
内容 アドルフ・フォン・ハルナック (ヨハン・ヒンリヒ・クラウセン著, 安酸敏真訳) 〔02083〕

クラウダー, クリストファー Clouder, Christopher
◇シュタイナー教育 (Waldorf Education 原著改訂版の翻訳) クリストファー・クラウダー, マーティン・ローソン著, 遠藤孝夫訳 新訂版 上里町 (埼玉県) イザラ書房 2015.9 190p 21cm 〈文献あり 著作目録あり 索引あり〉 2300円 ①978-4-7565-0128-8
内容 第1章 学校祭にて 第2章 子どもの発達 第3章 幼児期の教育 第4章 児童期の中心 第5章 上級学年 第6章 環境教育 第7章 教えることは学ぶこと 第8章 学校の起源と将来の展望 第9章 新たな教育的挑戦―有能さへの教育 〔02084〕

クラウダ, S.L.* Klauda, Susan L.
◇自己調整学習ハンドブック (HANDBOOK OF SELF-REGULATION OF LEARNING AND PERFORMANCE) バリー・J.ジマーマン, ディル・H.シャンク編, 塚野州一, 伊藤崇達監訳 京都 北大路書房 2014.9 434p 26cm 〈索引あり〉 5400円 ①978-4-7628-2874-4
内容 学業的な自己調整プロセスの発達に対する影響要因 (Allan Wigfield, Susan L.Klauda, Junna Cambria著, 岡田涼訳) 〔02085〕

クラウチ, コリン Crouch, Colin
◇いまこそ民主主義の再生を!―新しい政治参加への希望 中野晃一, コリン・クラウチ, エイミー・グッドマン著 岩波書店 2015.12 63p 21cm (岩波ブックレット) 520円 ①978-4-00-270941-3
内容 私物化される政治と国家―新自由主義に乗っ取られた "自由" "独立した報道"は可能か―沈黙を強いられた人びとの "盾"となるために 自由な個人の連帯へ―グローバルな少数派支配に抗して 〔02086〕

クラウディウス, マティアス
◇なぜ "平和主義"にこだわるのか (ENTRÜSTET EUCH! —WARUM PAZIFISMUS FÜR UNS DAS GEBOT DER STUNDE BLEIBT) マルゴット・ケースマン, コンスタンティン・ヴェッカー編, 木戸衛一訳 いのちのことば社 2016.12 261p 19cm 1500円 ①978-4-264-03611-1
内容 戦争の歌 (マティアス・クラウディウス) 〔02087〕

グラウト, パム Grout, Pam
◇こうして、思考は現実になる (E-SQUARED) パム・グラウト著, 桜田直美訳 サンマーク出版 2014.4 285p 19cm 1700円 ①978-4-7631-3358-8
内容 第1章 あなたが見ている「世界」は、「作られた世界」である 第2章「思考」であなたの人生を変えるための九つの実験 (宇宙のエネルギーの法則 フォルクスワーゲン・ジェッタの法則 アインシュタインの法則 アブラカダブラの法則 人生相談の法則 ハートブレイク・ホテルの法則 魔法のダイエットの法則 101匹わんちゃんの法則 魚とパンの法則) 〔02088〕
◇こうして、思考は現実になる 2 (E-CUBED) パム・グラウト著, 桜田直美訳 サンマーク出版 2015.1 283p 19cm 1700円 ①978-4-7631-3392-2
内容 第1章 世界の「大嘘」を見抜き、思い通りの世界を手に入れよう 第2章「思考は現実になる」を日常で活用するための九つの実験 (「朝いちばんの力」の命題 赤い薬の命題 「自分の物語」の命題 「私はすべてを愛している」の命題 「お金の大嘘」の命題 新月からのメッセージの命題 予言者の命題 プラシーボ効果の命題 「やった! 月曜日が来た!」の命題) 〔02089〕

グラエッサー, A.* Graesser, Arthur
◇自己調整学習ハンドブック (HANDBOOK OF SELF-REGULATION OF LEARNING AND PERFORMANCE) バリー・J.ジマーマン, ディル・H.シャンク編, 塚野州一, 伊藤崇達監訳 京都 北大路書房 2014.9 434p 26cm 〈索引あり〉 5400円 ①978-4-7628-2874-4
内容 自己調整学習を評価し伝えるためのハイパーメディアの利用 (Roger Azevedo, Amy Johnson, Amber Chauncey, Arthur Graesser著, 沖林洋平訳) 〔02090〕

クラカワー, ジョン Krakauer, Jon
◇信仰が人を殺すとき 上 (UNDER THE BANNER OF HEAVEN) J.クラカワー著, 佐宗鈴夫訳 河出書房新社 2014.6 338p 15cm (河出文庫 ク10-1) 820円 ①978-4-309-46396-4
内容 第1部 (聖徒たちの都市 ショート・クリーク バウンティフル エリザベスとルビー 第二の大覚醒 クモラの丘 静かなる細き声 調停者) 第2部 (ホーンズ・ミル ノーヴー 教義 カーシッジ ラファティの男たち ブレンダ 力のある強い者 殺害) 〔02091〕
◇信仰が人を殺すとき 下 (UNDER THE BANNER OF HEAVEN) J.クラカワー著, 佐宗鈴夫訳 河出書房新社 2014.6 298p 15cm

（河出文庫 ク10-2）〈文献あり〉820円 ①978-4-309-46397-1
内容 第3部（退去　水では役に立ちそうもないから　スケープゴート　神の御旗のもとに）第4部（福音主義リーノ　プロヴォの裁判　大いなる恐ろしい日　アメリカの宗教　ケイナン山）〔02092〕

◇ミズーラ―名門大学を揺るがしたレイプ事件と司法制度（MISSOULA） ジョン・クラカワー著, 菅野楽章訳　亜紀書房　2016.10　509, 5p 20cm （亜紀書房翻訳ノンフィクションシリーズ 11-12）〈文献あり〉2500円 ①978-4-7505-1442-0
内容 第1部 アリソン　第2部 掟の門前に門番が立っている　第3部 望まない注目　第4部 正義の秤　第5部 陪審裁判　第6部 後遺症〔02093〕

クラーク, アリー Clarke, Ali

◇ランナーのキミへ―モチベーションがあがる“励まし”名言集（inspiration and motivation for RUNNERS） アリー・クラーク著, 八木恭子訳 グラフィック社　2016.9　1冊（ページ付なし） 15cm　1000円 ①978-4-7661-2945-8 〔02094〕

クラーク, アン・K. Clark, Anne K.

◇1年をとおしてよむせいしょ―365のものがたりとおいのり（The One Year Handy Bible） L. M.アレックスぶん, アン・K.クラークおいのり, グスタヴォ・マサリイラスト, といかわみゆきやく　サンパウロ　2016.2　496p　19cm　2800円 ①978-4-8056-0480-9 〔02095〕

クラーク, グレゴリー Clark, Gregory

◇格差の世界経済史（THE SON ALSO RISES） グレゴリー・クラーク著, 久保恵美子訳　日経BP社　2015.5　517p　22cm 〈文献あり 索引あり　発売：日経BPマーケティング〉4800円 ①978-4-8222-5090-4
内容 支配階級と下層階級に関する序論―社会的流動性の法則　第1部 時代別・国別に見た社会的流動性（スウェーデン―高い社会的流動性が達成された国？　米国―チャンスの国　中世イングランド―封建時代の社会的流動性　近現代の英国―現状のルーツを深く探る　社会的流動性の法則　生来の能力か生育環境か）第2部 社会的流動性の法則を検証する（インド―カースト制や同一集団内での結婚と社会的流動性の関係　中国と台湾―毛沢東時代後の社会的流動性　日本と韓国―社会の同質性と流動性　チリ―オリガーキー（寡頭制支配者）の間での流動性　社会的流動性の法則と家族のダイナミクス　プロテスタント、ユダヤ人、漂泊民、イスラム教徒、コプト人―社会的流動性の法則の例外？　社会的流動性の法則の例外）第3部 良き社会（社会的流動性は低すぎるのか―流動性と格差　下向きの社会的流動性からの脱出）〔02096〕

クラーク, シェラ

◇経験学習によるリーダーシップ開発―米国CCLによる次世代リーダー育成のための実践事例（Experience-Driven Leader Development） シンシア・D.マッコーレイ,D.スコット・デリュ, ポール・R.ヨスト, シルベスター・テイラー編, 漆嶋稔訳　日本能率協会マネジメントセンター 2016.8　511p　27cm　8800円 ①978-4-8207-5929-4
内容 コミュニティ・ベースのNPOとアクション・ラーニング（リン・フィック＝クーパー, シェラ・クラーク）〔02097〕

クラーク, ジム

◇ディスアビリティ現象の教育学―イギリス障害学からのアプローチ　堀正嗣監訳　現代書館　2014.3　308p　21cm （熊本学園大学付属社会福祉研究所社会福祉叢書 24） 4000円 ①978-4-7684-3531-1
内容 何がそんなに特別なのか？（ジョーン・アダムス, ジョン・スウェイン, ジム・クラーク著, 原田琢也訳）〔02098〕

クラーク, シャーリー Clarke, Shirley

◇アクティブラーニングのための学習評価法―形成的アセスメントの実践的方法（Outstanding Formative Assessment） シャーリー・クラーク著, 安藤輝次訳　吹田　関西大学出版部　2016.3 230p　21cm 〈文献あり〉4000円 ①978-4-87354-629-2
内容 第1部 形成的アセスメントの背景（形成的アセスメントの定義とその必要性）第2部 授業の文化と構造（学習文化における形成的アセスメントの精神　計画段階で子どもを巻き込む　話し合いパートナー）第3部 授業展開の方法（発問と活動　学習目標と成功規準　優秀性の開発：書き方の成功規準を越えて　授業中の問いかけ　フィードバック　学習のまとめ方）解説 教育実践から生み出したクラークの実践的方法〔02099〕

クラーク, ジョン Clark, John

◇ロンドン歴史図鑑（LONDON） キャシー・ロス, ジョン・クラーク著, 大間知知子訳　原書房 2015.10　357p　31cm 〈文献あり 索引あり〉8000円 ①978-4-562-05249-3
内容 再発見されたロンドン　先史時代　ローマ時代のロンドン　中世前期のロンドン　中世後期のロンドン　テューダー朝とステュアート朝初期のロンドン　ステュアート朝後期のロンドン　ジョージ王朝時代のロンドン　摂政時代のロンドン　ヴィクトリア朝初期のロンドン　ヴィクトリア朝後期のロンドン　エドワード朝のロンドン　戦間期のロンドン　第二次世界大戦と終戦後のロンドン　1960年代と70年代のロンドン　現代のロンドン〔02100〕

クラーク, ジリアン Clark, E.Gillian

◇古代末期のローマ帝国―多文化の織りなす世界（LATE ANTIQUITY） ジリアン・クラーク著, 足立広明訳　白水社　2015.2　207, 15p　20cm 〈文献あり 年表あり 索引あり〉2300円 ①978-4-560-08409-0
内容 第1章 古代末期とは何か、またそれはいつを指すか　第2章 帝国の経営　第3章 法と福祉　第4章 宗教　第5章 救われるために我々は何をなすべきか　第6章 蛮族について　第7章 青銅の象―古典文化とキリスト教文化　第8章 決定的変化は起こったか〔02101〕

クラーク, スティーブン・R.L. Clark, Stephen R.L.

◇ポリス的動物―生物学・倫理・政治（THE POLITICAL ANIMAL） スティーブン・R.L. クラーク著, 古牧徳生訳　春秋社　2015.10　402,

19p　20cm　〈文献あり 索引あり〉 3800円
①978-4-393-32343-4
内容 アリストテレスにおける女性　奴隷と市民　人類とは自然種なのか？　子供の哺乳類　無政府主義者は革命に反対する　生命地域環境主義と人道的文化　善い行動学と悪い行動学、そして立派なポリス　類人猿と系統観念　自由な二足歩行者の群れ　共同体の拡大　民族と帝国　〔02102〕

ク

クラーク, ディヴィッド・A.　Clark, David A.
◇認知行動療法に基づいた気分改善ツールキット―気分の落ちこみをうつ病にしないための有効な戦略 (The Mood Repair Toolkit)　ディヴィッド・A.クラーク著, 高橋祥友監訳, 高橋晶, 今村芳博, 鈴木吏良訳　金剛出版　2015.6　250p　26cm　〈文献あり 索引あり〉 3600円　①978-4-7724-1426-5
内容 悲しみを利用する　流れとともに生きる　問題をとらえる　心の中の批評家を黙らせる　充電の時間をとる　心のトレッドミルを止める　現時点をとらえる　過去について熟考する　あなたの夢を抱きしめる　他者との絆を築く〔ほか〕　〔02103〕

クラーク, バートン・R.
◇高等教育の社会学 (SOCIOLOGY OF HIGHER EDUCATION)　パトリシア・J.ガンポート編著, 伊藤彰浩, 橋本鉱市, 阿曽沼明裕監訳　町田　玉川大学出版部　2015.7　476p　22cm　(高等教育シリーズ 167)　〈索引あり〉 5400円
①978-4-472-40514-3
内容 高等教育の社会学の展開 他 (バートン・R.クラーク著, 伊藤彰浩訳)　〔02104〕

クラーク, リンダ
◇イギリスにおける高齢期のQOL―多角的視点から生活の質の決定要因を探る (UNDERSTANDING QUALITY OF LIFE IN OLD AGE)　アラン・ウォーカー編著, 岡田進一監訳, 山田三知子訳　京都　ミネルヴァ書房　2014.7　249p　21cm　(新・MINERVA福祉ライブラリー 20)　〈文献あり 索引あり〉 3500円
①978-4-623-07097-8
内容 高齢者の家族役割と経済的役割 (リンダ・クラーク, マリア・エヴァンドロー, ピーター・ウォー著)　〔02105〕

クラーク, ロジャー　Clarke, Roger
◇幽霊とは何か―五百年の歴史から探るその正体 (A NATURAL HISTORY OF GHOSTS)　ロジャー・クラーク著, 桐谷知未訳　国書刊行会　2016.7　462p　20cm　〈文献あり 年表あり〉 3700円　①978-4-336-06006-8
内容 幽霊屋敷で育って　幽霊の分類法　目に見えるソファー―ゴーストハント小史　ヒントン・アンプナーの謎　テッドワースの鼓手　マコンの悪魔　エプワースの少女　ヴィール夫人の亡霊　幽霊物語の作法　ファニー嬢の新劇場　瀉血と脳の鏡　幽霊の下品さについて　わななくテーブルの秘密　上空の天使と深海の悪魔　レイナム・ホールの茶色の貴婦人　ボーリー牧師館の殺人　恐怖の王とテクノロジーの話　イギリスで最も呪われた屋敷　〔02106〕

クラーク, ロナルド・V.　Clarke, Ronald V.
◇犯罪分析ステップ60 (Crime Analysis for Problem Solvers in 60 Small Steps)　ロナルド・クラーク, ジョン・エック著, 守山正監訳　成文堂　2015.4　267p　21cm　2750円　①978-4-7923-5145-8
内容 1 自分自身の準備をする　2 問題志向型ポリシングを学ぶ　3 環境犯罪学を学ぶ　4 問題の所在を走査する　5 深く分析する　6 実務の対応を見いだす　7 活動の効果を評価する　8 効果的に情報伝達する　〔02107〕

クラーク, ロン　Clark, Ron
◇ムーブユアバス (MOVE YOUR BUS)　ロン・クラーク著, 橘明美訳　SBクリエイティブ　2016.4　231p　19cm　1300円　①978-4-7973-8703-2
内容 1 メンバー紹介 (ランナー (ランディ)　ジョガー (ジョー)　ウォーカー (ウォリー) ほか)　2 バスを加速させる17のルール (早めに行く　身なりを整える　あいさつする ほか)　3 ドライバーができること あなたができること (ランナーを活躍させる　ジョガーの力を引き出す　ウォーカーには手本を示す ほか)　〔02108〕

クラークソン, ジャネット　Clarkson, Janet
◇スープの歴史 (Soup)　ジャネット・クラークソン著, 富永佐知子訳　原書房　2014.7　181p　20cm　(「食」の図書館)　〈文献あり〉 2000円
①978-4-562-05069-7
内容 序章 スープとはなんだろう？　第1章 古代のスープ　第2章 薬としてのスープ　第3章 貧困とスープ　第4章 保存と携帯、探検と戦争　第5章 スープ東西南北　第6章 スープこぼれ話　〔02109〕

クラーゲス, ルートヴィッヒ　Klages, Ludwig
◇ニーチェの心理学的業績 (Die Psychologischen Errungenschaften Nietsches)　ルートヴィッヒ・クラーゲス著, 柴田収一, 平沢伸一, 吉増克実訳　うぶすな書院　2014.6　385, 12p　22cm　〈索引あり〉 3200円　①978-4-900470-30-9
内容 第1篇 ニーチェの研究目標と方法 (心情研究者としてのニーチェ　他我認識と自己探求　根本テーマ：自己欺瞞)　第2篇 応用と成果 (移行　「もっとも身近なもの」というニーチェのモティーフについて　成功の説得力について　傑出欲について　「隣人愛」について　自己克服について　生命の嫉妬　キリスト教の心理学について　意識と生命)　第3篇 結論的批判 (ニーチェのソクラテス主義　克服のモティーフ　ニーチェの自己否定)　〔02110〕

グラシアン, バルタサール　Gracián y Morales, Baltasar
◇賢く生きる智恵　バルタザール・グラシアン著, 野田恭子訳　新装版　イースト・プレス　2014.5　322p　18cm　1200円　①978-4-7816-1175-4
内容 1 賢く生きる　2 人とつきあう　3 自分を高める　4 世の中を渡る　5 品格を持つ　6 信頼される　7 良い仕事をする　8 良い人生を過ごす　9 成熟する　〔02111〕

クラシゲ, ロン
◇コダクロームフィルムで見るハートマウンテン日

系人強制収容所（COLORS OF CONFINEMENT）　ビル・マンボ写真, エリック・L.ミューラー編, 岡村ひとみ訳　紀伊国屋書店　2014.7　151p　16×20cm　2900円　①978-4-314-01119-8

内容 日系アメリカ人研究に開く新しい扉（ロン・クラシゲ著）　〔02112〕

クラス, デニス

◇愛する者は死なない―東洋の知恵に学ぶ癒し　カール・ベッカー編著, 駒田安紀監訳　京都　晃洋書房　2015.3　151p　20cm　（京都大学こころの未来研究センターこころの未来叢書 2）　1500円　①978-4-7710-2535-6

内容 悲しみと慰め（デニス・クラス著, 沢井努訳）　〔02113〕

グラスマン, ハンク

◇東アジアの宗教文化―越境と変容　国立歴史民俗博物館, 松尾恒一編　岩田書院　2014.3　467, 3p 図版 8p　21cm　〈文献あり〉4800円　①978-4-87294-863-9

内容 五輪塔と賽の河原（ハンク・グラスマン著, 岸まどか訳）　〔02114〕

グラック, キャロル　Gluck, Carol

◇思想史としての現代日本　キャロル・グラック, 五十嵐暁郎編　岩波書店　2016.3　247p　20cm　3500円　①978-4-00-061122-0

内容 近代日本における「責任」の変移（キャロル・グラック著, 梅崎透訳）　〔02115〕

グラックスマン, ミリアム　Glucksmann, Miriam

◇「労働」の社会分析―時間・空間・ジェンダー（COTTONS AND CASUALS）　ミリアム・グラックスマン著, 木本喜美子監訳　法政大学出版局　2014.2　283, 18p　21cm　〈訳：駒川智子ほか　文献あり 索引あり〉3400円　①978-4-588-67517-1

内容 第1章 「働く」ことについて考える―労働をめぐる全社会的組織化　第2章 調査過程と資料―データのパッチワーク　第3章 家庭と労働―ジェンダー化された経済　第4章 娘たちの労働と家族―私たちが若かった頃　第5章 女性と時間―労働に埋め込まれた経験とアイデンティティ　第6章 女性と空間―手が届きそうで届かない場所へ　第7章 最終章にふさわしく―理論と実証　〔02116〕

グラッサー, ウイリアム　Glasser, William

◇テイクチャージ選択理論で人生の舵を取る（Take Charge of Your Life）　ウイリアム・グラッサー著, 柿谷正期監訳　アチーブメント出版　2016.8　405p　19cm　〈文献あり 著作目録あり 年譜あり〉2800円　①978-4-86643-001-0

内容 思考、行為、そして感情は自ら選んでいる　外的コントロールから選択理論心理学への移行　頭の中のイメージ写真　私たちの知覚カメラにある価値　行動を駆り立てるもの　創造性と再整理　狂気、創造性、そして責任　創造的過程としての心身症　依存薬物：化学的に制御する誘惑　よくある依存薬物（合法、非合法）　葛藤　批判　人生の舵を握る　選択理論心理学と子育て　苦痛や悲惨を訴えて自分や他人を支配する　健康を選択する　選択理論の活用方法　〔02117〕

クラッセン, ロイス

◇小学校で法を語ろう（Let's Talk about Law in Elementary School）　W.キャシディ,R.イェーツ編著, 同志社大学法教育研究会訳　成文堂　2015.12　232p　21cm　3000円　①978-4-7923-0584-0

内容 小学校の教室で法を作ってみよう（ロイス・クラッセン著, 浜真一郎訳）　〔02118〕

グラッド, マルセラ　Grad, Marcela

◇マスード―伝説のアフガン司令官の素顔（MASSOUD）　マルセラ・グラッド著,〔アニカ編集部〕〔訳〕　アニカ　2014.4　573p　19cm　〈年表あり〉3200円　①978-4-901964-27-2　〔02119〕

グラッドウェル, マルコム　Gladwell, Malcolm

◇天才！　成功する人々の法則（OUTLIERS）　マルコム・グラッドウェル著, 勝間和代訳　講談社　2014.1　316p　18cm　〈2009年刊の再刊〉1000円　①978-4-06-218439-7

内容 プロローグ ロゼトの謎　第1部 好機（マタイ効果　一万時間の法則　天才の問題点　ジョー・フロムの三つの教訓）　第2部「文化」という名の遺産（ケンタッキー州ハーラン　航空機事故の"民族的法則"　「水田」と「数学テスト」の関係　マリータの取引）　エピローク ジャマイカの物語　〔02120〕

◇逆転！―強敵や逆境に勝てる秘密（DAVID AND GOLIATH）　マルコム・グラッドウェル著, 藤井留美訳　講談社　2014.9　253p　19cm　1400円　①978-4-06-218505-9

内容 第1部 不利は有利で、有利は不利（弱小チームが勝つには―相手と同じ戦略で戦う必要はない　貧しい家の子が勝つには―裕福な家庭の子にハングリー精神は宿るか　二流大学が勝つには―「そこそこの大学の優等生」と「一流大のそこそこの学生」はどちらが有望か）　第2部 望ましい困難（識字障害者が勝つには―逆境を逆手にとる戦略　親に先立たれた子が勝つには―不幸な体験がリモートミスに変わるとき　マイノリティの人種・民族が勝つには―公民権運動とトリックスターの関係）　第3部 力の限界（精鋭の治安部隊に勝つには―正統性なき統治が失敗する理由　突然の悲劇に勝つには―「アメリカ史上最も壮大な刑法運用実験」の盲点　自分の運命に勝つには―ナチスに抵抗をつづけたある牧師の生涯）　〔02121〕

◇人類は絶滅を逃れられるのか―知の最前線が解き明かす「明日の世界」（DO HUMANKIND'S BEST DAYS LIE AHEAD？）　スティーブン・ピンカー, マルコム・グラッドウェル, マット・リドレー他著, 藤原朝子訳　ダイヤモンド社　2016.11　162p　19cm　1400円　①978-4-478-06988-2

内容 進歩が人間に牙をむく 他（マルコム・グラッドウェル述）　〔02122〕

グラットン, リンダ　Gratton, Lynda

◇未来企業―レジリエンスの経営とリーダーシップ（The key）　リンダ・グラットン著, 吉田晋治訳　プレジデント社　2014.8　323p　20cm　2000円　①978-4-8334-2093-8　〔02123〕

◇LIFE SHIFT―100年時代の人生戦略（THE 100-

YEAR LIFE）　リンダ・グラットン, アンドリュー・スコット著, 池村千秋訳　東洋経済新報社　2016.11　399, 15p　20cm　1800円　①978-4-492-53387-1

内容 序章 100年ライフ　第1章 長い生涯—長寿という贈り物　第2章 過去の資金計画—教育・仕事・引退モデルの崩壊　第3章 雇用の未来—機械化・AI後の働き方　第4章 見えない「資産」—お金に換算できないもの　第5章 新しいシナリオ—可能性を広げる　第6章 新しいステージ—選択肢の多様化　第7章 新しいお金の考え方—必要な資金をどう得るか　第8章 新しい時間の使い方—自分のリ・クリエーションへ　第9章 未来の人間関係—私生活はこう変わる　終章 変革への課題　〔02124〕

ク

クラッパート, ベルトールト　Klappert, Bertold

◇ソクラテスの死とキリストの死—日本における講演と説教　ベルトールト・クラッパート著, 武田武長編　新教出版社　2016.9　332p　19cm　〈表紙のタイトル：Sokrates überwand das Sterben, Christus überwand den Tod〉 3200円　①978-4-400-32408-9

内容 ソクラテスの死とキリストの死 天野有 訳. カルヴァン神学のアクチュアリティ 天野有 訳. カルヴァンと旧約聖書 武田武長 訳. イスラエルの神の「御名」の解釈としての三位一体論 片山寛 訳. アブラハムは一つにし、かつ区別する 相賀昇 訳. イエスが受けたメシア的霊の洗礼 岡田仁, 武田武長 訳. 説教「これがヨハネの証しである。『見よ、神の小羊』」 岡田仁 訳. 説教「あなたたちは神の力を知らない」 武田武長 訳　〔02125〕

グラッベ, デ　Grabbe, Christian Dietrich

◇ユダヤの『タルムード』—世界攪乱の律法　デ・グラッベ著, 久保田栄吉訳編, 中丸薫, 池田整治監修　ともはつよし社　2015.6　261p　19cm　3333円　①978-4-9908081-9-8　〔02126〕

クラニッシュ, マイケル　Kranish, Michael

◇トランプ（TRUMP REVEALED）　マイケル・クラニッシュ, マーク・フィッシャー著, 野中香方子, 池村千秋, 鈴木恵, 土方奈美, 森嶋マリ訳　文芸春秋　2016.10　541p　20cm　2100円　①978-4-16-390539-6　〔02127〕

グラバー, ジェームズ　Graber, James M.

◇コンピテンシーを活用したトレーニングの基本—効率的な事業運営に役立つ研修開発の実践ガイド（Competency-based training basics）　ウィリアム・ロスウェル, ジェームズ・グラバー著, 平田謙次監訳, 日本イーラーニングコンソシアム訳　ヒューマンバリュー　2016.1　200p　23cm　（ATDグローバルベーシックシリーズ ATD training basics series）〈文献あり〉 2800円　①978-4-9906893-5-3

内容 第1章 コンピテンシーベース・トレーニングとは　第2章 なぜ組織はコンピテンシーを活用するのか　第3章 コンピテンシー・アセスメントと学習とトレーニングニーズの決定の基本　第4章 コンピテンシーを活用したトレーニング設計　第5章 コンピテンシーベース学習をサポートするためのテクノロジー活用　第6章 コンピテンシーベース・アプローチに関するコミュニケーション　第7章 学習を導き出すためのコンピテンシー活用—アプリケーションガイド　第8章 コンピテンシーベース・トレーニングと学習の将来　付録（コンピテンシーベース・トレーニングに関するFAQ　コンピテンシーモデル開発：コンピテンシー特定の基本）　〔02128〕

グラバーマン, マーティン　Glaberman, Martin

◇戦時ストライキ（WARTIME STRIKES）　マーティン・グラバーマン著, 北川知子訳　こぶし書房　2015.5　221, 4p　20cm　（こぶしフォーラム 27）〈文献あり 索引あり〉 2400円　①978-4-87559-302-7

内容 第1章 ストライキ凍結宣言　第2章 労働力の変化　第3章 山猫ストライキ　第4章 左派の役割　第5章 機械工と鉱山労働者　第6章 ストの激増と矛盾　第7章 結論　〔02129〕

グラハム, イアン　Graham, Ian

◇詐欺と詐称の大百科（THE ULTIMATE BOOK OF IMPOSTORS）　イアン・グレイアム著, 松田和也訳　青土社　2014.9　406p　20cm　〈文献あり〉 2800円　①978-4-7917-6813-4

内容 1 連続的犯罪者たち　2 性別変換者たち　3 偽りの相続人たち　4 法からの逃亡者たち　5 ペテン師と略奪者　6 偽インディアンたち　7 途轍もない空想家たち　8 工作員と刑事　9 その他の詐称者たち　〔02130〕

グラーフ, フリードリヒ・ヴィルヘルム　Graf, Friedrich Wilhelm

◇キリスト教神学資料集　下（The Christian Theology Reader, Third Edition）　アリスター・E.マクグラス編, 古屋安雄監訳　オンデマンド版　キリスト新聞社　2013.9　630, 49p　21cm　〈原書第3版〉 10000円　①978-4-87395-641-1

内容 エルンスト・トレルチ（一八六五—一九二三）（フリードリヒ・ヴィルヘルム・グラーフ）　〔02131〕

◇ティリッヒとフランクフルト学派—亡命・神学・政治　深井智朗監修, フリードリヒ・ヴィルヘルム・グラーフ, アルフ・クリストファーセン, エルトマン・シュトルム, 竹渕香織編　法政大学出版局　2014.2　293, 33p　19cm　（叢書・ウニベルシタス）　3500円　①978-4-588-01005-7

内容 ジョン・F.ケネディーに関する論争—パウル・ティリッヒとヘルベルト・マルクーゼ間の短い往復書簡（アルフ・クリストファーセン, フリードリヒ・ヴィルヘルム・グラーフ編, 宮崎直美, 深井智朗訳）　〔02132〕

◇キリスト教の主要神学者　上　テルトゥリアヌスからカルヴァンまで（Klassiker der Theologie, Bd.1 ： Von Tertullian bis Calvin）　F.W.グラーフ編, 片柳栄一監訳　教文館　2014.8　360, 5p　21cm　3900円　①978-4-7642-7383-2

内容 マルキオン（八五頃 - 一六〇頃）　カルタゴのテルトゥリアヌス（二/三世紀）　オリゲネス（一八五/一八六 - 二五四）　ニュッサのグレゴリオス（三四〇頃 - 三九四以後）　アウグスティヌス（三五四 - 四三〇）　カンタベリーのアンセルムス（一〇三三/一〇三四 - 一一〇九）　クレルヴォーのベルナール（一〇九〇 - 一一五三）　トマス・アクィナス（一二二四/一二二五 - 一二七四）　マイスター・エックハルト（一二六〇頃 - 一三二八）　ヨハネス・ドゥンス・スコトゥス（一二六五/一二六六 - 一三〇八）　ロベルト・ベラルミーノ（一五四二 - 一六二一）　〔02133〕

◇キリスト教の主要神学者　下　リシャール・シモンからカール・ラーナーまで（Klassiker der Theologie）　F.W.グラーフ編　安酸敏真監訳　教文館　2014.9　390, 7p　22cm　〈索引あり〉　4200円　①978-4-7642-7384-9
内容 エルンスト・トレルチ（フリードリヒ・ヴィルヘルム・グラーフ著, 安酸敏真訳）〔02134〕

◇精神の自己主張―ティリヒ＝クローナー往復書簡 1942-1964（Selbstbehauptung des Geistes）　フリードリヒ・ヴィルヘルム・グラーフ, アルフ・クリストファーセン編, 茂牧人, 深井智朗, 宮崎直美訳　未来社　2014.11　189p　19cm　（転換期を読む 24）　2200円　①978-4-624-93444-6
内容 第1部 精神の自己主張―リヒャルト・クローナーとパウル・ティリヒ往復書簡　第2部 パウル・ティリヒとリヒャルト・クローナー往復書簡、及び関連文書　第3部 訳者解題―二人の亡命知識人の精神史的考察〔02135〕

◇世界はなぜ争うのか―国家・宗教・民族と倫理をめぐって　福田康夫, ヘルムート・シュミット, マルコム・フレーザー他著, ジェレミー・ローゼン編集, 渥美桂子訳　朝倉書店　2016.3　296p　21cm　〈他言語標題：Ethics in Decision-Making〉　非売品
内容 教会にとっての和解のための優先事項（フリードリッヒ・ヴィルヘルム・グラフ述）〔02136〕

◇世界はなぜ争うのか―国家・宗教・民族と倫理をめぐって　福田康夫, ヘルムート・シュミット, マルコム・フレーザー他著, ジェレミー・ローゼン編集, 渥美桂子訳　朝倉書店　2016.5　296p　21cm　〈他言語標題：Ethics in Decision-Making〉　1850円　①978-4-254-50022-6
内容 教会にとっての和解のための優先事項（フリードリッヒ・ヴィルヘルム・グラフ述）〔02137〕

クラプソン, マーク

◇二十世紀の都市と住宅―ヨーロッパと日本　中野隆生編　山川出版社　2015.5　482p　22cm　6000円　①978-4-634-67239-0
内容 イギリスのニュータウン計画をふりかえって（マーク・クラプソン著, 本内直樹, 椿建也訳）〔02138〕

クラフツェヴィチ, A.I.

◇日ロ関係史―パラレル・ヒストリーの挑戦　五百旗頭真, 下斗米伸夫,A.V.トルクノフ,D.V.ストレリツォフ編　東京大学出版会　2015.9　713, 12p　22cm　〈年表あり〉　9200円　①978-4-13-026265-1
内容 ヤルタ会談前後のソ米関係と日本（A.I.クラフツェヴィチ著, 島田顕訳）〔02139〕

グラフトン, アンソニー　Grafton, Anthony

◇テクストの擁護者たち―近代ヨーロッパにおける人文学の誕生（DEFENDERS OF THE TEXT）　アンソニー・グラフトン著, ヒロ・ヒライ監訳・解題, 福西亮輔訳　勁草書房　2015.8　470, 41p　22cm　（bibliotheca hermetica叢書）　〈文献あり 索引あり〉　7500円　①978-4-326-14828-8
内容 序章 人文主義者たちを再考する　第1章 古代のテクストとルネサンスの読者たち　第2章 ポリツィアーノの新しい学問とその背景　第3章 捏造の伝統と伝統の捏造―ヴィテルボのアンニウス　第4章 スカリゲルの年代学―文献学、天文学、普遍史　第5章 新教徒vs預言者―カゾボンのヘルメス批判　第6章 ヘルメスとシビュラの奇妙な死　第7章 ルドルフ二世のプラハにおける人文主義と科学―背景からみたケプラー　第8章 ラ・ペイレールと旧約聖書　第9章 ヴォルフ序説―近代歴史主義の誕生〔02140〕

クラーマー, カール＝ジーギスムント　Kramer, Karl Sigismund

◇法民俗学の輪郭―中世以後のドイツ語圏における町村体と民衆生活のモデル（Grundriß einer rechtlichen Volkskunde）　カール＝ジーギスムント・クラーマー著, 河野真訳　京都　文緝堂　2015.3　334p　22cm　4500円　①978-4-9901976-7-4〔02141〕

クラム, ジャン

◇デリダ、ルーマン後の正義論―正義は〈不〉可能か（Nach Jacques Derrida und Niklas Luhmann）　グンター・トイブナー編著, 土方透監訳　新泉社　2014.4　317p　22cm　〈文献あり〉　3800円　①978-4-7877-1405-3
内容 犠牲者はどれほど濃密なのか（ジャン・クラム著, 大森貴弘訳）〔02142〕

グラムリヒ＝オカ, ベティーナ　Gramlich-Oka, Bettina

◇日本経済思想史―江戸から昭和　川口浩, 石井寿美世, ベティーナ・グラムリヒ＝オカ, 劉群芸著　勁草書房　2015.9　328, 5p　21cm　2800円　①978-4-326-50413-8
内容 第1部（経済思想史とは　身分制社会の成立　泰平の世の武士　脱市場の経世済民論　将軍権力による脱市場 ほか）　第2部（欧米における日本経済思想史研究　東アジアにおける日本経済思想史研究）〔02143〕

◇日本の経済思想―時間と空間の中で　川口浩編　ぺりかん社　2016.2　332p　21cm　（早稲田大学現代政治経済研究所研究叢書 42）　5200円　①978-4-8315-1434-9
内容 日本の経済思想文献のヨーロッパ言語への翻訳について（ベティーナ・グラムリヒ＝オカ著, 田中アユ子訳）〔02144〕

◇幕藩制転換期の経済思想　小室正紀編著　慶応義塾大学出版会　2016.4　285p　22cm　〈索引あり〉　5000円　①978-4-7664-2332-7
内容 「道を知る」こと（ベティーナ・グラムリヒ＝オカ著, 山本嘉孝訳）〔02145〕

クラリフェルト, アンナ

◇学校を場とする放課後活動の政策と評価の国際比較―格差是正への効果の検討　金藤ふゆ子編著　福村出版　2016.3　343p　22cm　5200円　①978-4-571-10172-4
内容 スウェーデンの学校を場とする放課後活動の政策と評価（アンナ・クラリフェルト著, 金藤ふゆ子監訳）〔02146〕

クラーリングボールド, マイケル・ジョン
Claringbould, Michael John

◇台南海軍航空隊　ニューギニア戦線篇　モレス

ビー街道に消えた勇者たちを追って（EAGLES OF THE SOUTHERN SKY）　ルーカ・ルファート, マイケル・ジョン・クラーリングボールド共著, 平田光夫訳　大日本絵画　2016.2　311p　26cm　〈他言語標題：The I.J.N. TAINAN AIR Group in NEW GUINEA　文献あり〉5500円　①978-4-499-23172-5

内容 台南空の進出以前　始まり　最初の一手　連合軍の逆襲　しっぺ返し　グッバイ、キティホーク　5月の消耗戦　力と力の対決　ココダ　要塞という名の復讐者　ミルン湾の触手　最後の一手　彼らのその後　考察　〔02147〕

グラール, クリスティーナ・ティーベス

◇BoPビジネス3.0—持続的成長のエコシステムをつくる（Base of the Pyramid 3.0）　フェルナンド・カサード・カニェーケ, スチュアート・L.ハート編著, 平本督太郎訳　英治出版　2016.8　311p　22cm　〈文献あり〉3200円　①978-4-86276-233-7

内容 新事業を生み出す参加型のマーケットリサーチ（アリーヌ・クレーマー, クリスティーナ・ティーベス・グラール, クラウディア・クノブロッホ著）〔02148〕

グラングリオット, B.*　Grandguillot, Béatrice

◇フランスの企業会計—一般原則, 通常取引・年度末取引の記帳法（La comptabilité générale（17e édition 2013-2014））　Grandguillot,Béatrice, Grandguillot,F.著, 後藤宏行訳　〔瑞穂〕　後藤宏行　2016.4　353p　21cm　〈第17版2013-2014年企業会計原則の最新版と2013年租税法に合わせて　発売：あるむ（名古屋）〉3000円　①978-4-86333-106-8　〔02149〕

グラングリオット, F.*　Grandguillot, Francis

◇フランスの企業会計—一般原則, 通常取引・年度末取引の記帳法（La comptabilité générale（17e édition 2013-2014））　Grandguillot,Béatrice, Grandguillot,F.著, 後藤宏行訳　〔瑞穂〕　後藤宏行　2016.4　353p　21cm　〈第17版2013-2014年企業会計原則の最新版と2013年租税法に合わせて　発売：あるむ（名古屋）〉3000円　①978-4-86333-106-8　〔02150〕

グランストローム, ブリタ　Granström, Brita

◇ダーウィンが見たもの（What Mr Darwin Saw）　ミック・マニング, ブリタ・グランストロームさく, 渡辺政隆やく　福音館書店　2014.6　48p　24×28cm　1500円　①978-4-8340-8046-9　〔02151〕

クランツ, パトリシア・J.　Krantz, Patricia J.

◇自閉症児のための活動スケジュール（Activity Schedules for Children with Autism 原著第2版の翻訳）　リン・E.マクラナハン, パトリシア・J.クランツ著, 園山繁樹監訳　二瓶社　2014.9　178p　21cm　〈索引あり〉2200円　①978-4-86108-070-8

内容 自立・選択・社会的相互交渉　前提として必要なスキル：子どもは活動スケジュールの準備ができているか　初めての活動スケジュールの準備　特別な指導方法　スケジュールに従う行動を測定する　最初のスケジュールを習得した！　活動はいつ終わりにするか　選択肢を増やす　写真や絵から文字へ　社会的相互交渉スキルを伸ばす　大人の活動スケジュール　活動スケジュール：進歩のためのプラットホーム　問題解決Q&A　〔02152〕

グラント, アダム　Grant, Adam M.

◇GIVE & TAKE「与える人」こそ成功する時代（GIVE AND TAKE）　アダム・グラント著, 楠木建監訳　三笠書房　2014.1　382p　20cm　1800円　①978-4-8379-5746-1

内容 1 あなたは、まだ「ギブ&テイク」で人生を決めているのか—いま「与える人」こそ、幸せな成功者となる　2「名刺ファイル」と「フェイスブック」を見直せ—「与える人」の才能（1）「ゆるいつながり」という人脈づくり　3 チームの総力を活かせる人—「与える人」の才能（2）利益の「パイ」を大きく増やす働き方　4 荒野で"ダイヤモンド"を見つける法—「与える人」の才能（3）可能性を掘り出し、精鋭たちを育てる　5「パワーレス」の時代がはじまった—「与える人」の才能（4）「強いリーダーシップ」より「影響力」　6「与える人」が気をつけなければならないこと—「成功するギバー」の、したたかな行動戦略　7 気づかいが報われる人、人に利用されるだけの人—「いい人」だけでは絶対に成功できない　8 人を動かし、夢をかなえる「ギブの輪」—未来を変える「因果応報」のルール　9「成功への道」を切り拓く人たち—あとに続くのは誰だ　〔02153〕

◇変革の知　ジャレド・ダイアモンドほか〔述〕, 岩井理子訳　KADOKAWA　2015.2　251p　18cm（角川新書 K-1）　900円　①978-4-04-102413-3

内容 思いやりや与えることが成功の秘訣（アダム・グラント述）　〔02154〕

◇ORIGINALS誰もが「人と違うこと」ができる時代（ORIGINALS）　アダム・グラント著, 楠木建監訳　三笠書房　2016.7　382p　20cm　1800円　①978-4-8379-5768-3

内容 1 変化を生み出す「創造的破壊」—「最初の一歩」をどう考えるか　2 大胆に発想し、緻密に進める—キラリと光るアイデアとは　3 "無関心"を"情熱"へ変える法—まわりを巻き込むタフな説得力　4 賢者は時を待ち、愚者は先を急ぐ—チャンスを最大化するタイミング　5「誰と組むか」が勝敗を決める—パワフルな結束をつくる人の見分け方　6「はみ出す人」こそ時代をつくる—どこに可能性が隠されているか　7 ダメになる組織、飛躍する組織—風通しよく、進化を遂げるしくみづくり　8 どんな「荒波」も、しなやかに乗りこなせ—あらゆるものをエネルギーにする方法　〔02155〕

グラント, ジョナサン

◇軍縮と武器移転の世界史—「軍縮下の軍拡」はなぜ起きたのか　横井勝彦編著　日本経済評論社　2014.3　434p　22cm　〈索引あり〉4800円　①978-4-8188-2319-8

内容 東欧における武器取引 1 絶頂期のフランス 他（ジョナサン・グラント著, 山下雄司訳）　〔02156〕

グラント, メリッサ・ジラ　Grant, Melissa Gira

◇職業は売春婦（PLAYING THE WHORE）　メリッサ・ジラ・グラント著, 桃井緑美子訳　青土社　2015.8　180, 2p　20cm　〈文献あり〉2000

円 ①978-4-7917-6875-2
内容 第1章 警察 第2章 売春婦 第3章 仕事 第4章 討論会 第5章 性産業 第6章 のぞき穴 第7章 汚名 第8章 ほかの女性 第9章 救済者 第10章 権利運動 〔02157〕

グラント, レグ　Grant, Reg
◇われら世界史スーパースター―賢人・悪人・大天才? すべては歴史が語る! (SUPERSTARS OF HISTORY) サイモン・バシャー絵, レグ・グラント文, おおつかのりこ訳 町田 玉川大学出版部 2015.7 95p 23cm 1500円 ①978-4-472-40523-5
内容 1 古代(ラムセス2世 アリストテレス ほか) 2 中世とルネサンス(カール大帝 ウィリアム征服王 ほか) 3 革命と啓蒙思想の時代(ルイ14世 ジョージ・ワシントン ほか) 4 現代(トーマス・エジソン マリー・キュリー ほか) 〔02158〕

グラント, R.G.　Grant, R.G.
◇海戦の歴史大図鑑 (Battle at Sea) R.G.グラント著, 五百旗頭真, 等松春夫日本語版監修, 山崎正浩訳 大阪 創元社 2015.8 360p 31cm 〈索引あり〉 15000円 ①978-4-422-21523-5
内容 第1章 ガレー船時代―紀元前1200年 - 紀元1550年(初期の海戦とギリシア人の台頭 ローマ海軍の戦い ほか) 第2章 帆走軍艦と帝国―1550年 - 1830年(日本と朝鮮 海洋帝国 ほか) 第3章 蒸気機関と装甲―1830年 - 1918年(ヨーロッパの新しい海軍 南北アメリカの海軍 ほか) 第4章 航空母艦、潜水艦そしてミサイル―1918年 - 現代(第二次世界大戦:ヨーロッパの海戦 第二次世界大戦:太平洋の海戦 ほか) 〔02159〕

クランプ, ジョン　Crump, John
◇市場なき社会主義の系譜 (NON-MARKET SOCIALISM IN THE NINETEENTH AND TWENTIETH CENTURIES) マクシミリアン・リュベル, ジョン・クランプ編著, 角田史幸, 藤井真生訳 現代思潮新社 2014.7 304, 9p 20cm 〈文献あり 索引あり〉 3600円 ①978-4-329-00491-8
内容 細く赤い糸(ジョン・クランプ著, 角田史幸訳) 〔02160〕

クランボルツ, ジョン　Krumboltz, John D.
◇一歩踏み出せば昨日と違う自分になれる!―スタンフォードの前進の法則 (FAIL FAST, FAIL OFTEN) ライアン・バビノー, ジョン・クランボルツ著, 増田沙奈訳 日本文芸社 2014.3 266p 19cm 1400円 ①978-4-537-26074-8
内容 1 今日、あなたの「魔法の1日」がはじまる! 小さくてもいい、毎日「楽しみのタネ」をまく 2 転んでも必ず「何かを拾って立ち上がる」人 「打たれ強さ」の行動心理学 3 成功している人だけに「見える」もの! 「まっさらな好奇心」でものを見直す 4 これからは「リーン・スタートアップ」の時代! 「好きなこと」を生かして成功する法 5「低コスト」のアクションを使え! 「大きく」考え、「小さく」動く 6 あなたが第二の「スティーブ・ジョブズ」になる方法 「改革者」のDNAを自分に植え込む 7 ある種の「向こう見ず」は天才であり、力であり、魔法です! 「分析病」で自分を縛らない! 8 自分の中の「反抗分子」を退治する法 すべてを「いま」にフォーカスして楽に生きる! 9 いつでもどこでも「頭と心に刺激」を! 「小さな自分」で一生を終わるな! 〔02161〕

グーリー, トリスタン　Gooley, Tristan
◇日常を探検に変える―ナチュラル・エクスプローラーのすすめ (THE NATURAL EXPLORER) トリスタン・グーリー著, 屋代通子訳 紀伊国屋書店 2016.7 427p 19cm 〈文献あり〉 2000円 ①978-4-314-01138-9
内容 五感 植物 変化する山 海岸 氷の谷 土 動物 自然の形 光 空〔ほか〕 〔02162〕

クリアーヌ, ヨアン・ペトル　Culianu, Ioan P.
◇エリアーデ=クリアーヌ往復書簡―1972-1986 (Mircea Eliade, Ioan Petru Culianu) ミルチャ・エリアーデ, ヨアン・ペトル・クリアーヌ著, ダン・ペトレスク, テレザ・クリアーヌ=ペトレスク編, 佐々木啓, 奥山史亮訳 慶応義塾大学出版会 2015.8 199, 17p 22cm 〈著作目録あり 年譜あり 索引あり〉 5500円 ①978-4-7664-2247-4 〔02163〕

クリアーヌ=ペトレスク, テレザ　Culianu-Petrescu, Tereza
◇エリアーデ=クリアーヌ往復書簡―1972-1986 (Mircea Eliade, Ioan Petru Culianu) ミルチャ・エリアーデ, ヨアン・ペトル・クリアーヌ著, ダン・ペトレスク, テレザ・クリアーヌ=ペトレスク編, 佐々木啓, 奥山史亮訳 慶応義塾大学出版会 2015.8 199, 17p 22cm 〈著作目録あり 年譜あり 索引あり〉 5500円 ①978-4-7664-2247-4 〔02164〕

クリアリー, T.J.*　Cleary, Timothy J.
◇自己調整学習ハンドブック (HANDBOOK OF SELF-REGULATION OF LEARNING AND PERFORMANCE) バリー・J.ジマーマン, ディル・H.シャンク編, 塚野州一, 伊藤崇達監訳 京都 北大路書房 2014.9 434p 26cm 〈索引あり〉 5400円 ①978-4-7628-2874-4
内容 自己調整学習マイクロ分析の台頭:時代的背景、主たる特性、研究と実践への提言(Timothy J.Cleary著, 杉谷乃百合訳) 〔02165〕

クリヴォノーソフ, ユーリー・イヴァノヴィチ
◇科学の参謀本部―ロシア/ソ連邦科学アカデミーに関する国際共同研究 市川浩編著 札幌 北海道大学出版会 2016.2 522p 22cm 〈索引あり〉 12500円 ①978-4-8329-8224-6
内容 アレクサンドル・トプチエフ(ユーリー・イヴァノヴィチ・クリヴォノーソフ著, 市川浩訳) 〔02166〕

グリガ, アルセニイ
◇カント―その生涯と思想 アルセニイ・グリガ著, 西牟田久雄, 浜田義文訳 新装版 法政大学出版局 2015.4 401, 8p 19cm (叢書・ウニベルシタス) 4500円 ①978-4-588-14008-2
内容 第1章 啓蒙主義の果実 第2章 「私は人間を尊敬することを学ぶ」 第3章 理性の自己批判 第4章 人格性の理念 第5章 真・善・美 第6章 希望としての

信仰および愛　第7章 永遠平和のために　〔02167〕

クリーガー, ハイケ

◇日独公法学の挑戦―グローバル化社会の公法　松本和彦編　日本評論社　2014.3　320p　22cm　〈他言語標題：Herausforderungen der Öffentlichen Rechtswissenschaft in Japan und Deutschland　索引あり〉5300円　①978-4-535-51981-7

内容 ドイツにおける議会によるコントロール(ハイケ・クリーガー著, 宮村教平訳)　〔02168〕

グリゴライト, ハンス・クリストフ

◇ヨーロッパ意思表示論の展開と民法改正―ハイン・ケッツ教授古稀記念（Störungen der Willensbildung bei Vertragsschluss）　R.ツィンマーマン編集, 半田吉信訳著　信山社　2014.6　287p　22cm　（総合叢書 2―〔民法〕）〈索引あり〉8800円　①978-4-7972-5452-5

内容 意思妨害における制裁メカニズム(ハンス・クリストフ・グリゴライト著)　〔02169〕

グリーザー, ディートマー　Grieser, Dietmar

◇ウィーン、わが心の故郷(ふるさと)―多文化が花咲く街に魅せられた異邦人たち（Wien Wahlheimat der Geniesの抄訳）　ディートマル・グリーザー著, 平田達治, 友田和秀訳　大修館書店　2015.5　255p　20cm　3000円　①978-4-469-21351-5

内容 パリからきた傭兵―プリンツ・オイゲン・フォン・サヴォイエン　けっこうな結婚相手―クレーメンス・ロータル・ヴェンツェル・フォン・メッテルニヒ　ひそかな出産―オティーリエ・フォン・ゲーテ　ウィーンの奇跡―フリードリヒ・ヘッベル　「空気が独特の…」―ルートヴィヒ・シュパイデル　「ルターがわれわれを引き裂いた」―ハインリヒ・ラウベ　「伯爵夫人、舞台へどうぞ」―シャルロッテ・ヴォルター　静かなプラーターの小道で―アデーレ・ザンドロック　別離と帰還―レーオ・スレザーク　熱いお風呂―ロッテ・レーマン〔ほか〕　〔02170〕

グリシャチョフ, S.V.

◇日ロ関係史―パラレル・ヒストリーの挑戦　五百旗頭真, 下斗米伸夫,A.V.トルクノフ,D.V.ストレリツォフ編　東京大学出版会　2015.9　713, 12p　22cm　〈年表あり〉9200円　①978-4-13-026265-1

内容 一八――九世紀の露日関係 他(S.V.グリシャチョフ著, 生田美智子訳)　〔02171〕

グーリシャン, ハロルド

◇ナラティヴ・セラピー―社会構成主義の実践（Therapy as social construction(抄訳)）　シーラ・マクナミー, ケネス・J.ガーゲン編, 野口裕二, 野村直樹訳　三鷹　遠見書房　2014.12　177p　19cm　〈文献あり　金剛出版1997年刊の改訂〉2400円　①978-4-904536-80-3

内容 クライエントこそ専門家である―セラピーにおける無知のアプローチ(ハーレーン・アンダーソン, ハロルド・グーリシャン)　〔02172〕

クリシュナムルティ, J.　Krishnamurti, Jiddu

◇最初で最後の自由（THE FIRST AND LAST FREEDOM）　J.クリシュナムルティ著, 飯尾順生訳　ナチュラルスピリット　2015.7　427p　19cm　2300円　①978-4-86451-171-1

内容 講演・講話(私たちは何を求めているのか　個人と社会　自己認識　行為と観念 ほか)　質疑・応答(現在の危機について　国家主義について　精神的な教師の必要性　知識について ほか)　〔02173〕

◇思考の限界―知性のまやかし（THE LIMITS OF THOUGHT）　J.クリシュナムルティ, デイヴィッド・ボーム著, 中野多一郎訳　創英社/三省堂書店　2016.2　268p　20cm　2500円　①978-4-88142-930-3

内容 1 伝統の圧力に抗して(真理の中を生きること　欲望と善　気づきと気をつけていることを超えて　思考と気づき　伝統と真理)　2 安全性の幻想を見て取ること(閃きの解放　愛の叡智)　〔02174〕

◇ブッダとクリシュナムルティ―人間は変われるか？　（CAN HUMANITY CHANGE？）　J.クリシュナムルティ著, 正田大観, 吉田利子共訳, 大野純一監訳　コスモス・ライブラリー　2016.2　434p　19cm　〈文献あり　発売：星雲社〉2200円　①978-4-434-21760-9

内容 第1部 五回の対話(あなたはブッダと同じことを言っているのではありませんか？　自我のない心の状態はあり得るか？　自由意志、行動、愛、そして自己同一化と自我　真理とは何か　死後の生)　第2部 なぜわたしたちは変われないのか？ (結果を期待する　悟りの誘惑　自分の条件づけを見る　無秩序と心　「ありのまま」の否定　恐怖と欲望の役割　圧力をかけられただけでは、わたしたちは変わらない　執着の破壊性　「何かべつのことをすべきだ」　どんなふうに聞いていますか？)　〔02175〕

◇生の書物（MAGNITUDE OF THE MIND）　J.クリシュナムルティ著, 藤仲孝司, 内藤晃訳　京都　UNIO　2016.4　77p　19cm　〈発売：星雲社〉750円　①978-4-434-21796-8

内容 生は関係と行為である―コロンボでの講話1・1980年11月8日　生の書物―コロンボでの講話2・1980年11月9日　欲望、楽しみ、悲しみと死―コロンボでの講話3・1980年11月15日　精神の壮大さ―コロンボでの講話4・1980年11月16日　〔02176〕

◇学校への手紙（LETTERS TO THE SCHOOLS）　J.クリシュナムルティ著, 古庄高訳　第2版　京都　UNIO　2016.8　191p　19cm　〈発売：星雲社〉1600円　①978-4-434-22316-7　〔02177〕

グリスケヴィシウス, ヴラダス　Griskevicius, Vladas

◇きみの脳はなぜ「愚かな選択」をしてしまうのか―意思決定の進化論（The Rational Animal）　ダグラス・T.ケンリック, ヴラダス・グリスケヴィシウス著, 熊谷淳子訳　講談社　2015.1　350p　19cm　〈文献あり 索引あり〉2400円　①978-4-06-156703-0

内容 はじめに キャデラック、共産主義者、ピンクのフーセンガム―エルビスが自分のキャデラックのホイールキャップに金めっきをしたのはなぜか？　第1章 合理性、不合理性、死んだケネディたち―テストステロンで発情したスケートボーダーとウォール街の銀行家の共通点は何か？　第2章 七人の下位自己—マーティン・ルーサー・キング・ジュニアは多重人格障害だったのか？　きみはどうか？　第3章 家庭の経済学とウォール街の経済学のちがい—ウォルト・ディズニーが後継者と対照的なやり方をしたのはなぜか？　第4章 心のけむり感知器—真実を追求するのがなぜ危険なのか？　第5章 現代の原始人—ハーバード大学の賢人がだまされる問題に無教育のジャングル住人が引っかからないのはなぜか？　第6章 生き急いで若くして死ぬ—無一文からいきなり金持ちになった人がよく自己破産の申し立てをすることになるのはなぜか？　第7章 金色のポルシェ、緑の孔雀—人は同じ理由で派手なポルシェを買ったりエコなトヨタのプリウスを買ったりするか？　第8章 性の経済学—彼の場合、彼女の場合—メスが得をしてオスが損をするのはいつか？　第9章 深い合理性に寄生するもの—ペテン師はどうやって深い合理性を食いものにするか？　おわりに 旅の記念品—おれにどんな得がある？　〔*02178*〕

グリスコム, デイビッド・L.

◇不正選挙—電子投票とマネー合戦がアメリカを破壊する（LOSER TAKE ALL）　マーク・クリスピン・ミラー編著, 大竹秀子, 桜井まり子, 関房江訳　亜紀書房　2014.7　343, 31p　19cm　2400円　①978-4-7505-1411-6

内容 電子投票機を使った票の水増し術（デイビッド・L.グリスコム著）　〔*02179*〕

クリスタル, フィリス　Krystal, Phyllis

◇サイババ—比類なき経験（Sai Baba-the ultimate experience）　フィリス・クリスタル著, 阪東真実訳　サティヤサイ出版協会　2013.7　335p　21cm　1600円　①978-4-916138-77-4　〔*02180*〕

クリスチャン, デヴィッド　Christian, David

◇ビッグヒストリー入門—科学の力で読み解く世界史（THIS FLEETING WORLD 原著第5版の翻訳）　デヴィッド・クリスチャン著, 渡辺政隆訳　WAVE出版　2015.10　275, 11p　20cm　〈文献あり 索引あり〉1800円　①978-4-87290-765-0

内容 前編：はじまる前の物語　第1章 はじまり—狩猟採集時代　第2章 加速—農耕時代　第3章 我々の世界—近代　付録A ビッグヒストリーを、子どもたちにどう伝えているか？　付録B 世界史の時代区分　〔*02181*〕

◇ビッグヒストリー—われわれはどこから来て、どこへ行くのか 宇宙開闢から138億年の「人間」史（Big History）　デヴィッド・クリスチャン, シンシア・ストークス・ブラウン, クレイグ・ベンジャミン著, 長沼毅日本語版監修, 石井克弥, 竹田純子, 中川泉訳　明石書店　2016.11　400p　28cm　〈索引あり〉3700円　①978-4-7503-4421-8

内容 ビッグヒストリーの概要と学び方　第1スレッショルド 宇宙　第2スレッショルド 恒星　第3スレッショルド 新たな化学元素　第4スレッショルド 太陽、太陽系、地球の誕生　第5スレッショルド 生命の誕生　第6スレッショルド ホミニン、人間、旧石器時代　第7スレッショルド 農業の起源と初期農耕時代　小スレッショルドを経て 都市、国家、農耕文明の出現　パート1 農耕文明時代のアフロユーラシア〔ほか〕　〔*02182*〕

クリスチャン, J.L.　Christian, John Leroy

◇現代ビルマの全貌（Modern Burma）　J.L.クリスチャン著, 日本外政協会太平洋問題調査部訳　大空社　2016.9　535, 10p　22cm　（アジア学叢書 308）〈文献あり　年表あり　同盟通信社出版部 昭和18年刊の複製〉25200円　①978-4-283-01162-5

内容 緒論　土地と住民　ビルマの歴史　ビルマをめぐるイギリスとフランスの角逐　インドからの分離　ビルマの統治　農業　商業、工業、労働事情　ビルマの社会　ビルマの学芸〔ほか〕　〔*02183*〕

クリスティ, R.グレゴリー　Christie, R.Gregory

◇ハーレムの闘う本屋—ルイス・ミショーの生涯（NO CRYSTAL STAIR）　ヴォーンダ・ミショー・ネルソン著, R.グレゴリー・クリスティイラスト, 原田勝訳　あすなろ書房　2015.2　179p　26cm　1800円　①978-4-7515-2752-8

内容 第1部 1904年‐1922年—ブタ泥棒　第2部 1922年‐1937年—これで幸せなのか？　第3部 1937年‐1945年—わたしは、「いわゆるニグロ」ではない。　第4部 1946年‐1956年—適切なる宣伝活動の拠点　第5部 1958年‐1966年—真実がもとでもめるのなら、もめればいい。　第6部 1966年‐1968年—切りたおされている時にだまって立っているのは樹木だけだ。　第7部 1968年‐1976年—そろそろ、店をたたもう。　〔*02184*〕

クリスティアンセン, ロネ・レネ

◇21世紀型学習のリーダーシップ—イノベーティブな学習環境をつくる（Leadership for 21st Century Learning）　OECD教育研究革新センター編著, 木下江美, 布川あゆみ監訳, 斎藤里美, 本田伊克, 大西公恵, 三浦綾希子, 藤浪海訳　明石書店　2016.9　308p　22cm　4500円　①978-4-7503-4410-2

内容 さまざまな学校制度にみる学習づくりのリーダーシップの開発アプローチ（ターニャ・ヴェストファル＝グライター, ジュディ・ハルバート, リンダ・ケイサー, ローサー・サラヴァート, ロネ・レネ・クリスティアンセン, ペア・トロンスモ, スザンヌ・オーウェン, ドリト・トゥービン著, 木下江美訳）　〔*02185*〕

クリステヴァ, ジュリア　Kristeva, Julia

◇外国人—我らの内なるもの（ÉTRANGERS：à nous‐mêmes）　ジュリア・クリステヴァ著, 池田和子訳　新装版　法政大学出版局　2014.11　278p　19cm　（叢書・ウニベルシタス）　2800円　①978-4-588-09994-6

内容 外国人のためのトッカータとフーガ　古代ギリシア人と異国人、哀願者、居留外人　神の選民、外なるものが選ばれて　聖パウロと聖アウグスティヌス—追放療法と巡礼　どんな資格で外人に？　ルネサンス、“雑然とまとまりなき”　啓蒙主義と外人　普遍的なもの、それは…我々自身の異質性ではなかろうか？　さてどうするか　〔*02186*〕

◇ハンナ・アーレント講義—新しい世界のために（HANNAH ARENDT）　ジュリア・クリステヴァ著, 青木隆嘉訳　論創社　2015.3　167p　20cm　2500円　①978-4-8460-1406-3

内容 第1講 “生きること”と“語ること”　第2講 アーレントとアリストテレス—“語り”の擁護　第3講 二〇

世紀の証言者たち　第4講 “人物”と身体　第5講 判断 “裁き” 〔02187〕

クリステンセン, クレイトン・M.　Christensen, Clayton M.

◇イノベーションの最終解（Seeing What's Next）　クレイトン・M.クリステンセン, スコット・D.アンソニー, エリック・A.ロス著, 桜井祐子訳　翔泳社　2014.7　460p　20cm　〈索引あり〉 2200円　①978-4-7981-3231-0

内容 第1部 理論を分析に用いる方法（変化のシグナル―機会はどこにある？　競争のバトル―競合企業の経営状況を把握する　戦略的選択―重要な選択を見きわめる　イノベーションに影響を与える市場外の要因）　第2部 理論に基づく分析の実例（破壊の学位―教育の未来　破壊が翼を広げる―航空の未来　ムーアの法則はどこへ向かうのか？　―半導体の未来　肥大化した業界を治療する―医療の未来　海外のイノベーション―理論をもとに企業と国家の戦略を分析する　電線を切断する―通信の未来　結論―次に来るのは何か？） 〔02188〕

◇ハーバード・ビジネス・レビューBEST10論文―世界の経営者が愛読する（HBR's 10 Must Reads）　ハーバード・ビジネス・レビュー編集部編, DIAMONDハーバード・ビジネス・レビュー編集部訳　ダイヤモンド社　2014.9　357p　19cm　（Harvard Business Review）　1800円　①978-4-478-02868-1

内容 “イノベーションのジレンマ”への挑戦（クレイトン・M.クリステンセン, マイケル・オーバードルフ著） 〔02189〕

◇自分を成長させる極意―ハーバード・ビジネス・レビューベスト10選（HBR'S 10 MUST READS ON MANAGING YOURSELF）　ピーター・F.ドラッカー, クレイトン・M.クリステンセン他著, ハーバード・ビジネス・レビュー編集部編, DIAMONDハーバード・ビジネス・レビュー編集部訳　ダイヤモンド社　2016.1　311p　19cm　1600円　①978-4-478-06830-4

内容 自分の人生を「成功」に導く/正しい物差しで生き方を管理する（クレイトン・M.クリステンセン著） 〔02190〕

クリストフ, アジズ　Kristof, Aziz

◇覚醒のトランスミッション―魂の根源へ向かって（Transmission of Awakening）　アジズ・クリストフ著, 荻原智子訳　アルテ　2014.1　189p　19cm　〈発売：星雲社〉 2000円　①978-4-434-18809-1

内容 1 悟りの性質　2「非二元」を超えて　3 絶対瞑想へのガイダンス　4 覚醒のトランスミッション　5 質疑応答　6 自然に起こった対話　7 自然に起こった思索 〔02191〕

◇覚醒のトランスミッション　2　魂の顕現を目指して（Transmission of Awakening）　アジズ・クリストフ著, 荻原智子訳　アルテ　2014.12　190p　19cm　〈発売：星雲社〉 2000円　①978-4-434-20137-0

内容 1 悟りの性質　2「非二元」を超えて　3 絶対瞑想へのガイダンス　4 覚醒のトランスミッション　5 質疑応答　6 自然に起こった対話　7 自然に起こった思策 〔02192〕

クリストフ, パウル　Christoph, Paul

◇マリー・アントワネットとマリア・テレジア秘密の往復書簡（Correspondance entre Marie-Thérèse et Marie-Antoinette）　マリー・アントワネット, マリア・テレジア〔著〕, パウル・クリストフ編, 藤川芳朗訳　岩波書店　2015.10　436, 5p　19cm　（岩波人文書セレクション）〈2002年刊の再刊　年譜あり 索引あり〉 3300円　①978-4-00-028819-4

内容 一七七〇年（書簡1‐6）　一七七一年（書簡7‐20）　一七七二年（書簡21‐27）　一七七三年（書簡28‐42）　一七七四年（書簡43‐57）　一七七五年（書簡58‐62、A‐C、63‐69）　一七七六年（書簡70‐87）　一七七七年（書簡88‐93、D、94‐106）　一七七八年（書簡107‐136）　一七七九年（書簡137‐150）　一七八〇年（書簡151‐158、E、159‐167、F） 〔02193〕

クリストファーセン, アルフ　Christophersen, Alf

◇キリスト教神学資料集　下（The Christian Theology Reader, Third Edition）　アリスター・E.マクグラス編, 古屋安雄監訳　オンデマンド版　キリスト新聞社　2013.9　630, 49p　21cm　〈原書第3版〉 10000円　①978-4-87395-641-1

内容 ルドルフ・ブルトマン（一八八四―一九七六）/パウル・ティリッヒ（一八八六―一九六五）（アルフ・クリストファーセン） 〔02194〕

◇ティリッヒとフランクフルト学派―亡命・神学・政治　深井智朗監修, フリードリヒ・ヴィルヘルム・グラーフ, アルフ・クリストファーセン, エルトマン・シュトルム, 竹渕香織編　法政大学出版局　2014.2　293, 33p　19cm　（叢書・ウニベルシタス）　3500円　①978-4-588-01005-7

内容 ジョン・F.ケネディーに関する論争―パウル・ティリッヒとヘルベルト・マルクーゼ間の短い往復書簡（アルフ・クリストファーセン, フリードリヒ・ヴィルヘルム・グラーフ編, 宮崎直美, 深井智朗訳） 〔02195〕

◇キリスト教の主要神学者　下　リシャール・シモンからカール・ラーナーまで（Klassiker der Theologie）　F.W.グラーフ編　安酸敏真監訳　教文館　2014.9　390, 7p　22cm　〈索引あり〉 4200円　①978-4-7642-7384-9

内容 ルドルフ・ブルトマン パウル・ティリッヒ（アルフ・クリストファーセン著, 佐藤貴史訳） 〔02196〕

◇精神の自己主張―ティリヒ=クローナー往復書簡 1942-1964（Selbstbehauptung des Geistes）　フリードリヒ・ヴィルヘルム・グラーフ, アルフ・クリストファーセン編, 茂牧人, 深井智朗, 宮崎直美訳　未来社　2014.11　189p　19cm　（転換期を読む 24）　2200円　①978-4-624-93444-6

内容 第1部 精神の自己主張―リヒャルト・クローナーとパウル・ティリヒ往復書簡　第2部 パウル・ティリヒとリヒャルト・クローナー往復書簡、及び関連文書　第3部 訳者解題―二人の亡命知識人の精神史的考察 〔02197〕

クリスプ, ロジャー

◇徳倫理学基本論文集　加藤尚武, 児玉聡編・監訳　勁草書房　2015.11　342, 7p　22cm　〈索引あり〉 3800円　①978-4-326-10248-8

内容 功利主義と徳の人生（ロジャー・クリスプ著, 佐藤岳詩訳） 〔02198〕

クリスマンスキ, ハンス・ユルゲン　Krysmanski, Hans Jürgen

◇マルクス最後の旅（DIE LETZTE REISE DES KARL MARX）　ハンス・ユルゲン・クリスマンスキ著, 猪股和夫訳　太田出版　2016.6　167p　20cm　〈文献あり 年譜あり〉2400円　①978-4-7783-1525-2

内容 第1章 ロンドンから地中海岸へ　第2章 アルジェ　第3章 モンテカルロ、カジノ資本主義　第4章 ロンドンに帰る、そして死　〔02199〕

クリス＝レッテンベック, レンツ　Kriss-Rettenbeck, Lenz

◇図説西洋護符大全—魔法・呪術・迷信の博物誌（Amulett und Talisman）　L.クリス＝レッテンベック,L.ハンスマン著, 津山拓也訳　八坂書房　2014.5　496, 46p 図版24p　22cm　〈文献あり 索引あり〉6800円　①978-4-89694-168-5

内容 1 実践術—護符とは何か？　2 石　3 樹木と薬草　4 動物と人間　5 神聖物と象徴記号　6 形象　7 状況—歴史の中の護符　〔02200〕

グリーソン, ケリー　Gleeson, Kerry

◇なぜか、「仕事がうまくいく人」の習慣—世界中のビジネスマンが学んだ成功の法則（The Personal Efficiency Program 原著第2版の翻訳）　ケリー・グリーソン著, 楡井浩一訳　新装版　京都　PHP研究所　2015.4　251p　19cm　1400円　①978-4-569-82285-3

内容 1 すぐにやる！　2 すぐに整理する　3 機械的に行なう作業を決める　4 すぐに計画する　5 再確認と仕上げ　6 すぐに正しくやる　7 歩きまわりコミュニケーション　8 すぐに整備する　〔02201〕

グリーソン・ホワイト, ジェーン　Gleeson-White, Jane

◇バランスシートで読みとく世界経済史—ヴェニスの商人はいかにして資本主義を発明したのか？（DOUBLE ENTRY）　ジェーン・グリーソン・ホワイト著, 川添節子訳　日経BP社　2014.10　252, 27p　20cm　〈文献あり 索引あり　発売：日経BPマーケティング〉1900円　①978-4-8222-5046-1

内容 ロバート・ケネディと富の測定　会計—コミュニケーションの始まり　商人と数学　ルカ・パチョーリ、有名人になる　パチョーリの簿記論　複式簿記の普及　産業革命と会計士の誕生　複式簿記と資本主義—卵が先か、鶏が先か　ケインズ—複式簿記と国民の富　会計専門職の台頭とスキャンダル　会計は地球を救えるか　〔02202〕

クーリッジ, F.L.*　Coolidge, Fred L.

◇ワーキングメモリと日常—人生を切り拓く新しい知性（WORKING MEMORY）　T.P.アロウェイ,R.G.アロウェイ編著, 湯沢正通, 湯沢美紀監訳　京都　北大路書房　2015.10　340p　21cm　（認知心理学のフロンティア）〈文献あり 索引あり〉3800円　①978-4-7628-2908-6

内容 ワーキングメモリの進化（Fred L.Coolidge, Thomas Wynn, Karenleigh A.Overmann著, 松吉大輔訳）　〔02203〕

クリッツァー, バジル　Kritzer, Basil

◇あなたの想いがとどく愛のピアノレッスン　江崎光世, バジル・クリッツァー, 岩井俊憲著　学研パブリッシング　2015.3　222p　19cm　〈発売：学研マーケティング〉1300円　①978-4-05-800382-4

内容 対談1 江崎先生の教室で起こる奇跡—お話し・江崎光世、聞き手・岩井俊憲　対談2 心と身体をときほぐすレッスン—お話し・バジル・クリッツァー、聞き手・岩井俊憲　手記 ある教室のささやかなサクセスストーリー（松井美香）　〔02204〕

クリッピンガー, ジョン・ヘンリー

◇成長戦略論—イノベーションのための法と経済学（RULES FOR GROWTH）　ロバート・E.ライタン編著, 木下信行, 中原裕彦, 鈴木淳人監訳　NTT出版　2016.3　383p　23cm　6500円　①978-4-7571-2352-6

内容 ガバナンスにおけるデジタル・イノベーション（ジョン・ヘンリー・クリッピンガー著, 中原裕彦監訳, 利光秀方訳）　〔02205〕

クリツマン, ローレンス・D.

◇男らしさの歴史　1　男らしさの創出—古代から啓蒙時代まで（HISTOIRE DE LA VIRILITÉ）　A.コルバン,J-J.クルティーヌ,G.ヴィガレロ監修　G.ヴィガレロ編, 鷲見洋一監訳　藤原書店　2016.12　788p 図版48p　22cm　8800円　①978-4-86578-097-0

内容 男らしさとそれにとって「異他なるもの」—逆説的な男性性の描像（ローレンス・D.クリツマン著, 寺田元一訳）　〔02206〕

グリニューク, V.A.

◇日ロ関係史—パラレル・ヒストリーの挑戦　五百旗頭真, 下斗米伸夫,A.V.トルクノフ,D.V.ストレリツォフ編　東京大学出版会　2015.9　713, 12p　22cm　〈年表あり〉9200円　①978-4-13-026265-1

内容 ソ連外交と対中・日関係（V.A.グリニューク, Ia.A.シュラートフ,A.S.ローシキナ著, 富田武訳）　〔02207〕

グリフィス, サミュエル・ブレア　Griffith, Samuel Blair

◇孫子戦争の技術—グリフィス版（SUN TZU The Art of War）　サミュエル・B.グリフィス著, 漆嶋稔訳　日経BP社　2014.9　465p　20cm　（NIKKEI BP CLASSICS）〈文献あり　発売：日経BPマーケティング〉2500円　①978-4-8222-5041-6

内容 本篇（計篇　作戦篇　謀攻篇　形篇　勢篇　虚実篇　軍争篇　九変篇　行軍篇　地形篇　九地篇　火攻篇　用間篇）　補遺（呉起に関すること　日本の軍事思想における孫子の影響について　西欧の『孫子』注釈者の略歴）　〔02208〕

グリフィス, デイヴィッド

◇オックスフォード ブリテン諸島の歴史　3　ヴァイキングからノルマン人へ（The Short Oxford History of the British Isles ： From the Vikings to the Normans（800-1100））　鶴島博和日本語版監修　ウェンディ・デイヴィス編, 鶴島博和監

訳　慶応義塾大学出版会　2015.10　371, 49p　22cm　〈文献あり 年表あり 索引あり〉7400円　①978-4-7664-1643-5
内容 交換、交易、都市化（デイヴィッド・グリフィス著, 森貴子訳）〔02209〕

ク

グリフィス, ラドヤード
◇人類は絶滅を逃れられるのか―知の最前線が解き明かす「明日の世界」（DO HUMANKIND'S BEST DAYS LIE AHEAD？）　スティーブン・ピンカー, マルコム・グラッドウェル, マット・リドレー他著, 藤原朝子訳　ダイヤモンド社　2016.11　162p　19cm　1400円　①978-4-478-06988-2
内容 人類は絶滅を逃れられるのか（スティーブン・ピンカー, マルコム・グラッドウェル, マット・リドレー, ラドヤード・グリフィス述）〔02210〕

グリフィス, L.G.*　Griffiths, Lesa G.
◇学生が変わるプロブレム・ベースド・ラーニング実践法―学びを深めるアクティブ・ラーニングがキャンパスを変える（THE POWER OF PROBLEM-BASED LEARNING）　ダッチ・B.J, グロー・S.E, アレン・D.E編, 山田康彦, 津田司監訳, 三重大学高等教育創造開発センター訳　京都　ナカニシヤ出版　2016.2　282p　22cm　〈索引あり〉3600円　①978-4-7795-1002-1
内容 生命工学科目におけるPBLの展開（Sherry L. Kitto, Lesa G.Griffiths著, 丸山直樹訳）〔02211〕

グリフィン, アビー　Griffin, Abbie
◇シリアル・イノベーター―「非シリコンバレー型」イノベーションの流儀（SERIAL INNOVATORS）　アビー・グリフィン, レイモンド・L.プライス, ブルース・A.ボジャック著, 市川文子, 田村大監訳, 東方雅美訳　プレジデント社　2014.4　379p　19cm　〈文献あり〉2000円　①978-4-8334-2080-8
内容 第1章 成熟企業のブレークスルー・イノベーション　第2章 イノベーター主導型プロセスとは　第3章 顧客とのエンゲージメントを築く　第4章 信頼と尊敬で組織を動かす　第5章 シリアル・イノベーターの特性　第6章 シリアル・イノベーターはどこにいるか？　第7章 才能のマネジメント　第8章 読者へのラブレター―シリアル・イノベーターと未来のシリアル・イノベーター、そして彼らと共に働く人たちへ〔02212〕

グリフィン, トレン　Griffin, Trenholme J.
◇完全なる投資家の頭の中―マンガーとバフェットの議事録（Charlie Munger）　トレン・グリフィン著, 長尾慎太郎監修, 井田京子訳　パンローリング　2016.3　310p　20cm　（ウィザードブックシリーズ 233）〈文献あり〉2000円　①978-4-7759-7202-1
内容 第1章 グレアム式バリュー投資システムの基礎　第2章 グレアム式バリュー投資システムの原則　第3章 智慧　第4章 間違いを犯す心理　第5章 必要不可欠な資質　第6章 グレアム式バリュー投資システムの八つの変数　第7章 会社経営において必要不可欠な資質 バークシャーの計算方法　堀　バリュー投資とファクター投資〔02213〕

グリフィン, ニコラス　Griffin, Nicholas
◇ピンポン外交の陰にいたスパイ（PING-PONG DIPLOMACY）　ニコラス・グリフィン著, 五十嵐加奈子訳　柏書房　2015.8　422p 図版12p　20cm　〈文献あり〉2600円　①978-4-7601-4620-8
内容 1 西洋（高貴な幼少時代　反骨精神 ほか）　2 東洋（卓球場の山賊　トロイのハト ほか）　3 東洋と西洋の出会い（にらみあう世界　平和の種 ほか）　4 余波（リターンマッチ　みごとなパフォーマンス ほか）〔02214〕

グリフィン, ヘレン　Griffin, Helen
◇性加害行動のある少年少女のためのグッドライフ・モデル（The Good Lives Model for Adolescents Who Sexually Harm）　ボビー・プリント編, 藤岡淳子, 野坂祐子監訳　誠信書房　2015.11　231p　21cm　〈索引あり〉3000円　①978-4-414-41461-5
内容 旅路：Gマップによるグッドライフ・モデルの修正他（ヘレン・グリフィン, ローラ・ワイリー）〔02215〕

グリフィン, P.　Griffin, Patrick E.
◇21世紀型スキル―学びと評価の新たなかたち（ASSESSMENT AND TEACHING OF 21ST CENTURY SKILLS）　P.グリフィン,B.マクゴー,E.ケア編, 三宅なほみ監訳, 益川弘如, 望月俊男編訳　京都　北大路書房　2014.4　265p　21cm　〈索引あり〉2700円　①978-4-7628-2857-7
内容 教育と学校の役割の変化（パトリック・グリフィン, エスター・ケア, バリー・マクゴー著, 益川弘如, 望月俊男訳）〔02216〕

クリフォード, リチャード・M.　Clifford, Richard M.
◇新・保育環境評価スケール　1　3歳以上（EARLY CHILDHOOD ENVIRONMENT RATING SCALE 原著第3版の翻訳）　テルマ・ハームス, リチャード・M.クリフォード, デビィ・クレア著, 埋橋玲子訳　京都　法律文化社　2016.10　95p　26cm　〈文献あり〉1900円　①978-4-589-03797-8
内容 評定項目と注釈　スコアシート"3歳以上"　プロフィール　付録1 園内（公開）研修の手引き　付録2 共同観察シート（観察者間信頼性確認）　解説：新・保育環境評価スケール"3歳以上"（2015）について―ECERS‐RからECERS‐3へ〔02217〕

クリフォード, H.J.　Clifford, Herbert John
◇クリフォード訪琉日記―もうひとつの開国　H.J.クリフォード著, 浜川仁訳・解説　不二出版　2015.10　262p　19cm　〈文献あり 索引あり〉1800円　①978-4-8350-7828-1
内容 日記 一八一六年（九月二一日土曜日　九月二二日日曜日　九月二三日月曜日　九月二五日水曜日　九月二七日金曜日 ほか）　解説 クリフォードの仕掛けた琉球・日本の近代〔02218〕

クリフト, ベン
◇民主政治はなぜ「大統領制化」するのか―現代民主主義国家の比較研究（The Presidentialization of Politics）　T.ポグントケ,P.ウェブ編, 岩崎正

洋監訳　京都　ミネルヴァ書房　2014.5　523, 7p　22cm　〈索引あり〉8000円　①978-4-623-07038-1

内容 大統領制化された政治体における双頭的大統領制化（ベン・クリフト著, 佐川泰弘訳）　〔02219〕

グリマルディ, ミシェル

◇財産管理の理論と実務　水野紀子, 窪田充見編集代表　日本加除出版　2015.6　576p　22cm　7000円　①978-4-8178-4236-7

内容 尊属分割はどうなったのか（ミシェル・グリマルディ著, マルセロ デ アウカンタラ訳）　〔02220〕

クリューガー, デーレク

◇古代世界の呪詛板と呪縛呪文（Curse Tablets and Binding Spells from the Ancient World）　ジョン・G.ゲイジャー編, 志内一興訳　京都　京都大学学術出版会　2015.12　472p　22cm　〈索引あり〉5400円　①978-4-87698-891-4

内容 序章　第1章 競技呪詛板―劇場や競走場で　第2章 性愛の呪詛板―セックス、愛、そして結婚　第3章 訴訟・政争―「法廷で舌が麻痺しますように！」　第4章 ビジネス、商店、酒場での呪詛板　第5章 正義と復讐を求める嘆願呪詛板　第6章 その他の呪詛板　第7章 護符、解毒呪文、対抗呪文　第8章 文学史料、碑文史料の証言　〔02221〕

クリューガー, マルテ・D.

◇キリスト教神学の主要著作―オリゲネスからモルトマンまで（Hauptwerke der Systematischen Theologie）　R.A.クライン,C.ポルケ,M.ヴェンテ編, 佐々木勝彦, 佐々木悠, 浜崎雅孝訳　教文館　2013.12　424, 18p　22cm　〈索引あり〉4000円　①978-4-7642-7375-7

内容 エーバハルト・ユンゲル『世界の秘密としての神』（マルテ・D.クリューガー著, 佐々木勝彦訳）　〔02222〕

クリューゼマン, フランク

◇死者の復活―神学的・科学的論考集（RESURRECTION）　T.ピーターズ,R.J.ラッセル,M.ヴェルカー編, 小河陽訳　日本キリスト教団出版局　2016.2　441p　22cm　5600円　①978-4-8184-0896-8

内容 聖書と復活（フランク・クリューゼマン著）　〔02223〕

クリューネマン, マルチナ・エルプ

◇子どもと離婚―合意解決と履行の支援　二宮周平, 渡辺惺之編　信山社　2016.4　456p　22cm　6200円　①978-4-7972-9305-0

内容 ドイツにおける子の返還事件に関するメディエーションの実務並びに裁判との連携 他（マルチナ・エルプ・クリューネマン著, 渡辺惺之訳）　〔02224〕

グリューン, アルノ　Gruen, Arno

◇従順という心の病い―私たちはすでに従順になっている（wider den gehorsam）　アルノ・グリューン著, 村椿嘉信訳　ヨベル　2016.11　116p　19cm　800円　①978-4-907486-42-6

内容 序・従順―私たちの文化の根本問題　従順の問題点　子どもの成長と従順　従順の原因　誤ったアイデンティティと破滅行為　権威と従順　従順から逃れる道　国家論―従順の権力構造　従順―私たちの文化の基盤と病理　従順とのたたかい　〔02225〕

◇なぜ“平和主義”にこだわるのか（ENTRÜSTET EUCH！ —WARUM PAZIFISMUS FÜR UNS DAS GEBOT DER STUNDE BLEIBT）　マルゴット・ケースマン, コンスタンティン・ヴェッカー編, 木戸衛一訳　いのちのことば社　2016.12　261p　19cm　1500円　①978-4-264-03611-1

内容 いかに平和を？（アルノ・グリューン）　〔02226〕

グリューン, アンゼルム　Grün, Anselm

◇聖書入門（Die Bibel verstehen）　アンゼルム・グリューン著, 中道基夫, 萩原佳奈子訳　キリスト新聞社　2013.12　211p　20cm　2000円　①978-4-87395-645-9

内容 聖書を読むために　神の契約の歴史　人生の知恵　預言者　イエスの歴史　パウロの手紙　初期キリスト教の手紙　ヨハネの黙示録　〔02227〕

グリヨ・ド・ジヴリ　Grillot de Givry

◇妖術師・秘術師・錬金術師の博物館（Le Musée des Sorciers, Mages et Alchimistes）　グリヨ・ド・ジヴリ著, 林瑞枝訳　新装版　法政大学出版局　2015.3　482, 16p 図版12p　22cm　4800円　①978-4-588-37420-3

内容 第1部 妖術師（光の世界に対立する闇の世界　闇の世界の宗儀の表現　信仰生活における悪魔の出現 ほか）　第2部 秘術師（ユダヤ人のカバリストとキリスト教徒のカバリスト　大宇宙における占星術　小宇宙における占星術 ほか）　第3部 錬金術師（秘密の教義　錬金術の物質と作業の諸操作　錬金術師の実験室と吹き屋の実験室）　〔02228〕

グリル, ウィリアム　Grill, William

◇シャクルトンの大漂流（SHACKLETON'S JOURNEY）　ウィリアム・グリル作, 千葉茂樹訳　岩波書店　2016.10　71p　32cm　〈年譜あり〉2000円　①978-4-00-111260-3

内容 資金集めと隊員募集　隊員　犬　エンデュアランス号　道具と物資の調達　いざ出帆　イングランドからサウスジョージア島へ　探検地図　ウェッデル海へ　流氷帯〔ほか〕　〔02229〕

グリルス, ベア　Grylls, Bear

◇究極のサバイバルテクニック（BORN SURVIVOR）　ベア・グリルス著, 伏見威蕃, 田辺千幸訳　朝日新聞出版　2014.4　286p　19cm　1800円　①978-4-02-331266-1

内容 第1章 サバイバルの基本　第2章 夏山　第3章 氷点下環境　第4章 ジャングル　第5章 砂漠　第6章 海　〔02230〕

グリロ, ヨアン　Grillo, Ioan

◇メキシコ麻薬戦争―アメリカ大陸を引き裂く「犯罪者」たちの叛乱（EL NARCO）　ヨアン・グリロ著, 山本昭代訳　現代企画室　2014.3　417p　19cm　〈文献あり〉2200円　①978-4-7738-1404-0

内容 ゴースト―イントロダクション　1 歴史（ケシー麻薬生産の黎明期　ヒッピー―第一次麻薬ブーム　カルテル―メキシコ麻薬組織の形成 ほか）　2 内臓（運

ク

び屋―麻薬密輸とマネー・ロンダリング　殺し屋―殺人という仕事　文化―マフィアの音楽・映画 ほか）3 運命（捜査―スパイと裏切り　拡大―国際化する組織犯罪　多様化―犯罪の多角化 ほか）〔02231〕

グリン, アンディ　Glynne, Andy

◇世界の難民の子どもたち 1 「アフガニスタン」のアリの話（Ali's Story-A Journey from Afghanistan）アンディ・グリン作, 難民を助ける会監修, いわたかよこ訳　サルバドール・マルドナド絵　ゆまに書房　2016.10　1冊（ページ付なし）　26cm　2200円　①978-4-8433-4988-5〔02232〕

◇世界の難民の子どもたち 2 「イラン」のナビッドの話（Navid's Story-A Journey from Iran）アンディ・グリン作, 難民を助ける会監修, いわたかよこ訳　ジョナサン・トップフ絵　ゆまに書房　2016.10　1冊（ページ付なし）　26cm　2200円　①978-4-8433-4989-2〔02233〕

◇世界の難民の子どもたち 3 「エリトリア」のハミッドの話（Hamid's Story-A Journey from Eritrea）アンディ・グリン作, 難民を助ける会監修, いわたかよこ訳　トム・シニア絵　ゆまに書房　2016.10　1冊（ページ付なし）　26cm　2200円　①978-4-8433-4990-8〔02234〕

◇世界の難民の子どもたち 4 「ジンバブエ」のジュリアンの話（Juliane's Story-A Journey from Zimbabwe）アンディ・グリン作, 難民を助ける会監修, いわたかよこ訳　カール・ハモンド絵　ゆまに書房　2016.10　1冊（ページ付なし）　26cm　2200円　①978-4-8433-4991-5〔02235〕

◇世界の難民の子どもたち 5 「ユーラシア」のレイチェルの話（Rachel's Story-A Journey from a country in Eurasia）アンディ・グリン作, 難民を助ける会監修, いわたかよこ訳　サルバドール・マルドナド絵　ゆまに書房　2016.10　1冊（ページ付なし）　26cm　2200円　①978-4-8433-4992-2〔02236〕

グリーン, イアン

◇イギリス宗教史―前ローマ時代から現代まで（A History of Religion in Britain）指昭博, 並河葉子監訳, 赤江雄一, 赤瀬理穂, 指珠恵, 戸渡文子, 長谷川直子, 宮崎章訳, シェリダン・ギリー, ウィリアム・J.シールズ編　法政大学出版局　2014.10　629, 63p　22cm 〈文献あり 年表あり 索引あり〉9800円　①978-4-588-37122-6

内容 ステュアート・ハノーヴァ朝イングランドのアングリカニズム（イアン・グリーン著, 長谷川直子訳）〔02237〕

グリーン, ジェン　Green, Jen

◇ワールドアトラス―スライドで広がる！ 地図の図鑑 見え方が変わるスライド地図で世界を楽しく体験（SLIDE AND DISCOVER WORLD ATLAS）ジェン・グリーン著, 堀内克明監訳, 松井貴子訳, 現代用語の基礎知識編　自由国民社　2014.2　21p　24×31cm（現代用語KODOMOの基礎知識）〈校閲：土屋彰久　索引あり〉2800円　①978-4-426-11736-8〔02238〕

グリーン, ジョシュア　Greene, Joshua David

◇モラル・トライブズ―共存の道徳哲学へ 上（MORAL TRIBES）ジョシュア・グリーン〔著〕, 竹田円訳　岩波書店　2015.8　277, 40p　20cm 〈索引あり〉2800円　①978-4-00-006321-0〔02239〕

◇モラル・トライブズ―共存の道徳哲学へ 下（MORAL TRIBES）ジョシュア・グリーン〔著〕, 竹田円訳　岩波書店　2015.8　p281～490 68p　20cm 〈文献あり 索引あり〉2800円　①978-4-00-006322-7〔02240〕

グリーン, スーザン・アイコブ　Green, Susan Eikov

◇いじめは、やめて！（Don't Pick On Me）スーザン・アイコブ・グリーン著, 上田勢子訳　福村出版　2014.7　134p　26cm（子どもの「こころ」を親子で考えるワークブック 2）1500円　①978-4-571-20601-6

内容 いじめってなに？　いじめと気持ち―悲しい気持ち、こわい気持ち、そのほかいろいろな気持ち　いじめと体―痛みや苦しみ　勇気のあるふりをすれば勇気が出ますよ　見た目が良ければ気分も良くなりますよ　冷静でいましょう　いじめのしかえしをしない　いじめっ子をさけましょう　自己主張しましょう　自信のある話し方をしましょう〔ほか〕〔02241〕

グリーン, デイヴィッド（政治学）　Grene, David

◇ギリシア政治理論―トゥキュディデスとプラトンにおける男のイメージ（Greek Political Theory）デイヴィッド・グリーン著, 飯島昇藏, 小高康照, 近藤和貴, 佐々木潤訳　風行社　2014.9　257p　22cm 〈索引あり〉5500円　①978-4-86258-086-3

内容 第1部 静観した男（トゥキュディデスの世界　トゥキュディデスについてのわれわれの知識　トゥキュディデスの政治学の問題　トゥキュディデスとアテナイ民主政治　トゥキュディデスとアテナイ帝国　歴史的必然　運と憐れみ　必然を超えて）第2部 砂塵あらしの中の男（言葉と行為　馭者と馬車　構築物　シケリアにおける実験　ディクテへの道）〔02242〕

グリン, パウロ　Glynn, Paul

◇蟻の街の微笑み―蟻の街で生きたマリア北原怜子　パウロ・グリン著, 大和幸子編　長崎　聖母の騎士社　2016.2　311p　21cm 〈文献あり（カトリック登美が丘教会1995年刊）の改題〉1500円　①978-4-88216-367-1〔02243〕

グリーン, マーシャ

◇経験学習によるリーダーシップ開発―米国CCLによる次世代リーダー育成のための実践事例（Experience-Driven Leader Development）シンシア・D.マッコーレイ,D.スコット・デリュ, ポール・R.ヨスト, シルベスター・テイラー編, 漆嶋稔訳　日本能率協会マネジメントセンター　2016.8　511p　27cm　8800円　①978-4-8207-5929-4

内容 新任指導主事育成のためのストレッチ課題（サリー・A.アリソン, マーシャ・グリーン）〔02244〕

グリーン, モーリー　Greene, Molly
◇海賊と商人の地中海―マルタ騎士団とギリシア商人の近世海洋史（Catholic Pirates and Greek Merchants）　モーリー・グリーン著, 秋山晋吾訳　NTT出版　2014.4　349p　22cm　〈文献あり 索引あり〉 3600円　①978-4-7571-4295-4
内容 第1章 臣民と君主　第2章 宗教という指標　第3章 海賊の時代　第4章 オスマン帝国の地中海　第5章 提訴への道　第6章 マルタの法廷にて　第7章 ローマへ　〔02245〕

グリーン, リズ　Greene, Liz
◇神託のタロット―ギリシアの神々が深層心理を映し出す（THE NEW MYTHIC TAROT）　リズ・グリーン, ジュリエット・シャーマン＝バーク著, トリシア・ニューウェル画, 鏡リュウジ監訳　原書房　2014.12　215p　19cm　〈外箱入 文献あり〉 3900円　①978-4-562-05114-4
内容 大アルカナ（愚者―ディオニュソス　魔術師―ヘルメス　女帝―デメテル　皇帝―ゼウス　女教皇―ペルセポネ ほか）　小アルカナ―四つのスート（カップのスート　ワンドのスート　ソードのスート　ペンタクルのスート）　〔02246〕

グリーン, ロジャー・ランスリン　Green, Roger Lancelyn
◇ギリシアの神々の物語（Tales of The greek Heroes ： Retold from The Ancient Authours）　ロジャー・ランスリン・グリーン著, 山本まつよ訳, 矢野ゆたか絵　3版　子ども文庫の会　2014.6　260p　19cm　1700円　①978-4-906075-07-2
内容 神々の出現　ヘルメスとアポロン　プロメテウスの話　ゼウスとヘルメスの地上の旅　残忍なテュポン　ディオニュソスの冒険　ゴルゴン殺しのペルセウス　ヘラクレスの誕生　ヘラクレスの選んだ道　難行の始まり　アドメトスの話　さすらうヘラクレス　黄金のりんごと地獄の番犬　テセウスの冒険　金毛羊皮を求めて　アルゴナウタイの帰還　メレアグロスとアタランテ　トロイア第一回目の陥落　巨人族との戦い　〔02247〕

グリーン, ロバート　Greene, Robert
◇マスタリー―仕事と人生を成功に導く不思議な力（MASTERY）　ロバート・グリーン著, 上野元美訳　新潮社　2015.6　460p　20cm　〈文献あり 索引あり〉 2600円　①978-4-10-506911-7
内容 1 衝動にしたがう―人生でやるべきこと　2 現実を受けいれる―理想の修業期　3 達人の力を吸収する―師が持つ力　4 あるがままに人を見る―社会的知性　5 多元的精神を目覚めさせる―創造的活動期　6 理性と直感との融合―マスタリー　〔02248〕
◇権力（パワー）に翻弄されないための48の法則 上（THE 48 LAWS OF POWER）　ロバート・グリーン, ユースト・エルファーズ著, 鈴木主税訳　パンローリング　2016.9　380p　19cm　（フェニックスシリーズ 37）　〈角川書店 1999年刊の新装改訂　文献あり〉 1600円　①978-4-7759-4156-0
内容 主人より目立ってはならない　友を信じすぎず、敵をうまく使え　本当の目的は隠しておけ　必要以上に多くを語るな　名声は大いに頼りになる―生命をかけて名声を守れ　ぜひとも人の注目を集めよ　他人を自分のために働かせよ、ただし手柄は決して渡すな　他人に足を運ばせよ―必要ならば餌を使え　言葉でなく行動によって勝て　感染を避けよ―不幸な人間や不運な人間とはつきあうな〔ほか〕　〔02249〕
◇権力（パワー）に翻弄されないための48の法則 下（THE 48 LAWS OF POWER）　ロバート・グリーン, ユースト・エルファーズ著, 鈴木主税訳　パンローリング　2016.9　397p　19cm　（フェニックスシリーズ 38）　〈角川書店 1999年刊の新装改訂　文献あり〉 1600円　①978-4-7759-4157-7
内容 何かを信じたがる人間の性向を利用して、盲目的な崇拝者をつくれ　大胆に行動せよ　終わりにいたるまで計画を立てよ　努力は人に見せるな　選択肢を支配せよ―自分に都合のいいカードを引かせる　幻想に訴えよ　人の摘みねじを見つけろ　自分のやりかたで王になれ―王のように振る舞えば、王のように扱ってもらえる　タイミングをはかる技術を習得せよ　手に入らないものは相手にするな。無視することが最大の復讐である〔ほか〕　〔02250〕

グリーン, J.A.*　Greene, Jeffrey Alan
◇自己調整学習ハンドブック（HANDBOOK OF SELF-REGULATION OF LEARNING AND PERFORMANCE）　バリー・J.ジマーマン, ディル・H.シャンク編, 塚野州一, 伊藤崇達監訳　京都　北大路書房　2014.9　434p　26cm　〈索引あり〉 5400円　①978-4-7628-2874-4
内容 発話思考法を使用した自己調整学習の測定（Jeffrey Alan Greene, Jane Robertson, Lara-Jeane Croker Costa著, 塚野州一訳）　〔02251〕

グリーンウォルド, グレン　Greenwald, Glenn
◇暴露―スノーデンが私に託したファイル（NO PLACE TO HIDE）　グレン・グリーンウォルド〔著〕, 田口俊樹, 浜野大道, 武藤陽生訳　新潮社　2014.5　383p　20cm　1700円　①978-4-10-506691-8
内容 第1章 接触　第2章 香港での十日間　第3章 すべてを収集する　第4章 監視の害悪　第5章 第四権力の堕落　〔02252〕

グリーンウォルド, ブルース・C.
◇比較制度分析のフロンティア（INSTITUTIONS AND COMPARATIVE DEVELOPMENTの抄訳, COMPLEXITY AND INSTITUTIONSの抄訳〔etc.〕）　青木昌彦, 岡崎哲二, 神取道宏監修　NTT出版　2016.9　356p　22cm　（叢書《制度を考える》）　〈他言語標題：Frontiers of Comparative Institutional Analysis〉 4500円　①978-4-7571-2325-0
内容 産業間不均衡と長期的危機（ドメニコ・デリ・ガッティ, マウロ・ガレガティ, ブルース・C.グリーンウォルド, アルベルト・ルッソ, ジョセフ・E.スティグリッツ著, 藪下史郎訳）　〔02253〕

グリーンウッド, スーザン　Greenwood, Susan
◇魔術の人類史（The Encyclopedia of MAGIC & WITCHCRAFT）　スーザン・グリーンウッド著, 田内志文訳　東洋書林　2015.9　399p　22cm　〈文献あり 索引あり〉 5500円　①978-4-88721-822-2

内容 1 神話、宗教、科学の中の魔術　2 魔女と超自然的存在　3 近世のウィッチクラフト　4 魔女狩り　5 近代魔術　6 現代のウィッチクラフト　7 現代の西洋魔術　〔02254〕

ク

グリーンスパン, アラン　Greenspan, Alan

◇リスク、人間の本性、経済予測の未来（The Map and the Territory 2.0）　アラン・グリーンスパン著, 斎藤聖美訳　日本経済新聞出版社　2015.9　445p　20cm　2800円　①978-4-532-35605-7

内容 アニマル・スピリット　危機が始まり、強まり、鎮まる　危機のルーツ　株価と資産効果　金融と規制　縦帆船による情報収集など　不確実性が投資を弱める　生産性―経済の成功を測る究極の指標　生産性と権利の時代　文化　グローバリゼーション、所得格差、ジニ係数と縁故主義の広がり　中国　お金とインフレーション　バッファー　最終的に重要なのは…　〔02255〕

クリントン, ヒラリー・ロダム　Clinton, Hillary Rodham

◇困難な選択　上（Hard Choices）　ヒラリー・ロダム・クリントン著, 日本経済新聞社訳　日本経済新聞出版社　2015.5　449p 図版32p　19cm　2000円　①978-4-532-16941-1

内容 第1部 再出発（二〇〇八年―チーム・オブ・ライバルズ　フォギー・ボトム―スマート・パワー）　第2部 太平洋を越えて（アジア―旋回　中国―未知の海域　北京―反体制活動家　ビルマ―淑女と将軍たち）　第3部 戦争と平和（アフパク―増派　アフガニスタン―戦争を終わらせるために　パキスタン―国家の名誉）　第4部 希望と歴史のあいだ（欧州―強い絆　ロシア―リセットと後退　中南米―民主主義者と煽動政治家　アフリカ―銃か成長か）　〔02256〕

◇困難な選択　下（Hard Choices）　ヒラリー・ロダム・クリントン著, 日本経済新聞社訳　日本経済新聞出版社　2015.5　452p 図版16p　19cm　2000円　①978-4-532-16942-8

内容 第5部 激変（中東―和平への困難な道　アラブの春―革命　リビア―すべての必要な措置　ベンガジ―攻撃を受けて　イラン―制裁と秘密　シリア―厄介な問題　ガザ―停戦の解剖学）　第6部 我々の望む未来（気候変動―私たちは皆、一緒　雇用とエネルギー―公平な競争　ハイチ―災害と開発援助　二一世紀の国政術―ネットワーク化された世界のデジタル民主主義　人権―未完の仕事）　〔02257〕

◇ヒラリー・クリントンの言葉（HILLARY CLINTON IN HER OWN WORDS）　ヒラリー・クリントン〔述〕, ライザ・ロガック編, 池上彰監訳, 高橋璃子訳　かんき出版　2016.3　269p　19cm　〈文献あり 年譜あり〉 1500円　①978-4-7612-7157-2

内容 アメリカ　政治　国内政策　国内格差と教育　国際政治　外交　大統領選挙　人間観　仕事観　価値観　生き方　女性として　宗教観　私生活　家族　成長　〔02258〕

◇完全対訳トランプ・ヒラリー・クルーズ・サンダース演説集―何が勝負を決したのか？　西森マリー著・訳　星海社　2016.7　237p　18cm　（星海社新書 88）〈文献あり　発売：講談社〉　860円　①978-4-06-138593-1

内容 第1候補者 トランプ Donald John Trump（略歴　トランプ出馬表明演説　語彙解説　トランプ発言録）　第2候補者 ヒラリー Hillary Diane Rodham Clinton（略歴　ヒラリー出馬表明演説　語彙解説　ヒラリー発言録）　第3候補者 クルーズ Rafael Edward "Ted" Cruz（略歴　クルーズ出馬表明演説　語彙解説　クルーズ発言録）　第4候補者 サンダース Bernard "Bernie" Sanders（略歴　サンダース出馬表明演説　語彙解説　サンダース発言録）　〔02259〕

グリーンバーグ, ダニエル　Greenberg, Daniel Asher

◇逆転の教育―理想の学びをデザインする（Turning Learning Right Side Up）　ラッセル・L.エイコフ, ダニエル・グリーンバーグ著, 呉春美, 大沼安史訳　緑風出版　2016.4　315p　20cm　2400円　①978-4-8461-1605-7

内容 1 教育システムのどこが間違っているのか（学ぶこと教えること　教室という環境　教科と分野　この新しき世界　反デモクラシーの学校教育　変化に抵抗するもの）　2 教育に役立つもの（発展した社会が個人の自己実現のために提供できる環境とは　リベラル・デモクラシー環境が個人の自己実現に特に求めるもの　自分の教育に、どう貢献するか？　芸術の占める位置）　3 生涯教育の理想のヴィジョン（わたしたちは理想の教育環境を心に描かなければならない。その理由は何か。どう思い描くべきか　就学前をどうするか？　幼稚園から高校（K‐12）まで　大学、大学院での学び　教育と人生　「引退」なき老後）　4 補論・理想の学校に資金を回す　〔02260〕

グリーンバーグ, マーガレット　Greenberg, Margaret

◇ポジティブ・リーダーシップ（PROFIT FROM THE POSITIVE）　マーガレット・グリーンバーグ, セニア・マイミン著, 月沢李歌子訳　草思社　2015.9　222, 16p　19cm　〈文献あり〉　1500円　①978-4-7942-2153-7

内容 1 リーダーについて（生産性の高いリーダーとは？―時間管理より重要なこと　逆境に負けないリーダーとは？―自分のケツをひっぱたく　感染力の強いリーダーとは？―部下ではなく、自分の感情をコントロールする　強みを活かすリーダーとは？―うまくいってるものを最大活用する）　2 チームについて（人材採用―最高の人を探そうとするか、最適な人を見抜くか？　従業員エンゲージメント―最高のものを引き出すか、最大のものを得るか？　業績評価―相手を変えるか、ダメにするか？　会議革命―エネルギーを消耗する場になるか、喚起する場になるか？）　3 ポジティブを仕事に活かす（ポジティブなはみ出し者―今日から始められる3つのこと）　〔02261〕

グリーンバーグ, レズリー・S.

◇共感の社会神経科学（THE SOCIAL NEUROSCIENCE OF EMPATHY）　ジャン・デセティ, ウィリアム・アイクス編著, 岡田顕宏訳　勁草書房　2016.7　334p　22cm　〈索引あり〉　4200円　①978-4-326-25117-9

内容 共感的共鳴：神経科学的展望（ジーン・C.ワトソン, レズリー・S.グリーンバーグ著）　〔02262〕

グリーンフィールド, クレッグ

◇世界がぶつかる音がする―サーバンツの物語（The Sound of Worlds Colliding）　クリスティン・ジャック編, 永井みぎわ訳　ヨベル　2016.6　300p　19cm　1300円　①978-4-907486-32-7

内容 本物になること―頭と心と手が一つとなった宣教

他（クレッグ・グリーンフィールド）　〔02263〕

グリーンフィールド, ネイフーイ
◇世界がぶつかる音がする―サーバンツの物語（The Sound of Worlds Colliding）　クリスティン・ジャック編, 永井みぎわ訳　ヨベル　2016.6　300p　19cm　1300円　①978-4-907486-32-7
内容 神さまと一緒に戻ったとき 他（ネイフーイ・グリーンフィールド）　〔02264〕

グリーンフェルド, ジョシュ
◇インタヴューズ　3　毛沢東からジョン・レノンまで（THE PENGUIN BOOK OF INTERVIEWS）　クリストファー・シルヴェスター編, 新庄哲夫他訳　文芸春秋　2014.6　463p　16cm　（文春学芸ライブラリー―雑英 7）　1690円　①978-4-16-813018-2
内容 アーサー・ミラー（アーサー・ミラー述, ジョシュ・グリーンフェルドインタヴュアー, 野中邦子訳）　〔02265〕

グリーンリーフ, ロバート・K.　Greenleaf, Robert K.
◇サーバントであれ―奉仕して導く、リーダーの生き方（The Power of Servant Leadershipの抄訳）　ロバート・K.グリーンリーフ著, 野津智子訳　英治出版　2016.2　229p　20cm　〈著作目録あり〉　1800円　①978-4-86276-215-3
内容 第1章 サーバント　第2章 教育と成熟　第3章 リーダーシップの危機　第4章 夢を先延ばししていないか　第5章 老後について―魂が試される究極の場　〔02266〕

グリーンワルド, アンソニー・G.　Greenwald, Anthony G.
◇心の中のブラインド・スポット―善良な人々に潜む非意識のバイアス（BLINDSPOT）　M.R.バナージ,A.G.グリーンワルド著, 北村英哉, 小林知博訳　京都　北大路書房　2015.9　1冊　19cm　〈文献あり 索引あり〉　2400円　①978-4-7628-2903-1
内容 第1章 マインド・バグ　第2章 真実の裏の顔―日常生活にはびこる様々な嘘　第3章 ブラインド・スポットの中へ　第4章 矛盾する2つの心　第5章 タイプ分けしたがる人間―ホモ・カテゴリカス　第6章 ステレオタイプの危険性　第7章 われわれと彼ら　第8章 バイアスをつくり出すマシーンといかに闘うか？　付録1 アメリカ人は人種差別主義者か？　付録2 人種と不利な立場と差別　〔02267〕

クルーイ, ミシェル　Crouhy, Michel
◇リスクマネジメントの本質（The Essentials of Risk Management 原著第2版の翻訳）　Michel Crouhy,Dan Galai,Robert Mark著, 三浦良造訳者代表　第2版　共立出版　2015.8　602p　23cm　〈索引あり〉　8000円　①978-4-320-11111-0
内容 リスク管理の鳥瞰図　企業におけるリスク管理入門　銀行と規制当局：危機後の規制枠組み　コーポレートガバナンスとリスク管理　リスクとリターンの理論に対するユーザー向けガイド　金利リスクとデリバティブによるヘッジ　市場リスクの計測：バリューアットリスク、期待ショートフォール、その他類似する方法　資産負債管理　クレジットスコアリングとリテール信用リスク管理　商業信用リスクと個々の信用格付　クレジットポートフォリオのリスクと信用リスクモデリングのための定量的アプローチ　信用リスク移転市場とその示唆　カウンターパーティー信用リスク：CVA、DVA、FVA　オペレーショナルリスク　モデルリスク　ストレステストとシナリオ分析　リスク資本の配賦ならびにリスク調整後業績評価　〔02268〕

グルーエンワルド, ボビー
◇マニフェスト本の未来（Book ： a futurist's manifesto）　ヒュー・マクガイア, ブライアン・オレアリ編　ボイジャー　2013.2　339p　21cm　2800円　①978-4-86239-117-9
内容 エンゲージメント・エコノミー（ボビー・グルーエンワルド著）　〔02269〕

クルーガー, ロイス　Krueger, Roice N.
◇7つの習慣のコヴィー博士の教え（Lessons from Dr.Stephen R.Covey-Author of The 7 Habits of Highly Effective People）　ロイス・クルーガー著, 本田健訳　ダイヤモンド社　2015.9　289p　19cm　〈文献あり〉　1500円　①978-4-478-06697-3
内容 「この著者の教えは本物だ」コヴィー博士との出会い　いちばん重要な習慣は、「終わりを思い描くことから始める」　「楽しいこと」を、ちゃんと楽しむことの大切さ　困難な状況の中だからこそ、「本物」であることが際立つ　ミッションとお金のバランスをとる　飛行機の「離陸」を引き延ばすほど重要なこと　自分に注目を集めるのではなく、「自分が伝える内容」に注目を集める　「選択する力」で、達成したい目標を選択する　「謙虚さ」からすべての良いものが生み出される　「Win‐Win」へのチャレンジを模索し続ける〔ほか〕　〔02270〕

クルーク, パメラ　Crooke, Pamela
◇きみはソーシャル探偵！―子どもと学ぶソーシャルシンキング（You Are a Social Detective！）　ミシェル・ガルシア・ウィナー, パメラ・クルーク著, ケリー・ノップ絵, 稲田尚子, 三宅篤子訳　金子書房　2016.4　63p　29cm　3000円　①978-4-7608-2404-5　〔02271〕

クルーグ, J.*　Klug, Julia
◇自己調整学習ハンドブック（HANDBOOK OF SELF-REGULATION OF LEARNING AND PERFORMANCE）　バリー・J.ジマーマン, ディル・H.シャンク編, 塚野州一, 伊藤崇達監訳　京都　北大路書房　2014.9　434p　26cm　〈索引あり〉　5400円　①978-4-7628-2874-4
内容 日誌法を用いた大学生の自己調整学習の評価（Bernhard Schmitz, Julia Klug, Michaela Schmidt著, 深谷達史訳）　〔02272〕

クルーグマン, ポール・R.　Krugman, Paul R.
◇クルーグマンの国際経済学―理論と政策　上巻　貿易編（INTERNATIONAL ECONOMICS 原著第8版の翻訳）　P.R.クルーグマン,M.オブズフェルド著, 山本章子, 伊藤博明, 伊能早苗, 小西紀嗣訳　丸善出版　2014.3　410p　22cm　〈ピアソン桐原 2010年刊の再刊　索引あり〉　3500円　①978-4-621-06614-0

内容 第1部 国際貿易理論（世界貿易：概観　労働生産性と比較優位：リカード・モデル　資源、比較優位と所得分配　貿易の標準モデル ほか）　第2部 国際貿易政策（貿易政策の手段　貿易政策の政治経済　発展途上国の貿易政策　貿易政策を巡る議論）　付録 数学に関する補足説明　〔02273〕

ク

◇クルーグマンの国際経済学―理論と政策　下巻 金融編（INTERNATIONAL ECONOMICS 原著第8版の翻訳）　P.R.クルーグマン,M.オブズフェルド著, 山本章子, 伊藤博明, 伊能早苗, 小西紀嗣訳　丸善出版　2014.3　512p　22cm　〈ピアソン桐原 2011年刊の再刊　索引あり〉 4600円　①978-4-621-06615-7

内容 第3部 為替レートと開放経済のマクロ経済学（国民所得勘定および国際収支　為替レートと外国為替市場：為替レートの決定要因となるアセット・マーケット・アプローチ　貨幣、利子率、為替レート　長期的な価格水準と為替レート　短期的な生産と為替レート　固定為替相場制と外国為替介入）　第4部 国際マクロ経済政策（国際通貨制度、1870～1973年　変動相場制の下でのマクロ経済政策と協調　最適通貨圏とヨーロッパの経験　国際資本市場：機能性と政策課題　発展途上国：成長、危機、および改革）　付録 数学に関する補足説明（第21章の数学に関する補足説明：リスク回避と国際分散投資）　〔02274〕

◇金持ちは税率70%でもいいvsみんな10%課税がいい―1時間でわかる格差社会の増税論（Should We Tax the Rich More？）　ポール・クルーグマン, ジョージ・パパンドレウ, ニュート・ギングリッチ, アーサー・ラッファー著, 町田敦夫訳　東洋経済新報社　2014.6　174p　19cm　1200円　①978-4-492-61062-6

内容 第1章 金持ちからもっと税金を取るべきか？　―賛成：ポール・クルーグマン、ジョージ・パパンドレウ 反対：ニュート・ギングリッチ、アーサー・ラッファー（賛成58%、反対28%、未定14%　クルーグマンの論点 ほか）　第2章 ギングリッチへのインタビュー―一律10%課税はどうか（政府は金を奪っていく　リッチな人は、税を逃れる手だてを見つける ほか）　第3章 クルーグマンへのインタビュー―金持ちは最高税率70%でもいける（富裕層への税率は低すぎる　70%の最高税率でも税収は減らない ほか）　第4章 ラッファーへのインタビュー―税制を改革して12%の一律課税に（税率を上げると税収は減る　ラッファーの一律課税案 ほか）　〔02275〕

◇さっさと不況を終わらせろ（END THIS DEPRESSION NOW！）　ポール・クルーグマン著, 山形浩生訳　早川書房　2015.2　367p　16cm　（ハヤカワ文庫 NF 423）　820円　①978-4-15-050423-6

内容 事態はこんなにひどい　不況の経済学　ミンスキーの瞬間　たがの外れた銀行家たち　第二の金ぴか時代　暗黒時代の経済学　不適切な対応の解剖　でも財政赤字はどうなる？　インフレ：見せかけの脅威　ユーロの黄昏　緊縮論者　何が必要か　この不況を終わらせよう！　政府支出の影響については実際のところ何がわかっているの？　〔02276〕

◇2020年 世界経済の勝者と敗者　ポール・クルーグマン, 浜田宏一著　講談社　2016.1　222p　19cm　1600円　①978-4-06-219654-3

内容 第1章 アメリカの出口戦略（リーマン・ショックを乗り越えたアメリカの智恵　アメリカの雇用統計から分かること ほか）　第2章 日本のアベノミクス（パナソニックやソニーが赤字になった原因　マイルドなインフレで経済はどうなる ほか）　第3章 ヨーロッパの解体（フィンランドもデンマークもオランダも最悪　ユーロを支持した人たちの正体 ほか）　第4章 中国バブルの深度（中国経済の決定的な欠陥　経済成長の「芸術的な値」とは ほか）　〔02277〕

クルーズ, テッド　Cruz, Ted

◇完全対訳トランプ・ヒラリー・クルーズ・サンダース演説集―何が勝負を決したのか？　西森マリー著・訳　星海社　2016.7　237p　18cm　（星海社新書 88）　〈文献あり　発売：講談社〉 860円　①978-4-06-138593-1

内容 第1候補者 トランプ Donald John Trump（略歴　トランプ出馬表明演説　語彙解説　トランプ発言録）　第2候補者 ヒラリー Hillary Diane Rodham Clinton（略歴　ヒラリー出馬表明演説　語彙解説　ヒラリー発言録）　第3候補者 クルーズ Rafael Edward“Ted”Cruz（略歴　クルーズ出馬表明演説　語彙解説　クルーズ発言録）　第4候補者 サンダース Bernard“Bernie”Sanders（略歴　サンダース出馬表明演説　語彙解説　サンダース発言録）　〔02278〕

クルス, ホセ

◇アジアにおけるイエズス会大学の役割　高祖敏明, サリ・アガスティン共編　上智大学出版　2015.12　253p　21cm　〈発売：ぎょうせい〉 2500円　①978-4-324-09945-2

内容 フィリピンにおけるイエズス会教育/アテネオ・デ・マニラ大学の歴史と未来（ホセ・クルス著）　〔02279〕

クルス, マイケル・P.　Krzus, Michael P.

◇統合報告の実際―未来を拓くコーポレートコミュニケーション（THE INTEGRATED REPORTING MOVEMENT）　ロバート・G.エクレス, マイケル・P.クルス著, 北川哲雄監訳, KPMGジャパン統合報告アドバイザリーグループ訳　日本経済新聞出版社　2015.7　324p　21cm　3200円　①978-4-532-32008-9

内容 南アフリカ共和国―コーポレートガバナンス改革に端を発する統合報告の発展　統合報告の発展　統合報告の発展に向けた機運　統合報告に取り組むそれぞれの理由　マテリアリティ―統合報告における重要性の考え方　サステナブル・バリュー・マトリックス―マテリアリティ・マトリックスの先にあるもの　比較検証マテリアリティ・マトリックス―フォード社とダイムラー社　マテリアリティ・マトリックス・レビューの方法論　統合報告書の内容とその現状　124社の統合報告書の分析手法　ウェブサイトを利用した企業報告の現状　ウェブサイトの分類方法　情報技術の活用と未来　未来への提言　〔02280〕

クルーター, リチャード　Crouter, Richard

◇キリスト教神学資料集　下（The Christian Theology Reader, Third Edition）　アリスター・E.マクグラス編, 古屋安雄監訳　オンデマンド版　キリスト新聞社　2013.9　630, 49p　21cm　〈原書第3版〉 10000円　①978-4-87395-641-1

内容 ラインホールド・ニーバー（一八九二―一九七一）/H.リチャード・ニーバー（一八九四―一九六二）（リチャード・クルーター）　〔02281〕

◇キリスト教の主要神学者　下　リシャール・シモンからカール・ラーナーまで（Klassiker der

Theologie）　F.W.グラーフ編　安酸敏真監訳　教文館　2014.9　390, 7p　22cm　〈索引あり〉　4200円　①978-4-7642-7384-9

内容 ラインホールド・ニーバー H.リチャード・ニーバー（リチャード・クルーター著, 安酸敏真訳）〔02282〕

クルツ, ハインツ・D.

◇リターン・トゥ・ケインズ（THE RETURN TO KEYNES）　ブラッドリー・W.ベイトマン, 平井俊顕, マリア・クリスティーナ・マルクッツォ編, 平井俊顕監訳　東京大学出版会　2014.9　388, 56p　22cm　〈文献あり 索引あり〉5600円　①978-4-13-040262-0

内容 ケインズとスラッファ、そして後者の「隠された懐疑」（ハインツ・D.クルツ著, 木村雄一訳）〔02283〕

クルック, クリスティーナ　Crook, Christina

◇スマホをやめたら生まれ変わった（THE JOY OF MISSING OUT）　クリスティーナ・クルック著, 安部恵子訳　幻冬舎　2016.9　310p　19cm　1400円　①978-4-344-03006-0

内容 1 もっと幸せになれる？ —ええ。でも… 2 第2部へのまえがき—プレゼントネス（存在していること） 3 なぜインターネット断ちを？ —支えるものを見つける 4 時間を作る—実現するための制約 5 比較ゲームをやめる—楽しみを取り戻す 6 近づくこと—信頼 7 第3部へのまえがき—前に進む方法 8 生活に新しい方向を与える—手書きに学ぶ 9 小さな目、小さな耳—お手本を見習う 10 創造する空間を作る—規律は自由への道 11 ここに至って—ログイン、ログアウト〔02284〕

クルックシャンク, ポール　Cruickshank, Paul

◇イスラム過激派二重スパイ（AGENT STORM）　モーテン・ストーム, ポール・クルックシャンク, ティム・リスター著, 庭田よう子訳　亜紀書房　2016.7　508p　20cm　（亜紀書房翻訳ノンフィクション・シリーズ 2-8）　2700円　①978-4-7505-1438-3

内容 砂漠の道—二〇〇九年九月中旬　ギャング、女の子たち、そして神—一九七六年 - 九七年　改宗—一九九七年初頭 - 夏　アラビア—一九九七年晩夏 - 九八年夏　ロンドニスタン—一九九八年夏 - 二〇〇〇年初頭　アメリカに死を—二〇〇〇年初頭 - 〇二年春　家庭不和—二〇〇二年夏 - 〇五年春　MI5、ルートンに来る—二〇〇五年春 - 秋　シャイフとの出会い—二〇〇五年後半 - 〇六年晩夏　崩壊—二〇〇六年晩夏 - 〇七年春〔ほか〕〔02285〕

クルツナリック, ローマン　Krznaric, Roman

◇仕事の不安がなくなる哲学（How to Find Fulfilling Work）　ローマン・クルツナリック著, 壁谷さくら訳　イースト・プレス　2014.5　212p　18cm　（自由に生きるための哲学講義スクール・オブ・ライフ Vol.2）　1500円　①978-4-7816-1168-6

内容 第1章 やりがいが求められる時代　第2章 なぜ職業選択は難しいのか　第3章 職業選択で重視すべきもの　第4章 まず行動、あとで考える　第5章 仕事に自由は望めるのか　第6章 天職は「育てる」もの　ホームワーク—仕事の問題を理解するうえでためになる本のリスト〔02286〕

クルツバン, ロバート　Kurzban, Robert

◇だれもが偽善者になる本当の理由（Why everyone (else) is a hypocrite）　ロバート・クルツバン著, 高橋洋訳　柏書房　2014.10　380p　20cm　〈文献あり 索引あり〉2500円　①978-4-7601-4510-2

内容 第1章 一貫した一貫性の欠如　第2章 進化と断片化した脳　第3章「私」って誰？　第4章 モジュール化された私　第5章 真実の痛み　第6章 心理的なプロパガンダ　第7章 自己欺瞞　第8章 自己コントロール　第9章 道徳と矛盾　第10章 鳥の道徳〔02287〕

グルディーナ, パオラ・ベルトリーニ　Grudina, Paola Bertolini

◇楽しく学ぶ子どものための聖書物語　パオラ・ベルトリーニ・グルディーナ絵, マリオン・トーマス文, サンパウロ訳, サンパウロ監修　サンパウロ　2015.12　157p　24cm　2000円　①978-4-8056-5635-8

内容 不完全な世界　争う兄弟たち　ノアの箱船　洪水とにじ　神さまを信じたアブラハム　約束を守った神さま　イサクのおよめさん探し　お父さんの祝福　ヤコブの階段　ヤコブのお気に入りの息子〔ほか〕〔02288〕

クルティーヌ, ジャン＝ジャック　Courtine, Jean-Jacques

◇男らしさの歴史　1　男らしさの創出—古代から啓蒙時代まで（HISTOIRE DE LA VIRILITÉ）　A.コルバン,J-J.クルティーヌ,G.ヴィガレロ監修　G.ヴィガレロ編, 鷲見洋一監訳　藤原書店　2016.12　788p 図版48p　22cm　8800円　①978-4-86578-097-0

内容 序文（アラン・コルバン, ジャン＝ジャック・クルティーヌ, ジョルジュ・ヴィガレロ著, 小倉孝誠訳）〔02289〕

クルティーヌ＝ドゥナミ, シルヴィ

◇顔とその彼方—レヴィナス『全体性と無限』のプリズム　合田正人編　知泉書館　2014.2　234, 5p　22cm　（明治大学人文科学研究所叢書）　〈索引あり〉4200円　①978-4-86285-178-9

内容 汝像を作るなかれ（シルヴィ・クルティーヌ＝ドゥナミ著, 渡名喜庸哲訳）〔02290〕

グールド, イリジャ・H.　Gould, Eliga H.

◇アメリカ帝国の胎動—ヨーロッパ国際秩序とアメリカ独立（AMONG THE POWER OF THE EARTH）　イリジャ・H.グールド著, 森丈夫監訳, 松隈達也, 笠井俊和, 石川敬史, 朝立康太郎, 田宮晴彦訳　彩流社　2016.6　390p　22cm　〈文献あり 索引あり〉3800円　①978-4-7791-2241-5

内容 序 諸国家の中の国家　第1章 ヨーロッパの辺境　第2章 奴隷制の法　第3章 パックス・ブリタニカ　第4章 独立　第5章 奴隷所有共和国　第6章 新世界と旧世界　エピローグ モンロー氏の平和〔02291〕

クルトワ, ステファヌ　Courtois, Stéphane

◇共産主義黒書　ソ連篇（LE LIVRE NOIR DU COMMUNISME）　ステファヌ・クルトワ, ニコラ・ヴェルト著, 外川継男訳　筑摩書房　2016.3　630p　15cm　（ちくま学芸文庫 ク26-1）〈恵雅

ク

堂出版 2001年刊の再刊　年表あり 索引あり〉1700円　①978-4-480-09723-1

内容 共産主義の犯罪　第1部 人民に敵対する国家―ソ連における暴力、抑圧、テロル（十月革命のパラドックスと食い違い　「プロレタリア独裁の武装せる腕」　赤色テロル　「醜悪な戦争」　タンボフから大飢饉へ　息継ぎから「大転換」へ　強制的集団化とクラーク撲滅　大飢饉　「社会的異分子」と抑圧のサイクル　大テロル（一九三六・一九三八）　収容所帝国　勝利の陰に　グラーグの最盛期と危機　最後の陰謀　スターリン主義からの脱却）　〔02292〕

ク

グルーベル, ルース・M.

◇宣教における連帯と対話―関西学院大学神学部設立125周年記念第48回神学セミナー　関西学院大学神学部編, トーマス・ケンパー, 神田健次, 村瀬義史, ルース・M.グルーベル, 中道基夫, 荒川純太郎, 金度亨, 水野隆一著　キリスト新聞社　2014.12　152p　21cm　（関西学院大学神学部ブックレット 7）　1500円　①978-4-87395-663-3

内容 ウエスレー派宣教神学の心と魂 トーマス・ケンパー 述, 山本俊正 訳. 戦後の神学部同窓と世界宣教の系譜 神田健次 述. WCCにおける新しい宣教・伝道理解 村瀬義史 述. 世界教会協議会〈WCC〉第10回総会報告 トーマス・ケンパー 述, 山本俊正 訳. シンポジウム R・グルーベル, 中道基夫, 荒川純太郎 ほか 述. ディスカッション 神田健次 ほか 述　〔02293〕

クルル, キャスリーン　Krull, Kathleen

◇テレビを発明した少年―ファイロウ・ファーンズワース物語（The Boy Who Invented TV）　キャスリーン・クルル文, グレッグ・カウチ絵, 渋谷弘子訳　さ・え・ら書房　2015.8　1冊（ページ付なし）　29cm　1500円　①978-4-378-04143-8　〔02294〕

クルロウ, クリストファー

◇組織のストレスとコンサルテーション―対人援助サービスと職場の無意識（THE UNCONSCIOUS AT WORK）　アントン・オブホルツァー, ヴェガ・ザジェ・ロバーツ編, 武井麻子監訳, 榊恵子ほか訳　金剛出版　2014.3　311p　21cm　〈文献あり 索引あり〉4200円　①978-4-7724-1357-2

内容 ケアとコントロールのバランスをとる―組織の健康増進を焦点としたスーパービジョン関係（クリストファー・クルロウ著, 曽根原純子訳）　〔02295〕

グルントヴィ, N.F.S.　Grundtvig, Nicolai Frederik Severin

◇グルントヴィ哲学・教育・学芸論集　3　ホイスコーレ 上　N.F.S.グルントヴィ著, 小池直人訳　名古屋　風媒社　2014.2　339p　19cm　〈索引あり〉2200円　①978-4-8331-4113-0

内容 1 デンマークの四葉のクローヴァー―えこひいきによるデンマーク的性格の考察（国王と民衆　祖国と母語）　2 ノルウェー語ホイスコーレ―ノルウェーの人々へ　3 生のための学校とソーアのアカデミー―市民的考察（生のための学校　ソーアのアカデミー）　4 北欧の学問的連携（北欧の連携と大学構想　学問的生とその光　北欧の光とは）　5 異文断片集（「デンマークの四葉のクローヴァー」異文　「ノルウェー語ホイスコーレ」異文　「生のための学校とソーアのアカデミー」異文　「北欧の学問的連携」異文）　〔02296〕

◇社会文化形成　第5号　名古屋大学社会文化形成研究会編　〔名古屋〕　名古屋大学社会文化形成研究会　2014.7　110p　21cm　〈他言語標題：Formation of society and culture　文献あり〉

内容 ソーア・ホイスコーレ設立のために（N.F.S.グルントヴィ著, 小池直人訳）　〔02297〕

◇グルントヴィ哲学・教育・学芸論集　3〔下〕　ホイスコーレ 下　N.F.S.グルントヴィ著, 小池直人訳　名古屋　風媒社　2015.11　379p　19cm　〈文献あり 索引あり〉2200円　①978-4-8331-4114-7

内容 6 デンマーク語ホイスコーレ（デンマークらしさと母語のための請願　国立デンマーク語ホイスコーレの概念 ほか）　7 ソーア・ホイスコーレ設立のために―クリスチャン八世への書簡　8 デンマークへの祝賀（デンマーク人の愚かしさ　デンマーク語ホイスコーレ）　9 補稿（小論説、草稿、異文断片）（ロンドンの大学とソーアのアカデミー　ロンドンの大学とソーアのアカデミーについて ほか）　〔02298〕

クレア, デビィ　Cryer, Debby

◇新・保育環境評価スケール　1　3歳以上（EARLY CHILDHOOD ENVIRONMENT RATING SCALE 原著第3版の翻訳）　テルマ・ハームス, リチャード・M.クリフォード, デビィ・クレア著, 埋橋玲子訳　京都　法律文化社　2016.10　95p　26cm　〈文献あり〉1900円　①978-4-589-03797-8

内容 評定項目と注釈　スコアシート"3歳以上"　プロフィール　付録1 園内（公開）研修の手引き　付録2 共同観察シート（観察者間信頼性確認）　解説：新・保育環境評価スケール"3歳以上"（2015）について―ECERS‐RからECERS‐3へ　〔02299〕

グレアム, エリザベス　Graham, Elizabeth

◇古代マヤ―密林に開花した神秘の文明の軌跡をたどる（Ancient Maya）　ナサニエル・ハリス著, エリザベス・グレアム監修, 赤尾秀子訳　神戸　BL出版　2014.3　63p　26cm　（ナショナルジオグラフィック―考古学の探検）　〈文献あり 年表あり 索引あり〉1800円　①978-4-7764-0560-3

内容 過去をよみがえらせる　はるかなる文明の起源　深き緑の木々に囲まれた大都市〔ほか〕　〔02300〕

グレアム, スティーブ*　Graham, Steve

◇自己調整学習ハンドブック（HANDBOOK OF SELF-REGULATION OF LEARNING AND PERFORMANCE）　バリー・J.ジマーマン, ディル・H.シャンク編, 塚野州一, 伊藤崇達監訳　京都　北大路書房　2014.9　434p　26cm　〈索引あり〉5400円　①978-4-7628-2874-4

内容 自己調整学習プロセスと子どものライティング（Karen R.Harris, Steve Graham, Charles A. MacArthur, Robert Reid, Linda H.Mason著, 篠ヶ谷圭太訳）　〔02301〕

グレイ, アーサー・A.

◇スーパーヴィジョンのパワーゲーム―心理療法家訓練における影響力・カルト・洗脳（Power Games）　リチャード・ローボルト編著, 太田裕一訳　金剛出版　2015.3　424p　22cm　〈索引

あり〉6000円 ①978-4-7724-1417-3
内容 効果的で効率的なスーパーヴィジョン（アーサー・A.グレイ著）〔02302〕

グレイ, キャロル　Gray, Carol
◇自閉症スペクトラム クラスメートに話すとき―授業での展開例から障害表明、そしてセルフアドボカシーまで　服巻智子訳・編・著, キャサリン・フェハティ, キャロル・グレイ著　エンパワメント研究所　2015.2　109p　26cm　1500円　①978-4-907576-34-9
内容 第1部 クラスメートに話すということ（子どもの障害について、クラスメートに話すこと　発達障害のある子どもにとって、障害を表明することの意義　誰が話すのか？　ほか）第2部 友だち理解プログラム―子どもたちに「人と人との違い」について理解を促進し、共感性を育む教育（日本の先生方へ　「友だち理解プログラム」の指導案　児童書の活用）第3部 シックスセンス2（目的　本時の目標　教材 ほか）〔02303〕

グレイ, コリン　Gray, Colin S.
◇現代の戦略（Modern Strategy）　コリン・グレイ著, 奥山真司訳　中央公論新社　2015.12　538p　22cm　〈索引あり〉4800円　①978-4-12-004807-4
内容 拡大し続ける戦略の宇宙　戦略の次元　戦略、政治、倫理　戦略家の道具：クラウゼヴィッツの遺産　現代の戦略思想の貧困さ　コンテクストとしての戦略文化　戦争の「窓」　戦略経験に見られるパターン　戦略の文法その一：陸と海　戦略の文法その二：空、宇宙、そして電子　小規模戦争とその他の野蛮な暴力　核兵器を再び考える　戦略史における核兵器　永遠なる戦略〔02304〕

グレイ, ジェフリー　Gray, Jeffrey Alan
◇意識―難問ににじり寄る（Consciousness）　ジェフリー・グレイ著, 辻平治郎訳　京都　北大路書房　2014.7　353p　21cm　〈文献あり 索引あり〉4500円　①978-4-7628-2864-5
内容 意識の問題へのスタンス　意識の錯覚物語　科学と意識が出会う場所　志向性　現実と錯覚　クオリアに入っていく　意識の生存価？　ハード・プロブレムに這い登る　随伴現象説再訪　機能主義を吟味する　デカルトの劇場からグローバル・ワークスペースへ　グローバルなニューロンのワークスペース　意識と相関する神経活動部位　ボトム－アップ対トップ－ダウン処理　自己中心的空間と頭頂葉　物理学をまじめに取り上げる　自己の意識：視点　身体感覚　責任　総括〔02305〕

グレイ, ジョン　Gray, John
◇ジョン・グレイ博士の「愛される女（わたし）」になれる本（MARS AND VENUS IN LOVE）　ジョン・グレイ著, 秋元康監訳　三笠書房　2016.5　222p　19cm　1200円　①978-4-8379-5769-0
内容 1章「感謝してほしい男」と「大切にされたい女」―なぜ心がすれ違うのか、愛が深まっていかないのか　2章「愛される女」にはこんな理由がある―"男のプライド"を上手に満たしてあげているか　3章 男は女にこんなことを望んでいる―「ふたりのこと」がすべてプラスの方向に動き出す心理法則　4章 愛を深める「ひとりの時間」の磨き方―「自分の時間」を楽しむと「ふたりの時間」も満たされる　5章 あなたはどこまで相手を許せますか？　―"つらい時期"を乗り越えてこそ永遠のパートナーになれる　6章 どうすれば「男と女」はわかり合えるか―"愛する自信""愛される自信"がわいてくる究極の法則〔02306〕

クレイグ, ケネス・D.
◇共感の社会神経科学（THE SOCIAL NEUROSCIENCE OF EMPATHY）　ジャン・デセティ, ウィリアム・アイクス編著, 岡田顕宏訳　勁草書房　2016.7　334p　22cm　〈索引あり〉4200円　①978-4-326-25117-9
内容 他者の苦痛を知覚する：共感の役割に関する実験的・臨床的証拠（リーズベット・グーベルト, ケネス・D.クレイグ, アン・バイス著）〔02307〕

グレイサー, エイタン
◇イスラエル情報戦史（ISRAEL'S SILENT DEFENDER）　佐藤優監訳, アモス・ギルボア, エフライム・ラピッド編, 河合洋一郎訳　並木書房　2015.6　373p 図版32p　21cm　〈年表あり〉2700円　①978-4-89063-328-9
内容 ISAの創設（エイタン・グレイサー著）〔02308〕

グレイザー, エドワード・L.
◇経済学者、未来を語る―新「わが孫たちの経済的可能性」（IN 100 YEARS）　イグナシオ・パラシオス＝ウエルタ編, 小坂恵理訳　NTT出版　2015.2　295p　20cm　〈索引あり〉2200円　①978-4-7571-2335-9
内容 富と自己防衛型社会（エドワード・L.グレイザー著）〔02309〕

クレイソン, ジョージ・サミュエル　Clason, George S.
◇バビロンでいちばんの大金持ち（THE RICHEST MAN IN BABYLON）　ジョージ・サミュエル・クレイソン著, 坂本貢一訳　サンマーク出版　2016.12　311p　19cm　1600円　①978-4-7631-3596-4
内容 古代都市バビロンとは　豊かさを追求しはじめた男　バビロンでいちばんの大金持ち　豊かに生きるための七つの知恵　幸運の女神を引き寄せる　お金の五つの習性　バビロンの金貸し　バビロンの城壁　バビロンのラクダ商　バビロンから届いた五枚の書字板　バビロンでもっとも幸運な男〔02310〕

クレイトン, ゲーリーE.　Clayton, Gary E.
◇アメリカの高校生が学ぶ経済学―原理から実践へ（Economics）　ゲーリーE.クレイトン著, 花岡幸子, 山崎政昌訳　最新版　WAVE出版　2014.8　349p　21cm　〈索引あり〉2400円　①978-4-87290-690-5
内容 第1部 経済の基本概念（経済学とは何か　企業組織）第2部 ミクロ経済学（需要　供給　価格と意思決定　市場構造）第3部 マクロ経済学：制度（政府歳入源　政府歳出　貨幣と銀行　金融市場）第4部 マクロ経済学：政策（経済的パフォーマンス　経済的不安定性　経済的安定性の達成）第5部 国際経済学（国際貿易　世界経済の挑戦）〔02311〕

クレイナー, スチュアート　Crainer, Stuart
◇ストラテジー（Strategy）　スチュアート・クレイナー, デス・ディアラブ著, 鈴木立哉訳　プレジデント社　2014.10　255p　19cm　（THINKERS 50）　1500円　①978-4-8334-2102-7
内容 第1章 戦略論の世界　第2章 競争優位を理解する　第3章 コア・コンピタンスを見出す　第4章 ハイパーコンペティションを乗り切る　第5章 ブルー・オーシャンを探検する　第6章 戦略を行動に移す　第7章 戦略が社会に出合う　第8章 戦略が世界に出合う　〔02312〕

ク

◇マネジメント（Management）　スチュアート・クレイナー, デス・ディアラブ著, 有賀裕子訳　プレジデント社　2014.10　255p　19cm　（THINKERS 50）　1500円　①978-4-8334-2101-0
内容 第1章 マネジメントの発祥　第2章 マネジャーの仕事　第3章 働く人の動機づけ　第4章 業務プロセスの管理　第5章 成果の把握　第6章 変化のマネジメント　第7章 人材のマネジメント　第8章 グローバル経営　第9章 マネジメントと感情　第10章 ミレニアム世代のマネジメント　〔02313〕

◇イノベーション（Innovation）　スチュアート・クレイナー, デス・ディアラブ著, 関美和訳　プレジデント社　2014.11　223p　19cm　（THINKERS 50）　1500円　①978-4-8334-2108-9
内容 第1章 イノベーションの歴史　第2章 破壊的イノベーション　第3章 未来を共創する　第4章 オープン・イノベーション　第5章 バック・トゥ・ザ・フューチャー　第6章 マネジメント・イノベーション　第7章 イノベーションを導く　第8章 イノベーションと戦略　第9章 社会を変えるイノベーション　〔02314〕

◇リーダーシップ（Leadership）　スチュアート・クレイナー, デス・ディアラブ著, 東方雅美訳　プレジデント社　2014.11　271p　19cm　（THINKERS 50）　1500円　①978-4-8334-2109-6
内容 第1章 リーダーシップ研究の変遷　第2章 クルーシブルがリーダーをつくる　第3章 レベル5リーダーシップ　第4章 自分らしいリーダーシップ　第5章 カリスマと影　第6章 フォロワーシップ　第7章 トータル・リーダーシップ　第8章 現場で活用できるリーダーシップ　〔02315〕

クレイマー, ジム　Cramer, Jim

◇ジム・クレイマーの“ローリスク”株式必勝講座（JIM CRAMER'S GET RICH CAREFULLY）　ジム・クレイマー著, 井手正介訳　宝島社　2015.1　510p　19cm　1900円　①978-4-8002-3260-1
内容 第1章 何が株価を動かすのか　第2章「トップダウン」アプローチの手引き　第3章 スーパー・グロース銘柄の評価　第4章 社会と経済の7つのメガ・トレンド　第5章 会社分割による株主価値の創造　第6章 株主価値を高める21人の名CEO　第7章 いつ売ればいいのか　第8章 強い思い込みはケガのもと　〔02316〕

グレイリング, A.C.

◇哲学がかみつく（Philosophy Bites）　デイヴィッド・エドモンズ, ナイジェル・ウォーバートン著, 佐光紀子訳　柏書房　2015.12　281p　20cm　〈文献あり〉2800円　①978-4-7601-4658-1
内容 無神論（A.C.グレイリング述）　〔02317〕

クレイン, ティム

◇アリストテレス的現代形而上学（Contemporary Aristotelian Metaphysics）　トゥオマス・E.タフコ編著, 加地大介, 鈴木生郎, 秋葉剛史, 谷川卓, 植村玄輝, 北村直彰訳　春秋社　2015.1　451, 17p　20cm　（現代哲学への招待―Anthology　丹治信春監修）〈文献あり 索引あり〉4800円　①978-4-393-32349-6
内容 存在と量化について考え直す（ティム・クレイン著, 植村玄輝訳）　〔02318〕

◇哲学がかみつく（Philosophy Bites）　デイヴィッド・エドモンズ, ナイジェル・ウォーバートン著, 佐光紀子訳　柏書房　2015.12　281p　20cm　〈文献あり〉2800円　①978-4-7601-4658-1
内容 心と身体（ティム・クレイン述）　〔02319〕

グレヴェン, ジョン　Greven, John

◇ワンネス―みなもとひとつ悟りさえも超えて、すべてがあなたに味方する（ONENESS）　ジョン・グレヴェン著, 福永裕史, 広本正都子訳　ヒカルランド　2015.11　179p　19cm　1833円　①978-4-86471-321-4
内容 自分を誰だと思っていますか？　自分だと考えているものは、うそなのです！　うそを解き明かします　私は～ではありません　私とは誰ですか？　実在　存在・意識　現在・過去・未来　「私」に何が起こりますか？　「ワンネス（みなもとひとつ）」　私は前進していますか　人生の意味・目的とは何ですか？　なぜですか？　「私は在る」の起源　苦しみの終わり　〔02320〕

クレオン, オースティン　Kleon, Austin

◇クリエイティブを共有（シェア）！―“君がつくり上げるもの”を世界に知ってもらうために（SHOW YOUR WORK！）　オースティン・クレオン著, 千葉敏生訳　実務教育出版　2014.8　229p　15×15cm　1360円　①978-4-7889-0815-4
内容 1 天才である必要なんてない　2 成果ではなくプロセスで考えよう　3 毎日ちょっとずつ共有　4 好奇心の棚を開け放とう　5 物語の腕を磨こう　6 知っていることを教えよう　7 スパム人間にはなるな　8 パンチの受け止め方を覚えよう　9 裏切ったっていい　10 とにかく続けよう　〔02321〕

クレーゲル, ヤン

◇ケインズは、《今》、なぜ必要か？―グローバルな視点からの現在的意義　ケインズ学会編, 平井俊顕監修　作品社　2014.2　274p　20cm　2400円　①978-4-86182-458-6
内容 金融危機後の、「輸出主導型成長」と「対外債務削減」という幻想（ヤン・クレーゲル著, 渡辺良夫訳）　〔02322〕

クレーゲル, ヤン・A.

◇リターン・トゥ・ケインズ（THE RETURN TO KEYNES）　ブラッドリー・W.ベイトマン, 平井俊顕, マリア・クリスティーナ・マルクッツォ編, 平井俊顕監訳　東京大学出版会　2014.9　388, 56p　22cm　〈文献あり 索引あり〉5600円　①978-4-13-040262-0
内容 現代経済学に対するケインズの影響（ヤン・A.ク

レーゲル著, 渡辺良夫訳）〔02323〕

グレゴリオス（ナジアンゾスの） Gregory, of Nazianzus, Saint

◇ナジアンゾスのグレゴリオスの詩　グレゴリオス著, 家入敏光選・訳　習志野　教友社　2015.7　608p　21cm　〈年譜あり〉〔02324〕

グレゴリオス（ニュッサの）

◇キリスト者の生のかたち―東方教父の古典に学ぶ　谷隆一郎編訳　知泉書館　2014.5　376, 19p　20cm　〈布装　文献あり 索引あり〉3000円　①978-4-86285-187-1

内容 キリスト者の生のかたち 他（グレゴリオス著, 谷隆一郎訳）〔02325〕

グレゴリオ9世

◇アシジの聖フランシスコ伝記資料集―Fontes Franciscani　フランシスコ会日本管区訳・監修　教文館　2015.11　809, 9p　22cm　（キリスト教古典叢書）〈索引あり〉7800円　①978-4-7642-1810-9

内容 アシジのフランシスコの列聖に関する勅書（グレゴリオ九世著）〔02326〕

グレッグ, ジェニファー　Gregg, Jennifer

◇アクセプタンス＆コミットメント・セラピー実践ガイド―ACT理論導入の臨床場面別アプローチ（A Practical Guide to Acceptance and Commitment Therapy）スティーブン・C.ヘイズ, カーク・D.ストローサル編著, 谷晋二監訳, 坂本律訳　明石書店　2014.7　473p　22cm　〈文献あり〉5800円　①978-4-7503-4046-3

内容 一般医療施設におけるACT（パトリシア・ロビンソン, ジェニファー・グレッグ, ジョアン・ダール, トビアス・ランドグレン）〔02327〕

クレティニン, セルゲイ

◇歴史に生きるローザ・ルクセンブルク―東京・ベルリン・モスクワ・パリ - 国際会議の記録　伊藤成彦編著　社会評論社　2014.9　369p　21cm　2700円　①978-4-7845-1523-3

内容 ローザ・ルクセンブルクと21世紀のロシア（セルゲイ・クレティニン述, 伊藤成彦訳）〔02328〕

クレトケ, ミハイル・R.

◇歴史に生きるローザ・ルクセンブルク―東京・ベルリン・モスクワ・パリ - 国際会議の記録　伊藤成彦編著　社会評論社　2014.9　369p　21cm　2700円　①978-4-7845-1523-3

内容 ローザ・ルクセンブルク（ミハイル・R.クレトケ著, 有沢秀重訳）〔02329〕

グレニー, ミーシャ　Glenny, Misha

◇ビジュアル版 世界の歴史都市―世界史を彩った都の物語（The Great Cities in History）ジョン・ジュリアス・ノーウィッチ編, 福井正子訳　柊風舎　2016.9　303p　27×21cm　15000円　①978-4-86498-039-5

内容 ウィーン―およびハプスブルク帝国 他（ミーシャ・グレニー）〔02330〕

クレバー, ゼバスティアーン

◇グローバル化と社会国家原則―日独シンポジウム　高田昌宏, 野田昌吾, 守矢健一編　信山社　2015.5　386p　22cm　（総合叢書 17―〔ドイツ法〕）12000円　①978-4-7972-5467-9

内容 自由化された世界取引における労働者保護（ゼバスティアーン・クレバー著, 守矢健一訳）〔02331〕

グレーバー, デヴィッド　Graeber, David

◇デモクラシー・プロジェクト―オキュパイ運動・直接民主主義・集合的想像力（The Democracy Project）デヴィッド・グレーバー著, 木下ちがや, 江上賢一郎, 原民樹訳　航思社　2015.4　365p　19cm　3400円　①978-4-906738-10-6〔02332〕

◇負債論―貨幣と暴力の5000年（DEBT）デヴィッド・グレーバー著, 酒井隆史監訳, 高祖岩三郎, 佐々木夏子訳　以文社　2016.11　770, 66p　22cm　〈文献あり〉6000円　①978-4-7531-0334-8

内容 モラルの混乱の経験をめぐって　物々交換の神話　原初的負債　残酷さと贖い　経済的諸関係のモラル的基盤についての小論　性と死のゲーム　名誉と不名誉―あるいは、現代文明の基盤について　「信用」対「地金」―そして歴史のサイクル　枢軸時代（前八〇〇 - 後六〇〇年）　中世（六〇〇 - 一四五〇年）〔ほか〕〔02333〕

クレピネヴィッチ, アンドリュー　Krepinevich, Andrew F.

◇帝国の参謀―アンドリュー・マーシャルと米国の軍事戦略（THE LAST WARRIOR）アンドリュー・クレピネヴィッチ, バリー・ワッツ著, 北川知子訳　日経BP社　2016.4　502p　20cm　〈発売：日経BPマーケティング〉2800円　①978-4-8222-5149-9

内容 第1章 自ら学ぶ 一九二一～一九四九年　第2章 ランド研究所時代前半 一九四九～一九六〇年　第3章 優れた分析手法を求めて 一九六一～一九六九年　第4章 ネットアセスメントの誕生 一九六九年～一九七三年　第5章 国防総省へ 一九七三年～一九七五年　第6章 ネットアセスメントの成熟 一九七六～一九八〇年　第7章 冷戦時代の終盤 一九八一～一九九一年　第8章 軍事革命 一九九一～二〇〇〇年　第9章 アジア太平洋地域への転換 二〇〇一～二〇一四年　結論〔02334〕

クレビール, ティモシー・C.　Krehbiel, Timothy C.

◇ビジネス統計学―Excelで学ぶ実践活用テクニック（Business Statistics 原著第6版の翻訳）David M.Levine,Timothy C.Krehbiel,Mark L. Berenson〔著〕, 前田祐治訳　丸善出版　2014.11　458p　21cm　〈索引あり〉3800円　①978-4-621-08891-3

内容 統計学とは　データの整理と数値の尺度　基本的な確率　離散確率分布　正規分布　標本抽出と標本分布　信頼区間の推定　仮説検定の基礎―1 標本検定　2 標本検定と一元配置分散分析　カイ二乗（$\chi 2$）検定　単純線形回帰分析　重回帰分析〔02335〕

クレフェルト, マーチン・ファン　Creveld, Martin van

◇エア・パワーの時代（The age of airpower）

マーチン・ファン・クレフェルト著, 源田孝監訳　芙蓉書房出版　2013.2　602p　21cm　4700円　①978-4-8295-0607-3　〔02336〕

◇エア・パワーの時代（THE AGE OF AIRPOWER）　マーチン・ファン・クレフェルト著, 源田孝監訳　芙蓉書房出版　2014.2　602p　21cm　4700円　①978-4-8295-0607-3

内容 第1部 大空へ、一九〇〇年～一九三九年　第2部 史上最大の戦争、一九三九年～一九四五年　第3部 目新しい戦争、一九四五年～一九九一年　第4部 小規模戦争、一九四五年～二〇一〇年　第5部 住民の中の戦争、一八九八年～二〇一〇年　最終章 凋落、一九四五年以降？　〔02337〕

ク

クレフマン, トム　Kleffmann, Tom

◇キリスト教の主要神学者　上　テルトゥリアヌスからカルヴァンまで（Klassiker der Theologie, Bd.1 : Von Tertullian bis Calvin）　F.W.グラーフ編, 片柳栄一監訳　教文館　2014.8　360, 5p　21cm　3900円　①978-4-7642-7383-2

内容 カンタベリーのアンセルムス（一〇三三/一〇三四一一一〇九）（トム・クレフマン）　〔02338〕

クレーマー, アリーヌ

◇BoPビジネス3.0―持続的成長のエコシステムをつくる（Base of the Pyramid 3.0）　フェルナンド・カサード・カニェーケ, スチュアート・L.ハート編著, 平本督太郎訳　英治出版　2016.8　311p　22cm　〈文献あり〉3200円　①978-4-86276-233-7

内容 新事業を生み出す参加型のマーケットリサーチ（アリーヌ・クレーマー, クリスティーナ・ティーベス・グラール, クラウディア・クノブロッホ著）　〔02339〕

クレーマー, ジュビレ　Krämer, Sybille

◇メディア, 使者, 伝達作用―メディア性の「形而上学」の試み（Medium, Bote, Übertragung）　ジュビレ・クレーマー著, 宇和川雄, 勝山紘子, 川島隆, 永畑紗織訳　京都　晃洋書房　2014.5　300, 17p　23cm　〈文献あり〉3900円　①978-4-7710-2532-5

内容 方法論　メディア思想案内　使者モデル　さまざまな伝達作用　「伝達作用」の彼方へ　試してみよう　〔02340〕

クレーマー, ロイド・S.

◇文化の新しい歴史学（THE NEW CULTURAL HISTORY）　リン・ハント編, 筒井清忠訳　岩波書店　2015.10　363, 5p　19cm　（岩波人文書セレクション）〈1993年刊の再刊　索引あり〉3100円　①978-4-00-028817-0

内容 文学・批評・歴史的想像力（ロイド・S.クレーマー著）　〔02341〕

クレマインド《Cremind》

◇マンガ聖書時代の古代帝国―イスラエルの滅亡から新約までの歴史　クレマインド文・絵, チョビョンス監修, 藤本匠訳　いのちのことば社　2014.12　226p　21cm　〈文献あり 年表あり〉1800円　①978-4-264-03275-5

内容 1 古代帝国とイスラエルの滅亡（超大国アッシリア　絶対かつ至尊の新バビロニア　シナゴーグの登場　開放政策をとったペルシア帝国　帰還後の神殿再建と挫折 ほか）　2 ヘレニズムの猛威とユダヤの諸宗派（ギリシア帝国とアレクサンドロス大王　ギリシア文化に対するユダヤ社会の反発　ギリシア帝国の後継者たち　セレウコス朝のユダヤ人迫害　ユダヤ人への本格的なギリシア化政策 ほか）　〔02342〕

クレマン, カトリーヌ　Clément, Catherine

◇レヴィ＝ストロース（Claude Levi-Strauss）　カトリーヌ・クレマン著, 塚本昌則訳　白水社　2014.5　155, 3p　18cm　（文庫クセジュ 990）〈文献あり 著作目録あり 年譜あり〉1200円　①978-4-560-50990-6

内容 民族学者の生成　職業の道へ入る　地質学というモデル　カール・マルクスの使用法　象徴的なもの、ポリヌクレオチド、根と羽根　狂人、良識ある人びとの保証人　ブリコラージュという薄暗い月　構造主義とは何だったのか　日本的魂における往復運動「神話学はひとつの屈折学＝反射学である」〔ほか〕　〔02343〕

クレーム, ベンジャミン　Creme, Benjamin

◇世界教師（マイトレーヤ）と覚者方の降臨（The Reappearance of the Christ and the Masters of Wisdom）　ベンジャミン・クレーム著, 石川道子訳　改訂版　岐阜　シェア・ジャパン出版　2014.5　387p　19cm　〈改訂版（1998年刊）のタイトル：世界大師（マイトレーヤ）と覚者方の降臨　文献あり 著作目録あり 索引あり〉1800円　①978-4-916108-20-3　〔02344〕

◇伝導瞑想―21世紀のヨガ 誰にでもできる新しい時代のための瞑想の手引き（Transmission）　ベンジャミン・クレーム著, 石川道子編訳　改訂4版　岐阜　シェア・ジャパン出版　2016.2　288p　21cm　2000円　①978-4-916108-21-0　〔02345〕

◇マイトレーヤの使命　第1巻　ベンジャミン・クレーム著, 石川道子訳　改訂3版　岐阜　シェア・ジャパン出版　2016.3　426p　21cm　〈文献あり　著作目録あり〉3000円　①978-4-916108-22-7

内容 序説 新しい時代と世界教師の出現　第1章 マイトレーヤと出現の過程　第2章 新時代のマイトレーヤの教えと使命　第3章 覚者方の外的顕現　第4章 霊性と新しい時代における生活　第5章 進化とイニシエーション　第6章 七種の光線　第7章 再生誕（転生輪廻）　第8章 瞑想と奉仕　第9章 進化と奉仕　〔02346〕

クレメンツ, ケビン　Clements, Kevin P.

◇平和の世紀へ 民衆の挑戦　ケビン・クレメンツ, 池田大作著　潮出版社　2016.12　436p　19cm　1600円　①978-4-267-02071-1

内容 歴史の教訓と不戦の誓い　「核兵器のない世界」への挑戦　生命尊厳の思想を時代精神に　共存の社会を築く“心の変革”　太平洋の隣人としての絆　希望と勇気の「復興の道」を　女性の役割とエンパワーメント　人権文化の建設と多様性の尊重　人間の尊厳を守る社会保障　青年の熱と力が歴史を開く〔ほか〕　〔02347〕

クレール, オリヴィエ　Clerc, Olivier

◇裁かない―幸せに生きるための3週間プログラム

(J'arrête de (me) juger)　オリヴィエ・クレール著, 遠藤ゆかり訳　大阪　創元社　2016.11　190p　21cm　〈文献あり 著作目録あり〉1500円　①978-4-422-11635-8

内容 1週目 もう自分や他人を裁くことをやめませんか (私たちは他人や自分をチェックしつづけている　私たちはなぜ自分や他人を裁いてしまうのか　私は誰を…あるいはなにを裁いているのか ほか)　2週目「自分や他人を裁かない山」へ登る道のり (「もし、私が同じ環境で育っていたら」　自分の要求を願いに置きかえる　他人の評価を受け入れる ほか)　3週目 山の頂から見える光 (自分を裁くことをやめる　目に見える短所の裏に隠された長所を発見する　もし、実際には、誰もがつねにベストをつくしているとしたら ほか)　〔02348〕

グレン, ジュール　Glenn, Jules

◇「ねずみ男」の解読―フロイト症例を再考する (Freud and His Patientsの抄訳)　マーク・カンザー, ジュール・グレン編, 馬場謙一監訳, 児玉憲典訳　金剛出版　2015.7　234p　22cm　〈文献あり〉3400円　①978-4-7724-1427-2

内容 結論 (マーク・カンザー, ジュール・グレン著, 馬場謙一訳)　〔02349〕

クーレンシュミット, サリー

◇FDガイドブック―大学教員の能力開発 (A GUIDE TO FACULTY DEVELOPMENT 原著第2版の抄訳)　ケイ・J.ガレスピー, ダグラス・L.ロバートソン編著, 羽田貴史監訳, 今野文子, 串本剛, 立石慎治, 杉本和弘, 佐藤万知訳　町田　玉川大学出版部　2014.2　338p　21cm　(高等教育シリーズ 162)　〈別タイトル：Faculty Developmentガイドブック　文献あり 索引あり〉3800円　①978-4-472-40487-0

内容 テクノロジーとファカルティ・ディベロップメントに関する問題 (サリー・クーレンシュミット著)　〔02350〕

グレンツ, シェリル　Gurrentz, Sheryl

◇育児に悩んでます：うちの子、どこかへんかしら？―双極性障害やそのほかの精神の病気をもつ子どもの親のためのガイドブック (If Your Child Is Bipolar)　シンディ・シンガー, シェリル・グレンツ著, 森野百合子監訳, 森野百合子, 高木道人訳　星和書店　2014.3　344p　19cm　〈索引あり〉2300円　①978-4-7911-0868-8

内容 第1部 はじめに　第2部「診断」を受けてから　第3部 子どもが治療を受ける手助けをする　第4部 双極性障害の子どものいる家族　第5部 あなた自身の健康を考える　第6部 双極性障害をかかえて生きていく子どもを援助する　〔02351〕

グレンディ, クレイグ　Glenday, Craig

◇ギネス世界記録 2015 (GUINNESS WORLD RECORDS)　井上美和子, 大木哲, 権田アスカ, 高取和代翻訳・翻訳編集, クレイグ・グレンディ編　角川アスキー総合研究所　2014.9　18, 256p　28cm　〈2014の出版者：角川マガジンズ　索引あり　発売：KADOKAWA〉3056円　①978-4-04-899601-3　〔02352〕

◇ギネス世界記録 2016 (GUINNESS WORLD RECORDS)　大木哲, 井上美和子, 権田アスカ, 高取和代, 高橋寿美江翻訳・翻訳編集, クレイグ・グレンディ編　角川アスキー総合研究所　2015.9　18, 255p　28cm　〈索引あり　発売：KADOKAWA〉3056円　①978-4-04-899603-7

内容 1 地球　2 動物　3 人間　4 人間の偉業　5 おかしな偉業　6 現代の世界　7 建築　8 科学&エンジニアリング　9 メディア&レジャー　10 冒険者たち　11 スポーツ　〔02353〕

◇ギネス世界記録 2017 (GUINNESS WORLD RECORDS)　クレイグ・グレンディ編, 大木哲, 井上美和子, 片岡夏実, 権田アスカ, 高取和代翻訳・翻訳編集　角川アスキー総合研究所　2016.9　18, 255p　28cm　〈発売：KADOKAWA〉3056円　①978-4-04-899606-8

内容 宇宙　地球　動物　人間　記録学　旅の歴史　家で挑戦してみよう　家で挑戦しちゃダメ　おもちゃ&ゲーム　エンジニアリングと建築　アート&メディア　科学とテクノロジー　スポーツ　〔02354〕

グロー, S.E.*　Groh, Susan E.

◇学生が変わるプロブレム・ベースド・ラーニング実践法―学びを深めるアクティブ・ラーニングがキャンパスを変える (THE POWER OF PROBLEM-BASED LEARNING)　ダッチ・B.J, グロー・S.E, アレン・D.E編, 山田康彦, 津田司監訳, 三重大学高等教育創造開発センター訳　京都　ナカニシヤ出版　2016.2　282p　22cm　〈索引あり〉3600円　①978-4-7795-1002-1

内容 PBL授業における評価方法 他 (Barbara J.Duch, Susan E.Groh著, 廣岡秀一訳)　〔02355〕

グロイ, カーレン

◇ヘーゲル講義録研究 (Nachschriften von Hegels Vorlesungen)　オットー・ペゲラー編, 寄川条路監訳　法政大学出版局　2015.11　279, 2p　22cm　〈索引あり〉3000円　①978-4-588-15074-6

内容 論理学講義〈一八一七年〉(カーレン・グロイ著, 竹島あゆみ訳)　〔02356〕

グロイスバーグ, ボリス

◇変革の知　ジャレド・ダイアモンドほか〔述〕, 岩井理子訳　KADOKAWA　2015.2　251p　18cm　(角川新書 K-1)　900円　①978-4-04-102413-3

内容 社会の感情も管理できる企業が成功する (テレサ・アマビール, ボリス・グロイスバーグ述)　〔02357〕

クロイツザーラー, クラウディア

◇ヨーロッパ史のなかの裁判事例―ケースから学ぶ西洋法制史 (Fälle aus der Rechtsgeschichte)　U.ファルク,M.ルミナティ,M.シュメーケル編著, 小川浩三, 福田誠治, 松本尚子監訳　京都　ミネルヴァ書房　2014.4　445p　22cm　〈索引あり〉6000円　①978-4-623-06559-2

内容 ディオニシア対カイレモン事件 (クラウディア・クロイツザーラー著, 飛世昭裕訳)　〔02358〕

クロイトル, タル　Croitoru, Tal

◇EMDR革命：脳を刺激しトラウマを癒す奇跡の心理療法―生きづらさや心身の苦悩からの解放

(THE EMDR REVOLUTION)　タル・クロイトル著, 市井雅哉訳　星和書店　2015.12　203p　19cm　1500円　①978-4-7911-0922-7

内容 序章 えええっ、なんで今まで知らなかったんだろう！　第1章 EMDRって何？　今までの治療とどこがちがうの？　第2章 EMDRの治療って、何をするの？　第3章 過去から自由になろう—患者さんたちとEMDRの物語　第4章 人生を広げよう—患者さんたちとEMDRの物語その2　第5章 たとえば人前で話すときに頭が真っ白にならないようにするためのEMDR　第6章 EMDR外典　付録　〔*02359*〕

ク

クローヴァー, チャールズ　Clover, Charles

◇ユーラシアニズム—ロシア新ナショナリズムの台頭 (Black Wind, White Snow)　チャールズ・クローヴァー著, 越智道雄訳　NHK出版　2016.9　545, 28, 1p　20cm　〈文献あり〉3300円　①978-4-14-081706-3

内容 第1部 黎明期(ニコライ・トルベツコイ　第三の道　西欧化からの脱却　「トレスト」の罠)　第2部 混迷期(レフ・グミリョフ　ボリジョイ・ドーム　労働収容所)　第3部 復興期(アレクサンドル・ドゥーギン　一九九〇年パリ　サタンのボール　ハートランド　プーチンとユーラシアニズム　政治的テクノロジー　尻尾が犬を振り回す　パッシオナーリーの輸出)　〔*02360*〕

グロゥヴ, エリック・J.　Grove, Eric

◇コーベット海洋戦略の諸原則 (Some Principles of Maritime Strategy)　ジュリアン・スタフォード・コーベット著, エリック・J.グロゥヴ編, 矢吹啓訳　原書房　2016.9　541p　20cm　〈索引あり〉3600円　①978-4-562-05345-2

内容 戦争の理論的研究—その利用と限界　第1部 戦争の理論(戦争の理論　戦争の性質—攻勢と防勢　戦争の性質—限定と無制限　限定戦争と海洋帝国　介入戦争—無制限戦争への限定的な干渉　限定戦争における強さの条件)　第2部 海の戦いの理論(目標の理論—制海　手段の理論—艦隊の構成　方法の理論—戦力の集中と分散)　第3部 海の戦いの遂行(序言　制海を確保する方法　制海を争う方法　制海を行使する方法)　附録「グリーン・パンフレット」〔*02361*〕

クロウェル, アンドレ

◇民主政治はなぜ「大統領制化」するのか—現代民主主義国家の比較研究 (The Presidentialization of Politics)　T.ポグントケ,P.ウェブ編, 岩崎正洋監訳　京都　ミネルヴァ書房　2014.5　523, 7p　22cm　〈索引あり〉8000円　①978-4-623-07038-1

内容 低地帯諸国(シュテファン・ファイアース, アンドレ・クロウェル著, 荒井祐介訳)　〔*02362*〕

クロウトヴォル, ヨゼフ　Kroutvor, Josef

◇中欧の詩学—歴史の困難 (Potíže s dějinami)　ヨゼフ・クロウトヴォル〔著〕, 石川達夫訳　法政大学出版局　2015.8　239, 6p　20cm　(叢書・ウニベルシタス 1031)　〈索引あり〉3000円　①978-4-588-01031-6

内容 第1章 中欧の国難さ—アネクドートと歴史　第2章 実存の困難さ—神話とチェコ文学　第3章 第一次共和国の困難さと希望—概念と社交生活　第4章 亡命の困難さ—逃走する知識人　第5章 文学の困難さ—物語と歴史　あとがき—アルマリウムと、もう少しの言葉　〔*02363*〕

クロウリー, K.*　Crowley, Kevin

◇触発するミュージアム—文化的公共空間の新たな可能性を求めて　中小路久美代, 新藤浩伸, 山本恭裕, 岡田猛編著　京都　あいり出版　2016.5　255p　26cm　〈索引あり〉2700円　①978-4-86555-025-2

内容 ミュージアムでの学びを考える(Karen Knutson, Kevin Crowley著, 堀口裕美訳)　〔*02364*〕

クロカー・コスタ, L.J.*　Croker Costa, Lara-Jeane

◇自己調整学習ハンドブック (HANDBOOK OF SELF-REGULATION OF LEARNING AND PERFORMANCE)　バリー・J.ジマーマン, ディル・H.シャンク編, 塚野州一, 伊藤崇達監訳　京都　北大路書房　2014.9　434p　26cm　〈索引あり〉5400円　①978-4-7628-2874-4

内容 発話思考法を使用した自己調整学習の測定(Jeffrey Alan Greene, Jane Robertson, Lara-Jeane Croker Costa著, 塚野州一訳)　〔*02365*〕

クロケット, ウィリアム・R.　Crockett, William R.

◇ユーカリスト—新たな創造 (Eucharist Symbol of Transformation)　ウィリアム・R.クロケット著, 竹内謙太郎監修, 後藤務訳　聖公会出版　2014.10　417p　19cm　〈文献あり〉4200円　①978-4-88274-270-8

内容 第1章 新約聖書におけるユーカリスト　第2章 初代教会におけるユーカリスト　第3章 中世におけるユーカリスト　第4章 ルターとツヴィングリ　第5章 カルヴァン　第6章 聖公会、ピューリタン、そしてメソジストの伝統　第7章 現代の視点　〔*02366*〕

クロゲラス, ミカエル　Krogerus, Mikael

◇人生を決断できるフレームワーク思考法 (50 ERFOLGSMODELLE)　ミカエル・クロゲラス, ローマン・チャペラー, フィリップ・アーンハート〔著〕, 月沢李歌子訳　講談社　2016.2　203p　15cm　(講談社+α文庫 A159-1)　〈「仕事も人生も整理整頓して考えるビジュアル3分間シンキング」(2012年刊)の改題、加筆・修正　文献あり〉560円　①978-4-06-281650-2

内容 自分をレベルアップする(効率よく仕事をするために—アイゼンハワー・マトリックス　正しい目的・目標を設定する—SWOT分析 ほか)　自分をもっと知る(幸せを感じるのはどんなとき？　—フロー・モデル　人からどんなふうに見られたい？　—ジョハリの窓 ほか)　世の中の仕組みをさらに理解する(人間はなにを必要とし、なにを求めるのか—マズローのピラミッド　ライフスタイルを分類する—ミリュー・モデルとブルデュー・モデル ほか)　周囲の人々を育てる(チームの強みと弱みを明確にする—チーム・モデル　チーム意識を育てるには—ドレクスラー＝シベット・チーム・パフォーマンス・モデル ほか)　今度はあなたの番です(自分でモデルを作ってみよう)　〔*02367*〕

クローザー, カシア

◇マニフェスト本の未来 (Book : a futurist's manifesto)　ヒュー・マクガイア, ブライアン・オレアリ編　ボイジャー　2013.2　339p　21cm

2800円　①978-4-86239-117-9
内容 読者の権利章典(カシア・クローザー著)〔02368〕

グロス, スティーブン　Grosz, Stephen
◇人生に聴診器をあてる―見失った自分を取り戻す道案内(THE EXAMINED LIFE)　スティーブン・グロス著, 園部哲訳　中央公論新社　2015.3　236p　20cm　1700円　①978-4-12-004705-3
内容 ふりだし(語ることのできない物語　笑いの功罪ほか)　嘘をつく(秘密　二人の距離 ほか)　愛の諸相(心なごむ場所　妄想は苦痛をやわらげる ほか)　置き換える(喪失の恐怖　消極性という防御 ほか)　別れ(沈黙を通じて　終止符を打つ ほか)〔02369〕

クロース, ダニエラ
◇知識経済をジェンダー化する―労働組織・規制・福祉国家(GENDERING THE KNOWLEDGE ECONOMY)　S.ウォルビー,H.ゴットフリート,K.ゴットシャル, 大沢真理編著, 大沢真理編訳　京都　ミネルヴァ書房　2016.8　382p　22cm　(現代社会政策のフロンティア 10)〈索引あり〉5500円　①978-4-623-07783-0
内容 自営業の比較(カリン・ゴットシャル, ダニエラ・クロース著)〔02370〕

グロステット, シャルロット
◇まちどおしいねクリスマス―24のアドベントストーリー(24 histoires de Noël pour attendre Jésus avec les petits)　MAME編, つばきうたこ訳　ドン・ボスコ社　2014.10　79p　23cm　1200円　①978-4-88626-574-6
内容 アドベントカレンダー 他(シャルロット・グロステット作)〔02371〕

クロスビー, ダニエル　Crosby, Daniel
◇ゴールベース資産管理入門―顧客志向の新たなアプローチ(Personal Benchmark)　チャック・ウィジャー, ダニエル・クロスビー著, 新井聡監訳, 野村証券ゴールベース研究会訳　日本経済新聞出版社　2016.5　333p　22cm〈文献あり 索引あり〉4000円　①978-4-532-13465-5
内容 第1部 新しい方法の必要性(市場における自由と、アドバイザーの責任　投資家の感情と意思決定　リスク、それは個人的なもの)　第2部 パーソナル・ベンチマーク・アプローチとは(マルチ・アセット・クラス投資哲学とは　ポケットの力　アクティブ・マネージャーの選択)　第3部 ゴールベースの投資戦略を実行するために(人生の目標(ゴール)を実現するための投資　パーソナル・ベンチマークを追求する　わかりやすい説明を ほか)〔02372〕

グロス＝ロー, クリスティーン　Gross-Loh, Christine
◇ハーバードの人生が変わる東洋哲学―悩めるエリートを熱狂させた超人気講義(THE PATH)　マイケル・ピュエット, クリスティーン・グロス＝ロー著, 熊谷淳子訳　早川書房　2016.4　245p　19cm〈文献あり〉1600円　①978-4-15-209612-8
内容 1 伝統から“解放された”時代　2 世界じゅうで哲学が生まれた時代　3 毎日少しずつ自分を変える―孔子と“礼”“仁”　4 心を耕して決断力を高める―孟子と“命”　5 強くなるために弱くなる―老子と“道”　6 まわりを引きつける人になる―『内業』と“精”“気”“神”　7「自分中心」から脱却する―荘子と“物化”　8「あるがまま」がよいとはかぎらない―荀子と“ことわり”　9 世界じゅうの思想が息を吹き返す時代〔02373〕

クロゼウスキー, ゲイロールト
◇コロンボ・プラン―戦後アジア国際秩序の形成　渡辺昭一編著　法政大学出版局　2014.3　362p　22cm〈他言語標題：The Colombo Plan and the International Order in Asia after World War 2　索引あり〉5800円　①978-4-588-37711-2
内容 イギリスの対外援助政策の再編、一九五六～一九六四年(ゲイロールト・クロゼウスキー著, 山口育人訳)〔02374〕

グロタンディーク, アレクサンドル　Grothendieck, Alexandre
◇ある夢と数学の埋葬―陰と陽の鍵(Réflexions et témoignage sur un passé de mathématicien)　アレクサンドル・グロタンディーク著, 辻雄一訳　新装版　京都　現代数学社　2016.10　633p　21cm　6000円　①978-4-7687-0460-8
内容 第3部 埋葬(2)―陰(イン)と陽(ヤン)の鍵(故人(まだあい変わらず死亡届が出されていない…)葬儀)　宇宙への扉(「陰と陽の鍵」(第三部)の付録)〔02375〕

クロッサン, ジョン・ドミニク　Crossan, John Dominic
◇イエスとは誰か―史的イエスに関する疑問に答える(WHO IS JESUS?)　ジョン・ドミニク・クロッサン著, 飯郷友康訳　新教出版社　2013.12　189p　19cm　1900円　①978-4-400-12305-7
内容 1 ともかく福音書を読んでみよう　2 イエスは神の御子、処女マリヤの子か　3 洗礼者ヨハネとイエスはどう関わったのか　4 イエスは何を教えたのか　5 イエスは奇蹟を起こしたのか　6 キリスト教はイエスの新興宗教か　7 誰がなぜイエスを処刑したのか　8 復活の日に何があったのか　9 どのようにしてイエスがキリストになったのか〔02376〕

グローテ, ユーリア
◇ドイツ教授学へのメタ分析研究の受容―ジョン・ハッティ「可視化された学習」のインパクト　原田信之, ヒルベルト・マイヤー編著, 宇都宮明子, 木戸裕, サルバション有紀訳〔東大阪〕デザインエッグ　2015.11　140p　21cm〈執筆：エヴァルト・テルハルトほか　文献あり〉①978-4-86543-477-4〔02377〕

グロート, ミルドレッド・A.　Groht, Mildred A.
◇自然法―聾児の言語指導法(NATURAL LANGUAGE FOR DEAF CHILDREN)　ミルドレッド・A.グロート著, 岡辰夫訳, 斎藤佐和監修　ジアース教育新社　2016.10　369p　21cm〈文献あり〉2400円　①978-4-86371-385-7
内容 幼児と言語　成長のとき　知ることへの育ち　行動によって学ぶ　新しい世界の探求　自己表現の型の確立　想像力は表現を豊かにする　自立への成長　表現の自由　広がる地平線　自分自身で　意志あるところに道あり〔02378〕

クロナー, ポール

◇シリーズ日蓮　1　法華経と日蓮　小松邦彰, 花野充道責任編集　春秋社　2014.5　360p　22cm　〈他言語標題：Series NICHIREN〉3500円　①978-4-393-17351-0
内容 最澄と法華経（ポール・グローナー著, 前川健一訳）〔02379〕

◇仏教文明の転回と表現—文字・言語・造形と思想　新川登亀男編　勉誠出版　2015.3　655p　22cm　9800円　①978-4-585-21025-2
内容 仏教の東流と竜巻・湧き水・逆流（ポール・グローナー著, 大鹿真央訳）〔02380〕

クローナー, リヒャルト　Kroner, Richard

◇精神の自己主張—ティリヒ=クローナー往復書簡1942-1964（Selbstbehauptung des Geistes）　フリードリヒ・ヴィルヘルム・グラーフ, アルフ・クリストファーセン編, 茂牧人, 深井智朗, 宮崎直美訳　未来社　2014.11　189p　19cm　（転換期を読む 24）　2200円　①978-4-624-93444-6
内容 第1部 精神の自己主張—リヒャルト・クローナーとパウル・ティリヒ往復書簡　第2部 パウル・ティリヒとリヒャルト・クローナー往復書簡、及び関連文書　第3部 訳者解題—二人の亡命知識人の精神史的考察〔02381〕

クロニクルブックス

◇誕生日事典（Fortune-Telling BIRTHDAY BOOK）　クロニクルブックス著, Kanae Ervin訳　クロニクルブックス・ジャパン　2016.2　203p　16cm　〈発売：徳間書店〉1450円　①978-4-19-864115-3〔02382〕

クローニーン, ダヒイ・オ

◇オックスフォード ブリテン諸島の歴史　3　ヴァイキングからノルマン人へ（The Short Oxford History of the British Isles：From the Vikings to the Normans（800-1100））　鶴島博和日本語版監修　ウェンディ・デイヴィス編, 鶴島博和監訳　慶応義塾大学出版会　2015.10　371, 49p　22cm　〈文献あり 年表あり 索引あり〉7400円　①978-4-7664-1643-5
内容 書くこと（ダヒイ・オ・クローニーン著, 森貴子訳）〔02383〕

クローネン, マイケル　Krohnen, Michael

◇キッチン日記—J.クリシュナムルティとの1001回のランチ（THE KITCHEN CHRONICLES）　マイケル・クローネン著, 大野純一訳　新装・新訳版　コスモス・ライブラリー　2016.6　432p　21cm　〈発売：星雲社〉2500円　①978-4-434-22117-0
内容 第1部 道なき土地への導き（最初の数歩　友情の始まり ほか）　第2部 クリシュナムルティとのランチ（月の谷間で　クリシュナジとの集会 ほか）　第3部 完成の年月（二つの精神の出会い　思考の糧 ほか）　第4部 善性の開花（地上の平和　内的なものの科学者 ほか）〔02384〕

グローバー, アナンド

◇福島への帰還を進める日本政府の4つの誤り—隠される放射線障害と健康に生きる権利　沢田昭二, 松崎道幸, 矢ケ崎克馬, 島薗進, 山田耕作, 生井兵治, 満田夏花, 小柴信子, 田代真人著　旬報社　2014.9　175p　21cm　1400円　①978-4-8451-1362-0
内容 日本における到達可能な最高水準の心身の健康を享受する万人の権利に関する国連特別報告者の報告書（アナンド・グローバー著, 松崎道幸監修, 小柴信子訳）〔02385〕

グローバー, スチーブン・M.

◇財務諸表監査における「職業的懐疑心」　増田宏一, 梶川融, 橋本尚監訳, 「監査人の職業的懐疑心に関する研究」部会訳　同文舘出版　2015.8　158p　22cm　〈索引あり〉2600円　①978-4-495-20291-0
内容 監査人の職業的懐疑心を高めること（スチーブン・M.グローバー著）〔02386〕

グローブ, リンダ

◇華北の発見　本庄比佐子, 内山雅生, 久保亨編　東洋文庫　2013.12　355p　22cm　（東洋文庫論叢 第76）　非売品　①978-4-8097-0267-9
内容 21世紀の「華北農村慣行調査」村（リンダ・グローブ著, 古泉達矢訳）〔02387〕

◇華北の発見　本庄比佐子, 内山雅生, 久保亨編　汲古書院　2014.4　355p　22cm　〈2刷　索引あり〉6000円　①978-4-7629-9558-3
内容 21世紀の「華北農村慣行調査」村（リンダ・グローブ著, 古泉達矢訳）〔02388〕

◇中国のメディア・表象とジェンダー　中国女性史研究会編著　研文出版　2016.9　312, 5p　22cm　4500円　①978-4-87636-410-7
内容 華北のある小都市での売春に関する研究（リンダ・グローブ著, 田中アユ子訳）〔02389〕

クロフォード, サッフィ　Crawford, Saffi

◇誕生日大全（THE POWER OF BIRTHDAYS, STARS AND NUMBERS）　サッフィ・クロフォード, ジェラルディン・サリヴァン著, アイディ訳　増補版　主婦の友社　2016.9　831p　21cm　2800円　①978-4-07-417295-5
内容 占星術への招待　10天体　支配星　進行　恒星占星術とは　数秘術とは　366日の性格&相性診断　星の特質〔02390〕

クロフォード, バーバラ・E.

◇オックスフォード ブリテン諸島の歴史　3　ヴァイキングからノルマン人へ（The Short Oxford History of the British Isles：From the Vikings to the Normans（800-1100））　鶴島博和日本語版監修　ウェンディ・デイヴィス編, 鶴島博和監訳　慶応義塾大学出版会　2015.10　371, 49p　22cm　〈文献あり 年表あり 索引あり〉7400円　①978-4-7664-1643-5
内容 ヴァイキング（バーバラ・E.クロフォード著, 小沢実訳）〔02391〕

クロフト, ジョー

◇イギリスの今—文化的アイデンティティ（British Cultural Identities 原著第4版の翻訳）

マイク・ストーリー, ピーター・チャイルズ編, 塩谷清人監訳　京都　世界思想社　2013.12 466, 27p　21cm　〈索引あり〉3800円　①978-4-7907-1608-2
内容 若者文化とスタイル(ジョー・クロフト著, 奥野元子訳)　〔02392〕

クロポトキン, P.A.　Kropotkin, Petr Alekseevich
◇大杉栄全集　第11巻　一革命家の思い出　大杉栄著, 大杉栄全集編集委員会編　クロポトキン〔著〕, 大杉栄〔訳〕　ぱる出版　2015.8　539p 20cm　〈布装〉8000円　①978-4-8272-0911-2 〔02393〕

クロール, アリステア　Croll, Alistair
◇Lean Analytics―スタートアップのためのデータ解析と活用法(Lean Analytics)　アリステア・クロール, ベンジャミン・ヨスコビッツ著, 角征典訳　オライリー・ジャパン　2015.1　366p 21cm　(THE LEAN SERIES)　〈索引あり　発売：オーム社〉3300円　①978-4-87311-711-9
内容 第1部 自分にウソをつかない(みんなウソつきだ　スコアのつけ方 ほか)　第2部 今すぐに適切な指標を見つける(アナリティクスフレームワーク　最重要指標の規律 ほか)　第3部 評価基準(追跡する指標はモデルとステージで決まる　もう十分なのか？ ほか)　第4部 リーンアナリティクスを導入する(エンタープライズ市場に売り込む　内側からのリーン：組織内起業家 ほか)　〔02394〕

クロンクヴィスト, L.*　Cronqvist, Lasse
◇質的比較分析(QCA)と関連手法入門(CONFIGURATIONAL COMPARATIVE METHODS : Qualitative Comparative Analysis(QCA)and Related Techniques)　ブノワ・リウー, チャールズ・C.レイガン編著, 石田淳, 斎藤圭介監訳　京都　晃洋書房　2016.10 242p　21cm　3000円　①978-4-7710-2779-4
内容 第1章 アプローチとしての質的比較分析(QCA)　第2章 比較研究デザイン―事例と変数の選定　第3章 クリスプ・セットQCA(csQCA)　第4章 マルチ・バリューQCA(mvQCA)　第5章 ファジィ・セットQCA(fsQCA)　第6章 QCAの適用例についてのレビュー　第7章 QCAへの批判に取り組む　第8章 おわりに―配置構成的比較法(CCM)の今後の展開　〔02395〕

グロンダン, ジャン　Grondin, Jean
◇ポール・リクール(Paul Ricœur)　ジャン・グロンダン著, 杉村靖彦訳　白水社　2014.7　163, 3p　18cm　(文庫クセジュ 992)　〈文献あり〉1200円　①978-4-560-50992-0
内容 第1章 三重の系譜　第2章 意志の能力と無能についての哲学(方法上の注意事項　依存的自由の受肉した意志　過ちの謎　悪の象徴への聴従)　第3章 解釈学への最初の進出―時には忘れられてしまうその意味について(一九六〇年の解釈学が担う再建という課題　現代における聖の忘却を解釈学によって乗り越える？　一九六〇年における解釈学的転回の「その後の」変容)　第4章 解釈の諸可能性のアーチ(「解釈について(De interpretatione)」　諸解釈の気高き葛藤について　解釈学の短い道と長い道　隠喩の道　解釈学のアーチと意味の矢)　第5章 成熟期の著作群における自己の解釈学(歴史的時間意識の解釈学―時間は数えられているがゆえに物語られる　倫理と化した解釈学　記憶し忘却できる人間の解釈学)　〔02396〕
◇宗教哲学(La philosophie de la religion)　ジャン・グロンダン著, 越後圭一訳　白水社　2015.3 164, 3p　18cm　(文庫クセジュ 999)　〈文献あり〉1200円　①978-4-560-50999-9
内容 序 宗教と生の意味　第1章 宗教と近代科学　第2章 宗教哲学の広大な領域　第3章 宗教の本質―信念をともなう祭祀　第4章 ギリシア世界　第5章 ラテン世界　第6章 中世世界　第7章 近代世界　結論　〔02397〕

クン, キキン*　董 貴昕
◇2015産業統合のチャイナ・エンジン　中国M&A公会監修, 尉立東, 柏亮ほか著, 中出了真, 黄伯, 陳亮訳　明月堂書店　2015.9　188p　19cm　2000円　①978-4-903145-50-1
内容 第1部 産業統合の歴史概要(産業統合の歴史　中国産業統合の起動)　第2部 産業M&Aのチャンス(金融業：インターネット金融がM&Aの起爆剤となる　インターネットM&Aの趨勢と反復　消費財業界のM&Aチャンスについての研究報告　文化メディア産業　複合改革：古い瓶に新しい酒を詰めるチャンス多し　グローバルなM&A気運　高速鉄道経済圏がもたらした地域統合の生態圏)　第3部 産業M&Aのプラットフォームとツール(企業買収ファンド　M&Aローン　M&A債券　レバレッジ・バイアウト　M&Aの見積もり　M&A税務　M&A仲裁)　〔02398〕

クンチョック・シタル　Kunchok Sithar
◇太陽の光のような心の訓練(Mind Training Like The Rays of The Sun)　ナムカ・ペル著, 日山智善訳, クンチョック・シタル監修　大阪　パレード　2014.1　336p　20cm　(Parade Books)〈発売：星雲社〉3429円　①978-4-434-18515-1
内容 心の訓練の七つの要点　第1部 序論　第2部 この教えの解説(前行の教えの瞑想　宝のように貴重な菩提心の実践課程―実践の基礎)　〔02399〕

クーンツ, クリスティー　Koontz, Christie
◇IFLA公共図書館サービスガイドライン―理想の公共図書館サービスのために(IFLA public library service guidelines(2nd, completely revised edition))　クリスティー・クーンツ, バーバラ・グビン編, 山本順一監訳　日本図書館協会　2016.1　210p　21cm　〈訳：竹内ひとみほか　文献あり〉1200円　①978-4-8204-1513-8 〔02400〕

クンツ, ノーマン
◇分けないから普通学級のない学校―カナダBC州のインクルーシブ教育　一木玲子, 長瀬修, 和田明〔執筆〕, 国民教育文化総合研究所編集　アドバンテージサーバー　2014.7　78p　21cm　700円　①978-4-86446-025-5
内容 インクルーシブ教育の原点を考えよう！(ノーマン・クンツ, エマ・ヴァンダー＝クリフト述, 鈴木真帆訳)　〔02401〕

グンドラック, ジェームズ・H.
◇不正選挙―電子投票とマネー合戦がアメリカを破壊する(LOSER TAKE ALL)　マーク・クリスピン・ミラー編著, 大竹秀子, 桜井まり子, 関房江

訳　亜紀書房　2014.7　343, 31p　19cm　2400円　①978-4-7505-1411-6

内容 アラバマ州ボールドウィン郡における二〇〇二年州知事選投票の統計学的分析（ジェームズ・H.グンドラック著）〔02402〕

グンペルト, クラーラ・ヘルネル　Gumpert, Clara Hellner

◇知的障害・発達障害のある子どもの面接ハンドブック―犯罪・虐待被害が疑われる子どもから話を聴く技術（ATT INTERVJUA BARN）　アン-クリスティン・セーデルボリ, クラーラ・ヘルネル・グンペルト, グンヴォル・ラーション・アバド著, 仲真紀子, 山本恒雄監訳, リンデル佐藤良子訳　明石書店　2014.9　107p　21cm　〈文献あり 索引あり〉 2000円　①978-4-7503-4063-0

内容 第1章 はじめに　第2章 障害とハンディキャップ（身体障害と精神障害　診断　知的障害　発達障害）　第3章 知的障害、発達障害、またはその両方のある子どもへの面接（面接の計画を立てる　面接　面接技法　面接の段階　おわりに）〔02403〕

【ケ】

ゲ, サミュエル

◇戦後思想の光と影―日仏会館・戦後70年記念シンポジウムの記録　三浦信孝編　風行社　2016.3　359p　21cm　〈会期・会場：2015年7月18日(土)～19日(日) 日仏会館1階ホール〉 2200円　①978-4-86258-100-6

内容 日本のアジア主義とアジアの統合（サミュエル・ゲ述, 小幡谷友二訳）〔02404〕

ケア, エスター　Care, Esther

◇21世紀型スキル―学びと評価の新たなかたち（ASSESSMENT AND TEACHING OF 21ST CENTURY SKILLS）　P.グリフィン,B.マクゴー,E.ケア編, 三宅なほみ監訳, 益川弘如, 望月俊男編訳　京都　北大路書房　2014.4　265p　21cm　〈索引あり〉 2700円　①978-4-7628-2857-7

内容 教育と学校の役割の変化（パトリック・グリフィン, エスター・ケア, バリー・マクゴー著, 益川弘如, 望月俊男訳）〔02405〕

ゲアハルト, フォルカー

◇人権への権利―人権、民主主義そして国際政治（Recht auf Menschenrechte）　ハウケ・ブルンクホルスト, ヴォルフガング・R.ケーラー, マティアス・ルッツ＝バッハマン編, 舟場保之, 御子柴善之監訳　吹田　大阪大学出版会　2015.1　335, 13p　21cm　〈索引あり〉 3700円　①978-4-87259-491-1

内容 人権とレトリック（フォルカー・ゲアハルト著, 浜野喬士訳）〔02406〕

ケアリー, デニス　Carey, Dennis C.

◇取締役会の仕事―先頭に立つとき、協力するとき、沈黙すべきとき（BOARDS THAT LEAD）　ラム・チャラン, デニス・ケアリー, マイケル・ユシーム著, 川添節子訳　日経BP社　2014.12　338p　21cm　〈文献あり 索引あり　発売：日経BPマーケティング〉 2000円　①978-4-8222-5061-4

内容 形式的な役職から監視役、そしてリーダーへ　1 機能する取締役会（もっとも大切なこと―基本理念を決める　価値を創造する取締役を雇う　機能不全を取り除く　ボードリーダー、求む）　2 リーダーをリードする（CEOの承継―究極の決断　適任者を探す　CEOを解雇する）　3 価値を創造する（リスクをチャンスに変える　距離を置く　リーダーシップの有無がもたらすもの　コーポレート・ガバナンスを再定義する）〔02407〕

ケイ, キャティー　Kay, Katty

◇ウーマノミクス―仕事も家庭もあきらめない新しい「働き方」のカタチ（WOMENOMICS）　クレア・シップマン, キャティー・ケイ著, 林久実訳　アルファポリス　2014.8　349p　19cm　〈発売：星雲社〉 1500円　①978-4-434-19567-9

内容 第1章 ウーマノミクス入門　第2章 私たちが本当に欲しいもの　第3章 成功の再定義―すべてはあなたの心しだい　第4章 罪悪感を捨て、NOと言う　第5章 キツネのように要領よく―もっと賢く、もっと楽に働く　第6章 価値を高める―価値を見直し、時間を大切にする　第7章 理想郷を手に入れる交渉の9つのルール―仕事の取り決めそのものを変える方法　第8章 ウーマノミクスの世界〔02408〕

◇なぜ女は男のように自信をもてないのか（THE CONFIDENCE CODE）　キャティー・ケイ, クレア・シップマン著, 田坂苑子訳　CCCメディアハウス　2015.6　310p　19cm　1800円　①978-4-484-15114-4

内容 第1章 不安から逃れられない女性たち　第2章 考えすぎて動けない女性たち　第3章 女性は生まれつき自信がないのか？　第4章 男女間に自信の差が生まれる理由　第5章 自信は身につけられるもの？　第6章 自信を自分のものにするための戦略　第7章 部下や子どもに自信をもたせるには　第8章 自信の科学〔02409〕

ケイ, ジェズラ　Kaye, Jezra

◇困った部下を戦力に変えるリーダーは、まず時間とお金のことを考える（MANAGING THE UNMANAGEABLE）　アン・ロアー, ジェズラ・ケイ著, 金井啓太訳　アルファポリス　2015.2　327p　19cm　〈発売：星雲社〉 1400円　①978-4-434-20244-5

内容 困った部下とは？　困った部下を戦力に変える「5つのステップ」　言い訳ばかりの部下　文句が多い部下　自己中な部下　制御不能の部下　おどけ者の部下　世話焼きの部下　内気な部下　うわさ好きの部下　サボる部下　キレる部下　あきらめるとき〔02410〕

ゲイ, ジェノバ

◇多様性を拓く教師教育―多文化時代の各国の取り組み（Educating Teachers for Diversity）　OECD教育研究革新センター編著, 斎藤里美監訳, 布川あゆみ, 本田伊克, 木下江美, 三浦綾希子, 藤浪海訳　明石書店　2014.8　403p　22cm　4500円　①978-4-7503-4053-1

内容 多様性の教育と授業実践(ジェノバ・ゲイ著, 三浦綾希子訳) 〔02411〕

ケイ, ジョン

◇ナラティヴ・セラピー―社会構成主義の実践 (Therapy as social construction(抄訳)) シーラ・マクナミー, ケネス・J.ガーゲン編, 野口裕二, 野村直樹訳 三鷹 遠見書房 2014.12 177p 19cm 〈文献あり 金剛出版1997年刊の改訂〉 2400円 ①978-4-904536-80-3

内容 ナラティヴ・モデルを越えて(ケネス・J.ガーゲン, ジョン・ケイ) 〔02412〕

ゲイ, ピーター Gay, Peter

◇自由の科学―ヨーロッパ啓蒙思想の社会史 1 (THE ENLIGHTENMENT.Volume2 : The Science of Freedom) ピーター・ゲイ著, 中川久定, 鷲見洋一, 中川洋子, 永見文雄, 玉井通和訳 京都 ミネルヴァ書房 2014.8 320, 22p 22cm (ミネルヴァ・アーカイブズ) 〈第2刷 1987年刊の複製〉 8000円 ①978-4-623-07136-4

内容 第1章 神経の回復 第2章 進歩―経験から計画へ 第3章 自然の利用 第4章 人間の科学 第5章 芸術の解放―過去の束縛 第6章 芸術の解放―近代性の模索 第7章 社会の科学 〔02413〕

◇自由の科学―ヨーロッパ啓蒙思想の社会史 2 (THE ENLIGHTENMENT.Volume2 : The Science of Freedom) ピーター・ゲイ著, 中川久定, 鷲見洋一, 中川洋子, 永見文雄, 玉井通和訳 京都 ミネルヴァ書房 2014.8 p321～466 118p 22cm (ミネルヴァ・アーカイブズ) 〈索引あり 1986年刊の複製〉 8000円 ①978-4-623-07137-1

内容 第8章 礼節の政治学 第9章 経験の政治学 第10章 教育の政治学 終章 実践に移された行動計画 文献をめぐるエッセイ 〔02414〕

ケイヴ, ロデリック Cave, Roderick

◇世界を変えた100の本の歴史図鑑―古代エジプトのパピルスから電子書籍まで (THE HISTORY OF THE BOOK IN 100 BOOKS) ロデリック・ケイヴ, サラ・アヤド著, 大山晶訳, 樺山紘一日本語版監修 原書房 2015.5 288p 27cm 〈文献あり 索引あり〉 3800円 ①978-4-562-05110-6

内容 第1章 本のはじまり 第2章 東方における取り組み 第3章 偉大なる古典 第4章 中世世界と本 第5章 東方からの光 第6章 変化の原動力 第7章 危険な発明 第8章 印刷と啓蒙 第9章 印刷の発展 第10章 動乱の20世紀 第11章 デジタル化と本の未来 〔02415〕

ケイガン, アニー Kagan, Annie

◇アフターライフ―亡き兄が伝えた死後世界の実在、そこで起こること (THE AFTERLIFE OF BILLY FINGERS) アニー・ケイガン著, 矢作直樹監修, 島津公美訳 ダイヤモンド社 2016.6 269p 19cm 1600円 ①978-4-478-03928-1

内容 さよならは重大じゃない。僕たちはまた会える―聞こえてきた亡き兄の“声” 人生の問題は、理解してもらえないから起こる―人生の痛みと地上で生きる意味 地上では見えないものが見える―至福の海に浮かぶ 自然は苦しみを癒してくれる―愛のエネルギー 太陽のないところに光はない―的中したメッセージ すべてを受け入れれば、とても楽しい―全人生が3D映像で映し出される 結果に正解はない―人生をじっくり振り返る時間 他人の目にどう見えるかを気にしない―人は生まれる前に約束してくる体験こそがこの世で一番大切なこと―体験は自分で選んできたもの 木も空も友情も愛も、すべて創造の奇跡の賜物―小さな奇跡〔ほか〕 〔02416〕

ケイサー, リンダ

◇21世紀型学習のリーダーシップ―イノベーティブな学習環境をつくる (Leadership for 21st Century Learning) OECD教育研究革新センター編著, 木下江美, 布川あゆみ監訳, 斎藤里美, 本田伊克, 大西公恵, 三浦綾希子, 藤浪海訳 明石書店 2016.9 308p 22cm 4500円 ①978-4-7503-4410-2

内容 さまざまな学校制度にみる学習づくりのリーダーシップの開発アプローチ(ターニャ・ヴェストファル＝グライター, ジュディ・ハルバート, リンダ・ケイサー, ローサー・サラヴァート, ロネ・レネ・クリスティアンセン, ペア・トロンスモ, スザンヌ・オーウェン, ドリト・トゥービン著, 木下江美訳) 〔02417〕

経済協力開発機構《OECD》

◇税源浸食と利益移転(BEPS)行動計画 (Action plan on base erosion and profit shifting, Addressing base erosion and profit shifting) 日本租税研究協会 2013.12 80p 26cm 953円 ①978-4-930964-53-3

内容 税源浸食と利益移転(BEPS)行動計画(イントロダクション 背景 行動計画) 2013年2月12日公表OECD報告書「税源浸食と利益移転への対応」(仮訳)(イントロダクション BEPSはどれぐらい大きな問題であるか? 利用可能なデータの概要 グローバル事業モデル、競争力、コーポレート・ガバナンスと税制 税源浸食と利益移転に係る租税原則及びその機会 税源浸食と利益移転に係る懸念への対応) 〔02418〕

◇OECDジェンダー白書―今こそ男女格差解消に向けた取り組みを! (Closing the Gender Gap) OECD編著, 浜田久美子訳 明石書店 2014.2 398p 27cm 7200円 ①978-4-7503-3972-6

内容 第1部 男女平等:経済効果、社会規範、公共政策 第2部 教育における男女平等 第3部 雇用における男女平等 第4部 起業における男女平等 〔02419〕

◇官民パートナーシップ―PPP・PFIプロジェクトの成功と財政負担 (Public-Private Partnerships) OECD編著, 平井文三監訳 明石書店 2014.2 257p 22cm 4500円 ①978-4-7503-3973-3

内容 第1章 官民パートナーシップの性質と目的の定義 第2章 官民パートナーシップのトレンド:各国は何をしているか 第3章 官民パートナーシップの経済学:この手法は最善の代替手段なのか 第4章 官民パートナーシップの予算計上と会計処理 第5章 官民パートナーシップ立ち上げのマネジメント:担当部局の役割 第6章 政策枠組みと手続上のツール 第7章 結論 〔02420〕

◇欧米4か国における政策税制の研究 海外住宅・不動産税制研究会編著 日本住宅総合センター

2014.3　314p　21cm　5000円　①978-4-89067-815-0

内容 第1章 英国における政策税制―租税減免措置（Tax Relief）を中心として　第2章 アメリカ―主要先進国における政策税制の研究　第3章 ドイツにおける政策税制　第4章 フランスにおける政策税制と租税支出　終章 総括　資料編 Tax Expenditures in OECD Countries（OECD, 2010）の抄訳　不動産特別措置に関する研究OECD翻訳序文（政策の背景と実務　予算過程における租税支出の役割　結論）　〔02421〕

ケ

◇OECD国民経済計算　2011（National Accounts of OECD Countries, Volume 2011）　経済協力開発機構編, 鳥居泰彦監訳　柊風舎　2014.4　2冊（セット）　26cm　38000円　①978-4-86498-012-8

内容 1 主要統計（国際比較（国内総生産：名目値および購買力平価　国内総生産：2000年の価格水準および購買力平価　一人当たり国内総生産：名目値および購買力平価　一人当たり国内総生産：2000年の価格水準および購買力平価 ほか）　国別表）　2 詳細統計（オーストラリア（国内総生産：支出アプローチ　国内総生産：生産および所得アプローチ　可処分所得、貯蓄および純貸借　人口と就業人口および産業別労働時間 ほか）　オーストリア　ベルギー　カナダ ほか）　〔02422〕

◇図表でみる世界の主要統計―OECDファクトブック 経済、環境、社会に関する統計資料　2013年版　特集：男女平等参画（OECD Factbook）　経済協力開発機構編著, トリフォリオ訳・製作　明石書店　2014.4　272p　26cm　8200円　①978-4-7503-4003-6　〔02423〕

◇OECD成人スキル白書―第1回国際成人力調査〈PIAAC〉報告書 OECDスキル・アウトルック2013年版（OECD Skills Outlook 2013）　経済協力開発機構編著, 矢倉美登里, 稲田智子, 来田誠一郎訳　明石書店　2014.5　627p　27cm　〈文献あり〉　8600円　①978-4-7503-4018-0

内容 第1章 21世紀に求められるスキル　第2章 成人のキー・スキルの習熟度　第3章 社会人口統計学的特性とキー・スキル　第4章 職場でのスキルの使用状況　第5章 キー・スキルの開発と維持　第6章 キー・スキルと経済的・社会的幸福　〔02424〕

◇租税条約関係法規集　平成26年版　納税協会連合会編　第31版　大阪　納税協会連合会　2014.5　2冊（セット）　22×16cm　〈発売：清文社（大阪）〉　10000円　①978-4-433-50534-9

内容 第1編 租税条約―協定（アイルランド―付：条約の英語正文　アメリカ―付：条約の英語正文 ほか）　第2編 租税に関する相互行政支援に関する条約（租税に関する相互行政支援に関する条約　租税に関する相互行政支援に関する条約を改正する議定書 ほか）　第3編 租税条約等の実施に伴う特例等に関する法令（租税条約等の実施に伴う所得税法、法人税法及び地方税法の特例等に関する法律　租税条約等の実施に伴う所得税法、法人税法及び地方税法の特例等に関する法律施行令 ほか）　第4編 国際運輸業所得の相互免除関係法令（外国人等の国際運輸業に係る所得に対する相互主義による所得税等の非課税に関する法律　外国人等の国際運輸業に係る所得に対する相互主義による所得税等の非課税に関する法律施行令 ほか）　付録（OECD条約モデル（対訳）　国連条約モデル（対訳） ほか）　〔02425〕

◇多様性を拓く教師教育―多文化時代の各国の取り組み（Educating Teachers for Diversity）　OECD教育研究革新センター編著, 斎藤里美監訳, 布川あゆみ, 本田伊克, 木下江美, 三浦綾希子, 藤浪海訳　明石書店　2014.8　403p　22cm　4500円　①978-4-7503-4053-1

内容 OECDオンライン質問調査（木下江美訳）　〔02426〕

◇格差拡大の真実―二極化の要因を解き明かす（Divided We Stand）　経済協力開発機構編著, 小島克久, 金子能宏訳　明石書店　2014.10　459p　27cm　7200円　①978-4-7503-4085-2

内容 概要 OECD加盟国における所得格差拡大の概観　特集 新興経済国における格差　第1部 グローバル化、技術進歩、政策は賃金格差と所得格差にどのような影響を及ぼすのか（経済のグローバル化、労働市場の制度・政策、賃金格差の動向　経済のグローバル化と制度・政策の変化の所得格差への影響　就業者と非就業者の格差）　第2部 労働所得の格差はどのように世帯可処分所得の格差を引き起こすのか（所得格差の要素：労働時間、自営業、非就業　世帯の就業所得の格差の動向：家族構成の変化が果たす役割　世帯就業所得の格差から世帯可処分所得の格差へ）　第3部 税と社会保障の役割はどのように変化したか（税と社会保障による所得再分配機能：過去20年間の変化　公共サービスが所得格差に及ぼす影響　高額所得者の傾向と租税政策）　〔02427〕

◇図表でみる教育―OECDインディケータ　2014年版（Education at a Glance）　経済協力開発機構編著, 徳永優子, 稲田智子, 定延由紀, 矢倉美登里訳　明石書店　2014.10　661p　27cm　8600円　①978-4-7503-4088-3

内容 A章 教育機関の成果と教育・学習の効果（成人の学歴分布　後期中等教育卒業率 ほか）　B章 教育への支出と人的資源（在学者一人当たり教育支出　国内総生産（GDP）に対する教育支出の割合 ほか）　C章 教育機会・在学・進学の状況（初等教育から高等教育までの在学率　就学前教育 ほか）　D章 学習環境と学校組織（初等・中等教育学校の生徒の標準授業時間数　学級規模と教員一人当たり生徒数 ほか）　〔02428〕

◇図表でみる世界の行政改革―OECDインディケータ　2013年版（Government at a Glance）　OECD編著, 平井文三訳　明石書店　2014.11　203p　26cm　5500円　①978-4-7503-4108-8

内容 第1章 政府への信頼、政策の有効性、そしてガバナンス・アジェンダ　第2章 戦略的ガバナンス　第3章 財政と経済　第4章 予算編成の慣行と手続　第5章 公共部門の雇用と報酬　第6章 政府における女性　第7章 公共調達　第8章 開かれた社会包摂的な政府　第9章 特集 - 国民にサービスを提供する：公共サービスのアクセシビリティと品質　〔02429〕

◇地図でみる世界の地域格差―OECD地域指標 都市集中と地域発展の国際比較　2013年版（OECD Regions at a Glance）　OECD編著, 中沢高志, 神谷浩夫監訳, 久保倫子, 鍬塚賢太郎, 由井義通, 久木元美琴, 若林芳樹訳　明石書店　2014.12　198p　26cm　5500円　①978-4-7503-4125-5

内容 第1部 大都市圏をめぐる議論の焦点（OECD諸国における都市人口　都市化と都市形態 ほか）　第2部 国家競争力の原動力としての地域（人口分布と地域類型　人口変化に対する地域の寄与 ほか）　第3部 地域発展のための地方財政と投資（地方財政　地方公共投

資 ほか）　第4部 地域における包摂と良質なサービスへの平等なアクセス（世帯所得の地域格差　高齢者と子どもの地理的集中 ほか）　第5部 地域における持続可能な環境（地域における大気の質　地域別・産業別の二酸化炭素排出量 ほか）〔02430〕

◇OECD幸福度白書―より良い暮らし指標：生活向上と社会進歩の国際比較 2（How's Life? 2013） OECD編著, 西村美由起訳 明石書店 2015.1 253p 27cm 4500円 ①978-4-7503-4136-1
内容 第1章「OECDより良い暮らしイニシアチブ」：コンセプトと指標　第2章 幸福度概観　第3章 幸福と世界金融危機　第4章 幸福の男女格差：女性も男性も全ての幸福を手に入れられるか？　第5章 職場における幸福：仕事の質を測る　第6章 幸福の経時的な持続可能性を測定する〔02431〕

◇図表でみる世界の主要統計―OECDファクトブック 経済、環境、社会に関する統計資料 2014年版（OECD Factbook） 経済協力開発機構編著, トリフォリオ訳・製作 明石書店 2015.5 253p 26cm 8200円 ①978-4-7503-4192-7
内容 人口と移住　生産と生産性　家計所得と資産　グローバリゼーション　価格　エネルギーと輸送　労働　科学技術　環境　教育　政府　健康〔02432〕

◇図表でみる世界の年金―OECDインディケータ 2013年版（Pensions at a Glance） OECD編著, 岡部史哉訳 明石書店 2015.5 426p 27cm 7200円 ①978-4-7503-4193-4
内容 第1章 近年の年金制度改革と所得分布における影響　第2章 高齢期において生活水準を十分なものにするために住宅、金融資産、そして公共サービスが果たす役割　第3章 年金制度のデザイン　第4章 年金給付の水準　第5章 高齢者の所得と貧困　第6章 年金制度の財政　第7章 人口動態と経済前提　第8章 私的年金制度・公的年金の積立金　第9章 図表でみる世界の年金2013：国別プロフィール〔02433〕

◇主観的幸福を測る―OECDガイドライン（OECD Guidelines on Measuring Subjective Well-being） 経済協力開発機構編著, 桑原進監訳, 高橋しのぶ訳 明石書店 2015.8 426p 22cm 5400円 ①978-4-7503-4238-2
内容 第1章 主観的幸福尺度の概念と妥当性　第2章 主観的幸福測定の方法論的考察　第3章 主観的幸福の測定　第4章 主観的幸福度データの公表と分析　附録A 主観的幸福尺度の実例　附録B 質問群〔02434〕

◇OECD国民経済計算 2012（National Accounts of OECD Countries） 経済協力開発機構編, 鳥居泰彦監訳 柊風舎 2015.10 2冊（セット） 26cm 38000円 ①978-4-86498-030-2
内容 Vol.1 主要統計（国際比較　国別表）　Vol.2 詳細統計（オーストラリア　オーストリア　ベルギー　カナダ　チリ　チェコ共和国　デンマーク　エストニア　フィンランド　フランス　ドイツ　ギリシャ　ハンガリー　アイスランド）〔02435〕

◇ミャンマーの多角的分析―OECD第一次診断評価報告書（Multi-dimensional Review of Myanmar） OECD開発センター編著, 門田清訳 明石書店 2015.11 274p 22cm 4500円 ①978-4-7503-4270-2
内容 第1章 岐路に立つミャンマー（ミャンマーにおける多面的開発機会の活用　地理的特性の優位性への転換　持続可能かつ公平な成長のための開発　ミャンマーでの生活：OECD幸福指標レンズを通して　強壮な統計システムの構築）　第2章 安定的かつ持続可能な開発の実現（マクロ経済的安定性の確保　法の支配の確立　環境的に持続可能な開発に向けた制度構築　民間イニシアティブ促進環境基盤　将来に向けた人的資源の蓄積　物的資本の蓄積）　第3章 包摂的成長と機会均等（機会平等促進に向けた成長の普及拡大　多民族国民国家の構築　包摂性に向けた信頼性の構築）　終章 ミャンマーの将来展望〔02436〕

◇図表でみる教育―OECDインディケータ 2015年版（Education at a Glance） 経済協力開発機構編著, 徳永優子, 稲田智子, 西村美由起, 矢倉美登里訳 明石書店 2015.12 631p 27cm 8600円 ①978-4-7503-4290-0
内容 A章 教育機関の成果と教育・学習の効果（成人の学歴分布　後期中等教育卒業率 ほか）　B章 教育への支出と人的資源（在学者一人当たり教育支出　国内総生産（GDP）に対する教育支出の割合 ほか）　C章 教育機会・在学・進学の状況（初等教育から高等教育までの在学率　幼児教育 ほか）　D章 学習環境と学校組織（初等・中等教育学校の生徒の標準授業時間数　学級規模と教員一人当たり生徒数 ほか）　付録（教育制度の特徴（教育関連の主要基礎データ）　主要な基本データ ほか）〔02437〕

◇サイバーリスクから子どもを守る―エビデンスに基づく青少年保護政策（The Protection of Children Online） 経済協力開発機構編著, 斎藤長行著訳, 新垣円訳 明石書店 2016.1 271p 22cm 3600円 ①978-4-7503-4300-6
内容 勧告 OECDインターネット上の青少年の保護に関する理事会勧告　第1部 インターネットのリスクにさらされている子どもたちを守るための青少年保護政策報告書（インターネット上の子どもたちのリスク　インターネットを利用する子どもたちの保護政策　政策上の主要な知見　インターネットを利用する子どもたちの保護政策の記述的概要）　第2部 日本のインターネット・リテラシー指標開発プロジェクト（政策立案のためのインターネット・リテラシーの効果の検証　日本のインターネット・リテラシー指標システムの開発　青少年のインターネットの安全利用の分析と評価　主要な知見と政策提言）〔02438〕

◇OECD国民経済計算 2013 経済協力開発機構編, 鳥居泰彦監訳 柊風舎 2016.2 2冊（セット） 26cm 38000円 ①978-4-86498-034-0
内容 主要統計（国際比較　国別表）　詳細統計（オーストラリア　オーストリア　ベルギー　カナダ　チリ ほか）〔02439〕

◇幸福の世界経済史―1820年以降、私たちの暮らしと社会はどのような進歩を遂げてきたのか（How was Life?） OECD開発センター編著, 徳永優子訳 明石書店 2016.6 323p 27cm 6800円 ①978-4-7503-4370-9
内容 1820年以降の世界の幸福度　1820年以降の人口学的変化　1820年以降の1人当たりGDPの変化　1820年以降の実質賃金の変化　1820年以降の教育の変化　1820年以降の平均余命　1820年以降の身長　1820年以降の生活の安全　1820年以降の政治制度　1820年以降の環境の質　1820年以降の所得格差　1820年以降の男女格差の変化　1820年以降の幸福の複合的視点〔02440〕

◇図表でみる世界の行政改革―OECDインディ

ケータ　2015年版（Government at a Glance）　OECD編著, 平井文三訳　明石書店　2016.6　217p　26cm　6800円　①978-4-7503-4356-3

内容 包摂型社会の実現に向けた包摂型政府　財政と経済　公共雇用　組織　予算編成の慣行と手続　人的資源マネジメント　公共部門の清廉性　規制のガバナンス　公共調達　デジタル政府　中核的な政府の結果　国民にサービスを提供する　〔02441〕

ケ

◇OECD国民経済計算　2014（National Accounts of OECD Countries, Volume 2014 Issue 1 : Main Aggregates）　経済協力開発機構編, 鳥居泰彦監訳　柊風舎　2016.7　2冊（セット）　26cm　38000円　①978-4-86498-040-1

内容 Vol.1 主要統計（国際比較　国別表）　Vol.2 詳細統計（オーストラリア　オーストリア　ベルギー　カナダ　チリ ほか）　〔02442〕

◇21世紀のICT学習環境―生徒・コンピュータ・学習を結び付ける OECD生徒の学習到達度調査〈PISA〉（Students, Computers and Learning : MAKING THE CONNECTION）　経済協力開発機構編著, 国立教育政策研究所監訳　明石書店　2016.8　218p　30cm　3700円　①978-4-7503-4380-8

内容 第1章 近年、生徒によるコンピュータの利用はどのように変化しているか　第2章 情報通信技術（ICT）を指導と学習に取り入れる　第3章 2012年コンピュータ使用型調査の主な結果　第4章 デジタル読解力におけるナビゲーションの重要性：考えてからクリックする　第5章 デジタル技能の不平等：格差を埋める　第6章 コンピュータは生徒の能力とどのように関係しているのか　第7章 ログファイルデータを用いて、何がPISA調査の成績を左右するのかを理解する（事例研究）　第8章 教育政策と実践に対してデジタルテクノロジーが意味するもの　〔02443〕

◇PISA 2012年調査評価の枠組み―OECD生徒の学習到達度調査（PISA 2012 Assessment and Analytical Framework）　経済協力開発機構編著, 国立教育政策研究所監訳　明石書店　2016.8　349p　30cm　4600円　①978-4-7503-4381-5

内容 序章　第1章 数学的リテラシー　第2章 読解力　第3章 科学的リテラシー　第4章 問題解決能力　第5章 ファイナンシャル・リテラシー　第6章 質問紙　〔02444〕

◇行動公共政策―行動経済学の洞察を活用した新たな政策設計（Regulatory Policy and Behavioural Economics）　経済協力開発機構編著, 斎藤長行訳　明石書店　2016.9　127p　22cm　〈文献あり〉　3000円　①978-4-7503-4411-9

内容 第1章 はじめに　第2章 定義と範囲　第3章 政策に対する行動経済学の広がり続ける影響　第4章 行動経済学と政策設計　第5章 規制デリバリー　第6章 結論　〔02445〕

◇21世紀型学習のリーダーシップ―イノベーティブな学習環境をつくる（Leadership for 21st Century Learning）　OECD教育研究革新センター編著, 木下江美, 布川あゆみ監訳, 斎藤里美, 本田伊克, 大西公恵, 三浦綾希子, 藤浪海訳　明石書店　2016.9　308p　22cm　4500円　①978-4-7503-4410-2

内容 イノベーティブな学習環境に向けて（OECD事務局著, 斎藤里美, 本田伊克, 木下江美訳）　〔02446〕

◇図表でみる教育―OECDインディケータ　2016年版（Education at a Glance）　経済協力開発機構編著, 徳永優子, 稲田智子, 矢倉美登里, 大村有里, 坂本千佳子, 三井理子訳　明石書店　2016.10　579p　27cm　8600円　①978-4-7503-4422-5

内容 A章 教育機関の成果と教育・学習の効果（成人の学歴分布　後期中等教育卒業率　高等教育卒業率 ほか）　B章 教育への支出と人的資源（在学者一人当たり教育支出　国内総生産（GDP）に対する教育支出の割合　教育支出の公私負担割合 ほか）　C章 教育機会・在学・進学の状況（初等教育から高等教育までの在学率　幼児教育　高等教育進学率 ほか）　D章 学習環境と学校組織（初等・中等教育学校の生徒の標準授業時間数　学級規模と教員一人当たり生徒数　教員の給与 ほか）　〔02447〕

◇PISA 2015年調査評価の枠組み―OECD生徒の学習到達度調査（PISA 2015 Assessment and Analytical Framework）　経済協力開発機構編著, 国立教育政策研究所監訳　明石書店　2016.11　235p　30cm　3700円　①978-4-7503-4433-1

内容 第1章 PISA調査とは？　第2章 科学的リテラシー　第3章 読解力　第4章 数学的リテラシー　第5章 ファイナンシャル・リテラシー　第6章 質問調査　〔02448〕

◇OECD幸福度白書　3　より良い暮らし指標―生活向上と社会進歩の国際比較（How's Life? 2015 : MEASURING WELL - BEING）　OECD編著, 西村美由起訳　明石書店　2016.12　308p　28×20cm　5500円　①978-4-7503-4444-7

内容 第1章 今日の幸福と明日の幸福：概観　第2章 数字でみる人々の暮らし　第3章 未来の幸福のための資源　第4章 子どもの幸福　第5章 与えることの価値：ボランティア活動と幸福　第6章 地方に目を向ける：地域別の幸福測定　〔02449〕

経済協力開発機構教育研究革新センター

◇メタ認知の教育学―生きる力を育む創造的数学力（Critical Maths for Innovative Societies）　OECD教育研究革新センター編著, 篠原真子, 篠原康正, 袰岩晶訳　明石書店　2015.8　275p　22cm　3600円　①978-4-7503-4227-6

内容 第1章 革新型社会における数学教育と問題解決能力　第2章 メタ認知とは何か？　第3章 メタ認知の教授法　第4章 数学教育におけるメタ認知教授法　第5章 到達度に対するメタ認知指導の効果　第6章 社会的スキルと感情的スキルに対するメタ認知教授法の効果　第7章 学習を促すためのテクノロジーとメタ認知的プロセスの統合　第8章 教員研修のためのメタ認知プログラム　第9章 本書を振り返って：要約と結論　〔02450〕

◇21世紀型学習のリーダーシップ―イノベーティブな学習環境をつくる（Leadership for 21st Century Learning）　OECD教育研究革新センター編著, 木下江美, 布川あゆみ監訳, 斎藤里美, 本田伊克, 大西公恵, 三浦綾希子, 藤浪海訳　明石書店　2016.9　308p　22cm　4500円　①978-4-7503-4410-2

内容 第1章 イノベーティブな学習環境に向けて：学習づくりのリーダーシップ　第2章 教育機関における教授を導く実践とマネジメント　第3章 変化する世界において学習を導く　第4章 21世紀型学習をつくるリーダーシップ：シンガポールの成績優秀校を事例に　第

5章 さまざまな学校制度にみる学習づくりのリーダーシップの開発アプローチ　第6章 カタルーニャにおける学習づくりのリーダーシップの促進と今後に向けた展望 〔02451〕

◇学びのイノベーション―21世紀型学習の創発モデル（Innovating to Learn, Learning to Innovate） OECD教育研究革新センター編著, 有本昌弘監訳, 多々納誠子, 小熊利江訳　明石書店　2016.9 329p　22cm　4500円　①978-4-7503-4400-3

内容 第1章 イノベーティブな学習環境の模索　第2章 学習を最適化するということ：学習科学研究の意味　第3章 研究に基づくイノベーションに向けて　第4章 オルターナティブ教育の貢献　第5章 状況に埋め込まれたペダゴジー、カリキュラムジャスティス、民主主義の教授学習　第6章 学習環境の構築：メキシコの予備的フェーズからの教訓　第7章 どうすればイノベーションが現場でうまく機能するか　第8章 イノベーションのダイナミクス：なぜ生き残り、何が機能させるのか　第9章 オープン型の学習：システムを推進力として教育イノベーション　付録A メキシコの4つの事例研究の概要 〔02452〕

経済協力開発機構租税政策税務行政センター

◇BEPSプロジェクト2015年最終報告書―行動3, 4, 8-10, 14（OECD/G20 base erosion and profit shifting project action 1-15） 経済協力開発機構租税政策・税務行政センター〔著〕　日本租税研究協会　2016.11　359p　26cm　〈文献あり〉 2000円　①978-4-930964-66-3 〔02453〕

◇BEPSプロジェクト2015年最終報告書―行動3, 4, 8-10, 14（OECD/G20 base erosion and profit shifting project action 1-15） 経済協力開発機構租税政策・税務行政センター〔著〕　修正版　日本租税研究協会　2016.11　359p　26cm　〈文献あり〉 2000円　①978-4-930964-66-3

内容 (仮訳) 被支配外国法人ルールの設計―行動3 - 2015年最終報告書（政策上の検討事項と目的　CFC定義のルール ほか）（仮訳) 利子控除及び他の金融支払に係る税源浸食の制限―行動4 - 2015年最終報告書（ベスト・プラクティス・アプローチの勧告　利子及び経済的に利子に相当する支払 ほか）（仮訳) 移転価格税制と価値創造の一致―行動8 - 10 2015年最終報告書（抜粋）（独立企業原則の適用の指針　移転価格ガイドライン第1章D節の改訂 ほか）（仮訳) 紛争解決メカニズムの効率化―行動14 - 2015年最終報告書（ミニマムスタンダード、ベストプラクティス及びモニタリングプロセス　強制的拘束的MAP仲裁制度に対するコミットメント） 〔02454〕

ケイシー, アンドリュー Casey, Andrew

◇よくわかる認知行動カウンセリングの実際―面接の進め方とさまざまな感情への応用（Cognitive Behavioural Counselling in Action 原著第2版の翻訳） ピーター・トローワー, ジェイソン・ジョーンズ, ウィンディ・ドライデン, アンドリュー・ケイシー著, 石垣琢磨監訳, 古村健, 古村香里訳　金子書房　2016.2　268p　21cm　〈索引あり〉 3800円　①978-4-7608-3614-7

内容 1 認知行動カウンセリング基礎ガイド（基礎ガイドの構成と概要　準備段階1 緊張をほぐす：スクリーニング・初回面接・関係づくり　準備段階2 認知行動カウンセリングはあなたの役に立ちますか？　：初回面接と治療関係　初期段階1 問題の具体例を教えてください：認知アセスメント　初期段階2 私たちの目標は？　：目標設定　初期段階1 現実的になること：推論への介入　初期段階2 ホットな思考を変えること：評価への介入　初期段階3 イメージを書き換える　初期段階4 定着化：面接構造　終結段階 クライエントが自分のカウンセラーになるための指導） 2 さまざまな感情への応用（不安　うつ　怒り　恥と罪悪感　傷つき　嫉妬　おわりに） 付録 認知行動カウンセリングのためのクライエントガイドと記入用紙 〔02455〕

ゲイジャー, ジョン・G. Gager, John G.

◇古代世界の呪詛板と呪縛呪文（Curse Tablets and Binding Spells from the Ancient World） ジョン・G.ゲイジャー編, 志内一興訳　京都　京都大学学術出版会　2015.12　472p　22cm　〈索引あり〉 5400円　①978-4-87698-891-4

内容 序章　第1章 競技呪詛板―劇場や競走場で　第2章 性愛の呪詛板―セックス、愛、そして結婚　第3章 訴訟・政争―「法廷で舌が麻痺しますように！」　第4章 ビジネス、商店、酒場での呪詛板　第5章 正義と復讐を求める嘆願呪詛板　第6章 その他の呪詛板　第7章 護符、解毒呪文、対抗呪文　第8章 文学史料、碑文史料の証言 〔02456〕

ケイタ, メイガン

◇現代を読み解くための西洋中世史―差別・排除・不平等への取り組み（Why the Middle Ages Matter） シーリア・シャゼル, サイモン・ダブルデイ, フェリス・リフシッツ, エイミー・G.リーメンシュナイダー編著, 赤阪俊一訳　明石書店　2014.9　368p　20cm　（世界人権問題叢書 89） 4600円　①978-4-7503-4072-2

内容 人種―本屋が隠したこと（メイガン・ケイタ） 〔02457〕

ゲイツ, ビル

◇世界論　安倍晋三, 朴槿恵ほか〔著〕, プロジェクトシンジケート叢書編集部訳　土曜社　2014.1 185p　19cm　（プロジェクトシンジケート叢書）〈他言語標題：A WORLD OF IDEAS　文献あり〉 1199円　①978-4-907511-05-0

内容 新興国のワクチン革新企業（ビル・ゲイツ著） 〔02458〕

ケイティ, バイロン Katie, Byron

◇タオを生きる―あるがままを受け入れる81の言葉（A THOUSAND NAMES FOR JOY） バイロン・ケイティ, スティーヴン・ミッチェル著, ティム・マクリーン, 高岡よし子訳　ダイヤモンド社　2014.9　341p　19cm　1800円　①978-4-478-00480-7

内容 名づけるこから、幻想が始まる　あなたにとって悪いと思えるものは、まだ十分わかっていないだけ？　人生を水のごとく流れるままに任せれば、あなたはその水になる　オープンマインドであれば、「知っていること」を超えたものが贈り物として流れ込む　現実は暗闇も光も、あらゆるものを包む　意識は、幻想を尽きることなくつくりだす　ストーリーによって、世界は始まる　意識がクリアであれば、人生はとてもシンプル　いかなるものも、私のものということはない　何もする必要はなく、誰かである必要もない〔ほか〕 〔02459〕

ケ

ケ

ケイナー, ジョナサン　Cainer, Jonathan

◇お母さんをえらぶ赤ちゃん―ママ、またボクを生んでくれる？　ジョナサン・ケイナー監修, 竹内克明編・訳　静山社　2014.7　253p　15cm　(〔静山社文庫〕〔け1-1〕)〈説話社 2004年刊の加筆修正〉680円　①978-4-86389-282-8

内容 第1章 シャボン玉の国から来た子どもたち　第2章 自分の両親を "生前の世界" で選んだ記憶が…　第3章 生まれる前の赤ちゃんが夢の中で手をふった　第4章 連綿と続く家族の不思議なきずな　第5章 光と愛に満ちたマドンナさんの体験　第6章 中絶の罪悪感に苦しまないで　第7章 障害の向こうには希望がある　第8章 ジョナサン・ケイナーはこう考える　〔02460〕

ケイムズ, H.H.　Kames, Henry Home

◇道徳と自然宗教の原理 (Essays on the Principles of Morality and Natural Religion 原著第3版の翻訳)　ケイムズ著, 田中秀夫, 増田みどり訳　京都　京都大学学術出版会　2016.3　352p　20cm　(近代社会思想コレクション 16)〈索引あり〉3600円　①978-4-87698-886-0

内容 第1部 (苦悩の対象にいだく我々の愛着　道徳の基礎と原理　自由と必然　人格の同一性)　第2部 (信念　外的感覚　視覚についてのさまざまな理論　物質と精神　力、原因、結果　未来の出来事についての知　暗闇のなかの超自然的な力への恐れ　神についての知)　〔02461〕

ケイロフ, ディヴィッド・L.

◇組織セラピー―組織感情への臨床アプローチ (Organizational Therapy)　E.H.シャイン編著, 尾川丈一, 稲葉祐之, 木村琢磨訳　白桃書房　2014.3　162p　21cm　〈文献あり 索引あり〉2315円　①978-4-561-26608-2

内容 家族システム療法 (ディヴィッド・L.ケイロフ著)　〔02462〕

ケイン, スーザン　Cain, Susan

◇内向型人間のすごい力―静かな人が世界を変える (Quiet)　スーザン・ケイン〔著〕, 古草秀子訳　講談社　2015.12　445p　15cm　(講談社+α文庫 F54-1)〈「内向型人間の時代」(2013年刊) の改題〉840円　①978-4-06-281635-9

内容 1 外向型が理想とされる社会 ("誰からも好かれる人" の隆盛―外向型はいかにして文化的理想になったのか　カリスマ的リーダーシップという神話―「性格の文化」の一〇〇年後　共同作業が創造性を殺すとき―新集団思考の登場と単独作業のパワー)　2 持って生まれた性質は、あなたの本質か？ (性格は運命づけられているのか？ ―天性、育ち、そして「ランの花」仮説　気質を超えて―自由意志の役割 (そして、内向型の人間がスピーチをするには)　フランクリンは政治家、エレノアは良心の人―なぜ "クール" が過大評価されるのか　ウォール街が大損し、バフェットがもうかったわけ―内向型と外向型の考え方 (そしてドーパミンの働き) の違い)　3 すべての文化が外向型を理想としているのか？ (ソフトパワー―外向型優位社会に生きるアジア系アメリカ人)　4 愛すること、働くこと (外向的にふるまったほうがいいとき　コミュニケーション・ギャップ―逆のタイプの人とのつきあい方　内向型の特性を磨く方法―静かな子供をどうしたら開花させられるか)　不思議の国　〔02463〕

ケイン, チャールズ　Kane, Charles

◇ラーニング・レボリューション―MIT発世界を変える「100ドルPC」プロジェクト (LEARNING TO CHANGE THE WORLD)　ウォルター・ベンダー, チャールズ・ケイン, ジョディ・コーニッシュ, ニール・ドナヒュー著, 松本裕訳　英治出版　2014.5　318p　20cm　2100円　①978-4-86276-176-7

内容 1 OLPCの誕生 (OLPCの成り立ち　100ドルのパソコンをつくる ほか)　2 アイデアから成果まで (青いバナナを売る　倉庫から校舎まで ほか)　3 そしてこれから (OLPCの現在と未来　行動を起こそう！)　各国のケーススタディ (カンボジア、10年後　トップダウンの取り組み ほか)　〔02464〕

ケイン, ティム　Kane, Tim

◇なぜ大国は衰退するのか―古代ローマから現代まで (BALANCE)　グレン・ハバード, ティム・ケイン著, 久保恵美子訳　日本経済新聞出版社　2014.10　461p　20cm　〈文献あり 索引あり〉2700円　①978-4-532-35613-2

内容 大国の経済学　経済的行動と制度　ローマ帝国の没落　中国の宝　スペインの落日　奴隷による支配―オスマン帝国のパラドックス　日本の夜明け　大英帝国の消滅　ヨーロッパ―統一と多様性　カリフォルニア・ドリーム　米国に必要な長期的視野　米国を改善する　〔02465〕

ケインズ, ジョン・メイナード　Keynes, John Maynard

◇お金の改革論 (A Tract on Monetary Reform)　ジョン・メイナード・ケインズ〔著〕, 山形浩生訳　講談社　2014.7　219p　15cm　(講談社学術文庫 2245)　800円　①978-4-06-292245-6

内容 第1章 お金の価値変動が社会に与える影響 (お金の価値変化による分配への影響　お金の価値変化による生産への影響)　第2章 公共財政とお金の価値変化 (課税手段としてのインフレ　通貨下落vs資本課税)　第3章 お金の理論と為替レートの理論 (貨幣数量説　購買力平価の理論　季節変動　外国為替における先物市場)　第4章 通貨政策の目標比較 (平価切り下げvsデフレ　物価安定vs為替レート安定　金本位制への復帰)　第5章 将来的なお金の管理についての建設的提言 (イギリス　アメリカ　その他諸国)　〔02466〕

◇ケインズ全集　第17巻　条約改正と再興―1920-22年の諸活動 (Activities 1920-1922 : treaty revision and reconstruction)　ケインズ〔著〕　エリザベス・ジョンソン編, 春井久志訳　東洋経済新報社　2014.11　651, 32p　22cm　15000円　①978-4-492-81330-0

内容 第1部『平和の経済的帰結』に対する反発 (一九一九・一九二四年) (イギリスにおける反発　アメリカ合衆国における反発　ウィルソン大統領についての再考　アメリカ合衆国のさらなる反発　パリ会議の真相)　第2部 ケインズと「内部」および「外部」の意見 (一九一九・一九二〇年) (条約の解釈　アムステルダム会議―国際融資提案　フランス嫌いの告発　イギリスの財政・金融政策　国際的復興の見通し)　第3部『条約の改正』を目指して (一九二一年) (パリ会議とロンドン会議　「欧州の経済見通し」　『条約の改正』の準備を目指して)　第4部『条約の改正』の書評 (一九二二・一九二四年) (アメリカのさらなる反発)　第5部 「ヨーロッパにおける再興」(一九二一・一九二三年) (『マンチェスター・ガーディアン』紙の特集

号計画 ジェノア会議 特集号の完結) 〔02467〕

◇ケインズ全集 第21巻 世界恐慌と英米における諸政策—1931～39年の諸活動 (THE COLLECTED WRITINGS OF JOHN MAYNARD KEYNES) ケインズ〔著〕 ドナルド・モグリッジ編, 舘野敏, 北原徹, 黒木竜三, 小谷野俊夫訳 東洋経済新報社 2015.5 717, 39p 22cm 〈索引あり〉 15000円 ①978-4-492-81329-4

内容 第1章 通貨問題 第2章 低金利、賢明な支出と繁栄への道 第3章 世界経済会議 第4章 ニューディール 第5章 一般理論の合間での小休止 第6章 不況と再軍備 第7章 戦争に向けて 〔02468〕

◇ケインズ全集 第14巻 一般理論とその後 第2部 (弁護と発展) (THE COLLECTED WRITINGS OF JOHN MAYNARD KEYNES) ケインズ〔著〕 ドナルド・モグリッジ編, 清水啓典, 柿原和夫, 細谷圭訳 東洋経済新報社 2016.1 454, 198p 22cm 〈索引あり〉 15000円 ①978-4-492-81313-3

内容 第2部 弁護と発展 (一般理論以後) 付録 『一般理論』草稿の集注版 〔02469〕

ゲヴィンソン, タヴィ Gevinson, Tavi

◇ROOKIE YEARBOOK 1 (ROOKIE YEARBOOK) タヴィ・ゲヴィンソン責任編集, 多屋澄礼翻訳・監修 DU BOOKS 2015.12 363p 28cm 〈本文は日本語 発売：ディスクユニオン〉 3500円 ①978-4-907583-68-2 〔02470〕

ゲヴュルツ, イラン

◇経験学習によるリーダーシップ開発—米国CCLによる次世代リーダー育成のための実践事例 (Experience-Driven Leader Development) シンシア・D.マッコーレイ,D.スコット・デリュ, ポール・R.ヨスト, シルベスター・テイラー編, 漆嶋稔訳 日本能率協会マネジメントセンター 2016.8 511p 27cm 8800円 ①978-4-8207-5929-4

内容 優れたリーダーシップのためのセルフナレーション (シャーリ・コペルマン, イラン・ゲヴュルツ) 〔02471〕

ゲオルガコプロス, ハリー Georgakopoulos, Harry

◇Rとトレード—確率と統計のガイドブック (Quantitative Trading with R) ハリー・ゲオルガコプロス著, 長尾慎太郎監修, 山下恵美子訳 パンローリング 2016.1 369p 22cm (ウィザードブックシリーズ 231) 〈文献あり〉 7800円 ①978-4-7759-7200-7

内容 第1章 概説 第2章 トレードのためのツール 第3章 データの取り扱い 第4章 確率と統計—基礎編 第5章 確率と統計—中級編 第6章 スプレッド、ベータ、リスク 第7章 Quantstratによるバックテスト 第8章 高頻度データ 第9章 オプション 第10章 最適化 第11章 スピード、検証、レポートの作成 〔02472〕

ゲオルギエフ, ユーリー

◇ゾルゲ事件関係外国語文献翻訳集 no.45 日露歴史研究センター事務局編 〔川崎〕 日露歴史研究センター事務局 2016.2 61p 30cm 700円

内容 スターリンは日本をどのように研究したか (ユーリー・ゲオルギエフ著) 〔02473〕

ケーゲル, リン・カーン Koegel, Lynn Kern

◇発達障がい児のための新しいABA療育PRT—Pivotal Response Treatmentの理論と実践 (The PRT Pocket Guide) ロバート・L.ケーゲル, リン・カーン・ケーゲル著, 小野真, 佐久間徹, 酒井亮吉訳 二瓶社 2016.9 186p 21cm 〈文献あり〉 2200円 ①978-4-86108-077-7

内容 1 PRTのPとは？ (ピボタル領域とは モチベーションをどのように指導するのか 問題行動への対処法 積極的自発性を出させる方法) 2 いつ、どのように、介入すればいいのか (家族関係の改善方法 親のストレスを軽減するためには 日常生活での介入とアセスメント データを収集することとは) 〔02474〕

ケーゲル, ロバート・L. Koegel, Robert L.

◇発達障がい児のための新しいABA療育PRT—Pivotal Response Treatmentの理論と実践 (The PRT Pocket Guide) ロバート・L.ケーゲル, リン・カーン・ケーゲル著, 小野真, 佐久間徹, 酒井亮吉訳 二瓶社 2016.9 186p 21cm 〈文献あり〉 2200円 ①978-4-86108-077-7

内容 1 PRTのPとは？ (ピボタル領域とは モチベーションをどのように指導するのか 問題行動への対処法 積極的自発性を出させる方法) 2 いつ、どのように、介入すればいいのか (家族関係の改善方法 親のストレスを軽減するためには 日常生活での介入とアセスメント データを収集することとは) 〔02475〕

ゲジ＝ブルディオー, マリー＝ジャンヌ

◇「ひきこもり」に何を見るか—グローバル化する世界と孤立する個人 鈴木国文, 古橋忠晃, ナターシャ・ヴェルー, マイア・ファンステン, クリスチーナ・フィギュエイレド編 青土社 2014.11 276p 19cm 2600円 ①978-4-7917-6823-3

内容 「ひきこもり」の多様な形態とその治療 (マリー＝ジャンヌ・ゲジ＝ブルディオー著) 〔02476〕

ケスター＝ヴァルチェン, ダグマー

◇子どもと離婚—合意解決と履行の支援 二宮周平, 渡辺惺之編 信山社 2016.4 456p 22cm 6200円 ①978-4-7972-9305-0

内容 国境を越える配慮権〈Sorgerecht〉あるいは面会交流権〈Umgangsrecht〉をめぐる紛争状況 (ダグマー・ケスター＝ヴァルチェン著, 長田真里訳) 〔02477〕

ケステンバーグ, ジュディス・S

◇「ねずみ男」の解読—フロイト症例を再考する (Freud and His Patientsの抄訳) マーク・カンザー, ジュール・グレン編, 馬場謙一監訳, 児玉憲典訳 金剛出版 2015.7 234p 22cm 〈文献あり〉 3400円 ①978-4-7724-1427-2

内容 強迫性の発達における自我機構 (ジュディス・S.ケステンバーグ著, 児玉憲典訳) 〔02478〕

ケストナー, エーリヒ Kästner, Erich

◇なぜ“平和主義”にこだわるのか (ENTRÜSTET

EUCH！ —WARUM PAZIFISMUS FÜR UNS DAS GEBOT DER STUNDE BLEIBT） マルゴット・ケースマン, コンスタンティン・ヴェッカー編, 木戸衛一訳 いのちのことば社 2016.12 261p 19cm 1500円 ①978-4-264-03611-1
内容 明後日のファンタジー（エーリヒ・ケストナー） 〔02479〕

ケ

ケースマン, マルゴット Kässmann, Margot
◇なぜ"平和主義"にこだわるのか（ENTRÜSTET EUCH！ —WARUM PAZIFISMUS FÜR UNS DAS GEBOT DER STUNDE BLEIBT） マルゴット・ケースマン, コンスタンティン・ヴェッカー編, 木戸衛一訳 いのちのことば社 2016.12 261p 19cm 1500円 ①978-4-264-03611-1
内容 〈対談〉平和主義の声を強めるために 他（マルゴット・ケースマン, コンスタンティン・ヴェッカー〔述〕, マティアス・モルゲンロート〔インタビュアー〕） 〔02480〕

ケスラー, デーヴィッド Kessler, David
◇それでも、あなたを愛しなさい（YOU CAN HEAL YOUR HEART） ルイーズ・ヘイ, デーヴィッド・ケスラー著, 山川紘矢, 山川亜希子訳 フォレスト出版 2015.4 293p 19cm 1600円 ①978-4-89451-653-3
内容 第1章 喪失と悲しみについてルイーズが教えてくれたこと 第2章 恋愛の破綻はあなたを成長させる 第3章 離婚による悲しみを癒す 第4章 愛する人の死を乗り越える 第5章 ペットロスと向き合う 第6章 さまざまな喪失を超える言葉 第7章 人生はつねにあなたを癒す方向へと運ぶ 〔02481〕

ケスラー, J.* Keßler, Jürgen
◇欧州グローバル化の新ステージ 朝日吉太郎編著 京都 文理閣 2015.4 328p 21cm 〈他言語標題：New Stage of the Globalization in Europe〉 2700円 ①978-4-89259-753-4
内容 自助、自己管理および結社民主主義（Jürgen Keßler著, 竹内宏訳） 〔02482〕

ゲゼル, シルビオ Gesell, Silvio
◇貨幣制度改革—ゲゼル・セレクション（Die Reformation im Münzwesen, Die Verstaatlichung des Geldes） シルビオ・ゲゼル著, 山田明紀訳 アルテ 2016.9 251p 19cm 〈発売：星雲社〉 2000円 ①978-4-434-22418-8
内容 貨幣制度改革（ゼムジの山の発見 原罪 田舎教師が導く 集会 ほか） 貨幣の国有化（「貨幣」の概念の定義のために 貨幣の価値が依存している諸状況 投機の貨幣価値にたいする影響 貨幣流通の貨幣価値にたいする影響 ほか） 〔02483〕

ゲタ, シュロモ
◇イスラエル情報戦史（ISRAEL'S SILENT DEFENDER） 佐藤優監訳, アモス・ギルボア, エフライム・ラピッド編, 河合洋一郎訳 並木書房 2015.6 373p 図版32p 21cm 〈年表あり〉 2700円 ①978-4-89063-328-9
内容 海軍情報部（シュロモ・ゲタ, アリー・オレン著） 〔02484〕

ゲチメン, ドガン
◇歴史に生きるローザ・ルクセンブルク—東京・ベルリン・モスクワ・パリ - 国際会議の記録 伊藤成彦編著 社会評論社 2014.9 369p 21cm 2700円 ①978-4-7845-1523-3
内容 ローザ・ルクセンブルク、ドイツ古典哲学の遺産と社会・政治理論の根本的方法論の諸問題（ドガン・ゲチメン著, 伊藤成彦訳） 〔02485〕

ゲーツ, ロバート Gates, Robert Michael
◇イラク・アフガン戦争の真実—ゲーツ元国防長官回顧録（DUTY） ロバート・ゲーツ著, 井口耕二, 熊谷玲美, 寺町朋子訳 朝日新聞出版 2015.11 622p 20cm 4000円 ①978-4-02-331430-6
内容 "務め"を果たす イラクをめぐる戦い 協力を得るための奮闘 ペンタゴンという戦場 複雑に絡まり合った世界 いい戦争、悪い戦争 いまいましい出来事との格闘 政権交代という戦争 新たな政策課題との戦い アフガニスタンをめぐる対立 気難しい人々との闘争 ワシントンで続く戦い イラク、アフガン、そして革命 最後の日まで戦争状態 4年半の"務め"を終えて 〔02486〕

ケッカート, シャロッテ
◇キリスト教神学の主要著作—オリゲネスからモルトマンまで（Hauptwerke der Systematischen Theologie） R.A.クライン,C.ポルケ,M.ヴェンテ編, 佐々木勝彦, 佐々木悠, 浜崎雅孝訳 教文館 2013.12 424, 18p 22cm 〈索引あり〉 4000円 ①978-4-7642-7375-7
内容 オリゲネス『諸原理について』（シャロッテ・ケッカート著, 佐々木勝彦訳） 〔02487〕

ケッツ, ハイン
◇信託制度のグローバルな展開—公益信託甘粕記念信託研究助成基金講演録 新井誠編訳 日本評論社 2014.10 634p 22cm 6800円 ①978-4-535-52055-4
内容 ドイツにおける信託法の現代的発展 他（ハイン・ケッツ著, 新井誠訳） 〔02488〕

ケツン・サンポ Khetsun Sangpo Rinbochay
◇チベットの先生 〔ケツン・サンポ〕〔著〕, 中沢新一〔編訳〕 KADOKAWA 2015.2 312p 15cm （〔角川ソフィア文庫〕 〔G111-2〕） 〈「知恵の遥かな頂」（角川書店 1997年刊）の改題、加筆〉 1040円 ①978-4-04-409479-9 〔02489〕

ケテラー, ジェームス・E. Ketelaar, James Edward
◇江戸のなかの日本、日本のなかの江戸—価値観・アイデンティティ・平等の視点から（Values, Identity, and Equality in Eighteenth-and Nineteenth-Century Japan） ピーター・ノスコ, ジェームス・E.ケテラー, 小島康敬編, 大野ロベルト訳 柏書房 2016.12 415p 22cm 〈索引あり〉 4800円 ①978-4-7601-4759-5
内容 十八世紀と十九世紀の価値観・アイデンティティ・平等について 他（ピーター・ノスコ, ジェームス・E.ケテラー著） 〔02490〕

ケテル, クロード　Quétel, Claude

◇独裁者の子どもたち―スターリン、毛沢東からムバーラクまで（ENFANTS DE DICTATEURS）　ジャン＝クリストフ・ブリザール, クロード・ケテル著, 清水珠代訳　原書房　2016.1　290p　20cm　2500円　①978-4-562-05275-2

内容 スターリンの愛娘　父に楯突いた反抗的な娘　カルメンシータと子どもたち、フランコ一族　毛沢東の大きなお人形　チャウシェスクという名の重み　不思議なカストロ一族　金氏王朝の権力闘争　モブツ、ヒョウの落とし子たちの痛恨のルンバ　ウダイとクサイ・フセイン、父親そっくりの怪物　バッシャール・アル＝アサド藍より青し　ムアンマル・カダフィ、最高指導者の迷える子どもたち　没落の一族、ムバーラク　〔02491〕

ゲート

◇人生と悟り―師匠との対話　ゲート語り, シャーロック・キム著, リ・ボーン, アンテファン訳, サントッキ監修　ナチュラルスピリット　2015.5　306p　19cm　1700円　①978-4-86451-163-6

内容 第1部 人生（人生の意味　生と死、輪廻とカルマ　天国と地獄、死後の世界　神と人間、光の存在たち ほか）　第2部 悟り（悟りとは何か　経典と戒律、修行　縁起の理と一切唯心造　禅と公案 ほか）　〔02492〕

ゲートマン＝ジーフェルト, アンネマリー

◇ヘーゲル講義録研究（Nachschriften von Hegels Vorlesungen）　オットー・ペゲラー編, 寄川条路監訳　法政大学出版局　2015.11　279, 2p　22cm　〈索引あり〉3000円　①978-4-588-15074-6

内容 美学・芸術哲学講義（アンネマリー・ゲートマン＝ジーフェルト著, 小川真人訳）　〔02493〕

ケトランジ, シド・アリ

◇日本・アルジェリア友好の歩み―外交関係樹立50周年記念誌　私市正年, スマイル・デベシュ, 在アルジェリア日本国大使館編著　千倉書房　2014.8　286p　19cm　2800円　①978-4-8051-1041-6

内容 日本を知る（シド・アリ・ケトランジ）〔02494〕

ケナン, ジョージ・フロスト　Kennan, George Frost

◇二十世紀を生きて―ある個人と政治の哲学（AROUND THE CRAGGED HILL）　ケナン〔著〕, 関元訳　中央公論新社　2015.7　351p　18cm　（中公クラシックス W79）〈同文書院インターナショナル 1994年刊の再刊〉2200円　①978-4-12-160157-5

内容 第1部（人間はひび割れた器　信仰　政治と政府　国民　イデオロギー）　第2部（平等主義と多様性　アメリカの規模　中毒　対外政策（非軍事　軍事）　何をすべきか？）　〔02495〕

◇ジョージ・F.ケナン回顧録 1（MEMOIRS, Volume 1, 1925‐1950 MEMOIRS, Volume 2, 1950‐1963）　ジョージ・F.ケナン著, 清水俊雄, 奥畑稔訳　中央公論新社　2016.12　509p　15cm（中公文庫）　1500円　①978-4-12-206324-2

内容 個人的な覚書　ロシア研究時代　一九三〇年代のモスクワとワシントン　プラハ時代 一九三八‐一九三九年　戦時下のドイツ勤務　ポルトガルとアゾレス諸島　ヨーロッパ諮問委員会　再度のモスクワ―そしてポーランド問題　モスクワとヨーロッパの勝利　〔02496〕

ケニア

◇外国著作権法令集　50　ケニア編　財田寛子訳　著作権情報センター　2015.3　45p　21cm　〈SARVH共通目的事業（平成26年度）〉非売品　〔02497〕

ケニオン, トム　Kenyon, Tom

◇アルクトゥルス人より地球人へ―天の川銀河を守る高次元存在たちからのメッセージ（THE ARCTURIAN ANTHOLOGY）　トム・ケニオン, ジュディ・シオン著, 紫上はとる訳　ナチュラルスピリット　2016.11　242p　21cm　2400円　①978-4-86451-223-7

内容 サナート・クマラ―宇宙船司令官　エクタラ―アルクトゥルスの科学技官　エナンドラ―アルクトゥルス文明のアカシック図書館司書　マグダラのマリア　イェシュア・ベン・ヨセフ　アジュロン―アルクトゥルスの元医師　イスー―アルクトゥルスの瞑想マスター　フレフィオス―アルクトゥルスの戦士　〔02498〕

ケーニヒスバーガ, H.G.

◇礫岩のようなヨーロッパ　古谷大輔, 近藤和彦編　山川出版社　2016.7　221p　21cm　〈索引あり〉3800円　①978-4-634-64083-2

内容 複合国家・代表議会・アメリカ革命（H.G.ケーニヒスバーガ著, 後藤はる美訳）　〔02499〕

ケニヨン, R.W.　Kenyon, Richard Walton

◇死とその後―スヴェーデンボリの著作からの抜粋（Death and after）　スヴェーデンボリ〔著〕, R.W.ケニヨン編, 鈴木泰之訳　スヴェーデンボリ出版　2014.8　66p　18cm　（スヴェーデンボリ出版ブックレット no.9）　300円　①978-4-906861-17-0　〔02500〕

ケネディ, ガヴィン　Kennedy, Gavin

◇アダム・スミス―マクミラン経済学者列伝（Adam Smith）　ガヴィン・ケネディ著, 小谷野俊夫訳　一灯舎　2014.2　351, 18p　20cm　〈文献あり 著作目録あり 索引あり〉2500円　①978-4-907600-05-1

内容 はじめに：今なぜアダム・スミスなのか　適正の十分な証拠：彼の前半生―二九歳直前にグラスゴー大学教授になるまで　初期段階の社会　かくも弱く不完全な生き物である人間　統治と法の一般原理　人間の本来の性向―分業と交易　当初の状態が続いていた―商業前の時代　ついに商業の時代が現れる　勤勉な人びとを仕事に就ける　生産的な人々のために資金を増やす―経済成長の理論　非常に激しい攻撃―重商主義に対する批判　見えざる手―スミスの意図に反した誤用　平和、軽い税、正義　アダム・スミスの遺産　〔02501〕

ケネディ, キャメロン

◇経験学習によるリーダーシップ開発―米国CCLによる次世代リーダー育成のための実践事例（Experience-Driven Leader Development）　シンシア・D.マッコーレイ,D.スコット・デリュ,

ケ

ポール・R.ヨスト, シルベスター・テイラー編, 漆嶋稔訳　日本能率協会マネジメントセンター　2016.8　511p　27cm　8800円　①978-4-8207-5929-4

内容 エグゼクティブの人事異動（ノラ・ガードナー, キャメロン・ケネディ）〔02502〕

ケ

ケネディ, ジョン・F.　Kennedy, John Fitzgerald

◇ケネディ演説集　ケネディ〔著〕, 高村暢児編　改版　中央公論新社　2014.4　285p　16cm（中公文庫 ケ5-1）〈初版のタイトル：ケネディ登場〉1000円　①978-4-12-205940-5

内容 世界の挑戦. 大統領就任演説. 独立祭記念演説. 米経済報告演説. キューバ報告. 一九六三年大統領一般教書. 公民権に関する特別教書. 平和の戦略. 核停条約演説. フランクフルト演説. 平和の建設. 外交政策に関する演説. ダラス演説. 日本の皆さんへ. 米国の大統領暗殺史とケネディ暗殺の背景 高村暢児 著〔02503〕

◇インタヴューズ　3　毛沢東からジョン・レノンまで（THE PENGUIN BOOK OF INTERVIEWS）　クリストファー・シルヴェスター編, 新庄哲夫他訳　文芸春秋　2014.6　463p　16cm（文春学芸ライブラリー―雑英 7）　1690円　①978-4-16-813018-2

内容 ジョン・F.ケネディ（ジョン・F.ケネディ述, ヘンリー・ブランドンインタヴュアー, 山形浩生訳）〔02504〕

ケネディ, フランク

◇経済学大図鑑（The Economics Book）　ナイアル・キシテイニーほか著, 若田部昌澄日本語版監修, 小須田健訳　三省堂　2014.2　352p　25cm〈索引あり〉4000円　①978-4-385-16222-5

内容 さあ、交易をはじめよう―紀元前400年～後1770年　理性の時代―1770年～1820年　産業革命と経済革命―1820年～1929年　戦争と不況―1929年～1945年　戦後の経済学―1945年～1970年　現代の経済学―1970年～現在〔02505〕

ケネディ, ロバート　Kennedy, Robert F.

◇13日間―キューバ危機回顧録（THIRTEEN DAYS）　ロバート・ケネディ著, 毎日新聞社外信部訳　改版　中央公論新社　2014.4　200p　16cm（中公文庫 ケ6-1）　900円　①978-4-12-205942-9

内容 13日間キューバ危機回顧録（だまされた米国　大統領の決断　運命の瞬間　最悪の一日 ほか）　記録文書（ケネディ大統領演説――九六二年十月二十二日　米国の宣言――九六二年十月二十三日　米州機構の決議――九六二年十月二十三日　ウ・タント氏の国連安全保障理事会に宛てた声明――九六二年十月二十四日（ケネディ大統領、フルシチョフ議長宛ての書簡を含む）ほか）〔02506〕

ケネディ, ロバート・F., Jr.　Kennedy, Robert F., Jr.

◇不正選挙―電子投票とマネー合戦がアメリカを破壊する（LOSER TAKE ALL）　マーク・クリスピン・ミラー編著, 大竹秀子, 桜井まり子, 関房江訳　亜紀書房　2014.7　343, 31p　19cm　2400円　①978-4-7505-1411-6

内容 ジョージア州におけるディボールド社と上院議員マックス・クリーランドの「敗北」（ロバート・F.ケネディ・ジュニア著）〔02507〕

ゲフェン, ハナン

◇イスラエル情報戦史（ISRAEL'S SILENT DEFENDER）　佐藤優監訳, アモス・ギルボア, エフライム・ラピッド編, 河合洋一郎訳　並木書房　2015.6　373p 図版32p　21cm〈年表あり〉2700円　①978-4-89063-328-9

内容 諜報活動とシギント（ハナン・ゲフェン著）〔02508〕

ケブラー, ゲルハルト

◇民事法学の歴史と未来―田山輝明先生古稀記念論文集　五十嵐敬喜, 近江幸治, 楜沢能生編集委員　成文堂　2014.3　708p　22cm〈著作目録あり　年譜あり〉18000円　①978-4-7923-2659-3

内容 比較法について（ゲルハルト・ケブラー著, 藤巻梓訳）〔02509〕

ゲヘーガン, ジョン・J.　Geoghegan, John J.

◇伊四〇〇型潜水艦最後の航跡　上巻（OPERATION STORM）　ジョン・J.ゲヘーガン著, 秋山勝訳　草思社　2015.7　307p　20cm　2200円　①978-4-7942-2141-4

内容 第1部 プロローグ（にらみ合い　伊四〇一潜）　第2部 建造準備（誕生　南部伸清 ほか）　第3部 紛糾（原案削減と復活　南部の試練 ほか）　第4部 任務（南部と伊四〇一潜　六三一空 ほか）〔02510〕

◇伊四〇〇型潜水艦最後の航跡　下巻（OPERATION STORM）　ジョン・J.ゲヘーガン著, 秋山勝訳　草思社　2015.7　317p　20cm〈文献あり〉2200円　①978-4-7942-2142-1

内容 第4部 任務（承前）（逆境　パナマへ　出撃　ファルプ、最後の任務　七尾湾 ほか）　第5部 急務（出撃航行　混線　天皇の声　混沌 ほか）〔02511〕

ケマリング, アヒム

◇財政赤字の国際比較―民主主義国家に財政健全化は可能か（Deficits and Debt in Industrialized Democracies）　井手英策, ジーン・パーク編　岩波書店　2016.3　330p　22cm　5400円　①978-4-00-023062-9

内容 ドイツにおける財政パフォーマンス（アヒム・ケマリング, ツビグニェフ・トゥルフルースキー著, 嶋田崇治訳）〔02512〕

ケメニー, ジム　Kemeny, Jim

◇ハウジングと福祉国家―居住空間の社会的構築（HOUSING AND SOCIAL THEORY）　ジム・ケメニー著, 祐成保志訳　新曜社　2014.12　322p　20cm〈文献あり 索引あり〉3400円　①978-4-7885-1411-9

内容 第1部 ハウジングとメタ理論（ハウジング研究の学問分野としての基盤　ハウジング研究の認識論的基礎）　第2部 理論の奪還（ハウジング研究における国家への回帰　比較ハウジング研究における単線論の批判的検討 ほか）　第3部 比較ハウジング研究における分岐論に向けて（イデオロギーと分岐する社会構造　社会構造の分岐と居住 ほか）　第4部 理論にもとづいたハウジングの社会学に向けて（居住と社会構造終章）〔02513〕

ケーラー, ヴォルフガング・R.　Köhler, Wolfgang R.

◇人権への権利―人権、民主主義そして国際政治（Recht auf Menschenrechte）　ハウケ・ブルンクホルスト, ヴォルフガング・R.ケーラー, マティアス・ルッツ＝バッハマン編, 舟場保之, 御子柴善之監訳　吹田　大阪大学出版会　2015.1　335, 13p　21cm　〈索引あり〉3700円　①978-4-87259-491-1

内容 人権への権利（ヴォルフガング・R.ケーラー著, 米田恵訳）〔02514〕

ケラー, エド　Keller, Ed

◇フェイス・トゥ・フェイス・ブック―クチコミ・マーケティングの効果を最大限に高める秘訣（The Face‐to‐Face Book : Why Real Relationships Rule in a Digital Marketplace）　エド・ケラー, ブラッド・フェイ著, 渋谷覚, 久保田進彦, 須永努訳　有斐閣　2016.12　370p　17cm　2600円　①978-4-641-16494-9

内容 序章 ソーシャルメディア・バブル　第1章 ソーシャルであることについての科学　第2章 会話の前菜：何が語りたいブランドを生み出すのか？　第3章 インフルエンサー：会話の中心にいる人たち　第4章 クチコミとマディソン街の出会い　第5章 メディア再考：クチコミのプランニング　第6章 何事もバランスが肝心：ソーシャルメディアの適所　第7章 チャネルとしてのクチコミ　第8章 ネガティブなクチコミは警戒すべきものか、それとも消費者からの最高の贈り物か？　第9章 新しいソーシャル・マーケティングをイメージしよう〔02515〕

ケラー, オラフ

◇ドイツ教授学へのメタ分析研究の受容―ジョン・ハッティ「可視化された学習」のインパクト　原田信之, ヒルベルト・マイヤー編著, 宇都宮明子, 木戸裕, サルバション有紀訳　〔東大阪〕　デザインエッグ　2015.11　140p　21cm　〈執筆：エヴァルト・テルハルトほか　文献あり〉①978-4-86543-477-4〔02516〕

ケラー, キャシー　Keller, Kathy Louise

◇結婚の意味―わかりあえない2人のために（The Meaning of Marriage）　ティモシー・ケラー著, キャシー・ケラー共著, 広橋麻子訳　いのちのことば社　2015.7　398p　19cm　2000円　①978-4-264-03352-3〔02517〕

ケラー, ゲアリー　Keller, Gary

◇ワン・シング――点集中がもたらす驚きの効果（The One Thing）　ゲアリー・ケラー, ジェイ・パパザン著, 門田美鈴訳　SBクリエイティブ　2014.1　221p　19cm　1360円　①978-4-7973-7511-4

内容 1 嘘―私たちを惑わし、つまずかせるもの（「すべてのことは等しく重要」という嘘　「マルチタスクは効率的」という嘘　「規律正しい生活が必要」という嘘　「意志の力は常に万全」という嘘　「バランスのとれた生活が肝心」という嘘　「大きいことは悪いこと」という嘘）　2 真実―生産性へのシンプルな道（的をしぼり込む質問　成功の習慣　優れた答えへの道）　3 目覚ましい成果―秘められた可能性を解放する（目的を持って生きる　優先事項に従って生きる　生産性を目指して生きる　三つの誓い　四人の泥棒　旅）〔02518〕

ケラー, ジェフ　Keller, Jeff

◇新社会人のための成功の教科書（YOUR PATH TO SUCCESS, SUCCESS AFTER SCHOOL Q&A）　ジェフ・ケラー〔著〕, 弓場隆訳　ディスカヴァー・トゥエンティワン　2015.5　231p　19cm　〈他言語標題：YOUR PATH TO SUCCESS AFTER SCHOOL〉1400円　①978-4-7993-1667-2

内容 1 自分の人生に責任を持つ（まず自分が変わる　人生をうまくいかせると決める　運を自分でつくり出す ほか）　2 ポジティブな思考と感情を選ぶ（自分の思考に意識を向ける　自分の能力を信じる　ポジティブな思考を選ぶ ほか）　3 働きやすい環境をつくる（ネガティブな情報を避ける　ポジティブな人間関係をつくる　ネガティブな人を避ける ほか）　4 夢の実現に向かって努力する（非現実的だと言われても気にしない　夢を意識に刻む　挫折や逆境に負けない ほか）　5 情熱を燃やす（情熱を人に伝える　本物の情熱を持つ　ワクワクする活動に取り組む ほか）　6 信頼関係を築く（相手を尊重する　自分の責任を果たしてから意見を述べる　人前で話すのを恐れない ほか）　7 ピンチをチャンスに変える（批判を恐れない　批判を乗り越える　批判の中に学べる点を見つける ほか）　8 自分の強みを伸ばす（自分が持っているものに意識を向ける　自分らしさに磨きをかける　自分が進歩するために行動を起こす ほか）　9 重要なことを見きわめ、力を注ぐ（重要なことに集中する　広い視野を持つ　問題を過大にとらえない ほか）〔02519〕

◇できる人とできない人の小さな違い（ATTITUDE IS EVERYTHING 原著改訂版の翻訳）　ジェフ・ケラー著, 弓場隆訳　ディスカヴァー・トゥエンティワン　2015.12　198p　19cm　1300円　①978-4-7993-1822-5

内容 第1章 成功は心の中で始まる　第2章 考えていることが現実になる　第3章 成功を心の中に描く　第4章 徹底的にコミットする　第5章 問題をチャンスに変える　第6章 自分の言葉に注意する　第7章 最高の自分を創る　第8章 不満を言わない　第9章 ポジティブな人たちとつきあう　第10章 恐怖心と向き合う　第11章 すすんで失敗しよう〔02520〕

◇あなたを成功に導く方法を伝授しよう（Here's to your success）　ジェフ・ケラー〔著〕, 弓場隆訳　ディスカヴァー・トゥエンティワン　2016.9　255p　19cm　1500円　①978-4-7993-1976-5

内容 新しい価値観を持つ　「できる」と信じる　運をつくり出す　正しい行動をとる　自分にとっての成功を定義する　恨みを捨てる　夢を持つ　自分らしく生きる　約束を守る　言い訳をしない〔ほか〕〔02521〕

ケーラ, シブ　Khera, Shiv

◇君なら勝者になれる―成功者の「態度」と「行動」の法則（YOU CAN WIN）　シブ・ケーラ著, サチン・チョードリー監訳, 大美賀馨訳　フォレスト出版　2015.3　237p　19cm　1400円　①978-4-89451-652-6

内容 第1章 勝者と敗者を決するものは何か？　第2章 ゴールを達成する人の態度　第3章 敗者は何が間違っていたのか？　第4章 勝者の自尊心の作り方　第5章 勝者の思考を作る14のステップ　第6章 勝者の人格を手に入れる方法　第7章 無意識の習慣を変える潜在

意識の使い方 〔02522〕

ケラー, ジョン・B.　Keller, John B.
◇インストラクショナルデザインの理論とモデル―共通知識基盤の構築に向けて (INSTRUCTIONAL-DESIGN THEORIES AND MODELS, Volume 3)　C.M.ライゲルース,A.A.カー＝シェルマン編, 鈴木克明, 林雄介監訳　京都　北大路書房　2016.2　449p　21cm 〈索引あり〉 3900円　①978-4-7628-2914-7
内容 インストラクションを理解する (チャールス・M.ライゲルース, ジョン・B.ケラー著, 今野文子訳) 〔02523〕

ケラー, ティモシー　Keller, Timothy J.
◇結婚の意味―わかりあえない2人のために (The Meaning of Marriage)　ティモシー・ケラー著, キャシー・ケラー共著, 広橋麻子訳　いのちのことば社　2015.7　398p　19cm　2000円　①978-4-264-03352-3 〔02524〕

ケーラー, ハネス
◇日独公法学の挑戦―グローバル化社会の公法　松本和彦編　日本評論社　2014.3　320p　22cm 〈他言語標題：Herausforderungen der Öffentlichen Rechtswissenschaft in Japan und Deutschland　索引あり〉 5300円　①978-4-535-51981-7
内容 国内税法のヨーロッパ法的決定因子 (シュテファン・ヒンデラング, ハネス・ケーラー著, 谷口勢津夫訳) 〔02525〕

ケーラー, ロッテ　Köhler, Lotte
◇アーレント＝ブリュッヒャー往復書簡―1936-1968 (HANNAH ARENDT/Heinrich BLÜCHER BRIEFE)　ハンナ・アーレント, ハインリヒ・ブリュッヒャー〔著〕, ロッテ・ケーラー編, 大島かおり, 初見基訳　みすず書房　2014.2　535, 18p　22cm 〈年譜あり 索引あり〉 8500円　①978-4-622-07818-0 〔02526〕

ケラハー, レオニ
◇イギリスにおける高齢期のQOL―多角的視点から生活の質の決定要因を探る (UNDERSTANDING QUALITY OF LIFE IN OLD AGE)　アラン・ウォーカー編著, 岡田進一監訳, 山田三知子訳　京都　ミネルヴァ書房　2014.7　249p　21cm (新・MINERVA福祉ライブラリー 20) 〈文献あり 索引あり〉 3500円　①978-4-623-07097-8
内容 高齢期の外出, 移動とQOL (キャロライン・ホランド, レオニ・ケラハー, シーラ・M.ピース, トーマス・シャーフ, エリザベス・ブリーズ, ジェイン・ガウ, メアリー・ギルフーリ著) 〔02527〕

ケーラム, テレサ　Kellam, Theresa
◇子どもと親の関係性セラピーCPRT治療マニュアル―親のための10セッションフィリアルセラピーモデル (Child Parent Relationship Therapy (CPRT) Treatment Manual)　スー・C.ブラットン, ゲリー・L.ランドレス, テレサ・ケーラム, サンドラ・R.ブラッカード著, 小川裕美子, 湯野貴子訳　日本評論社　2015.8　195p　26cm 〈文献あり〉 3200円　①978-4-535-56270-7
内容 1 子どもと親の関係性セラピー (CPRT) セラピストのためのノート　2 子どもと親の関係性 (CPR) トレーニング親のためのノート　3 子どもと親の関係性セラピー (CPRT) トレーニングリソース 〔02528〕

ケラルト・デル・イエロ, マリア・ピラール　Queralt, María Pilar
◇スペイン王家の歴史―ヴィジュアル版 (Reyes y Reinas de España)　マリア・ピラール・ケラルト・デル・イエロ著, 青砥直子, 吉田恵訳　原書房　2016.2　257p　22cm 〈索引あり〉 4500円　①978-4-562-05278-3
内容 1 西ゴート王国　2 イスラーム・スペイン　3 キリスト教諸国　4 カトリック両王　5 ハプスブルク家―スペイン帝国の絶頂と衰退　6 ブルボン家―王国の新しい概念　7 その他の王家―スペイン王位に就いた2人の異国人君主 〔02529〕

ケリー, ウィリアム・W.
◇〈日本文化〉はどこにあるか　国学院大学日本文化研究所編, 井上順孝責任編集, 井上順孝, 篠田謙一, スチュアート・E.ガスリー, 河野哲也, ウィリアム・W.ケリー著, 〔藤井修平〕, 〔加藤久子〕 〔訳〕　春秋社　2016.8　232p　20cm　2300円　①978-4-393-33351-8
内容 ローカルな生活世界から見える現代日本 (ウイリアム・W.ケリー著, 加藤久子訳) 〔02530〕

ケリー, ジェイソン　Kelly, Jason
◇3%シグナル投資法―だれでもできる「安値で買って高値で売る」バリューアベレージ法 (The 3% Signal)　ジェイソン・ケリー著, 長尾慎太郎監修, 山口雅裕訳　パンローリング　2016.4　371p　22cm (ウィザードブックシリーズ 234) 1800円　①978-4-7759-7203-8
内容 第1章 なぜマーケットでとまどうのか　第2章 相場の変動を利用する　第3章 投資パフォーマンスの目的を設定する　第4章 何に投資すべきか　第5章 このプランでの資金管理　第6章 プランの実際　第7章 プランを実行する　第8章 幸せなシグナル 〔02531〕

ケリー, ジョン・F.
◇秩序の喪失　プロジェクトシンジケート叢書編集部訳　土曜社　2015.2　164, 3p　19cm (プロジェクトシンジケート叢書) 〈他言語標題：Loss of order〉 1850円　①978-4-907511-15-9
内容 和平への諸同盟 (ジョン・F.ケリー著) 〔02532〕

ケリー, デイヴィッド　Kelley, David
◇クリエイティブ・マインドセット―想像力・好奇心・勇気が目覚める驚異の思考法 (Creative Confidence : Unleashing The Creative Potential Within Us All)　トム・ケリー, デイヴィッド・ケリー著, 千葉敏生訳　日経BP社　2014.6　387p　19cm 〈発売：日経BPマーケティング〉 1900円　①978-4-8222-5025-6
内容 序章 人間はみんなクリエイティブだ！　第1章 デザイン思考で生まれ変わる　第2章 恐怖を克服する　第3章 創造性の火花を散らせ！　第4章 計画するより行動しよう　第5章 義務なんか忘れてしまえ　第6

章 みんなでクリエイティブになる　第7章 チャレンジ　第8章 その先へ　〔02533〕

ケリー, トム　Kelley, Tom

◇クリエイティブ・マインドセット―想像力・好奇心・勇気が目覚める驚異の思考法（Creative Confidence : Unleashing The Creative Potential Within Us All）　トム・ケリー, デイヴィッド・ケリー著, 千葉敏生訳　日経BP社　2014.6　387p　19cm　〈発売：日経BPマーケティング〉1900円　①978-4-8222-5025-6

内容 序章 人間はみんなクリエイティブだ！　第1章 デザイン思考で生まれ変わる　第2章 恐怖を克服する　第3章 創造性の火花を散らせ！　第4章 計画するより行動しよう　第5章 義務なんか忘れてしまえ　第6章 みんなでクリエイティブになる　第7章 チャレンジ　第8章 その先へ　〔02534〕

ケリー, ポール　Kelly, Paul Joseph

◇政治学大図鑑（The Politics Book）　ポール・ケリーほか著, 堀田義太郎日本語版監修, 豊島実和訳　三省堂　2014.9　352p　25cm　〈索引あり〉4200円　①978-4-385-16226-3　〔02535〕

◇ジェレミー・ベンサムの挑戦　深貝保則, 戒能通弘編　京都　ナカニシヤ出版　2015.2　395p　22cm　〈他言語標題：The Challenges of Jeremy Bentham　文献あり 索引あり〉5600円　①978-4-7795-0896-7

内容 功利主義と配分的正義（ポール・ケリー著, 有江大介, 高島和哉訳）　〔02536〕

ケリー, マイケル　Kelly, Michael J.

◇HIV/エイズと教育政策（Planning for Education in the Context of HIV/AIDS）　マイケル・ケリー〔著〕, 勝間靖訳・解説　東信堂　2015.1　102p　21cm　（ユネスコ国際教育政策叢書 9　黒田一雄, 北村友人叢書編）〈文献あり 索引あり〉1500円　①978-4-7989-1264-6

内容 第1章 エイズという感染症　第2章 HIV予防における教育の役割　第3章 HIV/エイズの教育への影響　第4章 教育の需要と供給へのHIV/エイズの影響　第5章 教育の内容、プロセス、組織的側面との関連におけるHIV/エイズ　第6章 教育の予算や計画との関連におけるHIV/エイズ　第7章 結論―教育とその普及についてHIV/エイズは新しいアプローチを必要とする　〔02537〕

ケリー, G.A.　Kelly, George A.

◇パーソナル・コンストラクトの心理学　第1巻　理論とパーソナリティ（The Psychology of PERSONAL CONSTRUCTS.VOLUME ONE : A Theory of Personality）　G.A.ケリー著, 辻平治郎訳　京都　北大路書房　2016.2　475p　22cm　〈索引あり〉6800円　①978-4-7628-2913-0

内容 第1章 代替解釈　第2章 基礎理論　第3章 パーソナル・コンストラクトの本質　第4章 臨床場面　第5章 レパートリー・テスト　第6章 心理的空間の数学的構造　第7章 自己特徴づけの分析　第8章 修正役割療法　第9章 診断の次元　第10章 移行の次元　〔02538〕

ケリガン, シーナ　Kerrigan, Seanna

◇社会参画する大学と市民学習―アセスメントの原理と技法（ASSESSING SERVICE-LEARNING AND CIVIC ENGAGEMENT）　S.ゲルモン,B.A.ホランド,A.ドリスコル,A.スプリング,S.ケリガン著, 山田一隆監訳, 市川享子, 斎藤百合子, 福井里江, 村上徹也, 中原美香訳　学文社　2015.9　215p　21cm　〈文献あり〉2500円　①978-4-7620-2561-7

内容 アセスメント（評価）の原則と方略：概説　学生への効果　大学教員への効果　地域への効果　大学機関への効果　方法と分析　〔02539〕

ケリガン, マイケル　Kerrigan, Michael

◇米ソ冷戦秘録幻の作戦・兵器1945-91（Cold War Plans that Never Happened）　マイケル・ケリガン著, 石津朋之監訳, 阿部昌平訳　大阪　創元社　2014.10　192p　25cm　〈文献あり 索引あり〉2400円　①978-4-422-21527-3

内容 序 東西冷戦への道すじ　第1章 戦争になりかけた戦争　第2章 もし「熱戦」になったら　第3章 攻撃の場合　第4章 第一線に立つヨーロッパ　第5章 アメリカの裏庭で　第6章 東方は赤化していたのか。アジアにおける動向　第7章 科学の動員　〔02540〕

ゲルヴァルト, ロベルト　Gerwarth, Robert

◇ヒトラーの絞首人ハイドリヒ（HITLER'S HANGMAN）　ロベルト・ゲルヴァルト著, 宮下嶺夫訳　白水社　2016.12　460, 64p 図版16p　20cm　〈文献あり 索引あり〉4800円　①978-4-560-09521-8

内容 第1章 プラハに死す　第2章 若きラインハルト　第3章 ハイドリヒの誕生　第4章 帝国の敵と戦う　第5章 戦争のリハーサル　第6章 大量殺戮の実験　第7章 世界を敵として　第8章 保護領の支配者　第9章 破壊の遺産　〔02541〕

ゲルゴヴァ, ディアナ　Gergova, Diana

◇ゲタイ族と黄金遺宝―古代ブルガリア・トラキア人の世界　Diana Gergova著, 千本真生翻訳+監修, 田尾誠敏, 松前もゆる訳　愛育社　2016.3　142p　21cm　〈文献あり〉1800円　①978-4-7500-0467-9

内容 序章　第1章 知られざるトラキア人ゲタイ族とザルモクシス神　第2章 神々への聖なる捧げ物で満たされたゲタイの大地　第3章 謎の都ダウスダヴァと王墓　第4章 聖地に残されたゲタイ族の伝統　終章 未来に向けて動き出したゲタイ文化遺産の保護プロジェクト　〔02542〕

ケルサン=ギャルツェン

◇チベットの現在―遥かなるラサ　諸星清佳編著　日中出版　2014.1　192p　19cm　1800円　①978-4-8175-1279-6

内容 中国―チベット間の対話（ケルサン＝ギャルツェン著, 中村高子訳）　〔02543〕

ケルスショット, ヤン　Kersschot, Jan

◇ホームには誰もいない―信念から明晰さへ（NOBODY HOME）　ヤン・ケルスショット著, 村上りえこ訳　ナチュラルスピリット　2015.3　253p　19cm　〈文献あり〉1800円　①978-4-

86451-157-5
内容 第1章 私たちは何を探しているのだろう？　第2章 開放から自己認識へ　第3章 超越の瞬間　第4章 見るか、信じるか　第5章 マインドのパワー　第6章 このビジョンを練習して会得することは可能か？　第7章 新しい視点　第8章 融解　第9章 目覚めのとき　第10章 幻想から明晰性へ　第11章 一つとなる〔02544〕

ケ

ケルゼン, ハンス　Kelsen, Hans

◇純粋法学（REINE RECHTSLEHRE 原著第2版の翻訳）　ハンス・ケルゼン〔著〕, 長尾竜一訳　第2版　岩波書店　2014.3　349, 29p　22cm　〈索引あり〉5800円　①978-4-00-025950-7
内容 第1章 法と自然　第2章 法と道徳　第3章 法と科学　第4章 法の静学　第5章 法の動学　第6章 法と国家　第7章 国家と国際法　第8章 法の解釈〔02545〕

◇民主主義の本質と価値―他一篇（VOM WESEN UND WERT DER DEMOKRATIE 原著第2版の翻訳, Verteidigung der Demokratie）　ハンス・ケルゼン著, 長尾竜一, 植田俊太郎訳　岩波書店　2015.1　195, 3p　15cm　（岩波文庫 34-016-1）〈索引あり〉660円　①978-4-00-390001-7
内容 民主主義の本質と価値（第二版、一九二九年）（自由　国民　議会　議会制改革　職能議会　多数決原理　行政　統治者の選択　形式的民主主義と社会的民主主義　民主主義と世界観）　民主主義の擁護（一九三二年）〔02546〕

◇国際法原理論（Principles of International Law）　ハンス・ケルゼン著, 長谷川正国訳　信山社　2016.2　383p　22cm　（法学翻訳叢書 0011―国際法・法哲学）〈文献あり 索引あり〉9200円　①978-4-7972-6161-5
内容 第1部 国際法の性質：国際違法行為と国際制裁（法の概念　国際法は言葉の真の意味で「法」であるか）　第2部 国際法の妥当範囲（法秩序の妥当範囲　国際法の領域的および時間的妥当範囲　国際法の人的妥当範囲：国際法主体　国際法の実質的妥当範囲）　第3部 国際法の本質的機能：国際法秩序による国内法秩序の妥当範囲の決定（国家の法的存在）（国際法による国内法秩序の領域的妥当範囲の決定（国家領域）　国際法による国内法秩序の人的妥当範囲の決定（国家の人民）　国際法による国内法秩序の実質的妥当範囲の決定（国家の権限）　国際法による国内法秩序の時間的妥当範囲の決定（国家の時間的存在））　第4部 国際法の定立と適用（国際法の定立（淵源）　国際法の適用）　第5部 国際法と国内法（国際法と国内法の相違　国際法と国内法の関係（一元論と多元論））〔02547〕

ゲルダン, ルネ　Guerdan, René

◇フランソワ一世―フランス・ルネサンスの王（FRANÇOIS 1er）　ルネ・ゲルダン著, 辻谷泰志訳　国書刊行会　2014.12　519, 19p 図版16p　22cm　〈文献あり 年表あり 索引あり〉6000円　①978-4-336-05868-3
内容 プロローグ 誕生から即位まで（一四九四‐一五一五）（少年時代　宮廷へ）　第1部 即位からカンブレーの和平まで（一五一五‐一五二九）（一五一五年のフランス　統治の始まり ほか）　第2部 カンブレーの和平から死まで（一五二九‐一五四七）（フランソワ一世の宮廷　敗北の翌日 ほか）　付録（フランソワ一世治下の王領地収入　フランソワ一世時代のフランスの行政および司法組織の概略 ほか）〔02548〕

ケルタンギ, イネス・ド　Kertanguy, Inès de

◇カンパン夫人―フランス革命を生き抜いた首席侍女（MADAME CAMPAN）　イネス・ド・ケルタンギ著, ダコスタ吉村花子訳　白水社　2016.9　327, 5p　20cm　〈文献あり〉2900円　①978-4-560-09259-0
内容 第1章 幼少時代から宮廷入りまで（生い立ち　妹ジュリー ほか）　第2章 王妃付き侍女（王妃の失態　宮廷生活 ほか）　第3章 王妃付き首席侍女（王妃の腹心として　首飾り事件 ほか）　第4章 サン＝ジェルマン学院開校（恐怖政治　サン＝ジェルマン学院の幕開け ほか）　第5章 レジオン・ドヌール教育学院エクアン校校長（皇帝の計画　レジオン・ドヌール教育学院 ほか）〔02549〕

ゲルツァー, マティアス　Gelzer, Matthias

◇ローマ政治家伝　3　キケロ（Cicero）　マティアス・ゲルツァー著, 長谷川博隆訳　名古屋　名古屋大学出版会　2014.9　493, 17p　22cm　〈年譜あり 索引あり〉5500円　①978-4-8158-0737-5
内容 修業時代　公的活動のはじまり　財務官職―元老院議員としての第一歩　ウェッレス弾劾　按察官職から法務官職に　執政官職を目指しての戦い　執政官職　執政官在任中の政策を護って　亡命と帰還　「このような政治状態には喜ばしいことはひとかけらもない」　執政官代理職　内乱　カエサルの独裁官職のもとで　四四年三月一五日以降　レス・プブリカのための最後の戦い〔02550〕

ゲルトナー, G.

◇現代を読み解くための西洋中世史―差別・排除・不平等への取り組み（Why the Middle Ages Matter）　シーリア・シャゼル, サイモン・ダブルデイ, フェリス・リフシッツ, エイミー・G.リーメンシュナイダー編著, 赤阪俊一訳　明石書店　2014.9　368p　20cm　（世界人権問題叢書 89）　4600円　①978-4-7503-4072-2
内容 社会的逸脱―中世のアプローチ（G.ゲルトナー）〔02551〕

ケルナー, マックス　Kerner, Max

◇女教皇ヨハンナ―伝説の伝記（DIE PÄPSTIN JOHANNA）　マックス・ケルナー, クラウス・ヘルバース著, 藤崎衛, エリック・シッケタンツ訳　三元社　2015.9　182, 48p　22cm　〈文献あり 索引あり〉3000円　①978-4-88303-388-1
内容 第1章 実在の人物か？　虚構の人物か？　一実話から驚異譚へ　第2章 女教皇は実在できたか―歴史的舞台としての九世紀　第3章 女教皇伝説の成立―托鉢修道会の説教から中世後期における伝説の影響まで　第4章 女教皇の新しい役割―十四・十五世紀の教会政治上の対立における歴史的・法学的主張　第5章 道徳上の怪物か、あるいは歴史上の怪物か―宗教改革期の宗派間論争から近代文学まで　第6章 あとがきにかえて―われわれに女教皇は必要か？〔02552〕

ケルブレ, ハルトムート　Kaelble, Hartmut

◇冷戦と福祉国家―ヨーロッパ1945～89年（Kalter Krieg und Wohlfahrtsstaat）　ハルトムート・ケルブレ著, 永岑三千輝監訳, 滝川貴利, 赤松廉史, 清水雅大訳　日本経済評論社　2014.4　244p　22cm　〈文献あり 年表あり 索引あり〉3500円　①978-4-8188-2298-6

内容 1 戦後の時期（1945～49/50年）（共通の戦後危機と共通の出発　戦後の時期の相違　戦後の時期のグローバルな文脈のなかのヨーロッパ）　2 繁栄と冷戦（1950～73年）（繁栄下の新しい共通性　たくさんの顔をもったヨーロッパ―冷戦下の相違　非植民地化の時代のグローバルな文脈のなかのヨーロッパ）　3 繁栄の終焉と選択肢の新しい多様性（1973～89年）（共通の新しい時代　相違の減少　ポストコロニアル時代のグローバルな役割とグローバル化）〔*02553*〕

◇現代ドイツへの視座―歴史学的アプローチ　1　想起の文化とグローバル市民社会　石田勇治, 福永美和子編　勉誠出版　2016.8　434p　22cm　〈他言語標題：Neue Forschungen zur deutschen Zeitgeschichte〉 5200円　①978-4-585-22512-6

内容 ヨーロッパ市民社会はあるか（ハルトムート・ケルブレ著, 川喜田敦子訳）〔*02554*〕

ゲルモン, S.　Gelmon, Sherril B.

◇社会参画する大学と市民学習―アセスメントの原理と技法（ASSESSING SERVICE-LEARNING AND CIVIC ENGAGEMENT）　S.ゲルモン,B.A.ホランド,A.ドリスコル,A.スプリング,S.ケリガン著, 山田一隆監訳, 市川享子, 斎藤百合子, 福井里江, 村上徹也, 中原美香訳　学文社　2015.9　215p　21cm　〈文献あり〉2500円　①978-4-7620-2561-7

内容 アセスメント（評価）の原則と方略：概説　学生への効果　大学教員への効果　地域への効果　大学機関への効果　方法と分析〔*02555*〕

ケルラー, ロルフ　Kerler, Rolf

◇人間のための銀行―社会運動としてのGLS銀行のあゆみ（Eine bank für den menschen）　ロルフ・ケルラー著, 村上祐子, 村上介敏訳　涼風書林　2014.8　183p　21cm　2400円　①978-4-903865-30-0〔*02556*〕

ケレック, アントワーヌ

◇排外主義を問いなおす―フランスにおける排除・差別・参加　中野裕二, 森千香子, エレン・ルバイ, 浪岡新太郎, 園山大祐編著　勁草書房　2015.5　252p　22cm　〈年表あり 索引あり〉4500円　①978-4-326-60277-3

内容 サン・パピエ支援とローカルな市民権（アントワーヌ・ケレック著, 平野暁人訳）〔*02557*〕

ゲレック, ウィリアム・M.　Gerek, William M.

◇世界の優れた人材を獲得する役員報酬制度設計・運用の実務（UNDERSTANDING EXECUTIVE COMPENSATION 原著第2版の翻訳）　アーヴィング・S.ベッカー, ウィリアム・M.ゲレック編著, ヘイコンサルティンググループ訳　中央経済社　2014.7　273p　21cm　〈索引あり〉3200円　①978-4-502-09780-5

内容 第1部 役員報酬の設計と戦略（報酬戦略　基本報酬　短期インセンティブ ほか）　第2部 ガバナンス、開示、報酬委員会（報酬委員会のガバナンス　報酬委員会のツールとCEOの業績評価　役員報酬の開示 ほか）　第3部 特殊な状況における役員報酬（合併と買収）〔*02558*〕

ゲーレン, アーノルト　Gehlen, Arnold

◇人間の原型と現代の文化（URMENSCH UND SPÄTKULTUR ： Philosophische Ergebnisse und Aussagen）　アーノルト・ゲーレン著, 池井望訳　新装版　法政大学出版局　2015.1　408, 10p　19cm　（叢書・ウニベルシタス）　4000円　①978-4-588-14001-3

内容 1 制度（序章　道具　実験的行動 ほか）　2 古代文化の諸問題（問題提起　本当の（動物の）本能　人間の本能的なもの ほか）　3 三つの行動型と三つの世界観（自然宗教　哲学の課題　要約と展望）〔*02559*〕

ゲローヴィッチ, スラヴァ

◇科学の参謀本部―ロシア/ソ連邦科学アカデミーに関する国際共同研究　市川浩編著　札幌　北海道大学出版会　2016.2　522p　22cm　〈索引あり〉12500円　①978-4-8329-8224-6

内容 パラレル・ワールド（スラヴァ・ゲローヴィッチ著, 市川浩訳）〔*02560*〕

ゲロ＝ジャラベール, アニータ　Guerreau-Jalabert, Anita

◇中世フランスの文化（Histoire culturelle de la France.Tome 1 ： Le Moyen Âge）　ミシェル・ソ, ジャン＝パトリス・ブデ, アニータ・ゲロ＝ジャラベール著, 桐村泰次訳　論創社　2016.3　582p　22cm　〈文献あり 索引あり〉5800円　①978-4-8460-1474-2

内容 第1部 フランク王のもとでの文化の伝承と刷新（五 - 十世紀）（フランク人の文化意識の神話と現実　フランス語の創成　晩期古代の文化（五 - 七世紀）　"カロリング・ルネサンス"と文化）　第2部 創造の時代（十一 - 十三世紀）（知と社会　教会文化　宮廷風文化）　第3部 中世文化の美しい秋（十四、十五世紀）（教育環境のダイナミズムと障碍　国家の進展と文化　社会文化的収斂と亀裂　ルネサンスへの序曲）〔*02561*〕

ゲン, イツ　阮 逸

◇司馬法 尉繚子 李衛公問対　守屋洋, 守屋淳訳・解説　新装版　プレジデント社　2014.9　414p　21cm　（全訳「武経七書」 2）　2800円　①978-4-8334-2097-6

内容 『司馬法』（仁本篇　天子之義篇　定爵篇　厳位篇　用衆篇）　『尉繚子』（天官篇　兵談篇　制談篇　戦威篇　攻権篇　兵教上篇　兵教下篇　兵令上篇　兵令下篇）　『李衛公問対』（上の巻　中の巻　下の巻）〔*02562*〕

ゲン, カイギョク*　厳 海玉

⇒オム, ヘオク*

ケン, カクタイ*　権 赫泰

⇒クォン, ヒョクテ

ゲン, キッゲン*　玄 吉彦

⇒ヒョン, キルオン

ケン, ケンエキ*　権 憲益

⇒クォン, ホンイク*

ケン, ゴハン*　権 五範

⇒クォン, オボム*

ケ

ゲン, セイニチ*　玄 成日
⇒ヒョン, ソンイル

ケン, セツエン　甄 雪燕
◇ゼミナール中国文化―カラー版　医薬編　梁永宣, 趙歆, 甄雪燕著, 鈴木基井訳, 駱鴻日本語版監修, 劉偉監訳　グローバル科学文化出版　2016.12　176p　21cm　2980円　①978-4-86516-045-1 〔02563〕

ケン, トウタク*　権 東沢
⇒クォン, ドンテク*

ゲン, ブンメイ　厳 文明
◇中国の文明―北京大学版　3　文明の確立と変容　上(秦漢―魏晋南北朝)　稲畑耕一郎日本語版監修・監訳, 袁行霈, 厳文明, 張伝璽, 楼宇烈原著主編, 柿沼陽平訳　潮出版社　2015.7　474, 18p　23cm　〈他言語標題：THE HISTORY OF CHINESE CIVILIZATION　文献あり 年表あり 索引あり〉5000円　①978-4-267-02023-0 〔02564〕

◇中国の文明―北京大学版　5　世界帝国としての文明　上(隋唐―宋元明)　稲畑耕一郎日本語版監修・監訳, 袁行霈, 厳文明, 張伝璽, 楼宇烈原著主編　紺野達也訳　潮出版社　2015.10　455, 18p　23cm　〈他言語標題：THE HISTORY OF CHINESE CIVILIZATION　文献あり 年表あり 索引あり〉5000円　①978-4-267-02025-4 〔02565〕

◇中国の文明―北京大学版　6　世界帝国としての文明　下(隋唐―宋元明)　稲畑耕一郎日本語版監修・監訳, 袁行霈, 厳文明, 張伝璽, 楼宇烈原著主編　原田信訳　潮出版社　2015.12　476, 20p　23cm　〈他言語標題：THE HISTORY OF CHINESE CIVILIZATION　文献あり 年表あり 索引あり〉5000円　①978-4-267-02026-1
内容 第7章 学問領域の拡大と教育の発展　第8章 北方民族の発展と中華文明への貢献　第9章 外国との関係史の新たな一ページ　第10章 先進的な科学技術と科学観念の発展　第11章 文学の下方への移行と全面的繁栄　第12章 芸術の様相と時代の精神　第13章 多種多彩な社会生活 〔02566〕

◇中国の文明―北京大学版　7　文明の継承と再生　上(明清―近代)　稲畑耕一郎日本語版監修・監訳, 袁行霈, 厳文明, 張伝璽, 楼宇烈原著主編　松浦智子訳　潮出版社　2016.2　497, 17p　23cm　〈他言語標題：THE HISTORY OF CHINESE CIVILIZATION　文献あり 年表あり 索引あり〉5200円　①978-4-267-02027-8
内容 緒論　第1章 社会経済の発展　第2章 初期の啓蒙思潮と政治文明の新要素　第3章 総括するなかで発展した伝統的な科学技術　第4章 多民族国家の強化と発展　第5章 政治の発展と国家の経済および民衆の生活　第6章 清代前期・中期の文化意識とその業績　第7章 西洋学問の東洋への伝播と中華文明の外国への伝播 〔02567〕

◇中国の文明―北京大学版　4　文明の確立と変容　下(秦漢―魏晋南北朝)　稲畑耕一郎日本語版監修・監訳, 袁行霈, 厳文明, 張伝璽, 楼宇烈原著主編　住谷孝之, 土谷彰男訳　潮出版社　2016.4　363, 14p　23cm　〈他言語標題：THE HISTORY OF CHINESE CIVILIZATION　文献あり 年表あり 索引あり〉4800円　①978-4-267-02024-7
内容 第7章 歴史学と地理学の基礎固めとその発展(紀伝体の新たな歴史学を創り出した『史記』　紀伝体による断代歴史学の確立と発展 ほか)　第8章 秦漢魏晋南北朝の文学(文学の自覚　伝記文学の伝統の確立 ほか)　第9章 芸術の全面的な繁栄(芸術の新たな局面の幕開け　建築芸術の力強さと美しさ ほか)　第10章 科学技術の形成と発展(天文暦算　中国薬学の体系の基礎固めと発展 ほか)　第11章 社会生活(多彩な衣・食・住・行　家庭と宗族 ほか) 〔02568〕

◇中国の文明―北京大学版　8　文明の継承と再生　下(明清―近代)　稲畑耕一郎日本語版監修・監訳, 袁行霈, 厳文明, 張伝璽, 楼宇烈原著主編　岩田和子訳　潮出版社　2016.6　441, 18p　23cm　〈他言語標題：THE HISTORY OF CHINESE CIVILIZATION　文献あり 年表あり 索引あり〉5000円　①978-4-267-02028-5 〔02569〕

◇中国の文明―北京大学版　1　古代文明の誕生と展開　上(先史・夏殷周―春秋戦国)　稲畑耕一郎日本語版監修・監訳, 袁行霈, 厳文明, 張伝璽, 楼宇烈原著主編　角道亮介訳　潮出版社　2016.8　495, 14p　23cm　〈他言語標題：THE HISTORY OF CHINESE CIVILIZATION　文献あり 年表あり 索引あり〉5000円　①978-4-267-02021-6
内容 総説(世界の古代文明　中華文明を支える思想内容 ほか)　緒論(中華文明が誕生した地理的環境　中国大陸の古代の居住民 ほか)　第1章 中華文明の曙(文明胎動期の経済　社会の階層化と複雑化 ほか)　第2章 中華文明の幕開け―夏(夏王朝の成立と中原の優位化　夏文化の考古学的探索 ほか)　第3章 殷周時代―文明の興隆(殷周王朝の成立と華夏文明の興隆　殷周時代の宗法と分封制・井田制 ほか)　第4章 燦爛たる青銅器文化(青銅器文化の中心地とその形成　大規模な青銅器生産 ほか) 〔02570〕

◇中国の文明―北京大学版　2　古代文明の誕生と展開　下(先史・夏殷周―春秋戦国)　稲畑耕一郎日本語版監修・監訳, 袁行霈, 厳文明, 張伝璽, 楼宇烈原著主編　野原将揮訳　潮出版社　2016.10　469, 15p　23cm　〈他言語標題：THE HISTORY OF CHINESE CIVILIZATION　文献あり 年表あり 索引あり〉5000円　①978-4-267-02022-3
内容 第5章 鉄器の活用と生産の増大　第6章 殷周期の都市と商業　第7章 漢字の起源と早期の発展　第8章 殷周時期の宗教と信仰　第9章 教育の発達と学術の隆盛　第10章 文学と芸術の誕生と繁栄 〔02571〕

ケンダル, ジャッキー　Kendall, Jackie
◇貴女を輝かせる10章―独身時代こそ自分を磨くチャンス (Lady in waiting)　デビ・ジョーンズ, ジャッキー・ケンダル著, 川端光生訳, 川端黎子監修　新装版　柏　イーグレープ(発売)　2014.11　194p　19cm　1200円　①978-4-903748-89-4 〔02572〕

ケント, シャーマン　Kent, Sherman
◇シャーマン・ケント戦略インテリジェンス論 (Strategic Intelligence for American World Policy)　シャーマン・ケント著, 並木均監訳, 熊

谷直樹訳　原書房　2015.12　293p　20cm　3000円　①978-4-562-05269-1

内容 第1部 インテリジェンスは知識である（インテリジェンスは知識である　実質的内容（一）基本的叙述要素　実質的内容（二）現状報告要素　実質的内容（三）推測・評価要素）　第2部 インテリジェンスは組織である（インテリジェンスは組織である　中央インテリジェンス　各省インテリジェンス　各省インテリジェンス機関―経験から得た10の教訓）　第3部 インテリジェンスは活動である（インテリジェンスは活動である　インテリジェンス業務上の方法に特有の問題　インテリジェンス生産者と消費者）　〔02573〕

ケンドール, ダナ

◇経験学習によるリーダーシップ開発―米国CCLによる次世代リーダー育成のための実践事例（Experience-Driven Leader Development）　シンシア・D.マッコーレイ,D.スコット・デリュ, ポール・R.ヨスト, シルベスター・テイラー編, 漆嶋稔訳　日本能率協会マネジメントセンター　2016.8　511p　27cm　8800円　①978-4-8207-5929-4

内容 メンタリング：効果的能力開発関係におけるリーダーづくり（ダナ・ケンドール）　〔02574〕

ケンパー, トーマス　Kemper, Thomas

◇宣教における連帯と対話―関西学院大学神学部設立125周年記念第48回神学セミナー　関西学院大学神学部編, トーマス・ケンパー, 神田健次, 村瀬義史, ルース・M.グルーベル, 中道基夫, 荒川純太郎, 金度亨, 水野隆一著　キリスト新聞社　2014.12　152p　21cm　（関西学院大学神学部ブックレット 7）　1500円　①978-4-87395-663-3

内容 ウエスレー派宣教神学の心と魂 他（トーマス・ケンパー述, 山本俊正訳）　〔02575〕

ケンパーマン, ペーター　Kempermann, P.

◇ケンパーマンの明治7年神道報告―あるドイツ人の明治初期「日本学」事始め（Mittheilungen ueber die Kamilehre）　ペーター・ケンパーマン〔著〕, 長沢敬訳　〔米子〕　今井出版（発売）　2015.12　175p　21cm　〈年表あり　文献あり〉　1800円　①978-4-86611-008-0

内容 ケンパーマンの明治7年神道報告. ケンパーマンの明治9年コレアと日本に関する報告　〔02576〕

ケンプ, ヒュー・P.　Kemp, Hugh P.

◇世界の宗教ガイドブック―「神」を求めた人類の記録（The One-Stop Guide to World Religions）　ヒュー・P.ケンプ著, 大和昌平監訳　いのちのことば社　2015.9　127p　25cm　〈文献あり 索引あり〉　2200円　①978-4-264-03430-8　〔02577〕

ケンプ, フレデリック　Kempe, Frederick

◇ベルリン危機1961―ケネディとフルシチョフの冷戦　上（BERLIN 1961）　フレデリック・ケンプ著, 宮下嶺夫訳　白水社　2014.6　391p 図版16p　20cm　3200円　①978-4-560-08371-0

内容 世界で最も危険な場所　第1部 主演者たち（フルシチョフ―せっかちな共産主義者　フルシチョフ―ベルリン危機の展開　ケネディ―大統領の教育　ケネディ―最初の過ち　ウルブリヒトとアデナウアー―厄介な同盟者たち）　第2部 募りくる嵐（フルシチョフの春　アマチュアの時間　危険な外交　ウィーン―ちびっこ、アル・カポネに会う　ウィーン―戦争の脅し　怒りの夏）　〔02578〕

◇ベルリン危機1961―ケネディとフルシチョフの冷戦　下（BERLIN 1961）　フレデリック・ケンプ著, 宮下嶺夫訳　白水社　2014.6　304, 106p 図版16p　20cm　〈文献あり 索引あり〉3200円　①978-4-560-08372-7

内容 第3部 対決（「大いなる試練の場」　壁―罠を張る　壁―絶望の日々　帰ってきた英雄　核のポーカー　チェックポイント・チャーリーの対決）　エピローグ　余波　〔02579〕

ケンペル, エンゲルベルト　Kaempfer, Engelbert

◇鎖国論―影印・翻刻・校註　〔エンゲルベルト・ケンペル〕〔原著〕, 志筑忠雄訳, 杉本つとむ校註・解説　八坂書房　2015.9　306p　20cm　〈文献あり〉3500円　①978-4-89694-193-7

内容 1 翻刻篇（鎖国論訳例　鎖国論上　鎖国論下　通篇大意）　2 影印篇　3 解題篇　4 参考図版　〔02580〕

ケンリック, ダグラス・T.　Kenrick, Douglas T.

◇野蛮な進化心理学―殺人とセックスが解き明かす人間行動の謎（Sex, Murder, and the Meaning of Life）　ダグラス・ケンリック著, 山形浩生, 森本正史訳　白揚社　2014.8　335p　20cm　〈文献あり 索引あり〉2400円　①978-4-8269-0174-1

内容 どん底に立って　グラビアアイドルと心の仕組み　殺人妄想　偏見はなぜ生まれるのか？　心はぬりえ帳　ひとつの身体、いくつもの心　マズローと新しいピラミッド　記憶はどうやってつくられるのか？　クジャクとポルシェとパブロ・ピカソ　信仰の心理学　経済学と深い合理性　力学系理論と社会のジオメトリー　星を見上げて　〔02581〕

◇きみの脳はなぜ「愚かな選択」をしてしまうのか―意思決定の進化論（The Rational Animal）　ダグラス・T.ケンリック, ヴラダス・グリスケヴィシウス著, 熊谷淳子訳　講談社　2015.1　350p　19cm　〈文献あり 索引あり〉2400円　①978-4-06-156703-0

内容 はじめに キャデラック、共産主義者、ピンクのフーセンガム―エルビスが自分のキャデラックのホイールキャップに金めっきをしたのはなぜか？　第1章 合理性、不合理性、死んだケネディたち―テストステロンで発情したスケートボーダーとウォール街の銀行家の共通点は何か？　第2章 七人の下位自己―マーティン・ルーサー・キング・ジュニアは多重人格障害だったのか？　きみはどうか？　第3章 家庭の経済学とウォール街の経済学のちがい―ウォルト・ディズニーが後継者と対照的なやり方をしたのはなぜか？　第4章 心のけむり感知器―真実を追求するのがなぜ危険なのか？　第5章 現代の原始人―ハーバード大学の賢人がだまされる問題に無教育のジャングル住人が引っかからないのはなぜか？　第6章 生き急いで若くして死ぬ―無一文からいきなり金持ちになった人がよく自己破産の申し立てをすることになるのはなぜか？　第7章 金色のポルシェ、緑の孔雀―人は同じ理由で派手なポルシェを買ったりエコなトヨタのプリウスを買ったりするか？　第8章 性の経済学―彼の場合、彼女の場合―メスが得をしてオスが損をするのはいつか？　第9章 深い合理性に寄生するもの―ペテン師はどうやって深い合理性を食

ケ

いものにするか？　おわりに 旅の記念品—おれにどんな得がある？　〔02582〕

【コ】

コ

コ, アンコウ　胡 鞍鋼

◇中国集団指導制—チャイナ・セブンを生んだ独自の人材発掘、育成システム　胡鞍鋼著, 丹藤佳紀訳　科学出版社東京　2014.4　337p　20cm　3800円　①978-4-907051-09-9

内容 第1章 序論—中国政治制度、成功への鍵　第2章 中国「集団指導制」の歴史的変遷　第3章 集団分担協働制　第4章 集団交代チーム制　第5章 集団学習制　第6章 集団調査研究制　第7章 集団政策決定制　第8章「集団指導制」の政治優位　第9章 中国共産党第一八回大会で指導部の新旧交代は如何に進められたか　〔02583〕

◇中国の百年目標を実現する第13次五カ年計画　胡鞍鋼著, 小森谷玲子訳　日本僑報社　2016.4　121p　19cm　〈他言語標題：The 13th five-year plan of People's Republic of China〉1800円　①978-4-86185-222-0

内容 第1章「第12次五カ年計画」の評価　第2章「第13次五カ年計画」の位置づけ　第3章「第13次五カ年計画」を導く五大発展理念　第4章「第13次五カ年計画」の目標　第5章「第12次五カ年計画」と「第13次五カ年計画」の比較　第6章 中間のまとめ—全面的な小康社会の実現　〔02584〕

◇中国の発展の道と中国共産党　胡鞍鋼, 王紹光, 周建明, 韓毓海著, 中西真訳　日本僑報社　2016.12　200p　21cm　3800円　①978-4-86185-200-8

内容 上編 中国共産党の伝統と政治力(中国伝統文明の発展と超越　マルクスの理論、その展開と超越　欧米式発展の道の超越)　下編 中国の優勢と中国共産党(偉大なる戦略転換　中国民主政治の道　人民社会の建設)　〔02585〕

◇SUPER CHINA—超大国中国の未来予測　胡鞍鋼著, 小森谷玲子訳　富士山出版社　2016.12　270p　19cm　〈発売：日本僑報社〉2700円　①978-4-9909014-0-0

内容 第1章 中国の急速な発展　第2章 中国経済発展の現在、過去、未来　第3章 人口への挑戦—高齢化社会と都市化　第4章 健康中国　第5章 教育と人的資本　第6章 科学技術の革新　第7章 気候変動と持続可能な発展　第8章 中国の発展目標と戦略　第9章 中国はどのように米国を追い越すか：総合国力の視点から(1990～2013)　第10章 中国と世界—現代化の後発国から人類発展の貢献国へ　〔02586〕

ゴ, イカ*　伍 偉華

◇高齢者の離婚と財産問題　新・アジア家族法三国会議編　日本加除出版　2016.7　167p　21cm　3000円　①978-4-8178-4319-7

内容 台湾における高齢者の離婚及び財産分与(伍偉華著, 黄浄愉訳)　〔02587〕

ゴ, エイショウ*　呉 瑛燮

⇒オ, ヨンソプ*

ゴ, カイミン*　呉 介民

◇民主と両岸関係についての東アジアの観点　馬場毅, 謝政論編　東方書店(発売)　2014.3　275p　22cm　〈索引あり〉4000円　①978-4-497-21403-4

内容 九二共識(呉介民著, 広中一成訳)　〔02588〕

◇チャイナ・リスクといかに向きあうか—日韓台の企業の挑戦　園田茂人, 蕭新煌編　東京大学出版会　2016.3　247, 10p　19cm　〈文献あり〉3600円　①978-4-13-040275-0

内容 政治ゲームとしてのビジネス(呉介民著, 園田茂人, 田上智宜訳)　〔02589〕

コ, ガクメイ　胡 楽明

◇経済学方法論　上巻　中国マルクス主義経済学の視点　程恩富, 胡楽明編著, 岡部守, 薛宇峰監修　八朔社　2015.9　394p　22cm　4200円　①978-4-86014-074-8　〔02590〕

◇経済学方法論　下巻　中国マルクス主義経済学の外延的拡大　程恩富, 胡楽明編著, 岡部守, 薛宇峰監修　八朔社　2016.1　381p　22cm　4200円　①978-4-86014-075-5　〔02591〕

ゴ, ガテイ*　呉 雅婷

◇中国伝統社会への視角　汲古書院　2015.7　386, 10p　22cm　(宋代史研究会研究報告 第10集　宋代史研究会編)　11000円　①978-4-7629-6553-1

内容 南宋中葉の知識ネットワーク(呉雅婷著, 小二田章訳)　〔02592〕

ゴ, カポ

◇国際地域学の展開—国際社会・地域・国家を総合的にとらえる　猪口孝監修, 山本吉宣, 黒田俊郎編著　明石書店　2015.3　258p　21cm　〈索引あり〉2500円　①978-4-7503-4172-9

内容 中国の政治と外交(カポ・ゴ著, 山本吉宣訳)　〔02593〕

ゴ, キョウ　呉 兢

◇貞観政要　呉兢著, 守屋洋訳　筑摩書房　2015.9　256p　15cm　(ちくま学芸文庫 コ43-1)　〈徳間書店 1975年刊の改訂〉1000円　①978-4-480-09695-1

内容 第1章 治世の要諦　第2章 諫言の機微　第3章 人材の登用　第4章 後継者の育成　第5章 名君の条件　第6章 帝王の陥穽　第7章 学問の効用　第8章 刑罰の論理　第9章 用兵の限界　第10章 守成の心得　〔02594〕

コ, クァンミン*　高 光敏

◇東シナ海域における朝鮮半島と日本列島—その基層文化と人々の生活　原尻英樹, 金明美共編著　大阪　かんよう出版　2015.8　408p　21cm　〈索引あり〉2800円　①978-4-906902-44-6

内容 コリ〈行李〉の三国誌(高光敏著, 金明美訳)　〔02595〕

◇甦る民俗映像—DVDブック 渋沢敬三と宮本馨太郎が撮った一九三〇年代の日本・アジア　宮本瑞夫, 佐野賢治, 北村皆雄, 原田健一, 岡田一男, 内田順子, 高城玲編　岩波書店　2016.3　432, 16p

21cm 〈作品目録あり〉 17000円 ①978-4-00-009963-9
内容 多島海の現代（高光敏著, 李恵燕訳） 〔02596〕

ゴ, ケイエイ* 呉 慧穎
◇東アジア海域文化の生成と展開―〈東方地中海〉としての理解 野村伸一編著 風響社 2015.3 750p 22cm （慶応義塾大学東アジア研究所叢書） 〈文献あり〉 6000円 ①978-4-89489-214-9
内容 閩南地方演劇から見た女性生活（呉慧穎著, 道上知弘訳） 〔02597〕

ゴ, ケイレン 呉 敬璉
◇呉敬璉、中国経済改革への道（WU JINGLIAN） 呉敬璉著, バリー・ノートン編・解説, 曽根康雄監訳 NTT出版 2015.3 350p 22cm （叢書《制度を考える》） 〈年譜あり 索引あり〉 3800円 ①978-4-7571-2339-7
内容 第1部 現在の課題：中国の改革からどのような21世紀型経済が現れるのか？ （改革の再生に向けて―呉敬璉（れん）へのインタビュー 中国経済改革30年の制度的思考 ほか） 第2部 自叙伝：社会的に献身した知識人コミュニティーの数世代に跨る歴史（企業家精神で人生の理想を追い求める：母への追憶 私の経済観の背景―中国経済の振興は市場志向の改革にかかっている ほか） 第3部 中国の経済改革を設計する（経済体制中期（1988‐1995）改革計画綱要 短・中期経済体制改革の包括的設計） 第4部 改革アジェンダを拡大する（わが国の証券市場構築の大計 株式市場の何が問題なのか ほか） 〔02598〕
◇転換を模索する中国―改革こそが生き残る道 高尚全主編, 岡本信広監訳, 岡本恵子訳 科学出版社東京 2015.6 375p 21cm 4800円 ①978-4-907051-34-1
内容 中国、改革への再スタート（呉敬璉著） 〔02599〕
◇比較制度分析のフロンティア（INSTITUTIONS AND COMPARATIVE DEVELOPMENTの抄訳, COMPLEXITY AND INSTITUTIONSの抄訳〔etc.〕） 青木昌彦, 岡崎哲二, 神取道宏監修 NTT出版 2016.9 356p 22cm （叢書《制度を考える》） 〈他言語標題：Frontiers of Comparative Institutional Analysis〉 4500円 ①978-4-7571-2325-0
内容 経済学と中国の経済的台頭（呉敬璉著, 日野正子訳） 〔02600〕

ゴ, ケンミン 呉 建民
◇中国式コミュニケーションの処方箋―世代の溝を埋め成功に導く 趙啓正, 呉建民著, 日中翻訳学院監訳, 村崎直美訳 日本僑報社（発売） 2015.8 241p 19cm 1900円 ①978-4-86185-185-8
内容 第1章 交流、それは人生をさらに素晴らしくする 第2章 交流、それは範囲を広げすぎてはいけない 第3章 ここから、交流を学ぶ 第4章 公共外交の幕開け 第5章 青年へ贈る言葉 第6章 中国人は中国の夢を見る 〔02601〕

コ, コウ* 賈 康
◇転換を模索する中国―改革こそが生き残る道 高尚全主編, 岡本信広監訳, 岡本恵子訳 科学出版社東京 2015.6 375p 21cm 4800円 ①978-4-907051-34-1
内容 財政・税制体制改革をさらに深化させる（賈康著） 〔02602〕

ゴ, コウゲン 呉 江原
⇒オ, カンウォン

ゴ, ザイショク* 呉 在植
⇒オ, ジェシク

ゴ, シチュウ* 呉 志中
◇民主と両岸関係についての東アジアの観点 馬場毅, 謝政諭編 東方書店（発売） 2014.3 275p 22cm 〈索引あり〉 4000円 ①978-4-497-21403-4
内容 地政学の理論から東アジア情勢を見る（呉志中著, 大野太幹訳） 〔02603〕

コー, ジャック・J., Jr.
◇環太平洋諸国〈日・韓・中・米・豪〉における外国判決の承認・執行の現状 増田晋編著 商事法務 2014.1 244p 26cm （別冊NBL No.145） 3400円 ①978-4-7857-7117-1
内容 アメリカ（ジャック・J.コー,Jr.述, サイマル・インターナショナル訳） 〔02604〕

ゴ, シュコン* 呉 守根
⇒オ, スグン*

ゴ, ジュン 吾 淳
◇ゼミナール中国文化―カラー版 哲学思想編 吾淳著, 原玉竜訳, 劉偉監訳 グローバル科学文化出版 2016.8 192p 21cm 2980円 ①978-4-86516-040-6
内容 1 世界の性質（信仰概念の成立 自然観の形成 現象の観察と思考 本質と規律の探究） 2 事物の関係（天人関係―その信仰と知識背景 弁証観 整体観） 3 社会の準則（道徳の自覚と儒家道徳の準則の確立 儒家社会準則の発展 その他学派と思想の社会に対する思考 歴史観） 4 人生の方向性（儒家の理想的人格とその養成 音楽と人格の養成 儒家の人間性理論 道家の人生観） 5 認識の構造（認識の来源と能力 認識の構造と形式 知行観） 〔02605〕

ゴ, ショウシン* 呉 小新
◇近世印刷史とイエズス会系「絵入り本」―EIRI報告書 浅見雅一編 慶応義塾大学文学部 2014.2 249p 22cm 〈他言語標題：The history of early modern printing and Jesuit illustrated books 平成21-25年度文部科学省私立大学戦略的研究基盤形成支援事業「15-17世紀における絵入り本の世界的比較研究の基盤形成」報告書〉 非売品
内容 歴史遺産・研究努力・文献史料（呉小新著, 原島貴子訳） 〔02606〕

ゴ, ショウテイ* 呉 松弟
◇中国都市論への挑動 大阪市立大学大学院文学研究科東洋史学専修研究室編 汲古書院 2016.3 407, 5p 22cm 8000円 ①978-4-7629-2892-5
内容 人口の原動力から見る南宋経済発展の限界性（呉松弟著, 平田茂樹監訳, 王標訳） 〔02607〕

ゴ, ショウレツ*　呉 尚烈
⇒オ, サンヨル*

コ, セイハ*　賈 静波
◇東アジアの宗教文化―越境と変容　国立歴史民俗博物館, 松尾恒一編　岩田書院　2014.3　467, 3p 図版 8p　21cm　〈文献あり〉4800円　①978-4-87294-863-9
内容 広州東莞地域の「土地誕」習俗（賈静波, 楊洋, 松尾恒一訳）　〔02608〕

ゴ, セツ　呉 浙
◇中国地域経済データブック―中国経済のコア・東部沿岸地域の実態を追う　呉浙著, 藤江俊彦監修, 三木孝治郎訳　科学出版社東京　2014.2　183p 26cm　3500円　①978-4-907051-08-2
内容 第1章 対外開放と率先発展　第2章 経済集積　第3章 産業のグレードアップと金融革新　第4章 総合的な交通運輸システムの建設　第5章 都市化と都市の発展　第6章 国富の分配　第7章 社会の発展　第8章 資源環境と持続可能な発展　〔02609〕

コ, チョウ*　胡 昶
◇近代日本と「満州国」　植民地文化学会編　不二出版　2014.7　590p　22cm　6000円　①978-4-8350-7695-9
内容 満映（胡昶著, 西田勝訳, 周海林閲）　〔02610〕

ゴ, ドウカ　呉 道燁
⇒オ, ドヨプ

ゴ, ドウズイ*　呉 同瑞
◇中国の文明―北京大学版　8　文明の継承と再生 下（明清―近代）　稲畑耕一郎日本語版監修・監訳, 袁行霈, 厳文明, 張伝璽, 楼宇烈原著主編　岩田和子訳　潮出版社　2016.6　441, 18p　23cm 〈他言語標題：THE HISTORY OF CHINESE CIVILIZATION　文献あり 年表あり 索引あり〉 5000円　①978-4-267-02028-5　〔02611〕

コ, ドンファン*　高 東煥
◇東アジアの都市構造と集団性―伝統都市から近代都市へ　井上徹, 仁木宏, 松浦恒雄編　大阪　清文堂出版　2016.3　312p　22cm　（大阪市立大学文学研究科叢書 第9巻）〈文献あり〉8200円　①978-4-7924-1053-7
内容 朝鮮時代における都市の位階と都市文化の拡散（高東煥著, 金子祐樹訳）　〔02612〕

コ, ハ　胡 波
◇中国はなぜ「海洋大国」を目指すのか―“新常態”時代の海洋戦略　胡波著, 濱口城訳　富士山出版社　2016.12　245p　21cm　〈発売：日本僑報社〉3800円　①978-4-9909014-1-7
内容 第1章 中国が描く海洋強国への青写真（海洋強国建設のための三つのキーワード　海洋強国の概念とその特徴　二十一世紀海上シルクロードと世界の海洋新秩序）　第2章 中国近海の地政学的戦略と海洋紛争の解決策（近海における中国の地政学的戦略　釣魚島および東海の境界画定問題　南海における係争の現状と解決の糸口）　第3章 大国の思惑と海洋強国の建設（アメリカからの平和的パワーシフトは可能か　海洋でのインドとの関係強化に努める　オーストラリアの“中立”を勝ち取れるか　ロシアとの戦略的パートナーシップ拡充による海洋への影響）　第4章 海洋大国を目指す中国に必要なもの（海上における中国の対外戦略　武力以外の「三叉の矛」）　〔02613〕

コ, ヒツリョウ　胡 必亮
◇中国グローバル市場に生きる村（CHINESE VILLAGE, GLOBAL MARKET）　トニー・サイチ, 胡必亮共著, 谷村光浩訳　鹿島出版会　2015.8　286p　20cm　〈文献あり 索引あり〉 2800円　①978-4-306-07317-3
内容 グローバルな村へ―雁田の歩み　第1部 経済運営・組織（足を洗う―農業を中心とした村の終わり　霊鳥を呼び寄せる巣づくり―親族、市場、そしてグローバルな生産拠点の興起　新しいワイン、新しいボトル―農村の集団の新たなかたち　トラクターから自動車へ―家庭の経済管理）　第2部 公益事業の整備（公的な提供から多元的なネットワークへ―教育サービス　同じ村でありながら別の世界―雁田の医療衛生サービス　鄧（とう）氏の村―ガバナンス）　雁田―過渡期のモデル　〔02614〕

コ, ヘイヘイ*　賈 兵兵
◇再論東京裁判―何を裁き、何を裁かなかったのか（Beyond Victor's Justice？）　田中利幸, ティム・マコーマック, ゲリー・シンプソン編著, 田中利幸監訳, 饗庭朋子, 伊藤大将, 佐藤晶子, 高取由紀, 仁科由紀, 松島亜季訳　大月書店　2013.12　597, 17p　20cm　〈索引あり〉6800円　①978-4-272-52099-2
内容 東京裁判が中国に残した遺産（賈兵兵著, 伊藤大将訳）　〔02615〕

コー, マイケル・D.　Coe, Michael D.
◇ビジュアル版 世界の歴史都市―世界史を彩った都の物語（The Great Cities in History）　ジョン・ジュリアス・ノーウィッチ編, 福井正子訳　柊風舎　2016.9　303p　27×21cm　15000円　①978-4-86498-039-5
内容 アンコール―クメールの栄光の都（マイケル・D.コー）　〔02616〕

ゴ, ミツサツ　呉 密察
◇台湾史小事典　呉密察監修, 遠流台湾館編著, 横沢泰夫日本語版編訳　第3版　福岡　中国書店　2016.11　383p　22cm　〈文献あり 索引あり〉 2800円　①978-4-903316-52-9
内容 台湾史小事典（三国‐オランダ時代　鄭氏時代　清代　日本時代　戦後　民主化の時代）　付録　〔02617〕

コ, ヨウ　顧 蓉
◇宦官―中国四千年を操った異形の集団　顧蓉, 葛金芳著, 尾鷲卓彦訳　徳間書店　2015.12　333p 15cm　（徳間文庫カレッジ）〈年譜あり〉1100円　①978-4-19-907047-1
内容 序章 中国史を読み解くキーワード　第1章 異常心理と病的行動　第2章 歪んだ集団力学　第3章 屈辱の「中性」奴隷　第4章 どちらが最高権力者か―皇帝と宦官　第5章 後宮の闇の中で―后妃と宦官　第6章 不倶戴天の政敵―官僚と宦官　第7章 乗っ取られた統帥権―軍隊と宦官　第8章 暴走する秘密警察―司法権と

宦官　第9章 なぜ増殖し続けたのか　第10章 知られざる業績　〔02618〕

ゴ, ヨクリン* 呉 翌琳

◇中国発展報告―最新版　陳雨露監修, 袁衛, 彭非編著, 日中翻訳学院監訳, 平間初美訳　日本僑報社（発売）　2015.7　375p　21cm　〈他言語標題：STUDIES ON CHINA'S DEVELOPMENT INDEX〉3800円　①978-4-86185-178-0

内容 基本的公共サービスの均等化（呉翌琳著）〔02619〕

ゴ, レイゴ* 呉 麗娯

◇東アジアの礼・儀式と支配構造　古瀬奈津子編　吉川弘文館　2016.3　312p　22cm　10000円　①978-4-642-04628-2

内容 中古における挙哀儀の溯源（呉麗娯著, 峰雪幸人, 斉会君訳）〔02620〕

コ, ワンチャン* 高 完長

◇韓国における学業資格認定のためのNICの設置について―研究会記録　高長完〔著〕, 森利枝編訳　小平　大学評価・学位授与機構研究開発部　2015.3　6, 50p　30cm　〈他言語標題：Establishment of National Information Center（NIC）for qualification recognition in Korea〉〔02621〕

ゴア, アル　Gore, Albert

◇アル・ゴア未来を語る―世界を動かす6つの要因（THE FUTURE）　アル・ゴア著, 枝広淳子監訳, 中小路佳代子訳　KADOKAWA　2014.10　559p　19cm　〈文献あり〉1800円　①978-4-04-731881-6〔02622〕

ゴイティソロ, フアン　Goytisolo, Juan

◇スペインとスペイン人―〈スペイン神話〉の解体（Spanier und Spanien（重訳））　フアン・ゴイティソロ著, 本田誠二訳　水声社　2016.1　242p　20cm　〈年譜あり〉3000円　①978-4-8010-0149-7

内容 ホモ・ヒスパニクス―神話と現実　ユダヤ的“伝染”　キリスト教騎士　スペインの原罪　ドン・キホーテ、ドン・フアン、そしてセレスティーナ　啓蒙の世紀？　ゴヤの世界　スペインにおける聖書　工業化への第一歩　ウナムーノとカスティーリャの風景　ヘミングウェイ氏は闘牛を見にいく　一九三六〜一九三九年のカインとアベル　ジェラルド・ブレナンはわれらの戦後を分析する　スペインはもはや“一味違う”国ではなくなった　“未来へ向けて”〔02623〕

コイル, ダイアン　Coyle, Diane

◇GDP―〈小さくて大きな数字〉の歴史（GDP）　ダイアン・コイル〔著〕, 高橋璃子訳　みすず書房　2015.8　149, 13p　20cm　〈索引あり〉2600円　①978-4-622-07911-8

内容 第1章 戦争と不況―18世紀‐1930年代　第2章 黄金時代―1945‐1975年　第3章 資本主義の危機―1970年代　第4章 新たなパラダイム―1995‐2005年　第5章 金融危機―現在　第6章 新たな時代のGDP―未来〔02624〕

コイン, リサ・W.　Coyne, Lisa W.

◇アクセプタンス&コミットメント・セラピー実践ガイド―ACT理論導入の臨床場面別アプローチ（A Practical Guide to Acceptance and Commitment Therapy）　スティーブン・C.ヘイズ, カーク・D.ストローサル編著, 谷晋二監訳, 坂本律訳　明石書店　2014.7　473p　22cm　〈文献あり〉5800円　①978-4-7503-4046-3

内容 子ども・青少年と親を対象としたACT（エイミー・R.マレル, リサ・W.コイン, ケリー・G.ウィルソン）〔02625〕

◇やさしいみんなのペアレント・トレーニング入門―ACTの育児支援ガイド（The Joy of Parenting）　リサ・W.コイン, アミー・R.マレル著, 谷晋二監訳　金剛出版　2014.11　326p　21cm　〈文献あり〉3400円　①978-4-7724-1398-5

内容 1 子育てについてのACTの考え方―受け入れる・選択する・行動する　2 幼少期の子育て…それは大変な仕事！　―共通の課題　3 子育ての価値――番大事なこと　4 目的はコントロール？　―感情への対処vs行動への対処　5 マインドフルネス―あなたの子どもに感謝しよう　6 楽なことよりうまくいくこと―あなたの子どもの味方になる　7 関係を築き、適切な行動を促す　8 発散行動（Acting‐Out Behavior）にACTを使う　9 不安になっている子どもを支える　10 全体をまとめる―最後のツール〔02626〕

コーイング, ヘルムート　Coing, Helmut

◇法解釈学入門（Juristische Methodenlehre）　ヘルムート・コーイング著, 松尾弘訳　慶応義塾大学出版会　2016.9　134p　19cm　〈文献あり 索引あり〉2200円　①978-4-7664-2365-5

内容 1 基本的な事柄　2 法律学的思考の歴史学上の諸類型　3 法典の解釈　4 法規の適用　5 裁判官による法の継続形成　6 法学〔02627〕

コウ, イチ* 孔 一

◇日中法と心理学の課題と共同可能性　浜田寿美男, 馬皚, 山本登志哉, 片成男編著　京都　北大路書房　2014.10　297p　21cm　（法と心理学会叢書）〈索引あり〉4200円　①978-4-7628-2875-1

内容 刑期終了者再犯リスクアセスメント尺度〈RRAI〉の研究（孔一, 黄興瑞著, 渡辺忠温訳）〔02628〕

コウ, エイヘイ　黄 衛平

◇目覚めた獅子―中国の新対外政策　黄衛平著, 森永洋花訳, 日中翻訳学院監訳　日本僑報社（発売）　2015.10　152p　21cm　〈文献あり〉2800円　①978-4-86185-202-2

内容 序論 威風堂々、世界の潮流を前に、従うものは栄え、逆らうものは滅ぶ　第1章 数字に見る事実　第2章 体制と仕組み　第3章 モデルと仕組み　第4章 不均衡と均衡　第5章 中国：協調と管理への参入　終章 結論と展望〔02629〕

コウ, オウメイ　洪 応明

◇菜根譚―中国古典の知恵に学ぶ　洪自誠著, 祐木亜子訳　エッセンシャル版　ディスカヴァー・トゥエンティワン　2016.3　1冊（ページ付なし）　15cm　〈他言語標題：THE ROOTS OF WISDOM〉1000円　①978-4-7993-1845-4

内容 1 生き方について　2 心の持ち方について　3 自分を律することについて　4 人とのかかわりについて　5 ものの見方について　6 日々の行動について　7 人間について　8 幸福について　〔02630〕

◇こども菜根譚―逆境に負けない力をつける！　斎藤孝監修　日本図書センター　2016.10　71p　21×19cm　1500円　①978-4-284-20390-6

内容 第1章 自分を強くするためのヒント（思い通りにならなかったとき―己を反みる者は、事に触れて皆薬石と成り、人を尤むる者は、念を動かせば即ち是れ戈矛なり。　欠点だらけの自分が嫌い！　―地の穢れたるは、多く物を生じ、水の清めるは、常に魚無し。 ほか）　第2章 人に好かれるためのヒント（人から感謝されたい！　―我、人に功有るも、念うべからず。而るに、過たば則ち念わざるべからず。　頭にきた！　許せない！　―人の悪を攻むるときは、太だは厳なること毋く、其の受くるに堪えんことを思うを要す。 ほか）　第3章 困難を払いのけるためのヒント（お説教にはもううんざり…―耳中、常に耳に逆うの言を聞き、心中、常に心に払るの事有らば、纔かに是れ徳に進み行いを修むるの砥石なるのみ。　なにもかもうまくいっている！　―故に君子は、安きに居りては宜しく一心を操りて以て患を慮るべく、… ほか）　第4章 人生を後悔しないためのヒント（人生ってどんなもの？　―天地は万古有るも、此の身は再びは得られず。人生は只百年なるのみ、此の日最も過し易し。毎日いやなことだらけ…―都て眼前に来たるの事は、足るを知る者には仙境にして、足るを知らざる者には凡境なり。 ほか）　〔02631〕

コウ, ガクイ　康 学偉

◇先秦時代の孝道の研究　康学偉著, 李学義, 李筱彤訳　白帝社　2015.4　247p　21cm　〈文献あり〉2000円　①978-4-86398-193-5　〔02632〕

コウ, カケン*　高 嘉謙

◇漂泊の叙事――九四〇年代東アジアにおける分裂と接触　浜田麻矢, 薛化元, 梅家玲, 唐顥芸編　勉誠出版　2015.12　561p　22cm　8000円　①978-4-585-29112-1

内容 詩、戦争、内通（高嘉謙著, 藤野真子訳）〔02633〕

コウ, カリ*　黄 嘉莉

◇「東アジア的教師」の今　東アジア教員養成国際共同研究プロジェクト編　小金井　東京学芸大学出版会　2015.3　253p　21cm　〈索引あり〉2400円　①978-4-901665-38-4

内容 台湾の教員養成制度（黄嘉莉著, 薛白訳, 岩田康之監訳）　〔02634〕

コウ, カンジュウ*　黄 寛重

◇中国伝統社会への視角　汲古書院　2015.7　386, 10p　22cm　（宋代史研究会研究報告 第10集　宋代史研究会編）　11000円　①978-4-7629-6553-1

内容 劉宰の人間関係と社会への関心（黄寛重著, 山口智哉訳）　〔02635〕

コウ, ギョウ*　康 暁

◇大国の責任とは―中国平和発展への道のり　金燦栄等著, 日中翻訳学院監訳, 本田朋子訳　日本僑報社　2014.7　304p　19cm　2500円　①978-4-86185-168-1

内容 第1章 中国の大国責任の分析　第2章 国際責任の起源　第3章 責任ある大国としての中国―そのモチベーションと歴史的特徴　第4章 平和維持と責任分担　第5章 発展の推進と福祉の共有　第6章 協力の推進と共同繁栄の実現　第7章 友好的共存、調和とウインウイン　第8章 中国の国際責任―チャンスと課題　〔02636〕

コウ, ギョウエン*　高 暁燕

◇日中両国から見た「満洲開拓」―体験・記憶・証言　寺林伸明, 劉含発, 白木沢旭児編　御茶の水書房　2014.2　26, 588p　22cm　〈索引あり〉9400円　①978-4-275-01061-2

内容 日本の移民政策がもたらした災難（高暁燕著, 胡慧君訳）　〔02637〕

コウ, キョウヨウ*　黄 向陽

◇中国発展報告―最新版　陳雨露監修, 袁衛, 彭非編著, 日中翻訳学院監訳, 平間初美訳　日本僑報社（発売）　2015.7　375p　21cm　〈他言語標題：STUDIES ON CHINA'S DEVELOPMENT INDEX〉3800円　①978-4-86185-178-0

内容 バック・トゥ・ザ・フューチャー－開発理論の時空を超える幻想的漂流（黄向陽著）　〔02638〕

コウ, キョクトウ*　侯 旭東

◇中国都市論への挑動　大阪市立大学大学院文学研究科東洋史学専修研究室編　汲古書院　2016.3　407, 5p　22cm　8000円　①978-4-7629-2892-5

内容 「朝宿の舎」から「商舗」へ（侯旭東著, 井上幸紀訳）　〔02639〕

コウ, ケイガン　黄 警頑

◇華僑問題と世界　華僑―その地位と保護に関する研究（The Chinese Abroad）　黄警頑著, 左山貞雄訳, H.F.マックネヤ著, 近藤修吾訳　大空社　2014.9　262, 309, 10p　22cm　（アジア学叢書 283）〈布装　文献あり 索引あり　大同書院 昭和16年刊の複製　大雅堂 昭和20年刊の複製〉23000円　①978-4-283-01133-5

内容 華僑問題と世界（黄警頑）（海外華僑分布の現状　海外華僑経営の事業　華僑と中国の政治関係　華僑と中国の経済関係　海外華僑の動態　海外華僑の貢献　各国の華僑政策　華僑の待遇と保護　海外華僑の国籍　中日戦争と南洋の関係）　〔02640〕

コウ, ケツ*　黄 潔

◇東アジアの宗教文化―越境と変容　国立歴史民俗博物館, 松尾恒一編　岩田書院　2014.3　467, 3p 図版 8p　21cm　〈文献あり〉4800円　①978-4-87294-863-9

内容 広西都柳江流域富禄鎮と葛亮村の媽祖信仰・花炮節（爆竹祭）の考察（黄潔, 徐贛麗著, 徐銘訳）〔02641〕

コウ, ゲンタク*　康 元沢

⇒カン, ウォンテク*

コウ, コウズイ*　黄 興瑞

◇日中法と心理学の課題と共同可能性　浜田寿美男, 馬皚, 山本登志哉, 片成男編著　京都　北大路書房　2014.10　297p　21cm　（法と心理学会叢書）〈索引あり〉4200円　①978-4-7628-2875-1

内容 刑期終了者再犯リスクアセスメント尺度〈RRAI〉

の研究（孔一, 黄興瑞著, 渡辺忠温訳）〔02642〕

コウ, コウビン＊ 高 光敏
⇒コ, クァンミン＊

コウ, コクカ＊ 黄 国華
◇中国発展報告―最新版 陳雨露監修, 袁衛, 彭非編著, 日中翻訳学院監訳, 平間初美訳 日本僑報社（発売） 2015.7 375p 21cm 〈他言語標題：STUDIES ON CHINA'S DEVELOPMENT INDEX〉 3800円 ①978-4-86185-178-0
内容 中国都市外国貿易競争力研究報告（黄国華, 張炳政, 劉穎著）〔02643〕

コウ, コクヒン＊ 黄 国賓
◇霊獣が運ぶアジアの山車―この世とあの世を結ぶもの ゼイヤー・ウィン, スリヤー・ラタナクン, ホーム・プロムォン, 黄国賓, ソーン・シマトラン, 真島建吉, 三田村佳子, 神野善治, 杉浦康平, ナンシー・タケヤマ著, 浦崎雅代, マリーヤ・ドゥムロンポ, ヤーン・フォルネル訳 工作舎 2016.7 305p 21cm （神戸芸術工科大学アジアンデザイン研究所シンポジウムシリーズ 斉木崇人監修） 〈他言語標題：Boats, Floats and Sacred Animals 企画・構成：杉浦康平 文献あり〉 3200円 ①978-4-87502-474-3
内容 多頭のナーガが乱舞する（黄国賓著）〔02644〕

コウ, ザイテツ 洪 在徹
⇒ホン, ジェチョル

コウ, ジセイ 洪 自誠
⇒コウ, オウメイ（洪応明）

コウ, シュウキン＊ 洪 秀錦
◇台湾原住民族の音楽と文化 下村作次郎, 孫大川, 林清財, 笠原政治編 浦安 草風館 2013.12 424p 22cm 4800円 ①978-4-88323-191-1
内容 台湾原住民族舞劇「風の中の緋桜」の音楽創作について（洪秀錦著, 下村作次郎訳）〔02645〕

コウ, シュウタン＊ 黄 秀端
◇民主と両岸関係についての東アジアの観点 馬場毅, 謝政諭編 東方書店（発売） 2014.3 275p 22cm 〈索引あり〉 4000円 ①978-4-497-21403-4
内容 民主化と台湾国会政治（黄秀端著, 三好祥子訳）〔02646〕

コウ, ジュセイ＊ 黄 寿成
◇中国史の時代区分の現在―第六回日中学者中国古代史論壇論文集 中国社会科学院歴史研究所, 東方学会〔編〕, 渡辺義浩編 汲古書院 2015.8 462, 4p 27cm 〈布装〉 13000円 ①978-4-7629-6554-8
内容 西魏政権成立当初の宇文泰集団（黄寿成著, 三津間弘彦訳）〔02647〕

コウ, シュンケツ 黄 俊傑
◇「日本意識」の根底を探る―日本留学と東アジア的「知」の大循環 法政大学国際日本学研究所編 法政大学国際日本学研究所 2014.3 436p 21cm （国際日本学研究叢書 19） 〈文献あり〉
内容 如何にして「東アジアから考える」か？（黄俊傑著, 周曙光, 長谷亮介訳）〔02648〕
◇徳川日本の論語解釈 黄俊傑著, 工藤卓司訳 ぺりかん社 2014.11 385p 22cm 〈索引あり〉 5600円 ①978-4-8315-1389-2
内容 第1章 中日儒学思想史のコンテクストから論じる「経典性」の意義 第2章 経典解釈における「コンテクスト的転換」―中日儒家思想史の視野から 第3章 日本儒学における『論語』―『孟子』との比較を通じて 第4章 護教学としての経典解釈学―伊藤仁斎 第5章 政治論としての経典解釈学―荻生徂徠 第6章 日本儒者の『論語』「学而時習之」解釈 第7章 日本儒者の『論語』「吾道一以貫之」解釈 第8章 日本儒者の『論語』「五十而知天命」解釈 第9章 日本儒者の経典解釈の伝統的特質―「実学」の日本的コンテクスト〔02649〕
◇日本留学と東アジア的「知」の大循環 王敏編著 三和書籍 2014.11 436p 22cm （国際日本学とは何か？） 4400円 ①978-4-86251-170-6
内容 如何にして「東アジアから考える」か？（黄俊傑著, 周曙光, 長谷亮介訳）〔02650〕

コウ, ジュンメイ＊ 洪 淳明
◇大田堯自撰集成 3 生きて―思索と行動の軌跡 大田堯著 藤原書店 2014.4 352p 20cm 〈付属資料：6枚：月報 3 著作目録あり 年譜あり〉 2800円 ①978-4-89434-964-3
内容 教育 無機社会から有機社会へ（洪淳明述, 尾花清訳）〔02651〕

コウ, ショウゼン 高 尚全
◇転換を模索する中国―改革こそが生き残る道 高尚全主編, 岡本信広監訳, 岡本恵子訳 科学出版社東京 2015.6 375p 21cm 4800円 ①978-4-907051-34-1
内容 経済体制改革のポイントは、政府と市場の関係を調整すること（高尚全著）〔02652〕

コウ, ショウヨク＊ 黄 尚翼
⇒ファン, サンイク＊

コウ, ショウリン 孔 祥林
◇図説孔子―生涯と思想 孔祥林著, 浅野裕一監修, 三浦吉明訳 科学出版社東京 2014.12 287p 27cm 〈文献あり 年譜あり 索引あり 発売：国書刊行会〉 8000円 ①978-4-336-05848-5
内容 第1章 孔子の一生（悲惨な少年期 発憤した青年期 ほか） 第2章 孔子の思想（政治思想 倫理思想 ほか） 第3章 中国における孔子とその思想の貢献（孔子の貢献 中国史上における孔子の思想の効用） 第4章 世界における孔子の思想の影響（朝鮮半島への伝播と影響 日本への伝播と影響 ほか）〔02653〕

コウ, シレン＊ 黄 枝連
◇アジア共同体―その構想と課題 林華生編著 町田 蒼蒼社 2013.11 434p 22cm 3800円 ①978-4-88360-119-6
内容 新たな歴史の始まり（黄枝連著, 二木正明訳）〔02654〕

コ

コウ, シンヨウ*　黄 信陽

◇東北アジア平和共同体構築のための課題と実践―「IPCR国際セミナー2013」からの提言　韓国社会法人宗教平和国際事業団著, 世界宗教者平和会議日本委員会編, 山本俊正監修, 金永完監訳, 中央学術研究所編集責任　佼成出版社　2016.8　191, 3p　18cm　（アーユスの森新書 010）　900円　①978-4-333-02739-2

内容 共同の発展による円満な人生の実現と恒久平和の維持（黄信陽述, 金永完訳）〔02655〕

コウ, スウブン*　高 崇文

◇中国の文明―北京大学版　1　古代文明の誕生と展開　上（先史・夏殷周―春秋戦国）　稲畑耕一郎日本語版監修・監訳, 袁行霈, 厳文明, 張伝璽, 楼宇烈原著主編　角道亮介訳　潮出版社　2016.8　495, 14p　23cm　〈他言語標題：THE HISTORY OF CHINESE CIVILIZATION　文献あり 年表あり 索引あり〉 5000円　①978-4-267-02021-6

内容 総説（世界の古代文明　中華文明を支える思想内容 ほか）　緒論（中華文明が誕生した地理的環境　中国大陸の古代の居住民 ほか）　第1章 中華文明の曙（文明胎動期の経済　社会の階層化と複雑化 ほか）　第2章 中華文明の幕開け―夏（夏王朝の成立と中原の優位化　夏文化の考古学的探索 ほか）　第3章 殷周時代―文明の興隆（殷周王朝の成立と華夏文明の興隆　殷周時代の宗法と分封制・井田制 ほか）　第4章 燦爛たる青銅器文化（青銅器文化の中心地とその形成　大規模な青銅器生産 ほか）〔02656〕

◇中国の文明―北京大学版　2　古代文明の誕生と展開　下（先史・夏殷周―春秋戦国）　稲畑耕一郎日本語版監修・監訳, 袁行霈, 厳文明, 張伝璽, 楼宇烈原著主編　野原将揮訳　潮出版社　2016.10　469, 15p　23cm　〈他言語標題：THE HISTORY OF CHINESE CIVILIZATION　文献あり 年表あり 索引あり〉 5000円　①978-4-267-02022-3

内容 第5章 鉄器の活用と生産の増大　第6章 殷周期の都市と商業　第7章 漢字の起源と早期の発展　第8章 殷周時期の宗教と信仰　第9章 教育の発達と学術の隆盛　第10章 文学と芸術の誕生と繁栄〔02657〕

コウ, セイトク　洪 性徳

⇒ホン, ソントク

コウ, ダイヨウ　洪 大容

⇒ホン, デヨン*

コウ, チケイ*　黄 智慧

◇地域発展のための日本研究―中国、東アジアにおける人文交流を中心に　王敏編　勉誠出版　2012.3　363p　21cm　3800円　①978-4-585-22033-6

内容 中国、東アジアにおける日本研究の現在 台湾における日本観の交錯（黄智慧著, 鈴木洋平, 森田健嗣訳）〔02658〕

コウ, チュウ*　侯 冲

◇仏教文明と世俗秩序―国家・社会・聖地の形成　新川登亀男編　勉誠出版　2015.3　602p　22cm　9800円　①978-4-585-21026-9

内容 大理仏教（侯冲著, 張勝蘭訳）〔02659〕

コウ, チョウカン　高 完長

⇒コ, ワンチャン*

コウ, トウカン*　高 東煥

⇒コ, ドンファン*

コウ, トウケン*　洪 東賢

⇒ホン, ドンヒョン*

コウ, トクセイ　孔 徳成

◇孔子直系第77代孔徳成が説く孔子の思想　孔徳成著, 淡島成高編訳　〔柏〕　麗沢大学出版会　2016.11　264p 図版20p　22cm　〈文献あり 年譜あり　発売：広池学園事業部（柏）〉 1800円　①978-4-89205-637-6

内容 孔子の生涯と思想　孔子が重んじた道徳・知識・学問　孔子思想の東アジアへの影響　「孝」の本質　儒家の「伝統」観念　広池千九郎博士の伝統についての考察―「伝統の日」に寄せる祝辞　孔子の思想と精神　孔子の処世訓　孔子の家庭教育についての考え方　現代社会と孔子の思想〔02660〕

コウ, ハイ*　江 沛

◇華北の発見　本庄比佐子, 内山雅生, 久保亨編　東洋文庫　2013.12　355p　22cm　（東洋文庫論叢 第76）　非売品　①978-4-8097-0267-9

内容 華北の交通システム近代化と都市の変動（江沛著, 泉谷陽子訳）〔02661〕

◇華北の発見　本庄比佐子, 内山雅生, 久保亨編　汲古書院　2014.4　355p　22cm　〈2刷　索引あり〉 6000円　①978-4-7629-9558-3

内容 華北の交通システム近代化と都市の変動（江沛著, 泉谷陽子訳）〔02662〕

コウ, ブンユウ　黄 文雄

◇郭台銘＝テリー・ゴウの熱中経営塾―シャープを買おうとした男！　張殿文著, 薛格芳訳, 黄文雄監修　ビジネス社　2014.4　259p　19cm　1600円　①978-4-8284-1749-3

内容 序章 4つのもしも　第1章 スピード（製品を売らずにスピードを売る　ソフトウェア設計「0点」からの出発 ほか）　第2章 人才（キーパーソン人才の登用が企業を成長させる　与える度胸で人材を人財に変える ほか）　第3章 柔軟性（柔軟性とは何か　ネットワーク経済では情報を共有することが非常に重要 ほか）　第4章 逆境（重要なのは困難を突破する自信　企業が生き延びるには競争環境が必要 ほか）　第5章 イノベーション（イノベーションの本質は歴史的な転換をつくり出せること　8つのプラットフォーム革新の意義 ほか）〔02663〕

コウ, ホウセイ*　康 保成

◇東アジアの宗教文化―越境と変容　国立歴史民俗博物館, 松尾恒一編　岩田書院　2014.3　467, 3p 図版 8p　21cm　〈文献あり〉 4800円　①978-4-87294-863-9

内容 舞楽「蘭陵王」（康保成著, 王暁葵訳）〔02664〕

コウ, マンシャク　洪 万杓

◇市民参加の新展開―世界で広がる市民参加予算の取組み　兼村高文編・著, 洪万杓, ロザリオ・ララッタ著, 自治体議会政策学会監修　イマジン出

版　2016.5　146p　21cm　（COPA BOOKS―自治体議会政策学会叢書）　1200円　①978-4-87299-726-2

内容 1 市民参加これからのカタチ（地方政治の危機と市民参加の台頭　代表制民主主義の危機と市民参加の役割　公共経営論（NPM）から公共ガバナンス論（NPG）へのパラダイムシフトと市民参加　市民の真の意見を探る市民参加のカタチ）　2 市民参加予算の登場と広がり―世界の動きと日本の現状（市民参加予算とは　市民参加予算の誕生―ブラジル・ポルトアレグレ市から始まった市民参加予算　市民参加予算の世界への広がり　日本の市民参加（型）予算―市民参加による意思決定の事例）　3 新たな市民参加のガバナンスをどう築くか―市民参加（型）予算の制度設計（市民参加（型）予算のデザイン　市民参加のアカウンタビリティ　これからの市民参加のガバナンス：予算の財政民主主義に関わって）　参考資料：韓国住民参与予算制に関する資料（日本語訳）　〔02665〕

コヴァッチ, ビル　Kovach, Bill

◇インテリジェンス・ジャーナリズム―確かなニュースを見極めるための考え方と実践（BLUR）　ビル・コヴァッチ, トム・ローゼンスティール著, 奥村信幸訳　京都　ミネルヴァ書房　2015.8　350, 11p　22cm　〈索引あり〉5500円　①978-4-623-07387-0

内容 第1章 これから何を信じればいいのか　第2章 いつか来た道　第3章 疑いながら物事を知る方法―検証のためのスパイ技術　第4章 完全さ―何が書かれていて、何が欠けているのか　第5章 ソース―その情報はどこからもたらされたのか　第6章 エビデンスと検証のジャーナリズム　第7章 断定や決めつけ―どこにエビデンスがあるのか　第8章 いかにして真に重大な問題を発見するか　第9章 次世代のジャーナリズムに必要なもの　終章 物事を知る新しい方法　〔02666〕

コヴァル, ロビン　Koval, Robin

◇GRIT―平凡でも一流になれる「やり抜く力」（Grit to Great）　リンダ・キャプラン・セイラー, ロビン・コヴァル著, 三木俊哉訳　日経BP社　2016.11　208p　19cm　〈発売：日経BPマーケティング〉1500円　①978-4-8222-5192-5

内容 第1章 なぜ「グリット」が大切なのか　第2章「才能」という神話　第3章 夢を捨て去れ　第4章 安全ネットなしで　第5章 ウェイトトレーニング＝待つトレーニング　第6章 竹のようにしなやかに　第7章 期限は無限　第8章 グリットは善をめざす　〔02667〕

コヴィー, ショーン　Covey, Sean

◇図解でわかる！　戦略実行読本―「実行の4つの規律」実践ワークブック（The 4 Disciplines of Execution）　クリス・マチェズニー, ショーン・コヴィー, ジム・ヒューリング著, フランクリン・コヴィー・ジャパン編　キングベアー出版　2014.5　155p　21cm　1500円　①978-4-86394-027-7

内容 プロローグ（なぜチームの目標を達成できないのか？　戦略か、実行か？　ほか）　第1の規律（忙しいだけで、重要なことが何も達成できない！　実行の4つの規律 ほか）　第2の規律（テコを使って岩を動かす　第2の規律 先行指標に基づいて行動する ほか）　第3の規律（スコアボードが行動を変える！　第3の規律 行動を促すスコアボードをつける ほか）　第4の規律（スコアを動かすプロセスを定着させる！　第4の規律 アカウンタビリティのリズムを生み出す ほか）　エピローグ（戦略を実行できる組織になる！　「実行の4つの規律」の力）　〔02668〕

◇7つの習慣ティーンズ（THE SEVEN HABITS OF HIGHLY EFFECTIVE TEENS）　ショーン・コヴィー著, フランクリン・コヴィー・ジャパン株式会社編　リニューアル版　キングベアー出版　2014.5　449p　19cm　〈文献あり〉1600円　①978-4-86394-028-4　〔02669〕

◇リーダー・イン・ミー―「7つの習慣」で子どもたちの価値と可能性を引き出す！（The Leader in Me 原著第2版の翻訳）　スティーブン・R.コヴィー, ショーン・コヴィー, ミュリエル・サマーズ, デイビッド・K.ハッチ著, フランクリン・コヴィー・ジャパン訳　キングベアー出版　2014.8　434p　19cm　〈「子どもたちに「7つの習慣」を」（2009年刊）の改題、改訂　文献あり〉2000円　①978-4-86394-029-1

内容 第1章 素晴らしすぎて信じ難い　第2章 導入の経緯と理由　第3章「7つの習慣」を教える　第4章 リーダーシップ文化を築く　第5章 学校の目標を達成する　第6章 原則を家庭に応用する　第7章 地域社会を巻き込む　第8章 中学校、高校、さらにその先へ　第9章 変革の炎を燃やし続ける　第10章 最初を思い出しながら終わる　〔02670〕

◇7つの習慣ティーンズワークブック（THE SEVEN HABITS OF HIGHLY EFFECTIVE TEENS PERSONAL WORKBOOK）　ショーン・コヴィー著, フランクリン・コヴィー・ジャパン訳　キングベアー出版　2015.7　215p　26cm　1600円　①978-4-86394-038-3

内容 習慣を身につける―人をつくる習慣と人をだめにする習慣　パラダイムと原則―人は自分に見えるものを手にする　自己信頼口座―まずは鏡の中の自分を変えよう　第1の習慣 主体的になる―私は力だ　第2の習慣 終わりを考えてから始める―運命を他人に操られるな。自分で操れ。　第3の習慣 一番大切なことを優先する―する力としない力　人間関係信頼口座―人生を形作る材料　第4の習慣 Win‐Winを考える―人生は食べ放題のレストラン　第5の習慣 まず相手を理解してから、次に理解される―もしもーし！　聞くための耳は2つだけど、話すための口は1つ…　第6の習慣 シナジーを創り出す―より「高い」道　第7の習慣 自分を磨く―自分のための時間　希望を持ち続けよう―あなたも山を動かせる　〔02671〕

◇実行の4つの規律―行動を変容し、継続性を徹底する（THE 4 DISCIPLINES OF EXECUTION）　クリス・マチェズニー, ショーン・コヴィー, ジム・ヒューリング, 竹村富士徳著, 〔フランクリン・コヴィー・ジャパン〕〔訳〕　キングベアー出版　2016.9　449p　20cm　〈「戦略を、実行できる組織、実行できない組織。」（2013年刊）の改題、増補改訂〉2200円　①978-4-86394-064-2

内容 第1部 実行の4つの規律（第1の規律：最重要目標にフォーカスする　第2の規律：先行指標に基づいて行動する　第3の規律：行動を促すスコアボードをつける　第4の規律：アカウンタビリティのリズムを生み出す）　第2部 4DXのインストール：チーム編（4DXに期待できることは何か　第1の規律をインストールする「最重要目標にフォーカスする」　第2の規律をインストールする「先行指標に基づいて行動する」　第

3の規律をインストールする「行動を促すスコアボードをつける」 第4の規律をインストールする「アカウンタビリティのリズムを生み出す」 4DXを自動化する） 第3部 4DXのインストール：組織編（4DXのベストストーリー 組織を最重要目標にフォーカスさせる 4DXを組織全体に展開する 4DXのよくある質問 4DXを家庭で 次のアクション） 〔02672〕

コ

コヴィー, スティーブン・R. Covey, Stephen R.

◇リーダーシップ・エッセンシャル―個人、人間関係、チーム、そして組織へと広がるコヴィー・リーダーシップの全貌（Leadership Essential） スティーブン・R.コヴィー著, フランクリン・コヴィー・ジャパン編 キングベアー出版 2014.2 453p 20cm 〈ダイレクト出版 2013年刊を「完訳7つの習慣」(2013年刊) の内容に基づき改編 著作目録あり〉 2800円 ①978-4-86394-026-0 〔02673〕

◇完訳7つの習慣―人格主義の回復（THE SEVEN HABITS OF HIGHLY EFFECTIVE PEOPLE） スティーブン・R.コヴィー著, フランクリン・コヴィー・ジャパン訳 25周年記念版 キングベアー出版 2014.8 521p 20cm 〈著作目録あり 索引あり〉 2500円 ①978-4-86394-030-7 〔02674〕

◇リーダー・イン・ミー―「7つの習慣」で子どもたちの価値と可能性を引き出す！（The Leader in Me 原著第2版の翻訳） スティーブン・R.コヴィー, ショーン・コヴィー, ミュリエル・サマーズ, デイビッド・K.ハッチ著, フランクリン・コヴィー・ジャパン訳 キングベアー出版 2014.8 434p 19cm 〈「子どもたちに「7つの習慣」を」(2009年刊) の改題、改訂 文献あり〉 2000円 ①978-4-86394-029-1

内容 第1章 素晴らしすぎて信じ難い 第2章 導入の経緯と理由 第3章「7つの習慣」を教える 第4章 リーダーシップ文化を築く 第5章 学校の目標を達成する 第6章 原則を家庭に応用する 第7章 地域社会を巻き込む 第8章 中学校、高校、さらにその先へ 第9章 変革の炎を燃やし続ける 第10章 最初を思い出しながら終わる 〔02675〕

◇信頼マネジメント―ビジネスを加速させる最強エンジン（SMART TRUST） スティーブン・M.R.コヴィー, グレッグ・リンク, レベッカ・R.メリル著, フランクリン・コヴィー・ジャパン訳 キングベアー出版 2014.11 391, 19p 20cm 〈文献あり〉 2000円 ①978-4-86394-032-1

内容 第1部 パラドックス、そして希望（大いなるパラドックス 盲目的信頼と不信：あなたはどちらのメガネで見ているか？ 第3の案：「スマート・トラスト」） 第2部 「スマート・トラスト」の五つの行動（「スマート・トラスト」の行動その一：信頼がもたらす効果を信じる 「スマート・トラスト」の行動その二：まずは自分から始める 「スマート・トラスト」の行動その三：自分の意図を明確にし、他者の意図を好意的に捉える 「スマート・トラスト」の行動その四：やると言ったことを実行する 「スマート・トラスト」の行動その五：自分から率先して他者に信頼を与える） 第3部 あなたにもできることがある（あなた自身の信頼を再生する） 〔02676〕

◇7つの習慣演習ノート―7つの習慣であなたの人生を変える（THE SEVEN HABITS OF HIGHLY EFFECTIVE PEOPLE PERSONAL WORKBOOK） スティーブン・R.コヴィー著, フランクリン・コヴィー・ジャパン訳 改訂版 キングベアー出版 2015.5 199p 26cm 1700円 ①978-4-86394-036-9

内容 第1部 パラダイムと原則（「7つの習慣」―概要 パラダイム ほか） 第2部 私的成功（第1の習慣：主体的である 主体性を開発する ほか） 第3部 公的成功（「インサイド」から「インサイド・アウト」へ 信頼口座 ほか） 第4部 それで次は？（それで次は？ 「7つの習慣」に生きる ほか） 〔02677〕

◇7つの習慣ファミリー―かけがえのない家族文化をつくる（THE SEVEN HABITS OF HIGHLY EFFECTIVE FAMILIES） スティーブン・R.コヴィー著, フランクリン・コヴィー・ジャパン訳 改訂版 キングベアー出版 2015.5 631p 22cm 〈索引あり〉 3400円 ①978-4-86394-035-2

内容 ほとんどの時間は針路から外れている。それでも心配ない。 第1の習慣 主体的である―家族の変化を導く推進者になる 第2の習慣 終わりを思い描くことから始める―家族のミッション・ステートメントを書く 第3の習慣 最優先事項を優先する―家族の優先順位を決める 第4の習慣 Win‐Winを考える―私から私たちへ 第5の習慣 まず理解に徹し、そして理解される―家族の問題を解決する 第6の習慣 シナジーを創り出す―家族の力を発揮する 第7の習慣 刃を研ぐ―家族の伝統をつくる 生存から安定、成功へ、そして意義へ 〔02678〕

◇完訳7つの習慣―人格主義の回復（THE SEVEN HABITS OF HIGHLY EFFECTIVE PEOPLE） スティーブン・R.コヴィー著, フランクリン・コヴィー・ジャパン訳 キングベアー出版 2015.8 552p 20cm 〈索引あり〉 3800円 ①978-4-86394-039-0

内容 第1部 パラダイムと原則（インサイド・アウト 7つの習慣とは） 第2部 私的成功（主体的である 終わりを思い描くことから始める 最優先事項を優先する） 第3部 公的成功（Win‐Winを考える まず理解に徹し、そして理解される シナジーを創り出す） 第4部 再新再生（刃を研ぐ 再び、インサイド・アウト） 〔02679〕

◇7つの習慣最優先事項―生きること、愛すること、学ぶこと、貢献すること（FIRST THINGS FIRST） スティーブン・R.コヴィー,A.ロジャー・メリル, レベッカ・R.メリル著, フランクリン・コヴィー・ジャパン訳 キングベアー出版 2015.8 557p 20cm 2200円 ①978-4-86394-040-6

内容 第1部 時計とコンパス（死の床で「もっと長い時間を職場で過ごしておけばよかった」と後悔する人はどのくらいいるだろう？ 緊急中毒 生きること、愛すること、学ぶこと、貢献すること） 第2部 大切なのは最優先事項を優先すること（第2領域の時間管理：最優先事項を優先するプロセス ビジョンは情熱の源 バランスよく役割を果たす 目標のパワー 一週間という視野 選択の瞬間に誠実である 人生から学ぶ） 第3部 相互依存のシナジー（相互依存の現実 他者と一緒に最優先事項を優先する インサイド・アウトからのエンパワーメント） 第4部 原則中心の生き方がもたらす力と安らぎ（時間管理からパーソナル・リーダーシップへ 心の安らぎという結果） 〔02680〕

◇7つの習慣原則中心リーダーシップ―成功を持続

するリーダーの中心には原則があった！（Principle Centered Leadership）　スティーブン・R.コヴィー著, フランクリン・コヴィー・ジャパン訳　キングベアー出版　2016.2　494p　20cm　〈「原則中心リーダーシップ」(2004年刊)の改題、改訳、再編集〉2300円　①978-4-86394-060-4

内容 第1部 個人と人間関係の効果性（原則中心リーダーシップの特徴　「7つの習慣」を復習する　三つの決意　真の偉大さとは　過去との決別 ほか）　第2部 マネジメントと組織の発展（豊かさマインド　七つの慢性的な問題　原則中心の学習環境　魚釣りを覚える）〔02681〕

◇完訳7つの習慣―人格主義の回復（THE SEVEN HABITS OF HIGHLY EFFECTIVE PEOPLE）　スティーブン・R.コヴィー著, フランクリン・コヴィー・ジャパン訳　特装版　キングベアー出版　2016.5　642p　18cm　〈索引あり〉2300円　①978-4-86394-061-1

内容 第1部 パラダイムと原則（インサイド・アウト　7つの習慣とは）　第2部 私的成功（第1の習慣 主体的である　第2の習慣 終わりを思い描くことから始める　第3の習慣 最優先事項を優先する）　第3部 公的成功（第4の習慣 Win‐Winを考える　第5の習慣 まず理解に徹し、そして理解される　第6の習慣 シナジーを創り出す）　第4部 再新再生（第7の習慣 刃を研ぐ）〔02682〕

◇7つの習慣デイリー・リフレクションズ―日々「7つの習慣」に生きる（DAILY REFLECTIONS FOR HIGHLY EFFECTIVE PEOPLE）　スティーブン・R.コヴィー著, フランクリン・コヴィー・ジャパン訳　キングベアー出版　2016.7　397p　18cm　1600円　①978-4-86394-062-8〔02683〕

◇プライマリー・グレートネス―幸福で充実した人生のための12の原則（Primary Greatness）　スティーブン・R.コヴィー著, フランクリン・コヴィー・ジャパン訳　キングベアー出版　2016.9　313p　20cm　2100円　①978-4-86394-063-5

内容 はじめに 第一の偉大さVS第二の偉大さ　第1部 第一の偉大さに到達するには（秘密の生活　人格：第一の偉大さの源泉　自分自身を原則に合わせるには　真北を見失わないために　考え方のリプログラミング）　第2部 成功のための12のてこ（誠実さのてこ　貢献のてこ　プライオリティのてこ　自己犠牲のてこ　奉仕の精神のてこ　責任感のてこ　忠誠心のてこ　相互依存のてこ　多様性のてこ　学習のてこ　再新再生のてこ　教えるてこ　最後の言葉：賢明に生きる）〔02684〕

◇完訳7つの習慣―人格主義の回復（THE SEVEN HABITS OF HIGHLY EFFECTIVE PEOPLE）　スティーブン・R.コヴィー著, フランクリン・コヴィー・ジャパン訳　特装版　キングベアー出版　2016.12　642p　18cm　〈索引あり〉2400円　①978-4-86394-065-9

内容 第1部 パラダイムと原則（インサイド・アウト　7つの習慣とは）　第2部 私的成功（第1の習慣 主体的である　第2の習慣 終わりを思い描くことから始める　第3の習慣 最優先事項を優先する）　第3部 公的成功（第4の習慣 Win‐Winを考える　第5の習慣 まず理解に徹し、そして理解される　第6の習慣 シナジーを創り出す）　第4部 再新再生（第7の習慣 刃を研ぐ）〔02685〕

コウシ　孔子

◇論語絵本　森華訳・絵, 礪波護監修　八戸　デーリー東北新聞社　2011.5　157p　19cm　〈年譜あり　文献あり〉1500円　①978-4-9904263-3-0〔02686〕

◇ぼくたちの論語　柳谷杞一郎訳注, Beretta写真　雷鳥社　2014.1　397p　19cm　〈文献あり〉1100円　①978-4-8441-3655-2

内容 学而第一　為政第二　八佾（いつ）第三　里仁第四　公冶長第五　雍也第六　述而第七　泰伯第八　子罕第九　郷党第十　先進第十一　顔淵第十二　子路第十三　憲問第十四　衛霊公第十五　季氏第十六　陽貨第十七　微子第十八　子張第十九　堯日第二十〔02687〕

◇孔子全書　13　孔子家語1　吹野安, 石本道明著　明徳出版社　2014.3　343p　26cm　3500円　①978-4-89619-443-2

内容 孔子家語 巻第一（相魯第一　始誅第二　王言解第三　大婚解第四　儒行解第五　問礼第六　五儀解第七）　孔子家語 巻第二（致思第八　三恕第九　好生第十）〔02688〕

◇完訳論語　〔孔子〕〔著〕, 井波律子訳　岩波書店　2016.6　602, 60p　20cm　〈文献あり 年譜あり 索引あり〉2800円　①978-4-00-061116-9

内容 学而 第一　為政 第二　八佾（いつ） 第三　里仁 第四　公冶長 第五　雍也 第六　述而 第七　泰伯 第八　子罕 第九　郷党 第十　先進 第十一　顔淵 第十二　子路 第十三　憲問 第十四　衛霊公 第十五　季氏 第十六　陽貨 第十七　微子 第十八　子張 第十九　堯日 第二十〔02689〕

◇超訳論語革命の言葉　〔孔子〕〔著〕, 安冨歩編訳　エッセンシャル版　ディスカヴァー・トゥエンティワン　2016.9　1冊（ページ付なし）　15cm　〈他言語標題：THE ANALECTS OF CONFUCIUS：WORDS OF REVOLUTION　初版のタイトル：超訳論語〉1000円　①978-4-7993-1994-9

内容 1 学ぶことは危険な行為だ―学而篇より　2「知る」とはどういうことか―為政篇より　3「仁」であるとは美しいことだ―八佾（いつ）篇、里仁篇より　4 楽しもう―公冶長篇、雍也篇より　5 任務は重く、道は遠い―述而篇、泰伯篇より　6 志は奪えない―子罕篇、先進篇、顔淵篇より　7 正直者とは―子路篇より　8 他人を批判する暇はない―憲問篇より　9 考えない者には教えられない―衛霊公篇より　10 有益な友だち、有害な友だち―季氏篇、陽貨篇、子張篇、堯日篇より〔02690〕

◇論語　斎藤孝訳　筑摩書房　2016.10　462p　15cm　（ちくま文庫 さ28-10）〈2010年刊の追加〉950円　①978-4-480-43386-2

内容 学而第一　為政第二　八佾（いつ）第三　里仁第四　公冶長第五　雍也第六　述而第七　泰伯第八　子罕第九　郷党第十〔ほか〕〔02691〕

◇なぜ“平和主義”にこだわるのか（ENTRÜSTET EUCH！　―WARUM PAZIFISMUS FÜR UNS DAS GEBOT DER STUNDE BLEIBT）　マルゴット・ケースマン, コンスタンティン・ヴェッカー編, 木戸衛一訳　いのちのことば社　2016.12　261p　19cm　1500円　①978-4-264-03611-1

内容 戦士の墓碑銘（孔子）〔02692〕

コ

コ

◇論語コンプリート―全文完全対照版 本質を捉える「一文超訳」+現代語訳・書き下し文・原文　〔孔子〕〔著〕, 野中根太郎訳　誠文堂新光社　2016.12　424p　20cm　〈文献あり 年譜あり〉　1800円　①978-4-416-71654-0
内容 学而第一　為政第二　八佾(いつ)第三　里仁第四　公冶長第五　雍也第六　述而第七　泰伯第八　子罕第九　郷党第十　先進第十一　顔淵第十二　子路第十三　憲問第十四　衛霊公第十五　季氏第十六　陽貨第十七　微子第十八　子張第十九　堯曰第二十　〔02693〕

コーエン, アラン　Cohen, Alan

◇だいじょうぶ、あなたはすべてうまくいく―Restoring the Japanese Soul　アラン・コーエン著, 穴口恵子監訳　フォレスト出版　2014.11　269p　19cm　1600円　①978-4-89451-640-3
内容 1 自・信―自らを信じること(あなたが完璧じゃないからこそ、色とりどりの花が咲く　今の自分を好きになって初めて、理想の自分に近づける　子どもたちは、「愛が無条件に与えられる」ことを知っている ほか)　2 魂を磨く(毎日リフレッシュの時間を取ることが「魂を磨く」ことになる　体の声にもっと耳を傾ける　「自然なスキンシップ」が心を明るくする ほか)　3 自分らしく生きる(今こそ、あなたを覆う厚い壁を取り払おう　「持って生まれた能力」を認めれば、喜びを感じられる　日本人にとって「最も難しい質問」 ほか)　〔02694〕

◇今まででいちばんやさしい「奇跡のコース」(A Course in Miracles Made Easy)　アラン・コーエン著, 積田美也子訳　フォレスト出版　2015.10　276p　19cm　1700円　①978-4-89451-678-6
内容 1 重要なのはたったひとつの選択　2 個人情報泥棒　3 現実を見る　4 投影　5 影響のない罪　6 あなたの手で生きる　7 特別な関係　8 絵と額縁　9 最後の無益な旅　10 魔術を超えて　〔02695〕

◇今まででいちばんやさしい「奇跡のコース」 続 (A Course in Miracles Made Easy)　アラン・コーエン著, 積田美也子訳　フォレスト出版　2016.1　266p　19cm　1700円　①978-4-89451-694-6
内容 あなたの完璧な案内役　夏の日の静かな小径　気をそらす達人　永遠の愛　健康に、豊かに、賢く　夢見る者と夢見られる者　幸せな夢　苦しみの終わり　奇跡を行う人になるには　愛だけを教える　世界はどのようにして終わるのか　卒業の日　〔02696〕

◇運命の約束―生まれる前から決まっていること　アラン・コーエン著, 穴口恵子訳　きずな出版　2016.4　165p　19cm　1500円　①978-4-907072-57-5
内容 第1章 希望を見つける　第2章 居場所を探す　第3章 幸せを選択する　第4章 運命の波に乗る　第5章 人生の舵をとる　第6章 過去生の意味を知る　第7章 自分の運命を信じる　〔02697〕

コーエン, ウィリアム・A.　Cohen, William A.

◇プラクティカル・ドラッカー―英知を行動にかえる40項 (THE PRACTICAL DRUCKER)　ウィリアム・A.コーエン著, 池村千秋訳　CCCメディアハウス　2015.6　333, 12p　20cm　2300円　①978-4-484-15116-8
内容 1 人々(ビジネスにおける倫理　どうやってメンバーの主体性を引き出すか？ ほか)　2 マネジメント(職を失うことを恐れていては、いい仕事はできない　コスト削減と成果を両立させる資源配分の法則 ほか)　3 マーケティング&イノベーション(マーケティングと販売は対立する　マーケターが陥りがちな五つの大罪 ほか)　4 組織(企業の目的は利益ではない　企業が果たすべき本当の社会的責任とは ほか)　〔02698〕

コーエン, エドワード　Cohen, Edward M.

◇困った母親たち (Mothers Who Drive Their Daughters Crazyの抄訳)　スーザン・コーエン, エドワード・コーエン著, 鈴木秀子訳　三笠書房　2015.4　237p　19cm　〈「娘をいらいらさせるおせっかいな母親たち」(1999年刊)の改題、再編集〉 1300円　①978-4-8379-5756-0
内容 1章 娘を束縛しようとする母親―“母親のルール”を抜け出して、みんな大人になっていく　2章 娘のことを自慢したい母親―“自慢の娘”を演じるのはもう卒業　3章 過保護な母親―“母の愛”から上手に親離れする　4章 娘のすべてを詮索する母親―“一卵性母娘”という深い落とし穴　5章 完璧主義の母親―“過大な期待”で身動きが取れなくなる　6章 現実から目をそむける母親―“人生はバラ色”で生きられるならよいけれど…　7章 娘と張り合う母親―“元・優等生”のプライドが許さない　8章 娘に罪悪感を抱かせる母親―「自立の宣言」は母親との“決別”ではない　〔02699〕

コーエン, スーザン　Cohen, Susan Simon

◇困った母親たち (Mothers Who Drive Their Daughters Crazyの抄訳)　スーザン・コーエン, エドワード・コーエン著, 鈴木秀子訳　三笠書房　2015.4　237p　19cm　〈「娘をいらいらさせるおせっかいな母親たち」(1999年刊)の改題、再編集〉 1300円　①978-4-8379-5756-0
内容 1章 娘を束縛しようとする母親―“母親のルール”を抜け出して、みんな大人になっていく　2章 娘のことを自慢したい母親―“自慢の娘”を演じるのはもう卒業　3章 過保護な母親―“母の愛”から上手に親離れする　4章 娘のすべてを詮索する母親―“一卵性母娘”という深い落とし穴　5章 完璧主義の母親―“過大な期待”で身動きが取れなくなる　6章 現実から目をそむける母親―“人生はバラ色”で生きられるならよいけれど…　7章 娘と張り合う母親―“元・優等生”のプライドが許さない　8章 娘に罪悪感を抱かせる母親―「自立の宣言」は母親との“決別”ではない　〔02700〕

コーエン, スティーブ　Cohen, Steve

◇マジシャンだけが知っている最強の心理戦略 (WIN THE CROWD)　スティーブ・コーエン〔著〕, 宮原育子訳　ディスカヴァー・トゥエンティワン　2015.8　279p　19cm　〈「カリスマ手品師(マジシャン)に学ぶ超一流の心理術」(2007年刊)の改題、再編集〉 1500円　①978-4-7993-1765-5
内容 1 マジシャンはどうやって鑑客の心をつかむのか？　2 最高の自分をもって場にのぞむ―コミュニケーションスキル　3 聞き手に信頼と好印象を与える―話し方&プレゼンテーション　4 相手の心理を自在にあやつる―華麗なる心理テクニック　5 相手の気持ちを引きつけて離さない―カリスマになる方法　6 相手の状態や頭の中をスパッと見抜く―読心術　7 会話を思いどおりの方向に導く―マジックワード　8 相手の視線や興味を思うままにあやつる―ミスディレクション　〔02701〕

コーエン, スティーブン・フィリップ　Cohen, Stephen Philip

◇インドの軍事力近代化—その歴史と展望（Arming Without Aiming 原著新版の翻訳）　スティーブン・コーエン, スニル・ダスグプタ著, 斎藤剛訳　原書房　2015.6　357p　20cm　〈索引あり〉 4000円　①978-4-562-05164-9

内容 第1章 抑制と国富　第2章 改革との闘い　第3章 陸軍の近代化　第4章 空軍及び海軍の近代化　第5章 不本意な核国家　第6章 警察力の近代化　第7章 変化との闘い　第8章 米印軍事関係の再構築　〔02702〕

コーエン, タイラー　Cowen, Tyler

◇大格差—機械の知能は仕事と所得をどう変えるか（AVERAGE IS OVER）　タイラー・コーエン著, 池村千秋訳　NTT出版　2014.9　350p　20cm　〈文献あり 索引あり〉 2400円　①978-4-7571-2326-7

内容 1 超実力社会の到来（iワールドの雇用と賃金　大いなる勝者と大いなる敗者　なぜ多くの人が職に就けないのか？）　2 機械の知能（コンピュータチェスが教えてくれること　人間と機械がチームを組む未来　人間の直感はなぜ当てにならないのか？　規格化・単純化される仕事の世界　機械は人間に近づくのか）　3 新しい世界（雇用の新しい地図　「オンライン」が教育を変える　「みんなの科学」の終わり　新しい社会的契約）　〔02703〕

◇エコノミストの昼ごはん—コーエン教授のグルメ経済学（AN ECONOMIST GETS LUNCH）　タイラー・コーエン著, 田中秀臣監訳・解説, 浜野志保訳　作品社　2016.1　362p　19cm　2200円　①978-4-86182-559-0　〔02704〕

コーエン, ダニエル　Cohen, Daniel

◇経済は、人類を幸せにできるのか？—〈ホモ・エコノミクス〉と21世紀世界（Homo Economicus, Prophète〈égaré〉des temps nouveaux）　ダニエル・コーエン著, 林昌宏訳　作品社　2015.10　243p　20cm　2200円　①978-4-86182-539-2

内容 第1章 経済にとって人間の幸せとは？　第2章 失われる"労働"の魅力　第3章 アメリカン・ウェイ・オブ・ライフの崩壊—「平等モデル」の瓦解と帝国の衰退　第4章 台頭する新興国は幸福になったのか？　第5章 グローバリゼーションは幸福をもたらしたか？　第6章 技術革新は人間を進化させるか？ —デジタル社会とダーウィニズム　第7章 21世紀世界の幸福とは？　おわりに "ホモ・エコノミクス"による人類の未来は？　〔02705〕

コーエン, デヴィッド　Cohen, David

◇フロイトの脱出（THE ESCAPE OF SIGMUND FREUD）　デヴィッド・コーエン〔著〕, 高砂美樹訳　みすず書房　2014.1　406, 20p　20cm　〈文献あり 索引あり〉 4800円　①978-4-622-07796-1

内容 憎悪の官僚制　伝記および閲覧制限つき文書　精神分析家のつくられかた　セックス、子どもたち、家族の秘密　ナチスの台頭　詩人と分析家　フロイトの八十歳の誕生日　茶碗の中の世界史—オーストリア併合　フロイトの生涯における最悪の日　アントン・ザウアーヴァルト　自由　『モーセという男と一神教』　最後の言葉、最後の闘い　戦後——一九四〇年から一九五〇年におけるドイツとオーストリアの精神分析　秘密の銀行口座　〔02706〕

コーエン, ハーブ　Cohen, Herb

◇FBIアカデミーで教える心理交渉術—どこでも使える究極の技法（You Can Negotiate Anything）　ハーブ・コーエン著, 川勝久訳　日本経済新聞出版社　2015.1　284p　15cm　（日経ビジネス人文庫 こ11-1）　850円　①978-4-532-19751-3

内容 第1部 交渉に強くなる秘訣はある！（交渉は情報力・行動力の総力戦　交渉の「常識」を洗いなおせ ほか）　第2部 交渉力を決める三つの要素（交渉パワーを二倍にする秘訣　「時間枠」を最大限に生かす法 ほか）　第3部 合意に導く交渉スタイル（是が非でも勝つ交渉術　「歩みより」と「協力」の交渉術 ほか）　第4部 どんな困難な交渉にも打開策がある！（「らち」があかないときの交渉戦略　血の通った交渉で積極人生をつくる）　〔02707〕

コーエン, ミッチ　Cohen, Mitch

◇10億ドルを自力で稼いだ人は何を考え、どう行動し、誰と仕事をしているのか—PwC公式調査でわかった（The Self-made Billionaire Effect）　ジョン・スヴィオクラ, ミッチ・コーエン著, 高橋璃子訳　ダイヤモンド社　2016.3　228p　19cm　〈索引あり〉 1600円　①978-4-478-06475-7

内容 第1章 ビリオネアの嘘と真実　第2章 ビリオネアの「アイデア」—共感力と想像力で未来を描く　第3章 ビリオネアの「時間」—最速で動き、ゆっくり待つ　第4章 ビリオネアの「行動」—創造的にルーティンワークをこなす　第5章 ビリオネアの「リスク」—現在の金銭的損失よりも将来の機会損失を恐れる　第6章 ビリオネアの「仕事相手」—自分とは正反対の人を仲間にする　第7章 ビリオネア・マインドを組織に活かす　〔02708〕

コーエン‐グリーン, シェリル・T.　Cohen Greene, Cheryl T.

◇性の悩み、セックスで解決します。—900人に希望を与えた性治療士の手記（An Intimate Life）　シェリル・T.コーエン‐グリーン, ローナ・ガラーノ著, 柿沼瑛子訳　イースト・プレス　2014.2　441p　19cm　2200円　①978-4-7816-1127-3

内容 重い息遣い マーク　布団の下の罪　性格の不一致 ブライアン　セックス中毒　魔法なんてない ジョージ　処女ではない　どんなに遅くとも ラリー　西へ　完璧すぎる マリアン　サロゲートへの道　〔02709〕

コーエン＝ソラル, アニー　Cohen-Solal, Annie

◇サルトル伝—1905-1980　上（SARTRE 1905-1980）　アニー・コーエン＝ソラル〔著〕, 石崎晴己訳　藤原書店　2015.4　539p 図版32p　20cm　3600円　①978-4-86578-021-5

内容 第1部 天才への歩み（一九〇五年〜一九三九年）（ジャン＝バチストに照明を　アンヌ＝マリーの不幸の数々　お山の大将の私的寓話集　ラ・ロッシェルの生活情景　千人のソクラテス　ただひとりのソクラテス　不機嫌、狂気、そしてあれこれの旅行…　慌ただしい幕間劇—二年間の幸福）　第2部 大戦中の変身（一九三九年〜一九四五年）（カフカ風の戦争　尊大な捕虜　「社会主義と自由」　行き詰まり　「作家としてレジスタンスをしたのであって、レジスタンス闘士としてものを書いたのではない…」　無数の若者の精

神的指導者　バッファロー・ビルからルーズヴェルト大統領まで―最初のアメリカ旅行）　〔02710〕

◇サルトル伝―1905-1980　下（SARTRE 1905-1980）　アニー・コーエン＝ソラル〔著〕, 石崎晴己訳　藤原書店　2015.4　p541～1183　20cm　〈文献あり 年譜あり 索引あり〉3600円　①978-4-86578-022-2

内容 第3部 サルトル時代（一九四五年～一九五六年）（パリ―実存主義の到来　ニューヨーク―サルトル・イズ・ビューティフル　機関室にて　具体的なものとの二度目の衝突　二度目の行き詰まり　鳩と戦車）第4部 目覚める人（一九五六年～一九八〇年）（みなさんは素晴らしい…　反逆の対抗フランス大使　アンタッチャブル　フローベールと毛沢東主義者たちの間で　モンパルナス・タワーの陰で）　〔02711〕

コーエン・ポージー, ケイト　Cohen-Posey, Kate

◇いじめられっ子の流儀―知恵を使ったいじめっ子への対処法（How to Handle Bullies, Teasers and Other Meanies）　ケイト・コーエン・ポージー著, 奥田健次監訳, 冬崎友理訳　学苑社　2016.9　132p　19cm　1600円　①978-4-7614-0784-1

内容 なぜ、いじめやからかいが起きるのか？　いじめっ子やからかう子への三つの対処法　金塊さがしと偏見　いじめっ子への対処法（さらなる二つの方法）侮辱やからかいに対して、すべきこと、すべきでないこと　決断を下し、誓約を行なう　実践する　アイディアを実行に移す　最終的な見通し　反・意地悪の用語集　保護者への情報　〔02712〕

ゴーカレー, S

◇激動のインド　第3巻　経済成長のダイナミズム　絵所秀紀, 佐藤隆広編　日本経済評論社　2014.8　400p　22cm　〈索引あり〉4000円　①978-4-8188-2307-5

内容 現代的小売業の発展（P.K.シンハ,S.ゴーカレー,S.トーマス著, 古田学訳）　〔02713〕

コーク, エステル　Corke, Estelle

◇はじめてのクリスマス（The first Christmas）　ソフィー・パイパー文, エステル・コーク絵, 長島瑛子編著　新装　いのちのことば社CS成長センター　2012.9　29p　18cm　458円　①978-4-8206-0243-9　〔02714〕

国際商業会議所

◇ICCバンク・ペイメント・オブリゲーション統一規則―英和対訳版 URBPO 750　国際商業会議所日本委員会訳　国際商業会議所日本委員会　2015.2　32p　30cm　〈他言語標題：Uniform rules for bank payment obligations〉①978-92-842-0189-1　〔02715〕

国際図書館連盟《IFLA》

◇多文化コミュニティ―図書館サービスのためのガイドライン（Multicultural communities（3rd edition））　国際図書館連盟多文化社会図書館サービス分科会編, 日本図書館協会多文化サービス委員会訳・解説　日本図書館協会　2012.3　71p　21cm　666円　①978-4-8204-1118-5　〔02716〕

◇IFLAヤングアダルトへの図書館サービスガイドライン　2008年（Guidelines for library services for young adults）　国際図書館連盟児童・ヤングアダルト図書館分科会編, 日本図書館協会児童青少年委員会訳　日本図書館協会　2013.7　34p　21cm　700円　①978-4-8204-1305-9　〔02717〕

◇読みやすい図書のためのIFLA指針（ガイドライン）　国際図書館連盟特別なニーズのある人々に対する図書館サービス分科会編, 日本図書館協会障害者サービス委員会監訳, 日本障害者リハビリテーション協会訳　〔点字資料〕　日本点字図書館（点字版印刷・製本）　2013.10　129p　27cm　〈厚生労働省委託　原本：改訂版 日本図書館協会 2012 IFLA専門報告書第120号〉　〔02718〕

国際標準化機構《ISO》

◇対訳ISO 22301：2012〈JIS Q 22301：2013〉事業継続マネジメントの国際規格―ポケット版　日本規格協会編　日本規格協会　2013.12　181p　18cm　（Management System ISO SERIES）　〈英語併記　背のタイトル：対訳ISO 22301：2012事業継続マネジメントの国際規格　文献あり〉3400円　①978-4-542-40261-4　〔02719〕

◇対訳ISO/IEC 27001：2013〈JIS Q 27001：2014〉情報セキュリティマネジメントの国際規格―ポケット版　日本規格協会編　日本規格協会　2014.6　213p　18cm　（Management System ISO SERIES）　〈英語併記　背のタイトル：対訳ISOIEC27001：2013情報セキュリティマネジメントの国際規格　索引あり〉3900円　①978-4-542-70178-6　〔02720〕

◇対訳ISO 14001：2015〈JIS Q 14001：2015〉環境マネジメントの国際規格―ポケット版　日本規格協会編　日本規格協会　2016.2　262p　18cm　（Management System ISO SERIES）　〈英語併記　背のタイトル：対訳ISO 14001：2015環境マネジメントの国際規格　文献あり 索引あり〉4100円　①978-4-542-40267-6

内容 1 適用範囲　2 引用規格　3 用語及び定義　4 組織の状況　5 リーダーシップ　6 計画　7 支援　8 運用　9 パフォーマンス評価　10 改善　附属書　〔02721〕

国際復興開発銀行《IBRD》

◇世界開発報告　2012　ジェンダーの平等と開発（World Development Report 2012 ： Gender Equality and Development）　世界銀行編著, 田村勝省, 穴水由紀子訳　一灯舎　2012.9　421p　26×18cm　4200円　①978-4-907600-18-1

内容 1 ジェンダー平等のこれまでの進展を見る（進展の波　ジェンダー不平等の執拗さ）　2 進展の原動力となってきたものは何か？　妨げているものは何か？（教育と健康：ジェンダー差はどこに真の問題があるのか？　女性のエージェンシーを促進する　職務におけるジェンダー差とその重大性　グローバル化がジェンダー平等に与える影響：何が起き、何が必要なのか）　3 公的措置の役割と潜在力（ジェンダー平等のための公的措置　ジェンダー改革の政治経済学　ジェンダー平等化の推進に向けた世界的アジェンダ）　〔02722〕

◇障害に関する世界報告書―概要　世界保健機関,

世界銀行著, 国立障害者リハビリテーションセンター訳　〔点字資料〕　日本点字図書館(点字版印刷・製本)　2013.10　2冊　27cm　〈厚生労働省委託　原本：所沢 国立障害者リハビリテーションセンター 2011〉　〔02723〕

◇世界開発報告　2013　仕事（World Development Report 2013 ： Jobs)　世界銀行編著, 田村勝省訳　一灯舎　2014.2　421p　26cm　〈発売：東京官書普及〉4200円　①978-4-907600-03-7

内容 概観 仕事を中心に据える　仕事をめぐる挑戦　1 仕事は全てを転換するものである(仕事と生活水準　仕事と生産性　仕事と社会的一体感)　2 開発にとって良い仕事とは何なのか？ (仕事を評価する　仕事のさまざまな課題196　結び付いている仕事の課題)　3 仕事のレンズを通してみた政策(労働政策再論　労働政策を超えて)　〔02724〕

◇世界経済・社会統計　2011（World Development Indicators 2011)　世界銀行編, 鳥居泰彦監訳　柊風舎　2014.3　433p　26cm　28000円　①978-4-86498-011-1

内容 第1章 世界概観　第2章 人々　第3章 環境　第4章 経済　第5章 国家と市場　第6章 グローバルリンク　〔02725〕

◇世界開発報告　2014　リスクと機会―開発のためのリスク管理　世界銀行編著, 田村勝省訳　一灯舎　2014.9　409p　26cm　4500円　①978-4-907600-09-9

内容 概観 リスクと機会　1 リスク管理のファンダメンタルズ(リスク管理は強力な開発手段になり得る　理想の向こうに：リスク管理における障害とそれを克服する方法)　2 重要な社会システム(家計はリスクに対抗し機会を追求するための第一線の支援である　結束力があり、結び付きのあるコミュニティ間では強靱性が生まれる　活気のある企業部門を通じて強靱性と繁栄を促進する　リスク管理に金融システムが果たす役割：金融ツールが多いほど金融危機は少なくなる　マクロ経済リスクを管理する：政策でより良い結果を出すためにより強固な制度を構築する　国際社会の役割：リスクが各国の能力を超過する場合)　〔02726〕

◇包括的で持続的な発展のためのユニバーサル・ヘルス・カバレッジ―11ヵ国研究の総括（Universal health coverage for inclusive and sustainable development)　前田明子, エドソン・アロージョ, シェリル・キャッシン, ジョセフ・ハリス, 池上直己, マイケル・ライシュ著　日本国際交流センター　2014.10　73p　21cm　〈文献あり〉①978-4-88907-140-5　〔02727〕

◇世界経済・社会統計　2012（World Development Indicators 2012)　世界銀行編, 秋山裕訳　柊風舎　2014.12　429p　26cm　28000円　①978-4-86498-023-4

内容 第1章 世界概観　第2章 人々　第3章 環境　第4章 経済　第5章 国家と市場　第6章 グローバルリンク　〔02728〕

◇世界開発報告　2015　心・社会・行動（World Development Report 2015 ： ―Mind, Society, and Behavior)　世界銀行編著, 田村勝省訳　一灯舎　2015.9　240p　26cm　5000円　①978-4-907600-34-1

内容 1 経済開発のための人間行動に関する拡張的理解：概念的な枠組み(自動的に考える　社会から影響を受けて考える　メンタル・モデルで考える)　2 政策に関する心理的・社会的な視点(貧困　早期児童開発　家計のファイナンス　生産性　健康　気候変動)　3 開発専門家の仕事を改善する(開発専門家のバイアス　適応的設計と適応的介入策)　〔02729〕

◇世界開発報告　2016　デジタル化がもたらす恩恵（World Development Report 2016 ： ―DIGITAL DIVIDENDS)　世界銀行編著, 田村勝省訳　一灯舎　2016.9　361p　26cm　5000円　①978-4-907600-45-7

内容 概観：デジタル革命のためにアナログ基盤を強化する　1 事実と分析(経済成長を加速化する　機会を拡大する　サービスを行き届かせる)　2 政策(セクター別の政策　国家の優先課題　グローバルな協調)　〔02730〕

◇世界経済・社会統計　2013・2014（World Development Indicators 2013)　世界銀行編, 秋山裕訳　柊風舎　2016.10　117p　26cm　28000円　①978-4-86498-041-8

内容 1 世界概観　2 人々　3 環境　4 経済　5 国家と市場　6 グローバルリンク　〔02731〕

国際連合《UN》

◇租税条約関係法規集　平成26年版　納税協会連合会編　第31版　大阪　納税協会連合会　2014.5　2冊(セット)　22×16cm　〈発売：清文社(大阪)〉10000円　①978-4-433-50534-9

内容 第1編 租税条約―協定(アイルランド―付：条約の英語正文　アメリカ―付：条約の英語正文 ほか)　第2編 租税に関する相互行政支援に関する条約(租税に関する相互行政支援に関する条約　租税に関する相互行政支援に関する条約を改正する議定書 ほか)　第3編 租税条約等の実施に伴う特例等に関する法令(租税条約等の実施に伴う所得税法、法人税法及び地方税法の特例等に関する法律　租税条約等の実施に伴う所得税法、法人税法及び地方税法の特例等に関する法律施行令 ほか)　第4編 国際運輸業所得の相互免除関係法令(外国人等の国際運輸業に係る所得に対する相互主義による所得税等の非課税に関する法律　外国人等の国際運輸業に係る所得に対する相互主義による所得税等の非課税に関する法律施行令 ほか)　付録(OECD条約モデル(対訳)　国連条約モデル(対訳) ほか)　〔02732〕

国際連合環境計画

◇国連大学包括的「富」報告書―自然資本・人工資本・人的資本の国際比較（Inclusive Wealth Report 2012)　国連大学地球環境変化の人間・社会的側面に関する国際研究計画, 国連環境計画編, 植田和弘, 山口臨太郎訳, 武内和彦監修　明石書店　2014.12　358p　26cm　〈文献あり 索引あり〉8800円　①978-4-7503-4113-2

内容 第1部(福祉と富　各国の包括的富を計上する―実証的な証拠　自然という富が持つ意義　米国の州レベルでの包括的富の測定　国の経済は(仮想的に)持続可能といえるか？ ―国際貿易における自然資産の実証分析)　第2部(経済資産としての自然資本―概観　富会計への道　生態系サービスと富会計　生態系の調整サービスのための包括的富会計　水の会計―ストック、フロー、価値　自然という富の将来を守る―人間の福祉のための自然資本計算における持続可能

性、代替可能性、測定、閾値、集計の問題　教訓、発見、提言）付録（方法論付録　データ付録―各国の富）〔02733〕

国際連合軍縮部

◇軍縮のためのアクション―あなたにもできる10のこと　国際連合広報局, 国際連合軍縮部著, 岡田晃枝, 東京大学教養学部全学自由研究ゼミナール「平和のために東大生ができること」訳　東京大学大学院総合文化研究科・教養学部附属教養教育高度化機構　2015.7　155p　26 cm　〈他言語標題：Action for disarmament〉〔02734〕

国際連合経済社会局

◇女性に対する暴力に関する立法ハンドブック（Handbook for legislation on violence against women）国連経済社会局女性の地位向上部著, ヒューマンライツ・ナウ編訳, 雪田樹理, 清末愛砂, 福嶋由里子, 生駒亜紀子訳　信山社　2011.9　113p　22cm　2000円　①978-4-7972-5587-4〔02735〕

国際連合経済社会情報・政策分析局

◇国際連合世界人口予測―1960→2060　2015年改訂版第1分冊（World Population Prospects）国際連合経済社会情報・政策分析局人口部編, 原書房編集部訳　原書房　2015.12　769p　30cm　〈『世界人口年鑑』別巻〉①978-4-562-05268-4〔02736〕

◇国際連合世界人口予測―1960→2060　2015年改訂版第2分冊（World Population Prospects）国際連合経済社会情報・政策分析局人口部編, 原書房編集部訳　原書房　2015.12　951p　30cm　〈『世界人口年鑑』別巻〉①978-4-562-05268-4〔02737〕

国際連合広報局

◇国際連合の基礎知識　2014（Basic Facts about the United Nations）国際連合広報局著, 八森充訳〔三田〕関西学院大学総合政策学部　2015.3　448p　22cm　〈発売：関西学院大学出版会（西宮）〉2600円　①978-4-86283-195-8

内容 第1章 国際連合：その憲章と機構　第2章 国際の平和と安全　第3章 経済社会開発　第4章 人権　第5章 人道支援　第6章 国際法　付録〔02738〕

◇軍縮のためのアクション―あなたにもできる10のこと　国際連合広報局, 国際連合軍縮部著, 岡田晃枝, 東京大学教養学部全学自由研究ゼミナール「平和のために東大生ができること」訳　東京大学大学院総合文化研究科・教養学部附属教養教育高度化機構　2015.7　155p　26 cm　〈他言語標題：Action for disarmament〉〔02739〕

国際連合広報センター

◇国連ミレニアム開発目標報告　2013（Millennium development goals）国際連合広報センター（制作）　2013　60p　31cm　〈ルーズリーフ〉〔02740〕

国際連合人権高等弁務官事務所

◇みんなのためのLGBTI人権宣言―人は生まれながらにして自由で平等（BORN FREE AND EQUAL）国連人権高等弁務官事務所著, 山下梓訳　合同出版　2016.11　118p　22cm　1800円　①978-4-7726-1280-7

内容 第1章 同性愛に対する嫌悪、トランスジェンダーに対する嫌悪に基づく暴力からLGBTの人々を守る　第2章 LGBTの人々に対する拷問や残虐な行為、非人道的・品位を傷つける取扱いを防ぐ　第3章 同性愛の違法化を廃止する　第4章 性的指向や性別自認を理由とした差別を禁止する　第5章 表現・結社・平和的集会の自由を尊重する〔02741〕

国際連合人権理事会

◇日本語訳国連北朝鮮人権報告書　国連調査委員会報告者, 市民セクター訳, 宋允復監訳　ころから　2016.4　388, 39p　22cm　〈索引あり〉8000円　①978-4-907239-13-8

内容 1 前書き　2 国連の委託した任務と調査委員会の方法論　3 北朝鮮の人権侵害の歴史的・政治的背景　4 調査結果　5 人道に対する罪　6 特に人道に対する罪の責任追及　7 結論および勧告〔02742〕

国際連合大学

◇国連大学包括的「富」報告書―自然資本・人工資本・人的資本の国際比較（Inclusive Wealth Report 2012）国連大学地球環境変化の人間・社会的側面に関する国際研究計画, 国連環境計画編, 植田和弘, 山口臨太郎訳, 武内和彦監修　明石書店　2014.12　358p　26cm　〈文献あり 索引あり〉8800円　①978-4-7503-4113-2

内容 第1部（福祉と富　各国の包括的富を計上する―実証的な証拠　自然という富が持つ意義　米国の州レベルでの包括的富の測定　国の経済は（仮想的に）持続可能といえるか？　―国際貿易における自然資産の実証分析）第2部（経済資産としての自然資本―概観　富会計への道　生態系サービスと富会計　生態系の調整サービスのための包括的富会計　水の会計―ストック、フロー、価値　自然という富の将来を守る―人間の福祉のための自然資本計算における持続可能性、代替可能性、測定、閾値、集計の問題　教訓、発見、提言）付録（方法論付録　データ付録―各国の富）〔02743〕

国際連合統計局

◇国際連合貿易統計年鑑　2012（Vol.61）（INTERNATIONAL TRADE STATISTICS YEARBOOK2012）国際連合統計局編　原書房　2014.8　2冊（セット）　31×23cm　40000円　①978-4-562-05092-5

内容 1 国別表（世界表（地域別、国別または地区別の輸出入合計　原産地別および仕向地別世界輸出）国別表（アイスランド　アイルランド　アゼルバイジャン　アフガニスタン ほか））2 商品別表（世界表（地域別、国別または地区別の輸出入合計　国別または地域別の輸出入合計 ほか）商品別表（食料品および動物（生きているもの）（SITC大分類0）飲料およびたばこ（SITC大分類1）ほか））〔02744〕

国際連盟教育視察団

◇国際連盟教育使節団中国教育の改進―ヨーロッパ四賢人の見た日中開戦前夜の中国教育（The Reorganization of Education in China）国際連盟教育使節団〔著〕, 大塚豊訳　東広島　広島大学出版会　2014.3　188p　21cm　（広島大学出版会オンデマンド 4）　2500円　①978-4-903068-31-2　〔02745〕

国際労働機関《ILO》

◇世界給与・賃金レポート　2012/2013　給与・賃金と公平な成長（Global Wage Report 2012/13 : Wages and equitable growth）　国際労働機関（ILO）著, 田村勝省訳　一灯舎　2013.4　115p　26cm　2500円　①978-4-907600-22-8

内容 1 賃金の主要トレンド（世界経済の状況：危機、不況、及び雇用　実質賃金　地域の推定値　最低賃金と勤労貧困層）　2 労働シェアの低下と公平な成長（労得所得シェアの低下　労働所得シェアが経済成長に及ぼす影響）　3 公平な成長にとっての意義（対内外不均衡　賃金と生産性を再び連動させる）〔02746〕

◇世界雇用情勢　2013　雇用は二番底からの回復途上にある（Global Employment Trends 2013 : Recovering from a second jobs dip）　国際労働機関（ILO）著, 田村勝省訳　一灯舎　2013.8　175p　26cm　2500円　①978-4-907600-25-9

内容 1 マクロ経済の挑戦は悪化している（世界経済の鈍化傾向は2012年に強まった　保護主義と政策矛盾が世界経済により一層のリスクをもたらしかねない ほか）　2 世界の労働市場にかかわる現状と展望（雇用創出がほとんどの地域で鈍化するなかで、失業は再び増加している　世界的な雇用ギャップの規模と性格を理解する ほか）　3 地域別の経済・労働市場動向（先進国・EU　中央・南東欧州（非EU）およびCIS ほか）　4 適切な雇用構造に向けた変化（1人当たり付加価値の伸びを分解する　労働市場は構造変化から利益を享受している ほか）　5 雇用の二番底からの回復：課題と政策（投資と雇用創出を増やすために不確実性に取り組む　世界の需要と雇用の創出に向けて刺激策を調整する ほか）〔02747〕

◇世界雇用情勢　2014　雇用なき回復のリスク？（Global Employment Trends）　国際労働機関著, 田村勝省訳　一灯舎　2014.5　132p　26cm　〈文献あり〉2500円　①978-4-907600-08-2

内容 1 マクロ経済の挑戦と世界の労働市場動向（先進国では若干の明るい兆候がみられる一方、新興国は減速傾向　失業は2013年に少しずつ増加し、今後も長期的に高水準にとどまると予想される　若年労働者の労働市場の状況は一層悪化 ほか）　2 地域別の経済および労働市場の動向（先進国・EU　中央・南東ヨーロッパ（非EU）およびCIS　ラテンアメリカ・カリブ ほか）　3 より強固な労働市場とより包容的な成長のための政策（労働市場と経済成長の低調が続いているため、政策を再考する必要性が生じている　金融面からの刺激で最悪の結末は回避されたが、それには限界があり悪い結末をもたらす懸念もある　結論）〔02748〕

◇人間工学チェックポイント―安全、健康、作業条件改善のための実際的で実施しやすい対策（Ergonomic checkpoints 原著第2版の翻訳）　国際労働事務局編集, 小木和孝訳　第2版　川崎　労働科学研究所　2014.5　302p　30cm　〈初版：労働科学研究所出版部 1998年刊〉2500円　①978-4-89760-328-5　〔02749〕

◇世界労働レポート　2014　仕事を伴う開発（World of Work Report）　国際労働機関著, 田村勝省訳　一灯舎　2015.3　223p　26cm　〈文献あり〉4000円　①978-4-907600-31-0

内容 1 開発の牽引力としての仕事（途上国における成長パターン　雇用パターン、およびその経済開発とその連関　成長パターンを分解する―投資、消費、政府支出、輸出、および教育の役割）　2 仕事を伴う開発のための政策（生産的転換、適切な仕事、そして開発　労働・社会的保護制度―最近のトレンドと開発への影響　社会的保護、生活水準、経済開発―トレンドの概観と政策の評価　所得分配は開発にとって重要か？　―途上国の所得にかかわる労働分配率のトレンドとその経済的インパクト　国際移住と経済開発）〔02750〕

◇世界給与・賃金レポート　2014/2015　賃金・所得の不平等（Global Wage Report 2014/15）　国際労働機関著, 田村勝省訳　一灯舎　2015.11　115p　26cm　〈文献あり〉3000円　①978-4-907600-37-2

内容 1 賃金の主要トレンド（グローバル経済における平均賃金の伸びに関するトレンド　先進国　新興国・途上国のトレンド　平均賃金は漸進的な収斂に向かう？）　2 賃金と所得不平等（はじめに：家計所得不平等における賃金の役割　所得不平等に関する最近のトレンドはさまざま　不平等：賃金の役割と有給雇用不平等と所得源との関係　賃金格差：賃金が他の人々よりも低い労働者とその理由）　3 賃金と不平等に取り組むための政策対応（はじめに：政策課題　賃金と不平等（一次分配）に取り組む労働市場政策　賃金と不平等（二次分配）に取り組む財政政策　結論：政策措置を組み合わせれば不平等に取り組み、雇用を促進し、総需要を下支えすることができる）〔02751〕

◇世界の雇用及び社会の見通し　2015　仕事の性質の変化（World Employment and Social Outlook）　国際労働機関著, 田村勝省訳　一灯舎　2015.12　170p　26cm　4000円　①978-4-907600-38-9

内容 1 新しい雇用パターン：世界全体および地域別のトレンド（雇用と経済成長の関係　多様化した労働市場 ほか）　2 雇用形態、貧困、および所得不平等（各種雇用からの所得　変化する労働形態と貧困 ほか）　3 雇用パターン別の社会的保護の適用範囲（雇用形態別にみた法律上の社会的保護の適用範囲　社会的保護の適用範囲の実際：実施との隔たり ほか）　4 労働規制と雇用パターン（労働規制の変遷　労働法規制が労働市場と社会の成果に及ぼす影響 ほか）　5 グローバルな生産パターンの変化とその企業や雇用に対する影響（グローバルな生産パターンと国境を横断する仕事の組織化　グローバルな供給チェーンが雇用パターンと企業に及ぼす影響 ほか）〔02752〕

◇世界の雇用及び社会の見通し　2015動向編（World Employment and Social Outlook）　国際労働機関著, 田村勝省訳　一灯舎　2016.1　97p　26cm　〈文献あり〉3000円　①978-4-907600-39-6

内容 1 グローバルな雇用および社会の動向（労働市場のトレンド　社会の発展と傾向 ほか）　2 地域別動向：不均質で不確実な回復（先進国・EU　中央・南東ヨーロッパ（非EU）およびCIS ほか）　3 公平な仕事に向けた中期的な挑戦（労働供給の縮小と人口の高齢化　職業パターンの変化 ほか）　付録（世界と地域別の状況　労働市場の推定値と予測値 ほか）〔02753〕

◇ビジネスと経営における女性―気運を盛り上げるグローバル・レポート（Women in business and management）　国際労働機関著, 田村勝省訳

コ

一灯舎　2016.1　16, 183p　26cm　〈文献あり〉 2500円　①978-4-907600-40-2

内容 はじめに　より多くの女性がビジネスやマネジメントに就くことは、企業にとっても有益である　マネジメント職に就いている女性　最高の地位に就いている女性　役員の女性　事業主の女性　給与のジェンダー格差　公的部門の意思決定における女性　教育面で躍進を遂げている女性　指導的立場の女性の障壁　ビジネスやマネジメントにおいて女性を昇進させる政策や措置　ビジネスやマネジメントのいて女性を昇進させるための新たな政策　前進　参考文献　役に立つウェブサイト　統計情報に関する補遺　補遺2　〔02754〕

◇世界の雇用及び社会の見通し　2016動向編（World Employment and Social Outlook）　国際労働機関著, 田村勝省訳　一灯舎　2016.4　96p　26cm　〈文献あり〉 3000円　①978-4-907600-42-6

内容 1 グローバルな雇用及び社会の動向（グローバル経済の最近のパターン　見通しの悪化　仕事の質は依然としてグローバルな懸念事項　労働力の増勢鈍化　社会不安リスクの高まり　働きがいのある人間らしい仕事は持続可能な開発の中心的な課題）　2 地域別にみた雇用及び社会の動向（アフリカ　南北アメリカ　アラブ諸国　アジア・太平洋　ヨーロッパ・中央アジア）　補遺　〔02755〕

国際労働問題研究所

◇世界労働レポート　2013　経済・社会の構造を修復する（World of Work Report）　国際労働機関（ILO）国際労働問題研究所（IILS）著, 田村勝省訳　一灯舎　2014.2　143p　26cm　〈文献あり〉 2500円　①978-4-907600-04-4

内容 1 雇用のトレンドと予測の概観（労働市場の実績と予測　構造的な状況：長期失業・仕事の質に関する懸念・社会への影響 ほか）　2 世界中の所得分布と中間所得層（所得と賃金の不平等にかかわるトレンド　先進国における中所得層 ほか）　3 経済の調整に果たす最低賃金の役割（最低賃金と仕事：文献レビュー　最低賃金制度の設計における重要な点 ほか）　4 仕事に優しい回復に向けた投資（投資にかかわる世界のパターンや傾向　経済全体および企業の収益性に関する概観 ほか）　5 より公平で仕事に優しい経済軌道にどうやって移行するか（現在のマクロ経済政策スタンスに関連した挑戦　より仕事に優しい公平なアプローチに向かう ほか）　〔02756〕

国民文化研究所

◇韓国独立運動家 鷗波白貞基―あるアナーキストの生涯　国民文化研究所編著, 草場里見訳　明石書店　2014.1　344p　20cm　〈年譜あり〉 4800円　①978-4-7503-3951-1

内容 第1章 成長期――八九六～一九一八　第2章 寂しい流浪の始まりと終わり　第3章 同志と師に出会う　第4章 五・三〇ゼネストと徒歩旅行　第5章 上海・天津での逸話　第6章 受難始まる――九二八・一〇～一九三〇・九　第7章 夢を追って――九三〇～一九三一　第8章 上海、決戦場――九三一～一九三二　第9章 私の墓に花一輪を　〔02757〕

コクラン, ラリー　Cochran, Larry

◇ナラティブ・キャリアカウンセリング―「語り」が未来を創る（CAREER COUNSELING）　ラリー・コクラン著, 宮城まり子, 松野義夫訳　生産性出版　2016.10　276p　21cm　〈文献あり〉 2400円　①978-4-8201-2060-5

内容 第1章 ナラティブ・キャリアカウンセリング　第2章 キャリアの問題を深く考察する　第3章 ライフヒストリーを紡ぎ出す　第4章 未来のナラティブの基礎を固める　第5章 ナラティブを実現する　第6章「キャリア発達ストーリー」の生態学　〔02758〕

コーゴン, コリー　Kogon, Kory

◇5つの選択―卓越した生産性を実現する21世紀のタイム・マネジメント　コリー・コーゴン, アダム・メリル, リーナ・リンネ著, フランクリン・コヴィー・ジャパン訳　キングベアー出版　2015.11　356p　20cm　2000円　①978-4-86394-049-9

内容 第1部 意思決定の管理（第1の選択 重要軸で行動し、緊急軸に流されない　第2の選択 平凡に満足せず、卓越を目指す）　第2部 集中力の管理（第3の選択 小さな石に飛びつかず、大きな石をスケジュールする　第4の選択 テクノロジーに使われることなく、テクノロジーを支配する）　第3部 エネルギーの管理（第5の選択 燃え尽きることなく、燃え上がる）　第4部 Q2リーダーになる（リーダーとしてできること　あなたの組織にQ2カルチャーを醸成する　付録A：電子メール利用指針―主要な二五項目　付録B：主要なモデル）　〔02759〕

コザチェフスキ, ツィリル

◇フォーラム・ポーランド会議録　2013年　変貌する世界地図とポーランド―その今日・明日　フォーラム・ポーランド組織委員会監修, 関口時正, 田口雅弘編著　岡山　ふくろう出版　2014.6　101p　26cm　〈他言語標題：Forum Polska Konferencja　ポーランド語併記　会期・会場：2013年12月7日（土）駐日ポーランド共和国大使館多目的ホール 主催：フォーラム・ポーランド組織委員会〉 1200円　①978-4-86186-607-4

内容 パネル・ディスカッション（ツィリル・コザチェフスキ, 蓮見雄, 大石恭弘述, 田口雅弘モデレーター, イヴォナ・メルクレイン, ヤロスワフ・ヴァチンスキ, 関口時正訳）　〔02760〕

ゴザリ, シディ・アフメド

◇日本・アルジェリア友好の歩み―外交関係樹立50周年記念誌　私市正年, スマイル・デベシュ, 在アルジェリア日本国大使館編著　千倉書房　2014.8　286p　19cm　2800円　①978-4-8051-1041-6

内容 特別インタビュー 私は日本を『発見』した最初のアルジェリア人（シディ・アフメド・ゴザリ）　〔02761〕

ゴーサール, ヴァンサン　Goossaert, Vincent

◇戦争・災害と近代東アジアの民衆宗教　武内房司編　有志舎　2014.3　313, 3p　22cm　6600円　①978-4-903426-82-2

内容 近代道教の終末論（ヴァンサン・ゴーサール著, 梅川純代訳）　〔02762〕

◇道教の聖地と地方神　土屋昌明, ヴァンサン・ゴーサール編　東方書店　2016.2　287p　22cm　〈他言語標題：DAOIST SACRED SITES AND LOCAL GODS　索引あり〉 4600円　①978-4-497-21601-4

内容 近代江南における三茅君（ヴァンサン・ゴーサー

ル著, 森由利亜訳）〔02763〕

コザロヴァ, ゲルガーナ

◇中東欧地域における私法の根源と近年の変革（Geschichtliche Wurzeln und Reformen in mittel-und osteuropäischen Privatrechtsordnungen） 奥田安弘, マルティン・シャウアー編, 奥田安弘訳　八王子　中央大学出版部　2014.11　190p　21cm　（日本比較法研究所翻訳叢書 70）　2400円　①978-4-8057-0371-7

内容 ブルガリア法における非占有担保権（ゲルガーナ・コザロヴァ著）〔02764〕

ゴシ 呉子

◇孫子 呉子　守屋洋, 守屋淳訳・解説　新装版　プレジデント社　2014.9　286p　21cm　（全訳「武経七書」 1）　2500円　①978-4-8334-2096-9

内容 『孫子』（始計篇　作戦篇　謀攻篇　軍形篇　兵勢篇　虚実篇　軍争篇　九変篇　行軍篇　地形篇　九地篇　火攻篇　用間篇）『呉子』（図国篇　料敵篇　治兵篇　論将篇　応変篇　励士篇）〔02765〕

コジェーヴ, アレクサンドル　Kojève, Alexandre

◇法の現象学（ESQUISSE D'UNE PHÉNOMÉNOLOGIE DU DROIT）　アレクサンドル・コジェーヴ著, 今村仁司, 堅田研一訳　新装版　法政大学出版局　2015.4　762p　19cm　（叢書・ウニベルシタス）　9000円　①978-4-588-14009-9

内容 第1部 法としての法（第四節 - 三三節）（法の哲義（第五節 - 一九節）　法の現実性―法、社会、国家（第二〇節 - 二五節）　法の特殊性と自律性―他の人間活動との関係での法的活動と正義の理念（第二六節―三三節））　第2部 法の起源と進化（第三四節 - 四六節）（法の源泉―正義の理念の源泉としての人間発生的承認欲望（第三五節 - 三八節）　法の誕生―主人と奴隷の対立的正義（第三九節 - 四三節）　法の進化―公民の綜合的正義（公平の正義）（第四四節 - 四六節））　第3部 法の体系（第四七節 - 七〇節）（法的現象の分類（第四八節 - 五二節）　法的現象のいくつかのタイプの概括的研究（第五三節 - 七〇節））〔02766〕

◇無神論（L'ATHEISME）　アレクサンドル・コジェーヴ〔著〕, 今村真介訳　法政大学出版局　2015.6　222, 80p　20cm　（叢書・ウニベルシタス 1028）　3600円　①978-4-588-01028-6

内容 解題（無神論　「知の体系」　結論 アレクサンドル・コジェーヴの作品における『無神論』）　無神論（問題設定　世界内人間と世界外人間　有神論、無神論、そして神への道　無神論の問いへの回帰）〔02767〕

コジェフニコフ, アレクセイ

◇科学の参謀本部―ロシア/ソ連邦科学アカデミーに関する国際共同研究　市川浩編著　札幌　北海道大学出版会　2016.2　522p　22cm　〈索引あり〉　12500円　①978-4-8329-8224-6

内容 ソヴィエト政体を共同制作した科学（アレクセイ・コジェフニコフ著, 金山浩司訳）〔02768〕

コジオル, ジェフリ

◇現代を読み解くための西洋中世史―差別・排除・不平等への取り組み（Why the Middle Ages Matter）　シーリア・シャゼル, サイモン・ダブルデイ, フェリス・リフシッツ, エイミー・G. リーメンシュナイダー編著, 赤阪俊一訳　明石書店　2014.9　368p　20cm　（世界人権問題叢書 89）　4600円　①978-4-7503-4072-2

内容 指導力―我々には君主の鑑はあるのに、どうして大統領の鑑はないのか（ジェフリ・コジオル）〔02769〕

ゴシャール, スマントラ　Ghoshal, Sumantra

◇アクション・バイアス―自分を変え、組織を動かすためになすべきこと（A Bias for Action）　ハイケ・ブルック, スマントラ・ゴシャール著, 野田智義訳　東洋経済新報社　2015.3　258, 16p　19cm　〈「意志力革命」（ランダムハウス講談社2005年刊）の改題、再編集〉　1800円　①978-4-492-53359-8

内容 経営とは、実行し成し遂げる芸術である　第1部 意志の力を駆使して結果を出す（アクティブ・ノンアクションからの決別にあたって　エネルギーを引き出し、集中力を高める　モチベーションを超えて意志の力を追求する　ルビコン川を渡る　ノンアクションの三つの罠を克服する）　第2部 行動する人々であふれる企業を育てる（目的意識を持ったマネジャーを育成する―組織の責任　組織の持つエネルギーを解き放つ　人々を行動に向けて解放する―リーダーに必要とされるもの）〔02770〕

◇自分を成長させる極意―ハーバード・ビジネス・レビューベスト10選（HBR'S 10 MUST READS ON MANAGING YOURSELF）　ピーター・F. ドラッカー, クレイトン・M.クリステンセン他著, ハーバード・ビジネス・レビュー編集部編, DIAMONDハーバード・ビジネス・レビュー編集部訳　ダイヤモンド社　2016.1　311p　19cm　1600円　①978-4-478-06830-4

内容 「膨大な仕事」に飲まれない最良のアプローチ/自分の仕事を取りもどす（スマントラ・ゴシャール著）〔02771〕

コシュロー, ゴラマリ

◇世界はなぜ争うのか―国家・宗教・民族と倫理をめぐって　福田康夫, ヘルムート・シュミット, マルコム・フレーザー他著, ジェレミー・ローゼン編集, 渥美桂子訳　朝倉書店　2016.3　296p　21cm　〈他言語標題：Ethics in Decision-Making〉　非売品

内容 宗教と暴力（ゴラマリ・コシュロー著）〔02772〕

◇世界はなぜ争うのか―国家・宗教・民族と倫理をめぐって　福田康夫, ヘルムート・シュミット, マルコム・フレーザー他著, ジェレミー・ローゼン編集, 渥美桂子訳　朝倉書店　2016.5　296p　21cm　〈他言語標題：Ethics in Decision-Making〉　1850円　①978-4-254-50022-6

内容 宗教と暴力（ゴラマリ・コシュロー著）〔02773〕

コース, ジャン＝ガブリエル　Causse, Jean-Gabriel

◇色の力―消費行動から性的欲求まで、人を動かす色の使い方（L'ÉTONNANT POUVOIR DES COULEURS）　ジャン＝ガブリエル・コース著, 吉田良子訳　CCCメディアハウス　2016.6　253p　19cm　1600円　①978-4-484-16105-1

内容 第1章 色を理解する(色の認識　色の温度　色は何色あるのか？　ほか)　第2章 色の与える影響(危険と身体的優位性を表わす色　リラックスさせる色・創造力を高める色　学習意欲と生産性を高める色 ほか)　第3章 色を選ぶ(色の象徴するもの　風水の恵み　装飾の色は大胆に選ぼう ほか)　付録 世界の地域でそれぞれの色が象徴するもの　〔02774〕

コ

コースゴー, オヴェ　Korsgaard, Ove

◇政治思想家としてのグルントヴィ（N.F.S. Grundtvig(重訳)）　オヴェ・コースゴー〔著〕, 清水満訳　新評論　2016.1　272p　19cm　〈文献あり 年譜あり 索引あり〉2500円　①978-4-7948-1027-4

内容 第1部 政治思想家としてのグルントヴィ(グルントヴィの影響と関連性　身分の時代から民衆の時代へ　国民と人民―想像された共同体　グルントヴィの自由の概念　連合王国から国民国家へ　立憲主義対コモンロー(慣習法)　政治思想家としてのグルントヴィの重要性)　第2部 関連するグルントヴィのテキスト(北欧神話、歴史的・詩的観点から展開され、照明された象徴的言語(一八三二年)『時代の記憶の中で――七八八～一八三八年』―最近の半世紀の歴史についての講義(一八三八年)　スレースヴィ救援協会での講演　議会での演説)　〔02775〕

コスタ, マリアンヌ　Costa, Marianne

◇タロットの宇宙（La Voie du Tarot）　アレハンドロ・ホドロフスキー, マリアンヌ・コスタ著, 伊泉竜一監修, 黒岩卓訳　国書刊行会　2016.12　658p　24×16cm　〈付属資料：タロットカード〉6800円　①978-4-336-06112-6

内容 第1章 タロットの枠組みと数秘学(序：タロットは一つの完成された存在である　構成および向きに関する規則 ほか)　第2章 大アルカナ(序：魂の建築　愚者 ほか)　第3章 小アルカナ(序：秘密の慎ましき守り手たち　1 数秘学の諸段階 ほか)　第4章 2枚ずつ見たタロット(序：共同作業としての「意識」　二つの十段階の列から作られる組み合わせ ほか)　第5章 タロットのリーディング(序：いかにして鏡となるか　リーディングへの最初の一歩 ほか)　〔02776〕

◇タロットの宇宙（La Voie du Tarot）　アレハンドロ・ホドロフスキー, マリアンヌ・コスタ著, 伊泉竜一監修, 黒岩卓訳　国書刊行会　2016.12　658p　23×16cm　6800円　①978-4-336-06111-9

内容 第1章 タロットの枠組みと数秘学(序：タロットは一つの完成された存在である　構成および向きに関する規則 ほか)　第2章 大アルカナ(序：魂の建築　愚者 ほか)　第3章 小アルカナ(序：秘密の慎ましき守り手たち　1 数秘学の諸段階 ほか)　第4章 2枚ずつ見たタロット(序：共同作業としての「意識」　二つの十段階の列から作られる組み合わせ ほか)　第5章 タロットのリーディング(序：いかにして鏡となるか　リーディングへの最初の一歩 ほか)　〔02777〕

ゴスチャ, リチャード・J.　Goscha, Richard Joseph

◇ストレングスモデル―リカバリー志向の精神保健福祉サービス（The Strengths Model 原著第3版の翻訳）　チャールズ・A.ラップ, リチャード・J.ゴスチャ著, 田中英樹監訳　第3版　金剛出版　2014.1　427p　22cm　〈文献あり 索引あり〉4600円　①978-4-7724-1346-6

内容 第1章 歴史、批判、有益な概念―ストレングスパラダイムに向けて　第2章 ストレングスの基礎理論　第3章 ストレングスモデルの目的、原則、研究結果　第4章 関係とその結び方―新しいパートナーシップ　第5章 ストレングスアセスメント―個人の健康的な部分を展開する　第6章 個別計画―達成課題を創造するために　第7章 資源の獲得―地域を地域精神保健に戻す　第8章 ストレングスモデルを支える背景―効果的な実践のための状況づくり　第9章 ストレングスモデルのエピローグ―よく聞かれる質問/異議　〔02778〕

コスチューク, ゲ・エス

◇村山士郎教育論集　1　子ども論・それでも子どもは未来志向　村山士郎著　本の泉社　2015.6　283p　22cm　2500円　①978-4-7807-1223-0

内容 子どもの発達と教育との相互関係について(ゲ・エス・コスチューク著, 村山士郎訳)　〔02779〕

コスト, ダニエル　Coste, Daniel

◇異文化間教育とは何か―グローバル人材育成のために　西山教行, 細川英雄, 大木充編　くろしお出版　2015.10　237p　21cm　(リテラシーズ叢書 4)　2400円　①978-4-87424-673-3

内容 複数文化と異文化間能力(ダニエル・コスト著, 倉舘健一訳)　〔02780〕

コズニック, クレア　Kosnik, Clare Madott

◇教員養成の新視点―カナダからの提言（PRIORITIES IN TEACHER EDUCATION）　クレア・コズニック, クライヴ・ベック著, 山根耕平監訳, 隈元泰弘, 新茂之, 宮崎宏志, 中植正剛訳　京都　晃洋書房　2015.12　270p　21cm　〈文献あり 索引あり〉3100円　①978-4-7710-2656-8

内容 第1章 プログラム・プランニング　第2章 児童の評価　第3章 クラスの編成とコミュニティー　第4章 インクルーシブ教育　第5章 教科内容と教授法　第6章 専門家としてのアイデンティティー　第7章 学校教育のビジョン　〔02781〕

コズマ, ボブ　Kozma, Bob

◇21世紀型スキル―学びと評価の新たなかたち（ASSESSMENT AND TEACHING OF 21ST CENTURY SKILLS）　P.グリフィン,B.マクゴー,E.ケア編, 三宅なほみ監訳, 益川弘如, 望月俊男編訳　京都　北大路書房　2014.4　265p　21cm　〈索引あり〉2700円　①978-4-7628-2857-7

内容 知識構築のための新たな評価と学習環境(マリーン・スカーダマリア, ジョン・ブランスフォード, ボブ・コズマ, エディス・クエルマルツ著, 河﨑美保, 齊藤萌木, 大浦弘樹, 舘野泰一訳)　〔02782〕

コズマン, マドレーヌ・P.　Cosman, Madeleine Pelner

◇ヨーロッパの祝祭と年中行事（Medieval Holidays and Festivals）　マドレーヌ・P.コズマン著, 加藤恭子, 山田敏子訳　新装版　原書房　2015.8　273, 4p　21cm　〈初版のタイトル：ヨーロッパの祝祭典　索引あり〉2300円　①978-4-562-05198-4

内容 華やかな中世の祝典　トゥエルフス・ナイト　二月―聖ヴァレンタイン・デイ　三月―イースター　四月―万愚節　五月―五月祭　六月―ミドサマー・イヴ　七月―聖スウィズンの日　八月―ラマスの日　九月

―ミカエル祭　十月―ハロウィーン　十一月―聖キャサリンの日　十二月―クリスマス　中世の祭りの再現　中世のお料理　〔02783〕

コスリツキ, カトリン

◇アリストテレス的現代形而上学（Contemporary Aristotelian Metaphysics）　トゥオマス・E.タフコ編著, 加地大介, 鈴木生郎, 秋葉剛史, 谷川卓, 植村玄輝, 北村直彰訳　春秋社　2015.1　451, 17p　20cm　（現代哲学への招待―Anthology　丹治信春監修）〈文献あり 索引あり〉4800円　①978-4-393-32349-6

内容 本質・必然性・説明（カトリン・コスリツキ著, 鈴木生郎訳）　〔02784〕

ゴスリング, デビッド

◇FDガイドブック―大学教員の能力開発（A GUIDE TO FACULTY DEVELOPMENT 原著第2版の抄訳）　ケイ・J.ガレスピー, ダグラス・L.ロバートソン編著, 羽田貴史監訳, 今野文子, 串本剛, 立石慎治, 杉本和弘, 佐藤万知訳　町田　玉川大学出版部　2014.2　338p　21cm　（高等教育シリーズ 162）〈別タイトル：Faculty Developmentガイドブック　文献あり 索引あり〉3800円　①978-4-472-40487-0

内容 ファカルティ・ディベロップメントの国際展開（ナンシー・バン・ノート・チズム, デビッド・ゴスリング, メアリー・ディーン・ソルチネッリ著）〔02785〕

コスロカヴァール, ファラッド　Khosrokhavar, Farhad

◇世界はなぜ過激化（ラディカリザシオン）するのか？（RADICALISATION）　ファラッド・コスロカヴァール〔著〕, 池村俊郎, 山田寛訳　藤原書店　2016.12　265p　20cm　〈文献あり 年表あり〉2800円　①978-4-86578-101-4　〔02786〕

ゴスワミ, アミット　Goswami, Amit

◇驚天動地―クォンタムが解きあかす「世界の秘密」　アミット・ゴスワミ著, 大空夢湧子訳, 喜多見竜一監修　ヴォイス　2014.12　270p　19cm　1800円　①978-4-89976-430-4

内容 禅　時間・空間　生と死　人生の目的　愛　悟り　創造性　感情　教育　経済　神の意思　〔02787〕

ゴダード, ネヴィル　Goddard, Neville Lancelot

◇もう君はそこにいる！―思いどおりに書き換えた「その一日」があなたの未来になる（Feeling is the Secret, The Pruning Shears of Revision）　ネヴィル・ゴダード著, 新間潤子訳　ヒカルランド　2016.6　131p　19cm　1500円　①978-4-86471-389-4

内容 第1部 潜在意識の秘密（意識の法則とその働き―望む現実世界はどうやって創られるか　「眠り」は、「願望」を潜在意識という創造のフィールドに送り込む入り口　「祈り」を生かす「すでに叶っている」―気分を潜在意識へ送り届ける超技術　「自分自身を信じる」という創造の極意）　第2部 人生を書き換える剪定ばさみ（予言された未来　「すべての人を赦し、救う」実践法　あなたは今もエデンの園にいる　「心の剪定」とは人生を書き換えること　一日を書き換えていく具体的方法　「書き換えをする」ことの奥深い意味とは　「心の眼」で「罪」を取り去る剪定の方法　真の庭師になるには/想像により創造すること　書き換えた一日は「未来」になる　捨ててよいものは何もない/剪定すれば理想の姿に変えられる　「雑草に覆われた土地」という警告　天国に入るには/嫌いな人を友にする方法　実例―出会う人はみな自分の一部　究極の目的、それは世界を救うこと　想像力に不可能はない/愛を込めて想像力を使う）　〔02788〕

◇その思いはすでに実現している！―想定の『超』法則（The Power of Awareness）　ネヴィル・ゴダード著, 林陽訳　新装版　ヒカルランド　2016.7　257p　19cm　〈初版のタイトル：想定の『超』法則〉1667円　①978-4-86471-393-1

内容 人生のあらゆる現象をつくり出す仕組み―意識＝光と「私は在る」の不変不滅の感覚が、運命を決めてゆく　意識こそが幸せな未来を生み出す唯一の原物質―心の状態を活用して、現実の世界をいかにつくり変えるか　宇宙創造の源泉“想定する力”を最大限に生かす―想像力は、未来の夢を今の現実に変える究極の道具　運命の支配者へ！　理想の願望を現実化させる秘法―「願いはすでに実現している」想定力の実践で人生は開ける　想定を成功させる具体的な手順―自由と幸福への鍵は、想像力を意識して制御・反復することにある　注意力でただ一つのものに焦点を絞り込む―成功の秘訣！　集中観察を駆使して思う形を鮮明にする法　想定力が人間関係を好転させる―あなたの態度・想像力が未来を改造するパワーを引き寄せる　余計な想像力をいかに捨て去るか―破壊的な思いを剪定し、自分の叶えたい理想に注意を振り向ける　想像した未来の場所を現実の世界に変換する―想定による心の前進運動が現実の場所をつくり物質化させる　創造されるものすべては、すでにあなたの中に存在する―「自分をどう思うか」によって現在・未来の出来事を最終的に決めている〔ほか〕　〔02789〕

ゴダール, ジャン＝クリストフ

◇ドゥルーズ―没後20年新たなる転回　河出書房新社　2015.10　269p　21cm　〈文献あり 著作目録あり〉2100円　①978-4-309-24735-9

内容 1960年という瞬時におけるドゥルーズ（ジャン＝クリストフ・ゴダール著, 小林卓也訳）　〔02790〕

ゴーチエ, アラン　Gauthier, Alain

◇行動探求―個人・チーム・組織の変容をもたらすリーダーシップ（ACTION INQUIRY）　ビル・トルバートほか著, 小田理一郎, 中小路佳代子訳　英治出版　2016.2　341p　22cm　〈文献あり〉2400円　①978-4-86276-213-9

内容 第1部 行動探求のリーダーシップ・スキルを学ぶ（行動探求の基本　話し方としての行動探求　組織化する方法としての行動探求　行動探求―概念と体験）　第2部 変容をもたらすリーダーシップ（機会獲得型と外交官型　専門家型と達成者型　再定義型の行動論理　変容者型の行動論理）　第3部 変容をもたらす組織（変容をもたらす会議、チーム、組織　組織変革をファシリテーションする　社会的ネットワークの組織と、協働的な探求への変容　協働的な探求の真髄）　第4部 行動探求の究極の精神的・社会的な意図（アルケミスト型の行動についての新鮮な気づき　探求の基盤コミュニティを創り出す）　〔02791〕

ゴチェノアー, ザッカリ

◇移民の経済学（THE ECONOMICS OF IMMIGRATION）　ベンジャミン・パウエル編, 藪下史郎監訳, 佐藤綾野, 鈴木久美, 中田勇人訳東洋経済新報社　2016.11　313, 35p　20cm 〈文献あり 索引あり〉2800円　①978-4-492-31488-3
内容 国際労働移動の経済効果(ピーター・T.リーソン, ザッカリ・ゴチェノアー著, 藪下史郎訳)〔02792〕

コック, ダン
◇シーボルト日本書籍コレクション現存書目録と研究　人間文化研究機構国文学研究資料館編　勉誠出版　2014.12　675p　22cm 〈他言語標題：Japanese books in the Von Siebold collection a catalog and further research　索引あり〉15000円　①978-4-585-22108-1
内容 フィッセル蒐集の狂歌本(ダン・コック著, 大野晃嗣訳)〔02793〕

コックス, コレット
◇倶舎―絶ゆることなき法の流れ　青原令知編　京都　自照社出版　2015.3　452p　19cm　(竜谷大学仏教学叢書 4)　2400円　①978-4-86566-008-1
内容 アビダルマ誕生の最初の痕跡(コレット・コックス著, 那須良彦訳)〔02794〕

コックス, サイモン
◇英エコノミスト誌のいまどき経済学 (ECONOMICS 原著第3版の翻訳)　サウガト・ダッタ編, 松本剛史訳　日本経済新聞出版社　2014.9　321p　19cm 〈索引あり〉2000円　①978-4-532-35606-4
内容 経済学の基本をめぐる議論 他(マシュー・ビショップ, サイモン・コックス, サウガト・ダッタ, パトリック・レイン, パム・ウッドール著)〔02795〕

コックス, バーバラ　Cox, Barbara
◇世界恐怖図鑑　1　魔女・黒魔術・呪い (Encyclopedia of Scary Things)　バーバラ・コックス, スコット・フォーブス著, ナカイサヤカ訳　文渓堂　2015.9　48p　28cm 〈索引あり〉1500円　①978-4-7999-0135-9
内容 魔女　魔法使い　ハロウィン　魔法と護符　人狼　邪悪な精霊〔02796〕
◇世界恐怖図鑑　2　吸血鬼・モンスター・ドラゴン (Encyclopedia of Scary Things)　バーバラ・コックス, スコット・フォーブス著, ナカイサヤカ訳　文渓堂　2015.12　48p　28cm 〈索引あり〉1500円　①978-4-7999-0136-6
内容 吸血鬼　海のモンスター　山のモンスター　巨人　ドラゴン〔02797〕
◇世界恐怖図鑑　3　幽霊・悪霊・ゾンビ (Encyclopedia of Scary Things)　バーバラ・コックス, スコット・フォーブス著, ナカイサヤカ訳　文渓堂　2016.8　48p　28cm 〈索引あり〉1500円　①978-4-7999-0137-3
内容 幽霊と悪霊　ゾンビ　墓地の怪物　魔物　水の悪霊　地球外生命体　ミイラ　小鬼〔02798〕

ゴッジ, ジャンルイジ　Goggi, Gianluigi
◇ドニ・ディドロ、哲学者と政治―自由な主体をいかに生み出すか　ジャンルイジ・ゴッジ著, 王寺賢太監訳・解題, 逸見竜生, 福田真希, 川村文重訳　勁草書房　2015.11　282, 7p　20cm 〈他言語標題：Denis Diderot, le philosophe et la politique　年表あり 索引あり〉3500円　①978-4-326-15436-4
内容 1 ディドロの政治的言語における三つのイメージ(いくつかの方法論的予備考察　オデュッセウスの同伴者たちを貪り食うポリュフェモス　ブリアレオスを縛りつける　三人のエリザベス　結論)　2 植民地建設と文明化―ディドロによる「ロシアの文明化」論とその周辺(ヒュームとハリントン―「文明化」の観念の考古学に向けて　ディドロとロシア―文明化と農奴解放　「植民と文明への定着」―ベーコンとイエズス会士たちの先例　ボードーによる「ロシアの文明化」論　ディドロとボードー―政治的プロジェクトから歴史過程へ　結論)　3 最後のディドロと政治的雄弁(雄弁の選択　老いたアイソンを切り刻んで若返らせるメディアのイメージ―ホッブズへの異議申し立てと雄弁の名誉回復　ディドロの関心を惹いた同時代の政治的出来事と雄弁　共和主義の雄弁と政治思想の二つのパラダイム　雄弁と公共空間の改鋳)〔02799〕

コッター, ケヴィン　Cotter, Kevin
◇教皇フランシスコとともに日々の内省 (THROUGH THE YEAR WITH POPE FRANCIS DAILY REFLECTIONS)　ケヴィン・コッター編, 里見貞代訳　女子パウロ会　2016.10　391p　19cm　1300円　①978-4-7896-0778-0〔02800〕

コッター, ジョン・P.　Kotter, John P.
◇ハーバード・ビジネス・レビューBEST10論文―世界の経営者が愛読する (HBR's 10 Must Reads)　ハーバード・ビジネス・レビュー編集部編, DIAMONDハーバード・ビジネス・レビュー編集部訳　ダイヤモンド社　2014.9　357p　19cm　(Harvard Business Review)　1800円　①978-4-478-02868-1
内容 企業変革の落とし穴(ジョン・P.コッター著)〔02801〕
◇ジョン・P.コッター実行する組織―大組織がベンチャーのスピードで動く (ACCELERATE)　ジョン・P.コッター著, 村井章子訳　ダイヤモンド社　2015.7　203p　20cm　2000円　①978-4-478-02837-7
内容 第1章 階層組織の限界　第2章 デュアル・システムとは何か　第3章 失敗事例に学ぶ、企業が陥りがちな罠　第4章 リーダーシップの本質と企業組織の進化　第5章 成功事例にみる「五つの原則」「八つのアクセラレータ」　第6章 真の危機感をいかに醸成するか　第7章 大きな機会、大きな可能性　第8章 デュアル・システムを巡る「よくある質問」　終章 企業の未来とデュアル・システム〔02802〕

コッチ, リチャード　Koch, Richard
◇並外れたマネジャーになる80対20の法則 (THE 80/20 MANAGER)　リチャード・コッチ著, 高遠裕子訳　阪急コミュニケーションズ　2013.12　292p　19cm　1600円　①978-4-484-13126-9〔02803〕
◇まんがでわかる 人生を変える80対20の法則

（THE 80/20 PRINCIPLE ： The Secret of Achieving More With Less） リチャード・コッチ原作, 阪口ナオミ作画　CCCメディアハウス　2015.12　222p　19cm　1300円　①978-4-484-15228-8
内容 プロローグ 本書を読み進めるために　第1章 80対20の法則は社会法則　第2章 20%が総利益の80%を生む　第3章 顧客の20%が利益の80%を占めている　第4章 20%の時間で仕事の成果の80%を生む　第5章 20%が会社の80%の利益を生み出す　第6章 無駄な80%をどう改善するか　エピローグ 80対20の法則で幸福を　〔02804〕

コッティンガム, ジョン
◇哲学がかみつく（Philosophy Bites） デイヴィッド・エドモンズ, ナイジェル・ウォーバートン著, 佐光紀子訳　柏書房　2015.12　281p　20cm 〈文献あり〉 2800円　①978-4-7601-4658-1
内容 人生の意味（ジョン・コッティンガム述）〔02805〕

ゴットヴァルト, ペーター
◇民事手続法制の展開と手続原則─松本博之先生古稀祝賀論文集　徳田和幸, 上野泰男, 本間靖規, 高田裕成, 高田昌宏編集委員　弘文堂　2016.4　861p　22cm 〈著作目録あり〉 13000円　①978-4-335-35676-6
内容 ドイツにおけるメディエーション（ペーター・ゴットヴァルト著, 出口雅久訳）〔02806〕

ゴットシャル, カリン　Gottschall, Karin
◇知識経済をジェンダー化する─労働組織・規制・福祉国家（GENDERING THE KNOWLEDGE ECONOMY） S.ウォルビー,H.ゴットフリート, K.ゴットシャル, 大沢真理編著, 大沢真理編訳　京都　ミネルヴァ書房　2016.8　382p　22cm （現代社会政策のフロンティア 10） 〈索引あり〉 5500円　①978-4-623-07783-0
内容 自営業の比較（カリン・ゴットシャル, ダニエラ・クロース著）〔02807〕

ゴットバルト, ペーター　Gottwald, Peter
◇ドイツ・ヨーロッパ民事手続法の現在─ゴットバルト教授日本講演録　ペーター・ゴットバルト著, 二羽和彦編訳　八王子　中央大学出版部　2015.10　194p　21cm （日本比較法研究所翻訳叢書 71） 〈他言語標題：Beiträge zum deutschen und europäischen Zivilverfharensrecht　索引あり〉 2500円　①978-4-8057-0372-4
内容 第1章 教科書からみたドイツ民事訴訟法理論の変遷　第2章 ドイツにおける集合的権利保護─投資者ムスタ手続法にとどまるのか、さらに拡大するか　第3章 ドイツにおける弁護士の現在　第4章 ヨーロッパ民事訴訟法　第5章 ヨーロッパ倒産法の現在　第6章 国際仲裁手続法をめぐる最近の問題　〔02808〕

ゴットフリート, H.　Gottfried, Heidi
◇知識経済をジェンダー化する─労働組織・規制・福祉国家（GENDERING THE KNOWLEDGE ECONOMY） S.ウォルビー,H.ゴットフリート, K.ゴットシャル, 大沢真理編著, 大沢真理編訳　京都　ミネルヴァ書房　2016.8　382p　22cm （現代社会政策のフロンティア 10） 〈索引あり〉 5500円　①978-4-623-07783-0
内容 第1部 知識経済、ジェンダーおよび規制の概念を再構築する（知識経済のジェンダー化の理論を構築する─比較のアプローチ　ジェンダーと知識経済の概念化を比較する）　第2部 規制を比較する（日本の生活保障システムは逆機能している─2000年代の比較ガバナンス　多様なジェンダー・レジームと職場におけるジェンダー平等規制─グローバルな文脈で　似たような成果だが経路は異なる─ジェンダー化された雇用規制の国際移転）　第3部 新たな雇用形態をジェンダー化する（自営業の比較─全般的動向とニューメディアの事例　新しい知識経済における生活と労働のパターン─ニューメディアとケア労働における新たな機会と旧来の社会的分断　ケア労働者は知識労働者か？　誰が知識労働者になるのか？ ─イギリスのコールセンターの事例　組織におけるジェンダー化された柔軟性を再構築する─ドイツのコールセンターの比較分析）　ジェンダー平等が持続可能なグローバル・コミュニティをつくる　〔02809〕

ゴッドフレイ, ジャン　Godfrey, Jan
◇かいばおけにねむるあかちゃん　ジャン・ゴッドフレイぶん, クリスティーナ・カライ・ナギーえ　サンパウロ　2014.9　27p　18×18cm　900円　①978-4-8056-1521-8　〔02810〕

コットリル, ケンナ
◇経験学習によるリーダーシップ開発─米国CCLによる次世代リーダー育成のための実践事例（Experience-Driven Leader Development） シンシア・D.マッコーレイ,D.スコット・デリュ, ポール・R.ヨスト, シルベスター・テイラー編, 漆嶋稔訳　日本能率協会マネジメントセンター　2016.8　511p　27cm　8800円　①978-4-8207-5929-4
内容 イベント企画による転換可能なスキルの学習（ケンナ・コットリル, キム・ハヤシ）〔02811〕

コットン, ロナルド　Cotton, Ronald
◇とらわれた二人─無実の囚人と誤った目撃証人の物語（PICKING COTTON） ジェニファー・トンプソン‐カニーノ, ロナルド・コットン, エリン・トーニオ〔著〕, 指宿信, 岩川直子訳　岩波書店　2013.12　338p　20cm　2800円　①978-4-00-025945-3　〔02812〕

コッホ, エバ　Koch, Ebba
◇ビジュアル版 世界の歴史都市─世界史を彩った都の物語（The Great Cities in History） ジョン・ジュリアス・ノーウィッチ編, 福井正子訳　柊風舎　2016.9　303p　27×21cm　15000円　①978-4-86498-039-5
内容 アグラーターージマハルの都（エバ・コッホ）〔02813〕

コッホ, クリストフ　Koch, Christof
◇意識をめぐる冒険（CONSCIOUSNESS） クリストフ・コッホ〔著〕, 土谷尚嗣, 小畑史哉訳　岩波書店　2014.8　354, 8p　20cm 〈文献あり〉 2900円　①978-4-00-005060-9　〔02814〕

コ

コーテ, カイゾン　Cote, Kaizon

◇ペンタゴン式目標達成の技術――生へこたれない自分をつくる　カイゾン・コーテ著, 中津川茜訳　幻冬舎　2015.2　222p　18cm　1100円　①978-4-344-02724-4

内容 第1講 鼻から吸って口から吐く―呼吸　第2講 1日10分、一人だけの時間をつくる―瞑想　第3講 あなたはどのような人間か知ろう―認知　第4講「自分が何を知らないか」を知る―知識　第5講 ペンタゴンは肥満を許さない―健康　第6講 自分の限界を超える技術―自律　第7講 72時間ですべてが解決できる―時間　〔02815〕

◇ペンタゴン式ハードワークでも折れない心のつくり方　カイゾン・コーテ著, 中津川茜訳　KADOKAWA　2015.12　222p　19cm　〈別タイトル：米国国防総省式ハードワークでも折れない心のつくり方〉1400円　①978-4-04-601419-1

内容 第1章「折れない心」を定義する―強い心のメカニズムを知りつくす(「折れない心」と「強い心」は違う　体が健康でなければ心は健康にならない ほか)　第2章「折れない心」を整えるペンタゴンの常識―心のキャパシティを増やす(どんな時も「息」を止めない　心の静寂を習慣にする ほか)　第3章 実践現場で自分を強くする―逆境や困難を受け入れる(どんなミッションも戦略ありきで考える　今日、絶対にやることを3つだけ紙に書く ほか)　第4章 想定外を乗り越えよ！　―目の前にある困難、逆境に対処する(直観を味方にする　「とりあえず」始めない ほか)　第5章「起こってしまった現実」に対処する―心の回復力を身につける(「結果」思考ではなく「成果」思考をする　勝手に「運命だ」と思わない ほか)　〔02816〕

ゴーティエ, ウルスラ　Gauthier, Ursula

◇父という檻の中で (Derrière la grille)　モード・ジュリアン, ウルスラ・ゴーティエ〔著〕, 園山千晶訳　WAVE出版　2016.2　302p　19cm　2400円　①978-4-87290-789-6

内容 リンダ　ピトー　遠大な計画　母の過去　デコンブ先生　父と私の星座　プール　グリ・ネ岬　真っ暗な地下室　アルチュール〔ほか〕　〔02817〕

ゴーディン, セス　Godin, Seth

◇「型を破る人」の時代 (THE ICARUS DECEPTION)　セス・ゴーディン著, 神田昌典監訳　三笠書房　2014.3　334p　20cm　1600円　①978-4-8379-5750-8

内容 0章「型を破る人」が生み出す“未知のインパクト”―なぜ人はそこに「プラスαの価値」を見るのか　1章 この「刺激的」な働き方！　―「標準化」「安定志向」から「個性」と「リスク」へ　2章「変化を恐れない人」が、富を独占する―これまでの支配階級が恐れていたことが、いま現実になりはじめた　3章「真似のできない才能」は、その「コンプレックス」のなかにある―どこまで“想定外”の人材になれるか　4章“弱点”すら“強さ”に変えられる「やってのける力」―「不安」と「恐れ」を味方につける人の共通点　5章「人の心を揺さぶる仕事」が、桁外れの結果を出す―「新しいものに飢える社会」の必勝パターン　〔02818〕

◇変革の知　ジャレド・ダイアモンドほか〔述〕, 岩井理子訳　KADOKAWA　2015.2　251p　18cm　(角川新書 K-1)　900円　①978-4-04-102413-3

内容 恐れがあればこそ仕事も人生もアートになる(セス・ゴーディン述)　〔02819〕

◇いつでもどこでも結果を出せる自己マネジメント術 (MANAGE YOUR DAY-TO-DAY)　ジョスリン・K.グライ編, 上原裕美子訳　サンマーク出版　2015.9　233p　19cm　〈文献あり〉1500円　①978-4-7631-3493-6

内容 気乗りしないときこそ「いつもと同じ」を心がける(セス・ゴーディン)　〔02820〕

◇セス・ゴーディンの出し抜く力―ビジネス戦略の鬼才 (WHATCHA GONNA DO WITH THAT DUCK?)　セス・ゴーディン著, 神田昌典監訳　三笠書房　2016.12　285p　19cm　1500円　①978-4-8379-5774-4

内容 1 頭のいい人は「決断」と「行動」が速い―グズグズしていると、こんな「最高の波」を逃してしまう！　2「むやみな競争」より「巧みな競争」―その遠回りこそ、ゴールへの「最短距離」だった　3 あなたの“絶対的価値”は、こうしてつくられる―自分自身も、商品も、プロジェクトも…細心に進めて、大きく刈りとれ！　4 失敗すらエネルギーに替える発想―不利な立場で大逆転できる人、埋没する人　5「人は行かない道」を行け―期待よりはるかに“すごい結果”を出す働き方　6 あらゆるものが「新しい秩序」で動きはじめている―「更新できる者」だけが、スマートに大成功できる時代　〔02821〕

ゴドウィン, ジャック　Godwin, Jack

◇勝者の社内政治 (THE OFFICE POLITICS HANDBOOK)　ジャック・ゴドウィン著, 日向やよい訳　アルファポリス　2015.4　309p　19cm　〈発売：星雲社〉1700円　①978-4-434-20602-3

内容 第1部 政治とは何か(政治的動物　政治の最重要原則　政治の神話　内面への旅)　第2部 元型とは何か(元型概論―勝つための普遍的な行動パターン　ミクロ政治の神々―八つの政治的元型)　第3部 政治初心者から達人へ(どんな意味があるのか？)　補遺 弱い者いじめについて　〔02822〕

コートショー, カート　Kotrschal, Kurt

◇ペットへの愛着―人と動物のかかわりのメカニズムと動物介在介入 (Bindung zu Tieren (重訳))　Henri Julius, Andrea Beetz, Kurt Kotrschal, Dennis Turner, Kerstin Uvnäs-Moberg著, 太田光明, 大谷伸代監訳, 加藤真紀訳　緑書房　2015.9　180p　26cm　〈文献あり 索引あり〉3800円　①978-4-89531-243-1

内容 第1章 人と動物の不思議な関係　第2章 なぜ人は動物とかかわろうとする意志と能力があるのか―進化生物学の観点から　第3章 人と動物のかかわりによる健康、社会的交流、気分、自律神経系、およびホルモンへの効果　第4章 関係性の生理学―オキシトシンの統合機能　第5章 対人関係―愛着と養育　第6章 愛着および養育とその生理学的基礎とのつながり　第7章 人と動物の関係―愛着と養育　第8章 要素を結びつける―人と動物の関係における愛着と養育の生理学　第9章 治療への実用的意義　〔02823〕

ゴードハマー, ソレン　Gordhamer, Soren

◇シンプル・ライフ―世界のエグゼクティブに学ぶストレスフリーな働き方 (WISDOM 2.0)　ソレン・ゴードハマー著, 黒輪篤嗣訳, 佐々木俊尚監修　翔泳社　2014.12　214p　19cm　1600円

①978-4-7981-3858-9

内容 第1部 意識の向けかた(何とのつながりか 奴隷にならない ほか) 第2部 自分を見つめる(スペースを広げる 無心で行なう ほか) 第3部 創造力を引き出す(しようとしない 力を抜く ほか) 第4部 真実と向き合う(先入観に気づく 自分の無知から目を背けない ほか)〔02824〕

コトラー, スティーヴン　Kotler, Steven

◇ボールド突き抜ける力―超ド級の成長と富を手に入れ、世界を変える方法(BOLD)　ピーター・H.ディアマンディス, スティーブン・コトラー著, 土方奈美訳　日経BP社　2015.10　470p　19cm　〈発売：日経BPマーケティング〉2000円　①978-4-8222-5105-5

内容 エクスポネンシャル起業家の誕生　第1部 BOLD TECHNOLOGY―突き抜けるテクノロジー(さらばリニア思考―ようこそエクスポネンシャルの世界へ　エクスポネンシャル・テクノロジー―「世界を変える力」が大衆化する　世界を変える五つの選択肢)　第2部 BOLD MINDSET―突き抜けるマインドセット(高みを目指す　突き抜ける秘訣　大富豪の知恵―スケールの大きな発想法)　第3部 THE BOLD CROWD―突き抜けるクラウドの力(クラウドソーシング―ライジング・ビリオンの市場　クラウドファンディング―おカネがなければ始まらない　コミュニティーをつくる　賞金付きコンテスト―とびきり優秀な人材に課題解決に協力してもらう方法)〔02825〕

コトラー, フィリップ　Kotler, Philip

◇マーケティングと共に―フィリップ・コトラー自伝(My Life with Marketing)　フィリップ・コトラー著, 田中陽, 土方奈美訳　日本経済新聞出版社　2014.8　229p　20cm　〈著作目録あり〉1800円　①978-4-532-16922-0

内容 家族―両親はウクライナ移民　青年時代―教養の宝庫、古典に学ぶ　シカゴ大学からMITへ―資本主義理論に心酔、博士号を取得　結婚―「クレオパトラ」に恋　インド生活―労働者の実態を目に　学ぶテーマ確信―ハーバードで高等数学　ロケッグ校時代―新たな視点で教壇へ　処女作―顧客を意識、執筆に2年　学会投票―「対象拡大」の是非を問う　名声について―その光と影を知る〔ほか〕〔02826〕

◇資本主義に希望はある―私たちが直視すべき14の課題(CONFRONTING CAPITALISM)　フィリップ・コトラー著, 倉田幸信訳　ダイヤモンド社　2015.10　357p　19cm　2000円　①978-4-478-06488-7

内容 資本主義を改善する　貧困問題は未解決である　拡大する所得格差　搾取される労働者　機械が人間の仕事を奪っていく　誰が社会的費用を払うのか　環境破壊を防げるのか　乱高下する市場　利己心の是非　借金で豊かになれるのか　短期的利益を重視する弊害　マーケティングの功と罪　さらなる経済成長は必要なのか　モノだけでなく幸福も生み出そう〔02827〕

ゴドリエ, モーリス　Godelier, Maurice

◇贈与の謎(L'ÉNIGME DU DON)　モーリス・ゴドリエ著, 山内昶訳　新装版　法政大学出版局　2014.6　339p　19cm　(叢書・ウニベルシタス)　4200円　①978-4-588-09983-0

内容 序 与えるモノ、買るモノ、与えるのも売るのも駄目で、手放せないモノ　1 モースの遺贈(名著の輝きとその影)　2 人間と神々の代替＝物(ニューギニア・バルヤ族での聖物、貴重物、物＝貨幣　ポトラッチ社会の出現と発展の仮説)　3 聖なるもの　4 魔法の解けた贈与〔02828〕

ゴードン, アンドルー

◇歴史のなかの消費者―日本における消費と暮らし1850-2000(THE HISTORICAL CONSUMER)　ペネロピ・フランクス, ジャネット・ハンター編, 中村尚史, 谷本雅之監訳　法政大学出版局　2016.3　367p　22cm　〈索引あり〉4400円　①978-4-588-32707-0

内容 雨後の筍のごとく(アンドルー・ゴードン著)〔02829〕

ゴードン, カール　Gordon, Carl

◇ボクはじっとできない―自分で解決法をみつけたADHDの男の子のはなし(Mrs.Gorski, I Think I Have the Wiggle Fidgets)　バーバラ・エシャム文, マイク・ゴードン, カール・ゴードン絵, 品川裕香訳　岩崎書店　2014.11　28p　23×23cm　1600円　①978-4-265-85082-2〔02830〕

ゴードン, ケン

◇日本経済―変革期の金融と企業行動　堀内昭義, 花崎正晴, 中村純一編　東京大学出版会　2014.9　373p　22cm　6800円　①978-4-13-040266-8

内容 リストラクチャリングとその帰結(ディック・ビーソン, ケン・ゴードン, ヴィカス・メホロトラ, 渡邊安芸子著, 田中茉利子, 土居直史, 田中晋矢訳)〔02831〕

ゴードン, ジャイルズ

◇インタヴューズ　3　毛沢東からジョン・レノンまで(THE PENGUIN BOOK OF INTERVIEWS)　クリストファー・シルヴェスター編, 新庄哲夫他訳　文芸春秋　2014.6　463p　16cm　(文春学芸ライブラリー―雑英 7)　1690円　①978-4-16-813018-2

内容 ジョー・オートン(ジョー・オートン述, ジャイルズ・ゴードンインタヴュアー, 吉田美枝訳)〔02832〕

ゴードン, デイヴィッド(心理学)　Gordon, David

◇NLPメタファーの技法(THERAPEUTIC METAPHORS)　デイヴィッド・ゴードン著, 浅田仁子訳　実務教育出版　2014.3　293p　21cm　〈文献あり〉3400円　①978-4-7889-0812-3

内容 第1章 イントロダクション　第2章 メタファーを構築する　第3章 サティア・カテゴリーを追加する　第4章 表象システムを追加する　第5章 サブモダリティを追加する　第6章 メタファーを利用する　第7章 何もかもいっぺんに〔02833〕

ゴードン, トッド

◇プロ・トレーダー―マーケットで勝ち続ける16人の思考と技術(TRADERS AT WORK)　ティム・ブールキン, ニコラス・マンゴー著, 森山文那生訳　日経BP社　2016.5　284p　21cm　〈発売：日経BPマーケティング〉2200円　①978-4-8222-5063-8

内容 トレードをプランし、プランをトレードせよ(トッド・ゴードン述)〔02834〕

コ

ゴードン, ベアテ・シロタ　Gordon, Beate Sirota

◇1945年のクリスマス―日本国憲法に「男女平等」を書いた女性の自伝　ベアテ・シロタ・ゴードン著, 平岡磨紀子構成・文　朝日新聞出版　2016.6　394p　15cm　（朝日文庫）　860円　①978-4-02-261857-3

内容 プロローグ 再会――九四五年一二月二四日　1 焦土の日本に帰る　2 父と母の町・ウィーン　3 乃木坂の家の日々　4 大戦下のアメリカで暮らす　5 日本国憲法に「男女平等」を書く　6 既婚女性とやりがいのある仕事　7 新しい道 アジアとの文化交流　エピローグ ケーディス大佐と日本を訪れて――九九三年五月　ベアテさんとの出会い―あとがきにかえて　〔02835〕

ゴードン, マイク　Gordon, Mike

◇ボクはじっとできない―自分で解決法をみつけたADHDの男の子のはなし（Mrs.Gorski, I Think I Have the Wiggle Fidgets）　バーバラ・エシャム文, マイク・ゴードン, カール・ゴードン絵, 品川裕香訳　岩崎書店　2014.11　28p　23×23cm　1600円　①978-4-265-85082-2　〔02836〕

ゴードン, リチャード　Gordon, Richard

◇クォンタムタッチ2.0―THE NEW HUMAN 人類の新たな能力（Quantum-Touch）　リチャード・ゴードン, クリス・ダフフィールド, ヴィッキー・ウィックホースト著, ユール洋子訳　ヴォイス出版事業部　2014.4　261p　19cm　1600円　①978-4-89976-416-8

内容 第1部 ニューヒューマンのOS（さあ、始めましょう　発見し、そしてニューヒューマンになる ほか）　第2部 基本的なヒーリングアプリ（痛みの軽減　筋肉、腱、靭帯、筋膜 ほか）　第3部 想像を超えた人間の能力（脳の中に働きかける　耳のクォンタムタッチ ほか）　第4部 新しい科学、新しい未来（ニューヒューマンの洞察と考察　宇宙の神秘的徴候についての解釈 ほか）　〔02837〕

コナーズ, ローレンス・A.　Connors, Laurence A.

◇高勝率システムの考え方と作り方と検証―リスクが少なく無理しない短期売買（How To Trade High Probability Stock Gaps 原著第2版の翻訳）　ローレンス・A.コナーズ, シーザー・アルバレス, マット・ラドケ著, 長尾慎太郎監修, 山口雅裕訳　パンローリング　2014.4　301p　22cm　（ウィザードブックシリーズ 216）　7800円　①978-4-7759-7183-3

内容 第1部 ギャップを利用した高勝率の株式トレード法（第2版）　第2部 押し目買い戦略　第3部 VXXのトレンドフォロー戦略　第4部 ETFでのギャップトレード―決定版　第5部 コナーズRSIに基づくレバレッジ型ETFのトレード　第6部 ETFの買い下がりトレード　第7部 ボリンジャーバンドを利用したトレード―数量化された指針　〔02838〕

◇コナーズRSI入門―個別株とETFで短期売買を極める（S&P 500 Trading with ConnorsRSI, High Probability Trading with Multiple Up and Down Days〔etc.〕）　ローレンス・A.コナーズ著, 長尾慎太郎監修, 山口雅裕訳　パンローリング　2014.10　284p　22cm　（ウィザードブックシリーズ 221）　7800円　①978-4-7759-7189-5

内容 第1部 コナーズRSIを利用したS&P500のトレード　第2部 連続上昇・連続下落を利用した高勝率トレード　第3部 コナーズRSIを利用した株式の空売り　第4部 コナーズRSIを利用したETFの上級トレード戦略　第5部 ボリンジャーバンドを利用したETFのトレード　第6部 移動平均に基づく株式とオプションのトレード―定量化手法　第7部 コナーズRSIに基づくオプションのトレード　〔02839〕

コナティ, ビル　Conaty, Bill

◇人材管理のすすめ―人事の世界に革新をもたらす（The Talent Masters）　ラム・チャラン, ビル・コナティ著, 児島修訳　辰巳出版　2014.3　359p　19cm　1500円　①978-4-7778-1001-7

内容 人材は人財なり―すぐれた人材なくして数字なし　第1部 タレントマスターは何をしているのだろうか―GEの人材管理システムの内側（交代劇は、その日のうちに―アプライアンス・ビジネスCEO突然の退職　トータルなリーダー育成システム―GEは人と数字をいかに結びつけているか　親密さと信頼が成功へと導く―マーク・リトルのケース キャリア半ばでの再生）　第2部 際だった特長を持つタレントマスター（トップと末端をつなぐ人材パイプラインの構築―ヒンドゥスタン・ユニリーバ（HUL）ニティン・パランジペとバンガ・ビンディのケース　経験を通じて才能と力量を高める―P&Gのグローバルリーダー育成法 デボラ・ヘンレッタのケース　新たなタイプのリーダーを生み出す―技術者をビジネスリーダーに変えるアジレント社の手法　リーダーの本質を明らかにする―自己認識によりリーダーシップ能力を高めていくノバルティスのケース）　第3部 タレントマスターになる（真のリーダーを獲得する　価値観と行動を設定する　最適な人材管理プロセスを構築する）　第4部 タレントマスター・ツール　〔02840〕

コナハン, ダニエル　Conaghan, Dan

◇図説お金と人生（THE BOOK OF MONEY）　ダニエル・コナハン, ダニエル・スミス著, 大川紀男訳　悠書館　2014.7　255p　26cm　〈索引あり〉　5800円　①978-4-903487-90-8

内容 お金小史　豊かな世界、貧しい世界　お金と政府　銀行と銀行業　市場　投資と金融　お金とビジネス　お金の科学　お金と法律　人生のステージ　貯蓄・支出・贈与　お金の未来　〔02841〕

コニコヴァ, マリア　Konnikova, Maria

◇シャーロック・ホームズの思考術（MASTERMIND）　マリア・コニコヴァ著, 日暮雅通訳　早川書房　2014.1　398p　20cm　〈文献あり 索引あり〉　2400円　①978-4-15-209432-2

内容 第1部 自分自身を理解する（科学的思考法　脳という屋根裏部屋―そこには何があるのか）　第2部 観察から想像へ（脳という屋根裏部屋にしまう―観察のもつ力　脳という屋根裏部屋の探求―創造性と想像力の価値）　第3部 推理の手法（脳という屋根裏部屋を操縦する―事実からの推理　脳という屋根裏部屋をメンテナンスする―勉強に終わりはない）　第4部 自己認識の科学と手法（活動的な屋根裏部屋―すべてをひとつにする　私たちはただの人間でしかない）　〔02842〕

◇シャーロック・ホームズの思考術（MASTERMIND）　マリア・コニコヴァ著, 日暮雅通訳　早川書房　2016.1　427p　16cm

（ハヤカワ文庫 NF 454）〈文献あり 索引あり〉920円 Ⓘ978-4-15-050454-0

内容 第1部 自分自身を理解する（科学的思考法を身につける 脳という屋敷裏部屋を知る） 第2部 観察から想像へ（脳という屋根裏部屋にしまう―観察する力をつける 脳という屋根裏部屋の探求―想像力を身につける） 第3部 推理の手法（脳という屋根裏部屋を操縦する―事実に基づく推理 脳という屋根裏部屋をメンテナンスする―勉強に終わりはない） 第4部 自己認識の科学（活動的な屋根裏部屋―すべてのステップを結びつける 理論から実践へ）〔02843〕

コーニッシュ, ジョディ Cornish, Jody

◇ラーニング・レボリューション―MIT発世界を変える「100ドルPC」プロジェクト（LEARNING TO CHANGE THE WORLD） ウォルター・ベンダー, チャールズ・ケイン, ジョディ・コーニッシュ, ニール・ドナヒュー著, 松本裕訳 英治出版 2014.5 318p 20cm 2100円 Ⓘ978-4-86276-176-7

内容 1 OLPCの誕生（OLPCの成り立ち 100ドルのパソコンをつくる ほか） 2 アイデアから成果まで（青いバナナを売る 倉庫から校舎まで ほか） 3 そしてこれから（OLPCの現在と未来 行動を起こそう！） 各国のケーススタディ（カンボジア、10年後 トップダウンの取り組み ほか）〔02844〕

コネサ, ピエール Conesa, Pierre

◇敵をつくる―〈良心にしたがって殺す〉ことを可能にするもの（LA FABRICATION DE L'ENNEMI） ピエール・コネサ著, 嶋崎正樹訳 風行社 2016.8 308p 21cm 3500円 Ⓘ978-4-86258-094-8

内容 第1部 敵とは何か？（敵とは政治的対象である 戦争法―制服を着るほうがましか 敵とはもう一人の自分自身である 正義の戦争―手段の容認、絶対的必然性、優位性の保証 敵の「マーカー」） 第2部 敵の肖像―分類学の試み（近隣の敵―国境紛争 世界的競合相手 国内の敵―内戦 野蛮人として描かれる被ば占領者 隠れた敵、または陰謀論 絶対的な敵、または悪に対するコズミックな戦い 概念上の敵 メディアが作る敵） 第3部 敵を解体する（敵国なしですごす―難しくともできなくはない 内戦からの脱却―忘却、赦し、司法 国際司法―大国の正義 依然燻り続ける戦争の原動力） 結論〔02845〕

コーネル, アン・ワイザー Cornell, Ann Weiser

◇フォーカシング―入門マニュアル/ガイド・マニュアル（The focusing student's manual（3rd ed.）, The focusing guide's manual（3rd ed.）） アン・ワイザー・コーネル著, 村瀬孝雄監訳, 大沢美枝子, 日笠摩子訳 新装版 金剛出版 2014.9 340p 21cm 〈文献あり〉4200円 Ⓘ978-4-7724-9018-4〔02846〕

◇臨床現場のフォーカシング―変化の本質（Focusing in Clinical Practice） アン・ワイザー・コーネル著, 大沢美枝子, 木田満里代, 久羽康, 日笠摩子訳 金剛出版 2014.9 341p 21cm 〈文献あり 索引あり〉4200円 Ⓘ978-4-7724-1385-5

内容 ある瞬間への扉 変化の本質 場の設定―クライアントのセッションにフォーカシングを使う準備 フェルトセンスを認識し、育む クライアントのフェルトセンス形成を援助する クライアントの強い自己を育成する―フェルトセンスのための本質的環境 さらに深く―フェルトセンスを促進する より難しいタイプのクライアントとの取りくみ トラウマ、嗜癖、抑うつへのフォーカシング フォーカシングと他の治療様式の混合 セラピストのためのフォーカシング〔02847〕

コーネル, ドゥルシラ Cornell, Drucilla

◇自由の道徳的イメージ（Moral Images of Freedom） ドゥルシラ・コーネル著, 吉良貴之, 仲正昌樹監訳, 伊藤泰, 小林史明, 池田弘乃, 関良徳, 西迫大祐訳 御茶の水書房 2015.5 279p 23cm 4000円 Ⓘ978-4-275-02013-0

内容 第1章 批判理論の伝統のカント的起源―自由の調和的な戯れ 第2章 現存在における尊厳―被投性と歓待のあいだ 第3章 他者としてのシンボル形式―倫理的ヒューマニズムと言語の活性化させる力 第4章 批判理論を脱植民地化する―黒人による実存主義の挑戦 第5章 幻影装置のなかの贖い―社会主義の宿命を祓うこと 結論 ピエダーデの唄を心に宿す―国境を越えたフェミニストの連帯へ 世界認識の偶然と限界―再想像の可能性の条件として〔02848〕

コノリー, K.M.* Connolly, Kevin M.

◇嫌悪とその関連障害―理論・アセスメント・臨床的示唆（DISGUST AND ITS DISORDERS） B.O.オラタンジ,D.マッケイ編著, 堀越勝監修, 今田純雄, 岩佐和典監訳 京都 北大路書房 2014.8 319p 21cm 〈索引あり〉3600円 Ⓘ978-4-7628-2873-7

内容 嫌悪の認知的側面（Nathan L.Williams, Kevin M.Connolly, Josh M.Cisler, Lisa S.Elwood, Jefferey L.Willems, Jefferey M.Lohr著, 岩佐和典訳）〔02849〕

コーパイ, フリードリヒ Copei, Friedrich

◇教育過程における「実り多き瞬間」（Der fruchtbare Moment im Bildungsprozeß） フリードリヒ・コーパイ著, 山元有一訳 福岡 中川書店 2015.12 178p 21cm 〈年譜あり〉1500円 Ⓘ978-4-931363-83-0〔02850〕

ゴーハム, アースラ Gorham, Ursula

◇公立図書館・公共政策・政治プロセス―経済的・政治的な制約の時代にコミュニティに奉仕し、コミュニティを変化させる（Public libraries, public policies, and political processes） ポール・T.イエーガー, アースラ・ゴーハム, ジョン・カーロ・バートット, リンジー・C.サリン著, 川崎良孝訳 神戸 京都図書館情報学研究会 2016.3 246p 22cm 〈文献あり 発売：日本図書館協会〉6000円 Ⓘ978-4-8204-1511-4〔02851〕

コバーン, パトリック Cockburn, Patrick

◇イスラム国の反乱―ISISと新スンニ革命（THE JIHADIS RETURN） パトリック・コバーン著, 大沼安史訳 緑風出版 2015.4 205p 20cm 1800円 Ⓘ978-4-8461-1504-3

内容 はじめに 百日建国 第1章 勃興 第2章 モスルの戦い 第3章 否認 第4章 聖戦士の進軍 第5章 イラク・スンニ派の再起 第6章 聖戦士がハイジャック 第7章 サウジアラビアの後ずさり 第8章 血が流れれ

コ

コ

ばニュース　第9章 ショックと戦争　〔02852〕

ゴピナス, ギータ

◇安定とその敵（Stability at bay） Project Syndicate〔編〕 土曜社 2016.2 120, 2p 18cm （プロジェクトシンジケート叢書） 952円 ①978-4-907511-36-4

内容 投資欠乏に悩むインド（ギータ・ゴピナス著）　〔02853〕

コビルスキ, アレクサンドラ・M. Kobiljski, Aleksandra Majstorac

◇近代化への挑戦―ベイルートのアメリカン大学と京都の同志社（LEARNING TO BE MODERN） アレクサンドラ・M.コビルスキ著, 北垣宗治訳 新教出版社 2015.9 224, 51p 21cm 〈文献あり 索引あり〉 2800円 ①978-4-400-22661-1　〔02854〕

ゴビンダラジャン, ビジャイ Govindarajan, Vijay

◇世界トップ3の経営思想家によるはじめる戦略―ビジネスで「新しいこと」をするために知っておくべきことのすべて（HOW STELLA SAVED THE FARM） ビジャイ・ゴビンダラジャン, クリス・トリンブル著, 花塚恵訳 大和書房 2014.7 191p 19cm 1400円 ①978-4-479-79448-6

内容 小さい規模で闘う方法　「カギ」となる存在を口説く　「時代の変化」に対応する　あなたなら、どう改善する？　「まったく新しいこと」をはじめる　すべては「ひらめき」からはじまる　「決める」ことは簡単。ではその「次」は？　「未知の仕事」を前に進める　なぜ「協力」が得られないのか？　ゼロからチームをつくる　「いまの仕事」と「これからの仕事」を同時に動かす　必要なリソースを巻き込んでいく　「予見できなかった問題」に対応する　これまでの「常識」を疑う　急成長には追いつけない　「利益」より「学び」を優先する　「小さな実験」を実行する　「予測できること」と「予測できないこと」を分ける　成功を維持する唯一の方法　〔02855〕

コープ, デビッド Cope, David

◇数理法務概論（Analytical Methods for Lawyers 原著第2版の翻訳） ハウェル・ジャクソン, ルイ・キャプロー, スティーブン・シャベル, キップ・ビスクシィ, デビッド・コープ著, 神田秀樹, 草野耕一訳 有斐閣 2014.3 520p 22cm 〈索引あり〉 5500円 ①978-4-641-12566-7

内容 第1章 決定分析　第2章 ゲームと情報　第3章 契約　第4章 会計　第5章 ファイナンス　第6章 ミクロ経済学　第7章 法の経済分析　第8章 統計分析　第9章 多変数統計　〔02856〕

ゴフ, メイナード

◇経験学習によるリーダーシップ開発―米国CCLによる次世代リーダー育成のための実践事例（Experience-Driven Leader Development） シンシア・D.マッコーレイ,D.スコット・デリュ, ポール・R.ヨスト, シルベスター・テイラー編, 漆嶋稔訳 日本能率協会マネジメントセンター 2016.8 511p 27cm 8800円 ①978-4-8207-5929-4

内容 リーダーシップ経験のフレームワーク（ポール・ヴァン・カトウィック, ジョイ・ハズチャ, メイナード・ゴフ）　〔02857〕

ゴフ, I. Gough, Ian

◇必要の理論（A THEORY OF HUMAN NEED の抄訳） L.ドイヨル,I.ゴフ著, 馬嶋裕, 山森亮監訳, 遠藤環, 神島裕子訳 勁草書房 2014.10 222p 22cm 〈文献あり 索引あり〉 3200円 ①978-4-326-60270-4

内容 第1部 相対主義と人間の必要という問題（誰が人間の必要を必要としているのか？　人間の必要の不可避性　「必要」の文法） 第2部 人間の必要の理論（身体的健康と自律：諸個人の基本的必要　基本的必要充足の社会的前提条件　人間解放と必要充足への権利　理論における必要充足最適化）　〔02858〕

ゴーフィー, ロブ Goffee, Rob

◇DREAM WORKPLACE―だれもが「最高の自分」になれる組織をつくる（Why Should Anyone Work Here？ ： What It Takes to Create an Authentic Organization） ロブ・ゴーフィー, ガレス・ジョーンズ著, 森由美子訳 英治出版 2016.12 334p 19cm 1800円 ①978-4-86276-235-1

内容 序章 なぜここで働かなければならないのか？ ―「夢の組織」を思い描く　第1章 ありのままでいられるように―「違い」は埋めず、むしろ広げる　第2章 徹底的に正直である―今現実に起きていることを伝える　第3章 社員の強みと利益を理解し、強化する―ひとりひとりのために特別な価値を創造する　第4章 「本物」を支持する―アイデンティティ、価値観、リーダーシップ　第5章 意義あるものにする―日常の仕事にやりがいをもたらす　第6章 ルールはシンプルに―余計なものを減らし、透明性と公平性を高める　第7章 本物の組織をつくる―トレードオフと課題　〔02859〕

コーフィールド, ペニー

◇歴史を射つ―言語論的転回・文化史・パブリックヒストリー・ナショナルヒストリー 岡本充弘, 鹿島徹, 長谷川貴彦, 渡辺賢一郎編 御茶の水書房 2015.9 429p 22cm 5500円 ①978-4-275-02022-2

内容 歴史家と大きな歴史像への回帰（ペニー・コーフィールド著, 道重一郎, 唐沢達之訳）　〔02860〕

コフート, マシュー Kohut, Matthew

◇人の心を一瞬でつかむ方法―人を惹きつけて離さない「強さ」と「温かさ」の心理学 ジョン・ネフィンジャー, マシュー・コフート著, 熊谷小百合訳 あさ出版 2015.5 238p 19cm 1500円 ①978-4-86063-798-9

内容 1 人は人を「強さ」と「温かさ」で評価する（「強さ」は二つの要素から成り立っている　意志の力は高めることができる ほか） 2 人はみな、「見た目」と固定観念に縛られる（あなたはどんな手札をもっている？　男性は強くて女性はか弱い？ ほか） 3「強さ」と「温かさ」をアピールする効果的な方法（「持ち札」以外ならコントロール可能　非言語コミュニケーションを活用する ほか） 4「この人と一緒にいたい」と思わせる聞き方、話し方（意識・無意識に働きかける言葉　レトリックの基本要素 ほか）　〔02861〕

コフマン, フレッド　Kofman, Fred

◇コンシャス・ビジネス―価値ある企業に生まれ変わるための意識革命とは何か（CONSCIOUS BUSINESS）　フレッド・コフマン著, 増田沙奈訳　駒草出版　2014.12　339p　20cm　2200円　①978-4-905447-38-2

内容 第1章 コンシャル・ビジネスとは何か　第2章 一貫した責任感　第3章 真の意味での誠実さ　第4章 根っからの謙虚さ　第5章 心の通い合うコミュニケーション　第6章 建設的な交渉術　第7章 完璧な約束　第8章 心を味方に付ける　第9章 愛をもってビジネスを成す　〔02862〕

コープランド, シンシア・L.　Copeland, Cynthia L.

◇犬が教えてくれたほんとうに大切なこと。（REALLY IMPORTANT STUFF MY DOG HAS TAUGHT ME）　シンシア・L.コープランド〔著〕　ディスカヴァー・トゥエンティワン　2014.11　175p　19cm　1400円　①978-4-7993-1603-0

内容 01 楽しむ　02 愛する　03 挑戦する　04 頑張る　05 チャンピオンになる　06 感謝する　07 貢献する　08 気にしない　09 今を生きる　10 老いる　〔02863〕

コープランド, デイビッド　Copeland, David

◇モテる技術　実践編（How To Succeed With Women）　デイビッド・コープランド, ロン・ルイス著, 大沢章子訳　SBクリエイティブ　2014.2　397p　16cm　（SB文庫 コ2-5）　666円　①978-4-7973-7674-6

内容 第1章 プレ・デート　第2章 勝負デート　第3章 交際成立―初めてのキスからその先へ　第4章 ベッドで理想の男になるために　第5章 女性に攻撃されたとき―女性が引き起こすトラブルにどう対処するか　第6章 デートのあとに―手間を惜しまず心遣いを示し続ける　第7章 別れるのは簡単だ　第8章 軽いつき合いから長いつき合いへ　第9章 終わりに　〔02864〕

◇モテる技術　入門編（How To Succeed With Women）　デイビッド・コープランド, ロン・ルイス著, 大沢章子訳　SBクリエイティブ　2014.2　301p　16cm　（SB文庫 コ2-4）　650円　①978-4-7973-7673-9

内容 第1章 女性にモテたいあなたへ　第2章 モテる男になるには　第3章 パーソナル・スタイル―服装と自信　第4章 どこで女性に出会えるか　第5章 失敗しない声のかけ方　第6章 恋の語り方速修コース―彼女をコロリと参らせて、ベッドに連れ込む方法　〔02865〕

コープランド, ピーター　Copeland, Peter F.

◇図説初期アメリカの職業と仕事着―植民地時代〜独立革命期（Working Dress in Colonial and Revolutionary America）　ピーター・コープランド著, 浜田雅子訳　悠書館　2016.2　282p　20cm　〈「アメリカ史にみる職業着」（せせらぎ出版 1998年刊）の改題　文献あり　索引あり〉　2800円　①978-4-86582-009-6

内容 船乗りと漁師　農民と農村労働者　職人と都市労働者　商人と行商人　フロンティア開拓者　輸送労働者　公僕　正規軍と民兵　知的職業人　使用人　年季契約奉公人と奴隷　犯罪人　民族に固有の服装　〔02866〕

コプルトン, デニス　Copelton, Denise A.

◇食の社会学―パラドクスから考える（Food and Society）　エイミー・グプティル, デニス・コプルトン, ベッツィ・ルーカル著, 伊藤茂訳　NTT出版　2016.3　270p　19cm　〈文献あり　索引あり〉　2800円　①978-4-7571-4339-5

内容 第1章 食の社会学―原則とパラドクス　第2章 食とアイデンティティ―包摂と排除　第3章 スペクタクルとしての食―豪華ディナーと過酷な労働　第4章 栄養と健康―体によくてもおいしくない？　第5章 ブランド化とマーケティング―消費者主権と企業の影響力　第6章 工業化される食―安い食品にかかる高いコスト　第7章 グローバルフード―複雑化する食品供給網　第8章 食料アクセスの問題―余剰と不足が同時に起きている　第9章 食と社会変化―新たな価値を求めて　〔02867〕

コヘイン, ロバート

◇社会科学の方法論争―多様な分析道具と共通の基準（Rethinking social inquiry 原著第2版の翻訳）　ヘンリー・ブレイディ, デヴィッド・コリアー編, 泉川泰博, 宮下明聡訳　勁草書房　2014.5　432p　22cm　〈文献あり　索引あり〉　4700円　①978-4-326-30231-4

内容 研究デザインの重要性（ゲアリー・キング, ロバート・コヘイン, シドニー・ヴァーバ著）　〔02868〕

コーベット, サラ　Corbett, Sara

◇人質460日―なぜ生きることを諦めなかったのか（A House in the Sky）　アマンダ・リンドハウト, サラ・コーベット著, 鈴木彩織訳　亜紀書房　2015.10　485p　20cm　（亜紀書房翻訳ノンフィクション・シリーズ 2-4）　2700円　①978-4-7505-1434-5

内容 わたしだけの世界　カルガリーへ　旅立ち　ささやかな真実　恋の終わり　ご主人はどこですか？　旅の法則　牙を剝くアフガニスタン　新しい物語　見えない未来〔ほか〕　〔02869〕

コーベット, ジュリアン・スタフォード　Corbett, Julian Stafford

◇コーベット海洋戦略の諸原則（Some Principles of Maritime Strategy）　ジュリアン・スタフォード・コーベット著, エリック・J.グロゥヴ編, 矢吹啓訳　原書房　2016.9　541p　20cm　〈索引あり〉　3600円　①978-4-562-05345-2

内容 戦争の理論的研究―その利用と限界　第1部 戦争の理論（戦争の理論　戦争の性質―攻勢と防勢　戦争の性質―限定と無制限　限定戦争と海洋帝国　介入戦争―無制限戦争への限定的な干渉　限定戦争における強さの条件）　第2部 海の戦いの理論（目標の理論―制海　手段の理論―艦隊の構成　方法の理論―戦力の集中と分散）　第3部 海の戦いの遂行（序言　制海を確保する方法　制海を争う方法　制海を行使する方法）　附録「グリーン・パンフレット」　〔02870〕

コペルマン, シャーリ

◇経験学習によるリーダーシップ開発―米国CCLによる次世代リーダー育成のための実践事例（Experience-Driven Leader Development）　シンシア・D.マッコーレイ, D.スコット・デリュ, ポール・R.ヨスト, シルベスター・テイラー編, 漆嶋稔訳　日本能率協会マネジメントセンター

2016.8　511p　27cm　8800円　①978-4-8207-5929-4
内容 優れたリーダーシップのためのセルフナレーション（シャーリ・コペルマン, イラン・ゲヴュルツ）〔02871〕

コ

コーヘン, エリ・エリヤフ Cohen, Eli-Eliyahu
◇国のために死ぬことはよいことだ―日本で目覚めたユダヤ魂 イスラエル建国の英雄ヨセフ・トルンペルドール　エリ・エリヤフ・コーヘン著, 青木偉作訳　日新報道　2014.2　253p　19cm　1600円　①978-4-8174-0771-9
内容 第1章 ユダヤの誇り　第2章 片腕の兵士　第3章 日本での捕虜生活　第4章 エレツ・イスラエルへの夢　第5章 戦うユダヤ人の復活　第6章 開拓者として　第7章 祖国のために…〔02872〕

コメニウス, J.A. Comenius, Johann Amos
◇パンパイデイア―生涯にわたる教育の改善（PAMPAEDIA）　J.A.コメニウス〔著〕, 太田光一訳　東信堂　2015.2　420p　22cm　（コメニウスセレクション）〈索引あり〉5800円　①978-4-7989-1282-0
内容 パンパイデイアとはどういう意味か　すべての人が　すべての事を　すべての面にわたって教育される　普遍的学校　普遍的書物　普遍的教師　誕生期の学校　幼児期の学校　児童期の学校　青年期の学校　若年期の学校　壮年期の学校　老年期の学校　死の学校〔02873〕
◇覚醒から光へ―学問、宗教、政治の改善（De Rerum Humanarum Emendatione Consultatio Catholicaの抄訳）　J.A.コメニウス〔著〕, 太田光一訳　東信堂　2016.10　366p　22cm　（コメニウスセレクション 3）〈索引あり〉4600円　①978-4-7989-1388-9
内容 人間に関わる事柄の改善についての総合的熟議（ヨーロッパの光である人々へのあいさつ）　第1部 パンエゲルシア―普遍的覚醒（覚醒するとはどういうことか　自分自身の覚醒　ここで何が企てられているのか　人間に関わる事柄とは何か ほか）　第2部 パンアウギア―普遍的光（光の観察が今企てられるのはなぜか　光と闇について　知的な光とはどのようなものか　知的な光を灯すのは可能か ほか）〔02874〕

コモンズ, ジョン・ロジャーズ Commons, John Rogers
◇制度経済学―政治経済学におけるその位置　上（Institutional economics）　ジョン・ロジャーズ・コモンズ著, 中原隆幸訳　京都　ナカニシヤ出版　2015.3　403p　22cm　（阪南大学翻訳叢書 24）　4500円　①978-4-7795-0967-4
内容 第1章 本書の視点　第2章 方法　第3章 ケネー　第4章 ヒュームとパース　第5章 アダム・スミス　第6章 ベンサム対ブラックストン　第7章 マルサス〔02875〕

コヤマ, コウスケ 小山 晃佑
◇富士山とシナイ山―偶像批判の試み（MOUNT FUJI AND MOUNT SINAI）　小山晃佑著, 森泉弘次訳　教文館　2014.9　439, 7p　21cm〈索引あり〉3800円　①978-4-7642-7385-6〔02876〕
◇十字架につけられた精神―アジアに根ざすグローバル宣教論（NO HANDLE ON THE CROSS）　小山晃佑著, 森泉弘次訳　教文館　2016.6　216p　19cm　3100円　①978-4-7642-6724-4
内容 第1章 十字架と弁当箱　第2章「神の弱さと愚かさ」によって捉えられた精神　第3章 運ぶに便利な把手はついてない　第4章 眉が剃り落とされた顔　第5章「聴け、イスラエルよ…」　第6章 シェマアの民とイエス・キリスト　第7章 神の指は人目にわかりやすい指し方をしない　第8章 唾を吐きかけられたイエス・キリスト　第9章 キリスト教は歴史を気遣う宗教であろうか　第10章 復活に与った精神〔02877〕

コーラー, ゲオルク
◇人権への権利―人権、民主主義そして国際政治（Recht auf Menschenrechte）　ハウケ・ブルンクホルスト, ヴォルフガング・R.ケーラー, マティアス・ルッツ＝バッハマン編, 舟場保之, 御子柴善之監訳　吹田　大阪大学出版会　2015.1　335, 13p　21cm〈索引あり〉3700円　①978-4-87259-491-1
内容 世界内政、責任の限界、脱国家化（ゲオルク・コーラー著, 舟場保之訳）〔02878〕

コラー, ティム Koller, Tim
◇企業価値評価―バリュエーションの理論と実践　上（VALUATION 原著第6版の翻訳）　マッキンゼー・アンド・カンパニー, ティム・コラー, マーク・フーカート, デイビッド・ウェッセルズ著, マッキンゼー・コーポレート・ファイナンス・グループ訳　ダイヤモンド社　2016.8　504p　22cm〈索引あり〉4200円　①978-4-478-06877-9
内容 第1部 原理編（なぜ、企業価値か？　価値創造の基本原則　企業価値不変の法則とリスクの役割　株式市場の魔力　市場はすべて織り込み済み　投下資産収益率（ROIC）　成長とは何か）　第2部 実践編（企業価値評価のフレームワーク　財務諸表の組み替え　業績の分析　将来の業績予測　継続価値の算定　資本コストの推定　企業価値から1株当たりの価値へ　算定結果の分析　マルチプル法の活用法と注意点　事業単位ごとの企業価値評価）　資料編〔02879〕
◇企業価値評価―バリュエーションの理論と実践　下（VALUATION 原著第6版の翻訳）　マッキンゼー・アンド・カンパニー, ティム・コラー, マーク・フーカート, デイビッド・ウェッセルズ著, マッキンゼー・コーポレート・ファイナンス・グループ訳　ダイヤモンド社　2016.8　509p　22cm〈索引あり〉4200円　①978-4-478-06878-6
内容 第3部 上級編（税金と企業価値評価　営業外損益、引当金および準備金　リースおよび退職給付債務　資産収益率を測定する別の方法　インフレーション下の企業価値評価　クロスボーダーの企業価値評価　ケース・スタディ：ハイネケン）　第4部 管理編（事業ポートフォリオ戦略と価値創造　価値創造のための業績管理　M&Aによる価値創造　事業売却を通じた価値創造　資本構成、配当、自社株買い　インベスター・リレーションズ（IR））　第5部 応用編（新興国市場での企業価値評価　高成長企業の価値評価　シクリカルな企業の価値評価　銀行の企業価値評価　経営の自由度）〔02880〕

コラー, ペーター
◇人権への権利―人権、民主主義そして国際政治 (Recht auf Menschenrechte)　ハウケ・ブルンクホルスト, ヴォルフガング・R.ケーラー, マティアス・ルッツ＝バッハマン編, 舟場保之, 御子柴善之監訳　吹田　大阪大学出版会　2015.1　335, 13p　21cm　〈索引あり〉3700円　①978-4-87259-491-1
内容 人権の国際化と国家主権の限界(ペーター・コラー著, 小谷英生訳)　〔02881〕

ゴラス, タデウス　Golas, Thaddeus
◇なまけ者のさとり方 (The Lazy Man's Guide to Enlightenment)　タデウス・ゴラス著, 山川紘矢, 山川亜希子訳　増補改訂新版　地湧社　2014.2　121p　19cm　800円　①978-4-88503-230-1
内容 第1章 私たちは誰か　第2章 ママ、僕、わかっちゃった!　第3章 楽しい日々を送るには　第4章 困難に直面したら　第5章 なぜ、私たちはここにいるのだろうか?　第6章 自己改革　第7章 振動数と時間の流れ　第8章 変化のプロセス　第9章 現実とは?　第10章 さとり方について　〔02882〕

コラッジオ, ホセ・ルイス　Coraggio, José Luis
◇21世紀の豊かさ―経済を変え、真の民主主義を創るために　中野佳裕編・訳, ジャン＝ルイ・ラヴィル, ホセ・ルイス・コラッジオ編　コモンズ　2016.10　415p　20cm　〈他言語標題：REINVENTING THE COMMONS IN THE 21st CENTURY〉3300円　①978-4-86187-137-5
内容 二一世紀の豊かさと解放―北と南の対話へ向けて　第1部 ブエン・ビビールと関係性中心の哲学―ラテンアメリカの革新(開発批判から"もうひとつの経済"の考察へ―多元世界、関係性中心の思想　政治的構築の論理と大衆アイデンティティ　ラテンアメリカにおける国家の再建　発展に対するオルタナティブとしてのブエン・ビビール―周辺の周辺からの省察)　第2部 社会民主主義の隘路から抜け出す―ヨーロッパ・北米の挑戦(ヨーロッパの左派―その歴史と理論を振り返る　生態学的カオスの脅威と解放のプロジェクト　生産力至上主義との決別、解放の条件　社会のすべてが商品となるのだろうか?　―資本主義の危機に関するポスト・ポランニー的省察)　第3部 コミュニティの再構築を目指して―日本の課題(「脱成長の福祉国家」は可能か―ポスト資本主義とコミュニティ経済　コミュニティの社会学から社会史へ　民主政治の試練の時代―民主主義の再生のために　"南型知"としての地域主義―コモンズ論と共通感覚論が出会う場所で)　〔02883〕

ゴラン, シャマイ
◇イスラエル情報戦史 (ISRAEL'S SILENT DEFENDER)　佐藤優監訳, アモス・ギルボア, エフライム・ラピッド編, 河合洋一郎訳　並木書房　2015.6　373p　図版32p　21cm　〈年表あり〉2700円　①978-4-89063-328-9
内容 イラク原発攻撃の航空インテリジェンス〈1981年〉(シャマイ・ゴラン著)　〔02884〕

ゴラント, スーザン・K.　Golant, Susan K.
◇女性が知っておくべきビジネスのオキテ (Hardball for women)　パット・ハイム, スーザン・K.ゴラント著, 坂東智子訳　ディスカヴァー・トゥエンティワン　2014.3　255p　19cm　〈(2008年刊)の改訂版〉1500円　①978-4-7993-1474-6
内容 序章 なぜ、女性はビジネスのオキテを知らなければならないのか?　その1 トップの言うことには逆らわない　その2 対立をおそれない　その3 チームプレイに徹する　その4 リーダーらしくふるまう　その5 自分を有利に見せる　その6 批判されてもめげない　その7 ゴールをめざす　〔02885〕

コリー, アンドレーア　Colli, Andrea
◇ビジネス・ヒストリー―グローバル企業誕生への道程 (BUSINESS HISTORY)　F.アマトーリ, A.コリー著, 西村成弘, 伊藤健市訳　京都　ミネルヴァ書房　2014.10　400, 14p　20cm　〈文献あり 索引あり〉3200円　①978-4-623-07208-8
内容 第1部 関連する論点　第2部 産業革命以前と第一次産業革命期の企業　第3部 ビッグ・ビジネスの誕生と統合　第4部 両大戦間期における国家と市場　第5部 第二次世界大戦からベルリンの壁崩壊まで―「空間収縮」時代　第6部 現代のグローバル化　〔02886〕

コリ, ジャスミン・リー　Cori, Jasmin Lee
◇母から受けた傷を癒す本―心にできた隙間をセルフカウンセリング (THE EMOTIONALLY ABSENT MOTHER)　ジャスミン・リー・コリ著, 浦谷計子訳　さくら舎　2015.1　249p　19cm　1500円　①978-4-86581-001-1
内容 ほどほどによい母親!?　グッドマザーはたくさんの顔を持つ　欠かせない絆　「私」という人間を形づくるもの　心の叫び「ママはどこ?」　母の愛を知らずに育った人たち　心の古傷を隠さず癒す　心理療法をうまく生かす　グッドマザーを求める気持ちを抑えてきた人へ　自分の分身・インナーチャイルドとさらなる癒しを求める実践的アプローチ　これから母親とどうつきあうか　〔02887〕

コリー, リンダ　Colley, Linda
◇虜囚―一六〇〇～一八五〇年のイギリス、帝国、そして世界 (Captives : Britain, Empire and the World 1600 - 1850)　リンダ・コリー著, 中村裕子, 土平紀子訳　法政大学出版局　2016.12　505, 57p　21cm　7800円　①978-4-588-37125-7
内容 第1部 地中海―虜囚と拘束(タンジール　イスラム勢力と海　物語を語る　イスラムとの出会い)　第2部 アメリカ―虜囚と困惑(さまざまなアメリカ人、さまざまなイギリス人　戦争と新世界　革命)　第3部 インド―虜囚と征服(インドへのもう一つの道　虎と剣　制服姿の虜囚たち　アフガニスタンへ、そしてその先へ)　〔02888〕

コリアー, デヴィッド　Collier, David
◇社会科学の方法論争―多様な分析道具と共通の基準 (Rethinking social inquiry 原著第2版の翻訳)　ヘンリー・ブレイディ, デヴィッド・コリアー編, 泉川泰博, 宮下明聡訳　勁草書房　2014.5　432p　22cm　〈文献あり 索引あり〉4700円　①978-4-326-30231-4
内容 政治学方法論におけるめざましい変化 他(デヴィッド・コリアー, ヘンリー・ブレイディ, ジェイソン・シーライト著)　〔02889〕

コ

コ

コリンガム, リジー　Collingham, Elizabeth M.
◇インドカレー伝（Curry : A biography）　L.コリンガム著, 東郷えりか訳　河出書房新社　2016.3　449p　15cm　（河出文庫 コ7-1）　1200円　①978-4-309-46419-0
内容 第1章 チキンティッカ・マサラ―本場のインド料理を求めて　第2章 ビリヤーニ―ムガル帝国の皇帝たち　第3章 ヴィンダルー―ポルトガル人と唐辛子　第4章 コルマ―東インド会社の商人と寺院、ラクナウの太守　第5章 マドラス・カレー―イギリス人によるカレーの発明　第6章 カレー粉―インドをイギリスにもちかえって　第7章 コールドミート・カツレツ―インドにおけるイギリス食品　第8章 チャイ―紅茶大作戦　第9章 カレーとフライドポテト―シルヘットの船乗りとインドのテイクアウト　第10章 カレーは世界を巡る　〔02890〕

コーリングリッジ, ピーター
◇マニフェスト本の未来（Book : a futurist's manifesto）　ヒュー・マクガイア, ブライアン・オレアリ編　ボイジャー　2013.2　339p　21cm　2800円　①978-4-86239-117-9
内容 「リトル・データ」の驚くべき力（ピーター・コーリングリッジ著）　〔02891〕

コリンズ, スーザン（成功法）　Collins, Susan
◇ダウジング・プロトコル―成功をもたらす11のステップ（Dowsing That Works : Use a Protocol to Get Results）　スーザン・コリンズ著, 加藤展生訳　JSD日本ダウジング協会　2016.10　109p　19cm　（JSDBOOKS 002）　〈発売：ホノカ社（門真）〉　2350円　①978-4-907384-04-3
内容 1章 ダウジング・プロトコル11のステップ（身体レベルのバランスを整える　ダウジングシステムに接続する　自己の許し ほか）　2章 ダウジングツール（ダウジングツールとの対話　ペンデュラム　Lロッド ほか）　3章 ダウジングシステムを機能させる（ダウジングシステムの強化と安定　トラブルシューティング―困ったときは　根本原因の解決のために ほか）　4章 スーザン・コリンズインタビュー　〔02892〕

コリンズ, タントゥム　Collins, Tantum
◇TEAM OF TEAMS―複雑化する世界で戦うための新原則（TEAM OF TEAMS）　スタンリー・マクリスタル, タントゥム・コリンズ, デビッド・シルバーマン, クリス・ファッセル著, 吉川南, 尼丁千津子, 高取芳彦訳　日経BP社　2016.4　467p　19cm　〈発売：日経BPマーケティング〉　2200円　①978-4-8222-5154-3
内容 第1部 プロテウス問題（プロテウスの息子たち　時計仕掛け　難解さから複雑さへ　正しいことを行う）　第2部 一つにまとまる（命令型からチームへ　チームのなかのチーム）　第3部 共有する（システムを考える　脳を収納ボックスから取り出す　「囚人のジレンマ」を打ち破る）　第4部 解き放つ（手は出さない　薬園主のように組織を率いる）　第5部 先を見据える（対称性）　〔02893〕

コリンズ, ポール　Collins, Paul
◇バンヴァードの阿房宮―世界を変えなかった十三人（BANVARD'S FOLLY）　ポール・コリンズ著, 山田和子訳　白水社　2014.8　425, 21p　20cm　〈文献あり 著作目録あり〉　3600円　①978-4-560-08385-7
内容 バンヴァードの阿房宮―ジョン・バンヴァード　贋作は永遠に―ウィリアム・ヘンリー・アイアランド　空洞地球と極地の穴―ジョン・クリーヴズ・シムズ　N線の目を持つ男―ルネ・ブロンロ　音で世界を語る―ジャン・フランソワ・シュドル　種を蒔いた人―イーフレイム・ウェールズ・ブル　台湾人ロンドンに現わる―ジョージ・サルマナザール　ニューヨーク空圧地下鉄道―アルフレッド・イーライ・ビーチ　死してもはや語ることなし―マーティン・ファークワ・タッパー　ロミオに生涯を捧げて―ロバート・コーツ　青色光狂騒曲―オーガスタス・J・プレゾントン　シェイクスピアの墓をあばく―ディーリア・ベーコン　宇宙は知的生命でいっぱい―トマス・ディック　〔02894〕

コリンズ, マイケル　Collins, Michael
◇ビジュアル大百科聖書の世界（THE ILLUSTRATED BIBLE）　マイケル・コリンズ総監修, 月本昭男日本語版監修, 宮崎修二監訳　明石書店　2016.12　511p　31cm　〈索引あり〉　30000円　①978-4-7503-4425-6　〔02895〕

コリンズ, マイケル　Collins, Michael Patrick
◇不正選挙―電子投票とマネー合戦がアメリカを破壊する（LOSER TAKE ALL）　マーク・クリスピン・ミラー編著, 大竹秀子, 桜井まり子, 関房江訳　亜紀書房　2014.7　343, 31p　19cm　2400円　①978-4-7505-1411-6
内容 二〇〇四年選挙における都市伝説（マイケル・コリンズ著）　〔02896〕

コリンズ, ラリー　Collins, Larry
◇パリは燃えているか？　上（IS PARIS BURNING？）　ラリー・コリンズ, ドミニク・ラピエール著, 志摩隆訳　新版　早川書房　2016.2　437p　16cm　（ハヤカワ文庫 NF 455）　1100円　①978-4-15-050455-7
内容 第1部 脅威　第2部 闘争　〔02897〕
◇パリは燃えているか？　下（IS PARIS BURNING？）　ラリー・コリンズ, ドミニク・ラピエール著, 志摩隆訳　新版　早川書房　2016.2　462p　16cm　（ハヤカワ文庫 NF 456）　〈文献あり〉　1100円　①978-4-15-050456-4
内容 第2部 闘争（承前）　第3部 解放　〔02898〕

コリンズ, レベッカ・グレイス　Collins, Rebecca Grace
◇正気を失くした介護者の日記（Diary of a mad caregiver）　レベッカ・グレイス・コリンズ著, 中村典子訳　柏　イーグレープ　2013.4　215p　19cm　1500円　①978-4-903748-76-4　〔02899〕

コール, エリザベス　Coll, Elizabeth
◇老いと幼なの言うことには　小沢牧子, エリザベス・コール著　川崎　小沢昔ばなし研究所　2015.4　93p　22×17cm　1500円　①978-4-902875-68-3
内容 1 対談・めぐるいのち（生まれること、育つこと　「宇宙の秩序」をとりもどす　老いと死、葬送と再生）　2 PHOTO 幼なの世界、老いの風景（メキシコ・ナヤリット州　メキシコ・プエブラ市　ベネズエラ・パリア半島 ほか）　3 老いの場所から（おばあさんと子ど

も　老いに逆らうその理由　小鳥の受難、子どものあした ほか）〔02900〕

ゴル, クレール

◇なぜ“平和主義”にこだわるのか（ENTRÜSTET EUCH！ —WARUM PAZIFISMUS FÜR UNS DAS GEBOT DER STUNDE BLEIBT）マルゴット・ケースマン, コンスタンティン・ヴェッカー編, 木戸衛一訳　いのちのことば社　2016.12　261p　19cm　1500円　Ⓘ978-4-264-03611-1

内容 新しい死（クレール・ゴル）〔02901〕

コール, ジム・W.

◇EMDRがもたらす治癒—適用の広がりと工夫（EMDR Solutions）ロビン・シャピロ編, 市井雅哉, 吉川久史, 大塚美菜子監訳　二瓶社　2015.12　460p　22cm〈索引あり〉5400円　Ⓘ978-4-86108-074-6

内容 トラウマとトラウマに関連した身体的痛みへの再演プロトコル（ジム・W.コール著, 太田茂行訳）〔02902〕

コルシュ, ディートリヒ　Korsch, Dietrich

◇キリスト教の主要神学者　上　テルトゥリアヌスからカルヴァンまで（Klassiker der Theologie, Bd.1 ： Von Tertullian bis Calvin）F.W.グラーフ編, 片柳栄一監訳　教文館　2014.8　360, 5p　21cm　3900円　Ⓘ978-4-7642-7383-2

内容 マルティン・ルター（一四八三——一五四六）（ディートリヒ・コルシュ）〔02903〕

ゴールズワーシー, エイドリアン　Goldsworthy, Adrian Keith

◇アントニウスとクレオパトラ　上（ANTONY AND CLEOPATRA）エイドリアン・ゴールズワーシー著, 阪本浩訳　白水社　2016.7　289p　20cm　3400円　Ⓘ978-4-560-09255-2

内容 二つの国　「雌狼」—ローマの共和政　プトレマイオス朝　弁論家、浪費家、海賊　「笛吹王」　青年期　王の帰還　立候補　「新愛姉弟神」　護民官　女王　内乱　カエサル　騎兵長官　「王ではない、カエサルだ」　執政官　「三頭のひとり」〔02904〕

◇アントニウスとクレオパトラ　下（ANTONY AND CLEOPATRA）エイドリアン・ゴールズワーシー著, 阪本浩訳　白水社　2016.7　212, 71p　20cm〈文献あり 年表あり 索引あり〉3400円　Ⓘ978-4-560-09256-9

内容 女神　復讐　ディオニュソスとアフロディテ　危機　侵入　「祖国を愛する者」　「インドとアシアを震駭させ」—大遠征　諸王の女王　「彼女は私の妻か？」　戦争　アクティウム　「立派な最期」〔02905〕

コルスンスカヤ, E.A.　Korsunskaia, Ella Arkadevna

◇子どもに向かって「お前が悪い」と言わないで—コルスンスカヤの聴覚障害児教育　E.A.コルスンスカヤ編著, N.D.シマトカ編集補佐, 広瀬信雄訳　文芸社　2016.12　225p　19cm〈著作目録あり〉1000円　Ⓘ978-4-286-17827-1〔02906〕

コルソン, オウレリアン　Colson, Aurélien

◇交渉のメソッド—リーダーのコア・スキル（The First Move）アラン・ランプルゥ, オウレリアン・コルソン〔著〕, 奥村哲史訳　白桃書房　2014.5　296p　20cm〈文献あり〉2750円　Ⓘ978-4-561-23628-3

内容 序 古い対応に頼る「前に」新しい方法を試す—適切な交渉行動をどう培うか　第1章 交渉する「前に」問い直す—直感型を超えるために　第2章 交渉に入る「前に」準備する—プロセス、問題、人への計画の立て方　第3章 明白なことの「前に」大切なことを行う—プロセスをどう処理するか　第4章 切り分ける「前に」ジョイントバリューを最大にする—問題にどう対処するか　第5章 話す「前に」聞く—人にどう対処するか（1）：アクティブ・コミュニケーション　第6章 問題解決の「前に」感情を受けとめる—人にどう対処するか（2）　第7章 複雑性にぶつかる「前に」メソッドを深める—複層交渉、多者間交渉、多文化間交渉をどう管理するか　第8章 締めくくる「前に」合意を形にする—交渉の成果をどう収穫するか　結論 実践に移る「前に」理論を自分のものにする—交渉スキルを改善し続けるために〔02907〕

コルソン, メアリー　Colson, Mary

◇信じられない「原価」—買い物で世界を変えるための本　1　ケイタイ・パソコン—児童労働でつくられたケイタイ・パソコンを買うことができますか？（THE TRUE COST OF TECHNOLOGY）稲葉茂勝訳・著, こどもくらぶ編集　メアリー・コルソン原著　講談社　2015.2　47p　29cm〈索引あり〉3000円　Ⓘ978-4-06-219330-6

内容 世界的なネットワーク　「サプライチェーン」とは？　IT機器の原料は？　スウェットショップ（搾取工場）　労働者をロボットに置きかえる　IT機器製造の犠牲になる人　働く女性の権利　出かせぎ労働者　電池の廃棄　電力消費量　捨てられるIT機器　IT機器中毒　圧力団体やNGO　責任の所在は？　大きな改善への小さな歩み〔02908〕

◇信じられない「原価」—買い物で世界を変えるための本　2　おもちゃ—児童労働でつくられたサッカーボールを買うことができますか？（THE TRUE COST OF TOYS）稲葉茂勝訳・著, こどもくらぶ編集　メアリー・コルソン原著　講談社　2015.2　47p　29cm〈索引あり〉3000円　Ⓘ978-4-06-219329-0

内容 おもちゃの裏側にひそむ真実　世界規模の貿易　需要と供給のバランス　玩具産業の工場　労働者の権利は完全無視!?　労働者の絶望的な状況　おもちゃと有害物質　ゴムの原料採取　綿花栽培の大きな問題　ごみの問題　健全な仕事、健全な遊び　子ども時代を送れない子どもたち　消費者の声と企業の変化　世界を変える買い物　玩具産業のフェアトレード〔02909〕

コルソン, ロブ　Colson, Rob

◇旗のほん—世界の旗とその物語（The Book of Flags）ロブ・コルソン著, 上野和子, 林径子訳　六耀社　2016.6　63p　30cm　1850円　Ⓘ978-4-89737-847-3

内容 旗の名前　旗の型　旗の歴史　アメリカ合衆国　カナダ　ブラジル連邦共和国　アルゼンチン共和国　ジャマイカ　キューバ共和国　国際的な旗〔ほか〕〔02910〕

ゴールダー, ベン　Golder, Ben

◇フーコーの法（FOUCAULT'S LAW）　ベン・ゴールダー, ピーター・フィッツパトリック著, 関良徳監訳, 小林智, 小林史明, 西迫大祐, 綾部六郎訳　勁草書房　2014.9　226, 6p　20cm　〈索引あり〉3000円　①978-4-326-15431-9

内容 第1章 オリエンテーション―フーコーと法（「排除テーゼ」　フーコーを救出/再読する　結論）　第2章 フーコーの別の法（関係のなかの法　フーコーの法―抵抗、侵犯、法　法の多価的な空虚　結論）　第3章 法の未来（エワルドと社会的なものの近代主義的閉鎖　フーコー的倫理の近代性　結論―社会性の法）〔02911〕

コールター, メアリー　Coulter, Mary K.

◇マネジメント入門―グローバル経営のための理論と実践（Fundamentals of Management 原著第8版の翻訳）　スティーブン・P.ロビンス, デービッド・A.ディチェンゾ, メアリー・コールター著, 高木晴夫監訳　ダイヤモンド社　2014.7　582p　21cm　〈文献あり 索引あり〉2800円　①978-4-478-02816-2〔02912〕

コルチンスキー, エドゥアルド・イズライレヴィッチ

◇科学の参謀本部―ロシア/ソ連邦科学アカデミーに関する国際共同研究　市川浩編著　札幌　北海道大学出版会　2016.2　522p　22cm　〈索引あり〉12500円　①978-4-8329-8224-6

内容 文化革命〈1929-1932年〉とプレゼント＝ルィセンコ間"同盟"の起源（エドゥアルド・イズライレヴィッチ・コルチンスキー著, 市川浩訳）〔02913〕

ゴルツィス, A.*　Gortzis, Anthony

◇国家ブランディング―その概念・論点・実践（NATION BRANDING）　キース・ディニー編著, 林田博光, 平沢敦監訳　八王子　中央大学出版部　2014.3　310p　22cm　（中央大学企業研究所翻訳叢書 14）　4500円　①978-4-8057-3313-4

内容 原産国とナショナル・アイデンティティから国家ブランディングまで（Renata Sanches,Flavia Sekles,Anthony Gortzis,Gianfranco Walsh,Klaus-Peter Wiedmann著, 金炯中訳）〔02914〕

コルテ, カール＝ルドルフ

◇現代日本の政治と外交　4　日本とドイツ―戦後の政治的変化（INWARD LOOKING OR ENGAGEMENT？）　猪口孝監修　猪口孝編　原書房　2014.3　141p　22cm　3200円　①978-4-562-04961-5

内容 「怒る市民」と「継続の市民」の手中にあるドイツの政治（カール＝ルドルフ・コルテ著, 猪口孝訳）〔02915〕

コルデス, アルブレヒト

◇ヨーロッパ史のなかの裁判事例―ケースから学ぶ西洋法制史（Fälle aus der Rechtsgeschichte）　U.ファルク,M.ルミナティ,M.シュメーケル編著, 小川浩三, 福田誠治, 松本尚子監訳　京都　ミネルヴァ書房　2014.4　445p　22cm　〈索引あり〉6000円　①978-4-623-06559-2

内容 スウェーデンの銅（アルブレヒト・コルデス著, 田中実訳）〔02916〕

コルテス, エルナン　Cortés, Hernán

◇コルテス報告書簡（Cartas y documentos）　エルナン・コルテス著, 伊藤昌輝訳　法政大学出版局　2015.11　552, 28p　22cm　〈文献あり 年表あり 索引あり〉7400円　①978-4-588-37404-3

内容 第一書簡　第二書簡　第三書簡　第四書簡　第五書簡〔02917〕

ゴールデン, アルバート　Gaulden, Albert Clayton

◇あなたは、あなたの思うあなたではない―本当のあなたと出会う8つのステージ（You're Not Who You Think You Are）　アルバート・ゴールデン著, 黒沢修司訳　毎日新聞社　2014.9　205p　20cm　1600円　①978-4-620-32252-0

内容 プロローグ アルバートを見つけに　第1章 ふたたび光と繋がる　第2章 ステージ1―エゴの変容　第3章 ステージ2―私たちの中にあるもの　第4章 ステージ3―暗闇から光の中へ　第5章 ステージ4―カルマを映す鏡　第6章 ステージ5―あなたは、あなたの思うあなたではない　第7章 ステージ6―許すこと 忘れないこと　第8章 ステージ7―兄弟たちを光のもとへ　第9章 ステージ8―平穏と至福と　第10章 旅の終わり〔02918〕

ゴールドシュタイン, エダ　Goldstein, Eda

◇統合的短期型ソーシャルワーク―ISTTの理論と実践（Short‐Term Treatment and Social Work Practice ： An Integrative Perspective）　エダ・ゴールドシュタイン, メアリーエレン・ヌーナン著, 福山和女, 小原真知子監訳　金剛出版　2014.6　293p　21cm　4600円　①978-4-7724-1370-1

内容 第1部 理論概念と実践原則（短期型援助の概観　理論的視点と主要な特徴　開始段階　展開段階　終結段階）　第2部 特殊な問題と対象（危機志向型ISTT　情緒障害をもつクライエント　自ら援助を求める気のない、接近困難なクライエント　家族志向型ISTT　グループ志向型ISTT）〔02919〕

ゴールドスタイン, ノア・J.　Goldstein, Noah J.

◇影響力の武器　戦略編　小さな工夫が生み出す大きな効果（THE SMALL BIG）　スティーブ・J.マーティン, ノア・J.ゴールドスタイン, ロバート・B.チャルディーニ著, 安藤清志監訳, 曽根寛樹訳　誠信書房　2016.7　309p　20cm　〈文献あり〉2200円　①978-4-414-30423-7

内容 納税期限を守ってもらうための簡単な工夫　集団との結びつきを利用したスモール・ビッグ　社会規範の効果的な利用法　わずかな環境の変化がもたらす大きなパワー　名前が生み出す驚くべき効果　共通点を探すことの大きなメリット　「よく知っている人」という思い込み　約束を守ってもらうためのスモール・ビッグ　行動力を倍加させる小さなコミットメント　思わぬ逆効果を防ぐためのひと工夫〔ほか〕〔02920〕

ゴールドスミス, マーシャル　Goldsmith, Marshall

◇トリガー―自分を変えるコーチングの極意（Triggers）　マーシャル・ゴールドスミス, マーク・ライター著, 斎藤聖美訳　日本経済新聞出版社　2016.1　307p　20cm　1800円　①978-4-532-32049-2

内容 1 なぜ、なりたい自分になれないのか(大人の行動改善は難しい　行動改善を阻む「信念のトリガー」　それは環境だ　トリガーを定義する　トリガーはどう働くか　計画するのは上手だが、実行するのは下手　環境を予測する　変化の輪)　2 実践する(能動的な質問の力　エンゲージの質問　日課の質問を実行する　計画する人、実行する人、そしてコーチ　空っぽの船)　3 もっと仕組みを！(仕組みがなければ、私たちは改善しない　だが、正しい仕組みでなければならない　自我が消耗する中で行動する　助けが得られそうもないとき、助けを必要とするものだ　一時間ごとの質問　「まあまあ」の問題　トリガーになる)　4 後悔しない(エンゲージメントの輪　変化のない生活を送る危険)　〔*02921*〕

ゴールドフェダー, スティーヴン　Goldfeder, Steven

◇仮想通貨の教科書—ビットコインなどの仮想通貨が機能する仕組み (Bitcoin and Cryptocurrency Technologies)　アーヴィンド・ナラヤナン, ジョセフ・ボノー, エドワード・W.フェルテン, アンドリュー・ミラー, スティーヴン・ゴールドフェダー著, 長尾高弘訳　日経BP社　2016.12　477p　21cm 〈索引あり　発売：日経BPマーケティング〉 3400円　①978-4-8222-8545-6

内容 第1章 暗号理論と仮想通貨入門　第2章 ビットコインが非中央集権を実現している仕組み　第3章 ビットコインの仕組み　第4章 ビットコインの保管と利用の方法　第5章 ビットコインの採掘　第6章 ビットコインの匿名性　第7章 コミュニティと規制　第8章 代替マイニングパズル　第9章 プラットフォームとしてのビットコイン　第10章 アルトコインと仮想通貨のエコシステム　第11章 非中央集権的な組織—ビットコインの未来？　〔*02922*〕

ゴールドリング, エレン　Goldring, Ellen Borish

◇どうして死んじゃったの？ (Why Did You Die？)　エリカ・リーウェンバーグ, エレン・ゴールドリング著, 上田勢子訳　福村出版　2014.7　138p　26cm (子どもの「こころ」を親子で考えるワークブック 4)　1500円　①978-4-571-20603-0

内容 変わらないものなんてありません　自分で変えられることと変えられないこと　あなたは自分をどのように見ていますか？　まわりからはどのように見られていますか？　いろいろな気持ち　人生は旅のようなものです　あなたを支えてくれる人たち　どんな家族も特別な家族です　気分が良くなる特別な場所　大好きな人からの贈り物　どんな命にも終わりがあります〔ほか〕　〔*02923*〕

コルナイ, ヤーノシュ　Kornai, János

◇資本主義の本質について—イノベーションと余剰経済 (Dynamism, rivalry, and the surplus economy)　コルナイ・ヤーノシュ著, 溝端佐登史, 堀林巧, 林裕明, 里上三保子訳　NTT出版　2016.3　266p　22cm 〈文献あり〉 3000円　①978-4-7571-2348-9

内容 第1部 イノベーションとは何か(資本主義、社会主義、技術進歩　技術進歩の転換と加速　人は歴史的事実をどう受けとめるか)　第2部 不足経済と余剰経済(財とサービスの市場—余剰の再生産メカニズム　財とサービスの市場—概念装置と測定手法　労働市場—余剰再生産のためのメカニズム　実証的な説明と因果分析　余剰経済の効果とその評価　一般的図式からの応用)　補論　〔*02924*〕

コルノ, L.*　Corno, Lyn

◇自己調整学習ハンドブック (HANDBOOK OF SELF-REGULATION OF LEARNING AND PERFORMANCE)　バリー・J.ジマーマン, ディル・H.シャンク編, 塚野州一, 伊藤崇達監訳　京都　北大路書房　2014.9　434p　26cm 〈索引あり〉 5400円　①978-4-7628-2874-4

内容 学習の自己調整習慣(Lyn Corno著, 梅本貴豊訳)　〔*02925*〕

ゴルバチョフ, ミハイル　Gorbachev, Mikhail Sergeevich

◇秩序の喪失　プロジェクトシンジケート叢書編集部訳　土曜社　2015.2　164, 3p　19cm (プロジェクトシンジケート叢書) 〈他言語標題：Loss of order〉 1850円　①978-4-907511-15-9

内容 これは冷戦か(ミハイル・ゴルバチョフ著)　〔*02926*〕

コルバン, A.　Corbin, Alain

◇英雄はいかに作られてきたか—フランスの歴史から見る (LES HÉROS DE L'HISTOIRE DE FRANCE EXPLIQUÉS À MON FILS)　アラン・コルバン〔著〕, 小倉孝誠監訳, 梅沢礼, 小池美穂訳　藤原書店　2014.3　252p　20cm 〈年表あり〉 2200円　①978-4-89434-957-5　〔*02927*〕

◇知識欲の誕生—ある小さな村の講演会 1895-96 (LES CONFERENCES DE MORTEROLLES)　アラン・コルバン〔著〕, 築山和也訳　藤原書店　2014.10　199p　20cm 〈年表あり〉 2000円　①978-4-89434-993-3　〔*02928*〕

◇身体はどう変わってきたか—16世紀から現代まで　アラン・コルバン, 小倉孝誠, 鷲見洋一, 岑村傑著　藤原書店　2014.12　310p　20cm 〈文献あり〉 2600円　①978-4-89434-999-5

内容 『身体の歴史』とは何か(アラン・コルバン述, 小倉孝誠訳)　〔*02929*〕

◇男らしさの歴史　1　男らしさの創出—古代から啓蒙時代まで (HISTOIRE DE LA VIRILITÉ)　A.コルバン,J-J.クルティーヌ,G.ヴィガレロ監修　G.ヴィガレロ編, 鷲見洋一監訳　藤原書店　2016.12　788p 図版48p　22cm　8800円　①978-4-86578-097-0

内容 日本の読者へ 他(アラン・コルバン著, 小倉孝誠訳)　〔*02930*〕

コールマン, スティーヴン

◇市場なき社会主義の系譜 (NON-MARKET SOCIALISM IN THE NINETEENTH AND TWENTIETH CENTURIES)　マクシミリアン・リュベル, ジョン・クランプ編著, 角田史幸, 藤井真生訳　現代思潮新社　2014.7　304, 9p　20cm 〈文献あり 索引あり〉 3600円　①978-4-329-00491-8

内容 インポッシビリズム(スティーヴン・コールマン著, 藤井真生訳)　〔*02931*〕

コ

コ

ゴールマン, ダニエル　Goleman, Daniel
◇フォーカス（FOCUS）　ダニエル・ゴールマン著, 土屋京子訳　日本経済新聞出版社　2015.11　367p　19cm　1700円　①978-4-532-32042-3
内容 1「注意」を解剖する　2 自己を知る　3 他者を読む　4 もっと大きな文脈で見る　5 理にかなった練習法　6 良きリーダーの集中力　7 より大きな視野を　〔02932〕

◇自分を成長させる極意―ハーバード・ビジネス・レビューベスト10選（HBR'S 10 MUST READS ON MANAGING YOURSELF）　ピーター・F.ドラッカー, クレイトン・M.クリステンセン他著, ハーバード・ビジネス・レビュー編集部編, DIAMONDハーバード・ビジネス・レビュー編集部訳　ダイヤモンド社　2016.1　311p　19cm　1600円　①978-4-478-06830-4
内容 成果を最大化する「プロセス」を実行する/自己認識を変える5つの自己革新ステップ（ダニエル・ゴールマン著）　〔02933〕

コールマン, テリー
◇インタヴューズ　3　毛沢東からジョン・レノンまで（THE PENGUIN BOOK OF INTERVIEWS）　クリストファー・シルヴェスター編, 新庄哲夫他訳　文芸春秋　2014.6　463p　16cm　（文春学芸ライブラリー―雑英 7）　1690円　①978-4-16-813018-2
内容 マーガレット・サッチャー（マーガレット・サッチャー述, テリー・コールマンインタヴュアー, 山岡洋一訳）　〔02934〕

コールマン, ピーター・G.
◇イギリスにおける高齢期のQOL―多角的視点から生活の質の決定要因を探る（UNDERSTANDING QUALITY OF LIFE IN OLD AGE）　アラン・ウォーカー編著, 岡田進一監訳, 山田三知子訳　京都　ミネルヴァ書房　2014.7　249p　21cm　（新・MINERVA福祉ライブラリー 20）　〈文献あり 索引あり〉3500円　①978-4-623-07097-8
内容 配偶者に先立たれた高齢者（ピーター・スペック, ケイト・M.ベネット, ピーター・G.コールマン, マリー・ミルズ, フィオヌアラ・マッキーナン, フィリップ・T.スミス, ジョージーナ・M.ヒューズ著）　〔02935〕

コレイ, M.　Collay, Michelle
◇構成主義的な学びのデザイン（Constructivist learning design）　G.W.ギャニオン,M.コレイ〔著〕, 菅原良監訳, 太田和寿, 福田志保編　青山ライフ出版　2015.8　327p　21cm　〈文献あり〉　5000円　①978-4-86450-175-0　〔02936〕

ゴレン, シュムエル
◇イスラエル情報戦史（ISRAEL'S SILENT DEFENDER）　佐藤優監訳, アモス・ギルボア, エフライム・ラピッド編, 河合洋一郎訳　並木書房　2015.6　373p 図版32p　21cm　〈年表あり〉　2700円　①978-4-89063-328-9
内容 ヒューミントと諜報活動（シュムエル・ゴレン著）　〔02937〕

コロディエチュック, ブライアン　Kolodiejchuk, Brian
◇マザーテレサ来て、わたしの光になりなさい！（MOTHER TERESA）　マザーテレサ著, ブライアン・コロディエチュック編集と解説, 里見貞代訳　女子パウロ会　2014.11　594, 39p　19cm　2600円　①978-4-7896-0730-8
内容 あなたの手を神のみ手にゆだね、神と共に歩みなさい　イエスのために、何か美しいことを　来て、わたしの光になりなさい！　苦しむイエスのみ心に、喜びをもたらすために　これ以上遅らせないで。わたくしを抑えないでほしい　「暗いあばら家」の中へ　修道会誕生の暗夜　十字架につけられたイエスの渇き　神よ、この未知の痛みは、何とつらいことでしょう　わたくしは暗闇を愛するようになった　み心のままに　神はご自分の偉大さを示すため、無にひとしいものを使われる　キリストを輝かせて　〔02938〕

コロローソ, バーバラ　Coloroso, Barbara
◇子どもの力を引き出すシンプルな習慣―自分の力でやってみる喜びを育む（kids are worth it！）　バーバラ・コロローソ著, 田栗美奈子訳　カンゼン　2015.11　238p　19cm　1500円　①978-4-86255-330-0
内容 1「しつけ」と「はげまし」で子どもを伸ばす　2 子どもを伸ばす親が言わない「NGワード」を知る　3「判断」を任せれば子どもはグンと成長する　4「子どもの感情」の受けとめ方「親の感情」の示し方　5 トラブルを通して問題に立ち向かう「強さ」を育む　6 子ども同士のケンカに「勝ち負け」をつくらない　7 家事を通して子どもの「責任感」を伸ばす　8 しっかりとした「金銭感覚」を育むお小遣いの与え方　9 食事を通して「自分の身体を大切にすること」を学ぶ　10 生活リズムを整えて「寝る習慣」をつくる　11「性の話題」はオープンに正しく伝える　〔02939〕

コローン, ラウル　Colón, Raúl
◇サリバン先生とヘレン―ふたりの奇跡の4か月（ANNIE AND HELEN）　デボラ・ホプキンソン文, ラウル・コローン絵, こだまともこ訳　光村教育図書　2016.8　〔40p〕　28cm　1500円　①978-4-89572-895-9　〔02940〕

コワコフスキ, レシェク　Kołakowski, Leszek
◇哲学は何を問うてきたか（O CO NAS PYTAJA WIELCY FILOZOFOWIE（重訳））　レシェク・コワコフスキ〔著〕, 藤田祐訳　みすず書房　2014.1　249p　20cm　4200円　①978-4-622-07807-4
内容 真理と善―われわれはなぜ悪を行うのか？　ソクラテス　存在と非存在―実在するものは何か？　エレアのパルメニデス　変化、衝突、調和―宇宙はどのように作動するのか？　エフェソスのヘラクレイトス　善と正義―真理の源は何か？　プラトン　徳と合理性―幸福とは何か？　アリストテレス　自然に従った人生―このような人生を送ると幸せになれるのか？　ヒエラポリスのエピクテトス　知識と信念―われわれは何かを知ることができるのか？　セクストス・エンペイリコス　神と人間―悪とは何か？　聖アウグスティヌス　神の必然性―神が存在しない可能性はあるのか？　聖アンセルムス　神秘主義と徳―なぜ罪ではないのか？　マイスター・エックハルト〔ほか〕　〔02941〕

コワルジック, マーティン　Kowalczyk, Martin
◇ゴール＆ストラテジ入門―残念なシステムの無く

し方（Aligning Organizations Through Measurement） Victor Basili,Adam Trendowicz,Martin Kowalczyk,Jens Heidrich, Carolyn Seaman,Jürgen Münch,Dieter Rombach共著, 鷲崎弘宜, 小堀貴信, 新谷勝利, 松岡秀樹監訳, 早稲田大学グローバルソフトウェアエンジニアリング研究所ゴール指向経営研究会訳 オーム社 2015.9 218p 21cm 〈他言語標題：GQM+Strategies 文献あり 索引あり〉2800円 ①978-4-274-50584-3

内容 第1部 GQM+Strategiesアプローチ（GQM+Strategiesのポイント フェーズ0：初期化 フェーズ1：環境の特性化 フェーズ2：目標と戦略の設定 フェーズ3：実行計画の策定 フェーズ4：計画の実行 フェーズ5：成果の分析 フェーズ6：結果のまとめ） 第2部 業界への適用と他の手法との関係（各社の適用例 他のアプローチとの関係 まとめと今後に向けた見解） 付録（GQM+Strategiesプロセスチェックリスト GQM+Strategies評価アンケート） 〔02942〕

コワロー, クリスティン Coirault, Christine

◇ようじからはじめるみんななかよしマナーのえほん（The Little Book of Good Manners） クリスティン・コワロー作, 藤井寛子訳 絵本塾出版 2014.3 31p 23cm 1200円 ①978-4-86484-045-3 〔02943〕

コーン, エドゥアルド Kohn, Eduardo

◇森は考える―人間的なるものを超えた人類学（How Forests Think） エドゥアルド・コーン著, 奥野克巳, 近藤宏監訳, 近藤祉秋, 二文字屋脩共訳 亜紀書房 2016.1 492p 20cm 〈文献あり 索引あり〉2700円 ①978-4-7505-1462-8

内容 序 ルナ・プーマ 第1章 開かれた全体 第2章 生ある思考 第3章 魂＝盲 第4章 種＝横断的ピジン 第5章 形式の労なき効力 第6章 生ある未来（と軽くなった死者のはかり知れない重さ） エピローグ 超える 〔02944〕

コーン, ジェイムズ・H. Cone, James H.

◇十字架とリンチの木（The Cross and the Lynching Tree） ジェイムズ・H.コーン著, 梶原寿訳 日本キリスト教団出版局 2014.4 303p 22cm 〈索引あり〉3800円 ①978-4-8184-0882-1 〔02945〕

コーン, ジェローム Kohn, Jerome

◇責任と判断（RESPONSIBILITY AND JUDGMENT） ハンナ・アレント著, ジェローム・コーン編, 中山元訳 筑摩書房 2016.8 558p 15cm （ちくま学芸文庫 ア7-4） 1600円 ①978-4-480-09745-3

内容 プロローグ（ソニング賞受賞スピーチ）一九七五年 第1部 責任（独裁体制のもとでの個人の責任 一九六四年 道徳哲学のいくつかの問題 一九六五‐六六年 アレントの『基本的な道徳命題』の異稿 集団責任 一九六八年 思考と道徳の問題―W.H.オーデンに捧げる 一九七一年） 第2部 判断（リトルロックについて考える 一九五九年 『神の代理人』―沈黙による罪？ 一九六四年 裁かれるアウシュヴィッツ 一九六六年 身からでたさび 一九七五年） 〔02946〕

コン, ジュ

◇ポスト工業社会における東アジアの課題―労働・ジェンダー・移民 筒井淳也, グワンヨンシン, 柴田悠編著 京都 ミネルヴァ書房 2016.3 252p 22cm （立命館大学産業社会学部創設50周年記念学術叢書） 〈索引あり〉5500円 ①978-4-623-07634-5

内容 韓国における女性労働と家計所得不平等（グワンヨン・シン, ジュ・コン著, 野村優訳） 〔02947〕

コーン, ジョージ・C. Kohn, George C.

◇世界戦争事典（DICTIONARY OF WARS 原著改訂版の翻訳） ジョージ・C.コーン著, 鈴木主税, 浅岡政子訳 改訂増補第2版 河出書房新社 2014.9 757p 22cm 〈索引あり〉12800円 ①978-4-309-22614-9 〔02948〕

コーン, ナンシー

◇組織のストレスとコンサルテーション―対人援助サービスと職場の無意識（THE UNCONSCIOUS AT WORK） アントン・オブホルツァー, ヴェガ・ザジェ・ロバーツ編, 武井麻子監訳, 榊恵子ほか訳 金剛出版 2014.3 311p 21cm 〈文献あり 索引あり〉4200円 ①978-4-7724-1357-2

内容 乳児特別ケアユニットにおける感情の問題に向き合う（ナンシー・コーン著, 郷良淳子訳） 〔02949〕

コンウェイ, エリック・M. Conway, Erik M.

◇こうして、世界は終わる―すべてわかっているのに止められないこれだけの理由（THE COLLAPSE OF WESTERN CIVILIZATION） ナオミ・オレスケス, エリック・M.コンウェイ著, 渡会圭子訳 ダイヤモンド社 2015.6 143, 8p 20cm 1400円 ①978-4-478-06481-8

内容 第1章 これだけの手を打たなかった―21世紀に人類が犯したミス（すべてわかっていたのに崩壊した 大気が「飽和状態」になっている ほか） 第2章 エネルギーをめぐる狂騒が始まる―熱波、人口大移動、パンデミック（「正当な自然科学者」へのバッシング 科学者の温暖化予測は「過小評価」だった ほか） 第3章 最後の一線を越える―こうして人類は「崩壊」を自ら選ぶ（崩壊の予測もできたし、回避のノウハウもあった シンクタンクを「隠れ蓑」にする企業 ほか） エピローグ なぜ中国は切り抜けられたのか？ （「中央集権国家」が生き残った皮肉） 〔02950〕

コンウェイ, A.R.A.* Conway, Andrew R.A.

◇ワーキングメモリと日常―人生を切り拓く新しい知性（WORKING MEMORY） T.P.アロウェイ,R.G.アロウェイ編著, 湯沢正通, 湯沢美紀監訳 京都 北大路書房 2015.10 340p 21cm （認知心理学のフロンティア） 〈文献あり 索引あり〉3800円 ①978-4-7628-2908-6

内容 ワーキングメモリと知能：展望（Andrew R.A. Conway, Brooke N.Macnamara, Pascale M.J.Engel de Abreu著, 湯澤正通訳） 〔02951〕

コーンウェル, ロス Cornwell, Ross

◇成功哲学―新・完訳（THINK AND GROW RICH! 原著復刻改訂版の翻訳） ナポレオン・ヒル著, ロス・コーンウェル編, 宮本喜一訳 ア

コ

チーブメント出版　2016.11　566p　20cm　〈索引あり〉2000円　①978-4-86643-002-7

内容 知力―自分の流儀を“考え抜いた”男　願望―あらゆる成果への出発点 豊かさへの最初のステップ　信念―願望の達成を思い描き、信じること 豊かさへの第二ステップ　自己暗示―潜在意識に働きかける仲介者 豊かさへの第三ステップ　専門的な知識―個人的な経験、観察 豊かさへの第四ステップ　想像力―頭脳の作業場 豊かさへの第五ステップ　統合的・有機的な計画立案―願望から具体的な行動へ 豊かさへの第六ステップ　決断―優柔不断との決別 豊かさへの第七ステップ　忍耐力―信念を引き出すために必要な粘り強い努力 豊かさへの第八ステップ　マスター・マインドの力―前進させる力 豊かさへの第九ステップ　性が発揮する方向転換の力の神秘―豊かさへの第十ステップ　潜在意識―つなげる輪 豊かさへの第十一ステップ　頭脳―思考の放送兼受信局 豊かさへの第一二ステップ　第六感―智恵の聖堂に続くとびら 豊かさへの第十三ステップ　六つの恐怖の亡霊に備えるには　〔02952〕

コ

コーンウォル, ジャネット

◇世界がぶつかる音がする―サーバンツの物語（The Sound of Worlds Colliding）　クリスティン・ジャック編, 永井みぎわ訳　ヨベル　2016.6　300p　19cm　1300円　①978-4-907486-32-7

内容 メコン川のほとりで出会ったイエス（ジャネット・コーンウォル）　〔02953〕

コンカ, ウネルマ　Konkka, U.S.

◇トゥオネラの悲しい唄（Поэзия печали）　ウネルマ・コンカ著, 山口涼子訳　横浜　群像社　2014.10　180p　19cm　1800円　①978-4-903619-49-1

内容 唄と悲しみ（カレリア人の号泣の研究史　号泣と儀礼　カリレア人の泣き歌の詩的特殊性）　葬礼と葬礼の泣き歌（葬礼における号泣の必要性　「Syntyset」―死んだ親族、始祖　臨終から埋葬まで　死（最期、逝去）　洗い清めの号泣 ほか）　〔02954〕

コングルトン, ロジャー・D.　Congleton, Roger D.

◇議会の進化―立憲的民主統治の完成へ（PERFECTING PARLIAMENT）　ロジャー・D.コングルトン著, 横山彰, 西川雅史監訳　勁草書房　2015.10　450p　22cm　〈翻訳：岡崎哲郎 ほか　文献あり 索引あり〉7200円　①978-4-326-50416-9

内容 西洋民主主義の起源について　第1部 統治権の移譲（協同生産、組織、統治　長期的な組織の統治　領地に関する統治の起源　立憲的交換と分立した統治機構　財源に対する権限と立憲的改革　民主的ではない参政権　イデオロギー、利益集団、および成人参政権）　第2部 西洋の民主的移行に関する歴史的証拠（舞台設定：19世紀以前の哲学的、経済的、政治的な進展　変革の世紀における自由主義と改革　きめ細やかな立憲的取り決め）　第3部 社会科学としての分析的歴史学（「第19章」漸進的改革の定量的論証　「第20章」思想、利益、および立憲的改革）　補論 方法論的アプローチ、限界、および拡張　〔02955〕

ゴンサレス, サンティアゴ・ギリェン　González, Santiago Guillén

◇ドイツ空軍装備大図鑑（DEUTSCHE LUFTWAFFE）　グスタボ・カノ・ムニョス, サンティアゴ・ギリェン・ゴンサレス著, 村上和久訳　原書房　2014.9　366p　31cm　〈文献あり 索引あり〉9500円　①978-4-562-05098-7

内容 第1章 ドイツ空軍史　第2章 制服（帽子類　上衣　オーバーコート　ズボン　ベルトとバックル　軍靴　長剣と短剣）　第3章 飛行服と装備（飛行帽　飛行眼鏡　マスク　飛行服　飛行手袋　毛皮張りの飛行ブーツ　救命胴衣　パラシュート　作戦用および個人用飛行機装備　拳銃）　第4章 エピローグ（マシーンをささえた男たち）　〔02956〕

ゴンサーレス・サインス, セサル　González Sainz, César

◇スペイン北部の旧石器動産美術―日本語/カラー版　概説・図録篇（Palaeolithic mobile arts in Northern Spain）　セサル・ゴンサーレス・サインス, ロベルト・カチョ・トカ〔著〕, 吉川敦子訳, 関雄二監訳, 深沢武雄編　テクネ　2014.6　424p　19cm　〈文献あり〉①978-4-907162-26-9　〔02957〕

コンスタブル, ジャイルズ　Constable, Giles

◇十二世紀宗教改革―修道制の刷新と西洋中世社会（The Reformation of the Twelfth Century）　ジャイルズ・コンスタブル著, 高山博監訳, 小沢実, 図師宣忠, 橋川裕之, 村上司樹訳　慶応義塾大学出版会　2014.6　565, 116p　22cm　〈文献あり 索引あり〉9000円　①978-4-7664-2134-7

内容 導入　さまざまな改革者　改革の類型とその条件　改革のレトリック　改革の現実（共同体内の変動　修道活動と世俗社会）　改革の霊性　十二世紀社会のなかで　〔02958〕

コーンスタム, ドルフ　Kohnstamm, Geldolph Adriaan

◇子どもの自我体験―ヨーロッパ人における自伝的記憶（IK BEN IK（重訳））　ドルフ・コーンスタム著, 渡辺恒夫, 高石恭子訳　金子書房　2016.2　265p　19cm　〈著作目録あり〉2600円　①978-4-7608-2399-4

内容 自己の突然のめざめ　自伝や小説の中に描かれた子ども時代の突然の自己意識　調査の始まり「私は私だ！」　これが私のからだだ！　鏡　光と闇（室内）　光と闇（戸外）　突然、人によってものの見え方が違うことに気づく　突然、私は自分のからだの外から自分を見ていた　過去、現在、そして未来という時間を背景にした自己　確実性の喪失と新たなる発見　偉大な全体に包みこまれて　自己意識の発達科学　ハーバート・スピーゲルバーグ（一九〇四‐一九九〇）―現象学者にして自我体験研究の創始者　本書に関する質疑応答　〔02959〕

ゴンチャローヴァ, エレーナ

◇「世界の特別ニーズ教育と社会開発」シリーズ　1　ロシアの障害児教育・インクルーシブ教育　黒田学編　京都　クリエイツかもがわ　2015.4　112p　21cm　〈他言語標題：THE COMPARATIVE STUDIES SERIES IN SPECIAL NEEDS EDUCATION AND SOCIAL DEVELOPMENT〉1600円　①978-4-86342-162-2

内容 ロシアにおける特別教育領域における発達研究と実践に対するヴィゴツキーの影響（エレーナ・ゴンチャローヴァ著, 岡花祈一郎訳）　〔02960〕

コンティ, ニコロ

◇現代日本の政治と外交　3　民主主義と政党―ヨーロッパとアジアの42政党の実証的分析（POLITICAL PARTIES AND DEMOCRACY）　猪口孝監修　猪口孝, ジャン・ブロンデル編　原書房　2014.10　270, 22p　22cm　〈文献あり 索引あり〉4800円　①978-4-562-04960-8

内容 イタリア（ジャン・ブロンデル, ニコロ・コンティ著, 竜和子訳）　〔02961〕

コンディヤック, エティエンヌ・ボノ・ド　Condillac, Etienne Bonnot de

◇論理学―考える技術の初歩（La logique）　エティエンヌ・ボノ・ド・コンディヤック〔著〕, 山口裕之訳　講談社　2016.7　231p　15cm　（講談社学術文庫 2369）　860円　①978-4-06-292369-9

内容 第1部 自然はいかにして我々に分析を教えるか。また、この分析という方法に即して観念と心の諸機能の起源と発生を説明すると、どのようになるか（自然はいかにして考える技術の最初のレッスンを我々に与えるか　知識を獲得する唯一の方法は分析である。いかにして我々は分析という方法を自然そのものから学ぶか　分析は精神を正確なものにする　いかにして自然は我々に感覚的対象を観察させ、さまざまな種類の観念を獲得させるか　感官で捉えられないものごとについての観念　同じ主題のつづき　心の諸機能の分析　同じ主題のつづき　感覚能力と記憶力の原因について）　第2部 分析の手段と効果についての考察、すなわち、よくできた言語に還元された推論の技術（我々が自然から学んだ知識はいかにしてすべてが完全に結びついた体系をなすか。自然の教えを忘れたとき、我々はいかにして道に迷うか　いかにして行動の言語が思考を分析するか　いかにして言語は分析的方法になるか。この方法の不完全性　言語の影響について　抽象的で一般的な観念についての考察。推論の技術はいかにしてよくできた言語に還元されるか　言語の乱用を改善する唯一の手段は定義だと考える人がどれほど間違っているか　言語が単純であれば、推論はどれほど単純になるか　推論の技巧は何に存するか　確かさのさまざまな段階。明証性、推測、類推について）　〔02962〕

コンドラショフ, セルゲイ・A.

◇ゾルゲ事件関係外国語文献翻訳集　no.39　日露歴史研究センター事務局編　〔川崎〕　日露歴史研究センター事務局　2014.3　64p　30cm　700円

内容 ソ連国家保安委員会（KGB）中将セルゲイ・A.コンドラショフ氏の報告リヒアルト・ゾルゲとそのグループ（セルゲイ・A.コンドラショフ）　〔02963〕

コンネル, R.

◇国際社会学の射程―社会学をめぐるグローバル・ダイアログ　西原和久, 芝真里編訳　東信堂　2016.2　118p　21cm　（国際社会学ブックレット 1）　1200円　①978-4-7989-1336-0

内容 どのようにして世界社会学を織り上げることができるのか 他（R.コンネル著, 西原和久訳）　〔02964〕

コンパニョン, アントワーヌ　Compagnon, Antoine

◇書簡の時代―ロラン・バルト晩年の肖像（L'ÂGE DES LETTRES）　アントワーヌ・コンパニョン著, 中地義和訳　みすず書房　2016.12　211p　19cm　3800円　①978-4-622-08563-8　〔02965〕

コーンフィールド, ジャック　Kornfield, Jack

◇手放す生き方―静かなる森の池のごとく心を変容させるタイ森林僧の教え（A Still Forest Pool）　アーチャン・チャー著, ジャック・コーンフィールド, ポール・ブレイター編, 星飛雄馬, 花輪陽子, 花輪俊行訳　増補版　サンガ　2016.1　377p　15cm　（サンガ文庫 チ1-2）　〈文献あり〉1300円　①978-4-86564-040-3

内容 第1章 ブッダの教えとは　第2章 見解を正す　第3章 日々是修行　第4章 瞑想について　第5章 森の教え　第6章 師への質問　第7章 悟りへの道　付録 近代タイ仏教概説　〔02966〕

コンフリー, ミック　Conefrey, Mick

◇ヒマラヤ探検史―地勢・文化から現代登山まで（HIMALAYA）　フィリップ・パーカー編, 藤原多伽夫訳　東洋書林　2015.2　353p　22cm　〈文献あり 索引あり〉4500円　①978-4-88721-820-8

内容 エヴェレスト登頂への道のり（1940-1953）（ミック・コンフリー）　〔02967〕

コンメンツ, カルロス・エンシナ　Commentz, Carlos Encina

◇ゆるしの秘跡と内的法廷―使徒座に留保された事案の解決法（Quando e come ricorrere alla Penitenzieria Apostolica）　カルロス・エンシナ・コンメンツ著, 田中昇編訳　習志野　教友社　2015.11　158p　21cm　1600円　①978-4-907991-19-7

内容 ゆるしの秘跡と内的法廷―使徒座に留保された事案の解決法（内赦院、その組織と管轄権　内赦院が管轄する犯罪行為　不適格（irregularitas）　婚姻の根本的補正（sanatio in radice）　ミサの挙行義務　その他の事案　免償）　解説「ゆるしの秘跡と内的法廷における司牧上の留意点」（ゆるしの秘跡の実践にあたって　ゆるしの秘跡における特殊ケース　教会法における制裁と内的法廷　叙階および叙階権の行使に対する不適格と単純障害）　付録　〔02968〕

コンヨン, マーティン　Conyon, Martin

◇会計職業倫理の基礎知識―公認会計士・税理士・経理財務担当者・FPの思考法（Principles of ethics and corporate governance in financial services）　スティーブン・デラポータス, スティーン・トムセン, マーティン・コンヨン著, 浦崎直浩, 菅原智監訳　中央経済社　2016.4　260p　21cm　〈索引あり　発売：中央経済グループパブリッシング〉4600円　①978-4-502-18251-8

内容 道徳と金銭　第1部 倫理と個人：倫理を理解する（倫理の原則　道徳的判断と倫理的行為）　第2部 倫理と専門職（専門職に対する信頼　自主規制と職業倫理規程　専門家の独立性とクライアントをめぐる利益相反　社内専門職の倫理　ビジネスと経済犯罪）　〔02969〕

コンラディ, エルンスト・M.

◇死者の復活―神学的・科学的論考集（RESURRECTION）　T.ピーターズ,R.J.ラッセル,M.ヴェルカー編, 小河陽訳　日本キリスト教団出版局　2016.2　441p　22cm　5600円　①978-4-8184-0896-8
内容 復活、有限性、そして生態学（エルンスト・M.コンラディ著）　〔02970〕

コンリン, ジョナサン　Conlin, Jonathan
◇フランスが生んだロンドン、イギリスが作ったパリ（TALES OF TWO CITIES）　ジョナサン・コンリン著, 松尾恭子訳　柏書房　2014.12　373p　20cm　〈文献あり〉2200円　①978-4-7601-4511-9　〔02971〕

サ

【サ】

サ*　莎
◇中国エスニック・マイノリティの家族―変容と文化継承をめぐって　新保敦子編　国際書院　2014.6　284p　21cm　（早稲田現代中国研究叢書 4）〈索引あり〉2800円　①978-4-87791-259-8
内容 西江苗寨・苗族女性教師のライフヒストリー（莎迷, 鄭新蓉インタビュアー, 武暁偉編集, 山口香苗訳, 新保敦子校閲）　〔02972〕

サイ, インチク*　蔡 韻竹
◇民主と両岸関係についての東アジアの観点　馬場毅, 謝政諭編　東方書店（発売）　2014.3　275p　22cm　〈索引あり〉4000円　①978-4-497-21403-4
内容 三・一一東日本大震災をめぐる台湾メディアの役割と災害意識に関する省察（謝政論, 蔡韻竹著, 加治宏基訳）　〔02973〕

サイ, エイブン　蔡 英文
◇蔡英文新時代の台湾へ　蔡英文著, 前原志保監訳, 阿部由理香, 篠原翔吾, 津村あおい訳　白水社　2016.6　281p　20cm　1900円　①978-4-560-09248-4
内容 序章 私たちは皆「英派」である　第1章 思考する小英　第2章 行動する小英　第3章 社会と小英　第4章 政治と小英　第5章 経済と小英　第6章 外交する小英　第7章 今ここにある希望　〔02974〕

サイ, エンキン　蔡 燕歆
◇ゼミナール中国文化―カラー版　建築編　蔡燕歆著, 田口智章, 富岡優理子訳, 劉偉監訳　グローバル科学文化出版　2016.12　177p　21cm　2980円　①978-4-86516-046-8　〔02975〕

サイ, キョウモク*　崔 亨默
⇒チェ, ヒョンムク

サイ, ケイヒン　蔡 蕙頻
◇台湾のなかの日本記憶―戦後の「再会」による新たなイメージの構築　所沢潤, 林初梅編　三元社　2016.3　306p　22cm　（大阪大学台湾研究プロジェクト叢書 1）　3500円　①978-4-88303-400-0
内容 台湾女性エリートの意識の形成とその変・不変（蔡蕙頻著, 高田友紀監訳, 中村剛福訳）　〔02976〕
◇働き女子@台湾―日本統治期の水脈　蔡蕙頻著, 日野みどり訳　凱風社　2016.11　266p　20cm　〈文献あり〉2200円　①978-4-7736-4101-1
内容 第1章 家庭を飛び出し、社会へ―台湾の「働き女子」はここから始まった　第2章 バスの車掌―片手を上げて　第3章 教員―ご指導下さい　第4章 電話交換手―何番ですか　第5章 産婆―細腕にこめる力　第6章 看護婦―生死の境にて　第7章 芸者と女給―遊んでらっしゃい　第8章 女子事務員―タイプ・タイプ・タイプ　第9章 女工―手仕事、手抜きなし　第10章 女店員―いらっしゃいませ　第11章 台湾の「働き女子」たち―影響とその後　〔02977〕

サイ, ゴウコン　崔 豪根
⇒チェ, ホグン

サイ, コビン　崔 虎敏
◇習近平の肖像―スターリン的独裁者の精神分析　崔虎敏著, 宇田川敬介訳・解説　飛鳥新社　2015.4　246p　18cm　1111円　①978-4-86410-395-4
内容 はじめに 中国人から来た手紙（尊敬する日本の友人たちへ　薄熙来と習近平の違い　決定的だった幼少期　エリート教育を受けられなかった影響　習近平の個人信条　父の教えを守る　共産主義という「負の遺産」　人民のためではなく、父と自分のために出世する　福建省で見せた行政手腕のなさ　中華民族の「復興」とは何か　世界に害をなす外交下手　悪夢の始まりだった薄熙来事件　中国に未来はあるか）　訳者解説（中国政治における縛熙来事件の意味　経済の実態　中華人民共和国はどこに向かうのか）　〔02978〕

サイ, ザイキ　崔 在熙
⇒チェ, ジェヒ

サイ, シショウ*　蔡 志祥
◇現代アジアにおける華僑・華人ネットワークの新展開　清水純, 潘宏立, 庄国土編　風響社　2014.2　577p　22cm　〈文献あり〉7000円　①978-4-89489-195-1
内容 家郷連係とビジネス・ネットワーク（蔡志祥著, 林松濤訳）　〔02979〕

サイ, シュンショク*　崔 俊植
⇒チェ, ジュンシク

サイ, シュンレツ*　崔 浚烈
⇒チェ, ジュンヨル*

サイ, ショウセイ*　崔 鍾成
⇒チェ, ジョンソン*

サイ, セキエイ*　崔 錫栄
⇒チェ, ソクヨン*

サイ, ブンイン　崔 文印
◇編訳中国歴史文献学史述要　曽貽芬, 崔文印著, 山口謠司, 石川薫, 洲脇武志訳　游学社　2014.5　246p　21cm　2500円　①978-4-904827-26-0
内容 第1章 中国の歴史文献学の萌芽　第2章 漢代の歴史文献学の初歩的形成　第3章 魏晋南北朝期におけ

る歴史文献学の成長　第4章 隋唐時代の四部分類法の確立　第5章 五代における歴史文献学の重要な成果　第6章 魏晋南北朝時代の類書　第7章 隋唐時代の類書　第8章 宋代の「類書」と「資料集成」　第9章『永楽大典』概説　第10章『古今図書集成』とその編者について　〔02980〕

サイ, ホウリュウ* 崔 鳳竜
⇒チェ, ポンリョン*

サイ, リュウホ* 蔡 竜保
◇植民地台湾の経済基盤と産業　須永徳武編著　日本経済評論社　2015.3　404p　22cm　〈索引あり〉6000円　①978-4-8188-2371-6
内容 鉄道建設と鹿島組(蔡竜保著, 鈴木哲造訳)　〔02981〕

サイカル, アミン
◇世界はなぜ争うのか―国家・宗教・民族と倫理をめぐって　福田康夫, ヘルムート・シュミット, マルコム・フレーザー他著, ジェレミー・ローゼン編集, 渥美桂子訳　朝倉書店　2016.3　296p　21cm　〈他言語標題：Ethics in Decision-Making〉非売品
内容 ジハーディ、イジュティハーディそして西側の認識(アミン・サイカル述)　〔02982〕
◇世界はなぜ争うのか―国家・宗教・民族と倫理をめぐって　福田康夫, ヘルムート・シュミット, マルコム・フレーザー他著, ジェレミー・ローゼン編集, 渥美桂子訳　朝倉書店　2016.5　296p　21cm　〈他言語標題：Ethics in Decision-Making〉1850円　①978-4-254-50022-6
内容 ジハーディ、イジュティハーディそして西側の認識(アミン・サイカル述)　〔02983〕

ザイゼル, ジャレド Zeizel, Jared
◇幸せになる明晰夢の見方(A Field Guide to Lucid Dreaming)　ディラン・トゥッチロ, ジャレド・ザイゼル, トマス・パイゼル著, 日暮雅通, 野下祥子訳　イースト・プレス　2014.11　300p　19cm　2000円　①978-4-7816-1260-7
内容 第1部 明晰夢を見るための基礎知識　第2部 明晰夢を見る確率をあげる方法　第3部 明晰夢を長引かせるテクニック　第4部 明晰夢のなかでできるスーパーパワー　第5部 明晰夢をうまくコントロールする技　第6部 明晰夢の日常生活への活かし方　〔02984〕

サイチ, トニー Saich, Tony
◇中国グローバル市場に生きる村(CHINESE VILLAGE, GLOBAL MARKET)　トニー・サイチ, 胡必亮共著, 谷村光浩訳　鹿島出版会　2015.8　286p　20cm　〈文献あり 索引あり〉2800円　①978-4-306-07317-3
内容 グローバルな村へ―雁田の歩み　第1部 経済運営・組織(足を洗う―農業を中心とした村の終わり　霊鳥を呼び寄せる巣づくり―親族、市場、そしてグローバルな生産拠点の興起　新しいワイン、新しいボトル―農村の集団の新たなかたち　トラクターから自動車へ―家庭の経済管理)　第2部 公益事業の整備(公的な提供から多元的なネットワークへ―教育サービス　同じ村でありながら別の世界―雁田の医療衛生サービス　鄧(とう)氏の村―ガバナンス)　雁田―過渡期のモデル　〔02985〕

サイディ, マヒエディン Saïdi, Mahieddine
◇教育省のガバナンス(Functional Analysis of the Organization of Ministries of Education)　リチャード・サック, マヒエディン・サイディ〔著〕, 山田肖子訳・解説　東信堂　2015.2　87p　21cm　(ユネスコ国際教育政策叢書 11　黒田一雄, 北村友人叢書編)〈文献あり 索引あり〉1200円　①978-4-7989-1266-0
内容 第1章 監査の準備(監査の各段階：コンセプト作りから実際の調査への当てはめ、実施まで　監査チーム：プロセス、役割と機能 ほか)　第2章 教育省の特徴の把握：診断への一歩(環境的要因　義務と職権 ほか)　第3章 監査の範囲と必要とされる情報(監査の範囲を確定する　監査の枠組みを決める ほか)　第4章 診断、分析、提言(検証)　第5章 監査の完了：実施のためのアクションプランづくり(監査活動の継続性)　〔02986〕

ザイデル, クリスチャン Seidel, Christian
◇女装して、一年間暮らしてみました。(DIE FRAU IN MIR)　クリスチャン・ザイデル著, 長谷川圭訳　サンマーク出版　2015.4　300p　19cm　〈文献あり〉1600円　①978-4-7631-3436-3
内容 初めてのストッキング―求めていたものが、そこにあった　初めてのおっぱい―もう、男らしくいなくてもいい！　初めての化粧―知らなかった感情と、新しい経験　初めてのハイヒール―ワンピースを着た僕は、男じゃないの？　初めてのデート―最低限の化粧をしないと、外に出られないよ！　妻へのカミングアウト―好きなときに、好きなように、強くも、弱くもなりたい　初めての男の視線―男性との外出の、意外な心地よさ　自分の心のなかへの旅―初めて知った「女性アンテナ」の存在　真っ赤なストッキング―女装すると、女性らしくなる？　男らしさと女らしさ―変わってしまった、人々の反応〔ほか〕　〔02987〕

サイード, エドワード・W. Said, Edward Wadie
◇始まりの現象―意図と方法(BEGINNINGS：Intention and Method)　エドワード・W.サイード著, 山形和美, 小林昌夫訳　新装版　法政大学出版局　2015.12　614, 47p　19cm　(叢書・ウニベルシタス)　6800円　①978-4-588-14028-0
内容 第1章 始まりとなる発想　第2章 始まりの現象についての省察　第3章 始まりを目指すものとしての小説　第4章 テキストをもって始める　第5章 文化の基本要件―不在、エクリチュール、陳述、言述、考古学、構造主義　第6章 結び―その作品における、また本書におけるヴィーコ　〔02988〕

サイド, マシュー Syed, Matthew
◇失敗の科学―失敗から学習する組織、学習できない組織(Black Box Thinking：The Surprising Truth About Success)　マシュー・サイド著, 有枝春訳　ディスカヴァー・トゥエンティワン　2016.12　343p　19cm　1900円　①978-4-7993-2023-5
内容 第1章 失敗のマネジメント　第2章 人はウソを隠すのではなく信じ込む　第3章「単純化の罠」から脱出せよ　第4章 難問はまず切り刻め　第5章「犯人探

し」バイアスとの闘い　第6章 究極の成果をもたらすマインドセット　終章 失敗と人類の進化 〔02989〕

ザイトリン, ヒレル・M.

◇組織セラピー—組織感情への臨床アプローチ（Organizational Therapy）　E.H.シャイン編著, 尾川丈一, 稲葉祐之, 木村琢磨訳　白桃書房　2014.3　162p　21cm　〈文献あり 索引あり〉　2315円　①978-4-561-26608-2

内容 トヨタを襲ったパニック（ヒレル・M.ザイトリン, 尾川丈一著） 〔02990〕

サ

サイファース, クリストファー・J.　Cyphers, Christopher J.

◇全国市民連盟の研究—アメリカ革新主義期における活動（The National Civic Federation and the Making of a New Liberalism, 1900-1915）　クリストファー・J.サイファース著, 伊藤健市訳　吹田　関西大学出版部　2016.1　282p　22cm　〈布装　索引あり〉 6400円　①978-4-87354-619-3

内容 第1章 全国市民連盟の内情　第2章 "新しい自由主義"の定義（これまでとは違った定義）　第3章 ジェンダーと "新しい自由主義"の成立過程　第4章 海外移民と "新しい自由主義"　第5章 公益事業規制の政治経済学　第6章 連邦主義がもつ限界の吟味 〔02991〕

サイモン, ジョージ　Simon, George K.

◇他人を支配したがる人たち—身近にいる「マニピュレーター」の脅威（IN SHEEP'S CLOTHING 原著改訂版の翻訳）　ジョージ・サイモン著, 秋山勝訳　草思社　2014.10　251p　16cm　（草思社文庫 サ1-1）　〈「あなたの心を操る隣人たち」(2013年刊)の改題　文献あり〉 800円　①978-4-7942-2083-7

内容 1 マニピュレーターの正体（誰も気づかない「攻撃性」　「攻撃性」と「隠された攻撃性」　勝つことへの執着　満たされない権力への欲望　虚言と誘惑への衝動　手段を選ばない闘い　こわれた良心　相手を虐げて関係を操作する　親を思いのままに操る子ども）　2 マニピュレーターと付き合う（人を操り支配する戦略と手法　相手との関係を改める　寛容社会にはびこる攻撃性） 〔02992〕

サイモン, ジョナサン・D.

◇不正選挙—電子投票とマネー合戦がアメリカを破壊する（LOSER TAKE ALL）　マーク・クリスピン・ミラー編著, 大竹秀子, 桜井まり子, 関房江訳　亜紀書房　2014.7　343, 31p　19cm　2400円　①978-4-7505-1411-6

内容 阻まれた大勝利 他（ジョナサン・D.サイモン, ブルース・オデル著） 〔02993〕

サイモン, ハーバート・A.　Simon, Herbert Alexander

◇オーガニゼーションズ—現代組織論の原典（ORGANIZATIONS 原著第2版の翻訳）　ジェームズ・G.マーチ, ハーバート・A.サイモン著, 高橋伸夫訳　第2版　ダイヤモンド社　2014.8　345p　22cm　〈文献あり 索引あり〉 3200円　①978-4-478-02176-7

内容 組織的行動　「古典的」組織論　動機的制約（組織内決定　参加の決定）　組織における葛藤・対立　合理性の認知限界　組織における計画と革新 〔02994〕

◇意思決定と合理性（REASON IN HUMAN AFFAIRS）　ハーバート・A.サイモン著, 佐々木恒男, 吉原正彦訳　筑摩書房　2016.1　190p　15cm　（ちくま学芸文庫 サ35-1）　〈文真堂1987年刊の再刊　索引あり〉 1000円　①978-4-480-09704-0

内容 第1章 合理性にみるいくつかの考え方（理性の限界　価値　主観的期待効用（SEU）　行動の選択肢　直観的な合理性　直観と情動　結び）　第2章 合理性と目的論（合理的適応として考えられる進化　ダーウィン説モデル　社会的ならびに文化的な進化　進化過程における利他主義　進化という近視眼　結び）　第3章 社会的営みにおける合理的過程（制度上の合理性の限界　制度上の合理性の強化　公共情報の基礎　結び） 〔02995〕

サイモン, ハーマン　Simon, Hermann

◇グローバルビジネスの隠れたチャンピオン企業—あの中堅企業はなぜ成功しているのか（Hidden Champions of the 21st Century）　ハーマン・サイモン著, 上田隆穂監訳, 渡部典子訳　新装版　中央経済社　2015.9　321p　21cm　〈索引あり〉　3200円　①978-4-502-16851-2

内容 私が隠れたチャンピオンを見つけたきっかけ　隠れたチャンピオンの神秘性　成長と市場でのリーダーシップ　市場の定義と集中戦略　グローバル化　顧客、商品、サービス　イノベーション　競争　資金調達、組織、事業環境　従業員　リーダー　隠れたチャンピオンからの教訓 〔02996〕

サイモン, ビビ　Simon, Bebe

◇フォーカシングの心得—内なる知恵の発見法（DISCOVERING THE GIFT OF YOUR INNER WISDOM）　ビビ・サイモン著, ロザ・ズビザリタ編, 日笠摩子監訳, 榊原佐和子, 小坂淑子, 高瀬健一, 堀尾直美訳　大阪　創元社　2016.7　180p　21cm　2400円　①978-4-422-11620-4

内容 第1部 最初の3日間ワークショップ（「愛の実習」　安全を保つ　フェルトセンスに気づくためのワークをもう少し　リスニングに進む　二日目を始める　練習を深める　参加者が自主的に練習していくための準備）　第2部 二回目の3日間ワークショップ（積極的な参加を促す　ガイドの仕方の教え方　他の教師との協働　インタラクティヴ・フォーカシングの教え方　意志決定の実習）　第3部 フォーカシングの学びを助けることについてもう少し（難しい場合の取り組み方　上級ワークショップとチェンジズ・グループと実践グループ）　第4部 ビビ・サイモン著作集（概観（ロザ・ズビザリタ）　フォーカシングコネクション掲載記事　フォーカシングコネクション以外で掲載された記事　未公刊の文章） 〔02997〕

サイモンズ, ピーター

◇アリストテレス的現代形而上学（Contemporary Aristotelian Metaphysics）　トゥオマス・E.タフコ編著, 加地大介, 鈴木生郎, 秋葉剛史, 谷川卓, 植村玄輝, 北村直彰訳　春秋社　2015.1　451, 17p　20cm　（現代哲学への招待—Anthology　丹治信春監修）　〈文献あり 索引あり〉 4800円　①978-4-393-32349-6

内容 四つのカテゴリー（ピーター・サイモンズ著, 秋葉剛史訳） 〔02998〕

ザウ Zaü

◇ネルソン・マンデラ―差別のない国をめざして　アラン・セール原作, ザウ絵, 高野優監訳, 田中裕子, 川口明百美訳　汐文社　2015.6　59p　27cm（伝記絵本世界を動かした人びと）〈年譜あり〉2500円　①978-4-8113-2172-1　〔02999〕

◇キング牧師とローザ・パークス―黒人の平等な権利を求めて　ラファエル・フリエル原作, ザウ絵, 高野優監訳, 田中裕子, 美濃部美恵子訳　汐文社　2015.7　47p　27cm（伝記絵本世界を動かした人びと）2500円　①978-4-8113-2170-7　〔03000〕

サヴァレスキュ, ジュリアン

◇哲学がかみつく（Philosophy Bites）デイヴィッド・エドモンズ, ナイジェル・ウォーバートン著, 佐光紀子訳　柏書房　2015.12　281p　20cm〈文献あり〉2800円　①978-4-7601-4658-1

内容 ゲッ！（ジュリアン・サヴァレスキュ述）〔03001〕

サヴィカス, アンドリュー

◇マニフェスト本の未来（Book : a futurist's manifesto）ヒュー・マクガイア, ブライアン・オレアリ編　ボイジャー　2013.2　339p　21cm　2800円　①978-4-86239-117-9

内容 あらゆる場所への流通（アンドリュー・サヴィカス著）〔03002〕

サヴェージ, ダン Savage, Dan

◇キッド―僕と彼氏はいかにして赤ちゃんを授かったか（THE KID）ダン・サヴェージ〔著〕, 大沢章子訳　みすず書房　2016.8　398p　19cm　3200円　①978-4-622-08513-3　〔03003〕

サヴェリー, ジョン・R. Savery, John R.

◇インストラクショナルデザインの理論とモデル―共通知識基盤の構築に向けて（INSTRUCTIONAL-DESIGN THEORIES AND MODELS, Volume 3）C.M.ライゲルース,A.A.カー＝シェルマン編, 鈴木克明, 林雄介監訳　京都　北大路書房　2016.2　449p　21cm〈索引あり〉3900円　①978-4-7628-2914-7

内容 問題解決型学習を用いたアプローチ（ジョン・R.サヴェリー著, 稲垣忠訳）〔03004〕

サヴェーリエヴァ, エレーナ Savel'eva, Elena Ivanovna

◇日本領樺太・千島からソ連領サハリン州へ――九四五年――九四七年（От войны к миру）エレーナ・サヴェーリエヴァ著, 小山内道子訳, サハリン・樺太史研究会監修　横浜　成文社　2015.11　190p　22cm〈年表あり〉2200円　①978-4-86520-014-0

内容 ソ連軍の樺太進駐直後の混乱期　軍政府による施策―厳戒体制下の漁業　民政局の創設―事態の正常化へ　ソ連民政局最初の司令書　民政局の課題と政策―社会主義制度の導入　全分野における国有化の実施と新法制　南サハリンの産業の現況と復興への方策　地名の変更―日本語名からロシア語名へ　教育・学校　医療問題〔ほか〕〔03005〕

サーヴェリエンヌ, サビヌ

◇多様性を拓く教師教育―多文化時代の各国の取り組み（Educating Teachers for Diversity）OECD教育研究革新センター編著, 斎藤里美監訳, 布川あゆみ, 本田伊克, 木下江美, 三浦綾希子, 藤浪海訳　明石書店　2014.8　403p　22cm　4500円　①978-4-7503-4053-1

内容 多様な教師の確保と定着（リック・ウォルフ, サビヌ・サーヴェリエンヌ, マリーケ・メーウィッセ著, 三浦綾希子訳）〔03006〕

サウスウィック, スティーブン・M. Southwick, Steven M.

◇レジリエンス―人生の危機を乗り越えるための科学と10の処方箋（Resilience）スティーブン・M.サウスウィック, デニス・S.チャーニー著, 森下愛訳, 西大輔, 森下博文監訳　岩崎学術出版社　2015.9　321p　21cm〈文献あり〉3000円　①978-4-7533-1099-9

内容 レジリエンスとは何か？　楽観主義であること―現実を見つめ、明るい未来を信じる　恐怖と向き合う―その生物学的背景と対処法、活用法　道徳指針をもつ―正義を実践する　信仰とスピリチュアリティ―罪悪感、赦し、回復　社会的サポートを求める―相互に依存すること　ロールモデルを手本に行動するトレーニング―健康を保ち身体を鍛える　脳の健康増進―知力と感情調整力を鍛える　認知と感情を柔軟にする　意味、目的を知る―人生の出来事を成長につなげる　レジリエンスの実践〔03007〕

サウナワーラ, ユハ Saunavaara, Juha

◇GHQ/SCAPと戦後の政治再建―占領計画や政策における日本保守主義者たち（In Search of Suitable Political Leadership）ユハ・サウナワーラ著, 原谷友香, 黒川賢吉訳　岡山　大学教育出版　2015.1　228p　21cm〈文献あり 索引あり〉2600円　①978-4-86429-287-0　〔03008〕

サカタニ, ベーコン

◇コダクロームフィルムで見るハートマウンテン日系人強制収容所（COLORS OF CONFINEMENT）ビル・マンボ写真, エリック・L.ミューラー編, 岡村ひとみ訳　紀伊国屋書店　2014.7　151p　16×20cm　2900円　①978-4-314-01119-8

内容 有刺鉄線の向こうの若者の日常（ベーコン・サカタニ著）〔03009〕

ザカライセック, トッド・D.

◇FDガイドブック―大学教員の能力開発（A GUIDE TO FACULTY DEVELOPMENT 原著第2版の抄訳）ケイ・J.ガレスピー, ダグラス・L.ロバートソン編著, 羽田貴史監訳, 今野文子, 串本剛, 立石慎治, 杉本和弘, 佐藤万知訳　町田　玉川大学出版部　2014.2　338p　21cm（高等教育シリーズ 162）〈別タイトル：Faculty Developmentガイドブック　文献あり 索引あり〉3800円　①978-4-472-40487-0

内容 重要なスキルと知識（トッド・D.ザカライセック著）〔03010〕

サ

サ

サカリャンスキー, I.A.　Sokolianskii, I.A.
◇盲ろうあ児教育のパイオニア・サカリャンスキーの記録　広瀬信雄編著訳　文芸社　2014.6　265p　15cm　〈文献あり 著作目録あり 年譜あり〉 700円　①978-4-286-15132-8　〔03011〕

サグデン, ロバート
◇比較制度分析のフロンティア（INSTITUTIONS AND COMPARATIVE DEVELOPMENTの抄訳, COMPLEXITY AND INSTITUTIONSの抄訳〔etc.〕）　青木昌彦, 岡崎哲二, 神取道宏監修　NTT出版　2016.9　356p　22cm　（叢書《制度を考える》）〈他言語標題：Frontiers of Comparative Institutional Analysis〉 4500円　①978-4-7571-2325-0
内容 規範の創発と再生産における顕著さの役割（ロバート・サグデン著, 滝沢弘和, 水野孝之, 原口華奈訳）　〔03012〕

サグマイスター, ステファン
◇いつでもどこでも結果を出せる自己マネジメント術（MANAGE YOUR DAY-TO-DAY）　ジョスリン・K.グライ編, 上原裕美子訳　サンマーク出版　2015.9　233p　19cm　〈文献あり〉 1500円　①978-4-7631-3493-6
内容 「時間がない」のは、「本当はやりたくないから」だ（ステファン・サグマイスター）　〔03013〕

サゲイト, アラン・M.
◇イギリス宗教史―前ローマ時代から現代まで（A History of Religion in Britain）　指昭博, 並河葉子監訳, 赤江雄一, 赤瀬理穂, 指珠恵, 戸渡文子, 長谷川直子, 宮崎章訳, シェリダン・ギリー, ウィリアム・J.シールズ編　法政大学出版局　2014.10　629, 63p　22cm　〈文献あり 年表あり 索引あり〉 9800円　①978-4-588-37122-6
内容 一九四五年以降のイングランドのキリスト教会（アラン・M.サゲイト著, 宮崎章訳）　〔03014〕

サザーランド, ジェフ　Sutherland, Jeffrey Victor
◇スクラム―仕事が4倍速くなる“世界標準”のチーム戦術（SCRUM）　ジェフ・サザーランド著, 石垣賀子訳　早川書房　2015.6　319p　19cm　1800円　①978-4-15-209542-8
内容 第1章 過去のやり方は通用しない　第2章 スクラムが誕生するまで　第3章 チーム　第4章 時間　第5章 無駄は罪である　第6章 幻想を捨て、現実的なプランニングを　第7章 幸福　第8章 優先順位　第9章 世界を変える　〔03015〕

サザーン, R.W.　Southern, Richard William
◇カンタベリーのアンセルムス―風景の中の肖像（Saint Anselm）　R.W.サザーン著, 矢内義顕訳　知泉書館　2015.3　647, 98p　22cm　〈文献あり 年譜あり 索引あり〉 12000円　①978-4-86285-207-6
内容 第1部 誕生から再生まで 一〇三三 - 一〇七〇年（監禁からの逃 決断の年　アンセルムスとランフランクス　沈黙の年月）　第2部 輝きを放つ年月 一〇七〇 - 一〇九三年（アンセルムスの新たな出発　偉大な瞑想　友愛の本性と重要性　喜ばしいことではないが、拡大していく世界）　第3部 発展していく世界における修道院的な視点 一〇九三 - 一一〇九年（アンセルムスと人間の状態　「この奴隷状態から私の魂を解き放って下さい」　新大司教の従順に関する問題　教会の自由　修道院共同体の自由　古い自由―カンタベリーの首位権）　第4部 友人たちと弟子たちの収穫期（アンセルムスの初期の神学的な弟子たち　アンセルムスの言葉と書簡の収集者　エアドメルスとアンセルムス　回顧）　〔03016〕

サジェット, マーチン　Suggett, Martin
◇ガリレオと新しい学問（Galileo and the Birth of Modern Science）　マーチン・サジェット作, おおつかのりこ訳　町田　玉川大学出版部　2016.5　111p　22cm　（世界の伝記科学のパイオニア）〈年譜あり 索引あり〉 1900円　①978-4-472-05966-7
内容 1「革新的めがね」　2 中世からの学問 古代思想と教会の支配　3 ガリレオの生い立ち　4 天動説 完全な宇宙　5 望遠鏡による発見　6 地球の運動　7 ガリレオの力学と運動の法則　8 ガリレオの方法とその影響　9 人生のおわりに　〔03017〕

サスキー, リンダ　Suskie, Linda A.
◇学生の学びを測る―アセスメント・ガイドブック（Assessing Student Learning 原著第2版の翻訳）　リンダ・サスキー著, 斎藤聖子訳　町田　玉川大学出版部　2015.9　312p　26cm　（高等教育シリーズ 170）〈文献あり 索引あり〉 5000円　①978-4-472-40491-7
内容 第1部 アセスメントについて理解する（アセスメントとは何か　どうすれば学生の学習についてアセスメントを行えるか　優れたアセスメントとは何か）　第2部 アセスメントを成功させる計画策定（なぜ学生の学習についてアセスメントを行うのか　アセスメント文化への鍵：目に見える重視と尊重　時間、インフラストラクチャーおよびリソースを提供してアセスメントの取り組みを支援する　アセスメント・プロセスを組織する　学習目標を策定する）　第3部 アセスメントツールボックス（採点の指針またはルーブリックによるアサインメントの設計と評価　効果的なアサインメントの作成　従来型テストの作成　態度、価値観、気質、思考習慣のアセスメント　アセスメント情報をポートフォリオとして整理する　市販のテストまたはサーベイの選定）　第4部 アセスメント結果の理解と活用（ベンチマークまたは基準の設定　アセスメント結果の要約と分析　内外の利用対象者とのアセスメント結果の共有　アセスメントの結果を効果的かつ適切に活用する　勢いを持続させる）　〔03018〕

サスキンド, ローレンス　Susskind, Lawrence
◇ハーバード×MIT流世界最強の交渉術―信頼関係を壊さずに最大の成果を得る6原則（GOOD FOR YOU, GREAT FOR ME）　ローレンス・サスキンド著, 有賀裕子訳　ダイヤモンド社　2015.1　273p　19cm　1800円　①978-4-478-02750-9
内容 第1章「交渉の土俵」に相手を引き込むには？ ―相手の要求内容や優先順位を変えさせる　第2章 もっとパイを大きくすればいい―付加価値を創造する　第3章「想定外」を想定せよ―相手よりも多くを手に入れるために、条件提示を行う　第4章 交渉相手の勝利宣言を思い描け―自分にとって最高の条件を、相手に納得してもらう　第5章 交渉にファシリテーションを活用せよ―自分の立場を守り、合意が崩れないように

する　第6章 組織の交渉力を高める―常に交渉を有利に進められる企業になるには？　〔03019〕

ザスマンスハウゼン, ヴォルフガング
Sassmannshausen, Wolfgang

◇シュタイナー教育基本指針　2　三歳から九歳まで（Leitlinien der Waldorfpadagogik fur die Kindheit von 3 bis 9 Jahren 改訂第2版の翻訳）入間カイ訳　ライナー・パツラフ, ヴォルフガング・ザスマンスハウゼン著　水声社　2015.2　190p　20cm　〈文献あり〉2500円　①978-4-8010-0084-1

内容 第1章 個性を中心に（教育と人間形成―人間の自由に到る途上の諸段階　子どもの教育と自己形成 ほか）　第2章 幼児期の学習とその特性（幼児期の学習の特性　環境の教育的形成―秩序と信頼性 ほか）　第3章 学校の学習への移行―適切な時期はいつか？（六歳児の遊びと社会行動　知的早熟と解離 ほか）　第4章 学校での最初の数年間（暗黙的学習から明示的学習へ　心の暖かさのなかで学ぶ ほか）　〔03020〕

サセック, ミロスラフ　Sasek, Miroslav

◇ジス・イズ・ニューヨーク（THIS IS NEW YORK）　ミロスラフ・サセック著, 松浦弥太郎訳　復刻版　スペースシャワーネットワーク　2015.6　60p　31cm　（〔SPACE SHOWER BOOKS〕）〈初版：ブルース・インターアクションズ 2004年刊〉1800円　①978-4-907435-59-2　〔03021〕

◇ジス・イズ・パリ（This is Paris）　ミロスラフ・サセック著, 松浦弥太郎訳　復刻版　スペースシャワーネットワーク　2015.6　60p　31cm　（〔SPACE SHOWER BOOKS〕）〈初版：ブルース・インターアクションズ 2004年刊〉1800円　①978-4-907435-54-7　〔03022〕

◇ジス・イズ・ヴェニス（This is VENICE）　ミロスラフ・サセック著, 松浦弥太郎訳　復刻版　スペースシャワーネットワーク　2015.7　56p　31cm　（〔SPACE SHOWER BOOKS〕）〈初版：ブルース・インターアクションズ 2005年刊〉1800円　①978-4-907435-62-2　〔03023〕

◇ジス・イズ・ロンドン（This is LONDON）　ミロスラフ・サセック著, 松浦弥太郎訳　復刻版　スペースシャワーネットワーク　2015.7　60p　31cm　（〔SPACE SHOWER BOOKS〕）〈初版：ブルース・インターアクションズ 2004年刊〉1800円　①978-4-907435-53-0　〔03024〕

ザ・チョジェ・リンポチェ　Za Choeje Rinpoche

◇命と絆の法則―魂のつながりを求めて生きるということ　ザ・チョジェ・リンポチェ著, 福田典子訳　きずな出版　2015.3　157p　20cm　1400円　①978-4-907072-27-8

内容 プロローグ 心の平安を自分のなかに育てる　第1章 人生で大切なものは何か―この人生では何を優先して生きていきますか　第2章 生きているということ―あたりまえのことは決してあたりまえじゃない　第3章 尊厳を持って生きる―自分がしていることを見くびらない　第4章 命として認め合う関係―避けて通るだけでは問題は解決しない　第5章 感情に振りまわされない―日常の小さなイライラを自分から手放す　第6章 悲しみを受け入れる―それもまた人生の一部であることを知る　第7章 幸福の条件―自分が決めさえすれば幸福に生きられる　〔03025〕

サック, リチャード　Sack, Richard

◇教育省のガバナンス（Functional Analysis of the Organization of Ministries of Education）　リチャード・サック, マヒエディン・サイディ〔著〕, 山田肖子訳・解説　東信堂　2015.2　87p　21cm　（ユネスコ国際教育政策叢書 11　黒田一雄, 北村友人叢書編）〈文献あり 索引あり〉　1200円　①978-4-7989-1266-0

内容 第1章 監査の準備（監査の各段階：コンセプト作りから実際の調査への当てはめ、実施まで　監査チーム：プロセス、役割と機能 ほか）　第2章 教育省の特徴の把握：診断への一歩（環境的要因　義務と職権 ほか）　第3章 監査の範囲と必要とされる情報（監査の範囲を確定する　監査の枠組みを決める ほか）　第4章 診断、分析、提言（検証）　第5章 監査の完了：実施のためのアクションプランづくり（監査活動の継続性）　〔03026〕

サックス, オリヴァー　Sacks, Oliver

◇道程―オリヴァー・サックス自伝（ON THE MOVE）　オリヴァー・サックス著, 大田直子訳　早川書房　2015.12　469p　20cm　2700円　①978-4-15-209589-3

内容 止まらず進んで　巣立ち　サンフランシスコ　マッスルビーチ　力のおよばないところ　目覚め　山上の牛　アイデンティティの問題　シティ島　遍歴心についての新たな展望　ホーム　〔03027〕

◇タングステンおじさん―化学と過ごした私の少年時代（UNCLE TUNGSTEN）　オリヴァー・サックス著, 斉藤隆央訳　早川書房　2016.7　464p　16cm　（ハヤカワ文庫 NF 472）　1240円　①978-4-15-050472-4

内容 タングステンおじさん―金属との出会い　「三七番地」―私の原風景　疎開―恐怖の日々のなかで見つけた数の喜び　「理想的な金属」―素晴らしきタングステンとの絆　大衆に明かりを―タングステンおじさんの電球　輝安鉱の国―セメントのパンと鉱物のコレクション　趣味の化学―物質の華麗な変化を目撃する　悪臭と爆発と―実験に明け暮れた毎日　往診―医師の父との思い出　化学の言語―ヘリウムの詰まった気球に恋して〔ほか〕　〔03028〕

サックス, ジェフリー　Sachs, Jeffrey

◇貧困の終焉―2025年までに世界を変える（THE END OF POVERTY）　ジェフリー・サックス著, 鈴木主税, 野中邦子訳　早川書房　2014.4　636p　16cm　（ハヤカワ文庫 NF 404）〈文献あり 索引あり〉1300円　①978-4-15-050404-5

内容 地球家族のさまざまな肖像　経済的な繁栄の広がり　なぜ繁栄を享受できない国があるのか　臨床経済学　ボリビアの高海抜ハイパーインフレーション　ポーランドがEUに復帰するまで　ロシアが普通の国になるための闘い　五百年の遅れを取り戻す―中国の場合　インドのマーケット再編成―恐怖を乗り越えた希望の勝利　声なき死―アフリカと病　ミレニアム、9・11、そして国連　貧困をなくすための地に足のついた解決策　貧困をなくすために必要な投資　貧困をなくすためのグローバルな協約　豊かな社会は貧しい人びとを助けることができるか？　まちがった神話、効かない万能薬　なぜ私たちがそれをすべき

なのか　私たちの世代の挑戦　〔03029〕

◇世界を動かす―ケネディが求めた平和への道（TO MOVE THE WORLD）　ジェフリー・サックス著, 桜井祐子訳　早川書房　2014.5　355p　20cm　〈文献あり〉2300円　①978-4-15-209455-1

内容 第1章 平和の希求　第2章 瀬戸際　第3章 平和の前触れ　第4章 平和のレトリック　第5章 平和演説　第6章 平和のための闘い　第7章 条約の批准　第8章 ケネディによる平和のための闘いの歴史的意義　第9章 足場を定めよう　〔03030〕

サ

サックス, E.* Sachse, Ekkehard

◇欧州グローバル化の新ステージ　朝日吉太郎編著　京都　文理閣　2015.4　328p　21cm　〈他言語標題：New Stage of the Globalization in Europe〉2700円　①978-4-89259-753-4

内容 目下の危機におけるEUおよびドイツの雇用と労働市場（Ekkehard Sachse著, 竹内宏訳）　〔03031〕

サッセン, サスキア

◇持続可能な未来の探求：「3.11」を超えて―グローバリゼーションによる社会経済システム・文化変容とシステム・サステイナビリティ　河村哲二, 陣内秀信, 仁科伸子編著　御茶の水書房　2014.3　279p　23cm　〈執筆：河村哲二ほか　索引あり〉4000円　①978-4-275-01068-1

内容 領土, 権威, 諸権利サブナショナルとグローバリゼーション（サスキア・サッセン著, 赤石秀之訳）　〔03032〕

サッチャー, マーガレット

◇インタヴューズ　3　毛沢東からジョン・レノンまで（THE PENGUIN BOOK OF INTERVIEWS）　クリストファー・シルヴェスター編, 新庄哲夫他訳　文芸春秋　2014.6　463p　16cm　（文春学芸ライブラリー―雑英 7）　1690円　①978-4-16-813018-2

内容 マーガレット・サッチャー（マーガレット・サッチャー述, テリー・コールマンインタヴュアー, 山岡洋一訳）　〔03033〕

サットン, ロバート・I.　Sutton, Robert I.

◇なぜ、わかっていても実行できないのか―知識を行動に変えるマネジメント（The Knowing-Doing Gap）　ジェフリー・フェファー, ロバート・I.サットン著, 長谷川喜一郎監訳, 菅田絢子訳　日本経済新聞出版社　2014.1　301p　19cm　〈「実行力不全」（ランダムハウス講談社 2005年刊）の改題、修正〉1800円　①978-4-532-31923-6

内容 第1章 知識は、実行しなければ価値がない　第2章 原因1―問題を話し合っただけで仕事をした気になる　第3章 原因2―過去のやり方にこだわりつづける　第4章 原因3―部下を動かすために恐怖をあおる　第5章 原因4―重要でないことばかり評価している　第6章 原因5―業績を上げるために競争させる　第7章 知識と行動のギャップを乗り越えた企業　第8章 行動を起こすためのガイドライン　付録 知識と行動の調査　〔03034〕

サッルスティウス

◇サッルスティウス関連小品集―伝サッルスティウス他 翻訳・注・解説　小池和子, 上野慎也, 兼利琢也, 小池登, 小林薫〔著〕　慶応義塾大学言語文化研究所　2015.3　129p　21cm　〈付・ロナルド・サイム『ローマ革命』原典箇所索引　文献あり〉　〔03035〕

サテ, ヴィジェイ

◇BoPビジネス3.0―持続的成長のエコシステムをつくる（Base of the Pyramid 3.0）　フェルナンド・カサード・カニェーケ, スチュアート・L.ハート編著, 平本督太郎訳　英治出版　2016.8　311p　22cm　〈文献あり〉3200円　①978-4-86276-233-7

内容 いまこそビジョンと目的を見つめなおす（ウルス・イェーガー, ヴィジェイ・サテ著）　〔03036〕

サティヤサイ出版協会（ニュージーランド）

◇サティヤサイストーリー（Love all serve all（抄訳））　Sathya Sai Publications of New Zealand編, 天野二美代, 比良佳代子訳　サティヤサイ出版協会　2014.11　207p　19cm　〈他言語標題：Sathya Sai story〉1000円　①978-4-916138-79-8　〔03037〕

サティヤ・サイ・ババ　Sathya Sai Baba

◇サイババの光明瞑想（Sathya Sai meditation on the light）　サティヤ・サイ・ババ述, ティーラキアト・ジャレオンセッタシン編, 石井真訳　サティヤサイ出版協会　2011.9　108p　15cm　〈文献あり　（サティヤ・サイ教育協会1999年刊）の増訂〉600円　①978-4-916138-70-5　〔03038〕

◇シュリ・サティヤ・サイ・ババ2009年2010年講話集（Divine discourse-year 2009-2010）　サティヤ・サイ・ババ述, サティヤサイ出版協会訳, 小栗知加子編　サティヤサイ出版協会　2011.11　373p　21cm　1600円　①978-4-916138-73-6　〔03039〕

◇インドから来た象の神様ガネーシャ神・聖天・歓喜天―サティヤサイババ講話集（History of Sri Ganesha & divine discourses on Ganesha chaturthi）　サティヤサイババ講話, サティヤサイ出版協会講話翻訳, 比良佳代子編　サティヤサイ出版協会　2015.9　363p　21cm　〈文献あり〉1600円　①978-4-916138-82-8　〔03040〕

ザド・グループ《ZAD Group》

◇国家ブランディング―その概念・論点・実践（NATION BRANDING）　キース・ディニー編著, 林田博光, 平沢敦監訳　八王子　中央大学出版部　2014.3　310p　22cm　（中央大学企業研究所翻訳叢書 14）　4500円　①978-4-8057-3313-4

内容 国家ブランドのアイデンティティ, イメージとポジショニング（ZAD Group,Dipak R.Pant著, 林田博光訳）　〔03041〕

サトヤルティ, カイラシュ

◇安定とその敵（Stability at bay）　Project Syndicate〔編〕　土曜社　2016.2　120, 2p　18cm　（プロジェクトシンジケート叢書）　952円　①978-4-907511-36-4

内容 奴隷児童を解放せよ（カイラシュ・サトヤルティ著）〔03042〕

サーナット, ジョーン・E.

◇スーパーヴィジョンのパワーゲーム―心理療法家訓練における影響力・カルト・洗脳（Power Games） リチャード・ローボルト編著, 太田裕一訳 金剛出版 2015.3 424p 22cm 〈索引あり〉 6000円 ①978-4-7724-1417-3

内容 心理力動的スーパーヴィジョンにおける権威的関係（ジョーン・E.サーナット著）〔03043〕

ザネッティ, ミケーレ Zanetti, Michele

◇精神病院のない社会をめざして―バザーリア伝（BASAGLIA） ミケーレ・ザネッティ, フランチェスコ・パルメジャーニ〔著〕, 鈴木鉄忠, 大内紀彦訳 岩波書店 2016.9 227, 9p 19cm 〈文献あり 年譜あり〉 2700円 ①978-4-00-061149-7

内容 序章 なぜバザーリアを想起するのか（改革以前のイタリアの精神病院 バザーリアの思想と実践 ほか） 第1章 ヴェネツィアとパドヴァ（学問的な歩み 幼少期から青年期を過ごしたヴェネツィア ほか） 第2章 ゴリツィアとパルマ（ゴリツィアでの「啓示」 改革に着手 ほか） 第3章 トリエステ（新たな出発―ザネッティ県代表とバザーリア院長 変革の再開 ほか） 第4章 ローマとヴェネツィア（マニコミオの終焉へ――九七八年「一八〇号法」の制定 トリエステからローマへ ほか）〔03044〕

ザハヴィ, ダン Zahavi, Dan

◇初学者のための現象学（Faenomenologi（重訳）） ダン・ザハヴィ著, 中村拓也訳 京都 晃洋書房 2015.4 127, 11p 19cm 〈文献あり〉 1400円 ①978-4-7710-2610-0

内容 第1部 方法論的根本主題（現象 一人称パースペクティヴの意義 現象学的エポケーと還元 事象そのものへ 生世界 メルロ＝ポンティの『知覚の現象学』序論） 第2部 具体的分析（空間の身体 相互主観性 現象学と社会学）〔03045〕

サバフ, ラナ Sabbagh, Rana

◇調査報道実践マニュアル―仮説・検証、ストーリーによる構成法（Story-Based Inquiry） マーク・リー・ハンター編著, 高嶺朝一, 高嶺朝太訳 旬報社 2016.12 163p 21cm 〈文献あり〉 1500円 ①978-4-8451-1484-9 〔03046〕

サビカス, マーク・L. Savickas, Mark

◇サビカスキャリア・カウンセリング理論―〈自己構成〉によるライフデザインアプローチ（CAREER COUNSELING） マーク・L.サビカス著, 日本キャリア開発研究センター監訳, 乙須敏紀訳 福村出版 2015.7 221p 22cm 〈文献あり 索引あり〉 2800円 ①978-4-571-24055-3

内容 第1章 仕事の世界とキャリア介入 第2章 自己とアイデンティティの構成 第3章 ナラティブ・カウンセリング 第4章 キャリアストーリー・インタビュー 第5章 キャリアストーリー・アセスメント 第6章 解決のアセスメント 第7章 場、台本、シナリオのアセスメント 第8章 キャリア構成のためのカウンセリング 第9章 意志を行動に変える〔03047〕

◇サビカス ライフデザイン・カウンセリング・マニュアル―キャリア・カウンセリング理論と実践（Life-Design Counseling Manual） マーク・L.サビカス著, 日本キャリア開発研究センター監修, 水野修次郎監訳・著, 加藤聡恵訳 三鷹 遠見書房 2016.9 114p 21cm 2000円 ①978-4-86616-019-1

内容 第1章 ライフデザイン・カウンセリングとは 第2章 転機のナラティヴ 第3章 キャリア構成インタビュー 第4章 ライフ・ポートレートの再構成 第5章 カウンセリング・プロセス 第6章 ライフデザイン―21世紀のキャリア介入パラダイム 解題 Savickas博士からの宿題（水野修次郎）〔03048〕

サフィ, アミール Sufi, Amir

◇ハウス・オブ・デット（HOUSE OF DEBT） アティフ・ミアン, アミール・サフィ著, 岩本千晴訳 東洋経済新報社 2015.11 268, 23p 20cm 〈索引あり〉 2400円 ①978-4-492-31459-3

内容 悲惨な危機を予防する 第1部 債務はこうして経済を破壊する（不況は人災である 需要低迷の本当の理由 LL理論とは―新しいフレームワーク 失業の新しい説明） 第2部 熱狂的バブル（信用はこうして膨張する 破滅への道 債務がバブルを作り出す） 第3部 悪循環を断ち切る方法（銀行を救えば、経済も救われるのか 債務を減免する 財政金融政策の効果 リスク共有を組み込む）〔03049〕

ザフェルコウルス, H. Savelkouls, Hermann

◇日本立法資料全集 別巻1127 英吉利内閣制度論 議院法改正資料（Das englische Kabinettsystem, Parliamentary Reform） H.ザフェルコウルス著, 国政研究会編, I.ジェニングス著, 国政研究会編 復刻版 信山社出版 2016.7 160, 113p 23cm 〈国政研究会 昭和9年刊の複製 国政研究会 昭和10年刊の複製〉 35000円 ①978-4-7972-7233-8 〔03050〕

サブダ, ロバート Sabuda, Robert

◇クリスマスのおはなし（THE CHRISTMAS STORY） ロバート・サブダさく, きたむらまさおやく 大日本絵画 〔2016.10〕 1冊（ページ付なし） 24cm （とびだししかけえほん） 4500円 ①978-4-499-28651-0 〔03051〕

サフライ, シュムエル

◇共観福音書が語るユダヤ人イエス 共観福音書研究エルサレム学派編著, 有馬七郎, 河合一充訳 ミルトス 2016.3 348p 19cm 〈「イエス時代の背景」（1992年刊）と「主の祈りのユダヤ的背景」（1998年刊）ほかからの改題、再編集、改訂版 索引あり〉 2000円 ①978-4-89586-160-1

内容 『ルカによる福音書』のユダヤ的背景（シュムエル・サフライ著, 有馬七郎訳）〔03052〕

ザ・フレンド・オブ・ライブラリーズ ユーエスエイ
《The Friends of Libraries U.S.A.》

◇図書館のめざすもの 竹内悊編・訳 新版 日本図書館協会 2014.10 83p 21cm 〈他言語標題：Objectives of the Library〉 800円 ①978-4-8204-1410-0 〔03053〕

サブロン, コリン　Thubron, Colin
◇ビジュアル版 世界の歴史都市―世界史を彩った都の物語（The Great Cities in History）　ジョン・ジュリアス・ノーウィッチ編, 福井正子訳　柊風舎　2016.9　303p　27×21cm　15000円　①978-4-86498-039-5
内容 サマルカンドーティムールの選んだ都（コリン・サブロン）　〔03054〕

サ

サベリ, ヘレン　Saberi, Helen
◇お茶の歴史（Tea）　ヘレン・サベリ著, 竹田円訳　原書房　2014.1　188p　20cm　（「食」の図書館）〈文献あり〉2000円　①978-4-562-04978-3
内容 序章 ところ変われば…　第1章 茶とは何だろう？　第2章 中国の茶　第3章 日本、朝鮮、台湾の茶　第4章 茶を運ぶキャラバンたち　第5章 茶は西へ　第6章 インド、スリランカ、その他の地域　第7章 お茶の今日、そして明日　〔03055〕

サマーズ, ミュリエル　Summers, Muriel
◇リーダー・イン・ミー―「7つの習慣」で子どもたちの価値と可能性を引き出す！（The Leader in Me 原著第2版の翻訳）　スティーブン・R.コヴィー, ショーン・コヴィー, ミュリエル・サマーズ, デイビッド・K.ハッチ著, フランクリン・コヴィー・ジャパン訳　キングベアー出版　2014.8　434p　19cm　〈「子どもたちに「7つの習慣」を」（2009年刊）の改題、改訂　文献あり〉2000円　①978-4-86394-029-1
内容 第1章 素晴らしすぎて信じ難い　第2章 導入の経緯と理由　第3章「7つの習慣」を教える　第4章 リーダーシップ文化を築く　第5章 学校の目標を達成する　第6章 原則を家庭に応用する　第7章 地域社会を巻き込む　第8章 中学校、高校、さらにその先へ　第9章 変革の炎を燃やし続ける　第10章 最初を思い出しながら終わる　〔03056〕

サマースケイル, ケイト　Summerscale, Kate
◇最初の刑事―ウィッチャー警部とロード・ヒル・ハウス殺人事件（THE SUSPICIONS OF MR WHICHER）　ケイト・サマースケイル著, 日暮雅通訳　早川書房　2016.3　537p　16cm　（ハヤカワ文庫 NF 458）〈文献あり 索引あり〉1100円　①978-4-15-050458-8　〔03057〕

サマラ, トニー　Samara, Tony
◇シャーマンの叡智―宇宙とのつながりを取り戻す（SHAMAN'S WISDOM）　トニー・サマラ著, 奥野節子訳　ナチュラルスピリット　2014.12　146p　19cm　1300円　①978-4-86451-145-2
内容 熱帯雨林からアンデス山脈へ　歌　呼吸　意志の力と意図　分離　自由　四つの方角とメサ　パワーアニマルと自然の要素　夢　身体タイプ　食べ物　エネルギーのエクササイズ　〔03058〕

サミュエル, フィリップ　Samuel, Philip
◇発想を事業化するイノベーション・ツールキット―機会の特定から実現性の証明まで（The Innovator's Toolkit 原著第2版の翻訳）　デヴィッド・シルバースタイン, フィリップ・サミュエル, ニール・デカーロ著, 野村恭彦監訳, 清川幸美訳　英治出版　2015.5　493p　21cm　2800円　①978-4-86276-198-9
内容 第1部 機会を定義する（片づけるべきジョブ　ジョブ・マッピング ほか）　第2部 アイデアを発見する（資源の最適化　機能分析 ほか）　第3部 設計を作り上げる（機能要件　公理的設計 ほか）　第4部 イノベーションを証明する（プロトタイピング　パイロット試験 ほか）　〔03059〕

サミュエルズ, リチャード・J.　Samuels, Richard J.
◇3.11震災は日本を変えたのか（3.11 Disaster and Change in Japan）　リチャード・J.サミュエルズ著, プレシ南日子, 広内かおり, 藤井良江訳　英治出版　2016.3　425p　20cm　〈文献あり〉2800円　①978-4-86276-196-5
内容 第1章 過去の状況と三・一一　第2章 危機を無駄にしてはならない　第3章 災害の歴史的・比較的考察　第4章 安全保障をめぐり競合するナラティブ　第5章 エネルギー政策の議論　第6章 地方自治体の再活用　〔03060〕

サムズ, アーロン　Sams, Aaron
◇反転学習―生徒の主体的参加への入り口（Flipped Learning）　ジョナサン・バーグマン, アーロン・サムズ著, 東京大学大学院情報学環反転学習社会連携講座序文・監修, 上原裕美子訳　オデッセイコミュニケーションズ　2015.6　305p　19cm　〈文献あり〉1800円　①978-4-9905124-9-1　〔03061〕

サムソン, マイケル
◇グローバル・ベーシック・インカム入門―世界を変える「ひとりだち」と「ささえあい」の仕組み　岡野内正著・訳, クラウディア・ハーマン, ディルク・ハーマン, ヘルベルト・ヤウフ, ヒルマ・シンドンドラ＝モテ, ニコリ・ナットラス, イングリッド・ヴァン・ニーケルク, マイケル・サムソン著　明石書店　2016.1　248p　21cm　〈他言語標題：Making the Difference！　The BIG in Namibia〉2000円　①978-4-7503-4291-7
内容 第1部 世界を変える！　ナミビアのベーシック・インカム―ベーシック・インカム給付試験実施プロジェクト評価報告書（2009年4月）（大きな目標をもつ小さな実験―ベーシック・インカム給付　パンを保証された村人は何をして、村はどうなったか？　―影響評価　全国レベルの給付を目指して）　第2部 学生たちと訪ねたベーシック・インカムの現場―ナミビア、ブラジル、インド、アラスカ、イラン（ナミビア2010年8月31日～9月17日 人の助けになることがしたくって　ブラジル2011年8月29日～9月15日 権力を取らずに世界を変える！　ナミビア2012年8月31日～9月18日 村人を先頭に、首都に向かってデモ行進　インド2013年2月13日～28日 みんな自分の意見を言うようになった　アラスカ2013年8月29日～9月8日 正義を実現するには経済的な力がいる　イラン2014年3月2日～17日 ああ、ヤーラーネ！）　〔03062〕

ザムハリ, アリフ
◇世界はなぜ争うのか―国家・宗教・民族と倫理をめぐって　福田康夫, ヘルムート・シュミット, マルコム・フレーザー他著, ジェレミー・ローゼン編集, 渥美桂子訳　朝倉書店　2016.3　296p　21cm　〈他言語標題：Ethics in Decision-Making〉非売品

内容 寛容の美徳（アリフ・ザムハリ述）〔03063〕

◇世界はなぜ争うのか―国家・宗教・民族と倫理をめぐって　福田康夫, ヘルムート・シュミット, マルコム・フレーザー他著, ジェレミー・ローゼン編集, 渥美桂子訳　朝倉書店　2016.5　296p　21cm　〈他言語標題：Ethics in Decision-Making〉1850円　①978-4-254-50022-6

内容 寛容の美徳（アリフ・ザムハリ述）〔03064〕

ザモイスキ, アダム　Zamoyski, Adam

◇ビジュアル版 世界の歴史都市―世界史を彩った都の物語（The Great Cities in History）　ジョン・ジュリアス・ノーウィッチ編, 福井正子訳　柊風舎　2016.9　303p　27×21cm　15000円　①978-4-86498-039-5

内容 クラクフ―北方ルネサンスの都市（アダム・ザモイスキ）〔03065〕

サモフ, ジョエル

◇21世紀の比較教育学―グローバルとローカルの弁証法（COMPARATIVE EDUCATION）　ロバート・F.アーノブ, カルロス・アルベルト・トーレス, スティーヴン・フランツ編著, 大塚豊訳　福村出版　2014.3　727p　22cm　〈文献あり 索引あり〉9500円　①978-4-571-10168-7

内容 制度化する国際的影響関係 他（ジョエル・サモフ著）〔03066〕

サヤーダ　Sayahda

◇オルハイ・ヒーリング（The Orhai Method of Total Healing）　サヤーダ著, 采尾英理訳　ナチュラルスピリット　2016.7　148p　19cm　1400円　①978-4-86451-212-1

内容 オルハイ・ヒーリングセラピー：レベル1（初級編）（誕生　思考と感情を立て直す　発達性トラウマ　発達性トラウマを解消する：魂が奏でる音　名前の意味 ほか）　オルハイ・ヒーリングセラピー：レベル2（上級編）（エゴ　名前と苗字を組み合わせる　オルハイに用いるシンボル　テクニック　オルハイのルール：初級・上級 ほか）〔03067〕

サヤドー, マハーシ　Sayādaw, Mahāsi

◇ヴィパッサナー瞑想―智慧を開発し解脱に導くマインドフルネスの実践教本（SATIPAṬṬHĀNA VIPASSNĀ）　マハーシ・サヤドー著, 星飛雄馬訳　サンガ　2016.3　178p　18cm　〈「気づきと智慧のヴィパッサナー瞑想」（2012年刊）の改題、新たに解説を増補　文献あり〉2200円　①978-4-86564-048-9

内容 第1部 理論編（戒の重要性　智慧の発展　見ること輪廻を知る　聞くこと、触れる感覚など　心）　第2部 実践編（瞑想初心者のための実践法　座る瞑想　「膨らみ、縮み」を念じる　ヴィパッサナー瞑想の概要　心の生起に関するブッダの言葉　ヴィパッサナー瞑想法の具体的な実践　他の状態でのヴィパッサナー瞑想法）〔03068〕

サラ

◇世界がぶつかる音がする―サーバンツの物語（The Sound of Worlds Colliding）　クリスティン・ジャック編, 永井みぎわ訳　ヨベル　2016.6　300p　19cm　1300円　①978-4-907486-32-7

内容 喜びの町で見つけた喜び（ジュリアス, サラ）〔03069〕

サーラ, スヴェン

◇戦後日独関係史　工藤章, 田嶋信雄編　東京大学出版会　2014.7　525, 19p　22cm　〈索引あり〉8800円　①978-4-13-026260-6

内容 日独科学交流（スヴェン・サーラ著, 竹内早紀訳）〔03070〕

サラヴァート, ローサー

◇21世紀型学習のリーダーシップ―イノベーティブな学習環境をつくる（Leadership for 21st Century Learning）　OECD教育研究革新センター編著, 木下江美, 布川あゆみ監訳, 斎藤里美, 本田伊克, 大西公恵, 三浦綾希子, 藤浪海訳　明石書店　2016.9　308p　22cm　4500円　①978-4-7503-4410-2

内容 さまざまな学校制度にみる学習づくりのリーダーシップの開発アプローチ（ターニャ・ヴェストファル＝グライター, ジュディ・ハルバート, リンダ・ケイサー, ローサー・サラヴァート, ロネ・レネ・クリスティアンセン, ペア・トロンスモ, スザンヌ・オーウェン, ドリト・トゥービン著, 木下江美訳）〔03071〕

サラスバシー, サラス　Sarasvathy, Saras D.

◇エフェクチュエーション―市場創造の実効理論（Effectuation）　サラス・サラスバシー著, 加護野忠男監訳, 高瀬進, 吉田満梨訳　碩学舎　2015.10　469p　22cm　（碩学叢書）〈文献あり 索引あり　発売：中央経済社〉5800円　①978-4-502-15191-0

内容 1 経験的探訪起業家的熟達（研究対象は何なのか、そしてなぜそれが研究対象となるのか　何を、どのようにして発見したのか　私の発見についての解釈）　2 理論的探訪エフェクチュエーション（エフェクチュエーションを理解する：問題空間と問題解決の原則　エフェクチュエーションを理解する：エフェクチュアル・プロセスの動学　エフェクチュエーションを成果に結びつける）　3 通過地点（「人工物の科学」としてのアントレプレナーシップ　競争優位と起業家的機会　エフェクチュエーションに基づく経済学の哲学と方法論　人々の希望の中に存在する市場）　4 進むべき方向（エフェクチュエーションを教える　進行中の研究　新たな研究のベンチャー）〔03072〕

サラソーン, アイリーン・スナダ　Sarasohn, Eileen Sunada

◇証言渡米一世の女性たち―明治、大正、昭和・日米の狭間に生きて（Issei Women）　アイリーン・スナダ・サラソーン編, 南条俊二, 田中典子訳　燦葉出版社　2015.12　325p　20cm　2500円　①978-4-87925-122-0

内容 プロローグ 女性たちが幼少期に育った明治の日本は　第1章 明治の日本女性、海を渡る　第2章 アメリカでの苦難と奮闘の日々　第3章 日米開戦、積み上げたものを奪われ、収容所へ　第4章 終戦、収容所から出て再びパイオニアに　第5章 半生を振り返って〔03073〕

サラモン, レスター・M.　Salamon, Lester M.

◇フィランソロピーのニューフロンティア―社会的インパクト投資の新たな手法と課題（Leverage

サ

for Good）　L.M.サラモン著, 小林立明訳　京都　ミネルヴァ書房　2016.2　251, 7p　20cm　〈文献あり 索引あり〉3500円　①978-4-623-07445-7

内容 第1章 フィランソロピーのニューフロンティア革命と社会的インパクト投資　第2章 フィランソロピーのニューフロンティア探索1―新たなアクター　第3章 フィランソロピーのニューフロンティア探索2―新たなツール　第4章 なぜ今なのか　第5章 残された障壁　第6章 解決に向けた処方箋―前進に向けて　〔03074〕

サ

サランスキ, ジャン＝ミシェル

◇顔とその彼方―レヴィナス『全体性と無限』のプリズム　合田正人編　知泉書館　2014.2　234, 5p　22cm　（明治大学人文科学研究所叢書）〈索引あり〉4200円　①978-4-86285-178-9

内容『全体性と無限』の諸地平（ジャン＝ミシェル・サランスキ著, 合田正人, 渡名喜庸哲訳）　〔03075〕

サリヴァン, アンドリュー　Sullivan, Andrew

◇同性愛と同性婚の政治学―ノーマルの虚像（VIRTUALLY NORMAL）　アンドリュー・サリヴァン著, 本山哲人, 脇田玲子監訳, 板津木綿子, 加藤健太訳　明石書店　2015.6　302p　20cm　3000円　①978-4-7503-4206-1

内容 プロローグ 同性愛者とは何か　第1章 同性愛禁止論者　第2章 性解放主義者　第3章 保守派　第4章 リベラル派　第5章 同性愛の政治学　エピローグ 同性愛者の役割　〔03076〕

サリヴァン, ジェラルディン　Sullivan, Geraldine

◇誕生日大全（THE POWER OF BIRTHDAYS, STARS AND NUMBERS）　サッフィ・クロフォード, ジェラルディン・サリヴァン著, アイディ訳　増補版　主婦の友社　2016.9　831p　21cm　2800円　①978-4-07-417295-5

内容 占星術への招待　10天体　支配星　進行　恒星占星術とは　数秘術とは　366日の性格＆相性診断　星の特質　〔03077〕

サリット, キャシー　Salit, Cathy Rose

◇パフォーマンス・ブレークスルー壁を破る力―今そこにある限界がみるみる消える！　驚異のメソッド（PERFORMANCE BREAKTHROUGH）　キャシー・サリット著, 門脇弘典訳　徳間書店　2016.10　301p　19cm　1800円　①978-4-19-864273-0

内容 第1幕 なぜパフォーマンスなのか（今の自分となりたい自分　世界は舞台）　第2幕 壁を破る力―パフォーマンスの五大原則（成長を心に決める　どこでもアンサンブルをつくる　耳を傾けて画期的な会話をする　ゴミから創造する　人生を即興で演じる）　第3幕 新しい自分を演じよう（人間はみな語り手　難しい場面での会話　売り込み、人脈づくり、トークの技術　存在感を発揮する演技　演出家として指導する　パフォーマンス・エクササイズ・マニュアル）〔03078〕

サリー・デ・ルケ, M.F.　Sully de Luque, Mary F.

◇文化を超えるグローバルリーダーシップ―優れたCEOと劣ったCEOの行動スタイル（Strategic Leadership Across Cultures）　R.J.ハウス,P.W.ドーフマン,M.ジャヴィダン,P.J.ハンジェス,M.F.サリー・デ・ルケ著, 太田正孝監訳・解説, 渡部典子訳　中央経済社　2016.8　428p　22cm　〈文献あり 索引あり　発売：中央経済グループパブリッシング〉4800円　①978-4-502-16321-0

内容 社会文化とリーダーシップ：GLOBEの歴史、理論、これまでの研究結果　文化、リーダーシップ、上層部理論の文献レビュー　理論的根拠と枠組み、仮説、リサーチデザイン、調査結果の概略　リチーサ・メソドロジーとデザイン　文化を超えるCEOリーダーシップ行動：文化的価値観とCLTの関係　異文化リーダーシップ効果：CEO行動との関連性　文化を超えるCEOのリーダーシップ効果：フィットと行動の効果　優れたCEOと劣ったCEO　結論、インプリケーション、今後の研究　構造概念の測定と関係検証のための戦略　リーダーシップと成果の構造概念に対する心理測定的エビデンス　〔03079〕

サリーム, イヤース

◇終わりなき戦争に抗う―中東・イスラーム世界の平和を考える10章　中野憲志編　新評論　2014.3　292p　19cm　〈他言語標題：Resisting Eternal War on Terror and Military Intervention〉2700円　①978-4-7948-0961-2

内容 市民が担うイスラーム/トルコの事例（イヤース・サリーム著, 藤井詩葉訳）　〔03080〕

サリン, リンジー・C.

◇公立図書館・公共政策・政治プロセス―経済的・政治的な制約の時代にコミュニティに奉仕し、コミュニティを変化させる（Public libraries, public policies, and political processes）　ポール・T.イエーガー, アースラ・ゴーハム, ジョン・カーロ・バートット, リンジー・C.サリン著, 川崎良孝訳　神戸　京都図書館情報学研究会　2016.3　246p　22cm　〈文献あり　発売：日本図書館協会〉6000円　①978-4-8204-1511-4　〔03081〕

サール

◇世界がぶつかる音がする―サーバンツの物語（The Sound of Worlds Colliding）　クリスティン・ジャック編, 永井みぎわ訳　ヨベル　2016.6　300p　19cm　1300円　①978-4-907486-32-7

内容 友情という贈り物―近所のひとたちから学んだこと（サール）　〔03082〕

サール, ジョン・R.　Searle, John R.

◇意識の神秘―生物学的自然主義からの挑戦（THE MYSTERY OF CONSCIOUSNESS）　ジョン・R.サール著, 菅野盾樹監訳, 笹倉明子, 小倉拓也, 佐古仁志, 小林卓也訳　新曜社　2015.2　268p　20cm　〈索引あり〉3200円　①978-4-7885-1421-8

内容 第1章 生物学的問題としての意識　第2章 フランシス・クリック、結びつけ問題、そして四〇ヘルツの仮説　第3章 ジェラルド・エーデルマンとリエントラントな写像　第4章 ロジャー・ペンローズ、クルト・ゲーデル、細胞骨格　第5章 否定される意識―ダニエル・デネットによる説明　第6章 デイヴィッド・チャーマーズと意識する心　第7章 イズリアル・ローゼンフィールド、身体イメージ、自己　結論 意識の神秘をどのように意識の問題へと変換するか　〔03083〕

◇心・脳・科学（MINDS, BRAINS AND SCIENCE）　ジョン・サール〔著〕, 土屋俊訳

岩波書店 2015.10 162, 6p 19cm （岩波人文書セレクション） 〈2005年刊の再刊 文献あり 索引あり〉 2100円 ①978-4-00-028820-0
内容 1 心身問題 2 コンピュータは考えられるか 3 認知科学 4 行為の構造 5 社会科学の展望 6 意思の自由 〔03084〕

サルキソフ, コンスタンチン Sarkisov, K.O.

◇日ロ関係歴史と現代 下斗米伸夫編著 法政大学現代法研究所 2015.3 210p 22cm （法政大学現代法研究所叢書 39） 〈発売：法政大学出版局〉 2800円 ①978-4-588-63039-2
内容 伊藤博文のペテルブルグ訪問（コンスタンチン・サルキソフ著, 鈴木康雄訳） 〔03085〕

◇日ロ関係史―パラレル・ヒストリーの挑戦 五百旗頭真, 下斗米伸夫,A.V.トルクノフ,D.V.ストレリツォフ編 東京大学出版会 2015.9 713, 12p 22cm 〈年表あり〉 9200円 ①978-4-13-026265-1
内容 「新思考」路線とソ日関係（K.O.サルキソフ著, 杁文明訳） 〔03086〕

◇ロシアと日本―自己意識の歴史を比較する 東郷和彦,A.N.パノフ編 東京大学出版会 2016.10 287, 2p 22cm 〈他言語標題：Россия и Япония〉 4400円 ①978-4-13-020305-0
内容 近世における歴史的発展の特徴 他（K.O.サルキソフ,A.N.パノフ著, 山脇大, 安野正士訳） 〔03087〕

サルゲイロ, ティアゴ Salgueiro, Tiago

◇戦国の少年外交団秘話―ポルトガルで発見された1584年の天正遣欧使節の記録（Do Jap ã o para o Alentejo） ティアゴ・サルゲイロ著, 田中紅子, 三宅創子ポルトガル語共訳, 萩原恵美編訳 〔南島原〕 南島原市 2014.3 155p 19cm 〈文献あり 発売：長崎文献社（長崎）〉 800円 ①978-4-88851-211-4
内容 第1章 ポルトガルと日本の関係 第2章 ヨーロッパでの天正使節団 第3章 ヴィラ・ヴィソーザとブラガンサ公テオドジオ2世 第4章 使節団のヴィラ・ヴィソーザでの日々 〔03088〕

ザルコンヌ, ティエリー Zarcone, Thierry

◇シャーマニズム（Le chamanisme） シャルル・ステパノフ, ティエリー・ザルコンヌ著, 中沢新一監修, 遠藤ゆかり訳 大阪 創元社 2014.2 142p 18cm （「知の再発見」双書 162） 〈文献あり 年表あり 索引あり〉 1600円 ①978-4-422-21222-7
内容 第1章 歴史のなかのシャーマニズム 第2章 神話、人間、自然 第3章 シャーマンの世界 第4章 儀式：所作と象徴 第5章 音楽と儀式道具 〔03089〕

サルトゥー＝ラジュ, ナタリー Sarthou-Lajus, Nathalie

◇借りの哲学（ELOGE DE LA DETTE） ナタリー・サルトゥー＝ラジュ著, 高野優監訳, 小林重裕訳 太田出版 2014.3 229p 20cm （at プラス叢書 06） 1600円 ①978-4-7783-1393-7
内容 第1章 交換、贈与、借り（ヴェニスの商人―人間関係が持つ複雑性 "贈与"と"負債"が同一の軌跡をたどるとき "本当の贈与"とは何か？ ほか） 第2章 "借り"から始まる人生（タラントのたとえ話 神から与えられた才能は世のなかに返さなければならない "借り"と支配 ほか） 第3章 "借り"を拒否する人々（ドン・ジュアン―"借り"を拒否する人生 "借り"を認めない 自分としか契約を結ばない男 ほか） 〔03090〕

サルトリウス, ノーマン Sartorius, N.

◇パラダイム・ロスト―心のスティグマ克服、その理論と実践（Paradigms Lost） ヒーザー・スチュアート, フリオ・アルボレダーフローレス, ノーマン・サルトリウス著, 石丸昌彦監訳 中央法規出版 2015.6 296p 22cm 〈文献あり 索引あり〉 5000円 ①978-4-8058-5192-0
内容 第1部 実効性を失ったパラダイム（イントロダクション―スティグマとは何か、どのように形成されるか ロストパラダイム（先進国は差別につながるスティグマを根絶した 発展途上国にスティグマはほとんど存在しない スティグマを低減するにはよく整備されたプランが必要である 科学はプログラムの最良のガイドである 精神科医はアンチスティグマ・プログラムを牽引すべきである 精神疾患に関する知識が向上すればスティグマを根絶できる 態度の変化は成功の度合いを測る物差しである コミュニティのケアがスティグマを取り除いている アンチスティグマ・キャンペーンは順調に展開している 精神疾患はありふれたごく普通の病気である スティグマを撲滅することはできない）） 第2部 スティグマとその弊害を克服するプログラムの構築（実行に移す プログラムの優先事項を決める プログラムの構築 プログラムのモニタリングと効果判定） 付録 スティグマ経験についての質問票 〔03091〕

サルトル, ジャン＝ポール Sartre, Jean Paul

◇主体性とは何か？ （QU'EST-CE QUE LA SUBJECTIVITÉ？） ジャン＝ポール・サルトル著, 沢田直, 水野浩二訳 白水社 2015.11 222, 2p 20cm 〈索引あり〉 2600円 ①978-4-560-08461-8
内容 意識と主体性 マルクス主義と主体性 ジャン＝ポール・サルトルとの討議 サルトルの現代性 〔03092〕

サルトル, モーリス

◇男らしさの歴史 1 男らしさの創出―古代から啓蒙時代まで（HISTOIRE DE LA VIRILITÉ） A.コルバン,J-J.クルティーヌ,G.ヴィガレロ監修 G.ヴィガレロ編, 鷲見洋一監訳 藤原書店 2016.12 788p 図版48p 22cm 8800円 ①978-4-86578-097-0
内容 古代ギリシア人にとっての男らしさ（モーリス・サルトル著, 後平澪子訳） 〔03093〕

ザルノフスキー, ユルゲン

◇修道院文化史事典（KULTURGESCHICHTE DER CHRISTLICHEN ORDEN IN EINZELDARSTELLUNGEN） P.ディンツェルバッハー,J.L.ホッグ編, 朝倉文市監訳 普及版 八坂書房 2014.10 541p 20cm 〈文献あり 索引あり〉 3900円 ①978-4-89694-181-4
内容 病院修道会 他（ユルゲン・ザルノフスキー著, 梅津教孝訳） 〔03094〕

サ

サ

サレー, アリエル
◇コミュニティと共生―もうひとつのグローバル化を拓く　総合人間学会編　学文社　2016.5　143p　21cm　（総合人間学 10）　1900円　①978-4-7620-2651-5
内容 「南」からのエコロジー的な声に耳を傾ける（アリエル・サレー著, 布施元訳）　〔03095〕

サワスディー, シリパン・ノクソワン
◇現代日本の政治と外交　3　民主主義と政党―ヨーロッパとアジアの42政党の実証的分析（POLITICAL PARTIES AND DEMOCRACY）　猪口孝監修　猪口孝, ジャン・ブロンデル編　原書房　2014.10　270, 22p　22cm　〈文献あり 索引あり〉4800円　①978-4-562-04960-8
内容 タイ（シリパン・ノクソワン・サワスディー著, 角敦子訳）　〔03096〕

サン, イルセ　Sand, Ilse
◇鈍感な世界に生きる敏感な人たち（ELSK DIG SELV 原著第2版の翻訳）　イルセ・サン〔著〕, 枇谷玲子訳　ディスカヴァー・トゥエンティワン　2016.10　230p　19cm　〈他言語標題：Highly Sensitive Person　文献あり〉1500円　①978-4-7993-1978-9
内容 第1章 鈍感な世界に生きる「敏感な人」とは（5人に1人がHSP（とても敏感な人）　HSPは生まれもった気質 ほか）　第2章「敏感な人」が抱えやすい心の問題（自分自身に高度な要求をしてしまう　罪悪感と羞恥心に苛まれてしまう ほか）　第3章「鈍感な人たち」とうまく付きあうには（周囲の人に自分がHSPであることを伝える　自分の限界点をはっきり伝えておく ほか）　第4章「敏感な自分」とうまく付きあうには（HSPの能力を楽しむ機会をつくる　五感から過度に刺激を受けないための対策をとる ほか）〔03097〕

サン, ミカエル・ホー・フイ
◇再論東京裁判―何を裁き、何を裁かなかったのか（Beyond Victor's Justice？）　田中利幸, ティム・マコーマック, ゲリー・シンプソン編著, 田中利幸監訳, 饗庭朋子, 伊藤大将, 佐藤晶子, 高取由紀, 仁科由紀, 松島亜季訳　大月書店　2013.12　597, 17p　20cm　〈索引あり〉6800円　①978-4-272-52099-2
内容 ベルナール判事（ミカエル・ホー・フイ・サン著, 高取由紀訳）　〔03098〕

サンジェ, ルーク　Sengers, Luuk
◇調査報道実践マニュアル―仮説・検証、ストーリーによる構成法（Story-Based Inquiry）　マーク・リー・ハンター編著, 高嶺朝一, 高嶺朝太訳　旬報社　2016.12　163p　21cm　〈文献あり〉　1500円　①978-4-8451-1484-9
内容 仮説の使用（マーク・リー・ハンター, ルーク・サンジェ, ピア・ソードセン著）　〔03099〕

サンシャイン, G.S.　Sunshine, Glenn S.
◇はじめての宗教改革（The Reformation for Armchair Theologians）　G.S.サンシャイン著, 出村彰, 出村伸訳　教文館　2015.9　339, 6p　19cm　〈文献あり 索引あり〉2400円　①978-4-7642-6721-3　〔03100〕

サンスティーン, キャス　Sunstein, Cass R.
◇恐怖の法則―予防原則を超えて（LAWS OF FEAR）　キャス・サンスティーン著, 角松生史, 内野美穂監訳, 神戸大学ELSプログラム訳　勁草書房　2015.2　326, 50p　20cm　〈索引あり〉　3300円　①978-4-326-15435-7
内容 第1部 問題編（予防とその機能不全　予防原則の背景　最悪のシナリオ　野火のように広がる恐怖）　第2部 解決編（予防原則の再構築と恐怖の管理　費用と便益　民主主義、権利、分配　リバタリアン・パターナリズム（リチャード・セイラーと共著）　恐怖と自由）　結論 恐怖と愚行　〔03101〕
◇賢い組織は「みんな」で決める―リーダーのための行動科学入門（Wiser）　キャス・サンスティーン, リード・ヘイスティ著, 田総恵子訳　NTT出版　2016.9　263, 22p　19cm　〈文献あり 索引あり〉1800円　①978-4-7571-2355-7
内容 1 集団はなぜ失敗するのか？（高邁な理想が大失敗に　増幅される間違い　カスケード効果　集団は極に走る　情報共有のワナ）　2 どうすれば集団は成功するのか？（失敗を減らすための八つの方法　改善のための二つのフレームワーク―識別と選択　群衆は賢いか　専門家の正しい使い方　トーナメント方式の活用法　予測市場を活かす　みんなに聞いてみる　「ボールは一つ」）　〔03102〕

サンダース, エラ・フランシス　Sanders, Ella Frances
◇誰も知らない世界のことわざ（THE ILLUSTRATED BOOK OF SAYINGS）　エラ・フランシス・サンダース著イラスト, 前田まゆみ訳　大阪　創元社　2016.10　109p　17×20cm　〈他言語標題：The Illustrated Book of Sayings Curious Expressions from Around the World〉1600円　①978-4-422-70105-9
内容 ザワークラウトの中で自転車をこぐ。―フランス語　サルも木から落ちる。―日本語　カラスが飛び立ち、梨が落ちる。―韓国語　彼の鼻は、雲をつきやぶっている。―セルビア語　彼は、めんどりがアルファベットを知っている程度にはそれを知っている。―ハンガリー語　小さなアヒルを吹き出す。―ラトビア語　ロバにスポンジケーキ。―ポルトガル語　あなたは、私のオレンジの片割れ。―スペイン語　猫のように、熱いおかゆのまわりを歩く。―フィンランド語　ラディッシュを下から見る。―ドイツ語〔ほか〕　〔03103〕

サンダース, エリザベス・グレース
◇いつでもどこでも結果を出せる自己マネジメント術（MANAGE YOUR DAY-TO-DAY）　ジョスリン・K.グライ編, 上原裕美子訳　サンマーク出版　2015.9　233p　19cm　〈文献あり〉1500円　①978-4-7631-3493-6
内容 「完璧主義」を手放せばすべてがうまくいく（エリザベス・グレース・サンダース）　〔03104〕

サンダース, バーニー　Sanders, Bernard
◇バーニー・サンダース自伝（OUTSIDER IN THE WHITE HOUSE）　バーニー・サンダース著, 萩原伸次郎監訳　大月書店　2016.6　407p　19cm　2300円　①978-4-272-21114-2

内容 1 あなたはどこかで始めるべきだ　2 ひとつの市での社会主義　3 長い行進はすすむ　4 手に入れたいくつかの勝利　5 悪玉を仕立て上げる議会　6 ヴァーモントじゅうを歩きまわって　7 最後のひと押し　8 私たちはここからどこへ行くのか？　〔03105〕

◇完全対訳トランプ・ヒラリー・クルーズ・サンダース演説集―何が勝負を決したのか？　西森マリー著・訳　星海社　2016.7　237p　18cm　（星海社新書 88）〈文献あり　発売：講談社〉　860円　①978-4-06-138593-1

内容 第1候補者 トランプ Donald John Trump（略歴　トランプ出馬表明演説　語彙解説　トランプ発言録）　第2候補者 ヒラリー Hillary Diane Rodham Clinton（略歴　ヒラリー出馬表明演説　語彙解説　ヒラリー発言録）　第3候補者 クルーズ Rafael Edward "Ted" Cruz（略歴　クルーズ出馬表明演説　語彙解説　クルーズ発言録）　第4候補者 サンダース Bernard "Bernie" Sanders（略歴　サンダース出馬表明演説　語彙解説　サンダース発言録）　〔03106〕

サンダース, マーティン　Sanders, Martin

◇遊んで学べる！　えほん世界地図―キッズアトラス（CHILDREN'S ACTIVITY ATLAS）　ジェニー・スレーター文, カトリン・ヴィール, マーティン・サンダースイラスト　主婦の友社　2015.3　29p　29cm　〈索引あり〉1800円　①978-4-07-298560-1

内容 北アメリカ　南アメリカ　アフリカ北部　アフリカ南部　ヨーロッパ北部　ヨーロッパ南部　ユーラシア北部　中東と南アジア　東アジア　東南アジア　オセアニア　北極と南極　〔03107〕

サンタース, J.S.　Sandars, John Satterfield

◇日本立法資料全集　別巻844　英国国会選挙訴願判決例　E.L.オマリー,H.ハードカッスル,J.S.サンタース合著, 内閣法制局訳　復刻版　信山社出版　2014.3　832p　23cm　〈内閣法制局 明治23年刊の複製〉80000円　①978-4-7972-7142-3　〔03108〕

サンダスキー, ブレット

◇マニフェスト本の未来（Book ： a futurist's manifesto）　ヒュー・マクガイア, ブライアン・オレアリ編　ボイジャー　2013.2　339p　21cm　2800円　①978-4-86239-117-9

内容 ユーザー体験、読者体験（ブレット・サンダスキー著）　〔03109〕

サンダースン, ヘンリー　Sanderson, Henry

◇チャイナズ・スーパーバンク―中国を動かす謎の巨大銀行（CHINA'S SUPERBANK）　ヘンリー・サンダースン, マイケル・フォーサイス著, 築地正登訳　原書房　2014.4　313p　20cm　2800円　①978-4-562-05059-8

内容 第1章 一万件のプロジェクトを成功させよ　第2章 ゾンビ銀行をグローバル・バンクに再生させる　第3章 鉄鎖の他に失うものはない　第4章 リスクと報酬　第5章 ニュービジネスのための資金　第6章 現在そして未来　〔03110〕

サンタナ, ルース　Santana, Luz

◇たった一つを変えるだけ―クラスも教師も自立する「質問づくり」（MAKE JUST ONE CHANGE）　ダン・ロスステイン, ルース・サンタナ〔著〕, 吉田新一郎訳　新評論　2015.9　289p　19cm　2400円　①978-4-7948-1016-8

内容 はじめに　第1章 質問づくりの全体像―多様な思考力を磨く方法　第2章 教師が「質問の焦点」を決める　第3章 質問づくりのルールを紹介する　第4章 生徒たちが質問をつくる　第5章 質問を書き換える　第6章 質問に優先順位をつける　第7章 質問を使って何をするか考える　第8章 学んだことについて振り返る　第9章 教師や指導者へのアドバイス　第10章 生徒もクラスも変化する―自立した学び手たちのコミュニティ　おわりに―質問と教育、質問と民主主義　〔03111〕

サンチェス, パティ　Sanchez, Patti

◇イルミネート：道を照らせ。―変革を導くリーダーが持つべきストーリーテリング法（Illuminate）　ナンシー・デュアルテ, パティ・サンチェス著, 熊谷小百合訳　ビー・エヌ・エヌ新社　2016.7　335p　19×19cm　〈文献あり 索引あり〉2400円　①978-4-8025-1021-9

内容 1 リーダーは人々の背中を押し続ける　2 耳を傾ける―親身になって話を聞き、不安を和らげる　3 トーチベアラーのツール　4 構想ステージ―インスピレーションを得る時　5 跳躍ステージ―決断の時　6 格闘ステージ―勇気を奮うとき　7 登坂ステージ―忍耐の時　8 到達ステージ―回顧の時　9（再）構想ステージ―創造的破壊の時　10 結び―トーチベアラーの告白　〔03112〕

サンチェス, R.*　Sanches, Renata

◇国家ブランディング―その概念・論点・実践（NATION BRANDING）　キース・ディニー編著, 林田博光, 平沢敦監訳　八王子　中央大学出版部　2014.3　310p　22cm　（中央大学企業研究所翻訳叢書 14）　4500円　①978-4-8057-3313-4

内容 原産国とナショナル・アイデンティティから国家ブランディングまで（Renata Sanches,Flavia Sekles,Anthony Gortzis,Gianfranco Walsh,Klaus-Peter Wiedmann著, 金炯中訳）　〔03113〕

サンチェス＝エストップ, フアン＝ドミンゴ

◇資本の専制、奴隷の叛逆―「南欧」先鋭思想家8人に訊くヨーロッパ情勢徹底分析　広瀬純編著　航思社　2016.1　379p　19cm　〈他言語標題：Dictadura capitalista y esclavos rebeldes Conversaciones "bajo la coyuntura"〉2700円　①978-4-906738-15-1

内容 「大衆」は突破口を探し求めている（フアン＝ドミンゴ・サンチェス＝エストップ述, 広瀬純聞き手・訳）　〔03114〕

サンチェス＝セディージョ, ラウル

◇資本の専制、奴隷の叛逆―「南欧」先鋭思想家8人に訊くヨーロッパ情勢徹底分析　広瀬純編著　航思社　2016.1　379p　19cm　〈他言語標題：Dictadura capitalista y esclavos rebeldes Conversaciones "bajo la coyuntura"〉2700円　①978-4-906738-15-1

内容 新たな闘争サイクル 他（ラウル・サンチェス＝セ

サ

ディージョ述, 広瀬純聞き手・訳) 〔03115〕

サンチョギル, フアナ・M.

◇学びのイノベーション―21世紀型学習の創発モデル (Innovating to Learn, Learning to Innovate) OECD教育研究革新センター編著, 有本昌弘監訳, 多々納誠子, 小熊利江訳 明石書店 2016.9 329p 22cm 4500円 ①978-4-7503-4400-3

内容 学習環境の構築(フワン・カッサスス, マリア・デ・イバッラ, リリア・ペレス＝フランコ, フアナ・M.サンチョギル, マルチェラ・トーヴァー＝ゴメス, マルガリータ・ソリーリャ著, 多々納誠子訳) 〔03116〕

シ

サンディーン, マーク Sundeen, Mark

◇スエロは洞窟で暮らすことにした (THE MAN WHO QUIT MONEY) マーク・サンディーン著, 吉田奈緒子訳 紀伊国屋書店 2014.3 325p 19cm 1800円 ①978-4-314-01113-6

内容 第1部(再会 峡谷の暮らし 生い立ち 食と健康 青年時代) 第2部(新天地へ 仕事 モアブ 恋愛 アラスカへ) 第3部(お金という幻想 東方へ、そして家に帰る 簡素な生き方 山の中腹にて) 〔03117〕

サンテリーニ, ミレーナ

◇多様性を拓く教師教育―多文化時代の各国の取り組み (Educating Teachers for Diversity) OECD教育研究革新センター編著, 斎藤里美監訳, 布川あゆみ, 本田伊克, 木下江美, 三浦綾希子, 藤浪海訳 明石書店 2014.8 403p 22cm 4500円 ①978-4-7503-4053-1

内容 異文化間コンピテンスに関する教師教育モデル (ミレーナ・サンテリーニ著, 藤浪海訳) 〔03118〕

サンデル, マイケル Sandel, Michael J.

◇ハーバード白熱教室世界の人たちと正義の話をしよう＋東北大特別授業 (LET'S TALK ABOUT JUSTICE IN THE WORLD AND A SPECIAL LECTURE IN TOHOKU UNIVERSITY) マイケル・サンデル著, NHK白熱教室制作チーム訳 早川書房 2013.12 219p 19cm 1500円 ①978-4-15-209429-2 〔03119〕

◇それをお金で買いますか―市場主義の限界 (WHAT MONEY CAN'T BUY) マイケル・サンデル著, 鬼沢忍訳 早川書房 2014.11 334p 16cm (ハヤカワ文庫 NF 419) 800円 ①978-4-15-050419-9

内容 序章 市場と道徳 第1章 行列に割り込む 第2章 インセンティブ 第3章 いかにして市場は道徳を締め出すか 第4章 生と死を扱う市場 第5章 命名権 〔03120〕

◇哲学がかみつく (Philosophy Bites) デイヴィッド・エドモンズ, ナイジェル・ウォーバートン著, 佐光紀子訳 柏書房 2015.12 281p 20cm 〈文献あり〉 2800円 ①978-4-7601-4658-1

内容 スポーツと運動能力(マイケル・サンデル述) 〔03121〕

サンド, ジョルダン Sand, Jordan

◇帝国日本の生活空間 ジョルダン・サンド著, 天内大樹訳 岩波書店 2015.10 274, 10p 22cm 〈索引あり〉 4400円 ①978-4-00-024049-9

内容 序章 帝国の回路と非対称な出会い 第1章「洋館」の飾り方・住まい方―明治上流階級の趣味は「オリエンタリズム」だったか 第2章「味の素」―味覚の帝国とグローバリゼーション 第3章 紳士協定――九〇八年、環太平洋のひとの動き、ものの動き 第4章 世界文化を夢見た「文化住宅」 第5章 籐椅子に座る熱帯帝国 第6章「生蕃の娘」が街を歩いた―東京はいかに「帝都」であったか 終章 帝国の狭間のハワイと沖縄 〔03122〕

サントス, ボアベンチュラ・デ・ソウサ

◇21世紀の豊かさ―経済を変え、真の民主主義を創るために 中野佳裕編・訳, ジャン＝ルイ・ラヴィル, ホセ・ルイス・コラッジオ編 コモンズ 2016.10 415p 20cm 〈他言語標題：REINVENTING THE COMMONS IN THE 21st CENTURY〉 3300円 ①978-4-86187-137-5

内容 ラテンアメリカにおける国家の再建(ボアベンチュラ・デ・ソウサ・サントス著) 〔03123〕

サンドラー, マーティン・W. Sandler, Martin W.

◇図説・大西洋の歴史―世界史を動かした海の物語 (ATLANTIC OCEAN) マーティン・W.サンドラー著, 日暮雅通訳 悠書館 2014.11 457, 44p 図版36p 22cm 〈文献あり 索引あり〉 6000円 ①978-4-903487-94-6

内容 大西洋―暗黒の海 探検と新大陸発見―ヨーロッパ人と新大陸の出会い 新世界がもたらした衝撃―ぶつかりあうヨーロッパ文化とアメリカ先住民文化 植民地―新世界への移住 奴隷制度―残酷な囚われの身 アメリカ独立革命―大西洋を挟んだ宗主国との関係を断ち切る アメリカ独立革命が与えた影響―政治体制の新しい規範として 産業革命―機械化と大西洋世界 新たな船、新たな通商―大西洋交易の新時代 押し寄せる移民の波―文化の歴史的転移 ゆるぎなき大西洋世界―二〇世紀および二一世紀 〔03124〕

サンミゲル, イネス Sanmiguel, Ines

◇黄金郷(エル・ドラド)を求めて―日本人コロンビア移住史 (Japan's Quest for El Dorado 原著第3版の翻訳) イネス・サンミゲル著, 加藤薫編・訳, 野田典子訳 横浜 神奈川大学出版会 2014.2 195p 21cm 〈文献あり 索引あり 発売：丸善出版〉 2000円 ①978-4-906279-06-7

内容 第1章 日本人移民の受入国コロンビア 第2章 日本人の移住計画 第3章 日本の海外志向 第4章 第2次世界大戦以前 第5章 第2次世界大戦以後 第6章 日本へのUターン 〔03125〕

【シ】

シ, カチン 史 家珍

◇洛陽銅鏡 上巻 霍宏偉, 史家珍主編, 岡村秀典監訳, 田中一輝, 馬淵一輝訳 科学出版社東京 2016.7 223p 29cm ①978-4-907051-37-2 〔03126〕

◇洛陽銅鏡 下巻 霍宏偉, 史家珍主編, 岡村秀典監訳, 田中一輝, 馬淵一輝訳　科学出版社東京　2016.7　p226〜447　29cm　〈文献あり〉 ①978-4-907051-38-9　〔03127〕

ジ, キハ

◇東アジアの労働市場と社会階層　太郎丸博編　京都　京都大学学術出版会　2014.5　240p　22cm　(変容する親密圏/公共圏 7)　〈索引あり〉 3200円　①978-4-87698-379-7

内容 物質主義はどこで生き残っているのか(チャン・チンフェン, ジ・キハ, 高松里江, キム・ヨンミ著, 山本耕平訳)　〔03128〕

シ, コウスイ*　史 紅帥

◇世界の蒐集—アジアをめぐる博物館・博覧会・海外旅行　福井憲彦監修, 伊藤真実子, 村松弘一編　山川出版社　2014.2　359p　22cm　(学習院大学東洋文化研究叢書)　4000円　①978-4-634-67233-8

内容 近代西洋人が見た西安城の景観(史紅帥著, 湯川真樹江, 魏郁欣訳)　〔03129〕

シー, シュウチン　石 舒清

⇒セキ, ジョセイ

シ, シンフ　思 沁夫

◇モンゴルのことばとなぜなぜ話　塩谷茂樹編訳・著, 思沁夫絵・コラム　吹田　大阪大学出版会　2014.11　236p　22cm　1600円　①978-4-87259-483-6

内容 天体のなぜなぜ話(なぜ月は白くて明るいの　なぜ北極星と北斗七星がうまれたの ほか)　植物のなぜなぜ話(なぜマツ、スギ、マオウは常緑樹になったの　なぜゴビ砂漠にサクサウルの木がはえているの)　動物のなぜなぜ話(なぜラクダは灰の上でころがるの　なぜラクダには角がないの ほか)　人間のなぜなぜ話(なぜ人間や動物に寿命があるの　なぜ人間ははだかで、イヌは毛だらけになったの ほか)　〔03130〕

シ, ブンチン　史 文珍

◇温孔知心—孔子の心、経営の鏡　史文珍著, 汪宇訳　日本僑報社　2016.4　218p　19cm　〈文献あり〉 1900円　①978-4-86185-205-3

内容 序章　第1章 志—目標に関する問題意識(志—ビジネスチャンスは目標から生まれる　義—社会のニーズを満たすこと ほか)　第2章 仁—個人の社会責任に関する問題意識(孝—親孝行は社会に対する責任　忠—給料に対する責任 ほか)　第3章 知—知識及び知恵における問題意識(知—問題を解決する情報・知識・知恵　学—情報収集及び知識獲得の7W1H ほか)　第4章 時—時間に関する問題意識(過去—過去を利活用するか、過去にこだわるか　周期—量から質への変化時期 ほか)　第5章 名—立場における問題意識(名—自分に影響を及ぼす見えない壁　恕—思いやりは双方向 ほか)　〔03131〕

シアマー, ジェレミー　Shearmur, Jeremy

◇カール・ポパー社会と政治—「開かれた社会」以後 (After The Open Societyの抄訳)　カール・ポパー著, ジェレミー・シアマー, ピアズ・ノーリス・ターナー編, 神野慧一郎, 中才敏郎, 戸田剛文監訳　京都　ミネルヴァ書房　2014.5　345, 4p　22cm　〈索引あり〉 4200円　①978-4-623-06785-5

内容 第1部 オーストリアの思い出(ユーリウス・クラフト一八九八‐一九六〇——九六二年　オットー・ノイラートの思い出——九七三年)　第2部 ニュージーランドでの講義(科学と宗教——九四〇年　道徳的な人間と不道徳な社会——九四〇年)　第3部『開かれた社会』について(公的価値と私的価値——九四六年？　アイザイア・バーリンへの手紙——九五九/一九八九年 ほか)　第4部 冷戦とその後(開かれた社会と民主国家——九六三年　抽象的社会と「内的自由」についてのポパーからハイエクへの手紙——九六四年 ほか)　〔03132〕

ジアール, アニエス　Giard, Agnès

◇〈図説〉“特殊性欲”大百科—“ビザール”の生態学 (Le Sexe Bizarre)　アニエス・ジアール著, 山本規雄訳　作品社　2015.11　261p　21cm　〈文献あり 索引あり〉 2400円　①978-4-86182-538-5

内容 1 ビザール・クラシック　2 第二の皮膚　3 メディカル・セックス　4 愛と戦争　5 神経性官能　6 ごっこプレイ　7 非リアル系妄想　〔03133〕

ジアン, ジア　Jiang, Jia

◇拒絶される恐怖を克服するための100日計画 (Rejection Proof)　ジア・ジアン著, 小西敦子訳　飛鳥新社　2015.11　277p　19cm　1500円　①978-4-86410-431-9

内容 拒絶の壁　拒絶と闘う　みんなの拒絶　本能との闘い　拒絶の限界　「ノー」を受け入れる　「イエス」をもらう　「ノー」と言う　拒絶を糧にする　意味を見つける　自由を見つける　夢を現実にする　〔03134〕

ジアンボールボ, J.*　Jiambalvo, James

◇管理会計のエッセンス (Managerial Accounting 原著第5版の抄訳)　James Jiambalvo〔著〕, ワシントン大学フォスタービジネススクール管理会計研究会訳　新版　同文舘出版　2015.2　406p　21cm　〈索引あり〉 3700円　①978-4-495-19132-0

内容 第1章 情報化時代の管理会計　第2章 製造業およびサービス業のための個別原価計算　第3章 CVP分析　第4章 原価配賦と活動基準原価計算　第5章 経営意思決定における原価情報の利用　第6章 価格決定、顧客収益性分析、活動基準価格決定　第7章 資本予算とその他長期的意思決定　第8章 予算編成と予算管理　第9章 標準原価と差異分析　第10章 分権化と業績評価　〔03135〕

シヴェルブシュ, W.　Schivelbusch, Wolfgang

◇三つの新体制—ファシズム, ナチズム, ニューディール (Entfernte Verwandtschaft)　W.シヴェルブシュ著, 小野清美, 原田一美訳　名古屋　名古屋大学出版会　2015.4　187, 47p　22cm　〈索引あり〉 4500円　①978-4-8158-0806-8

内容 序章 全体主義と自由主義　第1章 ファシズム、ナチズム、ニューディール　第2章 カリスマ的指導者—ローズヴェルトとヒトラー　第3章 プロパガンダ　第4章 新しい空間—国民、地域、入植　第5章 シンボル建築—アグロ・ポンティーノ、テネシー川流域開発、アウトバーン　終章 一九四四年—「行進していくように」　〔03136〕

シエ, ツンフイ　謝 聡輝

⇒シャ, ソウキ*

シ

ジェイ, アリソン　Jay, Alison

◇クリスマスの夜 (On That Christmas Night)　ロイス・ロック文, アリソン・ジェイ絵, 関谷義樹訳　ドン・ボスコ社　2015.10　1冊(ページ付なし)　31cm　1000円　①978-4-88626-585-2 〔03137〕

ジェイ, メグ　Jay, Meg

◇人生は20代で決まる―TEDの名スピーカーが贈る「仕事・結婚・将来設計」講義 (THE DEFINING DECADE)　メグ・ジェイ著, 小西敦子訳　早川書房　2014.7　303p　19cm　1700円　①978-4-15-209468-1

内容 第1部 仕事 (アイデンティティ・キャピタル　ゆるいつながりこそ大事　潜在意識に耳を傾ける　フェイスブックの嘘　カスタムメイドの人生をつくる)　第2部 恋愛 (結婚をまじめに考える　家族選び　同棲は得？　それとも損？　釣り合わない相手との付き合い　似た者どうし)　第3部 脳と肉体 (結果を予測する　冷静に、落ち着いて考える　自信はどこから生まれる？　折り合って、前進する　妊娠と出産と不妊の問題　ハッピーエンドから逆算して人生を設計する) 〔03138〕

◇人生は20代で決まる―仕事・恋愛・将来設計 (THE DEFINING DECADE)　メグ・ジェイ著, 小西敦子訳　早川書房　2016.4　347p　16cm　(ハヤカワ文庫 NF 460)　740円　①978-4-15-050460-1

内容 第1部 仕事 (アイデンティティ・キャピタル　ゆるいつながりこそ大事　潜在意識に耳を傾ける　フェイスブックの嘘　カスタムメイドの人生をつくる)　第2部 恋愛 (結婚をまじめに考える　家族選び　同棲は得？　それとも損？　釣り合わない相手との付き合い　似た者どうし)　第3部 脳と肉体 (結果を予測する　冷静に、落ち着いて考える　自信はどこから生まれる？　折り合って、前進する　妊娠と出産と不妊の問題　ハッピーエンドから逆算して人生を設計する　これからうまく行くでしょうか？) 〔03139〕

シェイヴァー, フィリップ・R.

◇死別体験―研究と介入の最前線 (Handbook of Bereavement Research and Practice 原著第3版の抄訳)　マーガレット・S.シュトレーベ, ロバート・O.ハンソン, ヘンク・シュト, ウォルフガング・シュトレーベ編, 森茂起, 森年恵訳　誠信書房　2014.3　322p　22cm　〈文献あり 索引あり〉4400円　①978-4-414-41454-7

内容 愛着から見た死別 (マリオ・ミクリンサー, フィリップ・R.シェイヴァー著) 〔03140〕

ジェイギ, S.M.*　Jaeggi, Susanne M.

◇ワーキングメモリと日常―人生を切り拓く新しい知性 (WORKING MEMORY)　T.P.アロウェイ,R.G.アロウェイ編著, 湯沢正通, 湯沢美紀監訳　京都　北大路書房　2015.10　340p　21cm　(認知心理学のフロンティア)　〈文献あり 索引あり〉3800円　①978-4-7628-2908-6

内容 ワーキングメモリをトレーニングする (Susanne M.Jaeggi, Martin Buschkuehl著, 森田愛子, 岡崎善弘訳) 〔03141〕

ジェイクス, マーティン　Jacques, Martin

◇中国が世界をリードするとき―西洋世界の終焉と新たなグローバル秩序の始まり　上 (WHEN CHINA RULES THE WORLD 原著増補改訂版の翻訳)　マーティン・ジェイクス著, 松下幸子訳　NTT出版　2014.3　395, 65p　20cm　3400円　①978-4-7571-4289-3

内容 盟主の交代　第1部 西洋世界の終焉 (西洋の興隆　日本―西洋的ではない近代　中国の屈辱　競い合う近代)　第2部 中国の時代 (経済大国としての中国　文明国家　中華思想) 〔03142〕

◇中国が世界をリードするとき―西洋世界の終焉と新たなグローバル秩序の始まり　下 (WHEN CHINA RULES THE WORLD 原著増補改訂版の翻訳)　マーティン・ジェイクス著, 松下幸子訳　NTT出版　2014.3　344, 136p　20cm　〈文献あり 索引あり〉3400円　①978-4-7571-4290-9

内容 第9章 中国の裏庭 (中国の新展開　流動する情勢ほか)　第10章 グローバル大国としての中国 (中南米アフリカ ほか)　第11章 中国が世界を支配するとき (中国史の射程の深さ　世界の首都としての北京 ほか)　第12章 結論にかえて―中国を中国たらしめる八つの特色　第13章 補論 金融危機以降―中国主導の世界秩序の始まり (中国の外交政策　中国主導の世界経済秩序 ほか) 〔03143〕

ジェイコブス, バリー・J.　Jacobs, Barry J.

◇がん告知そして家族が介護と死別をのり越えるとき―物語とQ&Aで理解する介護家族の心のケア (The Emotional Survival Guide for Caregivers)　バリー・J.ジェイコブス著, 渡辺俊之監訳・訳　星和書店　2014.9　305p　21cm　〈訳：山田宇以ほか　索引あり〉2600円　①978-4-7911-0884-8 〔03144〕

ジェイコブズ, ロバート

◇なぜ核はなくならないのか　2　「核なき世界」への視座と展望　広島市立大学広島平和研究所監修, 吉川元, 水本和実編　京都　法律文化社　2016.8　229p　21cm　〈他言語標題：Why We Can't Eliminate Nuclear Weapons　索引あり〉2000円　①978-4-589-03785-5

内容 米国社会とヒロシマ (ロバート・ジェイコブズ著, 水本和実訳) 〔03145〕

シェイドイアン＝ガーシング, ヴァネッサ

◇多様性を拓く教師教育―多文化時代の各国の取り組み (Educating Teachers for Diversity)　OECD教育研究革新センター編著, 斎藤里美監訳, 布川あゆみ, 本田伊克, 木下江美, 三浦綾希子, 藤浪海訳　明石書店　2014.8　403p　22cm　4500円　①978-4-7503-4053-1

内容 多様化が進む子どもたちと効果的な教師教育 他 (トレーシー・バーンズ, ヴァネッサ・シェイドイアン＝ガーシング著, 斎藤里美訳) 〔03146〕

ジェイミソン, スティーブ　Jamison, Steve

◇元祖プロ・コーチが教える育てる技術 (A lifetime of observations and reflections on and off the court)　ジョン・ウッデン, スティーブ・ジェイミソン〔著〕, 弓場隆訳　ディスカヴァー・トゥエンティワン　2014.1　154p　19cm　〈2004年刊の新装版〉1300円　①978-4-7993-1450-0

内容 1 人を育てる（指導する者に与えられた素晴らしい特権　指導者とは、人びとに意欲を起こさせるために銃を必要としない人のことである　自分の指導下にある人たちに敬意を払いなさい ほか） 2 チームを育てる（最高の選手を集めても、最高のチームになるとはかぎらない　チームを成功に導く六つの条件　目標はひとりのスターを育てることではなく、チームに最高の結果をもたらすこと ほか） 3 成功のピラミッド（最高の自分になるために全力を尽くすのが成功者　私が見いだした成功の定義　持っているものは人によって異なるが、それを最大限に発揮する機会は誰にでも平等にある ほか）〔03147〕

ジェイムズ, ウィリアム　James, William

◇W.ジェイムズ著作集　1　心理学について―教師と学生に語る　ウィリアム・ジェイムズ著　大坪重明訳　デジタル・オンデマンド版　日本教文社　2014.8　332, 7p　21cm　〈タイトルは奥付等による　標題紙のタイトル：ウィリアム・ジェイムズ著作集　初版のタイトル：ウィリアム・ジェイムズ著作集　印刷・製本：デジタル・オンデマンド出版センター　索引あり〉2700円　①978-4-531-02621-0

内容 心理学について―教師に語る（心理学と教える技術　意識の流れ　行動する有機体としての児童　教育と行動　反応の必要　生得的反応と習得された反応 ほか） 生活理想について―学生に語る（緊張緩和の福音　人間における或る盲目性について　生活を意義あらしめるものは何か）〔03148〕

◇W.ジェイムズ著作集　6　多元的宇宙　ウィリアム・ジェイムズ著　吉田夏彦訳　デジタル・オンデマンド版　日本教文社　2014.8　284, 7p　21cm　〈タイトルは奥付等による　標題紙のタイトル：ウィリアム・ジェイムズ著作集　初版のタイトル：ウィリアム・ジェイムズ著作集　印刷・製本：デジタル・オンデマンド出版センター　索引あり〉2400円　①978-4-531-02626-5

内容 第1講 いろいろなタイプの哲学的な考え方　第2講 一元論的観念論　第3講 ヘーゲルとその方法　第4講 フェヒナーについて　第5講 意識の複合　第6講 主知主義に対するベルグソンの批判　第7講 経験の連続性　第8講 結論〔03149〕

◇プラグマティズム古典集成―パース、ジェイムズ、デューイ　チャールズ・サンダース・パース, ウィリアム・ジェイムズ, ジョン・デューイ著, 植木豊編訳　作品社　2014.10　652p　20cm　〈他言語標題：Classical Pragmatism：Selected Papers　文献あり 索引あり〉4200円　①978-4-86182-501-9

内容 第1部 プラグマティズムという言葉の登場（パースのプラグマティズム（一九一六年）（デューイ）　哲学的概念と実際的効果（一八九八年）（ジェイムズ）ほか） 第2部 パースのプラグマティズム（人間に生得的に備わっているとされてきた諸能力についての問い（一八六八年）（パース）　四つの能力の否定から導かれる諸々の帰結（一八六八年）（パース） ほか） 第3部 プラグマティズムの展開（アメリカにおけるプラグマティズムの展開（一九二五年）（デューイ）　信ずる意志（『信ずる意志』第一章）（一八九七年）（ジェイムズ） ほか） 解題 プラグマティズムの百年後（植木豊）〔03150〕

◇W.ジェイムズ著作集　5　プラグマティズム　ウィリアム・ジェイムズ著　桝田啓三郎訳　デジタル・オンデマンド版　日本教文社　2014.12　288, 7p　21cm　〈タイトルは奥付等による　標題紙のタイトル：ウィリアム・ジェイムズ著作集　初版のタイトル：ウィリアム・ジェイムズ著作集　印刷・製本：デジタル・オンデマンド出版センター　著作目録あり 年表あり 索引あり〉3500円　①978-4-531-02625-8

内容 第1講 哲学におけるこんにちのディレンマ　第2講 プラグマティズムの意味　第3講 若干の形而上学的問題のプラグマティズム的考察　第4講 一と多　第5講 プラグマティズムと常識　第6講 プラグマティズムの真理観　第7講 プラグマティズムと人本主義　第8講 プラグマティズムと宗教〔03151〕

◇W.ジェイムズ著作集　2　信ずる意志　ウィリアム・ジェイムズ著　福鎌達夫訳　デジタル・オンデマンド版　日本教文社　2015.4　370, 7p　21cm　〈タイトルは奥付等による　標題紙のタイトル：ウィリアム・ジェイムズ著作集　初版のタイトル：ウィリアム・ジェイムズ著作集　印刷・製本：デジタル・オンデマンド出版センター　索引あり〉3900円　①978-4-531-02622-7

内容 第1章 信ずる意志　第2章 人生は生き甲斐があるか　第3章 合理性の感情　第4章 反射作用と有神論　第5章 決定論のディレンマ　第6章 道徳哲学者と道徳生活　第7章 偉人とその環境　第8章 個人の重要性〔03152〕

◇W.ジェイムズ著作集　7　哲学の諸問題　（Human Immortality）　ウィリアム・ジェイムズ著　上山春平訳　デジタル・オンデマンド版　日本教文社　2015.6　300, 7p　21cm　〈タイトルは奥付等による　標題紙のタイトル：ウィリアム・ジェイムズ著作集　初版のタイトル：ウィリアム・ジェイムズ著作集　印刷・製本：デジタル・オンデマンド出版センター　索引あり〉3500円　①978-4-531-02627-2

内容 哲学の諸問題（哲学と哲学批判　形而上学の諸問題　存在の問題　知覚と概念　一と多　新しさの問題　新しさと無限　新しさと因果関係　信仰と信ずる権利） 人間の不滅性（インガーソル講演会設立の趣旨　人間の不滅性）〔03153〕

◇W.ジェイムズ著作集　3　宗教的経験の諸相　上　（The Varieties of Religious Experience）　ウィリアム・ジェイムズ著　桝田啓三郎訳　デジタル・オンデマンド版　日本教文社　2015.10　410, 7p　21cm　〈タイトルは奥付等による　標題紙のタイトル：ウィリアム・ジェイムズ著作集　初版のタイトル：ウィリアム・ジェイムズ著作集　印刷・製本：デジタル・オンデマンド出版センター　索引あり〉4400円　①978-4-531-02623-4

内容 第1講 宗教と神経学　第2講 主題の範囲　第3講 見えない者の実在　第4・5講 健全な心の宗教　第6・7講 病める魂　第8講 分裂した自己とその統合の過程　第9講 回心　第10講 回心―結び〔03154〕

◇W.ジェイムズ著作集　4　宗教的経験の諸相　下　（The Varieties of Religious Experience）　ウィリアム・ジェイムズ著　桝田啓三郎訳　デジタル・オンデマンド版　日本教文社　2015.10　410, 7p　21cm　〈タイトルは奥付等による　標

シ

題紙のタイトル：ウィリアム・ジェイムズ著作集　初版のタイトル：ウィリアム・ジェイムズ著作集　印刷・製本：デジタル・オンデマンド出版センター　索引あり〉4300円　①978-4-531-02624-1
内容 第11・12・13講 聖徳　第14・15講 聖徳の価値　第16・17講 神秘主義　第18講 哲学　第19講 その他の特徴　第20講 結論　〔03155〕

ジェイムソン, フレドリック　Jameson, Fredric
◇21世紀に、資本論をいかによむべきか？（REPRESENTING CAPITAL）　フレドリック・ジェイムソン著, 野尻英一訳　作品社　2015.3　310p　20cm　2400円　①978-4-86182-513-2
内容 序章 資本論をいかに読むべきか　第1章 カテゴリーの演奏　第2章 対立物の統一　第3章 コーダ（終楽章）としての歴史　第4章『資本論』の時間性　第5章『資本論』の空間性　第6章『資本論』と弁証法　第7章 政治的結論　〔03156〕

ジェコフスカヤ, タチャーナ
◇ロシア帝国の民族知識人―大学・学知・ネットワーク　橋本伸也編　京都　昭和堂　2014.5　345, 14p　22cm　〈索引あり〉6000円　①978-4-8122-1358-2
内容 十九世紀前半ペテルブルグ大学の教授・学生中の民族集団（タチャーナ・ジェコフスカヤ著, 橋本伸也訳）　〔03157〕

ジェザー, マーティー　Jezer, Marty
◇運命の海に出会ってレイチェル・カーソン（RACHEL CARSON）　マーティー・ジェザー著, 山口和代訳　新装改訂版　ほるぷ出版　2015.10　163p　19cm　〈文献あり 著作目録あり 年譜あり〉1400円　①978-4-593-53521-7
内容 1 さわがしい春　2 スプリングデールのオアシス　3 運命とつながる海へ　4 ライフワークを見つける　5 海がベストセラーに　6 真実に直面して　7 カーソンの目に映った真実　8 伝説の人へ　〔03158〕

ジェシー　Jessie
◇ねぇ、話してみて！（Please Tell！）　ジェシー作・絵, 飛鳥井望, 亀岡智美監訳, 一杉由美訳　誠信書房　2015.9　1冊（ページ付なし）　22×22cm　（子どものトラウマ治療のための絵本シリーズ）　1700円　①978-4-414-41373-1　〔03159〕

シェスタコフ, A.V.　Shestakov, Andreĭ Vasil'evich
◇ソヴィエトCCCPの革命と歴史（ИСТОРИЯ CCCP）　A.B.シェスタコフ著, 安井祥祐訳　明窓出版　2015.4　312p　20cm　〈年表あり〉1600円　①978-4-89634-352-6
内容 大昔のわが祖国　キエフ国家　モンゴルの征服者の下での東ヨーロッパ　ロシヤ民族政府の創設　ロシヤ政府の発展　17世紀の農民戦争と被圧迫民の蜂起　十八世紀のロシヤ―地主と商人の帝国　十八世紀終わりのツアーリのロシヤ及び十九世紀の後半　ツアーリ―ロシヤでの資本主義の成長　ロシヤにおける最初のブルジョア革命　ロシヤにおける第二次ブルジョア革命　ロシヤ10月社会主義大革命　戦争干渉 市民運動　国の経済の復興により平和な労働へ移行　社会主義の5ケ年計画と大祖国戦争　〔03160〕

ジェスダーソン, S.*　Jesudason, Susan
◇TOK（知の理論）を解読する―教科を超えた知識の探究（Decoding theory of knowledge for the IB diploma）　Wendy Heydorn,Susan Jesudason著, Z会編集部編　長泉町（静岡県）　Z会　2016.2　229p　26cm　2200円　①978-4-86531-099-3　〔03161〕

ジェタ, カシルダ　Jethá, Cacilda
◇性の進化論―女性のオルガスムは、なぜ霊長類にだけ発達したか？（Sex at Dawn）　クリストファー・ライアン, カシルダ・ジェタ著, 山本規雄訳　作品社　2014.7　511p　20cm　〈文献あり〉3600円　①978-4-86182-495-1
内容 序文 人類の“セクシュアリティ進化”の真実―人類の女性に、なぜオルガスムが発達したのか？　第1部 進化論は“性”をどのように扱ってきたか？　第2部 先史時代の人類の性生活―“エデンの園”は、性の楽園だったのか？　第3部 われわれの祖先の日常生活　第4部 性器とオルガスムの進化論　第5部 人類のセクシュアリティ進化の未来は？　〔03162〕

ジェット, ティシュ　Jett, Tish
◇フランス人が何気なくやっているシンプル・シックな36の法則（FOREVER CHIC）　ティシュ・ジェット著, 藤沢ゆき訳　幻冬舎　2016.9　181p　18cm　1000円　①978-4-344-02995-8
内容 1 毎日をていねいに迎える（シンプルでないと、すっきり暮らせない　かわいいことがすべてじゃない ほか）　2 体の内側も外側も磨き上げる（見えないところでも手を抜かない　フランス女性は皮膚科医がお好き ほか）　3 おいしく食べて、楽しく運動（フランス女性は太らないって本当？　おいしくて体にいい食事がいちばん ほか）　4 見られることで女は美しくなる（だらしない格好で外に出ちゃダメ！　上質な服は三十年だって着こなせる ほか）　〔03163〕

シェップ, アルフレッド　Schöpf, Alfred
◇報復の連鎖―権力の解釈学と他者理解（Wiederkehr der Rache）　A.シェップ著, 斎藤博, 岩脇リーベル豊美訳　学樹書院　2016.2　349, 10p　19cm　〈文献あり〉3500円　①978-4-906502-39-4
内容 1 解釈学の旧来の理解概念とその限界―M.ハイデガー、H.G.ガダマー、G.H.ミード　2 自分のものの理解と他人のものの理解 解釈学と反解釈学を考究の射程に―E.フッサール、J.ラカン、J.デリダ　3 正義という三元的位置からの他者理解か、あるいは汝の要求という二元的位置からの他者理解か―J.ロールズ、E.レヴィナス　4 男女の性差関係にみられる理解の諸葛藤―S.フロイト、J.ベンジャミン　5 理解、攻撃、そして合意 - ニーチェに関する付説―F.ニーチェ　6 経済に関わる理解の概念―A.スミス　7 政治的な理解の問題―C.シュミット、J・デリダ　〔03164〕

ジェートリー, アルン
◇安定とその敵（Stability at bay）　Project Syndicate〔編〕　土曜社　2016.2　120, 2p　18cm　（プロジェクトシンジケート叢書）　952円　①978-4-907511-36-4
内容 インドは世界を望む（アルン・ジェートリー著）　〔03165〕

ジェニキー, クリス　Jaenicke, Chris

◇関わることのリスク―間主観性の臨床（Das Risko der Verbundenheit（重訳））　クリス・ジェニキー著, 丸田俊彦監訳, 森さち子翻訳監修, 小野田暁子, 志村優子, 住山真由美訳　誠信書房　2014.8　225p　22cm　〈文献あり 索引あり〉　3000円　①978-4-414-41458-5

内容 第1章 精神分析の神話（“隔離された心”という神話　中立性という神話 ほか）　第2章 共感的‐内省的探究―中立性に代わる間主観的なもの（精神分析の暗黙の価値観に対するコフートの批判　パーソナルな意味と客観的「真実」 ほか）　第3章 情動―精神分析におけるパラダイムシフト（いったい誰がこの仕事を私に選ばせたのか？　フロイトの情動理論：心理的発見とメタサイコロジー博物館 ほか）　第4章 トラウマ（薄い覆い　「普通の人々」と「心的外傷を受けた人々」 ほか）　第5章 転移（臨床例　退行としての転移 ほか）〔03166〕

ジェニーン, ハロルド・シドニー　Geneen, Harold Sydney

◇超訳・速習・図解 プロフェッショナルマネジャー・ノート　2　ハロルド・シドニー・ジェニーン著, プレジデント書籍編集部編　プレジデント社　2015.7　191p　19cm　1200円　①978-4-8334-2135-5

内容 第1章『プロフェッショナルマネジャー』との出会い―ユニクロ・柳井正社長から手渡された経営のバイブル『プロフェッショナルマネジャー』との出会い（株式会社ローソン代表取締役社長 玉塚元一）　第2章 玉塚元一のビジネス理論―私のPM（プロフェッショナルマネジャー）としてのローソン戦略　第3章 プロフェッショナルマネジャー・ノート2　第4章 ハロルド・ジェニーン金言集〔03167〕

ジェニングス, I.　Jennings, William Ivor

◇日本立法資料全集　別巻1127　英吉利内閣制度論　議院法改正資料（Das englische Kabinettsystem, Parliamentary Reform）　H.ザフェルコウルス著, 国政研究会編, I.ジェニングス著, 国政研究会編　復刻版　信山社出版　2016.7　160, 113p　23cm　〈国政研究会 昭和9年刊の複製　国政研究会 昭和10年刊の複製〉35000円　①978-4-7972-7233-8〔03168〕

シェパード, エリザベス　Shepherd, Elizabeth J.

◇レコード・マネジメント・ハンドブック―記録管理・アーカイブズ管理のための（Managing Records）　エリザベス・シェパード, ジェフリー・ヨー共著, 森本祥子, 平野泉, 松崎裕子編・訳, 清原和之, 斎藤柳子, 坂口貴弘, 清水善仁, 白川栄美, 渡辺悦子訳　日外アソシエーツ　2016.6　393p　21cm　〈文献あり 索引あり　発売：紀伊国屋書店〉3700円　①978-4-8169-2611-2

内容 第1章 レコード・マネジメントを理解する　第2章 レコード・マネジメントのコンテクストを分析する　第3章 レコードを分類し、コンテクストをドキュメント化する　第4章 レコードを作成して取り込む　第5章 評価選別、リテンション、処分を管理する　第6章 レコードを保持し完全性を確保する　第7章 アクセスを提供する　第8章 レコード・マネジメントを導入する：実務および管理上の諸問題〔03169〕

シェパード, シェルビー・L.

◇小学校で法を語ろう（Let's Talk about Law in Elementary School）　W.キャシディ,R.イェーツ編著, 同志社大学法教育研究会訳　成文堂　2015.12　232p　21cm　3000円　①978-4-7923-0584-0

内容 社会研究における批判的思考による問題対応と決定（シェルビー・L.シェパード著, 戒能通弘訳）〔03170〕

シェパード, スティーブ　Sheppard, Steve

◇アメリカ法への招待（An Introduction to the Legal System of the United States 原著第4版の翻訳）　E.アラン・ファーンズワース著, スティーブ・シェパード編, 笠井修, 高山佳奈子訳　勁草書房　2014.2　211p　21cm　〈索引あり〉　2500円　①978-4-326-40288-5

内容 1 法源と技術（歴史的背景　法学教育　法律家　司法制度　判例法　立法制度　制定法　二次的典拠）　2 法の構成と内容（分類　手続法　私法　公法）〔03171〕

シェパンスキー, A.　Szczepanski, Anders

◇北欧スウェーデン発森の教室―生きる知恵と喜びを生み出すアウトドア教育（UTOMHUSPEDAGOGIK SOM KUNSKAPSKÄLLA）　A.シェパンスキー,L.O.ダールグレン,S.ショーランデル編著, 西浦和樹, 足立智昭訳　京都　北大路書房　2016.4　209p　21cm　〈文献あり〉2500円　①978-4-7628-2930-7

内容 第1章 アウトドア教室―充実した学習環境となる素晴らしい教室　第2章 本から学ぶ知識と感覚経験　第3章 子どもと自然　第4章 成長過程にある個人―子どもの健康　第5章 子どもに不思議を感じさせるトリックとは　第6章 自然と人間の関係―過去から現在　補章 解説 北欧スウェーデンのアウトドア教育の効果―教育心理学の視点から〔03172〕

ジェブ, ジュリアン

◇インタヴューズ　3　毛沢東からジョン・レノンまで（THE PENGUIN BOOK OF INTERVIEWS）　クリストファー・シルヴェスター編, 新庄哲夫他訳　文芸春秋　2014.6　463p　16cm　（文春学芸ライブラリー―雑英 7）　1690円　①978-4-16-813018-2

内容 イーヴリン・ウォー（イーヴリン・ウォー述, ジュリアン・ジェブインタヴュアー, 小野寺健訳）〔03173〕

シェーファー, ジャック　Schafer, Jack

◇元FBI捜査官が教える「心を支配する」方法（THE LIKE SWITCH）　ジャック・シェーファー, マーヴィン・カーリンズ著, 栗木さつき訳　大和書房　2015.11　295p　19cm　1500円　①978-4-479-79502-5

内容 第1章 “人に好かれる公式”のつくり方　第2章 ひと言も話さずに、相手を見抜く　第3章 瞬時に心をつかむ「情報コントロール術」　第4章 人を引きつける「魅力」の法則　第5章 相手を「思い通りに動かす」言葉の使い方　第6章 信頼関係を築く四つの秘訣　第7章 ネット社会の賢い泳ぎ方〔03174〕

シェーファー, スコット　Schaefer, Scott J.

◇道端の経営学―戦略は弱者に学べ（Roadside MBA）　マイケル・マッツェオ, ポール・オイヤー, スコット・シェーファー著, 楠木建監訳, 江口泰子訳　ヴィレッジブックス　2015.2　374p　19cm　1850円　①978-4-86491-199-3

内容 プロローグ 軽い気持ちでドライブに　第1章 事業規模を拡大する　第2章 参入障壁を築く　第3章 商品の差別化を図る　第4章 価格を適切に設定する　第5章 ブランドを管理する　第6章 交渉を有利に進める　第7章 人を雇う　第8章 インセンティブ制を導入する　第9章 権限を委譲する　第10章 大企業と戦う　エピローグ 戦略はそれ自体が動く目標である　〔03175〕

シ

シェーファー, リチャード・T.　Schaefer, Richard T.

◇脱文明のユートピアを求めて（EXTRAORDINARY GROUPS 原著第9版の翻訳）　リチャード・T.シェーファー, ウィリアム・W.ゼルナー著, 松野弘監訳, 徳永真紀, 松野亜希子訳　筑摩書房　2015.9　643, 22p　22cm　〈索引あり〉6500円　①978-4-480-84304-3

内容 第1章 ジプシー　第2章 オールド・オーダー・アーミッシュ　第3章 シェーカー教徒　第4章 モルモン教徒　第5章 オナイダ共同体　第6章 エホバの証人　第7章 ファーザー・ディヴァイン運動　第8章 ネイション・オブ・イスラム　第9章 サイエントロジー教会　第10章 ウィッカ　〔03176〕

シェファード, ベン　Shephard, Ben

◇遠すぎた家路―戦後ヨーロッパの難民たち（THE LONG ROAD HOME）　ベン・シェファード著, 忠平美幸訳　河出書房新社　2015.3　625p　20cm　〈文献あり 索引あり〉4700円　①978-4-309-22626-2

内容 戦争遂行機構に燃料を供給する　食糧と自由　「果てしない混乱の原因」　「ヨーロッパの半分の国の人びとがぞろぞろと」　絶好のタイミング　難を免れ、残った者　「けだものに餌をやるか？」　お金か死か　「さっさと慣れろ」　「たとえその門が閉ざされていても」　「スクリャーニンク」　「救うのが先、議論はあとまわしだ」　「破壊をひどく見くびってました」　「住み、食べ、産み、待つ」　「子どもの最善の利益」　「良い血統」　「生きてそれを見た」　アメリカの応分な負担　遺産　〔03177〕

シェフィー, イーガル

◇イスラエル情報戦史（ISRAEL'S SILENT DEFENDER）　佐藤優監訳, アモス・ギルボア, エフライム・ラピッド編, 河合洋一郎訳　並木書房　2015.6　373p 図版32p　21cm　〈年表あり〉2700円　①978-4-89063-328-9

内容 ロッテム事件〈1960年〉（イーガル・シェフィー著）　〔03178〕

ジェフリー, クレイグ　Jeffrey, Craig

◇インド地方都市における教育と階級の再生産―高学歴失業青年のエスノグラフィー（TIMEPASS）　クレイグ・ジェフリー著, 佐々木宏, 押川文子, 南出和余, 小原優貴, 針塚瑞樹訳　明石書店　2014.9　349p　20cm　（世界人権問題叢書 90）〈文献あり〉4200円　①978-4-7503-4076-0

内容 第1章 インドは待っている　第2章「フィールド」を耕す―農村中間層の台頭と適応　第3章 タイムパス―人生の交差点　第4章 学生の集合的異義申し立て　第5章 将来をジュガールする―即興のポリティクス　第6章 結論　〔03179〕

シェベル, マレク　Chebel, Malek

◇イスラーム・シンボル事典（DICTIONNAIRE DES SYMBOLES MUSULMANS）　マレク・シェベル著, 前田耕作監修, 甲子雅代監訳　明石書店　2014.10　421p　22cm　〈文献あり 索引あり〉9200円　①978-4-7503-4005-0　〔03180〕

ジェームズ, イーライ

◇マニフェスト本の未来（Book ： a futurist's manifesto）　ヒュー・マクガイア, ブライアン・オレアリ編　ボイジャー　2013.2　339p　21cm　2800円　①978-4-86239-117-9

内容 Web文学：ソーシャルWeb出版（イーライ・ジェームズ著）　〔03181〕

ジェームズ, ジョン　James, John W.

◇子どもの悲しみによりそう―喪失体験の適切なサポート法（WHEN CHILDREN GRIEVE ： For Adults to Help Children Deal with Death, Divorce, Pet Loss, Moving, and Other Losses）　ジョン・ジェームズ, ラッセル・フリードマン, レスリー・ランドン著, 水沢都加佐, 黒岩久美子訳　大月書店　2014.6　270p　19cm　2400円　①978-4-272-42016-2

内容 1 喪失に関する神話を見つめる　2 未完の感情を知る　3 未完から完結への道　4 発見から完結へ　5 その他の喪失　6 子どもと死を考える　〔03182〕

ジェームズ, ベサン　James, Bethan

◇最初の復活祭　クリスティーナ・カライ・ナギー絵, ベサン・ジェームズ文, サンパウロ訳　サンパウロ　2015.9　27p　18×18cm　1200円　①978-4-8056-3622-0　〔03183〕

ジェームズ, C.L.R.　James, Cyril Lionel Robert

◇境界を越えて（Beyond a Boundary）　C.L.R.ジェームズ著, 本橋哲也訳　調布　月曜社　2015.3　455p　19cm　3000円　①978-4-86503-022-8

内容 1部 世界への窓（窓　流れに逆らって ほか）　2部 世界は舞台（白さと黒さ　忍耐という美徳 ほか）　3部 時の人（王子と乞食　政治における寛大さ ほか）　4部 しばしの休憩をはさんで（ジョージ・ヘドレー―詩人は作られるものではなく、生まれる）　5部 W・G―卓越したヴィクトリア朝人（人は何をもって生きるか？　W・G序説 ほか）　6部 芸術、そして現実（「芸術とは何か？」　福祉国家の心柱 ほか）　7部 人民の声（論より証拠　母校―外と内の神々 ほか）　8部 エピローグと神格化　〔03184〕

シェムラ, エリザベート　Schemla, Elisabeth

◇アルジェリアの闘うフェミニスト（Une Algerienne debout）　ハーリダ・メサウーディ著, エリザベート・シェムラ聞き手, 中島和子訳　水声社　2015.7　277p　20cm　〈年譜あり〉3000円　①978-4-8010-0123-7

内容「もうけもの」の年月　青春時代のイスラーム　「内の内」の女たち　ヴォルテールとアヴェロエスの娘

家族法、恥辱の法　ホメイニなんて知らない！　混迷の教育現場　一九八八年十月選挙を自問し続けてアルジェリアの爆弾―FIS　FISの核にあるもの「性」選挙中止―歴史的誤謬か、愛国的義務か　袋小路からの脱出は可能か？　エピローグ―アルジェリアのそれから 〔03185〕

シェラット, イヴォンヌ Sherratt, Yvonne

◇ヒトラーと哲学者―哲学はナチズムとどう関わったか（Hitler's Philosophers）　イヴォンヌ・シェラット著, 三ツ木道夫, 大久保友博訳　白水社　2015.1　362, 60p　20cm　〈文献あり 索引あり〉3800円　①978-4-560-08412-0

内容 第1部 ヒトラーの哲学者（ヒトラー―「天才的バーテンダー」　毒入りの杯　協力者たち　ヒトラーを支えた法哲学者―カール・シュミット　ヒトラーの超人―マルティン・ハイデガー）　第2部 ヒトラーの対抗者（悲劇―ヴァルター・ベンヤミン　亡命―テオドーア・アドルノ　ユダヤ人女性―ハンナ・アーレント　殉教者―クルト・フーバー　ニュルンベルク裁判とその後） 〔03186〕

ジェラール, ヴァレリー Gérard, Valérie

◇したがう？　したがわない？　どうやって判断するの？（Chouette penser！　：Obéir？　se révolter？）　ヴァレリー・ジェラール文, クレマン・ポール絵, 伏見操訳　岩崎書店　2016.4　80p　20cm　（10代の哲学さんぽ 6）〈文献あり〉1300円　①978-4-265-07912-4

内容 親にはしたがわなくてはならないの？　暴君が生まれるのは、もしかして服従する人たちがいるから…？　なぜしたがうの？　どこまでしたがうの？　人々が立ち上がるとき 〔03187〕

シェリダン, リチャード Sheridan, Richard

◇ジョイ・インク―役職も部署もない全員主役のマネジメント（Joy, Inc.　：How We Built a Workplace People Love）　リチャード・シェリダン著, 原田騎郎, 安井力, 吉羽竜太郎, 永瀬美穂, 川口恭伸訳　翔泳社　2016.12　332p　21×14cm　1800円　①978-4-7981-4878-6

内容 僕が喜び（Joy）にたどり着くまで　スペースとノイズ　自由に学ぶ　会話、儀式、道具　インタビュー、採用、立ち上げ　観察のもつ力　恐れと戦う、変化を抱擁する　ボスではなくリーダーを育てる　カオスを終わらせる、曖昧さをなくす　厳格、規律、品質　持続可能性と柔軟性　スケーラビリティ　説明責任と結果　アライメント―向きを揃える　問題　まとめ―喜びのなかへ 〔03188〕

シェリング, トーマス Schelling, Thomas C.

◇ミクロ動機とマクロ行動（MICROMOTIVES AND MACROBEHAVIOR）　トーマス・シェリング著, 村井章子訳　勁草書房　2016.11　305, 8p　20cm　〈索引あり〉2700円　①978-4-326-55076-0

内容 第1章 ミクロ動機とマクロ行動　第2章 椅子取りゲームの数学　第3章 サーモスタット、レモン、クリティカル・マス・モデルなど　第4章 選別と混合―人種と性別　第5章 選別と混合―年齢と所得　第6章 子供たちの遺伝子を選ぶ　第7章 ホッケーのヘルメット、サマータイム―二値選択モデル　第8章 驚くべき60年―ヒロシマの遺産（ノーベル賞受賞講演） 〔03189〕

シェル, オーヴィル Schell, Orville

◇野望の中国近現代史―帝国は復活する（WEALTH AND POWER）　オーヴィル・シェル, ジョン・デルリー著, 古村治彦訳　ビジネス社　2014.6　479p　19cm　2500円　①978-4-8284-1756-1

内容 はじめに：富強　行己有恥 魏源　自強 馮桂芬　体用 西太后　新民 梁啓超　一盆散沙 孫中山　新青年 陳独秀　統一 蔣介石　革命は晩餐会ではない 毛沢東1　不破不立・創造的破壊 毛沢東2　白猫黒猫 鄧（とう）小平1　動乱 鄧（とう）小平2　入世 朱鎔基　没有敵人 劉暁波　結論：復興 〔03190〕

シェル, ジョルジ

◇歴史に生きるローザ・ルクセンブルク―東京・ベルリン・モスクワ・パリ - 国際会議の記録　伊藤成彦編著　社会評論社　2014.9　369p　21cm　2700円　①978-4-7845-1523-3

内容 軍国主義と資本主義（ジョルジ・シェル著, 星野中訳） 〔03191〕

シェル, G.リチャード Shell, G.Richard

◇ウォートン・スクールの本当の成功の授業（SPRINGBOARD）　リチャード・シェル著, 木村千里訳　ディスカヴァー・トゥエンティワン　2015.1　367p　19cm　1600円　①978-4-7993-1630-6

内容 自分の道を見つける「2つの大きな質問」　第1部 第1の大きな質問「成功とは何か？」（成功とは「自分らしい人生」を選ぶこと　成功とは「幸せ」になること　成功とは「地位・名声・富」を得ること　成功とは「やりがいのある仕事」）　第2部 第2の大きな質問「どうやって成功するか？」（素質―「うまくできること」を見極める　モチベーション―自分に火をつける　自信―リスクを恐れず前に進む　集中―情熱・想像力・直感・理性を集中させる　信頼性と対話―人を動かす）　それぞれの道へ 〔03192〕

◇無理せずに勝てる交渉術―段階的なアプローチが分かりやすい（BARGAINING FOR ADVANTAGE 原著第2版の翻訳）　G.リチャード・シェル著, 成田博之訳　パンローリング　2016.11　353p　19cm　（フェニックスシリーズ 43）　1500円　①978-4-7759-4162-1

内容 第1部 基礎編―交渉を始める前に知っておきたい6つのポイント（性格に合った交渉スタイルを取ろう　目標と期待感。狙うゴールをはっきりさせよう　自分をフェアに見せてくれる鎧（よろい）で武装しよう　人間関係をうまく活用しよう　相手の真の望みを突き止めよう　レバレッジを押さえて優位に立とう）　第2部 実践編―交渉を進めるうえで知っておきたい4つのステップ（まずは戦略を立てよう　相手と情報を交換しよう　本題に入る時は、この手でいこう　契約内容と遂行の意思を確認しよう）　交渉における倫理―嘘はどこまで許されるのか 〔03193〕

シェル, K.A.* Schell, Kathleen A.

◇学生が変わるプロブレム・ベースド・ラーニング実践法―学びを深めるアクティブ・ラーニングがキャンパスを変える（THE POWER OF PROBLEM-BASED LEARNING）　ダッチ・B.J, グロー・S.E, アレン・D.E編, 山田康彦, 津田司監訳, 三重大学高等教育創造開発センター訳　京都　ナカニシヤ出版　2016.2　282p　22cm 〈索引あり〉 3600円　①978-4-7795-1002-1
内容 看護実践に備えるためのPBL教育(Christine A.Cannon, Kathleen A.Schell著, 高植幸子訳) 〔03194〕

シ

ジェルヴァーゾ, R.　Gervaso, Roberto
◇ルネサンスの歴史　上　黄金世紀のイタリア　I.モンタネッリ,R.ジェルヴァーゾ著, 藤沢道郎訳　改版　中央公論新社　2016.11　351p　16cm (中公文庫 モ5-5)　920円　①978-4-12-206282-5
内容 ルネサンスとヒューマニズム　大帝の遺産　シチリアの晩鐘　イタリアの情勢　ボニファティウス八世　ハインリヒ七世　ダンテ　バビロニア捕囚　コーラ・ディ・リエンツォ　ペトラルカ〔ほか〕 〔03195〕
◇ルネサンスの歴史　下　反宗教改革のイタリア　I.モンタネッリ,R.ジェルヴァーゾ著, 藤沢道郎訳　改版　中央公論新社　2016.11　507p　16cm (中公文庫 モ5-6) 〈年表あり 索引あり〉 1100円　①978-4-12-206283-2
内容 イル・モーロとシャルル八世　サヴォナローラ　ボルジア家の人びと　ユリウス二世　レオ十世　統一世界の終焉　ウィクリフ　フス　エラスムス　ウィッテンベルグ 一五一七年〔ほか〕 〔03196〕

ジェン, ホンシエン　鄭 鴻生
⇒テイ, コウセイ

ジェンキンス, アラン　Jenkins, Alan
◇加害者臨床の可能性―DV・虐待・性暴力被害者に責任をとるために (Invitations to Responsibility)　アラン・ジェンキンス著, 信田さよ子, 高野嘉之訳　日本評論社　2014.6　307p　21cm 〈文献あり〉 3600円　①978-4-535-56248-6
内容 第1章 暴力・虐待について(暴力・虐待の要因について　妨げの理論)　第2章 加害者へのアプローチ(暴力・虐待を認めること　非暴力・非虐待関係への招き入れ　パートナーとの関係における間違った努力についての考察 ほか)　第3章 児童虐待の加害者へのアプローチ(虐待について話をする　責任について考えることへの招き入れ　責任を受け入れるために ほか) 〔03197〕

ジェンキンス, マーク・コリンズ　Jenkins, Mark Collins
◇NATIONAL GEOGRAPHIC THE COVERS表紙デザイン全記録 (THE COVERS)　マーク・コリンズ・ジェンキンス著, 藤井留美訳　日経ナショナルジオグラフィック社　2015.3　383p　29cm (NATIONAL GEOGRAPHIC) 〈索引あり　発売：日経BPマーケティング〉 9000円　①978-4-86313-305-1
内容 1960－1969　1970－1979　1980－1989　1990－1999　2000－2014 〔03198〕

ジェンキンス, マーティン　Jenkins, Martin
◇なるほど！　お金のはなし (THE STORY OF MONEY)　マーティン・ジェンキンス文, きたむらさとし絵, 吉井一美訳　神戸　BL出版　2015.11　60p　24cm 〈文献あり 索引あり〉 1500円　①978-4-7764-0731-7
内容 第1章 だれもお金なんて持ってなかった　第2章 お金はないけど物ならあった　第3章 数えられるものは数えよう　第4章 ヤギと交換してくれる？　第5章 かたい素材を見つけた　第6章 他人の鼻にかみつくと高くつく　第7章 利益を考える　第8章 お金は文書や記録の生みの親　第9章 硬貨をつくる　第10章 やっかいな税　第11章 ローマ人が物の値段をつり上げる　第12章 命がけで金や銀を手に入れる　第13章 掘り出した金のゆくえ　第14章 紙幣の登場　第15章 お金はかんたんに消えてしまうもの　第16章 お金はしばりつけておけない　ものの値段と価値は別のこと 〔03199〕

ジェンクス, ブルース　Jenks, Bruce
◇岐路に立つ国連開発―変容する国際協力の枠組み (United Nations Development at a Crossroads)　ブルース・ジェンクス, ブルース・ジョーンズ編著, 丹羽敏之監訳　人間と歴史社　2014.6　219p　26cm　3800円　①978-4-89007-193-7
内容 1 変化する状況(新興国の台頭と貧困像の変化　国家・市場・個人の関係の変化　グローバル化と開発協力―分析のための枠組み)　2 国連開発システムの現況　3 国連開発システムの新たな課題(国連機関の主要課題への取り組み　ケーススタディ(抄録)　新たなパターンと傾向)　4 岐路に立つ国連開発(国連改革の現在位置　グローバルヘルスとWHO　資金に関する考察　統治(ガバナンス)に関する考察)　5 改革議題(改革の必要性　「ミレニアム開発目標」を超えて　三つのシナリオ　改革プロセスの想定) 〔03200〕
◇グローバルビジョンと5つの課題―岐路に立つ国連開発 (United Nations Development at a Crossroadsの抄訳)　ブルース・ジェンクス, ブルース・ジョーンズ編, 丹羽敏之監訳　人間と歴史社　2015.10　280p　21cm　3000円　①978-4-89007-199-9
内容 1 気候変動とエネルギー(気候変動とエネルギー問題の趨勢　気候変動とエネルギーの課題 ほか)　2 食糧安全保障(「食糧安全保障」をめぐる世界的動向　「食糧安全保障」のグローバルガバナンス ほか)　3 持続可能な開発(「持続可能な開発」とは何か　「持続可能な開発」における国連の役割 ほか)　4 グローバルヘルス(世界保健の沿革　世界金融危機の波紋 ほか)　5 脆弱国(「脆弱国」とは　脆弱国における国連活動 ほか) 〔03201〕

シェンゴールド, レオナード
◇「ねずみ男」の解読―フロイト症例を再考する (Freud and His Patientsの抄訳)　マーク・カンザー, ジュール・グレン編, 馬場謙一監訳, 児玉憲典訳　金剛出版　2015.7　234p　22cm 〈文献あり〉 3400円　①978-4-7724-1427-2
内容 再びねずみおよびねずみ男について(レオナード・シェンゴールド著, 児玉憲典訳) 〔03202〕

ジェンセン, ベン
◇多様性を拓く教師教育―多文化時代の各国の取り組み (Educating Teachers for Diversity)　OECD教育研究革新センター編著, 斎藤里美監訳, 布川あゆみ, 本田伊克, 木下江美, 三浦綾希子, 藤浪海訳　明石書店　2014.8　403p　22cm　4500円　①978-4-7503-4053-1
内容 OECD国際教員指導環境調査〈TALIS〉と多様性

のための教師教育（ベン・ジェンセン著, 本田伊克訳）〔03203〕

ジェンセン, レイア　Jensen, Leyah

◇ゲームで学ぶ子どものせいしょ　レイア・ジェンセン, イザベッレ・ガオぶん, ホセ・ペレス・モンテーロイラスト, といかわみゆきやく　サンパウロ　2016.4　232p　24cm　2800円　①978-4-8056-2823-2　〔03204〕

ジェンセン, C.ジェームス　Jensen, James C.

◇潜在意識をとことん使いこなす（Beyond The Power of Your Subconscious Mind）　C.ジェームス・ジェンセン著, 大沢章子訳　サンマーク出版　2015.2　299p　19cm　〈文献あり〉1700円　①978-4-7631-3441-7

内容 心の中には「宝の箱」がある　自分の心を上手に操る技術を学ぶ　「心の声」が人生の「結果」を左右しているという事実　自分を変える方法を学ぶ　潜在意識が起こす奇跡は誰でも体験できる　まず習慣ができる。そして、習慣が人をつくる　意識と潜在意識の関係を徹底的に理解する　アファーメーションで潜在意識を再プログラムする　望むものを手にするカギは「できるだけクリアなイメージ」　正しい自尊心が潜在意識の力を増幅させる〔ほか〕　〔03205〕

ジェンドリン, E

◇「主観性を科学化する」質的研究法入門―TAEを中心に　末武康弘, 諸富祥彦, 得丸智子, 村里忠之編著　金子書房　2016.6　335p　21cm　3800円　①978-4-7608-2658-2

内容 一人称科学の提唱（E.ジェンドリン, ドン・ジョンソン著, 村里忠之訳）　〔03206〕

ジェンドロン, ルイス

◇アジアにおけるイエズス会大学の役割　高祖敏明, サリ・アガスティン共編　上智大学出版　2015.12　253p　21cm　〈発売：ぎょうせい〉2500円　①978-4-324-09945-2

内容 イエズス会中国管区における高等教育/突然の終結、新たな再開、改められた宣教の様相（ルイス・ジェンドロン著）　〔03207〕

ジェンナー, W.J.F.　Jenner, W.J.F.

◇ビジュアル版 世界の歴史都市―世界史を彩った都の物語（The Great Cities in History）　ジョン・ジュリアス・ノーウィッチ編, 福井正子訳　柊風舎　2016.9　303p　27×21cm　15000円　①978-4-86498-039-5

内容 臨淄―および戦国時代の中国の諸都市（W.J.F.ジェンナー）　〔03208〕

シェーンベルガー, クリストフ　Schönberger, Christoph

◇越境する司法―ドイツ連邦憲法裁判所の光と影（Das entgrenzte Gericht）　マティアス・イェシュテット, オリヴァー・レプシウス, クリストフ・メラース, クリストフ・シェーンベルガー著, 鈴木秀美, 高田篤, 棟居快行, 松本和彦監訳　風行社　2014.9　380p　22cm　5000円　①978-4-86258-070-2

内容 カールスルーエについての所見（クリストフ・シェーンベルガー著, 杉原周治, 大西楠・テア, 鈴木秀美訳）　〔03209〕

◇ドイツ連邦主義の崩壊と再建―ヴァイマル共和国から戦後ドイツへ　権左武志編　岩波書店　2015.12　271p　22cm　7700円　①978-4-00-061097-1

内容 ドイツ連邦国家の発展（クリストフ・シェーンベルガー著, 遠藤泰弘訳）　〔03210〕

ジオール, マイケル

◇FDガイドブック―大学教員の能力開発（A GUIDE TO FACULTY DEVELOPMENT 原著第2版の抄訳）　ケイ・J.ガレスピー, ダグラス・L.ロバートソン編著, 羽田貴史監訳, 今野文子, 串本剛, 立石慎治, 杉本和弘, 佐藤万知訳　町田　玉川大学出版部　2014.2　338p　21cm　（高等教育シリーズ 162）〈別タイトル：Faculty Developmentガイドブック　文献あり 索引あり〉3800円　①978-4-472-40487-0

内容 形成的目的のための教育実践と効果の評価（マイケル・ジオール, ジェニファー・L.フランクリン著）〔03211〕

シオン　師遠

◇エスペラント訳「十牛図」　柴山全慶訳, 染川隆俊, 峰芳隆編　豊中　日本エスペラント図書刊行会　2015.6　53p　21cm　〈他言語標題：La dek bildoj de bovpaŝtado　仏果社1930年刊の新版　エスペラント語併記〉400円　①978-4-930785-62-6　〔03212〕

◇現代語訳十牛図　〔廓庵〕〔著〕, 玄侑宗久監修・解説, 水野聡訳　PHPエディターズ・グループ　2016.2　103p　20cm　〈他言語標題：Ten Ox Herding Pictures　発売：PHP研究所〉1300円　①978-4-569-82787-2

内容 第1 尋牛―牛、すなわち真の自己を探す旅に出る　第2 見跡―牛の足跡を見出すこと。足跡とは悟りの手引きとなる経典や古人の公案の類を意味している　第3 見牛―牛の姿をかいま見ること。教えに導かれて、悟りが少し見えた状態　第4 得牛―力づくで牛をつかまえること。何とか悟りの端緒を得たものの、いまだ自分のものになっていない姿　第5 牧牛―牛を手なずけること。悟りを自分のものにするための修行を表す　第6 騎牛帰家―牛の背に乗り家へむかうこと。悟りがようやく得られて世間に戻る姿　第7 忘牛存人―家にもどり牛のことも忘れること。悟りは逃げたのではなく修行者の中に根づいている　第8 人牛俱忘―すべてが忘れさられ、無に帰一すること。悟りを得た修行者も特別な存在ではなく本来の自然に融合してしまう　第9 返本還源―原初の自然の美しさがあらわれてくること。悟りにより、それを妨げていた障碍が取り除かれたのだ　第10 入鄽（てん）垂手―悟りを得た修行者（童子から布袋和尚の姿になっている）が街へ出て、別の童子と遊ぶ姿を描き、人を救い導くことを表す　〔03213〕

シオン, ヴィクター・C.　Xiong, Victor C.

◇ビジュアル版 世界の歴史都市―世界史を彩った都の物語（The Great Cities in History）　ジョン・ジュリアス・ノーウィッチ編, 福井正子訳　柊風舎　2016.9　303p　27×21cm　15000円　①978-4-86498-039-5

シ

内容 長安―唐帝国の首都(ヴィクター・C.シオン)
〔03214〕

シオン, ジュディ　Sion, Judi

◇アルクトゥルス人より地球人へ―天の川銀河を守る高次元存在たちからのメッセージ（THE ARCTURIAN ANTHOLOGY）　トム・ケニオン, ジュディ・シオン著, 紫上はとる訳　ナチュラルスピリット　2016.11　242p　21cm　2400円　①978-4-86451-223-7

内容 サナート・クマラ―宇宙船司令官　エクタラ―アルクトゥルスの科学技官　エナンドラ―アルクトゥルス文明のアカシック図書館司書　マグダラのマリア　イェシュア・ベン・ヨセフ　アジュロン―アルクトゥルスの元医師　イスー―アルクトゥルスの瞑想マスター　フレフィオス―アルクトゥルスの戦士
〔03215〕

ジカ　慈嘉

◇順美への手紙―仏教を学ぶ人のための入門書　慈嘉法師著, 森田陽子訳　青山ライフ出版　2014.9　246p　21cm　〈発行元：国際ブリアー〉2500円　①978-4-86450-145-3　〔03216〕

シーカ, マリア　Sica, Maria

◇イタリア文化会館の歴史　マリア・シーカ, アントニオ・ヴェルデ著, イタリア文化会館編, 山崎彩訳　イタリア文化会館　2012.12　144p　26cm　〈文献あり〉

内容 日伊文化交流とイタリア文化会館の歴史 マリア・シーカ, アントニオ・ヴェルデ 著. イタリア文化会館(1999-2012) イタリア文化会館 編　〔03217〕

ジカーマン, ゲイブ　Zichermann, Gabe

◇ゲーミフィケーションは何の役に立つのか―事例から学ぶおもてなしのメカニクス（The Gamification Revolution）　ゲイブ・ジカーマン, ジョスリン・リンダー著, 田中幸訳, ゆめみ監修　SBクリエイティブ　2014.3　419p　19cm　〈索引あり〉2400円　①978-4-7973-7494-0

内容 第1部 必勝法としてのゲーミフィケーション(革命はゲーミファイされる　企業の必勝法としてのゲーミフィケーション　戦略的なプロセスをゲーミファイする)　第2部 チームをエンゲージさせて結果を出す(スタッフのパフォーマンスを大きく伸ばす　社員のイノベーションを刺激する　採用、トレーニング、能力開発のイメージを再考する　社員の健康とウェルネスに対する意識を促進する)　第3部 顧客と繋がり、エンゲージし、そして顧客を活用する(顧客のノイズを跳ね除ける　顧客のエンゲージメントを長続きさせる　クラウドソーシングによるイノベーション　結論 「ゲーミフィケーションの進化はゲーミフィケーションからの脱却を生み出す」)　〔03218〕

ジガーミ, ドリア　Zigarmi, Drea

◇新1分間リーダーシップ―どんな部下にも通用する4つの方法（LEADERSHIP AND THE ONE MINUTE MANAGER 原著改訂新版の翻訳）　ケン・ブランチャード, パトリシア・ジガーミ, ドリア・ジガーミ著, 田辺希久子訳　ダイヤモンド社　2015.5　153p　19cm　1300円　①978-4-478-02928-2

内容 第1章 起業家の来訪　第2章 部下は1分間マネジャーをどう見ているか　第3章 リーダーの3つのスキル―目標設定　第4章 人々をたえず成長させるために―診断スキルとマッチング　第5章 同じ人にも状況によって違うやり方を　第6章 今やっていることを分かち合う　第7章 学んだことを実行する　〔03219〕

ジガーミ, パトリシア　Zigarmi, Patricia

◇新1分間リーダーシップ―どんな部下にも通用する4つの方法（LEADERSHIP AND THE ONE MINUTE MANAGER 原著改訂新版の翻訳）　ケン・ブランチャード, パトリシア・ジガーミ, ドリア・ジガーミ著, 田辺希久子訳　ダイヤモンド社　2015.5　153p　19cm　1300円　①978-4-478-02928-2

内容 第1章 起業家の来訪　第2章 部下は1分間マネジャーをどう見ているか　第3章 リーダーの3つのスキル―目標設定　第4章 人々をたえず成長させるために―診断スキルとマッチング　第5章 同じ人にも状況によって違うやり方を　第6章 今やっていることを分かち合う　第7章 学んだことを実行する　〔03220〕

シガール, イナ　Segal, Inna

◇体が伝える秘密の言葉―心身を最高の健やかさへと導く実践ガイド（THE SECRET LANGUAGE OF YOUR BODY）　イナ・シガール著, ビズネア磯野敦子監修, 采尾英理訳　ナチュラルスピリット　2014.6　413p　21cm　〈索引あり〉2870円　①978-4-86451-123-0

内容 第1章 体が伝える秘密の言葉(病気の感情的原因・精神的原因・エネルギー的原因を癒す　ヒーリングの基本原則十か条　身体的疾患とヒーリングの提言)　第2章 病が伝える秘密の言葉(身体的疾患・症状のリスト)　第3章 感情が伝える秘密の言葉(病気の原因となる感情を理解して癒す)　第4章 色が伝える秘密の言葉(それぞれの色が持つ特徴)　第5章 体組織が伝える秘密の言葉(体組織の系統と役割)　〔03221〕

◇魂が伝えるウェルネスの秘密―人生を癒し変容させるための実践ガイド（THE SECRET OF LIFE WELLNESS）　イナ・シガール著, 采尾英理訳　ナチュラルスピリット　2015.6　429p　21cm　〈著作目録あり〉2870円　①978-4-86451-166-7

内容 第1部 直観力を高め、内なるパワーを呼び起こす(直観力を磨くには　自分を愛するには ほか)　第2部 魂の旅を極める(魂とつながり、対話するには　聖なるエネルギーとつながり、自分を守る方法 ほか)　第3部 人生の様々な関係を変容させる(愛するパートナーを人生に引き寄せる方法　円満な人間関係を築く方法 ほか)　第4部 解き放つ(自分の体を愛し、理想的な体重を達成する方法　傷心を癒すには ほか)
〔03222〕

ジグラー, ジグ　Ziglar, Zig

◇潜在能力超活性化ブック（OVER THE TOP）　ジグ・ジグラー著, 田中孝顕訳　きこ書房　2016.9　346p　16cm　〈2006年刊の再刊〉850円　①978-4-87771-353-9

内容 あなたの両親がどんな人物であるかは重要なことではない　休日にあなたは何をしているか？　自己説得の驚くべき威力　出来事にプラスに反応するか？　マイナスに反応するか？　人生は、一瞬で変えられる　弱点を認める　「期待」は、現実そのものに影響を及ぼす　正しい姿勢　性格は変えられる　目標設定で右脳を解き放つ　成功を鮮明にイメージできたときに起きること　「決意」ではなく「道筋」を変える　問題は心の中だけにある　始めるのに遅すぎることなんかない　人生を有終の美で飾る　〔03223〕

シゲマツ, ケン

◇忙しい人を支える賢者の生活リズム（God in My Everything）　ケン・シゲマツ著, 重松早基子訳　いのちのことば社　2015.7　284p　19cm　〈文献あり〉1800円　①978-4-264-03434-6　〔03224〕

シゲムラ, リア

◇沖縄ジェンダー学　第3巻　交差するアイデンティティ　喜納育江編著　大月書店　2016.2　266, 11p　22cm　（琉球大学国際沖縄研究所ライブラリ）〈索引あり〉3400円　①978-4-272-35053-7

内容 ディアスポラの沖縄人アイデンティティの現在（リア・シゲムラ, エイミー・スエヨシ著, 長堂まどか訳）　〔03225〕

シーゲル, アレン・M.　Siegel, Allen M.

◇コフートを読む（Heinz Kohut and the psychology of the self）　アレン・M.シーゲル著, 岡秀樹訳　金剛出版　2016.11　317p　22cm　〈文献あり 著作目録あり 年譜あり 索引あり〉5000円　①978-4-7724-1525-5

内容 ウィーンからシカゴへ―コフート小伝　コフートの思考の古典的な基盤　初期の論文―新しい織物のためのより糸の出現　自己の心理学に向かって　『自己の分析』（理想化された親イマーゴ　誇大自己）『自己の修復』（理論における変革　臨床的考察）　症例Z：その二つの分析　『自己の治癒』（理論の再考　治癒過程についての再考）　最後の言葉―共感をめぐる思索　批判と結論　〔03226〕

シーゲル, ダニエル・J.　Siegel, Daniel J.

◇子どもの脳を伸ばす「しつけ」―怒る前に何をするか‐「考える子」が育つ親の行動パターン（NO-DRAMA DISCIPLINE）　ダニエル・J.シーゲル, ティナ・ペイン・ブライソン著, 桐谷知未訳　大和書房　2016.5　319p　19cm　1500円　①978-4-479-78349-7

内容 序章 脳科学が解明する「しつけ」―「考える子」の親は何をしているのか？　第1章 わたしの「しつけ」は正しい？ ―「なりゆきまかせ」が習慣化する前に　第2章「子どもの脳」のしくみとしつけの関係―「我慢できる子」はこうしてできる　第3章「キレた子ども」を落ち着かせる―カギはやはり脳！　第4章「キレない親」を実践する―そのとき「ジョーズのテーマ」は流れていないか？　第5章 1・2・3のしつけ―こうして子どもは変わっていく　第6章「つながり」から「切り替え」へ―脳を伸ばすしつけの極意　おわりに―4つの希望のメッセージ　〔03227〕

ジジェク, スラヴォイ　Žižek, Slavoj

◇2011―危うく夢見た一年（The Year of Dreaming Dangerously）　スラヴォイ・ジジェク著, 長原豊訳　航思社　2013.5　269p　19cm　2200円　①978-4-906738-03-8　〔03228〕

◇ジジェク、革命を語る―不可能なことを求めよ（DEMANDING THE IMPOSSIBLE）　スラヴォイ・ジジェク著, パク・ヨンジュン編, 中山徹訳　青土社　2014.4　225, 4p　20cm　〈索引あり〉2400円　①978-4-7917-6774-8

内容 政治と責任　調和への妄執/アイデンティティへの衝動　倫理の政治化　目的なき手段―政治的実践知「おまえなんて、おもしろい時代に生きればいい！」　コミュニズム―倫理的かつ政治的な大失策　革命の失敗なんか怖くない　新たなる世界は可能である　為すところを知らざればなり　ポストモダン・グローバリゼーションを視差的に見る〔ほか〕　〔03229〕

◇イデオロギーの崇高な対象（THE SUBLIME OBJECT OF IDEOLOGY）　S.ジジェク著, 鈴木晶訳　河出書房新社　2015.8　435p　15cm　（河出文庫 シ6-2）〈文献あり〉1400円　①978-4-309-46413-8

内容 第1部 症候（いかにしてマルクスは症候を発明したか　症候からサントムへ）　第2部 他者の欠如（汝何を欲するか　汝は二度死ぬ）　第3部 主体（"現実界"のどの主体か？　「実体としてだけでなく主体としても」）　〔03230〕

◇事件！―哲学とは何か（Event）　スラヴォイ・ジジェク著, 鈴木晶訳　河出書房新社　2015.10　217p　19cm　（河出ブックス 087）　1500円　①978-4-309-62487-7

内容 第1の駅 フレーム、リフレーム、エンフレーム　第2の駅 幸福なる罪過（Felix Culpa）　第3の駅 自然化された仏教　第4の駅 哲学の三つの事件　第5の駅 精神分析の三つの事件　第6の駅 事件の取り消し　〔03231〕

◇神話・狂気・哄笑―ドイツ観念論における主体性（Mythology, madness, and laughter）　マルクス・ガブリエル, スラヴォイ・ジジェク著, 大河内泰樹, 斎藤幸平監訳, 飯泉佑介, 池松辰男, 岡崎竜, 岡崎佑香訳　八王子　堀之内出版　2015.11　356p　20cm　（Nνξ 叢書 1）〈文献あり〉3500円　①978-4-906708-54-3

内容 緒論 ポスト・カント的観念論への回帰を求めて　第1章 反省という神話的存在―ヘーゲル、シェリング、必然性の偶然性について（現象―ヘーゲルの反省論　神話という思考以前の存在―反省の限界についてのシェリングの考察　必然性の偶然性）　第2章 二つの自由をめぐる規律訓練―ドイツ観念論における狂気と習慣（ヘーゲルの習慣　自己のオート‐ポイエーシス（自己‐制作）　何も指示しない表現　習慣、動物、人間）　第3章 フィヒテの哄笑（フィヒテの自我からヘーゲルの主体へ　絶対者と現象　フィフテ的な賭け　障害（Anstoß）と事‐行（Tat‐Handlung）　分割と限定　有限な絶対者　定立された前提）　付録「なぜ世界は存在しないのか」　〔03232〕

◇もっとも崇高なヒステリー者―ラカンと読むヘーゲル（LE PLUS SUBLIME DES HYSTÉRIQUES）　スラヴォイ・ジジェク〔著〕, 鈴木国文, 古橋忠晃, 菅原誠一訳　みすず書房　2016.3　363p　22cm　6400円　①978-4-622-07973-6

内容 ラカンと読むヘーゲル（「形式の側」―理性対悟性　遡行的遂行性、あるいはいかにして偶然的なものから必然的なものが生じるか　弁証法、シニフィアンの論理（1）―自己言及としての一なるもの　弁証法、シニフィアンの論理（2）―現実的なものの「三つ組」　なかったことにすること―ラカンはいかなる点でヘーゲル的か　「理性の狡知」、あるいはヘーゲルの目的論の真の本質　「超感性的なもの、それは現象として

シ

の現象である」あるいはヘーゲルはいかにしてカントの「もの自体」を超えたのか　なぜ絶対知が分離するものであるかを把握させてくれるヘーゲル的な小話二つ）　いくつかのポストヘーゲル的行き止まり（商品‐形式の秘密―マルクス、彼はなぜ症状を発見したのか　夢と幻想の間のイデオロギー―「全体主義」を境界づける第一の試み　神的精神病、政治的精神病―「全体主義」を境界づける第二の試み　二つの死の間―「全体主義」を境界づける第三の試み　イデオロギー的な綴じ止め―なぜラカンは「ポスト構造主義者」ではないのか　名指しと偶然性―英語圏におけるヘーゲル）〔03233〕

シ

シシコフ, エイタン　Shishkoff, Eitan

◇それじゃ、私たちは？―イスラエルのリバイバルと異邦人の役割（What about us？）　エイタン・シシコフ著, 石井田直二監訳, 高橋ひとみ, 森大輔訳　柏　イーグレープ　2013.8　251p　19cm　1400円　①978-4-903748-79-5〔03234〕

シズニー, ジェニファー・S.　Cisney, Jennifer S.

◇危機対応最初の48時間―だれもが知っておきたい災害時のケア（THE FIRST 48 HOURS）　ジェニファー・S.シズニー, ケビン・L.エラーズ共著, 岩上敬人訳　いのちのことば社　2014.6　222p　19cm　1600円　①978-4-264-03236-6

内容 プロローグ 隣人とはだれのことか　第1章 危機対応とは　第2章 存在という力　第3章 危機における安全とは　第4章 評価とトリアージ　第5章 支援の仕方―危機対応における実際的支援　第6章 情報を集める　第7章 過去、現在、未来についての教育　第8章 自分の物語を話してもらう　第9章 危機における希望　第10章 長期的な支援へ〔03235〕

ジスベルグ, アンドレ

◇叢書『アナール1929-2010』―歴史の対象と方法 4　1969-1979（Anthologie des Annales 1929-2010）　E.ル＝ロワ＝ラデュリ,A.ビュルギエール監修, 浜名優美監訳　E.ル＝ロワ＝ラデュリ編, 池田祥英, 石川学, 井上桜子, 志村幸紀, 下村武, 寺本敬子, 中村督, 平沢勝行訳　藤原書店　2015.6　456p　22cm　8800円　①978-4-86578-030-7

内容 十八世紀半ばのガレー船漕役囚の集団（アンドレ・ジスベルグ著, 浜名優美訳）〔03236〕

シズラー, J.M.*　Cisler, Josh M.

◇嫌悪とその関連障害―理論・アセスメント・臨床的示唆（DISGUST AND ITS DISORDERS）　B.O.オラタンジ,D.マッケイ編著, 堀越勝監修, 今田純雄, 岩佐和典監訳　京都　北大路書房　2014.8　319p　21cm　〈索引あり〉3600円　①978-4-7628-2873-7

内容 嫌悪感受性：測定法と操作的定義 他（Bunmi O. Olatunji, Josh M.Cisler著, 岩佐和典訳）〔03237〕

シソディア, ラジェンドラ・S.　Sisodia, Rajendra S.

◇世界でいちばん大切にしたい会社―コンシャス・カンパニー（Conscious Capitalism）　ジョン・マッキー, ラジェンドラ・シソーディア著, 鈴木立哉訳　翔泳社　2014.4　415p　20cm（Harvard Business School Press）〈索引あり〉2200円　①978-4-7981-3454-3

内容 第1部 第一の柱―存在目的（存在目的―企業にとっての意味を追求する　存在目的を発見し、育てる）　第2部 第二の柱―ステークホルダーの統合（忠誠心が高く、信頼を寄せてくれる顧客　情熱を持った、意欲的な社員 ほか）　第3部 第三の柱―コンシャス・リーダーシップ（コンシャス・リーダーの資質　コンシャス・リーダーになるには）　第4部 第四の柱―コンシャス・カルチャーとコンシャス・マネジメント（コンシャス・カルチャー　コンシャス・マネジメント ほか）〔03238〕

シソン, ステファニー・ロス　Sisson, Stéphanie Roth

◇星のこども―カール・セーガン博士と宇宙のふしぎ（STAR STUFF）　ステファニー・ロス・シソン作, 山崎直子訳　小峰書店　2014.11　34p　23×29cm　（絵本地球ライブラリー）　1500円　①978-4-338-28204-8〔03239〕

シチャストニー, ズデニェク

◇グローバル化と地域社会の変容　石川晃弘, 佐々木正道, リュボミール・ファルチャン編著　八王子　中央大学出版部　2016.3　533p　22cm（中央大学社会科学研究所研究叢書 33―スロヴァキア地方都市定点追跡調査 2）　6300円　①978-4-8057-1334-1

内容 産業変動と労働生活（ズデニェク・シチャストニー著, 石川晃弘訳）〔03240〕

シッソン, ナタリー　Sisson, Natalie

◇スーツケース起業家―それは、自由に旅して十分に稼ぐ、新しい生き方（The Suitcase Entrepreneur）　ナタリー・シッソン著, タカ大丸訳　三五館　2016.3　229p　19cm　1400円　①978-4-88320-659-9

内容 1 ようこそ！　デジタルノマドの新世界へ（無一文から一カ月で1万5000ドルを稼ぐまで　自由になるために必要な、たった4つのもの　生きたいように生きる人たちの実話集）　2「持ち歩き自由」なビジネスの築き方（なぜビジネスを作る時期が“今”なのか？「あなたならでは」のビジネスって何？　“全地球的ノマド”になるために　どこにいても思いのままビジネスを動かす　ソーシャルメディアを徹底的に使い倒そう！　最強のバーチャルチームを作ろう）　3 さあ、スーツケース起業家になる！（プロのホームレスになる　“ミニマリズム”の極意と荷造り　旅の達人の秘訣―時間とお金を節約する）〔03241〕

シットウェル, イーディス　Sitwell, Edith

◇ヴィクトリア―英国女王伝（Victoria of England）　イーディス・シットウェル著, 藤本真理子訳　書肆山田　2015.3　429p　20cm　3500円　①978-4-87995-910-2〔03242〕

シットウェル, ウィリアム　Sitwell, William Ronald Sacheverell

◇食の歴史―100のレシピをめぐる人々の物語（A HISTORY OF FOOD IN 100 RECIPES）　ウィリアム・シットウェル著, 栗山節子訳　柊風舎　2016.1　521, 9p　21cm　〈文献あり 索引あり〉6500円　①978-4-86498-033-3

内容 古代エジプトのパン―紀元前1958‐1913年　カナシューのシチュー（肉と野菜のシチュー）―紀元前1700年頃　タイガー・ナッツ―紀元前1400年頃　イ

チジクの葉による魚の包み焼き―紀元前350年　豚の腿肉の塩漬け―紀元前160年　山羊の炙り焼き―紀元前30年　家禽のための別のソース―紀元10年　ハチミツ入りチーズケーキ―紀元200年頃　粥―紀元636年　干魚―紀元800年頃〔ほか〕　〔03243〕

シップウェイ, マーク

◇市場なき社会主義の系譜（NON-MARKET SOCIALISM IN THE NINETEENTH AND TWENTIETH CENTURIES）　マクシミリアン・リュベル, ジョン・クランプ編著, 角田史幸, 藤井真生訳　現代思潮新社　2014.7　304, 9p　20cm　〈文献あり 索引あり〉3600円　①978-4-329-00491-8

内容 評議会共産主義 他（マーク・シップウェイ著, 藤井真生訳）　〔03244〕

シップマン, クレア　Shipman, Claire

◇ウーマノミクス―仕事も家庭もあきらめない新しい「働き方」のカタチ（WOMENOMICS）　クレア・シップマン, キャティー・ケイ著, 林久実訳　アルファポリス　2014.8　349p　19cm　〈発売：星雲社〉1500円　①978-4-434-19567-9

内容 第1章 ウーマノミクス入門　第2章 私たちが本当に欲しいもの　第3章 成功の再定義―すべてはあなたの心しだい　第4章 罪悪感を捨て、NOと言う　第5章 キツネのように要領よく―もっと賢く、もっと楽に働く　第6章 価値を高める―価値を見直し、時間を大切にする　第7章 理想郷を手に入れる交渉の9つのルール―仕事の取り決めそのものを変える方法　第8章 ウーマノミクスの世界　〔03245〕

◇なぜ女は男のように自信をもてないのか（THE CONFIDENCE CODE）　キャティー・ケイ, クレア・シップマン著, 田坂苑子訳　CCCメディアハウス　2015.6　310p　19cm　1800円　①978-4-484-15114-4

内容 第1章 不安から逃れられない女性たち　第2章 考えすぎて動けない女性たち　第3章 女性は生まれつき自信がないのか？　第4章 男女間に自信の差が生まれる理由　第5章 自信は身につけられるもの？　第6章 自信を自分のものにするための戦略　第7章 部下や子どもに自信をもたせるには　第8章 自信の科学　〔03246〕

シップマン, H.*　Shipman, Harry L.

◇学生が変わるプロブレム・ベースド・ラーニング実践法―学びを深めるアクティブ・ラーニングがキャンパスを変える（THE POWER OF PROBLEM-BASED LEARNING）　ダッチ・B.J, グロー・S.E, アレン・D.E編, 山田康彦, 津田司監訳, 三重大学高等教育創造開発センター訳　京都　ナカニシヤ出版　2016.2　282p　22cm　〈索引あり〉3600円　①978-4-7795-1002-1

内容 大規模および超大規模クラスにおけるPBL教育（Harry L.Shipman, Barbara J.Duch著, 須曽野仁志訳）　〔03247〕

シティ, エリザベス・A.　City, Elizabeth A.

◇教育における指導ラウンド―ハーバードのチャレンジ（Instructional Rounds in Education）　エリザベス・A.シティ, リチャード・F.エルモア, サラ・E.フィアマン, リー・テイテル著, 八尾坂修監訳　風間書房　2015.10　288p　21cm　〈文献あり 索引あり〉2800円　①978-4-7599-2098-7

内容 第1部 構成要素（指導の核心　行動の理論）　第2部 ラウンドの実践（ネットワークの立ち上げ　見ることを学び、即断しようとする癖をやめる　ラウンド実践Part1：実践および観察における課題　ラウンド実践Part2：報告会および次なる段階への取組　ラウンドの円滑化）　第3部 ラウンドと体系的改善（ラウンドから学ぶ　ラウンドから実践における大規模な改善への移行）　〔03248〕

シナトラ, G.*　Sinatra, Gale M.

◇自己調整学習ハンドブック（HANDBOOK OF SELF-REGULATION OF LEARNING AND PERFORMANCE）　バリー・J.ジマーマン, ディル・H.シャンク編, 塚野州一, 伊藤崇達監訳　京都　北大路書房　2014.9　434p　26cm　〈索引あり〉5400円　①978-4-7628-2874-4

内容 意図的な概念変化：科学学習の自己調整（Gale M.Sinatra, Gita Taasoobshirazi著, 進藤聡彦訳）　〔03249〕

ジニ, G.　Gini, Gianluca

◇ゆがんだ認知が生み出す反社会的行動―その予防と改善の可能性　吉沢寛之, 大西彩子,G.ジニ, 吉田俊和編著　京都　北大路書房　2015.3　270p　21cm　3000円　①978-4-7628-2889-8

内容 認知のゆがみと反社会的行動：ヨーロッパの動向（Gianluca Gini,Marina Camodeca,Simona C.S. Caravita）　〔03250〕

シニア, ジェニファー　Senior, Jennifer

◇子育てのパラドックス―「親になること」は人生をどう変えるのか（ALL JOY AND NO FUN）　ジェニファー・シニア著, 高山真由美訳　英治出版　2015.12　363p　19cm　1800円　①978-4-86276-209-2

内容 第1章 自由―子供ができると失うものは？　第2章 結婚生活―「カップル」から「親」に変わるとき　第3章 シンプルな贈り物―子供がいるからこそできること　第4章 集団活動型育児―子供の「予定」に翻弄される親たち　第5章 思春期―悩むのは「子」より「親」？　第6章 喜び―「子育て」の経験が与えてくれるもの　〔03251〕

シニア, トム　Senior, Tom

◇世界の難民の子どもたち　3　「エリトリア」のハミッドの話（Hamid's Story-A Journey from Eritrea）　アンディ・グリン作, 難民を助ける会監修, いわたかよこ訳　トム・シニア絵　ゆまに書房　2016.10　1冊（ページ付なし）　26cm　2200円　①978-4-8433-4990-8　〔03252〕

ジネ, クリメン

◇「世界の特別ニーズ教育と社会開発」シリーズ　3　スペイン語圏のインクルーシブ教育と福祉の課題―スペイン、メキシコ、キューバ、チリ　黒田学編　京都　クリエイツかもがわ　2016.3　173p　21cm　〈他言語標題：THE COMPARATIVE STUDIES SERIES IN SPECIAL NEEDS EDUCATION AND SOCIAL DEVELOPMENT〉2000円　①978-4-

86342-185-1
内容 スペインにおけるインクルーシブ教育（クリメン・ジネ著, 平沼博将訳）〔03253〕

シ

ジネスト, イヴ　Gineste, Yves
◇Humanitude—老いと介護の画期的な書（Humanitude）　イヴ・ジネスト, ロゼット・マレスコッティ, ジェローム・ペリシエ著, 本田美和子監修, 辻谷真一郎訳　大阪　トライアリスト東京　2014.9　438p　21cm　〈発売：舵社〉　2500円　①978-4-8072-6409-4
内容 第1章 人間—ユマニチュード　第2章 人間関係のなかの人間—初めての事態　第3章 老人　第4章 同じ人間でも似て非なる世界　第5章 介護者　第6章 ユマニチュードの哲学　第7章 介護〔03254〕

シネック, サイモン　Sinek, Simon
◇リーダーは最後に食べなさい！—最強チームをつくる絶対法則（LEADERS EAT LAST）　サイモン・シネック著, 栗木さつき訳　日本経済新聞出版社　2015.2　317p　19cm　1700円　①978-4-532-31975-5
内容 第1部 人間は安全を求める生き物である　第2部 なにが人を突き動かすのか　第3部 現実の世界　第4部 私たちが選んできた道　第5部 抽象化という落とし穴　第6部 リーダーのための5つのレッスン　第7部 依存症の社会　第8部 リーダーになるために〔03255〕

ジーノ, フランチェスカ　Gino, Francesca
◇失敗は「そこ」からはじまる（SIDETRACKED）　フランチェスカ・ジーノ著, 柴田裕之訳　ダイヤモンド社　2015.1　356p　19cm　〈索引あり〉　1800円　①978-4-478-02538-3
内容 第1部「内なる自分」—自分の内面に由来する力（なぜグリーンスパンは、サブプライムローンの危険性を見抜けなかったのか？—不正確な自己イメージに「気づかない」　マイクロソフトのヤフー買収提案額は本当に「少なすぎた」のか？—伝染する感情に「流される」　なぜサムスンにだけ「そのリスク」は見えていなかったのか？—視野が狭すぎて「見落とす」）　第2部「まわりの人」—他者との関係に由来する力（なぜコカ・コーラは顧客を裏切る意思決定をしたのか？—相手視点の欠如で「しそこねる」　ITベンチャーが失敗するのは「友情」の過大評価のせい？—油断ならない社会的絆に「影響される」　フェイスブックをチェックするたびに「少し焦る」のはなぜ？—あからさまな社会的比較で「のせられる」）　第3部「取り巻く社会」—外の世界に由来する力（「研究開発費」が多ければイノベーションが起こりやすい、は本当か？—的外れの情報で「決めつける」　ディズニーが社員を「キャスト」に変える魔法の正体は？—フレーミングによる微妙な変化に「ハメられる」　不正をした政治家やCEOは、なぜ平然と正当化できるのか？—状況の力と自己欺瞞の誘惑に「そそのかされる」）〔03256〕

シバ, コウ　司馬 光
◇全訳資治通鑑—徳田本　第1冊　天下統一—前四〇三年—前二〇七年　〔司馬光〕〔編さん〕, 徳田隆主訳註, 曽萌春, 徳田瑠巳助訳　アーティスタ　2014.3　660p　21cm　4600円　①978-4-907494-00-1〔03257〕
◇全訳資治通鑑—徳田本　第2冊　領土拡張—前二〇六年—前一一九年　〔司馬光〕〔編さん〕, 徳田隆主訳註, 曽萌春, 徳田瑠巳助訳　アーティスタ社　2014.4　709p　21cm　4600円　①978-4-907494-01-8〔03258〕

シバ, ジョウショ　司馬 穰苴
◇司馬法 尉繚子 李衛公問対　守屋洋, 守屋淳訳・解説　新装版　プレジデント社　2014.9　414p　21cm　（全訳「武経七書」 2）　2800円　①978-4-8334-2097-6
内容『司馬法』（仁本篇　天子之義篇　定爵篇　厳位篇　用衆篇）『尉繚子』（天官篇　兵談篇　制談篇　戦威篇　攻権篇　兵教上篇　兵教下篇　兵令上篇　兵令下篇）『李衛公問対』（上の巻　中の巻　下の巻）〔03259〕

シバ, セン　司馬 遷
◇史記列伝　1　〔司馬遷〕〔著〕, 小川環樹, 今鷹真, 福島吉彦訳　岩波書店　2015.11　313p　19cm　（ワイド版岩波文庫 392）〈岩波文庫1975年刊の再刊〉1300円　①978-4-00-007392-9
内容 伯夷列伝 第一　管・晏列伝 第二　老子・韓非列伝 第三　司馬穰苴列伝 第四　孫子・呉起列伝 第五　伍子胥列伝 第六　仲尼弟子列伝 第七　商君列伝 第八　蘇秦列伝 第九　張儀列伝 第十〔ほか〕〔03260〕
◇史記列伝　2　〔司馬遷〕〔著〕, 小川環樹, 今鷹真, 福島吉彦訳　岩波書店　2015.12　289p　19cm　（ワイド版岩波文庫 393）〈岩波文庫1975年刊の再刊　年表あり〉1300円　①978-4-00-007393-6
内容 范雎・蔡沢列伝第十九　楽毅列伝第二十　廉頗・藺相如列伝第二十一　田単列伝第二十二　魯仲連・鄒陽列伝第二十三　屈原・賈生列伝第二十四　呂不韋列伝第二十五　刺客列伝第二十六　李斯列伝第二十七　蒙恬列伝第二十八　張耳・陳余列伝第二十九　魏豹・彭越列伝第三十　黥布列伝第三十一〔03261〕
◇史記列伝　3　〔司馬遷〕〔著〕, 小川環樹, 今鷹真, 福島吉彦訳　岩波書店　2016.1　279p　19cm　（ワイド版岩波文庫 394）〈岩波文庫1975年刊の再刊〉1200円　①978-4-00-007394-3
内容 淮陰侯列伝 第三十二　韓信・盧綰列伝 第三十三　田儋（たん）列伝 第三十四　樊・酈（れき）・滕・灌列伝 第三十五　張丞相列伝 第三十六　酈（れき）生・陸賈列伝 第三十七　伝・靳（きん）・蒯（かい）成列伝 第三十八　劉敬・叔孫通列伝 第三十九　季布・欒布列伝 第四十　袁盎（おう）・鼂（ちょう）錯列伝 第四十一　張釈之・馮唐列伝 第四十二　万石・張叔列伝 第四十三　田叔列伝 第四十四　扁鵲倉公列伝 第四十五（省略）　呉王濞（び）列伝 第四十六　魏其・武安侯列伝 第四十七　韓長孺列伝 第四十八〔03262〕
◇史記列伝　4　〔司馬遷〕〔著〕, 小川環樹, 今鷹真, 福島吉彦訳　岩波書店　2016.2　301p　19cm　（ワイド版岩波文庫 395）〈岩波文庫1975年刊の再刊〉1300円　①978-4-00-007395-0
内容 李将軍列伝—第四十九　匈奴列伝—第五十　衛将軍・驃騎列伝—第五十一　平津侯・主父列伝—第五十二　南越列伝—第五十三　東越列伝—第五十四　朝鮮列伝—第五十五　西南夷列伝—第五十六　司馬相如列伝—第五十七　淮南・衡山列伝—第五十八　循吏列伝第五十九　汲・鄭列伝第六十〔03263〕
◇史記列伝　5　〔司馬遷〕〔著〕, 小川環樹, 今鷹真, 福島吉彦訳　岩波書店　2016.3　227, 53p

19cm （ワイド版岩波文庫 396）〈岩波文庫 1979年刊の再刊　年譜あり 索引あり〉1200円 ①978-4-00-007396-7

内容 儒林列伝 第六十一　酷吏列伝 第六十二　大宛列伝 第六十三　游侠列伝 第六十四　佞幸列伝 第六十五　滑稽列伝 第六十六　日者列伝 第六十七　亀策列伝 第六十八（省略）　貨殖列伝 第六十九　太史公自序 第七十　〔03264〕

◇史記　1　覇者の条件　司馬遷著　市川宏, 杉本達夫訳　徳間書店　2016.6　481p　15cm（徳間文庫カレッジ し3-1）〈徳間文庫 2005年刊の再刊〉1250円 ①978-4-19-907060-0

内容 1 聖王伝説の時代（文明の曙光―黄帝の登場　秩序ある世界―堯の治世 ほか）　2 周の盛衰（興るもの、滅びるもの―殷周の交代　儀式の効用―周王朝の成立 ほか）　3 春秋五覇（覇者を生む土壌―斉の桓公　治者の器量―秦の繆公 ほか）　4 呉越の抗争（闔廬と伍子胥　句践と夫差）　〔03265〕

◇史記　2　乱世の群像　司馬遷著　奥平卓, 久米旺生訳　徳間書店　2016.7　481p　15cm（徳間文庫カレッジ し3-2）〈徳間文庫 2005年刊の再刊〉1250円 ①978-4-19-907062-4

内容 1 体制を変えるもの（魏の台頭―文侯と西門豹、李克、呉起　秦の改革―孝公と商鞅　合従連衡 その一―蘇秦　合従連衡 その二―張儀　胡服騎射―武霊王　試行錯誤―王噲（カイ）、昭王、楽毅）　2 食客の時代（鶏鳴狗盗―孟嘗君と食客　刎頸の交わり―廉頗と藺相如　秦に王なし―范雎　長平の戦い―白起と趙括　自分を売り込んだ男―平原君と食客　公子の友情―信陵君）　3 滅亡を彩る人びと（火牛の計―田単、王建　臆病将軍―李牧　女人奸計―春申君と李姫　壮士還らず―荆（ケイ）軻）　〔03266〕

◇史記　3　独裁の虚実　司馬遷著　丸山松幸, 守屋洋訳　徳間書店　2016.8　452p　15cm（徳間文庫カレッジ し3-3）〈徳間文庫 2005年刊の再刊〉1250円 ①978-4-19-907064-8

内容 1 皇帝への道（出生の秘密―始皇帝と呂不韋（1）「父」との争い―始皇帝と呂不韋（2） ほか）　2 絶対者の光と影（新しい支配の形―皇帝と帝国　人間を超えるもの―方士と封禅）　3 絶対者の死と後継（死の到来　遺体に群がる野心―趙高と李斯 ほか）　4 崩壊への過程（迷走する二世皇帝―胡亥　功臣の没落―李斯 ほか）　5 反逆者たち（反逆の原点―陳勝、呉広　罪人あがり―黥布 ほか）　〔03267〕

◇史記　4　逆転の力学　司馬遷著　和田武司, 山谷弘之訳　徳間書店　2016.9　516p　15cm（徳間文庫カレッジ し3-4）〈徳間文庫 2006年刊の再刊〉1250円 ①978-4-19-907068-6

内容 1 項羽と劉邦（項羽の生い立ち　高祖劉邦の生い立ち　項羽、劉邦の先陣争い　鴻門の会）　2 楚漢の決戦（崩れる足もと―諸王諸侯の離反　対決の軌跡―漢の東征と楚の反撃　戦局の拡大―韓信の活躍　垓下の戦い―項羽の最期）　3 悲喜の様相（功成ったあと　悲劇の実力者―韓信）　4 幕下の群像（補佐役の身の処し方―蕭何　名参謀長―張良　知謀の士―陳平　直言の士―周昌）　〔03268〕

◇史記　5　権力の構造　司馬遷著　大石智良, 丹羽隼兵訳　徳間書店　2016.10　506p　15cm（徳間文庫カレッジ し3-5）〈徳間文庫 2006年刊の再刊〉1250円 ①978-4-19-907070-9　〔03269〕

◇史記　6　歴史の底流　司馬遷著　村山孚, 竹内良雄訳　徳間書店　2016.11　455p　15cm（徳間文庫カレッジ し3-6）〈徳間文庫 2006年刊の再刊〉1250円 ①978-4-19-907072-3

内容 1 侠の精神（「遊侠の徒」の役割　窮鳥、懐に入れば…―朱家 ほか）　2 中流の砥柱（好物だからこそもらわない―公儀休　犯人は父だった―石奢 ほか）　3 人間のきずな（管鮑の交わり―管仲と鮑叔　長鋏よ帰らんか―孟嘗君と馮驩 ほか）　4 女人群像（夫婦のきずな　娘、妻、母、乳母 ほか）　5 心か物か（己れの心に殉じた兄弟―伯夷、叔斉　衣食たりてこそ ほか）　〔03270〕

◇史記　7　思想の命運　司馬遷著　西野広祥, 藤本幸三訳　徳間書店　2016.12　451p　15cm（徳間文庫カレッジ し3-7）〈徳間文庫 2006年刊の再刊〉1250円 ①978-4-19-907074-7

内容 1 喪家の狗（かくして生国を去る―孔子　危険に満ちた流浪の旅 ほか）　2 宿命をおびて（無名を旨として―老子　自由奔放な学―荘子 ほか）　3 状況に生きる（報酬を断わる誇り―魯仲連　追従を重ねた末に―叔孫通 ほか）　4 生き恥をさらして（『史記』に託す―司馬遷自伝　刑余の身にて―任安への返書）　〔03271〕

シーバーグ, モリーン　Seaberg, Maureen

◇31歳で天才になった男―サヴァンと共感覚の謎に迫る実話（Struck by Genius）　ジェイソン・パジェット, モリーン・シーバーグ著, 服部由美訳　講談社　2014.12　285p　19cm　1800円 ①978-4-06-218273-7

内容 ジェイソン2・0　ジェイソン1・0　事件の夜　脳みその中の出来事　大事なものを失う　新しい才能　円の正体　変曲点　三十五歳の大学生　世捨て人とエルミタージュ宮　世界の共感覚者たち　サヴァンでヨーガ行者？　すべてがつながっている　意識に関する会議　脳の中への旅　サヴァンの長老　振り返らない　〔03272〕

シーバート, アル　Siebert, Al

◇逆境を生かす人逆境に負ける人（THE RESILIENCY ADVANTAGE）　アル・シーバート〔著〕, 林田レジリ浩文訳　ディスカヴァー・トゥエンティワン　2016.4　161p　19cm 〈「凹まない人の秘密」（2008年刊）の改題、再編集〉1500円 ①978-4-7993-1858-4

内容 プロローグ 心に弾力性のある人がうまくいく（心に弾力性のある人は不運を幸運に変える　心に弾力性のある人はどこが違うのか？ ほか）　1 ストレスを味方にする（ストレスも自分しだいで軽くできる　自分の感情をリストにしてみる ほか）　2 問題解決のスキルを学ぶ（自分の感情ではなく、問題そのものに意識を向ける　楽しむことが問題解決につながる ほか）　3 柔軟な考え方を身につける（好奇心を持つ　経験から学び続ける ほか）　4 逆境を成長のチャンスにする（困難は幸運に変えることができる　隠れたチャンスを発見する ほか）　〔03273〕

ジヒョン, イム

◇歴史を射つ―言語論的転回・文化史・パブリックヒストリー・ナショナルヒストリー　岡本充弘, 鹿島徹, 長谷川貴彦, 渡辺賢一郎編　御茶の水書房　2015.9　429p　22cm　5500円 ①978-4-275-02022-2

内容 グローバルに連鎖するナショナルヒストリーに現れた東洋と西洋（イム・ジヒョン著, 内田力訳）

〔03274〕

シーブライト, ポール　Seabright, Paul

◇殺人ザルはいかにして経済に目覚めたか？—ヒトの進化からみた経済学（THE COMPANY OF STRANGERS）　ポール・シーブライト〔著〕，山形浩生, 森本正史訳　みすず書房　2014.1　419, 58p　20cm　〈文献あり 索引あり〉3800円　①978-4-622-07800-5

内容 第1部 視野狭窄(責任者は誰？)　第2部 殺人ザルから名誉ある友人へ—なぜ人は協力できるのか？(人と自然のリスク　私たちの暴力的な過去 ほか)　第3部 予想外の結果—家族の結束から工業都市まで(都市—古代アテナイから現代マンハッタンまで　水—商品、それとも社会制度？　ほか)　第4部 集合的行動—交戦国家から国家間の市場へ(国家と帝国　グローバリゼーションと政治活動 ほか)　〔03275〕

ジーベル, ロバート・A.　Zibbell, Robert A.

◇離婚と子どもの司法心理アセスメント—子の監護評価の実践（Evaluation for Child Custody）　ジェリ・S.W.フールマン, ロバート・A.ジーベル著, 田高誠, 渡部信吾訳　金剛出版　2016.7　226p　21cm　〈文献あり 索引あり〉4200円　①978-4-7724-1499-9

内容 基礎(法的側面　司法精神保健の概念　実証的な基盤とその限界)　適用(評価の準備　データの収集　解釈　報告書の作成と法廷での証言)　付録　〔03276〕

ジーベンロック, ローマン・A.　Siebenrock, Roman A.

◇キリスト教神学資料集　下（The Christian Theology Reader, Third Edition）　アリスター・E.マクグラス編, 古屋安雄監訳　オンデマンド版　キリスト新聞社　2013.9　630, 49p　21cm　〈原書第3版〉10000円　①978-4-87395-641-1

内容 カール・ラーナー(一九〇四—八四)(ローマン・A.ジーベンロック)　〔03277〕

◇キリスト教の主要神学者　下　リシャール・シモンからカール・ラーナーまで（Klassiker der Theologie）　F.W.グラーフ編　安酸敏真監訳　教文館　2014.9　390, 7p　22cm　〈索引あり〉4200円　①978-4-7642-7384-9

内容 カール・ラーナー(ローマン・A.ジーベンロック著, 安酸敏真訳)　〔03278〕

シーボルド, スティーブ　Siebold, Steve

◇金持ちになる男、貧乏になる男（HOW RICH PEOPLE THINK）　スティーブ・シーボルド著, 弓場隆訳　サンマーク出版　2016.9　343p　15cm　(サンマーク文庫 す-2-1)　700円　①978-4-7631-6080-5

内容 第1章 お金の本質を理解しているか？　第2章 お金に対して偏見をもっていないか？　第3章 自分には稼げないと思い込んでいないか？　第4章 自分を信じて努力しているか？　第5章 積極的にチャンスをつかもうとしているか？　第6章 お金に対して罪悪感をもっていないか？　第7章 子どもにお金の重要性を教えているか？　第8章 自分に投資しているか？　〔03279〕

シマダ, タカハル*　嶋田 崇治

◇財政赤字の国際比較—民主主義国家に財政健全化は可能か（Deficits and Debt in Industrialized Democracies）　井手英策, ジーン・パーク編　岩波書店　2016.3　330p　22cm　5400円　①978-4-00-023062-9

内容 日本における財政パフォーマンス(高端正幸, 嶋田崇治著, 高端正幸訳)　〔03280〕

シマトカ, N.D.　Shmatko, Nataliya Dmitrievna

◇子どもに向かって「お前が悪い」と言わないで—コルスンスカヤの聴覚障害児教育　E.A.コルスンスカヤ編著, N.D.シマトカ編集補佐, 広瀬信雄訳　文芸社　2016.12　225p　19cm　〈著作目録あり〉1000円　①978-4-286-17827-1　〔03281〕

ジマーマン, バリー・J.　Zimmerman, Barry J.

◇自己調整学習ハンドブック（HANDBOOK OF SELF-REGULATION OF LEARNING AND PERFORMANCE）　バリー・J.ジマーマン, ディル・H.シャンク編, 塚野州一, 伊藤崇達監訳　京都　北大路書房　2014.9　434p　26cm　〈索引あり〉5400円　①978-4-7628-2874-4

内容 自己調整学習：序論と概観　他(Barry J. Zimmerman, Dale H.Schunk著, 塚野州一訳)　〔03282〕

シーマン, キャロリン　Seaman, Carolyn

◇ゴール&ストラテジ入門—残念なシステムの無くし方（Aligning Organizations Through Measurement）　Victor Basili,Adam Trendowicz,Martin Kowalczyk,Jens Heidrich, Carolyn Seaman,Jürgen Münch,Dieter Rombach共著, 鷲崎弘宜, 小堀貴信, 新谷勝利, 松岡秀樹監訳, 早稲田大学グローバルソフトウェアエンジニアリング研究所ゴール指向経営研究会訳　オーム社　2015.9　218p　21cm　〈他言語標題：GQM+Strategies　文献あり 索引あり〉2800円　①978-4-274-50584-3

内容 第1部　GQM+Strategiesアプローチ(GQM+Strategiesのポイント　フェーズ0：初期化　フェーズ1：環境の特性化　フェーズ2：目標と戦略の設定　フェーズ3：実行計画の策定　フェーズ4：計画の実行　フェーズ5：成果の分析　フェーズ6：結果のまとめ)　第2部 業界への適用と他の手法との関係(各社の適用例　他のアプローチとの関係　まとめと今後に向けた見解)　付録(GQM+Strategiesプロセスチェックリスト　GQM+Strategies評価アンケート)　〔03283〕

シーマン, ゴットフリート

◇信託制度のグローバルな展開—公益信託甘粕記念信託研究助成基金講演録　新井誠編訳　日本評論社　2014.10　634p　22cm　6800円　①978-4-535-52055-4

内容 ドイツ法における企業所有者としての遺言執行者 他(ゴットフリート・シーマン著, 新井誠訳)　〔03284〕

シミング, デレク

◇プロ・トレーダー—マーケットで勝ち続ける16人の思考と技術（TRADERS AT WORK）　ティ

ム・ブールキン, ニコラス・マンゴー著, 森山文那生訳　日経BP社　2016.5　284p　21cm　〈発売：日経BPマーケティング〉2200円　①978-4-8222-5063-8
内容 信じられるのは目の前のプライスだけ（デレク・シミング述）〔03285〕

シム, スチュアート　Sim, Stuart
◇ポストモダンの50人―思想家からアーティスト、建築家まで（FIFTY KEY POSTMODERN THINKERS）　スチュアート・シム著, 田中裕介, 本橋哲也訳　青土社　2015.3　335, 9p　20cm　〈索引あり〉2800円　①978-4-7917-6850-9
内容 テオドール・W.アドルノ　ポール・オースター　ジョン・バース　ロラン・バルト　ジャン・ボードリヤール　ジグムント・バウマン　ダニエル・ベル　ホミ・K.バーバ　ニコラ・ブリオー　ジュディス・バトラー〔ほか〕〔03286〕

シムシェキ, メフメト
◇世界論　安倍晋三, 朴槿恵ほか〔著〕, プロジェクトシンジケート叢書編集部訳　土曜社　2014.1　185p　19cm　（プロジェクトシンジケート叢書）〈他言語標題：A WORLD OF IDEAS　文献あり〉1199円　①978-4-907511-05-0
内容 トルコ経済の光と影（メフメト・シムシェキ著）〔03287〕

シームズ, ラリー　Siems, Larry
◇グアンタナモ収容所地獄からの手記（GUANTÁNAMO DIARY）　モハメドゥ・ウルド・スラヒ著, ラリー・シームズ編, 中島由華訳　河出書房新社　2015.11　447p　19cm　2800円　①978-4-309-22643-9
内容 ヨルダン～アフガニスタン～グアンタナモ―二〇〇二年七月～二〇〇三年二月（アメリカ側に引き渡される　バグラム空軍基地に到着　バグラムからグアンタナモへ ほか）　グアンタナモ以前（セネガル～モーリタニア―二〇〇〇年一月二十一日～二月十九日　モーリタニア―二〇〇一年九月二十九日～十一月二十八日　ヨルダン―二〇〇一年十一月二十九日～二〇〇二年七月十九日）　グアンタナモ（グアンタナモ―二〇〇三年二月～八月　グアンタナモ―二〇〇三年九月～十二月　グアンタナモ―二〇〇四年～二〇〇五年）〔03288〕

シムズ, R.*　Sims, Ric
◇セオリー・オブ・ナレッジ―世界が認めた『知の理論』（Theory of Knowledge 原著第2版の抄訳）　Sue Bastian,Julian Kitching,Ric Sims著, 大山智子訳, 後藤健夫編　ピアソン・ジャパン　2016.1　171p　26cm　〈発売：ネリーズ〉2300円　①978-4-907421-35-9
内容 第1部 国際標準を教えるフロンティア（対談 どこへ向かう世界の教育 IBプログラムのこれまでとこれから）　第2部 セオリー・オブ・ナレッジ：TOKとは（TOK概要　知るための方法　知識の領域）　第3部「知の理論」を日本で教える（鼎談 TOKを取り入れることで、日本の高校の授業も先生も、生徒も変わる）〔03289〕

シモトマイ, ノブオ　下斗米 伸夫
◇現代日本の政治と外交　6　日本とロシア―真逆か、相違か？（JAPANESE AND RUSSIAN POLITICS）　猪口孝監修　猪口孝編　原書房　2015.3　245, 4p　22cm　〈文献あり 索引あり〉4800円　①978-4-562-04963-9
内容 専制政治と多元性（下斗米伸夫著, 大槻敦子訳）〔03290〕

シモン, アンヌ　Simon, Anne
◇高校生からのフロイト漫画講座（FREUD）　コリンヌ・マイエール作, アンヌ・シモン画, 岸田秀訳　いそっぷ社　2014.4　54p　22cm　1300円　①978-4-900963-61-0〔03291〕
◇高校生からのマルクス漫画講座（MARX）　コリンヌ・マイエール作, アンヌ・シモン画, 中島香菜訳, 的場昭弘監修・解説　いそっぷ社　2015.6　59p　22cm　1300円　①978-4-900963-66-5〔03292〕

シモン, サルブラン
◇フランスに学ぶ男女共同の子育てと少子化抑止政策　冨士谷あつ子, 伊藤公雄編著　明石書店　2014.7　221p　22cm　2800円　①978-4-7503-4044-9
内容 フランスの家庭における男女平等と子育て（サルブラン・シモン著）〔03293〕

シモンズ, ジーン　Simmons, Gene
◇KISSジーン・シモンズのミー・インク―ビジネスでドデカく稼ぐための13の教え（Me, INC）　ジーン・シモンズ著, 大熊希美, 滑川海彦訳　日経BP社　2016.4　303p　19cm　〈発売：日経BPマーケティング〉1800円　①978-4-8222-5123-9
内容 1 ME（若き起業家　アメリカに移住する　テレビの発見。アメリカ文化を知る　ジュニア・アチーブメントで資本主義的ビジネスモデルを学ぶ　最初の仕事とその後の起業家人生への影響 ほか）　2 YOU（きみは何者か？　きみ自身がミー・インクのビジネスモデルだ　さまざまなロールモデル　休暇を取って時間を無駄にするな　優先順位―人に説くことは自分でも実践せよ ほか）〔03294〕

シモンズ, シンディ　Simmons, Cindy
◇市民の司法参加と民主主義―アメリカ陪審制の実証研究（THE JURY AND DEMOCRACY）　ジョン・ガスティル, ペリー・ディース, フィリップ・J.ワイザー, シンディ・シモンズ著, ダニエル・H.フット監訳, 佐伯昌彦, 森大輔, 笹倉香奈訳　日本評論社　2016.3　340p　21cm　〈文献あり 索引あり〉5300円　①978-4-535-52131-5
内容 民主制への陪審制の貴重な寄与をはじめて実証的に検証する！　第1章 我らの手にある自由　第2章 国家と社会との間で　第3章 陪審員席から投票箱へ　第4章 召喚状に応じる　第5章 市民裁判官　第6章 裁判所からコミュニティへ　第7章 市民としての態度への影響　第8章 陪審制の活性化のために　第9章 政治的社会と熟議民主主義　方法論に関する補足〔03295〕

シモンズ, ダニエル　Simons, Daniel J.
◇錯覚の科学（THE INVISIBLE GORILLA）　クリストファー・チャブリス, ダニエル・シモンズ著, 木村博江訳　文芸春秋　2014.8　445p　16cm　（文春文庫 S14-1）〈文献あり〉820円

①978-4-16-790176-9

内容 実験1 えひめ丸はなぜ沈没したのか？ 一注意の錯覚 実験2 捏造された「ヒラリーの戦場体験」一記憶の錯覚 実験3 冤罪証言はこうして作られた一自信の錯覚 実験4 リーマンショックを招いた投資家の誤算一知識の錯覚 実験5 俗説、デマゴーグ、そして陰謀論一原因の錯覚 実験6 自己啓発、サブリミナル効果のウソ一可能性の錯覚 〔03296〕

シ

ジャー, アローク Jha, Alok

◇人類滅亡ハンドブック（THE DOOMSDAY HANDBOOK） アローク・ジャー著, 長東竜二訳 ディスカヴァー・トゥエンティワン 2015.1 401p 19cm 1700円 ①978-4-7993-1634-4

内容 大絶滅 核兵器攻撃システム パンデミック 相互確証破壊 テロリズム 薬物による幸福 人口爆発 人口減のデス・スパイラル サイバー戦争 バイオテクノロジーの暴走〔ほか〕 〔03297〕

シャ, セイユ 謝 政論

◇民主と両岸関係についての東アジアの観点 馬場毅, 謝政論編 東方書店（発売） 2014.3 275p 22cm 〈索引あり〉 4000円 ①978-4-497-21403-4

内容 三・一一東日本大震災をめぐる台湾メディアの役割と災害意識に関する省察（謝政論, 蔡韻竹著, 加治宏基訳） 〔03298〕

シャ, ソウキ* 謝 聡輝

◇国際常民文化研究叢書 第7巻 アジア祭祀芸能の比較研究 神奈川大学国際常民文化研究機構編 横浜 神奈川大学国際常民文化研究機構 2014.10 424p 30cm 〈他言語標題：International Center for Folk Culture Studies monographs 文献あり〉 非売品 ①978-4-9907018-7-1

内容 泉州南安奏籙儀礼初探（謝聡輝著, 道上知弘訳） 〔03299〕

◇東アジア海域文化の生成と展開一〈東方地中海〉としての理解 野村伸一編著 風響社 2015.3 750p 22cm （慶応義塾大学東アジア研究所叢書） 〈文献あり〉 6000円 ①978-4-89489-214-9

内容 産難の予防、禳除と抜度（謝聡輝著, 山田明広訳） 〔03300〕

シャー, プラカシュ

◇法文化論の展開一法主体のダイナミクス 千葉正士先生追悼 角田猛之, ヴェルナー・メンスキー, 森正美, 石田慎一郎編 信山社 2015.5 361p 22cm 〈他言語標題：New developments in the study of legal culture 文献あり 著作目録あり〉 8200円 ①978-4-7972-8070-8

内容 宗教が生み出す差異（プラカシュ・シャー著, 森正美訳） 〔03301〕

シャイア, カレン

◇知識経済をジェンダー化する一労働組織・規制・福祉国家（GENDERING THE KNOWLEDGE ECONOMY） S.ウォルビー,H.ゴットフリート, K.ゴットシャル, 大沢真理編著, 大沢真理編訳 京都 ミネルヴァ書房 2016.8 382p 22cm （現代社会政策のフロンティア 10） 〈索引あり〉 5500円 ①978-4-623-07783-0

内容 ジェンダーと知識経済の概念化を比較する（カレン・シャイア著） 〔03302〕

ジャイアント, ニッキー Giant, Nikki

◇ネット・セーフティー一スマホ・ネットトラブルから子どもを守る対応法（E-Safety for the i-Generation） ニッキー・ジャイアント著, 金綱知征監修, 森由美子訳 京都 クリエイツかもがわ 2015.1 175p 26cm 〈文献あり〉 2000円 ①978-4-86342-152-3

内容 1 デジタル世代のためのネット・セーフティー（ネット・セーフティーとは？ ネット・セーフティーの中核をなすもの ほか） 2 ネット・セーフティーカリキュラム（デジタル世代のコミュニケーション 安全でいるために ほか） 3 ネット・セーフティワークシート（コミュニケーションの形 コミュニケーションが重荷になる時 ほか） 4 ネット・セーフティー指針づくりの手本（学校名 - ネット・セーフティー指針教職員向けの行動規則の例 ほか） 〔03303〕

シャイダー, クリスタル Schider, Crystal

◇ディバイン・インセプション一クリスタル・チャイルドが語る宇宙と生き方（Divine Inception） ブライアン・シャイダー, クリスタル・シャイダー著, 草笛哲訳 ナチュラルスピリット 2015.11 253p 19cm 1500円 ①978-4-86451-179-7

内容 1 ぼくの真実（ぼくの真実を話そう 神からのメッセージその1 嘘と真実 サイキック、ヒーラーの役割チャネリング・セッションへの苦言） 2 宇宙創世（神からのメッセージその2 「あなたは何ですか？」への回答 宇宙の構成要素一時間、波長、周波数 神からのメッセージその3一「すべてがわたしの機能です」 地球が属する太陽系） 3 スピリット誕生（神からのメッセージその4 人類誕生 ぼくらの本分 三つのスピリット誕生秘話 善と悪、光と闇 るつぼの地球） 4 地球で生きる奇跡1 ぼくらがここにいる理由（地球の歩き方 悟りへの道） 5 地球で生きる奇跡2 ぼくらが日々やっていくこと（トリガーを制する者は、真のバランスを制す 本源とつながる 生命の音） 〔03304〕

シャイダー, ブライアン Schider, Brian

◇ディバイン・インセプション一クリスタル・チャイルドが語る宇宙と生き方（Divine Inception） ブライアン・シャイダー, クリスタル・シャイダー著, 草笛哲訳 ナチュラルスピリット 2015.11 253p 19cm 1500円 ①978-4-86451-179-7

内容 1 ぼくの真実（ぼくの真実を話そう 神からのメッセージその1 嘘と真実 サイキック、ヒーラーの役割チャネリング・セッションへの苦言） 2 宇宙創世（神からのメッセージその2 「あなたは何ですか？」への回答 宇宙の構成要素一時間、波長、周波数 神からのメッセージその3一「すべてがわたしの機能です」 地球が属する太陽系） 3 スピリット誕生（神からのメッセージその4 人類誕生 ぼくらの本分 三つのスピリット誕生秘話 善と悪、光と闇 るつぼの地球） 4 地球で生きる奇跡1 ぼくらがここにいる理由（地球の歩き方 悟りへの道） 5 地球で生きる奇跡2 ぼくらが日々やっていくこと（トリガーを制する者は、真のバランスを制す 本源とつながる 生命の音） 〔03305〕

ジャイニ, パドマナーブ・S.

◇智慧のともしび一アビダルマ仏教の展開 三友健

容博士古稀記念論文集　インド・東南アジア・チベット篇　三友健容博士古稀記念論文集刊行会編　山喜房仏書林　2016.3　51, 976p　23cm　〈著作目録あり　文献あり〉 ①978-4-7963-0264-7

内容 Abhidharmadīpa「235d」における'Mārabhāṣita'という表現について（パドマナーブ・S.ジャイニ著, 高橋堯英訳）〔03306〕

シャイバーニー, M.　Shaybānī, Muḥammad ibn al-Ḥasan

◇イスラーム国際法―シャイバーニーのスィヤル（THE ISLAMIC LAW OF NATIONS）　シャイバーニー〔著〕, マジード・ハッドゥーリー原訳, 真田芳憲訳　八王子　中央大学出版部　2013.12　465p　21cm　（日本比較法研究所翻訳叢書 66）〈文献あり 索引あり〉 5900円 ①978-4-8057-0367-0〔03307〕

シャイプル, ヨーゼフ　Scheipl, Josef

◇オーストリアの歴史―第二次世界大戦終結から現代まで ギムナジウム高学年歴史教科書（ZEITBILDER 8）　アントン・ヴァルト, エドゥアルト・シュタゥディンガー, アロイス・ショイヒャー, ヨーゼフ・シャイプル著, 中尾光延訳　明石書店　2014.5　342p　21cm　（世界の教科書シリーズ 40）　4800円　①978-4-7503-4012-8

内容 オーストリア―第二共和国　二つの"ブロック"に組織化された世界政治　戦争は終わった、しかし、平和はどこにもない　第二次世界大戦終結以降の危機の根源　"ソヴィエト連邦"から"独立国家共同体"へ　"人民民主主義"から"我々が人民だ"まで　アメリカ―無（有）限の可能性へと開かれた国？　第二次世界大戦以降の中国と日本　アジアとアフリカの非植民地化　こんにちの"第三世界"〔ほか〕〔03308〕

シャイモフ, マーシー　Shimoff, Marci

◇ブレイクスルー！―自分らしく生きていくための12の壁の壊し方（Breakthrough！）　ジャネット・アットウッド, マーシー・シャイモフ, クリス・アットウッド, ジェフ・アフレック著, 鶴田豊和訳　フォレスト出版　2014.4　205p　20cm　1300円　①978-4-89451-613-7

内容 あらゆるコントロールから解き放たれる（ジャネット・アットウッド　クリス・アットウッド）　無条件で幸福になる方法（マーシー・シャイモフ）　失った情熱を取り戻す方法（ジェフ・アフレック）　右脳を使ってリッチになろう（エレン・ロギン）　夢の職業に就く方法（スージー・ステッドマン）　仕事も人生も大好きになる「4つのステップ」（ジェーン・カヴァノー）　人生の喜びを引き寄せる「本当の自分」になろう（シャノン・サウス博士）　今、この時を生きる方法（クリフ・トーマス医学博士）　自分自身を愛する方法（シャン・マクリーン）　心に羅針盤を持つ（スコット・ワーナー博士）　カレンダーに「いつか」という日はない（バーバラ・エディ）　情熱的に生きるために必要な「たった1つのこと」（ジャネット・アットウッド）〔03309〕

シャイン, エドガー・H.　Schein, Edgar H.

◇組織セラピー―組織感情への臨床アプローチ（Organizational Therapy）　E.H.シャイン編著, 尾川丈一, 稲葉祐之, 木村琢磨訳　白桃書房　2014.3　162p　21cm　〈文献あり 索引あり〉 2315円　①978-4-561-26608-2

内容 人間関係を助けるプロセス・コンサルテーション他（エドガー・H.シャイン著）〔03310〕

◇問いかける技術―確かな人間関係と優れた組織をつくる（Humble Inquiry）　エドガー・H.シャイン著, 金井寿宏監訳, 原賀真紀子訳　英治出版　2014.12　237p　20cm　1700円　①978-4-86276-171-2

内容 はじめに 良好な人間関係と強い組織を築くために　第1章 謙虚に問いかける　第2章 実例に学ぶ「謙虚に問いかける」の実践　第3章 ほかの問いかけと「謙虚に問いかける」はどう違うのか　第4章 自分が動き、自分が話す文化　第5章 地位、肩書、役割―人々に行動をためらわせる「境界」の存在　第6章「謙虚に問いかける」を邪魔する力　第7章 謙虚に問いかける態度を育てる〔03311〕

◇キャリア・マネジメント―変わり続ける仕事とキャリア　セルフ・アセスメント（CAREER ANCHORS：The Changing Nature of Work and Careers：Self-Assessment 原著第4版の翻訳）　エドガー・H.シャイン, ジョン・ヴァン＝マーネン著, 木村琢磨監訳, 尾川丈一, 清水幸登訳　みよし　プロセス・コンサルテーション　2015.6　35p　26cm　〈著作目録あり　発売：白桃書房〉 800円　①978-4-561-25660-1

内容 自分のキャリア・アンカーを理解するためのセルフ・アセスメント　自己採点方法　キャリア・アンカーの8つのカテゴリー（TF―専門・職能別能力（Technical/Functional Competence「TF」）　GM―経営管理能力（General Managerial Competence「GM」）　AU―自律・独立（Autonomy/Independence「AU」）　SE―保障・安定（Security/Stability「SE」）　EC―起業家的創造性（Entrepreneurial Creativity「EC」）　SV―奉仕・社会貢献（Service/Dedication to a Cause「SV」）　CH―純粋な挑戦（Pure Challenge「CH」）　LS―生活様式（Lifestyle「LS」））　次のステップと選択肢〔03312〕

◇キャリア・マネジメント―変わり続ける仕事とキャリア　パーティシパント・ワークブック（CAREER ANCHORS：The Changing Nature of Work and Careers：Participant Workbook 原著第4版の翻訳）　エドガー・H.シャイン, ジョン・ヴァン＝マーネン著, 木村琢磨監訳, 尾川丈一, 藤田広志訳　みよし　プロセス・コンサルテーション　2015.6　134p　26cm　〈文献あり　発売：白桃書房〉 3000円　①978-4-561-25661-8

内容 キャリア開発　キャリア・ヒストリー分析を行い、キャリア・アンカーを明らかにする　8種類のキャリア・アンカー・カテゴリー　キャリア・ヒストリー分析の評価と『セルフ・アセスメント』での自己採点　よくある質問　改革を進める：自分のキャリア・アンカーと仕事・家族・自分自身の折り合いをつける　未来のことを考える　あなたのキャリア開発のためのヒント〔03313〕

◇キャリア・マネジメント―変わり続ける仕事とキャリア　ファシリテーター・ガイド（CAREER ANCHORS：The Changing Nature of Work and Careers：Facilitator's Guide 原著第4版の翻訳）　エドガー・H.シャイン, ジョン・ヴァン＝マーネン著, 木村琢磨監訳,

シ

シ

尾川丈一, 藤田広志訳　みよし　プロセス・コンサルテーション　2015.6　54p　26cm　〈文献あり　発売：白桃書房〉3500円　①978-4-561-25662-5

内容 『セルフ・アセスメント(質問紙調査)』の使い方　『パーティシパント・ワークブック』の使い方(個人向けのキャリア・カウンセリング、キャリア・コーチング　グループで『セルフ・アセスメント』と『パーティシパント・ワークブック』使用する　選択した仕事を分析するために役割マップを使用する　グループで「仕事キャリアと家族/生活の優先順位グリッド」を使用する　個人の成長ニーズを明らかにするためにチェックリストを使用する)　マネジャーは質問紙調査と『パーティシパント・ワークブック』をどのように活用すべきか　マネジャーはサクセッション・プランニングにおいて役割マップをどのように活用すべきか　ワークショップの設計とトピックス　キャリア開発プラン　結論　〔03314〕

◇企業文化―ダイバーシティと文化の仕組み (The Corporate Culture Survival Guide 原著改訂版の翻訳)　E.H.シャイン著, 尾川丈一監訳, 松本美央訳　改訂版　白桃書房　2016.6　252p　22cm　〈文献あり 索引あり〉3500円　①978-4-561-23675-7

内容 第1部 文化の仕組みと中身(なぜ、悩むのか？　文化とはいったい何か？　組織文化の要素と次元　より深層にある仮定　文化を評価する時期と方法)　第2部 文化の形成、発展、変革のダイナミクス(文化の学習、学習棄却、そして変容　スタートアップ企業における文化の創造、進化、変化　成熟企業における文化のダイナミクス　組織版「中年の危機」と潜在的衰退)　第3部 多文化主義の現実(文化が出会う時：買収、合併、ジョイント・ベンチャー等による多文化のコラボレーション　文化を扱わざるを得ないリーダーにとっての文化的現実)　〔03315〕

シャウアー, マルティン　Schauer, Martin

◇中東欧地域における私法の根源と近年の変革 (Geschichtliche Wurzeln und Reformen in mittel-und osteuropäischen Privatrechtsordnungen)　奥田安弘, マルティン・シャウアー編, 奥田安弘訳　八王子　中央大学出版部　2014.11　190p　21cm　(日本比較法研究所翻訳叢書 70)　2400円　①978-4-8057-0371-7

内容 オーストリア一般民法典200年(マルティン・シャウアー著)　〔03316〕

ジャヴィダン, M.　Javidan, Mansour

◇文化を超えるグローバルリーダーシップ―優れたCEOと劣ったCEOの行動スタイル (Strategic Leadership Across Cultures)　R.J.ハウス,P.W.ドーフマン,M.ジャヴィダン,P.J.ハンジェス,M.F.サリー・デ・ルケ著, 太田正孝監訳・解説, 渡部典子訳　中央経済社　2016.8　428p　22cm　〈文献あり 索引あり　発売：中央経済グループパブリッシング〉4800円　①978-4-502-16321-0

内容 社会文化とリーダーシップ：GLOBEの歴史、理論、これまでの研究結果　文化、リーダーシップ、上層部理論の文献レビュー　理論的根拠と枠組み、仮説、リサーチデザイン、調査結果の概略　リチーサ・メソドロジーとデザイン　文化を超えるCEOリーダーシップ行動：文化的価値観とCLTの関係　異文化リーダーシップ効果：CEO行動との関連性　文化を超えるCEOのリーダーシップ効果：フィットと行動の効果　優れたCEOと劣ったCEO　結論、インプリケーション、今後の研究　構造概念の測定と関係検証のための戦略　リーダーシップと成果の構造概念に対する心理測定的エビデンス　〔03317〕

シャヴィロ, スティーブン　Shaviro, Steven

◇モノたちの宇宙―思弁的実在論とは何か (THE UNIVERSE OF THINGS)　スティーブン・シャヴィロ著, 上野俊哉訳　河出書房新社　2016.6　246, 8p　20cm　〈文献あり〉2800円　①978-4-309-24765-6

内容 序章 ホワイトヘッドと思弁的実在論　第1章 自己享受と関心　第2章 活火山　第3章 モノたちの宇宙　第4章 汎心論と/あるいは消去主義　第5章 汎心論がもたらす諸帰結　第6章 非相関主義的思考　第7章 アイステーシス　〔03318〕

シャウツ, イルメラ　Schautz, Irmela

◇西洋珍職業づくし―数奇な稼業の物語 (Von Kaffeeriechern, Abtrittanbietern und Fischbeinreißern)　ミヒャエラ・フィーザー著, イルメラ・シャウツ挿絵, 吉田正彦訳　悠書館　2014.8　272p　20cm　〈文献あり 索引あり〉2800円　①978-4-903487-93-9

内容 移動貸しトイレ業　何でも呑みます屋　蟻の蛹採り　乳母　大道演歌師　鯨骨加工職人　洗濯職人、小便壺清掃人　コーヒー嗅ぎ担当兵　従僕トルコ人、宮廷ムーア人、鳥動めインディアン　炭焼き　蠟燭の芯切り係　石版印刷工　屑屋、古布回収業　ビー玉職人　ロザリオ職人、琥珀細工職人　にせ医者　気送郵便局員　博労　砂売り　刑吏　輿担ぎ　影絵肖像画家　遍歴説教師　野蜂飼い　〔03319〕

シャーウッド, ロバート　Sherwood, Robert Emmet

◇ルーズヴェルトとホプキンズ (ROOSEVELT AND HOPKINS 原著増補改訂版の翻訳)　ロバート・シャーウッド著, 村上光彦訳　未知谷　2015.6　1298p　22cm　〈みすず書房 1957年刊の再刊　索引あり〉14000円　①978-4-89642-474-4

内容 第1部 一九四一年以前―ハリー・ホプキンズの教育(スー・シティからワシントンへ　失業救済計画 ほか)　第2部 一九四一年―単なることば以上のもの(水まきホース　ダウニング街十番地 ほか)　第3部 一九四二年―きわどい差(アーケーディア会談　ヴィシー政策 ほか)　第4部 一九四三年―第二戦線(カサブランカ会談　政治扇形戦区 ほか)　第5部 一九四四年、一九四五年―勝利と死(第四期　不和の始まり ほか)　〔03320〕

シャウベッカー, デトレフ

◇近代日本の公と私、官と民　猪木武徳, マルクス・リュッターマン編著　NTT出版　2014.10　412p　21cm　5400円　①978-4-7571-4333-3

内容 イエズス会文献における公と私(デトレフ・シャウベッカー著)　〔03321〕

ジャオ, チーグアン　Zhao, Qiguang

◇悩まない心をつくる人生講義―タオイズムの教えを現代に活かす アメリカの名門Carleton College発、全米で人気を博した (Do Nothing & Do Everything)　チーグアン・ジャオ著, 町田晶訳

日本僑報社　2016.4　245p　19cm　1900円
①978-4-86185-215-2
内容 ともに道を探して　現代タオイスト宣言　一つの道と思想家たち　「気楽にね」と「気をつけて」　気楽に、でもちゃんと対応する　無為　無不為　宇宙と私たち　反る　名づけること　空っぽ〔ほか〕〔03322〕

シャク, ケンゴウ*　釈 見豪
◇全体研究会プロシーディングス　2013年度　竜谷大学アジア仏教文化研究センター編　〔京都〕竜谷大学アジア仏教文化研究センター　2014.3　141p　30cm　〈文部科学省私立大学戦略的研究基盤形成支援事業2010年度—2014年度〉
内容 台湾仏教における尼僧のホスピスへの参与とその回顧（釈見豪述, 渡辺慎吾訳）〔03323〕

シャク, ケンシン*　釈 見晋
◇全体研究会プロシーディングス　2013年度　竜谷大学アジア仏教文化研究センター編　〔京都〕竜谷大学アジア仏教文化研究センター　2014.3　141p　30cm　〈文部科学省私立大学戦略的研究基盤形成支援事業2010年度—2014年度〉
内容 台湾仏教における尼僧の戒律施行の概況と実例（釈見晋述, 北村一仁訳）〔03324〕

シャク, ジエン*　釈 自衍
◇全体研究会プロシーディングス　2013年度　竜谷大学アジア仏教文化研究センター編　〔京都〕竜谷大学アジア仏教文化研究センター　2014.3　141p　30cm　〈文部科学省私立大学戦略的研究基盤形成支援事業2010年度—2014年度〉
内容 台湾仏教における尼僧教育の発展の概況（釈自衍述, 倉本尚徳訳）〔03325〕

シャク, ジヨウ　釈 慈容
◇人間仏教語録　上　星雲大師著, 釈慈容監修, 野川博之訳　山喜房仏書林　2015.5　4, 401p　21cm　（人間仏教叢書）　4800円　①978-4-7963-0574-7〔03326〕
◇人間仏教語録　中　星雲大師著, 釈慈容監修, 野川博之訳　山喜房仏書林　2015.5　417p　21cm　（人間仏教叢書）　4800円　①978-4-7963-0575-4〔03327〕
◇人間仏教語録　下　星雲大師著, 釈慈容監修, 野川博之訳　山喜房仏書林　2015.5　415p　21cm　（人間仏教叢書）　4800円　①978-4-7963-0576-1〔03328〕

ジャクソン, エミール
◇ワーク・ディスカッション—心理療法の届かぬ過酷な現場で生き残る方法とその実践（WORK DISCUSSION）　マーガレット・ラスティン, ジョナサン・ブラッドリー編, 鈴木誠, 鵜飼奈津子監訳　岩崎学術出版社　2015.5　215p　21cm　〈文献あり 索引あり〉3700円　①978-4-7533-1090-6
内容 ワーク・ディスカッション・グループが機能する時（エミール・ジャクソン著, 磯部あゆみ訳）〔03329〕

ジャクソン, ドン・D.　Jackson, Don De Avila
◇家族相互作用—ドン・D.ジャクソン臨床選集（Selected Essays at the Dawn of an Eraの抄訳, Interactional Theory in the Practice of Therapyの抄訳）　ドン・D.ジャクソン著, ウェンデル・A.レイ編, 小森康永, 山田勝訳　金剛出版　2015.4　342p　20cm　5400円　①978-4-7724-1413-5
内容 家族ホメオスターシスの問題 他（ドン・D.ジャクソン著, 小森康永訳）〔03330〕

ジャクソン, ハウエル　Jackson, Howell E.
◇数理法務概論（Analytical Methods for Lawyers 原著第2版の翻訳）　ハウエル・ジャクソン, ルイ・キャプロー, スティーブン・シャベル, キップ・ビスクシィ, デビッド・コープ著, 神田秀樹, 草野耕一訳　有斐閣　2014.3　520p　22cm　〈索引あり〉5500円　①978-4-641-12566-7
内容 第1章 決定分析　第2章 ゲームと情報　第3章 契約　第4章 会計　第5章 ファイナンス　第6章 ミクロ経済学　第7章 法の経済分析　第8章 統計分析　第9章 多変数統計〔03331〕

ジャクロ, イザーク
◇ピエール・ベール関連資料集　2〔下〕　寛容論争集成 下　野沢協編訳　法政大学出版局　2014.2　1030p　22cm　25000円　①978-4-588-12030-5
内容 『ソッツィーニ主義一覧』についての意見（イザーク・ジャクロ著）〔03332〕

シャークロス, ウェンディ
◇乳児観察と調査・研究—日常場面のこころのプロセス（Infant Observation and Research）　キャシー・アーウィン, ジャニーン・スターンバーグ編著, 鵜飼奈津子監訳　大阪　創元社　2015.5　273p　22cm　〈文献あり 索引あり〉4200円　①978-4-422-11539-9
内容 精神分析的乳児観察の単一事例から何が学べるのだろうか？（ウェンディ・シャークロス著, 辻内咲子訳）〔03333〕

ジャサノフ, シーラ　Jasanoff, Sheila
◇法廷に立つ科学—「法と科学」入門（SCIENCE AT THE BAR）　シーラ・ジャサノフ著, 渡辺千原, 吉良貴之監訳　勁草書房　2015.7　302p　21cm　〈索引あり〉3500円　①978-4-326-40304-2
内容 第1章 科学と法の交わるところ　第2章 変化する知識、変化するルール　第3章 法が専門性を構築する　第4章 政府は専門性をどう語ってきたのか　第5章 科学のコミュニティにおける法　第6章 有害物質をめぐる不法行為と因果関係の政治　第7章 法廷のなかの遺伝子工学　第8章 家族にかかわる問題　第9章 生と死のさまざまな定義　第10章 さらに反照的な協働関係に向けて〔03334〕

ジャスバーン, ヒュー　Jassburn, Hugh
◇ウンと楽しいトイレの過ごし方（52 THINGS TO DO WHILE YOU POO）　ヒュー・ジャスバーン著, 文響社編集部訳　文響社　2016.4　97p　15cm　〈表紙のタイトル：Do Fun Things While You Doo Doo　文献あり〉880円　①978-4-905073-30-7〔03335〕

シャゼル, シーリア　Chazelle, Celia Martin

◇現代を読み解くための西洋中世史―差別・排除・不平等への取り組み（Why the Middle Ages Matter）　シーリア・シャゼル, サイモン・ダブルデイ, フェリス・リフシッツ, エイミー・G. リーメンシュナイダー編著, 赤阪俊一訳　明石書店　2014.9　368p　20cm　（世界人権問題叢書 89）　4600円　①978-4-7503-4072-2

内容 序論 他（シーリア・シャゼル, サイモン・ダブルデイ, フェリス・リフシッツ, エイミー・G.リーメンシュナイダー）〔03336〕

シ

ジャック, クリスティン　Jack, Kristin

◇世界がぶつかる音がする―サーバンツの物語（The Sound of Worlds Colliding）　クリスティン・ジャック編, 永井みぎわ訳　ヨベル　2016.6　300p　19cm　1300円　①978-4-907486-32-7

内容 はじめに―サーバンツとは？ 他（クリスティン・ジャック）〔03337〕

シャックマン, ヘレン　Schucman, Helen

◇奇跡講座　マニュアル編（A Course in Miracles）　ヘレン・シャックマン筆記, 加藤三代子, 沢井美子訳　中央アート出版社　2014.6　185, 47, 45p　22cm　4200円　①978-4-8136-0764-9

内容 神の教師たちとは誰のことか　生徒たちとは誰のことか　教えることにおけるレベルとは何か　神の教師たちの特徴はどのようなものか　癒しはどのようにして達成されるのか　癒しは確実かどうか　癒しは繰り返し行われるべきか　どうすれば難しさの序列を知覚することを避けられるのか　神の教師は生活環境を変える必要があるか　判断は、どのようにして放棄されるのか〔ほか〕〔03338〕

◇奇跡のコース　第1巻　テキスト（A COURSE IN MIRACLES）　ヘレン・シャックマン記, ウィリアム・セットフォード, ケネス・ワプニック編, 大内博訳　普及版　ナチュラルスピリット　2014.6　946p　21cm　〈初版：ナチュラルスピリット・パブリッシング80 2010年刊　文献あり　年表あり〉3800円　①978-4-86451-122-3

内容 奇跡の意味　分離とあがない　罪のない知覚　エゴの幻想　癒しと完全性　愛のレッスン　神の王国の贈り物　故郷へ帰る旅　あがないの受容　病の偶像〔ほか〕〔03339〕

◇奇跡のコース　第2巻　学習者のためのワークブック/教師のためのマニュアル（A COURSE IN MIRACLES）　ヘレン・シャックマン記, ウィリアム・セットフォード, ケネス・ワプニック編, 大内博訳　普及版　ナチュラルスピリット　2015.10　809, 105p　21cm　3800円　①978-4-86451-182-7

内容 1（この部屋の中で（この通りで、この窓から、この場所で）私が見ているものには、何の意味もありません。　私は、この部屋の中で（この通りで、この窓から、この場所で）見ているもののすべてに、それらが私に対してもっている意味のすべてを与えています。私は、この部屋で（この通りで、この窓から、この場所で）見ているものを何も理解していません。ほか）2（ゆるしとは何でしょうか　救いとは何でしょうか　この世界とは何でしょうか ほか）　最後のレッスン（この神聖な瞬間を私は「あなた」に捧げます。「あなた」が責任者です。というのは、「あなた」の導きが私に安らぎを与えてくれることを確信して、私はあなたの後をついていくからです。）〔03340〕

◇奇跡の道―兄イエズスの教え　1　本文・序文～第六章（A Course In Miracles）　ヘレン・シャックマン記, ウィリアム・セットフォード, ケネス・ワプニック編, 田中百合子訳　ナチュラルスピリット　2016.3　241, 20p　19cm　1600円　①978-4-86451-198-8

内容 第1章 奇跡の意味　第2章 分離と贖罪　第3章 潔白な知覚　第4章 自我の錯覚　第5章 癒しと完全なすがた　第6章 愛の教訓〔03341〕

ジャット, トニー　Judt, Tony

◇20世紀を考える（THINKING THE TWENTIETH CENTURY）　トニー・ジャット〔著〕, ティモシー・スナイダー聞き手, 河野真太郎訳　みすず書房　2015.6　621, 20p　20cm　〈文献あり 索引あり〉5500円　①978-4-622-07916-3

内容 第1章 残るは名のみ―ユダヤ人問題を問うユダヤ人　第2章 ロンドンと言語―英語で書く/イングランドの著述家　第3章 家族的社会主義―政治的マルクス主義者　第4章 キングズ・カレッジとキブツ―ケンブリッジのシオニスト　第5章 パリ、カリフォルニア―フランス知識人　第6章 理解の世代―東欧のリベラル派　第7章 統一と断片―ヨーロッパの歴史家　第8章 責任の時代―アメリカのモラリスト　第9章 善の陳腐さ―社会民主主義者〔03342〕

シャッペル, エリッサ　Schappell, Elissa

◇女友だちの賞味期限―実話集（The friend who got away）　ジェニー・オフィル, エリッサ・シャッペル編著, 糸井恵訳　プレジデント社　2014.3　317p　19cm　〈2006年刊の改訳、再編〉1500円　①978-4-8334-2076-1

内容 共犯の甘美彼女の野心と私の秘密（エリッサ・シャッペル著）〔03343〕

シャテー, アンドリュー　Shatté, Andrew

◇レジリエンスの教科書―逆境をはね返す世界最強トレーニング（THE RESILIENCE FACTOR）　カレン・ライビッチ, アンドリュー・シャテー著, 宇野カオリ訳　草思社　2015.6　381p　21cm　〈文献あり〉1900円　①978-4-7942-2130-8

内容 1 変化に向き合う（レジリエンスとは、何か？　あなたのレジリエンス度は？　レジリエンスの土台を築く）　2 7つのスキルを身につける（自分をABC分析する　思考のワナを避ける　氷山を見つける　思い込みに挑む　大局的にとらえる　速攻型：心を静め、瞬時に反応する）　3 レジリエンス・スキルを実践する（大切な人との関係をつなぐレジリエンス　レジリエンスで子育てがラクになる　仕事に活かすレジリエンス　レジリエントな人生を送るために）〔03344〕

ジャドキンス, ロッド　Judkins, Rod

◇「クリエイティブ」の処方箋―行き詰まったときこそ効く発想のアイデア86（THE ART OF CREATIVE THINKING）　ロッド・ジャドキンス著, 島内哲朗訳　フィルムアート社　2015.8　415p　19cm　〈文献あり〉1800円　①978-4-8459-1569-9

内容 行動を起こすと、何かが始まる　生涯初心者　悪いのはミケランジェロである　扱う媒体の心を知る　別の誰かになろうとしない　自分から攻める　身も心も捧げる　災い転じて福と為す　無益なことの実益　他人と同じことを考えない〔ほか〕　〔03345〕

シャドヤック, トム　Shadyac, Tom

◇恐れと真実の対話―生命の取扱説明書（LIFE'S OPERATING MANUAL）　トム・シャドヤック著, 長沢あかね訳　講談社　2014.7　309p　19cm　2000円　①978-4-06-218701-5

内容 野心が世界を破壊する　内側から革命を起こす生命の取扱説明書　「知的な大金持ち」は存在しない？　「明日への心配」が支配する社会　「食うか食われるか」の文化　世界を分断する「ひと粒の毒」失われた「持続可能の哲学」　農業は独裁の始まり？「つながり」は科学的事実なのか？〔ほか〕〔03346〕

シャトルワース, ジュディ

◇乳児観察と調査・研究―日常場面のこころのプロセス（Infant Observation and Research）　キャシー・アーウィン, ジャニーン・スターンバーグ編著, 鵜飼奈津子監訳　大阪　創元社　2015.5　273p　22cm　〈文献あり 索引あり〉4200円　①978-4-422-11539-9

内容 乳児観察、民族誌学、そして社会人類学（ジュディ・シャトルワース著, 堀内瞳訳）　〔03347〕

シャーニー, ジョージアンドレア

◇21世紀の政治と暴力―グローバル化, 民主主義, アイデンティティ　大串和雄編著　京都　晃洋書房　2015.2　264p　22cm　〈索引あり〉3800円　①978-4-7710-2598-1

内容 分割の亡霊（ジョージアンドレア・シャーニー著, 大串和雄訳）　〔03348〕

シャーニー, ジョルジオ

◇新自由主義下のアジア　藤田和子, 文京洙編著　京都　ミネルヴァ書房　2016.10　326p　22cm　（グローバル・サウスはいま 2）〈他言語標題：Asia under the Effects of Neoliberalism and Hegemonism　年表あり 索引あり〉3500円　①978-4-623-07626-0

内容 南アジアの宗教と人間の安全保障（ジョルジオ・シャーニー著, 山根健至, 中根智子訳）　〔03349〕

ジャニ＝カトリス, フロランス

◇排外主義を問いなおす―フランスにおける排除・差別・参加　中野裕二, 森千香子, エレン・ルバイ, 浪岡新太郎, 園山大祐編著　勁草書房　2015.5　252p　22cm　〈年表あり 索引あり〉4500円　①978-4-326-60277-3

内容 「業績至上主義」が社会をバラバラにする 他（フロランス・ジャニ＝カトリス著, 平野暁人訳）〔03350〕

◇21世紀の豊かさ―経済を変え、真の民主主義を創るために　中野佳裕編・訳, ジャン＝ルイ・ラヴィル, ホセ・ルイス・コラッジオ編　コモンズ　2016.10　415p　20cm　〈他言語標題：REINVENTING THE COMMONS IN THE 21st CENTURY〉3300円　①978-4-86187-137-5

内容 生産力至上主義との決別、解放の条件（フロランス・ジャニ＝カトリス著）　〔03351〕

シャバス, ウィリアム　Schabas, William

◇勝者の裁きか、正義の追求か―国際刑事裁判の使命（KEIN FRIEDEN OHNE GERECHTIGKEIT？）　ウィリアム・シャバス〔著〕, 鈴木直訳　岩波書店　2015.8　135, 9p　20cm　〈索引あり〉2400円　①978-4-00-061062-9　〔03352〕

ジャービス, ジェフ　Jarvis, Jeff

◇デジタル・ジャーナリズムは稼げるか―メディアの未来戦略（GEEKS BEARING GIFTS）　ジェフ・ジャービス著, 夏目大訳, 茂木崇監修・解説　東洋経済新報社　2016.6　432p　19cm　2200円　①978-4-492-76225-7

内容 第1部 関係（『マス』は存在しない　コンテンツ対サービス　プラットフォームとしてのニュース ほか）　第2部 形式の問題（記事は死んだ、記事万歳　ニュースにいかに価値を付加するか　キュレーション ほか）　第3部 ビジネスモデル（ここまでのまとめ　デジタル・ファーストの先　効率化：何を削り、何を残すか ほか）　〔03353〕

シャピロ, ゲーリー　Shapiro, Gary

◇ニンジャ・イノベーション（NINJA INNOVATION）　ゲーリー・シャピロ著, 中西真雄美訳　アルファポリス　2013.12　309p　19cm　〈発売：星雲社〉1600円　①978-4-434-18740-7　〔03354〕

シャピロ, フランシーン　Shapiro, Francine

◇短期力動療法入門（Short-Term Therapy for Long-Term Change）　マリオン・ソロモン, ロバート・ネボルスキー, リー・マッカロー, マイケル・アルパート, フランシーン・シャピロ, デヴィッド・マラン著, 妙木浩之, 飯島典子監訳　金剛出版　2014.12　228p　21cm　〈索引あり〉3800円　①978-4-7724-1393-0

内容 第1章 短期心理療法の挑戦　第2章 Davanlooによるインテンシヴな短期力動心理療法　第3章 短期力動心理療法における情動恐怖症の脱感作　第4章 共感促進的セラピー　第5章 トラウマと適応的情報処理のプロセス：EMDRの力動的、行動的接点　第6章 共謀関係に陥った夫婦の行き詰まりを打開する　第7章 アタッチメントの絆と親密さ：愛の基本的な刷り込みは変容可能か？　第8章 今後の展望　〔03355〕

シャピロ, ロビン　Shapiro, Robin

◇EMDRがもたらす治癒―適用の広がりと工夫（EMDR Solutions）　ロビン・シャピロ編, 市井雅哉, 吉川久史, 大塚美菜子監訳　二瓶社　2015.12　460p　22cm　〈索引あり〉5400円　①978-4-86108-074-6

内容 両手の編み込み 他（ロビン・シャピロ著, 仁木啓介訳）　〔03356〕

シャピロ, ローレンス・E.　Shapiro, Lawrence E.

◇気持ちのコントロールと思いやりを身につけよう（Learning to Listen, Learning to Care）　ローレンス・E.シャピロ著, 上田勢子訳　福村出版　2014.7　132p　26cm　（子どもの「こころ」を親

子で考えるワークブック 3）　1500円　①978-4-571-20602-3
内容 自分の気持ちを素直に話しましょう　つらい気持ちにどう対処するか　良い聞き手になりましょう　相手の身ぶりや手ぶりがわかるようになるために　前向きな身ぶりや手ぶりで話しましょう　いじわるな表情とにこにこした表情　自分や人の気持ちに気づきましょう　腹が立っても冷静に　気持ちを表す良い方法と悪い方法　セルフトークで気持ちと行動を変える〔ほか〕　〔03357〕

シ

◇子どものADHD―友だちとじょうずにつき合おう（The ADHD Workbook for Kids）　ローレンス・E.シャピロ著, 上田勢子訳　福村出版　2014.7　184p　26cm　（子どもの「こころ」を親子で考えるワークブック 1）　1500円　①978-4-571-20600-9
内容 1 自分をコントロールできるようになりましょう（問題を起こさないようにす方法　ほかの人の行動を予測する方法 ほか）　2 学校生活の問題を解決しましょう（学校生活がもっと楽しく簡単になる方法　学校の支度が簡単にできるようになる方法 ほか）　3 友だちを作って仲良くしましょう（からかいといじめの違いがわかるようになる方法　怒りをコントロールできるようになる方法 ほか）　4 自分のことを良く思いましょう（違っていても受け入れられるようになる方法　自分の特別な才能がわかるようになる方法 ほか）　〔03358〕

シャープ, アン・マーガレット　Sharp, Ann Margaret
◇子どものための哲学授業―「学びの場」のつくりかた（PHILOSOPHY IN THE CLASSROOM 原著第2版の翻訳）　マシュー・リップマン, アン・マーガレット・シャープ, フレデリック・オスカニアン著, 河野哲也, 清水将吾監訳　河出書房新社　2015.4　384p　20cm　〈索引あり〉　3200円　①978-4-309-24701-4
内容 1 よく考える子どもを育てるために（教育をデザインし直す必要性　思考と学校カリキュラム　哲学―教育において失われた次元　子どものための哲学に関するいくつかの教育的前提）　2 子どものための哲学のねらいと方法（「子どものための哲学」の教育課程　教えるための方法論―価値の考察と実践における基準　哲学のディスカッションを導く）　3 実際の学校生活で思考スキルを生かすために（子どもが論理的に考えられるよう後押しする　道徳教育は哲学的な探求から切り離すことができるのか　子どものための倫理的探求における哲学的テーマ）〔03359〕

シャープ, ジーン　Sharp, Gene
◇市民力による防衛―軍事力に頼らない社会へ（CIVILIAN‐BASED DEFENSE : A Post‐Military Weapons System）　ジーン・シャープ著, 三石善吉訳　法政大学出版局　2016.7　315, 9p　19cm　（サピエンティア 44）　3800円　①978-4-588-60344-0
内容 第1章 戦争なき防衛？（防衛の必要性　市民力による防衛 ほか）　第2章 権力の源泉を利用する（予想外の力量　他人頼みの支配者たち ほか）　第3章 権力を行使する（非暴力の武器体系　非暴力行動の方法 ほか）　第4章 市民力による防衛（新しい防衛政策を発展させる　国土への侵略あるいは集団殺害 ほか）　第5章「超軍備」に向けて（事前の準備なき非暴力闘争と"市民力による防衛"　"市民力による防衛"を行う動機 ほか）　〔03360〕

シャーフ, トーマス
◇イギリスにおける高齢期のQOL―多角的視点から生活の質の決定要因を探る（UNDERSTANDING QUALITY OF LIFE IN OLD AGE）　アラン・ウォーカー編著, 岡田進一監訳, 山田三知子訳　京都　ミネルヴァ書房　2014.7　249p　21cm　（新・MINERVA福祉ライブラリー 20）　〈文献あり 索引あり〉　3500円　①978-4-623-07097-8
内容 高齢期の外出, 移動とQOL 他（キャロライン・ホランド, レオニ・ケラハー, シーラ・M.ピース, トーマス・シャーフ, エリザベス・ブリーズ, ジェイン・ガウ, メアリー・ギルフーリ著）　〔03361〕

シャープ, マイケル　Sharpe, Michael
◇第2次世界大戦作戦マップ（MAPPING THE SECOND WORLD WAR）　マイケル・スウィフト, マイケル・シャープ著, 福田希之, 荻野哲矢, 石井克弥訳　河出書房新社　2015.2　144p　26×29cm　〈索引あり〉　3900円　①978-4-309-22621-7
内容 第2次世界大戦の概要（戦争の兆し―1918‐1939年のヨーロッパ　第2次世界大戦　大西洋の戦い　空の戦い　秘密工作の戦争 ほか）　作戦マップと解説（X艇によるティルピッツへの攻撃 1943年9月22日　第26装甲擲弾兵師団の位置 1944年8月　西方電撃戦 1940年4月‐5月　西方電撃戦 1940年5月14‐15日　ダンケルク 1940年5月‐6月 ほか）　〔03362〕

シャープ, J.A.
◇オックスフォード ブリテン諸島の歴史　7　17世紀―1603年―1688年（The Short Oxford History of the British Isles : Seventeenth Century 1603-1688）　鶴島博和日本語版監修　ジェニー・ウァーモールド編, 西川杉子監訳　慶応義塾大学出版会　2015.5　367, 57p　22cm　〈文献あり 年表あり 索引あり〉　6800円　①978-4-7664-1647-3
内容 経済と社会（J.A.シャープ著, 稲垣春樹, 佐藤清隆訳）　〔03363〕

ジャフィ, リチャード
◇ブッダの変貌―交錯する近代仏教　末木文美士, 林淳, 吉永進一, 大谷栄一編　京都　法蔵館　2014.3　415, 11p　22cm　（日文研叢書）　〈他言語標題：TRANSFORMATIONS of the BUDDHA　索引あり〉　8000円　①978-4-8318-6226-6
内容 限りなく在家に近い出家（リチャード・ジャフィ著, 前川健一訳）　〔03364〕
◇ブッダの変貌―交錯する近代仏教　末木文美士, 林淳, 吉永進一, 大谷栄一編　京都　人間文化研究機構国際日本文化研究センター　2014.3　415, 11p　22cm　（日文研叢書 51）　〈他言語標題：Transformations of the Buddha　文献あり〉　非売品　①978-4-901558-64-8
内容 限りなく在家に近い出家（リチャード・ジャフィ著, 前川健一訳）　〔03365〕

シャフィール, エルダー　Shafir, Eldar
◇いつも「時間がない」あなたに―欠乏の行動経済

学（SCARCITY）　センディル・ムッライナタン, エルダー・シャフィール著, 大田直子訳　早川書房　2015.2　335p　19cm　2000円　①978-4-15-209524-4

内容 第1部 欠乏のマインドセット（集中とトンネリング　処理能力への負荷）　第2部 欠乏が欠乏を生む（荷づくりとスラック　専門知識　借金と近視眼　欠乏の罠　貧困）　第3部 欠乏に合わせた設計（貧困者の生活改善　組織における欠乏への対処　日常生活の欠乏）〔03366〕

シャブタイ, シャイ

◇イスラエル情報戦史（ISRAEL'S SILENT DEFENDER）　佐藤優監訳, アモス・ギルボア, エフライム・ラピッド編, 河合洋一郎訳　並木書房　2015.6　373p 図版32p　21cm　〈年表あり〉　2700円　①978-4-89063-328-9

内容 オシントと諜報活動（シャイ・シャブタイ著）〔03367〕

シャベル, スティーブン　Shavell, Steven

◇数理法務概論（Analytical Methods for Lawyers 原著第2版の翻訳）　ハウェル・ジャクソン, ルイ・キャプロー, スティーブン・シャベル, キップ・ビスクシィ, デビッド・コープ著, 神田秀樹, 草野耕一訳　有斐閣　2014.3　520p　22cm　〈索引あり〉5500円　①978-4-641-12566-7

内容 第1章 決定分析　第2章 ゲームと情報　第3章 契約　第4章 会計　第5章 ファイナンス　第6章 ミクロ経済学　第7章 法の経済分析　第8章 統計分析　第9章 多変数統計〔03368〕

シャーマ, サイモン　Schama, Simon

◇ビジュアル版 世界の歴史都市—世界史を彩った都の物語（The Great Cities in History）　ジョン・ジュリアス・ノーウィッチ編, 福井正子訳　柊風舎　2016.9　303p　27×21cm　15000円　①978-4-86498-039-5

内容 アムステルダム—およびオランダ共和国 他（サイモン・シャーマ）〔03369〕

シャーマー, C.オットー　Scharmer, Claus Otto

◇出現する未来から導く—U理論で自己と組織、社会のシステムを変革する（LEADING FROM THE EMERGING FUTURE）　C.オットー・シャーマー, カトリン・カウファー著, 由佐美加子, 中土井僚訳　英治出版　2015.7　361p　22cm　2400円　①978-4-86276-178-1

内容 第1章 表面—死と再生の諸症状　第2章 構造—システムが生む断絶　第3章 思考を転換する—経済進化のマトリックス　第4章 源—意図と意識につながる　第5章 個人の転換を導く—「私」から「我々」へ　第6章 関係性の転換を導く—エゴからエコへ　第7章 組織の転換を導く—エコ - システム経済を目指して　第8章 出現する未来から導く—今こそ〔03370〕

シャマイ=ツーリィ, シモーヌ・G.

◇共感の社会神経科学（THE SOCIAL NEUROSCIENCE OF EMPATHY）　ジャン・デセティ, ウィリアム・アイクス編著, 岡田顕宏訳　勁草書房　2016.7　334p　22cm　〈索引あり〉4200円　①978-4-326-25117-9

内容 共感的処理：認知的次元・感情的次元と神経解剖学的基礎（シモーヌ・G.シャマイ＝ツーリィ著）〔03371〕

ジャーマン, チャールズ

◇プロ・トレーダー—マーケットで勝ち続ける16人の思考と技術（TRADERS AT WORK）　ティム・ブールキン, ニコラス・マンゴー著, 森山文那生訳　日経BP社　2016.5　284p　21cm　〈発売：日経BPマーケティング〉2200円　①978-4-8222-5063-8

内容 トレンドフォローの売買を「完全自動化」（チャールズ・ジャーマン述）〔03372〕

シャーマン=バーク, ジュリエット　Sharman-Burke, Juliet

◇神託のタロット—ギリシアの神々が深層心理を映し出す（THE NEW MYTHIC TAROT）　リズ・グリーン, ジュリエット・シャーマン＝バーク著, トリシア・ニューウェル画, 鏡リュウジ監訳　原書房　2014.12　215p　19cm　〈外箱入　文献あり〉3900円　①978-4-562-05114-4

内容 大アルカナ（愚者—ディオニュソス　魔術師—ヘルメス　女帝—デメテル　皇帝—ゼウス　女教皇—ペルセポネ ほか）　小アルカナ—四つのスート（カップのスート　ワンドのスート　ソードのスート　ペンタクルのスート）〔03373〕

シャムダサーニ, ソヌ　Shamdasani, Sonu

◇赤の書（THE RED BOOK）　C.G.ユング著, ソヌ・シャムダサーニ編, 河合俊雄監訳, 河合俊雄, 田中康裕, 高月玲子, 猪股剛訳　テキスト版　大阪　創元社　2014.8　687p　21cm　4500円　①978-4-422-11577-1〔03374〕

◇ユング『赤の書』の心理学—死者の嘆き声を聴く（Lament of the Dead）　ジェイムズ・ヒルマン, ソヌ・シャムダサーニ著, 河合俊雄監訳, 名取琢自訳　大阪　創元社　2015.6　280p　22cm　〈索引あり〉3600円　①978-4-422-11592-4

内容 1 ロサンゼルス　2 コネチカット　3 ニューヨーク　4 コネチカット〔03375〕

シャーラン, モハマド・ファリド・モハマド

◇『カラム』の時代　5　近代マレー・ムスリムの日常生活　坪井祐司, 山本博之編著　京都　京都大学地域研究統合情報センター　2014.3　41p　30cm　（CIAS discussion paper no.40）

内容 『カラム』と独立準備期マラヤにおける宗教的世界観とナショナリズム（モハマド・ファリド・モハマド・シャーラン著, 鈴木真弓訳）〔03376〕

シャランスキー, ユーディット　Schalansky, Judith

◇奇妙な孤島の物語—私が行ったことのない、生涯行くこともないだろう50の島（ATLAS DER ABGELEGENEN INSELN）　ユーディット・シャランスキー著, 鈴木仁子訳　河出書房新社　2016.2　142p　23cm　〈索引あり〉2900円　①978-4-309-20701-8

内容 北極海（孤独（ウエジネニア島）　ベア島 ほか）　大西洋（セント・キルダ　昇天島（アセンション島）ほか）　インド洋（サン・ポール島　南キーリング諸島 ほか）　太平洋（ナプカ島　ラパ・イティ島 ほか）　南

極海（ローリー島　デセプション島 ほか）〔03377〕

シャリエ, カトリーヌ　Chalier, Catherine

◇レヴィナス著作集　1　捕囚手帳ほか未刊著作（EMMANUEL LEVINAS.ŒUVRES1）　エマニュエル・レヴィナス著, ロドルフ・カラン, カトリーヌ・シャリエ監修, 三浦直希, 渡名喜庸哲, 藤岡俊博訳　法政大学出版局　2014.3　545, 27p　22cm　〈索引あり〉5200円　①978-4-588-12121-0

内容 1 捕囚手帳―一九四〇 - 一九四五年　2 捕囚をめぐるテクストとベルクソン讃（捕囚　イスラエルびとの捕虜における精神性　ユダヤ的捕虜体験　〔ベルクソン讃〕）3 哲学雑記（東　手帳）〔03378〕

◇レヴィナス著作集　2　哲学コレージュ講演集（EMMANUEL LEVINAS : OEUVRES 2 : PAROLE ET SILENCE et autres conférences inédites au Collège philosophique）　エマニュエル・レヴィナス著, ロドルフ・カラン, カトリーヌ・シャリエ監修, 藤岡俊博, 渡名喜庸哲, 三浦直希訳　法政大学出版局　2016.7　408, 18p　21cm　4800円　①978-4-588-12122-7

内容 発話と沈黙　権力と起源　糧　教え　書かれたものと口頭のもの　意欲　分離　可能事の彼方　隠喩　補遺1 "意義"　補遺2　〔03379〕

シャルチエ, ロジェ

◇文化の新しい歴史学（THE NEW CULTURAL HISTORY）　リン・ハント編, 筒井清忠訳　岩波書店　2015.10　363, 5p　19cm　（岩波人文書セレクション）〈1993年刊の再刊　索引あり〉3100円　①978-4-00-028817-0

内容 テクスト・印刷物・読書（ロジェ・シャルチエ著）〔03380〕

シャルマ, ルチル　Sharma, Ruchir

◇ブレイクアウト・ネーションズ―「これから来る国」はどこか？（BREAKOUT NATIONS）　ルチル・シャルマ著, 鈴木立哉訳　早川書房　2015.4　486p　16cm　（ハヤカワ文庫 NF 429）〈2013年刊の加筆　文献あり〉1000円　①978-4-15-050429-8

内容 長い目で見れば何でも正しい？　宴の後―中国　誰もが驚く魔法のロープ―インド　神様はきっと、ブラジル人？　―ブラジル　「大立て者」経済―メキシコ　天上にしかスペースがない―ロシア　ヨーロッパのスイートスポット―ポーランドとチェコ　中東に響く単旋律―トルコ　虎への道―東南アジア　金メダリスト―韓国と台湾　エンドレス・ハネムーン―南アフリカ　第四世界―スリランカからナイジェリアまで　もうひとつの宴の後―コモディティ・ドットコムを越えて　「第三の降臨」―次なるブレイクアウト・ネーションズ　〔03381〕

シャルマ・アーチャリア, シュリラム　Śarmā, Śrīrāma

◇宇宙一切をうごかす《音霊》のしくみ―ガヤトリのスーパーサイエンス（SUPER SCIENCE OF GAYATRI）　シュリラム・シャルマ・アーチャリア著, 藤波直子訳　ヒカルランド　2016.10　283p　21cm　3333円　①978-4-86471-409-9

内容 大聖母ガヤトリのルーツ　ガヤトリ勤行による体内のパワーセンターの活性化　ガヤトリはカムデヌと同じである　ガヤトリ勤行を通じて神聖な智恵を得る　ガヤトリの栄光　ガヤトリを賛美する人々　過去のガヤトリ勤行実習者が霊的に得たもの　古代の文献で高い評価を得ているガヤトリの勤行　ガヤトリ勤行をする女性の権利　ガヤトリマントラの意味〔ほか〕〔03382〕

ジャレオンセッタシン, ティーラキアト　Jareonsettasin, Teerakiat

◇サイババの光明瞑想（Sathya Sai meditation on the light）　サティヤ・サイ・ババ述, ティーラキアト・ジャレオンセッタシン編, 石井真訳　サティヤサイ出版協会　2011.9　108p　15cm　〈文献あり　（サティヤ・サイ教育協会1999年刊）の増訂〉600円　①978-4-916138-70-5　〔03383〕

ジャレット, クリスチャン

◇いつでもどこでも結果を出せる自己マネジメント術（MANAGE YOUR DAY-TO-DAY）　ジョスリン・K.グライ編, 上原裕美子訳　サンマーク出版　2015.9　233p　19cm　〈文献あり〉1500円　①978-4-7631-3493-6

内容 あらゆる誘惑に打ち勝つ思考のコントロール法（クリスチャン・ジャレット）〔03384〕

ジャレット, チャールズ　Jarrett, Charles E.

◇スピノザ（SPINOZA）　チャールズ・ジャレット著, 石垣憲一訳　講談社　2015.1　333p　19cm　（講談社選書メチエ 592―知の教科書）〈文献あり 索引あり〉1750円　①978-4-06-258595-8

内容 第1部 はじめに（一七世紀のオランダ　スピノザの生涯と思想　『知性改善論』）　第2部 『エチカ』を読む（『エチカ』の概論　『エチカ』第1部神について　『エチカ』第2部精神と認識について　『エチカ』第3部感情について　『エチカ』第4部倫理について　『エチカ』第5部精神の力と至福について）　第3部 政治的著作について（『神学政治論』　『国家論』）　後記　スピノザが与えた影響について　〔03385〕

シャーロック・キム

◇人生と悟り―師匠との対話　ゲート語り, シャーロック・キム著, リ・ボーン, アンテファン訳, サントッキ監修　ナチュラルスピリット　2015.5　306p　19cm　1700円　①978-4-86451-163-6

内容 第1部 人生（人生の意味　生と死、輪廻とカルマ　天国と地獄、死後の世界　神と人間、光の存在たち ほか）　第2部 悟り（悟りとは何か　経典と戒律、修行　縁起の理と一切唯心造　禅と公案 ほか）〔03386〕

シャワー, マルティン

◇ヨーロッパ私法の展望と日本民法典の現代化　川角由和, 中田邦博, 潮見佳男, 松岡久和編　日本評論社　2016.3　541p　22cm　（竜谷大学社会科学研究所叢書 第108巻）〈他言語標題：Perspectives of European Private Law and Modernization of Japanese Civil Code〉7000円　①978-4-535-52165-0

内容 オーストリア一般民法典とその現代化（マルティン・シャワー著, 若林三奈, 栗田昌裕訳）〔03387〕

ジャンガー, エドワード・J.　Janger, Edward J.

◇アメリカ倒産法　上巻（Understanding

Bankruptcy, Second ed.) ジェフ・フェリエル, エドワード・J.ジャンガー著, 米国倒産法研究会訳　オンデマンド版　レクシスネクシス・ジャパン　2014.10　596p　21cm　(LexisNexisアメリカ法概説 8)〈原書第2版〉8500円　①978-4-902625-98-1

内容 第1章 倒産法を基礎づける一般原則　第2章 債権者による回収　第3章 倒産の小史　第4章 倒産事件における当事者とその他の参加者　第5章 倒産手続、管轄　第6章 事件の開始　第7章 財団財産　第8章 オートマティックステイ　第9章 債務者の運営　第10章 債権および持分権　〔03388〕

シャンカラ　Sankara

◇識別の宝玉―完訳「ヴィヴェーカ・チューダーマニ」　シャンカラ著, 美莉亜訳・注解　名古屋　ブイツーソリューション　2014.12　543p　22cm〈文献あり　発売：星雲社〉2200円　①978-4-434-19998-1

内容 導師への賛辞―詩句一　人間の素晴らしさ―詩句二～五　アートマンを悟る重要性―詩句六～十四　ブラフマンを知る資格とは―詩句十五～十九　四つの前提条件―詩句二十～三十　バクティが最高の手段である―詩句三十一～三十二　導師への帰依―詩句三十三～四十二　導師は語り始める―詩句四十三～四十七　弟子の疑問―詩句四十八～四十九　自助努力の必要性―詩句五十～六十七〔ほか〕　〔03389〕

シャンカール, シュリ・シュリ・ラヴィ　Shankar, Ravi

◇世界はなぜ争うのか―国家・宗教・民族と倫理をめぐって　福田康夫, ヘルムート・シュミット, マルコム・フレーザー他著, ジェレミー・ローゼン編集, 渥美桂子訳　朝倉書店　2016.3　296p　21cm〈他言語標題：Ethics in Decision-Making〉非売品

内容 相違を祝う（シュリ・シュリ・ラヴィ・シャンカール述）　〔03390〕

◇世界はなぜ争うのか―国家・宗教・民族と倫理をめぐって　福田康夫, ヘルムート・シュミット, マルコム・フレーザー他著, ジェレミー・ローゼン編集, 渥美桂子訳　朝倉書店　2016.5　296p　21cm〈他言語標題：Ethics in Decision-Making〉1850円　①978-4-254-50022-6

内容 相違を祝う（シュリ・シュリ・ラヴィ・シャンカール述）　〔03391〕

◇幸せに目覚める気づきの言葉―大聖者シュリシュリさんの贈り物　シュリ・シュリ・ラヴィ・シャンカール著, アート・オブ・リビング・ジャパン翻訳チーム訳　学研プラス　2016.7　206p　19cm　1200円　①978-4-05-406451-5

内容 第1章 自分を変える　第2章 人間関係をしなやかにする　第3章 ストレスに打ち克つ　第4章 不安を乗り越える　第5章 愛を見つける　第6章 自由に楽しく生きる　第7章 幸せを手に入れる　〔03392〕

シャンク, ディル・H.　Schunk, Dale H.

◇自己調整学習ハンドブック (HANDBOOK OF SELF-REGULATION OF LEARNING AND PERFORMANCE)　バリー・J.ジマーマン, ディル・H.シャンク編, 塚野州一, 伊藤崇達監訳　京都　北大路書房　2014.9　434p　26cm〈索引あり〉5400円　①978-4-7628-2874-4

内容 自己調整学習：序論と概観　他（Barry J. Zimmerman, Dale H.Schunk著, 塚野州一訳）　〔03393〕

シャンテ・デーヴァ　Santideva

◇河口慧海著作選集　12　入菩薩行　河口慧海〔著〕　シャンテ・デーヴァ著, 河口慧海訳　慧文社　2016.4　229p　22cm〈布装〉7000円　①978-4-86330-160-3　〔03394〕

シャンボー, デイビッド　Shambaugh, David L.

◇中国グローバル化の深層―「未完の大国」が世界を変える (CHINA GOES GLOBAL)　デイビッド・シャンボー著, 加藤祐子訳　朝日新聞出版　2015.6　411, 62p　19cm　(朝日選書 934)〈索引あり〉1800円　①978-4-02-263034-6

内容 第1章 中国のグローバル・インパクトを理解する　第2章 中国のグローバル・アイデンティティー　第3章 国際社会における中国の外交プレゼンス　第4章 中国とグローバル・ガバナンス　第5章 世界経済での中国のプレゼンス　第6章 世界における中国の文化的プレゼンス　第7章 世界の安全保障における中国のプレゼンス　第8章 グローバル化した中国に対して　〔03395〕

ジャンポルスキー, ジェラルド・G.　Jampolsky, Gerald G.

◇愛とは、怖れを手ばなすこと―今をよりよく生きるために (LOVE IS LETTING GO OF FEAR)　ジェラルド・G.ジャンポルスキー著, 本田健訳　サンマーク出版　2015.10　185p　20cm〈サンマーク文庫 2008年刊の再刊〉1500円　①978-4-7631-3500-1

内容 1 自己変容への準備（現実とは何でしょう？　くり返される過去　やすらぎを奪うのは不幸の予測 ほか）　2 自己変容とは何か（人は自分が信じるものでつくられる　いつでも自由を選ぶことができる　攻撃とは実は防御のこと ほか）　3 自己変容のレッスン（私が与えるものはすべて、私自身に与えている　ゆるしは幸せにいたる鍵である　私の心の動揺は私が考える理由によるものではない ほか）　〔03396〕

シュ, イツ*　朱 溢

◇東アジアの礼・儀式と支配構造　古瀬奈津子編　吉川弘文館　2016.3　312p　22cm　10000円　①978-4-642-04628-2

内容 北宋の賓礼の成立と変遷（朱溢著, 谷田淑子訳）　〔03397〕

シュ, ウ*　朱 宇

◇日中両国から見た「満洲開拓」―体験・記憶・証言　寺林伸明, 劉含発, 白木沢旭児編　御茶の水書房　2014.2　26, 588p　22cm〈索引あり〉9400円　①978-4-275-01061-2

内容 中日共同研究における日本開拓移民問題に関する思考について（朱宇, 笪志剛著, 胡慧君訳）　〔03398〕

シュ, キ　朱 熹

◇論語集注　2　朱熹〔著〕, 土田健次郎訳注　平凡社　2014.6　394p　18cm　(東洋文庫 850)〈布装〉2900円　①978-4-582-80850-6

内容 論語集注巻三（公冶長第五　雍也第六）　論語集注巻四（述而第七　泰伯第八）　〔03399〕

◇論語集注　3　朱熹〔著〕, 土田健次郎訳注　平凡社　2014.10　486p　18cm　(東洋文庫 854)〈布装〉3200円　①978-4-582-80854-4
内容 論語集注巻五(子罕第九　郷党第十)　論語集注巻六(先進第十一　顔淵第十二)　論語集注巻七(子路第十三)　〔03400〕

◇『朱子語類』訳注　巻84～86　朱子〔述〕, 吾妻重二, 井沢耕一, 洲脇武志訳注　汲古書院　2014.12　351, 8p　22cm　〈文献あり 索引あり〉5000円　①978-4-7629-1309-9
内容 巻八十四 礼一(論考礼綱領　論後世礼書　論修礼書)　巻八十五 礼二 儀礼　巻八十六 礼三 周礼　〔03401〕

◇論語集注　4　朱熹〔著〕, 土田健次郎訳注　平凡社　2015.2　492p　18cm　(東洋文庫 858)〈布装〉3200円　①978-4-582-80858-2
内容 憲問第十四　論語集注巻八　衛霊公第十五　季氏第十六　論語集注巻九　陽貨第十七　微子第十八　論語集注巻十　子張第十九　堯日第二十　〔03402〕

◇『朱子語類』訳注　巻15　朱子〔述〕, 中純夫編, 朱子語類大学篇研究会訳注　汲古書院　2015.7　316, 14p　22cm　〈索引あり〉5000円　①978-4-7629-1310-5　〔03403〕

◇『朱子語類』訳注　巻87～88　朱子〔述〕, 吾妻重二, 秋岡英行, 白井順, 橋本昭典, 藤井倫明訳注　汲古書院　2015.7　332, 7p　22cm　〈文献あり 索引あり〉5000円　①978-4-7629-1311-2　〔03404〕

◇宋名臣言行録　朱熹編, 梅原郁編訳　筑摩書房　2015.12　458p　15cm　(ちくま学芸文庫 シ37-1)〈講談社 1986年刊の訂正〉1400円　①978-4-480-09712-5　〔03405〕

◇『朱子語類』訳注—巻九十八～一百　緒方賢一, 白井順訳注　汲古書院　2016.12　313, 7p　21cm　5000円　①978-4-7629-1312-9
内容 巻九十八 張子之書一　巻九十九 張子書二　巻一百 邵子之書　〔03406〕

シュ, ギョクキ*　朱 玉麒

◇シルクロードと近代日本の邂逅—西域古代資料と日本近代仏教　荒川正晴, 柴田幹夫編　勉誠出版　2016.3　811p　22cm　〈著作目録あり 年譜あり〉8500円　①978-4-585-22125-8
内容 漢和堂蔵「裴岑碑」旧拓考(朱玉麒著, 劉怡訳, 西村陽子監訳)　〔03407〕

シュ, ケイシ*　朱 慶之

◇仏教文明の転回と表現—文字・言語・造形と思想　新川登亀男編　勉誠出版　2015.3　655p　22cm　9800円　①978-4-585-21025-2
内容 仏経漢訳、仏教中国語と中国語の史的変遷、発展(朱慶之著, 馬之濤訳)　〔03408〕

シュ, ユウ　朱 勇

◇中国の法律　朱勇編, 楠元純一郎監訳, 江利紅翻訳者代表　中央経済社　2016.12　408p　21cm　〈発売：中央経済グループパブリッシング〉5000円　①978-4-502-21561-2
内容 中国法律制度概説　憲法　民法　商法　行政法と行政訴訟法　国際商取引法　中国投資法　環境保護法　刑法　刑事訴訟法　民事訴訟法　中国法律の発展史および主な特徴　〔03409〕

シュアティル, シャロン　Shatil, Sharron

◇ロジックの世界—論理学の哲人たちがあなたの思考を変える(INTRODUCING LOGIC)　ダン・クライアン, シャロン・シュアティル文, ビル・メイブリン絵, 田中一之訳　講談社　2015.3　190p　18cm　(ブルーバックス B-1906)〈文献あり 索引あり〉800円　①978-4-06-257907-0
内容 ロジックとは？　文を研究する　対立の四角形　三段論法　接続詞のロジック　ライプニッツの法則　背理法　新オルガノン　フレーゲの量化詞　文脈の原則〔ほか〕　〔03410〕

シュウ, エンヨウ*　周 婉窈

◇台湾原住民族の音楽と文化　下村作次郎, 孫大川, 林清財, 笠原政治編　浦安　草風館　2013.12　424p　22cm　4800円　①978-4-88323-191-1
内容 高一生と父、そしてあの沈黙させられた時代(周婉窈著, 魚住悦子訳)　〔03411〕

シュウ, オンライ　周 恩来

◇ニクソン訪中機密会談録　毛里和子, 毛里興三郎訳　増補決定版　名古屋　名古屋大学出版会　2016.8　336, 8p　20cm　〈索引あり〉3600円　①978-4-8158-0843-3
内容 資料1 一九七二年二月二十一日 毛沢東・ニクソン会談　資料2 一九七二年二月二十一日 第一回全体会談　資料3 一九七二年二月二十二日 ニクソン・周恩来第一回会談　補足資料 一九七二年二月二十三日 キッシンジャー・葉剣英会談　資料4 一九七二年二月二十三日 ニクソン・周恩来第二回会談　資料5 一九七二年二月二十四日 ニクソン・周恩来第三回会談　資料6 一九七二年二月二十五日 ニクソン・周恩来第四回会談　資料7 一九七二年二月二十六日 第二回全体会談　資料8 一九七二年二月二十八日 ニクソン・周恩来第五回会談　〔03412〕

シュウ, キンウ*　周 鑫宇

◇大国の責任とは—中国平和発展への道のり　金燦栄等著, 日中翻訳学院監訳, 本田朋子訳　日本僑報社　2014.7　304p　19cm　2500円　①978-4-86185-168-1
内容 第1章 中国の大国責任の分析　第2章 国際責任の起源　第3章 責任ある大国としての中国—そのモチベーションと歴史的特徴　第4章 平和維持と責任分担　第5章 発展の推進と福祉の共有　第6章 協力の推進と共同繁栄の実現　第7章 友好的共存、調和とウインウイン　第8章 中国の国際責任—チャンスと課題　〔03413〕

シュウ, ケン　周 見

◇渋沢栄一と近代中国　周見著, 西川博史訳　現代史料出版　2016.10　227p　22cm　〈発売：東出版〉2800円　①978-4-87785-329-7
内容 第1章 日本における近代資本主義の父—渋沢栄一　第2章 渋沢栄一の対中経済拡張の活動　第3章 渋沢栄一の対中経済拡張の思想　第4章 渋沢栄一と対中経済拡張の主力軍三井財閥　第5章 渋沢栄一と孫中山(孫文)　第6章 渋沢栄一の中国訪問　第7章 中国への災害救援と慈善活動　第8章 渋沢栄一の『論語』解読

第9章 渋沢栄一研究の回顧と現状 〔03414〕

シユウ, ケンコク　周 建国

◇中国社会　周建国著, 時松史子訳, 李恩民監訳　朝日出版社　2015.3　281p　21cm　(桜美林大学孔子学院中国学叢書　楊光俊, 陳強, 孫宜学, 雷桂林監修)　〈文献あり〉2800円　①978-4-255-00832-5

内容 第1章 中国の伝統社会の概説　第2章 伝統から近代へ―中国の社会型式転換　第3章 社会階層と社会移動　第4章 社会型式転換期の失業問題　第5章 分配不公平と貧富の分化　第6章 社会型式転換期にある中国の中産階級 〔03415〕

シユウ, ケンメイ　周 建明

◇中国の発展の道と中国共産党　胡鞍鋼, 王紹光, 周建明, 韓毓海著, 中西真訳　日本僑報社　2016.12　200p　21cm　3800円　①978-4-86185-200-8

内容 上編 中国共産党の伝統と政治力（中国伝統文明の発展と超越　マルクスの理論、その展開と超越　欧米式発展の道の超越）下編 中国の優勢と中国共産党（偉大なる戦略転換　中国民主政治の道　人民社会の建設） 〔03416〕

シユウ, コウケン*　周 光権

◇日中刑事法の基礎理論と先端問題　山口厚, 甲斐克則編　成文堂　2016.2　226p　21cm　(日中刑事法シンポジウム報告書)　〈会期・会場：2015年10月2日（金）～2015年10月4日（日）早稲田大学早稲田キャンパス〉2500円　①978-4-7923-5174-8

内容 中止の任意性判断における規範的主観説（周光権著, 蔡芸琦訳） 〔03417〕

シユウ, シユクエイ*　周 祝瑛

◇世界大学ランキングと知の序列化―大学評価と国際競争を問う　石川真由美編　京都　京都大学学術出版会　2016.3　377p　22cm　〈索引あり〉3800円　①978-4-8140-0001-2

内容 台湾学術界におけるSSCI症候群（周祝瑛著, 石川真由美, 堤亮介監訳） 〔03418〕

シユウ, シヨウセン*　周 小川

◇転換を模索する中国―改革こそが生き残る道　高尚全主編, 岡本信広監訳, 岡本恵子訳　科学出版社東京　2015.6　375p　21cm　4800円　①978-4-907051-34-1

内容 人民元の資本項目における兌換性の実現へ向けて（周小川著） 〔03419〕

シユウ, シヨウブン*　周 尚文

◇歴史に生きるローザ・ルクセンブルク―東京・ベルリン・モスクワ・パリ‐国際会議の記録　伊藤成彦編著　社会評論社　2014.9　369p　21cm　2700円　①978-4-7845-1523-3

内容 ローザ・ルクセンブルクはマルクス主義と社会主義をどう見たのか（周尚文, 張自栄著, 太田仁樹訳） 〔03420〕

シユウ, ズイキン*　周 瑞金

◇転換を模索する中国―改革こそが生き残る道　高尚全主編, 岡本信広監訳, 岡本恵子訳　科学出版社東京　2015.6　375p　21cm　4800円　①978-4-907051-34-1

内容 自由、平等、公正、法治の社会を建設する（周瑞金著） 〔03421〕

シユウ, セイ*　周 星

◇イメージング・チャイナ―印象中国の政治学　鈴木規夫編　国際書院　2014.3　243p　21cm　〈索引あり〉3200円　①978-4-87791-257-4

内容 北京オリンピック開会式とイメージング・チャイナ（周星著, 西村真志葉訳） 〔03422〕

シユウ, テイ*　周 庭

◇18歳からの民主主義　岩波新書編集部編　岩波書店　2016.4　230p　18cm　(岩波新書 新赤版 1599)　840円　①978-4-00-431599-5

内容 リスク覚悟で街に出る（周庭著, 伯川星矢訳） 〔03423〕

シユウ, ネンレイ*　周 念麗

◇子どもとお金―おこづかいの文化発達心理学　高橋登, 山本登志哉編　東京大学出版会　2016.9　325p　22cm　〈索引あり〉4800円　①978-4-13-051334-0

内容 中国の都市部の子どもとお金の智恵（周念麗著, 渡辺忠温訳） 〔03424〕

シユウ, ヒン　周 斌

◇私は中国の指導者の通訳だった―中日外交最後の証言　周斌著, 加藤千洋, 鹿雪瑩訳　岩波書店　2015.2　338, 5p　20cm　〈索引あり〉4200円　①978-4-00-061021-6

内容 第1章 日本語通訳への道―北京大学での苦学通訳業務の基礎を築く　第2章 よき通訳になるための基本条件（できるだけ堅実な二カ国語の能力を備えることできるだけ豊富な知識を備えること ほか）　第3章 通訳の責任と範囲（よき通訳員になること　よき服務員になること ほか）　第4章 忘れ難い十回の通訳（小堀女史に付き添って病院に行った時のこと―笑いものになった通訳　『蝶々夫人』で指導者に甘えたこと―悔やんでも悔やみきれなかった通訳 ほか）　第5章 忘れ難い中国人（周恩来　陳毅 ほか）　第6章 忘れ難い日本人（北大東方語学部の日本語専門家教育組　田中角栄 ほか） 〔03425〕

シユウ, ホシヨウ*　周 保松

◇現代中国のリベラリズム思潮―1920年代から2015年まで　石井知章編　藤原書店　2015.10　566p　22cm　〈年表あり 索引あり〉5500円　①978-4-86578-045-1

内容 リベラル左派の理念（周保松著, 本田親史, 中村達雄, 石井知章訳） 〔03426〕

シユウ, ユウ*　周 勇

◇日中法と心理学の課題と共同可能性　浜田寿美男, 馬皚, 山本登志哉, 片成男編著　京都　北大路書房　2014.10　297p　21cm　(法と心理学会叢書)　〈索引あり〉4200円　①978-4-7628-2875-1

内容 被疑者の自白に影響する要因とその対策に関する研究（羅大華, 周勇, 趙桂芬著, 山本登志哉訳） 〔03427〕

シュウ, ライ　周 蕾《Chow, Rey》
◇標的とされた世界―戦争、理論、文化をめぐる考察（THE AGE OF THE WORLD TARGET）　レイ・チョウ著, 本橋哲也訳　法政大学出版局　2014.11　184, 18p　20cm　（サピエンティア 38）〈著作目録あり 索引あり〉2400円　①978-4-588-60338-9
内容 序論 アメリカ合州国におけるヨーロッパ発の理論　第1章 世界が標的となる時代―原子爆弾、他者性、地域研究　第2章 言及性への介入、あるいはポスト構造主義の外部　第3章 文学研究における比較という古くて新しい問題―ポストヨーロッパという視点　〔03428〕

シュヴァイツァー, ピーター　Schweizer, Peter
◇クリントン・キャッシュ―外国政府と企業がクリントン夫妻を『大金持ち』にした手法と理由（Clinton Cash）　ピーター・シュヴァイツァー著, あえば直道監修, 小浜由美子, 呉亮錫訳　LUFTメディアコミュニケーション　2016.2　341p　20cm　1800円　①978-4-906784-41-7
内容 グローバルな「リンカーン・ベッドルーム」　事業譲渡　ヒラリーによる「リセット」　インドの核　クリントン・モザイク　演壇の経済学　軍閥の経済学　熱帯雨林の大富豪　クリントン流・災害資本主義　「汚職」のボーダーライン　〔03429〕

シュヴェッペ, ロナルド　Schweppe, Ronald P.
◇カメが教えてくれた、大切な7つのこと（DIE 7 GEHEIMNISSE DER SCHILDKRÖTE）　アリョーシャ・A.ロング, ロナルド・シュヴェッペ著, 田中順子訳　サンマーク出版　2016.4　315p　19cm　1500円　①978-4-7631-3528-5
内容 その1 落ち着くこと―何が起こっても大丈夫　その2 あわてないこと―ゆっくり、じっくり時間をかけよう　その3 一貫していること―目標から目を離さないで　その4 しなやかでいること―どんどん譲歩しよう　その5 足るを知ること―すぐに満足してしまおう　その6 穏やかでいること―誰かにも自分にもやさしくしよう　その7 集中すること―自分のことを見失わないで　クールマが教えてくれた大切な7つのこと　〔03430〕

シュヴェンクフェルト
◇キリスト教神秘主義著作集　12　十六世紀の神秘思想（Von dreierlai Leden der menschen, Paradoxa ducenta octoginta〔etc.〕）　木塚隆志, 中井章子, 南原和子訳　教文館　2014.5　598, 27p　22cm　〈文献あり 年表あり 索引あり〉7900円　①978-4-7642-3212-9
内容 人間の三種の生について（シュヴェンクフェルト著）　〔03431〕

シュウォルツ, B.　Schwartz, Barry
◇北東アジアの歴史と記憶（Northeast Asia's Difficult Past）　金美景,B.シュウォルツ編著, 千葉真監修, 稲正樹, 福岡和哉, 寺田麻佑訳　勁草書房　2014.5　315, 9p　22cm　〈索引あり〉3200円　①978-4-326-30226-0
内容 北東アジアの記憶の問題 他（バリー・シュウォルツ, 金美景著, 稲正樹, 福岡和哉訳）　〔03432〕

ジュヴネル, ベルトラン・ド　Jouvenel, Bertrand de
◇純粋政治理論（The Pure Theory of Politics）　ベルトラン・ド・ジュヴネル著, 中金聡, 関口佐紀訳　風行社　2014.4　331, 11p　22cm　（ソキエタス叢書 4）〈索引あり〉5000円　①978-4-86258-081-8
内容 第1部 アプローチ―歴史としての政治　第2部 設定―他者の国のエゴ　第3部 行為―煽動と応答　第4部 権威―“ポテスタス”と“ポテンティア”　第5部 決定　第6部 態度　補論 解決の神話　結論　〔03433〕

シュヴロリエ, ニコラス
◇BoPビジネス3.0―持続的成長のエコシステムをつくる（Base of the Pyramid 3.0）　フェルナンド・カサード・カニェーケ, スチュアート・L.ハート編著, 平本督太郎訳　英治出版　2016.8　311p　22cm　〈文献あり〉3200円　①978-4-86276-233-7
内容 資金調達の壁を超える（ニコラス・シュヴロリエ, ミルティーユ・ダンス著）　〔03434〕

シュエール, A.*　Schienle, Anne
◇嫌悪とその関連障害―理論・アセスメント・臨床的示唆（DISGUST AND ITS DISORDERS）　B.O.オラタンジ,D.マッケイ編著, 堀越勝監修, 今田純雄, 岩佐和典監訳　京都　北大路書房　2014.8　319p　21cm　〈索引あり〉3600円　①978-4-7628-2873-7
内容 嫌悪の機能的神経解剖学（Anne Schienle著, 望月聡訳）　〔03435〕

シュオン, フリッチョフ　Schuon, Frithjof
◇形而上学とエゾテリスム（Résumé de métaphysique intégrale（重訳））　フリッチョフ・シュオン著, 漆原健訳　春秋社　2015.11　294, 14p　20cm　〈文献あり 索引あり〉3000円　①978-4-393-33339-6
内容 第1部 原理の世界（完全な形而上学の要約　神的領域の諸次元、諸様態、諸段階　実体―主体と客体 ほか）　第2部 伝統の世界（位格的な面の神秘　宗教類型論の概要　二つの秘教 ほか）　第3部 魂の世界（感情的要素の両義性　心理学主義の欺瞞　美徳の匿名性 ほか）　〔03436〕

シュグレンスキー, ダニエル
◇21世紀の比較教育学―グローバルとローカルの弁証法（COMPARATIVE EDUCATION）　ロバート・F.アーノブ, カルロス・アルベルト・トーレス, スティーヴン・フランツ編著, 大塚豊訳　福村出版　2014.3　727p　22cm　〈文献あり 索引あり〉9500円　①978-4-571-10168-7
内容 グローバル化時代における高等教育の再編成（ダニエル・シュグレンスキー著）　〔03437〕

シュスラー, ヴェルナー　Schüssler, Werner
◇ヤスパース入門（Jaspers zur Einführung）　ヴェルナー・シュスラー著, 岡田聡訳　調布　月曜社　2015.7　228p　22cm　（古典転生 11）〈文献あり 年譜あり 索引あり〉3200円　①978-4-86503-027-3
内容 哲学の「自己忘却」　哲学と来歴　科学と区別される哲学　宗教と区別される哲学　哲学の根源―限界

状況　哲学の方法―超越　哲学の本来の「対象」(一)―実存　哲学の本来の「対象」(二)―超越者　哲学の根本知―包括者論　哲学の真理　哲学と進歩―技術　哲学と権力―政治　哲学の歴史　世界の中の哲学 〔03438〕

シュスラー, ディーン　Schuessler, Deane L.

◇結婚してよかった！―結婚カウンセラーの牧師が語る、祈りと実践のレッスン76（DEVOTED TO GOD AND EACH OTHER）　ディーン・シュスラー著, 松田卓, 松田正子, 石黒圭, オーリガ・ポクロフスカ共訳　習志野　教友社　2013.12　220p　21cm　1400円　①978-4-902211-97-9

内容 第1部 結婚して間もない二人のためのレッスン（華やかな喜び　まる一年の自由　パートナーの家族とも結ばれる ほか）　第2部 長年連れ添った二人のためのレッスン（年齢に関わらず成熟した愛　愛は美しく覆う　新鮮さと若々しさを保つ ほか）　第3部 日本の読者のための特別レッスン（日本と米国の「熟年離婚」　マスメディアと結婚　赦すことで結婚生活が築かれる） 〔03439〕

シュタイナー, ルドルフ　Steiner, Rudolf

◇医師と牧会者の共働―牧会医学講座（Das Zusammenwirkung von Ärzten und Seelensorgen）　ルドルフ・シュタイナー著, 佐藤俊夫訳　ルネッサンス・アイ　2014.8　191p　21cm　〈発売：白順社〉2800円　①978-4-8344-0150-9

内容 第1講 牧会医学の治療と礼拝　第2講 肉体、エーテル体、アストラル体、自我の病理と霊的発展　第3講 霊的発展と病理的鏡像―カルマとの関連　第4講 霊的発展と病理的鏡像―発育の七年期との関連　第5講 霊的発展と病理的鏡像―教育上の問題　第6講 カルマの働き―劇作家の例に見る病理と才能　第7講 呼吸過程と体液循環に見るカルマの作用　第8講 植物・人体と太陽・月・惑星　第9講 睡眠の病理　第10講 呼吸と宇宙のリズム　第11講 三位一体と牧会医学の使命 〔03440〕

◇シュタイナーが協会と自由大学に託したこと　ルドルフ・シュタイナー著, 入間カイ訳　水声社　2014.8　287p　20cm　3500円　①978-4-8010-0055-1

内容 第1部 協会員への手紙（一九二三年クリスマス会議による普遍アントロポゾフィー協会の形成　普遍アントロポゾフィー協会の理事会　アントロポゾフィー運動のあゆみと協会の課題　協会の、アントロポゾフィーに対する正しい関係　アントロポゾフィーにおける協会員の集い ほか）　第2部 精神科学自由大学について（アントロポゾフィー協会の有機的生成過程とその未来の課題　アントロポゾフィー協会の体制における精神科学自由大学、その各部門への分節化　自由大学第一学級への受け入れ条件　精神科学自由大学　精神科学自由大学青年部門について ほか）　付録 アントロポゾフィー指導原理 〔03441〕

◇シュタイナーの言葉　ルドルフ・シュタイナー著, 高橋巖訳, 飯塚立人編　春秋社　2014.12　284, 5p　20cm　2500円　①978-4-393-32541-4

内容 第1章 自我（根元の自我　タオ　一滴の朝露の光 ほか）　第2章 関係性（人智学の新しさ　魂の二双　人間の理想像 ほか）　第3章 共同体（人間、七つの存在部分　生命の矛盾　太古の女たちの生き方 ほか） 〔03442〕

◇シュタイナーのカルマ論―カルマの開示（Die Offenbarungen des Karma）　ルドルフ・シュタイナー著, 高橋巖訳　新装版　春秋社　2015.6　258p　20cm　2500円　①978-4-393-32230-7

内容 第1講 個人、個性、人類、地球、宇宙におけるカルマの本質とその意味　第2講 カルマと動物界　第3講 カルマとの関係における健康と病気　第4講 治る病気と治らない病気　第5講 カルマとの関係における内因性の疾病と偶発性の疾病　第6講 カルマから見た事故や災害　第7講 カルマとの関係における天変地異　第8講 高次の存在たちのカルマ　第9講 男の体験と女の体験のカルマ作用、カルマとの関係における死と誕生　第10講 人類進化の未来における自由意志とカルマ　第11講 個人のカルマと共同体のカルマ―人間のカルマと高次存在のカルマ 〔03443〕

◇アントロポゾフィーの人間認識と医学（Anthroposophische Menschenerkenntnis und Medizin）　ルドルフ・シュタイナー著, 佐藤俊夫訳　ルネッサンス・アイ　2015.7　227p　21cm　〈発売：白順社〉2800円　①978-4-8344-0172-1

内容 アントロポゾフィーの霊学に基づく治療法を理解するための原則　霊学的認識を基礎とする病理学、治療そして薬剤の製造　アントロポゾフィーの霊学と医学的知見　アントロポゾフィーの人間認識と医学　医学は霊学から何を得ることができるか　霊学の観点による治療法　各講の要約 〔03444〕

◇シュタイナー天地の未来―地震・火山・戦争　ルドルフ・シュタイナー著, 西川隆範編・訳　新装版　風濤社　2015.10　261p　19cm　2500円　①978-4-89219-404-7

内容 地震と悪魔　地震の深層　彗星　未来の戦争　戦死の意味　夭折者の働き　弥勒の世の到来　付録 第一次世界大戦 〔03445〕

◇神殿伝説と黄金伝説―シュタイナー秘教講義より（DIE TEMPELLEGENDE UND DIE GOLDENE LEGENDE 原著第3版の翻訳）　ルドルフ・シュタイナー著, 高橋巖, 笠井久子, 竹腰郁子訳　新装版　国書刊行会　2015.12　434p　22cm　〈索引あり〉4600円　①978-4-336-05984-0

内容 1（五旬祭―人間の霊を解放するための祝祭　カインとアベルの対立　ドルイド僧とドロット僧の秘儀　プロメテウス伝説　薔薇十字会の秘儀　マニ教　霊学の観点から見たフリーメーソンの本質と課題　秘密結社の基礎をなす外展と内展）　2（かつて失われ、今再建されるべき神殿―それと関連する十字架の木の伝説または黄金伝説　オカルティズムの光に照らしたロゴスと原子）　3（神智学運動とオカルティズムの関係　フリーメーソンと人類の進化（二重講義）　オカルト的認識と日常生活との関連　新しい形式の帝王術　一九〇六年一月二日のベルリンでの講義のためのシュタイナーのメモ　ゲーテと薔薇十字会との関係について） 〔03446〕

◇ゲーテ的世界観の認識論要綱―特にシラーに関連させて同時にキュルシュナー「ドイツ国民文学」中の『ゲーテ自然科学論集』別巻として（Grundlinien einer Erkenntnistheorie der Goetheschen Weltanschauung 原著第7版の翻訳）　ルドルフ・シュタイナー著, 森章吾訳　上里町　イザラ書房　2016.8　234p　20cm　〈筑摩書房1991年刊の新版〉2500円　①978-4-7565-0132-5

内容 A 予備的な考察　B 経験　C 思考　D 学問　E

シ

自然認識　F 精神科学　G 結論　〔03447〕

◇自由を考える―ひとつの現代的な世の観方の基本線 自然科学の方法に従う、こころの見るの成果 (Die Philosophie der Freiheit)　ルドルフ・シュタイナー著, 鈴木一博訳　大仙　榛書房 2016.8　369p　19cm　〈発売：精巧堂出版(大仙)〉3300円　①978-4-904082-33-1　〔03448〕

◇ニーチェ みずからの時代と闘う者　ルドルフ・シュタイナー著, 高橋巖訳　岩波書店　2016.12 233p　15cm　(岩波文庫)　720円　①978-4-00-337001-8
内容 第1章 性格(知性と本能　生きることに価値があるのか　生きる力―創造力と権力 ほか)　第2章 超人(大いなる軽蔑　内からの呼び声　二つの本能―蛇と鷲 ほか)　第3章 ニーチェ思想の展開(マクス・シュティルナー　ショーペンハウアー　ディオニュソス的芸術 ほか)　講義 フリードリヒ・ニーチェ　〔03449〕

シ

シュタイン, アレックス

◇成長戦略論―イノベーションのための法と経済学 (RULES FOR GROWTH)　ロバート・E.ライタン編著, 木下信行, 中原裕彦, 鈴木淳人監訳 NTT出版　2016.3　383p　23cm　6500円 ①978-4-7571-2352-6
内容 不法行為, イノベーション, 成長(ギデオン・パチョモフスキー, アレックス・シュタイン著, 木下信行監訳, 木下信行訳)　〔03450〕

シュタインカンプ, ペーター

◇軍服を着た救済者たち―ドイツ国防軍とユダヤ人救出工作 (Retter in Uniform)　ヴォルフラム・ヴェッテ編, 関口宏道訳　白水社　2014.6　225, 20p　20cm　2400円　①978-4-560-08370-3
内容 エーリヒ・ハイム軍曹(ペーター・シュタインカンプ著)　〔03451〕

シュタインマイアー, フランク=ヴァルター

◇安定とその敵 (Stability at bay)　Project Syndicate〔編〕　土曜社　2016.2　120, 2p 18cm　(プロジェクトシンジケート叢書)　952円　①978-4-907511-36-4
内容 対ISIS作戦を統合せよ(フランク=ヴァルター・シュタインマイアー著)　〔03452〕

シュタウディグル, ミヒャエル

◇間文化性の哲学　谷徹編　京都　文理閣　2014.8 284p　21cm　(立命館大学人文学企画叢書 01) 〈他言語標題：Philosophy of Interculturality〉 3500円　①978-4-89259-736-7
内容 ヨーロッパ、そしてその他者との関わり方への反省(ミヒャエル・シュタウディグル著, 黒岡佳柾訳)　〔03453〕

シュタゥディンガー, エドゥアルト　Staudinger, Eduard

◇オーストリアの歴史―第二次世界大戦終結から現代まで ギムナジウム高学年歴史教科書 (ZEITBILDER 8)　アントン・ヴァルト, エドゥアルト・シュタゥディンガー, アロイス・ショイヒャー, ヨーゼフ・シャイプル著, 中尾光延訳 明石書店　2014.5　342p　21cm　(世界の教科書シリーズ 40)　4800円　①978-4-7503-4012-8
内容 オーストリア―第二共和国　二つの"ブロック"に組織化された世界政治　戦争は終わった、しかし、平和はどこにもない　第二次世界大戦終結以降の危機の根源　"ソヴィエト連邦"から"独立国家共同体"へ "人民民主主義"から"我々が人民だ"まで　アメリカ―無(有)限の可能性へと開かれた国?　第二次世界大戦以降の中国と日本　アジアとアフリカの非植民地化　こんにちの"第三世界"〔ほか〕　〔03454〕

シュタウデンマイヤー, ディルク

◇ヨーロッパ私法の展望と日本民法典の現代化　川角由和, 中田邦博, 潮見佳男, 松岡久和編　日本評論社　2016.3　541p　22cm　(竜谷大学社会科学研究所叢書 第108巻)　〈他言語標題：Perspectives of European Private Law and Modernization of Japanese Civil Code〉7000円 ①978-4-535-52165-0
内容 欧州委員会におけるヨーロッパ契約法の共通化への取り組み(中田邦博, 馬場圭太インタビュアー, ディルク・シュタウデンマイヤー述)　〔03455〕

シュタッファ, クリスティアン

◇現代ドイツへの視座―歴史学的アプローチ　1 想起の文化とグローバル市民社会　石田勇治, 福永美和子編　勉誠出版　2016.8　434p　22cm 〈他言語標題：Neue Forschungen zur deutschen Zeitgeschichte〉5200円　①978-4-585-22512-6
内容 償いの印(クリスティアン・シュタッファ著, 福永美和子訳)　〔03456〕

シュタール, ティートゥス

◇承認―社会哲学と社会政策の対話　田中拓道編 法政大学出版局　2016.3　433, 18p　22cm　〈索引あり〉5200円　①978-4-588-62529-9
内容 社会正義と制度的権力(ティートゥス・シュタール著, 徳地真弥訳+解題)　〔03457〕

ジュタン, ブルーノ　Jetin, Bruno

◇台頭する中国その強靱性と脆弱性 (China's Rise)　区竜宇著, 白瑞雪, ブルーノ・ジュタン, ピエール・ルッセ寄稿, 寺本勉, 喜多幡佳秀, 湯川順夫, 早野一訳　柘植書房新社　2014.8　449, 24p　22cm　4600円　①978-4-8068-0664-6
内容 中国の台頭は不可避なのか、それとも減退していくのか(ブルーノ・ジュタン著, 湯川順夫訳)　〔03458〕

ジュッサーニ, ルイジ　Giussani, Luigi

◇キリストの主張の起源に (All'Origine della Pretesa Cristiana)　ルイジ・ジュッサーニ著, 貞広伴子, 貝田マルシア明美共訳　ドン・ボスコ社　2015.10　159p　21cm　1500円　①978-4-88626-588-3
内容 第1章 人間の宗教的創造性　第2章 啓示の必要性　第3章 人類の歩みにおける事実の謎　第4章 問題は歴史の中にどのように現れたか　第5章 時間の中で深まる確信　第6章 啓示におけるキリストの教育法　第7章 明白な宣言　第8章 イエスの人生観　第9章 意外な主張を前にして　〔03459〕

シュッツ, アルフレッド　Schutz, Alfred

◇生活世界の構造 (STRUKTUREN DER

LEBENSWELT)　アルフレッド・シュッツ, トーマス・ルックマン著, 那須寿監訳　筑摩書房　2015.11　634, 4p　15cm　(ちくま学芸文庫 シ36-1)　〈索引あり〉1700円　①978-4-480-09705-7

内容 第1章 日常の生活世界と自然的態度(自然な世界観の問われることのない地盤としての生活世界　疑いのない所与と問題的なもの　体験する主観にとっての生活世界の構造化　プランと実行可能性)　第2章 生活世界の成層化(限定的な意味構造をもった現実の諸領域　日常の生活世界の成層化)　第3章 生活世界についての知識(知識集積―その状況関係性と発生、構造　レリヴァンス　類型性)　第4章 知識と社会(主観的知識集積の社会的条件づけ　社会的な知識集積の成立　社会的な知識集積の構造　社会的な知識集積の主観的対応物)　〔03460〕

シュッツ, アントン

◇デリダ、ルーマン後の正義論―正義は〈不〉可能か (Nach Jacques Derrida und Niklas Luhmann)　グンター・トイプナー編著, 土方透監訳　新泉社　2014.4　317p　22cm　〈文献あり〉3800円　①978-4-7877-1405-3

内容 正義の論調について(アントン・シュッツ著, 吉岡剛彦訳)　〔03461〕

シュッツ, ウィル　Schutz, Will

◇ヒューマン・エレメント・アプローチ　個人編　個人のセルフエスティームを高める (The Human Element 原著第2版の抄訳)　ウィル・シュッツ著, ビジネスコンサルタント編訳　白桃書房　2014.10　143p　22cm　1800円　①978-4-561-22646-8

内容 第1章 ヒューマン・エレメント・モデル―他者との関わりの中で自分とその関係性を理解する3つの次元(ヒューマン・エレメント・モデルが大切にする仮説　ヒューマン・エレメント・モデルの要素：次元と局面　ヒューマン・エレメント・モデルの3つの基本的次元　開放性の限界)　第2章 自己概念(セルフコンセプト)とセルフエスティーム―個人として、プロフェッショナルとして最高の生産性を上げるための基本的要素(自己概念と3つの次元：仲間性、支配性、開放性　自己概念を理解するためのモデル　自己防衛のプロセスを発見する　セルフエスティーム：ポジティブな自己概念を確立する　組織の中でセルフエスティームを向上する)　〔03462〕

◇ヒューマン・エレメント・アプローチ　組織編　信頼感あふれるオープンで生産性の高い組織をつくる (The Human Element 原著第2版の抄訳)　ウィル・シュッツ著, ビジネスコンサルタント編訳　白桃書房　2014.10　171p　22cm　1800円　①978-4-561-22647-5

内容 第1章 生産性の高いチームをつくる―協働性の高い、オープン・チームワーク(チームワークと生産性　チームワークへのアプローチ　オープン・チームワーク)　第2章 個人の業績を最高にする―業績の向上と創造性を発揮する(個人の業績考課を再考する　ヒューマン・エレメント・アプローチ　創造性と論理的な考えにおける障害を除く)　第3章 コンコーダンスによる意思決定―全員が支持するより良い意思決定の開発、活用(ヒューマン・エレメント・アプローチ　コンコーダンスを実施するためのガイドライン　葛藤解決のためのガイドライン)　第4章 リーダーシップとヒューマン・エレメント・アプローチ(リーダーシップにおける謎　ヒューマン・エレメント的組織を定義する　ヒューマン・エレメント的組織をつくる)　終章 真に肝要なこと　〔03463〕

シュティーガー, ローランド　Stieger, Roland

◇スイスのブックデザイン―本の過去と未来「世界のブックデザイン2013-14」講演会　ローランド・シュティーガー〔述〕, 蔵原順子通訳, 寺本美奈子企画・編集　凸版印刷印刷博物館　2015.3　55p　25cm　(印刷博物館講演録)　〈他言語標題：Geschichte und zukunft des buches　会期・会場：2014年11月29日 印刷博物館グーテンベルクルーム　ドイツ語併記〉　〔03464〕

ジュディース, マリア　Giudice, Maria

◇CEOからDEOへ―「デザインするリーダー」になる方法 (Rise of the DEO)　マリア・ジュディース, クリストファー・アイアランド著, 坂東智子訳　ビー・エヌ・エヌ新社　2014.9　319p　21cm　〈文献あり 索引あり〉2600円　①978-4-86100-935-8

内容 NOW　ME　WE　DO　BE　NEXT　〔03465〕

シュテーサー, エーベルハルト

◇子どもと離婚―合意解決と履行の支援　二宮周平, 渡辺惺之編　信山社　2016.4　456p　22cm　6200円　①978-4-7972-9305-0

内容 コッヘム・モデルとは何か(エーベルハルト・シュテーサー著, 佐々木健訳)　〔03466〕

シュテッヒャー, ルートヴィヒ

◇学校を場とする放課後活動の政策と評価の国際比較―格差是正への効果の検討　金藤ふゆ子編著　福村出版　2016.3　343p　22cm　5200円　①978-4-571-10172-4

内容 ドイツの学校を場とする放課後活動の政策と評価(ザビーネ・マシュケ, ルートヴィヒ・シュテッヒャー著, 金藤ふゆ子監訳)　〔03467〕

シュテファネッツ, ナタシャ

◇16・17世紀の海商・海賊―アドリア海のウスコクと東シナ海の倭寇　越村勲編　彩流社　2016.3　135, 110p　21cm　〈他言語標題：MARINE MERCHANTS & PIRATES DURING THE 16TH AND 17TH CENTURIES　英語併記〉　3200円　①978-4-7791-2146-3

内容 ウスコク、戦争と交易の間で(ナタシャ・シュテファネッツ著, 越村勲訳)　〔03468〕

シュテュルナー, ロルフ

◇グローバル化と社会国家原則―日独シンポジウム　高田昌宏, 野田昌吾, 守矢健一編　信山社　2015.5　386p　22cm　(総合叢書 17―〔ドイツ法〕)　12000円　①978-4-7972-5467-9

内容 債権譲渡によるリファイナンスと債務者の保護(ロルフ・シュテュルナー著, 藤井徳展訳)　〔03469〕

シュテンベルガー, ギュンター　Stemberger, Günter

◇ユダヤ教―歴史・信仰・文化 (Jüdische Religion)　G.シュテンベルガー著, A.ルスター

シ

ホルツ, 野口崇子訳　教文館　2015.3　210, 13p　19cm　〈文献あり 索引あり〉2100円　①978-4-7642-6716-9

内容 第1章 神の民への仲間入り　第2章 ユダヤ人の家庭　第3章 学校と学び　第4章 律法遵守の始まり　第5章 シナゴーグ(会堂)　第6章 結婚と家庭　第7章 死・葬儀・来たるべき世　〔03470〕

シ

シュト, ヘンク　Schut, Henk

◇死別体験―研究と介入の最前線（Handbook of Bereavement Research and Practice 原著第3版の抄訳）　マーガレット・S.シュトレーベ, ロバート・O.ハンソン, ヘンク・シュト, ウォルフガング・シュトレーベ編, 森茂起, 森年恵訳　誠信書房　2014.3　322p　22cm　〈文献あり 索引あり〉4400円　①978-4-414-41454-7

内容 死別研究―現代の視点(マーガレット・S.シュトレーベ, ロバート・O.ハンソン, ヘンク・シュト, ウォルフガング・シュトレーベ著)　〔03471〕

シュトライス, ミヒャエル

◇戦時体制と法学者―1931～1952　小野博司, 出口雄一, 松本尚子編　国際書院　2016.3　413p　21cm　〈索引あり〉5600円　①978-4-87791-272-7

内容 比較という視座から得られる示唆(ミヒャエル・シュトライス著, 周円訳)　〔03472〕

シュトラインツ, ルドルフ　Streinz, Rudolf

◇ドイツ法秩序の欧州化―シュトラインツ教授論文集　ルドルフ・シュトラインツ著, 新井誠訳　八王子　中央大学出版部　2014.2　350p　21cm　(日本比較法研究所翻訳叢書 67)　〈他言語標題：Die Europäisierung der deutschen Rechtsordnung　著作目録あり 索引あり〉4400円　①978-4-8057-0368-7

内容 第1部 欧州憲法(ドイツ連邦制議論における欧州憲法　欧州の憲法体制―未完の連邦国家か国家間連結か、はたまた比類なき現象か　欧州憲法制定プロセス―欧州憲法条約蹉跌後およびリスボン条約後の基盤と価値、将来の展望　リスボン条約―欧州の憲法君の信心や如何に―欧州人権裁判所の十字架像事件判決に寄せて　リスボン条約判決およびハニーウェル事件判決後の欧州司法裁判所に対する連邦憲法裁判所による審査留保)　第2部 欧州法事例研究(欧州連合市民権―移動・居住の自由の制限　自由な商品の移動―輸入数量制限禁止の、商業的性格の独占に関する規定との区分　指令に適合する解釈、指令の直接的効力、国家賠償請求権)　第3部 食品法(ドイツと欧州の食品法は文化的同一性の表現になり得るか)　第4部 民法(民法秩序欧州化の基盤)　第5部 スポーツ法(「スポーツ国家」としてのドイツ―スポーツと憲法が相互に期待するもの)　〔03473〕

シュトラウス, レオ　Strauss, Leo

◇政治哲学とは何であるか？　とその他の諸研究（What Is Political Philosophy？ AND OTHER STUDIES）　レオ・シュトラウス著, 飯島昇藏, 石崎嘉彦, 近藤和貴, 中金聡, 西永亮, 高田宏史訳　早稲田大学出版部　2014.2　366p　21cm　〈索引あり〉4800円　①978-4-657-14001-2

内容 1 政治哲学とは何であるか？　2 政治哲学と歴史　3 古典的政治哲学について　4 クセノフォンの『ヒエロン』についての再陳述　5 いかにしてファーラービーはプラトンの『法律』を読んだか　6 政治科学についてのマイモニデスの陳述　7 ホッブズの政治哲学の基礎について　8 ロックの自然法の教説　9 忘れられた種類の著述について　10 クルト・リーツラー　〔03474〕

◇都市と人間（THE CITY AND MAN）　レオ・シュトラウス〔著〕, 石崎嘉彦, 飯島昇藏, 小高康照, 近藤和貴, 佐々木潤訳　法政大学出版局　2015.7　428p　20cm　(叢書・ウニベルシタス 1029)　〈索引あり〉4400円　①978-4-588-01029-3

内容 序論　第1章 アリストテレスの政治学について　第2章 プラトンの共和国について　第3章 トゥキュディデスの『ペロポンネソス人たちとアテナイ人たちの戦争』について　〔03475〕

◇ナチュラル・ライトと歴史（Natural right and history）　レオ・シュトラウス〔著〕, 遠藤司訳　伊勢　皇学館大学出版部　2016.4　382p　19cm　1490円　①978-4-87644-200-3　〔03476〕

シュトルム, エルトマン　Sturm, Erdmann

◇ティリッヒとフランクフルト学派―亡命・神学・政治　深井智朗監修, フリードリヒ・ヴィルヘルム・グラーフ, アルフ・クリストファーセン, エルトマン・シュトルム, 竹渕香織編　法政大学出版局　2014.2　293, 33p　19cm　(叢書・ウニベルシタス)　3500円　①978-4-588-01005-7

内容 テオドール・ヴィーゼングルント・アドルノとパウル・ティリッヒ(エルトマン・シュトルム編, 兼松誠, 深井智朗編訳)　〔03477〕

シュトレーク, ヴォルフガング　Streeck, Wolfgang

◇時間かせぎの資本主義―いつまで危機を先送りできるか（GEKAUFTE ZEIT 原著第4版の翻訳）　ヴォルフガング・シュトレーク〔著〕, 鈴木直訳　みすず書房　2016.2　317p　20cm　〈文献あり〉4200円　①978-4-622-07926-2

内容 序章 危機理論―当時と現在　第1章 正当性危機から財政危機へ(新しいタイプの危機　危機理論が想定していなかった二つのこと ほか)　第2章 新自由主義的改革―租税国家から債務国家へ(民主主義の機能不全による財政危機？　新自由主義革命における資本主義と民主主義 ほか)　第3章 財政再建国家の政策―ヨーロッパの新自由主義(統合と自由化　自由化マシーンとしてのEU ほか)　結語 次に来るものは何か？ (次なるものは？　資本主義か、民主主義か ほか)　〔03478〕

シュトレーベ, ウォルフガング　Stroebe, Wolfgang

◇死別体験―研究と介入の最前線（Handbook of Bereavement Research and Practice 原著第3版の抄訳）　マーガレット・S.シュトレーベ, ロバート・O.ハンソン, ヘンク・シュト, ウォルフガング・シュトレーベ編, 森茂起, 森年恵訳　誠信書房　2014.3　322p　22cm　〈文献あり 索引あり〉4400円　①978-4-414-41454-7

内容 死別研究―現代の視点(マーガレット・S.シュトレーベ, ロバート・O.ハンソン, ヘンク・シュト, ウォルフガング・シュトレーベ著)　〔03479〕

シュトレーベ, マーガレット・S. Stroebe, Margaret S.

◇死別体験—研究と介入の最前線（Handbook of Bereavement Research and Practice 原著第3版の抄訳） マーガレット・S.シュトレーベ, ロバート・O.ハンソン, ヘンク・シュト, ウォルフガング・シュトレーベ編, 森茂起, 森年恵訳 誠信書房 2014.3 322p 22cm 〈文献あり 索引あり〉 4400円 ①978-4-414-41454-7

内容 死別研究—現代の視点（マーガレット・S.シュトレーベ, ロバート・O.ハンソン, ヘンク・シュト, ウォルフガング・シュトレーベ著） 〔03480〕

シュトレング, フランツ

◇いま死刑制度を考える 井田良, 太田達也編 慶応義塾大学出版会 2014.2 195p 19cm 〈索引あり〉 2000円 ①978-4-7664-2100-2

内容 死刑制度（フランツ・シュトレング著, 小名木明宏訳） 〔03481〕

シュトローム, クリストフ Strohm, Christoph

◇キリスト教の主要神学者 上 テルトゥリアヌスからカルヴァンまで（Klassiker der Theologie, Bd.1 ： Von Tertullian bis Calvin） F.W.グラーフ編, 片柳栄一監訳 教文館 2014.8 360, 5p 21cm 3900円 ①978-4-7642-7383-2

内容 ジャン・カルヴァン（一五〇九—一五六四）（クリストフ・シュトローム） 〔03482〕

◇カルヴァン—亡命者と生きた改革者（Johannes Calvin） C.シュトローム著, 菊地純子訳 教文館 2016.7 171, 11p 19cm 〈文献あり 年譜あり 索引あり〉 2200円 ①978-4-7642-6725-1

内容 「司教座教会の陰で」—子ども時代と青年時代 パリでの基礎過程の学び—スコラ学と教会の正統信仰 オルレアンとブルージュでの法律の学び—人文主義的法学への旅立ち 一五三二年のセネカ『寛容論』の註解書—人文主義の魅惑 「前触れなしの変化」—宗教改革へ向かう 『キリスト教綱要』（一五三六年版）—弁明と宗教改革綱領 「あのフランス人」—ジュネーヴでの最初の活動（一五三六 - 三八年） 「カルヴァンがカルヴァンとなる」—シュトラスブルク（一五三八 - 四一年） ジュネーヴ（一五四一 - 四二年）—教会規律の再編成 教会規律の実践をめぐる争い（一五四三 - 五五年） 教えの一致と教えの純粋さ—宗教改革の成果をめぐる闘争 先鋭化（一五五三 - 五四年） 強化と教派の形成、迫害と完成（一五五五 - 六四年） 宗教改革の仕事と世の中への影響 〔03483〕

シュトローム‐ゴットフリート, キム

◇ダイレクト・ソーシャルワークハンドブック—対人支援の理論と技術（Direct social work practice（第8版）） ディーン・H.ヘプワース, ロナルド・H.ルーニー, グレンダ・デューベリー・ルーニー, キム・シュトローム‐ゴットフリート, ジョアン・ラーセン著, 武田信子監修, 北島英治, 渋谷昌史, 平野直己, 藤林慶子, 山野則子監訳 明石書店 2015.3 975p 27cm 〈文献あり〉 25000円 ①978-4-7503-4171-2 〔03484〕

シュナイダー, シェリー Schneider, Sherrie

◇現代版ルールズ（NOT YOUR MOTHER'S RULES） エレン・ファイン, シェリー・シュナイダー〔著〕, 田村明子訳 ベストセラーズ 2015.4 311p 15cm （ワニ文庫 P-265） 740円 ①978-4-584-39365-9

内容 1 なぜ本書を書いたのか 2 娘たちから『ルールズ』について一言 3 「娘たちを抱きしめて」母親のためのルールズ 4 理想の男性を手に入れる31の法則 5 ルールズに関するQ&A 6 繰り返す価値のある20のルールズ Conclusion デートは努力である！ 〔03485〕

◇ルールズ・ベスト—ベストパートナーと結婚するための絶対法則 エレン・ファイン, シェリー・シュナイダー著, キャシ天野訳 青春出版社 2015.5 238p 20cm 〈他言語標題：The RULES BEST〉 1500円 ①978-4-413-03951-2

内容 1 基本のルールズ 2 出会いのルールズ 3 始まりのルールズ 4 お付き合いのルールズ 5 メールのルールズ 6 お見合いサイト・パーティのルールズ 7 結婚後のルールズ 〔03486〕

シュナイダー, ヘルムート

◇ヘーゲル講義録研究（Nachschriften von Hegels Vorlesungen） オットー・ペゲラー編, 寄川条路監訳 法政大学出版局 2015.11 279, 2p 22cm 〈索引あり〉 3000円 ①978-4-588-15074-6

内容 美学講義〈一八二〇/二一年〉（ヘルムート・シュナイダー著, 滝本有香訳） 〔03487〕

シュナイダー, G.* Schneider, Gerhard

◇ギリシア語新約聖書釈義事典 1 'Aαρω ν − 'Eνω χ（Exegetisches Wörterbuch zum Neuen Testament） Horst Balz,Gerhard Schneider〔編〕, 荒井献,H.J.マルクス監修 全巻セット縮刷版 教文館 2015.3 542p 22cm 〈索引あり〉 ①978-4-7642-4039-1 〔03488〕

◇ギリシア語新約聖書釈義事典 2 ϵ'ξ −o'ψω νιον（Exegetisches Wörterbuch zum Neuen Testament） Horst Balz,Gerhard Schneider〔編〕, 荒井献,H.J.マルクス監修 全巻セット縮刷版 教文館 2015.3 641p 22cm 〈索引あり〉 ①978-4-7642-4039-1 〔03489〕

◇ギリシア語新約聖書釈義事典 3 παγιδϵυω − ω 'φϵλιμος（Exegetisches Wörterbuch zum Neuen Testament） Horst Balz,Gerhard Schneider〔編〕, 荒井献,H.J.マルクス監修 全巻セット縮刷版 教文館 2015.3 597p 22cm 〈索引あり〉 ①978-4-7642-4039-1 〔03490〕

シュナペール, ドミニク Schnapper, Dominique

◇市民の共同体—国民という近代的概念について（LA COMMUNAUTÉ DES CITOYENS） ドミニク・シュナペール〔著〕, 中嶋洋平訳 法政大学出版局 2015.5 264, 30p 20cm （叢書・ウニベルシタス 1026） 〈索引あり〉 3500円 ①978-4-588-01026-2

内容 序論 理念としての国民と民主主義 第1章 定義 第2章 政治的なものと国民的なもの 第3章 市民権による超越 第4章 国民的特殊性の創出 第5章 国民を考える 結論 国民に対立する民主主義？ 〔03491〕

ジュノー, マルセル Junod, Marcel

◇ドクター・ジュノーの戦い—エチオピアの毒ガス

シ

からヒロシマの原爆まで (LE TROISIÈME COMBATTANT)　マルセル・ジュノー著, 丸山幹正訳　新装版　勁草書房　2014.5　293, 3p 図版22p　20cm　3000円　①978-4-326-75052-8 〔03492〕

シュバイツァー, ルイ　Schweitzer, Louis

◇新たなる使命―ルイ・シュバイツァー自叙伝　ルイ・シュバイツァー, 富永典子著　小学館クリエイティブ　2014.8　341p　19cm　〈文献あり　発売：小学館〉1500円　①978-4-7780-3510-5

内容 第1章「日本との四つの出会い」　第2章「シュバイツァー家の精神」　第3章「国家の中枢で働く―首相官房長の日々」　第4章「ルノーを率いる―民営化、カルロス・ゴーンとの出会い、そして日産とのアライアンス」　「ルノーインタビューズ」　「日産インタビューズ」　第5章「社会的活動と芸術への情熱」　第6章「日本とフランスをつなぐ―日仏パートナーシップ」 〔03493〕

シューバート, アンドリュー

◇EMDRがもたらす治癒―適用の広がりと工夫 (EMDR Solutions)　ロビン・シャピロ編, 市井雅哉, 吉川久史, 大塚美菜子監訳　二瓶社　2015.12　460p　22cm　〈索引あり〉5400円　①978-4-86108-074-6

内容 知的障害のあるクライエントとのEMDR (アンドリュー・シューバート著, 嚢和路子訳) 〔03494〕

シューハート, エリカ　Schuchardt, Erika

◇なぜわたしが?―危機を生きる (Warum gerade ich?　(12. Auflage))　エリカ・シューハート著, 戸川英夫監修, 山城順訳　諫早　長崎ウエスレヤン大学　2011.6　225p　19cm　(長崎ウエスレヤン大学研究叢書 1)　1429円　①978-4-905026-03-7 〔03495〕

シュパール, リヒャルト

◇新MEGAと『ドイツ・イデオロギー』の現代的探究―広松版からオンライン版へ　大村泉, 渋谷正, 窪俊一編著　八朔社　2015.3　337p　21cm　3500円　①978-4-86014-072-4

内容 新MEGAと草稿テキストの成立史的編集方法 (リヒャルト・シュパール著, 佐山圭司訳) 〔03496〕

シューバルト, ヴァルター　Schubart, Walter

◇宗教とエロス (Religion und Eros)　ヴァルター・シューバルト〔著〕, 石川実, 平田達治, 山本実訳　新装版　法政大学出版局　2015.3　389p　20cm　(叢書・ウニベルシタス 61)　3800円　①978-4-588-14007-5

内容 第1章 根源についての魔神論　第2章 創造の歓喜　第3章 貧食本能と呪術　第4章 救済のモチーフ　第5章 崇拝と融合　第6章 退化の諸形態　第7章 死と悲劇精神　第8章 エロスと神々の不和　第9章 キリスト教と禁欲主義　第10章 神々のもとへのエロスの帰還 〔03497〕

シュパルン, W.　Sparn, Walter

◇ルターの言葉―信仰と思索のために (Martin Luther Lektüre für Augenblicke)　W.シュパルン編, 湯川郁子訳　教文館　2014.10　252, 5p　19cm　2000円　①978-4-7642-6714-5

内容 1 信仰　2 みことば　3 経験　4 自由　5 人の心 〔03498〕

シュプランガー, エドゥアルト　Spranger, Eduard

◇教育における意図せざる副次作用の法則 (Das Gesetz der Ungewollten Nebenwirkungen in der Erziehung)　エドゥアルト・シュプランガー著, 岩間浩翻訳企画・編集　岩間教育科学文化研究所　2014.11　145p　21cm　〈付・シュプランガーの『人文主義と青年心理学』について　『シュプランガー断章』姉妹編〉1200円 〔03499〕

シュペーマン, ローベルト　Spaemann, Robert

◇幸福と仁愛―生の自己実現と他者の地平 (Glück und Wohlwollenの抄訳)　ローベルト・シュペーマン著, 宮本久雄, 山脇直司監訳　東京大学出版会　2015.9　283p　22cm　5500円　①978-4-13-010115-8

内容 第1部 古典的倫理学の基本テーマ―幸福 (生の自己実現に関する思想としての倫理学　エウダイモニアと快楽主義　自己保存あるいはストア派の倫理　アリストテレス的妥協)　第2部 古典的倫理学から近代的倫理学へ―そのキー概念としての仁愛 (道徳領域の分化　理性と生命　仁愛―存在者の存在の知覚・覚得　愛の秩序―他者の地平)　第3部 現代倫理思想との対峙 (帰結主義　討議　システム論と倫理　規範性 (ノモス) と自然性 (ピュシス))　第4部 現代倫理思想の課題 (責任　赦し―他者との共生) 〔03500〕

シューヘル, スーザン

◇EMDRがもたらす治癒―適用の広がりと工夫 (EMDR Solutions)　ロビン・シャピロ編, 市井雅哉, 吉川久史, 大塚美菜子監訳　二瓶社　2015.12　460p　22cm　〈索引あり〉5400円　①978-4-86108-074-6

内容 「むちゃ食い・ダイエットサイクル」からの脱出 (スーザン・シューヘル著, 大沢智子訳) 〔03501〕

シューベルト, リンダ

◇人生を変える祈り　リンダ・シューベルト著, 佐々木博訳　長崎　聖母の騎士社 (印刷)　2012.6　47p　19cm　300円　①978-4-88216-335-0 〔03502〕

シュベンカー, ブルクハート

◇変革の知　ジャレド・ダイアモンドほか〔述〕, 岩井理子訳　KADOKAWA　2015.2　251p　18cm　(角川新書 K-1)　900円　①978-4-04-102413-3

内容 世代を見通す「職人」資本主義を学ぶべき (ブルクハート・シュベンカー述) 〔03503〕

シュペングラー, オスヴァルト・アルノルト・ゴットフリート　Spengler, Oswald Arnold Gottfried

◇西洋の没落―世界史の形態学の素描　第1巻　形態と現実 (Der Untergang des Abendlandes)　オスヴァルト・シュペングラー著, 村松正俊訳　ニュー・エディション　五月書房　2015.6　602p　21cm　〈索引あり〉4500円　①978-4-7727-0514-1 〔03504〕

◇西洋の没落―世界史の形態学の素描　第2巻　世界史的展望 (Der Untergang des Abendlandes)

オスヴァルト・シュペングラー著, 村松正俊訳　ニュー・エディション　五月書房　2015.8　666p　21cm　〈索引あり〉4500円　①978-4-7727-0515-8
内容 起源と土地　都市と民族　アラビア文化の諸問題　国家　経済生活の形式界　〔03505〕

シュミーク, F.*　Schmieg, Florence I.
◇学生が変わるプロブレム・ベースド・ラーニング実践法―学びを深めるアクティブ・ラーニングがキャンパスを変える（THE POWER OF PROBLEM-BASED LEARNING）　ダッチ・B.J, グロー・S.E, アレン・D.E編, 山田康彦, 津田司監訳, 三重大学高等教育創造開発センター訳　京都　ナカニシヤ出版　2016.2　282p　22cm　〈索引あり〉3600円　①978-4-7795-1002-1
内容 大規模クラスと小規模クラスにおけるPBL―生物学入門の事例研究（Richard S.Donham, Florence I.Schmieg, Deborah E.Allen著, 後藤太一郎訳）　〔03506〕

シュミッツ, デイヴィッド
◇徳倫理学―ケンブリッジ・コンパニオン（The Cambridge Companion to Virtue Ethics）　ダニエル・C.ラッセル編, 立花幸司監訳, 相沢康隆, 稲村一隆, 佐良土茂樹訳　春秋社　2015.9　521, 29p　20cm　〈文献あり 索引あり〉5200円　①978-4-393-32353-3
内容 環境徳倫理学（マット・ズウォリンスキー, デイヴィッド・シュミッツ著, 佐良土茂樹訳）〔03507〕

シュミッツ, B.*　Schmitz, Bernhard
◇自己調整学習ハンドブック（HANDBOOK OF SELF-REGULATION OF LEARNING AND PERFORMANCE）　バリー・J.ジマーマン, ディル・H.シャンク編, 塚野州一, 伊藤崇達監訳　京都　北大路書房　2014.9　434p　26cm　〈索引あり〉5400円　①978-4-7628-2874-4
内容 日誌法を用いた大学生の自己調整学習の評価（Bernhard Schmitz, Julia Klug, Michaela Schmidt著, 深谷達史訳）　〔03508〕

シュミット, エリック　Schmidt, J.Eric
◇秩序の喪失　プロジェクトシンジケート叢書編集部訳　土曜社　2015.2　164, 3p　19cm　（プロジェクトシンジケート叢書）〈他言語標題：Loss of order〉1850円　①978-4-907511-15-9
内容 機械いじりの修行時代（エリック・シュミット著）　〔03509〕

シュミット, カール　Schmitt, Carl
◇現代議会主義の精神史的状況―他一篇（DIE GEISTESGESCHICHTLICHE LAGE DES HEUTIGEN PARLAMENTARISMUS, Der Gegensatz von Parlamentarismus und moderner Massendemokratie）　カール・シュミット著, 樋口陽一訳　岩波書店　2015.7　174, 4p　15cm　（岩波文庫 34-030-1）〈索引あり〉600円　①978-4-00-340301-3
内容 現代議会主義の精神史的状況――九二三年（民主主義と議会主義　議会主義の諸原理　マルクス主義の思考における独裁　直接的暴力行使の非合理主義理論）　議会主義と現代の大衆民主主義との対立――九二六年（議会主義　民主主義）　〔03510〕

シュミット, サンドラ　Smidt, Sandra
◇幼児教育入門―ブルーナーに学ぶ（Introducing Bruner : A Guide for Practitioners and Students in Early Years Education）　サンドラ・シュミット著, 野村和訳　明石書店　2014.6　210p　21cm　2500円　①978-4-7503-4034-0
内容 第1章 ジェローム・ブルーナーの生い立ちとその時代　第2章 ジェローム・ブルーナーの心の人生　第3章 心と意味　第4章 素晴らしき赤ちゃん　第5章 コミュニケーションから話すことへ　第6章 名付けと指示の学習　第7章 依頼と質問の学習　第8章 ペダゴジーと学習　第9章 ナラティヴ：物語をつくる　〔03511〕

シュミット, トーマス・M.
◇人権への権利―人権、民主主義そして国際政治（Recht auf Menschenrechte）　ハウケ・ブルンクホルスト, ヴォルフガング・R.ケーラー, マティアス・ルッツ＝バッハマン編, 舟場保之, 御子柴善之監訳　吹田　大阪大学出版会　2015.1　335, 13p　21cm　〈索引あり〉3700円　①978-4-87259-491-1
内容 世界憲法体制という基本的法権利？（トーマス・M.シュミット著, 浜野喬士訳）　〔03512〕

シュミット, ブライアン・C.
◇ウェストファリア史観を脱構築する―歴史記述としての国際関係論　山下範久, 安高啓朗, 芝崎厚士編　京都　ナカニシヤ出版　2016.7　260p　22cm　〈他言語標題：Deconstructing the Westphalian Discourse　索引あり〉3500円　①978-4-7795-1095-3
内容 国際関係学史における神話の破壊と歴史記述の転回（ブライアン・C.シュミット著, 芝崎厚士構成・訳）　〔03513〕

シュミット, ベッツィー　Schmitt, Betsy
◇こんなときどうする？―親子ディボーション365（Sticky Situations 2）　ベッツィー・シュミット著, ブルキ羊子訳　いのちのことば社　2016.12　414p　20×15cm　1900円　①978-4-264-03596-1
内容 1月 愛と親切さ　2月 天国の宝　3月 誠実さ　4月 舌を制御する　5月 従順さ　6月 仕える＆管理する　7月 友達と家族　8月 あわれみと赦し　9月 責任と働き　10月 知恵と謙遜さ　11月 クリスチャンの性質　12月 感謝して満足する　〔03514〕

シュミット, ヘルムート（政治学）　Schmidt, Helmut
◇世界はなぜ争うのか―国家・宗教・民族と倫理をめぐって　福田康夫, ヘルムート・シュミット, マルコム・フレーザー他著, ジェレミー・ローゼン編集, 渥美桂子訳　朝倉書店　2016.3　296p　21cm　〈他言語標題：Ethics in Decision-Making〉非売品
内容 政治家と倫理規範（ヘルムート・シュミット著）　〔03515〕

◇世界はなぜ争うのか―国家・宗教・民族と倫理をめぐって　福田康夫, ヘルムート・シュミット, マルコム・フレーザー他著, ジェレミー・ローゼン

シ

編集, 渥美桂子訳　朝倉書店　2016.5　296p　21cm　〈他言語標題：Ethics in Decision-Making〉 1850円　①978-4-254-50022-6
内容 政治家と倫理規範（ヘルムート・シュミット著）〔03516〕

シュミット, M.* Schmidt, Michaela
◇自己調整学習ハンドブック（HANDBOOK OF SELF-REGULATION OF LEARNING AND PERFORMANCE）バリー・J.ジマーマン, ディル・H.シャンク編, 塚野州一, 伊藤崇達監訳　京都　北大路書房　2014.9　434p　26cm　〈索引あり〉 5400円　①978-4-7628-2874-4
内容 日誌法を用いた大学生の自己調整学習の評価（Bernhard Schmitz, Julia Klug, Michaela Schmidt著, 深谷達史訳）〔03517〕

シ

シュミットポット, カティヤ
◇戦後日独関係史　工藤章, 田嶋信雄編　東京大学出版会　2014.7　525, 19p　22cm　〈索引あり〉 8800円　①978-4-13-026260-6
内容 冷戦下の通商と安全保障―一九四九――九六三年（カティヤ・シュミットポット著, 平野達志訳）〔03518〕

シュミット・ラントシュ, J.S.* Schmidt-Räntsch, Jürgen
◇債権法改正に関する比較法的検討―日独法の視点から 独日法律家協会・日本比較法研究所シンポジウム記録集　只木誠, ハラルド・バウム編　八王子　中央大学出版部　2014.6　439p　22cm（日本比較法研究所研究叢書 96）〈他言語標題：Schuldrechtsmodernisierung in Japan　ドイツ語抄訳付〉 5500円　①978-4-8057-0595-7
内容 ドイツにおける債務法現代化の状況（Jürgen SCHMIDT-RÄNTSCH述, 新井誠訳）〔03519〕

シュムペーター, ヨセフ・アロイス　Schumpeter, Joseph Alois
⇒シュンペーター, ヨーゼフ

シュメーケル, M.　Schmoeckel, Mathias
◇ヨーロッパ史のなかの裁判事例―ケースから学ぶ西洋法制史（Fälle aus der Rechtsgeschichte）U.ファルク,M.ルミナティ,M.シュメーケル編著, 小川浩三, 福田誠治, 松本尚子監訳　京都　ミネルヴァ書房　2014.4　445p　22cm　〈索引あり〉 6000円　①978-4-623-06559-2
内容 ロータル2世の婚姻紛争（マティアス・シュメーケル著, 小川浩三訳）〔03520〕

シュモルト, ハンス　Schmoldt, Hans
◇聖書人名小辞典―レクラム版（Lexikon der biblischen Personen und Gestalten）ハンス・シュモルト著, 高島市子訳　大阪　創元社　2014.9　316p　19cm　2400円　①978-4-422-14392-7〔03521〕

シューラー, E.　Schürer, Emil
◇イエス・キリスト時代のユダヤ民族史　3（Geschichte des jüdischen Volkes im Zeitalter Jesu Christi（重訳））E.シューラー著, 小河陽, 安達かおり, 馬場幸栄訳　教文館　2014.1　416p　22cm　9000円　①978-4-7642-7353-5
内容 第2部 内部情況（文化的背景　政治制度　祭司職と神殿祭儀　エルサレムでの祭儀への異邦人の参加）〔03522〕
◇イエス・キリスト時代のユダヤ民族史　4（Geschichte des jüdischen Volkes im Zeitalter Jesu Christi（重訳））E.シューラー著, 上村静, 大庭昭博, 小河陽訳　教文館　2015.2　372p　22cm　8500円　①978-4-7642-7354-2
内容 第25節 トーラーの学習　第26節 ファリサイ派とサドカイ派　第27節 学校とシナゴーグ　補遺 シュマアとシュモネ・エスレー　第28節 生活と律法　第29節 メシア信仰　補遺（苦難のメシア　クムランのメシアとメシア信仰）　第30節 エッセネ派　補遺（テラペウタイ　第四哲学：シカリイーと熱心党）〔03523〕

シュライアマハー, フリードリヒ　Schleiermacher, Friedrich Daniel Ernst
◇『キリスト教信仰』の弁証―『信仰論』に関するリュッケ宛ての二通の書簡（Schleiermachers Sendschreiben über seine Glaubenslehre an Lücke）F.D.E.シュライアマハー著, 安酸敏真訳　知泉書館　2015.8　182, 46p　20cm　〈布装　索引あり〉 3200円　①978-4-86285-214-4
内容 第一の書簡（書簡の目的　間違った批判に対する態度　知識と敬虔の関係　依存感情についての誤解　神意識 ほか）　第二の書簡（書簡の目的　『信仰論』の再構成に関する問い　現在の構成が引き起こしたいろいろな誤解　再編成の利点　再編成をしないとの決断 ほか）〔03524〕
◇ドイツ的大学論（Gelegentliche Gedanken über Universitäten in deutschem Sinn）フリードリヒ・シュライアマハー著, 深井智朗訳　未来社　2016.2　185p　19cm（転換期を読む 25）2200円　①978-4-624-93445-3
内容 1 学問的な団体と国家との関係について　2 学校、大学、アカデミーについて　3 大学一般についてのより詳細な考察　4 諸学部について　5 大学の倫理と監督について　6 学位を授与することについて　付録 "ベルリンに"新たに設置される大学について　訳者解題 ベルリン大学創設とシュライアマハーの『大学論』（一八〇八年）〔03525〕

シュライエック, トーマス　Schreijäck, Thomas
◇文化と宗教基礎用語事典―授業、講義、キャリアのための101の基本概念（BASISWISSEN KULTUR UND RELIGION）ベアーテ＝イレーネ・ヘーメル, トーマス・シュライエック編著, 岡野治子監訳, 硲智樹, 岡野薫訳　海鳴社　2015.5　314p　19cm　〈索引あり〉 3600円　①978-4-87525-317-4
内容 愛　アイデンティティ　悪　アブラハム的宗教/セム語族宗教　移住/移動　イスラム教　イニシエーション/加入礼　祈り　意味　宇宙論/コスモロジー〔ほか〕〔03526〕

シュライン, ティファニー
◇いつでもどこでも結果を出せる自己マネジメント術（MANAGE YOUR DAY-TO-DAY）ジョスリン・K.グライ編, 上原裕美子訳　サンマーク出版　2015.9　233p　19cm　〈文献あり〉 1500

円 ①978-4-7631-3493-6

内容 週に1度、「脳をリセットする日」を設けよう(ティファニー・シュライン) 〔03527〕

シュラートフ, Ia・A.

◇日ロ関係史—パラレル・ヒストリーの挑戦　五百旗頭真, 下斗米伸夫,A.V.トルクノフ,D.V.ストレリツォフ編　東京大学出版会　2015.9　713, 12p　22cm　〈年表あり〉9200円　①978-4-13-026265-1

内容 「例外的に友好な」露日関係 他(Iu.S.ペストゥシコ,Ia.A.シュラートフ著, 加納格訳) 〔03528〕

ジュラフスキー, ダン　Jurafsky, Dan

◇ペルシア王は「天ぷら」がお好き?—味と語源でたどる食の人類史(THE LANGUAGE OF FOOD)　ダン・ジュラフスキー著, 小野木明恵訳　早川書房　2015.9　315p　19cm　〈文献あり〉2200円　①978-4-15-209564-0

内容 メニューの読み方　アントレ　シクバージから天ぷらへ　ケチャップ、カクテル、海賊　トーストに乾杯　ターキーって何のこと?　セックス、ドラッグ、スシロール　ポテトチップと自己の性質　サラダ、サルサ、騎士道の小麦粉　マカルーン、マカロン、マカロニ　シャーベット、花火、ミント・ジュレップ　太って見えるのは名前のせい?　なぜアイスクリームとクラッカーの商品名は違うのか　なぜ中華料理にはデザートがないのか 〔03529〕

シュラム, カール・J.　Schramm, Carl J.

◇良い資本主義悪い資本主義—成長と繁栄の経済学(Good capitalism, bad capitalism, and the economics of growth and prosperity)　ウイリアム・J.ボーモル, ロバート・E.ライタン, カール・J.シュラム著, 原洋之助監訳, 田中健彦訳　書籍工房早山　2014.5　381p　21cm　〈文献あり〉2200円　①978-4-904701-39-3 〔03530〕

ジュリアス

◇世界がぶつかる音がする—サーバンツの物語(The Sound of Worlds Colliding)　クリスティン・ジャック編, 永井みぎわ訳　ヨベル　2016.6　300p　19cm　1300円　①978-4-907486-32-7

内容 喜びの町で見つけた喜び(ジュリアス, サラ) 〔03531〕

ジュリアス, ヘンリ　Julius, Henri

◇ペットへの愛着—人と動物のかかわりのメカニズムと動物介在介入(Bindung zu Tieren(重訳))　Henri Julius,Andrea Beetz,Kurt Kotrschal, Dennis Turner,Kerstin Uvnäs-Moberg著, 太田光明, 大谷伸代監訳, 加藤真紀訳　緑書房　2015.9　180p　26cm　〈文献あり 索引あり〉3800円　①978-4-89531-243-1

内容 第1章 人と動物の不思議な関係　第2章 なぜ人は動物とかかわろうとする意志と能力があるのか—進化生物学の観点から　第3章 人と動物のかかわりによる健康、社会的交流、気分、自律神経系、およびホルモンへの効果　第4章 関係性の生理学—オキシトシンの統合機能　第5章 対人関係—愛着と養育　第6章 愛着および養育とその生理学的基礎とのつながり　第7章 人と動物の関係—愛着と養育　第8章 要素を結びつける—人と動物の関係における愛着と養育の生理学　第9章 治療への実用的意義 〔03532〕

ジュリアーノ, ミレイユ　Guiliano, Mireille

◇フランス女性の働き方—仕事と人生を楽しむコツ(WOMEN, WORK, AND THE ART OF SAVOIR FAIRE)　ミレイユ・ジュリアーノ著, 羽田詩津子訳　日本経済新聞出版社　2015.3　285p　15cm　(日経ビジネス人文庫 し7-2)　850円　①978-4-532-19760-5

内容 人生にはいくつものエピソードとステージがある　道を選ぶ。情熱、才能、プラスアルファ　賢明な自己利益の原則　ビロードの手袋、言葉、握手についてあなた自身をイエローに塗ろう　誰の成功?　ボスをクビにする。リーダーとマネジャー　禅とビジネスライフの技術　ストレスを減らすための技術　ビジネスウーマンとビジネスマンはちがう　ビジネスと楽しみのために食べる　やりとげる 〔03533〕

ジュリアン, モード　Julien, Maude

◇父という檻の中で(Derrière la grille)　モード・ジュリアン, ウルスラ・ゴーティエ〔著〕, 園山千晶訳　WAVE出版　2016.2　302p　19cm　2400円　①978-4-87290-789-6

内容 リンダ　ピトー　遠大な計画　母の過去　デコンブ先生　父と私の星座　プール　グリ・ネ岬　真っ暗な地下室　アルチュール〔ほか〕 〔03534〕

シュリーニヴァース, S.V.

◇ユーラシア地域大国の文化表象　望月哲男編著　京都　ミネルヴァ書房　2014.3　274p　22cm　(シリーズ・ユーラシア地域大国論 6)　〈索引あり〉4500円　①978-4-623-07031-2

内容 ステレオタイプの後に来るものとは(S.V.シュリーニヴァース著, 小尾淳訳) 〔03535〕

ジュリュー, ピエール

◇ピエール・ベール関連資料集　2〔下〕　寛容論争集成 下　野沢協編訳　法政大学出版局　2014.2　1030p　22cm　25000円　①978-4-588-12030-5

内容 ソッツィーニ主義一覧(ピエール・ジュリュー著) 〔03536〕

ジュール, クローディ

◇経験学習によるリーダーシップ開発—米国CCLによる次世代リーダー育成のための実践事例(Experience-Driven Leader Development)　シンシア・D.マッコーレイ,D.スコット・デリュ, ポール・R.ヨスト, シルベスター・テイラー編, 漆嶋稔訳　日本能率協会マネジメントセンター　2016.8　511p　27cm　8800円　①978-4-8207-5929-4

内容 リーダーを指導するリーダー:組織を通じたリーダーシップ開発の連環(ロバート・J.トーマス, クローディ・ジュール, ジョシュア・ベリン) 〔03537〕

シュルツ, クリステン

◇経験学習によるリーダーシップ開発—米国CCLによる次世代リーダー育成のための実践事例(Experience-Driven Leader Development)　シンシア・D.マッコーレイ,D.スコット・デリュ, ポール・R.ヨスト, シルベスター・テイラー編,

漆嶋稔訳　日本能率協会マネジメントセンター　2016.8　511p　27cm　8800円　①978-4-8207-5929-4
内容 内省と実験からの学習コミュニティづくり（ジェニファー・ハラミジョ，クリステン・シュルツ）〔03538〕

シュルツ，ハイコ　Schultz, Heiko
◇キリスト教神学資料集　下（The Christian Theology Reader, Third Edition）　アリスター・E.マクグラス編，古屋安雄監訳　オンデマンド版　キリスト新聞社　2013.9　630, 49p　21cm　〈原書第3版〉 10000円　①978-4-87395-641-1
内容 セーレン・キルケゴール（一八一三—五五）（ハイコ・シュルツ）〔03539〕
◇キリスト教の主要神学者　下　リシャール・シモンからカール・ラーナーまで（Klassiker der Theologie）　F.W.グラーフ編　安酸敏真監訳　教文館　2014.9　390, 7p　22cm　〈索引あり〉 4200円　①978-4-7642-7384-9
内容 セーレン・キルケゴール（ハイコ・シュルツ著，安酸敏真訳）〔03540〕

シュルツキ，カルロス・E.
◇家族相互作用—ドン・D.ジャクソン臨床選集（Selected Essays at the Dawn of an Eraの抄訳，Interactional Theory in the Practice of Therapyの抄訳）　ドン・D.ジャクソン著，ウェンデル・A.レイ編，小森康永，山田勝訳　金剛出版　2015.4　342p　20cm　5400円　①978-4-7724-1413-5
内容 プロローグそして、いくらかの回想（カルロス・E.シュルツキ著，小森康永訳）〔03541〕

シュルツ=ジョーンズ，バーバラ・A.　Schultz-Jones, Barbara
◇IFLA学校図書館ガイドラインとグローバル化する学校図書館（Global Action on School Library Guidelines）　バーバラ・A.シュルツ＝ジョーンズ，ダイアン・オバーグ編著，全国学校図書館協議会監修，大平睦美，二村健編訳　学文社　2016.8　188p　26cm　〈索引あり〉 3200円　①978-4-7620-2650-8
内容 第1部 国際学校図書館ガイドラインの開発　第2部 国家および地方のガイドラインの開発と使用　第3部 学校図書館の実践を変えるガイドラインの利用　第4部 ガイドラインを利用する学校図書館への広報と発展　第5部 学校図書館員の教師的役割のためのガイドライン　第6部 学校図書館員の初期準備のためのガイドライン〔03542〕

シュルマン，ダニエル　Schulman, Donniel S.
◇アメリカの真の支配者コーク一族（SONS OF WICHITA）　ダニエル・シュルマン著，古村治彦訳　講談社　2015.12　518p　19cm　3200円　①978-4-06-219524-9
内容 ティーパーティー運動の源流　ウィチタの息子たち　スターリンの石油マン　ジョン・バーチ協会誕生　MITでのメーデー　後継者問題　リバータリアン・コーク大帝国の勃興　兄弟間の泥沼の戦争　万能メアリー　デイヴィッド・コーク　ビル・コークの兵法　「血」を巡る争いの連鎖　コーク一族の闇　表舞台に姿を現す　全面戦争　コーク一族の見果てぬ野望〔03543〕

シュールマン，フォルカー
◇経済・環境・スポーツの正義を考える　尼寺義弘，牧野広義，藤井政則編著　京都　文理閣　2014.3　316p　22cm　（阪南大学叢書 102）　〈他言語標題：Thinking about the Justice of Economy, Enviroment & Sports〉 3500円　①978-4-89259-727-5
内容 ヘルムート・プレスナーの人間学とスポーツ哲学（フォルカー・シュールマン著，藤井政則訳）〔03544〕

シュルマン，ヘレン
◇女友だちの賞味期限—実話集（The friend who got away）　ジェニー・オフィル，エリッサ・シャッペル編著，糸井恵訳　プレジデント社　2014.3　317p　19cm　〈2006年刊の改訳、再編〉 1500円　①978-4-8334-2076-1
内容 優等生彼女が逝ってしまってから（ヘレン・シュルマン著）〔03545〕

シューレ，アンドレアス
◇死者の復活—神学的・科学的論考集（RESURRECTION）　T.ピーターズ,R.J.ラッセル,M.ヴェルカー編，小河陽訳　日本キリスト教団出版局　2016.2　441p　22cm　5600円　①978-4-8184-0896-8
内容 キリストの姿に変換されて（アンドレアス・シューレ著）〔03546〕

シュレイヤーレイスト，リタ
◇世界がぶつかる音がする—サーバンツの物語（The Sound of Worlds Colliding）　クリスティン・ジャック編，永井みぎわ訳　ヨベル　2016.6　300p　19cm　1300円　①978-4-907486-32-7
内容 売春宿から逃れて（リタ・シュレイヤーレイスト）〔03547〕

シュレーター，ミヒャエル　Schröter, Michael
◇諸個人の社会—文明化と関係構造（DIE GESELLSCHAFT DER INDIVIDUEN）　ノルベルト・エリアス著，ミヒャエル・シュレーター編，宇京早苗訳　新装版　法政大学出版局　2014.2　302p　19cm　（叢書・ウニベルシタス）　3300円　①978-4-588-09980-9
内容 第1部 諸個人の社会——九三九年　第2部 自己意識と人間像の問題——九四〇年代・一九五〇年代　第3部 われわれ＝われのバランスの変化——九八七年〔03548〕

シュレーマン，マルティン　Schloemann, Martin
◇ルターのりんごの木—格言の起源と戦後ドイツ人のメンタリティ（Luthers Apfelbaeumchen？）　M.シュレーマン著，棟居洋訳　教文館　2015.8　321, 9p　19cm　〈索引あり〉 2700円　①978-4-7642-6720-6
内容 第1章 中心的問い—ルターのりんごの苗木の言葉、その真偽への問い　第2章 出現—困難の中にある人びとへの慰めと勇気づけの言葉（終戦前から一九四六年まで）　第3章 使用範囲の一般社会への拡大—生き残った人びとと生活再建を目ざす人びとにとっての希望のしるし（一九五〇年まで）　第4章 定着した使用法―確認と同意の文（一九五〇年代）　第5章 手がかりを求めて―歴史的由来に関する仮説　第6章 新作説―似て非なるルター説、ルターと近代との関係　第7章 どういう意味で広く使われたのか―将来の言葉、楽観主義の慣用表現、生の象徴（一九六〇年代以降）　第8章 今後は使われないのか、それともまだ使われる可能性があるのか　〔03549〕

シュレンソグ, シュテファン

◇世界はなぜ争うのか―国家・宗教・民族と倫理をめぐって　福田康夫, ヘルムート・シュミット, マルコム・フレーザー他著, ジェレミー・ローゼン編集, 渥美桂子訳　朝倉書店　2016.3　296p　21cm　〈他言語標題：Ethics in Decision-Making〉 非売品

内容 世界の主要宗教と精神哲学における共通倫理の確認（シュテファン・シュレンソグ述）　〔03550〕

◇世界はなぜ争うのか―国家・宗教・民族と倫理をめぐって　福田康夫, ヘルムート・シュミット, マルコム・フレーザー他著, ジェレミー・ローゼン編集, 渥美桂子訳　朝倉書店　2016.5　296p　21cm　〈他言語標題：Ethics in Decision-Making〉 1850円　①978-4-254-50022-6

内容 世界の主要宗教と精神哲学における共通倫理の確認（シュテファン・シュレンソグ述）　〔03551〕

シュレンダー, ブレント　Schlender, Brent

◇スティーブ・ジョブズ―無謀な男が真のリーダーになるまで　上（Becoming Steve Jobs）　ブレント・シュレンダー, リック・テッツェリ著, 井口耕二訳　日本経済新聞出版社　2016.9　332p　19cm　2000円　①978-4-532-32100-0

内容 第1章 ガーデン・オブ・アラーのスティーブ・ジョブズ　第2章「ビジネスマンにはなりたくない」　第3章 突破と崩壊　第4章 次なるNeXT　第5章 もうひとつの賭け　第6章 ビル・ゲイツの来訪　第7章 運　第8章 まぬけ、ろくでなし、一国一城の主　〔03552〕

◇スティーブ・ジョブズ―無謀な男が真のリーダーになるまで　下（Becoming Steve Jobs）　ブレント・シュレンダー, リック・テッツェリ著, 井口耕二訳　日本経済新聞出版社　2016.9　348p　19cm　〈文献あり〉 2000円　①978-4-532-32101-7

内容 第9章 ちょっとおかしい人たちなのかもしれない　第10章 勘を頼りに歩む　第11章 最善を尽くす　第12章 ふたつの決断　第13章 スタンフォード大学　第14章 ピクサー安住の地　第15章 十全なウィジェット　第16章 死角、怨念、肘鉄　第17章「僕はくそ野郎だからと言ってやれ」　〔03553〕

シュロス, ジェフリー・P.

◇死者の復活―神学的・科学的論考集（RESURRECTION）　T.ピーターズ,R.J.ラッセル,M.ヴェルカー編, 小河陽訳　日本キリスト教団出版局　2016.2　441p　22cm　5600円　①978-4-8184-0896-8

内容 進化から終末論へ（ジェフリー・P.シュロス著）　〔03554〕

シュローダー, アリス　Schroeder, Alice

◇スノーボール―ウォーレン・バフェット伝　上（THE SNOWBALL）　アリス・シュローダー著, 伏見威蕃訳　改訂新版　日本経済新聞出版社　2014.6　524p 図版16p　15cm　（日経ビジネス人文庫 し13-1）　〈索引あり〉 1000円　①978-4-532-19733-9

内容 第1部 バブル（格好悪いほうの話　サン・バレー習慣の生き物 ほか）　第2部 内なるスコアカード（説教癖　バスタブ障害物競走　休戦記念日 ほか）　第3部 競馬場（グレアム‐ニューマン　どちらの側に立つか　隠れた輝き ほか）　〔03555〕

◇スノーボール―ウォーレン・バフェット伝　中（THE SNOWBALL）　アリス・シュローダー著, 伏見威蕃訳　改訂新版　日本経済新聞出版社　2014.6　516p　15cm　（日経ビジネス人文庫 し13-2）　〈索引あり〉 1000円　①978-4-532-19734-6

内容 第3部 競馬場（承前）（乾いた火口　梳毛とはなにか　ジェット・ジャック ほか）　第4部 歌うスージー（キャンディー・ハリー　"オマハ・サン"　二匹の濡れネズミ ほか）　第5部 ウォール街の王様（ファラオローズ　レッカー車を呼んでこい ほか）　〔03556〕

◇スノーボール―ウォーレン・バフェット伝　下（THE SNOWBALL）　アリス・シュローダー著, 伏見威蕃訳　改訂新版　日本経済新聞出版社　2014.6　513p　15cm　（日経ビジネス人文庫 し13-3）　〈索引あり〉 1000円　①978-4-532-19735-3

内容 第5部 ウォール街の王様（承前）（親指しゃぶりで頬がこける　怒れる神々　宝くじ　クマなんかどうでもいい ほか）　第6部 預り証（精霊　セミコロン　最後のケイ・パーティー　金持ちによる、金持ちのための ほか）　〔03557〕

シュローダー, ジェフ

◇清沢満之と近代日本　山本伸裕, 碧海寿広編　京都　法蔵館　2016.11　276p　21cm　2800円　①978-4-8318-5550-3

内容 仏教思想の政治学（ジェフ・シュローダー著, 碧海寿広訳）　〔03558〕

シュワス, ヨアキム　Schwass, Joachim

◇ファミリービジネス賢明なる成長への条件―傑出した世界のベストプラクティス（WISE GROWTH STRATEGIES IN LEADING FAMILY BUSINESSES）　ヨアキム・シュワス著, 長谷川博和, 米田隆訳　中央経済社　2015.11　205p　21cm　〈文献あり〉 2700円　①978-4-502-16481-1

内容 1 理論編（序論―世界の著名なファミリービジネスから得た洞察　ファミリービジネスが多世代にわたり生き残るために脅威となるものは何か　ファミリービジネスのリーダーシップにおける試練を理解する　賢明なる成長戦略　結論）　2 事例編（ファミリービジネス大賞の概要　The LEGO Group　Hermès　Corporacion Puig　The Henkel Group　The Zegna Group　The Murugappa Group　Samuel C.Johnson Family Enterprise　The Bonnier Group　The Barilla Group）　〔03559〕

シュワッガー, ジャック・D.　Schwager, Jack D.

◇マーケットの魔術師―投資で勝つ23の教え エッセンシャル版（THE LITTLE BOOK OF MARKET WIZARDS）　ジャック・D.シュワッガー著, 小野一郎訳　ダイヤモンド社　2014.10　269p　19cm　1800円　①978-4-478-02867-4

内容 失敗は予測できない　絶対的な法則を探してはいけない　自分に合った手法を使う　投資では優位性が必要　ハードワークでなければ投資で成功しない　楽にできるのがよいトレーディング　最悪のときと最高のときに、どう対処すべきか　投資のリスクマネジメント　どんなときでも自制心を忘れてはいけない　自分で決めなければ勝てない〔ほか〕〔03560〕

シ

シュワブ, クラウス　Schwab, Klaus

◇第四次産業革命―ダボス会議が予測する未来（The Fourth Industrial Revolution）　クラウス・シュワブ著, 世界経済フォーラム訳　日本経済新聞出版社　2016.10　232p　19cm　1500円　①978-4-532-32111-6

内容 1章 第四次産業革命とは何か（歴史的背景　根底からのシステム変革 ほか）　2章 革命の推進力とメガトレンド（メガトレンド　ティッピング・ポイント）　3章 経済、ビジネス、国家と世界、社会、個人への影響（経済への影響　企業への影響 ほか）　付章 ディープシフト（体内埋め込み技術　デジタルプレゼンス ほか）〔03561〕

シュワルツ, アン・L.

◇身体知―成人教育における身体化された学習（Bodies of knowledge）　ランディ・リプソン・ローレンス編, 立田慶裕, 岩崎久美子, 金藤ふゆ子, 佐藤智子, 荻野亮吾, 園部友里恵訳　福村出版　2016.3　133p　22cm　〈文献あり〉 2600円　①978-4-571-10174-8

内容 身体化された学習と患者教育：看護師の自覚から患者のセルフケアへ（アン・L.シュワルツ著, 荻野亮吾訳）〔03562〕

シュワルツ, トニー

◇いつでもどこでも結果を出せる自己マネジメント術（MANAGE YOUR DAY-TO-DAY）　ジョスリン・K.グライ編, 上原裕美子訳　サンマーク出版　2015.9　233p　19cm　〈文献あり〉 1500円　①978-4-7631-3493-6

内容「エネルギー回復」は仕事の一部と考えなさい（トニー・シュワルツ）〔03563〕

◇自分を成長させる極意―ハーバード・ビジネス・レビューベスト10選（HBR'S 10 MUST READS ON MANAGING YOURSELF）　ピーター・F.ドラッカー, クレイトン・M.クリステンセン他著, ハーバード・ビジネス・レビュー編集部編, DIAMONDハーバード・ビジネス・レビュー編集部訳　ダイヤモンド社　2016.1　311p　19cm　1600円　①978-4-478-06830-4

内容 身体・感情・知性・精神のレベルを底上げする/パフォーマンスを活性化するトリガー（トニー・シュワルツ著）〔03564〕

ジュンシ　荀子

◇荀子―新訳 性悪説を基に現代人にこそ必要な「礼」と「義」を説く　守屋洋編訳　PHP研究所　2014.2　183p　18cm　950円　①978-4-569-81728-6

内容 1 実践篇（実行することに意味がある　やる気を出そう ほか）　2 修養篇（人間の本性は悪である　人間には欲がある ほか）　3 人物篇（自分の運命は自分で切り開く　危うきに近寄らず ほか）　4 君臣篇（君主は舟、人民は水である　部下の能力を活かしているか ほか）〔03565〕

シュンペーター, ヨーゼフ　Schumpeter, Joseph Alois

◇補遺稿「資本主義・社会主義・民主主義」―シュムペーター章句集成（Supplemental passage references for capitalism, socialism and democracy）　ヨセフ・アロイス・シュムペーター〔著〕, 浦城晋一編, 今井克彦副編　〔出版地不明〕　〔浦城晋一〕　2015.12　384p　30cm　〈私家本　年譜あり〉 3500円　①978-4-9908734-0-0〔03566〕

◇資本主義、社会主義、民主主義　1（CAPITALISM, SOCIALISM and DEMOCRACY 原著第3版の翻訳）　ヨーゼフ・シュンペーター著, 大野一訳　日経BP社　2016.7　511p　20cm　（NIKKEI BP CLASSICS）〈索引あり　発売：日経BPマーケティング〉 2600円　①978-4-8222-5159-8

内容 第1部 マルクス主義（預言者マルクス　社会学者マルクス　経済学者マルクス　教育者マルクス）　第2部 資本主義は存続できるか（経済成長率　資本主義のイメージ　創造的破壊のプロセス　独占的行為　禁猟期　投資機会の消滅　資本主義文明　崩れ落ちる防壁　広がる敵意　解体）　第3部 社会主義は機能するか（下準備　社会主義の設計図　設計図の比較　人的要素　移行期）〔03567〕

◇資本主義、社会主義、民主主義　2（CAPITALISM, SOCIALISM and DEMOCRACY 原著第3版の翻訳）　ヨーゼフ・シュンペーター著, 大野一訳　日経BP社　2016.7　384p　20cm　（NIKKEI BP CLASSICS）〈索引あり　発売：日経BPマーケティング〉 2400円　①978-4-8222-5160-4

内容 第4部 社会主義と民主主義（問題の設定　古典的な民主主義の教え　もう一つの民主主義論　結論）　第5部 社会主義政党の略史（揺籃期　マルクスが直面した状況　一八七五年から一九一四年まで　第一次世界大戦から第二次世界大戦まで　第二次世界大戦の帰結）〔03568〕

ショー, イアン　Shaw, Ian

◇ビジュアル版 世界の歴史都市―世界史を彩った都の物語（The Great Cities in History）　ジョン・ジュリアス・ノーウィッチ編, 福井正子訳　柊風舎　2016.9　303p　27×21cm　15000円　①978-4-86498-039-5

内容 メンフィス―古代エジプトの首都（イアン・ショー）〔03569〕

ショー, エアン

◇世界で働くプロフェッショナルが語る―東大のグローバル人材講義　江川雅子, 東京大学教養学部教養教育高度化機構編　東京大学出版会　2014.7　229p　21cm　2400円　①978-4-13-043056-2

内容 グローバル人材になる6つの条件（エアン・ショー

述, 杉原真帆訳)　〔03570〕

ジョ, エイキ*　徐 栄姫
⇒ソ, ヨンヒ*

ジョ, エンコウ　徐 淵昊
⇒ソ, ヨノ

ジョ, キアン*　徐 寄安
◇中国占領地の社会調査　2-24　華中の商工業慣行調査 6　貴志俊彦, 井村哲郎, 加藤聖文, 富沢芳亜, 弁納才一監修, 近現代資料刊行会企画編集　近現代資料刊行会　2013.8　642p　22cm　(戦前・戦中期アジア研究資料 7)〈複製〉①978-4-86364-189-1
内容 寧波ノ過賑制度(翻訳)(徐寄安執筆, 東条英夫訳, 一条雄司校閲・解題執筆(満鉄・上海事務所調査室昭和18年刊))　〔03571〕

ジョ, キショク　徐 毅植
⇒ソ, ウィシク

ショー, ギャリー・J.　Shaw, Garry J.
◇ファラオの生活文化図鑑 (THE PHARAOH)　ギャリー・J.ショー著, 近藤二郎訳　原書房　2014.2　224p　26cm〈文献あり 索引あり〉4800円　①978-4-562-04971-4
内容 序章 ファラオの生活　第1章 ファラオの王権：進化とイデオロギー　第2章 二国の物語　第3章 ファラオへの道　第4章 ファラオであること　第5章 遠征におけるファラオ　第6章 王の町　第7章 死におけるファラオ　第8章 最後のファラオたち　〔03572〕

ジョ, ギョウコウ*　徐 暁宏
◇北東アジアの歴史と記憶 (Northeast Asia's Difficult Past)　金美景,B.シュウォルツ編著, 千葉真監修, 稲正樹, 福岡和哉, 寺田麻佑訳　勁草書房　2014.5　315, 9p　22cm〈索引あり〉3200円　①978-4-326-30226-0
内容 政治的中心、進歩的な物語と文化的なトラウマ(徐暁宏, リン・スピルマン著, 稲正樹訳)　〔03573〕

ジョ, キョウショク*　徐 京植
⇒ソ, キョンシク

ジョ, ケツ　徐 傑
◇共生経済学―世界経済を持続的発展させる新秩序 上　徐傑著, 朱炎訳　東洋経済新報社　2015.10　243p　22cm〈他言語標題：Symbiotic Economics〉4000円　①978-4-492-44409-2
内容 第1章 いま、人類が共同で対応すべき課題　第2章 普遍的価値のある救世の処方箋を探る　第3章 経済の空間時系列における共生経済　第4章 経済の空間時系列における共生経済の多次元性　第5章 経済の空間時系列における共生経済のカオス理論　第6章 共生経済学のトポロジーとゲーム理論　第7章 経済の空間時系列における中国と米国の経済共生　〔03574〕
◇共生経済学―世界経済を持続的発展させる新秩序 下　徐傑著, 朱炎訳　東洋経済新報社　2015.10　229p　22cm〈他言語標題：Symbiotic Economics　文献あり〉4000円　①978-4-492-44410-8
内容 第8章 経済の空間時系列における中国と欧州の経済共生　第9章 経済の空間時系列における中国とアジアの経済共生　第10章 ゼロサムゲームを打破する共生経済　第11章 経済の空間時系列における政治の相互融合性　第12章 経済の空間時系列の中で政治の相互融合の新秩序を創設する　第13章 人類が進歩し、社会が発展した究極の文明をひらく　〔03575〕

ジョ, ケン*　徐 倹
◇一衣帯水―日中間の人物交流と異文化間コミュニケーション　天号　張麟声, 大形徹編　大阪　日中言語文化出版社　2014.6　119p　21cm〈中国語併記〉1000円　①978-4-905013-82-2
内容 孔子と聖徳太子に「和諧」を学ぶ(徐倹著, 董濤訳)　〔03576〕

ジョ, ケンシン*　徐 建新
◇日本古代の国家と王権・社会　吉村武彦編　塙書房　2014.5　534p　22cm　17000円　①978-4-8273-1268-3
内容 中国新出「集安高句麗碑」試論(徐建新著, 江川式部訳)　〔03577〕

ジョ, コウウ　徐 宏宇
◇上海地区モバイル図書館サービスに関する調査報告　川崎良孝, 劉暁丹, 徐宏宇著, 桜井待子訳　京都　京都図書館情報学研究会　2014.10　46p　30cm　(KSPシリーズ 19)　非売品　〔03578〕

ジョ, コウレイ*　徐 贛麗
◇東アジアの宗教文化―越境と変容　国立歴史民俗博物館, 松尾恒一編　岩田書院　2014.3　467, 3p 図版 8p　21cm〈文献あり〉4800円　①978-4-87294-863-9
内容 広西都柳江流域富禄鎮と葛亮村の媽祖信仰・花炮節(爆竹祭)の考察(黄潔, 徐贛麗著, 徐銘訳)　〔03579〕

ジョ, サイショウ*　徐 載晶
◇北東アジアの歴史と記憶 (Northeast Asia's Difficult Past)　金美景,B.シュウォルツ編著, 千葉真監修, 稲正樹, 福岡和哉, 寺田麻佑訳　勁草書房　2014.5　315, 9p　22cm〈索引あり〉3200円　①978-4-326-30226-0
内容 主張と対話の間にとらわれて(徐載晶著, 稲正樹訳)　〔03580〕

ジョ, サイヒツ*　徐 載弼
⇒ソ, ジェピル*

ジョ, ジョウゲン*　徐 承元
⇒ソ, スンウォン*

ショー, ダニエル
◇スーパーヴィジョンのパワーゲーム―心理療法家訓練における影響力・カルト・洗脳 (Power Games)　リチャード・ローボルト編著, 太田裕一訳　金剛出版　2015.3　424p　22cm〈索引あり〉6000円　①978-4-7724-1417-3
内容 精神分析における自己愛的権威主義(ダニエル・ショー著)　〔03581〕

シ

ジョ, チエイ*　徐 智瑛
⇒ソ, ジヨン

ジョ, バイテキ*　徐 梅笛
◇中国発展報告―最新版　陳雨露監修, 袁衛, 彭非編著, 日中翻訳学院監訳, 平間初美訳　日本僑報社(発売)　2015.7　375p　21cm　〈他言語標題：STUDIES ON CHINA'S DEVELOPMENT INDEX〉 3800円　①978-4-86185-178-0
内容 中国発展指数の総合評価(徐梅笛著)　〔03582〕

ジョ, ヒン*　徐 彬
◇北東アジアの歴史と記憶 (Northeast Asia's Difficult Past)　金美景,B.シュウォルツ編著, 千葉真監修, 稲正樹, 福岡和哉, 寺田麻佑訳　勁草書房　2014.5　315, 9p　22cm　〈索引あり〉 3200円　①978-4-326-30226-0
内容 中国の第二次世界大戦被害者の対日賠償運動における記憶の運動と国家―社会関係(徐彬, ゲイリー・アラン・ファイン著, 稲正樹訳)　〔03583〕

ジョ, ユウ　徐 勇
◇重慶大爆撃の研究　潘洵著, 徐勇, 波多野澄雄監修, 柳英武訳　岩波書店　2016.2　326p　22cm　〈文献あり〉 5600円　①978-4-00-061105-3
内容 第1章 日本軍の重慶爆撃の原因(戦争初期の日本軍の戦略爆撃　重慶の戦時首都としての地位の確立)　第2章 日本軍の重慶爆撃の戦略と戦術(日本軍の重慶爆撃の戦略　日本軍の重慶爆撃戦略の変化　日本軍の重慶爆撃の主な戦術)　第3章 日本軍機の重慶爆撃の過程と特徴(1938年の実験爆撃　1939年の爆撃及びその特徴　「101号作戦」爆撃及びその特徴　「102号作戦」爆撃及びその特徴　太平洋戦争勃発後の零細爆撃)　第4章 重慶爆撃の死傷者数と財産損失(日本軍の爆撃による死傷者数　重慶大爆撃の財産損失)　第5章 重慶大爆撃の国際、国内的影響(重慶大爆撃の歴史的地位　重慶の都市、社会変遷に対する影響　重慶市民の社会心理に対する影響　中国の抗日戦争における影響と役割　中国の国際イメージと極東各国の軍事戦略の影響を与えた)　〔03584〕
◇安重根と東洋平和論　李泰鎮, 安重根ハルピン学会編著, 勝村誠, 安重根東洋平和論研究会監訳　日本評論社　2016.9　421p　22cm　〈文献あり 索引あり〉 6000円　①978-4-535-58690-1
内容 日本の拡張主義と安重根の東洋平和論(徐勇著, 山口公一, 米沢清恵訳)　〔03585〕

ジョ, ユウギョ*　徐 友漁
◇現代中国のリベラリズム思潮―1920年代から2015年まで　石井知章編　藤原書店　2015.10　566p　22cm　〈年表あり 索引あり〉 5500円　①978-4-86578-045-1
内容 文革から天安門事件の時代を生きて 他(徐友漁述, 藤原良雄聞き手, 及川淳子通訳)　〔03586〕

ジョ, ユウフウ　徐 有富
◇中国古典学への招待―目録学入門　程千帆, 徐有富著, 向嶋成美, 大橋賢一, 樋口泰裕, 渡辺大訳　研文出版(山本書店出版部)　2016.9　493, 49p　20cm　(研文選書 125)　〈文献あり 年表あり 索引あり〉 3600円　①978-4-87636-409-1
内容 第1章 目録と目録学　第2章 目録の構造とその機能　第3章 目録の著録事項　第4章 目録分類の沿革　第5章 総合目録　第6章 学科目録　第7章 特種目録　第8章 目録の編製　〔03587〕

ジョイス, コリン　Joyce, Colin
◇新「ニッポン社会」入門―英国人、日本で再び発見する　コリン・ジョイス著, 森田浩之訳　三賢社　2016.1　205p　19cm　1400円　①978-4-908655-00-5
内容 永遠に解けないニッポンの謎　テレホンカードの密やかな愉しみ　はったり利かせて、目指せ「日本通」　ナマハゲに捧げる、ささやかな忠告　外国人をからかうなら、今だ！　「半熟ニホンゴ」の話し方　やっぱり、日本語はおもしろい　ぼくのニッポン赤面体験　ゆるキャラ、侮るなかれ　川べりの優雅な少年たち　二つの国のサッカー、その理想と現実　「モンキー」は、ぼくのヒーロー　お願いだから、ぼくにその話を振らないで　「あまり知られていない」ニッポン　「日本人、変わってる？」　日本は今日も安倍だった　あのとき思ったこと、いま思っていること　知らなかったことだけで、一冊の本になる　〔03588〕

ジョイス, A.*　Joice, Anne
◇臨床が変わる！ PT・OTのための認知行動療法入門 (Cognitive-Behavioural Interventions in Physiotherapy and Occupational Therapy)　マリー・ダナヒー, マギー・ニコル, ケイト・デヴィッドソン編, 菊池安希子監訳, 網本和, 大嶋伸雄訳者代表　医学書院　2014.4　184p　26cm　〈索引あり〉 4200円　①978-4-260-01782-4
内容 うつ病の認知行動療法(Kate Davidson, Anne Joice著, 中本久之訳)　〔03589〕

ショイヒャー, アロイス　Scheucher, Alois
◇オーストリアの歴史―第二次世界大戦終結から現代まで ギムナジウム高学年歴史教科書 (ZEITBILDER 8)　アントン・ヴァルト, エドゥアルト・シュタゥディンガー, アロイス・ショイヒャー, ヨーゼフ・シャイプル著, 中尾光延訳　明石書店　2014.5　342p　21cm　(世界の教科書シリーズ 40)　4800円　①978-4-7503-4012-8
内容 オーストリア―第二共和国　二つの"ブロック"に組織化された世界政治　戦争は終わった、しかし、平和はどこにもない　第二次世界大戦終結以降の危機の根源　"ソヴィエト連邦"から"独立国家共同体"へ　"人民民主主義"から"我々が人民だ"まで　アメリカ―無(有)限の可能性へと開かれた国？　第二次世界大戦以降の中国と日本　アジアとアフリカの非植民地化　こんにちの"第三世界"〔ほか〕　〔03590〕

ショウ, オンユウ*　章 恩友
◇日中法と心理学の課題と共同可能性　浜田寿美男, 馬皚, 山本登志哉, 片成男編著　京都　北大路書房　2014.10　297p　21cm　(法と心理学会叢書)　〈索引あり〉 4200円　①978-4-7628-2875-1
内容 矯正治療心理学原論(章恩友著, 山本登志哉訳)　〔03591〕

ショウ, カイホウ　尚 会鵬
◇日中文化DNA解読―心理文化の深層構造の視点から　尚会鵬著, 谷中信一訳　日本僑報社(発売)　2016.9　249p　19cm　2600円　①978-4-86185-225-1

内容 序章(目的　民族性・民族の行動様式と深層構造の研究　比較の方法　守るべき二つの原理　材料と本書の分析論理)　第1章「家」における中国人と日本人(居住様式―「四合院」と「タタミ」　家族制度　育児方式の比較研究)　第2章「族」中の中国人と日本人(族人集団の構造特徴　族人集団の変化　族人集団及び個人の心理と行動様式)　第3章 非親族集団における中国人と日本人(日本の家元制度とその特徴　家元制度が生み出す社会と文化心理的基礎　中国人・日本人が非親族集団を作る上での原理　親族集団・家元組織及び日本一の一般的な社会集団の特徴　ケーススタディー"CS会"とオウム真理教)　第4章 社会の近代化―人と集団の関係の考察(家元組織と日本社会の近代化　日本社会の近代化モデルの特色とわが国への示唆)　〔03592〕

ショウ, ケイグン*　章 啓群

◇中国の文明―北京大学版　3　文明の確立と変容 上(秦漢―魏晋南北朝)　稲畑耕一郎日本語版監修・監訳, 袁行霈, 厳文明, 張伝璽, 楼宇烈原著主編, 柿沼陽平訳　潮出版社　2015.7　474, 18p　23cm　〈他言語標題：THE HISTORY OF CHINESE CIVILIZATION　文献あり 年表あり 索引あり〉5000円　①978-4-267-02023-0　〔03593〕

ショウ, コクド　庄 国土

◇現代アジアにおける華僑・華人ネットワークの新展開　清水純, 潘宏立, 庄国土編　風響社　2014.2　577p　22cm　〈文献あり〉7000円　①978-4-89489-195-1

内容 アジア東部の初期華人社団形成における主要な紐帯 他(庄国土著, 石村明子訳)　〔03594〕

ジョウ, シュウタク*　常 修沢

◇転換を模索する中国―改革こそが生き残る道　高尚全主編, 岡本信広監訳, 岡本恵子訳　科学出版社東京　2015.6　375p　21cm　4800円　①978-4-907051-34-1

内容 新段階の改革戦略と「五輪式」の改革(常修沢著)　〔03595〕

ジョウ, ジュウマン*　饒 従満

◇「東アジア的教師」の今　東アジア教員養成国際共同研究プロジェクト編　小金井　東京学芸大学出版会　2015.3　253p　21cm　〈索引あり〉2400円　①978-4-901665-38-4

内容 開放制原則下の中国の教師教育における質保障体系の構築 他(劉益春, 饒従満著, 呉恵升, 下田誠訳, 岩田康之監訳)　〔03596〕

ショウ, ジュリア　Shaw, Julia

◇脳はなぜ都合よく記憶するのか―記憶科学が教える脳と人間の不思議　ジュリア・ショウ著, 服部由美訳　講談社　2016.12　301p　19cm　1800円　①978-4-06-219702-1

内容 第1章 人生最初の記憶―なぜ、あり得ない出来事を記憶するのか？　第2章 損なわれる記憶―なぜ、不正確な記憶で世界を解釈するのか？　第3章 脳の創造メカニズムと過誤記憶―なぜ、脳は間違って記憶したがるのか？　第4章 記憶の魔術師たち―なぜ、完璧な記憶力を持つ人がいないのか？　第5章 潜在意識の記憶―なぜ、サブリミナルにハマるのか？　第6章 優越の錯覚―なぜ、自分の記憶を過信するのか？　第7章 植えつけられる偽の記憶―なぜ、衝撃的な出来事を間違って記憶するのか？　第8章 無数の共同目撃者―なぜ、正しくなくても同調するのか？　第9章 秘密の悪魔的儀式―なぜ、記憶を取り戻す治療が流行するのか？　第10章 記憶力を活用する―なぜ、奇妙なものほど忘れないのか？　〔03597〕

ショウ, シン*　章 清

◇東アジアにおける近代知の空間の形成　孫江, 劉建輝編著　東方書店(発売)　2014.3　433p　22cm　5000円　①978-4-497-21405-8

内容 清末西学書の編纂にみえる西洋知識の受容(章清著, 中田妙葉, 川尻文彦訳)　〔03598〕

ショウ, シンテン　鍾 進添

◇完全定本四柱推命大全　鍾進添著, 山道帰一訳注　新装版　河出書房新社　2016.5　430p　22cm　〈他言語標題：FOUR PILLARS of DESTINY〉3800円　①978-4-309-27687-8

内容 第1部 基礎理論　第2部 命式の出し方　第3部 神煞(さつ)の判断　第4部 看命の方法　第5部 命式の強弱と格局　第6部 命式・歳運の解釈　〔03599〕

ショウ, トウ*　蔣 濤

◇中国発展報告―最新版　陳雨露監修, 袁衛, 彭非編著, 日中翻訳学院監訳, 平間初美訳　日本僑報社(発売)　2015.7　375p　21cm　〈他言語標題：STUDIES ON CHINA'S DEVELOPMENT INDEX〉3800円　①978-4-86185-178-0

内容 地域間の発展相互依存指数の実証研究(蔣濤著)　〔03600〕

ショウ, ナンポウ*　焦 南峰

◇中華文明の考古学　飯島武次編　同成社　2014.3　486p　27cm　12000円　①978-4-88621-658-8

内容 咸陽厳家溝陵園における考古学的発見と探索(焦南峰著, 安食多嘉子訳)　〔03601〕

ショウォルター, デニス　Showalter, Dennis E.

◇クルスクの戦い1943―独ソ「史上最大の戦車戦」の実相(ARMOR AND BLOOD)　デニス・ショウォルター著, 松本幸重訳　白水社　2015.5　345, 71p　20cm　〈文献あり 索引あり〉3900円　①978-4-560-08422-9

内容 第1章 淵源　第2章 準備　第3章 打撃　第4章 取っ組み合い　第5章 決断　第6章 激闘　第7章 交錯　結び 分岐点　〔03602〕

ジョウケイ　浄慧

◇人間らしく生きていくために―生活禅の立場から『善生経』を説き明かす　浄慧法師著, 中嶋隆蔵訳　山喜房仏書林　2014.8　241p　20cm　2300円　①978-4-7963-0573-0　〔03603〕

ジョエル, ミッチ　Joel, Mitch

◇「働く」を再起動する―5年後、あなたが価値ある人材であるために(CTRL ALT DELETE)　ミッチ・ジョエル著, 村上彩訳　阪急コミュニケーションズ　2014.3　350p　19cm　1800円　①978-4-484-14104-6

内容 第1部 ビジネスを再起動(私からあなたへ―消費者

シ

と直結した関係を築くために “使える”モノだけくれ！ —功利主義マーケティングへの変化　心で勝負する力—受動メディアと能動メディアの融合　データとセックス—企業と消費者が “結婚”する時代　1画面世界—4画面から1画面へ）　第2部 自分を再起動（デジタル人間—デジタル第一主義になれ　ロング&ワインディング・キャリア—困難な時代を生き抜くために　新しい働き方—新しい職場で働くための新しい考え方　自分をマーケティング—コミュニケーションが広告になる　“仕事”の “場”—どこでも仕事場になる　起動モードの人生—生活のための仕事から、人生のための仕事へ　“次”を受け入れる—地獄から天国へ…次に起きるのは何だ？）　〔03604〕

シ

ジョージ, ウィルマ　George, Wilma B.

◇メンデルと遺伝（Gregor Mendel and Heredity）　ウィルマ・ジョージ作, 新美景子訳　町田　玉川大学出版部　2016.5　140p　22cm　（世界の伝記科学のパイオニア）〈年譜あり 索引あり〉　1900円　①978-4-472-05969-8

内容 1 序章　2 ヨハン、グレゴールという修道名をさずかる　3 ブルノの修道院で　4 ウィーン大学での日々　5 メンデルよりまえの時代の植物交雑と細胞説　6 メンデルの実験　7 修道院長としてのメンデル　8 メンデルよりあとの時代の植物交雑と細胞説　〔03605〕

ジョージ, スーザン　George, Susan

◇金持ちが確実に世界を支配する方法—1%による1%のための勝利戦略（HOW TO WIN THE CLASS WAR）　スーザン・ジョージ〔著〕, 荒井雅子訳　岩波書店　2014.9　184, 6p　20cm　2100円　①978-4-00-025993-4　〔03606〕

ジョスリン, メアリー　Joslin, Mary

◇イースターのはなし（The story of Easter）　メアリー・ジョスリン文, アリーダ・マッサーリ絵, 堀口順子訳　ドン・ボスコ社　2016.2　25p　27cm　1000円　①978-4-88626-592-0　〔03607〕

ジョセフ, ウリ・バー

◇イスラエル情報戦史（ISRAEL'S SILENT DEFENDER）　佐藤優監訳, アモス・ギルボア, エフライム・ラピッド編, 河合洋一郎訳　並木書房　2015.6　373p 図版32p　21cm　〈年表あり〉　2700円　①978-4-89063-328-9

内容 ヨムキプール戦争中のインテリジェンス・コミュニティ（ウリ・バー・ジョセフ著）　〔03608〕

ジョセフ, ダニエル　Joseph, Daniel

◇クジラと泳ぐ—ダスカロスと真理の探究者、その教えと実践（SWIMMING WITH THE WHALE）　ダニエル・ジョセフ著, 鈴木真佐子訳　太陽出版　2016.3　469p　21cm　3600円　①978-4-88469-863-8

内容 7歳のマスター、そして真理の探究者の2000年の伝統　真理の探究の体系　ダスカロスの一日　目的を定める　意識の七つのレベル　すべてはマインドである　三つの一時的存在の世界　魂の三つの乗り物　七つの天国　人間天使、人間悪魔、そしてエレメンタル〔ほか〕　〔03609〕

ジョセフ, マーティン　Joseph, Martin

◇入門企業社会学—「企業と社会」への社会学的アプローチ（SOCIOLOGY FOR BUSINESS）　マーティン・ジョセフ著, 松野弘訳　京都　ミネルヴァ書房　2015.4　327p　21cm　〈索引あり〉　3500円　①978-4-623-06800-5

内容 第1章 序論（本書の目的について　社会学は何をする学問だろうか ほか）　第2章 企業と社会（はじめに　米国企業の価値観 ほか）　第3章 労働の社会的特質（はじめに　プロフェッション ほか）　第4章 組織の社会学的洞察（はじめに　マックス・ウェーバーの〈理念型としての官僚制〉ほか）　第5章 産業関係（比較論的視点）（はじめに　〈産業関係〉に対する経営管理的アプローチ）　第6章 労働へのモティベーション（はじめに　職務充実に関する展望的考察 ほか）　第7章 労働と偏見—性的差別と人種的差別（はじめに　労働と女性 ほか）　第8章 職業構造の変化（はじめに　高失業率 ほか）　〔03610〕

ジョセフ・マーフィー・インスティテュート

◇マーフィー眠りながら奇跡を起こす（HOW TO USE THE LAW OF MIND）　ジョセフ・マーフィー著, ジョセフ・マーフィー・インスティテュート編, 井上裕之訳　きこ書房　2016.3　206p　18cm　1400円　①978-4-87771-343-0

内容 第1章 無限　第2章 黄金律　第3章 富　第4章 治癒力　第5章 愛　第6章 因果　〔03611〕

ショットロフ, L.　Schottroff, Luise

◇ナザレの人イエス（Jesus von Nazaret（重訳））　D.ゼレ,L.ショットロフ著, 丹治めぐみ訳　日本キリスト教団出版局　2014.2　206p　19cm　〈文献あり 年表あり 索引あり〉2200円　①978-4-8184-0883-8

内容 伝説の力—イエスの誕生と幼年期　始まり—受洗と誘惑　パクス・ローマーナ—イエス物語の背景　カファルナウムの一日　マグダラのマリア　ペトロ　子どもを祝福する　安息日をめぐる論争　病人を癒す—奇跡物語　預言者としての活動　山上の説教と敵を愛すること　喜びを分かちパンを分かつ—食事の物語　日々の生活のなかの神—たとえ話　放蕩息子　終末論—神は近い　十字架の死　私たちの罪のために—贖いの死　復活　〔03612〕

ジョーティカ, ウ　Jotika, U.

◇ゆるす—読むだけで心が晴れる仏教法話（DEALING WITH NEGATIVITY & AGGRAVATION, FORGIVENESS）　ウ・ジョーティカ著, 魚川祐司訳　新潮社　2015.4　158p　20cm　1300円　①978-4-10-506871-4

内容 ネガティブなことへの対処法（「ネガティブなこと」を人生から減らす　心と身体の効率性　「無駄な仕事」が心を消耗させる　「苛立ち」を観察する　とにかく他人を褒めてみる ほか）　許すこと（瞑想で安らぎを得る　親に愛されなかった子ども時代　「平静」と「冷淡」の違い　「死を想う」修練　父の孤独について ほか）　〔03613〕

◇自由への旅—「マインドフルネス瞑想」実践講義（A Map of the Journey）　ウ・ジョーティカ著, 魚川祐司訳　新潮社　2016.11　554p　20cm　〈索引あり〉3200円　①978-4-10-506872-1

内容 第1章 心の準備　第2章 基本的な技術と理解　第3章 ウィパッサナー瞑想への道　第4章 最初の洞察智へ—意識と対象の区別に気づく　第5章 第一と第二の洞察智—意識と対象の区別に気づくこと、そして現象の原因を把握すること　第6章 第三の洞察智―直接経験を通じて、無常・苦・無我を知ること　第7章 第四の洞察智―現象の生成消滅を経験し、何が道で何が道でないかを見分けること　第8章 第五から第十の洞察智―崩壊から危険、幻滅、そして自由を求める欲求と逃げ出さない智慧まで　第9章 第十一の洞察智―涅槃を囲む洞察智への扉、そしてさらにその先へ　第10章 涅槃とその先に関するさらなる講義　第11章 最後に考えておくこと、そしてリトリートへの準備　〔03614〕

ショート, ダン　Short, Dan

◇ミルトン・エリクソン心理療法―〈レジリエンス〉を育てる（HOPE & RESILIENCY）　ダン・ショート, ベティ・アリス・エリクソン, ロキサンナ・エリクソン-クライン著, 浅田仁子訳　春秋社　2014.4　405p　20cm　〈文献あり〉　3500円　①978-4-393-36530-4

内容 ミルトン・H.エリクソンの略歴　1 癒しと健康の土台（人間の条件　心の健康と癒し　臨床医の役割　哲学的枠組み）　2 臨床上のストラテジー（核となる6つのストラテジー　注意のそらし―Distraction　分割―Partitioning　前進―Progression　暗示―Suggestion　新たな方向づけ―Reorientation　利用―Utilization　結論）　〔03615〕

ジョバン, ポール

◇正義への責任―世界から沖縄へ　1　那覇　琉球新報社　2015.11　55p　21cm　〈発売：琉球プロジェクト（〔那覇〕）〉565円　①978-4-89742-193-3

内容 共通する「帝国」への抵抗―沖縄、台湾が相互理解を（ポール・ジョバン）　〔03616〕

ジョブズ, スティーブ　Jobs, Steve

◇人生を変えるスティーブ・ジョブズスピーチ―人生の教訓はすべてここにある　国際文化研究室編　ゴマブックス　2015.2　175p　19cm　〈他言語標題：Steve Jobs SPEECHES　英語抄訳付　年譜あり〉1350円　①978-4-7771-1596-9

内容 言葉に宿るジョブズの精神　スティーブ・ジョブズの名言・金言（仕事への情熱　人生における指針　会社への誇り、スタッフへの誇り　発想の真髄　ジョブズの方法論　苦境の乗り越え方）　ジョブズの歴史的スピーチ、その意義とは　スタンフォード大学学位授与式でのスピーチについて　スタンフォード大学学位授与式でのスピーチ（原文　訳文）　〔03617〕

ショプフ, フーベルト

◇修道院文化史事典（KULTURGESCHICHTE DER CHRISTLICHEN ORDEN IN EINZELDARSTELLUNGEN）　P.ディンツェルバッハー,J.L.ホッグ編, 朝倉文市監訳　普及版　八坂書房　2014.10　541p　20cm　〈文献あり 索引あり〉3900円　①978-4-89694-181-4

内容 アウグスチノ修道参事会（フーベルト・ショプフ著, 谷隆一郎訳）　〔03618〕

ジョフラン, ローラン　Joffrin, Laurent

◇68年5月（MAI 68）　ローラン・ジョフラン〔著〕, コリン・コバヤシ訳　インスクリプト　2015.7　383p　20cm　〈文献あり 年表あり〉　3200円　①978-4-900997-46-2

内容 第1部 五月一日 - 一三日「学生の危機」（五月三日ソルボンヌの火花　学生の反抗、その二重の起源　一九六八年一月 - 五月 事件に火をつけたのはナンテールだ！　ほか）　第2部 五月一四日 - 二四日「社会危機」（一九六八年のフランス社会　五月一四日 権力を掌握するポンピドゥー　五月一五日 学生コミューン　ほか）　第3部 五月二五日 - 三〇日「政治危機」（五月二五 - 二六日 グルネル会議　五月二七日 ビヤンクールからシャルレッティ競技場へ　五月二八日 ゲームを射止めたミッテラン ほか）　〔03619〕

ショーベル, ダン　Schawbel, Dan

◇プロモート・ユアセルフ―最強のキャリアをつくる働き方（PROMOTE YOURSELF）　ダン・ショーベル著, 佐藤由樹子訳　KADOKAWA　2015.11　383p　19cm　1800円　①978-4-04-601330-9

内容 ミレニアル世代によって“今の職場”が変わる　最強のキャリアを手に入れる方法　ハード・スキル：職務マニュアル以上の自分になる　ソフト・スキル：あらゆるシーンで好印象を残せ　オンライン・スキル：ソーシャルメディアを使いこなす　過剰にセルフ・プロモートしない　上司が昇進に求めるスキル　世代を超えた人間関係を作る　仕事の枠を超えて人脈を築く　情熱を次の“仕事”に変換する　仕事をしながら“新しいビジネス”を始める　「上へ行く」か、「横へ動く」か、「まっすぐ進む」か？　〔03620〕

ショーランデル, S.　Sjölander, Sverre

◇北欧スウェーデン発森の教室―生きる知恵と喜びを生み出すアウトドア教育（UTOMHUSPEDAGOGIK SOM KUNSKAPSKÄLLA）　A.シェパンスキー,L.O.ダールグレン,S.ショーランデル編著, 西浦和樹, 足立智昭訳　京都　北大路書房　2016.4　209p　21cm　〈文献あり〉2500円　①978-4-7628-2930-7

内容 第1章 アウトドア教室―充実した学習環境となる素晴らしい教室　第2章 本から学ぶ知識と感覚経験　第3章 子どもと自然　第4章 成長過程にある個人―子どもの健康　第5章 子どもに不思議を感じさせるトリックとは　第6章 自然と人間の関係―過去から現在　補章 解説 北欧スウェーデンのアウトドア教育の効果―教育心理学の視点から　〔03621〕

ジョリ, アラン　Jolis, Alan

◇ムハマド・ユヌス自伝　上（VERS UN MONDE SANS PAUVRETÉ）　ムハマド・ユヌス, アラン・ジョリ著, 猪熊弘子訳　早川書房　2015.9　289p　16cm　（ハヤカワ文庫 NF 444）　〈1998年刊の上下2分冊〉880円　①978-4-15-050444-1

内容 第1部 はじまり（一九四〇年～一九七六年）―ジョブラ村から世界銀行へ（ジョブラ村にて―教科書から実践へ　世界銀行との関係　チッタゴン、ボクシラート通り二〇番地　少年時代の情熱　アメリカ留学（一九六五年～一九七二年）　結婚とバングラデシュ独立（一九六七年～一九七一年）　チッタゴン大学時代（一九七二年～一九七四年）　三人農場での実験（一九七四年～一九七六年）　銀行経営に乗り出す（一九七六年六月））　第2部 実験段階（一九七六年～一九七九年）（男性ではなく女性に貸す理由　パルダで隠されている女性たち　グラミンの女性行員　グラミンに参加する方法　返済方法　グラミンと一般の銀行との違い　農業銀行の実験プロジェクト（一九七七年～一九七九

年）聖なるイードの日（一九七七年））〔03622〕

◇ムハマド・ユヌス自伝　下（VERS UN MONDE SANS PAUVRETÉ）　ムハマド・ユヌス, アラン・ジョリ著, 猪熊弘子訳　早川書房　2015.9　313p　16cm　（ハヤカワ文庫 NF 445）〈1998年刊の上下2分冊〉880円　①978-4-15-050445-8

内容 第3部 創造（一九七九年〜一九九〇年）（最初はゆっくり始めよう（一九七八年〜一九八三年）　心の壁を打ち破る ほか）　第4部 世界への広がり（世界のマイクロクレジット組織　合衆国での展開 ほか）　第5部 哲学（経済学の発見—社会の意識が自由市場を操る　自己雇用の原点に戻る ほか）　第6部 新たなる展開（一九九〇年〜一九九七年）（住宅ローン・プログラム　健康プログラム ほか）　第7部 新しい世界へ（最も貧しい人々を助ける世界　マイクロクレジット・サミット ほか）〔03623〕

シ

ジョルダノ, ラファエル　Giordano, Raphaëlle

◇100%幸せになる！—私のためのコーチングブック（Mon carnet de coaching 100% BONHEUR）　ラファエル・ジョルダノ著, 秋山まりあ監修,〔ダコスタ吉村花子〕〔訳〕　グラフィック社　2015.11　1冊（ページ付なし）　18cm　1300円　①978-4-7661-2782-9

内容 Acceptation受け入れ　Action行動　Amis友人　Amour愛情　Amusement楽しみ　Attentes期待　Attentions気配り　Besoins欲求　Bien快さ　Bienveillance好意〔ほか〕〔03624〕

ショルツ, ルペルト

◇日本の最高裁判所—判決と人・制度の考察　市川正人, 大久保史郎, 斎藤浩, 渡辺千原編著　日本評論社　2015.6　417p　22cm　〈他言語標題：SUPREME COURT OF JAPAN〉5200円　①978-4-535-52092-9

内容 憲法と政治の間における憲法裁判権（ルペルト・ショルツ著, 倉田原志訳）〔03625〕

ショルレマー, フリードリヒ

◇なぜ“平和主義”にこだわるのか（ENTRÜSTET EUCH！　—WARUM PAZIFISMUS FÜR UNS DAS GEBOT DER STUNDE BLEIBT）　マルゴット・ケースマン, コンスタンティン・ヴェッカー編, 木戸衛一訳　いのちのことば社　2016.12　261p　19cm　1500円　①978-4-264-03611-1

内容 変換を始める！ 他（フリードリヒ・ショルレマー）〔03626〕

ショレゲン, グレゴーア　Schöllgen, Gregor

◇ヴィリー・ブラントの生涯（WILLY BRANDT 原著新版の翻訳）　グレゴーア・ショレゲン著, 岡田浩平訳　三元社　2015.7　307, 7p　22cm　〈索引あり〉4000円　①978-4-88303-386-7

内容 第1章 出発—ひとり流れに抗して 1913‐1933　第2章 遍歴の旅—追われる者として国外に 1933‐1948　第3章 上昇—「世界の果て」における展望 1948‐1966　第4章 落とし穴—権力の中心にて 1966‐1974　第5章 逃避—政治家としてたえず旅の途上 1974‐1987　第6章 辿り着く—愛国者の家路 1987‐1992　補章 ヴィリー・ブラントについて知る〔03627〕

ショーレム, ゲルショム　Scholem, Gershom

◇ユダヤ神秘主義—その主潮流　ゲルショム・ショーレム著, 山下肇, 石丸昭二, 井ノ川清, 西脇征嘉訳　新装版　法政大学出版局　2014.5　490, 134p　19cm　（叢書・ウニベルシタス）　7300円　①978-4-588-09984-7

内容 ユダヤ神秘主義の一般的特質　メルカーバー神秘主義とユダヤのグノーシス　中世におけるドイツのハシディズム　アブラハム・アブーラーフィアと預言者的カバラー　ゾーハル（書物とその著者　ゾーハルの神智学的教義）　イサアク・ルーリアとその学派　サバタイ主義と神秘主義的異端　ポーランドのハシディズム、ユダヤ神秘主義の終局〔03628〕

ジョン, クゥアン

◇一生感謝365日　ジョン・クゥアン著, 吉田英里子訳　つくば　小牧者出版　2013.11　384p　23cm　1800円　①978-4-904308-09-7〔03629〕

ジョン, デヴィッド　John, David

◇7つの名前を持つ少女—ある脱北者の物語　イヒョンソ, デヴィッド・ジョン著, 夏目大訳　大和書房　2016.3　470p　20cm　〈他言語標題：The Girl with Seven Names〉2200円　①978-4-479-57017-2

内容 1 地上で最も偉大な国（首都へ向かう列車　世界の果ての街　壁からのぞく目 ほか）　2 竜の腹の中へ（安氏を訪ねる　中国の生活　悪夢 ほか）　3 暗闇への旅（ようこそ韓国へ　北の女たち　統一の家 ほか）〔03630〕

ジョン, リチャード・セント　St.John, Richard

◇世界の一流だけが知っている成功するための8つの法則（THE 8 TRAITS SUCCESSFUL PEOPLE HAVE IN COMMON）　リチャード・セント・ジョン著, 中西真雄美訳　新潮社　2014.10　301p　20cm　1600円　①978-4-10-506811-0

内容 第1章 成功者に共通する8つの特徴を身につける出発点　第2章 汗で溺れた者はいない　第3章 失敗したければ、集中しなければいい　第4章 自分を奮い立たせ、内面のバリアを克服せよ　第5章 アイデアを生み出す魔法はない　第6章 自分自身と自分の仕事を改善することが自分を導く光となる　第7章 成功とは、まさに自分の人生が人の役に立っていると実感することだ　第8章 批判、拒絶、逆境、偏見を乗り越えてやり抜け〔03631〕

ジョン, P.J.de*　Jong, Peter J.de

◇嫌悪とその関連障害—理論・アセスメント・臨床的示唆（DISGUST AND ITS DISORDERS）　B.O.オラタンジ,D.マッケイ編著, 堀越勝監修, 今田純雄, 岩佐和典監訳　京都　北大路書房　2014.8　319p　21cm　〈索引あり〉3600円　①978-4-7628-2873-7

内容 性と性機能不全：嫌悪・汚染感受性の役割（Peter J.de Jong, Madelon L.Peters著, 川崎直樹訳）〔03632〕

ジョンガルぶもん

◇モンゴルのゆうぼくみん（Malchnii hotond）〔Monsudar〕ジョンガルぶもんぶん, トゥルムンフ.Bえ, D.ラクチャ, ふくしようこやく　札幌　柏艪舎　2016.1　1冊（ページ付なし）　20cm

(〔エルクシリーズ〕)〈文献あり　発売：星雲社〉1200円　①978-4-434-21505-6　〔03633〕

ジョーンズ, アマンダ

◇乳児観察と調査・研究―日常場面のこころのプロセス（Infant Observation and Research）キャシー・アーウィン, ジャニーン・スターンバーグ編著, 鵜飼奈津子監訳　大阪　創元社　2015.5　273p　22cm　〈文献あり 索引あり〉4200円　①978-4-422-11539-9

内容 傷つき、情緒的に凍りついた母親が、赤ん坊を観察し、違ったやり方で接し、赤ん坊に生命の光が宿るのを見守れるようになるための援助（アマンダ・ジョーンズ著, 中沢鮎美訳）　〔03634〕

ジョーンズ, ガレス　Jones, Gareth

◇DREAM WORKPLACE―だれもが「最高の自分」になれる組織をつくる（Why Should Anyone Work Here？ : What It Takes to Create an Authentic Organization）ロブ・ゴーフィー, ガレス・ジョーンズ著, 森由美子訳　英治出版　2016.12　334p　19cm　1800円　①978-4-86276-235-1

内容 序章 なぜここで働かなければならないのか？ ―「夢の組織」を思い描く　第1章 ありのままでいられるように―「違い」は埋めず、むしろ広げる　第2章 徹底的に正直である―今現実に起きていることを伝える　第3章 社員の強みと利益を理解し、強化する―ひとりひとりのために特別な価値を創造する　第4章「本物」を支持する―アイデンティティ、価値観、リーダーシップ　第5章 意義あるものにする―日常の仕事にやりがいをもたらす　第6章 ルールはシンプルに―余計なものを減らし、透明性と公平性を高める　第7章 本物の組織をつくる―トレードオフと課題　〔03635〕

ジョーンズ, クリス　Jones, Chris

◇ビジュアル版 世界の歴史都市―世界史を彩った都の物語（The Great Cities in History）ジョン・ジュリアス・ノーウィッチ編, 福井正子訳　柊風舎　2016.9　303p　27×21cm　15000円　①978-4-86498-039-5

内容 パリ―ゴシック建築の頂点（クリス・ジョーンズ）　〔03636〕

ジョーンズ, ジェイソン　Jones, Jason

◇よくわかる認知行動カウンセリングの実際―面接の進め方とさまざまな感情への応用（Cognitive Behavioural Counselling in Action 原著第2版の翻訳）ピーター・トローワー, ジェイソン・ジョーンズ, ウィンディ・ドライデン, アンドリュー・ケイシー著, 石垣琢麿監訳, 古村健, 古村香里訳　金子書房　2016.2　268p　21cm　〈索引あり〉3800円　①978-4-7608-3614-7

内容 1 認知行動カウンセリング基礎ガイド（基礎ガイドの構成と概要　準備段階1 緊張をほぐす：スクリーニング・初回面接・関係づくり　準備段階2 認知行動カウンセリングはあなたの役に立ちますか？ ：初回面接と治療関係　初期段階1 問題の具体例を教えてください：認知アセスメント　初期段階2 私たちの目標は？ ：目標設定　初期段階1 現実的になること：推論への介入　初期段階2 ホットな思考を変えること：評価への介入　初期段階3 イメージを書き換える　初期段階4 定着化：面接構造　終結段階 クライエントが自分のカウンセラーになるための指導）2 さまざまな感情への応用（不安　うつ　怒り　恥と罪悪感　傷つき　嫉妬　おわりに）付録 認知行動カウンセリングのためのクライエントガイドと記入用紙　〔03637〕

ジョーンズ, ジェフリー

◇グローバル資本主義の中の渋沢栄一―合本キャピタリズムとモラル　橘川武郎, パトリック・フリデンソン編著　東洋経済新報社　2014.2　257p　22cm　〈索引あり〉3000円　①978-4-492-39601-8

内容 世界的視野における合本主義（ジェフリー・ジョーンズ著, 木村昌人訳）　〔03638〕

ジョーンズ, デヴィッド・J.　Jones, David James

◇成人教育と文化の発展（Adult Education and Cultural Development）デヴィッド・J.ジョーンズ著, 新藤浩伸監訳　東洋館出版社　2016.2　270p　22cm　〈文献あり 著作目録あり 索引あり〉4232円　①978-4-491-03203-0

内容 1 総説　2 文化　3 芸術　4 芸術との関わり方　5 芸術へのアクセス　6 成人教育と文化の発展　補論 成人教育と芸術：変わりゆく価値と新たなパラダイム　〔03639〕

ジョーンズ, デビ　Jones, Debby

◇貴女を輝かせる10章―独身時代こそ自分を磨くチャンス（Lady in waiting）デビ・ジョーンズ, ジャッキー・ケンダル著, 川端光生訳, 川端黎子監修　新装版　柏　イーグレープ（発売）2014.11　194p　19cm　1200円　①978-4-903748-89-4　〔03640〕

ジョーンズ, テリー

◇マニフェスト本の未来（Book : a futurist's manifesto）ヒュー・マクガイア, ブライアン・オレアリ編　ボイジャー　2013.2　339p　21cm　2800円　①978-4-86239-117-9

内容 eBookはなぜ書き込み可能になるか（テリー・ジョーンズ著）　〔03641〕

ジョーンズ, ブライオニー　Jones, Bryony

◇ザ・マップぬりえ世界地図帳（THE MAP COLOURING BOOK）ナタリー・ヒューズ絵, ブライオニー・ジョーンズ, ジョニー・マークス編, 〔広内かおり〕〔訳〕　日本文芸社　2015.12　1冊（ページ付なし）30cm　1500円　①978-4-537-21342-3　〔03642〕

ジョーンズ, ブルース　Jones, Bruce D.

◇岐路に立つ国連開発―変容する国際協力の枠組み（United Nations Development at a Crossroads）ブルース・ジェンクス, ブルース・ジョーンズ編著, 丹羽敏之監訳　人間と歴史社　2014.6　219p　26cm　3800円　①978-4-89007-193-7

内容 1 変化する状況（新興国の台頭と貧困像の変化　国家・市場・個人の関係の変化　グローバル化と開発協力―分析のための枠組み）2 国連開発システムの現況　3 国連開発システムの新たな課題（国連機関の主要課題への取り組み　ケーススタディ（抄録）新た

シ

なパターンと傾向）　4 岐路に立つ国連開発（国連改革の現在位置　グローバルヘルスとWHO　資金に関する考察　統治（ガバナンス）に関する考察）　5 改革議題（改革の必要性　「ミレニアム開発目標」を超えて　三つのシナリオ　改革プロセスの想定）〔03643〕

◇グローバルビジョンと5つの課題―岐路に立つ国連開発（United Nations Development at a Crossroadsの抄訳）　ブルース・ジェンクス，ブルース・ジョーンズ編，丹羽敏之監訳　人間と歴史社　2015.10　280p　21cm　3000円　①978-4-89007-199-9
内容 脆弱国（ブルース・ジョーンズ，ベンジャミン・トートラニ著）〔03644〕

シ

ジョーンズ，ベス・フェルカー　Jones, Beth Felker
◇だれもが知りたいキリスト教神学Q&A（Theology Questions Everyone Asks）　G.M.バーグ,D.ラウバー編，本多峰子訳　教文館　2016.3　235p　21cm　〈文献あり〉2800円　①978-4-7642-7405-1
内容 キリスト教徒の希望は何か（ベス・フェルカー・ジョーンズ）〔03645〕

ジョーンズ，K.C.　Jones, K.C.
◇色事典（Fortune-Telling BOOK OF COLORS）　K.C.ジョーンズ著，Kanae Ervin訳　クロニクルブックス・ジャパン　2016.2　203p　16cm　〈発売：徳間書店〉1450円　①978-4-19-864114-6〔03646〕
◇恋愛事典（Fortune-Telling BOOK OF LOVE）　K.C.ジョーンズ著，Kanae Ervin訳　クロニクルブックス・ジャパン　2016.2　198p　16cm　〈発売：徳間書店〉1450円　①978-4-19-864117-7〔03647〕

ジョンストン，クリス　Johnstone, Chris
◇アクティブ・ホープ（ACTIVE HOPE）　ジョアンナ・メイシー，クリス・ジョンストン著，三木直子訳　春秋社　2015.10　330p　20cm　3000円　①978-4-393-33344-0
内容 1 大転換（現代を覆う三つのストーリー　スパイラルを信じる　感謝の気持ちを感じる　世界に対する痛みを大切にする）　2 新しい目で観る（自己という概念を拡げる　異なる種類の力を使う　コミュニティの体験を豊かにする　時間をより大きな流れでとらえる）　3 前に向かって進む（気持ちが奮い立つようなビジョンをつかまえる　可能性を信じる勇気を持つ　自分の周りにサポート・システムをつくる　熱意と活力を保ち続ける　不確実性が私たちを強くする）〔03648〕

ジョンストン，デイヴィッド　Johnston, David
◇正義はどう論じられてきたか―相互性の歴史的展開（A BRIEF HISTORY OF JUSTICE）　デイヴィッド・ジョンストン〔著〕，押村高，谷沢正嗣，近藤和貴，宮崎文典共訳　みすず書房　2015.1　257, 15p　22cm　〈索引あり〉4500円　①978-4-622-07890-6
内容 第1章 正義の地勢図　第2章 プラトン『国家』における目的論と教育　第3章 アリストテレスの正義の理論　第4章 自然から人為へ―アリストテレスからホッブズへ　第5章 効用の登場　第6章 カントの正義の理論　第7章 社会正義という考え　第8章 公正としての正義の理論〔03649〕

ジョンストン，Y.*　Johnston, Yvonne
◇国家ブランディング―その概念・論点・実践（NATION BRANDING）　キース・ディニー編著，林田博光，平沢敦監訳　八王子　中央大学出版部　2014.3　310p　22cm　（中央大学企業研究所翻訳叢書 14）　4500円　①978-4-8057-3313-4
内容 国家ブランディングの妥当性と範囲，発展（Yvonne Johnston,Leslie de Chernatony,Simon Anholt著，徐誠敏訳）〔03650〕

ジョンソン，アレックス　Johnson, Alex
◇世界の不思議な図書館（Improbable Libraries）　アレックス・ジョンソン著，北川玲訳　大阪　創元社　2016.4　240p　19×19cm　〈文献あり〉3200円　①978-4-422-31106-7
内容 1 旅先の図書館　2 動物図書館　3 小さな図書館　4 大きな図書館　5 ホームライブラリー　6 移動する図書館　7 意外な場所の図書館〔03651〕

ジョンソン，エリザベス　Johnson, Elizabeth
◇ビジュアル版 世界の歴史都市―世界史を彩った都の物語（The Great Cities in History）　ジョン・ジュリアス・ノーウィッチ編，福井正子訳　柊風舎　2016.9　303p　27×21cm　15000円　①978-4-86498-039-5
内容 サンパウロ―コーヒーと交易（エリザベス・ジョンソン）〔03652〕

ジョンソン，エリザベス・S.　Johnson, Elizabeth S.
◇ケインズ全集　第17巻　条約改正と再興―1920-22年の諸活動（Activities 1920-1922 ： treaty revision and reconstruction）　ケインズ〔著〕　エリザベス・ジョンソン編，春井久志訳　東洋経済新報社　2014.11　651, 32p　22cm　15000円　①978-4-492-81330-0
内容 第1部『平和の経済的帰結』に対する反発（一九一九・一九二四年）（イギリスにおける反発　アメリカ合衆国における反発　ウィルソン大統領についての再考　アメリカ合衆国のさらなる反発　パリ会議の真相）　第2部 ケインズと「内部」および「外部」の意見（一九一九・一九二〇年）（条約の解釈　アムステルダム会議―国際融資提案　フランス嫌いの告発　イギリスの財政・金融政策　国際的復興の見通し）　第3部『条約の改正』を目指して（一九二一年）（パリ会議とロンドン会議　「欧州の経済見通し」　『条約の改正』の準備を目指して）　第4部『条約の改正』の書評（一九二二・一九二四年）（アメリカのさらなる反発）　第5部「ヨーロッパにおける再興」（一九二一・一九二三年）（『マンチェスター・ガーディアン』紙の特集号計画　ジェノア会議　特集号の完結）〔03653〕

ジョンソン，カート　Johnson, Kurt W.
◇ひとりぼっちのいない教会―見直したい小グループという器（Successful small groups from theory to service）　カート・ジョンソン著，根本愛一訳　立川　福音社　2015.12　263p　21cm　850円　①978-4-89222-470-6〔03654〕

ジョンソン, キース・L. Jonson, Keith L.
◇だれもが知りたいキリスト教神学Q&A（Theology Questions Everyone Asks） G.M.バーグ,D.ラウバー編, 本多峰子訳 教文館 2016.3 235p 21cm 〈文献あり〉 2800円 ①978-4-7642-7405-1
内容 救いとは何か（キース・L.ジョンソン） 〔03655〕

ジョンソン, シーラ
◇正義への責任―世界から沖縄へ 2 琉球新報社編, 乗松聡子監修・翻訳 那覇 琉球新報社 2016.6 77p 21cm 〈発売：琉球プロジェクト（〔那覇〕）〉 565円 ①978-4-89742-208-4
内容 「基地の帝国」批判続け―沖縄の旅で人生変わる（シーラ・ジョンソン） 〔03656〕

ジョンソン, スー Johnson, Susan M.
◇私をギュッと抱きしめて―愛を取り戻す七つの会話（Hold Me Tight） スー・ジョンソン著, 白根伊登恵訳, 岩壁茂監修 金剛出版 2014.8 268, 6p 19cm 〈文献あり〉 3200円 ①978-4-7724-1374-9
内容 第1部 愛についての新たな光明（愛―その革新的解釈 愛はどこへ行ったの？ つながりを失う 情緒的応答性―生涯の愛への鍵） 第2部 夫婦関係を変える七つの会話（「悪魔の対話」に気づく むき出しの箇所を見つける 不安定な瞬間に立ち戻る ほか） 第3部 抱きしめることの効力（心の傷を癒す愛の力 究極の絆―最後のフロンティアとしての愛） 〔03657〕

ジョンソン, スティーブン Johnson, Steven
◇ピア―ネットワークの縁から未来をデザインする方法（Future Perfect） スティーブン・ジョンソン著, 田沢恭子訳 インターシフト 2014.7 237p 19cm 〈他言語標題：PEER 発売：合同出版〉 1800円 ①978-4-7726-9541-1
内容 第1部 解決策はピア・ネットワークから 第2部 社会の仕組みを変える方法（コミュニティ―コミュニティの問題は、コミュニティで解決する ジャーナリズム―多様性を高めれば、社会はもっと賢くなる テクノロジー―情報をコントロールする力を広げる インセンティブ―グッドアイデアは、ネットワークの縁から生まれる デモクラシー―リキッド・デモクラシーが政治を動かす 企業―次の成長は、ピア・ネットワークな企業が実現する） 結論 別の社会を想像すること 〔03658〕

ジョンソン, スペンサー Johnson, Spencer
◇1分間意思決定―決断力が身につくたった1つのルール（"Yes" or "no"） スペンサー・ジョンソン著, 門田美鈴訳 新装版 ダイヤモンド社 2015.6 171p 19cm 〈初版のタイトル：世界で一番シンプルな決め方の技術〉 1300円 ①978-4-478-06655-3
内容 第1章 正しい「道」を見つけるために 第2章「頭を働かせる」ための3つの問い 第3章 なぜシンプルな問いかけが重要なのか？ 第4章「心を見つめる」ための3つの問い 第5章 自分だけの「意思決定のマップ」を持つ 第6章 よい決断が、人生に自信と成功をもたらす 〔03659〕
◇新1分間マネジャー―部下を成長させる3つの秘訣（THE NEW ONE MINUTE MANAGER） ケン・ブランチャード, スペンサー・ジョンソン著, 金井寿宏監訳, 田辺希久子訳 ダイヤモンド社 2015.6 139p 19cm 1300円 ①978-4-478-02525-3
内容 第1章 理想のマネジャーはどこにいる？（マネジャー探しの旅 新1分間マネジャーに出会う） 第2章 1分間マネジメントの3つの秘訣（第1の秘訣「1分間目標」 第2の秘訣「1分間称賛」 本当に成果は出ているのか 第3の秘訣「1分間修正」） 第3章 抜群の成果をあげる仕組みとは（新1分間マネジャーに成功の秘密を聞く なぜ1分間目標で成果があがるのか 覚えたての段階では、ほめることが大切 1分間修正の裏にあるもの） 第4章 そして、また新1分間マネジャーが生まれた（新1分間マネジャーのゲームプラン あなた自身への贈り物 ほかのみなさんへの贈り物） 〔03660〕

ジョンソン, チャルマーズ
◇ゾルゲ事件関係外国語文献翻訳集 no.41 日露歴史研究センター事務局編 〔川崎〕 日露歴史研究センター事務局 2014.9 60p 30cm 700円
内容 ジャパンタイムズの記事への前書き（チャルマーズ・ジョンソン著） 〔03661〕

ジョンソン, ドロシア Johnson, Dorothea
◇世界標準のビジネスマナー（Modern Manners） ドロシア・ジョンソン, リヴ・タイラー著, 村山美雪訳 東洋経済新報社 2015.5 175p 21cm 〈文献あり〉 1400円 ①978-4-492-04570-1
内容 1 出会い・挨拶のマナー 2 職場でのマナー 3 デジタルでのマナー 4 外出先でのマナー 5 食事のマナー 6 おもてなしのマナー 〔03662〕

ジョンソン, ドン
◇「主観性を科学化する」質的研究法入門―TAEを中心に 末武康弘, 諸富祥彦, 得丸智子, 村里忠之編著 金子書房 2016.6 335p 21cm 3800円 ①978-4-7608-2658-2
内容 一人称科学の提唱（E.ジェンドリン, ドン・ジョンソン著, 村里忠之訳） 〔03663〕

ジョンソン, ナンシー・W. Johnson, Nanci W.
◇いじめ、学級崩壊を激減させるポジティブ生徒指導〈PBS〉ガイドブック―期待行動を引き出すユニバーサルな支援（IMPLEMENTING POSITIVE BEHAVIOR SUPPORT SYSTEMS IN EARLY CHILDHOOD AND ELEMENTARY SETTINGS） メリッサ・ストーモント, チモシー・J.ルイス, レベッカ・ベックナー, ナンシー・W.ジョンソン著, 市川千秋, 宇田光監訳 明石書店 2016.9 153p 21cm 〈文献あり〉 2400円 ①978-4-7503-4402-7
内容 第1章 ポジティブ生徒指導により、問題行動を起きなくする 第2章 体制づくりを支援する 第3章 委員会を立ち上げ、引っ張る 第4章 期待行動を教える 第5章 適切な行動を支援する 第6章 矯正的な指導をする 第7章 データに基づいて意思決定する 第8章 小集団および個別支援の基盤をつくる 〔03664〕

ジョンソン, ビル Johnson, Bill
◇神の臨在をもてなす（Hosting the presence）

ビル・ジョンソン著, 長田晃訳　東近江　マルコーシュ・パブリケーション(発売)　2014.1　254p　19cm　1600円　①978-4-87207-262-4

内容 第1章 究極の課題　第2章 園から園へ　第3章 自分には価値がないという偽り　第4章 力を与える臨在　第5章 秘かな試写会　第6章 心の叫びに答える神　第7章 究極の模範　第8章 赤い文字のリバイバル　第9章 鳩を解き放つ　第10章 神の臨在の実際的な面　第11章 火のバプテスマ　〔03665〕

シ

◇励ます力—主にあって強く生きる (Strengthen Yourself in the Lord)　ビル・ジョンソン著, 長田晃訳　東近江　マルコーシュ・パブリケーション(発売)　2015.1　180p　19cm　1700円　①978-4-87207-267-9

内容 第1章 ダビデが引き上げられた理由　第2章 使命につながり続ける　第3章 感謝によって敵の武装を解除する　第4章 個人的な打ち破りの瞬間　第5章 隠れているものを現す　第6章 約束に捕われる　第7章 証を守る　第8章 環境を支配する　第9章 切なる叫び　第10章 私が見張っている間　〔03666〕

◇40日の個人的な旅路日々のデボーション—天が地に侵入する時奇跡の人生への実践ガイド (A 40 Day Personal Journey Daily Devotional and Journal)　ビル・ジョンソン著, 長田晃訳　東近江　マルコーシュ・パブリケーション(発売)　2015.4　165p　21cm　1500円　①978-4-87207-270-9

内容 クリスチャン生活の標準　任務の回復　治めるために生まれた　悔い改めと方向転換　支配に気づく信仰—見えない世界の錨　関係から来る信仰　より優れた現実　クラスター爆弾効果　天を地にもたらす祈り〔ほか〕　〔03667〕

◇預言の霊を解き放て (Releasing The Spirit of Prophecy)　ビル・ジョンソン著, マルコーシュ翻訳委員会訳　マルコーシュ・パブリケーション(発売)　2016.1　201p　19cm　1700円　①978-4-87207-274-7

内容 第1章 真理は力なり　第2章 相続財産を使う　第3章 神の憐れみとの出逢い　第4章 証を守る　第5章 いのちをもたらす記憶　第6章 遺産を残す勇気　第7章 影響のもとを歩む　第8章 変革の力　第9章 神の臨在を現す　〔03668〕

ジョンソン, ベニー　Johnson, Beni

◇ハッピー・インターセッサー—とりなしの祈り手の使命 (the Happy Intercessor)　ベニー・ジョンソン著, マルコーシュ翻訳委員会訳　東近江　マルコーシュ・パブリケーション(発売)　2015.2　251p　19cm　1800円　①978-4-87207-269-3

内容 とりなし手になるまでの道のり　神の心から祈る攻撃的なライフスタイル　所有権　喜びの模範であるイエス　三つの領域　空域　ワーシップと喜びによる霊の戦い　安息は内面的なもの　問題への対処　神秘的な体験と瞑想の祈り　祈りととりなしに関する質疑応答　〔03669〕

ジョンソン, ボリス　Johnson, Boris

◇チャーチル・ファクター—たった一人で歴史と世界を変える力 (THE CHURCHILL FACTOR)　ボリス・ジョンソン著, 石塚雅彦, 小林恭子訳　プレジデント社　2016.4　496, 11p　19cm　〈文献あり 年表あり〉 2300円　①978-4-8334-2167-6

内容 ヒトラーと断固として交渉せず　もしチャーチルがいなかったら　裏切り者のいかさま師　毒父、ランドルフ　命知らずの恥知らず　ノーベル文学賞を受賞した文才　演説の名手は一日にして成らず　尊大にして寛大　妻クレメンティーン　代表的英国人〔ほか〕　〔03670〕

ジョンソン, ポール　Johnson, Paul

◇インタヴューズ　3　毛沢東からジョン・レノンまで (THE PENGUIN BOOK OF INTERVIEWS)　クリストファー・シルヴェスター編, 新庄哲夫他訳　文芸春秋　2014.6　463p　16cm　(文春学芸ライブラリー—雑英 7)　1690円　①978-4-16-813018-2

内容 ポール・ジョンソン(ポール・ジョンソン述, リチャード・ステンゲルインタヴュアー, 山岡洋一訳)　〔03671〕

◇ソクラテス—われらが時代の人 (SOCRATES)　ポール・ジョンソン著, 中山元訳　日経BP社　2015.12　290p　20cm　〈発売：日経BPマーケティング〉 2200円　①978-4-8222-5081-2

内容 第1章 生ける人として、腹話術の人形として　第2章 幸福になる才能のある冗談好きな醜男　第3章 ソクラテスとオプティミズムの頂点にあるアテナイ　第4章 哲学の天才、ソクラテス　第5章 ソクラテスと正義　第6章 アテナイの道徳的な退廃とソクラテスの死　第7章 ソクラテス、哲学が人間に乗り移った男　〔03672〕

ジョンソン, リタ・マリー　Johnson, Rita Marie

◇完全につながる—コネクション・プラクティス‐平和を生み出す、脳と心臓の使い方 (Completely Connected : Uniting Our Empathy&Insight for Extraordinary Results)　リタ・マリー・ジョンソン著, きくちゆみ, 森田玄訳　鴨川　ハーモニクス出版　2016.4　279p　21cm　〈発売：八月書館〉 2500円　①978-4-938140-94-6

内容 第1章 混乱からつながりへ　第2章 "ハート/脳のコヒーランス"が洞察を導く　第3章 感情とニーズに名をつけることが共感をもたらす　第4章 共感+洞察=つながり　第5章 コネクション・プラクティスを使って課題を克服する　第6章 家庭と学校でのつながりをつくる　第7章 ビジネス、非営利団体、政府、高等教育でのつながり　第8章 BePeaceプラクティス　第9章 よりつながった世界に向けて　第10章 新しいはじまり　〔03673〕

ジョンソン, ロバート

◇徳倫理学基本論文集　加藤尚武, 児玉聡編・監訳　勁草書房　2015.11　342, 7p　22cm　〈索引あり〉 3800円　①978-4-326-10248-8

内容 徳と正しさ(ロバート・ジョンソン著, 篠沢和久訳)　〔03674〕

ジョンソン, A.*　Johnson, Amy

◇自己調整学習ハンドブック (HANDBOOK OF SELF-REGULATION OF LEARNING AND PERFORMANCE)　バリー・J.ジマーマン, ディル・H.シャンク編, 塚野州一, 伊藤崇達監訳　京都　北大路書房　2014.9　434p　26cm　〈索引あり〉 5400円　①978-4-7628-2874-4

内容 自己調整学習を評価し伝えるためのハイパーメ

ディアの利用（Roger Azevedo, Amy Johnson, Amber Chauncey, Arthur Graesser著, 沖林洋平訳）〔03675〕

ジョンソン, D.W.　Johnson, David W.

◇協同学習を支えるアセスメントと評価（Meaningful And Manageable Assessment Through Cooperative Learning）　D.W.ジョンソン,R.T.ジョンソン著, 石田裕久訳　八王子　日本協同教育学会　2016.11　283p　26cm　〈発売：ナカニシヤ出版（京都）〉2800円　①978-4-7795-1109-7

内容 役に立つアセスメントとは　目標設定のための会議　標準テスト　教師作成テスト　作文とプレゼンテーション　プロジェクト　ポートフォリオ　観察　社会的スキルのアセスメントと評価　態度のアセスメントと評価　インタビュー　学習記録と学習日誌　質の高い学習と生徒による管理チーム　教師の同僚性と評価　成績をつける　ふり返り〔03676〕

ジョンソン, N.P.*　Johnson, Noreen P.

◇エンパワーメント評価の原則と実践―教育、福祉、医療、企業、コミュニティ介入プログラムの改善と活性化に向けて（Empowerment Evaluation Principles in Practice）　D.M.フェターマン,A.ワンダーズマン編著, 笹尾敏明監訳, 玉井航太, 大内潤子訳　風間書房　2014.1　310p　21cm　〈索引あり〉3500円　①978-4-7599-2022-2

内容 エンパワーメント評価と組織の学び（Barry E.Lentz,Pamela S.Imm,Janice B.Yost,Noreen P. Johnson,Christine Barron,Margie Simone Lindberg,Joanne Treistman著, 笹尾敏明, 玉井航太訳）〔03677〕

ジョンソン, R.T.　Johnson, Roger T.

◇協同学習を支えるアセスメントと評価（Meaningful And Manageable Assessment Through Cooperative Learning）　D.W.ジョンソン,R.T.ジョンソン著, 石田裕久訳　八王子　日本協同教育学会　2016.11　283p　26cm　〈発売：ナカニシヤ出版（京都）〉2800円　①978-4-7795-1109-7

内容 役に立つアセスメントとは　目標設定のための会議　標準テスト　教師作成テスト　作文とプレゼンテーション　プロジェクト　ポートフォリオ　観察　社会的スキルのアセスメントと評価　態度のアセスメントと評価　インタビュー　学習記録と学習日誌　質の高い学習と生徒による管理チーム　教師の同僚性と評価　成績をつける　ふり返り〔03678〕

シラー, アレックス　Schiller, Alex

◇本能を揺さぶる「魅力」の法則（Never Sleep Alone）　アレックス・シラー著, 鹿田昌美訳　大和書房　2016.8　190p　19cm　1400円　①978-4-479-78354-1

内容 法則1 魅力的な顔になる―「物欲しげな顔」の女は安く見える　法則2 出かけるときはひとりで―女友だちは最強の敵　法則3「衣装」と「小道具」で装う―家の中でもダサい服は着ない　法則4 大胆に、でも落ち着いて―ケータイを手放せば余裕が生まれる　法則5「おあずけ」でミステリアスなムードを出す―「想像上のあなた」に恋させる　法則6 一人の相手に固執しない―女はデートすればするほど魅力的になる　法則7「ケミストリー」を信じる―直感を信じてどんどん誘う　法則8 最高に「感じる女」になる―プロの高級コールガールになりきる　法則9 どんなときも自分を優先する―自分以外の誰にも夢中にならない〔03679〕

シラー, ロバート・J.　Shiller, Robert J.

◇新しい金融秩序―来たるべき巨大リスクに備える（THE NEW FINANCIAL ORDER）　ロバート・J.シラー著, 田村勝省訳　新装版　日本経済新聞出版社　2014.1　495p　19cm　〈初版：日本経済新聞社 2004年刊　文献あり 索引あり〉3600円　①978-4-532-13447-1

内容 序論 経済保障の約束　第1部 進化を続ける世界の経済リスク　第2部 科学技術はどのようにして金融上の新しい機会を生み出すのか　第3部 新しい金融秩序のための六つのアイディア　第4部 新しい金融秩序の展開　第5部 連続的な歴史的プロセスとしての新しい金融秩序〔03680〕

◇それでも金融はすばらしい―人類最強の発明で世界の難問を解く。（Finance and the Good Society）　ロバート・J.シラー著, 山形浩生, 守岡桜訳　東洋経済新報社　2014.1　473, 50p　20cm　〈文献あり 索引あり〉2800円　①978-4-492-65458-3

内容 序章 金融、財産管理、そしてわれわれの目標　第1部 役割と責任（最高経営責任者（CEO）　投資マネージャー　銀行　投資銀行　住宅ローン業者と証券化業者 ほか）　第2部 金融への不安（ファイナンス、数学、美　ビジネスマンと理想主義者はちがうのか　リスクを取ろうとする衝動　因習性と馴染み深さへの衝動　負債とレバレッジ ほか）〔03681〕

◇バブルの正しい防ぎかた―金融民主主義のすすめ（THE SUBPRIME SOLUTION）　ロバート・J.シラー著, 黒坂佳央監訳　日本評論社　2014.10　228p　19cm　〈文献あり 索引あり〉2200円　①978-4-535-55784-0

内容 第1章 序論　第2章 住宅供給の歴史　第3章 バブルは災いのもと　第4章 不動産神話　第5章 ありとあらゆる緊急救済策　第6章 金融民主主義の可能性　第7章 エピローグ〔03682〕

◇経済学者、未来を語る―新「わが孫たちの経済的可能性」（IN 100 YEARS）　イグナシオ・パラシオス＝ウエルタ編, 小坂恵理訳　NTT出版　2015.2　295p　20cm　〈索引あり〉2200円　①978-4-7571-2335-9

内容 つぎの世紀のリスクとマネジメント（ロバート・J.シラー著）〔03683〕

シーライト, ジェイソン

◇社会科学の方法論争―多様な分析道具と共通の基準（Rethinking social inquiry 原著第2版の翻訳）　ヘンリー・ブレイディ, デヴィッド・コリアー編, 泉川泰博, 宮下明聡訳　勁草書房　2014.5　432p　22cm　〈文献あり 索引あり〉4700円　①978-4-326-30231-4

内容 政治学方法論におけるめざましい変化 他（デヴィッド・コリアー, ヘンリー・ブレイディ, ジェイソン・シーライト著）〔03684〕

シ

シ

シラージ, イラム　Siraj, Iram
◇「保育プロセスの質」評価スケール―乳幼児期の「ともに考え、深めつづけること」と「情緒的な安定・安心」を捉えるために（Assessing Quality in Early Childhood Education and Care）　イラム・シラージ, デニス・キングストン, エドワード・メルウィッシュ著, 秋田喜代美, 淀川裕美訳　明石書店　2016.2　117p　26cm　2300円　①978-4-7503-4233-7
内容 サブスケール1 信頼、自信、自立の構築（自己制御と社会的発達　子どもの選択と自立した遊びの支援　小グループ・個別のかかわり、保育者の位置取り）　サブスケール2 社会的、情緒的な安定・安心（社会情緒的な安定・安心）　サブスケール3 言葉・コミュニケーションを支え、広げる（子ども同士の会話を支えること　保護者が子どもの声を聴くこと、子どもが他者の言葉を聴くように支えること　子どもの言葉の使用を保育者が支えること　迅速で適切な応答）　サブスケール4 学びと批判的思考を支える（好奇心と問題解決の支援　お話・本・歌・言葉遊びを通した「ともに考え、深めつづけること」　調べること・探求を通した「ともに考え、深めつづけること」　概念発達と高次の思考の支援）　サブスケール5 学び・言葉の発達を評価する（学びと批判的思考を支え、広げるための評価の活用　言葉の発達に関する評価）〔03685〕

ジラール, ルネ　Girard, René
◇世の初めから隠されていること（DES CHOSES CACHÉES DEPUIS LA FONDATION DU MONDE）　ルネ・ジラール〔著〕, 小池健男訳　新装版　法政大学出版局　2015.2　730, 7p　20cm　（叢書・ウニベルシタス 134）〈文献あり〉7200円　①978-4-588-14003-7
内容 第1編 基礎となる人類学（犠牲のメカニズム、つまり宗教的なものの基礎　文化と諸制度の発生　人間化の過程　神話、偽装された基礎づくりのリンチ　迫害のテキスト）　第2編 旧約・新約聖書のエクリチュール（世の初めから隠されていること　福音書のテクストの非供犠的な読み　供犠的な読みと歴史的なキリスト教　ヘラクレイトスの「ロゴス」とヨハネの「ロゴス」）　第3編 個人対個人の心理学（模倣性の欲望　対象のない欲望　模倣と性衝動　精神分析的神話学　つまずきのかなた）〔03686〕

シーリー, ハート　Seely, Hart
◇人生は爆発だ！　最狂トランプ伝説（BARD OF THE DEAL）　ハート・シーリー著, 前田和男訳・解説　ビジネス社　2016.5　128p　18cm　900円　①978-4-8284-1880-3
内容 第1章 私はアメリカの何を変えたいのか？　第2章 私はなぜこれほどまでに愛されるのか？　第3章 私はなぜ成功を収めることができたのか？〔03687〕

シーリィ, ポール・R.　Scheele, Paul R.
◇潜在能力でビジネスが加速する―才能を自然に引き出す4ステップ・モデル（NATURAL BRILLIANCE）　神田昌典監修, ポール・R.シーリィ著, 今泉敦子訳　フォレスト出版　2016.3　316p　19cm　〈「「潜在能力」であらゆる問題が解決できる」（2003年刊）の改題・加筆、再編集〉1600円　①978-4-89451-700-4
内容 1 あなたの中の「潜在能力」に気づく（変わりたい自分に変わる―ナチュラル・ブリリアンスとは何か？　あなたの「行き詰まり」の正体を暴け！）　2 あなたの「潜在能力」を無理なく引き出す4ステップ（ナチュラル・ブリリアンス・モデルの極意　ステップ1「解放」―呼吸でリラクゼーション　ステップ2「感知」―視覚・聴覚・気持ち・直感力のオンライン化 ほか）　3 ナチュラル・ブリリアンス・モデルで最高の人生を手に入れる（無意識を使った情報処理―潜在能力にアクセスする4つの機能　フォトリーディング&ダイレクト・ラーニングで限界を突破する　創造的問題解決で矛盾する問題が消える ほか）〔03688〕

シーリグ, ティナ　Seelig, Tina Lynn
◇スタンフォード大学夢をかなえる集中講義（Insight Out）　ティナ・シーリグ著, 高遠裕子訳　CCCメディアハウス　2016.2　253p　20cm　1500円　①978-4-484-16101-3
内容 序章 ひらめきを形に　第1部 想像力　第2部 クリエイティビティ　第3部 イノベーション　第4部 起業家精神　終章 終わりは始まり〔03689〕

シリット, ハワード　Schilit, Howard Mark
◇会計不正はこう見抜け（Financial Shenanigans 原著第3版の翻訳）　ハワード・シリット, ジェレミー・パーラー著, 熊倉恵子訳　日経BP社　2015.3　326p　22cm　〈発売：日経BPマーケティング〉2800円　①978-4-8222-5079-9
内容 第1部 基礎を固める（最悪の事態　レントゲン写真の修正）　第2部 利益操作のトリック（収益の早期計上　架空収益の計上　一時的または持続不可能な活動による利益の増大　当期の費用を翌期以降に繰り延べる　費用または損失を隠蔽するその他のテクニック　当期の利益を翌期以降に繰り延べる　将来の費用を前倒しにする）　第3部 キャッシュフローのトリック（財務キャッシュ・インフローを営業の区分にシフト　通常の営業キャッシュ・アウトフローを投資の区分にシフト　事業の買収・売却を使った営業キャッシュフローの水増し　持続不可能な活動による営業キャッシュフローの増大）　第4部 キー・メトリクスのトリック（経営成績を過大表示する指標の提示　財政状態の悪化を隠蔽する貸借対照表の指標の歪曲）　第5部 総括（トリックの復習とアドバイス）〔03690〕

シリネッリ, ジャン=フランソワ　Sirinelli, Jean-François
◇第五共和制（La 5e République 原著第3版の翻訳）　ジャン=フランソワ・シリネッリ著, 川嶋周一訳　白水社　2014.11　161, 4p　18cm　（文庫クセジュ 995）〈文献あり 年表あり〉1200円　①978-4-560-50995-1
内容 第1部 一九六二年に改正された一九五八年モデル―第五共和制の生態系が均衡に至る三十年間（一九五八～六八年―定着の時代　一九六九～八一年―均衡期　一九八〇年代―不調の始まり）　第2部 危機に陥った生態系（機能不全の段階へ　総決算の到来（一九九五～二〇一二年）？）〔03691〕

シリュルニク, ボリス　Cyrulnik, Boris
◇憎むのでもなく、許すのでもなく―ユダヤ人一斉検挙の夜（Sauve-toi, la vie t'appelle）　ボリス・シリュルニク著, 林昌宏訳　吉田書店　2014.3　341p　20cm　2300円　①978-4-905497-19-6
内容 第1章 ユダヤ人一斉検挙（逮捕　思い出に意味を与える ほか）　第2章 悲痛な平和（あきらめるために

書く　戦後とダンス ほか）　第3章 耐え難い記憶（自己分裂という脅威　思い出の葡萄酒 ほか）　第4章 周囲からの影響（トラウマの物語と文化的背景　現在の光に照らされ、物語が明らかになる ほか）　第5章 凍りついた言葉（過去の経験が、現在のあり方を左右する　へこたれない精神を養う支え ほか）〔03692〕

◇心のレジリエンス―物語としての告白（JE ME SOUVIENS）　ボリス・シリュルニク著, 林昌宏訳　吉田書店　2014.12　126p　20cm　1500円　①978-4-905497-26-4

内容 ポンドラ（Pondaurat）　封印された感情　逮捕　シナゴーグ　あきらめない〔03693〕

ジルー, ヘンリー・A.　Giroux, Henry A.

◇変革的知識人としての教師―批判的教授法の学びに向けて（Teachers as intellectuals）　ヘンリー・A.ジルー著, 渡部竜也訳　横浜　春風社　2014.1　394, 29p　22cm　5333円　①978-4-86110-375-9

内容 第1部 学校教育の言語についての再考察（学校教育の言語についての再考察　カリキュラムの新たな社会学に向けて　教室での社会的教育―隠れたカリキュラムの力学　行動目標、人間目標の克服）　第2部 リテラシー、文章力、声の政治学（社会科における文章力と批判的思考　大衆文化と新しい文盲（非識字）の増加―読解の意味　批判的教授法、文化の政治学、経験の言説　パウロ・フレイレの仕事に見る文化、権力、変革―教育の政治学に向けて）　第3部 教えること、知的作業、文化の政治学としての教育（変革的知識人としての教師　カリキュラム研究と文化の政治学　カルチュラル・スタディーズの必要性　教師教育と民主主義改革の政治学）　第4部 批判と可能性の言語に向けて（公教育の危機と可能性　再生産を再生産する―習熟度別編成の政治学　アントニオ・グラムシ―急進的な政治学に向けた学校教育　批判的教育における連帯、倫理、可能性）〔03694〕

シルヴァ, ノエノエ

◇沖縄ジェンダー学　第3巻　交差するアイデンティティ　喜納育江編著　大月書店　2016.2　266, 11p　22cm　（琉球大学国際沖縄研究所ライブラリ）〈索引あり〉3400円　①978-4-272-35053-7

内容 伝承文学「ハーマナウラの物語」に見るハワイのジェンダー再考（ノエノエ・シルヴァ著, 知花愛実訳）〔03695〕

シルヴェスター, クリストファー　Silvester, Christopher

◇インタヴューズ　1　マルクスからトルストイまで（THE PENGUIN BOOK OF INTERVIEWS）　クリストファー・シルヴェスター編, 新庄哲夫他訳　文芸春秋　2014.4　479p　16cm　（文春学芸ライブラリー―雑英 5）　1690円　①978-4-16-813014-4

内容 ブリガム・ヤング（ホラス・グリーリー）―「ニューヨーク・トリビューン」一八五九年八月二十日付　カール・マルクス（R.ランドール）―「ワールド」一八七一年七月十八日付　チャイニーズ・ゴードン（W.T.ステッド）―「ペルメル・ガゼット」一八八四年一月九日付　シオドア・ローズヴェルト―「ペルメル・ガゼット」一八八六年十二月九日付　ヘンリー・スタンレー―「ペルメル・ガゼット」一八八七年一月十七日付　ロバート・ルイス・スティーヴンソン―「ニューヨーク・ヘラルド」一八八七年九月八日付　マーク・トウェイン（ラドヤード・キプリング）―『海より海に』一八八九年　トマス・エディソン（R.H.シェラード）―「ペルメル・ガゼット」一八八九年八月十九日付　リリー・ラングトリー―「ペルメル・ガゼット」一八八九年九月七日付　サー・アーサー・サリヴァン―「ペルメル・ガゼット」一八八九年十二月五日付〔ほか〕〔03696〕

◇インタヴューズ　2　ヒトラーからヘミングウェイまで（THE PENGUIN BOOK OF INTERVIEWS）　クリストファー・シルヴェスター編, 新庄哲夫他訳　文芸春秋　2014.4　449p　16cm　（文春学芸ライブラリー―雑英 6）　1690円　①978-4-16-813015-1

内容 バリー危うし 本物のブラウンはどっち？　サー・ジェームズ・バリー―「ニューヨーク・タイムズ」一九一四年十月一日付　フランク・ハリス（ジューナ・バーンズ）―「ニューヨーク・モーニング・テレグラフ・サンデー・マガジン」一九一七年二月四日号　ユージン・オニール（ヤング・ボズウェル）―「ニューヨーク・トリビューン」一九二三年五月二十四日付　スタンレー・ボールドウィン（F.W.ウィルソン）―「ピープル」一九二四年五月十八日、および二十五日号　ウィリアム・ハワード・タフト（ウォルター・ティトル）―「センチュリー」一九二五年九月号　サー・エドウィン・ラチェンス（ベヴァリー・ニコルズ）―「スケッチ」一九二六年五月五日号　ウィラ・キャザー―「ネブラスカ・ステート・ジャーナル」一九二六年九月五日号　ジョルジュ・クレマンソー（ジョージ・シルヴェスター・ヴィーレック）―「リバティ」一九二八年七月七日付　グレタ・ガルボ（モードント・ホール）―「ニューヨーク・タイムズ」一九二九年三月二十四日付　ジグムント・フロイト（ジョージ・シルヴェスター・ヴィーレック）―『偉人瞥見』一九三〇年〔ほか〕〔03697〕

シルヴェスター, ハンス　Silvester, Hans Walter

◇ナチュラル・ファッション―自然を纏うアフリカ民族写真集（LES HABITS DE LA NATURE）　ハンス・シルヴェスター著, 武者小路実昭訳　DU BOOKS　2013.12　1冊（ページ付なし）　19cm　〈他言語標題：NATURAL FASHION　発売：ディスクユニオン〉2200円　①978-4-925064-93-4〔03698〕

シルケン, エベルハルト

◇民事手続法制の展開と手続原則―松本博之先生古稀祝賀論文集　徳田和幸, 上野泰男, 本間靖規, 高田裕成, 高田昌宏編集委員　弘文堂　2016.4　861p　22cm　〈著作目録あり〉13000円　①978-4-335-35676-6

内容 第三関係人のための上訴期間に対する侵害（エベルハルト・シルケン著, 高田昌宏訳）〔03699〕

シールズ, W.J.　Sheils, William J.

◇イギリス宗教史―前ローマ時代から現代まで（A History of Religion in Britain）　指昭博, 並河葉子監訳, 赤江雄一, 赤瀬理穂, 指珠恵, 戸渡文子, 長谷川直子, 宮崎章訳, シェリダン・ギリー, ウィリアム・J.シールズ編　法政大学出版局　2014.10　629, 63p　22cm　〈文献あり 年表あり 索引あり〉9800円　①978-4-588-37122-6

内容 序論 他（シェリダン・ギリー,W.J.シールズ著, 指

昭博訳）〔03700〕

ジルソン, エティエンヌ　Gilson, Étienne Henry

◇キリスト教哲学入門―聖トマス・アクィナスをめぐって（INTRODUCTION À LA PHILOSOPHIE CHRÉTIENNE）　エティエンヌ・ジルソン著, 山内志朗監訳, 松本鉄平訳　慶応義塾大学出版会　2014.7　232p　20cm　〈文献あり 著作目録あり〉3000円　①978-4-7664-2152-1

内容 第1章 信仰のなかの哲学　第2章 存在の原因　第3章 ありてある者　第4章 本質を超えて　第5章 存在論を超えて　第6章 根本的真理　第7章 中心問題　第8章 因果性と分有　第9章 存在と本質　第10章 存在、現実態、目的〔03701〕

シ

シルバー, ウィリアム・L.　Silber, William L.

◇伝説のFRB議長ボルカー（VOLCKER）　ウィリアム・L.シルバー著, 倉田幸信訳　ダイヤモンド社　2014.2　525p　19cm　〈年譜あり〉3500円　①978-4-478-02347-1

内容 第1部 生い立ち（青年時代まで　見習い期間）　第2部 金との対決―1969 - 1974（戦略　賭け ほか）　第3部 インフレーションとの戦い―1979 - 1987（前兆　挑戦 ほか）　第4部 二一世紀（後知恵　ボルカー・ルール ほか）〔03702〕

シルバー, トーシャ　Silver, Tosha

◇とんでもなく全開になれば、すべてはうまくいく―宇宙の導きに任せよう（OUTRAGEOUS OPENNESS）　トーシャ・シルバー著, 釘宮律子訳　ナチュラルスピリット　2015.5　292p　19cm　1600円　①978-4-86451-165-0

内容 周りの世界を自分として見る　神さまとお買いもの　万物の本源を知っていれば、何でもやって来うる　内なる道案内に従う　すべて明け渡す　欲しいものがあるなら、すでに持っているつもりになろう　休暇中の緊急サバイバルキット　疑わしいなら、浄化せよ　サイドミラーに映る物は実際よりも近くにある　自分のパワーを所有する（さもないと、ほかの誰かに所有される）　恋愛についての神意　日常の奇跡とそのほかの神秘　コンテスト参加者は、勝つためにはこの場にいなくてはならない　もっと上のオクターブ　本当に、自分らしく　世の中に必要とされる人であれ〔03703〕

◇私を変えてください―ゆだねることの隠されたパワー（Change Me Prayers）　トーシャ・シルバー著, 釘宮律子訳　ナチュラルスピリット　2016.2　311p　19cm　1700円　①978-4-86451-194-0

内容 1 聖なる導き　2 聖なる価値　3 聖なる繁栄　4 聖なる人間関係　5 聖なる信頼　6 聖なる信仰　7 聖なる明け渡し　一番小さなカップ　トーシャが皆さんの質問にお答えします　CMPクイックガイド〔03704〕

シルバー, ニナ　Silber, Nina

◇南北戦争のなかの女と男―愛国心と記憶のジェンダー史（GENDER AND THE SECTIONAL CONFLICT）　ニナ・シルバー〔著〕, 兼子歩訳　岩波書店　2016.4　158, 26p　20cm　〈索引あり〉2600円　①978-4-00-024175-5

内容 第1章 南北戦争におけるジェンダーと「大義」―連邦と南部連合（戦争へ行くということ―政治的な義務感と個人的な義務感　北部と南部、それぞれの戦時下の義務　「家庭」のために戦う南部連合 ほか）　第2章 女性の愛国主義という問題―北部と南部（アメリカ独立革命が遺した難題―女性の愛国主義　南北戦争期の女たちの愛国的活動　女性の愛国主義を検証する―北部と南部 ほか）　第3章 南北の女たちと戦争の記憶（女たちと追悼事業―北部と南部、それぞれの特質　南部白人女性の追悼事業　「家庭」を顕彰する「失われた大義」 ほか）〔03705〕

シルバースタイン, デヴィッド　Silverstein, David

◇発想を事業化するイノベーション・ツールキット―機会の特定から実現性の証明まで（The Innovator's Toolkit 原著第2版の翻訳）　デヴィッド・シルバースタイン, フィリップ・サミュエル, ニール・デカーロ著, 野村恭彦監訳, 清川幸美訳　英治出版　2015.5　493p　21cm　2800円　①978-4-86276-198-9

内容 第1部 機会を定義する（片づけるべきジョブ　ジョブ・マッピング ほか）　第2部 アイデアを発見する（資源の最適化　機能分析 ほか）　第3部 設計を作り上げる（機能要件　公理的設計 ほか）　第4部 イノベーションを証明する（プロトタイピング　パイロット試験 ほか）〔03706〕

シルバースタイン, マイケル・J.　Silverstein, Michael J.

◇世界を動かす消費者たち―新たな経済大国・中国とインドの消費マインド（THE $10 TRILLION PRIZE）　マイケル・J.シルバースタイン, アビーク・シンイ, キャロル・リャオ, デビッド・マイケル著, 市井茂樹, 津坂美樹監訳, 北川知子訳　ダイヤモンド社　2014.1　324p　19cm　1800円　①978-4-478-02542-0

内容 中国とインドの消費―黄金時代の幕開け　第1部 中国とインドにおける新しい消費者の台頭（新しい革命家たち―中間層の台頭　スーパーリッチの急増―ミリオネア（とビリオネア）　次の一〇億人とその次の一〇億人―取り残された人々の未来 ほか）　第2部 好きなもの、欲しいもの、憧れ（食べ物と飲み物―新しく覚えた味、クッキー、ワイン、ウイスキー、お茶　ハウスとホーム―理想の家、家具、冷蔵庫　ラグジュアリー―ワンランク上の消費：高級車、時計、最先端のファッション ほか）　第3部 ビジネスリーダーにとっての学び（パイサ・ヴァスール―どうしたら中国とインドの新たな中間・富裕層の心をとらえられるか　ブーメラン効果―資源獲得競争の世界へのインパクト　猛スピードで前進―アクセルレーター・マインド ほか）〔03707〕

シルバーストーン, ロジャー

◇アフター・テレビジョン・スタディーズ　伊藤守, 毛利嘉孝編　せりか書房　2014.4　330p　21cm　〈他言語標題：After Television Studies〉3200円　①978-4-7967-0331-4

内容 現れの空間としてのメディアポリス（ロジャー・シルバーストーン著, 藤田結子訳）〔03708〕

シルバーマン, デビッド　Silverman, David Kaye

◇TEAM OF TEAMS―複雑化する世界で戦うための新原則（TEAM OF TEAMS）　スタン

リー・マクリスタル, タントゥム・コリンズ, デビッド・シルバーマン, クリス・ファッセル著, 吉川南, 尼丁千津子, 高取芳彦訳　日経BP社　2016.4　467p　19cm　〈発売：日経BPマーケティング〉2200円　①978-4-8222-5154-3

内容 第1部 プロテウス問題（プロテウスの息子たち　時計仕掛け　難解さから複雑さへ　正しいことを行う）　第2部 一つにまとまる（命令型からチームへ　チームのなかのチーム）　第3部 共有する（システムを考える　脳を収納ボックスから取り出す　「囚人のジレンマ」を打ち破る）　第4部 解き放つ（手は出さない　菜園主のように組織を率いる）　第5部 先を見据える（対称性）〔03709〕

シルヒトマン, K.　Schlichtmann, Klaus

◇ドイツ人学者から見た日本国憲法―憲法と集団安全保障―戦争廃絶に向けた日本の動議　K.シルヒトマン著, 渡辺寛爾, 倉崎星訳　本の泉社　2014.1　182p　19cm　1300円　①978-4-7807-1143-1

内容 第1章 第九条　第2章 集団安全保障と憲法上の戦争放棄　第3章 朝鮮戦争、集団安全保障の最初の機会か？　第4章 相互依存の原則　第5章 国際連合集団安全保障―軍国主義排除と武装解除 - 東京裁判　第6章 集団安全保障の侵食…最終段階　第7章 イラク　第8章 国家的責任、怠慢と共犯：国際法違反　第9章 可能でも望ましくもないのか？　結論〔03710〕

ジロー, アンヌ=ソフィー　Girard, Anne-Sophie

◇パーフェクトな女なんて目指さない！―ふつうの女性のためのサバイバル・ガイド（LA FEMME PARFAITE EST UNE CONNASSE！）　アンヌ＝ソフィー・ジロー, マリー＝アルディーヌ・ジロー著, 田中裕子訳　早川書房　2014.7　164p　18cm　1200円　①978-4-15-209471-1

内容 1 イイ女には秘密にしておきたいこと　2 ふつうの子用とっておきサバイバル術　3 バカ女（＝イイ女）の恐るべき生態　4 オトコなんて超カンタン?!　5 夜のガールズトーク　6 こんなカレシはやめとけば？〔03711〕

ジロー, ヴァンサン

◇フランス現象学の現在　米虫正巳編　法政大学出版局　2016.9　331, 3p　20cm　〈他言語標題：PHÉNOMÉNOLOGIE FRANÇAISE À L'ŒUVRE　執筆：ディディエ・フランクほか　索引あり〉4200円　①978-4-588-13021-2

内容 「全体的時間」の概念を哲学のなかで維持するための試み（ヴァンサン・ジロー著, 樋口雄哉, 池田裕輔訳）〔03712〕

シロ, エイズイ*　白 永瑞

⇒ペク, ヨンソ

ジロー, ジャック　Girault, Jacques

◇教員達と教授達フランス教職員組合運動史（Instituteurs, professeurs ： une culture syndicale dans la société française：fin XIXe-XXe siécle）　ジャック・ジロー著, 片山政造訳　吹田　大阪大学大学院・人間科学研究科教育制度学研究室　2013.12　211p　30cm　〈年表あり〉〔03713〕

ジロー, マリー=アルディーヌ　Girard, Marie-Aldine

◇パーフェクトな女なんて目指さない！―ふつうの女性のためのサバイバル・ガイド（LA FEMME PARFAITE EST UNE CONNASSE！）　アンヌ＝ソフィー・ジロー, マリー＝アルディーヌ・ジロー著, 田中裕子訳　早川書房　2014.7　164p　18cm　1200円　①978-4-15-209471-1

内容 1 イイ女には秘密にしておきたいこと　2 ふつうの子用とっておきサバイバル術　3 バカ女（＝イイ女）の恐るべき生態　4 オトコなんて超カンタン?!　5 夜のガールズトーク　6 こんなカレシはやめとけば？〔03714〕

シロコゴロフ, S.M.

◇シャーマニズムとはなにか―シベリア・シャーマニズムから木曽御岳信仰へ（Aboriginal Siberia（抄訳）, The psychomental complex of the Tungus（抄訳））　菅原寿清編訳　岩田書院　2016.2　485p　22cm　11800円　①978-4-86602-943-6

内容 ツングースの人々の精神的複合（抄）（S.M.シロコゴロフ著）〔03715〕

シローバ, イベータ

◇21世紀の比較教育学―グローバルとローカルの弁証法（COMPARATIVE EDUCATION）　ロバート・F.アーノブ, カルロス・アルベルト・トーレス, スティーヴン・フランツ編著, 大塚豊訳　福村出版　2014.3　727p　22cm　〈文献あり 索引あり〉9500円　①978-4-571-10168-7

内容 東欧および中欧の教育（イベータ・シローバ, ベン・エクロフ著）〔03716〕

シン, エイコウ*　申 栄鎬

⇒シン, ヨンホ*

シン, キ*　秦 暉

◇現代中国のリベラリズム思潮―1920年代から2015年まで　石井知章編　藤原書店　2015.10　566p　22cm　〈年表あり 索引あり〉5500円　①978-4-86578-045-1

内容 「前近代」についての研究の現代的意味（秦暉著, 劉春暉訳）〔03717〕

シン, キョウクン*　秦 教勲

◇「日本意識」の根底を探る―日本留学と東アジア的「知」の大循環　法政大学国際日本学研究所編　法政大学国際日本学研究所　2014.3　436p　21cm　（国際日本学研究叢書 19）〈文献あり〉

内容 凡父・金鼎卨の風流精神に現れた統合論と公共倫理（秦教勲著, 金英美訳）〔03718〕

◇日本留学と東アジア的「知」の大循環　王敏編著　三和書籍　2014.11　436p　22cm　（国際日本学とは何か？）　4400円　①978-4-86251-170-6

内容 凡父・金鼎卨の風流精神に現れた統合論と公共倫理（秦教勲著, 金英美訳）〔03719〕

シン, グワンヨン

◇ポスト工業社会における東アジアの課題―労働・ジェンダー・移民　筒井淳也, グワンヨンシン, 柴田悠編著　京都　ミネルヴァ書房　2016.3

252p 22cm (立命館大学産業社会学部創設50周年記念学術叢書) 〈索引あり〉 5500円 ①978-4-623-07634-5

内容 韓国における女性労働と家計所得不平等(グワンヨン・シン, ジュ・コン著, 野村優訳) 〔03720〕

シン, シカ 沈 志華

◇最後の「天朝」—毛沢東・金日成時代の中国と北朝鮮 上 沈志華〔著〕, 朱建栄訳 岩波書店 2016.9 284, 55p 22cm 5800円 ①978-4-00-023066-7

内容 プロローグ 歴史に真実を返す 序章 中朝共産主義者の関係前史—一九二〇年代から一九四五年まで 第1章 即かず離れず—新中国の建国に至るまで(一九四五‐一九四九年) 第2章 朝鮮戦争—朝鮮問題をめぐる主導権の移転(一九四九‐一九五三年) 第3章 「チュチェ」の提唱—金日成の粛清と毛沢東の反発(一九五三‐一九五六年) 〔03721〕

◇最後の「天朝」—毛沢東・金日成時代の中国と北朝鮮 下 沈志華〔著〕, 朱建栄訳 岩波書店 2016.9 273, 83p 22cm 〈文献あり 年表あり 索引あり〉 5800円 ①978-4-00-023067-4

内容 第4章 懐柔政策—毛沢東、金日成を全力で支持(一九五六‐一九六〇年) 第5章 中ソ分裂—「恒久的」同盟条約の調印と住民の大挙越境(一九六〇‐一九六一年) 第6章 漁夫の利—長白山の「割譲」と蟻地獄の経済援助(一九六二‐一九六五年) 第7章 同床異夢—「文化大革命」の試練(一九六六‐一九七六年) エピローグ「改革開放」と中朝関係の仕切り直し 結び 中朝関係の歴史的位置づけ 〔03722〕

シン, ソンゴン

◇東アジアの歴史—韓国高等学校歴史教科書 アンビョンウ, キムヒョンジョン, イグヌ, シンソンゴン, ハムドンジュ, キムジョンイン, パクチュンヒョン, チョンヨン, ファンジスク著, 三橋広夫, 三橋尚子訳 明石書店 2015.9 282p 21cm (世界の教科書シリーズ 42) 〈文献あり 年表あり 索引あり〉 3800円 ①978-4-7503-4237-5

内容 1 国家の形成 2 東アジア世界の成立 3 国際関係の変化と支配層の再編 4 東アジア社会の持続と変化 5 近代国家樹立への模索 6 今日の東アジア 付録 〔03723〕

シン, トウ* 沈 冬

◇漂泊の叙事—一九四〇年代東アジアにおける分裂と接触 浜田麻矢, 薛化元, 梅家玲, 唐顯芸編 勉誠出版 2015.12 561p 22cm 8000円 ①978-4-585-29112-1

内容 台湾を愛す、巍巍として海の中間に立ち(沈冬著, 西村正男訳) 〔03724〕

シン, トウウン* 申 東雲

⇒シン, ドンウン*

シン, ドンウン* 申 東雲

◇新時代の刑事法学—椎橋隆幸先生古稀記念 下巻 井田良, 川出敏裕, 高橋則夫, 只木誠, 山口厚編 信山社 2016.11 797p 22cm 〈著作目録あり 年譜あり〉 16000円 ①978-4-7972-8202-3

内容 国民参与裁判と刑事抗訴審の構造(申東雲著, 氏家仁訳) 〔03725〕

シン, バイ* 沈 培

◇中国の文明—北京大学版 2 古代文明の誕生と展開 下(先史・夏殷周—春秋戦国) 稲畑耕一郎日本語版監修・監訳, 袁行霈, 厳文明, 張伝璽, 楼宇烈原著主編 野原将揮訳 潮出版社 2016.10 469, 15p 23cm 〈他言語標題：THE HISTORY OF CHINESE CIVILIZATION 文献あり 年表あり 索引あり〉 5000円 ①978-4-267-02022-3

内容 第5章 鉄器の活用と生産の増大 第6章 殷周期の都市と商業 第7章 漢字の起源と早期の発展 第8章 殷周時期の宗教と信仰 第9章 教育の発達と学術の隆盛 第10章 文学と芸術の誕生と繁栄 〔03726〕

シン, バイリン* 辛 培林

◇日中両国から見た「満洲開拓」—体験・記憶・証言 寺林伸明, 劉含発, 白木沢旭児編 御茶の水書房 2014.2 26, 588p 22cm 〈索引あり〉 9400円 ①978-4-275-01061-2

内容 日本北海道から中国東北へのかつての移民と二つの開拓団の情況に関する日本の学者との共同調査研究報告書 他(辛培林著, 胡慧君訳) 〔03727〕

シン, ハクシュン* 沈 伯俊

◇三国志論集—狩野直禎先生米寿記念 三国志学会編 三国志学会 2016.9 448p 22cm 〈年譜あり 著作目録あり 発売：汲古書院〉 ①978-4-7629-9564-4

内容 明君か？ 梟雄か？(沈伯俊著, 伊藤晋太郎, 倉持リツコ訳) 〔03728〕

シン, ヒュン・ソン Shin, Hyun Song

◇リスクと流動性—金融安定性の新しい経済学 (RISK AND LIQUIDITY) ヒュン・ソン・シン著, 大橋和彦, 服部正純訳 東洋経済新報社 2015.1 264p 22cm 〈文献あり 索引あり〉 3800円 ①978-4-492-44412-2

内容 第1章 金融リスクの性質 第2章 バリュー・アット・リスクと資本 第3章 バリュー・アット・リスクが引き起こすブームとその崩壊 第4章 ダイナミック・ヘッジング 第5章 アセット・ライアビリティ・マネジメント 第6章 金融システム 第7章 貸出ブーム 第8章 ノーザン・ロックの事例 第9章 証券化と金融システム 第10章 未来に向けた新たな出発 第11章 グローバル流動性の第二局面と新興国経済への影響 〔03729〕

ジン, ペク

◇間文化性の哲学 谷徹編 京都 文理閣 2014.8 284p 21cm (立命館大学人文学企画叢書 01) 〈他言語標題：Philosophy of Interculturality〉 3500円 ①978-4-89259-736-7

内容 風土、持続可能性、空間の倫理(ペク・ジン著, 青柳雅文訳) 〔03730〕

シン, ヨンジン《Shin, Young-Jin》

◇情報化社会の個人情報保護と影響評価—韓国におけるプライバシー影響評価から見るアセスメントのあり方 シンヨンジン著, 瀬戸洋一, 日本情報経済社会推進協会監訳 勁草書房 2014.5 266p 22cm 〈文献あり 索引あり〉 3400円 ①978-4-326-40294-6

内容 第1章 日本と韓国における個人情報保護評価制度の概要 第2章 韓国における個人情報保護に関する法律 第3章 IT技術と個人情報保護 第4章 個人情報影響評価 第5章 個人情報影響評価の事例 付録 〔03731〕

シン, ヨンホ* 申 栄鎬

◇成年後見制度 新・アジア家族法三国会議編 日本加除出版 2014.7 168p 21cm 2700円 ①978-4-8178-4177-3

内容 成年後見制度の導入と改正経緯（申栄鎬著, 田中佑季訳, 犬伏由子日本語訳監修） 〔03732〕

シン, ラン 沈 嵐

◇日本の中国侵略植民地教育史 3 華東・華中・華南編 宋恩栄, 余子侠主編 曹必宏, 夏軍, 沈嵐著, 王智新監修・監訳, 皮細庚, 王偉軍, 樊士進, 童暁薇訳 明石書店 2016.1 624p 22cm 〈文献あり〉 9200円 ①978-4-7503-4279-5 〔03733〕

シン, H.* Xing, Haipeng

◇ファイナンスのための統計学―統計的アプローチによる評価と意思決定（Statistical models and methods for financial markets） Tze Leung Lai,Haipeng Xing著, 松原望, 山村吉信訳 東京図書 2016.5 403p 21cm 〈文献あり 索引あり〉 3800円 ①978-4-489-02239-5

内容 第1部 基礎的な統計的方法とファイナンスへの応用（線形回帰モデル 多変量解析と尤度推定 基本的投資モデルとその統計分析 最尤法とベイズ推定 時系列解析 資産利回りのダイナミック・モデルとそのボラティリティ） 第2部 計量ファイナンスにおける先進的話題（ノンパラメトリック回帰と実体実証的モデル化 オプション価格とマーケットデータ フィナンシャル計量経済学における多変量解析と時系列分析の進んだ方法 金利市場 統計的トレーディング戦略 リスクマネジメントの統計的方法） 〔03734〕

シンイ, アビーク Singhi, Abheek

◇世界を動かす消費者たち―新たな経済大国・中国とインドの消費マインド（THE $10 TRILLION PRIZE） マイケル・J.シルバースタイン, アビーク・シンイ, キャロル・リャオ, デビッド・マイケル著, 市井茂樹, 津坂美樹監訳, 北川知子訳 ダイヤモンド社 2014.1 324p 19cm 1800円 ①978-4-478-02542-0

内容 中国とインドの消費―黄金時代の幕開け 第1部 中国とインドにおける新しい消費者の台頭（新しい革命家たち―中間層の台頭 スーパーリッチの急増―ミリオネア（とビリオネア） 次の一〇億人とその次の一〇億人―取り残された人々の未来 ほか） 第2部 好きなもの、欲しいもの、憧れ（食べ物と飲み物―新しく覚えた味、クッキー、ワイン、ウイスキー、お茶 ハウスとホーム―理想の家、家具、冷蔵庫 ラグジュアリー―ワンランク上の消費：高級車、時計、最先端のファッション ほか） 第3部 ビジネスリーダーにとっての学び（パイサ・ヴァスール―どうしたら中国とインドの新たな中間・富裕層の心をとらえられるか ブーメラン効果―資源獲得競争の世界へのインパクト 猛スピードで前進―アクセルレーター・マインド ほか） 〔03735〕

シンガー, ジュディス・D. Singer, Judith D.

◇縦断データの分析 2 イベント生起のモデリング（Applied Longitudinal Data Analysis） JUDITH D.SINGER,JOHN B.WILLETT〔著〕, 菅原ますみ監訳 朝倉書店 2014.2 p304～638 21cm 〈訳：松本聡子ほか 文献あり 索引あり〉 6500円 ①978-4-254-12192-6

内容 9章 イベント生起について検討するための枠組み 10章 離散時間のイベント生起データを記述する 11章 基本的な離散時間ハザードモデルをあてはめる 12章 離散時間ハザードモデルを拡張する 13章 連続時間イベント生起データを記述する 14章 コックス回帰モデルをあてはめる 15章 コックス回帰モデルを拡張する 〔03736〕

シンガー, シンディ Singer, Cindy

◇育児に悩んでます：うちの子、どこかへんかしら？―双極性障害やそのほかの精神の病気をもつ子どもの親のためのガイドブック（If Your Child Is Bipolar） シンディ・シンガー, シェリル・グレンツ著, 森野百合子監訳, 森野百合子, 高木道人訳 星和書店 2014.3 344p 19cm 〈索引あり〉 2300円 ①978-4-7911-0868-8

内容 第1部 はじめに 第2部「診断」を受けてから 第3部 子どもが治療を受ける手助けをする 第4部 双極性障害の子どものいる家族 第5部 あなた自身の健康を考える 第6部 双極性障害をかかえて生きていく子どもを援助する 〔03737〕

シンガー, ピーター Singer, Peter

◇あなたが救える命―世界の貧困を終わらせるために今すぐできること（THE LIFE YOU CAN SAVE） ピーター・シンガー著, 児玉聡, 石川涼子訳 勁草書房 2014.6 258, 34p 19cm 〈索引あり〉 2500円 ①978-4-326-15430-2

内容 1 倫理的議論（子どもを救う 助けないのは間違ったことか 寄付に対するよくある反論） 2 人間の本性（なぜ私たちはもっと寄付をしないのか？ 寄付する文化を作り出す） 3 援助に関する事実（一人の命を救うのにいくらかかるか、また寄付先として一番よい慈善団体をどうやって見つけるか よりよい援助に向けて） 4 新しい寄付の基準（自分の子どもと他人の子ども 多くを求めすぎだろうか？ 現実的なアプローチ） 〔03738〕

◇あなたが世界のためにできるたったひとつのこと―〈効果的な利他主義〉のすすめ（THE MOST GOOD YOU CAN DO） ピーター・シンガー著, 関美和訳 NHK出版 2015.12 236, 18p 20cm 1700円 ①978-4-14-081692-9

内容 1 効果的な利他主義のすすめ（効果的な利他主義とは？ ムーブメントが起きている） 2 "いちばんたくさんのいいこと"をする（質素に暮らす お金を稼いで世界を変える そのほかの倫理的なキャリア 身体の一部を提供する） 3 彼らを動かしているもの（愛がすべて？ 理性の力 利他主義と降伏） 4 チャリティを選ぶ（国内、それとも海外？ いちばん大きなインパクトを与える 比較が難しいもの 動物を救い、自然を守る いちばん効果のあるチャリティ 人類の滅亡を防ぐ） 〔03739〕

◇哲学がかみつく（Philosophy Bites） デイヴィッド・エドモンズ, ナイジェル・ウォーバートン著, 佐光紀子訳 柏書房 2015.12 281p

シ

20cm 〈文献あり〉2800円 ①978-4-7601-4658-1
内容 動物(ピーター・シンガー述)〔03740〕

シンガー, マイケル・A. Singer, Michael A.
◇サレンダー―自分を明け渡し、人生の流れに身を任せる (THE SURRENDER EXPERIMENT) マイケル・A.シンガー著, 菅靖彦, 伊藤由里訳 風雲舎 2016.8 334p 19cm 2000円 ①978-4-938939-86-1
内容 イントロ 人生の流れに身を任せる 第1部 目覚め 第2部 偉大な実験が始まる 第3部 孤独から奉仕へ 第4部 宇宙の流れに委ねるビジネス 第5部 お金では得られないもの 第6部 自然な成長の力 第7部 暗黒の雲が虹になるとき 第8部 爆発的な拡大 第9部 トータル・サレンダー〔03741〕

シ

シンクレア, マーガレット Sinclair, Margaret
◇紛争・災害後の教育支援 (Planning Education in and after Emergencies) マーガレット・シンクレア〔著〕, 小松太郎訳・解説 東信堂 2014.8 144p 21cm (ユネスコ国際教育政策叢書 3) 〈文献あり 索引あり〉1600円 ①978-4-7989-1250-9
内容 第1章「緊急時の教育」とは? 第2章 問題の性質 第3章 よくある疑問 第4章 危機的状況と回復期における教育と関連活動へのアクセス 第5章 危機的状況と回復期における教育に必要な資源(リソース) 第6章 危機的状況と回復期における教育の特有課題 第7章 援助協調と能力育成 第8章 これまでの原則を適用する:政府の役割 第9章 政府の役割:復興への取り組み 第10章 これまでの原則を適用する:他団体の役割 第11章 考察と結論〔03742〕

シントラー, レギーネ Schindler, Regine
◇希望の教育へ―子どもと共にいる神 (Zur Hoffnung erziehenの原著第3版の抄訳) レギーネ・シントラー〔著〕, 深谷潤訳 日本キリスト教団出版局 2016.10 269p 19cm 3600円 ①978-4-8184-0949-1
内容 1 希望への教育(変化する世界の中で神について語る 宗教教育の主題としての希望 神の家への途上で) 2 子どもと共にいる神(神のイメージ 過去の有名な三人の子どもたちと神のイメージ 祈り 主の祈り 創造 ほか)〔03743〕

シンドンドラ=モテ, ヒルマ
◇グローバル・ベーシック・インカム入門―世界を変える「ひとりだち」と「ささえあい」の仕組み 岡野内正著・訳, クラウディア・ハーマン, ディルク・ハーマン, ヘルベルト・ヤウフ, ヒルマ・シンドンドラ=モテ, ニコリ・ナットラス, イングリッド・ヴァン・ニーケルク, マイケル・サムソン著 明石書店 2016.1 248p 21cm 〈他言語標題:Making the Difference! The BIG in Namibia〉2000円 ①978-4-7503-4291-7
内容 第1部 世界を変える! ナミビアのベーシック・インカム―ベーシック・インカム給付試験実施プロジェクト評価報告書(2009年4月)(大きな目標をもつ小さな実験―ベーシック・インカム給付 パンを保証された村人は何をして、村はどうなったか? ―影響評価 全国レベルの給付を目指して) 第2部 学生たちと訪ねたベーシック・インカムの現場―ナミビア、ブラジル、インド、アラスカ、イラン(ナミビア2010年8月31日～9月17日 人の助けになることがしたくって ブラジル2011年8月29日～9月15日 権力を取らずに世界を変える! ナミビア2012年8月31日～9月18日 村人を先頭に、首都に向かってデモ行進 インド2013年2月13日～28日 みんな自分の意見を言うようになった アラスカ2013年8月29日～9月8日 正義を実現するには経済的な力がいる イラン2014年3月2日～17日 ああ、ヤーラーネ!)〔03744〕

シンハ, ジャンメジャヤ Sinha, Janmejaya Kumar
◇戦略にこそ「戦略」が必要だ―正しいアプローチを選び、実行する (YOUR STRATEGY NEEDS A STRATEGY) マーティン・リーブス, クヌート・ハーネス, ジャンメジャヤ・シンハ著, 御立尚資, 木村亮示監訳, 須川綾子訳 日本経済新聞出版社 2016.2 428p 20cm 〈文献あり 索引あり〉2500円 ①978-4-532-32059-1
内容 第1章 戦略に戦略が必要な理由 第2章 クラシカル型戦略アプローチ―規模を拡大する 第3章 アダプティブ型戦略アプローチ―素早く動く 第4章 ビジョナリー型戦略アプローチ―パイオニアになる 第5章 シェーピング型戦略アプローチ―オーケストレーターになる 第6章 リニューアル型戦略アプローチ―生存能力を高める 第7章 両利き―さまざまな色をもつ 第8章 リーダーの心得―生命を吹き込む〔03745〕

シンハ, P.K.
◇激動のインド 第3巻 経済成長のダイナミズム 絵所秀紀, 佐藤隆広編 日本経済評論社 2014.8 400p 22cm 〈索引あり〉4000円 ①978-4-8188-2307-5
内容 現代的小売業の発展 他(P.K.シンハ,S.ゴーカレー,S.トーマス著, 古田学訳)〔03746〕

ジンバルドー, フィリップ Zimbardo, Philip G.
◇ルシファー・エフェクト―ふつうの人が悪魔に変わるとき (THE LUCIFER EFFECT) フィリップ・ジンバルドー著, 鬼沢忍, 中山宥訳 武蔵野 海と月社 2015.8 807p 21cm 3800円 ①978-4-903212-46-3
内容 悪の心理学―"状況"が人格を変える スタンフォード監獄実験(日曜日。突然の逮捕 尊厳を奪い去る儀式 月曜日。囚人の反逆 火曜日。訪問客と暴徒の二重苦 水曜日。制御不能 「仮釈放」という権力 木曜日。現実との対峙 金曜日。意外な終幕 スタンフォード監獄実験の意味―人格豹変の魔力 監獄実験の倫理と広がり) 悪をめぐる実験の数々(権力への「同調」と「服従」 没個性、非人間化、そして怠慢の悪) アブグレイブ刑務所(アブグレイブの虐待と拷問 "システム"にメスを入れる) そして、英雄になる(あなたが次の英雄だ)〔03747〕

シンプソン, ゲリー Simpson, Gerry J.
◇再論東京裁判―何を裁き、何を裁かなかったのか (Beyond Victor's Justice?) 田中利幸, ティム・マコーマック, ゲリー・シンプソン編著, 田中利幸監訳, 饗庭朋子, 伊藤大将, 佐藤晶子, 高取由紀, 仁科由紀, 松島亜季訳 大月書店 2013.12 597, 17p 20cm 〈索引あり〉6800円 ①978-4-272-52099-2
内容 東京裁判を書く(ゲリー・シンプソン著, 伊藤大将訳)〔03748〕

シンプソン, マイケル　Simpson, Michael K.

◇エンパワーメント・コーチング―人・チーム・組織の潜在能力を解き放つ、7つのコーチング・スキル 7つの習慣コーチング　マイケル・シンプソン著, フランクリン・コヴィー・ジャパン訳　キングベアー出版　2015.2　223p　19cm　(7つの習慣実践シリーズ)　1600円　①978-4-86394-033-8
内容 第1章 コーチングの四つの原則(信頼　潜在能力　コミットメント(決意)　実行)　第2章 七つのコーチング・スキル(信頼を築く　パラダイムを疑う　戦略を明確化する　完璧に実行する　効果的なフィードバックを提供する　才能を引き出す　中間層を押し上げる　最後に一言)　〔03749〕

シンプソン, A.B.　Simpson, Albert B.

◇「聖霊」に明け渡した人々　オズワルド・J.スミス, アンドリュー・マーレー,A.B.シンプソン著, 松代幸太郎, 沢村五郎, 大江邦治訳　いのちのことば社　2015.2　126p　18cm　〈他言語標題：Voice of Christian Forerunners〉 1000円　①978-4-264-03338-7
内容 1『聖霊の満たし』(オズワルド・J・スミス)(聖霊に満たされた生活　聖霊の満たし)　2『キリストの御霊』(アンドリュー・マーレー)(真理の御霊　霊に属する者と肉に属する者　御霊によって歩みなさい)　3『聖霊による歩み』(A・B・シンプソン)(聖霊の人格と特質　聖霊を妨げること)　〔03750〕

人民日報

◇必読！　今、中国が面白い―中国が解る60編 一年間の人民日報から厳選した重要記事　Vol.10　日中翻訳活動推進協会「而立会」訳, 三潴正道監訳　日本僑報社　2016.7　290p　21cm　2600円　①978-4-86185-227-5
内容「日本と中国」の巻　「地域発展」の巻　「法治への歩み」の巻　「環境諸問題」の巻　「農村と都市化」の巻　「庶民の暮らし」の巻　「様々な社会問題」の巻　「心に残る話」の巻　「若者に関する話題」の巻　「文化と伝統」の巻　「二〇世紀回顧」の巻　「世界と中国」の巻　「文芸界の話題」の巻　「気になる話題」の巻　〔03751〕

ジンメル, ゲオルク　Simmel, Georg

◇ソーシャル・ウェルビーイング研究論集　第1号　川崎　専修大学社会知性開発研究センター/ソーシャル・ウェルビーイング研究センター　2015.3　190p　26cm　〈文部科学省私立大学戦略的研究基盤形成支援事業(平成26年度―平成30年度)　文献あり〉 ①978-4-9908234-0-5
内容 ジンメル「芸術展について」、ヴェーバー「技術と文化について」(矢崎慶太郎, 中林練共訳)　〔03752〕

◇貨幣の哲学 (PHILOSOPHIE DES GELDES)　ゲオルク・ジンメル著, 居安正訳　新訳版 新装復刊　白水社　2016.5　589, 3p　22cm　〈索引あり〉 10000円　①978-4-560-09235-4
内容 分析篇(価値と貨幣　貨幣の実体価値　目的系列における貨幣)　綜合篇(個人的な自由　個人的な価値の貨幣等価物　生活の様式)　〔03753〕

◇社会学―社会化の諸形式についての研究　上 (SOZIOLOGIE 原著第3版の翻訳)　ゲオルク・ジンメル著, 居安正訳　新装復刊　白水社　2016.5　417p　22cm　5500円　①978-4-560-09245-3
内容 第1章 社会学の問題(他の諸科学の方法的補助手段としての社会学　特殊科学としての社会学とその客体 ほか)　第2章 集団の量的規定(社会主義的秩序、その集団の範囲との関係　圏の構造による集団成員の数的制限 ほか)　第3章 上位と下位(相互作用としての上位と下位　権威 ほか)　第4章 闘争(積極的・社会学的形式としての闘争　社会学的な形成の内部における有機的な機能としての敵対 ほか)　第5章 秘密と秘密結社(社会化の条件としての相互の知識と無知　虚言 ほか)　〔03754〕

◇社会学―社会化の諸形式についての研究　下 (SOZIOLOGIE 原著第3版の翻訳)　ゲオルク・ジンメル著, 居安正訳　新装復刊　白水社　2016.5　405, 6p　22cm　〈索引あり〉 5500円　①978-4-560-09246-0
内容 第6章 社会圏の交差(異質的な圏からの同等のものの結合　地域的な結合基礎の事実的な結合基礎による取り替え ほか)　第7章 貧者(義務にたいする社会形成上の優位における権利　貧困者の権利としての貧者扶助 ほか)　第8章 社会集団の自己保存(個人的な自己保存と社会的な自己保存　成員の交替にもかかわらず同一である集団の保存 ほか)　第9章 空間と社会の空間的秩序(空間規定と心的な総合　空間充足としての相互作用 ほか)　第10章 集団の拡大と個性の発達(圏の拡大の結果としてさらに他の圏へ接近する原因としての個人の分化　見知らぬ集団にたいする反対との相関関係における自己の集団の内部の結合 ほか)　〔03755〕

シンメルペンニンク＝ファン＝デル＝オイェ, デイヴィド　Schimmelpenninck van der Oye, David

◇ロシアのオリエンタリズム―ロシアのアジア・イメージ、ピョートル大帝から亡命者まで (RUSSIAN ORIENTALISM)　デイヴィド・シンメルペンニンク＝ファン＝デル＝オイェ〔著〕, 浜由樹子訳　横浜　成文社　2013.6　350p　22cm　〈索引あり〉 4000円　①978-4-86520-000-3　〔03756〕

【ス】

ズィーバー, ウルリッヒ

◇刑事コンプライアンスの国際動向　甲斐克則, 田口守一編　信山社　2015.7　554p　22cm　(総合叢書 19―〔刑事法・企業法〕)　〈他言語標題：International Trends of Criminal Compliance　文献あり〉 12800円　①978-4-7972-5469-3
内容 ドイツの経済犯罪の防止のためのコンプライアンス・プログラム(ウルリッヒ・ズィーバー, マルク・エンゲルハルト著, 早稲田大学GCOE刑事法グループ訳)　〔03757〕

スイリ, ピエール＝フランソワ

◇戦後思想の光と影―日仏会館・戦後70年記念シンポジウムの記録　三浦信孝編　風行社　2016.3　359p　21cm　〈会期・会場：2015年7月18日(土)～19日(日)日仏会館1階ホール〉 2200円　①978-4-86258-100-6

内容 なぜ日本の戦後思想を仏訳するか（ピエール＝フランソワ・スイリ述, 福井憲彦訳）　〔03758〕

スウ, シンカン*　鄒 振環
◇文化交渉学のパースペクティブ―ICIS国際シンポジウム論文集　吾妻重二編著　吹田　関西大学東西学術研究所　2016.8　469p　22cm　（関西大学東西学術研究所研究叢刊 52）〈発行所：関西大学出版部〉4300円　①978-4-87354-637-7
内容 中国におけるマテオ・リッチの世界地図の刊行と伝播（鄒振環著, 二ノ宮聡訳）　〔03759〕

ス

スヴィオクラ, ジョン　Sviokla, John
◇10億ドルを自力で稼いだ人は何を考え、どう行動し、誰と仕事をしているのか―PwC公式調査でわかった（The Self-made Billionaire Effect）　ジョン・スヴィオクラ, ミッチ・コーエン著, 高橋璃子訳　ダイヤモンド社　2016.3　228p　19cm　〈索引あり〉1600円　①978-4-478-06475-7
内容 第1章 ビリオネアの嘘と真実　第2章 ビリオネアの「アイデア」―共感力と想像力で未来を描く　第3章 ビリオネアの「時間」―最速で動き、ゆっくり待つ　第4章 ビリオネアの「行動」―創造的にルーティンワークをこなす　第5章 ビリオネアの「リスク」―現在の金銭的損失よりも将来の機会損失を恐れる　第6章 ビリオネアの「仕事相手」―自分とは正反対の人を仲間にする　第7章 ビリオネア・マインドを組織に活かす　〔03760〕

スウィーティング, ポール　Sweeting, Paul
◇フィナンシャルERM―金融・保険の統合的リスク管理（FINANCIAL ENTERPRISE RISK MANAGEMENT）　ポール・スウィーティング著, 松山直樹訳代表, 乾孝治, 菅野正泰, 清智也, 田中周二, 南美穂子訳　朝倉書店　2014.3　479p　21cm　〈文献あり 索引あり〉8600円　①978-4-254-29021-9
内容 ERM序説　金融機関の種類　利害関係者（ステークホルダー）　内部環境　外部環境　プロセスの概観　リスクの定義　リスクの特定　有用な統計量　確率分布〔ほか〕　〔03761〕

スウィート, ローズマリー
◇自己語りと記憶の比較都市史　渡辺浩一, ヴァネッサ・ハーディング編　勉誠出版　2015.11　263, 2p　22cm　〈他言語標題：Comparative Urban History of Ego-document and Memory〉4500円　①978-4-585-22131-9
内容 イングランド地方中核都市における自己の構築と都市民意識の構築（ローズマリー・スウィート著, 加太康孝訳）　〔03762〕

スウィートファクトリー
◇火災のサバイバル―生き残り作戦　スウィートファクトリー文, 韓賢東絵, 〔HANA韓国語教育研究会〕〔訳〕　朝日新聞出版　2016.11　170p　23cm　（かがくるBOOK―科学漫画サバイバルシリーズ）　1200円　①978-4-02-331528-0　〔03763〕

スウィーニー, ジョン　Sweeny, John
◇ハリウッド・スターはなぜこの宗教にはまるのか（THE CHURCH OF FEAR）　ジョン・スウィーニー著, 栗原泉訳　亜紀書房　2014.12　334p　19cm　2200円　①978-4-7505-1422-2
内容 初めての接触　靴下と精神の自由との関係は　真夜中の渡り合い　一匹オオカミ　「きみの針は浮いてるよ、トム」　「これがサイエントロジー教会の言葉なのだ」　「わたし、洗脳されているように見えます？」　「あいつらは怖がらせたいんですよ」　死の産業　繋がれたヤギ　コンクリートの天使　「ハリウッド大通りでくそ食らえ！」　「誰かいますか」『暴かれたパノラマ』　脱退者　人生崩壊　宇宙生物のための大聖堂　〔03764〕

スウィフト, マイケル　Swift, Michael
◇第2次世界大戦作戦マップ（MAPPING THE SECOND WORLD WAR）　マイケル・スウィフト, マイケル・シャープ著, 福田希之, 荻野哲矢, 石井克弥訳　河出書房新社　2015.2　144p　26×29cm　〈索引あり〉3900円　①978-4-309-22621-7
内容 第2次世界大戦の概要（戦争の兆し―1918‐1939年のヨーロッパ　第2次世界大戦　大西洋の戦い　空の戦い　秘密工作の戦争 ほか）　作戦マップと解説（X艇によるティルピッツへの攻撃 1943年9月22日　第26装甲擲弾兵師団の位置 1944年8月　西方電撃戦 1940年4月‐5月　西方電撃戦 1940年5月14‐15日　ダンケルク 1940年5月‐6月 ほか）　〔03765〕

スウェイルズ, ミカエラ・A.　Swales, Michaela A.
◇認知行動療法の新しい潮流　1　弁証法的行動療法（Dialectical Behaviour Therapy）　ウィンディ・ドライデン編　ミカエラ・A.スウェイルズ, ハイディ・L.ハード著, 大野裕監修, 石井朝子監訳, 小川真弓訳　明石書店　2015.8　225p　20cm　〈文献あり 索引あり〉2800円　①978-4-7503-4228-3
内容 第1部 DBTの主な理論的特徴（原則主導型の治療法　統合的な治療法　弁証法の原理　情動の優位性の重視　能力と動機づけの欠如に関する交流理論 ほか）　第2部 DBTの主な実践的特徴（個別的機能を果たすモダリティの展開　電話でのスキル指導　チームによるコンサルティング　システムを取り扱う　段階に沿った治療の構造化 ほか）　〔03766〕

スウェイン, ジョン
◇ディスアビリティ現象の教育学―イギリス障害学からのアプローチ　堀正嗣監訳　現代書館　2014.3　308p　21cm　（熊本学園大学付属社会福祉研究所社会福祉叢書 24）　4000円　①978-4-7684-3531-1
内容 何がそんなに特別なのか？ 他（ジョーン・アダムス, ジョン・スウェイン, ジム・クラーク著, 原田琢也訳）　〔03767〕

スウェーデンボルグ, エマヌエル　Swedenborg, Emanuel
◇神の摂理と人間の自由―スヴェーデンボリの著作からの抜粋（Divine providence and human freedom）　鈴木泰之訳　スヴェーデンボリ出版　2013.11　43p　18cm　（スヴェーデンボリ出版ブックレット no.6）　200円　①978-4-906861-12-5　〔03768〕
◇霊魂と身体の交流（De commercio animae et

corporis)　エマヌエル・スヴェーデンボリ著, 鈴木泰之訳　スヴェーデンボリ出版　2013.11　71p　19cm　1300円　①978-4-906861-10-1　〔03769〕

◇主について―新しいエルサレムの教え（Doctrina novae hierosolymae de domino）　エマヌエル・スヴェーデンボリ著, 鈴木泰之訳　スヴェーデンボリ出版　2014.4　206p　19cm　2200円　①978-4-906861-14-9　〔03770〕

◇死とその後―スヴェーデンボリの著作からの抜粋（Death and after）　スヴェーデンボリ〔著〕, R.W.ケニョン編, 鈴木泰之訳　スヴェーデンボリ出版　2014.8　66p　18cm　（スヴェーデンボリ出版ブックレット no.9）　300円　①978-4-906861-17-0　〔03771〕

◇最後の審判（De ultimo judicio et de Babylonia destructa）　エマヌエル・スヴェーデンボリ著, 鈴木泰之訳　スヴェーデンボリ出版　2014.10　215p　22cm　2300円　①978-4-906861-18-7　〔03772〕

◇“最大の人”とその対応（De correspondentia omnium organorum et membrorum tam interiorum quam exteriorum hominis, cum maximo homine, qui est caelum（抄訳））　E.スヴェーデンボリ著, 鈴木泰之訳　スヴェーデンボリ出版　2014.12　271p　19cm　〈他言語標題：De maximo homine, et ejus correspondentia〉　1800円　①978-4-906861-20-0　〔03773〕

◇スウェーデンボルグの星界報告（De Telluribus in Mundo Nostro Solari（重訳））　エマヌエル・スウェーデンボルグ著, 高橋和夫訳編　たま出版　2016.5　255p　19cm　〈「スウェーデンボルグの惑星の霊界探訪記」（1993年刊）の改題、改訂・新装〉　1400円　①978-4-8127-0396-0

内容 第1部 太陽系内の惑星探訪（水星の霊と居住者　木星の霊と居住者　火星の霊と居住者　土星の霊と居住者　金星の霊と居住者　月の霊と居住者　主が他の地球ではなく私たちの地球に生まれるのをよしとされた理由）　第2部 太陽系外の惑星探訪（太陽系外の第一の地球の霊と居住者　太陽系外の第二の地球の霊と居住者　太陽系外の第三の地球の霊と居住者　太陽系外の第四の地球の霊と居住者　太陽系外の第五の地球の霊と居住者）　〔03774〕

◇天界と地獄　スエデンボルグ著, 鈴木大拙訳　講談社　2016.8　565p　16cm　（講談社文芸文庫 すE1）　〈「鈴木大拙全集 第23巻」（岩波書店 1969年刊）の改題、抜粋　年譜あり〉　2200円　①978-4-06-290320-2

内容 天界（序言　主は天界の神なること　天界は主の神格によりて成ること ほか）　精霊界（何をか精霊界と云うこと　人はみな其内分において一個の精霊なること　死後の蘇生及び永遠の生命に入ること ほか）　地獄界（主は諸諸の地獄を統御し給うこと　主は何人をも地獄に堕落させ給わざれど、精霊自ら此に堕落すること　地獄にあるものは総て自己及び世間の愛より生ずる諸悪及びこれよりする諸偽に住すること ほか）　〔03775〕

◇スエデンボルグ　鈴木大拙著　講談社　2016.10　264p　15cm　（講談社文庫）　1500円　①978-4-06-290324-0

内容 新エルサレムとその教説（スエデンボルグ著, 鈴木貞太郎（大拙）訳）　〔03776〕

スウェーデンろう・難聴特別支援学校局

◇スウェーデンの聴覚障害教育における到達目標達成度に関する報告書（Goal fulfilment in school for the deaf and hearing impaired（抄訳））　スウェーデンろう・難聴特別支援学校局〔著〕, 〔Ola Hendar〕〔英訳〕, 谷本忠明, 林田真志, 川合紀宗訳　〔東広島〕　広島大学　2014.3　50p　26cm　（広島大学大学院教育学研究科附属特別支援教育実践センター研究紀要 第12号 別冊　広島大学大学院教育学研究科附属特別支援教育実践センター編）　〔03777〕

スヴェンセン, ラース　Svendsen, Lars Fr.H.

◇働くことの哲学（Work 原著第2版の翻訳）　ラース・スヴェンセン〔著〕, 小須田健訳　紀伊国屋書店　2016.4　262p　19cm　〈索引あり〉　1700円　①978-4-314-01136-5

内容 第1章 呪いから天職へ―仕事の哲学の小史　第2章 仕事と意味　第3章 仕事の割りふり　第4章 仕事とレジャー　第5章 管理されること　第6章 給料をもらうこと　第7章 飽食の時代の仕事　第8章 仕事とグローバリゼーション　第9章 仕事の終焉？　第10章 人生と仕事　〔03778〕

スウェンソン＝ライト, ジョン

◇「普通」の国日本（JAPAN AS A 'NORMAL COUNTRY'?）　添谷芳秀, 田所昌幸, デイヴィッド・A.ウェルチ編著　千倉書房　2014.3　340p　20cm　〈索引あり〉　2800円　①978-4-8051-1032-4

内容 「普通」であることの限界？（ジョン・スウェンソン＝ライト著, 林晟一訳）　〔03779〕

スウェンデン, ウィルフリード

◇経済危機下の分権改革―「再国家化」と「脱国家化」の間で　山田徹編著　公人社　2015.7　247p　21cm　3800円　①978-4-86162-103-1

内容 領域管理とその限界：インドの事例研究（ウィルフリード・スウェンデン著, 永野和茂訳）　〔03780〕

ズウォリンスキー, マット

◇徳倫理学―ケンブリッジ・コンパニオン（The Cambridge Companion to Virtue Ethics）　ダニエル・C.ラッセル編, 立花幸司監訳, 相沢康隆, 稲村一隆, 佐良土茂樹訳　春秋社　2015.9　521, 29p　20cm　〈文献あり 索引あり〉　5200円　①978-4-393-32353-3

内容 環境徳倫理学（マット・ズウォリンスキー, デイヴィッド・シュミッツ著, 佐良土茂樹訳）　〔03781〕

スエヨシ, エイミー

◇沖縄ジェンダー学　第3巻　交差するアイデンティティ　喜納育江編著　大月書店　2016.2　266, 11p　22cm　（琉球大学国際沖縄研究所ライブラリ）　〈索引あり〉　3400円　①978-4-272-35053-7

内容 ディアスポラの沖縄人アイデンティティの現在（リア・シゲムラ, エイミー・スエヨシ著, 長堂まどか訳）　〔03782〕

ス

スオス, ジナー

◇世界がぶつかる音がする―サーバンツの物語（The Sound of Worlds Colliding）　クリスティン・ジャック編, 永井みぎわ訳　ヨベル　2016.6　300p　19cm　1300円　①978-4-907486-32-7

内容 引き裂かれた家族、取り戻した人生（ジナー・スオス）〔03783〕

スカー, クリス　Scarre, Christopher

◇ローマ帝国（THE PENGUIN HISTORICAL ATLAS OF ANCIENT ROME）　クリス・スカー著, 吉村忠典監訳, 矢羽野薫, 牧人舎訳　新装版　河出書房新社　2015.1　142p　25cm　（地図で読む世界の歴史）〈文献あり 年表あり 索引あり〉2200円　①978-4-309-61190-7

内容 1 都市から帝国へ（ローマの起源―都市化以前のローマ（BC9‐8世紀）/初期のローマ市（BC7‐4世紀）　イタリアの統一―ローマの拡張（BC500‐200）/イタリアの言語（BC5世紀） ほか）　2 皇帝による支配（新しい秩序―アウグストゥス時代のローマ属州（BC31‐AD14）/アウグストゥスのゲルマニア戦争（BC12‐AD9）　アウグストゥスがつくったローマ市―アウグストゥス時代のローマ市（BC31‐AD14） ほか）　3 平和な帝国（ハドリアヌスの旅行―ハドリアヌスの帝国視察（AD121‐32）　東方の属州―東方の都市と属州（AD2世紀） ほか）　4 混乱の世紀（6皇帝の年―後継者戦争（AD193‐7）　パルティア戦争―パルティア戦争（AD195‐9）/東方におけるカラカッラ（AD214‐217） ほか）　5 復興と没落（ディオクレティアヌスと権力の分割―ディオクレティアヌスが再編成したローマ帝国（AD294）　キリスト教の広まり―ローマ帝国内のキリスト教会 ほか）〔03784〕

スカウソン, マーク　Skousen, Mark

◇自由と市場の経済学―ウィーンとシカゴの物語（VIENNA & CHICAGO, FRIENDS OR FOES？）　マーク・スカウソン著, 田総恵子訳　春秋社　2013.12　332, 28p　20cm　〈文献あり 索引あり〉3200円　①978-4-393-62185-1〔03785〕

スカーダマリア, マリーン　Scardamalia, Marlene

◇21世紀型スキル―学びと評価の新たなかたち（ASSESSMENT AND TEACHING OF 21ST CENTURY SKILLS）　P.グリフィン,B.マクゴー,E.ケア編, 三宅なほみ監訳, 益川弘如, 望月俊男編訳　京都　北大路書房　2014.4　265p　21cm　〈索引あり〉2700円　①978-4-7628-2857-7

内容 知識構築のための新たな評価と学習環境（マリーン・スカーダマリア, ジョン・ブランスフォード, ボブ・コズマ, エディス・クエルマルツ著, 河﨑美保, 齊藤萌木, 大浦弘樹, 舘野泰一訳）〔03786〕

◇学びのイノベーション―21世紀型学習の創発モデル（Innovating to Learn, Learning to Innovate）　OECD教育研究革新センター編著, 有本昌弘監訳, 多々納誠子, 小熊利江訳　明石書店　2016.9　329p　22cm　4500円　①978-4-7503-4400-3

内容 研究に基づくイノベーションに向けて（カール・ベライター, マルレーネ・スカーダマリア著, 多々納誠子訳）〔03787〕

スカームズ, ブライアン

◇比較制度分析のフロンティア（INSTITUTIONS AND COMPARATIVE DEVELOPMENTの抄訳, COMPLEXITY AND INSTITUTIONSの抄訳〔etc.〕）　青木昌彦, 岡崎哲二, 神取道宏監修　NTT出版　2016.9　356p　22cm　（叢書《制度を考える》）〈他言語標題：Frontiers of Comparative Institutional Analysis〉4500円　①978-4-7571-2325-0

内容 社会契約を自然化する際の諸側面（ブライアン・スカームズ著, 滝沢弘和, 水野孝之, 原口華奈訳）〔03788〕

スカリー, ジョン　Sculley, John

◇ムーンショット！（Moonshot！）　ジョン・スカリー著, 川添節子訳　パブラボ　2016.2　327p　19cm　〈発売：星雲社〉1600円　①978-4-434-21617-6

内容 1 ムーンショット！（ムーンショット！　なぜ「高い志」が必要なのか ほか）　2 ミドルクラスの変容（アメリカでは何が起きているのか　新興市場で急増するミドルクラス）　3 いかに10億ドル規模のビジネスのコンセプトをつくるのか（10億ドル規模のビジネスへのイントロダクション　10億ドル規模の問題を解決する ほか）　4 成功を導く強力なツールとは？（一流の準備をする　正しい質問をする ほか）　5 ムーンショット（適応型イノベーターの時代　適応型イノベーターが知っておきたい6項目 ほか）〔03789〕

スカリー, M.*　Skelly, Mick

◇臨床が変わる！ PT・OTのための認知行動療法入門（Cognitive-Behavioural Interventions in Physiotherapy and Occupational Therapy）　マリー・ダナヒー, マギー・ニコル, ケイト・デヴィッドソン編, 菊池安希子監訳, 網本和, 大嶋伸雄訳者代表　医学書院　2014.4　184p　26cm　〈索引あり〉4200円　①978-4-260-01782-4

内容 認知行動的原則を用いた繊維筋痛症の管理―実践アプローチ（Mick Skelly著, 宇佐英幸訳）〔03790〕

スキデルスキー, エドワード　Skidelsky, Edward

◇じゅうぶん豊かで、貧しい社会―理念なき資本主義の末路（HOW MUCH IS ENOUGH？）　ロバート・スキデルスキー, エドワード・スキデルスキー著, 村井章子訳　筑摩書房　2014.9　341p　20cm　〈索引あり〉2800円　①978-4-480-86725-4

内容 第1章 ケインズの誤算　第2章 ファウストの取引　第3章 富とは―東西の思想を訪ねて　第4章 幸福という幻想　第5章 成長の限界　第6章 よい暮らしを形成する七つの要素　第7章 終わりなき競争からの脱却〔03791〕

スキデルスキー, ロバート　Skidelsky, Robert Jacob Alexander

◇じゅうぶん豊かで、貧しい社会―理念なき資本主義の末路（HOW MUCH IS ENOUGH？）　ロバート・スキデルスキー, エドワード・スキデルスキー著, 村井章子訳　筑摩書房　2014.9　341p　20cm　〈索引あり〉2800円　①978-4-480-86725-4

内容 第1章 ケインズの誤算　第2章 ファウストの取引

第3章 富とは―東西の思想を訪ねて 第4章 幸福という幻想 第5章 成長の限界 第6章 よい暮らしを形成する七つの要素 第7章 終わりなき競争からの脱却 〔03792〕

スキナー, チャールズ・モンゴメリー Skinner, Charles Montgomery

◇花の神話伝説事典（MYTHS AND LEGENDS OF FLOWERS, TREES, FRUITS, AND PLANTS IN ALL AGES AND IN ALL CLIMES） C.M.スキナー著, 垂水雄二, 福屋正修訳 八坂書房 2016.3 302p 22cm 〈「花の神話と伝説」(1985年刊)の改題、改訂 文献あり 索引あり〉 3000円 ①978-4-89694-221-7

内容 花と民俗 花と古代キリスト教伝説 妖精の花 秘められた魔力 悪名高い植物 花の神話伝説事典 〔03793〕

スギモト, エツコ 杉本 鉞子

◇武士の娘―新訳（A Daughter of the Samurai） 杉本鉞子著, 小坂恵理訳 PHPエディターズ・グループ 2016.4 347p 19cm 〈発売：PHP研究所〉 1500円 ①978-4-569-82778-0 〔03794〕

スキャブランド, アーロン

◇軍隊の文化人類学 田中雅一編 風響社 2015.2 598p 22cm 〈文献あり〉 5000円 ①978-4-89489-207-1

内容 「愛される自衛隊」になるために（アーロン・スキャブランド著, 田中雅一, 康陽球訳） 〔03795〕

スギヤマ, ジェレン・アクソイ

◇トルコと日本の経済・経営関係―国際共同研究 関根謙司, ユスフ・エルソイ・ユルドゥルム, 川辺信雄編著 文京学院大学総合研究所 2016.6 180p 26cm （文京学院大学総合研究所叢書 2） 〈他言語標題：The Economic and Business Relations between Turkey and Japan 発売：冨山房インターナショナル〉 2500円 ①978-4-86600-015-2

内容 労働現場における異文化接触（ジェレン・アクソイ・スギヤマ著, 杉山剛訳） 〔03796〕

スクーズ, リチャード・A. Skues, Richard A.

◇フロイトとアンナ・O―最初の精神分析は失敗したのか（SIGMUND FREUD AND THE HISTORY OF ANNA O） リチャード・A.スクーズ〔著〕, 岡元彩子, 馬場謙一共訳 みすず書房 2015.10 220, 35p 22cm 〈文献あり 年譜あり 索引あり〉 5500円 ①978-4-622-07938-5

内容 緒論 アンナ・O症例の来歴 第1部 症例の展開（一八八二年の症例報告 その後の証言 症例研究の出版 フロイトの説明―再構成 防衛と性愛 転移とファウスト的命題） 第2部 伝説の生成（伝説の誕生―アーネスト・ジョーンズ 伝説の発展―アンリ・エランベルジェ 伝説の成熟―諸説の派生） 〔03797〕

スケイヒル, ジェレミー Scahill, Jeremy

◇ブラックウォーター―世界最強の傭兵企業（BLACKWATER） ジェレミー・スケイヒル著, 益岡賢, 塩山花子訳 作品社 2014.8 530p 20cm 3400円 ①978-4-86182-496-8

内容 バグダッド「血の日曜日」 巨万の富 プリンスの生い立ち はじまり ブラックウォーター参入前のファルージャ ブッシュの家臣を警護する スコッティ戦争に行く 奇襲攻撃 我々はファルージャを制圧する 二〇〇四年四月四日、イラク・ナジャフ ブラック・ウォーターで働くアメリカ人のために ミスター・プリンス、ワシントンへ行く カスピ海パイプライン・ドリーム チリの男 「戦争の売春婦たち」 コーファー・ブラック―本気の戦い 「死の部隊」と傭兵と「エルサルバドル方式」 ジョゼフ・シュミッツ クリスチャン兵士 ブラックウォーター・ダウン―ルイジアナのバグダッド 円卓の騎士 〔03798〕

◇アメリカの卑劣な戦争―無人機と特殊作戦部隊の暗躍 上（DIRTY WARS） ジェレミー・スケイヒル著, 横山啓明訳 柏書房 2014.10 429p 20cm 2500円 ①978-4-7601-4501-0

内容 対テロを名目に アンワル・アウラキ 統合特殊作戦コマンドの台頭 アリ・アブドゥラー・サーレハ アンワル・アウラキの謎 新しい戦争 特別な計画 生き残り、言い逃れ、抵抗、脱出 トラブルメーカー、その名はスタンリー・マクリスタル ソマリアでの暗躍〔ほか〕 〔03799〕

◇アメリカの卑劣な戦争―無人機と特殊作戦部隊の暗躍 下（DIRTY WARS） ジェレミー・スケイヒル著, 横山啓明訳 柏書房 2014.10 441p 20cm 2500円 ①978-4-7601-4502-7

内容 自殺か殉死か？ 統合特殊作戦コマンドを取り込むオバマ 野に放たれた統合特殊作戦コマンド ネット戦士サミル・カーン ソマリアの反発 アルマジャラの欺瞞 アンワル包囲網 ナーセルの手紙 ガルデーズの惨劇 無人航空機の年〔ほか〕 〔03800〕

スケイヒル, ローレンス Scahill, Lawrence

◇子どもの怒りに対する認知行動療法ワークブック（Cognitive Behavioral Therapy for Anger and Aggression in Children） デニス・G.スコドルスキー, ローレンス・スケイヒル著, 大野裕監修, 坂戸美和子, 田村法子訳 金剛出版 2015.7 221p 26cm 〈文献あり 索引あり〉 3000円 ①978-4-7724-1439-5

内容 モジュール1 怒りのマネジメント（認知行動療法の紹介と怒りについての教育 自己教示とリラクゼーション 感情調節） モジュール2 問題解決（問題の同定と特質 解決を生み出す 結果を評価する） モジュール3 ソーシャル・スキル（仲間の怒りがわきおこった時のために対処の型を作る アサーション・トレーニング 大人との葛藤を解決するためのソーシャル・スキル 振り返りと結論） 親セッション 付録 〔03801〕

スコウゴー＝ピーターセン, カール Skovgaard-Petersen, C.

◇デンマーク人牧師がみた日本―明治の宗教指導者たち（Fra Nutidens Japan） カール・スコウゴー＝ピーターセン原著, 長島要一訳・編注 京都 思文閣出版 2016.8 309p 20cm 〈文献あり〉 3700円 ①978-4-7842-1860-8

内容 解題（『現代の日本から』成立の背景と本書の着眼点 デンマークにおける日露戦争後の日本観―武士道とキリスト教 カール・スコウゴー＝ピーターセンと日本への視察旅行） カール・スコウゴー＝ピーターセン『現代の日本から―個人的な印象』（山並みを越えて 寺社と祭り 指導者たちとその性格 訪

ス

問の成果―三つの共通点　日本人の特徴）付録（宣教師イェンス・ウィンテルの観察　内村鑑三『デンマルク国の話』）〔03802〕

ス

スコット, アンドリュー　Scott, Andrew

◇LIFE SHIFT―100年時代の人生戦略（THE 100-YEAR LIFE）　リンダ・グラットン, アンドリュー・スコット著, 池村千秋訳　東洋経済新報社　2016.11　399, 15p　20cm　1800円　①978-4-492-53387-1

内容 序章 100年ライフ　第1章 長い生涯―長寿という贈り物　第2章 過去の資金計画―教育・仕事・引退モデルの崩壊　第3章 雇用の未来―機械化・AI後の働き方　第4章 見えない「資産」―お金に換算できないもの　第5章 新しいシナリオ―可能性を広げる　第6章 新しいステージ―選択肢の多様化　第7章 新しいお金の考え方―必要な資金をどう得るか　第8章 新しい時間の使い方―自分のリ・クリエーションへ　第9章 未来の人間関係―私生活はこう変わる　終章 変革への課題〔03803〕

スコット, ダグ　Scott, Doug

◇ヒマラヤ探検史―地勢・文化から現代登山まで（HIMALAYA）　フィリップ・パーカー編, 藤原多伽夫訳　東洋書林　2015.2　353p　22cm〈文献あり 索引あり〉4500円　①978-4-88721-820-8

内容 新たなフロンティアを切り拓く（1961年から現在）（ダグ・スコット）〔03804〕

スコット, チャールズ・R.　Scott, Charles R.

◇スコット親子、日本を駆ける―父と息子の自転車縦断4000キロ（RISING SON）　チャールズ・R.スコット著, 児島修訳　紀伊国屋書店　2015.1　365p　19cm　1900円　①978-4-314-01123-5

内容 父と息子の冒険　反応と不安　旅の準備　トレーニング　地球温暖化問題のヒーロー　クビ？　泥棒　かんしゃくとおもてなし　大嵐　サイトウさん〔03805〕

スコット, ハル

◇成長戦略論―イノベーションのための法と経済学（RULES FOR GROWTH）　ロバート・E.ライタン編著, 木下信行, 中原裕彦, 鈴木淳人監訳　NTT出版　2016.3　383p　23cm　6500円　①978-4-7571-2352-6

内容 金融規制における五つの重要分野はどのように改善されるべきか（ハル・スコット著, 鈴木淳人監訳, 児玉啓宗訳）〔03806〕

スコット, リサ　Scott, Lisa A.

◇吃音のある学齢児のためのワークブック―態度と感情への支援（The School-Age Child Who Stutters）　リサ・スコット編, クリスティン・A.クメラ, ニーナ・リアドン著, 長沢泰子監訳, 中村勝則, 坂田善政訳　学苑社　2015.6　201p　26cm〈文献あり〉2500円　①978-4-7614-0773-5

内容 第1章 はじめに（バランス感覚を養おう　吃音に対する態度と感じ方はさまざま ほか）　第2章 コミュニケーション力を高める（子どもの内なる感情をとらえる　励まし褒めことばを使う）　第3章 アセスメント（子どもと吃音について話し合おう　記述式課題を活用しよう）　第4章 指導の手立て（スピーチノートを作る　話すということ・どもるということ ほか）　第5章 指導の例（ジョン　ヘイリー ほか）〔03807〕

スコット, ロバート・E.

◇成長戦略論―イノベーションのための法と経済学（RULES FOR GROWTH）　ロバート・E.ライタン編著, 木下信行, 中原裕彦, 鈴木淳人監訳　NTT出版　2016.3　383p　23cm　6500円　①978-4-7571-2352-6

内容 契約, 不確実性, イノベーション（ロナルド・J.ギルソン, チャールズ・F.セーブル, ロバート・E.スコット著, 鈴木淳人監訳, 杉村和俊訳）〔03808〕

スコット=ストークス, ヘンリー　Scott-Stokes, Henry

◇永遠のノックアウト―"戦勝国史観の呪縛"について英国人記者も交えて語らった　ヘンリー・スコット=ストークス, 中丸薫, 菅沼光弘著　ヒカルランド　2014.8　241p　19cm　1556円　①978-4-86471-212-5

内容 第1章「西洋の正義」が裁かれかけた東京裁判（三島由紀夫の「魂」を感じたストークス氏　西洋文明の「非道さ」を露わにした東京裁判 ほか）　第2章 南京事件、従軍慰安婦の真実（南京虐殺が「30万人」とでっちあげられた理由　光州事件の取材で体験した「無差別殺人」現場 ほか）　第3章 地球の大転換と意識改革（地球は5次元に入り、変革が進んでいる　宗教による変化、中国の現状 ほか）　第4章 これからの世界の行方、日本の針路（ウソで洗脳してきたマスコミは罰される　新しい国連と日本の選択 ほか）〔03809〕

◇目覚めよ！　日本―連合国戦勝史観の呪縛からの脱却　ヘンリー・S.ストークス, 植田剛彦著, 藤田裕行編集・訳　日新報道　2015.1　221p　19cm　1400円　①978-4-8174-0782-5

内容 第1章 日本よ、目覚めなさい！ ―連合国戦勝史観の呪縛からの脱却　第2章 全世界に害毒を流した「朝日新聞」の"反日キャンペーン"　第3章 日本は中国・韓国の近代化をもたらした　第4章 原爆投下は許せない！ ―裁かれるべきは日本ではなくアメリカである　第5章 南京大虐殺のウソ―「日本はアジアを侵略した」は欧米のプロパガンダ　第6章 かくして、アジア諸民族が独立した　第7章 日本は反撃せよ！　第8章 三島由紀夫とは何だったのか　第9章 日本の再生に向けて、過去を脱却し力強い未来を築け！〔03810〕

◇連合国戦勝史観の徹底批判！―戦後70年の病根を検証する　ヘンリー・ストークス, 藤井厳喜著, 藤田裕行編集・訳　自由社　2015.6　324p　20cm　1700円　①978-4-915237-84-3

内容 1 ベストセラー『英国人記者が見た連合国戦勝史観の虚妄』と共同通信の捏造事件（共同通信が、「南京虐殺否定 無断加筆 ベストセラー翻訳者」と捏造記事を流す　歴史の事実として「南京大虐殺」は、なかった ほか）　2 南京大虐殺を捏造した真犯人（戦時謀略宣伝「南京大虐殺」の作者!?　ティンパーリーとベイツ　マッカーサーも毛沢東も、歴史修正主義者だった！ ほか）　3 占領軍とジャーナリストたち（後藤健二さんの事件　日本外国特派員協会（FCCJ）の誕生秘話 ほか）　4 正しい国際法（東京裁判は「権力の表示」そのもの　国際法を熟知するパル判事の見解 ほか）　5 福島第一原発事故と放射線の問題（「ショウジョウバエの実験」が大間違いのもと　「日本のマスコミ」の独特な欠点 ほか）〔03811〕

◇外国特派員協会重鎮が反日中韓の詐偽を暴いた　ヘンリー・S.ストークス著, 藤田裕行訳・構成

悟空出版　2015.8　239p　18cm　900円　①978-4-908117-13-8

内容 序章 日本人よ、真実の歴史で反撃せよ！　第1章 アメリカが開けた「パンドラの箱」　第2章 慰安婦は「性奴隷」ではない　第3章 まやかしの「南京大虐殺」　第4章 東京裁判は文明の抹殺　第5章 日本人は血を流してアジア独立を助けた　終章 日本が進むべき道　〔03812〕

◇英国人記者が見た世界に比類なき日本文化　ヘンリー・S.ストークス, 加瀬英明〔著〕,〔藤田裕行〕〔訳〕　祥伝社　2016.1　238p　18cm　（祥伝社新書 453）　800円　①978-4-396-11453-4

内容 第1部 日本文化は人類にとっての大きな財産（「和の心」の日本人　神々が相談する国　世界に類のない「自制」の文化）　第2部 岐路に立つ日本文化（「日本女性」こそ、日本文化の粋　一神教徒と多神教徒　日本文化の世界的使命）　〔03813〕

◇英国人ジャーナリストが見た現代日本史の真実―日本は世界の宝である　ヘンリー・S.ストークス著, 藤田裕行訳　アイバス出版　2016.3　294p　19cm　〈他言語標題：THE TRUTH OF MODERN JAPANESE HISTORY　発売：サンクチュアリ出版〉1400円　①978-4-86113-619-1

内容 第1章「南京事件」のユネスコ登録に異義あり　第2章 中国の策略―自虐史観と捏造の歴史による日本への贖罪意識の植えつけ　第3章 中国の策略2―反日捏造宣伝にやられた日本軍、そして続く反日プロパガンダ　第4章 韓国、北朝鮮の策略―国家は国民の生命と財産を守るために断固とした姿勢を示す必要がある！　第5章 アメリカの策略―自虐史観の洗脳に成功したGHQ　第6章 三島由紀夫の使命―死してなお現代にも生きつづける三島の魂　第7章 日本人が知らない真実の日本現代史　〔03814〕

◇戦争犯罪国はアメリカだった！―英国人ジャーナリストが明かす東京裁判70年の虚妄　ヘンリー・S.ストークス著, 藤田裕行訳　ハート出版　2016.4　271p　19cm　〈他言語標題：Why did Yukio Mishima die at Ichigaya？ America was a War Crime Nation〉1600円　①978-4-8024-0016-9

内容 東京裁判こそ戦争犯罪だった　極東国際軍事裁判研究プロジェクト　三島由紀夫の『市ヶ谷事件』　アメリカによる洗脳　イエズス会の独善的な日本布教　白人キリスト教徒による世界侵略と有色人大虐殺　「レイプ・オブ・江戸」と明治維新　白人支配の世界で独立主権を貫いた日本　民族平等の世界を目指した大東亜共栄圏　連合国によって「創られた」裁判　東京裁判七十年の虚妄を打ち破れ！　大東亜戦争の真実　三島由紀夫はなぜ「市ヶ谷」で自決したのか!?　〔03815〕

スコドルスキー, デニス・G.　Sukhodolsky, Denis G.

◇子どもの怒りに対する認知行動療法ワークブック（Cognitive Behavioral Therapy for Anger and Aggression in Children）　デニス・G.スコドルスキー, ローレンス・スケイヒル著, 大野裕監修, 坂戸美和子, 田村法子訳　金剛出版　2015.7　221p　26cm　〈文献あり 索引あり〉3000円　①978-4-7724-1439-5

内容 モジュール1 怒りのマネジメント（認知行動療法の紹介と怒りについての教育　自己教示とリラクゼーション　感情調節）　モジュール2 問題解決（問題の同定と特質　解決を生み出す　結果を評価する）　モジュール3 ソーシャル・スキル（仲間の怒りがわきおこった時のために対処の型を作る　アサーション・トレーニング　大人との葛藤を解決するためのソーシャル・スキル　振り返りと結論）　親セッション　付録　〔03816〕

スコフィールド, フィリップ

◇ジェレミー・ベンサムの挑戦　深貝保則, 戒能通弘編　京都　ナカニシヤ出版　2015.2　395p　22cm　〈他言語標題：The Challenges of Jeremy Bentham　文献あり 索引あり〉5600円　①978-4-7795-0896-7

内容 ジェレミー・ベンサムとH.L.A.ハートの「法理学における功利主義的伝統」（フィリップ・スコフィールド著, 戒能通弘訳）　〔03817〕

スコベル, アンドリュー　Scobell, Andrew

◇中国安全保障全史―万里の長城と無人の要塞（China's Search for Security）　アンドリュー・J.ネイサン, アンドリュー・スコベル著, 河野純治訳　みすず書房　2016.12　336, 31, 5p　21cm　4600円　①978-4-622-07956-9

内容 第1部 中国外交における利害とアイデンティティ（何が中国外交を動かしているのか？　誰が中国外交を動かすのか？）　第2部 安全保障上の課題と戦略（要衝としての中国　アメリカの脅威を読みとる　北東アジアの地域システム―日本、韓国、北朝鮮　中国のその他の近隣諸国―アジア太平洋地域　第四の円の中の中国）　第3部 国家統一―領土保全と外交政策（国家性の問題―チベット、新疆、香港、台湾　台湾の民主主義への移行と中国の反応）　第4部 力の手段（門戸開放のジレンマ―グローバル経済における力と脆弱性　軍の近代化―人民戦争から戦力投射へ　中国外交におけるソフトパワーと人権）　第5部 結論（威嚇か、均衡か？）　〔03818〕

スコルカ, アブラハム　Skorka, Abraham

◇天と地の上で―教皇とラビの対話（SOBRE EL CIELO Y LA TIERRA）　教皇フランシスコ, ラビ・アブラハム・スコルカ著, 八重樫克彦, 八重樫由貴子訳　ミルトス　2014.6　262p　19cm　1600円　①978-4-89586-158-8

内容 神について　悪魔について　無神論者について　宗教について　宗教指導者について　弟子について　祈りについて　罪について　原理主義について　死について〔ほか〕　〔03819〕

スサエタ社《Susaeta Team》

◇スペイン修道院の食卓―歴史とレシピ（ATLAS ILUSTRADO DE LA COCINA DE CONVENTOS Y MONASTERIOS）　スサエタ社編, 五十嵐加奈子, 丸山永恵訳　原書房　2016.4　255p　27cm　〈索引あり〉3600円　①978-4-562-05291-2

内容 アンダルシア　アラゴン　アストゥリアス　バレアレス諸島　カナリア諸島　カンタブリア　カスティーリャ＝ラマンチャ　カスティーリャイレオン　カタルーニャ　バレンシア　エストレマドゥーラ　ガリシア　ラリオハ　マドリード　ムルシア　ナバラ　バスク　〔03820〕

スズキ, シュンリュウ　鈴木 俊隆

◇禅マインドビギナーズ・マインド　2　ノット・

ス

ス

オールウェイズ・ソー（not always so）　鈴木俊隆著, 藤田一照訳　サンガ　2015.8　358p　18cm　（サンガ新書 066）　900円　①978-4-86564-018-2

内容 第1部 只管打坐：一瞬一瞬を完全に生きる（心の平静さ　自分自身を全面的に表現する ほか）　第2部 空からの手紙（空からの手紙　玄米がちょうどいい ほか）　第3部 禅を修行する（内部から支えられる　直観を開きなさい ほか）　第4部 必ずしもそうであるとは限らない（必ずしもそうであるとは限らない　リアリティの直接的経験 ほか）　第5部 どこにいてもそこに悟りがある（どこにいてもそこに悟りがある　悟りにこだわらないこと ほか）　〔03821〕

スズキ, ダイセツ　鈴木 大拙

◇無量光・名号―英文対訳　鈴木大拙著, 酒井懋訳, 小林円照監修　ノンブル社　2015.12　134p　19cm　（東西霊性文庫 7）　〈他言語標題：INFINITE LIGHT THE NAME〉 1480円　①978-4-903470-91-7

内容 無量光（阿弥陀仏、無量光の仏　光と「娑婆」、「地獄」　「娑婆」における光　阿弥陀と本願　本願と「自己」）　名号　〔03822〕

◇鈴木大拙コロンビア大学セミナー講義　鈴木大拙著, 重松宗育, 常盤義伸編訳　鎌倉　松ヶ岡文庫　2016.3　323, 253p　21cm　（公益財団法人松ヶ岡文庫叢書 第5）　〈他言語標題：Columbia University seminar lectures　英語併記〉 4000円　〔03823〕

◇妙好人、浅原才市を読み解く―英文対訳　鈴木大拙著, 酒井懋訳, 小林円照監修　ノンブル社　2016.4　106p　19cm　（東西霊性文庫 8）　〈他言語標題：A STUDY OF SAICHI THE MYOKONIN　著作目録あり 年譜あり〉 1250円　①978-4-903470-94-8　〔03824〕

◇禅堂生活（The Training of the Zen Buddhist Monk）　鈴木大拙著, 横川顕正訳　岩波書店　2016.5　306p　15cm　（岩波文庫 33-323-3）　〈第2版 大蔵出版 1948年刊の追加〉 900円　①978-4-00-333233-7

内容 禅堂生活（入衆　没我　作務　陰徳　祈願と報謝　参禅弁道）　小篇（僧堂教育論　鹿山庵居　洪川禅師のことども　楞伽窟老大師の一年忌に当りて　釈宗演師を語る）　〔03825〕

◇大乗仏教概論（Outlines of Mahāyāna Buddhism）　鈴木大拙著, 佐々木閑訳　岩波書店　2016.6　513p　15cm　（岩波文庫 33-323-4）　1260円　①978-4-00-333234-4

内容 序論　思索的大乗仏教（実践と思索　知識の分類　真如（bhutatathata）　如来蔵とアーラヤ識　無我説　業）　実践的仏教（法身　三身説（仏教の三位一体説）　菩薩　菩薩道の十段階―我々の精神生活の階梯　涅槃）　〔03826〕

◇アジアの社会倫理の底流と仏教思想―英文対訳　鈴木大拙著, 酒井懋, 北川桃雄訳　ノンブル社　2016.11　190p　19cm　（東西霊性文庫）　〈本文：日英両文〉 2000円　①978-4-86644-000-2

内容 東洋の倫理・社会慣行の底流をなす思想　現代思潮と仏教　極東文化史上に於ける仏教思想の役割　〔03827〕

スゾンド, G.*　Szond, Gyorgy

◇国家ブランディング―その概念・論点・実践（NATION BRANDING）　キース・ディニー編著, 林田博光, 平沢敦監訳　八王子　中央大学出版部　2014.3　310p　22cm　（中央大学企業研究所翻訳叢書 14）　4500円　①978-4-8057-3313-4

内容 国家ブランディングの概念をめぐる実際的問題点（Inga Hlín Pálsdóttir,Olutayo B.Otubanjo,T.C. Melewar,Gyorgy Szond著, 姜京守訳）　〔03828〕

スター, ケヴィン　Starr, Kevin

◇ビジュアル版 世界の歴史都市―世界史を彩った都の物語（The Great Cities in History）　ジョン・ジュリアス・ノーウィッチ編, 福井正子訳　柊風舎　2016.9　303p　27×21cm　15000円　①978-4-86498-039-5

内容 ロサンゼルス―イマジネーションの文化（ケヴィン・スター）　〔03829〕

スタイナー, ヒレル　Steiner, Hillel

◇権利論―レフト・リバタリアニズム宣言（AN ESSAY ON RIGHTS）　ヒレル・スタイナー著, 浅野幸治訳　新教出版社　2016.8　499p　22cm　〈文献あり 索引あり〉 5000円　①978-4-400-40740-9

内容 第1章 序論　第2章 自由　第3章 権利　第4章 道徳的思考　第5章 経済的思考　第6章 正義　第7章 原初の権利　第8章 結論―正しい再配分　〔03830〕

スタイニッツ, カール　Steinitz, Carl

◇ジオデザインのフレームワーク―デザインで環境を変革する（A Framework for Geodesign）　カール・スタイニッツ著, 石川幹子, 矢野桂司編訳　古今書院　2014.7　226p　26cm　〈文献あり〉 4000円　①978-4-7722-4172-4

内容 第1部 ジオデザインのフレームワークをつくる（協働の必要性　ジオデザインの内容）　第2部 ジオデザインのためのフレームワーク（問いかけと反復　フレームワーク1巡目の作業：ジオデザインの全体を展望する　フレームワーク2巡目の作業：研究の方法をデザインする　フレームワーク3巡目の作業：研究の実行）　第3部 ジオデザインの事例研究（確実性とジオデザイン　不確実性とジオデザイン　ルールが所与の場合のジオデザイン）　第4部 ジオデザインの未来（ジオデザインの研究に関する含蓄　ジオデザインにおける教育と実践に関する含蓄　ジオデザインの未来）　〔03831〕

スタイバル, ヴァイアナ　Stibal, Vianna

◇祈りの翼に乗って―シータヒーリング誕生のラブストーリー（ON THE WINGS OF PRAYER）　ヴァイアナ・スタイバル, ガイ・スタイバル著, 鏡見沙椰訳　ナチュラルスピリット　2014.4　291p　21cm　2000円　①978-4-86451-115-5

内容 ヴァイアナの物語　最初の学び　新しい始まり　キャリア・チェンジ　ブレイク、そして癌　ガイの物語　モンタナの男　初期の二人　シータヒーリングのテクニックを世に出す　ヴァイアナのラビリンス〔ほか〕　〔03832〕

スタイバル, ガイ　Stibal, Guy

◇祈りの翼に乗って―シータヒーリング誕生のラブストーリー（ON THE WINGS OF PRAYER）　ヴァイアナ・スタイバル, ガイ・スタイバル著, 鏡見沙椰訳　ナチュラルスピリット　2014.4　291p　21cm　2000円　①978-4-86451-115-5

内容 ヴァイアナの物語　最初の学び　新しい始まり　キャリア・チェンジ　ブレイク、そして癌　ガイの物語　モンタナの男　初期の二人　シータヒーリングのテクニックを世に出す　ヴァイアナのラビリンス〔ほか〕　〔*03833*〕

スタイルズ, ジョン

◇欲望と消費の系譜　草光俊雄, 真嶋史叙監修　NTT出版　2014.7　179p　20cm　（シリーズ消費文化史）〈文献あり〉2400円　①978-4-7571-4328-9

内容 アジアの織物とヨーロッパ（ジョン・スタイルズ著, 真嶋史叙訳）　〔*03834*〕

スタイン, ジェシー　Stine, Jesse C.

◇スーパーストック発掘法―3万時間のトレード術を3時間で知る（Insider Buy Superstocks）　ジェシー・スタイン著, 長尾慎太郎監修, 山下恵美子訳　パンローリング　2014.11　365p　22cm　（ウィザードブックシリーズ 222）　3800円　①978-4-7759-7190-1

内容 私のストーリー　あなたが平凡と決別するのは今日　世界で最も良く効く薬　ウォール街の最悪の秘密　良いトレーダーになるために　システムと簡易性　とらえどころのないスーパーストック　あなたに有利になるように事を進めよ　ローリスクの仕掛けのスーパー法則　売りのスーパー法則―ハイリスクで売るワザを身につけよ　スーパーストックの「不精な人向けガイド」　私の人生を変え、あなたの人生を変えるかもしれない11のチャート　スーパーストックに関するお勧めの本とウェブサイト　私の失敗から学んだ偉大な教訓―何もかもさらけだそう　大きな成功を手に入れるために、人とは別の方法でやらなければならない16のこと　行く人の少ない道　〔*03835*〕

スタイン, マイク　Stein, Mike

◇英国の社会的養護当事者の人権擁護運動史―意見表明による劣等処遇克服への歩み（CARE LESS LIVES）　マイク・スタイン著, 津崎哲雄訳　明石書店　2014.9　400p　20cm　（世界人権問題叢書 88）〈文献あり〉4800円　①978-4-7503-4066-1

内容 なぜこのような人並でない暮らしをしなければならないのか？　リーズ市アド・リブとは何か：底辺からの声（意見表明）「養護児童の声」：社会的養護で暮らす若者の声を社会に拡げる　「養護児童の声」運動は成功したか？　全国社会的養護児童協会（NAYPIC）：初期の歳月・1978～1983年　みんなで担う社会的養護（Sharing Care）『非白人として社会的養護で暮らす』　社会的養護で暮らす若者の願いと感情　NAYPIC内のもめごと（騒乱）「意見表明'89」会議―新たなはじまりとなるか？　混乱の余波　ナショナル・ヴォイス（A National Voice）　衣服購入証制度廃止からゴミ捨て用ビニール袋禁止まで　〔*03836*〕

◇社会的養護から旅立つ若者への自立支援―英国のリービングケア制度と実践（Young People Leaving Care）　マイク・スタイン著, 池上和子訳　福村出版　2015.10　239p　22cm　〈文献あり 索引あり〉3300円　①978-4-571-42057-3

内容 序論　第1部 状況を整えてゆくこと（リービングケア法および政策の策定1948～2012　リービングケアサービスの組織化）　第2部 成人期への道のり（落ち着いた、安全な住居　ケアラーたちと住居　ホームレス、住宅事情、リービングケアサービス　学校教育―将来のキャリアの基盤を築く　継続教育、高等教育、職業訓練、雇用　健康とウェルビーイング　さらなる支援を必要とする若者たち）　第3部 結論（思慮に富む旅路　社会的養護から大人へのレジリアンスを促進する）　補遺（関係する子どもおよびかつて関係した子どものニーズのアセスメントと自立計画の内容　教育、職業訓練、およびキャリアのために計画すること）　〔*03837*〕

スタインバーグ, ジェームズ　Steinberg, James

◇米中衝突を避けるために―戦略的再保証と決意（STRATEGIC REASSURANCE AND RESOLVE）　ジェームズ・スタインバーグ, マイケル・E.オハンロン著, 村井浩紀, 平野登志雄訳　日本経済新聞出版社　2015.1　385p　20cm　〈索引あり〉3000円　①978-4-532-16949-7

内容 第1部 懸念の根拠（紛争の原因　中国の戦略を決める要因　米国の戦略を決める要因）　第2部 戦略的再保証の実際（軍事支出と軍の近代化　有事のシナリオ：危機的局面で安定性をどう高めるか　戦略的領域：核、宇宙、そしてサイバー　海外基地、戦力の配備、そして運用　おわりに　政策提言の要旨　米国と中国の海軍艦艇）　〔*03838*〕

スタインバーグ, マーク・I.　Steinberg, Mark I.

◇アメリカ証券法（Understanding Securities Law）　マーク・I.スタインバーグ著, 小川宏幸訳　オンデマンド版　レクシスネクシス・ジャパン　2014.10　659p　21cm　（LexisNexisアメリカ法概説 4）　8500円　①978-4-902625-12-7

内容 序論　「証券」の定義　発行者に関する登録の適用除外　登録手続　開示、重要性、およびサーベンス・オクスリー　転売および再編成　デュー・ディリジェンスおよび証券法上の責任　セクション10（b）および関連する問題　代替的救済　第二次的責任〔ほか〕　〔*03839*〕

スタインバーグ, ローレンス　Steinberg, Laurence D.

◇15歳はなぜ言うことを聞かないのか？―最新脳科学でわかった第2の成長期（AGE OF OPPORTUNITY）　ローレンス・スタインバーグ著, 阿部寿美代訳　日経BP社　2015.10　358p　19cm　〈発売：日経BPマーケティング〉1800円　①978-4-8222-5109-3

内容 第1章 3歳と15歳、どちらの脳が柔軟か？　第2章 記憶が強烈に残る若者の脳　第3章 史上最長になった青少年期　第4章 10代の判断力とは？　第5章 子どもを子ども自身から守るには？　第6章 最も重要なのは自己制御力　第7章 親にできること　第8章 高等学校を考え直す　第9章 裕福な子どもの脳と貧乏な子どもの脳　第10章 10代の犯罪と脳　〔*03840*〕

スタインメッツ・ロス, ユーラリー　Steinmetz, Eulalie

◇ストーリーテリングについて　ユーラリー・S.ロス〔著〕, 山本まつよ訳　第12版　子ども文庫の

会　2016.5　54p　15cm　250円　①978-4-906075-00-3

内容 ストーリーテリングについて　ビリー　いたずらこうさぎ　ゆきんこ　三人ばか　あり子のおつかい　サルとカニ　おばあさんとブタ　〔03841〕

スタヴリデス, スタヴロス

◇資本の専制、奴隷の叛逆―「南欧」先鋭思想家8人に訊くヨーロッパ情勢徹底分析　広瀬純編著　航思社　2016.1　379p　19cm　〈他言語標題：Dictadura capitalista y esclavos rebeldes Conversaciones “bajo la coyuntura”〉2700円　①978-4-906738-15-1

内容 侮辱された人々による「ファック・オフ！」他（スタヴロス・スタヴリデス述, 広瀬純聞き手・訳）　〔03842〕

スターク, ロドニー　Stark, Rodney

◇キリスト教とローマ帝国―小さなメシア運動が帝国に広がった理由（The Rise of Christianity）　ロドニー・スターク著, 穐田信子訳　新教出版社　2014.10　306p　20cm　〈文献あり〉3200円　①978-4-400-22723-6　〔03843〕

◇十字軍とイスラーム世界―神の名のもとに戦った人々（God's Battalions）　ロドニー・スターク著, 桜井康人訳　新教出版社　2016.11　382p　20cm　〈文献あり〉3200円　①978-4-400-22724-3

内容 冑を身にまとった貪欲な野蛮人たち？　ムスリム侵入者たち　キリスト教世界の反撃　ヨーロッパの「無知」対イスラームの「文化」　巡礼と迫害　十字軍士の召集　東に向けて　血みどろの勝利　十字軍国家　十字軍国家防衛のための苦闘　エジプトに対する十字軍　打ち捨てられた使命　〔03844〕

スタジオチョンビ《ChungBe Studios》

◇ネルソン・マンデラ　オヨンソク文, スタジオチョンビ絵, 簗田順子訳　岩崎書店　2014.1　155p　23cm　（オールカラーまんがで読む知っておくべき世界の偉人 5）〈年譜あり〉1600円　①978-4-265-07675-8

内容 01 黒い王族　02 学校に行く　03 大学生になったマンデラ　04 ヨハネスブルグで　05 黒人解放運動　06 27年間の刑務所生活　07 自由、そして、新たな希望　〔03845〕

◇ホーキング　イスジョン文, スタジオチョンビ絵, 簗田順子訳　岩崎書店　2014.3　187p　23cm　（オールカラーまんがで読む知っておくべき世界の偉人 10）〈年譜あり〉1600円　①978-4-265-07680-2

内容 01 天才物理学者の誕生　02 新しい世界　03 科学者を夢見て　04 努力を忘れた天才　05 ぼくは平気さ　06 ブラックホール　07 もうひとつの試練　08 終わらない挑戦　〔03846〕

◇チェ・ゲバラ　パクヨナ文, スタジオチョンビ絵, 簗田順子訳　岩崎書店　2014.11　163p　23cm　（オールカラーまんがで読む知っておくべき世界の偉人 14）〈年譜あり〉1600円　①978-4-265-07684-0

内容 01 ぜんそくとのたたかい　02 アルベルトとの出会い　03 運命の旅　04 民衆を思う気持ち　05 革命の花火が上がる　06 革命家の誕生　07 キューバ革命の英雄、チェ・ゲバラ　〔03847〕

◇ビル・ゲイツ　アンヒョンモ文, スタジオチョンビ絵, 簗田順子訳　岩崎書店　2014.12　183p　23cm　（オールカラーまんがで読む知っておくべき世界の偉人 16）〈他言語標題：Bill Gates　年譜あり〉1600円　①978-4-265-07686-4

内容 1 かしこい子ども　2 コンピューターとの出会い　3 レイクサイド・プログラマーズ・グループ　4 世界で一番かがやく人たち　5 ハーバード大学入学　6 マイクロソフト　7 はばたきのとき　8 夢見る天才　〔03848〕

◇マリー・キュリー　イスクチャ文, スタジオチョンビ絵, 猪川なと訳　岩崎書店　2014.12　159p　23cm　（オールカラーまんがで読む知っておくべき世界の偉人 15）〈他言語標題：Marie Curie　年譜あり〉1600円　①978-4-265-07685-7

内容 1 まずしい家の、かしこい少女　2 国を失った悲しみ　3 家庭教師になる　4 ソルボンヌの変わりもの女学生　5 キュリー夫人　6 ラジウム発見　7 最後のたたかい　〔03849〕

◇エジソン　イスジョン文, スタジオチョンビ絵, 猪川なと訳　岩崎書店　2015.1　179p　23cm　（オールカラーまんがで読む知っておくべき世界の偉人 18）〈他言語標題：Thomas Edison　年譜あり〉1600円　①978-4-265-07688-8

内容 1 卵をあたためた少年　2 ママは最高の先生　3 危険な実験室　4 夢を乗せて走る列車　5 失敗は成功のもと　6 メンロパークの魔術師　7 闇を照らす　8 永遠の光として　〔03850〕

◇リンカーン　イスジョン文, スタジオチョンビ絵, 簗田順子訳　岩崎書店　2015.1　179p　23cm　（オールカラーまんがで読む知っておくべき世界の偉人 17）〈他言語標題：Abraham Lincoln　文献あり 年譜あり〉1600円　①978-4-265-07687-1

内容 1 お母さんのおくりもの　2 本好きエイブ　3 正直な青年　4 政治の世界に飛びこむ　5 丸太小屋からホワイトハウスへ　6 南北戦争　7 奴隷解放宣言　8 自由と平等を残して　〔03851〕

スタッツ, フィル　Stutz, Phil

◇5つのツール―勇気・自信・創造性を手にいれる方法（THE TOOLS）　フィル・スタッツ, バリー・マイケルズ著, 野津智子訳　早川書房　2015.11　325p　16cm　（ハヤカワ文庫 NF 451）〈「ツールズ」(2012年刊) の改題〉800円　①978-4-15-050451-9

内容 第1章 ツールとは何か？　第2章 ツール1「苦しみを望む」ハイヤーフォース「未来へ進む力」　第3章 ツール2「進んで与える愛」ハイヤーフォース「アウトフロー」　第4章 ツール3「内なる権威」ハイヤーフォース「自己表現の力」　第5章 ツール4「感謝の流れ」ハイヤーフォース「感謝の気持ち」　第6章 ツール5「危機」ハイヤーフォース「意志の力」　第7章 ハイヤーフォースを信じる　第8章 新たなビジョンがもたらしたもの　〔03852〕

スタッフォード, ポーリーン

◇オックスフォード ブリテン諸島の歴史　3　ヴァイキングからノルマン人へ（The Short Oxford History of the British Isles ： From the Vikings to the Normans (800-1100)）　鶴島博和日本語版監修　ウェンディ・デイヴィス編, 鶴島博和監訳　慶応義塾大学出版会　2015.10　371, 49p　22cm　〈文献あり 年表あり 索引あり〉7400円　①978-4-7664-1643-5

内容 王、王権、王国（ポーリーン・スタッフォード著, 堀越庸一郎訳）〔03853〕

スタート, デヴィッド Sturt, David

◇500万人の成功体験からわかった「いい仕事」をする人の45の極意（Great Work）　デヴィッド・スタート,O.C.タナー・インスティテュート著, 須川綾子訳　ダイヤモンド社　2014.9　230p　19cm　1600円　①978-4-478-02735-6

内容 1 考えかたを変えてみる（「誰にでもできる仕事」を「自分にしかできない仕事」に変える　変わりたいなら、あなたの目の前にすでにあるものから始める）　2 行動を変えてみる（ひらめきのあとの「一呼吸」が、結果を左右する　「どうして思いつかなかったのだろう？」と後悔しないために、とにかく見る　脳に新しい回路を生み出す「人間関係」をつくる　行動する前に浮かんだアイディアを頭のなかでスケッチする　仕事が完成するのは、それが誰かに愛されたとき）〔03854〕

スタニー, バーバラ Stanny, Barbara

◇仕事も恋愛もキレイもすべてを手に入れる女性のワークルールズ50―年収1000万円以上のNYキャリアが教える（SECRETS OF SIX-FIGURE WOMEN）　バーバラ・スタニー著, ディスカヴァー・クリエイティブ訳　ディスカヴァー・トゥエンティワン　2016.5　156p　19cm　〈「ミリオネーゼになりませんか？」（2003年刊）の改題、新装版〉1400円　①978-4-7993-1875-1

内容 第1章 ミリオネーゼはここが違う！　第2章 決意を明確にする　第3章 今あるものを手放す　第4章「ゲーム」に参加する　第5章 はっきりと自分の意見を言う　第6章 限界を乗り越える　第7章 支えてくれる人を探す　第8章 お金の法則に従う〔03855〕

スタネツキ, ジェリー

◇インタヴューズ　3　毛沢東からジョン・レノンまで（THE PENGUIN BOOK OF INTERVIEWS）　クリストファー・シルヴェスター編, 新庄哲夫他訳　文芸春秋　2014.6　463p　16cm　（文春学芸ライブラリー―雑英 7）　1690円　①978-4-16-813018-2

内容 ジミー・ホッファ（ジミー・ホッファ述, ジェリー・スタネツキインタヴュアー, 髙橋健次訳）〔03856〕

スタノヴィッチ, キース・E. Stanovich, Keith E.

◇心理学をまじめに考える方法―真実を見抜く批判的思考（How to Think Straight About Psychology 原著第10版の翻訳）　キース・E.スタノヴィッチ著, 金坂弥起監訳　誠信書房　2016.7　300p　21cm　〈文献あり 索引あり〉　2700円　①978-4-414-30631-6

内容 心理学は元気です（それに、ちゃんと学問やってます）　反証可能性：頭の中のリトルグリーンメンをやっつける方法　操作主義と本質主義：「でも先生、それってそもそもどういう意味？」　支持証言と事例研究でのエビデンス：プラセボ効果と天才マジシャン　相関関係と因果関係：パンを焼くトースターで妊娠を避けられるか？　事象の統制：賢馬ハンスの事例「人為性」批判と心理学：「でも、それは現実の世界ではありません！」　収束証拠の重要性：アインシュタイン症候群を回避するために　複合原因の問題：「特効薬」に惑わされて探し求めること　確率的推論：人間の認知のアキレス腱　心理学における偶然の役割　学問の世界の哀しきコメディアン〔03857〕

スタマテアス, ベルナルド Stamateas, Bernardo

◇心に毒を持つ人たち―あなたを傷つける「困った人」から身を守る方法（Gente Tóxica）　ベルナルド・スタマテアス著, 久世修平訳　SBクリエイティブ　2015.3　221p　19cm　1500円　①978-4-7973-8057-6

内容 罪悪感を植えつける人　ねたみ深い人　中傷する人　攻撃的な人　自分を偽る人　倫理感が壊れている人　平凡な人　噂好きな人　高圧的な人　神経質な人　操縦する人　プライドの高い人　愚痴を言う人　言葉の力　心に毒を持つ人から自由になる〔03858〕

スタム, ジル Stamm, Jill

◇子供の脳は5歳までに準備しなさい―賢く育てる！　脳科学にもとづく52の方法（BOOSTING BRAIN POWER）　ジル・スタム著, 日向やよい訳　三五館　2016.11　205p　19cm　1300円　①978-4-88320-684-1

内容 第1部 脳って、どう育つ？　―最新科学が明らかにした「決まった順序」（最新科学でわかった「脳の育ち方」　脳はどのように発達するか？　5歳までに育つ、脳の構造と機能　知っておくと役立つ4つの部位 ほか）　第2部 子どもの脳を賢く育てる52の方法―「準備のできた脳」を作る（5歳までの脳の鍛え方　自立心の育て方　固いキズナの結び方　「読む」「聞く」「話す」の深め方）〔03859〕

スタロバンスキー, ジャン Starobinski, Jean

◇ルソー透明と障害（JEAN-JACQUES ROUSSEAU）　ジャン・スタロバンスキー〔著〕, 山路昭訳　新装版　みすず書房　2015.7　463p　20cm　4500円　①978-4-622-07928-6

内容 1『学問芸術論』　2 社会批判　3 孤独　4 ヴェールに被われた像　5 ラ・ヌーヴェル・エロイーズ　6 誤解　7 自伝の問題　8 病　9 終身の禁錮　10 水晶の透明〔03860〕

スターン, ドンネル・B. Stern, Donnel B.

◇精神分析における解離とエナクトメント―対人関係精神分析の核心（Partners in Thought）　ドンネル・B.スターン著, 一丸藤太郎監訳, 小松貴弘訳　大阪　創元社　2014.10　304p　22cm　〈文献あり 索引あり〉4200円　①978-4-422-11455-2

内容 第1章 意味は関係性の中で具体化する　第2章 対話とそれを妨げるもの　第3章 地平の融合―解離、エナクトメント、理解　第4章 目が目そのものを見ること―解離、エナクトメント、葛藤の達成　第5章 考えるパートナー―ナラティヴの臨床過程理論　第6章 二つのものは出会うのだろうか？　メタファー、解離、共起　第7章 閉ざされてきたものを開くこと、硬直してきたものを緩めること―深い関わりにおける長期にわたる解離とエナクトメント　第8章 探し方を知らないものを見つけねばならないこと―内省機能についての二つの見方　第9章「誰にもわからないだろ？」―ボストン変化プロセス研究グループの著作と関係

的解離理論との関係　〔03861〕

スターン, ランドルフ

◇文化の新しい歴史学（THE NEW CULTURAL HISTORY）　リン・ハント編, 筒井清忠訳　岩波書店　2015.10　363, 5p　19cm　（岩波人文書セレクション）〈1993年刊の再刊　索引あり〉 3100円　①978-4-00-028817-0
内容 ルネサンス君主の部屋における視覚文化（ランドルフ・スターン著）　〔03862〕

ス

スタンディング, ガイ　Standing, Guy

◇プレカリアート―不平等社会が生み出す危険な階級（THE PRECARIAT）　ガイ・スタンディング著, 岡野内正監訳　京都　法律文化社　2016.6　289p　21cm　〈文献あり 索引あり〉3000円　①978-4-589-03780-0
内容 第1章 プレカリアート　第2章 プレカリアートが増える理由　第3章 プレカリアートになるのは誰か？　第4章 移民は犠牲者か、悪者か、それとも英雄か？　第5章 労働、仕事、時間圧縮　第6章 地獄に至る政治　第7章 極楽に至る政治　〔03863〕

スタンバーグ, エリエザー　Sternberg, Eliezer J.

◇〈わたし〉は脳に操られているのか―意識がアルゴリズムで解けないわけ（My Brain Made Me Do It）　エリエザー・スタンバーグ著, 大田直子訳　インターシフト　2016.9　327p　20cm　〈文献あり　発売：合同出版〉2300円　①978-4-7726-9552-7
内容 人を殺したのは脳のせい？　意志はころがり落ちる石なのか　二つの対立する答え　頭のなかの嵐　抑えられない衝動　神経科学者の見解は間違っている　理性は情動に依存する　決断の引き金が明らかに　マジシャンとしての脳　心や体の動きを予測する　人間はプログラムされたマシンか　悪徳の種が脳に植えられている？　倫理の終わり　意識の深さを探る　アルゴリズムは「限りのない問題」を解けない　内面世界を意識的に旅する　道徳的行為主体はいかに生まれるのか　心の宮殿　〔03864〕

スターンバーグ, ジャニーン　Sternberg, Janine

◇乳児観察と調査・研究―日常場面のこころのプロセス（Infant Observation and Research）　キャシー・アーウィン, ジャニーン・スターンバーグ編著, 鵜飼奈津子監訳　大阪　創元社　2015.5　273p　22cm　〈文献あり 索引あり〉4200円　①978-4-422-11539-9
内容 イントロダクション 他（ジャニーン・スターンバーグ, キャシー・アーウィン著, 鵜飼奈津子訳）　〔03865〕

スタンルーム, ジェレミー　Stangroom, Jeremy

◇図説世界を変えた50の宗教（Fast Track Religion）　ジェレミー・スタンルーム著, 服部千佳子訳　原書房　2014.4　128p　22cm　（シリーズ知の図書館 2）〈索引あり〉2000円　①978-4-562-04994-3
内容 第1章 キリスト教（トピック：キリスト教の教派　ナザレのイエス ほか）　第2章 イスラム教（トピック：シーア派とスンナ派　ムハンマド ほか）　第3章 ユダヤ教（トピック：教典　モーセ ほか）　第4章 ヒンドゥー教と仏教（トピック：理神論　ゴータマ・ブッダ ほか）　第5章 その他の宗教（トピック：ペイガニズム（異教信仰）　老子 ほか）　〔03866〕

◇図説世界を変えた50の哲学（Fast Track Philosophy）　ジェレミー・スタンルーム著, 田口未和訳　原書房　2014.4　128p　22cm　（シリーズ知の図書館 1）〈索引あり〉2000円　①978-4-562-04993-6
内容 第1章 古代・中世の哲学（トピック：認識論　ピュタゴラス ほか）　第2章 近代哲学（トピック：形而上学　ルネ・デカルト ほか）　第3章 政治と社会（トピック：フェミニズム　トマス・ホッブズ ほか）　第4章 応用哲学（トピック：精神分析学　ジークムント・フロイト ほか）　第5章 批判的思考（トピック：ポストモダニズム　ジョージ・サンタヤナ ほか）　〔03867〕

◇図説世界を変えた50の心理学（Fast Track Psychology）　ジェレミー・スタンルーム著, 伊藤綺訳　原書房　2014.6　128p　22cm　（シリーズ知の図書館 3）〈索引あり〉2000円　①978-4-562-04995-0
内容 第1章 はじまりから行動心理学まで（ピエール・カバニス　フランシス・ゴールトン ほか）　第2章 心と人（アルフレッド・ビネー　チャールズ・スピアマン ほか）　第3章 誕生から死まで（ジャン・ピアジェ　レフ・ヴィゴツキー ほか）　第4章 社会的動物（ムザファー・シェリフ　ソロモン・アッシュ ほか）　第5章 病めるときも、健やかなるときも（エミール・クレペリン　ジークムント・フロイト ほか）　〔03868〕

スチーベン, J.F.　Stephen, James Fitzjames

◇日本立法資料全集　別巻1101　自由平等論　上巻　スチーベン著, 小林営智訳　復刻版　信山社出版　2015.11　302p　23cm　〈自由出版会社 明治15年刊の複製〉36000円　①978-4-7972-7205-5
内容 第1章 自由主義ヲ汎論ス　第2章 思想及ビ討論ノ自由　第3章 世俗宗教二権ノ区別　第4章 自由主義徳義上ノ適用　第5章 平等主義　第6章 同胞主義　第7章 結論　附論 実利主義ヲ論明ス　〔03869〕

スチャック, ピーター・H.

◇成長戦略論―イノベーションのための法と経済学（RULES FOR GROWTH）　ロバート・E.ライタン編著, 木下信行, 中原裕彦, 鈴木淳人監訳　NTT出版　2016.3　383p　23cm　6500円　①978-4-7571-2352-6
内容 高度人材移民に関するアメリカの政策について（ジョン・E.テーラー, ピーター・H.スチャック著, 中原裕彦監訳, 下野友也, 井上文訳）　〔03870〕

スチュアート, イアン　Stewart, Ian

◇エリック・バーンの交流分析―フロイト、ユング、アドラーを超える心理学（ERIC BERNE）　イアン・スチュアート著, 日本交流分析学会訳　実業之日本社　2015.10　191p　21cm　2600円　①978-4-408-45570-9　〔03871〕

スチュアート, ヒーザー　Stuart, Heather L.

◇パラダイム・ロスト―心のスティグマ克服、その理論と実践（Paradigms Lost）　ヒーザー・スチュアート, フリオ・アルボレダーフローレス, ノーマン・サルトリウス著, 石丸昌彦監訳　中央法規出版　2015.6　296p　22cm　〈文献あり 索引あり〉5000円　①978-4-8058-5192-0
内容 第1部 実効性を失ったパラダイム（イントロダク

ション―スティグマとは何か、どのように形成されるか　ロストパラダイム（先進国は差別につながるスティグマを根絶した　発展途上国にスティグマはほとんど存在しない　スティグマを低減するにはよく整備されたプランが必要である　科学はプログラムの最良のガイドである　精神科医はアンチスティグマ・プログラムを牽引すべきである　精神疾患に関する知識が向上すればスティグマを根絶できる　態度の変化は成功の度合いを測る物差しである　コミュニティのケアがスティグマを取り除いている　アンチスティグマ・キャンペーンは順調に展開している　精神疾患はありふれたごく普通の病気である　スティグマを撲滅することはできない））　第2部 スティグマとその弊害を克服するプログラムの構築（実行に移す　プログラムの優先事項を決める　プログラムの構築　プログラムのモニタリングと効果判定）　付録 スティグマ経験についての質問票　〔03872〕

スチュワート, ダグラス　Stuart, Douglas K.

◇聖書を正しく読むために〈総論〉―聖書解釈学入門（HOW TO READ THE BIBLE FOR ALL ITS WORTH 原著第4版の翻訳）　ゴードン・D. フィー, ダグラス・スチュワート共著, 和光信一訳, 関野祐二監修　いのちのことば社　2014.12　461p　19cm　〈文献あり〉3400円　①978-4-264-03271-7

内容 序論―解釈の必要性　基本的なツール―良い翻訳　書簡―文脈の中で考えることを学ぶ　書簡―解釈学的問題　旧約聖書の物語文―正しい用い方　使徒の働き―歴史的先例の問題　福音書―一つの物語、多くの次元　たとえ話―ポイントがわかりますか　律法―イスラエルのための契約規定　預言書―イスラエルで契約を施行する　詩篇―イスラエルの祈り、私たちの祈り　知恵―そのときと今　黙示録―さばきと希望の表象　〔03873〕

スチュワート, A.*　Stewart, Anne

◇臨床が変わる！　PT・OTのための認知行動療法入門（Cognitive-Behavioural Interventions in Physiotherapy and Occupational Therapy）　マリー・ダナヒー, マギー・ニコル, ケイト・デヴィッドソン編, 菊池安希子監訳, 網本和, 大嶋伸雄訳者代表　医学書院　2014.4　184p　26cm　〈索引あり〉4200円　①978-4-260-01782-4

内容 慢性疲労症候群の認知行動療法（Tina Everett, Anne Stewart著, 須山夏加訳）　〔03874〕

スーツ, バーナード　Suits, Bernard Herbert

◇キリギリスの哲学―ゲームプレイと理想の人生（THE GRASSHOPPER）　バーナード・スーツ〔著〕, 川谷茂樹, 山田貴裕訳　京都　ナカニシヤ出版　2015.4　212p　21cm　〈索引あり〉2600円　①978-4-7795-0924-7

内容 キリギリスの死　弟子たち　定義の構築　ふざけ屋・いんちき屋・荒らし屋　家まで遠回りして帰る　イヴァンとアブドゥル　ゲームとパラドクス　登山　逆ひねり　ポーフィリョ・スニークの驚くべき経歴　バーソロミュー・ドラッグの病歴　オープンゲーム　アマチュア・プロフェッショナル・『人々がプレイするゲーム』　復活　解決　丘の上の馬鹿　草地のウィトゲンシュタイン　〔03875〕

ズック, クリス　Zook, Chris

◇創業メンタリティー危機を救い、さらに企業を強くする3つの戦略（THE FOUNDER'S MENTALITY）　クリス・ズック, ジェームズ・アレン著, 火浦俊彦監訳・解説, 門脇弘典訳　日経BP社　2016.7　279p　19cm　〈文献あり　発売：日経BPマーケティング〉2000円　①978-4-8222-5164-2

内容 第1章 創業目線―持続的成長にいたるカギ　第2章 予期できる3つの成長の危機―偉大な企業はいかに道を見失うのか　第3章 過重負荷と戦う―創業目線で高成長時の混乱をいかに克服するか　第4章 失速をはね返す―成長の鈍化に際していかに過去の輝きを再発見するか　第5章 急降下を止める―急落する企業をいかに創業目線で救うか　第6章 リーダーのためのアクションプラン―組織のあらゆるレベルに創業目線を根づかせる　〔03876〕

ズックマン, ガブリエル　Zucman, Gabriel

◇失われた国家の富―タックス・ヘイブンの経済学（LA RICHESSE CACHÉE DES NATIONS）　ガブリエル・ズックマン著, 林昌宏訳　NTT出版　2015.3　181p　20cm　1600円　①978-4-7571-2343-4

内容 タックス・ヘイブンに対して行動を起こそう（解決策は存在する　タックス・ヘイブンとの戦いに要するコスト ほか）　第1章 オフショア金融の時代（タックス・ヘイブンの誕生　タックス・ヘイブンを利用する脱税のからくり ほか）　第2章 失われた国富（家計の金融資産の8%　ルクセンブルクという深淵 ほか）　第3章 避けるべきミス（租税情報交換協定の誕生　「オンデマンド型」租税情報交換という茶番 ほか）　第4章 何をなすべきか―新たなアプローチ（金融制裁、貿易制裁　正当化でき、実現性のある制裁 ほか）　〔03877〕

ズットナー, ベルタ・フォン

◇なぜ“平和主義”にこだわるのか（ENTRÜSTET EUCH！ ―WARUM PAZIFISMUS FÜR UNS DAS GEBOT DER STUNDE BLEIBT）　マルゴット・ケースマン, コンスタンティン・ヴェッカー編, 木戸衛一訳　いのちのことば社　2016.12　261p　19cm　1500円　①978-4-264-03611-1

内容 理性の怒りと心の怒り（ベルタ・フォン・ズットナー）　〔03878〕

スティーヴンズ, ジョセリン

◇インタヴューズ　3　毛沢東からジョン・レノンまで（THE PENGUIN BOOK OF INTERVIEWS）　クリストファー・シルヴェスター編, 新庄哲夫他訳　文芸春秋　2014.6　463p　16cm　（文春学芸ライブラリー―雑英 7）　1690円　①978-4-16-813018-2

内容 ハロルド・マクミラン（ハロルド・マクミラン述, ジョセリン・スティーヴンズインタヴュアー, 山岡洋一訳）　〔03879〕

スティーヴンズ, リチャード　Stephens, Richard

◇悪癖の科学―その隠れた効用をめぐる実験（BLACK SHEEP）　リチャード・スティーヴンズ〔著〕, 藤井留美訳　紀伊国屋書店　2016.9　281p　19cm　1600円　①978-4-314-01141-9

内容 第1章 相手かまわず　第2章 酒は飲め飲め　第3章 チョー気持ちいい　第4章 アクセルを踏みこめ！　第

ス

5章 恋をしましょう　第6章 もっとストレスを！　第7章 サボりのススメ　第8章 ダイ・ハード〔03880〕

スティグリッツ, ジョセフ・E.　Stiglitz, Joseph E.

◇世界論　安倍晋三, 朴槿恵ほか〔著〕, プロジェクトシンジケート叢書編集部訳　土曜社　2014.1　185p　19cm　（プロジェクトシンジケート叢書）〈他言語標題：A WORLD OF IDEAS　文献あり〉1199円　①978-4-907511-05-0

内容 長引く大停滞（ジョセフ・E.スティグリッツ著）〔03881〕

ス

◇スティグリッツマクロ経済学（ECONOMICS 原著第4版の翻訳）　ジョセフ・E.スティグリッツ, カール・E.ウォルシュ著, 藪下史郎, 秋山太郎, 蟻川靖浩, 大阿久博, 木立力, 宮田亮, 清野一治訳　第4版　東洋経済新報社　2014.5　676p　21cm〈他言語標題：MACRO ECONOMICS　索引あり〉3800円　①978-4-492-31446-3

内容 第1部 マクロ経済学入門（マクロ経済学の課題　マクロ経済活動の測定　インフレーションとデフレーション）　第2部 完全雇用マクロモデル（完全雇用モデル　完全雇用下の財政　開放経済　経済成長と生産性　貨幣、物価水準と中央銀行）　第3部 マクロ経済変動（経済変動の理論　総支出と総所得　総需要とインフレーション　中央銀行と利子率　金融・財政政策）　第4部 グローバル・エコノミー（国際金融システム　開放マクロ経済と政府の政策　経済発展と移行経済）　第5部 新しいマクロ経済理論（インフレーションと失業　マクロ経済政策論争）〔03882〕

◇秩序の喪失　プロジェクトシンジケート叢書編集部訳　土曜社　2015.2　164, 3p　19cm　（プロジェクトシンジケート叢書）〈他言語標題：Loss of order〉1850円　①978-4-907511-15-9

内容 愚かな経済の政治学（J.E.スティグリッツ著）〔03883〕

◇世界に分断と対立を撒き散らす経済の罠（THE GREAT DIVIDE）　ジョセフ・E.スティグリッツ著, 峯村利哉訳　徳間書店　2015.5　478p　20cm　2100円　①978-4-19-863946-4

内容 Prelude 亀裂の予兆　第1部 アメリカの"偽りの資本主義"　第2部 成長の黄金期をふり返る（個人的回想）　第3部 巨大格差社会の深い闇　第4部 アメリカを最悪の不平等国にしたもの　第5部 信頼の失われた社会　第6部 繁栄を共有するための経済政策　第7部 世界は変えられる　第8部 成長のための構造変革　余波 すべての人に成功の基盤を〔03884〕

◇安定とその敵（Stability at bay）　Project Syndicate〔編〕　土曜社　2016.2　120, 2p　18cm　（プロジェクトシンジケート叢書）　952円　①978-4-907511-36-4

内容 大停滞は続く（ジョセフ・スティグリッツ著）〔03885〕

◇スティグリッツ教授のこれから始まる「新しい世界経済」の教科書（REWRITING THE RULES OF THE AMERICAN ECONOMY）　ジョセフ・E.スティグリッツ著, 桐谷知未訳　徳間書店　2016.2　251p　19cm　1600円　①978-4-19-864104-7

内容 不平等な経済システムをくつがえす　第1部 世界を危機に陥れた経済学の間違い（"自由な市場"が何を引き起こしたか　最富裕層にのみ奉仕する経済　なぜ賃金は低いままなのか）　第2部 地に墜ちた資本主義をこう変える（最上層をいかに制御するか　中間層を成長させる）〔03886〕

◇比較制度分析のフロンティア（INSTITUTIONS AND COMPARATIVE DEVELOPMENTの抄訳, COMPLEXITY AND INSTITUTIONSの抄訳〔etc.〕）　青木昌彦, 岡崎哲二, 神取道宏監修　NTT出版　2016.9　356p　22cm　（叢書《制度を考える》）〈他言語標題：Frontiers of Comparative Institutional Analysis〉4500円　①978-4-7571-2325-0

内容 産業間不均衡と長期的危機（ドメニコ・デリ・ガッティ, マウロ・ガレガティ, ブルース・C.グリーンウォルド, アルベルト・ルッソ, ジョセフ・E.スティグリッツ著, 藪下史郎訳）〔03887〕

◇ユーロから始まる世界経済の大崩壊―格差と混乱を生み出す通貨システムの破綻とその衝撃（THE EURO）　ジョセフ・E.スティグリッツ著, 峯村利哉訳　徳間書店　2016.9　458p　20cm　2200円　①978-4-19-864253-2

内容 危ういユーロ　ユーロを構築した経済学の誤り　ヨーロッパのお粗末な成果　単一通貨が機能する条件とは？　不況を生み出す拡散型システム　不平等を拡大した欧州中央銀行　いかにしてトロイカ政策は、危機当事国を絞めあげて、不況へ落とし込んだか　失敗の上塗りをする構造改革　機能するユーロ圏の創設　円満な離婚は可能なのか？　"柔軟なユーロ"をつくる　未来へ向けて〔03888〕

スティグレール, ベルナール

◇ハイブリッド・リーディング―新しい読書と文字学　日本記号学会編, 阿部卓也企画・編集・構成　新曜社　2016.8　277p　21cm　（叢書セミオトポス 11）　2900円　①978-4-7885-1486-7

内容 器官学、薬方学、デジタル・スタディーズ（ベルナール・スティグレール述, 西兼志訳）〔03889〕

スティッド, C.　Stead, Christopher

◇古代キリスト教と哲学（PHILOSOPHY IN CHRISTIAN ANTIQUITY）　C.スティッド著, 関川泰寛, 田中従子訳　教文館　2015.3　304, 18p　22cm〈文献あり 索引あり〉3800円　①978-4-7642-7390-0

内容 第1部 哲学的背景（その起源からソクラテスまで　ソクラテスと「イデア」　成熟期のプラトン哲学 ほか）　第2部 キリスト教神学における哲学（キリスト教哲学についての論争　ギリシア的神理解とヘブライ的神理解　神の存在の証明 ほか）　第3部 アウグスティヌス（哲学・信仰・知識　自由と善）〔03890〕

スティフェルマン, スーザン　Stiffelman, Susan

◇エックハルト・トールの「子育て」の魔法―あなたが気づけば、子供は変わる！（PARENTING WITH PRESENCE）　スーザン・スティフェルマン著, エックハルト・トール監修, 町井みゆき訳　徳間書店　2015.12　381p　19cm　1800円　①978-4-19-864066-8

内容 私たちは最高の先生と暮らしている　子育てしながらあなたも成長する　子育ての理想像は捨てよう　子育てではなく、大人育て　「自分を愛し、自分を知る」手本となる　健全なコミュニケーションがつながりを強める　自分で言ったとおりに実行する　共感を育み、自分の弱さを知り、思いやりを深める　ストレスに立ち向かう子供の力になる　幸せは心が決める　さあ、あなたも踏み出そう　〔03891〕

スティーブンス, ダネル　Stevens, Dannelle D.

◇大学教員のためのルーブリック評価入門（INTRODUCTION TO RUBRICS 原著第2版の翻訳）　ダネル・スティーブンス, アントニア・レビ著, 佐藤浩章監訳, 井上敏憲, 保野秀典訳　町田　玉川大学出版部　2014.3　180p　26cm（高等教育シリーズ 163）　2800円　①978-4-472-40477-1

内容 第1部 ルーブリック入門（ルーブリックの基礎　ルーブリックを使う理由　ルーブリックの作成法）　第2部 ルーブリックの作成と様々な状況での使い方（学生と作成するルーブリック　教職員と作成するルーブリック　ルーブリックを使った採点　ルーブリックのカスタマイズ　体験学習のためのルーブリック ほか）　〔03892〕

スティーブンズ, ブレット　Stephens, Bret

◇撤退するアメリカと「無秩序」の世紀―そして世界の警察はいなくなった（AMERICA IN RETREAT）　ブレット・スティーブンズ著, 藤原朝子訳　ダイヤモンド社　2015.4　315p　20cm　2400円　①978-4-478-02935-0

内容 序 アメリカは世界とどう向き合うべきか　第1章 孤立を選んだアメリカ　第2章「理想」のアメリカは中東で潰えた　第3章「撤退論」の誕生　第4章 もう誰も「強いアメリカ」を信じていない　第5章 衰退する大国　第6章 崩壊する世界の秩序　第7章 撤退するアメリカと「無秩序」の世紀　第8章 世界秩序が崩壊した先に待っている未来　第9章 アメリカは世界から撤退してはならない　〔03893〕

スティール, ジャッキー

◇ジェンダー・クオーター―世界の女性議員はなぜ増えたのか　三浦まり, 衛藤幹子編著　明石書店　2014.3　273p　22cm〈他言語標題：Gender Quotas　執筆：スティール若希ほか　索引あり〉　4500円　①978-4-7503-3974-0

内容 多様な政治的アイデンティティとクオータ制の広がり（スティール若希著, 早川美也子訳）　〔03894〕

スティール, ドゥガルド・A.　Steer, Dugald

◇ドラゴン学総覧（THE COMPLETE GUIDE TO DRAGONS）　ドゥガルド・A.スティール, S.A.S.D., 石原尚子, 中嶋舞子編, こどもくらぶ訳　NEW EDITION　国立　今人舎　2014.7　191p　25cm〈索引あり〉　2600円　①978-4-905530-32-9

内容 第1章 ドラゴンの種類（生き残っているドラゴン　疑似ドラゴン ほか）　第2章 ドラゴンの生態（骨格の構造　翼と羽毛 ほか）　第3章 ドラゴンの生息地と習性（生息地　ドラゴンの食事 ほか）　第4章 ドラゴンとのつきあい方（「神秘といにしえのドラゴン学者協会」　有名なドラゴン学者 ほか）　第5章 実践的ドラゴン学（病気のドラゴンの世話　怪我の応急処置 ほか）　〔03895〕

スティール, フィリップ　Steele, Philip

◇池上彰が注目するこれからの大都市・経済大国 1　イスタンブル・トルコ（DEVELOPING WORLD series ： TURKEY AND ISTANBUL）　池上彰監修, 稲葉茂勝訳・著, こどもくらぶ編集　フィリップ・スティール原著　講談社　2015.8　47p　29cm〈索引あり〉　3000円　①978-4-06-219582-9

内容 東と西が出会う場所　アナトリアの歴史　国民と言語　政治都市アンカラ　トルコ経済と労働者　成長する都市　トルコの農村部と畑　トルコの発展のカギは？　大気汚染と環境破壊　トルコの人権問題　医療と教育　トルコのメディア　芸術とスポーツ　信仰と祭典　未来に向けて　トルコと国際社会　トルコの国際問題　トルコと日本　〔03896〕

◇池上彰が注目するこれからの大都市・経済大国 2　モスクワ・ロシア（DEVELOPING WORLD series ： RUSSIA AND MOSCOW）　池上彰監修, 稲葉茂勝訳・著, こどもくらぶ編集　フィリップ・スティール原著　講談社　2015.10　47p　29cm〈索引あり〉　3000円　①978-4-06-219583-6

内容 新しいロシア　ロシアの近現代史　世界一広い国土　政治と権力　急成長をもたらす天然資源　都市の住宅事情　ロシアのいなか　2つの大陸をこえて　危機にさらされた環境　正義と法　知識と健康　デジタル革命　芸術、音楽とスポーツ　宗教と習慣　ロシアと国際社会　どうやって前進する？　日本との関係　〔03897〕

スティル, ベン　Steil, Benn

◇ブレトンウッズの闘い―ケインズ、ホワイトと新世界秩序の創造（THE BATTLE OF BRETTON WOODS）　ベン・スティル著, 小坂恵理訳　日本経済新聞出版社　2014.8　567p　20cm〈文献あり 索引あり〉　4600円　①978-4-532-35602-6

内容 第1章 はじめに　第2章 世界がホワイトマウンテンズにやって来る　第3章 ハリー・ホワイトの破格の出世　第4章 メイナード・ケインズと貨幣という厄介者　第5章「もっとも寛大な行い」　第6章 ホワイトとケインズ、それぞれの最高のプラン　第7章 ホワイトの策略　第8章 歴史がつくられる　第9章 ファラのように懇願する　第10章 古き秩序は去り、新しき秩序が訪れる　第11章 エピローグ　〔03898〕

スティール, M.ウィリアム

◇江戸のなかの日本、日本のなかの江戸―価値観・アイデンティティ・平等の視点から（Values, Identity, and Equality in Eighteenth-and Nineteenth-Century Japan）　ピーター・ノスコ, ジェームス・E.ケテラー, 小島康敬編, 大野ロベルト訳　柏書房　2016.12　415p　22cm〈索引あり〉　4800円　①978-4-7601-4759-5

内容 近代日本の奔放なる起源（M.ウィリアム・スティール著）　〔03899〕

スティルガー, ボブ　Stilger, Bob

◇未来が見えなくなったとき、僕たちは何を語ればいいのだろう―震災後日本の「コミュニティ再生」への挑戦（When We Cannot See the Future, Where Do We Begin？）　ボブ・スティルガー著, 野村恭彦監訳, 豊島瑞穂訳　英治出版　2015.6　301p　19cm〈文献あり〉　2000円　①978-4-86276-186-6

内容 1 イントロダクション　2 本書について　3 道を求めて―震災後の日本で僕が見たもの　4 共に未来を創る―東北で生まれた新たな物語　5 今、何が違うのか―個人の内側で起きた変化　6 長き旅の始まり―石巻フューチャーセンターの挑戦　7 新世界を創る―あらゆる場所で人々は立ち上がる　8 新しい未来を共に見つめて―コミュニティを導く物語の創り方　9 コミュニティを蘇らせる―フューチャーセッションの仕事　10 次は何か　〔03900〕

ス

ステゲウェルンス, ディック

◇新領域・次世代の日本研究―海外シンポジウム 2014　細川周平, 山田奨治, 佐野真由子編　京都 人間文化研究機構国際日本文化研究センター 2016.11　174p　26cm　〈他言語標題：New vistas：Japanese studies for the next generation 文献あり〉 非売品　①978-4-901558-85-3

内容 修正主義的戦争映画の確立（ディック・ステゲウェルンス著, 細川周平訳）　〔03901〕

ステージャー, ゲイリー　Stager, Gary

◇作ることで学ぶ―Makerを育てる新しい教育のメソッド（Invent to Learn）　Sylvia Libow Martinez,Gary Stager著, 阿部和広監修, 酒匂寛訳　オライリー・ジャパン　2015.3　373p 21cm　（Make Japan Books）〈文献あり 索引あり　発売：オーム社〉3000円　①978-4-87311-720-1

内容 かけ足で巡るメイキングの歴史　メイキングが導く学習　考えることについて考える　よいプロジェクトの秘訣とは？　教えること　メイキングの現在　変革を起こすものたち　ガラクタの山は宝の山　学習環境を作り上げる　生徒のリーダーシップ　メイカーデイを開きましょう　立場を主張する（事例のメイキング）　私たちの取り組み　探求のためのリソース　〔03902〕

ステッド, ジーン・ガーナー　Stead, Jean Garner

◇サステナビリティ経営戦略―利益・環境・社会をつなぐ未来型マネジメント（Sustainable Strategic Management）　ジーン・ガーナー・ステッド,W.エドワード・ステッド著, 柏樹外次郎, 小林綾子訳　マグロウヒル・エデュケーション 2014.12　358p　19cm　〈文献あり　発売：日本経済新聞出版社〉3400円　①978-4-532-60539-1

内容 第1章 サステナビリティ経営戦略の登場　第2章 サステナビリティの追求　第3章 環境分析プロセス　第4章 企業の資源評価　第5章 サステナビリティ経営戦略における競争優位　第6章 企業戦略の役割　第7章 サステナビリティ経営戦略の選択と実行　第8章 コーポレート・ガバナンスと戦略的リーダーシップ　〔03903〕

ステッド, W.エドワード　Stead, W.Edward

◇サステナビリティ経営戦略―利益・環境・社会をつなぐ未来型マネジメント（Sustainable Strategic Management）　ジーン・ガーナー・ステッド,W.エドワード・ステッド著, 柏樹外次郎, 小林綾子訳　マグロウヒル・エデュケーション 2014.12　358p　19cm　〈文献あり　発売：日本経済新聞出版社〉3400円　①978-4-532-60539-1

内容 第1章 サステナビリティ経営戦略の登場　第2章 サステナビリティの追求　第3章 環境分析プロセス　第4章 企業の資源評価　第5章 サステナビリティ経営戦略における競争優位　第6章 企業戦略の役割　第7章 サステナビリティ経営戦略の選択と実行　第8章 コーポレート・ガバナンスと戦略的リーダーシップ　〔03904〕

ステッド, W.T.

◇ジュリアの音信―人は死なない 本当にあった不思議なお話　山波言太郎作, W.T.ステッド原著, 桑原啓善抄訳　新装改訂版　鎌倉　でくのぼう出版　2014.9　87p　22cm　〈発売：星雲社〉 1400円　①978-4-434-19722-2　〔03905〕

ステーディル, クリスチャン　Stadil, Christian

◇世界で最もクリエイティブな国デンマークに学ぶ発想力の鍛え方（In the SHOWER with PICASSO）　クリスチャン・ステーディル, リーネ・タンゴー〔著〕, 関根光宏, 山田美明訳　クロスメディア・パブリッシング　2014.12　335p 19cm　〈発売：インプレス〉1980円　①978-4-8443-7385-8

内容 誰もがもっとクリエイティブになれる！　既存の枠の限界ぎりぎりへ足を踏み出す　情熱は創造プロセスの原動力―ウィー・ラヴ・ピープル（広告会社）　人魚姫とデートする―ビャルケ・インゲルス（建築家）　受け継がれる天才の仕事―アンドレアス・ゴルダー（アーティスト）　疑念と不安を力に変える―ソレン・ラステッド（AQUA）アレクサンダー・グルピン（バレエダンサー）　ブレイクスルーを得る方法を見つける―ケネト・ベーヤ（DJ）　薬物でクリエイティビティは高まるのか？　クリエイティブな企業文化―LETT法律事務所ラクトサン（チーズ製造）　ブレイクスルーの快感、クリエイティブな作業空間―ペアニレ・オーロン（作家・雑誌編集者）　既存の枠の限界ぎりぎりで仕事をする―人気ドラマ、青いゾウ、そしてレゴ　ビジネスにおける情熱―インゴルフ・ゲーボルト（TVドラマ制作者）　クリエイティビテイを管理する―王立劇場、軍、テレビ局　マニフェストとアイデアの爆発―世界一のレストラン・ノーマ　従業員から創造性を引き出すには―ノーマのサタデー・セッション、レゴ、アイデアを生み出す組織　隠れた鉱脈を探す―エイミー・ジェイムズとtattodo.com　学校とクリエイティビティの再生―ヘアロフスホルム校 デンマークのクリエイティビティモデル　〔03906〕

ステパッチャー, ロルフ　Steppacher, Rolf

◇制度派経済学の基礎（THE FOUNDATIONS OF INSTITUTION ECONOMICS）　カール・ウィリアム・カップ著, セバスチャン・バーガー, ロルフ・ステパッチャー編集, 大森正之訳　出版研　2014.10　311p　22cm　〈索引あり　発売：人間の科学新社〉3500円　①978-4-8226-0316-8

内容 1 序章：制度派経済学の永続的な妥当性の高まり　2 制度派経済学と従来の経済理論　3 制度派経済学の学問上の先行者たち　4 制度の本質と意義：制度変革の理論のために　5 人間の行為と経済行動についての制度派の理論　6 人間の欲求と社会的最低限の理論をめざして　7 制度派における資本概念と資本形成の過程　8 科学技術と営利企業の相互作用について　9 科学技術について2（続）　10 複数部門の経済と経済的支配の理論　〔03907〕

ステパノフ, シャルル　Stépanoff, Charles

◇シャーマニズム（Le chamanisme）　シャルル・

ステパノフ，ティエリー・ザルコンヌ著，中沢新一監修，遠藤ゆかり訳　大阪　創元社　2014.2　142p　18cm　(「知の再発見」双書 162)　〈文献あり 年表あり 索引あり〉1600円　①978-4-422-21222-7

内容 第1章 歴史のなかのシャーマニズム　第2章 神話、人間、自然　第3章 シャーマンの世界　第4章 儀式：所作と象徴　第5章 音楽と儀式道具　〔03908〕

ステファン，ポーラ　Stephan, Paula E.

◇科学の経済学―科学者の「生産性」を決めるものは何か (THE ECONOMICS OF SCIENCE)　ポーラ・ステファン著，後藤康雄訳・解説　日本評論社　2016.3　174, 20p　20cm　〈文献あり 索引あり〉2700円　①978-4-535-55792-5

内容 1 序論　2 知識の公共性と科学の報酬構造　3 知識はいかに生み出されるか　4 競争の選択と研究のタイプ　5 研究成果　6 効率性の考察と資金調達方式　7 産業界の科学者　8 科学者の労働市場　9 科学、生産性、新しい成長論　10 結び　〔03909〕

ステフェン，モニカ

◇社会保障の公私ミックス再論―多様化する私的領域の役割と可能性　松田亮三，鎮目真人編著　京都　ミネルヴァ書房　2016.3　265p　22cm　(立命館大学産業社会学部創設50周年記念学術叢書)　〈索引あり〉5500円　①978-4-623-07596-6

内容 普遍主義と私的財政 (モニカ・ステフェン著，中沢平訳，松田亮三監訳)　〔03910〕

ステンゲル，リチャード

◇インタヴューズ　3　毛沢東からジョン・レノンまで (THE PENGUIN BOOK OF INTERVIEWS)　クリストファー・シルヴェスター編，新庄哲夫他訳　文芸春秋　2014.6　463p　16cm　(文春学芸ライブラリー―雑英 7)　1690円　①978-4-16-813018-2

内容 ポール・ジョンソン (ポール・ジョンソン述，リチャード・ステンゲルインタヴュアー，山岡洋一訳)　〔03911〕

ズデンドルフ，トーマス　Suddendorf, Thomas

◇現実を生きるサル空想を語るヒト―人間と動物をへだてる、たった2つの違い (THE GAP)　トーマス・ズデンドルフ著，寺町朋子訳　白揚社　2015.1　446p　20cm　〈文献あり〉2700円　①978-4-8269-0177-2

内容 最後の人類　生き残っている親類たち　心と心の比較　話す類人猿たち　時間旅行者　心を読む者　より賢い類人猿　新しい遺産　善と悪　ギャップにご注意　現実の中つ国　どこに行くのか？　〔03912〕

ストー，アンソニー　Storr, Anthony

◇心理面接の教科書―フロイト、ユングから学ぶ知恵と技 (THE ART OF PSYCHOTHERAPY 原著第2版の翻訳)　アンソニー・ストー著，吉田圭吾監訳，佐藤淳一訳　大阪　創元社　2015.2　316p　21cm　〈文献あり 著作目録あり 索引あり〉2400円　①978-4-422-11584-9

内容 第1部 心理療法の進め方 (心理療法の設定　初回面接　心理療法のパターン　心理療法の進展)　第2部 心理療法の技法、関係性 (解釈　夢、白昼夢、描画、文章　親密さと客観性　転移)　第3部 患者のパーソナリティ (ヒステリー・パーソナリティ　抑うつパーソナリティ　強迫パーソナリティ　スキゾイド・パーソナリティ)　第4部 心理療法の治癒、心理療法家のパーソナリティ、趣味 (治癒、終結、成果　心理療法家のパーソナリティ　孤独、趣味、癒し)　〔03913〕

ストイガー，H.*　Stoeger, Heidrun

◇自己調整学習ハンドブック (HANDBOOK OF SELF-REGULATION OF LEARNING AND PERFORMANCE)　バリー・J.ジマーマン，ディル・H.シャンク編，塚野州一，伊藤崇達監訳　京都　北大路書房　2014.9　434p　26cm　〈索引あり〉5400円　①978-4-7628-2874-4

内容 小学校の児童の宿題遂行を通じた自己調整のトレーニング (Heidrun Stoeger, Albert Ziegler著，篠ヶ谷圭太訳)　〔03914〕

ストウシンガー，ジョン・G.　Stoessinger, John George

◇なぜ国々は戦争をするのか　上 (Why Nations Go to War 原著第11版の翻訳)　ジョン・G.ストウシンガー著，等松春夫監訳，比較戦争史研究会訳　国書刊行会　2015.10　359p　20cm　2500円　①978-4-336-05927-7

内容 第1章 鉄の骰子―第一次世界大戦　第2章 バルバロッサ―ヒトラーのソ連侵攻　第3章 勝利の誘惑―朝鮮戦争　第4章 五幕から成るギリシア悲劇―ベトナム　第5章 サラエヴォからコソヴォへ―ヨーロッパ最後の独裁者の戦争　第6章 神の名をかけた四つの戦い―インドとパキスタン　〔03915〕

◇なぜ国々は戦争をするのか　下 (Why Nations Go to War 原著第11版の翻訳)　ジョン・G.ストウシンガー著，等松春夫監訳，比較戦争史研究会訳　国書刊行会　2015.10　356, 26p　20cm　〈索引あり〉2500円　①978-4-336-05928-4

内容 第7章 聖地における六十年戦争―イスラエルとアラブ諸国 (一九四八年のパレスチナ戦争　一九五六年のシナイ半島の戦争とスエズ危機 ほか)　第8章 戦争愛好家―イランとクウェートに対するサダム・フセインの戦争 (イラン・イラク戦争―殉教者の代償　クウェートに対するサダムの侵略)　第9章 新世紀の新しい戦争―米国とイスラーム世界 (ジョージ・W・ブッシュ―実務派から十字軍の騎士へ　戦争のドラム―二〇〇三年のイラク戦争 ほか)　第10章 なぜ国々は戦争をするのか (戦争を決定するもの　闇の奥―ルワンダとダルフール ほか)　〔03916〕

ストーカー，ジェームズ・M.　Stalker, James

◇キリスト伝 (THE LIFE OF CHRIST 原著改訂版の翻訳)　ジェームズ・M.ストーカー著，村岡崇光訳　新版　いのちのことば社　2015.9　217p　19cm　2400円　①978-4-264-03446-9　〔03917〕

ストークス，ジョン

◇組織セラピー―組織感情への臨床アプローチ (Organizational Therapy)　E.H.シャイン編著，尾川丈一，稲葉祐之，木村琢磨訳　白桃書房　2014.3　162p　21cm　〈文献あり 索引あり〉2315円　①978-4-561-26608-2

内容 組織の感情的側面 (ジョン・ストークス著)　〔03918〕

◇組織のストレスとコンサルテーション―対人援助

サービスと職場の無意識（THE UNCONSCIOUS AT WORK）　アントン・オブホルツァー, ヴェガ・ザジェ・ロバーツ編, 武井麻子監訳, 榊恵子ほか訳　金剛出版　2014.3　311p　21cm　〈文献あり 索引あり〉4200円　①978-4-7724-1357-2

内容 グループとチームでの仕事における無意識―ウィルフレッド・ビオンの研究からの寄与 他（ジョン・ストークス著, 船原陽子訳）〔03919〕

ス

ストッカー, マイケル

◇徳倫理学基本論文集　加藤尚武, 児玉聡編・監訳　勁草書房　2015.11　342, 7p　22cm　〈索引あり〉3800円　①978-4-326-10248-8

内容 現代倫理理論の統合失調症（マイケル・ストッカー著, 安井絢子訳）〔03920〕

ストック, グレゴリー　Stock, Gregory

◇心の扉をたたく291の質問―THE BOOK OF QUESTIONS（THE BOOK OF QUESTIONS 原著改訂新版の翻訳）　グレゴリー・ストック著, 月沢李歌子訳　実務教育出版　2014.9　1冊（ページ付なし）　16cm　〈英語併記〉1200円　①978-4-7889-0814-7〔03921〕

ストック, ジェームス　Stock, James H.

◇入門計量経済学（INTRODUCTION TO ECONOMETRICS 原著第2版の翻訳）　James H.Stock,Mark W.Watson著, 宮尾竜蔵訳　共立出版　2016.5　732p　27cm　〈文献あり 索引あり〉13000円　①978-4-320-11146-2

内容 第1部 問題意識と復習（経済学の問題とデータ　確率の復習 ほか）　第2部 回帰分析の基礎（1説明変数の線形回帰分析　1説明変数の回帰分析：仮説検定と信頼区間 ほか）　第3部 回帰分析のさらなるトピック（パネルデータの回帰分析　被説明変数が（0, 1）変数の回帰分析 ほか）　第4部 経済時系列データの回帰分析（時系列回帰と予測の入門　動学的な因果関係の効果の推定 ほか）　第5部 回帰分析に関する計量経済学の理論（線形回帰分析の理論：1説明変数モデル　多変数回帰分析の理論）〔03922〕

ストッデン, ビクトリア

◇成長戦略論―イノベーションのための法と経済学（RULES FOR GROWTH）　ロバート・E.ライタン編著, 木下信行, 中原裕彦, 鈴木淳人監訳　NTT出版　2016.3　383p　23cm　6500円　①978-4-7571-2352-6

内容 科学研究へのオープンアクセスによるイノベーションと成長（ビクトリア・ストッデン著, 中原裕彦監訳, 山田仁訳）〔03923〕

ストット, ジョン　Stott, John R.W.

◇今日におけるキリスト者の宣教（Christian Mission in the Modern World 原著改訂補訂版の翻訳）　ジョン・ストット, クリストファー・J.H.ライト共著, 立木信恵訳　いのちのことば社　2016.10　399p　19cm　2000円　①978-4-264-03593-0

内容 1章 宣教　2章 宣教についての考察　3章 伝道　4章 伝道についての考察　5章 対話　6章 対話についての考察　7章 救い　8章 救いについての考察　9章 回心　10章 回心についての考察〔03924〕

ストファン, エレン

◇安定とその敵（Stability at bay）　Project Syndicate〔編〕　土曜社　2016.2　120, 2p　18cm　（プロジェクトシンジケート叢書）　952円　①978-4-907511-36-4

内容 NASAの火星旅行（エレン・ストファン著）〔03925〕

ストフェルーマンク, フィリップ

◇消費者法の現代化と集団的権利保護　中田邦博, 鹿野菜穂子編　日本評論社　2016.8　591p　22cm　（竜谷大学国際社会文化研究所叢書 第18巻）〈他言語標題：Modernisation of Consumer Law and Collective Redress〉7500円　①978-4-535-52208-4

内容 フランスにおける消費法の法典化（フィリップ・ストフェルーマンク著, 山城一真訳）〔03926〕

ストーム, モーテン　Storm, Morten

◇イスラム過激派二重スパイ（AGENT STORM）　モーテン・ストーム, ポール・クルックシャンク, ティム・リスター著, 庭田よう子訳　亜紀書房　2016.7　508p　20cm　（亜紀書房翻訳ノンフィクション・シリーズ 2-8）　2700円　①978-4-7505-1438-3

内容 砂漠の道―二〇〇九年九月中旬　ギャング、女の子たち、そして神―一九七六年‐九七年　改宗―一九九七年初頭‐夏　アラビア―一九九七年晩夏‐九八年夏　ロンドニスタン―一九九八年夏‐二〇〇〇年初頭　アメリカに死を―二〇〇〇年初頭‐〇二年春　家庭不和―二〇〇二年夏‐〇五年春　MI5、ルートンに来る―二〇〇五年春‐秋　シャイフとの出会い―二〇〇五年後半‐〇六年晩夏　崩壊―二〇〇六年晩夏‐〇七年春〔ほか〕〔03927〕

ストーモント, メリッサ　Stormont, Melissa

◇いじめ、学級崩壊を激減させるポジティブ生徒指導〈PBS〉ガイドブック―期待行動を引き出すユニバーサルな支援（IMPLEMENTING POSITIVE BEHAVIOR SUPPORT SYSTEMS IN EARLY CHILDHOOD AND ELEMENTARY SETTINGS）　メリッサ・ストーモント, チモシー・J.ルイス, レベッカ・ベックナー, ナンシー・W.ジョンソン著, 市川千秋, 宇田光監訳　明石書店　2016.9　153p　21cm　〈文献あり〉2400円　①978-4-7503-4402-7

内容 第1章 ポジティブ生徒指導により、問題行動を起きなくする　第2章 体制づくりを支援する　第3章 委員会を立ち上げ、引っ張る　第4章 期待行動を教える　第5章 適切な行動を支援する　第6章 矯正的な指導をする　第7章 データに基づいて意思決定する　第8章 小集団および個別支援の基盤をつくる〔03928〕

ストラウス, ダグラス・A.　Strouse, Douglas A.

◇STRONGER「超一流のメンタル」を手に入れる―米海軍ネイビーシールズ式（STRONGER）　ジョージ・S.エヴァリーJr., ダグラス・A.ストラウス, デニス・K.マコーマック著, 桜田直美訳　かんき出版　2016.11　269p　19cm　1600円　①978-4-7612-7215-9

内容 序章 超一流のメンタルとはどのようなものか？ 第1章 能動的な楽観主義を手に入れる 第2章 決断力と行動力を手に入れる 第3章 道徳的な指針を手に入れる 第4章 粘り強さを手に入れる 第5章 周囲のサポートを手に入れる 終章 超一流のメンタルを手に入れる 〔03929〕

ストラウト, エリザベス Strout, Elizabeth

◇女友だちの賞味期限―実話集（The friend who got away） ジェニー・オフィル, エリッサ・シャッペル編著, 糸井恵訳 プレジデント社 2014.3 317p 19cm 〈2006年刊の改訳、再編〉 1500円 ①978-4-8334-2076-1

内容 被害妄想私を消耗させた友だちの「自分探し」(エリザベス・ストラウト著) 〔03930〕

ストラウド, バリー

◇哲学がかみつく（Philosophy Bites） デイヴィッド・エドモンズ, ナイジェル・ウォーバートン著, 佐光紀子訳 柏書房 2015.12 281p 20cm 〈文献あり〉 2800円 ①978-4-7601-4658-1

内容 懐疑主義(バリー・ストラウド述) 〔03931〕

ストラザーン, ポール Strathern, Paul

◇90分でわかるアリストテレス（ARISTOTLE in 90 minutes） ポール・ストラザーン著, 浅見昇吾訳 WAVE出版 2014.5 123p 20cm 〈年表あり〉 1000円 ①978-4-87290-691-2

内容 アリストテレス(思想の背景 生涯と作品) 結び アリストテレスの言葉 哲学史重要年表 〔03932〕

◇90分でわかるサルトル（SARTRE in 90 minutes） ポール・ストラザーン著, 浅見昇吾訳 WAVE出版 2014.10 157p 20cm 〈年表あり〉 1000円 ①978-4-87290-693-6

内容 サルトル―思想の背景 サルトル―生涯と作品 サルトルの言葉 〔03933〕

◇90分でわかるカント（KANT in 90 minutes） ポール・ストラザーン著, 浅見昇吾訳 WAVE出版 2015.1 155p 20cm 〈年表あり〉 1000円 ①978-4-87290-732-2

内容 カント―思想の背景 カント―生涯と作品 結び カントの言葉 〔03934〕

◇90分でわかるハイデガー（HEIDEGGER in 90 minutes） ポール・ストラザーン著, 浅見昇吾訳 WAVE出版 2015.4 131p 20cm 〈年表あり〉 1000円 ①978-4-87290-741-4

内容 ハイデガー―思想の背景 ハイデガー―生涯と作品 ハイデガーの言葉 〔03935〕

ストラザーン, マリリン Strathern, Marilyn

◇部分的つながり（PARTIAL CONNECTIONS 原著新版の翻訳） マリリン・ストラザーン著, 大杉高司, 浜田明範, 田口陽子, 丹羽充, 里見竜樹訳 水声社 2015.11 349p 20cm （〈叢書〉人類学の転回） 〈文献あり 索引あり〉 3000円 ①978-4-8010-0135-0

内容 1 人類学を書く(喚起としての民族誌 複雑な社会、不完全な知識 フェミニズム批評 侵入と比較) 2 部分的つながり(木と笛は満ちみちて 中心と周辺 歴史批評 人工器官的な拡張) 〔03936〕

ストラナハン, スーザン・Q. Stranahan, Susan Q.

◇実録FUKUSHIMA―アメリカも震撼させた核災害（FUKUSHIMA） デイビッド・ロックバウム, エドウィン・ライマン, スーザン・Q.ストラナハン, 憂慮する科学者同盟〔著〕, 水田賢政訳 岩波書店 2015.10 390, 8p 20cm 〈文献あり 索引あり〉 3400円 ①978-4-00-005471-3

内容 二〇一一年三月一一日「これまで考えたことのなかった事態」 二〇一一年三月一二日「本当にひどいことになるかもしれない」 二〇一一年三月一二日から一四日「いったいどうなってるんだ！」 二〇一一年三月一五日から一八日「一層悪くなっていくと思います」 幕間一答を探す「県民の不安や怒りは極限に達している」 二〇一一年三月一九日から二〇日「最悪のケースを教えてくれ」 もう一つの三月、もう一つの国、もう一つの炉心溶融 二〇一一年三月二一日から一二月「安全確保という考え方だけでは律することができない」 不合理な保証 「この会議は非公開ですよね？」 二〇一二年「本当に大丈夫なのか。きちんと国民に説明すべきである」 あっという間にしぼんでいく機会 福島の事後分析 何が起こったのか？ 〔03937〕

ストーリー, マイク Storry, Mike

◇イギリスの今―文化的アイデンティティ（British Cultural Identities 原著第4版の翻訳） マイク・ストーリー, ピーター・チャイルズ編, 塩谷清人監訳 京都 世界思想社 2013.12 466, 27p 21cm 〈索引あり〉 3800円 ①978-4-7907-1608-2

内容 過去のイギリスの亡霊 他(マイク・ストーリー, ピーター・チャイルズ著, 塩谷清人訳) 〔03938〕

ストリープ, ペグ Streep, Peg

◇賢いやめ方―人生の転機を乗り切る「目標離脱」の方法（MASTERING THE ART OF QUITTING） アラン・バーンスタイン, ペグ・ストリープ著, 矢沢聖子訳 CCCメディアハウス 2015.3 319p 19cm 〈文献あり〉 1800円 ①978-4-484-15111-3

内容 序「やればできる」という神話 第1章 がんばる心理 第2章 ダメなやめ方 第3章 やめる技術 第4章 やめる力 第5章 思考と感情をコントロールする 第6章 目標を吟味する 第7章 目標マッピング 第8章 賢くやめる 第9章 心の磁石をリセットする 最後に やめる知恵 〔03939〕

ストレッチャー, ヴィクター・J. Strecher, Victor J.

◇目的の力―幸せに死ぬための「生き甲斐」の科学（LIFE ON PURPOSE） ヴィクター・J.ストレッチャー著, 松本剛史訳 ハーパーコリンズ・ジャパン 2016.11 311p 19cm 1600円 ①978-4-596-55111-5

内容 第1部 港(岐路 目的の源泉 ほか) 第2部 風と舵(目的とエネルギー 意志力) 第3部 SPACE(S―睡眠 P―プレゼンス ほか) 第4部 出航(嵐を乗り越えて すぐれた船乗り) 〔03940〕

ストレフ, ジャン Streff, Jean

◇フェティシズム全書（Traité du fétichisme） ジャン・ストレフ著, 加藤雅郁, 橋本克己訳 作品社 2016.5 637p 20cm 〈文献あり〉 4800円 ①978-4-86182-373-2

ス

内容 第1章 身体の部位　第2章 逸脱の人体　第3章 感覚器官　第4章 体液　第5章 下着と装飾品　第6章 身体拘束 〔03941〕

ストレリツォフ, D.V.　Strel'tsov, Dmitriĭ Viktorovich
◇現代日本の政治と外交　6　日本とロシア―真逆か、相違か？（JAPANESE AND RUSSIAN POLITICS）　猪口孝監修　猪口孝編　原書房　2015.3　245, 4p　22cm 〈文献あり 索引あり〉　4800円　①978-4-562-04963-9
内容 混乱状態の政党（ドミートリー・ストレリツォフ著, 大槻敦子訳） 〔03942〕

ス

◇日ロ関係史―パラレル・ヒストリーの挑戦　五百旗頭真, 下斗米伸夫,A.V.トルクノフ,D.V.ストレリツォフ編　東京大学出版会　2015.9　713, 12p　22cm 〈年表あり〉 9200円　①978-4-13-026265-1
内容 ロ日関係発展の可能性 他（O.I.カザコフ,V.O.キスタノフ,D.V.ストレリツォフ著, 河原地英武訳） 〔03943〕

◇ロシアと日本―自己意識の歴史を比較する　東郷和彦,A.N.パノフ編　東京大学出版会　2016.10　287, 2p　22cm 〈他言語標題：Россия и Япония〉 4400円　①978-4-13-020305-0
内容 「戦勝国」と「敗戦国」の歩み（D.V.ストレリツォフ著, 山脇大, 下斗米伸夫訳） 〔03944〕

ストレルキー, ジョン　Strelecky, John
◇あなたの人生を変える魔法のカフェ（THE WHY ARE YOU HERE CAFE）　ジョン・ストレルキー著, イシイシノブ訳　竹書房　2014.7　184p　15cm （竹書房文庫） 600円　①978-4-8124-8967-3
内容 悲惨なドライブ　「地獄」に「カフェ」　おかしなメニュー　マイクの登場　存在のための目的　ウミガメの教え　あるビジネスマンと漁師の話　モノを買うためだけに働いていないか？　死を恐れる人、恐れない人　「好きなことだけでは食べていけない」の嘘　幸運な人には秘密がある　ゴルフボールの法則　七番目の日の小包　コスタリカの夕日　新しい一日 〔03945〕

ストローサル, カーク・D.　Strosahl, Kirk
◇アクセプタンス&コミットメント・セラピー実践ガイド―ACT理論導入の臨床場面別アプローチ（A Practical Guide to Acceptance and Commitment Therapy）　スティーブン・C.ヘイズ, カーク・D.ストローサル編著, 谷晋二監訳, 坂本律訳　明石書店　2014.7　473p　22cm 〈文献あり〉 5800円　①978-4-7503-4046-3
内容 アクセプタンス&コミットメント・セラピーとは何か 他（スティーブン・C.ヘイズ, カーク・D.ストローサル, カーラ・バンティング, マイケル・トゥーヒグ, ケリー・G.ウィルソン） 〔03946〕

◇アクセプタンス&コミットメント・セラピー〈ACT〉―マインドフルな変化のためのプロセスと実践（Acceptance and Commitment Therapy 原著第2版の翻訳）　スティーブン・C.ヘイズ, カーク・D.ストローサル, ケリー・G.ウィルソン著, 武藤崇, 三田村仰, 大月友監訳　星和書店　2014.9　609p　21cm 〈文献あり 索引あり〉　4800円　①978-4-7911-0883-1 〔03947〕

ストロッケン, ターニャ
◇歴史に生きるローザ・ルクセンブルク―東京・ベルリン・モスクワ・パリ - 国際会議の記録　伊藤成彦編著　社会評論社　2014.9　369p　21cm　2700円　①978-4-7845-1523-3
内容 ローザ・ルクセンブルクは1905-1906年のロシア革命以前に独自の革命のイメージを持っていたか？（ターニャ・ストロッケン著, ギラ・クロー, 石川康子訳） 〔03948〕

ストロムクィスト, ネリー・P.
◇21世紀の比較教育学―グローバルとローカルの弁証法（COMPARATIVE EDUCATION）　ロバート・F.アーノブ, カルロス・アルベルト・トーレス, スティーヴン・フランツ編著, 大塚豊訳　福村出版　2014.3　727p　22cm 〈文献あり 索引あり〉 9500円　①978-4-571-10168-7
内容 21世紀における女性の教育（ネリー・P.ストロムクィスト著） 〔03949〕

ストロンキスト, ネリー　Stromquist, Nelly P.
◇教育におけるジェンダー平等（Increasing Girls' and Women's Participation in Basic Education）　ネリー・ストロンキスト〔著〕, 結城貴子訳・解説　東信堂　2015.2　103p　21cm （ユネスコ国際教育政策叢書 7　黒田一雄, 北村友人叢書編） 〈文献あり 索引あり〉 1500円　①978-4-7989-1262-2
内容 第1章 女性の地位向上のための手段としての教育　第2章 開発途上国における女性と男性の主な教育状況　第3章 教育変化の過程　第4章 女子と女性の教育への国際的支持　第5章 教育環境における主な介入分野　第6章 戦略開発の関係者と役割　第7章 モニタリングと評価メカニズム　第8章 事例研究　第9章 結論 〔03950〕

ストーン, オリバー　Stone, Oliver
◇よし、戦争について話をしよう。戦争の本質について話をしようじゃないか！―オリバー・ストーンが語る日米史の真実　オリバー・ストーン, ピーター・カズニック, 乗松聡子著　金曜日　2014.8　189p　21cm　1000円　①978-4-906605-96-5
内容 広島編 なぜ原爆が落とされたのか（第8回平和首長会議でのオリバー・ストーンの講演（2013年8月5日 広島国際会議場にて）―「ヒロシマ」と「ナガサキ」が二度と起こらないように　8・6ヒロシマ平和へのつどい2013 パネルディスカッション（2013年8月5日 広島・ゲバントホールにて）―勝者も敗者も歴史でウソをつく　原水爆禁止2013年世界大会 オリバー・ストーンとピーター・カズニックの講演（2013年8月6日 広島県立総合体育館にて）―悲しみを超えて）　長崎編 自分たちの歴史を知らない日本人（アメリカン大学・立命館大学の学生とのセッション（2013年8月8日 長崎原爆被災者協議会にて）―加害者でもある日本 原水爆禁止2013年世界大会オリバー・ストーンの講演（2013年8月9日 長崎市民会館体育館にて）―「歴史」を学ぶことの意味とは）　東京編 真実が最良のプロパガンダ（『アジア太平洋ジャーナルジャパン・フォーカス』『週刊金曜日』合同インタビュー（2013年8月11日 東京都内にて）―語られない米国の暗部　外国特

派員協会での会見時の質疑応答（2013年8月12日 外国特派員協会にて）―世界を変える時間はある）　沖縄編 米軍基地が居座ることの愚かさ（稲嶺進名護市長訪問（2013年8月14日 沖縄県名護市長室にて）―「闘う人fighter」との出会い　琉球新報創刊120年記念オリバー・ストーン基地の島OKINAWAを語る（2013年8月14日）（全ての国で抵抗運動を　米国に幻想を抱いてはいけない））〔*03951*〕

◇オリバー・ストーンが語るもうひとつのアメリカ史　1　二つの世界大戦と原爆投下（THE UNTOLD HISTORY OF THE UNITED STATES）　オリバー・ストーン, ピーター・カズニック著　大田直子, 鍛原多恵子, 梶山あゆみ, 高橋璃子, 吉田三知世訳　早川書房　2015.7　440p　16cm　（ハヤカワ文庫 NF 439）　920円　①978-4-15-050439-7

内容 帝国のルーツ―「戦争はあこぎな商売」（「覇権国家」アメリカの光と影　歴史に縛られたくないアメリカ人 ほか）　第1章 第一次世界大戦―ウィルソンvsレーニン（ウィルソン―革命嫌いの人種差別主義者　メキシコ革命とウィルソン ほか）　第2章 ニュー・ディール―「私は彼らの憎しみを喜んで受け入れる」（世界大不況下のアメリカとFDR　「あこぎな両替商」との決別 ほか）　第3章 第二次世界大戦―誰がドイツを打ち破ったのか？（枢軸国の侵略、始まる　スターリンのあせり―独ソ不可侵条約 ほか）　第4章 原子爆弾―凡人の悲劇（歴史の流れを変えた発明　核エネルギーへの危惧―アインシュタインの後悔 ほか）〔*03952*〕

◇オリバー・ストーンが語るもうひとつのアメリカ史　2　ケネディと世界存亡の危機（THE UNTOLD HISTORY OF THE UNITED STATES）　オリバー・ストーン, ピーター・カズニック著　熊谷玲美, 小坂恵理, 関根光宏, 田沢恭子, 桃井緑美子訳　早川書房　2015.7　472p　16cm　（ハヤカワ文庫 NF 440）　960円　①978-4-15-050440-3

内容 第5章 冷戦―始めたのは誰か？（第二次大戦後の荒廃　ひとり活況を示すアメリカ ほか）　第6章 アイゼンハワー―高まる軍事的緊張（米ソ対立は本当に避けられなかったか？　ますます増える原爆の備蓄数 ほか）　第7章 JFK―「人類史上、最も危険な瞬間」（新しい指導者、フルシチョフ　ソ連のスプートニク・ショック ほか）　第8章 LBJ―道を見失った帝国（ケネディ暗殺の余波　「偉大な社会」を目指したジョンソン新大統領 ほか）　第9章 ニクソンとキッシンジャー―「狂人」と「サイコパス」（「覇権国家アメリカ」というビジョンは共有する二人　反戦の大きなうねりに乗って ほか）〔*03953*〕

◇オリバー・ストーンが語るもうひとつのアメリカ史　3　帝国の緩やかな黄昏（THE UNTOLD HISTORY OF THE UNITED STATES）　オリバー・ストーン, ピーター・カズニック著　金子浩, 柴田裕之, 夏目大訳　早川書房　2015.7　549p　16cm　（ハヤカワ文庫 NF 441）　1100円　①978-4-15-050441-0

内容 第10章 デタントの崩壊―真昼の暗黒（フォード大統領の時代―アメリカの受けた痛手　南ベトナムの敗北と、反故にされたベトナムへの資金供与協定 ほか）　第11章 レーガン時代―民主主義の暗殺（「想像を絶する」、レーガン大統領の知的レベル　「ラテンアメリカがあんなにたくさんの国に分かれていたなんて驚いたよ」 ほか）　第12章 冷戦の終結―機会の逸失（ゴルバチョフ、冷戦の終結を宣言　ブッシュ・シニア―「究極のエスタブリッシュメント」大統領候補 ほか）　第13章 ブッシュ＝チェイニー体制の瓦解―「イラクでは地獄の門が開いている」（イスラム過激派による9・11テロの衝撃　ネオコンにとって、9・11は「新たな真珠湾のような」好機だった ほか）　第14章 オバマ―傷ついた帝国の運営（「救済者」と思えたオバマは、事態をより悪化させた　経済顧問はほぼ全員、金融危機を招いたルービンの手下―彼らは嬉々として銀行家たちを救済した ほか）〔*03954*〕

◇語られなかったアメリカ史―オリバー・ストーンの告発　1　世界の武器商人アメリカ誕生（The Untold History of the United States.Volume 1 Young Readers Editionの翻訳）　オリバー・ストーン, ピーター・カズニック著, スーザン・キャンベル・バートレッティ編著, 鳥見真生訳　あすなろ書房　2016.4　226p　22cm　1500円　①978-4-7515-2767-2

内容 序説 国民の再生のために（それは真実の歴史なのか？　労働者革命の予感　資本家対労働者）　第1部 アメリカ帝国のルーツ（金ぴか時代と海外膨張　中南米諸国でのビッグビジネス　バナナ戦争とメキシコ革命干渉 ほか）　第2部 ニューディール政策（大恐慌「憲法では国民の腹はふくらまない」　ソ連への憧れと幻滅 ほか）〔*03955*〕

◇語られなかったアメリカ史―オリバー・ストーンの告発　2　なぜ原爆は投下されたのか？（The Untold History of the United States.Volume 1 Young Readers Editionの翻訳）　オリバー・ストーン, ピーター・カズニック著, スーザン・キャンベル・バートレッティ編著, 鳥見真生訳　あすなろ書房　2016.4　213p　22cm　1500円　①978-4-7515-2768-9

内容 第3部 第二次世界大戦：ナチス・ドイツを破ったのは、実は誰だったのか？（第二次世界大戦勃発　過激な男ヘンリー・ウォレス　ソ連への援助とアメリカ参戦　孤軍奮闘するソ連　軍神のゆくえ　戦後世界構築への道　トルーマン大統領誕生　終戦近し）　第4部 原爆：凡夫の悲劇的決断（マンハッタン計画　1944年シカゴ民主党全国大会　無条件降伏という障害　虫けらのように忌み嫌われていた日本人　広島への原爆投下　戦争がおわり、核開発戦争がはじまる）〔*03956*〕

◇正義への責任―世界から沖縄へ　2　琉球新報社編, 乗松聡子監修・翻訳　那覇　琉球新報社　2016.6　77p　21cm　〈発売：琉球プロジェクト（〔那覇〕）〉　565円　①978-4-89742-208-4

内容 圧政への健全な主張―これ以上基地は造るな（オリバー・ストーン, ピーター・カズニック）〔*03957*〕

◇オリバー・ストーンの「アメリカ史」講義―ダイジェスト版（THE CONCISE UNTOLD HISTORY OF THE UNITED STATES）　オリバー・ストーン, ピーター・カズニック著, 夏目大訳　早川書房　2016.7　477p　19cm　2800円　①978-4-15-209627-2

内容 理想主義を標榜する帝国の誕生　新規まき直し（ニュー・ディール）の時代　第二次世界大戦　超大国間の駆け引き　原爆投下　つくられた脅威　冷戦下の世界　ケネディとフルシチョフ　迷走の始まり　民主主義の暗殺　冷戦の終わりと新保守主義　傷ついた帝国の行方〔*03958*〕

ストーン, ジャクリーン

◇シリーズ日蓮　1　法華経と日蓮　小松邦彰, 花

野充道責任編集　春秋社　2014.5　360p　22cm 〈他言語標題：Series NICHIREN〉3500円 ①978-4-393-17351-0
内容 日蓮と法華経（ジャクリーン・ストーン著，福岡日双訳）〔03959〕

ストーン，ジョシュア・デビッド　Stone, Joshua David
◇アセンションを超えて　上　自らをアップグレードする旅へGO！（BEYOND ASCENSION）ジョシュア・デビッド・ストーン著，天野光彦訳　ヒカルランド　2016.9　252p　19cm　2778円 ①978-4-86471-414-3
内容 アセンション・マスターへの道（イニシエーションの7段階を知る―自分自身を癒す光、エネルギーを手に入れる　チャクラを設置するための極意を学ぶ―インストールされたチャクラを活性化する鍵は瞑想である　光指数を増大する方法を習得する―光指数を増大させようとする意図や願望はさらに光を増大させるのに役立つ　未知のアセンション・テクニックに出合う―新たに見出されたアセンション・テクニックは進化を加速する「恐怖の核」除去プログラムを利用する―驚異的なプログラムの力を借りて恐怖の核を愛の核に置き替える　アルクトゥルス人の進化した光テクノロジーの恩恵を受ける―最高の宇宙テクノロジーを持つアルクトゥルス人と共に働く　霊的進化を加速させる黄金の鍵を手に入れる―心を光の中に保ちアセンションと奉仕に集中する　アセンション・ツールを使いこなす―自分自身を防御し、癒し、高我な願望を持ち続ける）〔03960〕
◇アセンションを超えて　下〈超人間〉アセンション・マスターへ進化せよ！（BEYOND ASCENSION）ジョシュア・デビッド・ストーン著，天野光彦訳　ヒカルランド　2016.9　249p　19cm〈文献あり〉2778円 ①978-4-86471-415-0
内容 9 究極のアセンション瞑想を実践する―アセンション・プロセスの完了に必要なエネルギーが流入する　10 24の次元を理解する―神が創造した次元は生命の異なる局面と接触するためのツールである　11 フナの祈りを届ける―フナの祈りによって神とアセンション・マスターの注意を引きつける　12 高級な進化への7つの道を熟知する―アセンションを超えてさらに進化するため人類は歩き続ける　13 アセンション瞑想とアセンション・テクニックについて洞察する―イニシエーションレベルが高くなるほど責任が大きくなる。自らのエネルギーバランスを取ることが重要である　14 カバラのアセンション・テクニックを探究する―『エノクの鍵』は黄金に匹敵する！　カバラのアセンション・テクニックからさらなるインスピレーションを得る　15 完全な宇宙アセンションを目指す―未来の進化のための基盤を作りより高級なイニシエーションを通過する〔03961〕

ストーン，ジーン　Stone, Gene
◇ぼくがジョブズに教えたこと―「才能」が集まる会社をつくる51条（FINDING THE NEXT STEVE JOBS）ノーラン・ブッシュネル，ジーン・ストーン著，井口耕二訳　飛鳥新社　2014.5　249p　19cm　1574円 ①978-4-86410-314-5
内容 第1部 次なるスティーブ・ジョブズをみつけて雇う方法（職場を「広告」にせよ　規則は柔軟に　クリエイティブな求人広告を打て「情熱」を採用基準にせよ「資格」も「経歴」も無視！　ほか）第2部 次なるスティーブ・ジョブズを育てる方法（パーティーで社員の口を軽くせよ「統制された無秩序」を保ていたずらを歓迎せよ「分室」をつくれ　手柄はチームのものと心得よ　ほか）〔03962〕

ストーン，ダグラス　Stone, Douglas
◇ハーバードあなたを成長させるフィードバックの授業（THANKS FOR THE FEEDBACK）ダグラス・ストーン，シーラ・ヒーン著，花塚恵訳　東洋経済新報社　2016.2　328, 8p　19cm　1600円 ①978-4-492-04580-0
内容 INTRODUCTION なぜ、あの人と会話すると心がザワつくのか　1 真実（感謝、指導、評価に分けて受けとめる　意味を正しく理解する　自分だけが知らない自分）2 人間関係（あの人との会話が噛み合わない理由　3歩下がって俯瞰する）3 アイデンティティ（そのとき、脳では何が起こっているか？　歪んだ見方を矯正する　あなたを成長させる言葉はすぐそばにある）4 受けとり上手になる（断り上手は受けとり上手　フィードバックの力をみんなで高める）〔03963〕

ストーン，ブラッド　Stone, Brad
◇ジェフ・ベゾス果てなき野望―アマゾンを創った無敵の奇才経営者（The Everything Store）ブラッド・ストーン著，井口耕二訳　日経BP社　2014.1　502p　19cm〈文献あり　発売：日経BPマーケティング〉1800円 ①978-4-8222-4981-6
内容 第1部 信念を貫く（アマゾンは金融工学の会社から生まれた　冷たい目を持つ聡明な男　ベゾスの白昼夢と社内の混乱　宿敵アナリストに打ち勝つ）第2部 書店サイトだけでは終わらない（ロケット少年　混乱続きの物流システム　テクノロジー企業であって小売企業ではない　キンドル誕生）第3部 伝道師か、金の亡者か（グーグル、アップルと並ぶ会社になる　ご都合主義　疑問符の王国）〔03964〕

ストーン，リンダ
◇いつでもどこでも結果を出せる自己マネジメント術（MANAGE YOUR DAY-TO-DAY）ジョスリン・K.グライ編，上原裕美子訳　サンマーク出版　2015.9　233p　19cm〈文献あり〉1500円 ①978-4-7631-3493-6
内容 テレビをよく観る人ほど寿命が短くなる理由（リンダ・ストーン）〔03965〕

ストーンハウス，バーナード　Stonehouse, Bernard
◇ダーウィンと進化論（Charles Darwin and Evolution）バーナード・ストーンハウス作，菊池由美訳　町田　玉川大学出版部　2015.12　111p　22cm（世界の伝記科学のパイオニア）〈年譜あり 索引あり〉1900円 ①978-4-472-05962-9
内容 1 ダーウィンがきずいた理論　2 幼年時代　3 ビーグル号の冒険　4 南アメリカ　5 ガラパゴス諸島、そしてふるさとイギリスへ　6 種の起源　7 晩年〔03966〕

スナイダー，クリスチャン
◇世界がぶつかる音がする―サーバンツの物語（The Sound of Worlds Colliding）クリスティン・ジャック編，永井みぎわ訳　ヨベル　2016.6　300p　19cm　1300円 ①978-4-907486-32-7

ス

内容 リッコ―お父さんを探した男の子の話（クリスチャン・スナイダー）〔03967〕

スナイダー, シエラ

◇経験学習によるリーダーシップ開発―米国CCLによる次世代リーダー育成のための実践事例（Experience-Driven Leader Development） シンシア・D.マッコーレイ,D.スコット・デリュ, ポール・R.ヨスト, シルベスター・テイラー編, 漆嶋稔訳 日本能率協会マネジメントセンター 2016.8 511p 27cm 8800円 ①978-4-8207-5929-4

内容 長続きするOJD計画：組織全体に持続可能なOJDプロセスへの介入（ポール・ヨスト, エミリー・ペロシ, シエラ・スナイダー）〔03968〕

スナイダー, シンシア　Snyder, Cynthia Stackpole

◇PMBOKガイド・マニュアル（A User's Manual to the PMBOK Guide 原著第5版の翻訳） シンシア・スナイダー著, 清水計雄, 亀井邦裕共訳 鹿島出版会 2014.9 260p 26cm 〈第5版対応 索引あり〉 4500円 ①978-4-306-01159-5

内容 重要な概念 プロジェクトの立上げ 計画の統合 スコープ計画 スケジュール計画 コスト計画 品質計画 人的資源計画 コミュニケーション計画 リスク計画〔ほか〕〔03969〕

スナイダー, ティモシー　Snyder, Timothy

◇赤い大公―ハプスブルク家と東欧の20世紀（The RED PRINCE） ティモシー・スナイダー著, 池田年穂訳 慶應義塾大学出版会 2014.4 422, 78p 20cm 〈文献あり 年譜あり 索引あり〉 4600円 ①978-4-7664-2135-4

内容 GOLD 皇帝の夢 BLUE 海辺の幼少年時代 GREEN オリエンタル・ヨーロッパ RED 戦う大公 GREY 影を支配する王たち WHITE 帝国主義の手先 LILAC ゲイ・パリ BROWN 貴族的ファシズム BLACK ヒトラーとスターリンに抗して ORANGE ヨーロッパの革命〔03970〕

◇20世紀を考える（THINKING THE TWENTIETH CENTURY） トニー・ジャット〔著〕, ティモシー・スナイダー聞き手, 河野真太郎訳 みすず書房 2015.6 621, 20p 20cm 〈文献あり 索引あり〉 5500円 ①978-4-622-07916-3

内容 第1章 残るは名のみ―ユダヤ人問題を問うユダヤ人 第2章 ロンドンと言語―英語で書く/イングランドの著述家 第3章 家族的社会主義―政治的マルクス主義者 第4章 キングズ・カレッジとキブツ―ケンブリッジのシオニスト 第5章 パリ、カリフォルニア―フランス知識人 第6章 理解の世代―東欧のリベラル派 第7章 統一と断片―ヨーロッパの歴史家 第8章 責任の時代―アメリカのモラリスト 第9章 善の陳腐さ―社会民主主義者〔03971〕

◇ブラッドランド―ヒトラーとスターリン大虐殺の真実 上（BLOODLANDS） ティモシー・スナイダー著, 布施由紀子訳 筑摩書房 2015.10 346p 20cm 2800円 ①978-4-480-86129-0

内容 序論 ヒトラーとスターリン 第1章 ソ連の飢饉 第2章 階級テロル 第3章 民族テロル 第4章 モロトフ＝リッベントロップのヨーロッパ 第5章 アポカリプスの経済学 第6章 最終解決〔03972〕

◇ブラッドランド―ヒトラーとスターリン大虐殺の真実 下（BLOODLANDS） ティモシー・スナイダー著, 布施由紀子訳 筑摩書房 2015.10 302, 95p 20cm 〈文献あり 索引あり〉 3000円 ①978-4-480-86130-6

内容 第7章 ホロコーストと報復と 第8章 ナチスの死の工場 第9章 抵抗の果てに 第10章 民族浄化 第11章 スターリニストの反ユダヤ主義 結論 人間性〔03973〕

◇ブラックアース―ホロコーストの歴史と警告 上（Black Earth） ティモシー・スナイダー著, 池田年穂訳 慶應義塾大学出版会 2016.7 298p 20cm 2800円 ①978-4-7664-2350-1〔03974〕

◇ブラックアース―ホロコーストの歴史と警告 下（Black Earth） ティモシー・スナイダー著, 池田年穂訳 慶應義塾大学出版会 2016.7 225, 138p 20cm 〈文献あり 索引あり〉 3000円 ①978-4-7664-2351-8〔03975〕

スナイダー, マリーネ　Snyder, Marlene

◇オルヴェウス・いじめ防止プログラム―学校と教師の道しるべ（Olweus Bullying Prevention Program Schoolwide Guide, Olweus Bullying Prevention Program Teacher Guide） ダン・オルヴェウス, スーザン・P.リンバー, ヴイツキー・C.フラークス, ナンシー・ムリン, シェーン・リース, マリーネ・スナイダー著, 小林公司, 横田克哉監訳, オルヴェウス・いじめ防止プログラム刊行委員会訳 現代人文社 2013.12 295p 21cm 〈発売：大学図書〉 2500円 ①978-4-87798-573-8

内容 第1部 オルヴェウス・いじめ防止プログラム学校版ガイド（「オルヴェウス・いじめ防止プログラム」の導入 「いじめ防止プログラム」の実施にあたって考えること 学校で「いじめ防止プログラム」を開始する ほか） 第2部 オルヴェウス・いじめ防止プログラム教師版ガイド（「オルヴェウス・いじめ防止プログラム」の導入 いじめのいろいろな側面を理解すること 学校全体でプログラムを実施するためのサポート ほか） 第3部 資料篇（いじめの実態と「反いじめ4ルール」（本文の補足） いじめ記録帳 反いじめ活動の進め方と留意点 ほか）〔03976〕

スネイプ, スティーヴン　Snape, Steven R.

◇古代エジプト都市百科―ビジュアル版 王と神と民衆の生活（The Complete Cities of Ancient Egypt） スティーヴン・スネイプ著, 大城道則監訳 柊風舎 2015.10 239p 26cm 〈文献あり 索引あり〉 12000円 ①978-4-86498-028-9

内容 序章 古代エジプトの都市生活 第1章 都市の興隆 第2章 王たちと神々のための都市 第3章 民衆にとっての都市 第4章 ギリシア・ローマ時代 第5章 古代エジプト都市の地名辞典 エピローグ―失われた都市〔03977〕

スネル・ジョーンズ, J.*　Snell-Johns, Jessica

◇エンパワーメント評価の原則と実践―教育、福祉、医療、企業、コミュニティ介入プログラムの改善と活性化に向けて（Empowerment Evaluation Principles in Practice） D.M.フェターマン,A.ワンダーズマン編著, 笹尾敏明監訳, 玉井航太, 大内潤子訳 風間書房 2014.1 310p

21cm 〈索引あり〉3500円 ①978-4-7599-2022-2

内容 エンパワーメント評価の原則 他(Abraham Wandersman,Jessica Snell-Johns,Barry E.Lentz, David M.Fetterman,Dana C.Keener,Melanie Livet, Pamela S.Imm,Paul Flapohler著, 笹尾敏明訳) 〔03978〕

ス

スノー, エドガー

◇インタヴューズ 3 毛沢東からジョン・レノンまで (THE PENGUIN BOOK OF INTERVIEWS) クリストファー・シルヴェスター編, 新庄哲夫他訳 文芸春秋 2014.6 463p 16cm (文春学芸ライブラリー—雑英 7) 1690円 ①978-4-16-813018-2

内容 毛沢東(毛沢東述, エドガー・スノーインタヴュアー, 新庄哲夫訳) 〔03979〕

スノウ, シェーン Snow, Shane

◇時間をかけずに成功する人コツコツやっても伸びない人 (SMARTCUTS) シェーン・スノウ著, 斎藤栄一郎訳 講談社 2016.8 253p 19cm 1800円 ①978-4-06-220176-6

内容 1 SHORTEN 近道を探す(「成功の階段」をハックする メンターの理想と現実 フィードバックで最適化せよ) 2 LEVERAGE 少ない労力で大きく動かせ(プラットフォームの優位性 波を見つけて波に乗れ スーパーコネクターの作法) 3 SOAR 勢いに乗って舞い上がれ(成功の連鎖をつくる シンプルを極める 10倍思考を実行する) 〔03980〕

スノウリング, マーガレット・J. Snowling, Margaret J.

◇発達的視点からことばの障害を考える—ディスレクシア・読解障害・SLI (Developmental Disorders of Language Learning and Cognition) チャールズ・ヒューム, マーガレット・J.スノウリング著, 原恵子監訳, 大石敬子, 原恵子, 石坂郁代, 今井裕弥子, 長並真美共訳 上智大学出版 2016.6 227p 26cm 〈文献あり 索引あり 発売:ぎょうせい〉5000円 ①978-4-324-09819-6

内容 第1章 発達性認知障害の理解 第2章 読み障害1:発達性ディスレクシア 第3章 読み障害2:読解障害 第4章 特異的言語障害(特異的言語発達障害) 第5章 発達性認知障害の理解:これまでの成果と今後の展望 〔03981〕

スノーデン, M.* Snowden, Maxine

◇北極・南極探検の歴史—極限の世界を体感する19のアクティビティ (Polar Explorers for kids) Maxine Snowden〔著〕, 石沢賢二監訳, 鈴木理訳 丸善出版 2016.12 172p 26cm (ジュニアサイエンス) 〈文献あり 索引あり〉3000円 ①978-4-621-30068-8

内容 第1部 北極編(赤毛のエイリークがグリーンランドへ—981または982年 イヌイットとダンスしたジョン・デイヴィス-デイヴィス海峡からラブラドールまで探検—1585～1587年 ヘンリー・ハドソンは北西航路と北東航路を探索—1607～1610年 ウィリアム・パリーがランカスター海峡を越えて探検する—1819～1820、1821～1823、1824～1825、1827年 ジョン・フランクリンの最後の探検、北極での最大の悲劇—1845～1847年 フリチョフ・ナンセンは「極北」を探検(1893～1896年)、ロアール・アムンセンは北西航路を開拓(1903～1906年) ロバート・ピアリーとフレデリック・クックの北極点到達競争—1908、1909年 グレテル・エーリックは自然豊かなグリーンランドで現地の住民と交流する—1993～2000年) 第2部 南極編(ジェームズ・クックの南極へ向かう3回の航海—1768～1775年 ジェームズ・クラーク・ロスの南極沿岸探検—1839～1843年 ロバート・スコットとロアール・アムンセンが南極点初到達を競う—1910～1912年 アーネスト・シャクルトンが南極大陸横断に挑戦—1914～1916年 リチャード・バードがはじめて南極点上空を飛行する—1929年 科学者ビル・グリーンは南極の湖を研究する—1980～1994年 おわりに:最近の極地探検) 〔03982〕

スノドグラス, ジュディス

◇ブッダの変貌—交錯する近代仏教 末木文美士, 林淳, 吉永進一, 大谷栄一編 京都 法蔵館 2014.3 415, 11p 22cm (日文研叢書) 〈他言語標題:TRANSFORMATIONS of the BUDDHA 索引あり〉8000円 ①978-4-8318-6226-6

内容 シカゴ宗教会議のストラテジー(ジュディス・スノドグラス著, 堀雅彦抄訳) 〔03983〕

◇ブッダの変貌—交錯する近代仏教 末木文美士, 林淳, 吉永進一, 大谷栄一編 京都 人間文化研究機構国際日本文化研究センター 2014.3 415, 11p 22cm (日文研叢書 51) 〈他言語標題:Transformations of the Buddha 文献あり〉非売品 ①978-4-901558-64-8

内容 シカゴ宗教会議のストラテジー(ジュディス・スノドグラス著, 堀雅彦抄訳) 〔03984〕

スノーバー, セレステ

◇身体知—成人教育における身体化された学習 (Bodies of knowledge) ランディ・リプソン・ローレンス編, 立田慶裕, 岩崎久美子, 金藤ふゆ子, 佐藤智子, 荻野亮吾, 園部友里恵訳 福村出版 2016.3 133p 22cm 〈文献あり〉2600円 ①978-4-571-10174-8

内容 認識の方法としてのダンス(セレステ・スノーバー著, 金藤ふゆ子訳) 〔03985〕

スパイラ, ルパート Spira, Rupert

◇プレゼンス 第1巻 安らぎと幸福の技術 (PRESENCE) ルパート・スパイラ著, 溝口あゆか監修, みずさわすい訳 ナチュラルスピリット 2014.2 316p 19cm 2100円 ①978-4-86451-109-4

内容 1 私たちの本質 2 平安、幸福、愛について 3 分離した自己の源 4 体 5 世界 6 体験 〔03986〕

◇プレゼンス 第2巻 あらゆる体験の親密さ (PRESENCE.Volume2 : The Intimacy of All Experience) ルパート・スパイラ著, 高橋たまみ訳 ナチュラルスピリット 2016.7 350p 19cm 2200円 ①978-4-86451-210-7

内容 イントロダクション:つなぎ目のない体験の親密さ 現存の卓越性 知と愛はひとつ 体験の無垢さ 気づきである純粋な「私」 気づきと見かけ上の対象物 知覚の架空の中心 自己と世界の架空の誕生 私たちは生まれていない 愛は体験の骨組みである〔ほか〕 〔03987〕

スパケンバーグ, R.*　Spangenburg, Ray

◇ノーベル賞学者バーバラ・マクリントックの生涯―動く遺伝子の発見（Barbara McClintock） RAY SPANGENBURG,DIANE KIT MOSER著, 大坪久子, 田中順子, 土本卓, 福井希一共訳　養賢堂　2016.8　136p　21cm　〈年譜あり〉　1800円　①978-4-8425-0552-7　〔03988〕

スバネリッド, ヨーラン　Svanelid, Göran

◇スウェーデンの小学校社会科の教科書を読む―日本の大学生は何を感じたのか　ヨーラン・スバネリッド著, 鈴木賢志, 明治大学国際日本学部鈴木ゼミ編訳　新評論　2016.12　194p　19cm　1800円　①978-4-7948-1056-4

内容 第1章 社会　第2章 メディア　第3章 個人と集団　第4章 経済　第5章 政治　第6章 法律と権利　〔03989〕

スパーバー, ジョナサン　Sperber, Jonathan

◇マルクス―ある十九世紀人の生涯　上（KARL MARX）　ジョナサン・スパーバー著, 小原淳訳　白水社　2015.7　370p　20cm　2800円　①978-4-560-08445-8

内容 第1部 形成（息子　学生　編集者　亡命者　革命家）　第2部 格闘（反逆者　追放者）　〔03990〕

◇マルクス―ある十九世紀人の生涯　下（KARL MARX）　ジョナサン・スパーバー著, 小原淳訳　白水社　2015.7　348, 29p　20cm　〈文献あり索引あり〉2800円　①978-4-560-08446-5

内容 第2部 格闘（観察者　活動家）　第3部 遺産（理論家　経済学者　私人　老兵　偶像）　〔03991〕

スーハミ, ダイアナ　Souhami, Diana

◇看護師イーディス・キャベル―博愛・不屈・犠牲・献身に生きた（Edith Cavell）　ダイアナ・スーハミ著, イーディス・キャベル研究会訳, 下笠徳次監訳　東京教学社　2014.2　450p　21cm　3000円　①978-4-8082-8083-3　〔03992〕

スパルティアヌス, アエリウス　Spartianus, Aelius

◇ローマ皇帝群像　4（Scriptores Historiae Augustae.5.Auf-lage）　アエリウス・スパルティアヌス他〔著〕, 井上文則訳・解題　京都　京都大学学術出版会　2014.9　323, 53p　20cm+（西洋古典叢書 L025　内山勝利, 大戸千之, 中務哲郎, 南川高志, 中畑正志, 高橋宏幸編集委員）〈付属資料：8p：月報 109　布装　年表あり 索引あり〉3700円　①978-4-87698-486-2

内容 神君クラウディウスの生涯（トレベリウス・ポリオ）　神君アウレリアヌスの生涯（シラクサのフラウィウス・ウォピスクス）　タキトゥスの生涯（シラクサのフラウィウス・ウォピスクス）　プロブスの生涯（シラクサのフラウィウス・ウォピスクス）　フィルムス、サトゥルニヌス、プロクルス、ボノスス、すなわち四人の僭称帝たちの生涯（シラクサのフラウィウス・ウォピスクス）　カルス、カリヌス、ヌメリアヌスの生涯（シラクサのフラウィウス・ウォピスクス）　〔03993〕

スピア, ガイ　Spier, Guy

◇勘違いエリートが真のバリュー投資家になるまでの物語（The Education of a Value Investor）　ガイ・スピア著, 長尾慎太郎監修, 井田京子訳　パンローリング　2015.12　297p　20cm　（ウィザードブックシリーズ 230）〈文献あり〉2200円　①978-4-7759-7199-4

内容 窮地からウォーレン・バフェットへ　エリート教育の危険性　火渡り―バリュー投資家としての第一歩　ニューヨークの渦　達人との出会い　バフェットとの昼食会　金融危機―渦のなかへ　私なりのオマハを目指して―理想の環境を作る　楽しく暮らすことを目指して―新たな楽しみを探す　投資のツール―より良い方法を構築する　投資家のチェックリスト―外科医の生き残り戦略　バフェット‐パブライ式の仕事の仕方　本当に価値あるものを探求する　〔03994〕

スピヴァク, ガヤトリ・C.　Spivak, Gayatri Chakravorty

◇いくつもの声―ガヤトリ・C.スピヴァク日本講演集　ガヤトリ・C.スピヴァク著, 星野俊也編, 本橋哲也, 篠原雅武訳　京都　人文書院　2014.2　147p　20cm　1800円　①978-4-409-03081-3

内容 1 いくつもの声　2 翻訳という問い　3 グローバル化の限界を超える想像力　4 国境のない世界　〔03995〕

ズビザリタ, ロザ　Zubizarreta, Rosa

◇フォーカシングの心得―内なる知恵の発見法（DISCOVERING THE GIFT OF YOUR INNER WISDOM）　ビビ・サイモン著, ロザ・ズビザリタ編, 日笠摩子監訳, 榊原佐和子, 小坂淑子, 高瀬健一, 堀尾直美訳　大阪　創元社　2016.7　180p　21cm　2400円　①978-4-422-11620-4

内容 第1部 最初の3日間ワークショップ（「愛の実習」　安全を保つ　フェルトセンスに気づくためのワークをもう少し　リスニングに進む　二日目を始める　練習を深める　参加者が自主的に練習していくための準備）　第2部 二回目の3日間ワークショップ（積極的な参加を促す　ガイドの仕方の教え方　他の教師との協働　インタラクティヴ・フォーカシングの教え方　意志決定の実習）　第3部 フォーカシングの学びを助けることについてもう少し（難しい場合の取り組み方　上級ワークショップとチェンジズ・グループと実践グループ）　第4部 ビビ・サイモン著作集（概観（ロザ・ズビザリタ）　フォーカシングコネクション掲載記事　フォーカシングコネクション以外で掲載された記事　未公刊の文章）　〔03996〕

スビス, フレミング・テイト　Svith, Flemming Tait

◇調査報道実践マニュアル―仮説・検証、ストーリーによる構成法（Story-Based Inquiry）　マーク・リー・ハンター編著, 高嶺朝一, 高嶺朝太訳　旬報社　2016.12　163p　21cm　〈文献あり〉　1500円　①978-4-8451-1484-9

内容 整理（マーク・リー・ハンター, フレミング・スビス著）　〔03997〕

スピッツ, ジャン＝ファビアン

◇ルソーと近代―ルソーの回帰・ルソーへの回帰　ジャン＝ジャック・ルソー生誕300周年記念国際シンポジウム　永見文雄, 三浦信孝, 川出良枝編　風行社　2014.4　426p　22cm　〈他言語標題：Rousseau, le moderne？　作品目録あり 年譜あり〉4600円　①978-4-86258-082-5

内容 ルソーと現代共和主義（ジャン＝ファビアン・ス

ピッツ著, 飯田賢穂, 三浦信孝訳）〔03998〕

スピッツナーゲル, マーク　Spitznagel, Mark

◇ブラックスワン回避法―極北のテールヘッジ戦略（The Dao of Capital）　マーク・スピッツナーゲル著, 長尾慎太郎監修, 藤原玄訳　パンローリング　2016.10　492p　20cm　（ウィザードブックシリーズ 241）　2800円　①978-4-7759-7210-6

内容 第1章 道教の賢人―クリップパラドックス　第2章 松ぼっくりのなかにある森　第3章 勢―異時的戦略　第4章 見えるものと見えざるもの―オーストリア学派の源　第5章 迂回路―起業家の回り道　第6章 時間選好―人間の弱さを克服する　第7章 市場はプロセスである　第8章 恒常性―ゆがみのなかで均衡を求める　第9章 オーストリア流投資法1 ワシと白鳥―ミーゼス流でゆがみを探る　第10章 オーストリア流投資法2 ジークフリート―ベーム・バヴェルクの迂回を利用する　エピローグ―北方林のシス〔03999〕

ス

スピノザ, B.　Spinoza, Benedictus de

◇神学・政治論　上（Tractatus theologico-politicus）　スピノザ著, 吉田量彦訳　光文社　2014.5　454p　16cm　（光文社古典新訳文庫 KBス1-1）　1300円　①978-4-334-75289-7

内容 第1章 預言について　第2章 預言者について　第3章 ヘブライ人たちの「お召し」について。また預言とは、ヘブライ人たちだけに独自に与えられた贈り物だったかについて　第4章 神の法について　第5章 さまざまな儀礼が定められた理由について。また、歴史物語を信じることについて。つまり、そういう物語を信じることはどういう理由で、また誰にとって必要なのかについて　第6章 奇跡について　第7章 聖書の解釈について　第8章 この章では、モーセ五書やヨシュア記、士師記、ルツ記、サムエル記、列王記は本人の著作ではないことを示す。その後これらすべてについて、著者は複数いたのか、一人だけだったのか、また誰だったのか探究する　第9章 同じ各巻について、別の問題が取り上げられる。エズラはこれらの巻に最終的な仕上げを施したのか、またヘブライ語の聖書写本に見られる欄外の書き込みは異本の読みだったのか、といった問題である〔04000〕

◇神学・政治論　下（Tractatus theologico-politicus）　スピノザ著, 吉田量彦訳　光文社　2014.5　406p　16cm　（光文社古典新訳文庫 KBス1-2）〈年譜あり〉1200円　①978-4-334-75290-3

内容 残りの旧約聖書各巻が、既に取り上げられた各巻と同じ仕方で検証される　使徒たちはその「手紙」を使徒や預言者として書いたのか、それとも教師として書いたのか、ということが考察される。さらに、使徒たちの役割とはどういうものだったかが明らかにされる　神の法が記された本当の契約書について。聖書はなぜ聖なる書物と呼ばれ、なぜ神の言葉と呼ばれるのかについて。そして最後に、聖書は神の言葉を含む限りにおいて、損なわれることなくわたしたちまで伝えられた、ということが示される　聖書は単純きわまりない教えしか説いていないこと、ひとびとを服従させることだけが聖書の狙いであること、そして聖書は神が本来どういうものであるかについては、ひとびとがそれを見習って生き方の指針にできるようなことしか説いていないことが示される　信仰とは何か。信仰のある人とはどのような人か。信仰の基礎になることが決められ、最終的に信仰が哲学から切り離される　神学が理性に奉仕するのでも、理性が神学に奉仕するのでもないことについて。そしてわたしたちが聖書の権威を認める理由について　国家体制の基礎について。個人のもつ自然な権利と、市民としての権利について。そして至高の権力の持ち主たちの権利について　至高の権力にすべてを引き渡すことは誰にもできないし、その必要もないことが示される。ヘブライ人たちの国家体制はモーセの存命中、その死後、王たちを選ぶ前はそれぞれどうなっていたかについて。この国家体制の優れていた点について。そして最後に、この神による国家体制が滅びた原因や、存続している間もさまざまな反逆にさらされずにはいられなかった原因について　ヘブライ人たちの国家体制と歴史物語から、いくつかの政治的教訓が引き出される　宗教上の事柄にまつわる権利は、すべて至高の権力の持ち主たちの管理下にあることが示される。正しい形で神に奉仕したいなら、宗教上の礼拝活動は国の平和と両立するように行わなければならないのである　自由な国家体制では、誰にでも、考えたいということを考え、考えていることを口にすることが許される、ということが示される〔04001〕

スビルー, ベルナデッタ*　Soubirous, Bernadette

◇ベルナデッタの自分誌（Bernadette Soubirous, personal notes）　ベルナデッタ〔著〕, 森谷美麗, 森谷峰雄共訳　神戸　シオン出版社　2016.9　81p　21cm　〈発売：星雲社〉750円　①978-4-434-22192-7〔04002〕

スピルズベリー, ルイーズ　Spilsbury, Louise

◇池上彰が注目するこれからの大都市・経済大国 3　リオデジャネイロ・ブラジル（DEVELOPING WORLD series ： BRAZIL AND RIO DE JANEIRO）　池上彰監修, 稲葉茂勝訳・著, こどもくらぶ編集　ルイーズ・スピルズベリー原著　講談社　2015.12　47p　29cm　〈索引あり〉3000円　①978-4-06-219584-3

内容 かわりゆく時代　ブラジルの多様な風景　過去から現在へ　人口の変化　広大なブラジルの政治　教育は改善されるもまだまだ　貧困と犯罪　BRICSの力　ブラジルの交通網と通信網　重要産業は観光　かわりゆく文化　レジャーとスポーツ　アマゾンの富　エネルギーの確保　ブラジルのこれから　日本とブラジル〔04003〕

スピルマン, リン

◇北東アジアの歴史と記憶（Northeast Asia's Difficult Past）　金美景,B.シュウォルツ編著, 千葉真監修, 稲正樹, 福岡和哉, 寺田麻佑訳　勁草書房　2014.5　315, 9p　22cm　〈索引あり〉3200円　①978-4-326-30226-0

内容 政治的中心、進歩的な物語と文化的なトラウマ（徐暁宏, リン・スピルマン著, 稲正樹訳）〔04004〕

スピレーン, ジェームズ・P.

◇21世紀型学習のリーダーシップ―イノベーティブな学習環境をつくる（Leadership for 21st Century Learning）　OECD教育研究革新センター編著, 木下江美, 布川あゆみ監訳, 斎藤里美, 本田伊克, 大西公恵, 三浦綾希子, 藤浪海訳　明石書店　2016.9　308p　22cm　4500円　①978-4-7503-4410-2

内容 教育機関における教授を導く実践とマネジメント（ジェームズ・P.スピレーン著, 布川あゆみ訳）

〔04005〕

スプリグマン, クリストファー　Sprigman, Christopher
◇パクリ経済―コピーはイノベーションを刺激する（THE KNOCKOFF ECONOMY）　カル・ラウスティアラ, クリストファー・スプリグマン〔著〕, 山形浩生, 森本正史訳　みすず書房　2015.11　356, 28p　20cm　〈索引あり〉3600円　①978-4-622-07940-8
内容 第1章 コピー商品とファッションの虜たち　第2章 料理、コピー、創造性　第3章 コメディ自警団　第4章 アメフト、フォント、金融、ファイスト裁判　結論 コピーと創造性　エピローグ 音楽の未来　〔04006〕

スプリング, エイミー　Spring, Amy
◇社会参画する大学と市民学習―アセスメントの原理と技法（ASSESSING SERVICE-LEARNING AND CIVIC ENGAGEMENT）　S.ゲルモン,B.A.ホランド,A.ドリスコル,A.スプリング,S.ケリガン著, 山田一隆監訳, 市川享子, 斎藤百合子, 福井里江, 村上徹也, 中原美香訳　学文社　2015.9　215p　21cm　〈文献あり〉2500円　①978-4-7620-2561-7
内容 アセスメント（評価）の原則と方略：概説　学生への効果　大学教員への効果　地域への効果　大学機関への効果　方法と分析　〔04007〕

スフールマン, エフベルト
◇カルヴァンとカルヴィニズム―キリスト教と現代社会　日本カルヴィニスト協会編　神戸　日本カルヴィニスト協会　2014.10　472p　22cm　〈他言語標題：Calvin and Calvinism　発売：一麦出版社（札幌）〉5600円　①978-4-86325-070-3
内容 現代社会とキリスト者（エフベルト・スフールマン著, 市川康則訳）　〔04008〕

スプロール, R.C.　Sproul, Robert Charles
◇洗礼とは何か―CRUCIAL QUESTIONS（What Is Baptism？）　R.C.スプロール著, 三ツ本武仁訳　いのちのことば社　2016.7　78p　19cm　900円　①978-4-264-03484-1　〔04009〕

スペイト, ベヴ　Speight, Bev
◇運命のルノルマンカード占い（FAIRY TALE Fortune Cards）　リズ・ディーン著, ベヴ・スペイト絵, 鏡リュウジ監訳, 宮田摂子訳　二見書房　2016.12　95p　19cm　2400円　①978-4-576-16190-7
内容 ルノルマンカードの世界へようこそ　ルノルマンカードのキーワード　ルノルマンカードの占い方「象徴カード」を使う占い　馬　クローバ　船　家　樹　雲〔ほか〕　〔04010〕

スペクター, エイミー　Spector, Aimee
◇認知症の人のための認知活性化療法マニュアル―エビデンスのある楽しい活動プログラム（Making a Difference）　山中克夫, 河野禎之日本版著, Aimee Spector,Lene Thorgrimsen,Bob Woods,Martin Orrell原版著　中央法規出版　2015.12　115p　26cm　〈文献あり 索引あり〉2400円　①978-4-8058-5277-4
内容 第1章 認知活性化療法（CST）の基本原則と手続き（基本原則　基本的な手続き　活動記録　誘導、出迎え、セッションが始まるまでの働きかけ（全セッション共通）　ウォーミング・アップ（10分間）ほか）　第2章 認知活性化療法（CST）の実際のプログラム（体を動かして遊びましょう　音や音楽を楽しみましょう　子どもの頃の話をしましょう　食べ物や食事の話をしましょう　最近のニュースや流行の話をしましょう ほか）　第3章 よくある質問Q&A　〔04011〕

スペック, ピーター
◇組織のストレスとコンサルテーション―対人援助サービスと職場の無意識（THE UNCONSCIOUS AT WORK）　アントン・オブホルツァー, ヴェガ・ザジェ・ロバーツ編, 武井麻子監訳, 榊恵子ほか訳　金剛出版　2014.3　311p　21cm　〈文献あり 索引あり〉4200円　①978-4-7724-1357-2
内容 死にゆく人々とともに働く：ほどよい人でいること（ピーター・スペック著, 榊恵子訳）　〔04012〕
◇イギリスにおける高齢期のQOL―多角的視点から生活の質の決定要因を探る（UNDERSTANDING QUALITY OF LIFE IN OLD AGE）　アラン・ウォーカー編著, 岡田進一監訳, 山田三知子訳　京都　ミネルヴァ書房　2014.7　249p　21cm　（新・MINERVA福祉ライブラリー 20）〈文献あり 索引あり〉3500円　①978-4-623-07097-8
内容 配偶者に先立たれた高齢者（ピーター・スペック, ケイト・M.ベネット, ピーター・G.コールマン, マリー・ミルズ, フィオヌアラ・マッキーナン, フィリップ・T.スミス, ジョージーナ・M.ヒューズ著）　〔04013〕

スペンサー, パトリシア・エリザベス　Spencer, Patricia Elizabeth
◇デフ・スタディーズろう者の研究・言語・教育―オックスフォード・ハンドブック（Oxford Handbook of Deaf Studies, Language, and Education.Volume1 原著第2版の翻訳）　マーク・マーシャーク, パトリシア・エリザベス・スペンサー編, 四日市章, 鄭仁豪, 沢隆史監訳　明石書店　2015.2　891p　22cm　〈索引あり〉15000円　①978-4-7503-4139-2　〔04014〕

スペンサー, ハーバート　Spencer, Herbert
◇日本立法資料全集　別巻868　政法哲学　前編　ハーバート・スペンサー著, 浜野定四郎, 渡辺治共訳　復刻版　信山社出版　2014.10　390, 15p　23cm　〈3版 明治19年刊の複製〉45000円　①978-4-7972-7168-3
内容 政法哲学目録（政法哲学ノ緒論　政治ノ組織概論　政治ノ成体　政治ノ分体　政治ノ形体及ビ実権 ほか）　政法哲学前編（政法哲学ノ緒論　政治ノ組織概論　政治ノ成体　成治ノ分体　政治ノ形体及ビ実権 ほか）　〔04015〕
◇日本立法資料全集　別巻869　政法哲学　後編　ハーバート・スペンサー著, 浜野定四郎, 渡辺治共訳　復刻版　信山社出版　2014.10　p391〜773 30p　23cm　〈3版 明治19年刊の複製〉45000円　①978-4-7972-7169-0
内容 政法哲学後編（地方政庁　兵制　法制　法律　財産　租税　兵事ノ社会　殖産ノ社会　政法総論）

ス

〔04016〕

スペンス・アルマゲヤー, エミリー　Spence-Almaguer, Emily

◇ストーカーから身を守るハンドブック（Stalking）　エミリー・スペンス・アルマゲヤー著, 上田勢子訳　大月書店　2014.9　87p　21cm〈文献あり〉1200円　①978-4-272-33084-3
内容 第1章 まず敵を知る　第2章 行動を起こす―実用的な選択肢と法的な選択肢　第3章 身を守る対策をたてる　第4章 自分の心と体を守る　第5章 ネット、子ども、大学生、元パートナー　〔04017〕

ス

スベンソン, ジェームズ　Svenson, James

◇希望と幸福に満ちた人生の扉をひらく50の法則（How to achieve great success）　ジェームズ・スベンソン著, 弓場隆訳　ディスカヴァー・トゥエンティワン　2016.9　123p　20cm〈（2007年刊）の改訂版〉1400円　①978-4-7993-1974-1
内容 第1章 夢をかなえる（自分の力を信じる　心の奥底にある恐怖を解き放つ ほか）　第2章 人とうまくやっていく（与えることを心がける　あらゆる人に親切にする ほか）　第3章 幸せに働く（仕事をして幸せを感じる　仕事を楽しむ ほか）　第4章 逆境を乗り越える（ピンチのときほど行動する　失敗を恐れない ほか）　第5章 豊かに生きる（体の健康を保つ　さっそうと歩く ほか）　〔04018〕

スポールディング, ベアード　Spalding, Baird Thomas

◇ヒマラヤ聖者への道―実践版　5　久遠の生命（Life and Teaching of the Masters of the Far East）　ベアード・スポールディング著, 成瀬雅春訳　ヒカルランド　2014.4　281p　20cm　①978-4-86471-193-7　〔04019〕

◇ヒマラヤ聖者への道―実践版　6　完全なる調和と統合へ（Life and Teaching of the Masters of the Far East）　ベアード・スポールディング著, 成瀬雅春訳　ヒカルランド　2014.4　272p　20cm　①978-4-86471-193-7　〔04020〕

スポング, ジョン・シェルビー　Spong, John Shelby

◇信じない人のためのイエス入門―宗教を超えて（JESUS FOR THE NON-RELIGIOUS）　ジョン・シェルビー・スポング著, 富田正樹訳　新教出版社　2015.11　404p　21cm〈文献あり 索引あり〉3700円　①978-4-400-32492-8
内容 プロローグ：囚われた信仰者の哀歌　第1部 人間イエスを神話から切り離す（序論―新しい探求の扉を開く　ベツレヘムの空にあの星はなかった　イエスの両親―合成されたフィクション ほか）　第2部 イエスの本来の姿（序論―イエスの本来の姿を探求する口頭伝承―イエスはどこで記憶されたのか？　新しい過越として理解されたイエス ほか）　第3部 信じない人たちのためのイエス（序論―イエスは本当に生きていた　イエスにおいて出会った神とは誰なのか？　宗教的な怒りの源を認識する ほか）　エピローグ―キリストの力　〔04021〕

スマイス, ゲリー

◇イギリスの今―文化的アイデンティティ（British Cultural Identities 原著第4版の翻訳）　マイク・ストーリー, ピーター・チャイルズ編, 塩谷清人監訳　京都　世界思想社　2013.12　466, 27p　21cm〈索引あり〉3800円　①978-4-7907-1608-2
内容 民族性と言語（ゲリー・スマイス著, 芦川和也訳）　〔04022〕

スマイリー, イアン　Smillie, Ian

◇貧困を救うテクノロジー（MASTERING THE MACHINE REVISITED）　イアン・スマイリー著, 千葉敏生訳　イースト・プレス　2015.8　427p　20cm　3000円　①978-4-7816-1352-9
内容 第1部 南北問題で繰り返される失敗（開発援助の歴史と変遷　発展途上国の貧困の実像　先進国の成長戦略への過信　第三セクターと第三世界）　第2部 今、わかっていること（技術の進化と移転の歴史　成長戦略に代わる小さいことの価値　農業、畜産と持続可能な技術　収穫後の保存・加工技術　エネルギーと電力の移転　建築資材と中間技術。その普及と利益　大量生産と過度な工業化の代替案）　第3部 前に進むために何が必要か（持続可能性、その虚構と現実　女性と技術に関する展望　雇用問題と非公式な産業　グローバル化と適正技術　技術を適正技術とするために）　〔04023〕

スマイルズ, サミュエル　Smiles, Samuel

◇西国立志編　1編―7編　スマイルス著, 中村正直訳　立川　人間文化研究機構国文学研究資料館　2012.12　399p　21cm　（リプリント日本近代文学 202）〈原本：明治3-4年刊　発売：平凡社〉5800円　①978-4-256-90202-8　〔04024〕

◇西国立志編　8編―13編　スマイルス著, 中村正直訳　立川　人間文化研究機構国文学研究資料館　2012.12　435p　21cm　（リプリント日本近代文学 203）〈原本：明治3-4年刊　発売：平凡社〉6300円　①978-4-256-90203-5　〔04025〕

◇自助論―新訳完全版（Self help）　サミュエル・スマイルズ著, 関岡孝平訳　〔電子資料〕　パンローリング（発売）　〔2014〕　CD-ROM 1枚　12cm　（耳で聴く本オーディオブックCD）　1500円　①978-4-7759-8251-8　〔04026〕

◇自分を敬え。―超訳・自助論　辻秀一編訳　学研パブリッシング　2015.2　189p　20cm〈他言語標題：SELF HELP　発売：学研マーケティング〉1400円　①978-4-05-406206-1
内容 1 自分を敬え。（天は自らを助くる者を助く　自分の死に様は自分で決める ほか）　2 自分を信じよ。（運命は自分の力で変えられる　今の自分を築いたのは、これまでの自分 ほか）　3 自分を鍛えよ。（一歩、前へ卓越した成果は辛抱強い労働の報酬 ほか）　4 自分を磨け。（人格こそが財産　自由の基盤 ほか）　5 自分を鼓舞せよ。（大志を抱く才能　熱意が勝利を呼び寄せる ほか）　6 自分を育てよ。（信頼が人間関係を形づくる　今この瞬間に集中する ほか）　〔04027〕

◇まんがで人生が変わる！　自助論―感動的に面白い世界的名著！　サミュエル・スマイルズ著, 竹内均訳, 嶋津蓮まんが, 菅乃広脚本　三笠書房　2016.3　175p　19cm　1000円　①978-4-8379-2630-6
内容 Prologue 夢があるなら『自助論』を学ぼう！　―偉人たちの成功の秘訣が満載!!　1 発想の転換で逆境をチャンスに！　―運に左右されず、確実に成功できる秘訣とは？ 2 才能を花開かせるための秘訣―「小さなチャンス」を見逃すな!! 3「意志の力」を甘く見るな！ ―勝利のための最も大切な要素とは？ 4 目の前の仕事に全力を尽くせ！ ―苦難が人間を立ち上がらせる 5 人としての「品格」と「器量」を磨く法―誇りをもてる生き方を目指して Epilogue 夢を叶えてその先へ！ ―幸せの青い鳥は『自助論』の中にいた！ 〔04028〕

◇自助論―新・完訳（SELF-HELP） サミュエル・スマイルズ著, 久保美代子訳 アチーブメント 2016.6 573p 20cm 〈解題：青木仁志 発売：アチーブメント出版〉2000円 ①978-4-905154-99-0

内容 自らを助ける者―国家と個人 産業界のリーダー―発明家たちと製造者たち 偉大な陶工たち―パリシー、ベトガー、ウェッジウッド 努力と忍耐 援助とチャンスを生かせ―科学を追い求めて 芸術家たち 商人と貴族 やる気と勇気 実務家たち 金―毒にもなれば薬にもなる 自己修養―試練を生かせ 偉人の背中 人格―本当の紳士とは 〔04029〕

◇向上心―スマイルズの世界的名著（CHARACTER） サミュエル・スマイルズ著, 竹内均訳・解説 三笠書房 2016.12 284p 18cm 〈2011年刊の再編集〉1200円 ①978-4-8379-5777-5

内容 1 自分を大きく育てる―何が自分の精神・知性を成長させるか 2 個性を磨く―いつも自分に誇りが持てる生き方 3 自分を生かす働き方―日々、精一杯働いているか、やりがいはあるか 4 見識を高める―「人生の教え」をいつ、どこから学びとるか 5 よい人間関係をつくる―つき合う相手を糧に自分を成長させているか 6 人を動かす―自分の信念に命をかけられるか 〔04030〕

◇スマイルズの「自助論」（Self - Help, with Illustrations of Character and Conduct） サミュエル・スマイルズ著, 夏川賀央訳 ウェッジ 2016.12 321p 19cm （今度こそ読み通せる名著） 1400円 ①978-4-86310-170-8

内容「自助」とは何か？ ―1人ひとりの力で、世の中は変わる 産業界のリーダーたちの栄光―偉大な発明はいかにして生まれたか 「最高の陶器」に生涯をかけた人たち―パリッシーとウェッジウッド、怒濤の人生を歩んだ、偉大な製作者 努力と忍耐によって偉業を達成した人たち―あきらめなければ誰でも成功者になれる 真実を見抜いてチャンスをつかんだ人たち―偉大な科学者や医師たちは、どうやってその名声を得たのか？ 才能を努力によって磨く芸術家たち―画家たち、音楽家たち、生まれもっての天才なんて存在しない 彼らはいかにして、その地位を手に入れたのか？ ――般人から貴族の称号を得た人々 「やる気」と「勇気」を奮い立たせる法―どんな問題も突破できる「意志の力」 仕事を成功に導くためにやるべきこと―ビジネスに必要な6つの要素と、大切な考え方 金に振り回されるな、金を支配せよ―正しいお金の使い方を知っていた人たち 自分を鍛え続ける人たち―試練の生かし方 最高の「模範」を見つけるには―あなたの背中は、必ず誰かに見られている 品格ある人間になるために私たちがやるべきこと―ただの成功者ではなく、いつまでも語り継がれる存在になる 〔04031〕

スマーギナ, ガリーナ・イヴァノヴナ

◇科学の参謀本部―ロシア/ソ連邦科学アカデミーに関する国際共同研究 市川浩編著 札幌 北海道大学出版会 2016.2 522p 22cm 〈索引あり〉12500円 ①978-4-8329-8224-6

内容 18世紀におけるペテルブルク科学アカデミーの歴史から（ガリーナ・イヴァノヴナ・スマーギナ著, 市川浩訳） 〔04032〕

スマート, アンドリュー Smart, Andrew

◇できる人はダラダラ上手―アイデアを生む脳のオートパイロット機能（AUTOPILOT） アンドリュー・スマート著, 月沢李歌子訳 草思社 2014.5 221p 19cm 〈文献あり〉1500円 ①978-4-7942-2051-6

内容 1 いつから、何もしないことが罪になったのか 2 脳は何もしていないときほど活発に活動する 3 万有引力の法則もリラックスしている瞬間に生まれた 4 忙しすぎる子ほど、創造性に欠ける 5 人間は、オートパイロットを求めている 6 タイムマネジメント教が現代人を滅ぼす 7 嫌われ者のノイズこそ愛すべき友 8 シックスシグマは脳の発作である 9 労働が、地球を破壊している 〔04033〕

スマナサーラ, アルボムッレ Sumanasara, Alubomulle

◇希望のしくみ アルボムッレ・スマナサーラ, 養老孟司著 宝島社 2014.7 205p 15cm （宝島SUGOI文庫） 600円 ①978-4-8002-2903-8

内容 お釈迦さまが教えたこと 日本人と普遍性 正しい生き方 知恵のない世界 「生きている」とは 希望のしくみ 共同体として生きる 知恵と方法 変われる人、変われない人 「逆さメガネ」と「あべこべ思考」 「やりたいこと」より「できること」 仏教のこれから このうえもないお力添えをいただいて 〔04034〕

スマリヤン, レイモンド・M. Smullyan, Raymond M.

◇タオは笑っている（The Tao is Silent） レイモンド・M.スマリヤン著, 桜内篤子訳 改訂版 工作舎 2016.12 266p 19cm 2000円 ①978-4-87502-479-8

内容 第1部 タオってなに？ （中国哲学インスタント入門 タオ ほか） 第2部 タオはとがめない（性善説か性悪説か どうでも結構 ほか） 第3部 タオは気楽（農芸について 愛犬家の弁 ほか） 第4部 タオは愉快な公案（風狂の哲学と分別くさい哲学 ひょっとして ほか） 〔04035〕

スミー, キャロライン

◇経験学習によるリーダーシップ開発―米国CCLによる次世代リーダー育成のための実践事例（Experience-Driven Leader Development） シンシア・D.マッコーレイ,D.スコット・デリュ, ポール・R.ヨスト, シルベスター・テイラー編, 漆嶋稔訳 日本能率協会マネジメントセンター 2016.8 511p 27cm 8800円 ①978-4-8207-5929-4

内容 奉仕事業によるグローバル・リーダー育成（マシアン・オシツキ, キャロライン・スミー） 〔04036〕

スミシー, アラン Smithee, Alan

◇正しい日本人のススメ―英国人文化様式学者のニッポン調査報告書 アラン・スミシー著, ユースケ・ジョーダン訳 宝島社 2014.1 159p 19cm 933円 ①978-4-8002-1704-2

内容 正しい「うやむや」のやり方(カラオケにおけるニッポン人　お手洗いにおけるニッポン人　満員電車におけるニッポン人　合コンにおけるニッポン人　温泉におけるニッポン人　飲食店におけるニッポン人　井戸端会議におけるニッポン人　海外旅行におけるニッポン人)　正しい「なあなあ」のやり方(謝罪におけるニッポン人　会議におけるニッポン人　朝礼におけるニッポン人　残業におけるニッポン人　接待におけるニッポン人　面接におけるニッポン人　冠婚葬祭におけるニッポン人)　〔*04037*〕

ス

スミス, アーサー・H.　Smith, Arthur Henderson

◇中国人的性格 (Chinese Characteristics)　アーサー・H.スミス著, 石井宗晧, 岩崎菜子訳　中央公論新社　2015.8　478p　20cm　(中公叢書)〈索引あり〉2500円　①978-4-12-004755-8

内容 面子　倹約　勤勉　礼儀　正確な時間の軽視　正確さの軽視　誤解の才能　婉曲表現の才能　従順にして頑固　知的混沌　無神経　外国人別紙　公共精神の欠如　保守主義　快適さと便利さに対する無関心　肉体の強靭さ　忍耐力と根気強さ　現状に満足し、楽天的に過ごす　孝行　慈善としての尽　思いやりの欠如　中国社会における「台風」　連帯責任と法に対する畏敬の念　相互不信　誠実さ「信」の欠如　多神論、汎神論、無神論　中国の実情と中国に今必要なもの　〔*04038*〕

スミス, アダム　Smith, Adam

◇道徳感情論 (The Theory of Moral Sentiments 原著第6版の翻訳)　アダム・スミス著, 村井章子, 北川知子訳　日経BP社　2014.4　754p　20cm (NIKKEI BP CLASSICS)〈発売：日経BPマーケティング〉3200円　①978-4-8222-5000-3

内容 第1部 行為の適否について　第2部 価値と害悪、すなわち報いる対象と罰する対象について　第3部 自分自身の感情と行動に関する判断の根拠について、および義務感について　第4部 効用が是認の感情におよぼす影響について　第5部 慣習と流行が是認の可否の感情におよぼす影響について　第6部 徳の性格について　第7部 道徳哲学の学説について　〔*04039*〕

スミス, アドルフィ　Smith, Adolphe

◇写真と文によるヴィクトリア朝ロンドンの街頭生活 (Street Life in London)　ジョン・トムソン, アドルフィ・スミス著, 梅宮創造訳　アティーナ・プレス　2015.2　231p　22cm　2400円　①978-4-86340-194-5

内容 ロンドン流浪民　辻馬車御者　コヴェント・ガーデンの花売り女　ウェストミンスター地区の新兵徴募軍曹　ランベス地区は水浸し　街の消毒隊　街の素人医者　街頭広告　クラッパム・コモンの商売人たち　道化の"編み助"〔ほか〕　〔*04040*〕

スミス, アラン　Smith, Alan

◇バリュー・プロポジション・デザイン—顧客が欲しがる製品やサービスを創る (Value Proposition Design)　アレックス・オスターワルダー, イヴ・ピニュール, グレッグ・バーナーダ, アラン・スミス著, 関美和訳　翔泳社　2015.4　287p　19×23cm　〈索引あり〉2800円　①978-4-7981-4056-8

内容 1 Canvas キャンバス (Customer Profile 顧客プロフィール　Value Map バリュー・マップ ほか)　2 Design デザイン (Prototyping Possibilities プロトタイピング　Starting Points 出発点 ほか)　3 Test テスト (What to Test 何を検証するか　Testing Step‐by‐Step 段階を踏んで検証する ほか)　4 Evolve 進化する (Create Alignment 方向性を一致させる　Measure & Monitor 測定しモニターする ほか)　〔*04041*〕

スミス, アン　Smith, Anne

◇日本—とびだす国の風景 (JAPAN)　アン・スミスえ, ジャスティン・ボウマンやく　大日本絵画　〔2014.2〕　1冊 (ページ付なし)　11cm〈折本〉1200円　①978-4-499-28558-2　〔*04042*〕

スミス, イアン・E.

◇動物と戦争—真の非暴力へ、《軍事—動物産業》複合体に立ち向かう (Animals and War)　アントニー・J.ノチェッラ二世, コリン・ソルター, ジュディー・K.C.ベントリー編, 井上太一訳　新評論　2015.10　306p　20cm　〈文献あり 索引あり〉2800円　①978-4-7948-1021-2

内容 動物たちの前線 (ジャスティン・R.グッドマン, シェイリン・G.ガラ, イアン・E.スミス著)　〔*04043*〕

スミス, オズワルド・J.　Smith, Oswald J.

◇「聖霊」に明け渡した人々　オズワルド・J.スミス, アンドリュー・マーレー, A.B.シンプソン著, 松代幸太郎, 沢村五郎, 大江邦治訳　いのちのことば社　2015.2　126p　18cm　〈他言語標題：Voice of Christian Forerunners〉1000円　①978-4-264-03338-7

内容 1『聖霊の満たし』(オズワルド・J・スミス) (聖霊に満たされた生活　聖霊の満たし)　2『キリストの御霊』(アンドリュー・マーレー) (真理の御霊　霊に属する者と肉に属する者　御霊によって歩みなさい)　3『聖霊による歩み』(A・B・シンプソン) (聖霊の人格と特質　聖霊を妨げること)　〔*04044*〕

スミス, キース・キャメロン　Smith, Keith Cameron

◇人生のどんな局面でも前向きになれる10の法則 (THE TOP 10 DISTINCTIONS BETWEEN WINNERS AND WHINERS)　キース・キャメロン・スミス著, 金井啓太訳　アルファポリス　2014.1　156p　15cm　(アルファポリス文庫)〈「十の分かれ道」(2013年刊) の改題　発売：星雲社〉570円　①978-4-434-18844-2

内容 1 責任を持つ　2 謙虚になる　3 言い訳をしない　4 場を明るくする　5 人の話を熱心に聞く　6 人生の旅路を楽しむ　7 友情を大切にする　8 大きく考える　9 集中する　10 物事の良い面を引きだす　〔*04045*〕

スミス, キャサリン・アレン　Smith, Katherine Allen

◇中世の戦争と修道院文化の形成 (War and the Making of Medieval Monastic Culture)　キャサリン・アレン・スミス〔著〕, 井本晌二, 山下陽子訳　法政大学出版局　2014.4　358, 38p　20cm　(叢書・ウニベルシタス 1009)〈文献あり 索引あり〉5000円　①978-4-588-01009-5

内容 第1章 聖書と典礼文に見る戦争との遭遇　第2章 修道士と戦士—その境界をめぐって　第3章 精神的な戦争——二〇〇年頃までのあるコンセプトの歴史　第4章 修道院のテキストに見る軍事的イメージ　第5

章 精神的模範としての戦士　結論　付録 鎧を着た人―一〇五〇～一二五〇年頃　〔04046〕

スミス, キャロル・J.　Smith, Carol J.

◇基本がわかるビジュアル聖書ガイド（Candle Bible Handbook）　テリー・ジーン・デイ, キャロル・J.スミス文, ティム・ダウリー編　いのちのことば社　2015.11　239p　25cm　〈翻訳協力：大塚春香, 鈴木結実, 松本朋子　索引あり〉　2000円　①978-4-264-03431-5　〔04047〕

スミス, ジェームズ・ブライアン　Smith, James Bryan

◇エクササイズ―生活の中で神を知る（The Good and Beautiful God）　ジェームズ・ブライアン・スミス著, 松本雅弘訳　いのちのことば社　2016.4　382p　19cm　2200円　①978-4-264-03475-9　〔04048〕

スミス, スージー　Smith, Suzi

◇信じるチカラの、信じられない健康効果（BELIEFS）　ロバート・ディルツ, ティム・ハルボム, スージー・スミス著, 横井勝美訳　ヴォイス　2015.10　389p　19cm　2300円　①978-4-89976-436-6

内容 第1章 ビリーフ―自己認識して、そして変化するために　第2章 リアリティー・ストラテジーとは　第3章 ビリーフ・ストラテジーとは　第4章 リ・インプリンティングとは　第5章 イン・コングルエンス（不一致）と葛藤しているビリーフとはどんなもの　第6章 クライテリアとは　第7章 NLPと健康について　第8章 アレルギーとは　〔04049〕

スミス, スティーブン　Smith, Steven M.

◇創造的認知―実験で探るクリエイティブな発想のメカニズム（CREATIVE COGNITION）　Ronald A.Finke,Thomas B.Ward, スティーブン・スミス著, 小橋康章訳　POD版　森北出版　2013.12　242p　21cm　4200円　①978-4-627-25119-9

内容 第1章 創造的認知への序説　第2章 理論的方法論的考察　第3章 創造的視覚化　第4章 創造的発明　第5章 概念合成　第6章 構造化イマジネーション　第7章 洞察・固着・孵化　第8章 問題解決の創造的諸方略　第9章 一般的な示唆と応用　〔04050〕

スミス, ダニエル　Smith, Daniel

◇図説お金と人生（THE BOOK OF MONEY）　ダニエル・コナハン, ダニエル・スミス著, 大川紀男訳　悠書館　2014.7　255p　26cm　〈索引あり〉　5800円　①978-4-903487-90-8

内容 お金小史　豊かな世界、貧しい世界　お金と政府　銀行と銀行業　市場　投資と金融　お金とビジネス　お金の科学　お金と法律　人生のステージ　貯蓄・支出・贈与　お金の未来　〔04051〕

◇絶対に行けない世界の非公開区域99―ガザの地下トンネルから女王の寝室まで（100 PLACES YOU WILL NEVER VISIT）　ダニエル・スミス著, 小野智子, 片山美佳子訳　日経ナショナルジオグラフィック社　2014.12　255p　23cm（NATIONAL GEOGRAPHIC）〈索引あり　発売：日経BPマーケティング〉2200円　①978-4-86313-301-3

内容 沈没した潜水艦K‐129　太平洋巨大ゴミベルト　HAARP研究施設　ボヘミアングローブ　スカイウォーカー・ランチ　グーグル・データセンター　ホーソーン陸軍補給基地　スカンクワークス　米墨麻薬密輸トンネル　エリア51〔ほか〕　〔04052〕

◇絶対に見られない世界の秘宝99―テンプル騎士団の財宝からアマゾンの黄金都市まで（100 THINGS YOU WILL NEVER FIND）　ダニエル・スミス著, 小野智子, 片山美佳子訳　日経ナショナルジオグラフィック社　2015.7　255p　23cm（NATIONAL GEOGRAPHIC）〈索引あり　発売：日経BPマーケティング〉2200円　①978-4-86313-324-2

内容 キャプテン・キッドの財宝　ロマノフ家のイースターエッグ　失われた化石　名器「ダビドフ・モリーニ」　シャルトリューズのレシピ　ジョン・F・ケネディの脳　長編映画『ケリー・ギャング物語』　ネス湖の未確認生物　消えたロアノーク植民地　インカの黄金都市パイティティ〔ほか〕　〔04053〕

◇絶対に明かされない世界の未解決ファイル99―ファティマ第三の予言からチュパカブラまで（100 THINGS THEY DON'T WANT YOU TO KNOW）　ダニエル・スミス著, 小野智子, 片山美佳子訳　日経ナショナルジオグラフィック社　2015.12　255p　23cm（NATIONAL GEOGRAPHIC）〈索引あり　発売：日経BPマーケティング〉2200円　①978-4-86313-332-7　〔04054〕

◇図説世界史を変えた50の戦略（50 STRATEGIES THAT CHANGED HISTORY）　ダニエル・スミス著, 小林朋則訳　原書房　2016.2　223p　24cm　〈索引あり〉2800円　①978-4-562-05251-6

内容 敵陣に潜入する　勝利のメンタリティー　偽装退却　緻密な計算にもとづいて行動する　大衆への情報発信　完璧なはさみ撃ち　堅固な国境を築く　包囲戦　偽情報　強烈な反撃〔ほか〕　〔04055〕

スミス, デビッド・J.　Smith, David Julian

◇もしも地球がひとつのリンゴだったら（IF...A Mind-Bending New Way of Looking at Big Ideas and Numbers）　デビッド・J.スミス文, スティーブ・アダムス絵, 千葉茂樹訳　小峰書店　2016.7　39p　26×26cm（絵本地球ライブラリー）　1500円　①978-4-338-28206-2

内容 もしも…　太陽系の惑星　地球の歴史　生命の歴史　過去3000年の歴史　発明の歴史　過去1000年の発明の歴史　大陸　水　生物の種　お金　エネルギー　寿命　人口　食べ物　あなたの人生　銀河系　〔04056〕

スミス, ニール　Smith, Neil

◇ジェントリフィケーションと報復都市―新たなる都市のフロンティア（THE NEW URBAN FRONTIER）　ニール・スミス著, 原口剛訳　京都　ミネルヴァ書房　2014.5　404, 46p　22cm　〈文献あり 索引あり〉5800円　①978-4-623-07001-5

内容 イントロダクション（「アベニューBの階級闘争」―ワイルド・ワイルド・ウエストとしてのロワー・イーストサイド　ジェントリフィケーションはダーティ・

ス

ワードか？） 第1部 ジェントリフィケーションの理論に向けて（ローカルな議論―「消費者主権」から地代格差へ　グローバルな議論―不均等発展　社会的な議論―ヤッピーと住宅をめぐって） 第2部 グローバルなことはローカルなこと（市場・国家・イデオロギー―ソサエティヒル　キャッチ＝22―ハーレムのジェントリフィケーション？　普遍と例外をめぐって―ヨーロッパの三都市） 第3部 報復都市（ジェントリフィケーションのフロンティアを地図化する　ジェントリフィケーションから報復都市へ）　〔*04057*〕

ス

スミス, バリー

◇哲学がかみつく（Philosophy Bites）　デイヴィッド・エドモンズ, ナイジェル・ウォーバートン著, 佐光紀子訳　柏書房　2015.12　281p　20cm　〈文献あり〉2800円　①978-4-7601-4658-1

内容 ワイン（バリー・スミス述）　〔*04058*〕

スミス, ピーター・K.　Smith, Peter K.

◇学校におけるいじめ―国際的に見たその特徴と取組への戦略（Understanding School Bullying）　ピーター・K.スミス著, 森田洋司, 山下一夫総監修, 葛西真記子, 金綱知征監訳　学事出版　2016.9　311p　21cm　〈文献あり 索引あり〉3200円　①978-4-7619-2271-9

内容 第1章 個人的な問題、実際的問題、研究プログラムとしての学校現場のいじめ　第2章「いじめ」の意味と学校でのいじめに関する研究の歴史　第3章 どうすればいじめを発見できるか　第4章 学校におけるいじめとネットいじめについての基本的な知識　第5章 いじめのリスクがあるのは誰か？　いじめにはどのような影響があるのか？　第6章 いじめ対策および介入の成果　第7章 いじめ減少への取組とこれからの研究の課題と展望　〔*04059*〕

スミス, フィリップ・T.

◇イギリスにおける高齢期のQOL―多角的視点から生活の質の決定要因を探る（UNDERSTANDING QUALITY OF LIFE IN OLD AGE）　アラン・ウォーカー編著, 岡田進一監訳, 山田三知子訳　京都　ミネルヴァ書房　2014.7　249p　21cm　（新・MINERVA福祉ライブラリー 20）〈文献あり 索引あり〉3500円　①978-4-623-07097-8

内容 配偶者に先立たれた高齢者（ピーター・スペック, ケイト・M.ベネット, ピーター・G.コールマン, マリー・ミルズ, フィオヌアラ・マッキーナン, フィリップ・T.スミス, ジョージーナ・M.ヒューズ著）　〔*04060*〕

スミス, ブライアン　Smith, Bryan

◇学習する学校―子ども・教員・親・地域で未来の学びを創造する（SCHOOLS THAT LEARN）　ピーター・M.センゲ, ネルダ・キャンブロン＝マッケイブ, ティモシー・ルカス, ブライアン・スミス, ジャニス・ダットン, アート・クライナー著, リヒテルズ直子訳　英治出版　2014.1　885p　21cm　4800円　①978-4-86276-140-8

内容 スタート（オリエンテーション　5つのディシプリン入門） 第1部 教室（教室のドアを開ける　学習者を理解する　実践　生産的な会話　教室におけるシステム思考） 第2部 学校（学校に入っていく　学校のビジョン　今の現実　能力開発　リーダーシップ） 第3部 コミュニティ（コミュニティに入る　アイデンティティ　つながり　持続可能性）　〔*04061*〕

スミス, ヘドリック　Smith, Hedrick

◇誰がアメリカンドリームを奪ったのか？　上　資本主義が生んだ格差大国（WHO STOLE THE AMERICAN DREAM？）　ヘドリック・スミス著, 伏見威蕃訳　朝日新聞出版　2015.1　311p　20cm　2000円　①978-4-02-331360-6

内容 第1部 ミドルクラス全盛期（企業軍団の謀反―アメリカの歴史を変えた権力の移転　企業軍団の勝利―カーター政権と議会の方向転換　ミドルクラスの団結―権力移転前に機能していた市民運動の仕組み　ミドルクラスの繁栄―ニューエコノミー以前にあった「好循環」の仕組み） 第2部 夢を打ち壊す（九〇年代のニューエコノミー―アメリカを分断する「ウェッジ・エコノミクス」　新貧困層―特権が特権を維持し、貧困が貧困を生む　莫大なリスクの移転―セーフティーネットの罠にはまり、負債であがきがとれなくなる　新富裕層――パーセントの、一パーセントによる、一パーセントのための経済） 第3部 不平等な民主主義（ゼロ年代の税戦争―企業ロビイスト、向かうところ敵なし　中央政界とウォール街の枢軸―「金融独占」で優位に立つ） 第4部 ミドルクラスの経済苦境（年金破綻―ぶち壊される引退計画　401（k）の罠―自分が自分のマネーマネジャーになる　住宅強盗―攻撃目標は堅実なミドルクラス）　〔*04062*〕

◇誰がアメリカンドリームを奪ったのか？　下　貧困層へ転落する中間層（WHO STOLE THE AMERICAN DREAM？）　ヘドリック・スミス著, 伏見威蕃訳　朝日新聞出版　2015.1　310p　20cm　〈文献あり〉2000円　①978-4-02-331361-3

内容 第5部 富と職の大移動（嘘つきローン―銀行とFRBの無責任な金融システム　オフショアリングの悲劇―ウォルマート、中国へ行く　知識経済の空洞化―IBM、インドで採用してアメリカで解雇　オンショアリングの脅威―外国人労働者の輸入にともなうアメリカの雇用減少） 第6部 解決への障害（失われた中道―政党分裂で議会はなにも決められない　急進的右派とティーパーティー―反税、反政府、反セーフティーネット　アフガン戦争の代償―経済を顧みずに軍事力を増強） 第7部 夢を取り戻す（国内マーシャル・プラン―夢を取り戻すための一〇段階の戦略　政治改革―穏健な中道と民主主義の復活）　〔*04063*〕

スミス, マルコム　Smith, Malcolm

◇会計学の研究方法（RESEARCH METHODS IN ACCOUNTING 原著第2版の翻訳）　〔MALCOLM SMITH〕〔著〕, 平松一夫監訳　中央経済社　2015.3　298p　22cm　〈文献あり 索引あり〉4200円　①978-4-502-13461-6

内容 序論と概要　研究アイデアの展開　理論・文献・仮説　データ収集　データ分析　会計の研究倫理　実験的研究　サーベイ研究　フィールドワーク　アーカイバル研究　指導と審査の過程　研究の出版に向けて　会計ジャーナルのランキング　サンプル論文　〔*04064*〕

スミス, モニカ・L.　Smith, Monica L.

◇古代インド―死者の丘とハラッパーから仏教とヒンドゥーの聖地へ（Ancient India）　アニタ・ダラル著, モニカ・L.スミス監修, 小野田和子訳神戸　BL出版　2014.3　63p　26cm　（ナショナルジオグラフィック―考古学の探検）〈文献あり 年表あり 索引あり〉1800円　①978-4-7764-0559-7

内容 1 過去をよみがえらせる　2 インダス川流域　3 ハラッパー人以降　4 聖なる足跡を追って　5 変わりゆく世界　6 グプタ朝の時代　7 生きている過去　〔04065〕

スミス, ルパート　Smith, Rupert

◇ルパート・スミス軍事力の効用―新時代「戦争論」（THE UTILITY OF FORCE）　ルパート・スミス著, 山口昇監修, 佐藤友紀訳　原書房　2014.3　560p　20cm　3800円　①978-4-562-04992-9

内容 第1部 "国家間戦争"（発端―ナポレオンからクラゼヴィッツへ　発展―鉄と蒸気と大規模化　頂点―両世界大戦）　第2部 冷戦という対立（アンチテーゼ―ゲリラから無政府主義者、毛沢東まで　"対立"と"紛争"―軍事力行使の新たな目的　将来性―新しい道を探る）　第3部 人間戦争（傾向―現代の軍事作戦　方向―軍事力行使の目的を設定する　ボスニア―"人々の間"で軍事力を行使する）　〔04066〕

スミス, ロン　Smith, Ron

◇アメリカ潜水艦隊の戦い（THE DEPTHS OF COURAGE）　フリント・ホイットロック, ロン・スミス著, 井原裕司訳　元就出版社　2016.11　478p　20cm　2800円　①978-4-86106-249-0

内容 暗黒の日曜日　大日本帝国の進撃　困難な状況　この世の地獄　欠陥魚雷　"艦隊型"潜水艦　始まりの終わり　洗いに備えて　カブースへの配属　失敗した攻撃〔ほか〕　〔04067〕

スミス, D.

◇国際社会学の射程―社会学をめぐるグローバル・ダイアログ　西原和久, 芝真里編訳　東信堂　2016.2　118p　21cm　（国際社会学ブックレット 1）　1200円　①978-4-7989-1336-0

内容 「制度的エスノグラフィ」の系譜（D.スミス著, 堀田裕子訳）　〔04068〕

スミソニアン協会

◇ピクチャーペディア―なんでもいっぱい大図鑑（Picturepedia）　スミソニアン協会監修, DK社編, オフィス宮崎訳　河出書房新社　2016.11　360p　31cm　〈索引あり〉4600円　①978-4-309-61544-8

内容 宇宙と科学技術　自然界と生きもの　地球　文化とくらし　スポーツと遊び　世界の歴史　〔04069〕

スミッツ, グレゴリー

◇江戸のなかの日本、日本のなかの江戸―価値観・アイデンティティ・平等の視点から（Values, Identity, and Equality in Eighteenth-and Nineteenth-Century Japan）　ピーター・ノスコ, ジェームス・E.ケテラー, 小島康敬編, 大野ロベルト訳　柏書房　2016.12　415p　22cm　〈索引あり〉4800円　①978-4-7601-4759-5

内容 新たな文化、新たなアイデンティティ（グレゴリー・スミッツ著）　〔04070〕

スミルノフ, ヴィリヤム

◇現代日本の政治と外交 6　日本とロシア―真逆か、相違か？（JAPANESE AND RUSSIAN POLITICS）　猪口孝監修　猪口孝編　原書房　2015.3　245, 4p　22cm　〈文献あり 索引あり〉4800円　①978-4-562-04963-9

内容 不安定な政治（ヴィリヤム・スミルノフ著, 大槻敦子訳）　〔04071〕

スムトニアク, ジョン

◇英エコノミスト誌のいまどき経済学（ECONOMICS 原著第3版の翻訳）　サウガト・ダッタ編, 松本剛史訳　日本経済新聞出版社　2014.9　321p　19cm　〈索引あり〉2000円　①978-4-532-35606-4

内容 進化しつつある分野（マシュー・ビショップ, サウガト・ダッタ, パトリック・レイン, ジョン・パーカー, ジョン・スムトニアク, ポール・ウォーレス著）　〔04072〕

スメルサー, ニール・J.　Smelser, Neil J.

◇変動の社会学―社会学的説明に関する論集（Essays in Sociological Explanation）　N.J.スメルサー著, 橋本真訳　京都　ミネルヴァ書房　2015.9　394p　22cm　（ミネルヴァ・アーカイブズ）〈1974年刊の複製〉8500円　①978-4-623-07460-0

内容 第1部 科学的な研究事業としての社会学（社会学と他の社会諸科学　社会学の最適研究範囲　経済活動の比較分析の方法論　社会学的歴史―産業革命とイギリス労働者階級の家族　集合行動の社会的次元と心理的次元）　第2部 変動の社会学的説明（近代化の理論をめざして　社会構造と移動と経済発展　社会変動の一般理論をめざして）　〔04073〕

スモーリー, S.*　Smalley, Susan L.

◇マインドフルネスのすべて―「今この瞬間」への気づき（Fully PRESENT : The Science, Art, and Practice of Mindfulness）　Susan L. Smalley,Diana Winston著, 本間生夫, 下山晴彦監訳, 中野美奈, 政岡ゆり訳　丸善出版　2016.12　250p　21cm　2600円　①978-4-621-08599-8

内容 1 マインドフルネスとは何か？　2 はじめに　3 呼吸への意識―呼吸の重要性　4 マインドフルに向けて―身体と意識　5 痛みに対する取り組み　6 嫌な気分―ネガティブ感情に対処する　7 よいことを感じ、幸福を見つける　8 注意を払う。でも、どうやって？　9 ストレスとなる思考　10 マインドフルネスを阻害するもの　11 マインドフルネスの実践　〔04074〕

ズライダー・イブラヒム　Zuraidah Ibrahim

◇リー・クアンユー未来への提言（Lee Kuan Yew）　リークアンユー〔述〕, ハン・フッククワン, ズライダー・イブラヒム, チュア・ムイフーン, リディア・リム, イグナチウス・ロウ, レイチェル・リン, ロビン・チャン著, 小池洋次監訳　日本経済新聞出版社　2014.1　356p　20cm　〈年表あり〉3000円　①978-4-532-16896-4

内容 第1章 沼地に立つ八〇階建てのビル　第2章 人民行動党は存続するか　第3章 最良の精鋭たち　第4章 奇跡的な経済成長を持続するために　第5章 異邦人からシンガポール人へ　第6章 大国のはざまで　第7章

ス

夫、父、祖父、そして友として　〔04075〕

スラウィ, ヨウン　Slaoui, Younes

◇文明の交差路としての地中海世界（Géopolitique de la Méditerranée）　ブーシュラ・ラムゥニ・ベンヒーダ, ヨウン・スラウィ著, 吉田敦訳　白水社　2016.8　152, 2p　18cm　（文庫クセジュ 1007）〈文献あり〉1200円　①978-4-560-51007-0

内容 第1章 地中海世界の形成―分節化から地域統合へ　第2章 地中海世界の分裂と統一の歴史と地政学　第3章 地中海世界の社会、生活様式、文化―アイデンティティの危機と歩みより　第4章 アラブの春―地中海世界の論理とその位置づけ　第5章 水資源とエネルギー資源―地中海世界の挑戦と地政学的な役割　第6章 地中海世界における「ソフトパワー」の展開と国境を越えた違法薬物取引の現状　第7章 将来への展望　〔04076〕

ス

スラーヴィン, パブロ

◇歴史に生きるローザ・ルクセンブルク―東京・ベルリン・モスクワ・パリ‐国際会議の記録　伊藤成彦編著　社会評論社　2014.9　369p　21cm　2700円　①978-4-7845-1523-3

内容 ローザ・ルクセンブルクの民主主義概念（パブロ・スラーヴィン著, 有沢秀重訳）　〔04077〕

スラヒ, モハメドゥ・ウルド　Slahi, Mohamedou Ould

◇グアンタナモ収容所地獄からの手記（GUANTÁNAMO DIARY）　モハメドゥ・ウルド・スラヒ著, ラリー・シームズ編, 中島由華訳　河出書房新社　2015.11　447p　19cm　2800円　①978-4-309-22643-9

内容 ヨルダン〜アフガニスタン〜グアンタナモ―二〇〇二年七月〜二〇〇三年二月（アメリカ側に引き渡される　バグラム空軍基地に到着　バグラムからグアンタナモへ ほか）　グアンタナモ以前（セネガル〜モーリタニア―二〇〇〇年一月二十一日〜二月十九日　モーリタニア―二〇〇一年九月二十九日〜十一月二十八日　ヨルダン―二〇〇一年十一月二十九日〜二〇〇二年七月十九日）　グアンタナモ（グアンタナモ―二〇〇三年二月〜八月　グアンタナモ―二〇〇三年九月〜十二月　グアンタナモ―二〇〇四年〜二〇〇五年）　〔04078〕

ズーラビシヴィリ, フランソワ

◇ドゥルーズ―没後20年新たなる転回　河出書房新社　2015.10　269p　21cm　〈文献あり 著作目録あり〉2100円　①978-4-309-24735-9

内容 カントとマゾッホ（フランソワ・ズーラビシヴィリ著, 小谷弥生訳）　〔04079〕

スリウカ, アン

◇学びのイノベーション―21世紀型学習の創発モデル（Innovating to Learn, Learning to Innovate）　OECD教育研究革新センター編著, 有本昌弘監訳, 多々納誠子, 小熊利江訳　明石書店　2016.9　329p　22cm　4500円　①978-4-7503-4400-3

内容 オルターナティブ教育の貢献（アン・スリウカ著, 多々納誠子訳）　〔04080〕

スリーニヴァサン, ゴパル

◇徳倫理学―ケンブリッジ・コンパニオン（The Cambridge Companion to Virtue Ethics）　ダニエル・C.ラッセル編, 立花幸司監訳, 相沢康隆, 稲村一隆, 佐良土茂樹訳　春秋社　2015.9　521, 29p　20cm　〈文献あり 索引あり〉5200円　①978-4-393-32353-3

内容 徳倫理学に対する状況主義者からの批判（ゴパル・スリーニヴァサン著, 立花幸司訳）　〔04081〕

スリバン, ドリュー　Sullibvan, Drew

◇調査報道実践マニュアル―仮説・検証、ストーリーによる構成法（Story-Based Inquiry）　マーク・リー・ハンター編著, 高嶺朝一, 高嶺朝太訳　旬報社　2016.12　163p　21cm　〈文献あり〉1500円　①978-4-8451-1484-9

内容 品質管理（ニルズ・ハンソン, マーク・リー・ハンター, ピア・ソードセン, ドリュー・スリバン著）　〔04082〕

スリフカ, アンネ

◇多様性を拓く教師教育―多文化時代の各国の取り組み（Educating Teachers for Diversity）　OECD教育研究革新センター編著, 斎藤里美監訳, 布川あゆみ, 本田伊克, 木下江美, 三浦綾希子, 藤浪海訳　明石書店　2014.8　403p　22cm　4500円　①978-4-7503-4053-1

内容 均質性重視から多様性重視へと変わるドイツの教育（アンネ・スリフカ著, 布川あゆみ訳）　〔04083〕

スリヤー・ラタナクン　Suriyā Rattanakun

◇霊獣が運ぶアジアの山車―この世とあの世を結ぶもの　ゼイヤー・ウィン, スリヤー・ラタナクン, ホーム・プロムォン, 黄国賓, ソーン・シマトラン, 真島建吉, 三田村佳子, 神野善治, 杉浦康平, ナンシー・タケヤマ著, 浦崎雅代, マリーヤ・ドゥムロンポ, ヤーン・フォルネル訳　工作舎　2016.7　305p　21cm　（神戸芸術工科大学アジアンデザイン研究所シンポジウムシリーズ　斉木崇人監修）〈他言語標題：Boats, Floats and Sacred Animals　企画・構成：杉浦康平　文献あり〉3200円　①978-4-87502-474-3

内容 豊穣を招くナーガの舟山車（スリヤー・ラタナクン, ホーム・プロムォン著）　〔04084〕

ズル, バラク・ベン

◇イスラエル情報戦史（ISRAEL'S SILENT DEFENDER）　佐藤優監訳, アモス・ギルボア, エフライム・ラピッド編, 河合洋一郎訳　並木書房　2015.6　373p 図版32p　21cm　〈年表あり〉2700円　①978-4-89063-328-9

内容 カウンターインテリジェンス（バラク・ベン・ズル著）　〔04085〕

スレイター, トレイシー　Slater, Tracy

◇米国人博士、大阪で主婦になる。（THE GOOD SHUFU）　トレイシー・スレイター著, 高月園子訳　亜紀書房　2016.10　375p　19cm　（亜紀書房翻訳ノンフィクション・シリーズ 2-11）　1900円　①978-4-7505-1441-3

内容 1 出発　2 ハネムーン期　3 崩壊期　4 再統合期　5 自律期　6 受容期　エピローグ　〔04086〕

スレーター, ジェニー　Slater, Jenny

◇遊んで学べる！　えほん世界地図―キッズアトラス（CHILDREN'S ACTIVITY ATLAS）　ジェニー・スレーター文, カトリン・ヴィール, マーティン・サンダースイラスト　主婦の友社　2015.3　29p　29cm　〈索引あり〉1800円　①978-4-07-298560-1

内容 北アメリカ　南アメリカ　アフリカ北部　アフリカ南部　ヨーロッパ北部　ヨーロッパ南部　ユーラシア北部　中東と南アジア　東アジア　東南アジア　オセアニア　北極と南極　〔04087〕

スレンツカ, ノートゲル　Slenczka, Notger

◇キリスト教の主要神学者　上　テルトゥリアヌスからカルヴァンまで（Klassiker der Theologie, Bd.1 ： Von Tertullian bis Calvin）　F.W.グラーフ編, 片柳栄一監訳　教文館　2014.8　360, 5p　21cm　3900円　①978-4-7642-7383-2

内容 トマス・アクィナス（一二二四/一二二五―一二七四）（ノートゲル・スレンツカ）　〔04088〕

スロウィッキー, ジェームズ　Surowiecki, James

◇群衆の智慧（THE WISDOM OF CROWDS）　ジェームズ・スロウィッキー〔著〕, 小高尚子訳　KADOKAWA　2014.10　333p　19cm　（角川EPUB選書 014）　〈「「みんなの意見」は案外正しい」（角川文庫 2009年刊）の改題、修正〉1800円　①978-4-04-080011-0

内容 第1部（群衆の智慧　違いから生まれる違い―8の字ダンス、ピッグズ湾事件、多様性　ひと真似は近道―模倣、情報の流れ、独立性　ばらばらの欠片を一つに集める―CIA、リナックス、分散性　シャル・ウィ・ダンス？　―複雑な世の中でコーディネーションをする　社会は確かに存在している―税金、チップ、テレビ、信頼）　第2部（渋滞―調整が失敗したとき　科学―協力、競争、名声　委員会、陪審、チーム―コロンビア号の惨事と小さなチームの動かし方　企業―新しいボスって、どうよ？　市場―美人投票、ボウリング場、株価　民主主義―公益という夢）〔04089〕

スロスビー, デイヴィッド　Throsby, David

◇文化政策の経済学（THE ECONOMICS OF CULTURAL POLICY）　デイヴィッド・スロスビー著, 後藤和子, 阪本崇監訳　京都　ミネルヴァ書房　2014.9　303p　22cm　〈文献あり 索引あり〉3500円　①978-4-623-07069-5

内容 序論　文化政策の領域　政策過程　芸術政策　文化産業　文化遺産　都市再生、地域発展と文化　観光　国際経済における文化　文化多様性　芸術教育　経済発展と文化　知的財産　文化統計　結論　〔04090〕

スローン, エリノア　Sloan, Elinor Camille

◇現代の軍事戦略入門―陸海空からサイバー、核、宇宙まで（Modern Military Strategy）　エリノア・スローン著, 奥山真司, 関根大助訳　芙蓉書房出版　2015.3　371p　19cm　2500円　①978-4-8295-0645-5

内容 第1章 シーパワーの理論　第2章 ランドパワーの理論　第3章 エアパワーの理論　第4章 テクノロジーの進化と統合理論　第5章 ゲリラ戦の理論　第6章 サイバー戦論の理論　第7章 核戦力と抑止理論　第8章 スペースパワーの理論　〔04091〕

スローン, リチャード　Sloan, Richard G.

◇企業価値評価―eValによる財務分析と評価（Equity Valuation and Analysis with eVal 原著第3版の翻訳）　ラッセル・ランドホルム, リチャード・スローン著, 深井忠, 高橋美穂子, 山田純平訳　マグロウヒル・エデュケーション　2015.12　366p　21cm　〈索引あり　発売：日本経済新聞出版社〉3500円　①978-4-532-60540-7

内容 イントロダクション　情報収集　事業の理解　会計分析　財務比率分析　キャッシュ・フロー分析　体系的な予測　各項目の予測　資本コスト　株主価値評価　株価指標　複雑な問題　〔04092〕

スワミ・アナンド・ニラーラ

◇死について41の答え（The Art of Living and Dying）　OSHO講話, 伊藤アジータ訳, ニラーラ照校　鎌倉　OEJ Books　2015.1　455p　19cm　〈発売：めるくまーる〉2400円　①978-4-8397-0160-4

内容 第1部 死は最後のタブー（死の挑戦を受け入れる　疑いを信頼する ほか）　第2部 未知なる旅―恐怖を理解し、それに直面する（生まれもせず、死にもしない　生きられなかった生が、死にパワーを与える ほか）　第3部 不死の発見（死を歓迎する　意識的に死ぬための準備 ほか）　第4部 別れを告げるときのために―ケアテイカーと遺族のための洞察（大いなる啓示　死とともにある ほか）　〔04093〕

スワン, ティール　Swan, Teal

◇自分を愛せなくなってしまった人へ―自らに光をともす29の方法（SHADOWS BEFORE DAWN）　ティール・スワン著, 奥野節子訳　ナチュラルスピリット　2016.8　421p　19cm　2200円　①978-4-86451-214-5

内容 1 愛を失い、愛を見つける（失われた子供時代　大自然の中で　苦悩に満ちた自己愛への旅路　人生の目的を見つける　シンクロニシティ ほか）　2 自分を愛するためのツールキット（自分を愛するツールキットを使う　自己愛のための三百六十五日　自分は受け取るのにふさわしいと知る　最も重要な決断をする　自分のカップをいっぱいにする ほか）　〔04094〕

スワン, マンディ　Swann, Mandy

◇イギリス教育の未来を拓く小学校―「限界なき学びの創造」プロジェクト（CREATING LEARNING WITHOUT LIMITS）　マンディ・スワン, アリソン・ピーコック, スーザン・ハート, メリー・ジェーン・ドラモンド著, 新井浅浩, 藤森裕治, 藤森千尋訳　大修館書店　2015.7　261p　21cm　〈文献あり 索引あり〉2700円　①978-4-469-21349-2

内容 第1章 成長への新たな指針　第2章 基礎を築く　第3章 学びへの自由を広げる　第4章 学びの人間関係を再考する　第5章 学びを第一に：学校全体で学びの文化を創造する　第6章 集団的行動がもつ力　〔04095〕

スワン, W.*　Swan, William

◇クロスボーダー事業再生―ケース・スタディと海外最新実務　アンダーソン・毛利・友常法律事務所編　商事法務　2015.6　253p　21cm　3000円　①978-4-7857-2287-6

内容 英国の事業再生制度（William Swan著, 仁瓶善太

郎訳) 〔04096〕

スワントン, クリスティーン
◇徳倫理学―ケンブリッジ・コンパニオン (The Cambridge Companion to Virtue Ethics) ダニエル・C.ラッセル編, 立花幸司監訳, 相沢康隆, 稲村一隆, 佐良土茂樹訳 春秋社 2015.9 521, 29p 20cm 〈文献あり 索引あり〉5200円 ①978-4-393-32353-3
内容 徳倫理学の定義(クリスティーン・スワントン著, 稲村一隆訳) 〔04097〕

セ

【セ】

セイ, エン* 性 円
◇東北アジア平和共同体構築のための課題と実践―「IPCR国際セミナー2013」からの提言 韓国社会法人宗教平和国際事業団著, 世界宗教者平和会議日本委員会編, 山本俊正監修, 金永完監訳, 中央学術研究所編集責任 佼成出版社 2016.8 191, 3p 18cm (アーユスの森新書 010) 900円 ①978-4-333-02739-2
内容 仏教の縁起法的観点から見た東北アジア共同体の必要性(性円述, 金永完訳) 〔04098〕

セイ, シキ* 成 思危
◇転換を模索する中国―改革こそが生き残る道 高尚全主編, 岡本信広監訳, 岡本恵子訳 科学出版社東京 2015.6 375p 21cm 4800円 ①978-4-907051-34-1
内容 改革の恩恵は制度の創新〈イノベーション〉から生まれる(成思危著) 〔04099〕

セイ, トウホウ* 斉 東方
◇都城制研究 9 東アジア古代都城の立地環境 奈良女子大学古代学学術研究センター編 〔奈良〕 奈良女子大学古代学学術研究センター 2015.3 134p 30cm 〈文献あり〉
内容 中国都城の立地環境(斉東方著, 村元健一訳) 〔04100〕
◇中国の文明―北京大学版 5 世界帝国としての文明 上(隋唐―宋元明) 稲畑耕一郎日本語版監修・監訳, 袁行霈, 厳文明, 張伝璽, 楼宇烈原著主編 紺野達也訳 潮出版社 2015.10 455, 18p 23cm 〈他言語標題:THE HISTORY OF CHINESE CIVILIZATION 文献あり 年表あり 索引あり〉5000円 ①978-4-267-02025-4 〔04101〕
◇中国の文明―北京大学版 6 世界帝国としての文明 下(隋唐―宋元明) 稲畑耕一郎日本語版監修・監訳, 袁行霈, 厳文明, 張伝璽, 楼宇烈原著主編 原田信訳 潮出版社 2015.12 476, 20p 23cm 〈他言語標題:THE HISTORY OF CHINESE CIVILIZATION 文献あり 年表あり 索引あり〉5000円 ①978-4-267-02026-1
内容 第7章 学問領域の拡大と教育の発展 第8章 北方民族の発展と中華文明への貢献 第9章 外国との関係史の新たな一ページ 第10章 先進的な科学技術と科学観念の発展 第11章 文学の下方への移行と全面的繁栄 第12章 芸術の様相と時代の精神 第13章 多種多彩な社会生活 〔04102〕
◇中国の文明―北京大学版 4 文明の確立と変容 下(秦漢―魏晋南北朝) 稲畑耕一郎日本語版監修・監訳, 袁行霈, 厳文明, 張伝璽, 楼宇烈原著主編 住谷孝之, 土谷彰男訳 潮出版社 2016.4 363, 14p 23cm 〈他言語標題:THE HISTORY OF CHINESE CIVILIZATION 文献あり 年表あり 索引あり〉4800円 ①978-4-267-02024-7
内容 第7章 歴史学と地理学の基礎固めとその発展(紀伝体の新たな歴史学を創り出した『史記』 紀伝体による断代歴史学の確立と発展 ほか) 第8章 秦漢魏晋南北朝の文学(文学の自覚 伝記文学の伝統の確立 ほか) 第9章 芸術の全面的な繁栄(芸術の新たな局面の幕開け 建築芸術の力強さと美しさ ほか) 第10章 科学技術の形成と発展(天文暦算 中国薬学の体系の基礎固めと発展 ほか) 第11章 社会生活(多彩な衣・食・住・行 家庭と宗族 ほか) 〔04103〕

セイウン 星雲
◇人間仏教語録 上 星雲大師著, 釈慈容監修, 野川博之訳 山喜房仏書林 2015.5 4, 401p 21cm (人間仏教叢書) 4800円 ①978-4-7963-0574-7 〔04104〕
◇人間仏教語録 中 星雲大師著, 釈慈容監修, 野川博之訳 山喜房仏書林 2015.5 417p 21cm (人間仏教叢書) 4800円 ①978-4-7963-0575-4 〔04105〕
◇人間仏教語録 下 星雲大師著, 釈慈容監修, 野川博之訳 山喜房仏書林 2015.5 415p 21cm (人間仏教叢書) 4800円 ①978-4-7963-0576-1 〔04106〕
◇『仏光菜根譚』から禅の心を学ぶ 星雲大師著, 森田陽子監訳, 市川麗子訳 青山ライフ出版 2015.9 131p 19cm 〈中国語併記〉1500円 ①978-4-86450-197-2 〔04107〕

セイダー, スーザン
◇ワーク・ディスカッション―心理療法の届かぬ過酷な現場で生き残る方法とその実践 (WORK DISCUSSION) マーガレット・ラスティン, ジョナサン・ブラッドリー編, 鈴木誠, 鵜飼奈津子監訳 岩崎学術出版社 2015.5 215p 21cm 〈文献あり 索引あり〉3700円 ①978-4-7533-1090-6
内容 小学生への治療的アプローチ(スーザン・セイダー著, 磯部あゆみ訳) 〔04108〕

セイテ, ヤニック
◇ルソーと近代―ルソーの回帰・ルソーへの回帰 ジャン＝ジャック・ルソー生誕300周年記念国際シンポジウム 永見文雄, 三浦信孝, 川出良枝編 風行社 2014.4 426p 22cm 〈他言語標題:Rousseau, le moderne? 作品目録あり 年譜あり〉4600円 ①978-4-86258-082-5
内容 分離した言表から分離可能な言表へ(ヤニック・セイテ著, 増田真訳) 〔04109〕

ゼイハン, ピーター　Zeihan, Peter

◇地政学で読む世界覇権2030（THE ACCIDENTAL SUPERPOWER）　ピーター・ゼイハン著, 木村高子訳　東洋経済新報社　2016.2　496p　20cm　2400円　①978-4-492-44425-2

内容 私たちが知っているつもりの世界　エジプト：ここから向こうまでの行き方　技術革命：遠洋航海術と工業化　偶然の超大国の登場　地政学を独占する人口の激変　シェールの台頭　世界的な混乱期の到来　パートナーの国々　プレーヤーの国々　歴史はヨーロッパへ回帰する　アルバータ問題　北米麻薬戦争　中国戦争　移民とテロリズム　アメリカの時代　〔*04110*〕

ゼイヤー・ウィン　Zayar Win

◇霊獣が運ぶアジアの山車―この世とあの世を結ぶもの　ゼイヤー・ウィン, スリヤー・ラタナクン, ホーム・プロムォン, 黄国賓, ソーン・シマトラン, 真島建吉, 三田村佳子, 神野善治, 杉浦康平, ナンシー・タケヤマ著, 浦崎雅代, マリーヤ・ドゥムロンポ, ヤーン・フォルネル訳　工作舎　2016.7　305p　21cm　（神戸芸術工科大学アジアンデザイン研究所シンポジウムシリーズ　斉木崇人監修）〈他言語標題：Boats, Floats and Sacred Animals　企画・構成：杉浦康平　文献あり〉3200円　①978-4-87502-474-3

内容 仏像を運ぶ黄金の霊鳥船（ゼイヤー・ウィン著）　〔*04111*〕

セイラー, デイビッド　Saylor, David

◇信頼を勝ち取る言葉―全米消費者調査で見えた！（THE LANGUAGE of TRUST）　マイケル・マスランスキー著, スコット・ウェスト, ゲイリー・デモス, デイビッド・セイラー共著, インベスコ・コミュニケーション・アカデミー訳・監修　日経BPコンサルティング　2014.10　323p　21cm　〈発売：日経BPマーケティング〉1800円　①978-4-86443-068-5

内容 第1章 信頼を勝ち取るための新しい言葉（米国の「信頼が失われた時代」　はじめにまず言葉ありき）　第2章 信頼されるメッセージを伝える4つの原則（パーソナル化せよ　わかりやすい言葉で語れ　ポジティブであれ　真実味を持たせよ）　第3章 言葉の新しい順序（聞かせる技術―議論する前に相手の興味を引くこと　あなたのことはどうでもいい―「自分」ではなく「相手」を優先すること　そういうつもりで言ったのではない―背景や前後関係（Context）が本来の意味を伝える）　第4章 メディアとメッセージ（デジタル世界における信頼を勝ち取る言葉　信頼を失う法則―20の禁句）　〔*04112*〕

セイラー, リチャード　Thaler, Richard H.

◇行動経済学の逆襲（MISBEHAVING）　リチャード・セイラー著, 遠藤真美訳　早川書房　2016.7　527p　20cm　〈文献あり〉2800円　①978-4-15-209625-8

内容 第1部 エコンの経済学に疑問を抱く 1970～78年　第2部 メンタル・アカウンティングで行動を読み解く 1979～85年　第3部 セルフコントロール問題に取り組む 1975～88年　第4部 カーネマンの研究室に入り浸る 1984～85年　第5部 経済学者と闘う 1986～94年　第6部 効率的市場仮説に抗う 1983～2003年　第7部 シカゴ大学に赴任する 1995年～現在　第8部 意思決定をナッジする 2004年～現在　〔*04113*〕

セイラー, リンダ・キャプラン　Thaler, Linda Kaplan

◇GRIT―平凡でも一流になれる「やり抜く力」（Grit to Great）　リンダ・キャプラン・セイラー, ロビン・コヴァル著, 三木俊哉訳　日経BP社　2016.11　208p　19cm　〈発売：日経BPマーケティング〉1500円　①978-4-8222-5192-5

内容 第1章 なぜ「グリット」が大切なのか　第2章「才能」という神話　第3章 夢を捨て去れ　第4章 安全ネットなしで　第5章 ウェイトトレーニング＝待つトレーニング　第6章 竹のようにしなやかに　第7章 期限は無限　第8章 グリットは善をめざす　〔*04114*〕

セ

セイル, リーゼル・ファン

◇徳倫理学―ケンブリッジ・コンパニオン（The Cambridge Companion to Virtue Ethics）　ダニエル・C.ラッセル編, 立花幸司監訳, 相沢康隆, 稲村一隆, 佐良土茂樹訳　春秋社　2015.9　521, 29p　20cm　〈文献あり 索引あり〉5200円　①978-4-393-32353-3

内容 徳倫理学と正しい行為（リーゼル・ファン・セイル著, 相沢康隆訳）　〔*04115*〕

セイン, デイビッド　Thayne, David A.

◇日タイ対訳ニッポン紹介FAQ　デイビッド・セインオリジナル英文, ピヤヌット・ウィリヤェナワットタイ語訳　IBCパブリッシング　2016.7　219p　19cm　2200円　①978-4-7946-0420-0

内容 1 日本に関する基本情報（基本的な事実と数字　日本の歴史　日本の皇室）　2 日本の社会（日本の政治　日本の経済　日本の社会問題）　3 日本の暮らしと文化（家庭での日本人　日本の食べ物　日本を旅してみる　日本の伝統　日本の習慣）　〔*04116*〕

セオ, ケイ・キオンジュ　Seo, Kay Kyeongju

◇インストラクショナルデザインの理論とモデル―共通知識基盤の構築に向けて（INSTRUCTIONAL-DESIGN THEORIES AND MODELS, Volume 3）　C.M.ライゲルース,A.A.カー＝シェルマン編, 鈴木克明, 林雄介監訳　京都　北大路書房　2016.2　449p　21cm　〈索引あり〉3900円　①978-4-7628-2914-7

内容 シミュレーションを用いたアプローチ（アンドリュー・S.ギボンズ, マーク・マッコンキー, ケイ・キオンジュ・セオ, デイビッド・A.ワイリー著, 村上正行訳）　〔*04117*〕

世界基督教統一神霊協会

◇原理講論―三色刷　世界基督教統一神霊協会伝道教育局訳編　第5版　光言社　2014.5　604p　22cm　3000円　①978-4-87656-366-1

内容 前編（創造原理　堕落論　人類歴史の終末論　メシヤの降臨とその再臨の目的　復活論　予定論　キリスト論）　後編（緒論　復帰基台摂理時代　モーセとイエスを中心とする復帰摂理　摂理歴史の各時代とその年数の形成　摂理的同時性から見た復帰摂理時代と復帰摂理延長時代　メシヤ再降臨準備時代　再臨論）　〔*04118*〕

セ

世界銀行《The World Bank》
⇒国際復興開発銀行

世界保健機関《WHO》
◇障害に関する世界報告書―概要　世界保健機関, 世界銀行著, 国立障害者リハビリテーションセンター訳　〔点字資料〕　日本点字図書館（点字版印刷・製本）　2013.10　2冊　27cm　〈厚生労働省委託　原本：所沢 国立障害者リハビリテーションセンター 2011〉　〔04119〕
◇自殺を予防する―世界の優先課題（Preventing suicide）　世界保健機関著, 国立精神・神経医療研究センター精神保健研究所自殺予防総合対策センター訳　小平　国立精神・神経医療研究センター精神保健研究所自殺予防総合対策センター　2014.9　88p　30cm　〈文献あり〉　〔04120〕
◇セクシュアル・ヘルスの推進―行動のための提言（Promotion of sexual health recommendations for action）　Pan American Health Organization,World Health Organization〔著〕, 松本清一, 宮原忍日本語版・監修　増補版　日本性教育協会　2015.4　69p　26cm　〔04121〕
◇健康および障害の評価―WHO障害評価面接基準マニュアルWHODAS 2.0（Measuring Health and Disability）　田崎美弥子訳者代表　日本レジリエンス医学研究所　2015.6　133p　26cm　〈発売：日本評論社〉2500円　①978-4-535-98428-8
内容 1 背景（WHODAS2.0の開発　WHODAS2.0の心理統計的特性　WHODAS2.0の使用法）2 WHODAS2.0の実施と採点に関する実務面（WHODAS2.0実施と採点　WHODAS2.0の採点　各質問の詳述 ほか）3 WHODAS2.0の各版（面接者版　自己記入版　代理人記入版 ほか）　〔04122〕
◇世界自殺統計―研究・臨床・施策の国際比較（Suicide）　マシュー・K.ノック, ギリェルメ・ボルヘス, 大野裕編, 坂本律訳　明石書店　2015.7　436p　27cm　〈索引あり〉16000円　①978-4-7503-4208-5
内容 第1部 概要（自殺行動の国際的観点　自殺および自殺行動の疫学 ほか）　第2部 自殺行動の発生率および経過（自殺行動の発生率、発現、移行　自殺行動の経時的な持続性）　第3部 自殺行動に対する生涯の危険因子（自殺行動に対する社会人口属性危険因子：WHO世界精神保健調査の結果　親の精神病理と自殺行動のリスク ほか）　第4部 12か月の危険因子および治療（WHO世界精神保健調査における12か月間自殺行動の高リスク集団の特定　自殺傾向のある人に対する世界各地の治療）　第5部 総括および今後の方向性（世界精神保健調査の自殺行動に関する知見に基づく研究上、臨床上、施策上の指針　総括および今後の方向性）　〔04123〕

セーガル, イーサン
◇日本の経済思想―時間と空間の中で　川口浩編　ぺりかん社　2016.2　332p　21cm　（早稲田大学現代政治経済研究所研究叢書 42）　5200円　①978-4-8315-1434-9
内容 古代・中世日本の経済思想（イーサン・セーガル著, 田中アユ子訳）　〔04124〕

セガール, カビール　Sehgal, Kabir
◇貨幣の「新」世界史―ハンムラビ法典からビットコインまで（COINED）　カビール・セガール著, 小坂恵理訳　早川書房　2016.4　398p　19cm　〈文献あり〉2100円　①978-4-15-209611-1
内容 第1部 精神―アイデアのルーツ（ジャングルは危険がいっぱい―交換の生物学的起源　私の心のかけら―お金の心理学的分析　借金にはまる理由―債務の人類学）　第2部 身体―お金の物質的形態（ハードな手ごたえ―ハードマネーの簡単な歴史　ソフトなのがお好き？　―ソフトマネーの簡単な歴史　バック・トゥ・ザ・フューチャー―お金の未来）　第3部 魂―価値の象徴（投資家は天使のごとく―宗教とお金　貨幣は語る―お金に表現された芸術）　〔04125〕

セガン, エドゥアール　Séguin, Onésime－Édouard
◇初稿知的障害教育論―白痴の衛生と教育　エドゥアール・セガン著, 川口幸宏訳　幻戯書房　2016.3　209p　20cm　2800円　①978-4-86488-092-3
内容 筋肉組織の教育　模倣　神経組織と感覚器官の体操と教育　線画　書き方　読み方　読み方―名詞について　概念についてと観念について　命名について　性質について〔ほか〕　〔04126〕

セキ, ケイセイ*　石 計生
◇台湾のなかの日本記憶―戦後の「再会」による新たなイメージの構築　所沢潤, 林初梅編　三元社　2016.3　306p　22cm　（大阪大学台湾研究プロジェクト叢書 1）　3500円　①978-4-88303-400-0
内容 歌謡、歌謡曲集、雑誌の流通（石計生著, 田上智宜訳）　〔04127〕

セキ, ジョセイ　石 舒清
◇西海固の人々―中国最貧地区に住む回族の暮らし　石舒清著, 王征写真, 徳間佳信訳　勉誠出版　2014.9　370p　20cm　3200円　①978-4-585-23030-4
内容 第1部 母なる大地（乾いた海　髪菜狩り　昔ながらの家 ほか）　第2部 すぐに萎れる花（手を引いて　米麺夫妻　しきたり ほか）　第3部 澄んだ水と麦の穂（経を聴く　礼拝の思い出　澄んだ水と麦の穂 ほか）　〔04128〕

セキ, ミツゲン*　石 光現
⇒ソク, クァンヒョン*

ゼクレス, F.*　Sekles, Flavia
◇国家ブランディング―その概念・論点・実践（NATION BRANDING）　キース・ディニー編著, 林田博光, 平沢敦監訳　八王子　中央大学出版部　2014.3　310p　22cm　（中央大学企業研究所翻訳叢書 14）　4500円　①978-4-8057-3313-4
内容 原産国とナショナル・アイデンティティから国家ブランディングまで（Renata Sanches,Flavia Sekles,Anthony Gortzis,Gianfranco Walsh,Klaus-Peter Wiedmann著, 金炯中訳）　〔04129〕

セツ, ウホウ　薛 宇峰
◇経済学方法論　上巻　中国マルクス主義経済学の視点　程恩富, 胡楽明編著, 岡部守, 薛宇峰監修　八朔社　2015.9　394p　22cm　4200円　①978-

4-86014-074-8 〔*04130*〕

◇経済学方法論　下巻　中国マルクス主義経済学の外延的拡大　程恩富,胡楽明編著,岡部守,薛宇峰監修　八朔社　2016.1　381p　22cm　4200円　①978-4-86014-075-5 〔*04131*〕

セツ,トウクン*　薛 東勲

⇒ソル,ドンフン*

積極的経済フォーラム

◇未来のために何をなすべきか?—積極的社会建設宣言（MANIFESTE POUR UNE SOCIÉTÉ POSITIVE）　ジャック・アタリ,積極的経済フォーラム著,的場昭弘訳　作品社　2016.6　150p　19cm　1400円　①978-4-86182-581-1

内容 序文 われわれは、いま、未来の世代に"声"を残すべきだ　第1章 積極的社会、集団的計画　第2章 国家、長期的に積極的経済を保証するもの　第3章 地方、積極的な協力の創造者　第4章 企業、重要な積極的成長のモーター　第5章 市民、積極的社会の活動の鍵　結論 活動している積極的経済　附録 未来の世代のために尽くすことこそ、継続的、均衡成長のための鍵である 〔*04132*〕

セットフォード,ウィリアム　Thetford, William

◇奇跡のコース　第1巻　テキスト（A COURSE IN MIRACLES）　ヘレン・シャックマン記,ウィリアム・セットフォード,ケネス・ワプニック編,大内博訳　普及版　ナチュラルスピリット　2014.6　946p　21cm　〈初版：ナチュラルスピリット・パブリッシング80 2010年刊　文献あり　年表あり〉3800円　①978-4-86451-122-3

内容 奇跡の意味　分離とあがない　罪のない知覚　エゴの幻想　癒しと完全性　愛のレッスン　神の王国の贈り物　故郷へ帰る旅　あがないの受容　病の偶像〔ほか〕 〔*04133*〕

◇奇跡のコース　第2巻　学習者のためのワークブック/教師のためのマニュアル（A COURSE IN MIRACLES）　ヘレン・シャックマン記,ウィリアム・セットフォード,ケネス・ワプニック編,大内博訳　普及版　ナチュラルスピリット　2015.10　809,105p　21cm　3800円　①978-4-86451-182-7

内容 1（この部屋の中で（この通りで、この窓から、この場所で）私が見ているものには、何の意味もありません。　私は、この部屋の中で（この通りで、この窓から、この場所で）見ているもののすべてに、それらが私に対してもっている意味のすべてを与えています。私は、この部屋で（この通りで、この窓から、この場所で）見ているものを何も理解していません。ほか）2（ゆるしとは何でしょうか　救いとは何でしょうかこの世界とは何でしょうか ほか）　最後のレッスン（この神聖な瞬間を私は「あなた」に捧げます。「あなた」が責任者です。というのは、「あなた」の導きが私に安らぎを与えてくれることを確信して、私はあなたの後をついていくからです。） 〔*04134*〕

◇奇跡の道—兄イエズスの教え　1　本文・序文〜第六章（A Course In Miracles）　ヘレン・シャックマン記,ウィリアム・セットフォード,ケネス・ワプニック編,田中百合子訳　ナチュラルスピリット　2016.3　241,20p　19cm　1600円　①978-4-86451-198-8

内容 第1章 奇跡の意味　第2章 分離と贖罪　第3章 潔白な知覚　第4章 自我の錯覚　第5章 癒しと完全なすがた　第6章 愛の教訓 〔*04135*〕

ゼデルヘム,アメデ・テータールト・ドゥ　Teetaert, Amédée

◇キリストの受難十字架の道行き—心的巡礼による信仰の展開（Aperçu historique sur la dévotion au chemin de la croix）　アメデ・テータールト・ドゥ・ゼデルヘム原著,関根浩子訳　勉誠出版　2016.3　153p　22cm　3200円　①978-4-585-21034-4

内容 1 最初の10世紀間の十字架の道行き　2 11世紀から15世紀までの十字架の道行き（キリストの受難に対する信心　受難に対する信心が十字架の道行きの開始に及ぼした間接的影響　十字架を背負ってイエスが歩いた道の訪問）　3 15世紀から今日まで（多くの特殊な諸信心を内包した受難に対する信心　14留の十字架の道行き）　結語 〔*04136*〕

セーデルボリ,アン‐クリスティン　Cederborg, Ann-Christin

◇知的障害・発達障害のある子どもの面接ハンドブック—犯罪・虐待被害が疑われる子どもから話を聴く技術（ATT INTERVJUA BARN）　アン‐クリスティン・セーデルボリ,クラーラ・ヘルネル・グンペルト,グンヴォル・ラーション・アバド著,仲真紀子,山本恒雄監訳,リンデル佐藤良子訳　明石書店　2014.9　107p　21cm　〈文献あり 索引あり〉2000円　①978-4-7503-4063-0

内容 第1章 はじめに　第2章 障害とハンディキャップ（身体障害と精神障害　診断　知的障害　発達障害）第3章 知的障害、発達障害、またはその両方のある子どもへの面接（面接の計画を立てる　面接　面接技法　面接の段階　おわりに） 〔*04137*〕

ゼドラ,ダン　Zadra, Dan

◇7—1週間のうち何日を特別な日にできるだろう?　(7)　ダン・ゼドラ,コビ・ヤマダ著,池村千秋訳　武蔵野　海と月社　2014.11　1冊（ページ付なし）　24cm　〈他言語標題：SEVEN〉1600円　①978-4-903212-50-0 〔*04138*〕

セドラチェク,トーマス　Sedláček, Tomáš

◇善と悪の経済学—ギルガメシュ叙事詩、アニマルスピリット、ウォール街占拠（Ekonomie dobra a zla（重訳））　トーマス・セドラチェク著,村井章子訳　東洋経済新報社　2015.6　485,91p　20cm　〈文献あり 索引あり〉3400円　①978-4-492-31457-9

内容 経済学の物語—詩から学問へ　第1部 古代から近代へ（ギルガメシュ叙事詩　旧約聖書　古代ギリシャ　キリスト教　デカルトと機械論 ほか）　第2部 無礼な思想（強欲の必要性—欲望の歴史　進歩、ニューアダム、安息日の経済学　善悪軸と経済学のバイブル　市場の見えざる手とホモ・エコノミクスの歴史　アニマルスピリットの歴史 ほか） 〔*04139*〕

セネット,リチャード　Sennett, Richard

◇クラフツマン—作ることは考えることである（THE CRAFTSMAN）　リチャード・セネット著,高橋勇夫訳　筑摩書房　2016.7　544,19p　20cm　〈索引あり〉4000円　①978-4-480-86445-

セ

1

内容 自分自身の製作者としての人間　第1部 クラフツマンたち（悩めるクラフツマン　作業場　機械　物質への意識）　第2部 クラフト（手　表現力の豊かな指示　道具を目覚めさせる　抵抗と曖昧）　第3部 クラフツマンシップ（品質にこだわる作業　能力）　哲学の作業場 〔04140〕

セノフ, アニ　Sennov, Anni

◇ピュア・インディゴ&ピュア・クリスタルの子供たち―すでに今地球に生きるアップグレードした人々《旧世代の大人たち》がこれら《新時代の子供たち》と共に未来を創っていくその方法（CRYSTAL CHILDREN, INDIGO CHILDREN AND ADULTS OF THE FUTURE）　アニ・セノフ著, 石原まどか訳　ヒカルランド　2015.5　219p　19cm 〈他言語標題：Pure Indigo & Pure Crystal Children　著作目録あり〉1713円　①978-4-86471-283-5

内容 第1章 新時代の子供たちよ！　スピリットと肉体がひとつになる未来へ生きて行け！（地球のグレードアップ/この変容プロセスに子供たちを参加させるのです　今、子供たちのエネルギーは親たちをはるかに上まわっています）　第2章 "インディゴ"・チルドレンと "クリスタル・チルドレン"新たなオーラ構造の子供たちから学びましょう（生来のスピリチュアル・マスター "インディゴ・チルドレン"とその特異なオーラ構造　純粋な宇宙の泉そのもの "クリスタル・チルドレン"とその無限の自己充足システム ほか）　第3章 旧時代の大人たちよ、"オーラ構造をアップグレード"して子供たちの波動に調和させて生きましょう（"旧時代のオーラ"に刻まれているカルマ/その脱出法とスピリットの進化法　波動の高い新しいエネルギーが地球に注がれている今 子供たちに起こっていること ほか）　第4章 さあ、新たな時代を生きましょう/素晴らしい未来のためのスピリチュアルな生き方（あなたの "サイキック・パワー"を進化させるスピリットと肉体が融合するとあるゆる物事が満たされる ほか） 〔04141〕

◇宇宙からの伴侶スピリットメイト（SPIRIT MATES）　アニ・セノフ, カーステン・セノフ著, 石原まどか訳　ヒカルランド　2015.7　117p　19cm　1500円　①978-4-86471-294-1

内容 スピリット・メイトはソウル・メイト、ツイン・ソウルとは別の存在です　スピリット・メイトの心と体は、まるで "プラグとソケット"のようにぴったり！　スピリット・メイト（ツイン・フレーム）は宇宙創生のときのエネルギーの半身です！　スピリット・メイトとの最初の出会いはこんなふう　本源のスピリットと意識が同一ならではの "純粋な愛"　すべての人間は、同じスピリットからともに生まれた双対の伴侶に会いたいと願っています　スピリット・メイトたちがこの地上で出会うことは、かつては起こり得ないことだった　この地上における "進化とカルマのジグソーパズル"を超えるために！　スピリット・メイトのカップルたちは、惑星地球で出会い、ともに生きるように定められています！　「わたしのスピリット・メイトのあなたはどこにいますか？　わたしはあなたに会う準備ができています！」 〔04142〕

◇大人にも子供にも役立つ初めてのエネルギー護身術―エナジーバンパイアが狙っています！　簡単にできるイメージワークで《今すぐ君のパワーを取り戻そう》（THE LITTLE ENERGY GUIDE.1 ： Take Care of Your Own Energy）　アニ・セノフ, カーステン・セノフ著, 石原まどか訳　ヒカルランド　2016.3　97p　19cm　1500円　①978-4-86471-343-6

内容 ようこそ！　きみたちはもう知っている　エネルギーのやりとり　ほかの人のことばかり考えすぎてない？　友だちを助けてあげる方法　いやな人、意地悪な人　きみがするべきこと　ついてない一日のはじまり　ほかの人にパワーをあげすぎてるんじゃない？　そんなとき、どうすればいい？〔ほか〕 〔04143〕

セノフ, カーステン　Sennov, Carsten

◇宇宙からの伴侶スピリットメイト（SPIRIT MATES）　アニ・セノフ, カーステン・セノフ著, 石原まどか訳　ヒカルランド　2015.7　117p　19cm　1500円　①978-4-86471-294-1

内容 スピリット・メイトはソウル・メイト、ツイン・ソウルとは別の存在です　スピリット・メイトの心と体は、まるで "プラグとソケット"のようにぴったり！　スピリット・メイト（ツイン・フレーム）は宇宙創生のときのエネルギーの半身です！　スピリット・メイトとの最初の出会いはこんなふう　本源のスピリットと意識が同一ならではの "純粋な愛"　すべての人間は、同じスピリットからともに生まれた双対の伴侶に会いたいと願っています　スピリット・メイトたちがこの地上で出会うことは、かつては起こり得ないことだった　この地上における "進化とカルマのジグソーパズル"を超えるために！　スピリット・メイトのカップルたちは、惑星地球で出会い、ともに生きるように定められています！　「わたしのスピリット・メイトのあなたはどこにいますか？　わたしはあなたに会う準備ができています！」 〔04144〕

◇大人にも子供にも役立つ初めてのエネルギー護身術―エナジーバンパイアが狙っています！　簡単にできるイメージワークで《今すぐ君のパワーを取り戻そう》（THE LITTLE ENERGY GUIDE.1 ： Take Care of Your Own Energy）　アニ・セノフ, カーステン・セノフ著, 石原まどか訳　ヒカルランド　2016.3　97p　19cm　1500円　①978-4-86471-343-6

内容 ようこそ！　きみたちはもう知っている　エネルギーのやりとり　ほかの人のことばかり考えすぎてない？　友だちを助けてあげる方法　いやな人、意地悪な人　きみがするべきこと　ついてない一日のはじまり　ほかの人にパワーをあげすぎてるんじゃない？　そんなとき、どうすればいい？〔ほか〕 〔04145〕

セバー, フランソワ＝ダヴィッド

◇フランス現象学の現在　米虫正巳編　法政大学出版局　2016.9　331, 3p　20cm 〈他言語標題：PHÉNOMÉNOLOGIE FRANÇAISE À L'ŒUVRE　執筆：ディディエ・フランクほか　索引あり〉4200円　①978-4-588-13021-2

内容 生き残る者の有罪性としての倫理（フランソワ＝ダヴィッド・セバー著, 樋口雄哉, 服部敬弘訳） 〔04146〕

セバレンジ, ジョセフ　Sebarenzi, Joseph

◇ルワンダ・ジェノサイド生存者の証言―憎しみから赦しと和解へ（GOD SLEEPS IN RWANDA）　ジョセフ・セバレンジ, ラウラ・アン・ムラネ著, 米川正子訳　立教大学出版会　2015.3　17, 311, 12p　22cm 〈他言語標題：Genocide in

Rwanda and Testimony of a Survivor　文献あり 年表あり 索引あり　発売：有斐閣〉4000円 ①978-4-901988-28-5
内容 序章　第1章 太鼓が鳴り響き、命が救われた　第2章 我々が殺されても、おまえは生き残る　第3章 誰も紛争の終わり方を知らない　第4章 信じがたい悲劇　第5章 神様の示した道　第6章 署名欄に賭けた人生　第7章 クリントン氏とアナン氏の癒しの使命　第8章 忍び寄る独裁政治　第9章 裏切り　第10章 亡命への道　〔04147〕

セーブル, チャールズ・F.　Sabel, Charles Frederick

◇成長戦略論―イノベーションのための法と経済学（RULES FOR GROWTH）　ロバート・E.ライタン編著, 木下信行, 中原裕彦, 鈴木淳人監訳　NTT出版　2016.3　383p　23cm　6500円 ①978-4-7571-2352-6
内容 契約, 不確実性, イノベーション（ロナルド・J.ギルソン, チャールズ・F.セーブル, ロバート・E.スコット著, 鈴木淳人監訳, 杉村和俊訳）　〔04148〕

◇第二の産業分水嶺（THE SECOND INDUSTRIAL DIVIDE）　マイケル・J.ピオリ, チャールズ・F.セーブル著, 山之内靖, 永易浩一, 菅山あつみ訳　筑摩書房　2016.4　662p　15cm（ちくま学芸文庫 ヒ16-1）〈索引あり〉1900円 ①978-4-480-09724-8
内容 第1章 序論　第2章 大量生産体制―宿命的かつ盲目的な選択　第3章 巨大株式企業　第4章 経済の安定化　第5章 グローバルな視点・ミクロの視点　第6章 保存された諸事例―アメリカ以外の諸国における大量生産体制とクラフト的生産体制　第7章 大量生産体制の危機　第8章 危機に対する企業の反応　第9章 歴史、現実、および各国の戦略　第10章 繁栄の条件―ケインズ主義の国際化と柔軟な専門化　第11章 アメリカと柔軟な専門化　〔04149〕

セプールベダ, J.　Sepúlveda, Juan Ginés de

◇第二のデモクラテス―戦争の正当原因についての対話（IOANNIS GENESII SEPVLVEDAE ARTIVM, ET SACRAE THEOLOGIAE DOCTORIS DIALOGUS, QUI INSCRIBITUR DEMOCRATES SECUNDUS DE IUSTIS BELLI CAUSIS, APOLOGIA IOANNIS GENESSI SEPVLVEDAE PRO LIBRO DE IVSTIS BELLI CAVSIS）　セプールベダ著, 染田秀藤訳　岩波書店　2015.4　309p　15cm（岩波文庫 33-497-1）〈「征服戦争は是か非か」(1992年刊)の改題、修正・加筆　文献あり〉840円 ①978-4-00-334971-7
内容 アポロギア（フワン・ヒネース・デ・セプールベダが高名にして博学なセゴビア司教アントニオ・ラミレスの異論に答えて、戦争の正当原因を論じた自著を弁護する書　第一部　第二部）　第二のデモクラテス―戦争の正当原因についての対話（いと賢明なる貴顕テンディーリャ伯爵兼モンデハル侯爵であられるルイス・デ・メンドサ殿に捧げる献詞　第一部　第二部）　〔04150〕

セリエ, フィリップ　Sellier, Philippe

◇聖書入門（LA BIBLE ： Aux sources de la culture occidentale）　フィリップ・セリエ著, 支倉崇晴, 支倉寿子訳　講談社　2016.12　415p 19cm　2200円 ①978-4-06-258642-9
内容 旧約聖書（ユダヤ教徒にとっての聖書）（『創世記』または起源の書　荒野の横断　歴史書　預言者にして作家　詩の書　知恵に関する書）　新約聖書（新約の極致―四福音書　イエスの生涯と芸術―幼年時代と公生活　イエスの生涯と芸術―キリストの受難 - 復活　『使徒言行録』　手紙または書簡　『ヨハネの黙示録』）　〔04151〕

セリグマン, マーティン　Seligman, Martin E.P.

◇ポジティブ心理学の挑戦―"幸福"から"持続的幸福"へ（Flourish）　マーティン・セリグマン〔著〕, 宇野カオリ監訳　ディスカヴァー・トゥエンティワン　2014.10　455p　19cm　2200円 ①978-4-7993-1576-7
内容 第1部 新・ポジティブ心理学（ウェルビーイングとは何か？　幸せを創造する―ポジティブ心理学エクササイズ　薬とセラピーの"ばつの悪い秘密"　ペンシルベニア大学MAPPプログラム　ポジティブ教育―学校でウェルビーイングを教える）　第2部 持続的幸福への道（知性に関する新理論―根気、徳性、達成　アーミー・ストロング―総合的兵士健康度プログラム　トラウマを成長に変える　ポジティブヘルス―楽観性の生物学　ウェルビーイングの政治学・経済学）　〔04152〕

◇異常心理学大事典（Abnormal Psychology）　M.E.P.セリグマン,E.F.ウォーカー,D.L.ローゼンハン著, 上里一郎, 瀬戸正弘, 三浦正江監訳　西村書店　2016.8　763p　27cm〈文献あり 索引あり〉8800円 ①978-4-89013-467-0
内容 異常性：過去と現在　アセスメント、診断、研究法　心理学的アプローチ　生物学的アプローチと神経科学　不安障害　身体表現性障害と解離性障害　気分障害　早期に発症する疾患　パーソナリティ障害　統合失調症　高齢期の障害　心理的要因と身体疾患　性障害　精神作用性物質使用障害　社会的・法的観点　未来への方向性　〔04153〕

ゼリコウ, フィリップ　Zelikow, Philip

◇決定の本質―キューバ・ミサイル危機の分析 1（ESSENCE OF DECISION 原著第2版の翻訳）　グレアム・アリソン, フィリップ・ゼリコウ著, 漆嶋稔訳　第2版　日経BP社　2016.3　417p 20cm（NIKKEI BP CLASSICS）〈初版：中央公論社 1977年刊　索引あり　発売：日経BPマーケティング〉2400円 ①978-4-8222-5128-4
内容 第1章 第一モデル―合理的アクター（厳密な行動モデル　合理的アクターのパラダイム　古典モデルの解説）　第2章 キューバ・ミサイル危機―第一モデルによる分析（ソ連がキューバに攻撃用ミサイル配備を決定した理由　アメリカが海上封鎖でミサイル配備に対応した理由　ソ連がミサイルを撤去した理由）　第3章 第二モデル―組織行動（組織論理と効率　組織論理と組織文化　相互作用的複雑性　アメリカ航空宇宙局（NASA）―主役と犠牲　組織行動のパラダイム）　〔04154〕

◇決定の本質―キューバ・ミサイル危機の分析 2（ESSENCE OF DECISION 原著第2版の翻訳）　グレアム・アリソン, フィリップ・ゼリコウ著, 漆嶋稔訳　第2版　日経BP社　2016.3　475p 20cm（NIKKEI BP CLASSICS）〈初版：中央公論社 1977年刊　索引あり　発売：日経BP

セ

マーケティング〉2400円　①978-4-8222-5129-1

内容 第4章 キューバ・ミサイル危機―第二モデルによる分析(キューバにおけるソ連ミサイル配備　アメリカのキューバ封鎖　ソ連ミサイルのキューバ撤去)　第5章 第三モデル―政府内政治(政府内政治の解説　集団過程が選択と行動に及ぼす影響　政府内政治のパラダイム)　第6章 キューバ・ミサイル危機―第三モデルによる分析(アメリカによる海上封鎖　ソ連によるキューバからのミサイル撤去)　第7章 結論(要約―解釈の相違　要約―答えが異なるのか、問いが異なるのか　今後の展開)　〔*04155*〕

セ

ゼリンスキー, E.* Zelinski, Elizabeth M.

◇ワーキングメモリと日常―人生を切り拓く新しい知性（WORKING MEMORY）　T.P.アロウェイ,R.G.アロウェイ編著, 湯沢正通, 湯沢美紀監訳　京都　北大路書房　2015.10　340p　21cm　（認知心理学のフロンティア）〈文献あり 索引あり〉3800円　①978-4-7628-2908-6

内容 ワーキングメモリの階層モデルと健康な高齢者のその変化(Chandramallika Basak, Elizabeth M. Zelinski著, 浅川淳司訳)　〔*04156*〕

セール, アラン Serres, Alain

◇ネルソン・マンデラ―差別のない国をめざして　アラン・セール原作, ザウ絵, 高野優監訳, 田中裕子, 川口明百美訳　汐文社　2015.6　59p　27cm　(伝記絵本世界を動かした人びと)〈年譜あり〉2500円　①978-4-8113-2172-1　〔*04157*〕

セル, イヴォンヌ Sell, Yvonne

◇LEADERSHIP 2030―リーダーの未来を変える6つのメガトレンド（LEADERSHIP 2030）　ゲオルク・ヴィエルメッター, イヴォンヌ・セル著, ヘイグループ訳　生産性出版　2015.8　292p　21cm　〈文献あり〉2800円　①978-4-8201-2042-1

内容 序章 帝国と馬糞　第1章 ロスト・イン・トランスレーション：グローバリゼーション2.0　第2章 気候変動と資源の欠乏：環境危機　第3章 個人へのパワーシフト：「個の台頭」と価値の多様化　第4章 バーチャルな世界で働く：デジタル時代　第5章 社会の不安定化：人口動態の変化　第6章 大いなる期待？　：技術の融合　第7章 メガトレンドを加速させる現象、ジレンマ、パーフェクトストーム　第8章「見出し」ではなく「脚注」に：共創型(Altrocentric)のリーダー　終章 共創型リーダーシップへの旅　〔*04158*〕

セール, ベネディクト Sère, Bénédicte

◇100語でわかる西欧中世（Les 100 mots du moyen âge）　ネリー・ラベール, ベネディクト・セール著, 高名康文訳　白水社　2014.2　168, 6p　18cm　(文庫クセジュ 988)〈文献あり 索引あり〉1200円　①978-4-560-50988-3

内容 寓意　年代記、編年記　古代　アーサー王　作者　冒険　アヴェロエス主義　美醜　ベネフィキウム(恩貸地、聖職禄)　動物寓意譚〔ほか〕　〔*04159*〕

セール, ミシェル Serres, Michel

◇世界戦争（LA GUERRE MONDIALE）　ミシェル・セール〔著〕, 秋枝茂夫訳　法政大学出版局　2015.8　229p　20cm　(叢書・ウニベルシタス 1030)　2800円　①978-4-588-01030-9

内容 序章　第1章 乱闘　第2章 大洪水　第3章 戦争　第4章 戦争からテロリズムへ　第5章 世界戦争　第6章 "世界"の方舟　第7章 再び乗船　〔*04160*〕

◇作家、学者、哲学者は世界を旅する（ECRIVAINS, SAVANTS ET PHILOSOPHES FONT LE TOUR DU MONDE）　ミシェル・セール著, 清水高志訳　水声社　2016.10　227p　20cm　(〈叢書〉人類学の転回)　2500円　①978-4-8010-0198-5

内容 序章 三つの世界旅行　第1章 われらがトーテミストの系譜　第2章 魂は皆のために、衣服はおのおののために　第3章 私、モナド、アナロジスト　第4章 自然と文化の婚姻　終章 幹　〔*04161*〕

セルゲイ, ジェーン Sergay, Jane

◇子育ての問題をPBSで解決しよう！―ポジティブな行動支援で親も子どももハッピーライフ（Parenting with Positive Behavior Support）　ミミ・ハイネマン, カレン・チャイルズ, ジェーン・セルゲイ著, 三田地真実監訳, 神山努, 大久保賢一訳　金剛出版　2014.8　223p　26cm　〈文献あり〉2800円　①978-4-7724-1354-1

内容 第1部 ポジティブな行動支援(PBS)の紹介とその全体像―PBSの基礎知識(問題行動の理解とその対応　ポジティブな行動支援(PBS)について)　第2部 ポジティブな行動支援(PBS)のプロセス―問題解決プロセスの全体像(ゴールの設定　情報の収集と分析　計画の作成　計画の実行)　第3部 ポジティブな行動支援(PBS)の実際―事例を通して実際のプロセスを体験する(アヤの事例　ユキの事例　ケイタの事例)　第4部 ポジティブな行動支援(PBS)による生活の拡大―そのプロセスを家族に役立たせる(ポジティブな行動支援(PBS)を家族生活に取り入れる　誰に対してもポジティブな行動支援(PBS)が機能するために)　〔*04162*〕

セルケイラ, L.* Cerqueira, Luís de

◇サクラメンタ提要―長崎版（Manuale ad sacramenta ecclesiae ministranda）〔Luis Cerqueira〕〔著〕　勉誠出版(発売)　2014.10　464p　27cm　(東洋文庫善本叢書 4　東洋文庫監修)〈解説：豊島正之　東洋文庫所蔵の複製〉57000円　①978-4-585-28204-4　〔*04163*〕

セルジャン, アラン Sergent, Alain

◇アナーキストの大泥棒―アレクサンドル・ジャコブの生涯（Un anarchiste de la belle époque）　アラン・セルジャン著, 高橋治男訳　水声社　2014.6　296p 図版24p　20cm　〈著作目録あり 索引あり〉3200円　①978-4-8010-0045-2

内容 人物紹介　海からの呼び声　黒旗　非合法主義の見習い期間　夜の仕事師たち　逮捕　驚天動地の被告　流刑地　サリュー諸島　墓場での四年間　最も危険な男　ある友情　デーモン最後のいたずら　〔*04164*〕

セルジャン, ベルナール

◇霊性と東西文明―日本とフランス―「ルーツとルーツ」対話　竹本忠雄監修　勉誠出版　2016.2　526p　22cm　〈表紙のタイトル：Dialogue Racines contre Racines〉7500円　①978-4-585-21030-6

内容 アマテラスとデメテールの間の女神「ウルジーム」(ベルナール・セルジャン著, 原田裕里訳)〔04165〕

ゼルナー, ウィリアム・W. Zellner, William W.

◇脱文明のユートピアを求めて (EXTRAORDINARY GROUPS 原著第9版の翻訳) リチャード・T.シェーファー, ウィリアム・W.ゼルナー著, 松野弘監訳, 徳永真紀, 松野亜希子訳 筑摩書房 2015.9 643, 22p 22cm 〈索引あり〉6500円 ①978-4-480-84304-3

内容 第1章 ジプシー 第2章 オールド・オーダー・アーミッシュ 第3章 シェーカー教徒 第4章 モルモン教徒 第5章 オナイダ共同体 第6章 エホバの証人 第7章 ファーザー・ディヴァイン運動 第8章 ネイション・オブ・イスラム 第9章 サイエントロジー教会 第10章 ウィッカ〔04166〕

セルナ, ピエール

◇ルソーと近代―ルソーの回帰・ルソーへの回帰 ジャン＝ジャック・ルソー生誕300周年記念国際シンポジウム 永見文雄, 三浦信孝, 川出良枝編 風行社 2014.4 426p 22cm 〈他言語標題：Rousseau, le moderne? 作品目録あり 年譜あり〉4600円 ①978-4-86258-082-5

内容 ルソーよりさらに遠くに行くロベスピエール(ピエール・セルナ著, 増田真訳)〔04167〕

セルバー, シャーロット Selver, Charlotte

◇センサリーアウェアネス―つながりに目覚めるワーク (WAKING UP) シャーロット・セルバー著, 斉藤由香訳, ウィリアム・C.リトルウッド, メアリー・アリス・ロシェ編 相模原 ビイング・ネット・プレス 2014.10 253p 19cm (実践講座 17) 1800円 ①978-4-908055-00-3

内容 1 ずっとあったものに気づくこと(私たちは感覚をもって生まれてきた 純粋で静かな反応性の発現 ほか) 2 センサリーアウェアネス―より目覚めていくこと(内側を目覚めさせる 全ては、いつでも、新しい ほか) 3 自分を解放すること(私たちの自由を妨げるもの 興味をもって ほか) 4 感じるとは今の自分に触れること(感覚に従うことを学ぶ 選ぶのではなく ほか) クラス・セッション(呼吸を生きる実験 引力に自分をゆだねる―全ての生命あるものにそなわる上下の流れ ほか)〔04168〕

セルビー, ジェーン

◇乳児観察と調査・研究―日常場面のこころのプロセス (Infant Observation and Research) キャシー・アーウィン, ジャニーン・スターンバーグ編著, 鵜飼奈津子監訳 大阪 創元社 2015.5 273p 22cm 〈文献あり 索引あり〉4200円 ①978-4-422-11539-9

内容 赤ん坊の集団生活(ベンジャミン・S.ブラッドリー, ジェーン・セルビー, キャシー・アーウィン著, 二宮一美訳)〔04169〕

セルフ, ダフネ Selfe, Daphne

◇人はいくつになっても、美しい (The Way We Wore) ダフネ・セルフ著, 〔増田沙奈〕〔訳〕 幻冬舎 2016.8 158p 20cm 1300円 ①978-4-344-02957-6

内容 年齢にとらわれない 無駄なことなど何ひとつない とらえ方ひとつで 楽しいから続けているだけ 美しさより大切なもの 特別なことはしない いま、この瞬間を味わう 悲しみに寄り添う 両親が与えてくれたもの いいことをたくさん考える〔ほか〕〔04170〕

セルベンカ, A.* Cservenka, Anita

◇ワーキングメモリと日常―人生を切り拓く新しい知性 (WORKING MEMORY) T.P.アロウェイ, R.G.アロウェイ編著, 湯沢正通, 湯沢美紀監訳 京都 北大路書房 2015.10 340p 21cm (認知心理学のフロンティア) 〈文献あり 索引あり〉3800円 ①978-4-7628-2908-6

内容 ワーキングメモリと嗜癖行動(Bonnie J.Nagel, Megan M.Herting, Anita Cservenka著, 森田愛子訳)〔04171〕

ゼルマイヤー, ニコラ Sellmair, Nikola

◇祖父はアーモン・ゲート―ナチ強制収容所所長の孫 (AMON) ジェニファー・テーゲ, ニコラ・ゼルマイヤー著, 笠井宣明訳 原書房 2014.8 259p 20cm 〈文献あり〉2500円 ①978-4-562-05084-0

内容 序章 発見 1章 私は大量殺人者の孫 2章 プワショフ強制収容所の支配者 祖父アーモン・ゲート 3章 所長夫人 祖母ルート・イレーネ・カルダー 4章 死者と過ごした人生 母モニカ・ゲート 5章 被害者の孫 イスラエルの友だち 6章 クラクフの花〔04172〕

ゼールマン, フナム

◇ヘーゲル講義録研究 (Nachschriften von Hegels Vorlesungen) オットー・ペゲラー編, 寄川条路監訳 法政大学出版局 2015.11 279, 2p 22cm 〈索引あり〉3000円 ①978-4-588-15074-6

内容 世界史の哲学講義〈一八二二/二三年〉(フナム・ゼールマン著, 三重野清顕訳)〔04173〕

セルマン, ヤン

◇身体知―成人教育における身体化された学習 (Bodies of knowledge) ランディ・リプソン・ローレンス編, 立田慶裕, 岩崎久美子, 金藤ふゆ子, 佐藤智子, 荻野亮吾, 園部友里恵訳 福村出版 2016.3 133p 22cm 〈文献あり〉2600円 ①978-4-571-10174-8

内容 身体化された知識と脱植民地化：強力で危険な演劇の教育学と共に歩む(ショーナ・バタウィック, ヤン・セルマン著, 園部友里恵訳)〔04174〕

ゼレ, D. Sölle, Dorothee

◇ナザレの人イエス (Jesus von Nazaret(重訳)) D.ゼレ, L.ショットロフ著, 丹治めぐみ訳 日本キリスト教団出版局 2014.2 206p 19cm 〈文献あり 年表あり 索引あり〉2200円 ①978-4-8184-0883-8

内容 伝説の力―イエスの誕生と幼年期 始まり―受洗と誘惑 パクス・ローマーナ―イエス物語の背景 カファルナウムの一日 マグダラのマリア ペトロ 子どもを祝福する 安息日をめぐる論争 病人を癒す―奇跡物語 預言者としての活動 山上の説教と敵を愛すること 喜びを分かちパンを分かつ―食事の物語 日々の生活のなかの神―たとえ話 放蕩息子

終末論—神は近い　十字架の死　私たちの罪のために—贖いの死　復活　〔04175〕

00

◇シビックエコノミー—世界に学ぶ小さな経済のつくり方（COMPENDIUM FOR THE CIVIC ECONOMY 原著第2版の翻訳）　00著, 石原薫訳　フィルムアート社　2014.8　195p　26cm　〈他言語標題：CIVIC ECONOMY〉2600円　①978-4-8459-1429-6　〔04176〕

セ

セン, アマルティア　Sen, Amartya Kumar

◇合理性と自由　上（RATIONALITY AND FREEDOM）　アマルティア・セン著, 若松良樹, 須賀晃一, 後藤玲子監訳　勁草書房　2014.12　394p　22cm　4600円　①978-4-326-10239-6

内容 第1部 導入（序論：合理性と自由　社会的選択の可能性）　第2部 合理性：形式と実質（選択の内的整合性　最大化と選択行為　目標、コミットメント、アイデンティティ　合理性と不確実性　非二項選択と選好）　第3部 合理性と社会的選択（合理性と社会的選択　社会的選択の基礎としての個人的選好　社会的選択と正義　模範的選択における情報と不変性）〔04177〕

◇合理性と自由　下（RATIONALITY AND FREEDOM）　アマルティア・セン著, 若松良樹, 須賀晃一, 後藤玲子監訳　勁草書房　2014.12　376p　22cm　〈索引あり〉4600円　①978-4-326-10240-2

内容 第4部 自由と社会的選択（自由と社会的選択　最小限の自由　権利：定式化と帰結）　第5部 視点と政策（位置相関的客観性　進歩に関するダーウィン的見解　市場と自由　環境評価と社会的選択　費用便益分析）　第6部 自由と社会的選択：アロー記念講演（機会と自由　プロセス、自由、権利　自由と機会の評価）〔04178〕

◇開発なき成長の限界—現代インドの貧困・格差・社会的分断（AN UNCERTAIN GLORY）　アマルティア・セン, ジャン・ドレーズ著, 湊一樹訳　明石書店　2015.12　561p　20cm　〈文献あり 索引あり〉4600円　①978-4-7503-4281-8

内容 第1章 新しいインド？　第2章 成長と開発をつなげる　第3章 比較から見えるインドの現状　第4章 説明責任と汚職　第5章 なぜ教育は重要なのか　第6章 保健医療の危機　第7章 貧困と社会的支援　第8章 不平等の呪縛　第9章 民主主義、不平等、公共的推論　第10章 忍耐はもういらない　〔04179〕

◇インドから考える—子どもたちが微笑む世界へ（The Country of First Boys）　アマルティア・セン著, 山形浩生訳　NTT出版　2016.9　319p　19cm　〈索引あり〉2400円　①978-4-7571-4345-6　〔04180〕

◇アマルティア・セン講義 経済学と倫理学（ON ETHICS AND ECONOMICS）　アマルティア・セン著, 徳永澄憲, 松本保美, 青山治城訳　筑摩書房　2016.12　236p　15cm　（ちくま学芸文庫）1000円　①978-4-480-09744-6

内容 第1章 経済行動と道徳感情（二つの起源　成果と弱点　経済的行動と合理性 ほか）　第2章 経済的判断と道徳哲学（効用の個人間比較　パレート最適と経済的効率　効用、パレート最適、厚生主義 ほか）　第3章 自由と結果（豊かな生、行為主体性、自由　多元性と評価　不完全性と過剰な完全性 ほか）〔04181〕

ゼン, キョウシュウ*　全 京秀

⇒チョン, キョンス*

ゼン, コウサン*　全 洪燦

⇒チョン, ホンチャン*

セン, スナンダ

◇持続可能な未来の探求：「3.11」を超えて—グローバリゼーションによる社会経済システム・文化変容とシステム・サステイナビリティ　河村哲二, 陣内秀信, 仁科伸子編著　御茶の水書房　2014.3　279p　23cm　〈執筆：河村哲二ほか　索引あり〉4000円　①978-4-275-01068-1

内容 最近の危機におけるグローバル経済の持続可能性（スナンダ・セン著, 加藤真妃子訳）　〔04182〕

セン, ソンクン　銭 存訓

◇中国の紙と印刷の文化史　銭存訓著, 鄭如斯編, 久米康生訳　新装版　法政大学出版局　2015.5　420p　21cm　6500円　①978-4-588-37118-9

内容 第1章 緒論　第2章 紙の性質と変化　第3章 造紙の技術と方法　第4章 紙の用途と紙製品　第5章 中国印刷術の起源と発展　第6章 中国印刷の技術と工程　第7章 中国印刷の芸術性と図絵　第8章 紙と印刷術の西伝　第9章 紙と印刷術の東漸と南伝　第10章 紙と印刷術の世界文明への貢献　〔04183〕

ゼンガー, インゴ

◇消費者法の現代化と集団的権利保護　中田邦博, 鹿野菜穂子編　日本評論社　2016.8　591p　22cm　（竜谷大学国際社会文化研究所叢書 第18巻）〈他言語標題：Modernisation of Consumer Law and Collective Redress〉7500円　①978-4-535-52208-4

内容 集団的権利救済（インゴ・ゼンガー著, 宗田貴行訳）　〔04184〕

センゲ, ピーター・M.　Senge, Peter M.

◇学習する学校—子ども・教員・親・地域で未来の学びを創造する（SCHOOLS THAT LEARN）　ピーター・M.センゲ, ネルダ・キャンブロン＝マッケイブ, ティモシー・ルカス, ブライアン・スミス, ジャニス・ダットン, アート・クライナー著, リヒテルズ直子訳　英治出版　2014.1　885p　21cm　4800円　①978-4-86276-140-8

内容 スタート（オリエンテーション　5つのディシプリン入門）　第1部 教室（教室のドアを開ける　学習者を理解する　実践　生産的な会話　教室におけるシステム思考）　第2部 学校（学校に入っていく　学校のビジョン　今の現実　能力開発　リーダーシップ）　第3部 コミュニティ（コミュニティに入る　アイデンティティ　つながり　持続可能性）　〔04185〕

ゼンコ, ミカ　Zenko, Micah

◇レッドチーム思考—組織の中に「最後の反対者」を飼う（RED TEAM）　ミカ・ゼンコ著, 関美和訳　文芸春秋　2016.6　380p　20cm　1900円　①978-4-16-390477-1

内容 はじめに 組織には「悪魔の代弁者」が必要だ　第1章 組織の硬直化を打ち破る六つのルール　第2章 軍がレッドチームを制度化した　第3章 前提条件を逆転させる　第4章 もし自分がテロリストだったらどう

考えるか？　第5章 会社の中にレッドチームを持つ　第6章 レッドチームの誤った使い方　〔04186〕

セント・ジュリアン, ジョン*　St.Julien, John

◇学生が変わるプロブレム・ベースド・ラーニング実践法―学びを深めるアクティブ・ラーニングがキャンパスを変える（THE POWER OF PROBLEM-BASED LEARNING）　ダッチ・B.J, グロー・S.E, アレン・D.E編, 山田康彦, 津田司監訳, 三重大学高等教育創造開発センター訳　京都　ナカニシヤ出版　2016.2　282p　22cm〈索引あり〉3600円　Ⓘ978-4-7795-1002-1

内容 教員養成教育におけるPBL（Eugene Matusov, John St.Julien, James A.Whitson著, 守山紗弥加訳）〔04187〕

センプルン, ホルヘ　Semprún, Jorge

◇人間という仕事―フッサール、ブロック、オーウェルの抵抗のモラル（MORALES DE RÉSISTANCE）　ホルヘ・センプルン著, 小林康夫, 大池惣太郎訳　未来社　2015.11　135p　20cm　（ポイエーシス叢書 64）　1800円　Ⓘ978-4-624-93264-0

内容 エトムント・フッサール. マルク・ブロック. ジョージ・オーウェル　〔04188〕

【ソ】

ソ, ウィシク　徐 毅植

◇日韓でいっしょに読みたい韓国史―未来に開かれた共通の歴史認識に向けて　徐毅植, 安智源, 李元淳, 鄭在貞著, 君島和彦, 国分麻里, 山崎雅稔訳　明石書店　2014.1　211p　23cm　〈「若者に伝えたい韓国の歴史」(2004年刊) の改題・改訂　年表あり 索引あり〉2000円　Ⓘ978-4-7503-3958-0

内容 第1部 韓国の歴史と文化（文明の発生と国家の登場　いくつかの国から統一国家へ　統一国家の安定と文化の発展　欧米との出会いと近代社会　南北分断と大韓民国の発展）　第2部 韓国と日本の文化交流―文化交流の歴史を正しく理解しよう（原始時代、東北アジア大陸と日本列島の文化交流　3国から日本列島に向かった人々、そして文化　統一新羅と高麗による対日外交の閉塞と民間での文化交流　朝鮮から日本に向かう文化の流れ　日本の近代化と文化の流れの逆転　韓国と日本の新しい関係と文化交流）〔04189〕

ソ, キョンシク　徐 京植

◇フクシマ以後の思想をもとめて―日韓の原発・基地・歴史を歩く　徐京植, 高橋哲哉, 韓洪九著, 李昤京, 金英丸, 趙真慧訳　平凡社　2014.2　286p　20cm　2800円　Ⓘ978-4-582-70299-6

内容 序 再生か更生か―3・11以後が問うているもの　第1章 福島―二〇一一年一一月六日福島市にて　第2章 陝川とソウル―二〇一二年三月二五日陝川・ソウルにて　第3章 東京―二〇一二年五月二〇日東京大学（駒場）にて　第4章 済州島とソウル―二〇一二年九月一五日・一六日済州島・ソウルにて　第5章 沖縄―二〇一二年一二月二三日那覇市にて　〔04190〕

◇奪われた野にも春は来るか―鄭周河写真展の記録　高橋哲哉, 徐京植編著　高文研　2015.8　367p 図版22p　20cm　〈年譜あり〉2500円　Ⓘ978-4-87498-575-5

内容 福島 写真の美しさが語るもの 他（鄭周河, 佐々木孝, 徐京植述, 李昤京訳）〔04191〕

ソ, ケンシュク*　蘇 賢淑

⇒ソ, ヒョンスク*

ソ, ジェピル*　徐 載弼

◇朝鮮開化派選集―金玉均・朴泳孝・兪吉濬・徐載弼　金玉均, 朴泳孝, 兪吉濬, 徐載弼〔著〕, 月脚達彦訳注　平凡社　2014.4　310p　18cm　（東洋文庫 848）〈布装　文献あり 年表あり〉2900円　Ⓘ978-4-582-80848-3

内容 甲申日録（金玉均）　建白書（朴泳孝）　中立論（兪吉濬）『西遊見聞』（兪吉濬）（抄）（第三編「邦国の権利」　第4編「人民の権利」「人世の競励」　第5編「政府の始初」「政府の種類」　第十四編 開化の等級）　独立新聞創刊辞（徐載弼）〔04192〕

ソ, ジヨン　徐 智瑛

◇朝鮮時代の女性の歴史―家父長的規範と女性の一生　奎章閣韓国学研究院編著, 小幡倫裕訳　明石書店　2015.3　384p　22cm　〈文献あり 索引あり〉8000円　Ⓘ978-4-7503-4158-3

内容 朝鮮時代の女性の愛（徐智瑛著）〔04193〕

◇朝鮮の女性〈1392-1945〉―身体、言語、心性　金賢珠, 朴茂瑛, イヨンスク, 許南麟編　クオン　2016.3　414p　19cm　（クオン人文・社会シリーズ 02）　3800円　Ⓘ978-4-904855-36-2

内容 植民地朝鮮、下女たちの空間と親密性の含意（徐智瑛著, 清水知佐子訳）〔04194〕

◇京城のモダンガール―消費・労働・女性から見た植民地近代　徐智瑛〔著〕, 姜信子, 高橋梓訳　みすず書房　2016.4　391p　20cm　4600円　Ⓘ978-4-622-07980-4

内容 第1章 近代都市と女性（モダニティ・スペクタクル・女性　植民地都市京城と散策 ほか）　第2章 一九二〇・三〇年代の大衆メディアと「モダンガール」表象（「モダンガール」表象の中の女性たち―「モダンガール」「妓生」「ある女学生」「女給」　「モダンガール」―模倣と亀裂の痕跡 ほか）　第3章 近代の前方に立った女たち（女学生と「不良少女」　女は何を求めているのか―消費する女たち ほか）　第4章 女性の労働の場としての近代都市空間（「職業婦人」と都市空間　都市空間と親密性の商品化 ほか）　第5章 国境を超える女たち―労働者、あるいは商品としての植民地女性（日本「内地」の朝鮮料理店と朝鮮人妓生　日本「内地」のカフェと朝鮮人女給 ほか）〔04195〕

ソ, スンウォン*　徐 承元

◇現代日本の政治と外交　7　日本と韓国―互いに敬遠しあう関係（JAPANESE AND KOREAN POLITICS）　猪口孝監修　猪口孝編　原書房　2015.3　336, 4p　22cm　〈文献あり 索引あり〉4800円　Ⓘ978-4-562-04964-6

内容 日本の政界再編と韓日関係への影響（徐承元著）〔04196〕

ソ, ヒョンスク* 蘇 賢淑
◇日韓民衆史研究の最前線—新しい民衆史を求めて　アジア民衆史研究会, 歴史問題研究所編　有志舎　2015.12　391, 4p　22cm　6400円　①978-4-903426-00-6
内容 孤独な叫び(蘇賢淑著, 金鉉洙訳)　〔04197〕

ソ, ミシェル Sot, Michel
◇中世フランスの文化（Histoire culturelle de la France.Tome 1 : Le Moyen Âge）　ミシェル・ソ, ジャン＝パトリス・ブデ, アニータ・ゲロ＝ジャラベール著, 桐村泰次訳　論創社　2016.3　582p　22cm　〈文献あり 索引あり〉5800円　①978-4-8460-1474-2
内容 第1部 フランク王のもとでの文化の伝承と刷新(五‐十世紀)(フランク人の文化意識の神話と現実　フランス語の創成　晩期古代の文化(五‐七世紀)　"カロリング・ルネサンス"と文化)　第2部 創造の時代(十一‐十三世紀)(知と社会　教会文化　宮廷風文化)　第3部 中世文化の美しい秋(十四、十五世紀)(教育環境のダイナミズムと障碍　国家の進展と文化　社会文化的収斂と亀裂　ルネサンスへの序曲)　〔04198〕

ソ, ヨノ 徐 淵昊
◇韓国の伝統芸能と東アジア　徐淵昊著, 中村克哉訳　論創社　2015.8　309p　20cm　3800円　①978-4-8460-1439-1
内容 第1章 韓国の祭りの原形性と民俗芸能　第2章 古代伎楽の成立と伝播　第3章 シャーマンの祭儀劇　第4章 仮面劇と人形劇　第5章 パンソリと唱劇　第6章 広大のイクサル劇　第7章 仏教儀式と芸能　第8章 死の儀礼と芸能　第9章 トゥレと風物ノリ　第10章 呈才チュムと民俗舞踊　〔04199〕

ソ, ヨンヒ* 徐 栄姫
◇安重根と東洋平和論　李泰鎮, 安重根ハルビン学会編著, 勝村誠, 安重根東洋平和論研究会監訳　日本評論社　2016.9　421p　22cm　〈文献あり 索引あり〉6000円　①978-4-535-58690-1
内容 韓国近代東洋平和論の起源および系譜と安重根(徐栄姫著, 川瀬俊治訳)　〔04200〕

ソウ, イフン 曽 貽芬
◇編訳中国歴史文献学史述要　曽貽芬, 崔文印著, 山口謠司, 石川薫, 洲脇武志訳　游学社　2014.5　246p　21cm　2500円　①978-4-904827-26-0
内容 第1章 中国の歴史文献学の萌芽　第2章 漢代の歴史文献学の初歩的形成　第3章 魏晋南北朝期における歴史文献学の成長　第4章 隋唐時代の四部分類法の確立　第5章 五代における歴史文献学の重要な成果　第6章 魏晋南北朝時代の類書　第7章 隋唐時代の類書　第8章 宋代の「類書」と「資料集成」　第9章 『永楽大典』概説　第10章 『古今図書集成』とその編者について　〔04201〕

ソウ, エンヘイ* 宋 豔萍
◇中国史の時代区分の現在—第六回日中学者中国古代史論壇論文集　中国社会科学院歴史研究所, 東方学会〔編〕, 渡辺義浩編　汲古書院　2015.8　462, 4p　27cm　〈布装〉13000円　①978-4-7629-6554-8
内容 漢武帝期の「堯母門」に関する試論(宋豔萍著, 池田雅典訳)　〔04202〕

ソウ, オウオウ* 曹 応旺
◇「日本意識」の根底を探る—日本留学と東アジア的「知」の大循環　法政大学国際日本学研究所編　法政大学国際日本学研究所　2014.3　436p　21cm　(国際日本学研究叢書 19)〈文献あり〉
内容 周恩来の中日関係観(曹応旺著, 林櫂訳)　〔04203〕

◇日本留学と東アジア的「知」の大循環　王敏編著　三和書籍　2014.11　436p　22cm　(国際日本学とは何か？)　4400円　①978-4-86251-170-6
内容 周恩来の中日関係観(曹応旺著, 林櫂訳)　〔04204〕

ソウ, オンエイ 宋 恩栄
◇日本の中国侵略植民地教育史　1　東北編　宋恩栄, 余子俠主編　曲鉄華, 梁清著, 王智新監修, 大森直樹監訳, 楊倩, 張方鼎, 朴明権, 王紫薇訳　明石書店　2016.1　619p　22cm　〈文献あり〉9200円　①978-4-7503-4277-1　〔04205〕

◇日本の中国侵略植民地教育史　2　華北編　宋恩栄, 余子俠主編　余子俠, 宋恩栄著, 王智新監修・監訳, 木村淳訳　明石書店　2016.1　711p　22cm　〈文献あり〉9200円　①978-4-7503-4278-8　〔04206〕

◇日本の中国侵略植民地教育史　3　華東・華中・華南編　宋恩栄, 余子俠主編　曹必宏, 夏軍, 沈嵐著, 王智新監修・監訳, 皮細庚, 王偉軍, 樊士進, 童暁薇訳　明石書店　2016.1　624p　22cm　〈文献あり〉9200円　①978-4-7503-4279-5　〔04207〕

◇日本の中国侵略植民地教育史　4　台湾編　宋恩栄, 余子俠主編　荘明水著, 王智新監修, 趙軍監訳, 椿正美訳　明石書店　2016.1　624p　22cm　〈文献あり〉9200円　①978-4-7503-4280-1　〔04208〕

ソウ, カセイ* 曹 家斉
◇中国都市論への挑動　大阪市立大学大学院文学研究科東洋史学専修研究室編　汲古書院　2016.3　407, 5p　22cm　8000円　①978-4-7629-2892-5
内容 官路、私路と駅路、県路(曹家斉著, 平田茂樹監訳, 姜暁麗訳)　〔04209〕

ソウ, キシュク* 宋 基淑
⇒ソン, ギスク

ソウ, ギョウゴ* 宋 暁梧
◇転換を模索する中国—改革こそが生き残る道　高尚全主編, 岡本信広監訳, 岡本恵子訳　科学出版社東京　2015.6　375p　21cm　4800円　①978-4-907051-34-1
内容 所得分配体制改革を深化させる(宋暁梧著)　〔04210〕

ソウ, コウカイ* 曺 廣海
⇒チョ, クァンヘ*

ソウ, コクシ* 荘 国士
◇変容する華南と華人ネットワークの現在　谷垣真理子, 塩出浩和, 容応萸編　風響社　2014.2　498p　22cm　〈文献あり〉6000円　①978-4-89489-193-7
内容 中国の海洋意識が大陸文化と遭遇するとき（荘国士著, 杉谷幸太訳）〔04211〕

ソウ, シエン* 宋 芝媛
⇒ソン, ジウォン*

ソウ, ショウカ* 宋 少華
◇湖南出土簡牘とその社会　伊藤敏雄, 窪添慶文, 関尾史郎編　汲古書院　2015.3　250p　22cm　〈文献あり〉6500円　①978-4-7629-6552-4
内容 長沙呉簡書法研究序説（王素, 宋少華著, 石原遼平訳）〔04212〕

ソウ, ショウホウ* 宋 少鵬
◇現代中国のジェンダー・ポリティクス―格差・性売買・「慰安婦」　小浜正子, 秋山洋子編　勉誠出版　2016.10　247p　21cm　2400円　①978-4-585-23048-9
内容 現代中国のジェンダー言説と性の政治経済学 他（宋少鵬著, 及川淳子訳）〔04213〕

ソウ, シンウ* 曹 新宇
◇戦争・災害と近代東アジアの民衆宗教　武内房司編　有志舎　2014.3　313, 3p　22cm　6600円　①978-4-903426-82-2
内容 明清民間教派の「避劫銀城」（曹新宇著, 折原幸恵訳）〔04214〕

ソウ, センシ 曽 先之
◇十八史略　曽先之著, 今西凱夫訳, 三上英司編　筑摩書房　2014.7　413p　15cm　（ちくま学芸文庫 ソ5-1）〈「中国の古典 15・16」（学研 1983年、1985年刊）の改題、再編集〉1400円　①978-4-480-09632-6
内容 第1部 太古から春秋・戦国時代まで　第2部 秦から西漢まで　第3部 東漢から三国時代まで　第4部 西晋から東晋まで　第5部 東晋から隋まで　第6部 隋から唐まで　第7部 唐から南宋滅亡まで　〔04215〕

ソウ, チケン* 宋 知娟
⇒ソン, ジヨン*

ソウ, ヒツコウ 曹 必宏
◇日本の中国侵略植民地教育史　3　華東・華中・華南編　宋恩栄, 余子俠主編　曹必宏, 夏軍, 沈嵐著, 王智新監修・監訳, 皮細庚, 王偉軍, 樊士進, 童暁薇訳　明石書店　2016.1　624p　22cm　〈文献あり〉9200円　①978-4-7503-4279-5
〔04216〕

ソウ, メイスイ 荘 明水
◇日本の中国侵略植民地教育史　4　台湾編　宋恩栄, 余子俠主編　荘明水著, 王智新監修, 趙軍監訳, 椿正美訳　明石書店　2016.1　624p　22cm　〈文献あり〉9200円　①978-4-7503-4280-1
〔04217〕

ソヴァニャルグ, アンヌ
◇ドゥルーズ―没後20年新たなる転回　河出書房新社　2015.10　269p　21cm　〈文献あり 著作目録あり〉2100円　①978-4-309-24735-9
内容 リゾームと線（アンヌ・ソヴァニャルグ著, 小倉拓也, 福尾匠訳）〔04218〕

ソウシ 荘子
◇荘子―全訳注　上　〔荘子〕〔著〕, 池田知久訳注　講談社　2014.5　1146p　15cm　（講談社学術文庫 2237）〈底本：「中国の古典 5・6 荘子」（学習研究社 1983・1986年刊）〉2000円　①978-4-06-292237-1
内容 内篇（逍遙遊―第一　斉物論―第二　養生主―第三　人間世―第四　徳充符―第五　大宗師―第六　応帝王―第七）　外篇（駢拇―第八　馬蹄―第九　胠（きょ）篋―第十　在宥―第十一　天地―第十二　天道―第十三　天運―第十四　刻意―第十五　繕生―第十六　秋水―第十七　至楽―第十八）〔04219〕
◇荘子―全訳注　下　〔荘子〕〔著〕, 池田知久訳注　講談社　2014.6　1104p　15cm　（講談社学術文庫 2238）〈底本：中国の古典 5・6 荘子（学習研究社 1983・1986年刊）〉2200円　①978-4-06-292238-8
内容 （外篇）（達生・第十九　山木・第二十　田子方・第二十一　知北遊・第二十二）　雑篇（庚桑楚・第二十三　徐无鬼・第二十四　則陽・第二十五　外物・第二十六　寓言・第二十七　譲王・第二十八　盗跖・第二十九　説剣・第三十　漁父・第三十一　列御寇・第三十二　天下・第三十三）〔04220〕

ソーキン, アンドリュー・ロス　Sorkin, Andrew Ross
◇リーマン・ショック・コンフィデンシャル　上　追いつめられた金融エリートたち（TOO BIG TO FAIL）　アンドリュー・ロス・ソーキン著, 加賀山卓朗訳　早川書房　2014.2　476p　16cm　（ハヤカワ文庫 NF 401）　940円　①978-4-15-050401-4
内容 第1章 リーマン株急落　第2章 ポールソン財務長官の怒り　第3章 NY連銀総裁ガイトナーの不安　第4章 バーナンキFRB議長の苦闘　第5章 リーマン収益報告への疑念　第6章 襲いかかる空売り　第7章 揺れるメリルリンチ　第8章 瀕死の巨人AIG　第9章 ゴールドマン・サックスの未来　第10章 ファニーメイとフレディマック株急落　第11章 リーマンCEOの焦り　第12章 倒れゆく巨大金融機関　第13章 誰がリーマンを救うのか？〔04221〕
◇リーマン・ショック・コンフィデンシャル　下　倒れゆくウォール街の巨人（TOO BIG TO FAIL）　アンドリュー・ロス・ソーキン著, 加賀山卓朗訳　早川書房　2014.2　462p　16cm　（ハヤカワ文庫 NF 402）〈文献あり〉940円　①978-4-15-050402-1
内容 第13章 誰がリーマンを救うのか？（承前）　第14章 全CEO招集　第15章 リーマンの最期　第16章 AIG倒れる　第17章 モルガン・スタンレー絶体絶命　第18章 三菱UFJからの電話　第19章 揺らぐゴールドマン・サックス　第20章 ワシントンDCへの最終招集〔04222〕

ソク, クァンヒョン* 石 光現
◇環太平洋諸国〈日・韓・中・米・豪〉における外

国判決の承認・執行の現状　増田晋編著　商事法務　2014.1　244p　26cm　(別冊NBL No.145)　3400円　①978-4-7857-7117-1
内容 韓国(石光現述, 李厚東訳)　〔04223〕

ソーグリムセン, リーナ　Thorgrimsen, Lene
◇認知症の人のための認知活性化療法マニュアル―エビデンスのある楽しい活動プログラム　(Making a Difference)　山中克夫, 河野禎之日本版著, Aimee Spector,Lene Thorgrimsen,Bob Woods,Martin Orrell原版著　中央法規出版　2015.12　115p　26cm　〈文献あり 索引あり〉　2400円　①978-4-8058-5277-4
内容 第1章 認知活性化療法(CST)の基本原則と手続き(基本原則　基本的な手続き　活動記録　誘導、出迎え、セッションが始まるまでの働きかけ(全セッション共通)　ウォーミング・アップ(10分間) ほか)　第2章 認知活性化療法(CST)の実際のプログラム(体を動かして遊びましょう　音や音楽を楽しみましょう　子どもの頃の話をしましょう　食べ物や食事の話をしましょう　最近のニュースや流行の話をしましょう ほか)　第3章 よくある質問Q&A　〔04224〕

ソ

ソコロフ, アンドレイ
◇博物館という装置―帝国・植民地・アイデンティティ　石井正己編　勉誠出版　2016.3　391p　22cm　〈文献あり〉4200円　①978-4-585-20038-3
内容 ロシア帝国の成立とピョートル大帝人類学民族学博物館のアイヌコレクション(アンドレイ・ソコロフ著, 荻原照男訳, 荻原真子著)　〔04225〕

ソーター, エリザベス・A.　Sautter, Elizabeth A.
◇子どもの毎日の生活の中でソーシャルスキルが確実に身につく187のアクティビティ　(Make Social Learning Stick!　How to Guide and Nurture Social Competence Through Everyday Routines and Activities)　エリザベス・A.ソーター著, 上田勢子訳　名古屋　黎明書房　2015.4　122p　26cm　〈文献あり〉2400円　①978-4-654-01061-5
内容 第1章 家庭でのアクティビティ(一日の始まりのアクティビティ　学校へ行く準備をするときのアクティビティ ほか)　第2章 外出時のアクティビティ(車の中のアクティビティ　マーケットでのアクティビティ ほか)　第3章 祝日や特別な日のアクティビティ(祝日のアクティビティ　母の日や父の日のアクティビティ ほか)　第4章 ソーシャルラーニングと感情の学習を、日常生活に組み入れる方法(ティーチング・モーメント(教えるチャンス)　モデリング(お手本を示す) ほか)　第5章 この本の全アクティビティと、強化が期待される社会生活能力(索引)　付録　〔04226〕

ソーチャック, N.C.*　Sawchuk, N.Craig
◇嫌悪とその関連障害―理論・アセスメント・臨床的示唆　(DISGUST AND ITS DISORDERS)　B.O.オラタンジ,D.マッケイ編著, 堀越勝監修, 今田純雄, 岩佐和典監訳　京都　北大路書房　2014.8　319p　21cm　〈索引あり〉3600円　①978-4-7628-2873-7
内容 嫌悪の獲得と維持：発達と学習の観点から(Craig N.Sawchuk著, 河野和明訳)　〔04227〕

ソードセン, イザベラ　Thordsen, Isabella
◇女の子のための人生のルール188―Isabelle & Isabella　(Isabelle & Isabella's Little Book of Rules)　イザベル・バサス, イザベラ・ソードセン作, 灰島かり訳, 木下綾乃絵　ポプラ社　2014.11　102p　18cm　1100円　①978-4-591-14197-7　〔04228〕

ソードセン, ピア　Thordsen, Pia
◇調査報道実践マニュアル―仮説・検証、ストーリーによる構成法　(Story-Based Inquiry)　マーク・リー・ハンター編著, 高嶺朝一, 高嶺朝太訳　旬報社　2016.12　163p　21cm　〈文献あり〉　1500円　①978-4-8451-1484-9
内容 仮説の使用 他(マーク・リー・ハンター, ルーク・サンジェ, ピア・ソードセン著)　〔04229〕

ソナム・ギェルツェン　Bsod nams rgyal mtshan
◇チベット仏教王伝―ソンツェン・ガンポ物語　(Rgyal rabs gsal ba'i me longの抄訳)　ソナム・ギェルツェン著, 今枝由郎監訳　岩波書店　2015.4　414p　15cm　(岩波文庫 33-498-1)　〈文献あり〉1020円　①978-4-00-334981-6
内容 宇宙の成り立ち、インドの護法王の系譜、そしてブッダ・シャーキャムニの出現　仏塔と仏像の建立とシャーキャムニ十二歳像の中国請来　中国とモンゴルへの仏法の広まりとその王統　観音菩薩が蓮の花の上に現れたことと六字真言の功徳　観音菩薩による有雪国チベットの衆生の成熟と解説へのお導き　観音菩薩の化身である馬王バラハによる衆生の教化　猿と岩の羅刹女から生じたチベット人の系譜　チベットの王統の始まり　護法王ソンツェン・ガンポの誕生　チベット文字の考案と十善戒に基づく法の制定　ソンツェンガンポ王の誓約仏のインドとネパールからの請来　ネパール妃ティツゥンの招請　中国妃文成公王主の招請　ソンツェン・ガンポ王と二人の妃による寺院建立　落慶法要　将来の利楽のための埋蔵と教え　ソンツェン・ガンポ王と妃たちの最期　〔04230〕

ソナム・チュードゥプ　Bsod-nams-chos-'grub
◇全訳極楽誓願註―チベット浄土教講義録　中沢中訳, カルマ・チャクメ本偈, ソナム・チュードゥプ註釈　浦安　起心書房　2014.3　348p　22cm　7200円　①978-4-907022-05-1　〔04231〕

ソーニー, ジャヤンドラ
◇宗教の壁を乗り越える―多文化共生社会への思想的基盤　宮本久義, 堀内俊郎編　ノンブル社　2016.1　302p　21cm　〈索引あり〉2500円　①978-4-903470-92-4
内容 ジャイナ教における非暴力の哲学的正当化(ジャヤンドラ・ソーニー著, 三沢祐嗣訳)　〔04232〕

ゾハール, ガディ
◇イスラエル情報戦史　(ISRAEL'S SILENT DEFENDER)　佐藤優監訳, アモス・ギルボア, エフライム・ラピッド編, 河合洋一郎訳　並木書房　2015.6　373p 図版32p　21cm　〈年表あり〉　2700円　①978-4-89063-328-9
内容 エンテベ作戦〈1976年〉(ガディ・ゾハール著)　〔04233〕

ソブール, アルベール　Soboul, Albert

◇大革命前夜のフランス―経済と社会（LA FRANCE À LA VEILLE DE LA RÉVOLUTION）　アルベール・ソブール〔著〕, 山崎耕一訳　新装版　法政大学出版局　2015.3　361, 38p　20cm　（叢書・ウニベルシタス 111）〈文献あり〉4200円　①978-4-588-14006-8

内容 旧体制　第1部 経済構造（旧体制の経済 伝統的諸構造の存続　状況連関の反転 人口と経済の波動）　第2部 社会構造（アリストクラート層　聖職者　ブルジョワジー　都市の民衆諸階級　農民）　〔04234〕

ソミン, イリヤ　Somin, Ilya

◇民主主義と政治的無知―小さな政府の方が賢い理由（Democracy and Political Ignorance）　イリヤ・ソミン著, 森村進訳　信山社出版　2016.2　260, 14p　22cm　〈索引あり〉3600円　①978-4-7972-2758-1

内容 序論　第1章 政治的無知の程度　第2章 有権者は十分知っているか？　第3章 政治的無知の合理性　第4章 ショートカットの欠点　第5章 足による投票対投票箱による投票　第6章 政治的無知と司法審査　第7章 有権者の知識を向上させられるか？　結論　補遺　〔04235〕

ソーヤー, R.K.　Sawyer, Robert Keith

◇学びのイノベーション―21世紀型学習の創発モデル（Innovating to Learn, Learning to Innovate）　OECD教育研究革新センター編著, 有本昌弘監訳, 多々納誠子, 小熊利江訳　明石書店　2016.9　329p　22cm　4500円　①978-4-7503-4400-3

内容 学習を最適化するということ（R.キース・ソーヤー著, 多々納誠子訳）　〔04236〕

◇学習科学ハンドブック　第2巻　効果的な学びを促進する実践/共に学ぶ（The Cambridge Handbook of the Learning Sciences 原著第2版の翻訳）　R.K.ソーヤー編, 大島純, 森敏昭, 秋田喜代美, 白水始監訳, 望月俊男, 益川弘如編訳　第2版　京都　北大路書房　2016.10　259p　26cm　〈初版：培風館 2009年刊　索引あり〉3800円　①978-4-7628-2947-5

内容 イントロダクション：新しい学びの科学　3 効果的な学びを促進する実践（課題解決型学習　問題基盤型学習　複雑系と学習科学　学習におけるタンジブルと身体性のインタフェース　身体化と身体化デザイン　ビデオゲームと学習）　4 共に学ぶ（知識構築と知識創造：理論、教授法、そしてテクノロジ　協調学習の社会的次元と相互作用的次元　学ぶために議論する　ミュージアムにおけるインフォーマルな学習　コンピュータに支援された協調学習　モバイルラーニング　バーチャルワールドにおける学び）　〔04237〕

ソーラン, エリ

◇ピエール・ベール関連資料集　2〔下〕　寛容論争集成 下　野沢協編訳　法政大学出版局　2014.2　1030p　22cm　25000円　①978-4-588-12030-5

内容 良心の権利についての考察（エリ・ソーラン著）　〔04238〕

ソリスティ, ケイト　Solisti, Kate

◇あの世のイヌたちが教えてくれたこと―天国から届いたスピリチュアルな愛のレッスン（Love Lessons from Dogs Continuing Conversations with Our Best Friends）　ケイト・ソリスティ著, 三早江・K.ジェニングス訳　ハート出版　2016.2　198p　19cm　1600円　①978-4-8024-0009-1

内容 第1章 人とイヌはもっと分かり合える　第2章 イヌたちがこの世に生まれてきた理由　第3章 動物たちから学んだ素晴らしい英知　第4章 あなたたちイヌのことをもっと教えて　第5章 イヌとイヌの生活。イヌと人の生活。　第6章 どうしてイヌはそんなことをするの？　第7章 こっそり教えるイヌの本音　第8章 体のこと・健康のこと　第9章 きっとまた会える　第10章 イヌたちがくれた魂の教え　〔04239〕

◇あの世のネコたちが教えてくれたこと―天国から届いたスピリチュアルな愛のメッセージ（Love Lessons from Cats Continuing Conversations with Our Feline Friends）　ケイト・ソリスティ著, 三早江・K.ジェニングス訳　ハート出版　2016.6　198p　19cm　1600円　①978-4-8024-0020-6

内容 第1章 ネコとあなたのコミュニケーション・レッスン　第2章 すべての生きものと会話するためのドア　第3章 あなたたちネコのことをもっと教えて　第4章 ネコとネコの生活。ネコと人の生活。　第5章 どうしてネコはそんなことをするの？　第6章 ネコたちが暮らすちょっと不思議な世界　第7章 体のこと・健康のこと　第8章 ネコたちがくれたスピリチュアルな教え　〔04240〕

ソリーリャ, マルガリータ

◇学びのイノベーション―21世紀型学習の創発モデル（Innovating to Learn, Learning to Innovate）　OECD教育研究革新センター編著, 有本昌弘監訳, 多々納誠子, 小熊利江訳　明石書店　2016.9　329p　22cm　4500円　①978-4-7503-4400-3

内容 学習環境の構築（フワン・カッサスス, マリア・デ・イバッラ, リリア・ペレス＝フランコ, フアナ・M.サンチョギル, マルチェラ・トーヴァー＝ゴメス, マルガリータ・ソリーリャ著, 多々納誠子訳）　〔04241〕

ソール, ジェイコブ　Soll, Jacob

◇帳簿の世界史（THE RECKONING）　ジェイコブ・ソール著, 村井章子訳　文芸春秋　2015.4　381p　20cm　〈文献あり〉1950円　①978-4-16-390246-3

内容 ルイ一六世はなぜ断頭台へ送られたのか　帳簿はいかにして生まれたのか　イタリア商人の「富と罰」　新プラトン主義に敗れたメディチ家　「太陽の沈まぬ国」が沈むとき　オランダ黄金時代を作った複式簿記　ブルボン朝最盛期を築いた冷酷な会計顧問　英国首相ウォルポールの裏金工作　名門ウェッジウッドを生んだ帳簿分析　フランス絶対王政を丸裸にした財務長官　会計の力を駆使したアメリカ建国の父たち　鉄道が生んだ公認会計士　『クリスマス・キャロル』に描かれた会計の二面性　大恐慌とリーマン・ショックはなぜ防げなかったのか　〔04242〕

ソル, ドンフン*　薛 東勲

◇国際移動と移民政策―日韓の事例と多文化主義再考　有田伸, 山本かほり, 西原和久編　東信堂　2016.2　94p　21cm　（国際社会学ブックレット 2）　1000円　①978-4-7989-1337-7

内容 韓国の外国人労働者（薛東勲著, 金泰植訳）　〔04243〕

ソ

ソルター, コリン　Salter, Colin

◇動物と戦争—真の非暴力へ、《軍事—動物産業》複合体に立ち向かう（Animals and War）　アントニー・J.ノチェッラ二世, コリン・ソルター, ジュディー・K.C.ベントリー編, 井上太一訳　新評論　2015.10　306p　20cm　〈文献あり 索引あり〉　2800円　①978-4-7948-1021-2

内容 《軍事—動物産業》複合体（コリン・ソルター著）〔04244〕

ソルチネッリ, メアリー・ディーン

◇FDガイドブック—大学教員の能力開発（A GUIDE TO FACULTY DEVELOPMENT 原著第2版の抄訳）　ケイ・J.ガレスピー, ダグラス・L.ロバートソン編著, 羽田貴史監訳, 今野文子, 串本剛, 立石慎治, 杉本和弘, 佐藤万知訳　町田　玉川大学出版部　2014.2　338p　21cm　（高等教育シリーズ 162）〈別タイトル：Faculty Developmentガイドブック　文献あり 索引あり〉　3800円　①978-4-472-40487-0

内容 ファカルティ・ディベロップメントの国際展開（ナンシー・バン・ノート・チズム, デビッド・ゴスリング, メアリー・ディーン・ソルチネッリ著）〔04245〕

ソルティス, ジョナス・F.　Soltis, Jonas F.

◇カリキュラムと目的—学校教育を考える（Curriculum and Aims 原著第5版の翻訳）　デッカー・F.ウォーカー, ジョナス・F.ソルティス著, 佐藤隆之, 森山賢一訳　町田　玉川大学出版部　2015.3　201p　21cm　〈文献あり 索引あり〉　2800円　①978-4-472-40494-8

内容 第1章 教師とカリキュラム　第2章 教育の目的　第3章 一般教育　第4章 カリキュラム現象の概念化　第5章 カリキュラム作成の手順　第6章 カリキュラム実践の解明と批評　第7章 交差する改革の流れ　第8章 事例と論争〔04246〕

ソルト, ジョージ　Solt, George

◇ラーメンの語られざる歴史（THE UNTOLD HISTORY OF RAMEN）　ジョージ・ソルト著, 野下祥子訳　国書刊行会　2015.9　269p　20cm　2200円　①978-4-336-05940-6

内容 第1章 人々の暮らし—日本人労働者のための中華汁麺　第2章 困難な道—闇市のラーメンとアメリカの占領　第3章 進展—急成長のエネルギー　第4章 昔と今—イメージチェンジ　第5章 今月のおすすめ—アメリカ人のラーメンと「クールジャパン」〔04247〕

ソレル, ジョルジュ　Sorel, Georges

◇プロレタリアートの理論のために—マルクス主義批判論集（La décomposition du marxisme, Matériaux d'une théorie du prolétariatの抄訳〔etc.〕）　ジョルジュ・ソレル著, 上村忠男, 竹下和亮, 金山準訳　未来社　2014.8　239p　19cm　（転換期を読む 23）　2800円　①978-4-624-93443-9

内容 労働組合の社会主義的将来　マルクス主義の分解『プロレタリアートの理論のための素材』へのまえがき〔04248〕

ソレル, トマス　Soler, Tomás

◇模擬起業—あなたの経営センスを試す起業シミュレーションブック（EMPRENDE TU PROPIA AVENTURA）　ヨアン・リエラ, トマス・ソレル著, 円田藍訳　CCCメディアハウス　2015.3　378p　19cm　2000円　①978-4-484-15110-6

内容 アイデアが生まれた日　列車が通過するのは一度だけ…乗ってしまおう　まずはチーム作りから　この列車は速すぎる。見送るのがよさそうだ　まずは、ビジネスプランの精度を上げる　近道はベンチャーキャピタル　相談するなら親類や友人　観光業界での経験があるアンドレア　全幅の信頼がおけるルイス　モチベーションが高く、行動力のあるサンジェイ〔ほか〕〔04249〕

ソレル, R.D.　Sorrell, Roger Darrell

◇アッシジのフランチェスコと自然—自然環境に対する西洋キリスト教的態度の伝統と革新（St. Francis of Assisi and Nature）　R.D.ソレル著, 金田俊郎訳　教文館　2015.3　332p　20cm　2800円　①978-4-7642-6717-6

内容 序論 中世的自然観についての神話　第1章 禁欲の伝統と初期フランシスコ会の見解　第2章 フランチェスコの創造の解釈における伝統的要素　第3章 フランチェスコの創造物への態度における伝統からの超越性とその最初の主要な影響—鳥への説教　第4章 創造物へのフランチェスコの特別な関心　第5章『兄弟なる太陽の讃歌』における伝統とその影響　第6章『兄弟なる太陽の讃歌』の意味をめぐる論争　第7章『兄弟なる太陽の讃歌』—創造についてのフランチェスコの理想像　第8章 フランチェスコ—事実と遺産　附論1 フランチェスコとカタリ派　附論2 初期フランシスコ会資料の分析　附論3 初期資料における鳥への説教〔04250〕

ソレンソン, ジョン

◇動物と戦争—真の非暴力へ、《軍事—動物産業》複合体に立ち向かう（Animals and War）　アントニー・J.ノチェッラ二世, コリン・ソルター, ジュディー・K.C.ベントリー編, 井上太一訳　新評論　2015.10　306p　20cm　〈文献あり 索引あり〉　2800円　①978-4-7948-1021-2

内容 戦の乗り物と化した動物たち（ジョン・ソレンソン著）〔04251〕

ソロー, ロバート・M.

◇経済学者、未来を語る—新「わが孫たちの経済的可能性」（IN 100 YEARS）　イグナシオ・パラシオス＝ウエルタ編, 小坂恵理訳　NTT出版　2015.2　295p　20cm　〈索引あり〉　2200円　①978-4-7571-2335-9

内容 つれづれなるままに未来を語る（ロバート・M.ソロー著）〔04252〕

ソロス, ジョージ

◇世界論　安倍晋三, 朴槿恵ほか〔著〕, プロジェクトシンジケート叢書編集部訳　土曜社　2014.1　185p　19cm　（プロジェクトシンジケート叢書）〈他言語標題：A WORLD OF IDEAS　文献あり〉　1199円　①978-4-907511-05-0

内容 動く世界経済（ジョージ・ソロス著）〔04253〕

◇秩序の喪失　プロジェクトシンジケート叢書編集

部訳　土曜社　2015.2　164, 3p　19cm　（プロジェクトシンジケート叢書）〈他言語標題：Loss of order〉1850円　①978-4-907511-15-9

内容 戦時の欧州（ジョージ・ソロス著）〔04254〕

◇安定とその敵（Stability at bay）　Project Syndicate〔編〕　土曜社　2016.2　120, 2p　18cm　（プロジェクトシンジケート叢書）　952円　①978-4-907511-36-4

内容 聖戦テロとの戦い方（ジョージ・ソロス著）〔04255〕

ソロモン, マリオン　Solomon, Marion Fried

◇短期力動療法入門（Short-Term Therapy for Long-Term Change）　マリオン・ソロモン, ロバート・ネボルスキー, リー・マッカロー, マイケル・アルパート, フランシーン・シャピロ, デヴィッド・マラン著, 妙木浩之, 飯島典子監訳　金剛出版　2014.12　228p　21cm　〈索引あり〉　3800円　①978-4-7724-1393-0

内容 第1章 短期心理療法の挑戦　第2章 Davanlooによるインテンシヴな短期力動心理療法　第3章 短期力動心理療法における情動恐怖症の脱感作　第4章 共感促進的セラピー　第5章 トラウマと適応的情報処理のプロセス：EMDRの力動的、行動的接点　第6章 共謀関係に陥った夫婦の行き詰まりを打開する　第7章 アタッチメントの絆と親密さ：愛の基本的な刷り込みは変容可能か？　第8章 今後の展望〔04256〕

ソン, アンソク　孫 安石

◇近代中国都市案内集成　第27巻　露治時代関東州法規類集　露治時代ニ於ケル大連市　松重充浩, 木之内誠, 孫安石監修・解説　〔矢野太郎〕〔訳〕　ゆまに書房　2016.4　227, 61p　22cm　〈布装　関東庁 1931年刊の複製　関東庁 1931年刊の複製〉18000円　①978-4-8433-4998-4〔04257〕

ソン, エンポウ　孫 遠方

◇図説孫子―思想と実践　趙海軍主編, 孫遠方, 孫兵副主編, 浅野裕一監修, 三浦吉明訳　科学出版社東京　2016.12　257p　26cm　〈発売：国書刊行会〉8000円　①978-4-336-06117-1

内容 第1章 兵聖の遺跡　第2章 兵学の奥義　第3章『孫子兵法』の思想的特色　第4章『孫子兵法』の中国戦争史上での地位と運用　第5章『孫子兵法』の非軍事分野での応用　第6章『孫子兵法』の世界への影響〔04258〕

ソン, カ　孫 歌

◇アジアからの世界史像の構築―新しいアイデンティティを求めて　湯山トミ子, 宇野重昭編著　東方書店　2014.6　329p　21cm　（成蹊大学アジア太平洋研究センター叢書）〈索引あり〉　3600円　①978-4-497-21409-6

内容 戦後日本思想史における“中国革命”（孫歌著, 湯山トミ子訳）〔04259〕

◇琉球共和社会憲法の潜勢力―群島・アジア・越境の思想　川満信一, 仲里効編　未来社　2014.6　306p　20cm　2600円　①978-4-624-01192-5

内容 リアリズムのユートピア（孫歌著, 倉重拓訳）〔04260〕

◇アジアを語ることのジレンマ―知の共同空間を求めて　孫歌著　岩波書店　2015.10　263p　19cm　（岩波人文書セレクション）〈2002年刊の再刊〉2500円　①978-4-00-028814-9

内容 アジアという思考空間 丸川哲史 訳. 日中戦争 坂井洋史 訳. 思想としての「東史郎現象」溝口由己 訳. 近代史に向き合う倫理的責任 溝口由己 訳. グローバリゼーションと文化的差異 溝口由己 訳. 歴史を生き直すこと 王智新 訳. 魯迅が脱いだ服 丸川哲史 訳. 理想家の黄昏 丸川哲史 訳. アジアを語ること 丸川哲史 訳.「歴史に入る」方法 溝口雄三, 孫歌 述〔04261〕

◇近現代東アジアと日本―交流・相剋・共同体　土田哲夫編　八王子　中央大学出版部　2016.11　349p　21cm　4200円　①978-4-8057-1152-1

内容 アジア原理を求めて（孫歌著, 白石裕一訳）〔04262〕

ソン, カ*　孫 華

◇中国の文明―北京大学版　1　古代文明の誕生と展開　上（先史・夏殷周―春秋戦国）　稲畑耕一郎日本語版監修・監訳, 袁行霈, 厳文明, 張伝璽, 楼宇烈原著主編　角道亮介訳　潮出版社　2016.8　495, 14p　23cm　〈他言語標題：THE HISTORY OF CHINESE CIVILIZATION　文献あり 年表あり 索引あり〉5000円　①978-4-267-02021-6

内容 総説（世界の古代文明　中華文明を支える思想内容ほか）　緒論（中華文明が誕生した地理的環境　中国大陸の古代の居住民 ほか）　第1章 中華文明の曙（文明胎動期の経済　社会の階層化と複雑化 ほか）　第2章 中華文明の幕開け―夏（夏王朝の成立と中原の優位化　夏文化の考古学的探索 ほか）　第3章 殷周時代―文明の興隆（殷周王朝の成立と華夏文明の興隆　殷周時代の宗法と分封制・井田制 ほか）　第4章 燦爛たる青銅器文化（青銅器文化の中心地とその形成　大規模な青銅器生産 ほか）〔04263〕

ソン, ギスク　宋 基淑

◇教科書に書かれなかった戦争　PART63　朝鮮東学農民戦争を知っていますか？―立ちあがった人びとの物語　宋基淑著, 仲村修訳　梨の木舎　2015.8　285p　21cm　〈漫画：大越京子　文献あり 年表あり〉2800円　①978-4-8166-1504-7〔04264〕

ソン, キョクバイ　孫 旭培

◇中国における報道の自由―その展開と命運　孫旭培著, 高井潔司, 西茹, 及川淳子, 魯諍, 雷紫雯訳　相模原　桜美林大学北東アジア総合研究所　2013.7　406p　21cm　（北東アジア研究叢書）　3333円　①978-4-904794-33-3〔04265〕

ソン, ギョクレイ*　孫 玉玲

◇近代日本と「満州国」　植民地文化学会編　不二出版　2014.7　590p　22cm　6000円　①978-4-8350-7695-9

内容 日本帝国主義による東北農業の略奪 他（孫玉玲著, 絹川浩敏訳）〔04266〕

ソン, ケイエイ*　孫 継英

◇近代日本と「満州国」　植民地文化学会編　不二出版　2014.7　590p　22cm　6000円　①978-4-8350-7695-9

内容 東北淪陥期の長春での植民地奴隷化教育 他(孫継英著, 山本恭子訳)〔04267〕

ソン, ケイケン* 孫 慧娟

◇2015産業統合のチャイナ・エンジン　中国M&A公会監修, 尉立東, 柏亮ほか著, 中出了真, 黄伯, 陳亮訳　明月堂書店　2015.9　188p　19cm　2000円　①978-4-903145-50-1

内容 第1部 産業統合の歴史概要(産業統合の歴史　中国産業統合の起動)　第2部 産業M&Aのチャンス(金融業:インターネット金融がM&Aの起爆剤となる　インターネットM&Aの趨勢と反復　消費財業界のM&Aチャンスについての研究報告　文化メディア産業　複合改革:古い瓶に新しい酒を詰めるチャンス多し　グローバルなM&A気運　高速鉄道経済圏がもたらした地域統合の生態圏)　第3部 産業M&Aのプラットフォームとツール(企業買収ファンド　M&Aローン　M&A債券　レバレッジ・バイアウト　M&Aの見積もり　M&A税務　M&A仲裁)〔04268〕

ソン, ケイビン* 孫 慧敏

◇東アジアの都市構造と集団性—伝統都市から近代都市へ　井上徹, 仁木宏, 松浦恒雄編　大阪　清文堂出版　2016.3　312p　22cm　(大阪市立大学文学研究科叢書 第9巻)　〈文献あり〉8200円　①978-4-7924-1053-7

内容 近代上海住宅賃貸借法文化の形成と拡散(孫慧敏著, 阿部由美子訳)〔04269〕

ソン, ケイブ* 孫 継武

◇日中両国から見た「満洲開拓」—体験・記憶・証言　寺林伸明, 劉含発, 白木沢旭児編　御茶の水書房　2014.2　26, 588p　22cm　〈索引あり〉9400円　①978-4-275-01061-2

内容 日本の中国東北に対する移民の調査と研究(孫継武著, 胡慧君訳)〔04270〕

◇近代日本と「満州国」　植民地文化学会編　不二出版　2014.7　590p　22cm　6000円　①978-4-8350-7695-9

内容 張作霖と日本 他(孫継武著, 横川京子, 荒川優訳, 小島晋治閲, 横川京子訳)〔04271〕

ソン, コウウン* 孫 宏雲

◇中国議会100年史—誰が誰を代表してきたのか　深町英夫編　東京大学出版会　2015.12　291p　22cm　〈他言語標題：A Hundred Years' History of Chinese Parliamentarianism　索引あり〉5000円　①978-4-13-036257-3

内容 地域代表か？　職能代表か？(孫宏雲著, 衛藤安奈訳)〔04272〕

ソン, コウケン* 孫 紅娟

◇2015産業統合のチャイナ・エンジン　中国M&A公会監修, 尉立東, 柏亮ほか著, 中出了真, 黄伯, 陳亮訳　明月堂書店　2015.9　188p　19cm　2000円　①978-4-903145-50-1

内容 第1部 産業統合の歴史概要(産業統合の歴史　中国産業統合の起動)　第2部 産業M&Aのチャンス(金融業:インターネット金融がM&Aの起爆剤となる　インターネットM&Aの趨勢と反復　消費財業界のM&Aチャンスについての研究報告　文化メディア産業　複合改革:古い瓶に新しい酒を詰めるチャンス多し　グローバルなM&A気運　高速鉄道経済圏がもたらした地域統合の生態圏)　第3部 産業M&Aのプラットフォームとツール(企業買収ファンド　M&Aローン　M&A債券　レバレッジ・バイアウト　M&Aの見積もり　M&A税務　M&A仲裁)〔04273〕

ソン, ジウォン* 宋 芝媛

◇朝鮮時代の女性の歴史—家父長的規範と女性の一生　奎章閣韓国学研究院編著, 小幡倫裕訳　明石書店　2015.3　384p　22cm　〈文献あり 索引あり〉8000円　①978-4-7503-4158-3

内容 朝鮮時代の女性芸術家の誕生(宋芝媛著)〔04274〕

ソン, ショウヨウ* 孫 尚揚

◇中国の文明—北京大学版　7　文明の継承と再生　上(明清—近代)　稲畑耕一郎日本語版監修・監訳, 袁行霈, 厳文明, 張伝璽, 楼宇烈原著主編　松浦智子訳　潮出版社　2016.2　497, 17p　23cm　〈他言語標題：THE HISTORY OF CHINESE CIVILIZATION　文献あり 年表あり 索引あり〉5200円　①978-4-267-02027-8

内容 緒論　第1章 社会経済の発展　第2章 初期の啓蒙思潮と政治文明の新要素　第3章 総括するなかで発展した伝統的な科学技術　第4章 多民族国家の強化と発展　第5章 政治の発展と国家の経済および民衆の生活　第6章 清代前期・中期の文化意識とその業績　第7章 西洋学問の東洋への伝播と中華文明の外国への伝播〔04275〕

ソン, ジヨン* 宋 知娟

◇朝鮮の女性〈1392-1945〉—身体、言語、心性　金賢珠, 朴茂瑛, イヨンスク, 許南麟編　クオン　2016.3　414p　19cm　(クオン人文・社会シリーズ 02)　3800円　①978-4-904855-36-2

内容 朝鮮時代、天主教女性史の再読(宋知娟著, 斎藤勇夫訳)〔04276〕

ソン, タイセン 孫 大川

◇台湾原住民族の音楽と文化　下村作次郎, 孫大川, 林清財, 笠原政治編　浦安　草風館　2013.12　424p　22cm　4800円　①978-4-88323-191-1

内容 台湾原住民族の楽舞〈歌と踊り〉と文化 他(孫大川著, 下村作次郎訳)〔04277〕

ソン, トウ* 孫 彤

◇日中両国から見た「満洲開拓」—体験・記憶・証言　寺林伸明, 劉含発, 白木沢旭児編　御茶の水書房　2014.2　26, 588p　22cm　〈索引あり〉9400円　①978-4-275-01061-2

内容 満鉄と日本の中国東北への移民(孫彤著, 胡慧君訳)〔04278〕

ソン, ビョンヘ* 孫 炳海

◇東北アジア平和共同体構築のための倫理的課題と実践方法—「IPCR国際セミナー2012」からの提言　韓国社会法人宗教平和国際事業団著, 世界宗教者平和会議日本委員会編, 山本俊正監修, 中央学術研究所編集責任　佼成出版社　2014.7　222, 3p　18cm　(アーユスの森新書 009)　900円　①978-4-333-02672-2

内容 東北アジア経済共同体の成立を通じた倫理的市場経済秩序の創出（孫炳海著, 金永完訳）〔04279〕

ソン, ヘイ　孫 兵

◇図説孫子―思想と実践　趙海軍主編, 孫遠方, 孫兵副主編, 浅野裕一監修, 三浦吉明訳　科学出版社東京　2016.12　257p　26cm　〈発売：国書刊行会〉8000円　①978-4-336-06117-1

内容 第1章 兵聖の遺跡　第2章 兵学の奥義　第3章『孫子兵法』の思想的特色　第4章『孫子兵法』の中国戦争史上での地位と運用　第5章『孫子兵法』の非軍事分野での応用　第6章『孫子兵法』の世界への影響〔04280〕

ソン, ヘイカイ*　孫 炳海

⇒ソン, ビョンヘ*

ソンシ　孫子

◇「孫子」叢書　第9巻　訳註孫子　湯浅邦弘監修　塚本哲三, 児島献吉郎訳註　大空社　2014.2　1冊　22cm　〈布装　「七書・鬼谷子」（有朋堂書店 大正8年刊）の複製　「七書・鬼谷子・陸賈新語」（国民文庫刊行会 大正10年刊）の複製〉9500円　①978-4-283-01280-6〔04281〕

◇孫子―現代語訳　孫子〔著〕, 杉之尾宜生編著　日本経済新聞出版社　2014.4　397p　19cm　〈文献あり〉1800円　①978-4-532-16932-9

内容『孫子』の体系的な思想構造　始計篇第一　作戦篇第二　謀攻篇第三　軍形篇第四　勢篇第五　虚実篇第六　軍争篇第七　九変篇第八　行軍篇第九　地形篇第十　九地篇第十一　火攻篇第十二　用間篇第十三〔04282〕

◇孫子 呉子　守屋洋, 守屋淳訳・解説　新装版　プレジデント社　2014.9　286p　21cm　（全訳「武経七書」1）　2500円　①978-4-8334-2096-9

内容『孫子』（始計篇　作戦篇　謀攻篇　軍形篇　兵勢篇　虚実篇　軍争篇　九変篇　行軍篇　地形篇　九地篇　火攻篇　用間篇）『呉子』（図国篇　料敵篇　治兵篇　論将篇　応変篇　励士篇）〔04283〕

◇強くしなやかなこころを育てる！　こども孫子の兵法　斎藤孝監修　日本図書センター　2016.3　71p　21×19cm　1500円　①978-4-284-20377-7

内容 第1章 勝つためのヒント（まずなにをするべき？　戦う準備をはじめるとき ほか）　第2章 夢をかなえるためのヒント（もっと自分を成長させたい！　成功のひけつってなに？　ほか）　第3章 困難に立ち向かうためのヒント（解決できない問題があるとき　もうがんばれない気がしたら… ほか）　第4章 もう1歩踏み出すためのヒント（ライバルに差をつけたいとき　目立ちたい！　ほめられたい！　ほか）〔04284〕

◇アミオ訳孫子―漢文・和訳完全対照版（Mémoires concernant l'histoire, les sciences, les arts, les mœurs, les usages, &c. des Chinois（部分訳））　孫子〔原著〕, アミオ〔原訳〕, 守屋淳監訳・注解, 臼井真紀訳　筑摩書房　2016.4　335p　15cm　（ちくま学芸文庫 ソ7-1）　1200円　①978-4-480-09726-2

内容 戦術の基礎（始計）　戦争の開始（作戦）　戦争以前に予見しておかなければならないこと（謀攻）　軍隊の形勢（軍形）　軍の指揮における巧妙さ（兵勢）　充実と空虚（虚実）　有利に進めるべき点（軍争）　九つの変化（九変）　軍がとるべき行動（行軍）　地形を知ること（地形）　九種の地（九地）　火を用いた戦法の概要（火攻）　紛争を利用し、また不和を生じさせる方法（用間）〔04285〕

◇図説孫子―思想と実践　趙海軍主編, 孫遠方, 孫兵副主編, 浅野裕一監修, 三浦吉明訳　科学出版社東京　2016.12　257p　26cm　〈発売：国書刊行会〉8000円　①978-4-336-06117-1

内容 第1章 兵聖の遺跡　第2章 兵学の奥義　第3章『孫子兵法』の思想的特色　第4章『孫子兵法』の中国戦争史上での地位と運用　第5章『孫子兵法』の非軍事分野での応用　第6章『孫子兵法』の世界への影響〔04286〕

ソーン・シマトラン

◇霊獣が運ぶアジアの山車―この世とあの世を結ぶもの　ゼイヤー・ウィン, スリヤー・ラタナクン, ホーム・プロムォン, 黄国賓, ソーン・シマトラン, 真島建吉, 三田村佳子, 神野善治, 杉浦康平, ナンシー・タケヤマ著, 浦崎雅代, マリーヤ・ドゥムロンポ, ヤーン・フォルネル訳　工作舎　2016.7　305p　21cm　（神戸芸術工科大学アジアンデザイン研究所シンポジウムシリーズ　斉木崇人監修）〈他言語標題：Boats, Floats and Sacred Animals　企画・構成：杉浦康平　文献あり〉3200円　①978-4-87502-474-3

内容 鳥〈ガルーダ〉と蛇〈ナーガ〉のシンボリズム 他（ソーン・シマトラン著）〔04287〕

ソーンダイク, ウィリアム・N., Jr.　Thorndike, William, Jr.

◇破天荒な経営者たち―8人の型破りなCEOが実現した桁外れの成功（The Outsiders）　ウィリアム・N.ソーンダイク・ジュニア著, 長尾慎太郎監修, 井田京子訳　パンローリング　2014.2　338p　20cm　（ウィザードブックシリーズ 214）〈文献あり〉2800円　①978-4-7759-7182-6

内容 第1章 リターンの永久機関―トム・マーフィーとキャピタル・シティーズ・ブロードキャスティング　第2章 複合企業の型破りな経営者―ヘンリー・シングルトンとテレダイン　第3章 企業再生―ビル・アンダースとゼネラル・ダイナミクス　第4章 急激な変化のなかで価値を創造する―ジョン・マローンとテレコミュニケーションズ　第5章 後継者は未亡人―キャサリン・グレアムとワシントン・ポスト　第6章 公開LBO―ビル・スティーリッツとラルストン・ピュリーナ　第7章 同族会社の最適化―ディック・スミスとゼネラル・シネマ　第8章 CEOは投資家―ウォーレン・バフェットとバークシャー・ハサウェイ　第9章 急進的な合理主義―アウトサイダーの考え方〔04288〕

ソーンダイク, ジョセフ・J.

◇財政赤字の国際比較―民主主義国家に財政健全化は可能か（Deficits and Debt in Industrialized Democracies）　井手英策, ジーン・パーク編　岩波書店　2016.3　330p　22cm　5400円　①978-4-00-023062-9

内容 アメリカにおける政治, 財政パフォーマンス, そして外からの予算規律〈1970-2013年〉（ジョセフ・J.ソーンダイク著, 高端正幸訳）〔04289〕

ソ

タ

ソンド, キム

◇ハイブリッド・リーディング―新しい読書と文字学　日本記号学会編, 阿部卓也企画・編集・構成　新曜社　2016.8　277p　21cm　（叢書セミオトポス 11）　2900円　①978-4-7885-1486-7

内容 極東における間メディア性の考古学試論（キム・ソンド著, 西兼志訳）〔04290〕

ソーントン, ジョージ・C., 3世　Thornton, George C., III

◇人事戦略のためのアセスメント・センター―予測・診断・開発の理論と実践（Assessment Centers in Human Resource Management）　ジョージ・C.ソーントン3世, デボラ・E.ラップ著, 広瀬紳一, 渡辺直登監訳, 日詰慎一郎, 林洋一郎, 佐野達訳　中央経済社　2014.5　405p　22cm　〈文献あり 索引あり〉 6000円　①978-4-502-09550-4

内容 人的資源管理におけるアセスメント・センター　アセスメント・センター適用例のケーススタディ　アセスメント・センターの基本要件　開発的アセスメント・センターの詳細　行動の次元―アセスメント・センターの構成要素　シミュレーション演習　評価者個々人の役割―行動の観察・記録・分類・評定　評価者グループの役割―アセスメント情報の統合　アセスメント・センター結果のフィードバック　アセスメント・センター・メソッドの妥当性に関する根拠　アセスメント・センターと人的資源管理および組織戦略　アセスメント・センタ―総括と今後の展望　アセスメント・センター運営のためのガイドラインおよび倫理的配慮指針〔04291〕

ソンニーノ, ロバータ　Sonnino, Roberta

◇学校給食改革―公共食と持続可能な開発への挑戦（THE SCHOOL FOOD REVOLUTION）　ケヴィン・モーガン, ロバータ・ソンニーノ著, 杉山道雄, 大島俊三共編訳著, 堀田康雄, 野沢義則, 下内充共訳　筑波書房　2014.3　268p　21cm　〈文献あり〉 3000円　①978-4-8119-0436-8

内容 第1章 公共食と持続可能な開発：課題と未来像　第2章 調達の諸事項：公共食の在り方を見直す　第3章 ファストフード国家か？　：ニューヨーク市の学校給食プログラムの再発足　第4章 社会的公正さとしての学校給食：ローマにおける食の品質革命　第5章 持続可能な世界都市：ロンドンにおける学校給食改革　第6章 都市を越えて：地域における学校給食の改革　第7章 自国産：発展途上国における学校給食　第8章 持続可能な開発と公共領域（realm）：公共食の力〔04292〕

ゾンバルト, ヴェルナー　Sombart, Werner

◇人間について（Vom Menschen 原著再版の抄訳）　ヴェルナー・ゾンバルト著, 金森誠也訳　PHP研究所　2013.12　261p　20cm　2000円　①978-4-569-81569-5〔04293〕

◇ユダヤ人と経済生活（Die Juden und das Wirtschaftslebenの抄訳）　ヴェルナー・ゾンバルト〔著〕, 金森誠也訳　講談社　2015.6　397p　15cm　（講談社学術文庫 2303）　〈荒地出版社 1994年刊の一部を割愛〉 1200円　①978-4-06-292303-3

内容 第1部 近代国民経済形成へのユダヤ人の関与（調査方法―関与の方式と範囲　十六世紀以来の経済中心地の移動　国際商品取引の活性化　近代植民地経済の創設　近代国家の建設）　第2部 ユダヤ人の資本主義への適性（問題点　「資本主義的経済人の機能」　資本主義へのユダヤ人の客観的適性　ユダヤ教の経済生活に対する意味　ユダヤ人の特性）〔04294〕

◇ブルジョワ―近代経済人の精神史（Der Bourgeois）　ヴェルナー・ゾンバルト〔著〕, 金森誠也訳　講談社　2016.12　619p　15cm　（講談社学術文庫 2403）　〈中央公論社 1990年刊の再刊　文献あり〉 1750円　①978-4-06-292403-0

内容 第1巻 資本主義精神の発展（企業精神　市民精神　資本主義の精神の国民別発展　ブルジョワ 過去と現在）　第2巻 資本主義の精神の源泉（生物学的基礎　道徳的諸力　社会的状況）〔04295〕

【タ】

ター, テリー・A.

◇FDガイドブック―大学教員の能力開発（A GUIDE TO FACULTY DEVELOPMENT 原著第2版の抄訳）　ケイ・J.ガレスピー, ダグラス・L.ロバートソン編著, 羽田貴史監訳, 今野文子, 串本剛, 立石慎治, 杉本和弘, 佐藤万知訳　町田　玉川大学出版部　2014.2　338p　21cm　（高等教育シリーズ 162）　〈別タイトル：Faculty Developmentガイドブック　文献あり 索引あり〉 3800円　①978-4-472-40487-0

内容 非常勤教員との協働（テリー・A.ター著）〔04296〕

タイ, イライ*　戴 維来

◇大国の責任とは―中国平和発展への道のり　金燦栄等著, 日中翻訳学院監訳, 本田朋子訳　日本僑報社　2014.7　304p　19cm　2500円　①978-4-86185-168-1

内容 第1章 中国の大国責任の分析　第2章 国際責任の起源　第3章 責任ある大国としての中国―そのモチベーションと歴史的特徴　第4章 平和維持と責任分担　第5章 発展の推進と福祉の共有　第6章 協力の推進と共同繁栄の実現　第7章 友好的共存、調和とウインウイン　第8章 中国の国際責任―チャンスと課題〔04297〕

ダイアー, ウエイン・W.　Dyer, Wayne W.

◇自分のための人生―ダイアー博士の世界的名著（YOUR ERRONEOUS ZONES）　ウエイン・W.ダイアー著, 渡部昇一訳・解説　三笠書房　2014.9　300p　18cm　〈改訂新版 知的生きかた文庫 2011年刊の再編集〉 1100円　①978-4-8379-5753-9

内容 1章「気」の力―ここから一歩進む勇気　2章 自分の価値―「どんな幸せでも」自分で選べる　3章「自立」と「自尊」の精神―もっと“わがまま”に生きていい　4章「きのうの自分」を超える―「できない」理由を探すな　5章「今」が最高のチャンス―「過去」にとらわれない人の強さ　6章「自分の知らない世界」―失敗を土台に、成功する　7章「状況打開」の柔軟思考―なぜ「他人の評価」が気になるのか　8章“けじめ"の行動学—一日、一年、一生をいそがしく生きる　9章 セルフ・コントロールの実践—「怒る心」から自分を解放する　10章「充実人生」へ—今を楽しみ、もっとシンプルに生きられる 〔04298〕

◇9日間"プラスのこと"だけ考えると、人生が変わる（Being in Balance）　ウエイン・W.ダイアー著, 山川紘矢, 山川亜希子訳　三笠書房　2014.12　221p　15cm　（王様文庫 D62-2）　590円　①978-4-8379-6735-4

内容 1「夢」と「現実」をつなぎ合わせる一番頭のいい方法—あなたの「運命」を一八〇度変える法則　2「シンプルで軽やかな毎日」をつくる—「抱えている重荷」のカンタンな下ろし方　3 あなたの「いいところ」を上手に伝えていますか—出会いに恵まれる人は「人を引きつける」方法を知っている　4 心の「ウイークポイント」を克服する—「本当の夢」へまっしぐらに向かうために　5 自分の体は、「思い描いたとおり」に変わっていく！　—「健康」と「美しさ」を手に入れるには　6「お金に困らない人」、「お金で苦労する人」の頭の中—「いつも豊かに過ごせる人」が日々実践していること　7 いつも「ハッピーなことだけ」に目を向ける—「よくない出来事」を全部はね返してしまう力　8 誰もがこんなあなたを「好き」にならずにはいられない！　—皆から愛される人の「心の貯蔵庫」　9 何にもとらわれない解き放たれた生き方—「目に見える価値」だけに振り回されないために 〔04299〕

◇「自分のための人生」に目覚めて生きるDVDブック—運命をつくる力を手に入れる10の秘密（DON'T DIE WITH YOUR MUSIC STILL IN YOU）　ウエイン・W.ダイアー, セリーナ・J.ダイアー著, 奥野節子訳　ダイヤモンド社　2016.1　285p　19cm　2200円　①978-4-478-06153-4

内容 第1章 あなたの音楽を奏でることなく死んではいけない　第2章 あらゆるものに開かれ、執着しない心を持つ　第3章 あなたが持たないものを、与えることはできない　第4章 静けさを受け入れる　第5章 過去を忘れる　第6章 問題を生んだ心で、問題を解くことはできない　第7章 正しい恨みなどない　第8章 あなたの望むものに、すでになっているかのように振る舞う　第9章 あなたの神性を大切にする　第10章 あなたを弱らせる、あらゆる思考を避ける 〔04300〕

◇準備が整った人に、奇跡はやってくる（REAL MAGIC）　ウエイン・W.ダイアー著, 渡部昇一訳　三笠書房　2016.3　253p　15cm　（王様文庫 D53-2）　〈「自分の中に奇跡を起こす！」（1997年刊）の改題、再編集〉600円　①978-4-8379-6780-4

内容 序章 奇跡は待つより、自分から起こすもの　1章「過去どうだったか」ではなく、「今、なにができるか」　2章「なりたい自分」って、なんだろう　3章「描いた夢」に、こんなブレーキをかけてはいけない　4章 まるでドラマのような奇跡　5章 これから手に入る富に、限界はない　6章「自分らしい才能」を輝かせるために　7章「心」が整った人の「からだ」は生まれ変わる　8章 奇跡の力を知った瞬間、目の前の世界が楽しくてしかたがない！ 〔04301〕

ダイアー, ジェフリー　Dyer, Jeffrey M.

◇成功するイノベーションは何が違うのか？（THE INNOVATOR'S METHOD）　ネイサン・ファー, ジェフリー・ダイアー著, 新井宏征訳　翔泳社　2015.2　350p　20cm　〈索引あり〉　2800円　①978-4-7981-4057-5

内容 序章 はじめに　第1章 イノベーション実現メソッド　第2章 不確実な時代のリーダーシップ　第3章 インサイト—サプライズを味わう　第4章 課題—片づけるべき用事の発見　第5章 ソリューション—最小限の素晴らしい製品のプロトタイピング　第6章 ビジネスモデル—市場投入戦略の検証　第7章 ピボットのマスター　第8章 拡大　第9章 イノベーション実現メソッドを機能させる　まとめ 不確実性を機会に変える　付録 イノベーション実現メソッド概要 〔04302〕

ダイアー, セリーナ・J.　Dyer, Serena J.

◇「自分のための人生」に目覚めて生きるDVDブック—運命をつくる力を手に入れる10の秘密（DON'T DIE WITH YOUR MUSIC STILL IN YOU）　ウエイン・W.ダイアー, セリーナ・J.ダイアー著, 奥野節子訳　ダイヤモンド社　2016.1　285p　19cm　2200円　①978-4-478-06153-4

内容 第1章 あなたの音楽を奏でることなく死んではいけない　第2章 あらゆるものに開かれ、執着しない心を持つ　第3章 あなたが持たないものを、与えることはできない　第4章 静けさを受け入れる　第5章 過去を忘れる　第6章 問題を生んだ心で、問題を解くことはできない　第7章 正しい恨みなどない　第8章 あなたの望むものに、すでになっているかのように振る舞う　第9章 あなたの神性を大切にする　第10章 あなたを弱らせる、あらゆる思考を避ける 〔04303〕

ダイアモンド, コーラ　Diamond, Cora

◇ウィトゲンシュタインの講義—数学の基礎篇 ケンブリッジ1939年（WITTGENSTEIN'S LECTURES ON THE FOUNDATIONS OF MATHEMATICS）　ウィトゲンシュタイン〔述〕, コーラ・ダイアモンド編, 大谷弘, 古田徹也訳　講談社　2015.1　615p　15cm　（講談社学術文庫 2276）　〈文献あり 索引あり〉1680円　①978-4-06-292276-0 〔04304〕

ダイアモンド, ジャレド　Diamond, Jared M.

◇変革の知　ジャレド・ダイアモンドほか〔述〕, 岩井理子訳　KADOKAWA　2015.2　251p　18cm　（角川新書 K-1）　900円　①978-4-04-102413-3

内容 スマートフォンではなく顔を見ないと本当の心は見えない（ジャレド・ダイアモンド述） 〔04305〕

タイカン, ジョウジ*　太寛 常慈

◇霊性と東西文明—日本とフランス—「ルーツとルーツ」対話　竹本忠雄監修　勉誠出版　2016.2　526p　22cm　〈表紙のタイトル：Dialogue Racines contre Racines〉7500円　①978-4-585-21030-6

内容 なにゆえ文殊菩薩は宝剣を手にするのか？（太寛常慈著, 畑亜弥子訳） 〔04306〕

大韓民国

⇒韓国も見よ

大韓民国国立扶余文化財研究所

◇百済寺刹研究—日本語版　大韓民国国立扶余文化財研究所原著, 奈良県立橿原考古学研究所訳　橿原　奈良県立橿原考古学研究所　2014.12　225p　27cm　〈文献あり〉非売品　①978-4-905398-31-

8 〔04307〕

ダイクスターハイス, アブ

◇共感の社会神経科学（THE SOCIAL NEUROSCIENCE OF EMPATHY）　ジャン・デセティ, ウィリアム・アイクス編著, 岡田顕宏訳　勁草書房　2016.7　334p　22cm　〈索引あり〉4200円　①978-4-326-25117-9

内容 模倣されることの効果（リック・B.フォン・バーレン, ジャン・デセティ, アブ・ダイクスターハイス, アンドリース・フォン・デア・レイユ, マータイス・L.フォン・レーウン著） 〔04308〕

タ

ダイソン, アラン

◇学校を場とする放課後活動の政策と評価の国際比較―格差是正への効果の検討　金藤ふゆ子編著　福村出版　2016.3　343p　22cm　5200円　①978-4-571-10172-4

内容 イギリスの学校を場とする放課後活動の政策と評価（アラン・ダイソン, カースティン・カー, リンダ・リース, 錦織嘉子著, 錦織嘉子訳） 〔04309〕

タイトゥーニック, レジーナ

◇国際関係理論　吉川直人, 野口和彦編　第2版　勁草書房　2015.11　399p　21cm　（勁草テキスト・セレクション）〈他言語標題：Perspectives on International Relations　索引あり〉3300円　①978-4-326-30244-4

内容 近代国際システムの興隆（レジーナ・タイトゥーニック著, 吉川直人訳） 〔04310〕

ダイバート, R.I.　Deibert, Richard I.

◇マルコによる福音書（Mark）　R.I.ダイバート著, 挽地茂男訳　日本キリスト教団出版局　2016.1　221p　21cm　（現代聖書注解スタディ版）〈文献あり〉2600円　①978-4-8184-0936-1 〔04311〕

タイムズ

◇本当にあった奇跡のサバイバル60（THE EXTREME SURVIVORS）　タイムズ著, 河野純治訳　日経ナショナルジオグラフィック社　2013.12　263p　23cm　（NATIONAL GEOGRAPHIC）〈文献あり 索引あり　発売：日経BPマーケティング〉2400円　①978-4-86313-226-9 〔04312〕

ダイモン, ロバート・W.

◇リターン・トゥ・ケインズ（THE RETURN TO KEYNES）　ブラッドリー・W.ベイトマン, 平井俊顕, マリア・クリスティーナ・マルクッツォ編, 平井俊顕監訳　東京大学出版会　2014.9　388, 56p　22cm　〈文献あり 索引あり〉5600円　①978-4-13-040262-0

内容 トービンのケインズ主義（ロバート・W.ダイモン著, 内藤敦之訳） 〔04313〕

ダイヤー, ジェフ　Dyer, Geoff

◇米中 世紀の競争―アメリカは中国の挑戦に打ち勝てるか（THE CONTEST OF THE CENTURY）　ジェフ・ダイヤー著, 松本剛史訳　日本経済新聞出版社　2015.6　393p　20cm　〈文献あり 索引あり〉2800円　①978-4-532-16964-0

内容 第1部 アジアの軍事情勢（近海に打って出る中国　インド洋の誘惑　アジアの反発　アメリカの選択）　第2部 政治とナショナリズム（中国の脆いナショナリズム　ソフト・パワー　「我々は世界の救済者ではない」）　第3部 経済（ドルと争う　ポスト・アメリカのグローバリゼーション） 〔04314〕

タイラー, リヴ　Tyler, Liv

◇世界標準のビジネスマナー（Modern Manners）　ドロシア・ジョンソン, リヴ・タイラー著, 村山美雪訳　東洋経済新報社　2015.5　175p　21cm　〈文献あり〉1400円　①978-4-492-04570-1

内容 1 出会い・挨拶のマナー　2 職場でのマナー　3 デジタルでのマナー　4 外出先でのマナー　5 食事のマナー　6 おもてなしのマナー 〔04315〕

タヴァレス, マット　Tavares, Matt

◇ヘレン・ケラーのかぎりない夢―見る・聞く・話す・読む・書く・学ぶ夢に挑戦した生涯（HELEN'S BIG WORLD）　ドリーン・ラパポート文, マット・タヴァレス絵, もりうちすみこ訳　国土社　2014.8　39p　29cm　〈年譜あり〉1500円　①978-4-337-06248-1 〔04316〕

ダヴィド=メナール, モニク　David-Ménard, Monique

◇ドゥルーズと精神分析（DELEUZE ET LA PSYCHANALYSE）　モニク・ダヴィド＝メナール著, 財津理訳　河出書房新社　2014.9　314p　20cm　4300円　①978-4-309-24672-7

内容 1 臨床と哲学　2 マゾヒズム礼賛、快の概念に対する批判　3 反復の哲学　4 器官なき身体―精神分析に対する批判か、精神分析の放棄か　5 生成そして離接的総合　6 無限の哲学―概念を創造することは、「カオスを無限な速度で循環すること」　7 無限なき離接的総合―精神分析における転移　8 カントと否定的なもの 〔04317〕

ダーウィン, チャールズ　Darwin, Charles

◇大杉栄全集　第9巻　種の起原　大杉栄著, 大杉栄全集編集委員会編　ダーウィン著, 大杉栄訳　ぱる出版　2015.6　641p　20cm　〈付属資料：8p：月報 9　布装〉8000円　①978-4-8272-0909-9 〔04318〕

タウシグ, マイケル　Taussig, Michael T.

◇ヴァルター・ベンヤミンの墓標（WALTER BENJAMIN'S GRAVE）　マイケル・タウシグ著, 金子遊, 井上里, 水野友美子訳　水声社　2016.3　385p　20cm　（〈叢書〉人類学の転回）3800円　①978-4-8010-0160-2

内容 第1章 ヴァルター・ベンヤミンの墓標―非宗教的な啓示　第2章 アメリカの構築　第3章 太陽は求めず与える　第4章 浜辺（ファンタジー）　第5章 直感性と信仰と懐疑―もうひとつの呪術論　第6章 侵犯　第7章 NYPDブルース　第8章 花言葉 〔04319〕

ダウティー, E.M.　Douty, Esther Morris

◇アメリカ最初の女性化学者エレン・リチャーズ―レイク・プラシッドに輝く星（AMERICA'S

FIRST WOMAN CHEMIST Ellen Richards) E.M.ダウティー著, 住田和子, 鈴木哲也共訳 ドメス出版 2014.5 226, 8p 21cm 〈文献あり 著作目録あり 年譜あり〉 2400円 ①978-4-8107-0806-6

内容 家事は女性の人生か 我が家はおまえが必要だ バッサー大学の日々 マサチューセッツ工科大学への挑戦 化学の恩恵―キッチンでどんな役に立つの？ 化学者のフラスコか、それとも結婚指輪か？ 諺「男は命令するが、女は説得する」 アメリカ独立百周年フィラデルフィア万国博 女子学生が選んだ科学の道 病気の女性が多すぎる 栄光―そして失望 女性は「女性の責任」から逃れられない！ 安全な水の調査―世界最初の水質基準 家庭における科学的主婦 私は食べたいものを食べる―ニューイングランド・キッチン 「失敗」がもたらしたもの―シカゴ万国博と学校給食 レイク・プラシッドに輝く星 〔04320〕

ダウナー, レズリー Downer, Lesley

◇ビジュアル版 世界の歴史都市―世界史を彩った都の物語（The Great Cities in History） ジョン・ジュリアス・ノーウィッチ編, 福井正子訳 柊風舎 2016.9 303p 27×21cm 15000円 ①978-4-86498-039-5

内容 京都―ここちよい庭園と朱塗りの宮殿 他（レズリー・ダウナー） 〔04321〕

ダウニー, ジーン

◇正義への責任―世界から沖縄へ 2 琉球新報社編, 乗松聡子監修・翻訳 那覇 琉球新報社 2016.6 77p 21cm 〈発売：琉球プロジェクト（〔那覇〕）〉 565円 ①978-4-89742-208-4

内容 生きた文化財守る闘い―伝統と自然、切り離せず（ジーン・ダウニー） 〔04322〕

ダウリー, ティム Dowley, Tim

◇聖書時代の暮らし（Life in Bible Times） ティム・ダウリー著, 結城絵美子訳 いのちのことば社 2014.2 32p 23cm （エッセンシャル・バイブル・レファレンス） 〈索引あり〉 400円 ①978-4-264-03146-8

内容 服装 天幕の生活 家 家庭生活 結婚 子ども 保健衛生と薬 農業 食べ物と飲み物 オリーブとぶどう 羊飼い 漁師の仕事 職人たち 旅 武器と戦争 宗教と祭り 死と埋葬 〔04323〕

◇聖書資料集（Bible Facts & Figures） ティム・ダウリー著, 木林暁音訳 いのちのことば社 2014.2 31p 23cm （エッセンシャル・バイブル・レファレンス） 〈索引あり〉 400円 ①978-4-264-03147-5

内容 聖書の読み方 何かを必用としているとき… アブラハムから出エジプトまで 士師、王、預言者たち 動物、植物、鉱物 バビロン捕囚とその後 聖書時代のさまざまな宗教 イエスがいた時代の政治的背景 4つの福音書とイエスの生涯 イエスが行ったこと、語ったこと イエスの最後の1週間 パウロと初代教会 神の呼び名 〔04324〕

◇聖書の概要（Bible Guide） ティム・ダウリー著, 白岩正明訳 いのちのことば社 2014.2 31p 23cm （エッセンシャル・バイブル・レファレンス） 〈索引あり〉 400円 ①978-4-264-03148-2

内容 聖書 神の民の歴史 イスラエルの父祖たち 会見の天幕 農夫の1年 神殿 旧約聖書の登場人物 新約聖書 土地 家庭 ガリラヤでのイエス 仕事 エルサレムでのイエスの最後の1週間 パウロの宣教旅行 新約聖書の登場人物 〔04325〕

◇聖書の成り立ち（The Story of the Bible） ティム・ダウリー著, 結城絵美子訳 いのちのことば社 2014.2 30p 23cm （エッセンシャル・バイブル・レファレンス） 〈索引あり〉 400円 ①978-4-264-03151-2

内容 誰が聖書を書いたのか 聖書はどのようにして書かれたのか パピルス紙の作り方 聖書で用いられている言語 死海で発見された巻物 本の登場 聖書には何が書かれているか 私たちが聖書を手にするまで 聖書の翻訳 尊い書物 大衆のための聖書 写本時代の終焉 2人の偉大な翻訳者 世界中に広がる聖書 新世界へ―そしてその先へ 世界中に聖書を変わりゆく世界に合わせてことばを変える 〔04326〕

◇基本がわかるビジュアル聖書ガイド（Candle Bible Handbook） テリー・ジーン・デイ, キャロル・J.スミス文, ティム・ダウリー編 いのちのことば社 2015.11 239p 25cm 〈翻訳協力：大塚春香, 鈴木結実, 松本朋子 索引あり〉 2000円 ①978-4-264-03431-5 〔04327〕

◇聖書地図（Bible Atlas 原著第2版の翻訳） ティム・ダウリー著, 松本朋子訳 いのちのことば社 2016.9 32p 23cm （エッセンシャル・バイブル・レファレンス） 〈索引あり〉 500円 ①978-4-264-03580-0

内容 現代のイスラエル国 聖書の地 アブラハム、イサク、ヨセフ 出エジプト カナンでのイスラエル 土地の分割 サウルの王国 統一王国 ソロモンの統一王国 分裂王国〔ほか〕 〔04328〕

タウワ, ケルサン Tahuwa, Kelsang

◇チベット語の般若心経―対訳と解説 ケルサン・タウワ, 津曲真一著 カワチェン 2015.4 173p 21cm 〈付属資料：CD1〉 2700円 ①978-4-902464-07-8

内容 般若心経 般若心経（発音と和訳） 解説篇（経題と帰依の言葉 序言 教説の源泉 シャーリプトラの問い 般若波羅蜜多の修行の要点 甚深なる八つの特徴 般若波羅蜜多の道の修習法 道の功徳 果の実現 般若波羅蜜多の真言 総括による実践の誡め 世尊による承認 会衆の歓喜と称賛 奥付） 六道輪廻図 付録（チベット語の文字と発音 助辞 助辞の連声規則表 『般若心経』の読誦方法） 〔04329〕

ダウンズ, ムーナ

◇イギリスにおける高齢期のQOL―多角的視点から生活の質の決定要因を探る（UNDERSTANDING QUALITY OF LIFE IN OLD AGE） アラン・ウォーカー編著, 岡田進一監訳, 山田三知子訳 京都 ミネルヴァ書房 2014.7 249p 21cm （新・MINERVA福祉ライブラリー 20） 〈文献あり 索引あり〉 3500円 ①978-4-623-07097-8

内容 虚弱な高齢者のアイデンティティとQOL（ケヴィン・マッキー, ムーナ・ダウンズ, メアリー・ギルフーリ, ケン・ギルフーリ, スーザン・テスター, フィオナ・ウィルソン著） 〔04330〕

タ

ダウンズ, ラリー　Downes, Larry
◇ビッグバン・イノベーション―一夜にして爆発的成長から衰退に転じる超破壊的変化から生き延びよ（BIG BANG DISRUPTION）　ラリー・ダウンズ, ポール・F.ヌーネス著, 江口泰子訳　ダイヤモンド社　2016.2　344p　20cm　〈文献あり 索引あり〉2000円　①978-4-478-02662-5
内容 第1部 ビッグバン・イノベーション（ビッグバン・イノベーションとは何か　よりよく、より安い世界で強いられる競争　ビッグバン・イノベーションの経済学―クラウド、シェア、IoTがあらゆるコストを低減させる　シャークフィン―製品ライフサイクルは、もはや「キャズム」に従わない）　第2部 ビッグバン・イノベーションを生き延びる戦略（特異点―市場に投入するための期間が、市場に投入してからの期間よりも長い　ビッグバン―「破滅的な成功」そのものがイノベーターを追い詰める　ビッグクランチ―みずから起こしたイノベーションに首を絞められる前に　エントロピー―撤退すらできない地獄からどう抜け出すか）〔*04331*〕

タカギ, ヤスオ*　髙木 安雄
◇包括的で持続的な発展のためのユニバーサル・ヘルス・カバレッジ―日本からの教訓（Universal health coverage for inclusive and sustainable development）　池上直己編著　日本国際交流センター　2014.9　240p　21cm　〈文献あり〉　①978-4-88907-139-9
内容 日本の診療報酬の政治経済学（ジョン・C.キャンベル, 髙木安雄）〔*04332*〕

タカク, レオ　高久 玲音
◇包括的で持続的な発展のためのユニバーサル・ヘルス・カバレッジ―日本からの教訓（Universal health coverage for inclusive and sustainable development）　池上直己編著　日本国際交流センター　2014.9　240p　21cm　〈文献あり〉　①978-4-88907-139-9
内容 日本の社会保険制度間の財政不均衡（高久玲音, 別所俊一郎, 西村周三, 池上直己）〔*04333*〕

タカハシ, マサユキ*　高端 正幸
◇財政赤字の国際比較―民主主義国家に財政健全化は可能か（Deficits and Debt in Industrialized Democracies）　井手英策, ジーン・パーク編　岩波書店　2016.3　330p　22cm　5400円　①978-4-00-023062-9
内容 日本における財政パフォーマンス（高端正幸, 嶋田崇治著, 高端正幸訳）〔*04334*〕

タガワ, ヨウヘイ*　田川 洋平
◇包括的で持続的な発展のためのユニバーサル・ヘルス・カバレッジ―日本からの教訓（Universal health coverage for inclusive and sustainable development）　池上直己編著　日本国際交流センター　2014.9　240p　21cm　〈文献あり〉　①978-4-88907-139-9
内容 日本における国立病院改革：成果と課題（田川洋平, 津川友介, 池上直己）〔*04335*〕

ダガン, ウィリアム　Duggan, William R.
◇ナポレオンの直観―「戦略」の秘密を解き明かす10の物語（NAPOLEON'S GLANCE）　ウィリアム・ダガン著, 星野裕志訳　慶応義塾大学出版会　2015.6　373p　19cm　〈文献あり〉2700円　①978-4-7664-2229-0
内容 戦略の探究　ナポレオン対貴族たち　ピカソのスタイルの発見　晴天の霹靂―聖パウロのダマスカスへの道　ライオン・キングとマリ帝国　エラ・ベイカーと公民権運動　アリス・ポールの女性参政権獲得　パットン将軍―戦略の再来　ムハマド・ユヌス―バングラディシュのはだしの銀行　福沢諭吉―武士の戦略　ジャンヌ・ダルク、フランスを救う　歴史からの教訓〔*04336*〕

ダガン, メイヤー
◇イスラエル情報戦史（ISRAEL'S SILENT DEFENDER）　佐藤優監訳, アモス・ギルボア, エフライム・ラピッド編, 河合洋一郎訳　並木書房　2015.6　373p 図版32p　21cm　〈年表あり〉2700円　①978-4-89063-328-9
内容 モサドの任務と展望（メイヤー・ダガン著）〔*04337*〕

ダーキー, エローム
◇国連大学包括的「富」報告書―自然資本・人工資本・人的資本の国際比較（Inclusive Wealth Report 2012）　国連大学地球環境変化の人間・社会的側面に関する国際研究計画, 国連環境計画編, 植田和弘, 山口臨太郎訳, 武内和彦監修　明石書店　2014.12　358p　26cm　〈文献あり 索引あり〉8800円　①978-4-7503-4113-2
内容 各国の包括的富を計上する 他（パブロ・ムニョス, エローム・ダーキー, キルステン・オールソン, レオニー・ピアソン著）〔*04338*〕

タク, キョンベク*　卓 京柏
◇百済寺刹研究―日本語版　大韓民国国立扶余文化財研究所原著, 奈良県立橿原考古学研究所訳　橿原　奈良県立橿原考古学研究所　2014.12　225p　27cm　〈文献あり〉非売品　①978-4-905398-31-8
内容 百済仏塔の造成背景と築造方法（卓京柏著）〔*04339*〕

タク, ケイハク　卓 京柏
⇒タク, キョンベク*

ダグラス, ジェイムズ・W.　Douglass, James W.
◇ジョン・F.ケネディはなぜ死んだのか―語り得ないものとの闘い（JFK and the Unspeakable 原著ペーパーバック版の翻訳）　ジェイムズ・W.ダグラス著, 寺地五一, 寺地正子訳　同時代社　2014.12　696, 41p　21cm　〈年表あり〉3700円　①978-4-88683-771-4
内容 第1章 冷戦戦士の転向　第2章 ケネディ、カストロ、CIA　第3章 JFKとベトナム　第4章 暗殺の標的に　第5章 サイゴンとシカゴ　第6章 ワシントンとダラス〔*04340*〕

ダグラス, フレデリック　Douglass, Frederick
◇アメリカの奴隷制を生きる―フレデリック・ダグラス自伝（Narrative of the Life of Frederick Douglass, an American Slave）　フレデリック・

ダグラス著, 樋口映美監修, 専修大学文学部歴史学科南北アメリカ史研究会訳　彩流社　2016.1　185, 23p　19cm　〈索引あり〉1800円　①978-4-7791-2194-4

内容 第1章 奴隷に生まれて　第2章 ロイド大佐のホーム・プランテーション　第3章 ロイド大佐と奴隷たち　第4章 罪に問われぬ殺人　第5章 ロイド大佐のもとを去る―あこがれのボルティモアへ　第6章 新しい主人と港町ボルティモア　第7章 読み書きの習得―自由への手がかり　第8章 遺産の分配―奴隷制への怒り　第9章「キリスト教徒」マスター・トマス　第10章 抵抗―奴隷調教師コーヴィとの闘い・仲間との逃亡計画・造船所での闘い　第11章 逃亡―ニューベッドフォードでの出会い　追補 二つの「キリスト教」〔04341〕

タケモト, ティナ

◇沖縄ジェンダー学　第2巻　法・社会・身体の制度　喜納育江, 矢野恵美編著　大月書店　2015.2　313, 11p　22cm　(琉球大学国際沖縄研究所ライブラリ)〈索引あり〉3400円　①978-4-272-35052-0

内容 身体芸術とオリエンタリズム(ティナ・タケモト著, 知花愛実訳)〔04342〕

タケヤマ, ナンシー

◇霊獣が運ぶアジアの山車―この世とあの世を結ぶもの　ゼイヤー・ウィン, スリヤー・ラタナクン, ホーム・プロムォン, 黄国賓, ソーン・シマトラン, 真島建吉, 三田村佳子, 神野善治, 杉浦康平, ナンシー・タケヤマ著, 浦崎雅代, マリーヤ・ドゥムロンポ, ヤーン・フォルネル訳　工作舎　2016.7　305p　21cm　(神戸芸術工科大学アジアンデザイン研究所シンポジウムシリーズ　斉木崇人監修)〈他言語標題：Boats, Floats and Sacred Animals　企画・構成：杉浦康平　文献あり〉3200円　①978-4-87502-474-3

内容 空飛ぶ魂の「宇宙塔」(ナンシー・タケヤマ著)〔04343〕

タシ, ヒュルヤ

◇契約と紛争の比較史料学―中近世における社会秩序と文書　臼井佐知子, H.ジャン・エルキン, 岡崎敦, 金炫栄, 渡辺浩一編　吉川弘文館　2014.12　362, 9p　22cm　12000円　①978-4-642-02922-3

内容 一七・一八世紀オスマン朝社会における紛争解決の諸経路(ヒュルヤ・タシ著, 沢井一彰訳)〔04344〕

ダシプルブ, D.*　Dashpurėv, Danzankhorloogiĭn

◇モンゴル哲学史概説　D.ダシプルブ著, 松本康監修　〔東大阪〕　デザインエッグ　2016.6　196p　21cm　〈他言語標題：A concise history of Mongolian philosophy　文献あり〉①978-4-86543-640-2〔04345〕

ダシュ, ショバ・ラニ　Dash, Shobha Rani

◇マハーパジャーパティー―最初の比丘尼(MAHĀPAJĀPATĪ)　ショバ・ラニ・ダシュ著, 福田琢訳　京都　法蔵館　2015.9　190p　19cm　〈文献あり〉2200円　①978-4-8318-8178-6

内容 第1章 母として(名称　家族・血縁・誕生から結婚まで ほか)　第2章 在家信女として(優婆夷になる　衣を捧げる ほか)　第3章 尼僧として(出家の決意　僧団に入る ほか)　第4章 その最後(パーリ資料の伝承　漢文資料の伝承『増一阿含経』『根本説一切有部毘奈耶雑事』『仏母般泥洹(えん)経』およびその他のテキスト)〔04346〕

タース, ニック　Turse, Nick

◇動くものはすべて殺せ―アメリカ兵はベトナムで何をしたか(KILL ANYTHING THAT MOVES)　ニック・タース〔著〕, 布施由紀子訳　みすず書房　2015.10　331, 78p 図版16p　20cm　〈索引あり〉3800円　①978-4-622-07917-0〔04347〕

ダス, J.P.　Das, Jagannath Prasad

◇読みに困難がある子どもの理解と指導(Reading difficulties and dyslexia)　J.P.ダス著, 前川久男, 中山健, 岡崎慎治訳　日本文化科学社　2014.8　15, 238p　21cm　〈他言語標題：知能のPASS理論とDN-CASから　文献あり〉3400円　①978-4-8210-6369-7〔04348〕

ダスグプタ, スニル　Dasgupta, Sunil

◇インドの軍事力近代化―その歴史と展望(Arming Without Aiming 原著新版の翻訳)　スティーブン・コーエン, スニル・ダスグプタ著, 斎藤剛訳　原書房　2015.6　357p　20cm　〈索引あり〉4000円　①978-4-562-05164-9

内容 第1章 抑制と国富　第2章 改革との闘い　第3章 陸軍の近代化　第4章 空軍及び海軍の近代化　第5章 不本意な核国家　第6章 警察力の近代化　第7章 変化との闘い　第8章 米印軍事関係の再構築〔04349〕

ダスグプタ, ズブホラーニャン

◇歴史に生きるローザ・ルクセンブルク―東京・ベルリン・モスクワ・パリ - 国際会議の記録　伊藤成彦編著　社会評論社　2014.9　369p　21cm　2700円　①978-4-7845-1523-3

内容 ローザ・ルクセンブルクの書簡と評論(ズブホラーニャン・ダスグプタ著, 長谷川曽乃江訳)〔04350〕

ダスグプタ, チロプリヤ

◇BoPビジネス3.0―持続的成長のエコシステムをつくる(Base of the Pyramid 3.0)　フェルナンド・カサード・カニェーケ, スチュアート・L.ハート編著, 平本督太郎訳　英治出版　2016.8　311p　22cm　〈文献あり〉3200円　①978-4-86276-233-7

内容 エコシステムをどうつくるか(チロプリヤ・ダスグプタ, スチュアート・L.ハート著)〔04351〕

ダスグプタ, パーサ

◇国連大学包括的「富」報告書―自然資本・人工資本・人的資本の国際比較(Inclusive Wealth Report 2012)　国連大学地球環境変化の人間・社会的側面に関する国際研究計画, 国連環境計画編, 植田和弘, 山口臨太郎訳, 武内和彦監修　明石書店　2014.12　358p　26cm　〈文献あり 索引あり〉8800円　①978-4-7503-4113-2

内容 福祉と富 他(パーサ・ダスグプタ, アナンサ・ドゥライアッパ著)〔04352〕

タ

ダステュール, フランソワーズ　Dastur, Françoise
◇死ってなんだろう。死はすべての終わりなの？（Chouette penser！　：POURQUOI LA MORT？）フランソワーズ・ダステュール文, アンネ・ヘムステッヘ絵, 伏見操訳　岩崎書店　2016.6　66p　20cm　（10代の哲学さんぽ 7）　1300円　①978-4-265-07913-1
内容 1 なんとも居心地の悪い質問　2 どうして死者のために墓をつくるのか？　3 死後の世界はあるか？　4 いつか必ず自分は死ぬという考えに、人は慣れることができるのか？　5 死のほんとうの顔　〔*04353*〕

タソオブシラジ, G.*　Taasoobshirazi, Gita
◇自己調整学習ハンドブック（HANDBOOK OF SELF-REGULATION OF LEARNING AND PERFORMANCE）バリー・J.ジマーマン, ディル・H.シャンク編, 塚野州一, 伊藤崇達監訳　京都　北大路書房　2014.9　434p　26cm　〈索引あり〉 5400円　①978-4-7628-2874-4
内容 意図的な概念変化：科学学習の自己調整（Gale M.Sinatra, Gita Taasoobshirazi著, 進藤聡彦訳）　〔*04354*〕

タダニティ, スワタナ
◇持続可能な未来の探求：「3.11」を超えて―グローバリゼーションによる社会経済システム・文化変容とシステム・サステイナビリティ　河村哲二, 陣内秀信, 仁科伸子編著　御茶の水書房　2014.3　279p　23cm　〈執筆：河村哲二ほか　索引あり〉 4000円　①978-4-275-01068-1
内容 『足るを知る経済』の思想とグローバリゼーション下の持続可能な開発（スワタナ・タダニティ著, 呉世雄訳）　〔*04355*〕

ターチン, ピーター　Turchin, Peter
◇国家興亡の方程式―歴史に対する数学的アプローチ（HISTORICAL DYNAMICS）ピーター・ターチン著, 水原文訳　ディスカヴァー・トゥエンティワン　2015.8　375p　22cm　〈文献あり　索引あり〉 3800円　①978-4-7993-1756-3
内容 1章 取り組むべき課題・問題を明らかにする　2章 地政学　3章 集合的連帯　4章 メタエトニー辺境理論　5章 メタエトニー辺境理論の実証検証　6章 民族運動学　7章 人口構造理論　8章 永年サイクル　9章 ケーススタディ　10章 結論　付録　〔*04356*〕

ダツィシェン, V.G.
◇日ロ関係史―パラレル・ヒストリーの挑戦　五百旗頭真, 下斗米伸夫, A.V.トルクノフ, D.V.ストレリツォフ編　東京大学出版会　2015.9　713, 12p　22cm　〈年表あり〉 9200円　①978-4-13-026265-1
内容 ロシア東部における干渉への日本の参加（V.G.ダツィシェン, S.V.グリシャチョフ著, 兎内勇津流訳）　〔*04357*〕

タッカー, リンダ　Tucker, Linda
◇ミステリー・オブ・ザ・ホワイトライオン―初めて開示されるライオンシャーマンの教え（MYSTERY OF THE WHITE LIONS 原著改訂版の翻訳）リンダ・タッカー著, 東海笑子訳　ヒカルランド　2015.11　568p　21cm　〈文献あり〉 3700円　①978-4-86471-322-1
内容 ティンババティ　ライオンの女王　神のライオン　アフリカのライオン聖職者　クレド―アフリカの言狩るか、狩られるか　ハンターと肉食獣　偉大なる知識が語るホワイトライオン　ホワイトライオンの遺伝子　グレート・ジンバブエ〔ほか〕　〔*04358*〕

タック, リチャード　Tuck, Richard
◇戦争と平和の権利―政治思想と国際秩序：グロティウスからカントまで（THE RIGHTS OF WAR AND PEACE）リチャード・タック著, 萩原能久監訳　風行社　2015.7　435, 21p　22cm　〈索引あり〉 6000円　①978-4-86258-079-5
内容 第1章 人文主義　第2章 スコラ主義　第3章 フーゴー・グロティウス　第4章 トマス・ホッブズ　第5章 ザムエル・プーフェンドルフ　第6章 ロックからヴァッテルへ　第7章 ルソーとカント　〔*04359*〕

ダックワース, アンジェラ　Duckworth, Angela
◇やり抜く力―人生のあらゆる成功を決める「究極の能力」を身につける（GRIT）アンジェラ・ダックワース著, 神崎朗子訳　ダイヤモンド社　2016.9　374p　19cm　1600円　①978-4-478-06480-1
内容 1「やり抜く力」とは何か？　なぜそれが重要なのか？（「やり抜く力」の秘密―なぜ、彼らはそこまでがんばれるのか？　「才能」では成功できない―「成功する者」と「失敗する者」を分けるもの　努力と才能の「達成の方程式」――流の人がしている当たり前のこと　あなたには「やり抜く力」がどれだけあるか？ ―「情熱」と「粘り強さ」がわかるテスト「やり抜く力」は伸ばせる―自分をつくる「遺伝子と経験のミックス」）　2「やり抜く力」を内側から伸ばす（「興味」を結びつける―情熱を抱き、没頭する技術　成功する「練習」の法則―やってもムダな方法、やっただけ成果の出る方法　「目的」を見出す―鉄人は必ず「他者」を目的にする　この「希望」が背中を押す―「もう一度立ち上がれる」考え方をつくる）　3「やり抜く力」を外側から伸ばす（「やり抜く力」を伸ばす効果的な方法―科学では「賢明な子育て」の答えは出ている　「課外活動」を絶対にすべし―「1年以上継続」と「進歩経験」の衝撃的な効果　まわりに「やり抜く力」を伸ばしてもらう―人が大きく変わる「もっとも確実な条件」　最後に―人生のマラソンで真に成功する）　〔*04360*〕

ダッタ, サウガト　Datta, Saugato
◇英エコノミスト誌のいまどき経済学（ECONOMICS 原著第3版の翻訳）サウガト・ダッタ編, 松本剛史訳　日本経済新聞出版社　2014.9　321p　19cm　〈索引あり〉 2000円　①978-4-532-35606-4
内容 経済学の基本をめぐる議論 他（マシュー・ビショップ, サイモン・コックス, サウガト, パトリック・レイン, パム・ウッドール著）　〔*04361*〕

ダッチ, B.J.*　Duch, Barbara J.
◇学生が変わるプロブレム・ベースド・ラーニング実践法―学びを深めるアクティブ・ラーニングがキャンパスを変える（THE POWER OF PROBLEM-BASED LEARNING）ダッチ・B.

J, グロー・S.E, アレン・D.E編, 山田康彦, 津田司監訳, 三重大学高等教育創造開発センター訳　京都　ナカニシヤ出版　2016.2　282p　22cm〈索引あり〉3600円　①978-4-7795-1002-1

内容 大規模および超大規模クラスにおけるPBL教育 他 (Harry L.Shipman, Barbara J.Duch著, 須曽野仁志訳)〔04362〕

ダットン, ジャニス　Dutton, Janis

◇学習する学校―子ども・教員・親・地域で未来の学びを創造する（SCHOOLS THAT LEARN）ピーター・M.センゲ, ネルダ・キャンブロン＝マッケイブ, ティモシー・ルカス, ブライアン・スミス, ジャニス・ダットン, アート・クライナー著, リヒテルズ直子訳　英治出版　2014.1　885p　21cm　4800円　①978-4-86276-140-8

内容 スタート（オリエンテーション　5つのディシプリン入門）第1部 教室（教室のドアを開ける　学習者を理解する　実践　生産的な会話　教室におけるシステム思考）第2部 学校（学校に入っていく　学校のビジョン　今の現実　能力開発　リーダーシップ）第3部 コミュニティ（コミュニティに入る　アイデンティティ　つながり　持続可能性）〔04363〕

ダッハ, B.*　Dach, Barbara J.

◇学生が変わるプロブレム・ベースド・ラーニング実践法―学びを深めるアクティブ・ラーニングがキャンパスを変える（THE POWER OF PROBLEM-BASED LEARNING）ダッチ・B. J, グロー・S.E, アレン・D.E編, 山田康彦, 津田司監訳, 三重大学高等教育創造開発センター訳　京都　ナカニシヤ出版　2016.2　282p　22cm〈索引あり〉3600円　①978-4-7795-1002-1

内容 なぜPBL教育なのか？―学士課程教育改革の事例研究（Barbara J.Dach, Susan E.Groh, Deborah E. Allen著, 岩垣（山路）紀子, 津田司訳）〔04364〕

タツミ, タカユキ　巽 孝之

◇帝国と文化―シェイクスピアからアントニオ・ネグリまで　江藤秀一編　横浜　春風社　2016.8　510p　20cm　3500円　①978-4-86110-517-3

内容 宇宙アパッチ族（巽孝之著, 三添篤郎訳）〔04365〕

ダーティントン, アンナ

◇組織のストレスとコンサルテーション―対人援助サービスと職場の無意識（THE UNCONSCIOUS AT WORK）アントン・オブホルツァー, ヴェガ・ザジェ・ロバーツ編, 武井麻子監訳, 榊恵子ほか訳　金剛出版　2014.3　311p　21cm〈文献あり 索引あり〉4200円　①978-4-7724-1357-2

内容 天使も踏むを恐れるところ―病院看護における理想主義, 失望そして思考停止（アンナ・ダーティントン著, 青戸由理子訳）〔04366〕

ダデン, アレクシス

◇正義への責任―世界から沖縄へ　1　那覇　琉球新報社　2015.11　55p　21cm〈発売：琉球プロジェクト（〔那覇〕）〉565円　①978-4-89742-193-3

内容 沖縄の総意突きつける―米市民も受け止めよ（アレクシス・ダデン）〔04367〕

ダトラー, ウィルフリード

◇乳児観察と調査・研究―日常場面のこころのプロセス（Infant Observation and Research）キャシー・アーウィン, ジャニーン・スターンバーグ編著, 鵜飼奈津子監訳　大阪　創元社　2015.5　273p　22cm〈文献あり 索引あり〉4200円　①978-4-422-11539-9

内容 老人ホームにおける観察（ウィルフリード・ダトラー, ロス・A.ラザール, カトリン・トランケンポルツ著, 柏谷純子, 山名利枝訳）〔04368〕

ターナー, アデア　Turner, Adair

◇債務、さもなくば悪魔―ヘリコプターマネーは世界を救うか？（BETWEEN DEBT AND THE DEVIL）アデア・ターナー著, 高遠裕子訳　日経BP社　2016.12　470p　19cm〈発売：日経BPマーケティング〉2800円　①978-4-8222-5188-8

内容 第1部 肥大化した金融（万人のための金融という理想郷　非効率な金融市場）第2部 危険な債務（債務、銀行、銀行が創造する通貨　不適切な債務が多すぎる　過剰債務の罠にはまって　金融自由化、金融イノベーション、増幅された信用サイクル　投機、格差、不要な信用）第3部 債務、経済発展、資本移動（債務と経済発展―金融抑圧のメリットとリスク　不適切な資本移動が多すぎる―グローバル、ユーロ圏という幻想）第4部 金融システムを修正する（不安定な金融システムの主犯はバンカーではない　ファンダメンタルズを修正する　銀行廃止、債務汚染に対する課税、株式契約の奨励　債務の量と構成を管理する）第5部 過剰債務の足かせからの脱却（マネタリーファイナンスのタブーを破る　債務、さもなくば悪魔―リスクの選択）〔04369〕

ターナー, アリス・K.　Turner, Alice K.

◇地獄の歴史（THE HISTORY OF HELL）アリス・K.ターナー著, 野崎嘉信訳　新装版　法政大学出版局　2014.11　377, 42p　19cm（叢書・ウニベルシタス）4300円　①978-4-588-09993-9

内容 大いなる地界　エジプトの死者の書　ゾロアスター教　古典的地獄　プラトン的地獄　ローマ帝国　ヘブライ人の黄泉の国　グノーシス主義　マニ教　初期のキリスト教徒　地獄への降下　最後の審判　黙示録の地獄遍歴　中世　聖史劇（ミステリー・プレイ）　煉獄　ダンテの地獄（インフェルノ）　中世の最盛期　宗教改革　バロックの地獄　楽園喪失　機械的宇宙　啓蒙運動　スヴェーデンボリのヴィジョン　十九世紀　ゲーテの『ファウスト』　ロマン派　普遍救済説（ユニヴァーサリズム）　フロイトの時代〔04370〕

ターナー, エリザベス

◇EMDRがもたらす治癒―適用の広がりと工夫（EMDR Solutions）ロビン・シャピロ編, 市井雅哉, 吉川久史, 大塚美菜子監訳　二瓶社　2015.12　460p　22cm〈索引あり〉5400円　①978-4-86108-074-6

内容 アート、プレイ、ストーリーテリングによる子どもの感情調節（エリザベス・ターナー著, 近藤千加子訳）〔04371〕

タ

タ

ターナー, ジョナサン・H.　Turner, Jonathan H.

◇中間階級の蜂起―高度産業社会における感情の階層化と変動（REVOLT FROM THE MIDDLE） ジョナサン・H.ターナー著, 正岡寛司, 正岡純子訳　学文社　2016.8　222p　22cm　〈文献あり〉　3000円　①978-4-7620-2630-0

内容 第1章 全体社会の階層化　第2章 全体社会における階層化の制度的基盤　第3章 感情力学　第4章 ミクロ水準での感情分配1：文化的期待の力　第5章 ミクロ水準での感情分配2：社会構造の配置力　第6章 ミクロ水準での感情分配3：相互交流欲求の力　第7章 感情の不平等と集合的結集　第8章 感情の二極分解と社会変動　〔04372〕

ターナー, ジョン

◇オックスフォード ブリテン諸島の歴史　11　20世紀―1945年以後（The Short Oxford History of the British Isles : The British Isles Since 1945）　鶴島博和日本語版監修　キャスリーン・バーク編, 西沢保監訳　慶応義塾大学出版会　2014.11　301, 47p　22cm　〈文献あり 年表あり 索引あり〉6400円　①978-4-7664-1651-0

内容 統治者、統治、統治される者（ジョン・ターナー著, 長谷川淳一訳）　〔04373〕

ターナー, デニス　Turner, Dennis

◇ペットへの愛着―人と動物のかかわりのメカニズムと動物介在介入（Bindung zu Tieren（重訳））　Henri Julius,Andrea Beetz,Kurt Kotrschal, Dennis Turner,Kerstin Uvnäs-Moberg著, 太田光明, 大谷伸代監訳, 加藤真紀訳　緑書房　2015.9　180p　26cm　〈文献あり 索引あり〉3800円　①978-4-89531-243-1

内容 第1章 人と動物の不思議な関係　第2章 なぜ人は動物とかかわろうとする意志と能力があるのか―進化生物学の観点から　第3章 人と動物のかかわりによる健康、社会的交流、気分、自律神経系、およびホルモンへの効果　第4章 関係性の生理学―オキシトシンの統合機能　第5章 対人関係―愛着と養育　第6章 愛着および養育とその生理学的基礎とのつながり　第7章 人と動物の関係―愛着と養育　第8章 要素を結びつける―人と動物の関係における愛着と養育の生理学　第9章 治療への実用的意義　〔04374〕

タナー, ノーマン

◇イギリス宗教史―前ローマ時代から現代まで（A History of Religion in Britain）　指昭博, 並河葉子監訳, 赤江雄一, 赤瀬理穂, 指珠恵, 戸渡文子, 長谷川直子, 宮崎章訳, シェリダン・ギリー, ウィリアム・J.シールズ編　法政大学出版局　2014.10　629, 63p　22cm　〈文献あり 年表あり 索引あり〉9800円　①978-4-588-37122-6

内容 中世後期の信心（ノーマン・タナー著, 赤江雄一訳）　〔04375〕

ターナー, ピアズ・ノーリス　Turner, Piers Norris

◇カール・ポパー社会と政治―「開かれた社会」以後（After The Open Societyの抄訳）　カール・ポパー著, ジェレミー・シアマー, ピアズ・ノーリス・ターナー編, 神野慧一郎, 中才敏郎, 戸田剛文監訳　京都　ミネルヴァ書房　2014.5　345, 4p　22cm　〈索引あり〉4200円　①978-4-623-06785-5

内容 第1部 オーストリアの思い出（ユーリウス・クラフト一八九八・一九六〇――九六二年　オットー・ノイラートの思い出――九七三年）　第2部 ニュージーランドでの講義（科学と宗教――九四〇年　道徳的な人間と不道徳な社会――九四〇年）　第3部 『開かれた社会』について（公的価値と私的価値――九四六年？　アイザイア・バーリンへの手紙――九五九/一九八九年 ほか）　第4部 冷戦とその後（開かれた社会と民主国家――九六三年　抽象的社会と「内的自由」についてのポパーからハイエクへの手紙――九六四年 ほか）　〔04376〕

ターナー, H.A., Jr.　Turner, Henry Ashby, Jr.

◇独裁者は30日で生まれた―ヒトラー政権誕生の真相（Hitler's Thirty Days To Power）　H.A.ターナー・ジュニア著, 関口宏道訳　白水社　2015.5　255, 28p　20cm　〈文献あり〉2700円　①978-4-560-08428-1

内容 第1章 陸軍元帥、伍長、そして将軍　第2章 陰謀　第3章 勝利　第4章 幻想　第5章 放棄　第6章 奈落　第7章 確定性、偶然性、責任の問題　付録 モスクワ・ドキュメント　〔04377〕

タナカ, ケネス　Tanaka, Kenneth

◇アメリカ流マインドを変える仏教入門　ケネス・タナカ著, 伊藤真訳　春秋社　2016.12　237p　19cm　1800円　①978-4-393-13594-5

内容 第1章 今日の仏教の概要―アメリカにおける仏教の発展を中心に　第2章 釈尊―その生涯とイメージ　第3章 四つの聖なる真理（四聖諦）　第4章 「存在の第一の印」の教え（一切皆苦）　第5章 「存在の第二の印」の教え（諸法無我）　第6章 「存在の第三の印」の教え（諸行無常）　第7章 「存在の第四の印」の教え（涅槃寂静）　第8章 八項目から成る聖なる道（八正道）　第9章 仏教と今日の社会・文化　〔04378〕

ターナー協会（イギリス）

◇ターナー女性の学校生活と教育―イギリス・ターナー協会の冊子とわが国の体験談　藤田敬之助監修, 荒木久美子訳　メディカルレビュー社　2016.1　61p　21cm　1200円　①978-4-7792-1624-4　〔04379〕

ダナヒー, マリー　Donaghy, Marie

◇臨床が変わる！　PT・OTのための認知行動療法入門（Cognitive-Behavioural Interventions in Physiotherapy and Occupational Therapy）　マリー・ダナヒー, マギー・ニコル, ケイト・デヴィッドソン編, 菊池安希子監訳, 網本和, 大嶋伸雄訳者代表　医学書院　2014.4　184p　26cm　〈索引あり〉4200円　①978-4-260-01782-4

内容 アルコール嗜癖の認知行動的アプローチ 他（Marie Donaghy著, 冨澤涼子訳）　〔04380〕

ダナーマーク, バース　Danermark, Berth

◇社会を説明する―批判的実在論による社会科学論（EXPLAINING SOCIETY）　バース・ダナーマーク, マッツ・エクストローム, リセロッテ・ヤコブセン, ジャン・Ch.カールソン著, 佐藤春吉監訳　京都　ナカニシヤ出版　2015.3　342p　22cm　〈文献あり 索引あり〉3200円　①978-4-7795-0875-2

内容 第1部 批判的実在論への導入（科学、実在、概念 概念的抽象と因果性） 第2部 方法論的含意（説明的な社会科学のための一般化、科学的推論、モデル 社会科学の方法論における理論 批判的方法論的多元主義―インテンシヴならびにエクステンシヴな研究デザイン 社会科学と実践 結論） 〔04381〕

ダニエルズ, アンドリュー

◇新薩摩学―もっと知りたい鹿児島 古閑章, 仙波玲子編 鹿児島 南方新社 2014.10 215p 19cm （新薩摩学シリーズ 10 鹿児島純心女子大学国際文化研究センター〔編〕）〈執筆：下野敏見ほか〉1800円 ①978-4-86124-299-1

内容 鹿児島県徳之島の闘牛人気私的見解（アンドリュー・ダニエルズ著, 尾曲巧訳） 〔04382〕

ダニエルス, クリスチャン Daniels, Christian

◇東南アジア大陸部 山地民の歴史と文化 クリスチャン・ダニエルス編 言叢社 2014.4 322, 27p 21cm （東京外国語大学アジア・アフリカ言語文化研究所歴史・民俗叢書） 3600円 ①978-4-86209-050-8

内容 変わる山地民の歴史像（山地民から見た国家と権力―ラフの例から ラワ - タイ関係をめぐるナラティブとメタ・ナラティブ 雲南西南部タイ人政権における山地民の役割――七九二年〜一八三六年ムン・コーンにおける国内紛争から読み取れる史像 「周縁」からみた仏教史―シャン州仏教史の試み 山地民にとっての文字―中国雲南省ワ族の事例から） 家族の歴史（タイにおけるユーミエンの家族構成の社会史―合同家族から核家族へ タイ文化圏における低人口増加率の検討――九七一年から二〇〇六年におけるラオス北部の一村の経験から） 農耕の技術（山地民としてのタイTay―ラオスにおける生産技術の諸相から） 〔04383〕

ダニング, サド

◇社会科学の方法論争―多様な分析道具と共通の基準（Rethinking social inquiry 原著第2版の翻訳） ヘンリー・ブレイディ, デヴィッド・コリアー編, 泉川泰博, 宮下明聡訳 勁草書房 2014.5 432p 22cm 〈文献あり 索引あり〉4700円 ①978-4-326-30231-4

内容 研究デザインに基づく推論（サド・ダニング著） 〔04384〕

タヌウィジャヤ, サニー

◇現代日本の政治と外交 3 民主主義と政党―ヨーロッパとアジアの42政党の実証的分析（POLITICAL PARTIES AND DEMOCRACY） 猪口孝監修 猪口孝, ジャン・ブロンデル編 原書房 2014.10 270, 22p 22cm 〈文献あり 索引あり〉4800円 ①978-4-562-04960-8

内容 インドネシア（サニー・タヌウィジャヤ著, 角敦子訳） 〔04385〕

タヌーヒー Abū ʻAlī al-Muhassin b.ʻAlī al-Tanūkhī

◇イスラム帝国夜話 上（Nishwār al - muhādara wa - akhbār al - mudhākar） タヌーヒー著, 森本公誠訳 岩波書店 2016.12 527p 21cm 15000円 ①978-4-00-061172-5

内容 死者に嘘つく要はなし 本当の利益とは何か 宰相の寛大さをバルマク家にたとえる 貧すれば鈍する 成り上がりだが無類の気前よさ イブン＝アルジャッサースが莫大な科料に処せられる 宰相の首のすげかえ金次第 靴音さえ気遣う 高級軍人の遺産の壺 気前のよい男とはこんなもの〔ほか〕 〔04386〕

タネンハウス, デビッド・S. Tanenhaus, David Spinoza

◇創生期のアメリカ少年司法（Juvenile Justice in the Making） デビッド・S.タネンハウス著, 石川正興監訳 成文堂 2015.11 262p 21cm 〈索引あり〉3950円 ①978-4-7923-5161-8

内容 第1章 児童裁判所の構想 第2章 モデル裁判所の建設 第3章 家族の維持 第4章 少年司法の正統化 第5章 非行の医療化 第6章 コミュニティの組織化 〔04387〕

ダビ, ゴンサルベス Gonçalves, Davi

◇預言的世代を呼び覚ます ゴンサルベス・ダビ著, 武藤功史訳 柏 イーグレープ 2013.12 198p 19cm 〈文献あり〉1000円 ①978-4-903748-84-9 〔04388〕

ダビラ, クローディア Dávila, Claudia

◇ぼくが5歳の子ども兵士だったとき―内戦のコンゴで（Child Soldier） ジェシカ・ディー・ハンフリーズ, ミシェル・チクワニネ作, クローディア・ダビラ絵, 渋谷弘子訳 汐文社 2015.7 47p 24cm 1800円 ①978-4-8113-2211-7 〔04389〕

ダービン, スーザン

◇知識経済をジェンダー化する―労働組織・規制・福祉国家（GENDERING THE KNOWLEDGE ECONOMY） S.ウォルビー,H.ゴットフリート, K.ゴットシャル, 大沢真理編著, 大沢真理編訳 京都 ミネルヴァ書房 2016.8 382p 22cm （現代社会政策のフロンティア 10）〈索引あり〉5500円 ①978-4-623-07783-0

内容 誰が知識労働者になるのか？（スーザン・ダービン著） 〔04390〕

ダブ, アンシア Dove, Anthea

◇心打たれて生きる112の物語（Touched by God） アンシア・ダブ著, 金成彰子訳 聖公会出版 2014.10 255p 19cm 2000円 ①978-4-88274-267-8

内容 眺め 貧者からの祝福 ザカリー 仲裁 力（パワー） 彼女の口から ローハン 素晴らしい葬儀 フロー 二枚の写真〔ほか〕 〔04391〕

タープ, バン・K. Tharp, Van K.

◇トレードコーチとメンタルクリニック―無理をしない自分だけの成功ルール（Trading Beyond the Matrix） バン・K.タープ著, 長尾慎太郎監修, 山下恵美子訳 パンローリング 2014.3 533p 22cm （ウィザードブックシリーズ 215）〈文献あり〉2800円 ①978-4-7759-7181-9

内容 第1部 トレードゲームの変革―基本を理解しよう（130%を超えるリターン―でもそれはほんの始まりにすぎなかった タープ的思考の自動化 銀行の貸付係から経済的に自由なトレーダー兼投資家へ 陸

タ

軍少佐からシステム専門家へ　ターブ的思考を使ってブローカーからフルタイムのトレーダーへ　ターブ的思考をあなたのトレードに取り入れるよう）　第2部 心理的変革—マトリックス内の最高レベルで機能する自分を作る（信念—マトリックスの基本　感覚と身動きできない感情の驚くべき世界　あなたは対立する部分の集合体　内なるガイダンス—奇跡への旅　TfMによる経験　あなた自身の世界を作る）　第3部 意識レベルを変えることでマトリックスを超える（変革の旅をどう高めていったか　エンジニアからスピリチュアルな戦士へ—トレードの旅　プロトレーダーの旅—マトリックスを超えて　「ただ在る」状態でトレードする　意識レベルを向上させるために　旅は続く）〔*04392*〕

タ

タフコ, トゥオマス・E.　Tahko, Tuomas E.

◇アリストテレス的現代形而上学（Contemporary Aristotelian Metaphysics）　トゥオマス・E.タフコ編著, 加地大介, 鈴木生郎, 秋葉剛史, 谷川卓, 植村玄輝, 北村直彰訳　春秋社　2015.1　451, 17p　20cm　（現代哲学への招待—Anthology　丹治信春監修）〈文献あり 索引あり〉4800円　①978-4-393-32349-6

内容 アリストテレス的形而上学を擁護する（トゥオマス・E.タフコ著, 北村直彰訳）〔*04393*〕

ダブズ, ニコール・L.

◇経験学習によるリーダーシップ開発—米国CCLによる次世代リーダー育成のための実践事例（Experience-Driven Leader Development）　シンシア・D.マッコーレイ,D.スコット・デリュ, ポール・R.ヨスト, シルベスター・テイラー編, 漆嶋稔訳　日本能率協会マネジメントセンター　2016.8　511p　27cm　8800円　①978-4-8207-5929-4

内容 リーダーシップ・ジャーニー：計画的内省の経験（ニコール・L.ダブズ, アンドリュー・K.マンデル, クリスティン・オーンスタッド, スコット・テイラー）〔*04394*〕

タプスコット, アレックス　Tapscott, Alex

◇ブロックチェーン・レボリューション—ビットコインを支える技術はどのようにビジネスと経済、そして世界を変えるのか（BLOCKCHAIN REVOLUTION）　ドン・タプスコット, アレックス・タプスコット著, 高橋璃子訳　ダイヤモンド社　2016.12　411p　19cm　2400円　①978-4-478-06996-7

内容 1 革命がはじまる—SAY YOU WANT A REVOLUTION（信頼のプロトコル　未来への果敢な挑戦）　2 ブロックチェーンは世界をどう変えるのか—TRANSFORMATIONS（金融を再起動する—錆びついた業界をリブートする8つの指針　企業を再設計する—ビジネスのコアと境界はどこにあるのか　ビジネスモデルをハックする—オープンネットワークと自律分散型企業　モノの世界が動きだす—ブロックチェーン・オブ・シングズ　豊かさのパラドックス—資本主義とインクルージョン　民主主義はまだ死んでいない—選挙、法律、政治　僕らの音楽を取りもどせ—アート、教育、ジャーナリズム）　3 ブロックチェーンの光と闇—PROMISE AND PERIL（革命に立ちはだかる高い壁　未来を創造するリーダーシップ）〔*04395*〕

タプスコット, ドン　Tapscott, Don

◇ブロックチェーン・レボリューション—ビットコインを支える技術はどのようにビジネスと経済、そして世界を変えるのか（BLOCKCHAIN REVOLUTION）　ドン・タプスコット, アレックス・タプスコット著, 高橋璃子訳　ダイヤモンド社　2016.12　411p　19cm　2400円　①978-4-478-06996-7

内容 1 革命がはじまる—SAY YOU WANT A REVOLUTION（信頼のプロトコル　未来への果敢な挑戦）　2 ブロックチェーンは世界をどう変えるのか—TRANSFORMATIONS（金融を再起動する—錆びついた業界をリブートする8つの指針　企業を再設計する—ビジネスのコアと境界はどこにあるのか　ビジネスモデルをハックする—オープンネットワークと自律分散型企業　モノの世界が動きだす—ブロックチェーン・オブ・シングズ　豊かさのパラドックス—資本主義とインクルージョン　民主主義はまだ死んでいない—選挙、法律、政治　僕らの音楽を取りもどせ—アート、教育、ジャーナリズム）　3 ブロックチェーンの光と闇—PROMISE AND PERIL（革命に立ちはだかる高い壁　未来を創造するリーダーシップ）〔*04396*〕

ダブナー, スティーヴン・J.　Dubner, Stephen J.

◇0ベース思考—どんな難問もシンプルに解決できる（THINK LIKE FREAK）　スティーヴン・レヴィット, スティーヴン・ダブナー著, 桜井祐子訳　ダイヤモンド社　2015.2　277p　19cm　1600円　①978-4-478-02906-0

内容 第1章 何でもゼロベースで考える—バイアスをゼロにしてアプローチする思考法　第2章 世界でいちばん言いづらい言葉—「知らない」を言えれば、合理的に考えられる　第3章 あなたが解決したい問題は何？—問題設定を変えて、すごい答えを見つける　第4章 真実はいつもルーツにある—ここまでさかのぼって根本原因を考える　第5章 子どものように考える—「わかりきったこと」にゼロベースで向き合う　第6章 赤ちゃんにお菓子を与えるように—地球はインセンティブで回っている　第7章 ソロモン王とデイビッド・リー・ロスの共通点は何か？ —庭に雑草を引っこ抜かせる方法　第8章 聞く耳をもたない人を説得するには？ —その話し方では100年かけても人は動かない　第9章 やめる—人生を「コイン投げ」で決める正確なやり方〔*04397*〕

◇ヤバすぎる経済学—常識の箱から抜け出す最強ロジック（WHEN TO ROB A BANK）　スティーヴン・D.レヴィット, スティーヴン・J.ダブナー著, 望月衛訳　東洋経済新報社　2016.4　409, 11p　19cm　1800円　①978-4-492-31477-7

内容 ぼくたち、お役に立ちたかっただけなんです　マス掻く手コキとウェインの恐怖　ガソリン値上がり万歳！　コンテストいろいろ　間違ったものを怖がるとは　インチキしてないってことは一所懸命やってないってことだ　でもそれ、地球にやさしいの？　21で大当たり　銀行襲うならいつがいい？　もっとヤらせて、ぼくら経済学者だし　万華鏡みたいなもの　ひとたびジェットになったなら…〔*04398*〕

ダフフィールド, クリス

◇クォンタムタッチ2.0—THE NEW HUMAN 人類の新たな能力（Quantum-Touch）　リチャード・ゴードン, クリス・ダフフィールド, ヴィッキー・ウィックホースト著, ユール洋子訳　ヴォイス出版事業部　2014.4　261p　19cm　1600円　①978-4-89976-416-8
内容 第1部 ニューヒューマンのOS（さあ、始めましょう　発見し、そしてニューヒューマンになる ほか）　第2部 基本的なヒーリングアプリ（痛みの軽減　筋肉、腱、靱帯、筋膜 ほか）　第3部 想像を超えた人間の能力（脳の中に働きかける　耳のクォンタムタッチ ほか）　第4部 新しい科学、新しい未来（ニューヒューマンの洞察と考察　宇宙の神秘的徴候についての解釈 ほか）〔04399〕

ダブルデイ, サイモン　Doubleday, Simon R.
◇現代を読み解くための西洋中世史―差別・排除・不平等への取り組み（Why the Middle Ages Matter）　シーリア・シャゼル, サイモン・ダブルデイ, フェリス・リフシッツ, エイミー・G.リーメンシュナイダー編著, 赤阪俊一訳　明石書店　2014.9　368p　20cm　（世界人権問題叢書 89）　4600円　①978-4-7503-4072-2
内容 序論（シーリア・シャゼル, サイモン・ダブルデイ, フェリス・リフシッツ, エイミー・G.リーメンシュナイダー）〔04400〕

ダープレトー, ミレーラ
◇共感の社会神経科学（THE SOCIAL NEUROSCIENCE OF EMPATHY）　ジャン・デセティ, ウィリアム・アイクス編著, 岡田顕宏訳　勁草書房　2016.7　334p　22cm　〈索引あり〉 4200円　①978-4-326-25117-9
内容 「鏡よ, 鏡, 心の中の鏡よ」: 共感と対人能力とミラー・ニューロン・システム（ジェニファー・H.ファイファー, ミレーラ・ダープレトー著）〔04401〕

ダベイ, G.C.L.*　Davey, Graham C.L.
◇嫌悪とその関連障害―理論・アセスメント・臨床的示唆（DISGUST AND ITS DISORDERS）　B.O.オラタンジ,D.マッケイ編著, 堀越勝監修, 今田純雄, 岩佐和典監訳　京都　北大路書房　2014.8　319p　21cm　〈索引あり〉 3600円　①978-4-7628-2873-7
内容 嫌悪と動物恐怖症（Graham C.L.Davey, Sarah Marzillier著, 和田由美子訳）〔04402〕

ダベンポート, トーマス・H.　Davenport, Thomas H.
◇真実を見抜く分析力―ビジネスエリートは知っているデータ活用の基礎知識（Keeping Up with the Quants）　トーマス・H.ダベンポート, キムジノ著, 河本薫監修, 古川奈々子訳　日経BP社　2014.4　325p　19cm　〈発売：日経BPマーケティング〉 1800円　①978-4-8222-5005-8
内容 第1章 だれにでも分析スキルは必要　第2章「何を解決したいのか」を明確に！　第3章 分析手法について知っておく　第4章 分析結果を伝え、実行に移す　第5章 分析には創造力が不可欠　第6章 数字を怖がるな！　第7章 分析専門家と働くコツ〔04403〕
◇データ・アナリティクス3.0―ビッグデータ超先進企業の挑戦（Big Data at Work）　トーマス・H.ダベンポート著, トーマツデロイトアナリティクス監修, 小林啓倫訳　日経BP社　2014.5　349p　20cm　〈発売：日経BPマーケティング〉 2000円　①978-4-8222-5013-3
内容 第1章 なぜビッグデータが重要なのか　第2章 ビッグデータがビジネスを変える　第3章 ビッグデータ戦略を構築する　第4章 必要とされるビッグデータ人材　第5章 ビッグデータのテクノロジー　第6章 ビッグデータで成功するには何が必要か　第7章 スタートアップとネット企業のビッグデータ活用　第8章 大企業のビッグデータ活用―データ・アナリティクス3・0〔04404〕

タボアダ, A.*　Taboada, Ana
◇自己調整学習ハンドブック（HANDBOOK OF SELF-REGULATION OF LEARNING AND PERFORMANCE）　バリー・J.ジマーマン, ディル・H.シャンク編, 塚野州一, 伊藤崇達監訳　京都　北大路書房　2014.9　434p　26cm　〈索引あり〉 5400円　①978-4-7628-2874-4
内容 読解関与指導をとおして自己調整的な読み手を育てる（Stephen M.Tonks, Ana Taboada著, 犬塚美輪訳）〔04405〕

ターマー, ハンス＝ウルリッヒ
◇ミュージアムと負の記憶―戦争・公害・疾病・災害：人類の負の記憶をどう展示するか　竹沢尚一郎編著　東信堂　2015.10　276p　22cm　2800円　①978-4-7989-1317-9
内容 ミュージアムにおける暴力の文化史（ハンス＝ウルリッヒ・ターマー著, 山田香織訳）〔04406〕

タマヤマ, カズオ　玉山 和夫
◇証言・戦場にかける橋―1942-43泰緬鉄道の真相 単行本版（Building the Burma-Thailand railway 1942-43）　玉山和夫著, 企業OBペンクラブ訳　戦略参謀研究所トータルEメディア出版事業部　2015.4　171p　21cm　（TeMエッセンシャルズ・シリーズ）〈発売：TEM出版書店〉 1400円　①978-4-907455-23-1〔04407〕

タム, ハイディ　Taam, Heidi
◇LOCAL HAWAII―ロコが教える心とカラダのメンテナンスガイド　赤沢かおり, ハイディ・タム, 内野亮著　大阪　京阪神エルマガジン社　2016.8　157p　24×17cm　1800円　①978-4-87435-511-4
内容 TASTE　HEAR&SEE　DO　TOUCH　SHORT TRIP　STAY〔04408〕

ダムスゴー, プク　Damsgård, Puk
◇ISの人質―13カ月の拘束、そして生還（SER DU MANEN, DANIEL（重訳））　プク・ダムスゴー著, 山田美明訳　光文社　2016.9　485p　18cm　（光文社新書 841）　1300円　①978-4-334-03944-8
内容 ジム、誕生日おめでとう　ヘデゴーのエリート体操選手　シリア周遊旅行　首の鎖　小児病院の人質たち　ダニエルとジェームズ　ダニエル、月が見える？　囚人服で見た世界　暗闇からのメール　実験　お母さん、ダニエルだよ　再び自由に　砂漠の死〔04409〕

タメット, ダニエル　Tammet, Daniel
◇ぼくには数字が風景に見える（BORN ON A BLUE DAY）　ダニエル・タメット〔著〕, 古屋美登里訳　講談社　2014.6　325p　15cm　（講

談社文庫 た125-1）　730円　①978-4-06-277860-2

内容 青い9と赤い言葉　幼年時代　稲妻に打たれて　学校生活がはじまった　仲間はずれ　思春期をむかえて　リトアニア行きの航空券　恋に落ちて　語学の才能　πのとても大きな一片　『レインマン』のキム・ピークに会う　アイスランド語を一週間で　〔04410〕

ダライ・ラマ14世　Dalai Lama

◇チベットの現在―遥かなるラサ　諸星清佳編著　日中出版　2014.1　192p　19cm　1800円　①978-4-8175-1279-6

内容 チベット蜂起五十周年におけるダライラマ法王の演説〈二〇〇九年三月十日〉他（ダライラマ述, 諸星清佳訳）　〔04411〕

◇心を見つめる言葉　ダライ・ラマ法王14世著,〔黒輪篤嗣〕〔訳〕　飛鳥新社　2014.8　197p　17cm　〈英語併記〉1204円　①978-4-86410-322-0

内容 第1章 愛　第2章 心　第3章 生きる　第4章 宗教　第5章 内なる価値、足るを知る　第6章 怒り、悲しみ　第7章 争い、戦争　第8章 思いやり　第9章 世界、つながり　〔04412〕

◇思いやること―こころを育てるための小さなコツ（HOW TO BE COMPASSIONATE）　ダライ・ラマ14世著, ジェフリー・ホプキンス編, 長沢あかね訳　東洋出版　2014.10　189p　19cm　1400円　①978-4-8096-7751-9

内容 はじめに―幸せの源泉とは何かを知る　間違い1 怒りと戦うために、怒りを使うこと　間違い2 逆境は嫌なもの、という態度をとること　間違い3 自分本位になること　間違い4 魅力を誇張すること　間違い5 視野を狭くすること　間違い6「自分は永遠に存在する」と考えること　間違い7 怒りは役に立つと考えること　間違い8 見た目にとらわれること　間違い9 欲望や怒りを心の一部だと考えること　思いやりは人間関係の基本　思いやりが心の安らぎを生む　思いやりの源は平等な心　〔04413〕

◇小さないじわるを消すだけで　ダライ・ラマ14世, よしもとばなな著　幻冬舎　2014.10　105p　19cm　1200円　①978-4-344-02668-1

内容「小さないじわる」の正体（よしもとばなな）　手段がないときに、最強の慈悲の心（ダライ・ラマ14世）　苦しいときこそ現実を見る―ダライ・ラマ14世×よしもとばなな　安らかな死を迎えるために―ダライ・ラマ14世への質問　〔04414〕

◇ダライ・ラマ『菩提心の解説』　ダライ・ラマ14世テンジン・ギャツォ著, マリア・リンチェン訳　大蔵出版　2015.4　283p　20cm　2700円　①978-4-8043-3077-8

内容 序章 仏教とは（宗教の目的　チベット仏教について ほか）　第1章 タイトル・帰敬偈・主題について（タイトルについて　帰敬偈について ほか）　第2章 偈頌解説（礼拝と決意の言葉（第1偈）　発句（第2偈、第3偈）ほか）　終章 廻向・奥付と菩提心生起（廻向（第112偈）　奥付―著者と翻訳・改訂の記録 ほか）　〔04415〕

◇チベットわが祖国―ダライ・ラマ自叙伝（My Land and My People）　ダライ・ラマ著, 木村肥佐生訳　新版　中央公論新社　2015.12　497p　16cm　（中公文庫 タ3-2）〈初版：中央公論社 1989年刊　年表あり〉1400円　①978-4-12-206212-2

内容 農夫の息子　悟りを求めて　心の平和　隣人・中国　侵略　共産中国との出会い　弾圧のもとで　インド巡礼の旅　決起　ラサの危機　脱出　亡命、海外流浪へ　現在と将来　〔04416〕

◇愛と信念の言葉　ダライ・ラマ法王14世著, 野町和嘉写真　PHP研究所　2016.10　221p　15cm　（PHP文庫）　780円　①978-4-569-76623-2

内容 1章 生きる、人生、死　2章 愛すること、思いやり　3章 心、感情の扱い方　4章 戦争と平和　5章 経済、社会問題　〔04417〕

◇物質と心―脳と内なる心の関係を探す、二人のノーベル賞受賞者による対話　ダライ・ラマ法王十四世テンジン・ギャツォ, 利根川進, 我喜屋まり子, バリー・カーズィン著, 丸山智恵子訳　サンガ　2016.11　149p　20cm　1400円　①978-4-86564-066-3

内容 1 心を養うのは宗教？ 科学？ ―イントロダクション（バリー・カーズィン）　2 優しさや愛情は生物学的な要素？（ダライ・ラマ法王十四世テンジン・ギャツォ）　3 脳の解明にはどれくらいの時間が必要？（利根川進博士）　4 ディスカッション　5 高齢化社会における幸福感と精神的深化の関係とは？（我喜屋まり子博士）　6 会場からの質問　〔04418〕

タラック, W.　Tallack, William

◇日本立法資料全集　別巻 1134　復刻版　信山社出版　2016.10　403p　23cm　45000円　①978-4-7972-7241-3

内容 刑罰及犯罪予防論 タラック 原著, 松尾音次郎 訳述（同情会 明治30年刊）　〔04419〕

ダラム, ヘレン

◇再論東京裁判―何を裁き、何を裁かなかったのか（Beyond Victor's Justice？）　田中利幸, ティム・マコーマック, ゲリー・シンプソン編著, 田中利幸監訳, 饗庭朋子, 伊藤大将, 佐藤晶子, 高取由紀, 仁科由紀, 松島亜季訳　大月書店　2013.12　597, 17p　20cm　〈索引あり〉6800円　①978-4-272-52099-2

内容 女性の身体と国際刑事法（ヘレン・ダラム, ナレーレ・モリス著, 仁科由紀訳）　〔04420〕

ダラル, アニタ　Dalal, Anita

◇古代インド―死者の丘とハラッパーから仏教とヒンドゥーの聖地へ（Ancient India）　アニタ・ダラル著, モニカ・L.スミス監修, 小野田和子訳　神戸　BL出版　2014.3　63p　26cm　（ナショナルジオグラフィック―考古学の探検）〈文献あり 年表あり 索引あり〉1800円　①978-4-7764-0559-7

内容 1 過去をよみがえらせる　2 インダス川流域　3 ハラッパー人以降　4 聖なる足跡を追って　5 変わりゆく世界　6 グプタ朝の時代　7 生きている過去　〔04421〕

タリス, ヘザー

◇国連大学包括的「富」報告書―自然資本・人工資本・人的資本の国際比較（Inclusive Wealth Report 2012）　国連大学地球環境変化の人間・社会的側面に関する国際研究計画, 国連環境計画編, 植田和弘, 山口臨太郎訳, 武内和彦監修　明石

書店　2014.12　358p　26cm　〈文献あり 索引あり〉8800円　①978-4-7503-4113-2
内容 生態系の調整サービスのための包括的富会計（ヘザー・タリス, スティーブン・ポラスキー, フアン・セバスティアン・ロサーノ著）　〔04422〕

ダリャニ, リテーシュ
◇経験学習によるリーダーシップ開発―米国CCLによる次世代リーダー育成のための実践事例（Experience-Driven Leader Development）　シンシア・D.マッコーレイ,D.スコット・デリュ, ポール・R.ヨスト, シルベスター・テイラー編, 漆嶋稔訳　日本能率協会マネジメントセンター　2016.8　511p　27cm　8800円　①978-4-8207-5929-4
内容 エグゼクティブ・シャドーイング 他（リテーシュ・ダリャニ）　〔04423〕

ダーリング, パトリック　Darling, Patrick
◇ビジュアル版 世界の歴史都市―世界史を彩った都の物語（The Great Cities in History）　ジョン・ジュリアス・ノーウィッチ編, 福井正子訳　柊風舎　2016.9　303p　27×21cm　15000円　①978-4-86498-039-5
内容 ベニン―西アフリカの祖先の都（パトリック・ダーリング）　〔04424〕

ダーリング＝ハモンド, リンダ　Darling-Hammond, Linda
◇21世紀型スキル―学びと評価の新たなかたち（ASSESSMENT AND TEACHING OF 21ST CENTURY SKILLS）　P.グリフィン,B.マクゴー,E.ケア編, 三宅なほみ監訳, 益川弘如, 望月俊男編訳　京都　北大路書房　2014.4　265p　21cm　〈索引あり〉2700円　①978-4-7628-2857-7
内容 新たな評価のための教育政策の枠組み（リンダ・ダーリング＝ハモンド著, 北澤武, 深見俊崇, 脇本健弘, 井手幸史, 白水始訳）　〔04425〕

ダール, ジョアン　Dahl, JoAnne
◇アクセプタンス&コミットメント・セラピー実践ガイド―ACT理論導入の臨床場面別アプローチ（A Practical Guide to Acceptance and Commitment Therapy）　スティーブン・C.ヘイズ, カーク・D.ストローサル編著, 谷晋二監訳, 坂本律訳　明石書店　2014.7　473p　22cm　〈文献あり〉5800円　①978-4-7503-4046-3
内容 一般医療施設におけるACT（パトリシア・ロビンソン, ジェニファー・グレッグ, ジョアン・ダール, トビアス・ランドグレン）　〔04426〕

タール, セーラ
◇シリーズ日本人と宗教―近世から近代へ　4　勧進・参詣・祝祭　島薗進, 高埜利彦, 林淳, 若尾政希編　春秋社　2015.3　273p　22cm　〈他言語標題：Religion and the Japanese〉3200円　①978-4-393-29944-9
内容 巡礼の近代化（セーラ・タール著, 高橋原, 岩井秀磨訳）　〔04427〕

ダール, ロバート・A.　Dahl, Robert A.
◇アメリカ憲法は民主的か（HOW DEMOCRATIC IS THE AMERICAN CONSTITUTION？ 原著第2版の翻訳）　ロバート・A.ダール〔著〕, 杉田敦訳　岩波書店　2014.10　234p　19cm　（岩波人文書セレクション）〈2003年刊の再刊〉2400円　①978-4-00-028790-6
内容 第1章 はじめに―根本的な疑問　第2章 立案者たちが知りえなかったこと　第3章 モデルとしての憲法―アメリカ的幻想　第4章 大統領の選出　第5章 憲法システムはどの程度うまく行っているか　第6章 より民主的な憲法を　第7章 より民主的な憲法の見込みについての若干の考察　第8章 さらなる考察―不文憲法の変更　〔04428〕
◇ポリアーキー（POLYARCHY）　ロバート・A.ダール著, 高畠通敏, 前田脩訳　岩波書店　2014.10　407p　15cm　（岩波文庫 34-029-1）〈底本：三一書房 1981年刊〉1080円　①978-4-00-340291-7
内容 民主化と公然たる反対　ポリアーキーには意味があるか　歴史的展開　社会経済秩序―集中か分散か　社会経済秩序―発達段階　平等と不平等　下位文化・分裂形態および統治効率　政治活動家の信念　外国支配　理論―要約と留保条件　補遺―変化の戦略のための示唆　〔04429〕

タルガム, イタイ　Talgam, Itay
◇偉大な指揮者に学ぶ無知のリーダーシップ―メンバーの隠れた能力を引き出す匠技（THE IGNORANT MAESTRO）　イタイ・タルガム, ラリー・ブルーム著, 土方奈美訳　日経BP社　2016.3　258p　19cm　〈発売：日経BPマーケティング〉1800円　①978-4-8222-5139-0
内容 1 ビジネスという楽曲　2 リーダーシップの三つの新たな主題（すばらしき無知　ギャップを恐れるなメインリスナー）　3 リーダーシップを主題とする六つの変奏曲（指揮統制―リッカルド・ムーティの場合　ゴッドファーザー―アルトゥーロ・トスカニーニの場合　ルールどおりに―リヒャルト・シュトラウスの場合　カリスマ的リーダー―ヘルベルト・フォン・カラヤンの場合　踊るリーダーシップ―カルロス・クライバーの場合　意味の探求―レナード・バーンスタインの場合）　〔04430〕

ダールグレン, L.O.　Dahlgren, Lars Owe
◇北欧スウェーデン発森の教室―生きる知恵と喜びを生み出すアウトドア教育（UTOMHUSPEDAGOGIK SOM KUNSKAPSKÄLLA）　A.シェパンスキー,L.O.ダールグレン,S.ショーランデル編著, 西浦和樹, 足立智昭訳　京都　北大路書房　2016.4　209p　21cm　〈文献あり〉2500円　①978-4-7628-2930-7
内容 第1章 アウトドア教室―充実した学習環境となる素晴らしい教室　第2章 本から学ぶ知識と感覚経験　第3章 子どもと自然　第4章 成長過程にある個人―子どもの健康　第5章 子どもに不思議を感じさせるトリックとは　第6章 自然と人間の関係―過去から現在　補章 解説 北欧スウェーデンのアウトドア教育の効果―教育心理学の視点から　〔04431〕

タ

タルディッツ, マニュエル　Tardits, Manuel

◇東京断想（Tôkyô-Portraits & Fictions）　マニュエル・タルディッツ著, 石井朱美訳　鹿島出版会　2014.4　302p　20cm　2700円　①978-4-306-04603-0

内容 道程　フィクション　現実　島から…　島まで　借用　浮世絵　フェードアウト　フロイス21　都市〔ほか〕　〔04432〕

タルド, ガブリエル　Tarde, Gabriel de

◇模倣の法則（Les lois de l'imitation 原著第2版の翻訳）　ガブリエル・タルド著, 池田祥英, 村沢真保呂訳　新装版　河出書房新社　2016.8　547, 8p　20cm　〈文献あり 著作目録あり 索引あり〉　5800円　①978-4-309-24772-4

内容 第1章 普遍的反復　第2章 社会的類似と模倣　第3章 社会とは何か？　第4章 考古学と統計学―歴史とは何か？　第5章 模倣の論理的法則　第6章 超論理的影響　第7章 超論理的影響（続）　第8章 考察と結論　〔04433〕

タ

ダルトン, マキシン

◇経験学習によるリーダーシップ開発―米国CCLによる次世代リーダー育成のための実践事例（Experience-Driven Leader Development）　シンシア・D.マッコーレイ,D.スコット・デリュ, ポール・R.ヨスト, シルベスター・テイラー編, 漆嶋稔訳　日本能率協会マネジメントセンター　2016.8　511p　27cm　8800円　①978-4-8207-5929-4

内容 経験学習のための戦術（マキシン・ダルトン）　〔04434〕

ダルモン, ジャン＝シャルル　Darmon, Jean-Charles

◇平和と和解―思想・経験・方法　足羽与志子, 中野聡, 吉田裕編　旬報社　2015.3　414p　22cm（一橋大学大学院社会学研究科先端課題研究叢書6）　5000円　①978-4-8451-1405-4

内容 暴力の表象と文学ジャンルの倫理 他（ジャン＝シャルル・ダルモン著, 清水由希江訳）　〔04435〕

タレス・イ・ヌゲス, ムンサラット

◇「世界の特別ニーズ教育と社会開発」シリーズ 3　スペイン語圏のインクルーシブ教育と福祉の課題―スペイン、メキシコ、キューバ、チリ　黒田学編　京都　クリエイツかもがわ　2016.3　173p　21cm　〈他言語標題：THE COMPARATIVE STUDIES SERIES IN SPECIAL NEEDS EDUCATION AND SOCIAL DEVELOPMENT〉 2000円　①978-4-86342-185-1

内容 ムリェット市における障害者へのケアとインクルージョン（ムンサラット・タレス・イ・ヌゲス著, 菅田文子訳）　〔04436〕

タロウ, シドニー

◇社会科学の方法論争―多様な分析道具と共通の基準（Rethinking social inquiry 原著第2版の翻訳）　ヘンリー・ブレイディ, デヴィッド・コリアー編, 泉川泰博, 宮下明聡訳　勁草書房　2014.5　432p　22cm　〈文献あり 索引あり〉 4700円　①978-4-326-30231-4

内容 定量的手法と定性的手法の架け橋（シドニー・タロウ著）　〔04437〕

ダワー, ジョン

◇岩波講座現代　1　現代の現代性―何が終わり、何が始まったか　大沢真幸, 佐藤卓己, 杉田敦, 中島秀人, 諸富徹編集委員　全編集委員編　岩波書店　2015.10　384p　22cm　3200円　①978-4-00-011381-6

内容 第二次世界大戦以降の戦争とテロ（ジョン・ダワー著, 田中利幸訳）　〔04438〕

ダワー, ジョン・W.　Dower, John W.

◇転換期の日本へ―「パックス・アメリカーナ」か「パックス・アジア」か（Pax Americana versus Pax Asia）　ジョン・W.ダワー, ガバン・マコーマック著, 明田川融, 吉永ふさ子訳　NHK出版　2014.1　311p　18cm　（NHK出版新書 423）　860円　①978-4-14-088423-2

内容 第1章 サンフランシスコ体制―その過去、現在、未来（サンフランシスコ体制の歪な起源　問題を孕む八つの遺産　現在の不確実性　恐怖と希望）　第2章 属国―問題は「辺境」にあり（サンフランシスコ体制が生んだ「根本的問題」　沖縄―ないがしろにされつづける民意　馬毛島―秘密裏に進む軍事基地計画　八重山諸島、与那国島―四つの難題　尖閣（釣魚）諸島問題―五つの論争点　辺境の島々と北朝鮮―「正常化」交渉の挫折と核実験　「辺境」は「中心」へ）　第3章 対談 東アジアの現在を歴史から考える（属国の代償　歴史問題論争―戦争の記憶と忘却　朝鮮半島問題―核と拉致をめぐって　改憲―揺らぐ反軍国主義の理想　領土紛争と東アジアのナショナリズム　台頭する中国のゆくえ　「パックス・アメリカーナ」か「パックス・アジア」か）　〔04439〕

◇吉田茂とその時代　上（Empire and Aftermath Yoshida Shigeru and the Japanese Experience）　ジョン・ダワー著, 大窪愿二訳　改版　中央公論新社　2014.10　447p　16cm　（中公文庫 タ5-3）　1300円　①978-4-12-206021-0

内容 第1章 明治の青年紳士　第2章「伝統外交」――九〇六・二二年　第3章 帝国の経営――九二二・三〇年　第4章 新帝国主義の説明――九三一・三七年　第5章 吉田・イーデン秘密計画――九三六・三七年　第6章 虹を追って――九三七・四一年　第7章「吉田反戦グループ」と近衛上奏文――九四二・四五年　〔04440〕

◇吉田茂とその時代　下（Empire and Aftermath Yoshida Shigeru and the Japanese Experience）　ジョン・ダワー著, 大窪愿二訳　改版　中央公論新社　2014.10　419p　16cm　（中公文庫 タ5-4）　〈文献あり〉 1300円　①978-4-12-206022-7

内容 第8章 「革命」　第9章 帝国日本と「新生日本」　第10章 単独講和、再軍備と「従属的独立」　第11章 新帝国圏における協調と対立　第12章 一九五四年の吉田外遊と時代の終焉　〔04441〕

ダン, アーサー・ウィリアム

◇世界初市民性教育の国家規模カリキュラム―20世紀初期アメリカNEA社会科委員会報告書の事例から　渡部竜也編訳　横浜　春風社　2016.2　235p　22cm　4722円　①978-4-86110-490-9

内容 コミュニティ・シヴィックスの教授 他（J.リン・

バーナード,F.W.キャリアー, アーサー・ウィリアム・ダン, クラレンス・D.キングスレー著）〔04442〕

ダン, エリザベス　Dunn, Elizabeth

◇「幸せをお金で買う」5つの授業（Happy Money）　エリザベス・ダン, マイケル・ノートン著, 古川奈々子訳　KADOKAWA　2014.2　254p　20cm　1600円　①978-4-04-600181-8

内容 Prologue「幸せをお金で買う」5つの原則　1 経験を買う　2 ご褒美にする　3 時間を買う　4 先に支払って、あとで消費する　5 他人に投資する　Epilogue 視野を広げよう　〔04443〕

タン, コウ*　譚 皓

◇近現代中国人日本留学生の諸相―「管理」と「交流」を中心に　大里浩秋, 孫安石編著　御茶の水書房　2015.3　638, 4p　22cm　（神奈川大学人文学研究叢書 35　神奈川大学人文学研究所編）　13000円　①978-4-275-02010-9

内容 倉石武四郎の中国留学初論（譚皓著, 孫安石訳）〔04444〕

タン, シゴウ*　笪 志剛

◇日中両国から見た「満洲開拓」―体験・記憶・証言　寺林伸明, 劉含発, 白木沢旭児編　御茶の水書房　2014.2　26, 588p　22cm　〈索引あり〉　9400円　①978-4-275-01061-2

内容 中日共同研究における日本開拓移民問題に関する思考について（朱宇, 笪志剛著, 胡慧君訳）〔04445〕

タン, ダニエル

◇教育の大衆化は何をもたらしたか―フランス社会の階層と格差　園山大祐編著　勁草書房　2016.5　326p　22cm　〈年表あり 索引あり〉3500円　①978-4-326-60292-6

内容 学校離れを生みだすもの（マチアス・ミエ, ダニエル・タン著, 小林純子訳）〔04446〕

タン, チャディー・メン　Tan, Chade-Meng

◇サーチ・インサイド・ユアセルフ―仕事と人生を飛躍させるグーグルのマインドフルネス実践法（SEARCH INSIDE YOURSELF）　チャディー・メン・タン著, マインドフルリーダーシップインスティテュート監訳, 柴田裕之訳　英治出版　2016.5　373p　21cm　〈「サーチ！」（宝島社 2012年刊）の改題、訳の一部を修正し、新たに監訳者による注・解説を加え復刊　文献あり〉　1900円　①978-4-86276-227-6

内容 イントロダクション サーチ・インサイド・ユアセルフ　1 エンジニアでさえEQで成功できる―EQとは何か、EQはどうやって育めばいいか　2 命がかかっているかのように呼吸をする―マインドフルネス瞑想の理論と実践　3 座らないでやるマインドフルネス・エクササイズ―マインドフルネスの恩恵を座った姿勢以外にも広げる　4 100パーセント自然でオーガニックな自信―自信につながる自己認識　5 情動を馬のように乗りこなす―自己統制の力を伸ばす　6 利益をあげ、海を漕ぎ渡り、世界を変える―セルフモチベーションの技術　7 共感と、脳のタンゴ―相手を理解し、心を通わせることを通して共感を育む　8 有能であってしかも人に愛される―リーダーシップと社会的技能　9 世界平和への三つの簡単なステップ―SIYの裏話　エピローグ 空き時間に世界を救おう〔04447〕

タン, トッコウ*　単 徳興

◇リーラー「遊」　vol.9　戦後70年と宗教　北島義信編集　京都　文理閣　2015.11　619, 89p　21cm　2000円　①978-4-89259-771-8

内容 写真が示す暴力の姿、詩的贖罪（単徳興著, 北島義信訳）〔04448〕

ダン, ファップ

◇ティク・ナット・ハン マインドフルネスの教え―プラムヴィレッジ来日ツアー2015ドキュメントブック　ティク・ナット・ハン, プラムヴィレッジ僧侶団, 佐々涼子, 島田啓介他〔著〕　サンガ　2015.11　335p　21cm　〈他言語標題：The Heart of Thich Nhat Hanh〉2500円　①978-4-86564-027-4

内容 ブラザー・ファップ・ダン法話（シスター・チャイ, 島田啓介訳, 森竹ひろこ構成, ブラザー・ファップ・ダン述）〔04449〕

ダン, レイ　Dunn, Rae

◇賢い犬の正しいアドバイス―ジャック・ラッセル・テリア、ウィルマの言葉　レイ・ダン著,〔尾原美保〕〔訳〕　クロニクルブックス・ジャパン　2015.11　1冊（ページ付なし）　18cm　〈他言語標題：good advice from a good dog　英語併記　発売：徳間書店〉1450円　①978-4-19-864052-1〔04450〕

タン, B.J*　Tan, Benjamin J.

◇嫌悪とその関連障害―理論・アセスメント・臨床的示唆（DISGUST AND ITS DISORDERS）　B.O.オラタンジ,D.マッケイ編著, 堀越勝監修, 今田純雄, 岩佐和典監訳　京都　北大路書房　2014.8　319p　21cm　〈索引あり〉3600円　①978-4-7628-2873-7

内容 嫌悪と血液・注射・外傷恐怖（Andrew C.Page, Benjamin J.Tan著, 川崎直樹訳）〔04451〕

ダン, J.D.G.　Dunn, James D.G.

◇叢書新約聖書神学　9　パウロ小書簡の神学（THE THEOLOGY OF THE SHORTER PAULINE LETTERS）　J.D.G.ダン編集主幹, 山内一郎, 山内真日本語監修　K.P.ドンフリード, I.H.マーシャル著, 山内一郎, 辻学訳　新教出版社　2016.4　271p　20cm　〈文献あり 索引あり〉　4000円　①978-4-400-10463-6〔04452〕

ダン, T.T.*　Dang, Thi Thao

◇教育格差をこえる日本・ベトナム共同授業研究―「教え込み」教育から「子ども中心主義」の学びへ　村上呂里編著　明石書店　2015.3　270p　22cm　〈ベトナム語抄訳付〉4800円　①978-4-7503-4166-8

内容 第1回共同授業研究会（Dang Thi Thao,Dinh Thi Minh Hoa, 善元幸夫述, 那須泉訳）〔04453〕

ダンカン, ケヴィン　Duncan, Kevin

◇図解思考50のルール―イギリス式シンプル問題

解決法！ (THE DIAGRAMS BOOK) ケヴィン・ダンカン著, 村井瑞枝訳 かんき出版 2014.10 141p 19cm 〈文献あり〉1500円 ①978-4-7612-7035-3
内容 1 三角形とピラミッド(ピラミッド 営業のピラミッド ほか) 2 四角形と軸(習慣のマトリックス 優先度マトリックス ほか) 3 円とパイチャート(的 パイチャート(円グラフ) ほか) 4 タイムラインとカレンダー(ライブライン パーソナル・デッドライン ほか) 5 フローとコンセプト(正しい組織図 間違った組織図 ほか) 〔*04454*〕

◇クリエイティブコンサルタントの思考の技術 (THE IDEAS BOOK) ケヴィン・ダンカン著, 花塚恵訳 かんき出版 2015.3 237p 19cm 〈文献あり〉1500円 ①978-4-7612-7070-4
内容 第1章 アイデアを生みだす準備をする(アイデアを生みだす準備をするには？ 五芒星を使ってアイデアを出す目的をシンプルにまとめる ほか) 第2章 原型となるアイデアを生みだす(原型となるアイデアを生みだすには？ 悪いところと良いところを3つずつ書きだす ほか) 第3章 アイデアを発展させてカタチにする(アイデアを発展させてカタチにするには？ 言葉を貼り合わせて文章をつくる ほか) 第4章 アイデアを見極める(アイデアを見極めるには？ アイデアをランク付けする ほか) 第5章 アイデアを実行に移す(アイデアを実行に移すには？ 3つの要素で関係者のモチベーションを高める ほか) 〔*04455*〕

ダンカン, ジュディス Duncan, Judith

◇「子育て先進国」ニュージーランドの保育―歴史と文化が紡ぐ家族支援と幼児教育 七木田敦, ジュディス・ダンカン編著 福村出版 2015.4 238p 21cm 2400円 ①978-4-571-11038-2
内容 アオテアロア/ニュージーランドにおける幼児教育の歴史的概要 他(ジュディス・ダンカン) 〔*04456*〕

ダンカン, ミック

◇世界がぶつかる音がする―サーバンツの物語 (The Sound of Worlds Colliding) クリスティン・ジャック編, 永井みぎわ訳 ヨベル 2016.6 300p 19cm 1300円 ①978-4-907486-32-7
内容 リチャードの思い出(ミック・ダンカン) 〔*04457*〕

ダンカン, E.A.S.* Duncan, Edward A.S.

◇臨床が変わる！ PT・OTのための認知行動療法入門 (Cognitive-Behavioural Interventions in Physiotherapy and Occupational Therapy) マリー・ダナヒー, マギー・ニコル, ケイト・デヴィッドソン編, 菊池安希子監訳, 網本和, 大嶋伸雄訳者代表 医学書院 2014.4 184p 26cm 〈索引あり〉4200円 ①978-4-260-01782-4
内容 慢性精神疾患の認知行動療法(Edward A.S. Duncan著, 須山夏加訳) 〔*04458*〕

タンゴー, リーネ Tanggaard, Lene

◇世界で最もクリエイティブな国デンマークに学ぶ発想力の鍛え方 (In the SHOWER with PICASSO) クリスチャン・ステーディル, リーネ・タンゴー〔著〕, 関根光宏, 山田美明訳 クロスメディア・パブリッシング 2014.12 335p 19cm 〈発売：インプレス〉1980円 ①978-4-8443-7385-8
内容 誰もがもっとクリエイティブになれる！ 既存の枠の限界ぎりぎりへ足を踏み出す 情熱は創造プロセスの原動力―ウィー・ラヴ・ピープル(広告会社) 人魚姫とデートする―ビャルケ・インゲルス(建築家) 受け継がれる天才の仕事―アンドレアス・ゴルダー(アーティスト) 疑念と不安を力に変える―ソレン・ラステッド(AQUA)アレクサンダー・グルピン(バレエダンサー) ブレイクスルーを得る方法を見つける―ケネト・ベーヤ(DJ) 薬物でクリエイティビティは高まるのか？ クリエイティブな企業文化―LETT法律事務所ラクトサン(チーズ製造) ブレイクスルーの快感、クリエイティブな作業空間―ペアニレ・オーロン(作家・雑誌編集者) 既存の枠の限界ぎりぎりで仕事をする―人気ドラマ、青いゾウ、そしてレゴ ビジネスにおける情熱―インゴルフ・ゲーボルト(TVドラマ制作者) クリエイティビティを管理する―王立劇場、軍、テレビ局 マニフェストとアイデアの爆発―世界一のレストラン・ノーマ 従業員から創造性を引き出すには―ノーマのサタデー・セッション、レゴ、アイデアを生み出す組織 隠れた鉱脈を探す―エイミー・ジェイムズとtattodo.com 学校とクリエイティビティの再生―ヘアロフスホルム校 デンマークのクリエイティビティモデル 〔*04459*〕

ダンサ, アンドレス Danza, Andrés

◇悪役―世界でいちばん貧しい大統領の本音 (UNA OVEJA NEGRA AL PODER) アンドレス・ダンサ, エルネスト・トゥルボヴィッツ著, 大橋美帆訳 汐文社 2015.10 321p 19cm 1700円 ①978-4-8113-2249-0
内容 大統領候補 大統領 無礼者 アナーキスト 模範 カウディージョ ずる賢いキツネ 証人 老人 預言者 伝説 〔*04460*〕

◇ホセ・ムヒカ世界でいちばん貧しい大統領 (UNA OVEJA NEGRA AL PODER) アンドレス・ダンサ, エルネスト・トゥルボヴィッツ〔著〕, 大橋美帆訳 KADOKAWA 2016.3 330p 15cm (角川文庫 ム3-1) 〈「悪役」(汐文社 2015年刊)の改題、加筆修正〉760円 ①978-4-04-104327-1
内容 大統領候補 大統領 無礼者 アナーキスト 模範 カウディージョ ずる賢いキツネ 証人 老人 預言者 伝説 〔*04461*〕

ダンシー, ラヒマ・ボールドウィン Dancy, Rahima Baldwin

◇赤ちゃんからのシュタイナー教育―親だからできる 子どもの魂の、夢見るような深みから (You Are Your Child's First Teacher 原著第3版の翻訳) ラヒマ・ボールドウィン・ダンシー著, 合原弘子訳 新版 学陽書房 2014.2 254p 21cm 1800円 ①978-4-313-66062-5
内容 あなたが子どもの最初の先生 新しい命の誕生―新生児のケア 最初の一年間―赤ちゃんの発達を助ける バランスのとれた成長とは―幼児の発達を助ける 「家庭での暮らし」がすべての基盤 しつけや、その他の子育ての問題 創造的な遊びと想像力 子どもの想像力を育てる 子どもと芸術的な力 子どもと音楽の喜び 知的な発達と幼児教育をめぐって やってみようと思う親のためのQ&A 〔*04462*〕

ダンス, ミルティーユ

◇BoPビジネス3.0―持続的成長のエコシステムをつくる (Base of the Pyramid 3.0) フェルナン

ド・カサード・カニェーケ, スチュアート・L.ハート編著, 平本督太郎訳　英治出版　2016.8　311p　22cm　〈文献あり〉3200円　①978-4-86276-233-7

内容 資金調達の壁を超える(ニコラス・シュヴロリエ, ミルティーユ・ダンス著)　〔04463〕

タンタン・アウン

◇東アジア「地方的世界」の社会学　藤井勝, 高井康弘, 小林和美編著　京都　晃洋書房　2013.6　418p　22cm　〈索引あり〉5900円　①978-4-7710-2451-9

内容 パオと地方的世界(タンタン・アウン執筆, 岡部真由美訳)　〔04464〕

ダント, アーサー・コルマン　Danto, Arthur C.

◇哲学者としてのニーチェ（NIETZSCHE AS PHILOSOPHER）　アーサー・C.ダント著, 真田収一郎訳・解説　風濤社　2014.6　459p　20cm　〈索引あり〉4800円　①978-4-89219-380-4

内容 第1章 哲学的ニヒリズム　第2章 芸術と不合理　第3章 遠近法　第4章 哲学的心理学　第5章 道徳　第6章 宗教的心理学　第7章 超人と永劫回帰　第8章 力への意志　〔04465〕

ダントニオ, マイケル　D'Antonio, Michael

◇熱狂の王ドナルド・トランプ（THE TRUTH ABOUT TRUMP）　マイケル・ダントニオ著, 高取芳彦, 吉川南訳　クロスメディア・パブリッシング　2016.10　382p　20cm　〈文献あり　発売：インプレス〉1780円　①978-4-8443-7498-5

内容 クロンダイクからブルックリン、クイーンズへ　少年王ドナルド　見習い時代　恐怖都市　ドナルド、ミッドタウンを救う　トランプ、タワーを建てる　セレブへの仲間入り　だまされる者の国のトランプ　運の尽き　トランプ、見世物になる　ニュー・トランプ　トランプ、出馬する　トランプ、テレビショーに出演する　「私の美点の一つは…」　その悪評は海外でも　〔04466〕

ダーントン, ロバート　Darnton, Robert

◇革命前夜の地下出版（THE LITERARY UNDERGROUND OF THE OLD REGIME）　ロバート・ダーントン〔著〕, 関根素子, 二宮宏之訳　岩波書店　2015.10　341, 11p　19cm　（岩波人文書セレクション）〈2000年刊の再刊　索引あり〉2900円　①978-4-00-028811-8

内容 第1章 革命前夜の政治と文学―啓蒙の思想から「どぶ川のルソー」まで　第2章 どん底世界に棲むスパイ　第3章 逃げまわるパンフレット作者　第4章 マントの下の書物取引―アンシアン・レジーム末期の地下出版物　第5章 国境を越える印刷工房　第6章 書物の社会史―読むこと・書くこと・出版すること　〔04467〕

ダンハム, バロウズ　Dunham, Barrows

◇倫理学―その死と再生（ETHICS DEAD AND ALIVE）　バロウズ・ダンハム著, 藤沢俊昭訳　日本図書刊行会　2016.4　292p　20cm　〈索引あり　発売：近代文芸社〉1800円　①978-4-8231-0932-4

内容 第1部 倫理学の死(問題に関する問題　事実、当為、そしてムーア教授　私がそれを好きならそれは善なのか　私は何が正しいか知ることができる　愛と自己愛)　第2部 徳ある生き方(お人好しでは勝てない　正直と親切　ある側につくこと　人間性と人間の運命　歓喜)　〔04468〕

タンマチャヨー, ルァンポー　Thammachayō, Phikkhu

◇悦びへの旅　ルァンポー・タンマチャヨー著, タイ国タンマガーイ寺院日本語翻訳センター訳　神戸　みるめ書房　2013.1　200p　19cm　〈他言語標題：Journey To Joy〉952円　①978-4-901324-26-7　〔04469〕

タンワツタナ, P.*　Tanwattana, Puntita

◇災害と行政―防災と減災から　松岡京美, 村山徹編　京都　晃洋書房　2016.4　210p　21cm　〈索引あり〉2500円　①978-4-7710-2743-5

内容 タイにおける水害政策と地域社会(Tanwattana, Puntita著, 村山徹訳)　〔04470〕

【チ】

チ, フクリン　遅 福林

◇改革ボーナス―中共「十八大」後の体制転換　遅福林編著, 張虎訳　岡山　グローバル科学文化出版　c2013　311p　21cm　（シリーズ中国経済の行方―中国(海南)改革発展研究院中国改革研究報告 2013）　2800円　①978-4-86516-035-2　〔04471〕

◇消費主導―中国発展戦略の大転換　遅福林監修, 藤越訳　岡山　グローバル科学文化出版　c2013　333p　21cm　（シリーズ中国経済の行方―中国(海南)改革発展研究院中国改革研究報告 2012）　2800円　①978-4-86516-034-5　〔04472〕

◇民富優先―中国の二次転換と改革の行方　遅福林, 方栓喜, 匡賢明編著, 張兆洋訳, 駱鴻監修　岡山　グローバル科学文化出版　c2013　313p　21cm　（シリーズ中国経済の行方―中国(海南)改革発展研究院中国改革研究報告 2011）　2800円　①978-4-86516-033-8　〔04473〕

◇転換を模索する中国―改革こそが生き残る道　高尚全主編, 岡本信広監訳, 岡本恵子訳　科学出版社東京　2015.6　375p　21cm　4800円　①978-4-907051-34-1

内容 改革によって消費潜在力を引き出す(遅福林著)　〔04474〕

チア, ルシール

◇中国書籍史のパースペクティブ―出版・流通への新しいアプローチ　永冨青地編訳　勉誠出版　2015.6　359p　22cm　6000円　①978-4-585-29097-1

内容 麻沙本(ルシール・チア著)　〔04475〕

チアン, ユン　張 戎《Chang, Jung》

⇒チョウ, ジュウ

チ

チィーラー, クラウス

◇ドイツ教授学へのメタ分析研究の受容―ジョン・ハッティ「可視化された学習」のインパクト　原田信之, ヒルベルト・マイヤー編著, 宇都宮明子, 木戸裕, サルバション有紀訳　〔東大阪〕　デザインエッグ　2015.11　140p　21cm　〈執筆：エヴァルト・テルハルトほか　文献あり〉 ①978-4-86543-477-4 〔04476〕

チェ, ジェヒ　崔 在熙

◇ヨーロッパからみた独島―フランス・イギリス・ドイツ・ロシアの報道分析　閔有基, 崔在熙, 崔豪根, 閔庚鉉著, 舘野晳訳　明石書店　2015.3　369p　20cm　5800円　①978-4-7503-4117-0

内容 フランス・メディアの独島認識（フランス・メディアの独島報道フレーム　フランス・メディアの独島名称の使用　フランス・メディアの独島関連論議）　英国メディアの独島認識（独島関連報道の戦略的分析　英国の新聞の独島問題認識）　ドイツ・メディアの独島認識（ドイツ・メディアの独島報道フレーム　ドイツ・メディアが見た独島）　ロシア・メディアの独島認識（ロシア・メディアの独島報道：整理分析　ロシア・メディアの独島認識） 〔04477〕

チェ, ジュンシク　崔 俊植

◇やさしい韓国文化の話52―チョガクポから儒教まで（Korea culture textbook）　崔俊植著, 崔京国, 荒井淑子訳　大阪　かんよう出版　2016.2　302p　21cm　2800円　①978-4-906902-49-1

内容 1 破格をデザインする　2 逸脱を建築する　3 曲線を作曲する　4 野生を発揮する　5 カオスを疾走する　6 天下を記録する　7 宇宙を企画する 〔04478〕

チェ, ジュンヨル*　崔 浚烈

◇「東アジア的教師」の今　東アジア教員養成国際共同研究プロジェクト編　小金井　東京学芸大学出版会　2015.3　253p　21cm　〈索引あり〉　2400円　①978-4-901665-38-4

内容 韓国における教員の能力向上方案（崔浚烈著, 洪廷玟訳, 裵光雄監訳） 〔04479〕

チェ, ジョンソン*　崔 鍾成

◇朝鮮の女性〈1392-1945〉―身体、言語、心性　金賢珠, 朴茂瑛, イヨンスク, 許南麟編　クオン　2016.3　414p　19cm　（クオン人文・社会シリーズ 02）　3800円　①978-4-904855-36-2

内容 生き仏として崇拝された朝鮮の女たち（崔鍾成著, 五十嵐真希訳） 〔04480〕

チェ, ソクヨン*　崔 錫栄

◇博物館という装置―帝国・植民地・アイデンティティ　石井正己編　勉誠出版　2016.3　391p　22cm　〈文献あり〉 4200円　①978-4-585-20038-3

内容 日本帝国の外地朝鮮統治と古蹟発掘、そして文化財の行方（崔錫栄著, 金広植訳） 〔04481〕

チェ, ソンヒ

◇正義への責任―世界から沖縄へ　2　琉球新報社編, 乗松聡子監修・翻訳　那覇　琉球新報社　2016.6　77p　21cm　〈発売：琉球プロジェクト（〔那覇〕）〉 565円　①978-4-89742-208-4

内容 ファシズム拡大 抵抗を―必要な反基地の連帯（チェソンヒ） 〔04482〕

チェ, ソンラク

◇自己啓発書を読んでベンツを買った話　チェソンラク著, 吉原育子訳　きこ書房　2015.8　215p　19cm　〈文献あり〉 1400円　①978-4-87771-333-1 〔04483〕

チェ, ヒョンムク　崔 亨黙

◇リーラー「遊」　vol.8　東アジアの平和と宗教　北島義信編集　京都　文理閣　2014.9　274, 40p　21cm　1400円　①978-4-89259-739-8

内容 韓国から見た「ヘイトスピーチ」（崔亨黙著, 李相勁訳） 〔04484〕

◇旧約聖書の人物―「韓国」という時空間で読む　崔亨黙著, 金忠一訳　大阪　かんよう出版　2014.10　246p　19cm　1800円　①978-4-906902-31-6

内容 第1章 夢に向かって（新しい挑戦に向かって＝アブラハム　異邦の地の旅人から民族解放の指導者に＝モーセ ほか）　第2章 深読みすれば見える真実（持てるものなき人の知恵＝ヤコブ　希望と絶望の二重の表徴＝ダビデ ほか）　第3章 わたしが立っている場所（功なせば留まらず＝ギデオン　涸れることなき泉水＝エリシャ ほか）　第4章 栄辱の女性史（痛快なる逆転＝タマル　女であるゆえに？　＝ミリアム ほか） 〔04485〕

◇無礼者たちのクリスマス―韓国キリスト教保守主義批判　崔亨黙, 白賛弘, 金鎮虎著, 金忠一訳　大阪　かんよう出版　2014.12　380p　19cm　〈文献あり〉 3200円　①978-4-906902-36-1

内容 第1章 韓国キリスト教の保守化、力に向かった不適切なる憧憬（起源：一九〇七年の平壌大復興運動　維新体制・軍事政権期の裏取引 ほか）　第2章 アメリカ製の福音主義と韓国教会（アメリカ根本主義キリスト教の発展と没落　根本主義と初期の韓国教会―宣教師、神学、反共主義 ほか）　第3章 権力に向かった欲望、その排他的実践（無礼者たちの政治勢力化　無礼者たちのクリスマス ほか）　第4章 鼎談―自発的貧困を実践する、有意義なる少数にこそ未来がある（露日戦争と平壌大復興運動　洋大人意識と宣教師 ほか） 〔04486〕

チェ, ホグン　崔 豪根

◇ヨーロッパからみた独島―フランス・イギリス・ドイツ・ロシアの報道分析　閔有基, 崔在熙, 崔豪根, 閔庚鉉著, 舘野晳訳　明石書店　2015.3　369p　20cm　5800円　①978-4-7503-4117-0

内容 フランス・メディアの独島認識（フランス・メディアの独島報道フレーム　フランス・メディアの独島名称の使用　フランス・メディアの独島関連論議）　英国メディアの独島認識（独島関連報道の戦略的分析　英国の新聞の独島問題認識）　ドイツ・メディアの独島認識（ドイツ・メディアの独島報道フレーム　ドイツ・メディアが見た独島）　ロシア・メディアの独島認識（ロシア・メディアの独島報道：整理分析　ロシア・メディアの独島認識） 〔04487〕

チェ, ポンリョン*　崔 鳳竜

◇安重根と東洋平和論　李泰鎮, 安重根ハルピン学会編著, 勝村誠, 安重根東洋平和論研究会監訳

日本評論社 2016.9 421p 22cm 〈文献あり 索引あり〉 6000円 ①978-4-535-58690-1
内容 安重根義挙の中国に対する影響とその評価(崔鳳竜著, 酒井裕美, 近藤富男訳) 〔04488〕

チェイエ, L.* Cheie, Lavinia
◇ワーキングメモリと日常—人生を切り拓く新しい知性 (WORKING MEMORY) T.P.アロウェイ,R.G.アロウェイ編著, 湯沢正通, 湯沢美紀監訳 京都 北大路書房 2015.10 340p 21cm (認知心理学のフロンティア) 〈文献あり 索引あり〉 3800円 ①978-4-7628-2908-6
内容 ワーキングメモリと不安：個人差と発達の相互作用を探る(Laura Visu-Petra, Lavinia Cheie, Andrei C.Miu著, 滝口圭子訳) 〔04489〕

チェスターフィールド, フィリップ Chesterfield, Philip Dormer Stanhope
◇わが息子よ、君はどう生きるか (Letters to His Son) フィリップ・チェスターフィールド著, 竹内均訳・解説 新装新版 三笠書房 2016.8 300p 18cm 〈他言語標題：Lord Chesterfield's Letters to His Son〉 1200円 ①978-4-8379-5770-6
内容 第1章 わが息子へ—「今この時をどう生きるか」が君の人生を決める。 第2章 「人間の器」を大きくする生き方—「人並み」で満足したら進歩はない。大欲をかけ、あとは意志の力、集中力だ。 第3章 一生の友情をどう育てるか—自分を伸ばす友人、引き立ててくれる人をどう見つけ、どうつき合うか。 第4章 自分の「意見」を持て—自己主張のない人間は絶対に伸びない。判断力・表現力を身につける決め手。 第5章 「最高の人生」を送る日々の心がけ—仕事(勉強)も遊びもしっかりやれ。 第6章 自分の「殻」が固まらないうちにやっておくべきこと—本をたくさん読みなさい。そして、とにかく「外」へ出てみなさい。 第7章 「人間関係」の秘訣—人を陰でほめているか、気配りが自然にできているか。 第8章 自分の「品格」を養う—学問ばかりが勉強ではない。 第9章 わが息子に贈る「人生最大の教訓」—人間、タフでなければ生きられない。 〔04490〕

チェックランド, オリーヴ Checkland, Olive
◇マッサンとリタ—ジャパニーズ・ウイスキーの誕生 (JAPANESE WHISKY, SCOTCH BLEND) オリーヴ・チェックランド著, 和気洋子訳 NHK出版 2014.8 237p 20cm 〈「リタとウイスキー」(日本経済評論社 1998年刊)の改題、増補・改訂 文献あり 年譜あり〉 2000円 ①978-4-14-081656-1
内容 ウイスキー修業時代(日本から来た青年 日本酒とイミテーション・ウイスキー ほか) 寿屋勤務時代(本格ウイスキーへの夢—山崎 遙かなる異郷のリタ ほか) 起業家時代(企業創立へ—余市ウイスキー蒸留所 夕日のリタ ほか) 挑戦、そして成功(マッサンとリタの四〇年 竹鶴政孝、「命の水」ウスケボー) 〔04491〕

チェドリーニ, マリオ・A.
◇ケインズは、《今》、なぜ必要か？—グローバルな視点からの現在的意義 ケインズ学会編, 平井俊顕監修 作品社 2014.2 274p 20cm 2400円 ①978-4-86182-458-6
内容 今日の世界でケインズの国際経済学は通用するのか？(アンナ・カラベリ, マリオ・チェドリーニ著, 伊藤宣広訳) 〔04492〕
◇リターン・トゥ・ケインズ (THE RETURN TO KEYNES) ブラッドリー・W.ベイトマン, 平井俊顕, マリア・クリスティーナ・マルクッツォ編, 平井俊顕監訳 東京大学出版会 2014.9 388, 56p 22cm 〈文献あり 索引あり〉 5600円 ①978-4-13-040262-0
内容 現代のグローバル・インバランス(アンナ・M.カラベリ, マリオ・A.チェドリーニ著, 岩本武和訳) 〔04493〕

チェノウェス, エミリー
◇女友だちの賞味期限—実話集 (The friend who got away) ジェニー・オフィル, エリッサ・シャッペル編著, 糸井恵訳 プレジデント社 2014.3 317p 19cm 〈2006年刊の改訳、再編〉 1500円 ①978-4-8334-2076-1
内容 絶交の理由 A面 なぜ親友ヘザーを失ったか(エミリー・チェノウェス著) 〔04494〕

チェラーゼ, フランコ・P.
◇東京の社会変動 川崎嘉元, 新原道信編 八王子 中央大学出版部 2015.3 218p 22cm (中央大学社会科学研究所研究叢書 29) 2600円 ①978-4-8057-1330-3
内容 時間厳守, 計算可能性, 正確性(フランコ・P.チェラーゼ著, 石川晃弘訳) 〔04495〕

チェリー, ジョージア Cherry, Georgia
◇シティ・アトラス—絵地図でめぐる世界の街 (CITY ATLAS) マーティン・ハーケ絵, ジョージア・チェリー文, 〔川村まゆみ〕〔訳〕 日本文芸社 2016.3 63p 35cm 3000円 ①978-4-537-21353-9
内容 リスボン(ポルトガル共和国) バルセロナ(スペイン) ロンドン(イギリス(グレートブリテンおよび北アイルランド連合王国)) アムステルダム(オランダ王国) パリ(フランス共和国) ローマ(イタリア共和国) ベルリン(ドイツ連邦共和国) ヘルシンキ(フィンランド共和国) オスロ(ノルウェー王国) コペンハーゲン(デンマーク王国)〔ほか〕 〔04496〕

チェルトコフ, ヴラディーミル Tchertkoff, Wladimir
◇チェルノブイリの犯罪—核の収容所 上巻 (LE CRIME DE TCHERNOBYL) ヴラディーミル・チェルトコフ著, 中尾和美, 新居朋子, 髭郁彦訳 緑風出版 2015.5 602p 20cm 〈索引あり〉 3700円 ①978-4-8461-1505-0
内容 第1部 黙殺された知(海に投げられたボトルメッセージ 医学と核権力 ほか) 第2部 知(ヴァシーリ・ネステレンコあるいは物理学者の誠実さ 犠牲にされたリクビダートル ほか) 第3部 投獄された研究(ユーリ・バンダジェフスキー、制御不能の研究者 ユーリ・バンダジェフスキーの知見 ほか) 第4部 民主主義の顔をした収容所の看守(嘘つきヨーロッパ 現場を占拠した無能なフランス人たち ほか) 〔04497〕
◇チェルノブイリの犯罪—核の収容所 下巻 (LE CRIME DE TCHERNOBYL) ヴラディーミル・チェルトコフ著, 中尾和美, 新居朋子監訳, 中

チ

尾和美, コリン・コバヤシ, 新郷啓子訳　緑風出版　2015.9　567p　20cm　〈索引あり〉3700円　①978-4-8461-1513-5
内容 第5部 ヴァシーリ・ネステレンコの村々（汚染された村を間近から見る　スコロドゥノイェ　ローザ・ルクセンブルク ほか）　第6部 耳を貸さない公的組織（国連に宛てた二通の手紙　キエフ会議　三人の賢人）　第7部 バンダジェフスキー事件―不正が生む冤罪（スターリン主義的な裁判　刑務所の衝撃　地獄くだり ほか）　付録 〔04498〕

チ

チェレフコ, K.E.
◇日ロ関係史―パラレル・ヒストリーの挑戦　五百旗頭真, 下斗米伸夫, A.V.トルクノフ, D.V.ストレリツォフ編　東京大学出版会　2015.9　713, 12p　22cm　〈年表あり〉9200円　①978-4-13-026265-1
内容 スターリンの日本像と対日政策（A.S.ローシキナ, K.E.チェレフコ, Ia.A.シュラートフ著, 花田智之訳） 〔04499〕

チェン, ジー　Chen, Jie
◇中国の中間層と民主主義―経済成長と民主化の行方（A Middle Class Without Democracy）　ジー・チェン著, 野田牧人訳　NTT出版　2015.2　258, 27p　20cm　（叢書「世界認識の最前線」猪口孝, 猪口邦子編集）〈文献あり 索引あり〉3200円　①978-4-7571-4336-4
内容 第1章 「条件次第」の中間層　第2章 中国の中間層―その定義と進化　第3章 中国の中間層は民主主義と共産党政府をどのように見ているか　第4章 中間層は民主主義をなぜ支持するのか、なぜ支持しないのか　第5章 中間層の政治行動に対する民主主義支持の影響　第6章 結論―「条件次第」の民主主義支持と民主化の行方 〔04500〕

チェン, パトリック・S.　Cheng, Patrick S.
◇ラディカル・ラブ―クィア神学入門（Radical Love）　パトリック・S.チェン著, 工藤万里江訳　新教出版社　2014.11　226p　21cm　〈文献あり 索引あり〉2300円　①978-4-400-32491-1
内容 第1章 クィア神学とは何か（クィアという用語について　クィア神学の定義 ほか）　第2章 クィア神学の系譜（クィア神学の四つの潮流　これからのトレンド：インターセクショナリティとハイブリディティ）　第3章 神―ラディカル・ラブの派遣の働き（啓示：ラディカル・ラブとしての神のカミングアウト　神：ラディカル・ラブそのもの ほか）　第4章 イエス・キリスト―ラディカル・ラブの回復（罪：ラディカル・ラブの拒否　イエス・キリスト：ラディカル・ラブの具現 ほか）　第5章 聖霊―ラディカル・ラブに立ち返る（聖霊：私たちをラディカル・ラブへと導く　教会：ラディカル・ラブの外なる共同体 ほか） 〔04501〕

チェン, ビクター　Cheng, Victor
◇戦略コンサルティング・ファームの面接攻略法―マッキンゼーの元面接官が教える秘密のノウハウ（CASE INTERVIEW SECRETS）　ビクター・チェン著, 渡部典子訳　ダイヤモンド社　2016.3　250p　21cm　2000円　①978-4-478-02368-6
内容 第1章 コンサルティング・ファームの採用プロセス　第2章 数的能力評価の攻略法　第3章 ケース・インタビューの基本　第4章 フレームワークを使いこなす　第5章 志望者主導ケース・インタビュー　第6章 ケース・インタビューのバリエーション　第7章 採用通知を勝ち取る 〔04502〕

チェン, ポーコン　陳 破空
⇒チン, ハクウ

チェン, ルン　陳 潤
⇒チン, ジュン

チェン, ロウジン　陳 柔縉
⇒チン, ジュウシン

チェンバース, デボラ　Chambers, Deborah
◇友情化する社会―断片化のなかの新たな〈つながり〉（NEW SOCIAL TIES）　デボラ・チェンバース著, 辻大介, 久保田裕之, 東園子, 藤田智博訳　岩波書店　2015.12　300, 40p　20cm　〈文献あり〉2900円　①978-4-00-025422-9
内容 第1章 社会的紐帯の理念の変容　第2章 対人関係における自由と選択　第3章 ヘゲモニックな男性アイデンティティと男同士の絆　第4章 女性のアイデンティティと女同士の絆　第5章 「共同体」の衰退と隆盛　第6章 ネットワーク社会　第7章 ヴァーチャルな親密性とオンラインでの交友　第8章 社会的関係性と個人的関係性のポリティクス 〔04503〕

チギ　智顗
◇法華玄義　上　〔智顗〕〔著〕, 菅野博史訳注　第三文明社　2016.5　351p　18cm　（第三文明選書 1）〈2004年刊の再刊〉1800円　①978-4-476-18001-5
内容 第1部 七番共解―五重玄義の総論（標章　引証　生起　開合　料簡　観心　会異）　第2部 五重各説―五重玄義の各論（釈名） 〔04504〕
◇法華玄義　中　〔智顗〕〔著〕, 菅野博史訳注　第三文明社　2016.5　p352～707　18cm　（第三文明選書 2）〈2004年刊の再刊〉1800円　①978-4-476-18002-2
内容 位妙　三法妙　感応妙　神通妙　説法妙　眷属妙　功徳利益妙　本門の十妙 〔04505〕
◇法華玄義　下　〔智顗〕〔著〕, 菅野博史訳注　第三文明社　2016.5　p708～1031 30p　18cm　（第三文明選書 3）〈2004年刊の再刊　索引あり〉1800円　①978-4-476-18003-9
内容 第2部 五重各説―五重玄義の各論（顕体　明宗　論用　判教） 〔04506〕

チキン, ギアンフランコ
◇ナラティヴ・セラピー―社会構成主義の実践（Therapy as social construction（抄訳））　シーラ・マクナミー, ケネス・J.ガーゲン編, 野口裕二, 野村直樹訳　三鷹　遠見書房　2014.12　177p　19cm　〈文献あり　金剛出版1997年刊の改訂〉2400円　①978-4-904536-80-3
内容 治療を拡げる新しい可能性（ギアンフランコ・チキン） 〔04507〕

チクセントミハイ, ミハイ　Csikszentmihalyi, Mihaly
◇グッドワークとフロー体験―最高の仕事で社会に貢献する方法（Goodwork）　ハワード・ガード

ナー, ミハイ・チクセントミハイ, ウィリアム・デイモン著, 大森弘監訳, 安室憲一, 梅野巨利, 山口隆英, 西井進剛訳　京都　世界思想社　2016.2　311p　21cm　〈索引あり〉 2800円　①978-4-7907-1679-2

内容 第1部 予備知識（困難な時代のグッドワーク　グッドワークの条件　体と心の形成についての初期の考察）　第2部 遺伝学（脚光を浴びる遺伝学　よく整合したドメインの黄金時代　遺伝学に迫る暗雲）　第3部 ジャーナリズム（ニュースメディアが手に入れた権力と品位の低下　ジャーナリズムの強みの源泉　今日のジャーナリズムにおけるグッドワーク）　第4部 これからのグッドワーク（ジャーナリズムと遺伝学におけるグッドワークの回復　多様な世界でのグッドワーク）〔*04508*〕

◇クリエイティヴィティ―フロー体験と創造性の心理学（CREATIVITY ： Flow and the psychology of discovery and invention）　M.チクセントミハイ著, 浅川希洋志監訳, 須藤祐二, 石村郁夫訳　京都　世界思想社　2016.10　478p　21cm　3200円　①978-4-7907-1690-7

内容 舞台設定　第1部 創造性のプロセス（創造性はどこにあるのか　創造的な性格　創造性の働き　創造性のフロー　創造的な環境）　第2部 人生（人生の初期　成人期以降の人生　創造的に歳を重ねる）　第3部 創造性の領域（言葉の領域　生命の領域　未来の領域　文化の創造　個人の創造性を高める）〔*04509*〕

チクワニネ, ミシェル Chikwanine, Michel

◇ぼくが5歳の子ども兵士だったとき―内戦のコンゴで（Child Soldier）　ジェシカ・ディー・ハンフリーズ, ミシェル・チクワニネ作, クローディア・ダビラ絵, 渋谷弘子訳　汐文社　2015.7　47p　24cm　1800円　①978-4-8113-2211-7〔*04510*〕

チシェロム, ジェームズ

◇経験学習によるリーダーシップ開発―米国CCLによる次世代リーダー育成のための実践事例（Experience-Driven Leader Development）　シンシア・D.マッコーレイ,D.スコット・デリュ, ポール・R.ヨスト, シルベスター・テイラー編, 漆嶋稔訳　日本能率協会マネジメントセンター　2016.8　511p　27cm　8800円　①978-4-8207-5929-4

内容 経験に基づくシミュレーションの構築（ジェームズ・チシェロム, グレッグ・ウォーマン, アンドリュー・ウェブスター）〔*04511*〕

チース, カール

◇近代日本の国際認識　長谷川雄一著　芦書房　2016.1　317p　22cm　〈索引あり〉 2700円　①978-4-7556-1276-3

内容 日本ノ政治経済及社会的生活ニ就テノ所感（カール・チース著, 東亜経済調査局訳）〔*04512*〕

チズム, ナンシー・バン・ノート

◇FDガイドブック―大学教員の能力開発（A GUIDE TO FACULTY DEVELOPMENT 原著第2版の抄訳）　ケイ・J.ガレスピー, ダグラス・L.ロバートソン編著, 羽田貴史監訳, 今野文子, 串本剛, 立石慎治, 杉本和弘, 佐藤万知訳　町田　玉川大学出版部　2014.2　338p　21cm　（高等教育シリーズ 162）〈別タイトル：Faculty Developmentガイドブック　文献あり 索引あり〉 3800円　①978-4-472-40487-0

内容 ファカルティ・ディベロップメントの国際展開（ナンシー・バン・ノート・チズム, デビッド・ゴスリング, メアリー・ディーン・ソルチネッリ著）〔*04513*〕

チチャ, マリー・テレーズ Chicha, Marie-Thérèse

◇衡平の促進―性中立な職務評価による同一賃金段階的ガイドブック（Promoting equity）　マリー・テレーズ・チチャ著, 林弘子訳　一灯舎　2014.5　106p　26cm　〈文献あり 索引あり〉 2000円　①978-4-907600-01-3

内容 第1章 ガイドブックの構成と目的　第2章 ペイ・エクイティ委員会　第3章 比較対象職務の選択　第4章 職務評価方法　第5章 評価されるべき職務に関するデータ収集　第6章 アンケート結果の分析　第7章 職務の価値の決定　第8章 同一価値の職務の賃金格差の算定と賃金調整〔*04514*〕

チック, ミハエラ Csik, Michaela

◇ビジネスモデル・ナビゲーター（The Business Model Navigator）　オリヴァー・ガスマン, カロリン・フランケンバーガー, ミハエラ・チック著, 渡辺哲, 森田寿訳　翔泳社　2016.10　422p　21cm　〈索引あり〉 2200円　①978-4-7981-4688-1

内容 1 ビジネスモデル革新の手引き（ビジネスモデルとはなにか？　ビジネスモデル・ナビゲーター　変革の管理）　2 ビジネスモデル全55の勝ちパターン（アドオン　アフィリエイト　合気道　オークション　バーター　キャッシュマシン ほか）〔*04515*〕

チップチェイス, ヤン Chipchase, Jan

◇変革の知　ジャレド・ダイアモンドほか〔述〕, 岩井理子訳　KADOKAWA　2015.2　251p　18cm　（角川新書 K-1）　900円　①978-4-04-102413-3

内容 消費者の欲望を読み取るために、まず彼らになってみる（ヤン・チップチェイス述）〔*04516*〕

チブラ, ガーガリ

◇岩波講座コミュニケーションの認知科学　3　母性と社会性の起源　安西祐一郎, 今井むつみ, 入来篤史, 梅田聡, 片山容一, 亀田達也, 開一夫, 山岸俊男編集委員　開一夫編　岩波書店　2014.8　183p　22cm　〈他言語標題：The Cognitive Science of Human Communication　文献あり 索引あり〉 3200円　①978-4-00-011373-1

内容 教える・教えられる（ガーガリ・チブラ, ジョージ・ガーガリ著, 開一夫訳）〔*04517*〕

チム, キムチューン

◇世界がぶつかる音がする―サーバンツの物語（The Sound of Worlds Colliding）　クリスティン・ジャック編, 永井みぎわ訳　ヨベル　2016.6　300p　19cm　1300円　①978-4-907486-32-7

内容 痛みが愛に変えられるとき（キムチューン・チム）〔*04518*〕

Team神話

◇マザー・テレサ　Team神話文・絵, 簗田順子訳　岩崎書店　2014.2　159p　23cm　（オールカ

チ

ラーまんがで読む知っておくべき世界の偉人 7）〈年譜あり〉 1600円 ①978-4-265-07677-2

内容 01 聖なるつぼみ、アグネス・ゴンジャ　02 祈る家族　03 日の当たらない場所　04 修道女になるために　05 汽車に乗ってわかったこと　06 神の愛の宣教者会　07 まずしい人々の光　〔04519〕

チャー, アチャン　Chah, Achaan

◇手放す生き方―静かなる森の池のごとく心を変容させるタイ森林僧の教え（A Still Forest Pool）　アーチャン・チャー著, ジャック・コーンフィールド, ポール・ブレイター編, 星飛雄馬, 花輪陽子, 花輪俊行訳　増補版　サンガ　2016.1　377p　15cm　（サンガ文庫 チ1-2）〈文献あり〉1300円　①978-4-86564-040-3

内容 第1章 ブッダの教えとは　第2章 見解を正す　第3章 日々是修行　第4章 瞑想について　第5章 森の教え　第6章 師への質問　第7章 悟りへの道　付録 近代タイ仏教概説　〔04520〕

◇アチャン・チャー法話集　第1巻　戒律（Food for the Heartの抄訳）　アチャン・チャー著, 出村佳子訳　サンガ　2016.6　313p　18cm　2800円　①978-4-86564-053-3

内容 「心」について　ブッダダンマの道　1 戒律―道徳と感覚の制御（ダンマとともに歩む　善い心を育てる　感覚との接触―智慧の泉　律（ヴィナヤ）の理解　スタンダードを保つ　なぜ、ここにいるのか？　欲の激流　二つの道）　〔04521〕

チャイクリン, マーサ

◇日蘭関係史をよみとく　下巻　運ばれる情報と物　フレデリック・クレインス編　京都　臨川書店　2015.6　253p　22cm　4200円　①978-4-653-04312-6

内容 江戸期日本の消費生活形成における日蘭貿易の重要性（マーサ・チャイクリン著, クレインス桂子訳）　〔04522〕

チャイナデイリー

◇漫画で読む李克強総理の仕事　チャイナデイリー編著, 本田朋子訳　富士山出版社　2016.12　107p　17×15cm　〈発売：日本僑報社〉1800円　①978-4-9909014-2-4　〔04523〕

チャイルズ, カレン　Childs, Karen

◇子育ての問題をPBSで解決しよう！―ポジティブな行動支援で親も子どももハッピーライフ（Parenting with Positive Behavior Support）　ミミ・ハイネマン, カレン・チャイルズ, ジェーン・セルゲイ著, 三田地真実監訳, 神山努, 大久保賢一訳　金剛出版　2014.8　223p　26cm　〈文献あり〉2800円　①978-4-7724-1354-1

内容 第1部 ポジティブな行動支援（PBS）の紹介とその全体像―PBSの基礎知識（問題行動の理解とその対応　ポジティブな行動支援（PBS）について）　第2部 ポジティブな行動支援（PBS）のプロセス―問題解決プロセスの全体像（ゴールの設定　情報の収集と分析　計画の作成　計画の実行）　第3部 ポジティブな行動支援（PBS）の実際―事例を通して実際のプロセスを体験する（アヤの事例　ユキの事例　ケイタの事例）　第4部 ポジティブな行動支援（PBS）による生活の拡大―そのプロセスを家族に役立たせる（ポジティブな行動支援（PBS）を家族生活に取り入れる　誰に対してもポジティブな行動支援（PBS）が機能するために）　〔04524〕

チャイルズ, ピーター　Childs, Peter

◇イギリスの今―文化的アイデンティティ（British Cultural Identities 原著第4版の翻訳）　マイク・ストーリー, ピーター・チャイルズ編, 塩谷清人監訳　京都　世界思想社　2013.12　466, 27p　21cm　〈索引あり〉3800円　①978-4-7907-1608-2

内容 過去のイギリスの亡霊 他（マイク・ストーリー, ピーター・チャイルズ著, 塩谷清人訳）　〔04525〕

チャオ, ハイチェン　趙 海成

⇒チョウ, カイセイ

チャタジー, パルタ　Chatterjee, Partha

◇統治される人びとのデモクラシー―サバルタンによる民衆政治についての省察（THE POLITICS OF THE GOVERNED）　パルタ・チャタジー著, 田辺明生, 新部亨子訳　京都　世界思想社　2015.9　303p　20cm　〈文献あり 索引あり〉4000円　①978-4-7907-1669-3

内容 第1部 レオナード・ヘイスティングス・ショフ記念講義 二〇〇一年（異種混成的な時間のなかのネーション　人口と政治社会　統治される人びとの政治）　第2部 グローバル/ローカル 九・一一の前と後（大いなる平和の後の世界　闘いの賛歌　セキュラリズムの矛盾　インドの都市は、ついにブルジョア的になりつつあるのか）　〔04526〕

チャタジー, プリア　Chatterjee, Pria

◇アメリカ超一流大学完全入試マニュアル（The Dirty Little Secrets of Getting Into a Top College）　プリア・チャタジー著, 住友進訳　講談社　2016.4　238p　19cm　1700円　①978-4-06-219929-2

内容 超一流大学が「欲しがる学生」　「合格に有利な人種」はあるのか　「合格に有利な出身地」はあるのか　「レガシー（卒業生の子女）」の優位性　国籍―留学生と外国人学生のリアル　「家庭の所得水準」の実情　変えられない「五つの要素」　超一流大学に入る「八つのカギ」　学力という「カギ」を磨く　スポーツ選手こそ戦略が必要　課外活動で才能をアピール　自分の「カギ」を最大化する　「いい大学」より「合う大学」を探す　パーフェクトな出願書をつくる　最高のエッセイを書く　面接に勝つ知られたくない秘訣　〔04527〕

チャーチ, マーク　Church, Mark

◇子どもの思考が見える21のルーチン―アクティブな学びをつくる（MAKING THINKING VISIBLE）　R.リチャート,M.チャーチ,K.モリソン著, 黒上晴夫, 小島亜華里訳　京都　北大路書房　2015.9　287p　21cm　〈文献あり 索引あり〉3000円　①978-4-7628-2904-8

内容 第1部 思考についての考え（思考とは何か　思考を教育の中心に）　第2部 思考ルーチンによる思考の可視化（思考ルーチンの導入　考えの導入と展開のためのルーチン　考えを総合・整理するためのルーチン　考えを掘り下げるためのルーチン）　第3部 思考の可視化に命を吹き込む（思考が評価され、可視化され、

推奨される場をつくる　実践記録から）〔04528〕

チャーチランド, ポール　Churchland, Paul M.
◇物質と意識―脳科学・人工知能と心の哲学（MATTER AND CONSCIOUSNESS 原著第3版の翻訳）　ポール・チャーチランド著, 信原幸弘, 西堤優共訳　森北出版　2016.8　322p　20cm　〈文献あり 索引あり〉2800円　①978-4-627-81753-1 〔04529〕

チャーチル, W.　Churchill, Winston
◇わが半生（MY EARLY LIFE）　W.チャーチル〔著〕, 中村祐吉訳　中央公論新社　2014.10　452p　18cm　（中公クラシックス W78）〈角川文庫 1965年刊の再編集〉2500円　①978-4-12-160151-3 〔04530〕
◇チャーチル名言録　チャーチル〔著〕, 中西輝政監修・監訳　扶桑社　2016.3　254p　20cm　〈他言語標題：100 of Winston Churchill's Best Quotes　文献あり〉1600円　①978-4-594-07448-7
内容 屈してはならない　勇気が何よりも大切　偉大なること　真実はひとつ　過去を知る意味　向上とは何か　変化の中で　先を見過ぎるな　行動を恐れず成功の要件〔ほか〕 〔04531〕

チャナトニー, L.*　Chernatony, Leslie de
◇国家ブランディング―その概念・論点・実践（NATION BRANDING）　キース・ディニー編著, 林田博光, 平沢敦監訳　八王子　中央大学出版部　2014.3　310p　22cm　（中央大学企業研究所翻訳叢書 14）　4500円　①978-4-8057-3313-4
内容 国家ブランディングの妥当性と範囲, 発展（Yvonne Johnston,Leslie de Chernatony,Simon Anholt著, 徐誠敏訳） 〔04532〕

チャーニー, デニス・S.　Charney, Dennis S.
◇レジリエンス―人生の危機を乗り越えるための科学と10の処方箋（Resilience）　スティーブン・M.サウスウィック, デニス・S.チャーニー著, 森下愛訳, 西大輔, 森下博文監訳　岩崎学術出版社　2015.9　321p　21cm　〈文献あり〉3000円　①978-4-7533-1099-9
内容 レジリエンスとは何か？　楽観主義であること―現実を見つめ、明るい未来を信じる　恐怖と向き合う―その生物学的背景と対処法、活用法　道徳指針をもつ―正義を実践する　信仰とスピリチュアリティ―罪悪感、赦し、回復　社会的サポートを求める―相互に依存すること　ロールモデルを手本に行動するトレーニング―健康を保ち身体を鍛える　脳の健康増進―知力と感情調整力を鍛える　認知と感情を柔軟にする　意味、目的を知る―人生の出来事を成長につなげる　レジリエンスの実践 〔04533〕

チャノン, ジョン　Channon, John
◇ロシア（THE PENGUIN HISTORICAL ATLAS OF RUSSIA）　ジョン・チャノン, ロバート・ハドソン著, 外川継男監修, 桃井緑美子, 牧人舎訳　新装版　河出書房新社　2014.8　138p　25cm　（地図で読む世界の歴史）〈文献あり 年表あり 索引あり〉2200円　①978-4-309-61188-4
内容 1 ロシアの起源　2 タタールの襲来から動乱時代へ　3 モスクワ大公国からロシア帝国へ　4 19世紀のロシア　5 改革から革命へ　6 ロシア革命からソヴィエト連邦へ　7 戦争、平和、そして崩壊 〔04534〕

チャブリス, クリストファー　Chabris, Christopher F.
◇錯覚の科学（THE INVISIBLE GORILLA）　クリストファー・チャブリス, ダニエル・シモンズ著, 木村博江訳　文芸春秋　2014.8　445p　16cm　（文春文庫 S14-1）〈文献あり〉820円　①978-4-16-790176-9
内容 実験1 えひめ丸はなぜ沈没したのか？ ―注意の錯覚　実験2 捏造された「ヒラリーの戦場体験」―記憶の錯覚　実験3 冤罪証言はこうして作られた―自信の錯覚　実験4 リーマンショックを招いた投資家の誤算―知識の錯覚　実験5 俗説、デマゴーグ、そして陰謀論―原因の錯覚　実験6 自己啓発、サブリミナル効果のウソ―可能性の錯覚 〔04535〕

チャペック, マイケル　Capek, Michael
◇兵馬俑のひみつ―古代中国の皇帝の墓（Secrets of the Terracotta Army）　マイケル・チャペック著, 六耀社編集部編訳　六耀社　2015.11　32p　24cm　（世界遺産◎考古学ミステリー）　1850円　①978-4-89737-802-2
内容 1 土のなかからあらわれた兵士たち　2 こわれた兵馬俑（テラコッタ人形）の復元　3 皇帝をまもる兵士たち　4 秦という国のおわり　5 兵馬俑（テラコッタ人形）の保護　歴史教育の現場から 存在までも疑問視された建造物の世界史的大発見　この本を読んだみなさんへ みんなで考えてみよう 〔04536〕

チャペラー, ローマン　Tschäppeler, Roman
◇人生を決断できるフレームワーク思考法（50 ERFOLGSMODELLE）　ミカエル・クロゲラス, ローマン・チャペラー, フィリップ・アーンハート〔著〕, 月沢李歌子訳　講談社　2016.2　203p　15cm　（講談社+α文庫 A159-1）〈「仕事も人生も整理整頓して考えるビジュアル3分間シンキング」（2012年刊）の改題、加筆・修正　文献あり〉560円　①978-4-06-281650-2
内容 自分をレベルアップする（効率よく仕事をするために―アイゼンハワー・マトリックス　正しい目的・目標を設定する―SWOT分析 ほか）　自分をもっと知る（幸せを感じるのはどんなとき？ ―フロー・モデル　人からどんなふうに見られたい？ ―ジョハリの窓 ほか）　世の中の仕組みをさらに理解する（人間はなにを必要とし、なにを求めるのか―マズローのピラミッド　ライフスタイルを分類する―ミリュー・モデルとブルデュー・モデル ほか）　周囲の人々を育てる（チームの強みと弱みを明確にする―チーム・モデル　チーム意識を育てるには―ドレクスラー＝シベット・チーム・パフォーマンス・モデル ほか）　今度はあなたの番です（自分でモデルを作ってみよう） 〔04537〕

チャペル, ティモシー
◇徳倫理学―ケンブリッジ・コンパニオン（The Cambridge Companion to Virtue Ethics）　ダニエル・C.ラッセル編, 立花幸司監訳, 相沢康隆, 稲村一隆, 佐良土茂樹訳　春秋社　2015.9　521, 29p　20cm　〈文献あり 索引あり〉5200円　①978-4-393-32353-3

チ

内容 二十世紀の徳倫理学(ティモシー・チャペル著, 立花幸司訳)　〔04538〕

チャーマーズ, デイヴィッド・J.　Chalmers, David John

◇意識の諸相　上（THE CHARACTER OF CONSCIOUSNESS）　デイヴィッド・J.チャーマーズ著, 太田紘史, 源河亨, 佐金武, 佐藤亮司, 前田高弘, 山口尚訳　春秋社　2016.9　363p　22cm〈索引あり〉4500円　①978-4-393-32347-2

内容 第1部 意識の問題(意識の問題に立ち向かう)　第2部 意識の科学(どのようにしたら意識の科学をつくることができるのか　意識の神経相関項とは何か　意識の神経相関項を求めて)　第3部 意識の形而上学(意識とその自然界における位置　唯物論に対する二次元的分析に基づく反論　概念分析と還元的説明(フランク・ジャクソンとの共著))　付録 二次元意味論　〔04539〕

◇意識の諸相　下（THE CHARACTER OF CONSCIOUSNESS）　デイヴィッド・J.チャーマーズ著, 太田紘史, 源河亨, 佐金武, 佐藤亮司, 前田高弘, 山口尚訳　春秋社　2016.9　403p　22cm〈文献あり 索引あり〉4500円　①978-4-393-32348-9

内容 第4部 意識の概念(現象的概念の内容　現象的信念の認識論　現象的概念と説明ギャップ)　第5部 意識の内容(経験の表象的特性　知覚とエデンからの転落　形而上学としてのマトリックス)　第6部 意識の統一性(意識の統一性とは何か(ティム・ベインとの共著))　〔04540〕

チャモロ - プリミュージク, トマス　Chamorro-Premuzic, Tomas

◇自信がない人は一流になれる（CONFIDENCE）　トマス・チャモロ - プリミュージク著, 桜田直美訳　京都　PHP研究所　2015.10　278, 25p　19cm　1600円　①978-4-569-82848-0

内容 第1章 自信と実力は違う　第2章 自信のなさを利用する　第3章「他人からの評価」ですべてが決まる　第4章 キャリアと自信　第5章 社交スキルの自信と実力　第6章 自信がない人は健康で長生き　第7章 言うは易く行うは難し？　〔04541〕

チャラン, ラム　Charan, Ram

◇人材管理のすすめ―人事の世界に革新をもたらす（The Talent Masters）　ラム・チャラン, ビル・コナティ著, 児島修訳　辰巳出版　2014.3　359p　19cm　1500円　①978-4-7778-1001-7

内容 人材は人財なり―すぐれた人材なくして数字なし　第1部 タレントマスターは何をしているのだろうか―GEの人材管理システムの内側(交代劇は、その日のうちに―アプライアンス・ビジネスCEO突然の退職　トータルなリーダー育成システム―GEは人と数字をいかに結びつけているか　親密さと信頼が成功へと導く―マーク・リトルのケース キャリア半ばでの再生)　第2部 際だった特長を持つタレントマスター(トップと末端をつなぐ人材パイプラインの構築―ヒンドゥスタン・ユニリーバ(HUL)ニティン・パランジペとバンガ・ビンディのケース　経験を通じて才能と力量を高める―P&Gのグローバルリーダー育成法 デボラ・ヘンレッタのケース　新たなタイプのリーダーを生み出す―技術者をビジネスリーダーに変えるアジレント社の手法　リーダーの本質を明らかにする―自己認識によりリーダーシップ能力を高めていくノバルティスのケース)　第3部 タレントマスターになる(真のリーダーを獲得する　価値観と行動を設定する　最適な人材管理プロセスを構築する)　第4部 タレントマスター・ツール　〔04542〕

◇これからの経営は「南」から学べ―新興国の爆発的成長が生んだ新常識（GLOBAL TILT）　ラム・チャラン著, 上原裕美子訳　日本経済新聞出版社　2014.4　269p　20cm　1800円　①978-4-532-31934-2

内容 第1部 傾いた世界へ、ようこそ(もう無視できない世界経済の大変動　これからの世界を理解する　南の新しいパワー)　第2部 傾いた世界で成功するために(変化する世界での戦略―外側から俯瞰する視点と未来から逆算する視点　求められるリーダーのスキル―マルチコンテキストを習得する　傾いた世界での組織づくり―権限の委譲、リソースの再配分、行動様式の改革　成長市場に賭けろ―最前線に立ち北側の企業)　グローバルな未来　〔04543〕

◇取締役会の仕事―先頭に立つとき、協力するとき、沈黙すべきとき（BOARDS THAT LEAD）　ラム・チャラン, デニス・ケアリー, マイケル・ユシーム著, 川添節子訳　日経BP社　2014.12　338p　21cm〈文献あり 索引あり　発売：日経BPマーケティング〉2000円　①978-4-8222-5061-4

内容 形式的な役職から監視役、そしてリーダーへ　1 機能する取締役会(もっとも大切なこと―基本理念を決める　価値を創造する取締役を雇う　機能不全を取り除く　ボードリーダー、求む)　2 リーダーをリードする(CEOの承継―究極の決断　適任者を探す　CEOを解雇する)　3 価値を創造する(リスクをチャンスに変える　距離を置く　リーダーシップの有無がもたらすもの　コーポレート・ガバナンスを再定義する)　〔04544〕

チャルディーニ, ロバート・B.　Cialdini, Robert B.

◇影響力の武器―なぜ、人は動かされるのか（INFLUENCE 原著第5版の翻訳）　ロバート・B.チャルディーニ著, 社会行動研究会訳　第3版　誠信書房　2014.7　476p　20cm〈文献あり〉2700円　①978-4-414-30422-0

内容 第1章 影響力の武器　第2章 返報性―昔からある「ギブ・アンド・テイク」だが　第3章 コミットメントと一貫性―心に住む小鬼　第4章 社会的証明―真実は私たちに　第5章 好意―優しさうな顔をした泥棒　第6章 権威―導かれる服従　第7章 希少性―わずかなものについての法則　第8章 手っとり早い影響力―自動化された時代の原始的な承諾　〔04545〕

◇影響力の武器　戦略編　小さな工夫が生み出す大きな効果（THE SMALL BIG）　スティーブ・J.マーティン, ノア・J.ゴールドスタイン, ロバート・B.チャルディーニ著, 安藤清志監訳, 曽根寛樹訳　誠信書房　2016.7　309p　20cm〈文献あり〉2200円　①978-4-414-30423-7

内容 納税期限を守ってもらうための簡単な工夫　集団との結びつきを利用したスモール・ビッグ　社会規範の効果的な利用法　わずかな環境の変化がもたらす大きなパワー　名前が生み出す驚くべき効果　共通点を探すことの大きなメリット　「よく知っている人」という思い込み　約束を守ってもらうためのスモール・ビッグ　行動力を倍加させる小さなコミットメント　思わぬ逆効果を防ぐためのひと工夫〔ほか〕

チ

〔04546〕

チャロッキ, ジョセフ・V.　Ciarrochi, Joseph

◇セラピストが10代のあなたにすすめるACT〈アクセプタンス&コミットメント・セラピー〉ワークブック—悩める人がイキイキ生きるための自分のトリセツ（Get Out of Your Mind & Into Your Life for Teens）　ジョセフ・V.チャロッキ, ルイーズ・ヘイズ, アン・ベイリー著, 武藤崇監修, 大月友, 石津憲一郎, 下田芳幸監訳　星和書店　2016.7　197p　21cm　〈背のタイトル：セラピストが10代のあなたにすすめるACTワークブック　文献あり〉 1700円　①978-4-7911-0937-1　〔04547〕

チャン, エリック

◇揺れ動くユーロ—通貨・財政安定化への道　吉国真一, 小川英治, 春井久志編　蒼天社出版　2014.4　231p　20cm　〈索引あり〉 2800円　①978-4-901916-32-5

内容 グローバリゼーションとクレジット危機（エリ・レモロナ, エリック・チャン著, 吉国真一訳）〔04548〕

チャン, セシリア

◇愛する者は死なない—東洋の知恵に学ぶ癒し　カール・ベッカー編著, 駒田安紀監訳　京都　晃洋書房　2015.3　151p　20cm　（京都大学こころの未来研究センターこころの未来叢書 2） 1500円　①978-4-7710-2535-6

内容 中国人遺族の経験 他（セシリア・チャン, エイミー・チョウ, サミュエル・ホー, イェニー・ツイ, アグネス・ティン, ブレンダー・クー, エレイン・クー著, 赤塚京子訳）〔04549〕

チャン, ソクマン*　張 錫万

◇朝鮮の女性〈1392-1945〉—身体、言語、心性　金賢珠, 朴茂瑛, イヨンスク, 許南麟編　クオン　2016.3　414p　19cm　（クオン人文・社会シリーズ 02）　3800円　①978-4-904855-36-2

内容 植民地朝鮮で女が泣く（張錫万著, 関谷敦子訳）〔04550〕

チャン, チンフェン

◇東アジアの労働市場と社会階層　太郎丸博編　京都　京都大学学術出版会　2014.5　240p　22cm　（変容する親密圏/公共圏 7）　〈索引あり〉 3200円　①978-4-87698-379-7

内容 物質主義はどこで生き残っているのか（チャン・チンフェン, ジ・キハ, 髙松里江, キム・ヨンミ著, 山本耕平訳）〔04551〕

チャン, ハジュン　Chang, Ha-Joon

◇グローバリズムが世界を滅ぼす　エマニュエル・トッド, ハジュン・チャン, 柴山桂太, 中野剛志, 藤井聡, 堀茂樹著　文芸春秋　2014.6　246p　18cm　（文春新書）　830円　①978-4-16-660974-1

内容 第1部 グローバリズムが世界を滅ぼす　第2部 グローバル資本主義を超えて（トータリズム（全体主義）としてのグローバリズム　新自由主義の失敗と資本主義の未来　歴史は繰り返す？ —第二次グローバル化の未来　国家の多様性とグローバリゼーションの危機—社会人類学的視点から　新自由主義と保守主義）　第3部 自由貿易とエリートの劣化　〔04552〕

◇経済学の95%はただの常識にすぎない—ケンブリッジ式経済学ユーザーズガイド（Economics）　ハジュン・チャン著, 酒井泰介訳　東洋経済新報社　2015.6　425, 42p　19cm　〈文献あり 索引あり〉 1800円　①978-4-492-31460-9

内容 第1部 習うより慣れろ（生命、宇宙そして万物の学問？ —経済学って何？　PinからPINへ—1776年と2014年の資本主義　資本主義小史—来し方を振り返る　経済学の百家争鳴—こんなにある「学派」　経済的アクターって誰？ —配役表）　第2部 使ってみよう経済学（どれだけほしい？ —生産、所得そして幸福　調子はどうだい？ —生産の世界を深く知る　信用第一…のはずなのに—金融という仕組み　こんな不公平ってあり？ —格差と貧困を考える　働くことの経済学—仕事と失業　全体主義、それとも哲人王？ —国家の役割　万物があふれる世界—国際貿易の拡大）〔04553〕

チャン, フランシス　Chan, Francis

◇クレイジーラブ—REVISED AND UPDATED（Crazy Love）　フランシス・チャン著, 越野グレース訳　いのちのことば社　2016.8　239p　19cm　1400円　①978-4-264-03589-3　〔04554〕

チャン, ミヒョン*　張 美賢

◇日韓民衆史研究の最前線—新しい民衆史を求めて　アジア民衆史研究会, 歴史問題研究所編　有志舎　2015.12　391, 4p　22cm　6400円　①978-4-903426-00-6

内容 産業化初期の韓国における労働福祉制度の導入と労働者の対応（張美賢著, 金鉉洙訳）〔04555〕

チャン, ヨンギョン*　張 竜経

◇日韓民衆史研究の最前線—新しい民衆史を求めて　アジア民衆史研究会, 歴史問題研究所編　有志舎　2015.12　391, 4p　22cm　6400円　①978-4-903426-00-6

内容 民衆の暴力と衡平の条件（張竜経著, 伊藤俊介訳）〔04556〕

チャン, ロビン

◇リー・クアンユー未来への提言（Lee Kuan Yew）　リークアンユー〔述〕, ハン・フッククワン, ズライダー・イブラヒム, チュア・ムイフーン, リディア・リム, イグナチウス・ロウ, レイチェル・リン, ロビン・チャン著, 小池洋次監訳　日本経済新聞出版社　2014.1　356p　20cm　〈年表あり〉 3000円　①978-4-532-16896-4

内容 第1章 沼地に立つ八〇階建てのビル　第2章 人民行動党は存続するか　第3章 最良の精鋭たち　第4章 奇跡的な経済成長を持続するために　第5章 異邦人からシンガポール人へ　第6章 大国のはざまで　第7章 夫、父、祖父、そして友として　〔04557〕

チャン・ヴァン　Tran Văn

◇後発者の利を活用した持続可能な発展—ベトナムからの視点—ホップ・ステップ・ジャンプ　グエン・ズク・キエン, チャン・ヴァン, ミヒャエル・フォン・ハウフ, グエン・ホン・タイ著, チャン・ティ・ホン・キー訳　伊豆　ビスタピー・エス

チ

2016.3　126p　21cm　（シリーズ：ベトナムを知る）〈文献あり〉3700円　①978-4-907379-10-0
内容 第1章 21世紀の経済発展方向　第2章 20世紀中盤から現在に至るベトナム　第3章 先発者の経験　第4章 後発者の利点　第5章 後発者の利点と知識経済　第6章 持続可能な発展三角形　第7章 工業化モデル　第8章 低所得国のモデル　第9章 おわりに〔04558〕

チャンドラー, シャーロット

◇インタヴューズ　3　毛沢東からジョン・レノンまで（THE PENGUIN BOOK OF INTERVIEWS）　クリストファー・シルヴェスター編, 新庄哲夫他訳　文芸春秋　2014.6　463p　16cm　（文春学芸ライブラリー―雑英 7）　1690円　①978-4-16-813018-2
内容 メイ・ウェスト（メイ・ウェスト述, シャーロット・チャンドラーインタヴュアー, 宮本高晴訳）〔04559〕

チャンドラキールティ　Candrakirti

◇中論註釈書の研究―チャンドラキールティ『プラサンナパダー』和訳（Prasannapadā nāma Mādhyamikavṛttiḥ）　チャンドラキールティ〔原著〕, 奥住毅著　増補改訂　山喜房仏書林　2014.9　1066p　22cm　〈初版の出版者：大蔵出版〉25000円　①978-4-7963-1029-1〔04560〕

チュア, ムイフーン　Chua, Mui Hoong

◇リー・クアンユー未来への提言（Lee Kuan Yew）　リークアンユー〔述〕, ハン・フッククワン, ズライダー・イブラヒム, チュア・ムイフーン, リディア・リム, イグナチウス・ロウ, レイチェル・リン, ロビン・チャン著, 小池洋次監訳　日本経済新聞出版社　2014.1　356p　20cm　〈年表あり〉3000円　①978-4-532-16896-4
内容 第1章 沼地に立つ八〇階建てのビル　第2章 人民行動党は存続するか　第3章 最良の精鋭たち　第4章 奇跡的な経済成長を持続するために　第5章 異邦人からシンガポール人へ　第6章 大国のはざまで　第7章 夫、父、祖父、そして友として〔04561〕

チュイリエ, ジャン＝ポール

◇男らしさの歴史　1　男らしさの創出―古代から啓蒙時代まで（HISTOIRE DE LA VIRILITÉ）　A.コルバン,J-J.クルティーヌ,G.ヴィガレロ監修　G.ヴィガレロ編, 鷲見洋一監訳　藤原書店　2016.12　788p 図版48p　22cm　8800円　①978-4-86578-097-0
内容 古代ローマ人にとっての男らしさ―男（ウィル）、男らしさ（ウィリリタス）、美徳（ウィルトゥス）（ジャン＝ポール・チュイリエ著, 後平澪子訳）〔04562〕

中華人民共和国

⇒中国も見よ

中華人民共和国国家文物鑑定委員会

◇中国文化財図鑑　第5巻　家具　中国国家文物鑑定委員会編, 高井たかね監修・訳　科学出版社東京　2016.12　319p　30×23cm　〈発売：ゆまに書房〉28000円　①978-4-8433-4575-7
内容 明清家具―その様式と展開、および品種について（高井たかね）　家具の等級付けに関する概要　図版（一級文物　二級文物　三級文物　一般文物）　参考（中華人民共和国文化部令　文物蔵品等級認定基準『文物蔵品定級標準図例』前言　『文物蔵品定級標準図例』凡例）〔04563〕

◇中国文化財図鑑　第6巻　文房具　中国国家文物鑑定委員会編, 亀沢孝幸監修・訳　科学出版社東京　2016.12　337p　30×23cm　〈発売：ゆまに書房〉28000円　①978-4-8433-4576-4
内容 書写材料と漢字書体（亀沢孝幸）　文房具の等級付けに関する概要　図版（一級文物　二級文物　三級文物　一般文物）　参考（中華人民共和国文化部令　文物蔵品等級認定基準　『文物蔵品定級標準図例』前言『文物蔵品定級標準図例』凡例）〔04564〕

中国

⇒中華人民共和国も見よ

中国

◇中国経済六法　2014年版　射手矢好雄編集代表　日本国際貿易促進協会　2014.1　2854p　21cm　20000円　①978-4-930867-70-4
内容 1 憲法・行政法　2 民法　3 商法　4 民事訴訟法　5 刑事法　6 貿易・税関　7 外商投資　8 金融　9 為替管理　10 財務・会計・税務　11 知的財産権　12 経済諸法　13 社会法　14 日中間の条約・協定〔04565〕

中国M&A公会

◇2015産業統合のチャイナ・エンジン　中国M&A公会監修, 尉立東, 柏亮ほか著, 中出了真, 黄伯, 陳亮訳　明月堂書店　2015.9　188p　19cm　2000円　①978-4-903145-50-1
内容 第1部 産業統合の歴史概要（産業統合の歴史　中国産業統合の起動）　第2部 産業M&Aのチャンス（金融業：インターネット金融がM&Aの起爆剤となる　インターネットM&Aの趨勢と反復　消費財業界のM&Aチャンスについての研究報告　文化メディア産業　複合改革：古い瓶に新しい酒を詰めるチャンス多し　グローバルなM&A気運　高速鉄道経済圏がもたらした地域統合の生態圏）　第3部 産業M&Aのプラットフォームとツール（企業買収ファンド　M&Aローン　M&A債券　レバレッジ・バイアウト　M&Aの見積もり　M&A税務　M&A仲裁）〔04566〕

中国国際広播電台

◇中国百科　中国国際放送局日本語部編訳　科学出版社東京　2016.9　350p　21cm　〈翻訳：王丹丹ほか〉2800円　①978-4-907051-13-6
内容 1章 政治・経済・外交　2章 歴史　3章 観光　4章 建築　5章 世界遺産　6章 古典文学　7章 民間物語　8章 紙上考古博物館　9章 民俗　10章 民間芸術〔04567〕

中国社会科学院法学研究所

◇刑事コンプライアンスの国際動向　甲斐克則, 田口守一編　信山社　2015.7　554p　22cm　（総合叢書 19―〔刑事法・企業法〕）〈他言語標題：International Trends of Criminal Compliance　文献あり〉12800円　①978-4-7972-5469-3
内容 中国企業の社会的責任と法令遵守（中国社会科学院法学研究所著, 中国社会科学院法学研究所, 早稲田大学GCOE刑事法グループ共訳）〔04568〕

中国人民大学企業イノベーション競争力研究センター

《RCCIC》

◇中国企業成長調査研究報告―最新版　伊志宏主編, RCCIC編著, 森永洋花訳　日本僑報社　2016.10　226p　21cm　3600円　①978-4-86185-216-9

内容 調査対象企業の基本情報分析　第1部 企業の内部管理編（企業管理における従業員の幸福度　国有企業と古参社員　企業内部の「仕組み」：外部拡張より内部安定　多様化する企業管理形態：「パートナーシップ」制度）　第2部 企業管理哲学編（ニーチェの「力への意志」―ウーバーの企業管理哲学　知識は権利なり：滴滴快的による『業界基準』　ローカル企業の変革：リーニンの苦境から見る企業変革の挫折）　第3部 企業の外部ネットワーク運営編（海外M&A：お金がすべてではない　中国におけるサプライチェーン・ファイナンスの三大モデル）　第4部 インターネット時代における企業イノベーション編（企業採用活動の新たな枠組み：ソーシャルリクルーティング　「インターネット+」の本質　産業イノベーションと企業戦略の選択：ネットワーク化産業チェーンの集大成　企業イノベーションの新ルート：組織モジュール化及び社内ベンチャーに基づく統合モデル）〔04569〕

チュヴリュヴリュ, サウニャウ

◇台湾原住民族の音楽と文化　下村作次郎, 孫大川, 林清財, 笠原政治編　浦安　草風館　2013.12　424p　22cm　4800円　①978-4-88323-191-1

内容 原住民器楽と楽器（サウニャウ・チュヴリュヴリュ著, 藤田美奈子, 下村作次郎訳）〔04570〕

チュオン, ミン・ズク　Truong, Minh Dục

◇ベトナムの都市化とライフスタイルの変遷　チュオン・ミン・ズク, レ・ヴァン・ディン著, 野島和男訳　伊豆　ビスタピー・エス　2015.5　229p　21cm　（シリーズ ベトナムを知る）　4630円　①978-4-907379-02-5

内容 第1章 ベトナムにおける都市化の特徴（世界の都市化過程　ベトナムの都市過程の特徴）　第2章 ベトナムの都市化とライフスタイルの変遷（ライフスタイルの文化的考察　ライフスタイルの変遷要因　歴史的に見たベトナム都市の基本的特徴）　第3章 ベトナム都市生活への多面的アプローチ（都市生活の発生とライフスタイルの相互作用　グループ別にみた都市居住者の問題点　工業化過程にあるベトナム都市ライフスタイルの特徴）　第4章 工業化と近代化過程における都市型ライフスタイルの構築（都市生活構築の基本的観点　都市ライフスタイル建設の主要な問題解決　いくつかの提言）〔04571〕

チュグロフ, セルゲイ・V.

◇現代日本の政治と外交　6　日本とロシア―真逆か、相違か？　（JAPANESE AND RUSSIAN POLITICS）　猪口孝監修　猪口孝編　原書房　2015.3　245, 4p　22cm　〈文献あり 索引あり〉　4800円　①978-4-562-04963-9

内容 形成途上の外交政策（セルゲイ・V.チュグロフ著, 大槻敦子訳）〔04572〕

◇日ロ関係史―パラレル・ヒストリーの挑戦　五百旗頭真, 下斗米伸夫,A.V.トルクノフ,D.V.ストレリツォフ編　東京大学出版会　2015.9　713, 12p　22cm　〈年表あり〉9200円　①978-4-13-026265-1

内容 講和からソ日国交回復へ 他（S.V.チュグロフ著, 下斗米伸夫訳）〔04573〕

◇ロシアと日本―自己意識の歴史を比較する　東郷和彦,A.N.パノフ編　東京大学出版会　2016.10　287, 2p　22cm　〈他言語標題：Россия и Япония〉 4400円　①978-4-13-020305-0

内容 転換か回帰か（S.V.チュグロフ著, 山脇大, 東郷和彦訳）〔04574〕

チュダコフ, ハワード・P.　Chudacoff, Howard P.

◇年齢意識の社会学（HOW OLD ARE YOU？ : Age Consciousness in American Culture）　ハワード・P.チュダコフ著, 工藤政司, 藤田永祐訳　新装版　法政大学出版局　2015.5　289, 43p　19cm　（りぶらりあ選書）　3800円　①978-4-588-02272-2

内容 1 ぼやけた年齢差―一八五〇年以前のアメリカ社会　2 年齢階級の起源―医学と教育　3 年齢規範とスケジュール化―一八九〇年代　4 年齢規範の強化―一九〇〇年〜一九二〇年　5 同輩仲間社会の出現　6 年齢相応の振る舞い―一九〇〇年〜一九三五年の文化　7 アメリカのポピュラー音楽にみられる年齢意識　8 過去四、五十年間の継続性と変化〔04575〕

チュルヒ, ヘニング

◇ドイツ会計現代化論　佐藤博明, ヨルク・ベェトゲ編著　森山書店　2014.4　185, 5p　22cm　〈索引あり〉3500円　①978-4-8394-2140-3

内容 ドイツにおける公正価値会計（ヘニング・チュルヒ, ドミニク・デッツェン著, 稲見亨訳）〔04576〕

チューレナー, ポール・M.

◇世界はなぜ争うのか―国家・宗教・民族と倫理をめぐって　福田康夫, ヘルムート・シュミット, マルコム・フレーザー他著, ジェレミー・ローゼン編集, 渥美桂子訳　朝倉書店　2016.3　296p　21cm　〈他言語標題：Ethics in Decision-Making〉非売品

内容 人々と指導者を寛容にする方策（ポール・M.チューレナー述）〔04577〕

◇世界はなぜ争うのか―国家・宗教・民族と倫理をめぐって　福田康夫, ヘルムート・シュミット, マルコム・フレーザー他著, ジェレミー・ローゼン編集, 渥美桂子訳　朝倉書店　2016.5　296p　21cm　〈他言語標題：Ethics in Decision-Making〉1850円　①978-4-254-50022-6

内容 人々と指導者を寛容にする方策（ポール・M.チューレナー述）〔04578〕

チョ, ウンギョン*　趙 恩慶

◇百済寺刹研究―日本語版　大韓民国国立扶余文化財研究所原著, 奈良県立橿原考古学研究所訳　橿原　奈良県立橿原考古学研究所　2014.12　225p　27cm　〈文献あり〉非売品　①978-4-905398-31-8

内容 百済寺院の講堂を中心にみた古代建築の構造と壁体構成（趙恩慶著）〔04579〕

チョ, ウンス*　趙 恩秀

◇朝鮮時代の女性の歴史―家父長的規範と女性の一生　奎章閣韓国学研究院編著, 小幡倫裕訳　明石書店　2015.3　384p　22cm　〈文献あり 索引あり〉8000円　①978-4-7503-4158-3

内容 信心の力で儒教的画一化に抵抗する（趙恩秀著）〔04580〕

チョ, キュンソク*　趙 均錫
◇新時代の刑事法学―椎橋隆幸先生古稀記念　下巻　井田良, 川出敏裕, 高橋則夫, 只木誠, 山口厚編　信山社　2016.11　797p　22cm　〈著作目録あり 年譜あり〉 16000円　①978-4-7972-8202-3
内容 韓国における条件付き起訴猶予の運用実態と改善方策（趙均錫著, 氏家仁訳）〔04581〕

チ

チョ, クァンヘ*　曺 廣海
◇韓国独立運動家 鷗波白貞基―あるアナーキストの生涯　国民文化研究所編著, 草場里見訳　明石書店　2014.1　344p　20cm　〈年譜あり〉 4800円　①978-4-7503-3951-1
内容 東アジアの情勢変動と有吉明公使暗殺計画の意義―日清戦争から日中戦争まで（曺廣海）
内容 第1章 成長期――八九六～一九一八　第2章 寂しい流浪の始まりと終わり　第3章 同志と師に出会う　第4章 五・三〇ゼネストと徒歩旅行　第5章 上海・天津での逸話　第6章 受難始まる――九二八・一〇～一九三〇・九　第7章 夢を追って――九三〇～一九三一　第8章 上海、決戦場――九三一～一九三二　第9章 私の墓に花一輪を〔04582〕

チョ, セヨン　趙 世暎
◇日韓外交史―対立と協力の50年　趙世暎著, 姜喜代訳　平凡社　2015.11　301p　18cm　（平凡社新書 795）〈文献あり 年表あり〉 820円　①978-4-582-85795-5
内容 第1章 国交正常化の光と影―朴正煕政権期（一九六五～一九七九）　第2章 首脳外交時代の幕開け―全斗煥政権期（一九八〇～一九八七）　第3章「慰安婦」問題の端緒―盧泰愚政権期（一九八八～一九九二）　第4章 文民政権の「新日韓関係」―金泳三政権期（一九九三～一九九七）　第5章 短かった蜜月期―金大中政権期（一九九八～二〇〇二）　第6章 深まりゆく確執―盧武鉉政権期（二〇〇三～二〇〇七）　第7章「実用外交」の挫折―李明博政権期（二〇〇八～二〇一二）　補章 信頼関係再構築に向けて―朴槿恵政権期（二〇一三～）〔04583〕

チョ, ビョンス
◇マンガ聖書時代の古代帝国―イスラエルの滅亡から新約までの歴史　クレマインド文・絵, チョビョンス監修, 藤本匠訳　いのちのことば社　2014.12　226p　21cm　〈文献あり 年表あり〉 1800円　①978-4-264-03275-5
内容 1 古代帝国とイスラエルの滅亡（超大国アッシリア　絶対かつ至尊の新バビロニア　シナゴーグの登場　開放政策をとったペルシア帝国　帰還後の神殿再建と挫折 ほか）　2 ヘレニズムの猛威とユダヤの諸宗派（ギリシア帝国とアレクサンドロス大王　ギリシア文化に対するユダヤ社会の反発　ギリシア帝国の後継者たち　セレウコス朝のユダヤ人迫害　ユダヤ人への本格的なギリシア化政策 ほか）〔04584〕

チョ, ヘラン*　趙 恵蘭
◇朝鮮時代の女性の歴史―家父長的規範と女性の一生　奎章閣韓国学研究院編著, 小幡倫裕訳　明石書店　2015.3　384p　22cm　〈文献あり 索引あり〉 8000円　①978-4-7503-4158-3
内容 女性の目から読み解く女性たちの遊び（趙恵蘭著）〔04585〕

チョウ, イッペイ　張 一兵
◇レーニンへ帰れ―『哲学ノート』のポストテクストロジー的解読　張一兵著, 中野英夫訳　世界書院　2016.6　591p　21cm　6000円　①978-4-7927-9569-6
内容 上篇 哲学の聖殿へと向かうレーニン（革命実践中の青年レーニンと歴史の主体・客体次元　レーニン・プレハーノフと哲学的唯物論　レーニンとディーツゲンの哲学的唯物論　レーニンの現代西洋哲学に対する初歩的理解　レーニンのフォイエルバッハ哲学についての抜書きノート　ロシアの思想家 依然として唯物論を　マルクス主義を全面的に理解し宣伝する『マルクス・エンゲルス往復書簡集』解読ノート）　下篇 『ベルンノート』哲学の巨人の肩に立つレーニン（ヘーゲル哲学解読の最初の視界　まったく新たな解読枠組みの突然の出現と理論的軌道転換　実践を本質とする唯物弁証法　論理学、認識論、主観的弁証法の客観的実践弁証法における統一　脱聖化 レーニンの弁証法と認識論の「16の要素」　ヘーゲル哲学研究の総括　否定の否定学説に内在する論理構造　『ベルンノート』の意義　ネフスキー「弁証法的唯物論と硬直化した反動派の哲学」に関するレーニンとブハーリンのメモのやり取り）〔04586〕

チョウ, ウシキ*　張 宇識
◇2015産業統合のチャイナ・エンジン　中国M&A公会監修, 尉立東, 柏亮ほか著, 中出了真, 黄伯, 陳亮訳　明月堂書店　2015.9　188p　19cm　2000円　①978-4-903145-50-1
内容 第1部 産業統合の歴史概要（産業統合の歴史　中国産業統合の起動）　第2部 産業M&Aのチャンス（金融業：インターネット金融がM&Aの起爆剤となる　インターネットM&Aの趨勢と反復　消費財業界のM&Aチャンスについての研究報告　文化メディア産業　複合改革：古い瓶に新しい酒を詰めるチャンス多し　グローバルなM&A気運　高速鉄道経済圏がもたらした地域統合の生態圏）　第3部 産業M&Aのプラットフォームとツール（企業買収ファンド　M&Aローン　M&A債券　レバレッジ・バイアウト　M&Aの見積もり　M&A税務　M&A仲裁）〔04587〕

チョウ, エイ*　趙 英
◇変容する中国・国家発展改革委員会―機能と影響に関する実証分析　佐々木智弘編　千葉　アジア経済研究所　2015.2　150p　22cm　（研究双書 No.617）〈索引あり〉 1900円　①978-4-258-04617-1
内容 産業政策の策定と実施における国家発展改革委員会の地位と役割（趙英著, 佐々木智弘監訳）〔04588〕

チョウ, エイハツ　張 栄発
◇本心―張栄発の本音と真心　張栄発述, 陳俍任インタビュー・文, 宮下和大, 邱瑋琪訳　〔柏〕　麗沢大学出版会　2015.12　226p　21cm　〈発売：広池学園事業部（柏）〉 1200円　①978-4-89205-631-4
内容 第1部 思　第2部 志　第3部 識　第4部 愛　第5部 真　第6部 善　第7部 伝〔04589〕

チョウ, エイミー

◇愛する者は死なない―東洋の知恵に学ぶ癒し　カール・ベッカー編著, 駒田安紀監訳　京都　晃洋書房　2015.3　151p　20cm　(京都大学こころの未来研究センターこころの未来叢書 2)　1500円　①978-4-7710-2535-6

内容 中国人遺族の経験 他 (セシリア・チャン, エイミー・チョウ, サミュエル・ホー, イェニー・ツイ, アグネス・ティン, ブレンダー・クー, エレイン・クー著, 赤塚京子訳)　〔04590〕

チョウ, エイモ*　趙 永茂

◇民主と両岸関係についての東アジアの観点　馬場毅, 謝政論編　東方書店 (発売)　2014.3　275p　22cm　〈索引あり〉 4000円　①978-4-497-21403-4

内容 東アジア民主社会の再構築の行方 (趙永茂著, 小嶋祐輔訳)　〔04591〕

チョウ, エンショウ*　張 延松

◇中国発展報告―最新版　陳雨露監修, 袁衛, 彭非編著, 日中翻訳学院監訳, 平間初美訳　日本僑報社 (発売)　2015.7　375p　21cm　〈他言語標題：STUDIES ON CHINA'S DEVELOPMENT INDEX〉 3800円　①978-4-86185-178-0

内容 中国の発展における問題点 (張延松著)　〔04592〕

チョウ, オンケイ　趙 恩慶

⇒チョ, ウンギョン*

チョウ, オンシュウ*　趙 恩秀

⇒チョ, ウンス*

チョウ, ガイエイ*　趙 凱栄

◇歴史に生きるローザ・ルクセンブルク―東京・ベルリン・モスクワ・パリ - 国際会議の記録　伊藤成彦編著　社会評論社　2014.9　369p　21cm　2700円　①978-4-7845-1523-3

内容 マルクス主義：民族主義の挑戦にどう対応したのか？ (趙凱栄著, 太田仁樹訳)　〔04593〕

チョウ, カイグン　趙 海軍

◇図説孫子―思想と実践　趙海軍主編, 孫遠方, 孫兵副主編, 浅野裕一監修, 三浦吉明訳　科学出版社東京　2016.12　257p　26cm　〈発売：国書刊行会〉 8000円　①978-4-336-06117-1

内容 第1章 兵聖の遺跡　第2章 兵学の奥義　第3章『孫子兵法』の思想的特色　第4章『孫子兵法』の中国戦争史上での地位と運用　第5章『孫子兵法』の非軍事分野での応用　第6章『孫子兵法』の世界への影響　〔04594〕

チョウ, カイシュウ　趙 海洲

◇中国古代車馬の考古学的研究　趙海洲著, 岡村秀典監訳, 石谷慎, 菊地大樹訳　科学出版社東京　2014.9　218p　27cm　〈文献あり　発売：国書刊行会〉 7400円　①978-4-336-05804-1

内容 第1章 緒論　第2章 東周・秦漢時代における車馬埋葬の考古学的発見　第3章 東周・秦漢時代における車馬遺構の考古学的分析　第4章 東周・秦漢時代にみられる馬車の形態的研究　第5章 東周・秦漢時代における車馬具の考古学的研究　第6章 東周時代の車馬祭祀にかんする検討　〔04595〕

チョウ, カイセイ　趙 海成

◇在日中国人33人のそれでも私たちが日本を好きな理由　趙海成著, 小林さゆり訳　CCCメディアハウス　2015.3　270p　21cm　1800円　①978-4-484-15204-2

内容 第1章 異国の地で生き抜く (映像の力で伝えたい！28歳からの異国での挑戦 張麗玲 チャン・リーリン―株式会社大富社長　世界有数の歓楽街で生き抜いてきた27年 李小牧 リー・シャム―歌舞伎町案内人　ママたちの不安を知る型破りな保育園経営者 応暁雍 イン・シャオヨン―株式会社愛嬰代表取締役 ほか)　第2章 国の同胞に伝えたい (日本報道の最前線で奮闘する日々 李淼 (ビョウ) リー・ミャオ―フェニックステレビ東京支局長　日本について伝えることがライフワークになった 毛丹青 マオ・タンチン―日中バイリンガル作家　「七田式教育」で中国の幼児教育を変える 馬思延 マー・スーイエン―七田真国際教育CEO ほか)　第3章 日中の懸け橋になる (日本最古の学校で『論語』に夢中になる 孔佩群 コン・ペイチュン―足利学校職員　中日「歴史対話」に情熱を捧げる 丁寧 ティン・ニン―「日中市民共同声明」発起人　日本人と結婚し、両国をつないできた 潘慶林 パン・チンリン―中国人民政協全国委員会委員 ほか)　〔04596〕

チョウ, カキ*　張 戈卉

◇北東アジアの歴史と記憶 (Northeast Asia's Difficult Past)　金美景, B.シュウォルツ編著, 千葉真監修, 稲正樹, 福岡和哉, 寺田麻佑訳　勁草書房　2014.5　315, 9p　22cm　〈索引あり〉 3200円　①978-4-326-30226-0

内容 中国国歌の変化する運命 (ティム・F.リャオ, 張戈卉, 張莉彬著, 稲正樹訳)　〔04597〕

チョウ, ガクチ*　張 学智

◇中国の文明―北京大学版　5　世界帝国としての文明　上 (隋唐―宋元明)　稲畑耕一郎日本語版監修・監訳, 袁行霈, 厳文明, 張伝璽, 楼宇烈原著主編　紺野達也訳　潮出版社　2015.10　455, 18p　23cm　〈他言語標題：THE HISTORY OF CHINESE CIVILIZATION　文献あり 年表あり 索引あり〉 5000円　①978-4-267-02025-4　〔04598〕

チョウ, ガクホウ*　張 学鋒

◇近世東アジア比較都城史の諸相　新宮学編　白帝社　2014.2　316p　27cm　〈執筆：妹尾達彦ほか〉 6286円　①978-4-86398-151-5

内容 六朝建康城の研究 (張学鋒著, 小野孝夫訳)　〔04599〕

チョウ, カセイ*　趙 化成

◇中国の文明―北京大学版　4　文明の確立と変容　下 (秦漢―魏晋南北朝)　稲畑耕一郎日本語版監修・監訳, 袁行霈, 厳文明, 張伝璽, 楼宇烈原著主編　住谷孝之, 土谷彰男訳　潮出版社　2016.4　363, 14p　23cm　〈他言語標題：THE HISTORY OF CHINESE CIVILIZATION　文献あり 年表あり 索引あり〉 4800円　①978-4-267-02024-7

内容 第7章 歴史学と地理学の基礎固めとその発展 (紀

伝体の新たな歴史学を創り出した『史記』　紀伝体による断代歴史学の確立と発展 ほか)　第8章 秦漢魏晋南北朝の文学(文学の自覚　伝記文学の伝統の確立 ほか)　第9章 芸術の全面的な繁栄(芸術の新たな局面の幕開け　建築芸術の力強さと美しさ ほか)　第10章 科学技術の形成と発展(天文暦算　中国薬学の体系の基礎固めと発展 ほか)　第11章 社会生活(多彩な衣・食・住・行　家庭と宗族 ほか)　〔04600〕

◇中国の文明―北京大学版　2　古代文明の誕生と展開　下(先史・夏殷周―春秋戦国)　稲畑耕一郎日本語版監修・監訳, 袁行霈, 厳文明, 張伝璽, 楼宇烈原著主編　野原将揮訳　潮出版社　2016.10　469, 15p　23cm　〈他言語標題：THE HISTORY OF CHINESE CIVILIZATION　文献あり 年表あり 索引あり〉5000円　①978-4-267-02022-3

内容 第5章 鉄器の活用と生産の増大　第6章 殷周期の都市と商業　第7章 漢字の起源と早期の発展　第8章 殷周時期の宗教と信仰　第9章 教育の発達と学術の隆盛　第10章 文学と芸術の誕生と繁栄　〔04601〕

チョウ, カプチェ　趙 甲済

◇韓国の自衛的核武装論　趙甲済著, 洪熒訳　統一日報社　2014.4　213p　19cm　1389円　①978-4-907988-00-5　〔04602〕

◇トルーマンとスターリンの韓半島ゲーム秘史　趙甲済著, 洪熒訳　統一日報社　2014.4　191p　19cm　1389円　①978-4-907988-01-2　〔04603〕

チョウ, カメイ*　張 家銘

◇民主と両岸関係についての東アジアの観点　馬場毅, 謝政論編　東方書店(発売)　2014.3　275p　22cm　〈索引あり〉4000円　①978-4-497-21403-4

内容 中国におけるグローバル投資と社会適応(張家銘著, 有田義弘訳)　〔04604〕

チョウ, キ*　張 貴

◇近代日本と「満州国」　植民地文化学会編　不二出版　2014.7　590p　22cm　6000円　①978-4-8350-7695-9

内容 東北淪陥期の新聞事業(張貴著, 滝谷由香訳, 丸山昇閲)　〔04605〕

チョウ, キ*　趙 輝

◇中国の文明―北京大学版　1　古代文明の誕生と展開　上(先史・夏殷周―春秋戦国)　稲畑耕一郎日本語版監修・監訳, 袁行霈, 厳文明, 張伝璽, 楼宇烈原著主編　角道亮介訳　潮出版社　2016.8　495, 14p　23cm　〈他言語標題：THE HISTORY OF CHINESE CIVILIZATION　文献あり 年表あり 索引あり〉5000円　①978-4-267-02021-6

内容 総説(世界の古代文明　中華文明を支える思想内容 ほか)　緒論(中華文明が誕生した地理的環境　中国大陸の古代の居住民 ほか)　第1章 中華文明の曙(文明胎動期の経済　社会の階層化と複雑化 ほか)　第2章 中華文明の幕開け―夏(夏王朝の成立と中原の優位化　夏文化の考古学的探索 ほか)　第3章 殷周時代―文明の興隆(殷周王朝の成立と華夏文明の興隆　殷周時代の宗法と分封制・井田制 ほか)　第4章 燦爛たる青銅器文化(青銅器文化の中心地とその形成　大規模な青銅器生産 ほか)　〔04606〕

チョウ, ギョクヘイ*　趙 玉平

◇変革の知　ジャレド・ダイアモンドほか〔述〕, 岩井理子訳　KADOKAWA　2015.2　251p　18cm　(角川新書 K-1)　900円　①978-4-04-102413-3

内容 真のリーダーは自分を下に置いてビジョンを提示する(趙玉平述)　〔04607〕

チョウ, キン　趙 歆

◇ゼミナール中国文化―カラー版　医薬編　梁永宣, 趙歆, 甄雪燕著, 鈴木基井訳, 駱鴻日本語版監修, 劉偉監訳　グローバル科学文化出版　2016.12　176p　21cm　2980円　①978-4-86516-045-1　〔04608〕

チョウ, キンセキ*　趙 均錫

⇒チョ, キュンソク*

チョウ, グン　張 軍

◇最新大国中国の民衆白書―中国最大手の民営調査機関が明かす急成長した中国20年の都市生活実態。(People White Paper of superpower China)　袁岳, 張軍原著, 顧暁次郎編著, 古川猛監修, 三明インターナショナル訳　東方通信社　2015.5　212p　21cm　〈発売：ティ・エー・シー企画〉1500円　①978-4-924508-19-4　〔04609〕

チョウ, ケイセイ　趙 啓正

◇中国式コミュニケーションの処方箋―世代の溝を埋め成功に導く　趙啓正, 呉建民著, 日中翻訳学院監訳, 村崎直美訳　日本僑報社(発売)　2015.8　241p　19cm　1900円　①978-4-86185-185-8

内容 第1章 交流、それは人生をさらに素晴らしくする　第2章 交流、それは範囲を広げすぎてはいけない　第3章 ここから、交流を学ぶ　第4章 公共外交の幕開け　第5章 青年へ贈る言葉　第6章 中国人は中国の夢を見る　〔04610〕

チョウ, ケイフン*　趙 桂芬

◇日中法と心理学の課題と共同可能性　浜田寿美男, 馬皚, 山本登志哉, 片成男編著　京都　北大路書房　2014.10　297p　21cm　(法と心理学会叢書)　〈索引あり〉4200円　①978-4-7628-2875-1

内容 被疑者の自白に影響する要因とその対策に関する研究(羅大華, 周勇, 趙桂芬著, 山本登志哉訳)　〔04611〕

チョウ, ケイユウ*　張 啓雄

◇近現代東アジアの文化と政治　土田哲夫編著　八王子　中央大学出版部　2015.12　340p　22cm　(中央大学政策文化総合研究所研究叢書 19)　4000円　①978-4-8057-1418-8

内容 伝統的天下共同体の地域統合概念の新発見(張啓雄著, 花井みわ訳)　〔04612〕

チョウ, ケイラン*　趙 恵蘭

⇒チョ, ヘラン*

チョウ, ケン　張 謇

◇近代中国指導者評論集成　10　張謇自訂年譜　松本和久編・解題　張謇著, 鈴木択郎訳　ゆまに書房　2016.11　234, 2, 9p　22cm　〈布装　内山書店 昭和17年刊の複製〉11000円　①978-4-

8433-5026-3 〔04613〕

チョウ, ケンミン* 趙 建民

◇民主と両岸関係についての東アジアの観点 馬場毅, 謝政論編 東方書店(発売) 2014.3 275p 22cm 〈索引あり〉4000円 ①978-4-497-21403-4
内容 中国勃興後の東アジアへの外交行為(趙建民著, 佃隆一郎訳) 〔04614〕

チョウ, コウケツ 張 宏傑

◇中国国民性の歴史的変遷―専制主義と名誉意識 張宏傑著, 小林一美, 多田狷介, 土屋紀義, 藤谷浩悦訳 福岡 集広舎 2016.3 395p 22cm 3400円 ①978-4-904213-38-4
内容 第1編 中国国民性の歴史的変遷(エロシェンコと李鴻章 国民性は変えられるか 春秋時代の「貴族精神」ほか) 第2編 中国国民性の源流(専制の起源 始皇帝:歴史が産み落としたもの) 第3編 中国国民性改造史(国民性改造の基礎を築いた人 魯迅―国民性改造運動の旗手 胡適の国民性改良の思考 ほか) 〔04615〕

チョウ, コウセイ* 趙 甲済

⇒チョウ, カプチェ

チョウ, シ* 張 思

◇華北の発見 本庄比佐子, 内山雅生, 久保亨編 東洋文庫 2013.12 355p 22cm (東洋文庫論叢 第76) 非売品 ①978-4-8097-0267-9
内容 村の文書からみた現代華北農村(張思著, 河野正訳) 〔04616〕

◇華北の発見 本庄比佐子, 内山雅生, 久保亨編 汲古書院 2014.4 355p 22cm 〈2刷 索引あり〉6000円 ①978-4-7629-9558-3
内容 村の文書からみた現代華北農村(張思著, 河野正訳) 〔04617〕

チョウ, ジエイ* 張 自栄

◇歴史に生きるローザ・ルクセンブルク―東京・ベルリン・モスクワ・パリ‐国際会議の記録 伊藤成彦編著 社会評論社 2014.9 369p 21cm 2700円 ①978-4-7845-1523-3
内容 ローザ・ルクセンブルクはマルクス主義と社会主義をどう見たのか(周尚文, 張自栄著, 太田仁樹訳) 〔04618〕

チョウ, ジュアン* 張 寿安

◇東アジアにおける近代知の空間の形成 孫江, 劉建輝編著 東方書店(発売) 2014.3 433p 22cm 5000円 ①978-4-497-21405-8
内容 乾隆・嘉慶期の学術と近代的専門学科の萌芽(張寿安著, 倉田明子訳) 〔04619〕

チョウ, ジュウ 張 戎《Chang, Jung》

◇西太后秘録―近代中国の創始者 上 (EMPRESS DOWAGER CIXI) ユン・チアン著, 川副智子訳 講談社 2015.2 292p 図版16p 20cm 1800円 ①978-4-06-219402-0
内容 第1部 嵐の時代の妃(一八三五～一八六一年)(皇帝の側室(一八三五～一八五六年) アヘン戦争から円明園炎上まで(一八三九～一八六〇年) ほか) 第2部 垂簾聴政(一八六一～一八七五年)(近代化への長い道のり第一歩(一八六一～一八六九年) 西欧への初渡航(一八六一～一八七一年) ほか) 第3部 養子を通しての支配(一八七五～一八八九年)(皇帝にされた三歳の子(一八七五年) 加速する近代化(一八七五～一八八九年) ほか) 第4部 光緒帝、跡を継ぐ(一八八九～一八九八年)(遠ざけられた光緒帝(一八七五～一八九四年) 頤和園(一八八六～一八九四年) ほか) 〔04620〕

◇西太后秘録―近代中国の創始者 下 (EMPRESS DOWAGER CIXI) ユン・チアン著, 川副智子訳 講談社 2015.2 300p 図版16p 20cm 〈文献あり〉1800円 ①978-4-06-219403-7
内容 第4部 光緒帝、跡を継ぐ(一八八九～一八九八年)(承前)(中国を没落させた和平(一八九五年) 中国争奪戦(一八九五～一八九八年)) 第5部 表舞台へ(一八九八～一九〇一年)(戊戌の変法(一八九八年) 慈禧暗殺の筋書き(一八九八年九月) 光緒帝廃位に燃やした執念(一八九八～一九〇〇年) ほか) 第6部 近代中国の真の革命(一九〇一～一九〇八年)(北京への帰還(一九〇一～一九〇二年) 欧米人との友好(一九〇二～一九〇七年) 慈禧の革命(一九〇二～一九〇八年) ほか) 〔04621〕

◇真説 毛沢東―誰も知らなかった実像 上 (MAO) ユン・チアン, ジョン・ハリデイ〔著〕, 土屋京子訳 講談社 2016.6 773p 15cm (講談社+α文庫 G280-1) 〈「マオ」(2005年刊)の改題〉1000円 ①978-4-06-281658-8
内容 第1部 信念のあやふやな男(故郷韶山を出る――八九三～一九一一年 毛沢東誕生～一七歳 共産党員となる――一九一一～二〇年 毛沢東一七～二六歳 ほか) 第2部 党の覇権をめざして(紅軍を乗っ取り、土匪を平らげる――一九二七～二八年 毛沢東三三～三四歳 朱徳を押さえこむ――一九二八～三〇年 毛沢東三四～三六歳 ほか) 第3部 権力基盤を築く(劉志丹の死――一九三五～三六年 毛沢東四一～四二歳 西安事件――一九三五～三六年 毛沢東四一～四二歳 ほか) 第4部 中国の覇者へ(「革命的阿片戦争」――一九三七～四五年 毛沢東四三～五一歳 ソ連軍がやってくる! ――一九四五～四六年 毛沢東五一～五二歳 ほか) 〔04622〕

◇真説 毛沢東―誰も知らなかった実像 下 (MAO) ユン・チアン, ジョン・ハリデイ〔著〕, 土屋京子訳 講談社 2016.6 716p 15cm (講談社+α文庫 G280-2) 〈「マオ」(2005年刊)の改題 索引あり〉1000円 ①978-4-06-281660-1
内容 第5部 超大国の夢(スターリンと張り合う――一九四七～四九年 毛沢東五三～五五歳 二大巨頭の格闘――一九四九～五〇年 毛沢東五五～五六歳 朝鮮戦争を始めた理由――一九四九～五〇年 毛沢東五五～五六歳 朝鮮戦争をしゃぶりつくす――一九五〇～五三年 毛沢東五六～五九歳 軍事超大国計画――一九五三～五四年 毛沢東五九～六〇歳 ほか) 第6部 復讐の味(林彪との取引――一九六五～六六年 毛沢東七一～七二歳 文革という名の大粛清――一九六六～六七年 毛沢東七二～七三歳 復讐の後味――一九六六～七四年 毛沢東七二～八〇歳 新たな執行体制――一九六七～七〇年 毛沢東七三～七六歳 戦争騒ぎ――一九六九～七一年 毛沢東七五～七七歳 ほか) 〔04623〕

チョウ, シュウバイ* 趙 秀梅

◇現代中国の市民社会・利益団体―比較の中の中国

チ

辻中豊, 李景鵬, 小嶋華津子編　木鐸社　2014.6　444p　22cm　(現代世界の市民社会・利益団体研究叢書 5　辻中豊編)　〈文献あり 索引あり〉　4000円　①978-4-8332-2323-2

内容 国際社会と草の根NGO (趙秀梅著, 大倉沙江訳)　〔04624〕

チョウ, ショウ*　張 晶

◇中国美学範疇研究論集　第4集　大東文化大学人文科学研究所東アジアの美学研究班〔著〕　大東文化大学人文科学研究所　2016.3　43p　26cm　(大東文化大学人文科学研究所研究報告書 2015年度)

内容 「中華美学精神」の基本特質についての試論 (張晶著, 河内利治訳)　〔04625〕

チョウ, ショウ*　趙 晶

◇東アジアの礼・儀式と支配構造　古瀬奈津子編　吉川弘文館　2016.3　312p　22cm　10000円　①978-4-642-04628-2

内容 唐令復原再考 (趙晶著, 佐々木満実, 矢越葉子訳)　〔04626〕

チョウ, ショウコウ*　張 小虹

◇漂泊の叙事―一九四〇年代東アジアにおける分裂と接触　浜田麻矢, 薛化元, 梅家玲, 唐顯芸編　勉誠出版　2015.12　561p　22cm　8000円　①978-4-585-29112-1

内容 戦争の流変一分子 (張小虹著, 浜田麻矢訳)　〔04627〕

チョウ, シン*　張 辛

◇中国の文明―北京大学版　4　文明の確立と変容 下 (秦漢―魏晋南北朝)　稲畑耕一郎日本語版監修・監訳, 袁行霈, 厳文明, 張伝璽, 楼宇烈原著主編　住谷孝之, 土谷彰男訳　潮出版社　2016.4　363, 14p　23cm　〈他言語標題：THE HISTORY OF CHINESE CIVILIZATION　文献あり 年表あり 索引あり〉　4800円　①978-4-267-02024-7

内容 第7章 歴史学と地理学の基礎固めとその発展 (紀伝体の新たな歴史学を創り出した『史記』　紀伝体による断代歴史学の確立と発展 ほか)　第8章 秦漢魏晋南北朝の文学 (文学の自覚　伝記文学の伝統の確立 ほか)　第9章 芸術の全面的な繁栄 (芸術の新たな局面の幕開け　建築芸術の力強さと美しさ ほか)　第10章 科学技術の形成と発展 (天文暦算　中国薬学の体系の基礎固めと発展 ほか)　第11章 社会生活 (多彩な衣・食・住・行　家庭と宗族 ほか)　〔04628〕

チョウ, セイエイ*　趙 世暎

⇒チョ, セヨン

チョウ, セイジュン*　張 済順

◇中国議会100年史―誰が誰を代表してきたのか　深町英夫編　東京大学出版会　2015.12　291p　22cm　〈他言語標題：A Hundred Years' History of Chinese Parliamentarianism　索引あり〉　5000円　①978-4-13-036257-3

内容 「国家の主人公」の創出 (張済順著, 杜崎群傑訳)　〔04629〕

チョウ, セイハン　張 正藩

◇ビルマの歴史と現状　張正藩著, 国本嘉平次訳補　大空社　2016.9　366p　22cm　(アジア学叢書 307)　〈折り込 2枚　大阪屋号書店 昭和17年刊 (再版) の複製〉　15200円　①978-4-283-01161-8

内容 第1章 ビルマ興亡史　第2章 地理概略　第3章 分離以前の政治概観　第4章 分離以後の政治形態　第5章 ビルマの風俗　第6章 ビルマの華僑　第7章 雲南ビルマ境界問題　第8章 諸工場調査記　第9章 ビルマ・ルート　附録　〔04630〕

チョウ, セイブン　張 瀞文

◇蔡英文の台湾―中国と向き合う女性総統　張瀞文著, 丸山勝訳　毎日新聞出版　2016.7　221p　18cm　〈年譜あり〉　1100円　①978-4-620-32395-4

内容 1 貿易交渉 (想像外の旅路へ　いばらの道 ほか)　2 政治の道へ…中台関係その一 (中国の土を踏む　李登輝のスタッフに ほか)　3 山は揺れるか…中台関係その二 (ECFAと「ひまわり」　中台首脳会談まで ほか)　4 民主の旗手 (最初の女性総統　使命を知る ほか)　Extra Part 経済革命 (経済の救出と発展の戦略　中国とTPP)　〔04631〕

チョウ, セキバン*　張 錫万

⇒チャン, ソクマン*

チョウ, センパン*　張 千帆

◇現代中国のリベラリズム思潮―1920年代から2015年まで　石井知章編　藤原書店　2015.10　566p　22cm　〈年表あり 索引あり〉　5500円　①978-4-86578-045-1

内容 中国における憲政への経路とその限界 (張千帆著, 徐行訳)　〔04632〕

チョウ, タイ　張 岱

◇西湖夢尋　張岱〔著〕, 佐野公治訳注　平凡社　2015.6　385p　18cm　(東洋文庫 861)　〈布装〉　3100円　①978-4-582-80861-2

内容 明聖二湖　西湖北路　西湖西路　西湖中路　西湖南路　西湖外景　〔04633〕

チョウ, タクゲン*　張 卓元

◇転換を模索する中国―改革こそが生き残る道　高尚全主編, 岡本信広監訳, 岡本恵子訳　科学出版社東京　2015.6　375p　21cm　4800円　①978-4-907051-34-1

内容 なお力強い取り組みが求められる国有企業改革 (張卓元著)　〔04634〕

チョウ, デンジ　張 伝璽

◇中国の文明―北京大学版　3　文明の確立と変容 上 (秦漢―魏晋南北朝)　稲畑耕一郎日本語版監修・監訳, 袁行霈, 厳文明, 張伝璽, 楼宇烈原著主編, 柿沼陽平訳　潮出版社　2015.7　474, 18p　23cm　〈他言語標題：THE HISTORY OF CHINESE CIVILIZATION　文献あり 年表あり 索引あり〉　5000円　①978-4-267-02023-0　〔04635〕

◇中国の文明―北京大学版　5　世界帝国としての文明 上 (隋唐―宋元明)　稲畑耕一郎日本語版

監修・監訳, 袁行霈, 厳文明, 張伝璽, 楼宇烈原著主編　紺野達也訳　潮出版社　2015.10　455, 18p　23cm　〈他言語標題：THE HISTORY OF CHINESE CIVILIZATION　文献あり 年表あり 索引あり〉5000円　①978-4-267-02025-4　〔04636〕

◇中国の文明―北京大学版　6　世界帝国としての文明　下(隋唐―宋元明)　稲畑耕一郎日本語版監修・監訳, 袁行霈, 厳文明, 張伝璽, 楼宇烈原著主編　原田信訳　潮出版社　2015.12　476, 20p　23cm　〈他言語標題：THE HISTORY OF CHINESE CIVILIZATION　文献あり 年表あり 索引あり〉5000円　①978-4-267-02026-1

内容 第7章 学問領域の拡大と教育の発展　第8章 北方民族の発展と中華文明への貢献　第9章 外国との関係史の新たな一ページ　第10章 先進的な科学技術と科学観念の発展　第11章 文学の下方への移行と全面的繁栄　第12章 芸術の様相と時代の精神　第13章 多種多彩な社会生活　〔04637〕

◇中国の文明―北京大学版　7　文明の継承と再生　上(明清―近代)　稲畑耕一郎日本語版監修・監訳, 袁行霈, 厳文明, 張伝璽, 楼宇烈原著主編　松浦智子訳　潮出版社　2016.2　497, 17p　23cm　〈他言語標題：THE HISTORY OF CHINESE CIVILIZATION　文献あり 年表あり 索引あり〉5200円　①978-4-267-02027-8

内容 緒論　第1章 社会経済の発展　第2章 初期の啓蒙思潮と政治文明の新要素　第3章 総括するなかで発展した伝統的な科学技術　第4章 多民族国家の強化と発展　第5章 政治の発展と国家の経済および民衆の生活　第6章 清代前期・中期の文化意識とその業績　第7章 西洋学問の東洋への伝播と中華文明の外国への伝播　〔04638〕

◇中国の文明―北京大学版　4　文明の確立と変容　下(秦漢―魏晋南北朝)　稲畑耕一郎日本語版監修・監訳, 袁行霈, 厳文明, 張伝璽, 楼宇烈原著主編　住谷孝之, 土谷彰男訳　潮出版社　2016.4　363, 14p　23cm　〈他言語標題：THE HISTORY OF CHINESE CIVILIZATION　文献あり 年表あり 索引あり〉4800円　①978-4-267-02024-7

内容 第7章 歴史学と地理学の基礎固めとその発展(紀伝体の新たな歴史学を創り出した『史記』　紀伝体による断代歴史学の確立と発展 ほか)　第8章 秦漢魏晋南北朝の文学(文学の自覚　伝記文学の伝統の確立 ほか)　第9章 芸術の全面的な繁栄(芸術の新たな局面の幕開け　建築芸術の力強さと美しさ ほか)　第10章 科学技術の形成と発展(天文暦算　中国薬学の体系の基礎固めと発展 ほか)　第11章 社会生活(多彩な衣・食・住・行　家庭と宗族 ほか)　〔04639〕

◇中国の文明―北京大学版　8　文明の継承と再生　下(明清―近代)　稲畑耕一郎日本語版監修・監訳, 袁行霈, 厳文明, 張伝璽, 楼宇烈原著主編　岩田和子訳　潮出版社　2016.6　441, 18p　23cm　〈他言語標題：THE HISTORY OF CHINESE CIVILIZATION　文献あり 年表あり 索引あり〉5000円　①978-4-267-02028-5　〔04640〕

◇中国の文明―北京大学版　1　古代文明の誕生と展開　上(先史・夏殷周―春秋戦国)　稲畑耕一郎日本語版監修・監訳, 袁行霈, 厳文明, 張伝璽, 楼宇烈原著主編　角道亮介訳　潮出版社　2016.8　495, 14p　23cm　〈他言語標題：THE HISTORY OF CHINESE CIVILIZATION　文献あり 年表あり 索引あり〉5000円　①978-4-267-02021-6

内容 総説(世界の古代文明　中華文明を支える思想内容 ほか)　緒論(中華文明が誕生した地理的環境　中国大陸の古代の居住民 ほか)　第1章 中華文明の曙(文明胎動期の経済　社会の階層化と複雑化 ほか)　第2章 中華文明の幕開け―夏(夏王朝の成立と中原の優位化　夏文化の考古学的探索 ほか)　第3章 殷周時代―文明の興隆(殷周王朝の成立と華夏文明の興隆　殷周時代の宗法と分封制・井田制 ほか)　第4章 燦爛たる青銅器文化(青銅器文化の中心地とその形成　大規模な青銅器生産 ほか)　〔04641〕

◇中国の文明―北京大学版　2　古代文明の誕生と展開　下(先史・夏殷周―春秋戦国)　稲畑耕一郎日本語版監修・監訳, 袁行霈, 厳文明, 張伝璽, 楼宇烈原著主編　野原将揮訳　潮出版社　2016.10　469, 15p　23cm　〈他言語標題：THE HISTORY OF CHINESE CIVILIZATION　文献あり 年表あり 索引あり〉5000円　①978-4-267-02022-3

内容 第5章 鉄器の活用と生産の増大　第6章 殷周期の都市と商業　第7章 漢字の起源と早期の発展　第8章 殷周時期の宗教と信仰　第9章 教育の発達と学術の隆盛　第10章 文学と芸術の誕生と繁栄　〔04642〕

チョウ, デンブン　張 殿文

◇郭台銘＝テリー・ゴウの熱中経営塾―シャープを買おうとした男！　張殿文著, 薛格芳訳, 黄文雄監修　ビジネス社　2014.4　259p　19cm　1600円　①978-4-8284-1749-3

内容 序章 4つのもしも　第1章 スピード(製品を売らずにスピードを売る　ソフトウェア設計「0点」からの出発 ほか)　第2章 人才(キーパーソン人才の登用が企業を成長させる　与える度胸で人材を人財に変える ほか)　第3章 柔軟性(柔軟性とは何か　ネットワーク経済では情報を共有することが非常に重要 ほか)　第4章 逆境(重要なのは困難を突破する自信　企業が生き延びるには競争環境が必要 ほか)　第5章 イノベーション(イノベーションの本質は歴史的な転換をつくり出せること　8つのプラットフォーム革新の意義 ほか)　〔04643〕

チョウ, トウキ*　趙 東輝

◇近代日本と「満州国」　植民地文化学会編　不二出版　2014.7　590p　22cm　6000円　①978-4-8350-7695-9

内容 遼寧省大窪県に侵入した日本人開拓団に関する調査(孫玉玲, 趙東輝著, 周海林訳)　〔04644〕

チョウ, ハクジュ*　張 博樹

◇現代中国のリベラリズム思潮―1920年代から2015年まで　石井知章編　藤原書店　2015.10　566p　22cm　〈年表あり 索引あり〉5500円　①978-4-86578-045-1

内容 中国新左派批判(張博樹著, 中村達雄訳)　〔04645〕

チョウ, ハン*　張 帆

◇中国の文明―北京大学版　6　世界帝国としての文明　下(隋唐―宋元明)　稲畑耕一郎日本語版監修・監訳, 袁行霈, 厳文明, 張伝璽, 楼宇烈原著主編　原田信訳　潮出版社　2015.12　476, 20p

チ

23cm 〈他言語標題：THE HISTORY OF CHINESE CIVILIZATION 文献あり 年表あり 索引あり〉 5000円 ①978-4-267-02026-1
内容 第7章 学問領域の拡大と教育の発展 第8章 北方民族の発展と中華文明への貢献 第9章 外国との関係史の新たな一ページ 第10章 先進的な科学技術と科学観念の発展 第11章 文学の下方への移行と全面的繁栄 第12章 芸術の様相と時代の精神 第13章 多種多彩な社会生活 〔04646〕

◇中国の文明―北京大学版 7 文明の継承と再生 上(明清―近代) 稲畑耕一郎日本語版監修・監訳, 袁行霈, 厳文明, 張伝璽, 楼宇烈原著主編 松浦智子訳 潮出版社 2016.2 497, 17p 23cm 〈他言語標題：THE HISTORY OF CHINESE CIVILIZATION 文献あり 年表あり 索引あり〉 5200円 ①978-4-267-02027-8
内容 緒論 第1章 社会経済の発展 第2章 初期の啓蒙思潮と政治文明の新要素 第3章 総括するなかで発展した伝統的な科学技術 第4章 多民族国家の強化と発展 第5章 政治の発展と国家の経済および民衆の生活 第6章 清代前期・中期の文化意識とその業績 第7章 西洋学問の東洋への伝播と中華文明の外国への伝播 〔04647〕

◇中国の文明―北京大学版 4 文明の確立と変容 下(秦漢―魏晋南北朝) 稲畑耕一郎日本語版監修・監訳, 袁行霈, 厳文明, 張伝璽, 楼宇烈原著主編 住谷孝之, 土谷彰男訳 潮出版社 2016.4 363, 14p 23cm 〈他言語標題：THE HISTORY OF CHINESE CIVILIZATION 文献あり 年表あり 索引あり〉 4800円 ①978-4-267-02024-7
内容 第7章 歴史学と地理学の基礎固めとその発展(紀伝体の新たな歴史学を創り出した『史記』 紀伝体による断代歴史学の確立と発展 ほか) 第8章 秦漢魏晋南北朝の文学(文学の自覚 伝記文学の伝統の確立 ほか) 第9章 芸術の全面的な繁栄(芸術の新たな局面の幕開け 建築芸術の力強さと美しさ ほか) 第10章 科学技術の形成と発展(天文暦算 中国薬学の体系の基礎固めと発展 ほか) 第11章 社会生活(多彩な衣・食・住・行 家庭と宗族 ほか) 〔04648〕

チヨウ, バンイツ* 趙 万一
◇グローバル化の中の会社法改正―藤田勝利先生古稀記念論文集 北村雅史, 高橋英治編 京都 法律文化社 2014.2 464p 22cm 〈著作目録あり 年譜あり〉 9800円 ①978-4-589-03576-9
内容 中国会社法に関する新たな発展(趙万一著, 熊洁訳) 〔04649〕

チヨウ, ビケン* 張 美賢
⇒チャン, ミヒョン*

チヨウ, フウライ* 張 風雷
◇シリーズ日蓮 1 法華経と日蓮 小松邦彰, 花野充道責任編集 春秋社 2014.5 360p 22cm 〈他言語標題：Series NICHIREN〉 3500円 ①978-4-393-17351-0
内容 智顗と法華経(張風雷著, 松森秀幸訳) 〔04650〕

チヨウ, ブンコウ* 張 文紅
◇歴史に生きるローザ・ルクセンブルク―東京・ベルリン・モスクワ・パリ-国際会議の記録 伊藤成彦編著 社会評論社 2014.9 369p 21cm 2700円 ①978-4-7845-1523-3
内容 ローザ・ルクセンブルクについての北京でのアンケート調査(張文紅著, 田中祥之訳) 〔04651〕

チヨウ, ブンショウ* 張 文昌
◇東アジアの礼・儀式と支配構造 古瀬奈津子編 吉川弘文館 2016.3 312p 22cm 10000円 ①978-4-642-04628-2
内容 唐宋における礼典の庶民儀礼(張文昌著, 金子由紀訳) 〔04652〕

チヨウ, ヘイセイ* 張 炳政
◇中国発展報告―最新版 陳雨露監修, 袁衛, 彭非編著, 日中翻訳学院監訳, 平間初美訳 日本僑報社(発売) 2015.7 375p 21cm 〈他言語標題：STUDIES ON CHINA'S DEVELOPMENT INDEX〉 3800円 ①978-4-86185-178-0
内容 中国都市外国貿易競争力研究報告(黄国華, 張炳政, 劉穎著) 〔04653〕

チヨウ, ホウ* 張 鳳
◇2015産業統合のチャイナ・エンジン 中国M&A公会監修, 尉立東, 柏亮ほか著, 中出了真, 黄伯, 陳亮訳 明月堂書店 2015.9 188p 19cm 2000円 ①978-4-903145-50-1
内容 第1部 産業統合の歴史概要(産業統合の歴史 中国産業統合の起動) 第2部 産業M&Aのチャンス(金融業：インターネット金融がM&Aの起爆剤となる インターネットM&Aの趨勢と反復 消費財業界のM&Aチャンスについての研究報告 文化メディア産業 複合改革：古い瓶に新しい酒を詰めるチャンス多し グローバルなM&A気運 高速鉄道経済圏がもたらした地域統合の生態圏) 第3部 産業M&Aのプラットフォームとツール(企業買収ファンド M&Aローン M&A債券 レバレッジ・バイアウト M&Aの見積もり M&A税務 M&A仲裁) 〔04654〕

チヨウ, メイカイ* 張 明楷
◇21世紀日中刑事法の重要課題―日中刑事法シンポジウム報告書 山口厚, 甲斐克則編 成文堂 2014.6 230p 21cm 〈会期・会場：2013年9月29日―30日 西北政法大学〉 2500円 ①978-4-7923-5115-1
内容 事後強盗罪に関する諸問題(張明楷著, 金光旭訳) 〔04655〕

チヨウ, モウ* 張 猛
◇中国の文明―北京大学版 2 古代文明の誕生と展開 下(先史・夏殷周―春秋戦国) 稲畑耕一郎日本語版監修・監訳, 袁行霈, 厳文明, 張伝璽, 楼宇烈原著主編 野原将揮訳 潮出版社 2016.10 469, 15p 23cm 〈他言語標題：THE HISTORY OF CHINESE CIVILIZATION 文献あり 年表あり 索引あり〉 5000円 ①978-4-267-02022-3
内容 第5章 鉄器の活用と生産の増大 第6章 殷周期の都市と商業 第7章 漢字の起源と早期の発展 第8章 殷周時期の宗教と信仰 第9章 教育の発達と学術の隆盛 第10章 文学と芸術の誕生と繁栄 〔04656〕

チョウ, ユウジ* 趙 祐志

◇東アジア高度成長の歴史的起源 堀和生編 京都 京都大学学術出版会 2016.11 371p 22cm 〈他言語標題：The Historical Origins of The High Economic Growth in East Asia 年表あり 索引あり〉 4800円 ①978-4-8140-0054-8

内容 米国援助と台湾経済官僚による第一期経済建設四年計画の作成（趙祐志著, 湊照宏訳） 〔04657〕

チョウ, ランエイ* 張 蘭英

◇中国式発展の独自性と普遍性―「中国模式」の提起をめぐって 宇野重昭, 江口伸吾, 李暁東編 国際書院 2016.3 390p 21cm 〈索引あり〉 3800円 ①978-4-87791-273-4

内容 1949年以来の中国の都市と農村における市場化プロセス（董筱丹, 張蘭英, 劉雨晴, 温鉄軍著, 黄宇暁訳） 〔04658〕

チョウ, リヒン* 張 莉彬

◇北東アジアの歴史と記憶（Northeast Asia's Difficult Past） 金美景,B.シュウォルツ編著, 千葉真監修, 稲正樹, 福岡和哉, 寺田麻佑訳 勁草書房 2014.5 315, 9p 22cm 〈索引あり〉 3200円 ①978-4-326-30226-0

内容 中国国歌の変化する運命（ティム・F.リャオ, 張戈卉, 張莉彬著, 稲正樹訳） 〔04659〕

チョウ, リミン* 張 利民

◇華北の発見 本庄比佐子, 内山雅生, 久保亨編 東洋文庫 2013.12 355p 22cm （東洋文庫論叢 第76） 非売品 ①978-4-8097-0267-9

内容 中国の近代華北地域史研究の現状と展望（張利民著, 吉田建一郎訳） 〔04660〕

◇華北の発見 本庄比佐子, 内山雅生, 久保亨編 汲古書院 2014.4 355p 22cm 〈2刷 索引あり〉 6000円 ①978-4-7629-9558-3

内容 中国の近代華北地域史研究の現状と展望（張利民著, 吉田建一郎訳） 〔04661〕

チョウ, リュウケイ* 張 竜経

⇒チャン, ヨンギョン*

チョウ, リンセイ 張 麟声

◇一衣帯水―日中間の人物交流と異文化間コミュニケーション 天号 張麟声, 大形徹編 大阪 日中言語文化出版社 2014.6 119p 21cm 〈中国語併記〉 1000円 ①978-4-905013-82-2

内容 舞子海岸で孫中山先生に拝謁する（張麟声著, 山本真理子訳） 〔04662〕

チョウ, レイ 周 蕾《Chow, Rey》

⇒シュウ, ライ

チョピアク, クリスティーン Chopyak, Christine

◇戦略をイラスト化するグラフィック・ファシリテーション・スキル（PICTURE YOUR BUSINESS STRATEGY） クリスティーン・チョピアク著, CCCメディアハウス書籍編集部訳 CCCメディアハウス 2014.12 221p 19cm 〈文献あり〉 1600円 ①978-4-484-14121-3

内容 第1章 ビジュアルのパワーを利用する 第2章 リスクを絵とストーリーにする 第3章 イラストで仕事のやり方を変える 第4章 ビジネス戦略を視覚化する―3つの原則 第5章 成果の達成をスピードアップする 第6章 マップをどうつくり役立てるか 〔04663〕

チョプラ, ディーパック Chopra, Deepak

◇チョプラ博士のリーダーシップ7つの法則―"圧倒的な存在"になれる人はどこが違うか？ ディーパック・チョプラ著, 渡辺愛子監訳, 浜田真由美訳 大和出版 2014.5 284p 20cm 2200円 ①978-4-8047-6234-0

内容 序章 魂のリーダーシップとは何か？ ―よりよいビジョンを示し、成果を出す 第1章「見ること」と「聴くこと」の法則―ビジョンの実現はここから始まる 第2章「心の絆」の法則―こうして人は、あなたについていきたいと願う 第3章 意識の法則―変革を起こす力の源 第4章 行動の法則―ビジョンを実践するたった一つの方法 第5章 権限委譲の法則―権力の「影」を超えるヒント 第6章 責任の法則―あなたの進化が周りの進化を引き起こす 第7章 シンクロニシティの法則―ちょうどよい時にちょうどよい場所に導く 終章 魂から導くリーダーの原則―あなたの行動をチェックしてみよう 〔04664〕

◇富と成功をもたらす7つの法則（THE SEVEN SPIRITUAL LAWS OF SUCCESS） ディーパック・チョプラ〔著〕, 渡辺愛子訳 KADOKAWA 2014.8 149p 15cm （角川文庫 iチ9-1） 〈大和出版 2007年刊の加筆修正〉 440円 ①978-4-04-101858-3

内容 第1章 純粋な可能性の法則―宇宙と一体になればすべてが実現できる 第2章 与える法則―自分が求めているものを与えなさい 第3章 原因と結果の法則―よい選択がよい人生をつくる 第4章 最小限の努力の法則―苦労しなくてもこうして自然に叶う 第5章 意図と願望の法則―宇宙の "無限の組織力"をどう活かすか？ 第6章 手放す法則―執着しないほうがうまくいく 第7章 人生の目的の法則―自分にしかない才能を活かして生きる 日本語新版への特別寄稿 初心者のための簡単な瞑想法―バランスを取り戻し、真の自分と再結合する 〔04665〕

◇この瞬間どこからでも、あなたの望む富はやってくる。（CREATING AFFLUENCE） ディーパック・チョプラ著, 住友進訳 サンマーク出版 2014.9 136p 15cm （サンマーク文庫 て-1-3） 〈「富と宇宙と心の法則」(2007年刊)の改題、一部改訂〉 600円 ①978-4-7631-6052-2

内容 第1部 豊かさを創り出す（あらゆる豊かさの源 より豊かな人生に向けてのAからZのステップ） 第2部 富の意識はあらゆる可能性の場のなかに存在している（何に関心をいだくかで、あなたの人生は決まる 知識、願望、魂の力） 〔04666〕

◇Love―チョプラ博士の愛の教科書 ディーパック・チョプラ著, 渡辺愛子監訳, 水谷美紀子訳 中央公論新社 2014.9 285p 20cm 1600円 ①978-4-12-004641-4

内容 1 ラブストーリーをよみがえらせる 2 愛の道 3 ロマンスのスピリット 4 いかにして身を委ねるか 5「愛着」は本当に愛なのか？ 6 なぜ情熱が必要なのか？ 7 エクスタシー 〔04667〕

◇宇宙のパワーと自由にアクセスする方法（Power, Freedom, and Grace） ディーパック・

チ

チョプラ著, 渡辺愛子訳・解説　フォレスト出版　2014.10　235p　19cm　〈「あなたが「宇宙のパワー」を手に入れる瞬間」(大和出版 2007年刊)の改題、大幅に再編集、加筆修正〉1600円　①978-4-89451-636-6

内容 1 問題点―私たちは自分が誰なのかを知らない(「幸せ」を見つける旅に出る前に　「本当の私」とは何か？　「心」と「体」の正体　あなたが見ている「世界」の真実)　2 処方箋―自分が誰なのかを思い出すために(私たちにとっての「死」の本当の意味　永遠の「幸せ」と「自由」を手にするための鍵　「願望」を叶える力学　意識が完全に「目覚める」とき)　〔04668〕

◇宇宙のパワーと自由にアクセスする方法　実践編 (Power, Freedom, and Grace)　ディーパック・チョプラ著, 渡辺愛子訳・解説　フォレスト出版　2014.12　197p　19cm　〈「あなたが「宇宙のパワー」を手に入れる瞬間」(大和出版 2007年刊)の改題、大幅に再編集、加筆修正〉1400円　①978-4-89451-648-9

内容 1「実践編」を読み進める前に　2 宇宙のパワーを手に入れる方法(すべてのパワーの源はあなたの中にある　あなたの人格は宇宙のひとつの表現 ほか)　3「自由」を獲得するステップ(束縛されるとはどういうことか？　自由であるとはどういうことか？　ほか)　4「恩寵」を受けて生きるためのヒント(あなたのDNAは進化の奇跡そのもの　自分の体を大切にするヒント ほか)　5 あなたの「幸せ」の見つけ方(宇宙は自分たちを見たがっている　幸せはスピリットの領域に存在する)　〔04669〕

◇あなたの年齢は「意識」で決まる―からだを思い通りにつくり変える方法 (Reinventing the Body, Resurrecting the Soulの抄訳)　ディーパック・チョプラ著, 渡辺愛子, 水谷美紀子訳　フォレスト出版　2016.2　253p　19cm　1700円　①978-4-89451-697-7

内容 1 あなたの物理的な体は「フィクション」である(幻想の未来　微細な行動　「微細な行動」が作用する仕組み)　2 あなたの本当の体は「エネルギー」である(エネルギーと健康　変化を起こすエネルギー)　3 あなたの意識には「魔法の力」がある(体の意識　あなたが完全に意識的なとき　あなたの意識が条件付けられているとき　条件付きを終わりにする3つの方法　あなたを癒しの道へと導くシンプルな3つの瞑想)　4 あなたは遺伝子を「改善できる」(変化の種　波長を合わせる、合わせない)　5 時間はあなたの「敵ではない」(進化か、劣化か？　時間をコントロールする時間をあなたの味方にする方法)　〔04670〕

◇あなたの運命は「意識」で変わる―最高の人生をつくり出す方法 (Reinventing the Body, Resurrecting the Soulの抄訳)　ディーパック・チョプラ著, 渡辺愛子, 水谷美紀子訳　フォレスト出版　2016.7　342p　19cm　1700円　①978-4-89451-717-2

内容 プロローグ 魂は、あなたの精神的な体　1 もっと楽に生きる方法がある　2 愛が魂を目覚めさせる　3 魂のように無限になろう　4 委ねることで恩寵を得る　5 宇宙はあなたを通して進化する　エピローグ 全体性に至る10のステップ　〔04671〕

チョムスキー, ノーム　Chomsky, Noam

◇複雑化する世界、単純化する欲望―核戦争と破滅に向かう環境世界 (Nuclear War and Environmental Catastrophe)　ノーム・チョムスキー著, ラリー・ポーク聞き手, 吉田裕訳　花伝社　2014.7　222, 3p　19cm　〈索引あり　発売：共栄書房〉1600円　①978-4-7634-0704-7

内容 第1章 破滅に向かう環境世界　第2章 大学と異議申し立て　第3章 戦争の毒性　第4章 核の脅威　第5章 中国とグリーン革命　第6章 研究と宗教(あるいは、神の見えざる手)　第7章 驚異的な人びと　第8章 相互確証信頼(Mutually Assured Dependence)　〔04672〕

◇チョムスキーが語る戦争のからくり―ヒロシマからドローン兵器の時代まで (ON WESTERN TERRORISM)　ノーム・チョムスキー, アンドレ・ヴルチェク著, 本橋哲也訳　平凡社　2015.6　228p　19cm　〈年表あり 索引あり〉1700円　①978-4-582-70329-0

内容 第1章 植民地主義の暴力的遺産　第2章 西洋の犯罪を隠蔽する　第3章 プロパガンダとメデイア　第4章 ソヴィエト・ブロック　第5章 インドと中国　第6章 ラテンアメリカ　第7章 中東とアラブの春　第8章 地球上でもっとも破壊された場所における希望　第9章 米国権力の衰え　〔04673〕

チョン, イド*　鄭 義道

◇九州考古学会総会研究発表資料集　平成28年度　九州考古学会編　福岡　九州考古学会　2016.11　103p　30cm　〈会期・会場：2016年11月26日―27日 九州大学西新プラザ　文献あり〉

内容 高麗末沿海邑城築造説検討(鄭義道著, 主税英徳訳)　〔04674〕

チョン, キョンス*　全 京秀

◇日本とはなにか―日本民族学の二〇世紀　ヨーゼフ・クライナー編　東京堂出版　2014.3　390p　22cm　〈他言語標題：WHAT IS JAPAN？〉7500円　①978-4-490-20860-3

内容 植民地台湾における金関丈夫の再評価(全京秀著, 金広植訳)　〔04675〕

◇博物館という装置―帝国・植民地・アイデンティティ　石井正己編　勉誠出版　2016.3　391p　22cm　〈文献あり〉4200円　①978-4-585-20038-3

内容 帝国主義的博物館に刻印された「欲望の社会史」(全京秀著, 金広植訳)　〔04676〕

チョン, クテ*　鄭 求兌

◇親権と未成年後見　新・アジア家族法三国会議編　日本加除出版　2014.7　166p　21cm　2700円　①978-4-8178-4176-6

内容 児童虐待と親権・未成年後見(鄭求兌著, 金亮完訳)　〔04677〕

チョン, グンシク　鄭 根埴

◇検閲の帝国―文化の統制と再生産　紅野謙介, 高栄蘭, 鄭根埴, 韓基亨, 李恵鈴編　新曜社　2014.8　478p　22cm　〈他言語標題：EMPIRE OF CENSORSHIP　年表あり〉5100円　①978-4-7885-1401-0

内容 植民地検閲と「検閲標準」(鄭根埴著, 金泰植訳)　〔04678〕

チョン, ジェジョン　鄭 在貞

◇日韓でいっしょに読みたい韓国史―未来に開かれた共通の歴史認識に向けて　徐毅植, 安智源, 李元淳, 鄭在貞著, 君島和彦, 国分麻里, 山崎雅稔訳　明石書店　2014.1　211p　23cm　〈「若者に伝えたい韓国の歴史」(2004年刊)の改題・改訂　年表あり 索引あり〉 2000円　①978-4-7503-3958-0

内容 第1部 韓国の歴史と文化(文明の発生と国家の登場　いくつかの国から統一国家へ　統一国家の安定と文化の発展　欧米との出会いと近代社会　南北分断と大韓民国の発展)　第2部 韓国と日本の文化交流―文化交流の歴史を正しく理解しよう(原始時代、東北アジア大陸と日本列島の文化交流　3国から日本列島に向かった人々、そして文化　統一新羅と高麗による対日外交の閉塞と民間での文化交流　朝鮮から日本に向かう文化の流れ　日本の近代化と文化の流れの逆転　韓国と日本の新しい関係と文化交流)〔04679〕

◇日韓〈歴史対立〉と〈歴史対話〉―「歴史認識問題」和解の道を考える　鄭在貞著, 坂井俊樹監訳, 金広植, 徐凡喜訳　新泉社　2015.11　310p　20cm　〈文献あり〉 2500円　①978-4-7877-1506-7

内容 1 日韓"歴史対立"(歴史認識の衝突と接近　再燃する歴史対立　未解決の歴史問題)　2 日韓"歴史対話"(積み重ねられた対話　民間による対話の進展　第一期日韓歴史共同研究委員会　第二期日韓歴史共同研究委員会)　歴史和解のための提言〔04680〕

チョン, ジェチョル*　鄭 在哲

◇日帝時代の韓国教育史―日帝の対韓国植民地教育政策史　鄭在哲著, 佐野通夫訳　皓星社　2014.4　534, 34p　22cm　〈文献あり 索引あり〉 8500円　①978-4-7744-0486-8

内容 第1章 緒論　第2章 近代日本人の朝鮮経略意識―韓国強占政策の意識構造的背景　第3章 日本帝国主義と日本植民地主義の特質　第4章 日本植民地主義教育の基調　第5章 学部の学政参与官および統監府による日帝の対韓国植民地主義教育の扶植　第6章 朝鮮総督府による日帝の対韓国植民地主義教育の恣行　第7章 結論〔04681〕

チョン, ジヨン*　鄭 智泳

◇朝鮮時代の女性の歴史―家父長的規範と女性の一生　奎章閣韓国学研究院編著, 小幡倫裕訳　明石書店　2015.3　384p　22cm　〈文献あり 索引あり〉 8000円　①978-4-7503-4158-3

内容 禁じようにも禁じ得ず(鄭智泳著)〔04682〕

チョン, ジョンヒョン*　鄭 鍾賢

◇検閲の帝国―文化の統制と再生産　紅野謙介, 高榮蘭, 鄭根埴, 韓基亨, 李恵鈴編　新曜社　2014.8　478p　22cm　〈他言語標題：EMPIRE OF CENSORSHIP　年表あり〉 5100円　①978-4-7885-1401-0

内容 ペテロの夜明け(鄭鍾賢著, 金誾愛訳)〔04683〕

チョン, セヒョン*　丁 世鉉

◇東北アジア平和共同体構築のための倫理的課題と実践方法―「IPCR国際セミナー2012」からの提言　韓国社会法人宗教平和国際事業団著, 世界宗教者平和会議日本委員会編, 山本俊正監修, 中央学術研究所編集責任　佼成出版社　2014.7　222, 3p　18cm　(アーユスの森新書 009)　900円　①978-4-333-02672-2

内容 東アジア平和共同体構築の必要性とその方向性(丁世鉉述, 金永完訳)〔04684〕

チョン, ソッキョ

◇ヒーリング・スピーチ　チョンソッキョ著, 藤田優里子訳　IBCパブリッシング　2014.4　158p　19cm　〈他言語標題：HEALING SPEECH　英語併記　索引あり〉 1600円　①978-4-7946-0269-5

内容 情熱を見つけなさい　自信を持ちなさい　夢は大きく！　大きなことを考えよ！　まずは行動せよ。そして、機会を作りなさい　あきらめるな　失敗したっていい　完璧じゃなくてもいい　想像力と創造力を持て　あなたの心と直感に従いなさい　心から好きなことをしなさい　そうだ！　あなたは何だってできる　リスクを負いなさい　変化を受け入れて、不確かなことに対処しなさい　粘り強くあれ　今を生きる　あなたのものを分かちあう　学び続けなさい〔04685〕

チョン, ソンチョル*　鄭 成哲

◇原発災害下の福島朝鮮学校の記録―子どもたちとの県外避難204日　具永泰, 大森直樹編, 遠藤正承訳　明石書店　2014.3　123p　21cm　2000円　①978-4-7503-3996-2

内容 避難生活と合同生活の歩み(鄭成哲著)〔04686〕

チョン, チュハ*　鄭 周河

◇奪われた野にも春は来るか―鄭周河写真展の記録　高橋哲哉, 徐京植編著　高文研　2015.8　367p 図版22p　20cm　〈年譜あり〉 2500円　①978-4-87498-575-5

内容 福島 写真の美しさが語るもの 他(鄭周河, 佐々木孝, 徐京植述, 李昤京訳)〔04687〕

チョン, チンヨン*　鄭 震英

◇契約と紛争の比較史料学―中近世における社会秩序と文書　臼井佐知子,H.ジャン・エルキン, 岡崎敦, 金炫栄, 渡辺浩一編　吉川弘文館　2014.12　362, 9p　22cm　12000円　①978-4-642-02922-3

内容 朝鮮時代 郷村における諸組織と規約の「契約」的性格(鄭震英著, 加藤裕人訳)〔04688〕

チョン, ビョンソル*　鄭 炳説

◇朝鮮時代の女性の歴史―家父長的規範と女性の一生　奎章閣韓国学研究院編著, 小幡倫裕訳　明石書店　2015.3　384p　22cm　〈文献あり 索引あり〉 8000円　①978-4-7503-4158-3

内容 愛の嘆き節なぞやめてしまえ(鄭炳説著)〔04689〕

チョン, ホンチャン*　全 洪燦

◇日韓が共有する近未来へ　松原孝俊, 崔慶原編　本の泉社　2015.6　251p　19cm　(ゆにっとフォンテ)　1700円　①978-4-7807-1230-8

内容 韓国の大学国際化と日本(全洪燦著, 川口大輔訳)〔04690〕

チョン, ミョンソク*　鄭 明析

◇天のことば私のことば　第3巻　鄭明析著, KSG, KBY翻訳　〔出版地不明〕　〔出版者不明〕

2014.6　226p　19cm　①978-4-86522-021-6　〔04691〕

チョン, ムンギル*　鄭 文吉

◇新MEGAと『ドイツ・イデオロギー』の現代的探究―広松版からオンライン版へ　大村泉, 渋谷正, 窪俊一編著　八朔社　2015.3　337p　21cm　3500円　①978-4-86014-072-4

内容 マルクス/エンゲルス著作の朝鮮語翻訳（鄭文吉著, 玉岡敦訳）〔04692〕

チョン, ヨン

◇東アジアの歴史―韓国高等学校歴史教科書　アンビョンウ, キムヒョンジョン, イグヌ, シンソンゴン, ハムドンジュ, キムジョンイン, パクチュンヒョン, チョンヨン, ファンジスク著, 三橋広夫, 三橋尚子訳　明石書店　2015.9　282p　21cm（世界の教科書シリーズ 42）〈文献あり 年表あり 索引あり〉3800円　①978-4-7503-4237-5

内容 1 国家の形成　2 東アジア世界の成立　3 国際関係の変化と支配層の再編　4 東アジア社会の持続と変化　5 近代国家樹立への模索　6 今日の東アジア　付録〔04693〕

チョーンシー, A.*　Chauncey, Amber

◇自己調整学習ハンドブック（HANDBOOK OF SELF-REGULATION OF LEARNING AND PERFORMANCE）　バリー・J.ジマーマン, ディル・H.シャンク編, 塚野州一, 伊藤崇達監訳　京都　北大路書房　2014.9　434p　26cm〈索引あり〉5400円　①978-4-7628-2874-4

内容 自己調整学習を評価し伝えるためのハイパーメディアの利用（Roger Azevedo, Amy Johnson, Amber Chauncey, Arthur Graesser著, 沖林洋平訳）〔04694〕

チリ

◇チリにおける高地の職場での労働衛生条件関連規則―高地の職場での環境衛生条件に関する規則（大統領令第594号）及び高地において慢性的、間欠的に低圧に曝される労働に関する技術ガイドブック　石油天然ガス・金属鉱物資源機構　2014.8　64p　30cm〈スペイン語併載〉〔04695〕

チルドレン・ソサエティ

◇虐待とDVのなかにいる子どもたちへ―ひとりぼっちじゃないよ　チルドレン・ソサエティ著, 堤かなめ監修, 本夛須美子訳　新版　明石書店　2016.12　89p　21cm　1200円　①978-4-7503-4447-8

内容 おうちで何がおこっているの？　わたしの気もち　暴力の影響―わたしはどうなるの？　かんがえてみよう　おうちのなかを変えよう　将来のこと　おとなのためのページ　どこに助けをもとめればいいの？　参考資料〔04696〕

チン, イ　陳 偉

◇竹簡学入門―楚簡冊を中心として　陳偉著, 湯浅邦弘監訳, 草野友子, 曹方向訳　東方書店　2016.12　216p　21cm　2400円　①978-4-497-21613-7

内容 第1章 楚簡の基礎知識（楚簡の定義　簡冊の種類ほか）　第2章 発見と研究（湖南省における発見　湖北省における発見 ほか）　第3章 整理と解読（整理と保護　文字の釈読と文意の解釈 ほか）　第4章 出土文献の研究（類別　著述・編纂年代 ほか）〔04697〕

チン, ウロ　陳 雨露

◇人民元読本―今こそ知りたい！　中国通貨国際化のゆくえ　陳雨露著, 日中翻訳学院監訳, 森宣之訳　日本僑報社　2014.7　204p　19cm〈文献あり〉2200円　①978-4-86185-147-6

内容 第1章 中国の貨幣文化の歴史的変遷　第2章 中国通貨の経済的基盤 危機なき成長　第3章 中国の金融政策　第4章 人民元の為替制度　第5章 中国の資本取引の自由化　第6章 国際通貨制度改革と人民元の国際化〔04698〕

◇中国発展報告―最新版　陳雨露監修, 袁衛, 彭非編著, 日中翻訳学院監訳, 平間初美訳　日本僑報社（発売）　2015.7　375p　21cm〈他言語標題：STUDIES ON CHINA'S DEVELOPMENT INDEX〉3800円　①978-4-86185-178-0

内容 はじめに（陳雨露著）〔04699〕

チン, エン　陳 垣

◇中国仏教史籍概論　陳垣著, 西脇常記, 村田みお訳　知泉書館　2014.1　31, 330p　22cm〈著作目録あり〉6500円　①978-4-86285-173-4

内容 『出三蔵記集』　『歴代三宝記』　『開元釈教録』　『高僧伝』　『続高僧伝』　『宋高僧伝』　『弘明集』　『広弘明集』　『法苑珠林』　玄応『一切経音義』〔ほか〕〔04700〕

チン, エンブ　陳 延武

◇中国政党制度全景　陳延武著, 桜美林大学孔子学院監訳, 杉江叔子訳　町田　桜美林学園出版部　2014.3　329p　21cm〈発売：はる書房〉2500円　①978-4-905007-02-9

内容 第1章 移植と異化　第2章 上昇と紛争　第3章 分裂と覚醒　第4章 凝集と収穫　第5章 成長と憧憬　第6章 挫折と停滞　第7章 動乱と再起　第8章 継承と刷新　第9章 協調と発展　終章〔04701〕

チン, キイ　陳 希夷

◇神相全編正義　陳希夷原著, 石竜子編訳, 八幡書店編集部編集・校訂　八幡書店　2014.8　394p　22cm〈文化3年版の翻刻〉7800円　①978-4-89350-669-6

内容 上巻（十観　十二宮五星五岳之図　十二宮論 ほか）　中巻（人面総論　面を論ず　面を相す ほか）　下巻（手を論ず　玉掌の図―鬼谷子　八卦十二宮賓主之図 ほか）〔04702〕

チン, キン*　陳 欣

◇「東アジア的教師」の今　東アジア教員養成国際共同研究プロジェクト編　小金井　東京学芸大学出版会　2015.3　253p　21cm〈索引あり〉2400円　①978-4-901665-38-4

内容 中国における教師教育者の養成と研修（饒従満, 李広平, 陳欣ほか著, 殷爽訳, 岩田康之監訳）〔04703〕

チン, キンカ　陳 錦華

◇中日関係大事総覧―旭日大綬章を天皇陛下から直接授与された唯一の中国要人がまとめた中日重要

関係史！　陳錦華編著, 遠藤茂訳　日本僑報社　2014.11　136p　19cm　1800円　①978-4-86185-159-9

内容 1 二千年の友好往来と文化交流　2 半世紀に及んだ侵略と反侵略　3 新中国、新しい対日関係を創建　4 中国改革開放後の中日関係の新たな一ページ　付属（友情と真剣さ　栄誉は中日友好と経済貿易協力を促進した両国各界の人士に帰属する）　〔04704〕

チン, クン*　陳 君

◇現代アジアにおける華僑・華人ネットワークの新展開　清水純, 潘宏立, 庄国土編　風響社　2014.2　577p　22cm　〈文献あり〉7000円　①978-4-89489-195-1

内容 中比国交樹立後のフィリピン華人社団の新たな変化および原籍地との関係（庄国土, 陳君著, 玉置充子, 石村明子訳）　〔04705〕

チン, ケン*　陳 健

◇百年後の検証・中国人の日本留学およびその日本観―法政大学清国留学生法政速成科などの事例を中心に　法政大学国際日本学研究所編　法政大学国際日本学研究所　2015.2　401p　21cm　（国際日本学研究叢書 23）〈文献あり〉

内容 梅謙次郎と法政大学速成科の創設 他（陳健著, 相沢瑠璃子訳）　〔04706〕

◇周恩来たちの日本留学―百年後の考察　王敏編著　三和書籍　2015.9　401p　22cm　（国際日本学とは何か？）　4800円　①978-4-86251-187-4

内容 梅謙次郎と法政大学速成科の創設 他（陳健著, 相沢瑠璃子訳）　〔04707〕

チン, ケンペイ*　陳 謙平

◇中華民国の憲政と独裁―1912-1949　久保亨, 嵯峨隆編著　慶応義塾大学出版会　2011.9　300p　22cm　〈他言語標題：Constitutional Government and Dictatorship of Republican China　索引あり〉4800円　①978-4-7664-1874-3

内容 伝統文化と近代中国の政治思想（陳謙平著, 久保亨訳）　〔04708〕

チン, コウカン*　陳 広漢

◇変容する華南と華人ネットワークの現在　谷垣真理子, 塩出浩和, 容応萸編　風響社　2014.2　498p　22cm　〈文献あり〉6000円　①978-4-89489-193-7

内容 香港とマカオ、珠江デルタにおける地域協力（陳広漢著, 崔学松訳）　〔04709〕

チン, ジキョウ*　陳 自強

◇現代法と法システム―村田彰先生還暦記念論文集　村田彰先生還暦記念論文集編集委員会編　酒井書店　2014.12　623p　22cm　〈著作目録あり 年譜あり〉9800円　①978-4-7822-0431-3

内容 スイス錯誤規定の改正動向（陳自強著, 黄詩淳訳）　〔04710〕

チン, シジュウ*　陳 志柔

◇チャイナ・リスクといかに向きあうか―日韓台の企業の挑戦　園田茂人, 蕭新煌編　東京大学出版会　2016.3　247, 10p　19cm　〈文献あり〉3600円　①978-4-13-040275-0

内容 中国における「台商」（陳志柔著, 園田茂人訳）　〔04711〕

チン, シビン*　陳 志敏

◇現代日本の政治と外交　5　日本・アメリカ・中国―錯綜するトライアングル（THE TROUBLED TRIANGLE）　猪口孝監修　猪口孝,G.ジョン・アイケンベリー編　原書房　2014.4　301, 6p　22cm　〈文献あり 索引あり〉4800円　①978-4-562-04962-2

内容 平和的台頭、多極構造と中国の外交路線（潘忠岐, 陳志敏著, 猪口孝監訳）　〔04712〕

チン, シヘイ*　陳 支平

◇中国史の時代区分の現在―第六回日中学者中国古代史論壇論文集　中国社会科学院歴史研究所, 東方学会〔編〕, 渡辺義浩編　汲古書院　2015.8　462, 4p　27cm　〈布装〉13000円　①978-4-7629-6554-8

内容 唐宋変革と明清実践（陳支平著, 黒崎恵輔訳）　〔04713〕

チン, シボン*　陳 芷凡

◇台湾原住民族の音楽と文化　下村作次郎, 孫大川, 林清財, 笠原政治編　浦安　草風館　2013.12　424p　22cm　4800円　①978-4-88323-191-1

内容 「原」から歌があった（陳芷凡著, 魚住悦子訳）　〔04714〕

チン, ジュウシン　陳 柔縉

◇日本統治時代の台湾―写真とエピソードで綴る1895～1945　陳柔縉著, 天野健太郎訳　PHP研究所　2014.6　285p　19cm　2000円　①978-4-569-81449-0

内容 第1章 日本統治時代の台湾とその人びと（ひとりひとりに刻まれた“時代”をさがして　走れ！ 林さん　台湾一の大富豪・王永慶の二百円 ほか）　第2章 モダニズム台湾の事件簿（美しい「乱愛」　美麗島心中　少年たちはエレガを愛す ほか）　第3章 東京でさがす台湾史（東京駅に響いた「民主」の雄叫び　早稲田の喫茶店で見つけた台湾民主運動の痕跡　林献堂と松泉閣「裸踊り」のなぞ ほか）　〔04715〕

◇台湾と日本のはざまを生きて―世界人、羅福全の回想　羅福全著, 陳柔縉編著, 小金丸貴志訳　藤原書店　2016.3　342p 図版16p　20cm　〈著作目録あり 年譜あり 索引あり〉3600円　①978-4-86578-061-1　〔04716〕

チン, ジュウジン*　陳 重仁

◇リーラー「遊」　vol.9　戦後70年と宗教　北島義信編集　京都　文理閣　2015.11　619, 89p　21cm　2000円　①978-4-89259-771-8

内容 カズオ・イシグロの流動的世界観における戦争の記憶とアイデンティティについて（陳重仁著, 渡辺丈文訳）　〔04717〕

チン, ジュン　陳 潤

◇中国のスティーブ・ジョブズと呼ばれる男―雷軍伝　陳潤著, 永井麻生子訳　東洋経済新報社

2015.5　343p　19cm　1800円　①978-4-492-50271-6
内容 1 100万ドルの夢想家　2 少年の頃の夢　3 我が青春、我が金山　4 卓越網　5 "毒覇"の実力　6 上場までの8年間　7 百戦錬磨の投資家　8 壮大な夢への再出発　9 20年続く革新の道　10 未来は夢のために　〔04718〕

チン, ショウエイ　陳 昭瑛
◇台湾と伝統文化―郷土愛と抵抗の思想史　陳昭瑛著, 池田辰彰, 池田晶子訳　風響社　2015.12　382p　20cm　〈年表あり〉3000円　①978-4-89489-216-3
内容 第1章 鄭氏政権時代の台湾の中国伝統文化　第2章 朱子学の東方伝播―清朝台湾書院の「学規」における朱子学　第3章 日本統治時代における台湾儒学の植民地体験　第4章 連横の『台湾通史』と清朝の公羊思想　第5章 連横『台湾通史』に見られる「民族」概念―旧学と新義　第6章 日本統治時代の伝統詩社「櫟社」の歴史的転換点―伝統遺民文学から近代民族運動まで　第7章 啓蒙、解放と伝統――九二〇年代台湾知識人の文化考察　第8章 一本の金細工―頼和「一本の"竿秤"」に見られる伝統文化　第9章 同胞の魂、未だ死せず、誰が受け継がんや―葉栄鐘の『初期文集』の志と思想　〔04719〕

チン, ショウセン　陳 捷先
◇華夷秩序と琉球王国―陳捷先教授中琉歴史関係論文集　陳捷先著, 赤嶺守, 張維真監訳　宜野湾　榕樹書林　2014.3　257p　21cm　〈訳：童宏民ほか〉2800円　①978-4-89805-175-7　〔04720〕

チン, ショウソ　陳 昌祖
◇陳昌祖回想録・汪精衛との日々（Memoirs of a citizen of early XX century China）　陳昌祖著, 下田貴美子訳　羊亭社　2014.12　273p　21cm　（羊亭社の歴史の証言シリーズ 1）　1400円　〔04721〕

チン, ショウホウ*　陳 少峰
◇中国の文明―北京大学版　5　世界帝国としての文明　上（隋唐―宋元明）　稲畑耕一郎日本語版監修・監訳, 袁行霈, 厳文明, 張伝璽, 楼宇烈原著主編　紺野達也訳　潮出版社　2015.10　455, 18p　23cm　〈他言語標題：THE HISTORY OF CHINESE CIVILIZATION　文献あり 年表あり 索引あり〉5000円　①978-4-267-02025-4　〔04722〕

◇中国の文明―北京大学版　6　世界帝国としての文明　下（隋唐―宋元明）　稲畑耕一郎日本語版監修・監訳, 袁行霈, 厳文明, 張伝璽, 楼宇烈原著主編　原田信訳　潮出版社　2015.12　476, 20p　23cm　〈他言語標題：THE HISTORY OF CHINESE CIVILIZATION　文献あり 年表あり 索引あり〉5000円　①978-4-267-02026-1
内容 第7章 学問領域の拡大と教育の発展　第8章 北方民族の発展と中華文明への貢献　第9章 外国との関係史の新たな一ページ　第10章 先進的な科学技術と科学観念の発展　第11章 文学の下方への移行と全面的繁栄　第12章 芸術の様相と時代の精神　第13章 多種多彩な社会生活　〔04723〕

チン, セキブン*　陳 錫文
◇転換を模索する中国―改革こそが生き残る道　高尚全主編, 岡本信広監訳, 岡本恵子訳　科学出版社東京　2015.6　375p　21cm　4800円　①978-4-907051-34-1
内容 都市化を進めるなかで「三農」問題を解決する（陳錫文著）　〔04724〕

チン, ソウケン*　陳 宗賢
◇家事事件処理手続の改革　新・アジア家族法三国会議編　日本加除出版　2015.6　172p　21cm　3000円　①978-4-8178-4237-4
内容 台湾家事事件法の実務と運用上の活用（陳宗賢著, 黄浄愉訳）　〔04725〕

チン, ソチン*　陳 蘇鎮
◇中国の文明―北京大学版　3　文明の確立と変容　上（秦漢―魏晋南北朝）　稲畑耕一郎日本語版監修・監訳, 袁行霈, 厳文明, 張伝璽, 楼宇烈原著主編, 柿沼陽平訳　潮出版社　2015.7　474, 18p　23cm　〈他言語標題：THE HISTORY OF CHINESE CIVILIZATION　文献あり 年表あり 索引あり〉5000円　①978-4-267-02023-0　〔04726〕

チン, タン　陳 摶
⇒チン, キイ（陳希夷）

チン, チトウ*　陳 治東
◇環太平洋諸国〈日・韓・中・米・豪〉における外国判決の承認・執行の現状　増田晋編著　商事法務　2014.1　244p　26cm　（別冊NBL No.145）　3400円　①978-4-7857-7117-1
内容 中国（陳治東述, 呂小森訳）　〔04727〕

チン, テイ*　陳 隄
◇近代日本と「満州国」　植民地文化学会編　不二出版　2014.7　590p　22cm　6000円　①978-4-8350-7695-9
内容 戦後における日本人残留孤児問題について 他（陳隄著, 周海林訳, 西田勝補）　〔04728〕

チン, ドクシュウ　陳 独秀
◇陳独秀文集　1　初期思想・文化言語論集　陳独秀〔著〕　長堀祐造, 小川利康, 小野寺史郎, 竹元規人編訳　平凡社　2016.6　382p　18cm　（東洋文庫 872）　〈布装〉3100円　①978-4-582-80872-8
内容 第1部 『安徽俗話報』の創刊から五・四運動まで（『安徽俗話報』創刊の理由　中国の瓜分　国語教育ほか）　第2部 五・四運動から中共建党まで（山東問題と国民の覚醒　『新青年』宣言　民治を実行する基礎 ほか）　付録―陳独秀旧体詩選（西郷南洲遊猟図に題す　曼殊と偕に日本より帰国する舟中にて　華厳の滝 ほか）　〔04729〕

◇陳独秀文集　2　政治論集1 1920‐1929　石川禎浩, 三好伸清編訳　平凡社　2016.10　478p　18cm　（東洋文庫）　3300円　①978-4-582-80876-6
内容 第1部 共産党創設期（1920‐1923）（短言　社会主義批評―広州公立法政学校での演説 ほか）　第2部 国

共合作期(1924‐1927.7)(寸鉄・精神生活と東洋文化 レーニンの死 ほか)　第3部 党最高指導者の地位を逐われて(1927.8‐1929)(寸鉄　中共中央常務委同志諸兄への書簡(一九二七年十一～十二月) ほか)　第二巻解説(マルクス・レーニン主義の受容　共産党を率いて ほか)　〔04730〕

チン, ハクウ　陳 破空

◇日米中アジア開戦　陳破空著, 山田智美訳　文芸春秋　2014.5　261p　18cm　(文春新書 976)　800円　①978-4-16-660976-5

内容 第1章 軍国主義は日本ではなく中国だ　第2章 中国の隣国いじめ　第3章 文革世代、習近平の弱点　第4章 尖閣諸島、北京の危険な賭け　第5章 開戦、そのとき中国の同盟国は？　第6章 百年の腐敗 北洋水師と解放軍　第7章 日中開戦シミュレーション―激戦尖閣諸島　第8章 米中サイバー大戦　第9章 ヒートアップする米中対立　第10章 米中開戦のシミュレーション―サイバー攻防から開戦へ　〔04731〕

◇赤い中国の黒い権力者たち　陳破空著, 山田智美訳　幻冬舎ルネッサンス　2014.6　262p　18cm　(幻冬舎ルネッサンス新書 ち-1-1)　〈文献あり〉　778円　①978-4-7790-6107-3

内容 第1章 毛沢東―「同志」を次々と謀殺した赤い暴君　第2章 周恩来―徹底して「二番手」に甘んじ、民衆も虜に　第3章 林彪―戦神も暴君にはかなわず、モンゴル荒原に死す　第4章 鄧(とう)小平―「垂簾聴政」老人政治を始める　第5章 胡耀邦・趙紫陽―最も開放的な時代をつくった改革者の悲劇　第6章 江沢民―権力闘争の中毒者　第7章 胡錦濤―人民の血に染まった「吠えない犬」　第8章 江沢民・胡錦濤―20年の闘争　第9章 習近平―内権力闘争が導く対日強硬姿勢　第10章 開戦は避けられないのか？　―日中関係の未来　〔04732〕

チン, ブンイ*　陳 雯怡

◇中国伝統社会への視角　汲古書院　2015.7　386, 10p　22cm　(宋代史研究会研究報告 第10集　宋代史研究会編)　11000円　①978-4-7629-6553-1

内容 大隠は「士」に隠る(陳雯怡著, 桜井智美訳)　〔04733〕

チン, ヘイゲン*　陳 平原

◇漂泊の叙事―一九四〇年代東アジアにおける分裂と接触　浜田麻矢, 薛化元, 梅家玲, 唐顥芸編　勉誠出版　2015.12　561p　22cm　8000円　①978-4-585-29112-1

内容 詩句は流亡を記すのみにあらず(陳平原著, 津守陽訳)　〔04734〕

チン, ヘイセン*　陳 丙先

◇現代アジアにおける華僑・華人ネットワークの新展開　清水純, 潘宏立, 庄国土編　風響社　2014.2　577p　22cm　〈文献あり〉　7000円　①978-4-89489-195-1

内容 一九七〇年代中期以降のビルマ(ミャンマー)華人社団の発展と変化(陳丙先著, 玉置充子訳)　〔04735〕

チン, ヘキ*　陳 碧

◇僑郷―華僑のふるさとをめぐる表象と実像　川口幸大, 稲沢努編　大津　行路社　2016.3　314p　22cm　(中国の底流シリーズ 6―東北アジア研究専書)　3000円　①978-4-87534-382-0

内容 「故郷」とのつながりの発見(陳碧著, 兼城糸絵訳)　〔04736〕

チン, ホウキン*　沈 奉謹

◇東アジア古文化論攷　part 1　高倉洋彰編　福岡　中国書店　2014.4　481p　26cm　〈他言語標題：Studies in East Asian archaeology and history　文献あり〉　①978-4-903316-37-6

内容 泗川勒島C地区住居址と温突(沈奉謹著, 田中聡一訳)　〔04737〕

チン, リョウニン　陳 俍任

◇本心―張栄発の本音と真心　張栄発述, 陳俍任インタビュー・文, 宮下和大, 邱瑋琪訳　〔柏〕　麗沢大学出版会　2015.12　226p　21cm　〈発売：広池学園事業部(柏)〉　1200円　①978-4-89205-631-4

内容 第1部 思　第2部 志　第3部 識　第4部 愛　第5部 真　第6部 善　第7部 伝　〔04738〕

【ツ】

ツァイリンガー, ガブリエル　Zeilinger, Gabriel

◇災害と復興の中世史―ヨーロッパの人びとは惨禍をいかに生き延びたか (Katastrophen im Spätmittelalter)　G.フーケー,G.ツァイリンガー〔著〕, 小沼明生訳　八坂書房　2015.4　260, 34p　22cm　〈文献あり 索引あり〉　4500円　①978-4-89694-186-9

内容 序章 "人間の環境"としての災害　1 洪水―バーゼル、一五二九年六月十四日/一五三〇年七月四日　2 高潮―ルングホルトの神話　3 難破―地中海で、また北海で　4 地震―十四・十五世紀の証言から　5 飢饉―慈悲なき自然のみでなく…　6 火災―燃える都市、救命と消火　7 疫病―果てしなき災厄　8 戦火―南ドイツ、一四四九‐五〇年/ノイス、一四七四‐七五年　9 悪貨―貨幣暴落の災害と、支配層の詐欺行為　惨禍 Extremereignisse―結びにかえて　〔04739〕

ツァプリカ, M.A.

◇シャーマニズムとはなにか―シベリア・シャーマニズムから木曽御岳信仰へ (Aboriginal Siberia (抄訳), The psychomental complex of the Tungus (抄訳))　菅原寿清編訳　岩田書院　2016.2　485p　22cm　11800円　①978-4-86602-943-6

内容 シベリアの先住民(抄)(M.A.ツァプリカ著)　〔04740〕

ツイ, イェニー

◇愛する者は死なない―東洋の知恵に学ぶ癒し　カール・ベッカー編著, 駒田安紀監訳　京都　晃洋書房　2015.3　151p　20cm　(京都大学こころの未来研究センターこころの未来叢書 2)　1500円　①978-4-7710-2535-6

内容 中国人遺族の経験(セシリア・チャン, エイミー・チョウ, サミュエル・ホー, イェニー・ツイ, アグネス・ティン, ブレンダー・クー, エレイン・クー著, 赤塚京子訳)　〔04741〕

ツ

ツィーグラー, イヴォンヌ　Ziegler, Yvonne

◇キャリアウーマンたちの挑戦―ドイツ人女性の目がとらえた25人の日本女性のキャリア追求の道のり（Japanische Frauen in Führungspositionen）イヴォンヌ・ツィーグラー著, 志学社訳・監修　志学社　2016.1　220p　21cm　〈文献あり〉2000円　①978-4-904180-55-6

内容 第1章 はじめに（問題の所在　本書の目的　調査の構想）第2章 日本の働く女性たち（歴史の再検討　日本社会での女性像　現在の職業女性の状況　仕事と家庭との両立　日本の管理職の女性）第3章 日本のキャリアウーマンに関する実証的研究（本研究調査の理論的背景　調査の方法と組み立て　テーマ毎の評価　日本のキャリアウーマンの人生設計に関しての分析）第4章 総括　〔04742〕

◇キャリアウーマンたちの挑戦―ドイツ人女性の目がとらえた25人の日本女性のキャリア追求の道のり（Japanische Frauen in Führungspositionen）イヴォンヌ・ツィーグラー著, 志学社翻訳・監修　改訂版　志学社　2016.7　227p　19cm　〈文献あり〉1800円　①978-4-904180-58-7

内容 第1章 はじめに（本書のテーマ　本書の目的　調査の構想）第2章 日本の働く女性たち（歴史を振り返って　日本社会での女性像　現代の働く女性の状況ほか）第3章 日本のキャリアウーマンに関する実証的研究（本研究調査の理論的背景　調査の方法と構成　テーマごとの評価 ほか）第4章 総括　〔04743〕

ツィーグラー, A.*　Ziegler, Albert

◇自己調整学習ハンドブック（HANDBOOK OF SELF-REGULATION OF LEARNING AND PERFORMANCE）バリー・J.ジマーマン, ディル・H.シャンク編, 塚野州一, 伊藤崇達監訳　京都　北大路書房　2014.9　434p　26cm　〈索引あり〉5400円　①978-4-7628-2874-4

内容 小学校の児童の宿題遂行を通じた自己調整のトレーニング（Heidrun Stoeger, Albert Ziegler著, 篠ヶ谷圭太訳）　〔04744〕

ツイード, トマス

◇ブッダの変貌―交錯する近代仏教　末木文美士, 林淳, 吉永進一, 大谷栄一編　京都　法藏館　2014.3　415, 11p　22cm　（日文研叢書）〈他言語標題：TRANSFORMATIONS of the BUDDHA　索引あり〉8000円　①978-4-8318-6226-6

内容 秘教主義者、合理主義者、ロマン主義者（トマス・ツイード著, 島津恵正抄訳）　〔04745〕

◇ブッダの変貌―交錯する近代仏教　末木文美士, 林淳, 吉永進一, 大谷栄一編　京都　人間文化研究機構国際日本文化研究センター　2014.3　415, 11p　22cm　（日文研叢書 51）〈他言語標題：Transformations of the Buddha　文献あり〉非売品　①978-4-901558-64-8

内容 秘教主義者、合理主義者、ロマン主義者（トマス・ツイード著, 島津恵正抄訳）　〔04746〕

ツィーロク, ヘニンク

◇なぜ“平和主義”にこだわるのか（ENTRÜSTET EUCH！　―WARUM PAZIFISMUS FÜR UNS DAS GEBOT DER STUNDE BLEIBT）マルゴット・ケースマン, コンスタンティン・ヴェッカー編, 木戸衛一訳　いのちのことば社　2016.12　261p　19cm　1500円　①978-4-264-03611-1

内容 平和への権利―「平和の文化」の実例（ハイケ・ヘンゼル, ヘニンク・ツィーロク）　〔04747〕

ツィンク, ヨエルク

◇なぜ“平和主義”にこだわるのか（ENTRÜSTET EUCH！　―WARUM PAZIFISMUS FÜR UNS DAS GEBOT DER STUNDE BLEIBT）マルゴット・ケースマン, コンスタンティン・ヴェッカー編, 木戸衛一訳　いのちのことば社　2016.12　261p　19cm　1500円　①978-4-264-03611-1

内容 敵を愛して初めて平和が生まれる（ヨエルク・ツィンク）　〔04748〕

ツィンマーマン, ハンス・ディーター　Zimmermann, Hans Dieter

◇マルティンとフリッツ・ハイデッガー―哲学とカーニヴァル（Martin und Fritz Heidegger）ハンス・ディーター・ツィンマーマン著, 平野嘉彦訳　平凡社　2015.3　287p　20cm　〈文献あり〉3000円　①978-4-582-70338-2

内容 小さな町　両親　教区　鐘撞き　先祖　フリッツ道化　教師　一九三四年のカーニヴァル　一九三三年の革命〔ほか〕　〔04749〕

ツィンマーマン, ミヒャエル

◇シリーズ大乗仏教　8　如来蔵と仏性　高崎直道監修, 桂紹隆, 斎藤明, 下田正弘, 末木文美士編　春秋社　2014.1　365p　22cm　〈文献あり〉3500円　①978-4-393-10168-1

内容 『如来蔵経』再考（ミヒャエル・ツィンマーマン著, 日野慧運訳）　〔04750〕

ツィンマーマン, R.　Zimmermann, Reinhard

◇ヨーロッパ意思表示論の展開と民法改正―ハイン・ケッツ教授古稀記念（Störungen der Willensbildung bei Vertragsschluss）R.ツィンマーマン編集, 半田吉信訳著　信山社　2014.6　287p　22cm　（総合叢書 2―〔民法〕）〈索引あり〉8800円　①978-4-7972-5452-5

内容 錯誤 ヴォルフガング・エルンスト 著. 比較法における価値を高める性質に関する売主の錯誤 ホルガー・フライシャー 著. 絵画の売買と錯誤 半田吉信 著. 契約法における虚言 ゲルハルト・ヴァーグナー 著. 日独における労働者の嘘をつく権利 半田吉信 著. 契約商議における強制手段 ホルスト・アイデンミュラー 著. 重い負担となる約束の真摯さのコントロール ニルス・ヤンセン 著. 意思妨害における制裁メカニズム ハンス・クリストフ・グリゴライト 著. 競争法による決定自由の予防的保護 フロリアン・ファウスト 著. 意思表示論の立法的展開 半田吉信 著　〔04751〕

ツェトル, ロバート・D.　Zettle, Robert D.

◇アクセプタンス&コミットメント・セラピー実践ガイド―ACT理論導入の臨床場面別アプローチ（A Practical Guide to Acceptance and Commitment Therapy）スティーブン・C.ヘイズ, カーク・D.ストローサル編著, 谷晋二監訳, 坂本律訳　明石書店　2014.7　473p　22cm　〈文献あり〉5800円　①978-4-7503-4046-3

内容 感情障害を対象としたACT（ロバート・D.ツェトル）〔04752〕

ツェラー, ギュンター　Zöller, Günter
◇フィヒテを読む（Fichte lesen）　ギュンター・ツェラー著, 中川明才訳　京都　晃洋書房　2014.11　136, 19p　20cm　〈文献あり 索引あり〉2200円　①978-4-7710-2584-4
内容 第1章 フィヒテを読む　第2章 生涯と作品の概観　第3章 哲学的思惟―カントとともに、カントに抗して、そしてカント以後　第4章 自由の体系　第5章 存在・知・世界　第6章 将来の哲学　第7章 フィヒテ―昨日・今日・明日〔04753〕

ツェリック, アイディン
◇ドイツ会計現代化論　佐藤博明, ヨルク・ベェトゲ編著　森山書店　2014.4　185, 5p　22cm　〈索引あり〉3500円　①978-4-8394-2140-3
内容 ドイツ会計の国際化（ヨルク・ベェトゲ, アイディン・ツェリック, マルクス・マイ著, 佐藤博明訳）〔04754〕

ツェルツヴァーゼ, ギオルギ
◇中東欧地域における私法の根源と近年の変革（Geschichtliche Wurzeln und Reformen in mittel-und osteuropäischen Privatrechtsordnungen）　奥田安弘, マルティン・シャウアー編, 奥田安弘訳　八王子　中央大学出版部　2014.11　190p　21cm　（日本比較法研究所翻訳叢書 70）　2400円　①978-4-8057-0371-7
内容 19世紀以前のグルジア法の歴史（ギオルギ・ツェルツヴァーゼ著）〔04755〕

ツォンカパ　Tson kha pa Blo bzan grags pa
◇中論註『正理の海』―全訳　ツォンカパ〔著〕, クンチョック・シタル, 奥山裕訳　浦安　起心書房　2014.3　876p　22cm　16000円　①978-4-907022-06-8〔04756〕
◇菩提道次第大論の研究　2（A Study of The Great Treatise on the Stages of the Path to Enlightenment.Volume2）　ツォンカパ〔著〕, ツルティム・ケサン, 藤仲孝司訳著　京都　UNIO　2014.10　526p　27cm　〈索引あり　発売：星雲社〉6000円　①978-4-434-19817-5
内容 本文和訳（大士の道の次第―序論　大乗に入る門―発菩提心　アティシャの教え―七つの因果　シャーンティデーヴァの教え―自他の交換　菩提心を受ける儀軌　菩提心を維持し増長させる　六波羅蜜の行に入る　大乗の修学の仕方（1）―自己を成熟させる六波羅蜜　施与の波羅蜜　戒の波羅蜜 ほか）　訳註〔04757〕

ツガワ, ユウスケ*　津川 友介
◇包括的で持続的な発展のためのユニバーサル・ヘルス・カバレッジ―日本からの教訓（Universal health coverage for inclusive and sustainable development）　池上直己編著　日本国際交流センター　2014.9　240p　21cm　〈文献あり〉①978-4-88907-139-9
内容 日本の医療制度の政治的・歴史的背景 他（ジョン・C.キャンベル, 池上直己, 津川友介）〔04758〕

ツバイク, ジェイソン　Zweig, Jason
◇金融版悪魔の辞典（The Devil's Financial Dictionary）　ジェイソン・ツバイク著, 長尾慎太郎監修, 井田京子訳　パンローリング　2016.12　268p　22cm　（ウィザードブックシリーズ 243）　2000円　①978-4-7759-7212-0
内容 AAA　EBITDA　ETF　GAAP　HFT　IPO　LIBOR　OPM　PER　QE〔ほか〕〔04759〕

ツール, デビッド
◇イスラエル情報戦史（ISRAEL'S SILENT DEFENDER）　佐藤優監訳, アモス・ギルボア, エフライム・ラピッド編, 河合洋一郎訳　並木書房　2015.6　373p 図版32p　21cm　〈年表あり〉2700円　①978-4-89063-328-9
内容 軍事作戦とインテリジェンス（デビッド・ツール著）〔04760〕

ツルネン, マルテイ　弦念 丸呈
◇フィンランド人が語るリアルライフ―光もあれば影もある　ツルネンマルテイ著訳　新評論　2014.12　335p　19cm　2800円　①978-4-7948-0988-9
内容 引退後の喜びはボランティア活動―ヘレナとライモ夫妻　大手テクノロジー企業の管理職の目から―ヨウニ・ツルネン　芸術家たちの悩みと喜び―エイラとイエッセ　テレビ局の報道記者が見るフィンランド―カリとマルヨ夫妻　結婚しなくても幸せ―マルユット・パティヤス　三か国での文化体験を活かして―シニとヨッシ　牧師と教師という夫婦のライフスタイル―タパニとヴィリピ　日本人妻を迎えて得た穏やかな幸せ―ユハと万理美　日本での長い滞在を活かして―イルポとアイノ・リーッタ　医者が見るフィンランド―パイビ・ケキャライネン　都会で自然とともに暮らすコイブラ家―レオ、カイサ、サンッパ　狩りを趣味にするカップル―ヤーナとユッシ〔04761〕

【テ】

デー, クリストファー　Day, Christopher
◇教師と学校のレジリエンス―子どもの学びを支えるチーム力（Resilient Teachers, Resilient Schools）　クリストファー・デー, キン・グー著, 小柳和喜雄, 木原俊行監訳　京都　北大路書房　2015.11　245p　21cm　〈索引あり〉3000円　①978-4-7628-2911-6
内容 1 教師のレジリエンスの本質（レジリエンスの本質―学際的な研究の展望　学校における優れた教授―学習は、なぜレジリエンスを必要とするのか　ウェルビーイング、感情、そしてケアの重要性）　2 教師のレジリエンスを形づくる…文脈の勘案（職場におけるアイデンティティとコミットメント―職業的自己の役割　教師の成長、教師であり続けること、教師としての再生　レジリエンスを活性化する職場の諸要因）　3 教師のレジリエンスで何が問題となるか（レジリエントなリーダーと学校　教職歴全体を通したコミットメントと有能さに関するレジリエンスの役割―現場から明らかになったこと　耐え抜くことを超えて

―変革期にあって教師のレジリエンスと質を維持するために）〔04762〕

テイ, イ　程 頤

◇二程全書―二程遺書全訳　程顥, 程頤〔著〕, 野口豊太訳　名古屋　ブイツーソリューション　2016.5　424p　21cm　3000円　①978-4-86476-404-9〔04763〕

テイ, イチュウ*　鄭 維中

◇南蛮・紅毛・唐人―一六・一七世紀の東アジア海域　中島楽章編　京都　思文閣出版　2013.12　405, 3p　22cm　6800円　①978-4-7842-1681-9
内容 清朝の台湾征服とオランダ東インド会社（鄭維中著, 郭陽訳）〔04764〕

テ

テイ, ウセキ*　鄭 宇碩

◇変容する華南と華人ネットワークの現在　谷垣真理子, 塩出浩和, 容応萸編　風響社　2014.2　498p　22cm 〈文献あり〉6000円　①978-4-89489-193-7
内容 広東（鄭宇碩著, 石塚洋介訳）〔04765〕

テイ, オンフ　程 恩富

◇経済学方法論　上巻　中国マルクス主義経済学の視点　程恩富, 胡楽明編著, 岡部守, 薛宇峰監修　八朔社　2015.9　394p　22cm　4200円　①978-4-86014-074-8〔04766〕

◇経済学方法論　下巻　中国マルクス主義経済学の外延的拡大　程恩富, 胡楽明編著, 岡部守, 薛宇峰監修　八朔社　2016.1　381p　22cm　4200円　①978-4-86014-075-5〔04767〕

テイ, キ*　丁 輝

◇中国エスニック・マイノリティの家族―変容と文化継承をめぐって　新保敦子編　国際書院　2014.6　284p　21cm　（早稲田現代中国研究叢書 4）〈索引あり〉2800円　①978-4-87791-259-8
内容 新疆に生きる（丁輝述, 鄭新蓉, 魏曼華, 王倩, 武閃瑤インタビュアー, 王倩, 武閃瑤編集, 山口香苗訳, 新保敦子校閲）〔04768〕

テイ, ギドウ*　鄭 義道

⇒チョン, イド*

テイ, キュウダ*　鄭 求兌

⇒チョン, クテ*

テイ, コウ　程 顥

◇二程全書―二程遺書全訳　程顥, 程頤〔著〕, 野口豊太訳　名古屋　ブイツーソリューション　2016.5　424p　21cm　3000円　①978-4-86476-404-9〔04769〕

テイ, コウセイ　鄭 鴻生

◇台湾68年世代、戒厳令下の青春―釣魚台運動から学園闘争、台湾民主化の原点へ　鄭鴻生著, 丸川哲史訳　作品社　2014.1　311p　20cm　2400円　①978-4-86182-468-5
内容 前夜　1968―南一中と建中の出会い　不穏な空気―最後の大学論壇　キャンパスの冬開け―保衛釣魚台運動　烽火の不如帰城―台大民主抗争　もう一つの活路―左翼の思想資源　この土地この民―左翼のもう一つの闘いの場　身近の出来事―民族主義論戦の始まり　黒い潮流の噴出―歴史の伏線とその奇妙さ　嵐の到来―国家機構が動いた日　周辺部の闘争―女性主義の誕生の声　エピローグ〔04770〕

◇台湾少女、洋裁に出会う―母とミシンの60年　鄭鴻生著, 天野健太郎訳　紀伊国屋書店　2016.9　268p　18cm 〈文献あり〉1700円　①978-4-314-01143-3
内容 序―六〇年の洋裁人生　目覚めのころ 1931‐36　学びのころ 1936‐44　戦中戦後の混乱を生きる 1944‐53　独立のころ 1953　夢中で仕事をしていた 1953‐60　路地裏で花開く洋裁学校の全盛期 1960‐74　終わりの季節―1974‐94　終わりに―最後の盛装〔04771〕

テイ, コンショク　鄭 根埴

⇒チョン, グンシク

テイ, ザイテイ　鄭 在貞

⇒チョン, ジェジョン

テイ, ザイテツ　鄭 在哲

⇒チョン, ジェチョル*

テイ, シュウカ*　鄭 周河

⇒チョン, チュハ*

テイ, ショウケン*　鄭 鍾賢

⇒チョン, ジョンヒョン*

テイ, ジョシ　鄭 如斯

◇中国の紙と印刷の文化史　銭存訓著, 鄭如斯編, 久米康生訳　新装版　法政大学出版局　2015.5　420p　21cm　6500円　①978-4-588-37118-9
内容 第1章 緒論　第2章 紙の性質と変化　第3章 造紙の技術と方法　第4章 紙の用途と紙製品　第5章 中国印刷術の起源と発展　第6章 中国印刷の技術と工程　第7章 中国印刷の芸術性と図絵　第8章 紙と印刷術の西伝　第9章 紙と印刷術の東漸と南伝　第10章 紙と印刷術の世界文明への貢献〔04772〕

テイ, シンエイ*　鄭 震英

⇒チョン, チンヨン*

テイ, シンリツ*　鄭 新立

◇転換を模索する中国―改革こそが生き残る道　高尚全主編, 岡本信広監訳, 岡本恵子訳　科学出版社東京　2015.6　375p　21cm　4800円　①978-4-907051-34-1
内容 経済発展のパターン転換の実現（鄭新立著）〔04773〕

テイ, ズイメイ*　鄭 瑞明

◇台湾植民地史の研究　檜山幸夫編　ゆまに書房　2015.3　441p　21cm　3800円　①978-4-8433-4763-8
内容 オランダ人から見た鄭成功像の考察（鄭瑞明著, 鈴木哲造訳）〔04774〕

◇転換期の台湾史研究　檜山幸夫編　名古屋　中

京大学社会科学研究所　2015.3　441p　22cm　(社研叢書 37)　①978-4-908282-01-0
内容 オランダ人から見た鄭成功像の考察(鄭瑞明著, 鈴木哲造訳)　〔04775〕

デイ, スティーブン
◇EUの規範政治―グローバルヨーロッパの理想と現実　臼井陽一郎編　京都　ナカニシヤ出版　2015.6　321p　21cm　〈他言語標題：The Normative Politics of the European Union　索引あり〉3500円　①978-4-7795-0926-1
内容 ユーロ政党とEUの価値規範(スティーブン・デイ著, 臼井陽一郎訳)　〔04776〕

テイ, セイケン*　丁 世鉉
⇒チョン, セヒョン*

テイ, セイテツ*　鄭 成哲
⇒チョン, ソンチョル*

テイ, センハン　程 千帆
◇中国古典学への招待―目録学入門　程千帆, 徐有富著, 向嶋成美, 大橋賢一, 樋口泰裕, 渡辺大訳　研文出版(山本書店出版部)　2016.9　493, 49p　20cm　(研文選書 125)　〈文献あり 年表あり 索引あり〉3600円　①978-4-87636-409-1
内容 第1章 目録と目録学　第2章 目録の構造とその機能　第3章 目録の著録事項　第4章 目録分類の沿革　第5章 総合目録　第6章 学科目録　第7章 特種目録　第8章 目録の編製　〔04777〕

テイ, タツ*　鄭 達
◇現代アジアにおける華僑・華人ネットワークの新展開　清水純, 潘宏立, 庄国土編　風響社　2014.2　577p　22cm　〈文献あり〉7000円　①978-4-89489-195-1
内容 一九八〇年代以降のマレーシア華人社団の新たな発展(鄭達著, 玉置充子訳)　〔04778〕

テイ, チエイ*　鄭 智泳
⇒チョン, ジヨン*

デイ, テリー・ジーン　Day, Terry Jean
◇基本がわかるビジュアル聖書ガイド(Candle Bible Handbook)　テリー・ジーン・デイ, キャロル・J.スミス文, ティム・ダウリー編　いのちのことば社　2015.11　239p　25cm　〈翻訳協力：大塚春香, 鈴木結実, 松本朋子　索引あり〉2000円　①978-4-264-03431-5　〔04779〕

テイ, テンケン　程 天権
◇日本人には決して書けない中国発展のメカニズム　程天権著, 日中翻訳学院監訳, 中西真訳　日本僑報社(発売)　2015.12　151p　19cm　2500円　①978-4-86185-143-8
内容 序章 中国現代化の幕開と歴史的選択　第1章 中国の特色ある社会主義経済―その発展とモデル　第2章 社会主義「和諧社会」の建設　第3章 中国の特色ある政党制度　第4章 国家の復興と中国外交　終章 中国の道の特色、国際的影響、その未来　〔04780〕

テイ, ビホウ*　程 美宝
◇変容する華南と華人ネットワークの現在　谷垣真理子, 塩出浩和, 容応萸編　風響社　2014.2　498p　22cm　〈文献あり〉6000円　①978-4-89489-193-7
内容 華南研究(程美宝著, 土肥歩訳)　〔04781〕

テイ, ビン*　鄭 敏
◇日中両国から見た「満洲開拓」―体験・記憶・証言　寺林伸明, 劉含発, 白木沢旭児編　御茶の水書房　2014.2　26, 588p　22cm　〈索引あり〉9400円　①978-4-275-01061-2
内容 占領時期の中国東北における農業経済の植民地化(鄭敏著, 胡慧君訳)　〔04782〕
◇近代日本と「満州国」　植民地文化学会編　不二出版　2014.7　590p　22cm　6000円　①978-4-8350-7695-9
内容 日本資本の東北での拡張(鄭敏著, 文楚雄訳)　〔04783〕

テイ, ブンキツ*　鄭 文吉
⇒チョン, ムンギル*

テイ, ヘイセツ*　鄭 炳説
⇒チョン, ビョンソル*

テイ, メイセキ　鄭 明析
⇒チョン, ミョンソク*

テイ, リョウセイ　鄭 樑生
◇明代の倭寇　鄭樑生著, 曽煥棋, 何義麟編訳　汲古書院　2013.12　263, 9p　20cm　(汲古選書 65)　〈索引あり〉3500円　①978-4-7629-5065-0　〔04784〕

テイ, レイコウ*　丁 麗興
◇現代アジアにおける華僑・華人ネットワークの新展開　清水純, 潘宏立, 庄国土編　風響社　2014.2　577p　22cm　〈文献あり〉7000円　①978-4-89489-195-1
内容 ポスト・スハルト時代におけるインドネシア華人社団の新たな発展(丁麗興著, 玉置充子訳)　〔04785〕

ティー, V.Y.*　Tee, Ve-Yin
◇記憶の共有をめざして―第二次世界大戦終結70周年を迎えて　川島正樹編　大津　行路社　2015.8　533p　22cm　(南山大学地域研究センター共同研究シリーズ 8)　〈英語抄訳付〉4500円　①978-4-87534-381-3
内容 日本によるシンガポール占領の未公認の歴史(Ve-Yin Tee著, 川島正樹訳)　〔04786〕

ディアコヌス, パウルス　Diaconus, Paulus
◇ランゴバルドの歴史(Historia Langobardorum)　パウルス・ディアコヌス著, 日向太郎訳　知泉書館　2016.12　269p　21cm　6000円　①978-4-86285-245-8
内容 第1巻(ゲルマニアについて、この地が多くの民族を育み、そしてそれ故多くの部族がゲルマニアから移住することになったこと。スカンジナビア島について、及びこの島をウィンニリ、すなわちランゴバルドが後にしたこと。 ほか) 第2巻(いかにしてランゴバルドは、帝国書記官ナルシスの命令に従って、対ゴート戦において彼に援護を与えたか。 いかにしてナルシスは、フランクの指揮官ブッケッリヌスとアミングスに勝利したか。第三の指揮官レウタリウスの死について。 ほか) 第3巻(ランゴバルドの諸公が略奪のためにガリアに侵入したこと。彼らの来襲を福音ホスピティウスがだいぶ前から予言していたこと。 福者ホスピティウスを暗殺しようとしたランゴバルドのこと。いかにして彼の右手が硬直したか、そしていかにして彼の右手がその聖人によって健康な状態に回復したか。そのランゴバルドが修道士になったこと。 ほか) 第4巻(アギルルフ王が、人質のためにフランスに使者を派遣したこと。 同じ年にあった旱魃とイナゴの大群について。 ほか) 第5巻(いかにしてグリムアルドが、王権を固めた後に、アリペルト王の娘を娶ったか。 ペルクタリトの逃亡について。いかにして彼がグリムアルドの許に戻り、そして再びフランスに逃げたか。 ほか) 〔*04787*〕

テ

ディアデン, J.* Dearden, Jackie

◇インクルーシブ教育の輝ける実例―可能性のスナップショット (Snapshots of possibility) Micheline Mason,Jackie Dearden調査・執筆, 豊高明枝訳 〔枚方〕 放課後クラブ「チャレンジ・キッズ」 2015.3 53p 30cm 〔*04788*〕

ディアマンディス, ピーター・H. Diamandis, Peter H.

◇ボールド突き抜ける力―超ド級の成長と富を手に入れ、世界を変える方法 (BOLD) ピーター・H.ディアマンディス, スティーブン・コトラー著, 土方奈美訳 日経BP社 2015.10 470p 19cm 〈発売：日経BPマーケティング〉 2000円 ①978-4-8222-5105-5

内容 エクスポネンシャル起業家の誕生 第1部 BOLD TECHNOLOGY―突き抜けるテクノロジー(さらばリニア思考―ようこそエクスポネンシャルの世界へ エクスポネンシャル・テクノロジー―「世界を変える力」が大衆化する 世界を変える五つの選択肢) 第2部 BOLD MINDSET―突き抜けるマインドセット(高みを目指す 突き抜ける秘訣 大富豪の知恵―スケールの大きな発想法) 第3部 THE BOLD CROWD―突き抜けるクラウドの力(クラウドソーシング―ライジング・ビリオンの市場 クラウドファンディング―おカネがなければ始まらない コミュニティーをつくる 賞金付きコンテスト―とびきり優秀な人材に課題解決に協力してもらう方法) 〔*04789*〕

ディアラブ, デス Dearlove, Des

◇ストラテジー (Strategy) スチュアート・クレイナー, デス・ディアラブ著, 鈴木立哉訳 プレジデント社 2014.10 255p 19cm (THINKERS 50) 1500円 ①978-4-8334-2102-7

内容 第1章 戦略論の世界 第2章 競争優位を理解する 第3章 コア・コンピタンスを見出す 第4章 ハイパーコンペティションを乗り切る 第5章 ブルー・オーシャンを探検する 第6章 戦略を行動に移す 第7章 戦略が社会に出合う 第8章 戦略が世界に出合う 〔*04790*〕

◇マネジメント (Management) スチュアート・クレイナー, デス・ディアラブ著, 有賀裕子訳 プレジデント社 2014.10 255p 19cm (THINKERS 50) 1500円 ①978-4-8334-2101-0

内容 第1章 マネジメントの発祥 第2章 マネジャーの仕事 第3章 働く人の動機づけ 第4章 業務プロセスの管理 第5章 成果の把握 第6章 変化のマネジメント 第7章 人材のマネジメント 第8章 グローバル経営 第9章 マネジメントと感情 第10章 ミレニアム世代のマネジメント 〔*04791*〕

◇イノベーション (Innovation) スチュアート・クレイナー, デス・ディアラブ著, 関美和訳 プレジデント社 2014.11 223p 19cm (THINKERS 50) 1500円 ①978-4-8334-2108-9

内容 第1章 イノベーションの歴史 第2章 破壊的イノベーション 第3章 未来を共創する 第4章 オープン・イノベーション 第5章 バック・トゥ・ザ・フューチャー 第6章 マネジメント・イノベーション 第7章 イノベーションを導く 第8章 イノベーションと戦略 第9章 社会を変えるイノベーション 〔*04792*〕

◇リーダーシップ (Leadership) スチュアート・クレイナー, デス・ディアラブ著, 東方雅美訳 プレジデント社 2014.11 271p 19cm (THINKERS 50) 1500円 ①978-4-8334-2109-6

内容 第1章 リーダーシップ研究の変遷 第2章 クルーシブルがリーダーをつくる 第3章 レベル5リーダーシップ 第4章 自分らしいリーダーシップ 第5章 カリスマと影 第6章 フォロワーシップ 第7章 トータル・リーダーシップ 第8章 現場で活用できるリーダーシップ 〔*04793*〕

ディアリー, ヴィンセント Deary, Vincent

◇習慣力―新しい自分の見つけかた (HOW WE ARE) ヴィンセント・ディアリー著, 篠原一光監修, 春日井晶子訳 早川書房 2016.8 347p 19cm 2400円 ①978-4-15-209632-6

内容 踏み固められた小道 第1幕 不変(自動駆動 ハウス・ルール コーザノストラ 他所からの知らせ) 第2幕 変化(第一印象 第二の天性(習慣) 呪文にかけられて もう踊っている) 〔*04794*〕

デイヴィ, スティーヴ Davey, Steve

◇世界のお祭り百科―ビジュアル版 (AROUND THE WORLD IN 500 FESTIVALS) スティーヴ・デイヴィ著, 村田綾子訳 柊風舎 2015.1 271p 26cm 〈索引あり〉 12000円 ①978-4-86498-021-0

内容 アフリカ(マスカル祭/アディスアベバ ティムカット祭/ゴンダール ほか) 南北アメリカ(ジャンカヌー/ナッソー クロップ・オーバー/ブリッジタウン ほか) アジア(白族の火把節(松明祭り)/張家界 長洲島の饅頭祭り/香港 ほか) ヨーロッパ(ツァーリの訪問行事/セメジェボ村 イカロス飛びこみ大会/モスタル ほか) オセアニア(ビール缶レガッタレース/ダーウィン ガーマ・フェスティバル/ガルクラ ほか) 〔*04795*〕

デイヴィス, ウェイド Davis, Wade

◇沈黙の山嶺(いただき)―第一次世界大戦とマロリーのエヴェレスト 上 (INTO THE SILENCE) ウェイド・デイヴィス著, 秋元由紀訳 白水社 2015.6 392p 20cm 3200円 ①978-4-560-08433-5

内容 第1章 グレート・ゲーブル 第2章 想像上のエヴェ

レスト　第3章 攻撃計画　第4章 ヒンクスの目　第5章 マロリー登場　第6章 エヴェレストの入り口　第7章 目の見えない島　第8章 東側からのアプローチ　〔04796〕

◇沈黙の山嶺(いただき)—第一次世界大戦とマロリーのエヴェレスト　下 (INTO THE SILENCE)　ウェイド・デイヴィス著, 秋元由紀訳　白水社　2015.6　401, 8p 図版12p　20cm　〈文献あり 索引あり〉3400円　①978-4-560-08434-2

内容 第9章 ノース・コル　第10章 夢にまで見た頂上　第11章 フィンチの勝利　第12章 生命の糸　第13章 生の代償は死である　〔04797〕

デイヴィス, ウェンディ　Davies, Wendy

◇オックスフォード ブリテン諸島の歴史　3　ヴァイキングからノルマン人へ (The Short Oxford History of the British Isles : From the Vikings to the Normans (800-1100))　鶴島博和日本語版監修　ウェンディ・デイヴィス編, 鶴島博和監訳　慶応義塾大学出版会　2015.10　371, 49p　22cm　〈文献あり 年表あり 索引あり〉7400円　①978-4-7664-1643-5

内容 序論 他(ウェンディ・デイヴィス著, 鶴島博和監訳)　〔04798〕

デイヴィス, クリストファー・G.

◇死別体験—研究と介入の最前線 (Handbook of Bereavement Research and Practice 原著第3版の抄訳)　マーガレット・S.シュトレーベ, ロバート・O.ハンソン, ヘンク・シュト, ウォルフガング・シュトレーベ編, 森茂起, 森年恵訳　誠信書房　2014.3　322p　22cm　〈文献あり 索引あり〉4400円　①978-4-414-41454-7

内容 目標を再定義する、自己を再定義する(クリストファー・G.デイヴィス著)　〔04799〕

デイヴィス, サミー, Jr.　Davis, Sammy, Jr.

◇インタヴューズ　3　毛沢東からジョン・レノンまで (THE PENGUIN BOOK OF INTERVIEWS)　クリストファー・シルヴェスター編, 新庄哲夫他訳　文芸春秋　2014.6　463p　16cm　(文春学芸ライブラリー—雑英 7)　1690円　①978-4-16-813018-2

内容 サミー・デイヴィス・ジュニア(サミー・デイヴィス・ジュニア述, オリアナ・ファラーチインタヴュアー, 高見浩訳)　〔04800〕

デイヴィス, ジョシュ　Davis, Josh

◇成功する人は、2時間しか働かない—結果を出すための脳と身体のピークのつくり方 (TWO AWESOME HOURS)　ジョシュ・デイヴィス著, 西川美樹訳　徳間書店　2015.6　244p　19cm　1500円　①978-4-19-863962-4

内容 はじめに 最高の結果を生み出す脳と心には理由がある　1 決断の瞬間を見きわめる　2 心のエネルギーを上手に使う　3 無理に集中しようとしない　4 心と身体のつながりを利用する　5 仕事のできる環境をつくる　まとめ 結果を出す人は最高の2時間のつくり方を知っている　〔04801〕

デイヴィス, ヒュー・T.O.　Davies, H.T.O.

◇研究活用の政策学—社会研究とエビデンス (USING EVIDENCE)　サンドラ・M.ナトリー, イザベル・ウォルター, ヒュー・T.O.デイヴィス著, 惣脇宏, 豊浩子, 籾井圭子, 岩崎久美子, 大槻達也訳　明石書店　2015.1　449p　22cm　〈文献あり 索引あり〉5400円　①978-4-7503-4121-7

内容 第1章 はじめに：エビデンスの活用　第2章 研究活用の形態　第3章 研究活用を方向づける要素　第4章 研究活用のモデル　第5章 研究活用改善のメカニズム　第6章 主要な理論と概念：学習理論、ナレッジマネジメント、イノベーション普及理論　第7章 実践における研究活用の改善　第8章 政策における研究活用の改善　第9章 研究インパクト評価　第10章 結論　〔04802〕

デイヴィス, ベティ

◇インタヴューズ　3　毛沢東からジョン・レノンまで (THE PENGUIN BOOK OF INTERVIEWS)　クリストファー・シルヴェスター編, 新庄哲夫他訳　文芸春秋　2014.6　463p　16cm　(文春学芸ライブラリー—雑英 7)　1690円　①978-4-16-813018-2

内容 ベティ・デイヴィス(ベティ・デイヴィス述, レックス・リードインタヴュアー, 渡辺武信訳)　〔04803〕

デイヴィッドソン, ポール　Davidson, Paul

◇ケインズ (John Maynard Keynes)　ポール・デイヴィッドソン著, 小谷野俊夫訳　一灯舎　2014.10　346, 38p　20cm　(マクミラン経済学者列伝)　〈文献あり 索引あり〉2500円　①978-4-907600-27-3

内容 ケインズとケインズの革命的な考えの紹介　第一次大戦とその余波がケインズの考えに与えた影響　ケインズの中道：自由主義は真に新しい道である　ケインズの『一般理論』の前と後　貯蓄と流動性—ケインズの一般理論と古典派理論の概念上の相違　ケインズの総需要関数のさらなる識別化　お金、契約および流動的金融市場の重要性　第二次世界大戦と戦後の開放経済体制　古典派の貿易理論対ケインズの国際貿易と国際収支の一般理論　世界通貨体制の改革　インフレーション：ケインズ革命：誰がコマドリを殺したかを示す証拠　後書：二〇〇八年から〇九年の大金融危機　〔04804〕

ティエボー, ジャン=ルイ

◇現代日本の政治と外交　3　民主主義と政党—ヨーロッパとアジアの42政党の実証的分析 (POLITICAL PARTIES AND DEMOCRACY)　猪口孝監修　猪口孝, ジャン・ブロンデル編　原書房　2014.10　270, 22p　22cm　〈文献あり 索引あり〉4800円　①978-4-562-04960-8

内容 フランス(ジャン・ブロンデル, ジャン=ルイ・ティエボー著, 小林朋則訳)　〔04805〕

ディオニシ, デイビッド・J.　Dionisi, David J.

◇原爆と秘密結社—元米陸軍情報将校が解明した真相 なぜ聖地ナガサキが標的とされたのか (ATOMIC BOMB SECRETS)　デイビッド・J.ディオニシ著, 平和教育協会訳　成甲書房　2015.7　252p　20cm　1700円　①978-4-88086-

329-0
内容 第1部 誰が何のために原爆を創ったのか（この世界に原爆を生んだ秘密結社　秘密結社と血の掟　複合する邪悪勢力）　第2部 なぜ長崎に原爆が落とされたのか（日本の原爆開発計画　「日本のバチカン」長崎の特殊事情　秘密作戦　厳重に封印された秘密）〔04806〕

◇原爆の秘密―長崎になぜ原爆が落されたのか？　核兵器廃絶と第三次世界大戦防止のために真実を知ることを説く！　デイヴィド・J.ディオニシ著, 平和教育協会訳　長崎　聖母の騎士社　2015.7　247p　21cm　1500円　①978-4-88216-362-6
内容 1 死の血盟団　2 血盟団の秘密　3 複合する邪悪勢力　4 日本の原爆開発計画　5 不屈の長崎　6 秘密作戦　7 秘密の保持　第三次世界大戦の防止〔04807〕

テ

ディオン, クリュソストモス　Diōn, Chrysostomos
◇王政論（Dio Chrysostom.five volumes）　ディオン・クリュソストモス〔著〕, 内田次信訳　京都　京都大学学術出版会　2015.8　275, 11p　20cm（西洋古典叢書 G091―弁論集 1　内山勝利, 大戸千之, 中務哲郎, 南川高志, 中畑正志, 高橋宏幸編集委員）〈布装　付属資料：8p：月報 116　索引あり〉3200円　①978-4-87698-912-6
内容 若きヘラクレスの選択―王政論その一（第一篇）少年アレクサンドロスの熱弁―王政論その二（第二篇）皇帝の幸福と友情―王政論その三（第三篇）　ディオゲネスとアレクサンドロスの対話とダイモン論―王政論その四（第四篇）　リビアの蛇女（第五篇）　ディオゲネスの僭主論（第六篇）〔04808〕

ディオン, ダン　Dion, Dan
◇ぼくは、チューズデー―介助犬チューズデーのいちにち（TUESDAY TUCKS ME IN）　ルイス・カルロス・モンタルバン文, ブレット・ウィッター共著, ダン・ディオン写真, おびかゆうこ訳　ほるぷ出版　2015.5　40p　24×24cm　1400円　①978-4-593-50575-3〔04809〕

ディガー, ニコラ　Digard, Nicolas
◇学校へいきたい！―世界の果てにはこんな通学路が！　〔2〕　フランクリン―マダガスカルの13歳（LES CHEMINS DE L'ÉCOLE）〔飫肥糺〕〔編訳〕　六耀社　2016.11　75p　22cm　1400円　①978-4-89737-866-4〔04810〕

ティーガー, ポール・D.　Tieger, Paul D.
◇あなたの天職がわかる16の性格（DO WHAT YOU ARE）　ポール・D.ティーガー, バーバラ・バロン著, 栗木さつき訳　新装版　主婦の友社　2016.6　295p　19cm　1500円　①978-4-07-415824-9
内容 第1部 理想の職業を導いてくれる「性格タイプ」とは（好きに生きる―仕事で満足を覚えるために　自分の性格タイプを知る）　第2部 あなたの長所、短所、適職、成功のポイントがわかる「16の性格」（第2部のはじめに―それぞれの性格タイプに共通する注意事項　タイプ1"責任者"ESTJ型（外向・五感・思考・決断）　タイプ2"努力家"ISTJ型（内向・五感・思考・決断）　タイプ3"社交家"ESFJ型（外向・五感・情緒・決断）　タイプ4"組織人"ISFJ型（内向・五感・情緒・決断）ほか）　第3部 あなたの天職を知るための「ワークシート」　終わりに―年齢を重ね、円熟した人間になるために〔04811〕

D.カーネギー協会
◇D.カーネギーの未来を拓く言葉―真摯に生きるために大切な60の教え（Life is short Make It Great, Embrace Change For Success〔etc.〕）　D.カーネギー協会編, 片山陽子訳　大阪　創元社　2016.4　159p　19cm　1200円　①978-4-422-10038-8
内容 第1章 人といかにつきあうか（箴言1　人間関係の原則 ほか）　第2章 自分の心を整える（ほほえみ　会話 ほか）　第3章 仕事をうまく進めるために（仕事に誇りをもつ　最高のほめ言葉 ほか）　第4章 よりよく生きる知恵（今を生きる　熱中する ほか）〔04812〕

デイカム, ロッド
◇政治学大図鑑（The Politics Book）　ポール・ケリーほか著, 堀田義太郎日本語版監修, 豊島実和訳　三省堂　2014.9　352p　25cm〈索引あり〉4200円　①978-4-385-16226-3〔04813〕

ディキシット, アヴィナッシュ・K.
◇経済学者、未来を語る―新「わが孫たちの経済的可能性」（IN 100 YEARS）　イグナシオ・パラシオス＝ウエルタ編, 小坂恵理訳　NTT出版　2015.2　295p　20cm〈索引あり〉2200円　①978-4-7571-2335-9
内容 二一世紀型経済ハリケーンの不確実性コーン（アヴィナッシュ・K.ディキシット著）〔04814〕

ディキンソン, イアン　Dickinson, Ian
◇危機管理ハンドブック（Emergency Planning Officer's Handbook）　ブライアン・ディロン著, イアン・ディキンソン, フランク・ホワイトフォード, ジョン・ウィリアムソンコンサルタント・エディター, MIMMS日本委員会監訳　へるす出版　2014.2　308p　21cm〈索引あり〉5200円　①978-4-89269-839-2〔04815〕

ディグナン, アーロン
◇いつでもどこでも結果を出せる自己マネジメント術（MANAGE YOUR DAY-TO-DAY）　ジョスリン・K.グライ編, 上原裕美子訳　サンマーク出版　2015.9　233p　19cm〈文献あり〉1500円　①978-4-7631-3493-6
内容 メールに主導権を奪われないための3つのステップ（アーロン・ディグナン）〔04816〕

ディコルテ, E.*　De Corte, Erik
◇自己調整学習ハンドブック（HANDBOOK OF SELF-REGULATION OF LEARNING AND PERFORMANCE）　バリー・J.ジマーマン, ディル・H.シャンク編, 塚野州一, 伊藤崇達監訳　京都　北大路書房　2014.9　434p　26cm〈索引あり〉5400円　①978-4-7628-2874-4
内容 数学的知識とスキルの自己調整（Erik De Corte, Lucia Mason, Fien Depaepe, Lieven Verschaffel著, 瀬尾美紀子訳）〔04817〕

ディシェイン, ロリ

◇いつでもどこでも結果を出せる自己マネジメント術（MANAGE YOUR DAY-TO-DAY）　ジョスリン・K.グライ編, 上原裕美子訳　サンマーク出版　2015.9　233p　19cm　〈文献あり〉1500円　①978-4-7631-3493-6

内容「ソーシャルメディア」を上手に使いこなす方法（ロリ・ディシェイン）〔04818〕

ディシンペル, ロアー

◇ディスアビリティ現象の教育学―イギリス障害学からのアプローチ　堀正嗣監訳　現代書館　2014.3　308p　21cm　（熊本学園大学付属社会福祉研究所社会福祉叢書 24）　4000円　①978-4-7684-3531-1

内容 口出しはいらない、サポートが欲しいんだ（キャスリーン・モルティエ, ロアー・ディシンペル, エリザベス・ドゥ・シャウヴァー, ギァート・ファン・ホーヴェ著, 三好正彦訳）〔04819〕

ディース, キャロル　Diethe, Carol

◇ニーチェと女性たち―鞭を越えて（Nietzsche's Women.Beyond the Whip）　キャロル・ディース著, 真田収一郎訳・解説　風濤社　2015.8　361p　20cm　〈索引あり〉4200円　①978-4-89219-401-6

内容 第1部（家族と友人たち　ニーチェと永遠に女性なるもの　ニーチェと「新しい（めざめた）女性」）　第2部（創造的な女性たちに与えたニーチェの影響　ニーチェと女性フェミニストたち）〔04820〕

ディース, ペリー　Deess, Perry

◇市民の司法参加と民主主義―アメリカ陪審制の実証研究（THE JURY AND DEMOCRACY）　ジョン・ガスティル, ペリー・ディース, フィリップ・J.ワイザー, シンディ・シモンズ著, ダニエル・H.フット監訳, 佐伯昌彦, 森大輔, 笹倉香奈訳　日本評論社　2016.3　340p　21cm　〈文献あり 索引あり〉5300円　①978-4-535-52131-5

内容 民主制への陪審制の貴重な寄与をはじめて実証的に検証する！　第1章 我らの手にある自由　第2章 国家と社会との間で　第3章 陪審員席から投票箱へ　第4章 召喚状に応じる　第5章 市民裁判官　第6章 裁判所からコミュニティへ　第7章 市民としての態度への影響　第8章 陪審制の活性化のために　第9章 政治的社会と熟議民主主義　方法論に関する補足〔04821〕

ディスキン, ユバル

◇イスラエル情報戦史（ISRAEL'S SILENT DEFENDER）　佐藤優監訳, アモス・ギルボア, エフライム・ラピッド編, 河合洋一郎訳　並木書房　2015.6　373p 図版32p　21cm　〈年表あり〉2700円　①978-4-89063-328-9

内容 再構築されたISA（ユバル・ディスキン著）〔04822〕

ディステルラート, ギュンター

◇近代日本と経済学―慶応義塾の経済学者たち　池田幸弘, 小室正紀編著　慶応義塾大学出版会　2015.9　416p　22cm　〈索引あり〉4400円　①978-4-7664-2244-3

内容 気賀勘重とオイゲン・フォン・フィリッポヴィッチ（ギュンター・ディステルラート著, 池田幸弘訳）〔04823〕

ティスロン, セルジュ　Tisseron, Serge

◇「ひきこもり」に何を見るか―グローバル化する世界と孤立する個人　鈴木国文, 古橋忠晃, ナターシャ・ヴェルー, マイア・ファンステン, クリスチーナ・フィギュエイレド編　青土社　2014.11　276p　19cm　2600円　①978-4-7917-6823-3

内容 心理的かつ社会的な脱－連接（セルジュ・ティスロン著）〔04824〕

◇レジリエンス―こころの回復とはなにか（La Résilience）　セルジュ・ティスロン著, 阿部又一郎訳　白水社　2016.12　174, 7p　18cm　（文庫クセジュ）　1200円　①978-4-560-51009-4

内容 第1章 道具箱の歴史（「たくさんの顔を持つ」言葉　アメリカにおける前史 ほか）　第2章 家族、学校、地域―レジリエンスを通じて（レジリエンス因子　家族 ほか）　第3章 成功のレシピ（一つの時代の懸念、関心事　イメージ戦略―隠喩と撞着語法 ほか）　第4章 レジリエンスは確証、説明、予防できるのか？（モラル（道徳）のリスク　トラウマの世代間にまたがる波及を過小評価する危険性 ほか）　結語（レジリエンスと精神医学　レジリエンスと精神分析 ほか）〔04825〕

ディセポロ, Th.　Discepolo, Thierry

◇介入―社会科学と政治行動 1961-2001　1（INTERVENTIONS）　ピエール・ブルデュー〔著〕, F.プポー,Th・ディセポロ編, 桜本陽一訳・解説　藤原書店　2015.3　405p　21cm　（Bourdieu Library）　3600円　①978-4-86578-016-1

内容 革命の中における革命. 革命戦争から革命へ. アルジェリア経験再考. サルトル感傷〈サルトルと私〉。感傷〈私が〉。私が、私が、私が。. ジャコバン・イデオロギー. 私にとって、六八年五月には二つの顔がある……. 教育と研究についての総結集の組織に向けた呼びかけ. 民主化政策のためのノート. 『遺産相続者たち』および『再生産』の受容をめぐって. ドクソゾーフ. 世論. 社会闘争の中の知識人. 発言できないものに言葉を与える. 幸いなるかな、『エスプリ』において貧しき者よ. 『エスプリ』誌とピエール・ブルデューの社会学 フランク・プポー, ティエリー・ディセポロ著. 『社会科学研究紀要』創刊宣言. 科学的方法と対象の社会的ヒエラルキー. 『社会科学紀要』第五 六号合併号巻頭の辞.　支配イデオロギーの生産. 趣味の解剖学. アフガニスタンについて語ってみよう……. 一九七〇－一九八〇年―政治参加とイデオロギー的転換 フランク・プポー, ティエリー・ディセポロ 著. 政治は、「彼ら」のものである. 裏切られた約束. 左翼の絶対自由主義的伝統の復権を. 知識人と権力. 権力の仕掛けを暴きだす. あらゆる人種主義は、本質主義である. ミシェル・フーコーについて. 大学. 未来の教育のための提言. コレージュ・ド・フランス提言の二〇年前. コレージュ・ド・フランス報告書　企業戦士になることの拒否. 教科教育内容の検討のための諸原則. レミュロー校の生徒たちへの手紙. 市民に本来ある徳. 社会的世界についての知識によって批判を基礎づける. 我らが悲惨な国家. 知識人インターナショナルのために. 歴史は、東から立ち上がる. 保守革命の言語. 精神の壁. 知的な責任. 恐怖の円環からどのように脱出すべきか？　『リベール』は、その存在意義である現実的な国際主義に……. 普遍的なものの歴史的形態に役立てるために. 作家議会〔04826〕

テ

◇介入―社会科学と政治行動 1961-2001　2（INTERVENTIONS）　ピエール・ブルデュー〔著〕, F.プポー,Th・ディセポロ編, 桜本陽一訳・解説　藤原書店　2015.3　p408〜727　21cm（Bourdieu Library）　3600円　①978-4-86578-017-8

内容 教育における「合理主義的デマゴギー」の一つの例. 大学. 一つの問題は、別の問題を隠すことがある. 暗殺の手を阻止しよう. 内戦において平和を求める陣営を支持する. 危険にある人物に対する救助懈怠罪. パスコワ氏とその補佐官と外国人. アルジェリアのゲットー化を許すな. 抑圧されたものを暴きだし、広く知らせるということ. 一九九五年一二月のストライキに立ち返って. 社会運動の総結集のためのよびかけ. 「同性愛者を見えるようにするためのパレード」を支持する. 国家による排外主義と闘わなければならない. 国家による人種差別にはうんざりだ. 保守主義革命としての新自由主義. 失業者の行動は、燃え上がっている. 左翼的左翼のために. 我々は、復古の時代の中にいる. 大臣一人では、春は来ない. カール・クラウスのアクチュアリティ. 二〇年後の『リベ』. 言葉の問題. 三面記事事件から、国家スキャンダルへ. メディアの悲惨. ある勘違いにかかわる問題. テレビはテレビを批判できるのだろうか？ 世界の真の支配者たちに問う. 国連アルジェリア調査団員への公開書簡. バルカンにおける、公正かつ持続的な平和のためのヨーロッパ・アピール. ヨーロッパの前衛に立つオーストリアを支持する. ヨーロッパ社会運動総結集にむけた宣言. 地球規模の新たな公認教義　GATSがもたらす脅威についてのユネスコ事務局長への公開書簡. 社会的ヨーロッパは立ち往生している. 組織された力を真の意味で動員するために. 新たな世界秩序への持続的な組織的抵抗のために. 研究者と社会運動. 批判的姿勢を効果的に確立すること. 邂逅、局面、推測 フランク・プポー, ティエリー・ディセポロ著. ピエール・ブルデューによるノート　〔04827〕

テ

ティソツキ, ベラ

◇経験学習によるリーダーシップ開発―米国CCLによる次世代リーダー育成のための実践事例（Experience-Driven Leader Development）　シンシア・D.マッコーレイ,D.スコット・デリュ,ポール・R.ヨスト, シルベスター・テイラー編, 漆嶋稔訳　日本能率協会マネジメントセンター　2016.8　511p　27cm　8800円　①978-4-8207-5929-4

内容 将来のリーダーを育成するジョブローテーション（ベラ・ティソツキ, ローリー・ベヴィエー）〔04828〕

ディーチ, ジャン・クロード　Dietsch, Jean-Claude

◇ペドロ・アルペ―イエズス会士の霊的な旅―ジャン・クロード・ディーチS.J.との自伝的会話（One Jesuit's spiritual journey, autobiographical conversations with Jean-Claude Dietsch, S.J.）　ジャン・クロード・ディーチ〔述〕, ペドロ・アルペ著, 緒形隆之訳　習志野　教友社　2015.7　241p　22cm〈著作目録あり　年譜あり〉2000円　①978-4-907991-15-9　〔04829〕

ディチェンゾ, デービッド・A.　DeCenzo, David A.

◇マネジメント入門―グローバル経営のための理論と実践（Fundamentals of Management 原著第8版の翻訳）　スティーブン・P.ロビンス, デービッド・A.ディチェンゾ, メアリー・コールター著, 高木晴夫監訳　ダイヤモンド社　2014.7　582p　21cm〈文献あり 索引あり〉2800円　①978-4-478-02816-2　〔04830〕

ティーツ, クリスティアーネ

◇東アジアでボンヘッファーを読む―東アジア・ボンヘッファー学会2013　日本ボンヘッファー研究会編　新教出版社　2014.11　182p　21cm（新教コイノーニア 29）　1800円　①978-4-400-32450-8

内容 今日ボンヘッファーの宗教批判から学ぶ 他（クリスティアーネ・ティーツ著, 岡野彩子訳）〔04831〕

ディッカー, ケイティ　Dicker, Katie

◇信じられない「原価」―買い物で世界を変えるための本　3　食べ物―児童労働でつくられた食べ物を買うことができますか？（THE TRUE COST OF FOOD）　稲葉茂勝訳・著, こどもくらぶ編集　ケイティ・ディッカー原著　講談社　2015.2　47p　29cm〈索引あり〉3000円　①978-4-06-219328-3

内容 先進国と開発途上国　サプライチェーンって、何？　需要を満たすために　大企業の力　取引のルール　世界の動き　きびしい労働生活　強制労働　がけっぷちの生活　地球の危機　パイナップルの価格　食べたものがもたらす悪影響　食料問題の解決策　公正な取引をめざす戦い　世界を変える運動　〔04832〕

ディッキー, リサ　Dickey, Lisa

◇未来政府―プラットフォーム民主主義（CITIZENVILLE）　ギャビン・ニューサム, リサ・ディッキー著, 稲継裕昭監訳, 町田敦夫訳　東洋経済新報社　2016.10　368p　20cm　2400円　①978-4-492-21228-8

内容 市民との関係を取り戻す　なぜここまで溝は広がったか　その壁を打ち壊せ！　ガラス張りの家に住む役所の仕事はすべてアプリで　プラットフォームとしての政府　民主主義のためのゲーム　政府版イェルプ　人民による、人民のための投票　小さなダビデの大群　構えろ、撃て、狙え　ポスト党派政治の時代　〔04833〕

ディットマー, ローウェル

◇現代日本の政治と外交　5　日本・アメリカ・中国―錯綜するトライアングル（THE TROUBLED TRIANGLE）　猪口孝監修　猪口孝,G.ジョン・アイケンベリー編　原書房　2014.4　301, 6p　22cm〈文献あり 索引あり〉4800円　①978-4-562-04962-2

内容 日本・中国・ロシアと、アメリカの「頂点」（ローウェル・ディットマー著, 猪口孝監訳）〔04834〕

ディディ＝ユベルマン, ジョルジュ　Didi-Huberman, Georges

◇ヒステリーの発明―シャルコーとサルペトリエール写真図像集　上（INVENTION DE L'HYSTÉRIE 原著第5版のあとがきを加え翻訳）　ジョルジュ・ディディ＝ユベルマン〔著〕, 谷川多佳子, 和田ゆりえ訳　みすず書房　2014.1　263, 21p　20cm（始まりの本）〈「アウラ・ヒ

ステリカ」(リブロポート 1990年刊) の改題、再編集〉 3600円 ①978-4-622-08368-9

内容 1 スペクタクルの明証性 (解放　臨床医学の知識　写真のキャプション　無数の形態の、どれひとつとして) 2 オーギュスティーヌをめぐる呪縛 (アウラ　発作とポーズ) 〔04835〕

◇ヒステリーの発明―シャルコーとサルペトリエール写真図像集　下 (INVENTION DE L'HYSTÉRIE 原著第5版のあとがきを加え翻訳) ジョルジュ・ディディ＝ユベルマン〔著〕, 谷川多佳子, 和田ゆりえ訳　みすず書房　2014.1　257, 38p　20cm　(始まりの本)〈「アウラ・ヒステリカ」(リブロポート 1990年刊) の改題、再編集　文献あり〉 3600円 ①978-4-622-08369-6

内容 2 オーギュスティーヌをめぐる呪縛 (続き) (反復、演出　スペクタクルの呼び物　補遺) あとがき イメージと病/悪 〔04836〕

◇人民とはなにか? (Qu'est-ce qu'un peuple ?) アラン・バディウ, ピエール・ブルデュー, ジュディス・バトラー, ジョルジュ・ディディ＝ユベルマン, サドリ・キアリ, ジャック・ランシエール著, 市川崇訳　以文社　2015.5　221p　20cm　2400円 ①978-4-7531-0325-6

内容「人民」という語の使用に関する二四の覚え書き　「大衆的(人民の)」と言ったのですか?　われわれ人民―集会の自由についての考察　可感的にする (表象可能な民衆、想像の民衆?　弁証法的イメージの前で目を擦る　覆いを取り去る、ヘテロトピアを可視的にする　接近し、資料を集め、可感的にする) 人民と第三の人民 (人民は何に抗して形成されるのか　人種によって/抗して形成される人民　急進的左翼の国家主義への傾倒　いかにしてフランス人たらずしてフランス人であり得るのか) 不在のポピュリズム 〔04837〕

◇イメージが位置をとるとき (QUAND LES IMAGES PRENNENT POSITION L'OEIL DE L'HISTOIRE, 1) ジョルジュ・ディディ＝ユベルマン著, 宮下志朗, 伊藤博明訳, 石井朗企画構成　ありな書房　2016.9　306p　21cm　(歴史の眼 1) 6000円 ①978-4-7566-1647-0

内容 1 亡命者の位置―戦争を展示する　2 事象の配置―奇異なることを観察する　3 事象の異置―秩序を解体する　4 力の共 - 位置/構成―政治を再示する　5 場/空間の間 - 位置/介置―歴史を遡行する/再 - 構成する　6 子どもの位置―イメージに身をさらす 〔04838〕

ディーデリヒ, エレン

◇なぜ"平和主義"にこだわるのか (ENTRÜSTET EUCH !　―WARUM PAZIFISMUS FÜR UNS DAS GEBOT DER STUNDE BLEIBT) マルゴット・ケースマン, コンスタンティン・ヴェッカー編, 木戸衛一訳　いのちのことば社　2016.12　261p　19cm　1500円 ①978-4-264-03611-1

内容 平和主義者としての人生―長年の平和活動家が全世界での体験を報告する (エレン・ディーデリヒ) 〔04839〕

ティテル, ジョセフ　Tittel, Joseph

◇ジョセフ・ティテル霊的感性の気付きかた　ジョセフ・ティテル著, 永井涼一訳　明窓出版　2016.3　198p　19cm　1500円 ①978-4-89634-360-1

内容 第1章 すべての始まり　第2章 母との別れ　第3章 母が私に教えてくれたこと　第4章 自分の家族との交信　第5章 天国を見つける　第6章 想定外への期待　第7章 霊は奇妙な方法で語りかける　第8章 交信のオン・オフ　第9章 自分を責めるということ　第10章 天国で働く　第11章 あなたの中の霊能力 〔04840〕

テイテル, リー　Teitel, Lee

◇教育における指導ラウンド―ハーバードのチャレンジ (Instructional Rounds in Education) エリザベス・A.シティ, リチャード・F.エルモア, サラ・E.フィアマン, リー・テイテル著, 八尾坂修監訳　風間書房　2015.10　288p　21cm〈文献あり 索引あり〉 2800円 ①978-4-7599-2098-7

内容 第1部 構成要素 (指導の核心　行動の理論) 第2部 ラウンドの実践 (ネットワークの立ち上げ　見ることを学び、即断しようとする癖をやめる　ラウンド実践Part1：実践および観察における課題　ラウンド実践Part2：報告会および次なる段階への取組　ラウンドの円滑化) 第3部 ラウンドと体系的改善 (ラウンドから学ぶ　ラウンドから実践における大規模な改善への移行) 〔04841〕

テイト, カーソン　Tate, Carson

◇WORK SIMPLE―がんばらずに成果が上がる働き方 (WORK SIMPLY) カーソン・テイト著, 月沢李歌子訳　日経BP社　2015.8　374p　19cm〈発売：日経BPマーケティング〉 1800円 ①978-4-8222-5092-8

内容 プロローグ 無理をやめ、シンプルに働くと決めた日　ハードワークではなくスマートワーク　楽になるための準備をしよう　あなたの生産性タイプは?　注意力をコントロールする　あなたの本当の優先事項は?　狙った時間に賢く投資する　「マスター・タスクリスト」で脳を解放する　絶対できるタイプ別の実行・管理法　メールの手なづけ方　作業効率の良い空間作りのコツ　書類整理に時間をかけないために　チームメンバーへの上手な助けの求め方　違う生産性タイプとうまく働くコツ　会議革命を起こす　「本当のあなた」が一番、生産性が高い　エピローグ　忙しさは克服できる 〔04842〕

ディートリッヒ, クラウス

◇世界の蒐集―アジアをめぐる博物館・博覧会・海外旅行　福井憲彦監修, 伊藤真実子, 村松弘一編　山川出版社　2014.2　359p　22cm　(学習院大学東洋文化研究叢書) 4000円 ①978-4-634-67233-8

内容 イザベラ・バードの日本・朝鮮・中国紀行 (クラウス・ディートリッヒ著, 大道寺慶子, 梅川純代訳) 〔04843〕

ディートリッヒ, マルクス

◇BoPビジネス3.0―持続的成長のエコシステムをつくる (Base of the Pyramid 3.0) フェルナンド・カサード・カニェーケ, スチュアート・L.ハート編著, 平本督太郎訳　英治出版　2016.8　311p　22cm〈文献あり〉 3200円 ①978-4-86276-233-7

内容 能力を補完する共有チャネルモデル (マルクス・ディートリッヒ, ジュン・ティビ著) 〔04844〕

テ

ディートリッヒ, ヤン - ヘンデリク

◇都市空間のガバナンスと法　吉田克己, 角松生史編　信山社　2016.10　467p　22cm　（総合叢書 15—〔都市法〕）　8000円　①978-4-7972-5465-5

内容 ドイツ都市建設法における持続的都市発展の制御についての諸選択肢（ヤン - ヘンデリク・ディートリッヒ著, 山下竜一訳）　〔*04845*〕

ディートリッヒ, B.*　Dietrich, Brenda

◇IBMを強くした「アナリティクス」—ビッグデータ31の実践例（ANALYTICS ACROSS THE ENTERPRISE）　Brenda L.Dietrich,Emily C. Plachy,Maureen F.Norton著, 山田敦, 島田真由巳, 米沢隆, 前田英志, 高木将人, 岡部武, 池上美和子訳　日経BP社　2014.10　224p　21cm　〈文献あり　発売：日経BPマーケティング〉1800円　①978-4-8222-6887-9

内容 第1章 ビッグデータとアナリティクスに注目する理由　第2章 スマーターワークフォースの創出　第3章 サプライチェーンの最適化　第4章 会計アナリティクスによる将来の予測　第5章 ITによるアナリティクスの実現　第6章 顧客へのアプローチ　第7章 測定不可能なものを測定　第8章 製造の最適化　第9章 セールスのパフォーマンス向上　第10章 卓越したサービスの提供　第11章 これまでの歩みと未来への展望　〔*04846*〕

ディートン, アンガス　Deaton, Angus

◇大脱出—健康、お金、格差の起原（THE GREAT ESCAPE）　アンガス・ディートン〔著〕, 松本裕訳　みすず書房　2014.10　351, 21p　20cm　〈索引あり〉3800円　①978-4-622-07870-8

内容 本書で語ること　世界の幸福　第1部 生と死（有史以前から一九四五年まで　熱帯地方における死からの脱出　現代世界の健康）　第2部 お金（アメリカの物質的幸福　グローバル化と最大の脱出）　第3部 助け（取り残された者をどうやって助けるか）　〔*04847*〕

◇経済学者、未来を語る—新「わが孫たちの経済的可能性」（IN 100 YEARS）　イグナシオ・パラシオス＝ウエルタ編, 小坂恵理訳　NTT出版　2015.2　295p　20cm　〈索引あり〉2200円　①978-4-7571-2335-9

内容 暗闇を抜けて明るい未来へ（アンガス・ディートン著）　〔*04848*〕

ディーナー, アレクサンダー・C.　Diener, Alexander C.

◇境界から世界を見る—ボーダースタディーズ入門（BORDERS）　アレクサンダー・C.ディーナー, ジョシュア・ヘーガン〔著〕, 川久保文紀訳　岩波書店　2015.4　190, 15p　19cm　〈文献あり　索引あり〉2200円　①978-4-00-061043-8

内容 第1章 世界は境界だらけ　第2章 古代の境界と領域　第3章 近代の国家システム　第4章 境界を引く　第5章 境界を越える　第6章 境界を越える制度とシステム　エピローグ 境界に満ちた将来　〔*04849*〕

ディニー, キース　Dinnie, Keith

◇国家ブランディング—その概念・論点・実践（NATION BRANDING）　キース・ディニー編著, 林田博光, 平沢敦監訳　八王子　中央大学出版部　2014.3　310p　22cm　（中央大学企業研究所翻訳叢書 14）　4500円　①978-4-8057-3313-4

内容 第1部 国家ブランディングの範囲および規模（国家ブランディングの妥当性と範囲、発展　国家ブランドのアイデンティティ、イメージとポジショニング　国家ブランド・エクイティ）　第2部 国家ブランディングの概念的ルーツ（国家ブランディングと原産国効果　国家ブランディングと国家アイデンティティ　原産国とナショナル・アイデンティティから国家ブランディングまで）　第3部 国家ブランディングにおける倫理的および実践的問題（国家ブランディングにおける倫理的責任　国家ブランディングの概念をめぐる実際的問題点）　第4部 国家ブランディングの現況ならびに将来的展望（国家ブランディング戦略の要素　国家のブランディングの将来的展望）　〔*04850*〕

デ・イバッラ, マリア

◇学びのイノベーション—21世紀型学習の創発モデル（Innovating to Learn, Learning to Innovate）　OECD教育研究革新センター編著, 有本昌弘監訳, 多々納誠子, 小熊利江訳　明石書店　2016.9　329p　22cm　4500円　①978-4-7503-4400-3

内容 学習環境の構築（フワン・カッサスス, マリア・デ・イバッラ, リリア・ペレス＝フランコ, フアナ・M.サンチョギル, マルチェラ・トーヴァー＝ゴメス, マルガリータ・ソリーリャ著, 多々納誠子訳）　〔*04851*〕

ティーハンキー, フリオ・C.

◇現代日本の政治と外交　3　民主主義と政党—ヨーロッパとアジアの42政党の実証的分析（POLITICAL PARTIES AND DEMOCRACY）　猪口孝監修　猪口孝, ジャン・ブロンデル編　原書房　2014.10　270, 22p　22cm　〈文献あり 索引あり〉4800円　①978-4-562-04960-8

内容 フィリピン（フリオ・C.ティーハンキー著, 竜和子訳）　〔*04852*〕

ティビ, ジュン

◇BoPビジネス3.0—持続的成長のエコシステムをつくる（Base of the Pyramid 3.0）　フェルナンド・カサード・カニェーケ, スチュアート・L.ハート編著, 平本督太郎訳　英治出版　2016.8　311p　22cm　〈文献あり〉3200円　①978-4-86276-233-7

内容 能力を補完する共有チャネルモデル（マルクス・ディートリッヒ, ジュン・ティビ著）　〔*04853*〕

ディピエトロ, ミケーレ　DiPietro, Michele

◇大学における「学びの場」づくり—よりよいティーチングのための7つの原理（How Learning Works）　スーザン・A.アンブローズ, マイケル・W.ブリッジズ, ミケーレ・ディピエトロ, マーシャ・C.ラベット, マリー・K.ノーマン著, 栗田佳代子訳　町田　玉川大学出版部　2014.7　267p　21cm　（高等教育シリーズ 164）〈文献あり 索引あり〉3200円　①978-4-472-40489-4

内容 序論 学習に関する研究と教育実践の橋渡し　第1章 学生の先行知識が学習におよぼす影響　第2章 知識の体系化の方法が学習におよぼす影響　第3章 学習のモチベーションを高める要素　第4章 学生が熟達するには　第5章 学習を強化できる練習とフィードバッ

ク　第6章 学生の発達レベルと授業の雰囲気が学生の学習にとって重要な理由　第7章 自律的な学習者になってもらうために　結語 7つの原理を私たち自身にあてはめる　〔04854〕

デイビス, グレン・D.　Davis, Glenn D.

◇JFK暗殺は日本の謀略だった―オズワルドの陰で蠢く日本の巨悪三人組　グレン・D.デイビス著, 田中敦訳　KADOKAWA　2016.4　302p　19cm〈表紙のタイトル：OSWALD AND JAPAN　文献あり〉1800円　①978-4-04-102533-8

内容 第1章 オズワルド、厚木に到着　第2章 反共主義者と基地の男たち　第3章 オズワルドは洗脳されていたのか？　第4章 日本の「巨悪三人組」とニューオーリンズとの関係　第5章 ドイツと日本の地下資金　第6章 ガイ・バニスターとキャンプストリート五四四番地　第7章 暗殺前の奇妙な会合　第8章 日本人の登場　第9章 事件を風化させないために　〔04855〕

デイビス, ハワード　Davies, Howard

◇金融市場は制御可能なのか？（CAN FINANCIAL MARKETS BE CONTROLLED？）　ハワード・デイビス著, 田中正明訳　金融財政事情研究会　2016.8　149p　19cm（KINZAIバリュー叢書）〈文献あり　発売：きんざい〉1200円　①978-4-322-12867-3

内容 第1章 破綻への道（経済の金融化）　第2章 世界金融危機（世界的規模の貯蓄供給過剰　所得不均衡と借入需要　金融規制の失敗　中央銀行）　第3章 規制と改革　第4章 次なるステップは何か？（不均衡　債務　分断化　規制の組織構造　信用と、経済の金融化　監督当局と市場　結論）　〔04856〕

デイビッド, ジュリエット　David, Juliet

◇いーすたーのおはなし（THE STORY OF EASTER）　ジュリエット・デービッド文, スティーブ・ホワイトロウ画, 女子パウロ会訳　女子パウロ会　2016.2　〔26p〕　17×17cm　900円　①978-4-7896-0767-4　〔04857〕

◇こどもDAY BY DAYバイブル―毎日よむ聖書物語（Day by Day Bible）　ジュリエット・デイビッド文, ジェイン・ヘイズ絵, 長島瑛子訳　いのちのことば社フォレストブックス　2016.6　400p　20cm　1900円　①978-4-264-03324-0

内容 旧約聖書（最初の日　空と海と陸　太陽と月と星　海と空の生き物　地上の生き物 ほか）　新約聖書（ものが言えない　ナザレのマリア　赤ちゃんの名前　ヨセフの夢　長い旅 ほか）　〔04858〕

ディビット, R.S.

◇国際社会学の射程―社会学をめぐるグローバル・ダイアログ　西原和久, 芝真里編訳　東信堂　2016.2　118p　21cm（国際社会学ブックレット 1）　1200円　①978-4-7989-1336-0

内容 公共領域での批判的取組み（R.S.ディビット著, 小坂有資訳）　〔04859〕

ティフ, フェリクス

◇歴史に生きるローザ・ルクセンブルク―東京・ベルリン・モスクワ・パリ‐国際会議の記録　伊藤成彦編著　社会評論社　2014.9　369p　21cm　2700円　①978-4-7845-1523-3

内容 ローザ・ルクセンブルクの思想的遺産の価値（フェリクス・ティフ述, 伊藤成彦訳）　〔04860〕

ディヘブン‐スミス, ランス

◇不正選挙―電子投票とマネー合戦がアメリカを破壊する（LOSER TAKE ALL）　マーク・クリスピン・ミラー編著, 大竹秀子, 桜井まり子, 関房江訳　亜紀書房　2014.7　343, 31p　19cm　2400円　①978-4-7505-1411-6

内容 フロリダ州二〇〇〇年（ランス・ディヘブン‐スミス著）　〔04861〕

ティベルゲン, イヴ

◇日本資本主義の大転換（LA GRANDE TRANSFORMATION DU CAPITALISME JAPONAIS（重訳））　セバスチャン・ルシュヴァリエ〔著〕, 新川敏光監訳　岩波書店　2015.12　239, 28p　20cm〈文献あり〉3400円　①978-4-00-061087-2

内容 資本主義の多様性と資本主義の未来への日本からの教訓（セバスチャン・ルシュヴァリエ, イヴ・ティベルゲン著, 安周永訳）　〔04862〕

ディマーゾ, ピーター　DeMarzo, Peter M.

◇コーポレートファイナンス　応用編（CORPORATE FINANCE 原著第2版の翻訳）　ジョナサン・バーク, ピーター・ディマーゾ著, 久保田敬一, 芹田敏夫, 竹原均, 徳永俊史, 山内浩嗣訳　丸善出版　2014.3　769p　22cm〈ピアソン桐原 2013年刊の再刊　索引あり〉5500円　①978-4-621-06611-9

内容 第5部 資本構成（2）（財務的危機、経営者のインセンティブ、情報　ペイアウト政策）　第6部 評価（レバレッジのある場合の資本予算と企業評価　企業評価とファイナンスモデルの作成：ケーススタディ）　第7部 オプション（金融オプション　オプションの評価 ほか）　第8部 長期資金調達（株式資本調達　負債による資金調達 ほか）　第9部 短期資金調達（運転資本管理　短期ファイナンスプラニング）　第10部 コーポレートファイナンス論におけるスペシャルトピック（M&A　コーポレートガバナンス ほか）　〔04863〕

◇コーポレートファイナンス　入門編（CORPORATE FINANCE 原著第2版の翻訳）　ジョナサン・バーク, ピーター・ディマーゾ著, 久保田敬一, 芹田敏夫, 竹原均, 徳永俊史訳　丸善出版　2014.3　661p　22cm〈ピアソン桐原 2011年刊の再刊　索引あり〉4500円　①978-4-621-06610-2

内容 第1部 はじめに（会社　財務諸表分析入門）　第2部 分析ツール（無裁定価格と財務意思決定　お金の時間価値 ほか）　第3部 評価の基礎（投資の意思決定法　資本予算の基礎 ほか）　第4部 リスクとリターン（資本市場とリスクのプライシング　最適ポートフォリオの選択と資本資産評価モデル ほか）　第5部 資本構成（1）（完全市場における資本構成　負債と税）　〔04864〕

ディマティーニ, ジョン・F.　Demartini, John F.

◇お金に愛される人のルール―マネーセンスを鍛える10のステップ（HOW TO MAKE ONE HELL OF A PROFIT AND STILL GET TO HEAVEN）　ジョン・F.ディマティーニ著, ユー

テ

ル洋子訳　フォレスト出版　2015.5　276p　19cm　〈「お金を「引き寄せる」最高の法則」(成甲書房 2008年刊) の改題、大幅に再編集、加筆修正〉 1600円　①978-4-89451-666-3

内容 第1章 お金と心の切っても切れない関係　第2章 フェアで等しい交換の原理　第3章 感謝のパワーが富を引き寄せる　第4章 自己価値こそが資産のすべて　第5章 確実に貯蓄を殖やす魔法のステップ　第6章 お金と感情のコントロール　第7章 確実に殖えつづけるピラミッド式資産運用　第8章 ビジネスと収入を加速させる　第9章 リタイアする人、一生現役でいる人　第10章 「人生の目的」があなたに与えるパワーとお金　〔*04865*〕

テ

◇ドクター・ディマティーニの逆境がチャンスに変わるゴールデンルール (COUNT YOUR BLESSINGS)　ジョン・F.ディマティーニ著, 染川順平, 中西敦子訳　WAVE出版　2015.9　334p　20cm　1700円　①978-4-87290-761-2

内容 愛と感謝が人を癒す　傷ついた心に感謝する 「憂鬱な仕事」は「やりたい仕事」に変えられる　あなたが信じることは現実になる　人生を決めるのは「自分！」と覚悟する　夢実現の絶対原則　目的地がなければ、どこにもたどり着かない　限界はすべて、あなたの頭のなかにある　目的を明確にするほど現実化が加速する　あなたが解決できない問題は起こらない〔ほか〕　〔*04866*〕

ティモシェンコ, ユリヤ

◇秩序の喪失　プロジェクトシンジケート叢書編集部訳　土曜社　2015.2　164, 3p　19cm　(プロジェクトシンジケート叢書)　〈他言語標題：Loss of order〉 1850円　①978-4-907511-15-9

内容 欧州辺境の闇(ユリヤ・ティモシェンコ著)　〔*04867*〕

ディモック, クレイヴ

◇21世紀型学習のリーダーシップ―イノベーティブな学習環境をつくる (Leadership for 21st Century Learning)　OECD教育研究革新センター編著, 木下江美, 布川あゆみ監訳, 斎藤里美, 本田伊克, 大西公恵, 三浦綾希子, 藤浪海訳　明石書店　2016.9　308p　22cm　4500円　①978-4-7503-4410-2

内容 21世紀型学習をつくるリーダーシップ(クレイヴ・ディモック, デニス・クウェック, ヤンシー・トー著, 三浦綾希子訳)　〔*04868*〕

デイモン, ウィリアム　Damon, William

◇グッドワークとフロー体験―最高の仕事で社会に貢献する方法 (Goodwork)　ハワード・ガードナー, ミハイ・チクセントミハイ, ウィリアム・デイモン著, 大森弘監訳, 安室憲一, 梅野巨利, 山口隆英, 西井進剛訳　京都　世界思想社　2016.2　311p　21cm　〈索引あり〉 2800円　①978-4-7907-1679-2

内容 第1部 予備知識 (困難な時代のグッドワーク　グッドワークの条件　体と心の形成についての初期の考察)　第2部 遺伝学 (脚光を浴びる遺伝学　よく整合したドメインの黄金時代　遺伝学に迫る暗雲)　第3部 ジャーナリズム (ニュースメディアが手に入れた権力と品位の低下　ジャーナリズムの強みの源泉　今日のジャーナリズムにおけるグッドワーク)　第4部 これからのグッドワーク (ジャーナリズムと遺伝学におけるグッドワークの回復　多様な世界でのグッドワーク)　〔*04869*〕

ディヤング, ピーター　De Jong, Peter

◇解決のための面接技法―ソリューション・フォーカストアプローチの手引き (Interviewing for Solutions 原著第4版の翻訳)　ピーター・ディヤング, インスー・キム・バーグ著, 桐田弘江, 住谷祐子, 玉真慎子訳　第4版　金剛出版　2016.2　377, 13, 7p　26cm　〈文献あり 索引あり〉 6000円　①978-4-7724-1464-7

内容 問題解決から解決構築へ　解決構築の基本　知らない姿勢で一歩後ろから導く技法　出発点―クライアントが望むものにどう注目するか　クライアントの願望の増幅―ミラクル・クエスチョン　例外の探求―クライアントの長所と成功体験をもとにした解決構築　クライアントへのフィードバックをつくる　2回目以降の面接―クライアントの進歩を発見し、増幅し、測定する　不本意な状況のクライアントとどう話すか―子ども、ペア、義務で来た人　危機状況での面接　科学的根拠　援助職の価値観と人間の多様性　相談機関・グループ・組織での実践　適用例　解決構築過程の理論的な意味　解決構築面接のためのメモ　〔*04870*〕

テイラー, シルベスター　Taylor, Sylvester

◇経験学習によるリーダーシップ開発―米国CCLによる次世代リーダー育成のための実践事例 (Experience-Driven Leader Development)　シンシア・D.マッコーレイ,D.スコット・デリュ, ポール・R.ヨスト, シルベスター・テイラー編, 漆嶋稔訳　日本能率協会マネジメントセンター　2016.8　511p　27cm　8800円　①978-4-8207-5929-4

内容 フィードバック：誰に、いつ、どのように訊くか他(シルベスター・テイラー)　〔*04871*〕

テイラー, スコット

◇経験学習によるリーダーシップ開発―米国CCLによる次世代リーダー育成のための実践事例 (Experience-Driven Leader Development)　シンシア・D.マッコーレイ,D.スコット・デリュ, ポール・R.ヨスト, シルベスター・テイラー編, 漆嶋稔訳　日本能率協会マネジメントセンター　2016.8　511p　27cm　8800円　①978-4-8207-5929-4

内容 リーダーシップ・ジャーニー：計画的内省の経験(ニコール・L.ダブズ, アンドリュー・K.マンデル, クリスティン・オーンスタッド, スコット・テイラー)　〔*04872*〕

テイラー, スティーブ　Taylor, Steve

◇行動探求―個人・チーム・組織の変容をもたらすリーダーシップ (ACTION INQUIRY)　ビル・トルバートほか著, 小田理一郎, 中小路佳代子訳　英治出版　2016.2　341p　22cm　〈文献あり〉 2400円　①978-4-86276-213-9

内容 第1部 行動探求のリーダーシップ・スキルを学ぶ (行動探求の基本　話し方としての行動探求　組織化する方法としての行動探求　行動探求―概念と体験)　第2部 変容をもたらすリーダーシップ (機会獲得型と外交官型　専門家型と達成者型　再定義型の行動論

理　変容者型の行動論理）　第3部 変容をもたらす組織（変容をもたらす会議、チーム、組織　組織変革をファシリテーションする　社会的ネットワークの組織と、協働的な探求への変容　協働的な探求の真髄）　第4部 行動探求の究極の精神的・社会的な意図（アルケミスト型の行動についての新鮮な気づき　探求の基盤コミュニティを創り出す）〔04873〕

テイラー, チャールズ　Taylor, Charles

◇公共圏に挑戦する宗教―ポスト世俗化時代における共棲のために（THE POWER OF RELIGION IN THE PUBLIC SPHERE）　ユルゲン・ハーバーマス, チャールズ・テイラー, ジュディス・バトラー, コーネル・ウェスト〔著〕, エドゥアルド・メンディエッタ, ジョナサン・ヴァンアントワーペン編, 箱田徹, 金城美幸訳　岩波書店　2014.11　209, 3p　20cm　〈索引あり〉 2500円　①978-4-00-022938-8

内容 序章 公共圏における宗教の力　「政治的なもの」―政治神学のあいまいな遺産の合理的意味　なぜ世俗主義を根本的に再定義すべきなのか　対談 ハーバーマス×テイラー　ユダヤ教はシオニズムなのか？　預言宗教と資本主義文明の未来　対談 バトラー×ウェスト　総括討議 ハーバーマス×テイラー×バトラー×ウェスト　後記―宗教に備わる多くの力　付論 ハーバーマスへのインタビュー ポスト世俗化世界社会とは？ ―ポスト世俗意識と多文化型世界社会の哲学的意義について〔04874〕

◇実在論を立て直す（RETRIEVING REALISM）　ヒューバート・ドレイファス, チャールズ・テイラー〔著〕, 村田純一監訳, 染谷昌義, 植村玄輝, 宮原克典訳　法政大学出版局　2016.6　289, 4p　20cm　（叢書・ウニベルシタス 1045）〈索引あり〉 3400円　①978-4-588-01045-3

内容 第1章 わたしたちをとらえて離さない描像　第2章 媒介主義の描像から逃れる　第3章 信念の確認　第4章 接触説―前概念的なものの場所　第5章 身体化された理解　第6章 地平の融合　第7章 立て直された実在論　第8章 多元的な実在論〔04875〕

テイラー, バーバラ・ブラウン　Taylor, Barbara Brown

◇天の国の種―マタイによる福音書を歩いて（THE SEEDS OF HEAVEN）　バーバラ・ブラウン・テイラー著, 平野克己, 古本みさ訳　和光キリスト新聞社　2014.3　212p　20cm　2200円　①978-4-87395-646-6

内容 大いなる義　片隅のメシア　開いている轅　種をばらまく人　毒麦と生きることを学ぶ　天の国の種　奇跡の問題　疑いによって救われる　一線を踏み越えて〔04876〕

テイラー, マーク・C.　Taylor, Mark C.

◇神の後に　1　〈現代〉の宗教的起源（After God）　マーク・C.テイラー〔著〕, 須藤孝也訳　ぷねうま舎　2015.2　223p　21cm　2600円　①978-4-906791-41-5

内容 第1章 宗教を理論化する（見える宗教と見えない宗教　理論に抗して　ネットワークを形づくる象徴　宗教的である三つの仕方）　第2章 プロテスタント革命（分裂した主体　見えざる手　私事化、脱中心化、脱規則化）　第3章 主体性と近代性（自由と表象　形状化する主体　芸術作品としての世界）　第4章 宗教的な世俗性（内在と超越　受肉と三位一体　神の自己具現化　神学と理論）〔04877〕

◇神の後に　2　第三の道（After God）　マーク・C.テイラー〔著〕, 須藤孝也訳　ぷねうま舎　2015.3　227, 9p　21cm　〈索引あり〉 2800円　①978-4-906791-42-2

内容 第5章 真実の消失（神の死　消費するイメージ ほか）　第6章 真実の復活（カウンターカルチャー　基礎を揺るぎないものにする ほか）　第7章 神のない宗教（再形状化する生命　発生的な創造力）　第8章 絶対性のない倫理（戸惑う人のための導き　流動的なダイナミクス）〔04878〕

デイリー, ハーマン・E.　Daly, Herman E.

◇「定常経済」は可能だ！　ハーマン・デイリー著, 枝広淳子聞き手　岩波書店　2014.11　63p　21cm　（岩波ブックレット）　520円　①978-4-00-270914-7

内容 1 なぜ「定常経済」が必要なのか（「経済成長」に頼って問題解決ができない時代　本当に温暖化問題を解決するには　「空いている世界」から「いっぱいの世界」へ ほか）　2「定常経済」とは何か（「定常経済」の着想と戦い　「定常経済」とは何か　なぜ経済学は「成長」にしがみつくのか ほか）　3 どうやって「定常経済」へシフトするのか（「うまくいかない成長経済」から「定常経済」へ　持続可能な経済への移行には、考え方の移行が必要　「定常経済」へシフトするために必要な「一〇の政策」）〔04879〕

デイリー, ブライアン・E.

◇死者の復活―神学的・科学的論考集（RESURRECTION）　T.ピーターズ,R.J.ラッセル,M.ヴェルカー編, 小河陽訳　日本キリスト教団出版局　2016.2　441p　22cm　5600円　①978-4-8184-0896-8

内容 虫けらにとっての希望（ブライアン・E.デイリー著）〔04880〕

デイリー, ライザ

◇マニフェスト本の未来（Book : a futurist's manifesto）　ヒュー・マクガイア, ブライアン・オレアリ編　ボイジャー　2013.2　339p　21cm　2800円　①978-4-86239-117-9

内容 「本」の可能性（ライザ・デイリー著）〔04881〕

ティリヒ, パウル　Tillich, Paul

◇精神の自己主張―ティリヒ=クローナー往復書簡 1942-1964（Selbstbehauptung des Geistes）　フリードリヒ・ヴィルヘルム・グラーフ, アルフ・クリストファーセン編, 茂牧人, 深井智朗, 宮崎直美訳　未来社　2014.11　189p　19cm　（転換期を読む 24）　2200円　①978-4-624-93444-6

内容 第1部 精神の自己主張―リヒャルト・クローナーとパウル・ティリヒ往復書簡　第2部 パウル・ティリヒとリヒャルト・クローナー往復書簡、及び関連文書　第3部 訳者解題―二人の亡命知識人の精神史的考察〔04882〕

ティル, ノエル　Tyl, Noel

◇心理占星術　2　クリエイティブな理論と実践（The Creative Astrologer, Noel Tyl's guide to astrological consultation）　ノエル・ティル著, 石塚隆一訳　イースト・プレス　2014.8　335p

テ

21cm 〈文献あり 文献あり〉3800円 ①978-4-7816-1220-1
内容 1 最新の技術 2 天体配置と感情 3 心理療法と占星術の接近 4「予言」時機、常識、そして提案する力 5 分析のガイドラインとクリエイティブな関連づけ 6 何が重要かを知る 〔04883〕

ティール, ピーター Thiel, Peter A.

◇ゼロ・トゥ・ワン―君はゼロから何を生み出せるか (ZERO to ONE) ピーター・ティール, ブレイク・マスターズ著, 関美和訳 NHK出版 2014.9 253p 20cm 1600円 ①978-4-14-081658-5
内容 僕たちは未来を創ることができるか 一九九九年のお祭り騒ぎ 幸福な企業はみなそれぞれに違う イデオロギーとしての競争 終盤を制する 人生は宝クジじゃない カネの流れを追え 隠れた真実 ティールの法則 マフィアの力学 それを作れば、みんなやってくる? 人間と機械 エネルギー2.0 創業者のパラドックス 停滞かシンギュラリティか 〔04884〕

テ

ディールケン, イエルク Dierken, Jörg

◇キリスト教神学資料集 下 (The Christian Theology Reader, Third Edition) アリスター・E.マクグラス編, 古屋安雄監訳 オンデマンド版 キリスト新聞社 2013.9 630, 49p 21cm 〈原書第3版〉10000円 ①978-4-87395-641-1
内容 カール・バルト(一八八六―一九六八)(イェルク・ディールケン) 〔04885〕

◇キリスト教の主要神学者 下 リシャール・シモンからカール・ラーナーまで (Klassiker der Theologie) F.W.グラーフ編 安酸敏真監訳 教文館 2014.9 390, 7p 22cm 〈索引あり〉4200円 ①978-4-7642-7384-9
内容 カール・バルト(イェルク・ディールケン著, 安酸敏真訳) 〔04886〕

ディルタイ, W. Dilthey, Wilhelm

◇ディルタイ全集 第9巻 シュライアーマッハーの生涯 上 ディルタイ〔著〕, 西村皓, 牧野英二編集代表 森田孝, 麻生建, 薗田坦, 竹田純郎, 斎藤智志編集校閲 法政大学出版局 2014.7 1262, 20p 22cm 〈文献あり 索引あり〉27000円 ①978-4-588-12109-8
内容 第1部 青少年時代と最初の人間形成 一七六八年 - 一七九六年(家系の宗教的精神 ヘルンフート派の教育 ほか) 第2部 充実した生活―自らの世界観を生き生きと叙述した時期 一七九六年 - 一八〇二年(新しい世界観の形成としてのドイツ文学 ベルリン ほか) 第3部 シュトルプでの孤独―プラトンの再興と新しい倫理学の批判的な準備(離別と新たな人間関係 シュトルプ ほか) 第4部 ハレ―大学 - 体系 - キリスト教との対決(ヴュルツブルクへの招聘とハレでの教授職 ハレ ほか) 〔04887〕

◇ディルタイ全集 第5巻〔第1分冊〕 詩学・美学論集 第1分冊 ディルタイ〔著〕, 西村皓, 牧野英二編集代表 和泉雅人, 前田富士男, 伊藤直樹編集校閲 法政大学出版局 2015.12 858p 22cm ①978-4-588-12105-0
内容 ゲーテ、ティークおよびオットー・ルートヴィヒの想像力による視覚現象 佐藤茂樹 訳. ロマン派の詩人たち 和泉雅人 訳. ハインリヒ・ハイネ 今村武 訳. 詩的想像力と狂気 和泉雅人 訳. 詩人の想像力 浜田真, 佐藤茂樹, 鵜殿博喜 ほか 訳. 詩学断片 佐藤茂樹, 伊藤直樹 訳. 近代ヨーロッパ文学の歩み 佐藤茂樹 訳. ゴットホルト・エーフライム・レッシング 渡辺直樹 訳. ゲーテと詩的想像力 鵜殿博喜 訳. ノヴァーリス 森本康裕, 寺田雄介, 野端聡美 訳. フリードリヒ・ヘルダーリン 海老坂高 訳 〔04888〕

◇ディルタイ全集 第5巻〔第2分冊〕 詩学・美学論集 第2分冊 ディルタイ〔著〕, 西村皓, 牧野英二編集代表 和泉雅人, 前田富士男, 伊藤直樹編集校閲 法政大学出版局 2015.12 p862~1685 56p 22cm 〈文献あり 索引あり〉①978-4-588-12105-0
内容 偉大な想像力文学 浜中春 訳. シェイクスピアと同時代人たち 川島建太郎 訳. キリスト教文学におけるサタン 佐藤茂樹 訳. 戯曲の技法 真岩啓子 訳. 天才小説家チャールズ・ディケンズ 石原あえか 訳. 近代美学の三つの時期とその今日的課題 大森淳史 訳. ドイツ音楽 西川尚生, 三木博, 沼口隆 訳. 美術史学の諸相 岡部由紀子 訳 〔04889〕

◇ディルタイ全集 第10巻 シュライアーマッハーの生涯 下 ディルタイ〔著〕, 西村皓, 牧野英二編集代表 森田孝, 麻生建, 薗田坦, 竹田純郎, 三浦国泰編集校閲 法政大学出版局 2016.11 1193, 43p 22cm 〈文献あり 索引あり〉26000円 ①978-4-588-12110-4
内容 第1部 哲学としてのシュライアーマッハーの体系(体系の発展史的、精神史的前提 哲学としての体系の遂行) 第2部 神学としてのシュライアーマッハーの体系(キリスト教の歴史におけるシュライアーマッハーの立場 ほか) 第3部 過去のプロテスタント解釈学と対決するシュライアーマッハーの解釈学の体系(シュライアーマッハー以前の解釈学 解釈学成立後のシュライアーマッハーの解釈学 シュライアーマッハーの解釈学とそれ以前の体系との比較) 〔04890〕

ディルツ, ロバート Dilts, Robert

◇信じるチカラの、信じられない健康効果 (BELIEFS) ロバート・ディルツ, ティム・ハルボム, スージー・スミス著, 横井勝美訳 ヴォイス 2015.10 389p 19cm 2300円 ①978-4-89976-436-6
内容 第1章 ビリーフ―自己認識して、そして変化するために 第2章 リアリティー・ストラテジーとは 第3章 ビリーフ・ストラテジーとは 第4章 リ・インプリンティングとは 第5章 イン・コングルエンス(不一致)と葛藤しているビリーフとはどんなもの 第6章 クライテリアとは 第7章 NLPと健康について 第8章 アレルギーとは 〔04891〕

ティルトマン, ヘッセル Tiltman, Hubert Hessell

◇伝説の英国人記者が見た日本の戦争・占領・復興―1935-1965 ヘッセル・ティルトマン著, 加瀬英明訳 祥伝社 2016.8 468p 20cm 〈「日本報道三十年」(新潮社 1965年刊)の改題〉2100円 ①978-4-396-61572-7
内容 "日出づる国"へ船出して リムジンに乗った工作員 "疑惑の時代"の特派員 死神が東京をノックする 帝国陸軍東京を占領す がんばれ! 芸者ストライキ 素晴らしき新生国家 消え去った"世界の孤児" "戦争の人"と"平和の人" 検閲官閣下に敬礼! 〔ほか〕 〔04892〕

ティルトン, マーク

◇戦後日独関係史　工藤章, 田嶋信雄編　東京大学出版会　2014.7　525, 19p　22cm　〈索引あり〉　8800円　①978-4-13-026260-6

内容 気候変動問題をめぐる日独関係（マーク・ティルトン著, 平野達志訳）　〔04893〕

ティレット, バーバラ・B.　Tillett, Barbara B.

◇RDA資源の記述とアクセス―理念と実践　Barbara B.Tillett,Library of Congress著, 酒井由紀子, 鹿島みづき, 越塚美加共訳　樹村房　2014.10　383p　30cm　〈索引あり〉5500円　①978-4-88367-233-2

内容 FRBRレビュー（FRADとFRSADを含む）　RDAの背景と構造　FRBRクイズ　体現形と個別資料の属性の記録　作品と表現形の属性の記録　個人・家族・団体の属性の記録　関連の記録　アジアの典拠レコードの例　RDAツールキットの構造　場所の属性の記録〔ほか〕　〔04894〕

ティロシュ, シュロモ

◇イスラエル情報戦史（ISRAEL'S SILENT DEFENDER）　佐藤優監訳, アモス・ギルボア, エフライム・ラピッド編, 河合洋一郎訳　並木書房　2015.6　373p 図版32p　21cm　〈年表あり〉　2700円　①978-4-89063-328-9

内容 諜報活動とテクノロジー（シュロモ・ティロシュ著）　〔04895〕

ディロン, ブライアン　Dillon, Brian

◇危機管理ハンドブック（Emergency Planning Officer's Handbook）　ブライアン・ディロン著, イアン・ディキンソン, フランク・ホワイトフォード, ジョン・ウィリアムソンコンサルタント・エディター, MIMMS日本委員会監訳　へるす出版　2014.2　308p　21cm　〈索引あり〉　5200円　①978-4-89269-839-2　〔04896〕

ディロン, E.J.　Dillon, Emile Joseph

◇ロシアの失墜―届かなかった一知識人の声（The Eclipse of Russia）　E.J.ディロン〔著〕, 成田富夫訳　横浜　成文社　2014.6　510p　22cm　6000円　①978-4-86520-006-5

内容 ロシアの謎　ロシア人の心　ロシア人の一体感の欠如　ロシア帝国　思い起こす人々　官僚支配　ニコライ2世の登場　ニコライ2世の統治　一九〇五年の革命運動の開始　神父ガポンとアゼフ　ウィッテの死刑宣告　ラスプーチン――一つの象徴　ロシアの国際関係―「ツァーリの上ボスフォラス高地の占拠陰謀」と「膠州湾についての顛末」を含む　ロシア帝国最後の政治家たち―「ハーグ会議の神話化」を含む　極東ロシア　ビョルケ秘密条約1　ビョルケ秘密条約2　暴露された秘密条約　ロシア帝国の崩落　〔04897〕

ディワン, オドレイ　Diwan, Audrey

◇パリジェンヌのつくりかた（HOW TO BE PARISIAN WHEREVER YOU ARE）　カロリーヌ・ド・メグレ, アンヌ・ベレスト, オドレイ・ディワン, ソフィ・マス著, 古谷ゆう子訳　早川書房　2014.11　265p　20cm　2200円　①978-4-15-209505-3

内容 1 パリジェンヌの基本（眠りにつく前に、思い出しておきたい「18の掟」　あるパリジャンが語る、パリジェンヌのリアル ほか）　2 悪習のススメ（矛盾しているとわかっていても、ついついやってしまう「12の事柄」　「もしかして、浮気しているのでは」と恋人に思い込ませる方法 ほか）　3 パリジェンヌな "雰囲気" の作りかた（24 - Hour Look　絶対に必要不可欠なもの ほか）　4 あえて好きになってみる（理想の男とは？　恋愛に対して楽観的でいられる、これだけの理由 ほか）　5 パリジェンヌからのアドバイス（To do list　DIY ほか）　〔04898〕

ティン, アグネス

◇愛する者は死なない―東洋の知恵に学ぶ癒し　カール・ベッカー編著, 駒田安紀監訳　京都　晃洋書房　2015.3　151p　20cm　（京都大学こころの未来研究センターこころの未来叢書 2）　1500円　①978-4-7710-2535-6

内容 中国人遺族の経験（セシリア・チャン, エイミー・チョウ, サミュエル・ホー, イェニー・ツイ, アグネス・ティン, ブレンダー・クー, エレイン・クー著, 赤塚京子訳）　〔04899〕

ディーン, ジェレミー　Dean, Jeremy

◇良い習慣、悪い習慣―世界No.1の心理学ブロガーが明かすあなたの行動を変えるための方法（Making Habits, Breaking Habits）　ジェレミー・ディーン著, 三木俊哉訳　東洋経済新報社　2014.9　247, 14p　19cm　1500円　①978-4-492-04551-0

内容 1 習慣はいかに生まれるか　2 習慣は思いどおりになるのか　3 知らぬ間に操られるあなた　4 考えずに、とにかくやる！　5 お決まりの日課の本質　6 無限ループからの脱出　7 悪い習慣がなくなるとき　8 ネットがやめられない　9 習慣をつくる　10 習慣をなくす　11 習慣で健康づくり　12 創造性を伸ばす習慣　13 幸福をもたらす習慣　〔04900〕

ディーン, リズ　Dean, Liz

◇運命のルノルマンカード占い（FAIRY TALE Fortune Cards）　リズ・ディーン著, ベヴ・スペイト絵, 鏡リュウジ監訳, 宮田攝子訳　二見書房　2016.12　95p　19cm　2400円　①978-4-576-16190-7

内容 ルノルマンカードの世界へようこそ　ルノルマンカードのキーワード　ルノルマンカードの占い方　「象徴カード」を使う占い　馬　クローバ　船　家　樹　雲〔ほか〕　〔04901〕

ディン, T.M.H.*　Dinh, Thi Minh Hoa

◇教育格差をこえる日本・ベトナム共同授業研究―「教え込み」教育から「子ども中心主義」の学びへ　村上呂里編著　明石書店　2015.3　270p　22cm　〈ベトナム語抄訳付〉4800円　①978-4-7503-4166-8

内容 第1回共同授業研究会（Dang Thi Thao,Dinh Thi Minh Hoa, 善元幸夫述, 那須泉訳）　〔04902〕

ティンカー, ロバート・H.

◇EMDRがもたらす治癒―適用の広がりと工夫（EMDR Solutions）　ロビン・シャピロ編, 市井雅哉, 吉川久史, 大塚美菜子監訳　二瓶社　2015.12　460p　22cm　〈索引あり〉5400円　①978-4-86108-074-6

内容 幻肢痛プロトコル（ロバート・H.ティンカー, サンドラ・A.ウィルソン著, 天野玉記訳）〔04903〕

ディンゲス, マルティン
◇「マニュアル」の社会史―身体・環境・技術　服部伸編　京都　人文書院　2014.2　188p　22cm（同志社大学人文科学研究所研究叢書 46）　3000円　①978-4-409-51069-8
内容 ドイツのホメオパシー患者向け雑誌にみるジェンダー化した健康相談（一八八〇－二〇〇〇年）（マルティン・ディンゲス著, 服部いつみ訳）〔04904〕

テ

ディンスモア, D.L.* Dinsmore, Daniel L.
◇自己調整学習ハンドブック（HANDBOOK OF SELF-REGULATION OF LEARNING AND PERFORMANCE）　バリー・J.ジマーマン, ディル・H.シャンク編, 塚野州一, 伊藤崇達監訳　京都　北大路書房　2014.9　434p　26cm　〈索引あり〉 5400円　①978-4-7628-2874-4
内容 教科における自己調整学習（Patricia A. Alexander, Daniel L.Dinsmore, Meghan M. Parkinson, Fielding I.Winters著, 進藤聡彦訳）〔04905〕

ディンツェルバッハー, ペーター Dinzelbacher, Peter
◇修道院文化史事典（KULTURGESCHICHTE DER CHRISTLICHEN ORDEN IN EINZELDARSTELLUNGEN）　P.ディンツェルバッハー,J.L.ホッグ編, 朝倉文市監訳　普及版　八坂書房　2014.10　541p　20cm　〈文献あり 索引あり〉 3900円　①978-4-89694-181-4
内容 修道制と文化 1 中世 他（ペーター・ディンツェルバッハー著, 朝倉文市訳）〔04906〕

デヴィッドソン, ケイト Davidson, Kate M.
◇臨床が変わる！　PT・OTのための認知行動療法入門（Cognitive-Behavioural Interventions in Physiotherapy and Occupational Therapy）　マリー・ダナヒー, マギー・ニコル, ケイト・デヴィッドソン編, 菊池安希子監訳, 網本和, 大嶋伸雄訳者代表　医学書院　2014.4　184p　26cm　〈索引あり〉 4200円　①978-4-260-01782-4
内容 認知行動療法―起源と展開 他（Kate Davidson著, 山本麻子訳）〔04907〕

デーヴィッドソン, ケイト
◇イギリスにおける高齢期のQOL―多角的視点から生活の質の決定要因を探る（UNDERSTANDING QUALITY OF LIFE IN OLD AGE）　アラン・ウォーカー編著, 岡田進一監訳, 山田三知子訳　京都　ミネルヴァ書房　2014.7　249p　21cm　（新・MINERVA福祉ライブラリー 20）　〈文献あり 索引あり〉 3500円　①978-4-623-07097-8
内容 ジェンダーと民族性からみた高齢期の社会参加（ケイト・デーヴィッドソン, ローナ・ウォレン, メアリー・メイナード著）〔04908〕

テーウェン, マーク
◇変容する聖地 伊勢　ジョン・ブリーン編　京都　思文閣出版　2016.5　10, 321p　21cm　2800円　①978-4-7842-1836-3
内容 混沌の始めを守る/度会行忠の混沌論と徳政（マーク・テーウェン著）〔04909〕

デヴォス, リッチ DeVos, Richard M.
◇Simply Rich―アムウェイ共同創業者の人生と教訓（SIMPLY RICH）　リッチ・デヴォス著　日刊工業新聞社　2014.12　318p 図版16p　20cm（B&Tブックス）　2000円　①978-4-526-07329-8
内容 第1部 行動、姿勢、そして環境（正しい環境で育って　生涯続くパートナーシップの始まり　挑むか嘆くか（Try or Cry）　自立の意志がある人を支えたい）　第2部 セリング・アメリカ（アメリカを売り込む）（アメリカン・ウェイ　人々に支えられて　批判の横やり　アメリカン・ウェイの世界展開　講演の名手として　オーランド・マジックのオーナーとなって）　第3部 人々の人生を豊かにする人（富と名声　家族がくれた豊かさ　神の恵みによって救われた罪人　グランドラピッズ再生　アメリカ国民としての愛国心　心臓移植が与えてくれた希望　南太平洋への帆船の旅　果たすべき約束）〔04910〕

デ・オーサ, ヴェロニカ De Osa, Veronica
◇図説動物シンボル事典（DAS TIER ALS SYMBOL）　ヴェロニカ・デ・オーサ著, 八坂書房訳編　八坂書房　2016.4　315p　20cm　〈文献あり 索引あり〉 2800円　①978-4-89694-220-0〔04911〕

テオドロ, アントニオ
◇21世紀の比較教育学―グローバルとローカルの弁証法（COMPARATIVE EDUCATION）　ロバート・F.アーノブ, カルロス・アルベルト・トーレス, スティーヴン・フランツ編著, 大塚豊訳　福村出版　2014.3　727p　22cm　〈文献あり 索引あり〉 9500円　①978-4-571-10168-7
内容 ヨーロッパ教育圏の政治的構築（アントニオ・テオドロ著）〔04912〕

デカイザー, マティアス
◇共感の社会神経科学（THE SOCIAL NEUROSCIENCE OF EMPATHY）　ジャン・デセティ, ウィリアム・アイクス編著, 岡田顕宏訳　勁草書房　2016.7　334p　22cm　〈索引あり〉 4200円　①978-4-326-25117-9
内容 心理療法における共感：対話的・身体的な理解（マティアス・デカイザー, ロバート・エリオット, ミア・レイスン著）〔04913〕

デカルト, ルネ Descartes, René
◇デカルト全書簡集　第2巻　1637-1638　デカルト〔著〕, 武田裕紀, 小泉義之, 山田弘明, 東慎一郎, 政井啓子, 久保田進一, クレール・フォヴェルグ訳　知泉書館　2014.2　395p　23cm　6000円　①978-4-86285-177-2
内容 デカルトからプレンピウスへ―1637年10月3日・『序説』の証明、『幾何学』　デカルトからプレンピウスへ―1637年10月3日・フロモンドゥスの反論への答弁　デカルトからノエルへ―1637年10月3日・『序説』精査の依頼　デカルトからホイヘンスへ―1637年10月5日・ガラス、「器具の説明」　デカルトからメルセンヌへ―1637年10月5日・フェルマ、反論への

答弁　デカルトからメルセンヌへ─1637年10月5日・『屈折光学』、フェルマへの答弁　フェルマからメルセンヌへ─トゥールーズ 1637年11月・『屈折光学』批判　ホイヘンスからデカルトへ─ハーグ 1637年11月23日・「器具の説明」落手　デカルトからホイヘンスへ─1637年12月4日・百歳を越える寿命、「医学提要」デカルトからプレンピウスへ─1637年12月20日・フロモンドゥスへの批評〔ほか〕　〔04914〕

◇デカルト全書簡集　第7巻　1646-1647　デカルト〔著〕, 岩佐宣明, 山田弘明, 小沢明也, 曽我千亜紀, 野々村梓, 武藤整司, 長谷川暁人 クレール・フォヴェルグ訳　知泉書館　2015.1　384p　23cm　7000円　①978-4-86285-203-8　〔04915〕

◇デカルト全書簡集　第3巻　1638-1639　デカルト〔著〕, 武田裕紀, 香川知晶, 安西なつめ, 小沢明也, 曽我千亜紀, 野々村梓, 東慎一郎, 三浦伸夫, 山上浩嗣, クレール・フォヴェルグ訳　知泉書館　2015.2　362p　23cm　〈文献あり 索引あり〉　6000円　①978-4-86285-204-5

内容 デカルトからフェルマへ─1638年7月27日「フェルマの接線論をめぐって」　ホイヘンスからデカルトへ─ベルヘン・オプ・ゾーム付近 1638年7月30日「アルディからハインシウスへの依頼、ストラーテンの溶解物質」　メルセンヌからデカルトへ─1638年8月1日「モラン宛書簡に対するお礼」　モランからデカルトへ─パリ 1638年8月12日「光の伝達、粒子の運動」レギウスからデカルトへ─1638年8月18日「レギウスとデカルトとの縁」　デカルトからホーヘランデへ─1638年8月「コメニウス批判」　デカルトからホイヘンスへ─1638年8月19日「自分の幾何学への世間の無理解、ストラーテンの溶解物質」　デカルトからレネリへ─1638年8月20日「レネリの仲介の断念」　デカルトからメルセンヌへ─1638年8月23日「サイクロイドの接線、四辺形の問題、葉形線」　デカルトから「プレンピウス」へ(1638年8月？)「血液循環」〔ほか〕　〔04916〕

◇デカルト全書簡集　第6巻　1643-1646　デカルト〔著〕, 倉田隆, 山田弘明, 久保田進一, クレール・フォヴェルグ訳　知泉書館　2015.12　410p　23cm　〈文献あり 索引あり〉6000円　①978-4-86285-223-6

内容 エリザベトからデカルトへ ハーグ 1643年7月1日「心身の相互作用への疑問」　デカルトからベヴェルヴェイクへ エフモント・アン・デン・フフ 1643年7月5日「心臓の運動と血液の循環」　デカルトからコルヴィウスへ エフモント・アン・デン・フフ 1643年7月5日「ヴォエティウス論難の正当性」　デカルトからユトレヒト市参事会へ エフモント・アン・デン・フフ 1643年7月6日「ユトレヒト市参事会の召喚に対する返答」　デカルトからコルヴィウスへ 1643年7月6日「オクターブの音階」　デカルトからウィレムへ アムステルダム 1643年7月10日「返答の印刷とウィレムへの送付」　デカルトからホイヘンスへ アムステルダム 1643年7月10日「助言への感謝」　デカルトからブラントへ エフモント・アン・デン・フフ 1643年7月18日「時計の修理」　デカルトからコルヴィウスへ エフモント・アン・デン・フフ 1643年9月5日「ベヴェルヴェイクとの約束、キルヒャー、ウェンデリヌス」　デカルトから某へ エフモント・アン・デン・フフ 1643年9月15日‐23日「ユトレヒトの動向」〔ほか〕　〔04917〕

◇デカルト全書簡集　第4巻　1640-1641　デカルト〔著〕　大西克智, 津崎良典, 三浦伸夫, 武田裕紀, 中沢聡, 石田隆太, 鈴木泉訳　知泉書館　2016.2　407p　23cm　〈索引あり〉6400円　①978-4-86285-227-4

内容 レギウスおよびエミリウスからデカルトへ・ユトレヒト・1640年1月─レネリ追悼演説、プレンピウスとレギウス、レギウスとヴォエティウス　デカルトからホイヘンスへ・サントポールト・1640年1月3日─スタンピウン＝ワーセナール論争　ホイヘンスからデカルトへ・ハーグ・1640年1月8日─スタンピウン＝ワーセナール論争　デカルトからメルセンヌへ・1640年1月29日─スタンピウンの奸計、落体と重力、白黒の大理石、衝撃の力、弓、紐と滑車、メイソニエデカルトからメイソニエへ・1640年1月29日─コナリオン、記憶に関わる形質　デカルトからワーセナールへ・ライデン・1640年2月1日─スタンピウン＝ワーセナール論争(二項数から立方根を抽出する方法)　デカルトからホーヘランデへ・1640年2月8日─『イデア・マテマティカ』、数学における歴史と学知、コメニウスの『汎知学』　ホイヘンスからデカルトへ・ハーグ・1640年3月8日─「若い数学者」の『円錐曲線論』、或る奇跡譚　デカルトからメルセンヌへ・サントポールト・1640年3月11日─物体の衝撃、落下、速度、その他自然学の諸問題　デカルトからホイスヘンスへ・サントポールト・1640年3月12日─奇跡譚、望遠鏡作成、スタンピウン〔ほか〕　〔04918〕

◇デカルト全書簡集　第8巻　1648-1655　デカルト〔著〕　安藤正人, 山田弘明, 吉田健太郎, クレール・フォヴェルグ訳　知泉書館　2016.2　378p　23cm　〈年譜あり 索引あり〉6000円　①978-4-86285-226-7

内容 デカルトからポロへ 1648年─病身のポロへの助言　デカルトからエリザベトへ エフモント・ビンネン 1648年1月31日─『学識論』、動物、最高善　デカルトからメルセンヌへ エフモント・ビンネン 1648年1月31日─水銀柱の高さ、デザルグの実験、パリ訪問の予定　ブラッセからデカルトへ ハーグ 1648年2月7日─シャニュとの会見打合せ　デカルトからメルセンヌへ エフモント・ビンネン 1648年2月7日─水銀柱の高さ、パリ訪問の予定　デカルトからポロへ エフモント・ビンネン 1648年2月7日─ユトレヒト紛争、ポロとの会見打合せ　ワッセナールからデカルトへユトレヒト 1648年2月9日─『掲貼文書への覚え書』への答弁　デカルトからユトレヒトの参事官へ エフモント・ビンネン 1648年2月21日─弁駁書の添え書き　デカルトからシャニュへ エフモント・ビンネン 1648年2月21日─女王への文書、フランス旅行の予定デカルトからピコへ エフモント・ビンネン 1648年2月28日─従僕の扱い方への忠告〔ほか〕　〔04919〕

デカーロ, ニール　DeCarlo, Neil

◇発想を事業化するイノベーション・ツールキット─機会の特定から実現性の証明まで（The Innovator's Toolkit 原著第2版の翻訳）　デヴィッド・シルバースタイン, フィリップ・サミュエル, ニール・デカーロ著, 野村恭彦監訳, 清川幸美訳　英治出版　2015.5　493p　21cm　2800円　①978-4-86276-198-9

内容 第1部 機会を定義する（片づけるべきジョブ　ジョブ・マッピング ほか）　第2部 アイデアを発見する（資源の最適化　機能分析 ほか）　第3部 設計を作り上げる（機能要件　公理的設計 ほか）　第4部 イノベーションを証明する（プロトタイピング　パイロット試験 ほか）　〔04920〕

テ

デクラーク・ルビン, ビッキー　de Klerk-Rubin, Vicki
◇バリデーションファイル・メソッド―認知症の人への援助法（V/F validation the Feil method）　ナオミ・ファイル著, ビッキー・デクラーク・ルビン改著, 稲谷ふみ枝監訳, 飛松美紀訳　仙台　全国コミュニティライフサポートセンター　2016.5　195p　21cm　〈文献あり〉2000円　①978-4-904874-47-9
内容 第1部 バリデーションとは？　第2部「解決」のステージの4つの段階　第3部 個人にバリデーションをする　第4部 バリデーショングループ　第5部 そのほかの援助方法　付録　表、書式、テスト　〔04921〕

テーゲ, ジェニファー　Teege, Jennifer
◇祖父はアーモン・ゲート―ナチ強制収容所所長の孫（AMON）　ジェニファー・テーゲ, ニコラ・ゼルマイヤー著, 笠井宣明訳　原書房　2014.8　259p　20cm　〈文献あり〉2500円　①978-4-562-05084-0
内容 序章 発見　1章 私は大量殺人者の孫　2章 プワショフ強制収容所の支配者 祖父アーモン・ゲート　3章 所長夫人 祖母ルート・イレーネ・カルダー　4章 死者と過ごした人生 母モニカ・ゲート　5章 被害者の孫イスラエルの友だち　6章 クラクフの花　〔04922〕

デザン, スザンヌ
◇文化の新しい歴史学（THE NEW CULTURAL HISTORY）　リン・ハント編, 筒井清忠訳　岩波書店　2015.10　363, 5p　19cm　（岩波人文書セレクション）〈1993年刊の再刊　索引あり〉3100円　①978-4-00-028817-0
内容 E.P.トムスンとナタリー・デーヴィスの著作における群衆・共同体・儀礼（スザンヌ・デザン著）〔04923〕

テシィケ, ベンノ
◇ウェストファリア史観を脱構築する―歴史記述としての国際関係論　山下範久, 安高啓朗, 芝崎厚士編　京都　ナカニシヤ出版　2016.7　260p　22cm　〈他言語標題：Deconstructing the Westphalian Discourse　索引あり〉3500円　①978-4-7795-1095-3
内容「1648年の神話」再考（ベンノ・テシィケ著, 山下範久構成・訳）　〔04924〕

デジェ, ギヨーム　Dégé, Guillaume
◇人がいじわるをする理由はなに？（Chouette penser！：DE BONNES RAISONS D'ÊTRE MÉCHANT？）　ドゥニ・カンブシュネ文, ギヨーム・デジェ絵, 伏見操訳　岩崎書店　2016.10　93p　20cm　（10代の哲学さんぽ 8）　1300円　①978-4-265-07914-8
内容 1 お説教は役立たず？　2 いじわるの種類　3 本当にゆるせないこと　4 人はみんないじわる？　5 いじわるのよい面とは？　6 哲学にとってむずかしいこと　7 よくない選択をしたのは、だれ？　8 未来のことを考えよう　〔04925〕

デシエノ, T.B.*　DeSieno, Timothy B.
◇クロスボーダー事業再生―ケース・スタディと海外最新実務　アンダーソン・毛利・友常法律事務所編　商事法務　2015.6　253p　21cm　3000円　①978-4-7857-2287-6
内容 ソブリン債のリストラクチャリングにおける債権者委員会（Timothy B.DeSieno著, 仁瓶善太郎, 関彩香訳）　〔04926〕

デジャルダン, ジョゼフ・R.　DesJardins, Joseph R.
◇ビジネス倫理学入門（An Introduction to Business Ethics 原著第4版の翻訳）　ジョゼフ・R.デジャルダン著, 文京学院大学グローバル・カリキュラム研究会訳　文京学院大学総合研究所　2014.6　292p　26cm　（文京学院大学総合研究所叢書 1）〈索引あり　発売：冨山房インターナショナル〉2500円　①978-4-905194-72-9
内容 なぜ倫理学を学ぶのか　倫理学理論とビジネス企業の社会的責任　企業文化、企業統治、倫理的リーダーシップ　仕事の意味と価値　職場における道徳権　従業員の責任　マーケティング倫理―製品の安全性と価格設定　マーケティング倫理―広告とターゲット・マーケティング　企業の環境責任　多様性と差別　国際ビジネスとグローバル化　〔04927〕

デ・ジルコフ, ボリス　De Zirkoff, Boris
◇ベールをとったイシス―古代および現代の科学と神学にまつわる神秘への鍵　第1巻 科学 下（Isis unveiled）　H.P.ブラヴァツキー著, ボリス・デ・ジルコフ編, 老松克博訳　宝塚　竜王文庫　2015.7　p341-838, 14p　21cm　（神智学叢書）4600円　①978-4-89741-605-2
内容 第8章 自然にまつわるいくつかの神秘　第9章 周期的な諸現象　第10章 内的にして外的な人間　第11章 心理的および身体的な驚異の数々　第12章「越え難い裂け目」　第13章 現実と幻影　第14章 エジプトの知恵　第15章 インド、かの種族の揺籃　〔04928〕

デスーザ, スティーブン　D'Souza, Steven
◇「無知」の技法―不確実な世界を生き抜くための思考変革（NOT KNOWING）　スティーブン・デスーザ, ダイアナ・レナー著, 上原裕美子訳　日本実業出版社　2015.11　352, 6p　19cm　2000円　①978-4-534-05329-9
内容 1「知識」の危険性（「知っている」はいいことか？　専門家とリーダーへの依存　「未知のもの」の急成長）　2 境界（既知と未知の境界　暗闇が照らすもの）　3「ない」を受容する能力（カップをからっぽにする　見るために目を閉じる　闇に飛び込む　「未知のもの」を楽しむ）　〔04929〕

テスター, キース　Tester, Keith
◇社会学の使い方（WHAT USE IS SOCIOLOGY？）　ジグムント・バウマン著, ミカエル・ヴィード・ヤコブセン, キース・テスター聞き手, 伊藤茂訳　青土社　2016.10　191, 5p　20cm　〈索引あり〉2200円　①978-4-7917-6945-2
内容 第1章 社会学とは何か（人間の経験との会話の意味　社会学と文学　科学と芸術　社会学と神学　社会学と科学）　第2章 なぜ社会学するのか（制度化がもたらしたもの　ビンの中のメッセージ　社会学的解釈学とは　今日の社会学が置かれた状況　読者との関係）　第3章 社会学するにはどうすればよいか（自問することと価値を問い直すことの意義　オルタナティヴな社会学の構想　メタファーの有用性　リキッド・モダニティの行き着く先　誰に向けて語るべきか）　第4章

社会学はいかにして達成されるか（社会学は真剣に受け止めてもらえるか　批判的社会理論の課題　現代社会とどう向き合うか）〔04930〕

テスター，スーザン

◇イギリスにおける高齢期のQOL—多角的視点から生活の質の決定要因を探る（UNDERSTANDING QUALITY OF LIFE IN OLD AGE）　アラン・ウォーカー編著，岡田進一監訳，山田三知子訳　京都　ミネルヴァ書房　2014.7　249p　21cm　（新・MINERVA福祉ライブラリー 20）〈文献あり 索引あり〉3500円　①978-4-623-07097-8

内容 虚弱な高齢者のアイデンティティとQOL（ケヴィン・マッキー，ムーナ・ダウンズ，メアリー・ギルフーリ，ケン・ギルフーリ，スーザン・テスター，フィオナ・ウィルソン著）〔04931〕

デステノ，デイヴィッド　DeSteno, David

◇信頼はなぜ裏切られるのか—無意識の科学が明かす真実（THE TRUTH ABOUT TRUST）　デイヴィッド・デステノ著，寺町朋子訳　白揚社　2015.12　300p　20cm　〈索引あり〉2400円　①978-4-8269-0184-0

内容 第1章 信頼とは何か？—基本と欠点、そして処方箋　第2章 無意識が支配する—生物学的な仕組みによって決まる判断　第3章 赤ちゃんは見ている—学習と信頼の意外な関係　第4章 恋愛と結婚の核心—信頼と嫉妬の働きを解剖する　第5章 権力と金—上位一パーセントに入る人と、その気分に浸る人　第6章 信頼のシグナル—身ぶりから相手の誠実さを見抜く　第7章 操作される信頼—コンピューター越しの相手とのつき合い方　第8章 あなたは自分を信頼できる？—将来の自分は予想外に不誠実　第9章 信頼するか、欺くか—最後はいつだってこれだけ〔04932〕

デ・ステファニ，レンツォ　De Stefani, Renzo

◇イタリア精神医療への道—バザーリアがみた夢のゆくえ（PSICHIATRIA MIA BELLA）　レンツォ・デ・ステファニ著，ヤコポ・トマージ共著，花野真栄訳　日本評論社　2015.9　261p　21cm　2500円　①978-4-535-98429-5

内容 第1部 イタリア地域精神医療およびトレントにおける取り組みの歴史1970‐2015（精神病院からイタリア地域精神医療への移行—フランコ・バザーリアの改革とその周辺　イタリア地域精神医療の誕生—基本理念および良い治療方法 ほか）　第2部 ある精神医療の歩み—ジャンカルロ～マウリッツィオ1978‐2015（ジャンカルロ—「僕は、なんで、生きてるんだろう？」　ジャンカルロからマウリッツィオへ—世界は（おそらく）進んでいく ほか）　第3部 善良なる“マッティ（頭のおかしい者たち）”の肖像（マーラ：2つのほほ笑みは5滴のバリウムに勝る—温かく全員を迎えるということ　アニータ：腕の良い庭師は、根っこまで手入れをする—主人公としての家族 ほか）　第4部 180号法に跡継ぎ誕生（私は180号法—雨の中、誕生したのです　イタリア下院議会法案第2233号—提出趣旨 ほか）〔04933〕

デセティ，ジャン　Decety, Jean

◇共感の社会神経科学（THE SOCIAL NEUROSCIENCE OF EMPATHY）　ジャン・デセティ，ウィリアム・アイクス編著，岡田顕宏訳　勁草書房　2016.7　334p　22cm　〈索引あり〉4200円　①978-4-326-25117-9

内容 模倣されることの効果 他（リック・B.フォン・バーレン，ジャン・デセティ，アプ・ダイクスターハイス，アンドリース・フォン・デア・レイユ，マータイス・L.フォン・レーウン著）〔04934〕

デ・ソウザ，ルシオ

◇南蛮・紅毛・唐人—一六・一七世紀の東アジア海域　中島楽章編　京都　思文閣出版　2013.12　405, 3p　22cm　6800円　①978-4-7842-1681-9

内容 一六～一七世紀のポルトガル人によるアジア奴隷貿易（ルシオ・デ・ソウザ著，小沢一郎，岡美穂子訳）〔04935〕

デ・ソト，エルナンド

◇安定とその敵（Stability at bay）　Project Syndicate〔編〕　土曜社　2016.2　120, 2p　18cm　（プロジェクトシンジケート叢書）　952円　①978-4-907511-36-4

内容 対テロ戦争の勝算（エルナンド・デ・ソト著）〔04936〕

デ・チェッコ，マルチェッロ

◇リターン・トゥ・ケインズ（THE RETURN TO KEYNES）　ブラッドリー・W.ベイトマン，平井俊顕，マリア・クリスティーナ・マルクッツォ編，平井俊顕監訳　東京大学出版会　2014.9　388, 56p　22cm　〈文献あり 索引あり〉5600円　①978-4-13-040262-0

内容 ケインズと現代国際金融論（マルチェッロ・デ・チェッコ著，野下保利訳）〔04937〕

テッツェリ，リック　Tetzeli, Rick

◇スティーブ・ジョブズ—無謀な男が真のリーダーになるまで　上（Becoming Steve Jobs）　ブレント・シュレンダー，リック・テッツェリ著，井口耕二訳　日本経済新聞出版社　2016.9　332p　19cm　2000円　①978-4-532-32100-0

内容 第1章 ガーデン・オブ・アラーのスティーブ・ジョブズ　第2章「ビジネスマンにはなりたくない」　第3章 突破と崩壊　第4章 次なるNeXT　第5章 もうひとつの賭け　第6章 ビル・ゲイツの来訪　第7章 運　第8章 まぬけ、ろくでなし、一国一城の主〔04938〕

◇スティーブ・ジョブズ—無謀な男が真のリーダーになるまで　下（Becoming Steve Jobs）　ブレント・シュレンダー，リック・テッツェリ著，井口耕二訳　日本経済新聞出版社　2016.9　348p　19cm　〈文献あり〉2000円　①978-4-532-32101-7

内容 第9章 ちょっとおかしい人たちなのかもしれない　第10章 勘を頼りに歩む　第11章 最善を尽くす　第12章 ふたつの決断　第13章 スタンフォード大学　第14章 ピクサー安住の地　第15章 十全なウィジェット　第16章 死角、怨念、肘鉄　第17章「僕はくそ野郎だからと言ってやれ」〔04939〕

デッツェン，ドミニク

◇ドイツ会計現代化論　佐藤博明，ヨルク・ベェトゲ編著　森山書店　2014.4　185, 5p　22cm　〈索引あり〉3500円　①978-4-8394-2140-3

テ

内容 ドイツにおける公正価値会計(ヘニング・チュルヒ, ドミニク・デッツェン著, 稲見亨訳)〔04940〕

テット, ジリアン　Tett, Gillian
◇サイロ・エフェクト—高度専門化社会の罠（THE SILO EFFECT） ジリアン・テット著, 土方奈美訳　文芸春秋　2016.2　365p　20cm　1660円　①978-4-16-390389-7
内容 序章 ブルームバーグ市長の特命事項　第1章 人類学はサイロをあぶり出す　第2章 ソニーのたこつぼ　第3章 UBSはなぜ危機を理解できなかったのか？　第4章 経済学者たちはなぜ間違えたのか？　第5章 殺人予報地図の作成　第6章 フェイスブックがソニーにならなかった理由　第7章 病院の専門を廃止する　第8章 サイロを利用して儲ける　終章 点と点をつなげる〔04941〕

テ

テドロー, リチャード・S.　Tedlow, Richard S.
◇なぜリーダーは「失敗」を認められないのか（Denial） リチャード・S.テドロー著, 土方奈美訳　日本経済新聞出版社　2015.4　391p　15cm（日経ビジネス人文庫 て5-1）〈文献あり〉900円　①978-4-532-19759-9
内容 第1部 現実を見誤る(悪い情報を遮断する—ヘンリー・フォードと“モデルT”　どうしてあなたは「認められない」のか　技術的キャズム—タイヤ業界が認められなかったこと　「これが現実だなんて、信じられなかった」—A&Pの凋落　巨大建築コンプレックス—シアーズの否認　今日の行いは、明日の成功につながるか—IBMの否認と復活　コカ・コーラがついた“真っ赤な嘘”　群衆の狂気—ドットコムバブルと否認）　第2部 真実を見極める(戦略、組織構造、そして現実の直視—デュポン　「僕らが一度会社を辞めたつもりになって…」—インテルにおける新たな視点　データ重視のEQ経営—タイレノールの復活　新たな視点)〔04942〕

テトロック, フィリップ・E.　Tetlock, Philip Eyrikson
◇超予測力—不確実な時代の先を読む10カ条（SUPERFORECASTING） フィリップ・E.テトロック, ダン・ガードナー著, 土方奈美訳　早川書房　2016.10　405p　19cm　2200円　①978-4-15-209644-9
内容 楽観的な懐疑論者　「知っている」という錯覚　予測を評価する　超予測力　「超頭がいい」のか　「超数字に強い」のか　「超ニュースオタク」なのか　永遠のベータ　スーパーチーム　リーダーのジレンマ〔ほか〕〔04943〕

テナント, ドン　Tennant, Don
◇交渉に使えるCIA流嘘を見抜くテクニック（SPY THE LIE） フィリップ・ヒューストン, マイケル・フロイド, スーザン・カルニセロ, ドン・テナント著, 中里京子訳　大阪　創元社　2015.2　246p　19cm　1400円　①978-4-422-30062-7
内容 人を嘘つきと呼ぶことの難しさ　嘘発見を妨げるもの　嘘を見抜くためのメソッド—すべてはこれに尽きる　嘘を見抜くうえでのパラドックス—真実を見つけるために無視する真実　人はどのように嘘をつくのか—言葉　最強の嘘　嘘つきの怒り　人はどのように嘘をつくのか—行動　嘘のなかの真—意図せずに発せられた言葉　訊かなければ嘘は見抜けない　嘘をかわして主導権をにぎる　鵜呑みにしてはならないしぐさ　典型的な嘘の実例　テクニックはどう使うべきか〔04944〕

◇交渉に使えるCIA流真実を引き出すテクニック（GET THE TRUTH） フィリップ・ヒューストン, マイケル・フロイド, スーザン・カルニセロ, ピーター・ロマリー, ドン・テナント著, 鈴木淑美訳　大阪　創元社　2015.7　266p　19cm　1400円　①978-4-422-30063-4
内容 女スパイの告白とインフォマーシャル—「その場思考」モードの驚くべき力　最良のシナリオか最悪のシナリオか　「取り調べ」モードにスイッチを入れるとき　モノローグで真実を引き出す　効果を上げる「話し方」　相手に合わせてモノローグを組み立てる　モノローグに抵抗されたら　相手の発言を聞き逃さない　嘘も方便　対立や敵対は逆効果—人を裁くなラルフの告白—こうして彼は口を開いた　もしO・J・シンプソンを取り調べたとしたら　真実を引き出したいなら〔04945〕

デニンガー, エアハルト
◇人権への権利—人権、民主主義そして国際政治（Recht auf Menschenrechte） ハウケ・ブルンクホルスト, ヴォルフガング・R.ケーラー, マティアス・ルッツ＝バッハマン編, 舟場保之, 御子柴善之監訳　吹田　大阪大学出版会　2015.1　335, 13p　21cm〈索引あり〉3700円　①978-4-87259-491-1
内容 国家の課題と人権(エアハルト・デニンガー著, 御子柴善之訳)〔04946〕

デネット, ダニエル・C.　Dennett, Daniel Clement
◇ヒトはなぜ笑うのか—ユーモアが存在する理由（INSIDE JOKES） マシュー・M.ハーレー, ダニエル・C.デネット, レジナルド・B.アダムズJr.著, 片岡宏仁訳　勁草書房　2015.2　563p　20cm〈文献あり 索引あり〉3500円　①978-4-326-15432-6
内容 導入　ユーモアはなんのためにある？　ユーモアの現象学　ユーモア理論の学説略史　認知的・進化論的ユーモア理論のための20の問い　情動と計算　ユーモアをこなせる心　ユーモアとおかしみ　高階ユーモア　反論を考える　周縁例—非ジョーク、ダメなジョーク、近似的ユーモア　それにしてもなんで笑うんだろう？　おあとがよろしいようで〔04947〕

◇思考の技法—直観ポンプと77の思考術（INTUITION PUMPS AND OTHER TOOLS FOR THINKING） ダニエル・C.デネット著, 阿部文彦, 木島泰三訳　青土社　2015.4　666, 44p　20cm〈文献あり 索引あり〉4100円　①978-4-7917-6843-1
内容 1 序論—直観ポンプとは何か？　2 汎用的な思考道具—ダース　3 意味あるいは(心的)内容について思考する道具　4 コンピュータを論じる幕間　5 意味についてのさらなる道具　6 進化について考える道具　7 意識について考える道具　8 自由意志についての思考道具　9 哲学者であるとはどのようなことか？　10 道具を使ってもっと頑張ろう　11 扱われずに残った道具〔04948〕

◇心はどこにあるのか（KINDS OF MINDS） ダニエル・C.デネット著, 土屋俊訳　筑摩書房　2016.10　284p　15cm（ちくま学芸文庫 テ12-1）〈草思社 1997年刊の再刊　文献あり〉1200

円 ①978-4-480-09753-8

内容 1 さまざまな種類の心 2 そこに意識は存在するか 3 身体と心 4 心の進化論 5 思考の誕生 6 わたしたちの心、そしてさまざまな心 〔04949〕

テノアー, F.ブレーク

◇多様性を拓く教師教育―多文化時代の各国の取り組み (Educating Teachers for Diversity) OECD教育研究革新センター編著, 斎藤里美監訳, 布川あゆみ, 本田伊克, 木下江美, 三浦綾希子, 藤浪海訳 明石書店 2014.8 403p 22cm 4500円 ①978-4-7503-4053-1

内容 カリキュラムの設計と開発 (H.リチャード・ミルナーIV,F.ブレーク・テノアー著, 本田伊克訳) 〔04950〕

デバイ, クリスティーナ・E. Debye, Kristina E.

◇あなたに伝えたいこと―性的虐待・性被害からの回復のために (How Long Does It Hurt?) シンシア・L.メイザー,K.E.デバイ著, 野坂祐子, 浅野恭子訳 誠信書房 2015.4 328p 21cm 〈文献あり〉3600円 ①978-4-414-41460-8

内容 第1部 痛みが始まる (あなたはひとりじゃない あれは本当に性暴力だったの? インターネット性犯罪) 第2部 助けを求めよう (だれかに話すこと まわりの人はなんて言うだろう? わたしはどうなっちゃうの? うちあけたあとの家族との生活) 第3部 さらなる前進 (回復することも、ひとつの選択肢 生き抜いてきた自分を誇ろう 未来への道を築くこと 許すこと―許す? 許さない? セックス―セックスってなんだろう?) 第4部 知っておきたいこと (加害者について知っておくべきこと 友だちとして知っておくべきこと サバイバーからあなたへのメッセージ) 〔04951〕

デパエペ, F.* Depaepe, Fien

◇自己調整学習ハンドブック (HANDBOOK OF SELF-REGULATION OF LEARNING AND PERFORMANCE) バリー・J.ジマーマン, ディル・H.シャンク編, 塚野州一, 伊藤崇達監訳 京都 北大路書房 2014.9 434p 26cm 〈索引あり〉5400円 ①978-4-7628-2874-4

内容 数学的知識とスキルの自己調整 (Erik De Corte, Lucia Mason, Fien Depaepe, Lieven Verschaffel著, 瀬尾美紀子訳) 〔04952〕

デ・パオラ, トミー DePaola, Tomie

◇みんなでたのしいクリスマス トミー・デ・パオラさく, みねじまともこやく いのちのことば社〈出版部〉 2016.10 1冊 (ページ付なし) 16×22cm (Forest Books) 1000円 ①978-4-264-03483-4 〔04953〕

デバガ, スリム・タハール

◇日本・アルジェリア友好の歩み―外交関係樹立50周年記念誌 私市正年, スマイル・デベシュ, 在アルジェリア日本国大使館編著 千倉書房 2014.8 286p 19cm 2800円 ①978-4-8051-1041-6

内容 五〇年前、日本にいたアルジェリア人 (スリム・タハール・デバガ) 〔04954〕

デビッドソン, リチャード Davidson, Richard J.

◇心を整えれば、シンプルに生きられる (The Emotional Life of Your Brain) リチャード・デビッドソン, シャロン・ベグリー著, 茂木健一郎訳 三笠書房 2016.9 253p 15cm (王様文庫 B179-1) 〈「脳には、自分を変える「6つの力」がある。」(2013年刊) の改題、再編集〉600円 ①978-4-8379-6797-2

内容 1 明らかになった「新しい法則」―あなたの心がもっている「不思議な力」 2 仕事、人間関係、健康、運…問いかけに答えるだけで、真実が見えてくる 3 あなたは「こんな可能性」をもって生まれてきた―"感情"が教えてくれるメッセージ 4 「イキイキとした毎日」を保つために―幸せを、体のすみずみにまで満たす法 5 もう「他の誰か」を目指さなくていい―「本当の自分」の伸ばし方、活かし方 6 世界で大ブームの「瞑想」とは―ダライ・ラマが教えてくれた「心と体にいいこと」 7 1日5分の奇跡! 効果を実感してください―365日、楽しい「マインドフルネス」生活 〔04955〕

デフィリッポ, ヴァレンチナ D'Efilippo, Valentina

◇インフォグラフィックで見る138億年の歴史―宇宙の始まりから現代世界まで (THE INFOGRAPHIC HISTORY OF THE WORLD) ヴァレンチナ・デフィリッポ, ジェイムズ・ボール著, 北川玲訳 大阪 創元社 2014.6 217p 26cm 〈文献あり〉2700円 ①978-4-422-20270-9

内容 1 すべての始まり (すべての始まり ビッグバンから生まれた隣人 ほか) 2 文明化へ (みな親戚 人の構成元素 ほか) 3 国家の建設 (かつては征服者だった 我々に残したもの ほか) 4 モダン・ワールド (人口ピラミッド 死因 ほか) 〔04956〕

デーブス, ミヒャエル Debus, Michael

◇三位一体 上 ミヒャエル・デーブス〔講演〕, 竹下哲生〔編訳〕 キリスト者共同体・東京集会 2014.8 220p 19cm 〈講演日：2013年2月12-14日〉 〔04957〕

◇私たちの生命力と人間の使命 ミヒャエル・デーブス著, 香川裕子訳 〔出版地不明〕 オイリュトミーを社会にひらく会 2014.8 111p 21cm 〈他言語標題：Unsere Lebenskräfte und die Aufgabe des Menschen 発売：SAKS-Books (四国中央)〉1800円 ①978-4-9906920-6-3 〔04958〕

デープラー, エミール Doepler, Emil

◇図説北欧神話の世界 (WALHALL.DIE GÖTTERWELT DER GERMANEN) E.デープラー画, W.ラーニシュ文, 吉田孝夫訳 八坂書房 2014.12 178, 3p 22cm 〈索引あり〉2400円 ①978-4-89694-183-8

内容 序章 古代ドイツ人の信仰 1 オーディンの物語 2 トールの物語 3 フレイの物語 4 テュール、バルドルと女神たちの物語 5 ロキの物語 6 ラグナロク―世の終わり 〔04959〕

デベシュ, スマイル Debeche, Smail

◇日本・アルジェリア友好の歩み―外交関係樹立50周年記念誌 私市正年, スマイル・デベシュ, 在ア

テ

ルジェリア日本国大使館編著　千倉書房　2014.8　286p　19cm　2800円　①978-4-8051-1041-6
内容 日・アルジェリア関係―目標達成のための協力（スマイル・デベシュ）〔04960〕

デ・ボード, ロバート　De Board, Robert
◇ヒキガエル君、カウンセリングを受けたまえ。（COUNSELLING FOR TOADS）　ロバート・デ・ボード著, 水野恵訳　阪急コミュニケーションズ　2014.9　223p　19cm　1500円　①978-4-484-14110-7〔04961〕

テ

デボノ, エドワード　De Bono, Edward
◇水平思考の世界―固定観念がはずれる創造的思考法（LATERAL THINKING）　エドワード・デボノ著, 藤島みさ子訳　きこ書房　2015.11　269p　19cm　1500円　①978-4-87771-337-9
内容 第1章 人生には、水平思考でしか解決できない問題がある　第2章 誰にでも入手可能な既成の情報を、新しいやり方で見つめなおす　第3章 新しいアイデアと既成のアイデアの複雑な関係　第4章 水平思考の視覚トレーニング　第5章 言葉の硬直性が、ものの見方の硬直性につながる　第6章 新しいアイデアを生む最大の障害　第7章 偶然を味方につけた発明家たち　第8章 水平思考の活用例　第9章 垂直思考をする人は、他人に利用されやすい　第10章 水平思考の可能性は無限〔04962〕
◇6つの帽子思考法―視点を変えると会議も変わる（Six Thinking Hats 原著改訂新版の翻訳）　エドワード・デ・ボーノ著, 川本英明訳　パンローリング　2016.1　262p　19cm　（フェニックスシリーズ 30）〈「会議が変わる6つの帽子」（翔泳社 2003年刊）の改題、復刊〉1400円　①978-4-7759-4149-2
内容 第1章 入門編　第2章 六つの帽子の使い方　第3章「白い帽子」で考える　第4章「赤い帽子」で考える　第5章「黒い帽子」で考える　第6章「黄色い帽子」で考える　第7章「緑の帽子」で考える　第8章「青い帽子」で考える　第9章 六つの帽子の利点〔04963〕

テミン, ピーター　Temin, Peter
◇リーダーなき経済―世界を危機から救うための方策（The Leaderless Economy）　ピーター・テミン, デイビッド・バインズ著, 貫井佳子訳　日本経済新聞出版社　2014.11　427p　20cm　〈文献あり 索引あり〉3200円　①978-4-532-35611-8
内容 第1章 壊れた世界経済　第2章 イギリスの世紀と大恐慌　第3章 マクミラン委員会からブレトンウッズまでのケインズ　第4章 アメリカの世紀と世界金融危機　第5章 ヨーロッパの国際均衡を取り戻す　第6章 世界の国際均衡を取り戻す　第7章 理論を用いて歴史の教訓から学ぶ〔04964〕
◇学び直しケインズ経済学―現在の世界経済問題を考える（KEYNES）　ピーター・テミン, デイヴィッド・ヴァインズ著, 小谷野俊夫訳　一灯舎　2015.5　201, 18p　19cm　〈文献あり 索引あり〉1800円　①978-4-907600-32-7
内容 第1章 ケインズ以前の経済学 その一―デイヴィッド・ヒューム　第2章 ヴェルサイユにおけるケインズ　第3章 ケインズとマクミラン委員会　第4章 ケインズ以前の経済学 その二―マーシャル　第5章 一般理論　第6章 IS‐LM曲線　第7章 流動性のわな　第8章 ブレトンウッズとスワン・ダイアグラム　第9章 ケインズの時代：危機と反動　第10章 国際間の倹約のパラドックス〔04965〕

デムスキー, テリ　Demsky, Terry
◇教育政策立案の国際比較（Education Policy-Planning Process）　ワディ・D.ハダッド, テリ・デムスキー〔著〕, 北村友人訳・解説　東信堂　2014.8　110p　21cm　（ユネスコ国際教育政策叢書 1）〈文献あり 索引あり〉1200円　①978-4-7989-1248-6
内容 第1章 教育政策分析のためのフレームワーク（政策の定義と範囲　政策の策定　政策分析のための概念フレームワーク）　第2章 教育の立案活動における政策分析の応用―4つの典型的な事例（ペルー：包括的かつ革命的なアプローチの事例　ヨルダン：漸進的アプローチから総合的アプローチへの移行に関する事例　タイ：特定課題から戦略的課題への移行の事例　ブルキナファソ：外部から影響された総合的アプローチ）　第3章 事例研究からの教訓（ペルー　ヨルダン　タイ　ブルキナファソ　4つの事例に関する総合的な議論）　第4章 結論―政策立案者たちのための含意のまとめ〔04966〕

デモス, ゲイリー　DeMoss, Gary
◇信頼を勝ち取る言葉―全米消費者調査で見えた！（THE LANGUAGE of TRUST）　マイケル・マスランスキー著, スコット・ウェスト, ゲイリー・デモス, デイビッド・セイラー共著, インベスコ・コミュニケーション・アカデミー訳・監修　日経BPコンサルティング　2014.10　323p　21cm　〈発売：日経BPマーケティング〉1800円　①978-4-86443-068-5
内容 第1章 信頼を勝ち取るための新しい言葉（米国の「信頼が失われた時代」　はじめにまず言葉ありき）　第2章 信頼されるメッセージを伝える4つの原則（パーソナル化せよ　わかりやすい言葉で語れ　ポジティブであれ　真実味を持たせよ）　第3章 言葉の新しい順序（聞かせる技術―議論する前に相手の興味を引くこと　あなたのことはどうでもいい―「自分」ではなく「相手」を優先すること　そういうつもりで言ったのではない―背景や前後関係（Context）が本来の意味を伝える）　第4章 メディアとメッセージ（デジタル世界における信頼を勝ち取る言葉　信頼を失う法則―20の禁句）〔04967〕

デュア, シディンハム
◇横浜と外国人社会―激動の20世紀を生きた人々　横浜外国人社会研究会, 横浜開港資料館編　日本経済評論社　2015.3　302p　22cm　〈索引あり〉4500円　①978-4-8188-2375-4
内容 シディンハム・デュアの抑留日記（小宮まゆみ編, 坂山恵和訳）〔04968〕

デュアルテ, ナンシー　Duarte, Nancy
◇スライドロジー―プレゼンテーション・ビジュアルの革新（slide : ology）　ナンシー・デュアルテ著, 熊谷小百合訳　ビー・エヌ・エヌ新社　2014.12　287p　19×19cm　〈文献あり 索引あり〉2300円　①978-4-86100-944-0
内容 スライド術を身につける　アイデアを生み出す　ダイアグラムを作成する　データを視覚化する　デザイン思考を取り入れる　要素を配置する　ビジュ

アル要素を使いこなす(背景・色・テキスト 画像) アニメーションを取り入れる テンプレートを管理する スライド依存から抜け出す 〔04969〕

◇イルミネート:道を照らせ。—変革を導くリーダーが持つべきストーリーテリング法 (Illuminate) ナンシー・デュアルテ, パティ・サンチェス著, 熊谷小百合訳 ビー・エヌ・エヌ新社 2016.7 335p 19×19cm 〈文献あり 索引あり〉 2400円 ①978-4-8025-1021-9

内容 1 リーダーは人々の背中を押し続ける 2 耳を傾ける—親身になって話を聞き、不安を和らげる 3 トーチベアラーのツール 4 構想ステージ—インスピレーションを得る時 5 跳躍ステージ—決断の時 6 格闘ステージ—勇気を奮うとき 7 登坂ステージ—忍耐の時 8 到達ステージ—回顧の時 9 (再)構想ステージ—創造的破壊の時 10 結び—トーチベアラーの告白 〔04970〕

デューイ, ジョン Dewey, John

◇公衆とその諸問題—現代政治の基礎 (THE PUBLIC AND ITS PROBLEMS) ジョン・デューイ著, 阿部斉訳 筑摩書房 2014.9 318p 15cm (ちくま学芸文庫 テ11-1) 〈「現代政治の基礎」(みすず書房 1969年刊)の改題、訂正〉 1300円 ①978-4-480-09606-7

内容 第1章 公衆を求めて 第2章 国家の発見 第3章 民主主義的国家 第4章 公衆の没落 第5章 大共同社会の探究 第6章 方法の問題 〔04971〕

◇プラグマティズム古典集成—パース、ジェイムズ、デューイ チャールズ・サンダース・パース, ウィリアム・ジェイムズ, ジョン・デューイ著, 植木豊編訳 作品社 2014.10 652p 20cm 〈他言語標題:Classical Pragmatism:Selected Papers 文献あり 索引あり〉 4200円 ①978-4-86182-501-9

内容 第1部 プラグマティズムという言葉の登場(パースのプラグマティズム(一九一六年)(デューイ) 哲学的概念と実際的効果(一八九八年)(ジェイムズ) ほか) 第2部 パースのプラグマティズム(人間に生得的に備わっているとされてきた諸能力についての問い(一八六八年)(パース) 四つの能力の否定から導かれる諸々の帰結(一八六八年)(パース) ほか) 第3部 プラグマティズムの展開(アメリカにおけるプラグマティズムの展開(一九二五年)(デューイ) 信ずる意志(『信ずる意志』第一章)(一八九七年)(ジェイムズ) ほか) 解題 プラグマティズムの百年後(植木豊) 〔04972〕

◇コモン・フェイス—宗教的なるもの (A Common Faith) ジョン・デューイ著, 高徳忍訳 柘植書房新社 2016.12 271p 19cm 2500円 ①978-4-8068-0683-7

内容 第1章 宗教対宗教的なるもの(二つの意見、二つの陣営 宗教的なるものと超自然的なるもの同一視、経験の宗教的な側面の性質、夾雑物 宗教の定義と裏の意味 ほか) 第2章 信仰とその対象(知性的な信念(教義)、文献=教義上の装置 科学と宗教の対立 探究や反省の新しい方法 ほか) 第3章 宗教的効用の人間的居場所(宗教の社会的結びつき(習慣の集団的モード)、宗教の核心部分=儀式やセレモニー、伝説や神話、物語 宗教的コミュニティ、寺院、教育、ユダヤ人コミュニティ 宗教の社会的な核心の変化、国家と教会の対立、教会=「ある特別な制度」、コミュニティからアソシエーションへ ほか) 〔04973〕

デュガード, ジェイシー Dugard, Jaycee Lee

◇誘拐監禁—奪われた18年間 (A Stolen Life) ジェイシー・デュガード〔著〕, 古屋美登里訳 講談社 2016.5 375p 15cm (講談社+α文庫 G279-1) 〈「奪われた人生」(2012年刊)の改題、補筆・修正〉 900円 ①978-4-06-281676-2

内容 さらわれて 奪われて 秘密の裏庭 見知らぬ場所にひとり 初めての経験 最初の仔猫 二〇一〇年、父の日 初めての「ラン」 ナンシー 復活祭 フィリップは島に〔ほか〕 〔04974〕

デュクレール, ヴァンサン Duclert, Vincent

◇ジャン・ジョレス1859-1914—正義と平和を求めたフランスの社会主義者 (Jaurés 1859-1914) ヴァンサン・デュクレール著, 大嶋厚訳 吉田書店 2015.10 337p 図版 〔16〕 枚 20cm 〈年譜あり〉 3900円 ①978-4-905497-36-3

内容 第1部 歴史の中のジョレス(想像世界の持つ力 生きたジョレスのイメージ 伝説と栄光 歴史を記述する) 第2部 ジョレスの物語(共和主義者、愛国者にして批判者の誕生 社会問題から社会主義へ 一人の知識人・市民として—世紀の変わり目で 社会主義と戦争) 〔04975〕

デュージング, クラウス

◇ヘーゲル講義録研究 (Nachschriften von Hegels Vorlesungen) オットー・ペゲラー編, 寄川条路監訳 法政大学出版局 2015.11 279, 2p 22cm 〈索引あり〉 3000円 ①978-4-588-15074-6

内容 イェーナ大学での講義(クラウス・デュージング著, 大河内泰樹訳) 〔04976〕

テューダー, ターシャ Tudor, Tasha

◇思うとおりに歩めばいいのよ—ターシャ・テューダーの言葉 ターシャ・テューダー文, リチャード・W.ブラウン写真, 食野雅子訳 KADOKAWA 2013.10 180p 19cm 〈増刷(初刷2002年)〉 1600円 ①978-4-04-066403-3

内容 1 幸福とは、心が充たされること 2 世界を好きなように造れる職業 3 子どもの気持ちは、ちょっとしたことで楽しくなる 4 ガーデニングとガーリックと山羊の乳 5 価値のある良いことは、時間も手間もかかるもの 6 死さえ怖くないのは、人生に悔いがないから 〔04977〕

◇生きていることを楽しんで—ターシャ・テューダーの言葉 特別編 ターシャ・テューダー著, リチャード・W.ブラウン写真, 食野雅子訳 KADOKAWA 2014.10 158p 19×13cm 〈増刷(初刷2006年)〉 1600円 ①978-4-04-067043-0

内容 1 何もしなければ何も生まれない 2 老いていく自分を慈しむ 3 わたしを育ててくれた人達 4 それぞれの子どもに、それぞれふさわしいことを 5 完璧なのは咲いたばかりの花くらい 6 自分の家を好きなようにできる一人暮らしの楽しさ 7 絵本作りと旅 8 この世は生きている人のもの 〔04978〕

デュヒッグ, チャールズ Duhigg, Charles

◇習慣の力 (THE POWER OF HABIT) チャールズ・デュヒッグ〔著〕, 渡会圭子訳 講談社 2016.2 470p 15cm (講談社+α文庫 A160-

1）　920円　①978-4-06-281647-2

内容 第1部 個人の習慣（「習慣」のメカニズム―行動の4割を決めている仕組みの秘密　習慣を生み出す「力」―ファブリーズが突然大ヒットした理由　習慣を変えるための鉄則―アルコール依存症はなぜ治ったのか）第2部 成功する企業の習慣（アルコアの奇跡―会社を復活させた、たった一つの習慣　スタバと「成功の習慣」―問題児をリーダーに変えるメソッド　危機こそ好機―停滞する組織をいかに変革させるか　買わせる技術―ヒット商品を自在に生み出す秘策）第3部 社会の習慣（公民権運動の真相―社会運動はどのようにして始まるのか　習慣の功罪―ギャンブル依存は意志か習慣か）付録―アイデアを実行に移すためのガイド　〔*04979*〕

テ

デュピュイ, ジャン=ピエール　Dupuy, Jean Pierre

◇聖なるものの刻印―科学的合理性はなぜ盲目なのか（LA MARQUE DU SACRÉ）　ジャン＝ピエール・デュピュイ著, 西谷修, 森元庸介, 渡名喜庸哲訳　以文社　2014.1　343p　20cm　3200円　①978-4-7531-0318-8

内容 序章 聖なるもののかたち　第1章 アポカリプスを間近に考える―わたしの歩み　第2章 科学、みずからそれと知らない神学　第3章 宗教それは自然なのか超自然なのか　第4章 バビロンの籤引き投票―合理的手続きと儀礼のあいだで　第5章 正義とルサンチマン　第6章 核の脅威、われわれにとっての新たな聖なるもの―ビン・ラディンからヒロシマへ　第7章「わたしが死ぬとき、わたしたちの愛はまるでなかったことになる」―ヒッチコック『めまい』の主題による変奏　〔*04980*〕

デュプレ, ボードワン

◇現代のイスラーム法―ASIAN LAW　アジア法学会編　成文堂　2016.11　274p　22cm　〈索引あり〉4800円　①978-4-7923-3353-9

内容 アラブ諸国の政策・憲法におけるシャリーアへの準拠（ボードワン・デュプレ著, 堀井聡江訳）　〔*04981*〕

デュベ, フランソワ　Dubet, François

◇教えてデュベ先生、社会学はいったい何の役に立つのですか？（Dites-nous, François DUBET, à quoi sert vraiment un sociologue ?）　フランソワ・デュベ著, 山下雅之監訳, 浜西栄司, 渡辺拓也訳　新泉社　2014.5　267p　20cm　〈文献あり〉2000円　①978-4-7877-1408-4

内容「役に立つ」とはどういうことか　社会学への疑いの目と社会学の弱さ　何が良い社会学か　批評家でもなく御用学者でもなく　本当の批判とは　個人と社会はどう関係しているのか　社会的正義と社会的不公正　社会学者は誰と向きあっているのか　私が歩んできた道　社会学者と研究対象との関係　社会学に興味をもつ学生たちへ　〔*04982*〕

デュムシェル, ポール

◇受容と抵抗―西洋科学の生命観と日本 国際シンポジウム報告書　法政大学国際日本学研究所編　法政大学国際日本学研究所　2015.2　257p　21cm　（国際日本学研究叢書 22）〈他言語標題：La réception et la résistance　フランス語併記〉

内容 ロボ・ヴィー（ポール・デュムシェル著, 小野浩太郎訳）　〔*04983*〕

デュメジル, ブリュノ

◇男らしさの歴史　1　男らしさの創出―古代から啓蒙時代まで（HISTOIRE DE LA VIRILITÉ）　A.コルバン,J-J.クルティーヌ,G.ヴィガレロ監修　G.ヴィガレロ編, 鷲見洋一監訳　藤原書店　2016.12　788p 図版48p　22cm　8800円　①978-4-86578-097-0

内容 蛮族の世界―男らしさの混合と変容（ブリュノ・デュメジル著, 小川直之訳）　〔*04984*〕

デュメニル, ジェラール　Duménil, Gérard

◇100語でわかるマルクス主義（Les 100 mots du marxisme）　ジェラール・デュメニル, ミシェル・レヴィ, エマニュエル・ルノー著, 井形和正, 斎藤かぐみ訳　白水社　2015.2　162p　18cm　（文庫クセジュ 997）　1200円　①978-4-560-50997-5　〔*04985*〕

デュモン, セロン・Q.　Dumont, Theron Q.

◇集中力―人生を自由自在に動かす最強の力（The Power of Concentration）　セロン・Q.デュモン著, ハーパー保子訳　決定版　サンマーク出版　2015.10　217p　20cm　1600円　①978-4-7631-3498-1

内容 集中力があれば道は拓ける　集中力で身につけるセルフコントロール術　望むものを手に入れる方法　環境はあなたの思いどおり　無限の精神力を引き出すために　勇気のある人間　エクササイズで身につける技術　集中力で願望を達成する　理念の育て方　集中力で伸ばす強い意志　最後にもう一度、集中力の大切さについて　〔*04986*〕

デュモン, ハナ

◇学びのイノベーション―21世紀型学習の創発モデル（Innovating to Learn, Learning to Innovate）　OECD教育研究革新センター編著, 有本昌弘監訳, 多々納誠子, 小熊利江訳　明石書店　2016.9　329p　22cm　4500円　①978-4-7503-4400-3

内容 イノベーティブな学習環境の摸索（フランシスコ・ベナビデス, ハナ・デュモン, デイビッド・イスタンス著, 多々納誠子訳）　〔*04987*〕

デュモン, フェルナン　Dumont, Fernand

◇記憶の未来―伝統の解体と再生（L'AVENIR DE LA MÉMOIRE）　フェルナン・デュモン著, 伊達聖伸訳　白水社　2016.6　190p　20cm　2400円　①978-4-560-09232-3　〔*04988*〕

テュラール, ジャン　Tulard, Jean

◇クレタ島（Histoire de la Crète）　ジャン・テュラール著, 幸田礼雅訳　白水社　2016.3　192, 10p　18cm　（文庫クセジュ 1004）〈文献あり〉1200円　①978-4-560-51004-9

内容 第1部 古代のクレタ島（ミノス王のクレタ島の発見　ミノア時代の諸段階　ミノア時代における制度　ミノア時代の社会組織の変化と経済活動　ミノス王時代の宗教　ミノア芸術　ミュケナイ文明とドーリア人の貢献　古典主義時代ならびにヘレニズム時代のクレタ島　ローマの平和）第2部 近代のクレタ島（ビザンティン時代のクレタ島　クレタとヴェネツィア共和国　クレタとトルコ　クレタとギリシア）〔*04989*〕

デュラン, ロドルフ　Durand, Rodolphe

◇海賊と資本主義―国家の周縁から絶えず世界を刷新してきたものたち（L'Organisation Pirate）　ロドルフ・デュラン, ジャン＝フィリップ・ベルニュ著, 永田千奈訳　阪急コミュニケーションズ　2014.8　216p　19cm　2000円　①978-4-484-14112-1

内容 海賊の歴史　神話の終わり―反権力としての海賊　一時的な歩み寄り―海賊組織と私掠船　資本主義の極限―スキゾフレニー　資本主義のテリトリー拡大　資本主義の必要悪―海賊組織　海賊組織の誕生―リアルな空間　海賊と経済　インターネット版海賊組織の登場―バーチャル空間　組織化された利益独占と海賊組織　海賊組織と所有権の意識―パテント・トロール　組織間の力関係という偶発的要素　規格化への反発―社会運動としての海賊組織　ミクロの世界の海賊組織―不可視の領域　権力のジレンマ―資本主義国家の行方　〔*04990*〕

デュルケーム, エミール　Durkheim, Émile

◇宗教生活の基本形態―オーストラリアにおけるトーテム体系　上（Les formes élémentaires de la vie religieuse）　エミール・デュルケーム著, 山崎亮訳　筑摩書房　2014.9　536p　15cm（ちくま学芸文庫 テ10-1）　1500円　①978-4-480-09621-0

内容 探求の目的―宗教社会学と認識の理論　第1部 前提問題（宗教現象と宗教の定義　基本的宗教についての主要な見解（アニミスム　ナチュリスム）　基本的宗教としてのトーテミスム―問題の歴史 これを取り扱うための方法）　第2部 基本的信念（本来的にトーテム的な信念（名前と記章としてのトーテム　トーテム動物と人間　トーテミスムの宇宙論的体系と類の概念　個人的トーテムと性的トーテム）　これらの信念の起源（諸学説の批判的検討　トーテム原理ないしはトーテム的マナの概念と力の観念　トーテム原理ないしはトーテム的マナの概念の発生））〔*04991*〕

◇宗教生活の基本形態―オーストラリアにおけるトーテム体系　下（Les formes élémentaires de la vie religieuse）　エミール・デュルケーム著, 山崎亮訳　筑摩書房　2014.9　511p　15cm（ちくま学芸文庫 テ10-2）〈著作目録あり〉　1500円　①978-4-480-09622-7

内容 第2部 基本的信念（承前）（霊魂の概念　精霊と神の概念）　第3部 主要な儀礼的態度（消極的祭祀とその機能 禁欲的儀礼　積極的祭祀（供犠の諸要素　擬態的儀礼と因果律　表象的ないしは記念的儀礼）　償いの儀礼と聖概念の両義性）　〔*04992*〕

テュルパン, ドミニク　Turpin, Dominique

◇ふたたび世界で勝つために―グローバルリーダーの条件　ドミニク・テュルパン, 高津尚志著　日本経済新聞出版社　2015.11　217p　19cm　1600円　①978-4-532-31991-5

内容 第1章 枠組みを超えて考えるBig Picture（VUCAワールドへようこそ/業種という壁を超えた競争―競争環境の変化　成長市場から新しいビジネスが生まれる―市場の変化 ほか）　第2章 技術だけにとどまらず、和音を奏でるInnovation（ビジネスモデルのイノベーションを起こす/技術はひとつの要素にすぎない　現場かトップか/トップの役割/イノベーション・ピアノキー ほか）　第3章 効率を求めず、最適解を見出すDiversity（もはや避けて通れない/性別や国籍だけではない　効果か効率か/足し算と掛け算―2つのポテンシャル ほか）　第4章 多くの引き出しを持つCommunication（ビジネス・ツールとしての英語/言語の違いをどうとらえるか　フォーカスすべきところはどこか/世界のリーダーが話す英語 ほか）　第5章 自らの行動をマネジメントするLeadership（これまでの延長線上にはない仕事をする　ゼネラルマネジャーの役割とは ほか）　〔*04993*〕

テーラー, ジョン・E.

◇成長戦略論―イノベーションのための法と経済学（RULES FOR GROWTH）　ロバート・E.ライタン編著, 木下信行, 中原裕彦, 鈴木淳人監訳　NTT出版　2016.3　383p　23cm　6500円　①978-4-7571-2352-6

内容 高度人材移民に関するアメリカの政策について（ジョン・E.テーラー, ピーター・H.スチャック著, 中原裕彦監訳, 下野友也, 井上文訳）　〔*04994*〕

テーラー, デービッド・E.　Taylor, David E.

◇イエス様と天国を旅して―神様に会ってきました！（MY TRIP TO HEAVEN）　デービッド・E.テーラー著　横浜　イルミネイター　2015.8　351p　19cm〈発売：星雲社〉2500円　①978-4-434-20496-8

内容 第1章 御顔を仰ぎ、弟子とされること　第2章 覆いを取り除きます　第3章 キリストの恵みの座でイエス様と顔と顔を合わせてお会いすること　第4章 主は私を子として、認めてくださいます　第5章 教会で、街で、国で、イエス様が輝かしい御姿を現し始められます　第6章 二〇〇〇年、私にとって特別な天国への旅　第7章 イエス様の御生涯の最大の目標と焦点「お父様と一体になれる右手の座」　第8章 イエス様が私をお父様に直接引き合わせてくださいます　〔*04995*〕

◇イエス様の御顔を仰ぐ―究極の親密（FACE～to～FACE APPEARANCES from JESUS）　デービッド・E.テーラー著　横浜　イルミネイター　2015.8　349p　19cm〈発売：星雲社〉2500円　①978-4-434-20495-1

内容 第1章 現れ　第2章 主は御言葉の中であなたの所に来ると約束なさいました　第3章 イエス様と顔と顔とを合わせた個人的な友とされるには　第4章 主の御人格　第5章 主が現れ、主について最も重要なこと―主の御心―を私に示してくださいます　第6章 主は私たちにひたむきな愛を注がれています　第7章 主は朝に強いお方です　参照 イエス様の現れの目的 イエス様の御顔の現れの恩恵　〔*04996*〕

デ・ライター, ジョン　De Ruiter, John

◇ベールを脱ぐ実在（リアリティ）（UNVEILING REALITY）　ジョン・デ・ライター著, 尾本憲昭訳　ナチュラルスピリット　2014.4　287p　19cm　2100円　①978-4-86451-116-2

内容 対話1 スピリチュアルな道について―1999年1月15日、カナダ、バンクーバーにて　対話2 スピリチュアルであること―1998年12月3日、米国、ボールダーにて　対話3 最も深い部分‐最も外側の部分―1999年1月12日、カナダ、バンクーバーにて　対話4 ごく小さなもの―1998年12月27日、カナダ、エドモントンにて　対話5 暗闇を通じた悟り―1998年11月26日、英国、ロンドンにて　対話6 穏やかな正直さが万能薬―1998年11月24日、英国、ブリストルにて　対話7 まだ小さなその声―1998年11月27日、英国、ロンドン

テ

にて〔04997〕

デラポータス, スティーブン　Dellaportas, Steven

◇会計職業倫理の基礎知識―公認会計士・税理士・経理財務担当者・FPの思考法（Principles of ethics and corporate governance in financial services）　スティーブン・デラポータス, スティーン・トムセン, マーティン・コンヨン著, 浦崎直浩, 菅原智監訳　中央経済社　2016.4　260p　21cm　〈索引あり　発売：中央経済グループパブリッシング〉4600円　①978-4-502-18251-8

内容 道徳と金銭　第1部 倫理と個人：倫理を理解する（倫理の原則　道徳的判断と倫理的行為）　第2部 倫理と専門職（専門職に対する信頼　自主規制と職業倫理規程　専門家の独立性とクライアントをめぐる利益相反　社内専門職の倫理　ビジネスと経済犯罪）〔04998〕

デ＝ラ＝ラストラ, イグナシオ・ラモス＝パウル

◇日出づる国と日沈まぬ国―日本・スペイン交流の400年　上川通夫, 川畑博昭編　勉誠出版　2016.3　357, 20p　22cm　7500円　①978-4-585-22145-6

内容 一九七八年憲法における範としてのスペイン王室の性格（イグナシオ・ラモス＝パウル・デ＝ラ＝ラストラ著, 川畑博昭訳）〔04999〕

デランダ, マヌエル　De Landa, Manuel

◇社会の新たな哲学―集合体、潜在性、創発（A NEW PHILOSOPHY OF SOCIETY）　マヌエル・デランダ著, 篠原雅武訳　京都　人文書院　2015.11　234p　19cm　〈索引あり〉2800円　①978-4-409-03089-9

内容 第1章 全体性に背反する集合体（ドゥルーズの集合体理論　集合体概念の二つの次元と四つの変数 ほか）　第2章 本質に背反する集合体（本質主義の回避トポロジーとダイアグラム ほか）　第3章 人とネットワーク（創発してくる主体のモデルとしての経験論集合体としての会話 ほか）　第4章 組織と政府（組織の正当性と三つの型　空間、時間、言語による集合体の安定 ほか）　第5章 都市と国家（建築の分析　土地の集積と分離 ほか）〔05000〕

デリダ, ジャック　Derrida, Jacques

◇エクリチュールと差異―新訳（L'ÉCRITURE ET LA DIFFÉRENCE）　ジャック・デリダ〔著〕, 合田正人, 谷口博史訳　法政大学出版局　2013.12　628p　20cm　（叢書・ウニベルシタス 1000）　5600円　①978-4-588-01000-2

内容 力と意味作用 合田正人 訳. コギトと狂気の歴史 合田正人 訳. エドモン・ジャベスと書物の問い 合田正人 訳. 暴力と形而上学 合田正人 訳.「発生と構造」と現象学 合田正人 訳. 吹きこまれ掠め取られる言葉 谷口博史 訳. フロイトとエクリチュールの舞台 谷口博史 訳. 残酷演劇と再現前化の閉域 谷口博史 訳. 限定経済から一般経済へ 谷口博史 訳. 人間科学の言説における構造、記号、遊び 谷口博史 訳. 省略 谷口博史 訳〔05001〕

◇井筒俊彦―言語の根源と哲学の発生　河出書房新社　2014.6　223p　21cm　（KAWADE道の手帖）　〈年譜あり〉1600円　①978-4-309-74053-9

内容 〈解体構築〉DÉCONSTRUCTIONとは何か（ジャック・デリダ著, 丸山圭三郎訳）〔05002〕

◇プシュケー―他なるものの発明 1（PSYCHÉ. TOME1）　ジャック・デリダ〔著〕, 藤本一勇訳　岩波書店　2014.6　729p　22cm　9500円　①978-4-00-024689-7

内容 プシュケー―他なるものの発明　隠喩の退隠　音楽の力の大いなる残余　イラストを描くこと、と彼は言った…　送付　私―精神分析　この作品の、この瞬間に、我ここに　バベルの塔　テレパシー　突然、険しく　フロベールのある一つの観念―「プラトンの手紙」　地精神分析―「そして世界の残り物」　私のチャンス―いくつかのエピクロス的立体音響とのランデヴー　人種主義の最後の言葉　黙示録でなく、今でなく―全速力で、七つのミサイル、七つの書簡〔05003〕

◇幾何学の起源（Die Krisis der europäischen Wissenschaften und die transzendentale Phänomenologie, L'origine de la géométrie）　エドムント・フッサール著, ジャック・デリダ序説, 田島節夫, 矢島忠夫, 鈴木修一訳　新装版　青土社　2014.9　324p　20cm　2600円　①978-4-7917-6815-8

内容 『幾何学の起源』序説 J・デリダ 著. 幾何学の起源 E・フッサール 著〔05004〕

◇獣と主権者―ジャック・デリダ講義録 1（SÉMINAIRE LA BÊTE ET LE SOUVERAIN.VOLUME1）　ジャック・デリダ著, 西山雄二, 郷原佳以, 亀井大輔, 佐藤朋子訳　白水社　2014.11　448, 47p　22cm　〈著作目録あり〉7200円　①978-4-560-09801-1〔05005〕

◇動物を追う、ゆえに私は〈動物で〉ある（L'ANIMAL QUE DONC JE SUIS）　ジャック・デリダ著, マリ＝ルイーズ・マレ編, 鵜飼哲訳　筑摩書房　2014.11　323, 4p　20cm　〈文献あり 著作目録あり〉3200円　①978-4-480-84743-0〔05006〕

◇哲学への権利 1（DU DROIT À LA PHILOSOPHIE）　ジャック・デリダ〔著〕, 西山雄二, 立花史, 馬場智一共訳　みすず書房　2014.12　309p　22cm　5600円　①978-4-622-07874-6

内容 特権 正当化のタイトルと導入的な注記（「～の権利」、「～への権利」―制度的前提　地平と設立、二つの哲学的企図（国際哲学コレージュの事例）「哲学」という名、哲学に対する関心　来たるべき民主主義―言語の権利、言語への権利　境界線の通過―哲学を宣言する　「通俗的な口調」について―あるいは、実況「直接話法」の哲学について（指向と方向―権利、厳格さ、直接、規則性）　あくまでも自分自身で―それゆえ、もう一度、あくまでもカントによって－自らを権威づけること　超象徴的なもの―最終審級の法廷客観性、自由、真理、責任）　第1部 誰が哲学を恐れるのか（教員団体はどこで始まり、いかに終わるのか哲学教育の危機　ヘーゲルの時代　哲学とその学級分裂する教師団体―「ヌーヴェル・クリティック」誌への回答　全国三部会の哲学）〔05007〕

◇赦すこと―赦し得ぬものと時効にかかり得ぬもの（Pardonner）　ジャック・デリダ著, 守中高明訳　未来社　2015.7　140p　20cm　（ポイエーシス叢書 63）　1800円　①978-4-624-93263-3〔05008〕

◇哲学への権利 2（DU DROIT À LA

PHILOSOPHIE）　ジャック・デリダ〔著〕, 西山雄二, 立花史, 馬場智一, 宮崎裕助, 藤田尚志, 津崎良典共訳　みすず書房　2015.11　468p　22cm　7200円　①978-4-622-07875-3

内容 第2部 権威からの転移―哲学の言語と制度（翻訳した方がよいとすれば1―哲学自身の国語による哲学（ある「フランス語の文献」に向けて）　翻訳した方がよいとすれば2―デカルトの小説、あるいは語のエコノミー　空位の講座―検閲、教師性、教授性　翻訳の神学）　第3部 モクロス―大学の眼（モクロス、あるいは語学部の争い　句読点―博士論文の時間　大学の瞳―根拠律と大学の理念　哲学を讃えて　哲学という学問分野のアンチノミー―書簡による序文　さまざまなポピュラリティ―法哲学への権利について）　第4部 補遺（「誰が哲学を恐れるのか」（一九八〇年）　複数のタイトル（国際哲学コレージュのために）（一九八二年）　キックオフ（国際哲学コレージュのために）（一九八二年）　哲学と科学認識論に関する委員会による報告書（一九九〇年））　〔05009〕

◇精神分析のとまどい―至高の残酷さの彼方の不可能なもの（ÉTATS D'ÂME DE LA PSYCHANALYSE）　ジャック・デリダ〔著〕, 西宮かおり訳　岩波書店　2016.5　173p　20cm　2200円　①978-4-00-061129-9

内容 精神分析のとまどい―至高の残酷さの彼方の不可能なもの　アリバイなし　〔05010〕

◇他の岬―ヨーロッパと民主主義（L'autre cap）　ジャック・デリダ〔著〕, 高橋哲哉, 鵜飼哲訳　新装版　みすず書房　2016.5　132p　20cm　2800円　①978-4-622-07999-6

内容 他の岬―記憶・応答・責任　日延べされた民主主義　〔05011〕

◇獣と主権者―ジャック・デリダ講義録　2（SÉMINAIRE LA BÊTE ET LE SOUVERAIN.VOLUME2）　ジャック・デリダ著, 西山雄二, 亀井大輔, 荒金直人, 佐藤嘉幸訳　白水社　2016.6　373, 51p　22cm　6800円　①978-4-560-09802-8

内容 第1回　2002年12月11日　第2回　2002年12月18日　第3回　2003年1月22日　第4回　2003年1月29日　第5回 2003年2月5日　第6回 2003年2月12日　第7回 2003年2月26日　第8回　2003年3月5日　第9回　2003年3月12日　第10回 2003年3月26日　〔05012〕

◇翻訳そして/あるいはパフォーマティヴ―脱構築をめぐる対話　ジャック・デリダ著, 豊崎光一著・訳, 守中高明監修　法政大学出版局　2016.9　177p　20cm　（叢書・ウニベルシタス 1048）　2000円　①978-4-588-01048-4

内容 1 誘惑としてのエクリチュール―絵葉書、翻訳、哲学　2 哲学とパフォーマティヴ　〔05013〕

◇最後のユダヤ人（Le dernier des Juifs）　ジャック・デリダ著, 渡名喜庸哲訳　未来社　2016.10　145p　20cm　（ポイエーシス叢書 69）　1800円　①978-4-624-93269-5

内容 緒言（ジャン＝リュック・ナンシー）　告白する―不可能なものを「回帰」、改悛および和解　アブラハム、他者　〔05014〕

◇終わりなきデリダ―ハイデガー、サルトル、レヴィナスとの対話　斎藤元紀, 沢田直, 渡名喜庸哲, 西山雄二編　法政大学出版局　2016.11　372, 26p　22cm　〈文献あり〉3500円　①978-4-588-15081-4

内容 出来事を語ることのある種の不可能な可能性（ジャック・デリダ述, 西山雄二, 亀井大輔訳）　〔05015〕

◇信と知―たんなる理性の限界における「宗教」の二源泉（FOI ET SAVOIR）　ジャック・デリダ著, 湯浅博雄, 大西雅一郎訳　未来社　2016.11　186p　20cm　（ポイエーシス叢書 68）　1800円　①978-4-624-93268-8

内容 イタリック　ポスト・スクリプトゥム（追記）　〔05016〕

デリュ, D.スコット　DeRue, D.Scott

◇経験学習によるリーダーシップ開発―米国CCLによる次世代リーダー育成のための実践事例（Experience-Driven Leader Development）　シンシア・D.マッコーレイ,D.スコット・デリュ, ポール・R.ヨスト, シルベスター・テイラー編, 漆嶋稔訳　日本能率協会マネジメントセンター　2016.8　511p　27cm　8800円　①978-4-8207-5929-4

内容 経験学習のためのマインドフル・エンゲージメント他（D.スコット・デリュ, スーザン・J.アシュフォード）　〔05017〕

テリル, ジョン・R.

◇経験学習によるリーダーシップ開発―米国CCLによる次世代リーダー育成のための実践事例（Experience-Driven Leader Development）　シンシア・D.マッコーレイ,D.スコット・デリュ, ポール・R.ヨスト, シルベスター・テイラー編, 漆嶋稔訳　日本能率協会マネジメントセンター　2016.8　511p　27cm　8800円　①978-4-8207-5929-4

内容 誠実なリーダーを育てる共同体活用（ジョン・R.テリル）　〔05018〕

テルハルト, エヴァルト

◇ドイツ教授学へのメタ分析研究の受容―ジョン・ハッティ「可視化された学習」のインパクト　原田信之, ヒルベルト・マイヤー編著, 宇都宮明子, 木戸裕, サルバション有紀訳　〔東大阪〕　デザインエッグ　2015.11　140p　21cm　〈執筆：エヴァルト・テルハルトほか　文献あり〉①978-4-86543-477-4　〔05019〕

デルリー, ジョン　Delury, John

◇野望の中国近現代史―帝国は復活する（WEALTH AND POWER）　オーヴィル・シェル, ジョン・デルリー著, 古村治彦訳　ビジネス社　2014.6　479p　19cm　2500円　①978-4-8284-1756-1

内容 はじめに：富強　行己有恥 魏源　自強 馮桂芬　体用 西太后　新民 梁啓超　一盆散沙 孫中山　新青年 陳独秀　統一 蒋介石　革命は晩餐会ではない 毛沢東1　不破不立・創造的破壊 毛沢東2　白猫黒猫 鄧（とう）小平1　動乱 鄧（とう）小平2　入世 朱鎔基　没有敵人 劉暁波　結論：復興　〔05020〕

テレサ, マザー　Teresa, Mother

◇マザー・テレサのことば―神さまへのおくりもの（A gift for God）　マザー・テレサ著, 半田基子訳　43版　女子パウロ会　2012　90p　16cm

テ

600円　①978-4-7896-0063-7　〔05021〕

◇マザーテレサ来て、わたしの光になりなさい！（MOTHER TERESA）　マザーテレサ著, ブライアン・コロディエチュック編集と解説, 里見貞代訳　女子パウロ会　2014.11　594, 39p　19cm　2600円　①978-4-7896-0730-8

内容 あなたの手を神のみ手にゆだね、神と共に歩みなさい　イエスのために、何か美しいことを　来て、わたしの光になりなさい！　苦しむイエスのみ心に、喜びをもたらすために　これ以上遅らせないで。わたくしを抑えないでほしい　「暗いあばら家」の中へ　修道会誕生の暗夜　十字架につけられたイエスの渇き　神よ、この未知の痛みは、何とつらいことでしょう　わたくしは暗闇を愛するようになった　み心のままに　神はご自分の偉大さを示すため、無にひとしいものを使われる　キリストを輝かせて　〔05022〕

◇マザー・テレサ語る（A SIMPLE PATH）　マザー・テレサ〔述〕, ルシンダ・ヴァーディ編, 猪熊弘子訳　早川書房　2016.2　278p　16cm（ハヤカワ文庫 NF 457）〈年譜あり〉700円　①978-4-15-050457-1

内容 1祈り　2信仰　3愛　4奉仕　5平和　〔05023〕

デレズウィッツ, ウィリアム　Deresiewicz, William

◇優秀なる羊たち—米国エリート教育の失敗に学ぶ（EXCELLENT SHEEP）　ウィリアム・デレズウィッツ著, 米山裕子訳　三省堂　2016.2　333p　20cm　2500円　①978-4-385-36578-7

内容 第1部 羊たち（学生たち　歴史　トレーニング　大学）　第2部 自己（大学はなんのため？　人生はその手で創る　リーダーシップ）　第3部 大学（偉大な本　魂のガイド　君のためのランキングガイド）　第4部 社会（エリートクラブへようこそ　世襲制能力主義社会との決別）　〔05024〕

デン, エイエイ*　田 衛衛

◇シルクロードと近代日本の邂逅—西域古代資料と日本近代仏教　荒川正晴, 柴田幹夫編　勉誠出版　2016.3　811p　22cm　〈著作目録あり 年譜あり〉8500円　①978-4-585-22125-8

内容 ロシア蔵敦煌文献Дx.10740に見える『重脩開元寺行廊功徳碑幷序』習字断片について（田衛衛著, 白石将人訳）　〔05025〕

デン, コウキョク*　田 耕旭

◇国際常民文化研究叢書　第7巻　アジア祭祀芸能の比較研究　神奈川大学国際常民文化研究機構編　横浜　神奈川大学国際常民文化研究機構　2014.10　424p　30cm　〈他言語標題：International Center for Folk Culture Studies monographs 文献あり〉非売品　①978-4-9907018-7-1

内容 東アジア伝統人形劇における口唱歌の普遍性（田耕旭著, 神野知恵訳）　〔05026〕

デン, トウ　田 彤

◇渋沢栄一と中国—一九一四年の中国訪問　田彤編, 于臣訳　不二出版　2016.7　248, 6p　19cm〈索引あり〉2200円　①978-4-8350-7715-4　〔05027〕

テンジン・ギャツォ　Bstan-'dzin-rgya-mtsho

⇒ダライ・ラマ14世

テンプラー, リチャード　Templar, Richard

◇できる人の自分を超える方法（THE RULES TO BREAK）　リチャード・テンプラー〔著〕, 桜田直美訳　ディスカヴァー・トゥエンティワン　2014.11　199p　19cm　1500円　①978-4-7993-1589-7

内容 「成功とは何か」は自分で決める　他人をうらやむことをやめる　学歴や資格で悩まない　親に完璧を期待しない　親を許し感謝する　自分の人生の責任を引き受ける　相手の立場から自分を見る　きょうだいと一生の親友になる　教師よりも自分を信じる　話し上手より聞き上手〔ほか〕　〔05028〕

◇できる人のお金の増やし方—The Rules of Money（THE RULES OF WEALTH）　リチャード・テンプラー〔著〕, 桜田直美訳　ディスカヴァー・トゥエンティワン　2016.6　261p　19cm　1500円　①978-4-7993-1912-3

内容 1章 お金持ちの心の持ち方を手に入れる19のルール　2章 お金持ちへの道を進む50のルール　3章 お金を大きく育てる17のルール　4章 お金を守り人生を楽しむ9のルール　5章 お金を正しく分け合う11のルール　6章 他人のお金に振り回されない10のルール　〔05029〕

テン・ヘーフェル, G.*　Ten Hövel, Gabriele

◇いのちの営み、ありのままに認めて—ファミリー・コンステレーション創始者バート・ヘリンガーの脱サイコセラピー論（Anerkennen was ist（重訳））　バート・ヘリンガー,Gabriele ten Hövel著, 谷口起代訳　完全復刻版　松戸　東京創作出版　2016.6　252p　19cm　〈初版のタイトル等：ファミリー・コンステレーション創始者バート・ヘリンガーの脱サイコセラピー論（メディアート出版 2005年刊）〉2500円　①978-4-903927-24-4

内容 解決を手に入れるより苦しみに耐えるほうが簡単　「ありのままに敬意を表す」現象学的心理療法　誰もが皆それぞれにもつれている　“良い”パートナーが関係を壊す　自分自身との調和を。争いへは招かれていない　偉大さは日常の中に　前進は罪悪感を伴う　“いのち”—すべての固有の生命の源　魂の偉大さに触れる　秩序は創られるものではなく、発見されるもの〔ほか〕　〔05030〕

デンボロウ, デイヴィッド　Denborough, David

◇ふだん使いのナラティヴ・セラピー—人生のストーリーを語り直し、希望を呼び戻す（RETELLING THE STORIES OF OUR LIVES）　デイヴィッド・デンボロウ著, 小森康永, 奥野光訳　京都　北大路書房　2016.6　315, 7, 3p　19cm　〈文献あり 索引あり〉3200円　①978-4-7628-2939-0

内容 1（人生はストーリーでできている　私たちは問題ではない　私たちのストーリーにとって正しい聴衆を見つける　チームワーク—私たちにとって大切な人を思い出す　旅としての人生—アイデンティティの移動）　2（正常さを疑うことと、失敗から逃げること　トラウマから人生を取り戻し、貴重なことを讃える　大切な人を亡くしたときに再会すること　遺産と記憶—人生の最終章を迎えたとき　私たちのストーリーはもっと大きな構図のどこにフィットするのか）　〔05031〕

【ト】

ト, イメイ*　杜 維明

◇世界はなぜ争うのか―国家・宗教・民族と倫理をめぐって　福田康夫, ヘルムート・シュミット, マルコム・フレーザー他著, ジェレミー・ローゼン編集, 渥美桂子訳　朝倉書店　2016.3　296p　21cm　〈他言語標題：Ethics in Decision-Making〉非売品

内容 孔子の論語 (杜維明著)　〔05032〕

◇世界はなぜ争うのか―国家・宗教・民族と倫理をめぐって　福田康夫, ヘルムート・シュミット, マルコム・フレーザー他著, ジェレミー・ローゼン編集, 渥美桂子訳　朝倉書店　2016.5　296p　21cm　〈他言語標題：Ethics in Decision-Making〉1850円　①978-4-254-50022-6

内容 孔子の論語 (杜維明著)　〔05033〕

ト, エイ*　杜 穎

◇日中両国から見た「満洲開拓」―体験・記憶・証言　寺林伸明, 劉含発, 白木沢旭児編　御茶の水書房　2014.2　26, 588p　22cm　〈索引あり〉9400円　①978-4-275-01061-2

内容 ハルビン市日本残留孤児養父母の生活実態調査研究 (杜穎著, 胡慧君訳)　〔05034〕

ト, シュン*　涂 俊

◇2015産業統合のチャイナ・エンジン　中国M&A公会監修, 尉立東, 柏亮ほか著, 中出了真, 黄伯, 陳亮訳　明月堂書店　2015.9　188p　19cm　2000円　①978-4-903145-50-1

内容 第1部 産業統合の歴史概要 (産業統合の歴史　中国産業統合の起動)　第2部 産業M&Aのチャンス (金融業：インターネット金融がM&Aの起爆剤となる　インターネットM&Aの趨勢と反復　消費財業界のM&Aチャンスについての研究報告　文化メディア産業　複合改革：古い瓶に新しい酒を詰めるチャンス多し　グローバルなM&A気運　高速鉄道経済圏がもたらした地域統合の生態圏)　第3部 産業M&Aのプラットフォームとツール (企業買収ファンド　M&Aローン　M&A債券　レバレッジ・バイアウト　M&Aの見積もり　M&A税務　M&A仲裁)　〔05035〕

ト, ジンスン*　都 珍淳

◇安重根と東洋平和論　李泰鎮, 安重根ハルピン学会編著, 勝村誠, 安重根東洋平和論研究会監訳　日本評論社　2016.9　421p　22cm　〈文献あり 索引あり〉6000円　①978-4-535-58690-1

内容 安重根家門の百歳遺芳と忘却地帯 (都珍淳著, 近藤富男訳)　〔05036〕

ト, スルイン*　刀 述仁

◇東北アジア平和共同体構築のための倫理的課題と実践方法―「IPCR国際セミナー2012」からの提言　韓国社会法人宗教平和国際事業団著, 世界宗教者平和会議日本委員会編, 山本俊正監修, 中央学術研究所編集責任　佼成出版社　2014.7　222, 3p　18cm　(アーユスの森新書 009)　900円　①978-4-333-02672-2

内容 平和のための堅実な社会基盤整備の拡充 (刀述仁著, 金永完訳)　〔05037〕

ト, チンジュン*　都 珍淳

⇒ト, ジンスン*

ト, ホ　杜 甫

◇杜甫全詩訳注　2　下定雅弘, 松原朗編　講談社　2016.7　927p　15cm　(講談社学術文庫)　2300円　①978-4-06-292334-7

内容 架を除く　廃畦　夕烽　秋笛　日暮　野望　空囊　病馬　蕃剣　銅瓶〔ほか〕　〔05038〕

トー, ヤンシー

◇21世紀型学習のリーダーシップ―イノベーティブな学習環境をつくる (Leadership for 21st Century Learning)　OECD教育研究革新センター編著, 木下江美, 布川あゆみ監訳, 斎藤里美, 本田伊克, 大西公恵, 三浦綾希子, 藤浪海訳　明石書店　2016.9　308p　22cm　4500円　①978-4-7503-4410-2

内容 21世紀型学習をつくるリーダーシップ (クレイヴ・ディモック, デニス・クウェック, ヤンシー・トー著, 三浦綾希子訳)　〔05039〕

ドイシュレ, マティアス・A.

◇キリスト教神学の主要著作―オリゲネスからモルトマンまで (Hauptwerke der Systematischen Theologie)　R.A.クライン, C.ポルケ, M.ヴェンテ編, 佐々木勝彦, 佐々木悠, 浜崎雅孝訳　教文館　2013.12　424, 18p　22cm　〈索引あり〉4000円　①978-4-7642-7375-7

内容 ジャン・カルヴァン『キリスト教綱要』(マティアス・A.ドイシュレ著, 佐々木勝彦, 佐々木悠訳)　〔05040〕

トイチ, ベツィ・プラトキン　Teutsch, Betsy Platkin

◇図説ユダヤ・シンボル事典 (The ENCYCLOPEDIA of JEWISH SYMBOLS)　エレン・フランケル著, 木村光二訳　悠書館　2015.9　365p　22cm　〈画：ベツィ・P・トイチ 文献あり 年表あり 索引あり〉6000円　①978-4-903487-91-5

内容 アウシュヴィッツAUSCHWITZ　青BLUE　赤RED　アケダーAKEDAH　顎鬚BEARD　頭HEAD　アダムADAM　アフィコマンAFIKOMAN　油OIL　アブラハムABRAHAM〔ほか〕　〔05041〕

トイチュ, ベッツィ　Teutsch, Betsy

◇世界の女性をエンパワーする100の方法 (100 UNDER $100)　ベッツィ・トイチュ著, 松本裕訳　英治出版　2016.8　185p　26cm　〈他言語標題：WOMEN EMPOWERMENT 100　文献あり〉2400円　①978-4-86276-221-4

内容 保健　女の子と女性の健康　暮らしを変えるエネルギー　水と衛生設備　家事を支えるテクノロジー　自給自足農業　建設　移動手段　情報通信技術 (ICT)　経済活動への参加　法的ツール　〔05042〕

ドイチュクローン, インゲ　Deutschkron, Inge

◇パパ・ヴァイト―ナチスに立ち向かった盲目の人

ト

(PAPA WEIDT)　インゲ・ドイチュクローン作, ルーカス・リューゲンベルク絵, 藤村美織訳　汐文社　2015.8　29p　28cm　1600円　①978-4-8113-2226-1　〔05043〕

◇私を救ったオットー・ヴァイト―ナチスとたたかった真実の記録（BLINDENWERKSTATT OTTO WEIDT）　インゲ・ドイチュクローン作, 藤村美織訳　汐文社　2016.2　157p　20cm　〈年表あり〉1200円　①978-4-8113-2227-8

内容 1 オットー・ヴァイトとの出会い　2 さあ、もう一度　3 盲人作業所の仕事　4 希望と心配　5 裏切り　6 終戦　〔05044〕

ト

ドイツ

◇ドイツ民法　1　総則　山口和人〔訳〕　国立国会図書館調査及び立法考査局　2015.3　39p　30cm　（調査資料 2014-1-d―基本情報シリーズ 19）　①978-4-87582-772-6　〔05045〕

◇日本立法資料全集　別巻882　独逸新民法商法正文　古川五郎, 山口弘一共訳　復刻版　信山社出版　2015.4　1冊　23cm　〈明治35年刊の複製〉　90000円　①978-4-7972-7185-0　〔05046〕

◇日本立法資料全集　別巻883　日本民法鼇頭対比独逸民法　荒波正隆著訳　復刻版　信山社出版　2015.4　335, 30p　23cm　〈有斐閣書房 明治32年刊の複製〉40000円　①978-4-7972-7186-7　〔05047〕

◇ドイツ民法　2　債務関係法　山口和人〔訳〕　国立国会図書館調査及び立法考査局　2015.6　166p　30cm　（調査資料 2015-1-a―基本情報シリーズ 20）　①978-4-87582-776-4　〔05048〕

◇ドイツ憲法集　高田敏, 初宿正典編訳　第7版　信山社出版　2016.2　359p　22cm　〈他言語標題：Deutsche Verfassungen　索引あり〉3300円　①978-4-7972-2353-8

内容 ドイツ憲法略史　1 フランクフルト憲法（1849年3月28日）　2 プロイセン憲法（1850年1月31日）　3 ビスマルク憲法（1871年4月16日）　4 ヴァイマル憲法（1919年8月11日）　5 ナチスの憲法（1933～1934年）　6 ドイツ民主共和国憲法（1968年4月6日）　7 ドイツ連邦共和国基本法（1949年5月23日）　おわりに ドイツ憲法と日本　〔05049〕

◇ドイツ商法典　第1編―第4編（Handelsgesetzbuch）　法務省大臣官房司法法制部司法法制課　2016.8　265p　21cm　（法務資料 第465号）　〈2016年3月31日現在〉　〔05050〕

トイプナー, グンター　Teubner, Gunther

◇デリダ、ルーマン後の正義論―正義は〈不〉可能か（Nach Jacques Derrida und Niklas Luhmann）　グンター・トイプナー編著, 土方透監訳　新泉社　2014.4　317p　22cm　〈文献あり〉3800円　①978-4-7877-1405-3

内容 自己破壊的正義（グンター・トイプナー著, 青山治城訳）　〔05051〕

◇契約結合としてのネットワーク―ヴァーチャル空間の企業, フランチャイズ, ジャスト・イン・タイムの社会科学的, および, 法的研究（Netzwerk als Vertragsverbund）　グンター・トイプナー著, 藤原正則訳　信山社　2016.9　257p　22cm　〈文献あり 索引あり〉7800円　①978-4-7972-7878-1

内容 序論 ネットワークの法的分析の目的　第1章 ネットワーク革命：新たなリスク―解決不可能な法的問題　第2章 社会経済的な分析と法性決定　第3章 契約結合としてのネットワーク　第4章 双務契約へのネット効果：ネット目的、結合義務、約款規制　第5章 ネットワーク内部の直接請求：契約によって結合していないネット参加者間の特別な結合　第6章 ネット外部からの直接請求：選択的な多重帰責としてのネット責任　〔05052〕

トイボネン, サミ　Toivonen, Sami

◇タトゥとパトゥのへんてこアルバイト―12のアルバイト体験一挙大公開！（Tatu ja Patu työn touhussa）　アイノ・ハブカイネン, サミ・トイボネン作, いながきみはる訳　猫の言葉社　2015.3　31p　30cm　1800円　①978-4-904196-16-8

内容 パン職人―パンの生地こね名人大かんげい　美容師―カットがうまい人ぜひ、うちのお店ではたらいて！　新聞記者―まじめな方新聞社で仕事をしてみませんか？　看護師―患者さんに適切な処置ができる人うちの病院へ　機械工―鉄のように強い心をもつ男性または女性ごれんらくください　事務員―事務所のネズミにびっくりしない人募集中　農家の手伝い―新芽のように新鮮な若者よ！　いっしょに農業をやりましょう　清掃員―ねばり強いプロ募集中　大工―くぎをうつのがうまければ、家だってたてられる　小学校の先生―自分に自信のある方ごれんらくください　音楽家―子どもたちといっしょに楽しく演奏できる方電話してね　消防士―仕事にもえる君たち、もえる火事をけす仕事があります　〔05053〕

ドイヨル, L.　Doyal, Len

◇必要の理論（A THEORY OF HUMAN NEED の抄訳）　L.ドイヨル,I.ゴフ著, 馬嶋裕, 山森亮監訳, 遠藤環, 神島裕子訳　勁草書房　2014.10　222p　22cm　〈文献あり 索引あり〉3200円　①978-4-326-60270-4

内容 第1部 相対主義と人間の必要という問題（誰が人間の必要を必要としているのか？　人間の必要の不可避性　「必要」の文法）　第2部 人間の必要の理論（身体的健康と自律：諸個人の基本的必要　基本的必要充足の社会的前提条件　人間解放と必要充足への権利　理論における必要充足最適化）　〔05054〕

ドイル, ピータ　Doyle, Peter

◇データで見る第二次世界大戦―ビジュアル版 軍事力・経済力・兵器・戦闘・犠牲者（WORLD WAR 2 IN NUMBERS）　ピータ・ドイル著, 竹村厚士監訳　柊風舎　2014.10　223p　23×23cm　〈文献あり 索引あり〉8500円　①978-4-86498-016-6

内容 第1章 戦争の準備　第2章 陸の戦い　第3章 兵器と革新　第4章 空の戦い　第5章 海の戦い　第6章 損失　〔05055〕

トウ, カイケン*　湯 開建

◇中国史の時代区分の現在―第六回日中学者中国古代史論壇論文集　中国社会科学院歴史研究所, 東方学会〔編〕, 渡辺義浩編　汲古書院　2015.8　462, 4p　27cm　〈布装〉13000円　①978-4-7629-6554-8

内容 明代韶州同知劉承範の「利瑪伝」の発見とその内容及び価値(湯開建著, 周力訳)〔05056〕

トウ, シエン* 陶 思炎

◇国際常民文化研究叢書　第7巻　アジア祭祀芸能の比較研究　神奈川大学国際常民文化研究機構編　横浜　神奈川大学国際常民文化研究機構　2014.10　424p　30cm　〈他言語標題：International Center for Folk Culture Studies monographs　文献あり〉非売品　①978-4-9907018-7-1

内容 儺文化と江蘇省南部の儺面(陶思炎著, 三橋陽介訳)〔05057〕

トウ, シキ* 唐 士其

◇中国式発展の独自性と普遍性―「中国模式」の提起をめぐって　宇野重昭, 江口伸吾, 李暁東編　国際書院　2016.3　390p　21cm　〈索引あり〉3800円　①978-4-87791-273-4

内容「中国模式」論争をどう見るか(唐士其著, 黄宇暁訳)〔05058〕

ドウ, シキ* 仝 志輝

◇現代中国の市民社会・利益団体―比較の中の中国　辻中豊, 李景鵬, 小嶋華津子編　木鐸社　2014.6　444p　22cm　(現代世界の市民社会・利益団体研究叢書 5　辻中豊編)〈文献あり 索引あり〉4000円　①978-4-8332-2323-2

内容 農村コミュニティ(仝志輝著, 許旭成, 竜聖人訳)〔05059〕

トウ, ジュツジン* 刀 述仁

⇒ト, スルイン*

トウ, ショウタン* 董 筱丹

◇中国式発展の独自性と普遍性―「中国模式」の提起をめぐって　宇野重昭, 江口伸吾, 李暁東編　国際書院　2016.3　390p　21cm　〈索引あり〉3800円　①978-4-87791-273-4

内容 1949年以来の中国の都市と農村における市場化プロセス(董筱丹, 張蘭英, 劉雨晴, 温鉄軍著, 黄宇暁訳)〔05060〕

トウ, ショウナン* 鄧 小南

◇中国の文明―北京大学版　5　世界帝国としての文明　上(隋唐―宋元明)　稲畑耕一郎日本語版監修・監訳, 袁行霈, 厳文明, 張伝璽, 楼宇烈原著主編　紺野達也訳　潮出版社　2015.10　455, 18p　23cm　〈他言語標題：THE HISTORY OF CHINESE CIVILIZATION　文献あり 年表あり 索引あり〉5000円　①978-4-267-02025-4　〔05061〕

◇中国の文明―北京大学版　6　世界帝国としての文明　下(隋唐―宋元明)　稲畑耕一郎日本語版監修・監訳, 袁行霈, 厳文明, 張伝璽, 楼宇烈原著主編　原田信訳　潮出版社　2015.12　476, 20p　23cm　〈他言語標題：THE HISTORY OF CHINESE CIVILIZATION　文献あり 年表あり 索引あり〉5000円　①978-4-267-02026-1

内容 第7章 学問領域の拡大と教育の発展　第8章 北方民族の発展と中華文明への貢献　第9章 外国との関係史の新たな一ページ　第10章 先進的な科学技術と科学観念の発展　第11章 文学の下方への移行と全面的繁栄　第12章 芸術の様相と時代の精神　第13章 多種多彩な社会生活〔05062〕

トウ, ショウヨウ* 鄧 相揚

◇台湾原住民族の音楽と文化　下村作次郎, 孫大川, 林清財, 笠原政治編　浦安　草風館　2013.12　424p　22cm　4800円　①978-4-88323-191-1

内容 台湾原住民族の創作歌舞(鄧相揚著, 魚住悦子訳)〔05063〕

トウ, ソウ* 鄧 聡

◇中華文明の考古学　飯島武次編　同成社　2014.3　486p　27cm　12000円　①978-4-88621-658-8

内容 先史マカオの玉器製作におけるロクロの考察(鄧聡著, 劉宇毅訳)〔05064〕

トウ, トウ* 鄧 濤

◇「東アジア的教師」の今　東アジア教員養成国際共同研究プロジェクト編　小金井　東京学芸大学出版会　2015.3　253p　21cm　〈索引あり〉2400円　①978-4-901665-38-4

内容 中国の師範大学における教員養成改革(鄧濤著, 徐瑶訳, 岩田康之監訳)〔05065〕

トウ, トウ* 陶 濤

◇中国発展報告―最新版　陳雨露監修, 袁衛, 彭非編著, 日中翻訳学院監訳, 平間初美訳　日本僑報社(発売)　2015.7　375p　21cm　〈他言語標題：STUDIES ON CHINA'S DEVELOPMENT INDEX〉3800円　①978-4-86185-178-0

内容 中国人の幸福感(陶濤, 劉向東著)〔05066〕

トウ, ヨリツ 鄧 予立

◇南極―遠くて幸せな氷の世界　鄧予立著　大阪　パレード　2014.11　171p　22cm　(Parade books)〈他言語標題：Antarctica〉2000円　①978-4-86522-032-2〔05067〕

トウ, リョクコウ* 唐 力行

◇契約と紛争の比較史料学―中近世における社会秩序と文書　臼井佐知子, H.ジャン・エルキン, 岡崎敦, 金炫栄, 渡辺浩一編　吉川弘文館　2014.12　362, 9p　22cm　12000円　①978-4-642-02922-3

内容 碑刻にみる清代蘇州の商業と訴訟(唐力行著, 小谷洵訳, 臼井佐知子監訳)〔05068〕

◇東アジアの都市構造と集団性―伝統都市から近代都市へ　井上徹, 仁木宏, 松浦恒雄編　大阪　清文堂出版　2016.3　312p　22cm　(大阪市立大学文学研究科叢書 第9巻)〈文献あり〉8200円　①978-4-7924-1053-7

内容 一六世紀以降の長江デルタ地域の経済的社会的統合と発展(唐力行著, 王標訳)〔05069〕

トウ, レイダ* 唐 麗娜

◇中国発展報告―最新版　陳雨露監修, 袁衛, 彭非編著, 日中翻訳学院監訳, 平間初美訳　日本僑報社(発売)　2015.7　375p　21cm　〈他言語標題：STUDIES ON CHINA'S DEVELOPMENT INDEX〉3800円　①978-4-86185-178-0

内容 東アジア諸国の宗教信仰(唐麗娜著)〔05070〕

トゥ, Q.*　Tu, Quang Tan

◇教育格差をこえる日本・ベトナム共同授業研究―「教え込み」教育から「子ども中心主義」の学びへ　村上呂里編著　明石書店　2015.3　270p　22cm　〈ベトナム語抄訳付〉4800円　①978-4-7503-4166-8

内容 ベトナム側はこの試みをどう受けとめたか（Pham Hong Quang,Tu Quang Tan,Nguyen Thi Nhung著, 那須泉訳）〔05071〕

トーヴァー＝ゴメス, マルチェラ

◇学びのイノベーション―21世紀型学習の創発モデル（Innovating to Learn, Learning to Innovate）OECD教育研究革新センター編著, 有本昌弘監訳, 多々納誠子, 小熊利江訳　明石書店　2016.9　329p　22cm　4500円　①978-4-7503-4400-3

内容 学習環境の構築（フワン・カッサスス, マリア・デ・イバッラ, リリア・ペレス＝フランコ, フアナ・M.サンチョギル, マルチェラ・トーヴァー＝ゴメス, マルガリータ・ソリーリャ著, 多々納誠子訳）〔05072〕

ドゥーヴェ, トーマス

◇ヨーロッパ史のなかの裁判事例―ケースから学ぶ西洋法制史（Fälle aus der Rechtsgeschichte）U.ファルク,M.ルミナティ,M.シュメーケル編著, 小川浩三, 福田誠治, 松本尚子監訳　京都　ミネルヴァ書房　2014.4　445p　22cm　〈索引あり〉6000円　①978-4-623-06559-2

内容 メキシコのラス・カサス（トーマス・ドゥーヴェ著, 小川浩三訳）〔05073〕

ドゥエック, キャロル・S.　Dweck, Carol S.

◇マインドセット―「やればできる！」の研究（MINDSET）　キャロル・S.ドゥエック著, 今西康子訳　草思社　2016.1　351p　19cm　〈文献あり〉1700円　①978-4-7942-2178-0

内容 第1章 マインドセットとは何か　第2章 マインドセットでここまで違う　第3章 能力と実績のウソホント　第4章 スポーツ―チャンピオンのマインドセット　第5章 ビジネス―マインドセットとリーダーシップ　第6章 つきあい―対人関係のマインドセット　第7章 教育―マインドセットを培う　第8章 マインドセットをしなやかにしよう〔05074〕

ド・ヴェンデン, カトリーヌ・ヴィトール

◇国境政策のパラドクス　森千香子, エレン・ルバイ編　勁草書房　2014.9　244, 15p　22cm　〈年表あり 索引あり〉4000円　①978-4-326-60269-8

内容 国境閉鎖は現実的な政策か？（カトリーヌ・ヴィトール・ド・ヴェンデン著, 小山晶子訳）〔05075〕

ドゥオーキン, ロナルド　Dworkin, Ronald

◇神なき宗教―「自由」と「平等」をいかに守るか（RELIGION WITHOUT GOD）　ロナルド・ドゥオーキン著, 森村進訳　筑摩書房　2014.10　220p　20cm　〈索引あり〉2100円　①978-4-480-84725-6

内容 第1章 宗教的無神論？（宗教とは何か？　形而上学の中核　宗教的科学と宗教的価値　神秘と理解可能性　非人格的な神々―ティリッヒ、スピノザ、汎神論）　第2章 宇宙（物理学と崇高なもの　美はいかにして研究を指導できるか？　しかしそれはいかなる種類の美なのか？　対称性？　宇宙はたまたまこうなっているだけなのか？　不可避性と宇宙　不可避性の美）　第3章 宗教的自由（憲法の挑戦　宗教的自由は神だけにかかわるのか？　コントロールできない自由？　自由内部の衝突　本当に宗教的自由への権利はあるのか？　新しい宗教戦争）　第4章 死と不死性〔05076〕

◇民主主義は可能か？―新しい政治的討議のための原則について（IS DEMOCRACY POSSIBLE HERE？）　ロナルド・ドゥオーキン著, 水谷英夫訳　信山社出版　2016.3　281p　20cm　〈文献あり 索引あり〉4600円　①978-4-7972-5593-5

内容 第1章 一致点（Common Ground）（討論を求めて　本書の検討課題 ほか）　第2章 テロリズムと人権（Terrorism and Human Rights）（テロリズム・権利・安全　人権とは何か？ ほか）　第3章 宗教と尊厳（Religion and Dignity）（政治と宗教　2つのモデル ほか）　第4章 税金と正統（当）性（Taxes and Legitimacy）（税金と消費（Tax and Spend）　政治的正統（当）性と平等な配慮 ほか）　第5章 民主主義は可能か？（Is Democracy Possible？）（アメリカは民主主義国家なのだろうか？　民主主義とは何か？ ほか）〔05077〕

ドゥオスキン, ヘイル　Dwoskin, Hale

◇人生を変える一番シンプルな方法―セドナメソッド 多くの世界的な著名人も実践（The Sedona Method）　ヘイル・ドゥオスキン著, 安藤理監修, 乾真由美訳　新版　主婦の友社　2014.3　286p　19cm　1600円　①978-4-07-293290-2

内容 第1部 セドナメソッド基本編（感情解放の基本手順　実践の指針　九つの感情の状態　抵抗を解放する　静穏への鍵　根本的欲求の解放　目標の設定と達成　好きと嫌いを手放す　利点と不都合を手放す　第1部のまとめ）　第2部 セドナメソッド応用編（恐れや心配を手放す　豊かさを実現する　人間関係を改善する　健康と幸福感を増進する　組織の生産性を上げる　世界を支援する）〔05078〕

ドゥギー, ミシェル　Deguy, Michel

◇カタストロフィと人文学　西山雄二編　勁草書房　2014.9　301, 4p　22cm　〈他言語標題：Catastrophe and Humanities　執筆：ミシェル・ドゥギーほか〉4600円　①978-4-326-10237-2

内容 マグニチュード（ミシェル・ドゥギー著, 寺本成彦, 西山雄二訳）〔05079〕

トゥキュディデス　Thoukydides

◇戦史　トゥキュディデス〔著〕, 久保正彰訳　中央公論新社　2013.12　338p　18cm　（中公クラシックス W74）〈「世界の名著 5」（中央公論社1980年刊）の改題、再編集　年表あり 索引あり〉1800円　①978-4-12-160144-5〔05080〕

トゥーゲントハット, エルンスト　Tugendhat, Ernst

◇ぼくたちの倫理学教室（Wie sollen wir handeln？　Schülergespräche über Moral（重訳））　E.トゥーゲントハット,A.M.ビクーニャ, C.ロペス著, 鈴木崇夫訳　平凡社　2016.1　270p　18cm　（平凡社新書 801）　800円　①978-4-582-85801-3

内容 1 いちばんひどい犯罪って何？　2 どんな種類の盗みも同じように人に害を与える？　3 他者を苦し

めるのはぜったいだめ？　4 約束することと欺くこと　5 黄金律と敬意　6 連帯―人助けの義務　7 共感と反感　8 罰と責任能力　9 徳と自己決定　10 人生の意味〔05081〕

◇論理哲学入門（LOGISCH - SEMANTISCHE PROPÄDEUTIK）　エルンスト・トゥーゲントハット, ウルズラ・ヴォルフ著, 鈴木崇夫, 石川求訳　筑摩書房　2016.11　360p　15cm　（ちくま学芸文庫）　1300円　①978-4-480-09762-0

内容「論理学」とは何か　文、言明文、言明、判断　論理的含意と論理的真理―分析性とア・プリオリ性　矛盾律　伝統的論理学の基本性格―判断論と三段論法　単称文と一般文の構造に関する現代の考え方―論理的・意味論的形式と文法的形式　複合文　一般名辞、概念、クラス　単称名辞　同一性　存在　存在、否定、肯定　真理　必然性と可能性〔05082〕

トウゴウ, カズヒコ*　東郷 和彦

◇現代日本の政治と外交　7　日本と韓国―互いに敬遠しあう関係（JAPANESE AND KOREAN POLITICS）　猪口孝監修　猪口孝編　原書房　2015.3　336, 4p　22cm　〈文献あり 索引あり〉　4800円　①978-4-562-04964-6

内容 日本の外交政策…第二次安倍内閣と今後（東郷和彦著）〔05083〕

ドゥ・シャウヴァー, エリザベス

◇ディスアビリティ現象の教育学―イギリス障害学からのアプローチ　堀正嗣監訳　現代書館　2014.3　308p　21cm　（熊本学園大学付属社会福祉研究所社会福祉叢書 24）　4000円　①978-4-7684-3531-1

内容 口出しはいらない、サポートが欲しいんだ（キャスリーン・モルティエ, ロアー・ディシンペル, エリザベス・ドゥ・シャウヴァー, ギァート・ファン・ホーヴェ著, 三好正彦訳）〔05084〕

トゥシュリング, ブルクハルト

◇ヘーゲル講義録研究（Nachschriften von Hegels Vorlesungen）　オットー・ペゲラー編, 寄川条路監訳　法政大学出版局　2015.11　279, 2p　22cm　〈索引あり〉　3000円　①978-4-588-15074-6

内容 主観的精神の哲学講義（ブルクハルト・トゥシュリング著, 池松辰男訳）〔05085〕

トゥッシュ, マヌエル　Tusch, Manuel

◇すべては心理学で解決できる（PSYCHO？LOGISCH！）　フォルカー・キッツ, マヌエル・トゥッシュ著, 柴田さとみ訳　サンマーク出版　2014.7　311p　19cm　〈文献あり〉　1700円　①978-4-7631-3364-9

内容 サイアクな気分を一瞬で変える方法―心理セラピーの「リフレーミング」　楽しいことは、じゃまされたほうがいい！　―「慣れ」の力を逆手にとる　相手の遅刻にイライラしてしまうのにはワケがある―「理由づけ」のパターンを知る　「頭の中の引き出し」は、こうして働いている―記憶のトリック「プライミング」　あなたは、月収いくらなら満足できますか？　―比較の落とし穴を避けるには　女性が「泣き虫」に、男性が「感情オンチ」になる理由―「ニセの感情」にダマされない　笑顔をつくるだけで人は幸せになれる―究極の「顔面フィードバック理論」　「思考が現実化する」ことの心理学的根拠―「予言の自己成就」の絶大なパワー　マンネリなセックスと日常から抜け出す方法―頭の中の「カテゴリー」を変えてみる　口論で人間関係がこじれてしまうのを防ぐには―心理セラピーの「聞く」テクニック〔ほか〕〔05086〕

トゥッチロ, ディラン　Tuccillo, Dylan

◇幸せになる明晰夢の見方（A Field Guide to Lucid Dreaming）　ディラン・トゥッチロ, ジャレド・ザイゼル, トマス・パイゼル著, 日暮雅通, 野下祥子訳　イースト・プレス　2014.11　300p　19cm　2000円　①978-4-7816-1260-7

内容 第1部 明晰夢を見るための基礎知識　第2部 明晰夢を見る確率をあげる方法　第3部 明晰夢を長引かせるテクニック　第4部 明晰夢のなかでできるスーパーパワー　第5部 明晰夢をうまくコントロールする技　第6部 明晰夢の日常生活への活かし方〔05087〕

ドゥデ, ソフィー　Doudet, Sophie

◇チャーチル（Churchill）　ソフィー・ドゥデ著, 神田順子訳　祥伝社　2015.9　275p　18cm　（祥伝社新書 437―ガリマール新評伝シリーズ）　〈年譜あり〉　900円　①978-4-396-11437-4

内容 舞台と舞台裏　学校時代　人生の戦線　ボーア人の国のウィンストン　頭角を現わす光る虫　ガリポリ！　塹壕体験を経て武器を磨くまで　二つの世界の間で　二つの戦争の間で　全権を手中に　バトル・オブ・フランス　バトル・オブ・ブリテン　すべての前線で　大同盟　勝利と敗北　新たな闘い　政権復帰　終幕　「偉大な芸術家」〔05088〕

ドゥティ, ジェームズ　Doty, James Robert

◇スタンフォードの脳外科医が教わった人生の扉を開く最強のマジック（Into the Magic Shop）　ジェームズ・ドゥティ著, 関美和訳　プレジデント社　2016.11　294p　19cm　1700円　①978-4-8334-2201-7

内容 1 人生の扉を開くマジック（消えそうな火を大きな炎に　ものすごい怒りがこみ上げてくるんだ　考えることについて考える ほか）　2 脳の不思議（いいことのなかった町を出る　それは受けいれられません　脳外科医、九死に一生を得る ほか）　3 心の秘密（心のコンパスに従う　心のアルファベット　「適者生存」の本当の意味 ほか）〔05089〕

ドゥハーティ, キャサリン・ドゥ・ヒュイック　Doherty, Catherine de Hueck

◇福音を生き抜く―貧しい人々を愛したロシア人女性の預言的メッセージ（Living the gospel without compromise）　キャサリン・ドゥ・ヒュイック・ドゥハーティ著, 高木利彦監訳, 高浜武則訳　習志野　教友社　2014.6　234p　21cm　1500円　①978-4-907991-01-2〔05090〕

トゥーヒグ, マイケル　Twohig, Michael

◇アクセプタンス&コミットメント・セラピー実践ガイド―ACT理論導入の臨床場面別アプローチ（A Practical Guide to Acceptance and Commitment Therapy）　スティーブン・C.ヘイズ, カーク・D.ストローサル編著, 谷晋二監訳, 坂本律訳　明石書店　2014.7　473p　22cm　〈文献あり〉　5800円　①978-4-7503-4046-3

内容 アクセプタンス&コミットメント・セラピーとは

ト

何か（スティーブン・C.ヘイズ, カーク・D.ストローサル, カーラ・バンティング, マイケル・トゥーヒグ, ケリー・G.ウィルソン）〔05091〕

トゥービン, ドリト

◇21世紀型学習のリーダーシップ―イノベーティブな学習環境をつくる（Leadership for 21st Century Learning） OECD教育研究革新センター編著, 木下江美, 布川あゆみ監訳, 斎藤里美, 本田伊克, 大西公恵, 三浦綾希子, 藤浪海訳 明石書店 2016.9 308p 22cm 4500円 ①978-4-7503-4410-2

内容 さまざまな学校制度にみる学習づくりのリーダーシップの開発アプローチ（ターニャ・ヴェストファル＝グライター, ジュディ・ハルバート, リンダ・ケイサー, ローサー・サラヴァート, ロネ・レネ・クリスティアンセン, ペア・トロンスモ, スザンヌ・オーウェン, ドリト・トゥービン著, 木下江美訳）〔05092〕

ト

ドゥブリュ, クロード　Debru, Claude

◇平和と和解―思想・経験・方法 足羽与志子, 中野聡, 吉田裕編 旬報社 2015.3 414p 22cm （一橋大学大学院社会学研究科先端課題研究叢書 6） 5000円 ①978-4-8451-1405-4

内容 行動の神経生物学と攻撃に関する個体群生物進化のいくつかのデータとそれが持つ意味について 他（クロード・ドゥブリュ著, 清水由希江訳）〔05093〕

ドゥブレ, レジス　Debray, Régis

◇大惨事（カタストロフィー）と終末論―「危機の預言」を超えて（DU BON USAGE DES CATASTROPHES） レジス・ドブレ著, 西兼志訳 明石書店 2014.4 148p 20cm 2600円 ①978-4-7503-3970-2

内容 第1章 回帰 第2章 覚書 第3章 最悪は最善に 第4章 若き預言者への手紙 第5章 短い方法序説 第6章 反歌〔05094〕

◇思想としての〈共和国〉―日本のデモクラシーのために レジス・ドゥブレ, 樋口陽一, 三浦信孝, 水林章, 水林彪〔著〕 増補新版 みすず書房 2016.6 352p 20cm 4200円 ①978-4-622-07998-9

内容 すべては、人民をつくる政治的結合からはじまる―「増補新版」のための導入にかえて あなたはデモクラットか、それとも共和主義者か 現代世界に直面するメディオローグ―レジス・ドゥブレとの対話 フランス共和国の孤独―十八世紀が照らし出す現代 新しい“ユマニテ＝人文学的教養”のために―グローバリゼーションと来るべき教育 共和国の精神について（鼎談） 増補 比較憲法史論の視座転換と視野拡大―ドゥブレ論文の深化と発展のための一つの試み 増補 水林彪論稿に寄せて〔05095〕

ドゥブレイ, シャーリー　Du Boulay, Shirley

◇シシリー・ソンダース―近代ホスピス運動の創始者（CICELY SAUNDERS） シャーリー・ドゥブレイ, マリアン・ランキン著, 若林一美監訳, 若林一美, 若山隆良, 棚瀬多喜雄, 岡田要, 小林麻衣子, 五十嵐美奈訳 増補新装版 日本看護協会出版会 2016.5 559p 19cm 〈年表あり〉 2800円 ①978-4-8180-1939-3〔05096〕

ドゥブロ, ペギー・フェニックス　Dubro, Peggy Phoenix

◇エレガント・エンパワーメント―EMFバランシング・テクニックで宇宙とつながる（Elegant Empowerment） ペギー・フェニックス・ドゥブロ, デヴィッド・P.ラピエール著, 山形聖訳 ナチュラルスピリット 2015.4 354, 21p 26cm 〈文献あり 索引あり〉 3300円 ①978-4-86451-161-2

内容 第1章 光の世界へ―ペギーの物語 第2章 新たなパラダイムに向かって―心と物質と意図性 第3章 ユニバーサル・カリブレーション・ラティスへの誘い―次元を超えて広がる網の目 第4章 多次元回路―超空間への入口 第5章 認識の拡大―意識の軸に沿って 第6章 七色の手―その手でつかむ夢 第7章 多彩な相互作用―隣り合う生命の網の目に触れる 第8章 マスター・スイッチ―すべての中心 第9章 愛でできた革新的システム―EMFバランシング・テクニック 第10章 新たな展望―ユニバーサル・カリブレーションへの呼び声〔05097〕

ドゥモント, ローズマリー・R.　Du Mont, Rosemary Ruhig

◇改革と反応―アメリカの生活における大都市公立図書館（Reform and reaction） ローズマリー・R.ドゥモント著, 川崎良孝, 久野和子訳 京都 京都図書館情報学研究会 2014.3 172p 22cm 〈文献あり 発売：日本図書館協会〉 3500円 ①978-4-8204-1323-3〔05098〕

ドゥライアッパ, アナンサ

◇国連大学包括的「富」報告書―自然資本・人工資本・人的資本の国際比較（Inclusive Wealth Report 2012） 国連大学地球環境変化の人間・社会的側面に関する国際研究計画, 国連環境計画編, 植田和弘, 山口臨太郎訳, 武内和彦監修 明石書店 2014.12 358p 26cm 〈文献あり 索引あり〉 8800円 ①978-4-7503-4113-2

内容 福祉と富 他（パーサ・ダスグプタ, アナンサ・ドゥライアッパ著）〔05099〕

トウル, フィリップ

◇第一次世界大戦とその影響 軍事史学会編 錦正社 2015.3 494p 21cm 〈『軍事史学』第50巻第3・4合併号と同内容〉 4000円 ①978-4-7646-0341-7

内容 第一次世界大戦 他（フィリップ・トウル著, 河合利修訳）〔05100〕

ドゥルーズ, ジル　Deleuze, Gilles

◇スピノザと表現の問題（SPINOZA ET LE PROBLÈME DE L'EXPRESSION） ジル・ドゥルーズ著, 工藤喜作, 小柴康子, 小谷晴勇訳 新装版 法政大学出版局 2014.1 441p 19cm （叢書・ウニベルシタス） 5000円 ①978-4-588-09978-6

内容 表現の役割と重要性 第1部 実体の三つ組（数的区別と実在的区別 表現としての属性 属性と神の名称 絶対者 力） 第2部 平行論と内在性（平行論における表現 二つの力と神の観念 表現と観念 非十全性 デカルトとスピノザ） 第3部 有限様態について（様態の本質、無限から有限への移行 様態の存在 身体は何をなしうるか 三つの秩序と悪の問題 倫理的世界観 共通概念 第三種の認識に向かって

福） スピノザにおける表現の理論（哲学における表現主義） 〔05101〕

◇ドゥルーズ・コレクション 1 哲学（L'ÎLE DÉSERTE ET AUTRES TEXTSの抄訳, DEUX RÉGIMES DE FOUSの抄訳〔etc.〕） G.ドゥルーズ著, 宇野邦一監修 河出書房新社 2015.5 342p 15cm （河出文庫 ト6-17）〈訳：宇野邦一 ほか〉1300円 ①978-4-309-46409-1

内容 発想の軌跡（無人島の原因と理由 セリー・ノワールの哲学 ドラマ化の方法 何を構造主義として認めるか ほか） 哲学者たち（ベルクソン、1859 - 1941 ベルクソンにおける差異の概念 カフカ、セリーヌ、ポンジュの先駆者、ジャン＝ジャック・ルソー 「彼は私の師だった」 ほか） 〔05102〕

◇ドゥルーズ・コレクション 2 権力/芸術（L'ÎLE DÉSERTE ET AUTRES TEXTSの抄訳, DEUX RÉGIMES DE FOUSの抄訳〔etc.〕） G.ドゥルーズ著, 宇野邦一監修 河出書房新社 2015.6 339p 15cm （河出文庫 ト6-18） 1300円 ①978-4-309-46410-7

内容 フーコー（知識人と権力 欲望と快楽 ほか） シャトレ（ペリクレスとヴェルディ―フランソワ・シャトレの哲学） 情況論・権力論（集団の三つの問題 『牧神たちの五月後』への序文 ほか） 作品論・映画論（エレーヌ・シクスーあるいはストロボスコープのエクリチュール 冷たいものと熱いもの ほか） 〔05103〕

◇襞―ライプニッツとバロック（LE PLI） ジル・ドゥルーズ〔著〕, 宇野邦一訳 新装版 河出書房新社 2015.7 248p 22cm 3800円 ①978-4-309-24719-9

内容 1 襞（物質の折り目 魂の中の襞 バロックとは何か） 2 さまざまな包摂（十分な理由 不共可能性、個体性、自由 一つの出来事とは何か） 3 身体をもつこと（襞における知覚 二つの階 新しい調和） 〔05104〕

◇ドゥルーズ書簡とその他のテクスト（LETTRES ET AUTRES TEXTES） ジル・ドゥルーズ著, 宇野邦一, 堀千晶訳 河出書房新社 2016.8 400, 4p 20cm 〈索引あり〉3800円 ①978-4-309-24769-4

内容 ジル・ドゥルーズ、フェリックス・ガタリ―レーモン・ベルールとの『アンチ・オイディプス』についての討論（ジル・ドゥルーズ, フェリックス・ガタリ, レーモン・ベルール述, 宇野邦一訳） 〔05105〕

トゥループ, N.* Troop, Nicholas

◇嫌悪とその関連障害―理論・アセスメント・臨床的示唆（DISGUST AND ITS DISORDERS） B.O.オラタンジ,D.マッケイ編著, 堀越勝監修, 今田純雄, 岩佐和典監訳 京都 北大路書房 2014.8 319p 21cm 〈索引あり〉3600円 ①978-4-7628-2873-7

内容 食物, 身体, 精神：摂食障害における嫌悪の役割（Nicholas Troop, Anna Baker著, 福森崇貴訳） 〔05106〕

トゥルフルースキー, ツビグニェフ

◇財政赤字の国際比較―民主主義国家に財政健全化は可能か（Deficits and Debt in Industrialized Democracies） 井手英策, ジーン・パーク編 岩波書店 2016.3 330p 22cm 5400円 ①978-4-00-023062-9

内容 ドイツにおける財政パフォーマンス（アヒム・ケマリング, ツビグニェフ・トゥルフルースキー著, 嶋田崇治訳） 〔05107〕

トゥルボヴィッツ, エルネスト Tulbovitz, Ernesto

◇悪役―世界でいちばん貧しい大統領の本音（UNA OVEJA NEGRA AL PODER） アンドレス・ダンサ, エルネスト・トゥルボヴィッツ著, 大橋美帆訳 汐文社 2015.10 321p 19cm 1700円 ①978-4-8113-2249-0

内容 大統領候補 大統領 無礼者 アナーキスト 模範 カウディージョ ずる賢いキツネ 証人 老人 預言者 伝説 〔05108〕

◇ホセ・ムヒカ世界でいちばん貧しい大統領（UNA OVEJA NEGRA AL PODER） アンドレス・ダンサ, エルネスト・トゥルボヴィッツ〔著〕, 大橋美帆訳 KADOKAWA 2016.3 330p 15cm （角川文庫 ム3-1） 〈「悪役」（汐文社 2015年刊）の改題、加筆修正〉760円 ①978-4-04-104327-1

内容 大統領候補 大統領 無礼者 アナーキスト 模範 カウディージョ ずる賢いキツネ 証人 老人 預言者 伝説 〔05109〕

トゥルムンフ・B.

◇モンゴルのゆうぼくみん（Malchnii hotond）〔Monsudar〕ジョンガルぶもんぶん, トゥルムンフ.Bえ, D.ラクチャ, ふくしようこやく 札幌 柏艪舎 2016.1 1冊（ページ付なし） 20cm （〔エルクシリーズ〕） 〈文献あり 発売：星雲社〉1200円 ①978-4-434-21505-6 〔05110〕

トゥルーラブ, エミリー Truelove, Emily

◇ハーバード流逆転のリーダーシップ（COLLECTIVE GENIUS） リンダ・A.ヒル, グレッグ・ブランドー, エミリー・トゥルーラブ, ケント・ラインバック著, 黒輪篤嗣訳 日本経済新聞出版社 2015.4 382p 20cm 〈文献あり〉2000円 ①978-4-532-31989-2

内容 イノベーションはひとりの天才からは生まれない リーダーが直面する六つのパラドックス 従来のリーダーシップは通用しない 第1部 メンバーの意欲を引き出すリーダー（コミュニティーを築く 価値観と参加規則） 第2部 組織の能力を築くリーダー（創造的な摩擦 創造的な敏速さ 創造的な解決） 第3部 未来を切り拓くリーダー（イノベーションの生態系を育てる 未来のイノベーションのリーダーはどこにいるか） 〔05111〕

トゥーレーヌ, A.

◇国際社会学の射程―社会学をめぐるグローバル・ダイアログ 西原和久, 芝真里編訳 東信堂 2016.2 118p 21cm （国際社会学ブックレット 1） 1200円 ①978-4-7989-1336-0

内容 社会学の向こう側へ（A.トゥーレーヌ著, 堀田裕子訳） 〔05112〕

トォンブリー, ジョアンヌ・H.

◇EMDRがもたらす治癒―適用の広がりと工夫（EMDR Solutions） ロビン・シャピロ編, 市井雅哉, 吉川久史, 大塚美菜子監訳 二瓶社 2015.12 460p 22cm 〈索引あり〉5400円 ①978-

ト

4-86108-074-6
内容 解離性同一性障害〈DID〉、特定不能の解離性障害〈DDNOS〉、自我状態を持つクライエントに対するEMDR（ジョアンヌ・H.トゥンブリー著, 福井義一訳）〔05113〕

ドーキンス, リチャード　Dawkins, Richard
◇ドーキンス自伝　1　好奇心の赴くままに―私が科学者になるまで（AN APPETITE FOR WONDER）　リチャード・ドーキンス著, 垂水雄二訳　早川書房　2014.5　431p　20cm　2800円　①978-4-15-209457-5
内容 遺伝子と探検帽　ケニアでの従軍生活　湖の国　山のなかのイーグル校　さらばアフリカ　ソールズベリーの尖塔の下で　「おまえたちのイギリスの夏はもう終わったのだ」　ネーン川沿いの学校　夢みる尖塔　仕事のやり方を学ぶ　西海岸のドリームタイム　コンピューター中毒　行動の文法　不滅の遺伝子　来し方を振り返る〔05114〕

トクヴィル, A.　Tocqueville, Alexis de
◇アメリカのデモクラシー　第1巻上（DE LA DÉMOCRATIE EN AMÉRIQUE）　トクヴィル著, 松本礼二訳　岩波書店　2015.1　364p　19cm　（ワイド版岩波文庫 382）〈岩波文庫2005年刊の再刊〉1400円　①978-4-00-007382-0
内容 第1部（北アメリカの地形　出発点について、またそれがイギリス系アメリカ人の将来に対してもつ重要性について　イギリス系アメリカ人の社会状態　アメリカの人民主権原理について　連邦政府について語る前に個々の州の事情を研究する必要性　合衆国における司法権とその政治社会に対する作用について　合衆国の政治裁判について　連邦憲法について）〔05115〕

◇アメリカのデモクラシー　第1巻下（DE LA DÉMOCRATIE EN AMÉRIQUE）　トクヴィル著, 松本礼二訳　岩波書店　2015.2　480p　19cm　（ワイド版岩波文庫 383）〈岩波文庫2005年刊の再刊〉1700円　①978-4-00-007383-7
内容 第2部（合衆国では人民が統治するとまさしく言える事情　合衆国の政党について　合衆国における出版の自由について　合衆国の政治的結社について　アメリカの民主政治について　アメリカ社会が民主政治から引き出す真の利益は何か　合衆国における多数の全能とその帰結について　合衆国で多数の暴政を和らげているものについて　合衆国で民主的共和政の維持に役立っている主な原因について　合衆国の国土に住む三つの人種の現状と予想されるその将来に関する若干の考察）〔05116〕

◇アメリカのデモクラシー　第2巻上（DE LA DÉMOCRATIE EN AMÉRIQUE）　トクヴィル著, 松本礼二訳　岩波書店　2015.3　282p　19cm　（ワイド版岩波文庫 384）〈岩波文庫2008年刊の再刊〉1200円　①978-4-00-007384-4
内容 第1部 デモクラシーが合衆国における知的運動に及ぼす影響（アメリカ人の哲学、その方法について　民主的諸国民における信仰の主要な源泉について　アメリカ人はなぜ彼らの父祖であるイギリス人より一般観念に適応し、これを好むのか　アメリカ人が政治における一般観念にフランス人ほど熱中したことがかつてないのはなぜか ほか）　第2部 デモクラシーがアメリカ人の感情に及ぼす影響（民主的諸国民が自由より平等に一層熱烈で一層持続的な愛着を示すのはなぜか　民主国における個人主義について　個人主義が他の時代以上に民主革命の後に著しいのはどうしてか　アメリカ人は自由の諸制度によってどのように個人主義と闘っているか ほか）〔05117〕

◇アメリカのデモクラシー　第2巻下（DE LA DÉMOCRATIE EN AMÉRIQUE）　トクヴィル著, 松本礼二訳　岩波書店　2015.4　327p　19cm　（ワイド版岩波文庫 385）〈岩波文庫2008年刊の再刊〉1300円　①978-4-00-007385-1
内容 第3部 デモクラシーが固有の意味の習俗に及ぼす影響（境遇が平等になるにつれて、どのように習俗を和らぐか　デモクラシーはアメリカ人の普段の付き合いをどのように簡素でくつろいだものにするか　アメリカ人が自分の国ではあれほど神経質でないのに、われわれのところに来ると傷つきやすくなるのはなぜか　これまでの三章の帰結　デモクラシーは従僕と主人の関係をどのように変えるか ほか）　第4部 民主的な観念と感情が政治社会に及ぼす影響について（平等は本来人間に自由の諸制度への好みを与える　民主的諸国民の政府についての考えは本来権力の集中に好意的であること　民主的諸国民の感情は彼らを権力の集中に向かわせる点で彼らの観念と一致すること　民主的国民を権力の集中に向かわせることになるか、それともこれを避けさせるか、これを決めるいくつかの特殊、偶然の原因について　今日のヨーロッパ諸国では、主権者の地位がどんなに不安定であろうと、主権者の権力は増大しつつあること ほか）〔05118〕

◇アメリカにおけるデモクラシーについて（De la démocratie en Amériqueの抄訳）　トクヴィル〔著〕, 岩永健吉郎訳　中央公論新社　2015.10　34, 178p　18cm　（中公クラシックス W82）〈年譜あり〉1500円　①978-4-12-160161-2
内容 第2部（アメリカの社会が民主政から引き出す真の利点は何か　合衆国における多数（派）の万能と、その諸結果とについて　合衆国において多数の圧制を緩和するものについて　合衆国において民主的共和政を維持する傾向をもつ諸要因について）〔05119〕

トークス, オードリー・サンスベリー　Talks, Audrey Sansbury
◇二つの日本―真珠湾までの10年間（A TALE OF TWO JAPANS）　オードリー・サンスベリー・トークス著, 松平信久, 北条鎮雄訳　聖公会出版　2013.6　426p　19cm　〈文献あり 年表あり 索引あり〉3500円　①978-4-88274-243-2〔05120〕

ドグラ, チャンダー・スータ　Dogra, Chander Suta
◇インドの社会と名誉殺人（MANOJ AND BABLI）　チャンダー・スータ・ドグラ著, 鳥居千代香訳　柘植書房新社　2015.10　275p　19cm　2500円　①978-4-8068-0677-6
内容 第1部 愛と死（「警官が私たちを守ってくれている」　銀の輪のついたイヤリングをしている娘）　第2部 余波（「人間の体がここにある」　「お願いですから、私に遺灰を入れる壺を二つ売ってください」　「法にまかせよう」　「弁護士さん、全部の額を言ってください」　勝利のときでも、孤独で）　第3部 ひとめぐり（神の声か　「何も同じではありえない」　「今、物事は同じじゃない」）〔05121〕

トケイヤー, マービン　Tokayer, Marvin
◇ユダヤ5000年の教え　ラビ・マービン・トケイヤー著, 加瀬英明訳　新版　小学館　2016.10

221p　18cm　（小学館新書 285）〈初版：実業之日本社 2004年刊〉760円　①978-4-09-825285-5　〔05122〕

トーゲル, ギンカ　Toegel, Ginka

◇女性が管理職になったら読む本―「キャリア」と「自分らしさ」を両立させる方法 Why women make better leaders？　ギンカ・トーゲル著, 小崎亜依子, 林寿和訳・構成　日本経済新聞出版社　2016.6　187p　19cm　1400円　①978-4-532-32065-2

内容 第1章 女性であることが、あなたの強み（「男性のように振る舞う」という落とし穴　女性だけが抱えている課題 ほか）　第2章 なぜ女性は評価されないのか（女性は男性より5倍も困難　なぜ評価されないのか―無意識バイアスの罠 ほか）　第3章 性格は変えられないが、行動は変えられる（武器は「自分らしさ」―成功者だけが知っていること　自分はいったい何者なのか ほか）　第4章 キャリアを前進させる8つのアドバイス（女性に不足しがちなスキルとは　1 構想力がないと見なされがち ほか）　〔05123〕

ド・ゴール, シャルル　de Gaulle, Charles

◇剣の刃（Le fil de l'épée）　シャルル・ド・ゴール著, 小野繁訳　文芸春秋　2015.6　217p　16cm　（文春学芸ライブラリー―歴史 13）〈葦書房 1984年刊の再刊　年譜あり〉1000円　①978-4-16-813037-3

内容 戦争　気骨　威信　ドクトリン―固定した原理、原則　政治家と軍人　〔05124〕

ドーシー, ジェームス　Dorsey, James

◇日本文化に何をみる？―ポピュラーカルチャーとの対話 成城学園創立100周年 成城大学文芸学部創設60周年記念　東谷護, マイク・モラスキー, ジェームス・ドーシー, 永原宣著　東久留米　共和国　2016.3　201p　19×15cm　1800円　①978-4-907986-19-3

内容 1 ポピュラーカルチャーとの対話（女子プロレスラーはいかにマイクを持つに至ったのか　「プチ本物主義」のすすめ―米国内のジャズ史における「地域性の介在」と日本のジャズ受容について　一九六〇年代のフォーク的主体性―音楽における「本物」追求　戦前日本の音楽文化にみるヒエラルキーとデモクラシー）　2 新たな日本研究の視座（家（うち）なるアメリカからみるニホン―家族史としての日米近現代史　文学研究からポップ・カルチャー研究への転向―戦時下の文学から六〇年代政治的フォークへ　“もっと自由な”文化研究は可能か―ジャズの実践を手がかりとして　日本のポピュラー音楽をどうとらえるか―グローバルとローカルの狭間で）　〔05125〕

ドシ, ニール　Doshi, Neel

◇マッキンゼー流最高の社風のつくり方―高業績を生む「組織文化」のシンプル構築術（PRIMED TO PERFORM）　ニール・ドシ, リンゼイ・マクレガー著, 野中香方子訳　日経BP社　2016.8　422p　19cm　〈発売：日経BPマーケティング〉1800円　①978-4-8222-5166-6

内容 第1部 ToMoとは何か？　―高業績を導く社風は、驚くほど明快な基本的要素から始まる。それは、「なぜ働くのか」である。（動機スペクトル　ToMo指数）　第2部 ToMoはパフォーマンスをどのように押し上げるか？　―ToMoは社風と組織のパフォーマンスをつなぐミッシングリンクである。（パフォーマンスについて再考する　パフォーマンスの陰と陽）　第3部 なぜ、優れた社風は少ないのか？　―妨げとなる偏見と習慣（非難バイアス　硬直か流動的か）　第4部 どうすればToMoの高い社風を構築できるか？　―ToMoの科学を知り、適切な道具を持っていれば、悪い社風も変えることができる。（業績を照らす灯明　ファイヤー・スターター　アイデンティティー　遊び場　1000の階段がある場所　成果主義　狩猟集団　火守り人　パフォーマンスの調整　活動に火をつける　科学者の歯ブラシ）　〔05126〕

ドス・サントス, ジョゼ・ミゲル・ピント

◇近世印刷史とイエズス会系「絵入り本」―EIRI報告書　浅見雅一編　慶応義塾大学文学部　2014.2　249p　22cm　〈他言語標題：The history of early modern printing and Jesuit illustrated books　平成21-25年度文部科学省私立大学戦略的研究基盤形成支援事業「15-17世紀における絵入り本の世界的比較研究の基盤形成」報告書〉非売品

内容 マルコス・ジョルジェ著『ドクトリナ・クリスタン』の初期の諸版に見られる挿絵について（ジョゼ・ミゲル・ピント・ドス・サントス著, 原島貴子訳）　〔05127〕

ドスタレール, ジル

◇リターン・トゥ・ケインズ（THE RETURN TO KEYNES）　ブラッドリー・W.ベイトマン, 平井俊顕, マリア・クリスティーナ・マルクッツォ編, 平井俊顕監訳　東京大学出版会　2014.9　388, 56p　22cm　〈文献あり 索引あり〉5600円　①978-4-13-040262-0

内容 ケインズと言葉の戦争（ジル・ドスタレール著, 下平裕之訳）　〔05128〕

ドセ, マルセロ・ホルヘ・デ＝マヌエル

◇日出づる国と日沈まぬ国―日本・スペイン交流の400年　上川通夫, 川畑博昭編　勉誠出版　2016.3　357, 20p　22cm　7500円　①978-4-585-22145-6

内容 聖フランシスコ・ザビエルの回心（マルセロ・ホルヘ・デ＝マヌエル・ドセ著, 川畑博昭訳）　〔05129〕

ドーソン, ジェームズ　Dawson, James

◇ジェームズ・ドーソンの下半身入門―まるごと男子！　読本（Being a Boy）　ジェームズ・ドーソン著, スパイク・ガーレルイラスト, 藤堂嘉章訳　太郎次郎社エディタス　2015.3　190p　19cm　1350円　①978-4-8118-0780-5

内容 序章 男子入門　1章 クールであれ　2章 見た目を磨く　3章 下半身入門　セクシータイム　4章 セックスの必需品　5章 彼氏になる　終章 大人になる　〔05130〕

ドーソン, ローラ

◇マニフェスト本の未来（Book ： a futurist's manifesto）　ヒュー・マクガイア, ブライアン・オレアリ編　ボイジャー　2013.2　339p　21cm　2800円　①978-4-86239-117-9

内容 メタデータについて語る時に我々の語ること（ローラ・ドーソン著）　〔05131〕

トタニ, ユマ　戸谷 由麻

◇不確かな正義―BC級戦犯裁判の軌跡（JUSTICE IN ASIA AND THE PACIFIC REGION, 1945-52）　戸谷由麻著　岩波書店　2015.6　295, 19p　20cm　〈文献あり 索引あり〉3200円　①978-4-00-061046-9

内容 序章 BC級裁判研究の視点　第1章 マニラにおける「勝者の裁き」　第2章 田村裁判にみる日本の捕虜政策　第3章 死の鉄道建設の鳥瞰図　第4章 アジア共栄の名の下に　第5章 英植民地における「大英帝国の裁き」　第6章 豊田副武海軍大将の弁明　終章 事例からわかること　〔05132〕

ト

トック, ブノワ＝ミシェル

◇契約と紛争の比較史料学―中近世における社会秩序と文書　臼井佐知子,H.ジャン・エルキン, 岡崎敦, 金炫栄, 渡辺浩一編　吉川弘文館　2014.12　362, 9p　22cm　12000円　①978-4-642-02922-3

内容 中世ヨーロッパにおける私的な法行為の公証手段としての教会の印章（ブノワ＝ミシェル・トック著, 岡崎敦訳）　〔05133〕

ドッジ, トビー　Dodge, Toby

◇イラク戦争は民主主義をもたらしたのか（IRAQ）　トビー・ドッジ〔著〕, 山岡由美訳　みすず書房　2014.7　203, 40p　20cm　〈索引あり〉3600円　①978-4-622-07833-3

内容 序 未来の展望　第1章 暴力の推進要因　第2章 反体制暴動から内戦へ―暴力の担い手たち　第3章 アメリカの政策と対暴動ドクトリンの復活　第4章 行政と軍事的能力の再建　第5章 エリート間の排他的な取り引きと新しい権威主義の高まり　第6章 攻守の逆転―中東におけるイラクの役割の変化　結論　〔05134〕

ドッターウィック, キャス・P.　Dotterweich, Kass Perry

◇友情セラピー（Friendship Therapy）　キャス・P.ドッターウィック, ジョン・D.ペリー文, R.W.アリー絵, 目黒摩天雄訳　サンパウロ　2015.6　1冊（ページ付なし）　16cm　（Elf-Help books）〈英語併記〉700円　①978-4-8056-8809-0　〔05135〕

ドッティーノ, トニー　Dottino, Tony

◇マインドマップ・リーダーシップ―現場主導で組織に革命を起こす（GRASS ROOTS LEADERS）　トニー・ブザン, トニー・ドッティーノ, リチャード・イズラエル著, 近田美季子監訳　ダイヤモンド社　2013.12　314p　21cm　2400円　①978-4-478-00684-9　〔05136〕

トッド, エマニュエル　Todd, Emmanuel

◇不均衡という病―フランスの変容1980-2010（LE MYSTÈRE FRANÇAIS）　エマニュエル・トッド, エルヴェ・ル・ブラーズ〔著〕, 石崎晴己訳　藤原書店　2014.3　436p　20cm　3600円　①978-4-89434-962-9　〔05137〕

◇グローバリズムが世界を滅ぼす　エマニュエル・トッド, ハジュン・チャン, 柴山桂太, 中野剛志, 藤井聡, 堀茂樹著　文芸春秋　2014.6　246p　18cm　（文春新書）　830円　①978-4-16-660974-1

内容 第1部 グローバリズムが世界を滅ぼす　第2部 グローバル資本主義を超えて（トータリズム（全体主義）としてのグローバリズム　新自由主義の失敗と資本主義の未来　歴史は繰り返す？ ―第二次グローバル化の未来　国家の多様性とグローバリゼーションの危機―社会人類学的視点から　新自由主義と保守主義）　第3部 自由貿易とエリートの劣化　〔05138〕

◇「ドイツ帝国」が世界を破滅させる―日本人への警告　エマニュエル・トッド著, 堀茂樹訳　文芸春秋　2015.5　230p　18cm　（文春新書 1024）　800円　①978-4-16-661024-2

内容 1 ドイツがヨーロッパ大陸を牛耳る―2014.8　2 ロシアを見くびってはいけない―2014.5　3 ウクライナと戦争の誘惑―2014.5　4 ユーロを打ち砕くことができる唯一の国、フランス―2014.6　5 オランドよ、さらば！ 銀行に支配されるフランス国家―2013.5　6 ドイツとは何か？ ―2011.12　7 富裕層に仕える国家―2011.12　8 ユーロが陥落する日―2011.11　〔05139〕

◇トッド自身を語る　エマニュエル・トッド〔著〕, 石崎晴己編訳　藤原書店　2015.11　216p　20cm　〈著作目録あり〉2200円　①978-4-86578-048-2　〔05140〕

◇シャルリとは誰か？―人種差別と没落する西欧（QUI EST CHARLIE？）　エマニュエル・トッド著, 堀茂樹訳　文芸春秋　2016.1　307p　18cm　（文春新書 1054）　920円　①978-4-16-661054-9

内容 第1章 宗教的危機　第2章 シャルリ　第3章 逆境に置かれた平等　第4章 極右のフランス人たち　第5章 イスラム教のフランス人たち　結論　〔05141〕

◇家族システムの起源　1上　ユーラシア　上（L'ORIGINE DES SYSTÈMES FAMILIAUX. Tome 1 ： L'EURASIE）　エマニュエル・トッド〔著〕, 石崎晴己監訳, 片桐友紀子, 中野茂, 東松秀雄, 北垣潔訳　藤原書店　2016.7　417p　22cm　4200円　①978-4-86578-072-7

内容 序説 人類の分裂から統一へ、もしくは核家族の謎　第1章 類型体系を求めて　第2章 概観―ユーラシアにおける双処居住、父方居住、母方居住　第3章 中国とその周縁部―中央アジアおよび北アジア　第4章 日本　第5章 インド亜大陸　第6章 東南アジア　〔05142〕

◇家族システムの起源　1下　ユーラシア　下（L'ORIGINE DES SYSTÈMES FAMILIAUX. Tome 1 ： L'EURASIE）　エマニュエル・トッド〔著〕, 石崎晴己監訳, 片桐友紀子, 中野茂, 東松秀雄, 北垣潔訳　藤原書店　2016.7　p420～937　22cm　〈文献あり 索引あり〉4800円　①978-4-86578-077-2

内容 第7章 ヨーロッパ―序論　第8章 父系制ヨーロッパ　第9章 中央および西ヨーロッパ―1記述　第10章 中央および西ヨーロッパ―2歴史的解釈　第11章 中東 近年　第12章 中東 古代―メソポタミアとエジプト　第2巻に向けて―差し当たりの結論　〔05143〕

◇問題は英国ではない、EUなのだ―21世紀の新・国家論　エマニュエル・トッド著, 堀茂樹訳　文芸春秋　2016.9　254p　18cm　（文春新書 1093）　830円　①978-4-16-661093-8

内容 日本の読者へ―新たな歴史的転換をどう見るか？　1 なぜ英国はEU離脱を選んだのか？　2「グローバリゼーション・ファティーグ」と英国の「目覚め」　3

トッドの歴史の方法―「予言」はいかにして可能なのか？　4 人口学から見た二〇三〇年の世界―安定化する米・露と不安定化する欧・中　5 中国の未来を「予言」する―幻想の大国を恐れるな　6 パリ同時多発テロについて―世界の敵はイスラム恐怖症だ　7 宗教的危機とヨーロッパの近代史―自己解説『シャルリとは誰か？』〔05144〕

◇グローバリズム以後―アメリカ帝国の失墜と日本の運命　エマニュエル・トッド著, 朝日新聞聞き手　朝日新聞出版　2016.10　198p　18cm　（朝日新書）　720円　①978-4-02-273689-5

内容 1 夢の時代の終わり（2016年8月30日）（米国が変わろうとしている　一つの世代が過ぎて ほか）　2 暴力・分断・ニヒリズム（2016年1月27日）（広がる国家解体のプロセス　イスラムの崩壊としてのIS ほか）　3 グローバル化と民主主義の危機（好戦的な、いわば狂気が世界に広がりつつある（2015年2月19日）「国家」が決定的な重みを持つ時代（2014年7月8日）ほか）　4 アメリカ「金融帝国」の終焉（今や米国は問題をもたらす存在でしかない（2008年10月30日）　グローバル化は単なる経済自由主義ではなく、より厄介だ（2008年3月31日）ほか）　5 終わらない「対テロ」戦争（日本は米国以外の同盟国を持つべきだ（2004年2月4日）　帝国アメリカは崩壊過程にある（2003年2月8日）ほか）〔05145〕

◇トランプは世界をどう変えるか？　「デモクラシー」の逆襲　エマニュエル・トッド, 佐藤優著　朝日新聞出版　2016.12　173p　18cm　（朝日新書）　720円　①978-4-02-273699-4

内容 民主主義がトランプを選んだ（起きて当然のことが起きた　トランプ現象を恐れることはない　自由貿易への異議申し立て　現実を見ないでおこうとしたエリートたち　「プロレタリア」に選ばれたトランプ　白人のための民主主義　体制順応ではないエリートが必要　教育という大きな不平等　人々の不安や意思の表明はポピュリズムではない　米大統領は王様ではない）　資料 トランプ氏共和党候補指名受諾演説　「トランプ現象」の世界的影響、そして日本は インテリジェンスで見る「トランプ当選」の実相　「トランプ以後」のアメリカを見極める三つのポイント〔05146〕

トッド, ジョン　Todd, John

◇自分を鍛える！　（SELF-IMPROVEMENT）　ジョン・トッド著, 渡部昇一訳・解説　新装新版　三笠書房　2016.11　206p　18cm　〈表紙のタイトル：TODD'S SELF-IMPROVEMENT MANUAL　2004年刊の再編集　著作目録あり〉　1200円　①978-4-8379-5773-7

内容 プロローグ ものを「考える頭」には限界がない！　第1章 "いい習慣"をつくれば疲れないで生きられる！　第2章 集中力・記憶力が格段にアップする「短期決戦」法！　第3章 緻密な頭をつくるための読書法！　第4章 こうすれば自分の「持ち時間」が最大限に生きてくる！　第5章 一目置かれる人の「話し方・交際術」　第6章 頭・体・気力を鍛える一番の方法　エピローグ あなたも"自分の壁"を破れる！〔05147〕

トッド, セリーナ　Todd, Selina

◇ザ・ピープル―イギリス労働者階級の盛衰　（THE PEOPLE）　セリーナ・トッド〔著〕, 近藤康裕訳　みすず書房　2016.8　492, 4p　22cm　〈索引あり〉　6800円　①978-4-622-08514-0

内容 1 召使いたち 1910 - 1939（階下からの反抗　ショートヘアの叛逆者たち　内なる敵 ほか）　2 人びと 1939 - 1968（人びとの戦争　ロイド・ジョージに頼って　新しきエルサレム ほか）　3 奪われし人びと 1966 - 2010（新しいイギリス　混乱と抗争　カッスルフォードへの帰還 ほか）　後記 わたしたちの現状 2011 - 2015〔05148〕

トップフ, ジョナサン　Topf, Jonathan

◇世界の難民の子どもたち　2　「イラン」のナビッドの話（Navid's Story-A Journey from Iran）　アンディ・グリン作, 難民を助ける会監修, いわたかよこ訳　ジョナサン・トップフ絵　ゆまに書房　2016.10　1冊（ページ付なし）　26cm　2200円　①978-4-8433-4989-2〔05149〕

トデスキーニ, マヤ

◇戦後思想の光と影―日仏会館・戦後70年記念シンポジウムの記録　三浦信孝編　風行社　2016.3　359p　21cm　〈会期・会場：2015年7月18日（土）～19日（日）日仏会館1階ホール〉　2200円　①978-4-86258-100-6

内容 鶴見俊輔の「知識人の戦争責任」について（マヤ・トデスキーニ述, 八幡恵一訳）〔05150〕

ドーテン, デイル　Dauten, Dale

◇まんがで変わる 仕事は楽しいかね？　（THE MAX STRATEGY）　デイル・ドーテン原作, 「仕事は楽しいかね？」研究会編, 藤森ゆゆ缶漫画　きこ書房　2016.3　175p　19cm　1300円　①978-4-87771-342-3

内容 プロローグ 仕事は楽しいかね？　第1章 試してみることに失敗はない　第2章 明日は今日と違う自分になる　第3章 偶然は発明の父　第4章 「この場で」「ただちに」始める　第5章 問題と「仲良く」なる　エピローグ 新しい自分に〔05151〕

トーデンヘーファー, ユルゲン　Todenhöfer, Jürgen

◇「イスラム国」の内部へ―悪夢の10日間　（INSIDE IS）　ユルゲン・トーデンヘーファー著, 津村正樹, カスヤン、アンドレアス訳　白水社　2016.6　323p　19cm　2400円　①978-4-560-09247-7

内容 第1章 「イスラム国」の誕生　第2章 西側諸国の思惑　第3章 真実を求めて　第4章 「イスラム国」前線への道　第5章 テロとのチャット　第6章 ジハーディストの母親　第7章 旅の具体化　第8章 「イスラム国」への旅―ある悪夢のスケッチ　第9章 「イスラム国」のカリフと外国人戦闘員への公開書簡　第10章 ジハーディ・ジョンに関するあとがき〔05152〕

トートラニ, ベンジャミン

◇グローバルビジョンと5つの課題―岐路に立つ国連開発（United Nations Development at a Crossroadsの抄訳）　ブルース・ジェンクス, ブルース・ジョーンズ編, 丹羽敏之監訳　人間と歴史社　2015.10　280p　21cm　3000円　①978-4-89007-199-9

内容 脆弱国（ブルース・ジョーンズ, ベンジャミン・トートラニ著）〔05153〕

トドロフ, ツヴェタン　Todorov, Tzvetan

◇他者の記号学—アメリカ大陸の征服（LA CONQUÊTE DE L'AMÉRIQUE : La question de l'autre）　ツヴェタン・トドロフ著, 及川馥, 大谷尚文, 菊地良夫訳　新装版　法政大学出版局　2014.6　361p　19cm　（叢書・ウニベルシタス）　4200円　①978-4-588-09982-3

内容 1 発見（新大陸の発見　解釈学者コロン　コロンとインディオ）　2 征服（勝利の理由　モクテスマと記号　コルテスと記号）　3 愛（理解、掠奪、殲滅　平等か不平等か　奴隷制、植民地主義、コミュニケーション）　4 認識（対他関係の類型学　ドラウンまたは文化の異種交配　サアグンの業績）　エピローグ ラス・カサスの予言　〔05154〕

ト

◇われわれと他者—フランス思想における他者像（NOUS ET LES AUTRES）　ツヴェタン・トドロフ〔著〕, 小野潮, 江口修訳　新装版　法政大学出版局　2015.2　633, 19p　20cm　（叢書・ウニベルシタス 707）〈文献あり 索引あり〉6800円　①978-4-588-14002-0

内容 第1章 普遍と相対（自民族中心主義　科学主義 ほか）　第2章 人種（人種と人種差別　ゴビノー ほか）　第3章 国民（国民とナショナリズム　トクヴィル ほか）　第4章 異国的なもの（他者の正しい使用法　シャトーブリアン ほか）　第5章 中庸（『ペルシャ人の手紙』『法の精神』ほか）　〔05155〕

◇民主主義の内なる敵（LES ENNEMIS INTIMES DE LA DÉMOCRATIE）　ツヴェタン・トドロフ〔著〕, 大谷尚文訳　みすず書房　2016.7　246, 4p　20cm　〈索引あり〉4500円　①978-4-622-08512-6

内容 第1章 民主主義内部の不具合　第2章 古来の論争　第3章 政治的なメシア信仰　第4章 個人の専横　第5章 新自由主義の結果　第6章 ポピュリズムと外国人嫌い　第7章 民主主義の将来　〔05156〕

トナー, ジェリー　Toner, Jerry

◇奴隷のしつけ方（HOW TO MANAGE YOUR SLAVES）　マルクス・シドニウス・ファルクス著, ジェリー・トナー解説, 橘明美訳　太田出版　2015.6　249p　19cm　〈文献あり 年表あり〉1800円　①978-4-7783-1475-0

内容 主人であれ　奴隷の買い方　奴隷の活用法　奴隷と性　奴隷は劣った存在か　奴隷の罰し方　なぜ拷問が必要か　奴隷の楽しみ　スパルタクスを忘れるな！　奴隷の解放　解放奴隷の問題　キリスト教徒と奴隷　さらばだ！　〔05157〕

トーナー, ジャクリーン・B.　Toner, Jacqueline B.

◇子どもの認知行動療法—イラスト版　7　だいじょうぶ自分でできる嫉妬の操縦法ワークブック（What to Do When It's Not Fair）　上田勢子訳　ジャクリーン・B.トーナー, クレア・A.B.フリーランド著, デヴィッド・トンプソン絵　明石書店　2016.1　96p　25cm　1500円　①978-4-7503-4294-8

内容 第1章 さあ、海賊船の出発だ！　第2章 望遠鏡から目をはなそう　第3章 船のかじをきろう　第4章 船を操縦しよう！　第5章 いかりを上げよう　第6章 荷は軽く！　第7章 だれかにしっとされたら…　第8章 バランスをうまくとろう　第9章 自分を大切にしよう　第10章 きみならできる！　〔05158〕

◇子どもの認知行動療法—イラスト版　8　だいじょうぶ自分でできる失敗の乗りこえ方ワークブック（What to Do When Mistakes Make You Quake）　上田勢子訳　クレア・A.B.フリーランド, ジャクリーン・B.トーナー著, ジャネット・マクドネル絵　明石書店　2016.1　98p　25cm　1500円　①978-4-7503-4295-5

内容 第1章 さあ、探検に出発！　第2章 考えと感情を探検しよう　第3章 "もうダメ"なんかじゃないよ　第4章 白か黒かにご用心！　第5章 しまった！　おっとっと、あれれ　第6章 失敗を探検しよう　第7章 失敗に慣れよう　第8章 自分のいいところを知ろう！　第9章 きみならできる！　〔05159〕

ドナー, フレッド・マグロウ　Donner, Fred McGraw

◇イスラームの誕生—信仰者からムスリムへ（MUHAMMAD AND THE BELIEVERS）　フレッド・マグロウ・ドナー著, 後藤明監訳, 亀谷学, 橋爪烈, 松本隆志, 横内吾郎訳　慶応義塾大学出版会　2014.6　248, 31p　22cm　〈文献あり 索引あり〉4400円　①978-4-7664-2146-0

内容 第1章 イスラーム前夜の中東（古代末期の中東における帝国　ビザンツ帝国 ほか）　第2章 ムハンマドと信仰者運動（伝承に基づく預言者ムハンマドの伝記　史料の問題 ほか）　第3章 信仰者共同体の拡大（史料　ムハンマド晩年における共同体 ほか）　第4章 共同体の指導者の地位をめぐる争い—三四〜七三/六五五〜六九二年（第一次内乱の背景　第一次内乱の経過（三五〜四〇/六五六〜六六一年）ほか）　第5章 イスラームの誕生（ウマイヤ朝の再興と帝国としての課題への回帰　主要な用語の再定義 ほか）　〔05160〕

ドナディウー, ジャン=ルイ　Donnadieu, Jean-Louis

◇黒いナポレオン—ハイチ独立の英雄トゥサン・ルヴェルチュールの生涯（Toussaínt Louverture, le Napoléon noír）　ジャン=ルイ・ドナディウー著, 大嶋厚訳　えにし書房　2015.11　285p　21cm　〈年表あり〉3000円　①978-4-908073-16-8

内容 理解が困難なものを理解するために　ヒョウの息子　「私は奴隷だった、隠すことはない」　"ファトラ・バトン"　「奴隷制の重荷が取り除かれた」　"自由黒人"トゥサン・ブレダ　獲得した"いくつかの知識"　"高潔なバイヨン"に学んだこと　「私は大事業を行うために生まれた」　"国王軍の軍医"　「わが名はトゥサン・ルヴェルチュール」　"草原のケンタウロス"から"黒人の筆頭者"へ　"サン=ドマングの終身総督"　"自由の木の幹"　"先駆者"の遺産　〔05161〕

ドナヒュー, ニール　Donahue, Neal

◇ラーニング・レボリューション—MIT発世界を変える「100ドルPC」プロジェクト（LEARNING TO CHANGE THE WORLD）　ウォルター・ベンダー, チャールズ・ケイン, ジョディ・コーニッシュ, ニール・ドナヒュー著, 松本裕訳　英治出版　2014.5　318p　20cm　2100円　①978-4-86276-176-7

内容 1 OLPCの誕生（OLPCの成り立ち　100ドルのパソコンをつくる ほか）　2 アイデアから成果まで（青いバナナを売る　倉庫から校舎まで ほか）　3 そしてこれから（OLPCの現在と未来　行動を起こそう！）　各国のケーススタディ（カンボジア、10年後　トップダウンの取り組み ほか）　〔05162〕

ドナルドソン, スー　Donaldson, Sue

◇人と動物の政治共同体―「動物の権利」の政治理論（Zoopolis : A Political Theory of Animal Rights）　スー・ドナルドソン, ウィル・キムリッカ著, 青木人志, 成広孝監訳　尚学社　2016.12　399p　21cm　4000円　①978-4-86031-126-1

内容 第1部 拡張された「動物の権利」論（動物の普遍的な基本的権利　シティズンシップ理論による動物の権利の拡張）　第2部 応用編（動物の権利論における家畜動物　市民としての家畜動物　野生動物の主権　デニズンとしての境界動物　結論）〔05163〕

トーニオ, エリン　Torneo, Erin

◇とらわれた二人―無実の囚人と誤った目撃証人の物語（PICKING COTTON）　ジェニファー・トンプソン-カニーノ, ロナルド・コットン, エリン・トーニオ〔著〕, 指宿信, 岩川直子訳　岩波書店　2013.12　338p　20cm　2800円　①978-4-00-025945-3〔05164〕

トニナ, ノーム

◇経験学習によるリーダーシップ開発―米国CCLによる次世代リーダー育成のための実践事例（Experience-Driven Leader Development）　シンシア・D.マッコーレイ,D.スコット・デリュ, ポール・R.ヨスト, シルベスター・テイラー編, 漆嶋稔訳　日本能率協会マネジメントセンター　2016.8　511p　27cm　8800円　①978-4-8207-5929-4

内容 統合タレント・マネジメントと経験に基づく能力開発（ノーム・トニナ）〔05165〕

ドノヴァン, ジム　Donovan, Jim

◇誰でもできるけれど、ごくわずかな人しか実行していない成功の法則（THIS IS YOUR LIFE, NOT A DRESS REHEARSALの抄訳, TAKE CHARGE OF YOUR DESTINYの抄訳）　ジム・ドノヴァン〔著〕, 桜田直美訳　決定版　ディスカヴァー・トゥエンティワン　2014.8　247p　18cm　（ディスカヴァー携書 125）　1100円　①978-4-7993-1543-9

内容 第1章 始める　第2章 ものの見方を変える　第3章 自分を信じる　第4章 人生を自分で創る　第5章 ゴールを達成する　第6章 体と心を整える　第7章 恐れを克服する　第8章 困難を乗り越える　第9章 行動する　第10章 「成功の道具」を使う〔05166〕

◇happy@work―情熱的に仕事を楽しむ60の方法（HAPPY@WORK）　ジム・ドノヴァン〔著〕, 弓場隆訳　ディスカヴァー・トゥエンティワン　2015.2　213p　19cm　1500円　①978-4-7993-1645-0

内容 第1章 夢と目標に向かって動く（問題をチャンスに変える　いつものパターンから抜け出す　自分の会社についてもっとよく知る ほか）　第2章 自分自身と仲間を成長させる（インスピレーションにしたがって行動する　自分や部下、顧客の価値観を尊重すつ自分にとっての価値基準を見つける ほか）　第3章 エネルギーを高めて集中する（最高の自分を演出する服装を心がける　すべては自分の仕事だという意識で行動するうまくいってることに集中する ほか）　第4章 前向きに考えて成功を目指す（自分の仕事に責任を持つ　いい習慣を身につける　悪い思い込みをいい思い込みに置き換える ほか）　第5章 仕事に全力を尽くす（悩みを手放す　仕事への情熱を取り戻す　今もっている手段で目的に到達することを目指す ほか）　第6章 モチベーションをつねに高く保つ（自分の感性を信じる　音楽を聴く　自分の仕事を広い視野で見直してみる ほか）〔05167〕

◇何をしてもうまくいく人のシンプルな習慣　ジム・ドノヴァン著, 弓場隆訳　ディスカヴァー・トゥエンティワン　2016.12　219p　18cm　（ディスカヴァー携書）　1000円　①978-4-7993-2009-9

内容 第1章 自分の人生に責任をもつ　第2章 ポジティブに考える　第3章 目標を定める　第4章 行動を起こす　第5章 人との関わりを築く　第6章 毎日を楽しむ　第7章 夢を実現する　第8章 より大きな成功を目指す　付録 習慣を身につけるエクササイズ〔05168〕

ドノバン, ロバート　Donovan, Robert J.

◇ケネディのいちばん長い日―ある日本軍人との死闘　ロバート・ドノバン著, 波多野裕造訳　毎日ワンズ　2014.5　236p　19cm　〈「PT109－太平洋戦争とケネディ中尉」（日本外政学会 1963年刊）の改題、補筆や加筆をなし、再構成　文献あり〉1400円　①978-4-901622-77-6〔05169〕

ドーパット, セオドア

◇スーパーヴィジョンのパワーゲーム―心理療法家訓練における影響力・カルト・洗脳（Power Games）　リチャード・ローボルト編著, 太田裕一訳　金剛出版　2015.3　424p　22cm　〈索引あり〉6000円　①978-4-7724-1417-3

内容 密かな対人支配法（セオドア・ドーパット著）〔05170〕

トビー, デボラ・デイビス　Tobey, Deborah D.

◇ラーニング・ファシリテーションの基本―参加者中心の学びを支援する理論と実践（Facilitation basics）　ドナルド・マケイン, デボラ・デイビス・トビー共著, 香取一昭訳　ヒューマンバリュー　2015.6　214p　23cm　（ATDグローバルベーシックシリーズ ATD training basics series）〈文献あり〉2800円　①978-4-9906893-4-6〔05171〕

トビ, ナンシー

◇不正選挙―電子投票とマネー合戦がアメリカを破壊する（LOSER TAKE ALL）　マーク・クリスピン・ミラー編著, 大竹秀子, 桜井まり子, 関房江訳　亜紀書房　2014.7　343, 31p　19cm　2400円　①978-4-7505-1411-6

内容 無邪気な改革が災いをもたらす（ナンシー・トビ著）〔05172〕

トビン, ボブ　Tobin, Bob

◇10年後、後悔しないための自分の道の選び方―Starting your beautiful life　ボブ・トビン著, 矢島麻里子訳　ディスカヴァー・トゥエンティワン　2016.11　263p　19cm　1500円　①978-4-7993-2002-0

内容 1 充実した働き方を手に入れる方法　2 最悪の決断は何も決めないこと　3 自信を身につけ、持ち続ける　4 行動を妨げる不安を克服する　5 学びは一生

ト

の財産　6 ただなんとなくMBAをとってはならない　7 常に付加価値を発揮する方法　8 幸せでいることを最優先する　9 世界を広げる　10 逆境をバネにする　11 すべてはあなた次第　〔05173〕

ドーフマン, P.W.　Dorfman, Peter William

◇文化を超えるグローバルリーダーシップ—優れたCEOと劣ったCEOの行動スタイル（Strategic Leadership Across Cultures）　R.J.ハウス,P.W.ドーフマン,M.ジャヴィダン,P.J.ハンジェス,M.F.サリー・デ・ルケ著, 太田正孝監訳・解説, 渡部典子訳　中央経済社　2016.8　428p　22cm　〈文献あり 索引あり　発売：中央経済グループパブリッシング〉4800円　①978-4-502-16321-0

内容 社会文化とリーダーシップ：GLOBEの歴史、理論、これまでの研究結果　文化、リーダーシップ、上層部理論の文献レビュー　理論的根拠と枠組み、仮説、リサーチデザイン、調査結果の概略　リチーサ・メソドロジーとデザイン　文化を超えるCEOリーダーシップ行動：文化的価値観とCLTの関係　異文化リーダーシップ効果：CEO行動との関連性　文化を超えるCEOのリーダーシップ効果：フィットと行動の効果　優れたCEOと劣ったCEO　結論、インプリケーション、今後の研究　構造概念の測定と関係検証のための戦略　リーダーシップと成果の構造概念に対する心理測定的エビデンス　〔05174〕

トブラー, クリスタ

◇消費者法の現代化と集団的権利保護　中田邦博,鹿野菜穂子編　日本評論社　2016.8　591p　22cm　（竜谷大学国際社会文化研究所叢書 第18巻）〈他言語標題：Modernisation of Consumer Law and Collective Redress〉7500円　①978-4-535-52208-4

内容 リスボン条約と消費者法へのその影響（クリスタ・トブラー著, カライスコス・アントニオス訳）　〔05175〕

ドブレ, ジャン=ルイ　Debré, Jean Louis

◇フランスを目覚めさせた女性たち—フランス女はめげない！　社会を変革した26人の物語（CES FEMMES QUI ONT RÉVEILLÉ LA FRANCE）　ジャン＝ルイ・ドブレ, ヴァレリー・ボシュネク著, 西尾治子, 松田祐子, 吉川佳英子, 佐藤浩子, 田戸カンナ, 岡部杏子, 津田奈菜絵訳　パド・ウィメンズ・オフィス　2016.3　381p　21cm　〈年表あり 索引あり〉3400円　①978-4-86462-121-2

内容 ジャンヌ・ダルクとマリアンヌ　オランプ・ド・グージュ（1748 - 1793）—女性および女性市民の権利宣言　ジョルジュ・サンド（1804 - 1876）—自由で平等な社会の夢　エリザ・ルモニエ（1805 - 1865）—女子職業教育の創始者　マルグリット・ブシコー（1816 - 1887）、マリー・ルイーズ・ジェ（1838 - 1925）—パリにできた最初の百貨店：ボン・マルシェからサマリテーヌへ「赤い経営者たち」　ジュリー＝ヴィクトワール・ドービエ（1821 - 1874）—初めてバカロレアを取得した女性（バシュリエール）　マリア・ドレーム（1828 - 1894）—初の女性フリーメーソン　ルイーズ・ミシェル（1830 - 1905）—無政府主義者の黒旗　マドレーヌ・ブレ（1842 - 1921）—女性初の医学博士　ブランシュ・エドワーズ（1858 - 1941）、オーガスタ・クルンプケ（1859 - 1927）—初めて病院研修生および研修医になった女性たち〔ほか〕　〔05176〕

ドベリ, ロルフ

◇変革の知　ジャレド・ダイアモンドほか〔述〕, 岩井理子訳　KADOKAWA　2015.2　251p　18cm　（角川新書 K-1）　900円　①978-4-04-102413-3

内容 最高の選択をするためには間違った選択を避けること（ロルフ・ドベリ述）　〔05177〕

ド・ボーヴァル, アンリ・バナージュ

◇ピエール・ベール関連資料集　補巻　良心の自由　野沢協編訳　法政大学出版局　2015.1　387p　22cm　14000円　①978-4-588-12025-1

内容 アンリ・バナージュ・ド・ボーヴァルによる紹介（アンリ・バナージュ・ド・ボーヴァル）　〔05178〕

トマ, マイケル

◇プロ・トレーダー—マーケットで勝ち続ける16人の思考と技術（TRADERS AT WORK）　ティム・ブールキン, ニコラス・マンゴー著, 森山文那生訳　日経BP社　2016.5　284p　21cm　〈発売：日経BPマーケティング〉2200円　①978-4-8222-5063-8

内容 徹底的な検証と分析を利益につなげる（マイケル・トマ述）　〔05179〕

トマージ, ヤコポ　Tomasi, Jacopo

◇イタリア精神医療への道—バザーリアがみた夢のゆくえ（PSICHIATRIA MIA BELLA）　レンツォ・デ・ステファニ著, ヤコポ・トマージ共著, 花野真栄訳　日本評論社　2015.9　261p　21cm　2500円　①978-4-535-98429-5

内容 第1部 イタリア地域精神医療およびトレントにおける取り組みの歴史1970 - 2015（精神病院からイタリア地域精神医療への移行—フランコ・バザーリアの改革とその周辺　イタリア地域精神医療の誕生—基本理念および良い治療方法 ほか）　第2部 ある精神医療の歩み—ジャンカルロ～マウリッツィオ1978 - 2015（ジャンカルロ—「僕は、なんで、生きてるんだろう？」　ジャンカルロからマウリッツィオへ—世界は（おそらく）進んでいく ほか）　第3部 善良なる“マッティ（頭のおかしい者たち）”の肖像（マーラ：2つのほほ笑みは5滴のバリウムに勝る—温かく全員を迎えるということ　アニータ：腕の良い庭師は、根っこまで手入れをする—主人公としての家族 ほか）　第4部 180号法に跡継ぎ誕生（私は180号法—雨の中、誕生したのです　イタリア下院議会法案第2233号—提出趣旨 ほか）　〔05180〕

トーマス, ギュンター

◇死者の復活—神学的・科学的論考集（RESURRECTION）　T.ピーターズ,R.J.ラッセル,M.ヴェルカー編, 小河陽訳　日本キリスト教団出版局　2016.2　441p　22cm　5600円　①978-4-8184-0896-8

内容 新しい生命への復活（ギュンター・トーマス著）　〔05181〕

トーマス, ジェリー　Thomas, Jerry D.

◇アメイジング・ラブ—あなたの人生に希望をもたらす想像を超えた愛の不思議議発見の旅（Beyond imagination）　ジョン・ボールドウィン, ジェー

ト

ムズ・ギブソン, ジェリー・トーマス著, 島田穂波訳　立川　福音社　2014.4　175p　15cm　200円　①978-4-89222-446-1　〔05182〕

トーマス, フランク・N.　Thomas, Frank N.

◇会話・協働・ナラティヴ―アンデルセン・アンダーソン・ホワイトのワークショップ（Masters of Narrative and Collaborative Therapies）　タピオ・マリネン, スコット・J.クーパー, フランク・N.トーマス編, 小森康永, 奥野光, 矢原隆行訳　金剛出版　2015.9　301p　19cm　〈文献あり 索引あり〉　3200円　①978-4-7724-1445-6

内容 オープニング・トリアローグ 他（スコット・J.クーパー, タピオ・マリネン, フランク・N.トーマス述）　〔05183〕

トーマス, マリオン　Thomas, Marion

◇楽しく学ぶ子どものための聖書物語　パオラ・ベルトリーニ・グルディーナ絵, マリオン・トーマス文, サンパウロ訳, サンパウロ監修　サンパウロ　2015.12　157p　24cm　2000円　①978-4-8056-5635-8

内容 不完全な世界　争う兄弟たち　ノアの箱船　洪水とにじ　神さまを信じたアブラハム　約束を守った神さま　イサクのおよめさん探し　お父さんの祝福　ヤコブの階段　ヤコブのお気に入りの息子〔ほか〕　〔05184〕

トーマス, ロバート・J.

◇経験学習によるリーダーシップ開発―米国CCLによる次世代リーダー育成のための実践事例（Experience-Driven Leader Development）　シンシア・D.マッコーレイ,D.スコット・デリュ, ポール・R.ヨスト, シルベスター・テイラー編, 漆嶋稔訳　日本能率協会マネジメントセンター　2016.8　511p　27cm　8800円　①978-4-8207-5929-4

内容 リーダーを指導するリーダー：組織を通じたリーダーシップ開発の連環（ロバート・J.トーマス, クローディ・ジュール, ジョシュア・ベリン）　〔05185〕

トーマス, J.フィリップ　Thomas, J.Philip

◇タロー・デ・パリ―オリジナル・タロットで探る人生のチョイス＆チェンジ（TAROT DE PARIS）　J.フィリップ・トーマス著, 岡崎ひろこ訳　改訂新版　ナチュラルスピリット　2016.12　293p　19cm　5300円　①978-4-86451-224-4

内容 カード解説（大アルカナ　小アルカナ）　カードについて（基本原理　タロットカードの概念）　アルカナホイール（アルカナホイールの発見　バースイヤー（BY）とトランジット・イヤー（TY）の解説）　リーディング（タロー・デ・パリの直観ツール　カードを使う ほか）　〔05186〕

トマス, R.P.　Thomas, Robert Paul

◇西欧世界の勃興―新しい経済史の試み（THE RISE OF THE WESTERN WORLD）　D.C.ノース,R.P.トマス著, 速水融, 穐本洋哉訳　新装版　京都　ミネルヴァ書房　2014.9　268p　22cm　〈文献あり 索引あり〉　4500円　①978-4-623-07171-5

内容 第1部 理論と概観（課題　概観）　第2部 中世：900年～1500年（土地所有および人格的所有権　中世前期末の経済状態　中世盛期：ある種の辺境運動　13世紀のヨーロッパ　14, 15世紀）　第3部 近世社会：1500年～1700年（財政政策と所有権　近世　フランスおよびスペイン―失格者　オランダと経済成長の成功　イングランド）　〔05187〕

トーマス, S

◇激動のインド　第3巻　経済成長のダイナミズム　絵所秀紀, 佐藤隆広編　日本経済評論社　2014.8　400p　22cm　〈索引あり〉　4000円　①978-4-8188-2307-5

内容 現代的小売業の発展（P.K.シンハ,S.ゴーカレー,S.トーマス著, 古田学訳）　〔05188〕

トマス（チェラノの）

◇アシジの聖フランシスコ伝記資料集―Fontes Franciscani　フランシスコ会日本管区訳・監修　教文館　2015.11　809, 9p　22cm　（キリスト教古典叢書）　〈索引あり〉　7800円　①978-4-7642-1810-9

内容 聖フランシスコの生涯〈第一伝記〉他（チェラノのトマス著）　〔05189〕

トマス・アクィナス　Thomas Aquinas, Saint

◇神学大全　1　トマス・アクィナス〔著〕, 山田晶訳　中央公論新社　2014.7　411p　18cm　（中公クラシックス W75）　〈「世界の名著 続5」（中央公論社 1975年刊）の改題、再編集、2分冊　文献あり〉　1950円　①978-4-12-160148-3

内容 第1部（聖なる教について、それはいかなるものであり、いかなる範囲に及ぶか　神について、神は存在するか　神の単純性について　神の完全性について　善一般について　神の善性について　神の無限性について　神の諸事物における存在について　神の不変性について　神の永遠について　神の一性について）　〔05190〕

◇神学大全　2　トマス・アクィナス〔著〕, 山田晶訳　中央公論新社　2014.7　440p　18cm　（中公クラシックス W76）　〈「世界の名著 続5」（中央公論社 1975年刊）の改題、再編集、2分冊　文献あり 年譜あり 索引あり〉　1950円　①978-4-12-160149-0

内容 第1部（神はいかなる仕方でわれわれによって知られるか　神の名について（略）　神の知について　イデアについて　真理について　偽について（略）　神の生命について（略）　神の意志について　神の愛について（略）　神の正義と憐れみについて（略）　神の摂理について（略）　予定について（略）　生命の書（略）　神の能力について　神の至福について）　〔05191〕

◇トマス・アクィナス『ヨブ記註解』（Expositio Super Iob Ad Litteram）　トマス・アクィナス〔著〕, 保井亮人訳　知泉書館　2016.11　696p　19cm　〈索引あり〉　6400円　①978-4-86285-243-4　〔05192〕

トマセ, クロード

◇男らしさの歴史　1　男らしさの創出―古代から啓蒙時代まで（HISTOIRE DE LA VIRILITÉ）　A.コルバン,J-J.クルティーヌ,G.ヴィガレロ監修　G.ヴィガレロ編, 鷲見洋一監訳　藤原書店　2016.12　788p 図版48p　22cm　8800円　①978-

ト

4-86578-097-0
内容 中世、力、血（クロード・トマセ著, 小川直之訳）〔05193〕

ドーマン, コーリン・クレスウェル　Dorman, Colin Cresswell
◇スティーブンソンと蒸気機関車（The Stephensons and Steam Railways）　コーリン・クレスウェル・ドーマン作, 小川真理子訳　町田　玉川大学出版部　2015.12　108p　22cm　（世界の伝記科学のパイオニア）〈年譜あり 索引あり〉1900円　①978-4-472-05961-2
内容 1 スティーブンソンが生きた時代　2 ジョージの幼年時代　3 結婚と、息子ロバートの誕生　4 ブリュッヘル号と安全ランプ　5 ストックトン・アンド・ダーリントン鉄道　6 リバプール・アンド・マンチェスター鉄道　7 ロケット号　8 ロンドン・アンド・バーミンガム鉄道　9 ジョージの引退　10 ロバートの最後の事業〔05194〕

ドミネリ, レナ　Dominelli, Lena
◇フェミニストソーシャルワーク―福祉国家・グローバリゼーション・脱専門職主義（FEMINIST SOCIAL WORK THEORY AND PRACTICE）　レナ・ドミネリ著, 須藤八千代訳　明石書店　2015.7　376p　20cm　〈文献あり〉　5000円　①978-4-7503-4216-0
内容 序章 21世紀の社会とフェミニストソーシャルワーク　第1章 フェミニストソーシャルワーク実践の理論　第2章 フェミニストソーシャルワークを取り巻く状況　第3章 専門職の再構築　第4章 男性に関わる　第5章 子どもと家族に関わる　第6章 高齢者に関わる　第7章 犯罪者に関わる　終章 フェミニストソーシャルワークの原則〔05195〕

トミーリン, コンスタンチン・アレクサンドロヴィッチ
◇科学の参謀本部―ロシア/ソ連邦科学アカデミーに関する国際共同研究　市川浩編著　札幌　北海道大学出版会　2016.2　522p　22cm　〈索引あり〉12500円　①978-4-8329-8224-6
内容 セルゲイ・ヴァヴィーロフと1930年代ソ連科学アカデミーの組織的転換（コンスタンチン・アレクサンドロヴィッチ・トミーリン著, 金山浩司訳）〔05196〕

トムセン, スティーン　Thomsen, Steen
◇会計職業倫理の基礎知識―公認会計士・税理士・経理財務担当者・FPの思考法（Principles of ethics and corporate governance in financial services）　スティーブン・デラポータス, スティーン・トムセン, マーティン・コンヨン著, 浦崎直浩, 菅原智監訳　中央経済社　2016.4　260p　21cm　〈索引あり　発売：中央経済グループパブリッシング〉4600円　①978-4-502-18251-8
内容 道徳と金銭　第1部 倫理と個人：倫理を理解する（倫理の原則　道徳的判断と倫理的行為）　第2部 倫理と専門職（専門職に対する信頼　自主規制と職業倫理規程　専門家の独立性とクライアントをめぐる利益相反　社内専門職の倫理　ビジネスと経済犯罪）〔05197〕

トムソン, ジョン　Thomson, John
◇写真と文によるヴィクトリア朝ロンドンの街頭生活（Street Life in London）　ジョン・トムソン, アドルフィ・スミス著, 梅宮創造訳　アティーナ・プレス　2015.2　231p　22cm　2400円　①978-4-86340-194-5
内容 ロンドン流浪民　辻馬車御者　コヴェント・ガーデンの花売り女　ウェストミンスター地区の新兵徴募軍曹　ランベス地区は水浸し　街の消毒隊　街の素人医者　街頭広告　クラッパム・コモンの商売人たち　道化の“編み助”〔ほか〕〔05198〕

トムソン, ダヴィッド　Thomson, David
◇フランス人ジハーディスト―彼らはなぜイスラム聖戦士になったのか（LES FRANÇAIS JIHADISTES）　ダヴィッド・トムソン著, 小沢君江訳　緑風出版　2016.11　237p　19cm　2200円　①978-4-8461-1618-7
内容 殉死するためにすべてを捨てる　ジハードのためのクレジット　妻子と共に　若い女性はシリアのジハーディストに憧れる　万能のグーグルとLOL（大笑い）ジハード　ジハード勧誘者のフェイスブック　ハラールネットワーク　ウェブ聖戦士世代　聖戦のパンテオンに　チュニジアのイスラム観光〔ほか〕〔05199〕

トムリンソン, ジム
◇オックスフォード ブリテン諸島の歴史　11　20世紀―1945年以後（The Short Oxford History of the British Isles : The British Isles Since 1945）　鶴島博和日本語版監修　キャスリーン・バーク編, 西沢保監訳　慶応義塾大学出版会　2014.11　301, 47p　22cm　〈文献あり 年表あり 索引あり〉6400円　①978-4-7664-1651-0
内容 経済成長、経済衰退（ジム・トムリンソン著, 西沢保訳）〔05200〕

トムリンソン, ブライアン・R.
◇コロンボ・プラン―戦後アジア国際秩序の形成　渡辺昭一編著　法政大学出版局　2014.3　362p　22cm　〈他言語標題：The Colombo Plan and the International Order in Asia after World War 2　索引あり〉5800円　①978-4-588-37711-2
内容 衰退国家の武器（ブライアン・R.トムリンソン著, 渡辺昭一訳）〔05201〕

ドメーニグ, ローランド
◇新領域・次世代の日本研究―海外シンポジウム 2014　細川周平, 山田奨治, 佐野真由子編　京都　人間文化研究機構国際日本文化研究センター　2016.11　174p　26cm　〈他言語標題：New vistas : Japanese studies for the next generation　文献あり〉非売品　①978-4-901558-85-3
内容 映画館と都市空間の相互関係（ローランド・ドメーニグ著, 細川周平訳）〔05202〕

トライアー, ダニエル・J.　Treier, Daniel J.
◇だれもが知りたいキリスト教神学Q&A（Theology Questions Everyone Asks）　G.M.バーグ, D.ラウバー編, 本多峰子訳　教文館　2016.3　235p　21cm　〈文献あり〉2800円　①978-4-7642-7405-1
内容 教会とは誰か（ダニエル・J.トライアー）〔05203〕

ドライデン, ウィンディ　Dryden, Windy
◇認知行動療法の新しい潮流　1　弁証法的行動療

法（Dialectical Behaviour Therapy）　ウィンディ・ドライデン編　ミカエラ・A.スウェイルズ, ハイディ・L.ハード著, 大野裕監修, 石井朝子監訳, 小川真弓訳　明石書店　2015.8　225p　20cm　〈文献あり 索引あり〉2800円　①978-4-7503-4228-3

内容 第1部 DBTの主な理論的特徴（原則主導型の治療法　統合的な治療法　弁証法の原理　情動の優位性の重視　能力と動機づけの欠如に関する交流理論 ほか）　第2部 DBTの主な実践的特徴（個別的機能を果たすモダリティの展開　電話でのスキル指導　チームによるコンサルティング　システムを取り扱う　段階に沿った治療の構造化 ほか）　〔05204〕

◇認知行動療法の新しい潮流　2　行動活性化（Behavioral Activation）　ウィンディ・ドライデン編　ジョナサン・W.カンター, アンドリュー・M.ブッシュ, ローラ・C.ラッシュ著, 大野裕監修, 岡本泰昌監訳, 西川美樹訳　明石書店　2015.8　244p　20cm　〈文献あり 索引あり〉　2800円　①978-4-7503-4229-0

内容 第1部 行動活性化の理論的特徴（特徴的な歴史　人間の行動についての特徴的な定義　特徴的な専門用語　特徴的な理念と理論　特徴的な行動ABCモデル ほか）　第2部 行動活性化の実践的特徴（特徴的な歴史　初回治療の論理的根拠　活動モニタリング　価値観の評価　単純な活性化 ほか）　〔05205〕

◇よくわかる認知行動カウンセリングの実際―面接の進め方とさまざまな感情への応用（Cognitive Behavioural Counselling in Action 原著第2版の翻訳）　ピーター・トローワー, ジェイソン・ジョーンズ, ウィンディ・ドライデン, アンドリュー・ケイシー著, 石垣琢麿監訳, 古村健, 古村香里訳　金子書房　2016.2　268p　21cm　〈索引あり〉3800円　①978-4-7608-3614-7

内容 1 認知行動カウンセリング基礎ガイド（基礎ガイドの構成と概要　準備段階1 緊張をほぐす：スクリーニング・初回面接・関係づくり　準備段階2 認知行動カウンセリングはあなたの役に立ちますか？　：初回面接と治療関係　初期段階1 問題の具体例を教えてください：認知アセスメント　初期段階2 私たちの目標は？　：目標設定　初期段階1 現実的になること：推論への介入　初期段階2 ホットな思考を変えること：評価への介入　初期段階3 イメージを書き換える　初期段階4 定着化：面接構造　終結段階 クライエントが自分のカウンセラーになるための指導）　2 さまざまな感情への応用（不安　うつ　怒り　恥と罪悪感　傷つき　嫉妬　おわりに）　付録 認知行動カウンセリングのためのクライエントガイドと記入用紙　〔05206〕

◇認知行動療法の新しい潮流　3　ベックの認知療法（Beck's Cognitive Therapy）　ウィンディ・ドライデン編　フランク・ウィルス著, 大野裕監修監訳, 坂本律訳　明石書店　2016.6　236p　20cm　〈文献あり 索引あり〉2800円　①978-4-7503-4359-4

内容 第1部 認知療法の理論的特徴（ベックとそのグループ　定式化　認知的テーマによる分類　適用領域による変化　深層のスキーマ ほか）　第2部 認知療法の実践的特徴（治療原則に対応する実践モデル　定式化に基づく治療の焦点化　定式化を用いた人間関係や協調の問題への対処　確固たる治療関係の構築　治療関係における協働の重視 ほか）　〔05207〕

トライン, ラルフ・ウォルドー　Trine, Ralph Waldo

◇人生の扉をひらく「万能の鍵」（In tune with the infinite）　ラルフ・ウォルドー・トライン著, 吉田利子訳　サンマーク出版　2015.4　293p　15cm　（サンマーク文庫 ら-1-1）　700円　①978-4-7631-6064-5

内容 はじめに―天国と地獄の法則　宇宙を貫く最高の真実　人生をつかさどる最高の真実　満たされる人生―健康と活力　愛の秘密と力と効果　無限の智恵と直感力の活用　完璧な安らぎの実現　完全なパワーのなかへ　すべてが豊富に―豊かさの法則　聖人はいかにして聖人となったか　すべての宗教に共通する真理　最高の豊かさを実現しよう　おわりに―絶え間なき繁栄への道　〔05208〕

トラウトヴァイン, ハンス‐ミハエル

◇リターン・トゥ・ケインズ（THE RETURN TO KEYNES）　ブラッドリー・W.ベイトマン, 平井俊顕, マリア・クリスティーナ・マルクッツォ編, 平井俊顕監訳　東京大学出版会　2014.9　388, 56p　22cm　〈文献あり 索引あり〉5600円　①978-4-13-040262-0

内容 ヨーロッパにおけるマクロ経済政策 他（ハンス‐ミハエル・トラウトヴァイン著, 田口博雄訳）〔05209〕

トラヴニー, ペーター　Trawny, Peter

◇ハイデガー読本　秋富克哉, 安部浩, 古荘真敬, 森一郎編　法政大学出版局　2014.11　331, 62p　21cm　〈索引あり〉3400円　①978-4-588-15070-8

内容 ハイデガーと「世界ユダヤ人組織」（ペーター・トラヴニー著, 陶久明日香, 安部浩訳）　〔05210〕

◇ハイデガー哲学は反ユダヤ主義か―「黒ノート」をめぐる討議　ペーター・トラヴニー, 中田光雄, 斎藤元紀編, 秋富克哉, 加藤恵介, 茂牧人, 轟孝夫, 森一郎, 渡辺和典執筆, 阿部将伸, 陶久明日香, 中川萌子訳　水声社　2015.9　296p　21cm　3000円　①978-4-8010-0124-4

内容 ハイデガーと「世界ユダヤ人組織」と近代性 他（ペーター・トラヴニー著, 陶久明日香訳）〔05211〕

ドラギ, マリオ

◇秩序の喪失　プロジェクトシンジケート叢書編集部訳　土曜社　2015.2　164, 3p　19cm　（プロジェクトシンジケート叢書）〈他言語標題：Loss of order〉1850円　①978-4-907511-15-9

内容 通貨同盟の安定と繁栄（マリオ・ドラギ著）　〔05212〕

ドラッカー, ピーター・F.　Drucker, Peter Ferdinand

◇ドラッカーの実践マネジメント教室―経営のリアルな問題をいかにして解決へ導くか　P.F.ドラッカー制作・出演, 上田惇生訳　ダイヤモンド社　2014.1　273p　20cm　1800円　①978-4-478-02680-9

内容 1 成果の本質を問う（経営者はこうして時間を奪われる―時間をマネジメントする　昇進すべきだったのは誰か？　―何によって貢献できるか　決定の重要なプロセス―完璧な買収話の真相 ほか）　2 マネジャーの仕事（社長をマネジメントする方法―ぶつかり合う上下関係　専門家が混乱の原因をつくる―他部門の同僚をマネジメントする　部下を助けるため

の評価—本質的に動機づけるために ほか） 3 明日の経営者の課題（知識労働者をどう理解するか—変化に直面するマネジャー　イノベーションを導くスキル—イエスか、ノーかではないマネジメント　人口構造の変化に備える—いたるところに生じる影響 ほか）〔05213〕

◇ハーバード・ビジネス・レビューBEST10論文—世界の経営者が愛読する（HBR's 10 Must Reads）　ハーバード・ビジネス・レビュー編集部編, DIAMONDハーバード・ビジネス・レビュー編集部訳　ダイヤモンド社　2014.9　357p　19cm　（Harvard Business Review）　1800円　①978-4-478-02868-1

内容 自己探求の時代（ピーター・F.ドラッカー著）〔05214〕

◇ドラッカー—人・思想・実践　ドラッカー学会監修, 三浦一郎, 井坂康志編著　文真堂　2014.10　254p　21cm　〈索引あり〉 2800円　①978-4-8309-4837-4

内容 コンサルタントの条件（ピーター・F.ドラッカー述, ジョン・F.ギボンズ聞き手, 井坂康志訳）〔05215〕

◇イノベーションと企業家精神（INNOVATION AND ENTREPRENEURSHIPの抄訳）　P.F.ドラッカー著, 上田惇生編訳　エッセンシャル版　ダイヤモンド社　2015.12　253p　19cm　1600円　①978-4-478-06650-8

内容 第1部 イノベーションの方法（イノベーションと企業家精神　イノベーションのための七つの機会　予期せぬ成功と失敗を利用する—第一の機会　ギャップを探す—第二の機会　ニーズを見つける—第三の機会　産業構造の変化を知る—第四の機会　人口構造の変化に着目する—第五の機会　認識の変化をとらえる—第六の機会　新しい知識を活用する—第七の機会　アイデアによるイノベーション　イノベーションの原理）　第2部 企業家精神（企業家としてのマネジメント　既存企業における企業家精神　公的機関における企業家精神　ベンチャーのマネジメント）　第3部 企業家戦略（総力戦略　ゲリラ戦略　ニッチ戦略　顧客創造戦略　企業家社会）〔05216〕

◇自分を成長させる極意—ハーバード・ビジネス・レビューベスト10選（HBR'S 10 MUST READS ON MANAGING YOURSELF）　ピーター・F.ドラッカー, クレイトン・M.クリステンセン他著, ハーバード・ビジネス・レビュー編集部編, DIAMONDハーバード・ビジネス・レビュー編集部訳　ダイヤモンド社　2016.1　311p　19cm　1600円　①978-4-478-06830-4

内容 自分をマネジメントする/自分の強み、仕事の仕方、価値観を知る（ピーター・F.ドラッカー著）〔05217〕

ドラモット, ギブール

◇地域と理論から考えるアジア共同体　坂井一成編　芦書房　2015.8　238p　20cm　1800円　①978-4-7556-1280-0

内容 安全保障からみるアジア共同体（ギブール・ドラモット著, 宮脇古都, 坂井一成訳）〔05218〕

ドラモンド, メリー・ジェーン　Drummond, Mary Jane

◇イギリス教育の未来を拓く小学校—「限界なき学びの創造」プロジェクト（CREATING LEARNING WITHOUT LIMITS）　マンディ・スワン, アリソン・ピーコック, スーザン・ハート, メリー・ジェーン・ドラモンド著, 新井浅浩, 藤森裕治, 藤森千尋訳　大修館書店　2015.7　261p　21cm　〈文献あり 索引あり〉 2700円　①978-4-469-21349-2

内容 第1章 成長への新たな指針　第2章 基礎を築く　第3章 学びへの自由を広げる　第4章 学びの人間関係を再考する　第5章 学びを第一に：学校全体で学びの文化を創造する　第6章 集団的行動がもつ力〔05219〕

ドラレクス, エレーヌ　Delalex, Hélène

◇マリー・アントワネット—華麗な遺産がかたる王妃の生涯（MARIE-ANTOINETTE）　エレーヌ・ドラレクス, アレクサンドル・マラル, ニコラ・ミロヴァノヴィチ著, 岩沢雅利訳　原書房　2015.3　220p　27cm　〈文献あり〉 5000円　①978-4-562-05141-0

内容 ウィーンの宮廷で　王太子妃　王妃　母として、恋する女として　動乱の時代　悲劇の最期〔05220〕

◇麗しのマリー・アントワネット—ヴェルサイユ宮殿での日々（UN JOUR AVEC MARIE-ANTOINETTE）　エレーヌ・ドラレクス著, 〔ダコスタ吉村花子〕〔訳〕　グラフィック社　2016.10　222p　24cm　3800円　①978-4-7661-2931-1

内容 アイコン　皇女から王太子妃へ　「ヨーロッパで最も美しい王国の妃」　粋な王妃　トリアノンの王妃　モードの王妃　美の王妃　享楽の王妃　恋する王妃　王妃そして母として　田園の王妃〔05221〕

トラン, ヴァン・トゥ　Tran, Van Tho

◇東アジア経済と労働移動　トラン・ヴァン・トゥ, 松本邦愛, ド・マン・ホーン編著　文眞堂　2015.6　265p　21cm　〈索引あり〉 3000円　①978-4-8309-4867-1

内容 東アジア・ダイナミズムと労働移動 トラン・ヴァン・トゥ 著. タイの二重経済構造と近隣諸国からの労働流入 松本邦愛 著. ベトナム労働市場の現状と問題点 ド・マン・ホーン 著. 中国の労働移動と社会変動 劉傑 著. 広東省の人口動態と日本企業 池部亮 著. 民主化改革時代のインドネシアにおける送り出し政策の転換と課題 奥島美夏 著. 海外フィリピン人労働者〈Overseas Filipino Workers：OFWs〉の流出パターン フェルディナンド・シー・マキト 著. ミャンマーにおける国際労働移動の実態と課題 江橋正彦 著. ベトナムにおける労働力輸出 グエン・ドク・ターン 著, 西晃 訳. 日本の労働移民政策の現状と課題 本多美樹 著. 台湾における外国人労働者の受け入れについて 江秀華 著. 韓国の外国人労働市場の現状と課題 任千錫 著. 東南アジアにおける留学生移動と高等教育政策 植田啓嗣 著〔05222〕

◇ASEAN経済新時代と日本—各国経済と地域の新展開　トラン・ヴァン・トゥ編著　文眞堂　2016.2　370p　21cm　2800円　①978-4-8309-4897-8

内容 アジアダイナミズムの中のASEAN経済 他（トラン・ヴァン・トゥ著）〔05223〕

ドーラン, ポール　Dolan, Paul

◇幸せな選択、不幸な選択—行動科学で最高の人生をデザインする（HAPPINESS BY DESIGN）　ポール・ドーラン著, 中西真雄美訳　早川書房　2015.8　333p　19cm　1800円　①978-4-15-

209559-6
内容 私はいかに吃音を克服したか　1 幸福力を高める（幸福とは何か？　幸福について知っていること　幸福をもたらすものは何か？　なぜもっと幸せでないのか？）　2 幸福を届ける（幸福を決断する　幸福を設計する　幸福を実行する　なりたい自分になる）　結論 〔05224〕

トラン, マリアナ　Tran, Mariana

◇行動探求―個人・チーム・組織の変容をもたらすリーダーシップ（ACTION INQUIRY）　ビル・トルバートほか著, 小田理一郎, 中小路佳代子訳　英治出版　2016.2　341p　22cm　〈文献あり〉　2400円　①978-4-86276-213-9
内容 第1部 行動探求のリーダーシップ・スキルを学ぶ（行動探求の基本　話し方としての行動探求　組織化する方法としての行動探求　行動探求―概念と体験）　第2部 変容をもたらすリーダーシップ（機会獲得型と外交官型　専門家型と達成者型　再定義型の行動論理　変容者型の行動論理）　第3部 変容をもたらす組織（変容をもたらす会議、チーム、組織　組織変革をファシリテーションする　社会的ネットワークの組織と、協働的な探求への変容　協働的な探求の真髄）　第4部 行動探求の究極の精神的・社会的な意図（アルケミスト型の行動についての新鮮な気づき　探求の基盤コミュニティを創り出す） 〔05225〕

トランカール, ダニエル

◇教育の大衆化は何をもたらしたか―フランス社会の階層と格差　園山大祐編著　勁草書房　2016.5　326p　22cm　〈年表あり 索引あり〉 3500円　①978-4-326-60292-6
内容 コレージュにおける学業成績に社会空間的隔離が及ぼす影響（ダニエル・トランカール著, 渡辺一敏訳） 〔05226〕

トランケンポルツ, カトリン

◇乳児観察と調査・研究―日常場面のこころのプロセス（Infant Observation and Research）　キャシー・アーウィン, ジャニーン・スターンバーグ編著, 鵜飼奈津子監訳　大阪　創元社　2015.5　273p　22cm　〈文献あり 索引あり〉 4200円　①978-4-422-11539-9
内容 老人ホームにおける観察（ウィルフリード・ダトラー, ロス・A.ラザール, カトリン・トランケンポルツ著, 柏谷純子, 山名利枝訳） 〔05227〕

ドランジェ, フィリップ　Dollinger, Philippe

◇ハンザ―12-17世紀（La Hanse : 12e-17e siècles）　フィリップ・ドランジェ著, 高橋理監訳　みすず書房　2016.12　434, 39p　21cm　5500円　①978-4-622-08511-9
内容 第1部 商人ハンザから都市ハンザへ 一二-一四世紀（一二世紀前半の北ヨーロッパ　東方におけるドイツ都市の建設とゴットランド渡航商人団体―一一五〇年頃-一二八〇年頃　都市ハンザへの道―一二五〇年頃-一三五〇年頃　都市ハンザ―北ヨーロッパの大勢力 一三五〇年頃-一四〇〇年頃）　第2部 一四、一五世紀のハンザ（ハンザの組織　都市　船舶、航海、船主　商人　ハンザの経済政策―競合者たち　ハンザの商業　ハンザの文明―一三-一六世紀）　第3部 危機と衰退 一五-一七世紀（危機の高まり―一四〇〇-七五年　衰退―一四七五-一五五〇年　復活と消滅―一五五〇-一六六九年）　結論 〔05228〕

トーランス, ジェームス・B.　Torrance, James

◇三位一体の神と礼拝共同体（Worship, Community & The Triune God of Grace）　ジェームス・B.トーランス〔著〕, 有賀文彦, 山田義明訳　札幌　一麦出版社　2015.4　144p　21cm　2400円　①978-4-86325-075-8 〔05229〕

ドーランド, エリン・ルーニー

◇いつでもどこでも結果を出せる自己マネジメント術（MANAGE YOUR DAY-TO-DAY）　ジョスリン・K.グライ編, 上原裕美子訳　サンマーク出版　2015.9　233p　19cm　〈文献あり〉 1500円　①978-4-7631-3493-6
内容 「その意識」は自分であやつることができる（エリン・ルーニー・ドーランド） 〔05230〕

トーランド, ジョン　Toland, John

◇大日本帝国の興亡　1　暁のZ作戦（THE RISING SUN）　ジョン・トーランド著, 毎日新聞社訳　新版　早川書房　2015.6　419p　16cm　（ハヤカワ文庫 NF 434）　〈文献あり〉 1240円　①978-4-15-050434-2
内容 1部 燃え上がる「下剋上」（五十四年ぶりの大雪　総理官邸に非常ベル ほか）　2部 盧溝橋に響く銃声（追放された皇道派　近衛内閣誕生 ほか）　3部 太平洋戦争への序曲（スーツケースと風呂敷　三国同盟調印 ほか）　4部 異例の「白紙還元」（十月には峠を越す　迫る最終期限 ほか）　5部 運命のハル・ノート（東条の三提案　ハルの誤解 ほか）　6部 暁のZ作戦（日本海軍の基礎戦略　真珠湾奇襲計画 ほか） 〔05231〕

◇大日本帝国の興亡　2　昇る太陽（THE RISING SUN）　ジョン・トーランド著, 毎日新聞社訳　新版　早川書房　2015.6　403p　16cm　（ハヤカワ文庫 NF 435）　〈文献あり〉 1240円　①978-4-15-050435-9
内容 7部 開戦の聖断下る（「ニイタカヤマノボレ」　大統領の親書 ほか）　8部 燃える真珠湾（トラ トラ トラ　「コレハ演習デハナイ」ほか）　9部 マレー沖の奇跡（大統領の戦争宣言　イギリス二大戦艦轟沈 ほか）　10部 バターンの攻防（浮き足だった米・比軍　シンガポール陥落 ほか）　11部 失われた希望（「また帰って来る」ウェーンライトの苦悩 ほか）　12部 「恥にあらず」（ミッドウェー進攻作戦　東京空襲 ほか）　13部 戦局の転回点（山本長官の賭け　ニミッツの決意 ほか） 〔05232〕

◇大日本帝国の興亡　3　死の島々（THE RISING SUN）　ジョン・トーランド著, 毎日新聞社訳　新版　早川書房　2015.7　406p　16cm　（ハヤカワ文庫 NF 436）　〈文献あり〉 1240円　①978-4-15-050436-6
内容 14部 要衝ガダルカナル島（くつひも作戦　アメリカ軍上陸 ほか）　15部 緑の地獄（一木支隊全滅　血染めの丘 ほか）　16部 飢えの島（飛行場奪回作戦　那須部隊惨敗 ほか）　17部 日本軍の撤退（輸送作戦失敗　参謀本部の圧力 ほか）　18部 会議の多い連合国（ルーズベルトの爆弾声明　山本五十六の最期 ほか）　19部 米陸海軍の併進作戦（東京への最初の長い歩み　東条の一人二役 ほか）　20部 サイパン島の玉砕（マリアナ大七面鳥狩り　死の谷の進撃 ほか） 〔05233〕

◇大日本帝国の興亡　4　神風吹かず（THE RISING SUN）　ジョン・トーランド著, 毎日新聞社訳　新版　早川書房　2015.7　405p　16cm

（ハヤカワ文庫 NF 437）〈文献あり〉1240円 ①978-4-15-050437-3

内容 21部 東条内閣の崩壊（挙国一致と耐乏生活　フィリピン攻略 ほか） 22部 レイテ湾の海戦（頽勢挽回のチャンス　戦艦“武蔵”の最期 ほか） 23部 アメリカ軍レイテ上陸（尾根をめぐる激闘　勝敗は補給で決す ほか） 24部 日本軍総くずれ（和号作戦の失敗　地獄の捕虜輸送船 ほか） 25部 連合軍の好機（インパール作戦　連合軍と中国 ほか） 26部 硫黄島の死闘（水際か洞穴か　最も恐ろしい艦砲射撃 ほか） 27部 廃墟の帝都（東京大空襲　危機迫る日本 ほか） 28部 最後の防塞沖縄（米海兵隊沖縄上陸　小磯内閣崩壊 ほか）〔05234〕

ト

◇大日本帝国の興亡 5 平和への道（THE RISING SUN） ジョン・トーランド著, 毎日新聞社訳　新版　早川書房　2015.8　430p　16cm（ハヤカワ文庫 NF 438）〈文献あり〉1240円 ①978-4-15-050438-0

内容 29部 沖縄の鉄の暴風　30部 さまよえる日本兵　31部 一億玉砕の覚悟　32部 追いつめられた日本　33部 広島　34部 長崎　35部 耐え難きを耐え　36部 日本敗る ,37部 平和への道　エピローグ〔05235〕

◇セリーナへの手紙―スピノザ駁論（Letters to Serena） ジョン・トーランド〔著〕, 三井礼子訳　法政大学出版局　2016.6　325, 3p　20cm（叢書・ウニベルシタス 1043）〈索引あり〉4600円 ①978-4-588-01043-9

内容 序文 これはロンドンの一紳士に宛てた手紙で、以下の諸論考と一緒に送られた。各論考について執筆のきっかけが含まれている　第1書簡 偏見の起源と力　第2書簡 異教徒における魂不滅説の歴史　第3書簡 偶像崇拝の起源および異教信仰の諸理由　第4書簡 オランダの一紳士に宛て、スピノザの哲学体系には原理あるいは基盤がないことを示す　第5書簡 運動は物質に本質的である。「スピノザ反駁」に寄せられた、ある貴人からのいくつかの意見に答える〔05236〕

トランプ, ドナルド　Trump, Donald

◇金のつくり方は億万長者に聞け！―大富豪トランプの金持ち入門（TRUMP : HOW TO GET RICH） ドナルド・J.トランプ著, Meredith McIver〔著〕, 石原薫訳　扶桑社　2016.7　315p　18cm〈2004年刊の加筆修正、新書版化〉1300円 ①978-4-594-07498-2

内容 序 本書を読むべき50億の理由　第1部 ドナルド・トランプの経営塾　第2部 ドナルド直伝「見習い」のための成功術　第3部 金、金、金、金　第4部 交渉のコツ　第5部 トランプ流ライフスタイル　第6部「アプレンティス」の内幕〔05237〕

◇完全対訳トランプ・ヒラリー・クルーズ・サンダース演説集―何が勝負を決したのか？　西森マリー著・訳　星海社　2016.7　237p　18cm（星海社新書 88）〈文献あり　発売：講談社〉860円 ①978-4-06-138593-1

内容 第1候補者 トランプ Donald John Trump（略歴　トランプ出馬表明演説　語彙解説　トランプ発言録） 第2候補者 ヒラリー Hillary Diane Rodham Clinton（略歴　ヒラリー出馬表明演説　語彙解説　ヒラリー発言録） 第3候補者 クルーズ Rafael Edward“Ted”Cruz（略歴　クルーズ出馬表明演説　語彙解説　クルーズ発言録） 第4候補者 サンダース Bernard“Bernie”Sanders（略歴　サンダース出馬表明演説　語彙解説　サンダース発言録）〔05238〕

◇THE TRUMP―傷ついたアメリカ、最強の切り札（CRIPPLED AMERICA） ドナルド・J.トランプ著, 岩下慶一訳　ワニブックス　2016.7　238p　19cm　1600円 ①978-4-8470-9462-0

内容 信じられない事実　再び勝利を　バイアスのない政治メディア　移民 国境の壁は良き隣人を作る　私の外交政策 平和のための戦い　教育政策の失敗　エネルギー問題 アツくなるのは議論だけだ　医療保険こそ病の元凶だ　経済こそが大事なのだ、愚か者め「ナイスガイ」は一番になれる　米国人に生まれたことは幸運だ　武装する権利　米国のインフラはボロボロだ　幸せの価値観　新しいゲームが始まる　メディアに言いたい 君らの問題は強欲と常識の欠如だ　機能する税金システム　偉大なる米国の再生〔05239〕

◇ドナルド・トランプ、大いに語る　ドナルド・トランプ〔述〕, セス・ミルスタイン編, 講談社編訳　講談社　2016.7　181p　18cm（講談社+α新書 736-1C）〈英語併記〉840円 ①978-4-06-272953-6

内容 国内政策について　アメリカについて　国際情勢について　選挙運動について　対立候補について　他の政治家について　メディアについて　ポップ・カルチャーについて　ビジネスについて　自身について　人生訓について〔05240〕

◇トランプ思考―知られざる逆転の成功哲学（Think Like A Champion） ドナルド・トランプ著, 月谷真紀訳　PHP研究所　2016.7　238p　19cm〈「明日の成功者たちへ」(2010年刊)の改題、再編集　文献あり〉1300円 ①978-4-569-83139-8

内容 自分自身と自分の仕事に嘘をつくな　人生で成功するには常識とハードワークが必要だ　チームプレーヤーであることの大切さ　人生には感謝すべきことがたくさんあると気づくべきだ　学びは新たな始まり　即断力を養うために学ぼう　完全性を追求せよ　高次元の自己にチャンスを与えよ　知恵を身につけたければ、まずは知識と経験が必要だ　学ぶほどに自分の無知がわかるようになる〔ほか〕〔05241〕

◇ドナルド・トランプ演説集　ドナルド・トランプ〔述〕, sabchan, 楢誠司, 孕石直子,takeyabuyaketa訳　晋遊舎　2016.9　221p　21cm〈他言語標題：The Speeches of Donald Trump　英語併記〉1000円 ①978-4-8018-0494-4

内容 2015年6月16日 ドナルド・トランプ大統領選出馬表明演説　2016年3月2日 スーパーチューズデイ勝利演説　2016年4月4日 日米安保/NATOなど軍事同盟について　2016年4月27日 ドナルド・トランプ外交方針演説　ドナルド・トランプ政見集〔05242〕

ドリスコル, A.　Driscoll, Amy

◇社会参画する大学と市民学習―アセスメントの原理と技法（ASSESSING SERVICE-LEARNING AND CIVIC ENGAGEMENT） S.ゲルモン,B.A.ホランド,A.ドリスコル,A.スプリング,S.ケリガン著, 山田一隆監訳, 市川享子, 斎藤百合子, 福井里江, 村上徹也, 中原美香訳　学文社　2015.9　215p　21cm〈文献あり〉2500円 ①978-4-7620-2561-7

内容 アセスメント（評価）の原則と方略：概説　学生への効果　大学教員への効果　地域への効果　大学機関への効果　方法と分析〔05243〕

トリストラム, フレデリック
◇財政赤字の国際比較―民主主義国家に財政健全化は可能か（Deficits and Debt in Industrialized Democracies） 井手英策, ジーン・パーク編 岩波書店 2016.3 330p 22cm 5400円 ①978-4-00-023062-9
内容 フランスにおける財政健全化の困難性（小西杏奈, フレデリック・トリストラム著, 嶋田崇治訳） 〔05244〕

トリッガー, ブルース・G. Trigger, Bruce G.
◇考古学的思考の歴史（A History of Archaeological Thought 原著第2版の翻訳） ブルース・G.トリッガー著, 下垣仁志訳 同成社 2015.3 512p 27cm 〈文献あり 索引あり〉 12000円 ①978-4-88621-689-2
内容 第1章 考古学史の研究 第2章 古典考古学など文献主体の考古学 第3章 文献なき古物趣味 第4章 先史考古学のはじまり 第5章 進化主義考古学 第6章 文化史的考古学 第7章 初期の機能＝プロセス考古学 第8章 プロセス主義とポストプロセス主義 第9章 実践面での総合化 第10章 考古学の妥当性 〔05245〕

トリップ, スティーブ
◇世界がぶつかる音がする―サーバンツの物語（The Sound of Worlds Colliding） クリスティン・ジャック編, 永井みぎわ訳 ヨベル 2016.6 300p 19cm 1300円 ①978-4-907486-32-7
内容 信じて浮くこと（スティーブ・トリップ） 〔05246〕

トリフォーニ, ジャスミーナ Trifoni, Jasmina
◇一生に一度だけの旅GRANDE大切な人と過ごす贅沢ステイ（ROMANTIC and DREAM VACATIONS） ジャスミーナ・トリフォーニ著, 岡崎秀訳 日経ナショナルジオグラフィック社 2015.5 279p 26cm （NATIONAL GEOGRAPHIC） 〈索引あり 発売：日経BPマーケティング〉 3000円 ①978-4-86313-311-2
内容 1 アジア・太平洋（ボラボラ島（フランス領ポリネシア） バヌアレブ島（フィジー） ほか） 2 ヨーロッパ（ラップランド（スウェーデン） サンクトペテルブルク（ロシア） ほか） 3 中東・アフリカ（ドバイ（アラブ首長国連邦） ペトラ（ヨルダン） ほか） 4 米州（ウィスラー（カナダ） モンタナ（米国） ほか） 〔05247〕

トリフソン, ジョーン Tollifson, Joan
◇つかめないもの（NOTHING TO GRASP） ジョーン・トリフソン著, 古閑博丈訳 ナチュラルスピリット 2015.7 255p 19cm 1800円 ①978-4-86451-170-4
内容 生 これがそれだ！ 想像上の問題 本来の面目 それで全部？ 何が自分の目から見ているのか？ 自己がないということ 身体は実在するか？ 私は身体か？ 人生を個人的に受け取らないとは？ これは何なのだろう？ 〔ほか〕 〔05248〕

トリリング, B. Trilling, Bernie
◇21世紀の学習者と教育の4つの次元―知識, スキル, 人間性, そしてメタ学習（FOUR-DIMENSIONAL EDUCATION） C.ファデル, M.ビアリック,B.トリリング著, 岸学監訳, 関口貴裕, 細川太輔編訳, 東京学芸大学次世代教育研究推進機構訳 京都 北大路書房 2016.9 176p 21cm 〈索引あり〉 2200円 ①978-4-7628-2944-4
内容 1 変わりゆく世界に向けた教育の再設計 2 21世紀の教育目標 3 知識の次元 4 スキルの次元 5 人間性の次元 6 メタ学習の次元 7 “どのように”について簡潔にふれる 8 結論 〔05249〕

トーリン, デヴィット・F.* Tolin, David F.
◇嫌悪とその関連障害―理論・アセスメント・臨床的示唆（DISGUST AND ITS DISORDERS） B.O.オラタンジ,D.マッケイ編著, 堀越勝監修, 今田純雄, 岩佐和典監訳 京都 北大路書房 2014.8 319p 21cm 〈索引あり〉 3600円 ①978-4-7628-2873-7
内容 嫌悪の治療（Suzanne A.Meunier, David F.Tolin著, 田中恒彦訳） 〔05250〕

トリン, T.ミンハ Trinh, Thi Minh-Ha
◇ここのなかの何処かへ―移住・難民・境界的出来事（ELSEWHERE, WITHIN HERE） トリン・T.ミンハ著, 小林富久子訳 平凡社 2014.1 265p 22cm 〈索引あり〉 3600円 ①978-4-582-47233-2
内容 1 家―旅する源（故国から、遠く離れて（あいだにつけられたコンマ） 私の外なる他者、内なる他者） 2 境界的出来事―屑と避難所のあいだ（響きの旅 Natureのr―音楽的無我の境地 ヴォイス・オーヴァー1 音楽で描かれた絵―複数の文化を越えるパフォーマンス） 3 終わりの見えない光景（母のお話 白い春 デトロイト―自由の国で収監され、行方不明者になるということ） 〔05251〕
◇フレイマー・フレイムド（Framer Framed） トリン・T.ミンハ著, 小林富久子, 矢口裕子, 村尾静二訳 水声社 2016.12 407p 19cm （叢書人類学の転回） 4000円 ①978-4-8010-0206-7
内容 フィルム・スクリプト（ありのままの場所―生きることは円い 姓はヴェト、名はナム ルアッサンブラージュ） インタヴュー（翻訳としての映画―漁師のいない網 ハイブリッドな場所から 理論と詩のあいだで 「なぜ魚の棲む池なのか？」―ドキュメンテーションの中心に宿る虚構的なもの 真実と事実を問うこと ほか） 〔05252〕

ドーリング, ダニー Dorling, Daniel
◇ヨーロッパ社会統計地図（THE SOCIAL ATLAS OF EUROPE） ディミトリス・バラス, ダニー・ドーリング, ベンジャミン・ヘニッグ著, 猪口孝監訳, 藤井真人訳 柊風舎 2015.6 212p 22×31cm 〈文献あり〉 12000円 ①978-4-86498-029-6
内容 1 序章 2 アイデンティティと文化 3 人口統計 4 教育 5 雇用 6 工業ど職業 7 健康 8 政治 9 経済 10 環境 11 社会的結束 12 政策 13 結論 〔05253〕

ドーリング・キンダースリー《Dorling Kindersley, Inc.》
◇宗教学大図鑑（The Religions Book） ドーリング・キンダースリー社編, 島薗進, 中村圭志日本語版監修, 豊島実和訳 三省堂 2015.6 352p 25cm 〈索引あり〉 4200円 ①978-4-385-16231-7 〔05254〕

ト

◇宗教学大図鑑（The religions book）　ドーリング・キンダースリー社編, 島薗進, 中村圭志日本語版監修, 豊島実和訳　〔修正版〕　三省堂　2015.6　352p　25cm　〈索引あり〉4200円　①978-4-385-16231-7
内容 原初の信仰―先史時代～　古代の信仰と古典的信仰―紀元前3000年～　ヒンドゥー教―紀元前1700年～　仏教―紀元前6世紀～　ユダヤ教―紀元前2000年～　キリスト教―1世紀～　イスラム教―610年～　近代・現代の宗教―15世紀～　宗教・宗派解説　参考資料　〔05255〕

◇ピクチャーペディア―なんでもいっぱい大図鑑（Picturepedia）　スミソニアン協会監修, DK社編, オフィス宮崎訳　河出書房新社　2016.11　360p　31cm　〈索引あり〉4600円　①978-4-309-61544-8
内容 宇宙と科学技術　自然界と生きもの　地球　文化とくらし　スポーツと遊び　世界の歴史　〔05256〕

トリンブル, クリス　Trimble, Chris

◇世界トップ3の経営思想家によるはじめる戦略―ビジネスで「新しいこと」をするために知っておくべきことのすべて（HOW STELLA SAVED THE FARM）　ビジャイ・ゴビンダラジャン, クリス・トリンブル著, 花塚恵訳　大和書房　2014.7　191p　19cm　1400円　①978-4-479-79448-6
内容 小さい規模で闘う方法　「カギ」となる存在を口説く　「時代の変化」に対応する　あなたなら、どう改善する？　「まったく新しいこと」をはじめる　すべては「ひらめき」からはじまる　「決める」ことは簡単。ではその「次」は？　「未知の仕事」を前に進める　なぜ「協力」が得られないのか？　ゼロからチームをつくる　「いまの仕事」と「これからの仕事」を同時に動かす　必要なリソースを巻き込んでいく　「予見できなかった問題」に対応する　これまでの「常識」を疑う　急成長には追いつけない　「利益」より「学び」を優先する　「小さな実験」を実行する　「予測できること」と「予測できないこと」を分ける　成功を維持する唯一の方法　〔05257〕

トール, イアン　Toll, Ian W.

◇太平洋の試練―真珠湾からミッドウェイまで　上（Pacific Crucible）　イアン・トール著, 村上和久訳　文芸春秋　2016.2　458p　16cm　（文春文庫 ト5-1）　920円　①978-4-16-790561-3
内容 序章 海軍のバイブル　第1章 真珠湾は燃えているか　第2章 ドイツと日本の運命を決めた日　第3章 非合理のなかの合理　第4章 ニミッツ着任　第5章 チャーチルは誘惑する　第6章 不意を打たれるのはお前だ　〔05258〕

◇太平洋の試練―真珠湾からミッドウェイまで　下（Pacific Crucible）　イアン・トール著, 村上和久訳　文芸春秋　2016.2　498p　16cm　（文春文庫 ト5-2）　〈文献あり〉980円　①978-4-16-790562-0
内容 第7章 ABDA司令部の崩壊　第8章 ドゥーリットル、奇跡の帝都攻撃　第9章 ハワイの秘密部隊　第10章 索敵の珊瑚海　第11章 米軍は知っている　第12章 決戦のミッドウェイ　終章 何が勝敗を分けたのか　〔05259〕

トール, エックハルト　Tolle, Eckhart

◇エックハルト・トールの「子育て」の魔法―あなたが気づけば、子供は変わる！（PARENTING WITH PRESENCE）　スーザン・スティフェルマン著, エックハルト・トール監修, 町井みゆき訳　徳間書店　2015.12　381p　19cm　1800円　①978-4-19-864066-8
内容 私たちは最高の先生と暮らしている　子育てしながらあなたも成長する　子育ての理想像は捨てよう　子育てではなく、大人育て　「自分を愛し、自分を知る」手本となる　健全なコミュニケーションがつながりを強める　自分で言ったとおりに実行する　共感を育み、自分の弱さを知り、思いやりを深める　ストレスに立ち向かう子供の力になる　幸せは心が決める　さあ、あなたも踏み出そう　〔05260〕

ドルゴポル, ウスティニア

◇再論東京裁判―何を裁き、何を裁かなかったのか（Beyond Victor's Justice？）　田中利幸, ティム・マコーマック, ゲリー・シンプソン編著, 田中利幸監訳, 饗庭朋子, 伊藤大将, 佐藤晶子, 高取由紀, 仁科由紀, 松島亜季訳　大月書店　2013.12　597, 17p　20cm　〈索引あり〉6800円　①978-4-272-52099-2
内容 知識と責任（ウスティニア・ドルゴポル著, 仁科由紀訳）　〔05261〕

トルストイ, レフ　Tolstoi, Lev Nikolaevich

◇トルストイ聖書　トルストイ〔著〕, 原久一郎訳　復刻版　たにぐち書店　2016.3　288p　21cm　3500円　①978-4-86129-279-8　〔05262〕

ドルチェ, ルチア

◇シリーズ日蓮　1　法華経と日蓮　小松邦彰, 花野充道責任編集　春秋社　2014.5　360p　22cm　〈他言語標題：Series NICHIREN〉3500円　①978-4-393-17351-0
内容 法華経と密教（ルチア・ドルチェ著, 三輪是法訳）　〔05263〕

トルバート, ビル　Torbert, William R.

◇行動探求―個人・チーム・組織の変容をもたらすリーダーシップ（ACTION INQUIRY）　ビル・トルバートほか著, 小田理一郎, 中小路佳代子訳　英治出版　2016.2　341p　22cm　〈文献あり〉2400円　①978-4-86276-213-9
内容 第1部 行動探求のリーダーシップ・スキルを学ぶ（行動探求の基本　話し方としての行動探求　組織化する方法としての行動探求　行動探求―概念と体験）　第2部 変容をもたらすリーダーシップ（機会獲得型と外交官型　専門家型と達成者型　再定義型の行動論理　変容者型の行動論理）　第3部 変容をもたらす組織（変容をもたらす会議、チーム、組織　組織変革をファシリテーションする　社会的ネットワークの組織と、協働的な探求への変容　協働的な探求の真髄）　第4部 行動探求の究極の精神的・社会的な意図（アルケミスト型の行動についての新鮮な気づき　探求の基盤コミュニティを創り出す）　〔05264〕

ドルビー, アンドリュー　Dalby, Andrew

◇〈図説〉朝食の歴史（THE BREAKFAST BOOK）　アンドリュー・ドルビー著, 大山晶訳　原書房　2014.3　290, 23p　22cm　〈文献あり

索引あり〉2800円　①978-4-562-04986-8
内容 はじめに―四つの朝食　第1章 朝食の起源・進化・名前　第2章 時代による朝食の変遷　第3章 さまざまな地域の朝食　第4章 朝食の豊かなかたち　第5章 朝食への思い　おわりに―デイマーのマフィン　世界の朝食―19のレシピ　〔05265〕

トルヒージョ, J.*　Trujillo, Juan
◇クロスボーダー事業再生―ケース・スタディと海外最新実務　アンダーソン・毛利・友常法律事務所編　商事法務　2015.6　253p　21cm　3000円　①978-4-7857-2287-6
内容 メキシコの倒産法改正（Lisa Valentovish,Juan Trujillo著, 仁瓶善太郎, 伊沢太郎訳）　〔05266〕

ドルマン, エヴァレット・カール　Dolman, Everett Carl
◇21世紀の戦争テクノロジー―科学が変える未来の戦争（CAN SCIENCE END WAR？）　エヴァレット・カール・ドルマン著, 桃井緑美子訳　河出書房新社　2016.12　178p　19cm　1800円　①978-4-309-25572-9
内容 第1章 科学は戦争をなくせるか　第2章 戦争は科学に益するか　第3章 科学者は戦争をなくせるか　第4章 科学は戦争を制限できるか　第5章 未来の戦争はどうなるか　第6章 何が戦争を終わらせるか　〔05267〕

トールマン, ピーター　Tollman, Peter
◇組織が動くシンプルな6つの原則―部門の壁を越えて問題を解決する方法（Six Simple Rules）　イヴ・モリュー, ピーター・トールマン著, 重竹尚基, 東海林一監訳　ダイヤモンド社　2014.10　213p　19cm　1600円　①978-4-478-02748-6
内容 序章 なぜ六つのシンプル・ルールが必要なのか　第1章 従業員の行動を理解する　第2章 協働の要を見つける　第3章 権限の総量を増やす　第4章 助け合いを仕組み化する　第5章 助け合いの結果をフィードバックする　第6章 助け合った人に報いる　終章 六つのシンプル・ルール導入のステップ　〔05268〕

トレイストマン, J*　Treistman, Joanne
◇エンパワーメント評価の原則と実践―教育、福祉、医療、企業、コミュニティ介入プログラムの改善と活性化に向けて（Empowerment Evaluation Principles in Practice）　D.M.フェターマン,A.ワンダーズマン編著, 笹尾敏明監訳, 玉井航太, 大内潤子訳　風間書房　2014.1　310p　21cm　〈索引あり〉3500円　①978-4-7599-2022-2
内容 エンパワーメント評価と組織の学び（Barry E.Lentz,Pamela S.Imm,Janice B.Yost,Noreen P. Johnson,Christine Barron,Margie Simone Lindberg,Joanne Treistman著, 笹尾敏明, 玉井航太訳）　〔05269〕

ドレイパー, ロバート　Draper, Robert
◇ビジュアル新生バチカン―教皇フランシスコの挑戦　デイブ・ヨダー写真, ロバート・ドレイパー文, 高作自子訳　日経ナショナルジオグラフィック社　2016.2　253p　23cm　（NATIONAL GEOGRAPHIC）〈年表あり　発売：日経BPマーケティング〉2800円　①978-4-86313-345-7
内容 新生バチカン　異彩を放つ空間　教皇フランシスコのあゆみ　家族と教皇フランシスコ　バチカンの伝統　多様な儀式　変わりゆく世界　人々に愛される教皇　〔05270〕

ドレイファス, ヒューバート　Dreyfus, Hubert L.
◇実在論を立て直す（RETRIEVING REALISM）　ヒューバート・ドレイファス, チャールズ・テイラー〔著〕, 村田純一監訳, 染谷昌義, 植村玄輝, 宮原克典訳　法政大学出版局　2016.6　289, 4p　20cm　（叢書・ウニベルシタス 1045）〈索引あり〉3400円　①978-4-588-01045-3
内容 第1章 わたしたちをとらえて離さない描像　第2章 媒介主義の描像から逃れる　第3章 信念の確認　第4章 接触説―前概念的なものの場所　第5章 身体化された理解　第6章 地平の融合　第7章 立て直された実在論　第8章 多元的な実在論　〔05271〕

ドレーヴァーマン, オイゲン
◇なぜ“平和主義”にこだわるのか（ENTRÜSTET EUCH！ —WARUM PAZIFISMUS FÜR UNS DAS GEBOT DER STUNDE BLEIBT）　マルゴット・ケースマン, コンスタンティン・ヴェッカー編, 木戸衛一訳　いのちのことば社　2016.12　261p　19cm　1500円　①978-4-264-03611-1
内容 私たちは「ノー」と言うためにここにいる―連邦大統領府前のデモでの演説（オイゲン・ドレーヴァーマン）　〔05272〕

ドレヴィヨン, エルヴェ
◇男らしさの歴史　1　男らしさの創出―古代から啓蒙時代まで（HISTOIRE DE LA VIRILITÉ）　A.コルバン,J-J.クルティーヌ,G.ヴィガレロ監修　G.ヴィガレロ編, 鷲見洋一監訳　藤原書店　2016.12　788p 図版48p　22cm　8800円　①978-4-86578-097-0
内容 戦士から軍人へ（エルヴェ・ドレヴィヨン著, 片木智年訳）　〔05273〕

トレェラー, ダニエル　Tröhler, Daniel
◇ヨハン・ハインリッヒ・ペスタロッチ（Johann Heinrich Pestalozzi）　ダニエル・トレェラー著, 乙訓稔監訳, 大沢裕, 椋木香子訳　東信堂　2015.4　167p　20cm　〈年譜あり 索引あり〉2200円　①978-4-7989-1295-0
内容 第1章 一八世紀中期のチューリッヒ―経済的・文化的繁栄および革命の策動　第2章 ペスタロッチの青年期―共和制の革命家　第3章 農業、初期の産業とキリスト教的共和制　第4章 古い共和制と近代の自然法　第5章 フランスの共和制、古典的共和主義と内面的道徳　第6章 ヘルヴェチア共和国と「方法」の発見　第7章 宣伝と学園の成功　第8章 証人としてのペスタロッチのカリスマと問題　第9章 教育家の政治的遺言とその使命　第10章 確信、没落と始められた崇拝　〔05274〕

ドレーガー, ハインツ＝ヨアヒム　Draeger, Heinz-Joachim
◇中世ハンザ都市のすがた―コグ船と商人（Von Koggen und Kaufleuten）　ハインツ＝ヨアヒム・ドレーガー作, 中島大輔訳　朝日出版社　2016.12　39p　33×25cm　1818円　①978-4-

ト

255-00964-3 〔05275〕

ドレコール, フォルカー・ヘニング　Drecoll, Volker Henning

◇キリスト教の主要神学者　上　テルトゥリアヌスからカルヴァンまで（Klassiker der Theologie, Bd.1 : Von Tertullian bis Calvin）　F.W.グラーフ編, 片柳栄一監訳　教文館　2014.8　360, 5p　21cm　3900円　①978-4-7642-7383-2

内容 ニュッサのグレゴリオス（三四〇頃—三九四以後）（フォルカー・ヘニング・ドレコール） 〔05276〕

トレーシー, ブライアン　Tracy, Brian

◇交渉術・究極のスキル—ブライアン・トレーシーの「成功するビジネス」（NEGOTIATION）　ブライアン・トレーシー著, 本田直之監訳　KADOKAWA　2014.3　174p　18cm　（角川SSC新書 218）　760円　①978-4-04-731640-9

内容 すべては交渉可能である　交渉の恐怖に打ち克つ　交渉のタイプ　長期にわたる取引関係　六つの交渉スタイル　交渉における力の活用法　力と認知　感情が交渉に与える影響　決定における時間の要素　自分のほしいものを知る〔ほか〕 〔05277〕

◇カエルを食べてしまえ！（EAT THAT FROG！ 原著第2版の翻訳）　ブライアン・トレーシー著, 門田美鈴訳　新版　ダイヤモンド社　2015.8　150p　20cm　1200円　①978-4-478-02285-6

内容 目標をはっきりさせる　一日の計画を立てる　「80対20の法則」をすべてに当てはめる　結果を考える　後回しにすべきもの　常に「ABCD法」を用いる　カギとなることに専念する　三大仕事の法則にしたがう　周到に準備する　一度に一樽ずつ〔ほか〕 〔05278〕

◇ブライアン・トレーシーが教える最強の時間—タイムマネジメント（TIME MANAGEMENT）　ブライアン・トレーシー著, 花塚恵訳　かんき出版　2016.4　190p　19cm　1380円　①978-4-7612-7166-4

内容 心と時間の関係を理解する　自分の価値観を知る　人生の目的と目標を見いだす　未来の視点からいまの自分を振り返る　効率をあげるために明確なプランを立てる　プロジェクトはビジュアルで管理する　毎日の「やることリスト」をつくる　やるべきことの優先順位を明確にする　自分で立てたプランどおりに行動する　結果を出すべき大事なことを特定する〔ほか〕 〔05279〕

◇大切なことだけやりなさい（FOCAL POINT）　ブライアン・トレーシー著, 本田直之監訳, 片山奈緒美訳　ディスカヴァー・トゥエンティワン　2016.7　247p　19cm　〈「フォーカル・ポイント」(2009年刊)の改題、新装版　文献あり〉　1500円　①978-4-7993-1920-8

内容 最大の成果を生むポイントを見きわめよ　潜在能力を解き放て　生産性を倍増せよ　すべてをシンプルにせよ　思考を変革せよ　戦略的に人生を設計せよ　主体的にキャリアを築け　プライベートを充実させろ　経済的に自立せよ　健康な体をつくり維持せよ　なりえる最高の人物になれ　二十一世紀を生きるための「七つの知恵」 〔05280〕

トーレス, カルロス・アルベルト　Torres, Carlos Alberto

◇21世紀の比較教育学—グローバルとローカルの弁証法（COMPARATIVE EDUCATION）　ロバート・F.アーノブ, カルロス・アルベルト・トーレス, スティーヴン・フランツ編著, 大塚豊訳　福村出版　2014.3　727p　22cm　〈文献あり 索引あり〉　9500円　①978-4-571-10168-7

内容 国家・社会運動・教育改革 他（レイモンド・モロウ, カルロス・アルベルト・トーレス著） 〔05281〕

ドレーズ, ジャン　Drèze, Jean

◇開発なき成長の限界—現代インドの貧困・格差・社会的分断（AN UNCERTAIN GLORY）　アマルティア・セン, ジャン・ドレーズ著, 湊一樹訳　明石書店　2015.12　561p　20cm　〈文献あり 索引あり〉　4600円　①978-4-7503-4281-8

内容 第1章 新しいインド？　第2章 成長と開発をつなげる　第3章 比較から見えるインドの現状　第4章 説明責任と汚職　第5章 なぜ教育は重要なのか　第6章 保健医療の危機　第7章 貧困と社会的支援　第8章 不平等の呪縛　第9章 民主主義、不平等、公共的推論　第10章 忍耐はもういらない 〔05282〕

トーレス, パトリシオ

◇地球時代の「ソフトパワー」—内発力と平和のための知恵　浅香幸枝編　大津　行路社　2012.3　362p　22cm　（南山大学地域研究センター共同研究シリーズ 4）　〈文献あり〉　2800円　①978-4-87534-440-7

内容 ソフトパワーと平和構築（パトリシオ・トーレス著, アルベルト松本訳） 〔05283〕

ドレスラー, ヨシュア　Dresslar, Joshua

◇アメリカ捜査法（Understanding Criminal Procedure.volume 1 : Investigation 原著第4版の翻訳）　ジョシュア・ドレスラー, アラン・C.ミカエル著, 指宿信監訳　レクシスネクシス・ジャパン　2014.5　965p　22cm　（LexisNexisアメリカ法概説 9）　〈索引あり〉　13000円　①978-4-902625-94-3

内容 刑事手続への入門　刑事手続に関する包括的な政策　権利章典の刑事手続への組込み　修正4条：概観　修正4条：「人、家屋、書類、そして私的財産」　修正4条の概念1—「捜索」　修正4条の概念2—「押収＝抑留」　修正4条：「相当な理由」　逮捕　捜索令状：総論〔ほか〕 〔05284〕

◇アメリカ刑法（Understanding Criminal Law）　ヨシュア・ドレスラー著, 星周一郎訳　オンデマンド版　レクシスネクシス・ジャパン　2014.10　938p　21cm　（LexisNexisアメリカ法概説 3）　12300円　①978-4-902625-97-4

内容 第1章 刑法—概観　第2章 刑罰の原理　第3章 刑法の法源　第4章 刑法の憲法的制約　第5章 罪刑法定主義　第6章 罪刑の均衡　第7章 挙証責任　第8章 推定　第9章 アクトゥス・レウス　第10章 メンズ・レア 〔05285〕

トレッドウェイ委員会組織委員会

◇内部統制の統合的フレームワーク　ツール篇　内部統制システムの有効性評価のための例示的ツール（Internal Control Integrated Framework-Illustrative Tools for Assessing Effectiveness of a System of Internal Control） COSO〔著〕, 八田進二, 箱田順哉監訳, 日本内部統制研究学会新COSO研究会訳　日本公認会計士協会出版局　2014.2　127p　26cm 〈2013年5月公表　索引あり〉①978-4-904901-41-0　〔05286〕

◇内部統制の統合的フレームワーク　フレームワーク篇　エグゼクティブ・サマリー フレームワークおよび付録（Internal Control Integrated Framework-Executive Summary, Internal Control Integrated Framework-Framework and Appendices） COSO〔著〕, 八田進二, 箱田順哉監訳, 日本内部統制研究学会新COSO研究会訳　日本公認会計士協会出版局　2014.2　227p　26cm 〈2013年5月公表　索引あり〉①978-4-904901-41-0　〔05287〕

◇内部統制の統合的フレームワーク　外部財務報告篇　外部財務報告に係る内部統制：適用方法および適用事例の解説（Internal Control Integrated Framework-Internal Control over External Financial Reporting） COSO〔著〕, 八田進二, 箱田順哉監訳, 日本内部統制研究学会新COSO研究会訳　日本公認会計士協会出版局　2014.2　175p　26cm 〈2013年5月公表　索引あり〉①978-4-904901-41-0　〔05288〕

トレルチ, エルンスト　Troeltsch, Ernst

◇中世キリスト教の社会教説（Die Soziallehren der christlichen Kirchen und Gruppenの抄訳） E.トレルチ著, 高野晃兆訳　教文館　2014.10　304p　22cm　4000円　①978-4-7642-7389-4

内容 第1章 中世カトリシズム（問題　中世の統一文化のための萌芽　領邦教会時代並びに霊的なるものと世俗的なるものとの相互浸透　普遍教会主義からの反撃とカトリシズム的統一文化　中世生活の組織における禁欲の意義　実際的社会的生活様式の教会理想への相対的接近　教会の統一文化をトマス倫理において理論的に解明する　トマス主義の原理による中世の社会哲学　絶対的神の法と自然法、そしてセクト）　〔05289〕

◇キリスト教の絶対性と宗教の歴史（Die Absolutheit des Christentums und die Religionsgeschichte 原著改訂第2版の翻訳） エルンスト・トレルチ著, 深井智朗訳　春秋社　2015.12　316p　20cm　3700円　①978-4-393-32363-2

内容 第1章 近代の歴史学の神学への影響と神学の側での対応　第2章 既存の「絶対性」論の検証　第3章 歴史的相対性から価値規範性への転回をふまえての「絶対性論」　第4章 歴史学的思惟によってキリスト教を価値ある最高の宗教として容認することができるのか　第5章 歴史学的に引きだされた「絶対性」の主張は信仰をもつ者にとって十分なものであり得るのか　第6章 宗教史的・宗教哲学的基盤の上でなおキリスト教の教会的形態と信仰は可能なのか　〔05290〕

◇近代世界の成立にとってのプロテスタンティズムの意義（Die Bedeutung des Protestantismus für die Entstehung der modernen Welt 原著改訂第2版の翻訳） エルンスト・トレルチ著, 深井智朗訳　新教出版社　2015.12　249p　19cm 〈索引あり〉2600円　①978-4-400-22124-1　〔05291〕

トレンドビッツ, アダム　Trendowicz, Adam

◇ゴール＆ストラテジ入門―残念なシステムの無くし方（Aligning Organizations Through Measurement） Victor Basili,Adam Trendowicz,Martin Kowalczyk,Jens Heidrich, Carolyn Seaman,Jürgen Münch,Dieter Rombach共著, 鷲崎弘宜, 小堀貴信, 新谷勝利, 松岡秀樹監訳, 早稲田大学グローバルソフトウェアエンジニアリング研究所ゴール指向経営研究会訳　オーム社　2015.9　218p　21cm 〈他言語標題：GQM+Strategies　文献あり 索引あり〉2800円　①978-4-274-50584-3

内容 第1部　GQM+Strategiesアプローチ（GQM+Strategiesのポイント　フェーズ0：初期化　フェーズ1：環境の特性化　フェーズ2：目標と戦略の設定　フェーズ3：実行計画の策定　フェーズ4：計画の実行　フェーズ5：成果の分析　フェーズ6：結果のまとめ）　第2部 業界への適用と他の手法との関係（各社の適用例　他のアプローチとの関係　まとめと今後に向けた見解）　付録（GQM+Strategiesプロセスチェックリスト　GQM+Strategies評価アンケート）　〔05292〕

トロウェル, ジュディス

◇乳児観察と調査・研究―日常場面のこころのプロセス（Infant Observation and Research） キャシー・アーウィン, ジャニーン・スターンバーグ編著, 鵜飼奈津子監訳　大阪　創元社　2015.5　273p　22cm 〈文献あり 索引あり〉4200円　①978-4-422-11539-9

内容 子どもや家族と第一線で関わる専門家訓練における乳児観察の応用の評価（ジリアン・マイルズ, ジュディス・トロウェル著, 山名利枝訳）　〔05293〕

トローク, マリア　Torok, Maria

◇表皮と核（L'écorce et le noyau） ニコラ・アブラハム, マリア・トローク著, 大西雅一郎, 山崎冬太監訳　京都　松籟社　2014.3　537p　19cm 〈訳：阿尾安泰ほか〉4200円　①978-4-87984-326-5

内容 第1部 諸学の学としての精神分析　第2部 取り込み的関係にある“触れる‐触れられる”こととしての「私は‐私を」　第3部 精神分析の概念構成再構築に向けてのアナセミー的大文字　第4部 “自我”の直中のクリプト―いくつかの新しいメタ心理学的な展望　第5部 大文字の子どもと双数的一体性　第6部 無意識における亡霊の働きと無知の掟　〔05294〕

◇フロイトの矛盾―フロイト精神分析の精神分析と精神分析の再生（QUESTIONS À FREUD） ニコラス・ランド, マリア・トローク著, 大西雅一郎訳　書肆心水　2016.6　286p　22cm 〈索引あり〉4900円　①978-4-906917-55-6

内容 フロイトに問いを提起する理由は何か？　夢の解釈. 心的現実という観念とその罠. 前置き―問われる応用精神分析. イェンゼンの『グラディーヴァ』における喪の病と再生. フロイトとポンペイ、抑圧されたものの回帰あるいは埋葬された死？　精神分析の歴史に見られる局所構造のなかのパラドックスと秘密. 方法論についての見取図. 資料を通してみたフロイト家の破滅的出来事. フロイトの自己分析、および彼の伝記に関する研究分野. フロイトの夢、家族を襲った破滅的出来事の証言者たち. ジークムント・フロイトの精神分析的理解に向けて. 結論　〔05295〕

トロッター, アン

◇再論東京裁判―何を裁き、何を裁かなかったのか（Beyond Victor's Justice？）　田中利幸, ティム・マコーマック, ゲリー・シンプソン編著, 田中利幸監訳, 饗庭朋子, 伊藤大将, 佐藤晶子, 高取由紀, 仁科由紀, 松島亜季訳　大月書店　2013.12　597, 17p　20cm　〈索引あり〉6800円　①978-4-272-52099-2

内容 ノースクロフト判事（アン・トロッター著, 高取由紀訳）　〔05296〕

トロット, デイブ　Trott, Dave

◇プレデターシンキング略奪思考―欲しいものはすべて「誰かのもの」（PREDATORY THINKING）　デイブ・トロット著, 服部真琴訳　CCCメディアハウス　2014.11　296p　19cm　1600円　①978-4-484-14115-2

内容 クリエイティブ、それは名詞ではなく形容詞　人生はゼロサムゲーム　広告の90%は無駄　逃げるか、学ぶか　「より少ないことはより多いこと」、まさしく　クリエイティビティの敵は「いいセンス」　勝つための戦い方　形態は機能に従う　媒体は人間の心　旅こそが行き先　〔05297〕

ドロール, ロベール　Delort, Robert

◇中世ヨーロッパ生活誌（La vie au Moyen Age）　ロベール・ドロール著, 桐村泰次訳　論創社　2014.11　420p　22cm　〈文献あり 年表あり 索引あり〉5800円　①978-4-8460-1315-8

内容 第1章 人間と環境　第2章 精神構造と社会生活　第3章 働く人々―農民　第4章 戦う人々―騎士たち　第5章 祈る人々―僧たち　第6章 都市の世界―商人・職人・ブルジョワ　〔05298〕

トローワー, ピーター　Trower, Peter

◇よくわかる認知行動カウンセリングの実際―面接の進め方とさまざまな感情への応用（Cognitive Behavioural Counselling in Action 原著第2版の翻訳）　ピーター・トローワー, ジェイソン・ジョーンズ, ウィンディ・ドライデン, アンドリュー・ケイシー著, 石垣琢麿監訳, 古村健, 古村香里訳　金子書房　2016.2　268p　21cm　〈索引あり〉3800円　①978-4-7608-3614-7

内容 1 認知行動カウンセリング基礎ガイド（基礎ガイドの構成と概要　準備段階1 緊張をほぐす：スクリーニング・初回面接・関係づくり　準備段階2 認知行動カウンセリングはあなたの役に立ちますか？　：初回面接と治療関係　初期段階1 問題の具体例を教えてください：認知アセスメント　初期段階2 私たちの目標は？　：目標設定　初期段階1 現実的になること：推論への介入　初期段階2 ホットな思考を変えること：評価への介入　初期段階3 イメージを書き換える　初期段階4 定着化：面接構造　終結段階 クライエントが自分のカウンセラーになるための指導）　2 さまざまな感情への応用（不安　うつ　怒り　恥と罪悪感　傷つき　嫉妬　おわりに）　付録 認知行動カウンセリングのためのクライエントガイドと記入用紙　〔05299〕

ドロン, ミシェル

◇男らしさの歴史　1　男らしさの創出―古代から啓蒙時代まで（HISTOIRE DE LA VIRILITÉ）　A.コルバン, J-J.クルティーヌ, G.ヴィガレロ監修　G.ヴィガレロ編, 鷲見洋一監訳　藤原書店　2016.12　788p 図版48p　22cm　8800円　①978-4-86578-097-0

内容 フィクションの男たち（ミシェル・ドロン著, 鷲見洋一訳）　〔05300〕

トロンスモ, ペア

◇21世紀型学習のリーダーシップ―イノベーティブな学習環境をつくる（Leadership for 21st Century Learning）　OECD教育研究革新センター編著, 木下江美, 布川あゆみ監訳, 斎藤里美, 本田伊克, 大西公恵, 三浦綾希子, 藤浪海訳　明石書店　2016.9　308p　22cm　4500円　①978-4-7503-4410-2

内容 さまざまな学校制度にみる学習づくりのリーダーシップの開発アプローチ（ターニャ・ヴェストファル＝グライター, ジュディ・ハルバート, リンダ・ケイサー, ローサー・サラヴァート, ロネ・レネ・クリスティアンセン, ペア・トロンスモ, スザンヌ・オーウェン, ドリト・トゥービン著, 木下江美訳）　〔05301〕

トンクス, S.M*　Tonks, Stephen M.

◇自己調整学習ハンドブック（HANDBOOK OF SELF-REGULATION OF LEARNING AND PERFORMANCE）　バリー・J.ジマーマン, ディル・H.シャンク編, 塚野州一, 伊藤崇達監訳　京都　北大路書房　2014.9　434p　26cm　〈索引あり〉5400円　①978-4-7628-2874-4

内容 読解関与指導をとおして自己調整的な読み手を育てる（Stephen M.Tonks, Ana Taboada著, 犬塚美輪訳）　〔05302〕

ドンハム, R.S.*　Donham, Richard S.

◇学生が変わるプロブレム・ベースド・ラーニング実践法―学びを深めるアクティブ・ラーニングがキャンパスを変える（THE POWER OF PROBLEM-BASED LEARNING）　ダッチ・B.J, グロー・S.E, アレン・D.E編, 山田康彦, 津田司監訳, 三重大学高等教育創造開発センター訳　京都　ナカニシヤ出版　2016.2　282p　22cm　〈索引あり〉3600円　①978-4-7795-1002-1

内容 大規模クラスと小規模クラスにおけるPBL―生物学入門の事例研究（Richard S.Donham, Florence I.Schmieg, Deborah E.Allen著, 後藤太一郎訳）　〔05303〕

トンプキンズ, トレミー　Tompkins, Ptolemy

◇マップ・オブ・ヘヴン―あなたのなかに眠る「天国」の記憶（THE MAP OF HEAVEN）　エベン・アレグザンダー, トレミー・トンプキンズ著, 白川貴子訳　早川書房　2015.7　200p　19cm　〈文献あり〉1700円　①978-4-15-209548-0

内容 第1章 知識の贈り物　第2章 意味の贈り物　第3章 ヴィジョンの贈り物　第4章 強さの贈り物　第5章 帰属の贈り物　第6章 喜びの贈り物　第7章 希望の贈り物　〔05304〕

トンプソン, ジョージ　Thompson, George

◇パラグアイ戦争史―トンプソンが見たパラグアイと三国同盟戦争（The war in Paraguay 原著再版の翻訳）　ジョージ・トンプソン著, ハル吉訳, 藤掛洋子, 高橋健二監修　ふじみ野　中南米マガジ

ン　2014.11　301p　21cm　〈文献あり 年表あり〉2000円　①978-4-907766-31-3

内容 パラグアイ戦争―その戦争経緯とパラグアイ人、及び軍事技術に関して　パラグアイ独立をめぐる動きと、アントニオ・ロペスの統治　パラグアイ戦争をめぐるブラジルとバンダ・オリエンタル　マット・グロッソにおけるパラグアイ軍とブラジル軍の交戦　パラグアイ軍、アルゼンチン連合へ戦争開始　パラグアイ軍・三国同盟国の軍備　コリエンテス州における軍事衝突とパラグアイ軍の敗北　リアチュエロの戦い　同盟軍の支配とパラグアイ軍の撤退　ソラーノ・ロペスのコリエンテス指揮〔ほか〕　〔05305〕

トンプソン, ディビット　Thompson, David

◇知的障害のある人たちの性と生の支援ハンドブック（Sexuality and Learning Disabilities）　ミッシェル・マッカーシー, ディビット・トンプソン著, 木全和巳訳　京都　クリエイツかもがわ　2014.11　173p　21cm　2000円　①978-4-86342-143-1

内容 第1章 知的障害のある人たちに関する性と法律　第2章 自慰（マスターベーション）　第3章 月経と閉経　第4章 重度重複障害のある人たちへのセクシュアリティの支援　第5章 性に対する興味関心、きっかけ、選択　第6章 恋愛関係の支援―知的障害のある人たちの声から学ぶ　第7章 妊娠、避妊、女性の子どもをもつかどうかの選択　第8章 性虐待を受けた知的障害のある人たち　第9章 社会的に受け入れられない性行動　第10章 個別とグループでの性教育　〔05306〕

◇子どもの認知行動療法―イラスト版　7　だいじょうぶ自分でできる嫉妬の操縦法ワークブック（What to Do When It's Not Fair）　上田勢子訳　ジャクリーン・B.トーナー, クレア・A.B.フリーランド著, デヴィッド・トンプソン絵　明石書店　2016.1　96p　25cm　1500円　①978-4-7503-4294-8

内容 第1章 さあ、海賊船の出発だ！　第2章 望遠鏡から目をはなそう　第3章 船のかじをきろう　第4章 船を操縦しよう！　第5章 いかりを上げよう　第6章 荷は軽く！　第7章 だれかにしっとされたら…　第8章 バランスをうまくとろう　第9章 自分を大切にしよう　第10章 きみならできる！　〔05307〕

トンプソン‐カニーノ, ジェニファー　Thompson-Cannino, Jennifer

◇とらわれた二人―無実の囚人と誤った目撃証人の物語（PICKING COTTON）　ジェニファー・トンプソン‐カニーノ, ロナルド・コットン, エリン・トーニオ〔著〕, 指宿信, 岩川直子訳　岩波書店　2013.12　338p　20cm　2800円　①978-4-00-025945-3　〔05308〕

ドンフリード, K.P.　Donfried, Karl P.

◇叢書新約聖書神学　9　パウロ小書簡の神学（THE THEOLOGY OF THE SHORTER PAULINE LETTERS）　J.D.G.ダン編集主幹, 山内一郎, 山内真日本語監修　K.P.ドンフリード, I.H.マーシャル著, 山内一郎, 辻学訳　新教出版社　2016.4　271p　20cm　〈文献あり 索引あり〉4000円　①978-4-400-10463-6　〔05309〕

【ナ】

ナ, ヘンジュ*　羅 幸柱

◇古代環東海交流史　1　高句麗と倭　東北亜歴史財団編著, 羅幸柱監訳, 橋本繁訳　明石書店　2015.7　253p　22cm　〈索引あり〉7200円　①978-4-7503-4181-1

内容 第1章 東海を往来した人々、その役割（高句麗の対倭外交開始とその背景　高句麗の対倭外交と両国関係の推移　高句麗僧・慧慈と聖徳太子　高句麗と唐の対立と倭）　第2章 経路と往来の痕跡（東海航路の由来と経路　環東海交流史における加賀の役割　百済遺民・高句麗遺民と倭・日本　高句麗移民の痕跡―史跡 高麗寺跡の発掘調査成果から）　第3章 文化の交流と淵源（高句麗と古代日本の建築　高句麗が贈った金と飛鳥寺金銅仏　高松塚・キトラ古墳の壁画　法隆寺金堂阿弥陀仏坐像台座に描かれた高麗使臣図　若草伽藍と上淀廃寺で出土した壁画片　三国の瓦と日本の瓦）　〔05310〕

◇古代環東海交流史　2　渤海と日本　東北亜歴史財団編著, 羅幸柱監訳, 橋本繁訳　明石書店　2015.7　251p　22cm　〈索引あり〉7200円　①978-4-7503-4182-8

内容 第1章 東海を往来した人々、その役割（渤海と日本の交流史　武王と藤原氏　渤海の首領　僧侶　8世紀半ば渤海と日本の「安史の乱」認識）　第2章 経路と往来の痕跡（クラスキノ城と福良港　上京城と平城京　渤海船の渡来　神社と海洋信仰）　第3章 文化の交流と淵源（石山寺所蔵「加句霊験仏頂尊勝陀羅尼記」斎藤優寄贈、福井県立歴史博物館所蔵の八連城出土遺物）　〔05311〕

ナ, ヨンギュン　羅 英均

◇わたしが生きてきた世の中―身辺からみつめた戦後韓国、激動の歴史　羅英均著, 堀千穂子訳　言叢社　2015.10　258p　20cm　2600円　①978-4-86209-057-7

内容 植民地から解放されて（1945‐1948）　大韓民国政府樹立（1948‐1953）　休戦協定締結（1953‐1959）　政変（1960‐1965）　朴正熙の時代（1963‐1979）　全斗煥の時代（1979‐1988）　ソウルオリンピック（1988）　子どもたち　金泳三の時代（1992‐1997）　停年退任して（1995‐2003）　盧武鉉の時代（2003‐2008）　李明博から朴槿恵の時代へ（2008‐2015）　〔05312〕

ナイ, ジョセフ・S.　Nye, Joseph S.

◇大統領のリーダーシップ―どの指導者がアメリカの絶対優位をつくったか？（Presidential Leadership and the Creation of the American Era）　ジョセフ・S.ナイ著, 藤井清美訳　東洋経済新報社　2014.10　245, 22p　20cm　〈索引あり〉1800円　①978-4-492-21218-9

内容 第1章 リーダーシップの役割（2つのアプローチ―どちらが歴史を決めるのか　変革型リーダーシップほか）　第2章 アメリカの時代の構築―セオドア・ルーズベルトからジョージ・H.W.ブッシュまで（グローバルな勢力均衡体制への参加　第二次世界大戦への参戦 ほか）　第3章 外交政策におけるリーダーの倫

ナ

理（リーダを評価するための倫理基準　利己的なウソと集団の利益のためのウソ ほか）　第4章 21世紀のリーダーシップ（リーダーは重要だったか？　21世紀の変革型リーダーシップ ほか）　〔05313〕

◇アメリカの世紀は終わらない（Is the American Century Over？）　ジョセフ・S.ナイ著, 村井浩紀訳　日本経済新聞出版社　2015.9　243p　20cm　〈文献あり 索引あり〉1800円　①978-4-532-16972-5

内容 第1章 アメリカの世紀の構築　第2章 アメリカは衰退期にあるのか　第3章 ヘゲモニーに挑む国々とアメリカの相対的な衰退　第4章 中国の台頭　第5章 絶対的な衰退：アメリカはローマ帝国に似ているのか　第6章 パワー・シフトと複雑化する世界　第7章 結論　〔05314〕

ナ

ナイ, ダグ　Nye, Doug

◇ベンツと自動車（Carl Benz and the Motor Car）　ダグ・ナイ作, 吉井知代子訳　町田　玉川大学出版部　2016.5　124p　22cm　（世界の伝記科学のパイオニア）〈年譜あり 索引あり〉1900円　①978-4-472-05970-4

内容 1 自動車の父　2 母と息子　3 ベンツとダイムラー　4 だれもに自動車を　5 くだり坂、そしておわりのとき　6 ベンツに乗る　〔05315〕

ナイク, ザキル　Naik, Zakir

◇Dr.ザキル・ナイクが語るイスラームの新常識　ザキル・ナイク述, 杉本恭一郎編訳注　国書刊行会　2015.11　186p　19cm　〈他言語標題：Introduction to Islam and Comparative Religion 文献あり〉1400円　①978-4-336-05964-2

内容 第1章「預言者」の新常識（ムハンマドはイスラームの開祖ではない　釈迦はムハンマドを予言していた！『聖書』が認める！　預言者ムハンマド　ヒンドゥー教の聖典に記されたムハンマド）　第2章「神」の新常識（ヒンドゥー教も一神教　イエスは神宣言していない！　イエスは十字架処刑されていない！　『聖書』の教えも「神は唯一無二」　アッラーのリアル　神の宗教は「単一起源」）　第3章 真実を見極める（「テロリストといえばムスリム」は誤認　「誹謗中傷も表現の自由」は大嘘　「聖典ではなくムスリムを見る」は欺瞞　「来世」という正義）　〔05316〕

ナイチンゲール, アール　Nightingale, Earl

◇人間は自分が考えているような人間になる（EARL NIGHTINGALE'S GREATEST DISCOVERY）　アール・ナイチンゲール著, 田中孝顕訳　きこ書房　2014.11　361p　16cm　〈騎虎書房 1988年刊の再刊〉850円　①978-4-87771-324-9

内容 1 生き方を創る"究極の真理"　2 富を増やすための思考法　3 あなたは使命型か展開型か　4 あなたの偉大さを認識しよう　5 どうやって人の役に立つか　6 "心構え"が成功・失敗を決定する　7 "粘り強さ"が成功を生む　8 人生は一大事業である　9 積極的に生きる知恵　10 独創的な思考が新しい願望や目標を作る　〔05317〕

◇チャンスは無限にある（THIS IS EARL NIGHTINGALE）　アール・ナイチンゲール著, 田中孝顕訳　きこ書房　2016.11　417p　16cm　900円　①978-4-87771-357-7

内容 第1章 最高の人生のために　第2章 自分自身であれ！　第3章 問題は必ず解決する　第4章 成功を習慣化する　第5章 他人の言葉の犠牲者になるな　第6章 "できる"という「思い」がすべてを産み出す　第7章 エンスージアズム（熱意）　第8章 プラス思考の重要性　第9章 プレッシャーは勝利へのガイド役　第10章 あなたの価値を決めるもの—心構えの力　第11章 思考は確かに現実化する　〔05318〕

ナイバーガー, イーライ

◇マニフェスト本の未来（Book ： a futurist's manifesto）　ヒュー・マクガイア, ブライアン・オレアリ編　ボイジャー　2013.2　339p　21cm　2800円　①978-4-86239-117-9

内容 公共図書館の終わり（私たちが知っていたように？）（イーライ・ナイバーガー著）　〔05319〕

ナイプ, ジム

◇EMDRがもたらす治癒—適用の広がりと工夫（EMDR Solutions）　ロビン・シャピロ編, 市井雅哉, 吉川久史, 大塚美菜子監訳　二瓶社　2015.12　460p　22cm　〈索引あり〉5400円　①978-4-86108-074-6

内容 報われない愛の苦しみ、共依存、回避、そして先延ばしを取り除くために肯定的な感情をターゲットにすること（ジム・ナイプ著, 吉川久史訳）　〔05320〕

ナイフェル, L.*　Kniffel, Leonard

◇図書館のめざすもの　竹内悊編・訳　新版　日本図書館協会　2014.10　83p　21cm　〈他言語標題：Objectives of the Library〉800円　①978-4-8204-1410-0　〔05321〕

内部監査人協会

◇新内部監査の品質評価マニュアル—for the internal audit activity（Quality assessment manual）〔内部監査人協会調査研究財団〕〔著〕，〔日本内部監査協会・事務局〕〔訳〕　日本内部監査協会　2015.2　259p　30cm　12000円　①978-4-907332-04-4　〔05322〕

ナイマーク, ノーマン・M.　Naimark, Norman M.

◇民族浄化のヨーロッパ史—憎しみの連鎖の20世紀（Fires of Hatred）　ノーマン・M.ナイマーク著, 山本明代訳　刀水書房　2014.7　371p　22cm　（〔名古屋市立大学人間文化研究叢書〕〔4〕）〈文献あり 索引あり〉4500円　①978-4-88708-418-6

内容 第1章 アナトリアのアルメニア人とギリシャ人（オスマン人とアルメニア人　青年トルコ人運動 ほか）　第2章 ユダヤ人に対するナチ党の攻撃（ナチ党のイデオロギー　優生学 ほか）　第3章 ソ連によるチェチェン人＝イングーシ人とクリミア・タタール人の追放（一九四四年の追放の背景　チェチェン人とイングーシ人 ほか）　第4章 ポーランドとチェコスロヴァキアからのドイツ人の追放（ズデーテン地方からのドイツ人追放　移送 ほか）　第5章 ユーゴスラヴィア継承諸国の戦争（背景　一九八〇年代のナショナリストの熱狂 ほか）　〔05323〕

ナイム, モイセス　Naím, Moisés

◇権力の終焉（THE END OF POWER）　モイセス・ナイム著, 加藤万里子訳　日経BP社　2015.7　434p　19cm　〈発売：日経BPマーケティング〉

2000円　①978-4-8222-5098-0

内容 第1章 権力の衰退　第2章 権力を理解する どのように機能、維持するのか？　第3章 権力はどのように規模と結びついたのか？　第4章 権力はなぜ優位を失ったのか？　第5章 地滑り的勝利、安定多数、強い政権は、なぜ絶滅の危機にあるのか？　第6章 国防省vs海賊 大規模軍隊の衰退　第7章 世界を支配するのは誰か？ 国際政治の新たなプラットフォーム　第8章 ビジネスの変化 企業支配の危機　第9章 魂と心と脳をめぐる超競争　第10章 権力の衰退は利益か、損失か？　第11章 権力は衰退している 何をすべきか？〔05324〕

ナイルス, アンジー　Niles, Angie

◇巴里のアメリカ人パリジェンヌの秘かな楽しみ方を学ぶ　セーヌ川北・南部編（Bright Lights Paris）　アンジー・ナイルス著, 長坂陽子訳　ビジネス社　2016.8　139p　21cm　1400円　①978-4-8284-1896-4

内容 モンマルトル　サンマルタン運河　バスティーユ　カルチェラタン　サンジェルマン　シャン・ド・マルス〔05325〕

◇巴里のアメリカ人パリジェンヌの秘かな楽しみ方を学ぶ　セーヌ川北部編（Bright Lights Paris）　アンジー・ナイルス著, 長坂陽子訳　ビジネス社　2016.8　143p　21cm　1400円　①978-4-8284-1895-7

内容 トロカデロ　チュイルリー　オペラ　モントルグイユ　ロウワーマレ　アッパーマレ〔05326〕

ナヴァロ, ピーター　Navarro, Peter

◇米中もし戦わば―戦争の地政学（CROUCHING TIGER）　ピーター・ナヴァロ著, 赤根洋子訳　文芸春秋　2016.11　412p　20cm　1940円　①978-4-16-390567-9

内容 第1部 中国は何を狙っているのか？　第2部 どれだけの軍事力を持っているのか？　第3部 引き金となるのはどこか？　第4部 戦場では何が起きるのか？　第5部 交渉の余地はあるのか？　第6部 力による平和への道〔05327〕

ナウエン, ヘンリ・J.M.　Nouwen, Henri J.M.

◇イエスとともに歩む―十字架の道ゆき（Walk With Jesus）　ヘンリ・J.M.ナウエン著, 景山恭子訳　改訂新版　聖公会出版　2015.8　121p　19cm　1800円　①978-4-88274-286-9〔05328〕

ナウラステ, アレックス

◇移民の経済学（THE ECONOMICS OF IMMIGRATION）　ベンジャミン・パウエル編, 藪下史郎監訳, 佐藤綾野, 鈴木久美, 中田勇人訳　東洋経済新報社　2016.11　313, 35p　20cm　〈文献あり 索引あり〉2800円　①978-4-492-31488-3

内容 移民の財政への影響（アレックス・ナウラステ著, 鈴木久美訳）〔05329〕

ナカタ, マーティン*　中田 マーティン

◇オーストラリア先住民と日本―先住民学・交流・表象　山内由理子編　御茶の水書房　2014.8　299, 23p　21cm　〈他言語標題：Indigenous Australia and Japan　索引あり〉3000円　①978-4-275-01081-0

内容 日本人とトレス海峡諸島人（マーティン・中田著, 栗田梨津子訳）〔05330〕

ナカッチ, シルビア　Nakkach, Silvia

◇声を自由に!!―歌うことであなたの人生を豊かにする声のヨガ（Free Your Voice：Awaken to Life Through Singing）　シルビア・ナカッチ著, 中野左知子訳　神戸　アーツ・コミュニケーション・ラボ　2016.6　295p　21cm　〈発売：神戸新聞総合出版センター（神戸）〉3000円　①978-4-343-00897-8

内容 1章 鳥たちから学んだこと　2章 薬としての音楽 なぜ毎日歌うことがいいのか　3章 歌うことへの許可　4章 私たちの神秘的な楽器　5章 声の身体　6章 最初は、ナーダ以外には何もなかった　7章 ヨガ・オブ・ボイス 呼吸からチャンティングへ　8章 ミュージック・ア・ラ・モード　9章 練習をデザインする〔05331〕

ナカムラ, カレン　中村 かれん

◇クレイジー・イン・ジャパン―べてるの家のエスノグラフィ（A Disability of the Soul）　中村かれん著, 石原孝二, 河野哲也監訳　医学書院　2014.9　286p　21cm　（シリーズケアをひらく）〈文献あり 索引あり〉2200円　①978-4-260-02058-9

内容 第1章 到着　潔の物語―記憶とカタルシス　第2章 べてるの設立　里香の物語―日本で大人になるということ　第3章 医者と病院　耕平の物語―UFO事件と集団妄想　第4章 べてる的セラピー　譲の物語―三七年間の入院生活　第5章 出発　玄一の物語―ピアサポート、そして意味のある人生　終章 べてるを超えて〔05332〕

ナーガールジュナ　Nagarjuna

◇竜樹『根本中頌』を読む　桂紹隆, 五島清隆著　春秋社　2016.10　402p　19cm　3400円　①978-4-393-13588-4

内容 竜樹『根本中頌』（ムーラ・マドゥヤマカ・カーリカー）翻訳編（桂紹隆）（翻訳への注記　帰敬偈　四縁の考察　歩行行為の三時による考察　十二処の考察ほか）　竜樹『根本中頌』（ムーラ・マドゥヤマカ・カーリカー）解説編（五島清隆）（竜樹（ナーガールジュナ）の思想　竜樹の著作　竜樹の生涯）〔05333〕

ナギー, クリスティーナ・カライ　Nagy, Krisztina Kállai

◇かいばおけにねむるあかちゃん　ジャン・ゴッドフレイぶん, クリスティーナ・カライ・ナギーえ　サンパウロ　2014.9　27p　18×18cm　900円　①978-4-8056-1521-8〔05334〕

◇最初の復活祭　クリスティーナ・カライ・ナギー絵, ベサン・ジェームズ文, サンパウロ訳　サンパウロ　2015.9　27p　18×18cm　1200円　①978-4-8056-3622-0〔05335〕

ナクディモン, シュロモ

◇イスラエル情報戦史（ISRAEL'S SILENT DEFENDER）　佐藤優監訳, アモス・ギルボア, エフライム・ラピッド編, 河合洋一郎訳　並木書房　2015.6　373p 図版32p　21cm　〈年表あり〉2700円　①978-4-89063-328-9

内容 スザンナ作戦〈1954年〉（シュロモ・ナクディモン

ナ

著）〔05336〕

ナケー, アルフレー　Naquet, Alfred Joseph

◇日本立法資料全集　別巻899　共和原理―上巻・下巻　アルフレー・ナケー著, 奥宮健之訳　復刻版　信山社出版　2015.10　314, 310p　23cm　〈自由出版会社 明治15年刊の複製〉70000円　①978-4-7972-7203-1

内容 共和政体論　秩序論　国歩論　遵法論　憲法論　立法権論　行政権論　各省責任論　議院改撰論　集権及分権論　権衡究院論　政教限界論　教育論　租税論　結合、会社、出版、自由論　都府論〔05337〕

ナーゲル, B.J.*　Nagel, Bonnie J.

◇ワーキングメモリと日常―人生を切り拓く新しい知性（WORKING MEMORY）　T.P.アロウェイ,R.G.アロウェイ編著, 湯沢正通, 湯沢美紀監訳　京都　北大路書房　2015.10　340p　21cm　（認知心理学のフロンティア）〈文献あり 索引あり〉3800円　①978-4-7628-2908-6

内容 ワーキングメモリと嗜癖行動（Bonnie J.Nagel, Megan M.Herting, Anita Cservenka著, 森田愛子訳）〔05338〕

ナゴルスキ, アンドリュー　Nagorski, Andrew

◇ヒトラーランド―ナチの台頭を目撃した人々（HITLERLAND）　アンドリュー・ナゴルスキ著, 北村京子訳　作品社　2014.12　526p　20cm　〈文献あり〉2800円　①978-4-86182-510-1

内容 第1章 ノイローゼの街で―敗戦直後、そしてヒトラー登場　第2章 幸せな時代――九二四～一九二九年、ビアホール一揆と運命の分かれ目　第3章 クジラか雑魚か―ヒトラーの台頭　第4章「わたしが手本を見せてやる」――九三三年一月ナチス政権誕生、三月全権委任法　第5章「ドイツを出ろ。いますぐに」――九三三年、偽りの平和　第6章 サッカーとクリケット―ヒトラー支配下の“新生”ドイツ　第7章 ナチとダンスを――九三四年、“長いナイフの夜”と、“ヒトラーランド”　第8章 いかれ帽子屋のランチョンパーティ――九三六年、ベルリン・オリンピック　第9章 軍服と銃――九三九年、“アンシュルス”、ミュンヘン協定、“水晶の夜”　第10章 孤独な島で――九三九年、第二次大戦開戦　第11章 リスとファシズム――九三九～一九四〇年、開戦後　第12章 終幕〔05339〕

ナサンソン, ポール　Nathanson, Paul

◇広がるミサンドリー―ポピュラーカルチャー、メディアにおける男性差別（Spreading Misandryの抄訳）　ポール・ナサンソン, キャサリン・K.ヤング著, 久米泰介訳　彩流社　2016.9　453p　22cm　4500円　①978-4-7791-2215-6

内容 第1章 ポピュラーカルチャーの中のミサンドリー　第2章 笑われる男性―最後のボードビル　第3章 男性への見下し―分離するが不平等　第4章 無視される男性―女性と共に孤独　第5章 責められる男性―自分たち自身の歴史　第6章 男性の人間性の剥奪―悪人から獣へ　第7章 男性の悪魔化―悪とは男のことである　第8章 イデオロギーのために世界を平和にする―ミサンドリーのルーツ　第9章 結論〔05340〕

ナジタ, テツオ　Najita, Tetsuo

◇相互扶助の経済―無尽講・報徳の民衆思想史（ORDINARY ECONOMIES IN JAPAN）　テツオ・ナジタ〔著〕, 五十嵐暁郎監訳, 福井昌子訳　みすず書房　2015.3　336, 45p　20cm〈文献あり 索引あり〉5400円　①978-4-622-07889-0

内容 第1章 徳の諸相　第2章 常識としての知識　第3章 組織原理としての講　第4章 倫理の実践としての労働　第5章 報徳と国家の近代化　第6章 無尽会社　終章 断片的な言説〔05341〕

◇思想史としての現代日本　キャロル・グラック, 五十嵐暁郎編　岩波書店　2016.3　247p　20cm　3500円　①978-4-00-061122-0

内容 個人と協同（テツオ・ナジタ著, 笠井昭文訳）〔05342〕

ナショナルジオグラフィック協会《The National Geographic Society》

◇最高の休日世界の美しい都市（Best City Weekends）　高作自子, 片山美佳子, 小野智子, 山根麻子訳　日経ナショナルジオグラフィック社　2014.5　127p　28cm　（NATIONAL GEOGRAPHIC）〈発売：日経BPマーケティング〉1850円　①978-4-86313-276-4

内容 シカゴ（米国）　ブエノスアイレス（アルゼンチン）　アムステルダム（オランダ）　プラハ（チェコ）　ボストン（米国）　ベルリン（ドイツ）　ハノイ（ベトナム）　チャールストン（米国）　ブリュッセル（ベルギー）　イスタンブール（トルコ）〔ほか〕〔05343〕

◇美しい世界の国立公園―絶景とアウトドアを楽しむ旅　高作自子訳　日経ナショナルジオグラフィック社　2014.12　127p　28cm　（日経BPムック―ナショナルジオグラフィック）〈他言語標題：Greatest Parks of the WORLD　索引あり　発売：日経BPマーケティング〉1850円　①978-4-86313-289-4〔05344〕

ナショナルジオグラフィックトラベラー

◇地元の人しか知らない素敵な場所―一生に一度だけの旅discover　ナショナルジオグラフィックトラベラー編, 藤井留美訳　日経ナショナルジオグラフィック社　2014.6　287p　21×17cm　〈発売：日経BPマーケティング〉2200円　①978-4-86313-284-9

内容 第1章 北米―シカゴでポーランド料理を堪能し、オタワの冬を遊びつくす　第2章 南米&カリブ海―カリブでロードテニスを楽しみ、チリで新感覚料理を食べる　第3章 ヨーロッパ―リスボンでタイルを探し、ボルドーでワインマラソン　コラム 大都市の誘惑―世界15の都市が、住民だけに見せる顔　第4章 アフリカ&中東―セネガルでジャズに酔い、モロッコで美の秘密を入手　第5章 アジア&太平洋―ブータンで布地を物色し、ニュージーランドでマオリ料理を〔05345〕

◇NATIONAL GEOGRAPHIC TRAVELER―エクストリームな旅に出よう　ナショナルジオグラフィックトラベラー編, 片山美佳子訳　日経ナショナルジオグラフィック社　2015.6　112p　28cm　（日経BPムック）〈発売：日経BPマーケティング〉1850円　①978-4-86313-315-0〔05346〕

ナス, ハーバート・E.　Nass, Herbert E.

◇セレブの遺言書―あの有名人たちの意外な素顔（WILLS OF THE RICH & FAMOUSの抄訳）

ハーバート・E.ナス著, 石川達也訳　PHP研究所　2015.7　235p　19cm　1600円　①978-4-569-82493-2

内容 ジョン・F.ケネディ, ジュニア（弁護士）―海に散った「世界で最もセクシーな男」　ダイアナ妃（英皇太子妃）―妖精のような公妃の光と影　ジャクリーン・K.オナシス（ジョン・F.ケネディ大統領夫人）―狙われたギリシャ大富豪の遺産　マリリン・モンロー（女優）―「恋多き女」が崇敬してやまなかった男　ナタリー・ウッド（女優）―大切だった母親としての役割　クラーク・ゲーブル（男優）―風と共に去った「女殺し」　ユル・ブリンナー（男優）―芸術を愛した「永遠の王様」　ジョン・ウェイン（男優）―「アメリカの英雄」が見せた度胸　ハンフリー・ボガート（男優）―くわえタバコの俳優を襲った病　ヘンリー・フォンダ（男優）―アメリカで最も愛された男の「家族愛」〔05347〕

ナスコ, ジークフリート　Nasko, Siegfried

◇カール・レンナー―1870-1950（Karl Renner）　ジークフリート・ナスコ〔著〕, 青山孝徳訳　横浜　成文社　2015.11　206p　20cm　〈年譜あり〉2000円　①978-4-86520-013-3

内容 一八人兄弟姉妹の末子　大学と労働運動　著述家と政治家　第一次共和国への入り口にて　典型的な連立の首相　講和代表団団長　連立の終焉　荒野に呼ばわる者　二度の逮捕　ヒットラーに抗して、しかし、合邦には賛成　自ら再浮上　スターリンのお蔭による首相　ソ連の操り人形ではない　西側連合国もまた承認　連邦大統領〔05348〕

ナスララ, ファーリス

◇法文化論の展開―法主体のダイナミクス 千葉正士先生追悼　角田猛之, ヴェルナー・メンスキー, 森正美, 石田慎一郎編　信山社　2015.5　361p　22cm　〈他言語標題：New developments in the study of legal culture　文献あり 著作目録あり〉8200円　①978-4-7972-8070-8

内容 ムスリムが多数を占める国家におけるイスラーム法（テイモア・L.ハーディン, ファーリス・ナスララ著, 荒木亮訳）〔05349〕

ナズルー, ジェイムズ

◇イギリスにおける高齢期のQOL―多角的視点から生活の質の決定要因を探る（UNDERSTANDING QUALITY OF LIFE IN OLD AGE）　アラン・ウォーカー編著, 岡田進一監訳, 山田三知子訳　京都　ミネルヴァ書房　2014.7　249p　21cm　（新・MINERVA福祉ライブラリー 20）〈文献あり 索引あり〉3500円　①978-4-623-07097-8

内容 高齢期におけるQOL格差（ポール・ヒッグス, マーティン・ハイド, サラ・アーバー, デイヴィッド・ブレーン, エリザベス・ブリーズ, ジェイムズ・ナズルー, ディック・ウィギンス著）〔05350〕

ナタン　Nachman, of Bratslav

◇ラビ・ナフマンの瞑想のすすめ（OUTPOURING OF THE SOUL）　ラビ・ナフマン, ラビ・ナタン著, 河合一充訳　ミルトス　2016.6　142p　19cm　〈索引あり〉1400円　①978-4-89586-161-8

内容 詩編と立ち帰り　瞑想　瞑想と泣くこと　一語を繰り返すこと　新しい道を切り開く　心を開くこと　ぎりぎりまでの瞑想　自己完成　真夜中の祈り　孤立〔ほか〕〔05351〕

ナツァグドルジ, Sh.　Natsagdorzh, Shagdarzhavyn

◇チンギス・ハーン（Чингис хааны цадиг）　Sh.ナツァグドルジ著, T.ムンフツェツェグ監修, 吉本るり子訳　奈良　アルド書店　2016.8　326p　21cm　（モンゴル文庫 1）〈年表あり　文献あり〉2500円　①978-4-908814-00-6〔05352〕

ナットソン, K.*　Knutson, Karen

◇触発するミュージアム―文化的公共空間の新たな可能性を求めて　中小路久美代, 新藤浩伸, 山本恭裕, 岡田猛編著　京都　あいり出版　2016.5　255p　26cm　〈索引あり〉2700円　①978-4-86555-025-2

内容 ミュージアムでの学びを考える（Karen Knutson, Kevin Crowley著, 堀口裕美訳）〔05353〕

ナット・ハン, ティク　Nhat Hanh, Thich

◇リトリート―ブッダの瞑想の実践（The Path of Emancipation）　ティク・ナット・ハン著, 島田啓介訳　野草社　2014.4　429p　20cm　〈発売：新泉社〉2500円　①978-4-7877-1481-7

内容 今ここに生きる　呼吸を楽しむ　体を受け入れる　Q&A　体を経験する　感覚を受け止める　喜びを育てる　根本的な変容　真実の愛を学ぶ　三法印を実践する　苦しみを変容させる　誤った見方を手放す　幸福はあなた個人の問題ではない　六つの智慧を実践する〔05354〕

◇〈気づき〉の奇跡―暮らしのなかの瞑想入門（The Miracle of Mindfulness）　ティク・ナット・ハン著, 池田久代訳　春秋社　2014.6　196p　19cm　2000円　①978-4-393-33325-9

内容 第1章 瞑想の手引き　第2章 奇跡とは地上を歩くこと　第3章 マインドフルの一日　第4章 小石の瞑想　第5章 ひとつはすべて、すべてはひとつ―五蘊について　第6章 庭のアーモンドの木　第7章 三つのすばらしい返答　マインドフルネスの瞑想　慈眼の師ティク・ナット・ハン（ジェイムズ・フォレスト）　仏典選集〔05355〕

◇ブッダ「愛」の瞑想―人間関係がうまくいく〈気づき〉の実践法（TRUE LOVE）　ティク・ナット・ハン著, 磯崎ひとみ訳　KADOKAWA　2014.10　159p　19cm　1300円　①978-4-04-653325-8

内容 愛の4つの側面―四無量心　愛とは「存在すること」　相手の存在を認める　苦しんでいる人と共に在る　プライドを克服する　深く聴く　愛をもって話すことを学ぶ　内なる平和を取り戻す　気づきのエネルギー　心の痛みを世話する　非二元性の原理　和解　生まれ変わる　電話の瞑想　「気づき」の実践のすすめ　観念から自由になる〔05356〕

◇ブッダの幸せの瞑想―マインドフルネスを生きる ティク・ナット・ハンが伝えるプラムヴィレッジの実践（Happiness）　ティク・ナット・ハン著, 島田啓介, 馬籠久美子訳　第2版　サンガ　2015.3　314p　18cm　1800円　①978-4-86564-012-0

内容 第1章 日常の実践　第2章 食べる実践　第3章 体を使う実践　第4章 人間関係とコミュニティの実践　第5章 様々な実践　第6章 子どもと一緒にする実践

ナ

〔05357〕

◇大地に触れる瞑想―マインドフルネスを生きるための46のメソッド（Touching the Earth）　ティク・ナット・ハン著, 島田啓介訳　野草社　2015.4　193p　23cm　〈発売：新泉社〉1800円　①978-4-7877-1581-4
内容 世尊であるブッダを心に描く　ブッダとはじめてのサンガ　うわべだけの装いを捨てる　本当の幸福　無常と相互存在　すべてはあらわれ　今この瞬間を生きる　愛と理解を育てる　マインドフルネスを育てる　過去の苦しみを癒す〔ほか〕　〔05358〕

◇ブッダが教える「生きる力」の育て方―子どもとできるマインドフルネス瞑想（PLANTING SEEDS）　ティク・ナット・ハン著, 磯崎ひとみ訳　KADOKAWA　2015.10　238p　19cm　2300円　①978-4-04-621332-7
内容 マインドフルネス―「気づきの実践」にはこんな力があります　プラム・ヴィレッジでは子どもたちとこんなふうに実践しています　自分自身の気づきを養う　気づきの呼吸、気づきの鐘　自由に、あるがままに生きる―小石の瞑想　仲間との絆、地球との絆を深めるために　理解と思いやり　協力ゲームと自然の楽しみ方　幸福を育み、苦しみを抱く　愛に満ちた教室づくり―困難を癒して　すべてはつながり、続いていきます　〔05359〕

◇怖れ―心の嵐を乗り越える深い智慧（FEAR）　ティク・ナット・ハン著, 島田啓介訳　サンガ　2015.12　255p　19cm　1400円　①978-4-86564-033-5
内容 だれもがかつて通った道　怖れの起源　過去と和解する　未来への怖れを手放す：五つの確認　来ることもなく去ることもなく　怖れのない心（無畏）という贈り物　マインドフルネスのパワー　自分を止める　嵐の中で静けさを保つ　まわりの世界に対する怖れを変容させる　雲の上の青空　怖れから愛への変容：四つの呪文　怖れの反対　実践 怖れを変容させる実践　〔05360〕

◇ブッダの〈今を生きる〉瞑想（Our Appointment with Life, Two Treasures）　ティク・ナット・ハン著, 島田啓介訳　野草社　2016.4　187p　20cm　〈発売：新泉社〉1500円　①978-4-7877-1681-1
内容 ひとりで生きるより良き道の教え（経典　経典解説　ブッダの教えを実践する）　大いなる人の八つの悟り（仏説八大人覚経）（経典　経典解説　日常に生かすための実践のヒント）　幸福についての教え（吉祥経）（経典　経典解説）　付録 五つのマインドフルネス・トレーニング　〔05361〕

◇和解―インナーチャイルドを癒す（RECONCILIATION）　ティク・ナット・ハン著, 磯崎ひとみ訳　サンガ　2016.6　257p　19cm　1400円　①978-4-86564-050-2
内容 第1部 癒しについての教え（マインドフルネスのエネルギー　我は祖先なり、我は子孫なり　原初の恐怖、原初の欲望　呼吸すること、歩むこと、手放すこと　苦しみを変容させるということ　内なる子どもを癒す　和解　菩薩になる）　第2部 癒しのものがたり（小さなまなざし（リリアン・アルネブ）「どうしたら力になれる？」（ジョアン・フライデー）　本当の自分（グレン・シュナイダー）　友と座る（エルマー・フォークト））　第3部 癒しの実践（客体を取り除く瞑想（トチノキ・サンガより）　十六のマインドフルな呼吸のエクササイズ　「内なる子どもからの手紙」を受け取る（グレン・シュナイダー）　大地に触れる五つの瞑想　和平協定を結ぶ　新たに始める儀式　感情の解放と体の動き（タイ・ファップ・アン））　〔05362〕

◇イエスとブッダ―いのちに帰る（Going Home）　ティク・ナット・ハン著, 池田久代訳　春秋社　2016.11　236p　19cm　2000円　①978-4-393-33350-1
内容 第1章 理解が生まれる　第2章 わが家へかえる　第3章 御子よ、われに来たれ　第4章 法身―真理の身体をもとめて　第5章 愛の意味　第6章 イエスとブッダは兄弟　付録 五つのマインドフルネス・トレーニング―最新版　〔05363〕

ナットラス, ニコリ

◇グローバル・ベーシック・インカム入門―世界を変える「ひとりだち」と「ささえあい」の仕組み　岡野内正著・訳, クラウディア・ハーマン, ディルク・ハーマン, ヘルベルト・ヤウフ, ヒルマ・シンドンドラ＝モテ, ニコリ・ナットラス, イングリッド・ヴァン・ニーケルク, マイケル・サムソン著　明石書店　2016.1　248p　21cm　〈他言語標題：Making the Difference！ The BIG in Namibia〉2000円　①978-4-7503-4291-7
内容 第1部 世界を変える！　ナミビアのベーシック・インカム―ベーシック・インカム給付試験実施プロジェクト評価報告書（2009年4月）（大きな目標をもつ小さな実験―ベーシック・インカム給付　パンを保証された村人は何をして、村はどうなったか？　―影響評価　全国レベルの給付を目指して）　第2部 学生たちと訪ねたベーシック・インカムの現場―ナミビア、ブラジル、インド、アラスカ、イラン（ナミビア2010年8月31日～9月17日 人の助けになることがしたくって　ブラジル2011年8月29日～9月15日 権力を取らずに世界を変える！　ナミビア2012年8月31日～9月18日 村人を先頭に、首都に向かってデモ行進　インド2013年2月13日～28日 みんな自分の意見を言うようになった　アラスカ2013年8月29日～9月8日 正義を実現するには経済的な力がいる　イラン2014年3月2日～17日 ああ、ヤーラーネ！）　〔05364〕

ナップ, サラ・エディソン　Knapp, Sarah Edison

◇教育現場で使えるスクールカウンセラーとスクールソーシャルワーカーのための支援計画（THE SCHOOL COUNSELING AND SCHOOL SOCIAL WORK TREATMENT PLANNER）　アーサー・E.ヨングスマ・ジュニア, サラ・エディソン・ナップ著, 田中康雄監修, 東真理子訳　明石書店　2015.6　435p　26cm　（心理治療計画実践ガイド）〈文献あり〉6000円　①978-4-7503-4203-0
内容 学習に関する動機づけ/学習と整理に関するスキル　怒りのマネジメント/攻撃性　不安の軽減　特別支援のための評価　アタッチメント/絆の不足　注意欠如・多動性障害（ADHD）　注意を引くための行動　混合家族　進路相談　喧嘩のマネジメント〔ほか〕　〔05365〕

ナッペイ, グレゴワール　Nappey, Grégoire

◇スイスの歴史ガイド（HISTOIRE SUISSE）　グレゴワール・ナッペイ著, 藤野成爾訳　横浜　春風社　2014.9　96p　26cm　〈年表あり 索引あり〉1800円　①978-4-86110-413-8

内容 1 建国以前(先史～1291年) 2 建国(1291年～1516年) 3 独立国(1517年～1798年) 4 近代スイスへ(1798年～1847年) 5 連邦国家(1848年～1914年) 6 20世紀(1914年～現在) 〔05366〕

ナトリー, サンドラ・M. Nutley, Sandra M.

◇研究活用の政策学―社会研究とエビデンス (USING EVIDENCE) サンドラ・M.ナトリー, イザベル・ウォルター, ヒュー・T.O.デイヴィス著, 惣脇宏, 豊浩子, 籾井圭子, 岩崎久美子, 大槻達也訳 明石書店 2015.1 449p 22cm 〈文献あり 索引あり〉 5400円 ①978-4-7503-4121-7

内容 第1章 はじめに：エビデンスの活用 第2章 研究活用の形態 第3章 研究活用を方向づける要素 第4章 研究活用のモデル 第5章 研究活用改善のメカニズム 第6章 主要な理論と概念：学習理論、ナレッジマネジメント、イノベーション普及理論 第7章 実践における研究活用の改善 第8章 政策における研究活用の改善 第9章 研究インパクト評価 第10章 結論 〔05367〕

ナーバーン, ケント Nerburn, Kent

◇ネイティブ・アメリカン幸せを呼ぶ魔法の言葉 (スピリチュアル・ワーズ) (THE WISDOM OF THE NATIVE AMERICANS) ケント・ナーバーン編, 藤井良江訳 日本文芸社 2014.8 223p 19cm 1600円 ①978-4-537-26075-5

内容 1部 あなたがたの奇跡は、わたしたちには、ありふれたものです！ (わたしたちの精神のありかた わたしたちの生きかたの流儀) 2部 ネイティブ・アメリカン賢者たちの言葉(魂は孤独ではありません 言葉と沈黙は兄弟です 一人前になるために学びます よりよく生きるための掟 一日の心の持ちかた わたしたちが信じるもの 大地に生かされて いつでも死ぬのに「もってこい」の日 時代の移り変わりとともに 子どもたちへの遺言) 3部 すべては偉大なる精霊に見守られて―族長レッド・ジャケット、族長ジョセフ、族長シアトルの歴史に残る名演説(族長レッド・ジャケット 族長ジョセフ 族長シアトル) 〔05368〕

ナフィーシー, アーザル Nafisi, Azar

◇語れなかった物語―ある家族のイラン現代史 (THINGS I'VE BEEN SILENT ABOUT) アーザル・ナフィーシー著, 矢倉尚子訳 白水社 2014.9 384p 20cm 〈年表あり〉 3200円 ①978-4-560-08374-1

内容 第1部 ファミリー・フィクション(セイフィー 腐った遺伝子 ほか) 第2部 教訓と学び(家を離れるルーダーべの物語 ほか) 第3部 父の投獄(一般犯罪者 獄中日記 ほか) 第4部 反乱と革命(幸福な家族 デモ ほか) 〔05369〕

ナフマン Naḥman, of Bratslav

◇ラビ・ナフマンの瞑想のすすめ (OUTPOURING OF THE SOUL) ラビ・ナフマン, ラビ・ナタン著, 河合一充訳 ミルトス 2016.6 142p 19cm 〈索引あり〉 1400円 ①978-4-89586-161-8

内容 詩編と立ち帰り 瞑想 瞑想と泣くこと 一語を繰り返すこと 新しい道を切り開く 心を開くこと ぎりぎりまでの瞑想 自己完成 真夜中の祈り 孤立〔ほか〕 〔05370〕

ナベール, ジャン Nabert, Jean

◇悪についての試論 (Essai sur le mal) ジャン・ナベール〔著〕, 杉村靖彦訳 法政大学出版局 2014.2 267p 20cm (叢書・ウニベルシタス 1007) 3200円 ①978-4-588-01007-1

内容 第1章 正当化できないもの(正当化できないという感情 災悪―規範にもとづく判断とその限界 ほか) 第2章 不純な原因性(知的意識の自発性と意志作用の理性性 意志の原因性の根源的不純性 ほか) 第3章 罪(悪の問いへの思弁的解答の断念、悪の試練＝経験へと立ち戻ること 罪の感情と自己への不相等の感情との関係 ほか) 第4章 意識間の分離(意識間の分離という視点への移行 意識間の相互性の関係と対自的な個別意識との同時生成 ほか) 第5章 正当化(義認)へのアプローチ(正当化(義認)の欲望の自覚。その端緒となるもの カントの再生概念とその不十分性。正当化(義認)の問いの核心にあるもの ほか) 〔05371〕

ナボコフ, ウラジーミル・ウラジーミロヴィチ Nabokov, Vladimir Vladimirovich

◇インタヴューズ 3 毛沢東からジョン・レノンまで (THE PENGUIN BOOK OF INTERVIEWS) クリストファー・シルヴェスター編, 新庄哲夫他訳 文芸春秋 2014.6 463p 16cm (文春学芸ライブラリー―雑英 7) 1690円 ①978-4-16-813018-2

内容 ウラジーミル・ナボコフ(ウラジーミル・ナボコフ述, ペネロピ・ギリアットインタヴュアー, 若島正訳) 〔05372〕

ナポリオーニ, ロレッタ Napoleoni, Loretta

◇イスラム国―テロリストが国家をつくる時 (THE ISLAMIST PHOENIX) ロレッタ・ナポリオーニ著, 村井章子訳 文芸春秋 2015.1 189p 20cm 1350円 ①978-4-16-390211-1

内容 中東の地図を塗り替える 序章「決算報告書」を持つテロ組織 第1章 誰が「イスラム国」を始めたのか？ 第2章 中東バトルロワイヤル 第3章 イスラエル建国と何が違うのか？ 第4章 スーパーテロリストの捏造 第5章 建国というジハード 第6章 もともとは近代化をめざす思想だった 第7章 モンゴルに侵略された歴史を利用する 第8章 国家たらんとする意志 終章「アラブの春」の失敗と「イスラム国」の成功 〔05373〕

◇人質の経済学 (MERCHANTS OF MEN : How Jihadists and ISIS Turned Kidnapping and Refugee Trafficking into a Multibillion‐Dollar Business) ロレッタ・ナポリオーニ著, 村井章子訳, 池上彰解説 文芸春秋 2016.12 308p 19cm 1750円 ①978-4-16-390580-8

内容 はじめに 誘拐がジハーディスト組織を育てた スウェーデンの偽イラク人 すべての始まり9・11愛国者法 誘拐は金になる 人間密輸へ 海賊に投資する人々 密入国斡旋へ 反政府組織という幻想 ある誘拐交渉人の独白 身代金の決定メカニズム〔ほか〕 〔05374〕

ナム, ドンシン* 南 東信

◇仏教文明と世俗秩序―国家・社会・聖地の形成 新川登亀男編 勉誠出版 2015.3 602p 22cm 9800円 ①978-4-585-21026-9

内容 高麗時代の王室と華厳宗（南東信著, 赤羽目匡由訳）〔05375〕

ナム, リヘン*　南 利幸
◇韓国独立運動家 鷗波白貞基―あるアナーキストの生涯　国民文化研究所編著, 草場里見訳　明石書店　2014.1　344p　20cm　〈年譜あり〉 4800円　①978-4-7503-3951-1
内容 成長期―一八九六～一九一八　他（南利幸）〔05376〕

ナムカ・ペル　Nam-mkha'-dpal, Hor-ston
◇太陽の光のような心の訓練（Mind Training Like The Rays of The Sun）　ナムカ・ペル著, 日山智善訳, クンチョック・シタル監修　大阪　パレード　2014.1　336p　20cm　（Parade Books）〈発売：星雲社〉 3429円　①978-4-434-18515-1
内容 心の訓練の七つの要点　第1部 序論　第2部 この教えの解説（前行の教えの瞑想　宝のように貴重な菩提心の実践課程―実践の基礎）〔05377〕

ナラテボー, プラユキ　Naradevo, Phra Yuki
◇脳と瞑想―最先端脳外科医とタイの瞑想指導者が解き明かす苦しみをなくす脳と心の科学　プラユキ・ナラテボー, 篠浦伸禎著　サンガ　2016.11　309p　18cm　（サンガ新書）　900円　①978-4-86564-067-0
内容 第1部 瞑想実践と脳の科学（サマタ・ヴィパッサナー瞑想の実践　覚醒下手術概説　脳のタイプチェック）　第2部 対談脳と心の使い方（瞑想法（サティとサマーディ）　脳と瞑想　自我の科学　左脳は戦争が好き　苦しみから抜ける　終わりに）〔05378〕

ナラヤナン, アーヴィンド　Narayanan, Arvind
◇仮想通貨の教科書―ビットコインなどの仮想通貨が機能する仕組み（Bitcoin and Cryptocurrency Technologies）　アーヴィンド・ナラヤナン, ジョセフ・ボノー, エドワード・W.フェルテン, アンドリュー・ミラー, スティーヴン・ゴールドフェダー著, 長尾高弘訳　日経BP社　2016.12　477p　21cm　〈索引あり　発売：日経BPマーケティング〉 3400円　①978-4-8222-8545-6
内容 第1章 暗号理論と仮想通貨入門　第2章 ビットコインが非中央集権を実現している仕組み　第3章 ビットコインの仕組み　第4章 ビットコインの保管と利用の方法　第5章 ビットコインの採掘　第6章 ビットコインの匿名性　第7章 コミュニティと規制　第8章 代替マイニングパズル　第9章 プラットフォームとしてのビットコイン　第10章 アルトコインと仮想通貨のエコシステム　第11章 非中央集権的な組織―ビットコインの未来？〔05379〕

ナラヤン, G.　Narayan, Giddu
◇知られざるクリシュナムルティ（AS THE RIVER JOINS THE OCEAN）　G.ナラヤン著, チャンドラモウリ・ナルシプル編, 玉井辰也訳　太陽出版　2015.9　189p　19cm　1500円　①978-4-88469-850-8
内容 伝記的背景　学生期 ブラフマチャリヤー濫觴　家住期 グリハスター奔流　林棲期 ヴァナプラスター大河　遊行期 サニヤスー大海　沈黙―大洋　ナラヤン瞑想集〔05380〕

ナルシプル, チャンドラモウリ　Narsipur, Chandramouli
◇知られざるクリシュナムルティ（AS THE RIVER JOINS THE OCEAN）　G.ナラヤン著, チャンドラモウリ・ナルシプル編, 玉井辰也訳　太陽出版　2015.9　189p　19cm　1500円　①978-4-88469-850-8
内容 伝記的背景　学生期 ブラフマチャリヤー濫觴　家住期 グリハスター奔流　林棲期 ヴァナプラスター大河　遊行期 サニヤスー大海　沈黙―大洋　ナラヤン瞑想集〔05381〕

ナルバンティアン, ヘイグ・R.
◇経験学習によるリーダーシップ開発―米国CCLによる次世代リーダー育成のための実践事例（Experience-Driven Leader Development）　シンシア・D.マッコーレイ,D.スコット・デリュ, ポール・R.ヨスト, シルベスター・テイラー編, 漆嶋稔訳　日本能率協会マネジメントセンター　2016.8　511p　27cm　8800円　①978-4-8207-5929-4
内容 キャリアにおける学習効果の評価（リチャード・A.グッゾ, ヘイグ・R.ナルバンティアン）〔05382〕

ナン, トウシン*　南 東信
⇒ナム, ドンシン*

ナン, リコウ*　南 利幸
⇒ナム, リヘン*

ナンシー, ジャン=リュック　Nancy, Jean-Luc
◇思考の取引―書物と書店と（SUR LE COMMERCE DES PENSÉES）　ジャン＝リュック・ナンシー〔著〕, 西宮かおり訳　岩波書店　2014.8　82p　20cm　1900円　①978-4-00-025990-3
内容 書物のイデアと形質　書物の自己完結性　啓典の民　終わりなき読書　未刊のものの出版　開かれ、閉じられた書物に　書店の香り　思考の取引　書物という素材〔05383〕
◇カタストロフィと人文学　西山雄二編　勁草書房　2014.9　301, 4p　22cm　〈他言語標題：Catastrophe and Humanities　執筆：ミシェル・ドゥギーほか〉 4600円　①978-4-326-10237-2
内容 「フクシマ」という名を通じて思考すること（ジャン＝リュック・ナンシー述, 西山雄二訳）〔05384〕
◇アドラシオン―キリスト教的西洋の脱構築（L'Adoration）　ジャン＝リュック・ナンシー〔著〕, メランベルジェ真紀訳　新評論　2014.10　246p　20cm　2700円　①978-4-7948-0981-0
内容 1 意味の意味はない―それが崇拝すべきこと　2 世界のただ中に（キリスト教（何故？　無神論）　無神論でさえなく　イスラエル―イスラム　ひとつの世界、二つの次元　…と共に）　3 神秘と徳　4 補足、代補、断章（至福　過剰な語り　崇拝と還元　受肉/集積　無　内奥　存在/関係/熱情　移行　経済　万人/極み　霊/精神？　遠いところ―死）　補遺 フロイト―いわば〔05385〕
◇サルトル読本　沢田直編　法政大学出版局　2015.3　385, 35p　21cm　〈文献あり 著作目録あり 年譜あり 索引あり〉 3600円　①978-4-588-

15069-2
内容 分水嶺としてのサルトル（ジャン＝リュック・ナンシー著, 沢田直訳）〔05386〕

ナンタ, アルノ
◇日本資本主義の大転換（LA GRANDE TRANSFORMATION DU CAPITALISME JAPONAIS（重訳））　セバスチャン・ルシュヴァリエ〔著〕, 新川敏光監訳　岩波書店　2015.12　239, 28p　20cm　〈文献あり〉3400円　①978-4-00-061087-2
内容 新自由主義世界の教育システムとは（セバスチャン・ルシュヴァリエ, アルノ・ナンタ著, 千田航訳）〔05387〕
◇近代日本とアジア―地政学的アプローチから　三谷博監修, クロード・アモン, 広瀬緑編　勉誠出版　2016.9　212p　22cm　3800円　①978-4-585-22157-9
内容 ジャン・レイ（アルノ・ナンタ著, 宇都宮彰子, 広瀬緑共訳）〔05388〕

【ニ】

ニアリー, イアン　Neary, Ian
◇部落問題と近現代日本―松本治一郎の生涯（The Buraku Issue and Modern Japan）　イアン・ニアリー著, 森山沾一, 福岡県人権研究所プロジェクト監訳, 平野裕二訳　明石書店　2016.11　455p　20cm　（世界人権問題叢書 97）〈文献あり 索引あり〉5800円　①978-4-7503-4435-5
内容 第1章 少年・青年時代　第2章 松本治一郎と水平社　第3章 監獄から議会へ　第4章 松本治一郎の代議士時代の一九三六～四一年　第5章 松本治一郎と太平洋戦争　第6章 松本治一郎と占領下の日本　第7章 一九五〇年代の松本治一郎　第8章 松本治一郎の晩年―一九六〇年代〔05389〕

ニーヴン, ビル
◇歴史を射つ―言語論的転回・文化史・パブリックヒストリー・ナショナルヒストリー　岡本充弘, 鹿島徹, 長谷川貴彦, 渡辺賢一郎編　御茶の水書房　2015.9　429p　22cm　5500円　①978-4-275-02022-2
内容 国民の記憶の歴史を書く（シュテファン・バーガー, ビル・ニーヴン著, 松原俊文訳）〔05390〕

ニエト, エンリケ・ペーニャ
◇世界論　安倍晋三, 朴槿恵ほか〔著〕, プロジェクトシンジケート叢書編集部訳　土曜社　2014.1　185p　19cm　（プロジェクトシンジケート叢書）〈他言語標題：A WORLD OF IDEAS　文献あり〉1199円　①978-4-907511-05-0
内容 かじを切ったメキシコ（エンリケ・ペーニャ・ニエト著）〔05391〕

ニエベス, ジョランダ
◇身体知―成人教育における身体化された学習（Bodies of knowledge）　ランディ・リプソン・ローレンス編, 立田慶裕, 岩崎久美子, 金藤ふゆ子, 佐藤智子, 荻野亮吾, 園部友里恵訳　福村出版　2016.3　133p　22cm　〈文献あり〉2600円　①978-4-571-10174-8
内容 女性のストーリーを身体化する：コミュニティの気づきと社会的行動に向けて（ジョランダ・ニエベス著, 佐藤智子訳）〔05392〕

ニクソン, リチャード　Nixon, Richard Milhous
◇ニクソン訪中機密会談録　毛里和子, 毛里興三郎訳　増補決定版　名古屋　名古屋大学出版会　2016.8　336, 8p　20cm　〈索引あり〉3600円　①978-4-8158-0843-3
内容 資料1 一九七二年二月二十一日 毛沢東・ニクソン会談　資料2 一九七二年二月二十一日 第一回全体会談　資料3 一九七二年二月二十二日 ニクソン・周恩来第一回会談　補足資料 一九七二年二月二十三日 キッシンジャー・葉剣英会談　資料4 一九七二年二月二十三日 ニクソン・周恩来第二回会談　資料5 一九七二年二月二十四日 ニクソン・周恩来第三回会談　資料6 一九七二年二月二十五日 ニクソン・周恩来第四回会談　資料7 一九七二年二月二十六日 第二回全体会談　資料8 一九七二年二月二十八日 ニクソン・周恩来第五回会談〔05393〕

ニーケルク, イングリッド・ヴァン
◇グローバル・ベーシック・インカム入門―世界を変える「ひとりだち」と「ささえあい」の仕組み　岡野内正著・訳, クラウディア・ハーマン, ディルク・ハーマン, ヘルベルト・ヤウフ, ヒルマ・シンドンドラ＝モテ, ニコリ・ナットラス, イングリッド・ヴァン・ニーケルク, マイケル・サムソン著　明石書店　2016.1　248p　21cm　〈他言語標題：Making the Difference！　The BIG in Namibia〉2000円　①978-4-7503-4291-7
内容 第1部 世界を変える！　ナミビアのベーシック・インカム―ベーシック・インカム給付試験実施プロジェクト評価報告書（2009年4月）（大きな目標をもつ小さな実験―ベーシック・インカム給付　パンを保証された村人は何をして、村はどうなったか？　―影響評価　全国レベルの給付を目指して）　第2部 学生たちと訪ねたベーシック・インカムの現場―ナミビア、ブラジル、インド、アラスカ、イラン（ナミビア2010年8月31日～9月17日 人の助けになることがしたくって　ブラジル2011年8月29日～9月15日 権力を取らずに世界を変える！　ナミビア2012年8月31日～9月18日 村人を先頭に、首都に向かってデモ行進　インド2013年2月13日～28日 みんな自分の意見を言うようになった　アラスカ2013年8月29日～9月8日 正義を実現するには経済的な力がいる　イラン2014年3月2日～17日 ああ、ヤーラーネ！）〔05394〕

ニコデマス, ライアン　Nicodemus, Ryan
◇minimalism―30歳からはじめるミニマル・ライフ（THE MINIMALISTS）　ジョシュア・フィールズ・ミルバーン, ライアン・ニコデマス著, 吉田俊太郎訳　フィルムアート社　2014.3　223p　19cm　1700円　①978-4-8459-1324-4
内容 1 イントロダクション　2 今を生きる　3 心の健康　4 成長　5 貢献　6 パッションとミッション　7 行動を起こす　8 変化と試行錯誤〔05395〕

ニコリスカヤ, オリガ
◇「世界の特別ニーズ教育と社会開発」シリーズ

ニ

1　ロシアの障害児教育・インクルーシブ教育　黒田学編　京都　クリエイツかもがわ　2015.4　112p　21cm　〈他言語標題：THE COMPARATIVE STUDIES SERIES IN SPECIAL NEEDS EDUCATION AND SOCIAL DEVELOPMENT〉1600円　①978-4-86342-162-2

内容 ロシアから見た自閉症（オリガ・ニコリスカヤ著, 荒木穂積訳）〔05396〕

ニコル, デヴィッド　Nicolle, David

◇イスラーム世界歴史地図（HISTORICAL ATLAS OF THE ISLAMIC WORLD）　デヴィッド・ニコル著, 清水和裕監訳　明石書店　2014.3　191p　31cm　15000円　①978-4-7503-3962-7

内容 多神教からイスラームへ―アラビア半島‐ふたつの帝国に狭まれた預言者の地　正統カリフの時代―理想的な指導者とイスラームの発展　ウマイヤ朝の世紀―新たなイスラーム文化の定着　黄金時代―アッバース朝における貿易、知識、そして主権の拡大　文化と解体―アッバース朝の終焉とその余波　コルドバのカリフ国家―イスラームのイベリア半島の征服　東西からの脅威―セルジューク朝、十字軍、モンゴル　マムルークの時代―奴隷階層による軍事支配　東方におけるイスラーム―忘れられたフロンティア　アフリカにおけるイスラーム―暗黒大陸をめぐる闘争　オスマン帝国の勃興　西方の黄昏〔05397〕

ニコル, マギー　Nicol, Maggie

◇臨床が変わる！　PT・OTのための認知行動療法入門（Cognitive-Behavioural Interventions in Physiotherapy and Occupational Therapy）　マリー・ダナヒー, マギー・ニコル, ケイト・デヴィッドソン編, 菊池安希子監訳, 網本和, 大嶋伸雄訳者代表　医学書院　2014.4　184p　26cm　〈索引あり〉4200円　①978-4-260-01782-4

内容 認知行動的アプローチを実践モデルに組み込むには 他（Maggie Nicol著, 須山夏加訳）〔05398〕

ニコル, A.M.　Nicol, A.M.

◇怪物執事―英国を魅惑した殺人鬼の真実（THE MONSTER BUTLER）　A.M.ニコル著, 村上リコ訳　太田出版　2014.4　325p　19cm　〈年譜あり〉2500円　①978-4-7783-1395-1

内容 第1部 私はいかにして犯罪をおかしたか―執事が語る（才能あるミスター・フォンテーン　貴族の素質　“モーブレー・ハウス”の犯罪 ほか）　第2部 真実のロイ・フォンテーン（怪物執事―二度目の検証　若きロイ　性的冒険―その一・ミセス・フィリップス、ポーランドの士官、そしてピカデリー・サーカス ほか）　第3部 怪物の誕生（彼はスターに魅せられていたのか？　彼は典型的なサイコパスだったのか？　でなければ狂っていたのか？　ほか）〔05399〕

ニコルス, マイケル・P.　Nichols, Michael P.

◇わが子との言い争いはもうやめよう！―幸せな親子関係を築く方法（Stop Arguing with Your Kids）　マイケル・P.ニコルス著, 加藤直子, 赤塚麻子, 佐藤美奈子訳　星和書店　2014.12　443p　19cm　〈文献あり 索引あり〉1800円　①978-4-7911-0892-3

内容 1 応答的傾聴で、言い争いを撲滅する（闘わずして子どもを育てる方法　応答的傾聴の五つのステップ　言い争う前に、それを回避する方法　子どもに協力的になってもらうには　習慣化した言い争いの悪循環を断つ）　2 応答的傾聴を様々な年齢層でどのように用いるか（幼い子ども―涙とかんしゃく　学童期の子ども―「やらなきゃダメなの？」　ティーンエイジャー―「あれこれ指図しないで！」）　3 複雑な問題について（子どもが思春期を迎えると、家族はどのように変化するか　言い争いが避けられそうにない場合―最悪の状況での応答的傾聴活用法）〔05400〕

ニコレ, クロード

◇叢書『アナール1929-2010』―歴史の対象と方法　4　1969-1979（Anthologie des Annales 1929-2010）　E.ル＝ロワ＝ラデュリ,A.ビュルギエール監修, 浜名優美監訳　E.ル＝ロワ＝ラデュリ編, 池田祥英, 石川学, 井上桜子, 志村幸紀, 下村武, 寺本敬子, 中村督, 平沢勝行訳　藤原書店　2015.6　456p　22cm　8800円　①978-4-86578-030-7

内容 キケロから大プリニウスまでのローマにおける価格の変動と「貨幣数量説」（クロード・ニコレ著, 志村幸紀訳）〔05401〕

ニザーム・アルムルク　Niẓām al-Mulk

◇統治の書（Siyar al-Mulūk 原著第3版の翻訳）　ニザーム・アルムルク著, 井谷鋼造, 稲葉穣訳　岩波書店　2015.9　388, 10p　22cm　〈イスラーム原典叢書〉〈布装　文献あり 索引あり〉　11000円　①978-4-00-028420-2〔05402〕

ニシムラ, シュウゾウ*　西村 周三

◇包括的で持続的な発展のためのユニバーサル・ヘルス・カバレッジ―日本からの教訓（Universal health coverage for inclusive and sustainable development）　池上直己編著　日本国際交流センター　2014.9　240p　21cm　〈文献あり〉　①978-4-88907-139-9

内容 日本の社会保険制度間の財政不均衡（高久玲音, 別所俊一郎, 西村周三, 池上直己）〔05403〕

ニシムラ プペ, カリン　西村プペ, カリン

◇シャルリ・エブド事件を考える　鹿島茂, 関口涼子, 堀茂樹編著　白水社　2015.3　133p　21cm　〈他言語標題：Penser l'affaire Charlie Hebdo　ふらんす特別編集〉925円　①978-4-560-08430-4

内容 マンガの国がプロテストするとき（カリン・西村＝プペ著, 笠間直穂子訳）〔05404〕

ニーズィー, ウリ　Gneezy, Uri

◇その問題、経済学で解決できます。（The Why Axis）　ウリ・ニーズィー, ジョン・A.リスト著, 望月衛訳　東洋経済新報社　2014.9　364, 15p　20cm　1800円　①978-4-492-31449-4

内容 はじめに 思い込みの向こうへ　人にやってほしいことをやらせるには？　女が男ほど稼げないのはなぜか、クレイグズリスト、迷路、それにボールとバケツでわかること　母系社会は女性と競争について何を教えてくれるだろう？　惜しくも銀のメダリストと大健闘で銅のメダリストが成績格差を埋めてくれる、とは？　貧しい子がお金持ちの子にほんの数ヵ月でどうすれば追いつける？　いまどきの差別を終わらせるカンタンな一言とは？　なにか選ぶときに

はご用心。選んだものがあだになるかも　ぼくたちをぼくたち自身から守るには？　人に寄付をさせるのは本当はなんだろう？　割れた唇と「これっきり」のチェック欄から、人が寄付をする理由についてわかること　管理職は絶滅の危機？　世界を変えるには…まあ、少なくとも得をするには　〔05405〕

ニーダム, ジョゼフ　Needham, Joseph

◇文明の滴定—科学技術と中国の社会（THE GRAND TITRATION ： Science and Society in East and West）　ジョゼフ・ニーダム著, 橋本敬造訳　新装版　法政大学出版局　2015.4　417, 10p　19cm　（叢書・ウニベルシタス）　4800円　①978-4-588-14011-2

内容 第1章 中国科学の伝統における貧困と勝利　第2章 中国科学の世界への影響　第3章 科学と社会の変化について　第4章 古代中国における科学と社会　第5章 中国における科学技術と社会の関係　第6章 東と西の科学と社会　第7章 時間と東洋人　第8章 人間の法と自然の法則　〔05406〕

ニタルト　Nithard

◇カロリング帝国の統一と分割—ニタルトの歴史四巻（Nithardi Historiarum libri 4）　ニタルト著, 岩村清太訳　知泉書館　2016.7　84, 31p　20cm　〈布装〉1800円　①978-4-86285-235-9

内容 第1巻 兄弟間の不和の起源（八一四 - 八四〇年）　第2巻 兄弟間の抗争の発端とフォントノアの合戦（八四〇 - 八四一年）　第3巻 ロタールとの二度目の戦と、ストラスブールにおける誓約（八四一 - 八四二年）　第4巻 ロタールとの三度目の戦と和平のための予備会談（八四二年）　〔05407〕

ニーチェ, フリードリヒ　Nietzsche, Friedrich Wilhelm

◇ニーチェ勇気の言葉　フリードリヒ・ニーチェ〔著〕, 白取春彦編訳　ディスカヴァー・トゥエンティワン　2014.5　159p　18cm　1400円　①978-4-7993-1488-3　〔05408〕

◇文語訳ツァラトゥストラかく語りき（ALSO SPRACH ZARATHUSTRA）　ニイチェ著, 生田長江訳　新装版　書肆心水　2014.9　476p　22cm　〈索引あり〉5500円　①978-4-902854-52-7　〔05409〕

◇この人を見よ（Ecce Homo）　ニーチェ〔著〕, 西尾幹二訳　23刷改版　新潮社　2015.7　247p　15cm　（新潮文庫）　460円　①978-4-10-203507-8

内容 なぜ私はかくも賢明なのか　なぜ私はかくも怜悧なのか　なぜ私はかくも良い本を書くのか　悲劇の誕生　反時代的考察　人間的な、あまりに人間的な　曙光　悦ばしき学問　ツァラトゥストラかく語りき　善悪の彼岸　道徳の系譜　偶像の黄昏　ヴァーグナーの場合　なぜ私は一個の運命であるのか　〔05410〕

◇ツァラトゥストラかく語りき（Also sprach Zarathustra）　フリードリヒ・W.ニーチェ著, 佐々木中訳　河出書房新社　2015.8　565p　15cm　（河出文庫 ニ1-2）　1200円　①978-4-309-46412-1

内容 第1部 ツァラトゥストラの教説（三つの変化について　徳の講座について ほか）　第2部（鏡を持つ幼子　至福の島々で ほか）　第3部（漂泊者　幻影と謎について ほか）　第4、最終部（蜜の供物　悲鳴 ほか）　〔05411〕

◇超訳ニーチェの言葉　フリードリヒ・ニーチェ著, 白取春彦訳　エッセンシャル版〔ギフト版〕　ディスカヴァー・トゥエンティワン　2015.11　1冊（ページ付なし）　15cm　〈他言語標題：DIE WELTLICHE WEISHEIT VON NIETZSCHE 文献あり〉1000円　①978-4-7993-1805-8

内容 1 己について　2 喜について　3 生について　4 心について　5 友について　6 世について　7 人について　8 愛について　9 知について　10 美について　〔05412〕

◇超訳ニーチェの言葉 エッセンシャル版　フリードリヒ・ヴィルヘルム・ニーチェ著, 白取春彦訳　ディスカヴァー・トゥエンティワン　2015.11　1冊　15cm　〈『超訳ニーチェの言葉』再編集・改題書〉1000円　①978-4-7993-1811-9

内容 1 己について　3 喜について　3 生について　4 心について　5 友について　6 世について　7 人について　8 愛について　9 知について　10 美について　〔05413〕

◇この人を見よ（ECCE HOMO）　ニーチェ著, 丘沢静也訳　光文社　2016.10　242p　16cm　（光文社古典新訳文庫 KBニ1-5）　〈年譜あり〉740円　①978-4-334-75341-2　〔05414〕

◇超訳ニーチェの言葉—大活字版（Die weltliche Weisheit von Nietzsche）　フリードリヒ・ヴィルヘルム・ニーチェ〔著〕, 白取春彦編訳　ディスカヴァー・トゥエンティワン　2016.10　1冊（ページ付なし）　19cm　1600円　①978-4-7993-1986-4

内容 1 己について　2 喜について　3 生について　4 心について　5 友について　6 世について　7 人について　8 愛について　9 知について　10 美について　〔05415〕

ニッカーソン, レイモンド・S.

◇共感の社会神経科学（THE SOCIAL NEUROSCIENCE OF EMPATHY）　ジャン・デセティ, ウィリアム・アイクス編著, 岡田顕宏訳　勁草書房　2016.7　334p　22cm　〈索引あり〉4200円　①978-4-326-25117-9

内容 共感と知識の投影（レイモンド・S.ニッカーソン, スーザン・F.バトラー, マイケル・カーリン著）　〔05416〕

ニッポルト, オトフリート　Nippold, Otfried

◇西欧化されない日本—スイス国際法学者が見た明治期日本（Wanderungen durch Japan, Die Entwicklung Japans in den letzten fünfzig Jahren〔etc.〕）　オトフリート・ニッポルト著, 中井晶夫編訳　えにし書房　2015.3　269p　20cm　〈著作目録あり〉2500円　①978-4-908073-09-0

内容 第1部 日本逍遙記（日本の夏休み　蝦夷の秋　日本の冬の旅　山岳地帯への春の旅）　第2部 開国後五十年の日本の発展　第3部 ヨーロッパ化されない日本を見る　オトフリート・ニッポルトについて　〔05417〕

ニトベ, イナゾウ　新渡戸 稲造

◇武士道　新渡戸稲造著, 矢内原忠雄訳　角川春樹事務所　2014.10　124p　16cm　（ハルキ文庫 に

8-1)〈年譜あり〉267円 ①978-4-7584-3854-4
内容 道徳体系としての武士道 武士道の淵源 義 勇・敢為堅忍の精神 仁・惻隠の心 礼 誠 名誉 忠義 武士の教育および訓練 克己 自殺および復仇の制度 刀・武士の魂 婦人の教育および地位 武士道の感化 武士道はなお生くるか 武士道の将来 〔05418〕

◇超訳新渡戸稲造の言葉―A Man of Love and Compassion 新渡戸稲造〔著〕, 三輪裕範編訳 ディスカヴァー・トゥエンティワン 2015.1 1冊(ページ付なし) 20cm 1700円 ①978-4-7993-1631-3
内容 1 自分を磨く(世間とは君を知らない人間のことだ 成功も失敗も、基準は自分の中にある ほか) 2 志高く生きる(人生とは理想を行動に翻訳することだ 人生に連戦連勝はない ほか) 3 日々、全力を尽くす(物事は粘り強く少しずつ進めろ つらいことがあっても顔には出すな ほか) 4 心を鍛える(善も悪も心のもちようで変わる 物事は公平な目では見られないと思え ほか) 5 人を見る目を養う(世に出る者は憎まれる 誰からも可愛がられるのは自分の意志がない人間だ ほか) 6 関係を築く(人は一人では生きていけない 気どっても無駄だ ほか) 〔05419〕

◇新訳武士道 新渡戸稲造〔著〕, 大久保喬樹訳 KADOKAWA 2015.5 251p 15cm (〔角川ソフィア文庫〕〔G1-15〕―ビギナーズ日本の思想)〈文献あり〉680円 ①978-4-04-407234-6
内容 道徳システムとしての武士道 武士道の源流 義もしくは正義 勇気―果敢で忍耐強い精神 慈悲―哀れみの情 礼 信用と誠実 名誉 忠誠 侍の教育と訓練 自制 自死と仇討ち 刀、侍の魂 女性の修練と地位 武士道の影響 武士道はまだ生きてるか 武士道の将来 新渡戸稲造の生涯と思想 〔05420〕

◇品格ある日本人をつくる! 武士道の名言100―The Soul of Japan 新渡戸稲造著, 野中根太郎訳・解説 アイバス出版 2015.6 254p 19cm〈英語抄訳付 文献あり 発売:サンクチュアリ出版〉1400円 ①978-4-86113-595-8
内容 日本人の道徳としての武士道 武士道の源 義 勇 仁 礼 誠 名誉 忠義 武士の教育 克己 切腹とかたき討ち 刀 女性地位 武士道の影響 武士道はなお生きているか 武士道の将来 〔05421〕

◇ビジュアル版対訳武士道 新渡戸稲造著, 奈良本辰也訳, 新渡戸稲造博士と武士道に学ぶ会編 三笠書房 2016.9 237p 18cm〈タイトルは奥付・背による 標題紙のタイトル:対訳ビジュアル版武士道 表紙のタイトル:BUSHIDO 2004年刊の再編集 文献あり〉1200円 ①978-4-8379-2650-4
内容 対訳編(武士道とは何か(Bushido as an Ethical System) 武士道の源をさぐる(Sources of Bushido)「義」―武士道の光り輝く最高の支柱(Rectitude or Justice)「勇」―いかにして肚を錬磨するか(Courage, the Spirit of Daring and Bearing)「仁」―人の上に立つ条件とは何か(Benevolence, the Feeling of Distress) ほか) 知識ノート編(新渡戸稲造の生涯(一)新渡戸稲造はどんな人物だったのか 新渡戸稲造の生涯(二)新渡戸稲造に影響を与えた人々『武士道』が書かれたのはどんな時代だったのか 武士はいつどのように発生したのか 武士道はいつどのように誕生したのか ほか) 〔05422〕

ニーナン, マイケル Neenan, Michael
◇あなたの自己回復力を育てる―認知行動療法とレジリエンス(Developing Resilience) マイケル・ニーナン著, 石垣琢麿監訳, 柳沢圭子訳 金剛出版 2015.4 267p 21cm〈文献あり 索引あり〉3400円 ①978-4-7724-1418-0
内容 第1章 回復力とは何か? 第2章 態度―回復力の核心 第3章 回復力の養成を妨げる態度 第4章 回復力をさらに高める 第5章 回復力を支える強さ 第6章 職場における回復力 第7章 人間関係における回復力 第8章 厄介な人に対処するための回復力 第9章 回復力を維持する 第10章 回復力についてのまとめ 〔05423〕

ニーバー, ラインホールド Niebuhr, Reinhold
◇道徳的人間と非道徳的社会(Moral Man and Immoral Society) ラインホールド・ニーバー著, 大木英夫訳 新装復刊 白水社 2014.5 299p 20cm 4600円 ①978-4-560-08366-6 〔05424〕

ニムラ, ジャニス・P. Nimura, Janice P.
◇少女たちの明治維新―ふたつの文化を生きた30年(DAUGHTERS OF THE SAMURAI) ジャニス・P.ニムラ著, 志村昌子, 藪本多恵子訳 原書房 2016.4 387p 20cm〈文献あり〉2500円 ①978-4-562-05303-2
内容 第1部(一八七一年十一月九日 侍の娘 竜の年の戦 "ほんのわずかのパン種" "実務を視察する者たちの遠征隊") 第2部("気になる客人たち" 家族を求めて アメリカ人として育つ ヴァッサー大学にて "祖国"への旅) 第3部(ふたつの結婚 ひとりで生きていく アリス、東京に来る 前進と後退 女子英学塾 晩年) 〔05425〕

ニャナスマナ, デルドゥエ Gnanasumana, Delduwe
◇万有聖力 心のベクトル場 上巻(Vishva Shakthi) デルドゥエ・ニャナスマナ, スドゥフンポラ・ウィマラサラ, 須賀則明, 鳥居修著 姫路 ブックウェイ 2016.9 105, 53p 19cm 1000円 ①978-4-86584-192-3
内容 第1章 万有聖力の研究 第2章 万有域と万有聖力 第3章 仏の心核 第4章 体験談 第5章 陰の力と陽の力 第6章 人体のチャクラ 〔05426〕

ニャムンジョ, フランシス
◇アフリカ潜在力 第1巻 紛争をおさめる文化―不完全性とブリコラージュの実践 太田至シリーズ総編 松田素二, 平野(野元)美佐編 京都 京都大学学術出版会 2016.3 374p 22cm〈他言語標題:African Potentials 索引あり〉3900円 ①978-4-8140-0005-0
内容 フロンティアとしてのアフリカ、異種結節装置としてのコンヴィヴィアリティ(フランシス・ニャムンジョ著, 楠和樹, 松田素二訳) 〔05427〕

ニューイット, マリアン Newitt, Malyn
◇ビジュアル版 世界の歴史都市―世界史を彩った都の物語(The Great Cities in History) ジョン・ジュリアス・ノーウィッチ編, 福井正子訳 柊風舎 2016.9 303p 27×21cm 15000円 ①978-4-86498-039-5

内容 リスボン―大航海時代の都（マリアン・ニューイット）〔05428〕

ニューウェル, トリシア　Newell, Tricia

◇神託のタロット―ギリシアの神々が深層心理を映し出す（THE NEW MYTHIC TAROT）　リズ・グリーン, ジュリエット・シャーマン＝バーク著, トリシア・ニューウェル画, 鏡リュウジ監訳　原書房　2014.12　215p　19cm　〈外箱入　文献あり〉3900円　①978-4-562-05114-4

内容 大アルカナ（愚者―ディオニュソス　魔術師―ヘルメス　女帝―デメテル　皇帝―ゼウス　女教皇―ペルセポネ ほか）　小アルカナ―四つのスート（カップのスート　ワンドのスート　ソードのスート　ペンタクルのスート）〔05429〕

ニュウエル, パトリック　Newell, Patrick

◇未来を生き抜くスキルはこう育てる　パトリック・ニュウエル著, 三方洋子訳　小学館　2015.6　191p　19cm　〈他言語標題：21st Century Skills to Nurture a Child's Future〉1500円　①978-4-09-388424-2

内容 プロローグ 最良の教育者とは？　1 来たるべき未来に備える新しいスキル　2 21世紀に照準を合わせた学校教育を　3子どもの創造性を刺激し高めるために　4 創造的スキルを伸ばす「ものづくり」　5 家庭での学習環境と親の役割　6 家庭で伸ばす"21世紀型スキル"　エピローグ みなさんと共に未来に向けて〔05430〕

ニューエル, ピーター　Newell, Peter

◇さかさまさかさ（TOPSYS & TURVYS）　ピーター・ニューエル作, 高山宏訳　亜紀書房　2015.10　79p　16×22cm　1600円　①978-4-7505-1456-7

内容 不運なバートラム・ボウルズ　知りたがりゾウ　げんき者フェルナンド　怒りの農夫　監視するスパイ　のんびり遊ぶオジャマタクシ　ニッポンの手品つかい　ゆうきあるクラレンス・カウルズ　ダチョウ　おやすみフェルナンド〔ほか〕〔05431〕

ニューキスト, ロイ

◇インタヴューズ　3　毛沢東からジョン・レノンまで（THE PENGUIN BOOK OF INTERVIEWS）　クリストファー・シルヴェスター編, 新庄哲夫他訳　文芸春秋　2014.6　463p　16cm　（文春学芸ライブラリー―雑英 7）　1690円　①978-4-16-813018-2

内容 マーガレット・バーク＝ホワイト（マーガレット・バーク＝ホワイト述, ロイ・ニューキストインタヴュアー, 鈴木主税訳）〔05432〕

ニューサム, ギャビン　Newsom, Gavin Christopher

◇未来政府―プラットフォーム民主主義（CITIZENVILLE）　ギャビン・ニューサム, リサ・ディッキー著, 稲継裕昭監訳, 町田敦夫訳　東洋経済新報社　2016.10　368p　20cm　2400円　①978-4-492-21228-8

内容 市民との関係を取り戻す　なぜここまで溝は広がったか　その壁を打ち壊せ！　ガラス張りの家に住む　役所の仕事はすべてアプリで　プラットフォームとしての政府　民主主義のためのゲーム　政府版イェルプ　人民による、人民のための投票　小さなダビデの大群　構えろ、撃て、狙え　ポスト党派政治の時代〔05433〕

ニュージェント, リチャード　Nugent, Richard

◇自信の秘密50―どんなときも絶対折れない自分になる（SECRETS OF CONFIDENT PEOPLE）　リチャード・ニュージェント著, 前田雅子訳　CCCメディアハウス　2016.9　262p　19cm　〈文献あり〉1500円　①978-4-484-16110-5

内容 自信の本質　不安は思い込み　思考の力を知る　自信とは何か　自信の心理学　あなたは誰？　あなたの価値観　自己中心的にならない　信念から抜け出す　あなたは完璧〔ほか〕〔05434〕

ニューシャム, グラント・F.

◇次の大震災に備えるために―アメリカ海兵隊の「トモダチ作戦」経験者たちが提言する軍民協力の新しいあり方　ロバート・D.エルドリッヂ編　近代消防社　2016.5　141p　18cm　（近代消防新書）　900円　①978-4-421-00886-9

内容 調整側からの見解（グラント・F.ニューシャム）〔05435〕

ニュッセル, フリーデリケ　Nüssel, Friederike

◇キリスト教の主要神学者　上　テルトゥリアヌスからカルヴァンまで（Klassiker der Theologie, Bd.1 ： Von Tertullian bis Calvin）　F.W.グラーフ編, 片柳栄一監訳　教文館　2014.8　360, 5p　21cm　3900円　①978-4-7642-7383-2

内容 クレルヴォーのベルナール（一〇九〇―一一五三）（フリーデリケ・ニュッセル）〔05436〕

ニュートン, マイケル　Newton, Michael

◇死後の世界を知ると人生は深く癒される―退行催眠67ケースから分かった魂の誕生、記憶、そして運命（Destiny of Souls）　マイケル・ニュートン著, 沢西康史訳　パンローリング　2014.5　391p　21cm　（フェニックスシリーズ 19）　〈ヴォイス2001年刊の新訳版〉2000円　①978-4-7759-4123-2

内容 第1章 スピリット世界の概要　第2章 死と悲しみ、そして魂による慰め　第3章 見えない存在―精霊、魂、地球以外の惑星のスピリット　第4章 エネルギーの修復　第5章 魂の軌跡―誕生から成長へ　第6章 長老たちの評議会　第7章 魂を取り巻く環境　第8章 進歩した魂の役割　第9章 運命のリング　第10章 私たちが歩む永遠の道すじ〔05437〕

ニューバーグ, アンドリュー　Newberg, Andrew B.

◇心をつなげる―相手と本当の関係を築くために大切な「共感コミュニケーション」12の方法（WORDS CAN CHANGE YOUR BRAIN）　アンドリュー・ニューバーグ, マーク・ロバート・ウォルドマン著, 川田志津訳　東洋出版　2014.3　302p　20cm　1800円　①978-4-8096-7728-1

内容 知識編 頭の中はどうなっているのか―コミュニケーションの仕組みとは？（新しい会話法　言葉は「脳」を変える　脳はマルチリンガル―コミュニケーションスキルは向上する　心の中を自覚する―意識の言語　心がつながる仕組み―協調の言語　関係を築く―信頼の言語）　実践編 協調を生み、信頼関係を築く「共感コミュニケーション」(いちばん深いところにある価値観は？ ―「共感コミュニケーション」で大切なこと 「共感コミュニケーション」を理解する 「共感コミュニケーション」を実践する) 応用編 「共感コミュニケーション」を活用する(パートナーとの共感コミュニケーション 職場での共感コミュニケーション 家庭での共感コミュニケーション) 〔05438〕

◇ワーキングメモリと日常―人生を切り拓く新しい知性 (WORKING MEMORY) T.P.アロウェイ,R.G.アロウェイ編著, 湯沢正通, 湯沢美紀監訳 京都 北大路書房 2015.10 340p 21cm (認知心理学のフロンティア) 〈文献あり 索引あり〉 3800円 ①978-4-7628-2908-6

内容 ワーキングメモリと瞑想(Aleezé Sattar Moss, Daniel A.Monti, Andrew Newberg著, 蔵永瞳訳) 〔05439〕

ニ

ニューフェルド, ゴードン Neufeld, Gordon

◇思春期の親子関係を取り戻す―子どもの心を引き寄せる「愛着脳」 (HOLD ON TO YOUR KIDS) ゴードン・ニューフェルド, ガボール・マテ著, 小野善郎, 関久美子訳 福村出版 2014.10 385p 19cm 3000円 ①978-4-571-24053-9

内容 第1部 「仲間指向性」という現象(子どもの問題は親の問題 歪んだ愛着、墜ちた本能 私たちの間違い) 第2部 仲間指向性は、どのように親の子育てを妨げるのか(子育ての力が衰えている 愛着が親と対立するとき 子どもはなぜ反抗するのか 仲間文化には深みがない) 第3部 仲間指向性は、どのように子どもの健全な発達を妨げるのか(感情からの危険な逃避 未熟さから抜け出せない いじめの加害者と犠牲者 教えにくい生徒たち) 第4部 どうやって子どもを取り戻すか(子どもを引き寄せる 親子のつながりを維持し、力をもたらす 親子関係を壊さないしつけ) 第5部 仲間指向性の予防(親は仲間の競争相手ではない 拡大家族の再生) 〔05440〕

ニューポート, カル Newport, Cal

◇いつでもどこでも結果を出せる自己マネジメント術 (MANAGE YOUR DAY-TO-DAY) ジョスリン・K.グライ編, 上原裕美子訳 サンマーク出版 2015.9 233p 19cm 〈文献あり〉 1500円 ①978-4-7631-3493-6

内容 あわただしい状況でも集中力を十分に発揮するには？(カル・ニューポート) 〔05441〕

◇大事なことに集中する―気が散るものだらけの世界で生産性を最大化する科学的方法 (DEEP WORK : Rules for Focused Success in a Distracted World) カル・ニューポート著, 門田美鈴訳 ダイヤモンド社 2016.12 231p 19cm 1600円 ①978-4-478-06855-7

内容 偉大な仕事を成し遂げた人たちが知っていたこと 第1部 「ディープ・ワーク」という考え方(生産性を劇的に上げるために必要なこと 注意力を奪う「シャロー・ワーク」という存在 ディープ・ワークの三つの利点) 第2部 「ディープ・ワーク」を実践するために(集中して取り組むための戦略 雑念を取り払うトレーニング ソーシャル・メディアから離れる シャロー・ワークを減らす) 〔05442〕

ニューマイヤー, マーティ Neumeier, Marty

◇小さな天才になるための46のルール (THE 46 RULES OF GENIUS) マーティ・ニューマイヤー著, 武舎るみ, 武舎広幸訳 ビー・エヌ・エヌ新社 2016.1 187p 19cm 1500円 ①978-4-8025-1011-0

内容 1 どうやってイノベーションを起こすのか(ルールを打ち破れ 欲しいものを望め ほか) 2 どのように仕事に取り組むべきか(デザインはすばやく、決断はじっくり 静的な要素にはリニアプロセスを ほか) 3 どのように学ぶか(学び方を学べ 信念ではなく好奇心を出発点にせよ ほか) 4 どうやって違いを生み出すか(「これ！」と思えることを見つけて全力投球せよ ひとりきりの時間を作って集中せよ ほか) 〔05443〕

ニューマン, マーサ・G.

◇現代を読み解くための西洋中世史―差別・排除・不平等への取り組み (Why the Middle Ages Matter) シーリア・シャゼル, サイモン・ダブルデイ, フェリス・リフシッツ, エイミー・G.リーメンシュナイダー編著, 赤阪俊一訳 明石書店 2014.9 368p 20cm (世界人権問題叢書 89) 4600円 ①978-4-7503-4072-2

内容 労働―中世の修道院からの考察(マーサ・G.ニューマン) 〔05444〕

ニューマン, マーティン Newman, Martin

◇パーソナル・インパクト―「印象」を演出する、最強のプレゼン術 マーティン・ニューマン, 小西あおい著 ソル・メディア 2014.2 201p 19cm 1400円 ①978-4-905349-17-4

内容 第1章 パーソナル・インパクトの基礎―STEP1 (あなたはまったく違う人間に見られている プレゼンには「3つのV」が重要 「第一印象」の評価を変えるのは難しい ほか) 第2章 パーソナル・インパクトのトレーニング&テクニック(STEP2) (ビジュアル面のトレーニングから始めよう！ 基礎中の基礎、「立ち方」のトレーニング 座ったときもコアマッスルを意識しよう！ ほか) 第3章 パーソナル・インパクトの実践(STEP3) (「自信」がパーソナル・インパクトの大前提 リーダーとして信頼される印象の作り方 大人数を相手にプレゼンする場合の注意点 ほか) 〔05445〕

ニール

◇世界がぶつかる音がする―サーバンツの物語 (The Sound of Worlds Colliding) クリスティン・ジャック編, 永井みぎわ訳 ヨベル 2016.6 300p 19cm 1300円 ①978-4-907486-32-7

内容 恐れではなく、愛と正義の神(ニール) 〔05446〕

ニール, アレックス

◇哲学がかみつく (Philosophy Bites) デイヴィッド・エドモンズ, ナイジェル・ウォーバートン著, 佐光紀子訳 柏書房 2015.12 281p 20cm 〈文献あり〉 2800円 ①978-4-7601-4658-1

内容 悲劇のパラドックス(アレックス・ニール述) 〔05447〕

ニン, ギョウシ　任 暁駟
◇チャイニーズドリーム―中国が描く青写真　任暁駟編著, 速水澄訳　日本僑報社　2015.12　133p　19cm　〈他言語標題：The Chinese Dream〉　1900円　①978-4-86185-213-8
内容 序 十三億人のための中国の夢　はじめに 夢はどこから来るのか　第1章 復興の夢か、覇権の夢か　第2章 個人の夢か、国家の夢か　第3章 中国は自分の道を歩くのか、それとも他者の道を進むのか　第4章 愛国主義か、民族主義か　終章 夢の成就へ―残りの道のり　〔05448〕

ニン, トクジュン　任 徳淳
⇒イム, トクスン

【ヌ】

ヌスバウム, マーサ
◇徳倫理学基本論文集　加藤尚武, 児玉聡編・監訳　勁草書房　2015.11　342, 7p　22cm　〈索引あり〉　3800円　①978-4-326-10248-8
内容 相対的ではない徳（マーサ・ヌスバウム著, 渡辺邦夫訳）　〔05449〕

ヌーデルマン, フランソワ　Noudelmann, François
◇ピアノを弾く哲学者―サルトル、ニーチェ、バルト（Le Toucher des Philosophes）　フランソワ・ヌーデルマン著, 橘明美訳　太田出版　2014.12　228p　20cm　（atプラス叢書 07）〈著作目録あり〉　2400円　①978-4-7783-1415-6
内容 直観　オフビートのピアノ―サルトルの場合　なぜわたしはこんなにすばらしいピアニストなのか―ニーチェの場合　ピアノがわたしに触れる―バルトの場合　共鳴　〔05450〕

◇サルトル読本　沢田直編　法政大学出版局　2015.3　385, 35p　21cm　〈文献あり 著作目録あり 年譜あり 索引あり〉　3600円　①978-4-588-15069-2
内容 サルトルの花粉（フランソワ・ヌーデルマン著, 岡村雅史訳）　〔05451〕

◇終わりなきデリダ―ハイデガー、サルトル、レヴィナスとの対話　斎藤元紀, 沢田直, 渡名喜庸哲, 西山雄二編　法政大学出版局　2016.11　372, 26p　22cm　〈文献あり〉　3500円　①978-4-588-15081-4
内容 サルトルとデリダ、犬と猫（フランソワ・ヌーデルマン著, 翠川博之訳）　〔05452〕

ヌーナン, メアリーエレン　Noonan, Maryellen
◇統合的短期型ソーシャルワーク―ISTTの理論と実践（Short - Term Treatment and Social Work Practice : An Integrative Perspective）　エダ・ゴールドシュタイン, メアリーエレン・ヌーナン著, 福山和女, 小原真知子監訳　金剛出版　2014.6　293p　21cm　4600円　①978-4-7724-1370-1
内容 第1部 理論概念と実践原則（短期型援助の概観　理論的視点と主要な特徴　開始段階　展開段階　終結段階）　第2部 特殊な問題と対象（危機志向型ISTT　情緒障害をもつクライエント　自ら援助を求める気のない、接近困難なクライエント　家族志向型ISTT　グループ志向型ISTT）　〔05453〕

ヌーネス, ポール・F.　Nunes, Paul F.
◇ビッグバン・イノベーション―一夜にして爆発的成長から衰退に転じる超破壊的変化から生き延びよ（BIG BANG DISRUPTION）　ラリー・ダウンズ, ポール・F.ヌーネス著, 江口泰子訳　ダイヤモンド社　2016.2　344p　20cm　〈文献あり 索引あり〉　2000円　①978-4-478-02662-5
内容 第1部 ビッグバン・イノベーション（ビッグバン・イノベーションとは何か　よりよく、より安い世界で強いられる競争　ビッグバン・イノベーションの経済学―クラウド、シェア、IoTがあらゆるコストを低減させる　シャークフィン―製品ライフサイクルは、もはや「キャズム」に従わない）　第2部 ビッグバン・イノベーションを生き延びる戦略（特異点―市場に投入するための期間が、市場に投入してからの期間よりも長い　ビッグバン―「破滅的な成功」そのものがイノベーターを追い詰める　ビッグクランチ―みずから起こしたイノベーションに首を絞められる前に　エントロピー―撤退すらできない地獄からどう抜け出すか）　〔05454〕

ヌルミネン, マルヨ・T.　Nurminen, Marjo T.
◇才女の歴史―古代から啓蒙時代までの諸学のミューズたち（Tiedon tyttäret）　マルヨ・T.ヌルミネン著, 日暮雅通訳　東洋書林　2016.4　473p　22cm　〈文献あり 索引あり〉　6500円　①978-4-88721-823-9
内容 第1部 古代の女性教養人（古代エジプトにおける知識、権力、宗教の体現者―ハトシェプスト（前1518頃‐前1458頃）　メソポタミアの化学の母たち―タプーティ＝ベーラト＝エーカリ（前1200頃）ほか）　第2部 中世の教養ある修道女と宮廷婦人（自身を歴史に書きとどめたビザンツ帝国の皇女―アンナ・コムネナ（1083‐1153）　宇宙論、医学書、博物学書を著した修道女―ヒルデガルト・フォン・ビンゲン（1098‐1179）ほか）　第3部 ルネサンス期の女性教養人と科学革命（果たして女性にルネサンスは到来し、人文学者たり得たのか？ ―カッサンドラ・フェデーレ（1465‐1558）／ラウラ・チェレータ（1469‐1499）　パリ出身の教養ある職業助産婦―ルイーズ・ブルジョワ（1563‐1636）ほか）　第4部 十七・十八世紀の教養ある貴婦人、科学の冒険者、そして匠（オランダ女性による知のレース編み―プファルツ公女エリーザベト（1618‐1680）／アンナ・マリア・ヴァン・スフールマン（1607‐1678）　二人の哲学者：知を熱望したイングランドの貴婦人たち―マーガレット・キャヴェンディッシュ（1623‐1674）／アン・コンウェイ（1631‐1679）ほか）　第5部 啓蒙時代のサロン、大学、科学界の女性教養人（フランスにおける新物理学の伝道者―エミリー・デュ・シャトレ（1706‐1749）　ボローニャ大学の三人の女性学者―ラウラ・バッシ（1711‐1778）／アンナ・モランディ・マンゾリーニ（1716‐1774）／マリア・ガエターナ・アニェージ（1718‐1799）ほか）　〔05455〕

ヌーン, ソパット
◇世界がぶつかる音がする―サーバンツの物語（The Sound of Worlds Colliding）　クリスティン・ジャック編, 永井みぎわ訳　ヨベル　2016.6　300p　19cm　1300円　①978-4-907486-32-7

ヌ

内容 あそこで夫は処刑されたんです（ソパット・ヌーン）〔05456〕

【ネ】

ネイク, ヴィパル

◇移民の経済学（THE ECONOMICS OF IMMIGRATION）　ベンジャミン・パウエル編, 藪下史郎監訳, 佐藤綾野, 鈴木久美, 中田勇人訳　東洋経済新報社　2016.11　313, 35p　20cm　〈文献あり 索引あり〉2800円　①978-4-492-31488-3

内容 国境の開放化に関する急進的な見解（ブライアン・キャプラン, ヴィパル・ネイク著, 佐藤綾野訳）〔05457〕

ネイサン, アンドリュー・J.　Nathan, Andrew J.

◇中国安全保障全史―万里の長城と無人の要塞（China's Search for Security）　アンドリュー・J.ネイサン, アンドリュー・スコベル著, 河野純治訳　みすず書房　2016.12　336, 31, 5p　21cm　4600円　①978-4-622-07956-9

内容 第1部 中国外交における利害とアイデンティティ（何が中国外交を動かしているのか？　誰が中国外交を動かすのか？）　第2部 安全保障上の課題と戦略（要衝としての中国　アメリカの脅威を読みとる　北東アジアの地域システム―日本、韓国、北朝鮮　中国のその他の近隣諸国―アジア太平洋地域　第四の円の中の中国）　第3部 国家統一―領土保全と外交政策（国家性の問題―チベット、新疆、香港、台湾　台湾の民主主義への移行と中国の反応）　第4部 力の手段（門戸開放のジレンマ―グローバル経済における力と脆弱性　軍の近代化―人民戦争から戦力投射へ　中国外交におけるソフトパワーと人権）　第5部 結論（威嚇か、均衡か？）〔05458〕

ネイラー, レズリー　Naylor, Lesley

◇施設・里親家庭で暮らす子どもとはじめるクリエイティブなライフストーリーワーク（LIFE STORY WORK WITH CHILDREN WHO ARE FOSTERED OR ADOPTED）　ケイティー・レンチ, レズリー・ネイラー著, 才村真理, 徳永祥子監訳, 徳永健介, 楢原真也訳　福村出版　2015.7　155p　21cm　〈文献あり 索引あり〉2200円　①978-4-571-42056-6

内容 第1章 ライフストーリーのための基礎を築く　第2章 子どもの安心感を築く　第3章 エモーショナル・リテラシー　第4章 レジリエンスと自尊心　第5章 アイデンティティー　第6章 情報の共有と統合　第7章 未来を見つめて　補章 英国と日本のライフストーリーワーク〔05459〕

ネヴィル, リー　Neville, Leigh

◇図説現代の特殊部隊百科（SPECIAL FORCES IN THE WAR ON TERROR）　リー・ネヴィル著, 坂崎竜訳　原書房　2016.2　401p　20cm　〈文献あり 索引あり〉2800円　①978-4-562-05287-5

内容 第1章 はじめに―9・11以前の世界　第2章「不朽の自由」作戦―アフガニスタン、2001 - 2002年　第3章「イラクの自由」作戦―イラク、2003年　第4章 対反乱作戦―アフガニスタン、2002 - 2009年 イラク、2003 - 2011年 フィリピン、2002年 -　第5章 産業対テロ―イラクにおけるアルカイダ捕獲作戦、2003 - 2012年　第6章 捕獲または殺害―アフガニスタン、2006 - 2014年　第7章 新たな戦場―ソマリア、リビア、イエメン、マリ、シリア〔05460〕

ネグリ, アントニオ　Negri, Antonio

◇ネグリ、日本と向き合う　アントニオ・ネグリ, 市田良彦, 伊藤守, 上野千鶴子, 大沢真幸, 姜尚中, 白井聡, 毛利嘉孝著, 三浦信孝訳　NHK出版　2014.3　235p　18cm　（NHK出版新書 430）　820円　①978-4-14-088430-0

内容 アントニオ・ネグリの現在　1「東アジアのなかの日本」と向き合う（グローバリゼーションの地政学　東アジアの「冷戦」と「熱戦」　東アジアのナショナリズムとリージョナリズム）　2「3・11後の日本」と向き合う（3・11後の日本におけるマルチチュードと権力　「社会的なもの」の行方　日本のマルチチュード　3・11以降の反原発運動にみる政治と文化）　3 原発危機からアベノミクスまで、「日本の現在」と向き合う（アベノミクスと『風立ちぬ』―日本から帰って考えたいくつかのこと　「原子力―主権国家体制」の行方　絶対的民主主義への道はどこに？）〔05461〕

◇資本の専制、奴隷の叛逆―「南欧」先鋭思想家8人に訊くヨーロッパ情勢徹底分析　広瀬純編著　航思社　2016.1　379p　19cm　〈他言語標題：Dictadura capitalista y esclavos rebeldes Conversaciones "bajo la coyuntura"〉2700円　①978-4-906738-15-1

内容 野生的で構成的な民主主義のために（アントニオ・ネグリ, ラウル・サンチェス＝セディージョ著, 上尾真道訳）〔05462〕

ネーゲル, トマス　Nagel, Thomas

◇理性の権利（THE LAST WORD）　トマス・ネーゲル著, 大辻正晴訳　春秋社　2015.4　246, 3p　20cm　（現代哲学への招待―Great Works 丹治信春監修）〈索引あり〉3200円　①978-4-393-32346-5

内容 第1章 序論　第2章 なぜ外側からの思考は理解できないのか　第3章 言語　第4章 論理学　第5章 科学　第6章 倫理学　第7章 進化論型自然主義と宗教恐怖症　理性の眠り―哲学者の見た「サイエンス・ウォーズ」〔05463〕

ネノフスキー, ニコライ

◇ユーロ危機と欧州福祉レジームの変容―アクティベーションと社会的包摂　福原宏幸, 中村健吾, 柳原剛司編著　明石書店　2015.8　283p　22cm　3600円　①978-4-7503-4235-1

内容 市場移行と経済危機がもたらした福祉システムの変容（ニコライ・ネノフスキー, ジェコ・ミレフ著, 岩熊典乃, 北西正人, 柳原剛司訳）〔05464〕

ネハマス, アレクサンダー

◇哲学がかみつく（Philosophy Bites）　デイヴィッド・エドモンズ, ナイジェル・ウォーバートン著, 佐光紀子訳　柏書房　2015.12　281p　20cm　〈文献あり〉2800円　①978-4-7601-4658-1

内容 友情（アレクサンダー・ネハマス述）〔05465〕

ネフ, クリスティーン　Neff, Kristin

◇セルフ・コンパッション―あるがままの自分を受け入れる（SELF-COMPASSION）　クリスティーン・ネフ著, 石村郁夫, 樫村正美訳　金剛出版　2014.11　293p　21cm　3800円　①978-4-7724-1396-1

内容 第1部 セルフ・コンパッションに至る道（セルフ・コンパッションの発見　狂気の終結）　第2部 セルフ・コンパッションの主要な構成要素（自分に優しくすること　私たちは世界を共有している　ありのままの世界に対してマインドフルになる）　第3部 セルフ・コンパッションがもたらす恩恵（感情の回復力　自尊心ゲームからの脱却　やる気と個人の成長）　第4部 人間関係におけるセルフ・コンパッション（他者に対する慈悲の心　セルフ・コンパッションを育児に活かす　愛とセックス）　第5部 セルフ・コンパッションによる深い喜び（変化の兆し　自分に感謝するということ：セルフ・アプリシエーション）〔05466〕

ネフィンジャー, ジョン　Neffinger, John

◇人の心を一瞬でつかむ方法―人を惹きつけて離さない「強さ」と「温かさ」の心理学　ジョン・ネフィンジャー, マシュー・コフート著, 熊谷小百合訳　あさ出版　2015.5　238p　19cm　1500円　①978-4-86063-798-9

内容 1 人は人を「強さ」と「温かさ」で評価する（「強さ」は二つの要素から成り立っている　意志の力は高めることができる ほか）　2 人はみな、「見た目」と固定観念に縛られる（あなたはどんな手札をもっている？　男性は強くて女性はか弱い？　ほか）　3「強さ」と「温かさ」をアピールする効果的な方法（「持ち札」以外ならコントロール可能　非言語コミュニケーションを活用する ほか）　4「この人と一緒にいたい」と思わせる聞き方、話し方（意識・無意識に働きかける言葉　レトリックの基本要素 ほか）〔05467〕

ネボルスキー, ロバート　Neborsky, Robert J.

◇短期力動療法入門（Short-Term Therapy for Long-Term Change）　マリオン・ソロモン, ロバート・ネボルスキー, リー・マッカロー, マイケル・アルパート, フランシーン・シャピロ, デヴィッド・マラン著, 妙木浩之, 飯島典子監訳　金剛出版　2014.12　228p　21cm〈索引あり〉3800円　①978-4-7724-1393-0

内容 第1章 短期心理療法の挑戦　第2章 Davanlooによるインテンシヴな短期力動心理療法　第3章 短期力動心理療法における情動恐怖症の脱感作　第4章 共感促進的セラピー　第5章 トラウマと適応的情報処理のプロセス：EMDRの力動的、行動的接点　第6章 共謀関係に陥った夫婦の行き詰まりを打開する　第7章 アタッチメントの絆と親密さ：愛の基本的な刷り込みは変容可能か？　第8章 今後の展望〔05468〕

ネルー, ジャワーハルラール　Nehru, Jawaharlal

◇父が子に語る世界歴史　1　文明の誕生と起伏（GLIMPSES OF WORLD HISTORY 原著第4版の翻訳）　ジャワーハルラール・ネルー〔著〕, 大山聡訳　新版 新装版　みすず書房　2016.7　240p　20cm　2700円　①978-4-622-08521-8

内容 誕生日を祝う手紙　おとしだま　歴史の教訓　インド人の叫び　アジアとヨーロッパ　インド人の生い立ち　ギリシア人　ギリシアの都市国家　西アジアの諸帝国　伝統の重圧〔ほか〕〔05469〕

◇父が子に語る世界歴史　2　中世の世界（GLIMPSES OF WORLD HISTORY 原著第4版の翻訳）　ジャワーハルラール・ネルー〔著〕, 大山聡訳　新版 新装版　みすず書房　2016.7　216p　20cm　2700円　①978-4-622-08522-5

内容 ハルシャ王と玄奘　南インドの諸王と英雄たち　中世のインド　南海の歴史　ローマの没落　イスラム教の誕生　アラブ人の遠征　『アラビアン・ナイト』の背景　インドにおけるイスラム攻勢　ヨーロッパ諸民族の形成〔ほか〕〔05470〕

◇父が子に語る世界歴史　3　ルネサンスから産業革命へ（GLIMPSES OF WORLD HISTORY 原著第4版の翻訳）　ジャワーハルラール・ネルー〔著〕, 大山聡訳　新版 新装版　みすず書房　2016.7　227p　20cm　2700円　①978-4-622-08523-2

内容 新航路の発見　モンゴル帝国の解体　インド宗教問題の起源　南インドの諸王国　ヴィジャヤナガル国　マレーシアの諸帝国　アジア略奪貿易のはじまり　中国の平和と繁栄　日本の鎖国　動乱期のヨーロッパ〔ほか〕〔05471〕

◇父が子に語る世界歴史　4　激動の十九世紀（GLIMPSES OF WORLD HISTORY 原著第4版の翻訳）　ジャワーハルラール・ネルー〔著〕, 大山聡訳　新版 新装版　みすず書房　2016.7　225p　20cm　2700円　①978-4-622-08524-9

内容 バスチーユ占領　フランス革命　革命と反革命　政治の諸相、秩序と進歩　ナポレオン　その後のナポレオン　世界の概観　世界大戦前の一世紀　十九世紀の社会問題　インドにおける戦争と内乱〔ほか〕〔05472〕

◇父が子に語る世界歴史　5　民主主義の前進（GLIMPSES OF WORLD HISTORY 原著第4版の翻訳）　ジャワーハルラール・ネルー〔著〕, 大山聡訳　新版 新装版　みすず書房　2016.7　229p　20cm　2700円　①978-4-622-08525-6

内容 回顧　イラン文化の伝統　ペルシアの帝国主義と民族主義　一八四八年のヨーロッパ　イタリアの統一と独立　ドイツの勃興　大思想家たち　ダーウィンと科学の勝利　民主主義の前進　社会主義の黎明〔ほか〕〔05473〕

◇父が子に語る世界歴史　6　第一次世界大戦と戦後（GLIMPSES OF WORLD HISTORY 原著第4版の翻訳）　ジャワーハルラール・ネルー〔著〕, 大山聡訳　新版 新装版　みすず書房　2016.7　241p　20cm　2700円　①978-4-622-08526-3

内容 転換期に立つ世界　世界大戦の開幕　大戦前夜のインド　戦争（一九一四 - 一八年）　戦争の経過　帝政ロシアの没落　ボルシェヴィキ政権　ソヴィエトの勝利　日本と中国、二十一か条要求など　戦時下のインド〔ほか〕〔05474〕

◇父が子に語る世界歴史　7　中東・西アジアのめざめ（GLIMPSES OF WORLD HISTORY 原著第4版の翻訳）　ジャワーハルラール・ネルー〔著〕, 大山聡訳　新版 新装版　みすず書房　2016.7　246p　20cm　2700円　①978-4-622-08527-0

内容 エジプト独立闘争　イギリス軍駐留下の独立とは？

西アジアと世界政治　アラブ諸国―シリア　パレスティナとトランス＝ヨルダン　アラビア―中世からの飛躍　イラクと空爆の力　アフガニスタンなど　革命の挫折―ドイツと中欧諸国　古い債務の新しい支払い方法〔ほか〕　〔05475〕

◇父が子に語る世界歴史　8　新たな戦争の地鳴り（GLIMPSES OF WORLD HISTORY 原著第4版の翻訳）　ジャワーハルラール・ネルー〔著〕，大山聡訳　新版 新装版　みすず書房　2016.7　185, 43p　20cm　2700円　①978-4-622-08528-7

内容 世界恐慌　恐慌の原因　英米の指導権あらそい　ドル、ポンド、ルピー　資本主義世界の分裂　スペインの革命　ドイツにおけるナチの勝利　軍縮問題　ルーズヴェルト大統領の政策　議会政治失敗のあと　世界の現状　戦争の脅威　最後の手紙　〔05476〕

ネルソン, ヴォーンダ・ミショー　Nelson, Vaunda Micheaux

◇ハーレムの闘う本屋―ルイス・ミショーの生涯（NO CRYSTAL STAIR）　ヴォーンダ・ミショー・ネルソン著, R.グレゴリー・クリスティイラスト, 原田勝訳　あすなろ書房　2015.2　179p　26cm　1800円　①978-4-7515-2752-8

内容 第1部 1904年 - 1922年―ブタ泥棒　第2部 1922年 - 1937年―これで幸せなのか？　第3部 1937年 - 1945年―わたしは、「いわゆるニグロ」ではない。　第4部 1946年 - 1956年―適切なる宣伝活動の拠点　第5部 1958年 - 1966年―真実がもとでもめるのなら、もめればいい。　第6部 1966年 - 1968年―切りたおされている時にだまって立っているのは樹木だけだ。　第7部 1968年 - 1976年―そろそろ、店をたたもう。　〔05477〕

ネルソン, カディール　Nelson, Kadir

◇ハリエットの道（MOSES）　キャロル・ボストン・ウェザフォード文, カディール・ネルソン絵, さくまゆみこ訳　日本キリスト教団出版局　2014.1　1冊（ページ付なし）　30cm　（リトルベル）　1800円　①978-4-8184-0880-7　〔05478〕

◇ネルソン・マンデラ（Nelson Mandela）　カディール・ネルソン作・絵, さくまゆみこ訳　鈴木出版　2014.2　〔38p〕　32cm　〈文献あり〉　1900円　①978-4-7902-5277-1　〔05479〕

ネレ, ジャック　Néré, Jacques

◇1929年の恐慌―第一次大戦後の通貨・経済秩序崩壊からナチス・ドイツの閉鎖経済まで（La Crise de 1929）　ジャック・ネレ著, 岩田文夫訳　相模原　現代図書　2014.8　243p　19cm　〈発売：星雲社〉　2800円　①978-4-434-19146-6

内容 第1章 通貨混乱と1921年の恐慌　第2章 ジェノア（イタリア）会議と安定恐慌　第3章 過剰生産の神話　第4章 ウォール街の株式大暴落とアメリカの恐慌　第5章 恐慌の世界的拡大　第6章 イギリス、世界からの後退　第7章 ロンドン会議（1933年）　第8章 ルーズベルトの実験　第9章 ドイツのシステム　第10章 金ブロック諸国の漠たる目的意識と苦難　〔05480〕

ネンズィ, ラウラ

◇講座明治維新　9　明治維新と女性　明治維新史学会編　有志舎　2015.2　265p　22cm　〈文献あり〉　3400円　①978-4-903426-92-1

内容 地域社会における女性と政治（ラウラ・ネンヅィ著, 横山百合子訳）　〔05481〕

【ノ】

ノ, ミョンソン*　盧 明善

◇日韓の刑事司法上の重要課題―日本比較法研究所・韓国法務部との交流30周年記念シンポジウム　椎橋隆幸編著　八王子　中央大学出版部　2015.3　250p　22cm　（日本比較法研究所研究叢書 100）　3200円　①978-4-8057-0599-5

内容 検事の客観義務と検察改革の望ましい方向（盧明善著, 氏家仁訳）　〔05482〕

◇新時代の刑事法学―椎橋隆幸先生古稀記念　下巻　井田良, 川出敏裕, 高橋則夫, 只木誠, 山口厚編　信山社　2016.11　797p　22cm　〈著作目録あり　年譜あり〉　16000円　①978-4-7972-8202-3

内容 電磁的情報の押収等に関する韓国判例の動向とその批判（盧明善著, 氏家仁訳）　〔05483〕

ノイゲバウアー, マティアス

◇キリスト教神学の主要著作―オリゲネスからモルトマンまで（Hauptwerke der Systematischen Theologie）　R.A.クライン,C.ポルケ,M.ヴェンテ編, 佐々木勝彦, 佐々木悠, 浜崎雅孝訳　教文館　2013.12　424, 18p　22cm　〈索引あり〉　4000円　①978-4-7642-7375-7

内容 アルブレヒト・リッチュル『キリスト教への手引き』（マティアス・ノイゲバウアー著, 佐々木勝彦訳）　〔05484〕

ノイス, デボラ　Noyes, Deborah

◇「死」の百科事典（ENCYCLOPEDIA OF THE END）　デボラ・ノイス著, 千葉茂樹訳, 荒俣宏監修　あすなろ書房　2014.4　158p　27cm　〈文献あり 索引あり〉　2800円　①978-4-7515-2707-8　〔05485〕

ノーウィッチ, ジョン・ジュリアス　Norwich, John Julius

◇ビジュアル版 世界の歴史都市―世界史を彩った都の物語（The Great Cities in History）　ジョン・ジュリアス・ノーウィッチ編, 福井正子訳　柊風舎　2016.9　303p　27×21cm　15000円　①978-4-86498-039-5

内容 メソポタミアからメガロポリスへ 他（ジョン・ジュリアス・ノーウィッチ）　〔05486〕

ノヴェリ, ルーク, Jr.

◇経験学習によるリーダーシップ開発―米国CCLによる次世代リーダー育成のための実践事例（Experience-Driven Leader Development）　シンシア・D.マッコーレイ,D.スコット・デリュ, ポール・R.ヨスト, シルベスター・テイラー編, 漆嶋稔訳　日本能率協会マネジメントセンター　2016.8　511p　27cm　8800円　①978-4-8207-5929-4

内容 実行意図：リーダーシップ開発の目標設定の修正

（ルーク・ノヴェリ,Jr.）〔05487〕

ノヴォトニー, エリック
◇図書館と知的自由についての新たな展望（New perspectives on intellectual freedom）　マーク・マッカロン編, 川崎良孝, 福井佑介, 嶋崎さや香訳　神戸　京都図書館情報学研究会　2015.6　165p　22cm　〈文献あり　発売：日本図書館協会〉　3500円　①978-4-8204-1500-8
内容 地獄から自由へ（エリック・ノヴォトニー著, 嶋崎さや香訳）〔05488〕

ノヴォトニー, カレル
◇間文化性の哲学　谷徹編　京都　文理閣　2014.8　284p　21cm　（立命館大学人文学企画叢書 01）〈他言語標題：Philosophy of Interculturality〉　3500円　①978-4-89259-736-7
内容 ヨーロッパとポスト・ヨーロッパ（カレル・ノヴォトニー著, 池田裕輔訳）〔05489〕

ノガール, アナ
◇沖縄ジェンダー学　第3巻　交差するアイデンティティ　喜納育江編著　大月書店　2016.2　266, 11p　22cm　（琉球大学国際沖縄研究所ライブラリ）〈索引あり〉3400円　①978-4-272-35053-7
内容 神話、伝説、そして歴史（アナ・ノガール, エンリケ・ラマドリッド著, 喜納育江訳）〔05490〕

ノゲラス, カルロス・デ・クエト
◇グローバル・サウスとは何か　松下冽, 藤田憲編著　京都　ミネルヴァ書房　2016.11　333p　22cm　（グローバル・サウスはいま 1）〈他言語標題：What is “Global South”?　年表あり　索引あり〉3500円　①978-4-623-07625-3
内容 経済・金融危機のEUへの影響（カルロス・デ・クエト・ノゲラス著, 円城由美子訳）〔05491〕

ノース, ダグラス・C.　North, Douglass Cecil
◇西欧世界の勃興―新しい経済史の試み（THE RISE OF THE WESTERN WORLD）　D.C.ノース,R.P.トマス著, 速水融, 穐本洋哉訳　新装版　京都　ミネルヴァ書房　2014.9　268p　22cm　〈文献あり 索引あり〉4500円　①978-4-623-07171-5
内容 第1部 理論と概観（課題　概観）　第2部 中世：900年～1500年（土地所有および人格的所有権　中世前期末の経済状態　中世盛期：ある種の辺境運動　13世紀のヨーロッパ　14, 15世紀）　第3部 近世社会：1500年～1700年（財政政策と所有権　近世　フランスおよびスペイン―失格者　オランダと経済成長の成功　イングランド）〔05492〕

◇ダグラス・ノース制度原論（Understanding the Process of Economic Change）　ダグラス・C.ノース著, 滝沢弘和, 中林真幸監訳, 水野孝之, 川嶋稔哉, 高槻泰郎, 結城武延訳　東洋経済新報社　2016.3　286, 19p　22cm　〈文献あり 索引あり〉　3800円　①978-4-492-31474-6
内容 経済変化の過程の概略　第1部 経済変化の理解に関する諸問題（非エルゴード的世界における不確実性　信念体系、文化、認知科学　意識と人間の志向性　人間が構築する足場　ここまでの棚卸し）　第2部 その先にあるもの（進化する人為的環境　秩序と無秩序の原因　正しい理解、誤った理解　西洋世界の勃興　ソビエト連邦の盛衰　経済成果の改善　私たちはどこへ向かうのか？）〔05493〕

ノスコ, ピーター　Nosco, Peter
◇江戸のなかの日本、日本のなかの江戸―価値観・アイデンティティ・平等の視点から（Values, Identity, and Equality in Eighteenth-and Nineteenth-Century Japan）　ピーター・ノスコ, ジェームス・E.ケテラー, 小島康敬編, 大野ロベルト訳　柏書房　2016.12　415p　22cm　〈索引あり〉4800円　①978-4-7601-4759-5
内容 十八世紀と十九世紀の価値観・アイデンティティ・平等について 他（ピーター・ノスコ, ジェームス・E.ケテラー著）〔05494〕

ノスティック, ニック　Nostitz, Nick
◇赤VS黄　第2部　政治に目覚めたタイ（Red vs Yellow）　ニック・ノスティック著, 大野浩訳　めこん　2014.10　167p　21cm　〈年表あり 索引あり〉2500円　①978-4-8396-0282-6
内容 舞台の準備　戦力増強　Dデイ：決行の日　道路封鎖、パタヤ崩壊　バンコク燃ゆ　闘いが過ぎて　ソンティ暗殺計画　赤の攻勢　新政治党　タックシンの誕生日　請願の日　偽情報、醜いエリートの抗争　プレアビヒアの賭け、黄色動く　社会大衆運動〔05495〕

ノストラダムス, M.　Notredame, Michel de
◇ノストラダムス予言集（LES PREMIÈRES CENTURIES OU PROPHETIESの抄訳）　ノストラダムス〔著〕, P.ブランダムール校訂, 高田勇, 伊藤進編訳　岩波書店　2014.10　374, 14p　19cm　（岩波人文書セレクション）〈1999年刊の再刊　文献あり〉3000円　①978-4-00-028789-0
内容 序 ノストラダムス『予言集』校訂の歩み　ノストラダムス予言集（詩百篇第一巻　詩百篇第二巻　詩百篇第三巻　詩百篇第四巻）　附録　結び 一六世紀詩人ノストラダムス〔05496〕

ノチェッラ, アントニー・J., 2世　Nocella, Anthony J., II
◇動物と戦争―真の非暴力へ、《軍事―動物産業》複合体に立ち向かう（Animals and War）　アントニー・J.ノチェッラ二世, コリン・ソルター, ジュディー・K.C.ベントリー編, 井上太一訳　新評論　2015.10　306p　20cm　〈文献あり 索引あり〉　2800円　①978-4-7948-1021-2
内容 動物研究、平和研究の批判的検討（アントニー・J.ノチェッラ二世著）〔05497〕

ノック, マシュー・K.　Nock, Matthew
◇世界自殺統計―研究・臨床・施策の国際比較（Suicide）　マシュー・K.ノック, ギリェルメ・ボルヘス, 大野裕編, 坂本律訳　明石書店　2015.7　436p　27cm　〈索引あり〉16000円　①978-4-7503-4208-5
内容 第1部 概要（自殺行動の国際的観点　自殺および自殺行動の疫学 ほか）　第2部 自殺行動の発生率および経過（自殺行動の発生率、発現、移行　自殺行動

ノ

の経時的な持続性）　第3部 自殺行動に対する生涯の危険因子（自殺行動に対する社会人口属性危険因子：WHO世界精神保健調査の結果　親の精神病理と自殺行動のリスク ほか）　第4部 12か月の危険因子および治療（WHO世界精神保健調査における12か月間自殺行動の高リスク集団の特定　自殺傾向のある人に対する世界各地の治療）　第5部 総括および今後の方向性（世界精神保健調査の自殺行動に関する知見に基づく研究上、臨床上、施策上の指針　総括および今後の方向性）　〔05498〕

ノックス, エミリー

◇図書館と知的自由についての新たな展望（New perspectives on intellectual freedom）　マーク・マッカロン編, 川崎良孝, 福井佑介, 嶋崎さや香訳　神戸　京都図書館情報学研究会　2015.6　165p　22cm　〈文献あり　発売：日本図書館協会〉　3500円　①978-4-8204-1500-8

内容 知的自由と、読書の影響力についての懐疑主義（エミリー・ノックス著, 福井佑介訳）　〔05499〕

ノップ, ケリー　Knopp, Kelly

◇きみはソーシャル探偵！—子どもと学ぶソーシャルシンキング（You Are a Social Detective！）　ミシェル・ガルシア・ウィナー, パメラ・クルーク著, ケリー・ノップ絵, 稲田尚子, 三宅篤子訳　金子書房　2016.4　63p　29cm　3000円　①978-4-7608-2404-5　〔05500〕

ノート, ゲラルト

◇ピエール・ベール関連資料集　補巻　良心の自由　野沢協編訳　法政大学出版局　2015.1　387p　22cm　14000円　①978-4-588-12025-1

内容 『講話二篇—主権者の権力について、および、良心の自由について』、ジャン・バルベラックによる仏訳（ゲラルト・ノート）　〔05501〕

ノードクヴィスト, スヴェン　Nordqvist, Sven

◇自分で考えよう—世界を知るための哲学入門（TÄNK SJÄLV）　ペーテル・エクベリ作, スヴェン・ノードクヴィスト絵, 枇谷玲子訳　晶文社　2016.10　119p　21cm　1400円　①978-4-7949-6936-1

内容 1 いつだって、あらたにもう1つ問いを立てていい（哲学の世界のヒーローたち　知りたがりの哲学者 ほか）　2 頭のなかのトラに、しま模様はなん本入っているだろう？（目の前にないものを思いうかべるみんな夢？ ほか）　3 地球はタルトみたいな形をしているの？（信じることと、そうであるということ　五感と記憶 ほか）　4 泥棒するのは、ときにはゆるされる？（道徳的判断をするための理性　優しいうそ ほか）　5 空想のオレンジじゃ、できないことって？（牛は哲学者になれるの？　人間に限界はない ほか）　〔05502〕

ノートン, デビッド・P.　Norton, David P.

◇戦略マップ—バランスト・スコアカードによる戦略策定・実行フレームワーク（STRATEGY MAPS）　ロバート・S.キャプラン, デビッド・P.ノートン著, 桜井通晴, 伊藤和憲, 長谷川恵一監訳　復刻版　東洋経済新報社　2014.2　531p　22cm　〈初版：ランダムハウス講談社 2005年刊　索引あり〉　4800円　①978-4-492-53339-0

内容 第1部 概観（序論　戦略マップ）　第2部 企業価値創造のプロセス（業務管理のプロセス　顧客管理のプロセス ほか）　第3部 インタンジブルズ（インタンジブルズを企業の戦略に方向づける　人的資本レディネス ほか）　第4部 戦略と戦略マップの構築（戦略マップのカスタマイズ　戦略実行キャンペーンの計画）　第5部 ケースファイル（民間企業　公的組織 ほか）　〔05503〕

◇ハーバード・ビジネス・レビューBEST10論文—世界の経営者が愛読する（HBR's 10 Must Reads）　ハーバード・ビジネス・レビュー編集部編, DIAMONDハーバード・ビジネス・レビュー編集部訳　ダイヤモンド社　2014.9　357p　19cm　（Harvard Business Review）　1800円　①978-4-478-02868-1

内容 バランス・スコアカードの導入インパクト（ロバート・S.キャプラン, デイビッド・P.ノートン著）　〔05504〕

ノートン, ナタリー　Norton, Natalie

◇「バカ？」と言われて大正解—非常識なアイデアを実現する（THE POWER OF STARTING SOMETHING STUPID）　リッチー・ノートン, ナタリー・ノートン著, 森尚子訳　パンローリング　2015.3　261p　19cm　（フェニックスシリーズ 26）　1300円　①978-4-7759-4134-8

内容 1章 「バカ」こそ新しい賢さ（最初に知っておくべきこと—ギャビンの法則　「バカ」は新しい賢さ—古着ジーンズとクリエイティブ・パズル　絶対に避けたいこと—待つだけの人生）　2章 バカなアイデアの見つけ方（ベゾスはいつアマゾンを始めたか　時間なし、資金なし、学歴なしは言い訳にならない）　3章 「バカ」なビジネスが流行るわけ（イノベーションとバカのループ構造—なぜフォードはT型モデルに固執したか　バカげたプロジェクトを続ける—どうすれば次の段階に進めるのか）　4章 バカなアイデアを実現するには（恐怖を押しつぶそう—強い恐怖を優れた成果に換える方法　プライドを捨てる—謙虚パワーを選択する　先延ばし癖を克服する　自分らしくあれ—正直のパワー　ニュー・スマートになる5つのアクション—奉仕（Serve）、感謝（Thank）、求める（Ask）、受け取る（Receive）、信頼する（Trust）　今手元にある資源を活用する—セレブ愛用のモカシンシューズを作る方法　最終章—新しくスマートな人生の始まり）　〔05505〕

ノートン, バリー　Naughton, Barry

◇呉敬璉、中国経済改革への道（WU JINGLIAN）　呉敬璉著, バリー・ノートン編・解説, 曽根康雄監訳　NTT出版　2015.3　350p　22cm　（叢書《制度を考える》）　〈年譜あり 索引あり〉　3800円　①978-4-7571-2339-7

内容 第1部 現在の課題：中国の改革からどのような21世紀型経済が現れるのか？（改革の再生に向けて—呉敬璉（れん）へのインタビュー　中国経済改革30年の制度的思考 ほか）　第2部 自叙伝：社会的に献身した知識人コミュニティーの数世代に跨る歴史（企業家精神で人生の理想を追い求める：母への追憶　私の経済観の背景—中国経済の振興は市場志向の改革にかかっている ほか）　第3部 中国の経済改革を設計する（経済体制中期（1988‐1995）改革計画綱要　短・中期経済体制改革の包括的設計）　第4部 改革アジェンダを拡大する（わが国の証券市場構築の大計　株式市場の何が問題なのか ほか）　〔05506〕

ノートン, マイケル Norton, Michael

◇「幸せをお金で買う」5つの授業 (Happy Money) エリザベス・ダン, マイケル・ノートン著, 古川奈々子訳 KADOKAWA 2014.2 254p 20cm 1600円 ①978-4-04-600181-8

内容 Prologue「幸せをお金で買う」5つの原則 1 経験を買う 2 ご褒美にする 3 時間を買う 4 先に支払って、あとで消費する 5 他人に投資する Epilogue 視野を広げよう 〔05507〕

◇変革の知 ジャレド・ダイアモンドほか〔述〕, 岩井理子訳 KADOKAWA 2015.2 251p 18cm (角川新書 K-1) 900円 ①978-4-04-102413-3

内容 モノより体験を買う時、もっと幸せになれる(マイケル・ノートン述) 〔05508〕

ノートン, リッチー Norton, Richie

◇「バカ？」と言われて大正解—非常識なアイデアを実現する (THE POWER OF STARTING SOMETHING STUPID) リッチー・ノートン, ナタリー・ノートン著, 森尚子訳 パンローリング 2015.3 261p 19cm (フェニックスシリーズ 26) 1300円 ①978-4-7759-4134-8

内容 1章 「バカ」こそ新しい賢さ(最初に知っておくべきこと—ギャビンの法則 「バカ」は新しい賢さ—古着ジーンズとクリエイティブ・パズル 絶対に避けたいこと—待つだけの人生) 2章 バカなアイデアの見つけ方(ベゾスはいつアマゾンを始めたか 時間なし、資金なし、学歴なしは言い訳にならない) 3章 「バカ」なビジネスが流行るわけ(イノベーションとバカのループ構造—なぜフォードはT型モデルに固執したか バカげたプロジェクトを続ける—どうすれば次の段階に進めるのか) 4章 バカなアイデアを実現するには(恐怖を押しつぶそう—強い恐怖を優れた成果に換える方法 プライドを捨てる—謙虚パワーを選択する 先延ばし癖を克服する 自分らしくあれ—正直のパワー ニュー・スマートになる5つのアクション—奉仕(Serve)、感謝(Thank)、求める(Ask)、受け取る(Receive)、信頼する(Trust) 今手元にある資源を活用する—セレブ愛用のモカシンシューズを作る方法 最終章—新しくスマートな人生の始まり) 〔05509〕

ノートン, M.F.* Norton, Maureen F.

◇IBMを強くした「アナリティクス」—ビッグデータ31の実践例 (ANALYTICS ACROSS THE ENTERPRISE) Brenda L.Dietrich,Emily C. Plachy,Maureen F.Norton著, 山田敦, 島田真由巳, 米沢隆, 前田英志, 高木将人, 岡部武, 池上美和子訳 日経BP社 2014.10 224p 21cm 〈文献あり 発売：日経BPマーケティング〉 1800円 ①978-4-8222-6887-9

内容 第1章 ビッグデータとアナリティクスに注目する理由 第2章 スマーターワークフォースの創出 第3章 サプライチェーンの最適化 第4章 会計アナリティクスによる将来の予測 第5章 ITによるアナリティクスの実現 第6章 顧客へのアプローチ 第7章 測定不可能なものを測定 第8章 製造の最適化 第9章 セールスのパフォーマンス向上 第10章 卓越したサービスの提供 第11章 これまでの歩みと未来への展望 〔05510〕

ノーブル, グレゴリー・W.

◇ガバナンスを問い直す 2 市場・社会の変容と改革政治 東京大学社会科学研究所, 大沢真理, 佐藤岩夫編 東京大学出版会 2016.11 286p 22cm 〈索引あり〉 4200円 ①978-4-13-030208-1

内容 消費税増税と日本のガバナンス(グレゴリー・W.ノーブル著, 大沢真理監訳) 〔05511〕

ノーマン, エドワード

◇イギリス宗教史—前ローマ時代から現代まで (A History of Religion in Britain) 指昭博, 並河葉子監訳, 赤江雄一, 赤瀬理穂, 指珠恵, 戸渡文子, 長谷川直子, 宮崎章訳, シェリダン・ギリー, ウィリアム・J.シールズ編 法政大学出版局 2014.10 629, 63p 22cm 〈文献あり 年表あり 索引あり〉 9800円 ①978-4-588-37122-6

内容 一八〇〇年以降の教会と国家(エドワード・ノーマン著, 並河葉子訳) 〔05512〕

ノーマン, マリー・K. Norman, Marie K.

◇大学における「学びの場」づくり—よりよいティーチングのための7つの原理 (How Learning Works) スーザン・A.アンブローズ, マイケル・W.ブリッジズ, ミケーレ・ディピエトロ, マーシャ・C.ラベット, マリー・K.ノーマン著, 栗田佳代子訳 町田 玉川大学出版部 2014.7 267p 21cm (高等教育シリーズ 164) 〈文献あり 索引あり〉 3200円 ①978-4-472-40489-4

内容 序論 学習に関する研究と教育実践の橋渡し 第1章 学生の先行知識が学習におよぼす影響 第2章 知識の体系化の方法が学習におよぼす影響 第3章 学習のモチベーションを高める要素 第4章 学生が熟達するには 第5章 学習を強化できる練習とフィードバック 第6章 学生の発達レベルと授業の雰囲気が学生の学習にとって重要な理由 第7章 自律的な学習者になってもらうために 結語 7つの原理を私たち自身にあてはめる 〔05513〕

ノーラー, ビル Noller, Bill

◇聖書の物語365 ライオン・ハドソン文, ビル・ノーラー絵, サンパウロ訳, サンパウロ監修 サンパウロ 2014.12 256p 25cm 2800円 ①978-4-8056-4833-9

内容 旧約聖書(創造の物語 ノアの物語 異なった言語の物語 アブラハムの物語 イサクの物語 ヤコブの物語 ヨセフの物語 モーセの物語 エリシャの物語 王、女王、預言者の物語 ユダ王国の物語 ダニエルの物語 捕囚からの帰還の物語 王妃エステルの物語 預言者たちの物語) 新約聖書(洗礼者ヨハネの物語 イエスの物語 使徒たちの物語) 〔05514〕

ノリス, ダン Norris, Dan

◇7日間起業—ゼロから最小リスク・最速で成功する方法 (THE 7 DAY STARTUP) ダン・ノリス著, 平野敦士カール訳 朝日新聞出版 2016.11 183p 19cm 1300円 ①978-4-02-331545-7

内容 第1章 ローンチしなければ学べない 第2章 スタートアップとは何か？ 第3章 アイデア、エクスキューション、ハッスル 第4章 なぜ7日間で？ 第5章 7日間起業 第6章 ビジネスモデルを精査しよう 第7章 ビジネスルール金科玉条 〔05515〕

ノールズ, ヴァレリー　Knowles, Valerie

◇カナダ移民史―多民族社会の形成（STRANGERS AT OUR GATES 原著第3版の翻訳）　ヴァレリー・ノールズ著, 細川道久訳　明石書店　2014.1　400p　20cm　（世界歴史叢書）〈文献あり 索引あり〉4800円　①978-4-7503-3946-7

内容 移民のはじまり　カナダ初の大量難民　イギリス移民と植民地の変容　マクドナルド政権期の移民　シフトンの時代　新しい移民政策の策定　移民の停滞　戦後の移民ブーム――九四七～五七年　新たな移民政策に向けて　移民新時代　激動の時代――九八〇年代以降　過去一〇年の展開　〔05516〕

ノルト, ドロシー・ロー　Nolte, Dorothy Law

◇やさしくなれたら、あなたはもう一人ぼっちじゃない。（Caring feelings create Pathways of connection）　ドロシー・ロー・ノルト詩, 坂東真理子解説　マガジンハウス　2016.1　143p　19cm　1200円　①978-4-8387-2801-5

内容 1 リラックス　2 感謝　3 信念　4 やさしさ　5 結婚　6 理解　7 わかる　8 調和　〔05517〕

ノーレン・ホークセマ, スーザン　Nolen-Hoeksema, Susan

◇ヒルガードの心理学（ATKINSON & HILGARD'S INTRODUCTION TO PSYCHOLOGY 原著第16版の翻訳）　Susan Nolen-Hoeksema,Barbara L.Fredrickson, Geoffrey R.Loftus,Christel Lutz著, 内田一成監訳　金剛出版　2015.9　1094p　27cm　〈文献あり 索引あり〉22000円　①978-4-7724-1438-8

内容 心理学の特徴　心理学の生物学的基礎　心理発達　感覚過程　知覚　意識　学習と条件づけ　記憶　言語と思考　動機づけ　感情　知能　人格　ストレス、健康、コーピング　心理障害　心の健康問題の治療　社会的影響　社会的認知　〔05518〕

ノワック, サリー・ビドア

◇経験学習によるリーダーシップ開発―米国CCLによる次世代リーダー育成のための実践事例（Experience-Driven Leader Development）　シンシア・D.マッコーレイ,D.スコット・デリュ, ポール・R.ヨスト, シルベスター・テイラー編, 漆嶋稔訳　日本能率協会マネジメントセンター　2016.8　511p　27cm　8800円　①978-4-8207-5929-4

内容 経験学習を促進させる質問（サリー・ビドア・ノワック）　〔05519〕

ノワリエル, ジェラール　Noiriel, Gérard

◇フランスという坩堝――九世紀から二〇世紀の移民史（LE CREUSET FRANÇAIS）　ジェラール・ノワリエル〔著〕, 大中一弥, 川崎亜紀子, 太田悠介訳　法政大学出版局　2015.9　423, 71p　20cm　（叢書・ウニベルシタス 1032）〈文献あり 索引あり〉4800円　①978-4-588-01032-3

内容 第1章 記憶の場ならざるもの　第2章 カードと法典　第3章 根こぎにされた人びと　第4章「フランスよ、おまえは私の根を傷つけた」　第5章 三つの危機　第6章 フランスの再構築　結論 フランス革命二百周年祭にあたっての小論　〔05520〕

【ハ】

バ, イツコウ*　馬 一虹

◇遣唐使と入唐僧の研究―附校訂『入唐五家伝』　佐藤長門編　高志書院　2015.11　383, 18p　22cm　9500円　①978-4-86215-152-0

内容 円仁入唐求法の山東行程に関する考察（馬一虹著, 河野保博訳）　〔05521〕

バ, ガイ　馬 皚

◇日中法と心理学の課題と共同可能性　浜田寿美男, 馬皚, 山本登志哉, 片成男編著　京都　北大路書房　2014.10　297p　21cm　（法と心理学会叢書）〈索引あり〉4200円　①978-4-7628-2875-1

内容 中国における法心理学（馬皚著, 山本登志哉訳）　〔05522〕

バ, ギョクショウ*　馬 玉祥

◇東北アジア平和共同体構築のための課題と実践―「IPCR国際セミナー2013」からの提言　韓国社会法人宗教平和国際事業団著, 世界宗教者平和会議日本委員会編, 山本俊正監修, 金永完監訳, 中央学術研究所編集責任　佼成出版社　2016.8　191, 3p　18cm　（アーユスの森新書 010）　900円　①978-4-333-02739-2

内容 天人合一（馬玉祥述, 金永完訳）　〔05523〕

バ, シュンイ*　馬 俊威

◇東北アジア平和共同体構築のための課題と実践―「IPCR国際セミナー2013」からの提言　韓国社会法人宗教平和国際事業団著, 世界宗教者平和会議日本委員会編, 山本俊正監修, 金永完監訳, 中央学術研究所編集責任　佼成出版社　2016.8　191, 3p　18cm　（アーユスの森新書 010）　900円　①978-4-333-02739-2

内容 未来志向の中・日・韓三カ国協力について（馬俊威述, 金永完訳）　〔05524〕

バ, リツセイ　馬 立誠

◇憎しみに未来はない―中日関係新思考　馬立誠著, 及川淳子訳　岩波書店　2014.1　293p　20cm　〈文献あり〉2800円　①978-4-00-025944-6

内容 驚天動地　「対日関係の新思考」とはいったいどのような文章か　新思考は鄧（とう）小平と胡耀邦の対日観から生まれた　我が道は独りではない―私の先生、何方　感情を政策に置き換えてはならない―新思考の二人の大将　愛国を看板にするな―私がセントラルで殴られたって？　日本を寛大に許せば民族の裏切り者になるのか―葛紅兵事件　理性は妄動を抑制する―朱良部長からの手紙と袁偉時教授の文章　「氷を砕く」から「暖かい春」まで―胡錦濤と温家宝の突破　日本政府は二五回おわびした〔ほか〕　〔05525〕

ハイ, インキュウ*　裵 寅九

⇒ペ, イング*

バイ, カレイ　梅 家玲
◇漂泊の叙事――一九四〇年代東アジアにおける分裂と接触　浜田麻矢, 薛化元, 梅家玲, 唐顥芸編　勉誠出版　2015.12　561p　22cm　8000円　①978-4-585-29112-1
内容 戦う文芸と声の政治(梅家玲著, 浜田麻矢訳)〔05526〕

ハイ, コウショウ*　裵 亢燮
⇒ペ, ハンソプ*

ハイ, コンコウ*　拝 根興
◇東アジアの礼・儀式と支配構造　古瀬奈津子編　吉川弘文館　2016.3　312p　22cm　10000円　①978-4-642-04628-2
内容 唐朝の賓礼儀式および実施に関する考察(拝根興著, 塩野貴啓訳)〔05527〕

ハイ, セイコク*　裴 成国
◇シルクロードと近代日本の邂逅―西域古代資料と日本近代仏教　荒川正晴, 柴田幹夫編　勉誠出版　2016.3　811p　22cm　〈著作目録あり 年譜あり〉8500円　①978-4-585-22125-8
内容 『高昌張武順等葡萄畝数および租酒帳』の再研究(裴成国著, 丁世理訳)〔05528〕

バイアースタイン, バリー・L.　Beyerstein, Barry L.
◇本当は間違っている心理学の話―50の俗説の正体を暴く(50 Great Myths of Popular Psychology)　スコット・O.リリエンフェルド, スティーヴン・ジェイ・リン, ジョン・ラッシオ, バリー・L.バイアースタイン著, 八田武志, 戸田山和久, 唐沢穣監訳　京都　化学同人　2014.3　340, 93p　20cm　〈文献あり 索引あり〉3200円　①978-4-7598-1499-6
内容 心理学神話の世界　脳が秘めた力―脳と知覚をめぐる神話　人が死ぬまでに経験すること―発達と加齢をめぐる神話　過去の出来事の思い出―記憶をめぐる神話　学習効果の高め方―知能と学習をめぐる神話　こころの奥をのぞき込む―意識をめぐる神話　気の持ちようで変わること―感情と動機をめぐる神話　他者との良好な関係を築くために―対人行動をめぐる神話　自分の内面に目を向ける―パーソナリティをめぐる神話　こころの病気への対処―精神疾患をめぐる神話　犯罪者の取り違え―心理学と法律をめぐる神話　こころの問題を解決する―心理療法をめぐる神話〔05529〕

バイアム, テイシー　Byham, Tacy M.
◇世界基準のリーダー養成講座―人を通じて成果を生み出す「任せる力」(YOUR FIRST LEADERSHIP JOB)　テイシー・バイアム, リチャード・ウェリンズ著, 服部千佳子訳　朝日新聞出版　2016.4　297p　21cm　2000円　①978-4-02-331499-3
内容 第1部 カタリスト型リーダーシップ(さあ、あなたはリーダーだ―旅の始まり　ボスか、カタリストか―優れたリーダーとは　リーダーへの移行をうまく乗り切る方法―成功に必要な素質　リーダーシップ・ブランドその1―信頼のおける対応をする　リーダーシップ・ブランドその2―進んでフィードバックを受け入れる ほか)　第2部 リーダーシップスキルの達人になるために(最高の人材を採用・選抜する―行動は行動を予測する　上司はあなたに何を求めているか？　―良き助言者になろう　エンゲージメントとリテンション―部下が活気づく環境をつくり出そう　会議―会議を有意義なものにしよう！　コーチング―成功から学ぶ ほか)　第3部 ボーナスチャプターとツール〔05530〕

バイヴル, ヴォルフガング
◇ドイツ教授学へのメタ分析研究の受容―ジョン・ハッティ「可視化された学習」のインパクト　原田信之, ヒルベルト・マイヤー編著, 宇都宮明子, 木戸裕, サルバション有紀訳　〔東大阪〕　デザインエッグ　2015.11　140p　21cm　〈執筆：エヴァルト・テルハルトほか　文献あり〉①978-4-86543-477-4〔05531〕

ハイエク, フリードリヒ　Hayek, Friedrich August von
◇自然・人類・文明　F.A.ハイエク, 今西錦司著　復刊　NHK出版　2014.11　220p　19cm　(NHK BOOKS)　1200円　①978-4-14-091224-9
内容 1 自然　2 人類　3 文明　附論1 人間的価値の三つの起源　附論2 進化と突然変異　附論3 経済発展と日本文化〔05532〕
◇隷従への道(THE ROAD TO SERFDOM)　フリードリヒ・ハイエク著, 村井章子訳　日経BP社　2016.10　532p　20cm　(NIKKEI BP CLASSICS)　〈索引あり　発売：日経BPマーケティング〉2800円　①978-4-8222-5173-4
内容 放棄された道　偉大なユートピア　個人主義と集産主義　計画の「必然性」　計画と民主主義　計画と法の支配　経済の管理と全体主義　誰が、誰を？　保障と自由　最悪の人間が指導者になるのはなぜか　真実の終わり　ナチズムを生んだ社会主義　いまここにいる全体主義者　物質的な条件と観念的な目標　国際秩序の展望〔05533〕

バイエス, ピラリン　Bayés, Pilarín
◇ピラリン・バイエス絵でよむ聖書(LA BIBLIA DE TOTS)　ピラリン・バイエス絵, 轟志津香訳, 加藤常昭監修　原書房　2015.2　228p　24cm　〈年表あり〉2500円　①978-4-562-05127-4
内容 第1部 旧約聖書(イスラエルの民のはじまり　イスラエルの民は自由の民　国王と預言者　戦争と追放―イスラエルの民のもうひとつの証　天地創造　よきイスラエル人―だれをも受けいれる民)　第2部 新約聖書(天使のお告げとイエスの誕生　イエス伝道をはじめられる　山上で告げられた言葉　人びとのために命を捧げられる　イエスの死と復活の証)〔05534〕

バイサウス, ドン
◇共生学が創る世界　河森正人, 栗本英世, 志水宏吉編集　吹田　大阪大学出版会　2016.3　289p　21cm　(大阪大学新世紀レクチャー)　2200円　①978-4-87259-542-0
内容 多文化社会の心理学(ドン・バイサウス著, 二羽泰子訳)〔05535〕

バイサル, バシャク
◇中東欧地域における私法の根源と近年の変革(Geschichtliche Wurzeln und Reformen in mittel-und osteuropäischen

ハ

Privatrechtsordnungen）　奥田安弘, マルティン・シャウアー編, 奥田安弘訳　八王子　中央大学出版部　2014.11　190p　21cm　（日本比較法研究所翻訳叢書 70）　2400円　①978-4-8057-0371-7

内容 1926年以降のトルコの近代化における西欧法の継受（バシャク・バイサル著）〔05536〕

バイス, アン

◇共感の社会神経科学（THE SOCIAL NEUROSCIENCE OF EMPATHY）　ジャン・デセティ, ウィリアム・アイクス編著, 岡田顕宏訳　勁草書房　2016.7　334p　22cm　〈索引あり〉 4200円　①978-4-326-25117-9

内容 他者の苦痛を知覚する：共感の役割に関する実験的・臨床的証拠（リーズベット・グーベルト, ケネス・D.クレイグ, アン・バイス著）〔05537〕

パイゼル, トマス　Peisel, Thomas

◇幸せになる明晰夢の見方（A Field Guide to Lucid Dreaming）　ディラン・トゥッチロ, ジャレド・ザイゼル, トマス・パイゼル著, 日暮雅通, 野下祥子訳　イースト・プレス　2014.11　300p　19cm　2000円　①978-4-7816-1260-7

内容 第1部 明晰夢を見るための基礎知識　第2部 明晰夢を見る確率をあげる方法　第3部 明晰夢を長引かせるテクニック　第4部 明晰夢のなかでできるスーパーパワー　第5部 明晰夢をうまくコントロールする技　第6部 明晰夢の日常生活への活かし方〔05538〕

ハイデガー, マルティン　Heidegger, Martin

◇存在と時間　1（SEIN UND ZEIT）　ハイデガー著, 中山元訳　光文社　2015.9　466p　16cm　（光文社古典新訳文庫 KBハ1-1）　1260円　①978-4-334-75317-7

内容 序論 存在の意味への問いの提示（存在の問いの必然性、構造、優位　存在への問いを遂行するための二重の課題。探求の方法とその構図）〔05539〕

◇存在と時間　2（SEIN UND ZEIT）　ハイデガー著, 中山元訳　光文社　2016.9　371p　16cm　（光文社古典新訳文庫 KBハ1-2）　1200円　①978-4-334-75338-2

内容 第1部 時間性に基づいた現存在の解釈と、存在への問いの超越論的な地平としての時間の解明（現存在の予備的な基礎分析（現存在の予備的な分析の課題の提示　現存在の根本機構としての世界内存在一般　世界の世界性））〔05540〕

ハイデック, クリスティアン

◇戦後日独関係史　工藤章, 田嶋信雄編　東京大学出版会　2014.7　525, 19p　22cm　〈索引あり〉 8800円　①978-4-13-026260-6

内容 冷戦下の独日労働組合関係（クリスティアン・ハイデック著, 平野達志訳）〔05541〕

ハイド, ウンマニ・リザ　Hyde, Unmani Liza

◇愛のために死す（DIE TO LOVE）　ウンマニ・リザ・ハイド著, 広瀬久美訳　ナチュラルスピリット　2015.12　158p　19cm　1400円　①978-4-86451-187-2

内容 切望　すべてを失いなさい　私は誰か　「私」というエゴ　思考の本質　鎧を脱ぎ捨てる　ゆだねる死　愛とは何か　他者〔ほか〕〔05542〕

ハイト, ジョナサン　Haidt, Jonathan

◇社会はなぜ左と右にわかれるのか―対立を超えるための道徳心理学（The Righteous Mind）　ジョナサン・ハイト〔著〕, 高橋洋訳　紀伊国屋書店　2014.4　613p　20cm　〈文献あり 索引あり〉 2800円　①978-4-314-01117-4

内容 第1部 まず直観、それから戦略的な思考―心は“乗り手”と“象”に分かれる。“乗り手”の仕事は“象”に仕えることだ（道徳の起源　理性の尻尾を振る直観的な犬　“象”の支配　私に清き一票を）　第2部 道徳は危害と公正だけではない―“正義心”は、六種類の味覚センサーをもつ舌だ（奇妙（WEIRD）な道徳を超えて　“正義心”の味覚受容器　政治の道徳的基盤　保守主義者の優位）　第3部 道徳は人々を結びつけると同時に盲目にする―私たちの90%はチンパンジーで、10%はミツバチだ（私たちはなぜ集団を志向するのか？　ミツバチスイッチ　宗教はチームスポーツだ　もっと建設的な議論ができないものか？）〔05543〕

◇嫌悪とその関連障害―理論・アセスメント・臨床的示唆（DISGUST AND ITS DISORDERS）　B.O.オラタンジ,D.マッケイ編著, 堀越勝監修, 今田純雄, 岩佐和典監訳　京都　北大路書房　2014.8　319p　21cm　〈索引あり〉 3600円　①978-4-7628-2873-7

内容 嫌悪：21世紀における身体と精神の感情（Paul Rozin, Jonathan Haidt, Clark McCauley著, 今田純雄訳）〔05544〕

ハイド, マーティン

◇イギリスにおける高齢期のQOL―多角的視点から生活の質の決定要因を探る（UNDERSTANDING QUALITY OF LIFE IN OLD AGE）　アラン・ウォーカー編著, 岡田進一監訳, 山田三知子訳　京都　ミネルヴァ書房　2014.7　249p　21cm　（新・MINERVA福祉ライブラリー 20）　〈文献あり 索引あり〉 3500円　①978-4-623-07097-8

内容 高齢期におけるQOL格差（ポール・ヒッグス, マーティン・ハイド, サラ・アーバー, デイヴィッド・ブレーン, エリザベス・ブリーズ, ジェイムズ・ナズルー, ディック・ウィギンス著）〔05545〕

ハイドリッヒ, イエンツ　Heidrich, Jens

◇ゴール＆ストラテジ入門―残念なシステムの無くし方（Aligning Organizations Through Measurement）　Victor Basili,Adam Trendowicz,Martin Kowalczyk,Jens Heidrich, Carolyn Seaman,Jürgen Münch,Dieter Rombach共著, 鷲崎弘宜, 小堀貴信, 新谷勝利, 松岡秀樹監訳, 早稲田大学グローバルソフトウェアエンジニアリング研究所ゴール指向経営研究会訳　オーム社　2015.9　218p　21cm　〈他言語標題：GQM+Strategies　文献あり 索引あり〉 2800円　①978-4-274-50584-3

内容 第1部 GQM+Strategiesアプローチ（GQM+Strategiesのポイント　フェーズ0：初期化　フェーズ1：環境の特性化　フェーズ2：目標と戦略の設定　フェーズ3：実行計画の策定　フェーズ4：計画の実行　フェーズ5：成果の分析　フェーズ6：結果のまとめ）　第2部 業界への適用と他の手法との

関係(各社の適用例 他のアプローチとの関係 まとめと今後に向けた見解) 付録(GQM+Strategiesプロセスチェックリスト GQM+Strategies評価アンケート) 〔05546〕

ハイネマン, ミミ Hieneman, Meme

◇子育ての問題をPBSで解決しよう!―ポジティブな行動支援で親も子どももハッピーライフ (Parenting with Positive Behavior Support) ミミ・ハイネマン, カレン・チャイルズ, ジェーン・セルゲイ著, 三田地真実監訳, 神山努, 大久保賢一訳 金剛出版 2014.8 223p 26cm 〈文献あり〉 2800円 ①978-4-7724-1354-1

内容 第1部 ポジティブな行動支援(PBS)の紹介とその全体像―PBSの基礎知識(問題行動の理解とその対応 ポジティブな行動支援(PBS)について) 第2部 ポジティブな行動支援(PBS)のプロセス―問題解決プロセスの全体像(ゴールの設定 情報の収集と分析 計画の作成 計画の実行) 第3部 ポジティブな行動支援(PBS)の実際―事例を通して実際のプロセスを体験する(アヤの事例 ユキの事例 ケイタの事例) 第4部 ポジティブな行動支援(PBS)による生活の拡大―そのプロセスを家族に役立たせる(ポジティブな行動支援(PBS)を家族生活に取り入れる 誰に対してもポジティブな行動支援(PBS)が機能するために) 〔05547〕

パイパー, ソフィー Piper, Sophie

◇はじめてのクリスマス (The first Christmas) ソフィー・パイパー文, エステル・コーク絵, 長島瑛子編著 新装 いのちのことば社CS成長センター 2012.9 29p 18cm 458円 ①978-4-8206-0243-9 〔05548〕

◇かみさまきいてねよるのおいのり (Goodnight God Bless) ソフィー・パイパー文, ギャレス・リューウェリン画, 女子パウロ会訳 女子パウロ会 2016.10 45p 18cm 850円 ①978-4-7896-0779-7 〔05549〕

ハイベルズ, ビル Hybels, Bill

◇素的(しんぷる)に生きる―洗練されたクリスチャンライフへの10章 (Simplify) ビル・ハイベルズ著, 田頭美貴訳, 宮本安喜監修 立川 福音社 2014.11 462p 19cm 〈共同刊行:ウィロークリーク・ネットワーク・ジャパン〉 2100円 ①978-4-89222-452-2 〔05550〕

ハイマン, エドゥアルト

◇ティリッヒとフランクフルト学派―亡命・神学・政治 深井智朗監修, フリードリヒ・ヴィルヘルム・グラーフ, アルフ・クリストファーセン, エルトマン・シュトルム, 竹淵香織編 法政大学出版局 2014.2 293, 33p 19cm (叢書・ウニベルシタス) 3500円 ①978-4-588-01005-7

内容 パウル・ティリッヒの思い出(マックス・ホルクハイマー, テオドール・W.アドルノ, エドゥアルト・ハイマン, エルンスト・ブロッホ述, ヴォルフ=ディーター・マルシュ司会, ゲルハルト・ライン編集, 小柳敦史訳) 〔05551〕

ハイム, パット Heim, Pat

◇女性が知っておくべきビジネスのオキテ (Hardball for women) パット・ハイム, スーザン・K.ゴラント著, 坂東智子訳 ディスカヴァー・トゥエンティワン 2014.3 255p 19cm 〈(2008年刊)の改訂版〉 1500円 ①978-4-7993-1474-6

内容 序章 なぜ、女性はビジネスのオキテを知らなければならないのか? その1 トップの言うことには逆らわない その2 対立をおそれない その3 チームプレイに徹する その4 リーダーらしくふるまう その5 自分を有利に見せる その6 批判されてもめげない その7 ゴールをめざす 〔05552〕

バイヤール, ピエール Bayard, Pierre

◇読んでいない本について堂々と語る方法 (COMMENT PARLER DES LIVRES QUE L'ON N'A PAS LUS?) ピエール・バイヤール著, 大浦康介訳 筑摩書房 2016.10 300p 15cm (ちくま学芸文庫 ハ46-1) 950円 ①978-4-480-09757-6

内容 序 1 未読の諸段階(「読んでいない」にも色々あって…)(ぜんぜん読んだことのない本 ざっと読んだ(流し読みをした)ことがある本 人から聞いたことがある本 読んだことはあるが忘れてしまった本) 2 どんな状況でコメントするのか(大勢の人の前で 教師の面前で 作家を前にして 愛する人の前で) 3 心がまえ(気後れしない 自分の考えを押しつける 本をでっち上げる 自分自身について語る) 結び 〔05553〕

バイラム, マイケル Byram, Michael

◇異文化間教育とは何か―グローバル人材育成のために 西山教行, 細川英雄, 大木充編 くろしお出版 2015.10 237p 21cm (リテラシーズ叢書 4) 2400円 ①978-4-87424-673-3

内容 異文化間市民教育(マイケル・バイラム著, 柳美佐訳) 〔05554〕

パイル, ジェームズ・O. Pyle, James O.

◇米陸軍諜報指導官に質問されたらあなたは何も隠せない―交渉事で主導権を握るための質問術 (Find Out Anything from Anyone, Anytime) ジェームズ・O.パイル, マリアン・カリンチ共著, 柏倉美穂訳 三五館 2015.7 233p 19cm 1500円 ①978-4-88320-641-4

内容 序章 質問テクニック習得の効果 第1章 考え方を変える 第2章 上手な質問の作り方 第3章 質問のタイプを把握する 第4章 領域別に「発見」する 第5章 よく聴き、よく黙り、よくメモする 第6章 答えを分析する 第7章 専門知識はどうたずねるか? 〔05555〕

ハイルブローナー, ロバート Heilbroner, Robert L.

◇経済社会の形成 (THE MAKING OF ECONOMIC SOCIETY 原著第12版の翻訳) ロバート・ハイルブローナー, ウィリアム・ミルバーグ著, 菅原歩訳 丸善出版 2014.4 400p 21cm 〈ピアソン・エデュケーション 2009年刊の再出版〉 2600円 ①978-4-621-06621-8

内容 経済問題とは何か 市場経済以前 市場経済の登場 産業革命 工業技術のインパクト 大恐慌 公共部門の登場 ヨーロッパにおける現代資本主義の登場 資本主義の黄金時代 黄金時代の終わり 社会主義の興亡 経済生活のグローバル化 なぜ貧し

ハ

いままの国があるのか　情報化経済の形成　問題と可能性　〔05556〕

バイロック, シアン　Beilock, Sian
◇ワーキングメモリと日常―人生を切り拓く新しい知性（WORKING MEMORY）　T.P.アロウェイ,R.G.アロウェイ編著, 湯沢正通, 湯沢美紀監訳　京都　北大路書房　2015.10　340p　21cm　（認知心理学のフロンティア）〈文献あり 索引あり〉3800円　①978-4-7628-2908-6
内容 情動と認知的制御の統合（Andrew Mattarella-Micke, Sian L.Beilock著, 湯澤美紀訳）〔05557〕

パイン, スティーヴン・J.　Pyne, Stephen J.
◇図説火と人間の歴史（FIRE）　スティーヴン・J.パイン著, 鎌田浩毅監修, 生島緑訳　原書房　2014.2　204p　22cm　（シリーズ人と自然と地球）〈文献あり 索引あり〉2400円　①978-4-562-04948-6
内容 第1部 野生の火（燃焼を創造する　大きく燃え、広く燃え、深く燃える）　第2部 飼いならされた火（火の生き物　火の働き―人が介在する火の扱い ほか）　第3部 火の文化（研究された火と作られた火　描かれた火 ほか）　第4部 今日の火（大崩壊　メガファイア）　エピローグ―ふたつの火の世界　〔05558〕

バイン, デイビッド
◇正義への責任―世界から沖縄へ　2　琉球新報社編, 乗松聡子監修・翻訳　那覇　琉球新報社　2016.6　77p　21cm　〈発売：琉球プロジェクト（〔那覇〕）〉565円　①978-4-89742-208-4
内容 恥ずべき沖縄人への仕打ち―米国との距離克服を（デイビッド・バイン）〔05559〕

ハインズ・スティーブンス, サラ　Hines-Stephens, Sarah
◇図解!! やりかた大百科for KIDS―学校では教えてくれないけど役にたつ〈かもしれない〉241の豆知識（Do It Now！　Science, Do It Now！　Crafts〔etc.〕）〔サラ・ハインズ・スティーブンス〕,〔ベサニー・マン〕〔著〕, 和田侑子訳・編集協力　パイインターナショナル　2014.4　1冊（ページ付なし）　20cm　〈索引あり〉1800円　①978-4-7562-4485-7　〔05560〕

ハインツェン, マルクス
◇日独公法学の挑戦―グローバル化社会の公法　松本和彦編　日本評論社　2014.3　320p　22cm　〈他言語標題：Herausforderungen der Öffentlichen Rechtswissenschaft in Japan und Deutschland　索引あり〉5300円　①978-4-535-51981-7
内容 ドイツ所得税法における最低生活費非課税（マルクス・ハインツェン著, 奥谷健訳）〔05561〕

ハインリッヒ, ミヒャエル　Heinrich, Michael
◇『資本論』の新しい読み方―21世紀のマルクス入門（Kritik der politischen Ökonomie 原著第2版の翻訳）　ミヒャエル・ハインリッヒ著, 明石英人, 佐々木隆治, 斎藤幸平, 隅田聡一郎訳　八王子　堀之内出版　2014.4　306p　19cm　〈文献あり 索引あり〉2000円　①978-4-906708-52-9　〔05562〕

ハインリヒス, ディルク
◇軍服を着た救済者たち―ドイツ国防軍とユダヤ人救出工作（Retter in Uniform）　ヴォルフラム・ヴェッテ編, 関口宏道訳　白水社　2014.6　225, 20p　20cm　2400円　①978-4-560-08370-3
内容 ヴィルム・ホーゼンフェルト大尉（ディルク・ハインリヒス著）〔05563〕

ハウアー, シェリル　Hauer, Cheryl
◇イスラエルの国と人々―聖書の国イスラエルってどんなところ？（Israel）　シェリル・ハウアー, ブリッジス・フォー・ピース国際本部著, B.F.P. Japan翻訳チーム訳, B.F.P.Japan編　B.F.P. Japan　2013.9　32p　30cm　500円　①978-499009375-4　〔05564〕

バウアー, ブライアン・S.　Bauer, Brian S.
◇ビジュアル版 世界の歴史都市―世界史を彩った都の物語（The Great Cities in History）　ジョン・ジュリアス・ノーウィッチ編, 福井正子訳　柊風舎　2016.9　303p　27×21cm　15000円　①978-4-86498-039-5
内容 クスコ―インカ帝国の都（ブライアン・S.バウアー）〔05565〕

バウアー, ミカエル（宗教）　Bauer, Michael
◇キリスト教神学資料集　下（The Christian Theology Reader, Third Edition）　アリスター・E.マクグラス編, 古屋安雄監訳　オンデマンド版　キリスト新聞社　2013.9　630, 49p　21cm　〈原書第3版〉10000円　①978-4-87395-641-1
内容 ユリウス・ヴェルハウゼン（一八四四―一九一八）（ミカエル・バウアー）〔05566〕
◇キリスト教の主要神学者　下　リシャール・シモンからカール・ラーナーまで（Klassiker der Theologie）　F.W.グラーフ編　安酸敏真監訳　教文館　2014.9　390, 7p　22cm　〈索引あり〉4200円　①978-4-7642-7384-9
内容 ユリウス・ヴェルハウゼン（ミカエル・バウアー著, 佐藤貴史訳）〔05567〕

バウアー, ヨナス・E.
◇キリスト教神学の主要著作―オリゲネスからモルトマンまで（Hauptwerke der Systematischen Theologie）　R.A.クライン,C.ポルケ,M.ヴェンテ編, 佐々木勝彦, 佐々木悠, 浜崎雅孝訳　教文館　2013.12　424, 18p　22cm　〈索引あり〉4000円　①978-4-7642-7375-7
内容 ユルゲン・モルトマン『希望の神学』（ヨナス・E.バウアー著, 佐々木勝彦, 浜崎雅孝訳）〔05568〕

バウアーズ, ブライアン　Bowers, Brian
◇ファラデーと電磁力（Michael Faraday and Electricity）　ブライアン・バウアーズ作, 坂口美佳子訳　町田　玉川大学出版部　2016.5　138p　22cm　（世界の伝記科学のパイオニア）〈年譜あり 索引あり〉1900円　①978-4-472-05968-1
内容 生い立ち　王立研究所　ヨーロッパ旅行　化学者ファラデー ベンゼンの発見　ファラデーの人となり

ハ

電気から磁気が生まれる モーターの発明　磁気から電気は生まれるか　電磁誘導 変圧器の発明　磁気電気誘導 発電機の発明　電気の種類はいくつある？　電気分解の法則と半導体・イオンの発見　晩年の研究 電磁波・偏光・反磁性　社会のために　最後の日々 〔05569〕

ハウイ, ジョージ　Howie, George

◇聖アウグスティヌスの教育理論と実践（Educational Theory and Practice in St. Augustine）　ジョージ・ハウイ著, 増渕幸男, 神門しのぶ訳　Sophia University Press上智大学出版　2014.7　340p　22cm　〈著作目録あり 年譜あり 索引あり　発売：ぎょうせい〉4200円　①978-4-324-09793-9

内容 第1章 教師の自己教育　第2章 聖アウグスティヌス思想の原理　第3章 心理学的諸相　第4章 知性と真理探究　第5章 教師の技　第6章 言語コミュニケーションの問題　第7章 キリスト信者の教師の養成　第8章 自由学芸概念の発展　第9章 聖アウグスティヌスの教育史的影響 〔05570〕

パーヴィス, リーランド　Purvis, Leland

◇マンガ現代物理学を築いた巨人ニールス・ボーアの量子論（SUSPENDED IN LANGUAGE）　ジム・オッタヴィアニ原作, リーランド・パーヴィス他漫画, 今枝麻子, 園田英徳訳　講談社　2016.7　318p　18cm　（ブルーバックス B-1975）〈文献あり 年表あり〉1080円　①978-4-06-257975-9

内容 舞台の準備―ニールス・ボーア登場　古典物理をあとに　博士号取得から三部作まで　彼ならではのスタイルで　若い世代　理論物理研究所　ハイゼンベルク　ソルヴェイ会議1927年と1930年　家での日々 核物理学の発展　戦時の再会　核と政治　哲学にむかって　舞台を去る 〔05571〕

ハーヴェイ, エリック　Harvey, Eric Lee

◇「最高のリーダー」の秘訣はサンタに学べ―SIMPLE TRUTH（THE LEADERSHIP SECRETS OF SANTA CLAUS）　エリック・ハーヴェイ著, フリン美穂訳　文響社　2016.11　127p　19cm　1080円　①978-4-905073-65-9

内容 第一章 世界最高の会社にようこそ―仕事の使命・理念・働く意義（あなたの仕事の『使命』は何か？　リーダーが利益より優先すべきもの　魅力的な会社の共通点）　第二章 トナカイの採用面接―能力・素質を見抜く（優秀な人を集めるたった一つの方法　リーダーに最適な素質とは　似たような人ばかりの職場は危険）　第三章 おもちゃ製造配達計画―目標設定・リスクマネジメント（プロジェクトの成功は『ここ』を見れば分かる　必ず結果につながる計画術　見えない敵を排除しよう）　第四章 サンタが愛される理由―優れたリーダーの条件（リーダーは無知であれ　結局、『他人にどう見られているか』が全て　慕われる人があえて行うこと）　第五章 ピンチを乗り切れ！―意欲を高める・ほめる・任せる（10秒でやる気を引き出す方法　ハプニングをチャンスに変えるには？『仕切らない』リーダーが成功に導く）　第六章 一生ものの贈り物―人間関係・自信・プロ意識（『仕事のやり方』は教えるな　人間関係に干渉すべきか　あなたのサインにはどれだけの価値がある？）　第七章 工場のリニューアル―変化・革新（『生き残る』ビジネスの真髄　仕事を『自分のため』にやっていないか？　部下に教えるべき『商売の仕組み』）　第八章 お礼の手紙を分かち合う―満足感・達成感・感謝（こんな上司とは働きたくない　働いてくれることはあたりまえ？　形にしなければ感謝じゃない）　第九章『いい子』『悪い子』の扱い方―教育・評価・フィードバック（問題のある人への正しい対応　会社の命運を握る『意外な人たち』　超優秀な部下が上司に求めること）　第十章 サンタが一番大事にしていること―倫理観・誠実さ（あなたはいつも『見られている』全員にルールを守らせる方法　『たった一回』はアウトかセーフか？） 〔05572〕

ハーヴェイ, デヴィッド　Harvey, David

◇〈資本論〉第2巻・第3巻入門（A COMPANION TO MARX'S CAPITAL.VOLUME2）　デヴィッド・ハーヴェイ著, 森田成也, 中村好孝訳　作品社　2016.3　544p　20cm　〈索引あり〉2800円　①978-4-86182-569-9

内容 マルクスの方法と『資本論』第二巻・第三巻　資本の循環―"第二巻"第一～三章　資本循環の三つの図式と資本の流れの連続性―"第二巻"第四～六章　固定資本の問題―"第二巻"第七～一一章　商人資本―"第三巻"第一六～二〇章　利子、信用、金融―"第三巻"第二一～二六章　信用制度に関するマルクスの見解―"第三巻"第二七～三七章　信用の役割と銀行制度―"第三巻"第二七章以降　資本の時間と空間―"第二巻"第一二～一四章　流通期間と回転期間―"第二巻"第一五～一七章　社会的総資本の再生産―"第二巻"第一八～二〇章　固定資本の問題と拡大再生産―"第二巻"第二〇～二一章　省察 〔05573〕

パウエル, ベンジャミン　Powell, Benjamin

◇移民の経済学（THE ECONOMICS OF IMMIGRATION）　ベンジャミン・パウエル編, 藪下史郎監訳, 佐藤綾野, 鈴木久美, 中田勇人訳　東洋経済新報社　2016.11　313, 35p　20cm　〈文献あり 索引あり〉2800円　①978-4-492-31488-3

内容 イントロダクション 他（ベンジャミン・パウエル著, 藪下史郎訳） 〔05574〕

パウエル, レイン・H.　Powell, Lane H.

◇家族生活教育―人の一生と家族（FAMILY LIFE EDUCATION 原著第2版の翻訳）　レイン・H.パウエル, ドーン・キャシディ著, 倉元綾子, 黒川衣代監訳　鹿児島　南方新社　2013.11　392p　21cm　〈文献あり 索引あり〉3500円　①978-4-86124-281-6 〔05575〕

ハウザー, コルネリア

◇歴史に生きるローザ・ルクセンブルク―東京・ベルリン・モスクワ・パリ - 国際会議の記録　伊藤成彦編著　社会評論社　2014.9　369p　21cm　2700円　①978-4-7845-1523-3

内容 ローザ・ルクセンブルクの観点から見る公共圏再考（コルネリア・ハウザー, グンドゥラ・ルードヴィッヒ著, 森山あゆみ訳） 〔05576〕

ハウザー, バーバラ・R.

◇信託制度のグローバルな展開―公益信託甘粕記念信託研究助成基金講演録　新井誠編訳　日本評論社　2014.10　634p　22cm　6800円　①978-4-535-52055-4

ハ

内容 米国における今日の家族信託〈Family Trust〉の利用状況(バーバラ・R.ハウザー著, 新井誠, 岸本雄次郎訳) 〔05577〕

ハウザー, ピーター・C. Hauser, Peter C.

◇親と教師のための聴覚障害児の学び―教育的ニーズと根拠に基づく支援 (How Deaf Children Learn) マーク・マーシャック, ピーター・C.ハウザー著, 中川辰雄訳 田研出版 2014.8 218p 21cm 〈文献あり 索引あり〉 2500円 ①978-4-86089-047-6

内容 大切なこと 聴覚障害児入門 聞こえることと聞こえないこと 言語とコミュニケーション 家族と仲間―学習の基礎 聴覚障害の認知 学習と記憶 問題解決と知識 読みの学習 算数の学習―基礎と成果 聴覚障害教育の教室 ここからどこへ向かうのか 〔05578〕

ハウザー, レイチェル

◇世界がぶつかる音がする―サーバンツの物語 (The Sound of Worlds Colliding) クリスティン・ジャック編, 永井みぎわ訳 ヨベル 2016.6 300p 19cm 1300円 ①978-4-907486-32-7

内容 貧困の海に光る灯台(レイチェル・ハウザー) 〔05579〕

ハウズ, J.F. Howes, John Forman

◇近代日本の預言者―内村鑑三、1861-1930年 (Japan's Modern Prophet) J.F.ハウズ著, 堤稔子訳 教文館 2015.12 551, 11p 22cm 〈文献あり 年譜あり 索引あり〉 5000円 ①978-4-7642-7402-0

内容 第1部 拒絶(明治のサムライ教育 駆け出しの官吏 著述家の誕生 自己と祖国の弁明 新たな出発) 第2部 神との契約(ルターに導かれて 弟子たち キリスト教と聖書 組織と個人 最後のチャンス) 第3部 自己否定(キリストの再臨 聖書と日本 賢者 西洋批判 愛弟子たちの離反(原題=螟の裔) "無教会"とは何か? 内村鑑三とその時代) 〔05580〕

ハウス, R.J. House, Robert J.

◇文化を超えるグローバルリーダーシップ―優れたCEOと劣ったCEOの行動スタイル (Strategic Leadership Across Cultures) R.J.ハウス,P.W.ドーフマン,M.ジャヴィダン,P.J.ハンジェス,M.F.サリー・デ・ルケ著, 太田正孝監訳・解説, 渡部典子訳 中央経済社 2016.8 428p 22cm 〈文献あり 索引あり 発売:中央経済グループパブリッシング〉 4800円 ①978-4-502-16321-0

内容 社会文化とリーダーシップ:GLOBEの歴史、理論、これまでの研究結果 文化、リーダーシップ、上層部理論の文献レビュー 理論的根拠と枠組み、仮説、リサーチデザイン、調査結果の概略 リチーサ・メソドロジーとデザイン 文化を超えるCEOリーダーシップ行動:文化的価値観とCLTの関係 異文化リーダーシップ効果:CEO行動との関連性 文化を超えるCEOのリーダーシップ効果:フィットと行動の効果 優れたCEOと劣ったCEO 結論、インプリケーション、今後の研究 構造概念の測定と関係検証のための戦略 リーダーシップと成果の構造概念に対する心理測定的エビデンス 〔05581〕

ハーウッド, アイリーン

◇スーパーヴィジョンのパワーゲーム―心理療法家訓練における影響力・カルト・洗脳 (Power Games) リチャード・ローボルト編著, 太田裕一訳 金剛出版 2015.3 424p 22cm 〈索引あり〉 6000円 ①978-4-7724-1417-3

内容 個人および集団スーパーヴィジョン, コンサルテーション, 分析家と同業者の自分語りの対話(アイリーン・ハーウッド著) 〔05582〕

ハーウッド, ジェレミー Harwood, Jeremy

◇ヒトラーの宣伝兵器―プロパガンダ誌《シグナル》と第2次世界大戦 (HITLER'S WARTIME MAGAZINE) ジェレミー・ハーウッド著, 源田孝監修, 大川紀男訳 悠書館 2015.2 225p 29cm 〈索引あり〉 8000円 ①978-4-903487-99-1

内容 発祥 電撃戦(ポーランドからノルウェーへ 西部戦線への猛攻 ダンケルク 嵐の前の静けさ バトル・オブ・ブリテン) 電撃戦から「バルバロッサ作戦」へ(バルカン半島での戦い 北アフリカの枢軸軍「バルバロッサ作戦」) ヨーロッパ要塞(アメリカとの戦い カフカスへの進撃 スターリングラードをめぐる戦い クルスク以後 第三帝国への爆撃) 神々の黄昏(ノルマンディーからベルリンへ) 〔05583〕

◇第二次世界大戦のミステリー (UNEXPLAINED MYSTERIES of WORLD WAR 2) ジェレミー・ハーウッド著, 源田孝監訳, 西沢敦訳 悠書館 2015.8 255p 25cm 〈索引あり〉 5000円 ①978-4-86582-002-7

内容 ミュンヘン・ビアホール爆破事件 スカパ・フロー軍港の幽霊スパイ もしチャーチルでなかりせば ダンケルクの「奇跡」 ウィンザー公誘拐事件 ヨーロッパの略奪された財宝 ルドルフ・ヘスの奇想天外な事件 警告あれども準備せず 太平洋戦争のミステリー ロサンジェルスの「戦い」〔ほか〕 〔05584〕

ハウデン, エリック

◇身体知―成人教育における身体化された学習 (Bodies of knowledge) ランディ・リプソン・ローレンス編, 立田慶裕, 岩崎久美子, 金藤ふゆ子, 佐藤智子, 荻野亮吾, 園部友里恵訳 福村出版 2016.3 133p 22cm 〈文献あり〉 2600円 ①978-4-571-10174-8

内容 野外での経験的な教育:身体化された学習(エリック・ハウデン著, 佐藤智子訳) 〔05585〕

ハウフ, ミヒャエル・フォン Hauff, Michael von

◇後発者の利を活用した持続可能な発展―ベトナムからの視点―ホップ・ステップ・ジャンプ グエン・ズク・キエン, チャン・ヴァン, ミヒャエル・フォン・ハウフ, グエン・ホン・タイ著, チャン・ティ・ホン・キー訳 伊豆 ビスタピー・エス 2016.3 126p 21cm (シリーズ:ベトナムを知る) 〈文献あり〉 3700円 ①978-4-907379-10-0

内容 第1章 21世紀の経済発展方向 第2章 20世紀中盤から現在に至るベトナム 第3章 先発者の経験 第4章 後発者の利点 第5章 後発者の利点と知識経済 第6章 持続可能な発展三角形 第7章 工業化モデル 第8章 低所得国のモデル 第9章 おわりに 〔05586〕

バウマン, アリサ　Bowman, Alisa

◇FBI元心理分析官が教える危険な人物の見分け方―あなたは毎日“隣りの隠れた犯罪者”に狙われている！（DANGEROUS INSTINCTS）　メアリー・エレン・オトゥール, アリサ・バウマン著, 松本剛史訳　学研パブリッシング　2014.9　399p　20cm　〈発売：学研マーケティング〉　1800円　①978-4-05-406089-0

内容 第1章 本能や直感は期待を裏切る　第2章 SMARTな決断を下しているか？　第3章 パーソナリティが人間を突き動かす　第4章 危険な人々の行動を見きわめる　第5章 なぜ大事な情報を見落としてしまうのか　第6章 よい決断を下すためのスキル　第7章 あなたが直面する状況の危険度　第8章 求める情報を探りだすためのスキル　第9章 危険な問題行動を見きわめる　第10章 決断を下すときに注意すべきこと　第11章 リスクを最小にするためのガイド　〔05587〕

◇成功する人の話し方―7つの絶対法則（PITCH PERFECT）　ビル・マクゴーワン, アリーサ・ボーマン著, 小川敏子訳　日本経済新聞出版社　2015.3　306p　19cm　1600円　①978-4-532-31986-1

内容 「その一言」が人生を変える　7つの絶対法則　絶対法則（切り札を隠すな　「映画監督」になれ　ソースのように濃く、短く　戦略的に遅らせよ　信念で信頼を勝ちとれ　話すより聴く　悟られずに話題を変えろ）　実践篇（臨機応変な話術　仕事上の困った状況を切り抜ける　プライベートの場を円滑にやりすごす）　“7つの絶対法則”を使いこなすために　〔05588〕

バウマン, ジグムント　Bauman, Zygmunt

◇リキッド・モダニティを読みとく―液状化した現代世界からの44通の手紙（44 LETTERS FROM THE LIQUID MODERN WORLD）　ジグムント・バウマン著, 酒井邦秀訳　筑摩書房　2014.3　287p　15cm　（ちくま学芸文庫 ハ35-1）〈文献あり〉1200円　①978-4-480-09484-1

内容 手紙を書くということ―液状化した近代世界から　群れあう孤独　親子の会話　オフライン、オンライン　鳥のごとく　バーチャル・セックス　プライバシーの奇妙な冒険　親と子　十代の消費　Y世代をストーキング〔ほか〕　〔05589〕

◇リキッド化する世界の文化論（CULTURE IN A LIQUID MODERN WORLD）　ジグムント・バウマン著, 伊藤茂訳　青土社　2014.8　182, 4p　20cm　〈索引あり〉2200円　①978-4-7917-6807-3

内容 第1章 「文化」概念の歴史的変遷についての覚書　第2章 流行、リキッド・アイデンティティ、今日のユートピアについて―二一世紀の文化的傾向　第3章 ネーション形成の文化からグローバリゼーションの文化へ　第4章 ディアスポラの世界の文化　第5章 ヨーロッパの統合と文化　第6章 国家と市場の間の文化　〔05590〕

◇国際社会学の射程―社会学をめぐるグローバル・ダイアログ　西原和久, 芝真里編訳　東信堂　2016.2　118p　21cm　（国際社会学ブックレット 1）　1200円　①978-4-7989-1336-0

内容 リキッド・モダニティにおける社会学の使命（Z.バウマン著, 福田雄訳）　〔05591〕

◇社会学の考え方（THINKING SOCIOLOGICALLY 原著第2版の翻訳）　ジグムント・バウマン, ティム・メイ著, 奥井智之訳　筑摩書房　2016.8　418p　15cm　（ちくま学芸文庫 ハ35-2）〈文献あり 索引あり〉1400円　①978-4-480-09746-0

内容 序章 社会学とは何か　第1章 自由と依存　第2章 わたしたちとかれら　第3章 コミュニティと組織　第4章 権力と選択　第5章 贈与と交換　第6章 身体の諸相　第7章 秩序と混乱　第8章 自然と文化　第9章 テクノロジーとライフスタイル　第10章 社会学的思考　〔05592〕

◇社会学の使い方（WHAT USE IS SOCIOLOGY？）　ジグムント・バウマン著, ミカエル・ヴィード・ヤコブセン, キース・テスター聞き手, 伊藤茂訳　青土社　2016.10　191, 5p　20cm　〈索引あり〉2200円　①978-4-7917-6945-2

内容 第1章 社会学とは何か（人間の経験との会話の意味　社会学と文学　科学と芸術　社会学と神学　社会学と科学）　第2章 なぜ社会学するのか（制度化がもたらしたもの　ビンの中のメッセージ　社会学的解釈学とは　今日の社会学が置かれた状況　読者との関係）　第3章 社会学するにはどうすればよいか（自明することと価値を問い直すことの意義　オルタナティヴな社会学の構想　メタファーの有用性　リキッド・モダニティの行き着く先　誰に向けて語るべきか）　第4章 社会学はいかにして達成されるか（社会学は真剣に受け止めてもらえるか　批判的社会理論の課題　現代社会とどう向き合うか）　〔05593〕

バウム, ハラルド

◇ドイツ会社法・資本市場法研究　早川勝, 正井章筰, 神作裕之, 高橋英治編　中央経済社　2016.7　648p　22cm　〈他言語標題：Studien zum deutschen Gesellschafts-und Kapitalmarktrecht　発売：中央経済グループパブリッシング〉9200円　①978-4-502-17991-4

内容 ドイツと日本の企業買収法における共通点と相違点（ハラルド・バウム著, 久保寛展訳）　〔05594〕

パヴリャテンコ, V.N.

◇日ロ関係史―パラレル・ヒストリーの挑戦　五百旗頭真, 下斗米伸夫,A.V.トルクノフ,D.V.ストレリツォフ編　東京大学出版会　2015.9　713, 12p　22cm　〈年表あり〉9200円　①978-4-13-026265-1

内容 冷戦下ソ日関係のジグザグ（V.V.クジミンコフ,V.N.パヴリャテンコ著, 小沢治子訳）　〔05595〕

バウンズ, E.M.　Bounds, Edward McKendree

◇「祈り」をささげた人々―Voice of Christian Forerunners（THE Kneeling Christianの抄訳, THE Prayer Lifeの抄訳〔etc.〕）　ある英国の説教者, アンドリュー・マーレー,E.M.バウンズ著, 湖浜馨, 金井為一郎, 羽鳥純二訳　いのちのことば社　2015.5　126p　18cm　1000円　①978-4-264-03339-4

内容 1 ある英国の説教者『祈ることを教えてください』（求めよ。そうすれば与えられる　しるしを求めること　祈りとは何か）　2 アンドリュー・マーレー『祈りの生活』（祈らない罪　なぜ祈らないか　祈らない生活に対する戦い　どうしたら祈らない生活から救われるか　密室に関する二、三の提案）　3 E・M・バウンズ『祈りの力』（神の器　神のために実を得る道

ハ

大いなる祈りの人　神の求めたもうもの）〔05596〕

パウンドストーン, ウィリアム　Poundstone, William

◇科学で勝負の先を読む―投資からテニスまで先を読むため・読まれないための実践ガイド（Rock Breaks Scissors）　ウィリアム・パウンドストーン著, 松浦俊輔訳　青土社　2014.12　328, 22p　20cm　〈文献あり 索引あり〉2200円　①978-4-7917-6840-0

内容 第1部 乱雑さ実験（ゼニス・ブロードキャスト　じゃんけんを読む　多肢選択式テストを読む　アメリカの宝くじを読む　テニスのサーブを読む ほか）第2部 勢いの理論（絶好調　バスケットボールのトーナメント予想を読む　フットボール予想を読む　オスカー予想を読む　ビッグデータ商法を読む ほか）〔05597〕

バーカー, イアン

◇マニフェスト本の未来（Book : a futurist's manifesto）　ヒュー・マクガイア, ブライアン・オレアリ編　ボイジャー　2013.2　339p　21cm　2800円　①978-4-86239-117-9

内容 今は実験のとき（イアン・バーカー著）〔05598〕

バーガー, ウォーレン　Berger, Warren

◇Q思考―シンプルな問いで本質をつかむ思考法（A MORE BEAUTIFUL QUESTION）　ウォーレン・バーガー著, 鈴木立哉訳　ダイヤモンド社　2016.6　382p　19cm　1600円　①978-4-478-02342-6

内容 Introduction「美しい質問」だけが美しい思考を生む　第1章「Q」で思考にブレイクスルーを起こす―次々と問いを重ねる思考法　第2章 子どものように「なぜ」と問い続ける―質問し続けるアタマをつくる　第3章「美しい質問」を自分のものにする―Q思考の「3ステップ」をマスターする　第4章 ビジネスに「より美しい時間」を与えよ―あなたの仕事を劇的に変える「Q」　第5章「無知」を耕せ―問いであらゆる可能性を掘り起こす〔05599〕

パーカー, ジェフ　Parker, Jeff

◇マンガ現代物理学を築いた巨人ニールス・ボーアの量子論（SUSPENDED IN LANGUAGE）　ジム・オッタヴィアニ原作, リーランド・パーヴィス他漫画, 今枝麻子, 園田英徳訳　講談社　2016.7　318p　18cm　（ブルーバックス B-1975）〈文献あり 年表あり〉1080円　①978-4-06-257975-9

内容 舞台の準備―ニールス・ボーア登場　古典物理をあとに　博士号取得から三部作まで　彼ならではのスタイルで　若い世代　理論物理研究所　ハイゼンベルク　ソルヴェイ会議1927年と1930年　家での日々　核物理学の発展　戦時の再会　核と政治　哲学にむかって　舞台を去る〔05600〕

バーガー, シュテファン

◇歴史を射つ―言語論的転回・文化史・パブリックヒストリー・ナショナルヒストリー　岡本充弘, 鹿島徹, 長谷川貴彦, 渡辺賢一郎編　御茶の水書房　2015.9　429p　22cm　5500円　①978-4-275-02022-2

内容 国民の記憶の歴史を書く（シュテファン・バーガー, ビル・ニーヴン著, 松原俊文訳）〔05601〕

バーカー, ジョエル　Barker, Joel Arthur

◇パラダイムの魔力―成功を約束する創造的未来の発見法（PARADIGMS）　ジョエル・バーカー著, 仁平和夫訳　新装版　日経BP社　2014.4　270p　20cm　〈初版：日経BP出版センター 1995年刊　発売：日経BPマーケティング〉1400円　①978-4-8222-5014-0

内容 将来を見つめる　先見性が勝負を決める　パラダイムとは何か　新しいパラダイムはいつ現れるのか　だれがパラダイムを変えるのか　だれがパラダイムを開拓するのか　パラダイム効果とは何か　パラダイム効果の実例　二十世紀のもっとも重要なパラダイム・シフト　振り出しに戻る　パラダイムの重要な特徴　管理者とリーダーとパラダイム　一九九〇年代のパラダイム・シフト　そして、時は行く〔05602〕

バーガー, ジョーナ　Berger, Jonah

◇インビジブル・インフルエンス 決断させる力―あらゆる行動を方向づける影響力の科学　ジョーナ・バーガー著, 吉井智津訳　東洋館出版社　2016.12　338, 21p　19cm　1700円　①978-4-491-03291-7

内容 はじめに 目には見えない「社会的影響力」の科学　第1章 まねが生みだす同調の力　第2章 その違いが決定的　第3章 あいつらがやっているならやめとこう　第4章 似ていたいけれど違っていたい　第5章 やる気に火をつけるもの　おわりに 社会的影響力を味方にしよう〔05603〕

パーカー, ジョン

◇英エコノミスト誌のいまどき経済学（ECONOMICS 原著第3版の翻訳）　サウガト・ダッタ編, 松本剛史訳　日本経済新聞出版社　2014.9　321p　19cm　〈索引あり〉2000円　①978-4-532-35606-4

内容 経済はどのように成長するか 他（サイモン・コックス, サウガト・ダッタ, ザニー・ミントン・ベドーズ, ジョン・パーカー, パム・ウッドール著）〔05604〕

バーガー, セバスチャン　Berger, Sebastian

◇制度派経済学の基礎（THE FOUNDATIONS OF INSTITUTION ECONOMICS）　カール・ウィリアム・カップ著, セバスチャン・バーガー, ロルフ・ステパッチャー編集, 大森正之訳　出版研　2014.10　311p　22cm　〈索引あり　発売：人間の科学新社〉3500円　①978-4-8226-0316-8

内容 1 序章：制度派経済学の永続的な妥当性の高まり　2 制度派経済学と従来の経済理論　3 制度派経済学の学問上の先行者たち　4 制度の本質と意義：制度変革の理論のために　5 人間の行為と経済行動についての制度派の理論　6 人間の欲求と社会的最低限の理論をめざして　7 制度派における資本概念と資本形成の過程　8 科学技術と営利企業の相互作用について　9 科学技術について2（続）　10 複数部門の経済と経済的支配の理論〔05605〕

バーガー, セルジュ

◇プロ・トレーダー―マーケットで勝ち続ける16人の思考と技術（TRADERS AT WORK）　ティム・ブールキン, ニコラス・マンゴー著, 森山文那生訳　日経BP社　2016.5　284p　21cm　〈発売：日経BPマーケティング〉2200円　①978-4-8222-5063-8

内容 マネーに集中するな、ゲームに集中しろ（セルジュ・バーガー述）〔05606〕

パーカー, ソニア Parker, Sonja

◇「三つの家」を活用した子ども虐待のアセスメントとプランニング　ニキ・ウェルド, ソニア・パーカー, 井上直美編著　明石書店　2015.1　243p　21cm　2800円　①978-4-7503-4122-4

内容 第1章 三つの家について（三つの家の背景　三つの家を支える理論　活用の一般原則　それぞれの家の意味の理解）　第2章 三つの家を使う（子どもと使う　少年少女と使う　親、家族と使う）　第3章 三つの家を他の場面で使う（道のりにつなげる　家族応援会議で使う　スーパービジョンで使う）　第4章 三つの家の日本での展開〔05607〕

パーカー, トニー Parker, Tony

◇殺人者たちの午後（LIFE AFTER LIFEの抄訳）トニー・パーカー〔著〕, 沢木耕太郎訳　新潮社　2016.5　375p　15cm（新潮文庫 ハ-57-1）〈飛鳥新社 2009年刊の再刊〉670円　①978-4-10-220031-5

内容 第1話 過去のない男　第2話 ノー・プロブレム！　第3話 とんでもないことが起きてしまった　第4話 涙なんて流しても　第5話 マラソン・マン　第6話 恋に落ちて　第7話 記憶の闇　第8話 サイコパス　第9話 この胸の深い穴　第10話 神様と一緒に〔05608〕

バーガー, ナンシー Berger, Nancy

◇インストラクショナルデザインの理論とモデル―共通知識基盤の構築に向けて（INSTRUCTIONAL-DESIGN THEORIES AND MODELS, Volume 3）C.M.ライゲルース,A.A.カー＝シェルマン編, 鈴木克明, 林雄介監訳　京都　北大路書房　2016.2　449p　21cm〈索引あり〉3900円　①978-4-7628-2914-7

内容 経験を用いたアプローチ（リー・リンゼイ, ナンシー・バーガー著, 桑原千幸訳）〔05609〕

バーガー, バーバラ Berger, Barbara W.

◇「なりたい自分」になる一番いい方法（FAST FOOD FOR THE SOUL）バーバラ・バーガー著, 入江真佐子訳　三笠書房　2016.11　254p　15cm（王様文庫 D67-1）〈2004年刊の再編集〉630円　①978-4-8379-6804-7

内容 「言葉のパワー」―「いい言葉」を話すと「いいエネルギー」が流れこむ　「手放すパワー」―「とらわれない心」はさわやかな自分を連れてくる　「ノーの持つパワー」―「イヤな気分」から身を守る方法　「視覚化するパワー」―夢をかなえるコツは「心の目」を信じること　「アルファ波のパワー」―「いい気分」がみるみる充満してくるリラックス法　「集中のパワー」―願いをかなえる一番の近道　「秘密のパワー」―秘めることで心がパワーアップしていく　「お金のパワー」―金運をつけるシンプルなルール　「与えるパワー」―たいていのことは「ギブ&テイクの法則」でうまくいく　「愛の持つパワー」―人間関係が好転する"究極の真実"　「沈黙のパワー」―言葉を飲み込むと"心のサプリメント"になる　「自然のパワー」―「宇宙の知性」とコンタクトする方法　「小食のパワー」―インスピレーションが冴える食べ方　「運動のパワー」―自分の「秘められたパワー」に気づくレッスン　「友達のパワー」―「ポジティブな人」から力をもらう　「賞賛と祝福のパワー」―人生は「北風と太陽の法則」で回っている〔05610〕

バーガー, ピーター Berger, Peter L.

◇退屈させずに世界を説明する方法―バーガー社会学自伝（ADVENTURES OF AN ACCIDENTAL SOCIOLOGIST）ピーター・バーガー著, 森下伸也訳　新曜社　2015.5　362p　20cm〈著作目録あり 索引あり〉3800円　①978-4-7885-1432-4

内容 第1章 十二番街のバルザック　第2章 ありえない地平　第3章 派閥から挫折せる帝国へ　第4章 地球をトレッキングする社会学　第5章 あまたの神と無数の中国人　第6章 過てる政治的小旅行　第7章 ムブルワからギュータースローへ　第8章 ソロイストではなく指揮者として　第9章 第一バイオリンを弾く〔05611〕

パーカー, フィリップ Parker, Philip

◇ヒマラヤ探検史―地勢・文化から現代登山まで（HIMALAYA）フィリップ・パーカー編, 藤原多伽夫訳　東洋書林　2015.2　353p　22cm〈文献あり 索引あり〉4500円　①978-4-88721-820-8

内容 はじめに（フィリップ・パーカー）〔05612〕

バーカイク, ロバート Verkaik, Robert

◇ジハーディ・ジョンの生涯（JIHADI JOHN）ロバート・バーカイク著, 野中香方子訳　文芸春秋　2016.7　349p　20cm　1900円　①978-4-16-390470-2

内容 序章 わたしは「ジョン」に会っていた　第1章 クウェートから来た少年　第2章 イスラム過激派のネットワーク　第3章 MI5とアフリカの角　第4章 素顔のエムワジ　第5章 監視対象　第6章 シリアへの道　第7章 世界を震撼させた斬首　第8章 ジハーディ・ジョンの仮面をはぐ　第9章 テロリストの逆流　最終章「ゼロ・トレランス」の罠〔05613〕

バーカス, デビッド Burkus, David

◇どうしてあの人はクリエイティブなのか？―創造性と革新性のある未来を手に入れるための本（The myths of creativity）デビッド・バーカス著, プレシ南日子, 高崎拓哉訳　ビー・エヌ・エヌ新社　2014.10　319p　19cm〈索引あり〉1900円　①978-4-86100-940-2

内容 第1章「クリエイティブ」にまつわる迷信　第2章「ひらめいた」の迷信　第3章「生まれつきクリエイター」の迷信　第4章「オリジナリティ」の迷信　第5章「エキスパート」の迷信　第6章「インセンティブ」の迷信　第7章「孤高のクリエイター」の迷信　第8章「ブレーンストーミング」の迷信　第9章「団結」の迷信　第10章「制約」の迷信　第11章「ネズミ取り」の迷信〔05614〕

ハーカート, バーバラ Herkert, Barbara

◇キルトでつづるものがたり―奴隷ハリエット・パワーズの心の旅（SEWING STORIES）バーバラ・ハーカート文, ヴァネッサ・ブラントリー＝ニュートン絵, 杉田七重訳　さ・え・ら書房　2016.10　1冊（ページ付なし）29cm〈文献あり〉1500円　①978-4-378-04145-2〔05615〕

ハ

バーガフ, マイケル　Berghof, Michael

◇わくわくせいしょものがたり―まどがひらく、13のおはなし（Lift The Flap Bible Stories）　マイケル・バーガフ文, ギル・ガイル絵, 中嶋典子訳　いのちのことば社CS成長センター　2016.11　1冊（ページ付なし）　23cm　1100円　①978-4-8206-0333-7　〔05616〕

ハカマダ, シゲキ*　袴田 茂樹

◇現代日本の政治と外交　6　日本とロシア―真逆か、相違か？（JAPANESE AND RUSSIAN POLITICS）　猪口孝監修　猪口孝編　原書房　2015.3　245, 4p　22cm　〈文献あり 索引あり〉　4800円　①978-4-562-04963-9

内容 協調の継続（袴田茂樹著, 大槻敦子訳）〔05617〕

ハ

バーギー, ジーン・リンドキスト　Bergey, Jean Lindquist

◇アメリカのろう者の歴史―写真でみる〈ろうコミュニティ〉の200年（Through Deaf Eyes）　ダグラス・C.ベイントン, ジャック・R.ギャノン, ジーン・リンドキスト・バーギー著, 松藤みどり監訳, 西川美樹訳　明石書店　2014.10　163p　28cm　〈文献あり〉9200円　①978-4-7503-4087-6

内容 第1章 はじめに　第2章 合衆国へのろう教育の到来　第3章 ろうコミュニティの誕生　第4章 手話をめぐる闘い　第5章 戦争と経済不況の時代　第6章 アクセスとアウェアネス　〔05618〕

バキリ, バラ

◇マニフェスト本の未来（Book ： a futurist's manifesto）　ヒュー・マクガイア, ブライアン・オレアリ編　ボイジャー　2013.2　339p　21cm　2800円　①978-4-86239-117-9

内容 誇張と倒錯（バラ・バキリ著）〔05619〕

パーキン, ジョン・C.　Parkin, John C.

◇FUCK IT「思い込み」をぶっこわせ！（FUCK IT）　ジョン・C.パーキン著, 雲黒斎監訳　三笠書房　2016.2　222p　19cm　1300円　①978-4-8379-5762-1

内容 1 たった1秒で目の前が変わり出す、超シンプルな方法　2 抱えている「思い込み」を手放すと“いいこと”がやってくる　3 知ったことか、なんでやねん、もうええわ、だから何？ …「FUCK IT」の使い方　4 ありとあらゆるものに、当てはめてみよう！　5 “心のガラクタ”をぜんぶ捨てた先に広がる世界　おまけ 1日5分のすごい解放感！ 心も体も「ゆるめるエクササイズ」〔05620〕

パーキンズ, アン　Perkins, Anne

◇図説世界を変えた50の政治（Fast Track Politics）　アン・パーキンズ著, 小林朋則訳　原書房　2014.11　128p　22cm　（シリーズ知の図書館 7）〈索引あり〉2000円　①978-4-562-04999-8

内容 第1章 政治思想家たち（プラトン　アリストテレス ほか）　第2章 帝国を建設し、征服し、支配した者たち（アレクサンドロス大王　秦の始皇帝 ほか）　第3章 新国家の建設者たち（ジュゼッペ・ガリバルディ　孫文 ほか）　第4章 革命家たち（シモン・ボリバル　カール・マルクスとフリードリヒ・エンゲルス ほか）　第5章 偉大な指導者たち（ムハンマド　エイブラハム・リンカーン ほか）〔05621〕

パーキンズ, ケネス　Perkins, Kenneth J.

◇チュニジア近現代史―民主的アラブ国家への道程（A HISTORY OF MODERN TUNISIA 原著第2版の翻訳）　ケネス・パーキンズ著, 鹿島正裕訳　風行社　2015.1　368, 15p　22cm　〈索引あり〉　7000円　①978-4-86258-085-6

内容 第1章 バルドへの道（一八三五‐一八八一年）　第2章 チュニジアは誰のものか？（一八八一‐一九一二年）　第3章 身構え（一九一二‐一九四〇年）　第4章 関係の見直し（一九四〇‐一九五六年）　第5章 独立国家が進路を定める（一九五六‐一九六九年）　第6章 政権の確立と反政府活動の激化（一九六九‐一九八七年）　第7章「新しい」チュニジアにおける継続性と革新（一九八七‐二〇〇三年）　第8章 尊厳・自由・正義のための革命　〔05622〕

パーキンズ, フランクリン　Perkins, Franklin

◇ライプニッツ（Leibniz）　フランクリン・パーキンズ著, 梅原宏司, 川口典成訳　講談社　2015.5　293p　19cm　（講談社選書メチエ 600―知の教科書）〈文献あり 索引あり〉1700円　①978-4-06-258603-0

内容 第1章 ライプニッツを読む（ライプニッツ哲学の背景にあるもの　ライプニッツを読む難しさ　本書の使い方）　第2章 神と最善の可能的世界（知識の二つの原理　神の存在　神の本性　あらゆる可能的世界の中の最善のもの）　第3章 実体（初期近代哲学における実体概念　ライプニッツの実体論―単純性と単一性　宇宙に対する視点としての実体　相互作用と予定調和）　第4章 理性的精神（微小表象と意識のレベル　必然的真理と生得観念　知識　同一性と選択）　終章 ライプニッツの哲学、そして哲学者としてのライプニッツ　〔05623〕

パーキンソン, パトリック

◇子どもと離婚―合意解決と履行の支援　二宮周平, 渡辺惺之編　信山社　2016.4　456p　22cm　6200円　①978-4-7972-9305-0

内容 別居後のペアレンティング〈parenting〉（パトリック・パーキンソン著, 長田真里訳）〔05624〕

パーキンソン, M.M.*　Parkinson, Meghan M.

◇自己調整学習ハンドブック（HANDBOOK OF SELF-REGULATION OF LEARNING AND PERFORMANCE）　バリー・J.ジマーマン, ディル・H.シャンク編, 塚野州一, 伊藤崇達監訳　京都　北大路書房　2014.9　434p　26cm　〈索引あり〉5400円　①978-4-7628-2874-4

内容 教科における自己調整学習（Patricia A. Alexander, Daniel L.Dinsmore, Meghan M. Parkinson, Fielding I.Winters著, 進藤聡彦訳）〔05625〕

バーグ, インスー・キム　Berg, Insoo Kim

◇解決のための面接技法―ソリューション・フォーカストアプローチの手引き（Interviewing for Solutions 原著第4版の翻訳）　ピーター・ディヤング, インスー・キム・バーグ著, 桐田弘江, 住谷祐子, 玉真慎子訳　第4版　金剛出版　2016.2

377, 13, 7p　26cm　〈文献あり 索引あり〉 6000円　①978-4-7724-1464-7

内容 問題解決から解決構築へ　解決構築の基本　知らない姿勢で一歩後ろから導く技法　出発点―クライアントが望むものにどう注目するか　クライアントの願望の増幅―ミラクル・クエスチョン　例外の探求―クライアントの長所と成功体験をもとにした解決構築　クライアントへのフィードバックをつくる　2回目以降の面接―クライアントの進歩を発見し、増幅し、測定する　不本意な状況のクライアントとどう話すか―子ども、ペア、義務で来た人　危機状況での面接　科学的根拠　援助職の価値観と人間の多様性　相談機関・グループ・組織での実践　適用例　解決構築過程の理論的な意味　解決構築面接のためのメモ　〔05626〕

パク, エキョン*　朴 愛景

◇朝鮮の女性〈1392-1945〉―身体、言語、心性　金賢珠, 朴茂瑛, イヨンスク, 許南麟編　クオン　2016.3　414p　19cm　(クオン人文・社会シリーズ 02)　3800円　①978-4-904855-36-2

内容 近代初期公共圏の形成と女性主体の文章作成戦略(朴愛景著, 藤原友代訳)　〔05627〕

パク, オクス　朴 玉珠

◇こころを売る百貨店　パク・オクス著, On Mind by Tomorrow編集・制作, 宋丁順, 金旼慶, 朱仁愛訳　大阪　澪標　2016.9　243p　22cm　(マインドブックシリーズ 私を引いて行くあなたは誰か 第2編)　1500円　①978-4-86078-340-2

内容 1章 自分の心を自分で治められるのなら　2章 ぶどう園の農夫は、なぜ心と違う行動をしたのでしょうか　3章 えたいの知れない恐ろしさが押し寄せるとき　4章 自殺するよう追い立てる甘いささやき　5章 自分を信じるようにさせる力の実体　6章 息子の手をさわってみたい　7章 お互いに心が流れると苦痛はなくなる　8章 そこで私を待っている小さな幸せ　〔05628〕

バーク, キャスリーン　Burk, Kathleen

◇オックスフォード ブリテン諸島の歴史　11　20世紀―1945年以後 (The Short Oxford History of the British Isles ： The British Isles Since 1945)　鶴島博和日本語版監修　キャスリーン・バーク編, 西沢保監訳　慶応義塾大学出版会　2014.11　301, 47p　22cm　〈文献あり 年表あり 索引あり〉 6400円　①978-4-7664-1651-0

内容 序論 他(キャスリーン・バーク著, 西沢保訳)　〔05629〕

パク, キョンシン*　朴 景信

◇改正児童ポルノ禁止法を考える　園田寿, 曽我部真裕編著　日本評論社　2014.10　196p　21cm　〈他言語標題：Commentary on the Revised Child Pornography Act〉 2200円　①978-4-535-52057-8

内容 児童ポルノ規制に対する国際条約及び外国法制に対する正しい理解(朴景信著, 朴容淑訳)　〔05630〕

パク, クァンス*　朴 光洙

◇リーラー「遊」　vol.8　東アジアの平和と宗教　北島義信編集　京都　文理閣　2014.9　274, 40p　21cm　1400円　①978-4-89259-739-8

内容 東アジア平和共同体のための普遍的価値実現(朴光洙著, 権東祐訳)　〔05631〕

◇リーラー「遊」　vol.9　戦後70年と宗教　北島義信編集　京都　文理閣　2015.11　619, 89p　21cm　2000円　①978-4-89259-771-8

内容 戦後七〇年と東北アジア平和共同体実現のための宗教の役割(朴光洙著, 宋暎恩訳)　〔05632〕

パク, クァンチュン*　朴 広春

◇東アジア古文化論攷　part 2　高倉洋彰編　福岡　中国書店　2014.4　605p　26cm　〈他言語標題：Studies in East Asian archaeology and history 文献あり〉 ①978-4-903316-37-6

内容 日本における初現期須恵器の始原と生産背景(朴広春著, 田中聡一訳)　〔05633〕

パク, クァンミン*　朴 光玟

◇新時代の刑事法学―椎橋隆幸先生古稀記念　下巻　井田良, 川出敏裕, 高橋則夫, 只木誠, 山口厚編　信山社　2016.11　797p　22cm　〈著作目録あり 年譜あり〉 16000円　①978-4-7972-8202-3

内容 韓国の犯罪被害者の情報保護の現況と課題(朴光玟著, 氏家仁訳)　〔05634〕

パク, クネ　朴 槿恵

◇世界論　安倍晋三, 朴槿恵ほか〔著〕, プロジェクトシンジケート叢書編集部訳　土曜社　2014.1　185p　19cm　(プロジェクトシンジケート叢書)〈他言語標題：A WORLD OF IDEAS　文献あり〉 1199円　①978-4-907511-05-0

内容 南北関係を創造しなおす(朴槿恵著)　〔05635〕

パーク, クーハン

◇正義への責任―世界から沖縄へ　2　琉球新報社編, 乗松聡子監修・翻訳　那覇　琉球新報社　2016.6　77p　21cm　〈発売：琉球プロジェクト(〔那覇〕)〉 565円　①978-4-89742-208-4

内容 島嶼連携で平和持続を―影響広がる沖縄の闘い(クーハン・パーク)　〔05636〕

バーク, ケヴィン　Burk, Kevin

◇占星術完全ガイド―古典的技法から現代的解釈まで (Astrology ： understanding the birth chart)　ケヴィン・バーク著, 伊泉竜一訳　フォーテュナ　2015.8　529p　22cm　〈発売：JRC〉 3000円　①978-4-86538-036-1　〔05637〕

パク, サムホン　朴 三憲

◇独島・鬱陵島の研究―歴史・考古・地理学的考察　洪性徳, 保坂祐二, 朴三憲, 呉江原, 任徳淳著, 朴智泳監訳, 韓春子訳　明石書店　2015.12　229p　22cm　〈索引あり〉 5500円　①978-4-7503-4244-3

内容 独島・鬱陵島の研究―歴史・考古・地理学的考察　17世紀後半の韓日外交交渉と鬱陵島―安竜福被拉と渡日事件を中心に　高宗と李奎遠の于山島認識の分析　明治初年太政官文書の歴史的性格　古代鬱陵島社会と集団に関するいくつかの問題―鬱陵島の調査、古代の遺物を中心に　独島の機能、空間価値と所属―政治地理・地政学的視角　〔05638〕

ハ

ハク, サンコウ*　白 賛弘
⇒ベク, チャンホン

パーク, サン・チュル
◇経済危機下の分権改革―「再国家化」と「脱国家化」の間で　山田徹編著　公人社　2015.7　247p　21cm　3800円　①978-4-86162-103-1
内容 経済危機下における韓国の分権改革（サン・チュル・パーク著, 山田徹訳）〔05639〕

バーク, ジェイソン　Burke, Jason
◇21世紀のイスラム過激派―アルカイダからイスラム国まで（THE NEW THREAT）　ジェイソン・バーク著, 木村一浩訳　白水社　2016.11　287, 29p　19cm　〈文献あり〉2400円　①978-4-560-09507-2
内容 第1章 イスラム武装勢力の興隆　第2章 グローバル・ジハードの起源　第3章 アルカイダと、イスラム国の起源　第4章 イスラム国　第5章 関連組織　第6章 カリフのパレード　第7章 指導者なきジハード　第8章 ムーブメント（運動）　第9章 新たな脅威〔05640〕

ハ

パク, シファン*　朴 時煥
◇日本の最高裁判所―判決と人・制度の考察　市川正人, 大久保史郎, 斎藤浩, 渡辺千原編著　日本評論社　2015.6　417p　22cm　〈他言語標題：SUPREME COURT OF JAPAN〉5200円　①978-4-535-52092-9
内容 大韓民国の大法院と憲法裁判所（朴時煥著, 趙恩英訳）〔05641〕

バーク, ジョナサン　Berk, Jonathan B.
◇コーポレートファイナンス　応用編（CORPORATE FINANCE 原著第2版の翻訳）　ジョナサン・バーク, ピーター・ディマーゾ著, 久保田敬一, 芹田敏夫, 竹原均, 徳永俊史, 山内浩嗣訳　丸善出版　2014.3　769p　22cm　〈ピアソン桐原 2013年刊の再刊　索引あり〉5500円　①978-4-621-06611-9
内容 第5部 資本構成（2）（財務的危機、経営者のインセンティブ、情報　ペイアウト政策）　第6部 評価（レバレッジのある場合の資本予算と企業評価　企業評価とファイナンスモデルの作成：ケーススタディ）　第7部 オプション（金融オプション　オプションの評価ほか）　第8部 長期資金調達（株式資本調達　負債による資金調達 ほか）　第9部 短期資金調達（運転資本管理　短期ファイナンスプラニング）　第10部 コーポレートファイナンス論におけるスペシャルトピック（M&A　コーポレートガバナンス ほか）〔05642〕

◇コーポレートファイナンス　入門編（CORPORATE FINANCE 原著第2版の翻訳）　ジョナサン・バーク, ピーター・ディマーゾ著, 久保田敬一, 芹田敏夫, 竹原均, 徳永俊史訳　丸善出版　2014.3　661p　22cm　〈ピアソン桐原 2011年刊の再刊　索引あり〉4500円　①978-4-621-06610-2
内容 第1部 はじめに（会社　財務諸表分析入門）　第2部 分析ツール（無裁定価格と財務意思決定　お金の時間価値 ほか）　第3部 評価の基礎（投資の意思決定法　資本予算の基礎 ほか）　第4部 リスクとリターン（資本市場とリスクのプライシング　最適ポートフォリオの選択と資本資産評価モデル ほか）　第5部 資本構成（1）（完全市場における資本構成　負債と税）〔05643〕

パク, ジョンヒ　朴 丁熙
◇懐かしき時代―日韓のはざまで人生を歩んで My Love My Life　朴丁熙著, 竜月訳　里文出版　2015.5　223p　21cm　1200円　①978-4-89806-428-3
内容 キツネの話　やいと（お灸）の想い出～父母との別れ　私の母方の実家　赤壁歌を歌っていたおじいさんは晋州の閑良（知識人）　悲しかった小学校入学式　餅ひとつ、さつまいも一口　山へ川へ、友達と一緒に過ごした夏休み　フミコ叔母さんがお嫁に行った日　おはじき大将　小さくて辛い唐辛子―ジョンヨルと私〔ほか〕〔05644〕

パーク, ジーン　Park, Gene
◇財政赤字の国際比較―民主主義国家に財政健全化は可能か（Deficits and Debt in Industrialized Democracies）　井手英策, ジーン・パーク編　岩波書店　2016.3　330p　22cm　5400円　①978-4-00-023062-9
内容 財政赤字の国際比較のために 他（ジーン・パーク, 井手英策著, 井手英策訳）〔05645〕

ハク, ズイセツ　白 瑞雪
◇台頭する中国その強靱性と脆弱性（China's Rise）　区竜宇著, 白瑞雪, ブルーノ・ジュタン, ピエール・ルッセ寄稿, 寺本勉, 喜多幡佳秀, 湯川順夫, 早野一訳　柘植書房新社　2014.8　449, 24p　22cm　4600円　①978-4-8068-0664-6
内容 中国における労働者の抵抗闘争 他（区竜宇, 白瑞雪著, 早野一訳）〔05646〕

ハク, ソウケン*　白 琮鉉
⇒ペク, ジョンヒョン*

パク, チャンスン*　朴 賛勝
◇講座東アジアの知識人　第5巻　さまざまな戦後―日本敗戦～1950年代　趙景達, 原田敬一, 村田雄二郎, 安田常雄編　趙景達, 原田敬一, 村田雄二郎, 安田常雄本巻担当　有志舎　2014.4　420p　22cm　〈年表あり〉3600円　①978-4-903426-84-6
内容 安在鴻（朴賛勝著, 伊藤俊介訳）〔05647〕

パク, チャンホン*　朴 増洪
◇光州1百年―開化期以後の光州の生活と風俗　1　朴増洪著, 広重尚訳　飯能　45ディジタルコンビニ飯能店（印刷）　2014.9　339p　26cm〔05648〕

◇光州1百年―開化期後の光州の生活と風俗　2　朴増洪著, 広重尚訳　増補版　光州広域　光州広域市光州文化財団　2014.11　320, 3p　26cm　〈年表あり〉〔05649〕

パク, チュンシク*　朴 濬植
◇チャイナ・リスクといかに向きあうか―日韓台の企業の挑戦　園田茂人, 蕭新煌編　東京大学出版会　2016.3　247, 10p　19cm　〈文献あり〉

3600円　①978-4-13-040275-0
内容 韓国の大企業はなぜ中国投資に積極的なのか（朴濬植, 李賢鮮著, 園田茂人, 岸保行訳）〔05650〕

パク, チュンソク　朴 忠錫
◇韓国政治思想史　朴忠錫著, 飯田泰三監修, 井上厚史, 石田徹訳　法政大学出版局　2016.9　652, 40p　22cm 〈文献あり 索引あり〉9800円　①978-4-588-62532-9
内容 序論「韓国政治思想史」をどう考えるのか　第1章 古代韓国人の思考様式—文化・思想的発想　第2章 内生と外来の接合—儒教的政治理念の成長　第3章 朝鮮朝初期の政治社会と朱子学思想　第4章 近世実学派の政治思想　第5章「開国」期以後の社会運動とその特徴〔05651〕

パク, チュンヒョン
◇東アジアの歴史—韓国高等学校歴史教科書　アンビョンウ, キムヒョンジョン, イグヌ, シンソンゴン, ハムドンジュ, キムジョンイン, パクチュンヒョン, チョンヨン, ファンジスク著, 三橋広夫, 三橋尚子訳　明石書店　2015.9　282p　21cm（世界の教科書シリーズ 42）〈文献あり 年表あり 索引あり〉3800円　①978-4-7503-4237-5
内容 1 国家の形成　2 東アジア世界の成立　3 国際関係の変化と支配層の再編　4 東アジア社会の持続と変化　5 近代国家樹立への模索　6 今日の東アジア　付録〔05652〕

パク, チョルヒー
◇「普通」の国日本（JAPAN AS A 'NORMAL COUNTRY'?）　添谷芳秀, 田所昌幸, デイヴィッド・A.ウェルチ編著　千倉書房　2014.3　340p　20cm 〈索引あり〉2800円　①978-4-8051-1032-4
内容 保守政治家たちの多様な「普通の国」論（パク・チョルヒー著, 白鳥潤一郎訳）〔05653〕

パク, チョルヒ*　朴 喆熙
◇現代日本の政治と外交　3　民主主義と政党—ヨーロッパとアジアの42政党の実証的分析（POLITICAL PARTIES AND DEMOCRACY）　猪口孝監修　猪口孝, ジャン・ブロンデル編　原書房　2014.10　270, 22p　22cm 〈文献あり 索引あり〉4800円　①978-4-562-04960-8
内容 大韓民国（朴喆熙著, 角敦子訳）〔05654〕

◇現代日本の政治と外交　7　日本と韓国—互いに敬遠しあう関係（JAPANESE AND KOREAN POLITICS）　猪口孝監修　猪口孝編　原書房　2015.3　336, 4p　22cm 〈文献あり 索引あり〉4800円　①978-4-562-04964-6
内容 自由民主党の優位は復活するのか？（朴喆熙著）〔05655〕

バーク, バーバラ　Burke, Barbara
◇奇跡を起こす！ 3つの魔法（THE NAPKIN, THE MELON & THE MONKEY）　バーバラ・バーク著, 浅見帆帆子監訳・解説, 奥野節子訳　ダイヤモンド社　2014.5　169p　19cm　1300円　①978-4-478-01261-1
内容 第1章 11番目の問題　第2章 姿を変えた贈り物　第3章 何もしないでいることのパワー　第4章 紙ナプキンの不思議な絵　第5章 ソーダをどうぞ　第6章 幸せのエネルギー　第7章 チャンスがやってきた！　第8章 スイカのけんか　第9章 変化を生むもの　第10章 紙ナプキンとスイカとおサルさん〔05656〕

バーク, ピーター　Burke, Peter
◇知識の社会史　2　百科全書からウィキペディアまで（A SOCIAL HISTORY OF KNOWLEDGE.2）　ピーター・バーク著, 井山弘幸訳　新曜社　2015.7　534p　20cm 〈文献あり 索引あり〉4800円　①978-4-7885-1433-1
内容 第1部 知識の実践（知識を集める　知識を分析する　知識を広める　知識を使う）　第2部 進歩の代価（知識を失う　知識を分割する）　第3部 三つの次元における社会史（知識の地理学　知識の社会学　知識の年代学）〔05657〕

◇歴史を射つ—言語論的転回・文化史・パブリックヒストリー・ナショナルヒストリー　岡本充弘, 鹿島徹, 長谷川貴彦, 渡辺賢一郎編　御茶の水書房　2015.9　429p　22cm　5500円　①978-4-275-02022-2
内容 歴史記述における関わりと切り離し（ピーター・バーク著, 山口みどり訳）〔05658〕

バーク, ブライアン　Burke, Brian
◇ゲーミファイ—エンゲージメントを高めるゲーミフィケーションの新しい未来（GAMIFY）　ブライアン・バーク著, 鈴木素子訳　東洋経済新報社　2016.1　287, 10p　20cm 〈文献あり〉2600円　①978-4-492-53370-3
内容 ゲーミフィケーション—熱狂のあとで　1 ゲーミフィケーションの力で人をハマらせる（ゲーミフィケーションの最終目的は、動機づけである　プレイヤーにやりがいを与える　ゲーミフィケーションで行動を変える　ゲーミフィケーションでスキルを習得する　ゲーミフィケーションでイノベーションを促進する）　2 プレイヤー体験をデザインする（プレイヤー中心のデザインとは　ゲーミフィケーションをデザインする　ゲーミフィケーションデザインによくある失敗　ゲーミフィケーションプロジェクトを成功させる　ゲーミフィケーションが未来を変える—2020年の展望）〔05659〕

パク, ヘギョン*　朴 恵暻
◇韓国家族—グローバル化と「伝統文化」のせめぎあいの中で　平田由紀江, 小島優生編　亜紀書房　2014.6　277p　19cm　2000円　①978-4-7505-1409-3
内容 グローバリゼーションと韓国中間層家族戦略のジレンマ（朴恵暻著, 羅一等訳）〔05660〕

バーク, ペニー・ジェーン
◇21世紀の比較教育学—グローバルとローカルの弁証法（COMPARATIVE EDUCATION）　ロバート・F.アーノブ, カルロス・アルベルト・トーレス, スティーヴン・フランツ編著, 大塚豊訳　福村出版　2014.3　727p　22cm 〈文献あり 索引あり〉9500円　①978-4-571-10168-7
内容 オーストラリア、イギリス、アメリカにおける教育改革の政治経済学（ジャック・キーティング, ローズマリー・プレストン, ペニー・ジェーン・バーク, リ

ハ

チャード・ヴァン・ヘルトゥム, ロバート・F.アーノブ著）〔05661〕

バーグ, ボブ　Burg, Bob

◇あたえる人があたえられる（THE GO-GIVER）　ボブ・バーグ, ジョン・デイビッド・マン著, 山内あゆ子訳　海と月社　2014.2　202p　20cm　1600円　①978-4-903212-48-7

内容 野心家の思惑　秘訣　価値の法則　約束を果たす　収入の法則　とにかくやってみる　彼女の正体　影響力の法則　妻の恋文　本物の法則　ついに謎を解く　受容の法則　思わぬ電話　与える人生の喜び〔05662〕

◇敵を味方に変える技術（Adversaries into allies）　ボブ・バーグ著, 弓場隆訳　ディスカヴァー・トゥエンティワン　2014.6　223p　19cm　1500円　①978-4-7993-1521-7

内容 序章 人を動かす5つの原理　第1の原理 自分の感情をコントロールする　第2の原理 お互いの信念の違いを理解する　第3の原理 相手のプライドを尊重する　第4の原理 適切な雰囲気をつくる　第5の原理 共感を示して気配りを心がける　終章 人格を磨く〔05663〕

◇こうすれば人は動いてくれる（THE ART OF PERSUASION）　ボブ・バーグ著, 弓場隆訳　サンマーク出版　2016.8　205p　19cm　1500円　①978-4-7631-3574-2

内容 第1章 脅さずに勝つ　第2章「人が動いてくれる技術」を学ぶ　第3章 知ってもらい、好いてもらい、信頼してもらう　第4章 自分が大切に扱われていると感じてもらう　第5章 どんなことでも交渉できる　第6章 気むずかしい人に対処する方法　第7章「人が動いてくれる技術」を活用する　第8章 その他大勢から抜け出す秘訣　第9章 私が学んだ数々のテクニック　第10章 いつも心がけるべきこと〔05664〕

パク, ボヨン*　朴 宝英

◇高齢者の離婚と財産問題　新・アジア家族法三国会議編　日本加除出版　2016.7　167p　21cm　3000円　①978-4-8178-4319-7

内容 高齢者離婚と実務上の問題（朴宝英著, 金亮完訳）〔05665〕

パク, ムヨン　朴 茂瑛

◇朝鮮時代の女性の歴史―家父長的規範と女性の一生　奎章閣韓国学研究院編著, 小幡倫裕訳　明石書店　2015.3　384p　22cm〈文献あり 索引あり〉8000円　①978-4-7503-4158-3

内容 失われた声を求めて（朴茂瑛著）〔05666〕

◇朝鮮の女性〈1392-1945〉―身体、言語、心性　金賢珠, 朴茂瑛, イヨンスク, 許南麟編　クオン　2016.3　414p　19cm（クオン人文・社会シリーズ 02）　3800円　①978-4-904855-36-2

内容 朝鮮後期の韓・中交流とジェンダー言説の変化（朴茂瑛著, 宋連玉訳）〔05667〕

パク, ヨナ《Park, Yeonah》

◇チェ・ゲバラ　パクヨナ文, スタジオチョンビ絵, 簗田順子訳　岩崎書店　2014.11　163p　23cm（オールカラーまんがで読む知っておくべき世界の偉人 14）〈年譜あり〉1600円　①978-4-265-07684-0

内容 01 ぜんそくとのたたかい　02 アルベルトとの出会い　03 運命の旅　04 民衆を思う気持ち　05 革命の花火が上がる　06 革命家の誕生　07 キューバ革命の英雄、チェ・ゲバラ〔05668〕

パク, ヨンギュ　朴 永圭

◇韓国大統領実録　朴永圭著, 金重明訳　キネマ旬報社　2015.10　494p　22cm〈文献あり 年表あり 索引あり〉3600円　①978-4-87376-435-1

内容 第1章 李承晩大統領実録　第2章 尹潽善大統領実録　第3章 朴正熙大統領実録　第4章 崔圭夏大統領実録　第5章 全斗煥大統領実録　第6章 盧泰愚大統領実録　第7章 金泳三大統領実録　第8章 金大中大統領実録　第9章 盧武鉉大統領実録　第10章 李明博大統領実録〔05669〕

パク, ヨンジュン

◇ジジェク、革命を語る―不可能なことを求めよ（DEMANDING THE IMPOSSIBLE）　スラヴォイ・ジジェク著, パク・ヨンジュン編, 中山徹訳　青土社　2014.4　225, 4p　20cm〈索引あり〉2400円　①978-4-7917-6774-8

内容 政治と責任　調和への妄執/アイデンティティへの衝動　倫理の政治化　目的なき手段―政治的実践知「おまえなんて、おもしろい時代に生きればいい！」コミュニズム―倫理的かつ政治的な大失策　革命の失敗なんか怖くない　新たなる世界は可能である　為すところを知らざればなり　ポストモダン・グローバリゼーションを視差的に見る〔ほか〕〔05670〕

パク, ヨンヒョ　朴 泳孝

◇朝鮮開化派選集―金玉均・朴泳孝・兪吉濬・徐載弼　金玉均, 朴泳孝, 兪吉濬, 徐載弼〔著〕, 月脚達彦訳注　平凡社　2014.4　310p　18cm（東洋文庫 848）〈布装　文献あり 年表あり〉2900円　①978-4-582-80848-3

内容 甲申日録（金玉均）　建白書（朴泳孝）　中立論（兪吉濬）『西遊見聞』（兪吉濬）（抄）（第三編「邦国の権利」　第4編「人民の権利」「人世の競励」　第5編「政府の始初」「政府の種類」　第十四編 開化の等級）　独立新聞創刊辞（徐載弼）〔05671〕

パク, ヨンミ

◇生きるための選択―少女は13歳のとき、脱北することを決意して川を渡った（IN ORDER TO LIVE）　パクヨンミ著, 満園真木訳　辰巳出版　2015.11　326p　20cm　1700円　①978-4-7778-1609-5

内容 第1部 北朝鮮（鳥やネズミが聞いている　危険な歴史　ツバメとカササギ ほか）　第2部 中国（闇の向こう側　悪魔との取引　誕生日プレゼント ほか）　第3部 韓国（自由の鳥　夢と悪夢　貪欲な心 ほか）〔05672〕

ハク, リョウ　柏 亮

◇2015産業統合のチャイナ・エンジン　中国M&A公会監修, 尉立東, 柏亮ほか著, 中出了真, 黄伯, 陳亮訳　明月堂書店　2015.9　188p　19cm　2000円　①978-4-903145-50-1

内容 第1部 産業統合の歴史概要（産業統合の歴史　中国産業統合の起動）　第2部 産業M&Aのチャンス（金融業：インターネット金融がM&Aの起爆剤となる　インターネットM&Aの趨勢と反復　消費財業界のM&A

ハ

チャンスについての研究報告　文化メディア産業　複合改革：古い瓶に新しい酒を詰めるチャンス多し　グローバルなM&A気運　高速鉄道経済圏がもたらした地域統合の生態圏）　第3部 産業M&Aのプラットフォームとツール（企業買収ファンド　M&Aローン　M&A債券　レバレッジ・バイアウト　M&Aの見積もり　M&A税務　M&A仲裁）〔05673〕

バーク, レイチェル

◇「子育て先進国」ニュージーランドの保育―歴史と文化が紡ぐ家族支援と幼児教育　七木田敦, ジュディス・ダンカン編著　福村出版　2015.4　238p　21cm　2400円　①978-4-571-11038-2

内容 家庭と就学前施設との連携―ニュージーランドと日本の比較研究（レイチェル・バーク）〔05674〕

バーグ, A.スコット　Berg, Andrew Scott

◇名編集者パーキンズ　上（MAX PERKINS）　A.スコット・バーグ著, 鈴木主税訳　草思社　2015.6　499p　16cm　（草思社文庫 バ1-1）　1200円　①978-4-7942-2132-2

内容 第1部（本当のもの　楽園にて　生い立ち　拡張の年　新しい家　仲間たち　人格者　心のこもったささやかな援助）　第2部（信頼の危機　助言者として　悲しみの日々　女と男）〔05675〕

◇名編集者パーキンズ　下（MAX PERKINS）　A.スコット・バーグ著, 鈴木主税訳　草思社　2015.6　484p　16cm　（草思社文庫 バ1-2）　1200円　①978-4-7942-2133-9

内容 時間との戦い　第3部（再び故郷に帰る　危急のとき　手紙　訣別　悲しみの風）　第4部（すべてのものの季節　縮小のとき　灰色と黒の肖像　最後）〔05676〕

バーグ, G.M.　Burge, Gary M.

◇だれもが知りたいキリスト教神学Q&A（Theology Questions Everyone Asks）　G.M.バーグ,D.ラウバー編, 本多峰子訳　教文館　2016.3　235p　21cm　〈文献あり〉2800円　①978-4-7642-7405-1

内容 イエスとは誰か（ゲーリー・M.バーグ）〔05677〕

バークガフニ, タカ　Burke-Gaffney, Taka

◇リンガー家秘録1868-1940―長崎居留地資料で明かすホーム・リンガー商会の盛衰記（Holme, Ringer & Company）　ブライアン・バークガフニ著, 大海バークガフニ訳　長崎　長崎文献社　2014.6　293p　22cm　〈文献あり〉2400円　①978-4-88851-215-2

内容 旅のはじまり―イギリス、中国そして日本　ホーム・リンガー商会の設立　リンガー家の人々　長崎の経済成長　ナガサキ・ホテル　近代捕鯨・漁業とホーム・リンガー商会　瓜生商会と下関　第2世代―リンガーの後継者たち　繁栄の大正期・変化の昭和初期　戦争の暗い影　国破れて山河あり〔05678〕

バークガフニ, ブライアン　Burke-Gaffney, Brian

◇リンガー家秘録1868-1940―長崎居留地資料で明かすホーム・リンガー商会の盛衰記（Holme, Ringer & Company）　ブライアン・バークガフニ著, 大海バークガフニ訳　長崎　長崎文献社　2014.6　293p　22cm　〈文献あり〉2400円　①978-4-88851-215-2

内容 旅のはじまり―イギリス、中国そして日本　ホーム・リンガー商会の設立　リンガー家の人々　長崎の経済成長　ナガサキ・ホテル　近代捕鯨・漁業とホーム・リンガー商会　瓜生商会と下関　第2世代―リンガーの後継者たち　繁栄の大正期・変化の昭和初期　戦争の暗い影　国破れて山河あり〔05679〕

バーグ‐シュロッサー, D.*　Berg-Schlosser, Drik

◇質的比較分析（QCA）と関連手法入門（CONFIGURATIONAL COMPARATIVE METHODS：Qualitative Comparative Analysis（QCA）and Related Techniques）　ブノワ・リウー, チャールズ・C.レイガン編著, 石田淳, 斎藤圭介監訳　京都　晃洋書房　2016.10　242p　21cm　3000円　①978-4-7710-2779-4

内容 第1章 アプローチとしての質的比較分析（QCA）　第2章 比較研究デザイン―事例と変数の選定　第3章 クリスプ・セットQCA（csQCA）　第4章 マルチ・バリューQCA（mvQCA）　第5章 ファジィ・セットQCA（fsQCA）　第6章 QCAの適用例についてのレビュー　第7章 QCAへの批判に取り組む　第8章 おわりに―配置構成的比較法（CCM）の今後の展開〔05680〕

パークス, コリン・ムーレイ

◇死別体験―研究と介入の最前線（Handbook of Bereavement Research and Practice 原著第3版の抄訳）　マーガレット・S.シュトレーベ, ロバート・O.ハンソン, ヘンク・シュト, ウォルフガング・シュトレーベ編, 森茂起, 森年恵訳　誠信書房　2014.3　322p　22cm　〈文献あり 索引あり〉4400円　①978-4-414-41454-7

内容 災害による死別体験（コリン・ムーレイ・パークス著）〔05681〕

ハグストローム, ロバート・G.　Hagstrom, Robert G.

◇株で富を築くバフェットの法則―不透明なマーケットで40年以上勝ち続ける投資法（THE WARREN BUFFETT WAY 原著第3版の翻訳）　ロバート・G.ハグストローム著, 小野一郎訳　最新版　ダイヤモンド社　2014.4　339p　19cm　1800円　①978-4-478-02684-7

内容 第1章 世界最高の投資家はどのように生まれたか　第2章 バフェット流投資の原点　第3章 12の原則で事業を買う　第4章 9つのケーススタディで学ぶバフェットの投資法　第5章 バフェットのポートフォリオ管理　第6章 バフェットの投資心理学　第7章 投資に必要な忍耐力　第8章 なぜバフェットだけが偉大な投資家になれたのか〔05682〕

パクストン, フレデリック・S.

◇現代を読み解くための西洋中世史―差別・排除・不平等への取り組み（Why the Middle Ages Matter）　シーリア・シャゼル, サイモン・ダブルデイ, フェリス・リフシッツ, エイミー・G.リーメンシュナイダー編著, 赤阪俊一訳　明石書店　2014.9　368p　20cm　（世界人権問題叢書 89）　4600円　①978-4-7503-4072-2

内容 人生の終わり―クリュニー修道士たちに耳を傾ける（フレデリック・S.パクストン）〔05683〕

パクストン, ロバート

◇安定とその敵 (Stability at bay)　Project Syndicate〔編〕　土曜社　2016.2　120, 2p　18cm　(プロジェクトシンジケート叢書)　952円　①978-4-907511-36-4

内容 ファシズム復活か(ロバート・パクストン著)　〔05684〕

ハークネス, ダニエル　Harkness, Daniel

◇スーパービジョンインソーシャルワーク (SUPERVISION IN SOCIAL WORK 原著第5版の翻訳)　アルフレッド・カデューシン, ダニエル・ハークネス共著, 福山和女監修, 万歳芙美子, 荻野ひろみ監訳, 田中千枝子責任編集　第5版　中央法規出版　2016.11　659p　22cm　〈文献あり 索引あり〉10000円　①978-4-8058-5425-9

内容 第1章 歴史および概念規定の意義　第2章 管理的スーパービジョン　第3章 管理的スーパービジョン—実践上の課題　第4章 教育的スーパービジョン—定義、形態、内容、およびプロセス　第5章 教育的スーパービジョンの実施における原則と問題点　第6章 支持的スーパービジョン　第7章 スーパーバイザーになること、スーパーバイザーであることの課題とストレス　第8章 評価　第9章 グループ・スーパービジョン　第10章 スーパービジョンの課題と刷新　〔05685〕

バグノーラ, ジム　Bagnola, Jim

◇人生のプロフェッショナル思考—心・体・仕事が輝きはじめる7つのレッスン (Becoming a Professional Human Being)　ジム・バグノーラ著, 藤井義彦監修, 原田稔久訳　経済界　2014.3　319p　19cm　〈文献あり〉2000円　①978-4-7667-8571-5

内容 序章 内面の"私"を見つけ出そう(自分の才能に気づいてますか？)　第1章 PhB思考が心・体・仕事の絆を強くする(思考を「逆さま」にする　人生のプロフェッショナルとは、どんな人か？　外側から内側へ心身の時代の到来　あなたの職場は思考停止していないか？　ほか)　第2章 人生のプロフェッショナルになる7つの方法(あなたのマジックを行おう　「ここに私がいる」から、「そこにあなたがいる」へ　冷静さを失わないようにしよう　ブロードウェイにいる自分を見よう ほか)　第3章 さあ、人生を輝かせる旅に出よう！ (PhB総代コロンビアの聖人)　〔05686〕

バクビス, ハーマン

◇民主政治はなぜ「大統領制化」するのか—現代民主主義国家の比較研究 (The Presidentialization of Politics)　T.ポグントケ,P.ウェブ編, 岩崎正洋監訳　京都　ミネルヴァ書房　2014.5　523, 7p　22cm　〈索引あり〉8000円　①978-4-623-07038-1

内容 カナダ(ハーマン・バクビス, スティーブン・B.ウォリネッツ著, 古地順一郎訳)　〔05687〕

バーク=ホワイト, マーガレット

◇インタヴューズ　3　毛沢東からジョン・レノンまで (THE PENGUIN BOOK OF INTERVIEWS)　クリストファー・シルヴェスター編, 新庄哲夫他訳　文芸春秋　2014.6　463p　16cm　(文春学芸ライブラリー—雑英 7)　1690円　①978-4-16-813018-2

内容 マーガレット・バーク=ホワイト(マーガレット・バーク=ホワイト述, ロイ・ニューキストインタヴュアー, 鈴木主税訳)　〔05688〕

バークマン, オリバー　Burkeman, Oliver

◇HELP！—最強知的"お助け"本 (HELP！)　オリバー・バークマン著, 下隆全訳　東邦出版　2014.8　325p　19cm　1800円　①978-4-8094-1179-3

内容 第1章 今すぐに改めよ！　—大げさな決まり文句に惑わされるな　第2章 心の機微を知ること—幸せになる思考　第3章 良い友だち、良い人間関係—現代的エッセンスを学ぶ　第4章 職場と自身の環境改善—余計なストレスを排除する　第5章 仕事をはかどらせる方法—生産性の向上　第6章 健康な精神生活を送るための智恵と工夫—もっと頭を使おう　第7章 日々の疎ましい思いとの付き合い方—心の平穏のために　第8章 私について来い！　—大物、超人、その他いかがわしい人物　第9章 そこにある幸せに気付くこと—まさかと思われる幸福への道　〔05689〕

◇解毒剤—ポジティブ思考を妄信するあなたの「脳」へ (THE ANTIDOTE)　オリバー・バークマン著, 下隆全訳　東邦出版　2015.11　268p　19cm　1500円　①978-4-8094-1349-0

内容 1章 本当の幸せを求めて—ネガティブを排除しないこと　2章 恐れているほど悪くはならない—ネガティブを強さに変えるストア哲学　3章 静けさの前の嵐—ブッダは「ポジティブ」に執着しない　4章 目標は危ない—将来をコントロールしようなどと考えるな　5章 私の思考は私自身？　—いかにして自己を克服するか　6章 この世は安全劇場—「不安」の意外なメリット　7章 成功体験はあてにならない—失敗を大切に保存する　8章「死の運命」との付き合い方—メキシコの伝統「メメント・モリ」の精神　9章 ネガティブの正体—善悪二元論から自由になる　〔05690〕

バーグマン, ジョナサン　Bergmann, Jonathan

◇反転学習—生徒の主体的参加への入り口 (Flipped Learning)　ジョナサン・バーグマン, アーロン・サムズ著, 東京大学大学院情報学環反転学習社会連携講座序文・監修, 上原裕美子訳　オデッセイコミュニケーションズ　2015.6　305p　19cm　〈文献あり〉1800円　①978-4-9905124-9-1　〔05691〕

ハーグリーブス, アンディ　Hargreaves, Andy

◇知識社会の学校と教師—不安定な時代における教育 (Teaching in the Knowledge Society)　アンディ・ハーグリーブス著, 木村優, 篠原岳司, 秋田喜代美監訳　金子書房　2015.2　356p　21cm　〈索引あり〉4800円　①978-4-7608-2838-8

内容 第1章 知識社会に備える学校と教師：独創性を育む　第2章 知識社会を乗り越える学校と教師：不安定・不安感への対処　第3章 知識社会に脅かされる学校と教師PART1：独創性の破綻　第4章 知識社会に脅かされる学校と教師PART2：誠実さを失うこと　第5章 知識社会の学校：危機にさらされた実例　第6章 教育の標準化を超えて：専門職の学び合うコミュニティか、それともパフォーマンス - トレーニングのセクトか？　〔05692〕

ハーケ, マーティン　Haake, Martin

◇シティ・アトラス—絵地図でめぐる世界の街

ハ

(CITY ATLAS)　マーティン・ハーケ絵, ジョージア・チェリー文,〔川村まゆみ〕〔訳〕　日本文芸社　2016.3　63p　35cm　3000円　①978-4-537-21353-9

内容 リスボン(ポルトガル共和国)　バルセロナ(スペイン)　ロンドン(イギリス(グレートブリテンおよび北アイルランド連合王国))　アムステルダム(オランダ王国)　パリ(フランス共和国)　ローマ(イタリア共和国)　ベルリン(ドイツ連邦共和国)　ヘルシンキ(フィンランド共和国)　オスロ(ノルウェー王国)　コペンハーゲン(デンマーク王国)〔ほか〕　〔05693〕

バーケット, ポール

◇マルクスとエコロジー―資本主義批判としての物質代謝論　岩佐茂, 佐々木隆治編著　八王子　堀之内出版　2016.6　364p　20cm　(Nνξ叢書 02)〈文献あり〉3500円　①978-4-906708-60-4

内容 持続可能な人間的発展についてのマルクスのヴィジョン(ポール・バーケット著, 佐々木隆治訳)　〔05694〕

パケナム, トマス　Pakenham, Thomas

◇ビジュアル版 世界の歴史都市―世界史を彩った都の物語 (The Great Cities in History)　ジョン・ジュリアス・ノーウィッチ編, 福井正子訳　柊風舎　2016.9　303p　27×21cm　15000円　①978-4-86498-039-5

内容 ダブリン―およびジョージア期のエレガンス(トマス・パケナム)　〔05695〕

パーゲル, ウルリヒ

◇新MEGAと『ドイツ・イデオロギー』の現代的探究―広松版からオンライン版へ　大村泉, 渋谷正, 窪俊一編著　八朔社　2015.3　337p　21cm　3500円　①978-4-86014-072-4

内容 新MEGA I/5のコンセプト(ゲラルト・フープマン, クリスティーネ・ヴェックヴェルト, ウルリヒ・パーゲル著, 大村泉訳)　〔05696〕

バーコビッツ, マーヴィン・W.　Berkowitz, Marvin W.

◇学校が変わるスーパーテクニック―アメリカの人格教育からのアプローチ (You Can't Teach Through a Rat and Other Epiphanies for Educators)　マーヴィン・W.バーコビッツ著, 中山理監訳　〔柏〕　麗沢大学出版会　2014.6　227p　21cm　〈発売：広池学園事業部(柏)〉　1600円　①978-4-89205-624-6

内容 目的について、意図的に　ネズミなんかじゃ教えられない　前途洋々と輝く子、色あせた子、傷つかない子　スーパーモデル(超模範教師)　なぜ家庭でしないのですか？　あなたの外部から来るものを捨てる　ジェダイの教育　あなたのお父さん(そしてお母さん)は誰？　学校行きを宣告されて　声が聞こえる―エンパワメントの教育学〔ほか〕　〔05697〕

バコフェン, ブレーズ

◇ルソーと近代―ルソーの回帰・ルソーへの回帰 ジャン＝ジャック・ルソー生誕300周年記念国際シンポジウム　永見文雄, 三浦信孝, 川出良枝編　風行社　2014.4　426p　22cm　〈他言語標題：Rousseau, le moderne？　作品目録あり 年譜あり〉4600円　①978-4-86258-082-5

内容 ルソー、戦争に関する政治的理論(ブレーズ・バコフェン著, 西川純子訳)　〔05698〕

ハサイム, ヌーレディン

◇日本・アルジェリア友好の歩み―外交関係樹立50周年記念誌　私市正年, スマイル・デベシュ, 在アルジェリア日本国大使館編著　千倉書房　2014.8　286p　19cm　2800円　①978-4-8051-1041-6

内容 発展の原動力としてのトヨタ方式(ヌーレディン・ハサイム)　〔05699〕

ハサウェイ, ジェームス・C.　Hathaway, James C.

◇難民の権利 (The Rights Of Refugees Under International Lawの抄訳)　ジェームス・C.ハサウェイ著, 佐藤安信, 山本哲史共訳　日本評論社　2014.11　353p　21cm　4200円　①978-4-535-51962-6

内容 3 難民条約における権原の構造(庇護国との関係性　待遇上の一般基準　例外的待遇の基準　難民間の差別の禁止　難民の権利の制限)　4 物理的に存在する難民の諸権利(庇護国へ入国し残留する権利(ノン・ルフルマン)　恣意的な収容からの自由と不法入国の処罰)　6 合法的に滞在している難民の権利(働く権利)　〔05700〕

バサク, C.*　Basak, Chandramallika

◇ワーキングメモリと日常―人生を切り拓く新しい知性 (WORKING MEMORY)　T.P.アロウェイ,R.G.アロウェイ編著, 湯沢正通, 湯沢美紀監訳　京都　北大路書房　2015.10　340p　21cm　(認知心理学のフロンティア)〈文献あり 索引あり〉3800円　①978-4-7628-2908-6

内容 ワーキングメモリの階層モデルと健康な高齢者のその変化(Chandramallika Basak, Elizabeth M. Zelinski著, 浅川淳司訳)　〔05701〕

バサス, イザベル　Busath, Isabelle

◇女の子のための人生のルール188―Isabelle & Isabella (Isabelle & Isabella's Little Book of Rules)　イザベル・バサス, イザベラ・ソードセン作, 灰島かり訳, 木下綾乃絵　ポプラ社　2014.11　102p　18cm　1100円　①978-4-591-14197-7　〔05702〕

ハザード, デイヴィッド　Hazard, David

◇御翼の陰に隠されて (You Are My Hiding Place)　エミー・カーマイケル著, デイヴィッド・ハザード編, 棚瀬多喜雄訳　新装版　いのちのことば社　2016.10　191p　19cm　1300円　①978-4-264-03591-6

内容「ふるさと」に帰る　寄りかかる　一人ひとりがとうとい　間を置いて　いちどきに一歩ずつ　沈黙の歌　山さえあれば　もし人を軽んじるならば　個人的な好き嫌いに　人からほめられることを求める〔ほか〕　〔05703〕

バサルギーナ, エカチェリーナ・ユリエヴナ

◇科学の参謀本部―ロシア/ソ連邦科学アカデミーに関する国際共同研究　市川浩編著　札幌　北海道大学出版会　2016.2　522p　22cm　〈索引あり〉12500円　①978-4-8329-8224-6

内容 19-20世紀初頭における帝室科学アカデミーの賞

与金制度（エカチェリーナ・ユリエヴナ・バサルギーナ著, 市川浩訳）〔05704〕

ハザン, ルーバン
◇民主政治はなぜ「大統領制化」するのか―現代民主主義国家の比較研究（The Presidentialization of Politics） T.ポグントケ,P.ウェブ編, 岩崎正洋監訳 京都 ミネルヴァ書房 2014.5 523, 7p 22cm 〈索引あり〉 8000円 ①978-4-623-07038-1
内容 大統領制化した議院内閣制の失敗（ルーバン・ハザン著, 笈川博一訳）〔05705〕

バージェス, トム Burgis, Tom
◇喰い尽くされるアフリカ―欧米の資源略奪システムを中国が乗っ取る日（THE LOOTING MACHINE） トム・バージェス著, 山田美明訳 集英社 2016.7 383p 20cm 1900円 ①978-4-08-781613-6
内容 序章 富の呪い 第1章 フトゥンゴ 第2章 貧困の温床 第3章 "関係" 第4章 ゾウが喧嘩をすると草地が荒れる 第5章 北京への懸け橋 第6章 融資とシアン化物 第7章 信仰は関係ない 第8章 新たな富裕層 エピローグ 共犯 〔05706〕

ハ

パジェット, ジェイソン Padgett, Jason
◇31歳で天才になった男―サヴァンと共感覚の謎に迫る実話（Struck by Genius） ジェイソン・パジェット, モリーン・シーバーグ著, 服部由美訳 講談社 2014.12 285p 19cm 1800円 ①978-4-06-218273-7
内容 ジェイソン2・0 ジェイソン1・0 事件の夜 脳みその中の出来事 大事なものを失う 新しい才能 円の正体 変曲点 三十五歳の大学生 世捨て人とエルミタージュ宮 世界の共感覚者たち サヴァンでヨーガ行者？ すべてがつながっている 意識に関する会議 脳の中への旅 サヴァンの長老 振り返らない 〔05707〕

バジーニ, ジュリアン Baggini, Julian
◇ビッグクエスチョンズ倫理（THE BIG QUESTIONS : Ethics） ジュリアン・バジーニ著, サイモン・ブラックバーン編, 山辺昭則, 水野みゆき訳 ディスカヴァー・トゥエンティワン 2015.3 310p 21cm 2100円 ①978-4-7993-1655-9
内容 黄金律は存在するか？ 崇高な目的は野蛮な手段を正当化するか？ テロは正当化できるのか？ 家族や友人を優遇すべきか？ 弱者の救済は必要なことか？ 法と道徳の関係とは？ 動物にはどのような権利があるか？ 人工妊娠中絶は殺人だろうか？ 安楽死は認められるべきか？ セックスは道徳的なことか？ どうして差別してはいけないのか？ 自由市場は公正か？ 環境保護は正しいことだろうか？ 責任を持つとはどういうことか？ 正しい戦争はあるか？ 拷問は絶対にだめ？ 〔05708〕

バシャー, サイモン Basher, Simon
◇われら世界史スーパースター―賢人・悪人・大天才？ すべては歴史が語る！（SUPERSTARS OF HISTORY） サイモン・バシャー絵, レグ・グラント文, おおつかのりこ訳 町田 玉川大学出版部 2015.7 95p 23cm 1500円 ①978-4-472-40523-5
内容 1 古代（ラムセス2世 アリストテレス ほか） 2 中世とルネサンス（カール大帝 ウィリアム征服王 ほか） 3 革命と啓蒙思想の時代（ルイ14世 ジョージ・ワシントン ほか） 4 現代（トーマス・エジソン マリー・キュリー ほか） 〔05709〕

バシャム, A.L. Basham, Arthur Llewellyn
◇バシャムのインド百科（The wonder that was India（3rd-edited）） A.L.バシャム著, 日野紹運, 金沢篤, 水野善文, 石上和敬訳 改訂2版 山喜房仏書林 2014.1 19, 517, 54p 図版〔24〕枚 22cm 〈年表あり 文献あり〉 15000円 ①978-4-7963-0154-1 〔05710〕

ハーシュ, エリザベス Hirsh, Elizabeth
◇MBTIタイプ入門 チーム編（Introduction to type and teams（2nd ed.）） エリザベス・ハーシュ, キャサリン・W.ハーシュ, サンドラ・K.ハーシュ著, 園田由紀訳 第2版 JPP 2013.1 52p 30cm 〈文献あり〉 2500円 〔05711〕

ハーシュ, キャサリン・W. Hirsh, Katherine W.
◇MBTIタイプ入門 チーム編（Introduction to type and teams（2nd ed.）） エリザベス・ハーシュ, キャサリン・W.ハーシュ, サンドラ・K.ハーシュ著, 園田由紀訳 第2版 JPP 2013.1 52p 30cm 〈文献あり〉 2500円 〔05712〕

ハーシュ, サンドラ・K. Hirsh, Sandra Krebs
◇MBTIタイプ入門 チーム編（Introduction to type and teams（2nd ed.）） エリザベス・ハーシュ, キャサリン・W.ハーシュ, サンドラ・K.ハーシュ著, 園田由紀訳 第2版 JPP 2013.1 52p 30cm 〈文献あり〉 2500円 〔05713〕

バーシュ, ジョアンナ Barsh, Joanna
◇書くだけであなたの最高の力を引き出す方法（CENTERED LEADERSHIP） ジョアンナ・バーシュ, ジョアンヌ・ラヴォア著, 大嶋祥誉監訳 SBクリエイティブ 2016.4 303p 19cm 1500円 ①978-4-7973-8422-2
内容 1「センタード・リーダーシップ」入門 2 意義 3 フレーミング―物事のとらえ方 4 つながり 5 主体的に行動する 6 エネルギー 7 旅は続く 〔05714〕

ハーシュホーン, ラリー Hirschhorn, Larry
◇職場の精神分析（The workplace within） ラリー・ハーシュホーン著, 渡辺直登, 伊藤知子, 今井裕紀監訳 新潟 亀田ブックサービス 2013.12 278p 21cm 4572円 ①978-4-906364-60-2 〔05715〕

ハーシュマン, アルバート・O. Hirschman, Albert O.
◇情念の政治経済学（THE PASSIONS AND THE INTERESTS : Political Arguments for Capitalism before Its Triumph） アルバート・O.ハーシュマン著, 佐々木毅, 旦祐介訳 新装版 法政大学出版局 2014.6 168p 19cm （叢書・ウニベルシタス） 2000円 ①978-4-588-09985-4
内容 第1章 どのようにして利益は情念に対抗すべく持

ち出されたか（栄光の観念とその没落　「ありのまま」の人間　情念を抑圧し、そして管理して　情念を相殺するという原則　情念の調教師としての「利益」と「諸利益」　新しいパラダイムとしての利益　利益が支配する世界の持つ財産、すなわち、可測性と恒常性　罪がなく穏和なものとしての金儲けと商業　おとなしい情念としての金儲け）　第2章 なぜ経済の拡大は政治秩序の改善をもたらすと考えられたのか（この学説の構成要素　関連しつつも、くいちがう見方）　第3章 思想史のエピソードをふりかえって（モンテスキュー、スチュアートのヴィジョンはどこで誤りを犯したのか　「利益の支配」対「プロテスタントの倫理」　今日の問題）〔05716〕

バシュラール, ガストン　Bachelard, Gaston

◇空と夢―運動の想像力にかんする試論（L'AIR ET LES SONGES）　ガストン・バシュラール〔著〕, 宇佐見英治訳　新装版　法政大学出版局　2016.1　428, 4p　20cm　（叢書・ウニベルシタス 2）〈索引あり〉4800円　①978-4-588-14029-7

内容 序論 想像力と動性　飛行の夢　翼の詩学　想像的墜落　ロベール・ドズワィユの業績　ニーチェと昇行の心象　青空　星座　雲　星雲　大気の樹木　風　声なき朗誦　文学的イメージ　運動学的哲学と力動的哲学〔05717〕

◇水と夢―物質的想像力試論（L'Eau et les Rêves）　ガストン・バシュラール〔著〕, 及川馥訳　新装版　法政大学出版局　2016.1　363, 5p　20cm　（叢書・ウニベルシタス 898）〈索引あり〉4400円　①978-4-588-14030-3

内容 序 想像力と物質　第1章 明るい水、春の水と流れる水 ナルシシスムの客観的条件、恋する水　第2章 深い水 - 眠る水 - 死んだ水 エドガー・ポーの夢想における“重い水”　第3章 カロン・コンプレックス オフィーリア・コンプレックス　第4章 複合的な水　第5章 母性的水と女性的水　第6章 純粋と浄化、水の倫理　第7章 淡水の優位　第8章 荒れる水　むすび 水のことば〔05718〕

バシリ, ビクター　Basili, Victor

◇ゴール＆ストラテジ入門―残念なシステムの無くし方（Aligning Organizations Through Measurement）　Victor Basili,Adam Trendowicz,Martin Kowalczyk,Jens Heidrich, Carolyn Seaman,Jürgen Münch,Dieter Rombach共著, 鷲崎弘宜, 小堀貴信, 新谷勝利, 松岡秀樹監訳, 早稲田大学グローバルソフトウェアエンジニアリング研究所ゴール指向経営研究会訳　オーム社　2015.9　218p　21cm　〈他言語標題：GQM+Strategies　文献あり 索引あり〉2800円　①978-4-274-50584-3

内容 第1部　GQM+Strategiesアプローチ（GQM+Strategiesのポイント　フェーズ0：初期化　フェーズ1：環境の特性化　フェーズ2：目標と戦略の設定　フェーズ3：実行計画の策定　フェーズ4：計画の実行　フェーズ5：成果の分析　フェーズ6：結果のまとめ）　第2部 業界への適用と他の手法との関係（各社の適用例　他のアプローチとの関係　まとめと今後に向けた見解）　付録（GQM+Strategiesプロセスチェックリスト　GQM+Strategies評価アンケート）〔05719〕

バシン, アニタ

◇経験学習によるリーダーシップ開発―米国CCLによる次世代リーダー育成のための実践事例（Experience-Driven Leader Development）　シンシア・D.マッコーレイ,D.スコット・デリュ, ポール・R.ヨスト, シルベスター・テイラー編, 漆嶋稔訳　日本能率協会マネジメントセンター　2016.8　511p　27cm　8800円　①978-4-8207-5929-4

内容 新興市場におけるリーダー育成のための戦略的企業研修 他（アニタ・バシン, ローリ・ホーマー, エリック・レート）〔05720〕

バスー, カウシック　Basu, Kaushik

◇世界論　安倍晋三, 朴槿恵ほか〔著〕, プロジェクトシンジケート叢書編集部訳　土曜社　2014.1　185p　19cm　（プロジェクトシンジケート叢書）〈他言語標題：A WORLD OF IDEAS　文献あり〉1199円　①978-4-907511-05-0

内容 「L字」回復の恐れ（カウシク・バス著）〔05721〕

◇秩序の喪失　プロジェクトシンジケート叢書編集部訳　土曜社　2015.2　164, 3p　19cm　（プロジェクトシンジケート叢書）〈他言語標題：Loss of order〉1850円　①978-4-907511-15-9

内容 世界貧困事情（カウシク・バス著）〔05722〕

◇安定とその敵（Stability at bay）　Project Syndicate〔編〕　土曜社　2016.2　120, 2p　18cm　（プロジェクトシンジケート叢書）　952円　①978-4-907511-36-4

内容 労働者に成長の分配を（カウシク・バス著）〔05723〕

◇見えざる手をこえて―新しい経済学のために（BEYOND THE INVISIBLE HAND）　カウシック・バスー著, 栗林寛幸訳　NTT出版　2016.8　299, 58p　22cm　（叢書《制度を考える》）〈文献あり 索引あり〉3700円　①978-4-7571-2306-9

内容 第1章 異議を讃えて　第2章 見えざる手とは何か　第3章 正統派の限界　第4章 法に基づく経済　第5章 市場と差別　第6章 集団の化学　第7章 契約、強制、介入　第8章 貧困、不平等、グローバル化　第9章 グローバル化と民主主義の後退　第10章 何をなすべきか〔05724〕

ハース, ジェフリー・J.　Haas, Jeffrey J.

◇アメリカ投資顧問法（Investment Adviser Regulation in a Nutshell）　ジェフリー・J.ハース, スティーブン・R.ハワード著, 岡田洋隆, 鈴木謙輔, 白川もえぎ, 佐藤智晶, 須田英明訳　弘文堂　2015.8　273p　21cm　〈索引あり〉4000円　①978-4-335-35637-7

内容 はじめに―歴史的変遷　投資顧問はいかなる者か　投資顧問に対する連邦および州の権限　ヘッジファンドおよび債務担保証券（CDO）のアドバイザー　登録およびフォームADV　投資顧問による広告　アドバイザリー関係　義務の履行　ラップ・フィー・プログラム　自己取引およびインサイダー取引　記録保存義務　チーフ・コンプライアンス・オフィサー（CCO）とその問題点　投資顧問法のもとでのコンプライアンス、検査および法令執行　限定的な私的訴権　投資顧問の売買　投資顧問ビジネスに関連する特別の問

ハ

題　〔05725〕

ハース, ダン　Heath, Dan

◇スイッチ！―「変われない」を変える方法（SWITCH）　チップ・ハース, ダン・ハース著, 千葉敏生訳　早川書房　2016.10　377p　16cm（ハヤカワ文庫 NF 478―〔社会文化〕）〈新版 2013年刊の再刊〉820円　①978-4-15-050478-6　〔05726〕

◇決定力！―正しく選択するための4つのステップ（DECISIVE）　チップ・ハース, ダン・ハース著, 千葉敏生訳　早川書房　2016.11　443p　16cm（ハヤカワ文庫 NF 479）〈文献あり〉1000円　①978-4-15-050479-3

内容 （W）選択肢を広げる（視野の狭窄を避ける　マルチトラックする　自分と同じ問題を解決した人を見つける）（R）仮説の現実性を確かめる（逆を考える　ズームアウトとズームイン　ウーチングする）（A）決断の前に距離を置く（一時的な感情を乗り越える　核となる優先事項を貫く）（P）誤りに備える（未来を“幅”で考える　アラームをセットする　プロセスを信じる）　〔05727〕

ハ

ハース, チップ　Heath, Chip

◇スイッチ！―「変われない」を変える方法（SWITCH）　チップ・ハース, ダン・ハース著, 千葉敏生訳　早川書房　2016.10　377p　16cm（ハヤカワ文庫 NF 478―〔社会文化〕）〈新版 2013年刊の再刊〉820円　①978-4-15-050478-6　〔05728〕

◇決定力！―正しく選択するための4つのステップ（DECISIVE）　チップ・ハース, ダン・ハース著, 千葉敏生訳　早川書房　2016.11　443p　16cm（ハヤカワ文庫 NF 479）〈文献あり〉1000円　①978-4-15-050479-3

内容 （W）選択肢を広げる（視野の狭窄を避ける　マルチトラックする　自分と同じ問題を解決した人を見つける）（R）仮説の現実性を確かめる（逆を考える　ズームアウトとズームイン　ウーチングする）（A）決断の前に距離を置く（一時的な感情を乗り越える　核となる優先事項を貫く）（P）誤りに備える（未来を“幅”で考える　アラームをセットする　プロセスを信じる）　〔05729〕

パース, チャールズ・サンダース　Peirce, Charles Sanders

◇プラグマティズム古典集成―パース、ジェイムズ、デューイ　チャールズ・サンダース・パース, ウィリアム・ジェイムズ, ジョン・デューイ著, 植木豊編訳　作品社　2014.10　652p　20cm〈他言語標題：Classical Pragmatism：Selected Papers　文献あり 索引あり〉4200円　①978-4-86182-501-9

内容 第1部 プラグマティズムという言葉の登場（パースのプラグマティズム（一九一六年）（デューイ）　哲学的概念と実際的効果（一八九八年）（ジェイムズ）ほか）　第2部 パースのプラグマティズム（人間に生得的に備わっているとされてきた諸能力についての問い（一八六八年）（パース）　四つの能力の否定から導かれる諸々の帰結（一八六八年）（パース）ほか）　第3部 プラグマティズムの展開（アメリカにおけるプラグマティズムの展開（一九二五年）（デューイ）　信ずる意志（『信ずる意志』第一章）（一八九七年）（ジェイムズ）ほか）　解題 プラグマティズムの百年後（植木豊）　〔05730〕

ハーズ, ロバート・ヘンリー　Herz, Robert Henry

◇会計の変革―財務報告のコンバージェンス、危機および複雑性に関する年代記（ACCOUNTING CHANGES）　ロバート（ボブ）・H.ハーズ〔著〕, 杉本徳栄, 橋本尚訳　同文舘出版　2014.12　327p　21cm　3600円　①978-4-495-20131-9

内容 第1章 私の49年の半生　第2章 道筋をつける　第3章 ストック・オプション論争―第2弾　第4章 国際的コンバージェンス　第5章 金融危機　第6章 複雑性　第7章 回顧と展望　〔05731〕

バスカー, ロイ　Bhaskar, Roy

◇弁証法―自由の脈動（DIALECTIC）　ロイ・バスカー著, 式部信訳　作品社　2015.4　646p　20cm〈索引あり〉5800円　①978-4-86182-523-1　〔05732〕

パスカリ, エレナ　Pasquali, Elena

◇こどもせいしょ―バイリンガル（The Lion Nursery Bible）　エレナ・パスカリ文, プリシラ・ラモント絵, いのちのことば社出版部訳　いのちのことば社　2016.9　191p　22cm〈英語併記〉1800円　①978-4-264-03583-1　〔05733〕

パスカル, ブレーズ　Pascal, Blaise

◇パンセ　上（PENSÉES）　パスカル著, 塩川徹也訳　岩波書店　2015.8　481, 12p　15cm（岩波文庫 33-614-2）　1140円　①978-4-00-336142-9　〔05734〕

◇パンセ　中（PENSÉES）　パスカル著, 塩川徹也訳　岩波書店　2015.10　638, 12p　15cm（岩波文庫 33-614-3）　1440円　①978-4-00-336143-6

内容 第1部「写本」によって伝えられる“パンセ”（承前）（目次にそって配列されていないファイル（断章三八三～九一八）（総覧　護教論的論説一 賭　護教論的論説二 宗教的無関心の反駁　護教論的論説二の二　護教論的論説三 堕落と贖い　ユダヤ人の状態　堕落　預言　預言、ユダヤ人の状態など　表徴 ほか））〔05735〕

◇パンセ　下（PENSÉES）　パスカル著, 塩川徹也訳　岩波書店　2016.7　436, 70p　15cm（岩波文庫 33-614-4）〈索引あり〉1260円　①978-4-00-336144-3

内容 第2部「写本」に収録されていない“パンセ”（オリジナル原稿が残されている“パンセ”（断章*一～*五九）　オリジナル原稿が残されていない“パンセ”（断章*六〇～*九二））　補遺 語録（1～23）　ポール・ロワイヤル版（一六七〇年）の序文　『パンセ』アンソロジー　〔05736〕

パスキエ, M.*　Pasquier, Martial

◇国家ブランディング―その概念・論点・実践（NATION BRANDING）　キース・ディニー編著, 林田博光, 平沢敦監訳　八王子　中央大学出版部　2014.3　310p　22cm（中央大学企業研究所翻訳叢書 14）　4500円　①978-4-8057-3313-4

内容 国家ブランディングと原産国効果(Martial Pasquier,João R.Freire,Elsa Wilkin-Armbrister著, 山本慎悟訳)〔05737〕

バスコム, ニール　Bascomb, Neal

◇ロボコン―イケてない僕らのイカした特別授業(THE NEW COOL)　ニール・バスコム著, 松本剛史訳, 松井竜哉日本版監修　集英社　2014.6　447p　20cm　1800円　①978-4-08-773485-0

内容 開幕　戦略　第1週―ロボット発送まであと43日　第2週―ロボット発送まであと36日　好敵手たち―サンダーチキンズ(チーム217)　第3週―ロボット発送まであと29日　第4週―ロボット発送まであと22日　好敵手たち―2トレーンロボティクス(チーム395)　第5週―ロボット発送まであと15日　第6週―ロボット発送まであと8日　最終週―ロボット発送まであと96時間　ロサンゼルス地区大会 パート1―ロングビーチ・アリーナ3月12～14日　ロサンゼルス地区大会 パート2―ロングビーチ・アリーナ3月12～14日　好敵手たち ヒーローズ・オブ・トゥモロー(チーム67)　サクラメント地区大会 パート1―カリフォルニア大学デイヴィス校3月26～28日　サクラメント地区大会 パート2―カリフォルニア大学デイヴィス校3月26～28日　FIRST選手権 パート1―アトランタ、ジョージアドーム4月16～18日　FIRST選手権 パート2―アトランタ、ジョージアドーム4月16～18日〔05738〕

ハズチャ, ジョイ

◇経験学習によるリーダーシップ開発―米国CCLによる次世代リーダー育成のための実践事例(Experience-Driven Leader Development)　シンシア・D.マッコーレイ,D.スコット・デリュ, ポール・R.ヨスト, シルベスター・テイラー編, 漆嶋稔訳　日本能率協会マネジメントセンター　2016.8　511p　27cm　8800円　①978-4-8207-5929-4

内容 リーダーシップ経験のフレームワーク(ポール・ヴァン・カトウィック, ジョイ・ハズチャ, メイナード・ゴフ)〔05739〕

バスティアン, S.*　Bastian, Sue

◇セオリー・オブ・ナレッジ―世界が認めた『知の理論』(Theory of Knowledge 原著第2版の抄訳)　Sue Bastian,Julian Kitching,Ric Sims著, 大山智子訳, 後藤健夫編　ピアソン・ジャパン　2016.1　171p　26cm　〈発売：ネリーズ〉2300円　①978-4-907421-35-9

内容 第1部 国際標準を教えるフロンティア(対談 どこへ向かう世界の教育 IBプログラムのこれまでとこれから)　第2部 セオリー・オブ・ナレッジ：TOKとは(TOK概要　知るための方法　知識の領域)　第3部「知の理論」を日本で教える(鼎談 TOKを取り入れることで、日本の高校の授業も先生も、生徒も変わる)〔05740〕

バステード, マイケル・N.

◇高等教育の社会学(SOCIOLOGY OF HIGHER EDUCATION)　パトリシア・J.ガンポート編著, 伊藤彰浩, 橋本鉱市, 阿曽沼明裕監訳　町田玉川大学出版部　2015.7　476p　22cm　(高等教育シリーズ 167)〈索引あり〉5400円　①978-4-472-40514-3

内容 高等教育政策研究のための社会学的枠組み(マイケル・N.バステード著, 橋本鉱市訳)〔05741〕

ハースト, ブランドン　Hurst, Brandon

◇倒されたかどうかは関係ない。立ち上がるかどうかが問題だ。　ブランドン・ハースト編, 大城光子訳　アルファポリス　2014.9　205p　20cm　〈他言語標題：It's not whether you get knocked down, it's whether you get up　発売：星雲社〉1500円　①978-4-434-19647-8〔05742〕

ハースト, ヘンリー　Hurst, Henry

◇ビジュアル版 世界の歴史都市―世界史を彩った都の物語(The Great Cities in History)　ジョン・ジュリアス・ノーウィッチ編, 福井正子訳　柊風舎　2016.9　303p　27×21cm　15000円　①978-4-86498-039-5

内容 カルタゴ―フェニキアと古代ローマの都市(ヘンリー・ハースト)〔05743〕

パストゥロー, ミシェル　Pastoureau, Michel

◇熊の歴史―〈百獣の王〉にみる西洋精神史(L'OURS)　ミシェル・パストゥロー著, 平野隆文訳　筑摩書房　2014.3　375, 18p　22cm　〈文献あり 索引あり〉4700円　①978-4-480-85807-8

内容 畏敬された熊―旧石器時代から封建時代まで(最初の神？　百獣の王　人類の祖先)　闘いを挑まれた熊―シャルルマーニュからサン・ルイまで(野獣より強い聖人　悪魔に引き寄せられる熊　ライオンの戴冠式)　王位を剥奪された熊―中世末から現代まで(侮辱された動物　君主の想像、婦人たちの幻想　山から博物館へ)　熊の反撃〔05744〕

ハーストハウス, ロザリンド　Hursthouse, Rosalind

◇徳倫理学について(On Virtue Ethics)　R.ハーストハウス著, 土橋茂樹訳　知泉書館　2014.10　418p　23cm　〈文献あり 著作目録あり 索引あり〉5200円　①978-4-86285-196-3

内容 第1部 行為(正しい行為　解決可能なディレンマ　解決不可能なディレンマと悲劇的ディレンマ)　第2部 感情と動機づけ(アリストテレスとカント　徳と感情　有徳な行為者にとっての行為の理由　道徳的動機づけ)　第3部 合理性(徳をもつことの利益　自然主義　理性的動物のための自然主義　客観性)〔05745〕

◇徳倫理学基本論文集　加藤尚武, 児玉聡編・監訳　勁草書房　2015.11　342, 7p　22cm　〈索引あり〉3800円　①978-4-326-10248-8

内容 徳倫理学と情動(ロザリンド・ハーストハウス著, 林誓雄訳)〔05746〕

ハスナウイ, セフィアン

◇日本・アルジェリア友好の歩み―外交関係樹立50周年記念誌　私市正年, スマイル・デベシュ, 在アルジェリア日本国大使館編著　千倉書房　2014.8　286p　19cm　2800円　①978-4-8051-1041-6

内容 アルジェリアと日本(セフィアン・ハスナウイ)〔05747〕

パスモア, ケヴィン　Passmore, Kevin

◇ファシズムとは何か(Fascism 原著第2版の翻訳)　ケヴィン・パスモア〔著〕, 福井憲彦訳　岩波書店　2016.4　247, 11p　19cm　〈文献あり

ハ

索引あり〉 2300円 ①978-4-00-061123-7

内容 第1章「AであるとともにAではない」―ファシズムとはなにか 第2章 ファシズム以前のファシズム？ 第3章「拳で歴史をつくる」イタリア 第4章「人種国家」ドイツ 第5章 各地に広がるファシズム 第6章 灰から飛び立つ不死鳥か 第7章 ファシズム、ネイション、そして人種 第8章 ファシズム、女性、そしてジェンダー 第9章 ファシズムと階級 第10章 ファシズムとわれわれ 〔05748〕

ハスラー, クリストファー Hasler, Christopher V.A.

◇主の祈り (The Lord's prayer (2nd edition)) クリストファー・ハスラー著, 鈴木泰之訳 スヴェーデンボリ出版 2014.11 57p 18cm (スヴェーデンボリ出版ブックレット no.10) 300円 ①978-4-906861-19-4 〔05749〕

ハーゼ, ノルベルト

◇軍服を着た救済者たち―ドイツ国防軍とユダヤ人救出工作 (Retter in Uniform) ヴォルフラム・ヴェッテ編, 関口宏道訳 白水社 2014.6 225, 20p 20cm 2400円 ①978-4-560-08370-3

内容 中尉アルベルト・バッテル博士とマックス・リートケ少佐 (ノルベルト・ハーゼ著) 〔05750〕

バーゼドー, ユルゲン

◇ヨーロッパ私法の展望と日本民法典の現代化 川角由和, 中田邦博, 潮見佳男, 松岡久和編 日本評論社 2016.3 541p 22cm (竜谷大学社会科学研究所叢書 第108巻) 〈他言語標題：Perspectives of European Private Law and Modernization of Japanese Civil Code〉 7000円 ①978-4-535-52165-0

内容 ヨーロッパ契約法 他 (ユルゲン・バーゼドー著, カライスコス・アントニオス訳) 〔05751〕

バゼロン, エミリー Bazelon, Emily

◇ある日、私は友達をクビになった―スマホ世代のいじめ事情 (STICKS AND STONES) エミリー・バゼロン著, 高橋由紀子訳 早川書房 2014.8 324p 19cm 1800円 ①978-4-15-209475-9

内容 プロローグ 二五年前の記憶 1 トラブル発生 (モニーク―恐怖のスクールバス ジェイコブ―僕は男の子が好きなんだ ほか) 2 エスカレート (モニーク―大人を巻き込んだ闘い ジェイコブ―学校と親子の対決 ほか) 3 解決策 (フリーダム中学―オルウェーズのいじめ防止策 オールドミル・ノース中学―罰するより褒めるアプローチ ほか) 4 さあ、ここから (いじめを正しく理解する いじめに関してよく聞かれる質問) 〔05752〕

バー＝ゾウハー, マイケル Bar-Zohar, Michael

◇モサド・ファイル―イスラエル最強スパイ列伝 (MOSSAD (重訳)) マイケル・バー＝ゾウハー, ニシム・ミシャル著, 上野元美訳 早川書房 2014.10 542p 16cm (ハヤカワ文庫 NF 417) 〈文献あり〉 980円 ①978-4-15-050417-5

内容 ライオンの巣穴に一人で飛びこむ 闇世界の帝王 テヘランの葬儀 バグダッドの処刑 ソ連のスパイと海に浮かんだ死体 「ああ、それ？ フルシチョフの演説よ…」 「アイヒマンを連れてこい！ 生死は問わない」 ヨセレはどこだ？ モサドに尽くすナチスの英雄 ダマスカスの男 『ミグ21が欲しい』 決して忘れない人々 赤い王子をさがす旅 シリアの乙女たち 『きょう、戦争になる！』 アトム・スパイが掛かった甘いわな (ハニートラップ) サダムのスーパーガン アンマンの大失態 北朝鮮より愛をこめて 午後の愛と死 アメラはまわっていた シバの女王の国から イランと戦争か？ 〔05753〕

パーソンズ, トニー Parsons, Tony

◇何でもないものがあらゆるものである―無、存在、すべて (NOTHING BEING EVERYTHING) トニー・パーソンズ著, 高木悠鼓訳 ナチュラルスピリット 2015.7 229p 19cm 1600円 ①978-4-86451-173-5 〔05754〕

◇オープン・シークレット (THE OPEN SECRET) トニー・パーソンズ著, 古閑博丈訳 ナチュラルスピリット 2016.12 86p 19cm (覚醒ブックス) 1300円 ①978-4-86451-225-1 〔05755〕

バタイユ, ジョルジュ Bataille, Georges

◇ヒロシマの人々の物語 ジョルジュ・バタイユ著, 酒井健訳 岡崎 景文館書店 2015.3 62p 19cm 〈他言語標題：À propos de récits d'habitants d'Hiroshima〉 520円 ①978-4-907105-04-4 〔05756〕

◇魔法使いの弟子 (L'APPRENTI SORCIER) ジョルジュ・バタイユ著, 酒井健訳 岡崎 景文館書店 2015.11 70p 19cm 520円 ①978-4-907105-05-1

内容 欲求がないことは満足がないことよりも不幸だ 人間でありたいという欲求を失った人間 学問の人間 フィクションの人間 行動に奉仕するフィクション 行動の人間 行動は、人間の世界によって変えられ、この世界を変えることができずにいる 分裂する実存 完全な実存と、愛する存在のイメージ 愛する存在の幻影的な特徴 恋人たちの真の世界 ひとまとまりの偶然 運命と神話 魔法使いの弟子 〔05757〕

バダウィ, トゥン・アブドゥラ・ハジ・アーマッド

◇世界はなぜ争うのか―国家・宗教・民族と倫理をめぐって 福田康夫, ヘルムート・シュミット, マルコム・フレーザー他著, ジェレミー・ローゼン編集, 渥美桂子訳 朝倉書店 2016.3 296p 21cm 〈他言語標題：Ethics in Decision-Making〉 非売品

内容 私たちの価値を反映する自身の選択 (トゥン・アブドゥラ・ハジ・アーマッド・バダウィ著) 〔05758〕

◇世界はなぜ争うのか―国家・宗教・民族と倫理をめぐって 福田康夫, ヘルムート・シュミット, マルコム・フレーザー他著, ジェレミー・ローゼン編集, 渥美桂子訳 朝倉書店 2016.5 296p 21cm 〈他言語標題：Ethics in Decision-Making〉 1850円 ①978-4-254-50022-6

内容 私たちの価値を反映する自身の選択 (トゥン・アブドゥラ・ハジ・アーマッド・バダウィ著) 〔05759〕

バタウィック, ショーナ

◇身体知―成人教育における身体化された学習 (Bodies of knowledge) ランディ・リプソン・

ローレンス編, 立田慶裕, 岩崎久美子, 金藤ふゆ子, 佐藤智子, 荻野亮吾, 園部友里恵訳　福村出版　2016.3　133p　22cm　〈文献あり〉2600円　①978-4-571-10174-8
内容 身体化された知識と脱植民地化：強力で危険な演劇の教育学と共に歩む（ショーナ・バタウィック, ヤン・セルマン著, 園部友里恵訳）〔05760〕

パタースン, スコット　Patterson, Scott
◇ウォール街のアルゴリズム戦争（DARK POOLS）　スコット・パタースン著, 永野直美訳　日経BP社　2015.11　518p　20cm　〈発売：日経BPマーケティング〉2400円　①978-4-8222-5107-9
内容 第1部 マシン対マシン（トレーディング・マシンズ社　サイズ・ゲーム ほか）　第2部 マシン誕生（盗っ人たち　ウォッチャー誕生 ほか）　第3部 マシンの勝利（野獣の腹の中　取引プラットフォーム ほか）　第4部 マシンの未来（八百長ゲーム　ビッグデータ ほか）〔05761〕

バタチャリア, C.B.
◇持続可能性と戦略　千倉書房　2015.9　326p　21cm　（企業と社会シリーズ 4　企業と社会フォーラム編）〈他言語標題：Sustainability and Strategy〉4200円　①978-4-8051-1070-6
内容 サステナビリティ経営を成功させるステイクホルダー・ルート（CB バタチャリア著, JFBS事務局訳）〔05762〕

ハダッド, ワディ・D.　Haddad, Wadi D.
◇教育政策立案の国際比較（Education Policy-Planning Process）　ワディ・D.ハダッド, テリ・デムスキー〔著〕, 北村友人訳・解説　東信堂　2014.8　110p　21cm　（ユネスコ国際教育政策叢書 1）〈文献あり 索引あり〉1200円　①978-4-7989-1248-6
内容 第1章 教育政策分析のためのフレームワーク（政策の定義と範囲　政策の策定　政策分析のための概念フレームワーク）　第2章 教育の立案活動における政策分析の応用—4つの典型的な事例（ペルー：包括的かつ革命的なアプローチの事例　ヨルダン：漸進的アプローチから総合的アプローチへの移行に関する事例　タイ：特定課題から戦略的課題への移行の事例　ブルキナファソ：外部から影響された総合的アプローチ）　第3章 事例研究からの教訓（ペルー　ヨルダン　タイ　ブルキナファソ　4つの事例に関する総合的な議論）　第4章 結論—政策立案者たちのための含意のまとめ〔05763〕

バーダマン, ジェームス・M.　Vardaman, James M.
◇日本の論点　ジェームス・M.バーダマン著, 相場妙訳　IBCパブリッシング　2014.2　223p　19cm　（対訳ニッポン双書）〈他言語標題：Japan Today and How It Got This Way〉1500円　①978-4-7946-0257-2
内容 国家　政治　経済　社会　生活　原発　文化　教育　東北復興〔05764〕

バダム, ポール
◇イギリス宗教史—前ローマ時代から現代まで（A History of Religion in Britain）　指昭博, 並河葉子監訳, 赤江雄一, 赤瀬理穂, 指珠恵, 戸渡文子, 長谷川直子, 宮崎章訳, シェリダン・ギリー, ウィリアム・J.シールズ編　法政大学出版局　2014.10　629, 63p　22cm　〈文献あり 年表あり 索引あり〉9800円　①978-4-588-37122-6
内容 現代イギリスにおける宗教の多元性（ポール・バダム著, 宮崎章訳）〔05765〕

バダラッコ, ジョセフ・L.　Badaracco, Joseph L.Jr.
◇ひるまないリーダー（The Good Struggle）　ジョセフ・L.バダラッコ著, 山内あゆ子訳　翔泳社　2014.3　200p　20cm　（Harvard business school press—ハーバード流マネジメント講座）〈文献あり〉2000円　①978-4-7981-3615-8
内容 第1章 時代を超える質問、現れつつある答え　第2章 自分は現状を取り巻く環境を十分に把握しているか　第3章 自分の真の責任とは何か　第4章 いかにして重大な決断をくだすのか　第5章 核となる正しい価値観をもっているか　第6章 自分はなぜこの人生を選んだか〔05766〕

ハ

ハダリィ, シャロン　Hadary, Sharon
◇リーダーをめざすあなたへ—成功した女性の8つの戦略（How Women Lead ： 8 Essential Strategies Successful Women Know）　シャロン・ハダリィ, ローラ・ヘンダーソン著, 穴水由紀子訳　一灯舎　2013.7　339, 12p　19cm　1700円　①978-4-907600-26-6
内容 1 女性が持つリーダーとしての潜在能力に目覚める　2 自分の運命は自分の手で切り開く　3 自分のキャリアは自分で設計する　4 臆さず自分をアピールする　5 数字が語る話を読み取り、戦略を立て、結果につなげる　6 とびきりのチームを作る　7 あなたという最大の資産をはぐくむ　8 可能性を現実のものにする〔05767〕

ハタン, セロ　Hatang, S.K.
◇ネルソン・マンデラ未来を変える言葉　ネルソン・マンデラ著, 長田雅子訳, セロ・ハタン, サーム・フェンター編　明石書店　2014.6　193p　20cm　1800円　①978-4-7503-4010-4
内容 1 英知（生まれつき人を憎む人間はいない　誰にも良いところがある ほか）　2 原点（私の信念　人種差別を憎む ほか）　3 勝利（平和と民主主義と自由を！　生まれてはじめての投票 ほか）　4 未来（私の義務だった　兄弟姉妹として守る ほか）〔05768〕

バーチ, メアリー　Burch, Mary R.
◇行動分析家の倫理—責任ある実践へのガイドライン（Ethics for Behavior Analysis 原著第2拡大版の翻訳）　ジョン・ベイリー, メアリー・バーチ著, 日本行動分析学会行動倫理研究会訳　二瓶社　2015.3　359p　21cm　〈文献あり 索引あり〉4200円　①978-4-86108-072-2〔05769〕

バーチ, K.*　Burch, Kurt
◇学生が変わるプロブレム・ベースド・ラーニング実践法—学びを深めるアクティブ・ラーニングがキャンパスを変える（THE POWER OF PROBLEM-BASED LEARNING）　ダッチ・B.J, グロー・S.E, アレン・D.E編, 山田康彦, 津田司監訳, 三重大学高等教育創造開発センター訳　京

都　ナカニシヤ出版　2016.2　282p　22cm　〈索引あり〉3600円　①978-4-7795-1002-1

内容 政治学・民主主義とPBL(Kurt Burch著, 高山進訳)〔05770〕

バチカン公会議(第2回)

◇教会憲章　第2バチカン公会議文書公式訳改訂特別委員会監訳　カトリック中央協議会　2014.2　126p　21cm　(第二バチカン公会議)　650円　①978-4-87750-181-5

内容 第1章 教会の神秘について　第2章 神の民について　第3章 教会の位階的構成、とくに司教職について　第4章 信徒について　第5章 教会における聖性への普遍的召命について　第6章 修道者について　第7章 旅する教会の終末的性格および天上の教会との一致について　第8章 キリストと教会の神秘の中の神の母、聖なる処女マリアについて　聖なる第二バチカン公会議の記録より〔05771〕

◇現代世界憲章　第2バチカン公会議文書公式訳改訂特別委員会監訳　カトリック中央協議会　2014.2　128p　21cm　(第二バチカン公会議)　650円　①978-4-87750-180-8

内容 第1部 教会と人間の召命(人格の尊厳　人間共同体　世界における人間活動　現代世界における教会の任務)　第2部 若干の緊急課題(結婚と家庭の尊厳の推進　文化の発展　経済・社会生活　政治共同体の生活　平和の推進と諸民族の共同体の促進)〔05772〕

◇典礼憲章/神の啓示に関する教義憲章　第2バチカン公会議文書公式訳改訂特別委員会監訳　カトリック中央協議会　2014.2　95p　21cm　(第二バチカン公会議)　550円　①978-4-87750-182-2〔05773〕

◇エキュメニズムに関する教令　第2バチカン公会議文書公式訳改訂特別委員会監訳　カトリック中央協議会　2014.7　31p　21cm　(第二バチカン公会議)　300円　①978-4-87750-187-7〔05774〕

バーチャード, ブレンドン　Burchard, Brendon

◇自分に自信を持つ方法―満たされた人生に変える10のレッスン(THE CHARGE)　ブレンドン・バーチャード著, 松丸さとみ, 夏井幸子, 小巻靖子訳　フォレスト出版　2015.3　271p　19cm　1600円　①978-4-89451-655-7

内容 あなたの人生を変えるための決意　暗闇から抜け出る　第1部 5つの基本的な行動意欲―コントロール、能力、一致、思いやり、つながり(コントロールすることに対する行動意欲　能力への行動意欲　一致への行動意欲　思いやりへの行動意欲　つながりへの行動意欲)　第2部 前進するための5つの行動意欲―変化、挑戦、自由な表現、貢献、意識(5つの「前進するための行動意欲」とは?　変化に対する行動意欲　挑戦に対する行動意欲　自由に表現する行動意欲　貢献に対する行動意欲　意識に対する行動意欲)〔05775〕

バーチュー, グラント　Virtue, Grant

◇お金の心配のない現実を作る方法―豊かさを実現する11のメッセージ(ANGEL OF ABUNDANCE)　ドリーン・バーチュー, グラント・バーチュー著, 宇佐和通訳　JMA・アソシエイツステップワークス事業部　2015.8　191p　17cm　2000円　①978-4-904665-85-5

内容 救いを求める　奇跡の起き方は神が決める　与えられるべきものへの意識　豊かさに満ちたものの見方　高いエネルギーがマニフェステーションを早める　すべきことをする　成功のビジュアライゼーション　常にポジティブなアファメーションを心がける　集中力を維持する　受け容れることを許す　聖なる契約を守る　心と肉体、そして魂のバランス〔05776〕

バーチュー, チャールズ　Virtue, Charles

◇人生に奇跡を起こす天使のスピリチュアル・サインCDブック(SIGNS FROM ABOVE)　ドリーン・バーチュー, チャールズ・バーチュー著, 奥野節子訳　新版　ダイヤモンド社　2015.2　178p　19cm　〈初版のタイトル：ドリーン・バーチュー博士の人生に奇跡を起こす天使のスピリチュアル・サイン〉1800円　①978-4-478-02674-8

内容 第1章 幸せをもたらす雲　第2章 天使の羽根　第3章 音楽のサイン　第4章 天国からのコイン　第5章 虹を追いかけて　第6章 天から聞こえる声　第7章 エンジェル・ナンバー　第8章 サインをお願いする　第9章 サインを受け取るための祈り〔05777〕

バーチュー, ドリーン　Virtue, Doreen

◇願いを叶える77の扉―大天使とマスターを呼ぶ(Archangels & Ascended Masters)　ドリーン・バーチュー著, 宇佐和通訳　JMA・アソシエイツステップワークス事業部　2014.2　231p　19cm　〈外箱入〉2800円　①978-4-904665-64-0

内容 第1章 大天使とマスターたちの言葉　第2章 願いを叶える祈り　第3章 大天使とマスターたちの役割　アセンデッドマスターオラクルカード〔05778〕

◇女神の魔法―天使と女神のガイダンス(GODDESSES & ANGELS)　ドリーン・バーチュー著, 島津公美訳　新版　ダイヤモンド社　2014.3　357p　19cm　〈初版：メディアート出版 2006年刊〉1800円　①978-4-478-02513-0

内容 第1部 女神と天使に導かれた旅(セドナの満月　スウェット・ロッジの女神　ハーモニック・コンコーダンスに癒されて　クリスタルのベッド ほか)　第2部 女神&天使の事典(四大元素とそれに対応する女神&天使　女神&天使の目的別、守護分野別一覧　女神&天使)〔05779〕

◇天国の愛する人を想うあなたへ―Heal your heart Oracle Book(How to Heal A Grieving Heart)　ドリーン・バーチュー, ジェームズ・ヴァン・プラグ著, 奥野節子訳　JMA・アソシエイツステップワークス事業部　2014.4　209p　15cm　1800円　①978-4-904665-68-8〔05780〕

◇アースエンジェル革命―"いい人"から"愛される人"へ(Assertiveness for Earth Angels)　ドリーン・バーチュー著, 宇佐和通訳　JMA・アソシエイツステップワークス事業部　2014.5　277p　19cm　2000円　①978-4-904665-71-8

内容 あなたが地上に"遣わされる"まで　アサーティブネスのトレーニング　ノーモア・レスキュー　"いい人"を卒業して、愛される人になる　アースエンジェルのコミュニケーションスキル　罪の意識を手放し、恐れをなくす　アースエンジェルのライトワーク　意識と肉体をひとつにし、自分という存在を定義する　アースエンジェルの人間関係対処法　相手を"修正"

ハ

しないコミュニケーション　自分の人生を楽しむためにできること　過去世に端を発する人間関係　アースエンジェルの子育て　"権威ある人"とのコミュニケーション　あなたの価値を取り戻す　"安らぐ人"が成功する理由　パワフルなアースエンジェルになる　エンパスのためのエネルギーワーク　時間を費やし、エネルギーを高める　エンジェル・アクティビスト　〔05781〕

◇エンジェルデトックス（ANGEL DETOX）　ドリーン・バーチュー，ロバート・リーブス著，奥野節子訳　JMA・アソシエイツステップワークス事業部　2014.7　405p　19cm　2000円　①978-4-904665-74-9

内容 1章 天使のヒーリング　2章 身体が喜ぶ食べ物　3章 ハーブとビタミン　4章 アロマセラピーと精油　5章 キッチンのデトックス　6章 私たちがとるべきもの　7章 7日間のデトックスプラン　8章 感情のデトックス　9章 エネルギーのデトックス　10章 ヒーリングホームを作る　〔05782〕

◇エンジェルアストロロジー―天使の占星術（ANGEL ASTROLOGY 101）　ドリーン・バーチュー，ヤスミン・ボーランド著，宇佐和通訳　JMA・アソシエイツステップワークス事業部　2014.8　287p　19cm　〈著作目録あり〉2000円　①978-4-904665-75-6

内容 1 おひつじ座と大天使アリエル　2 おうし座と大天使チャミュエル　3 ふたご座と大天使ザドキエル　4 かに座と大天使ガブリエル　5 しし座と大天使ラジエル　6 おとめ座と大天使メタトロン　7 てんびん座と大天使ジョフィエル　8 さそり座と大天使ジェレミエル　9 いて座と大天使ラギュエル　10 やぎ座と大天使アズラエル　11 みずがめ座と大天使ウリエル　12 うお座と大天使サンダルフォン　〔05783〕

◇エンジェルタロットマスターブック（BIG BOOK OF ANGEL TAROT）　ドリーン・バーチュー，ラドリー・バレンタイン著，宇佐和通訳　JMA・アソシエイツステップワークス事業部　2014.11　417p　19cm　2800円　①978-4-904665-79-4

内容 第1章 明るく輝く美しい導き　第2章 エンジェルタロットの始まり　第3章 エンジェルタロットの用語　第4章 夢想家の旅　第5章 小アルカナカードの持つ意味　第6章 象徴性とカードの名前　第7章 大天使とエンジェルナンバー、占星術　第8章 リーディング　第9章 自分だけのスプレッドを作る　第10章 さまざまなスプレッド　大アルカナカード　小アルカナカード　〔05784〕

◇エンジェル・ライフ―「天使を感じる力」を高める方法（Eating in the Light 原著改訂最新版の翻訳）　ドリーン・バーチュー，ベッキー・ブラック著，秋川一穂訳　ダイヤモンド社　2014.12　147，5p　19cm　〈文献あり〉1500円　①978-4-478-02091-3

内容 第1章 なぜ菜食へと導かれるのか　第2章 食べ物が持つエネルギーと生命力　第3章 食生活に変化を起こす　第4章 ビーガンに関する誤解をとく　第5章 制限ではなく長所に目を向ける　付録 地球に配慮する　〔05785〕

◇人生に奇跡を起こす天使のスピリチュアル・サインCDブック（SIGNS FROM ABOVE）　ドリーン・バーチュー，チャールズ・バーチュー著，奥野節子訳　新版　ダイヤモンド社　2015.2　178p　19cm　〈初版のタイトル：ドリーン・バーチュー博士の人生に奇跡を起こす天使のスピリチュアル・サイン〉1800円　①978-4-478-02674-8

内容 第1章 幸せをもたらす雲　第2章 天使の羽根　第3章 音楽のサイン　第4章 天国からのコイン　第5章 虹を追いかけて　第6章 天から聞こえる声　第7章 エンジェル・ナンバー　第8章 サインをお願いする　第9章 サインを受け取るための祈り　〔05786〕

◇からだの痛みはこころのサイン―やさしくいたわるセルフケアブック（LIVING PAIN-FREE）　ドリーン・バーチュー，ロバート・リーブス著，宇佐和通訳　JMA・アソシエイツステップワークス事業部　2015.5　361p　19cm　〈著作目録あり〉2000円　①978-4-904665-82-4

内容 1 痛みの真相を解き明かす（痛みの原因　痛みを克服する心　ストレスと炎症の観察）　2 痛みを癒すナチュラルな方法（痛みを和らげるハーブとサプリメント　炎症と痛みを克服するための栄養素　痛みを捨てるためのデトックス　生活に運動を取り入れる　理学療法とヒーリングの方法論）　3 スピリチュアルな痛みの解決法（エネルギー面で考える痛みの除去　スピリチュアル・ヒーリングの方法論　感受性を尊重する）　〔05787〕

ハ

◇お金の心配のない現実を作る方法―豊かさを実現する11のメッセージ（ANGEL OF ABUNDANCE）　ドリーン・バーチュー，グラント・バーチュー著，宇佐和通訳　JMA・アソシエイツステップワークス事業部　2015.8　191p　17cm　2000円　①978-4-904665-85-5

内容 救いを求める　奇跡の起き方は神が決める　与えられるべきものへの意識　豊かさに満ちたものの見方　高いエネルギーがマニフェステーションを早める　すべきことをする　成功のビジュアライゼーション　常にポジティブなアファメーションを心がける　集中力を維持する　受け容れることを許す　聖なる契約を守る　心と肉体、そして魂のバランス　〔05788〕

◇アースエンジェルの世界（EARTH ANGEL REALMS）　ドリーン・バーチュー著，宇佐和通訳　JMA・アソシエイツステップワークス事業部　2015.11　189p　17cm　〈他言語標題：Earth Angel World〉2000円　①978-4-904665-93-0

内容 1 中核となるグループ（インカーネイテッド・エンジェル　インカーネイテッド・エレメンタル　スターピープル　ワイズワン）　2 グループ複合型のアースエンジェル（ミスティック・エンジェル　ナイト・パラディンとギャラクティック・ナイト　アラジン・ジーニー　アトランティアン　インカーネイテッド、ケルビム　ミスティック・スターとコズミック・エンジェル　レプラコーン　マーピープル　グループの判断がつかないとき）　〔05789〕

◇あなたをいつでも守ってくれる大天使ミカエルの奇跡瞑想CDブック―新訳（THE MIRACLES OF ARCHANGEL MICHAEL）　ドリーン・バーチュー著，奥野節子訳　ダイヤモンド社　2015.11　246p　19cm　〈「ピンチをチャンスに変える大天使ミカエルの超守護パワー」（ランダムハウス講談社 2009年刊）の改題、改訳、新装改訂版〉2000円　①978-4-478-02673-1

内容 第1章 ミカエルに会う　第2章 ミカエルの声を聞く　第3章 ミカエルの存在を感じる　第4章 聖なる守護者ミカエル　第5章 人間の姿をしたミカエル　第6章 電化製品を修理してくれるミカエル　第7章 恐れ

を取り除くミカエル　第8章 ミカエルとラファエルとの共同作業　第9章 他の人のためのお願い　第10章 キャリアや人生の使命を助ける　〔05790〕

◇ドラマ・デトックス―素敵な人のきらめきのメカニズム（Don't Let Anything Dull Your Sparkle）　ドリーン・バーチュー著, 宇佐和通訳　JMA・アソシエイツステップワークス事業部　2016.1　255p　19cm　2000円　①978-4-904665-95-4

内容 1 "きらめき"の科学（ドラマ、トラウマ、そしてストレス　なぜいつもドラマに見舞われるのか？　外傷後ストレス反応　ヒスタミン中毒と不寛容）　2 "きらめき"を取り戻す方法（ストレスをなくす　きらめきを取り戻す食事　きらめくための環境　ストレスやうつ状態、不安神経症に効く生薬　体に優しい回復法―ヨガ　サポートを得る）　3 ほかの人たちをきらめかせる（ほかの人たちをどう思いますか？　友だちは賢く選ぶ　恋愛関係をきらめかせる　自分と家族　健やかな関係を育む）　〔05791〕

ハ

◇あなたの未来は直感力で変えられる（Nutrition for Intuition）　ドリーン・バーチュー, ロバート・リーブス著, 奥野節子訳　JMA・アソシエイツステップワークス事業部　2016.3　331p　19cm　2000円　①978-4-904665-97-8

内容 1 栄養と直感のつながり（直感の生理学　チャクラと4つのクレア　食べ物の持つエネルギー）　2 直感を高めるためのレシピと栄養アドバイス（食生活に関するガイドライン　直感を蘇らせるスーパーフードのスナックやスープ　栄養分に富むナッツ、種、"ミルク"　スピリチュアルな人のためのスムージーやジュース　直感のためのハーブティー（浸出液））　3 あなたの身体とエネルギーを癒す（直感を高めるためのデトックス法　チャクラの浄化法　曜日のパワーを活用する方法）　〔05792〕

◇ドリーン・バーチューが教えるクリエイティブを仕事にする方法（the COURAGE to be Creative）　ドリーン・バーチュー著, 宇佐和通訳　JMA・アソシエイツステップワークス事業部　2016.10　364p　19cm　1800円　①978-4-908650-07-9

内容 1 創作過程で必要な勇気（クリエイティブな自分になるための勇気　ありのままの感覚に触れる勇気　創り始める勇気　自分の感覚を明らかにする勇気　聖なるインスピレーションに耳を傾ける勇気　気持ちを落ち着け、受け容れる準備を整える勇気　クリエイティブな時間を作る勇気　集中する勇気）　2 作品で生活費を得て、貢献する勇気（成功を思い描く勇気　批判を恐れず自分の殻を破る勇気　自分の作品をほかの人たちに見せる勇気　ビジネスパートナーを引き寄せて夢を現実にする勇気　自分の作品を売り出す勇気　クリエイティビティの報酬を得る勇気　不明確性と不確実性に対処する勇気　何があろうとやる勇気　どんなことでもするとう勇気）　〔05793〕

パチョモフスキー, ギデオン

◇成長戦略論―イノベーションのための法と経済学（RULES FOR GROWTH）　ロバート・E.ライタン編著, 木下信行, 中原裕彦, 鈴木淳人監訳　NTT出版　2016.3　383p　23cm　6500円　①978-4-7571-2352-6

内容 不法行為, イノベーション, 成長（ギデオン・パチョモフスキー, アレックス・シュタイン著, 木下信行監訳, 木下信行訳）　〔05794〕

ハーツ, ノリーナ　Hertz, Noreena

◇情報を捨てるセンス選ぶ技術（Eyes Wide Open）　ノリーナ・ハーツ著, 中西真雄美訳　講談社　2014.7　382p　19cm　1800円　①978-4-06-218322-2

内容 1 選択と決断が人生を変える　2 目を見開いて世界を見る　3 真実の管理人になる　4 デジタル情報の海に溺れない　5 情報を選ぶ技術を磨く　6 いまこそ変革を起こす　〔05795〕

パッカー, ジョージ　Packer, George

◇綻びゆくアメリカ―歴史の転換点に生きる人々の物語（THE UNWINDING）　ジョージ・パッカー著, 須川綾子訳　NHK出版　2014.7　687, 6p　20cm　〈文献あり〉3500円　①978-4-14-081648-6　〔05796〕

パッカー, J.I.　Packer, James Innell

◇神を知るということ（KNOWING GOD）　J.I.パッカー著, 渡部謙一訳　いのちのことば社　2016.5　615, 5p　19cm　〈索引あり〉4000円　①978-4-264-03472-8　〔05797〕

バッカラリオ, ピエルドメニコ　Baccalario, Pierdomenico

◇13歳までにやっておくべき50の冒険―イタリアからの挑戦状（Il Manuale delle 50 avventure da vivere prima dei 13 anni）　ピエルドメニコ・バッカラリオ, トンマーゾ・ペルチヴァーレ著, アントンジョナータ・フェッラーリ絵, 佐藤初雄監修, 有北雅彦訳　太郎次郎社エディタス　2016.10　189p　19cm　1600円　①978-4-8118-0797-3

内容 宝探しをプロデュースしよう　シャボン玉のなかに入ってみよう　ローラースケートで出かけよう　どこでもすぐにサッカーだ　ロープの結び方を5つマスターしよう　凧を飛ばして、鳥の気分を味わおう　雲のかたちを10個覚えよう　7種類の動物にえさをあげてみよう　木に登って世界をながめてみよう　木の上に家をつくってみよう〔ほか〕　〔05798〕

バック, パトリシア　Bach, Patricia

◇アクセプタンス&コミットメント・セラピー実践ガイド―ACT理論導入の臨床場面別アプローチ（A Practical Guide to Acceptance and Commitment Therapy）　スティーブン・C.ヘイズ, カーク・D.ストローサル編著, 谷晋二監訳, 坂本律訳　明石書店　2014.7　473p　22cm　〈文献あり〉5800円　①978-4-7503-4046-3

内容 重篤な精神疾患を対象としたACT（パトリシア・バック）　〔05799〕

バック, レス　Back, Les

◇耳を傾ける技術（THE ART OF LISTENING）　レス・バック著, 有元健訳　せりか書房　2014.7　369, 6p　20cm　〈索引あり〉3200円　①978-4-7967-0334-5

内容 序章 聞き手の技術としての社会学　第1章 空から落ちる　第2章 家から離れたホーム　第3章 愛を刻み込む　第4章 目によって聞く　第5章 ロンドンコーリング　結論 生きた社会学　〔05800〕

ハック《huck》
◇自由な反逆のすゝめ―流れに逆らえば時代はついてくる（PADDLE AGAINST THE FLOW） huck著, 江口研一訳　フィルムアート社　2016.8　158p　19cm　1500円　①978-4-8459-1570-5
内容 LIFE（ダグラス・クープランド　ケリー・スレイター ほか） WORK（リヴァース・クオモ　スパイク・ジョーンズ ほか） PEOPLE（デイヴ・エガーズ　トーマス・キャンベル ほか） CHANGE（モス・デフ　カレ・ラースン ほか）〔05801〕

バックス, E.B.　Bax, Ernest Belfort
◇社会主義―その成長と帰結（SOCIALISM） ウィリアム・モリス,E.B.バックス著, 大内秀明監修, 川端康雄監訳　晶文社　2014.12　355p　20cm　〈索引あり〉2300円　①978-4-7949-6775-6
内容 古代社会　歴史上の最初の社会、あるいは古代社会　古典古代から中世期への移行　中世社会―その初期　中世の粗野な面　中世の終わり　ルネサンスと宗教改革　近代社会―初期段階　革命への準備―イングランド　革命への準備―フランス〔ほか〕〔05802〕

バックストン, L.　Buxton, Leonard Halford Dudley
◇アジアの諸民族（The Peoples of Asia） バックストン著, 厚生省人口問題研究所訳編　大空社　2015.4　259p　22cm　（アジア学叢書 289）〈布装　人口問題研究会 昭和17年刊の複製〉10500円　①978-4-283-01140-3〔05803〕

バックハウス, ロジャー・E.　Backhouse, Roger E.
◇ケインズは、《今》、なぜ必要か？―グローバルな視点からの現在的意義　ケインズ学会編, 平井俊顕監修　作品社　2014.2　274p　20cm　2400円　①978-4-86182-458-6
内容 なぜケインズが重要なのか（ロジャー・バックハウス著, 黒瀬一弘訳）〔05804〕

◇資本主義の革命家ケインズ（CAPITALIST REVOLUTIONARY） ロジャー・E.バックハウス, ブラッドリー・W.ベイトマン著, 西沢保監訳, 栗林寛幸訳　作品社　2014.8　251p　20cm　〈文献あり 索引あり〉2400円　①978-4-86182-493-7
内容 第1章 ケインズの復帰、ただしどのケインズか？　第2章 ケインズ経済学の盛衰　第3章 道徳哲学者ケインズ―資本主義に対する挑戦に直面する　第4章 医師ケインズ―資本主義経済の理論を開発する　第5章 ケインズ革命の多様性　第6章 永続する革命〔05805〕

◇リターン・トゥ・ケインズ（THE RETURN TO KEYNES） ブラッドリー・W.ベイトマン, 平井俊顕, マリア・クリスティーナ・マルクッツォ編, 平井俊顕監訳　東京大学出版会　2014.9　388, 56p　22cm　〈文献あり 索引あり〉5600円　①978-4-13-040262-0
内容 難解で数学的な議論（ロジャー・E.バックハウス著, 藤原新訳）〔05806〕

バックハウス, ロバート
◇聖書の登場人物（People of the Bible） ロバート・バックハウス著, 松本朋子訳　いのちのことば社　2014.2　31p　23cm　（エッセンシャル・バイブル・レファレンス）〈索引あり〉400円　①978-4-264-03150-5
内容 最初の一族　エジプトへ―出エジプト　士師　最初の王　ユダの預言者と王　イスラエルの預言者と王　捕囚と帰還　福音書の中の人々　12弟子　イエスの敵と味方　初代クリスチャン　パウロとその仲間　パウロの回心者と対抗者〔05807〕

バックランド, レイモンド　Buckland, Raymond
◇バックランドのウイッチクラフト完全ガイド―魔女力を高める15のレッスン（BUCKLAND'S COMPLETE BOOK OF WITCHCRAFT） レイモンド・バックランド著, 佐藤美保訳　パンローリング　2016.8　510p　21cm　（フェニックスシリーズ 35）〈文献あり〉2400円　①978-4-7759-4154-6
内容 ウイッチクラフトの歴史と世界観　信仰　ツール、衣装、名前　始めよう　カヴンと儀式　サバト（季節の祝祭）　瞑想、夢、小サバト　結婚、誕生、死、チャネリング　占い　薬草学（ハーバリズム）　魔術　文字のパワー　ヒーリング　実践しよう　ソロのウイッチ〔05808〕

◇キャンドル魔法実践ガイド―願いを叶えるシンプルで効果的な儀式（PRACTICAL CANDLEBURNING RITUALS） レイモンド・バックランド著, 塩野未佳訳　パンローリング　2016.10　207p　21cm　（フェニックスシリーズ 41）〈著作目録あり〉1500円　①978-4-7759-4160-7
内容 第1部 古代宗教の影響が残る儀式（浮気―不倫関係を終わらせるには　お守り―お守りや護符の聖別　悪習―悪習を断つには　不和―家庭内のもめ事を解決するには　死―亡き人のために ほか） 第2部 キリスト教化された儀式（浮気―不倫関係を終わらせるには　お守り―お守りや護符の聖別　悪習―悪習を断つには　不和―家庭内のもめ事を解決するには　死―亡き人のために ほか）〔05809〕

バックリー, スーザン　Buckley, Susan Washburn
◇セルマの行進―リンダ十四歳投票権を求めた戦い（TURNING 15 ON THE ROAD TO FREEDOM） リンダ・ブラックモン・ロワリー, エルズペス・リーコック, スーザン・バックリー原作, PJローラン絵, 渋谷弘子訳　汐文社　2015.7　133p　20cm　1600円　①978-4-8113-2210-0
内容 第1章 強い意志を持った人に　第2章 公民権運動とわたし　第3章 刑務所に入れられて　第4章「発汗箱」と呼ばれた拷問部屋　第5章「血の日曜日」　第6章 モントゴメリめざして　第7章 十五歳の誕生日　第8章 疲れた体に打ちつける雨　第9章 ついにモントゴメリに　なぜ投票権を求めて戦わなければならなかったのか？〔05810〕

バッグレイ, カール
◇ディスアビリティ現象の教育学―イギリス障害学からのアプローチ　堀正嗣監訳　現代書館　2014.3　308p　21cm　（熊本学園大学付属社会福祉研究所社会福祉叢書 24）　4000円　①978-4-7684-3531-1
内容 学校選択、市場、そして特別な教育的ニーズ（カール・バッグレイ, フィリップ・A.ウッズ著, 渡辺充佳訳）〔05811〕

ハ

バッセイ, K.*　Bussey, Kay

◇自己調整学習ハンドブック（HANDBOOK OF SELF-REGULATION OF LEARNING AND PERFORMANCE）　バリー・J.ジマーマン, ディル・H.シャンク編, 塚野州一, 伊藤崇達監訳　京都　北大路書房　2014.9　434p　26cm　〈索引あり〉5400円　①978-4-7628-2874-4

内容 自己調整学習におけるジェンダーの影響（Kay Bussey著, 秋場大輔訳）〔05812〕

バッソンピエール, アルベール・ド　Bassompierre, Albert de

◇ベルギー大使の見た戦前日本―バッソンピエール回想録（Dix-huit ans d'Ambassade au Japon）　アルベール・ド・バッソンピエール〔著〕, 磯見辰典訳　講談社　2016.8　327p　15cm　（講談社学術文庫 2380）　〈「在日十八年」（鹿島出版会 1972年刊）の改題、再編集〉1100円　①978-4-06-292380-4

内容 第1章 航海、東京到着（一九二一年）　第2章 最初の日本滞在（一九二一～一九二三年）　第3章 九月一日の大震災（一九二三～一九二四年）　第4章 最初の休暇と天皇の崩御（一九二五～一九二七年）　第5章 即位式と二度目の休暇（一九二八～一九三〇年）　第6章 満洲問題と三度目の休暇（一九三一～一九三三年）　第7章 ベルギー王室の不幸と日本の生活（一九三三～一九三六年）　第8章 日本におけるスポーツ　第9章 四度目の休暇と最後の日本滞在（一九三六～一九三九年）〔05813〕

バッタチャルヤ, I

◇激動のインド　第3巻　経済成長のダイナミズム　絵所秀紀, 佐藤隆広編　日本経済評論社　2014.8　400p　22cm　〈索引あり〉4000円　①978-4-8188-2307-5

内容 ナランタール＝アグラッサー小売業（P.K.シンハ, I.バッタチャルヤ著, 古田学訳）〔05814〕

ハッチ, デイビッド・K.

◇リーダー・イン・ミー―「7つの習慣」で子どもたちの価値と可能性を引き出す！（The Leader in Me 原著第2版の翻訳）　スティーブン・R.コヴィー, ショーン・コヴィー, ミュリエル・サマーズ, デイビッド・K.ハッチ著, フランクリン・コヴィー・ジャパン訳　キングベアー出版　2014.8　434p　19cm　〈「子どもたちに「7つの習慣」を」（2009年刊）の改題、改訂　文献あり〉2000円　①978-4-86394-029-1

内容 第1章 素晴らしすぎて信じ難い　第2章 導入の経緯と理由　第3章「7つの習慣」を教える　第4章 リーダーシップ文化を築く　第5章 学校の目標を達成する　第6章 原則を家庭に応用する　第7章 地域社会を巻き込む　第8章 中学校、高校、さらにその先へ　第9章 変革の炎を燃やし続ける　第10章 最初を思い出しながら終わる〔05815〕

ハッチンソン, ロバート　Hutchinson, Robert

◇エリザベス一世のスパイマスター―イングランドを救ったウォルシンガムと諜報戦争（ELIZABETH'S SPY MASTER）　ロバート・ハッチンソン著, 居石直徳訳　近代文芸社　2015.2　476p　20cm　〈年譜あり〉2200円　①978-4-7733-7961-7

内容 第1章 今のこの時代に役立つこと　第2章 この国土の有害な毒素　第3章 女王陛下の情報機関　第4章 バビントン陰謀事件　第5章 スコットランド女王メアリーの裁判　第6章 メアリーの血を渇望してきた人達　第7章 スペイン無敵艦隊の撃滅　第8章 貧窮の中での死　第9章 エピローグ〔05816〕

ハッツフェルド, ジャン　Hatzfeld, Jean

◇隣人が殺人者に変わる時　加害者編　ルワンダ・ジェノサイドの証言（UNE SAISON DE MACHETTES）　ジャン・ハッツフェルド著　西京高校インターアクトクラブ訳　京都　かもがわ出版　2014.4　327p　19cm　〈年表あり〉2000円　①978-4-7803-0685-9

内容 早朝　組織化　三つの丘　初めての時　仲間　見習い期間　集団精神　殺しを好む者、好まない者　決行の決断　畑仕事〔ほか〕〔05817〕

◇隣人が殺人者に変わる時　和解への道　ルワンダ・ジェノサイドの証言（LA STRATÉGIE DES ANTILOPES）　ジャン・ハッツフェルド著　服部欧右訳　京都　かもがわ出版　2015.4　311p　19cm　2000円　①978-4-7803-0755-9

内容 さらなる疑問　ハレルヤの長い列　運命の啓示　カユンバにて　森の偉業　生存者の幸せ　邪悪な隊列の中の小さな女の子　大通りにて　何を話す？　悪魔のような真実　恐ろしい写真を撮れるのは誰　死と死者について　小鳥たちの賑やかなセレナーデ　フェアじゃない　ある魔術　コンソーレの嫌悪　アフリカの暗いイメージ　隠せない傷跡　星空　神は決して離れない　ピオとジョシアーネ　和解政策　古き良き日々　我々は何を持ち帰ったのか〔05818〕

ハッティ, ジョン

◇ドイツ教授学へのメタ分析研究の受容―ジョン・ハッティ「可視化された学習」のインパクト　原田信之, ヒルベルト・マイヤー編著, 宇都宮明子, 木戸裕, サルバション有紀訳　〔東大阪〕　デザインエッグ　2015.11　140p　21cm　〈執筆：エヴァルト・テルハルトほか　文献あり〉①978-4-86543-477-4〔05819〕

パッデン, キャロル　Padden, Carol

◇「ろう文化」案内（Deaf in America）　キャロル・パッデン, トム・ハンフリーズ著, 森壮也, 森亜美訳　新版　明石書店　2016.4　230, 6p　20cm　〈初版：晶文社 2003年刊　文献あり〉2400円　①978-4-7503-4336-5

内容 はじめに―「ろう文化」への招待　第1章 ろうであることの発見　第2章 ろうのイメージ　第3章 異なる中心　第4章 聴者の世界で生きる　第5章 手話への新しい理解　第6章 音のもつ意味　第7章 歴史的創造物としてのろうの生活文化〔05820〕

パッテン, クリストファー

◇秩序の喪失　プロジェクトシンジケート叢書編集部訳　土曜社　2015.2　164, 3p　19cm　（プロジェクトシンジケート叢書）〈他言語標題：Loss of order〉1850円　①978-4-907511-15-9

内容 習皇帝のジレンマ（クリストファー・パッテン著）〔05821〕

バット, ジャビア
◇イギリスにおける高齢期のQOL―多角的視点から生活の質の決定要因を探る（UNDERSTANDING QUALITY OF LIFE IN OLD AGE） アラン・ウォーカー編著, 岡田進一監訳, 山田三知子訳 京都 ミネルヴァ書房 2014.7 249p 21cm （新・MINERVA福祉ライブラリー 20） 〈文献あり 索引あり〉 3500円 ①978-4-623-07097-8
内容 高齢期のアイデンティティと社会的サポート（クリストファー・マッケヴィット, ジョン・バルドック, ジャン・ハドロー, ジョー・モリアーティ, ジャビア・バット著） 〔05822〕

ハットフィールド, エレイン
◇共感の社会神経科学（THE SOCIAL NEUROSCIENCE OF EMPATHY） ジャン・デセティ, ウィリアム・アイクス編著, 岡田顕宏訳 勁草書房 2016.7 334p 22cm 〈索引あり〉 4200円 ①978-4-326-25117-9
内容 情動感染と共感（エレイン・ハットフィールド, リチャード・L.ラプソン, イェン・チ・L.リー著） 〔05823〕

ハットリ, シュウサク 服部 周作
◇47原則―世界で一番仕事ができる人たちはどこで差をつけているのか？ （The McKinsey edge） 服部周作著 ダイヤモンド社 2016.7 286p 19cm 〈他言語標題：47 RULES〉 1500円 ①978-4-478-06889-2 〔05824〕

バッハマン, インゲボルク Bachmann, Ingeborg
◇なぜ"平和主義"にこだわるのか（ENTRÜSTET EUCH！ ―WARUM PAZIFISMUS FÜR UNS DAS GEBOT DER STUNDE BLEIBT） マルゴット・ケースマン, コンスタンティン・ヴェッカー編, 木戸衛一訳 いのちのことば社 2016.12 261p 19cm 1500円 ①978-4-264-03611-1
内容 毎日毎日（インゲボルク・バッハマン） 〔05825〕

パッパラルド, マルコ Pappalardo, Marco
◇教皇フランシスコのことば365（Buonasera！） 教皇フランシスコ〔述〕, マルコ・パッパラルド編, 太田綾子訳 女子パウロ会 2016.7 405p 15cm 1200円 ①978-4-7896-0776-6 〔05826〕

パツラフ, ライナー Patzlaff, Rainer
◇シュタイナー教育基本指針 1 誕生から三歳まで（Kindheit-Bildung-Gesundheit） ライナー・パツラフ, クラウディア・マッキーン, イーナ・フォン・マッケンゼン, クラウディア・グラー＝ヴィティッヒ著, 入間カイ訳 水声社 2014.2 235p 20cm 〈文献あり〉 2500円 ①978-4-8010-0022-3
内容 第1部 教育的基礎と目標設定（中心には個性 変容における発達 ほか） 第2部 乳幼児期の発達とその促進（受胎、妊娠、誕生 生後一年 直立と歩行学習 ほか） 第3部 乳幼児保育における教育的実践（関係の形成―乳幼児保育の基礎 自由な運動と自律的な遊び ほか） 第4部 保育施設運営のための条件（根本衝動 乳幼児保育の基準 ほか） 付録 三歳未満の子どもを受け入れる施設のための品質指標 〔05827〕

◇シュタイナー教育基本指針 2 三歳から九歳まで（Leitlinien der Waldorfpadagogik fur die Kindheit von 3 bis 9 Jahren 改訂第2版の翻訳） 入間カイ訳 ライナー・パツラフ, ヴォルフガング・ザスマンスハウゼン著 水声社 2015.2 190p 20cm 〈文献あり〉 2500円 ①978-4-8010-0084-1
内容 第1章 個性を中心に（教育と人間形成―人間の自由に到る途上の諸段階 子どもの教育と自己形成 ほか） 第2章 幼児期の学習とその特性（幼児期の学習の特性 環境の教育的形成―秩序と信頼性 ほか） 第3章 学校の学習への移行―適切な時期はいつか？（六歳児の遊びと社会行動 知的早熟と解離 ほか） 第4章 学校での最初の数年間（暗黙的学習から明示的学習へ 心の暖かさのなかで学ぶ ほか） 〔05828〕

バディ, ベルトラン Badie, Bertrand
◇国家の歴史社会学（SOCIOLOGIE DE L'ÉTAT 原著新版の翻訳） ベルトラン・バディ, ピエール・ビルンボーム著, 小山勉, 中野裕二訳 再訂訳版 吉田書店 2015.4 318p 19cm 〈初版：日本経済評論社 1990年刊 索引あり〉 2700円 ①978-4-905497-32-5
内容 第1部 社会学理論における国家（古典社会学の直観 現代の支配的社会学の挫折） 第2部 国家・社会・歴史（国家・分業・資本主義 国家と社会構造 国家・文化・分離 国家の伝播：ヨーロッパから従属社会へ） 第3部 現代社会における国家・中心・権力（国家による統治：官僚制をもった権力 市民社会による統治：官僚制の弱さ） 〔05829〕

パディア, アレクサンドル
◇移民の経済学（THE ECONOMICS OF IMMIGRATION） ベンジャミン・パウエル編, 藪下史郎監訳, 佐藤綾野, 鈴木久美, 中田勇人訳 東洋経済新報社 2016.11 313, 35p 20cm 〈文献あり 索引あり〉 2800円 ①978-4-492-31488-3
内容 雇用ビザ：国際比較（アレクサンドル・パディア, ニコラス・カチャノスキー著, 中田勇人訳） 〔05830〕

バディア, ホアン
◇21世紀型学習のリーダーシップ―イノベーティブな学習環境をつくる（Leadership for 21st Century Learning） OECD教育研究革新センター編著, 木下江美, 布川あゆみ監訳, 斎藤里美, 本田伊克, 大西公恵, 三浦綾希子, 藤浪海訳 明石書店 2016.9 308p 22cm 4500円 ①978-4-7503-4410-2
内容 カタルーニャにおける学習づくりのリーダーシップの促進と今後に向けた展望（アンナ・ホロンチ, マリウス・マルティネス, ホアン・バディア著, 藤浪海訳） 〔05831〕

バディウ, アラン Badiou, Alain
◇人民とはなにか？ （Qu'est-ce qu'un peuple？） アラン・バディウ, ピエール・ブルデュー, ジュディス・バトラー, ジョルジュ・ディディ＝ユベルマン, サドリ・キアリ, ジャック・ランシエール著, 市川崇訳 以文社 2015.5 221p 20cm 2400円 ①978-4-7531-0325-6
内容 「人民」という語の使用に関する二四の覚え書き

「大衆的（人民の）」と言ったのですか？　われわれ人民―集会の自由についての考察　可感的にする（表象可能な民衆、想像の民衆？　弁証法的イメージの前で目を擦る　覆いを取り去る、ヘテロトピアを可視的にする　接近し、資料を集め、可感的にする）人民と第三の人民（人民は何に抗して形成されるのか人種によって/抗して形成される人民　急進的左翼の国家主義への傾倒　いかにしてフランス人たらずしてフランス人であり得るのか）不在のポピュリズム〔05832〕

バーディック, クリス　Berdik, Chris
◇「期待」の科学―悪い予感はなぜ当たるのか（MIND OVER MIND）　クリス・バーディック著, 夏目大訳　阪急コミュニケーションズ　2014.6　328p　19cm　1800円　①978-4-484-14107-7
内容 序章 現実世界と世界像　第1章 孤独なランナー　第2章 過去の呪縛　第3章 中毒の構造　第4章 高いワインは本当に美味しいか　第5章 信用の創造　第6章 私とあなたの曖昧な境界線　第7章 我思う故に我あり　第8章 力と自制心　第9章 心の力　第10章 プラシーボは「嘘」か〔05833〕

ハ

ハーディン, テイモア・L.
◇法文化論の展開―法主体のダイナミクス 千葉正士先生追悼　角田猛之, ヴェルナー・メンスキー, 森正美, 石田慎一郎編　信山社　2015.5　361p　22cm　〈他言語標題：New developments in the study of legal culture　文献あり 著作目録あり〉8200円　①978-4-7972-8070-8
内容 ムスリムが多数を占める国家におけるイスラーム法（テイモア・L.ハーディン, ファーリス・ナスララ著, 荒木亮訳）〔05834〕

ハーディング, ヴァネッサ　Harding, Vanessa
◇自己語りと記憶の比較都市史　渡辺浩一, ヴァネッサ・ハーディング編　勉誠出版　2015.11　263, 2p　22cm　〈他言語標題：Comparative Urban History of Ego-document and Memory〉4500円　①978-4-585-22131-9
内容 歴史・記憶・自叙伝 他（ヴァネッサ・ハーディング著, 菅原未宇訳）〔05835〕

ハーディング, キッチナー　Harding, Kichener
◇学校に通わず12歳までに6人が大学に入ったハーディング家の子育て（The Brainy Bunch）　キッチナー・ハーディング, モナ・リサ・ハーディング著, 向井和美訳　紀伊国屋書店　2015.6　286p　19cm　2000円　①978-4-314-01128-0
内容 家族の紹介　どんなやりかたをしたの？　やる気にさせる　子育てにやり直しはきかない　成績証明書の準備　みんなはひとりのために、ひとりはみんなのために　さまざまな反対意見　三人の娘たち　そのほかの子どもたち　わが家の教育方法―実践的なアドバイス〔ほか〕〔05836〕

ハーディング, クリストファー　Harding, Christpher
◇仏教精神分析―古沢平作先生を語る　永尾雄二郎, クリストファー・ハーディング, 生田孝著　金剛出版　2016.8　184, 10p　19cm　3000円　①978-4-7724-1501-9
内容 1 不思議な御縁　2 アジャセ・コンプレックスとその普遍性　3 精神療法　4 感応の世界 コンパッション　5 大自然の道理 アンダースタンド〔05837〕

ハーディング, スティーヴン　Harding, Stephen
◇ドイツ・アメリカ連合作戦―第二次世界大戦の「奇跡」といわれた捕虜収容所奪還作戦（THE LAST BATTLE）　スティーヴン・ハーディング著, 花田知恵訳　原書房　2014.11　283p　20cm　2500円　①978-4-562-05116-8
内容 第1章 山上の城　第2章 第一陣の顔ぶれ　第3章 愛人、友人、仇敵　第4章 差し迫る危機　第5章 見えない明日　第6章 戦車兵は進む　第7章 包囲された城　第8章 後日談〔05838〕

ハーディング, ダグラス・E.　Harding, Douglas Edison
◇存在し、存在しない、それが答えだ（TO BE AND NOT TO BE, THAT IS THE ANSWER）　ダグラス・E.ハーディング著, 高木悠鼓訳　ナチュラルスピリット　2016.10　308p　19cm　2300円　①978-4-86451-220-6
内容 存在し、そして存在しない　見つかった宝　私はどこにいるのか？　クローバー型立体交差点　三つ又の鉾　平凡な人を抜け出す　地上は天国であふれている　チッパーフィールド先生と世界の水彩画家　ビジオセラピー　もはや、私が生きているのではない〔ほか〕〔05839〕

ハーディング, モナ・リサ　Harding, Mona Lisa
◇学校に通わず12歳までに6人が大学に入ったハーディング家の子育て（The Brainy Bunch）　キッチナー・ハーディング, モナ・リサ・ハーディング著, 向井和美訳　紀伊国屋書店　2015.6　286p　19cm　2000円　①978-4-314-01128-0
内容 家族の紹介　どんなやりかたをしたの？　やる気にさせる　子育てにやり直しはきかない　成績証明書の準備　みんなはひとりのために、ひとりはみんなのために　さまざまな反対意見　三人の娘たち　そのほかの子どもたち　わが家の教育方法―実践的なアドバイス〔ほか〕〔05840〕

ハーディング, ルーク　Harding, Luke
◇スノーデンファイル―地球上で最も追われている男の真実（THE SNOWDEN FILES）　ルーク・ハーディング著, 三木俊哉訳　日経BP社　2014.5　334p 図版8p　19cm　〈発売：日経BPマーケティング〉1800円　①978-4-8222-5021-8
内容 TheTrueHOOHA（ザ・トゥルー・フーハ）　市民的不服従　情報提供者　パズル・パレス　男との対面　スクープ！　世界一のお尋ね者　際限なき情報収集　もう楽しんだだろう　邪悪たるべからず　脱出　デア・シットストーム！　「押し入れ」らかの報道　おかど違いのバッシング〔05841〕

ハーティング, M.M.*　Herting, Megan M.
◇ワーキングメモリと日常―人生を切り拓く新しい知性（WORKING MEMORY）　T.P.アロウェイ, R.G.アロウェイ編著, 湯沢正通, 湯沢美紀監訳　京都　北大路書房　2015.10　340p　21cm　（認知心理学のフロンティア）〈文献あり 索引あり〉3800円　①978-4-7628-2908-6
内容 ワーキングメモリと嗜癖行動（Bonnie J.Nagel, Megan M.Herting, Anita Cservenka著, 森田愛子訳）〔05842〕

バーテルズ, ラリー

◇社会科学の方法論争―多様な分析道具と共通の基準（Rethinking social inquiry 原著第2版の翻訳） ヘンリー・ブレイディ, デヴィッド・コリアー編, 泉川泰博, 宮下明聡訳 勁草書房 2014.5 432p 22cm 〈文献あり 索引あり〉4700円 ①978-4-326-30231-4

内容 定量帝国主義の果たされぬ約束（ラリー・バーテルズ著） 〔05843〕

バーテルセン, シンシア・D. Bertelsen, Cynthia D.

◇キノコの歴史（Mushroom） シンシア・D.バーテルセン著, 関根光宏訳 原書房 2014.1 184p 20cm （「食」の図書館）〈文献あり〉2000円 ①978-4-562-04977-6

内容 序章 キノコが肝心 第1章 キノコの解剖学 第2章 キノコ採集の歴史 第3章 たらふく食べる―キノコ料理 第4章 キノコの保存 第5章 栄養、薬、宗教 第6章 キノコの栽培 第7章 キノコの未来 〔05844〕

ハーデン, ブレイン Harden, Blaine

◇金日成と亡命パイロット（THE GREAT LEADER AND THE FIGHTER PILOT） ブレイン・ハーデン著, 高里ひろ訳 白水社 2016.6 273, 23p 図版16p 19cm 〈文献あり 年表あり〉2400円 ①978-4-560-08484-7

内容 第1部 パルチザンと金持ち少年（始まり 飼い犬と嘘つき スターリンを説得） 第2部 戦争（解放 さんざんにやられて ミグ 北朝鮮への帰還 国際スポーツ大会 攻撃用地図と亡命懸賞金 尤叔父） 第3部 飛行（視界良好 カネを搾る 本物と偽物 学びと粛清） 〔05845〕

バーデン, ロリー Vaden, Rory

◇自分を変える1つの習慣（TAKE THE STAIRS） ロリー・バーデン著, 児島修訳 ダイヤモンド社 2015.7 283p 19cm 1500円 ①978-4-478-02257-3

内容 第1章「小さな選択」の積み重ねこそが成功を呼ぶ 犠牲―パラドックスの法則 第2章 いまいる場所で全力を出し続ける 決意―先行投資の法則 第3章「思考の集中」をコントロールする 集中―拡大の法則 第4章 思考を現実化する言葉の使い方 言葉―創造の法則 第5章 適切なタイミングに2倍の努力をする 計画―収穫の法則 第6章 長い目で見れば失敗はプラスに変わる 信念―長期的視点の法則 第7章「何をすべきか」は知っている。行動に移さないだけ 行動―振り子の法則 〔05846〕

ハーテンステイン, マシュー Hertenstein, Matthew J.

◇卒アル写真で将来はわかる―予知の心理学（THE TELL） マシュー・ハーテンステイン著, 森嶋マリ訳 文芸春秋 2014.10 245p 20cm 1500円 ①978-4-16-390157-2

内容 第1章 殺される顔、殺す顔 第2章 排卵日にはゲイがわかる 第3章 卒アル写真で将来はわかる 第4章 嘘をつく奴の顔はここが違う 第5章 話は中身よりも話し方 第6章 顔の細い社長の会社は業績が悪い 第7章 なぜ子供は選挙の当落を当てられるのか？ 〔05847〕

バード, アレクサンダー

◇アリストテレス的現代形而上学（Contemporary Aristotelian Metaphysics） トゥオマス・E.タフコ編著, 加地大介, 鈴木生郎, 秋葉剛史, 谷川卓, 植村玄輝, 北村直彰訳 春秋社 2015.1 451, 17p 20cm （現代哲学への招待―Anthology 丹治信春監修）〈文献あり 索引あり〉4800円 ①978-4-393-32349-6

内容 種は存在論的に基礎的か（アレクサンダー・バード著, 秋葉剛史訳） 〔05848〕

バード, イザベラ Bird, Isabella Lucy

◇中国奥地紀行 2（The Yangtze Valley and Beyond） イザベラ・バード著, 金坂清則訳 平凡社 2014.2 427p 16cm （平凡社ライブラリー 805）〈東洋文庫 2002年刊の再刊 索引あり〉1600円 ①978-4-582-76805-3

内容 保寧府と新店子 新店子から梓潼県へ 梓潼県から灌県へ 灌県と成都 灌県から興文坪へ 興文坪から理番庁へ 理番庁から雑谷脳へ 「遠き彼方」 蛮子と夷人すなわち山上人 梭磨から成都村へ 下流へ向かって 瀘州から重慶府へ 旅の終わり ケシとその利用 中国のプロテスタント系伝道界に関する覚書 〔05849〕

◇イザベラ・バード/カナダ・アメリカ紀行（The Englishwoman in America） イザベラ・バード著, 高畑美代子, 長尾史郎訳 中央公論事業出版（制作・発売） 2014.4 414p 19cm 〈索引あり〉2300円 ①978-4-89514-408-7

内容 旅立 ハリファックスとノヴァスコシア プリンスエドワード島 セントジョージの十字架から星条旗へ―ニューブランズウィック アメリカ合衆国のホテル ボストンから西部の女王へ シンシナティと奴隷州の町コヴィントン 西部の大草原へ 再びのカナダ カナダ植民地の生活 ナイアガラを見ずして モントリオールとケベック フランス系移民（アッパー・カナダとロワー・カナダ） カナダ総評 アメリカ合衆国再訪 ニューヨーク ニューヨーク（続き）、ボストン アメリカの政治体制 帰国、結語 〔05850〕

ハート, スーザン Hart, Susan

◇イギリス教育の未来を拓く小学校―「限界なき学びの創造」プロジェクト（CREATING LEARNING WITHOUT LIMITS） マンディ・スワン, アリソン・ピーコック, スーザン・ハート, メリー・ジェーン・ドラモンド著, 新井浅浩, 藤森裕治, 藤森千尋訳 大修館書店 2015.7 261p 21cm 〈文献あり 索引あり〉2700円 ①978-4-469-21349-2

内容 第1章 成長への新たな指針 第2章 基礎を築く 第3章 学びへの自由を広げる 第4章 学びの人間関係を再考する 第5章 学びを第一に：学校全体で学びの文化を創造する 第6章 集団的行動がもつ力 〔05851〕

ハート, スチュアート・L. Hart, Stuart L.

◇BoPビジネス3.0―持続的成長のエコシステムをつくる（Base of the Pyramid 3.0） フェルナンド・カサード・カニェーケ, スチュアート・L.ハート編著, 平本督太郎訳 英治出版 2016.8 311p 22cm 〈文献あり〉3200円 ①978-4-86276-233-7

ハ

内容 エコシステムをどうつくるか（チロプリヤ・ダスグプタ, スチュアート・L.ハート著）〔05852〕

ハード, ハイディ・L. Heard, Heidi L.

◇認知行動療法の新しい潮流 1 弁証法的行動療法（Dialectical Behaviour Therapy） ウィンディ・ドライデン編 ミカエラ・A.スウェイルズ, ハイディ・L.ハード著, 大野裕監修, 石井朝子監訳, 小川真弓訳 明石書店 2015.8 225p 20cm 〈文献あり 索引あり〉 2800円 ①978-4-7503-4228-3

内容 第1部 DBTの主な理論的特徴（原則主導型の治療法 統合的な治療法 弁証法の原理 情動の優位性の重視 能力と動機づけの欠如に関する交流理論 ほか） 第2部 DBTの主な実践的特徴（個別的機能を果たすモダリティの展開 電話でのスキル指導 チームによるコンサルティング システムを取り扱う 段階に沿った治療の構造化 ほか）〔05853〕

バード, ミシェル・R. Byrd, Michelle R.

◇アクセプタンス＆コミットメント・セラピー実践ガイド―ACT理論導入の臨床場面別アプローチ（A Practical Guide to Acceptance and Commitment Therapy） スティーブン・C.ヘイズ, カーク・D.ストローサル編著, 谷晋二監訳, 坂本律訳 明石書店 2014.7 473p 22cm 〈文献あり〉 5800円 ①978-4-7503-4046-3

内容 精神作用物質乱用・依存を対象としたACT（ケリー・G.ウィルソン, ミシェル・R.バード）〔05854〕

ハート, H.L.A. Hart, Herbert Lionel Adolphus

◇法の概念（THE CONCEPT OF LAW 原著第3版の翻訳） H.L.A.ハート著, 長谷部恭男訳 筑摩書房 2014.12 553p 15cm （ちくま学芸文庫 ハ42-1） 〈索引あり〉 1500円 ①978-4-480-09648-7

内容 第1章 執拗な問いかけ 第2章 法, 指令, 命令 第3章 法の多様性 第4章 主権者と臣民 第5章 一次ルール、二次ルールの組み合わせとしての法 第6章 法秩序の基礎 第7章 形式主義とルール懐疑主義 第8章 正義と道徳 第9章 法と道徳 第10章 国際法 後記〔05855〕

ハドウィン, A.* Hadwin, Allyson Fiona

◇自己調整学習ハンドブック（HANDBOOK OF SELF-REGULATION OF LEARNING AND PERFORMANCE） バリー・J.ジマーマン, ディル・H.シャンク編, 塚野州一, 伊藤崇達監訳 京都 北大路書房 2014.9 434p 26cm 〈索引あり〉 5400円 ①978-4-7628-2874-4

内容 自己調整学習、共調整学習、社会的に共有された調整学習（Allyson Fiona Hadwin, Sanna Järvelä, Mariel Miller著, 佐藤礼子訳）〔05856〕

ハードカッスル, H. Hardcastle, Henry

◇日本立法資料全集 別巻844 英国国会選挙訴願判決例 E.L.オマリー,H.ハードカッスル,J.S.サンタース合著, 内閣法制局訳 復刻版 信山社出版 2014.3 832p 23cm 〈内閣法制局 明治23年刊の複製〉 80000円 ①978-4-7972-7142-3〔05857〕

ハドコックス, ミリアム

◇世界がぶつかる音がする―サーバンツの物語（The Sound of Worlds Colliding） クリスティン・ジャック編, 永井みぎわ訳 ヨベル 2016.6 300p 19cm 1300円 ①978-4-907486-32-7

内容 あなたは私の家族 他（ミリアム・ハドコックス）〔05858〕

バトソン, チャールズ・ダニエル

◇共感の社会神経科学（THE SOCIAL NEUROSCIENCE OF EMPATHY） ジャン・デセティ, ウィリアム・アイクス編著, 岡田顕宏訳 勁草書房 2016.7 334p 22cm 〈索引あり〉 4200円 ①978-4-326-25117-9

内容 共感とよばれる8つの現象（チャールズ・ダニエル・バトソン著）〔05859〕

ハドソン, マーク

◇文明の盛衰と環境変動―マヤ・アステカ・ナスカ・琉球の新しい歴史像 青山和夫, 米延仁志, 坂井正人, 高宮広土編 岩波書店 2014.9 256p 22cm 3200円 ①978-4-00-024698-9

内容 環太平洋北部の狩猟採集民（マーク・ハドソン著, 内山純蔵訳）〔05860〕

ハトソン, マシュー Hutson, Matthew

◇なぜ、これを「信じる」とうまくいくのか（THE 7 LAWS OF MAGICAL THINKING） マシュー・ハトソン著, 江口泰子訳 ダイヤモンド社 2014.3 255p 19cm 1500円 ①978-4-478-02344-0

内容 第1章「つながる」で幸せになれるって本当？ ―伝染る、感じる、宿るの正体 第2章 思い込みのパワーを侮るな―お守り、呪い、儀式の力 第3章 験を担いで幸運を引き寄せろ―運を育てる技術 第4章 信じる心はどこまで届くのか―引き寄せの法則は本当に可能なのか？ 第5章 信じれば、死ぬことだって怖くない―死後の世界を信じる？ 信じない？ 第6章 孤独をはね返す擬人化のすすめ―なぜ、私たちはモノに話しかけてしまうのか 第7章 すべてのものごとには理由がある―幸運と不運の分かれ道〔05861〕

ハドソン, ライオン Hudson, Lion

◇聖書の物語365 ライオン・ハドソン文, ビル・ノーラー絵, サンパウロ訳, サンパウロ監修 サンパウロ 2014.12 256p 25cm 2800円 ①978-4-8056-4833-9

内容 旧約聖書（創造の物語 ノアの物語 異なった言語の物語 アブラハムの物語 イサクの物語 ヤコブの物語 ヨセフの物語 モーセの物語 エリシャの物語 王、女王、預言者の物語 ユダ王国の物語 ダニエルの物語 捕囚からの帰還の物語 王妃エステルの物語 預言者たちの物語） 新約聖書（洗礼者ヨハネの物語 イエスの物語 使徒たちの物語）〔05862〕

ハドソン, ロバート Hudson, Robert

◇ロシア（THE PENGUIN HISTORICAL ATLAS OF RUSSIA） ジョン・チャノン, ロバート・ハドソン著, 外川継男監修, 桃井緑美子, 牧人舎訳 新装版 河出書房新社 2014.8 138p 25cm （地図で読む世界の歴史） 〈文献あり 年表あり 索引あり〉 2200円 ①978-4-309-61188-4

内容 1 ロシアの起源　2 タタールの襲来から動乱時代へ　3 モスクワ大公国からロシア帝国へ　4 19世紀のロシア　5 改革から革命へ　6 ロシア革命からソヴィエト連邦へ　7 戦争、平和、そして崩壊　〔05863〕

パトチカ, ヤン　Patočka, Jan

◇ヤン・パトチカのコメニウス研究―世界を教育の相のもとに　ヤン・パトチカ〔著〕, 相馬伸一編訳, 宮坂和男, 矢田部順二共訳　福岡　九州大学出版会　2014.8　267, 9p　22cm　〈索引あり〉　4400円　①978-4-7985-0136-9

内容 コメニウスへの新たなまなざしについて　コメニウスと一七世紀の主要な哲学思想　ヴェルラム卿ベーコンとコメニウスの教授学　コメニウスとクザーヌス　『平安の中心』とクザーヌス　コメニウスと開けた魂　コメニウスと今日の人間　コメニウスの教育の哲学　〔05864〕

バートット, ジョン・カーロ　Bertot, John Carlo

◇公立図書館・公共政策・政治プロセス―経済的・政治的な制約の時代にコミュニティに奉仕し、コミュニティを変化させる（Public libraries, public policies, and political processes）　ポール・T.イエーガー, アースラ・ゴーハム, ジョン・カーロ・バートット, リンジー・C.サリン著, 川崎良孝訳　神戸　京都図書館情報学研究会　2016.3　246p　22cm　〈文献あり　発売：日本図書館協会〉 6000円　①978-4-8204-1511-4　〔05865〕

ハート=デイヴィス, アダム　Hart-Davis, Adam

◇世界の歴史大図鑑（History）　アダム・ハート＝デイヴィス総監修, 樺山紘一日本語版総監修, 鹿沼博史, 河島美季, 岡崎精一, 三浦朋訳, 三浦嘉治, エス・プロジェクト日本語版編集　増補改訂版　河出書房新社　2016.6　619p　31cm　〈年表あり 索引あり〉 13800円　①978-4-309-22657-6　〔05866〕

◇パブロフの犬―実験でたどる心理学の歴史（PAVLOV'S DOG）　アダム・ハート＝デイヴィス著, 山崎正浩訳　大阪　創元社　2016.11　176p　21cm　（創元ビジュアル科学シリーズ 1）　〈索引あり〉 1800円　①978-4-422-11627-3

内容 第1章 はじまり 1848年～1919年　第2章 行動主義の挑戦 1920年～1940年　第3章 変化する焦点 1941年～1961年　第4章 精神、頭脳、そして周囲の人々 1962年～1970年　第5章 認知革命 1971年～1980年　第6章 意識の中へ 1981年～　〔05867〕

パトノー, シェリー　Patnoe, Shelley

◇ジグソー法ってなに？―みんなが協同する授業（Cooperation in the Classroom）　エリオット・アロンソン, シェリー・パトノー共著, 昭和女子大学教育研究会訳　丸善プラネット　2016.8　179p　21cm　〈文献あり 索引あり　発売：丸善出版〉 1800円　①978-4-86345-299-2

内容 1章 学級内の競争と文化的多様性　2章 協同学習―背景と課題　3章 どうすれば個人競争集団を協同的グループへ変身させられるか　4章 ジグソーパズルのピース　5章 パズルピースの分析―ジグソー学級での問題解決　6章 すべてのピースを組み合わせる　7章 ジグソー法に関する調査　8章 ジグソー法を共有する―現職教員向けの研修　9章 競争社会という文脈における協同　〔05868〕

パートノイ, フランク

◇成長戦略論―イノベーションのための法と経済学（RULES FOR GROWTH）　ロバート・E.ライタン編著, 木下信行, 中原裕彦, 鈴木淳人監訳　NTT出版　2016.3　383p　23cm　6500円　①978-4-7571-2352-6

内容 金融規制はどのように市場の力を利用できるか（フランク・パートノイ著, 鈴木淳人監訳, 塚原成侑訳）　〔05869〕

ハドフィールド, ジリアン

◇成長戦略論―イノベーションのための法と経済学（RULES FOR GROWTH）　ロバート・E.ライタン編著, 木下信行, 中原裕彦, 鈴木淳人監訳　NTT出版　2016.3　383p　23cm　6500円　①978-4-7571-2352-6

内容 イノベーションのための法創造（ジリアン・ハドフィールド著, 鈴木淳人監訳, 鈴木淳人訳）　〔05870〕

バートベック, スティーブン　Vertovec, Steven

◇トランスナショナリズム（TRANSNATIONALISM）　スティーブン・バートベック著, 水上徹男, 細萱伸子, 本田量久訳　日本評論社　2014.5　270p　21cm　〈文献あり 索引あり〉 2600円　①978-4-535-58657-4

内容 第1章 トランスナショナリズム、移住のトランスナショナリズムそして変容　第2章 トランスナショナルな社会形成　第3章 社会文化的変容　第4章 政治的変容　第5章 経済的変容　第6章 宗教的変容　第7章 結論：相互に連結した世界の相互に連結した移住者　〔05871〕

パトマキ, ヘイッキ

◇グローバル・タックスの構想と射程　上村雄彦編　京都　法律文化社　2015.2　185p　22cm　4300円　①978-4-589-03659-9

内容 地球規模での批判的・再帰的自己制御（ヘイッキ・パトマキ著, 金子文夫監訳）　〔05872〕

ハートマン, エドウィン

◇徳倫理学―ケンブリッジ・コンパニオン（The Cambridge Companion to Virtue Ethics）　ダニエル・C.ラッセル編, 立花幸司監訳, 相沢康隆, 稲村一隆, 佐良土茂樹訳　春秋社　2015.9　521, 29p　20cm　〈文献あり 索引あり〉 5200円　①978-4-393-32353-3

内容 ビジネス倫理に対する徳倫理学的アプローチ（エドウィン・ハートマン著, 稲村一隆, 佐良土茂樹訳）　〔05873〕

バトラー, エリック　Butler, Erik

◇よみがえるヴァンパイア―人はなぜ吸血鬼に惹かれつづけるのか（The Rise of the Vampire）　エリック・バトラー著, 松田和也訳　青土社　2016.6　244, 2p　20cm　〈索引あり〉 2400円　①978-4-7917-6930-8

内容 序 ヴァンパイアの謎と神秘　第1章 不死者の肖像画廊　第2章 ジェネレーションV　第3章 純米国産ヴァンパイア（およびゾンビ）　第4章 吸血の音　第5章 不死への鍵　結語 ヴァンパイア、その表と裏

ハ

〔05874〕

バトラー, ジュディス　Butler, Judith

◇公共圏に挑戦する宗教―ポスト世俗化時代における共棲のために（THE POWER OF RELIGION IN THE PUBLIC SPHERE）　ユルゲン・ハーバーマス, チャールズ・テイラー, ジュディス・バトラー, コーネル・ウェスト〔著〕, エドゥアルド・メンディエッタ, ジョナサン・ヴァンアントワーペン編, 箱田徹, 金城美幸訳　岩波書店　2014.11　209, 3p　20cm　〈索引あり〉2500円　①978-4-00-022938-8

内容 序章 公共圏における宗教の力 「政治的なもの」―政治神学のあいまいな遺産の合理的意味　なぜ世俗主義を根本的に再定義すべきなのか　対談 ハーバーマス×テイラー　ユダヤ教はシオニズムなのか？　預言宗教と資本主義文明の未来　対談 バトラー×ウェスト　総括討議 ハーバーマス×テイラー×バトラー×ウェスト　後記―宗教に備わる多くの力　付論 ハーバーマスへのインタビュー ポスト世俗化世界社会とは？ ―ポスト世俗意識と多文化型世界社会の哲学的意義について　〔05875〕

◇人民とはなにか？（Qu'est-ce qu'un peuple？）　アラン・バディウ, ピエール・ブルデュー, ジュディス・バトラー, ジョルジュ・ディディ＝ユベルマン, サドリ・キアリ, ジャック・ランシエール著, 市川崇訳　以文社　2015.5　221p　20cm　2400円　①978-4-7531-0325-6

内容 「人民」という語の使用に関する二四の覚え書き 「大衆的（人民の）」と言ったのですか？　われわれ人民―集会の自由についての考察　可感的にする（表象可能な民衆、想像の民衆？　弁証法的イメージの前で目を擦る　覆いを取り去る、ヘテロトピアを可視的にする　接近し、資料を集め、可感的にする）　人民と第三の人民（人民は何に抗して形成されるのか　人種によって/抗して形成される人民　急進的左翼の国家主義への傾倒　いかにしてフランス人たらずしてフランス人であり得るのか）　不在のポピュリズム　〔05876〕

◇触発する言葉―言語・権力・行為体（EXCITABLE SPEECH）　ジュディス・バトラー〔著〕, 竹村和子訳　岩波書店　2015.10　295, 3p　19cm　（岩波人文書セレクション）〈2004年刊の再刊　索引あり〉2900円　①978-4-00-028813-2

内容 序章 言葉で人を傷つけること　第1章 中傷発言、燃え広がる行為　第2章 ポルノと検閲―行為遂行性の権力　第3章 伝染する言葉―米軍の「同性愛」パラノイア　第4章 見えない検閲と身体の生産―言説的行為体の未来　〔05877〕

バトラー, スーザン・F.

◇共感の社会神経科学（THE SOCIAL NEUROSCIENCE OF EMPATHY）　ジャン・デセティ, ウィリアム・アイクス編著, 岡田顕宏訳　勁草書房　2016.7　334p　22cm　〈索引あり〉4200円　①978-4-326-25117-9

内容 共感と知識の投影（レイモンド・S.ニッカーソン, スーザン・F.バトラー, マイケル・カーリン著）　〔05878〕

バトラー, ヘンリー

◇成長戦略論―イノベーションのための法と経済学（RULES FOR GROWTH）　ロバート・E.ライタン編著, 木下信行, 中原裕彦, 鈴木淳人監訳　NTT出版　2016.3　383p　23cm　6500円　①978-4-7571-2352-6

内容 イノベーションと成長の育成に向けた法形成過程とより良い政策の発見（ヘンリー・バトラー, ラリー・E.リブスタイン著, 木下信行監訳, 木下信行訳）　〔05879〕

バトラー, D.L.*　Butler, Deborah L.

◇自己調整学習ハンドブック（HANDBOOK OF SELF-REGULATION OF LEARNING AND PERFORMANCE）　バリー・J.ジマーマン, ディル・H.シャンク編, 塚野州一, 伊藤崇達監訳　京都　北大路書房　2014.9　434p　26cm　〈索引あり〉5400円　①978-4-7628-2874-4

内容 綿密な事例研究法を使用した自己調整学習の研究（Deborah L.Butler著, 塚野州一訳）　〔05880〕

バトラー＝ボードン, T.　Butler-Bowdon, Tom

◇世界の哲学50の名著―エッセンスを究める（50 philosophy classics）　T.バトラー＝ボードン〔著〕, 大間知知子訳　ディスカヴァー・トゥエンティワン　2014.2　479p　21cm　〈文献あり〉2200円　①978-4-7993-1462-3

内容 『人間の条件』ハンナ・アレント　『ニコマコス倫理学』アリストテレス　『言語・真理・論理』A.J.エイヤー　『エゴ・トリック』ジュリアン・バジーニ　『シミュラークルとシミュレーション』ジャン・ボードリヤール　『第二の性』シモーヌ・ド・ボーヴォワール　『道徳および立法の諸原理序説』ジェレミー・ベンサム　『創造的進化』アンリ・ベルクソン　『全体性と内蔵秩序』デヴィッド・ボーム　『現代世界で起こったこと』ノーム・チョムスキー〔ほか〕　〔05881〕

◇世界の政治思想50の名著―エッセンスを論じる（50 POLITICS CLASSICS）　T.バトラー＝ボードン〔著〕, 大間知知子訳　ディスカヴァー・トゥエンティワン　2016.3　495p　21cm　〈文献あり〉2400円　①978-4-7993-1844-7

内容 『自由と権力についての省察』アクトン卿　『全体主義の起源』ハナ・アーレント　『二つの自由概念』アイザィア・バーリン　『隷属への道』フリードリヒ・フォン・ハイエク　『アナーキー・国家・ユートピア』ロバート・ノージック　『開かれた社会とその敵』カール・ポパー　『共産党宣言』カール・マルクス/フリードリヒ・エンゲルス　『女性の権利の擁護』メアリ・ウルストンクラーフト　『女性の解放』ジョン・スチュアート・ミル　『マーティン・ルーサー・キング自伝』マーティン・ルーサー・キング〔ほか〕　〔05882〕

ハート＝ランズバーグ, マーティン　Hart-Landsberg, Martin

◇資本主義的グローバリゼーション―影響・抵抗・オルタナティブ（CAPITALIST GLOBALIZATION）　マーティン・ハート＝ランズバーグ著, 岩佐和幸監訳　京都　高菅出版　2015.6　213p　21cm　〈索引あり〉2800円　①978-4-901793-71-1

内容 第1部 資本主義的グローバリゼーション（生産の国際化とその影響）　第2部 新自由主義的プロジェク

ハ

トと抵抗(新自由主義—神話と現実　資本主義/米韓FTA/抵抗　シアトル以後—運動構築をめぐる戦略的思考)　第3部 資本主義的グローバリゼーションへのオルタナティブ(ALBAと南の銀行から学ぶ—挑戦と可能性　ALBAと協同的開発の可能性)　〔05883〕

ハートランド, ジェシー　Hartland, Jessie

◇ミュージアムにスフィンクスがやってきた(HOW The SPHINX GOT TO The MUSEUM)　ジェシー・ハートランドさく, 志多田静やく　六耀社　2016.4　36p　24×29cm　1600円　①978-4-89737-828-2　〔05884〕

◇スティーブ・ジョブズ—イラスト伝記 世界を変えたすごい男!　(STEVE JOBS)　ジェシー・ハートランド著, 杉山絵美訳　京都　淡交社　2016.7　237p　21cm　〈文献あり〉1300円　①978-4-473-04095-4

内容 幼い時の目覚め(1955‐1965)　成長していく中で(1965‐1971)　スティーブとウォズの初めてのビジネス(1971)　大学生活と悟り(1972‐1974)　アップル・コンピュータ誕生(1975‐1976)　前進(1977)　もっとその先へ(1978‐1981)　のぼり坂くだり坂(1982‐1986)　スティーブの家族(1980年半ば‐1990年代)　枝分かれ(おはなしは1986年にもどります)　アップルにもどる(1997‐2001)　発展(2000‐2004)　洗練されたデザイン(2004‐2011)　〔05885〕

パトリッシ, ジャク　Patrissi, JAC

◇別れる?　それともやり直す?　カップル関係に悩む女性のためのガイド—うまくいかない関係に潜む“支配の罠”を見抜く(SHOULD I STAY OR SHOULD I GO?)　ランディ・バンクロフト, ジャク・パトリッシ著, 高橋睦子, 中島幸子, 栄田千春, 岡田仁子監訳, 阿部尚美訳　明石書店　2016.3　449p　21cm　2800円　①978-4-7503-4321-1

内容 第1部 根本的な問題を見つめる(どのカップルにも問題はあるのでは　問題は未熟さか ほか)　第2部 パートナーとあなたへ—変化のための動機(どうすれば男性は(やっと)自分自身に向き合うようになるか　あなた自身を中心に戻す ほか)　第3部 新しいステージに入る(男性の課題本当はどういうことなのか　あなたの成長が彼の成長よりも多くの答えをもたらすかもしれない理由 ほか)　第4部 一大決心(彼が改善するとあなたが不調になるかもしれないのはなぜか　救える関係を救うためのルール ほか)　第5部 その後の生活(破壊的な関係の後の自由　新しいパートナーを選ぶ ほか)　〔05886〕

バトル, F.*　Buttle, Francis

◇国家ブランディング—その概念・論点・実践(NATION BRANDING)　キース・ディニー編著, 林田博光, 平沢敦監訳　八王子　中央大学出版部　2014.3　310p　22cm　(中央大学企業研究所翻訳叢書 14)　4500円　①978-4-8057-3313-4

内容 国家ブランド・エクイティ(Christian Felzenstein,Francis Buttle著, 姜京守訳)　〔05887〕

バートレッティ, スーザン・キャンベル　Bartoletti, Susan Campbell

◇語られなかったアメリカ史—オリバー・ストーンの告発　1　世界の武器商人アメリカ誕生(The Untold History of the United States.Volume 1 Young Readers Editionの翻訳)　オリバー・ストーン, ピーター・カズニック著, スーザン・キャンベル・バートレッティ編著, 鳥見真生訳　あすなろ書房　2016.4　226p　22cm　1500円　①978-4-7515-2767-2

内容 序説 国民の再生のために(それは真実の歴史なのか?　労働者革命の予感　資本家対労働者)　第1部 アメリカ帝国のルーツ(金ぴか時代と海外膨張　中南米諸国でのビッグビジネス　バナナ戦争とメキシコ革命干渉 ほか)　第2部 ニューディール政策(大恐慌「憲法では国民の腹はふくらまない」　ソ連への憧れと幻滅 ほか)　〔05888〕

◇語られなかったアメリカ史—オリバー・ストーンの告発　2　なぜ原爆は投下されたのか?　(The Untold History of the United States.Volume 1 Young Readers Editionの翻訳)　オリバー・ストーン, ピーター・カズニック著, スーザン・キャンベル・バートレッティ編著, 鳥見真生訳　あすなろ書房　2016.4　213p　22cm　1500円　①978-4-7515-2768-9

内容 第3部 第二次世界大戦:ナチス・ドイツを破ったのは、実は誰だったのか?(第二次世界大戦勃発　過激な男ヘンリー・ウォレス　ソ連への援助とアメリカ参戦　孤軍奮闘するソ連　軍神のゆくえ　戦後世界構築への道　トルーマン大統領誕生　終戦近し)　第4部 原爆:凡夫の悲劇的決断(マンハッタン計画　1944年シカゴ民主党全国大会　無条件降伏という障害　虫けらのように忌み嫌われていた日本人　広島への原爆投下　戦争がおわり、核開発戦争がはじまる)　〔05889〕

バートレット, サラ　Bartlett, Sarah

◇世界の伝説と不思議の図鑑(GUIDE TO THE WORLD'S SUPERNATURAL PLACES)　サラ・バートレット著, 岩井木綿子訳　エクスナレッジ　2015.1　256p　23cm　〈索引あり〉　2800円　①978-4-7678-1913-6　〔05890〕

バートレット, ジェイミー　Bartlett, Jamie

◇闇(ダーク)ネットの住人たち—デジタル裏社会の内幕(THE DARK NET)　ジェイミー・バートレット著, 星水裕訳　CCCメディアハウス　2015.9　347p　19cm　〈文献あり〉2000円　①978-4-484-15119-9

内容 序章 自由か死か　第1章 荒らしの素顔を暴く　第2章 一匹狼　第3章「ゴールト峡谷」へ　第4章 3クリック　第5章 オン・ザ・ロード　第6章 ライト!ウェブカメラ!　アクション!　第7章 ウェルテル効果　終章 ゾルタン対ゼルザン　〔05891〕

ハドロー, ジャン

◇イギリスにおける高齢期のQOL—多角的視点から生活の質の決定要因を探る(UNDERSTANDING QUALITY OF LIFE IN OLD AGE)　アラン・ウォーカー編著, 岡田進一監訳, 山田三知子訳　京都　ミネルヴァ書房　2014.7　249p　21cm　(新・MINERVA福祉ライブラリー 20)　〈文献あり 索引あり〉3500円　①978-4-623-07097-8

内容 高齢期のアイデンティティと社会的サポート(クリストファー・マッケヴィット, ジョン・バルドック,

ジャン・ハドロー, ジョー・モリアーティ, ジャビア・バット著）〔05892〕

バートン, キース・C.　Barton, Keith C.

◇コモン・グッドのための歴史教育―社会文化的アプローチ（TEACHING HISTORY FOR THE COMMON GOOD）　キース・C.バートン, リンダ・S.レヴスティク著, 渡部竜也, 草原和博, 田口紘子, 田中伸訳　横浜　春風社　2015.3　440, 56p　22cm　6000円　①978-4-86110-445-9

内容 歴史教育についての社会文化的な見方　参加民主主義と民主主義的人道主義　自己認識のスタンス　分析的探究のスタンス　道徳的反応のスタンス　陳列展示のスタンス　物語の構造と歴史教育　個人の功績と動機の物語　国家の自由と進歩の物語　探求　見解認識としての歴史的エンパシー（感情理解）　ケアリングとしてのエンパシー（感情理解）　教師教育と歴史教育の目的〔05893〕

ハ

バートン, キャンベル

◇ロジャーズの中核三条件 一致　村山正治監修, 本山智敬, 坂中正義, 三国牧子編著　大阪　創元社　2015.8　130p　21cm　（カウンセリングの本質を考える 1）〈他言語標題：Congruence　文献あり 索引あり〉2200円　①978-4-422-11458-3

内容 表現すること、一致、そして中核条件（キャンベル・バートン著, 本山智敬, 三国牧子監訳, 高下恵子訳）〔05894〕

バートン, ジョン

◇私の英国史　福田恒存著　中央公論新社　2015.2　379p　16cm　（中公文庫 ふ7-6）〈中央公論社1980年刊の再刊〉1200円　①978-4-12-206084-5

内容 空しき王冠（ジョン・バートン編, 福田逸訳）〔05895〕

バートン, ドミニク

◇世界論　安倍晋三, 朴槿恵ほか〔著〕, プロジェクトシンジケート叢書編集部訳　土曜社　2014.1　185p　19cm　（プロジェクトシンジケート叢書）〈他言語標題：A WORLD OF IDEAS　文献あり〉1199円　①978-4-907511-05-0

内容 ルールが崩れる時代（ドミニク・バートン著）〔05896〕

◇秩序の喪失　プロジェクトシンジケート叢書編集部訳　土曜社　2015.2　164, 3p　19cm　（プロジェクトシンジケート叢書）〈他言語標題：Loss of order〉1850円　①978-4-907511-15-9

内容 生産性革命の波（D.バートン著）〔05897〕

バートン, レン

◇ディスアビリティ現象の教育学―イギリス障害学からのアプローチ　堀正嗣監訳　現代書館　2014.3　308p　21cm　（熊本学園大学付属社会福祉研究所社会福祉叢書 24）　4000円　①978-4-7684-3531-1

内容 特別な教育的ニーズの政治（レン・バートン著, 佐藤貴宣訳）〔05898〕

パナイー, パニコス　Panayi, Panikos

◇近現代イギリス移民の歴史―寛容と排除に揺れた二〇〇年の歩み（An Immigration History of Britain）　パニコス・パナイー著, 浜井祐三子, 溝上宏美訳　京都　人文書院　2016.5　514p　20cm　〈文献あり 索引あり〉6800円　①978-4-409-51073-5

内容 第1章 イギリスは移民の国か？　第2章 イギリスへの移民　第3章 統合への三つの道？ ―地理、人口動態、経済　第4章 エスニシティ、アイデンティティとイギリス人性　第5章 外国人嫌悪と人種主義　第6章 多文化主義の発展　第7章 結論―矛盾するもの、継続するもの〔05899〕

ハナウ, ペーター　Hanau, Peter

◇ドイツ労働法（ARBEITSRECHT 原著第14版の翻訳）　ペーター・ハナウ, クラウス・アドマイト著, 手塚和彰, 阿久沢利明訳　新版　信山社出版　2015.2　503p　23cm　〈索引あり〉12500円　①978-4-7972-2711-6

内容 労働法と経済　労働法：その規定の構成　団結体・労働協約・労働争議　事業所内および企業内の共同決定　使用者と被用者：労働関係　被用者の採用　労働に関する権利義務　賃金支払義務　労働関係の終了　労働裁判所手続き　追補 2006年以後の最も重要な変化〔05900〕

バナージ, マーザリン・R.　Banaji, Mahzarin R.

◇心の中のブラインド・スポット―善良な人々に潜む非意識のバイアス（BLINDSPOT）　M.R.バナージ,A.G.グリーンワルド著, 北村英哉, 小林知博訳　京都　北大路書房　2015.9　1冊　19cm　〈文献あり 索引あり〉2400円　①978-4-7628-2903-1

内容 第1章 マインド・バグ　第2章 真実の裏の顔―日常生活にはびこる様々な嘘　第3章 ブラインド・スポットの中へ　第4章 矛盾する2つの心　第5章 タイプ分けしたがる人間―ホモ・カテゴリカス　第6章 ステレオタイプの危険性　第7章 われわれと彼ら　第8章 バイアスをつくり出すマシーンといかに闘うか？　付録1 アメリカ人は人種差別主義者か？　付録2 人種と不利な立場と差別〔05901〕

バーナーダ, グレッグ　Bernarda, Greg

◇バリュー・プロポジション・デザイン―顧客が欲しがる製品やサービスを創る（Value Proposition Design）　アレックス・オスターワルダー, イヴ・ピニュール, グレッグ・バーナーダ, アラン・スミス著, 関美和訳　翔泳社　2015.4　287p　19×23cm　〈索引あり〉2800円　①978-4-7981-4056-8

内容 1 Canvas キャンバス（Customer Profile 顧客プロフィール　Value Map バリュー・マップ ほか）　2 Design デザイン（Prototyping Possibilities プロトタイピング　Starting Points 出発点 ほか）　3 Test テスト（What to Test 何を検証するか　Testing Step - by - Step 段階を踏んで検証する ほか）　4 Evolve 進化する（Create Alignment 方向性を一致させる　Measure & Monitor 測定しモニターする ほか）〔05902〕

バーナード, トビー

◇オックスフォード ブリテン諸島の歴史　7　17世紀―1603年―1688年（The Short Oxford History of the British Isles : Seventeenth Century 1603-1688）　鶴島博和日本語版監修

ジェニー・ウァーモールド編, 西川杉子監訳　慶應義塾大学出版会　2015.5　367, 57p　22cm　〈文献あり 年表あり 索引あり〉6800円　①978-4-7664-1647-3

内容 復古か刷新か（トビー・バーナード著, 那須敬訳）〔05903〕

バーナード, J.リン

◇世界初市民性教育の国家規模カリキュラム―20世紀初期アメリカNEA社会科委員会報告書の事例から　渡部竜也編訳　横浜　春風社　2016.2　235p　22cm　4722円　①978-4-86110-490-9

内容 コミュニティ・シヴィックスの教授（J.リン・バーナード,F.W.キャリアー, アーサー・ウィリアム・ダン, クラレンス・D.キングスレー著）〔05904〕

バナーマン, ジェイムズ　Bannerman, James

◇100のボツから1のアイデアを生み出す天才の思考術（GENIUS！）　ジェイムズ・バナーマン著, 山本雅子訳　アルファポリス　2014.3　285p　19cm　〈発売：星雲社〉1400円　①978-4-434-18968-5

内容 第1部 入門編―新しいアイデアを生み出すための5つの基本ツール（できると思えばできる（天才的に結びつける　天才的に変化させる　天才的に発見する　天才的に方向を変える　天才的に逆の方法をとる）「発想の転換」の意外な威力）　第2部 実践ビジネス編―既にあるものからたった1つのアイデアを作り出すツール（クリエイティビティ・ツールキット　アイデアを実行に移す）〔05905〕

バーナム, P.T.　Barnum, Phineas Taylor

◇富を築く技術―稼ぐための黄金のルール20（The Art of Money Getting, or, Golden Rules for Making Money）　P.T.バーナム著, 関岡孝平訳　パンローリング　2014.1　178p　20cm　（フェニックスシリーズ 17）　1200円　①978-4-7759-4121-8

内容 富を築く心構え　稼ぐための黄金ルール20（職業の選択を誤るな　正しい場所を選べ　借金をするなけっしてあきらめるな　何をするにも全力であたれ　運に頼るな、自ら努力せよ　道具は最高のものを使え　ないものねだりをするな　何か有用なことを学べ　希望は持て、ただし夢は見すぎるな　一度にひとつのことだけに集中せよ　何ごともシステマティックにせよ　新聞を読もう　「本業以外」に用心せよ　うかつに保証人になるな　宣伝せよ　客は丁重に扱え　客には気前よくせよ　おしゃべりを慎め　常に誠実であれ）〔05906〕

バーナンキ, ベン　Bernanke, Ben

◇連邦準備制度と金融危機―バーナンキFRB理事会議長による大学生向け講義録（The Federal Reserve and the Financial Crisis）　ベン・バーナンキ著, 小谷野俊夫訳　一灯舎　2013.9　260, 5p　19cm　〈第4刷（第1刷2012年）〉1500円　①978-4-907600-17-4

内容 第1回講義 連邦準備制度の起源と任務（中央銀行の任務と政策手段　中央銀行の起源 ほか）　第2回講義 第二次大戦後の連邦準備（第二次大戦の終結と連邦準備の独立性の獲得　マーチン議長：風に向かって立つ金融政策 ほか）　第3回講義 金融危機に対する連邦準備の対応（公的部門の脆弱性　新種のモーゲージとその証券化の発達 ほか）　第4回講義 金融危機の余波（連邦準備と財務省および海外当局との協力　伝統的金融政策 ほか）〔05907〕

◇リフレが正しい。FRB議長ベン・バーナンキの言葉　高橋洋一監訳・解説　KADOKAWA　2014.3　255p　19cm　〈増刷（初刷2013年）〉1400円　①978-4-04-602845-7

内容 1 インフレ率の低下が好ましくない理由　2 デフレーション―「あれ」をここで起こさないために　3 インフレ目標を考える一つの視座　4 中央銀行の独立性とは何か？　5 金融政策の長期的な目標と戦略　6 アメリカ経済は今後どうなるか？　7 日本の金融政策、私はこう考える〔05908〕

◇危機と決断―前FRB議長ベン・バーナンキ回顧録　上（The Courage to Act）　ベン・バーナンキ著, 小此木潔監訳, 石垣憲一, 川崎剛, 永峯涼, 西崎香訳　KADOKAWA　2015.12　350p 図版16p　20cm　1900円　①978-4-04-102365-5

内容 1 序曲（一般市民の暮らし　学問の森の中で　理事就任　マエストロのオーケストラで　サブプライム危機　ルーキー・シーズン）　2 危機（最初の微震動、最初の対応　一歩前に　終わりの始まり　ベアー・スターンズ アジア市場が開く前に　ファニーとフレディの長く暑い夏　リーマン、ダム決壊す）〔05909〕

◇危機と決断―前FRB議長ベン・バーナンキ回顧録　下（The Courage to Act）　ベン・バーナンキ著, 小此木潔監訳, 石垣憲一, 川崎剛, 永峯涼, 西崎香訳　KADOKAWA　2015.12　419p　20cm　〈文献あり 索引あり〉1900円　①978-4-04-102366-2

内容 （上巻から）2 危機（AIG「それで私は怒っている」議会へ　五〇％の壁　寒風　政権移行期　危機は金融から経済へ）　3 後遺症（量的緩和―正攻法の終わり　新しい金融システムの構築　QE2―偽りの夜明け　逆風　出口騒動）〔05910〕

ハーニッシュ, エルンスト　Hanisch, Ernst

◇ウィーン/オーストリア二〇世紀社会史―1890-1990（Österreichische Geschichte 1890-1990）　エルンスト・ハーニッシュ著, 岡田浩平訳　三元社　2016.10　765, 133p　22cm　〈文献あり 年表あり 索引あり〉14000円　①978-4-88303-408-6

内容 第1部 発展のプロット（政治文化の歴史的伝統　数の戯れ―人口　経済成長―数の戯れをもう一つ　階級と社会階層　政治陣営　矛盾したプロセス　大衆文化）　第2部 君主制時代（組織化した資本主義　支配体制―王朝的・官僚的官憲国家　世紀末の芸術）　第3部 第一共和制（断絶の演出―オーストリア革命　安定化を脅かすもの　世界経済危機とデモクラシーの危機　ドイツ人のキリスト教的連邦国家―「オーストロ・ファシズム」　中心部から芸術の田舎へ）　第4部 ナチズム支配（併合（アンシュルス）　逆行的な近代化　権力の構図　死のさまざまな顔―またいかに国民がナチズムに熱狂し、ナチズムに耐え、ナチズムと戦ったか）　第5部 第二共和制（逆もどり　戦後世界　長い五〇年代　社会/自由＝連立時代―反権威主義の波と消費社会の欲望）〔05911〕

バニンク, フレドリケ　Bannink, Fredrike

◇ポジティブ認知行動療法―問題志向から解決志向へ（PRACTICING POSITIVE CBT）　フレドリケ・バニンク著, 津川秀夫, 大野裕史監訳　京

ハ

都　北大路書房　2015.9　359p　21cm　〈索引あり〉3800円　①978-4-7628-2906-2

内容 1 理論（認知行動療法とは　ポジティブCBTとは何か　ポジティブCBTの可能性　ポジティブCBTの2つのルール）2 実践（治療同盟の促進　アセスメント　見方を変える　行為を変える　感情を変える　ホームワークの設定　2回目以降のセッション　ポジティブCBTのセラピストの役割）3 発展（カップルとグループへのポジティブCBT　子どもと家族へのポジティブCBT　職場におけるポジティブCBT　ポジティブCBTとその未来　よくある質問（FAQ））〔05912〕

ハーネス, クヌート　Haanaes, Knut

◇戦略にこそ「戦略」が必要だ―正しいアプローチを選び、実行する（YOUR STRATEGY NEEDS A STRATEGY）　マーティン・リーブス, クヌート・ハーネス, ジャンメジャヤ・シンハ著, 御立尚資, 木村亮示監訳, 須川綾子訳　日本経済新聞出版社　2016.2　428p　20cm　〈文献あり 索引あり〉2500円　①978-4-532-32059-1

内容 第1章 戦略に戦略が必要な理由　第2章 クラシカル型戦略アプローチ―規模を拡大する　第3章 アダプティブ型戦略アプローチ―素早く動く　第4章 ビジョナリー型戦略アプローチ―パイオニアになる　第5章 シェーピング型戦略アプローチ―オーケストレーターになる　第6章 リニューアル型戦略アプローチ―生存能力を高める　第7章 両利き―さまざまな色をもつ　第8章 リーダーの心得―生命を吹き込む　〔05913〕

ハ

バーネット, ジョン　Burnet, John

◇初期ギリシア哲学（EARLY GREEK PHILOSOPHY）　ジョン・バーネット著, 西川亮訳　新装版　以文社　2014.10　547, 24p　22cm　〈索引あり〉7000円　①978-4-7531-0321-8

内容 第1章 ミレトス学派　第2章 学問と宗教　第3章 エブェソスのヘラクレイトス　第4章 エレアのパルメニデス　第5章 アクラガスのエムペドクレス　第6章 クラゾメイのアナクサゴラス　第7章 ピュタゴラスの徒　第8章 若いエレア学派　第9章 ミレトスのレウキッポス　第10章 折衷主義と復古　〔05914〕

バーネット, ビル　Barnett, Bill

◇ストラテジック・キャリア―ビジネススクールで教えている長期的キャリア戦略の7つの原則（THE STRATEGIC CAREER）　ビル・バーネット著, 桜井祐子訳　プレジデント社　2016.8　382p　19cm　2000円　①978-4-8334-2186-7

内容 第1部 方向を定める（天職についての誤解を解く　強みの分析 ほか）第2部 長期戦略を立てる（長期戦略のメニューづくり　長期戦略を統合する）第3部 機会探索戦略（実現可能なターゲットに集中する　機会を探し出す ほか）第4部 正しい決断（選択肢と目的　不確実性を克服する）第5部 継続する力（自分の年次報告書　レジリエンス ほか）〔05915〕

パネンベルク, W.　Pannenberg, Wolfhart

◇学問論と神学（Wissenschaftstheorie und Theologie）　W.パネンベルク著, 浜崎雅孝, 清水正, 小柳敦史, 佐藤貴史訳　教文館　2014.3　493, 9p　22cm　（青山学院大学総合研究所叢書）〈索引あり〉6000円　①978-4-7642-7378-8

内容 第1部 諸学問の統一性と多様性の緊張における神学（実証主義から批判的合理主義へ　精神科学の自然科学からの解放　意味理解の方法論としての解釈学）第2部 学問としての神学（神学史における学問としての神学の理解　神についての学問としての神学　神学の内的区分）〔05916〕

パノフ, A.N.　Panov, Alexander N.

◇日ロ関係史―パラレル・ヒストリーの挑戦　五百旗頭真, 下斗米伸夫, A.V.トルクノフ, D.V.ストレリツォフ編　東京大学出版会　2015.9　713, 12p　22cm　〈年表あり〉9200円　①978-4-13-026265-1

内容 ロシア政府の対日外交政策（A.N.パノフ著, 東郷和彦, 下斗米伸夫訳）〔05917〕

◇ロシアと日本―自己意識の歴史を比較する　東郷和彦, A.N.パノフ編　東京大学出版会　2016.10　287, 2p　22cm　〈他言語標題：Россия и Япония〉4400円　①978-4-13-020305-0

内容 アイデンティティを考える 他（A.N.パノフ著, 山脇大, 東郷和彦訳）〔05918〕

ハーパー, スティーブ　Harper, Steve

◇光に打たれて―スティーブ・ハーパー聖化大会説教集 ホーリネスを生きる人々への福音　スティーブ・ハーパー著, 飯塚弘道訳, 飯塚俊雄監修　日本聖化協力会出版委員会　2012.9　85p　19cm　1000円　①978-4-938774-57-8　〔05919〕

バーバー, ベンジャミン・R.　Barber, Benjamin R.

◇消費が社会を滅ぼす?!―幼稚化する人びとと市民の運命（Consumed）　ベンジャミン・R.バーバー著, 竹井隆人訳　吉田書店　2015.3　589p　20cm　3900円　①978-4-905497-24-0

内容 第1部 消費者の誕生（資本主義の勝利と幼稚エートス　プロテスタンティズムから幼児症へ）第2部 市民の消滅（幼稚化する消費者たち―キッザルト（子供っぽい大人）の登場　私民化する市民たち―市民的精神分裂症の生成　ブランド化されたアイデンティティ―意味の喪失　全体主義化する社会―多様性の終焉）第3部 市民の運命（消費主義に対する抵抗―資本主義は自力で治癒できるのか？　市民的精神分裂症の克服―相互依存的世界における市民権の回復）〔05920〕

ハーバーザック, マティアス

◇ドイツ会社法・資本市場法研究　早川勝, 正井章筰, 神作裕之, 高橋英治編　中央経済社　2016.7　648p　22cm　〈他言語標題：Studien zum deutschen Gesellschafts-und Kapitalmarktrecht　発売：中央経済グループパブリッシング〉9200円　①978-4-502-17991-4

内容 従属株式会社における会社利益とグループ利益（マティアス・ハーバーザック著, 新津和典訳）〔05921〕

ハーバーサック, M.*　Habersack, Mathias

◇債権法改正に関する比較法的検討―日独法の視点から 独日法律家協会・日本比較法研究所シンポジウム記録集　只木誠, ハラルド・バウム編　八王子　中央大学出版部　2014.6　439p　22cm　（日本比較法研究所研究叢書 96）〈他言語標題：Schuldrechtsmodernisierung in Japan　ドイ

ツ語抄訳付〉5500円 ①978-4-8057-0595-7
内容 保証人の保護(Mathias HABERSACK述, 森勇訳) 〔05922〕

パパザン, ジェイ Papasan, Jay
◇ワン・シング―一点集中がもたらす驚きの効果 (The One Thing) ゲアリー・ケラー, ジェイ・パパザン著, 門田美鈴訳 SBクリエイティブ 2014.1 221p 19cm 1360円 ①978-4-7973-7511-4
内容 1 嘘―私たちを惑わし、つまずかせるもの(「すべてのことは等しく重要」という嘘 「マルチタスクは効率的」という嘘 「規律正しい生活が必要」という嘘 「意志の力は常に万全」という嘘 「バランスのとれた生活が肝心」という嘘 「大きいことは悪いこと」という嘘) 2 真実―生産性へのシンプルな道(的をしぼり込む質問 成功の習慣 優れた答えへの道) 3 目覚ましい成果―秘められた可能性を解放する(目的を持って生きる 優先事項に従って生きる 生産性を目指して生きる 三つの誓い 四人の泥棒 旅) 〔05923〕

バハッタチャルヤ, アパルナ
◇沖縄ジェンダー学 第1巻 「伝統」へのアプローチ 喜納育江編著 大月書店 2014.3 277, 11p 22cm (琉球大学国際沖縄研究所ライブラリ) 〈索引あり〉3400円 ①978-4-272-35051-3
内容 インド女性の伝統と社会運動(アパルナ・バハッタチャルヤ著, 喜納育江訳) 〔05924〕

パパディア, フランチェスコ
◇揺れ動くユーロ―通貨・財政安定化への道 吉国眞一, 小川英治, 春井久志編 蒼天社出版 2014.4 231p 20cm 〈索引あり〉2800円 ①978-4-901916-32-5
内容 二〇〇七年―二〇〇九年危機における中央銀行間の金融仲介とインターバンク市場(フランチェスコ・パパディア著, 西川輝訳) 〔05925〕

ハバード, エルバート
◇ガルシアへの手紙と人生を豊かにする20の知恵―オーディオブックCD エルバート・ハバード著, 関岡孝平訳 〔録音資料〕 パンローリング 〔2016〕 録音ディスク 3枚(184分):CD 〈他言語標題:A Message to Garcia and Love, life and work 企画・制作:でじじ〉1300円 ①978-4-7759-8373-7
内容 DISC1 (1) 訳者まえがき (2) 著者まえがき (3) ガルシアへの手紙 (4) 私の願い (5) 人生と自己表現 (6) 時とチャンス (7)「能力」より貴重な「能力」(8) 気持ちの持ちかた DISC2 (1) よそ者 (2) 出て行くかとどまるか (3) ウィークデーも聖なる日に (4) 排他的な友情 (5) 愚か者は未来に生きる (6) 率先して動く (7) 虫の好かない女 DISC3 (1) 進歩に関する考察 (2) 同情と知識と冷静さ (3) 一方的な施し (4) 働く人、浪費する人 (5) 素直ということ (6) 老いに備える (7) 自然に任せる (8) 文法学者になるな (9) 警告 〔05926〕

ハバード, ケイト Hubbard, Kate
◇ヴィクトリア女王の王室―側近と使用人が語る大英帝国の象徴の真実 (SERVING VICTORIA) ケイト・ハバード著, 橋本光彦訳 原書房 2014.11 466, 3p 20cm 〈文献あり〉2800円 ①978-4-562-05113-7
内容 第1部 「女王はとても幸せな女性なのです」(一八三八年、ウィンザー城 醜聞と危機 愛に満ちた宮廷 育児担当責任者、サラ・リトルトン ほか) 第2部 「わたしの心は完全に粉々になってしまいました」(頼れる誰か 秘書官、ヘンリー・ポンソンビー バルモラル城での流儀 東方問題と内政問題 ほか) 〔05927〕

ハーバート, ジェームス・D. Herbert, James D.
◇アクセプタンス&コミットメント・セラピー実践ガイド―ACT理論導入の臨床場面別アプローチ (A Practical Guide to Acceptance and Commitment Therapy) スティーブン・C.ヘイズ, カーク・D.ストローサル編著, 谷晋二監訳, 坂本律訳 明石書店 2014.7 473p 22cm 〈文献あり〉5800円 ①978-4-7503-4046-3
内容 不安障害を対象としたACT(スーザン・M.オーシロ, リザベス・レーマー, ジェニファー・ブロック=ラーナー, チャド・ルジュヌ, ジェームス・D.ハーバート) 〔05928〕

ハ

ハーバート, デイヴィット・T. Herbert, David T.
◇マシューズ&ハーバート地理学のすすめ (GEOGRAPHY) John A.Matthews,David T. Herbert〔原著〕, 森島済, 赤坂郁美, 羽田麻美, 両角政彦共訳 丸善出版 2015.3 180p 19cm 〈文献あり 索引あり〉1900円 ①978-4-621-08900-2
内容 第1章 地理学―世界が舞台 第2章 自然的側面―我々の自然環境 第3章 人文的側面―場所の中の人間 第4章 全体としての地理学―共通基盤 第5章 地理学者の研究法 第6章 地理学の現在と将来 〔05929〕

ハバード, R.グレン Hubbard, R.Glenn
◇ハバード経済学 1 入門編 (ECONOMICS 原著第4版の翻訳) R.グレン・ハバード, アンソニー・パトリック・オブライエン著, 竹中平蔵, 真鍋雅史訳 日本経済新聞出版社 2014.4 363p 23cm 〈索引あり〉3000円 ①978-4-532-13452-5
内容 1章 経済学:基礎とモデル 2章 トレードオフ、比較優位と市場システム 3章 価格の決定:需要と供給の相互作用 4章 経済的効率性、政府の価格規制と租税 5章 外部性、環境政策と公共財 6章 弾力性:需要と供給の反応の強さ 7章 企業、株式市場とコーポレート・ガバナンス 8章 完全競争市場における企業 9章 独占的競争:より現実的な環境における競争モデル 10章 GDP:総生産と総所得の測定 11章 経済成長、金融システムと景気循環 〔05930〕
◇ハバード経済学 2 基礎ミクロ編 (ECONOMICS 原著第4版の翻訳) R.グレン・ハバード, アンソニー・パトリック・オブライエン著, 竹中平蔵, 真鍋雅史訳 日本経済新聞出版社 2014.4 441p 23cm 〈索引あり〉3600円 ①978-4-532-13453-2
内容 経済学:基礎とモデル 企業、株式市場とコーポレート・ガバナンス 比較優位と、貿易から得られる利益 消費者選択と行動経済学 技術、生産と費用 完全競争市場における企業 独占的競争:より現実的な環境における競争モデル 寡占:競争が緩やかな市場の企業 独占と反トラスト政策 価格戦略 労働市場と、その他の生産要素市場 情報の経済学 公共

選択、税と所得分配　〔05931〕

◇ハバード経済学 3 基礎マクロ編（ECONOMICS 原著第4版の翻訳） R.グレン・ハバード, アンソニー・パトリック・オブライエン著, 竹中平蔵, 真鍋雅史訳　日本経済新聞出版社　2014.4　481p　23cm　〈索引あり〉 3600円　①978-4-532-13454-9

内容 経済学：基礎とモデル　企業、株式市場とコーポレート・ガバナンス　GDP：総生産と総所得の測定　失業とインフレーション　経済成長、金融システムと景気循環　長期的な経済成長：源泉と政策　短期的な総支出と総生産　総需要と総供給の分析　貨幣、銀行と連邦準備制度　金融政策　財政政策　インフレ、失業とFedの政策　開放経済におけるマクロ経済学　〔05932〕

◇なぜ大国は衰退するのか—古代ローマから現代まで（BALANCE） グレン・ハバード, ティム・ケイン著, 久保恵美子訳　日本経済新聞出版社　2014.10　461p　20cm　〈文献あり 索引あり〉 2700円　①978-4-532-35613-2

内容 大国の経済学　経済的行動と制度　ローマ帝国の没落　中国の宝　スペインの落日　奴隷による支配—オスマン帝国のパラドックス　日本の夜明け　大英帝国の消滅　ヨーロッパ—統一と多様性　カリフォルニア・ドリーム　米国に必要な長期的視野　米国を改善する　〔05933〕

ハ

ハーバード・ビジネス・スクール

◇ハーバード・ビジネス・レビューBEST10論文—世界の経営者が愛読する（HBR's 10 Must Reads） ハーバード・ビジネス・レビュー編集部編, DIAMONDハーバード・ビジネス・レビュー編集部訳　ダイヤモンド社　2014.9　357p　19cm　（Harvard Business Review） 1800円　①978-4-478-02868-1

内容 "イノベーションのジレンマ"への挑戦 クレイトン・M・クリステンセン, マイケル・オーバードルフ 著. ブルー・オーシャン戦略 W・チャン・キム, レネ・モボルニュ 著. 自己探求の時代 ピーター・F・ドラッカー 著. マネジャーの仕事 ヘンリー・ミンツバーグ 著. バランス・スコアカードの導入インパクト ロバート・S・キャプラン, デイビッド・P・ノートン 著. イノベーションの罠 ロザベス・モス・カンター 著. 企業変革の落とし穴 ジョン P.コッター 著. マーケティング近視眼 セオドア・レビット 著. 戦略の本質 マイケル・E・ポーター 著. コア・コンピタンス経営 C・K・プラハラッド, ゲイリー・ハメル 著　〔05934〕

◇自分を成長させる極意—ハーバード・ビジネス・レビューベスト10選（HBR'S 10 MUST READS ON MANAGING YOURSELF） ピーター・F.ドラッカー, クレイトン・M.クリステンセン他著, ハーバード・ビジネス・レビュー編集部編, DIAMONDハーバード・ビジネス・レビュー編集部訳　ダイヤモンド社　2016.1　311p　19cm　1600円　①978-4-478-06830-4

内容 1 自分の人生を「成功」に導く—正しい物差しで生き方を管理する　2 自分をマネジメントする—自分の強み、仕事の仕方、価値観を知る　3 これで、時間は完全に支配できる—仕事の「サル」を手なずける　4「レジリエンス」を鍛え上げる—強い人格をつくるために最も必要な能力　5 身体・感情・知性・精神のレベルを底上げする—パフォーマンスを活性化するトリガー　6「小さな勝利」で自分を変える—全方位的に目標を攻略する　7「膨大な仕事」に飲まれない最良のアプローチ—自分の仕事を取りもどす　8 人の上に立つために最も大切な「4つのこと」—最高のリーダーが力を発揮する秘密は何か？　9 自分を成長させ続ける「7つの質問」—ビジネスで定期的に考えるべき最重要の問い　10 成果を最大化する「プロセス」を実行する—自己認識を変える5つの自己革新ステップ　〔05935〕

ハーバーマス, ユルゲン　Habermas, Jürgen

◇宗教と公共空間—見直される宗教の役割　島薗進, 磯前順一編　東京大学出版会　2014.7　294p　22cm　4400円　①978-4-13-010410-4

内容 公共圏における宗教（ユルゲン・ハーバーマス著, 鏑木政彦訳）　〔05936〕

◇自然主義と宗教の間—哲学論集（ZWISCHEN NATURALISMUS UND RELIGION） ユルゲン・ハーバーマス〔著〕, 庄司信, 日暮雅夫, 池田成一, 福山隆夫訳　法政大学出版局　2014.10　406, 58p　20cm　（叢書・ウニベルシタス 1018）〈索引あり〉 4800円　①978-4-588-01018-7

内容 第1部 規範に導かれた精神の間主体的なあり方（公共空間と政治的公共性—二つの思想的主題の生活史的ルーツ　コミュニケーション的行為と理性の脱超越論化—友人トム・マッカーシーの還暦を祝って　討議の差異化の建築術—大きな論争への小さな返答）　第2部 宗教的複数主義と国家公民的連帯（民主的法治国家における政治以前の基礎　公共圏における宗教—宗教的市民と世俗的市民の「公共的理性使用」のための認知的諸前提）　第3部 自然主義と宗教（自由と決定論　「確かに私自身が自然の一部である」—理性の自然との絡み合いについて語るアドルノ 自由と自由処理不可能性との関係についての考察　信仰と知の境界—カントの宗教哲学の影響史と現代的意義によせて）　第4部 寛容（宗教的寛容—文化的諸権利のペースメーカー　文化的な平等な取り扱い—そしてポストモダン・リベラリズムの限界　複数主義的世界社会のための政治体制）　〔05937〕

◇公共圏に挑戦する宗教—ポスト世俗化時代における共棲のために（THE POWER OF RELIGION IN THE PUBLIC SPHERE） ユルゲン・ハーバーマス, チャールズ・テイラー, ジュディス・バトラー, コーネル・ウェスト〔著〕, エドゥアルド・メンディエッタ, ジョナサン・ヴァンアントワーペン編, 箱田徹, 金城美幸訳　岩波書店　2014.11　209, 3p　20cm　〈索引あり〉 2500円　①978-4-00-022938-8

内容 序章 公共圏における宗教の力　「政治的なもの」—政治神学のあいまいな遺産の合理的意味　なぜ世俗主義を根本的に再定義すべきなのか　対談 ハーバーマス×テイラー　ユダヤ教はシオニズムなのか？　預言宗教と資本主義文明の未来　対談 バトラー×ウェスト　総括討議 ハーバーマス×テイラー×バトラー×ウェスト　後記—宗教に備わる多くの力　付論 ハーバーマスへのインタビュー ポスト世俗化世界社会とは？ —ポスト世俗意識と多文化型世界社会の哲学的意義について　〔05938〕

◇人権への権利—人権、民主主義そして国際政治（Recht auf Menschenrechte） ハウケ・ブルンクホルスト, ヴォルフガング・R.ケーラー, マティアス・ルッツ＝バッハマン編, 舟場保之, 御子柴善之監訳　吹田　大阪大学出版会　2015.1

335, 13p 21cm 〈索引あり〉 3700円 ①978-4-87259-491-1
内容 人権についての異文化横断的ディスクルス（ユルゲン・ハーバーマス著, 米田恵訳）〔05939〕

◇真理と正当化―哲学論文集（WAHRHEIT UND RECHTFERTIGUNG） ユルゲン・ハーバーマス〔著〕, 三島憲一, 大竹弘二, 木前利秋, 鈴木直訳 法政大学出版局 2016.6 463, 4p 20cm （叢書・ウニベルシタス 1044） 〈索引あり〉 4800円 ①978-4-588-01044-6
内容 語用論的転回後の実在論 第1部 解釈学から形式語用論へ（解釈学的哲学と分析哲学―言語論的転回のふたつの相互補完的バージョンについて 相互了解の合理性―コミュニケーション的合理性という概念に関するスピーチアクト理論からの解説） 第2部 間主観性と客観性（カントからヘーゲルへ―ロバート・ブランダムの言語語用論 脱超越論化の道―カントからヘーゲルへ、そしてヘーゲルからカントへ） 第3部 ディスクルスと生活世界における真理（真理と正当化―リチャード・ローティの語用論的転回 価値と規範―ヒラリー・パトナムのカント的プラグマティズムへの注釈 「正当性」対「真理」―道徳的な判断と規範が当為として妥当することの意味について） 第4部 哲学の限界（再び、理論と実践の関係について）〔05940〕

パーハム, フィリップ Parham, A.Philip
◇神にゆだねて―回復のためのクリスチャンの瞑想（Letting God 原著改訂版の翻訳） フィリップ・パーハム著, 堀口君子訳 キリスト新聞社出版事業課 2016.10 418, 6p 22cm 〈索引あり〉 2500円 ①978-4-87395-699-2
内容 1月 2月 3月 4月 5月 6月 7月 8月 9月 10月 11月 12月〔05941〕

パパンドレウ, ジョージ Papandreou, Giōrgos A.
◇金持ちは税率70%でもいいvsみんな10%課税がいい―1時間でわかる格差社会の増税論（Should We Tax the Rich More？） ポール・クルーグマン, ジョージ・パパンドレウ, ニュート・ギングリッチ, アーサー・ラッファー著, 町田敦夫訳 東洋経済新報社 2014.6 174p 19cm 1200円 ①978-4-492-61062-6
内容 第1章 金持ちからもっと税金を取るべきか？ ―賛成：ポール・クルーグマン、ジョージ・パパンドレウ 反対：ニュート・ギングリッチ、アーサー・ラッファー（賛成58%、反対28%、未定14% クルーグマンの論点 ほか） 第2章 ギングリッチへのインタビュー―一律10%課税はどうか（政府は金を奪っていく リッチな人は、税を逃れる手だてを見つける ほか） 第3章 クルーグマンへのインタビュー―金持ちは最高税率70%でもいける（富裕層への税率は低すぎる 70%の最高税率でも税収は減らない ほか） 第4章 ラッファーへのインタビュー―税制を改革して12%の一律課税に（税率を上げると税収は減る ラッファーの一律課税案 ほか）〔05942〕

バービエ, エドワード・B.
◇国連大学包括的「富」報告書―自然資本・人工資本・人的資本の国際比較（Inclusive Wealth Report 2012） 国連大学地球環境変化の人間・社会的側面に関する国際研究計画, 国連環境計画編, 植田和弘, 山口臨太郎訳, 武内和彦監修 明石書店 2014.12 358p 26cm 〈文献あり 索引あり〉 8800円 ①978-4-7503-4113-2
内容 生態系サービスと富会計（エドワード・B.バービエ著）〔05943〕

ハービソン, E.H. Harbison, Elmore Harris
◇キリスト教的学識者―宗教改革時代を中心に（The Christian Scholar in the Age of the Reformation） E.H.ハービソン〔著〕, 根占献一監訳, 大川なつか, 高津秀之, 高津美和訳 知泉書館 2015.2 231, 24p 20cm （〈ルネサンス叢書〉） 〈布装 索引あり〉 3000円 ①978-4-86285-205-2
内容 第1章 キリスト教的召命としての学問―ヒエロニムスからアクィナスまで 第2章 学芸復興（ルネサンス）―ペトラルカからコレットまで 第3章 エラスムス 第4章 ルター 第5章 カルヴァン〔05944〕

パピノー, デヴィッド
◇哲学がかみつく（Philosophy Bites） デイヴィッド・エドモンズ, ナイジェル・ウォーバートン著, 佐光紀子訳 柏書房 2015.12 281p 20cm 〈文献あり〉 2800円 ①978-4-7601-4658-1
内容 科学的実在論（デヴィッド・パピノー述）〔05945〕

バビノー, ライアン Babineaux, Ryan
◇一歩踏み出せば昨日と違う自分になれる！―スタンフォードの前進の法則（FAIL FAST, FAIL OFTEN） ライアン・バビノー, ジョン・クランボルツ著, 増田沙奈訳 日本文芸社 2014.3 266p 19cm 1400円 ①978-4-537-26074-8
内容 1 今日、あなたの「魔法の1日」がはじまる！ 小さくてもいい、毎日「楽しみのタネ」をまく 2 転んでも必ず「何かを拾って立ち上がる」人 「打たれ強さ」の行動心理学 3 成功している人だけに「見える」もの！ 「まっさらな好奇心」でものを見直す 4 これからは「リーン・スタートアップ」の時代！ 「好きなこと」を生かして成功する法 5 「低コスト」のアクションを使え！ 「大きく」考え、「小さく」動く 6 あなたが第二の「スティーブ・ジョブズ」になる方法 「改革者」のDNAを自分に植え込む 7 ある種の「向こう見ず」は天才であり、力であり、魔法です！ 「分析病」で自分を縛らない！ 8 自分の中の「反抗分子」を退治する法 すべてを「いま」にフォーカスして楽に生きる！ 9 いつでもどこでも「頭と心に刺激」を！ 「小さな自分」で一生を終わるな！〔05946〕

ハビビ, バハルディン・ユスフ Habibie, Bacharuddin Jusuf
◇ハビビとアイヌン―大統領になった天才エンジニア、夫婦愛の半世紀（Habibie & Ainun） バハルディン・ユスフ・ハビビ著, 平中英二訳 書籍工房早山 2014.9 370p 21cm 〈年表あり〉 1900円 ①978-4-904701-41-6〔05947〕

ハーファーカンプ, ハンス＝ペーター
◇ヨーロッパ史のなかの裁判事例―ケースから学ぶ西洋法制史（Fälle aus der Rechtsgeschichte） U.ファルク,M.ルミナティ,M.シュメーケル編著, 小川浩三, 福田誠治, 松本尚子監訳 京都 ミネ

ハ

ルヴァ書房　2014.4　445p　22cm　〈索引あり〉　6000円　①978-4-623-06559-2
内容 ケルン電信事件（ハンス＝ペーター・ハーファーカンプ著, 松本尚子訳）　〔05948〕

ハフィントン, アリアナ　Huffington, Arianna Stassinopoulos
◇サード・メトリック―しなやかにつかみとる持続可能な成功（THRIVE）　アリアナ・ハフィントン著, 服部真琴訳　CCCメディアハウス　2014.11　357p　20cm　〈表紙のタイトル：The Third Metric〉 1900円　①978-4-484-14119-0
内容 1 ウェルビーイング（新たな設計図―人生という建物をリフォームするとき　バーンアウト―私たちの文明の病 ほか）　2 ウィズダム（人生は教室　直感の力―内なる声は黙って聞く ほか）　3 ワンダー（いざ、内なる世界の旅へ　沈黙よ、こんにちは ほか）　4 ギビング（思いやりの限界の拡大―今週末は何をする？　自然災害がなくても自然な人間性を発揮しよう ほか）　〔05949〕

ハ

バフェット, W.　Buffett, Warren
◇完全読解伝説の投資家バフェットの教え（Tap dancing to work）　キャロル・ルーミス編著, 峯村利哉訳　朝日新聞出版　2014.3　494p　19cm　2000円　①978-4-02-331285-2
内容 第1章 無名時代　第2章 “バークシャー”の株主の寄付　第3章 バフェットと “キャピタル・シティーズ/ABC”　第4章 バフェットと “ソロモン”　第5章 新型のウォーレン・バフェット？　そして旧型も　第6章 バフェットと “コカ・コーラ”　第7章 バフェットとゲイツ　第8章 賞賛―何度も何度も　第9章 権力問題　第10章 慈善家の出現　第11章 ギビング・プレッジ　〔05950〕

◇バフェットからの手紙―世界一の投資家が見たこれから伸びる会社、滅びる会社（The Essays of Warren Buffett 原著第3版の翻訳）　バフェット〔原著〕, ローレンス・A.カニンガム著, 長尾慎太郎監修, 藤原康史訳　第3版　パンローリング　2014.8　587p　20cm　（ウィザードブックシリーズ 219）　2300円　①978-4-7759-7185-7
内容 プロローグ 株主に関する企業原則　第1章 コーポレートガバナンス（企業統治）　第2章 ファイナンスと投資　第3章 投資の選択肢　第4章 普通株　第5章 合併・買収　第6章 評価と会計　第7章 会計上のごまかし　第8章 会計方針　第9章 税務　〔05951〕

◇バフェット・バイブル―本物だけを見抜き富を築く最強投資家の言葉（MY WARREN BUFFETT BIBLE）　バフェット〔著〕, ロバート・L.ブロック著, 夏井幸子訳　徳間書店　2015.12　190p　19cm　1200円　①978-4-19-864067-5　〔05952〕

ハーフェナー, トルステン　Havener, Thorsten
◇心を上手に操作する方法（DENK DOCH, WAS DU WILLST）　トルステン・ハーフェナー著, 福原美穂子訳　サンマーク出版　2014.5　395p　15cm　（サンマーク文庫 と-1-2）　780円　①978-4-7631-6046-1
内容 お気に入りの手品の種明かし　玄関先での心理操作　相手と「ラポール」を築く方法　世代別の特徴を意識する　催眠術の歴史をひもとく　催眠術の具体的な手順　他人を操作することの危険性　自分の「ものの見方」を操作する　相手に気づかれずに影響を与える　心理操作の六つの原理　なぜ、私たちはだまされるのか　決断するときに影響を受けるもの　相手を操る「質問の仕方」　「顔の表情」から心を読み解く　嘘を見破る方法　言葉の魔力　〔05953〕

◇心を上手に透視する方法（ICH WEISS, WAS DU DENKST）　トルステン・ハーフェナー著, 福原美穂子訳　サンマーク出版　2014.5　374p　15cm　（サンマーク文庫 と-1-1）　780円　①978-4-7631-6045-4
内容 第1章 世界は、あなたが考える通りにある　第2章「身体」を見れば、「心の内」がわかる　第3章「暗示の力」を使いこなす　第4章 メンタル・トレーニング　第5章 意識を「今このとき」に集中する　第6章 はかり知れない「可能性」　〔05954〕

◇とっさのしぐさで本音を見抜く（OHNE WORTE）　トルステン・ハーフェナー著, 柴田さとみ訳　サンマーク出版　2015.9　282p　19cm　〈文献あり〉 1500円　①978-4-7631-3468-4
内容 第1章 相手があなたをどう思っているか見抜く五つの方法　第2章 本音を見抜くワザ1 一瞬の「変化」を見逃すな！　第3章 本音を見抜くワザ2 相手とあなたの「距離」を見よ！　第4章「しぐさ」で嘘を見抜く方法　第5章 恋の暗号1 相手があなたを好きか見分ける方法　第6章 恋の暗号2 気になる人に好きになってもらう「しぐさ」　第7章 恋の暗号3 愛が長続きする「しぐさ」のコツ　第8章 家族で「しぐさ」を見抜く方法　第9章 職場の人間関係も「しぐさ」でうまくいく　第10章「洋服、靴、アクセサリー」から心を見抜く　第11章 フェイスブックの写真でその人を見抜く　〔05955〕

ハブカイネン, アイノ　Havukainen, Aino
◇タトゥとパトゥのへんてこアルバイト―12のアルバイト体験一挙大公開！（Tatu ja Patu työn touhussa）　アイノ・ハブカイネン, サミ・トイボネン作, いながきみはる訳　猫の言葉社　2015.3　31p　30cm　1800円　①978-4-904196-16-8
内容 パン職人―パンの生地こね名人大かんげい　美容師―カットがうまい人ぜひ、うちのお店ではたらいて！　新聞記者―まじめな方新聞社で仕事をしてみませんか？　看護師―患者さんに適切な処置ができる人うちの病院へ　機械工―鉄のように強い心をもつ男性または女性ごれんらくください　事務員―事務所のネズミにびっくりしない人募集中　農家の手伝い―新芽のように新鮮な若者よ！　いっしょに農業をやりましょう　清掃員―ねばり強いプロ募集中　大工―くぎをうつのがうまければ、家だってたてられる　小学校の先生―自分に自信のある方ごれんらくください　音楽家―子どもたちといっしょに楽しく演奏できる方電話してね　消防士―仕事にもえる君たち、もえる火事をけす仕事があります　〔05956〕

バーブル　Babur
◇バーブル・ナーマ―ムガル帝国創設者の回想録 1　バーブル〔著〕, 間野英二訳注　平凡社　2014.9　368p　18cm　（東洋文庫 853）　〈「バーブル・ナーマの研究 3」（松香堂 1998年刊）の改題、改訂新版　布装　年譜あり〉 3000円　①978-4-582-80853-7
内容 第1部 フェルガーナ（中央アジア）（八九九年（一四九三 - 九四年）の出来事　九〇〇年（一四九四 - 九

五年）の出来事　九〇一年（一四九五 - 九六年）の出来事　九〇二年（一四九六 - 九七年）の出来事　九〇三年（一四九七 - 九八年）の出来事　九〇四年（一四九八 - 九九年）の出来事　九〇五年（一四九九 - 一五〇〇年）の出来事　九〇六年（一五〇〇 - 〇一年）の出来事　九〇七年（一五〇一 - 〇二年）の出来事　九〇八年（一五〇二 - 〇三年）の出来事）〔05957〕

◇バーブル・ナーマ―ムガル帝国創設者の回想録 2　バーブル〔著〕, 間野英二訳注　平凡社　2014.11　389p　18cm　（東洋文庫 855）〈「バーブル・ナーマの研究 3」（松香堂 1998年刊）の改題、改訂新版　布装　年譜あり〉3100円　①978-4-582-80855-1

内容 第2部 カーブル（アフガニスタン）（九一〇年（一五〇四 - 〇五年）の出来事　九一一年（一五〇五 - 〇六年）の出来事　九一二年（一五〇六 - 〇七年）の出来事　九一三年（一五〇七 - 〇八年）の出来事　九一四年（一五〇八 - 〇九年）の出来事　九二五年（一五一九年）の出来事）〔05958〕

◇バーブル・ナーマ―ムガル帝国創設者の回想録 3　バーブル〔著〕, 間野英二訳注　平凡社　2015.1　433p　18cm　（東洋文庫 857）〈「バーブル・ナーマの研究 3」（松香堂 1998年刊）の改題、改訂新版　布装　年譜あり 索引あり〉3200円　①978-4-582-80857-5

内容 第3部 ヒンドゥスターン（インド）（九三二年（一五二五 - 二六年）の出来事　九三三年（一五二六 - 二七年）の出来事　九三四年（一五二七 - 二八年）の出来事　九三五年（一五二八 - 二九年）の出来事　九三六年（一五二九 - 三〇年）の出来事）〔05959〕

パペ, バプティスト・デ　Pape, Baptist de

◇ザ・パワー・オブ・ザ・ハート―人生の本当の目的を探して（THE POWER OF THE HEART）　バプティスト・デ・パペ著, 山川紘矢, 山川亜希子訳　KADOKAWA　2015.11　302p　19cm　1900円　①978-4-04-102403-4

内容 1 ハートへの道（あなたの内にあるパワー　ハートと魂　ハートの知恵を得る　ハートの知性　明晰さ―今に生きる）　2 自分の中にある力（感謝の力　ハートの人になる　本物の力を創造する　意図と直感のパワー　シンクロニシティ―すべての背後にある隠された法則）　3 世界のハート（お金とキャリア　健康のためのハート　愛と人間関係　回復力、恐れ、そして後退　許し　ハートを中心とした文明）〔05960〕

バーボー, ジェフリー・W.　Barbeau, Jeffrey W.

◇だれもが知りたいキリスト教神学Q&A（Theology Questions Everyone Asks）　G.M.バーグ,D.ラウバー編, 本多峰子訳　教文館　2016.3　235p　21cm　〈文献あり〉2800円　①978-4-7642-7405-1

内容 聖霊とは誰か（ジェフリー・W.バーボー）〔05961〕

バーポ, ソーニャ　Burpo, Sonja

◇てんごくは、ほんとうにある（HEAVEN IS REAL FOR KIDS）　トッド・バーポ, ソーニャ・バーポさく, ウィルソン・オングえ, ホーバード豊子やく　大阪　かんよう出版　2015.12　1冊（ページ付なし）　19×19cm　1500円　①978-4-906902-46-0〔05962〕

バーポ, トッド　Burpo, Todd

◇てんごくは、ほんとうにある（HEAVEN IS REAL FOR KIDS）　トッド・バーポ, ソーニャ・バーポさく, ウィルソン・オングえ, ホーバード豊子やく　大阪　かんよう出版　2015.12　1冊（ページ付なし）　19×19cm　1500円　①978-4-906902-46-0〔05963〕

バボータ, レオ　Babauta, Leo

◇減らす技術（THE POWER OF LESS）　レオ・バボータ〔著〕, ディスカヴァー編集部〔訳〕　新装版　ディスカヴァー・トゥエンティワン　2015.7　239p　19cm　1440円　①978-4-7993-1741-9

内容 1 原則編（制限する　本質に迫ることだけを選ぶ　シンプルにする　集中する　習慣化する　小さくはじめる）　2 実践編（シンプル・ゴール　シンプル・プロジェクト　シンプル・タスク　シンプル時間管理　シンプル・Eメール　シンプル・インターネット　シンプル・ファイリング　シンプル・コミットメント　シンプル・ルーチン　シンプル・デスク　シンプル健康管理）〔05964〕

◇いつでもどこでも結果を出せる自己マネジメント術（MANAGE YOUR DAY-TO-DAY）　ジョスリン・K.グライ編, 上原裕美子訳　サンマーク出版　2015.9　233p　19cm　〈文献あり〉1500円　①978-4-7631-3493-6

内容 1日1回、「孤独の時間」を作ろう（レオ・バボータ）〔05965〕

パボット, スザンナ

◇ワーク・ディスカッション―心理療法の届かぬ過酷な現場で生き残る方法とその実践（WORK DISCUSSION）　マーガレット・ラスティン, ジョナサン・ブラッドリー編, 鈴木誠, 鵜飼奈津子監訳　岩崎学術出版社　2015.5　215p　21cm　〈文献あり 索引あり〉3700円　①978-4-7533-1090-6

内容 幼児学校の学習メンターとして（スザンナ・パボット著, Dalrymple規子訳）〔05966〕

ハマー, ビャーネ　Hammer, Bjarne

◇世界の図書館（Libraries）　ビャーネ・ハマー著,〔藤田奈緒〕〔翻訳協力〕　ほるぷ出版　2016.10　205p　34cm　（21世紀ガイド図鑑）〈英語併記 スペイン語併記 フランス語併記〉6000円　①978-4-593-58738-4

内容 Library of Alenxandria―ALEXANDRIA　Russian State Library―MOSCOW　Riyadh Library―RIYADH　LiYuan Library―BEIJING　Hachioji Library―TOKYO　National Diet Library―TOKYO　Yoshihiro Yonezawa Memorial Library―TOKYO　Kyoto International Manga Museum―KYOTO　State Library of Victoria―MELBOURNE　Seattle Central Library―SEATTLE〔ほか〕〔05967〕

パーマー, ブランドン　Palmer, Brandon

◇検証日本統治下朝鮮の戦時動員―1937-1945（FIGHTING FOR THE ENEMY）　ブランドン・パーマー著, 塩谷紘訳　草思社　2014.10　363p　20cm　〈文献あり 索引あり〉2800円

ハ

①978-4-7942-2085-1

内容 1章 朝鮮人の徴兵・徴用が持つ意味（朝鮮総督府その性格と権力　朝鮮人の戦争準備態勢 ほか） 2章 朝鮮人特別志願兵制度（徴兵政策の立案過程　兵役制導入のための宣伝工作 ほか） 3章 朝鮮人徴兵制度（朝鮮兵徴集の決断　徴兵制度導入のための準備 ほか） 4章 朝鮮人の労働動員（戦時労働動員の法的基盤　労務動員計画 ほか）〔05968〕

ハマーメッシュ, ダニエル・S.　Hamermesh, Daniel S.

◇美貌格差―生まれつき不平等の経済学（Beauty Pays）　ダニエル・S.ハマーメッシュ著, 望月衛訳　東洋経済新報社　2015.3　254p　20cm　1800円　①978-4-492-31453-1

内容 第1部 美形の裏側（美貌の経済学　見る人次第） 第2部 職場での美形：なぜなにどうして（美貌と働き手　特定の職業における美形　美形と雇い主　ブサイク差別か役に立つ美形か、そしてそれはなぜか？） 第3部 愛、借金、そして法律での美形（友だち、家族、そして借金の市場における美形　ブサイクを法律で守る） 第4部 美形の先行き（ブサイクの行く末）〔05969〕

ハ

ハーマン, クラウディア　Haarmann, Claudia

◇グローバル・ベーシック・インカム入門―世界を変える「ひとりだち」と「ささえあい」の仕組み　岡野内正著・訳, クラウディア・ハーマン, ディルク・ハーマン, ヘルベルト・ヤウフ, ヒルマ・シンドンドラ＝モテ, ニコリ・ナットラス, イングリッド・ヴァン・ニーケルク, マイケル・サムソン著　明石書店　2016.1　248p　21cm　〈他言語標題：Making the Difference！　The BIG in Namibia〉 2000円　①978-4-7503-4291-7

内容 第1部 世界を変える！　ナミビアのベーシック・インカム―ベーシック・インカム給付試験実施プロジェクト評価報告書（2009年4月）（大きな目標をもつ小さな実験―ベーシック・インカム給付　パンを保証された村人は何をして、村はどうなったか？　一影響評価　全国レベルの給付を目指して） 第2部 学生たちと訪ねたベーシック・インカムの現場―ナミビア、ブラジル、インド、アラスカ、イラン（ナミビア2010年8月31日～9月17日 人の助けになることがしたくって　ブラジル2011年8月29日～9月15日 権力を取らずに世界を変える！　ナミビア2012年8月31日～9月18日 村人を先頭に、首都に向かってデモ行進　インド2013年2月13日～28日 みんな自分の意見を言うようになった　アラスカ2013年8月29日～9月8日 正義を実現するには経済的な力がいる　イラン2014年3月2日～17日 ああ、ヤーラーネ！）〔05970〕

ハーマン, ジョーン　Herman, Joan

◇21世紀型スキル―学びと評価の新たなかたち（ASSESSMENT AND TEACHING OF 21ST CENTURY SKILLS）　P.グリフィン,B.マクゴー,E.ケア編, 三宅なほみ監訳, 益川弘如, 望月俊男編訳　京都　北大路書房　2014.4　265p　21cm　〈索引あり〉 2700円　①978-4-7628-2857-7

内容 21世紀型スキルを定義する（マリリン・ビンクレー, オラ・アースタッド, ジョーン・ハーマン, ゼンタ・ライゼン, マーティン・リプリー, メイ・ミラーリッチ, マイク・ランブル著, 山口悦司, 林一雅, 池尻良平訳）〔05971〕

ハーマン, ディルク　Haarmann, Dirk

◇グローバル・ベーシック・インカム入門―世界を変える「ひとりだち」と「ささえあい」の仕組み　岡野内正著・訳, クラウディア・ハーマン, ディルク・ハーマン, ヘルベルト・ヤウフ, ヒルマ・シンドンドラ＝モテ, ニコリ・ナットラス, イングリッド・ヴァン・ニーケルク, マイケル・サムソン著　明石書店　2016.1　248p　21cm　〈他言語標題：Making the Difference！　The BIG in Namibia〉 2000円　①978-4-7503-4291-7

内容 第1部 世界を変える！　ナミビアのベーシック・インカム―ベーシック・インカム給付試験実施プロジェクト評価報告書（2009年4月）（大きな目標をもつ小さな実験―ベーシック・インカム給付　パンを保証された村人は何をして、村はどうなったか？　一影響評価　全国レベルの給付を目指して） 第2部 学生たちと訪ねたベーシック・インカムの現場―ナミビア、ブラジル、インド、アラスカ、イラン（ナミビア2010年8月31日～9月17日 人の助けになることがしたくって　ブラジル2011年8月29日～9月15日 権力を取らずに世界を変える！　ナミビア2012年8月31日～9月18日 村人を先頭に、首都に向かってデモ行進　インド2013年2月13日～28日 みんな自分の意見を言うようになった　アラスカ2013年8月29日～9月8日 正義を実現するには経済的な力がいる　イラン2014年3月2日～17日 ああ、ヤーラーネ！）〔05972〕

ハミアニ, レダ

◇日本・アルジェリア友好の歩み―外交関係樹立50周年記念誌　私市正年, スマイル・デベシュ, 在アルジェリア日本国大使館編著　千倉書房　2014.8　286p　19cm　2800円　①978-4-8051-1041-6

内容 日・アルジェリア経済関係発展のプロセス（レダ・ハミアニ）〔05973〕

ハミルトン, ビル

◇動物と戦争―真の非暴力へ、《軍事―動物産業》複合体に立ち向かう（Animals and War）　アントニー・J.ノチェッラ二世, コリン・ソルター, ジュディー・K.C.ベントリー編, 井上太一訳　新評論　2015.10　306p　20cm　〈文献あり 索引あり〉 2800円　①978-4-7948-1021-2

内容 戦争と動物、その未来（ビル・ハミルトン, エリオット・M.カッツ著）〔05974〕

ハミルトン, ロジャー　Hamilton, Roger

◇才能は開ける―経済的自由を手にするための才能を磨く4つのステップ（THE MILLIONAIRE MASTER PLAN）　ロジャー・ハミルトン著, 宇敷珠美監修　フォレスト出版　2015.3　284p　19cm　1600円　①978-4-89451-659-5

内容 第1章 あなたの才能を見つけよう―あなたの「周波数」はどれか？（あなたに隠された「4つの才能」とは？　周波数別才能のルール ほか） 第2章 あなたの現在のレベルを見てみよう―ウェルス灯台の階層（ウェルス灯台とは何か？　基礎プリズムとは何か？ ほか） 第3章「赤外線レベル」から抜け出す方法（なぜ、赤外線レベルの人はうまくいかないのか？　赤外線レベルが命取りである理由 ほか） 第4章「赤レベル」から抜け出す方法（「富の階段」を登るか、落ちるか　生活するだけのお金しか稼げない ほか） 第5章「オレンジレベル」から抜け出す方法（オレンジレベルの現実　「プロジェクト」と「プロセス」 ほか）

〔05975〕

バーミンガム, ルーシー　Birmingham, Lucy

◇雨ニモマケズ―外国人記者が伝えた東日本大震災（STRONG IN THE RAIN : Surviving Japan's Earthquake, Tsunami, and Fukushima Nuclear Disaster）　ルーシー・バーミンガム, デイヴィッド・マクニール著, PARC自主読書会翻訳グループ訳　えにし書房　2016.12　270p　19cm　2000円　①978-4-908073-31-1

内容 序章 二〇一一年三月十一日　第1章 地震　第2章 津波　第3章 水門を閉めろ　第4章 メルトダウン　第5章 天皇の言葉　第6章 世界に伝える　第7章 フライ人　第8章 助けて、お願い！　第9章 出発　第10章 東北魂　エピローグ　〔05976〕

ハム, スンソプ*　咸 舜燮

◇徳島県立鳥居竜蔵記念博物館研究報告　第2号　徳島県立鳥居竜蔵記念博物館編　徳島　徳島県立鳥居竜蔵記念博物館　2015.3　115p　30cm〈文献あり〉

内容 植民地時代における鳥居竜蔵の慶州月城および大邱達城調査について（咸舜燮原著, 吉井秀夫訳）　〔05977〕

ハム, ドンジュ

◇東アジアの歴史―韓国高等学校歴史教科書　アンビョンウ, キムヒョンジョン, イグヌ, シンソンゴン, ハムドンジュ, キムジョンイン, パクチュンヒョン, チョンヨン, ファンジスク著, 三橋広夫, 三橋尚子訳　明石書店　2015.9　282p　21cm（世界の教科書シリーズ 42）〈文献あり 年表あり 索引あり〉3800円　①978-4-7503-4237-5

内容 1 国家の形成　2 東アジア世界の成立　3 国際関係の変化と支配層の再編　4 東アジア社会の持続と変化　5 近代国家樹立への模索　6 今日の東アジア　付録　〔05978〕

ハームス, テルマ　Harms, Thelma

◇新・保育環境評価スケール　1　3歳以上（EARLY CHILDHOOD ENVIRONMENT RATING SCALE 原著第3版の翻訳）　テルマ・ハームス, リチャード・M.クリフォード, デビィ・クレア著, 埋橋玲子訳　京都　法律文化社　2016.10　95p　26cm〈文献あり〉1900円　①978-4-589-03797-8

内容 評定項目と注釈　スコアシート "3歳以上"　プロフィール　付録1 園内（公開）研修の手引き　付録2 共同観察シート（観察者間信頼性確認）　解説：新・保育環境評価スケール "3歳以上"（2015）について―ECERS - RからECERS - 3へ　〔05979〕

ハムブリック, D.Z.*　Hambrick, David Z.

◇ワーキングメモリと日常―人生を切り拓く新しい知性（WORKING MEMORY）　T.P.アロウェイ, R.G.アロウェイ編著, 湯沢正通, 湯沢美紀監訳　京都　北大路書房　2015.10　340p　21cm（認知心理学のフロンティア）〈文献あり 索引あり〉3800円　①978-4-7628-2908-6

内容 ワーキングメモリ容量と音楽の技能（David Z. Hambrick, Elizabeth J.Meinz著, 宮谷真人, 橋本翠訳）　〔05980〕

ハメル, ゲイリー

◇ハーバード・ビジネス・レビューBEST10論文―世界の経営者が愛読する（HBR's 10 Must Reads）　ハーバード・ビジネス・レビュー編集部編, DIAMONDハーバード・ビジネス・レビュー編集部訳　ダイヤモンド社　2014.9　357p　19cm（Harvard Business Review）　1800円　①978-4-478-02868-1

内容 コア・コンピタンス経営（C.K.プラハラッド, ゲイリー・ハメル著）　〔05981〕

ハーモン, カスリーン　Harmon, Kathleen A.

◇人は何を祝い、なぜ歌うのか―典礼音楽の神学的考察（The Mystery We Celebrate, the Song We Sing）　カスリーン・ハーモン著, 竹内謙太郎監修, 菊池泰子, 榊原芙美子訳　聖公会出版　2013.8　188p　19cm〈索引あり〉2800円　①978-4-88274-250-0　〔05982〕

ハモンド, カール　Hammond, Karl

◇世界の難民の子どもたち　4　「ジンバブエ」のジュリアンの話（Juliane's Story-A Journey from Zimbabwe）　アンディ・グリン作, 難民を助ける会監修, いわたかよこ訳　カール・ハモンド絵　ゆまに書房　2016.10　1冊（ページ付なし）　26cm　2200円　①978-4-8433-4991-5　〔05983〕

ハモンド, クラウディア　Hammond, Claudia

◇脳の中の時間旅行―なぜ時間はワープするのか（Time Warped）　クラウディア・ハモンド著, 渡会圭子訳　インターシフト　2014.3　295p　19cm〈文献あり　発売：合同出版〉2100円　①978-4-7726-9539-8

内容 第1章 時間の錯覚　第2章 脳の中の時計　第3章 月曜は赤い　第4章 なぜ年をとると時間の流れが速くなるのか　第5章 未来を思い出す　第6章 時間の流れを変える　〔05984〕

ハヤシ, キム

◇経験学習によるリーダーシップ開発―米国CCLによる次世代リーダー育成のための実践事例（Experience-Driven Leader Development）　シンシア・D.マッコーレイ, D.スコット・デリュ, ポール・R.ヨスト, シルベスター・テイラー編, 漆嶋稔訳　日本能率協会マネジメントセンター　2016.8　511p　27cm　8800円　①978-4-8207-5929-4

内容 イベント企画による転換可能なスキルの学習（ケンナ・コットリル, キム・ハヤシ）　〔05985〕

バヤール＝坂井, アンヌ

◇戦後思想の光と影―日仏会館・戦後70年記念シンポジウムの記録　三浦信孝編　風行社　2016.3　359p　21cm〈会期・会場：2015年7月18日（土）～19日（日）日仏会館1階ホール〉2200円　①978-4-86258-100-6

内容 イェルサレムの開高健（アンヌ・バヤール＝坂井述, 八幡恵一訳）　〔05986〕

ハラ, カツロウ　原 勝郎
◇原勝郎博士の「日本通史」(An Introduction to the History of Japan)　原勝郎著, 中山理訳, 渡部昇一監修　祥伝社　2014.4　491p　20cm 〈年表あり 索引あり〉2300円　①978-4-396-65051-3
内容 日本史の特質　日本人はどこから来たか　仏教伝来以前の日本と、シナ文明　天皇の権力増大、漸進的な中央集権化　律令国家の建設　新政権の完成と停滞、武士階級の擡頭　武家政権の誕生と鎌倉幕府　鎌倉政権から足利政権へ　中世日本の終焉　中世から近世日本への移行　徳川幕府とその国家体制　徳川の幕府・文化、社会　明治維新　結び―世界の中の日本　〔05987〕

パーラー, ジェレミー　Perler, Jeremy
◇会計不正はこう見抜け (Financial Shenanigans 原著第3版の翻訳)　ハワード・シリット, ジェレミー・パーラー著, 熊倉恵子訳　日経BP社 2015.3　326p　22cm　〈発売：日経BPマーケティング〉2800円　①978-4-8222-5079-9
内容 第1部 基礎を固める(最悪の事態　レントゲン写真の修正)　第2部 利益操作のトリック(収益の早期計上　架空収益の計上　一時的または持続不可能な活動による利益の増大　当期の費用を翌期以降に繰り延べる　費用または損失を隠蔽するその他のテクニック　当期の利益を翌期以降に繰り延べる　将来の費用を前倒しにする)　第3部 キャッシュフローのトリック(財務キャッシュ・インフローを営業の区分にシフト　通常の営業キャッシュ・アウトフローを投資の区分にシフト　事業の買収・売却を使った営業キャッシュフローの水増し　持続不可能な活動による営業キャッシュフローの増大)　第4部 キー・メトリクスのトリック(経営成績を過大表示する指標の提示　財政状態の悪化を隠蔽する貸借対照表の指標の歪曲)　第5部 総括(トリックの復習とアドバイス)　〔05988〕

ハラー, ワルター　Haller, Walter
◇スイス憲法―比較法的研究 (The Swiss Constitution in a Comparative Context)　ワルター・ハラー原著, 平松毅, 辻雄一郎, 寺沢比奈子訳　成文堂　2014.8　259p　22cm　〈索引あり〉4800円　①978-4-7923-0564-2
内容 第1編 総論　第2編 連邦、州、自治体　第3編 市民権と政治的権利　第4編 議会、政府及び裁判所　第5編 基本権　第6編 規則制定、条約、違憲審査権　〔05989〕

バラ, L.　Ballagh, Lydia
◇明治学院歴史資料館資料集　第10集1　バラ学校を支えた二人の女性―ミセス・バラとミス・マーシュの書簡　Lydia Ballagh,Belle Marsh著　明治学院歴史資料館　2015.3　79p 図版 6p　21cm 〈編集代表：長谷川一〉800円
内容 ミセス・バラの書簡. Children's work for children, 1877 (翻訳). Children's work for children, 1877 (オリジナル). Woman's work for children, 1878-1879 (翻訳). Woman's work for children, 1878-1879 (オリジナル)　ミス・マーシュの書簡(翻訳)　〔05990〕

バラク, エフード
◇世界論　安倍晋三, 朴槿恵ほか〔著〕, プロジェクトシンジケート叢書編集部訳　土曜社　2014.1　185p　19cm　(プロジェクトシンジケート叢書)〈他言語標題：A WORLD OF IDEAS　文献あり〉1199円　①978-4-907511-05-0
内容 二〇一四年の中東安全保障(エフード・バラク著)　〔05991〕

パラシオス=ウエルタ, イグナシオ　Palacios-Huerta, Ignacio
◇経済学者、未来を語る―新「わが孫たちの経済的可能性」(IN 100 YEARS)　イグナシオ・パラシオス=ウエルタ編, 小坂恵理訳　NTT出版　2015.2　295p　20cm　〈索引あり〉2200円　①978-4-7571-2335-9
内容 第1章 孫たちが受け継ぐ世界(ダロン・アセモグル)　第2章 暗闇を抜けて明るい未来へ(アンガス・ディートン)　第3章 二一世紀型経済ハリケーンの不確実性コーン(アヴィナッシュ・K・ディキシット)　第4章 富と自己防衛型社会(エドワード・L・グレイザー)　第5章 ケインズ、彼の孫と我々の孫(アンドリュー・マスコレル)　第6章 二一世紀のアメリカ政治とグローバルな進歩(ジョン・E・ローマー)　第7章 一〇〇年後には(アルヴィン・E・ロス)　第8章 つぎの世紀のリスクとマネジメント(ロバート・J・シラー)　第9章 つれづれなるままに未来を語る(ロバート・M・ソロー)　第10章 地球の気候を変える(マーティン・L・ワイツマン)　〔05992〕

バラス, ディミトリス　Ballas, Dimitris
◇ヨーロッパ社会統計地図 (THE SOCIAL ATLAS OF EUROPE)　ディミトリス・バラス, ダニー・ドーリング, ベンジャミン・ヘニッグ著, 猪口孝監訳, 藤井真人訳　柊風舎　2015.6　212p 22×31cm　〈文献あり〉12000円　①978-4-86498-029-6
内容 1 序章　2 アイデンティティと文化　3 人口統計　4 教育　5 雇用　6 工業と職業　7 健康　8 政治　9 経済　10 環境　11 社会的結束　12 政策　13 結論　〔05993〕

ハラスタ, エヴァ
◇キリスト教神学の主要著作―オリゲネスからモルトマンまで (Hauptwerke der Systematischen Theologie)　R.A.クライン,C.ポルケ,M.ヴェンテ編, 佐々木勝彦, 佐々木悠, 浜崎雅孝訳　教文館 2013.12　424, 18p　22cm　〈索引あり〉4000円 ①978-4-7642-7375-7
内容 アウグスティヌス『三位一体論』(エヴァ・ハラスタ著, 佐々木勝彦訳)　〔05994〕

バラーズリー, A.　Balādhurī, Aḥmad ibn Yaḥyá
◇諸国征服史　3 (Kitāb Futūḥ al-Buldānの抄訳) バラーズリー著, 花田宇秋訳　岩波書店　2014.9 195, 93p　22cm　(イスラーム原典叢書)　〈布装　索引あり〉9200円　①978-4-00-028417-2　〔05995〕

ハラダ, ヤスシ*　原田 泰
◇現代日本の政治と外交　6　日本とロシア―真逆か、相違か？ (JAPANESE AND RUSSIAN POLITICS)　猪口孝監修　猪口孝編　原書房 2015.3　245, 4p　22cm　〈文献あり 索引あり〉4800円　①978-4-562-04963-9

内容 経済が重要だ（原田泰著, 大槻敦子訳）〔05996〕

◇現代日本の政治と外交　7　日本と韓国―互いに敬遠しあう関係（JAPANESE AND KOREAN POLITICS）　猪口孝監修　猪口孝編　原書房　2015.3　336, 4p　22cm　〈文献あり 索引あり〉　4800円　①978-4-562-04964-6
内容 拡張的金融政策、改訂版（原田泰著）〔05997〕

バラトン, アラン　Baraton, Alain
◇庭師が語るヴェルサイユ（LE JARDINIER DE VERSAILLES）　アラン・バラトン著, 鳥取絹子訳　原書房　2014.3　262p　20cm　2400円　①978-4-562-04990-5
内容 暴風雨　詰所　宮殿への道　過去への旅　庭園の歴史　私は瞑想家　ル・ノートルと我われ庭師　枯葉よ　モリエール、マルロー、マラルメ　歓楽の日々　赤と黒、そしてバラ色（ピンク）　私の好きな季節〔05998〕

パラフォクス・ガミル, J.　Palafox Gamir, J.
◇スペインの歴史―スペイン高校歴史教科書（CRISOL, Historia）　J.アロステギ・サンチェス,M.ガルシア・セバスティアン,C.ガテル・アリモント,J.パラフォクス・ガミル,M.リスケス・コルベーリャ著, 立石博高監訳, 竹下和亮, 内村俊太, 久木正雄訳　明石書店　2014.6　386p　27cm　（世界の教科書シリーズ 41）　5800円　①978-4-7503-4032-6
内容 1 現代スペインの起源（スペインの歴史的起源　アンダルスと最初のキリスト教諸国（8世紀 - 12世紀）　キリスト教諸国の拡大と危機（13世紀 - 15世紀）ほか）　2 19世紀のスペイン（旧体制の危機（1808 - 1833）　自由主義国家の形成（1833 - 1874）　農業の変化と工業の発展（1833 - 1930）ほか）　3 20世紀のスペイン（王政復古体制の危機（1902 - 1931）　第二共和政（1931 - 1936）　スペイン内戦（1936 - 1939）ほか）〔05999〕

ハラミジョ, ジェニファー
◇経験学習によるリーダーシップ開発―米国CCLによる次世代リーダー育成のための実践事例（Experience-Driven Leader Development）　シンシア・D.マッコーレイ,D.スコット・デリュ, ポール・R.ヨスト, シルベスター・テイラー編, 漆嶋稔訳　日本能率協会マネジメントセンター　2016.8　511p　27cm　8800円　①978-4-8207-5929-4
内容 内省と実験からの学習コミュニティづくり（ジェニファー・ハラミジョ, クリステン・シュルツ）〔06000〕

ハラリ, シャローム
◇イスラエル情報戦史（ISRAEL'S SILENT DEFENDER）　佐藤優監訳, アモス・ギルボア, エフライム・ラピッド編, 河合洋一郎訳　並木書房　2015.6　373p 図版32p　21cm　〈年表あり〉　2700円　①978-4-89063-328-9
内容 パレスチナ領内でのインテリジェンス活動（シャローム・ハラリ著, ボアズ・ガノール著）〔06001〕

ハラリ, ユヴァル・ノア　Harari, Yuval Noah
◇サピエンス全史―文明の構造と人類の幸福　上（SAPIENS）　ユヴァル・ノア・ハラリ著, 柴田裕之訳　河出書房新社　2016.9　267p　20cm　〈年表あり〉　1900円　①978-4-309-22671-2
内容 第1部 認知革命（唯一生き延びた人類種　虚構が協力を可能にした　狩猟採集民の豊かな暮らし　史上最も危険な種）　第2部 農業革命（農耕がもたらした繁栄と悲劇　神話による社会の拡大　書記体系の発明　想像上のヒエラルキーと差別）　第3部 人類の統一（統一へ向かう世界　最強の征服者、貨幣　グローバル化を進める帝国のビジョン）〔06002〕

◇サピエンス全史―文明の構造と人類の幸福　下（SAPIENS）　ユヴァル・ノア・ハラリ著, 柴田裕之訳　河出書房新社　2016.9　294p　20cm　〈索引あり〉　1900円　①978-4-309-22672-9
内容 第3部 人類の統一（宗教という超人間的秩序　歴史の必然と謎めいた選択）　第4部 科学革命（無知の発見と近代科学の成立　科学と帝国の融合　拡大するパイという資本主義のマジック　産業の推進力　国家と市場経済がもたらした世界平和　文明は人間を幸福にしたのか　超ホモ・サピエンスの時代へ）〔06003〕

バラール, エチエンヌ
◇シャルリ・エブド事件を考える　鹿島茂, 関口涼子, 堀茂樹編著　白水社　2015.3　133p　21cm　〈他言語標題：Penser l'affaire Charlie Hebdo　ふらんす特別編集〉　925円　①978-4-560-08430-4
内容 シャルリなのはシャルリだけ（エチエンヌ・バラール著, 新島進訳）〔06004〕

パラーン, アレシュ　Palán, Aleš
◇黄金のプラハから来たイエズス会士（Tokijské květyの抄訳）　ルドヴィーク・アルムブルスター著, アレシュ・パラーンインタビュー, 羽生真名訳　習志野　教友社　2015.5　295p　22cm　2000円　①978-4-907991-14-2〔06005〕

ハーランダー, ティルマン
◇二十世紀の都市と住宅―ヨーロッパと日本　中野隆生編　山川出版社　2015.5　482p　22cm　6000円　①978-4-634-67239-0
内容 二十世紀後半ドイツ連邦共和国における住宅と都市の発展（ティルマン・ハーランダー著, 北村昌史, 長尾唯, 前田充洋訳）〔06006〕

バリー, ジョナサン
◇イギリス近世・近代史と議会制統治　青木康編著　吉田書店　2015.11　329p　22cm　〈執筆：仲丸英起ほか　索引あり〉　4000円　①978-4-905497-38-7
内容 選挙区と利害（ジョナサン・バリー著, 水井万里子訳）〔06007〕

ハーリー, ダン　Hurley, Dan
◇知能はもっと上げられる―脳力アップ、なにが本当に効く方法か（SMARTER）　ダン・ハーリー著, 渡会圭子訳　インターシフト　2016.4　357p　19cm　〈発売：合同出版〉　2000円　①978-4-7726-9550-3
内容 はじめに 知能を上げる科学　第1章 脳の作業空間を拡張する　第2章 知能をどう測るか　第3章 本当に効く脳トレとは？　第4章 よく知られた方法を検証する　第5章 頭をよくする薬と帽子　第6章 さあ、脳

ハ

の訓練を始めよう！　第7章 あなたはマウスより賢いか　第8章 知能向上の懐疑派たち　第9章 アルジャーノンが現実に　第10章 タイタンの戦い　第11章 最後の試験　〔06008〕

バリー, ブレット・ド

◇「帰郷」の物語/「移動」の語り―戦後日本におけるポストコロニアルの想像力　伊予谷登士翁, 平田由美編　平凡社　2014.1　333p　20cm　〈欧文タイトルNarrating Mobilities, Narrating "Home"－comings〉3600円　①978-4-582-45236-5

内容 ジェンダー・空間的実践・惑星思考（ブレット・ド・バリー著, イアン・ガーリントン, 水田博子訳）〔06009〕

パリー, リチャート・ロイド　Parry, Richard Lloyd

◇黒い迷宮―ルーシー・ブラックマン事件15年目の真実（PEOPLE WHO EAT DARKNESS）リチャート・ロイド・パリー著, 浜野大道訳　早川書房　2015.4　526p　19cm　2300円　①978-4-15-209534-3

内容 第1部 ルーシー　第2部 東京　第3部 捜索　第4部 織原　第5部 裁判　第6部 死んだあとの人生〔06010〕

バーリ, A.A.　Berle, Adolf Augustus

◇現代株式会社と私有財産（THE MODERN CORPORATION AND PRIVATE PROPERTY）A.A.バーリ,G.C.ミーンズ著, 森杲訳　札幌　北海道大学出版会　2014.5　402p　22cm　〈布装　索引あり〉6800円　①978-4-8329-6804-2

内容 第1編 変転する財産―株式会社制度下における所有権の諸属性の分離（過渡期の財産　株式会社制度の出現 ほか）　第2編 諸権利の再構成―所有権と「支配」との相対的な法律上の地位（現代株式会社構造の進化　株券に付与されたさまざまな参加の権限 ほか）　第3編 株式市場における財産―評価および換金のための証券取引（公開市場の機能　新規証券の募集と銀行家の情報開示 ほか）　第4編 事業体の新しい方向づけ―株式会社制度が基本的な経済概念に及ぼす影響（財産の伝統的な論理　利潤の伝統的な論理 ほか）〔06011〕

パーリー, E.A.　Parry, Edward Abbott

◇弁護の技術と倫理―弁護の道の七灯（Seven Lamps of Advocacy）E.A.パーリー著, 桜田勝義訳, 日弁連法務研究財団編　日本評論社　2015.6　149p　20cm　（JLF選書）〈1968年刊の再刊〉800円　①978-4-535-52123-0

内容 1 誠実の灯　2 勇気の灯　3 勤勉の灯　4 機知の灯　5 雄弁の灯　6 判断の灯　7 友情の灯〔06012〕

バリエール, ルイ＝オーギュスタン

◇財産管理の理論と実務　水野紀子, 窪田充見編集代表　日本加除出版　2015.6　576p　22cm　7000円　①978-4-8178-4236-7

内容 民法典からみる相続財産管理の形態としての不分割および分割について（ルイ＝オーギュスタン・バリエール著, 白須真理子訳）〔06013〕

バリオ, C.del*　Barrio, Cristina del

◇ゆがんだ認知が生み出す反社会的行動―その予防と改善の可能性　吉沢寛之, 大西彩子,G.ジニ, 吉田俊和編著　京都　北大路書房　2015.3　270p　21cm　3000円　①978-4-7628-2889-8

内容 中等教育の教育者におけるEQUIPの実践（Kevin van der Meulen,Cristina del Barrio）〔06014〕

バリシュニコフ, カトリーヌ　Barichnikoff, Catherine

◇最新地図で読む世界情勢―これだけは知っておきたい世界のこと（LE DESSOUS DES CARTES, JUNIOR）ジャン＝クリストフ・ヴィクトル, ドミニク・フシャール, カトリーヌ・バリシュニコフ著, 鳥取絹子訳　CCCメディアハウス　2015.9　111p　25cm　1800円　①978-4-484-15122-9　〔06015〕

ハリス, カーラ　Harris, Carla A.

◇モルガン・スタンレー最強のキャリア戦略（STRATEGINE TO WIN）カーラ・ハリス著, 堀内久美子訳　CCCメディアハウス　2016.4　309p　19cm　1800円　①978-4-484-16104-4

内容 第1部 キャリアを始める（今の経済状況でキャリアを選択するということ　自分のストーリーをいかに語り、売り込むか　成功への足固め―身につけるべき「戦略的スキル」）　第2部 ステップアップするために（キャリアをどう生かすか―「成果貯金」という考え方　昇進に不可欠なもの―「人間関係貯金」　効果的なコミュニケーションとサインの読み取り方　職場での自分のプロフィールを知る）　第3部 キャリアを変えるとき（転機は必ずやってくる　変化を乗り切る力　転身する）〔06016〕

ハリス, ケネス

◇インタヴューズ　3　毛沢東からジョン・レノンまで（THE PENGUIN BOOK OF INTERVIEWS）クリストファー・シルヴェスター編, 新庄哲夫他訳　文芸春秋　2014.6　463p　16cm　（文春学芸ライブラリー―雑英 7）1690円　①978-4-16-813018-2

内容 レスター・ピゴット（レスター・ピゴット述, ケネス・ハリスインタヴュアー, 松本剛史訳）〔06017〕

ハリス, ジェームズ

◇共感の社会神経科学（THE SOCIAL NEUROSCIENCE OF EMPATHY）ジャン・デセティ, ウィリアム・アイクス編著, 岡田顕宏訳　勁草書房　2016.7　334p　22cm　〈索引あり〉4200円　①978-4-326-25117-9

内容 共感に関する神経学的および進化的視点（C.スー・カーター, ジェームズ・ハリス, スティーヴン・W.ポージェス著）〔06018〕

ハリス, ジェンマ・エルウィン　Harris, Gemma Elwin

◇世界一ときめく質問、宇宙一やさしい答え―世界の第一人者は子どもの質問にこう答える（DOES MY GOLDFISH KNOW WHO I AM？）ジェンマ・エルウィン・ハリス編, 西田美緒子訳, タイマタカシ絵　河出書房新社　2015.11　325p　22cm　2500円　①978-4-309-25336-7

内容 宇宙には行き止まりがある？　サルはこれからヒトになっていくの？　グルグルまわると、どうして目がまわっちゃうのかな？　毎日が夢のなかのできごとではないと、どうしてわかる？　世界で最初の楽器はなに？　どうすればサッカー選手になれる？　ブラックホールのなかで生きられるものはある？　人間はなんのために生きているの？　お金はどんどん印刷できるのに、どうして不景気があるの？　おしっこを飲めないのはなぜ？〔ほか〕〔06019〕

ハリス, ジョゼ

◇オックスフォード ブリテン諸島の歴史 11 20世紀―1945年以後（The Short Oxford History of the British Isles : The British Isles Since 1945） 鶴島博和日本語版監修 キャスリーン・バーク編, 西沢保監訳 慶応義塾大学出版会 2014.11 301, 47p 22cm 〈文献あり 年表あり 索引あり〉6400円 ①978-4-7664-1651-0

内容 伝統と変容（ジョゼ・ハリス著, 椿建也訳）〔06020〕

ハリス, ジョセフ

◇包括的で持続的な発展のためのユニバーサル・ヘルス・カバレッジ―11ヵ国研究の総括（Universal health coverage for inclusive and sustainable development） 前田明子, エドソン・アロージョ, シェリル・キャッシン, ジョセフ・ハリス, 池上直己, マイケル・ライシュ著 日本国際交流センター 2014.10 73p 21cm 〈文献あり〉①978-4-88907-140-5〔06021〕

ハリス, タマラ　Harris, Tamara

◇インストラクショナルデザインの理論とモデル―共通知識基盤の構築に向けて（INSTRUCTIONAL-DESIGN THEORIES AND MODELS, Volume 3） C.M.ライゲルース,A.A.カー＝シェルマン編, 鈴木克明, 林雄介監訳 京都 北大路書房 2016.2 449p 21cm 〈索引あり〉3900円 ①978-4-7628-2914-7

内容 情意的な発達を促進する―感情的知能（バーバラ・A.ビチェルマイヤー, ジェームス・マーケン, タマラ・ハリス, メラニー・ミサンチャク, エミリー・ヒクソン著, 中嶌康二訳）〔06022〕

ハリス, ナサニエル　Harris, Nathaniel

◇古代マヤ―密林に開花した神秘の文明の軌跡をたどる（Ancient Maya） ナサニエル・ハリス著, エリザベス・グレアム監修, 赤尾秀子訳 神戸 BL出版 2014.3 63p 26cm （ナショナルジオグラフィック―考古学の探検）〈文献あり 年表あり 索引あり〉1800円 ①978-4-7764-0560-3

内容 過去をよみがえらせる　はるかなる文明の起源　深き緑の木々に囲まれた大都市〔ほか〕〔06023〕

ハリス, ポール・P.　Harris, Paul Percy

◇「ロータリーの理想と友愛」読本―今こそ考えよう、ロータリーの心と基本『This rotarian age』ポール・ハリス著『ロータリーの理想と友愛』米山梅吉訳（This rotarian age） ポール・ハリス〔著〕, 米山梅吉〔訳〕, 富田英寿編著 〔朝倉〕 富田英寿 2016.10（第3刷） 274p 21cm 〈日本ロータリー創立一〇〇周年記念　発売：四ヶ所（朝倉）〉1500円〔06024〕

ハリス, マイケル（福祉）　Harris, Michael

◇コ・プロダクション：公共サービスへの新たな挑戦―英国の政策審議文書の全訳紹介と生活臨床 小川一夫, 長谷川憲一, 源田圭子, 伊勢田堯編, 小川一夫, 長谷川憲一監訳 萌文社 2016.9 101p 21cm （PHNブックレット 18 全国保健師活動研究会企画・編集）〈訳：伊勢田堯ほか〉1000円 ①978-4-89491-321-9

内容 「コ・プロダクション」という挑戦―公共サービスの変革のために、専門家と一般市民の対等な協力関係をいかに築くか（デビッド・ボイル, マイケル・ハリス著, 伊勢田堯他訳）

内容 コ・プロダクションモデル紹介の経緯と期待（コ・プロダクションモデルへの期待） 翻訳全文「コ・プロダクション」という挑戦―公共サービスの変革のために、専門家と一般市民の対等な協力関係をいかに築くか（公共サービス改革の重大局面　なぜ効率化は効果的ではないか　コ・プロダクションとは何か　コ・プロダクションはどのように効果を発揮するのか　コ・プロダクションではないもの　より少ない費用で多くの成果　コ・プロダクションの次のステップ） イギリスにおける公共サービスの背景（英国における第三の道とブレアリズムの影響　第三の道と行政　社会企業と社会起業家　第三の道とソーシャル・エクスルージョン Social Exclusion　問題点と今後の方向） コ・プロダクションと生活臨床（コ・プロダクションの概要　生活臨床の理念と方法　生活臨床に見られるコ・プロダクション―特に「作戦会議」について）〔06025〕

ハリス, マーサ　Harris, Martha

◇児童分析家の語る子どものこころの育ち（Thinking about Infants and Young Children） マーサ・ハリス著, 山上千鶴子訳 岩崎学術出版社 2016.10 223p 21cm 〈索引あり〉2800円 ①978-4-7533-1109-5

内容 第1章 親になること、その始まり　第2章 新生児の視点から見てまいりましょう　第3章 赤ちゃんはようやく生後6カ月目になりました　第4章 離乳について　第5章 子どもがよちよち歩き始めた頃　第6章 成長を励ますこと　第7章 きょうだい（兄弟・姉妹）になるということ　第8章 幼い子どもたちの教育　第9章 さまざまな子育ての注目点　第10章 付記―思い浮かぶままに〔06026〕

ハリス, ラス　Harris, Russ

◇幸福になりたいなら幸福になろうとしてはいけない―マインドフルネスから生まれた心理療法ACT入門（The Happiness Trap） ラス・ハリス著, 岩下慶一訳 筑摩書房 2015.12 284p 19cm 1700円 ①978-4-480-84307-4

内容 第1部 なぜ幸福の罠を仕掛けてしまったのか（幸福の罠を支える四つの神話　なぜ悪循環が生まれるのか） 第2部 あなたの内面世界を変える（六つの基本行動原則　心は偉大なストーリーテラー　思考は単なる物語である―脱フュージョン ほか） 第3部 生きるに値する人生を創造する（心の奥底で望んでいること―価値　価値を見つけるための質問　価値が見つからない時は ほか）〔06027〕

ハリス, ロビー・H.　Harris, Robie H.

◇さよなら、ねずみちゃん（Goodbye Mousie） ロビー・H.ハリス作, ジャン・オーメロッド絵,

ハ

飛鳥井望, 亀岡智美監訳, 遠藤智子訳　誠信書房　2015.9　1冊（ページ付なし）　22×22cm　（子どものトラウマ治療のための絵本シリーズ）　1700円　①978-4-414-41372-4　〔06028〕

ハリス, K.R.*　Harris, Karen R.

◇自己調整学習ハンドブック（HANDBOOK OF SELF-REGULATION OF LEARNING AND PERFORMANCE）　バリー・J.ジマーマン, ディル・H.シャンク編, 塚野州一, 伊藤崇達監訳　京都　北大路書房　2014.9　434p　26cm　〈索引あり〉5400円　①978-4-7628-2874-4

内容 自己調整学習プロセスと子どものライティング（Karen R.Harris, Steve Graham, Charles A. MacArthur, Robert Reid, Linda H.Mason著, 篠ヶ谷圭太訳）　〔06029〕

ハリソン, ガイ・P.　Harrison, Guy P.

◇Think疑え！　（Think）　ガイ・P.ハリソン著, 松本剛史訳　集英社インターナショナル　2014.12　184p　19cm　（知のトレッキング叢書）〈発売：集英社〉1100円　①978-4-7976-7282-4

内容 懐疑主義の大切さを、学校や親たちは教えてくれない　脳という頭の中の不可思議な存在　おかしな思い込みを巡るツアー　食べること、動くこと、眠ることは、考えることにつながっている　よい懐疑主義者になる方法　〔06030〕

ハリデイ, ジョン　Halliday, Jon

◇真説 毛沢東―誰も知らなかった実像　上　（MAO）　ユン・チアン, ジョン・ハリデイ〔著〕, 土屋京子訳　講談社　2016.6　773p　15cm　（講談社+α文庫 G280-1）〈「マオ」(2005年刊)の改題〉1000円　①978-4-06-281658-8

内容 第1部 信念のあやふやな男（故郷韶山を出る――八九三～一九一一年 毛沢東誕生～一七歳　共産党員となる――九一一～二〇年 毛沢東一七～二六歳 ほか）　第2部 党の覇権をめざして（紅軍を乗っ取り、土匪を平らげる――九二七～二八年 毛沢東三三～三四歳　朱徳を押さえこむ――九二八～三〇年 毛沢東三四～三六歳 ほか）　第3部 権力基盤を築く（劉志丹の死――九三五～三六年 毛沢東四一～四二歳　西安事件――九三五～三六年 毛沢東四一～四二歳 ほか）　第4部 中国の覇者へ（「革命的阿片戦争」――九三七～四五年 毛沢東四三～五一歳　ソ連軍がやってくる！　――九四五～四六年 毛沢東五一～五二歳 ほか）〔06031〕

◇真説 毛沢東―誰も知らなかった実像　下　（MAO）　ユン・チアン, ジョン・ハリデイ〔著〕, 土屋京子訳　講談社　2016.6　716p　15cm　（講談社+α文庫 G280-2）〈「マオ」(2005年刊)の改題　索引あり〉1000円　①978-4-06-281660-1

内容 第5部 超大国の夢（スターリンと張り合う――九四七～四九年 毛沢東五三～五五歳　二大巨頭の格闘――九四九～五〇年 毛沢東五五～五六歳　朝鮮戦争を始めた理由――九四九～五〇年 毛沢東五五～五六歳　朝鮮戦争をしゃぶりつくす――九五〇～五三年 毛沢東五六～五九歳　軍事超大国計画――九五三～五四年 毛沢東五九～六〇歳 ほか）　第6部 復讐の味（林彪との取引――九六五～六六年 毛沢東七一～七二歳　文革という名の大粛清――九六六～六七年 毛沢東七二～七三歳　復讐の後味――九六六～七四年 毛沢東七二～八〇歳　新たな執行体制――九六七～七〇年 毛沢東七三～七六歳　戦争騒ぎ――九六九～七一年 毛沢東七五～七七歳 ほか）〔06032〕

バリバール, エティエンヌ　Balibar, Etienne

◇人種・国民・階級―「民族」という曖昧なアイデンティティ（RACE, NATION, CLASSE）　エティエンヌ・バリバール, イマニュエル・ウォーラーステイン著, 若森章孝, 岡田光正, 須田文明, 奥西達也訳　唯学書房　2014.6　384, 7p　22cm　〈新装版 大村書店 1997年刊に「資本主義世界経済と国民、人種主義、移民現象」を加え再刊　索引あり　発売：アジール・プロダクション〉4500円　①978-4-902225-87-7

内容 第1部 普遍的人種主義（「新人種主義」は存在するか？　資本主義のイデオロギー的緊張―普遍主義対人種主義・性差別主義　人種主義と国民主義）　第2部 歴史的国民（民族性の構築―人種主義、ナショナリズム、エスニシティ　国民形態―歴史とイデオロギー　資本主義世界経済における世帯構造と労働力の形成）　第3部 諸階級―両極化と重層的決定（資本主義世界経済における階級コンフリクト　マルクスと歴史―実りのある思想と不毛の思想　ブルジョワ(ジー)―その観念と現実　階級闘争から階級なき闘争へ？）　第4部 社会的コンフリクトの軸心移動（独立後ブラック・アフリカにおける社会的抗争―人種と身分集団の概念の再考　「階級の人種主義」　人種主義と危機）　〔06033〕

◇資本の専制、奴隷の叛逆―「南欧」先鋭思想家8人に訊くヨーロッパ情勢徹底分析　広瀬純編著　航思社　2016.1　379p　19cm　〈他言語標題：Dictadura capitalista y esclavos rebeldes Conversaciones “bajo la coyuntura”〉2700円　①978-4-906738-15-1

内容 ブリュッセルの「一方的命令」とシリザのジレンマ（エチエンヌ・バリバール, サンドロ・メッザードラ, フリーダー・オットー・ヴォルフ著, 上尾真道, 森元斎訳）　〔06034〕

ハリファックス, ジョアン　Halifax, Joan

◇愛する者は死なない―東洋の知恵に学ぶ癒し　カール・ベッカー編著, 駒田安紀監訳　京都　晃洋書房　2015.3　151p　20cm　（京都大学こころの未来研究センターこころの未来叢書 2）1500円　①978-4-7710-2535-6

内容 観想的な終末期医療を学ぶ研修プログラム（ジョーン・ハリファックス著, 奥野元子訳）　〔06035〕

ハリロビッチ, ヤスミンコ　Halilović, Jasminko

◇ぼくたちは戦場で育った―サラエボ1992-1995（DJETINJSTVO U RATU）　ヤスミンコ・ハリロビッチ著, 角田光代訳, 千田善監修　集英社インターナショナル　2015.10　285p　22cm　〈発売：集英社〉2100円　①978-4-7976-7269-5

内容 第1部 サラエボへようこそ！　第2部 あなたにとって、戦時下の子ども時代とは？　第3部 ちょっとだけ長い回想と、思い出の品々　特別寄稿 困難な時期にどう生き残るか（イビツァ・オシム）　ヤスミンコくんのこと―単なる懐古趣味ではなく　〔06036〕

バーリンガー, ジョアンナ

◇乳児観察と調査・研究―日常場面のこころのプロセス（Infant Observation and Research）　キャ

シー・アーウィン, ジャニーン・スターンバーグ編著, 鵜飼奈津子監訳　大阪　創元社　2015.5　273p　22cm　〈文献あり 索引あり〉4200円　①978-4-422-11539-9

内容 乳児観察の調査・研究を他のパラダイムとつなげていくこと(ジョアンナ・バーリンガー, スティーブン・ブリッグス著, 山名利枝訳)　〔06037〕

バーリンガム, ボー　Burlingham, Bo

◇Finish Big―起業家たちへの、悔いなき出処進退のためのアドバイス（FINISH BIG）　ボー・バーリンガム著, 出張勝也監訳, 上原裕美子訳　アメリカン・ブック＆シネマ　2016.9　414p　20cm　〈発売：英治出版〉2500円　①978-4-903825-10-6

内容 1 どんな旅にも終わりがある　2 人生における「ビジネス以外」の部分　3 売るか売らぬか　4 大事なのは時間、そしてタイミング　5 あとは野となるか、山となるのか　6 誰に頼るべきか？　7 人との絆　8 売主をして注意せしめよ　9 新たな夢を追いかける　〔06038〕

バリンジャー, ティム

◇帝国と文化―シェイクスピアからアントニオ・ネグリまで　江藤秀一編　横浜　春風社　2016.8　510p　20cm　3500円　①978-4-86110-517-3

内容 帝国における音のスペクタクル(ティム・バリンジャー著, 長谷部寿女士訳)　〔06039〕

ハリントン, ジョエル・F.　Harrington, Joel Francis

◇死刑執行人―残された日記と、その真相（THE FAITHFUL EXECUTIONER）　ジョエル・F. ハリントン著, 日暮雅通訳　柏書房　2014.8　376p 図版26p　20cm　〈文献あり〉2200円　①978-4-7601-4447-1

内容 第1章 徒弟時代　第2章 キャリアの始まり―遍歴修業時代　第3章 親方として　第4章 賢人として　第5章 治療師として　〔06040〕

ハル, コーデル　Hull, Cordell

◇ハル回顧録（The Memories of Cordell Hull）　コーデル・ハル著, 宮地健次郎訳　改版　中央公論新社　2014.11　345p　16cm　（中公文庫 ハ16-1）　1000円　①978-4-12-206045-6

内容 ルーズヴェルトとの交友　ニューディーラーとの関係　外国使臣に対する態度　ロンドン経済会議　モーレーとのいざこざ　通商協定への努力　関税引下げ政策の危機　戦前の米英仏関係　孤立主義者とのたたかい　軍備拡大の決意〔ほか〕　〔06041〕

ハル, ジョン　Hull, John

◇フィナンシャルエンジニアリング―デリバティブ取引とリスク管理の総体系（OPTIONS, FUTURES, AND OTHER DERIVATIVES 原著第9版の翻訳）　ジョン・ハル著, 三菱UFJモルガン・スタンレー証券市場商品本部訳　第9版　金融財政事情研究会　2016.7　1370p　22cm　〈索引あり　発売：きんざい〉12000円　①978-4-322-12176-6

内容 序論　先物市場の仕組み　先物を使ったヘッジ戦略　金利　フォワード価格と先物価格の決定　金利先物　スワップ　証券化と2007年の信用危機　OIS割引、信用問題、ファンディング・コスト　オプション市場の仕組み〔ほか〕　〔06042〕

パール, ラダビノード　Pal, Radhabinod

◇東京裁判―全訳パール判決書（The International Military Tribunal for the Far East Dissentiment Judgment of Justice Pal）　ラダビノード・パール著, 都築陽太郎訳　幻冬舎メディアコンサルティング　2016.12　733p　21cm　〈発売：幻冬舎〉1800円　①978-4-344-91036-2

内容 第1部 予備的法律問題　第2部「侵略戦争」とは何か　第3部 証拠ならびに手続きに関する規則　第4部 全面的共同謀議　第5部 本裁判所の管轄権の範囲　第6部 厳密なる意味における戦争犯罪　第7部 勧告　〔06043〕

ハルヴァーソン, ハイディ・グラント　Halvorson, Heidi Grant

◇だれもわかってくれない―あなたはなぜ誤解されるのか（NO ONE UNDERSTANDS YOU AND WHAT TO DO ABOUT IT）　ハイディ・グラント・ハルヴァーソン著, 高橋由紀子訳　早川書房　2015.10　252p　19cm　1600円　①978-4-15-209573-2

内容 はじめに あなたは人からどう見られているでしょう　1 互いを理解するのはなぜこうも難しいのか(人があなたを理解することは驚くほど難しい　人は認識のエネルギーをケチる　他者を判断する二段階のプロセス)　2 誰もが持つ、認識を歪める三つのレンズ(信用レンズ　パワーレンズ　エゴレンズ)　3 パーソナリティによって変わるレンズ(モーレツな「報酬追求人間」と、慎重な「リスク回避人間」　依存心と不安感の強い人、回避的でよそよそしい人)　4 人を正しく理解し、人から正しく理解されるには(悪い印象を与えてしまったとき、誤解されてしまったとき)　おわりに 相手と自分自身を正しく理解する　〔06044〕

バルキ, エドガール

◇BoPビジネス3.0―持続的成長のエコシステムをつくる（Base of the Pyramid 3.0）　フェルナンド・カサード・カニェーケ, スチュアート・L.ハート編著, 平本督太郎訳　英治出版　2016.8　311p　22cm　〈文献あり〉3200円　①978-4-86276-233-7

内容 流通のラストマイル(エドガール・バルキ著)　〔06045〕

ハルキアス, ゲオルギオス・T.　Halkias, Georgios T.

◇ヒマラヤ探検史―地勢・文化から現代登山まで（HIMALAYA）　フィリップ・パーカー編, 藤原多伽夫訳　東洋書林　2015.2　353p　22cm　〈文献あり 索引あり〉4500円　①978-4-88721-820-8

内容 ヒマラヤの初期の王国(1700年までの政治と文化の歴史)(ゲオルギオス・T.ハルキアス)　〔06046〕

バルザック, オノレ・ド　Balzac, Honoré de

◇ジャーナリストの生理学（Monographie de la presse parisienne）　オノレ・ド・バルザック〔著〕, 鹿島茂訳　講談社　2014.12　313p　15cm　（講談社学術文庫 2273）　〈「ジャーナリズム性悪説」(ちくま文庫 1997年刊)の改題　文献あり〉1050円　①978-4-06-292273-9

内容 第1の属 政治ジャーナリスト（新聞記者　政治家兼新聞記者　風刺攻撃文作者　空疎論者（時に通俗解説者とも呼ばれる）　大臣亡者の政治評論家 ほか）　第2の属 批評家（由緒正しい批評家　ブロンドの若手批評家　大批評家　学芸欄担当者　小新聞記者）　結論〔06047〕

バルセカール, ラメッシ　Balsekar, Ramesh S.

◇意識は語る―ラメッシ・バルセカールとの対話（CONSCIOUSNESS SPEAKS）　ラメッシ・バルセカール〔述〕, ウェイン・リコーマン編, 高木悠鼓訳　ナチュラルスピリット　2014.12　699p　19cm　3300円　①978-4-86451-147-6

内容 はじめに　意識の本質　束縛という幻想　心　悟り　悟った観点から　解体の非個人的プロセス　選択と意志　為されるべきこと　グルと弟子の関係　形而上学的質問　感情について〔06048〕

パルソドール, I.H.*　Pálsdóttir, Inga Hlín

◇国家ブランディング―その概念・論点・実践（NATION BRANDING）　キース・ディニー編著, 林田博光, 平沢敦監訳　八王子　中央大学出版部　2014.3　310p　22cm　（中央大学企業研究所翻訳叢書 14）　4500円　①978-4-8057-3313-4

内容 国家ブランディングの概念をめぐる実際的問題点（Inga Hlín Pálsdóttir,Olutayo B.Otubanjo,T.C. Melewar,Gyorgy Szond著, 姜京守訳）〔06049〕

バルツ, H.R.*　Balz, Horst Robert

◇ギリシア語新約聖書釈義事典　1　'Aαρω ν－'Eνω χ（Exegetisches Wörterbuch zum Neuen Testament）　Horst Balz,Gerhard Schneider〔編〕, 荒井献,H.J.マルクス監修　全巻セット縮刷版　教文館　2015.3　542p　22cm　〈索引あり〉①978-4-7642-4039-1〔06050〕

◇ギリシア語新約聖書釈義事典　2　ϵ'ξ－o'ψω νιον（Exegetisches Wörterbuch zum Neuen Testament）　Horst Balz,Gerhard Schneider〔編〕, 荒井献,H.J.マルクス監修　全巻セット縮刷版　教文館　2015.3　641p　22cm　〈索引あり〉①978-4-7642-4039-1〔06051〕

◇ギリシア語新約聖書釈義事典　3　παγιδϵυω－ω 'φϵλιμος（Exegetisches Wörterbuch zum Neuen Testament）　Horst Balz,Gerhard Schneider〔編〕, 荒井献,H.J.マルクス監修　全巻セット縮刷版　教文館　2015.3　597p　22cm　〈索引あり〉①978-4-7642-4039-1〔06052〕

パルディール, モルデカイ　Paldiel, Mordecai

◇ホロコーストと外交官―ユダヤ人を救った命のパスポート（Diplomat Heroes of the Holocaust）　モルデカイ・パルディール著, 松宮克昌訳　京都　人文書院　2015.6　332p　20cm　〈索引あり〉　3500円　①978-4-409-51072-8

内容 第1章 なぜ外交官たちか―彼らの行動の意義　第2章 ナチ・ドイツ―すべてがここから始まった　第3章 リトアニア―キュラソー島はどこにあるのか　第4章 フランス―出国に待ったなし　第5章 デンマーク―予期せぬ奇跡　第6章 ワルシャワ、ジェノヴァ、ロードス島―ユーゴスラヴィア、スウェーデン、トルコの外交官　第7章 ブダペスト―黙示録　第8章 顕彰や賞賛に値する外交官たち　第9章 結び　付録 諸国民の中の正義の人―人を気づかう勇気〔06053〕

バルト, ウルリヒ　Barth, Ulrich

◇キリスト教神学資料集　下（The Christian Theology Reader, Third Edition）　アリスター・E.マクグラス編, 古屋安雄監訳　オンデマンド版　キリスト新聞社　2013.9　630, 49p　21cm　〈原書第3版〉　10000円　①978-4-87395-641-1

内容 フリードリヒ・シュライアマハー（一七六八―一八三四）（ウルリヒ・バルト）〔06054〕

◇キリスト教の主要神学者　下　リシャール・シモンからカール・ラーナーまで（Klassiker der Theologie）　F.W.グラーフ編　安酸敏真監訳　教文館　2014.9　390, 7p　22cm　〈索引あり〉　4200円　①978-4-7642-7384-9

内容 フリードリヒ・シュライアマハー（ウルリヒ・バルト著, 安酸敏真訳）〔06055〕

バルト, カール　Barth, Karl

◇カール・バルト＝滝沢克己往復書簡―1934-1968　S.ヘネッケ,A.フェーネマンス編, 寺園喜基訳, カール・バルト, 滝沢克己著　新教出版社　2014.12　275p　20cm　〈他言語標題：Karl Barth-Katsumi Takizawa Briefwechsel　索引あり〉　2700円　①978-4-400-31075-4

内容 滝沢からバルトへ―ボン 一九三四年一〇月二四日　滝沢からバルトへ―ボン 一九三四年一二月四日　滝沢からバルトへ―ボン 一九三五年四月三日　滝沢からバルトへ―マールブルク 一九三五年四月三日　滝沢からバルトへ―マールブルク 一九三五年五月一九日　滝沢からバルトへ―ボイロン 一九三五年七月一九日　滝沢からバルトへ―ボイロン 一九三五年八月一〇日　滝沢からバルトへ―キルヒドルフ 一九三五年八月一七日　滝沢からバルトへ―キルヒドルフ 一九三五年八月二五日　複写―キルヒドルフ 一九三五年八月一九日〔ほか〕〔06056〕

◇知解を求める信仰―アンセルムスの神の存在の証明（Fides quaerens intellectum 原著第2版の翻訳）　カール・バルト著, 吉永正義訳　新教出版社　2015.8　239p　21cm　（新教セミナーブック 39）　2800円　①978-4-400-30681-8

内容 1 神学的なプログラム（神学の必然性　神学の可能性　神学の諸条件　神学の道　神学の目標（証明））　2 神の存在証明（証明の諸前提　証明の遂行）〔06057〕

◇イスカリオテのユダ（Die Kirchliche Dogmatik（第2巻, 抄訳））　カール・バルト〔著〕, 吉永正義訳　新教出版社　2015.9（第2刷）　199p　19cm　（新教セミナーブック 40）　2200円　①978-4-400-30241-4

内容 第1編 神の恵みの選び（神の恵みの選びについての正しい教説の課題　イエス・キリストの選び　教会の選び　個人の選び）　第2編 イスカリオテのユダ（使徒の一人としてのユダ、ユダの罪　ユダの役割と意義）〔06058〕

バルト, フリーデリケ

◇キリスト教神学の主要著作―オリゲネスからモルトマンまで（Hauptwerke der Systematischen Theologie）　R.A.クライン,C.ポルケ,M.ヴェンテ編, 佐々木勝彦, 佐々木悠, 浜崎雅孝訳　教文館　2013.12　424, 18p　22cm　〈索引あり〉4000円　①978-4-7642-7375-7
内容 ディートリヒ・ボンヘッファー『倫理学』(フリーデリケ・バルト著, 佐々木勝彦, 浜崎雅孝訳)〔06059〕

ハルトゥーニアン, ハリー　Harootunian, Harry
◇アメリカ"帝国"の現在―イデオロギーの守護者たち (THE EMPIRE'S NEW CLOTHES : Paradigm Lost, and Regained)　ハリー・ハルトゥーニアン著, 平野克弥訳　みすず書房　2014.6　185p　19cm　3400円　①978-4-622-07837-1
内容 1 パラダイムの帝国　2 帝国を語る　3 パラダイムの理論　4 パラダイムの実践　5 近代化の回帰―求められる帝国　結論 歴史の教訓〔06060〕
◇思想史としての現代日本　キャロル・グラック, 五十嵐暁郎編　岩波書店　2016.3　247p　20cm　3500円　①978-4-00-061122-0
内容 季節はずれのはかない幽霊 (ハリー・ハルトゥーニアン著, 越智敏夫訳)〔06061〕

バルドック, ジョン
◇イギリスにおける高齢期のQOL―多角的視点から生活の質の決定要因を探る (UNDERSTANDING QUALITY OF LIFE IN OLD AGE)　アラン・ウォーカー編著, 岡田進一監訳, 山田三知子訳　京都　ミネルヴァ書房　2014.7　249p　21cm (新・MINERVA福祉ライブラリー 20) 〈文献あり 索引あり〉3500円　①978-4-623-07097-8
内容 高齢期のアイデンティティと社会的サポート (クリストファー・マッケヴィット, ジョン・バルドック, ジャン・ハドロー, ジョー・モリアーティ, ジャビア・バット著)〔06062〕

バルトロメ, ホセ・マヌエル・ペドロサ
◇日出づる国と日沈まぬ国―日本・スペイン交流の400年　上川通夫, 川畑博昭編　勉誠出版　2016.3　357, 20p　22cm　7500円　①978-4-585-22145-6
内容 神話、島、発見 (ホセ・マヌエル・ペドロサ・バルトロメ著, 川畑博昭訳)〔06063〕

ハルナック, アドルフ・フォン　Harnack, Adolf von
◇キリスト教の本質 (Das Wesen des Christentums 原著1908年増刷版の翻訳)　アドルフ・フォン・ハルナック著, 深井智朗訳　春秋社　2014.6　378p　20cm　4000円　①978-4-393-32357-1
内容 第1部 福音 (序論と歴史的な諸問題　イエスの告知の特徴　福音の主要問題と個々の問題との関係)　第2部 歴史における福音 (使徒的時代におけるキリスト教宗教　カトリシズムへの発展におけるキリスト教宗教　ギリシア的なカトリシズムにおけるキリスト教宗教　ローマ的カトリシズムにおけるキリスト教宗教　プロテスタンティズムにおけるキリスト教宗教)〔06064〕

バルニア, アブナー
◇イスラエル情報戦史 (ISRAEL'S SILENT DEFENDER)　佐藤優監訳, アモス・ギルボア, エフライム・ラピッド編, 河合洋一郎訳　並木書房　2015.6　373p 図版32p　21cm 〈年表あり〉2700円　①978-4-89063-328-9
内容 イスラエルのヒューミント (アブナー・バルニア著)〔06065〕

パルバース, ロジャー　Pulvers, Roger
◇正義への責任―世界から沖縄へ　2　琉球新報社編, 乗松聡子監修・翻訳　那覇　琉球新報社　2016.6　77p　21cm 〈発売：琉球プロジェクト (〔那覇〕)〉565円　①978-4-89742-208-4
内容 平和望む姿 世界に発信―豊かな精神表現に未来 (ロジャー・パルバース)〔06066〕

ハルバースタム, デイヴィッド　Halberstam, David
◇ザ・フィフティーズ―1950年代アメリカの光と影 1 (THE FIFTIES)　デイヴィッド・ハルバースタム著, 峯村利哉訳　筑摩書房　2015.8　513p　15cm (ちくま文庫 は46-1)　1200円　①978-4-480-43285-8
内容 ルーズヴェルトからトルーマンへ　原爆から水爆へ　マッカーシズム　朝鮮戦争　ダグラス・マッカーサー　水素爆弾　中国参戦　ゼネラル・モーターズの勃興　一戸建てを大量生産する　ディスカウントショップ〔ほか〕〔06067〕
◇ザ・フィフティーズ―1950年代アメリカの光と影 2 (THE FIFTIES)　デイヴィッド・ハルバースタム著, 峯村利哉訳　筑摩書房　2015.9　397p　15cm (ちくま文庫 は46-2)　1100円　①978-4-480-43286-5
内容 リチャード・ニクソン　フーヴァーのFBI　CIAの暗躍　グアテマラのクーデター　国務長官ダレス　分離主義の違憲判決　反動と闘争　集団移住　エルヴィスとディーン　ゼネラル・モーターズの繁栄　広告の時代　テレビの中の「理想」『灰色の服を着た男』と『ホワイト・カラー』〔06068〕
◇ザ・フィフティーズ―1950年代アメリカの光と影 3 (THE FIFTIES)　デイヴィッド・ハルバースタム著, 峯村利哉訳　筑摩書房　2015.10　354p　15cm (ちくま文庫 は46-3)　1100円　①978-4-480-43287-2
内容 バス・ボイコット　マリリン・モンローとプレイボーイ　ペイトンプレイス　女らしさの神話　経口避妊薬　スプートニク・ショック　ゼネラル・モーターズの没落　やらせ番組　リトルロック報道　U‐2撃墜事件　60年代の危機へ〔06069〕

ハルバータル, M.　Halbertal, Moshe
◇書物の民―ユダヤ教における正典・意味・権威 (PEOPLE OF THE BOOK)　M.ハルバータル著, 志田雅宏訳　教文館　2015.7　331, 9p　19cm 〈索引あり〉3500円　①978-4-7642-6719-0〔06070〕

ハルバート, ジュディ
◇21世紀型学習のリーダーシップ―イノベーティブな学習環境をつくる (Leadership for 21st Century Learning)　OECD教育研究革新センター編著, 木下江美, 布川あゆみ監訳, 斎藤里美, 本田伊克, 大西公恵, 三浦綾希子, 藤浪海訳　明石書店　2016.9　308p　22cm　4500円　①978-4-7503-4410-2
内容 さまざまな学校制度にみる学習づくりのリーダー

ハ

シップの開発アプローチ（ターニャ・ヴェストファル＝グライター, ジュディ・ハルバート, リンダ・ケイサー, ローサー・サラヴァート, ロネ・レネ・クリスティアンセン, ペア・トロンスモ, スザンヌ・オーウェン, ドリト・トゥービン著, 木下江美訳）〔06071〕

バルハフティク, ゾラフ　Warhaftig, Zorach

◇日本に来たユダヤ難民―ヒトラーの魔手を逃れて約束の地への長い旅（REFUGEE AND SURVIVOR）　ゾラフ・バルハフティク著, 滝川義人訳　原書房　2014.5　348p　20cm　〈1992年刊の再刊〉2000円　①978-4-562-05067-3

内容 第1部 リトアニアへ（シオニスト会議からワルシャワへ　ホロコースト前のポーランド・ユダヤ人社会　ワルシャワ脱出 ほか）　第2部 日本経由のパレスチナ移住（日本に来たユダヤ難民　日本における難民救済活動　日本郵船計画 ほか）　第3部 生き残った人々（アメリカへ　生き残った人々との再会　ワルシャワへの道 ほか）〔06072〕

ハ

ハルプバックス, ヴェレーナ・T.

◇ヨーロッパ史のなかの裁判事例―ケースから学ぶ西洋法制史（Fälle aus der Rechtsgeschichte）　U.ファルク,M.ルミナティ,M.シュメーケル編著, 小川浩三, 福田誠治, 松本尚子監訳　京都　ミネルヴァ書房　2014.4　445p　22cm　〈索引あり〉6000円　①978-4-623-06559-2

内容 クリウス事件（ヴェレーナ・T.ハルプバックス著, 飛世昭裕訳）〔06073〕

バルベラック, ジャン

◇ピエール・ベール関連資料集　2〔下〕　寛容論争集成 下　野沢協編訳　法政大学出版局　2014.2　1030p　22cm　25000円　①978-4-588-12030-5

内容 プーフェンドルフ『自然法・万民法』の仏訳に付した「訳者序文」―抄 他（ジャン・バルベラック著）〔06074〕

バルベーロ, アレッサンドロ　Barbero, Alessandro

◇近世ヨーロッパ軍事史―ルネサンスからナポレオンまで（La Guerra in Europa dal Rinascimento a Napoleone）　アレッサンドロ・バルベーロ著, 西沢竜生監訳, 石黒盛久訳　論創社　2014.2　229p　20cm　〈文献あり 年表あり 索引あり〉2500円　①978-4-8460-1293-9

内容 第1章 中世末期の戦争（序論　武器と戦術 ほか）　第2章 イタリア戦争から三〇年戦争へ（最初の軍事革命　兵士の「身分」 ほか）　第3章 アンシャン・レジーム期の戦争（序論　第二次軍事革命 ほか）　第4章 フランス革命期とナポレオン時代の戦争（序論　徴兵 ほか）〔06075〕

ハルボム, ティム　Hallbom, Tim

◇信じるチカラの、信じられない健康効果（BELIEFS）　ロバート・ディルツ, ティム・ハルボム, スージー・スミス著, 横井勝美訳　ヴォイス　2015.10　389p　19cm　2300円　①978-4-89976-436-6

内容 第1章 ビリーフ―自己認識して、そして変化するために　第2章 リアリティー・ストラテジーとは　第3章 ビリーフ・ストラテジーとは　第4章 リ・インプリンティングとは　第5章 イン・コングルエンス（不一致）と葛藤しているビリーフとはどんなもの　第6章 クライテリアとは　第7章 NLPと健康について　第8章 アレルギーとは〔06076〕

パルマー, アンナ　Palmer, Anna

◇図説世界を変えた50の経済（Fast Track Economics）　マシュー・フォーステイター, アンナ・パルマー著, 内田智穂子訳　原書房　2014.10　128p　22cm　（シリーズ知の図書館 6）〈索引あり〉2000円　①978-4-562-04998-1

内容 第1章 古典派経済学（ウィリアム・ペティ　フランソワ・ケネー ほか）　第2章 新古典派経済学（レオン・ワルラス　W.・スタンレー・ジェヴォンズ ほか）　第3章 ケインズ経済学（ジョン・メイナード・ケインズ　アバ・ラーナー ほか）　第4章 歴史学派経済学と制度学派経済学（グスタフ・フォン・シュモラー　ピョートル・クロポトキン ほか）　第5章 開発経済学（ヨゼフ・シュンペーター　サイモン・クズネッツ ほか）〔06077〕

パルマ, ジョシュア

◇世界がぶつかる音がする―サーバンツの物語（The Sound of Worlds Colliding）　クリスティン・ジャック編, 永井みぎわ訳　ヨベル　2016.6　300p　19cm　1300円　①978-4-907486-32-7

内容 美しさと欠けの中にいる神（ジョシュア・パルマ）〔06078〕

ハルメ, ミンナ

◇BoPビジネス3.0―持続的成長のエコシステムをつくる（Base of the Pyramid 3.0）　フェルナンド・カサード・カニェーケ, スチュアート・L.ハート編著, 平本督太郎訳　英治出版　2016.8　311p　22cm　〈文献あり〉3200円　①978-4-86276-233-7

内容 誰と組むのか（マルヨ・ヒエタプロ, ミンナ・ハルメ著）〔06079〕

パルメジャーニ, フランチェスコ　Parmegiani, Francesco

◇精神病院のない社会をめざして―バザーリア伝（BASAGLIA）　ミケーレ・ザネッティ, フランチェスコ・パルメジャーニ〔著〕, 鈴木鉄忠, 大内紀彦訳　岩波書店　2016.9　227, 9p　19cm　〈文献あり 年譜あり〉2700円　①978-4-00-061149-7

内容 序章 なぜバザーリアを想起するのか（改革以前のイタリアの精神病院　バザーリアの思想と実践 ほか）　第1章 ヴェネツィアとパドヴァ（学問的な歩み　幼少期から青年期を過ごしたヴェネツィア ほか）　第2章 ゴリツィアとパルマ（ゴリツィアでの「啓示」　改革に着手 ほか）　第3章 トリエステ（新たな出発―ザネッティ県代表とバザーリア院長　変革の再開 ほか）　第4章 ローマとヴェネツィア（マニコミオの終焉へ――九七八年「一八〇号法」の制定　トリエステからローマへ ほか）〔06080〕

ハーレー, マシュー・M.　Hurley, Matthew M.

◇ヒトはなぜ笑うのか―ユーモアが存在する理由（INSIDE JOKES）　マシュー・M.ハーレー, ダニエル・C.デネット, レジナルド・B.アダムズJr.著, 片岡宏仁訳　勁草書房　2015.2　563p　20cm　〈文献あり 索引あり〉3500円　①978-4-

326-15432-6
内容 導入　ユーモアはなんのためにある？　ユーモアの現象学　ユーモア理論の学説略史　認知的・進化論的ユーモア理論のための20の問い　情動と計算　ユーモアをこなせる心　ユーモアとおかしみ　高階ユーモア　反論を考える　周縁例―非ジョーク、ダメなジョーク、近似的ユーモア　それにしてもなんで笑うんだろう？　おあとがよろしいようで 〔06081〕

ハレヴィ, エフライム　Halevy, Efraim
◇イスラエル情報戦史（ISRAEL'S SILENT DEFENDER）　佐藤優監訳, アモス・ギルボア, エフライム・ラピッド編, 河合洋一郎訳　並木書房　2015.6　373p 図版32p　21cm　〈年表あり〉　2700円　①978-4-89063-328-9
内容 ザ・モサド（エフライム・ハレヴィ著） 〔06082〕
◇イスラエル秘密外交―モサドを率いた男の告白（MAN IN THE SHADOWS）　エフライム・ハレヴィ〔著〕, 河野純治訳　新潮社　2016.8　520p　16cm　（新潮文庫 シ-38-24―〔Science & History Collection〕）　〈「モサド前長官の証言「暗闇に身をおいて」」（光文社 2007年刊）の改題　年表あり〉　790円　①978-4-10-220066-7
内容 闇の外へ　イラン・イラク戦争の終結　戦争への秒読み　湾岸戦争の足跡、その光と影　中東紛争に対する国際的関心　プロフェッショナル・レベル―平和維持の第三の要素　イスラエル・ヨルダン和平条約　和平条約締結までの三か月　さまざまな指導者と国の思い出　時代の変化と優先事項の変化　メシャル事件　新長官の最優先事項　傲慢、尊大、自信過剰　新時代の到来―国家間の仲介役としての諜報員　情報の政治的操作　シャロンの功績　責任を負うことと責めを負うこと　現在の新たな視点　外交―可能なことを実行する技術 〔06083〕

バレット, ジェームス　Barrett, James
◇適性・適職発見テスト―An appropriate job〔2016年度版〕　ジェームス・バレット, ジョフリー・ウィリアムス共著, 織田正美訳　一ツ橋書店　2014.5　128p　19cm　900円　①978-4-565-16035-5
内容 1 適性テスト（論理的思考力　言語的思考力 ほか）　2 採点とテスト結果（採点の仕方　適性プロフィール ほか）　3 パーソナリティテスト（性格　動機）　4 適職選び（適職を見つけるには　興味（動機）別職業一覧表） 〔06084〕
◇適性・適職発見テスト―An appropriate job〔2017年度版〕　ジェームス・バレット, ジョフリー・ウィリアムス共著, 織田正美訳　一ツ橋書店　2015.6　128p　19cm　900円　①978-4-565-17035-4
内容 1 適性テスト（論理的思考力　言語的思考力　数的思考力　抽象的思考力　技術的能力　事務的能力）　2 採点とテスト結果　3 パーソナリティテスト（性格　動機）　4 適職選び 〔06085〕
◇適性・適職発見テスト―An appropriate job〔2018年度版〕　ジェームス・バレット, ジョフリー・ウィリアムス共著, 織田正美訳　一ツ橋書店　2016.6　128p　19cm　900円　①978-4-565-18035-3
内容 1 適性テスト（論理的思考力　言語的思考力　数的思考力　抽象的思考力　技術的能力　事務的能力）　2 採点とテスト結果（採点の仕方　適性プロフィール　テスト結果の解釈　次の段階へ）　3 パーソナリティテスト（性格　動機）　4 適職選び（適職を見つけるには　興味（動機）別職業一覧表） 〔06086〕

バレット, ダニエル　Barrett, Daniel
◇「思い出す」だけで、人生に奇跡が起こる（THE REMEMBERING PROCESS）　ダニエル・バレット, ジョー・ヴィターレ著, 住友進訳　きこ書房　2015.5　271p　19cm　1600円　①978-4-87771-329-4
内容 第1章 想像できることは、未来のどこかに存在している　第2章 欲しがるほどに目標は遠のいてしまう　第3章 未来にある過去を思い出す方法　第4章 信じていることが、現実をつくり出す　第5章 想起プロセスを応用する　第6章 不足しているものは何もない　第7章 未来は無限に広がっている 〔06087〕

バーレツト, R.T.
◇香港都市案内集成　第11巻　香港関係日本語論文集　浜下武志, 李培徳監修・解説　ゆまに書房　2014.12　577p　22cm　〈布装　複製〉 10000円　①978-4-8433-4405-7
内容 日本と香港（R.T.バーレット著, 田代和泉仮訳） 〔06088〕

バレット, T.H.
◇中国書籍史のパースペクティブ―出版・流通への新しいアプローチ　永冨青地編訳　勉誠出版　2015.6　359p　22cm　6000円　①978-4-585-29097-1
内容 東西における印刷技術に関する比較（T.H.バレット著） 〔06089〕

バレリー, ポール　Vallely, Paul
◇教皇フランシスコの挑戦―闇から光へ（Pope Francis）　ポール・バレリー著, 南条俊二訳　春秋社　2014.10　328p　20cm　2800円　①978-4-393-33335-8 〔06090〕

バレリアン, ジャン　Valérien, Jean
◇途上国における複式学級（Multigrade Schools）　エチエン・ブルンスウィック, ジャン・バレリアン〔著〕, 鈴木隆子訳・解説　東信堂　2015.2　98p　21cm　（ユネスコ国際教育政策叢書 10　黒田一雄, 北村友人叢書編）　〈文献あり 索引あり〉 1200円　①978-4-7989-1265-3
内容 第1章 複式学級の概要（長い歴史　今日の世界における複式学級　複式学級を巡る解釈の対比）　第2章 複式学級の成功と失敗を握る鍵：過去の経験から学ぶべきこと（失敗の要因　成功の条件　費用における成果）　第3章 農村環境における教育拡大の手段（方法論に関する提言（中央政府レベルにおける手法の提言　教育現場レベル（学校およびクラスター）における手法の提言）　実施戦略） 〔06091〕

ハレル＝セスニアック, メアリー　Harrell-Sesniak, Mary
◇サンタへの手紙―1870年から1920年までに子どもたちが書いたクリスマスの手紙と欲しい物リスト（DEAR SANTA）　メアリー・ハレル＝セスニアック選, カヒミ・カリィ手紙翻訳　クロニクルブックス・ジャパン　2016.10　175p　19cm

ハ

〈発売：徳間書店〉 2100円 ①978-4-19-864288-4
内容 序章 サンタクロースの起源 子どもたちからの手紙(1870年から1879年まで 1880年から1889年まで 1890年から1899年まで 1900年から1909年まで 1910年から1920年まで) 〔06092〕

バーレン, リック・ファン Baaren, Rickert Bart van
◇共感の社会神経科学 (THE SOCIAL NEUROSCIENCE OF EMPATHY) ジャン・デセティ, ウィリアム・アイクス編著, 岡田顕宏訳 勁草書房 2016.7 334p 22cm 〈索引あり〉 4200円 ①978-4-326-25117-9
内容 模倣されることの効果(ジャン・デセティ, アプ・ダイクスターハイス, アンドリース・フォン・デア・レイユ, マータイス・L.フォン・レーウン著) 〔06093〕

バレンタイン, ラドリー Valentine, Radleigh
◇エンジェルタロットマスターブック (BIG BOOK OF ANGEL TAROT) ドリーン・バーチュー, ラドリー・バレンタイン著, 宇佐和通訳 JMA・アソシエイツステップワークス事業部 2014.11 417p 19cm 2800円 ①978-4-904665-79-4
内容 第1章 明るく輝く美しい導き 第2章 エンジェルタロットの始まり 第3章 エンジェルタロットの用語 第4章 夢想家の旅 第5章 小アルカナカードの持つ意味 第6章 象徴性とカードの名前 第7章 大天使とエンジェルナンバー、占星術 第8章 リーディング 第9章 自分だけのスプレッドを作る 第10章 さまざまなスプレッド 大アルカナカード 小アルカナカード 〔06094〕

バレンタヴィッシ, L.* Valentovish, Lisa
◇クロスボーダー事業再生―ケース・スタディと海外最新実務 アンダーソン・毛利・友常法律事務所編 商事法務 2015.6 253p 21cm 3000円 ①978-4-7857-2287-6
内容 米国航空機ファイナンスへの投資とチャプター11 他(Lisa Valentovish著, 飯塚陽, 八木啓介訳) 〔06095〕

ハロー, ウィリアム・W. Hallo, William W.
◇起源―古代オリエント文明：西欧近代生活の背景 (ORIGINS) ウィリアム・W.ハロー著, 岡田明子訳 青灯社 2015.6 643p 20cm 〈文献あり 索引あり〉 4800円 ①978-4-86228-081-7
内容 第1章 文明の基礎 第2章 文明発展の副次的な面 第3章 文明の向上 第4章 暦 第5章 文学 第6章 王権 第7章 宗教 第8章 女性 第9章 補遺―歴史の「前の半分」 第10章 結論―古代オリエント文明の遺産 〔06096〕

ハロウェイ, スーザン・D. Holloway, Susan D.
◇少子化時代の「良妻賢母」―変容する現代日本の女性と家族 (WOMEN AND FAMILY IN CONTEMPORARY JAPAN) スーザン・D.ハロウェイ著, 高橋登, 清水民子, 瓜生淑子訳 新曜社 2014.7 340, 36p 19cm 〈索引あり〉 3700円 ①978-4-7885-1394-5
内容 第1部(「良妻賢母」―文化的な文脈のもとでの子育てと家庭生活 研究の時間的・空間的な位置づけ) 第2部(「賢母」とは 反省―自己省察のプロセス) 第3部(子ども時代の記憶 夫たち―重要なパートナーか、周辺の他人か？) 第4部(しつけ―子育ての秘訣 子どもの学校教育への母親の関与 仕事と家庭生活のバランスをとる 女性と家庭生活―イデオロギー、経験、行為主性) 〔06097〕

ハロウェル, エドワード・M. Hallowell, Edward M.
◇ハーバード集中力革命 (DRIVEN TO DISTRACTION AT WORK) エドワード・M.ハロウェル著, 小川彩子訳 サンマーク出版 2016.10 357p 19cm 1500円 ①978-4-7631-3520-9
内容 はじめに あなたの集中を妨げているのは「何」か？ 1 なぜ、あなたの集中力は続かないのか？ ―「環境」が引き起こす6つのADT(デジタル依存症―電子機器に「コントロールされる側」に回らないために マルチタスク―時間内に対処できる以上の仕事を抱えこまないために アイデアホッピング―始めたことを最後まで終わらせるために 心配性―「有害な心配性」を「問題解決技術」に変えるために おせっかい焼き―他人の問題に首を突っ込むことを止めるために ヘマばかり―仕事でついやらかしてしまう失敗を減らすために) 2 集中力をコントロールするための5つの基本プラン(理想の集中状態を手に入れるための訓練法 身体の力を生かす 精神の力を生かす 人間関係の力を生かす 感情の力を生かす 仕組みの力を生かす もう、ダラダラ癖に悩まない) 〔06098〕

バロウズ, ウィリアム
◇インタヴューズ 3 毛沢東からジョン・レノンまで (THE PENGUIN BOOK OF INTERVIEWS) クリストファー・シルヴェスター編, 新庄哲夫他訳 文芸春秋 2014.6 463p 16cm (文春学芸ライブラリー―雑英 7) 1690円 ①978-4-16-813018-2
内容 ウィリアム・バロウズ(ウィリアム・バロウズ述, ダンカン・ファロウェルインタヴュアー, 山形浩生訳) 〔06099〕

バロウズ, オーガステン Burroughs, Augusten
◇これが答えだ！―人生の難題をことごとく乗り越える方法 (THIS IS HOW) オーガステン・バロウズ著, 永井二菜訳 CCCメディアハウス 2016.10 283p 19cm 1600円 ①978-4-484-16113-6
内容 気分を"ポジティブ"にするには 否定的な気分を肯定するには 運命の人と出会うには 究極のダイエットとは やせるのをやめるには 自分を憐れむには 自信をつけるには 失敗するには 面接に強くなるには 羞恥心を克服するには〔ほか〕 〔06100〕

バロウズ, マシュー Burrows, Mathew
◇シフト―2035年、米国最高情報機関が予測する驚愕の未来 (THE FUTURE, DECLASSIFIED) マシュー・バロウズ著, 藤原朝子訳 ダイヤモンド社 2015.11 365p 19cm 2000円 ①978-4-478-02654-0
内容 分裂する「21世紀」の世界 第1部 メガトレンド―未来への大転換はすでに始まっている(「個人」へのパワーシフト―2035年へのメガトレンド1 台頭する新興国と多極化する世界―2035年へのメガトレンド2 人類は神を越えるのか―2035年へのメガトレンド3 人口爆発と気候変動―203年へのメガトレンド4) 第2部 ゲーム・チェンジャー―世界を変えうる四

つの波乱要因（もし中国の「成長」が止まったら—世界を破綻に導くシナリオ1　テクノロジーの進歩が人類の制御を越える—世界を破綻に導くシナリオ2　第3次世界大戦を誘発するいくつかの不安要因—世界を破綻に導くシナリオ3　さまようアメリカ—世界を破綻に導くシナリオ4）　第3部 2035年の世界（「核」の未来　生物兵器テロの恐怖　シリコンバレーを占拠しろ）　新たな世界は目前に迫っている　〔06101〕

パロッティーノ, マッシモ　Pallottino, Massimo

◇エトルリア学（ETRUSCOLOGIA 原著第7版の翻訳）　マッシモ・パロッティーノ著, 小川熙訳　同成社　2014.6　380p　22cm　〈文献あり〉　9300円　①978-4-88621-672-4

内容 第1章 イタリアと地中海の歴史におけるエトルリア人（イタリアの曙　エトルリアの起源　アルカイックの開花　イタリキ世界の中のエトルリア）　第2章 エトルリア文化（エトルリアの都市と墓地　政治的・社会的制度　宗教　文学・美術　習俗と日常生活）　第3章 言語の問題（問題の設定　エトルリア語の文書とその解釈　言語学的知識）　〔06102〕

バロトン, クリス　Vallotton, Kris

◇スピリット・ウォーズ—見えざる敵にうち勝つ（Spirit Wars）　クリス・バロトン著, マルコーシュ翻訳委員会訳　東近江　マルコーシュ・パブリケーション（発売）　2015.1　254p　19cm　1700円　①978-4-87207-266-2

内容 平安を求めて　お化け屋敷に住んでいませんか　交戦のルール　荒野　肉は弱い　自分に優しくする　本気の喜び　神の武具　悪霊追い出し　世代の呪い　実地訓練　神への愛　〔06103〕

パロヘイモ, ヘイッキ

◇民主政治はなぜ「大統領制化」するのか—現代民主主義国家の比較研究（The Presidentialization of Politics）　T.ポグントケ,P.ウェブ編, 岩崎正洋監訳　京都　ミネルヴァ書房　2014.5　523, 7p　22cm　〈索引あり〉　8000円　①978-4-623-07038-1

内容 フィンランド（ヘイッキ・パロヘイモ著, 渡辺博明訳）　〔06104〕

パロリン, ジャンルカ・P.

◇移民/難民のシティズンシップ　錦田愛子編　有信堂高文社　2016.3　258p　22cm　〈他言語標題：Citizenship for Migrants and Refugees　索引あり〉　4800円　①978-4-8420-6587-8

内容 GCC加盟国における〈非〉帰化政策（ジャンルカ・P.パロリン著, 平寛太郎訳）　〔06105〕

◇移民/難民のシティズンシップ　錦田愛子編　府中（東京都）　東京外国語大学アジア・アフリカ言語文化研究所　2016.3　258p　22cm　〈他言語標題：Citizenship for migrants and refugees　文献あり〉　①978-4-86337-221-4

内容 GCC加盟国における（非）帰化政策（ジャンルカ・P.パロリン著, 平寛多朗訳）　〔06106〕

バロン, バーバラ　Barron-Tieger, Barbara

◇あなたの天職がわかる16の性格（DO WHAT YOU ARE）　ポール・D.ティーガー, バーバラ・バロン著, 栗木さつき訳　新装版　主婦の友社　2016.6　295p　19cm　1500円　①978-4-07-415824-9

内容 第1部 理想の職業を導いてくれる「性格タイプ」とは（好きに生きる—仕事で満足を覚えるために　自分の性格タイプを知る）　第2部 あなたの長所、短所、適職、成功のポイントがわかる「16の性格」（第2部のはじめに—それぞれの性格タイプに共通する注意事項　タイプ1"責任者"ESTJ型（外向・五感・思考・決断）　タイプ2"努力家"ISTJ型（内向・五感・思考・決断）　タイプ3"社交家"ESFJ型（外向・五感・情緒・決断）　タイプ4"組織人"ISFJ型（内向・五感・情緒・決断）ほか）　第3部 あなたの天職を知るための「ワークシート」　終わりに—年齢を重ね、円熟した人間になるために　〔06107〕

バロン, C.*　Barron, Christine

◇エンパワーメント評価の原則と実践—教育、福祉、医療、企業、コミュニティ介入プログラムの改善と活性化に向けて（Empowerment Evaluation Principles in Practice）　D.M.フェターマン,A.ワンダーズマン編著, 笹尾敏明監訳, 玉井航太, 大内潤子訳　風間書房　2014.1　310p　21cm　〈索引あり〉　3500円　①978-4-7599-2022-2

内容 エンパワーメント評価と組織の学び（Barry E.Lentz,Pamela S.Imm,Janice B.Yost,Noreen P. Johnson,Christine Barron,Margie Simone Lindberg,Joanne Treistman著, 笹尾敏明, 玉井航太訳）　〔06108〕

バロン‐リード, コレット　Baron-Reid, Colette

◇第六感に目覚める7つの瞑想CDブック—宇宙からの情報を受信する（REMEMBERING THE FUTURE）　コレット・バロン‐リード著, 島津公美訳　ダイヤモンド社　2015.3　220p　19cm　2000円　①978-4-478-02092-0

内容 第1部 私のストーリー（月の影響を受けていた私　人とは違う　与えられた能力から逃げていた日々　最悪の経験 ほか）　第2部 第六感を取り戻すための実践（第六感で可能性を広げる　第六感の働く仕組み　第六感を妨げるもの　第六感に周波数を合わせる ほか）　〔06109〕

パワー, カーラ　Power, Carla

◇コーランには本当は何が書かれていたか？（IF THE OCEANS WERE INK）　カーラ・パワー著, 秋山淑子訳　文芸春秋　2015.9　436p　20cm　〈文献あり〉　1900円　①978-4-16-390338-5

内容 楽園に七二人の乙女はいない　第1部 起源を探る（「不穏」な三行　狂信者はどこにいるのか？　ムハンマドの虚像と実像　マドラサでコーランを学ぶ　ユースフの物語）　第2部 女性の闘い（男と女は違うのか？　歴史に埋もれた九〇〇〇人の女性たち　ムハンマドが最も愛した少女　イスラム教と性　「女性章」を読む）　第3部 政治と信仰（コーランのイエス・キリスト　異文化といかに向き合うべきか？　イスラム教と正義　ビン・ラディンも引用した「剣の章句」　死と来世）　多様性を受け入れる　〔06110〕

ハワード, スティーブン・R.　Howard, Steven R.

◇アメリカ投資顧問法（Investment Adviser Regulation in a Nutshell）　ジェフリー・J.ハース, スティーブン・R.ハワード著, 岡田洋隆, 鈴木

ハ

謙輔, 白川もえぎ, 佐藤智晶, 須田英明訳　弘文堂　2015.8　273p　21cm　〈索引あり〉4000円　①978-4-335-35637-7

内容 はじめに―歴史的変遷　投資顧問はいかなる者か　投資顧問に対する連邦および州の権限　ヘッジファンドおよび債務担保証券（CDO）のアドバイザー　登録およびフォームADV　投資顧問による広告　アドバイザリー関係　義務の履行　ラップ・フィー・プログラム　自己取引およびインサイダー取引　記録保存義務　チーフ・コンプライアンス・オフィサー（CCO）とその問題点　投資顧問法のもとでのコンプライアンス、検査および法令執行　限定的な私的訴権　投資顧問の売買　投資顧問ビジネスに関連する特別の問題　〔06111〕

ハワード, マイケル　Howard, Michael Eliot

◇第一次世界大戦（The First World War）　マイケル・ハワード著, 馬場優訳　法政大学出版局　2014.9　225, 29p　20cm　〈文献あり 索引あり〉　2800円　①978-4-588-36607-9

内容 第1章 一九一四年のヨーロッパ　第2章 戦争勃発　第3章 一九一四年―緒戦　第4章 一九一五年―戦争継続　第5章 一九一六年―消耗戦　第6章 アメリカ参戦　第7章 一九一七年―危機の年　第8章 一九一八年―決着の年　第9章 講和　〔06112〕

ハワーワス, スタンリー　Hauerwas, Stanley

◇大学のあり方―諸学の知と神の知（The State of the University）　スタンリー・ハワーワス著, 東方敬信監訳　ヨベル　2014.4　382p　21cm　（青山学院大学総合研究所叢書）　〈共訳：塩谷直也ほか　索引あり〉3500円　①978-4-907486-04-4　〔06113〕

◇教会を通り過ぎていく人への福音―今日の教会と説教をめぐる対話（Preaching to Strangers）　W.H.ウィリモン,S.ハワーワス〔著〕, 東方敬信, 平野克己訳　日本キリスト教団出版局　2016.8　240p　19cm　2200円　①978-4-8184-0948-4　〔06114〕

ハン, イ*　潘 維

◇中国式発展の独自性と普遍性―「中国模式」の提起をめぐって　宇野重昭, 江口伸吾, 李暁東編　国際書院　2016.3　390p　21cm　〈索引あり〉　3800円　①978-4-87791-273-4

内容 人民を組織して当事者にする（潘維著, 黄宇暁訳）　〔06115〕

ハン, ウク*　韓 旭

◇百済寺刹研究―日本語版　大韓民国国立扶余文化財研究所原著, 奈良県立橿原考古学研究所訳　橿原　奈良県立橿原考古学研究所　2014.12　225p　27cm　〈文献あり〉非売品　①978-4-905398-31-8

内容 百済寺院金堂跡の平面と構造（韓旭著）　〔06116〕

ハン, キヒョン　韓 基亨

◇検閲の帝国―文化の統制と再生産　紅野謙介, 高榮蘭, 鄭根埴, 韓基亨, 李恵鈴編　新曜社　2014.8　478p　22cm　〈他言語標題：EMPIRE OF CENSORSHIP　年表あり〉5100円　①978-4-7885-1401-0

内容 「法域」と「文域」（韓基亨著, 高橋梓訳）　〔06117〕

ハン, キンミン*　范 金民

◇中国都市論への挑動　大阪市立大学大学院文学研究科東洋史学専修研究室編　汲古書院　2016.3　407, 5p　22cm　8000円　①978-4-7629-2892-5

内容 列肆招牌、爛若雲錦（范金民著, 辻高広訳）　〔06118〕

ハン, クンリョウ*　潘 君亮

◇道教の聖地と地方神　土屋昌明, ヴァンサン・ゴーサール編　東方書店　2016.2　287p　22cm　〈他言語標題：DAOIST SACRED SITES AND LOCAL GODS　索引あり〉4600円　①978-4-497-21601-4

内容 雁蕩山と道教（潘君亮著, 広瀬直記訳）　〔06119〕

ハン, ケン　範 堅

◇移転価格税制実務指針―中国執行実務の視点から　範堅, 姜躍生著, 角田伸広, 大谷泰彦監訳, KPMG編訳　中央経済社　2015.10　463p　22cm　5400円　①978-4-502-16421-7

内容 第1章 独立企業原則　第2章 移転価格算定方法　第3章 比較可能性分析　第4章 移転価格争議の回避と解決の管理方法　第5章 移転価格文書　第6章 無形資産に対する特別の考慮　第7章 グループ内役務に関する特別の考慮　補論1 中国移転価格戦略における調整要因、契機、思索　補論2 中国移転価格税制の最新動向　〔06120〕

ハン, コウ*　樊 綱

◇転換を模索する中国―改革こそが生き残る道　高尚全主編, 岡本信広監訳, 岡本恵子訳　科学出版社東京　2015.6　375p　21cm　4800円　①978-4-907051-34-1

内容 開放によって改革と発展を実現する（樊綱著）　〔06121〕

ハン, ザギョン*　韓 慈卿

◇東アジアのカント哲学―日韓中台における影響作用史　牧野英二編　法政大学出版局　2015.3　260p　22cm　4500円　①978-4-588-15072-2

内容 韓国におけるカントと東洋哲学の比較研究（韓慈卿著, 李美淑訳）　〔06122〕

ハン, サント*　韓 相禱

◇歴史・文化からみる東アジア共同体　権寧俊編　創土社　2015.3　343p　22cm　2400円　①978-4-7988-0221-3

内容 安重根と東洋平和論（韓相禱著, 権寧俊訳）　〔06123〕

ハーン, ジェームズ・C.

◇高等教育の社会学（SOCIOLOGY OF HIGHER EDUCATION）　パトリシア・J.ガンポート編著, 伊藤彰浩, 橋本鉱市, 阿曽沼明裕監訳　町田　玉川大学出版部　2015.7　476p　22cm　（高等教育シリーズ 167）　〈索引あり〉5400円　①978-4-472-40514-3

内容 アカデミック・デパートメントに関する社会学的研究（ジェームズ・C.ハーン著, 阿曽沼明裕訳）　〔06124〕

ハン, ジュン　潘 洵

◇重慶大爆撃の研究　潘洵著, 徐勇, 波多野澄雄監修, 柳英武訳　岩波書店　2016.2　326p　22cm　〈文献あり〉5600円　①978-4-00-061105-3

内容 第1章 日本軍の重慶爆撃の原因(戦争初期の日本軍の戦略爆撃　重慶の戦時首都としての地位の確立)　第2章 日本軍の重慶爆撃の戦略と戦術(日本軍の重慶爆撃の戦略　日本軍の重慶爆撃戦略の変化　日本軍の重慶爆撃の主な戦術)　第3章 日本軍機の重慶爆撃の過程と特徴(1938年の実験爆撃　1939年の爆撃及びその特徴　「101号作戦」爆撃及びその特徴　「102号作戦」爆撃及びその特徴　太平洋戦争勃発後の零細爆撃)　第4章 重慶爆撃の死傷者数と財産損失(日本軍の爆撃による死傷者数　重慶大爆撃の財産損失)　第5章 重慶大爆撃の国際、国内的影響(重慶大爆撃の歴史的地位　重慶の都市、社会変遷に対する影響　重慶市民の社会心理に対する影響　中国の抗日戦争における影響と役割　中国の国際イメージと極東各国の軍事戦略の影響を与えた)　〔06125〕

ハン, ジュンブ*　范 純武

◇戦争・災害と近代東アジアの民衆宗教　武内房司編　有志舎　2014.3　313, 3p　22cm　6600円　①978-4-903426-82-2

内容 道義(范純武著, 張士陽訳)　〔06126〕

ハン, ショウコウ*　潘 少紅

◇現代アジアにおける華僑・華人ネットワークの新展開　清水純, 潘宏立, 庄国土編　風響社　2014.2　577p　22cm　〈文献あり〉7000円　①978-4-89489-195-1

内容 一九八〇年代以降のタイ華人社団の新発展(潘少紅著, 王艶梅訳)　〔06127〕

ハン, ジョンホ*　韓 政鎬

◇百済寺刹研究―日本語版　大韓民国国立扶余文化財研究所原著, 奈良県立橿原考古学研究所訳　橿原　奈良県立橿原考古学研究所　2014.12　225p　27cm　〈文献あり〉非売品　①978-4-905398-31-8

内容 百済仏塔舎利荘厳の調査現況と特徴(韓政鎬著)　〔06128〕

ハン, チュウキ*　潘 忠岐

◇現代日本の政治と外交　5　日本・アメリカ・中国―錯綜するトライアングル (THE TROUBLED TRIANGLE)　猪口孝監修　猪口孝,G.ジョン・アイケンベリー編　原書房　2014.4　301, 6p　22cm　〈文献あり 索引あり〉4800円　①978-4-562-04962-2

内容 平和的台頭、多極構造と中国の外交路線(潘忠岐, 陳志敏著, 猪口孝監訳)　〔06129〕

ハン, ナレ*　韓 ナレ

◇百済寺刹研究―日本語版　大韓民国国立扶余文化財研究所原著, 奈良県立橿原考古学研究所訳　橿原　奈良県立橿原考古学研究所　2014.12　225p　27cm　〈文献あり〉非売品　①978-4-905398-31-8

内容 百済寺院付属建物跡の類型と性格(韓ナレ著)　〔06130〕

ハン, ヒスク*　韓 嬉淑

◇朝鮮時代の女性の歴史―家父長的規範と女性の一生　奎章閣韓国学研究院編著, 小幡倫裕訳　明石書店　2015.3　384p　22cm　〈文献あり 索引あり〉8000円　①978-4-7503-4158-3

内容 女学校はなかった。しかし教育は重要だった(韓嬉淑著)　〔06131〕

ハン, ヒョンジョ　韓 亨祚

◇朝鮮儒学の巨匠たち　韓亨祚著, 片岡竜監修, 朴福美訳　横浜　春風社　2016.6　367p　22cm　〈索引あり〉5500円　①978-4-86110-500-5

内容 16世紀 百花の庭園(1554年 金剛山、若き栗谷とある老僧との対話　退渓の『聖学十図』、朱子学の設計図　南冥・曺(そう)植、刀を帯びた儒学者)　17世紀 哲学的な激突とその深まり(人物性同異論の論点と解き方)　18世紀 上からの改革論(君師正祖、再び朱子学を高く歌う　朱子学と茶山、そして西学が分かれる所　実学、或いはゆらぐ理学の城砦)　19世紀 道学の守護者たち(韓末の儒学の選択、抵抗または隠遁)　20世紀 地球共同体に向かう夢(恵岡・崔漢綺の気学)　〔06132〕

ハン, ヒョンドン　韓 賢東

◇火災のサバイバル―生き残り作戦　スウィートファクトリー文, 韓賢東絵, 〔HANA韓国語教育研究会〕〔訳〕　朝日新聞出版　2016.11　170p　23cm　(かがくるBOOK―科学漫画サバイバルシリーズ)　1200円　①978-4-02-331528-0　〔06133〕

ハーン, フェルディナント　Hahn, Ferdinand

◇新約聖書神学　2上 (Theologie des Neuen Testaments)　フェルディナント・ハーン〔著〕, 大貫隆, 田中健三訳　日本キリスト教団出版局　2013.11　640p　22cm　〈文献あり 索引あり〉12000円　①978-4-8184-0878-4　〔06134〕

ハン, フッククワン　Han, Fook Kwang

◇リー・クアンユー未来への提言 (Lee Kuan Yew)　リークアンユー〔述〕, ハン・フッククワン, ズライダー・イブラヒム, チュア・ムイフーン, リディア・リム, イグナチウス・ロウ, レイチェル・リン, ロビン・チャン著, 小池洋次監訳　日本経済新聞出版社　2014.1　356p　20cm　〈年表あり〉3000円　①978-4-532-16896-4

内容 第1章 沼地に立つ八〇階建てのビル　第2章 人民行動党は存続するか　第3章 最良の精鋭たち　第4章 奇跡的な経済成長を持続するために　第5章 異邦人からシンガポール人へ　第6章 大国のはざまで　第7章 夫、父、祖父、そして友として　〔06135〕

ハン, ホング　韓 洪九

◇フクシマ以後の思想をもとめて―日韓の原発・基地・歴史を歩く　徐京植, 高橋哲哉, 韓洪九著, 李昤京, 金英丸, 趙真慧訳　平凡社　2014.2　286p　20cm　2800円　①978-4-582-70299-6

内容 序 再生か更生か―3・11以後が問うているもの　第1章 福島―二〇一一年一一月六日福島市にて　第2章 陜川とソウル―二〇一二年三月二五日陜川・ソウルにて　第3章 東京―二〇一二年五月二〇日東京大学(駒場)にて　第4章 済州島とソウル―二〇一二年九月一

ハ

五日・一六日済州島・ソウルにて　第5章 沖縄—二〇一二年一二月二三日那覇市にて 〔06136〕

◇奪われた野にも春は来るか—鄭周河写真展の記録　高橋哲哉, 徐京植編著　高文研　2015.8　367p 図版22p　20cm　〈年譜あり〉2500円　①978-4-87498-575-5

内容 沖縄「苦痛の連帯」の可能性（鄭周河, 韓洪九, 比嘉豊光述, 徐京植司会, 金英丸ほか訳） 〔06137〕

◇韓国・独裁のための時代—朴正熙「維新」が今よみがえる　韓洪九著, 李泳采監訳・解説, 佐相洋子訳　彩流社　2015.12　293p　19cm　〈年譜あり〉2800円　①978-4-7791-2149-4

内容 第1章 憲法の上に立つ人（維新前夜、1971年の大韓民国　朴正熙と日本—維新の精神的なルーツ ほか）　第2章 タブー、抵抗、傷心（タブーの時代と「青年文化」　女工哀史 ほか）　第3章 維新の社会史（祖国「軍隊化」の陰　ベトナム派兵が残したもの ほか）　第4章 維新体制の崩壊（10・26の序曲、YH事件　釜馬抗争、火の手が上がる ほか） 〔06138〕

ハ

ハン, ボンソク*　韓 奉錫

◇日韓民衆史研究の最前線—新しい民衆史を求めて　アジア民衆史研究会, 歴史問題研究所編　有志舎　2015.12　391, 4p　22cm　6400円　①978-4-903426-00-6

内容 「貞操」言説の近代的形成と法制化（韓奉錫著, 久留島哲訳） 〔06139〕

ハン, ヨンヌ　韓 永愚

◇朝鮮王朝儀軌—儒教的国家儀礼の記録　韓永愚著, 岩方久彦訳　明石書店　2014.4　878p 図版77p　22cm　〈文献あり 索引あり〉15000円　①978-4-7503-4000-5

内容 儀軌とは何か　朝鮮時代の国家儀礼と『国朝五礼儀』　朝鮮前期の儀軌の編纂　倭乱後の宣祖代における儀軌の編纂　光海君代の儀軌の編纂　仁祖代の儀軌の編纂　孝宗代の儀軌の編纂　顕宗代の儀軌の編纂　粛宗代の儀軌の編纂　景宗代の儀軌の編纂　英祖代の儀軌の編纂　正祖代の儀軌の編纂　純祖代の儀軌の編纂　憲宗代の儀軌の編纂　哲宗代の儀軌の編纂　高宗代の儀軌の編纂（大韓帝国以前）　大韓帝国期の儀軌の編纂　日本帝国主義時代の李王職の儀軌の編纂 〔06140〕

バーン, ロンダ　Byrne, Rhonda

◇日々の教え—The Secret（THE SECRET DAILY TEACHINGS）　ロンダ・バーン著, 山川紘矢, 山川亜希子, 佐野美代子訳　KADOKAWA　2014.9　1冊（ページ付なし）　17cm　1800円　①978-4-04-101558-2 〔06141〕

◇ヒーロー—The Secret（HERO）　ロンダ・バーン著, 山川紘矢, 山川亜希子, 佐野美代子訳　KADOKAWA　2015.2　303p　19cm　〈文献あり〉1800円　①978-4-04-101923-8

内容 第1部 夢（冒険への招待　呼びかけを拒む　自分の夢をみつづける　無上の喜びに従う）　第2部 ヒーロー（信念　ヴィジョン　ヒーローの意識　ヒーローの心　ヒーローの旅路　コミットメント）　第3部 探求（迷路　批判者と協力者　冒険と奇跡の旅　最後の試練）　第4部 勝利（見返り　生き甲斐のある人生　あなたの内なるヒーロー） 〔06142〕

ハンウィック, ヘザー・デランシー　Hunwick, Heather Delancey

◇ドーナツの歴史物語（Doughnut）　ヘザー・デランシー・ハンウィック著, 伊藤綺訳　原書房　2015.10　206p　20cm　（お菓子の図書館）〈文献あり〉2000円　①978-4-562-05252-3

内容 第1章 ドーナツとは何か（ドーナツとは何か　ドーナツの定義 ほか）　第2章 古い時代のドーナツ（ドーナツの起源　パン—ドーナツの先駆け ほか）　第3章 アメリカのドーナツ（アメリカのドーナツはどこから来たか　ドーナツの前身 ほか）　第4章 帝国主義としてのドーナツ（自動ドーナツ製造機　大豆とジャガイモ ほか）　第5章 文化としてのドーナツ（ドーナツとサバイバル　ドーナツと文学 ほか） 〔06143〕

バンカー, ケリー・A.

◇経験学習によるリーダーシップ開発—米国CCLによる次世代リーダー育成のための実践事例（Experience-Driven Leader Development）　シンシア・D.マッコーレイ,D.スコット・デリュ, ポール・R.ヨスト, シルベスター・テイラー編, 漆嶋稔訳　日本能率協会マネジメントセンター　2016.8　511p　27cm　8800円　①978-4-8207-5929-4

内容 人生の歩み：過去を振り返り、未来に向けて成長する 他（ケリー・A.バンカー） 〔06144〕

バンクス, サラ　Banks, Sarah

◇ソーシャルワークの倫理と価値（ETHICS AND VALUES IN SOCIAL WORK 原著第4版の翻訳）　サラ・バンクス著, 石倉康次, 児島亜紀子, 伊藤文人監訳　京都　法律文化社　2016.7　322p　21cm　〈文献あり 索引あり〉3700円　①978-4-589-03772-5

内容 第1章 ソーシャルワークの倫理的な挑戦課題　第2章 ソーシャルワーク倫理への原理論的アプローチ　第3章 性格と関係性を基礎としたソーシャルワーク倫理に向けてのアプローチ　第4章 実践における原理：専門性と倫理綱領　第5章 サービス利用者の権利：当事者集団、市民権、消費者主義とアクティビズム　第6章 ソーシャルワーカーの責任：政策/方針、手続きと財政資源管理統制主義　第7章 実践における倫理的な問題とジレンマ 〔06145〕

バンクス, マーカス　Banks, Marcus

◇質的研究におけるビジュアルデータの使用　マーカス・バンクス著, 石黒広昭監訳　新曜社　2016.11　206p　21cm　（SAGE質的研究キット 5　ウヴェ・フリック監修）〈文献あり 索引あり〉2400円　①978-4-7885-1498-0

内容 1章 はじめに　2章 社会調査におけるビジュアルデータの位置—概略史　3章 ビジュアルなものを研究するさまざまなアプローチ　4章 ビジュアルデータを用いた手法とフィールド調査　5章 ビジュアルデータを用いた調査のプレゼンテーション　6章 結論—イメージと社会調査 〔06146〕

バンクタン, ニコラ

◇財の多様化と民法学　吉田克己, 片山直也編　商事法務　2014.10　764p　21cm　〈索引あり〉7500円　①978-4-7857-2223-4

内容 財の一般法と知的所有権（ニコラ・バンクタン著,

森田宏樹訳）〔06147〕

パングリッツ, ヴァルター Pangritz, Walter

◇聖書に登場する動物（Das Tier in der Bibel）ヴァルター・パングリッツ著, 津田恒之訳, 川村輝典監修　立川　けやき出版（制作）　2015.2　199p　22cm　〈文献あり〉①978-4-87751-527-0 〔06148〕

バンクロフト, ランディ Bancroft, Lundy

◇別れる？　それともやり直す？　カップル関係に悩む女性のためのガイド―うまくいかない関係に潜む“支配の罠”を見抜く（SHOULD I STAY OR SHOULD I GO?）ランディ・バンクロフト, ジャック・パトリッシ著, 高橋睦子, 中島幸子, 栄田千春, 岡田仁子監訳, 阿部尚美訳　明石書店　2016.3　449p　21cm　2800円　①978-4-7503-4321-1

内容 第1部 根本的な問題を見つめる（どのカップルにも問題はあるのでは　問題は未熟さか ほか）　第2部 パートナーとあなたへ―変化のための動機（どうすれば男性は（やっと）自分自身に向き合うようになるか　あなた自身を中心に戻す ほか）　第3部 新しいステージに入る（男性の課題本当はどういうことなのか　あなたの成長が彼の成長よりも多くの答えをもたらすかもしれない理由 ほか）　第4部 一大決心（彼が改善するとあなたが不調になるかもしれないのはなぜか　救える関係を救うためのルール ほか）　第5部 その後の生活（破壊的な関係の後の自由　新しいパートナーを選ぶ ほか）〔06149〕

パンケジェフ, S.* Pankejeff, Sergius

◇狼男による狼男―フロイトの「最も有名な症例」による回想（THE WOLF-MAN BY THE WOLF-MANの抄訳）〔Sergius Pankejeff〕〔原著〕, ミュリエル・ガーディナー編著, 馬場謙一訳　みすず書房　2014.9　319, 11p　20cm　〈索引あり〉5400円　①978-4-622-07848-7

内容 第1部 狼男の回想録（子ども時代の思い出　一九〇五 - 一九〇八年―無意識の悲哀　一九〇八年―スペインの城　一九〇九 - 一九一四年―移り変わる決心　一九一四 - 一九一九年―分析の後　一九一九 - 一九三八―日常生活　一九三八年―クライマックス）　第2部 精神分析と狼男（ジグムント・フロイトの思い出　フロイトの「ある幼児期神経症の病歴より」への補遺（一九二八年））　第3部 後年の狼男（狼男との出会い（一九三八 - 一九四九年）　狼男との再会（一九五六年）　老いゆく狼男　診断的印象）〔06150〕

ハンコック, グラハム Hancock, Graham

◇神々の魔術―失われた古代文明の叡智　上（MAGICIANS OF THE GODS）グラハム・ハンコック著, 大地舜訳　KADOKAWA　2016.2　338p 図版16p　20cm　1900円　①978-4-04-101485-1

内容 第1部 変則（「ここには多くの謎がある…」　光の山）　第2部 彗星（緑色の水の壁が通り道のすべてを破壊…　スキャブランドを巡る旅　ナノダイヤモンドは永遠に　彗星の指紋）　第3部 賢人たち（次の炎　大洪水前の人々）　第4部 復活（カーの島　七賢人の修道院　トトの書）〔06151〕

◇神々の魔術―失われた古代文明の叡智　下（MAGICIANS OF THE GODS）グラハム・ハンコック著, 大地舜訳　KADOKAWA　2016.2　294p 図版16p　20cm　〈文献あり〉1900円　①978-4-04-101486-8

内容 第5部 石（バールベック　そこに大洪水がやってきた…）　第6部 星（太陽の門　創造の場所　星に記されていること）　第7部 距離（山　海洋）　第8部 結び（次に失われる文明？）〔06152〕

ハンコックス, ダン Hancox, Dan

◇理想の村マリナレダ（THE VILLAGE AGAINST THE WORLD）ダン・ハンコックス著, プレシ南日子訳　太田出版　2014.12　266p　20cm　（atプラス叢書 08）〈年表あり〉2000円　①978-4-7783-1428-6

内容 第1章 実在の理想郷マリナレダ　第2章 大地に染みついた物語　第3章 ラ・ルチャ―闘争　第4章 土地は耕す人々のもの　第5章 パンとバラ　第6章 ユートピアの反対派　第7章 危機に立ち向かうマリナレダ　第8章 ユートピアの終焉？〔06153〕

ハンジェス, P.J. Hanges, Paul J.

◇文化を超えるグローバルリーダーシップ―優れたCEOと劣ったCEOの行動スタイル（Strategic Leadership Across Cultures）R.J.ハウス,P.W.ドーフマン,M.ジャヴィダン,P.J.ハンジェス,M.F.サリー・デ・ルケ著, 太田正孝監訳・解説, 渡部典子訳　中央経済社　2016.8　428p　22cm　〈文献あり 索引あり　発売：中央経済グループパブリッシング〉4800円　①978-4-502-16321-0

内容 社会文化とリーダーシップ：GLOBEの歴史、理論、これまでの研究結果　文化、リーダーシップ、上層部理論の文献レビュー　理論的根拠と枠組み、仮説、リサーチデザイン、調査結果の概略　リチーサ・メソドロジーとデザイン　文化を超えるCEOリーダーシップ行動：文化的価値観とCLTの関係　異文化リーダーシップ効果：CEO行動との関連性　文化を超えるCEOのリーダーシップ効果：フィットと行動の効果　優れたCEOと劣ったCEO　結論、インプリケーション、今後の研究　構造概念の測定と関係検証のための戦略　リーダーシップと成果の構造概念に対する心理測定的エビデンス〔06154〕

バンス, アシュリー Vance, Ashlee

◇イーロン・マスク―未来を創る男（ELON MUSK）アシュリー・バンス著, 斎藤栄一郎訳　講談社　2015.9　318p 図版16p　19cm　1700円　①978-4-06-219633-8

内容 イーロン・マスクの世界―「次の」ジョブズはこの男　少年時代―祖国・南アフリカの甘くて苦い記憶　新大陸へ―壮大な冒険の始まり　初めての起業―成功への第一歩を踏み出すまで　ペイパル・マフィア―栄光と挫折とビッグマネー　宇宙を目指せ―ロケット事業に乗り出すまで　100%の電気自動車―テスラモーターズという革命　苦悩の時代―生き残りをかけた闘い　軌道に乗せる―火星移住まで夢は終わらない　リベンジ―21世紀の自動車を世に出す　次なる野望―イーロン・マスクの「統一場理論」〔06155〕

バーンズ, エリーナ Barnes, Elinor

◇アメリカ海軍医ボイヤーの見た明治維新―1868-1869年の日本 サミュエル・ペールマン・ボイヤーの日記（Naval surgeon, revolt in Japan 1868-1869）サミュエル・ペールマン・ボイヤー著, エリーナ・バーンズ, ジェームス・バーンズ編, 布施田哲也訳 〔東大阪〕 デザインエッグ 2016.9 266p 21cm ①978-4-86543-748-5 〔06156〕

バーンズ, ジェームス　Barnes, James A.

◇アメリカ海軍医ボイヤーの見た明治維新―1868-1869年の日本 サミュエル・ペールマン・ボイヤーの日記 (Naval surgeon, revolt in Japan 1868-1869) サミュエル・ペールマン・ボイヤー著, エリーナ・バーンズ, ジェームス・バーンズ編, 布施田哲也訳 〔東大阪〕 デザインエッグ 2016.9 266p 21cm ①978-4-86543-748-5 〔06157〕

バーンズ, シャンタル　Burns, Chantal

◇瞬間モチベーション―結果を出す人の驚くべき思考法 (INSTANT MOTIVATION) シャンタル・バーンズ著, 藤原朝子訳 ダイヤモンド社 2016.4 271p 19cm 1400円 ①978-4-478-06741-3

内容 第1部 結果を出す人の考え方は何が違うのか？ (あなたの仕事がうまくいかない理由 目に見える現実にだまされるな 一瞬でモチベーションを上げるたった一つの方法 さらば、ストレス) 第2部 結果を出す人になるための8つの方法 (自分のなかの「常識」を捨てる 忙しい自分と決別する 成果の罠から抜け出す 自信なんてつけなくていい 古い自分を捨てる 人間関係なんて怖くない 直感を信じる勇気を持つ 何度でも立ち直る力を手に入れる) 〔06158〕

バーンズ, スーザン

◇インタヴューズ 3 毛沢東からジョン・レノンまで (THE PENGUIN BOOK OF INTERVIEWS) クリストファー・シルヴェスター編, 新庄哲夫他訳 文芸春秋 2014.6 463p 16cm (文春学芸ライブラリー―雑英 7) 1690円 ①978-4-16-813018-2

内容 アントニー・ウェッジウッド＝ベン (アントニー・ウェッジウッド＝ベン述, スーザン・バーンズインタヴュアー, 山岡洋一訳) 〔06159〕

バーンズ, スティーヴ　Burns, Steve

◇ニュートレーダー×リッチトレーダー完全プラス期待システム (New Trader, Rich Trader.2 : Good Trades, Bad Trades) スティーヴ・バーンズ著, オブリーク山岸編訳 竹書房 2016.4 191p 18cm 〈文献あり〉 900円 ①978-4-8019-0694-5

内容 1 ゲームを維持するための精神管理術 (良い取引は完璧な自信のもとに特定の取引手法に従って行われる。悪い取引はその場の思いつきで行われる。 良い取引はルールに従って適切な取引量で開始される。悪い取引は市場で失った資金を取り戻そうとして開始される。 良い取引はパラメーターの数値が出揃ったところで始まる。悪い取引は機会を逸する恐怖心から始まる。 ほか) 2 優れた投資手法を作るためのヒント (良い取引は取引プランに基づいて行われる。悪い取引は感情と思い込みに基づいて行われる。 良い取引はあなたの個人的な強みに基づいて行われる。悪い取引はあなたの見解に基づいて行われる。 良い取引は自分の決めた時間枠の中で行われる。悪い取引は損失のために時間枠を変えてしまう。 ほか) 3 ゲームに留まるためのリスクマネージメント (良い取引は全投資資金のうち1%しかリスクを負わない。悪い取引はリスク量の設定がない。 良い取引は3ドルを稼ぐために1ドルをリスクにさらす。悪い取引は利益を上げようとして計画していた以上に損失を出す。良い取引は口座資産の減少局面でも取引プランに従って行われる。悪い取引は連続で損したあとに一度で元に戻そうと大きく行われる。 ほか) 〔06160〕

バーンズ, デビッド・D.　Burns, David D.

◇孤独な人が認知行動療法で素敵なパートナーを見つける方法―バーンズ先生から学ぶ、孤独感・内気さ・性的不安の克服法 (Intimate Connections) デビッド・D.バーンズ著, 林建郎訳 星和書店 2016.10 464p 19cm 2200円 ①978-4-7911-0941-8

内容 第1部 孤独感についての良い知らせ (さびしいですか？ 孤独感を理解する) 第2部 自分への愛情が第一 (最初のステップ：自分を好きになり愛する方法を学ぶ 自尊心への道すじを考える) 第3部 関係をつくる (強い魅力を放つには 「社交的貧乏から大金持ちへ」大作戦 ほか) 第4部 親密になる (他人を好きになり愛すること：ロマンチックな完璧主義にうち勝つ方法 身動きがとれないと感じる要因：あなたは愛の囚人？ ほか) 第5部 メイキング・ラブ：個人的な性的成長プログラム (男性専科：インポテンスと性的不安の新たな克服法 女性専科：オーガズムを得て性的快楽を強化する方法 ほか) 〔06161〕

バーンズ, トレーシー

◇多様性を拓く教師教育―多文化時代の各国の取り組み (Educating Teachers for Diversity) OECD教育研究革新センター編著, 斎藤里美監訳, 布川あゆみ, 本田伊克, 木下江美, 三浦綾希子, 藤浪海訳 明石書店 2014.8 403p 22cm 4500円 ①978-4-7503-4053-1

内容 多様化が進む子どもたちと効果的な教師教育 他 (トレーシー・バーンズ, ヴァネッサ・シェイドイアン＝ガーシング著, 斎藤里美訳) 〔06162〕

バーンズ, マリリン　Burns, Marilyn

◇考える練習をしよう (THE BOOK OF THINK) マリリン・バーンズ著, マーサ・ウェストン絵, 左京久代訳 普及版 晶文社 2015.10 125p 21cm 1300円 ①978-4-7949-6893-7

内容 1 自己流で考えちゃだめだ (自分のことならよく知ってるってホント？ いつも見えているものをちゃんと見ること せまい見かたってどういうことだろう？ ほか) 2 問題にぶつかったらどうするか (火のないところに煙は立たない 何が問題なのかはっきりさせること 「マザー・グース」で考えてみよう) 3 頭にだって屈伸運動が必要だ (思いつきだけじゃだめだ どんな考えも書きだしてみること 理屈は1つってかぎらないんだ ほか) 〔06163〕

バーンズ, J.　Barnes, Jonathan

◇古代懐疑主義入門―判断保留の十の方式 (THE MODES OF SCEPTICISM) J.アナス, J.バーンズ著, 金山弥平訳 岩波書店 2015.6 494, 36p 15cm (岩波文庫 33-698-1) 〈「懐疑主義の方式」(1990年刊) の改題 文献あり 索引あり〉 1320円 ①978-4-00-336981-4

内容 懐疑哲学 古代哲学における懐疑主義 十の方式

人間と他の動物　人間の多様性　感覚　情況　場所と置かれ方　混合　量　相対性　平凡と稀少　習慣と確信　〔06164〕

ハンス, V.P.*　Hans, Valerie P.

◇学生が変わるプロブレム・ベースド・ラーニング実践法―学びを深めるアクティブ・ラーニングがキャンパスを変える（THE POWER OF PROBLEM-BASED LEARNING）　ダッチ・B.J, グロー・S.E, アレン・D.E編, 山田康彦, 津田司監訳, 三重大学高等教育創造開発センター訳　京都　ナカニシヤ出版　2016.2　282p　22cm　〈索引あり〉3600円　①978-4-7795-1002-1

内容 法学教育における能動的学習と情報技術の活用との統合（Valerie P.Hans著, 佐々木司郎, 中島英博訳）　〔06165〕

ハンス・アーダム2世　Hans-Adam

◇三千年紀の国家（The State in the Third Millennium）　ハンス・アーダムII世著, 日本リヒテンシュタイン協会訳　郁文堂　2016.11　302p　20cm　〈索引あり〉2500円　①978-4-261-07330-0

内容 自治―個人的信念　国家の起源　国家形成に宗教が担う役割　国家の規模と軍事技術の影響　君主制、寡頭制、そして民主制　アメリカ独立革命と間接民主主義　アメリカ独立革命と間接民主主義　一八四八年のスイス憲法と直接民主主義への道筋　二〇〇三年のリヒテンシュタイン憲法改正　伝統的な民主主義の欠陥　将来の国家　将来の国家の憲法　将来の国家へ向けた戦略　三千年紀へ　〔06166〕

バーンスタイン, アラン　Bernstein, Alan B.

◇賢いやめ方―人生の転機を乗り切る「目標離脱」の方法（MASTERING THE ART OF QUITTING）　アラン・バーンスタイン, ペグ・ストリープ著, 矢沢聖子訳　CCCメディアハウス　2015.3　319p　19cm　〈文献あり〉1800円　①978-4-484-15111-3

内容 序「やればできる」という神話　第1章 がんばる心理　第2章 ダメなやめ方　第3章 やめる技術　第4章 やめる力　第5章 思考と感情をコントロールする　第6章 目標を吟味する　第7章 目標マッピング　第8章 賢くやめる　第9章 心の磁石をリセットする　最後に やめる知恵　〔06167〕

バーンスタイン, ウィリアム　Bernstein, William J.

◇「豊かさ」の誕生―成長と発展の文明史　上（THE BIRTH OF PLENTY）　ウィリアム・バーンスタイン著, 徳川家広訳　日本経済新聞出版社　2015.6　340p　15cm　（日経ビジネス人文庫 は16-1）〈日本経済新聞社 2006年刊の再刊〉1000円　①978-4-532-19768-1

内容 第1部 近代経済成長の源泉（豊かさについての仮説　私有財産制　科学的合理主義　資本　動力、スピード、光　成長の理論を総括する）　〔06168〕

◇「豊かさ」の誕生―成長と発展の文明史　下（THE BIRTH OF PLENTY）　ウィリアム・バーンスタイン著, 徳川家広訳　日本経済新聞出版社　2015.6　334p　15cm　（日経ビジネス人文庫 は16-2）〈日本経済新聞社 2006年刊の再刊〉1000円　①978-4-532-19769-8

内容 第2部 豊かな国、貧しい国（勝ち組の経済―オランダとイギリス　キャッチアップした国々　取り残された国々）　第3部 豊かさのもたらすもの（神、文化、金銭欲、そして快楽主義の踏み車　成長か平等か―大いなるトレードオフ　勝者の呪い―富神マモンと軍神マルス　成長の終わり？　いつ、どこで、そしてどこへいくのか）　〔06169〕

バーンスティン, ガブリエル　Bernstein, Gabrielle

◇直感の声に目覚める瞑想CDブック―本物の幸せがやってくる12の方法（ADD MORE ～ing TO YOUR LIFE）　ガブリエル・バーンスティン著, 奥野節子訳　ダイヤモンド社　2014.6　222p　19cm　1800円　①978-4-478-01415-8

内容 感じる―フィーリング　ゆるす―フォーギビング　バランスをとる―バランシング　鏡に映す―ミラーリング　手放す―リリーシング　高次の思考へ登る―クライミング　乗り越える―ストレッチング　飛躍的変化―クォンタム・シフティング　集中する―フォーカシング　知る―ノウイング　実現する―マニフェスティング　人生にもっと～イングを加える　〔06170〕

◇どんなときでも、小さな奇跡は起こせる（MIRACLES NOW）　ガブリエル・バーンスティン著, 倉田真木訳　サンマーク出版　2015.4　286p　19cm　1600円　①978-4-7631-3415-8

内容 幸せを自分で選ぶと奇跡が起こる　恐れを手放す　自分を支えれば人からも支えられる　安らぎは脈にある　一呼吸おいて聞き上手に　安らぎは「自分」「から」「始める」　奇跡は静かな心に訪れる　音楽で前向きに　人の役に立とう　真の眠りは魂を成長させる訓練〔ほか〕　〔06171〕

ハンスマン, リーゼロッテ　Hansmann, Liselotte

◇図説西洋護符大全―魔法・呪術・迷信の博物誌（Amulett und Talisman）　L.クリス＝レッテンベック,L.ハンスマン著, 津山拓也訳　八坂書房　2014.5　496, 46p 図版24p　22cm　〈文献あり　索引あり〉6800円　①978-4-89694-168-5

内容 1 実践術―護符とは何か？　2 石　3 樹木と薬草　4 動物と人間　5 神聖物と象徴記号　6 形象　7 状況―歴史の中の護符　〔06172〕

ハンセン, ヴァレリー　Hansen, Valerie

◇図説シルクロード文化史（THE SILK ROAD）　ヴァレリー・ハンセン著, 田口未和訳　原書房　2016.7　384, 14p 図版16p　22cm　〈年表あり　索引あり〉5000円　①978-4-562-05321-6

内容 第1章 中央アジアの交差路―クロライナ王国　第2章 シルクロード言語への玄関口―クチャとキジル石窟　第3章 中国とイランの中間地点―トルファン　第4章 シルクロードの商人、ソグド人の故郷―サマルカンドとソグディアナ　第5章 シルクロード終点の国際都市―古都長安、現代の西安　第6章 シルクロード史のタイムカプセル―敦煌莫高窟　第7章 仏教・イスラム教の新疆への通り道―ホータン　結論 中央アジアの陸路の歴史　〔06173〕

ハンセン, クリシャン　Hansen, Krishan

◇性問題行動のある知的障害者のための16ステップ―「フットプリント」心理教育ワークブック（FOOTPRINTS）　クリシャン・ハンセン, ティモシー・カーン著, 本多隆司, 伊庭千恵監訳　第2

ハ

版　明石書店　2015.11　296p　26cm　2600円　①978-4-7503-4271-9

内容 自分のことをしろう　カウンセリングってなんだろう　正しいタッチ　わたしの歴史　境界線　性的な気もちと人間関係　正しい考えかた　きっかけ　危険ゾーン　選択　気もち　行動のサイクル　被害者と共感　安心して生活するためのわたしの計画　復習してまとめよう　ステップを実行して生きる　〔06174〕

ハンセン, マーク・B.N.

◇アフター・テレビジョン・スタディーズ　伊藤守, 毛利嘉孝編　せりか書房　2014.4　330p　21cm　〈他言語標題：After Television Studies〉　3200円　①978-4-7967-0331-4

内容 メディアの理論（マーク・B.N.ハンセン著, 堀口剛訳）　〔06175〕

ハンソン, カーク・O.

◇世界はなぜ争うのか—国家・宗教・民族と倫理をめぐって　福田康夫, ヘルムート・シュミット, マルコム・フレーザー他著, ジェレミー・ローゼン編集, 渥美桂子訳　朝倉書店　2016.3　296p　21cm　〈他言語標題：Ethics in Decision-Making〉　非売品

内容 グローバル倫理から政府とビジネスの倫理的政策決定へ（カーク・O.ハンソン述）　〔06176〕

◇世界はなぜ争うのか—国家・宗教・民族と倫理をめぐって　福田康夫, ヘルムート・シュミット, マルコム・フレーザー他著, ジェレミー・ローゼン編集, 渥美桂子訳　朝倉書店　2016.5　296p　21cm　〈他言語標題：Ethics in Decision-Making〉　1850円　①978-4-254-50022-6

内容 グローバル倫理から政府とビジネスの倫理的政策決定へ（カーク・O.ハンソン述）　〔06177〕

ハンソン, スーザン　Hanson, Susan

◇経済地理学キーコンセプト（KEY CONCEPTS IN ECONOMIC GEOGRAPHY）　青山裕子, ジェームズ・T.マーフィー, スーザン・ハンソン著, 小田宏信, 加藤秋人, 遠藤貴美子, 小室譲訳　古今書院　2014.2　223p　22cm　〈文献あり 索引あり〉　3000円　①978-4-7722-3157-2

内容 第1章 経済地理学における主要な作用主体　第2章 経済的変化の主要な原動力　第3章 経済的変化における産業と地域　第4章 グローバル経済地理　第5章 経済的変化の社会・文化的文脈　第6章 経済地理学の新しい研究課題　〔06178〕

ハンソン, デイヴィッド・ハイネマイヤー　Hansson, David Heinemeier

◇強いチームはオフィスを捨てる—37シグナルズが考える「働き方革命」（REMOTE : OFFICE NOT REQUIRED）　ジェイソン・フリード, デイヴィッド・ハイネマイヤー・ハンソン著, 高橋璃子訳　早川書房　2014.1　270p　18cm　1500円　①978-4-15-209433-9

内容 イントロダクション—オフィスのない世界　リモートワークの時代がやってきた　リモートワークの誤解を解く　リモートのコラボレーション術　リモートワークの落とし穴　リモート時代の人材採用　リモート時代のマネジメント　リモートワーカーの仕事スタイル　〔06179〕

◇小さなチーム、大きな仕事—働き方の新スタンダード（REWORK）　ジェイソン・フリード, デイヴィッド・ハイネマイヤー・ハンソン著, 黒沢健二, 松永肇一, 美谷広海, 祐佳ヤング訳　早川書房　2016.12　263p　16cm　（ハヤカワ文庫 NF 481）　640円　①978-4-15-050481-6

内容 まず最初に　見直す　先に進む　進展　生産性　競合相手　進化　プロモーション　人を雇う　ダメージ・コントロール　文化　〔06180〕

ハンソン, ニルズ　Hanson, Nils

◇調査報道実践マニュアル—仮説・検証、ストーリーによる構成法（Story-Based Inquiry）　マーク・リー・ハンター編著, 高嶺朝一, 高嶺朝太訳　旬報社　2016.12　163p　21cm　〈文献あり〉　1500円　①978-4-8451-1484-9

内容 調査報道の手法を用いたジャーナリズムとは何か他（マーク・リー・ハンター, ニルズ・ハンソン著）　〔06181〕

ハンソン, ミュリエル　Hanson, Muriel

◇蜜と塩—聖書が生きる生活エッセイ（Honey and salt）　ミュリエル・ハンソン著, 竹内和子, 野口直枝訳　柏　イーグレープ　2015.6　341p　19cm　1500円　①978-4-903748-92-4　〔06182〕

ハンソン, ロバート・O.　Hansson, Robert O.

◇死別体験—研究と介入の最前線（Handbook of Bereavement Research and Practice 原著第3版の抄訳）　マーガレット・S.シュトレーベ, ロバート・O.ハンソン, ヘンク・シュト, ウォルフガング・シュトレーベ編, 森茂起, 森年恵訳　誠信書房　2014.3　322p　22cm　〈文献あり 索引あり〉　4400円　①978-4-414-41454-7

内容 死別研究—現代の視点 他（マーガレット・S.シュトレーベ, ロバート・O.ハンソン, ヘンク・シュト, ウォルフガング・シュトレーベ著）　〔06183〕

ハンソン, ロブ　Harrison, Rob

◇パワーとエンパワメント—ソーシャルワーク・ポケットブック（The Social Work Pocket Guide to... POWER AND EMPOWERMENT）　シヴォーン・マクリーン, ロブ・ハンソン著, 木全和巳訳　京都　クリエイツかもがわ　2016.3　133p　19cm　〈文献あり〉　1600円　①978-4-86342-179-0

内容 1 なに？（パワーとはなにか？　パワーを定義すると　パワーはどのように構築されるのか？　ほか）　2 なぜ？（なぜ？　なぜ、ソーシャルワーカーは、パワーとエンパワメントへの理解を発展させていく必要があるのか？　パワーとソーシャルワーク ほか）　3 どうしたら？（どうしたら　エンパワメントは、願望か、現実か　ミクロ、メゾ、マクロ ほか）　〔06184〕

ハンター, ジャネット　Hunter, Janet

◇グローバル資本主義の中の渋沢栄一—合本キャピタリズムとモラル　橘川武郎, パトリック・フリデンソン編著　東洋経済新報社　2014.2　257p　22cm　〈索引あり〉　3000円　①978-4-492-39601-8

内容 公正な手段で富を得る（ジャネット・ハンター著, 木村昌人訳）〔06185〕

◇歴史のなかの消費者―日本における消費と暮らし 1850-2000（THE HISTORICAL CONSUMER） ペネロピ・フランクス, ジャネット・ハンター編, 中村尚史, 谷本雅之監訳　法政大学出版局　2016.3　367p　22cm　〈索引あり〉 4400円　①978-4-588-32707-0
内容 日本の消費史の比較史的考察 他（ペネロピ・フランクス, ジャネット・ハンター著）〔06186〕

ハンター, ジョン　Hunter, John

◇小学4年生の世界平和（WORLD PEACE and Other 4th-Grade Achievements）　ジョン・ハンター著, 伊藤真訳　KADOKAWA　2014.3　399p　20cm　1600円　①978-4-04-110737-9
内容 プロローグ 可能性の宝庫―ぽっかり空いた「エンプティ・スペース」　第1章 教師としての第一歩　第2章 すべてを見抜いたパブロ　第3章 ブレナン、世界を救う　第4章 デイヴィド、勝利の怖さを知る　第5章 暴君に立ち向かう　第6章 武器商人たちは勢力よりも正義を選択した　第7章 ギャリーが起こした環境破壊の大惨事　エピローグ ワールド・ピース・ゲームの仲間たち、国防総省へ行く　付録 ワールド・ピース・ゲームと「テストのための教育」〔06187〕

ハンター, マーク・リー　Hunter, Mark Lee

◇調査報道実践マニュアル―仮説・検証、ストーリーによる構成法（Story-Based Inquiry）　マーク・リー・ハンター編著, 高嶺朝一, 高嶺朝太訳　旬報社　2016.12　163p　21cm　〈文献あり〉 1500円　①978-4-8451-1484-9
内容 調査報道の手法を用いたジャーナリズムとは何か 他（マーク・リー・ハンター, ニルズ・ハンソン著）〔06188〕

バンダーソン, C.ビクター　Bunderson, C.Victor

◇インストラクショナルデザインの理論とモデル―共通知識基盤の構築に向けて（INSTRUCTIONAL-DESIGN THEORIES AND MODELS, Volume 3）　C.M.ライゲルース,A.A.カー＝シェルマン編, 鈴木克明, 林雄介監訳　京都　北大路書房　2016.2　449p　21cm　〈索引あり〉 3900円　①978-4-7628-2914-7
内容 教育のドメイン理論―学習者中心教育を可能にする到達度マッピング（C.ビクター・バンダーソン, デービッド・A.ワイリー, レオ・H.マクブライド著, 野田啓子訳）〔06189〕

ハンチントン, エルスワース　Huntington, Ellsworth

◇エルスワース・ハンチントン「アジアの脈動/文明と気候〈三版〉」を読む―公刊一〇〇周年：再考「気候と文明」論（The Pulse of Asia 原著改訂版の翻訳, Climate and Civilization 原著第3版の翻訳）　エルスワース・ハンチントン原著, 小林哲夫訳・著　評言社　2016.3　391p　20cm　2000円　①978-4-8282-0581-6
内容 第1部 気候変動の痕跡を探す（アジアの脈動）　第2部 「気候と文明」論のエッセンス（気候と文明（論説）　文明と気候（第三版））　第3部 科学的基礎（氷河と氷河作用　水と土壌の塩類化　閉鎖湖の水位変動　人種とダーウィニズム）　第4部 解説（二〇世紀初頭の気候変動論　ロブ・ノール論争　『アジアの脈動』に対する俗界と学界の反応　後世の研究結果　文明とは何か　クリモグラフ　クルマーの仮説　環境決定論　「進歩は寒冷地へ向かう」）〔06190〕

パンツァー, ペーター　Pantzer, Peter

◇明治初期日本の原風景と謎の少年写真家―ミヒャエル・モーザーの「古写真アルバム」と世界旅行　アルフレッド・モーザー著, ペーター・パンツァー監修, 宮田奈奈訳　洋泉社　2016.7　8, 191p　21cm　〈年譜あり〉 2500円　①978-4-8003-0977-8
内容 第1章 オーストリアの山里から世界へ（一五歳で帝国東アジア遠征隊に参加　地中海からアフリカ西岸を南下、喜望峰へ　インド洋を渡り、アジア大陸へ到着　香港から北上し、上海へ）　第2章 日本での生活のはじまり（長崎に到着　横浜での生活とブラックとの出会い　箱根への撮影旅行　日本橋魚河岸の事件　浅草寺の賑わい）　第3章 通訳としてウィーン万博へ（横浜港から出発　ウィーン万博と家族との再会　写真技術を修得し、日本へ帰国）　第4章 二度目の日本滞在（変わりゆく東京の風景　日本人の暮らしや習慣について）　第5章 フィラデルフィア万博から故郷への旅（太平洋を渡りフィラデルフィア万博へ　帰郷する決意　大西洋を渡りアルトアウスゼーへ　帰郷後、写真家として活躍する）〔06191〕

バンティング, カーラ　Bunting, Kara

◇アクセプタンス&コミットメント・セラピー実践ガイド―ACT理論導入の臨床場面別アプローチ（A Practical Guide to Acceptance and Commitment Therapy）　スティーブン・C.ヘイズ, カーク・D.ストローサル編著, 谷晋二監訳, 坂本律訳　明石書店　2014.7　473p　22cm　〈文献あり〉 5800円　①978-4-7503-4046-3
内容 アクセプタンス&コミットメント・セラピーとは何か（スティーブン・C.ヘイズ, カーク・D.ストローサル, カーラ・バンティング, マイケル・トゥーヒグ, ケリー・G.ウィルソン）〔06192〕

ハント, アンナ　Hunt, Anna

◇ハイヒールを履いたシャーマン（THE SHAMAN IN STILETTOS）　アンナ・ハント著, 西元啓子訳　ヴォイス出版事業部　2015.3　444p　19cm　〈文献あり〉 1700円　①978-4-89976-431-1〔06193〕

ハント, ジョン　Hunt, John Hunt

◇エベレスト初登頂（THE ASCENT OF EVEREST 原著ペーパーバック版の翻訳）　ジョン・ハント著, 吉田薫訳　エイアンドエフ　2016.8　363p　20cm　2700円　①978-4-9907065-4-8〔06194〕

ハント, トリストラム　Hunt, Tristram

◇エンゲルス―マルクスに将軍と呼ばれた男（THE FROCK-COATED COMMUNIST）　トリストラム・ハント著, 東郷えりか訳　筑摩書房　2016.3　524p　20cm　〈文献あり 索引あり〉 3900円　①978-4-480-86132-0
内容 序文 忘れられた影像　第1章 シオンのジークフリート　第2章 竜の種　第3章 黒と白のマンチェスター　第4章 少々の忍耐と若干の威嚇　第5章 限りな

ハ

く豊作の四八年　第6章 さまざまな灰色のマンチェスター　第7章 悪徳商売の終わり　第8章 リージェンツ・パーク・ロードの大ラマ僧　第9章 マルクスのブルドッグ　第10章 ついに第一バイオリンに　エピローグ ふたたびエンゲリス市へ　〔06195〕

ハント, リン　Hunt, Lynn

◇文化の新しい歴史学（THE NEW CULTURAL HISTORY）リン・ハント編, 筒井清忠訳　岩波書店　2015.10　363, 5p　19cm　（岩波人文書セレクション）〈1993年刊の再刊　索引あり〉3100円　①978-4-00-028817-0

内容 歴史・文化・テクスト（リン・ハント著）〔06196〕

◇グローバル時代の歴史学（WRITING HISTORY IN THE GLOBAL ERA）リン・ハント〔著〕, 長谷川貴彦訳　岩波書店　2016.10　167, 33p　20cm　〈索引あり〉2700円　①978-4-00-022640-0

内容 序論 歴史学の運命　第1章 文化理論の盛衰　第2章 グローバリゼーションの挑戦　第3章 社会と自己を再考する　第4章 新たな目的、新たなパラダイム　〔06197〕

ハ

パント, D.*　Pant, Dipak R.

◇国家ブランディング―その概念・論点・実践（NATION BRANDING）キース・ディニー編著, 林田博光, 平沢敦監訳　八王子　中央大学出版部　2014.3　310p　22cm　（中央大学企業研究所翻訳叢書 14）4500円　①978-4-8057-3313-4

内容 国家ブランドのアイデンティティ, イメージとポジショニング（ZAD Group,Dipak R.Pant著, 林田博光訳）〔06198〕

バンドゥレスパー, エリザベス　Vanderspar, Elizabeth

◇ダルクローズのリトミック―リトミック教育のための原理と指針（Dalcroze handbook）エリザベス・バンドゥレスパー著, 石丸由理訳　ドレミ楽譜出版社　2012.12　143p　21cm　〈文献あり 年譜あり〉1800円　①978-4-285-13559-6　〔06199〕

ハンナ, スチュアート

◇ワーク・ディスカッション―心理療法の届かぬ過酷な現場で生き残る方法とその実践（WORK DISCUSSION）マーガレット・ラスティン, ジョナサン・ブラッドリー編, 鈴木誠, 鵜飼奈津子監訳　岩崎学術出版社　2015.5　215p　21cm　〈文献あり 索引あり〉3700円　①978-4-7533-1090-6

内容 入所型アセスメント施設における感情麻痺と無思考（スチュアート・ハンナ著, 杉嶋真妃訳）〔06200〕

バンナー, ハサン　Bannā, Ḥasan

◇ムスリム同胞団の思想―ハサン・バンナー論考集 上（Majmū'a Rasā'il al-Imām al-Shahīd Ḥasan al-Bannā）ハサン・バンナー著, 北沢義之, 高岡豊, 横田貴之編訳　岩波書店　2015.3　283p　22cm　（イスラーム原典叢書）〈布装〉8600円　①978-4-00-028419-6

内容 第1章 我々の教宣　第2章 我々は人びとを何へ呼びかけるのか　第3章 光へ向かって　第4章 青年へ　第5章 クルアーンの旗下にあるムスリム同胞団　第6章 新たな局面における我々の教宣　第7章 昨日と今日の間で　第8章 イスラーム体制の下における我々の問題　第9章 統治制度　第10章 経済制度　第11章 ジハード論　〔06201〕

◇ムスリム同胞団の思想―ハサン・バンナー論考集 下（Majmū'a Rasā'il al-Imām al-Shahīd Ḥasan al-Bannā）ハサン・バンナー著, 北沢義之, 高岡豊, 横田貴之, 福永浩一編訳　岩波書店　2016.2　p285～616 10p　22cm　（イスラーム原典叢書）〈布装〉10000円　①978-4-00-028421-9

内容 第12章 第五回総会　第13章 第六回総会　第14章 女性論　第15章 学生へ　第16章 我々は実践的な民か　第17章 教導　第18章 ウスラ制度　第19章 信仰箇条　第20章 諸伝承　〔06202〕

ハンナフォード, カーラ　Hannaford, Carla

◇ドミナンスファクター―左？　右？　目・耳・手・足・脳半球の優位側を知ることで、あなたの学習能力は飛躍的に向上する（The Dominance Factor 原著改訂増補版の翻訳）Carla Hannaford著, 杉田義郎, 守山敏樹邦訳　大阪　永井書店　2014.1　198p　21cm　〈文献あり 索引あり〉2000円　①978-4-8159-1912-2

内容 優位プロファイルとは何でしょう？　優位プロファイルの決定法　32の優位プロファイル　すべてをうまくまとめる　人間関係における優位プロファイル　優位プロファイルと教育　〔06203〕

バーンハイマー, ケイト　Bernheimer, Kate

◇女友だちの賞味期限―実話集（The friend who got away）ジェニー・オフィル, エリッサ・シャッペル編著, 糸井恵訳　プレジデント社　2014.3　317p　19cm　〈2006年刊の改訳、再編〉1500円　①978-4-8334-2076-1

内容 母親失格子供が産めない私とめでたく産んだ彼女たち（ケイト・バーンハイマー著）〔06204〕

バンプトン, クレア　Bampton, Claire

◇3Dで見る！　世界の不思議14景（3-D VIEWER : WONDERS OF THE WORLD）クレア・バンプトン作, みたかよこ訳　大日本絵画　2015　1冊（ページ付なし）19cm　（立体めがねしかけえほん）1300円　①978-4-499-28596-4　〔06205〕

ハンフリーズ, ジェシカ・ディー　Humphreys, Jessica Dee

◇ぼくが5歳の子ども兵士だったとき―内戦のコンゴで（Child Soldier）ジェシカ・ディー・ハンフリーズ, ミシェル・チクワニネ作, クローディア・ダビラ絵, 渋谷弘子訳　汐文社　2015.7　47p　24cm　1800円　①978-4-8113-2211-7　〔06206〕

ハンフリーズ, トム　Humphries, Tom L.

◇「ろう文化」案内（Deaf in America）キャロル・パッデン, トム・ハンフリーズ著, 森壮也, 森亜美訳　新版　明石書店　2016.4　230, 6p　20cm　〈初版：晶文社 2003年刊　文献あり〉2400円　①978-4-7503-4336-5

内容 はじめに―「ろう文化」への招待　第1章 ろうであることの発見　第2章 ろうのイメージ　第3章 異な

る中心　第4章 聴者の世界で生きる　第5章 手話への新しい理解　第6章 音のもつ意味　第7章 歴史的創造物としてのろうの生活文化　〔06207〕

ハンブル, ジェズ　Humble, Jez

◇リーンエンタープライズ―イノベーションを実現する創発的な組織づくり（Lean Enterprise）　ジェズ・ハンブル, ジョアンヌ・モレスキー, バリー・オライリー著, 角征典監訳, 笹井崇司訳　オライリー・ジャパン　2016.10　355p　21cm　（THE LEAN SERIES　エリック・リースシリーズエディタ）〈文献あり 索引あり　発売：オーム社〉3400円　①978-4-87311-774-4

内容 第1部 指向（イントロダクション　企業ポートフォリオのダイナミクスを管理する）　第2部 探索（投資リスクをモデル化して計測する　不確実性を探索して機会を見つける　製品/市場フィットを評価する）　第3部 活用（継続的改善をデプロイする　価値を明らかにしてフローを増やす　リーンエンジニアリングプラクティスを導入する　製品開発に実験的手法を使う　ミッションコマンドを実行する）　第4部 変革（イノベーション文化を育てる　GRCにリーン思考を取り入れる　財務管理を進化させて製品イノベーションを促進する　ITを競争優位にする　今いる場所から始めよう）　〔06208〕

ハンブルガー, フランツ*　Hamburger, Franz

◇社会教育福祉の諸相と課題―欧米とアジアの比較研究　松田武雄編著　岡山　大学教育出版　2015.4　274p　22cm　〈他言語標題：Diverse Aspects and Issue of Social Pedagogy　索引あり〉2800円　①978-4-86429-324-2

内容 ドイツにおける社会教育学（Franz Hamburger著, 大串隆吉訳）　〔06209〕

ハンフレィ, ジェームス・H.　Humphrey, James H.

◇現代社会における子どものストレス（CHILDHOOD STRESS IN CONTEMPORARY SOCIETY）　ジェームス・H.ハンフレィ著, 小林芳郎訳　岡山　ふくろう出版　2016.11　265p　22cm　〈索引あり〉3400円　①978-4-86186-679-1

内容 ストレスと関連用語　ストレスについて　子どもの情動について　子ども自身の理解を助ける　家庭と学校環境におけるストレス　ストレスと子どもの困難　栄養の摂取・ダイエットとストレス　身体活動・実行とストレス　身体の回復とストレス　リラクセーションによるストレスの減少〔ほか〕　〔06210〕

ハンメル, ジョン・H.　Hummel, John H.

◇インストラクショナルデザインの理論とモデル―共通知識基盤の構築に向けて（INSTRUCTIONAL-DESIGN THEORIES AND MODELS, Volume 3）　C.M.ライゲルース,A.A.カー＝シェルマン編, 鈴木克明, 林雄介監訳　京都　北大路書房　2016.2　449p　21cm　〈索引あり〉3900円　①978-4-7628-2914-7

内容 直接教授法を用いたアプローチ（ウィリアム・G.ヒューイット, デイビット・M.モネッチ, ジョン・H.ハンメル著, 今野文子訳）　〔06211〕

【ヒ】

ビアサック, アレッタ

◇文化の新しい歴史学（THE NEW CULTURAL HISTORY）　リン・ハント編, 筒井清忠訳　岩波書店　2015.10　363, 5p　19cm　（岩波人文書セレクション）〈1993年刊の再刊　索引あり〉3100円　①978-4-00-028817-0

内容 ローカル・ノレッジ、ローカル・ヒストリー（アレッタ・ビアサック著）　〔06212〕

ピアス, スティーブン　Pearce, Steven

◇影響力の秘密50―ここぞというとき人を動かす自分を手に入れる（SECRETS OF INFLUENTIAL PEOPLE）　スティーブン・ピアス著, 服部真琴訳　CCCメディアハウス　2016.11　261p　19cm　1500円　①978-4-484-16111-2

内容 単純化する　定義する　誘惑する　対比する　反対する　借りる　物語る　教える　想像する　破壊する〔ほか〕　〔06213〕

ピアソン, サイモン　Pearson, Simon

◇大脱走―英雄〈ビッグX〉の生涯（THE GREAT ESCAPER）　サイモン・ピアソン著, 吉井智津訳　小学館　2014.12　621p　15cm　（小学館文庫 ヒ3-1）　924円　①978-4-09-412046-2

内容 大脱走　自由の味　渡英　ケンブリッジとスキーハイ・ソサエティ　チェルシー・ボーイズ　開戦前夜　大空へ　はじめての交戦　捕虜〔ほか〕　〔06214〕

ピアソン, マイケル　Pearson, Michael

◇山本作兵衛と日本の近代　有馬学, マイケル・ピアソン, 福本寛, 田中直樹, 菊畑茂久馬編著　福岡　弦書房　2014.8　165p　19cm　1800円　①978-4-86329-104-1

内容 消滅した“近代”と記憶遺産―いま作兵衛画の何を問題にすべきか　1 炭坑＝ヤマのすべてを見届けた人（山本作兵衛―世界記憶遺産と世界遺産をつなぐもの　山本作兵衛炭坑記録画から見た筑豊炭田　山本作兵衛作品と筑豊地域社会　山本作兵衛の絵を読み解く）　2 山本作兵衛はなぜ絵を描いたのか（討議（マイケル・ピアソン×福本寛×田中直樹×菊畑茂久馬、議長・有馬学）（作兵衛さんの絵は記録かアートか　筑豊の生産構造が見えてくる　絵と文字による幻想的記録画　作兵衛作品をどう長生きさせるか））　結びにかえて―“方法”としての山本作兵衛　〔06215〕

ピアソン, レオニー

◇国連大学包括的「富」報告書―自然資本・人工資本・人的資本の国際比較（Inclusive Wealth Report 2012）　国連大学地球環境変化の人間・社会的側面に関する国際研究計画, 国連環境計画編, 植田和弘, 山口臨太郎訳, 武内和彦監修　明石書店　2014.12　358p　26cm　〈文献あり 索引あり〉8800円　①978-4-7503-4113-2

内容 各国の包括的富を計上する 他（パブロ・ムニョス, エローム・ダーキー, キルステン・オールソン, レオ

ニー・ピアソン著）〔06216〕

ビアリック, M.　Bialik, Maya

◇21世紀の学習者と教育の4つの次元―知識, スキル, 人間性, そしてメタ学習（FOUR-DIMENSIONAL EDUCATION）　C.ファデル, M.ビアリック,B.トリリング著, 岸学監訳, 関口貴裕, 細川太輔編訳, 東京学芸大学次世代教育研究推進機構訳　京都　北大路書房　2016.9　176p　21cm　〈索引あり〉2200円　①978-4-7628-2944-4

内容 1 変わりゆく世界に向けた教育の再設計　2 21世紀の教育目標　3 知識の次元　4 スキルの次元　5 人間性の次元　6 メタ学習の次元　7 "どのように"について簡潔にふれる　8 結論〔06217〕

ビアンキ, デヴィッド　Bianchi, David W.

◇お父さんが教える13歳からの金融入門（Blue Chip Kids）　デヴィッド・ビアンキ著, 関美和訳　日本経済新聞出版社　2016.7　238p　19cm　1500円　①978-4-532-35685-9

内容 カネ、カネ、カネ　おカネのいろいろな支払い方　株式市場はかっこいい　株を売買してみよう　オプション（知ってると友だちに自慢できるよ！）　ファンド（めちゃくちゃ大きなおカネの停留所）　債券と譲渡性預金（退屈だと思ったら大まちがい！）　企業分析（マジで、これをやるとすごく賢くなれる）　おカネを借りる（絶対に、借りすぎないこと！）　金利（寝てるあいだに儲けよう）　純資金（君の持ち物の価値は？）　税金（安ければ安いほどいいね）　経済（ビジネス中のビジネス）　ベンチャー・キャピタルとプライベート・エクイティ（大きく賭けて、大きく儲ける）　おカネに賢く（クラスでいちばんになろう！）　これでおしまい―じゃなくて、これが始まり〔06218〕

ビアンコ, F.

◇「心の理論」から学ぶ発達の基礎―教育・保育・自閉症理解への道　子安増生編著　京都　ミネルヴァ書房　2016.3　250p　22cm　〈他言語標題：Theory of Mind as the Basis of Development　索引あり〉2700円　①978-4-623-07537-9

内容 「心の理論」の訓練（S.レッチェ,F.ビアンコ著, 溝川藍訳）〔06219〕

ビーヴァー, アントニー　Beevor, Antony

◇第二次世界大戦1939-45　上（The Second World War）　アントニー・ビーヴァー著, 平賀秀明訳　白水社　2015.6　536, 3p　20cm　3300円　①978-4-560-08435-9

内容 世界大戦の始まり 一九三九年六月～八月　「ポーランドに引導をわたす」一九三九年九月～十二月　まやかし戦争から電撃戦へ 一九三九年九月～一九四〇年三月　竜と旭日 一九三七年～一九四〇年　ノルウェーとデンマーク 一九四〇年一月～五月　西部戦線異状あり 一九四〇年五月　フランス失陥 一九四〇年五月～六月　「アシカ作戦」と「英国の戦い」 一九四〇年六月～十一月　広がる波紋 一九四〇年六月～一九四一年二月　ヒトラーの「バルカン戦争」 一九四一年三月～五月　アフリカと大西洋 一九四一年二月～六月　「バルバロッサ作戦」 一九四一年四月～九月　人種戦争 一九四一年六月～九月　「大同盟」に向けて 一九四一年六月～十二月　モスクワ攻防戦 一九四一年九月～十二月　真珠湾 一九四一年九月～一九四二年四月〔06220〕

◇第二次世界大戦1939-45　中（The Second World War）　アントニー・ビーヴァー著, 平賀秀明訳　白水社　2015.7　524, 3p　20cm　3300円　①978-4-560-08436-6

内容 中国とフィリピン 一九四一年十一月～一九四二年四月　戦火は世界に 一九四一年十二月～一九四二年一月　「ヴァンゼー会議」と死の収容所 一九四一年七月～一九四三年一月　日本軍の占領と「ミッドウェー海戦」 一九四二年二月～六月　砂漠戦の敗北 一九四二年三月～九月　「ブラウ（青）作戦」―ふたたびソ連を攻める 一九四二年五月～八月　太平洋の反撃 一九四二年七月～一九四三年一月　スターリングラード 一九四二年八月～九月　「エル・アラメインの戦い」と「トーチ作戦」 一九四二年十月～十一月　南ロシアとチュニジア 一九四二年十一月～一九四三年二月　カサブランカ、ハリコスチュニス 一九四二年十二月～一九四三年五月　ドイツ占領下の諸相 一九四二年～一九四三年　「大西洋の戦い」と「戦略爆撃」 一九四二年～一九四三年　太平洋、中国、ビルマ 一九四三年三月～十二月　「クルスクの戦い」 一九四三年四月～八月　シチリア島からイタリア本土へ 一九四三年五月～九月　ウクライナと「テヘラン会談」 一九四三年九月～十二月　ガスによる「ショア（大量虐殺）」 一九四二年～一九四四年〔06221〕

◇第二次世界大戦1939-45　下（The Second World War）　アントニー・ビーヴァー著, 平賀秀明訳　白水社　2015.8　505, 26p 図版16p　20cm　〈索引あり〉3300円　①978-4-560-08437-3

内容 イタリア―硬い下腹 一九四三年十月～一九四四年三月　ソ連の春季攻勢 一九四四年一月～四月　太平洋、中国、ビルマ 一九四四年　期待の春 一九四四年五月～六月　バグラチオンとノルマンディー 一九四四年六月～八月　ベルリン、ワルシャワ、パリ 一九四四年七月～十月　「一号作戦」とレイテ攻勢 一九四四年七月～十月　しぼむ終戦期待 一九四四年九月～十二月　アルデンヌとアテネ 一九四四年十一月～一九四五年一月　ヴィスワ川からオーデル川まで 一九四五年一月～二月　フィリピン、硫黄島、沖縄、東京大空襲 一九四四年十一月～一九四五年六月　ヤルタ、ドレスデン、ケーニヒスベルク 一九四四年二月～四月　エルベ河畔のアメリカ軍 一九四五年二月～四月　ベルリン作戦 一九四五年五月　死者たちの街 一九四五年五月～八月　原爆投下と日本平定 一九四五年五月～九月〔06222〕

ビヴィン, ダヴィッド

◇共観福音書が語るユダヤ人イエス　共観福音書研究エルサレム学派編著, 有馬七郎, 河合一充訳　ミルトス　2016.3　348p　19cm　〈「イエス時代の背景」(1992年刊)と「主の祈りのユダヤ的背景」(1998年刊)ほかからの改題、再編集、改訂版　索引あり〉2000円　①978-4-89586-160-1

内容 イエスはヘブライ語を話した 他（ダヴィッド・ビヴィン,ロイ・ブリザート著, 河合一充訳）〔06223〕

ビエ, クリスティアン

◇男らしさの歴史　1　男らしさの創出―古代から啓蒙時代まで（HISTOIRE DE LA VIRILITÉ）　A.コルバン,J-J.クルティーヌ,G.ヴィガレロ監修　G.ヴィガレロ編, 鷲見洋一監訳　藤原書店　2016.12　788p 図版48p　22cm　8800円　①978-4-86578-097-0

内容 曖昧なジャンルと演劇的実験（クリスティアン・ビエ著, 片木智年訳）〔06224〕

ヒエストトウッド, ロネ Hersted, Lone

◇ダイアローグ・マネジメント―対話が生み出す強い組織（RELATIONAL LEADING） ケネス・J.ガーゲン, ロネ・ヒエストトウッド〔著〕, 伊藤守監訳, 二宮美樹訳 ディスカヴァー・トゥエンティワン 2015.11 219p 19cm 1800円 ①978-4-7993-1816-4

内容 1「リレーショナル・リーディング」と「対話」のむずかしさ 2「対話」を理解する 3 組織文化を創る 4 チームを率いるということ 5 組織変革 6 コンフリクト 7 対話における「感情」 8「クリエイティビティ」と「イノベーション」 9「共同で構成するもの」としてのコーチング 〔06225〕

ヒエタプロ, マルヨ

◇BoPビジネス3.0―持続的成長のエコシステムをつくる（Base of the Pyramid 3.0） フェルナンド・カサード・カニェーケ, スチュアート・L.ハート編著, 平本督太郎訳 英治出版 2016.8 311p 22cm 〈文献あり〉3200円 ①978-4-86276-233-7

内容 誰と組むのか（マルヨ・ヒエタプロ, ミンナ・ハルメ著） 〔06226〕

ヒエロニュムス

◇砂漠に引きこもった人々―キリスト教聖人伝選集 戸田聡編訳 教文館 2016.3 305p 22cm 3500円 ①978-4-7642-7406-8

内容 ヒエロニュムス『テーバイのパウルス伝』（プロローグ―最初に砂漠に住んだ修道者は誰か 迫害と殉教の時代 ほか） アタナシオス『アントニオス伝』（誕生から子ども時代まで 召命 ほか） ヒエロニュムス『ヒラリオン伝』（誕生から、修道者になるまで 悪魔による最初の試み ほか） ヒエロニュムス『囚われの修道士マルクス伝』（マルクスとその連れ合い マルクスの生い立ちと、彼が修道士になるまで ほか） 著者不明『エジプト人マカリオス伝』ギリシア語版（マカリオスの両親 財産を失う ほか） 〔06227〕

ピエンコフスキー, ヤン Pieńkowski, Jan

◇クリスマス（The First Christmas） ヤン・ピエンコフスキー絵, 木原悦子文 日本キリスト教団出版局 2016.10 1冊（ページ付なし） 25cm 1500円 ①978-4-8184-0955-2 〔06228〕

ピオリ, マイケル・J. Piore, Michael Joseph

◇第二の産業分水嶺（THE SECOND INDUSTRIAL DIVIDE） マイケル・J.ピオリ, チャールズ・F.セーブル著, 山之内靖, 永易浩一, 菅山あつみ訳 筑摩書房 2016.4 662p 15cm （ちくま学芸文庫 ヒ16-1） 〈索引あり〉 1900円 ①978-4-480-09724-8

内容 第1章 序論 第2章 大量生産体制―宿命的かつ盲目的な選択 第3章 巨大株式企業 第4章 経済の安定化 第5章 グローバルな視点・ミクロの視点 第6章 保存された諸事例―アメリカ以外の諸国における大量生産体制とクラフト的生産体制 第7章 大量生産体制の危機 第8章 危機に対する企業の反応 第9章 歴史、現実、および各国の戦略 第10章 繁栄の条件―ケインズ主義の国際化と柔軟な専門化 第11章 アメリカと柔軟な専門化 〔06229〕

ビオン, ウィルフレッド・R. Bion, Wilfred Ruprecht

◇タヴィストック・セミナー（The Tavistock Seminars） ウィルフレッド・R.ビオン著, フランチェスカ・ビオン編, 福本修訳 岩崎学術出版社 2014.11 158p 21cm 〈索引あり〉2800円 ①978-4-7533-1085-2

内容 第1セミナー 1976年6月28日 第2セミナー 1977年7月4日 第3セミナー 1977年7月5日 第4セミナー 1978年7月3日 第5セミナー 1978年7月4日 第6セミナー 1978年7月5日 第7セミナー 1979年3月27日 第8セミナー 1979年3月28日 付録A ペギーの『ジャン・コストについて』からの抜粋 付録B アンソニー・G・バネット Jr.によるインタビュー 〔06230〕

◇ビオンとの対話―そして、最後の四つの論文（CLINICAL SEMINARS AND OTHER WORKSの抄訳） ウィルフレッド・R.ビオン著, 祖父江典人訳 新装版 金剛出版 2016.7 170p 21cm 〈文献あり 著作目録あり 年譜あり 索引あり〉4200円 ①978-4-7724-1505-7

内容 ビオンとの対話 1976 最後の四つの論文（情緒の攪乱―1976 フロイトからの引用について―1976 証拠―1976 思わしくない仕事に最善を尽くすこと―1979） 〔06231〕

◇ビオンの臨床セミナー（CLINICAL SEMINARS AND OTHER WORKSの抄訳） ウィルフレッド・R.ビオン著, 松木邦裕, 祖父江典人訳 新装版 金剛出版 2016.7 246p 21cm 〈文献あり 著作目録あり 索引あり〉4500円 ①978-4-7724-1506-4

内容 ブラジリア 1975 パネルディスカッションへの寄稿 ブラジリア、新たな経験 サンパウロ 1978 〔06232〕

◇集団の経験―ビオンの精神分析的集団論（Experiences in Groups） ウィルフレッド・R.ビオン著, ハフシ・メッド監訳, 黒崎優美, 小畑千晴, 田村早紀訳 金剛出版 2016.11 180p 22cm 〈索引あり〉4200円 ①978-4-7724-1527-9

内容 序章 治療におけるグループ内緊張―グループの課題に関する研究（社会復帰のための計画（W・R・ビオン） 神経症患者のための訓練 実験 ほか） 集団の経験（解釈の必然性 グループ心性の問題 グループとリーダー ほか） 再考（集団力学（作動グループ 基底的想定 すべての基底的想定グループに共通の特徴 ほか）） 〔06233〕

ビオン, フランチェスカ Bion, Francesca

◇タヴィストック・セミナー（The Tavistock Seminars） ウィルフレッド・R.ビオン著, フランチェスカ・ビオン編, 福本修訳 岩崎学術出版社 2014.11 158p 21cm 〈索引あり〉2800円 ①978-4-7533-1085-2

内容 第1セミナー 1976年6月28日 第2セミナー 1977年7月4日 第3セミナー 1977年7月5日 第4セミナー 1978年7月3日 第5セミナー 1978年7月4日 第6セミナー 1978年7月5日 第7セミナー 1979年3月27日 第8セミナー 1979年3月28日 付録A ペギーの『ジャン・コストについて』からの抜粋 付録B アンソニー・G・バネット Jr.によるインタビュー 〔06234〕

ピカート, マックス Picard, Max

◇沈黙の世界（DIE WELT DES SCHWEIGENS）

ヒ

マックス・ピカート〔著〕, 佐野利勝訳　みすず書房　2014.2　270p　20cm　（始まりの本）〈1964年刊に「マックス・ピカートと顔」を追加し、新編集〉3800円　①978-4-622-08372-6

内容 沈黙の相　始原の現象としての沈黙　沈黙からの言葉の発生　沈黙と、言葉と、真理　言葉における沈黙　沈黙と言葉との中間にある人間　沈黙におけるデモーニッシュなるものと言葉　言葉と身振り　古代の言葉　「自己」と沈黙〔ほか〕　〔06235〕

ヒギンズ, ロバート・C.　Higgins, Robert C.

◇ファイナンシャル・マネジメント―企業財務の理論と実践（ANALYSIS FOR FINANCIAL MANAGEMENT 原著第10版の翻訳）　ロバート・C.ヒギンズ著, グロービス経営大学院訳　改訂3版　ダイヤモンド社　2015.2　533p　22cm　〈索引あり〉4400円　①978-4-478-02772-1

内容 第1部 企業の財務的な健全性の評価（財務諸表の解釈　財務業績の評価）　第2部 将来の財務業績の計画策定（財務予測　成長の管理）　第3部 事業を運営するための資金調達（金融商品と金融市場　資金調達方法の決定）　第4部 投資機会の評価（DCF法　投資の意思決定におけるリスク分析　事業価値評価と企業のリストラクチャリング）　〔06236〕

ヒ

ピグー, アーサー・C.　Pigou, Arthur Cecil

◇ピグー知識と実践の厚生経済学　アーサー・C.ピグー著, 高見典和訳　京都　ミネルヴァ書房　2015.5　297, 2p　20cm　〈索引あり〉4000円　①978-4-623-07157-9

内容 一経済学者の弁明　保護貿易と労働階級　住宅問題の諸側面　賃金率の阻害要因　戦争負担と将来世代　節約と浪費　インフレーション、デフレーション、リフレーション　ティルトン男爵ケインズ（一八八三～一九四六年）　書評 フリードリヒ・ハイエク著『隷属への道』　ドゥーゼンベリー教授の所得と貯蓄　双方独占下での均衡　生産者余剰と消費者余剰　貨幣の価値　〔06237〕

ヒクソン, エミリー　Hixon, Emily

◇インストラクショナルデザインの理論とモデル―共通知識基盤の構築に向けて（INSTRUCTIONAL-DESIGN THEORIES AND MODELS, Volume 3）　C.M.ライゲルース,A.A.カー＝シェルマン編, 鈴木克明, 林雄介監訳　京都　北大路書房　2016.2　449p　21cm　〈索引あり〉3900円　①978-4-7628-2914-7

内容 情意的な発達を促進する―感情的知能（バーバラ・A.ビチェルマイヤー, ジェームス・マーケン, タマラ・ハリス, メラニー・ミサンチャク, エミリー・ヒクソン著, 中嶌康二訳）　〔06238〕

ビクタシェフ, ヴァル　Biktashev, Val

◇誰でもわかる正統派風水（THE COMPLETE IDIOT'S GUIDE TO Feng Shui 原著第3版の翻訳）　エリザベス・モラン, マスター・ジョセフ・ユー, マスター・ヴァル・ビクタシェフ著, 島内大乾訳　太玄社　2014.2　486p　21cm　〈文献あり 索引あり　発売：ナチュラルスピリット〉3000円　①978-4-906724-10-9

内容 1 風水を知ろう　2 風水の基礎理論　3 環境を理解する　4 風水のメカニズム　5 実際の応用方法　6 運命もしくは自由意志―あなたの運命は？　〔06239〕

ビクーニャ, A.M.　Vicuña, Ana María

◇ぼくたちの倫理学教室（Wie sollen wir handeln？ Schülergespräche über Moral（重訳））　E.トゥーゲントハット,A.M.ビクーニャ, C.ロペス著, 鈴木崇夫訳　平凡社　2016.1　270p　18cm　（平凡社新書 801）　800円　①978-4-582-85801-3

内容 1 いちばんひどい犯罪って何？　2 どんな種類の盗みも同じように人に害を与える？　3 他者を苦しめるのはぜったいだめ？　4 約束することと欺くこと　5 黄金律と敬意　6 連帯―人助けの義務　7 共感と反感　8 罰と責任能力　9 徳と自己決定　10 人生の意味　〔06240〕

ビグリオン, ドナルド・J.　Viglione, Donald J.

◇ロールシャッハ・アセスメントシステム―実施, コーディング, 解釈の手引き（RORSCHACH PERFORMANCE ASSESSMENT SYSTEM）　グレゴリー・J.メイヤー, ドナルド・J.ビグリオン, ジョニ・L.ミウラ, ロバート・E.エラード, フィリップ・エルドバーグ著, 高橋依子監訳, 高橋真理子訳　金剛出版　2014.12　591p　27cm　〈文献あり 索引あり〉15000円　①978-4-7724-1402-9

内容 序説　実施法　基本的コード化　上級用コード化　上級用明確化　形態水準表　コード化の練習　反応水準からプロトコル水準への変換　基準的参照データ解釈への勧告　臨床事例　反応数最適化実施法　形態水準表の発展　信頼性　変数の選択と妥当性　基準的参照データの作成　〔06241〕

ビケット, ゼナス・J.　Bicket, Zenas J.

◇聖書の祈りが私の祈りになる―聖霊が私たちの祈りを助けてくださる　旧約編（The spirit helps us pray）　ロバート・L.ブラント, ゼナス・J.ビケット著, 吉原博克訳　日本アッセンブリーズ・オブ・ゴッド教団AG福音出版　2015.9　337p　19cm　〈文献あり　発売：地引網出版（日野）〉1800円　①978-4-901634-33-5　〔06242〕

ピケティ, トマ　Piketty, Thomas

◇21世紀の資本（LE CAPITAL AU XXIe SIECLE）　トマ・ピケティ〔著〕, 山形浩生, 守岡桜, 森本正史訳　みすず書房　2014.12　608, 98p　22cm　〈索引あり〉5500円　①978-4-622-07876-0

内容 第1部 所得と資本（所得と産出　経済成長―幻想と現実）　第2部 資本/所得比率の動学（資本の変化　古いヨーロッパから新世界へ　長期的に見た資本/所得比率　21世紀における資本と労働の分配）　第3部 格差の構造（格差と集中―予備的な見通し　二つの世界　労働所得の格差　資本所有の格差　長期的に見た能力と相続　21世紀における世界的な富の格差）　第4部 21世紀の資本規制（21世紀の社会国家　累進所得税再考　世界的な資本税　公的債務の問題）　〔06243〕

◇トマ・ピケティの新・資本論（PEUT-ON SAUVER L'EUROPE？）　トマ・ピケティ著, 村井章子訳　日経BP社　2015.1　414p　20cm　〈発売：日経BPマーケティング〉2200円　①978-4-8222-5072-0

内容 第1部（二〇〇五～二〇〇六年）ミルトン・フリードマンに捧ぐ（子供の値段　貧困撲滅のための国際課税 ほか）　第2部（二〇〇七～二〇〇九年）公的資金注入合戦（権利を譲えば効果はあるか？　サルコジの不可能な公約 ほか）　第3部（二〇一〇～二〇一一年）リリアンヌ・ベタンクールは税金を納めているのか？（憲法評議会と税　銀行の巨利は政治問題である ほか）　第4部（二〇一二～二〇一四年）経済成長はヨーロッパを救うか（累進制の一般社会税vs社会保障目的の付加価値税　フランスとドイツのちがい ほか）〔06244〕

◇格差と再分配―20世紀フランスの資本（LES HAUTS REVENUS EN FRANCE AU XXe SIÈCLE 原著新版の翻訳）　トマ・ピケティ著, 山本知子, 山田美明, 岩沢雅利, 相川千尋訳　早川書房　2016.9　1089p　22cm　〈文献あり 索引あり〉17000円　①978-4-15-209621-0

内容 概論 高所得者に注目するのはなぜか？　第1部 20世紀フランスにおける所得格差の推移（20世紀の間に5倍になった「平均」購買力　20世紀フランスの高所得者の所得構成と所得水準の推移　20世紀フランスにおける給与格差）　第2部 20世紀フランスの高所得と再分配（1914年から1998年までの所得税法　誰が何を払ったのか？）　第3部 フランスとクズネッツ曲線（「不労所得生活者の終焉」は税務統計上の幻想なのか？　諸外国の経験と比べてフランスをどのように位置づけるか？）　結論 21世紀初頭のフランスにおける高所得者〔06245〕

ビゴ, ディディエ

◇国境政策のパラドクス　森千香子, エレン・ルバイ編　勁草書房　2014.9　244, 15p　22cm　〈年表あり 索引あり〉4000円　①978-4-326-60269-8

内容 国境概念の変化と監視体制の進化（ディディエ・ビゴ著, 村上一基訳）〔06246〕

ピーコック, アリソン　Peacock, Alison

◇イギリス教育の未来を拓く小学校―「限界なき学びの創造」プロジェクト（CREATING LEARNING WITHOUT LIMITS）　マンディ・スワン, アリソン・ピーコック, スーザン・ハート, メリー・ジェーン・ドラモンド著, 新井浅浩, 藤森裕治, 藤森千尋訳　大修館書店　2015.7　261p　21cm　〈文献あり 索引あり〉2700円　①978-4-469-21349-2

内容 第1章 成長への新たな指針　第2章 基礎を築く　第3章 学びへの自由を広げる　第4章 学びの人間関係を再考する　第5章 学びを第一に：学校全体で学びの文化を創造する　第6章 集団的行動がもつ力〔06247〕

ピゴット, レスター

◇インタヴューズ　3　毛沢東からジョン・レノンまで（THE PENGUIN BOOK OF INTERVIEWS）　クリストファー・シルヴェスター編, 新庄哲夫他訳　文芸春秋　2014.6　463p　16cm　（文春学芸ライブラリー―雑英 7）　1690円　①978-4-16-813018-2

内容 レスター・ピゴット（レスター・ピゴット述, ケネス・ハリスインタヴュアー, 松本剛史訳）〔06248〕

ピーコ・デッラ・ミランドラ, ジョヴァンニ　Pico della Mirandola, Giovanni

◇存在者と一者について（De ente ut uno）　ジョヴァンニ・ピーコ・デッラ・ミランドラ著, 伊藤博明編訳, 大出哲訳　さいたま　埼玉大学教養学部・人文社会科学研究科　2015.6　94p　21cm　（埼玉大学教養学部リベラル・アーツ叢書 7）　①978-4-9906251-3-9〔06249〕

ピーサ, ルスティケッロ・ダ　Rusticiano, da Pisa

◇世界の記―「東方見聞録」対校訳（Le Divisament dou Monde）　マルコ・ポーロ, ルスティケッロ・ダ・ピーサ〔著〕, 高田英樹訳　名古屋　名古屋大学出版会　2013.12　796p　23cm　〈文献あり〉18000円　①978-4-8158-0756-6

内容 1 序章　2 往路　3 グラン・カンとカンバルク大都　4 カタイとマンジ　5 帰路　6 アジア〔06250〕

ビザァラー, ハーヴェイ

◇「ねずみ男」の解読―フロイト症例を再考する（Freud and His Patientsの抄訳）　マーク・カンザー, ジュール・グレン編, 馬場謙一監訳, 児玉憲典訳　金剛出版　2015.7　234p　22cm　〈文献あり〉3400円　①978-4-7724-1427-2

内容 フロイト症例の概要（ハーヴェイ・ビザァラー著, 馬場謙一訳）〔06251〕

ヒジノ, ケン・ビクター・レオナード　Hijino, Ken Victor Leonard

◇日本のローカルデモクラシー　ヒジノ・ケン・ビクター・レオナード著, 石見豊訳　芦書房　2015.10　175p　22cm　〈文献あり 索引あり〉2500円　①978-4-7556-1282-4

内容 序章 民主主義なき分権改革　第1章 地方自治と民主主義の理論　第2章 日本の中央地方関係と分権改革　第3章 地方議会とローカルデモクラシー　第4章 首長とローカルデモクラシー　第5章 政党とローカルデモクラシー　終章 ローカルデモクラシーと分権の教訓〔06252〕

ビショップ, ジョージ　Bishop, George

◇ペドロ・アルペSJ伝―第28代イエズス会総長 広島の原爆を見た一イエズス会士の生涯（Pedro Arrupe SJ (revised edition)）　ジョージ・ビショップ著, 緒形隆之訳　改訂版　広島　宇品印刷授産場　2012.8　286p　26cm　〈著作目録あり　文献あり〉〔06253〕

ビショッフ, ベルンハルト　Bischoff, Bernhard

◇西洋写本学（PALÄOGRAPHIE DES RÖMISCHEN ALTERTUMS UND DES ABENDLÄNDISCHEN MITTELALTERS 原著第4版の翻訳）　ベルンハルト・ビショッフ著, 佐藤彰一, 瀬戸直彦訳　岩波書店　2015.9　472p　22cm　〈文献あり 索引あり〉12500円　①978-4-00-061065-0〔06254〕

ビショップ, マシュー

◇英エコノミスト誌のいまどき経済学（ECONOMICS 原著第3版の翻訳）　サウガト・ダッタ編, 松本剛史訳　日本経済新聞出版社　2014.9　321p　19cm　〈索引あり〉2000円　①978-4-532-35606-4

ヒ

内容 経済学の基本をめぐる議論 他（マシュー・ビショップ, サイモン・コックス, サウガト・ダッタ, パトリック・レイン, パム・ウッドール著）〔06255〕

ビショップ, ラッセル

◇多様性を拓く教師教育―多文化時代の各国の取り組み（Educating Teachers for Diversity） OECD教育研究革新センター編著, 斎藤里美監訳, 布川あゆみ, 本田伊克, 木下江美, 三浦綾希子, 藤浪海訳　明石書店　2014.8　403p　22cm　4500円　①978-4-7503-4053-1

内容 多様化と教育格差（ラッセル・ビショップ著, 布川あゆみ訳）〔06256〕

ヒース, ジョセフ　Heath, Joseph

◇反逆の神話―カウンターカルチャーはいかにして消費文化になったか（THE REBEL SELL） ジョセフ・ヒース, アンドルー・ポター著, 栗原百代訳　NTT出版　2014.9　433p　19cm　〈文献あり 索引あり〉 2500円　①978-4-7571-4320-3 〔06257〕

◇啓蒙思想2.0―政治・経済・生活を正気に戻すために（Enlightenment 2.0） ジョセフ・ヒース著, 栗原百代訳　NTT出版　2014.10　488p　20cm 〈索引あり〉 3000円　①978-4-7571-4319-7

内容 第1部 古い心、新しい心（冷静な情熱―理性 - その本質、起源、目的　クルージの技法―あり合わせの材料から生まれた脳について　文明の基本―保守主義がうまくいく場合　直感が間違うとき―そして、なぜまだ理性が必要か　理路整然と考えるのは難しい―新しい啓蒙思想の落とし穴と課題）　第2部 不合理の時代（世界は正気をなくしたか―…それとも私だけ？　ウイルス社会―心の有害ソフト　「ワインと血を滴らせて」―現代左派の理屈嫌い　フォレスト、走って！　一常識保守主義の台頭）　第3部 正気を取り戻す（砲火には砲火を―あるいは、なぜブタと闘うべきではないのか　もっとよく考えろ！　―その他の啓蒙思想からの無益な助言　精神的環境を守る―選択アーキテクチャー再考　正気の世界への小さな一歩―スロー・ポリティクス宣言）〔06258〕

ピース, シーラ・M.

◇イギリスにおける高齢期のQOL―多角的視点から生活の質の決定要因を探る（UNDERSTANDING QUALITY OF LIFE IN OLD AGE） アラン・ウォーカー編著, 岡田進一監訳, 山田三知子訳　京都　ミネルヴァ書房　2014.7　249p　21cm　（新・MINERVA福祉ライブラリー 20）〈文献あり 索引あり〉 3500円　①978-4-623-07097-8

内容 高齢期の外出, 移動とQOL（キャロライン・ホランド, レオニ・ケラハー, シーラ・M.ピース, トーマス・シャーフ, エリザベス・ブリーズ, ジェイン・ガウ, メアリー・ギルフーリ著）〔06259〕

ビスクシィ, キップ　Viscusi, W.Kip

◇数理法務概論（Analytical Methods for Lawyers 原著第2版の翻訳） ハウェル・ジャクソン, ルイ・キャプロー, スティーブン・シャベル, キップ・ビスクシィ, デビッド・コープ著, 神田秀樹, 草野耕一訳　有斐閣　2014.3　520p　22cm 〈索引あり〉 5500円　①978-4-641-12566-7

内容 第1章 決定分析　第2章 ゲームと情報　第3章 契約　第4章 会計　第5章 ファイナンス　第6章 ミクロ経済学　第7章 法の経済分析　第8章 統計分析　第9章 多変数統計〔06260〕

ビースタ, ガート　Biesta, Gert J.J.

◇民主主義を学習する―教育・生涯学習・シティズンシップ（LEARNING DEMOCRACY IN SCHOOL AND SOCIETY） ガート・ビースタ著, 上野正道, 藤井佳世, 中村（新井）清二訳　勁草書房　2014.2　251, 24p　20cm　〈文献あり 著作目録あり 索引あり〉 3200円　①978-4-326-29904-1

内容 プロローグ 学校と社会のなかで学習する民主主義　第1章 シティズンシップの教授から民主主義の学習へ　第2章 カリキュラム・シティズンシップ・民主主義　第3章 ヨーロッパのシティズンシップと高等教育　第4章 知識・民主主義・高等教育　第5章 知識経済における生涯学習　第6章 学習する民主主義に向けて　第7章 市民としての学習を理論化する―社会化・主体化・無知な市民　エピローグ 民主主義・シティズンシップ・公共圏〔06261〕

◇よい教育とはなにか―倫理・政治・民主主義（Good Education in an Age of Measurement） ガート・ビースタ著, 藤井啓之, 玉木博章訳　白沢社　2016.1　205p　19cm　〈文献あり　発売：現代書館〉 2200円　①978-4-7684-7960-5

内容 第1章 教育は何のためにあるのか？　第2章 エビデンスに基づいた教育―科学と民主主義のはざま　第3章 教育―説明責任と応答責任のはざま　第4章 中断の教育学　第5章 デューイ以降の民主主義と教育　第6章 教育、民主主義そして包摂の問題〔06262〕

ピストレッロ, ジャクリーン　Pistorello, Jacqueline

◇アクセプタンス&コミットメント・セラピー実践ガイド―ACT理論導入の臨床場面別アプローチ（A Practical Guide to Acceptance and Commitment Therapy） スティーブン・C.ヘイズ, カーク・D.ストローサル編著, 谷晋二監訳, 坂本律訳　明石書店　2014.7　473p　22cm　〈文献あり〉 5800円　①978-4-7503-4046-3

内容 グループ形式でのACTの実施（ロビン・D.ウォルサー, ジャクリーン・ピストレッロ）〔06263〕

ヒズブッラー

◇ヒズブッラー抵抗と革命の思想（Ḥizb Allāh原著第2版の抄訳, Mujtama'al-Muqāwamaの抄訳） 高岡豊, 溝渕正季訳・解説　現代思潮新社　2015.4　229p　19cm　〈年表あり〉 2200円　①978-4-329-00493-2

内容 第1部 ヒズブッラーの公開書簡（被抑圧者たちへの公開書簡）　第2部 ヒズブッラー（世界観と目標　組織と社会活動）　第3部 抵抗社会（われわれはいかにして抵抗社会を建設するのか？）〔06264〕

ビスマイヤー, フォルカー

◇子どもと離婚―合意解決と履行の支援　二宮周平, 渡辺惺之編　信山社　2016.4　456p　22cm　6200円　①978-4-7972-9305-0

内容 ドイツ新家事手続法の実務（フォルカー・ビスマイヤー著, 松久和彦訳）〔06265〕

ビズリー, ニック

◇戦後70年を越えてドイツの選択・日本の関与　中村登志哉編著　一芸社　2016.8　165p　22cm　〈他言語標題：Beyond 70 Years after the World War 2：International Engagement of Germany and Japan〉 2800円　①978-4-86359-114-1

内容 不安要因から特別な戦略的パートナーへ（ニック・ビズリー著, 中村ゆかり訳）〔06266〕

ビーズリー, マーク・S.

◇財務諸表監査における「職業的懐疑心」　増田宏一, 梶川融, 橋本尚監訳, 「監査人の職業的懐疑心に関する研究」部会訳　同文舘出版　2015.8　158p　22cm　〈索引あり〉 2600円　①978-4-495-20291-0

内容 SEC不正調査における監査人の不備疑惑に関する分析：1998年―2010年（マーク・S.ビーズリーほか著）〔06267〕

ビスワス=ディーナー, ロバート　Biswas-Diener, Robert

◇「勇気」の科学―一歩踏み出すための集中講義（The Courage Quotient）　ロバート・ビスワス＝ディーナー著, 児島修訳　大和書房　2014.1　261p　20cm　1600円　①978-4-479-79421-9

内容 Introduction 一歩を踏み出すための科学　第1部 勇気とは何か（自分の勇気指数を知る　勇気を測定する）　第2部 恐怖をコントロールする（感情のシーソーに乗る　魔術的な思考を活用する）　第3部 行動意志を強化する（権威に抵抗する　傍観者にならない　あえて失敗する）　第4部 勇気を実践する（実験室を出て、現実の世界へ）〔06268〕

◇ネガティブな感情が成功を呼ぶ（THE UPSIDE OF YOUR DARKSIDE）　トッド・カシュダン, ロバート・ビスワス＝ディーナー著, 高橋由紀子訳　草思社　2015.6　287p　19cm　1600円　①978-4-7942-2138-4

内容 第1章 幸福を求めるほど不安になるのはなぜ？　第2章 快適な生活がもたらしたもの　第3章 嫌な気分にはメリットがある　第4章 ポジティブな感情には落とし穴がある　第5章 マインドフルネスにとらわれるな　第6章 ネガティブな感情を反転する　第7章 ありのままの自分とつきあう〔06269〕

◇ポジティブ・コーチングの教科書―成長を約束するツールとストラテジー（Practicing Positive Psychology Coaching）　ロバート・ビスワス＝ディーナー著, 宇野カオリ監訳, 高橋由紀子訳　草思社　2016.4　254p　21cm　1900円　①978-4-7942-2199-5

内容 第1章 ポジティブ・コーチングとは？　第2章「強み」を活かして成長する　第3章 ポジティビティの力を利用する　第4章 目標と未来への希望を持つ　第5章 ポジティブな特性を診断する　第6章 ポジティブ・アセスメントとは？　第7章 人生の困難期を救うポジティブ・コーチング　第8章 ポジティブ・コーチングを続けるには？〔06270〕

ビーゼン, イングリッド・ファン

◇民主政治はなぜ「大統領制化」するのか―現代民主主義国家の比較研究（The Presidentialization of Politics）　T.ポグントケ,P.ウェブ編, 岩崎正洋監訳　京都　ミネルヴァ書房　2014.5　523, 7p　22cm　〈索引あり〉 8000円　①978-4-623-07038-1

内容 スペインにおける大統領制化（イングリッド・ファン・ビーゼン, ジョナサン・ホプキン著, 加藤伸吾訳）〔06271〕

ビソネット, バーバラ　Bissonnette, Barbara A.

◇アスペルガー症候群の人の就労・職場定着ガイドブック―適切なニーズアセスメントによるコーチング（HELPING ADULTS WITH ASPERGER'S SYNDROME GET & STAY HIRED）　バーバラ・ビソネット著, 梅永雄二監修, 石川ミカ訳　明石書店　2016.8　288p　21cm　〈文献あり〉 2200円　①978-4-7503-4388-4

内容 第1部 アスペルガー症候群の人の考え方入門（職場でよくある問題　不安、怒りなどの感情　職場で強みを活用するには）　第2部 就職と職場定着のためのコーチングの方略（アスペルガー症候群の人に対するコーチング　自分に合った仕事を見つけるには　仕事を得るには　職場への定着　カミングアウトと職場での配慮）〔06272〕

ビーソン, ディック

◇日本経済―変革期の金融と企業行動　堀内昭義, 花崎正晴, 中村純一編　東京大学出版会　2014.9　373p　22cm　6800円　①978-4-13-040266-8

内容 リストラクチャリングとその帰結（ディック・ビーソン, ケン・ゴードン, ヴィカス・メホロトラ, 渡邊安芸子著, 田中茉利子, 土居直史, 田中晋矢訳）〔06273〕

ピーターズ, テッド　Peters, Ted

◇死者の復活―神学的・科学的論考集（RESURRECTION）　T.ピーターズ,R.J.ラッセル,M.ヴェルカー編, 小河陽訳　日本キリスト教団出版局　2016.2　441p　22cm　5600円　①978-4-8184-0896-8

内容 来るはずのもの　他（テッド・ピーターズ著）〔06274〕

ピータース, M.L.*　Peters, Madelon L.

◇嫌悪とその関連障害―理論・アセスメント・臨床的示唆（DISGUST AND ITS DISORDERS）　B.O.オラタンジ,D.マッケイ編著, 堀越勝監修, 今田純雄, 岩佐和典監訳　京都　北大路書房　2014.8　319p　21cm　〈索引あり〉 3600円　①978-4-7628-2873-7

内容 性と性機能不全：嫌悪・汚染感受性の役割（Peter J.de Jong, Madelon L.Peters著, 川崎直樹訳）〔06275〕

ピーダーセン, ピーター・D.　Pedersen, Peter David

◇レジリエント・カンパニー―なぜあの企業は時代を超えて勝ち残ったのか　ピーター・D.ピーダーセン著, 新将命解説　東洋経済新報社　2015.1　286p　19cm　1600円　①978-4-492-55754-9

内容 エクセレント・カンパニー再考　新しいトリプルA経営の時代　レジリエント・カンパニーの行動（価値観と使命を活かす　信頼を積み上げる　ダイナミックに学ぶ　創造性と革新力を引き出す　研究開発を一新する　トレード・オンにこだわる　ブランドをつくり変える）　日本企業は、いま何を目指すべきか

ヒ

〔06276〕

ピーターソン, クリストファー Peterson, Christopher

◇幸福だけが人生か？―ポジティブ心理学55の科学的省察（Pursuing the Good Lifeの抄訳） クリストファー・ピーターソン著, 宇野カオリ訳 春秋社 2016.4 256p 19cm 2000円 ①978-4-393-36535-9

内容 第1章 ポジティブ感情とポジティブな経験―満足感を高め、持続させる方法は存在するか？ 第2章 ポジティブな特性と才能―才能をどのように引き伸ばすことができるか？ 第3章 ポジティブな人間関係―他者はなぜ重要なのか？ 第4章 よい生き方を可能にする制度 第5章 ポジティブ心理学とよい生き方 第6章 よい生き方を求めて 〔06277〕

ピーターソン, マーヴィン・W.

◇高等教育の社会学（SOCIOLOGY OF HIGHER EDUCATION） パトリシア・J.ガンポート編著, 伊藤彰浩, 橋本鉱市, 阿曽沼明裕監訳 町田 玉川大学出版部 2015.7 476p 22cm （高等教育シリーズ 167） 〈索引あり〉 5400円 ①978-4-472-40514-3

内容 大学組織（マーヴィン・W.ピーターソン著, 冨田知世訳） 〔06278〕

ビーダーマン, H. Biedermann, Hans

◇図説世界シンボル事典（KNAURS LEXIKON DER SYMBOLE） H.ビーダーマン著, 藤代幸一監訳, 藤代幸一, 宮本絢子, 伊藤直子, 宮内伸子訳 普及版 八坂書房 2015.4 530p 20cm 〈文献あり〉 3900円 ①978-4-89694-189-0 〔06279〕

ビダルフ, スティーヴ Biddulph, Steve

◇女の子って、ちょっとむずかしい？―いま、知っておきたい5つの成長ステップ・4つのリスク（RAISING GIRLS） スティーヴ・ビダルフ著, 菅靖彦訳 草思社 2014.3 285p 19cm 1400円 ①978-4-7942-2039-4

内容 1 女の子の成長には五つの段階がある（最良の日々がはじまる―誕生から二歳まで 探検し、遊び、想像力を育む―二歳から五歳まで 友だちから関わり合いを学ぶ―五歳から十歳まで 自分の魂を見つける―十歳から十四歳まで 大人になる準備をする―十四歳から十八歳まで） 2 四つのリスクから女の子を守るには？ （早くセクシーになりすぎる女の子たち―あおるメディアと商業主義 意地悪な女子たち―いじめと仲間外れ 太りたくないけど食べたい―ダイエットと摂食障害 わたしを見て―親には見えないオンラインの世界） 3 親は女の子とどう付き合えばよいのか？ （女の子と母親 女の子と父親） 〔06280〕

ピタロ, レジーナ・M. Pitaro, Regina M.

◇アービトラージの極意―M&Aの舞台裏で取り組む賢明な運用術とは？ （Deals…deals…and more deals） レジーナ・M.ピタロ著, Gabelli Japan株式会社監訳, 佐藤不二子訳 Gabelli Japan 2014.9 273p 21cm 2800円 ①978-4-9907987-0-3 〔06281〕

ビーチ, アンソニー Beech, Anthony

◇性加害行動のある少年少女のためのグッドライフ・モデル（The Good Lives Model for Adolescents Who Sexually Harm） ボビー・プリント編, 藤岡淳子, 野坂祐子監訳 誠信書房 2015.11 231p 21cm 〈索引あり〉 3000円 ①978-4-414-41461-5

内容 グッドライフ・アプローチの背景 他（アンソニー・ビーチ） 〔06282〕

ビーチ, イレーヌ

◇経験学習によるリーダーシップ開発―米国CCLによる次世代リーダー育成のための実践事例（Experience-Driven Leader Development） シンシア・D.マッコーレイ,D.スコット・デリュ, ポール・R.ヨスト, シルベスター・テイラー編, 漆嶋稔訳 日本能率協会マネジメントセンター 2016.8 511p 27cm 8800円 ①978-4-8207-5929-4

内容 現実世界を教室に持ち込む（イレーヌ・ビーチ） 〔06283〕

ビチェルマイヤー, バーバラ・A. Bichelmeyer, Barbara A.

◇インストラクショナルデザインの理論とモデル―共通知識基盤の構築に向けて（INSTRUCTIONAL-DESIGN THEORIES AND MODELS, Volume 3） C.M.ライゲルース,A.A.カー＝シェルマン編, 鈴木克明, 林雄介監訳 京都 北大路書房 2016.2 449p 21cm 〈索引あり〉 3900円 ①978-4-7628-2914-7

内容 情意的な発達を促進する―感情的知能（バーバラ・A.ビチェルマイヤー, ジェームス・マーケン, タマラ・ハリス, メラニー・ミサンチャク, エミリー・ヒクソン著, 中嶌康二訳） 〔06284〕

ビーツ, アンドレア Beetz, Andrea

◇ペットへの愛着―人と動物のかかわりのメカニズムと動物介在介入（Bindung zu Tieren（重訳）） Henri Julius,Andrea Beetz,Kurt Kotrschal, Dennis Turner,Kerstin Uvnäs-Moberg著, 太田光明, 大谷伸代監訳, 加藤真紀訳 緑書房 2015.9 180p 26cm 〈文献あり 索引あり〉 3800円 ①978-4-89531-243-1

内容 第1章 人と動物の不思議な関係 第2章 なぜ人は動物とかかわろうとする意志と能力があるのか―進化生物学の観点から 第3章 人と動物のかかわりによる健康、社会的交流、気分、自律神経系、およびホルモンへの効果 第4章 関係性の生理学―オキシトシンの統合機能 第5章 対人関係―愛着と養育 第6章 愛着および養育とその生理学的基礎とのつながり 第7章 人と動物の関係―愛着と養育 第8章 要素を結びつける―人と動物の関係における愛着と養育の生理学 第9章 治療への実用的意義 〔06285〕

ビッカートン, イアン・J. Bickerton, Ian J.

◇勝者なき戦争―世界戦争の二〇〇年（THE ILLUSION OF VICTORY） イアン・J.ビッカートン〔著〕, 高田馨里訳 大月書店 2015.5 287, 29p 20cm 〈文献あり 索引あり〉 3600円 ①978-4-272-53043-4

内容 序章 勝利の仮面 第1章 勝利と敗北―1815 - 1840

ヒ

第2章 クリミア戦争とその結果―1846 - 1881　第3章 日露戦争の遺産―1905 - 1930　第4章 第一次世界大戦勝利のわずかな報酬―1919 - 1939　第5章 無条件降伏 - 第二次世界大戦の帰結―1945 - 1970　第6章 一九四五年以降の勝利の特質　日本語版への補遺〔06286〕

ヒッカム, ホーマー, Jr.　Hickam, Homer H., Jr.

◇ロケットボーイズ　上巻（ROCKET BOYS）　ホーマー・ヒッカム・ジュニア著, 武者圭子訳　草思社　2016.2　337p　16cm　（草思社文庫 ヒ2-1）　900円　①978-4-7942-2185-8

内容 コールウッド　スプートニク　母　父　クウェンティン　バイコフスキーさん　ケープ・コールウッド基地の建設　ジェイク・モスビー　ライリー先生　ロケットキャンディ〔06287〕

◇ロケットボーイズ　下巻（ROCKET BOYS）　ホーマー・ヒッカム・ジュニア著, 武者圭子訳　草思社　2016.2　377p　16cm　（草思社文庫 ヒ2-2）　900円　①978-4-7942-2186-5

内容 機械工たち　ロケットの本　炭柱の倒壊　州警察決断　ヴァレンタイン　落盤事故　再出発　オーデルの宝物　亜鉛ウィスキー燃料　理想のロケット　科学フェア　インディアナポリスへ着ていく服　全国大会〔06288〕

ヒック, ジョン　Hick, John

◇神とはいったい何ものか―次世代のキリスト教（Who or What is God？）　ジョン・ヒック著, 若林裕訳　新教出版社　2014.8　247p　19cm　〈著作目録あり〉2700円　①978-4-400-31074-7

内容 第1章 神とは何か、何者か？　第2章 認知としての神秘経験　第3章 人生の宗教的意味　第4章 死ぬ定めにある者　第5章 生まれ変わり　第6章 信じることのできるキリスト教　第7章 文字どおりの受肉とメタファーとしての受肉　第8章 イエスの復活　第9章 贖罪の教義は間違いか？　第10章 キリスト教とイスラーム〔06289〕

ヒックス, エスター　Hicks, Esther

◇「引き寄せの法則」のアメージング・パワー―エイブラハムのメッセージ（THE AMAZING POWER OF DELIBERATE INTENT）　エスター・ヒックス, ジェリー・ヒックス著, 秋津一夫訳　第2新装版　ナチュラルスピリット　2014.9　365p　19cm　1880円　①978-4-86451-137-7

内容 人生に対する新しい見方　地球上の生活は良くなりつづけている　新たなはじまりとしての死　あなたは"非物質的世界"の波動の延長である　あなたは自分の経験を創造するために生まれてきた　創造的思考が持つ引き寄せの力　あなたは考えていることの本質を現実化する　求めれば、常に与えられる　真実とは、あなたの意識の焦点にほかならない　意識的な創造の鍵である認識〔ほか〕〔06290〕

◇新訳 願えば、かなうエイブラハムの教え―引き寄せパワーを高める22の実践（Ask and It Is Given ： Learning to Manifest Your Desires The Teachings of Abraham）　エスター・ヒックス, ジェリー・ヒックス著, 秋川一穂訳　ダイヤモンド社　2016.12　355p　19cm　1800円　①978-4-478-06462-7

内容 1 あなたは忘れたかもしれないが、思い出してほしいこと（今この瞬間を「いい気分」で過ごすパワー　自分が何者なのかを思い出しなさい　現実はあなたが創造している　ここからそこへ、どう行けばいい？　ほか）　2 思考を現実化する22の実践（感謝する　魔法の創造の箱　創造のワークショップ　仮想のシナリオ ほか）〔06291〕

ヒックス, ジェリー　Hicks, Jerry

◇「引き寄せの法則」のアメージング・パワー―エイブラハムのメッセージ（THE AMAZING POWER OF DELIBERATE INTENT）　エスター・ヒックス, ジェリー・ヒックス著, 秋津一夫訳　第2新装版　ナチュラルスピリット　2014.9　365p　19cm　1880円　①978-4-86451-137-7

内容 人生に対する新しい見方　地球上の生活は良くなりつづけている　新たなはじまりとしての死　あなたは"非物質的世界"の波動の延長である　あなたは自分の経験を創造するために生まれてきた　創造的思考が持つ引き寄せの力　あなたは考えていることの本質を現実化する　求めれば、常に与えられる　真実とは、あなたの意識の焦点にほかならない　意識的な創造の鍵である認識〔ほか〕〔06292〕

◇新訳 願えば、かなうエイブラハムの教え―引き寄せパワーを高める22の実践（Ask and It Is Given ： Learning to Manifest Your Desires The Teachings of Abraham）　エスター・ヒックス, ジェリー・ヒックス著, 秋川一穂訳　ダイヤモンド社　2016.12　355p　19cm　1800円　①978-4-478-06462-7

内容 1 あなたは忘れたかもしれないが、思い出してほしいこと（今この瞬間を「いい気分」で過ごすパワー　自分が何者なのかを思い出しなさい　現実はあなたが創造している　ここからそこへ、どう行けばいい？　ほか）　2 思考を現実化する22の実践（感謝する　魔法の創造の箱　創造のワークショップ　仮想のシナリオ ほか）〔06293〕

ヒッグズ, トレイシー・J.　Higgs, Tracy J.

◇「あの世」のしくみがわかる37の真実―豊富なエピソードが明かす霊界のほんとうの姿（TRUE SPIRIT）　トレイシー・J.ヒッグズ著, 峰岸計羽訳　日本文芸社　2015.12　239p　19cm　1600円　①978-4-537-26125-7

内容 第1章 霊界をめぐる真実　第2章 霊たちをめぐる真実　第3章 霊媒師をめぐる真実　第4章 霊界からのメッセージをめぐる真実　第5章 子どもと霊界をめぐる真実　第6章 ペットと霊界をめぐる真実　第7章 自殺と非業の死をめぐる真実〔06294〕

ビックス, ハーバート・P.　Bix, Herbert P.

◇戦争犯罪と国家の倫理―問われるべき統治者の個人責任　ハーバート・ビックス著, 新田準訳　凱風社　2015.10　181p　19cm　〈他言語標題：WAR CRIMES AND NATIONAL ETHICS　索引あり〉1500円　①978-4-7736-4001-4

内容 第1章 軍隊による住民虐殺の背景―一九三七年南京から二〇〇四年ファルージャまで　第2章 天皇と未解決の歴史認識問題（天皇、神道、デモクラシー　降伏の決断と天皇制　近衛上奏文と沖縄　右旋回する歴史認識）　第3章 戦争責任と歴史の記憶―裕仁天皇の幻影（権能を有した日本のラストエンペラー　なぜ裕仁天皇は免責されたのか　戦争を記憶する―永続する真実と正義の探索）　第4章 昭和史と安倍政権のナショナリズム（天皇は操り人形ではなかった　高揚

ヒ

するナショナリズムと安倍政権）〔06295〕

◇正義への責任―世界から沖縄へ 1 那覇 琉球新報社 2015.11 55p 21cm 〈発売：琉球プロジェクト（〔那覇〕）〉 565円 ①978-4-89742-193-3

内容 「戦果」こだわり上奏無視―天皇決断で自滅的戦闘に（ハーバート・P.ビックス）〔06296〕

ヒッグス, ポール

◇イギリスにおける高齢期のQOL―多角的視点から生活の質の決定要因を探る（UNDERSTANDING QUALITY OF LIFE IN OLD AGE） アラン・ウォーカー編著, 岡田進一監訳, 山田三知子訳 京都 ミネルヴァ書房 2014.7 249p 21cm （新・MINERVA福祉ライブラリー 20）〈文献あり 索引あり〉3500円 ①978-4-623-07097-8

内容 高齢期におけるQOL格差（ポール・ヒッグス, マーティン・ハイド, サラ・アーバー, デイヴィッド・ブレーン, エリザベス・ブリーズ, ジェイムズ・ナズルー, ディック・ウィギンス著）〔06297〕

ヒックリング＝ハドソン, アン

◇21世紀の比較教育学―グローバルとローカルの弁証法（COMPARATIVE EDUCATION） ロバート・F.アーノブ, カルロス・アルベルト・トーレス, スティーヴン・フランツ編著, 大塚豊訳 福村出版 2014.3 727p 22cm 〈文献あり 索引あり〉 9500円 ①978-4-571-10168-7

内容 ポストコロニアルな変革における成人教育・コミュニティ教育の役割を考えるためのリテラシー論（アン・ヒックリング＝ハドソン著）〔06298〕

ピッケル, ライアン Pikkel, Ryan

◇ビジネスモデル・イノベーション―ブレークスルーを起こすフレームワーク10（TEN TYPES OF INNOVATION） ラリー・キーリー, ライアン・ピッケル, ブライアン・クイン, ヘレン・ウォルターズ著, 平野敦士カール監修, 藤井清美訳 朝日新聞出版 2014.2 270p 19×24cm 〈文献あり〉2500円 ①978-4-02-331269-2

内容 第1部 イノベーション 第2部 イノベーションの10タイプ 第3部 たくさん使えば使うほど強力に 第4部 変化に気づく 第5部 イノベーションを主導する 第6部 イノベーションを育成する 第7部 補足〔06299〕

ヒット, マイケル・A. Hitt, Michael A.

◇戦略経営論―競争力とグローバリゼーション（Strategic Management 原著第11版の翻訳） マイケル・A.ヒット,R.デュエーン・アイルランド, ロバート・E.ホスキソン著, 久原正治, 横山寛美監訳 改訂新版 センゲージラーニング 2014.9 647p 21cm 〈索引あり 発売：同友館〉3700円 ①978-4-496-05077-0

内容 第1部 戦略要因分析（戦略経営と戦略的競争力 外部環境：機会、脅威、業界内の競争、競合企業分析 内部組織：経営資源、ケイパビリティ（組織能力）、コア・コンピタンス、および競争優位） 第2部 戦略行動：戦略の策定（事業戦略 敵対的競合関係と競争のダイナミクス 企業戦略 企業合併と買収（M&A）戦略 国際戦略 協調戦略） 第3部 戦略行動：戦略の実行（コーポレート・ガバナンス 組織構造とコントロール 戦略的リーダーシップ 戦略的アントレプレナーシップ）〔06300〕

ピニュール, イヴ Pigneur, Yves

◇バリュー・プロポジション・デザイン―顧客が欲しがる製品やサービスを創る（Value Proposition Design） アレックス・オスターワルダー, イヴ・ピニュール, グレッグ・バーナーダ, アラン・スミス著, 関美和訳 翔泳社 2015.4 287p 19×23cm 〈索引あり〉2800円 ①978-4-7981-4056-8

内容 1 Canvas キャンバス（Customer Profile 顧客プロフィール Value Map バリュー・マップ ほか） 2 Design デザイン（Prototyping Possibilities プロトタイピング Starting Points 出発点 ほか） 3 Test テスト（What to Test 何を検証するか Testing Step‐by‐Step 段階を踏んで検証する ほか） 4 Evolve 進化する（Create Alignment 方向性を一致させる Measure & Monitor 測定しモニターする ほか）〔06301〕

ピニョリア, ロレンツォ Pignoria, Lorenzo

◇西欧古代神話図像大鑑 続篇 東洋・新世界篇/本文補註/図版一覧（LE VERE E NOVE IMAGINI DE GLI DEI DELLI ANTICHI） カルターリ〔著〕, 大橋喜之訳 L.ピニョリア増補 八坂書房 2014.9 429, 11p 23cm 〈索引あり〉 4800円 ①978-4-89694-176-0

内容 カルターリ『神々の姿』（第二部 東西インドの神々 本文補註 追補） 解題 ロレンツォ・ピニョリア版―変身する書物〔06302〕

ピネダ＝エスコバル, マリア・アレハンドラ

◇BoPビジネス3.0―持続的成長のエコシステムをつくる（Base of the Pyramid 3.0） フェルナンド・カサード・カニェーケ, スチュアート・L.ハート編著, 平本督太郎訳 英治出版 2016.8 311p 22cm 〈文献あり〉3200円 ①978-4-86276-233-7

内容 自給率を高める都市農業の可能性（マリア・アレハンドラ・ピネダ＝エスコバル著）〔06303〕

ビバール, ロラン Bibard, Laurent

◇知恵と女性性―コジェーヴとシュトラウスにおける科学・政治・宗教（LA SAGESSE ET LE FEMININ） ロラン・ビバール〔著〕, 堅田研一訳 法政大学出版局 2014.12 567, 30p 20cm （叢書・ウニベルシタス 1021） 〈索引あり〉 6200円 ①978-4-588-01021-7

内容 第1部 僭主政治について（クセノポン著『ヒエロン』に対するシュトラウスの読解 コジェーヴの応答―僭主政治の弁護 哲学的友愛の数々の困難さ） 第2部 女性性について（シュトラウスとアリストパネスクセノポンの『家政論』 コジェーヴと、サガンの意図 女性性と否定性）〔06304〕

ビーハン, A. Byhan, Arthur

◇外部アジアの民族と文化（Nord-Mittel-, Westasien） A.ビーハン著, 本田弥太郎, 伊藤浩夫訳 大空社 2015.4 275p 22cm （アジア学叢書 295） 〈布装 文献あり 索引あり 彰考

ヒ

書院 昭和19年刊の複製〉11500円　①978-4-283-01146-5　〔06305〕

ピヒライネン, カレ

◇歴史を射つ―言語論的転回・文化史・パブリックヒストリー・ナショナルヒストリー　岡本充弘, 鹿島徹, 長谷川貴彦, 渡辺賢一郎編　御茶の水書房　2015.9　429p　22cm　5500円　①978-4-275-02022-2

内容 実在の果てしない回帰（カレ・ピヒライネン著, 岡本充弘訳）　〔06306〕

ビーム, ジョージ　Beahm, George W.

◇トランプの真実―"暴言"の向こうに見えるアメリカの危機（TRUMP TALK）　ジョージ・ビーム著, 大友香奈子訳　実業之日本社　2016.8　303p　19cm　〈著作目録あり 年譜あり〉1200円　①978-4-408-45603-4

内容 第1章 トランプ。アメリカをふたたび偉大な国に！　第2章 トランプ語録 政治について　第3章 トランプ語録 ビジネスについて　第4章 トランプ語録 自分について　第5章 トランプ語録 追記　〔06307〕

ピムロット, ジョン　Pimlott, John

◇第2次世界大戦（THE VIKING ATLAS OF WORLD WAR 2）　ジョン・ピムロット著, 田川憲二郎, 牧人舎訳　新装版　河出書房新社　2014.12　215p　30cm　（地図で読む世界の歴史）〈初版のタイトル：第二次世界大戦　文献あり 年表あり 索引あり〉2900円　①978-4-309-61189-1

内容 1 大戦と大戦のはざま 1919～39年（ヴェルサイユ体制 1919～23年　大恐慌 1929‐39年 ほか）　2 枢軸国の攻勢 1939年9月～42年6月（ドイツ第三帝国の拡大　ヒトラーのヨーロッパ制覇 1942年11月 ほか）　3 枢軸国と連合国の攻防 1942年6月～43年7月（大西洋の戦い 1942年6月～43年5月　ドイツ爆撃 1942年2月～43年7月 ほか）　4 連合国の反撃 1943年7月～44年12月（シチリア 1943年7月～8月　イタリア本土上陸 1943年9月～12月 ほか）　5 連合国の勝利 1944年12月～45年9月（バルジの戦い 1944年12月～45年1月　ライン川への前進 1945年2月～3月 ほか）〔06308〕

ビュイック, アダム

◇市場なき社会主義の系譜（NON-MARKET SOCIALISM IN THE NINETEENTH AND TWENTIETH CENTURIES）　マクシミリアン・リュベル, ジョン・クランプ編著, 角田史幸, 藤井真生訳　現代思潮新社　2014.7　304, 9p　20cm　〈文献あり 索引あり〉3600円　①978-4-329-00491-8

内容 ボルディーガ主義（アダム・ビュイック著, 藤井真生訳）　〔06309〕

ヒューイット, ウィリアム・G.　Huitt, William G.

◇インストラクショナルデザインの理論とモデル―共通知識基盤の構築に向けて（INSTRUCTIONAL-DESIGN THEORIES AND MODELS, Volume 3）　C.M.ライゲルース,A.A.カー＝シェルマン編, 鈴木克明, 林雄介監訳　京都　北大路書房　2016.2　449p　21cm　〈索引あり〉3900円　①978-4-7628-2914-7

内容 直接教授法を用いたアプローチ（ウィリアム・G.ヒューイット, デイビット・M.モネッチ, ジョン・H.ハンメル著, 今野文子訳）　〔06310〕

ピュエット, マイケル　Puett, Michael J.

◇ハーバードの人生が変わる東洋哲学―悩めるエリートを熱狂させた超人気講義（THE PATH）　マイケル・ピュエット, クリスティーン・グロス＝ロー著, 熊谷淳子訳　早川書房　2016.4　245p　19cm　〈文献あり〉1600円　①978-4-15-209612-8

内容 1 伝統から "解放された" 時代　2 世界じゅうで哲学が生まれた時代　3 毎日少しずつ自分を変える―孔子と "礼" "仁"　4 心を耕して決断力を高める―孟子と "命"　5 強くなるために弱くなる―老子と "道"　6 まわりを引きつける人になる―『内業』と "精" "気" "神"　7「自分中心」から脱却する―荘子と "物化"　8「あるがまま」がよいとはかぎらない―荀子と "ことわり"　9 世界じゅうの思想が息を吹き返す時代　〔06311〕

ビュエル, ハル　Buell, Hal

◇ピュリツァー賞受賞写真全記録（moments）　ハル・ビュエル編著, 河野純治訳　第2版　日経ナショナルジオグラフィック社　2015.9　351p　23cm　（NATIONAL GEOGRAPHIC）〈索引あり　発売：日経BPマーケティング〉3900円　①978-4-86313-321-1

内容 第1期 大判カメラと初期のピュリツァー賞受賞作品　第2期 カメラの小型化、ベトナム戦争と公民権運動　第3期 新たな賞、特集写真部門の創設　第4期 カラー写真、デジタル化、女性写真家、アフリカ　第5期 デジタル革命　第6期 フォトジャーナリズムに迫る新たな脅威　〔06312〕

ヒューズ, ジョージーナ・M.

◇イギリスにおける高齢期のQOL―多角的視点から生活の質の決定要因を探る（UNDERSTANDING QUALITY OF LIFE IN OLD AGE）　アラン・ウォーカー編著, 岡田進一監訳, 山田三知子訳　京都　ミネルヴァ書房　2014.7　249p　21cm　（新・MINERVA福祉ライブラリー 20）〈文献あり 索引あり〉3500円　①978-4-623-07097-8

内容 配偶者に先立たれた高齢者（ピーター・スペック, ケイト・M.ベネット, ピーター・G.コールマン, マリー・ミルズ, フィオヌアラ・マッキーナン, フィリップ・T.スミス, ジョージーナ・M.ヒューズ著）　〔06313〕

ヒューズ, ナタリー　Hughes, Natalie

◇ザ・マップぬりえ世界地図帳（THE MAP COLOURING BOOK）　ナタリー・ヒューズ絵, ブライオニー・ジョーンズ, ジョニー・マークス編, 〔広内かおり〕〔訳〕　日本文芸社　2015.12　1冊（ページ付なし）　30cm　1500円　①978-4-537-21342-3　〔06314〕

ヒューズ, ベタニー　Hughes, Bettany

◇ビジュアル版 世界の歴史都市―世界史を彩った都の物語（The Great Cities in History）　ジョン・ジュリアス・ノーウィッチ編, 福井正子訳　柊風舎　2016.9　303p　27×21cm　15000円　①978-4-86498-039-5

内容 アテネ―民主政治の誕生の地（ベタニー・ヒュー

ズ）〔06315〕

ヒューストン, フィリップ　Houston, Philip

◇交渉に使えるCIA流嘘を見抜くテクニック（SPY THE LIE）　フィリップ・ヒューストン, マイケル・フロイド, スーザン・カルニセロ, ドン・テナント著, 中里京子訳　大阪　創元社　2015.2　246p　19cm　1400円　①978-4-422-30062-7

内容 人を嘘つきと呼ぶことの難しさ　嘘発見を妨げるもの　嘘を見抜くためのメソッド―すべてはこれに尽きる　嘘を見抜くうえでのパラドックス―真実を見つけるために無視する真実　人はどのように嘘をつくのか―言葉　最強の嘘　嘘つきの怒り　人はどのように嘘をつくのか―行動　嘘のなかの真―意図せずに発せられた言葉　訊かなければ嘘は見抜けない　嘘をかわして主導権をにぎる　鵜呑みにしてはならないしぐさ　典型的な嘘の実例　テクニックはどう使うべきか〔06316〕

◇交渉に使えるCIA流真実を引き出すテクニック（GET THE TRUTH）　フィリップ・ヒューストン, マイケル・フロイド, スーザン・カルニセロ, ピーター・ロマリー, ドン・テナント著, 鈴木淑美訳　大阪　創元社　2015.7　266p　19cm　1400円　①978-4-422-30063-4

内容 女スパイの告白とインフォマーシャル―「その場思考」モードの驚くべき力　最良のシナリオか最悪のシナリオか　「取り調べ」モードにスイッチを入れるとき　モノローグで真実を引き出す　効果を上げる「話し方」　相手に合わせてモノローグを組み立てる　モノローグに抵抗されたら　相手の発言を聞き逃さない　嘘も方便　対立や敵対は逆効果―人を裁くなラルフの告白―こうして彼は口を開いた　もしO・J・シンプソンを取り調べたとしたら　真実を引き出したいなら〔06317〕

ビュトリヒ, マティアス・D.

◇キリスト教神学の主要著作―オリゲネスからモルトマンまで（Hauptwerke der Systematischen Theologie）　R.A.クライン,C.ポルケ,M.ヴェンテ編, 佐々木勝彦, 佐々木悠, 浜崎雅孝訳　教文館　2013.12　424, 18p　22cm　〈索引あり〉4000円　①978-4-7642-7375-7

内容 カール・バルト『教会教義学』（マティアス・D.ビュトリヒ著, 佐々木勝彦訳）〔06318〕

ビュフォード, ボブ　Buford, Bob

◇ドラッカーと私―経営学の父とテキサスの企業家の魂の交流（Drucker & Me）　ボブ・ビュフォード著, 井坂康志訳　NTT出版　2015.10　176p　20cm　1600円　①978-4-7571-2347-2

内容 「お帰りくださいね」　「警戒せよ、白き馬にまたがれる者を」　出会い　ピーターの本当の仕事　ピーターの人間的魅力　ピーターに教わったこと　成功から価値へ　人生後半戦のゲームプラン　ピーターと牧師たち　大きくなれ、さもなくば去れ　目的を持ったイノベーション　最高の教師にして友　神からの問い　社会を救うということ〔06319〕

ヒューム, チャールズ　Hulme, Charles

◇発達的視点からことばの障害を考える―ディスレクシア・読解障害・SLI（Developmental Disorders of Language Learning and Cognition）　チャールズ・ヒューム, マーガレット・J.スノウリング著, 原恵子監訳, 大石敬子, 原恵子, 石坂郁代, 今井裕弥子, 長並真美共訳　上智大学出版　2016.6　227p　26cm　〈文献あり 索引あり　発売：ぎょうせい〉5000円　①978-4-324-09819-6

内容 第1章 発達性認知障害の理解　第2章 読み障害1：発達性ディスレクシア　第3章 読み障害2：読解障害　第4章 特異的言語障害（特異的言語発達障害）　第5章 発達性認知障害の理解：これまでの成果と今後の展望〔06320〕

ヒューム, デイヴィッド　Hume, David

◇自然宗教に関する対話（Dialogues concerning Natural Religion）　デイヴィッド・ヒューム〔著〕, 福鎌忠恕, 斎藤繁雄訳　新装版　法政大学出版局　2014.10　190p　20cm　（叢書・ウニベルシタス 70―ヒューム宗教論集 2）　2500円　①978-4-588-09990-8〔06321〕

ビューリー, ロブ・J.

◇イエスの生涯（The Life of Jesus）　ロブ・J.ビューリー著, いのちのことば社出版部訳　いのちのことば社　2014.2　31p　23cm　（エッセンシャル・バイブル・レファレンス）〈文献あり 索引あり〉400円　①978-4-264-03149-9

内容 イエスの生い立ち　ガリラヤでの宣教　イエス、エルサレム、神殿　最後の日々　死者の中から復活　イエスの正体　イエスの目的　教師イエス　いやし主イエス　イエスの力　イエスの弟子　イエスの敵対者　生き続けるイエス〔06322〕

ヒューリング, ジム　Huling, Jim

◇図解でわかる！　戦略実行読本―「実行の4つの規律」実践ワークブック（The 4 Disciplines of Execution）　クリス・マチェズニー, ショーン・コヴィー, ジム・ヒューリング著, フランクリン・コヴィー・ジャパン編　キングベアー出版　2014.5　155p　21cm　1500円　①978-4-86394-027-7

内容 プロローグ（なぜチームの目標を達成できないのか？　戦略か、実行か？　ほか）　第1の規律（忙しいだけで、重要なことが何も達成できない！　実行の4つの規律 ほか）　第2の規律（テコを使って岩を動かす　第2の規律 先行指標に基づいて行動する ほか）　第3の規律（スコアボードが行動を変える！　第3の規律 行動を促すスコアボードをつける ほか）　第4の規律（スコアを動かすプロセスを定着させる！　第4の規律 アカウンタビリティのリズムを生み出す ほか）　エピローグ（戦略を実行できる組織になる！　「実行の4つの規律」の力）〔06323〕

◇実行の4つの規律―行動を変容し、継続性を徹底する（THE 4 DISCIPLINES OF EXECUTION）　クリス・マチェズニー, ショーン・コヴィー, ジム・ヒューリング, 竹村富士徳著,〔フランクリン・コヴィー・ジャパン〕〔訳〕　キングベアー出版　2016.9　449p　20cm　〈「戦略を、実行できる組織、実行できない組織。」（2013年刊）の改題、増補改訂〉2200円　①978-4-86394-064-2

内容 第1部 実行の4つの規律（第1の規律：最重要目標にフォーカスする　第2の規律：先行指標に基づいて行動する　第3の規律：行動を促すスコアボードをつける　第4の規律：アカウンタビリティのリズムを生み

ヒ

出す）　第2部 4DXのインストール：チーム編（4DXに期待できることは何か　第1の規律をインストールする「最重要目標にフォーカスする」　第2の規律をインストールする「先行指標に基づいて行動する」　第3の規律をインストールする「行動を促すスコアボードをつける」　第4の規律をインストールする「アカウンタビリティのリズムを生み出す」　4DXを自動化する）　第3部 4DXのインストール：組織編（4DXのベストストーリー　組織を最重要目標にフォーカスさせる　4DXを組織全体に展開する　4DXのよくある質問　4DXを家庭で　次のアクション）〔*06324*〕

ビュール, ポール　Buhle, Paul

◇革命の芸術家―C.L.R.ジェームズの肖像（C.L.R. James）　ポール・ビュール著, 中井亜佐子, 星野真志, 吉田裕訳　こぶし書房　2014.9　387, 10p　20cm　（こぶしフォーラム 26）〈文献あり 年譜あり 索引あり〉4000円　①978-4-87559-293-8

内容 第1章 トリニダードの若者　第2章「世界革命の不条理」　第3章 アメリカのボルシェビキ―一九三八‐五三年　第4章 芸術家ふたたび、心ならずも　第5章 パン・アフリカ運動の影の立役者　第6章 結論書斎の老人〔*06325*〕

ビュルギエール, アンドレ　Burguière, André

◇叢書『アナール1929-2010』―歴史の対象と方法 4　1969-1979（Anthologie des Annales 1929-2010）　E.ル＝ロワ＝ラデュリ,A.ビュルギエール監修, 浜名優美監訳　E.ル＝ロワ＝ラデュリ編, 池田祥英, 石川学, 井上桜子, 志村幸紀, 下村武, 寺本敬子, 中村督, 平沢勝行訳　藤原書店　2015.6　456p　22cm　8800円　①978-4-86578-030-7

内容 マルサスからマックス・ウェーバーへ（アンドレ・ビュルギエール著, 中村督訳）〔*06326*〕

ビュルグヒュラーヴ, ロジェ　Burggraeve, Roger

◇貨幣の哲学（EMMANUEL LEVINAS ET AL SOCIALITÉ DE L'ARGENT）　エマニュエル・レヴィナス著, ロジェ・ビュルグヒュラーヴ編, 合田正人, 三浦直希訳　新装版　法政大学出版局　2014.4　195, 28p　20cm　（叢書・ウニベルシタス 779）　2500円　①978-4-588-09977-9

内容 1 プレリュード（エマニュエル・レヴィナスのこの研究が生まれた背景　貨幣とつねに改善される正義―エマニュエル・レヴィナスの視点）　2「社会性と貨幣」の生成過程（予備的対談―貨幣、貯蓄、貸与に関するエマニュエル・レヴィナスとの予備的対談（一九八六年四月一〇日）　学術講演 貨幣の両義性―ベルギー貯蓄銀行のための貨幣の意味に関する学術講演（一九八六年一二月一一日）　決定版論文（校訂版）―社会性と貨幣（一九八七年五月））　3ダ・カーポ―敬意を込めた感謝のうちで（往復書簡―ロジェ・ビュルグヒュラーヴ‐エマニュエル・レヴィナス（一九七五年七月一〇日‐八月四日）　ある哲学的伝記―エルサレムとアテネのあいだの思想家エマニュエル・レヴィナス）〔*06327*〕

ヒョン, キルオン　玄 吉彦

◇島の反乱、一九四八年四月三日―済州四・三事件の真実　玄吉彦著, 玄善允訳　同時代社　2016.4　175p　19cm　1500円　①978-4-88683-798-1

内容 第1章 済州四・三事件の実相（一九四八年四月三日周辺地域の「島」　日本の植民地期の済州島　解放期の済州の風景　米軍政期の済州地域の政治状況 ほか）　第2章 ある作家が経験した済州四・三（二〇一三年夏　一九四七年夏　一九四八年春　一九四八年秋と冬　燃える村 ほか）　済州四・三事件日誌〔*06328*〕

ヒョン, ソンイル　玄 成日

◇北朝鮮の国家戦略とパワーエリート―幹部政策を中心に　玄成日著, 北朝鮮難民救援基金翻訳チーム訳　北朝鮮難民救援基金　2016.9　431p　21cm　〈文献あり　発売：高木書房〉3000円　①978-4-88471-442-0

内容 第1章 序論　第2章 金日成政権の国家戦略と権力エリート　第3章 金正日後継体制と国家戦略　第4章 金正日後継体制と権力エリート　第5章 金正日政権の国家戦略　第6章 金正日政権の権力エリート　第7章 金正恩政権の国家戦略と権力エリート　第8章 結論〔*06329*〕

ビョーン, フランク　Bjoern, Frank

◇顧客満足CSの科学と顧客価値創造の戦略―グローバル生産文化と日本文化の強みを生かすものコトづくり発想　円川隆夫, フランク・ビョーン著　日科技連出版社　2015.3　217p　21cm　3500円　①978-4-8171-9541-8

内容 第1章 高品質から顧客価値追求への転換　第2章 CSの生成メカニズムとその応用　第3章 CSからの消費者行動の派生メカニズムと経営成果　第4章 ブランドイメージの何がCSへのプラスアルファ効果をもたらすのか　第5章 顧客価値創造のための戦略と方法　第6章 良性ガラパゴスのシステム化とブランド戦略の強化　第7章 日本文化と品質・ものづくりのマネジメント、そしてこれから〔*06330*〕

ピラー, イングリッド　Piller, Ingrid

◇異文化コミュニケーションを問いなおす―ディスコース分析・社会言語学的視点からの考察（INTERCULTURAL COMMUNICATION）　イングリッド・ピラー著, 高橋君江, 渡辺幸倫ほか訳　大阪　創元社　2014.4　262p　21cm　〈文献あり 索引あり〉2400円　①978-4-422-31026-8

内容 第1章 概要　第2章 異文化コミュニケーションへのアプローチ　第3章 異文化コミュニケーションの系図　第4章 言語と文化　第5章 国家と文化　第6章 職場での異文化コミュニケーション　第7章 販売のための異文化コミュニケーション　第8章 異文化間ロマンス　第9章 異文化コミュニケーションと排除　第10章 マルチリンガルな世界における異文化コミュニケーション　第11章 異文化コミュニケーションの将来〔*06331*〕

ヒライ, トシアキ*　平井 俊顕

◇リターン・トゥ・ケインズ（THE RETURN TO KEYNES）　ブラッドリー・W.ベイトマン, 平井俊顕, マリア・クリスティーナ・マルクッツォ編, 平井俊顕監訳　東京大学出版会　2014.9　388, 56p　22cm　〈文献あり 索引あり〉5600円　①978-4-13-040262-0

内容 ケインズの経済学の形成過程（平井俊顕著, 西川弘展訳）〔*06332*〕

ビラベン, ジャン＝ノエル

◇叢書『アナール1929-2010』―歴史の対象と方法 4　1969-1979（Anthologie des Annales 1929-

ヒ

2010） E.ル＝ロワ＝ラデュリ,A.ビュルギエール監修, 浜名優美監訳 E.ル＝ロワ＝ラデュリ編, 池田祥英, 石川学, 井上桜子, 志村幸紀, 下村武, 寺本敬子, 中村督, 平沢勝行訳 藤原書店 2015.6 456p 22cm 8800円 ①978-4-86578-030-7
内容 中世初期のペスト（ジャック・ル＝ゴフ, ジャン＝ノエル・ビラベン著, 下村武訳） 〔06333〕

ヒラリー, ピーター Hillary, Peter
◇ヒマラヤ探検史―地勢・文化から現代登山まで（HIMALAYA） フィリップ・パーカー編, 藤原多伽夫訳 東洋書林 2015.2 353p 22cm 〈文献あり 索引あり〉 4500円 ①978-4-88721-820-8
内容 序文（ピーター・ヒラリー） 〔06334〕

ヒーリー, カレン Healy, Karen
◇ソーシャルワークの方法とスキル―実践の本質的基盤（SOCIAL WORK METHODS AND SKILLS） カレン・ヒーリー著, 杉本敏夫, 熊谷忠和監訳 岐阜 みらい 2016.4 313p 21cm 〈索引あり〉 3300円 ①978-4-86015-382-3 〔06335〕

ヒーリー, メアリー Healy, Mary
◇マルコによる福音書―カトリック聖書注解（The Gospel of Mark） メアリー・ヒーリー著, ピーター・ウィリアムソン, メアリー・ヒーリー編, 田中昇訳, 湯浅俊治監修 サンパウロ 2014.12 462p 21cm 〈文献あり 索引あり〉 4000円 ①978-4-8056-8039-1
内容 福音書のプロローグ 権威ある新しい教え 医者、花婿、安息日の主 新しいイスラエル、新しい家族 神の国のたとえ 自然、悪霊、病気そして死を支配する権威 イエスはご自分のものである人々のもとに来る パンの理解 弟子となる歩みの途中で 日々の生活における福音〔ほか〕 〔06336〕

ビリオーネ, カーク
◇マニフェスト本の未来（Book : a futurist's manifesto） ヒュー・マクガイア, ブライアン・オレアリ編 ボイジャー 2013.2 339p 21cm 2800円 ①978-4-86239-117-9
内容 DRMの投資対効果を考える（カーク・ビリオーネ著） 〔06337〕

ピリング, デイヴィッド Pilling, David
◇日本―喪失と再起の物語―黒船、敗戦、そして3・11 上（BENDING ADVERSITY） デイヴィッド・ピリング著, 仲達志訳 早川書房 2014.10 335p 20cm 〈索引あり〉 2100円 ①978-4-15-209494-0
内容 第1部 津波（津波―二〇一一年三月一一日、陸前高田 逆境をバネにする―被災地を歩いて） 第2部「二重に錠のかかった国」（島国であることの意味―日本人論の虚実 「脱亜」への決意―日本外交のルーツをたずねて） 第3部 失われて戻ってきた二〇年（無限級数のように―奇跡の戦後復興 転落の後に―転機としての一九九五年） 第4部 ポスト成長神話（ジャパン・アズ・ナンバースリー―日本衰退論の嘘 リーゼント頭のサムライ―小泉純一郎とその時代） 〔06338〕
◇日本―喪失と再起の物語―黒船、敗戦、そして3・11 下（BENDING ADVERSITY） デイヴィッド・ピリング著, 仲達志訳 早川書房 2014.10 342p 20cm 〈文献あり 索引あり〉 2100円 ①978-4-15-209495-7
内容 第4部 ポスト成長神話（承前）（ポスト成長期の日本―少子高齢化を超えて 約束された道―模索する若者たち 几帳の向こう側から―変化する男女関係） 第5部 漂流（日本以外のアジア―歴史問題の呪縛 異常な国家―二人の総理大臣の挑戦） 第6部 津波のあとで（福島原発事故の余波―それが明らかにしたもの 市民たち―新たなる社会の胎動 津波のあとで―復興へと歩む人々） 〔06339〕

ヒル, クララ・E. Hill, Clara E.
◇ヘルピング・スキル―探求・洞察・行動のためのこころの援助法（Helping Skills 原著第2版の翻訳） クララ・E.ヒル著, 藤生英行監訳, 岡本吉生, 下村英雄, 柿井俊昭訳 金子書房 2014.9 403p 26cm 〈文献あり 索引あり〉 10000円 ①978-4-7608-3259-0
内容 第1部 概観（ヘルピングを学ぶ前に ヘルピングの3段階モデルについての理論的基盤 ほか） 第2部 探求段階（探求段階の概観 かかわりと傾聴 ほか） 第3部 洞察段階（洞察段階の概観 挑戦 ほか） 第4部 行動段階（行動段階の概観 行動段階のスキル ほか） 第5部 まとめ（3段階の統合） 〔06340〕

ヒル, クローディア
◇経験学習によるリーダーシップ開発―米国CCLによる次世代リーダー育成のための実践事例（Experience-Driven Leader Development） シンシア・D.マッコーレイ,D.スコット・デリュ, ポール・R.ヨスト, シルベスター・テイラー編, 漆嶋稔訳 日本能率協会マネジメントセンター 2016.8 511p 27cm 8800円 ①978-4-8207-5929-4
内容 足場を固めるための内省 他（クローディア・ヒル） 〔06341〕

ヒル, シェリー・A. Hill, Shirley Ann
◇黒人ハイスクールの歴史社会学―アフリカ系アメリカ人の闘い1940-1980（The African American Struggle for Secondary Schooling, 1940-1980） ジョン・L.ルーリー, シェリー・A.ヒル著, 倉石一郎, 久原みな子, 末木淳子訳 京都 昭和堂 2016.11 266, 66p 21cm 〈索引あり〉 3000円 ①978-4-8122-1556-2
内容 第1部 進学機会の拡大（一九四〇年代の南部 大転換―「平等化」と中等教育 南部以外での不公正、差別、そして発展（一九四〇‐一九六〇）） 第2部 平等のための闘い（黒人の若者と都市の危機 人種隔離との戦い アフリカ系アメリカ人のハイスクール経験への視座） 〔06342〕

ヒル, ジョシュア
◇中国議会100年史―誰が誰を代表してきたのか 深町英夫編 東京大学出版会 2015.12 291p 22cm 〈他言語標題：A Hundred Years' History of Chinese Parliamentarianism 索引あり〉 5000円 ①978-4-13-036257-3
内容 選挙運動は不当だ！（ジョシュア・ヒル著, 家永真幸訳） 〔06343〕

ヒル, チャールズ・W.L.　Hill, Charles W.L.

◇国際ビジネス　3　企業戦略と事業運営（INTERNATIONAL BUSINESS 原著第8版の翻訳）　チャールズ・W.L.ヒル著, 鈴木泰雄, 藤野るり子, 山崎恵理子訳　楽工社　2014.2　592p　22cm　〈索引あり〉4800円　①978-4-903063-61-4

内容 第5部 国際企業の戦略と構造（国際企業の戦略　国際企業の組織　市場参入戦略と戦略的提携）　第6部 国際企業の事業運営（輸出、輸入、見返り貿易　グローバルな生産、アウトソーシング、ロジスティクス　グローバルなマーケティングと研究開発　グローバルな人的資源管理　国際企業の会計　国際企業の財務管理）　〔06344〕

ヒル, ナポレオン　Hill, Napoleon

◇思考は現実化する　上（THE THINK AND GROW RICH ACTION PACK）　ナポレオン・ヒル著, 田中孝顕訳　きこ書房　2014.4　364p　16cm　〈新装版 1999年刊の再刊〉750円　①978-4-87771-316-4

内容 序章 思考は現実化する！ ―ナポレオン・ヒル博士の「成功哲学」が完成されるまでの軌跡　第1章 思考は現実化しようとする衝動を秘めている―成功のための基本的な考え方　第2章 願望の設定は、あらゆるものの達成の出発点である―成功のための第一のステッ　第3章 信念は願望実現の原動力である―成功のための第二のステップ　第4章 深層自己説得を活用する―成功のための第三のステップ　第5章 個人的経験と観察力を高める―成功のための第四のステップ　第6章 脳の中に浮かぶ森羅万象の世界を活用せよ―成功のための第五のステップ　第7章 体系的な行動計画を立てる―成功のための第六のステップ　第8章 速やかに決断せよ―成功のための第七のステップ　〔06345〕

◇思考は現実化する　下（THE THINK AND GROW RICH ACTION PACK）　ナポレオン・ヒル著, 田中孝顕訳　きこ書房　2014.4　384p　16cm　〈新装版 1999年刊の再刊〉750円　①978-4-87771-317-1

内容 第9章 忍耐力を身につける―成功のための第八のステップ　第10章 マスターマインドの力―成功のための第九のステップ　第11章 モチベーションを生み出す魔法のアイデア―成功のための第十のステップ　第12章 潜在意識は海面下の王国である―成功のための第十一のステップ　第13章 頭脳は宇宙が宿る小さな器である―成功のための第十二のステップ　第14章 第六感は英知の殿堂への扉を開く―成功のための第十三のステップ　第15章 強烈な本能を創造的なものに転換せよ―成功のための第十四のステップ　第16章 失敗も生き物である―成功のための第十五のステップ　第17章 悲しみを通して魂にいたれ―成功のための第十六のステップ　第18章 不安という名の七つの亡霊―成功のための第十七のステップ　〔06346〕

◇ナポレオン・ヒル成功哲学（GROW RICH！ WITH PEACE OF MIND）　ナポレオン・ヒル著, 田中孝顕訳　きこ書房　2016.2　403p　16cm　〈「成功哲学」(1996年刊)の改題〉900円　①978-4-87771-340-9

内容 自分の心を知り、自分の人生を生きよ　成功とは、自分自身の人生を生きること　あなたのすべてを左右する信念の力　富を分かち与えると、よりいっそう多くの富を得る　過去の扉を閉じよ　心の内に宿る無限の叡智の声に耳を傾けよ　心の中に富を築こう　金の主人は誰か？　恐怖を取り去れば、自由な生き方ができる　エンスージアズム（熱意）が人を、そしてあなたをも動かす　成功のためのパフォーマンス「代償」を支払うことを怠るな　富と平安をともにもたらす基本的な心構え　心安らかに、最高の自分を生きようではないか　〔06347〕

◇あきらめなかった人々―思考は現実化する（THINK AND GROW RICH A BLACK CHOICE）　デニス・キンブロ, ナポレオン・ヒル著, 田中孝顕訳　きこ書房　2016.9　207p　19cm　1380円　①978-4-87771-356-0

内容 第1章 内なる自分へ―最後のフロンティア　第2章 どこまでも羽ばたく想像力　第3章 震えるような願望　第4章 心の壁を突き破る　第5章 何としても、粘り抜け　第6章 最大のチャンスは、常に自分自身の中にある　第7章 熱中したふりをする　第8章 ロックフェラーが本当に欲しかったもの　第9章 六文字の魔法の言葉　〔06348〕

◇ナポレオン・ヒル自己実現（YOU CAN WORK YOUR OWN MIRACLES）　ナポレオン・ヒル著, 田中孝顕訳　きこ書房　2016.9　256p　16cm　700円　①978-4-87771-352-2

内容 できないこともできるようになる信念の法則―普通の人生が一変する不思議　人生は奇跡に満ちている―奇跡があると思いつつ行動するだけでも人生は豊かになる　成長は自己変化の中にひそむ―変化の法則　見えないガイドを発見する―私は絶対にくじけない！　「自分の城」を築くなら重い石を運べ―試練を克服できるのは「自分の城」をつくるという目標があるからだ　創意的努力の法則―成功への執念が豊かな実をみのらす　貧困は心の状態の反映だ―豊かな心が貧困から脱却させる　逆境と失敗が含む利益の種子―勝者は決してあきらめない。あきらめる者は決して勝者になれない　悲しみをとおして歓喜にいたる―無数の感情を経験してこそ真の成功者となれる　時間はあらゆる絶望をいやす―時間万能の法則　知恵は死から苦しみを除く―くよくよ鳥になぜエサを与えるのか　心の持つ無限の力を信じる―何を望んでいるかを潜在意識に命令する　〔06349〕

◇成功哲学―新・完訳（THINK AND GROW RICH！ 原著復刻改訂版の翻訳）　ナポレオン・ヒル著, ロス・コーンウェル編, 宮本喜一訳　アチーブメント出版　2016.11　566p　20cm　〈索引あり〉2000円　①978-4-86643-002-7

内容 知力―自分の流儀を“考え抜いた”男　願望―あらゆる成果への出発点 豊かさへの最初のステップ　信念―願望の達成を思い描き、信じること 豊かさへの第二ステップ　自己暗示―潜在意識に働きかける仲介者 豊かさへの第三ステップ　専門的な知識―個人的な経験、観察 豊かさへの第四ステップ　想像力―頭脳の作業場 豊かさへの第五ステップ　統合的・有機的な計画立案―願望から具体的な行動へ 豊かさへの第六ステップ　決断―優柔不断との決別 豊かさへの第七ステップ　忍耐力―信念を引き出すために必要な粘り強い努力 豊かさへの第八ステップ　マスター・マインドの力―前進させる力 豊かさへの第九ステップ　性が発揮する方向転換の力の神秘―豊かさへの第十ステップ　潜在意識―つなげる輪 豊かさへの第十一ステップ　頭脳―思考の放送兼受信局 豊かさへの第一二ステップ　第六感―智恵の聖堂に続くとびら 豊かさへの第十三ステップ　六つの恐怖の亡霊に備えるには　〔06350〕

◇ナポレオン・ヒルの成功哲学 伝説のスピーチ―

ヒ

1922年 1957年 セーラム・カレッジ（NAPOLEON HILL'S GREATEST SPEECHES ： in Salem College 1922, 1957） ナポレオン・ヒル著, 田中孝顕訳 きこ書房 2016.12 115p 19cm 1300円 ①978-4-87771-361-4

内容 虹の端を追い求めて――一九二二年 セーラム・カレッジ卒業式告辞（ナポレオン・ヒル） 成功を手にするために必要な五大要素――一九五七年 セーラム・カレッジ卒業式告辞（ナポレオン・ヒル） 〔06351〕

ヒル, フィオナ Hill, Fiona

◇プーチンの世界―「皇帝」になった工作員（Mr. Putin ： Operative in the Kremlin） フィオナ・ヒル, クリフォード・G.ガディ著, 浜野大道, 千葉敏生訳, 畔蒜泰助監修 新潮社 2016.12 522p 19cm 3200円 ①978-4-10-507011-3

内容 第1部 工作員、現わる（プーチンとは何者なのか? ボリス・エリツィンと動乱時代 国家主義者 歴史家 サバイバリスト アウトサイダー 自由経済主義者 ケース・オフィサー システム） 第2部 工作員、始動（ステークホルダーたちの反乱 プーチンの世界 プーチンの「アメリカ教育」 ロシア、復活 国外の工作員） 〔06352〕

ヒル, マイケル Hill, Michael James

◇イギリス社会政策講義―政治的・制度的分析（UNDERSTANDING SOCIAL POLICY 原著第8版の翻訳） マイケル・ヒル, ゾーイ・アービング著, 埋橋孝文, 矢野裕俊監訳 京都 ミネルヴァ書房 2015.2 372p 21cm 〈文献あり 索引あり〉 4000円 ①978-4-623-07254-5

内容 第1章 社会政策を学ぶ（はじめに 個人と社会 ほか） 第2章 現代社会政策の形成（はじめに 貧困と福祉国家以前の国家 ほか） 第3章 社会政策の立案策定（はじめに 代議政体モデル ほか） 第4章 政策執行（はじめに 政策執行の構造―中央政府 ほか） 第5章 社会保障（はじめに イギリスの社会保障における際立った特徴 ほか） 第6章 雇用政策（はじめに 雇用政策への代替アプローチ ほか） 第7章 保健医療政策（はじめに 国民保健サービス（NHS）の組織と運営 ほか） 第8章 成人のためのソーシャルケア（はじめに ソーシャルケア・サービスの概観 ほか） 第9章 教育と子ども（はじめに 公費による学校システムの組織と運営 ほか） 第10章 住宅（はじめに 住宅システムが今日の形態に至るまで ほか） 第11章 世界の中のイギリス（はじめに 政策学習 ほか） 第12章 社会政策と社会変化（はじめに 家族の変化 ほか） 〔06353〕

ヒル, リンダ・A. Hill, Linda Annette

◇ハーバード流逆転のリーダーシップ（COLLECTIVE GENIUS） リンダ・A.ヒル, グレッグ・ブランドー, エミリー・トゥルーラブ, ケント・ラインバック著, 黒輪篤嗣訳 日本経済新聞出版社 2015.4 382p 20cm 〈文献あり〉 2000円 ①978-4-532-31989-2

内容 イノベーションはひとりの天才からは生まれない リーダーが直面する六つのパラドックス 従来のリーダーシップは通用しない 第1部 メンバーの意欲を引き出すリーダー（コミュニティーを築く 価値観と参加規則） 第2部 組織の能力を築くリーダー（創造的な摩擦 創造的な敏速さ 創造的な解決） 第3部 未来を切り拓くリーダー（イノベーションの生態系を育てる 未来のイノベーションのリーダーはどこにいるか） 〔06354〕

ヒル, ロザリンド

◇イギリス宗教史―前ローマ時代から現代まで（A History of Religion in Britain） 指昭博, 並河葉子監訳, 赤江雄一, 赤瀬理穂, 指珠恵, 戸渡文子, 長谷川直子, 宮崎章訳, シェリダン・ギリー, ウィリアム・J.シールズ編 法政大学出版局 2014.10 629, 63p 22cm 〈文献あり 年表あり 索引あり〉 9800円 ①978-4-588-37122-6

内容 ノルマン征服から黒死病まで（ロザリンド・ヒル著, 赤江雄一訳） 〔06355〕

ヒルシュフェルト, ゲルハルト

◇第一次世界大戦とその影響 軍事史学会編 錦正社 2015.3 494p 21cm 〈『軍事史学』第50巻第3・4合併号と同内容〉 4000円 ①978-4-7646-0341-7

内容 第一次世界大戦期のドイツ帝国（ゲルハルト・ヒルシュフェルト著, 尾崎修治訳） 〔06356〕

ヒルシュフェルト, マグヌス Hirschfeld, Magnus

◇戦争と性 マグヌス・ヒルシュフェルト著, 高山洋吉訳 明月堂書店 2014.6 301p 20cm 〈河出書房 1956年刊の復刻版〉 2300円 ①978-4-903145-48-8 〔06357〕

ピルズベリー, マイケル Pillsbury, Michael

◇China 2049―秘密裏に遂行される「世界覇権100年戦略」（THE HUNDRED-YEAR MARATHON） マイケル・ピルズベリー著, 野中香方子訳 日経BP社 2015.9 438p 19cm 〈発売：日経BPマーケティング〉 2000円 ①978-4-8222-5104-8

内容 希望的観測 中国の夢 争う国々 アプローチしたのは中国 ミスター・ホワイトとミズ・グリーン アメリカという巨大な悪魔 中国のメッセージポリス 殺手鐗 資本主義者の欺瞞 2049年の中国の世界秩序 威嚇射撃 戦国としてのアメリカ 〔06358〕

ヒルティ, カール Hilty, Karl

◇ヒルティ幸福論 1 カール・ヒルティ著, 氷上英広訳 〔点字資料〕 日本点字図書館（点字版印刷・製本） 2014.2 5冊 27cm 〈厚生労働省委託 原本：白水社 2012〉 〔06359〕

◇ヒルティ幸福論 2 カール・ヒルティ著, 斎藤栄治訳 〔点字資料〕 日本点字図書館（点字版印刷・製本） 2014.3 6冊 27cm 〈厚生労働省委託 原本：白水社 2012〉 〔06360〕

◇ヒルティ幸福論 3 カール・ヒルティ著, 前田護郎, 杉山好訳 〔点字資料〕 日本点字図書館（点字版印刷・製本） 2015.2 7冊 27cm 〈厚生労働省委託 原本：白水社 2012〉 〔06361〕

ピルニオク, アルネ

◇都市空間のガバナンスと法 吉田克己, 角松生史編 信山社 2016.10 467p 22cm （総合叢書 15―〔都市法〕） 8000円 ①978-4-7972-5465-5

内容 都市建設法の課題としての持続的都市発展（アル

ヒ

ネ・ピルニオク著, 野田崇訳)　〔06362〕

ヒルマン, ジェイムズ　Hillman, James

◇ユング『赤の書』の心理学―死者の嘆き声を聴く (Lament of the Dead)　ジェイムズ・ヒルマン, ソヌ・シャムダサーニ著, 河合俊雄監訳, 名取琢自訳　大阪　創元社　2015.6　280p　22cm 〈索引あり〉3600円　①978-4-422-11592-4

内容 1 ロサンゼルス　2 コネチカット　3 ニューヨーク　4 コネチカット　〔06363〕

ヒルマン, ブルース・J.　Hillman, Bruce J.

◇アインシュタインとヒトラーの科学者―ノーベル賞学者レーナルトはなぜナチスと行動を共にしたのか (The Man Who Stalked Einstein)　ブルース・J.ヒルマン, ビルギット・エルトル＝ヴァグナー, ベルント・C.ヴァグナー著, 大山晶訳　原書房　2016.2　301p　20cm　〈文献あり 索引あり〉2500円　①978-4-562-05293-6

内容 引き合わない勝利　事件の核心　親密さは軽蔑の元　興味深い夕べ　論争する紳士たち　逃したチャンス　ストックホルムのレーナルト　アインシュタイン対ウプサラの小教皇　危険な選択　レーナルトとヒトラー　ドイツ物理学　学会の不純物　ヒムラーtpハイゼンベルク　わが人生に悔いなし　〔06364〕

ビルンボーム, ピエール　Birnbaum, Pierre

◇国家の歴史社会学 (SOCIOLOGIE DE L'ÉTAT 原著新版の翻訳)　ベルトラン・バディ, ピエール・ビルンボーム著, 小山勉, 中野裕二訳　再訂訳版　吉田書店　2015.4　318p　19cm　〈初版：日本経済評論社 1990年刊　索引あり〉2700円 ①978-4-905497-32-5

内容 第1部 社会学理論における国家 (古典社会学の直観　現代の支配的社会学の挫折)　第2部 国家・社会・歴史 (国家・分業・資本主義　国家と社会構造　国家・文化・分離　国家の伝播：ヨーロッパから従属社会へ)　第3部 現代社会における国家・中心・権力 (国家による統治：官僚制をもった権力　市民社会による統治：官僚制の弱さ)　〔06365〕

ヒレンブランド, キャロル　Hillenbrand, Carole

◇図説イスラーム百科 (ISLAM)　キャロル・ヒレンブランド著, 蔵持不三也訳　原書房　2016.10 387p　22cm　〈文献あり 年表あり 索引あり〉 5000円　①978-4-562-05307-0

内容 第1章 序文　第2章 ムハンマド　第3章 クルアーン　第4章 信仰　第5章 イスラーム法　第6章 多様性　第7章 思想　第8章 スーフィズム　第9章 ジハード　第10章 女性たち　第11章 明日　〔06366〕

ヒロセ, イワオ　広瀬 巌

◇平等主義の哲学―ロールズから健康の分配まで (EGALITARIANISMの抄訳)　広瀬巌著, 斉藤拓訳　勁草書房　2016.8　258p　21cm　〈文献あり 索引あり〉2800円　①978-4-326-10253-2

内容 第1章 ロールズ的平等主義　第2章 運平等主義　第3章 目的論的平等主義　第4章 優先主義　第5章 十分主義　第6章 健康およびヘルスケアにおける平等　〔06367〕

ビン, コウセン　閔 庚仙

⇒ミン, キョンソン*

ヒーン, シーラ　Heen, Sheila

◇ハーバードあなたを成長させるフィードバックの授業 (THANKS FOR THE FEEDBACK)　ダグラス・ストーン, シーラ・ヒーン著, 花塚恵訳　東洋経済新報社　2016.2　328, 8p　19cm　1600円　①978-4-492-04580-0

内容 INTRODUCTION なぜ、あの人と会話すると心がザワつくのか　1 真実 (感謝、指導、評価に分けて受けとめる　意味を正しく理解する　自分だけが知らない自分)　2 人間関係 (あの人との会話が噛み合わない理由　3歩下がって俯瞰する)　3 アイデンティティ (そのとき、脳では何が起こっているか？　歪んだ見方を矯正する　あなたを成長させる言葉はすぐそばにある)　4 受けとり上手になる (断り上手は受けとり上手　フィードバックの力をみんなで高める)　〔06368〕

ビン, ユウキ　閔 有基

⇒ミン, ユギ

ピンカー, スティーブン　Pinker, Steven

◇暴力の人類史　上 (The Better Angels of Our Nature)　スティーブン・ピンカー著, 幾島幸子, 塩原通緒訳　青土社　2015.2　652, 32p　20cm 4200円　①978-4-7917-6846-2

内容 第1章 異国　第2章 平和化のプロセス　第3章 文明化のプロセス　第4章 人道主義革命　第5章 長い平和　第6章 新しい平和　〔06369〕

◇暴力の人類史　下 (The Better Angels of Our Nature)　スティーブン・ピンカー著, 幾島幸子, 塩原通緒訳　青土社　2015.2　583, 78p　20cm 〈文献あり 索引あり〉4200円　①978-4-7917-6847-9

内容 第7章 権利革命　第8章 内なる悪魔　第9章 善なる天使　第10章 天使の翼に乗って　〔06370〕

◇人類は絶滅を逃れられるのか―知の最前線が解き明かす「明日の世界」(DO HUMANKIND'S BEST DAYS LIE AHEAD？)　スティーブン・ピンカー, マルコム・グラッドウェル, マット・リドレー他著, 藤原朝子訳　ダイヤモンド社　2016.11　162p　19cm　1400円　①978-4-478-06988-2

内容 人類の爆発的進歩は止まらない 他 (スティーブン・ピンカー述)　〔06371〕

ビング, ダイアナ・A.　Bing, Diana A.

◇IBMのキャリア開発戦略―変化に即応する人事管理システムの構築 (AGILE CAREER DEVELOPMENT)　メアリー・アン・ボップ, ダイアナ・A.ビング, シェイラ・フォート‐トラメル著, 川喜多喬, 平林正樹, 松下尚史監訳　同友館　2014.4　263p　21cm　2400円　①978-4-496-05040-4

内容 第1章 適時・適材・適所な配置　第2章 キャリア深化の実現　第3章 キャリア開発プロセスの定義　第4章 優秀な人材の採用と新入社員の育成　第5章 熟練度の評価と事業を成功に導く活動　第6章 従業員と組織の能力開発　第7章 充実した開発計画の策定　第8章 協働学習活動と開発計画の連携　第9章 成功度合いの測定　〔06372〕

ヒ

ピンク, ダニエル　Pink, Daniel H.

◇フリーエージェント社会の到来―組織に雇われない新しい働き方（FREE AGENT NATION）　ダニエル・ピンク著, 池村千秋訳　新装版　ダイヤモンド社　2014.8　388p　19cm　1800円　①978-4-478-02929-9

内容 第1部 フリーエージェント時代が幕を開けた（組織人間の時代は終わった　全米の4人に1人がフリーエージェント！　という衝撃　デジタル・マルクス主義が蔓延する）　第2部 働き方の新たな常識とは？（これが新しい労働倫理だ　仕事のポートフォリオと分散投資を考える　仕事と時間の曖昧な関係）　第3部 組織に縛られない生き方もできる（人との新しい結びつき方がある　利他主義で互いに恩恵を受ける　オフィスに代わる「サードプレイス（第3の場所）」　フリーエージェントに役立つ新ビジネス　「自分サイズ」のライフスタイルをみつけよう）　第4部 フリーエージェントを妨げる制度や習慣は変わるか（古い制度と現実のギャップは大きい　万年臨時社員の実態と新しい労働運動の始まり）　第5部 未来の社会はこう変わる（「定年退職」は過去のものになった　教育はテイラーメードでできるようになる　生活空間と仕事場は緩やかに融合していく　個人が株式を発行する　ジャスト・イン・タイム政治が始まる　フリーエージェントで未来は大きく変わる）〔06373〕

◇変革の知　ジャレド・ダイアモンドほか〔述〕, 岩井理子訳　KADOKAWA　2015.2　251p　18cm（角川新書 K-1）　900円　①978-4-04-102413-3

内容 現代人は皆、顧客の心を虜にしなければならないセールスマン（ダニエル・ピンク述）〔06374〕

◇モチベーション3.0―持続する「やる気！」をいかに引き出すか（DRIVE）　ダニエル・ピンク〔著〕, 大前研一訳　講談社　2015.11　349p　15cm　（講談社+α文庫 G263-1）　820円　①978-4-06-281619-9

内容 第1部 新しいオペレーティング・システム（"モチベーション2.0"の盛衰　アメとムチが（たいてい）うまくいかない7つの理由　アメとムチがうまくいく特殊な状況　タイプ1とタイプ10）　第2部 "モチベーション3.0"3つの要素（自律性　マスタリー（熟達）　目的）　第3部 タイプ1のツールキット（個人用ツールキット―モチベーションを目覚めさせる9つの戦略　組織用ツールキット―会社、職場、グループ能力を向上させる9つの方法　報酬の禅的技法―タイプ1式の報酬　保護者や教育者用ツールキット―子どもを助ける9つのアイデア　お薦めの書籍 必読の15冊　グルに聞く ビジネスの本質を見抜いた6人の識者　フィットネスプラン 運動へのモチベーションを生み出す（そして持続させる）ための4つのアドバイス　本書の概要　ディスカッションに役立つ20の質問　自分自身とこのテーマを、さらに掘り下げるために）〔06375〕

ビンクレー, マリリン　Binkley, Marilyn

◇21世紀型スキル―学びと評価の新たなかたち（ASSESSMENT AND TEACHING OF 21ST CENTURY SKILLS）　P.グリフィン,B.マクゴー,E.ケア編, 三宅なほみ監訳, 益川弘如, 望月俊男編訳　京都　北大路書房　2014.4　265p　21cm　〈索引あり〉2700円　①978-4-7628-2857-7

内容 21世紀型スキルを定義する（マリリン・ビンクレー, オラ・アースタッド, ジョーン・ハーマン, ゼンタ・ライゼン, マーティン・リプリー, メイ・ミラーリッチ, マイク・ランブル著, 山口悦司, 林一雅, 池尻良平訳）〔06376〕

ヒンシェルウッド, R.D.　Hinshelwood, R.D.

◇クライン派用語事典（A Dictionary of Kleinian Thought 原著第2版の翻訳）　R.D.ヒンシェルウッド著, 衣笠隆幸総監訳, 福本修, 奥寺崇, 木部則雄, 小川豊昭, 小野泉監訳　誠信書房　2014.10　643p　22cm　〈文献あり〉8200円　①978-4-414-41456-1

内容 A 主要な基本用語（技法　無意識的幻想　攻撃性、サディズムおよび要素本能　エディプス・コンプレックス　内的対象 ほか）　B 一般用語（愛　アイザックス, スーザン　赤ん坊　赤ん坊の観察　アクティング・イン ほか）〔06377〕

ヒンズリー, ハリー　Hinsley, Francis Harry

◇権力と平和の模索―国際関係史の理論と現実（Power and the Pursuit of Peace）　ハリー・ヒンズリー著, 佐藤恭三訳　勁草書房　2015.1　557, 13p　22cm　〈索引あり〉6000円　①978-4-326-30237-6

内容 第1部 国際主義思想の歴史（十七世紀末まで　ペン、ベラーズ、サン＝ピェール　ルソー　カント　ジェレミー・ベンサムとジェイムズ・ミル　十九世紀前半　クリミア戦争から国際連盟へ）　第2部 一九〇〇年までの近代国家間システムの歴史（国家間システムの発端　最初の五十年　ヨーロッパの協調　十九世紀後半の国家間関係）　第3部 二十世紀の国家間関係と国際機構（二十世紀前半の国家間関係　第一次世界大戦　国際連盟の挫折　第二次世界大戦原因論　国際連合の本質と展開　第二次世界大戦以降の国家間関係）〔06378〕

ピンダイク, ロバート・S.　Pindyck, Robert S.

◇ピンダイク&ルビンフェルドミクロ経済学　1（MICROECONOMICS 原著第7版の翻訳）　ロバート・S.ピンダイク, ダニエル・L.ルビンフェルド著, 姉川知史監訳　KADOKAWA　2014.11　464p　21cm　〈索引あり〉3000円　①978-4-04-601102-2

内容 第1部 はじめに：市場と価格（ミクロ経済学の基本解説　需要と供給の基本原理）　第2部 生産者、消費者、競争市場（消費者行動　個別需要と市場需要　不確実性と消費者行動　生産　生産費用　利潤最大化と競争市場における供給　競争市場の分析）〔06379〕

◇ピンダイク&ルビンフェルドミクロ経済学　2（MICROECONOMICS 原著第7版の翻訳）　ロバート・S.ピンダイク, ダニエル・L.ルビンフェルド著, 姉川知史監訳　KADOKAWA　2014.11　480p　21cm　〈索引あり〉3000円　①978-4-04-601103-9

内容 第3部 市場構造と競争戦略（市場支配力：売り手独占と買い手独占　市場支配力を持つ企業の価格戦略　独占的競争と寡占　ゲーム理論と競争戦略　生産要素市場　投資と時間および資本市場）　第4部 情報などによる市場の失敗と政府の役割（一般均衡と経済効率　情報の非対称性と市場　外部性と公共財）〔06380〕

ヒンデラング, シュテファン

◇日独公法学の挑戦―グローバル化社会の公法　松本和彦編　日本評論社　2014.3　320p　22cm　〈他言語標題：Herausforderungen der

Őffentlichen Rechtswissenschaft in Japan und Deutschland　索引あり〉5300円　①978-4-535-51981-7

内容 国内税法のヨーロッパ法的決定因子（シュテファン・ヒンデラング, ハネス・ケーラー著, 谷口勢津夫訳）〔06381〕

ビンフィールド, クライド

◇イギリス宗教史―前ローマ時代から現代まで（A History of Religion in Britain）　指昭博, 並河葉子監訳, 赤江雄一, 赤瀬理穂, 指珠恵, 戸渡文子, 長谷川直子, 宮崎章訳, シェリダン・ギリー, ウィリアム・J.シールズ編　法政大学出版局　2014.10　629, 63p　22cm　〈文献あり 年表あり 索引あり〉9800円　①978-4-588-37122-6

内容 イングランドの福音主義非国教徒と文化一八四〇～一九四〇年（クライド・ビンフィールド著, 並河葉子訳）〔06382〕

ビンモア, ケン　Binmore, K.G.

◇正義のゲーム理論的基礎（Natural Justice）　ケン・ビンモア著, 栗林寛幸訳　NTT出版　2015.5　326p　22cm　（叢書《制度を考える》）〈文献あり 索引あり〉4200円　①978-4-7571-2233-8

内容 道徳科学　交渉理論　主義の論戦　均衡　互恵性　義務　血縁　共感　黄金律　功利主義　平等主義　計画的分権〔06383〕

【フ】

フ, エイ　傅 瑩

◇異国の地にて―傅瑩元大使講演録　傅瑩著, 張利利訳　翰林書房　2016.3　551p　21cm　〈他言語標題：When I Was There　英語併記 中国語併記〉3800円　①978-4-87737-394-8

内容 講演編（多彩なる世界を迎えよう―オーストラリア国立大学卒業式での講演 2004年7月29日キャンベラにて　変化の途上にある世界と中国―オーストラリア大学長委員会年会での講演 2004年11月8日シドニーにて　芸術作品から現代中国を知る―中国20世紀版画と現代陶磁品展開幕式での講演 2005年6月24日キャンベラにて ほか）　文章編（オリンピックの聖火は永遠に―『The Times』掲載2008年4月5日　オリンピック聖火リレーの後に考えたこと―『The Sunday Telegraph』掲載2008年4月13日　中華民族の血脈に流れる団結精神―『ガーディアン』紙掲載2009年7月13日 ほか）　対談編（中国と世界の美しい関係のスタート―イギリス第4チャンネル・ニュース番組での会見 2008年5月8日　中国は協力するために来たのです―BBCテレビ局アンドリュー・マー氏との対談 2009年3月29日　中国の新しき物語―FT（『ファイナンシャル・タイムズ』紙）との昼食会にて 2010年1月30日 ほか）〔06384〕

ブー, キャサリン　Boo, Katherine

◇いつまでも美しく―インド・ムンバイのスラムに生きる人びと（BEHIND THE BEAUTIFUL FOREVERS）　キャサリン・ブー著, 石垣賀子訳　早川書房　2014.1　358p　20cm　2300円　①978-4-15-209430-8

内容 プロローグ バラの花の間で　第1部 スラムの人々（アンナワディ　アシャ　スニール　マンジュ）　第2部 焼身事件をめぐって（ゴーストハウス　穴、または窓　くずれる　師匠）　第3部 波紋（マーキー効果　オウム、とらわれ、売られる　正しい眠り）　第4部 上へ、外へ（九つの夜の踊り　何か光るもの　裁判　氷　モノトーン　学校、病院、クリケット場）〔06385〕

フ, ゴウ*　傅 剛

◇中国の文明―北京大学版　4　文明の確立と変容　下（秦漢―魏晋南北朝）　稲畑耕一郎日本語版監修・監訳, 袁行霈, 厳文明, 張伝璽, 楼宇烈原著主編　住谷孝之, 土谷彰男訳　潮出版社　2016.4　363, 14p　23cm　〈他言語標題：THE HISTORY OF CHINESE CIVILIZATION　文献あり 年表あり 索引あり〉4800円　①978-4-267-02024-7

内容 第7章 歴史学と地理学の基礎固めとその発展（紀伝体の新たな歴史学を創り出した『史記』　紀伝体による断代歴史学の確立と発展 ほか）　第8章 秦漢魏晋南北朝の文学（文学の自覚　伝記文学の伝統の確立 ほか）　第9章 芸術の全面的な繁栄（芸術の新たな局面の幕開け　建築芸術の力強さと美しさ ほか）　第10章 科学技術の形成と発展（天文暦算　中国薬学の体系の基礎固めと発展 ほか）　第11章 社会生活（多彩な衣・食・住・行　家庭と宗族 ほか）〔06386〕

◇中国の文明―北京大学版　2　古代文明の誕生と展開　下（先史・夏殷周―春秋戦国）　稲畑耕一郎日本語版監修・監訳, 袁行霈, 厳文明, 張伝璽, 楼宇烈原著主編　野原将揮訳　潮出版社　2016.10　469, 15p　23cm　〈他言語標題：THE HISTORY OF CHINESE CIVILIZATION　文献あり 年表あり 索引あり〉5000円　①978-4-267-02022-3

内容 第5章 鉄器の活用と生産の増大　第6章 殷周期の都市と商業　第7章 漢字の起源と早期の発展　第8章 殷周時期の宗教と信仰　第9章 教育の発達と学術の隆盛　第10章 文学と芸術の誕生と繁栄〔06387〕

フ, ショウサン*　夫 勝粲

⇒プ, スンチャン*

プ, スンチャン*　夫 勝粲

◇現代日本の政治と外交　7　日本と韓国―互いに敬遠しあう関係（JAPANESE AND KOREAN POLITICS）　猪口孝監修　猪口孝編　原書房　2015.3　336, 4p　22cm　〈文献あり 索引あり〉4800円　①978-4-562-04964-6

内容 韓国の外交政策（文正仁, 夫勝粲著）〔06388〕

フ, トウセン　傅 統先

◇中国回教史論叢　金吉堂, 傅統先著, 外務省調査部, 井東憲訳　書肆心水　2015.7　350p　22cm　〈「中国回教史研究」（生活社 1940年刊）と「支那回教史」（岡倉書房 1942年刊）の改題、合本　文献あり〉6900円　①978-4-906917-43-3

内容 中国回教史研究 上巻 中国回教史学 金吉堂 著, 外務省調査部 訳. 中国回教史研究 下巻 中国回教史略 金吉堂 著, 外務省調査部 訳. 中国回教史 傅統先 著, 井東憲 訳〔06389〕

ファー, ネイサン　Furr, Nathan R.

◇成功するイノベーションは何が違うのか？

フ

(THE INNOVATOR'S METHOD)　ネイサン・ファー, ジェフリー・ダイアー著, 新井宏征訳　翔泳社　2015.2　350p　20cm　〈索引あり〉2800円　①978-4-7981-4057-5

内容 序章 はじめに　第1章 イノベーション実現メソッド　第2章 不確実な時代のリーダーシップ　第3章 インサイト—サプライズを味わう　第4章 課題—片づけるべき用事の発見　第5章 ソリューション—最小限の素晴らしい製品のプロトタイピング　第6章 ビジネスモデル—市場投入戦略の検証　第7章 ピボットのマスター　第8章 拡大　第9章 イノベーション実現メソッドを機能させる　まとめ 不確実性を機会に変える　付録 イノベーション実現メソッド概要　〔06390〕

ファイアース, シュテファン

◇民主政治はなぜ「大統領制化」するのか—現代民主主義国家の比較研究（The Presidentialization of Politics）　T.ポグントケ,P.ウェブ編, 岩崎正洋監訳　京都　ミネルヴァ書房　2014.5　523, 7p　22cm　〈索引あり〉8000円　①978-4-623-07038-1

内容 低地帯諸国（シュテファン・ファイアース, アンドレ・クロウェル著, 荒井祐介訳）　〔06391〕

ファイギ, ケビン

◇変革の知　ジャレド・ダイアモンドほか〔述〕, 岩井理子訳　KADOKAWA　2015.2　251p　18cm　(角川新書 K-1)　900円　①978-4-04-102413-3

内容 あらゆる創造には「人間」に対する熱烈な探求心が必要（ケビン・ファイギ述）　〔06392〕

ファイグル, エーリッヒ　Feigl, Erich

◇ハプスブルク帝国、最後の皇太子—激動の20世紀欧州を生き抜いたオットー大公の生涯（OTTO VON HABSBURG 原著第2版の翻訳）　エーリッヒ・ファイグル著, 関口宏道監訳, 北村佳子訳　朝日新聞出版　2016.4　389, 6p　19cm　(朝日選書 944)　〈年譜あり 索引あり〉1800円　①978-4-02-263044-5

内容 幼年時代 1912 - 1929　青年時代 1929 - 1940　アンシュルス（ドイツによるオーストリア併合）1938　パリ 1939 - 1940　挑戦し続けるオットー 1940　再びアメリカへ 1940 - 1944　オーストリア再興のための戦い　中央ヨーロッパの命運 1943 - 1944　モスクワ宣言発効 1944　ハンガリー　第二次世界大戦終結後 1945 - 1991　東西冷戦終結　〔06393〕

ファイジズ, オーランド　Figes, Orlando

◇クリミア戦争　上（CRIMEA）　オーランドー・ファイジズ著, 染谷徹訳　白水社　2015.3　412p　20cm　3600円　①978-4-560-08420-5

内容 第1章 宗教紛争　第2章 東方問題　第3章 ロシアの脅威　第4章「欧州協調」の終焉　第5章 疑似戦争　第6章 ドナウ両公国をめぐる攻防　第7章 アリマ川の戦い　第8章 秋のセヴァストポリ　〔06394〕

◇クリミア戦争　下（CRIMEA）　オーランドー・ファイジズ著, 染谷徹訳　白水社　2015.3　321, 71p　20cm　〈文献あり 索引あり〉3600円　①978-4-560-08421-2

内容 第9章 冬将軍　第10章 大砲の餌食　第11章 セヴァストポリ陥落　第12章 パリ和平会議と戦後の新秩序　エピローグ クリミア戦争の伝説と記憶　〔06395〕

◇ビジュアル版 世界の歴史都市—世界史を彩った都の物語（The Great Cities in History）　ジョン・ジュリアス・ノーウィッチ編, 福井正子訳　柊風舎　2016.9　303p　27×21cm　15000円　①978-4-86498-039-5

内容 モスクワ—王宮のない首都（オーランド・ファイジズ）　〔06396〕

ファイナル, スティーヴ　Fainaru, Steve

◇戦場の掟（BIG BOY RULES）　スティーヴ・ファイナル著, 伏見威蕃訳　早川書房　2015.9　382p　16cm　(ハヤカワ文庫 NF 446)　〈講談社 2009年刊の再刊　文献あり〉900円　①978-4-15-050446-5

内容 プロローグ 国境にて　1 社会勉強株式会社　2 きょうはだれかを殺したい　3 最後の旅路　4 われわれは軍を護っている　5 あなたがたの物語　6 おまえはこれから死ぬんだ　7 おまえの血族　8 権限の範囲：神と同一　9 人質問題　10 特殊警備にはブラックウォーター　11 死をも乗り越える信仰　エピローグ 知恵の書　〔06397〕

ファイファー, ジェニファー・H.

◇共感の社会神経科学（THE SOCIAL NEUROSCIENCE OF EMPATHY）　ジャン・デセティ, ウィリアム・アイクス編著, 岡田顕宏訳　勁草書房　2016.7　334p　22cm　〈索引あり〉4200円　①978-4-326-25117-9

内容「鏡よ, 鏡, 心の中の鏡よ」：共感と対人能力とミラー・ニューロン・システム（ジェニファー・H.ファイファー, ミレーラ・ダープレトー著）　〔06398〕

ファイファー, レイモンド・S.　Pfeiffer, Raymond S.

◇48のケースで学ぶ職業倫理—意思決定の手法と実践（Ethics on the Job 原著第4版の翻訳）　レイモンド・S.ファイファー, ラルフ・P.フォースバーグ著, 高田一樹訳　センゲージラーニング　2014.4　271p　21cm　〈索引あり　発売：同友館〉2600円　①978-4-496-05041-1

内容 第1章 倫理に適う意思決定と倫理学　第2章 倫理原則とそのつながり　第3章 RESOLVEDD戦略—倫理に適う意思決定のために　第4章 RESOLVEDD戦略をより深く理解する　第5章 仕事の倫理問題—2つのケースを分析する　第6章 事例集—仕事の倫理をめぐる45のケース　〔06399〕

ファイル, ナオミ　Feil, Naomi

◇バリデーションファイル・メソッド—認知症の人への援助法（V/F validation the Feil method）　ナオミ・ファイル著, ビッキー・デクラーク・ルビン改著, 稲谷ふみ枝監訳, 飛松美紀訳　仙台　全国コミュニティライフサポートセンター　2016.5　195p　21cm　〈文献あり〉2000円　①978-4-904874-47-9

内容 第1部 バリデーションとは？　第2部「解決」のステージの4つの段階　第3部 個人にバリデーションをする　第4部 バリデーショングループ　第5部 そのほかの援助方法　付録　表、書式、テスト　〔06400〕

ファイン, エレン　Fein, Ellen

◇現代版ルールズ（NOT YOUR MOTHER'S RULES）　エレン・ファイン, シェリー・シュナイダー〔著〕, 田村明子訳 ベストセラーズ 2015.4 311p 15cm (ワニ文庫 P-265) 740円 ①978-4-584-39365-9
内容 1 なぜ本書を書いたのか 2 娘たちから『ルールズ』について一言 3「娘たちを抱きしめて」母親のためのルールズ 4 理想の男性を手に入れる31の法則 5 ルールズに関するQ&A 6 繰り返す価値のある20のルールズ Conclusion デートは努力である! 〔06401〕

◇ルールズ・ベスト―ベストパートナーと結婚するための絶対法則 エレン・ファイン, シェリー・シュナイダー著, キャシ天野訳 青春出版社 2015.5 238p 20cm 〈他言語標題:The RULES BEST〉1500円 ①978-4-413-03951-2
内容 1 基本のルールズ 2 出会いのルールズ 3 始まりのルールズ 4 お付き合いのルールズ 5 メールのルールズ 6 お見合いサイト・パーティのルールズ 7 結婚後のルールズ 〔06402〕

ファイン, キット
◇アリストテレス的現代形而上学(Contemporary Aristotelian Metaphysics) トゥオマス・E.タフコ編著, 加地大介, 鈴木生郎, 秋葉剛史, 谷川卓, 植村玄輝, 北村直彰訳 春秋社 2015.1 451, 17p 20cm (現代哲学への招待―Anthology 丹治信春監修) 〈文献あり 索引あり〉4800円 ①978-4-393-32349-6
内容 形而上学とは何か(キット・ファイン著, 加地大介訳) 〔06403〕

ファイン, ゲイリー・アラン
◇北東アジアの歴史と記憶(Northeast Asia's Difficult Past) 金美景,B.シュウォルツ編著, 千葉真監修, 稲正樹, 福岡和哉, 寺田麻佑訳 勁草書房 2014.5 315, 9p 22cm 〈索引あり〉3200円 ①978-4-326-30226-0
内容 中国の第二次世界大戦被害者の対日賠償運動における記憶の運動と国家―社会関係(徐彬, ゲイリー・アラン・ファイン著, 稲正樹訳) 〔06404〕

ファインバーグ, ケネス・R. Feinberg, Kenneth R.
◇大惨事後の経済的困窮と公正な補償―請求適格者と補償金額の決定について(WHO GETS WHAT) ケネス・R.ファインバーグ著, 伊藤寿英訳 八王子 中央大学出版部 2016.3 205p 21cm (日本比較法研究所翻訳叢書 72) 2600円 ①978-4-8057-0373-1
内容 第1章 私の人生に影響を与えた人びと―大学教授、裁判官、法律家そして上院議員 第2章 ベトナム戦争と枯葉剤後遺症―被害者間の連帯を目指して 第3章 9.11犠牲者補償基金―公的資金による救済は妥当か 第4章 バージニア工科大学銃乱射事件―命の価値の平等 第5章 公的資金による金融機関救済と役員報酬―あなたの力を信じる! 第6章 メキシコ湾岸地域原油流出事故―パーフェクト・ストーム エピローグ―公的な補償給付制度という感覚 〔06405〕

ファインマン, ミシェル Feynman, Michelle
◇ファインマン語録(THE QUOTABLE FEYNMAN) ファインマン〔著〕, ミシェル・ファインマン編, 大貫昌子訳 岩波書店 2016.5 361, 16p 20cm 〈年譜あり 索引あり〉3200円 ①978-4-00-006323-4
内容 幼・青年時代 家族 自叙伝 美術・音楽・詩 自然 想像力 ユーモア 愛 哲学と宗教 科学の本質〔ほか〕 〔06406〕

ファインマン, リチャード・P. Feynman, Richard Phillips
◇ファインマン語録(THE QUOTABLE FEYNMAN) ファインマン〔著〕, ミシェル・ファインマン編, 大貫昌子訳 岩波書店 2016.5 361, 16p 20cm 〈年譜あり 索引あり〉3200円 ①978-4-00-006323-4
内容 幼・青年時代 家族 自叙伝 美術・音楽・詩 自然 想像力 ユーモア 愛 哲学と宗教 科学の本質〔ほか〕 〔06407〕

ファヴィエ, ジャン Favier, Jean
◇金と香辛料―中世における実業家の誕生(DE L'OR ET DES ÉPICES) ジャン・ファヴィエ著, 内田日出海訳 新装版 春秋社 2014.5 570, 4p 22cm 〈文献あり 索引あり〉6500円 ①978-4-393-48524-8
内容 地平 開放 世界を知る 特権の世界 競争 外国人 貨幣 決済 資本 実業 市場金融 近代的銀行への道 実業の危難 会計 実業界の権力 実業と君主 実業家の変転 財産と意識 精神とフィオリーノ金貨 〔06408〕

ファヴォルー, ルイ Favoreu, Louis
◇法にとらわれる政治―政権交代、コアビタシオン、そして憲法院(LA POLITIQUE SAISIE PAR LE DROIT) ルイ・ファヴォルー著, 植野妙実子監訳 八王子 中央大学出版部 2016.8 183p 21cm (日本比較法研究所翻訳叢書 73) 〈索引あり〉2300円 ①978-4-8057-0374-8
内容 第1部 単純な政権交代期(憲法院によって「調整された」政権交代 政権交代期における公権力と憲法院) 第2部 コアビタシオンとなる政権交代期(憲法院によって「枠づけられる」コアビタシオン コアビタシオン期における憲法院と公権力) 〔06409〕

ファウス, フランシスコ Faus, Francisco
◇聖ホセマリア・エクスリバーへの病者のための九日間の祈り フランシスコ・ファウス著, 酒井俊弘訳 習志野 教友社 2013.3 40p 19cm 500円 ①978-4-902211-86-3 〔06410〕

◇聖ホセマリア・エクスリバーへの仕事のための九日間の祈り フランシスコ・ファウス著, 酒井俊弘訳 習志野 教友社 2014.3 36p 19cm 500円 ①978-4-902211-99-3 〔06411〕

◇聖ホセマリア・エクスリバーへの家族のための九日間の祈り(Novena de la familia a San Josemaría Escrivá) フランシスコ・ファウス著, 酒井俊弘訳 習志野 教友社 2015.2 56p 19cm 500円 ①978-4-907991-06-7 〔06412〕

ファウス, ユルゲン
◇マニフェスト本の未来(Book : a futurist's manifesto) ヒュー・マクガイア, ブライアン・オレアリ編 ボイジャー 2013.2 339p 21cm 2800円 ①978-4-86239-117-9

フ

内容 作家たちのコミュニティ（ユルゲン・ファウス著）〔06413〕

ファウスト, ウルリヒ

◇修道院文化史事典（KULTURGESCHICHTE DER CHRISTLICHEN ORDEN IN EINZELDARSTELLUNGEN） P.ディンツェルバッハー,J.L.ホッグ編, 朝倉文市監訳　普及版　八坂書房　2014.10　541p　20cm〈文献あり 索引あり〉3900円　①978-4-89694-181-4

内容 ベネディクト会（ウルリヒ・ファウスト著, 石山穂澄, 朝倉文市訳）〔06414〕

ファウスト, フロリアン

◇ヨーロッパ意思表示論の展開と民法改正―ハイン・ケッツ教授古稀記念（Störungen der Willensbildung bei Vertragsschluss） R.ツィンマーマン編集, 半田吉信訳著　信山社　2014.6　287p　22cm　（総合叢書 2―〔民法〕）〈索引あり〉8800円　①978-4-7972-5452-5

内容 競争法による決定自由の予防的保護（フロリアン・ファウスト著）〔06415〕

ファヴレ, P.*　Favre, Philippe

◇国家ブランディング―その概念・論点・実践（NATION BRANDING） キース・ディニー編著, 林田博光, 平沢敦監訳　八王子　中央大学出版部　2014.3　310p　22cm　（中央大学企業研究所翻訳叢書 14）　4500円　①978-4-8057-3313-4

内容 国家のブランディングの将来的展望（Philippe Favre,Chris Macrae,Stephen Brown著, 平沢敦訳）〔06416〕

ファーガソン, ジェームス・S.　Fargason, James Scott

◇知的財産監査―すすめ方とポイント　ジェームス・S.ファーガソン著, 堺咲子訳　日本内部監査協会　2016.7　106p　21cm　2500円　①978-4-907332-17-4 〔06417〕

ファーガソン, チャールズ　Ferguson, Charles H.

◇強欲の帝国―ウォール街に乗っ取られたアメリカ（PREDATOR NATION） チャールズ・ファーガソン著, 藤井清美訳　早川書房　2014.4　462p　20cm〈索引あり〉2700円　①978-4-15-209450-6

内容 第1章 アメリカの現状　第2章 パンドラの箱を開ける―金融緩和の時代（一九八〇年～二〇〇〇年）　第3章 バブル パート1―二〇〇〇年代の借り入れと貸し付け　第4章 バブルを生み出し、世界に広げたウォール街　第5章 すべてが崩れ落ちる―警鐘、略奪者、危機、対応　第6章 罪と罰―犯罪事業としての銀行業とバブル　第7章 痛みをもたらす負の産業―野放しの金融部門　第8章 象牙の塔　第9章 出来レースの国、アメリカ　第10章 何をするべきか〔06418〕

ファーガソン, ニーアル　Ferguson, Niall

◇世界論　安倍晋三, 朴槿恵ほか〔著〕, プロジェクトシンジケート叢書編集部訳　土曜社　2014.1　185p　19cm　（プロジェクトシンジケート叢書）〈他言語標題：A WORLD OF IDEAS　文献あり〉1199円　①978-4-907511-05-0

内容 更生施設に入る世界（ニーアル・ファーガソン著）〔06419〕

◇マネーの進化史（THE ASCENT OF MONEY） ニーアル・ファーガソン著, 仙名紀訳　早川書房　2015.10　504p　16cm　（ハヤカワ文庫 NF 448）　1100円　①978-4-15-050448-9

内容 第1章 一攫千金の夢　第2章 人間と債券の絆　第3章 バブルと戯れて　第4章 リスクの逆襲　第5章 わが家ほど安全なところはない　第6章 帝国からチャイメリカへ　終章 マネーの系譜と退歩〔06420〕

ファーガソン, マーガレット

◇小学校で法を語ろう（Let's Talk about Law in Elementary School） W.キャシディ,R.イェーツ編著, 同志社大学法教育研究会訳　成文堂　2015.12　232p　21cm　3000円　①978-4-7923-0584-0

内容 同調圧力を、法に関わる文学作品を通じてコントロールする（マーガレット・ファーガソン著, 尾形健訳）〔06421〕

ファス, ポーラ・S.　Fass, Paula S.

◇世界子ども学大事典（ENCYCLOPEDIA OF CHILDREN AND CHILDHOOD） ポーラ・S.ファス編, 北本正章監訳　原書房　2016.12　1425p　27cm〈索引あり〉28000円　①978-4-562-05332-2 〔06422〕

ファッセル, クリス　Fussell, Chris

◇TEAM OF TEAMS―複雑化する世界で戦うための新原則（TEAM OF TEAMS） スタンリー・マクリスタル, タントゥム・コリンズ, デビッド・シルバーマン, クリス・ファッセル著, 吉川南, 尼丁千津子, 高取芳彦訳　日経BP社　2016.4　467p　19cm〈発売：日経BPマーケティング〉2200円　①978-4-8222-5154-3

内容 第1部 プロテウス問題（プロテウスの息子たち　時計仕掛け　難解さから複雑さへ　正しいことを行う）　第2部 一つにまとまる（命令型からチームへ　チームのなかのチーム）　第3部 共有する（システムを考える　脳を収納ボックスから取り出す　「囚人のジレンマ」を打ち破る）　第4部 解き放つ（手は出さない菜園主のように組織を率いる）　第5部 先を見据える（対称性）〔06423〕

ファデル, C.　Fadel, Charles

◇21世紀の学習者と教育の4つの次元―知識, スキル, 人間性, そしてメタ学習（FOUR-DIMENSIONAL EDUCATION） C.ファデル, M.ビアリック,B.トリリング著, 岸学監訳, 関口貴裕, 細川太輔編訳, 東京学芸大学次世代教育研究推進機構訳　京都　北大路書房　2016.9　176p　21cm〈索引あり〉2200円　①978-4-7628-2944-4

内容 1 変わりゆく世界に向けた教育の再設計　2 21世紀の教育目標　3 知識の次元　4 スキルの次元　5 人間性の次元　6 メタ学習の次元　7 "どのように"について簡潔にふれる　8 結論〔06424〕

ファードン, ジョン

◇経済学大図鑑（The Economics Book） ナイアル・キシテイニーほか著, 若田部昌澄日本語版監

修, 小須田健訳　三省堂　2014.2　352p　25cm〈索引あり〉4000円　①978-4-385-16222-5

内容 さあ、交易をはじめよう―紀元前400年～後1770年　理性の時代―1770年～1820年　産業革命と経済革命―1820年～1929年　戦争と不況―1929年～1945年　戦後の経済学―1945年～1970年　現代の経済学―1970年～現在　〔06425〕

◇政治学大図鑑（The Politics Book）　ポール・ケリーほか著, 堀田義太郎日本語版監修, 豊島実和訳　三省堂　2014.9　352p　25cm〈索引あり〉4200円　①978-4-385-16226-3　〔06426〕

ファーニス, A.　Farnese, A.

◇誰も書けなかった死後世界地図　2　地上生活編　A.ファーニス著, 岩大路邦夫訳, 山口美佐子文構成　コスモ21　2014.9　187p　15cm（コスモ21不思議文庫）　600円　①978-4-87795-296-9

内容 1章「死」への不安はどこからくるのか―死の壁の向こうから見えたこと（死とは自分が「無」になること？　この肉体のままでいたいと願うのは愚かなこと？　ほか）　2章「死」とは永遠の別れなのか―フランチェッツォが体験した衝撃の真実（亡くなった人に対する後悔の念をどうしたらいいか？　亡くなった人への悲しみはどうしたらいいのか？　ほか）　3章 愛は「死」を超えられるか―フランチェッツォが見た死後世界での真実（死別しても愛する人と別れたくないと思うのは不自然なことか？　死を超えてまで愛する人と心通じ合うことなんてできるのか？　ほか）　4章 死後世界から見える人生の意味とは―ソボクな疑問が解けるかも（守護霊が語る、この世で生きることの意味　誰にでも守護霊はいるものなのか？　ほか）　〔06427〕

ファノン, フランツ　Fanon, Frantz

◇地に呪われたる者（LES DAMNÉS DE LA TERRE）　フランツ・ファノン〔著〕, 鈴木道彦, 浦野衣子共訳　新装版　みすず書房　2015.11　344p　20cm　3800円　①978-4-622-07968-2

内容 1 暴力　2 自然発生の偉大と弱点　3 民族意識の悲運　4 民族文化について　5 植民地戦争と精神障害　〔06428〕

ファブリーニ, セルジオ

◇民主政治はなぜ「大統領制化」するのか―現代民主主義国家の比較研究（The Presidentialization of Politics）　T.ポグントケ,P.ウェブ編, 岩崎正洋監訳　京都　ミネルヴァ書房　2014.5　523, 7p　22cm〈索引あり〉8000円　①978-4-623-07038-1

内容 半主権的なアメリカの大統領（セルジオ・ファブリーニ著, 西川賢訳）　〔06429〕

ファーブル, ジャン＝アンリ　Fabre, Jean Henri

◇大杉栄全集　第12巻　昆虫記 1　科学の不思議　大杉栄著, 大杉栄全集編集委員会編　ファーブル〔著〕, 大杉栄〔訳〕　ぱる出版　2015.9　690p　図版10p　20cm〈付属資料：8p：月報 12　布装〉8000円　①978-4-8272-0912-9　〔06430〕

ファーヘイ, キアラン　Fahey, Ciarán

◇ベルリン廃墟大全―ナチス、東西分割、冷戦…光と影の街を歩く（Abandoned Berlin）　キアラン・ファーヘイ著, 梅原進吾訳　青土社　2016.12　191p　25×19cm　2600円　①978-4-7917-6960-5

内容 解剖学研究所　グリューナウ社交場　ベーレンクヴェル・ブルワリー　ベーリッツ療養所　ルーダースドルフ化学工場　製氷工場　エリザベト療養所　グリューナウ放送局　ガルバーティタバコ製作所　グラボージー療養所〔ほか〕　〔06431〕

ファーマン, レオラ・ディラッド　Furman, Leola Dyrud

◇ソーシャルワークにおけるスピリチュアリティとは何か―人間の根源性にもとづく援助の核心（Spiritual Diversity in Social Work Practice 原著第2版の翻訳）　エドワード・R.カンダ, レオラ・ディラッド・ファーマン著, 木原活信, 中川吉晴, 藤井美和監訳　京都　ミネルヴァ書房　2014.12　661p　22cm〈文献あり 索引あり〉10000円　①978-4-623-07199-9

内容 第1部 スピリチュアリティに配慮したソーシャルワークの中心的な価値観と概念（指針となる原則　共感、サービスへの召命、ソーシャルワークの倫理原則　スピリチュアリティの意味）　第2部 ソーシャルワーク実践のためのスピリチュアルな多様性の探究（人間の多様性、スピリチュアリティ、ソーシャルワーク実践　ソーシャルサービスの宗教的観点とソーシャルワーク実践への洞察　非宗派的な霊的観点、観点の比較、協力に向けての示唆）　第3部 スピリチュアリティに配慮したソーシャルワークの実際（スピリチュアリティに配慮した実践的文脈の創造　スピリチュアルな発達の理解とアセスメント　スピリチュアリティに配慮した文化的に適切な実践のための倫理的ガイドライン　スピリチュアリティ志向の変容的実践　世界的な視座）　〔06432〕

ファム, H.*　Pham, Hong Quang

◇教育格差をこえる日本・ベトナム共同授業研究―「教え込み」教育から「子ども中心主義」の学びへ　村上呂里編著　明石書店　2015.3　270p　22cm〈ベトナム語抄訳付〉4800円　①978-4-7503-4166-8

内容 ベトナム側はこの試みをどう受けとめたか（Pham Hong Quang,Tu Quang Tan,Nguyen Thi Nhung著, 那須泉訳）　〔06433〕

ファラーチ, オリアナ

◇インタヴューズ　3　毛沢東からジョン・レノンまで（THE PENGUIN BOOK OF INTERVIEWS）　クリストファー・シルヴェスター編, 新庄哲夫他訳　文芸春秋　2014.6　463p　16cm（文春学芸ライブラリー―雑英 7）　1690円　①978-4-16-813018-2

内容 サミー・デイヴィス・ジュニア（サミー・デイヴィス・ジュニア述, オリアナ・ファラーチインタヴュアー, 高見浩訳）　〔06434〕

ファリアス, キャロリーナ　Farías, Carolina

◇ジーザス・コーリング―バイブルストーリーブック（Jesus Calling Bible Storybook）　サラ・ヤング著, 尾野庸子訳, キャロリーナ・ファリアス絵　アイシーメディックス　2015.7　256p　21cm〈発売：星雲社〉2500円　①978-4-434-20607-8

内容 旧約聖書（神さまの大きな計画　神さま、はじめて

フ

の家族を造られる　アダムとエバの大きな過ち　カインとアベル、二人の兄弟 ほか)　新約聖書(マリヤ、天使に会う　ヨハネという名の赤ちゃん　神さまはここに!　少年のイエスさま ほか)　〔06435〕

ファリオール, アンリケタ・ガリーガ

◇「世界の特別ニーズ教育と社会開発」シリーズ 3　スペイン語圏のインクルーシブ教育と福祉の課題―スペイン、メキシコ、キューバ、チリ　黒田学編　京都　クリエイツかもがわ　2016.3　173p　21cm　〈他言語標題:THE COMPARATIVE STUDIES SERIES IN SPECIAL NEEDS EDUCATION AND SOCIAL DEVELOPMENT〉 2000円　①978-4-86342-185-1

内容 スペインにおける言語障害者と聴覚障害者の教育の動向と課題(アンリケタ・ガリーガ・ファリオール著, 野村実, 藤井克美訳)　〔06436〕

フ

ファリス, パメラ・J.　Farris, Pamela J.

◇ランゲージアーツ―学校・教科・生徒をつなぐ6つの言語技術 (Language Arts 原著第5版の翻訳)　パメラ・J.ファリス, ドナ・E.ウェルデリッヒ著, 高橋邦年監訳, 渡辺雅仁, 田島祐規子, 満尾貞行訳　町田　玉川大学出版部　2016.7　337p　26cm　〈索引あり〉 3800円　①978-4-472-40519-8

内容 第1章 ランゲージアーツを教える　第2章 ライティング:多次元的プロセス　第3章 ライティング:物語、詩、説明、説得　第4章 リーディングの指導方法:文章と読み手のインタラクション　第5章 スピーキング:考えていることを声に出して話す　第6章 リスニング:受容的スキル　第7章 ビューイングとビジュアル・プレゼンテーション:多面的モダリティとランゲージアーツ　〔06437〕

ファルク, ウルリッヒ　Falk, Ulrich

◇ヨーロッパ史のなかの裁判事例―ケースから学ぶ西洋法制史 (Fälle aus der Rechtsgeschichte)　U.ファルク,M.ルミナティ,M.シュメーケル編著, 小川浩三, 福田誠治, 松本尚子監訳　京都　ミネルヴァ書房　2014.4　445p　22cm　〈索引あり〉 6000円　①978-4-623-06559-2

内容 16世紀後半のある魔女裁判(ウルリッヒ・ファルク著, 藤本幸二訳)　〔06438〕

ファルクス, マルクス・シドニウス　Toner, J.P.

◇奴隷のしつけ方 (HOW TO MANAGE YOUR SLAVES)　マルクス・シドニウス・ファルクス著, ジェリー・トナー解説, 橘明美訳　太田出版　2015.6　249p　19cm　〈文献あり 年表あり〉 1800円　①978-4-7783-1475-0

内容 主人であれ　奴隷の買い方　奴隷の活用法　奴隷と性　奴隷は劣った存在か　奴隷の罰し方　なぜ拷問が必要か　奴隷の楽しみ　スパルタクスを忘れるな!　奴隷の解放　解放奴隷の問題　キリスト教徒と奴隷　さらばだ!　〔06439〕

ファルクナー, アンドレアス

◇修道院文化史事典 (KULTURGESCHICHTE DER CHRISTLICHEN ORDEN IN EINZELDARSTELLUNGEN)　P.ディンツェルバッハー,J.L.ホッグ編, 朝倉文市監訳　普及版　八坂書房　2014.10　541p　20cm　〈文献あり 索引あり〉 3900円　①978-4-89694-181-4

内容 イエズス会(アンドレアス・ファルクナー著, 富田裕訳)　〔06440〕

ファルジュ, アルレット

◇男らしさの歴史　1　男らしさの創出―古代から啓蒙時代まで (HISTOIRE DE LA VIRILITÉ)　A.コルバン,J-J.クルティーヌ,G.ヴィガレロ監修　G.ヴィガレロ編, 鷲見洋一監訳　藤原書店　2016.12　788p 図版48p　22cm　8800円　①978-4-86578-097-0

内容 民衆の男らしささまざま(アルレット・ファルジュ著, 鷲見洋一訳)　〔06441〕

ファルチャーニ, エルヴェ　Falciani, Hervé

◇世界の権力者が寵愛した銀行―タックスヘイブンの秘密を暴露した行員の告白 (La Cassaforte Degli Evasori)　エルヴェ・ファルチャーニ, アンジェロ・ミンクッツィ著, 橘玲監修・イントロダクション, 芝田高太郎訳　講談社　2015.9　291p　19cm　1600円　①978-4-06-219552-2

内容 第1部 世界の権力者たちへの私の挑戦(さらば銀行機密　パラダイスでの生活　HSBCの内部抗争　罠:ベイルートへの旅　危険すぎるリスト)　第2部 銀行の巨大権力(秘密がすべて　お客様一人ひとりにタックスヘイブン　アメリカの恐喝　方向転換　政治家たちの腐敗)　第3部 銀行と政治家の不正義と戦う(内部告発者を守るためのシステム　新しい金融　政治の責務　脱税との戦い)　〔06442〕

ファルチャノヴァー, リュビッツァ

◇グローバル化と地域社会の変容　石川晃弘, 佐々木正道, リュボミール・ファルチャン編著　八王子　中央大学出版部　2016.3　533p　22cm　(中央大学社会科学研究所研究叢書 33―スロヴァキア地方都市定点追跡調査 2)　6300円　①978-4-8057-1334-1

内容 地域文化振興における市民結社活動(リュビッツァ・ファルチャノヴァー著, 石川晃弘訳)　〔06443〕

ファルチャン, リュボミール　Falt'an, L'ubomír

◇グローバル化と地域社会の変容　石川晃弘, 佐々木正道, リュボミール・ファルチャン編著　八王子　中央大学出版部　2016.3　533p　22cm　(中央大学社会科学研究所研究叢書 33―スロヴァキア地方都市定点追跡調査 2)　6300円　①978-4-8057-1334-1

内容 地方自治体と地域行政の機能(リュボミール・ファルチャン著, 石川晃弘訳)　〔06444〕

ファレリー, エリザベス　Farrelly, Elizabeth

◇ビジュアル版 世界の歴史都市―世界史を彩った都の物語 (The Great Cities in History)　ジョン・ジュリアス・ノーウィッチ編, 福井正子訳　柊風舎　2016.9　303p　27×21cm　15000円　①978-4-86498-039-5

内容 シドニー―バラックの町からグローバル都市へ(エリザベス・ファレリー)　〔06445〕

ファレル, ジョセフ・P.

◇21世紀の比較教育学—グローバルとローカルの弁証法（COMPARATIVE EDUCATION） ロバート・F.アーノブ, カルロス・アルベルト・トーレス, スティーヴン・フランツ編著, 大塚豊訳 福村出版 2014.3 727p 22cm 〈文献あり 索引あり〉9500円 ①978-4-571-10168-7
内容 教育の平等性（ジョセフ・P.ファレル著） 〔06446〕

ファレル, ワレン Farrell, Warren

◇男性権力の神話—《男性差別》の可視化と撤廃のための学問（THE MYTH OF MALE POWER） ワレン・ファレル著, 久米泰介訳 作品社 2014.4 413p 20cm 〈文献あり〉2300円 ①978-4-86182-473-9
内容 第1部 男性権力の神話（男性の権力というのは本当に神話か？ —第一の視点 第2章 ステージ1からステージ2へ—いかに成功した男性は女性を養うのか（しかし、彼ら自身を養うことは忘れられていた） "権力" "家父長制" "支配" "性差別"は、実際は男性の使い捨てを表す言葉ではないのだろうか？） 第2部 使い捨ての性のガラスの地下室（死の専門職—「私の体は私に選択権が無い」 戦争の英雄、それとも戦争の奴隷？ —軍人という名の売春婦 なぜ女性は長生きするのか？ ほか） 第3部 夫の代わりとしての政府（どのようにシステムが女性を保護するのだろうか、それとも…私たちが住んでいる世界は二つの違った法律が存在するのだろうか 女性は多過ぎるほど殺し、司法は彼女らを釈放する—二の "女性だけに働く"バイアス レイプの政治学 ほか） 第4部 私たちはこれからどこへ向かうのか（結論） 〔06447〕

ファレロンス, ビクトル・ウガルテ

◇地球時代の「ソフトパワー」—内発力と平和のための知恵 浅香幸枝編 大津 行路社 2012.3 362p 22cm （南山大学地域研究センター共同研究シリーズ 4） 〈文献あり〉2800円 ①978-4-87534-440-7
内容 スペイン語圏と日本を文化で結ぶ（ビクトル・ウガルテ・ファレロンス著, 田部井美雪訳） 〔06448〕

ファロウェル, ダンカン

◇インタヴューズ 3 毛沢東からジョン・レノンまで（THE PENGUIN BOOK OF INTERVIEWS） クリストファー・シルヴェスター編, 新庄哲夫他訳 文芸春秋 2014.6 463p 16cm （文春学芸ライブラリー—雑英 7） 1690円 ①978-4-16-813018-2
内容 ウィリアム・バロウズ（ウィリアム・バロウズ述, ダンカン・ファロウェルインタヴュアー, 山形浩生訳） 〔06449〕

ファロティーコ, ジュリア

◇刑事コンプライアンスの国際動向 甲斐克則, 田口守一編 信山社 2015.7 554p 22cm （総合叢書 19—〔刑事法・企業法〕） 〈他言語標題：International Trends of Criminal Compliance 文献あり〉12800円 ①978-4-7972-5469-3
内容 イタリアにおける経済犯罪防止に向けたコンプライアンス・プログラム（マウロ・カテナッチ, マルタ・アゴスティーニ, ジュリア・ファロティーコ, ステファーノ・マンティーニ, フェデリコ・メログラーノ著, 早稲田大学GCOE刑事法グループ訳） 〔06450〕

ファン, エイミー・J.

◇高等教育の社会学（SOCIOLOGY OF HIGHER EDUCATION） パトリシア・J.ガンポート編著, 伊藤彰浩, 橋本鉱市, 阿曽沼明裕監訳 町田 玉川大学出版部 2015.7 476p 22cm （高等教育シリーズ 167） 〈索引あり〉5400円 ①978-4-472-40514-3
内容 不平等（パトリシア・M.マグダナー, エイミー・J.ファン著, 内田康弘訳） 〔06451〕

ファン, サンイク* 黄 尚翼

◇朝鮮の女性〈1392-1945〉—身体、言語、心性 金賢珠, 朴茂瑛, イヨンスク, 許南麟編 クオン 2016.3 414p 19cm （クオン人文・社会シリーズ 02） 3800円 ①978-4-904855-36-2
内容 朝鮮時代の出産（黄尚翼著, 金美代子訳） 〔06452〕

ファン, ジスク

◇東アジアの歴史—韓国高等学校歴史教科書 アンビョンウ, キムヒョンジョン, イグヌ, シンソンゴン, ハムドンジュ, キムジョンイン, パクチュンヒョン, チョンヨン, ファンジスク著, 三橋広夫, 三橋尚子訳 明石書店 2015.9 282p 21cm （世界の教科書シリーズ 42） 〈文献あり 年表あり 索引あり〉3800円 ①978-4-7503-4237-5
内容 1 国家の形成 2 東アジア世界の成立 3 国際関係の変化と支配層の再編 4 東アジア社会の持続と変化 5 近代国家樹立への模索 6 今日の東アジア 付録 〔06453〕

ファン, ティ・トゥイ

◇教育格差をこえる日本・ベトナム共同授業研究—「教え込み」教育から「子ども中心主義」の学びへ 村上呂里編著 明石書店 2015.3 270p 22cm 〈ベトナム語抄訳付〉4800円 ①978-4-7503-4166-8
内容 タイグェン師範大学学生による研究授業とワークショップ（ファン・ティ・トゥイ, ブイ・ハーイ・メン, コウサカワタル述） 〔06454〕

ファン, ティ・マイ・フォン

◇子どもとお金—おこづかいの文化発達心理学 高橋登, 山本登志哉編 東京大学出版会 2016.9 325p 22cm 〈索引あり〉4800円 ①978-4-13-051334-0
内容 ベトナムの子どもとおこづかい（ファン・ティ・マイ・フォン, グエン・ティ・ホア著, 高橋登, 藤井貴之訳） 〔06455〕

ファン, デニース

◇学校を場とする放課後活動の政策と評価の国際比較—格差是正への効果の検討 金藤ふゆ子編著 福村出版 2016.3 343p 22cm 5200円 ①978-4-571-10172-4
内容 アメリカの学校を場とする放課後活動の政策と評価（デニース・ファン, 岩崎久美子, 青山鉄平, 金藤ふゆ子著, 錦織嘉子訳） 〔06456〕

フ

フ

ファン, ハイ・リン
◇朱印船貿易絵図の研究　菊池誠一編　京都　思文閣出版　2014.2　67, 3p 図版26p　22×31cm 〈年表あり〉 7800円　①978-4-7842-1712-0
内容 「茶屋交趾貿易渡海絵図」に描かれた象について（ファン・ハイ・リン著, 阿部百里子訳）〔06457〕

ファン, ハナム
◇東アジアの労働市場と社会階層　太郎丸博編　京都　京都大学学術出版会　2014.5　240p　22cm （変容する親密圏/公共圏 7）〈索引あり〉 3200円　①978-4-87698-379-7
内容 韓国における経済危機, 労働市場再編成と職業移動（ファン・ハナム著, 山下嗣太, 太郎丸博訳）〔06458〕

ファンク＝ブレンターノ, フランツ　Funck-Brentano, Frantz
◇パリの毒殺劇―ルイ十四世治下の世相（LE DRAME DES POISONS）　フランツ・ファンク＝ブレンターノ著, 北沢真木訳　論創社　2016.4　349p　20cm 〈文献あり〉 3800円　①978-4-8460-1504-6
内容 第1章 ブランヴィリエ事件（マリー・マドゥレーヌ・ドゥ・ブランヴィリエの行状　訴訟経過　ブランヴィリエの死）　第2章 宮廷毒殺劇：モンテスパン事件（魔女の横行―ヴィグルー家の昼食会　寵姫モンテスパン　司法官ニコラ・ドゥ・ラ・レニ）　第3章 戯曲『女占い師』―ルイ十四世治下における悪弊改革のための夢幻喜劇〔06459〕

ファンジェ, フレデリック　Fanget, Frédéric
◇自信をもてない人のための心理学（OSER）　フレデリック・ファンジェ〔著〕, 高野優監訳, 内山奈緒美訳　紀伊国屋書店　2014.9　357p　20cm　2200円　①978-4-314-01122-8
内容 第1部 自信のメカニズム（自信がないせいで、あなたは損をしている　自信のピラミッド　自信と病気 ほか）　第2部 自信を持てなくさせる七つの“思い込み”（思い込み1 私には能力がない　思い込み2 いつでも人から愛され、認められなければならない　思い込み3 私はダメな人間だ ほか）　第3部 自信を持てるようにするための三つの鍵（第1の鍵 “自己評価”を高めるためのトレーニング　第2の鍵 “行動”するためのトレーニング　第3の鍵 “自己主張”をするためのトレーニング ほか）〔06460〕

ファンステン, マイア　Fansten, Maïa
◇「ひきこもり」に何を見るか―グローバル化する世界と孤立する個人　鈴木国文, 古橋忠晃, ナターシャ・ヴェルー, マイア・ファンステン, クリスチーナ・フィギュエイレド編　青土社　2014.11　276p　19cm　2600円　①978-4-7917-6823-3
内容 敷居の乗り越え/成年期への移行における障害と中断について（マイア・ファンステン著）〔06461〕

ファーンズワース, E.アラン　Farnsworth, Edward Allan
◇アメリカ法への招待（An Introduction to the Legal System of the United States 原著第4版の翻訳）　E.アラン・ファーンズワース著, スティーブ・シェパード編, 笠井修, 高山佳奈子訳　勁草書房　2014.2　211p　21cm 〈索引あり〉 2500円　①978-4-326-40288-5
内容 1 法源と技術（歴史的背景　法学教育　法律家　司法制度　判例法　立法制度　制定法　二次的典拠）　2 法の構成と内容（分類　手続法　私法　公法）〔06462〕

ファン・デン・ホイフェル, ダニエラ
◇女性から描く世界史―17～20世紀への新しいアプローチ　水井万里子, 伏見岳志, 太田淳, 松井洋子, 杉浦未樹編　勉誠出版　2016.3　289p　21cm 〈索引あり〉 3200円　①978-4-585-22142-5
内容 近世オランダ都市女性の経済的機会（ダニエラ・ファン・デン・ホイフェル著, 朝倉美樹訳）〔06463〕

ファーンドン, ジョン　Farndon, John
◇ケンブリッジ・オックスフォード合格基準―英国エリートたちの思考力（DO YOU STILL THINK YOU'RE CLEVER?）　ジョン・ファーンドン著, 小田島恒志, 小田島則子訳　河出書房新社　2015.10　237p　19cm　1600円　①978-4-309-20690-5
内容 あなたならどうやって警察に知られずに人に毒を盛りますか？ —医学、ケンブリッジ　一体このカバンは空になるでしょうか？ —自然科学、ケンブリッジ　あなたならどうやってロックバンドを売り出しますか？ —経済学、経営学、オックスフォード　ウィトゲンシュタインは常にright（正しい）ですか？ —フランス語・フランス文学、哲学、オックスフォード　コンピューターはどれだけ小さくすることができますか？ —工学、ケンブリッジ　どのように革命を起こせば成功するでしょうか？ —歴史学、オックスフォード　美しい女性が三人全裸であなたの前に立っていたとしたら、あなたは誰を選びますか？ また、これは経済学になんらかの関係がありますか？ —近代学科（PPE＝哲学、政治学、経済学）、オックスフォード　像は動けると信じますか？ 信じる場合それをどう正当化しますか？ —フランス語・フランス文学、スペイン語・スペイン文学、オックスフォード　人間にはなぜ目が二つあるのですか？ —生物学、オックスフォード　シェイクスピアは謀反人でしたか？ —英語・英文学、オックスフォード〔ほか〕〔06464〕

ファン・ホーヴェ, ギアート
◇ディスアビリティ現象の教育学―イギリス障害学からのアプローチ　堀正嗣監訳　現代書館　2014.3　308p　21cm （熊本学園大学付属社会福祉研究所社会福祉叢書 24）　4000円　①978-4-7684-3531-1
内容 口出しはいらない、サポートが欲しいんだ（キャスリーン・モルティエ, ロアー・ディシンペル, エリザベス・ドゥ・シャウヴァー, ギアート・ファン・ホーヴェ著, 三好正彦訳）〔06465〕

フィー, ゴードン・D.　Fee, Gordon D.
◇聖書を正しく読むために〈総論〉―聖書解釈学入門（HOW TO READ THE BIBLE FOR ALL ITS WORTH 原著第4版の翻訳）　ゴードン・D.フィー, ダグラス・スチュワート共著, 和光信一訳, 関野祐二監修　いのちのことば社　2014.12　461p　19cm 〈文献あり〉 3400円　①978-4-264-03271-7
内容 序論―解釈の必要性　基本的なツール―良い翻訳

書簡―文脈の中で考えることを学ぶ　書簡―解釈学的問題　旧約聖書の物語文―正しい用い方　使徒の働き―歴史的先例の問題　福音書―一つの物語、多くの次元　たとえ話―ポイントがわかりますか　律法―イスラエルのための契約規定　預言書―イスラエルで契約を施行する　詩篇―イスラエルの祈り、私たちの祈り　知恵―そのときと今　黙示録―さばきと希望の表象　〔06466〕

ブイ, ハーイ・メン
◇教育格差をこえる日本・ベトナム共同授業研究―「教え込み」教育から「子ども中心主義」の学びへ　村上呂里編著　明石書店　2015.3　270p　22cm　〈ベトナム語抄訳付〉4800円　①978-4-7503-4166-8
内容 タイグェン師範大学学生による研究授業とワークショップ（ファン・ティ・トゥイ, ブイ・ハーイ・メン, コウサカワタル述）　〔06467〕

フィアマン, サラ・E.　Fiarman, Sarah Edith
◇教育における指導ラウンド―ハーバードのチャレンジ（Instructional Rounds in Education）　エリザベス・A.シティ, リチャード・F.エルモア, サラ・E.フィアマン, リー・テイテル著, 八尾坂修監訳　風間書房　2015.10　288p　21cm　〈文献あり 索引あり〉2800円　①978-4-7599-2098-7
内容 第1部 構成要素（指導の核心　行動の理論）　第2部 ラウンドの実践（ネットワークの立ち上げ　見ることを学び、即断しようとする癖をやめる　ラウンド実践Part1：実践および観察における課題　ラウンド実践Part2：報告会および次なる段階への取組　ラウンドの円滑化）　第3部 ラウンドと体系的改善（ラウンドから学ぶ　ラウンドから実践における大規模な改善への移行）　〔06468〕

フィアレ, シンティア
◇日蘭関係史をよみとく　下巻　運ばれる情報と物　フレデリック・クレインス編　京都　臨川書店　2015.6　253p　22cm　4200円　①978-4-653-04312-6
内容 江戸時代にアジアとヨーロッパへ輸出された日本製品（シンティア・フィアレ著, クレインス桂子訳）　〔06469〕

フィエロ＝エバンス, マリア・セシリア
◇学びのイノベーション―21世紀型学習の創発モデル（Innovating to Learn, Learning to Innovate）　OECD教育研究革新センター編著, 有本昌弘監訳, 多々納誠子, 小熊利江訳　明石書店　2016.9　329p　22cm　4500円　①978-4-7503-4400-3
内容 どうすればイノベーションが現場でうまく機能するか（マリア・セシリア・フィエロ＝エバンス著, 小熊利江訳）　〔06470〕

フィオーレ, クエンティン　Fiore, Quentin
◇メディアはマッサージである―影響の目録（THE MEDIUM IS THE MASSAGE）　M.マクルーハン,Q.フィオーレ著, 門林岳史訳, 加藤賢策デザイン監修　河出書房新社　2015.3　189p　15cm　（河出文庫 マ10-1）〈文献あり〉850円　①978-4-309-46406-0　〔06471〕

フィギュエイレド, クリスチーナ　Figueiredo, Cristina
◇「ひきこもり」に何を見るか―グローバル化する世界と孤立する個人　鈴木国文, 古橋忠晃, ナターシャ・ヴェルー, マイア・ファンステン, クリスチーナ・フィギュエイレド編　青土社　2014.11　276p　19cm　2600円　①978-4-7917-6823-3
内容 第1部 ひきこもりと今日の社会（同時代人としての「ひきこもり」　メンタルヘルス―自律条件下の社会関係と個人差　自律と自給自足―政治的・道徳的概念から個人の「社会病理」へ　フランスと日本の「ひきこもり」の心的構造　敷居の乗り越え―成年期への移行における障害と中断について　出ていくか留まるか―「ひきこもり」を理解するための四つの手がかり）　第2部 日仏のひきこもり事例を踏まえて（「ひきこもり」の多様な形態とその治療　青年の「ひきこもり」―ひとつの否定的選択として　ひきこもりの精神分析―幼少期のコンテイニング不全から生じる誇大なナルシシズムと受動的攻撃性　心理的かつ社会的な脱‐連接　発達障害者と「ひきこもり」当事者コミュニティの比較―文化人類学的視点から　学校恐怖症とその変化形―学校保健の現場から）　〔06472〕

フィーザー, ミヒャエラ　Vieser, Michaela
◇西洋珍職業づくし―数奇な稼業の物語（Von Kaffeeriechern, Abtrittanbietern und Fischbeinreißern）　ミヒャエラ・フィーザー著, イルメラ・シャウツ挿絵, 吉田正彦訳　悠書館　2014.8　272p　20cm　〈文献あり 索引あり〉2800円　①978-4-903487-93-9
内容 移動貸しトイレ業　何でも呑みます屋　蟻の蛹採り　乳母　大道演歌師　鯨骨加工職人　洗濯職人、小便壺清掃人　コーヒー嗅ぎ担当兵　従僕トルコ人、宮廷ムーア人、鳥勤めインディアン　炭焼き　蠟燭の芯切り係　石版印刷工　屑屋、古布回収業　ビー玉職人　ロザリオ職人、琥珀細工職人　にせ医者　気送郵便局員　博労　砂売り　刑吏　輿担ぎ　影絵肖像画家　遍歴説教師　野蜂飼い　〔06473〕

フィシュキン, ジェイムズ・S.　Fishkin, James S.
◇熟議の日―普通の市民が主権者になるために（Deliberation Day）　ブルース・アッカマン, ジェイムズ・S.フィシュキン著, 川岸令和, 谷沢正嗣, 青山豊訳　早稲田大学出版部　2014.12　336p　21cm　〈索引あり〉3800円　①978-4-657-14011-1
内容 第1部 よく考えてみよう（想像してみよう　祝日思考実験から現実の実験へ　徳性の循環　パラダイムを拡大する　熟議の値段は？）　第2部 熟議と民主主義（大衆民主主義をめぐる問題　責任あるシティズンシップ　恐るべき非対称　2つの未来）　〔06474〕

フィスマン, レイモンド　Fisman, Raymond
◇悪い奴ほど合理的―腐敗・暴力・貧困の経済学（ECONOMIC GANGSTERS）　レイモンド・フィスマン, エドワード・ミゲル著, 田村勝省訳　NTT出版　2014.2　294p　20cm　〈索引あり〉2000円　①978-4-7571-2328-1
内容 第1章 経済開発に向けた戦い　第2章 スハルト株式会社　第3章 密輸ギャップ　第4章 氏か育ちか？　腐敗の文化を理解する　第5章 水がなければ平和もない　第6章 千の傷による死　第7章 戦争から戻る道　第8章 経済的ギャングと戦うことを学ぶ　〔06475〕

フ

フィック=クーパー, リン

◇経験学習によるリーダーシップ開発―米国CCLによる次世代リーダー育成のための実践事例（Experience-Driven Leader Development）　シンシア・D.マッコーレイ,D.スコット・デリュ,ポール・R.ヨスト, シルベスター・テイラー編, 漆嶋稔訳　日本能率協会マネジメントセンター　2016.8　511p　27cm　8800円　①978-4-8207-5929-4

内容 コミュニティ・ベースのNPOとアクション・ラーニング（リン・フィック＝クーパー, シェラ・クラーク）〔06476〕

フィックス, ボブ　Fickes, Bob

◇ある瞑想家の冒険―悟りに至るまでの半生、そしてその後（ADVENTURES OF A MEDITATOR）　ボブ・フィックス著, 釘宮律子訳　ナチュラルスピリット　2014.9　298p　19cm　1800円　①978-4-86451-134-6

内容 開眼　マハリシとの出会い　ふたつの世界に生きて　境界線を越えて　一九六八年歴史を巡り抜ける旅：映画『イージー・ライダー』ボブ・フィックス版　教師用トレーニング　初期の教師体験　マハリシの示した驚きの現象　一年間のトレーニング　すべては移り変わる　アセンデッド・マスターとのつながりに気づいて　ジャプー・ヒーリングとババジ瞑想　誓い　サナート・クマラ：目醒めよ。今がそのときだ〔06477〕

フィッサー, カロリン　Visser, Carolien

◇シュタイナー・音楽療法　カロリン・フィッサー著, 楠カトリン, 内山奈美訳, 竹田喜代子監修　上里町（埼玉県）　イザラ書房　2014.9　255p　22cm　4000円　①978-4-7565-0126-4

内容 第1章 音楽療法の基礎となる健康と障がいにおける人間像（人間の発達と音楽の発展　健康と障がいにおける人智学的な人間像　病状　治療者と治療の手段）　第2章 音楽療法の原点としての音楽的手段（音楽を構成する要素　動きから始める音楽体験―動きを使った大人のための音楽療法）〔06478〕

フィッシャー, アーヴィング

◇日本食文化資料集成　第1巻　からだと食品成分の共通栄養評価 1　山下光雄編・解説　クレス出版　2015.9　622p　22cm　〈複製　折り込 4枚〉　①978-4-87733-904-3

内容 食品の養価標示器（アーヴィング・フィッシャー原著, 久門商利訳（大正2年刊））〔06479〕

フィッシャー, ダルマー　Fisher, Dalmar

◇行動探求―個人・チーム・組織の変容をもたらすリーダーシップ（ACTION INQUIRY）　ビル・トルバートほか著, 小田理一郎, 中小路佳代子訳　英治出版　2016.2　341p　22cm　〈文献あり〉　2400円　①978-4-86276-213-9

内容 第1部 行動探求のリーダーシップ・スキルを学ぶ（行動探求の基本　話し方としての行動探求　組織化する方法としての行動探求　行動探求―概念と体験）　第2部 変容をもたらすリーダーシップ（機会獲得型と外交官型　専門家型と達成者型　再定義型の行動論理　変容者型の行動論理）　第3部 変容をもたらす組織（変容をもたらす会議、チーム、組織　組織変革をファシリテーションする　社会的ネットワークの組織と、協働的な探求への変容　協働的な探求の真髄）　第4部 行動探求の究極の精神的・社会的な意図（アルケミスト型の行動についての新鮮な気づき　探求の基盤コミュニティを創り出す）〔06480〕

フィッシャー, ドーン　Fisher, Dawn

◇性加害行動のある少年少女のためのグッドライフ・モデル（The Good Lives Model for Adolescents Who Sexually Harm）　ボビー・プリント編, 藤岡淳子, 野坂祐子監訳　誠信書房　2015.11　231p　21cm　〈索引あり〉　3000円　①978-4-414-41461-5

内容 性加害をした少年への実践の発展（ボビー・プリント, ドーン・フィッシャー, アンソニー・ビーチ）〔06481〕

フィッシャー, フィリップ・A.　Fisher, Philip A.

◇株式投資が富への道を導く（Paths to Wealth Through Common Stocks）　フィリップ・A.フィッシャー著, 長尾慎太郎監修, 丸山清志訳　パンローリング　2016.5　320p　20cm　（ウィザードブックシリーズ 235）　2000円　①978-4-7759-7204-5

内容 第1章 一九六〇年代に予想される重大な変化に合わせる（株式とインフレ　機関投資家の買い　外国との競争　人口増加分　エコノミストはお役御免、これからは心理学者の出番）　第2章 株価の大幅な上昇はどのようにもたらされるのか（頭の良い企業経営陣　新しい概念　機関投資家の買いの役割　通常は見逃されてしまう見返り）　第3章 あなた自身とあなたの投資ビジネスの方向性（投資評価の方法　正しい投資顧問を選ぶ五つのステップ）　第4章 けっしてあなどることのできない雑学（企業のM&Aに関して議決権と委任状争奪戦　アメリカ大統領選を見越してどう株式を売買すべきか？）　第5章 一九六〇年代に大きく成長する産業（化学産業　電子産業　医薬産業　その他の興味深い産業　戦争直後の偽者の成長株）〔06482〕

◇投資哲学を作り上げる 保守的な投資家ほどよく眠る（Developing an Investment Philosophy, Conservative Investors Sleep Well）　フィリップ・A.フィッシャー著, 長尾慎太郎監修, 丸山清志訳　パンローリング　2016.6　193p　20cm　（ウィザードブックシリーズ 236）　1800円　①978-4-7759-7205-2

内容 投資哲学を作り上げる（哲学の原点　経験から学ぶ　哲学は成長する　マーケットは効率的か）　保守的な投資家ほどよく眠る（保守的な投資の要素――生産における優位性、マーケティング、調査、ファイナンシャルスキル　保守的な投資の要素二―人的要因　保守的な投資の要素三――部のビジネスの投資上の特徴　保守的な投資の要素四―保守的な投資の代償　保守的な投資の要素四についての補足）〔06483〕

◇株式投資で普通でない利益を得る（Common Stocks and Uncommon Profits and Other Writings 原著第2版の翻訳）　フィリップ・A.フィッシャー著, 長尾慎太郎監修, 井田京子訳　パンローリング　2016.8　274p　20cm　（ウィザードブックシリーズ 238）　2000円　①978-4-7759-7207-6

内容 第1章 過去から学べること　第2章「周辺情報利用法」から分かること　第3章 何を買うべきか―株につ

いて調べるべき一五のポイント　第4章 どんな銘柄を買うべきか―自分のニーズに合う株を買う　第5章 いつ買うべきか　第6章 いつ売るべきか―そして、いつ売ってはならないか　第7章 配当金をめぐるさまざまな言い分　第8章 投資家が避けるべき五つのポイント　第9章 ほかにも避けるべき五つのポイント　第10章 成長株を探す方法　第11章 まとめと結論〔06484〕

フィッシャー, マーク　Fisher, Marc

◇トランプ（TRUMP REVEALED）　マイケル・クラニッシュ, マーク・フィッシャー著, 野中香方子, 池村千秋, 鈴木恵, 土方奈美, 森嶋マリ訳　文芸春秋　2016.10　541p　20cm　2100円　①978-4-16-390539-6〔06485〕

フィッシャー, ルーカス　Vischer, Lukas

◇長老職―改革派の伝統と今日の長老職　ルーカス・フィッシャー〔著〕, 吉岡契典訳　札幌　一麦出版社　2015.4　138p　21cm　〈他言語標題：PRESBYTERION〉2000円　①978-4-86325-065-9〔06486〕

フィッシュ, ウィリアム　Fish, William

◇知覚の哲学入門（PHILOSOPHY OF PERCEPTION）　ウィリアム・フィッシュ著, 源河亨, 国領佳樹, 新川拓哉訳, 山田圭一監訳　勁草書房　2014.8　269p　21cm　〈文献あり 索引あり〉3000円　①978-4-326-10236-5

内容 第1章 序論―鍵となる三つの原理　第2章 センスデータ説　第3章 副詞説　第4章 信念獲得説　第5章 志向説　第6章 選言説　第7章 知覚と因果　第8章 知覚と心の科学　第9章 知覚と視覚以外の感覚モダリティ〔06487〕

フィッシュ, ハミルトン　Fish, Hamilton

◇ルーズベルトの開戦責任―大統領が最も恐れた男の証言（FDR THE OTHER SIDE OF THE COIN）　ハミルトン・フィッシュ著, 渡辺惣樹訳　草思社　2014.9　357p　20cm　〈文献あり 索引あり〉2700円　①978-4-7942-2062-2

内容 大統領と個人崇拝　アメリカ参戦への画策　若者を外国の戦場に送ってはならない　容共派に囲い込まれたFDR　イギリスを戦争に駆り立てたFDR　イギリス第一主義者：ウィンストン・チャーチル　ルーズベルトの対仏軍事支援密約（一九三九年）　ルーズベルトのフランスへの裏切り　ジョセフ・ケネディ駐英大使　リッベントロップ独外相との会談（一九三九年八月十四日）〔ほか〕〔06488〕

フィッシュホフ, バルーク　Fischhoff, Baruch

◇リスク―不確実性の中での意思決定（Risk）　Baruch Fischhoff,John Kadvany著, 中谷内一也訳　丸善出版　2015.4　240p　18cm　（サイエンス・パレット 023）〈文献あり 索引あり〉1000円　①978-4-621-08918-7

内容 1 リスクについての意思決定（単純な枠組み　超未熟児　自動車保険のリスク ほか）　2 リスクを定義する（すべての死は崩堂か？　リスク―ベネフィット・トレード・オフについての選好の顕在化　リスクの次元 ほか）　3 リスクを分析する（犠牲者をカウントする　量と健康影響との相関分析　原因を明確にする ほか）　4 リスクについての意思決定を実行する（単純な決定ルール　効用　不確実な価値 ほか）　5 リスク認知（リスク認知の認知　死亡リスクについての判断　明快な質問、明快な回答 ほか）　6 リスクコミュニケーション（不幸なリスクコミュニケーションデザインしだいで良くも悪くもなる　リスクコミュニケーションは受け手に、十分な情報を伝えているか？ ほか）　7 リスク・文化・社会（確率から統計、不確実性へ　原因　象徴的な危険 ほか）〔06489〕

フィッチェン, キース　Fitschen, Keith

◇トレードシステムの法則―検証での喜びが実際の運用で悲劇にならないための方法（Building Reliable Trading Systems）　キース・フィッチェン著, 長尾慎太郎監修, 山下恵美子訳　パンローリング　2014.5　355p　22cm　（ウィザードブックシリーズ 217）　7800円　①978-4-7759-7186-4

内容 トレーダブルな戦略とは何か　バックテストと同様のパフォーマンスを示す戦略を開発する　トレードしたい市場で最も抵抗の少ない道を見つける　トレードシステムの要素―仕掛け　トレードシステムの要素―手仕舞い　トレードシステムの要素―フィルター　システム開発ではなぜマネーマネジメントが重要なのか　バースコアリング―新たなトレードアプローチ　「厳選したサンプル」のワナに陥るなトレードの通説〔ほか〕〔06490〕

フィッツパトリック, ピーター　Fitzpatrick, Peter

◇フーコーの法（FOUCAULT'S LAW）　ベン・ゴールダー, ピーター・フィッツパトリック著, 関良徳監訳, 小林智, 小林史明, 西迫大祐, 綾部六郎訳　勁草書房　2014.9　226, 6p　20cm　〈索引あり〉3000円　①978-4-326-15431-9

内容 第1章 オリエンテーション―フーコーと法（「排除テーゼ」　フーコーを救出/再読する　結論）　第2章 フーコーの別の法（関係のなかの法　フーコーの法―抵抗、侵犯、法　法の多価的な空虚　結論）　第3章 法の未来（エワルドと社会的なものの近代主義的閉鎖　フーコー的倫理の近代性　結論―社会性の法）〔06491〕

フィッツパトリック, マーク　Fitzpatrick, Mark

◇日本・韓国・台湾は「核」を持つのか？（ASIA'S LATENT NUCLEAR POWERS）　マーク・フィッツパトリック著, 秋山勝訳　草思社　2016.10　223p　19cm　1800円　①978-4-7942-2235-0

内容 はじめに（核を持たない「潜在的核保有国」　「核ドミノ」という悪夢）　第1章 韓国（朴正熙の極秘核プログラム　核開発はどこまで進んでいたか ほか）　第2章 日本（岸信介、池田勇人、佐藤栄作　五つの報告書の「同じ結論」 ほか）　第3章 台湾（蔣経国の極秘核プログラム　ワシントンからの中断指令 ほか）　結論（三カ国それぞれの事情　北東アジアの核不拡散とアメリカの抑止力 ほか）〔06492〕

フィッツロイ, チャールズ　FitzRoy, Charles

◇ビジュアル版 世界の歴史都市―世界史を彩った都の物語（The Great Cities in History）　ジョン・ジュリアス・ノーウィッチ編, 福井正子訳　柊風舎　2016.9　303p　27×21cm　15000円　①978-4-86498-039-5

内容 フィレンツェ―メディチ家の荘厳美 他（チャールズ・フィッツロイ）〔06493〕

フ

フイ・ドゥック　Huy Duc

◇ベトナム：勝利の裏側　フイ・ドゥック著, 中野亜里訳　めこん　2015.12　528p　22cm　〈文献あり〉5000円　①978-4-8396-0291-8

内容 第1部 南部（4月30日　社会主義改造　資本家階級の打倒　「華人迫害」　戦争　国外脱出　「解放」）第2部 レ・ズアンの時代（統一　障壁突破　ドイモイ　カンボジア）〔06494〕

フィトラキス, ボブ

◇不正選挙―電子投票とマネー合戦がアメリカを破壊する（LOSER TAKE ALL）　マーク・クリスピン・ミラー編著, 大竹秀子, 桜井まり子, 関房江訳　亜紀書房　2014.7　343, 31p　19cm　2400円　①978-4-7505-1411-6

内容 オハイオ州で起こることは、全米でも……（ボブ・フィトラキス著）〔06495〕

フ

フィニン, サラ

◇再論東京裁判―何を裁き、何を裁かなかったのか（Beyond Victor's Justice？）　田中利幸, ティム・マコーマック, ゲリー・シンプソン編著, 田中利幸監訳, 饗庭朋子, 伊藤大将, 佐藤晶子, 高取由紀, 仁科由紀, 松島亜季訳　大月書店　2013.12　597, 17p　20cm　〈索引あり〉6800円　①978-4-272-52099-2

内容 今日につながる東京裁判の意義（サラ・フィニン, ティム・マコーマック著, 饗庭朋子訳）〔06496〕

フィヒテ, ヨハン・ゴットリーブ　Fichte, Johann Gottlieb

◇フィヒテ全集　第16巻　閉鎖商業国家・国家論講義　フィヒテ〔著〕, ラインハルト・ラウト, 加藤尚武, 隈元忠敬, 坂部恵, 藤沢賢一郎編　神山伸弘, 柴田隆行, 菅野健, 杉田孝夫訳　入間　哲書房　2013.5　539p　22cm　8000円　①4-915922-45-6

内容 閉鎖商業国家. 国家論講義. 国家論への付録.「ビースターに対する」声明〔06497〕

◇フィヒテ全集　第8巻　論理学・形而上学講義（Vorlesungen über Logik und Metaphysik, Ideen über Gott und Unsterblichkeit）　フィヒテ〔著〕, ラインハルト・ラウト, 加藤尚武, 隈元忠敬, 坂部恵, 藤沢賢一郎編　山口祐弘訳　入間　哲書房　2013.12　489p　22cm　8000円　①4-915922-37-5

内容 論理学・形而上学講義. 神と不死の思想〔06498〕

◇フィヒテ全集　第5巻　言語論・解釈学・文学作品, 道徳論講義　フィヒテ〔著〕, ラインハルト・ラウト, 加藤尚武, 隈元忠敬, 坂部恵, 藤沢賢一郎編　三重野清顕, 高野昌行, 熊谷英人, 伊坂青司, 竹島あゆみ, 山田忠彰訳　入間　哲書房　2014.3　615p　22cm　8500円　①4-915922-34-0

内容 修辞学・言語論・解釈学. 文学作品・雑誌計画・出版論. 文学書簡. 道徳についての講義〔06499〕

◇フィヒテ全集　第17巻　ドイツ国民に告ぐ・政治論集　フィヒテ〔著〕, ラインハルト・ラウト, 加藤尚武, 隈元忠敬, 坂部恵, 藤沢賢一郎編　早瀬明, 菅野健, 杉田孝夫訳　入間　哲書房　2014.11　590p　22cm　8500円　①4-915922-46-4

内容 ドイツ国民に告ぐ. 「ドイツ国民に告ぐ」への付録　政治論集. ドイツ人の共和国政治論断片. 祖国愛とその反対. マキャヴェッリについて. 聴講者に向けての講演. 書簡〔06500〕

◇フィヒテ全集　第10巻　哲学評論・哲学的書簡　フィヒテ〔著〕, ラインハルト・ラウト, 加藤尚武, 隈元忠敬, 坂部恵, 藤沢賢一郎編　大橋容一郎, 木村恵子, 栗原隆, 阿部ふく子, 岸貴介, 三重野清顕訳　入間　哲書房　2015.6　448p　22cm　8000円　①4-915922-39-1

内容 哲学評論. クロイツァー書評. ゲプハルト書評. カントの純粋理性批判を読んで. 私の体系についてのカントの声明に対して私はなんと答えればよいか. 箴言「スタール夫人のために」. シュミット教授によって樹立された体系と知識学との比較. 哲学的語調の年代記. 哲学論争における穏当な語調について. シェリングの超越論的観念論を読んだ際のコメント. シェリングの同一性の体系の叙述について　哲学的書簡. フィヒテ＝カント往復書簡. ヤコービのフィヒテ宛て公開書簡. ラインホルト教授宛てのフィヒテの返書〔06501〕

ブイヨン, エヴリーヌ　Bouillon, Eveline

◇100％ストレスコントロール―私のためのコーチングブック（Mon carnet de coaching 100% ANTI-STRESS）　エヴリーヌ・ブイヨン著, 秋山まりあ監修, 〔ダコスタ吉村花子〕〔訳〕　グラフィック社　2015.11　1冊（ページ付なし）　18cm　1300円　①978-4-7661-2781-2

内容 Accompagnement自分に寄り添う　Accord協調　Alcoolお酒　Amitié友情　Amour恋　Ancrageよりどころ　Angoisse不安　Besoin欲求　Chaleurぬくもり　Chanceチャンス〔ほか〕〔06502〕

フィライシス, ダンガ

◇新MEGAと『ドイツ・イデオロギー』の現代的探究―広松版からオンライン版へ　大村泉, 渋谷正, 窪俊一編著　八朔社　2015.3　337p　21cm　3500円　①978-4-86014-072-4

内容 ファーガソンと史的唯物論（ダンガ・フィライシス著, 玉岡敦訳）〔06503〕

フィリップス, アンヌ

◇哲学がかみつく（Philosophy Bites）　デイヴィッド・エドモンズ, ナイジェル・ウォーバートン著, 佐光紀子訳　柏書房　2015.12　281p　20cm　〈文献あり〉2800円　①978-4-7601-4658-1

内容 多文化主義（アンヌ・フィリップス述）〔06504〕

フィリップス, チャールズ　Philips, Charles

◇図説世界史を変えた50の指導者（リーダー）（50 LEADERS WHO CHANGED HISTORY）　チャールズ・フィリップス著, 月谷真紀訳　原書房　2016.2　223p　24cm　〈索引あり〉2800円　①978-4-562-05250-9

内容 モーセ　ペリクレス　シッダールタ・ゴータマ　アレクサンドロス大王　ユリウス・カエサル　ナザレのイエス　聖ペトロ　ブーディカ女王　グレゴリウス大教皇　ムハンマド・イブン・アブドゥッラーフ〔ほか〕〔06505〕

フィリップソン, ニコラス　Phillipson, Nicholas T.

◇アダム・スミスとその時代（Adam Smith）　ニコラス・フィリップソン著, 永井大輔訳　白水社　2014.7　379, 39p　20cm　〈文献あり 索引あり〉　2800円　①978-4-560-08369-7

内容 カーコーディでの生い立ち　グラスゴー、グラスゴー大学、フランシス・ハチソンの「啓蒙」　独学（一七四〇～四六年）―オックスフォードとデイヴィッド・ヒューム　啓蒙初期のエディンバラ　スミスのエディンバラ講義―推測的歴史　グラスゴー大学道徳哲学教授・その一（一七五一～五九年）『道徳感情論』と商業のもつ文明化の力　グラスゴー大学道徳哲学教授・その二（一七五九～六三年）　ヨーロッパ大陸でのスミスとバクルー公爵（一七六四～六六年）　ロンドン、カーコーディ、『国富論』の執筆（一七六六～七六年）『国富論』とスミスの「グレート・ブリテンにおける商業の構造全体に対する…激越きわまる批判」　ヒュームの死　エディンバラでの晩年（一七七八～九〇年）　〔06506〕

◇デイヴィッド・ヒューム―哲学から歴史へ（David Hume）　ニコラス・フィリップソン著, 永井大輔訳　白水社　2016.2　208, 15p　20cm　〈文献あり 年表あり 索引あり〉　2200円　①978-4-560-08485-4

内容 第1章 生涯と著述　第2章 政治、洗練、文人たち　第3章 懐疑論、科学、人間の自然史　第4章 イングランドの歴史に向けた哲学者の思惑　第5章 『イングランド史』・その一―ステュアート王家と“比類なき国制”の起源　第6章 『イングランド史』・その二―テューダー王家と初期イングランド史　第7章 哲学、歴史、『イングランド史』　〔06507〕

フィリッポポリス, ナイフォン

◇世界はなぜ争うのか―国家・宗教・民族と倫理をめぐって　福田康夫, ヘルムート・シュミット, マルコム・フレーザー他著, ジェレミー・ローゼン編集, 渥美桂子訳　朝倉書店　2016.3　296p　21cm　〈他言語標題：Ethics in Decision-Making〉　非売品

内容 国際的結束への一歩（ナイフォン・フィリッポポリス述）　〔06508〕

◇世界はなぜ争うのか―国家・宗教・民族と倫理をめぐって　福田康夫, ヘルムート・シュミット, マルコム・フレーザー他著, ジェレミー・ローゼン編集, 渥美桂子訳　朝倉書店　2016.5　296p　21cm　〈他言語標題：Ethics in Decision-Making〉　1850円　①978-4-254-50022-6

内容 国際的結束への一歩（ナイフォン・フィリッポポリス述）　〔06509〕

フィリポ, ジャック

◇ピエール・ベール関連資料集　2〔下〕　寛容論争集成 下　野沢協編訳　法政大学出版局　2014.2　1030p　22cm　25000円　①978-4-588-12030-5

内容 寛容の正しい限界（ジャック・フィリポ著）　〔06510〕

フィール, シャーロット　Fiell, Charlotte

◇失われた世界の記憶―幻灯機がいざなう世界旅行（Memories of a Lost World）　シャーロット・フィール, ジェームス・R.ライアン著　京都　光村推古書院　2016.1　699p　23cm　5000円　①978-4-8381-0541-0

内容 Northern Europe Eastern Europe Western Europe Southern Europe Northern Africa Central&Eastern Africa Southern Africa The Middle East Southern Asia Eastern Asia South Eastern Asia Oceania Antarcita South America Central America United States of America Canada Alaska　〔06511〕

フィールド, ジェイコブ・F.　Field, Jacob F.

◇戦争と演説―歴史をつくった指導者たちの言葉（WE SHALL FIGHT ON THE BEACHES）　ジェイコブ・F.フィールド著, 阿部寿美代, 平沢亨訳　原書房　2014.2　246p　20cm　〈文献あり〉　2200円　①978-4-562-04991-2

内容 BC431年・戦没者への追悼演説―ペリクレス　BC326年・ヒュダスペス河岸での演説―アレクサンドロス大王　BC218年・兵士たちへの演説―ハンニバル　BC48年・ファルサルスの戦いを前に―ユリウス・カエサル　1066年・高貴なる血筋の復讐者となれ―ウィリアム征服王　1095年・十字軍派遣の呼びかけ―ローマ教皇ウルバヌス二世　1187年・エルサレム奪還―サラディン　1453年・最後の抗戦―コンスタンティヌス一一世　1519年・コンキスタドールたちへの演説―エルナン・コルテス　1588年・ティルベリーでの軍への演説―エリザベス一世〔ほか〕　〔06512〕

フィールド, ナイジェル・P.

◇死別体験―研究と介入の最前線（Handbook of Bereavement Research and Practice 原著第3版の抄訳）　マーガレット・S.シュトレーベ, ロバート・O.ハンソン, ヘンク・シュト, ウォルフガング・シュトレーベ編, 森茂起, 森年恵訳　誠信書房　2014.3　322p　22cm　〈文献あり 索引あり〉　4400円　①978-4-414-41454-7

内容 絆を手放すべきか、維持すべきか（ナイジェル・P.フィールド著）　〔06513〕

フィールド, バリー・C.　Field, Barry C.

◇入門自然資源経済学（NATURAL RESOURCE ECONOMICS : An Introduction 原著第2版の翻訳）　バリー・C.フィールド著, 庄子康, 柘植隆宏, 栗山浩一訳　日本評論社　2016.9　376p　21cm　〈索引あり〉　3700円　①978-4-535-55798-7

内容 第1部 はじめに（自然資源経済学の重要課題　自然資源と経済）　第2部 基本的考え方（支払意志額/需要　費用/供給　効率性と持続可能性）　第3部 一般的な自然資源問題（市場と効率性　自然資源に対する公共政策）　第4部 自然資源の分析（分析の基本原則　自然資源の評価）　第5部 自然資源の問題への適用（鉱物経済学　エネルギー　森林の経済学　海洋資源　農業の経済学　野外レクリエーションの経済学　野生生物管理の経済学　生物多様性の保護の経済学）　〔06514〕

フィルプ, ジャネット　Philp, Janette

◇笑って愛して生きよう！―人生を本気で楽しむための67の名言とステップ（LIVE LOVE LAUGH）　ジャネット・フィルプ, ミシェル・フェリー, テリー・ギブス著, 〔加藤成泰〕〔翻訳協力〕　JMA・アソシエイツステップワークス事業部　2014.2　147p　19cm　1400円　①978-

フ

4-904665-59-6
内容 停滞(SHRR)　与える　ストレッチで心を広げる　言葉の力を使う　学習のスイッチを入れる　お金は送るもの　観察する　更年期は新しい人生への招待状　へそくりをつかう　大声で叫ぶ〔ほか〕　〔06515〕

フィルマー, ロバート　Filmer, Robert
◇フィルマー著作集 (Patriarcha and Other Writings)　ロバート・フィルマー著, 伊藤宏之, 渡部秀和訳　京都　京都大学学術出版会　2016.11　768p　20cm　(近代社会思想コレクション 19) 〈年譜あり 索引あり〉 5800円　①978-4-8140-0052-4
内容 家父長制君主論(パトリアーカ)　今上陛下と彼の議会に関する自由土地保有者の大陪審　制限王政、もしくは、混合王政の無政府状態について　「全ての王たちに関する絶対的権力」の必然性について、そして、特に、イングランドの王の必然性について　ホッブズ氏の『リヴァイアサン』、ミルトン氏の『反サルマシウス』、グロティウスの『戦争の法』における統治の起源に関する考察　統治形態に関するアリストテレスの政治学についての所見―危険で不確かな時代において統治者に服従するための覚書を併録する　有徳な妻を讃えて　イングランドの陪審員に対する魔女に関しての警告　論争に関する探求、もしくは、利子を取ることは合法であるかどうかについての論考　〔06516〕

フィン, スティーブン・E.　Finn, Stephen Edward
◇治療的アセスメントの理論と実践―クライアントの靴を履いて (In Our Clients'Shoes)　スティーブン・E.フィン著, 野田昌道, 中村紀子訳　金剛出版　2014.5　371p　22cm　〈文献あり 索引あり〉 4500円　①978-4-7724-1369-5
内容 第1部 治療的アセスメントの歴史と発展(治療的アセスメントとは何か　心理アセスメントの力と可能性を正しく評価する　治療的アセスメント―ハリーは賛同してくれるかな？　治療的アセスメントはいかにしてヒューマニスティックなものになったのか) 第2部 治療的アセスメントの技法(セラピーの途中でクライアントにロールシャッハを実施する　「防衛的な」テストプロトコルについてクライアントにフィードバックする　MMPI‐2とロールシャッハの結果を統合したアセスメント・フィードバック　アセスメント介入セッション―「ソフトな」テストを使って「ハードな」テストの結果をクライアントと共に検討する　優位・劣位・等位―アセスメント・コンサルテーションのコラボレイティブモデル　「ADD」の男性との治療的アセスメント　ロールシャッハの協働継列分析　カップルに対するアセスメント介入としてコンセンサス・ロールシャッハを用いる　「助けたいと思っただけなのに！」―治療的アセスメントの失敗　家族システムへの介入としての協働的な子どものアセスメント　大学院の必修科目として治療的アセスメントを教える) 第3部 理論の発展(あなたはそんな人じゃないと言って―コントロール・マスタリー理論と治療的アセスメント　間主観性理論から見た心理アセスメントの課題と教え　心理アセスメントから学んだ深い思いやりと毅然とした態度　結論―治療的アセスメントの実践)　〔06517〕

フィンク, ブルース　Fink, Bruce
◇「エクリ」を読む―文字に添って (LACAN TO THE LETTER)　ブルース・フィンク著, 上尾真道, 小倉拓也, 渋谷亮訳　京都　人文書院　2015.9　282p　22cm　〈文献あり 索引あり〉 4500円　①978-4-409-33052-4
内容 第1章「治療の指針」におけるラカンの精神分析技法　第2章 ラカンによる自我心理学三人衆の批判：ハルトマン、クリス、レーヴェンシュタイン　第3章「無意識における文字の審級」を読む　第4章「主体の転覆」を読む　第5章 ラカン的ファルスとルートマイナス1　第6章 テクストの外で―知と享楽：セミネール第20巻の注釈　〔06518〕

フィンケ, R.*　Finke, Ronald A.
◇創造的認知―実験で探るクリエイティブな発想のメカニズム (CREATIVE COGNITION)　Ronald A.Finke,Thomas B.Ward, スティーブン・スミス著, 小橋康章訳　POD版　森北出版　2013.12　242p　21cm　4200円　①978-4-627-25119-9
内容 第1章 創造的認知への序説　第2章 理論的方法論的考察　第3章 創造的視覚化　第4章 創造的発明　第5章 概念合成　第6章 構造化イマジネーション　第7章 洞察・固着・孵化　第8章 問題解決の創造的諸方略　第9章 一般的な示唆と応用　〔06519〕

フィンケナウアー, トーマス
◇ヨーロッパ史のなかの裁判事例―ケースから学ぶ西洋法制史 (Fälle aus der Rechtsgeschichte)　U.ファルク,M.ルミナティ,M.シュメーケル編著, 小川浩三, 福田誠治, 松本尚子監訳　京都　ミネルヴァ書房　2014.4　445p　22cm　〈索引あり〉 6000円　①978-4-623-06559-2
内容 狼にくわえられた豚(トーマス・フィンケナウアー著, 芹沢悟訳)　〔06520〕

フィンケルシュタイン, シドニー　Finkelstein, Sydney
◇スーパーボス―突出した人を見つけて育てる最強指導者の戦略 (SUPERBOSSES)　シドニー・フィンケルシュタイン著, 門脇弘典訳　日経BP社　2016.4　317p　20cm　〈他言語標題：SUPER BOSS　発売：日経BPマーケティング〉 1800円　①978-4-8222-5148-2
内容 第1章 スーパーボスの3つのタイプ　第2章「持っている人」を見つけ出す　第3章 優秀な人材に限界を超えさせる　第4章 がんこなのに柔軟　第5章 師匠と弟子のようにそばで教える　第6章 細部を見ながら部下に任せる　第7章 部下同士に競わせる、助け合わせる　第8章 優秀な元部下のネットワークをつくる　第9章 スーパーボスになる方法　〔06521〕

フィンケルスタイン, マイクル・O.　Finkelstein, Michael O.
◇法統計学入門―法律家のための確率統計の初歩 (BASIC CONCEPTS OF PROBABILITY AND STATISTICS IN THE LAW)　マイクル・O.フィンケルスタイン著, 太田勝造監訳, 飯田高, 森大輔訳　木鐸社　2014.8　291p　21cm　(「法と経済学」叢書 9)　〈索引あり〉 3000円　①978-4-8332-2474-1　〔06522〕

フインドレー, アーサー　Findlay, James Arthur
◇新時代と新信仰　〔アーサー・フインドレー〕〔著〕, 浅野和三郎訳　竜稚会霊魂研究資料刊行会　2014.5　274p　22cm　〔06523〕

フ

フウ, イグン＊ 馮 為群

◇近代日本と「満州国」 植民地文化学会編 不二出版 2014.7 590p 22cm 6000円 ①978-4-8350-7695-9

内容 梁山丁とその抗日文学作品（馮為群著, 田中恵子訳, 丸山昇閲） 〔06524〕

フウ, エン＊ 馮 媛

◇現代中国のジェンダー・ポリティクス—格差・性売買・「慰安婦」 小浜正子, 秋山洋子編 勉誠出版 2016.10 247p 21cm 2400円 ①978-4-585-23048-9

内容 ジェンダーをめぐるフェミニスト・国家・男性の協働/不協働（馮媛著, 遠山日出也, 朴紅蓮訳） 〔06525〕

フウ, グン＊ 馮 軍

◇日中刑事法の基礎理論と先端問題 山口厚, 甲斐克則編 成文堂 2016.2 226p 21cm （日中刑事法シンポジウム報告書） 〈会期・会場：2015年10月2日（金）～2015年10月4日（日）早稲田大学早稲田キャンパス〉 2500円 ①978-4-7923-5174-8

内容 量刑論（馮軍著, 毛乃純訳） 〔06526〕

フウ, ハクヨウ＊ 馮 伯陽

◇近代日本と「満州国」 植民地文化学会編 不二出版 2014.7 590p 22cm 6000円 ①978-4-8350-7695-9

内容 歴史のこだま（韓岡覚, 呂金藻, 馮伯陽著, 伊藤宣雄訳, 丸山昇閲） 〔06527〕

ブーヴレス, ジャック Bouveresse, Jacques

◇規則の力—ウィトゲンシュタインと必然性の発明（LA FORCE DE LA RÉGLE） ジャック・ブーヴレス〔著〕, 中川大, 村上友一訳 法政大学出版局 2014.4 254, 12p 20cm （叢書・ウニベルシタス 1008） 〈索引あり〉 3000円 ①978-4-588-01008-8

内容 第1章 文法の自律性と規則の恣意性 第2章 「意味体」という発想に対する批判 第3章 規則はなにと「一致する」のか？ 第4章 ほんものの必然性は規約による偶然の産物なのか 第5章 概念論と実在論 第6章 数学的命題に内容はあるか 第7章 トートロジー、数学的命題、構文規則 第8章 アプリオリな命題は言語的規約なのか 第9章 必然性の「経験」としての計算と証明 第10章 算術、想像力、事実 第11章 必然的真理の歴史性の問題、認知主義、規約主義 〔06528〕

ブエ, シャレドア Bouée, Charles-Edouard

◇LFP—企業が「並外れた敏捷性」を手に入れる10の原則 シャレドア・ブエ, 遠藤功著 PHP研究所 2015.11 238p 19cm 1600円 ①978-4-569-82528-1

内容 第1章「LFP」とは何か（未知なる経営環境 「乱気流の時代」に勝ち残る経営） 第2章 変革のためのパラダイムシフト（「LFPネイティブ」の出現 「まずやってみる」が基本 5つのパラダイム・シフト 「センター」が機能しない時代 「現場力」こそ最先端の経営戦略） 第3章「LFP」を実践する欧州企業のケーススタディ（ケース1 シュナイダーエレクトリック ケース2 ZARA ケース3 BMW） 第4章「LFP」を実践する日本企業のケーススタディ（ケース1 東レ ケース2 セブン＆アイ・ホールディングス ケース3 トヨタ自動車） 第5章「体内時計」を入れ替える（「並外れた敏捷性」を武器にする 「LFP」経営を実践するための10の原則） 〔06529〕

フェアシュレーゲン, ベア

◇子どもと離婚—合意解決と履行の支援 二宮周平, 渡辺惺之編 信山社 2016.4 456p 22cm 6200円 ①978-4-7972-9305-0

内容 子の奪取の民事面に関する1980年10月25日ハーグ条約とオーストリー（ベア・フェアシュレーゲン著, 渡辺惺之訳） 〔06530〕

フェアフール, アド Verheul, Ad

◇スヌーズレンの世界—重度知的障がい者のここちよい時間と空間を創る（SNOEZELEN EEN ANDERE WERELD（重訳）） ヤン・フルセッヘ, アド・フェアフール著, 姉崎弘監訳 福村出版 2015.7 230p 21cm 3500円 ①978-4-571-12126-5

内容 第1章 人間と環境 第2章 スヌーズレン、知的障がい者ケアにおいて発展した活動 第3章 日々の実践におけるスヌーズレン 第4章 スヌーズレンでの体験 第5章 スヌーズレンに関する議論 第6章 スヌーズレンの専門家養成 第7章 自分で作るスヌーズレン用具 〔06531〕

フェイ, ゲイル Fay, Gail

◇メサ・ヴェルデのひみつ—古代プエブロ人の岩窟住居（Secrets of Mesa Verde） ゲイル・フェイ著, 六耀社編集部編訳 六耀社 2015.9 32p 24cm （世界遺産◎考古学ミステリー） 1850円 ①978-4-89737-800-8

内容 1 岩の町：メサ・ヴェルデの発見 2 メサ・ヴェルデを調査する 3 古代プエブロ人 4 すて去られたメサ・ヴェルデ 5 メサ・ヴェルデの保護 〔06532〕

フェイ, ブラッド Fay, Brad

◇フェイス・トゥ・フェイス・ブック—クチコミ・マーケティングの効果を最大限に高める秘訣（The Face‐to‐Face Book ： Why Real Relationships Rule in a Digital Marketplace） エド・ケラー, ブラッド・フェイ著, 渋谷覚, 久保田進彦, 須永努訳 有斐閣 2016.12 370p 17cm 2600円 ①978-4-641-16494-9

内容 序章 ソーシャルメディア・バブル 第1章 ソーシャルであることについての科学 第2章 会話の前菜：何が語りたいブランドを生み出すのか？ 第3章 インフルエンサー：会話の中心にいる人たち 第4章 クチコミとマディソン街の出会い 第5章 メディア再考：クチコミのプランニング 第6章 何事もバランスが肝心：ソーシャルメディアの適所 第7章 チャネルとしてのクチコミ 第8章 ネガティブなクチコミは警戒すべきものか、それとも消費者からの最高の贈り物か？ 第9章 新しいソーシャル・マーケティングをイメージしよう 〔06533〕

フェイバ, アデル Faber, Adele

◇やさしいママになりたい！—ギノット先生の子育て講座（LIBERATED PARENTS, LIBERATED CHILDREN） アデル・フェイバ, エレイン・マズリッシュ著, 森かほり訳 筑摩書房 2014.2 222p 19cm 1500円 ①978-

4-480-87871-7
内容 第1部 子どもの力になる話し方(子どもにどんな話し方をしていますか　子どもの気持ちを認めよう　子どもが自分を信じたとき　自主性について　「具体的に言う」についてもう少し　子どものレッテルをはがす　心じゃなく雰囲気を変えよう）　第2部 親だって人間です！（自分の気持ちに気づこう　自分の気持ちを大事にすることは悪いことではない　罪悪感とその苦しみ　怒り　新しい親）〔06534〕

フェイバー, アマンダ　Faber, Amanda
◇ヒマラヤ探検史—地勢・文化から現代登山まで（HIMALAYA）　フィリップ・パーカー編, 藤原多伽夫訳　東洋書林　2015.2　353p　22cm〈文献あり 索引あり〉4500円　①978-4-88721-820-8
内容 登山の黎明期(1891-1918)(アマンダ・フェイバー)〔06535〕

フェキセウス, ヘンリック　Fexeus, Henrik
◇影響力の心理—THE POWER GAMES（MAKTSPELET）　ヘンリック・フェキセウス著, 樋口武志訳　大和書房　2016.2　239p　19cm　1500円　①978-4-479-79511-7
内容 第1章 影響力の仕組み—人は、何秒で他人の発言を信用するのか(「繰り返し聞いたこと」が真実になる　「信じやすい情報」にある四つの特徴 ほか)　第2章 言葉の魔術—どうしてあの人の思い通りに事が運ぶのか(語彙の豊富な人は知的に見える　賛同されると「受け入れられた」と感じる ほか)　第3章 権力のカラクリ—応援されるリーダーはどこが違うのか(頼み事に小さな付箋メモを付ける　「目に見えない贈り物」をすると「忠誠心」が返ってくる ほか)　第4章 嫉妬と妬みの構造—ライバルからの攻撃をかわす方法(巧妙なイヤミにバリアを張る　話を遮って主導権を握るために ほか)〔06536〕

フェシュン, アンドレイ
◇ゾルゲ事件関係外国語文献翻訳集　no.45　日露歴史研究センター事務局編　〔川崎〕　日露歴史研究センター事務局　2016.2　61p　30cm　700円
内容 諜報総局(GRU)指導部とゾルゲの関係(アンドレイ・フェシュン著)〔06537〕

フェターマン, デイビッド・M.　Fetterman, David M.
◇エンパワーメント評価の原則と実践—教育、福祉、医療、企業、コミュニティ介入プログラムの改善と活性化に向けて（Empowerment Evaluation Principles in Practice）　D.M.フェターマン,A.ワンダーズマン編著, 笹尾敏明監訳, 玉井航太, 大内潤子訳　風間書房　2014.1　310p　21cm〈索引あり〉3500円　①978-4-7599-2022-2
内容 エンパワーメント評価の本質 他(David M. Fetterman著, 笹尾敏明訳)〔06538〕

フェッシュバック, セイモア
◇共感の社会神経科学（THE SOCIAL NEUROSCIENCE OF EMPATHY）　ジャン・デセティ, ウィリアム・アイクス編著, 岡田顕宏訳　勁草書房　2016.7　334p　22cm〈索引あり〉4200円　①978-4-326-25117-9
内容 共感と教育(ノーマ・ディーチ・フェッシュバック, セイモア・フェッシュバック著)〔06539〕

フェッシュバック, ノーマ・ディーチ
◇共感の社会神経科学（THE SOCIAL NEUROSCIENCE OF EMPATHY）　ジャン・デセティ, ウィリアム・アイクス編著, 岡田顕宏訳　勁草書房　2016.7　334p　22cm〈索引あり〉4200円　①978-4-326-25117-9
内容 共感と教育(ノーマ・ディーチ・フェッシュバック, セイモア・フェッシュバック著)〔06540〕

フェッセル, ミカエル
◇フランス現象学の現在　米虫正巳編　法政大学出版局　2016.9　331, 3p　20cm〈他言語標題：PHÉNOMÉNOLOGIE FRANÇAISE À L'ŒUVRE　執筆：ディディエ・フランクほか　索引あり〉4200円　①978-4-588-13021-2
内容 テクストの世界と生の世界矛盾する二つのパラダイム？(ミカエル・フェッセル著, 米虫正巳, 落合芳訳)〔06541〕

フェットマン, エリック　Fettmann, Eric
◇ルーズベルトの死の秘密—日本が戦った男の死に方（FDR'S DEADLY SECRET）　スティーヴン・ロマゾウ, エリック・フェットマン著, 渡辺惣樹訳　草思社　2015.3　350p　20cm〈年表あり 索引あり〉2700円　①978-4-7942-2116-2
内容 名演説家の躓き　ウィルソン大統領の悪しき先例　死の危機を乗り越えて　大統領職に耐える身体だったのか　平凡な軍医の出世　眉の上のシミ　終わりの始まり　ハワード・ブルーエン医師はいつから関与したか　四選を目指すのか　噂の拡散　「FDRは回復する。彼はいつでもそうだった」　ヤルタ怪談(一九五四年二月)　予想できた事態　いまだに続く隠蔽工作　やまない疑惑　「ルーズベルトの死」の教訓〔06542〕

フェッファー, ジョン
◇正義への責任—世界から沖縄へ　2　琉球新報社編, 乗松聡子監修・翻訳　那覇　琉球新報社　2016.6　77p　21cm〈発売：琉球プロジェクト(〔那覇〕)〉565円　①978-4-89742-208-4
内容 「平和の配当」待つ沖縄—東欧に学び非軍事化を(ジョン・フェッファー)〔06543〕

フェッラーリ, アントンジョナータ　Ferrari, Antongionata
◇13歳までにやっておくべき50の冒険—イタリアからの挑戦状（Il Manuale delle 50 avventure da vivere prima dei 13 anni）　ピエルドメニコ・バッカラリオ, トンマーゾ・ペルチヴァーレ著, アントンジョナータ・フェッラーリ絵, 佐藤初雄監修, 有北雅彦訳　太郎次郎社エディタス　2016.10　189p　19cm　1600円　①978-4-8118-0797-3
内容 宝探しをプロデュースしよう　シャボン玉のなかに入ってみよう　ローラースケートで出かけよう　どこでもすぐにサッカーだ　ロープの結び方を5つマスターしよう　凧を飛ばして、鳥の気分を味わおう　雲のかたちを10個覚えよう　7種類の動物にえさをあげてみよう　木に登って世界をながめてみよう　木の上に家をつくってみよう〔ほか〕〔06544〕

フェネキィ, シリャ

◇グローバル化と社会国家原則―日独シンポジウム　高田昌宏, 野田昌吾, 守矢健一編　信山社　2015.5　386p　22cm　（総合叢書 17―〔ドイツ法〕）　12000円　Ⓘ978-4-7972-5467-9

内容 国際法による枠条件が社会国家の構造に及ぼす影響（シリャ・フェネキィ著, 守矢健一訳）〔06545〕

フェーネマンス, A.　Venemans, Ab

◇カール・バルト＝滝沢克己往復書簡―1934-1968　S.ヘネッケ,A.フェーネマンス編, 寺園喜基訳, カール・バルト, 滝沢克己著　新教出版社　2014.12　275p　20cm　〈他言語標題：Karl Barth-Katsumi Takizawa Briefwechsel　索引あり〉　2700円　Ⓘ978-4-400-31075-4

内容 滝沢からバルトへ―ボン 一九三四年一〇月二四日　滝沢からバルトへ―ボン 一九三四年一二月四日　滝沢からバルトへ―ボン 一九三五年四月三日　滝沢からバルトへ―マールブルク 一九三五年四月三日　滝沢からバルトへ―マールブルク 一九三五年五月一九日　滝沢からバルトへ―ボイロン 一九三五年七月一九日　滝沢からバルトへ―ボイロン 一九三五年八月一〇日　滝沢からバルトへ―キルヒドルフ 一九三五年八月一七日　滝沢からバルトへ―キルヒドルフ 一九三五年八月二五日　複写―キルヒドルフ 一九三五年八月一九日〔ほか〕〔06546〕

フェハティ, キャサリン　Faherty, Catherine

◇自閉症スペクトラム クラスメートに話すとき―授業での展開例から障害表明、そしてセルフアドボカシーまで　服巻智子訳・編・著, キャサリン・フェハティ, キャロル・グレイ著　エンパワメント研究所　2015.2　109p　26cm　1500円　Ⓘ978-4-907576-34-9

内容 第1部 クラスメートに話すということ（子どもの障害について、クラスメートに話すこと　発達障害のある子どもにとって、障害を表明することの意義　誰が話すのか？　ほか）　第2部 友だち理解プログラム―子どもたちに「人と人との違い」について理解を促進し、共感性を育む教育（日本の先生方へ　「友だち理解プログラム」の指導案　児童書の活用）　第3部 シックスセンス2（目的　本時の目標　教材 ほか）〔06547〕

フェファー, ジェフリー　Pfeffer, Jeffrey

◇「権力」を握る人の法則（Power）　ジェフリー・フェファー著, 村井章子訳　日本経済新聞出版社　2014.1　366p　15cm　（日経ビジネス人文庫 ふ9-1）　850円　Ⓘ978-4-532-19714-8

内容 「権力」を握る準備を始めよ　いくら仕事ができても昇進できない　「権力」を手にするための七つの資質　どうやって出世街道に乗るか　出る杭になれ　無から有を生み出す―リソースを確保せよ　役に立つ強力な人脈を作れ　「権力」を印象づけるふるまいと話し方　周りからの評判をよくしておく―イメージは現実になる　不遇の時期を乗り越える　「権力」の代償　権力者が転落する原因　権力闘争は組織とあなたにとって悪いことか　「権力」を握るのは簡単だ〔06548〕

◇なぜ、わかっていても実行できないのか―知識を行動に変えるマネジメント（The Knowing-Doing Gap）　ジェフリー・フェファー, ロバート・I.サットン著, 長谷川喜一郎監訳, 菅田絢子訳　日本経済新聞出版社　2014.1　301p　19cm　〈「実行力不全」（ランダムハウス講談社 2005年刊）の改題、修正〉　1800円　Ⓘ978-4-532-31923-6

内容 第1章 知識は、実行しなければ価値がない　第2章 原因1―問題を話し合っただけで仕事をした気になる　第3章 原因2―過去のやり方にこだわりつづける　第4章 原因3―部下を動かすために恐怖をあおる　第5章 原因4―重要でないことばかり評価している　第6章 原因5―業績を上げるために競争させる　第7章 知識と行動のギャップを乗り越えた企業　第8章 行動を起こすためのガイドライン　付録 知識と行動の調査〔06549〕

◇悪いヤツほど出世する（Leadership BS）　ジェフリー・フェファー著, 村井章子訳　日本経済新聞出版社　2016.6　331p　19cm　1800円　Ⓘ978-4-532-32081-2

内容 序章 リーダー教育は、こうして失敗した　第1章 「リーダー神話」は、百害あって一利なし　第2章 謙虚―そもそも控えめなリーダーはいるのか？　第3章 自分らしさ―「本物のリーダー」への過信と誤解　第4章 誠実―リーダーは真実を語るべきか？（そして語っているか？）　第5章 信頼―上司を信じてよいものか　第6章 思いやり―リーダーは最後に食べる？　第7章 自分の身は自分で守れ　第8章 リーダー神話を捨て、真実に耐える〔06550〕

フェラン, カレン　Phelan, Karen

◇申し訳ない、御社をつぶしたのは私です。―コンサルタントはこうして組織をぐちゃぐちゃにする（I'm Sorry I Broke Your Company）　カレン・フェラン著, 神崎朗子訳　大和書房　2014.3　317, 6p　20cm　1600円　Ⓘ978-4-479-79433-2

内容 Introduction 大手ファームは無意味なことばかりさせている　第1章 「戦略計画」は何の役にも立たない―「画期的な戦略」でガタガタになる　第2章 「最適化プロセス」は机上の空論―データより「ふせん」のほうが役に立つ　第3章 「数値目標」が組織を振り回す―コストも売上もただの「数え方」の問題　第4章 「業績管理システム」で士気はガタ落ち―終わりのない書類作成は何のため？　第5章 「マネジメントモデル」なんていらない―マニュアルを捨てればマネージャーになれる　第6章 「人材開発プログラム」には絶対に参加するな―こうして会社はコンサルにつぶされる　第7章 「リーダーシップ開発」で食べている人たち―リーダーになれる「チェックリスト」なんてない　第8章 「ベストプラクティス」は“奇跡”のダイエット食品―「コンサル頼み」から抜け出す方法〔06551〕

フェランティ, フェランテ

◇霊性と東西文明―日本とフランス―「ルーツとルーツ」対話　竹本忠雄監修　勉誠出版　2016.2　526p　22cm　〈表紙のタイトル：Dialogue Racines contre Racines〉　7500円　Ⓘ978-4-585-21030-6

内容 《サクレ》を撮る（フェランテ・フェランティ著, 畑亜弥子訳）〔06552〕

フェリー, ミシェル　Ferry, Michelle

◇笑って愛して生きよう！―人生を本気で楽しむための67の名言とステップ（LIVE LOVE LAUGH）　ジャネット・フィルプ, ミシェル・フェリー, テリー・ギブス著, 〔加藤成泰〕〔翻訳協力〕 JMA・アソシエイツステップワークス事業部 2014.2 147p 19cm 1400円 ①978-4-904665-59-6

内容 停滞(SHRR) 与える ストレッチで心を広げる 言葉の力を使う 学習のスイッチを入れる お金は送るもの 観察する 更年期は新しい人生への招待状 へそくりをつかう 大声で叫ぶ〔ほか〕 〔06553〕

フエリエル, ジェフ Ferrieell, Jeff

◇アメリカ倒産法 上巻（Understanding Bankruptcy, Second ed.） ジェフ・フェリエル, エドワード・J.ジャンガー著, 米国倒産法研究会訳 オンデマンド版 レクシスネクシス・ジャパン 2014.10 596p 21cm （LexisNexisアメリカ法概説 8）〈原書第2版〉 8500円 ①978-4-902625-98-1

内容 第1章 倒産法を基礎づける一般原則 第2章 債権者による回収 第3章 倒産の小史 第4章 倒産事件における当事者とその他の参加者 第5章 倒産手続、管轄 第6章 事件の開始 第7章 財団財産 第8章 オートマティックステイ 第9章 債務者の運営 第10章 債権および持分権 〔06554〕

フェルシェリノ, クリスチアーネ・V. Felscherinow, Christiane Vera

◇クリスチアーネの真実—薬物依存、売春、蘇生への道（Christiane F., Mein zweites Leben） クリスチアーネ・V.フェルシェリノ著, 阿部寿美代訳 中央公論新社 2015.1 317p 20cm 〈協力：ソニア・ヴコヴィッチ〉 2500円 ①978-4-12-004681-0

内容 最悪の人生 アメリカン・ドリーム 麻薬中毒 アンナ プレッツェンゼー女子刑務所 希望の島々 迷走 フィリップ、私の子 誘拐 育ての家族 壊れた家族 つきまとう影 未来のない過去 〔06555〕

フェルスター, クリスティアン

◇消費者法の現代化と集団的権利保護 中田邦博, 鹿野菜穂子編 日本評論社 2016.8 591p 22cm （竜谷大学国際社会文化研究所叢書 第18巻）〈他言語標題：Modernisation of Consumer Law and Collective Redress〉 7500円 ①978-4-535-52208-4

内容 ドイツ法における撤回権の現在（クリスティアン・フェルスター著, 寺川永訳） 〔06556〕

フェルスハフェル, L.* Verschaffel, Lieven

◇自己調整学習ハンドブック（HANDBOOK OF SELF-REGULATION OF LEARNING AND PERFORMANCE） バリー・J.ジマーマン, ディル・H.シャンク編, 塚野州一, 伊藤崇達監訳 京都 北大路書房 2014.9 434p 26cm 〈索引あり〉 5400円 ①978-4-7628-2874-4

内容 数学的知識とスキルの自己調整（Erik De Corte, Lucia Mason, Fien Depaepe, Lieven Verschaffel著, 瀬尾美紀子訳） 〔06557〕

フェルゼンシュテイン, C.* Felzensztein, Christian

◇国家ブランディング—その概念・論点・実践（NATION BRANDING） キース・ディニー編著, 林田博光, 平沢敦監訳 八王子 中央大学出版部 2014.3 310p 22cm （中央大学企業研究所翻訳叢書 14） 4500円 ①978-4-8057-3313-4

内容 国家ブランド・エクイティ（Christian Felzensztein,Francis Buttle著, 姜京守訳） 〔06558〕

フェルテン, エドワード・W. Felten, Edward

◇仮想通貨の教科書—ビットコインなどの仮想通貨が機能する仕組み（Bitcoin and Cryptocurrency Technologies） アーヴィンド・ナラヤナン, ジョセフ・ボノー, エドワード・W.フェルテン, アンドリュー・ミラー, スティーヴン・ゴールドフェダー著, 長尾高弘訳 日経BP社 2016.12 477p 21cm 〈索引あり 発売：日経BPマーケティング〉 3400円 ①978-4-8222-8545-6

内容 第1章 暗号理論と仮想通貨入門 第2章 ビットコインが非中央集権を実現している仕組み 第3章 ビットコインの仕組み 第4章 ビットコインの保管と利用の方法 第5章 ビットコインの採掘 第6章 ビットコインの匿名性 第7章 コミュニティと規制 第8章 代替マイニングパズル 第9章 プラットフォームとしてのビットコイン 第10章 アルトコインと仮想通貨のエコシステム 第11章 非中央集権的な組織—ビットコインの未来？ 〔06559〕

フェルトバウアー, ペーター Feldbauer, Peter

◇喜望峰が拓いた世界史—ポルトガルから始まったアジア戦略1498-1620（DIE PORTUGIESEN IN ASIEN） ペーター・フェルトバウアー著, 藤川芳朗訳 中央公論新社 2016.7 275p 20cm 〈索引あり〉 2800円 ①978-4-12-004869-2

内容 第1章 ヴァスコ・ダ・ガマとアジアへの海路 第2章 十五世紀のインドと東南アジア 第3章 ポルトガル人来航以前におけるアジアの域内交易 第4章 ポルトガルの制海権と交易独占 第5章 エスタード・ダ・インディアの発展と構造 第6章 アジアの交易におけるポルトガル人 第7章 喜望峰ルートと「胡椒王」 第8章 南アジアと東南アジア—ヨーロッパの交易パートナーか、外縁か 〔06560〕

フェルナンデス, オービー Fernandez, Obie

◇リーン・スタートアップを駆使する企業—急成長する新規事業の見つけ方・育て方（THE LEAN ENTERPRISE） トレヴァー・オーエンズ, オービー・フェルナンデス著, 村上彩訳, TBWAHAKUHODOQUANTUM監修・解説 日経BP社 2015.6 404p 20cm 〈発売：日経BPマーケティング〉 2000円 ①978-4-8222-5093-5

内容 リーン・スタートアップ導入の手順 戦略をどう立てるか？ イノベーションを起こす組織の条件 どんな形の報酬で報いるべきか？ 「テーマ」ではなく「哲学」を持て スタートアップは企業にこう導入する 実験・検証の具体的な方法 リーン・アカウンティングの活用法 社内インキュベーションの育て方 早めの買収を心がける 買収できないときは投資しよう イノベーションのフロー 〔06561〕

フェルナンデス・アルメスト, フェリペ Fernandez-Armesto, Felipe

◇ビジュアル版 世界の歴史都市—世界史を彩った都の物語（The Great Cities in History） ジョン・ジュリアス・ノーウィッチ編, 福井正子訳 柊風舎 2016.9 303p 27×21cm 15000円

フ

①978-4-86498-039-5
内容 メキシコシティ—新世界のユートピア 他（フェリペ・フェルナンデス・アルメスト） 〔06562〕

フェルナンデス＝サバテル, アマドール
◇資本の専制、奴隷の叛逆—「南欧」先鋭思想家8人に訊くヨーロッパ情勢徹底分析　広瀬純編著　航思社　2016.1　379p　19cm 〈他言語標題：Dictadura capitalista y esclavos rebeldes Conversaciones "bajo la coyuntura"〉 2700円　①978-4-906738-15-1
内容 「匿名の政治」の出現とその運命 他（アマドール・フェルナンデス＝サバテル述, 広瀬純聞き手・訳） 〔06563〕

フェルナンデス＝トゥレガノ, カルロス・ペレス
◇日出づる国と日沈まぬ国—日本・スペイン交流の400年　上川通夫, 川畑博昭編　勉誠出版　2016.3　357, 20p　22cm　7500円　①978-4-585-22145-6
内容 中世王国体制からスペイン君主体制へ（カルロス・ペレス・フェルナンデス＝トゥレガノ著, 川畑博昭訳） 〔06564〕

フェルプス, エドマンド・S.　Phelps, Edmund S.
◇なぜ近代は繁栄したのか—草の根が生みだすイノベーション（MASS FLOURISHING）　エドマンド・S.フェルプス〔著〕, 小坂恵理訳　みすず書房　2016.6　483, 36p　20cm 〈文献あり 年表あり 索引あり〉 5600円　①978-4-622-07961-3
内容 近代経済の出現　第1部 近代経済という経験（近代経済はいかにしてダイナミズムを獲得したか　近代経済のおよぼす物質的影響　近代的生の経験　近代経済はいかに形成されたのか）　第2部 近代経済への反動—社会主義とコーポラティズム（社会主義の魅力　第三の道—コーポラティズムによる左からの攻撃　ライバルたちの主張を秤にかける　国家ごとの満足度）　第3部 衰退と復活—一部のダイナミズムはどのように失われ、それを取り戻すためになぜ努力すべきなのか（一九六〇年代以後の衰退を示す徴候　一九六〇年代後の衰退について理解する　善き生—アリストテレスと近代　善と正義　近代の回復） 〔06565〕

フェルベーク, ピーター＝ポール　Verbeek, Peter-Paul
◇技術の道徳化—事物の道徳性を理解し設計する（MORALIZING TECHNOLOGY）　ピーター＝ポール・フェルベーク〔著〕, 鈴木俊洋訳　法政大学出版局　2015.10　288, 20p　20cm （叢書・ウニベルシタス 1033） 〈文献あり 索引あり〉 3200円　①978-4-588-01033-0
内容 第1章 媒介された道徳　第2章 ヒューマニズム的でない技術倫理　第3章 人工物は道徳性を持つか　第4章 技術と道徳的主体　第5章 設計における道徳　第6章 道徳的環境—具体的応用事例　第7章 媒介を超えた道徳　第8章 結論—技術に同行する 〔06566〕

フェロー, マルク　Ferro, Marc
◇戦争を指導した七人の男たち—一九一八〜四五年並行する歴史（ILS ÉTAIENT SEPT HOMMES EN GUERRE 1918-1945）　マルク・フェロー〔著〕, 小野潮訳　新評論　2015.12　556p　20cm 〈索引あり〉 5500円　①978-4-7948-0971-1
内容 第1章 戦争への序曲（一九一八〜三九年）　第2章 本当の敵は誰なのか（一九三九〜四一年）　第3章 戦争か、殲滅か（一九三九〜四五年）　第4章 同盟と不釣り合いな関係（一九四〇〜四五年）　第5章 勝負の結末　結語 どのような痕跡が残っているのか 〔06567〕

フェンター, アル・J.　Venter, Al J.
◇ドキュメント世界の傭兵最前線—アメリカ・イラク・アフガニスタンからアフリカまで（MERCENARIES）　アル・J.フェンター著, 小林朋則訳　原書房　2016.3　427p　20cm　2800円　①978-4-562-05306-3
内容 戦争を民営化する　アフリカの大いなる傭兵の伝説　傭兵列伝—コブス・クラーセンス　CIAがコンゴで実施した空中戦に参加したキューバ人傭兵たち　ビアフラでの航空消耗戦に参加した傭兵たち　南レバノンのアメリカ人兵士　傭兵列伝—フィジーの戦士フレッド・マラフォノ　ソヨ攻防戦—歴史に残る傭兵の活躍　民間軍事会社は、どのように発展してきたか　傭兵航空団　傭兵列伝—ヘリコプター・パイロット、アーサー・ウォーカー　「オペレーション・インポッシブル」—アフリカでの脱出行　イラクでの雇われ兵　エグゼクティヴ・アウトカムズは、どのように戦争を遂行したか　ローデシアでの賞金稼ぎ　傭兵列伝—アメリカ人プロ、グレッグ・ラヴェット　アンゴラのダイヤモンド採掘場を反政府軍から奪う　アフリカ大陸における傭兵の今後の役割　傭兵列伝—攻撃ヘリのエース、ニール・エリス　フリーランスのパイロット、アフガニスタンでヘリによる支援任務を行なう 〔06568〕

フェンター, サーム　Venter, Sahm
◇ネルソン・マンデラ未来を変える言葉　ネルソン・マンデラ著, 長田雅子訳, セロ・ハタン, サーム・フェンター編　明石書店　2014.6　193p　20cm　1800円　①978-4-7503-4010-4
内容 1 英知（生まれつき人を憎む人間はいない　誰にも良いところがある ほか）　2 原点（私の信念　人種差別を憎む ほか）　3 勝利（平和と民主主義と自由を！　生まれてはじめての投票 ほか）　4 未来（私の義務だった　兄弟姉妹として守る ほか） 〔06569〕

フエンテネブロ, パブロ
◇国連大学包括的「富」報告書—自然資本・人工資本・人的資本の国際比較（Inclusive Wealth Report 2012）　国連大学地球環境変化の人間・社会的側面に関する国際研究計画, 国連環境計画編, 植田和弘, 山口臨太郎訳, 武内和彦監修　明石書店　2014.12　358p　26cm 〈文献あり 索引あり〉 8800円　①978-4-7503-4113-2
内容 結論 教訓、発見、提言（アナンサ・ドゥライアッパ, パブロ・フエンテネブロ著） 〔06570〕

フォイクト, クリストファー　Voigt, Christopher
◇キリスト教神学資料集 下（The Christian Theology Reader, Third Edition）　アリスター・E.マクグラス編, 古屋安雄監訳　オンデマンド版　キリスト新聞社　2013.9　630, 49p　21cm 〈原書第3版〉 10000円　①978-4-87395-641-1
内容 リシャール・シモン（一六三八—一七一二）（クリストファー・フォイクト） 〔06571〕

◇キリスト教の主要神学者 下　リシャール・シモンからカール・ラーナーまで（Klassiker der Theologie）　F.W.グラーフ編　安酸敏真監訳　教文館　2014.9　390, 7p　22cm 〈索引あり〉

フ

4200円 ①978-4-7642-7384-9

内容 リシャール・シモン(クリストファー・フォイクト著, 安酸敏真訳)〔06572〕

フォガティ, エドワード・A.

◇財政赤字の国際比較―民主主義国家に財政健全化は可能か (Deficits and Debt in Industrialized Democracies) 井手英策, ジーン・パーク編 岩波書店 2016.3 330p 22cm 5400円 ①978-4-00-023062-9

内容 バスケットを編むこと(エドワード・A.フォガティ著, 井手英策訳)〔06573〕

フォークトマイヤー, アンドレアス Vogtmeier, Andreas

◇西ドイツ外交とエーゴン・バール (Egon Bahr und die deutsche Frage) アンドレアス・フォークトマイヤー著, 岡田浩平訳 三元社 2014.8 495, 55p 22cm 〈文献あり 索引あり〉 6000円 ①978-4-88303-360-7

内容 矛盾にみちた青少年時代――九四五年までの人生歴スケッチ エーゴン・バール―冷戦の戦士? 戦争の終結から壁の建設まで ベルリンの壁構築がバールの東方政策・ドイツ政策構想にもった意義 「接近による変化」 未公刊書の草稿 一九六五/六六年 大連立 東方諸条約の政策 東方政策の危機? 付論 緊張緩和政策を通じての発展途上国政策 付論 連邦事務局長バール―知的な人選ミス? 分断のなかにチャンスを求めて 二つの平和条約―諦念それとも希望? 統一―夢が現実となる? バールのドイツ構想の中心的観念の総括 エーゴン・バールの「内なるハシゴ」 結びの考察〔06574〕

フォーサイス, マイケル Forsythe, Michael

◇チャイナズ・スーパーバンク―中国を動かす謎の巨大銀行 (CHINA'S SUPERBANK) ヘンリー・サンダースン, マイケル・フォーサイス著, 築地正登訳 原書房 2014.4 313p 20cm 2800円 ①978-4-562-05059-8

内容 第1章 一万件のプロジェクトを成功させよ 第2章 ゾンビ銀行をグローバル・バンクに再生させる 第3章 鉄鎖の他に失うものはない 第4章 リスクと報酬 第5章 ニュービジネスのための資金 第6章 現在そして未来〔06575〕

フォスター, アレックス

◇プロ・トレーダー―マーケットで勝ち続ける16人の思考と技術 (TRADERS AT WORK) ティム・ブールキン, ニコラス・マンゴー著, 森山文那生訳 日経BP社 2016.5 284p 21cm 〈発売:日経BPマーケティング〉 2200円 ①978-4-8222-5063-8

内容 重要なのは「マーケットの声」に耳を傾けること(アレックス・フォスター述)〔06576〕

フォスター, ジェフ Foster, Jeff

◇もっとも深いところで、すでに受け容れられている―普段の生活の中で根本的に目覚める (THE DEEPEST ACCEPTANCE) ジェフ・フォスター著, 河野洋子監修, 坪田明美訳 ナチュラルスピリット 2015.10 373p 19cm 2300円 ①978-4-86451-180-3

内容 1 深い受容に目覚める(人生の全体性 なぜ苦しむのか 受容の海 今この瞬間の気づきの探求) 2 日常生活の中の深い受容(痛みと病気 愛、人間関係、そして徹底的な正直さ 依存症 スピリチュアルな悟りの探究)〔06577〕

フォスター, ジョン・ベラミー

◇マルクスとエコロジー―資本主義批判としての物質代謝論 岩佐茂, 佐々木隆治編著 八王子 堀之内出版 2016.6 364p 20cm (Nνξ叢書 02) 〈文献あり〉 3500円 ①978-4-906708-60-4

内容 マルクスと自然の普遍的な物質代謝の亀裂(ジョン・ベラミー・フォスター著, 隅田聡一郎訳)〔06578〕

フォスター, シンシア・E. Foster, Cynthia Ewell

◇十代の自殺の危険―臨床家のためのスクリーニング、評価、予防のガイド (TEEN SUICIDE RISK) シェリル・A.キング, シンシア・E.フォスター, ケリー・M.ロガルスキー著, 高橋祥友監訳, 高橋晶, 今村芳博, 鈴木吏良訳 金剛出版 2016.1 266p 19cm 〈文献あり 索引あり〉 2800円 ①978-4-7724-1466-1

内容 第1章 イントロダクション 第2章 全般的な危険因子と保護因子 第3章 スクリーニング―どのようにして自殺の危険を認識するか 第4章 自殺の危険についての評価と定式化 第5章 介入計画とケアマネジメント 第6章 親や学校との連携 第7章 法的問題〔06579〕

フォースター, マーク Forster, Mark

◇仕事に追われない仕事術―マニャーナの法則 (Do It Tomorrow And Other Secrets of Time Management) マーク・フォースター〔著〕, 青木高夫訳 完全版 ディスカヴァー・トゥエンティワン 2016.10 279p 19cm 〈初版のタイトル:マニャーナの法則〉 1500円 ①978-4-7993-1980-2

内容 第1部 タイム・マネジメントの基本的考え方("理性の脳"と"衝動の脳" 問題はシステムで解決する 機能するシステム・7つの原則 「効率」=「創造力」×「整理」 TO DOリストと優先順位の限界 「忙しいだけの仕事」を捨てる 緊急の仕事を見分けよう) 第2部 マニャーナの法則(最強のマネジメント・ツール「クローズ・リスト」 究極の仕事術「マニャーナの法則」 タスク・ダイアリーとデイリー・タスク 最優先の仕事をファースト・タスクにする WILL DOリストvsTO DOリスト) 第3部 さらに優れたシステムへ(大切な仕事の先送りをなくす ダッシュ法で圧倒的集中力を手に入れる ダッシュ法をカスタマイズする プロジェクトをやり遂げる 仕事術を超えて達人の境地へ)〔06580〕

フォーステイター, マシュー Forstater, Mathew

◇図説世界を変えた50の経済 (Fast Track Economics) マシュー・フォーステイター, アンナ・パルマー著, 内田智穂子訳 原書房 2014.10 128p 22cm (シリーズ知の図書館 6) 〈索引あり〉 2000円 ①978-4-562-04998-1

内容 第1章 古典派経済学(ウィリアム・ペティ フランソワ・ケネー ほか) 第2章 新古典派経済学(レオン・ワルラス W.・スタンレー・ジェヴォンズ ほか) 第3章 ケインズ経済学(ジョン・メイナード・ケインズ アバ・ラーナー ほか) 第4章 歴史学派経済学と制度

フ

学派経済学（グスタフ・フォン・シュモラー　ピョートル・クロポトキン ほか）　第5章 開発経済学（ヨゼフ・シュンペーター　サイモン・クズネッツ ほか）〔06581〕

フォースバーグ, ラルフ・P.　Forsberg, Ralph P.

◇48のケースで学ぶ職業倫理―意思決定の手法と実践（Ethics on the Job 原著第4版の翻訳）　レイモンド・S.ファイファー, ラルフ・P.フォースバーグ著, 高田一樹訳　センゲージラーニング　2014.4　271p　21cm　〈索引あり　発売：同友館〉2600円　①978-4-496-05041-1

内容 第1章 倫理に適う意思決定と倫理学　第2章 倫理原則とそのつながり　第3章 RESOLVEDD戦略―倫理に適う意思決定のために　第4章 RESOLVEDD戦略をより深く理解する　第5章 仕事の倫理問題―2つのケースを分析する　第6章 事例集―仕事の倫理をめぐる45のケース〔06582〕

フォーセット, トム　Fawcett, Tom

◇戦略的データサイエンス入門―ビジネスに活かすコンセプトとテクニック（Data Science for Business）　Foster Provost,Tom Fawcett著, 竹田正和監訳　オライリー・ジャパン　2014.7　427p　21cm　〈訳：古畠敦ほか　文献あり 索引あり　発売：オーム社〉2800円　①978-4-87311-685-3

内容 はじめに：データ分析思考　ビジネス問題とデータサイエンスが提供するソリューション　予測モデリング：相関から教師ありセグメンテーションへ　モデルをデータにフィットさせる　オーバーフィッティングとその回避方法　類似度、近傍、クラスタ　意思決定のための分析思考1：良いモデルとは何か　モデル性能の可視化　エビデンスと確率　テキスト表現とテキストマイニング　意思決定のための分析思考2：分析思考から分析工学へ　その他のデータサイエンスの問題と技法　データサイエンスとビジネス戦略　おわりに　提案レビューのガイド　その他の提案例　用語辞書〔06583〕

フォックス, アラン　Fox, Alan C.

◇アメリカの老富豪が贈る超（リアル）・処世訓（PEOPLE TOOLS）　アラン・フォックス〔著〕, ディスカヴァー編集部訳　ディスカヴァー・トゥエンティワン　2015.9　223p　19cm　1500円　①978-4-7993-1767-9

内容 社会には表のルールと裏のルールがあることを忘れない　役に立たない思い込みは捨てる　じょうずにNOと言う　YESで自分と相手の心をほぐす　気軽に質問する　言葉と行動を一致させる　人のパターンは変わらないことを知る　自分自身を知る　外見にとらわれず本質を見極める　失敗を予想しない〔ほか〕〔06584〕

フォックス, エリカ・アリエル　Fox, Erica Ariel

◇内面から勝つ交渉術―ハーバード実践講座（WINNING FROM WITHIN）　エリカ・アリエル・フォックス著, 谷町真珠訳　講談社　2014.11　217p　19cm　1600円　①978-4-06-219253-8

内容 1部 小手先のスキルはいらない根本から自分を変化させる（自分の「パフォーマンス・ギャップ」を知ろう　カギは自分との交渉術。必要に応じてビッグ4を使い分けよう　ビッグ4を使いこなす　自分のなかにトランスフォーマーを持とう）　2部 ビッグ4で内面のバランスをとろう（可能性―夢想家の視点で見る　客観性―思考家の見識を理解する　人間関係―恋人の心を感じる　行動―闘士に武器を持たせる）　3部 トランスフォーマーで自分のコアとつながる（認識する―自分のなかの「見張り」を呼び起こす　注意を払う―「船長」に舵をとらせる　探索する―「旅人」とともに成長しよう）〔06585〕

フォックス, エレーヌ　Fox, Elaine

◇脳科学は人格を変えられるか？（RAINY BRAIN, SUNNY BRAIN）　エレーヌ・フォックス著, 森内薫訳　文芸春秋　2014.7　326p　20cm　1600円　①978-4-16-390100-8

内容 序章 なぜ前向きな性格と後ろ向きな性格があるのだろう　第1章 快楽と不安の二項対立　第2章 修道院の奇妙な実験　第3章 恐怖を感じない女　第4章 遺伝子が性格を決めるのか　第5章 タクシー運転手の海馬は成長する　第6章 抑うつを科学で癒す可能性〔06586〕

フォックス, クリスティーン

◇21世紀の比較教育学―グローバルとローカルの弁証法（COMPARATIVE EDUCATION）　ロバート・F.アーノブ, カルロス・アルベルト・トーレス, スティーヴン・フランツ編著, 大塚豊訳　福村出版　2014.3　727p　22cm　〈文献あり 索引あり〉9500円　①978-4-571-10168-7

内容 比較教育学的観点から見たアイデンティティの問題（クリスティーン・フォックス著）〔06587〕

フォックス, ライル　Fox, Lyle

◇鏡が教えてくれること　ライル・フォックス〔著〕, 落合広美訳　ディスカヴァー・トゥエンティワン　2014.11　175p　19cm　〈他言語標題：Mirror Therapy〉1300円　①978-4-7993-1593-4

内容 第1章 ミラー・セラピーとは何か？（人はパーフェクトに生まれてくる　ストレスは自分次第でコントロールできる　ミラー・セラピーとは　「マインドフルネス」で今を生きる　ミラー・セラピーを成功させる秘訣）　第2章 ミラー・セラピー・プログラム（1日目・感謝　2日目・気づき　3日目・喜び　4日目・許し　5日目・共感）　第3章 習慣化し、活用する（生活の中に取り入れて習慣化する　目標達成のために活用する）〔06588〕

フォックス, レネー・C.　Fox, Renée Claire

◇国境なき医師団―終わりなき挑戦、希望への意志（Doctors Without Borders）　レネー・C.フォックス〔著〕, 坂川雅子訳　みすず書房　2015.12　455, 8p　20cm　〈索引あり〉5400円　①978-4-622-07948-4

内容 第1部 序章（現地からの声）　第2部 成長にともなう痛み（発端、分裂、危機　ノーベルか反抗者か　MSFギリシャの除名　MSFギリシャの復帰）　第3部 討議の文化（ラ・マンチャ）　第4部 南アフリカで（HIV/エイズと闘う　カエリチャで　非西欧的存在の誕生）　第5部 ポスト社会主義ロシア（モスクワのホームレスとストリートチルドレンに手を差し伸べる　シベリアの刑事施設で結核に取り組む）　過去を思い起こし、将来を思い描く〔06589〕

フ

フォーテスキュー, エイドリアン　Fortescue, Adrian

◇ローマ典礼の儀式　第1巻（The ceremonies of the Roman rite described (2nd edition)）　エイドリアン・フォーテスキュー著, 加藤肇訳　Stトマス　2015.10　243p　23cm　①978-4-9908645-0-7　〔06590〕

◇ローマ典礼の儀式　第2巻（The ceremonies of the Roman rite described (2nd edition)）　エイドリアン・フォーテスキュー著, 加藤肇訳　Stトマス　2015.10　275p　23cm　①978-4-9908645-1-4　〔06591〕

フォード, マーティン　Ford, Martin R.

◇テクノロジーが雇用の75%を奪う（THE LIGHTS IN THE TUNNEL）　マーティン・フォード著, 秋山勝訳　朝日新聞出版　2015.2　301p　20cm　〈文献あり〉2000円　①978-4-02-331366-8

内容 第1章 トンネル（ごく"普通"の人たちの雇用　大量消費市場とはなにか　光のトンネルで大量消費市場をイメージすると ほか）　第2章 加速（わが子供たちの将来　ムーアの法則と進化の加速度　金持ちはさらに超金持ちに ほか）　第3章 危機（市場の予測機能　2008年から2009年の景気大後退　オフショアリングと工場の海外移転 ほか）　第4章 移行（失業率75パーセントの未来　自由市場経済の構成要素：誘因　自由市場経済を堅持するために ほか）　第5章 緑色の光（新経済システム後の社会　貧困との戦い　基礎的な経済的制約 ほか）　付記と最後の考察（本書で紹介してきた考えに誤りはないか（反対意見とその回答）「現実を無視しよう」という反論　考察に値する二つの質問 ほか）　〔06592〕

◇ロボットの脅威―人の仕事がなくなる日（RISE OF THE ROBOTS）　マーティン・フォード著, 松本剛史訳　日本経済新聞出版社　2015.10　409p　20cm　〈索引あり〉2400円　①978-4-532-35663-7

内容 第1章 自動化の波　第2章 今度は違う？　第3章 情報テクノロジー―断絶的破壊をもたらすこれまでにない力　第4章 ホワイトカラーに迫る危機　第5章 様変わりする高等教育　第6章 医療という難問　第7章 テクノロジーと未来の産業　第8章 消費者、成長の限界…そして危機？　第9章 超知能とシンギュラリティ　第10章 新たな経済パラダイムをめざして　〔06593〕

フォード, ローラ　Ford, Laura

◇日米ボディトーク―身ぶり・表情・しぐさの辞典　東山安子, ローラ・フォード編著　増補新装版　三省堂　2016.6　321p　19cm　1800円　①978-4-385-10768-4

内容 日本人編　アメリカ人編　〔06594〕

フォート・トラメル, シェイラ　Forte-Trammell, Sheila

◇IBMのキャリア開発戦略―変化に即応する人事管理システムの構築（AGILE CAREER DEVELOPMENT）　メアリー・アン・ボップ, ダイアナ・A.ビング, シェイラ・フォート・トラメル著, 川喜多喬, 平林正樹, 松下尚史監訳　同友館　2014.4　263p　21cm　2400円　①978-4-496-05040-4

内容 第1章 適時・適材・適所な配置　第2章 キャリア深化の実現　第3章 キャリア開発プロセスの定義　第4章 優秀な人材の採用と新入社員の育成　第5章 熟練度の評価と事業を成功に導く活動　第6章 従業員と組織の能力開発　第7章 充実した開発計画の策定　第8章 協働学習活動と開発計画の連携　第9章 成功度合いの測定　〔06595〕

フォーブス, スコット　Forbes, Scott

◇世界恐怖図鑑　1　魔女・黒魔術・呪い（Encyclopedia of Scary Things）　バーバラ・コックス, スコット・フォーブス著, ナカイサヤカ訳　文溪堂　2015.9　48p　28cm　〈索引あり〉1500円　①978-4-7999-0135-9

内容 魔女　魔法使い　ハロウィン　魔法と護符　人狼　邪悪な精霊　〔06596〕

◇世界恐怖図鑑　2　吸血鬼・モンスター・ドラゴン（Encyclopedia of Scary Things）　バーバラ・コックス, スコット・フォーブス著, ナカイサヤカ訳　文溪堂　2015.12　48p　28cm　〈索引あり〉1500円　①978-4-7999-0136-6

内容 吸血鬼　海のモンスター　山のモンスター　巨人　ドラゴン　〔06597〕

◇世界恐怖図鑑　3　幽霊・悪霊・ゾンビ（Encyclopedia of Scary Things）　バーバラ・コックス, スコット・フォーブス著, ナカイサヤカ訳　文溪堂　2016.8　48p　28cm　〈索引あり〉1500円　①978-4-7999-0137-3

内容 幽霊と悪霊　ゾンビ　墓地の怪物　魔物　水の悪霊　地球外生命体　ミイラ　小鬼　〔06598〕

フォーブス, ナンシー　Forbes, Nancy

◇物理学を変えた二人の男―ファラデー、マクスウェル、場の発見（FARADAY, MAXWELL, AND THE ELECTROMAGNETIC FIELD）　ナンシー・フォーブス, ベイジル・メイホン〔著〕, 米沢富美子, 米沢恵美訳　岩波書店　2016.9　295, 5p　20cm　〈索引あり〉3200円　①978-4-00-006324-1

内容 本屋の丁稚から研究所の丁稚へ 一七九一‐一八一三　今は「化学」と呼ばれる研究分野 一八一三‐一八二〇　電気と磁気の長い歴史 一六〇〇‐一八二〇　円形方向に作用する力 一八二〇‐一八三一　電磁誘導―磁気の変化が電気を起こす 一八三一‐一八四〇　推測が遙かな未来を先取りする 一八四〇‐一八五七　称号なしのマイケル・ファラデーのままで 一八五七‐一八六七　「これはどうなっているの？　教えて」一八三一‐一八五〇　ケンブリッジでの切磋琢磨の日々 一八五〇‐一八五四　「力線」を「仮想流体」との類推で説明する 一八五四‐一八五六　ここは冗談が通じない 一八五六‐一八六〇　光は電磁波だった！　一八六〇‐一八六三　これは大当たり（！）だと思う 一八六三‐一八六五　田舎暮らし 一八六五‐一八七一　キャヴェンディッシュ研究所の創設 一八七一‐一八七九　マクスウェル信奉者たち 一八五〇‐一八九〇　科学史の新しい時代 一八九〇年以降　〔06599〕

フォール, ベルナール　Faure, Bernard

◇霊性と東西文明―日本とフランス―「ルーツとルーツ」対話　竹本忠雄監修　勉誠出版　2016.2　526p　22cm　〈表紙のタイトル：Dialogue Racines contre Racines〉7500円　①978-4-585-21030-6

内容 太陽の暗黒面（ベルナール・フォール著, 松岡佳世

フ

訳）〔06600〕

◇仏教の仮面を剝ぐ（LE BOUDDHISME）ベルナール・フォール著，末木文美士，金子奈央訳　トランスビュー　2016.6　206p　19cm　2200円　①978-4-7987-0159-2

内容 第1部 歴史の中の仏教（「仏教は一つであり、多数である」「ブッダは、ただ一人覚りを達成した人間である」「仏教は、インドの宗教である」ほか）第2部 仏教と地域文化（「仏教は無神論的宗教である」「とりわけ仏教はスピリチュアリティそのものである」「ダライ・ラマは仏教のスピリチュアル・リーダーだ」ほか）第3部 仏教と社会（「仏教は寛容な宗教である」「仏教は慈悲を説く」「仏教は平和的宗教である」ほか）結論 仏教か、それとも新仏教（ネオ・ブッディズム）か？〔06601〕

フォルグラーフ，カール＝エーリッヒ

◇マルクスとエコロジー─資本主義批判としての物質代謝論　岩佐茂，佐々木隆治編著　八王子　堀之内出版　2016.6　364p　20cm（Nνξ叢書 02）〈文献あり〉3500円　①978-4-906708-60-4

内容 マルクスと発展した資本主義的生産における社会の物質代謝の絶え間ない破壊（カール＝エーリッヒ・フォルグラーフ著，斎藤幸平訳）〔06602〕

フォルシェー，ドミニク　Folscheid, Dominique

◇年表で読む哲学・思想小事典（Les grandes dates de la philosophie antique et médiévale 原著第2版の翻訳，Les grandes dates de la philosophie classique, moderne et contemporaine 原著第2版の翻訳）ドミニク・フォルシェー著，菊地伸二，杉村靖彦，松田克進訳　新装版　白水社　2014.9　370, 32p　19cm〈索引あり〉3000円　①978-4-560-08400-7

内容 第1章 哲学の創始者たち　第2章 理性の時代　第3章 大転換　第4章 再開と再生の時代　第5章 ルネサンス哲学─実り多いが曖昧な時期　第6章 古典期の哲学　第7章 啓蒙の時代　第8章 十九世紀─哲学と科学　第9章 哲学の二十世紀〔06603〕

フォルスト，ライナー

◇人権への権利─人権、民主主義そして国際政治（Recht auf Menschenrechte）ハウケ・ブルンクホルスト，ヴォルフガング・R.ケーラー，マティアス・ルッツ＝バッハマン編，舟場保之，御子柴善之監訳　吹田　大阪大学出版会　2015.1　335, 13p　21cm〈索引あり〉3700円　①978-4-87259-491-1

内容 正当化への基本的権利（ライナー・フォルスト著，田原彰太郎訳）〔06604〕

フォルティ，ヴァレリオ

◇信託の理論と現代的展開　水野紀子編著　商事法務　2014.10　386p　22cm（東北大学法政実務叢書 2）6000円　①978-4-7857-2213-5

内容 コモン・ロー体系におけるトラストがフランスのフィデュシに及ぼす影響（ヴァレリオ・フォルティ著，中原太郎訳）〔06605〕

フォルディー，エリカ　Foldy, Erica

◇行動探求─個人・チーム・組織の変容をもたらすリーダーシップ（ACTION INQUIRY）ビル・トルバートほか著，小田理一郎，中小路佳代子訳　英治出版　2016.2　341p　22cm〈文献あり〉2400円　①978-4-86276-213-9

内容 第1部 行動探求のリーダーシップ・スキルを学ぶ（行動探求の基本　話し方としての行動探求　組織化する方法としての行動探求　行動探求─概念と体験）第2部 変容をもたらすリーダーシップ（機会獲得型と外交官型　専門家型と達成者型　再定義型の行動論理　変容者型の行動論理）第3部 変容をもたらす組織（変容をもたらす会議、チーム、組織　組織変革をファシリテーションする　社会的ネットワークの組織と、協働的な探求への変容　協働的な探求の真髄）第4部 行動探求の究極の精神的・社会的な意図（アルケミスト型の行動についての新鮮な気づき　探求の基盤コミュニティを創り出す）〔06606〕

フォルナゼーア，マテオ

◇ヨーロッパ私法の展望と日本民法典の現代化　川角由和，中田邦博，潮見佳男，松岡久和編　日本評論社　2016.3　541p　22cm（竜谷大学社会科学研究所叢書 第108巻）〈他言語標題：Perspectives of European Private Law and Modernization of Japanese Civil Code〉7000円　①978-4-535-52165-0

内容 強行的契約法による契約自由の実質化（マテオ・フォルナゼーア著，中田邦博訳）〔06607〕

フォルマー，アンティエ

◇なぜ“平和主義”にこだわるのか（ENTRÜSTET EUCH！ ─WARUM PAZIFISMUS FÜR UNS DAS GEBOT DER STUNDE BLEIBT）マルゴット・ケースマン，コンスタンティン・ヴェッカー編，木戸衛一訳　いのちのことば社　2016.12　261p　19cm　1500円　①978-4-264-03611-1

内容 平和主義者を蔑む理由はどこにもない（アンティエ・フォルマー）〔06608〕

フォレット，ヴィクトリア・M.　Follette, Victoria M.

◇アクセプタンス＆コミットメント・セラピー実践ガイド─ACT理論導入の臨床場面別アプローチ（A Practical Guide to Acceptance and Commitment Therapy）スティーブン・C.ヘイズ，カーク・D.ストローサル編著，谷晋二監訳，坂本律訳　明石書店　2014.7　473p　22cm〈文献あり〉5800円　①978-4-7503-4046-3

内容 心的外傷後ストレス障害を対象としたACT（アレシア・A.ヴァラ，ヴィクトリア・M.フォレット）〔06609〕

フォワード，スーザン　Forward, Susan

◇毒親の棄て方─娘のための自信回復マニュアル（MOTHERS WHO CAN'T LOVE）スーザン・フォワード著，羽田詩津子訳　新潮社　2015.10　255p　20cm　1500円　①978-4-10-506961-2

内容 第1部 母親から受けた傷を確認する（母親の愛情を疑問視することのタブー「母親を悪く言うことは決して許されない」きわめて自己愛の強い母親「だけど、わたしはどうなるの？」過剰に関わってくる母親「あなたはわたしの人生よ」コントロールばかりする母親「だってわたしがそう言ったから」世話を必要とする母親「あなたが何もかもやってくれるでしょ、頼りにしているわ」ネグレクト、裏切り、

フ

虐待をする母親「あんたはいつもやっかいごとを引き起こす」）　第2部 母親に与えられた傷を癒す（真実の始まり「すべてわたしのせいではないということがわかりはじめる」　つらい感情を認識する「すべてを吐きだすのはとても気分がいい」　怒りと悲嘆から英知は生まれる「わたしは長いあいだ抑えこんできた感情と向き合う準備ができている」　行動を変え、人生を変える「変わることはとてもむずかしいが、変わらないことはもっと大変だ」　境界をもうける「ノーという権利があるとはこれまで思ってもみなかった」　今どういう関係を望んでいるかをはっきりさせる「やっと大人の女性になれた気がする」　もっともむずかしい決断「わたしの母か、わたしの幸福か、という選択になる」　老い、病気、孤独。急に頼ってくる母親「母を助けてあげなくてはならない。だって彼女はまだわたしの母親だから」　ついに、いい母親と絆を作る）〔06610〕

フ

フォン, エリック

◇ポスト工業社会における東アジアの課題―労働・ジェンダー・移民　筒井淳也, グワンヨンシン, 柴田悠編著　京都　ミネルヴァ書房　2016.3　252p　22cm　（立命館大学産業社会学部創設50周年記念学術叢書）〈索引あり〉5500円　①978-4-623-07634-5

内容 北米における東アジア移民の統合と移民第2世代（ジェニー・リー, エリック・フォン著, 野村優訳）〔06611〕

フォンテーヌ, パスカル　Fontaine, Pascal

◇EUを知るための12章（Europe in 12 lessons）　パスカル・フォンテーヌ著,〔駐日欧州連合代表部〕〔訳編〕　第2版　駐日欧州連合代表部広報部　2013.12　87p　23cm　〈年表あり〉①978-92-9238-105-9〔06612〕

フォン・ノイマン, ジョン　Von Neumann, John

◇ゲーム理論と経済行動―刊行60周年記念版（THEORY OF GAMES AND ECONOMIC BEHAVIOR 原著60周年記念版の翻訳）　ジョン・フォン・ノイマン, オスカー・モルゲンシュテルン著, 武藤滋夫訳　勁草書房　2014.6　988p　22cm　〈文献あり 索引あり〉13000円　①978-4-326-50398-8

内容 経済問題の定式化　戦略ゲームの一般的・本格的な記述　ゼロ和2人ゲーム：理論　ゼロ和2人ゲーム：例　ゼロ和3人ゲーム　一般理論の定式化：ゼロ和n人ゲーム　ゼロ和4人ゲーム　n≧5なる参加者の場合についてのいくつかの注意　ゲームの合成と分解　単純ゲーム　一般非ゼロ和ゲーム　支配および解の概念の拡張　効用の公理的取り扱い〔06613〕

フォン・ヘーネ, リンダ・M.

◇FDガイドブック―大学教員の能力開発（A GUIDE TO FACULTY DEVELOPMENT 原著第2版の抄訳）　ケイ・J.ガレスピー, ダグラス・L.ロバートソン編著, 羽田貴史監訳, 今野文子, 串本剛, 立石慎治, 杉本和弘, 佐藤万知訳　町田　玉川大学出版部　2014.2　338p　21cm　（高等教育シリーズ 162）〈別タイトル：Faculty Developmentガイドブック　文献あり 索引あり〉3800円　①978-4-472-40487-0

内容 大学院生および専門職大学院の学生の能力開発プログラム（ローラ・L.B.ボーダー, リンダ・M.フォン・ヘーネ著）〔06614〕

フーカ, ポーラ・B.

◇スーパーヴィジョンのパワーゲーム―心理療法家訓練における影響力・カルト・洗脳（Power Games）　リチャード・ローボルト編著, 太田裕一訳　金剛出版　2015.3　424p　22cm　〈索引あり〉6000円　①978-4-7724-1417-3

内容 何よりも害をなさぬこと（ポーラ・B.フーカ著）〔06615〕

不可視委員会

◇われわれの友へ（À nos amis）　不可視委員会著, HAPAX訳　夜光社　2016.1　253p　18cm　1500円　①978-4-906944-07-1

内容 メリー・クライシス・アンド・ハッピー・ニュー・フィヤー　やつらは統治を背負わせようとする、われわれはその挑発にはのらない　権力とはロジスティクスである。すべてを遮断せよ！　ファック・オフ・グーグル　あとをくらませ　われわれの唯一の故郷、幼年期　オムニア・スント・コムニア　今日のリビア、明日のウォールストリート〔06616〕

フーカート, マーク　Goedhart, Marc

◇企業価値評価―バリュエーションの理論と実践　上（VALUATION 原著第6版の翻訳）　マッキンゼー・アンド・カンパニー, ティム・コラー, マーク・フーカート, デイビッド・ウェッセルズ著, マッキンゼー・コーポレート・ファイナンス・グループ訳　ダイヤモンド社　2016.8　504p　22cm　〈索引あり〉4200円　①978-4-478-06877-9

内容 第1部 原理編（なぜ、企業価値か？　価値創造の基本原則　企業価値不変の法則とリスクの役割　株式市場の魔力　市場はすべて織り込み済み　投下資産収益率（ROIC）　成長とは何か）　第2部 実践編（企業価値評価のフレームワーク　財務諸表の組み替え　業績の分析　将来の業績予測　継続価値の算定　資本コストの推定　企業価値から1株当たりの価値へ　算定結果の分析　マルチプル法の活用法と注意点　事業単位ごとの企業価値評価）　資料編〔06617〕

◇企業価値評価―バリュエーションの理論と実践　下（VALUATION 原著第6版の翻訳）　マッキンゼー・アンド・カンパニー, ティム・コラー, マーク・フーカート, デイビッド・ウェッセルズ著, マッキンゼー・コーポレート・ファイナンス・グループ訳　ダイヤモンド社　2016.8　509p　22cm　〈索引あり〉4200円　①978-4-478-06878-6

内容 第3部 上級編（税金と企業価値評価　営業外損益、引当金および準備金　リースおよび退職給付債務　資産収益率を測定する別の方法　インフレーション下の企業価値評価　クロスボーダーの企業価値評価　ケース・スタディ：ハイネケン）　第4部 管理編（事業ポートフォリオ戦略と価値創造　価値創造のための業績管理　M&Aによる価値創造　事業売却を通じた価値創造　資本構成、配当、自社株買い　インベスター・リレーションズ（IR））　第5部 応用編（新興国市場での企業価値評価　高成長企業の価値評価　シクリカルな企業の価値評価　銀行の企業価値評価　経営の自由度）〔06618〕

ブカナン, ジョン

◇企業統治の法と経済―比較制度分析の視点で見るガバナンス　田中亘, 中林真幸編　有斐閣　2015.3　403p　22cm　〈他言語標題：Law and Economics of Corporate Governance　索引あり〉3800円　①978-4-641-16454-3

内容 不安定なシステムへの局所的な対応策としての企業統治（ジョン・ブカナン著, 田中亘訳）〔06619〕

ブキャナン, ジェームズ・M.　Buchanan, James M.

◇赤字の民主主義―ケインズが遺したもの（Democracy In Deficit）　ジェームズ・M.ブキャナン, リチャード・E.ワグナー著, 大野一訳　日経BP社　2014.11　363p　20cm　（NIKKEI BP CLASSICS）〈文献あり　発売：日経BPマーケティング〉2400円　①978-4-8222-5053-9

内容 第1部 何が起きていたのか（ケインズが遺したもの　ケインズ以前の財政信仰　まずは三流学者を　伝播する新たな「教え」　被害の検証）　第2部 何がいけなかったのか（ハーベイロードの前提　民主政治のケインズ経済学　通貨発行型の財政赤字と民主政治　制度面の制約と政治的な選択）　第3部 どうすればよいのか（代替的な予算ルール　完全雇用はどうなるのか　財政理念への回帰）〔06620〕

ブキャナン, マーク　Buchanan, Mark

◇市場は物理法則で動く―経済学は物理学によってどう生まれ変わるのか？（FORECAST）　マーク・ブキャナン著, 熊谷玲美訳　白揚社　2015.8　417p　20cm　〈索引あり〉2400円　①978-4-8269-0182-6

内容 第1章 均衡は妄想である　第2章 驚異的な計算装置　第3章 その理論に科学的根拠はあるか　第4章 地震と株式市場　第5章 進化する人間のモデル　第6章 市場の生態学　第7章 効率性の落とし穴　第8章 テクノロジーは市場をどう変えるか　第9章 消え去りゆく幻影　第10章 経済危機は予測できるか？〔06621〕

フクヤマ, フランシス

◇安定とその敵（Stability at bay）　Project Syndicate〔編〕　土曜社　2016.2　120, 2p　18cm　（プロジェクトシンジケート叢書）　952円　①978-4-907511-36-4

内容 成長戦略の競争（フランシス・フクヤマ著）〔06622〕

フーケー, ゲルハルト　Fouquet, Gerhard

◇災害と復興の中世史―ヨーロッパの人びとは惨禍をいかに生き延びたか（Katastrophen im Spätmittelalter）　G.フーケー,G.ツァイリンガー〔著〕, 小沼明生訳　八坂書房　2015.4　260, 34p　22cm　〈文献あり 索引あり〉4500円　①978-4-89694-186-9

内容 序章 “人間の環境”としての災害　1 洪水―バーゼル、一五二九年六月十四日/一五三〇年七月四日　2 高潮―ルングホルトの神話　3 難破―地中海で、また北海で　4 地震―十四・十五世紀の証言から　5 飢餓―慈悲なき自然のみでなく…　6 火災―燃える都市、救命と消火　7 疫病―果てしなき災厄　8 戦火―南ドイツ、一四四九 - 五〇年/ノイス、一四七四 - 七五年　9 悪貨―貨幣暴落の災害と、支配層の詐欺行為　惨禍Extremereignisse―結びにかえて〔06623〕

フーコー, ミシェル　Foucault, Michel

◇ミシェル・フーコー講義集成　1 〈知への意志〉講義―コレージュ・ド・フランス講義1970-1971年度（Leçons sur la volonté de savoir）　ミシェル・フーコー著　慎改康之, 藤山真訳　筑摩書房　2014.3　389, 6p　22cm　〈索引あり〉5800円　①978-4-480-79041-5

内容 一九七〇 - 一九七一年度講義　ニーチェ講義　オイディプスの知〔06624〕

◇言説の領界（L'ORDRE DU DISCOURS）　M.フーコー著, 慎改康之訳　河出書房新社　2014.12　196p　15cm　（河出文庫 フ10-3）〈索引あり〉1000円　①978-4-309-46404-6

内容 言説の領界 コレージュ・ド・フランス開講講義　訳注　解題『言説の領界』を読む（慎改康之）〔06625〕

◇悪をなし真実を言う―ルーヴァン講義1981（MAL FAIRE, DIRE VRAI.FONCTION DE L'AVEU EN JUSTICEの抄訳）　ミシェル・フーコー著, ファビエンヌ・ブリヨン, ベルナール・E.アルクール編, 市田良彦監訳, 上尾真道, 信友建志, 箱田徹訳　河出書房新社　2015.1　453p　20cm　6200円　①978-4-309-24689-5

内容 ルーレ、告白と治療術　自己の「真実を言う」ことと自己認識から得られると想定される効果　告白のさまざまな特徴　西洋キリスト教社会での広がり：個人は自己の真理と結びつき、述べられた真理によって他者との関係における義務を課される　歴史 - 政治的問題：個人は自らの真理と自らに行使される権力にどう結びつくか　歴史―哲学的問題：個人は自ら誓約する真理陳述の諸形式によって互いにどう結びつくか　実証主義との対位法：真理陳述の批判哲学　刑罰制度における「誰が裁かれるのか」という問題　刑罰実践と統治術　真理による統治〔ほか〕〔06626〕

◇ミシェル・フーコー講義集成　9　生者たちの統治―コレージュ・ド・フランス講義1979-1980年度（Du Gouvernement des Vivants）　ミシェル・フーコー著　広瀬浩司訳　筑摩書房　2015.2　420, 5p　22cm　〈索引あり〉6000円　①978-4-480-79049-1

内容 セプティミウス・セウェルスの裁きの部屋。オイディプスの物語との比較　権力の行使と真理の現出化“＝表明”（manifestation）。真なるものの純粋な現出化としてのアレテュルジー。アレテュルジーなきヘゲモニーはない　この権力と真理の関係が現代に至るまで恒常的に存在していたこと。二つの例。王宮、国家理性と魔女狩り（ボダン）　今年度の講義計画。真理による人間たちの統治の概念を練り上げること。知 - 権力の主題からの移動。権力概念から統治の概念へ（過去二年間の講義）。知の概念から真理の問題へ権力行使と真理の現出化の関係を考える五つの方法。ボテロの原理、ケネーの原理、サン＝シモンの原理、ローザ・ルクセンブルクの原理、ソルジェニーツィンの原理。これらの狭さ。合理的統治性の誕生に先立つ、統治と真理の関係。この関係は、功利的な知識より深い水準で取り結ばれる　統治と真理の諸関係（続き）　この関係の一例。『オイディプス王』の悲劇。ギリシア悲劇とアレテュルジー。オイディプスの王権の主題を中心とする戯曲の分析　オルトン・エポス、すなわち従わなければならない正しい言葉の表明の条件。一連の半分の法則。真理の手続きには神的・予言的半分と人間的な半分がある。シュンボロンの働き。神的なアレテュルジーと奴隷のアレテュルジーの比較。アレテュルジーの歴史的二形態、すなわち、

フ

神託による宗教的アレテュルジーと証言に基づく法的アレテュルジー。戯曲における両者の補完性 『オイディプス王』(続き) 本年度の講義の対象。真理陳述の手続きにおける「私」という要素。一人称で真を語ることは、どのような過程を経て、真理の現出化として認められるのか。人間を統治する術と自己アレテュルジーの関係〔ほか〕 〔06627〕

◇東京大学「教養学部報」精選集―「自分の才能が知りたい」ほか教養に関する論考　東京大学教養学部教養学部報編集委員会編　東京大学出版会　2016.4　233, 2p　21cm　2800円　①978-4-13-003347-3
内容 狂気と社会(ミシェル・フーコー) 〔06628〕

フサーロ, カルロ
◇二院制の比較研究―英・仏・独・伊と日本の二院制　岡田信弘編　日本評論社　2014.3　237p　22cm　5500円　①978-4-535-52020-2
内容 イタリアにおける二院制(カルロ・フザーロ著, 芦田淳訳) 〔06629〕

フ

◇経済危機下の分権改革―「再国家化」と「脱国家化」の間で　山田徹編著　公人社　2015.7　247p　21cm　3800円　①978-4-86162-103-1
内容 イタリアの地域制準連邦主義と財政危機の試練(カルロ・フサーロ著, 山田徹訳) 〔06630〕

ブザン, トニー　Buzan, Tony
◇マインドマップ・リーダーシップ―現場主導で組織に革命を起こす(GRASS ROOTS LEADERS) トニー・ブザン, トニー・ドッティーノ, リチャード・イズラエル著, 近田美季子監訳　ダイヤモンド社　2013.12　314p　21cm　2400円　①978-4-478-00684-9 〔06631〕

フジタ, カズ　Fujita, Kazu
◇囚われない生き方がかんたんにできる方法　カズ・フジタ著, 白崎博史訳　東邦出版　2014.3　189p　19cm　1500円　①978-4-8094-1203-5
内容 第1章「BOX」とはなにか、そしてそれはどこにあるのか(What is the"BOX"?　日本人のBOX ほか) 第2章 アイデアとは「解決」だ！(アイデアとはソリューションである　日本人の会議 ほか) 第3章 もう一度クリエイティブになるには(BOXからの初脱出　クリエイティブな学校 ほか) 第4章 夢を実現させるために(そのものになること　サッカーになった中田ヒデ ほか) 第5章 幸福と成功のための実践法 〔06632〕

フジタ, ヒサカズ*　藤田 久一
◇再論東京裁判―何を裁き、何を裁かなかったのか(Beyond Victor's Justice?) 田中利幸, ティム・マコーマック, ゲリー・シンプソン編著, 田中利幸監訳, 饗庭朋子, 伊藤大将, 佐藤晶子, 高取由紀, 仁科由紀, 松島亜季訳　大月書店　2013.12　597, 17p　20cm 〈索引あり〉 6800円　①978-4-272-52099-2
内容 「人道上の裁き」か「勝者の裁き」か(藤田久一著, 佐藤晶子訳) 〔06633〕

フシャール, ドミニク　Fouchard, Dominique
◇最新地図で読む世界情勢―これだけは知っておきたい世界のこと(LE DESSOUS DES CARTES, JUNIOR) ジャン＝クリストフ・ヴィクトル, ドミニク・フシャール, カトリーヌ・バリシュニコフ著, 鳥取絹子訳　CCCメディアハウス　2015.9　111p　25cm　1800円　①978-4-484-15122-9 〔06634〕

ブシャン, G.　Buschan, Georg
◇南太平洋の民族と文化(Illustrierte Volkerkunde の抄訳) G.ブシャン著, 小堀甚二訳　大空社　2015.4　415p　22cm (アジア学叢書 292) 〈布装　文献あり　聖紀書房 昭和19年刊の複製〉 16000円　①978-4-283-01143-4 〔06635〕

ブース, マイケル　Booth, Michael
◇英国一家、インドで危機一髪(Eat, Pray, Eat) マイケル・ブース著, 寺西のぶ子訳　KADOKAWA　2016.3　355p　19cm　1800円　①978-4-04-103647-1
内容 心の安定と気晴らし　真夜中のレストラン　バイ、バハーイー　チャート、ターリー、カバーブ　エミル、インド国旗を汚す　豪華ターバンを巻いた占い師の呪い　トラと女王陛下　赤い歯、ピンクシティ　ただほど高いものはない　トイレにこもる〔ほか〕 〔06636〕

◇限りなく完璧に近い人々―なぜ北欧の暮らしは世界一幸せなのか？(The Almost Nearly Perfect People) マイケル・ブース著, 黒田真知訳　KADOKAWA　2016.9　515p　19cm　2200円　①978-4-04-103389-0
内容 はじめに　デンマーク　アイスランド　ノルウェー　フィンランド　スウェーデン　終わりに 〔06637〕

プースカ, アンカ
◇政治学大図鑑(The Politics Book) ポール・ケリーほか著, 堀田義太郎日本語版監修, 豊島実和訳　三省堂　2014.9　352p　25cm 〈索引あり〉 4200円　①978-4-385-16226-3 〔06638〕

ブスカーリア, レオ　Buscaglia, Leo F.
◇"自分らしさ"を愛せますか―新訳(Living, Loving & Learning) レオ・ブスカーリア著, 藤井留美訳　東久留米　シャスタインターナショナル　2016.8　285p　19cm　1500円　①978-4-908184-05-5
内容 愛は行ないを変える　なりたい自分になる　そこに光はある　大切なものは目に見えない　壁を築くのではなく、橋をかけよう　人として満ちるために明日の子どもたち　親愛なるあなた　人生を選びとる　人生を教える　愛を語る　あなたとひとつになる　自滅の発想よ、さようなら 〔06639〕

フーゼマン, アーミン　Husemann, Armin J.
◇子どもの歯の生え変わり―魂の発達を映し出す鏡(Der Zahnwechsel des Kindes) アーミン・フーゼマン著, 本田常雄訳　涼風書林　2016.11　157p　21cm 〈文献あり〉 2700円　①978-4-903865-35-5 〔06640〕

フーダ, ユスリー　Fawdah, Yusrī
◇危険な道―9.11首謀者と会見した唯一のジャーナリスト　ユスリー・フーダ著, 師岡カリーマ・エルサムニー訳　白水社　2016.2　270p　19cm

1900円 ①978-4-560-08488-5
内容 第1部 アルカイダへの道(未知への招待　ボールは転がる　ロング・キス・グッドナイト　神はあなたを許します　安全な家へ ほか)　第2部 未知への越境(旅の始まり　伝令係と計画B　ここに、ハーリド・ブン・ワリード　レバノンのトラボラ　越境直前 ほか)〔06641〕

プチニャック, ダン・W.
◇アジア地域における会社情報提供制度の実情と課題　国際民商事法センター監修, アジア・太平洋会社情報提供制度研究会編集　商事法務　2016.1　204p　21cm　4200円　①978-4-7857-2374-3
内容 シンガポールにおける独立取締役―コンプライ・オア・エクスプレイン・コードの難問(ダン・W.プチニャック, ルー・ルー・ラン著, 渡辺彰子訳)〔06642〕

ブチャン, ジェームス
◇包括的で持続的な発展のためのユニバーサル・ヘルス・カバレッジ―日本からの教訓 (Universal health coverage for inclusive and sustainable development)　池上直己編著　日本国際交流センター　2014.9　240p　21cm　〈文献あり〉 ①978-4-88907-139-9
内容 准看護師：日本における看護労働力拡大のひとつの選択肢(池上直己, ジェームス・ブチャン)〔06643〕

フック, グレン・D.　Hook, Glenn D.
◇拡散するリスクの政治性―外なる視座・内なる視座　長島美織, グレン・D.フック, ピアーズ・R.ウィリアムソン著　奈良　萌書房　2015.3　178p　21cm　2400円　①978-4-86065-090-2
内容 リスクの再調整と日本国民の統治 他(グレン・D.フック著, 長島美織訳)〔06644〕
◇戦争への終止符―未来のための日本の記憶　グレン・D.フック, 桜井智恵子編　京都　法律文化社　2016.5　188p　21cm　〈他言語標題：Full Stop to War　文献あり〉 3000円　①978-4-589-03759-6
内容 沖縄の米軍基地のリスク 他(グレン・D.フック著, ファン・デル・ドゥース石川瑠璃訳)〔06645〕

フックス, ベル　hooks, bell
◇オール・アバウト・ラブ―愛をめぐる13の試論 (All about love)　ベル・フックス著, 宮本敬子, 大塚由美子訳　横浜　春風社　2016.2　276p　20cm　〈文献あり〉 2300円　①978-4-86110-492-3
内容 恩寵―愛にふれて　明晰さ―愛に言葉を与える　正義―子ども時代の愛のレッスン　誠実―愛に忠実なれ　献身―愛を私の中に存在させよう　スピリチュアリティ―神聖なる愛　価値観―愛の倫理に従って生きること　貪欲―ただ愛せよ　共同体―愛と交わり　相互性―愛の核心　ロマンス―甘美な愛　喪失―生と死のなかで愛すること　癒し―あがないの愛　運命―天使が愛を語るとき〔06646〕

フックス, マクシミリアン
◇信託制度のグローバルな展開―公益信託甘粕記念信託研究助成基金講演録　新井誠編訳　日本評論社　2014.10　634p　22cm　6800円　①978-4-535-52055-4
内容 高齢化社会の相続法(マクシミリアン・フックス著, 藤原正則訳)〔06647〕

フッサール, エドムント　Husserl, Edmund
◇幾何学の起源 (Die Krisis der europäischen Wissenschaften und die transzendentale Phänomenologie, L'origine de la géométrie)　エドムント・フッサール著, ジャック・デリダ序説, 田島節夫, 矢島忠夫, 鈴木修一訳　新装版　青土社　2014.9　324p　20cm　2600円　①978-4-7917-6815-8
内容 『幾何学の起源』序説 J・デリダ 著. 幾何学の起源 E・フッサール 著〔06648〕
◇形式論理学と超越論的論理学 (FORMALE UND TRANSZENDENTALE LOGIK)　エトムント・フッサール〔著〕, 立松弘孝訳　みすず書房　2015.1　367, 11p　22cm　〈索引あり〉 7000円　①978-4-622-07850-0
内容 第1篇 客観的な形式論理学の諸構造と範囲(命題論的分析論としての形式論理学　形式的命題論と形式数学　演繹的諸体系の理論と多様体論　諸対象についての見方と諸判断についての見方　意味論としての命題論と真理の論理学)　第2篇 形式論理学から超越論的論理学へ(論理学の心理学主義と論理学の超越論的基礎づけ　超越論的 - 論理学的な問題設定の最後の諸疑問、基本概念の諸問題　論理学が用いる理想化する諸前提と、それら諸前提についての構成的批判　論理学の諸原理の明証性批判から経験の明証性批判への回帰　超越論的哲学の問題としての、論理学の主観的基礎づけ　超越論的現象学と志向的心理学。超越論的心理学主義の問題　客観的論理数学と理性の現象学)〔06649〕
◇間主観性の現象学 3 その行方 (Zur Phänomenologie der Intersubjektivität)　エトムント・フッサール著, 浜渦辰二, 山口一郎監訳　筑摩書房　2015.10　599, 7p　15cm　(ちくま学芸文庫 フ21-4)　〈索引あり〉 1700円　①978-4-480-09692-0
内容 第1部 自我論(自我と自己　自我に対する外的態度と内的態度 ほか)　第2部 モナド論(自我とモナド　モナドの現象学 ほか)　第3部 時間と他者(想起・想像・準現在化　想起・予期・感情移入 ほか)　第4部 他者と目的論(モナドと目的―誕生と死　原事実性の目的論 ほか)〔06650〕
◇デカルト的省察 (Cartesianische Meditationen)　フッサール〔著〕, 船橋弘訳　中央公論新社　2015.11　300, 4p　18cm　(中公クラシックス W83)　〈「世界の名著 62」(中央公論社 1980年刊)の抜粋、編集　年譜あり 索引あり〉 1700円　①978-4-12-160164-3〔06651〕
◇論理学研究 1 (LOGISCHE UNTERSUCHUNGEN)　エドムント・フッサール著, 立松弘孝訳　新装版　みすず書房　2015.12　341, 8p　21cm　〈索引あり〉 6500円　①978-4-622-07951-4
内容 第1巻 純粋論理学序説(規範学としての、特に実用学としての論理学　規範学の土台としての理論学　心理学主義、その論証と通常の反対論に対するその立場　心理学主義の経験論的帰結　論理学的諸原則の心理学的解釈　心理学主義的に解明された三段論法。推論式と化学式　懐疑論的相対主義としての心理学主

フ

義　心理学主義的先入見　思惟経済の原理と論理学　批判的諸考察の結論　純粋論理学の理念）〔06652〕

◇論理学研究　2（LOGISCHE UNTERSUCHUNGEN）　エドムント・フッサール著, 立松弘孝, 松井良和, 赤松宏訳　新装版　みすず書房　2015.12　298, 9p　21cm　〈索引あり〉6000円　①978-4-622-07952-1

内容 第2巻 認識の現象学と認識論のための諸研究（表現と意味　スペチエスのイデア的単一性と近代の抽象理論）〔06653〕

◇論理学研究　3（LOGISCHE UNTERSUCHUNGEN）　エドムント・フッサール著, 立松弘孝, 松井良和訳　新装版　みすず書房　2015.12　378, 11p　21cm　〈索引あり〉7000円　①978-4-622-07953-8

内容 第2巻 認識の現象学と認識論のための諸研究（つづき）（全体と部分に関する理論について　独立的意味と非独立的意味の相違ならびに純粋文法学の理念　志向的体験とその"内容"）〔06654〕

フ

◇論理学研究　4（LOGISCHE UNTERSUCHUNGEN）　エドムント・フッサール著, 立松弘孝訳　新装版　みすず書房　2015.12　302, 8p　21cm　〈索引あり〉6000円　①978-4-622-07954-5

内容 第2巻 認識の現象学と認識論のための諸研究（つづき）（認識の現象学的解明の諸要素）〔06655〕

◇内的時間意識の現象学（Zur Phänomenologie des innern Zeitbewusstseins）　エトムント・フッサール著, 谷徹訳　筑摩書房　2016.12　662, 5p　15cm　（ちくま学芸文庫）　1700円　①978-4-480-09768-2

内容 第1章 一九〇五年の内的時間意識についての諸講義（序論　ブレンターノによる時間の根源についての学説　時間意識の分析　時間の構成と時間客観の構成）　第2部 一九〇五 - 一九一〇年の時間意識の分析への追記と補足（原印象とその"諸変様の連続体"　準現在化と空想―印象と想像　知覚と想起との繋がり　志向―時間意識の諸様態　再想起と、時間客観および客観的時間の構成　知覚と知覚されるものとの同時性 ほか）〔06656〕

ブッシェンドルフ, クリスタ　Buschendorf, Christa

◇コーネル・ウェストが語るブラック・アメリカ―現代を照らし出す6つの魂（BLACK PROPHETIC FIRE）　コーネル・ウェスト著, クリスタ・ブッシェンドルフ編, 秋元由紀訳　白水社　2016.8　291, 15p　19cm　〈年譜あり 索引あり〉2400円　①978-4-560-09249-1

内容 はじめに―いまこそ預言者的精神を語り継ごう　第1章 火のついた魂は美しい―フレデリック・ダグラス　第2章 ブラック・フレイム―W.E.B.デュボイス　第3章 良心の炎―マーティン・ルーサー・キング, ジュニア　第4章 民主的実存主義の熱―エラ・ベイカー　第5章 革命の炎―マルコムX　第6章 預言者の炎―アイダ・B.ウェルズ　終章 オバマ時代の預言者的精神〔06657〕

ブッシュ, アンドリュー・M.　Busch, Andrew M.

◇認知行動療法の新しい潮流　2　行動活性化（Behavioral Activation）　ウィンディ・ドライデン編　ジョナサン・W.カンター, アンドリュー・M.ブッシュ, ローラ・C.ラッシュ著, 大野裕監修, 岡本泰昌監訳, 西川美樹訳　明石書店　2015.8　244p　20cm　〈文献あり 索引あり〉2800円　①978-4-7503-4229-0

内容 第1部 行動活性化の理論的特徴（特徴的な歴史　人間の行動についての特徴的な定義　特徴的な専門用語　特徴的な理念と理論　特徴的な行動ABCモデル ほか）　第2部 行動活性化の実践的特徴（特徴的な歴史　初回治療の論理的根拠　活動モニタリング　価値観の評価　単純な活性化 ほか）〔06658〕

ブッシュ, ローラ　Bush, Laura Welch

◇ローラ・ブッシュ自伝―脚光の舞台裏（SPOKEN FROM THE HEART）　ローラ・ブッシュ著, 村井理子訳　中央公論新社　2015.5　500p　20cm　〈索引あり〉2600円　①978-4-12-004702-2

内容 窓ガラスの向こう側　夢と、ほこりと　身軽な旅　ホワイトハウスの百三十二部屋　テロリズムとこの世界の良心　グランママ・ローラと呼ばれて　私が再び訪れる場所　プレイリー・チャペルの朝〔06659〕

ブッシュクール, M.*　Buschkuehl, Martin

◇ワーキングメモリと日常―人生を切り拓く新しい知性（WORKING MEMORY）　T.P.アロウェイ, R.G.アロウェイ編著, 湯沢正通, 湯沢美紀監訳　京都　北大路書房　2015.10　340p　21cm　（認知心理学のフロンティア）〈文献あり 索引あり〉3800円　①978-4-7628-2908-6

内容 ワーキングメモリをトレーニングする（Susanne M.Jaeggi, Martin Buschkuehl著, 森田愛子, 岡崎善弘訳）〔06660〕

ブッシュネル, ノーラン　Bushnell, Nolan

◇ぼくがジョブズに教えたこと―「才能」が集まる会社をつくる51条（FINDING THE NEXT STEVE JOBS）　ノーラン・ブッシュネル, ジーン・ストーン著, 井口耕二訳　飛鳥新社　2014.5　249p　19cm　1574円　①978-4-86410-314-5

内容 第1部 次なるスティーブ・ジョブズをみつけて雇う方法（職場を「広告」にせよ　規則は柔軟に　クリエイティブな求人広告を打て　「情熱」を採用基準にせよ　「資格」も「経歴」も無視！ ほか）　第2部 次なるスティーブ・ジョブズを育てる方法（パーティーで社員の口を軽くせよ　「統制された無秩序」を保て　いたずらを歓迎せよ　「分室」をつくれ　手柄はチームのものと心得よ ほか）〔06661〕

ブッダ・ゴーサ　Buddhaghosa

◇仏の真理のことば註―ダンマパダ・アッタカター　1　〔ブッダゴーサ〕〔著〕, 及川真介訳註　春秋社　2015.9　585p　23cm　〈布装〉16000円　①978-4-393-11331-8

内容 1 双品（チャック・パーラ（眼護）上座の事（第1偈）　マッタ・クンダリンの事（第2偈） ほか）　2 不放逸品（ウデーナ（王）の事（第21～23偈）　クンバ・ゴーサカの事（第24偈） ほか）　3 心品（メーギヤ上座の事（第33、34偈）　或る一人の比丘の事（第35偈） ほか）　4 花品（土地の話に熱中した五〇〇人の比丘たちの事（第44、45偈）　かげろうの観念修行法を行なう上座の事（第46偈） ほか）〔06662〕

◇仏の真理のことば註―ダンマパダ・アッタカター　2　〔ブッダ・ゴーサ〕〔著〕, 及川真介訳註　春秋社　2016.1　361p　23cm　〈布装〉13000円

①978-4-393-11332-5 〔06663〕

◇仏の真理のことば註―ダンマパダ・アッタカター 3 〔ブッダ・ゴーサ〕〔著〕, 及川真介訳註 春秋社 2016.4 688p 23cm 〈布装〉16000円 ①978-4-393-11333-2

内容 悪品 杖(暴力)品 老品 自分品 世間品 仏陀品 安楽品 愛しいもの品 怒り品 垢品 法の上に立つ品 道品 いろいろな話の品 地獄品 〔06664〕

ブッダダーサ Ajahn Buddhadasa Bhikkhu

◇呼吸によるマインドフルネス―瞑想初心者のためのアーナーパーナサティ実践マニュアル (Mindfulness with Breathing) ブッダダーサ比丘著, サンティカロー比丘英語版タイ語訳, 浦崎雅代, 星飛雄馬訳 サンガ 2016.7 339p 18cm 2800円 ①978-4-86564-023-6

内容 第1章 なぜダンマ(法)を実践するのか? 第2章 さあ、始めましょう 第3章 呼吸する身体 第4章 カーヤを落ち着かせる 第5章 ヴェーダナーを統制する 第6章 チッタ(心)を洞察する 第7章 この上なきもの 第8章 最高の恩恵 英語版訳者解説:修行のための要約とアドバイス 呼吸による気づきの教え経(アーナーパーナサティ・スッタ:出入息念経) 〔06665〕

ブッダダッタ, A.* Buddhadatta, A.P.

◇奥田聖応先生頌寿記念インド学仏教学論集 奥田聖応先生頌寿記念論集刊行会編 佼成出版社 2014.3 1156p 22cm 〈他言語標題:Indian and buddhist studies in honor of president Dr. Shouou (Kiyoaki) Okuda in recognition of his lifelong scholarship 年譜あり 著作目録あり 文献あり〉20000円 ①978-4-333-02611-1

内容 スリランカにおけるビルマ派の歴史(A.P. Buddhadatta著, 橘堂正弘訳) 〔06666〕

プッチ, アルド・R. Pucci, Aldo R.

◇認知行動療法セルフカウンセリング・ガイド―いつまでも健康で幸せに生きる! (The Client's Guide to Cognitive-Behavioral Therapy) アルド・R.プッチ著, 森重さとり, 石垣琢磨訳 金剛出版 2016.6 174p 26cm (Challenge the CBT) 〈文献あり〉2800円 ①978-4-7724-1492-0

内容 「あっという間にすっきり!」をめざしましょう セラピーを妨げるもの グッド・ニュース―感情のABC 考え方と根本信念 あなたが抱えている問題について 3つの合理的質問 よくある「思考ミス」―「常識だと考えられていることが、実はナンセンスだったりする」 合理的行動計画表(RAP)―「学んだことをまとめてみよう」 練習の重要性 合理的ヒプノセラピー(催眠療法) その他のテクニック 〔06667〕

プッディーヌ, パオロ Puddinu, Paolo

◇発見された航海日誌―明治6年の横浜を見たイタリアの冒険家 (Un viaggiatore Italiano in Giappone nel 1873 (抄訳)) パオロ・プッディーヌ〔著〕,〔横山俊樹〕〔訳〕 〔出版地不明〕 〔横山俊樹〕 〔20--〕 64p 21cm ①978-4-9907479-2-3 〔06668〕

フッド, アン

◇女友だちの賞味期限―実話集 (The friend who got away) ジェニー・オフィル, エリッサ・シャッペル編著, 糸井恵訳 プレジデント社 2014.3 317p 19cm 〈2006年刊の改訳、再編〉1500円 ①978-4-8334-2076-1

内容 薄情者人生の危機に私を見捨てた友人(アン・フッド著) 〔06669〕

フット, フィリッパ Foot, Philippa

◇人間にとって善とは何か―徳倫理学入門 (NATURAL GOODNESS) フィリッパ・フット著, 高橋久一郎監訳, 河田健太郎, 立花幸司, 壁谷彰慶訳 筑摩書房 2014.4 253p 20cm 〈文献あり 索引あり〉2700円 ①978-4-480-84302-9

内容 第1章 道徳哲学への再出発 第2章 自然的な規範 第3章 人間への適用 第4章 実践的合理性 第5章 人間にとっての善さ 第6章 幸福と人間にとっての善さ 第7章 反道徳主義 〔06670〕

◇徳倫理学基本論文集 加藤尚武, 児玉聡編・監訳 勁草書房 2015.11 342, 7p 22cm 〈索引あり〉3800円 ①978-4-326-10248-8

内容 ニーチェ 他(フィリッパ・フット著, 児玉聡訳) 〔06671〕

ブッハイム, エヴェリナ

◇帝国以後の人の移動―ポストコロニアリズムとグローバリズムの交錯点 蘭信三編著 勉誠出版 2013.11 981, 9p 22cm 〈索引あり〉12000円 ①978-4-585-22061-9

内容 厄介な恋愛と不都合な再会(エヴェリナ・ブッハイム著, 今野裕子訳) 〔06672〕

ブデ, ジャン=パトリス Boudet, Jean-Patrice

◇中世フランスの文化 (Histoire culturelle de la France.Tome 1 : Le Moyen Âge) ミシェル・ソ, ジャン=パトリス・ブデ, アニータ・ゲロ=ジャラベール著, 桐村泰次訳 論創社 2016.3 582p 22cm 〈文献あり 索引あり〉5800円 ①978-4-8460-1474-2

内容 第1部 フランク王のもとでの文化の伝承と刷新(五-十世紀)(フランク人の文化意識の神話と現実 フランス語の創成 晩期古代の文化(五-七世紀) "カロリング・ルネサンス"と文化) 第2部 創造の時代(十一-十三世紀)(知と社会 教会文化 宮廷風文化) 第3部 中世文化の美しい秋(十四、十五世紀)(教育環境のダイナミズムと障碍 国家の進展と文化 社会文化的収斂と亀裂 ルネサンスへの序曲) 〔06673〕

ブーテーシャーナンダ, スワーミー Bhuteśānanda

◇ナーラダ・バクティ・スートラ―信仰の道についてのナーラダの格言集 (Nāradīya bhaktisūtra) スワーミー・ブーテーシャーナンダ〔著〕 逗子 日本ヴェーダーンタ協会 2015.11 180p 19cm 800円 ①978-4-931148-57-4 〔06674〕

フーデマン, ライナー

◇現代ドイツへの視座―歴史学的アプローチ 1 想起の文化とグローバル市民社会 石田勇治, 福永美和子編 勉誠出版 2016.8 434p 22cm

フ

〈他言語標題：Neue Forschungen zur deutschen Zeitgeschichte〉 5200円 ①978-4-585-22512-6
内容 相違と錯綜（ライナー・フーデマン著, 西山暁義訳）〔06675〕

ブートミー, E.G.　Boutmy, Émile Gaston
◇日本立法資料全集　別巻1106　英米仏比較憲法論　ブートミー著, ダイセイ英訳, 岡松参太郎重訳　復刻版　信山社出版　2016.1　243p　23cm〈八尾書店 明治27年刊の複製〉30000円　①978-4-7972-7210-9
内容 第1編 英国憲法の起元及ヒ精神（英国憲法の体裁及ひ此体裁の得失を論す　条約及ひ準条約、其沿革目的並に結果　慣習、其憲法上の地位勢力及ひ結果 ほか）　第2編 合衆国憲法の法源及ひ精神（米国憲法研究に関する注意、翻訳に依りて外国憲法を研究するの危険なることを論す　米国憲法研究に関する注意、米仏憲法は其真相に於て全く相異るものたるとを論す　米国憲法法源、聯邦憲法及ひ聯邦各州憲法の地位及ひ性質 ほか）　第3編 仏国英国及ひ合衆国に於ける主権の観念（緒論　仏国に於ける各種の権力及ひ其淵源を論す　英国に於ける高等権力及ひ下級権力並に其淵源を論す ほか）〔06676〕

フ

ブートル, ロジャー　Bootle, Roger
◇欧州解体―ドイツ一極支配の恐怖（THE TROUBLE WITH EUROPE）　ロジャー・ブートル著, 町田敦夫訳　東洋経済新報社　2015.9　385, 12p　20cm〈文献あり〉1800円　①978-4-492-44417-7
内容 第1部 EUの起源と現在の目的（EUはいかにして、またなぜ創設されたのか　政治制度としてのEUが抱える問題点）　第2部 EUの経済学（EUは経済的に成功したのか？　単一通貨ユーロが抱えるトラブル　経済的惨事を避けるための政策　欧州経済に未来はあるのか）　第3部 改革か、解体か、はたまた離脱か（EUは進んで改革に取り組むことができるのか？　大胆な改革を強いるものは何か？　EU離脱のコストと利益　EUの代わりとなりうる協定　贈り物をせがむギリシャにご用心）〔06677〕

ブーバー, マルティン　Buber, Martin
◇我と汝・対話（ICH UND DU, ZWIESPRACHE）　マルティン・ブーバー〔著〕, 田口義弘訳　新装版　みすず書房　2014.7　283p　20cm　3200円　①978-4-622-07854-8
内容 我と汝　対話（記述　境界設定　確証）〔06678〕

ブハーリン, ニコライ　Bukharin, Nikolai Ivanovich
◇共産主義のABC　1　ニコライ・ブハーリン, エフゲニー・プレオブラジェンスキー著　復刻版　かつらぎ町（和歌山県）　桜耶書院　2016.4　72p　21cm（Sakuya book）1000円　①978-4-907529-13-0〔06679〕

ブーフ, F.　Boeuf, François
◇日本立法資料全集　別巻975　仏蘭西邑法　和蘭邑法　皇国郡区町村編制法　〔ブーフ〕〔著〕, 箕作麟祥閲, 大井憲太郎訳, 神田孝平訳　復刻版　信山社　2015.5　88, 108, 14p　23cm〈地方自治法研究復刊大系 第165巻　吉岡平助 明治11年刊の複製〉28000円　①978-4-7972-6941-3
〔06680〕

プファルツ, ケイ　Pfaltz, Kay
◇波乗り介助犬リコシェ―100万人の希望の波に乗って（RICOCHET）　ジュディ・フリドーノ, ケイ・プファルツ著, 小林玲子訳　辰巳出版　2015.3　320p 図版14p　20cm　1700円　①978-4-7778-1468-8
内容 きっかけ　幼いころ―喪失と恐怖　暗闇の出口　誕生―宇宙の贈りもの　ケ・セラ・セラ　期待という罠―離れていった心　受容―魂の解放　再生―ありのままに　善の勝利　悲劇を越えて　すべては必然　神の介入―天使に守られて　強くなること―語られない言葉を通して　共感、洞察、魂に触れる　奉仕と自己犠牲　聖なる旅〔06681〕

プーフェンドルフ, ザームエル　Pufendorf, Samuel
◇ピエール・ベール関連資料集　補巻　良心の自由　野沢協編訳　法政大学出版局　2015.1　387p　22cm　14000円　①978-4-588-12025-1
内容 『キリスト教と市民生活の関係』〈ストックホルム、一六八七年〉の仏訳『市民生活との関係におけるキリスト教論』〈ユトレヒト、一六九〇年〉（ザームエル・プーフェンドルフ）〔06682〕
◇自然法にもとづく人間と市民の義務（De Officio Hominis et Civis juxta Legem Naturalem Libri Duo）　プーフェンドルフ著, 前田俊文訳　京都　京都大学学術出版会　2016.9　297, 9p　20cm（近代社会思想コレクション 18）〈索引あり〉3600円　①978-4-8140-0043-2
内容 第1巻（人間の行為について　人間の行為の規範について、あるいは法一般について　自然法について　神に対する人間の義務、あるいは自然宗教について　自己自身に対する人間の義務について ほか）　第2巻（人間の自然状態について　婚姻に関する諸義務について　両親と子供の諸義務について　主人と奴隷の諸義務について　国家の設立を促す原因について ほか）〔06683〕

フープス, ジェイムズ　Hoopes, James
◇格差社会とアメリカン・ドリームの復活―歴史から見る企業の役割と民主主義（Corporate Dreams）　ジェイムズ・フープス著, 小山久美子訳　彩流社　2015.6　232, 20p　21cm〈索引あり〉2700円　①978-4-7791-2130-2
内容 第1部 コーポレート・アメリカン・ドリーム、絶頂期と起源　第2部 企業の失敗と政府の解決　第3部 企業の反撃　第4部 経営者のマナーとは　第5部 再び荒野に立った企業　第6部 リーダーシップ　第7部 企業家精神〔06684〕

フープマン, ゲラルト
◇新MEGAと『ドイツ・イデオロギー』の現代的探究―広松版からオンライン版へ　大村泉, 渋谷正, 窪俊一編著　八朔社　2015.3　337p　21cm　3500円　①978-4-86014-072-4
内容 新MEGA I/5のコンセプト（ゲラルト・フープマン, クリスティーネ・ヴェックヴェルト, ウルリヒ・パーゲル著, 大村泉訳）〔06685〕

プポー, F.　Poupeau, Franck
◇介入―社会科学と政治行動 1961-2001　1

(INTERVENTIONS)　ピエール・ブルデュー〔著〕, F.プポー,Th・ディセポロ編, 桜本陽一訳・解説　藤原書店　2015.3　405p　21cm　(Bourdieu Library)　3600円　①978-4-86578-016-1

内容 革命の中における革命. 革命戦争から革命へ. アルジェリア経験再考. サルトル感傷〈サルトルと私〉。感傷〈私が〉。私が、私が、私が。. ジャコバン・イデオロギー. 私にとって、六八年五月には二つの顔がある……. 教育と研究についての総結集の組織に向けた呼びかけ. 民主化政策のためのノート. 『遺産相続者たち』および『再生産』の受容をめぐって. ドクソゾーフ. 世論. 社会闘争の中の知識人. 発言できないものに言葉を与える. 幸いなるかな、『エスプリ』において貧しき者よ. 『エスプリ』誌とピエール・ブルデューの社会学 フランク・プポー, ティエリー・ディセポロ著. 『社会科学研究紀要』創刊宣言. 科学的方法と対象の社会的ヒエラルキー. 『社会科学紀要』第五 六号合併号巻頭の辞. 支配イデオロギーの生産. 趣味の解剖学. アフガニスタンについて語ってみよう……. 一九七〇－一九八〇年—政治参加とイデオロギー的転換 フランク・プポー, ティエリー・ディセポロ 著. 政治は、「彼ら」のものである. 裏切られた約束. 左翼の絶対自由主義的伝統の復権を. 知識人と権力. 権力の仕掛けを暴きだす. あらゆる人種主義は、本質主義である. ミシェル・フーコーについて. 大学. 未来の教育のための提言. コレージュ・ド・フランス提言の二〇年前. コレージュ・ド・フランス報告書　企業戦士になることの拒否. 教科教育内容の検討のための諸原則. レミュロー校の生徒たちへの手紙. 市民に本来ある徳. 社会的世界についての知識によって批判を基礎づける. 我らが悲惨な国家. 知識人インターナショナルのために. 歴史は、東から立ち上がる. 保守革命の言語. 精神の壁. 知的な責任. 恐怖の円環からどのように脱出すべきか？　『リベール』は、その存在意義である現実的な国際主義に……. 普遍的なものの歴史的形態に役立てるために. 作家議会　〔06686〕

◇介入—社会科学と政治行動 1961-2001　2 (INTERVENTIONS)　ピエール・ブルデュー〔著〕, F.プポー,Th・ディセポロ編, 桜本陽一訳・解説　藤原書店　2015.3　p408～727　21cm　(Bourdieu Library)　3600円　①978-4-86578-017-8

内容 教育における「合理主義的デマゴギー」の一つの例. 大学. 一つの問題は、別の問題を隠すことがある. 暗殺の手を阻止しよう. 内戦において平和を求める陣営を支持する. 危険にある人物に対する救助懈怠罪. パスコワ氏とその補佐官と外国人. アルジェリアのゲットー化を許すな. 抑圧されたものを暴きだし、広く知らせるということ. 一九九五年一二月のストライキに立ち返って. 社会運動の総結集のためのよびかけ. 「同性愛者を見えるようにするためのパレード」を支持する. 国家による排外主義と闘わなければならない. 国家による人種差別にはうんざりだ. 保守主義革命としての新自由主義. 失業者の行動は、燃え上がっている. 左翼的左翼のために. 我々は、復古の時代の中にいる. 大臣一人では、春は来ない. カール・クラウスのアクチュアリティ. 二〇年後の『リベ』. 言葉の問題. 三面記事事件から、国家スキャンダルへ. メディアの悲惨. ある勘違いにかかわる問題. テレビはテレビを批判できるのだろうか？　世界の真の支配者たちに問う. 国連アルジェリア調査団員への公開書簡. バルカンにおける、公正かつ持続的な平和のためのヨーロッパ・アピール. ヨーロッパの前衛に立つオーストリアを支持する. ヨーロッパ社会運動総結集にむけた宣言. 地球規模の新たな公認教義　GATSがもたらす脅威についてのユネスコ事務局長への公開書簡. 社会的ヨーロッパは立ち往生している. 組織された力を真の意味で動員するために. 新たな世界秩序への持続的な組織的抵抗のために. 研究者と社会運動. 批判的姿勢を効果的に確立すること. 邂逅、局面、推測 フランク・プポー, ティエリー・ディセポロ著. ピエール・ブルデューによるノート　〔06687〕

フュレ, フランソワ　Furet, François

◇叢書『アナール1929-2010』—歴史の対象と方法　4　1969-1979 (Anthologie des Annales 1929-2010)　E.ル＝ロワ＝ラデュリ,A.ビュルギエール監修, 浜名優美監訳　E.ル＝ロワ＝ラデュリ編, 池田祥英, 石川学, 井上桜子, 志村幸紀, 下村武, 寺本敬子, 中村督, 平沢勝行訳　藤原書店　2015.6　456p　22cm　8800円　①978-4-86578-030-7

内容 革命の公教要理（フランソワ・フュレ著, 井上桜子訳）　〔06688〕

◇歴史の仕事場（アトリエ）(L'ATELIER DE L'HISTOIREの抄訳)　フランソワ・フュレ〔著〕, 浜田道夫, 木下誠訳　藤原書店　2015.6　379p　20cm　3800円　①978-4-86578-025-3

内容 1 歴史学の現在（フランスの知識人—マルクス主義から構造主義へ　歴史のなかの数量　物語史から問題史へ　歴史学と民族学）　2 古典文化のなかの歴史学（歴史学の誕生　十八世紀フランス王国における「書物出版」　十八世紀フランス社会の二つの歴史的正当化—マブリーとブーランヴィリエ　ギボンにみる文明と野蛮）　3 アメリカとデモクラシーの思想（未開の人間から歴史的人間へ—十八世紀フランス文化におけるアメリカの経験　トクヴィル『アメリカのデモクラシー』の概念体系）　〔06689〕

フューレイ, ジョン　Furey, John

◇マインドタイム—「未来思考」「過去思考」「現在思考」で最高のチームをつくる (It's All About Time)　ジョン・フューレイ著, 伊藤守監訳, 花塚恵, 別所美穂, 二宮美樹訳　ディスカヴァー・トゥエンティワン　2015.4　175p　19cm　〈他言語標題：mindtime〉1400円　①978-4-7993-1604-7

内容 第1章 時間に秘められた力（時間の視点に基づく三つの思考　さまざまな問題の原因は「思考」の違いにある ほか）　第2章 三つの思考（過去思考・現在思考・未来思考　それぞれの「思考」が及ぼす影響 ほか）　第3章 あなたの「時間スタイル」（思考の比重別10のスタイル　「時間スタイルテスト」で自分の「マインドタイムマップ」を見てみよう ほか）　第4章 思考を広げるカギ（「抵抗」が及ぼす影響　「抵抗」を克服する ほか）　第5章 「思考の車輪」を回す（思考を使う順序　未来→過去→現在の順に考える ほか）　第6章 思考スタイルを活かしたチームビルディング（三つの思考で波形を表すと…　違いを超えるために必要なこと ほか）　第7章 「イノベーションの車輪」を回す（「イノベーションの車輪」　コラボレーションのカギ ほか）　付録1 「マインドタイム」のさまざまな活用法　付録2 「マインドタイム」についてのよくある質問　〔06690〕

フラー, マシュー

◇アフター・テレビジョン・スタディーズ　伊藤守, 毛利嘉孝編　せりか書房　2014.4　330p　21cm　〈他言語標題：After Television Studies〉

フ

3200円　①978-4-7967-0331-4
内容 レ/イ/デ/ィ/オ（マシュー・フラー著, 毛利嘉孝訳）〔06691〕

フライ, イェルク　Frey, Jörg
◇キリスト教の主要神学者　上　テルトゥリアヌスからカルヴァンまで（Klassiker der Theologie, Bd.1 : Von Tertullian bis Calvin）　F.W.グラーフ編, 片柳栄一監訳　教文館　2014.8　360, 5p　21cm　3900円　①978-4-7642-7383-2
内容 マルキオン（八五頃―一六〇頃）（イェルク・フライ）〔06692〕

フライ, ブルーノ・S.
◇幸福　橘木俊詔編著　京都　ミネルヴァ書房　2014.3　193, 2p　26cm　（福祉+α 6　橘木俊詔, 宮本太郎監修）〈他言語標題：HAPPINESS　文献あり 索引あり〉2500円　①978-4-623-07030-5
内容 幸福をめぐる研究と政策（ブルーノ・S.フライ, ジェイナ・ギャラス著, 渡辺円香, 笠井高人訳）〔06693〕

ブライ, ポール・R.
◇経験学習によるリーダーシップ開発―米国CCLによる次世代リーダー育成のための実践事例（Experience-Driven Leader Development）　シンシア・D.マッコーレイ,D.スコット・デリュ, ポール・R.ヨスト, シルベスター・テイラー編, 漆嶋稔訳　日本能率協会マネジメントセンター　2016.8　511p　27cm　8800円　①978-4-8207-5929-4
内容 成長を促す経験のカギとなる組織特有のナレッジ（ポール・R.ブライ, マーク・キジロス）〔06694〕

ブライアリー, サルー　Brierley, Saroo
◇25年目の「ただいま」―5歳で迷子になった僕と家族の物語（A LONG WAY HOME）　サルー・ブライアリー著, 舩山むつみ訳　静山社　2015.9　286p　19cm　1600円　①978-4-86389-314-6
内容 記憶をたどって　迷子　カルカッタ　救出　新しい生活　養父母の物語　オーストラリアの青春　探索　故郷への旅　再会　過去とつながる　かよういあう心　コルカタへ、再び〔06695〕

フライシマン, J.　Fleischmann, Julius
◇南太平洋探航記　J.フライシマン著, 東健吉訳　大空社　2016.4　318p　22cm　（アジア学叢書 305）〈布装　ふたら書房 昭和16年刊の複製〉　12800円　①978-4-283-01158-8〔06696〕

フライシャー, ホルガー
◇ヨーロッパ意思表示論の展開と民法改正―ハイン・ケッツ教授古稀記念（Störungen der Willensbildung bei Vertragsschluss）　R.ツィンマーマン編集, 半田吉信訳著　信山社　2014.6　287p　22cm　（総合叢書 2―〔民法〕）〈索引あり〉8800円　①978-4-7972-5452-5
内容 比較法における価値を高める性質に関する売主の錯誤（ホルガー・フライシャー著）〔06697〕

ブライシュ, エリック　Bleich, Erik
◇ヘイトスピーチ―表現の自由はどこまで認められるか（The Freedom to Be Racist？）　エリック・ブライシュ著, 明戸隆浩, 池田和弘, 河村賢, 小宮友根, 鶴見太郎, 山本武秀訳　明石書店　2014.2　349p　20cm　〈文献あり 索引あり〉　2800円　①978-4-7503-3950-4
内容 自由と反レイシズムを両立させるために―本書の見取り図　1 表現の自由（ヨーロッパにおけるヘイトスピーチ規制の多様性　ホロコースト否定とその極限　アメリカは例外なのか？）　2 結社の自由と人種差別（結社の自由と人種差別団体規制のジレンマ　人種差別とヘイトクライムを罰する）　どの程度の自由をレイシストに与えるべきなのか〔06698〕

プライス, ウィル　Pryce, Will
◇世界の図書館―美しい知の遺産（The Library）　ジェームズ・W.P.キャンベル著, ウィル・プライス写真, 桂英史日本語版監修, 野中邦子, 高橋早苗訳　河出書房新社　2014.10　327p　32cm　〈文献あり 索引あり〉8800円　①978-4-309-25555-2〔06699〕

ブライス, シェラドン　Bryce, Sheradon
◇宇宙を乗りこなす喜び―ホログラムを抜け出し、自分の真性に目覚める　2（JOYRIDING THE UNIVERSE.Volume One）　シェラドン・ブライス著, 鈴木ナイト美保子訳　ナチュラルスピリット　2016.4　349p　19cm　2600円　①978-4-86451-200-8
内容 自分自身を生命と合わせる　関係性における回路　マインドのなかの聴衆　遺伝子的過去を手放す　内側、外側、感情、その違い　身体の罪悪感　身体を愛する　女性と原始内子宮体　環境を癒す　生物的創造物としての霊　人工知能の発達　リニアマインドと具現化　諸次元のリアリティと可能性の場　チャネリングにおける仲介者の現象　アイデンティティと仲介者のペルソナ　ミステリースクールを理解する　自分の歩んだ道を、決して審判しないこと　最後のダンス　喜びに従うこと〔06700〕

ブライス, トレヴァー　Bryce, Trevor
◇ビジュアル版 世界の歴史都市―世界史を彩った都の物語（The Great Cities in History）　ジョン・ジュリアス・ノーウィッチ編, 福井正子訳　柊風舎　2016.9　303p　27×21cm　15000円　①978-4-86498-039-5
内容 ハットゥシャ―ヒッタイト帝国の拠点（トレヴァー・ブライス）〔06701〕

プライス, ヒュー
◇オックスフォード ブリテン諸島の歴史　3　ヴァイキングからノルマン人へ（The Short Oxford History of the British Isles : From the Vikings to the Normans（800-1100））　鶴島博和日本語版監修　ウェンディ・デイヴィス編, 鶴島博和監訳　慶応義塾大学出版会　2015.10　371, 49p　22cm　〈文献あり 年表あり 索引あり〉7400円　①978-4-7664-1643-5
内容 キリスト教の浸透（ヒュー・プライス著, 堀越庸一郎訳）〔06702〕

フ

プライス, ビル　Price, Bill

◇図説世界史を変えた50の食物（FIFTY FOODS THAT CHANGED THE COURSE OF HISTORY）　ビル・プライス著, 井上広美訳　原書房　2015.2　223p　24cm　〈文献あり 索引あり〉2800円　①978-4-562-05108-3

内容 ケナガマンモス　パン　太平洋サケ　ラム肉　牛肉　デーツ　ビール　大豆　トウモロコシ　麺〔ほか〕　〔06703〕

プライス, ヘザー

◇乳児観察と調査・研究―日常場面のこころのプロセス（Infant Observation and Research）　キャシー・アーウィン, ジャニーン・スターンバーグ編著, 鵜飼奈津子監訳　大阪　創元社　2015.5　273p　22cm　〈文献あり 索引あり〉4200円　①978-4-422-11539-9

内容 現場で（アンドリュー・クーパー, ヘザー・プライス著, 中沢鮎美訳）　〔06704〕

ブライス, マーク　Blyth, Mark

◇緊縮策という病―「危険な思想」の歴史（Austerity）　マーク・ブライス著, 若田部昌澄監訳, 田村勝省訳　NTT出版　2015.9　443p　20cm　〈文献あり 索引あり〉3200円　①978-4-7571-2341-0

内容 「緊縮・債務・教訓劇」入門　第1部 われわれはなぜ緊縮しなければならないのか？（米国：大きすぎて潰せない？―銀行家・救済・国家批判　欧州：大きすぎて救済できない―永続的緊縮の政治学）　第2部 緊縮策に関する一対の歴史（「危険な思想」の知性史（一六九二～一九四二年）「危険な思想」の知性史（一九四二～二〇一二年）　緊縮の自然史（一九一四～二〇一二年））　第3部 結論（銀行業の終焉、新しい物語、多難な先行き）　あとがき（二〇一四年）地獄を通るなら、出口を探しなさい　〔06705〕

プライス, レイモンド・L.　Price, Raymond Lewis

◇シリアル・イノベーター―「非シリコンバレー型」イノベーションの流儀（SERIAL INNOVATORS）　アビー・グリフィン, レイモンド・L.プライス, ブルース・A.ボジャック著, 市川文子, 田村大監訳, 東方雅美訳　プレジデント社　2014.4　379p　19cm　〈文献あり〉2000円　①978-4-8334-2080-8

内容 第1章 成熟企業のブレークスルー・イノベーション　第2章 イノベーター主導型プロセスとは　第3章 顧客とのエンゲージメントを築く　第4章 信頼と尊敬で組織を動かす　第5章 シリアル・イノベーターの特性　第6章 シリアル・イノベーターはどこにいるか？　第7章 才能のマネジメント　第8章 読者へのラブレター―シリアル・イノベーターと未来のシリアル・イノベーター、そして彼らと共に働く人たちへ　〔06706〕

ブライソン, ティナ・ペイン　Bryson, Tina Payne

◇子どもの脳を伸ばす「しつけ」―怒る前に何をするか -「考える子」が育つ親の行動パターン（NO-DRAMA DISCIPLINE）　ダニエル・J.シーゲル, ティナ・ペイン・ブライソン著, 桐谷知未訳　大和書房　2016.5　319p　19cm　1500円　①978-4-479-78349-7

内容 序章 脳科学が解明する「しつけ」―「考える子」の親は何をしているのか？　第1章 わたしの「しつけ」は正しい？ ―「なりゆきまかせ」が習慣化する前に　第2章「子どもの脳」のしくみとしつけの関係―「我慢できる子」はこうしてできる　第3章「キレた子ども」を落ち着かせる―カギはやはり脳！　第4章「キレない親」を実践する―そのとき「ジョーズのテーマ」は流れていないか？　第5章 1・2・3のしつけ―こうして子どもは変わっていく　第6章「つながり」から「切り替え」へ―脳を伸ばすしつけの極意　おわりに―4つの希望のメッセージ　〔06707〕

ブライソン, ビル　Bryson, Bill

◇アメリカを変えた夏1927年（ONE SUMMER）　ビル・ブライソン著, 伊藤真訳　白水社　2015.11　581, 22p　20cm　〈文献あり 索引あり〉3200円　①978-4-560-08466-3

内容 5月 ザ・キッド　6月 ザ・ベーブ　7月 大統領　8月 無政府主義者たち　9月 夏の終わり　〔06708〕

ブライディング, R.ジェイムズ　Breiding, R.James

◇スイスの凄い競争力（SWISS MADE）　R.ジェイムズ・ブライディング著, 北川知子訳　日経BP社　2014.11　695p　20cm　〈索引あり　発売：日経BPマーケティング〉3200円　①978-4-8222-5050-8

内容 すべてはミルクから始まった　時計製造―好機をつかむ　スイスの観光産業―雪や空気を売る　スイスの静かな商人たち　ナンバーアカウント―莫大な利益　利益を紡ぎ織る　小さな奇跡―医療技術の驚異　スイスの強力な産業機械　医薬品―売るための知識　スイスの輸送―移動を実現する　レンガとモルタル　スーパーコンピュータからマウスまで　美のビジネス―芸術と建築　スイス流―なぜ多国籍企業はスイスを好むのか　結論―スイスになる　〔06709〕

ブライトナー, レスリー　Breitner, Leslie Pearlman

◇テキストアンソニー会計学（ESSENTIALS OF ACCOUNTING 原著第11版の翻訳）　ロバート・アンソニー, レスリー・ブライトナー著, 西山茂監訳, 高島恵美子, 松下信人, 宮坂雅夫訳　東洋経済新報社　2016.2　486p　21cm　4200円　①978-4-492-60222-5

内容 第1章 基本原則　第2章 貸借対照表の変化：損益の測定　第3章 会計記録と会計システム　第4章 収益と貨幣性資産　第5章 費用の測定：損益計算書　第6章 棚卸資産と売上原価　第7章 固定資産と減価償却　第8章 負債および純資産の部　第9章 キャッシュフロー計算書　第10章 財務諸表の分析　第11章 非営利組織体の財務諸表　第12章 国際財務報告基準　〔06710〕

ブライヤー, スティーブン　Breyer, Stephen G.

◇アメリカ最高裁判所―民主主義を活かす（MAKING OUR DEMOCRACY WORK）　スティーブン・ブライヤー〔著〕, 大久保史郎監訳　岩波書店　2016.5　277, 19p　22cm　5200円　①978-4-00-022091-0

内容 第1部 人民の信託（司法審査―変則の民主主義　司法審査制の確立―マーベリー対マディソン判決　チェロキー　ドレッド・スコット　リトル・ロック　今日の事例）　第2部 機能する判決（基本アプローチ　連邦議会・制定法・立法目的　執行部門、行政活動と相対的専門性　州と連邦制―脱集権化と補完性　他の連

フ

邦裁判所―専門化　過去の判決―安定性）　第3部 個人を保護する（個人の自由―永続的価値と均衡性　大統領、国防、憲法に対する責任―コレマツ　大統領権限―グアンタナモと憲法に対する責任）　〔06711〕

ブラインシュタイン, M.J.*　Prinstein, Mitchell J.

◇青年期発達百科事典　第1巻　発達の定型プロセス（Encyclopedia of Adolescence）　B.Bradford Brown,Mitchell J.Prinstein〔編〕, 子安増生, 二宮克美監訳, 青年期発達百科事典編集委員会編集　丸善出版　〔2014.3〕　439p　27cm　①978-4-621-08799-2　〔06712〕

◇青年期発達百科事典　第2巻　人間・社会・文化（Encyclopedia of Adolescence）　B.Bradford Brown,Mitchell J.Prinstein〔編〕, 子安増生, 二宮克美監訳, 青年期発達百科事典編集委員会編集　丸善出版　〔2014.3〕　448p　27cm　①978-4-621-08799-2　〔06713〕

フ

◇青年期発達百科事典　第3巻　精神病理と非定型プロセス（Encyclopedia of Adolescence）　B. Bradford Brown,Mitchell J.Prinstein〔編〕, 子安増生, 二宮克美監訳, 青年期発達百科事典編集委員会編集　丸善出版　2014.3　477p　27cm　〈索引あり〉 ①978-4-621-08799-2　〔06714〕

ブラヴァツキー, H.P.　Blavatsky, Helena Petrovna

◇ベールをとったイシス―古代および現代の科学と神学にまつわる神秘への鍵　第1巻 科学 下（Isis unveiled）　H.P.ブラヴァツキー著, ボリス・デ・ジルコフ編, 老松克博訳　宝塚　竜王文庫　2015.7　p341-838, 14p　21cm　（神智学叢書）　4600円　①978-4-89741-605-2

内容 第8章 自然にまつわるいくつかの神秘　第9章 周期的な諸現象　第10章 内的にして外的な人間　第11章 心理的および身体的な驚異の数々　第12章「越え難い裂け目」　第13章 現実と幻影　第14章 エジプトの知恵　第15章 インド、かの種族の揺籃　〔06715〕

◇シークレット・ドクトリン　第3巻上　科学、宗教、哲学の統合（The Secret Doctrine.Volume 3）　H.P.ブラヴァツキー原著, アニー・ベサント編著, 加藤大典訳　文芸社　2016.8　537p　15cm　1000円　①978-4-286-17243-9　〔06716〕

ブラウォイ, マイケル

◇国際社会学の射程―社会学をめぐるグローバル・ダイアログ　西原和久, 芝真里編訳　東信堂　2016.2　118p　21cm　（国際社会学ブックレット 1）　1200円　①978-4-7989-1336-0

内容 日本社会学会と国際社会学会（矢沢修次郎述, マイケル・ブラウォイ聞き手, 矢沢修次郎訳, 西原和久補記）　〔06717〕

ブラウダー, ビル　Browder, Bill

◇国際指名手配―私はプーチンに追われている（RED NOTICE）　ビル・ブラウダー著, 山田美明, 笹森みわこ, 石垣賀子訳　集英社　2015.6　378p　20cm　2200円　①978-4-08-781572-6

内容 好ましからざる人物　共産主義の家族に反抗するには　チップとウィンスロップ　「寒い夜に温めてくれる女性をご用意できます」　不渡りの小切手　ムルマンスクのトロール船団　ラ・レオポルダ　グリーンエイカーズ　ダボスの床で眠る　優先株〔ほか〕　〔06718〕

フラウド, ウェンディ　Froud, Wendy

◇トロール（Trolls）　ブライアン・フラウド, ウェンディ・フラウド絵・文, 堀口容子訳　グラフィック社　2014.6　1冊（ページ付なし）　27cm　2800円　①978-4-7661-2598-6　〔06719〕

フラウド, ブライアン　Froud, Brian

◇フェアリー（Faeries）　ブライアン・フラウド, アラン・リー絵・文, 井辻朱美訳　愛蔵版　グラフィック社　2014.1　207p　31cm　2800円　①978-4-7661-2466-8

内容 妖精国の領土　うつろの丘　ノックグラフトンの伝説　妖精の輪　スプリガン　妖精のガンプのけちんぼう　東の緑野の妖精たち　妖精のお練り　妖精の島々　オシーン〔ほか〕　〔06720〕

◇トロール（Trolls）　ブライアン・フラウド, ウェンディ・フラウド絵・文, 堀口容子訳　グラフィック社　2014.6　1冊（ページ付なし）　27cm　2800円　①978-4-7661-2598-6　〔06721〕

フラウマーネ=ヤッヘンス, アンダ　Flaumane-Jachens, Anda

◇アントロポゾフィー医学から観た子どもの発達について（Über die Entwicklung des Kindes aus der Sicht der Anthroposophischen Medizin）　アンダ・フラウマーネ＝ヤッヘンス著, 竹下哲生訳　四国中央　SAKS-BOOKS　2015.5　61p　21cm　〈発売：イザラ書房（〔上里町〕）〉 1500円　①978-4-7565-0127-1

内容 第1章 三歳まで（昼夜のリズム　一歳：頭から立つ ほか）　第2章 三歳から（世界に対する疑問　メルヒェン ほか）　第3章 九歳から（九歳　鉄 ほか）　質疑応答（メルヒェンについて　服装について ほか）　訳者による解説と補足（人間学　教育学 ほか）　〔06722〕

ブラウロク, ウーヴェ

◇グローバル化と社会国家原則―日独シンポジウム　高田昌宏, 野田昌吾, 守矢健一編　信山社　2015.5　386p　22cm　（総合叢書 17―〔ドイツ法〕）　12000円　①978-4-7972-5467-9

内容 規制と競争（ウーヴェ・ブラウロク著, 守矢健一訳）　〔06723〕

ブラウワー, ケイト・アンダーセン　Brower, Kate Andersen

◇使用人たちが見たホワイトハウス―世界一有名な「家」の知られざる裏側（THE RESIDENCE）　ケイト・アンダーセン・ブラウワー著, 江口泰子訳　光文社　2016.10　445p 図版16p　19cm　〈文献あり〉 2000円　①978-4-334-97894-5

内容 第1章 カオスを制御する　第2章 秘密を守る　第3章 献身　第4章 過大な要求　第5章 暗黒の日々　第6章 犠牲　第7章 人種とレジデンス　第8章 噂話といたずら　第9章 ホワイトハウスで成長する子どもたち　第10章 悲しみと希望　〔06724〕

ブラウワー, ケネス　Brower, Kenneth

◇宇宙船とカヌー（THE STARSHIP AND THE CANOE）　ケネス・ブラウワー著, 芹沢高志訳山と渓谷社　2014.1　462p　15cm　（ヤマケイ文庫）〈ちくま文庫 1988年刊の加筆〉1000円　①978-4-635-04764-7

内容 ブーン・ブーン・ブーン　ほとんど気違いの目つき　彗星　ムササビたち　ヴンダーキント、あるいは神童　火災旋風　青き微笑み　刑務所　種の起源　水夫としての二年間〔ほか〕　〔06725〕

ブラウン, アーサー・J.　Brown, Arthur Judson

◇朝鮮はなぜ独立できなかったのか―1919年朝鮮人を愛した米宣教師の記録（THE MASTERY OF THE FAR EAST）　アーサー・J.ブラウン著, 桜の花出版編集部訳　町田　桜の花出版　2016.2　812p　21cm　〈発売：星雲社〉4400円　①978-4-434-21573-5

内容 極東の戦略的拠点である朝鮮　朝鮮獲得の紛争　極東における帝国日本の力　極東の問題におけるキリスト教宣教師　〔06726〕

ブラウン, アダム　Braun, Adam

◇えんぴつの約束――一流コンサルタントだったぼくが、世界に200の学校を建てたわけ（THE PROMISE OF A PENCIL）　アダム・ブラウン著, 関美和訳　飛鳥新社　2014.11　299p　19cm　1500円　①978-4-86410-375-6

内容 ひとと違う道を歩む　居心地のいい場所を出る　生かされている意味を知る　一本の鉛筆で変わる人生もある　名刺ひとつで大きなことができる　ツーリストは見物し、トラベラーは模索する　許可を求めない　ひらめきをつかみとる　大きな夢も、理由のない小さな行動からはじまる　信用は日々作られる〔ほか〕　〔06727〕

ブラウン, ウェンディ

◇哲学がかみつく（Philosophy Bites）　デイヴィッド・エドモンズ, ナイジェル・ウォーバートン著, 佐光紀子訳　柏書房　2015.12　281p　20cm　〈文献あり〉2800円　①978-4-7601-4658-1

内容 寛容（ウェンディ・ブラウン述）　〔06728〕

ブラウン, キース・M.

◇オックスフォード ブリテン諸島の歴史　7　17世紀―1603年―1688年（The Short Oxford History of the British Isles：Seventeenth Century 1603-1688）　鶴島博和日本語版監修　ジェニー・ウァーモールド編, 西川杉子監訳　慶応義塾大学出版会　2015.5　367, 57p　22cm　〈文献あり 年表あり 索引あり〉6800円　①978-4-7664-1647-3

内容 ブリテンの君主国とその統治、一六〇三～一六三七年（キース・M.ブラウン著, 富田理恵, 北村紗衣訳）　〔06729〕

ブラウン, ケリー・ウィリアムズ　Brown, Kelly Williams

◇レディ・レッスン―ポジティブガールの教科書　ケリー・ウィリアムズ・ブラウン著, 鹿田昌美訳　大和書房　2015.5　270p　19cm　〈他言語標題：Lady Lesson〉1400円　①978-4-479-78321-3

内容 1 心がまえ―自分が「特別な人間じゃない」ことを受け入れ、ちゃんとした自尊心を持つ　2 演技―外見、言葉使い、コミュニケーション力を磨いて、もっと魅力的な人に見せる方法　3 暮らし―住みやすい家にお気に入りの家具を置いて、お金をかけずに素敵に暮らすコツ　4 仕事―やりたい仕事をして、同僚と寝ないような服を着て、職場の嫌な人を寄せつけない！　5 お金―使えるお金の範囲を知り、「ケチ」ではなく「将来を見据えたお金の使い方」を知る　6 メンテナンス―上質なモノを手に入れたいなら、「お手入れ法」も知っておくこと　7 友だち―大人になってから新しい友だちをつくる方法、トラブルになった際の友情の続け方まで　8 恋愛―彼が「デート相手」か「単なる友人」かを見極め、セックスフレンドにならない方法　9 家族―「オムツを替えてもらった恩はあるけど、もう一人立ちしたのよ」と宣言する！　〔06730〕

ブラウン, サニー　Brown, Sunni

◇描きながら考える力―「ドゥードル」革命―ラクガキのパワーが思考とビジネスを変える！（THE DOODLE REVOLUTION）　サニー・ブラウン〔著〕, 壁谷さくら訳　クロスメディア・パブリッシング　2015.1　255p　19×26cm　〈発売：インプレス〉2480円　①978-4-8443-7390-2

内容 第1章 ラクガキとは考えること　第2章 ドゥードルの画期的効果―パワー、パフォーマンス、プレジャー　第3章 ドゥードル大学―ビジュアル言語の基礎を学ぶ　第4章 インフォドゥードル大学―ビジュアル・シンキングの達人になる　第5章 インフォドゥードルの活用―グループの思考法を変える　第6章 ビジュアル・リテラシーの向上をめざして―ドゥードル革命を実行せよ　〔06731〕

ブラウン, シンシア・ストークス　Brown, Cynthia Stokes

◇ビッグヒストリー―われわれはどこから来て、どこへ行くのか 宇宙開闢から138億年の「人間」史（Big History）　デヴィッド・クリスチャン, シンシア・ストークス・ブラウン, クレイグ・ベンジャミン著, 長沼毅日本語版監修, 石井克弥, 竹田純子, 中川泉訳　明石書店　2016.11　400p　28cm　〈索引あり〉3700円　①978-4-7503-4421-8

内容 ビッグヒストリーの概要と学び方　第1スレッショルド 宇宙　第2スレッショルド 恒星　第3スレッショルド 新たな化学元素　第4スレッショルド 太陽、太陽系、地球の誕生　第5スレッショルド 生命の誕生　第6スレッショルド ホミニン、人間、旧石器時代　第7スレッショルド 農業の起源と初期農耕時代　小スレッショルドを経て 都市、国家、農耕文明の出現　パート1 農耕文明時代のアフロユーラシア〔ほか〕　〔06732〕

ブラウン, スティーブン*　Brown, Stephen

◇国家ブランディング―その概念・論点・実践（NATION BRANDING）　キース・ディニー編著, 林田博光, 平沢敦監訳　八王子　中央大学出版部　2014.3　310p　22cm　（中央大学企業研究所翻訳叢書 14）　4500円　①978-4-8057-3313-4

内容 国家のブランディングの将来的展望（Philippe Favre,Chris Macrae,Stephen Brown著, 平沢敦訳）　〔06733〕

ブラウン, ティム　Brown, Tim

◇デザイン思考が世界を変える―イノベーションを導く新しい考え方（CHANGE BY DESIGN）　ティム・ブラウン著, 千葉敏生訳　早川書房

フ

2014.5　314p　16cm　(ハヤカワ文庫 NF 407)　700円　①978-4-15-050407-6
内容 1 デザイン思考とは何か？　(デザイン思考を知る—デザイン思考はスタイルの問題ではない　ニーズを需要に変える—人間を最優先に　メンタル・マトリクス—「この人たちにはプロセスというものがまるでない！」　作って考える—プロトタイプ製作のパワー　初心にかえる—経験のデザイン　メッセージを広げる—物語の重要性)　2 これからどこへ向かうのか？　(デザイン思考が企業に出会うとき—釣りを教える　新しい社会契約—ひとつの世界に生きる　デザイン・アクティヴィズム—グローバルな可能性を秘めたソリューションを導き出す　いま、未来をデザインする)　〔06734〕

ブラウン, パトリック
◇マニフェスト本の未来（Book : a futurist's manifesto）　ヒュー・マクガイア, ブライアン・オレアリ編　ボイジャー　2013.2　339p　21cm　2800円　①978-4-86239-117-9
内容 本はどのようにして発見される？(パトリック・ブラウン著)　〔06735〕

ブラウン, ピーター・C.　Brown, Peter C.
◇使える脳の鍛え方—成功する学習の科学（MAKE IT STICK）　ピーター・ブラウン, ヘンリー・ローディガー, マーク・マクダニエル著, 依田卓巳訳　NTT出版　2016.4　295p　19cm　〈文献あり 索引あり〉2400円　①978-4-7571-6066-8
内容 1章 学びは誤解されている　2章 学ぶために思い出す　3章 練習を組み合わせる　4章 むずかしさを歓迎する　5章 知っていると錯覚しない　6章「学び方」を越える　7章 能力を伸ばす　8章 学びを定着させる　〔06736〕

ブラウン, ブレンダン　Brown, Brendan
◇FRBの呪いと第二次マネタリスト革命—インフレターゲットへの疑念と新しい経済秩序の提案（The Global Curse of the Federal Reserve）　ブレンダン・ブラウン著, 田村勝省訳　一灯舎　2015.11　382, 17p　20cm　〈文献あり 索引あり〉2800円　①978-4-907600-35-8
内容 第1章 金融のカオスがどのようにして根拠なき熱狂を駆り立てるのか　第2章 一〇〇年間にわたる金融混乱　第3章 デフレ恐怖症　第4章 第二次マネタリスト革命宣言　第5章 アメリカの通貨戦争機構　第6章 バーナンキ主義とは金融の無法地帯　第7章 FEDは日本の大デフレ神話を信じている　第8章 FEDの呪いを乗り切り利益を得る方法　〔06737〕

ブラウン, ベッツィ・B.　Braun, Betsy Brown
◇「自分の頭で考える子」になる育て方—地頭をよくする9つの力（YOU'RE NOT THE BOSS OF ME）　ベッツィ・B.ブラウン著, 菅靖彦訳　大和書房　2016.9　263p　19cm　1500円　①978-4-479-78356-5
内容 第1章 コミュニケーション能力を伸ばす—地頭の基礎となる「人の話を聞ける力」と「自分の意見を言う力」　第2章 共感力を伸ばす—「やさしさ」と「思いやり」は人間関係の土台をつくる　第3章 自立心を伸ばす—自分を信じ、自ら決断できる「根」を育てる　第4章 責任感を伸ばす—「約束を守る子」は仲間と信頼関係が築ける　第5章 人を敬う気持ちを伸ばす—マナーとルールを理解した「人に好かれる子」にするために　第6章 正直さを伸ばす—「思いやりの嘘」と「人を傷つける嘘」の違いを教える　第7章 独立心を伸ばす—リスクを恐れずチャレンジする子の特徴とは？　第8章 感謝する気持ちを伸ばす—与えすぎると幸せになれない　第9章 ユーモアの能力を伸ばす—「いじめ」をかわし、失敗を笑える強さを身につける　〔06738〕

ブラウン, リチャード・W.　Brown, Richard
◇思うとおりに歩めばいいのよ—ターシャ・テューダーの言葉　ターシャ・テューダー文, リチャード・W.ブラウン写真, 食野雅子訳　KADOKAWA　2013.10　180p　19cm　〈増刷(初刷2002年)〉1600円　①978-4-04-066403-3
内容 1 幸福とは、心が充たされること　2 世界を好きなように造れる職業　3 子どもの気持ちは、ちょっとしたことで楽しくなる　4 ガーデニングとガーリックと山羊の乳　5 価値のある良いことは、時間も手間もかかるもの　6 死さえ怖くないのは、人生に悔いがないから　〔06739〕

◇生きていることを楽しんで—ターシャ・テューダーの言葉 特別編　ターシャ・テューダー著, リチャード・W.ブラウン写真, 食野雅子訳　KADOKAWA　2014.10　158p　19×13cm　〈増刷(初刷2006年)〉1600円　①978-4-04-067043-0
内容 1 何もしなければ何も生まれない　2 老いていく自分を慈しむ　3 わたしを育ててくれた人達　4 それぞれの子どもに、それぞれふさわしいことを　5 完璧なのは咲いたばかりの花くらい　6 自分の家を好きなようにできる一人暮らしの楽しさ　7 絵本作りと旅　8 この世は生きている人のもの　〔06740〕

ブラウン, レスター・R.　Brown, Lester Russell
◇レスター・ブラウン自伝—人類文明の存続をめざして（Breaking New Ground）　レスター・ブラウン著, 林良博, 織田創樹監訳　ワールドウォッチジャパン　2014.6　309p　21cm　〈日本語版編集協力：環境文化創造研究所〉2750円　①978-4-948754-47-8
内容 農務長官に注目された駆出しの農業分析官—レスター・ブラウン　貧しいながらも堅実な農家に育つ—本、とくに伝記が好きで偉人をめざす　私が一七歳、弟が一四歳でトマト生産に没頭する—収益でフォードの新品トラクターを購入　ラトガーズ大学で農業理学を専攻する—農学部は人類文明の存続に貢献できる　インドの農村にて研修生活を送る—あまりにも多い人口、あまりにも狭い農地　インドの大干ばつをアメリカ産コムギで救う—延べ六〇〇隻で一〇〇〇万トンを緊急輸送　農務省の最年少局長を辞してシンクタンクへ移る—ニクソン政権を忌避して研究と執筆に専念　ワールドウォッチ研究所を創設する—世界中で翻訳された年次刊行物『地球白書』　環境情報で世界をリードするワールドウォッチ研究所—メディアとの協働をなにより重視　「中国は遠からず大量の穀物輸入を必要とする！」—私の予測をめぐる中国政府筋との論争　アースポリシー研究所を創設する—持続可能な世界をめざして『プランB』を提案　人類文明存続のために、『プランB』を世界に浸透させる—翻訳出版、海外講演ツアー、テレビ出演　回想—「引退せず、心身の許すかぎり思考し、発信するのが目標です」　〔06741〕

ブラウン, ローズマリー　Brown, Rosemary
◇詩的で超常的な調べ―霊界の楽聖たちが私に授けてくれたもの (UNFINISHED SYMPHONIES)　ローズマリー・ブラウン著, 平川富士男訳　国書刊行会　2014.11　349, 3p 図版14p　20cm　〈著作目録あり 索引あり〉 2900円　①978-4-336-05831-7
内容 第1章 始まり　第2章 どうして私が？　第3章 作曲家たちの計画　第4章 リスト　第5章 死後の世界　第6章 ショパン　第7章 その他の作曲家たち　第8章 ヒーリング　第9章 証拠　〔06742〕

ブラウン, B.B.*　Brown, Benson Bradford
◇青年期発達百科事典　第1巻　発達の定型プロセス (Encyclopedia of Adolescence)　B.Bradford Brown,Mitchell J.Prinstein〔編〕, 子安増生, 二宮克美監訳, 青年期発達百科事典編集委員会編集　丸善出版　〔2014.3〕　439p　27cm　①978-4-621-08799-2　〔06743〕
◇青年期発達百科事典　第2巻　人間・社会・文化 (Encyclopedia of Adolescence)　B.Bradford Brown,Mitchell J.Prinstein〔編〕, 子安増生, 二宮克美監訳, 青年期発達百科事典編集委員会編集　丸善出版　〔2014.3〕　448p　27cm　①978-4-621-08799-2　〔06744〕
◇青年期発達百科事典　第3巻　精神病理と非定型プロセス (Encyclopedia of Adolescence)　B. Bradford Brown,Mitchell J.Prinstein〔編〕, 子安増生, 二宮克美監訳, 青年期発達百科事典編集委員会編集　丸善出版　2014.3　477p　27cm　〈索引あり〉 ①978-4-621-08799-2　〔06745〕

ブラウンビル, デイヴィッド
◇信託制度のグローバルな展開―公益信託甘粕記念信託研究助成基金講演録　新井誠編訳　日本評論社　2014.10　634p　22cm　6800円　①978-4-535-52055-4
内容 近年における国際的信託の発展状況 他 (デイヴィッド・ブラウンビル著, 新井誠訳)　〔06746〕

ブラウンリー, W.エリオット
◇財政赤字の国際比較―民主主義国家に財政健全化は可能か (Deficits and Debt in Industrialized Democracies)　井手英策, ジーン・パーク編　岩波書店　2016.3　330p　22cm　5400円　①978-4-00-023062-9
内容 アメリカにおける長期的な財政健全化について (W.エリオット・ブラウンリー著, 井手英策訳)　〔06747〕

プラグ, コーネリス　Plug, Cornelis
◇月の錯視―なぜ大きく見えるのか (The Mystery of the Moon Illusion)　ヘレン・ロス, コーネリス・プラグ著, 東山篤規訳　勁草書房　2014.8　286, 73p　22cm　〈年表あり 索引あり〉 3700円　①978-4-326-25099-8
内容 天体錯視　月と太陽の実際の大きさ　知覚された大きさ　月の錯視の測定　大気の屈折　空気遠近　観察者の目の中で　天の丸天井　近くにありながら遠い　月を拡大する　注視角　平衡の問題　結論と謎　〔06748〕

フラークス, ヴイツキー・C.　Flerx, Vicki Crocker
◇オルヴェウス・いじめ防止プログラム―学校と教師の道しるべ (Olweus Bullying Prevention Program Schoolwide Guide, Olweus Bullying Prevention Program Teacher Guide)　ダン・オルヴェウス, スーザン・P.リンバー, ヴイツキー・C.フラークス, ナンシー・ムリン, シェーン・リース, マリーネ・スナイダー著, 小林公司, 横田克哉監訳, オルヴェウス・いじめ防止プログラム刊行委員会訳　現代人文社　2013.12　295p　21cm　〈発売：大学図書〉 2500円　①978-4-87798-573-8
内容 第1部 オルヴェウス・いじめ防止プログラム学校版ガイド (「オルヴェウス・いじめ防止プログラム」の導入　「いじめ防止プログラム」の実施にあたって考えること　学校で「いじめ防止プログラム」を開始する ほか)　第2部 オルヴェウス・いじめ防止プログラム教師版ガイド (「オルヴェウス・いじめ防止プログラム」の導入　いじめのいろいろな側面を理解すること　学校全体でプログラムを実施するためのサポート ほか)　第3部 資料篇 (いじめの実態と「反いじめ4ルール」(本文の補足)　いじめ記録帳　反いじめ活動の進め方と留意点 ほか)　〔06749〕

ブラザーズ, ドリス
◇スーパーヴィジョンのパワーゲーム―心理療法家訓練における影響力・カルト・洗脳 (Power Games)　リチャード・ローボルト編著, 太田裕一訳　金剛出版　2015.3　424p　22cm　〈索引あり〉 6000円　①978-4-7724-1417-3
内容 ある妻の物語 (リンダ・ローボルト, ドリス・ブラザーズ著)　〔06750〕

プラシー, E.C.*　Plachy, Emily C.
◇IBMを強くした「アナリティクス」―ビッグデータ31の実践例 (ANALYTICS ACROSS THE ENTERPRISE)　Brenda L.Dietrich,Emily C. Plachy,Maureen F.Norton著, 山田敦, 島田真由巳, 米沢隆, 前田英志, 高木将人, 岡部武, 池上美和子訳　日経BP社　2014.10　224p　21cm　〈文献あり　発売：日経BPマーケティング〉 1800円　①978-4-8222-6887-9
内容 第1章 ビッグデータとアナリティクスに注目する理由　第2章 スマーターワークフォースの創出　第3章 サプライチェーンの最適化　第4章 会計アナリティクスによる将来の予測　第5章 ITによるアナリティクスの実現　第6章 顧客へのアプローチ　第7章 測定不可能なものを測定　第8章 製造の最適化　第9章 セールスのパフォーマンス向上　第10章 卓越したサービスの提供　第11章 これまでの歩みと未来への展望　〔06751〕

ブラジル
◇外国著作権法令集　51　ブラジル編　横山真司訳　著作権情報センター　2015.3　38p　21cm　〈SARVH共通目的事業 (平成26年度)〉 非売品　〔06752〕

フラスフェラー, P.*　Flapohler, Paul
◇エンパワーメント評価の原則と実践―教育、福祉、医療、企業、コミュニティ介入プログラムの改善と活性化に向けて (Empowerment Evaluation Principles in Practice)　D.M.フェ

フ

ターマン,A.ワンダーズマン編著, 笹尾敏明監訳, 玉井航太, 大内潤子訳　風間書房　2014.1　310p　21cm　〈索引あり〉3500円　①978-4-7599-2022-2

内容 エンパワーメント評価の原則（Abraham Wandersman,Jessica Snell-Johns,Barry E.Lentz,David M. Fetterman,Dana C.Keener,Melanie Livet,Pamela S.Imm,Paul Flapohler著, 笹尾敏明訳）〔06753〕

フラスベック, ハイナー　Flassbeck, Heiner

◇ギリシアデフォルト宣言―ユーロ圏の危機と緊縮財政（AGAINST THE TROIKA）　ハイナー・フラスベック, コスタス・ラパヴィツァス著, 村沢真保呂, 森元斎訳　河出書房新社　2015.9　200, 4p　19cm　1400円　①978-4-309-24729-8

内容 欧州通貨同盟（EMU）の深刻な危機　欧州通貨同盟の理論的根拠　ドイツ―ユーロ圏危機の原因　EMUにおけるストック/フローとその問題点　ヨーロッパは対外不均衡を解決できない　破綻に向かう欧州通貨同盟　左派は何をすべきか―EMU離脱とEUとの対決　欧州通貨同盟から離脱するために　欧州通貨同盟を解体する　ギリシア危機　ギリシアの新たな道―デフォルト宣言に向けて　ギリシアとヨーロッパの希望〔06754〕

フ

ブラゼー, エドゥアール　Brasey, Édouard

◇西洋異形大全―妖精・幻想動物から幽霊・魔女まで（La Grande Encyclopédie du Merveilleux）　エドゥアール・ブラゼー著, 松平俊久監修　グラフィック社　2015.5　429p　29cm　〈文献あり　著作目録あり　索引あり〉3800円　①978-4-7661-2500-9

内容 第1章 光の住人たち（天空に棲む者　森に棲む者　水に棲む者　地に棲む者　丘と家に棲む者）　第2章 幻想動物たち（ドラゴンと蛇　海や湖で恐れられた動物と怪物　狼と狐あるいは獣の怪物　聖なる動物と魔法使い　優美な動物と怪物　不思議な鳥とスフィンクス）　第3章 闇の住人たち（恐るべき者　死せる者　墓場に棲む者　変身する者　地獄に棲む者　魔法を使う者）〔06755〕

ブラッカード, サンドラ・R.　Blackard, Sandra R.

◇子どもと親の関係性セラピーCPRT治療マニュアル―親のための10セッションフィリアルセラピーモデル（Child Parent Relationship Therapy (CPRT) Treatment Manual）　スー・C.ブラットン, ゲリー・L.ランドレス, テレサ・ケーラム, サンドラ・R.ブラッカード著, 小川裕美子, 湯野貴子訳　日本評論社　2015.8　195p　26cm　〈文献あり〉3200円　①978-4-535-56270-7

内容 1 子どもと親の関係性セラピー（CPRT）セラピストのためのノート　2 子どもと親の関係性（CPR）トレーニング親のためのノート　3 子どもと親の関係性セラピー（CPRT）トレーニングリソース〔06756〕

ブラック, アレクサンドラ

◇経営学大図鑑（The Business Book）　イアン・マルコーズほか著, 沢田博訳　三省堂　2015.2　352p　25cm　〈索引あり〉4200円　①978-4-385-16230-0

内容 小さく始めて、大きく育てる―ビジネスを立ち上げ、しっかり育てる方法　部下のハートに火をつけろ―人を活かすリーダーシップ　お金をもっと働かせよう―財務の管理　ビジョンを忘れるな―戦略、その実行　成功するセールス―マーケティングを活用する　商品を届ける―生産後の勝負　経営学人名録　用語解説〔06757〕

ブラック, クラウディア　Black, Claudia A.

◇性嗜癖者のパートナー―彼女たちの回復過程（Deceived）　クラウディア・ブラック著, 斎藤学訳　誠信書房　2015.5　288p　21cm　〈文献あり〉2800円　①978-4-414-42865-0

内容 第1章 あなたは一人ではない　第2章 真実と向き合って　第3章 彼の行動はあなたとは無関係　第4章 こうなったのは偶然ではない　第5章 そのことを知る　第6章 子どもたちに何を話すか　第7章 癒しのとき　第8章 平安を見いだす　第9章 ロッジの女性たち〔06758〕

ブラック, ジェレミー　Black, Jeremy

◇海軍の世界史―海軍力にみる国家制度と文化（NAVAL POWER）　ジェレミー・ブラック著, 内藤嘉昭訳　福村出版　2014.2　362p　22cm　〈文献あり 索引あり〉5500円　①978-4-571-31022-5

内容 第1章 導入　第2章 一五〇〇～一六六〇年　第3章 一六六〇～一七七五年　第4章 一七七五～一八一五年　第5章 一八一五～一九一四年　第6章 一九一四～一九四五年　第7章 一九四五～二〇一〇年　第8章 将来性　第9章 結論〔06759〕

◇世界の都市地図500年史（METROPOLIS）　ジェレミー・ブラック著, 野中邦子, 高橋早苗訳　河出書房新社　2016.5　224p　29×29cm　〈索引あり〉4500円　①978-4-309-22656-9

内容 第1章 ルネサンスの都市 1450 - 1600年　第2章 新たな地平と新しい世界 1600 - 1700年　第3章 帝国の時代 1700 - 1800年　第4章 新機軸の温床 1800 - 1900年　第5章 グローバル化の時代 1900年 - 2000年代　第6章 活版からピクセルへ―未来に向けて〔06760〕

ブラッグ, ジョージア　Bragg, Georgia

◇偉人は死ぬのも楽じゃない（HOW THEY CROAKED）　ジョージア・ブラッグ著, 梶山あゆみ訳　河出書房新社　2014.3　179p　20cm　〈文献あり〉1700円　①978-4-309-25298-8

内容 ツタンカーメン―浅い眠り　ユリウス・カエサル―三月一五日に注意せよ　クレオパトラ―ヨコの1　クリストファー・コロンブス―汚れにまみれた死　ヘンリー八世―結婚してはいけない男　エリザベス一世―守りとおした首　ポカホンタス―とらわれの姫　ガリレオ・ガリレイ―とにかく生きる　ヴォルフガング・アマデウス・モーツァルト―何もかもが速かった男　マリー・アントワネット―わざとではありませんのよ　ジョージ・ワシントン―口は災いのもと　ナポレオン・ボナパルト―島なんて大嫌い　ルードヴィヒ・ヴァン・ベートーヴェン―耳と耳のあいだ　エドガー・アラン・ポー―ポーの絶望　チャールズ・ディケンズ―二脳物語　ジェームズ・A・ガーフィールド―ジェームズ…誰？　チャールズ・ダーウィン―私が心配性？　まさか　マリー・キュリー―お嬢さん、体光ってますよ　アルベルト・アインシュタイン―能ある男は脳がない〔06761〕

ブラック, ベッキー Black, Becky

◇エンジェル・ライフ―「天使を感じる力」を高める方法（Eating in the Light 原著改訂最新版の翻訳） ドリーン・バーチュー, ベッキー・ブラック著, 秋川一穂訳 ダイヤモンド社 2014.12 147, 5p 19cm 〈文献あり〉 1500円 ①978-4-478-02091-3

内容 第1章 なぜ菜食へと導かれるのか 第2章 食べ物が持つエネルギーと生命力 第3章 食生活に変化を起こす 第4章 ビーガンに関する誤解をとく 第5章 制限ではなく長所に目を向ける 付録 地球に配慮する 〔06762〕

ブラック, ボブ Black, Bob

◇労働廃絶論―ボブ・ブラック小論集 ボブ・ブラック著, 高橋幸彦訳 『アナキズム叢書』刊行会 2014.12 90p 19cm （アナキズム叢書）〈文献あり 発売：『アナキズム』誌編集委員会〉 833円 ①978-4-9906230-6-7

内容 労働廃絶論 世界最高の本のカタログ 国家はウソだらけ…世の中ウソばかり 麻薬戦争は国家の健康法 〔06763〕

フラックスマン, ポール・E. Flaxman, Paul Edward

◇マインドフルにいきいき働くためのトレーニングマニュアル―職場のためのACT〈アクセプタンス&コミットメント・セラピー〉（The Mindful and Effective Employee） ポール・E.フラックスマン, フランク・W.ボンド, フレデリック・リブハイム著, 武藤崇, 土屋政雄, 三田村仰監訳 星和書店 2015.6 305p 21cm 〈文献あり 索引あり〉 2500円 ①978-4-7911-0902-9 〔06764〕

ブラックバーン, ヴィヴェンヌ Blackburn, Vivienne

◇ディートリッヒ・ボンヘッファーとシモーヌ・ヴェイユ―応答性の研究（Dietrich Bonhoeffer and Simone Weil : A Study in Christian Responsiveness） ヴィヴェンヌ・ブラックバーン著, 池永倫明, 池永順一共訳 いのちのことば社（発売） 2015.12 348p 21cm 〈文献あり 著作目録あり 索引あり〉 2800円 ①978-4-264-03456-8

内容 第1章 二次資料（論争 ボンヘッファーとヴェイユの著述におけるキリスト者の応答性の概念―論議に対する本研究の貢献） 第2章 キリストの召命への応答（青年時代 近代西洋哲学の伝統 キリストの召し転換） 第3章 応答性と責任性（他者への応答性―この概念の最初の表明 枠組み 応答性と責任制 申し開きの責任） 第4章 応答性と苦難（民の苦難 個人の苦難 主の祈り キリストの苦難） 第5章 応答性と世界（現実の把握 応答の明白さと真理の追求 西欧の人間性 社会秩序 再生―将来） 〔06765〕

ブラックバーン, サイモン Blackburn, Simon

◇ビッグクエスチョンズ哲学（THE BIG QUESTIONS : PHILOSOPHY） サイモン・ブラックバーン編著, 山辺昭則, 下野葉月訳 ディスカヴァー・トゥエンティワン 2015.3 366p 21cm 2100円 ①978-4-7993-1653-5

内容 精神とは何か？ 人間性は変えられるか？ 私たちは自由なのか？ 私たちは何を知っているのか？ 私たちは理性的な動物か？ 自分に対して嘘をつけるか？ どうして社会は存在するのか？ 理解し合うことはできるか？ 機械は考えることが可能か？ なぜ私たちは道徳的なのか？ 絶対的なものは存在するか？ 時間とは何か？ 世界が世界であり続けるのはなぜ？ なぜ何もないのではなく何かがあるのか？ 空間を埋めているものとは？ 美とは何か？ 神は必要か？ すべては何のためか？ 私にはどのような権利があるか？ 死は恐ろしいものなのか？ 〔06766〕

◇ビッグクエスチョンズ倫理（THE BIG QUESTIONS : Ethics） ジュリアン・バジーニ著, サイモン・ブラックバーン編, 山辺昭則, 水野みゆき訳 ディスカヴァー・トゥエンティワン 2015.3 310p 21cm 2100円 ①978-4-7993-1655-9

内容 黄金律は存在するか？ 崇高な目的は野蛮な手段を正当化するか？ テロは正当化できるのか？ 家族や友人を優遇すべきか？ 弱者の救済は必要なことか？ 法と道徳の関係とは？ 動物にはどのような権利があるか？ 人工妊娠中絶は殺人だろうか？ 安楽死は認められるべきか？ セックスは道徳的なことか？ どうして差別してはいけないのか？ 自由市場は公正か？ 環境保護は正しいことだろうか？ 責任を持つとはどういうことか？ 正しい戦争はあるか？ 拷問は絶対にだめ？ 〔06767〕

◇哲学がかみつく（Philosophy Bites） デイヴィッド・エドモンズ, ナイジェル・ウォーバートン著, 佐光紀子訳 柏書房 2015.12 281p 20cm 〈文献あり〉 2800円 ①978-4-7601-4658-1

内容 相対主義（サイモン・ブラックバーン述） 〔06768〕

ブラック・ホーク Black Hawk

◇ブラック・ホークの自伝―あるアメリカン・インディアンの闘争の日々（BLACK HAWK） ブラック・ホーク著, アントワーヌ・ルクレール編, 高野一良訳 風濤社 2016.11 249p 20cm 〈年譜あり〉 2800円 ①978-4-89219-422-1

内容 祖父と“白い人” 戦士ブラック・ホーク誕生 新たなる“白い人”との交わり イギリスとアメリカの戦争 和平条約へのサイン 我々の土地、我々の暮らし 再びの試練 故郷を占拠する白人入植者 故郷を離れる ミシシッピー川を再び渡る〔ほか〕 〔06769〕

フラッシュ, クルト Flasch, Kurt

◇キリスト教の主要神学者 上 テルトゥリアヌスからカルヴァンまで（Klassiker der Theologie, Bd.1 : Von Tertullian bis Calvin） F.W.グラーフ編, 片柳栄一監訳 教文館 2014.8 360, 5p 21cm 3900円 ①978-4-7642-7383-2

内容 マイスター・エックハルト（一二六〇頃―一三二八）（クルト・フラッシュ） 〔06770〕

◇ニコラウス・クザーヌスとその時代（Nikolaus von Kues in seiner Zeit） K.フラッシュ著, 矢内義顕訳 知泉書館 2014.8 159, 3p 20cm 〈布装 文献あり 年譜あり 索引あり〉 2500円 ①978-4-86285-193-2

内容 誕生と金 さまざまな関係 最初の企て 理念の取引所バーゼル―『普遍的協和について』 教皇使節団 知ある無知―『知ある無知』 遍歴時代新たな思想―『推測について』他 マルケでの休息時間―『知恵・精神・秤の実験に関する無学者の対話』 トルコ

人との戦争と永続的な平和―『信仰の平和』　人は神を観ることができるのか―『神を観ることについて』『緑柱石』　認識の確信と教会の堕落―『可能現実存在』『相等性について』『非他なるもの』『知恵の狩猟』『テオリアの最高段階について』　トーディにおける最後　クザーヌスの世紀　〔06771〕

プラット, リチャード　Platt, Richard

◇もっとたのしいハロウィンがいっぱい！（Halloween）　リチャード・プラット作, リチャード・ワトソン絵, たなかあきこ訳　小学館　2016.9　1冊（ページ付なし）　28cm　（めくってものしり絵本）　1700円　①978-4-09-726651-8　〔06772〕

ブラッドリー, イアン　Bradley, Ian G.

◇社会のなかの数理―行列とベクトル入門（MATRICES AND SOCIETY）　イアン・ブラッドリー, ロナルド・L.ミーク著, 小林淳一, 三隅一人訳　新装版　福岡　九州大学出版会　2014.2　308p　21cm　〈索引あり〉3500円　①978-4-7985-0127-7　〔06773〕

フ

ブラッドリー, ジョナサン　Bradley, Jonathan

◇ワーク・ディスカッション―心理療法の届かぬ過酷な現場で生き残る方法とその実践（WORK DISCUSSION）　マーガレット・ラスティン, ジョナサン・ブラッドリー編, 鈴木誠, 鵜飼奈津子監訳　岩崎学術出版社　2015.5　215p　21cm　〈文献あり 索引あり〉3700円　①978-4-7533-1090-6

内容 1 イントロダクション（ワーク・ディスカッションとは何か　ワーク・ディスカッション・グループが機能する時―その方法の応用）　2 教育現場での実践（幼児学校の学習メンターとして　小学生への治療的アプローチ）　3 医療現場での実践（医療保健と入所施設の現場―病院における病気の子どもとの仕事　小児癌治療におけるトラウマとコンテインメント）　4 福祉現場での実践（脆弱な家族―難民コミュニティでの仕事　服役中の親に面会する子どものためのプレイの設定　入所型アセスメント施設における感情麻痺と無思考）　5 社会資源が乏しい環境での実践（「シボニエは固まって動かないの…」―南アフリカの状況に応用したワーク・ディスカッション・モデル　新しい施設を育てる　児童養護施設の職員とのワーク・ディスカッション・セミナー（メキシコ、プエブラのストリート・チルドレン））　〔06774〕

ブラッドリー, ベンジャミン・S.

◇乳児観察と調査・研究―日常場面のこころのプロセス（Infant Observation and Research）　キャシー・アーウィン, ジャニーン・スターンバーグ編著, 鵜飼奈津子監訳　大阪　創元社　2015.5　273p　22cm　〈文献あり 索引あり〉4200円　①978-4-422-11539-9

内容 赤ん坊の集団生活（ベンジャミン・S.ブラッドリー, ジェーン・セルビー, キャシー・アーウィン著, 二宮一美訳）　〔06775〕

ブラッドレー, アーサー・T.　Bradley, Arthur T.

◇自分と家族を守る防災ハンドブック（THE DISASTER PREPAREDNESS HANDBOOK）　アーサー・T.ブラッドレー著, 月谷真紀訳　楽工社　2014.5　457p　21cm　〈文献あり〉2500円　①978-4-903063-64-5

内容 生き残るためには　食料　水　シェルター　照明　電力　冷暖房　空気　睡眠　医療・応急手当　通信　お金の備え　移動手段　護身術　子供・妊婦・高齢者・身体障碍者・ペットのケア　防災ネットワークをつくる　防災訓練のすすめ　〔06776〕

ブラットン, スー・C.　Bratton, Sue C.

◇子どもと親の関係性セラピーCPRT―10セッションフィリアルセラピーモデル（Child Parent Relationship Therapy（CPRT））　ゲリー・L.ランドレス, スー・C.ブラットン著, 小川裕美子, 湯野貴子監訳　日本評論社　2015.8　328p　26cm　3600円　①978-4-535-56269-1

内容 CPRTの歴史・発展・目的　CPRTの特徴　CPRTフィリアルセラピストのトレーニングとスーパーヴィジョン　CPRTのプロセスを促進する要素　CPRTで取り扱うスキル、概念、態度　10セッションのCPRTトレーニングプロセス　CPRTトレーニングセッション1 トレーニングの目的と反映する対応　CPRTトレーニングセッション2 プレイセッションの基本原則　CPRTトレーニングセッション3 親子プレイセッションのスキルと手順CPRTトレーニングセッション4 スーパーヴィジョンの方式と制限設定　CPRTトレーニングセッション5 プレイセッションスキルの見直し　CPRTトレーニングセッション6 スーパーヴィジョンと選択肢を与えること　CPRTトレーニングセッション7 スーパーヴィジョンと自尊心を育てる対応　CPRTトレーニングセッション8 スーパーヴィジョンと励ますvs.ほめる　CPRTトレーニングセッション9 スーパーヴィジョンとスキルの適用　CPRTトレーニングセッション10 評価とまとめ　親と子どもからの質問、CPRTトレーニング中に生じる問題と解決策　他の形式による10セッションCPRTモデル　CPRT研究成果　〔06777〕

◇子どもと親の関係性セラピーCPRT治療マニュアル―親のための10セッションフィリアルセラピーモデル（Child Parent Relationship Therapy（CPRT）Treatment Manual）　スー・C.ブラットン, ゲリー・L.ランドレス, テレサ・ケーラム, サンドラ・R.ブラッカード著, 小川裕美子, 湯野貴子訳　日本評論社　2015.8　195p　26cm　〈文献あり〉3200円　①978-4-535-56270-7

内容 1 子どもと親の関係性セラピー（CPRT）セラピストのためのノート　2 子どもと親の関係性（CPR）トレーニング親のためのノート　3 子どもと親の関係性セラピー（CPRT）トレーニングリソース　〔06778〕

プラデル, ドミニク

◇フランス現象学の現在　米虫正巳編　法政大学出版局　2016.9　331, 3p　20cm　〈他言語標題：PHÉNOMÉNOLOGIE FRANÇAISE À L'ŒUVRE　執筆：ディディエ・フランクほか　索引あり〉4200円　①978-4-588-13021-2

内容 数学の現象学（ドミニク・プラデル著, 池田裕輔, 米虫正巳訳）　〔06779〕

プラトン　Platon

◇エウテュデモス/クレイトポン（Euthydemus, Clitopho）　プラトン〔著〕, 朴一功訳　京都　京都大学学術出版会　2014.6　214, 6p　20cm　（西洋古典叢書 G084　内山勝利, 大戸千之, 中務哲郎, 南川高志, 中畑正志, 高橋宏幸編集委員）〈付属資料：8p：月報 108　布装　文献あり 索引あり〉 2800円 ①978-4-87698-485-5

内容 エウテュデモス（新しいソフィストたち　ソフィスト兄弟の「立派な本業」―徳の伝授　ソフィスト兄弟への懇願　知恵の披露の要請 ほか）　クレイトポン（ソクラテスの不機嫌　クレイトポンの弁明―ソクラテスの勧告　ソクラテスのみごとな言論　徳のすすめ、その先は？　ほか） 〔06780〕

◇テアイテトス（ΘΕΑΙΘΗΤΟΣ）　プラトン著, 田中美知太郎訳　改版　岩波書店　2014.12　369p　15cm　（岩波文庫 33-601-4）〈文献あり〉 900円 ①978-4-00-358002-8 〔06781〕

◇ティマイオス/クリティアス　プラトン著, 岸見一郎訳　白沢社　2015.10　221p　20cm　〈発売：現代書館〉 2200円 ①978-4-7684-7959-9

内容 ティマイオス（ソクラテスによる理想国家論の要約　三人の語り手、ティマイオス、クリティアス、ヘルモクラテスへのソクラテスの要請　クリティアスによるソロンのエジプト訪問とアトランティス物語の要約　クリティアス、このあと誰がどんな話をする予定かを告げる　ティマイオス、宇宙の起源について語り始める ほか）　クリティアス（ティマイオスからクリティアスへ。死すべき人間について描写することの困難　ヘルモクラテスの励まし　アテナイの創生　古アテナイの国土　古アテナイのアクロポリス ほか） 〔06782〕

◇饗宴―訳と詳解（Platonis Opera.第2巻の抄訳）　プラトン〔著〕, 山本巍訳・解説　東京大学出版会　2016.6　418, 9p　22cm　〈他言語標題：SYMPOSIUM　文献あり 年表あり 索引あり〉 6500円 ①978-4-13-010129-5

内容 1 饗宴 訳（昔の宴会の噂　「美しくなったソクラテス」の誘い　宴会の始まり―恋の神エロスを賛美して　パイドロスの話―恋の神エロスは偉大なり　パウサニアスの長い話―二つのエロス神と法律 ほか）　2 饗宴 詳解（『饗宴』をめぐる背景とその位置　『饗宴』の構成―昔の宴会を語り直す秘密　『饗宴』の舞台設定　『饗宴』の展開　いま再び、美しくなったソクラテス） 〔06783〕

フラナガン, ドーン・P.　Flanagan, Dawn P.

◇エッセンシャルズWISC-IVによる心理アセスメント（Essentials of WISC-IV assessment（2nd edition））　ドーン・P.フラナガン, アラン・S.カウフマン著, 上野一彦監訳　日本文化科学社　2014.3　612p　21cm　〈文献あり〉 6000円 ①978-4-8210-6368-0 〔06784〕

プラハラッド, C.K.

◇ハーバード・ビジネス・レビューBEST10論文―世界の経営者が愛読する（HBR's 10 Must Reads）　ハーバード・ビジネス・レビュー編集部編, DIAMONDハーバード・ビジネス・レビュー編集部訳　ダイヤモンド社　2014.9　357p　19cm　（Harvard Business Review）　1800円 ①978-4-478-02868-1

内容 コア・コンピタンス経営（C.K.プラハラッド, ゲイリー・ハメル著） 〔06785〕

フラビエ, フアン・M.　Flavier, Juan M.

◇村を癒す人達―1960年代フィリピン農村再建運動に学ぶ（Doctor to the Barrios, Experiences with the Philippine Rural Reconstruction Movement）　フアン・M.フラビエ著, 玉置泰明訳　一灯舎　2013.1　299p　19cm　1800円 ①978-4-907600-20-4

内容 フィリピン農村再建運動への序説　村の農民を知る　ワーカー：科学の伝道師達　作物生産を増大させる　食物と利益のために家畜を育てる　協同組合：自立への一歩　農村家内工業　村のためによりよき健康を　衛生的排泄物処理　村の家族計画　大衆の教育　「稲の根」の自治　モデル農家プロジェクト　いくつかの最後の言葉 〔06786〕

ブラフマーナンダ　Brahmananda

◇永遠の伴侶―スワーミー・ブラフマーナンダの生涯と教え（The eternal companion（第5版））　改訂版　逗子　日本ヴェーダーンタ協会　2016.7　328p　19cm　1300円 ①978-4-931148-59-8

内容 1 マハーラージの生涯（幼年・少年時代　ラーマクリシュナのもとで　若い僧として　僧団の長　グルとしてのマハーラージ　神秘的ヴィジョン　他界）　2 追憶（スワーミー・アンビカーナンダ　スワーミー・ニルヴァーナナンダ　スワーミー・アパルナーナンダ　スワーミー・サットプラーカーシャーナンダ　スワーミー・オンカレーシュワラナンダ　ターラー　スワーミー・ヴィッギャーナーナンダ　スワーミー・ヴィッシュダーナンダ　スワーミー・アセシャーナンダ　ボシ・セン　一信者）　3 マハーラージの教え 〔06787〕

ブラフマン, オリ　Brafman, Ori

◇ひらめきはカオスから生まれる（THE CHAOS IMPERATIVE）　オリ・ブラフマン, ジューダ・ポラック著, 金子一雄訳　日経BP社　2014.2　269p　19cm　〈発売：日経BPマーケティング〉 1600円 ①978-4-8222-5004-1

内容 第1章 カオスを巧みに活用する　第2章 穏やかなカオス　第3章 アインシュタインの頭脳　第4章 ひらめきの神経科学　第5章 裸でサーフィン　第6章 セレンディピティを促進する　第7章 カオスとシリコンバレー　第8章 カオスの五つのルール 〔06788〕

フラーフラント, J.J.　Graafland, Johan J.

◇市場倫理とキリスト教倫理―市場・幸福・連帯（Het oogvan de naald（重訳））　J.J.フラーフラント著, 関谷登訳　教文館　2014.3　271p　21cm　〈文献あり 索引あり〉 2600円 ①978-4-7642-7377-1

内容 第1章 序論（自由市場の拒否：アクラ宣言　自由市場の伝統的擁護 ほか）　第2章 市場と厚生（功利主義　聖書における富、貧困、厚生 ほか）　第3章 市場と正義（倫理における、権利と分配上の正義の原理　聖書における正義の原理 ほか）　第4章 市場と徳（アリストテレスの古典的徳の倫理　キリスト教の徳 ほか）　第5章 統合と適用（三つの視点、すなわち、厚生、正義、徳を結びつけること　価値に序列はあるか ほか） 〔06789〕

ブラボ, アンヘラ　Bravo, Angela

◇ネフェルティティもパックしていた―伝説の美女と美容の文化史（NEFERTITI TAMBIÉN USABA MASCARILLA）　アンヘラ・ブラボ著, 今木照美訳　原書房　2016.4　285p　20cm

フ

〈文献あり〉2500円 ①978-4-562-05290-5

内容 1皮膚―スキンケア(首 ハリと弾力 ほか) 2頭髪―ヘアケア(明るい髪色 白髪 ほか) 3手―ハンドケア(シミとくすみ 爪の手入れ ほか) 4入浴―バスケア(海水浴と入浴 パレスチナとギリシャ ほか) 5香水―パフューム(香水の起源 ポンパドゥール夫人 ほか) 〔06790〕

ブラム, デボラ　Blum, Deborah

◇愛を科学で測った男―異端の心理学者ハリー・ハーロウとサル実験の真実 (Love at Goon Park) デボラ・ブラム著, 藤沢隆史, 藤沢玲子訳 白揚社 2014.7 429p 20cm 3000円 ①978-4-8269-0175-8

内容 弧を描いて飛ぶ愛 ハリー・ハーロウの誕生 人の手に触れてもらえない アルファ雄 好奇心の箱 愛の本質 完璧な母 愛の連鎖 箱の中の赤ちゃん 冷たい心、温かい手 愛の教訓 行き過ぎの愛 〔06791〕

フ

プラール, ハンス＝ヴェルナー　Prahl, Hans-Werner

◇大学制度の社会史 (SOZIALGESCHICHTE DES HOCHSCHUL WESENS) ハンス＝ヴェルナー・プラール〔著〕, 山本尤訳 新装版 法政大学出版局 2015.2 348, 50p 20cm (叢書・ウニベルシタス 256) 〈文献あり〉4000円 ①978-4-588-14004-4

内容 1序―千年の徽? 2揺らん期―文筆家文化とアカデミー 3中世 4領邦国家の時代 5絶対主義の時代 6文化国家から産業資本主義へ 7ワイマール共和国における大学 8ナチ時代の大学 9一九四五年以後のドイツの大学 10欠陥部分と将来の見通し 〔06792〕

ブラン, イタイ

◇イスラエル情報戦史 (ISRAEL'S SILENT DEFENDER) 佐藤優監訳, アモス・ギルボア, エフライム・ラピッド編, 河合洋一郎訳 並木書房 2015.6 373p 図版32p 21cm 〈年表あり〉2700円 ①978-4-89063-328-9

内容 空軍情報部(イタイ・ブラン著) 〔06793〕

ブラン, フランソワ‐ポール　Blanc, François Paul

◇イスラーム家族法入門 (LE DROIT MUSULMAN 原著第2版の翻訳) フランソワ‐ポール・ブラン著, 小林公, 宮沢愛子, 松崎和子共訳 木鐸社 2015.9 264, 5p 21cm 〈文献あり 索引あり〉2500円 ①978-4-8332-2488-8

内容 序章 イスラーム法の法源 第1章 婚姻(ニカーフ) 第2章 婚姻の解消(タラーク) 第3章 親子関係(ナサブ) 第4章 未成年者の後見(ウィラーヤ) 第5章 相続(ファラーイド) 第6章 結語 付録 モロッコ家族法の変遷 〔06794〕

フラン, マイケル　Fullan, Michael

◇The Principal―校長のリーダーシップとは (The Principal) マイケル・フラン著, 塩崎勉訳 東洋館出版社 2016.4 225, 5p 20cm 〈文献あり〉2900円 ①978-4-491-03221-4

内容 第1章 時代遅れの校長像 第2章 悪循環と好循環 第3章 第一の鍵―学びをリードする 第4章 第二の鍵―学校区レベルのプレーヤー、システムレベルのプレーヤーとなる 第5章 第三の鍵―チェンジ・エージェントになる 第6章 未来とは今のこと 〔06795〕

ブランヴェラ, ザカ

◇グローバル・マネジャーの育成と評価―日本人派遣者880人、現地スタッフ2192人の調査より 白木三秀編著 早稲田大学出版部 2014.8 338p 21cm 〈索引あり〉3500円 ①978-4-657-14012-8

内容 日本人派遣者のコンピテンシーと仕事成果 2(ザカ・ブランヴェラ著, 岸保行訳) 〔06796〕

ブランキ, ゲイル　Blanke, Gail

◇今すぐ50個手放しなさい! (Throw Out Fifty Things) ゲイル・ブランキ著, 植木理恵監訳 三笠書房 2015.2 253p 15cm (王様文庫 B163-1) 600円 ①978-4-8379-6741-5

内容 1「形あるもの」を手放す―「持ち物」を見れば、その人の「心」がわかる(寝室―もっとシンプルに気持ちよく 洗面所と浴室―「なりたい自分」をつくる場所 ほか) 2「デスクのまわり」を片づける―仕事も気分も絶好調! 「混乱」からスッキリ抜け出す(自分の「ブランドづくり」をするために 「役に立つもの」をどう見分けるか ほか) 3「心のゴミ」をとり除く―あなたにブレーキをかける「重荷」を何個手放せますか(自分についての「思い込み」を手放す 自分を押し込めていた「型」から抜け出す ほか) 4“なりたい人”になる驚きの効果! ―50個手放したとき、「うれしい自分」に変われます! (「ゴール」が見えていなければ、スタートできない 自分の「テーマソング」を見つける。そして歌う! ほか) 〔06797〕

フランク, キム・ティップ　Frank, Kim Tip

◇ネット依存から子どもを守る本―家庭や学校で取り組む予防教育と治療法 (Lost and Found) キム・ティップ・フランク著, 上田勢子訳 大月書店 2014.4 127p 21cm 〈文献あり〉1500円 ①978-4-272-41224-2

内容 第1章 ネット時代に生きる 第2章 精神面の健康を保つ力 第3章 ネット依存症とは 第4章 家庭でできる予防法 第5章 学校での教育 第6章 ネット依存症への対処法 〔06798〕

ブランク, キャスリン・M.

◇FDガイドブック―大学教員の能力開発 (A GUIDE TO FACULTY DEVELOPMENT 原著第2版の抄訳) ケイ・J.ガレスピー, ダグラス・L.ロバートソン編著, 羽田貴史監訳, 今野文子, 串本剛, 立石慎治, 杉本和弘, 佐藤万知訳 町田 玉川大学出版部 2014.2 338p 21cm (高等教育シリーズ 162) 〈別タイトル：Faculty Developmentガイドブック 文献あり 索引あり〉3800円 ①978-4-472-40487-0

内容 ファカルティ・ディベロップメントのプログラム評価(キャスリン・M.ブランク, アラン・カリッシュ著) 〔06799〕

ブランク, スティーブン・G.　Blank, Steven Gary

◇アントレプレナーの教科書―シリコンバレー式イノベーション・プロセス (THE FOUR STEPS TO THE EPIPHANY 原著第5版の翻訳) スティーブン・G.ブランク著, 堤孝志, 渡辺哲訳

新装版　翔泳社　2016.1　316p　21cm　〈文献あり 索引あり〉2400円　①978-4-7981-4383-5
内容 第1章 大失敗への道：製品開発モデル　第2章 確信への道：顧客開発モデル　第3章 顧客発見　第4章 顧客実証　第5章 顧客開拓　第6章 組織構築　〔06800〕

フランク，セバスティアン　Franck, Sebastian
◇キリスト教神秘主義著作集　12　十六世紀の神秘思想（Von dreierlai Leden der menschen, Paradoxa ducenta octoginta〔etc.〕）　木塚隆志，中井章子，南原和子訳　教文館　2014.5　598, 27p　22cm　〈文献あり 年表あり 索引あり〉7900円　①978-4-7642-3212-9
内容 パラドクサ（フランク著）　〔06801〕

フランク，デイヴィッド・ジョン
◇高等教育の社会学（SOCIOLOGY OF HIGHER EDUCATION）　パトリシア・J.ガンポート編著，伊藤彰浩，橋本鉱市，阿曽沼明裕監訳　町田　玉川大学出版部　2015.7　476p　22cm　（高等教育シリーズ 167）〈索引あり〉5400円　①978-4-472-40514-3
内容 制度としての高等教育（ジョン・W.マイヤー，フランシスコ・O.ラミレス，デイヴィッド・ジョン・フランクほか著，斎藤崇徳訳）　〔06802〕

フランク，ディディエ　Franck, Didier
◇他者のための一者―レヴィナスと意義（L'UN-POUR-L'AUTRE）　ディディエ・フランク〔著〕，米虫正巳，服部敬弘訳　法政大学出版局　2015.10　375, 72p　20cm　（叢書・ウニベルシタス 1034）〈索引あり〉4800円　①978-4-588-01034-7
内容 問いのなかの問い＝問いについての問い　名詞、動詞、存在論的差異　ある曝露からもう一つの曝露へ＝他者への曝露について　自己に反する唯一者　志向性なき感受性　魂と身体　接触と近しさ　意識の遅れ　現象の欠損　痕跡から謎へ〔ほか〕　〔06803〕
◇フランス現象学の現在　米虫正巳編　法政大学出版局　2016.9　331, 3p　20cm　〈他言語標題：PHÉNOMÉNOLOGIE FRANÇAISE À L'ŒUVRE　執筆：ディディエ・フランクほか　索引あり〉4200円　①978-4-588-13021-2
内容 真理のための呼び名（ディディエ・フランク著，米虫正巳，服部敬弘訳）　〔06804〕

フランク，ライナー
◇民事責任の法理―円谷峻先生古稀祝賀論文集　滝沢昌彦，工藤祐巌，松尾弘，北居功，本山敦，住田英穂，武川幸嗣，中村肇編集委員　成文堂　2015.5　825p　22cm　〈著作目録あり 年譜あり〉20000円　①978-4-7923-2673-9
内容 生命侵害の場合における損害賠償および慰謝料（ライナー・フランク著，中谷崇訳）　〔06805〕

フランクス，ペネロピ　Francks, Penelope
◇歴史のなかの消費者―日本における消費と暮らし 1850-2000（THE HISTORICAL CONSUMER）　ペネロピ・フランクス，ジャネット・ハンター編，中村尚史，谷本雅之監訳　法政大学出版局　2016.3　367p　22cm　〈索引あり〉4400円　①978-4-588-32707-0
内容 日本の消費史の比較史的考察 他（ペネロピ・フランクス，ジャネット・ハンター著）　〔06806〕

フランクファーター，デイヴィット
◇古代世界の呪詛板と呪縛呪文（Curse Tablets and Binding Spells from the Ancient World）　ジョン・G.ゲイジャー編，志内一興訳　京都　京都大学学術出版会　2015.12　472p　22cm　〈索引あり〉5400円　①978-4-87698-891-4
内容 序章　第1章 競技呪詛板―劇場や競走場で　第2章 性愛の呪詛板―セックス、愛、そして結婚　第3章 訴訟・政争―「法廷で舌が麻痺しますように！」　第4章 ビジネス、商店、酒場での呪詛板　第5章 正義と復讐を求める嘆願呪詛板　第6章 その他の呪詛板　第7章 護符、解毒呪文、対抗呪文　第8章 文学史料、碑文史料の証言　〔06807〕

フランクファート，ハリー・G.　Frankfurt, Harry G.
◇不平等論―格差は悪なのか？（ON INEQUALITY）　ハリー・G.フランクファート著，山形浩生訳・解説　筑摩書房　2016.9　146p　19cm　1500円　①978-4-480-84311-1
内容 第1章 道徳的理想としての経済的平等　第2章 平等性と敬意　〔06808〕
◇ウンコな議論（ON BULLSHIT）　ハリー・G.フランクファート著，山形浩生訳・解説　筑摩書房　2016.11　138p　15cm　（ちくま学芸文庫）900円　①978-4-480-09760-6　〔06809〕

フランクリン，ジェニファー・L.
◇FDガイドブック―大学教員の能力開発（A GUIDE TO FACULTY DEVELOPMENT 原著第2版の抄訳）　ケイ・J.ガレスピー，ダグラス・L.ロバートソン編著，羽田貴史監訳，今野文子，串本剛，立石慎治，杉本和弘，佐藤万知訳　町田　玉川大学出版部　2014.2　338p　21cm　（高等教育シリーズ 162）〈別タイトル：Faculty Developmentガイドブック　文献あり 索引あり〉3800円　①978-4-472-40487-0
内容 形成的目的のための教育実践と効果の評価（マイケル・ジオール，ジェニファー・L.フランクリン著）　〔06810〕

フランクリン，ベンジャミン　Franklin, Benjamin
◇フランクリン自伝―古典翻訳（Benjamin Franklin's Autobiography and Selected Writings）　ベンジャミン・フランクリン著，鶴見俊輔訳　土曜社　2015.7　269p　19cm　〈英語抄訳付　年譜あり〉1850円　①978-4-907511-13-5　〔06811〕

フランクリン・コヴィー・ジャパン株式会社
◇7つの習慣ティーンズ（THE SEVEN HABITS OF HIGHLY EFFECTIVE TEENS）　ショーン・コヴィー著，フランクリン・コヴィー・ジャパン株式会社編　リニューアル版　キングベアー出版　2014.5　449p　19cm　〈文献あり〉1600円　①978-4-86394-028-4　〔06812〕

フランクル，ヴィクトール・エミール　Frankl, Viktor

フ

Emil

◇人生の意味と神―信仰をめぐる対話（Gottsuche und Sinnfrage）　ヴィクトール・フランクル, ピンハス・ラピーデ著, 芝田豊彦, 広岡義之訳　新教出版社　2014.9　193p　20cm　2400円　①978-4-400-31072-3

内容 対話（宗教的次元と非宗教的次元　ユダヤ的思考　対立の一致　無神論　逆説 ほか）訳注 〔06813〕

◇絶望から希望を導くために―ロゴセラピーの思想と実践（THE WILL TO MEANING）　ヴィクトール・E.フランクル著, 広岡義之訳　青土社　2015.9　285p　20cm　2400円　①978-4-7917-6883-7

内容 序論 心理療法の現在とロゴセラピー　第1部 ロゴセラピーの思想（心理療法の臨床的影響　自己超越性について　意味の意味とは）　第2部 ロゴセラピーの実践（実存的空虚感　ロゴセラピーの技法　医療による精神的援助）　結論 意味の重要性 〔06814〕

◇虚無感について―心理学と哲学への挑戦（The Feeling of Meaninglessness）　ヴィクトール・E.フランクル著, 広岡義之訳　青土社　2015.12　370, 18p　20cm　〈文献あり〉2600円　①978-4-7917-6906-3

内容 第1部 無意味の感覚―時代への挑戦（無意味の感覚―心理療法への挑戦　精神医学と人間の意味の探求　ロゴセラピーとは何か　ロゴセラピーにおける人間の捉え方　自己実現を超えて　ロゴセラピーの哲学的基盤）　第2部 意味の探求（その1）（意味探求と実存主義　心理療法とは何か　科学は人間をどこまで把握できるか　私の思想は科学的でありうるのか　私は人間の責任をいかに考えているのか　「意味する」とはどういうことか）　第3部 意味の探求（その2）（苦悩への挑戦　宗教と実存的心理療法　巨人の肩に乗って―フロイトとのかかわり　講義室からアウシュヴィッツへ　現代の集団的神経症） 〔06815〕

◇『夜と霧』ビクトール・フランクルの言葉　ビクトール・フランクル〔著〕, 諸富祥彦〔訳著〕　ベストセラーズ　2016.2　213p　15cm　（ワニ文庫 P-286）〈コスモス・ライブラリー 2012年刊の加筆修正　文献あり〉670円　①978-4-584-39386-4 〔06816〕

◇識られざる神（DER UNBEWUSSTE GOTT, LOGOS UND EXISTENZ）　V.E.フランクル〔著〕, 佐野利勝, 木村敏訳　新装版　みすず書房　2016.8　210p　20cm　〈初版のタイトル：フランクル・セレクション〉3400円　①978-4-622-08538-6

内容 1 実存分析の本質　2 精神的無意識　3 良心の実存分析　4 実存分析的な夢解釈　5 良心の超越　6 無意識の宗教性　7 精神療法と宗教 〔06817〕

◇精神療法における意味の問題―ロゴセラピー魂の癒し（Die Sinnfrage in der Psychotherapie）　ヴィクトール・E.フランクル著, 寺田浩, 寺田治子監訳, 赤坂桃子訳　京都　北大路書房　2016.10　268, 8p　20cm　〈索引あり〉2700円　①978-4-7628-2946-8

内容 第1章 精神療法における意味の問題―「一九七七年ザルツブルク大学週間」で行われた三回の講義　第2章 人生の意味と価値について――九四六年、ウィーン＝オッタークリング市民大学で行われた三回の講演　第3章 自伝的素描―ルートヴィヒ・J・ポングラーツ編『自己像にみる精神療法』への寄稿　付録 学問と意味の欲求　参考資料 精神分析の非神話化―精神療法の現状 - ジークムント・フロイト没後二十五年にあたって 〔06818〕

◇ロゴセラピーのエッセンス―18の基本概念（Grundkonzepte der Logotherapie）　ヴィクトール・E.フランクル著, 赤坂桃子訳　新教出版社　2016.10　162p　19cm　1850円　①978-4-400-31080-8

内容 ロゴセラピーの基本概念（意味への意志　実存的フラストレーション　精神因性神経症　精神の力学　実存的空虚感　人生の意味　実存の本質　愛の意味　苦悩の意味　メタ臨床的な問題　あるロゴドラマ　超意味　人生のはかなさ　技法としてのロゴセラピー　集団的神経症　汎決定論批判　精神科医としての信条　精神医学における人間性の復活）　心理療法における精神の問題について 〔06819〕

プランケット, メアリー・M.

◇経験学習によるリーダーシップ開発―米国CCLによる次世代リーダー育成のための実践事例（Experience-Driven Leader Development）　シンシア・D.マッコーレイ,D.スコット・デリュ, ポール・R.ヨスト, シルベスター・テイラー編, 漆嶋稔訳　日本能率協会マネジメントセンター　2016.8　511p　27cm　8800円　①978-4-8207-5929-4

内容 サクセッション・プランニング：ゼネラル・マネジャーの育成 他（メアリー・M.プランケット） 〔06820〕

フランケル, ヴァレリー・エステル　Frankel, Valerie Estelle

◇世界を創る女神の物語―神話、伝説、アーキタイプに学ぶヒロインの旅（From Girl to Goddess）　ヴァレリー・エステル・フランケル著, シカ・マッケンジー訳　フィルムアート社　2016.10　465, 30p　21cm　2600円　①978-4-8459-1607-8

内容 1 旅のステップ（成長：平凡な世界　無意識の世界の旅　伴侶との出会い　自己と向き合う　女神らしさとすこやかさ）　2 アーキタイプ（満ちていく月：乙女　満月：母　欠けていく月：老婆　新月：魂の守護者） 〔06821〕

フランケル, エレン　Frankel, Ellen

◇図説ユダヤ・シンボル事典（The ENCYCLOPEDIA of JEWISH SYMBOLS）　エレン・フランケル著, 木村光二訳　悠書館　2015.9　365p　22cm　〈画：ベツィ・P・トイチ　文献あり 年表あり 索引あり〉6000円　①978-4-903487-91-5

内容 アウシュヴィッツAUSCHWITZ　青BLUE　赤RED　アケダーAKEDAH　顎鬚BEARD　頭HEAD　アダムADAM　アフィコマンAFIKOMAN　油OIL　アブラハムABRAHAM〔ほか〕 〔06822〕

フランケル, タマール　Frankel, Tamar

◇フィデューシャリー―「託される人」の法理論（Fiduciary Law）　タマール・フランケル著, 溜箭将之監訳, 三菱UFJ信託銀行Fiduciary Law研究会訳　弘文堂　2014.4　296p　22cm　〈索引あり〉3000円　①978-4-335-35595-0

内容 第1章 信認関係の本質　第2章 信認法はどこから来たか　第3章 受認者の義務　第4章 信認法と任意規

定　第5章 なぜ信認法を独立のカテゴリーとして考えるのか　第6章 裁判所による受認者の規律、救済方法、裁判手続　第7章 託すことと信頼を促進するうえで信認法が果たす役割　〔06823〕

フランケル, ロイス・P.　Frankel, Lois P.

◇大人の女はどう働くか?―絶対に知っておくべき考え方、ふるまい方、装い方（NICE GIRLS DON'T GET THE CORNER OFFICE）　ロイス・P.フランケル著, 高山祥子訳　武蔵野　海と月社　2014.8　275p　19cm　〈文献あり〉1600円　①978-4-903212-49-4

内容 1章 自分を知るテスト　2章 試合の進め方　3章 行動のしかた　4章 正しい考え方　5章 自分の売りこみ方　6章 知的な話し方　7章 自分の見せ方　8章 対応のしかた　〔06824〕

フランケンバーガー, カロリン　Frankenberger, Karolin

◇ビジネスモデル・ナビゲーター（The Business Model Navigator）　オリヴァー・ガスマン, カロリン・フランケンバーガー, ミハエラ・チック著, 渡辺哲, 森田寿訳　翔泳社　2016.10　422p　21cm　〈索引あり〉2200円　①978-4-7981-4688-1

内容 1 ビジネスモデル革新の手引き（ビジネスモデルとはなにか?　ビジネスモデル・ナビゲーター　変革の管理）　2 ビジネスモデル全55の勝ちパターン（アドオン　アフィリエイト　合気道　オークション　バーター　キャッシュマシン ほか）　〔06825〕

フランジ, ダニエル

◇教育の大衆化は何をもたらしたか―フランス社会の階層と格差　園山大祐編著　勁草書房　2016.5　326p　22cm　〈年表あり 索引あり〉3500円　①978-4-326-60292-6

内容 不平等との闘いから特殊性の拡大へ（ダニエル・フランジ, ジャン＝イヴ・ロシェックス著, 小林純子訳）　〔06826〕

フランシス, デイヴィッド　Francis, D.W.

◇エスノメソドロジーへの招待―言語・社会・相互行為（An Invitation to Ethnomethodology）　デイヴィッド・フランシス, スティーヴン・ヘスター著, 中河伸俊, 岡田光弘, 是永論, 小宮友根訳　京都　ナカニシヤ出版　2014.4　382p　21cm　〈文献あり 索引あり〉3000円　①978-4-7795-0829-5

内容 1章 社会的相互行為、言語、社会　2章 エスノメソドロジーをする　3章 エスノメソドロジーと自己省察　4章 家族生活と日常会話　5章 公共の場所に出かける　6章 助けてもらうためにトークを使う　7章 教育を観察する　8章 医者にかかる　9章 組織のなかで働く　10章 科学を観察する　11章 エスノメソドロジーの原初的な性格　〔06827〕

フランシスコ　Franciscus

◇信仰の光―回勅（LUMEN FIDEI）　教皇フランシスコ著, カトリック中央協議会司教協議会秘書室研究企画訳　カトリック中央協議会　2014.2　103p　20cm　900円　①978-4-87750-179-2

内容 第1章 わたしたちは、愛を信じています（一ヨハネ4・16参照）（わたしたちの信仰の父であるアブラハム　イスラエルの信仰 ほか）　第2章 信じなければ、あなたがたは理解しない（イザヤ7・9参照）（信仰と真理　真理と愛の認識 ほか）　第3章 わたしがあなたがたに伝えたのは、わたしも受けたものです（一コリント15・3参照）（わたしたちの信仰の母である教会　秘跡と信仰の伝達 ほか）　第4章 神は、彼らのために都を準備されているのです（ヘブライ11・16参照）（信仰と共通善　信仰と家庭 ほか）　〔06828〕

◇教皇フランシスコ講話集　1　教皇フランシスコ著, カトリック中央協議会司教協議会秘書室研究企画編訳　カトリック中央協議会　2014.4　270p　15cm　（ペトロ文庫 025）　900円　①978-4-87750-183-9　〔06829〕

◇教皇フランシスコとの対話―みずからの言葉で語る生活と意見（EL PAPA FRANCISCO）　教皇フランシスコ〔述〕, フランチェスカ・アンブロジェッティ, セルヒオ・ルビン著, 八重樫克彦, 八重樫由貴子訳　新教出版社　2014.4　245p　19cm　1500円　①978-4-400-22668-0

内容 インタビューに答える（ロサおばあちゃんと狐の襟巻つきコート　「そろそろ働いてもいい頃合いだ…」「イエスと同じ体験をしている」　信仰に目覚めた春の日　苦境から教育する　ターザンごっこをしていた頃　人との出会いを求め、外に出ていく試み　宗教のメッセージを損なう危険性　信仰の光と影　いまだ飛び立てぬ祖国への憂い　「歩み寄りの文化」の構築　「実はタンゴも好きでしてね」　国民の和解への長く険しい道のり　アルゼンチンを覆った闇の時代　未来に希望を託す理由）　付論『マルティン・フィエロ』に基づく一考察（国民的叙事詩『マルティン・フィエロ』　あらゆる要素を含んだ詩『マルティン・フィエロ』　市民道徳が集約された『マルティン・フィエロ』　おわりに―言葉と友情）　〔06830〕

◇天と地の上で―教皇とラビの対話（SOBRE EL CIELO Y LA TIERRA）　教皇フランシスコ, ラビ・アブラハム・スコルカ著, 八重樫克彦, 八重樫由貴子訳　ミルトス　2014.6　262p　19cm　1600円　①978-4-89586-158-8

内容 神について　悪魔について　無神論者について　宗教について　宗教指導者について　弟子について　祈りについて　罪について　原理主義について　死について〔ほか〕　〔06831〕

◇福音の喜び―使徒的勧告（EVANGELII GAUDIUM）　教皇フランシスコ著, 日本カトリック新福音化委員会訳・監修　カトリック中央協議会　2014.6　271p　20cm　1600円　①978-4-87750-184-6　〔06832〕

◇信条（クレド）―教皇講話集（Credo）　教皇ベネディクト十六世, 教皇フランシスコ著, カトリック中央協議会司教協議会秘書室研究企画編訳　カトリック中央協議会　2014.7　278p　15cm　（ペトロ文庫）　900円　①978-4-87750-185-3　〔06833〕

◇奉献生活の年にあたって - すべての奉献生活者の皆さんへ―使徒的書簡（To all consecrated people on the occasion of the year of consecrated life）　教皇フランシスコ著, カトリック中央協議会事務局訳　カトリック中央協議会　2015.2　23p　21cm　50円　①978-4-87750-190-7　〔06834〕

◇教皇フランシスコ講話集　2　教皇フランシスコ著, カトリック中央協議会事務局編訳　カトリッ

フ

ク中央協議会　2015.4　366p　15cm　(ペトロ文庫 028)　1200円　①978-4-87750-191-4　〔06835〕

◇イエス・キリスト、父のいつくしみのみ顔―いつくしみの特別聖年公布の大勅書 (Misericordiae vultus bulla de iubilaeo extraordinario indicendo)　教皇フランシスコ著, カトリック中央協議会事務局訳　カトリック中央協議会　2015.7　46p　21cm　125円　①978-4-87750-194-5　〔06836〕

◇秘跡・聖霊のたまもの・教会―教皇講話集　教皇フランシスコ著, カトリック中央協議会事務局編訳　カトリック中央協議会　2015.7　179p　15cm　(ペトロ文庫)　650円　①978-4-87750-195-2　〔06837〕

◇教皇フランシスコいつくしみの教会―共に喜び、分かち合うために (LA CHIESA DELLA MISERICORDIA, The Church of Mercy)　教皇フランシスコ著, 栗栖徳雄訳　明石書店　2015.12　241p　19cm　〈年譜あり〉2000円　①978-4-7503-4288-7

内容 第1章 キリストの福音　第2章 貧しい人たちのための貧しい教会　第3章 聖霊の声を聴く　第4章 告げることとあかしすること　第5章 フルタイムのキリスト者　第6章 羊のにおいのする牧者　第7章 最も恵まれていない人びとのために　第8章 偶像を破壊して　第9章 善を選ぶ自由　第10章 聖母マリア、福音を説く聖母　〔06838〕

◇家族―教皇講話集　教皇フランシスコ著, カトリック中央協議会事務局編訳　カトリック中央協議会　2016.4　254p　15cm　(ペトロ文庫 031)　〈他言語標題：Catechesis on Family〉900円　①978-4-87750-198-3　〔06839〕

◇教皇フランシスコのことば365 (Buonasera！)　教皇フランシスコ〔述〕, マルコ・パッパラルド編, 太田綾子訳　女子パウロ会　2016.7　405p　15cm　1200円　①978-4-7896-0776-6　〔06840〕

◇ラウダート・シ―回勅 ともに暮らす家を大切に (Laudato si')　教皇フランシスコ著, 瀬本正之, 吉川まみ訳　カトリック中央協議会　2016.8　235p　20cm　1400円　①978-4-87750-199-0　〔06841〕

◇フランシスコ教皇さまへ (Dear Pope Francis)　世界の子どもたち質問・絵, フランシスコ教皇答え, 片柳弘史訳　ドン・ボスコ社　2016.10　71p　19×19cm　1200円　①978-4-88626-608-8　〔06842〕

◇教皇フランシスコ講話集　3　教皇フランシスコ著, カトリック中央協議会事務局編訳　カトリック中央協議会　2016.11　318p　15cm　(ペトロ文庫 032)　1100円　①978-4-87750-201-0

内容 平和への道　主の洗礼　スリランカ、フィリピン司牧訪問を振り返って　キリスト者の一致　神のことばの力　病人のいやし　重い皮膚病を患う人のいやし　灰の水曜日のミサ説教　荒れ野の誘惑　主の変容〔ほか〕　〔06843〕

ブランショ, モーリス　Blanchot, Maurice

◇終わりなき対話　1　複数性の言葉 (L'ENTRETIEN INFINI)　モーリス・ブランショ著, 湯浅博雄, 上田和彦, 郷原佳以訳　筑摩書房　2016.11　245p　21cm　4500円　①978-4-480-77551-1

内容 1 思考と不連続性の要請　2 このうえなく深い問い　3 言葉を語ることは見ることではない　4 大いなる拒否　5 未知なるものを知ること　6 言葉を保ち続ける　7 第三類の関係―地平のない人間　8 中断―リーマン面のうえにいるように　9 複数性の言葉　〔06844〕

フランス

◇フランスの地籍制度とアルザス－モゼル土地登記法　佐藤義人編訳著　論創社　2014.8　389p　22cm　〈他言語標題：Le système du cadastre de France et la législation de la publicité foncière d'Alsace-Moselle〉3800円　①978-4-8460-1327-1

内容 第1部 アルザス－モゼル土地登記法―ライン川下流県、ライン川上流県およびモゼル県における土地登記簿制度(ライン川下流県、ライン川上流県およびモゼル県においてフランス共和国の民事法を施行する1924年6月1日の法律第2篇第3章(2010年5月8日改正)　ライン川下流県、ライン川上流県およびモゼル県における土地登記簿とその電子情報処理組織化に関する2009年10月7日のデクレ第2009－1193号)　第2部 フランスの地籍制度(キャダストル、その起源から今日まで　キャダストルの情報　キャダストルの改革と保全に関する1955年4月30日のデクレ第55－471号)　〔06845〕

◇フランス刑事諸王令　続 2　鈴木教司編訳　松山　岡田印刷(印刷)　2014.9　371p　26cm　〈フランス語併記〉非売品　〔06846〕

◇ジャンヌ・ダルク処刑裁判 (Procès de Condamnation de Jeanne d'Arc)　高山一彦編訳　新装復刊　白水社　2015.5　404p　20cm　〈文献あり〉4200円　①978-4-560-08439-7

内容 解説　ジャンヌ・ダルク処刑裁判の記録(予備審理(一月九日―三月二十五日)　普通審理(三月二十六日－五月二十四日)　異端再犯の審理(五月二十八日－五月三十日))　巻末付録 ジャンヌ・ダルク生涯の旅程図　〔06847〕

◇フランス国王官房諸王令―対訳　鈴木教司編訳　〔出版地不明〕　鈴木教司　2016.3　149p　26cm　非売品　〔06848〕

◇注釈フランス民事訴訟法典―特別訴訟・仲裁編　徳田和幸, 町村泰貴編　信山社　2016.10　328p　21cm　10000円　①978-4-7972-2679-9

内容 第3巻 個別の事件についての特則(人　物　夫婦財産制―相続および無償譲与　債務および契約)　第4巻 仲裁(国内仲裁　国際仲裁(第1504条～第1506条))　第5巻 紛争の和解的解決(第1528条～第1529条)(合意に基づく調停および和解仲介(第1530条～第1541条)　参加型手続(第1542条～第1564条)　共通規定(第1565条～第1567条))　第6巻 海外領土に関する規定((全面削除)　ワリス・フテュナ諸島に適用される規定(第1575条～第1582条))　〔06849〕

ブランスフォード, ジョン　Bransford, John

◇21世紀型スキル―学びと評価の新たなかたち (ASSESSMENT AND TEACHING OF 21ST CENTURY SKILLS)　P.グリフィン,B.マクゴー,E.ケア編, 三宅なほみ監訳, 益川弘如, 望月俊男編訳　京都　北大路書房　2014.4　265p

21cm 〈索引あり〉2700円 ①978-4-7628-2857-7
内容 知識構築のための新たな評価と学習環境(マリーン・スカーダマリア, ジョン・ブランスフォード, ボブ・コズマ, エディス・クエルマルツ著, 河﨑美保, 齊藤萌木, 大浦弘樹, 舘野泰一訳) 〔06850〕

ブランソン, リチャード Branson, Richard
◇ヴァージン・ウェイ―R.ブランソンのリーダーシップを磨く教室 (THE VIRGIN WAY) リチャード・ブランソン著, 三木俊哉訳 日経BP社 2015.7 378p 19cm 〈発売:日経BPマーケティング〉1800円 ①978-4-8222-5097-3
内容 1 聴く(子は親の鏡 「聴く」という消えゆく技能 鏡よ、鏡 KISSの原則に従え 布教本部を焼き落とせ) 2 学ぶ(リーダーシップの定義 ついてるかい? 普通でなくて当たり前 大いなるドッグファイト イノベーションはいまに始まったものじゃない 雇ったら離さない) 3 笑う(文化の醸成 情熱あればこそ わが社の基本方針) 4 率いる(これからのリーダー 現場に立つ コラボレーションが命 意思決定は眠らない よき企業市民であれ) 〔06851〕

ブランダムール, P. Brind'Amour, Pierre
◇ノストラダムス予言集 (LES PREMIÈRES CENTURIES OU PROPHETIESの抄訳) ノストラダムス〔著〕, P.ブランダムール校訂, 高田勇, 伊藤進編訳 岩波書店 2014.10 374, 14p 19cm (岩波人文書セレクション) 〈1999年刊の再刊 文献あり〉3000円 ①978-4-00-028789-0
内容 序 ノストラダムス『予言集』校訂の歩み ノストラダムス予言集(詩百篇第一巻 詩百篇第二巻 詩百篇第三巻 詩百篇第四巻) 附録 結び 一六世紀詩人ノストラダムス 〔06852〕

フランチェスコ(アッシジの)〈聖〉 Francesco d'Assisi, San
◇なぜ“平和主義”にこだわるのか (ENTRÜSTET EUCH! —WARUM PAZIFISMUS FÜR UNS DAS GEBOT DER STUNDE BLEIBT) マルゴット・ケースマン, コンスタンティン・ヴェッカー編, 木戸衛一訳 いのちのことば社 2016.12 261p 19cm 1500円 ①978-4-264-03611-1
内容 平和の祈り(アッシジの聖フランシスコ) 〔06853〕

ブランチャード, ケン Blanchard, Kenneth H.
◇新1分間リーダーシップ―どんな部下にも通用する4つの方法 (LEADERSHIP AND THE ONE MINUTE MANAGER 原著改訂新版の翻訳) ケン・ブランチャード, パトリシア・ジガーミ, ドリア・ジガーミ著, 田辺希久子訳 ダイヤモンド社 2015.5 153p 19cm 1300円 ①978-4-478-02928-2
内容 第1章 起業家の来訪 第2章 部下は1分間マネジャーをどう見ているか 第3章 リーダーの3つのスキル―目標設定 第4章 人々をたえず成長させるために―診断スキルとマッチング 第5章 同じ人にも状況によって違うやり方を 第6章 今やっていることを分かち合う 第7章 学んだことを実行する 〔06854〕
◇新1分間マネジャー―部下を成長させる3つの秘訣 (THE NEW ONE MINUTE MANAGER) ケン・ブランチャード, スペンサー・ジョンソン著, 金井寿宏監訳, 田辺希久子訳 ダイヤモンド社 2015.6 139p 19cm 1300円 ①978-4-478-02525-3
内容 第1章 理想のマネジャーはどこにいる? (マネジャー探しの旅 新1分間マネジャーに出会う) 第2章 1分間マネジメントの3つの秘訣(第1の秘訣「1分間目標」 第2の秘訣「1分間称賛」 本当に成果は出ているのか 第3の秘訣「1分間修正」) 第3章 抜群の成果をあげる仕組みとは(新1分間マネジャーに成功の秘密を聞く なぜ1分間目標で成果があがるのか 覚えたての段階では、ほめることが大切 1分間修正の裏にあるもの) 第4章 そして、また新1分間マネジャーが生まれた(新1分間マネジャーのゲームプラン あなた自身への贈り物 ほかのみなさんへの贈り物) 〔06855〕

フランツ, スティーヴン Franz, Stephen
◇21世紀の比較教育学―グローバルとローカルの弁証法 (COMPARATIVE EDUCATION) ロバート・F.アーノブ, カルロス・アルベルト・トーレス, スティーヴン・フランツ編著, 大塚豊訳 福村出版 2014.3 727p 22cm 〈文献あり 索引あり〉9500円 ①978-4-571-10168-7
内容 ラテンアメリカの教育(ロバート・F.アーノブ, スティーヴン・フランツ, カルロス・アルベルト・トーレス著) 〔06856〕

フランツ, C.* Frantz, Constantin
◇日本立法資料全集 別巻1131 国家生理学 第一編・第二編 仏郎都著, 文部省編輯局訳 復刻版 信山社出版 2016.9 212, 412p 23cm 〈文部省編輯局蔵板 明治15・17年刊の複製〉70000円 ①978-4-7972-7238-3 〔06857〕

プランティンガ, アダム Plantinga, Adam
◇アメリカンポリス400の真実! (400 THINGS COPS KNOW) アダム・プランティンガ著, 加藤喬訳 並木書房 2016.6 278p 19cm 1600円 ①978-4-89063-340-1
内容 発砲 武力行使 想定外の事態 市民との付き合い方 未成年者の犯罪 季節と警察業務 法廷と法令順守 容疑者追跡 酒とドラッグ 犯罪捜査 交通取り締まり 死体 売春婦と客 家庭内暴力 同僚警官 嘘つき 逮捕 スラム街の治安維持 警官の心得 〔06858〕

ブランディング, マイケル Blanding, Michael
◇古地図に憑かれた男―史上最大の古地図盗難事件の真実 (THE MAP THIEF) マイケル・ブランディング著, 森夏樹訳 青土社 2015.4 415, 7p 図版7枚 20cm 〈文献あり 索引あり〉3600円 ①978-4-7917-6854-7
内容 探検家と泥棒 小さな望み 新世界 最多勝利を知る者 カタログ第1号 強気で渡り合う 上方向離脱 セベックの争い 紛失した地図、紛失したカード 捕まった! 罪状認否 地図探索 テラ・インコグニタ 〔06859〕

ブランドー, グレッグ Brandeau, Greg
◇ハーバード流逆転のリーダーシップ (COLLECTIVE GENIUS) リンダ・A.ヒル,

フ

グレッグ・ブランドー, エミリー・トゥルーラブ, ケント・ラインバック著, 黒輪篤嗣訳　日本経済新聞出版社　2015.4　382p　20cm　〈文献あり〉2000円　①978-4-532-31989-2

内容 イノベーションはひとりの天才からは生まれない　リーダーが直面する六つのパラドックス　従来のリーダーシップは通用しない　第1部 メンバーの意欲を引き出すリーダー（コミュニティーを築く　価値観と参加規則）　第2部 組織の能力を築くリーダー（創造的な摩擦　創造的な敏速さ　創造的な解決）　第3部 未来を切り拓くリーダー（イノベーションの生態系を育てる　未来のイノベーションのリーダーはどこにいるか）〔06860〕

フ

ブラント, ピーター

◇プロ・トレーダー―マーケットで勝ち続ける16人の思考と技術（TRADERS AT WORK）　ティム・ブールキン, ニコラス・マンゴー著, 森山文那生訳　日経BP社　2016.5　284p　21cm　〈発売：日経BPマーケティング〉2200円　①978-4-8222-5063-8

内容 マーケットでは自分の感情を信頼してはいけない（ピーター・ブラント述）〔06861〕

ブラント, ロバート・L.　Brandt, R.L.

◇聖書の祈りが私の祈りになる―聖霊が私たちの祈りを助けてくださる　旧約編（The spirit helps us pray）　ロバート・L.ブラント, ゼナス・J.ビケット著, 吉原博克訳　日本アッセンブリーズ・オブ・ゴッド教団AG福音出版　2015.9　337p　19cm　〈文献あり　発売：地引網出版（日野）〉1800円　①978-4-901634-33-5〔06862〕

ブランドナー, ユディット　Brandner, Judith

◇フクシマ2013―Japanレポート3.11（ZUHAUSE IN FUKUSHIMA）　ユディット・ブランドナー著, ブランドル・紀子訳　未知谷　2015.3　174p　20cm　2000円　①978-4-89642-467-6

内容 福島（自然農家の佐藤幸子さん　作曲家で指揮者の嶋津武仁さん　シュタイナー幼稚園々長 門間貞子さん　有機栽培農場主 近藤恵さん　医者であり、外交官でもあった鈴木良平さん）　松本・橋本さん一家　京都・新しい生活を始めた西山祐子さん　京都・環境保護活動家 アイリーン・美緒子・スミスさん　東京（覆面ジャーナリスト 桐島瞬さん　画家で造形美術家の中川直人さん　ジャーナリスト 岩上安身さん　写真家 市川勝弘さん）〔06863〕

ブラントリー, ピーター

◇マニフェスト本の未来（Book : a futurist's manifesto）　ヒュー・マクガイア, ブライアン・オレアリ編　ボイジャー　2013.2　339p　21cm　2800円　①978-4-86239-117-9

内容 形なき本で図書館を作るということ（ピーター・ブラントリー著）〔06864〕

ブラントリー＝ニュートン, ヴァネッサ　Brantley-Newton, Vanessa

◇キルトでつづるものがたり―奴隷ハリエット・パワーズの心の旅（SEWING STORIES）　バーバラ・ハーカート文, ヴァネッサ・ブラントリー＝ニュートン絵, 杉田七重訳　さ・え・ら書房　2016.10　1冊（ページ付なし）　29cm　〈文献あり〉1500円　①978-4-378-04145-2〔06865〕

ブランドン, ヘンリー

◇インタヴューズ　3　毛沢東からジョン・レノンまで（THE PENGUIN BOOK OF INTERVIEWS）　クリストファー・シルヴェスター編, 新庄哲夫他訳　文芸春秋　2014.6　463p　16cm　（文春学芸ライブラリー―雑英 7）　1690円　①978-4-16-813018-2

内容 ジョン・F.ケネディ（ジョン・F.ケネディ述, ヘンリー・ブランドンインタヴュアー, 山形浩生訳）〔06866〕

ブラントン, ポール　Brunton, Paul

◇秘められたインド―賢者たちとの出会いの記録（A Search in Secret India）　ポール・ブラントン〔著〕, 日本ヴェーダーンタ協会〔訳〕　改訂版　逗子　日本ヴェーダーンタ協会　2016.4　437p　19cm　1400円　①978-4-931148-58-1〔06867〕

フリエル, ラファエル　Frier, Raphaële

◇キング牧師とローザ・パークス―黒人の平等な権利を求めて　ラファエル・フリエル原作, ザウ絵, 高野優監訳, 田中裕子, 美濃部美恵子訳　汐文社　2015.7　47p　27cm　（伝記絵本世界を動かした人びと）　2500円　①978-4-8113-2170-7〔06868〕

ブリザート, ロイ

◇共観福音書が語るユダヤ人イエス　共観福音書研究エルサレム学派編著, 有馬七郎, 河合一充訳　ミルトス　2016.3　348p　19cm　〈「イエス時代の背景」（1992年刊）と「主の祈りのユダヤ的背景」（1998年刊）ほかからの改題、再編集、改訂版　索引あり〉2000円　①978-4-89586-160-1

内容 イエスはヘブライ語を話した（ダヴィッド・ビヴィン, ロイ・ブリザート著, 河合一充訳）〔06869〕

ブリザール, ジャン＝クリストフ　Brisard, Jean-Christophe

◇独裁者の子どもたち―スターリン、毛沢東からムバーラクまで（ENFANTS DE DICTATEURS）　ジャン＝クリストフ・ブリザール, クロード・ケテル著, 清水珠代訳　原書房　2016.1　290p　20cm　2500円　①978-4-562-05275-2

内容 スターリンの愛娘　父に楯突いた反抗的な娘　カルメンシータと子どもたち、フランコ一族　毛沢東の大きなお人形　チャウシェスクという名の重み　不思議なカストロ一族　金氏王朝の権力闘争　モブツ、ヒョウの落とし子たちの痛恨のルンバ　ウダイとクサイ・フセイン、父親そっくりの怪物　バッシャール・アル＝アサド藍より青し　ムアンマル・カダフィ、最高指導者の迷える子どもたち　没落の一族、ムバーラク〔06870〕

フリージケ, サシャ　Friesike, Sascha

◇33の法則―イノベーション成功と失敗の理由（33 Erfolgsprinzipien der Innovation）　オリヴァー・ガスマン, サシャ・フリージケ著, 山内めぐみ, 黒川亜矢子訳　さくら舎　2014.3　243p　19cm　1500円　①978-4-906732-69-2

内容 はじめに―イノベーションとは、誰もが持っている能力である　再結合の法則―車輪を発明したのは、とんでもない怠け者だったに違いない　ビートルズの法則―ライバルは眠らない　ロジャースの法則―未来はすぐそこだ。しかし、未来は万人に平等ではない　サービスの法則―「少ないくらいがちょうどいい」は言い訳にすぎない　オープンイノベーションの法則―知識を分配する　クロスインダストリーの法則―扉の向こうにあるもの　クラウドソーシングの法則―多くの人々を巻き込む「技」とは　フォードの法則―疑い深い者は、私たちがいかに世界を変えることができるかを言わない　ヨギ・ベラの法則―見ているだけで、様々なことに気づくものだ〔ほか〕　〔06871〕

ブリーズ, エリザベス

◇イギリスにおける高齢期のQOL―多角的視点から生活の質の決定要因を探る（UNDERSTANDING QUALITY OF LIFE IN OLD AGE）　アラン・ウォーカー編著, 岡田進一監訳, 山田三知子訳　京都　ミネルヴァ書房　2014.7　249p　21cm　（新・MINERVA福祉ライブラリー 20）〈文献あり 索引あり〉3500円　①978-4-623-07097-8

内容 高齢期におけるQOL格差 他（ポール・ヒッグス, マーティン・ハイド, サラ・アーバー, デイヴィッド・ブレーン, エリザベス・ブリーズ, ジェイムズ・ナズルー, ディック・ウィギンス著）　〔06872〕

フリース, E.デ　Vries, Egbert de

◇ヤコブの手紙（Jakobus, een praktische bijbelverklaring）　E.デ・フリース著, 登家勝也, 西田隆義訳　教文館　2015.4　177p　19cm　（コンパクト聖書注解）　2400円　①978-4-7642-1709-6

内容 序論　手紙の宛先 1章1節　内容の提示 1章2‐12節　導入部 1章13‐25節　つなぎ役の本文 1章26‐27節　信仰と行ないはもはや分離を許されない 2章1‐26節　この全てのことの背後にいる人間 3章1節‐4章12(17)節　通告 5章1‐11節　追伸 5章12‐20節　〔06873〕

ブリス《BRIS》

◇子どもの悲しみとトラウマ―津波被害後に行われたグループによる支援活動（BARN OCH UNGA I SORG OCH TRAUMA）　BRIS, モニカ・ホルム編, 谷沢英夫訳　新評論　2014.6　212p　19cm　2200円　①978-4-7948-0972-8

内容 第1部 悲しみ（トラウマグループ）（グループ・ミーティング　悲しみ　家族　周り（環境）　儀式　再会）　第2部 グループによる支援活動に参加したい理由（悲惨な体験をしたグループによる活動　グループによる支援活動のための準備　ティーンエージャー・グループでの指導方法　重要な最初のミーティング　テーマ活動におけるリーダーシップ　方法　保護者同席で終了（一緒に終了する））　第3部 悲しみつは一つの車輪（反応　年齢別の反応　トラウマ　ケアのプロセス（対応））　第4部 附録　〔06874〕

プリースト, キース　Priest, Keith

◇コンタクト―意識変容への扉 人類は、有史以前から続いてきた宇宙人との交流に気づく段階に来た！　リサ・ロイヤル・ホルト著, キース・プリースト共著, 鏡見沙椰訳　ヴォイス　2014.12　425p　19cm　〈他言語標題：Contact〉1900円　①978-4-89976-429-8

内容 第1部（コンタクトへの準備　コンタクト体験を探る　夢から醒める　ファーストコンタクトのメカニズム　共通の場 ほか）　第2部（コンタクトワークは続く　基本知識　コンタクト計画　コンタクトの現実　コンタクトドリーム ほか）　〔06875〕

プリースト, ジョージ・L.

◇成長戦略論―イノベーションのための法と経済学（RULES FOR GROWTH）　ロバート・E.ライタン編著, 木下信行, 中原裕彦, 鈴木淳人監訳　NTT出版　2016.3　383p　23cm　6500円　①978-4-7571-2352-6

内容 イノベーションと経済成長を促すために, 独占禁止法をどのように進化させていくべきか 他（ジョージ・L.プリースト著, 鈴木淳人監訳, 江川絵理訳）　〔06876〕

ブリストル, C.M.

◇信念の魔術―オーディオブック　C.M.ブリストル著, 関岡孝平訳　〔電子資料〕　パンローリング（発売）〔2015〕　CD-ROM 1枚　12cm　〈他言語標題：The Magic of believing　ホルダー入（19cm）　収録時間：約615分〉1500円　①978-4-7759-8356-0　〔06877〕

フリッカー, ミランダ

◇哲学がかみつく（Philosophy Bites）　デイヴィッド・エドモンズ, ナイジェル・ウォーバートン著, 佐光紀子訳　柏書房　2015.12　281p　20cm　〈文献あり〉2800円　①978-4-7601-4658-1

内容 信頼性と差別（ミランダ・フリッカー述）　〔06878〕

フリック, ウヴェ　Flick, Uwe

◇質的研究のための「インター・ビュー」（DOING INTERVIEWS）　スタイナー・クヴァール著, 能智正博, 徳田治子訳　新曜社　2016.4　245p　21cm　（SAGE質的研究キット 2　ウヴェ・フリック監修）〈文献あり 索引あり〉2700円　①978-4-7885-1475-1

内容 インタビュー調査ことはじめ　インタビュー実践の認識論に関わる問題　インタビュー実践の倫理的課題　インタビュー調査を計画する　インタビューを実施する　インタビューの多様なかたち　インタビューの質　インタビューを文字に起こす　インタビューを分析する　インタビューから得られた知の妥当化と一般化　インタビューの知を報告する　インタビューの質のさらなる向上に向けて　〔06879〕

◇質的研究のためのエスノグラフィーと観察（DOING ETHNOGRAPHIC AND OBSERVATIONAL RESEARCH）　マイケル・アングロシーノ著, 柴山真琴訳　新曜社　2016.4　147p　21cm　（SAGE質的研究キット 3　ウヴェ・フリック監修）〈文献あり 索引あり〉1800円　①978-4-7885-1476-8

内容 1章 イントロダクション―エスノグラフィーと参与観察　2章 エスノグラフィーの有効性―エスノグラフィーの方法によって、どのようなトピックを効果的かつ効率よく研究できるのか　3章 フィールドサイトの選定　4章 フィールドでのデータ収集　5章 観察について　6章 エスノグラフィー・データの分析　7

フ

章 エスノグラフィー・データの表現方略　8章 倫理的配慮　9章 21世紀のエスノグラフィー　〔06880〕

◇質的研究のデザイン（DESIGNING QUALITATIVE RESEARCH）　ウヴェ・フリック著, 鈴木聡志訳　新曜社　2016.4　179p　21cm　（SAGE質的研究キット 1　ウヴェ・フリック監修）〈文献あり 索引あり〉2100円　①978-4-7885-1474-4

内容 1章 質的研究とは何か？　2章 アイデアからリサーチクエスチョンへ　3章 サンプリングと選択とアクセス　4章 質的研究のデザイン　5章 資源と障害　6章 質的研究の質　7章 質的研究の倫理　8章 言語データ　9章 エスノグラフィー・データとビジュアル・データ　10章 質的データを分析する　11章 質的研究をデザインする―いくつかの結論　〔06881〕

◇質的研究におけるビジュアルデータの使用　マーカス・バンクス著, 石黒広昭監訳　新曜社　2016.11　206p　21cm　（SAGE質的研究キット 5　ウヴェ・フリック監修）〈文献あり 索引あり〉2400円　①978-4-7885-1498-0

内容 1章 はじめに　2章 社会調査におけるビジュアルデータの位置―概略史　3章 ビジュアルなものを研究するさまざまなアプローチ　4章 ビジュアルデータを用いた手法とフィールド調査　5章 ビジュアルデータを用いた調査のプレゼンテーション　6章 結論―イメージと社会調査　〔06882〕

フ

ブリッグス, アンディ　Briggs, Andy

◇スパイ学―国際スパイになるために　アンディ・ブリッグス著, こどもくらぶ訳・編集　国立　今人舎　2016.9　159p　30cm　〈索引あり〉3000円　①978-4-905530-62-6

内容 スパイ学への招待　どっちにつくか？　おもての顔、うらの顔　暗号の解読　いざ現場へ　動物のスパイ　最新鋭の機器　インターネット　スパイになるためのテスト　〔06883〕

ブリッグス, スティーブン

◇乳児観察と調査・研究―日常場面のこころのプロセス（Infant Observation and Research）　キャシー・アーウィン, ジャニーン・スターンバーグ編著, 鵜飼奈津子監訳　大阪　創元社　2015.5　273p　22cm　〈文献あり 索引あり〉4200円　①978-4-422-11539-9

内容 乳児観察の調査・研究を他のパラダイムとつなげていくこと（ジョアンナ・バーリンガー, スティーブン・ブリッグス著, 山名利枝訳）　〔06884〕

ブリッジズ, ウィリアム　Bridges, William

◇トランジション―人生の転機を活かすために（TRANSITIONS 原著第2版の翻訳）　ウィリアム・ブリッジズ著, 倉光修, 小林哲郎訳　パンローリング　2014.4　278p　19cm　（フェニックスシリーズ 18）〈創元社 1994年刊の新装改訂〉1300円　①978-4-7759-4122-5

内容 第1部 変化が必要なとき（トランジションのただなかで　人生はトランジションの連続である　人間関係とトランジション　仕事とトランジション）　第2部 トランジションの過程（何かが終わる　ニュートラルゾーン　新たな何かが始まる）　〔06885〕

ブリッジズ, マイケル・W.　Bridges, Michael W.

◇大学における「学びの場」づくり―よりよいティーチングのための7つの原理（How Learning Works）　スーザン・A.アンブローズ, マイケル・W.ブリッジズ, ミケーレ・ディピエトロ, マーシャ・C.ラベット, マリー・K.ノーマン著, 栗田佳代子訳　町田　玉川大学出版部　2014.7　267p　21cm　（高等教育シリーズ 164）〈文献あり 索引あり〉3200円　①978-4-472-40489-4

内容 序論 学習に関する研究と教育実践の橋渡し　第1章 学生の先行知識が学習におよぼす影響　第2章 知識の体系化の方法が学習におよぼす影響　第3章 学習のモチベーションを高める要素　第4章 学生が熟達するには　第5章 学習を強化できる練習とフィードバック　第6章 学生の発達レベルと授業の雰囲気が学生の学習にとって重要な理由　第7章 自律的な学習者になってもらうために　結語 7つの原理を私たち自身にあてはめる　〔06886〕

ブリッジス・フォー・ピース

◇イスラエルの国と人々―聖書の国イスラエルってどんなところ？（Israel）　シェリル・ハウアー, ブリッジス・フォー・ピース国際本部著, B.F.P. Japan翻訳チーム訳, B.F.P.Japan編　B.F.P. Japan　2013.9　32p　30cm　500円　①978-499009375-4　〔06887〕

フリッシュ, ヴォルフガング

◇グローバル化と社会国家原則―日独シンポジウム　高田昌宏, 野田昌吾, 守矢健一編　信山社　2015.5　386p　22cm　（総合叢書 17―〔ドイツ法〕）12000円　①978-4-7972-5467-9

内容 国際的法規範によって吟味を受ける保安監置（ヴォルフガング・フリッシュ著, 金沢真理訳）　〔06888〕

◇浅田和茂先生古稀祝賀論文集　上巻　井田良, 井上宜裕, 白取祐司, 高田昭正, 松宮孝明, 山口厚編集委員　成文堂　2016.10　982p　22cm　25000円　①978-4-7923-5189-2

内容 当罰性、要罰性、犯罪体系（ヴォルフガング・フリッシュ著, 戸浦雄史訳）　〔06889〕

ブリッソン, パスカル　Plisson, Pascal

◇学校へいきたい！―世界の果てにはこんな通学路が！　〔1〕　エルボル―キルギスの12歳（LES CHEMINS DE L'ÉCOLE）〔飫肥糺〕〔編訳〕　六耀社　2016.10　75p　22cm　1400円　①978-4-89737-865-7　〔06890〕

◇学校へいきたい！―世界の果てにはこんな通学路が！　〔2〕　フランクリン―マダガスカルの13歳（LES CHEMINS DE L'ÉCOLE）〔飫肥糺〕〔編訳〕　六耀社　2016.11　75p　22cm　1400円　①978-4-89737-866-4　〔06891〕

◇学校へいきたい！　世界の果てにはこんな通学路が！―デヴィ インドの13歳　パスカル・プリッソン原案, ヤン・レノレ写真　六耀社　2016.12　75p　21cm　1400円　①978-4-89737-867-1　〔06892〕

フリデンソン, パトリック　Fridenson, Patrick

◇グローバル資本主義の中の渋沢栄一―合本キャピタリズムとモラル　橘川武郎, パトリック・フリ

デンソン編著　東洋経済新報社　2014.2　257p　22cm　〈索引あり〉3000円　①978-4-492-39601-8

内容 官民の関係と境界（パトリック・フリデンソン著, 木村昌人訳）〔06893〕

フリード, ジェイソン　Fried, Jason

◇強いチームはオフィスを捨てる―37シグナルズが考える「働き方革命」（REMOTE：OFFICE NOT REQUIRED）　ジェイソン・フリード, デイヴィッド・ハイネマイヤー・ハンソン著, 高橋璃子訳　早川書房　2014.1　270p　18cm　1500円　①978-4-15-209433-9

内容 イントロダクション―オフィスのない世界　リモートワークの時代がやってきた　リモートワークの誤解を解く　リモートのコラボレーション術　リモートワークの落とし穴　リモート時代の人材採用　リモート時代のマネジメント　リモートワーカーの仕事スタイル〔06894〕

◇小さなチーム、大きな仕事―働き方の新スタンダード（REWORK）　ジェイソン・フリード, デイヴィッド・ハイネマイヤー・ハンソン著, 黒沢健二, 松永肇一, 美谷広海, 祐佳ヤング訳　早川書房　2016.12　263p　16cm　（ハヤカワ文庫NF 481）　640円　①978-4-15-050481-6

内容 まず最初に　見直す　先に進む　進展　生産性　競合相手　進化　プロモーション　人を雇う　ダメージ・コントロール　文化〔06895〕

フリドーノ, ジュディ　Fridono, Judy

◇波乗り介助犬リコシェ―100万人の希望の波に乗って（RICOCHET）　ジュディ・フリドーノ, ケイ・プファルツ著, 小林玲子訳　辰巳出版　2015.3　320p 図版14p　20cm　1700円　①978-4-7778-1468-8

内容 きっかけ　幼いころ―喪失と恐怖　暗闇の出口　誕生―宇宙の贈りもの　ケ・セラ・セラ　期待という罠―離れていった心　受容―魂の解放　再生―ありのままに　善の勝利　悲劇を越えて　すべては必然　神の介入―天使に守られて　強くなること―語られない言葉を通して　共感、洞察、魂に触れる　奉仕と自己犠牲　聖なる旅〔06896〕

フリードバーグ, アーロン・L.　Friedberg, Aaron L.

◇アメリカの対中軍事戦略―エアシー・バトルの先にあるもの（BEYOND AIR-SEA BATTLE）　アーロン・L.フリードバーグ著, 平山茂敏監訳　芙蓉書房出版　2016.5　219p　19cm　2300円　①978-4-8295-0678-3

内容 イントロダクション　第1章 新たな挑戦：中国の脅威（挑戦の起源　作戦概念の発展　中国の軍事能力　結論）　第2章 対応の出遅れ：米国の反応（課題への反論　米国の抱える問題　比較のための判断基準）　第3章 中国本土攻撃への道：エアシー・バトル（作戦構想　エアシー・バトルに対する評価　政治的効果　核エスカレーション　エアシー・バトルの含意）　第4章 中国を締め上げる：間接アプローチ（遠距離海上封鎖　遠距離海上封鎖に対する評価　海洋拒否戦略　海洋拒否に対する評価）　まとめ（戦略の諸要素　検証の不十分な問題）〔06897〕

フリードマン, ジョージ　Friedman, George

◇100年予測（THE NEXT 100 YEARS）　ジョージ・フリードマン著, 桜井祐子訳　早川書房　2014.6　390p　16cm　（ハヤカワ文庫 NF 409）　840円　①978-4-15-050409-0〔06898〕

◇100年予測　続（THE NEXT DECADE）　ジョージ・フリードマン著, 桜井祐子訳　早川書房　2014.9　366p　16cm　（ハヤカワ文庫 NF 416）　〈「激動予測」(2011年刊) の改題〉820円　①978-4-15-050416-8〔06899〕

◇新・100年予測―ヨーロッパ炎上（FLASHPOINTS）　ジョージ・フリードマン著, 夏目大訳　早川書房　2015.7　419p　19cm　2200円　①978-4-15-209550-3

内容 1 ヨーロッパ例外主義（ヨーロッパ人の生活　世界を席巻するヨーロッパ　ヨーロッパの分裂）　2 三一年間（大虐殺　疲弊　アメリカが始めたヨーロッパの統合　危機と分裂）　3 紛争の火種（マーストリヒトの戦い　ドイツ問題の再燃　ロシアとヨーロッパ大陸　ロシアと境界地帯　フランス、ドイツとその境界地帯　イスラムとドイツに挟まれた地中海ヨーロッパ　ヨーロッパの縁のトルコ　イギリス　終わりに）〔06900〕

フリードマン, スチュワート・D.

◇自分を成長させる極意―ハーバード・ビジネス・レビューベスト10選（HBR'S 10 MUST READS ON MANAGING YOURSELF）　ピーター・F.ドラッカー, クレイトン・M.クリステンセン他著, ハーバード・ビジネス・レビュー編集部編, DIAMONDハーバード・ビジネス・レビュー編集部訳　ダイヤモンド社　2016.1　311p　19cm　1600円　①978-4-478-06830-4

内容「小さな勝利」で自分を変える/全方位的に目標を攻略する（スチュワート・D.フリードマン著）〔06901〕

フリードマン, デヴィッド

◇社会科学の方法論争―多様な分析道具と共通の基準（Rethinking social inquiry 原著第2版の翻訳）　ヘンリー・ブレイディ, デヴィッド・コリアー編, 泉川泰博, 宮下明聡訳　勁草書房　2014.5　432p　22cm　〈文献あり 索引あり〉4700円　①978-4-326-30231-4

内容 科学的探究のタイプについて（デヴィッド・フリードマン著）〔06902〕

フリードマン, ブラッド

◇不正選挙―電子投票とマネー合戦がアメリカを破壊する（LOSER TAKE ALL）　マーク・クリスピン・ミラー編著, 大竹秀子, 桜井まり子, 関房江訳　亜紀書房　2014.7　343, 31p　19cm　2400円　①978-4-7505-1411-6

内容「ペーパー・トレイル」付きタッチスクリーン投票機販売戦略（マイケル・リチャードソン, ブラッド・フリードマン著）〔06903〕

フリードマン, ラッセル　Friedman, Russell P.

◇子どもの悲しみによりそう―喪失体験の適切なサポート法（WHEN CHILDREN GRIEVE：For Adults to Help Children Deal with Death, Divorce, Pet Loss, Moving, and Other Losses）　ジョン・ジェームズ, ラッセル・フリードマン, レスリー・ランドン著, 水沢都加佐, 黒岩久美子訳

フ

大月書店　2014.6　270p　19cm　2400円
①978-4-272-42016-2
内容 1 喪失に関する神話を見つめる　2 未完の感情を知る　3 未完から完結への道　4 発見から完結へ　5 その他の喪失　6 子どもと死を考える　〔06904〕

フリードマン, ローレンス・M.　Friedman, Lawrence Meir
◇信託と相続の社会史―米国死手法の展開（DEAD HANDS）　ローレンス・M.フリードマン著, 新井誠監訳, 紺野包子訳　日本評論社　2016.1　241p　22cm　3800円　①978-4-535-52135-3
内容 第1章 序章　第2章 死後の遺産分配　第3章 遺言　第4章 遺言無効　第5章 遺言に代わるもの　第6章 王朝型信託と世話型信託　第7章 死者による支配とその限界　第8章 寄付と財団　第9章 死と税　第10章 結論　〔06905〕

フリードマン, ロン　Friedman, Ron
◇最高の仕事ができる幸せな職場（THE BEST PLACE TO WORK）　ロン・フリードマン著, 月沢李歌子訳　日経BP社　2015.11　370p　19cm　〈発売：日経BPマーケティング〉2000円　①978-4-8222-5125-3
内容 第1部 卓越した職場体験をデザインする（失敗を認める職場環境を作る　場所の力―オフィスデザインと思考の関係　なぜ遊ぶために金を払うべきか　カジノから学ぶ　他人の集まりをコミュニティに変える）　第2部 卓越したものへのモチベーション（強引なリーダーがチームを生産的にできない理由　お金より魅力的なもの―モチベーションについてゲームから学ぶ　人質交渉人から学ぶ―いかに説得力を高め、影響力を強め、モチベーションを与えるか　すぐれたマネジャーは自分自身に着目する）　第3部 優秀な人を引きつける（他の人が見ないものを見る―面接の際に相手の真の素質を見抜く　従業員の誇りを育む）　〔06906〕

フリードリック, ダニエル
◇人口減少社会と寺院―ソーシャル・キャピタルの視座から　桜井義秀, 川又俊則編　京都　法蔵館　2016.3　425p　22cm　〈他言語標題：Buddhist Temples in Depopulating Japan〉3000円　①978-4-8318-5702-6
内容 抵抗と断念（ダニエル・フリードリック著, 稲本琢仙訳）　〔06907〕

フリードリヒ2世　Friedrich
◇反マキアヴェッリ論（Anti-Machiavel ou Examen du Prince de Machiavel）　フリードリヒ2世著, 大津真作監訳　京都　京都大学学術出版会　2016.8　589p　20cm　（近代社会思想コレクション 17）〈年譜あり 索引あり〉4200円　①978-4-8140-0041-8
内容 どれくらいの種類の君主国があるか。どのような手段で、それらは獲得されるか「君主に服従する諸国家のあいだにある相違について、それを所有するための手段にはどのようなものがあるか」　世襲の君主国について　混合君主国について「さまざまな種類から構成される君主制について」　ダレイオスの王国を征服したアレクサンドロスが死んだあとで、どうして王国は叛乱にまったく立ち上がらなかったのか「アレクサンドロスによって征服されたダレイオスの諸国家は、彼の死後、どうしてこの征服者の後継者に対して叛乱に立ち上がらなかったのか」　征服される以前に、固有の法律によって統治されていた都市や君主国をいかにして統治しなければならないか「征服されてしまう前には自由であった諸国家をどのようなやり方で統治しなければならないか」　君主がみずからの勇気とみずからの軍隊で獲得した新しい国家について「みずからの勇気とみずからの軍隊でなされる新たな征服について」　他者の武力によって、あるいは、幸運によって獲得された新たな君主国について「外国の武力によって、そして幸運によってのみなされる征服について」　犯罪によって君主となった人びとについて「犯罪によって君主権力に成り上がった人びとについて」　文民的君主制について「共和制のなかで獲得される君主権力について」　君主国の戦力をどのようにして測るべきか〔ほか〕　〔06908〕

フリートレンダー, ザーロモ　Friedlaender, Salomo
◇技術と空想―ザーロモ・フリートレンダー/ミュノーナグロテスケ作品選集（Technik und phantasie）　ザーロモ・フリートレンダー〔著〕, ハルトムート・ゲールケン, デートレフ・ティール, 山本順子, 中村博雄共編, 山本順子, 中村博雄訳　新典社　2014.7　237p　21cm　2300円　①978-4-7879-5511-1　〔06909〕

ブリトン, ロナルド　Britton, Ronald
◇信念と想像：精神分析のこころの探求（BELIEF AND IMAGINATION）　ロナルド・ブリトン著, 松木邦裕監訳, 古賀靖彦訳　新装版　金剛出版　2016.4　270p　21cm　〈文献あり 索引あり〉4500円　①978-4-7724-1488-3
内容 信念と心的現実　名づけることとコンテインすること　抑うつポジションにおけるエディプス　主観性、客観性、および三角空間　信じることの保留と「アズイフ」症候群　抑うつポジションの前と後：Ps（n）→D（n）→Ps（n+1）　分析と日常生活における自己満足　分析家の直感：選ばれた事実、あるいは過剰に価値づけられた考え？　白日夢、空想、およびフィクション　もう一方の部屋と詩空間　ワーズワース：存在の喪失と喪失の存在　実存の不安：リルケの『ドゥイノの悲歌』　ミルトンの破壊的自己愛者、あるいはブレイクの本当の自己？　ウィリアム・ブレイクと知的自己愛　公表の不安　〔06910〕

フリーマン, マイケル　Freeman, Michael
◇コンセプトとしての人権―その多角的考察　マイケル・フリーマン著, 高橋宗瑠監訳　現代人文社　2016.12　226p　21cm　〈発売：大学図書〉2800円　①978-4-87798-661-2
内容 1 はじめに―人権を考える　2 起源―自然権の盛衰　3 1945年以降―権利の新たな時代　4 人権理論　5 社会科学の役割　6 普遍性、多様性及び差異性―文化と人権　7 人権をめぐる政治　8 グローバリゼーション、開発、貧困―経済と人権　9 21世紀の人権　〔06911〕

フリーマン, マーク　Freeman, Mark Philip
◇後知恵―過去を振り返ることの希望と危うさ（HINDSIGHT）　マーク・フリーマン著, 鈴木聡志訳　新曜社　2014.1　252, 22p　20cm　〈文献あり 索引あり〉3200円　①978-4-7885-1368-6
内容 序 後知恵の力　1章 後知恵、ナラティヴ、道徳生活　2章 ナラティヴな想像力　3章 道徳的な遅れ　4

章 ナラティヴな無意識　5章 ナラティヴ早期終結　6章 物語の真実　7章 善き人生　コーダ 後知恵とその彼方　〔06912〕

フリューシュトゥック, サビーネ

◇軍隊の文化人類学　田中雅一編　風響社　2015.2　598p　22cm　〈文献あり〉5000円　①978-4-89489-207-1

内容 モダン・ガール(モガ)としての女性兵士たち(サビーネ・フリューシュトゥック著, 萩原卓也訳)　〔06913〕

ブリュッティング, ハンス

◇リーガルマーケットの展開と弁護士の職業像　森勇編著　八王子　中央大学出版部　2015.8　545p　22cm　(日本比較法研究所研究叢書 102)　6700円　①978-4-8057-0802-6

内容 ドイツ専門弁護士制度の枠組み 他(ハンス・ブリュッティング著, 森勇訳)　〔06914〕

ブリュッヒャー, ハインリヒ　Blücher, Heinrich

◇アーレント＝ブリュッヒャー往復書簡―1936-1968 (HANNAH ARENDT/Heinrich BLÜCHER BRIEFE)　ハンナ・アーレント, ハインリヒ・ブリュッヒャー〔著〕, ロッテ・ケーラー編, 大島かおり, 初見基訳　みすず書房　2014.2　535, 18p　22cm　〈年譜あり 索引あり〉8500円　①978-4-622-07818-0　〔06915〕

ブリヨン, ファビエンヌ　Brion, Fabienne

◇悪をなし真実を言う―ルーヴァン講義1981 (MAL FAIRE, DIRE VRAI.FONCTION DE L'AVEU EN JUSTICEの抄訳)　ミシェル・フーコー著, ファビエンヌ・ブリヨン, ベルナール・E.アルクール編, 市田良彦監訳, 上尾真道, 信友建志, 箱田徹訳　河出書房新社　2015.1　453p　20cm　6200円　①978-4-309-24689-5

内容 ルーレ、告白と治療術　自己の「真実を言う」ことと自己認識から得られると想定される効果　告白のさまざまな特徴　西洋キリスト教社会での広がり：個人は自己の真理と結びつき、述べられた真理によって他者との関係における義務を課される　歴史 - 政治的問題：個人は自らの真理と自らに行使される権力にどう結びつくか　歴史―哲学的問題：個人は自ら誓約する真理陳述の諸形式によって互いにどう結びつくか　実証主義との対位法：真理陳述の批判哲学　刑罰制度における「誰が裁かれるのか」という問題　刑罰実践と統治術　真理による統治〔ほか〕　〔06916〕

フリーランド, クレア・A.B.　Freeland, Claire A.B.

◇子どもの認知行動療法―イラスト版　7　だいじょうぶ自分でできる嫉妬の操縦法ワークブック (What to Do When It's Not Fair)　上田勢子訳　ジャクリーン・B.トーナー, クレア・A.B.フリーランド著, デヴィッド・トンプソン絵　明石書店　2016.1　96p　25cm　1500円　①978-4-7503-4294-8

内容 第1章 さあ、海賊船の出発だ！　第2章 望遠鏡から目をはなそう　第3章 船のかじをきろう　第4章 船を操縦しよう！　第5章 いかりを上げよう　第6章 荷は軽く！　第7章 だれかにしっとされたら…　第8章 バランスをうまくとろう　第9章 自分を大切にしよう　第10章 きみならできる！　〔06917〕

◇子どもの認知行動療法―イラスト版　8　だいじょうぶ自分でできる失敗の乗りこえ方ワークブック (What to Do When Mistakes Make You Quake)　上田勢子訳　クレア・A.B.フリーランド, ジャクリーン・B.トーナー著, ジャネット・マクドネル絵　明石書店　2016.1　98p　25cm　1500円　①978-4-7503-4295-5

内容 第1章 さあ、探検に出発！　第2章 考えと感情を探検しよう　第3章 "もうダメ"なんかじゃないよ　第4章 白か黒かにご用心！　第5章 しまった！　おっとっと、あれれ　第6章 失敗を探検しよう　第7章 失敗に慣れよう　第8章 自分のいいところを知ろう！　第9章 きみならできる！　〔06918〕

ブリーリー, リチャード・A.　Brealey, Richard A.

◇コーポレートファイナンス　上 (PRINCIPLES OF CORPORATE FINANCE 原著第10版の翻訳)　リチャード・A.ブリーリー, スチュワート・C.マイヤーズ, フランクリン・アレン著, 藤井真理子, 国枝繁樹監訳　日経BP社　2014.6　879p　22cm　〈索引あり　発売：日経BPマーケティング〉6000円　①978-4-8222-4860-4

内容 第1部 価値(企業の目標とガバナンス　現在価値の計算方法　債権の評価　普通株式の価値　純現在価値とその他の投資基準　純現在価値に基づく投資判断)　第2部 リスク(リスクとリターン入門　ポートフォリオ理論と資本資産価格モデル　リスクと資本コスト)　第3部 資本支出予算におけるベストプラクティス(プロジェクト分析　投資、戦略、経済的レント　エージェンシー問題、報酬、業績評価)　第4部 資金調達の決定と市場の効率性(効率的市場と行動ファイナンス　企業の資金調達の概要　企業はどのように証券を発行するのか)　第5部 利益還元政策と資本構成(利益還元政策　負債政策は重要か　企業はどれだけ借り入れるべきか　資金調達と評価)　〔06919〕

◇コーポレートファイナンス　下 (PRINCIPLES OF CORPORATE FINANCE 原著第10版の翻訳)　リチャード・A.ブリーリー, スチュワート・C.マイヤーズ, フランクリン・アレン著, 藤井真理子, 国枝繁樹監訳　日経BP社　2014.6　726p　22cm　〈索引あり　発売：日経BPマーケティング〉6000円　①978-4-8222-4861-1

内容 第6部 オプション　第7部 負債による資金調達　第8部 リスク管理　第9部 財務計画と運転資本の管理　第10部 合併、企業支配権とガバナンス　第11部 結論　〔06920〕

フリン, ジェームズ・ロバート　Flynn, James Robert

◇なぜ人類のIQは上がり続けているのか？―人種、性別、老化と知能指数 (Are We Getting Smarter？)　ジェームズ・R.フリン著, 水田賢政訳　太田出版　2015.6　221p　19cm　〈文献あり〉2500円　①978-4-7783-1427-9

内容 1 はじめに　2 知能指数と知能　3 途上国　4 死刑、記憶喪失、政治　5 若さと老い　6 人種と性別　7 社会学的想像力　8 進歩と謎　〔06921〕

ブリーン, ジョン　Breen, John

◇変容する聖地 伊勢　ジョン・ブリーン編　京都　思文閣出版　2016.5　10, 321p　21cm　2800円　①978-4-7842-1836-3

内容 伊勢神宮/変容の歴史 他(ジョン・ブリーン著)

フ

〔06922〕

プリンス, ノミ　Prins, Nomi

◇大統領を操るバンカーたち―秘められた蜜月の100年　上（ALL THE PRESIDENTS'BANKERS）　ノミ・プリンス著, 藤井清美訳　早川書房　2016.11　339p　20cm　2700円　①978-4-15-209651-7

内容 序章 大統領が銀行家を必要としたとき　第1章 一九一〇年代初頭―連邦準備制度の創設　第2章 一九一〇年代半ば―戦争に向かう銀行家たち　第3章 一九一〇年代末―講和条約と国内政治　第4章 一九二〇年代―政治の孤立主義と金融の国際主義　第5章 一九二九年―暴落とビッグ・シックスの介入　第6章 一九三〇年代初頭―大恐慌の余波　第7章 一九三〇年代後半―ウォール街の規制と第二次世界大戦　第8章 一九四〇年代前半―第二次世界大戦と戦時紙幣　第9章 一九四〇年代後半―世界の復興と民間銀行家　〔06923〕

◇大統領を操るバンカーたち―秘められた蜜月の100年　下（ALL THE PRESIDENTS'BANKERS）　ノミ・プリンス著, 藤井清美訳　早川書房　2016.11　413p　20cm　2700円　①978-4-15-209652-4

内容 第10章 一九五〇年代―アイゼンハワーの仲間たちと冷戦　第11章 一九六〇年代初頭―若者たちとグローバル金融　第12章 一九六〇年代後半―進歩的政策と銀行家のための経済　第13章 一九七〇年代前半―腐敗、金、石油、倒産　第14章 一九七〇年代後半―インフレと人質事件　第15章 一九八〇年代前半―自由市場と銀行家の競争　第16章 一九八〇年代後半―第三世界のふらつきとS&Lの崩壊　第17章 一九九〇年代前半―ゴールドマン・サックスの興隆　第18章 一九九〇年代後半―通貨危機と規制の終焉　第19章 二〇〇〇年代―新しいビッグ・シックスと大惨事　〔06924〕

フ

プリンツ, ジェシー　Prinz, Jesse J.

◇はらわたが煮えくりかえる―情動の身体知覚説（Gut Reactions）　ジェシー・プリンツ著, 源河亨訳　勁草書房　2016.11　435, 29p　20cm　〈文献あり 索引あり〉4000円　①978-4-326-15439-5

内容 第1章 導入―情念の切り分け　第2章 考えられていない感じ　第3章 身体性の評価　第4章 基本情動と自然種　第5章 情動と自然　第6章 情動と教育　第7章 感情価　第8章 感情的状態の分類　第9章 情動の意識　第10章 怒ることは赤さを見るようなことなのか　〔06925〕

フリント, コーリン　Flint, Colin

◇現代地政学―グローバル時代の新しいアプローチ（Introduction to Geopolitics, Second Edition）　コーリン・フリント著, 高木彰彦編訳　原書房　2014.6　375p　21cm　3500円　①978-4-562-09197-3

内容 第1章 地政学を理解するための枠組み　第2章 地政的行為：地政的コードという概念　第3章 地政的行為の正当化：地政的コードの表象　第4章 地政学をナショナル・アイデンティティに埋め込む　第5章 領域的地政学：世界政治地図の揺らぐ基礎？　第6章 ネットワーク地政学：社会運動とテロリスト　第7章 グローバルな地政的構造：枠組みを形成する主体的行為　第8章 環境地政学：安全性と持続可能性　第9章 扱いにくい地政学：主体的行為と多様な構造　〔06926〕

プリント, ボビー　Print, Bobbie

◇性加害行動のある少年少女のためのグッドライフ・モデル（The Good Lives Model for Adolescents Who Sexually Harm）　ボビー・プリント編, 藤岡淳子, 野坂祐子監訳　誠信書房　2015.11　231p　21cm　〈索引あり〉3000円　①978-4-414-41461-5

内容 性加害をした少年への実践の発展（ボビー・プリント, ドーン・フィッシャー, アンソニー・ビーチ）　〔06927〕

プール, ロバート　Pool, Robert

◇超一流になるのは才能か努力か？（PEAK）　アンダース・エリクソン, ロバート・プール著, 土方奈美訳　文芸春秋　2016.7　365p　20cm　1850円　①978-4-16-390495-5

内容 序章 絶対音感は生まれつきのものか？　第1章 コンフォート・ゾーンから飛び出す「限界的練習」　第2章 脳の適応性を引き出す　第3章 心的イメージを磨きあげる　第4章 能力の差はどうやって生まれるのか？　第5章 なぜ経験は役に立たないのか？　第6章 苦しい練習を続けるテクニック　第7章 超一流になる子供の条件　第8章「生まれながらの天才」はいるのか？　終章 人生の可能性を切り拓く　〔06928〕

ブルーア, ジョン

◇欲望と消費の系譜　草光俊雄, 真嶋史叙監修　NTT出版　2014.7　179p　20cm　（シリーズ消費文化史）〈文献あり〉2400円　①978-4-7571-4328-9

内容 ヴェスヴィオに登る（ジョン・ブルーア著, 大橋里見訳）　〔06929〕

ブルアン, ジャン－フィリップ

◇都市空間のガバナンスと法　吉田克己, 角松生史編　信山社　2016.10　467p　22cm　（総合叢書 15―〔都市法〕）　8000円　①978-4-7972-5465-5

内容 フランスは「持続可能な都市計画法」に向かっているのか？ 他（ジャン－フィリップ・ブルアン著, 興津征雄訳）　〔06930〕

フルガム, ロバート　Fulghum, Robert

◇人生に必要な知恵はすべて幼稚園の砂場で学んだ（All I Really Need to Know I Learned in Kindergarten）　ロバート・フルガム著, 池央耿訳　決定版　河出書房新社　2016.3　325p　15cm　（河出文庫 フ2-2）〈「新・人生に必要な知恵はすべて幼稚園の砂場で学んだ」の改題〉820円　①978-4-309-46421-3

内容 わたしの生活信条　折りふしの発見　愛のかたち　幸福の足し算　親しき隣人　人の居場所　クリスマス　自由な心　生と死のバランス　夢見る心　万物流転　人間模様　人生に乾杯！　地球の片隅で　勇気と信念　生きている限り　〔06931〕

フルキエ, ノルベール

◇都市空間のガバナンスと法　吉田克己, 角松生史編　信山社　2016.10　467p　22cm　（総合叢書 15―〔都市法〕）　8000円　①978-4-7972-5465-5

内容 SRU法以降のフランス都市計画法をいかに性格づけるか（ノルベール・フルキエ著, 津田智成訳）　〔06932〕

ブールキン, ティム　Bourquin, Tim

◇プロ・トレーダー―マーケットで勝ち続ける16人の思考と技術（TRADERS AT WORK）　ティム・ブールキン, ニコラス・マンゴー著, 森山文那生訳　日経BP社　2016.5　284p　21cm　〈発売：日経BPマーケティング〉2200円　①978-4-8222-5063-8

内容 トレードをプランし、プランをトレードせよ（トッド・ゴードン）　大切なのは「ゴール」ではなく「ルール」（リンダ・ラシュキ）　マネーに集中するな、ゲームに集中しろ（セルジュ・バーガー）　重要なのは「マーケットの声」に耳を傾けること（アレックス・フォスター）　信じられるのは目の前のプライスだけ（デレク・シミング）　マーケットでは自分の感情を信頼してはいけない（ピーター・ブラント）　英国海軍の規律をトレーディングに活かす（ロブ・ウィルソン）　成功のカギは規律とルーティン（ジョン・カーター）　キャリアウーマンから転身しフィボナッチの第一人者に（アン・マリー・ベインド）　プライスとボリュームに注目し自分のチャンスを探す（ジェフ・ホワイト）　商品先物市場に特化し「スプレッド」を狙う（パトリック・ヘミンガー）　取引の相手方に回り利益を引き出す（ドン・ミラー）　トレンドフォローの売買を「完全自動化」（チャールズ・ジャーマン）　心理学のアプローチで市場の感情をトレード（アンドリュー・メネカー）　トレーディングの最終目標は「儲けること」（ブライアン・ランド）　徹底的な検証と分析を利益につなげる（マイケル・トマ）　プロ・トレーダーに学ぶ「成功するための20の習慣」　〔06933〕

ブルークス, ライス　Broocks, Rice

◇神は死んだのか―9の証拠から無神論に挑む（GOD'S NOT DEAD）　ライス・ブルークス著, 中嶋典子, 吉朝加奈共訳　いのちのことば社フォレストブックス　2015.8　389p　19cm　2000円　①978-4-264-03307-3　〔06934〕

ブルグマン, D.*　Brugman, Daniel

◇ゆがんだ認知が生み出す反社会的行動―その予防と改善の可能性　吉沢寛之, 大西彩子, G.ジニ, 吉田俊和編著　京都　北大路書房　2015.3　270p　21cm　3000円　①978-4-7628-2889-8

内容 中学校と矯正施設における青年の認知のゆがみの増（Daniel Brugman）　〔06935〕

ブルジェール, ファビエンヌ　Brugère, Fabienne

◇ケアの倫理―ネオリベラリズムへの反論（L'éthique du《care》）　ファビエンヌ・ブルジェール著, 原山哲, 山下りえ子訳　白水社　2014.2　130, 6p　18cm　（文庫クセジュ 987）〈文献あり〉1200円　①978-4-560-50987-6

内容 第1章 「ケア」の主題/女性たちの声（他者への関心：もう一つの道徳心理学　「ケア」は母性ではない　女性たちの不明確な声 ほか）　第2章 配慮すること/リベラルな個人への対抗（人間は基本的に脆弱である、しかし…　リベラルな人間に対する批判　十八世紀における実践哲学の転換 ほか）　第3章 感受性の民主主義（「配慮する」ことのネオリベラルな用法　「ケア」への家族のアプローチ　配慮の実践 ほか）　〔06936〕

◇ケアの社会―個人を支える政治（La politique de l'individu）　ファビエンヌ・ブルジェール著, 原山哲, 山下りえ子, 阿部又一郎訳　風間書房　2016.3　147, 5p　19cm　〈文献あり〉1500円　①978-4-7599-2132-8

内容 序論 個人からなる社会　第1章 現代の個人と国家のジレンマ（フランスの個人主義とは？　多様な生活様式の社会 ほか）　第2章 個人を支えること（具体化される個人　個人の基盤 ほか）　第3章 能力ある個人（「社会問題」　人間開発（ヒューマンデベロップメント）ほか）　第4章 脆弱な個人（脆弱性の状況　ニーズの主体 ほか）　結論 支えと個人の開花　〔06937〕

フルシロン, ユーグ

◇財産管理の理論と実務　水野紀子, 窪田充見編集代表　日本加除出版　2015.6　576p　22cm　7000円　①978-4-8178-4236-7

内容 それぞれの人にそれぞれの家族があり, それぞれの人に「それぞれの権利」がある（ユーグ・フルシロン著, 白須真理子訳）　〔06938〕

フルセッヘ, ヤン　Hulsegge, Jan

◇スヌーズレンの世界―重度知的障がい者のここちよい時間と空間を創る（SNOEZELEN EEN ANDERE WERELD（重訳））　ヤン・フルセッヘ, アド・フェアフール著, 姉崎弘監訳　福村出版　2015.7　230p　21cm　3500円　①978-4-571-12126-5

内容 第1章 人間と環境　第2章 スヌーズレン、知的障がい者ケアにおいて発展した活動　第3章 日々の実践におけるスヌーズレン　第4章 スヌーズレンでの体験　第5章 スヌーズレンに関する議論　第6章 スヌーズレンの専門家養成　第7章 自分で作るスヌーズレン用具　〔06939〕

プルタルコス　Plutarchus

◇モラリア　3　プルタルコス〔著〕, 松本仁助訳　京都　京都大学学術出版会　2015.3　390, 12p　20cm　（西洋古典叢書 G087　内山勝利, 大戸千之, 中務哲郎, 南川高志, 中畑正志, 高橋宏幸編集委員）〈附属資料：8p：月報 112　布装　索引あり〉3700円　①978-4-87698-488-6

内容 王と将軍たちの名言集　ローマ人たちの名言集　スパルタ人たちの名言集　スパルタ人たちの古代の慣習　スパルタ女性たちの名言集　女性たちの勇敢　〔06940〕

◇英雄伝　4（Vitae Parallelae）　プルタルコス〔著〕, 城江良和訳　京都　京都大学学術出版会　2015.5　573p　20cm　（西洋古典叢書 G089　内山勝利, 大戸千之, 中務哲郎, 南川高志, 中畑正志, 高橋宏幸編集委員）〈布装　付属資料：8p：月報 114〉4600円　①978-4-87698-910-2

内容 キモンとルクルス（キモン　ルクルス　キモンとルクルスの比較）　ニキアスとクラッスス（ニキアス　クラッスス　ニキアスとクラッススの比較）　セルトリウスとエウメネス（セルトリウス　エウメネス　セルトリウスとエウメネスの比較）　アゲシラオスとポンペイユス（アゲシラオス　ポンペイユス　アゲシラオスとポンペイユスの比較）　〔06941〕

ブルッカー, ドーン　Brooker, Dawn

◇認知症と共に生きる人たちのためのパーソン・センタードなケアプランニング（Enriched Care Planning for People with Dementia）　ヘイゼル・メイ, ポール・エドワーズ, ドーン・ブルッ

フ

カー著, 水野裕監訳, 中川経子訳　京都　クリエイツかもがわ　2016.2　260p　26cm　2600円　Ⓘ978-4-86342-174-5

内容 第1章 パーソン・センタードなケアプランニングとは　第2章 人生歴　第3章 今までの生活スタイルとこれからの生活に望むこと　第4章 性格傾向　第5章 心と体の健康　第6章 何かをする潜在的な能力　第7章 認知能力　第8章 今まさに生きている人生　第9章 パーソン・センタードなケアプランを実行し、見直しをする　ケアプランの書式　〔06942〕

ブルック, ティモシー　Brook, Timothy

◇フェルメールの帽子―作品から読み解くグローバル化の夜明け（VERMEER'S HAT）　ティモシー・ブルック〔著〕, 本野英一訳　岩波書店　2014.5　323p　20cm　2900円　Ⓘ978-4-00-024696-5

内容 第1章 デルフトからの眺め　第2章 フェルメールの帽子　第3章 果物皿　第4章 地理学の授業　第5章 喫煙の学校　第6章 銀の計量　第7章 旅路　第8章 何人も一島嶼にては非ず　〔06943〕

◇セルデンの中国地図―消えた古地図400年の謎を解く（Mr.Selden's Map of China）　ティモシー・ブルック著, 藤井美佐子訳　太田出版　2015.4　296p 図版16p　19cm　（ヒストリカル・スタディーズ 14）〈年表あり〉2800円　Ⓘ978-4-7783-1439-2

内容 第1章 この地図の何が問題なのか？　第2章 閉鎖海論　第3章 オックスフォードで中国語を読む　第4章 ジョン・セーリスとチャイナ・キャプテン　第5章 羅針図　第6章 中国からの航海　第7章 天円地方　第8章 セルデン地図の秘密　〔06944〕

ブルック, ハイケ　Bruch, Heike

◇アクション・バイアス―自分を変え、組織を動かすためになすべきこと（A Bias for Action）　ハイケ・ブルック, スマントラ・ゴシャール著, 野田智義訳　東洋経済新報社　2015.3　258, 16p　19cm　〈「意志力革命」(ランダムハウス講談社2005年刊)の改題、再編集〉1800円　Ⓘ978-4-492-53359-8

内容 経営とは、実行し成し遂げる芸術である　第1部 意志の力を駆使して結果を出す(アクティブ・ノンアクションからの決別にあたって　エネルギーを引き出し、集中力を高める　モチベーションを超えて意志の力を追求する　ルビコン川を渡る　ノンアクションの三つの罠を克服する)　第2部 行動する人々であふれる企業を育てる(目的意識を持ったマネジャーを育成する―組織の責任　組織の持つエネルギーを解き放つ　人々を行動に向けて解放する―リーダーに必要とされるもの)　〔06945〕

ブルックス, ジョン　Brooks, John

◇人と企業はどこで間違えるのか？―成功と失敗の本質を探る「10の物語」（BUSINESS ADVENTURES）　ジョン・ブルックス著, 須川綾子訳　ダイヤモンド社　2014.12　363p　19cm　1800円　Ⓘ978-4-478-02977-0

内容 第1章 伝説的な失敗―フォード社エドセルの物語　第2章 公正さの基準―テキサス・ガルフ・サルファー社インサイダー事件　第3章 ゼロックス、ゼロックス、ゼロックス、ゼロックス　第4章 もう一つの大事件―ケネディの死の裏側で　第5章 コミュニケーション不全―GEの哲学者たち　第6章 最後の買い占め―メンフィスの英雄、かく戦えり　第7章 二つめの人生―ある理想的なビジネスマンの記録　第8章 道化の効能―いくつかの株主総会にて　第9章 東の間の大暴落―永遠のホセ・デ・ラ・ヴェガ　第10章 営業秘密の変遷―ダンス、クッキー、宇宙服　〔06946〕

◇アメリカ市場創世記―1920～1938年大恐慌時代のウォール街（Once in Golconda）　ジョン・ブルックス著, 長尾慎太郎監修, 山下恵美子訳　パンローリング　2015.7　431p　20cm　（ウィザードブックシリーズ 226）　2200円　Ⓘ978-4-7759-7193-2

内容 序章―爆破事件　「独裁政治」という名のティッカー　貴族社会　サルに近い人間たち　すべてが崩壊する　救世主現る　ぐらつく金本位制　ワシントンの試練　失墜した白馬の騎士　ホイットニーの横領　悲劇の結末　最終幕　〔06947〕

ブルックス, デイヴィッド　Brooks, David

◇あなたの人生の科学　上　誕生・成長・出会い（THE SOCIAL ANIMAL）　デイヴィッド・ブルックス著, 夏目大訳　早川書房　2015.11　414p　16cm　（ハヤカワ文庫 NF 449）〈「人生の科学」(2012年刊)の改題、2分冊〉920円　Ⓘ978-4-15-050449-6

内容 1章 意思決定―男女の感じ方　2章 生活観の違い―結婚とセックス　3章 乳児期の成長―親子の絆　4章「世界地図」作り―脳と学習　5章 愛着―親子関係と成長　6章 学習―友人と学校　7章 創発システム―貧困と教育　8章 セルフコントロール―集中力が人生を決める　9章 文化―成功を決めるもの　10章 知性―IQの限界　11章 無意識の偏見―選択の仕組み　12章 自由と絆―二つの幸せ　〔06948〕

◇あなたの人生の科学　下　結婚・仕事・旅立ち（THE SOCIAL ANIMAL）　デイヴィッド・ブルックス著, 夏目大訳　早川書房　2015.11　372p　16cm　（ハヤカワ文庫 NF 450）〈「人生の科学」(2012年刊)の改題、2分冊〉920円　Ⓘ978-4-15-050450-2

内容 13章 他者との調和―二人の間の境界　14章 合理主義の限界―世の中は感情で動く　15章 科学と知恵―「メティス」という境地　16章 反乱―組織の改革　17章 すれ違い―恋愛から友愛へ　18章 道徳心―無意識の教育　19章 リーダー―選挙の心理学　20章 真の「社会」主義―階層の流動化　21章 新たな学び―過去との対話　22章 人生の意味―最期の時　〔06949〕

ブルッゲマン, W.　Brueggemann, Walter

◇預言者の想像力―現実を突き破る嘆きと希望（The Prophetic Imagination 原著第2版の翻訳）　W.ブルッゲマン〔著〕, 鎌野直人訳　日本キリスト教団出版局　2014.3　270p　19cm　〈文献あり 索引あり〉2800円　Ⓘ978-4-8184-0884-5

内容 1 モーセによる対抗的な共同体　2 王族意識―対抗文化に対抗する　3 預言者による批判とパトスの抱擁　4 預言者の力を与えるわざと驚きの出現　5 ナザレのイエスの批判とパトス　6 ナザレのイエスの力を与えるわざと驚き　7 ミニストリーの実践に関する覚え書き　実践についての追記　〔06950〕

◇叫び声は神に届いた―旧約聖書の12人の祈り（Great Prayers of the Old Testament）　W.ブルッゲマン〔著〕, 福嶋裕子訳　日本キリスト教

団出版局 2014.10 270p 19cm 2600円 ①978-4-8184-0897-5
内容 アブラハム―創世紀18章22 - 33節 モーセ―民数記14章13 - 23節 ハンナ―サムエル記上2章1 - 10節 ダビデ―サムエル記下7章18 - 29節 ソロモン―列王記上3章5 - 15節 ヨナ―ヨナ書2章2 - 9節 エレミヤ―エレミヤ書32章16 - 25節 ヒゼキヤ―列王記下19章15 - 19節 エズラ―エズラ記9章6 - 15節 ネヘミヤ―ネヘミヤ記1章4 - 11節 ダニエル―ダニエル書9章3 - 19節 ヨブ―ヨブ記42章1 - 6節 〔06951〕

◇サムエル記 下 (First and Second Samuel) W.ブルッゲマン〔著〕, 矢田洋子訳 日本キリスト教団出版局 2014.12 256p 22cm (現代聖書注解) 〈文献あり〉 5000円 ①978-4-8184-0901-9
内容 第3部 ダビデの台頭(承前)―サムエル記上一六・一 - サムエル記下五・一〇(サウルの後継者の問題 後継者として立てられたダビデ) 第4部 ダビデの治世―サムエル記下五・一一 - 八・一八(王の目的に仕えること ダビデ、神の箱を思い出す ほか) 第5部 ダビデの家族―サムエル記下九 - 二〇章(ダビデ―王であり人である者 アブサロムの反逆 ほか) 第6部 ダビデの記憶―サムエル記下二一 - 二四章(物語とリスト ダビデの歌 ほか) 〔06952〕

◇旧約聖書神学用語辞典―響き合う信仰 (Reverberations of Faith) W.ブルッゲマン〔著〕, 小友聡, 左近豊監訳 日本キリスト教団出版局 2015.3 525p 22cm 〈訳：大串肇ほか 索引あり〉 6200円 ①978-4-8184-0916-3
内容 愛(Love) 贖い(Redemption) アシェラ(Asherah) アッシリア(Assyria) 荒れ野(Wilderness) 安息日(Sabbath) イゼベル(Jezebel) 一神教(Monotheism) 祈り(Prayer) 栄光(Glory)〔ほか〕 〔06953〕

◇詩編を祈る (Praying the Psalms) W.ブルッゲマン〔著〕, 吉村和雄訳 日本キリスト教団出版局 2015.8 166, 16p 19cm 〈文献あり 著作目録あり 索引あり〉 2000円 ①978-4-8184-0928-6 〔06954〕

◇サムエル記 上 (First and Second Samuel) W.ブルッゲマン〔著〕, 中村信博訳 日本キリスト教団出版局 2015.12 343p 22cm (現代聖書注解) 〈文献あり〉 6400円 ①978-4-8184-0923-1
内容 第1部 サムエルの台頭 サムエル記上一 - 七章(サムエル記上一 - 三章 サムエルの正統性 サムエル記上四・一b - 七・一 神の箱の物語 サムエル記上七・二 - 一七 士師としてのサムエル) 第2部 サウルの支配 サムエル記上八 - 一五章(サムエル記上八章 サムエルの報告 サムエル記上九 - 一一章 サウルの公認 サムエル記上一二章 古い契約、新しい王制 サムエル記上一三 - 一五章 サウルの排除) 第3部 ダビデの台頭 サムエル記上一六・一 - サムエル記下五・一〇(サムエル記上一六 - 一七章 羊飼い、楽人、戦士としてのダビデ サムエル記上一八 - 二〇章 サウルの宮廷におけるダビデ サムエル記上二一 - 二二章 ダビデ、サウルの宮廷から逃亡する サムエル記上二三 - 二六章 サウル、ダビデを追跡する サムエル記上二七 - 三〇章 ダビデのペリシテでの賭け サムエル記上三一章 サムエルの預言は成就した) 〔06955〕

ブルデュー, ピエール Bourdieu, Pierre

◇介入―社会科学と政治行動 1961-2001 1 (INTERVENTIONS) ピエール・ブルデュー〔著〕, F.プポー,Th・ディセポロ編, 桜本陽一訳・解説 藤原書店 2015.3 405p 21cm (Bourdieu Library) 3600円 ①978-4-86578-016-1
内容 革命の中における革命. 革命戦争から革命へ. アルジェリア経験再考. サルトル感傷〈サルトルと私〉。感傷〈私が〉。私が、私が、私が。. ジャコバン・イデオロギー. 私にとって、六八年五月には二つの顔がある……. 教育と研究についての総結集の組織に向けた呼びかけ. 民主化政策のためのノート. 『遺産相続者たち』および『再生産』の受容をめぐって. ドクソゾーフ. 世論. 社会闘争の中の知識人. 発言できないものに言葉を与える. 幸いなるかな、『エスプリ』において貧しき者よ. 『エスプリ』誌とピエール・ブルデューの社会学 フランク・プポー, ティエリー・ディセポロ著. 『社会科学研究紀要』創刊宣言. 科学的方法と対象の社会的ヒエラルキー. 『社会科学紀要』第五 六号合併号巻頭の辞. 支配イデオロギーの生産. 趣味の解剖学. アフガニスタンについて語ってみよう……. 一九七〇 - 一九八〇年―政治参加とイデオロギー的転換 フランク・プポー, ティエリー・ディセポロ 著. 政治は、「彼ら」のものである. 裏切られた約束. 左翼の絶対自由主義的伝統の復権を. 知識人と権力. 権力の仕掛けを暴きだす. あらゆる人種主義は、本質主義である. ミシェル・フーコーについて. 大学. 未来の教育のための提言. コレージュ・ド・フランス提言の二〇年前. コレージュ・ド・フランス報告書 企業戦士になることの拒否. 教科教育内容の検討のための諸原則. レミュロー校の生徒たちへの手紙. 市民に本来ある徳. 社会的世界についての知識によって批判を基礎づける. 我らが悲惨な国家. 知識人インターナショナルのために. 歴史は、東から立ち上がる. 保守革命の言語. 精神の壁. 知的な責任. 恐怖の円環からどのように脱出すべきか？ 『リベール』は、その存在意義である現実的な国際主義に……. 普遍的なものの歴史的形態に役立てるために. 作家議会 〔06956〕

◇介入―社会科学と政治行動 1961-2001 2 (INTERVENTIONS) ピエール・ブルデュー〔著〕, F.プポー,Th・ディセポロ編, 桜本陽一訳・解説 藤原書店 2015.3 p408〜727 21cm (Bourdieu Library) 3600円 ①978-4-86578-017-8
内容 教育における「合理主義的デマゴギー」の一つの例. 大学. 一つの問題は、別の問題を隠すことがある. 暗殺の手を阻止しよう. 内戦において平和を求める陣営を支持する. 危険にある人物に対する救助懈怠罪. パスコワ氏とその補佐官と外国人. アルジェリアのゲットー化を許すな. 抑圧されたものを暴きだし、広く知らせるということ. 一九九五年一二月のストライキに立ち返って. 社会運動の総結集のためのよびかけ. 「同性愛者を見えるようにするためのパレード」を支持する. 国家による排外主義と闘わなければならない. 国家による人種差別にはうんざりだ. 保守主義革命としての新自由主義. 失業者の行動は、燃え上がっている. 左翼的左翼のために. 我々は、復古の時代の中にいる. 大臣一人では、春は来ない. カール・クラウスのアクチュアリティ. 二〇年後の『リベ』. 言葉の問題. 三面記事事件から、国家スキャンダルへ. メディアの悲惨. ある勘違いにかかわる問題. テレビはテレビを批判できるのだろうか？ 世界の真の支配者たちに問う. 国連アルジェリア調査団員への公開書簡. バルカンにおける、公正かつ持続的な平和のためのヨーロッパ・アピール. ヨーロッパの前衛に立つオーストリアを支持する. ヨーロッパ社会運動総結

フ

集にむけた宣言. 地球規模の新たな公認教義 GATSがもたらす脅威についてのユネスコ事務局長への公開書簡. 社会的ヨーロッパは立ち往生している. 組織された力を真の意味で動員するために. 新たな世界秩序への持続的な組織的抵抗のために. 研究者と社会運動. 批判的姿勢を効果的に確立すること. 邂逅、局面、推測 フランク・プポー, ティエリー・ディセポロ著. ピエール・ブルデューによるノート　〔06957〕

◇人民とはなにか？　(Qu'est-ce qu'un peuple ?)　アラン・バディウ, ピエール・ブルデュー, ジュディス・バトラー, ジョルジュ・ディディ＝ユベルマン, サドリ・キアリ, ジャック・ランシエール著, 市川崇訳　以文社　2015.5　221p　20cm　2400円　①978-4-7531-0325-6

内容 「人民」という語の使用に関する二四の覚え書き 「大衆的(人民の)」と言ったのですか？　われわれ人民―集会の自由についての考察　可感的にする(表象可能な民衆、想像の民衆？　弁証法的イメージの前で目を擦る　覆いを取り去る、ヘテロトピアを可視的にする　接近し、資料を集め、可感的にする)　人民と第三の人民(人民は何に抗して形成されるのか 人種によって/抗して形成される人民　急進的左翼の国家主義への傾倒　いかにしてフランス人たらずしてフランス人であり得るのか)　不在のポピュリズム　〔06958〕

フ

ブルトマン, ルドルフ　Bultmann, Rudolf

◇ブルトマンとナチズム―「創造の秩序」と国家社会主義　ルドルフ・ブルトマン著, 深井智朗訳・解題　新教出版社　2014.7　134p　20cm　1850円　①978-4-400-40734-8

内容 解題 ルター派ナショナル・コンサヴァティヴとしてのルドルフ・ブルトマンの政治的精神(深井智朗)(ヴァイマールの聖なるフロント世代としてのブルトマン　初期ブルトマンの政治的立場、あるいはナショナル・コンサヴァティヴとしてのブルトマン　収録した諸論文について)　1 現在の状況における神学の課題(一九三三年)　2 アーリア人―教会の領域における条項(一九三三年)　3 創造者なる神への信仰(一九三四年)　〔06959〕

ブルードン, ピエール＝ジョゼフ　Proudhon, Pierre-Joseph

◇貧困の哲学　上 (Système des contradictions économiques, ou Philosophie de la misère)　ピエール＝ジョゼフ・プルードン著, 斉藤悦則訳　平凡社　2014.10　567p　16cm　(平凡社ライブラリー 820)　1800円　①978-4-582-76820-6

内容 第1章 経済科学について　第2章 価値について　第3章 経済発展の第一段階―分業　第4章 第二段階―機械　第5章 第三段階―競争　第6章 第四段階―独占　第7章 第五段階―警察あるいは税金　第8章 矛盾の法則のもとでの人間の責任と神の責任―神の摂理の問題の解決　〔06960〕

◇貧困の哲学　下 (Système des contradictions économiques, ou Philosophie de la misère)　ピエール＝ジョゼフ・プルードン著, 斉藤悦則訳　平凡社　2014.11　638p　16cm　(平凡社ライブラリー 821)　2000円　①978-4-582-76821-3

内容 第9章 第六段階―貿易のバランス　第10章 第七段階―信用　第11章 第八段階―所有　第12章 第九段階―共有　第13章 第一〇段階―人口　第14章 要約と結論　〔06961〕

ブルナー, ロバート・F.　Bruner, Robert F.

◇金融恐慌1907―米FRB創設の起源とJ.P.モルガン (THE PANIC OF 1907)　ロバート・F.ブルナー, ショーン・D.カー著, 雨宮寛, 今井章子訳　東洋経済新報社　2016.8　388p　20cm　〈「ザ・パニック」(2009年刊)の改題　文献あり 索引あり〉 2800円　①978-4-492-44429-0

内容 ウォール街の支配者たち　金融システムへの衝撃 「静かなる」暴落　やせ細る信用　富と名声を求め続けた銅の王者　買い占めと引き締め　ドミノ倒し　最後の貸し手、資金決済機構　ニッカーボッカー信託会社の繁栄と陰り　社長の不信任投票〔ほか〕　〔06962〕

ブルーナー, J.　Bruner, Jerome Seymour

◇意味の復権―フォークサイコロジーに向けて (ACTS OF MEANING)　J.ブルーナー著, 岡本夏木, 仲渡一美, 吉村啓子訳　新装版　京都　ミネルヴァ書房　2016.5　251p　20cm　〈索引あり〉 3500円　①978-4-623-07715-1

内容 第1章 人間研究のあるべき姿(認知革命の由来　文化と心理学 ほか)　第2章 文化装置としてのフォークサイコロジー(文化心理学とフォークサイコロジー フォークサイコロジーの背景 ほか)　第3章 意味への参入(物語の力の達成　意味の生物学 ほか)　第4章 自伝と自己(「自己」をめぐる見解　自己研究の要件 ほか)　〔06963〕

ブルヌティアン, ジョージ　Bournoutian, George A.

◇アルメニア人の歴史―古代から現代まで (A Concise History of the Armenian People 原著第6版の翻訳)　ジョージ・ブルヌティアン〔著〕, 小牧昌平監訳, 渡辺大作訳　藤原書店　2016.1　525p 図版16p　22cm　〈文献あり 年表あり 索引あり〉 8800円　①978-4-86578-057-4　〔06964〕

ブルネール, トマ

◇契約と紛争の比較史料学―中近世における社会秩序と文書　臼井佐知子,H.ジャン・エルキン, 岡崎敦, 金炫栄, 渡辺浩一編　吉川弘文館　2014.12　362, 9p　22cm　12000円　①978-4-642-02922-3

内容 中世北西ヨーロッパにおける都市当局の公証制度(トマ・ブルネール著, 山田雅彦訳)　〔06965〕

ブルーベイカー, ロジャース　Brubaker, Rogers

◇グローバル化する世界と「帰属の政治」―移民・シティズンシップ・国民国家　ロジャース・ブルーベイカー著, 佐藤成基, 高橋誠一, 岩城邦義, 吉田公記編訳　明石書店　2016.10　361p　20cm　〈索引あり〉 4600円　①978-4-7503-4417-1

内容 集団からカテゴリーへ―エスニシティ、ナショナリズム、移民、シティズンシップに関する三十余年間の研究をふり返って　第1部 グローバル化する世界と国民国家(移民、メンバーシップ、国民国家　ネーションの名において―ナショナリズムと愛国主義の考察　ナショナリズム、エスニシティ、近代)　第2部「帰属の政治」と移民政策(ドイツと朝鮮における越境的メンバーシップの政治―国境外の民族同胞問題の再編成(ジェウン・キムとの共著)　同化への回帰か？　―フランス、ドイツ、アメリカにおける移民をめぐる視座の変化とその帰結)　第3部 認知的視座に向けて(認知としてのエスニシティ(マラ・ラブマン、ピーター・スタマトフとの共著)　分析のカテゴリーと実践のカテゴリー―ヨーロッパの移民諸国に

おけるムスリムの研究に関する一考察）〔06966〕

ブルボー, リズ Bourbeau, Lise

◇ガン一希望の書―〈からだ〉の声があなたに伝えるスピリチュアルなメッセージ（Le cancer-Un livre qui donne de l'espoir） リズ・ブルボー著, 浅岡夢二訳 ハート出版 2014.6 301p 19cm 1800円 ①978-4-89295-974-5

内容 第1章 あらゆる病気の背後にあるもの 第2章 ガンをめぐる心とからだの関係 第3章 心の傷とからだの不調 第4章 ガンと三つの「どうして？」 第5章 どのような人がガンになるのか 第6章 許し―ただ一つの解決法 第7章 生きることを"決意"する 第8章 家族がガンにかかったら 第9章 自分を愛して〔06967〕

◇五つの傷―癒しのメッセージ 魂がもっと幸せになる心の痛みの治し方（La guérison des 5 blessures） リズ・ブルボー著, 浅岡夢二訳 ハート出版 2015.6 253p 19cm 1500円 ①978-4-89295-998-1

内容 第1章 五つの傷と五つの仮面 第2章 魂の傷をめぐるQ&A 第3章 エゴ―傷の癒しを最もさまたげる存在 第4章 エゴに感謝して受け入れる 第5章 "拒絶"による傷と"不正"による傷を癒す 第6章 "見捨て"による傷と"裏切り"による傷を癒す 第7章 "侮辱"による傷を癒す 第8章 どの傷が活性化したのかを知る方法は？ 第9章 "真の許し"が起こす人生の奇跡〔06968〕

◇〈からだ〉の声を聞きなさい 2 もっとスピリチュアルに生きるために（ÉCOUTE TON CORPS, Encore！ .Tome 2） リズ・ブルボー著, 浅岡夢二訳 新装版 ハート出版 2015.7 397p 19cm 2100円 ①978-4-89295-237-1

内容 第1部 "持つ"こと（思い込みを持つ・恐れを持つ 自分勝手な期待を持つ 依存心を持つ ほか） 第2部 "する"こと（比較する 憐れむ 喜ばせる ほか） 第3部 "ある"こと（まったく新しい愛の定義 自分の気持ちに正直であること 許しの持つ壮大なパワー ほか）〔06969〕

ブルマ, イアン Buruma, Ian

◇廃墟の零年1945（YEAR ZERO） イアン・ブルマ著, 三浦元博, 軍司泰史訳 白水社 2015.2 393, 26p 図版16p 20cm 〈索引あり〉 3200円 ①978-4-560-08411-3

内容 第1部 解放コンプレックス（歓喜 飢餓 報復） 第2部 瓦礫を片付けて（帰郷 毒を抜く 法の支配） 第3部 二度と再び（明るく確信に満ちた朝 蛮人を文明化する 一つの世界）〔06970〕

フールマン, ジェリ・S.W. Fuhrmann, Geri S.W.

◇離婚と子どもの司法心理アセスメント―子の監護評価の実践（Evaluation for Child Custody） ジェリ・S.W.フールマン, ロバート・A.ジーベル著, 田高誠, 渡部信吾訳 金剛出版 2016.7 226p 21cm 〈文献あり 索引あり〉 4200円 ①978-4-7724-1499-9

内容 基礎（法的側面 司法精神保健の概念 実証的な基盤とその限界） 適用（評価の準備 データの収集 解釈 報告書の作成と法廷での証言） 付録〔06971〕

ブルーム, アラン Bloom, Allan David

◇アメリカン・マインドの終焉―文化と教育の危機（THE CLOSING OF THE AMERICAN MIND） アラン・ブルーム〔著〕, 菅野盾樹訳 新装版 みすず書房 2016.11 432, 9p 22cm 〈索引あり〉 5800円 ①978-4-622-08586-7

内容 第1部 学生（真白なノート 書物 音楽 きずな） 第2部 アメリカン・スタイルのニヒリズム（ドイツとのコネクション 二つの革命と二つの自然状態 自己創造性 文化 価値 左翼のニーチェ主義化、もしくはニーチェ主義の左翼化 われわれの無知） 第3部 大学（ソクラテスの『弁明』からハイデガーの『学長就任演説』まで 六〇年代 学生と大学）〔06972〕

ブルーム, アレクサンダー Bloom, Alexander

◇ビジュアル版 世界の歴史都市―世界史を彩った都の物語（The Great Cities in History） ジョン・ジュリアス・ノーウィッチ編, 福井正子訳 柊風舎 2016.9 303p 27×21cm 15000円 ①978-4-86498-039-5

内容 ニューヨーク―未来の眺め（ジャン・モリス, アレクサンダー・ブルーム）〔06973〕

ブルーム, ポール Bloom, Paul

◇ジャスト・ベイビー―赤ちゃんが教えてくれる善悪の起源（JUST BABIES） ポール・ブルーム著, 竹田円訳 NTT出版 2015.5 277p 20cm 〈索引あり〉 2800円 ①978-4-7571-6063-7

内容 第1章 赤ちゃんの道徳生活 第2章 共感と思いやり 第3章 公平、地位、罰 第4章 他人 第5章 体 第6章 家族の問題 第7章 よい人になるために〔06974〕

ブルーム, ラリー Bloom, Lary

◇偉大な指揮者に学ぶ無知のリーダーシップ―メンバーの隠れた能力を引き出す匠技（THE IGNORANT MAESTRO） イタイ・タルガム, ラリー・ブルーム著, 土方奈美訳 日経BP社 2016.3 258p 19cm 〈発売：日経BPマーケティング〉 1800円 ①978-4-8222-5139-0

内容 1 ビジネスという楽曲 2 リーダーシップの三つの新たな主題（すばらしき無知 ギャップを恐れるな メインリスナー） 3 リーダーシップを主題とする六つの変奏曲（指揮統制―リッカルド・ムーティの場合 ゴッドファーザー―アルトゥーロ・トスカニーニの場合 ルールどおりに―リヒャルト・シュトラウスの場合 カリスマ的リーダー―ヘルベルト・フォン・カラヤンの場合 踊るリーダーシップ―カルロス・クライバーの場合 意味の探求―レナード・バーンスタインの場合）〔06975〕

ブルームフィールド, バーバラ Bloomfield, Barbara

◇まんがカップル・セラピー（Couple Therapy） バーバラ・ブルームフィールド, クリス・ラドリー著, 信田さよ子監訳, 渋谷繭子, 吉田精次訳 金剛出版 2015.2 172p 19×19cm 〈文献あり〉 2600円 ①978-4-7724-1410-4

内容 他人のぬくもり 悩める少年 親愛なるママ〔06976〕

ブルーメンソール, ブレット Blumenthal, Brett

◇1週間に1つずつ。毎日の暮らしが輝く52の習慣（52 SMALL CHANGES FOR THE MIND）

フ

ブレット・ブルーメンソール著, 手島由美子, ディスカヴァー訳　ディスカヴァー・トゥエンティワン　2016.7　247p　21cm　1500円　①978-4-7993-1923-9

内容 1 ささやかな幸せに気づく（日記をつける　音楽を聴く ほか）　2 最高の毎日をつくりあげる（自分だけの目標を作る　やることリストを作る ほか）　3 すこやかな自分に出会う（瞑想を取り入れる　コーヒーより緑茶を飲む ほか）　4 美しい心で人生に向き合う（ほかの人と比べない　ほかの人の長所に目を向ける ほか）〔06977〕

ブルーメンタール, カレン　Blumenthal, Karen

◇ヒラリー・クリントン本当の彼女（HILLARY RODHAM CLINTON）　カレン・ブルーメンタール著, 杉本詠美訳　汐文社　2016.3　461p　19cm　〈年譜あり〉1600円　①978-4-8113-2273-5

内容 第1部 少女時代（両親　政治へのめばえ ほか）　第2部 アーカンソー（フェイエットビル　弁護士時代 ほか）　第3部 ファーストレディ（大統領の妻　聖女ヒラリー ほか）　第4部 ヒラリー（上院議員　戦争へ ほか）〔06978〕

ブルーメンベルク, ハンス　Blumenberg, Hans

◇われわれが生きている現実―技術・芸術・修辞学（WIRKLICHKEITEN IN DENEN WIR LEBEN）　ハンス・ブルーメンベルク〔著〕, 村井則夫訳　法政大学出版局　2014.11　246p　20cm　（叢書・ウニベルシタス 1019）〈索引あり〉2900円　①978-4-588-01019-4

内容 生活世界と技術化―現象学の観点より　自然の模倣―創造的人間の理念とその前史　修辞学の現代的意義―人間学的アプローチから　言語状況と内在的詩学　パラダイム―文法的に　エルンスト・カッシーラーを讃えて―クーノー・フィッシャー賞受賞挨拶〔06979〕

ブルンクホルスト, ハウケ　Brunkhorst, Hauke

◇人権への権利―人権、民主主義そして国際政治（Recht auf Menschenrechte）　ハウケ・ブルンクホルスト, ヴォルフガング・R.ケーラー, マティアス・ルッツ＝バッハマン編, 舟場保之, 御子柴善之監訳　吹田　大阪大学出版会　2015.1　335, 13p　21cm　〈索引あり〉3700円　①978-4-87259-491-1

内容 人権と主権（ハウケ・ブルンクホルスト著, 寺田俊郎訳）〔06980〕

ブルンス, アレクサンダー

◇グローバル化と社会国家原則―日独シンポジウム　高田昌宏, 野田昌吾, 守矢健一編　信山社　2015.5　386p　22cm　（総合叢書 17―〔ドイツ法〕）12000円　①978-4-7972-5467-9

内容 市場社会における社会的民事訴訟の発現形式としてのグループ訴訟？（アレクサンダー・ブルンス著, 高田昌宏訳）〔06981〕

ブルンスウィック, エチエン　Brunswic, Étienne

◇途上国における複式学級（Multigrade Schools）　エチエン・ブルンスウィック, ジャン・バレリアン〔著〕, 鈴木隆子訳・解説　東信堂　2015.2　98p　21cm　（ユネスコ国際教育政策叢書 10　黒田一雄, 北村友人叢書編）〈文献あり 索引あり〉1200円　①978-4-7989-1265-3

内容 第1章 複式学級の概要（長い歴史　今日の世界における複式学級　複式学級を巡る解釈の対比）　第2章 複式学級の成功と失敗を握る鍵：過去の経験から学ぶべきこと（失敗の要因　成功の条件　費用における成果）　第3章 農村環境における教育拡大の手段（方法論に関する提言（中央政府レベルにおける手法の提言　教育現場レベル（学校およびクラスター）における手法の提言）　実施戦略）〔06982〕

ブレア, カリナ・S.

◇共感の社会神経科学（THE SOCIAL NEUROSCIENCE OF EMPATHY）　ジャン・デセティ, ウィリアム・アイクス編著, 岡田顕宏訳　勁草書房　2016.7　334p　22cm　〈索引あり〉4200円　①978-4-326-25117-9

内容 共感と道徳と社会的慣習：サイコパスやその他の精神障害からの証拠（R.J.R.ブレア, カリナ・S.ブレア著）〔06983〕

ブレア, トニー

◇安定とその敵（Stability at bay）　Project Syndicate〔編〕　土曜社　2016.2　120, 2p　18cm　（プロジェクトシンジケート叢書）　952円　①978-4-907511-36-4

内容 過激派、滅ぶべし（トニー・ブレア著）〔06984〕

ブレア, R.J.R.

◇共感の社会神経科学（THE SOCIAL NEUROSCIENCE OF EMPATHY）　ジャン・デセティ, ウィリアム・アイクス編著, 岡田顕宏訳　勁草書房　2016.7　334p　22cm　〈索引あり〉4200円　①978-4-326-25117-9

内容 共感と道徳と社会的慣習：サイコパスやその他の精神障害からの証拠（R.J.R.ブレア, カリナ・S.ブレア著）〔06985〕

ブレイ, マーク　Bray, Mark

◇21世紀の比較教育学―グローバルとローカルの弁証法（COMPARATIVE EDUCATION）　ロバート・F.アーノブ, カルロス・アルベルト・トーレス, スティーヴン・フランツ編著, 大塚豊訳　福村出版　2014.3　727p　22cm　〈文献あり 索引あり〉9500円　①978-4-571-10168-7

内容 教育の統制（マーク・ブレイ著）〔06986〕

◇塾・受験指導の国際比較（The Shadow Education System）　マーク・ブレイ〔著〕, 鈴木慎一訳・解説　東信堂　2014.8　126p　21cm　（ユネスコ国際教育政策叢書 4）〈文献あり 索引あり〉1500円　①978-4-7989-1251-6

内容 第1章 定義とパラメータ　第2章 私的な受験指導の特色　第3章 提供者と利用者　第4章 教育的、社会的、経済的な影響　第5章 教育制度の発展と多様性　第6章 政策対応と選択　第7章 結論〔06987〕

ブレイク, ジューナル・S.　Blake, Donal S.

◇ホスピスの母マザー・エイケンヘッド（Mary Aikenhead）　ジューナル・S.ブレイク著, 細野容子監訳, 浅田仁子訳　春秋社　2014.7　227p

フ

20cm 〈文献あり 年譜あり〉2500円 ①978-4-393-36531-1
内容 第1章 幼少期―里親に育てられたコークでの日々 第2章 慈愛の種―シャンドンの鐘の近くで 第3章 貧しい人びとの叫びを聞く 第4章 使命を明確に―「神さま、道をお示しください」 第5章 成長と拡大―駆け出しの修道会 第6章 新たな冒険と先駆けの日々 第7章 混乱期―成長の痛み 第8章 病床からのリーダーシップ―衰弱と苦悩の只中で 第9章 ハロルズ・クロス―「主よ、汝の与えたまいしときは尽きました」 参考資料 〔06988〕

ブレイク, スティーブン・P. Blake, Stephen P.
◇ビジュアル版 世界の歴史都市―世界史を彩った都の物語（The Great Cities in History） ジョン・ジュリアス・ノーウィッチ編, 福井正子訳 柊風舎 2016.9 303p 27×21cm 15000円 ①978-4-86498-039-5
内容 イスファハン―シャー・アッバースとサファヴィー帝国（スティーブン・P.ブレイク） 〔06989〕

ブレイクスリー, マーマー
◇世界における日本のユング心理学 日本ユング心理学会編 大阪 創元社 2016.9 192p 21cm （ユング心理学研究 第8巻）〈文献あり〉2000円 ①978-4-422-11498-9
内容 二頭の虎そして続くこと、去りゆくこと、残されたものまだ終わっていない、ジェイムズ・ヒルマンとの共同作業（マルゴット・マクリーン, マーマー・ブレイクスリー述, 名取琢自編訳） 〔06990〕

フレイザー, ナンシー
◇現代社会理論の変貌―せめぎ合う公共圏 日暮雅夫, 尾場瀬一郎, 市井吉興編著 京都 ミネルヴァ書房 2016.1 196p 22cm （立命館大学産業社会学部創設50周年記念学術叢書）〈索引あり〉5500円 ①978-4-623-07504-1
内容 アメリカ批判理論の最前線（ナンシー・フレイザー, 日暮雅夫著, 日暮雅夫インタビュアー・訳） 〔06991〕
◇21世紀の豊かさ―経済を変え、真の民主主義を創るために 中野佳裕編・訳, ジャン＝ルイ・ラヴィル, ホセ・ルイス・コラッジオ編 コモンズ 2016.10 415p 20cm 〈他言語標題：REINVENTING THE COMMONS IN THE 21st CENTURY〉3300円 ①978-4-86187-137-5
内容 社会のすべてが商品となるのだろうか？（ナンシー・フレイザー著） 〔06992〕

フレイザー, J.O. Fraser, James Outram
◇信仰による祈り（The prayer of faith） J.O.フレイザー著, OMFインターナショナル日本委員会事務局編 柏 イーグレープ 2014.6 58p 18cm 400円 ①978-4-903748-87-0 〔06993〕

ブレイター, ポール Breiter, Paul
◇手放す生き方―静かなる森の池のごとく心を変容させるタイ森林僧の教え（A Still Forest Pool） アーチャン・チャー著, ジャック・コーンフィールド, ポール・ブレイター編, 星飛雄馬, 花輪陽子, 花輪俊行訳 増補版 サンガ 2016.1 377p 15cm （サンガ文庫 チ1-2）〈文献あり〉1300円 ①978-4-86564-040-3
内容 第1章 ブッダの教えとは 第2章 見解を正す 第3章 日々是修行 第4章 瞑想について 第5章 森の教え 第6章 師への質問 第7章 悟りへの道 付録 近代タイ仏教概説 〔06994〕

ブレイツィエール, T.T.J.
◇改革派正統主義の神学―スコラ的方法論と歴史的展開（Inleiding in de Gereformeerde Scholastiek (重訳)） W.J.ファン・アッセルト編, 青木義紀訳 教文館 2016.6 333, 12p 22cm 〈文献あり 索引あり〉3900円 ①978-4-7642-7392-4
内容 哲学者が言うように（T.T.J.ブレイツィエール,M.ヴィッセ著） 〔06995〕

ブレイディ, ヘンリー Brady, Henry E.
◇社会科学の方法論争―多様な分析道具と共通の基準（Rethinking social inquiry 原著第2版の翻訳） ヘンリー・ブレイディ, デヴィッド・コリアー編, 泉川泰博, 宮下明聡訳 勁草書房 2014.5 432p 22cm 〈文献あり 索引あり〉4700円 ①978-4-326-30231-4
内容 政治学方法論におけるめざましい変化 他（デヴィッド・コリアー, ヘンリー・ブレイディ, ジェイソン・シーライト著） 〔06996〕

フレイバーグ, セルマ Fraiberg, Selma
◇視覚障害と人間発達の探求―乳幼児研究からの洞察（INSIGHTS FROM THE BLIND） セルマ・フレイバーグ著, 宇佐見芳弘訳 京都 文理閣 2014.12 410p 22cm 〈文献あり〉3000円 ①978-4-89259-748-0
内容 序論 トニ ピーター アン・アーバー研究：問題点と研究の方法 信号系 愛着の発達 把握（捕捉） 捕捉の発達段階別特徴：盲児の最初の1年のプロフィル 粗大運動の発達 言葉の獲得 言葉と遊びの中での自己の1人称表現 結び 方法論についての補足 盲乳幼児のための教育的プログラム 視覚障害乳幼児の療育プログラム 〔06997〕

フレイレ, J.R.* Freire, João R.
◇国家ブランディング―その概念・論点・実践（NATION BRANDING） キース・ディニー編著, 林田博光, 平沢敦監訳 八王子 中央大学出版部 2014.3 310p 22cm （中央大学企業研究所翻訳叢書 14） 4500円 ①978-4-8057-3313-4
内容 国家ブランディングと原産国効果（Martial Pasquier,João R.Freire,Elsa Wilkin-Armbrister著, 山本慎悟訳） 〔06998〕

プレヴォ, フランク Prévot, Franck
◇ワンガリ・マータイ―「もったいない」を世界へ（WANGARI MAATHAI） フランク・プレヴォ原作, オーレリア・フロンティ絵, 坂田雪子, 長井佑美訳 汐文社 2015.10 41p 27cm （伝記絵本世界を動かした人びと 高野優監訳）〈文献あり 年譜あり〉2500円 ①978-4-8113-2173-8 〔06999〕

ブレオー, ウィリアム Breault, William
◇弱さのなかの力―偽りのない心の祈り（POWER AND WEAKNESS） ウィリアム・

フ

ブレオー著, 宮沢邦子訳　女子パウロ会　2015.6　167p　15cm　（パウロ文庫）　800円　①978-4-7896-0756-8

内容 気が散るとき　ゆるし　牧場のひばりによせる祈り　いのちにかかわる病をみて　存在の神秘　疲れはてて　夜の祈り　感謝　朝の祈り　学校教師の祈り〔ほか〕　〔07000〕

ブレオブラジェンスキー, エフゲニー　Preobrazhenskii, Evgenii Alekseevich

◇共産主義のABC　1　ニコライ・ブハーリン, エフゲニー・プレオブラジェンスキー著　復刻版　かつらぎ町（和歌山県）　桜耶書院　2016.4　72p　21cm　（Sakuya book）　1000円　①978-4-907529-13-0　〔07001〕

ブレーガー, ヘルベルト

◇部分と全体の哲学―歴史と現在　松田毅編著　春秋社　2014.11　262, 39, 9p　20cm　〈他言語標題：Mereology and Ontology　執筆：茶谷直人ほか　文献あり 索引あり〉 4000円　①978-4-393-32359-5

内容 ライプニッツ哲学における全体と部分（ヘルベルト・ブレーガー著, 稲岡大志訳）　〔07002〕

ブレグマン, ピーター　Bregman, Peter

◇魔法の4秒―反応のしかたを変えれば、現実が変わる！　（FOUR SECONDS）　ピーター・ブレグマン著, 山本泉訳　きこ書房　2015.10　215p　19cm　1380円　①978-4-87771-335-5

内容 第1章 心の持ちかた（深呼吸する　目標設定をやめる　あえて何もしない ほか）　第2章 人間関係（ありのままの相手を受け入れる　その場を離れる　すすんで責めを引き受ける ほか）　第3章 仕事術（冷静に対応する　ネガティブ思考を中和する　部下にはあえて失敗させる ほか）　〔07003〕

フレーザー, マルコム　Fraser, Malcolm

◇世界はなぜ争うのか―国家・宗教・民族と倫理をめぐって　福田康夫, ヘルムート・シュミット, マルコム・フレーザー他著, ジェレミー・ローゼン編集, 渥美桂子訳　朝倉書店　2016.3　296p　21cm　〈他言語標題：Ethics in Decision-Making〉 非売品

内容 政治指導者のスピーチ. 世界の主要宗教と精神哲学における共通倫理の確認 シュテファン・シュレンソグ 述. 意思決定におけるグローバル倫理 シャイク・ムハンマド・アル・ハバシ 述. 教会にとっての和解のための優先事項 フリードリッヒ・ヴィルヘルム・グラフ 述. 相違を祝う シュリ・シュリ・ラヴィ・シャンカール 述. 倫理的意思決定 アブデル・サラム・マジャーリ 著. 言葉の変遷する意味 ラビ・ジェレミー・ローゼン 述. 普遍的倫理 ラビ・ジェレミー・ローゼン 著. 寛容の美徳 アリフ・ザムハリ 述. 人々と指導者を寛容にする方策 ポール・M・チューレナー 述. 寛容と理解 福田康夫 著. 寛容 トーマス・アックスウォージー 著. 倫理的概念としてのジハード アブダル・ムクティ 述. ジハーディ、イジュティハーディそして西側の認識 アミン・サイカル 述. 宗教と暴力 ゴラマリ・コシュロー 著　グローバル倫理から政府とビジネスの倫理的政策決定へ カーク・O・ハンソン 述. 個人的道徳感の連邦としての社会 マノ・メタナンド・ラオハヴァニッチ 述. 金融における倫理規範 シーク・アブドゥルアジィズ・アルクライシ 述. 対話・交流を通じて、他の宗教・文化・文明を学ぶ 大谷光真 述. 国際的結束への一歩 ナイフォン・フィリッポポリス 述. 私たちの価値を反映する自身の選択 トゥン・アブドゥラ・ハジ・アーマッド・バダウィ 著. アブラハムを始祖とする三つの一神教 ハンス・キュング 著. 政治家と倫理規範 ヘルムート・シュミット 著. 孔子の論語 杜維明 著　〔07004〕

◇世界はなぜ争うのか―国家・宗教・民族と倫理をめぐって　福田康夫, ヘルムート・シュミット, マルコム・フレーザー他著, ジェレミー・ローゼン編集, 渥美桂子訳　朝倉書店　2016.5　296p　21cm　〈他言語標題：Ethics in Decision-Making〉 1850円　①978-4-254-50022-6

内容 第1部 政治指導者のスピーチ（歓迎の辞（ハインツ・フィッシャー/オーストリア大統領）　シュミット首相への賛辞（ヴァレリー・ジスカール・デスタン/元フランス大統領）ほか）　第2部 グローバル倫理（共通倫理の確認（マルコム・フレーザー）　二〇世紀からの教訓（フランツ・フラニツキー）ほか）　第3部 チュービンゲン宗教間対話への提出論文（アブラハムを始祖とする三つの一神教（ハンス・キュング/チュービンゲン大学名誉教授）　政治家と倫理規範（ヘルムート・シュミット）ほか）　第4部 倫理に関するOBサミット―過去の提言（ローマ宣言（一九八七年）　普遍的倫理基準の探求（一九九六年））　〔07005〕

フレジェ, シャルル　Fréger, Charles

◇WILDER MANN―欧州の獣人―仮装する原始の名残（The Wild Man and the tradition of mask in Europe & Description of characters and groups）　シャルル・フレジェ著　京都　青幻舎　2013.11　271p　23cm　〈翻訳：JEX Limited〉 3800円　①978-4-86152-405-9　〔07006〕

ブレジヨン, ミッシェル　Brézillon, Michel N.

◇先史学事典（Dictionnaire de la préhistoire）　ミッシェル・ブレジヨン著, 山中一郎訳　京都　真陽社　2015.5　307p　19cm　3000円　①978-4-921129-13-2　〔07007〕

ブレジンスキー, ズビグニュー

◇秩序の喪失　プロジェクトシンジケート叢書編集部訳　土曜社　2015.2　164, 3p　19cm　（プロジェクトシンジケート叢書）〈他言語標題：Loss of order〉 1850円　①978-4-907511-15-9

内容 アメリカの地球天秤策（ズビグニュー・ブレジンスキー著）　〔07008〕

プレストウィッツ, クライド　Prestowitz, Clyde V.

◇2050―近未来シミュレーション日本復活（JAPAN RESTORED）　クライド・プレストウィッツ著, 村上博美監訳, 小野智子訳　東洋経済新報社　2016.8　306p　19cm　1600円　①978-4-492-39631-5

内容 第1章 2050年東京　第2章 2017年危機　第3章 パックス・パシフィカ―太平洋の平和　第4章 女性が日本を救う　第5章 バイリンガル国家、日本　第6章 イノベーション立国　第7章 エネルギー独立国　第8章 日本株式会社から日本型「ミッテルシュタンド」へ　第9章 「インサイダー」社会の終焉　第10章 民尊官卑の国へ　〔07009〕

フ

プレストン, ローズマリー

◇21世紀の比較教育学―グローバルとローカルの弁証法（COMPARATIVE EDUCATION）　ロバート・F.アーノブ, カルロス・アルベルト・トーレス, スティーヴン・フランツ編著, 大塚豊訳　福村出版　2014.3　727p　22cm　〈文献あり 索引あり〉9500円　①978-4-571-10168-7

内容 オーストラリア、イギリス、アメリカにおける教育改革の政治経済学（ジャック・キーティング, ローズマリー・プレストン, ペニー・ジェーン・バーク, リチャード・ヴァン・ヘルトゥム, ロバート・F.アーノブ著）〔07010〕

プレストン＝デイン, ローラ・アン

◇経験学習によるリーダーシップ開発―米国CCLによる次世代リーダー育成のための実践事例（Experience-Driven Leader Development）　シンシア・D.マッコーレイ,D.スコット・デリュ, ポール・R.ヨスト, シルベスター・テイラー編, 漆嶋稔訳　日本能率協会マネジメントセンター　2016.8　511p　27cm　8800円　①978-4-8207-5929-4

内容 マネジャーのための学習モデル「PARR」他（ローラ・アン・プレストン＝デイン）〔07011〕

プレスフィールド, スティーヴン　Pressfield, Steven

◇いつでもどこでも結果を出せる自己マネジメント術（MANAGE YOUR DAY-TO-DAY）　ジョスリン・K.グライ編, 上原裕美子訳　サンマーク出版　2015.9　233p　19cm　〈文献あり〉1500円　①978-4-7631-3493-6

内容 おわりに―プロとアマチュアを分ける決定的な違い（スティーヴン・プレスフィールド）〔07012〕

◇仕事で、個人で、目標を達成（ヒット）するためのカベの超え方（DO THE WORK）　スティーヴン・プレスフィールド著, 栗宇美帆訳　ヴォイス出版事業部　2016.4　155p　19cm　1500円　①978-4-89976-451-9

内容 ORIENTATION―敵（カベ）と味方（敵となるもの　味方となるもの）　BEGINNING（準備万端でなくても始めよう　制限療法 ほか）　MIDDLE（宇宙は無関心ではない　空白を埋める1 ほか）　END（鋼鉄の意志　ハムレットとマイケル・クライトン ほか）〔07013〕

ブレッカー, W.パック

◇江戸のなかの日本、日本のなかの江戸―価値観・アイデンティティ・平等の視点から（Values, Identity, and Equality in Eighteenth-and Nineteenth-Century Japan）　ピーター・ノスコ, ジェームス・E.ケテラー, 小島康敬編, 大野ロベルト訳　柏書房　2016.12　415p　22cm　〈索引あり〉4800円　①978-4-7601-4759-5

内容 悪ガキであること（W.パック・ブレッカー著）〔07014〕

フレッチャー, ゴードン　Fletcher, Gordon A.

◇デニス・ロバートソン（DENNIS ROBERTSON）　ゴードン・フレッチャー著, 下平裕之訳　勁草書房　2015.11　386, 28p　20cm（経済学の偉大な思想家たち 2　田中秀臣, 若田部昌澄監修）〈文献あり 索引あり〉4800円　①978-4-326-59892-2

内容 デニス・ロバートソン：その人と経済学　青年時代：人生への教訓　ケンブリッジの学生時代：光と闇　逃避のための試み：1 経済学と兵役　社会進歩の経済学　景気循環の理論　『産業変動の研究』の解剖　景気循環・経済成長と厚生　一九二〇年代：名声の確立　文体の特色〔ほか〕〔07015〕

フレッチャー・ジャンゼン, E.*　Fletcher-Janzen, Elaine

◇エッセンシャルズKABC-2による心理アセスメントの要点（Essentials of KABC-2 Assessment）　Alan S.Kaufman,Elizabeth O.Lichtenberger, Elaine Fletcher-Janzen,Nadeen L.Kaufman〔著〕, 藤田和弘, 石隈利紀, 青山真二, 服部環, 熊谷恵子, 小野純平監修　丸善出版　2014.8　332p　21cm　〈索引あり〉3800円　①978-4-621-08752-7〔07016〕

フレーデ, ドロテア

◇徳倫理学―ケンブリッジ・コンパニオン（The Cambridge Companion to Virtue Ethics）　ダニエル・C.ラッセル編, 立花幸司監訳, 相沢康隆, 稲村一隆, 佐良土茂樹訳　春秋社　2015.9　521, 29p　20cm　〈文献あり 索引あり〉5200円　①978-4-393-32353-3

内容 徳倫理学の衰退の歴史（ドロテア・フレーデ著, 立花幸司訳）〔07017〕

ブレーデカンプ, ホルスト　Bredekamp, Horst

◇ライプニッツと造園革命―ヘレンハウゼン、ヴェルサイユと葉っぱの哲学（LEIBNIZ UND DIE REVOLUTION DER GARTENKUNST）　ホルスト・ブレーデカンプ著, 原研二訳　産業図書　2014.7　199p　22cm　〈文献あり 索引あり〉3000円　①978-4-7828-0177-2

内容 1 ヘレンハウゼン大庭園（主役たち：ゾフィー、ライプニッツ、ゾフィー・シャルロッテ　ヘレンハウゼン大庭園の史的階梯　ウード・フォン・アルフェンスレーベンと研究の開始　バロック庭園と風景式庭園の狭間にいるライプニッツ）　2 ヘレンハウゼンにおけるライプニッツの活躍（実用、対話、省察　運河計画（1695‐1696）　大噴水の象徴学と造営（1701‐1720））　3 ライプニッツのヘレンハウゼン・フィロゾフィー（識別不能原理　ヴェルサイユと内在的な無限性　逸脱術（Die Kunst der Abweichung）　モナドロジーの図化）　4 バロック庭園の現代性（風景式庭園の抱えた数々のパラドックス　多孔性バロック庭園　幾何学の自然らしさ　ルクレーティウスの雲）〔07018〕

フレドリクソン, バーバラ・L.　Fredrickson, Barbara L.

◇LOVE2.0―あたらしい愛の科学　バーバラ・L.フレドリクソン著, 松田和也訳　青土社　2014.4　278p　20cm　〈文献あり〉2400円　①978-4-7917-6780-9

内容 第1部 ヴィジョン（人間の究極の感情―愛　愛とは何か　愛の生物学　愛のさざなみ）　第2部 ガイダンス（慈愛　自己愛　他者への愛、病と健康　無限の愛　最後の愛の一瞥）〔07019〕

◇ヒルガードの心理学（ATKINSON &

フ

HILGARD'S INTRODUCTION TO PSYCHOLOGY 原著第16版の翻訳）Susan Nolen-Hoeksema,Barbara L.Fredrickson, Geoffrey R.Loftus,Christel Lutz著, 内田一成監訳　金剛出版　2015.9　1094p　27cm　〈文献あり 索引あり〉22000円　①978-4-7724-1438-8

内容 心理学の特徴　心理学の生物学的基礎　心理発達　感覚過程　知覚　意識　学習と条件づけ　記憶　言語と思考　動機づけ　感情　知能　人格　ストレス、健康、コーピング　心理障害　心の健康問題の治療　社会的影響　社会的認知 〔07020〕

ブレナー, ウラ

◇歴史に生きるローザ・ルクセンブルク―東京・ベルリン・モスクワ・パリ - 国際会議の記録　伊藤成彦編著　社会評論社　2014.9　369p　21cm　2700円　①978-4-7845-1523-3

内容 ローザ・ルクセンブルクとレーニン（ウラ・ブレナー著, 伊藤成彦訳） 〔07021〕

フ

フレネ, セレスタン Freinet, Célestin

◇言語の自然な学び方―学校教育の轍の外で（Méthode naturelle de lecture）セレスタン・フレネ著, 里見実訳　太郎次郎社エディタス　2015.11　285p　21cm　3500円　①978-4-8118-0787-4

内容 序論（話し、書くまえに、人は言語の法則を知らねばならぬのか？　知能も技能も、手探りのプロセスによってのみ習得される ほか）第1部 言語学習における自然方式（自然方式と伝統的な方式　深く痕跡をとどめる文化 ほか）第2部 包括読みの理想のあり方（古い規律訓練型教育と自由新教育との相克　ドクロリイ博士による包括的読みの評価 ほか）第3部 文法の自然方式（もしも文法が無用のものであったとしたら？　綴字法（正書法）の学習にあたって、文法は役立つであろうか？　ほか） 〔07022〕

ブレネッケ, ハンス・クリストフ Brennecke, Hanns Christof

◇キリスト教の主要神学者　上　テルトゥリアヌスからカルヴァンまで（Klassiker der Theologie, Bd.1 : Von Tertullian bis Calvin）F.W.グラーフ編, 片柳栄一監訳　教文館　2014.8　360, 5p　21cm　3900円　①978-4-7642-7383-2

内容 カルタゴのテルトゥリアヌス（二/三世紀）（ハンス・クリストフ・ブレネッケ） 〔07023〕

フレーフェル, C. Frevel, Christian

◇旧約新約聖書神学事典（Handbuch theologischer Grundbegriffe zum Alten und Neuen Testament 原著第4版の翻訳）A.ベルレユング,C.フレーフェル編, 山吉智久訳　教文館　2016.10　658p　22cm　〈索引あり〉18000円　①978-4-7642-4040-7

内容 大項目（神観念（Bernd Janowski, Klaus Scholtissek）救済論（Joachim Kügler）祭儀（Reinhard G.Kratz）社会的地位/社会と制度（Angelika Berlejung, Annette Merz）終末論（Thomas Hieke）ほか）小項目 用語解説 〔07024〕

ブレマー, イアン Bremmer, Ian

◇ジオエコノミクスの世紀―Gゼロ後の日本が生き残る道　イアン・ブレマー, 御立尚資著　日本経済新聞出版社　2015.10　216p　19cm　1800円　①978-4-532-35668-2

内容 1 過去・現在・未来―いま起こっていることの本質（長期・超長期の構造変化　人口変動、そして工業社会の形成 ほか）2 御立尚資×イアン・ブレマー対談―地政学と経済の接点（「ジオエコノミクス」―グローバル化の逆流が始まった　超大国（スーパーパワー）交代で起きる地殻変動 ほか）3 Gゼロ・アジア（アジアは地政学的なホットスポット　変化しつつある中国 ほか）4 日本のビジネスリーダーがなすべきこと（非競争リスクの拡大　新しい経営技術の必要性 ほか） 〔07025〕

◇スーパーパワー―Gゼロ時代のアメリカの選択（SUPERPOWER）イアン・ブレマー著, 奥村準訳　日本経済新聞出版社　2015.12　285p　20cm　2200円　①978-4-532-35678-1

内容 第1章 今日の世界、明日の世界　第2章 矛盾する冷戦後の外交政策　第3章「独立するアメリカ」　第4章「マネーボール・アメリカ」　第5章「必要不可欠なアメリカ」　第6章 岐路に立つアメリカ　終章 〔07026〕

フレミング, ロビン

◇オックスフォード ブリテン諸島の歴史　3　ヴァイキングからノルマン人へ（The Short Oxford History of the British Isles : From the Vikings to the Normans（800-1100））鶴島博和日本語版監修　ウェンディ・デイヴィス編, 鶴島博和監訳　慶応義塾大学出版会　2015.10　371, 49p　22cm　〈文献あり 年表あり 索引あり〉7400円　①978-4-7664-1643-5

内容 領主と労働（ロビン・フレミング著, 内川勇太訳） 〔07027〕

フレム, リディア Flem, Lydia

◇親の家を片づけながら（COMMENT J'AI VIDÉ LA MAISON DE MES PARENTS）リディア・フレム著, 友重山桃訳　ヴィレッジブックス　2014.12　147p　15cm　（ヴィレッジブックス F-フ22-1）630円　①978-4-86491-183-2 〔07028〕

ブレーン, デイヴィッド

◇イギリスにおける高齢期のQOL―多角的視点から生活の質の決定要因を探る（UNDERSTANDING QUALITY OF LIFE IN OLD AGE）アラン・ウォーカー編著, 岡田進一監訳, 山田三知子訳　京都　ミネルヴァ書房　2014.7　249p　21cm　（新・MINERVA福祉ライブラリー 20）〈文献あり 索引あり〉3500円　①978-4-623-07097-8

内容 高齢期におけるQOL格差（ポール・ヒッグス, マーティン・ハイド, サラ・アーバー, デイヴィッド・ブレーン, エリザベス・ブリーズ, ジェイムズ・ナズルー, ディック・ウィギンス著） 〔07029〕

プレンダー, ジョン Plender, John

◇金融危機はまた起こる―歴史に学ぶ資本主義（Capitalism）ジョン・プレンダー著, 岩本正明訳　白水社　2016.12　295, 14p　20cm　〈索引あり〉2400円　①978-4-560-09523-2

内容 諸悪の根源（事実はそうではないかもしれないが…） アニマルスピリッツ 銀行家によるハイジャック 産業の衰退、金融の肥大 詭弁家、経済学者、計算者 貿易と死の抱擁 投機―消え去った羞恥心 債務の力学 金―六千年にわたるバブル 芸術に対する気高さ 税と成果の分配 資本主義、そのありのまま 〔07030〕

フレンチ, サリー

◇ディスアビリティ現象の教育学―イギリス障害学からのアプローチ 堀正嗣監訳 現代書館 2014.3 308p 21cm （熊本学園大学付属社会福祉研究所社会福祉叢書 24） 4000円 ①978-4-7684-3531-1

内容 分離教育の場からの声（ティナ・クック, ジョン・スウェイン, サリー・フレンチ著, 高橋真琴訳） 〔07031〕

フレンチ, ハワード・W. French, Howard W.

◇中国第二の大陸アフリカ―一〇〇万の移民が築く新たな帝国（CHINA'S SECOND CONTINENT） ハワード・W.フレンチ著, 栗原泉訳 白水社 2016.3 334, 12p 20cm 〈索引あり〉 2200円 ①978-4-560-08491-5

内容 第1部 アフリカへ！（モザンビーク 未来を見据えて 友好のジェスチャー） 第2部 行き詰まり（リベリア―前途多難 コナクリ―進まぬ改革 フリータウン―手品の道具 マリの場合 ガーナ―民主主義の習慣） 第3部 幸せな家族（一家の守護聖人 地の恵み） 〔07032〕

ブレンナー, ジョン Bremner, John

◇自閉症世界の探求―精神分析的研究より（EXPLORATIONS IN AUTISM） ドナルド・メルツァー, ジョン・ブレンナー, シャーリー・ホクスター, ドリーン・ウェッデル, イスカ・ウィッテンバーグ著, 平井正三監訳, 賀来博光, 西見奈子他訳 金剛出版 2014.11 300p 22cm 〈文献あり 索引あり〉 3800円 ①978-4-7724-1392-3

内容 A 理論（探究の目的、範囲、方法 自閉状態およびポスト自閉心性の心理学） B 臨床上の諸発見（中核的自閉状態―ティミー 自閉症における原初の抑うつ―ジョン 自閉症における障害された生活空間の地理学―バリー 自閉症の残余状態と学ぶことへのその影響―ピフィー 幼児期自閉症、統合失調症、躁うつ状態における緘黙症：臨床精神病理学と言語学との相関関係） C 本書で見出された知見の含み（強迫機制全般に対する自閉症の関係 精神機能のパラメーター（媒介変数）としての次元性：自己愛組織との関係 おわりに） 〔07033〕

ブレンナー, M. Brenner, Michael

◇ワイマール時代のユダヤ文化ルネサンス（The Renaissance of Jewish Culture in Weimar Germany） M.ブレンナー著, 上田和夫訳 教文館 2014.8 348, 50p 22cm 〈文献あり 索引あり〉 3900円 ①978-4-7642-7347-4 〔07034〕

ブレンバヤル・ビレクト

◇脱南者が語るモンゴルの戦中戦後―1930～1950 ブレンバヤル・ビレクト述, 佐々木健悦編訳・補説 社会評論社 2015.4 282p 19cm 〈文献あり〉 2200円 ①978-4-7845-1353-6

内容 第1話 脱南者ブレンバヤル・ビレクト氏との出会い 第2話 我が故郷―南モンゴル・オルドスの地 第3話 小学校時代―百霊廟、フフ・ホト、張家口にて 第4話 蒙古軍官養成幼年学校 第5話 逃避行 第6話 憧れの国に至る―モンゴル人民共和国 第7話 国営農場での日々 第8話 ウランバートル第一中学校入学 補遺 近現代のモンゴル諸族の南北移住とその後 〔07035〕

プロ, アントワンヌ

◇教育の大衆化は何をもたらしたか―フランス社会の階層と格差 園山大祐編著 勁草書房 2016.5 326p 22cm 〈年表あり 索引あり〉 3500円 ①978-4-326-60292-6

内容 学校と社会階層（アントワンヌ・プロ著, 渡辺一敏訳） 〔07036〕

フロイス, ルイス Frois, Luis

◇ルイス・フロイス日本書翰 ルイス・フロイス著, 木下杢太郎訳 慧文社 2015.7 249p 22cm 〈第一書房 1931年刊の編集・改訂 布装〉 7000円 ①978-4-86330-073-6 〔07037〕

フロイデンバーガー, ハーバート Freudenberger, Herbert J.

◇会社と上司のせいで燃え尽きない10の方法―「バリバリな人」ほど失いやすい生き方のバランス（BURN OUT） ハーバート・フロイデンバーガー著, 川勝久訳 日本経済新聞出版社 2014.2 252p 20cm （BEST OF BUSINESS） 〈「スランプをつくらない生き方」（三笠書房 1981年刊）の改題、修正〉 1500円 ①978-4-532-31928-1

内容 なぜあなたは燃え尽きてしまうのか あなたは不完全燃焼していないか 自分のエネルギーを効率よく使っているか 心の過重負担を取りのぞこう 自分に合った生きかたを工夫しよう 「気晴らし」という名の危険な治療法 あなたを「燃え尽き」から救うもの 仕事のストレスをどう解消するか 組織とのかかわりかたを再考する 「人生の機微」を取り戻そう 生きかたのバランスを回復する 〔07038〕

フロイト, ジークムント Freud, Sigmund

◇フロイド選集 3 精神分析入門 続 ジグムンド・フロイド著 古沢平作訳 〔改訂版〕 デジタル・オンデマンド版 日本教文社 2014.8 314, 8p 21cm 〈印刷・製本：デジタル・オンデマンド出版センター 索引あり〉 2600円 ①978-4-531-02603-6

内容 第29講 夢学説の修正 第30講 夢と神秘主義 第31講 精神的人格の分析 第32講 不安と本能生活 第33講 女性的ということ 第34講 解明・適用・定位 第35講 世界観について 〔07039〕

◇フロイド選集 17 自らを語る ジグムンド・フロイド著 懸田克躬訳 〔改訂版〕 デジタル・オンデマンド版 日本教文社 2014.8 353, 8p 21cm 〈印刷・製本：デジタル・オンデマンド出版センター 著作目録あり 索引あり〉 2800円 ①978-4-531-02617-3

内容 自らを語る 精神分析運動の歴史について 精神分析について 〔07040〕

◇フロイト技法論集 フロイト〔著〕, 藤山直樹編・監訳, 坂井俊之, 鈴木菜実子編・訳 岩崎学

フ

術出版社　2014.11　180p　22cm　〈文献あり 索引あり〉 3000円　①978-4-7533-1082-1

内容 精神分析における夢解釈の取り扱い（一九一一）　転移の力動（一九一二）　精神分析を実践する医師への勧め（一九一二）　治療の開始について（精神分析技法に関するさらなる勧め1）（一九一三）　想起すること、反復すること、ワークスルーすること（精神分析技法に関するさらなる勧め2）（一九一四）　転移性恋愛についての観察（精神分析技法に関するさらなる勧め3）（一九一五）　精神分析治療中の誤った再認識（「すでに話した」）について（一九一四）　終わりのある分析と終わりのない分析（一九三七）　分析における構成（一九三七）　〔07041〕

◇フロイド選集　5　性欲論（Drei Abhandlungen zur Sexualtheorie, Zur Einführung des Narzißmus〔etc.〕）　ジグムンド・フロイド著　懸田克躬訳　〔改訂版〕デジタル・オンデマンド版　日本教文社　2014.12　324, 8p　21cm　〈印刷・製本：デジタル・オンデマンド出版センター　索引あり〉 3600円　①978-4-531-02605-0

内容 性に関する三つの論文　ナルチシズム入門　性格と肛門愛　リビドー的類型について　女性の性愛について　解剖学的な性の差別の心的帰結の二、三について　〔07042〕

◇フロイド選集　9　ヒステリー研究　ジグムンド・フロイド著　懸田克躬訳　〔改訂版〕デジタル・オンデマンド版　日本教文社　2014.12　408, 8p　21cm　〈印刷・製本：デジタル・オンデマンド出版センター　索引あり〉 4200円　①978-4-531-02609-8

内容 病歴（エミー・フォン・N夫人　ミス・ルーシー・R　カタリーナ　エリーザベト・フォン・R嬢）　ヒステリーの心理療法　ヒステリー現象の心的機構について（予報）　ヒステリー病因論　〔07043〕

◇フロイド選集　16　症例の研究（Bemerkungen über einen Fall von Zwangsneurose, Psychoanalytische Bemerkungen über einen autobiographisch beschriebenen Fall von Paranoia（Dementia paranoides）〔etc.〕）　ジグムンド・フロイド著　小此木啓吾訳　〔改訂版〕デジタル・オンデマンド版　日本教文社　2014.12　424, 8p　21cm　〈印刷・製本：デジタル・オンデマンド出版センター　索引あり〉 4300円　①978-4-531-02616-6

内容 強迫神経症の一例に関する考察（病歴の報告　理論的研究）　自伝的に記述されたパラノイア（妄想性痴呆）の一症例に関する精神分析学的考察（病歴　解釈の試み　パラノイアの機制について）　ある幼児期神経症の病歴より（前書き　環境と病歴の概観　誘惑及びその直接の結果　夢と原光景　二、三の討論　強迫神経症　肛門愛と去勢コンプレックス　原時期Urzeitからの追加－解決　総括と諸問題）　〔07044〕

◇フロイド選集　4　自我論（Jenseits des Lustprinzips, Massenpsychologie und Ich-Analyse〔etc.〕）　ジグムンド・フロイド著　井村恒郎訳　〔改訂版デジタル・オンデマンド版〕　日本教文社　2015.4　340, 8p　21cm　〈印刷・製本：デジタル・オンデマンド出版センター　索引あり〉 3700円　①978-4-531-02604-3

内容 快感原則の彼岸　集団心理学と自我の分析（集団精神についてのルボンの叙述　集合的な精神生活についての別の評価　暗示とリビドー ほか）　無意識について（無意識の弁明　無意識の多義性と局所論的見地　無意識の感情 ほか）　自我とエス（意識と無意識的なもの　自我とエス　自我と超自我（自我理想）ほか）　〔07045〕

◇フロイド選集　7　芸術論（Der Dichter und das Phantasieren, Eine Kindheitserinnerung des Leonardo da Vinci〔etc.〕）　ジグムンド・フロイド著　高橋義孝, 池田紘一訳　〔改訂版デジタル・オンデマンド版〕　日本教文社　2015.4　382, 8p　21cm　〈印刷・製本：デジタル・オンデマンド出版センター　索引あり〉 4000円　①978-4-531-02607-4

内容 詩人と空想すること　レオナルド・ダ・ヴィンチの幼年期のある思い出　小箱選びのモティーフ　ミケランジェロのモーゼ　精神分析的研究からみた若干の性格典型　『詩と真実』にみられる幼年時代の一記憶　無気味なもの　ユーモア　ドストエフスキーと父親殺し　〔07046〕

◇フロイド選集　14　愛情の心理学（Die “kulturelle” Sexualmoral und die moderne Nervosität, Hysterische Phantasien und ihre Beziehung zur Bisexualität〔etc.〕）　ジグムンド・フロイド著　高橋義孝訳　〔改訂版デジタル・オンデマンド版〕　日本教文社　2015.4　232, 10p　21cm　〈印刷・製本：デジタル・オンデマンド出版センター　索引あり〉 2900円　①978-4-531-02614-2

内容 「文化的」性道徳と現代人の神経過敏　ヒステリー症者の空想と両性具有に対するその関係　「愛情生活の心理学」への諸寄与　自慰論　無常ということ　女性同性愛の一ケースの発生史について　マゾヒズムにおけるエネルギー配分の問題　エディプスコンプレクスの消滅　〔07047〕

◇フロイド選集　15　精神分析療法（Die Freudsche psychoanalytische Methode, Über psychotherapie〔etc.〕）　ジグムンド・フロイド著　小此木啓吾訳　〔改訂版デジタル・オンデマンド版〕　日本教文社　2015.4　438, 8p　21cm　〈印刷・製本：デジタル・オンデマンド出版センター　索引あり〉 4300円　①978-4-531-02615-9

内容 技法論　分析技法における構成の仕事　終りある分析と終りなき分析　防衛過程における自我の分裂　精神分析学概説　〔07048〕

◇フロイド選集　6　文化論（Das Unbehagen in der Kultur, Totem und Tabu）　ジグムンド・フロイド著　吉田正己訳　〔改訂版〕デジタル・オンデマンド版　日本教文社　2015.6　408, 8p　21cm　〈印刷・製本：デジタル・オンデマンド出版センター　索引あり〉 4300円　①978-4-531-02606-7

内容 文化のなかの不安. トーテムとタブー　〔07049〕

◇フロイド選集　8　宗教論―幻想の未来（Gesammelte Werke.Bd 14, 16の抄訳）　ジグムンド・フロイド著　吉田正己訳　〔改訂版〕デジタル・オンデマンド版　日本教文社　2015.6　338, 10p　21cm　〈印刷・製本：デジタル・オンデマンド出版センター　索引あり〉 3700円　①978-4-531-02608-1

内容 幻想の未来　人間モーセと一神教（人間モーセと

一神教　モーセとその民および一神教）　何故の戦争か　〔07050〕

◇フロイド選集　10　不安の問題　ジグムンド・フロイド著　加藤正明訳　〔改訂版〕 デジタル・オンデマンド版　日本教文社　2015.6　304, 8p　21cm　〈印刷・製本：デジタル・オンデマンド出版センター　索引あり〉 3500円　①978-4-531-02610-4

内容 「不安神経症」という特定症状群を神経衰弱から分離する理由について　神経症の原因としての性　精神現象の二原則に関する定式　神経症の発病の型　強迫神経症の素因―神経症の選択の問題に関する一寄与　抑圧　悲哀とメランコリー　嫉妬・パラノイア・同性愛における二、三の神経症メカニズムについて　神経症と精神病の現実喪失　神経症と精神病　制止・症状・不安　〔07051〕

◇フロイド選集　13　生活心理の錯誤（Zur Psychopathologie des Alltagslebens）　ジグムンド・フロイド著　浜川祥枝訳　〔改訂版〕 デジタル・オンデマンド版　日本教文社　2015.6　390, 8p　21cm　〈印刷・製本：デジタル・オンデマンド出版センター　索引あり〉 4200円　①978-4-531-02613-5

内容 固有名詞を度忘れする場合　外国語の単語を度忘れする場合　名前および文章を度忘れする場合　幼時記憶と疑似記憶について　言い間違い　読み間違いと書き間違い　印象や計画の度忘れ　摑みそこない　症候行為および偶発行為　思い違い〔ほか〕　〔07052〕

◇フロイド選集　1　精神分析入門　上（Vorlesungen zur Einführung in die Psychoanalyse）　ジグムンド・フロイド著　井村恒郎, 馬場謙一訳　〔改訂版〕 デジタル・オンデマンド版　日本教文社　2015.10　348, 6p　21cm　〈印刷・製本：デジタル・オンデマンド出版センター〉 3800円　①978-4-531-02601-2

内容 第1部 失錯行為（序論　失錯行為）　第2部 夢（諸困難と最初の接近　解釈の諸前提と技法　夢の顕現内容と潜在する夢の思考　小児の夢　夢の検閲　夢における象徴的表現　夢の作業　夢の実例の分析　夢の太古的特徴と幼児性　願望の充足　不確かな点と批判）　〔07053〕

◇フロイド選集　2　精神分析入門　下（Vorlesungen zur Einführung in die Psychoanalyse）　ジグムンド・フロイド著　井村恒郎, 馬場謙一訳　〔改訂版〕 デジタル・オンデマンド版　日本教文社　2015.10　360, 8p　21cm　〈印刷・製本：デジタル・オンデマンド出版センター　索引あり〉 3800円　①978-4-531-02602-9

内容 第3部 神経症学総論（精神分析と精神医学　症候の意味　外傷への固定、無意識　抵抗と抑圧　人間の性生活　リビドーの発達と性的体制　発達および退行の観点 病因論　症候形成の経路　普通の神経質　不安　リビドー理論とナルチシズム　転移　分析療法）　〔07054〕

◇フロイド選集　11　夢判断　上（Die Traumdeutung 原著第8版の翻訳）　ジグムンド・フロイド著　高橋義孝, 菊盛英夫訳　〔改訂版〕 デジタル・オンデマンド版　日本教文社　2015.10　348, 8p　21cm　〈印刷・製本：デジタル・オンデマンド出版センター　文献あり〉 3800円　①978-4-531-02611-1　〔07055〕

◇フロイド選集　12　夢判断　下（Die Traumdeutung 原著第8版の翻訳）　ジグムンド・フロイド著　高橋義孝, 菊盛英夫訳　〔改訂版〕 デジタル・オンデマンド版　日本教文社　2015.10　412, 6p　21cm　〈印刷・製本：デジタル・オンデマンド出版センター　索引あり〉 4300円　①978-4-531-02612-8

内容 6 夢の作業（圧縮の作業　移動の作業　夢のいろいろな表現手段　表現可能性への顧慮　夢における象徴的表現―続・類型夢　実例―夢における計算と会話　荒唐無稽の夢―夢における知的業績　夢の中の情動　第二次加工）　7 夢過程の心理学（夢を忘れるということ　退行　願望充足について　夢による覚醒―夢の機能―不安夢　第一次および第二次過程―抑圧　無意識と意識―現実）　〔07056〕

◇笑い　不気味なもの―付：ジリボン「不気味な笑い」（Le rire, Das Unheimliche 〔etc.〕）　アンリ・ベルクソン著, 原章二訳, ジークムント・フロイト著, 原章二訳　平凡社　2016.1　399p　16cm　（平凡社ライブラリー 836）　〈索引あり〉 1500円　①978-4-582-76836-7

内容 笑い―おかしさの意義についての試論（アンリ・ベルクソン）（おかしさ一般について形のおかしさと動きのおかしさおかしさの伝播力　状態のおかしさと言葉のおかしさ　性格のおかしさ）　不気味なもの（ジークムント・フロイト）　不気味な笑い（ジャン＝リュック・ジリボン）（夢と笑いの隠れた照応　ベルクソンの方法　びっくり箱、あやつり人形、雪だるま　狂気との関係　モリエール、越境する喜劇　滑稽さと不気味さ　滑稽さとナンセンス　「粋」という補助線　ベイトソンの視角　カフカ的宇宙、そして　フロイトの「不気味なもの」　二重化と一体化　笑いという生の領域）　〔07057〕

◇ひとはなぜ戦争をするのか　アルバート・アインシュタイン, ジグムント・フロイト著, 浅見昇吾訳　講談社　2016.6　111p　15cm　（講談社学術文庫 2368）　〈「ヒトはなぜ戦争をするのか？」（花風社 2000年刊）の改題、再構成〉 500円　①978-4-06-292368-2

内容 フロイトへの手紙 アルバート・アインシュタイン　アインシュタインへの手紙 ジグムント・フロイト　〔07058〕

フロイド, マイケル　Floyd, Michael

◇交渉に使えるCIA流嘘を見抜くテクニック（SPY THE LIE）　フィリップ・ヒューストン, マイケル・フロイド, スーザン・カルニセロ, ドン・テナント著, 中里京子訳　大阪　創元社　2015.2　246p　19cm　1400円　①978-4-422-30062-7

内容 人を嘘つきと呼ぶことの難しさ　嘘発見を妨げるもの　嘘を見抜くためのメソッド―すべてはこれに尽きる　嘘を見抜くうえでのパラドックス―真実を見つけるために無視する真実　人はどのように嘘をつくのか―言葉　最強の嘘　嘘つきの怒り　人はどのように嘘をつくのか―行動　嘘のなかの真―意図せずに発せられた言葉　訊かなければ嘘は見抜けない　嘘をかわして主導権をにぎる　鵜呑みにしてはならないしぐさ　典型的な嘘の実例　テクニックはどう使うべきか　〔07059〕

◇交渉に使えるCIA流真実を引き出すテクニック（GET THE TRUTH）　フィリップ・ヒュース

フ

トン, マイケル・フロイド, スーザン・カルニセロ, ピーター・ロマリー, ドン・テナント著, 鈴木淑美訳　大阪　創元社　2015.7　266p　19cm　1400円　①978-4-422-30063-4

内容 女スパイの告白とインフォマーシャル—「その場思考」モードの驚くべき力　最良のシナリオか最悪のシナリオか　「取り調べ」モードにスイッチを入れるとき　モノローグで真実を引き出す　効果を上げる「話し方」　相手に合わせてモノローグを組み立てる　モノローグに抵抗されたら　相手の発言を聞き逃さない　嘘も方便　対立や敵対は逆効果—人を裁くなラルフの告白—こうして彼は口を開いた　もしO・J・シンプソンを取り調べたとしたら　真実を引き出したいなら　〔07060〕

フロイモビッチ, リヴァ　Froymovich, Riva

◇僕たちが親より豊かになるのはもう不可能なのか—各国「若者の絶望」の現場を歩く（End of the Good Life）　リヴァ・フロイモビッチ著, 山田美明訳　阪急コミュニケーションズ　2014.2　276p　19cm　1700円　①978-4-484-14103-9

内容 序章 豊かな生活の終わり　第1章 金融危機後のアメリカの若者たち　第2章 アメリカより深刻なヨーロッパ　第3章 Y世代に不利な労働市場　第4章 すでに頭脳流出は始まっている　第5章 新興国に希望は見つかるか　第6章 赤字削減か経済成長かという選択　第7章 政府予算の正しい使い道　第8章 自分の力で苦境を脱するには　終章 これからどうする？　〔07061〕

プロヴォスト, フォスター　Provost, Foster

◇戦略的データサイエンス入門—ビジネスに活かすコンセプトとテクニック（Data Science for Business）　Foster Provost,Tom Fawcett著, 竹田正和監訳　オライリー・ジャパン　2014.7　427p　21cm　〈訳：古畠敦ほか　文献あり 索引あり　発売：オーム社〉2800円　①978-4-87311-685-3

内容 はじめに：データ分析思考　ビジネス問題とデータサイエンスが提供するソリューション　予測モデリング：相関から教師ありセグメンテーションへ　モデルをデータにフィットさせる　オーバーフィッティングとその回避方法　類似度、近傍、クラスタ　意思決定のための分析思考1：良いモデルとは何か　モデル性能の可視化　エビデンスと確率　テキスト表現とテキストマインニグ　意思決定のための分析思考2：分析思考から分析工学へ　その他のデータサイエンスの問題と技法　データサイエンスとビジネス戦略　おわりに　提案レビューのガイド　その他の提案例　用語辞書　〔07062〕

ブロカウ, シンシア・J.

◇中国書籍史のパースペクティブ—出版・流通への新しいアプローチ　永冨青地編訳　勉誠出版　2015.6　359p　22cm　6000円　①978-4-585-29097-1

内容 漢籍の歴史について 他（シンシア・J.ブロカウ著）　〔07063〕

プロクター, ボブ　Proctor, Bob

◇お金じゃないのよ　ボブ・プロクター著, 石田公孝監訳　大阪　パレード　2015.2　344p　21cm　(Parade books)　〈他言語標題：It's not about the money〉 3000円　①978-4-86522-033-9　〔07064〕

◇イメージは物質化する—「富」を無限に引き寄せる10法則（You were Born Rich）　ボブ・プロクター著, 岩元貴久監訳　きこ書房　2016.11　334p　16cm　〈他言語標題：IMAGE MATERIALIZES　2013年刊の再刊〉 800円　①978-4-87771-358-4

内容 第1の法則 お金に対する認識を変える　第2の法則 明確にする　第3の法則 イメージの力を使う　第4の法則 宇宙を味方にする　第5の法則 期待する　第6の法則 振動と誘引の法則　第7の法則 リスクを冒す　第8の法則 紙一重の差　第9の法則 プラス思考　第10の法則 捨てる　〔07065〕

プロコピオス　Procopius

◇秘史（Anekdota）　プロコピオス〔著〕, 和田広訳　京都　京都大学学術出版会　2015.12　291, 16p　20cm　（西洋古典叢書 G093　内山勝利, 大戸千之, 中務哲郎, 南川高志, 中畑正志, 高橋宏幸編集委員）〈布装　付属資料：8p：月報 118　年譜あり 索引あり〉3400円　①978-4-87698-914-0　〔07066〕

プロコフィエフ, セルゲイ・O.　Prokofieff, Sergei O.

◇人智学とはなにか（Was ist Anthroposophie？）　セルゲイ・O.プロコフィエフ著, 和田悠希, 遠藤真理訳　涼風書林　2014.12　91p　21cm　2200円　①978-4-903865-32-4　〔07067〕

プロジェクト・シンジケート

◇安定とその敵（Stability at bay）　Project Syndicate〔編〕　土曜社　2016.2　120, 2p　18cm　（プロジェクトシンジケート叢書）　952円　①978-4-907511-36-4

内容 大停滞は続く ジョセフ・スティグリッツ 著. 国際通貨制度の不順 ラグラム・ラジャン 著. 転換期 クリスティーヌ・ラガルド 著. 成長戦略の競争 フランシス・フクヤマ 著. 中国のシルクロード構想 林毅夫 著. AIIB準備万端 金立群 著. 中国減速で浮かぶ国、沈む国 魏尚進 著. インドは世界を望む アルン・ジェートリー 著. 投資欠乏に悩むインド ギータ・ゴピナス 著. 労働者に成長の分配を カウシク・バス 著. 聖戦テロとの戦い方 ジョージ・ソロス 著. 試される欧州の連帯 ジャン＝クロード・ユンケル 著. 対ISIS作戦を統合せよ フランク＝ヴァルター・シュタインマイアー 著. 過激派、滅ぶべし トニー・ブレア 著. 米ロはシリアでも手を結べない マイケル・マクフォール 著. 対テロ戦争の勝算 エルナンド・デ・ソト 著. ファシズム復活か ロバート・パクストン 著. 国連制裁、再考を要す コフィ・アナン, キショール・マブバニ 著. 奴隷児童を解放せよ カイラシュ・サトヤルティ 著. NASAの火星旅行 エレン・ストファン 著　〔07068〕

プロセロ, スティーヴン　Prothero, Stephen R.

◇宗教リテラシー—アメリカを理解する上で知っておきたい宗教的教養（RELIGIOUS LITERACY）　スティーヴン・プロセロ著, 堀内一史訳　〔柏〕　麗沢大学出版会　2014.8　409, 13p　20cm　〈索引あり　発売：広池学園事業部（柏）〉 2800円　①978-4-89205-625-3

内容 第1部 問題の所在（宗教的無教養人の国　宗教は

重要） 第2部 過去（エデンの園（私たちがかつて知っていたこと） 堕落（私たちはどのように忘れたか）） 第3部 提案（罪の贖い（何をすべきか？） 宗教リテラシー辞典） 〔07069〕

ブロソレ, ジャックリーヌ Brossollet, Jacqueline

◇見えない敵との闘い―パストゥール最後の弟子エルサンの生涯（YERSIN 原著第2版の翻訳） アンリ・H.モラレ, ジャックリーヌ・ブロソレ著, 瀬戸昭訳 京都 人文書院 2015.6 422p 20cm 〈年譜あり 索引あり〉 3000円 ①978-4-409-94008-2

内容 スイス（一八六三年～一八八四年）―生い立ち ドイツ（一八八四年～一八八五年）―マールブルグの医学生 フランス（一八八五年～一八九〇年）―病理学に傾倒するエルサン フランス郵船（一八九〇年～一八九一年）―船医時代 探検（一八九二年～一八九四年）―リビングストンに憧れて ペスト（一八九四年～一八九八年）―ペスト菌発見 ニャチャン（一八九八年～一九〇二年）―船上で見初めた絵のような漁村 ハノイ医学校（一九〇二年～一九〇四年） ニャチャンへの帰還（一九〇四年～一九四三年）―終の住処に戻る インドシナ・パストゥール研究所―四つの研究所の連携 ナムさん―漁師岬の老科学者を回想して エルサン以降―動乱の時代を経て今 〔07070〕

ブロック, オリヴィエ Bloch, Olivier

◇唯物論（Le matérialisme） オリヴィエ・ブロック著, 谷川多佳子, 津崎良典訳 白水社 2015.12 202, 20p 18cm （文庫クセジュ 1003） 〈文献あり 索引あり〉 1200円 ①978-4-560-51003-2

内容 第1部 方法の問題（術語と概念 唯物論とその歴史記述） 第2部 通史（古代ギリシア - ローマの唯物論 近代における唯物論） 第3部 今日の唯物論（問題、境界、概念 現代の動向） 〔07071〕

ブロック, ロバート・L. Bloch, Robert L.

◇バフェット・バイブル―本物だけを見抜き富を築く最強投資家の言葉（MY WARREN BUFFETT BIBLE） バフェット〔著〕, ロバート・L.ブロック著, 夏井幸子訳 徳間書店 2015.12 190p 19cm 1200円 ①978-4-19-864067-5 〔07072〕

ブロックバンク, ウェイン Brockbank, Wayne

◇グローバル時代の人事コンピテンシー―世界の人事状況と「アウトサイド・イン」の人材戦略（Global HR Competencies） デイブ・ウルリッチ, ウェイン・ブロックバンク, ジョン・ヤンガー, マイク・ウルリッチ著, 加藤万里子訳 マグロウヒル・エデュケーション 2014.3 406p 19cm 〈索引あり 発売：日本経済新聞出版社〉 3500円 ①978-4-532-60536-0

内容 第1部 グローバルなビジネスの変化と人事が果たすべき役割（概要と理論 世界的な展望） 第2部 世界九大地域のビジネスと人事（アフリカ オーストラリアとニュージーランド 中国 ヨーロッパ インド ラテンアメリカ諸国 中東 北アメリカ トルコ） 第3部 まとめ（共通のコンピテンシーと地域特有のコンピテンシー グローバル人事の未来―今後はどうなるのか？） 〔07073〕

ブロックフーゼン, ゲルダ・フォン

◇修道院文化史事典（KULTURGESCHICHTE DER CHRISTLICHEN ORDEN IN EINZELDARSTELLUNGEN） P.ディンツェルバッハー,J.L.ホッグ編, 朝倉文市監訳 普及版 八坂書房 2014.10 541p 20cm 〈文献あり 索引あり〉 3900円 ①978-4-89694-181-4

内容 カルメル会（ゲルダ・フォン・ブロックフーゼン著, 山崎裕子訳） 〔07074〕

ブロックマン, ジョン Brockman, John

◇知のトップランナー149人の美しいセオリー（This Explains Everything） ジョン・ブロックマン編, 長谷川真理子訳 青土社 2014.12 490, 3p 20cm 〈索引あり〉 2800円 ①978-4-7917-6832-5

内容 自然淘汰による進化（スーザン・ブラックモア） 生命はディジタル暗号である（マット・リドレー） 冗長性の削減とパターン認識（リチャード・ドーキンス） 馬鹿馬鹿しさの威力（スコット・アトラン） 見かけ上の合目的性はどうやって生じるか（カルロ・ロヴェリ） 一夫一妻の遅すぎた凋落（オーブリー・デグレイ） 熱力学の第二法則に対するボルツマンの説明（レオナルド・サスキンド） 心の暗黒物質（ジョエル・ゴールド） 「天と地の間にはな…人智の及ばぬものがあるのだ」（アラン・アルダ） エッジの質問に対する、決心のつかない（したがって美しくはない）反応（レベッカ・ニューバーガー・ゴールドシュタイン）〔ほか〕 〔07075〕

ブロック＝ラーナー, ジェニファー Block-Lerner, Jennifer

◇アクセプタンス＆コミットメント・セラピー実践ガイド―ACT理論導入の臨床場面別アプローチ（A Practical Guide to Acceptance and Commitment Therapy） スティーブン・C.ヘイズ, カーク・D.ストローサル編著, 谷晋二監訳, 坂本律訳 明石書店 2014.7 473p 22cm 〈文献あり〉 5800円 ①978-4-7503-4046-3

内容 不安障害を対象としたACT（スーザン・M.オーシロ, リザベス・レーマー, ジェニファー・ブロック＝ラーナー, チャド・ルジュヌ, ジェームス・D.ハーバート） 〔07076〕

ブロットン, ジェリー Brotton, Jerry

◇世界地図が語る12の歴史物語（A History of the World in Twelve Maps） ジェリー・ブロトン著, 西沢正明訳 バジリコ 2015.10 543, 24p 図版48p 20cm 2800円 ①978-4-86238-223-8

内容 科学―プトレマイオスの『地理学』紀元一五〇年頃 交流―アル＝イドリーシー 一一五四年 信仰―ヘレフォードの世界図 一三〇〇年頃 帝国―混一疆理歴代国都之図 一四〇二年頃 発見―マルティン・ヴァルトゼーミュラーの世界全図 一五〇七年 グローバリズム―ディオゴ・リベイロの世界地図 一五二九年 寛容―ゲラルドゥスメルカトルの世界地図 一五六九年 マネー―ヨアン・ブラウの『大地図帳』 一六六二年 国民―カッシニ一族、フランスの地図 一七九三年 地政学―ハルフォード・マッキンダー『歴史の地理学的な回転軸』 一九〇四年 平等―ペータース図法 一九七三年 情報―Google Earth 二〇一二年 歴史の視点？ 〔07077〕

フ

ブロッホ, エルンスト

◇ティリッヒとフランクフルト学派―亡命・神学・政治　深井智朗監修, フリードリヒ・ヴィルヘルム・グラーフ, アルフ・クリストファーセン, エルトマン・シュトルム, 竹渕香織編　法政大学出版局　2014.2　293, 33p　19cm　（叢書・ウニベルシタス）　3500円　①978-4-588-01005-7

内容 パウル・ティリッヒの思い出（マックス・ホルクハイマー, テオドール・W.アドルノ, エドゥアルト・ハイマン, エルンスト・ブロッホ述, ヴォルフ＝ディーター・マルシュ司会, ゲルハルト・ライン編集, 小柳敦史訳）〔07078〕

ブローデル, フェルナン　Braudel, Fernand

◇フランスのアイデンティティ　第1篇　空間と歴史（L'IDENTITÉ DE LA FRANCEの抄訳）　フェルナン・ブローデル著, 桐村泰次訳　論創社　2015.2　387p　22cm　〈索引あり〉5800円　①978-4-8460-1372-1

内容 第1篇 空間と歴史（フランスは多様性を自認する（はじめに描写ありき　多様なものをできるだけ説明すること　距離の多様性）　人々の集合体（村・町・都市）（村（village）　町（bourg）　都市（villes））　フランスは地理学の所産か？（"フランス地峡l'isthme français"の役割　イル＝ド＝フランスとパリ盆地　本質的試練―国境　測深法の有効性））〔07079〕

◇フランスのアイデンティティ　第2篇　人々と物質的条件（L'IDENTITÉ DE LA FRANCEの抄訳）　フェルナン・ブローデル著, 桐村泰次訳　論創社　2015.4　657p　22cm　〈索引あり〉7800円　①978-4-8460-1394-3

内容 第2篇 人々と物質的条件（長周期の人口変動（先史時代から西暦一〇〇〇年までの人口変動　十世紀以後今日までの人口変動）　二十世紀にまでいたる農民的経済（農村的下部構造　上部構造としての都市））〔07080〕

フロマートカ, ヨゼフ・ルクル　Hromádka, Josef Lukl

◇人間への途上にある福音―キリスト教信仰論（EVANGELIUM O CESTĚ ZA ČLOVĚKEM）　ヨゼフ・ルクル・フロマートカ著, 平野清美訳, 佐藤優監訳　新教出版社　2014.8　373p　20cm　〈索引あり〉3500円　①978-4-400-31983-2

内容 第1章 人間への途上にある言葉（奉仕への召命　わたしには、賢い者にも無知な者にも果たすべき責任がある ほか）　第2章 人間の上にある言葉（秘密に隠れた神の英知（三位一体の神）　世界の創造という喜ばしい告知 ほか）　第3章 言葉は肉体となった（ナザレのイエス―肉体となった神　ヨシュア―主は解放する ほか）　第4章 人間への途上にある教会（新約の民としての教会　教会の機能 ほか）　第5章 希望を持って待つこと〔07081〕

プローミン, ロバート　Plomin, Robert

◇遺伝子を生かす教育―行動遺伝学がもたらす教育の革新（G IS FOR GENES）　キャスリン・アズベリー, ロバート・プローミン著, 土屋広幸訳　新曜社　2016.11　176p　21cm　〈文献あり 索引あり〉2300円　①978-4-7885-1502-4

内容 第1部 理論的に考える（遺伝学、学校、学習　我々は現在の知識をどのようにして得たか　読む、書く　算数　体育―誰が、何を、なぜ、どこで、どのように？　科学（理科）―違う思考法？　IQと意欲はどうやったらうまく一致するか？　特別な教育の必要性―着想とインスピレーション　教室の中の「クローン」　ギャップに注意―社会的地位と学校の質　遺伝学と学習―重要な7つのアイデア）　第2部 実地に応用する（個別化の実際　11項目の教育政策のアイデア　一日教育大臣）〔07082〕

フロム, エーリッヒ　Fromm, Erich

◇ワイマールからヒトラーへ―第二次大戦前のドイツの労働者とホワイトカラー（ARBEITER UND ANGESTELLTE AM VORABEND DES DRITTEN REICHES）　エーリッヒ・フロム〔著〕, 佐野哲郎, 佐野五郎訳　新装版　紀伊国屋書店　2016.5　441p　20cm　〈文献あり〉4800円　①978-4-314-01139-6

内容 第1章 目的と方法（調査の目的　質問票の構成 ほか）　第2章 回答者の社会的、政治的状況（個人的データ　生活水準 ほか）　第3章 政治的、社会的、文化的態度（政治テーマに関する質問　世界観と生活態度 ほか）　第4章 パーソナリティ類型と政治的態度（政治観　権威に対する態度 ほか）〔07083〕

フロリダ, リチャード　Florida, Richard L.

◇新クリエイティブ資本論―才能が経済と都市の主役となる（THE RISE OF THE CREATIVE CLASS, REVISITED 原著10周年記念版の翻訳）　リチャード・フロリダ著, 井口典夫訳　ダイヤモンド社　2014.12　485p　21cm　2800円　①978-4-478-02480-5

内容 第1部 クリエイティブ経済の時代（クリエイティブ経済　クリエイティブクラス）　第2部 新しい働き方（機械工場と美容室　素晴らしい新たな職場　カジュアル化）　第3部 日常生活（歪んだ時間感覚　経験の追求　ビッグモーフ）　第4部 コミュニティ（場所の重要性　階層の地域分布　経済成長の三つのT　世界規模へ　場所の質　クリエイティブなコミュニティの構築）　第5部 矛盾（格差の地域分布　増大する階層の重要性）〔07084〕

ブロンソン, ポー　Bronson, Po

◇競争の科学―賢く戦い、結果を出す（TOP DOG）　ポー・ブロンソン, アシュリー・メリーマン著, 児島修訳　実務教育出版　2014.9　357p　20cm　〈索引あり〉1600円　①978-4-7889-0816-1

内容 第1部 競争とはどういうものか（唾液は語る　競争相手との関係　環境的要因）　第2部 競争スタイルは人それぞれ（遺伝子の酵素　男女の違い　幼少期の環境）　第3部 勝敗を決定づけるもの（獲得型と防御型　ポジティブとネガティブ　競争のホルモン）　第4部 競争で変化は加速する（チームのヒエラルキー　競争とイノベーション　公正なる競争）〔07085〕

フロンティ, オーレリア　Fronty, Aurélia

◇ワンガリ・マータイ―「もったいない」を世界へ（WANGARI MAATHAI）　フランク・プレヴォ原作, オーレリア・フロンティ絵, 坂田雪子, 長井佑美訳　汐文社　2015.10　41p　27cm　（伝記絵本世界を動かした人びと　高野優監訳）　〈文献あり 年譜あり〉2500円　①978-4-8113-2173-8〔07086〕

フ

ブロンデル, ジャン　Blondel, Jean

◇現代日本の政治と外交　3　民主主義と政党―ヨーロッパとアジアの42政党の実証的分析（POLITICAL PARTIES AND DEMOCRACY）　猪口孝監修　猪口孝, ジャン・ブロンデル編　原書房　2014.10　270, 22p　22cm　〈文献あり 索引あり〉4800円　①978-4-562-04960-8

内容 序論 他（ジャン・ブロンデル, 猪口孝著, 小林朋則訳）　〔07087〕

ブロンバーグ, フィリップ・M.　Bromberg, Philip M.

◇関係するこころ―外傷、癒し、成長の交わるところ（The Shadow of the Tsunami）　フィリップ・M.ブロンバーグ著, 吾妻壮, 岸本寛史, 山愛美訳　誠信書房　2014.7　277p　22cm　〈文献あり 索引あり〉4000円　①978-4-414-41457-8

内容 第1部 情動調整と臨床的プロセス（津波を収める）　第2部 不確実性（「私の心には決して入らなかった」　「この気持ち、分かりますか！」　解離のギャップに気をつけて）　第3部 躓きながら耐え抜くこと（真実と人間の関係性　これが技法であるならば, 最大限活用せよ！　「大人の」言葉―無意識的空想についてのパースペクティブ）　第4部 間主観性の領域（「あなたの近しさ」―個人的な終章）　〔07088〕

ブン, シュクシ*　文 叔子

⇒ムン, スクジャ*

ブン, ジョウコウ*　文 情厚

⇒ムン, ジョンフ

ブン, セイジン*　文 正仁

⇒ムン, ジョンイン*

ブン, ソゼン*　文 素然

⇒ムン, ソヨン

ブーン, デイヴィッド

◇世界がぶつかる音がする―サーバンツの物語（The Sound of Worlds Colliding）　クリスティン・ジャック編, 永井みぎわ訳　ヨベル　2016.6　300p　19cm　1300円　①978-4-907486-32-7

内容 彼女の残した愛（デイヴィッド・ブーン）　〔07089〕

プンセット, エルサ　Punset, Elsa

◇心のリュックを軽くする―自分の感情にあやつられないための21のヒント（UNA MOCHILA PARA EL UNIVERSO）　エルサ・プンセット著, 宮崎真紀訳　阪急コミュニケーションズ　2014.9　279p　19cm　1600円　①978-4-484-14113-8

内容 第1章 まず、愛について理解する　第2章 感情のメカニズムを知る　第3章 共感をコントロールする　第4章 回り道しないコミュニケーション　第5章 幸せのバランスをとる　第6章 幸運になる　第7章 リュックに人生をつめこんで　〔07090〕

【へ】

ペ, イング*　裵 寅九

◇親権と未成年後見　新・アジア家族法三国会議編　日本加除出版　2014.7　166p　21cm　2700円　①978-4-8178-4176-6

内容 親権と未成年後見との関係（裵寅九著, 金亮完訳）　〔07091〕

◇成年後見制度　新・アジア家族法三国会議編　日本加除出版　2014.7　168p　21cm　2700円　①978-4-8178-4177-3

内容 法定後見制度（裵寅九著, 田中佑季訳, 犬伏由子日本語訳監修）　〔07092〕

ペ, ハンソプ*　裵 亢燮

◇日韓民衆史研究の最前線―新しい民衆史を求めて　アジア民衆史研究会, 歴史問題研究所編　有志舎　2015.12　391, 4p　22cm　6400円　①978-4-903426-00-6

内容 東学農民戦争に対する新しい理解と内在的接近（裵亢燮著, 鶴園裕, 飯倉江里衣訳）　〔07093〕

ベアー, エヴァン　Baehr, Evan

◇巻き込む力―支援を勝ち取る起業ストーリーのつくり方（GET BACKED ： Craft Your Story, Build the Perfect Pitch Deck, and Launch the Venture of Your Dreams）　エヴァン・ベアー, エヴァン・ルーミス著, 津田真吾訳, 津嶋辰郎監修　翔泳社　2016.12　239p　19×19cm　2400円　①978-4-7981-4869-4

内容 1 ピッチをつくる（ピッチ資料の誕生　ピッチ資料の構成要素　ストーリー　デザイン　テキスト ほか）　2 支援を得る（スタートアップの資金調達入門　調達源の概要　紹介　構築　喜ばせる ほか）　〔07094〕

ベアト, フェリーチェ　Beato, Felice

◇フェリーチェ・ベアトの東洋―日本語版（Felice Beato）　フェリーチェ・ベアト〔写真〕, アン・ラコステ監修, 東京都歴史文化財団東京都写真美術館編　東京都写真美術館　2012.3　84p　28×29cm　〈会期・会場：平成24年3月6日―5月6日　東京都写真美術館2階展示室　年譜あり　年表あり〉　〔07095〕

ペアマン, ロジャー・R.　Pearman, Roger R.

◇MBTIへのいざない―ユングの「タイプ論」の日常への応用（I'm not crazy, I'm just not you (2nd ed.)）　ロジャー・R.ペアマン, サラ・C.アルブリットン著, 園田由紀訳　JPP　2012.1　308p　21cm　〈文献あり〉3500円　①978-4-905050-21-6　〔07096〕

ヘイ, ルイーズ・L.　Hay, Louise L.

◇それでも、あなたを愛しなさい（YOU CAN HEAL YOUR HEART）　ルイーズ・ヘイ, デーヴィッド・ケスラー著, 山川紘矢, 山川亜希子訳　フォレスト出版　2015.4　293p　19cm　1600円

①978-4-89451-653-3
内容 第1章 喪失と悲しみについてルイーズが教えてくれたこと　第2章 恋愛の破綻はあなたを成長させる　第3章 離婚による悲しみを癒す　第4章 愛する人の死を乗り越える　第5章 ペットロスと向き合う　第6章 さまざまな喪失を超える言葉　第7章 人生はつねにあなたを癒す方向へと運ぶ　〔07097〕

◇あたらしい私のはじめかた（YOU CAN HEAL YOUR LIFE COMPANION BOOK）　ルイーズ・ヘイ著, 道端ジェシカ監訳　フォレスト出版　2015.7　208p　21cm　1500円　①978-4-89451-668-7
内容 1 はじめに（基本的なテクニック　信念・思い込み）　2 変化のプロセス（健康　恐れの感情　批判的な思考　許し　仕事　お金と繁栄　友達　愛と親密な関係）　3 新しい人生（新しい自画像）　〔07098〕

◇自分を愛せば人生はうまくいくルイーズ・ヘイの鏡のワークブック（MIRROR WORK）　ルイーズ・ヘイ著, 宇佐和通訳　JMA・アソシエイツステップワークス事業部　2016.12　198p　21cm　1800円　①978-4-908650-09-3
内容 鏡を見るだけで人生を変える方法　自分を愛する鏡を友だちにする　自分に向ける言葉を意識する　過去にとらわれない　自信を深める　内なる批判者を解き放つ　自分を愛する第1週のレビュー　インナーチャイルドを愛する　体を慈しみ、痛みを癒す〔ほか〕　〔07099〕

ベイカー, スティーヴン　Baker, Stephen

◇NUMERATIビッグデータの開拓者たち（THE NUMERATI）　スティーヴン・ベイカー著, 伊藤文英訳　CCCメディアハウス　2015.2　298p　19cm　〈「数字で世界を操る巨人たち」(武田ランダムハウスジャパン 2010年刊)の改題、改訂　文献あり〉 1800円　①978-4-484-15102-1
内容 1 働き方―業務の効率化がもたらす苦難　2 買い物―あなたは買わされている　3 選挙―有権者はどこにいるのか　4 インターネット―消費者の本音をあぶり出せ　5 テロとの戦い―安全保障とプライバシー　6 医療―高齢化社会を支える情報技術　7 恋愛―最適なパートナーを求めて　〔07100〕

ベイカー, マーク　Baker, Mark

◇一生に一度だけの旅GRANDE極上の世界旅行（World's Best Travel Experiences）　マーク・ベイカーほか著, 関利枝子, 北村京子訳　新装版　日経ナショナルジオグラフィック社　2014.9　319p　26cm　（NATIONAL GEOGRAPHIC）〈初版のタイトル：一生に一度だけの旅極上の世界旅行　索引あり　発売：日経BPマーケティング〉 3000円　①978-4-86313-291-7
内容 序文「極上の場所」を探しに旅立とう！　第1章 大自然の驚異―心と体に活力を与える、希少な自然に触れる　第2章 都市の誘惑―伝統と再生が好奇心を刺激し、心を豊かにする街を訪ねる　第3章 地上の楽園―非の打ち所のない完璧な世界で、比類のない美のとりこになる　第4章 田舎の休日―自然と文明の境界線を歩き、心と体、魂をリフレッシュする　第5章 人類の傑作―聖堂、都市、絵画…大胆で魅惑的な作品に驚嘆する　〔07101〕

◇世界の四季―ベストシーズンを楽しむ（FOUR SEASONS OF TRAVEL）　マーク・ベイカー他著, 藤井留美訳　日経ナショナルジオグラフィック社　2014.11　319p　21cm　（NATIONAL GEOGRAPHIC――生に一度だけの旅discover）〈発売：日経BPマーケティング〉 2700円　①978-4-86313-297-9
内容 春―3月後半～6月後半　夏―6月後半～9月後半　秋―9月後半～12月後半　冬―12月後半～3月後半　〔07102〕

ベイカー, J.H.　Baker, John Hamilton

◇イギリス法史入門　第1部　総論（An Introduction to English Legal History 原著第4版の翻訳）　J.H.ベイカー著, 深尾裕造訳　西宮　関西学院大学出版会　2014.1　503p　21cm　〈索引あり〉 4500円　①978-4-86283-151-4
内容 初期ブリテンの法と慣習　コモン・ローの起源　コモン・ロー上位裁判所　訴訟方式　陪審と訴答　大法官裁判所とエクイティ　評議会系裁判所　教会裁判所　司法審査制度　法律専門職　法文献　法創造　付録1 令状見本　付録2 訴訟記録登録見本　〔07103〕

◇イギリス法史入門　第2部　各論―所有権法史 契約法史 不法行為法史 身分法・家族法史 刑事法史（An Introduction to English Legal History 原著第4版の翻訳）　J.H.ベイカー著, 深尾裕造訳　西宮　関西学院大学出版会　2014.12　570p　21cm　〈索引あり〉 5800円　①978-4-86283-180-4
内容 不動産―封建的土地保有　不動産―封建制とユース　不動産―相続産と期間不動産権　不動産―家族継承財産設定　その他の不動産権　契約―合意遵守訴訟と債務返済訴訟　契約―引受訴訟と詐欺主張訴訟　契約―後の時代の幾つかの発展　準契約　動産所有権　注意義務違反　不法妨害　名誉毀損　経済的詐報行為　人―身分と自由　人―婚姻とその諸帰結　国王の訴訟―刑事訴訟手続　国王の訴訟―刑事実体法　〔07104〕

ヘイガー, M.G.　Hager, M.G.

◇世界を動かすリーダーは何を学び、どう考え、何をしてきたのか？―プラチナリーダー550人を調査してわかったこと（View from the top）　D.マイケル・リンゼイ,M.G.ヘイガー著, バートン久美子訳　日本実業出版社　2016.6　247, 23p　19cm　1700円　①978-4-534-05393-0
内容 第1章「個人」として行動し、「組織」として思考する―組織を超えたネットワーク　第2章 リーダーへの道は20歳で始まる―革靴と名門校の向こうにあるもの　第3章 リーダーを生み出す「触媒」―広く、浅く　第4章 リーダーシップの本質―生産性と信頼と独自の文化　第5章 危機に直面したリーダーに求められること―試練の中の強さ　第6章 24時間、リーダーとして生きる―「仕事」という言葉では定義しきれないもの　第7章 リーダーの倫理―モチベーションと成果　〔07105〕

米国

⇒アメリカを見よ

ベイザーマン, マックス・H.　Bazerman, Max H.

◇ハーバード流「気づく」技術（THE POWER OF NOTICING）　マックス・H.ベイザーマン著, 門脇弘典訳　KADOKAWA　2015.3　285p　19cm　1700円　①978-4-04-731686-7

内容 第1章 自動車レースと自動車修理　第2章 動機づけられた見落とし　第3章 リーダーが気づかないとき　第4章 業界規模の見落とし　第5章 マジシャン、泥棒、広告業者、政治家、交渉人―共通しているのは　第6章 明白なことも見落とす滑りやすい坂　第7章 吠えなかった犬　第8章 どこかおかしな絵―話がうますぎるときは　第9章 前もって考えることで気づく　第10章 間接的な行動の見落とし　第11章 予測可能な危機を防ぐためのリーダーシップ　第12章 気づく力を磨く　〔07106〕

◇交渉の達人―ハーバード流を学ぶ（NEGOTIATION GENIUS）　ディーパック・マルホトラ, マックス・H.ベイザーマン著, 森下哲朗監訳, 高遠裕子訳　パンローリング　2016.11　349p　19cm　（フェニックスシリーズ 44）〈索引あり〉1500円　①978-4-7759-4163-8

内容 第1部 交渉のツールキット（交渉において価値を要求する　交渉において価値を創造する　調査交渉術）　第2部 交渉の心理学（合理性が崩れるとき―認知のバイアス　合理性が崩れるとき―心理的バイアス　不合理の世界で合理的に交渉する）　第3部 実社会での交渉（影響力の戦略　交渉の盲点　嘘とごまかしに対峙する　倫理的なジレンマを認識し、解決する　弱い立場からの交渉　交渉が荒れたとき―不合理、不信、怒り、脅し、エゴに対処する　交渉してはならないとき　達人への道）　〔07107〕

ペイジ, ジャネット・ブレア　Page, Janet Blair

◇1年以内に理想の結婚をする方法―本気で幸せになりたい女性に贈る（GET MARRIED THIS YEAR）　ジャネット・ブレア・ペイジ著, 中島葉子訳　アルファポリス　2014.11　293p　19cm〈発売：星雲社〉1400円　①978-4-434-19864-9

内容 1 理想の男性を探す前に（自分を知れば、答えが見つかる　結婚相手に求める「本当」の条件は？　自分で自分の邪魔をしない　心を磨いて魅力的になる　恋愛を楽しむためのストレス軽減法）　2 理想の男性を探しに行く（幸せのためには行動あるのみ　男性の心をつかむ恋愛ルール　理想の男性を賢く選ぶ方法　12ヶ月間のタイムテーブル）　3 幸せな理想の結婚に続く道（結婚を決意する前に　繋がりとコミュニケーション　結婚後も愛情を育むためには？）　〔07108〕

ペイジ, ハンス

◇グローバルビジョンと5つの課題―岐路に立つ国連開発（United Nations Development at a Crossroadsの抄訳）　ブルース・ジェンクス, ブルース・ジョーンズ編, 丹羽敏之監訳　人間と歴史社　2015.10　280p　21cm　3000円　①978-4-89007-199-9

内容 食糧安全保障（ハンス・ペイジ著）　〔07109〕

ペイジ, A.C.*　Page, Andrew C.

◇嫌悪とその関連障害―理論・アセスメント・臨床的示唆（DISGUST AND ITS DISORDERS）　B.O.オラタンジ,D.マッケイ編著, 堀越勝監修, 今田純雄, 岩佐和典監訳　京都　北大路書房　2014.8　319p　21cm〈索引あり〉3600円　①978-4-7628-2873-7

内容 嫌悪と血液・注射・外傷恐怖（Andrew C.Page, Benjamin J.Tan著, 川崎直樹訳）　〔07110〕

ヘイズ, ジェイン　Heyes, Jane

◇こどもDAY BY DAYバイブル―毎日よむ聖書物語（Day by Day Bible）　ジュリエット・デイビッド文, ジェイン・ヘイズ絵, 長島瑛子訳　いのちのことば社フォレストブックス　2016.6　400p　20cm　1900円　①978-4-264-03324-0

内容 旧約聖書（最初の日　空と海と陸　太陽と月と星　海と空の生き物　地上の生き物 ほか）　新約聖書（ものが言えない　ナザレのマリア　赤ちゃんの名前　ヨセフの夢　長い旅 ほか）　〔07111〕

ヘイズ, シャロン

◇現代社会と子どもの貧困―福祉・労働の視点から　法政大学大原社会問題研究所, 原伸子, 岩田美香, 宮島喬編　大月書店　2015.3　316, 5p　22cm（法政大学大原社会問題研究所叢書）〈索引あり〉4500円　①978-4-272-36085-7

内容 アメリカにおける福祉改革と子どもの貧困（シャロン・ヘイズ著, 前原直子訳）　〔07112〕

ヘイズ, スティーブン・C.　Hayes, Steven C.

◇アクセプタンス&コミットメント・セラピー実践ガイド―ACT理論導入の臨床場面別アプローチ（A Practical Guide to Acceptance and Commitment Therapy）　スティーブン・C.ヘイズ, カーク・D.ストローサル編著, 谷晋二監訳, 坂本律訳　明石書店　2014.7　473p　22cm〈文献あり〉5800円　①978-4-7503-4046-3

内容 アクセプタンス&コミットメント・セラピーとは何か 他（スティーブン・C.ヘイズ, カーク・D.ストローサル, カーラ・バンティング, マイケル・トゥーヒグ, ケリー・G.ウィルソン）　〔07113〕

◇アクセプタンス&コミットメント・セラピー〈ACT〉―マインドフルな変化のためのプロセスと実践（Acceptance and Commitment Therapy 原著第2版の翻訳）　スティーブン・C.ヘイズ, カーク・D.ストローサル, ケリー・G.ウィルソン著, 武藤崇, 三田村仰, 大月友監訳　星和書店　2014.9　609p　21cm〈文献あり 索引あり〉4800円　①978-4-7911-0883-1　〔07114〕

ヘイズ, リチャード・B.　Hays, Richard B.

◇イエス・キリストの信仰―ガラテヤ3章1節―4章11節の物語下部構造（THE FAITH OF JESUS CHRIST 原著第2版の翻訳）　リチャード・B.ヘイズ著, 河野克也訳　新教出版社　2015.4　515p　22cm〈文献あり 索引あり〉6500円　①978-4-400-12466-5

内容 第1章 パウロの福音の定数的要素を探る　第2章 パウロの思想の物語的次元はどのように扱われてきたか　第3章 ガラテヤ書における「物語キリスト論」の定型表現　第4章 パウロの福音の物語構造におけるΠ´ιστιςの機能　第5章 ガラテヤ3：1-4：11における議論展開の論理　第6章 結論　補遺（ΠΙΣΤΙΣ ΧΡΙΣΤΟΥをもう一度　Π´ιστιςとパウロのキリスト論：問題の本質は何か）　〔07115〕

ヘイズ, ルイーズ　Hayes, Louise

◇セラピストが10代のあなたにすすめるACT〈アクセプタンス&コミットメント・セラピー〉ワークブック―悩める人がイキイキ生きるための自分の

トリセツ（Get Out of Your Mind & Into Your Life for Teens）　ジョセフ・V.チャロッキ, ルイーズ・ヘイズ, アン・ベイリー著, 武藤崇監修, 大月友, 石津憲一郎, 下田芳幸監訳　星和書店　2016.7　197p　21cm　〈背のタイトル：セラピストが10代のあなたにすすめるACTワークブック　文献あり〉1700円　①978-4-7911-0937-1　〔07116〕

ペイス, S.R.　Paeth, Scott R.

◇はじめてのニーバー兄弟（The Niebuhr Brothers for Armchair Theologians）　S.R.ペイス著, 佐柳文男訳　教文館　2015.6　265, 5p　19cm　〈文献あり 索引あり〉2100円　①978-4-7642-6718-3

内容 第1章 出発　第2章 世界の中にある教会　第3章 キリスト教現実主義　第4章 世界大戦の渦中における神学　第5章 啓示と責任　第6章 変えることのできない現実を受容する　第7章 ニーバー兄弟の遺産　〔07117〕

へ

ヘイスティ, リード　Hastie, Reid

◇賢い組織は「みんな」で決める―リーダーのための行動科学入門（Wiser）　キャス・サンスティーン, リード・ヘイスティ著, 田総恵子訳　NTT出版　2016.9　263, 22p　19cm　〈文献あり 索引あり〉1800円　①978-4-7571-2355-7

内容 1 集団はなぜ失敗するのか？（高邁な理想が大失敗に　増幅される間違い　カスケード効果　集団は極に走る　情報共有のワナ）　2 どうすれば集団は成功するのか？（失敗を減らすための八つの方法　改善のための二つのフレームワーク―識別と選択　群衆は賢いか　専門家の正しい使い方　トーナメント方式の活用法　予測市場を活かす　みんなに聞いてみる　「ボールは一つ」）　〔07118〕

ベイダー, クリスティーン　Bader, Christine

◇理想主義者として働く―真に「倫理的」な企業を求めて（THE EVOLUTION OF A CORPORATE IDEALIST）　クリスティーン・ベイダー著, 原賀真紀子訳　英治出版　2016.1　334p　20cm　2000円　①978-4-86276-206-1

内容 第1章 インドネシア―手探りの出発 事業の影響にどう向き合うか　第2章 中国―正しさの説明 企業倫理をどのように語るか　第3章 ロンドン―組織の力学 どうすれば巨大企業を変えられるか　第4章 国際連合―原則の力 実効性のある規範を作るには　第5章 メキシコ湾―理想主義の危機 事故や不正はどうすれば防げるのか　第6章 ニューヨーク―再出発 理想主義者はどう働き、どう行動すべきか　〔07119〕

ベイツ, ボブ　Bates, Bob

◇経営理論大全―すぐに使える最強のビジネスセオリー（THE LITTLE BOOK OF BIG MANAGEMENT THEORIES）　ジェームス・マクグラス, ボブ・ベイツ著, 平野敦士カール監修, 藤井清美訳　朝日新聞出版　2015.8　254p　21cm　1700円　①978-4-02-331433-7

内容 第1章 人のマネジメント　第2章 リーダーシップ　第3章 モチベーション　第4章 チームの構築とマネジメント　第5章 組織文化の分析　第6章 チェンジ・マネジメント　第7章 戦略マネジメント　第8章 品質マネジメント　第9章 権限、権力、影響力　第10章 さまざまなテーマのマネジメント論　〔07120〕

ベイティ, ブライアン・J.　Beatty, Brian J.

◇インストラクショナルデザインの理論とモデル―共通知識基盤の構築に向けて（INSTRUCTIONAL-DESIGN THEORIES AND MODELS, Volume 3）　C.M.ライゲルース,A.A.カー＝シェルマン編, 鈴木克明, 林雄介監訳　京都　北大路書房　2016.2　449p　21cm　〈索引あり〉3900円　①978-4-7628-2914-7

内容 理解を促進する 他（マーシャ・ストーン・ウィスケ, ブライアン・J.ベイティ著, 村上正行訳）　〔07121〕

ヘイデン, W.*　Heydorn, Wendy

◇TOK（知の理論）を解読する―教科を超えた知識の探究（Decoding theory of knowledge for the IB diploma）　Wendy Heydorn,Susan Jesudason著, Z会編集部編　長泉町（静岡県）　Z会　2016.2　229p　26cm　2200円　①978-4-86531-099-3　〔07122〕

ペイト, アラン・スコット

◇カルチャー・ミックス―文化交換の美学序説　岡林洋編著　京都　晃洋書房　2014.3　216p　21cm　（同志社大学人文科学研究所研究叢書 47）　2900円　①978-4-7710-2529-5

内容 シドニー・L.ギューリックと渋沢栄一 1 アメリカに渡った黒い目の答礼人形（アラン・スコット・ペイト著, 田中圭子訳）　〔07123〕

ヘイトコッター, マルクス　Heitkoetter, Markus

◇ボリンジャーバンドとMACDによるデイトレード―世界一シンプルな売買戦略（The Simple Strategy）　マルクス・ヘイトコッター著, 長尾慎太郎監修, 山下恵美子訳　パンローリング　2016.2　138p　22cm　（ウィザードブックシリーズ 232）　2800円　①978-4-7759-7201-4

内容 「シンプル戦略」はあなたのトレードでどのように役立つか　あなたのトレードの半分が負けトレードの場合、あなたはお金を儲けることができるだろうか？　「シンプル戦略」がパワフルなわけ　「シンプル戦略」を行うためのチャートの設定　シンプル戦略のルール　そのほかの市場におけるレンジバーの設定　時間足によるトレード　FXをシンプル戦略でトレードする方法　シンプル戦略による株式とETFのトレード　シンプル戦略によるスイングトレード　シンプル戦略でトレードして期待できること　落とし穴とその回避方法　次のステップ　資料　〔07124〕

ペイトマン, キャロル　Pateman, Carole

◇秩序を乱す女たち？―政治理論とフェミニズム（THE DISORDER OF WOMEN）　キャロル・ペイトマン著, 山田竜作訳　法政大学出版局　2014.7　348p　20cm　（サピエンティア 37）　〈索引あり〉3900円　①978-4-588-60337-2

内容 第1章「秩序を乱す女たち」―女性、愛、正義感覚　第2章 兄弟愛的な社会契約　第3章 政治的義務の正当化　第4章 女性と同意　第5章 昇華と実体化―ロック、ウォーリン、政治的なるもののリベラル・デモクラシー的概念　第6章 公/私の二元論に対するフェミニズムの批判　第7章『市民文化』―ひとつの哲学的批判　第8章 家父長的な福祉国家　第9章 フェミニズ

ムとデモクラシー〔07125〕

ベイトマン, ブラッドリー・W. Bateman, Bradley W.

◇資本主義の革命家ケインズ（CAPITALIST REVOLUTIONARY） ロジャー・E.バックハウス, ブラッドリー・W.ベイトマン著, 西沢保監訳, 栗林寛幸訳 作品社 2014.8 251p 20cm 〈文献あり 索引あり〉 2400円 ①978-4-86182-493-7

内容 第1章 ケインズの復帰、ただしどのケインズか？ 第2章 ケインズ経済学の盛衰 第3章 道徳哲学者ケインズ―資本主義に対する挑戦に直面する 第4章 医師ケインズ―資本主義経済の理論を開発する 第5章 ケインズ革命の多様性 第6章 永続する革命〔07126〕

◇リターン・トゥ・ケインズ（THE RETURN TO KEYNES） ブラッドリー・W.ベイトマン, 平井俊顕, マリア・クリスティーナ・マルクッツォ編, 平井俊顕監訳 東京大学出版会 2014.9 388, 56p 22cm 〈文献あり 索引あり〉 5600円 ①978-4-13-040262-0

内容 リターン・トゥ・ケインズ 他（ブラッドリー・W.ベイトマン, 平井俊顕, マリア・C.マルクッツォ著, 平井俊顕訳）〔07127〕

ヘイトン, デイヴィッド

◇信託制度のグローバルな展開―公益信託甘粕記念信託研究助成基金講演録 新井誠編訳 日本評論社 2014.10 634p 22cm 6800円 ①978-4-535-52055-4

内容 1925年受託者法の近代化 他（デイヴィッド・ヘイトン著, 新井誠訳）〔07128〕

ヘイトン, ビル Hayton, Bill

◇南シナ海―アジアの覇権をめぐる闘争史（THE SOUTH CHINA SEA） ビル・ヘイトン著, 安原和見訳 河出書房新社 2015.12 387p 20cm 〈文献あり〉 2900円 ①978-4-309-22645-3

内容 第1章 残骸と誤解―先史時代～一五〇〇年 第2章 地図と線――一五〇〇～一九四八年 第3章 危険と迷惑――一九四六～九五年 第4章 あちらが浮かべばこちらが沈む―南シナ海と国際法 第5章 ゼロよりはまし―南シナ海の石油と天然ガス 第6章 軍鼓と象徴―ナショナリズム 第7章 蟻と象―外交 第8章 戦場の形―軍事問題 第9章 協力とさまざまな非協力―紛争の解決〔07129〕

ヘイフマン, スコット Hafemann, Scott J.

◇3.11以降の世界と聖書―言葉の回復をめぐって 福嶋裕子, 大宮謙, 左近豊, スコット・ヘイフマン編著 日本キリスト教団出版局 2016.3 206p 22cm （青山学院大学総合研究所叢書） 1700円 ①978-4-8184-0939-2

内容 創造から新しい創造へ 他（スコット・ヘイフマン著, 左近豊訳）〔07130〕

ベイヤー, ロベルタ Beyer, Roberta

◇だいじょうぶ！ 親の離婚―子どものためのガイドブック（WHAT IN THE WORLD DO YOU DO WHEN YOUR PARENTS DIVORCE？） ケント・ウインチェスター, ロベルタ・ベイヤー著, 高島聡子, 藤川洋子訳 日本評論社 2015.5 133p 18cm 1500円 ①978-4-535-56338-4

内容「離婚する」ってどういう意味？ どうして離婚する親がいるの？ 離婚について話してもいいのかな？ 離婚は、ぼく/私のせい？ 家族に今、何が起こっているの？ 気持ちが落ち着かなくて困るんだけど？ 自分の気持ちを話したいとき、どうしたらいい？ もし両親が興奮して、おかしくなっちゃっているときは？ これから誰がぼく/私の世話をしてくれるの？ どこに住むことになるの？〔ほか〕〔07131〕

ベイリー, アン Bailey, Ann

◇セラピストが10代のあなたにすすめるACT〈アクセプタンス＆コミットメント・セラピー〉ワークブック―悩める人がイキイキ生きるための自分のトリセツ（Get Out of Your Mind & Into Your Life for Teens） ジョセフ・V.チャロッキ, ルイーズ・ヘイズ, アン・ベイリー著, 武藤崇監修, 大月友, 石津憲一郎, 下田芳幸監訳 星和書店 2016.7 197p 21cm 〈背のタイトル：セラピストが10代のあなたにすすめるACTワークブック 文献あり〉 1700円 ①978-4-7911-0937-1〔07132〕

ベイリー, ジョン Bailey, Jon S.

◇行動分析家の倫理―責任ある実践へのガイドライン（Ethics for Behavior Analysis 原著第2拡大版の翻訳） ジョン・ベイリー, メアリー・バーチ著, 日本行動分析学会行動倫理研究会訳 二瓶社 2015.3 359p 21cm 〈文献あり 索引あり〉 4200円 ①978-4-86108-072-2〔07133〕

ベイリー, スティーブン Bayley, Stephen

◇たった2%の"ピッチ"が人生の98%を変える（LIFE'S A PITCH） スティーブン・ベイリー, ロジャー・マビティ著, 黒沢修司訳 CCCメディアハウス 2015.8 276p 19cm 1700円 ①978-4-484-15118-2

内容 第1部 仕事術（人生とは決断である 情報を伝えるのではなく、心をつかむ 「役者」よりも「脚本」が重要 優れたピッチは手帳から始まる ほか） 第2部 人生哲学（なりたい自分を装う 印象を操作する 誘惑術を身につける 名作の手紙から ほか）〔07134〕

ペイリン, デイヴィッド・A.

◇イギリス宗教史―前ローマ時代から現代まで（A History of Religion in Britain） 指昭博, 並河葉子監訳, 赤江雄一, 赤瀬理穂, 指珠恵, 戸渡文子, 長谷川直子, 宮崎章訳, シェリダン・ギリー, ウィリアム・J.シールズ編 法政大学出版局 2014.10 629, 63p 22cm 〈文献あり 年表あり 索引あり〉 9800円 ①978-4-588-37122-6

内容 イングランドでの理性的宗教（デイヴィッド・A.ペイリン著, 指昭博訳）〔07135〕

ヘイル, ジョン

◇アリストテレス的現代形而上学（Contemporary Aristotelian Metaphysics） トゥオマス・E.タフコ編著, 加地大介, 鈴木生郎, 秋葉剛史, 谷川卓, 植村玄輝, 北村直彰訳 春秋社 2015.1 451, 17p 20cm （現代哲学への招待―Anthology 丹治信春監修） 〈文献あり 索引あり〉 4800円 ①978-4-393-32349-6

内容 四つのカテゴリーのうちふたつは余分か（ジョン・ヘイル著, 秋葉剛史訳）〔07136〕

ヘイル, L.B.　Hale, Lori Brandt
◇はじめてのボンヘッファー（Bonhoeffer for Armchair Theologians）　S.R.ヘインズ,L.B.ヘイル著, 船本弘毅訳　教文館　2015.1　214, 5p 19cm　〈文献あり 索引あり〉1800円　①978-4-7642-6713-8
内容 第1章 生涯　第2章 教会として存在するキリスト　第3章 高価な恵み　第4章 代理と形成としての倫理学　第5章 非宗教的キリスト教　第6章 遺産　〔07137〕

ベイルズ, ケビン　Bales, Kevin
◇グローバル経済と現代奴隷制―人身売買と債務で奴隷化される2700万人（Disposable People）　ケビン・ベイルズ著, 大和田英子訳　第2版　凱風社　2014.3　338p　21cm　〈索引あり〉2800円 ①978-4-7736-3804-2
内容 第1章 新しい奴隷制度　第2章 子供のように見えるから―タイ　第3章 忘却されざるいにしえ―モーリタニア　第4章 ぎりぎりの生活―ブラジル　第5章 奴隷はいつ奴隷でなくなるか―パキスタン　第6章 農夫の昼食―インド　第7章 今、何をなすべきか〔07138〕

ペイン, キム・ジョン　Payne, Kim John
◇ミニマル子育て―少ないは多いにまさる子どもと親が育ち合う（Simplicity Parenting）　キム・ジョン・ペイン, リサ・M.ロス著, 小山美奈訳　風濤社　2016.5　547p　19cm　〈文献あり〉1800円　①978-4-89219-414-6
内容 第1章 なぜミニマルにするのか？　第2章 心の風邪　第3章 環境　第4章 リズム　第5章 スケジュール　第6章 大人の世界から子どもを守る　最終章 実践にあたって〔07139〕

ベイン, ケン　Bain, Ken
◇世界を変えるエリートは何をどう学んできたのか？（WHAT THE BEST COLLEGE STUDENTS DO）　ケン・ベイン著, 藤井良江訳　日本実業出版社　2014.7　343, 7p　19cm　1750円　①978-4-534-05190-5
内容 第1章 世界を変えるエリートの「成功のルーツ」をひも解く　第2章 何が、彼らを「プロフェッショナル」にしたのか？　第3章 自分の「学びをマネジメント」する　第4章 「失敗」との付き合い方　第5章「面倒な問題」「やっかいな問題」との付き合い方　第6章 成功するまで続ける「モチベーション」のつくり方　第7章 "真のエリート"に共通するのは「好奇心」と「終わりなき学び」　第8章 "真のエリート"がしてきた「人生を変える学び方」〔07140〕

ペイン, トマス　Paine, Thomas
◇コモン・センス―アメリカを生んだ「過激な聖書」（COMMON SENSE）　トマス・ペイン著, 佐藤健志訳　完全版　PHP研究所　2014.8 281p　19cm　〈初版：岩波文庫 1953年刊〉1600円　①978-4-569-82030-9
内容 プロローグ 星条旗の理想と矛盾（トマス・ペインと『コモン・センス』　アメリカの本質を探る）　コモン・センス（政府はなぜ、何のために生まれたか？および、イギリスの国体についてズバリ物申す　王権や世襲制を批判する　アメリカをめぐる情勢について　われわれには独立する力がある！　および、いくつかの補足的な考察　増補新版付録（あらためて独立反対論を排す　クエーカーのパンフレットにたいする反論））　特別収録 愛国の霊言〔07141〕

ヘイン, ポール　Heyne, Paul T.
◇経済学入門―経済学の考え方（ECONOMIC WAY OF THINKING 原著第9版の抄訳）　ポール・ヘイン著, 木村憲二, 鈴木多加史, 福井南海男訳　丸善出版　2014.5　584p　21cm　〈ピアソン・エデュケーション 2003年刊の再刊　索引あり〉4200円　①978-4-621-06612-6
内容 経済学的な考え方　どこにでもある代替機会：需要の概念　機会費用と財の供給　供給と需要：その協業のプロセス　供給と需要：問題と応用　効率、交換、および比較優位　情報、仲介業者、および投機家価格設定と独占の問題　価格探索　競争と政府政策〔ほか〕〔07142〕

ベイン, A.　Bain, Alexander
◇倍因氏心理新説（Mental science（抄訳））　ベイン著, 井上哲次郎抄訳　立川　人間文化研究機構国文学研究資料館　2012.12　399p　21cm　（リプリント日本近代文学 206）〈原本：同盟舎 明治15年刊　発売：平凡社〉5800円　①978-4-256-90206-6〔07143〕

ベイン, M.マクドナルド　Bayne, Murdo MacDonald
◇ディヴァインヒーリング―イエスご自身が語られた御教え 英和対訳　M.マクドナルド・ベイン著, 重松義章訳　ILA　2014.3　520p　20cm　〈他言語標題：Divine healing of mind and body〉3000円　①978-4-907560-00-3〔07144〕

ヘインズ, アネット　Haines, Annette M.
◇1946年ロンドン講義録（The 1946 London Lectures）　マリア・モンテッソーリ著, アネット・ヘインズ編, 中村勇訳, AMI友の会NIPPON監修　風鳴舎　2016.10　335p　21cm　（国際モンテッソーリ協会〈AMI〉公認シリーズ 02）2970円　①978-4-907537-02-9
内容 生命への援助としての教育　科学的教育学　心理学に基づく教育　発達の段階　遺伝と創造　無意識の心理学　誕生時からの教育　ことばの発達　自然との調和　知性の鍵をあける〔ほか〕〔07145〕

ヘインズ, S.R.　Haynes, Stephen R.
◇はじめてのボンヘッファー（Bonhoeffer for Armchair Theologians）　S.R.ヘインズ,L.B.ヘイル著, 船本弘毅訳　教文館　2015.1　214, 5p 19cm　〈文献あり 索引あり〉1800円　①978-4-7642-6713-8
内容 第1章 生涯　第2章 教会として存在するキリスト　第3章 高価な恵み　第4章 代理と形成としての倫理学　第5章 非宗教的キリスト教　第6章 遺産〔07146〕

ベインド, アン・マリー
◇プロ・トレーダー―マーケットで勝ち続ける16人の思考と技術（TRADERS AT WORK）　ティム・ブールキン, ニコラス・マンゴー著, 森山文那生訳　日経BP社　2016.5　284p　21cm　〈発

売：日経BPマーケティング〉2200円 ①978-4-8222-5063-8
内容 キャリアウーマンから転身しフィボナッチの第一人者に（アン・マリー・ベインド述）〔07147〕

ベイントン, ダグラス・C. Baynton, Douglas C.
◇アメリカのろう者の歴史―写真でみる〈ろうコミュニティ〉の200年（Through Deaf Eyes） ダグラス・C.ベイントン, ジャック・R.ギャノン, ジーン・リンドキスト・バーギー著, 松藤みどり監訳, 西川美樹訳 明石書店 2014.10 163p 28cm 〈文献あり〉9200円 ①978-4-7503-4087-6
内容 第1章 はじめに 第2章 合衆国へのろう教育の到来 第3章 ろうコミュニティの誕生 第4章 手話をめぐる闘い 第5章 戦争と経済不況の時代 第6章 アクセスとアウェアネス〔07148〕

ベヴァリッジ, ウィリアム Beveridge, William Henry Beveridge, baron
◇ベヴァリッジ報告―社会保険および関連サービス（Social Insurance and Allied Servicesの抄訳） ウィリアム・ベヴァリッジ著, 一円光弥監訳, 森田慎二郎, 百瀬優, 岩永理恵, 田畑雄紀, 吉田しおり訳 京都 法律文化社 2014.10 299p 22cm 〈索引あり〉4200円 ①978-4-589-03632-2
内容 第1章 まえがきと要約 第2章 提案された主要な改革とその理由 第3章 3つの特殊問題 第4章 社会保障予算 第5章 社会保障計画 第6章 社会保障と社会政策〔07149〕

ベヴィエー, ローリー
◇経験学習によるリーダーシップ開発―米国CCLによる次世代リーダー育成のための実践事例（Experience-Driven Leader Development） シンシア・D.マッコーレイ,D.スコット・デリュ, ポール・R.ヨスト, シルベスター・テイラー編, 漆嶋稔訳 日本能率協会マネジメントセンター 2016.8 511p 27cm 8800円 ①978-4-8207-5929-4
内容 将来のリーダーを育成するジョブローテーション（ベラ・ティソツキ, ローリー・ベヴィエー）〔07150〕

ベェトゲ, ヨルク Baetge, Jörg
◇ドイツ会計現代化論 佐藤博明, ヨルク・ベェトゲ編著 森山書店 2014.4 185, 5p 22cm 〈索引あり〉3500円 ①978-4-8394-2140-3
内容 ドイツ会計の国際化（ヨルク・ベェトゲ, アイディン・ツェリック, マルクス・マイ著, 佐藤博明訳）〔07151〕

ベーカー, トーマス
◇テクストとは何か―編集文献学入門 明星聖子, 納富信留編 慶応義塾大学出版会 2015.10 258p 21cm 〈他言語標題：WHAT IS A TEXT？ 索引あり〉2200円 ①978-4-7664-2280-1
内容 遺稿編集の問題（トーマス・ベーカー著, 矢羽々崇訳）〔07152〕

ベーカー, ドン
◇北東アジアの歴史と記憶（Northeast Asia's Difficult Past） 金美景,B.シュウォルツ編著, 千葉真監修, 稲正樹, 福岡和哉, 寺田麻佑訳 勁草書房 2014.5 315, 9p 22cm 〈索引あり〉3200円 ①978-4-326-30226-0
内容 悪化させられた政治（ドン・ベーカー著, 稲正樹訳）〔07153〕

ベーカー, A.* Baker, Anna
◇嫌悪とその関連障害―理論・アセスメント・臨床的示唆（DISGUST AND ITS DISORDERS） B.O.オラタンジ,D.マッケイ編著, 堀越勝監修, 今田純雄, 岩佐和典監訳 京都 北大路書房 2014.8 319p 21cm 〈索引あり〉3600円 ①978-4-7628-2873-7
内容 食物, 身体, 精神：摂食障害における嫌悪の役割（Nicholas Troop, Anna Baker著, 福森崇貴訳）〔07154〕

ベーカーシュ, ラヨシュ
◇ヨーロッパ私法の展望と日本民法典の現代化 川角由和, 中田邦博, 潮見佳男, 松岡久和編 日本評論社 2016.3 541p 22cm （竜谷大学社会科学研究所叢書 第108巻）〈他言語標題：Perspectives of European Private Law and Modernization of Japanese Civil Code〉7000円 ①978-4-535-52165-0
内容 ヨーロッパ消費者保護法とハンガリー私法の法典化（ラヨシュ・ベーカーシュ著, 寺川永訳）〔07155〕

ベーカー・スミス, ドミニク Baker-Smith, Dominic
◇モアの「ユートピア」（More's Utopia） ドミニク・ベーカー・スミス著, 門間都喜郎訳 京都 晃洋書房 2014.4 234, 30p 22cm 〈文献あり 索引あり〉3800円 ①978-4-7710-2503-5
内容 第1章 起源 第2章「統治者の笏」 第3章 プラトン的風刺 第4章 慣習の是認 第5章 物語の保証書 第6章 進言の対話 第7章 社会の最善政体？ 第8章 言葉と行為 第9章 ユートピアを捜し求めて〔07156〕

ベーカー＝ブライアン, ニコラス・J. Baker-Brian, Nicholas J.
◇マーニー教―再発見された古代の信仰（MANICHAEISM） ニコラス・J.ベーカー＝ブライアン著, 青木健訳 青土社 2014.4 306, 22p 20cm 〈文献あり 索引あり〉2600円 ①978-4-7917-6772-4
内容 第1章 マーニー教の再発見―論争と資料（新旧の論争 「他者」としてのマーニー教 ほか） 第2章 マーニーの「多様な」生涯（マーニー教のアイデンティティー形成における宗教的伝記 マーニーは不可知か？ ほか） 第3章 マーニー教神学（1）―神学と文献（文献的使徒マーニー 「全ての秘義を青銅の碑版に記せ」―マーニーの福音の永続化 ほか） 第4章 マーニー教神学（2）―宇宙、祈禱、教会（マーニーの神話と聖職者 「不完全な序盤、弛緩した中盤、退屈な終盤」―神話の語り部マーニー ほか）〔07157〕

ヘーガン, ジョシュア Hagen, Joshua
◇境界から世界を見る―ボーダースタディーズ入門（BORDERS） アレクサンダー・C.ディーナー, ジョシュア・ヘーガン〔著〕, 川久保文紀訳 岩波書店 2015.4 190, 15p 19cm 〈文献あり

索引あり〉2200円 ①978-4-00-061043-8

内容 第1章 世界は境界だらけ　第2章 古代の境界と領域　第3章 近代の国家システム　第4章 境界を引く　第5章 境界を越える　第6章 境界を越える制度とシステム　エピローグ 境界に満ちた将来 〔07158〕

ペク, ジョンヒョン* 白 琮鉉

◇東アジアのカント哲学―日韓中台における影響作用史　牧野英二編　法政大学出版局　2015.3　260p　22cm　4500円 ①978-4-588-15072-2

内容 韓国におけるカント哲学研究の由緒と展開(白琮鉉著, 李美淑訳) 〔07159〕

ペク, チャンホン 白 贊弘

◇無礼者たちのクリスマス―韓国キリスト教保守主義批判　崔亨黙, 白贊弘, 金鎮虎著, 金忠一訳　大阪　かんよう出版　2014.12　380p　19cm 〈文献あり〉3200円 ①978-4-906902-36-1

内容 第1章 韓国キリスト教の保守化、力に向かった不適切なる憧憬(起源：一九〇七年の平壌大復興運動　維新体制・軍事政権期の裏取引 ほか)　第2章 アメリカ製の福音主義と韓国教会(アメリカ根本主義キリスト教の発展と没落　根本主義と初期の韓国教会―宣教師、神学、反共主義 ほか)　第3章 権力に向かった欲望、その排他的実践(無礼者たちの政治勢力化　無礼者たちのクリスマス ほか)　第4章 鼎談―自発的貧困を実践する、有意義なる少数にこそ未来がある(露日戦争と平壌大復興運動　洋大人意識と宣教師 ほか) 〔07160〕

ペク, ヨンソ 白 永瑞

◇共生への道と核心現場―実践課題としての東アジア　白永瑞著, 趙慶喜監訳　法政大学出版局　2016.7　415, 3p　20cm (サピエンティア 46)〈索引あり〉4400円 ①978-4-588-60346-4

内容 プロローグ 核心現場から問い直す「新しい普遍」―東アジア分断構造克服への道　第1部 東アジア論(核心現場に見いだす東アジア共生への道　連動する東アジア、問題として朝鮮半島―言説と連帯運動の二〇年　東アジア論と近代適応・近代克服の二重課題　平和に対する想像力の条件と限界―東アジア共同体論の省察)　第2部 中国 - 韓国 - 台湾(中華帝国論の東アジアにおける意味―批判的中国研究の模索　変わるものと変わらないもの―韓中関係の過去、現在、未来　私たちにとって台湾とは何か―韓国 - 台湾関係を問い直す)　第3部 社会人文学と批判的学問(社会人文学の地平を開く―その出発点としての「公共性の歴史学」　共感と批評の歴史学―東アジアの歴史和解のための提言　地球地域学としての韓国学の(不)可能性―東アジアの歴史和解のための提言　「東洋史学」の誕生と衰退―東アジアにおける学術制度の伝播と変形　韓国における中国学の軌跡と批判的中国研究　解説と対話 白永瑞―同時代の証言者) 〔07161〕

ベーク, A. Boeckh, August

◇解釈学と批判―古典文献学の精髄 (Encyklopädie und Methodologie der philologischen Wissenschaftenの抄訳)　A.ベーク著, 安酸敏真訳　知泉書館　2014.5　401p　23cm 〈索引あり〉6000円 ①978-4-86285-186-4

内容 序論(文献学の理念、またはその概念、範囲、最高目的　とくに文献学に関連してのエンツィクロペディーの概念　文献学的学問のエンツィクロペディーについての従来の試み ほか)　第1主要部 文献学的諸学問の形式的理論　第1部 解釈学の理論(文法的解釈　歴史的解釈　個人的解釈 ほか)　第2部 批判の理論(文法的批判　歴史的批判　個人的批判 ほか) 〔07162〕

ベグリー, シャロン Begley, Sharon

◇心を整えれば、シンプルに生きられる (The Emotional Life of Your Brain)　リチャード・デビッドソン, シャロン・ベグリー著, 茂木健一郎訳　三笠書房　2016.9　253p　15cm (王様文庫 B179-1)〈「脳には、自分を変える「6つの力」がある。」(2013年刊) の改題、再編集〉600円 ①978-4-8379-6797-2

内容 1 明らかになった「新しい法則」―あなたの心がもっている「不思議な力」　2 仕事、人間関係、健康、運…問いかけに答えるだけで、真実が見えてくる　3 あなたは「こんな可能性」をもって生まれてきた―"感情"が教えてくれるメッセージ　4「イキイキとした毎日」を保つために―幸せを、体のすみずみにまで満たす法　5 もう「他の誰か」を目指さなくていい―「本当の自分」の伸ばし方、活かし方　6 世界で大ブームの「瞑想」とは―ダライ・ラマが教えてくれた「心と体にいいこと」　7 1日5分の奇跡！ 効果を実感してください―365日、楽しい「マインドフルネス」生活 〔07163〕

ペゲラー, オットー Pöggeler, Otto

◇ヘーゲル講義録研究 (Nachschriften von Hegels Vorlesungen)　オットー・ペゲラー編, 寄川条路監訳　法政大学出版局　2015.11　279, 2p　22cm 〈索引あり〉3000円 ①978-4-588-15074-6

内容 ヘーゲル研究(オットー・ペゲラー著, 寄川条路訳) 〔07164〕

ヘーゲル, G.W.F. Hegel, Georg Wilhelm Friedrich

◇哲学史講義 1 (Vorlesungen über die Geschichte der Philosophie)　G.W.F.ヘーゲル著, 長谷川宏訳　河出書房新社　2016.9　473p　15cm (河出文庫 へ11-1)〈「哲学史講義 上・中・下巻」(1992〜1993年刊) の加筆・修正、4分冊〉1500円 ①978-4-309-46601-9

内容 序論(哲学史とはなにか　哲学と哲学以外の領域との関係　哲学史の時代区分、資料、論じかた)　東洋の哲学(中国の哲学　インドの哲学)　第1部 ギリシャの哲学(タレスからアリストテレスまで) 〔07165〕

◇哲学史講義 2 (Vorlesungen über die Geschichte der Philosophie)　G.W.F.ヘーゲル著, 長谷川宏訳　河出書房新社　2016.10　459p　15cm (河出文庫 へ11-2)〈「哲学史講義 上・中巻」(1992年刊) の加筆・修正、4分冊〉1500円 ①978-4-309-46602-6 〔07166〕

◇哲学史講義 3 (Vorlesungen über die Geschichte der Philosophie)　G.W.F.ヘーゲル著, 長谷川宏訳　河出書房新社　2016.11　465p　15cm (河出文庫 へ11-3)〈「哲学史講義 上・中・下巻」(1992〜1993年刊) の加筆・修正、4分冊〉1500円 ①978-4-309-46603-3

内容 第1部 ギリシャの哲学(つづき)(独断主義と懐疑主義　新プラトン派)　第2部 中世の哲学(アラビアの哲学　スコラ哲学　学問の復興) 〔07167〕

◇哲学史講義　4（Vorlesungen über die Geschichte der Philosophie）　G.W.F.ヘーゲル著, 長谷川宏訳　河出書房新社　2016.12　497, 5p　15cm　（河出文庫 へ11-4）〈「哲学史講義 上・中・下巻」(1992～1993年刊)の加筆・修正、4分冊　索引あり〉1600円　①978-4-309-46604-0
内容 第3部 近代の哲学(ベーコンとベーメ　思考する知性の時代　最新のドイツ哲学)　〔07168〕

ベコート, ヴィンセント　Bacote, Vincent
◇だれもが知りたいキリスト教神学Q&A（Theology Questions Everyone Asks）　G.M.バーグ,D.ラウバー編, 本多峰子訳　教文館　2016.3　235p　21cm　〈文献あり〉2800円　①978-4-7642-7405-1
内容 私たちはいかに生きるべきか(ヴィンセント・ベコート)　〔07169〕

ベーコン, フランシス　Bacon, Francis
◇随筆集　ベーコン〔著〕, 成田成寿訳　中央公論新社　2014.9　24, 356p　18cm　（中公クラシックス W77）〈年譜あり〉1850円　①978-4-12-160150-6
内容 真理について　死について　宗教の統一について　復讐について　逆境について　擬装と隠蔽について　親と子について　結婚と独身生活について　嫉妬について　恋愛について〔ほか〕　〔07170〕

ベサント, アニー　Besant, Annie
◇シークレット・ドクトリン　第3巻上　科学、宗教、哲学の統合（The Secret Doctrine.Volume 3）　H.P.ブラヴァツキー原著, アニー・ベサント編著, 加藤大典訳　文芸社　2016.8　537p　15cm　1000円　①978-4-286-17243-9　〔07171〕

ベシュテル, G.　Bechtel, Guy
◇万国奇人博覧館（LE LIVRE DES BIZARRES）　J-C.カリエール,G.ベシュテル著, 守能信次訳　筑摩書房　2014.5　732p　15cm　（ちくま文庫 か65-1）　1500円　①978-4-480-43165-3
内容 愛書家　アイッサウア族　アイドル崇拝　アイホルン兄弟　アイム　アインシュタイン　アヴォーアーズ　遊び人　アドレス〔ほか〕　〔07172〕

ヘスター, スティーヴン　Hester, Stephen
◇エスノメソドロジーへの招待─言語・社会・相互行為（An Invitation to Ethnomethodology）　デイヴィッド・フランシス, スティーヴン・ヘスター著, 中河伸俊, 岡田光弘, 是永論, 小宮友根訳　京都　ナカニシヤ出版　2014.4　382p　21cm　〈文献あり 索引あり〉3000円　①978-4-7795-0829-5
内容 1章 社会的相互行為、言語、社会　2章 エスノメソドロジーをする　3章 エスノメソドロジーと自己省察　4章 家族生活と日常会話　5章 公共の場所に出かける　6章 助けてもらうためにトークを使う　7章 教育を観察する　8章 医者にかかる　9章 組織のなかで働く　10章 科学を観察する　11章 エスノメソドロジーの原初的な性格　〔07173〕

ヘステネス, R.　Hestenes, Roberta
◇グループで聖書を学ぶABC（Using the Bible in Groups）　R.ヘステネス〔著〕, 朴憲郁, 上田好春訳　日本キリスト教団出版局　2014.8　226p　21cm　〈文献あり 索引あり〉2400円　①978-4-8184-0899-9　〔07174〕

ベスト, アントニー　Best, Antony
◇大英帝国の親日派─なぜ開戦は避けられなかったか　アントニー・ベスト著, 武田知己訳　中央公論新社　2015.9　297p　20cm　（中公叢書）〈年表あり 索引あり〉2200円　①978-4-12-004757-2
内容 第1部 イギリスの極東政策をめぐって─戦略としての親日(オースティン・チェンバレンとネヴィル・チェンバレン─日英で相反する人物像　ジョン・サイモン─満州危機に直面した外務大臣　ロバート・クライブ─親日派と対日強硬派の狭間で　ロバート・クレーギー─対日妥協から日本封じ込めへ　アンソニー・イーデン─"懐疑的な"外務大臣　ハリファックス卿─宥和主義者という誤解)　第2部 駐英日本大使館と大英帝国の親日派たち─親日という幻想(重光葵─イギリス分析は正しかったのか　アーサー・エドワーズ─逆効果だった"素人外交"　ハンキー卿とR.A.バトラー─戦後の重光への好意と礼節　センピル卿─機密漏洩の疑惑　F・S・G・ピゴット─誰よりも日本を愛した男)　第3部 和解と展望─軍事・政治・経済(ウィンストン・チャーチル─徹底した現実主義者の対日観　吉田茂─日英親善という宿願)　〔07175〕

ペストゥシコ, Iu・S.
◇日ロ関係史─パラレル・ヒストリーの挑戦　五百旗頭真, 下斗米伸夫,A.V.トルクノフ,D.V.ストレリツォフ編　東京大学出版会　2015.9　713, 12p　22cm　〈年表あり〉9200円　①978-4-13-026265-1
内容 「例外的に友好な」露日関係(Iu.S.ペストゥシコ,Ia.A.シュラートフ著, 加納格訳)　〔07176〕

ヘスペ, フランツ
◇ヘーゲル講義録研究（Nachschriften von Hegels Vorlesungen）　オットー・ペゲラー編, 寄川条路監訳　法政大学出版局　2015.11　279, 2p　22cm　〈索引あり〉3000円　①978-4-588-15074-6
内容 世界史の哲学講義(フランツ・ヘスペ著, 野尻英一訳)　〔07177〕

ヘスラー, ピーター　Hessler, Peter
◇北京の胡同(フートン)（STRANGE STONES）　ピーター・ヘスラー著, 栗原泉訳　白水社　2014.3　304p　19cm　2200円　①978-4-560-08346-8
内容 野性の味　北京の胡同　長城を歩く　海辺のサミット　新興都市の娘　三峡ダムに沈む　奇石　大人になったら　カルテット　ホーム&アウェイ　地元チーム　車の町　中国のバルビゾン派　西部へ　〔07178〕

ペゼアセン, カリーナ
◇民主政治はなぜ「大統領制化」するのか─現代民主主義国家の比較研究（The Presidentialization of Politics）　T.ポグントケ,P.ウェブ編, 岩崎正洋監訳　京都　ミネルヴァ書房　2014.5　523, 7p　22cm　〈索引あり〉8000円　①978-4-623-07038-1

内容 デンマーク（ティム・クヌッセン, カリーナ・ペゼアセン著, 渡辺博明訳）〔07179〕

ペセック, ウィリアム　Pesek, William
◇ジャパナイゼーション—日本の「失われた数十年」から、世界は何を学べるのか？（Japanization）ウィリアム・ペセック著, 北村京子訳, 小谷野俊夫金融用語監修　作品社　2016.3　315p　19cm〈文献あり〉1800円　①978-4-86182-572-9
内容 第1章 経済の亀裂を覆い隠す日本の金融政策　第2章 女性をめぐる問題—慣習的な性差別が成長を阻害する　第3章 一〇〇〇兆円の怪物—肥大した債券市場がすべてを支配する　第4章 福島エフェクト—蔓延する「身内びいき」が日本をダメにする　第5章 ガラパゴスの国—孤立主義が日本の進化を妨げる　第6章 ハローキティは外交使節にあらず—素人外交が日本を貶める　第7章 アベノミクスは世界を救えるか〔07180〕

ヘーゼルデン財団
◇プログラムフォーユー—アディクションから回復するための12のステップ（A program for you）A Program for You翻訳チーム訳　ジャパンマック　2011.12　197p　21cm〈発売：萌文社〉1500円　①978-4-89491-318-9〔07181〕
◇プログラムフォーユー—アディクションから回復するための12のステップ（A Program for You）ヘイゼルデン・ファウンデーション著, A Program for You翻訳チーム訳　ジャパンマック　2013.6　197p　21cm〈発売：萌文社〉1500円　①978-4-89491-318-9
内容 ビッグブックの始まり　ビッグブックを正しく活用する　問題を理解する　アルコホリズムの二つの側面　強迫観念の本質　ビル・Wの物語から学ぶ　フェローシップとスピリチュアルな体験　健康な心とスピリチュアリティ　信じることと、確信すること　自分の意志　オール・オア・ナッシング　棚卸し　さらに恨みについて　恐れを克服する　性（セックス）の問題　回復に向けて　埋め合わせ　スピリチュアル（霊的）な次元　祈りと黙想　スピリチュアル（霊的）な目覚め〔07182〕

ペーター, ニクラウス　Peter, Niklaus
◇信仰のいろはをつづる—魂の解剖図と告白　ニクラウス・ペーター著, 大石周平訳　札幌　一麦出版社　2014.10　262p　19cm（フラウミュンスター教会説教集 1）2400円　①978-4-86325-072-7
内容 1 信仰告白—信仰のいろはをつづる・クルヘッセン・ヴァルデック福音主義教会信仰告白（驚きと告白—創造　神への愛と隣人への愛—似姿性　選び - 自己目的でなく—契約　神の問いと答え—イエス・キリスト ほか）2 魂の解剖図としての詩編（みことばのよろこび—詩編一　隠された神の顔—詩編一三　神は中心に—詩編一六　主日と週日、二重の視点—詩編九二 ほか）来日説教 目覚めて眠らぬ魂の応答〔07183〕

ペータース, ブノワ　Peeters, Benoît
◇デリダ伝（DERRIDA）ブノワ・ペータース著, 原宏之, 大森晋輔訳　白水社　2014.12　769, 76p　22cm〈著作目録あり 索引あり〉10000円　①978-4-560-09800-4
内容 第1部 ジャッキー（エチオピア皇帝　アルジェの太陽の下で　ルイ＝ル＝グラン中高学校の塀の中で ほか）第2部 デリダ（フッサールからアルトーへ　アルチュセールの影の下で　エクリチュールそのもの ほか）第3部 ジャック・デリダ（脱構築の領土　ハイデガー事件からド・マン事件へ　熾烈な記憶 ほか）付録〔07184〕

ペーターセン, エイミー
◇ディスアビリティ現象の教育学—イギリス障害学からのアプローチ　堀正嗣監訳　現代書館　2014.3　308p　21cm（熊本学園大学付属社会福祉研究所社会福祉叢書 24）4000円　①978-4-7684-3531-1
内容 障害のあるアフリカ系アメリカ人女性（エイミー・ペーターセン著, 徳永恵美香訳）〔07185〕

ベッカー, アーヴィング・S.　Becker, Irving S.
◇世界の優れた人材を獲得する役員報酬制度設計・運用の実務（UNDERSTANDING EXECUTIVE COMPENSATION 原著第2版の翻訳）アーヴィング・S.ベッカー, ウィリアム・M.ゲレック編著, ヘイコンサルティンググループ訳　中央経済社　2014.7　273p　21cm〈索引あり〉3200円　①978-4-502-09780-5
内容 第1部 役員報酬の設計と戦略（報酬戦略　基本報酬　短期インセンティブ ほか）第2部 ガバナンス、開示、報酬委員会（報酬委員会のガバナンス　報酬委員会のツールとCEOの業績評価　役員報酬の開示 ほか）第3部 特殊な状況における役員報酬（合併と買収）〔07186〕

ベッカー, カール　Becker, Carl B.
◇愛する者は死なない—東洋の知恵に学ぶ癒し　カール・ベッカー編著, 駒田安紀監訳　京都　晃洋書房　2015.3　151p　20cm（京都大学こころの未来研究センターこころの未来叢書 2）1500円　①978-4-7710-2535-6
内容 第1章 日本人の死生観（死を恐れる日本人　死別悲嘆のもたらす影響 ほか）第2章 悲しみと慰め—死別研究で見過ごされてきた領域（慰めは悲しみを和らげる　悲嘆を和らげるということ ほか）第3章 中国人遺族の経験—彼女は、私たちの新しい家を準備するために天国に行っただけだと思います。（良いお別れを　方法論—遺族がカウンセリングを受けるには勇気が必要である 研究実施場所と協力者 ほか）第4章 香港の中国人遺族における死別体験の社会的共有（中国文化における社会的共有と死別　香港における死別体験の社会的共有 ほか）第5章 観想的な終末期医療を学ぶ研修プログラム—死とともに生きること（存在の力（そばに居ることの意味）バランスのとれた思いやりの育成 ほか）〔07187〕

ベッカー, ジョシュア　Becker, Joshua
◇より少ない生き方—ものを手放して豊かになる（THE MORE OF LESS）ジョシュア・ベッカー著, 桜田直美訳　かんき出版　2016.12　309, 8p　19cm　1500円　①978-4-7612-7227-2
内容 より少ない生き方を始める　ものを減らして自由になる　自分らしいより少ない生き方を見つける　消費社会の罠を知り尽くす　自分の中にある「欲しい」という気持ちを探る　簡単なところからものを手放していく　どうしても手放せないものと向き合う　少

ないもので暮らす実験をする　より少ない生き方を維持する　家族でより少ない生き方をする　ものを手放して「意味のある人生」を実現する　何のために生きるのかを見つめる　ものの少ない暮らしの先にあるもの　〔07188〕

ベッカー, ハルトムート　Becker, Hartmuth

◇シュミットとハーバーマスにおける議会主義批判（Die Parlamentarismuskritik bei Carl Schmitt und Jürgen Habermas 原著第2版の翻訳）　ハルトムート・ベッカー著, 永井健晴訳　風行社　2015.11　331, 18p　22cm　〈索引あり〉 4500円　①978-4-86258-095-5

内容 A 序論（叙述方法　問題設定）　B 議会主義批判1—カール・シュミットによる否定（カール・シュミットの同時代診断　シュミットの国家理論的構想の諸限界）　C 議会主義批判2—ユルゲン・ハーバーマスによる肯定（政治システムの発展と変容の過程　ハーバーマスの立場の問題構制に寄せて）　D 対置：親近性と差異性—ユルゲン・ハーバーマスにおけるシュミット思想（思惟カテゴリー）の受容に寄せて（諸注　哲学的基礎づけ　再現前（代表）の理念　公共性（公開性）の概念に寄せて　民主制理解　議会主義の誤って思い込まれた没落　法治国家における合法性と正当性の間の緊張関係に寄せて　現代的福祉国家への転回）　E 結語　〔07189〕

ベック, ウェイン

◇ディスアビリティ現象の教育学—イギリス障害学からのアプローチ　堀正嗣監訳　現代書館　2014.3　308p　21cm　（熊本学園大学付属社会福祉研究所社会福祉叢書 24）　4000円　①978-4-7684-3531-1

内容 エーリッヒ・フロム思想からみる注意欠陥多動性障害と教育における障害化（ウェイン・ベック著, 高橋真琴訳）　〔07190〕

ベック, ウルリッヒ　Beck, Ulrich

◇世界リスク社会（WORLD RISK SOCIETY）　ウルリッヒ・ベック〔著〕, 山本啓訳　法政大学出版局　2014.1　293, 29p　20cm　（叢書・ウニベルシタス 1004）　〈文献あり 索引あり〉 3600円　①978-4-588-01004-0

内容 第1章 序—コスモポリタン宣言　第2章 コスモポリタン社会としての世界リスク社会？　—不確実性を生みだす枠組みが抱えるエコロジーの問題　第3章 産業社会からリスク社会へ—生存、社会構造、エコロジー的啓蒙の問題　第4章 リスク社会と福祉国家　第5章 サブ・ポリティクス—エコロジーと制度がもつパワーの統一性の喪失　第6章 認識か、無意識か？—「再帰的近代化」をめぐる二つの視点　第7章 リスク社会再論—理論、政治、批判、研究プログラム　〔07191〕

◇愛は遠く離れて—グローバル時代の「家族」のかたち（FERNLIEBE）　ウルリッヒ・ベック, エリーザベト・ベック＝ゲルンスハイム〔著〕, 伊藤美登里訳　岩波書店　2014.3　303, 16p　20cm　〈文献あり〉 3600円　①978-4-00-022081-1

内容 第1章 標準家族はいかにして世界家族に変化するのか　第2章 ふたつのネーション、一組のカップル—相互理解と誤解の歴史　第3章 どれほどの遠さとどれほどの近さに愛は耐えうるのか　第4章 世界市場、世界宗教、世界リスク、世界家族—地球規模の運命共同体はいかにして登場するのか　第5章 結婚移住者—より良い人生という夢　第6章 家事労働移住者—遠方からの母の愛　第7章 男性支配の消滅か、なぜ世界家族では女性が勝利をおさめるのか　中間考察 グローバル化の好機—トランスナショナルな経済企業としての世界家族　第8章 母はスペインの卵細胞—子どもを授かるための旅行とグローバルなパッチワーク家族　第9章 一緒だが離れて—世界家族というモデル　第10章 世界家族はいかに世界に対して開かれているか　〔07192〕

◇世界内政のニュース（Nachrichten aus der Weltinnenpolitik（重訳））　ウルリッヒ・ベック〔著〕, 川端健嗣, ステファン・メルテンス訳　法政大学出版局　2014.9　249, 5p　20cm　（叢書・ウニベルシタス 1016）　〈索引あり〉 2800円　①978-4-588-01016-3

内容 1 世界内政のニュース（キノコと新たな資本主義の花盛り（二〇〇九年七月）　原子力大型ジェット機にご搭乗の皆さまへ—着陸用の滑走路のご質問はお控えください（二〇〇九年八月）　この白昼堂々の不公正！（二〇〇九年九月）　金銭による損害補償（二〇〇九年十月）　不法滞在の世界市民（二〇〇九年十一月）ほか）　2 最終的な諸考察（世界内政とは何を意味するのか　政治の出る幕はないと見なされている時代の五つの欺瞞）　〔07193〕

◇国際社会学の射程—社会学をめぐるグローバル・ダイアログ　西原和久, 芝真里編訳　東信堂　2016.2　118p　21cm　（国際社会学ブックレット 1）　1200円　①978-4-7989-1336-0

内容 社会学におけるコスモポリタン的転回 他（U.ベック著, 西原和久訳）　〔07194〕

ベック, クライヴ　Beck, Clive

◇教員養成の新視点—カナダからの提言（PRIORITIES IN TEACHER EDUCATION）　クレア・コズニック, クライヴ・ベック著, 山根耕平監訳, 隈元泰弘, 新茂之, 宮崎宏志, 中植正剛訳　京都　晃洋書房　2015.12　270p　21cm　〈文献あり 索引あり〉 3100円　①978-4-7710-2656-8

内容 第1章 プログラム・プランニング　第2章 児童の評価　第3章 クラスの編成とコミュニティー　第4章 インクルーシブ教育　第5章 教科内容と教授法　第6章 専門家としてのアイデンティティー　第7章 学校教育のビジョン　〔07195〕

ペック, グラハム　Peck, Graham

◇蒙古案内記—附大同石仏案内記　支那蒙古遊記（Through China's Wall）　岩崎継生著, グラハム・ペック著, 高梨菊二郎訳　大空社　2014.4　72, 43, 443p　22cm　（アジア学叢書 278）　〈布装　再版 蒙彊新聞社 昭和14年刊の複製　青年書房 昭和15年刊の複製〉 23000円　①978-4-283-01127-4

内容 総説　地勢　気候　住民　風俗　宗教　古代文化　行政　産業　金融〔ほか〕　〔07196〕

ベック, ジュディス・S.　Beck, Judith S.

◇認知行動療法実践ガイド：基礎から応用まで—ジュディス・ベックの認知行動療法テキスト（Cognitive Behavior Therapy 原著第2版の翻訳）　ジュディス・S.ベック著, 伊藤絵美, 神村栄一, 藤沢大介訳　星和書店　2015.7　531p

21cm 〈文献あり 索引あり〉4500円 ①978-4-7911-0907-4 〔07197〕

ヘック, ステファン　Heck, Stefan

◇リソース・レボリューションの衝撃―100年に1度のビジネスチャンス（RESOURCE REVOLUTION） ステファン・ヘック, マット・ロジャーズ著, 関美和訳 プレジデント社 2015.9 357p 19cm 〈文献あり〉1800円 ①978-4-8334-2143-0

内容 1 100年に1度のビジネスチャンス 2 石油の掘削はジョイスティックで 3 10倍の資源効率で自動車業界が激変 4 建設業界という巨大フロンティア 5 モノのインターネットとスマートグリッド 6 タイミングがすべて 7 太陽光発電の教訓 8 ネットワーク組織とソフトウェア人材 9 革命を担う12のビジネスアイデア 〔07198〕

ベック, マーサ　Beck, Martha Nibley

◇しっくりくることだけ、やりなさい―あなただけの「幸せの北極星」の見つけ方（FINDING YOUR OWN NORTH STAR） マーサ・ベック著, 森田由美訳 パンローリング 2014.10 375p 19cm （フェニックスシリーズ 22） 1600円 ①978-4-7759-4128-7

内容 引き裂かれた2つの自己 「本当の自己」の声に耳を傾ける 心からの「イエス」を聞き逃さない 周りの目は気にしない 心の羅針盤を読む 進路を定める 心の羅針盤を読む 上級編―直感を信じよう 変化の地図 1マス目―死と再生 2マス目―夢づくり、計画づくり 3マス目―英雄の冒険記 4マス目―約束の地 〔07199〕

ベック, H.　Beckh, Hermann

◇仏教 上 第一部仏陀（BUDDHISMUS : BUDDHA UND SEINE LEHRE） ベック著, 渡辺照宏訳 岩波書店 2014.6 177, 6p 15cm （岩波文庫） 600円 ①4-00-333241-5

内容 第1部 仏陀（伝説上の仏陀 歴史上の仏陀） 〔07200〕

◇仏教 下 第二部教理（BUDDHISMUS : BUDDHA UND SEINE LEHRE） ベック著, 渡辺照宏, 渡辺重朗訳 岩波書店 2014.6 168, 10p 15cm （岩波文庫） 600円 ①4-00-333242-3

内容 第2部 教理（一般的観点―苦悩についての真理と道 道の諸段階） 〔07201〕

ベック, H.G.　Beck, Hans Georg

◇ビザンツ世界論―ビザンツの千年（Das Byzantinische Jahrtausend (2/E.)） H.-G.ベック著, 戸田聡訳 知泉書館 2014.3 561, 39p 22cm 〈文献あり〉9000円 ①978-4-86285-182-6 〔07202〕

ベック=ゲルンスハイム, エリーザベト　Beck-Gernsheim, Elisabeth

◇愛は遠く離れて―グローバル時代の「家族」のかたち（FERNLIEBE） ウルリッヒ・ベック, エリーザベト・ベック=ゲルンスハイム〔著〕, 伊藤美登里訳 岩波書店 2014.3 303, 16p 20cm 〈文献あり〉3600円 ①978-4-00-022081-1

内容 第1章 標準家族はいかにして世界家族に変化するのか 第2章 ふたつのネーション、一組のカップル―相互理解と誤解の歴史 第3章 どれほどの遠さとどれほどの近さに愛は耐えうるのか 第4章 世界市場、世界宗教、世界リスク、世界家族―地球規模の運命共同体はいかにして登場するのか 第5章 結婚移住者―より良い人生という夢 第6章 家事労働移住者―遠方からの母の愛 第7章 男性支配の消滅か、なぜ世界家族では女性が勝利をおさめるのか 中間考察 グローバル化の好機―トランスナショナルな経済企業としての世界家族 第8章 母はスペインの卵細胞―子どもを授かるための旅行とグローバルなパッチワーク家族 第9章 一緒だが離れて―世界家族というモデル 第10章 世界家族はいかに世界に対して開かれているか 〔07203〕

ベックナー, レベッカ　Beckner, Rebecca

◇いじめ、学級崩壊を激減させるポジティブ生徒指導〈PBS〉ガイドブック―期待行動を引き出すユニバーサルな支援（IMPLEMENTING POSITIVE BEHAVIOR SUPPORT SYSTEMS IN EARLY CHILDHOOD AND ELEMENTARY SETTINGS） メリッサ・ストーモント, チモシー・J.ルイス, レベッカ・ベックナー, ナンシー・W.ジョンソン著, 市川千秋, 宇田光監訳 明石書店 2016.9 153p 21cm 〈文献あり〉2400円 ①978-4-7503-4402-7

内容 第1章 ポジティブ生徒指導により、問題行動を起きなくする 第2章 体制づくりを支援する 第3章 委員会を立ち上げ、引っ張る 第4章 期待行動を教える 第5章 適切な行動を支援する 第6章 矯正的な指導をする 第7章 データに基づいて意思決定する 第8章 小集団および個別支援の基盤をつくる 〔07204〕

ヘックマン, ジェームズ・J.　Heckman, James Joseph

◇幼児教育の経済学（Giving Kids a Fair Chance） ジェームズ・J.ヘックマン著, 古草秀子訳 東洋経済新報社 2015.7 127p 20cm 1600円 ①978-4-492-31463-0

内容 1 子供たちに公平なチャンスを与える（両極化 認知力を超えるもの 幼少期の重要性 ほか） 2 各分野の専門家によるコメント（職業訓練プログラムも成果を発揮する―カリフォルニア大学ロサンゼルス校大学院教育・情報学部教授 マイク・ローズ 幼少期の教育は母親の人生も改善する―ジョージタウン大学法律センター法学および哲学教授 ロビン・ウェスト 幼少期の教育的介入に否定的な報告もある―アメリカンエンタープライズ研究所W・H・ブレイディ研究員 チャールズ・マレー ほか） 3 ライフサイクルを支援する 〔07205〕

ベッケール, ジャン=ジャック　Becker, Jean Jacques

◇第一次世界大戦（La Grande Guerre） ジャン=ジャック・ベッケール著, 幸田礼雅訳 白水社 2015.9 161, 5p 18cm （文庫クセジュ 1001） 〈文献あり〉1200円 ①978-4-560-51001-8

内容 第1章 なぜ戦争か？（二十世紀初めのヨーロッパにおける国際関係と世論 サラエヴォ事件 動き出した歯車 ほか） 第2章 西部戦線（総動員 シェリーフェン・プラン マルヌの戦いの後 ほか） 第3章 東部戦線（動因とロシア国民 戦争 銃後の戦い ほか） 第4章 南部戦線（それぞれの参戦 オスマン帝国、イタリア、ブルガリア、ルーマニア 分散する戦争 ほか） 第5章 全面戦争（封鎖と反封鎖 アメリカの参

戦）第6章 最後の一五分（徹底抗戦　「決戦」一つの時代の終わり）〔07206〕

ベッケル=ホー, アリス　Becker-Ho, Alice

◇ヴェネツィア、最初のゲットー（LE PREMIER GHETTO OU L'EXEMPLARITÉ VÉNITIENNE）アリス・ベッケル＝ホー著, 木下誠訳　水声社　2016.3　237p　20cm　2800円　①978-4-8010-0152-7

内容 第1章 都市の土台　第2章 国際色豊かな街　第3章 ユダヤ人共同体―追放に次ぐ追放　第4章 都市国家ヴェネツィア　第5章 ユダヤ人ゲットー　第6章 失われたゲットーを求めて〔07207〕

ヘッシェル, A.J.　Heschel, Abraham Joshua

◇人間とは誰か（WHO IS MAN？）A.J.ヘッシェル〔著〕, 中村匡克訳　新版　日本キリスト教団出版局　2015.5　222p　19cm〈初版：日本基督教団出版局 1977年刊〉2200円　①978-4-8184-0920-0〔07208〕

ベッショ, シュンイチロウ*　別所 俊一郎

◇包括的で持続的な発展のためのユニバーサル・ヘルス・カバレッジ―日本からの教訓（Universal health coverage for inclusive and sustainable development）池上直己編著　日本国際交流センター　2014.9　240p　21cm〈文献あり〉①978-4-88907-139-9

内容 日本の社会保険制度間の財政不均衡（高久玲音, 別所俊一郎, 西村周三, 池上直己）〔07209〕

ヘッセ, モニカ

◇名前のない母子をみつめて―日本のこうのとりのゆりかご ドイツの赤ちゃんポスト　蓮田太二, 柏木恭典著　京都　北大路書房　2016.4　200p　19cm〈文献あり〉1800円　①978-4-7628-2933-8

内容 社会の片隅で妊娠と出産に苦しむ女性たちをみつめて（モニカ・ヘッセ著, 柏木恭典訳）〔07210〕

ベッセル, リチャード　Bessel, Richard

◇ナチスの戦争1918-1949―民族と人種の戦い（NAZISM AND WAR）リチャード・ベッセル著, 大山晶訳　中央公論新社　2015.9　339p　18cm（中公新書 2329）〈文献あり〉960円　①978-4-12-102329-2

内容 第1章 第一次世界大戦の余波とナチズムの台頭（ヒトラーの決意　ドイツ帝国の崩壊 ほか）第2章 ナチ政権と戦争への道（人種闘争という総合的な目標　陸軍とヒトラーの協力体制 ほか）第3章 ナチズムと第二次世界大戦（ヨーロッパの人種構成を塗り替える戦い　ポーランド侵攻で見えたもの ほか）第4章 第二次世界大戦の余波（総統の自殺　ナチ幹部の自殺者たち ほか）〔07211〕

ペッター, フランク・アジャバ　Petter, Frank Arjava

◇This is霊気―その謎と真実を解き明かす、聖なるレイキの旅　フランク・アジャバ・ペッター著, 高丸悦子訳　BABジャパン　2014.8　285p　19cm　1600円　①978-4-86220-854-5

内容 第1章 霊気の歴史を紐解く（臼井先生と臼井霊気療法学会　林先生と林霊気研究会　霊気ファミリー山口家）第2章 霊気ゆかりの地へ足を伸ばす（日本を体験する）第3章 霊気の歴史的、文化的、宗教的背景（ある出逢い）第4章 霊気の実践（霊気による癒し　霊気の中核としての病腺　日本の伝統的霊気テクニック）特別収録（小山先生の指導ハンドブックより　私の健康法と霊気療法、苫米地義三　小川二三男先生へのインタビュー　山口千代子先生へのインタビュー　感謝の言葉）〔07212〕

ペッティナート, トゥオノ　Pettinato, Tuono

◇マンガエニグマに挑んだ天才数学者チューリング（ENIGMA）フランチェスカ・リッチョーニ原作, トゥオノ・ペッティナート漫画, 竹内薫訳　講談社　2015.4　123p　19cm〈文献あり〉1500円　①978-4-06-219526-3〔07213〕

ヘッペル, マイケル　Heppell, Michael

◇「ダメな私」を今すぐやめる200のアイデア―「デキる自分」に生まれ変わる超逆転思考術（FLIP IT）マイケル・ヘッペル著, 前田雅子訳　CCCメディアハウス　2015.2　275p　19cm　1600円　①978-4-484-15106-9

内容 01「フリップ思考」とは？（問いかけの力　ポジティブな言葉の力 ほか）02 自信と幸福のためのフリップ思考（不安を自信に変える　あいまいな記憶を有効に使う ほか）03 友人、恋人、家族のためのフリップ思考（友人関係　恋愛 ほか）04 健康のためのフリップ思考（あなたは健康？　健康を手に入れよう ほか）05 お金のためのフリップ思考（まずは自分のために使う　たくさん稼ごう ほか）06 成功のためのフリップ思考（欠点は財産　ルールを破る ほか）07 創造力のためのフリップ思考（ルーティンを壊す　子供のように考える ほか）08 仕事のためのフリップ思考（なぜ仕事に行くのか？　好きなことを仕事に ほか）09 輝かしい未来のためのフリップ思考（「もし～だったら」思考　可能性はあなた次第 ほか）10 何をやってもうまくいかないときのフリップ思考（目覚め　起き上がって動き出す ほか）11 その他すべてのためのフリップ思考（希望という戦略　なくしたものを見つける ほか）〔07214〕

ペティグリー, アンドルー　Pettegree, Andrew

◇印刷という革命―ルネサンスの本と日常生活（THE BOOK IN THE RENAISSANCE）アンドルー・ペティグリー著, 桑木野幸司訳　白水社　2015.8　575, 70p　20cm〈文献あり 索引あり〉4800円　①978-4-560-08443-4

内容 第1部 はじまり（印刷時代以前の書物　印刷術の発明　ルネサンスとの危険な出会い―印刷術の危機）第2部 根づいてゆく印刷文化（書籍市場の形成　本の町ヴィッテンベルク　ルターの遺産　ニュース速報のはじまり　上品な娯楽　学校にて）第3部 論争（論争文学　秩序を求めて　市場原理）第4部 新世界（自然科学と探検　治療　図書館をつくる　言葉と街角）〔07215〕

ベテイユ, A.

◇国際社会学の射程―社会学をめぐるグローバル・ダイアログ　西原和久, 芝真里編訳　東信堂　2016.2　118p　21cm（国際社会学ブックレット 1）1200円　①978-4-7989-1336-0

内容 社会学の使命（A.ベテイユ著, 池田和弘訳）〔07216〕

ベトナム

◇ベトナム六法―法・司法制度改革支援プロジェクト（フェーズ2）　JICA　2013.3　1冊　29cm　〔07217〕

◇ベトナム統計年鑑　2012　グェン・ティ・タン・トゥイ訳, 高橋塁監修　伊豆　ビスタ ピー・エス　2014.7　1冊　26cm　39600円　①978-4-939153-99-0

内容 第1部（行政単位・国土及び気候　人口及び雇用　国民経済計算及び国家予算　投資及び建設業　企業及び個人経営事業体　農林水産業　工業　貿易及び観光　価格指数　輸送・郵便事業・電気通信　教育　保健医療・文化・スポーツ及び生活水準）　第2部 国際統計　第3部 日越貿易統計　〔07218〕

◇ベトナム統計年鑑　2013年版　統計総局著, グェン・ティ・タン・トゥイ訳, 高橋塁監修　伊豆　ビスタ ピー・エス　2015.9　953p　26cm　〈本文：日英両文〉 40000円　①978-4-907379-06-3

内容 行政単位・国土及び気候　人口及び雇用　国民経済計算及び国家予算　投資及び建設業　企業及び個人経営事業体　農林水産業　工業　貿易及び観光　価格指数　輸送・郵便事業・電気通信　教育　保健医療・文化・スポーツ及び生活水準　国際統計　〔07219〕

◇ベトナム統計年鑑　2014年版（Statistical Yearbook of Vietnam 2014）　統計総局著, グェン・ティ・タン・トゥイ訳, 高橋塁監修　伊豆　ビスタ ピー・エス　2016.11　949p　26cm　〈本文：日英両文〉 40000円　①978-4-907379-13-1

内容 行政単位・国土及び気候　人口及び雇用　国民経済計算及び国家予算　工業・投資及び建設業　企業・合作社及び個人経営事業体　農林水産業　貿易及び観光　価格指数 -　輸送・郵便事業・電気通信　教育　保健医療・文化・スポーツ・生活水準・社会秩序・安全及び環境　国際統計　〔07220〕

ペトリーナ, アドリアナ　Petryna, Adriana

◇曝された生―チェルノブイリ後の生物学的市民（LIFE EXPOSED 原著2013年版の翻訳）　アドリアナ・ペトリーナ著, 粥川準二監修, 森本麻衣子, 若松文貴訳　京都　人文書院　2016.1　374p　22cm　〈文献あり 索引あり〉 5000円　①978-4-409-53050-4

内容 第1章 チェルノブイリ後の生政治　第2章 専門家の過ち―生命とリスクの見積もり　第3章 歴史の中のチェルノブイリ　第4章 仕事としての病い―人間市場への移行　第5章 生物学的市民権　第6章 現地の科学と生体的プロセス　第7章 自己アイデンティティと社会的アイデンティティの変化　第8章 結論　〔07221〕

ペトルリック・フセイノヴィッチ, アンドレア　Petrlik-Huseinović, Andrea

◇ノアのはこぶね（NOAH'S ARK）　アンドレア・ペトルリック・フセイノヴィッチ作, 石崎洋司訳　講談社　2015.8　〔26p〕　24cm　（講談社の翻訳絵本）　1300円　①978-4-06-283089-8　〔07222〕

ペトレスク, ダン　Petrescu, Dan

◇エリアーデ＝クリアーヌ往復書簡―1972-1986（Mircea Eliade, Ioan Petru Culianu）　ミルチャ・エリアーデ, ヨアン・ペトル・クリアーヌ著, ダン・ペトレスク, テレザ・クリアーヌ＝ペトレスク編, 佐々木啓, 奥山史亮訳　慶応義塾大学出版会　2015.8　199, 17p　22cm　〈著作目録あり 年譜あり 索引あり〉 5500円　①978-4-7664-2247-4　〔07223〕

ペドロ‐キャロル, ジョアン　Pedro-Carroll, JoAnne L.

◇別れてもふたりで育てる―子どもを犠牲にしない離婚と養育の方法（Putting Children Firstの抄訳）　ジョアン・ペドロ‐キャロル著, 丸井妙子訳　明石書店　2015.3　381p　19cm　2500円　①978-4-7503-4152-1

内容 第1章「わたし（ぼく）の離婚」―子どもたちの言いたいこと　第2章 リスクと立ち直る力―長く続く離婚の影響　第3章 子どもに真実を告げ、変化のための準備をさせる　第4章 養育プラン―難しい決断に前向きに取り組む　第5章 争いを収めて、自分自身を大切にする　第6章 子どもの立ち直りを支える　第7章 離婚前後に感情的知性の高い子育てをする　第8章 新しい人間関係、交際と再婚―子どもはそれをどう見ているか　第9章 離婚後の人生―成功への道　〔07224〕

ベナビデス, フランシスコ

◇学びのイノベーション―21世紀型学習の創発モデル（Innovating to Learn, Learning to Innovate）　OECD教育研究革新センター編著, 有本昌弘監訳, 多々納誠子, 小熊利江訳　明石書店　2016.9　329p　22cm　4500円　①978-4-7503-4400-3

内容 イノベーティブな学習環境の摸索（フランシスコ・ベナビデス, ハナ・デュモン, デイビッド・イスタンス著, 多々納誠子訳）　〔07225〕

ヘニッグ, ベンジャミン　Hennig, Benjamin

◇ヨーロッパ社会統計地図（THE SOCIAL ATLAS OF EUROPE）　ディミトリス・バラス, ダニー・ドーリング, ベンジャミン・ヘニッグ著, 猪口孝監訳, 藤井真人訳　柊風舎　2015.6　212p　22×31cm　〈文献あり〉 12000円　①978-4-86498-029-6

内容 1 序章　2 アイデンティティと文化　3 人口統計　4 教育　5 雇用　6 工業ど職業　7 健康　8 政治　9 経済　10 環境　11 社会的結束　12 政策　13 結論　〔07226〕

ヘニッグ, マーティン

◇イギリス宗教史―前ローマ時代から現代まで（A History of Religion in Britain）　指昭博, 並河葉子監訳, 赤江雄一, 赤瀬理穂, 指珠恵, 戸渡文子, 長谷川直子, 宮崎章訳, シェリダン・ギリー, ウィリアム・J.シールズ編　法政大学出版局　2014.10　629, 63p　22cm　〈文献あり 年表あり 索引あり〉 9800円　①978-4-588-37122-6

内容 ローマン・ブリテンの宗教（マーティン・ヘニッグ著, 指珠恵訳）　〔07227〕

ヘニッシュ, ブリジット・アン　Henisch, Bridget Ann

◇中世の食生活―断食と宴（FAST AND FEAST）　ブリジット・アン・ヘニッシュ〔著〕, 藤原保明訳　新装版　法政大学出版局　2015.2　442, 86p　20cm　（叢書・ウニベルシタス 378）　〈文献あり 索引あり〉 4800円　①978-4-588-14005-1

内容 1 序論　2 食事の時間　3 断食と宴　4 調理師と

台所　5 調理法と献立　6 食卓の用意　7 礼節は人を作る　8 余興―意外な物と飾り物　〔07228〕

ヘネシー, キャサリン・ヘイガン

◇イギリスにおける高齢期のQOL―多角的視点から生活の質の決定要因を探る（UNDERSTANDING QUALITY OF LIFE IN OLD AGE）　アラン・ウォーカー編著, 岡田進一監訳, 山田三知子訳　京都　ミネルヴァ書房　2014.7　249p　21cm　（新・MINERVA福祉ライブラリー 20）〈文献あり 索引あり〉3500円　①978-4-623-07097-8

内容 グローウィング・オールダー・プログラム（アラン・ウォーカー, キャサリン・ヘイガン・ヘネシー著）　〔07229〕

ヘネッケ, S.　Hennecke, Susanne

◇カール・バルト＝滝沢克己往復書簡―1934-1968　S.ヘネッケ,A.フェーネマンス編, 寺園喜基訳, カール・バルト, 滝沢克己著　新教出版社　2014.12　275p　20cm　〈他言語標題：Karl Barth-Katsumi Takizawa Briefwechsel　索引あり〉2700円　①978-4-400-31075-4

内容 滝沢からバルトへ―ボン 一九三四年一〇月二四日　滝沢からバルトへ―ボン 一九三四年一二月四日　滝沢からバルトへ―ボン 一九三五年四月三日　滝沢からバルトへ―マールブルク 一九三五年四月三日　滝沢からバルトへ―マールブルク 一九三五年五月一九日　滝沢からバルトへ―ボイロン 一九三五年七月一九日　滝沢からバルトへ―ボイロン 一九三五年八月一〇日　滝沢からバルトへ―キルヒドルフ 一九三五年八月一七日　滝沢からバルトへ―キルヒドルフ 一九三五年八月二五日　複写―キルヒドルフ 一九三五年八月一九日〔ほか〕　〔07230〕

ベネット, アーノルド　Bennett, Arnold

◇自分の時間（HOW TO LIVE ON 24 HOURS A DAY）　アーノルド・ベネット著, 渡部昇一訳・解説　新装新版　三笠書房　2016.5　174p　18cm　1200円　①978-4-8379-5764-5

内容 この考え方が1日1日に奇跡をもたらす　もっと知的好奇心に満ちた生活をつくろう！　1日24時間の枠を最大限に生かすには？　自分の精神・肉体を養うための「内なる1日」　週3回の夜90分が、あなたの心を豊かにする　「情熱と活気に満ちた1週間」をつくる秘訣　思考を集中するひとときをもつ　「内省的な気分」を大切にする　「知的エネルギー」はどうやって生まれてくるのか　「原因と結果の法則」を頭に入れる　読書好きなあなたへ―人生に大きな「利息」を生むアドバイス　財布にはまっさらな24時間がぎっしりと詰まっている　〔07231〕

◇人生をもっと賢く生きる頭の鍛え方（THE HUMAN MACHINE）　アーノルド・ベネット著, 渡部昇一訳・解説　三笠書房　2016.9　198p　18cm　〈「「自分脳」で生きる」（1984年刊）の改題、再編集〉1200円　①978-4-8379-5772-0

内容 生きることのプロに徹する　わがまま頭脳を賢くしつける　頭を鍛える「30分集中思考」　一生の勝負は「意志力」で決まる！　どんな状況もプラスに転じる「精神エネルギー」　真の幸福を約束する「自分中心主義」の生活術　「賢い生き方」をためらうな！　他人をあるがままに受け入れる「知恵」　「一日一生」の気概が人間を創る　毎日を効率よく生きる「心得」　情熱の「持続力」しだいで人生はどうにでもなる！　眠っている脳をたたき起こせ！　品位とうるおいのある「生活術」　〔07232〕

ベネット, アンドリュー

◇社会科学の方法論争―多様な分析道具と共通の基準（Rethinking social inquiry 原著第2版の翻訳）　ヘンリー・ブレイディ, デヴィッド・コリアー編, 泉川泰博, 宮下明聡訳　勁草書房　2014.5　432p　22cm　〈文献あり 索引あり〉4700円　①978-4-326-30231-4

内容 過程追跡と因果的推論（アンドリュー・ベネット著）　〔07233〕

ベネット, ケイト・M.

◇イギリスにおける高齢期のQOL―多角的視点から生活の質の決定要因を探る（UNDERSTANDING QUALITY OF LIFE IN OLD AGE）　アラン・ウォーカー編著, 岡田進一監訳, 山田三知子訳　京都　ミネルヴァ書房　2014.7　249p　21cm　（新・MINERVA福祉ライブラリー 20）〈文献あり 索引あり〉3500円　①978-4-623-07097-8

内容 配偶者に先立たれた高齢者（ピーター・スペック, ケイト・M.ベネット, ピーター・G.コールマン, マリー・ミルズ, フィオヌアラ・マッキーナン, フィリップ・T.スミス, ジョージーナ・M.ヒューズ著）　〔07234〕

ベネディクト16世　Benedictus

◇ナザレのイエス　プロローグ：降誕（JESUS VON NAZARETH）　名誉教皇ベネディクト16世ヨゼフ・ラツィンガー著, 里野泰昭訳　春秋社　2013.12　198, 15p　20cm　〈文献あり 索引あり〉2500円　①978-4-393-33333-4　〔07235〕

◇マリア、生まれつつある教会　ヨゼフ・ラツィンガー ベネディクト16世著, 神埜マリア訳　文芸社　2014.5　126p　15cm　600円　①978-4-286-15036-9　〔07236〕

◇信条（クレド）―教皇講話集（Credo）　教皇ベネディクト十六世, 教皇フランシスコ著, カトリック中央協議会司教協議会秘書室研究企画編訳　カトリック中央協議会　2014.7　278p　15cm　（ペトロ文庫）　900円　①978-4-87750-185-3　〔07237〕

ペーパーナウ, パトリシア　Papernow, Patricia L.

◇ステップファミリーをいかに生き, 育むか―うまくいくこと, いかないこと（Surviving and Thriving in Stepfamily Relationships）　パトリシア・ペーパーナウ著, 中村伸一, 大西真美監訳, 中村伸一, 大西真美, 吉川由香訳　金剛出版　2015.9　331p　21cm　〈文献あり 索引あり〉4200円　①978-4-7724-1451-7

内容 第1部 基礎となること　第2部 5つのチャレンジ　第3部 4つの「異なる」ステップファミリー　第4部 時間をかけて育つステップファミリー　第5部 ステップファミリーが成長するための支援　ステップファミリーになることはある出来事ではなく、プロセスである　〔07238〕

ペパン, シャルル Pépin, Charles
◇賢者の惑星―世界の哲学者百科（LA PLANÈTE DES SAGES） JUL絵, シャルル・ペパン文, 平野暁人訳 明石書店 2014.10 126p 31cm 〈索引あり〉 2700円 ①978-4-7503-4094-4
内容 デカルト―コギト モンテーニュ―妄想録 キルケゴール―デンマーク人といえばやっぱり ディオゲネス―円米 ニーチェ―ツァラトゥストラはかく産卵し ライプニッツ―波… ハイデッガー―我がダーザインにおけるダダイズム 孔子―こうしなきゃダメ！ トマス・アクィナス―ププッピ・デュー ヘラクレイトス―エフェソス・ビーチにて〔ほか〕 〔07239〕

ヘファーナン, リチャード
◇民主政治はなぜ「大統領制化」するのか―現代民主主義国家の比較研究（The Presidentialization of Politics） T.ポグントケ,P.ウェブ編, 岩崎正洋監訳 京都 ミネルヴァ書房 2014.5 523, 7p 22cm 〈索引あり〉 8000円 ①978-4-623-07038-1
内容 イギリスの首相（リチャード・ヘファーナン, ポール・ウェブ著, 渡辺容一郎訳） 〔07240〕

ヘプワース, ディーン・H. Hepworth, Dean H.
◇ダイレクト・ソーシャルワークハンドブック―対人支援の理論と技術（Direct social work practice（第8版）） ディーン・H.ヘプワース, ロナルド・H.ルーニー, グレンダ・デューベリー・ルーニー, キム・シュトローム - ゴットフリート, ジョアン・ラーセン著, 武田信子監修, 北島英治, 渋谷昌史, 平野直己, 藤林慶子, 山野則子監訳 明石書店 2015.3 975p 27cm 〈文献あり〉 25000円 ①978-4-7503-4171-2 〔07241〕

ヘーベルレ, ペーター Häberle, Peter
◇多元主義における憲法裁判―P.ヘーベルレの憲法裁判論 ペーター・ヘーベルレ著, 畑尻剛, 土屋武編訳 八王子 中央大学出版部 2014.8 415p 21cm （日本比較法研究所翻訳叢書 69） 〈文献あり 著作目録あり 索引あり〉 5200円 ①978-4-8057-0370-0
内容 第1章 憲法裁判の基本問題 第2章 政治的力としての憲法裁判 第3章 連邦憲法裁判所の判例に照らした具体化された憲法としての憲法訴訟法 第4章 憲法訴訟法の独自性 第5章 独立の憲法裁判の手本としての連邦憲法裁判所 第6章 ドイツの憲法裁判システムにおける憲法異議 第7章 立憲国家の今日の発展段階における憲法裁判 第8章 開かれた社会における憲法裁判 第9章 試験台に立たされる連邦憲法裁判所裁判官の候補者？ 第10章 憲法裁判をめぐって 〔07242〕

ヘミンガー, パトリック
◇プロ・トレーダー―マーケットで勝ち続ける16人の思考と技術（TRADERS AT WORK） ティム・ブールキン, ニコラス・マンゴー著, 森山文那生訳 日経BP社 2016.5 284p 21cm 〈発売：日経BPマーケティング〉 2200円 ①978-4-8222-5063-8
内容 商品先物市場に特化し「スプレッド」を狙う（パトリック・ヘミンガー述） 〔07243〕

ベーム, ペーター
◇子どもと離婚―合意解決と履行の支援 二宮周平, 渡辺惺之編 信山社 2016.4 456p 22cm 6200円 ①978-4-7972-9305-0
内容 オーストリアにおける配慮権及び訪問権手続（ペーター・ベーム著, 佐々木健訳） 〔07244〕

ヘムステッヘ, アンネ Hemstege, Anne
◇死ってなんだろう。死はすべての終わりなの？（Chouette penser！ ： POURQUOI LA MORT？） フランソワーズ・ダステュール文, アンネ・ヘムステッヘ絵, 伏見操訳 岩崎書店 2016.6 66p 20cm （10代の哲学さんぽ 7） 1300円 ①978-4-265-07913-1
内容 1 なんとも居心地の悪い質問 2 どうして死者のために墓をつくるのか？ 3 死後の世界はあるか？ 4 いつか必ず自分は死ぬという考えに、人は慣れることができるのか？ 5 死のほんとうの顔 〔07245〕

ヘメライネン, J.* Hämäläinen, Juha
◇社会教育福祉の諸相と課題―欧米とアジアの比較研究 松田武雄編著 岡山 大学教育出版 2015.4 274p 22cm 〈他言語標題：Diverse Aspects and Issue of Social Pedagogy 索引あり〉 2800円 ①978-4-86429-324-2
内容 学問分野と職業的実践としての社会教育学の発展（Juha Hämäläinen著, 池尻寿子訳, 松田武雄, 河野明日香監訳） 〔07246〕

ヘーメル, ベアーテ=イレーネ Hämel, Beate-Irene
◇文化と宗教基礎用語事典―授業、講義、キャリアのための101の基本概念（BASISWISSEN KULTUR UND RELIGION） ベアーテ＝イレーネ・ヘーメル, トーマス・シュライエック編著, 岡野治子監訳, 硲智樹, 岡野薫訳 海鳴社 2015.5 314p 19cm 〈索引あり〉 3600円 ①978-4-87525-317-4
内容 愛 アイデンティティ 悪 アブラハム的宗教/セム語族宗教 移住/移動 イスラム教 イニシエーション/加入礼 祈り 意味 宇宙論/コスモロジー〔ほか〕 〔07247〕

ヘラー, ヴォルフガング
◇修道院文化史事典（KULTURGESCHICHTE DER CHRISTLICHEN ORDEN IN EINZELDARSTELLUNGEN） P.ディンツェルバッハー,J.L.ホッグ編, 朝倉文市監訳 普及版 八坂書房 2014.10 541p 20cm 〈文献あり 索引あり〉 3900円 ①978-4-89694-181-4
内容 東方正教会の修道制（ヴォルフガング・ヘラー著, 谷隆一郎訳） 〔07248〕

ヘラー, レイチェル Heller, Rachel S.F.
◇異性の心を上手に透視する方法（Attached） アミール・レバイン, レイチェル・ヘラー著, 塚越悦子訳 プレジデント社 2016.6 284p 19cm 1500円 ①978-4-8334-5098-0
内容 1日目 99%の人が知らない事実―人は恋愛するとロボットのような決まった行動をする 2日目 愛情体質診断―二人の関係は3つの愛情タイプの“組み合わせ”で9割決まる 3日目 自分の取扱説明書―なぜ

合わないタイプの人を好きになってしまうのか　4日目 愛情のブラックホール―"最悪の組み合わせ"から抜け出すには？　5日目 100%幸せな結婚を手に入れるための10の習慣　エピローグ パートナーシップの3つの"嘘"とは　〔07249〕

ベラー, ロバート・N.　Bellah, Robert Neelly
◇宗教とグローバル市民社会―ロバート・ベラーとの対話　ロバート・N.ベラー, 島薗進, 奥村隆編　岩波書店　2014.5　228p　20cm　2800円　①978-4-00-025975-0
内容 1(グローバルな市民社会と市民宗教の可能性　世界市民宗教はいかに可能か)　2(進化・遊び・宗教―人類進化における宗教について　ベラーvs.ベラー―宗教をめぐるふたつの視点)　3(シンポジウム ファンタジーの世界に閉じこもってはいけない―環境危機と国際政治、そして人類の課題)　4(丸山真男の比較ファシズム論　日本はどこにいるのか)　5(人類進化における宗教　「進化」と超越界の自立性―ロバート・ベラーの宗教論の到達地点)　〔07250〕

ベライター, カール
◇学びのイノベーション―21世紀型学習の創発モデル (Innovating to Learn, Learning to Innovate)　OECD教育研究革新センター編著, 有本昌弘監訳, 多々納誠子, 小熊利江訳　明石書店　2016.9　329p　22cm　4500円　①978-4-7503-4400-3
内容 研究に基づくイノベーションに向けて(カール・ベライター, マルレーネ・スカーダマリア著, 多々納誠子訳)　〔07251〕

ヘライナー, エリック　Helleiner, Eric
◇国家とグローバル金融 (States and the Reemergence of Global Finance)　エリック・ヘライナー著, 矢野修一, 柴田茂紀, 参川城穂, 山川俊和訳　法政大学出版局　2015.9　312, 46p　20cm　(サピエンティア 41)　〈文献あり 索引あり〉4000円　①978-4-588-60341-9
内容 問題意識―グローバル金融の復活と国家　第1部 ブレトン・ウッズの制限的金融秩序(ブレトン・ウッズ体制と資本規制の承認　根強い警戒―交換性回復への緩慢で限定的な動き)　第2部 グローバル金融の復活(ユーロ市場への支持――九六〇年代の状況　金融協力の失敗――九七〇年代前半の状況　四つのターニング・ポイント――九七〇年代後半から八〇年代前半の状況　金融自由化への転換――九八〇年代の状況　国際金融危機への対処)　第3部 結論(貿易の管理と金融の自由化―国家行動の解明)　〔07252〕

ベラヴァル, イヴォン　Belaval, Yvon
◇ライプニッツのデカルト批判　下 (LEIBNIZ CRITIQUE DE DESCARTES)　イヴォン・ベラヴァル〔著〕, 岡部英男, 伊豆藏好美訳　法政大学出版局　2015.12　p385～640, 125～173 21p　20cm　(叢書・ウニベルシタス 1035)　〈文献あり 索引あり〉4000円　①978-4-588-01035-4
内容 第3部 世界観(自然学の基礎　自然学の諸原理)　結論　日本語版の読者へ 読むことの師匠　解説(ベラヴァルのライプニッツと十七世紀―あるいは、ライプニッツのデカルトと十七世紀　ライプニッツのコギト批判　デカルトからライプニッツへ―直観、真理、自然)　〔07253〕

ベラシェド, ナスル・エディン
◇日本・アルジェリア友好の歩み―外交関係樹立50周年記念誌　私市正年, スマイル・デベシュ, 在アルジェリア日本国大使館編著　千倉書房　2014.8　286p　19cm　2800円　①978-4-8051-1041-6
内容 日アルジェリア間の大学間協力(ナスル・エディン・ベラシェド)　〔07254〕

ペラム, エリック　Pelham, Erik
◇バタフライ&シーエッセンス入門ガイド (Butterfly & sea essences an itroductory guide)　エリック・ペラム著, 宮嶋亜矢子訳　フレグランスジャーナル社　2014.11　14, 295p　21cm　2000円　①978-4-89479-250-0
内容 1 バタフライエッセンス(宇宙光線を伝線するバタフライエッセンス　蝶　バタフライエッセンスの作用　バタフライエッセンスの詳細　バタフライエッセンスグループ3　バタフライエッセンスグループ2　バタフライエッセンスグループ1)　2 シーエッセンス(光を伝達するシーエッセンス　外徴理論　人間関係　エッセンスの作用　色とシーエッセンス　シーエッセンスの3セット　シーエッセンスセット1　シーエッセンスセット2　新しいシーエッセンスセット3)　〔07255〕

ベラルディ(ビフォ), フランコ
◇資本の専制、奴隷の叛逆―「南欧」先鋭思想家8人に訊くヨーロッパ情勢徹底分析　広瀬純編著　航思社　2016.1　379p　19cm　〈他言語標題：Dictadura capitalista y esclavos rebeldes Conversaciones "bajo la coyuntura"〉2700円　①978-4-906738-15-1
内容 集団的知力の自己組織化のために 他(フランコ・ベラルディ(ビフォ)述, 広瀬純聞き手・訳)　〔07256〕

ペリー, クリス
◇国連大学包括的「富」報告書―自然資本・人工資本・人的資本の国際比較 (Inclusive Wealth Report 2012)　国連大学地球環境変化の人間・社会的側面に関する国際研究計画, 国連環境計画編, 植田和弘, 山口臨太郎訳, 武内和彦監修　明石書店　2014.12　358p　26cm　〈文献あり 索引あり〉8800円　①978-4-7503-4113-2
内容 水の会計(クリス・ペリー著)　〔07257〕

ペリー, ジョン・D.　Perry, John D.
◇友情セラピー (Friendship Therapy)　キャス・P.ドッターウィック, ジョン・D.ペリー文, R.W.アリー絵, 目黒摩天雄訳　サンパウロ　2015.6　1冊(ページ付なし)　16cm　(Elf-Help books)　〈英語併記〉700円　①978-4-8056-8809-0　〔07258〕

ペリー, ポール　Perry, Paul
◇臨死体験9つの証拠 (EVIDENCE of the AFTERLIFE)　ジェフリー・ロング, ポール・ペリー著, 河村めぐみ訳　ブックマン社　2014.10　295p　19cm　1600円　①978-4-89308-829-1
内容 最初の出会い　理解への旅　証拠1：明晰な死　証拠2：体外離脱　証拠3：盲人の視覚　証拠4：ありえない意識の向上　証拠5：完璧な回想　証拠6：家族との再会　証拠7：幼子の言葉から　証拠8：世界的な共

通点　証拠9：変えられた人生　〔07259〕

ペリー, M.C.　Perry, Matthew Calbraith

◇ペリー提督日本遠征記　上（Narrative of the Expedition of an American Squadron to the China Seas and Japan, 1856）　M.C.ペリー〔著〕, F.L.ホークス編纂, 宮崎寿子監訳　KADOKAWA　2014.8　643p　15cm　（〔角川ソフィア文庫〕〔I300-1〕）〈「ペリー艦隊日本遠征記 上」（万来舎 2009年刊）の改題〉 1360円　①978-4-04-409212-2

内容 ペリー艦隊、日本へ　大西洋を越えて―ノーフォーク〜セント・ヘレナ島　喜望峰をめざして―セント・ヘレナ島〜喜望峰〜モーリシャス　インド洋を東南アジアへ―モーリシャス〜セイロン〜シンガポール　中国海域へ入る―シンガポール〜香港〜黄埔〜広東　中国を離れ琉球へ―マカオ・香港〜上海〜那覇　大琉球島那覇への初訪問　大琉球島奥地踏査　琉球王宮を訪問　ボニン（小笠原）諸島の踏査　ふたたび大琉球島那覇　第一回日本訪問・浦賀―江戸湾の一〇日間1　第一回日本訪問・久里浜上陸―江戸湾の一〇日間2　第一回日本訪問・日本を発つ日―江戸湾の一〇日間3　〔07260〕

◇ペリー提督日本遠征記　下（Narrative of the Expedition of an American Squadron to the China Seas and Japan, 1856）　M.C.ペリー〔著〕, F.L.ホークス編纂, 宮崎寿子監訳　KADOKAWA　2014.8　570p　15cm　（〔角川ソフィア文庫〕〔I300-2〕）〈「ペリー艦隊日本遠征記 下」（万来舎 2009年刊）の改題〉 1360円　①978-4-04-409213-9

内容 三度目の琉球訪問　中国海域のペリー艦隊―香港・マカオ・広東　四度目の琉球訪問　日本再訪　横浜上陸　日米和親条約（神奈川条約）の調印　江戸湾を離れ下田へ―条約の発効　下田滞在、箱館へ　箱館訪問　松前藩との会見、下田で付加条項合意　琉球と協約を結ぶ―日本遠征の終了　日米和親条約の批准交換　〔07261〕

ペリー, N.E.*　Perry, Nancy E.

◇自己調整学習ハンドブック（HANDBOOK OF SELF-REGULATION OF LEARNING AND PERFORMANCE）　バリー・J.ジマーマン, ディル・H.シャンク編, 塚野州一, 伊藤崇達監訳　京都　北大路書房　2014.9　434p　26cm　〈索引あり〉 5400円　①978-4-7628-2874-4

内容 教室における自己調整学習に関する研究（Nancy E.Perry, Ahmed Rahim著, 伊藤崇達訳）　〔07262〕

ペリエ, ピエール

◇教育の大衆化は何をもたらしたか―フランス社会の階層と格差　園山大祐編著　勁草書房　2016.5　326p　22cm　〈年表あり 索引あり〉 3500円　①978-4-326-60292-6

内容 庶民階層の親と学校（ピエール・ペリエ著, 村上一基訳）　〔07263〕

ペリシエ, ジェローム　Pellissier, Jérôme

◇Humanitude―老いと介護の画期的な書（Humanitude）　イヴ・ジネスト, ロゼット・マレスコッティ, ジェローム・ペリシエ著, 本田美和子監修, 辻谷真一郎訳　大阪　トライアリスト東京　2014.9　438p　21cm　〈発売：舵社〉 2500円　①978-4-8072-6409-4

内容 第1章 人間―ユマニチュード　第2章 人間関係のなかの人間―初めての事態　第3章 老人　第4章 同じ人間でも似て非なる世界　第5章 介護者　第6章 ユマニチュードの哲学　第7章 介護　〔07264〕

ペリネーマルケ, ユーグ

◇都市空間のガバナンスと法　吉田克己, 角松生史編　信山社　2016.10　467p　22cm　（総合叢書 15―〔都市法〕）　8000円　①978-4-7972-5465-5

内容 都市計画法における環境への配慮とフランス民法へのインパクト（ユーグ・ペリネーマルケ著, 山城一真訳）　〔07265〕

ペリン, ジョシュア

◇経験学習によるリーダーシップ開発―米国CCLによる次世代リーダー育成のための実践事例（Experience-Driven Leader Development）　シンシア・D.マッコーレイ,D.スコット・デリュ, ポール・R.ヨスト, シルベスター・テイラー編, 漆嶋稔訳　日本能率協会マネジメントセンター　2016.8　511p　27cm　8800円　①978-4-8207-5929-4

内容 リーダーを指導するリーダー：組織を通じたリーダーシップ開発の連環（ロバート・J.トーマス, クローディ・ジュール, ジョシュア・ペリン）　〔07266〕

ヘリン, E.

◇国際社会学の射程―社会学をめぐるグローバル・ダイアログ　西原和久, 芝真里編訳　東信堂　2016.2　118p　21cm　（国際社会学ブックレット 1）　1200円　①978-4-7989-1336-0

内容 すべての不平等に立ち向かって（E.ヘリン著, 堀田裕子訳）　〔07267〕

ベーリンガー, ヴォルフガング　Behringer, Wolfgang

◇気候の文化史―氷期から地球温暖化まで（Kulturgeschichte des Klimas 原著第5版の翻訳）　ヴォルフガング・ベーリンガー著, 松岡尚子, 小関節子, 柳沢ゆりえ, 河辺暁子, 杉村園子, 後藤久子訳　丸善プラネット　2014.2　355p　21cm　〈文献あり　発売：丸善出版〉 2800円　①978-4-86345-192-6

内容 序章 はじめに　第1章 気候について　第2章 地球温暖化―完新世　第3章 地球寒冷化―小氷期　第4章 小氷期が文化に及ぼした影響　第5章 地球温暖化―現代の温暖期　終章 環境破壊の罪と温室ガス気候―結び　〔07268〕

◇魔女と魔女狩り（Witches and Witch Hunts）　ヴォルフガング・ベーリンガー著, 長谷川直子訳　刀水書房　2014.4　472p　20cm　（刀水歴史全書 87）〈文献あり 年表あり 索引あり〉 3500円　①978-4-88708-413-1

内容 第1章 魔女への誘い　第2章 魔術の信仰　第3章 魔女の迫害　第4章 ヨーロッパにおける魔女狩りの時代　第5章 ヨーロッパにおける魔術迫害の非合法化　第6章 一九世紀と二〇世紀の魔女狩り　第7章 古い魔女と「新しい魔女」　第8章 エピローグ　〔07269〕

ヘリンガー, バート　Hellinger, Bert

◇ファミリー・コンステレーション—隠された愛の調和（LOVE'S HIDDEN SYMMETRY）　バート・ヘリンガー原著, グンタード・ヴェーバー, ハンター・ボーモント編著, 小林真美訳　コスモス・ライブラリー　2015.8　390p　21cm　〈発売：星雲社〉2500円　①978-4-434-21024-2

内容 第1部 近親関係システムの現象学（罪、潔白、そして良心の限界　男性と女性：家族の基盤　両親と子どもたち　家族という集合体の良心　愛とその偉大なる魂）　第2部 心理療法の考慮点（治療上の姿勢　役に立つ介入の方法　システム論に基づく心理療法の特定の主題）〔07270〕

◇いのちの営み、ありのままに認めて—ファミリー・コンステレーション創始者バート・ヘリンガーの脱サイコセラピー論（Anerkennen was ist（重訳））　バート・ヘリンガー,Gabriele ten Hövel著, 谷口起代訳　完全復刻版　松戸　東京創作出版　2016.6　252p　19cm　〈初版のタイトル等：ファミリー・コンステレーション創始者バート・ヘリンガーの脱サイコセラピー論（メディアート出版 2005年刊）〉2500円　①978-4-903927-24-4

内容 解決を手に入れるより苦しみに耐えるほうが簡単　「ありのままに敬意を表す」現象学的心理療法　誰もが皆それぞれにもつれている　“良い”パートナーが関係を壊す　自分自身との調和を。争いへは招かれていない　偉大さは日常の中に　前進は罪悪感を伴う　“いのち”—すべての固有の生命の源　魂の偉大さに触れる　秩序は創られるものではなく、発見されるもの〔ほか〕〔07271〕

ベリング, ジェシー　Bering, Jesse

◇性倒錯者—だれもが秘める愛の逸脱（PERV）　ジェシー・ベリング著, 鈴木光太郎訳　京都　化学同人　2016.1　319, 10p　20cm　〈索引あり〉2400円　①978-4-7598-1814-7

内容 1章 だれもが倒錯者　2章 どうしようもなく不潔なヒト　3章 色情症—ニンフォマニアとサティリアジス　4章 サイコパスのキューピッド　5章 主観的という問題　6章 許される年齢　7章 淫らで好色な者たちの教訓〔07272〕

ヘリング, ジェームス・E.　Herring, James E.

◇学校と図書館でまなぶインターネット活用法—ウェブ情報の使い方と情報リテラシーの向上 教員と司書教諭のためのガイド（Improving Students' Web Use and Information Literacy）　ジェームス・E.ヘリング著, 須永和之訳　日本図書館協会　2016.1　159p　21cm　〈文献あり 索引あり〉2200円　①978-4-8204-1514-5〔07273〕

ペリングス, チャールズ

◇国連大学包括的「富」報告書—自然資本・人工資本・人的資本の国際比較（Inclusive Wealth Report 2012）　国連大学地球環境変化の人間・社会的側面に関する国際研究計画, 国連環境計画編, 植田和弘, 山口臨太郎訳, 武内和彦監修　明石書店　2014.12　358p　26cm　〈文献あり 索引あり〉8800円　①978-4-7503-4113-2

内容 富会計への道（チャールズ・ペリングス著）〔07274〕

ペルー

◇外国著作権法令集　52　ペルー編　原謙一訳　著作権情報センター　2015.3　84p　21cm　〈SARVH共通目的事業（平成26年度）〉非売品〔07275〕

ベル, エラ・L.J.エドモンドソン

◇経験学習によるリーダーシップ開発—米国CCLによる次世代リーダー育成のための実践事例（Experience-Driven Leader Development）　シンシア・D.マッコーレイ,D.スコット・デリュ, ポール・R.ヨスト, シルベスター・テイラー編, 漆嶋稔訳　日本能率協会マネジメントセンター　2016.8　511p　27cm　8800円　①978-4-8207-5929-4

内容 パイプラインの多文化女性：隠れた宝石（エラ・L.J.エドモンドソン・ベル）〔07276〕

ベール, ニルス　Baer, Nils

◇YOUCAT—堅信の秘跡 日本語（YOUCAT Firmbuch）　ベルンハルト・モイザー, ニルス・ベール編集, カトリック中央協議会事務局訳, 日本カトリック司教協議会聖書・教理部門監修　カトリック中央協議会　2015.6　111p　21cm　900円　①978-4-87750-193-8〔07277〕

ヘールヴァルト, エレオノーレ　Heerwart, Eleonore

◇フレーベルの晩年—死と埋葬（Fröbel's letztes Lebensjahr）　エレオノーレ・ヘールヴァルト編, 小笠原道雄, 野平慎二訳　東信堂　2014.8　214p　19cm　〈著作目録あり〉2200円　①978-4-7989-1244-8

内容 1 フレーベルの再婚　2 プロイセンにおける幼稚園禁止令　3 リーベンシュタインでの教育者会議　4 最後の活動—一八五一年から五二年にかけての冬　5 七〇歳の誕生日　6 ゴータでの教師会議　7 死と埋葬　8 補遺〔07278〕

ベルヴィソ, メグ　Belviso, Meg

◇ネルソン・マンデラ—自由へのたたかい（Who Was Nelson Mandela？）　パム・ポラック, メグ・ベルヴィソ著, 伊藤菜摘子訳　ポプラ社　2014.4　125p　20cm　（ポプラ社ノンフィクション 19）〈年譜あり〉1200円　①978-4-591-13967-7

内容 第1章 問題児　第2章 光の都市、ヨハネスブルク　第3章 アパルトヘイト　第4章 不服従運動　第5章 シャープビル事件　第6章 地下にもぐる　第7章 ロベン島　第8章 マンデラを解放せよ！　第9章 非常事態　第10章 釈放の日　第11章 マンデラ、大統領に〔07279〕

ベルウッド, ピーター　Bellwood, Peter

◇太平洋—東南アジアとオセアニアの人類史（MAN'S CONQUEST OF THE PACIFIC : The Prehistory of Southeast Asia and Oceania）　ピーター・ベルウッド著, 植木武, 服部研二訳　新装版　法政大学出版局　2015.11　618, 65p　21cm　13000円　①978-4-588-37130-1

内容 諸言　人類の諸集団―過去と現在　文化的基盤　東南アジアとオセアニアの文化　太平洋地域の言語史　生存形態とその先史学的関係　東南アジア大陸部の新石器および初期金属器時代の文化　東南アジア島嶼部の新石器および金属器時代の文化　メラネシアの先史時代　ミクロネシアの先史時代　ポリネシアの先史時代：第1部　ポリネシアの先史時代：第2部　ニュージーランドの先史時代　将来への課題　〔07280〕

ベルガー, イエンス　Berger, Jens

◇ドイツ帝国の正体―ユーロ圏最悪の格差社会（WEM GEHÖRT DEUTSCHLAND?）　イエンス・ベルガー著, 岡本朋子訳　早川書房　2016.1　268p　19cm　1700円　①978-4-15-209595-4

内容 「富」の実態は目に見えない　富める者はますます富む　私たちの資産はいくら？　保険は誰の得になるのか　不動産は誰のものか　中小企業は経済のモーターなのか　株式会社ドイツの終焉　権力を一手に握るブラックロック　自営業という名の貧困　所有する者が得をする　資産家は富をどう築いているのか　金持ちのための社会主義　〔07281〕

ペルカ, フレッド　Pelka, Fred

◇障害者権利擁護運動事典（The ABC-CLIO Companion to the Disability Rights Movement）　フレッド・ペルカ著, 中村満紀男, 二文字理明, 岡田英己子監訳　明石書店　2015.5　442p　22cm　〈文献あり 年表あり 索引あり〉　9200円　①978-4-7503-4184-2　〔07282〕

ベルグ, エリック

◇経験学習によるリーダーシップ開発―米国CCLによる次世代リーダー育成のための実践事例（Experience-Driven Leader Development）　シンシア・D.マッコーレイ,D.スコット・デリュ, ポール・R.ヨスト, シルベスター・テイラー編, 漆嶋稔訳　日本能率協会マネジメントセンター　2016.8　511p　27cm　8800円　①978-4-8207-5929-4

内容 HoTspots（HubsOfTraining）：混合集団学習法（エリック・ベルグ）　〔07283〕

ベルクソン, アンリ　Bergson, Henri

◇新訳ベルクソン全集　5　精神のエネルギー（L'énergie spirituelle）　アンリ・ベルクソン著, 竹内信夫訳　白水社　2014.4　254, 30p　20cm　〈付属資料：15p：月報 5〉　3000円　①978-4-560-09305-4

内容 1 意識と生命活動　2 こころとからだ　3「生霊」と「心霊研究」　4 夢　5 現在の想起と再認錯誤　6 知性の努力　7 大脳と思考――つの哲学的錯誤　〔07284〕

◇道徳と宗教の二つの源泉（Les deux sources de la morale et de la religion）　アンリ・ベルクソン著, 合田正人, 小野浩太郎訳　筑摩書房　2015.8　482p　15cm　（ちくま学芸文庫 へ5-4）〈索引あり〉　1500円　①978-4-480-09615-9

内容 第1章 道徳的責務（社会秩序と自然秩序　社会のなかの個人 ほか）　第2章 静的宗教（理性的存在における不条理について　作話機能 ほか）　第3章 動的宗教（宗教という語の二つの意味　なぜ宗教という同じ語を使うのか？ ほか）　第4章 最後の指摘 機械主義と神秘主義（閉じた諸社会と開かれた社会　自然的なものの存続 ほか）　〔07285〕

◇物質と記憶（MATIÈRE ET MÊMOIRE 原著第7版の翻訳）　ベルクソン著, 熊野純彦訳　岩波書店　2015.9　505, 19p　15cm　（岩波文庫 33-645-8）〈索引あり〉　1200円　①978-4-00-389013-4　〔07286〕

◇笑い　不気味なもの―付：ジリボン「不気味な笑い」（Le rire, Das Unheimliche〔etc.〕）　アンリ・ベルクソン著, 原章二訳, ジークムント・フロイト著, 原章二訳　平凡社　2016.1　399p　16cm　（平凡社ライブラリー 836）〈索引あり〉　1500円　①978-4-582-76836-7

内容 笑い―おかしさの意義についての試論（アンリ・ベルクソン）（おかしさ一般について形のおかしさと動きのおかしさおかしさの伝播力　状態のおかしさと言葉のおかしさ　性格のおかしさ）　不気味なもの（ジークムント・フロイト）　不気味な笑い（ジャン＝リュック・ジリボン）（夢と笑いの隠れた照応　ベルクソンの方法　びっくり箱、あやつり人形、雪だるま　狂気との関係　モリエール、越境する喜劇　滑稽さと不気味さ　滑稽さとナンセンス　「粋」という補助線　ベイトソンの視角　カフカ的宇宙、そして　フロイトの「不気味なもの」　二重化と一体化　笑いという生の領域）　〔07287〕

◇笑い（LE RIRE）　ベルクソン著, 増田靖彦訳　光文社　2016.6　322p　16cm　（光文社古典新訳文庫 KBへ1-1）〈年譜あり〉　980円　①978-4-334-75333-7

内容 第1章 おかしさ一般について　第2章 情況のおかしさと言葉のおかしさ　第3章 性格のおかしさ　〔07288〕

◇笑い（Le rire）　アンリ・ベルクソン著, 合田正人, 平賀裕貴訳　筑摩書房　2016.9　238p　15cm　（ちくま学芸文庫 へ5-5）〈索引あり〉　950円　①978-4-480-09747-7

内容 第1章 可笑しさ一般について―形の可笑しさと動きの可笑しさ 可笑しさの伝播力　第2章 状況の可笑しさと言葉の可笑しさ　第3章 性格の可笑しさ　〔07289〕

◇心と身体・物質と記憶力―精神と身体の関係について―（L'Âmeet le Corps, Matière et Mémoire, Essai sur la relation du corps à l'esprit）　ベルクソン〔著〕, 岡部聡夫訳　駿河台出版社　2016.10　474p　19cm　〈索引あり〉　3600円　①978-4-411-02241-7

内容 心と身体　物質と記憶力―精神と身体の関係について（第七版序文（一九一一年）　知覚するためにイマージュを分離すること―身体の役割　イマージュの再認について―記憶力と脳　イマージュの残存について―記憶力と精神　イマージュを区切ることと定着すること―知覚と物質・心と身体　要約と結論　序文（第一版））　〔07290〕

ベルクハン, バルバラ　Berckhan, Barbara

◇ウザいあの人を一瞬で手なずけるオトナの社交術（Wie Sie anderen den Stachel ziehen, ohne sich zu stechen）　バルバラ・ベルクハン著, 小川捷子訳　CCCメディアハウス　2015.4　222p　19cm　1500円　①978-4-484-15113-7

内容 1「困った人たち」とは（行動パターンは脳の中でも生じる　よくない習慣から脱する　ハムスターに飛ぶことを教える？　困った人たちとつきあうに

は）　2 よくいる「困った人たち」（ほら吹き　おしゃべりな人　かんしゃく持ち　不平屋　陰口を叩く人　むくれる人　無気力な人）　3 まだまだいる「困った人たち」（日々の暮らしで気をつけること）〔07291〕

◇イヤなものはイヤときっぱり伝える対話術（Die Etwas Gelassenere Art Sich Durchzusetzen）　バルバラ・ベルクハン著, 瀬野文教訳　草思社　2016.6　284p　16cm　（草思社文庫 ベ2-1）〈「嫌なものは嫌ときっぱり伝える対話術」（2001年刊）の改題〉 740円　①978-4-7942-2207-7

内容 第1章 あせる気持ちと上手につきあう（自分の中にはいろいろな「私」がいる　あなたの心の中の「せきたて屋さん」と「批判者」 ほか）　第2章 自信をもってふるまう方法（屈託のなさを手に入れるには　しぐさでわかる自信の度合い ほか）　第3章 一人で何もかも背負いこまないために（嫌なのに、つい「はい」と言ってしまう　まず自分の限界を知ること ほか）　第4章 他人とのトラブルに耐え抜くために（争いを上からながめる余裕をもつ　人と争うこと自体は悪いことではない ほか）〔07292〕

◇いつもテンパってしまう人の気持ち切り替え術（Schluss mit der Anstrengung）　バルバラ・ベルクハン著, 瀬野文教訳　草思社　2016.8　189p　16cm　（草思社文庫 ベ2-2）〈「いつもバタバタしている人の気持ち切り替え術」（2003年刊）の改題〉 740円　①978-4-7942-2217-6

内容 第1章 やらなくていいことは山ほどある（些細なことにのめり込むな　あなたの時間とエネルギーを奪う「パワー泥棒」たち　重い荷物をおろせ）　第2章 わずかな労力で乗りきる（自分からわざわざ骨を折ることはありません　ツボを心得て、肝心なことだけやる　ゆったり落ち着いて仕事をする）　第3章 スマートになまけるコツ（スイッチを切る　何もしないことの素晴らしさ）〔07293〕

ベルクハーン, フォルカー　Berghahn, Volker Rolf

◇第一次世界大戦—1914-1918（DER ERSTE WELTKRIEG 原著第4版の翻訳）　フォルカー・ベルクハーン著, 鍋谷郁太郎訳　秦野　東海大学出版部　2014.7　136p　22cm　（東海大学文学部叢書）〈文献あり 著作目録あり 索引あり〉 2800円　①978-4-486-02029-5

内容 第1章 第一次世界大戦とその損失（第一次世界大戦と二〇世紀　損失計算　第一次世界大戦と歴史学）　第2章 第一次世界大戦の勃発（より根源的な原因　決定者の責任　一九一四年の七月危機における処理の失敗と誤算）　第3章「上から見た」第一次世界大戦：戦術、外交、そしてその目的（将軍たち　中立と同盟政策　経済人エリート、戦争目的、そして内政）　第4章「下から見た」第一次世界大戦：前線と銃後（民衆と戦争勃発　前線における戦争の総力戦化　銃後における戦争の総力戦化）　第5章 敗者と「勝者」（ロシアにおける革命　中央ヨーロッパにおける革命　講和締結）〔07294〕

◇第一次世界大戦とその影響　軍事史学会編　錦正社　2015.3　494p　21cm　〈『軍事史学』第50巻第3・4合併号と同内容〉 4000円　①978-4-7646-0341-7

内容 アメリカの第一次世界大戦参戦とその第二次世界大戦後への長い影響（フォルカー・R.ベルクハーン著, 鍋谷郁太郎訳）〔07295〕

ベルクマン, ジゼル

◇カタストロフィと人文学　西山雄二編　勁草書房　2014.9　301, 4p　22cm　〈他言語標題：Catastrophe and Humanities　執筆：ミシェル・ドゥギーほか〉 4600円　①978-4-326-10237-2

内容 日本の東北地方における思考の動揺（ジゼル・ベルクマン著, 寺本弘子, 西山雄二訳）〔07296〕

ベルクマン, テオドール

◇歴史に生きるローザ・ルクセンブルク—東京・ベルリン・モスクワ・パリ - 国際会議の記録　伊藤成彦編著　社会評論社　2014.9　369p　21cm　2700円　①978-4-7845-1523-3

内容 社会主義政党のブルジョア政府との連立政権（テオドール・ベルクマン著, 長谷川曽乃江訳）〔07297〕

ヘルゴー, ローリー　Helgoe, Laurie A.

◇内向的な人こそ強い人（INTROVERT POWER）　ローリー・ヘルゴー著, 向井和美訳　新潮社　2014.2　346p　20cm　1800円　①978-4-10-506631-4

内容 第1部 非社交的で場違いな変わり者？（わたしたちは誤解されてきた　ひとりでいるのは悪いことではない ほか）　第2部 内向的な人の欲しいものリスト（北欧と日本—内向的な人にやさしい社会　自分だけの部屋 ほか）　第3部 騒がしい社会で凛としている（会話という困りもの　パーティー嫌いのためのガイド ほか）　第4部 内向性をオープンにする（謝罪から受容、そしてその先へ　内向性を賛美する ほか）〔07298〕

ヘルシア, ルシアン

◇宗教と公共空間—見直される宗教の役割　島薗進, 磯前順一編　東京大学出版会　2014.7　294p　22cm　4400円　①978-4-13-010410-4

内容 世俗化時代のヨーロッパ（ルシアン・ヘルシア著, 薊田真司訳）〔07299〕

ヘルシャイト, スヴェン

◇日独公法学の挑戦—グローバル化社会の公法　松本和彦編　日本評論社　2014.3　320p　22cm　〈他言語標題：Herausforderungen der Öffentlichen Rechtswissenschaft in Japan und Deutschland　索引あり〉 5300円　①978-4-535-51981-7

内容 ドイツ連邦議会の情報権（スヴェン・ヘルシャイト著, 柴田尭史訳）〔07300〕

ベルシュトルド, ジャック

◇ルソーと近代—ルソーの回帰・ルソーへの回帰 ジャン＝ジャック・ルソー生誕300周年記念国際シンポジウム　永見文雄, 三浦信孝, 川出良枝編　風行社　2014.4　426p　22cm　〈他言語標題：Rousseau, le moderne？　作品目録あり 年譜あり〉 4600円　①978-4-86258-082-5

内容 スイスの田舎の小村は共生のモデルか？（ジャック・ベルシュトルド著, 越森彦, 斎藤山人訳）〔07301〕

ベルスキ, スコット

◇いつでもどこでも結果を出せる自己マネジメント術（MANAGE YOUR DAY-TO-DAY）　ジョ

スリン・K.グライ編, 上原裕美子訳　サンマーク出版　2015.9　233p　19cm　〈文献あり〉 1500円　①978-4-7631-3493-6
内容 はじめに―「本当に大事なこと」のために時間を使えているか 他（スコット・ベルスキ）　〔07302〕

ヘルダー, ヨハン・ゴットフリート　Herder, Johann Gottfried
◇言語起源論　ヨハン・ゴットフリート・ヘルダー著, 大阪大学ドイツ近代文学研究会訳　新装版　法政大学出版局　2015.1　257, 5p　19cm　（叢書・ウニベルシタス） 2800円　①978-4-588-09998-4
内容 第1部 人間は先天的能力のみで、独力で言語を発明しえたか（人間はすでに動物として言語をもっている　欠如・欠陥が人類の特性であるはずはない　最初のしるしとともに言語が成立した）　第2部 いかなる過程を経て人間は最も適切に言語を創造することができ、またせずにいられなかったか（第一の自然法則―「人間は自由に考える活動的生物であり、その諸力は漸進的に作用し続ける。それゆえ、人間は言語を創造するにふさわしい存在である」　第二の自然法則―「人間は本来、群をなす社会的生物である。従って人間にとって言語形成を続けることは自然であり、本質的必然的である」　第三の自然法則―「人類全体がいつまでも一つの群をなすことができなかったように、人類全体が一種類の言語をもち続けることはできなかった。従ってさまざまな民族語が形成された」　第四の自然法則―「人類はおそらく、一つの大きな家族として同一の起源をもった漸進的全体を構成しているのであろうが、すべての言語もまたそうであり、従って文化全体のつながりも同様である」）　〔07303〕

ペルチヴァーレ, トンマーゾ　Percivale, Tommaso
◇13歳までにやっておくべき50の冒険―イタリアからの挑戦状（Il Manuale delle 50 avventure da vivere prima dei 13 anni）　ピエルドメニコ・バッカラリオ, トンマーゾ・ペルチヴァーレ著, アントンジョナータ・フェッラーリ絵, 佐藤初雄監修, 有北雅彦訳　太郎次郎社エディタス　2016.10　189p　19cm　1600円　①978-4-8118-0797-3
内容 宝探しをプロデュースしよう　シャボン玉のなかに入ってみよう　ローラースケートで出かけよう　どこでもすぐにサッカーだ　ロープの結び方を5つマスターしよう　凧を飛ばして、鳥の気分を味わおう　雲のかたちを10個覚えよう　7種類の動物にえさをあげてみよう　木に登って世界をながめてみよう　木の上に家をつくってみよう〔ほか〕　〔07304〕

ペルツ, ウィリアム・A.
◇歴史に生きるローザ・ルクセンブルク―東京・ベルリン・モスクワ・パリ - 国際会議の記録　伊藤成彦編著　社会評論社　2014.9　369p　21cm　2700円　①978-4-7845-1523-3
内容 もうひとつのルクセンブルク主義は可能だ（ウィリアム・A.ペルツ著, 伊藤成彦訳）　〔07305〕

ペルツ, モーリッツ
◇ドイツ会社法・資本市場法研究　早川勝, 正井章筰, 神作裕之, 高橋英治編　中央経済社　2016.7　648p　22cm　〈他言語標題：Studien zum deutschen Gesellschafts-und Kapitalmarktrecht　発売：中央経済グループパブリッシング〉 9200円　①978-4-502-17991-4
内容 ドイツ債務証券法〈Schuldverschreibungsrecht〉の改正（モーリッツ・ペルツ著,　久保寛展訳）　〔07306〕

ヘルツォーグ, ハイム　Herzog, Chaim
◇古代ユダヤ戦争史―聖地における戦争の地政学的研究（BATTLES OF THE BIBLE）　モルデハイ・ギホン, ハイム・ヘルツォーグ著, 池田裕訳　悠書館　2014.6　24, 399, 39p　20cm　〈年表あり 索引あり〉 4800円　①978-4-903487-89-2
内容 場面の設定　ヨシュアの軍事遠征　士師時代の戦争　王国樹立と正規軍　統一王国　初期イスラエル時代　オムリとアハブの治世におけるイスラエル　アハブ以後のイスラエル　レハブアム時代におけるユダの防衛システム　ウジヤ治世下のユダ　ユダ最後の世紀　初期マカベア戦争　解放から独立へ　〔07307〕

ヘルツフェルド, ノリーン
◇死者の復活―神学的・科学的論考集（RESURRECTION）　T.ピーターズ,R.J.ラッセル,M.ヴェルカー編, 小河陽訳　日本キリスト教団出版局　2016.2　441p　22cm　5600円　①978-4-8184-0896-8
内容 サイバネティックス的不死対キリスト教的復活（ノリーン・ヘルツフェルド著）　〔07308〕

ヘルト, クラウス
◇間文化性の哲学　谷徹編　京都　文理閣　2014.8　284p　21cm　（立命館大学人文学企画叢書 01）〈他言語標題：Philosophy of Interculturality〉 3500円　①978-4-89259-736-7
内容 ヨーロッパの運命としての理念化（クラウス・ヘルト著, 黒岡佳柾訳）　〔07309〕

ヘルトゥム, リチャード・ヴァン
◇21世紀の比較教育学―グローバルとローカルの弁証法（COMPARATIVE EDUCATION）　ロバート・F.アーノブ, カルロス・アルベルト・トーレス, スティーヴン・フランツ編著, 大塚豊訳　福村出版　2014.3　727p　22cm　〈文献あり 索引あり〉 9500円　①978-4-571-10168-7
内容 オーストラリア、イギリス、アメリカにおける教育改革の政治経済学（ジャック・キーティング, ローズマリー・プレストン, ペニー・ジェーン・バーク, リチャード・ヴァン・ヘルトゥム, ロバート・F.アーノブ著）　〔07310〕

ベルトルト, ヴィル　Berthold, Will
◇ヒトラー暗殺計画・42（Die 42 ATTENTATE AUF ADOLF HITLER）　ヴィル・ベルトルト著, 田村光彰, 志村恵, 中祢勝美, 中祢美智子, 佐藤文彦, 江藤深訳　社会評論社　2015.8　396p　19cm　〈文献あり〉 2800円　①978-4-7845-1354-3
内容 初期の試み　大虐殺の夜　左右両派からの暗殺者　独裁者と危険　首相官邸をねらった突撃小隊　エキスパートとアマチュア　誕生日、あわやの謀殺　一三分が世界史を演じる　ダイナミズム、ダイナマイト無しに　虎視眈々と狙う任務の遂行者　西部で立案、東部で実行　総統専用機に爆弾　犯行は兵器庫で　反撃　ワルキューレ作戦　おわりに　〔07311〕

ベルナデッタ　Bernadette
⇒スビルー, ベルナデッタ*

ベルナルディ, ブリュノ　Bernardi, Bruno
◇ジャン＝ジャック・ルソーの政治哲学―一般意志・人民主権・共和国　ブリュノ・ベルナルディ著, 三浦信孝編, 永見文雄, 川出良枝, 古城毅, 王寺賢太訳・解説　勁草書房　2014.2　206p　22cm〈他言語標題：La philosophie politique de Jean-Jacques Rousseau　著作目録あり 年譜あり〉3500円　①978-4-326-10229-7
内容 序章 啓蒙の異端者ルソー　第1章 ルソーと共和主義、正しい理解と間違った理解　第2章 『エコノミー・ポリティック論』における“一般意志”概念の形成　第3章 ルソーとともに“世論”を再考する　第4章 『戦争法の諸原理』と政治体の二重の本性　第5章 ジャン・ドブリとルソー―法律、習俗、そして人民の「暗黙の教育」　第6章 最期の言葉、『孤独な散歩者の夢想』「第一〇の散歩」を読む　〔07312〕

ベルニュ, ジャン＝フィリップ　Vergne, Jean-Philippe
◇海賊と資本主義―国家の周縁から絶えず世界を刷新してきたものたち（L'Organisation Pirate）　ロドルフ・デュラン, ジャン＝フィリップ・ベルニュ著, 永田千奈訳　阪急コミュニケーションズ　2014.8　216p　19cm　2000円　①978-4-484-14112-1
内容 海賊の歴史　神話の終わり―反権力としての海賊　一時的な歩み寄り―海賊組織と私掠船　資本主義の極限―スキゾフレニー　資本主義のテリトリー拡大　資本主義の必要悪―海賊組織　海賊組織の誕生―リアルな空間　海賊と経済　インターネット版海賊組織の登場―バーチャル空間　組織化された利益独占と海賊組織　海賊組織と所有権の意識―パテント・トロール　組織間の力関係という偶発的要素　規格化への反発―社会運動としての海賊組織　ミクロの世界の海賊組織―不可視の領域　権力のジレンマ―資本主義国家の行方　〔07313〕

ヘルバース, クラウス　Herbers, Klaus
◇女教皇ヨハンナ―伝説の伝記（DIE PÄPSTIN JOHANNA）　マックス・ケルナー, クラウス・ヘルバース著, 藤崎衛, エリック・シッケタンツ訳　三元社　2015.9　182, 48p　22cm〈文献あり 索引あり〉3000円　①978-4-88303-388-1
内容 第1章 実在の人物か？　虚構の人物か？　―実話から驚異譚へ　第2章 女教皇は実在できたか―歴史的舞台としての九世紀　第3章 女教皇伝説の成立―托鉢修道会の説教から中世後期における伝説の影響まで　第4章 女教皇の新しい役割―十四・十五世紀の教会政治上の対立における歴史的・法学的主張　第5章 道徳上の怪物か、あるいは歴史上の怪物か―宗教改革期の宗派間論争から近代文学まで　第6章 あとがきにかえて―われわれに女教皇は必要か？　〔07314〕

ペルバルト, ペテル＝パル
◇ドゥルーズ―没後20年新たなる転回　河出書房新社　2015.10　269p　21cm〈文献あり 著作目録あり〉2100円　①978-4-309-24735-9
内容 主体化、非主体化（ペテル＝パル・ペルバルト著, 五井健太郎訳）　〔07315〕

ヘルビッヒ, マルティン　Hellwig, Martin F.
◇銀行は裸の王様である―金融界を震撼させた究極の危機管理（The Bankers' New Clothes）　アナト・アドマティ, マルティン・ヘルビッヒ著, 土方奈美訳　東洋経済新報社　2014.6　321, 182p　22cm〈文献あり 索引あり〉4000円　①978-4-492-68136-7
内容 銀行は「裸の王様」だ　第1部 借り入れ、銀行業、そしてリスク（まず、借り入れのリスクを知ろう　なぜ借り入れがそんなに危ういのか　『素晴らしき哉、人生！』は本当か ほか）　第2部 自己資本を厚くすべきこれだけの理由（打つべき手はわかっている　銀行が自己資本を毛嫌いする理由　他人のカネで博打を打つ構造 ほか）　第3部 これからの銀行規制の話をしよう（やるなら今だ！　政治と銀行　他人のお金の正しい扱い方）　〔07316〕

ペルマス, エリザベト
◇男らしさの歴史　1　男らしさの創出―古代から啓蒙時代まで（HISTOIRE DE LA VIRILITÉ）　A.コルバン,J-J.クルティーヌ,G.ヴィガレロ監修　G.ヴィガレロ編, 鷲見洋一監訳　藤原書店　2016.12　788p 図版48p　22cm　8800円　①978-4-86578-097-0
内容 エクササイズの遊戯、娯楽と男らしさ（エリザベト・ペルマス著, 鷲見洋一訳）　〔07317〕

ヘルマン, ウルリケ　Herrmann, Ulrike
◇資本の世界史―資本主義はなぜ危機に陥ってばかりいるのか（DER SIEG DES KAPITALS）　ウルリケ・ヘルマン著, 猪股和夫訳　太田出版　2015.10　338, 13p　20cm　（atプラス叢書 12）〈文献あり〉2500円　①978-4-7783-1486-6
内容 第1部 資本の興隆（奇跡の成長―富がこの世に生まれたとき　古代ローマ人もお金は大好き―でも、資本家にはならなかった ほか）　第2部 資本に関する3つの誤り（資本主義は市場経済ではない　資本主義は国家と対立するものではない ほか）　第3部 資本vs.お金（お金は謎である、資本と同じでもない　金ですか？　いいえ、けっこうです ほか）　第4部 資本の危機（危機の後は危機の前―近代的資本主義はなぜ危機に陥ってばかりいるのか　資本主義の終焉は近いように見えた―1929年からの世界恐慌 ほか）　〔07318〕

ヘルマン, ハンス＝ゲオルク
◇ヨーロッパ史のなかの裁判事例―ケースから学ぶ西洋法制史（Fälle aus der Rechtsgeschichte）　U.ファルク,M.ルミナティ,M.シュメーケル編著, 小川浩三, 福田誠治, 松本尚子監訳　京都　ミネルヴァ書房　2014.4　445p　22cm〈索引あり〉6000円　①978-4-623-06559-2
内容 哀しき王孫（ハンス＝ゲオルク・ヘルマン著, 小川浩三訳）　〔07319〕

ヘルマンス, ウィリアム　Hermanns, William
◇アインシュタイン、神を語る―宇宙・科学・宗教・平和（Einstein and the Poet）　ウィリアム・ヘルマンス著, 神保圭志訳　新装版　工作舎　2015.7　253p　20cm　2200円　①978-4-87502-464-4
内容 対話1 アインシュタインとの出会い（不吉な出会い　天体のハーモニー ほか）　対話2 宇宙的宗教（プ

リンストンのアインシュタインの部屋　反ナチ活動の挫折と命がけのドイツ脱出 ほか）　対話3 アインシュタインの宗教観（ユダヤ人、アインシュタイン　相対性理論をめぐる科学者たち ほか）　対話4 世界平和と科学者の責務（ユダヤの聖母　戦前のドイツ指導層の運命 ほか）〔07320〕

ヘルマン=ピラート, カーステン
◇比較制度分析のフロンティア（INSTITUTIONS AND COMPARATIVE DEVELOPMENTの抄訳, COMPLEXITY AND INSTITUTIONSの抄訳〔etc.〕）　青木昌彦, 岡崎哲二, 神取道宏監修　NTT出版　2016.9　356p　22cm　（叢書《制度を考える》）〈他言語標題：Frontiers of Comparative Institutional Analysis〉4500円　①978-4-7571-2325-0
内容 中国の制度変化を理解する（カーステン・ヘルマン=ピラート著, 滝沢弘和, 水野孝之訳）〔07321〕

へ

ヘルム, レスリー　Helm, Leslie
◇横浜ヤンキー—日本・ドイツ・アメリカの狭間に生きたヘルム一族の150年（Yokohama Yankee）　レスリー・ヘルム著, 村上由見子訳　明石書店　2015.9　389p　20cm　2600円　①978-4-7503-4249-8
内容 ヘルム一族の終焉　一介のガイジン　養子縁組　曽祖父ユリウスの足跡を追って　ユリウスとヒロ　新天地での試み　"あいのこ"たちの人生　マリコとエリック　戦争のはざま、文化のはざまで　関東大震災　戦争の足音　日本からアメリカへ　「ヘルム一家はジャップだ！」　悲喜こもごもの帰郷　占領と恋　シンチンゲル一家　ドンとバーバラ　横浜での日々　能登への旅日本人の遠縁　恥から誇りへ　日本人のルーツを探して　血のつながり　より強い絆へ　もうひとつの"山手"からの眺め　終章〔07322〕

ヘルムス, アンチェ　Helms, Antje
◇みんなこうなるの？—おとなになるためのベストアンサー71のQ&A（KRIEGEN DAS EIGENTLICH ALLE？）　ヤン・フォン・ホレーベン写真, アンチェ・ヘルムス文, 北村邦夫監修, 畑沢裕子訳　講談社　2014.10　159p　18cm　〈文献あり〉1850円　①978-4-06-219093-0
内容 1 成長と変化（思春期ってだれにでもあるの？　いまが思春期って、なんでわかるの？ ほか）　2 女の子らしさ、男の子らしさ（どうすれば胸が大きくなるの？　乳房の中はどうなってるの？ ほか）　3 恋すること、愛すること（ラブレターの書き方は？　理想のカノジョはどうやって見つけるの？ ほか）　4 キスとセックス（どうやってキスするの？　キスしていいのは何歳から？ ほか）　5 妊娠と出産（どうして男の人は妊娠しないの？　赤ちゃんはなぜ10か月もおなかにいなくちゃいけないの？ ほか）〔07323〕

ベルモン, ジョルジュ
◇インタヴューズ　3　毛沢東からジョン・レノンまで（THE PENGUIN BOOK OF INTERVIEWS）　クリストファー・シルヴェスター編, 新庄哲夫他訳　文芸春秋　2014.6　463p　16cm　（文春学芸ライブラリー—雑英 7）　1690円　①978-4-16-813018-2
内容 マリリン・モンロー（マリリン・モンロー述, ジョルジュ・ベルモンインタヴュアー, 宮本高晴訳）〔07324〕

ベルール, レーモン
◇ドゥルーズ書簡とその他のテクスト（LETTRES ET AUTRES TEXTES）　ジル・ドゥルーズ著, 宇野邦一, 堀千晶訳　河出書房新社　2016.8　400, 4p　20cm　〈索引あり〉3800円　①978-4-309-24769-4
内容 ジル・ドゥルーズ、フェリックス・ガタリーレーモン・ベルールとの『アンチ・オイディプス』についての討論（ジル・ドゥルーズ, フェリックス・ガタリ, レーモン・ベルール述, 宇野邦一訳）〔07325〕

ベルレユング, A.　Berlejung, Angelika
◇旧約新約聖書神学事典（Handbuch theologischer Grundbegriffe zum Alten und Neuen Testament 原著第4版の翻訳）　A.ベルレユング,C.フレーフェル編, 山吉智久訳　教文館　2016.10　658p　22cm　〈索引あり〉18000円　①978-4-7642-4040-7
内容 大項目（神観念（Bernd Janowski, Klaus Scholtissek）救済論（Joachim Kügler）祭儀（Reinhard G.Kratz）社会的地位/社会と制度（Angelika Berlejung, Annette Merz）終末論（Thomas Hieke）ほか）小項目 用語解説〔07326〕

ペレーズ, スタニス
◇男らしさの歴史　1　男らしさの創出—古代から啓蒙時代まで（HISTOIRE DE LA VIRILITÉ）　A.コルバン,J-J.クルティーヌ,G.ヴィガレロ監修　G.ヴィガレロ編, 鷲見洋一監訳　藤原書店　2016.12　788p 図版48p　22cm　8800円　①978-4-86578-097-0
内容 ルイ十四世もしくは絶対的男らしさ？（スタニス・ペレーズ著, 片木智年訳）〔07327〕

ベレスト, アンヌ　Berest, Anne
◇パリジェンヌのつくりかた（HOW TO BE PARISIAN WHEREVER YOU ARE）　カロリーヌ・ド・メグレ, アンヌ・ベレスト, オドレイ・ディワン, ソフィ・マス著, 古谷ゆう子訳　早川書房　2014.11　265p　20cm　2200円　①978-4-15-209505-3
内容 1 パリジェンヌの基本（眠りにつく前に、思い出しておきたい「18の掟」　あるパリジャンが語る、パリジェンヌのリアル ほか）　2 悪習のススメ（矛盾しているとわかっていても、ついついやってしまう「12の事柄」　「もしかして、浮気しているのでは」と恋人に思い込ませる方法 ほか）　3 パリジェンヌな"雰囲気"の作りかた（24 - Hour Look　絶対に必要不可欠なもの ほか）　4 あえて好きになってみる（理想の男とは？　恋愛に対して楽観的でいられる、これだけの理由 ほか）　5 パリジェンヌからのアドバイス（To do list　DIY ほか）〔07328〕

ペレス=フランコ, リリア
◇学びのイノベーション—21世紀型学習の創発モデル（Innovating to Learn, Learning to Innovate）　OECD教育研究革新センター編著, 有本昌弘監訳, 多々納誠子, 小熊利江訳　明石書店　2016.9　329p　22cm　4500円　①978-4-7503-4400-3

内容 学習環境の構築（フワン・カッサスス, マリア・デ・イバッラ, リリア・ペレス＝フランコ, フアナ・M.サンチョギル, マルチェラ・トーヴァー＝ゴメス, マルガリータ・ソリーリャ著, 多々納誠子訳）〔07329〕

ペレス・モンテーロ, ホセ　Pérez Montero, José

◇ゲームで学ぶ子どものせいしょ　レイア・ジェンセン, イザベッレ・ガオぶん, ホセ・ペレス・モンテーロイラスト, といかわみゆきやく　サンパウロ　2016.4　232p　24cm　2800円　①978-4-8056-2823-2〔07330〕

ペレット, ジェフリー　Perret, Geoffrey

◇老兵は死なず―ダグラス・マッカーサーの生涯。（OLD SOLDIERS NEVER DIE）　ジェフリー・ペレット著, 林義勝, 寺沢由紀子, 金沢宏明, 武井望, 藤田怜史訳　鳥影社　2016.1　1162, 42p　20cm　〈索引あり〉5800円　①978-4-86265-528-8

内容 ラッパの音　至福の日々　軍団、軍団、そして軍団　痛ましいジョーク　木工　兵士の中の兵士　顕著な特徴　よろしい！　アメリカ人はあきらめないのだ　陸軍のダルタニアン〔ほか〕〔07331〕

ヘレフォード, ジョイ

◇経験学習によるリーダーシップ開発―米国CCLによる次世代リーダー育成のための実践事例（Experience-Driven Leader Development）　シンシア・D.マッコーレイ,D.スコット・デリュ, ポール・R.ヨスト, シルベスター・テイラー編, 漆嶋稔訳　日本能率協会マネジメントセンター　2016.8　511p　27cm　8800円　①978-4-8207-5929-4

内容 リーダーシップ・マップ：成長を促す経験の特定（ポール・ヨスト, ジョイ・ヘレフォード）〔07332〕

ベーレンス=アブーセイフ, ドリス　Behrens-Abouseif, Doris

◇ビジュアル版 世界の歴史都市―世界史を彩った都の物語（The Great Cities in History）　ジョン・ジュリアス・ノーウィッチ編, 福井正子訳　柊風舎　2016.9　303p　27×21cm　15000円　①978-4-86498-039-5

内容 メッカ―イスラームの聖なる都市 他（ドリス・ベーレンス＝アブーセイフ）〔07333〕

ベレンソン, マーク・L.　Berenson, Mark L.

◇ビジネス統計学―Excelで学ぶ実践活用テクニック（Business Statistics 原著第6版の翻訳）　David M.Levine,Timothy C.Krehbiel,Mark L. Berenson〔著〕, 前田祐治訳　丸善出版　2014.11　458p　21cm　〈索引あり〉3800円　①978-4-621-08891-3

内容 統計学とは　データの整理と数値の尺度　基本的な確率　離散確率分布　正規分布　標本抽出と標本分布　信頼区間の推定　仮説検定の基礎―1 標本検定　2 標本検定と一元配置分散分析　カイ二乗（χ2）検定　単純線形回帰分析　重回帰分析〔07334〕

ペロ, シャルル　Perrot, Charles

◇イエス（Jésus 原著第6版の翻訳）　シャルル・ペロ著, 支倉崇晴, 堤安紀訳　白水社　2015.5　160, 8p　18cm　（文庫クセジュ 1000）〈文献あり 索引あり〉1200円　①978-4-560-51000-1

内容 第1章 聖書釈義研究の原資料、現場と方法（研究の原資料と現状　さまざまな読み方と研究の諸方法）　第2章 序幕（幼少期の物語　洗礼者ヨハネとイエス ほか）　第3章 新しい言葉（新しい言葉の突然の出現）　第4章 救いの行為（聖書が語る奇跡）　第5章 イエスのアイデンティティを求めて（キリスト論における称号）　第6章 十字架（文学的、考古学的原資料　イエスの裁判とユダヤ人の責任　出来事の経過 ほか）　第7章 過越しの日の朝（復活という言葉）〔07335〕

ペロシ, エミリー

◇経験学習によるリーダーシップ開発―米国CCLによる次世代リーダー育成のための実践事例（Experience-Driven Leader Development）　シンシア・D.マッコーレイ,D.スコット・デリュ, ポール・R.ヨスト, シルベスター・テイラー編, 漆嶋稔訳　日本能率協会マネジメントセンター　2016.8　511p　27cm　8800円　①978-4-8207-5929-4

内容 自発的OJDの推進 他（ポール・ヨスト, エミリー・ペロシ）〔07336〕

ベロック, ヒレア　Belloc, Joseph Hilaire Pierre René

◇ユダヤ人―なぜ、摩擦が生まれるのか（The Jews）　ヒレア・ベロック著, 中山理訳, 渡部昇一監修　祥伝社　2016.9　397p　20cm　2000円　①978-4-396-61573-4

内容 本書のテーゼ―難題にいかに対処するか　問題の否認―ユダヤ人問題は存在しないとする態度　問題の現局面―ボルシェヴィキ主義とユダヤ人　摩擦の一般的原因―ユダヤ人の特質と流儀　摩擦の特別の原因―敵意に油を注ぐもの　私たちの側の摩擦の原因―不誠実と無知　反ユダヤ主義者―増殖する敵意と憎悪　ボルシェヴィキ主義―ロシア革命とユダヤ人　世界全体での立ち位置―その支配の実態　イングランドにおける立ち位置―その特殊な関係〔ほか〕〔07337〕

ベローニ, ヴァレンティナ　Belloni, Valentina

◇女探偵☆ケイト・ウォーン―リンカーン大統領の命をすくえ！（How Kate Warne Saved President Lincoln）　エリザベス・ヴァン・スティーンウィク文, ヴァレンティナ・ベローニ絵, おびかゆうこ訳　光村教育図書　2016.9〔32p〕26cm　1400円　①978-4-89572-898-0〔07338〕

ベロフスキー, ネイサン　Belofsky, Nathan

◇「最悪」の法律の歴史（THE BOOK OF STRANGE AND CURIOUS LEGAL ODDITTIES）　ネイサン・ベロフスキー著, 広田明子訳　原書房　2014.1　287p　20cm　〈索引あり〉2400円　①978-4-562-04983-7

内容 第1章 古代の法律　第2章 身近な法律　第3章 奇妙な事柄、奇妙な場所　第4章 人間社会の動物たち（ホンモノ）　第5章 生活に不可欠なもの食と性　第6章 娯楽とレジャー　第7章 人間関係　第8章 裁判官、弁護士、法律〔07339〕

ペロンズ, ダイアン

◇知識経済をジェンダー化する―労働組織・規制・

福祉国家（GENDERING THE KNOWLEDGE ECONOMY） S.ウォルビー,H.ゴットフリート, K.ゴットシャル, 大沢真理編著, 大沢真理編訳 京都 ミネルヴァ書房 2016.8 382p 22cm （現代社会政策のフロンティア 10）〈索引あり〉 5500円 ①978-4-623-07783-0
内容 新しい知識経済における生活と労働のパターン（ダイアン・ペロンズ著） 〔07340〕

ペン, スウドウ* 卞 崇道
◇思想間の対話―東アジアにおける哲学の受容と展開 藤田正勝編 法政大学出版局 2015.2 359, 11p 22cm 〈索引あり〉5500円 ①978-4-588-15071-5
内容 日本哲学の成立、意義そして展望（卞崇道, 林美茂著, 宮崎隆幸訳） 〔07341〕

ペン, トマス Penn, Thomas
◇冬の王―ヘンリー七世と黎明のテューダー王朝（Winter King） トマス・ペン著, 陶山昇平訳 彩流社 2016.7 477p 22cm 〈文献あり 年譜あり 年表あり〉4500円 ①978-4-7791-2244-6
内容 プロローグ―白薔薇の復讐遂げし赤薔薇 第1部 血と薔薇（粛清の果てに スペインからの花嫁 飽くなき魔手 王妃の死） 第2部 流転する世界（不信の連鎖 法律顧問評議会 我らが第二の宝 破談 追い詰められたサフォーク伯 新天地） 第3部 貪婪の王国（押し黙る法の支配 騎士道の若き守護者 徴収システムの完成 死の技法 春の訪れ） 〔07342〕

ベン＝アリ, エヤル
◇軍隊の文化人類学 田中雅一編 風響社 2015.2 598p 22cm 〈文献あり〉5000円 ①978-4-89489-207-1
内容 日本の自衛隊に見る普通化、社会、政治（エヤル・ベン＝アリ著, 神谷万丈訳） 〔07343〕

ベンガム, アラン
◇市場なき社会主義の系譜（NON-MARKET SOCIALISM IN THE NINETEENTH AND TWENTIETH CENTURIES） マクシミリアン・リュベル, ジョン・クランプ編著, 角田史幸, 藤井真生訳 現代思潮新社 2014.7 304, 9p 20cm 〈文献あり 索引あり〉3600円 ①978-4-329-00491-8
内容 アナルコ・コミュニズム（アラン・ペンガム著, 藤井真生訳） 〔07344〕

ベンクラー, ヨハイ
◇成長戦略論―イノベーションのための法と経済学（RULES FOR GROWTH） ロバート・E.ライタン編著, 木下信行, 中原裕彦, 鈴木淳人監訳 NTT出版 2016.3 383p 23cm 6500円 ①978-4-7571-2352-6
内容 ネットワーク環境下の情報経済の成長を指向した法制（ヨハイ・ベンクラー著, 中原裕彦監訳, 利光秀方訳） 〔07345〕

ヘンケル, ジャン・ギィ
◇ソーシャルファーム―ちょっと変わった福祉の現場から コミュニティシンクタンクあうるず編 創森社 2016.9 226p 21cm 〈他言語標題：Social Firm 文献あり〉2200円 ①978-4-88340-309-7
内容 ソーシャルファームを日仏で進展させていくために（ジャン・ギィ・ヘンケル著, 南谷桂子訳） 〔07346〕

ベンサイド, ダニエル Bensaïd, Daniel
◇時ならぬマルクス―批判的冒険の偉大さと逆境〈十九―二十世紀〉（MARX L'INTEMPESTIF） ダニエル・ベンサイド著, 佐々木力監訳, 小原耕一, 渡部実訳 未来社 2015.12 542, 36p 22cm 〈文献あり 索引あり〉6800円 ①978-4-624-01194-9
内容 第1部 聖から俗へ 歴史的理性の批判家マルクス（歴史の新しい記述法 調子はずれの時（分析的マルクス主義について） 時の新しい読み取り方） 第2部 闘争と必然性 社会学的理性の批判家マルクス（階級か、それとも失われた主体か 闘いはゲームにあらず（ゲーム理論と正義論に直面するマルクス） さて去年の階級はいまいずこ？） 第3部 無秩序の秩序 科学的実証性の批判家マルクス（別のやりかたで学問する新しき内在 歴史的論理の窮境 カオスの舞踏振付物質の懊悩（政治的エコロジー批判）） 〔07347〕

ベンサム, ジェレミー Bentham, Jeremy
◇日本立法資料全集 別巻841 人権宣告弁妄 政治真論――名主権弁妄 ベンサム著, 草野宣隆訳, ベンサム著, 藤田四郎訳 復刻版 信山社出版 2014.2 143, 190p 23cm 〈元老院 明治20年刊の複製 自由出版会社 明治15年刊の複製〉 40000円 ①978-4-7972-7139-3
内容 人権宣告弁妄 政治真論一名主権弁妄 〔07348〕

ベン・シャハー, タル Ben-Shahar, Tal
◇ハーバードの人生を変える授業（Even Happier） タル・ベン・シャハー著, 成瀬まゆみ訳 大和書房 2015.1 245p 15cm （だいわ文庫 287-1G） 700円 ①978-4-479-30516-3
内容 感謝する 習慣化する 運動をする 仕事への考え方を変える 意義を見いだす 思いやりの心をもつ 困難から学ぶ すべてをシンプルにする プロセスを楽しむ 理解し、理解される〔ほか〕 〔07349〕
◇ハーバードの人生を変える授業 2 Q次の2つから生きたい人生を選びなさい（Choose the Life You Want） タル・ベン・シャハー著, 成瀬まゆみ訳 大和書房 2016.5 366p 15cm （だいわ文庫 287-2G） 〈「Q・次の2つから生きたい人生を選びなさい」（2013年刊）の改題、加筆・修正 文献あり〉 700円 ①978-4-479-30591-0
内容 Aただ生きる B選択して生きる A周りにある宝物を見すごす B人生のすばらしさを味わいつくす A怒りに身をまかせる Bいったん落ち着いて考える A同じ悩みを繰り返し、思いわずらう B戦略的に考え、行動する A悪い姿勢でいる B自信と誇りを表現する A現状に甘んじる B変化を起こす A先延ばしにする Bいまやる Aわだかまりを残す B許す A仕事を作業と考える B仕事を天職と考える A困難を避ける B困難に学ぶ〔ほか〕 〔07350〕

ベンジャミン, クレイグ Benjamin, Craig
◇ビッグヒストリー―われわれはどこから来て、どこへ行くのか 宇宙開闢から138億年の「人間」史（Big History） デヴィッド・クリスチャン, シン

へ

シア・ストークス・ブラウン, クレイグ・ベンジャミン著, 長沼毅日本語版監修, 石井克弥, 竹田純子, 中川泉訳 明石書店 2016.11 400p 28cm 〈索引あり〉 3700円 ①978-4-7503-4421-8

内容 ビッグヒストリーの概要と学び方 第1スレッショルド 宇宙 第2スレッショルド 恒星 第3スレッショルド 新たな化学元素 第4スレッショルド 太陽、太陽系、地球の誕生 第5スレッショルド 生命の誕生 第6スレッショルド ホミニン、人間、旧石器時代 第7スレッショルド 農業の起源と初期農耕時代 小スレッショルドを経て 都市、国家、農耕文明の出現 パート1 農耕文明時代のアフロユーラシア〔ほか〕 〔*07351*〕

ベンスーサン, ジェラール

◇顔とその彼方―レヴィナス『全体性と無限』のプリズム 合田正人編 知泉書館 2014.2 234, 5p 22cm （明治大学人文科学研究所叢書） 〈索引あり〉 4200円 ①978-4-86285-178-9

内容 両義性と二元性（ジェラール・ベンスーサン著, 平石晃樹訳） 〔*07352*〕

ヘンスラー, マルティン Henssler, Martin

◇ドイツ弁護士法と労働法の現在 森勇, 米津孝司編 八王子 中央大学出版部 2014.2 256p 22cm （日本比較法研究所研究叢書 93） 3300円 ①978-4-8057-0592-6

内容 第1部 弁護士法（ドイツ弁護士職業法入門―ドイツにおける弁護士活動の法的根拠 ドイツにおける弁護士マーケットの展開―日本の法律相談市場にとって一つのモデルとなりうるのか？） 第2部 労働法（ドイツ労働法における労働契約の内容審査―消費者保護の原則を通じたドイツでの労働者保護の拡大 ドイツの労働組合の新たな役割と企業再編成・大量解雇に際するスト可能性の拡大 欧州諸国との比較におけるドイツ労働法の最近の展開―ドイツ労働法は危機にある国々の模範たりうるのか？） 第3部 フォーラム―職業法としての弁護士法の現在問題（ドイツおよびヨーロッパにおける弁護士職業法の展開 日本の弁護士―この10年とこれから フォーラム 議事録 司法制度改革審議会意見書（2001年6月12日）の弁護士制度関連のまとめ） 〔*07353*〕

ヘンゼル, ハイケ

◇なぜ“平和主義”にこだわるのか（ENTRÜSTET EUCH！ ―WARUM PAZIFISMUS FÜR UNS DAS GEBOT DER STUNDE BLEIBT） マルゴット・ケースマン, コンスタンティン・ヴェッカー編, 木戸衛一訳 いのちのことば社 2016.12 261p 19cm 1500円 ①978-4-264-03611-1

内容 平和への権利―「平和の文化」の実例（ハイケ・ヘンゼル, ヘニンク・ツィーロク） 〔*07354*〕

ベンゾン, M.* Benzon, Maria B.

◇自己調整学習ハンドブック（HANDBOOK OF SELF-REGULATION OF LEARNING AND PERFORMANCE） バリー・J.ジマーマン, ディル・H.シャンク編, 塚野州一, 伊藤崇達監訳 京都 北大路書房 2014.9 434p 26cm 〈索引あり〉 5400円 ①978-4-7628-2874-4

内容 動機づけの自己調整方略のアセスメント（Christopher A.Wolters, Maria B.Benzon, Christina Arroyo-Giner著, 伊藤崇達訳） 〔*07355*〕

ベンダー, ウォルター Bender, Walter

◇ラーニング・レボリューション―MIT発世界を変える「100ドルPC」プロジェクト（LEARNING TO CHANGE THE WORLD） ウォルター・ベンダー, チャールズ・ケイン, ジョディ・コーニッシュ, ニール・ドナヒュー著, 松本裕訳 英治出版 2014.5 318p 20cm 2100円 ①978-4-86276-176-7

内容 1 OLPCの誕生（OLPCの成り立ち 100ドルのパソコンをつくる ほか） 2 アイデアから成果まで（青いバナナを売る 倉庫から校舎まで ほか） 3 そしてこれから（OLPCの現在と未来 行動を起こそう！） 各国のケーススタディ（カンボジア、10年後 トップダウンの取り組み ほか） 〔*07356*〕

ベンダサン, イザヤ BenDasan, Isaiah

◇日本人と中国人―なぜ、あの国とまともに付き合えないのか イザヤ・ベンダサン著, 山本七平訳 祥伝社 2016.11 274p 18cm （祥伝社新書 486） 〈2005年刊の再刊〉 820円 ①978-4-396-11486-2

内容 1章 感情国家・日本の宿痾―日中国交回復と日支事変に共通する歴史的問題点 2章 鎖国時代の中国大ブーム―家康による日中国交回復と、朱舜水が及ぼした影響 3章 尊皇思想の誕生―なぜ京都町奉行は、竹内式部に慴伏したのか 4章 明朝派日本人と清朝派日本人―「日本国王」を受け入れた足利義満の中国観 5章 太閤式・中国交渉の失敗―秀吉は、なぜ明との交渉を決裂させ、再度の朝鮮出兵にいたったか 6章 朝鮮の後ろには中国がいた―新井白石が朝鮮来聘使問題に見せた傑出した外交感覚 7章 逆転する中国像―その後の対中政策を決定した頼山陽の『日本外史』が誕生するまで 8章 中国を忘れた日本―田沼時代から明治維新へ、中国蔑視時代の対中関係 9章 「外なる中国」と「内なる中国」―二・二六事件の将校に連なる近代日本の天皇観と中国観 〔*07357*〕

ヘンダーソン, イアン

◇再論東京裁判―何を裁き、何を裁かなかったのか（Beyond Victor's Justice？） 田中利幸, ティム・マコーマック, ゲリー・シンプソン編著, 田中利幸監訳, 饗庭朋子, 伊藤大将, 佐藤晶子, 高取由紀, 仁科由紀, 松島亜季訳 大月書店 2013.12 597, 17p 20cm 〈索引あり〉 6800円 ①978-4-272-52099-2

内容 都市への焼夷弾攻撃（イアン・ヘンダーソン著, 松島亜季訳） 〔*07358*〕

ヘンダーソン, ローラ Henderson, Laura

◇リーダーをめざすあなたへ―成功した女性の8つの戦略（How Women Lead ： 8 Essential Strategies Successful Women Know） シャロン・ハダリィ, ローラ・ヘンダーソン著, 穴水由紀子訳 一灯舎 2013.7 339, 12p 19cm 1700円 ①978-4-907600-26-6

内容 1 女性が持つリーダーとしての潜在能力に目覚める 2 自分の運命は自分の手で切り開く 3 自分のキャリアは自分で設計する 4 臆さず自分をアピールする 5 数字が語る話を読み取り、戦略を立て、結果につなげる 6 とびきりのチームを作る 7 あなたという最大の資産をはぐくむ 8 可能性を現実のものにする 〔*07359*〕

ヘ

ベンダーラ, ムハンマド

◇日本・アルジェリア友好の歩み―外交関係樹立50周年記念誌　私市正年, スマイル・デベシュ, 在アルジェリア日本国大使館編著　千倉書房　2014.8　286p　19cm　2800円　①978-4-8051-1041-6

内容 国民解放戦線東京代表部（一九五八～六二年）について（ムハンマド・ベンダーラ）〔07360〕

ベンチコウ, カーラ・ビセット

◇幸福　橘木俊詔編著　京都　ミネルヴァ書房　2014.3　193, 2p　26cm　（福祉+α 6　橘木俊詔, 宮本太郎監修）〈他言語標題：HAPPINESS　文献あり 索引あり〉2500円　①978-4-623-07030-5

内容 幸福と音楽（カーラ・ビセット・ベンチコウ, アントニオ・エスターシェ, ビクター・ギンスバーグ著, 渡辺円香訳）〔07361〕

ベンツ, ヴォルフガング　Benz, Wolfgang

◇第三帝国の歴史―画像でたどるナチスの全貌（GESCHICHTE DES DRITTEN REICHES）ヴォルフガング・ベンツ著, 斉藤寿雄訳　現代書館　2014.8　315p　22cm　〈文献あり 索引あり〉3300円　①978-4-7684-5720-7

内容 国民革命　権力の確立　独裁体制の危機と徹底ナチス国家の社会　ヒトラーの国家　経済政策と社会政策　テロと迫害　不満と反対派　ユダヤ人の迫害　戦争への道　戦争の日常と政権の過激化　総力戦　ユダヤ人殺戮　抵抗　崩壊〔07362〕

ベンティーン, クラウディア　Benthien, Claudia

◇皮膚―文学史・身体イメージ・境界のディスクール（HAUT）　クラウディア・ベンティーン著, 田辺玲子訳　法政大学出版局　2014.5　422p　20cm　〈文献あり 索引あり〉4800円　①978-4-588-35229-4

内容 表面の深部―序論　境界のメタファー―言葉のなかの皮膚　侵入―医学と文化の実践における身体の境界と知の産物　脱皮―皮剝ぎ, 拷問, メタモルフォーゼ　魂の鏡―カンヴァスとしての表皮　謎となすこと―皮膚の他者性　鎧の皮膚と母斑―ある性差のイメージ体系　異種の皮膚―皮膚の色の科学史および文学史　ブラックネス―アフリカ系アメリカ人の言説における皮膚の色の問題性　手と皮膚―皮膚感覚の人間学と図像学〔ほか〕〔07363〕

ペントランド, アレックス　Pentland, Alex

◇ソーシャル物理学―「良いアイデアはいかに広がるか」の新しい科学（Social Physics）　アレックス・ペントランド著, 小林啓倫訳　草思社　2015.9　342p　19cm　〈文献あり〉2000円　①978-4-7942-2155-1

内容 社会物理学とは何か―社会の進化をビッグデータで理解するための新しい枠組み　1 社会物理学（探求―いかにして良いアイデアを発見し, 優れた意思決定に結びつけるか　アイデアの流れ―集合知の土台となるもの　エンゲージメント―なぜ共同で作業することができるのか）　2 アイデアマシン（集団的知性―交流のパターンからどのように集団的知性が生まれるのか　組織を改善する―交流パターンの可視化を通じて集団的知性を形成する　組織を変化に対応させる―ソーシャルネットワーク・インセンティブを使用した迅速な組織の構築と, 破壊的な変化への対応）　3 データ駆動型都市（都市のセンシング―モバイルセンシングによる「神経系」が都市をより健全・安全・効率的に　「なぜ人は都市をつくるのか」の科学―社会物理学とビッグデータが, 都市の理解と開発のあり方を変える）　4 データ駆動型社会（データ駆動型社会―やがて来るデータに基づいて動く社会とは, どのような姿になるのか　社会をより良くデザインする―社会物理学が人間中心型社会の設計を支援する）〔07364〕

ベントリー, ジュディー・K.C.　Bentley, Judy K.C.

◇動物と戦争―真の非暴力へ,《軍事―動物産業》複合体に立ち向かう（Animals and War）　アントニー・J.ノチェッラ二世, コリン・ソルター, ジュディー・K.C.ベントリー編, 井上太一訳　新評論　2015.10　306p　20cm　〈文献あり 索引あり〉2800円　①978-4-7948-1021-2

内容 序章 "軍事 - 動物産業" 複合体　第1章 戦の乗り物と化した動物たち　第2章 動物たちの前線―米軍医療訓練実習の動物搾取　第3章 兵器にされる人間以外の動物たち　第4章 戦争―動物たちの被害　第5章 戦地の動物　第6章 戦争と動物, その未来　終章 動物研究, 平和研究の批判的検討―全ての戦争を終わらせるために〔07365〕

ベントリー, リオネル

◇デザイン保護法制の現状と課題―法学と創作の視点から　麻生典, クリストフ・ラーデマッハ編　日本評論社　2016.12　614p　21cm　6300円　①978-4-535-52182-7

内容 産業著作権への回帰？（リオネル・ベントリー著, 藤原拓訳）〔07366〕

ベントレー, トム

◇学びのイノベーション―21世紀型学習の創発モデル（Innovating to Learn, Learning to Innovate）　OECD教育研究革新センター編著, 有本昌弘監訳, 多々納誠子, 小熊利江訳　明石書店　2016.9　329p　22cm　4500円　①978-4-7503-4400-3

内容 オープン型の学習（トム・ベントレー著, 小熊利江訳）〔07367〕

ベントン, キャロライン　Benton, Caroline F.

◇パフォーマンスを生み出すグローバルリーダーの育成―ケースシミュレーションにもとづくコンピテンシー学習プログラム　永井裕久, キャロライン・ベントン, 筑波大学グローバル人材開発リサーチユニット編著　白桃書房　2015.3　152p　21cm　2500円　①978-4-561-23643-6

内容 グローバルリーダーの育成をめざして　グローバルリーダー能力の測定　グローバルリーダーのパフォーマンス向上に関する知識　12か国比較グローバルリーダーシップ調査の概要　グローバルリーダーシップ・シミュレーション開発　ケース1（日本人グローバルマネジャー）インドネシア「現地スタッフの経験が浅い！」　ケース2（韓国人グローバルマネジャー）ベルギー「納期遅れが生じている！」　ケース3（中国人グローバルマネジャー）中国（A）「中国ビジネスを理解しない本社！」　ケース4（ノルウェー人グローバルリーダー）中国（B）「買収企業内に旧勢力が残留！」　ケース5（日フランス人グローバルマネジャー）コロンビア「危険地域でミッションを遂行せよ！」　ケース6（英国人グローバルマネジャー）フィンランド「取引

相手とのビジネススピードが違いすぎる！」 メタ認知がコンピテンシー学習に果たす役割 グローバルマインドセットの活用 グローバルリーダーシップにおけるダブルループ学習メカニズムの探求 まとめと展望—日本人グローバルリーダーの育成に向けて 〔07368〕

ベンナー, ディートリッヒ Benner, Dietrich

◇一般教育学—教育的思考と行為の基礎構造に関する体系的・問題史的な研究（Allgemeine Pädagogik 原著第8版の翻訳） ディートリッヒ・ベンナー著, 牛田伸一訳 協同出版 2014.12 470p 21cm 〈著作目録あり〉4800円 ①978-4-319-00269-6

内容 第1章 一般教育学の困難性、必要性、そして可能性 第2章 人間の実践総体の枠内での教育実践の位置 第3章 教育的思考と行為の原理 第4章 体系的教育科学における行為理論的な問題設定 第5章 教育実践の行為次元 第6章 教育学の統一、教育学諸領域の多様性、そして教育科学研究の基礎構造 〔07369〕

ベンハー, シュロモ Ben-Hur, Shlomo

◇企業内学習入門—戦略なき人材育成を超えて（The Business of Corporate Learning） シュロモ・ベンハー著, 高津尚志訳 英治出版 2014.7 283p 22cm 〈文献あり〉2700円 ①978-4-86276-174-3

内容 序章 過去の轍 第1章 企業内学習戦略の策定—構成要素を整合させ、一貫性とインパクトを生み出す 第2章 ラーニング・ソリューションの開発—ラーニングの目標とメソッドをリンクさせる 第3章 ラーニング・ソリューションの提供—テクノロジーとペダゴジー（教育手法） 第4章 学習のリソーシング—人材の重要性 第5章 企業内学習の価値の実証—「評価」という難問への解答 第6章 企業内学習のブランディング—人々の意欲と関与を引き出す方法 第7章 企業内学習のガバナンス—よりよい監視とアカウンタビリティの実現を目指して 終章 未来への展望—学習にとって最適な環境を作り出す 〔07370〕

ベンハビブ, セイラ Benhabib, Seyla

◇他者の権利—外国人・居留民・市民（The Rights of Others : Aliens, Residents, and Citizens） セイラ・ベンハビブ著, 向山恭一訳 新装版 法政大学出版局 2014.6 252p 19cm 2600円 ①978-4-588-62220-5

内容 1 歓待について—カントのコスモポリタン的権利の再読 「権利をもつ権利」—国民国家の矛盾をめぐるハンナ・アレント "諸国民の法"、配分的正義、移住 市民資格の変容—ヨーロッパ連合 民主的反復—ローカルなもの、国家的なもの、グローバルなもの 〔07371〕

ベンハビレス, アブデルマレク

◇日本・アルジェリア友好の歩み—外交関係樹立50周年記念誌 私市正年, スマイル・デベシュ, 在アルジェリア日本国大使館編著 千倉書房 2014.8 286p 19cm 2800円 ①978-4-8051-1041-6

内容 日本駐在の記憶（アブデルマレク・ベンハビレス） 〔07372〕

ベンハリファ, アブドゥルラフマーン

◇日本・アルジェリア友好の歩み—外交関係樹立50周年記念誌 私市正年, スマイル・デベシュ, 在アルジェリア日本国大使館編著 千倉書房 2014.8 286p 19cm 2800円 ①978-4-8051-1041-6

内容 オアシスの生態に関する研究からアルジェリア・タデマイト高原の生物多様性保全まで（アブドゥルラフマーン・ベンハリファ） 〔07373〕

ヘンプトン, デイヴィッド

◇イギリス宗教史—前ローマ時代から現代まで（A History of Religion in Britain） 指昭博, 並河葉子監訳, 赤江雄一, 赤瀬理穂, 指珠恵, 戸渡文子, 長谷川直子, 宮崎章訳, シェリダン・ギリー, ウィリアム・J.シールズ編 法政大学出版局 2014.10 629, 63p 22cm 〈文献あり 年表あり 索引あり〉9800円 ①978-4-588-37122-6

内容 イギリスにおける工業化後の宗教生活一八三〇～一九一四年（デイヴィッド・ヘンプトン著, 戸渡文子訳） 〔07374〕

ヘンマート, マルティン Hemmert, Martin

◇俊敏・積極果敢なタイガー経営の秘密—グローバル韓国企業の強さ（TIGER MANAGEMENT） マルティン・ヘンマート〔著〕, 林広茂, 長谷川治清監訳 白桃書房 2014.8 244p 19cm 1852円 ①978-4-561-25640-3

内容 第1部 序論（タイガー経営（韓国式経営）—韓国企業の成長とその競争力の向上） 第2部 韓国企業とタイガー経営の台頭（タイガー経営のルーツ—韓国の資本主義の基礎 台頭するタイガーたち—初期の成長段階 グローバル化するタイガーたち—世界市場へ進出する韓国企業 苦闘するタイガーたち—アジアの通貨危機 復活したタイガーたち—21世紀の韓国企業） 第3部 タイガー経営の土台（タイガー戦略—韓国企業の競争スタイル タイガー・リーダーシップ—韓国人経営者の企業先導スタイル タイガー社員の採用・研修・報酬—韓国式人的資源管理） 第4部 タイガー経営の現在と未来（世界のなかのタイガー経営—グローバル化の課題に向き合う ダイナミック・コリアータイガー経営の国内課題 タイガー経営を学ぶ—非韓国企業への教訓） 〔07375〕

ペンマン, ダニー Penman, Danny

◇自分でできるマインドフルネス—安らぎへと導かれる8週間のプログラム（Mindfulness） マーク・ウィリアムズ, ダニー・ペンマン著, 佐渡充洋, 大野裕監訳 大阪 創元社 2016.7 244p 21cm 〈文献あり 索引あり〉2800円 ①978-4-422-11621-1

内容 無駄な努力 なぜ自分を責めるのか 自分の人生に目覚める 8週間のマインドフルネスプログラムへの導入 第1週「自動操縦」への目覚め 第2週 マインドフルに身体を感じる 第3週 迷路の中のネズミ 第4週 噂をのりこえる 第5週 困難と向き合う 第6週 過去にとらわれたままでいるか、今を生きるか 第7週 ダンスをやめたのはいつ？ 第8週 あるがままの尊い人生 〔07376〕

ヘンリー, クラウディア

◇ワーク・ディスカッション—心理療法の届かぬ過酷な現場で生き残る方法とその実践（WORK DISCUSSION） マーガレット・ラスティン, ジョナサン・ブラッドリー編, 鈴木誠, 鵜飼奈津子監訳 岩崎学術出版社 2015.5 215p 21cm

〈文献あり 索引あり〉3700円 ①978-4-7533-1090-6

内容 医療保健と入所施設の現場（クラウディア・ヘンリー著, 寺本亮訳）〔07377〕

ヘンリー, トッド　Henry, Todd

◇いつでもどこでも結果を出せる自己マネジメント術（MANAGE YOUR DAY-TO-DAY）　ジョスリン・K.グライ編, 上原裕美子訳　サンマーク出版　2015.9　233p　19cm　〈文献あり〉1500円　①978-4-7631-3493-6

内容「ずっとやりたかったこと」を、やってみよう（トッド・ヘンリー）〔07378〕

◇後悔せずにからっぽで死ね（DIE EMPTY）　トッド・ヘンリー著, 上原裕美子訳　サンマーク出版　2015.10　269p　19cm　1500円　①978-4-7631-3445-5

内容 後悔せずにからっぽで死ね　これからあなたがやるべきこと　凡庸へ堕ちろ、と誘う声にあらがえ　臨むべき戦いを見定める―「その場しのぎ」に陥らない　いつでも好奇心をもつ―「マンネリ化」に陥らない　安全圏から外へ踏み出せ―「ぬるま湯志向」に陥らない　おのれを知る―「根拠のない自己認識」に陥らない　自信をもちつつ、しなやかに―「自意識過剰」に陥らない　自分の声を聞け―「怖がり」に陥らない　結びつきを切らない―「壁を作る」に陥らない　後悔せずにからっぽで生きろ　その先へ〔07379〕

ヘンリー, ニコラ

◇再論東京裁判―何を裁き、何を裁かなかったのか（Beyond Victor's Justice？）　田中利幸, ティム・マコーマック, ゲリー・シンプソン編著, 田中利幸監訳, 饗庭朋子, 伊藤大将, 佐藤晶子, 高取由紀, 仁科由紀, 松島亜季訳　大月書店　2013.12　597, 17p　20cm　〈索引あり〉6800円　①978-4-272-52099-2

内容 集合的記憶としての沈黙（ニコラ・ヘンリー著, 仁科由紀訳）〔07380〕

ヘンリィ, アロン　Henry, Aaron

◇アメリカ公民権の炎―ミシシッピ州で闘ったアロン・ヘンリィ（Aaron Henry : The Fire Ever Burning）　アロン・ヘンリィ, コンスタンス・カリー著, 樋口映美訳　彩流社　2014.6　376, 18p　22cm　〈年譜あり 索引あり〉4500円　①978-4-7791-2023-7

内容 聖書と暦とシアーズ通販カタログ　ボーイスカウトの大将　「誰とも対等に」　コットン・ボール・コート　「分離すれど平等」という嘘　準備はできた空っぽの箱　ミスター・ドーアの約束　非道なたくらみ　「神よ、奴らを許したまえ」〔ほか〕〔07381〕

【ホ】

ホー, サミュエル

◇愛する者は死なない―東洋の知恵に学ぶ癒し　カール・ベッカー編著, 駒田安紀監訳　京都　晃洋書房　2015.3　151p　20cm　（京都大学こころの未来研究センターこころの未来叢書 2）　1500円　①978-4-7710-2535-6

内容 中国人遺族の経験 他（セシリア・チャン, エイミー・チョウ, サミュエル・ホー, イェニー・ツイ, アグネス・ティン, ブレンダー・クー, エレイン・クー著, 赤塚京子訳）〔07382〕

ボー, ステファン

◇教育の大衆化は何をもたらしたか―フランス社会の階層と格差　園山大祐編著　勁草書房　2016.5　326p　22cm　〈年表あり 索引あり〉3500円　①978-4-326-60292-6

内容「バック取得率80%」から30年（ステファン・ボー著, 渡辺一敏訳）〔07383〕

ホ, ナムジョン　許 南整

◇混迷する日韓関係を打開せよ！―今こそ、朴泰俊に学ぼう。朴泰俊が答えだ　許南整著, 堤一直訳　桜美林大学北東アジア総合研究所　2016.7　223p　22cm　〈文献あり 年譜あり〉2600円　①978-4-904794-73-9〔07384〕

ホ, ナムリン*　許 南麟

◇朝鮮の女性〈1392-1945〉―身体、言語、心性　金賢珠, 朴茂瑛, イヨンスク, 許南麟編　クオン　2016.3　414p　19cm　（クオン人文・社会シリーズ 02）　3800円　①978-4-904855-36-2

内容 烈女言説の形成と壬辰倭乱（許南麟著, 五十嵐真希訳）〔07385〕

ホ, ヘイ　歩 平

◇日本の右翼―歴史的視座からみた思潮と思想　歩平, 王希亮著, 山辺悠喜子, 宮崎教四郎, 和田千代子, 斎藤一晴, 奥村正雄訳　明石書店　2015.7　565p　20cm　（明石ライブラリー 159）　8000円　①978-4-7503-4226-9

内容 序論　戦前の右翼（右翼思想と右翼運動の発生　国家革新運動と二〇世紀初期右翼運動の変遷　日本を戦争の道へ導いた軍隊ファシズム右翼）　戦後の右翼（米軍占領時期の右翼勢力　サンフランシスコ条約と右翼の蘇生、復活　岸信介内閣の反動政治と右翼運動の高まり　新右翼の登場と「民族派運動」　七〇年代の右翼「昭和維新運動」　新保守主義時代の右翼　文化教育界における右翼団体の形成及びその活動）　結び〔07386〕

ボー, ミシェル　Beaud, Michel

◇資本主義の世界史―1500-2010（HISTOIRE DU CAPITALISME）　ミシェル・ボー〔著〕, 筆宝康之, 勝俣誠訳　増補新版　藤原書店　2015.5　543p　22cm　〈文献あり 索引あり〉5800円　①978-4-89434-796-0

内容 第1部 金銀から資本へ（資本主義への長期の歩み　三つの革命の世紀（十八世紀）　産業資本主義の抗し難い興隆（一八〇〇‐一八七〇年代初頭））　第2部 帝国主義と両大戦の時代―諸国資本主義から各国/世界系資本主義へ（大不況から第一次世界大戦へ（一八七三‐一九一四年）　両大戦と革命の時代（一九一四‐一九四五年））　第3部 資本主義の世界的「勝利」と大転換（資本主義の「大躍進」（一九四五‐一九七八年）　二十世紀末―世界の大反転の始まりか？　二〇〇〇‐二〇一〇―地球規模の地殻変動の始まり）〔07387〕

ホ, ヨンソン　許 栄善

◇語り継ぐ済州島四・三事件　許栄善著, 村上尚子訳　新幹社　2014.10　154p　19cm　(新幹社選書 5)　〈「済州四・三」(韓国民主化運動記念事業会 2006年刊) の改題、加筆・訂正〉1200円　①978-4-88400-103-2

内容 プロローグ 真実を求めて―四・三について聞くおまえに　1 島、民衆の根源　2 嵐の前夜　3 嵐の中へ　4 眠られぬ済州島　5 ああ、悲しい中山間　6 集団虐殺の証言　7 四・三、その後　8 米国とは私たちにとって何か　〔07388〕

ホー, ルシーナ

◇信託制度のグローバルな展開―公益信託甘粕記念信託研究助成基金講演録　新井誠編訳　日本評論社　2014.10　634p　22cm　6800円　①978-4-535-52055-4

内容 中国信託法における理論と実務 1 実務編 他 (ルシーナ・ホー著, 新井誠, 岸本雄次郎訳)　〔07389〕

ボアス, ギデオン

◇再論東京裁判―何を裁き、何を裁かなかったのか (Beyond Victor's Justice？)　田中利幸, ティム・マコーマック, ゲリー・シンプソン編著, 田中利幸監訳, 饗庭朋子, 伊藤大将, 佐藤晶子, 高取由紀, 仁科由紀, 松島亜季訳　大月書店　2013.12　597, 17p　20cm　〈索引あり〉6800円　①978-4-272-52099-2

内容 指揮権責任問題 (ギデオン・ボアス著, 松島亜季訳)　〔07390〕

ボアロン, ソフィー

◇二院制の比較研究―英・仏・独・伊と日本の二院制　岡田信弘編　日本評論社　2014.3　237p　22cm　5500円　①978-4-535-52020-2

内容 フランスの元老院 (ソフィー・ボアロン著, 新井誠訳)　〔07391〕

ボイアノフスキー, マウロ

◇リターン・トゥ・ケインズ (THE RETURN TO KEYNES)　ブラッドリー・W.ベイトマン, 平井俊顕, マリア・クリスティーナ・マルクッツォ編, 平井俊顕監訳　東京大学出版会　2014.9　388, 56p　22cm　〈文献あり 索引あり〉5600円　①978-4-13-040262-0

内容 新しい新古典派総合とヴィクセルーケインズ・コネクション (マウロ・ボイアノフスキー, ハンス‐ミハエル・トラウトヴァイン著, 伊藤宣広訳)　〔07392〕

ボイエット, ジミー・T.　Boyett, Jimmie T.

◇経営革命大全―世界をリードする79人のビジネス思想 (THE GURU GUIDE)　ジョセフ・H.ボイエット, ジミー・T.ボイエット著, 金井寿宏監訳, 大川修二訳　新装版　日本経済新聞出版社　2014.3　674p　15cm　(日経ビジネス人文庫 ほ1-2)　〈2002年刊に解説を加える　文献あり 索引あり〉1000円　①978-4-532-19722-3

内容 1 リーダーシップ　2 変革をマネジメントする　3 学習する組織　4 チームワークを活用した高業績組織の創造　5 マーケット・リーダーシップの追求　6 人材の管理とモティベーション　7 ビジネス、労働、社会　〔07393〕

ボイエット, ジョセフ・H.　Boyett, Joseph H.

◇経営革命大全―世界をリードする79人のビジネス思想 (THE GURU GUIDE)　ジョセフ・H.ボイエット, ジミー・T.ボイエット著, 金井寿宏監訳, 大川修二訳　新装版　日本経済新聞出版社　2014.3　674p　15cm　(日経ビジネス人文庫 ほ1-2)　〈2002年刊に解説を加える　文献あり 索引あり〉1000円　①978-4-532-19722-3

内容 1 リーダーシップ　2 変革をマネジメントする　3 学習する組織　4 チームワークを活用した高業績組織の創造　5 マーケット・リーダーシップの追求　6 人材の管理とモティベーション　7 ビジネス、労働、社会　〔07394〕

ポイカート, ヴィルーエーリヒ　Peuckert, Will-Erich

◇中世後期のドイツ民間信仰―伝説の歴史民俗学 (Deutscher Volksglaube des Spätmittelalters)　ヴィルーエーリヒ・ポイカート著, 中山けい子訳　三元社　2014.10　295, 53p　19cm　〈文献あり 索引あり〉2800円　①978-4-88303-362-1

内容 動物のデーモン　滅びゆくものたち　野人たち　荒猟師と憤激する軍勢　木に棲む女　鬼神説　山の精　元素の精　ヴァーレ人たち　結び　〔07395〕

ポイケルト, アレクサンダー

◇都市空間のガバナンスと法　吉田克己, 角松生史編　信山社　2016.10　467p　22cm　(総合叢書 15―〔都市法〕)　8000円　①978-4-7972-5465-5

内容 価値ある都市景観の民事法による保護？(アレクサンダー・ポイケルト著, 秋山靖浩, 野田崇訳)　〔07396〕

ボイス, ナタリー・ポープ　Boyce, Natalie Pope

◇世界を変えた英雄たち (HEROES FOR ALL TIMES)　メアリー・ポープ・オズボーン, ナタリー・ポープ・ボイス著, 高畑智子訳　KADOKAWA　2014.11　127p　19cm　(マジック・ツリーハウス探険ガイド 9)　〈年譜あり 索引あり〉700円　①978-4-04-067166-6

内容 1 ランプを持つ貴婦人フローレンス・ナイチンゲール　2 多くの奴隷を救った女性ハリエット・タブマン　3 女性の権利をうったえたスーザン・B.・アンソニー　4 暴力を使わずに戦いぬいたマハトマ・ガンディー　5 人種差別に立ち向かったマーティン・ルーサー・キング・Jr.　6 森を愛し、山を守ったジョン・ミュア　〔07397〕

◇サバイバル入門 (MAGIC TREE HOUSE SURVIVAL GUIDE)　メアリー・ポープ・オズボーン, ナタリー・ポープ・ボイス著, 高畑智子訳　KADOKAWA　2015.11　127p　19cm　(マジック・ツリーハウス探険ガイド 11)　780円　①978-4-04-103685-3　〔07398〕

ボイスヴァート, レイモンド・D.　Boisvert, Raymond D.

◇ジョン・デューイ―現代を問い直す (JOHN DEWEY)　レイモンド・D.ボイスヴァート著, 藤井千春訳　京都　晃洋書房　2015.2　238p　21cm　〈文献あり〉3000円　①978-4-7710-2569-1

内容 第1章 生活世界　第2章 考えること　第3章 民主

ホ

主義　第4章 公衆　第5章 教育すること　第6章 作ること　第7章 帰依　第8章 結論　〔07399〕

ボイスター, ニール

◇再論東京裁判―何を裁き、何を裁かなかったのか（Beyond Victor's Justice？） 田中利幸, ティム・マコーマック, ゲリー・シンプソン編著, 田中利幸監訳, 饗庭朋子, 伊藤大将, 佐藤晶子, 高取由紀, 仁科由紀, 松島亜季訳　大月書店　2013.12　597, 17p　20cm　〈索引あり〉 6800円　①978-4-272-52099-2

内容 アヘン問題（ニール・ボイスター著, 松島亜季訳）〔07400〕

ボイゼン, ジークリート

◇日独公法学の挑戦―グローバル化社会の公法　松本和彦編　日本評論社　2014.3　320p　22cm　〈他言語標題：Herausforderungen der Öffentlichen Rechtswissenschaft in Japan und Deutschland　索引あり〉 5300円　①978-4-535-51981-7

内容 EU法における環境情報へのアクセス（ジークリート・ボイゼン著, 松本和彦訳）〔07401〕

ホイットニー, P.*　Whitney, Paul

◇ワーキングメモリと日常―人生を切り拓く新しい知性（WORKING MEMORY） T.P.アロウェイ,R.G.アロウェイ編著, 湯沢正通, 湯沢美紀監訳　京都　北大路書房　2015.10　340p　21cm　（認知心理学のフロンティア） 〈文献あり 索引あり〉 3800円　①978-4-7628-2908-6

内容 断眠とパフォーマンス：ワーキングメモリの役割（Paul Whitney, Peter J.Rosen著, 近藤綾, 渡辺大介訳）〔07402〕

ホイットロック, フリント　Whitlock, Flint

◇アメリカ潜水艦隊の戦い（THE DEPTHS OF COURAGE） フリント・ホイットロック, ロン・スミス著, 井原裕司訳　元就出版社　2016.11　478p　20cm　2800円　①978-4-86106-249-0

内容 暗黒の日曜日　大日本帝国の進撃　困難な状況　この世の地獄　欠陥魚雷　"艦隊型"潜水艦　始まりの終わり　洗いに備えて　カブースへの配属　失敗した攻撃〔ほか〕〔07403〕

ボイテル, アルブレヒト　Beutel, Albrecht

◇キリスト教神学資料集　下（The Christian Theology Reader, Third Edition） アリスター・E.マクグラス編, 古屋安雄監訳　オンデマンド版　キリスト新聞社　2013.9　630, 49p　21cm 〈原書第3版〉 10000円　①978-4-87395-641-1

内容 フィリップ・ヤコプ・シュペーナー（一六三五―一七〇五）/ヨハン・ヨアヒム・シュパルディング（一七一四―一八〇四）（アルブレヒト・ボイテル）〔07404〕

◇キリスト教の主要神学者　下　リシャール・シモンからカール・ラーナーまで（Klassiker der Theologie） F.W.グラーフ編　安酸敏真監訳　教文館　2014.9　390, 7p　22cm 〈索引あり〉 4200円　①978-4-7642-7384-9

内容 フィリップ・ヤコプ・シュペーナー ヨハン・ヨアヒム・シュパルディング（アルブレヒト・ボイテル著, 安酸敏真訳）〔07405〕

ボイド, ダナ　Boyd, Danah

◇つながりっぱなしの日常を生きる―ソーシャルメディアが若者にもたらしたもの（IT'S COMPLICATED） ダナ・ボイド著, 野中モモ訳　草思社　2014.10　353, 29p　19cm 〈文献あり〉 1800円　①978-4-7942-2087-5

内容 1章 アイデンティティ―なぜ、若者はネットでよからぬことをしているように見えるのか？　2章 プライバシー―なぜ、若者はネットであけっぴろげにしてしまうのか？　3章 中毒―何が若者をソーシャルメディアにはまらせてしまうのか？　4章 危険―性犯罪者は、そこらじゅうをうろついているのか？　5章 いじめ―ソーシャルメディアは、意地悪や残忍な行為を増幅するのか？　6章 不平等―ソーシャルメディアは、ますます社会の分断や格差を広げるのか？　7章 リテラシー―デジタルネイティブは、幻想だ。　8章 パブリック―若者にとっての公はどこに？〔07406〕

ボイド, ターニャ

◇経験学習によるリーダーシップ開発―米国CCLによる次世代リーダー育成のための実践事例（Experience-Driven Leader Development） シンシア・D.マッコーレイ,D.スコット・デリュ, ポール・R.ヨスト, シルベスター・テイラー編, 漆嶋稔訳　日本能率協会マネジメントセンター　2016.8　511p　27cm　8800円　①978-4-8207-5929-4

内容 関心の表明：求められている役割の見える化 他（ターニャ・ボイド）〔07407〕

ボイド, ブレンダ　Boyd, Brenda

◇アスペルガーの子育て200のヒント（Parenting a Child with Asperger Syndrome） ブレンダ・ボイド著, 落合みどり訳　東京書籍　2015.2　210p　21cm 〈「アスペルガー症候群の子育て200のヒント」（2006年刊）の改題、新訂版　文献あり〉 1800円　①978-4-487-80928-8

内容 1 まず、基礎を固めましょう（自分自身を振り返ってみましょう　受容と理解 ほか） 2 ベストをつくしましょう（社会性と感情のギャップを埋めるには　療育的アプローチ ほか） 3 よくあるトラブルとその対処法（怒りと攻撃　注意に関する困難 ほか） 4 親御さんたちへ（すてきな贈り物　ASの子育てから学んだこと ほか）　巻末資料〔07408〕

ボイヤー, サミュエル・ペールマン　Boyer, Samuel Pellman

◇アメリカ海軍医ボイヤーの見た明治維新―1868-1869年の日本 サミュエル・ペールマン・ボイヤーの日記（Naval surgeon, revolt in Japan 1868-1869） サミュエル・ペールマン・ボイヤー著, エリーナ・バーンズ, ジェームス・バーンズ編, 布施田哲也訳　〔東大阪〕　デザインエッグ　2016.9　266p　21cm　①978-4-86543-748-5〔07409〕

ボイル, デビッド　Boyle, David

◇コ・プロダクション：公共サービスへの新たな挑戦―英国の政策審議文書の全訳紹介と生活臨床

小川一夫, 長谷川憲一, 源田圭子, 伊勢田堯編, 小川一夫, 長谷川憲一監訳　萌文社　2016.9　101p　21cm　（PHNブックレット 18　全国保健師活動研究会企画・編集）〈訳：伊勢田堯ほか〉1000円　①978-4-89491-321-9

内容 「コ・プロダクション」という挑戦―公共サービスの変革のために、専門家と一般市民の対等な協力関係をいかに築くか（デビッド・ボイル, マイケル・ハリス著, 伊勢田堯他訳）

内容 コ・プロダクションモデル紹介の経緯と期待（コ・プロダクションモデルへの期待）　翻訳全文「コ・プロダクション」という挑戦―公共サービスの変革のために、専門家と一般市民の対等な協力関係をいかに築くか（公共サービス改革の重大局面　なぜ効率化は効果的ではないか　コ・プロダクションとは何か　コ・プロダクションはどのように効果を発揮するのか　コ・プロダクションではないもの　より少ない費用で多くの成果　コ・プロダクションの次のステップ）　イギリスにおける公共サービスの背景（英国における第三の道とブレアリズムの影響　第三の道と行政　社会企業と社会起業家　第三の道とソーシャル・エクスルージョン Social Exclusion　問題点と今後の方向）　コ・プロダクションと生活臨床（コ・プロダクションの概要　生活臨床の理念と方法　生活臨床に見られるコ・プロダクション―特に「作戦会議」について）〔07410〕

ホウ, コウ*　彭 浩

◇漢代を遡る奏獻讞―中国古代の裁判記録　池田雄一編　汲古書院　2015.4　216, 29p　22cm　〈索引あり〉6000円　①978-4-7629-6547-0

内容 彭浩「談《奏讞書》中秦代和東周時期的案例（飯島和俊, 板垣明, 宮坂弥代生訳）〔07411〕

ボウ, ショウリン*　牟 鍾隣

⇒モ, ジョンイン*

ホウ, シン*　彭 森

◇転換を模索する中国―改革こそが生き残る道　高尚全主編, 岡本信広監訳, 岡本恵子訳　科学出版社東京　2015.6　375p　21cm　4800円　①978-4-907051-34-1

内容 改革の全面的な深化に求められるもの（彭森著）〔07412〕

ホウ, センキ　方 栓喜

◇民富優先―中国の二次転換と改革の行方　遅福林, 方栓喜, 匡賢明編著, 張兆洋訳, 駱鴻監修　岡山　グローバル科学文化出版　c2013　313p　21cm　（シリーズ中国経済の行方―中国（海南）改革発展研究院中国改革研究報告 2011）　2800円　①978-4-86516-033-8〔07413〕

ホウ, ゾウギョク*　逄 増玉

◇近代日本と「満州国」　植民地文化学会編　不二出版　2014.7　590p　22cm　6000円　①978-4-8350-7695-9

内容 多元的な文化要素が交流・融合する中でつくられた東北地方文化（逄増玉著, 岡田英樹訳）〔07414〕

ボウ, ネイ　房 寧

◇民主を進める中国　房寧著, 佐々木智弘監訳, 岡本恵子訳　科学出版社東京　2016.9　261p　21cm　〈文献あり〉4800円　①978-4-907051-14-3

内容 序論 中国の経験から出発する　第1章 現代中国における民主政治の歩み　第2章 権利の保障と権力の集中のバランス　第3章 協商民主という考え方　第4章 権利意識の高まりとその制度的保証　第5章 政治制度改革の現状　第6章 各国における民主政治の比較　第7章 民主政治の実現へ向けた政策と展望　結語 中国なりの民主を語っていくために〔07415〕

ホウ, ヒ　彭 非

◇中国発展報告―最新版　陳雨露監修, 袁衛, 彭非編著, 日中翻訳学院監訳, 平間初美訳　日本僑報社（発売）　2015.7　375p　21cm　〈他言語標題：STUDIES ON CHINA'S DEVELOPMENT INDEX〉3800円　①978-4-86185-178-0

内容 中国発展指数（袁衛, 彭非著）〔07416〕

ホウ, レイ*　方 玲

◇道教の聖地と地方神　土屋昌明, ヴァンサン・ゴーサール編　東方書店　2016.2　287p　22cm　〈他言語標題：DAOIST SACRED SITES AND LOCAL GODS　索引あり〉4600円　①978-4-497-21601-4

内容 北宋東岳廟祀の伝播（方玲著, 二ノ宮聡訳）〔07417〕

ホーウィッツ, モートン・J.　Horwitz, Morton J.

◇現代アメリカ法の歴史（THE TRANSFORMATION OF AMERICAN LAW, 1870-1960）　モートン・J.ホーウィッツ〔著〕, 樋口範雄訳　オンデマンド版　弘文堂　2014.12　378p　21cm　（アメリカ法ベーシックス 3）〈印刷・製本：デジタルパブリッシングサービス　索引あり〉6000円　①978-4-335-30378-4〔07418〕

ボーヴェンシェン, ジルヴィア　Bovenschen, Silvia

◇イメージとしての女性―文化史および文学史における「女性的なるもの」の呈示形式（Die imaginierte Weiblichkeit）　ジルヴィア・ボーヴェンシェン著, 渡辺洋子, 田辺玲子訳　法政大学出版局　2014.12　432p　20cm　（叢書・ウニベルシタス 1022）〈文献あり 索引あり〉4800円　①978-4-588-01022-4

内容 1 日陰の存在の豊富なイメージ―「女性的なるもの」の文化的表象の構造について（限定主義　補完理論　演出された女性性の演出―典型としてのヴェデキントの「ルル」　"平等と差異"というテーマについての短いコメント）　2 道徳的理性と自然な徳性―「女性的なるもの」の文化的表象の歴史について（文化におけるステレオタイプ―方法論上の問題　"女性の学識"と学識ある女性たち　"女性的感傷"―感傷的女性というイメージと"感傷的"女性作家たち）〔07419〕

ボウカム, リチャード　Bauckham, Richard

◇人生を聖書と共に―リチャード・ボウカムの世界　リチャード・ボウカム, マーク・エリオット, 伊藤明生, 岡山英雄, 山口希生, 浅野淳博, 小林高徳, 横田法路, 遠藤勝信著, 山口秀生, 山口希生訳　新教出版社　2016.11　119p　20cm　1600円　①978-

ホ

4-400-32456-0
内容 人生を聖書と共に（リチャード・ボウカム著, 山口希生訳）〔07420〕

ボウリング, アン
◇イギリスにおける高齢期のQOL—多角的視点から生活の質の決定要因を探る（UNDERSTANDING QUALITY OF LIFE IN OLD AGE）　アラン・ウォーカー編著, 岡田進一監訳, 山田三知子訳　京都　ミネルヴァ書房　2014.7　249p　21cm　（新・MINERVA福祉ライブラリー 20）〈文献あり 索引あり〉3500円　①978-4-623-07097-8
内容 QOLの意味と測定（メアリー・ギルフーリ, ケン・ギルフーリ, アン・ボウリング著）〔07421〕

ボウルズ, ポール・D.　Bolls, Paul David
◇メディア心理生理学（PSYCHOPHYSIOLOGICAL MEASUREMENT AND MEANING）　R.F.ポター,P.D.ボウルズ著, 入戸野宏監訳　京都　北大路書房　2014.9　271p　21cm　〈索引あり〉3600円　①978-4-7628-2876-8
内容 1章 メディア研究における心理生理学　2章 心理生理学：理論的仮定と歴史　3章 心理生理学におけるキーワードと概念　4章 メディアの認知処理に関する心理生理測度　5章 メディアの情動処理に関する心理生理測度　6章 メディア研究における新しい心理生理測度　7章 心理生理測度を他の測度と結びつける　8章 自分でやってみよう：実験室の立ち上げ　9章 心理生理測度とその意味：研究の現状と将来の展望〔07422〕

ボウルズ, リチャード　Bolles, Richard Nelson
◇適職と出会うための最強実践ガイド—求人の見つけ方から自己分析まで（What Color Is Your Parachute?）　リチャード・ボウルズ著, 古川奈々子訳　辰巳出版　2014.3　349p　19cm　1500円　①978-4-7778-1229-5
内容 希望の見つけ方　今日の就職市場に関する七つの秘密　職探し—最良の方法と最悪の方法　人生/仕事の計画：攻撃計画を練る　「自分はだれなのか」をもっと深く理解する　ネットワークづくりとソーシャルメディア　職業選択または転職の五つの方法　履歴書は本当に必要か？　面接を成功させる16のヒント　（現実の、あるいは想像上の）ハンディキャップにどう対処するか　給料交渉の六つのヒント　ビジネスを興すには　失業中の心のケア　キャリアカウンセラーやキャリアコーチの選び方〔07423〕

ボーエン, ジェームズ　Bowen, James
◇ボブがくれた世界—ぼくらの小さな冒険（The World According To Bob）　ジェームズ・ボーエン著, 服部京子訳　辰巳出版　2014.12　277p　20cm　1600円　①978-4-7778-1429-9
内容 寝ずの番人　新しいパフォーマンス　ボブ、自転車に乗る　不思議なカップル　幽霊に出会う　ゴミに夢中　屋根の上の猫　見ようとしなければ何も見えない　ビッグ・ナイト・アウト　明日が見えない日々　クールな二人組　愉快なボブ　出る杭は打たれる　決別　新しい毎日　ドクター・ボブ　ひとすじの光　スター誕生〔07424〕

ボーカーツ, M.*　Boekaerts, Monique
◇自己調整学習ハンドブック（HANDBOOK OF SELF-REGULATION OF LEARNING AND PERFORMANCE）　バリー・J.ジマーマン, ディル・H.シャンク編, 塚野州一, 伊藤崇達監訳　京都　北大路書房　2014.9　434p　26cm　〈索引あり〉5400円　①978-4-7628-2874-4
内容 情動、情動調整と学習の自己調整（Monique Boekaerts著, 岡田涼訳）〔07425〕

ホガーティ, リオ　Hogarty, Rio
◇スーパー母さんダブリンを駆ける—一四〇人の子どもの里親になった女性の覚え書き（A Heart So Big）　リオ・ホガーティ作, 高橋歩訳　未知谷　2016.5　239p　20cm　2500円　①978-4-89642-497-3
内容 第1部 素晴らしい子ども時代（ジャネットの出産　リオの誕生　悪戯盛り　イチゴ摘み　ヒューイとの出会い　大型トラックの運転）　第2部 母親から陸軍元帥へ（フランスの子ジャッキーと弟　ジミーとテッド　スーザンの不幸　ジーニー四歳　北アイルランドの子どもたち　一四番目の子チャーリー　グレイスの子どもたち　ホームヘルパー　シスターの施設　夏の休暇とアメリカ旅行　人質事件　カウンセリング　ピープルオブザイヤー賞）〔07426〕

ポーガム, セルジュ　Paugam, Serge
◇貧困の基本形態—社会的紐帯の社会学（Les formes élémentaires de la pauvreté 原著第3版の翻訳）　セルジュ・ポーガム著, 川野英二, 中条健志訳　新泉社　2016.3　409p　20cm　〈文献あり〉3500円　①978-4-7877-1511-1
内容 貧困の社会学的分析　1 基礎的考察（貧困の社会学の誕生　貧困と社会的関係）　2 貧困のバリエーション（統合された貧困　マージナルな貧困　降格する貧困）　貧困の科学と意識　補論 欧州人は貧困をどのように見ているのか〔07427〕

ホーキング, スティーヴン　Hawking, Stephen W.
◇ホーキング、自らを語る（MY BRIEF HISTORY）　スティーヴン・ホーキング著, 池央耿訳, 佐藤勝彦監修　あすなろ書房　2014.4　127p　20cm　1400円　①978-4-7515-2751-1
内容 幼年期　セント・オルバンズ　オックスフォード　ケンブリッジ　重力波　ビッグバン　ブラックホール　カリフォルニア工科大学　結婚　時間小史　時間旅行　虚数時間　果てしなき道〔07428〕

ポーキングホーン, ジョン
◇死者の復活—神学的・科学的論考集（RESURRECTION）　T.ピーターズ,R.J.ラッセル,M.ヴェルカー編, 小河陽訳　日本キリスト教団出版局　2016.2　441p　22cm　5600円　①978-4-8184-0896-8
内容 終末論の信頼性（ジョン・ポーキングホーン著）〔07429〕

ホーキンズ, ジョン・N.
◇21世紀の比較教育学—グローバルとローカルの弁証法（COMPARATIVE EDUCATION）　ロバート・F.アーノブ, カルロス・アルベルト・トーレス, スティーヴン・フランツ編著, 大塚豊

訳 福村出版 2014.3 727p 22cm 〈文献あり 索引あり〉 9500円 ①978-4-571-10168-7
内容 アジア・太平洋地域の教育(ジョン・N.ホーキンズ著) 〔07430〕

ホーキンス, J.N.
◇高等教育の質とその評価―日本と世界 山田礼子編著 東信堂 2016.9 261p 22cm 〈索引あり〉 2800円 ①978-4-7989-1383-4
内容 高等教育と質の問題(J.N.ホーキンス著, 森利枝訳) 〔07431〕

ボク, アイケイ* 朴 愛景
⇒パク, エキョン*

ボク, エイケイ* 朴 永圭
⇒パク, ヨンギュ

ボク, エイコウ* 朴 泳孝
⇒パク, ヨンヒョ

ボク, ギョクシュ* 朴 玉珠
⇒パク, オクス

ボク, キンケイ* 朴 槿恵
⇒パク, クネ

ボク, ケイケイ* 朴 恵暻
⇒パク, ヘギョン*

ボク, ケイシン* 朴 景信
⇒パク, キョンシン*

ボク, コウシュ* 朴 光洙
⇒パク, クァンス*

ボク, コウシュン* 朴 広春
⇒パク, クァンチュン*

ボク, コウビン* 朴 光玟
⇒パク, クァンミン*

ボク, サンケン 朴 三憲
⇒パク, サムホン

ボク, サンショウ* 朴 賛勝
⇒パク, チャンスン*

ボク, ジカン* 朴 時煥
⇒パク, シファン*

ボク, シュンショク* 朴 濬植
⇒パク, チュンシク*

ボク, センコウ 朴 墡洪
⇒パク, チャンホン*

ボク, チュウセキ* 朴 忠錫
⇒パク, チュンソク

ボク, テイキ* 朴 丁熙
⇒パク, ジョンヒ

ボク, テツキ* 朴 喆熙
⇒パク, チョルヒ*

ボク, ホウエイ* 朴 宝英
⇒パク, ボヨン*

ボク, モエイ* 朴 茂瑛
⇒パク, ムヨン

ポーク, ラリー Polk, Laray
◇複雑化する世界、単純化する欲望―核戦争と破滅に向かう環境世界 (Nuclear War and Environmental Catastrophe) ノーム・チョムスキー著, ラリー・ポーク聞き手, 吉田裕訳 花伝社 2014.7 222, 3p 19cm 〈索引あり 発売:共栄書房〉 1600円 ①978-4-7634-0704-7
内容 第1章 破滅に向かう環境世界 第2章 大学と異議申し立て 第3章 戦争の毒性 第4章 核の脅威 第5章 中国とグリーン革命 第6章 研究と宗教(あるいは、神の見えざる手) 第7章 驚異的な人びと 第8章 相互確証信頼(Mutually Assured Dependence) 〔07432〕

ボクシ 墨子
◇墨子―ワトソン博士の中国古典教室 (MOZI) ワトソン〔英訳〕, 美山弘樹訳 七草書房 2015.5 260, 6p 20cm 〈索引あり〉 1800円 ①978-4-906923-02-1
内容 1 賢人の尊重 2 上位の人に合わす 3 公平な愛 4 攻撃的戦争はよくない 5 経費の節約 6 葬儀の節度 7 天の意志 8 鬼神の存在を明かす 9 音楽はよくない 10 運命論はよくない 11 儒教はよくない 〔07433〕

ホークス, F.L. Hawks, Francis Lister
◇ペリー提督日本遠征記 上 (Narrative of the Expedition of an American Squadron to the China Seas and Japan, 1856) M.C.ペリー〔著〕, F.L.ホークス編纂, 宮崎寿子監訳 KADOKAWA 2014.8 643p 15cm (〔角川ソフィア文庫〕 〔I300-1〕) 〈「ペリー艦隊日本遠征記 上」(万来舎 2009年刊) の改題〉 1360円 ①978-4-04-409212-2
内容 ペリー艦隊、日本へ 大西洋を越えて―ノーフォーク〜セント・ヘレナ島 喜望峰をめざして―セント・ヘレナ島〜喜望峰〜モーリシャス インド洋を東南アジアへ―モーリシャス〜セイロン〜シンガポール 中国海域へ入る―シンガポール〜香港〜黄埔〜広東 中国を離れ琉球へ―マカオ・香港〜上海〜那覇 大琉球島那覇への初訪問 大琉球島奥地踏査 琉球王宮を訪問 ボニン(小笠原)諸島の踏査 ふたたび大琉球島那覇 第一回日本訪問・浦賀―江戸湾の一〇日間1 第一回日本訪問・久里浜上陸―江戸湾の一〇日間2 第一回日本訪問・日本を発つ日―江戸湾の一〇日間3 〔07434〕
◇ペリー提督日本遠征記 下 (Narrative of the Expedition of an American Squadron to the China Seas and Japan, 1856) M.C.ペリー〔著〕, F.L.ホークス編纂, 宮崎寿子監訳

ホ

KADOKAWA　2014.8　570p　15cm　(〔角川ソフィア文庫〕　〔I300-2〕)　〈「ペリー艦隊日本遠征記 下」(万来舎 2009年刊)の改題〉 1360円　①978-4-04-409213-9

内容 三度目の琉球訪問　中国海域のペリー艦隊―香港・マカオ・広東　四度目の琉球訪問　日本再訪　横浜上陸　日米和親条約(神奈川条約)の調印　江戸湾を離れ下田へ―条約の発効　下田滞在、箱館へ　箱館訪問　松前藩との会見、下田で付加条項合意　琉球と協約を結ぶ―日本遠征の終了　日米和親条約の批准交換 〔07435〕

ホクスター, シャーリー　Hoxter, Shirley

◇自閉症世界の探求―精神分析的研究より (EXPLORATIONS IN AUTISM)　ドナルド・メルツァー, ジョン・ブレンナー, シャーリー・ホクスター, ドリーン・ウェッデル, イスカ・ウィッテンバーグ著, 平井正三監訳, 賀来博光, 西見奈子他訳　金剛出版　2014.11　300p　22cm　〈文献あり 索引あり〉 3800円　①978-4-7724-1392-3

内容 A 理論(探究の目的、範囲、方法　自閉状態およびポスト自閉心性の心理学)　B 臨床上の諸発見(中核的自閉状態―ティミー　自閉症における原初の抑うつ―ジョン　自閉症における障害された生活空間の地理学―バリー　自閉症の残余状態と学ぶことへのその影響―ピフィー　幼児期自閉症、統合失調症、躁うつ状態における緘黙症：臨床精神病理学と言語学との相関関係)　C 本書で見出された知見の含み(強迫機制全般に対する自閉症の関係　精神機能のパラメーター(媒介変数)としての次元性：自己愛組織との関係　おわりに) 〔07436〕

ホグロギアン, ナニー　Hogrogian, Nonny

◇ノアのはこぶね (NOAH'S ARK)　ナニー・ホグロギアン作, 藤本朝巳訳　日本キリスト教団出版局　2015.6　1冊(ページ付なし)　25cm　(リトルベル)　1400円　①978-4-8184-0922-4 〔07437〕

ポグントケ, トーマス　Poguntke, Thomas

◇民主政治はなぜ「大統領制化」するのか―現代民主主義国家の比較研究 (The Presidentialization of Politics)　T.ポグントケ,P.ウェブ編, 岩崎正洋監訳　京都　ミネルヴァ書房　2014.5　523, 7p　22cm　〈索引あり〉 8000円　①978-4-623-07038-1

内容 民主主義社会における政治の大統領制化 他(トーマス・ポグントケ, ポール・ウェブ著, 荒井祐介訳) 〔07438〕

ポーケ, イポリット　Pauquet, Hippolyte Louis Emile

◇ポーケのファッション画集―19世紀の銅版画家フランスと異国の貴族・民衆の服装　イポリット・ポーケ, ポリドール・ポーケ原著, ルフェブル＝パケ・ジュリアン訳, 徳井淑子監修, マール社編集部編　マール社　2014.11　175p　21cm　〈文献あり〉 1800円　①978-4-8373-0744-0

内容 5～15世　16世紀　17世紀　18世紀　19世紀 〔07439〕

ポーケ, ポリドール　Pauquet, Polydore Jean Charles

◇ポーケのファッション画集―19世紀の銅版画家フランスと異国の貴族・民衆の服装　イポリット・ポーケ, ポリドール・ポーケ原著, ルフェブル＝パケ・ジュリアン訳, 徳井淑子監修, マール社編集部編　マール社　2014.11　175p　21cm　〈文献あり〉 1800円　①978-4-8373-0744-0

内容 5～15世　16世紀　17世紀　18世紀　19世紀 〔07440〕

ホーゲマン, フリードリヒ

◇ヘーゲル講義録研究 (Nachschriften von Hegels Vorlesungen)　オットー・ペゲラー編, 寄川条路監訳　法政大学出版局　2015.11　279, 2p　22cm　〈索引あり〉 3000円　①978-4-588-15074-6

内容 哲学史講義(ピエール・ガルニロン, フリードリヒ・ホーゲマン著, 小井沼広嗣訳) 〔07441〕

ポーコック, J.G.A.

◇徳・商業・文明社会　坂本達哉, 長尾伸一編　京都　京都大学学術出版会　2015.3　412p　22cm　〈索引あり〉 6000円　①978-4-87698-617-0

内容 政治思想としての歴史叙述(J.G.A.ポーコック著, 川名雄一郎, 佐藤一進訳) 〔07442〕

ボザース, ジェロルド・D.

◇共感の社会神経科学 (THE SOCIAL NEUROSCIENCE OF EMPATHY)　ジャン・デセティ, ウィリアム・アイクス編著, 岡田顕宏訳　勁草書房　2016.7　334p　22cm　〈索引あり〉 4200円　①978-4-326-25117-9

内容 ロジャーズ派の共感(ジェロルド・D.ボザース著) 〔07443〕

ホー・サン, フランチェスカ　Ho Sang, Franchesca

◇ペンギンがくれた明日への元気がでる言葉 (Wisdom of Penguins)　フランチェスカ・ホー・サン編, 西本かおる訳　グラフィック社　2014.1　122p　17cm　1300円　①978-4-7661-2589-4 〔07444〕

◇カエルとよむ出会えてよかった名言ブック (Wisdom of Frogs)　フランチェスカ・ホー・サン編, 西本かおる訳　グラフィック社　2014.2　122p　17cm　1300円　①978-4-7661-2590-0 〔07445〕

ホージェイゴ, レイモンド・ジョン　Howgego, Raymond John

◇探検と冒険の歴史大図鑑―イラストレイテッド・アトラス　樺山紘一監訳, こどもくらぶ訳, レイモンド・ジョン・ホージェイゴ監修　丸善出版　2015.5　288p　35cm　〈年表あり 索引あり〉 9000円　①978-4-621-08873-9

内容 第1部 古代から1500年前後まで(古代の旅　中世ヨーロッパによる世界の「発見」)　第2部 1500年から1900年代まで(アジア　アフリカ　北アメリカ　中央アジアと南アメリカ　オーストラリアと太平洋)　第3部 最後の領域(極地の探検　深海を探る　宇宙の探検) 〔07446〕

ポージェス, スティーヴン・W.

◇共感の社会神経科学 (THE SOCIAL

NEUROSCIENCE OF EMPATHY) ジャン・デセティ, ウィリアム・アイクス編著, 岡田顕宏訳 勁草書房 2016.7 334p 22cm 〈索引あり〉4200円 ①978-4-326-25117-9
内容 共感に関する神経学的および進化的視点（C.スー・カーター, ジェームズ・ハリス, スティーヴン・W.ポージェス著） 〔07447〕

ボジャック, ブルース・A. Vojak, Bruce A.
◇シリアル・イノベーター―「非シリコンバレー型」イノベーションの流儀（SERIAL INNOVATORS） アビー・グリフィン, レイモンド・L.プライス, ブルース・A.ボジャック著, 市川文子, 田村大監訳, 東方雅美訳 プレジデント社 2014.4 379p 19cm 〈文献あり〉2000円 ①978-4-8334-2080-8
内容 第1章 成熟企業のブレークスルー・イノベーション 第2章 イノベーター主導型プロセスとは 第3章 顧客とのエンゲージメントを築く 第4章 信頼と尊敬で組織を動かす 第5章 シリアル・イノベーターの特性 第6章 シリアル・イノベーターはどこにいるか？ 第7章 才能のマネジメント 第8章 読者へのラブレター―シリアル・イノベーターと未来のシリアル・イノベーター、そして彼らと共に働く人たちへ 〔07448〕

ボシュア, ジェラール
◇揺れ動くユーロ―通貨・財政安定化への道 吉国真一, 小川英治, 春井久志編 蒼天社出版 2014.4 231p 20cm 〈索引あり〉2800円 ①978-4-901916-32-5
内容 欧州経済通貨同盟と欧州アイデンティティーの確立（ジェラール・ボシュア著, 土屋元訳） 〔07449〕

ボシュイク, ユーリ
◇経験学習によるリーダーシップ開発―米国CCLによる次世代リーダー育成のための実践事例（Experience-Driven Leader Development） シンシア・D.マッコーレイ,D.スコット・デリュ, ポール・R.ヨスト, シルベスター・テイラー編, 漆嶋稔訳 日本能率協会マネジメントセンター 2016.8 511p 27cm 8800円 ①978-4-8207-5929-4
内容 ビジネス課題とリーダー育成に同時に取り組む企業間コンソーシアム 他（ユーリ・ボシュイク） 〔07450〕

ボシュネク, ヴァレリー Bochenek, Valérie
◇フランスを目覚めさせた女性たち―フランス女はめげない！ 社会を変革した26人の物語（CES FEMMES QUI ONT RÉVEILLÉ LA FRANCE） ジャン＝ルイ・ドブレ, ヴァレリー・ボシュネク著, 西尾治子, 松田祐子, 吉川佳英子, 佐藤浩子, 田戸カンナ, 岡部杏子, 津田奈菜絵訳 パド・ウィメンズ・オフィス 2016.3 381p 21cm 〈年表あり 索引あり〉3400円 ①978-4-86462-121-2
内容 ジャンヌ・ダルクとマリアンヌ オランプ・ド・グージュ（1748‐1793）―女性および女性市民の権利宣言 ジョルジュ・サンド（1804‐1876）―自由で平等な社会の夢 エリザ・ルモニエ（1805‐1865）―女子職業教育の創始者 マルグリット・ブシコー（1816‐1887）、マリー・ルイーズ・ジェ（1838‐1925）―パリにできた最初の百貨店：ボン・マルシェからサマリテーヌへ「赤い経営者たち」 ジュリー＝ヴィクトワール・ドービエ（1821‐1874）―初めてバカロレアを取得した女性（バシュリエール） マリア・ドレーム（1828‐1894）―初の女性フリーメーソン ルイーズ・ミシェル（1830‐1905）―無政府主義者の黒旗 マドレーヌ・ブレ（1842‐1921）―女性初の医学博士 ブランシュ・エドワーズ（1858‐1941）、オーガスタ・クルンプケ（1859‐1927）―初めて病院研修生および研修医になった女性たち〔ほか〕 〔07451〕

ホーズ, コーリン・S.C. Hawes, Colin S.C.
◇中国における企業文化の変容（The Chinese Transformation of Corporate Culture） コーリン・S.C.ホーズ著, 酒井正三郎, 武石智香子監訳 八王子 中央大学出版部 2015.10 225p 22cm （中央大学企業研究所翻訳叢書 15） 〈文献あり〉2900円 ①978-4-8057-3314-1
内容 中国における企業文化現象 第1部 中国における企業文化の理論と政治（中国の企業文化―公式の解釈と学界の解釈 党の路線に従うかそれとも変更するか？ ―中国大企業ににおける文化的理念の移行） 第2部 企業文化変容の技法と手段（企業文化プロパガンダ・キャンペーン―中国大企業においてポジティブな文化理念を実施する技法 企業文化の普及及び従業員啓発手段としての社内報 模範を示す―CEOの道徳的リーダーシップと企業（及び「中国的」）文化の推進 企業文化とインセンティヴ制度―ハイアールと華為）（中国的特色のある）ハイブリッド社会主義的企業文化？ 〔07452〕

ボス, ポーリン Boss, Pauline
◇認知症の人を愛すること―曖昧な喪失と悲しみに立ち向かうために（Loving Someone Who Has Dementia） ポーリン・ボス著, 和田秀樹監訳, 森村里美訳 誠信書房 2014.5 197p 21cm 2300円 ①978-4-414-41455-4
内容 第1章 認知症がもたらす曖昧な喪失―失っていくことと生き続けることがいかに共存するか 第2章 喪失と悲嘆が引き起こす複雑な問題 第3章 ストレスと対処と復元力 第4章 終結という神話 第5章 心の家族 第6章 家族の儀式と祝い事と集い 第7章 七つの指針―認知症と歩むために 第8章 美味なる曖昧 第9章 ほどほどに良い関係 〔07453〕
◇あいまいな喪失とトラウマからの回復―家族とコミュニティのレジリエンス（LOSS, TRAUMA, AND RESILIENCE） ポーリン・ボス著, 中島聡美, 石井千賀子監訳 誠信書房 2015.2 360p 22cm 〈文献あり 索引あり〉4400円 ①978-4-414-41459-2
内容 第1部 あいまいな喪失の理論の構築（心の家族 トラウマとストレス レジリエンスと健康） 第2部 あいまいな喪失の治療・援助の目標（意味を見つける 支配感を調節する アイデンティティーの再構築 両価的な感情を正常なものと見なす 新しい愛着の形を見つける 希望を見出す） 〔07454〕

ホスキソン, ロバート・E. Hoskisson, Robert E.
◇戦略経営論―競争力とグローバリゼーション（Strategic Management 原著第11版の翻訳） マイケル・A.ヒット,R.デュエーン・アイルランド, ロバート・E.ホスキソン著, 久原正治, 横山寛美監訳 改訂新版 センゲージラーニング 2014.9

ホ

647p　21cm　〈索引あり　発売：同友館〉3700円　①978-4-496-05077-0
内容 第1部 戦略要因分析（戦略経営と戦略的競争力　外部環境：機会、脅威、業界内の競争、競合企業分析　内部組織：経営資源、ケイパビリティ（組織能力）、コア・コンピタンス、および競争優位）　第2部 戦略行動：戦略の策定（事業戦略　敵対的競合関係と競争のダイナミクス　企業戦略　企業合併と買収（M&A）戦略　国際戦略　協調戦略）　第3部 戦略行動：戦略の実行（コーポレート・ガバナンス　組織構造とコントロール　戦略的リーダーシップ　戦略的アントレプレナーシップ）〔07455〕

ホスキンス, ニール
◇マニフェスト本の未来（Book : a futurist's manifesto）　ヒュー・マクガイア, ブライアン・オレアリ編　ボイジャー　2013.2　339p　21cm　2800円　①978-4-86239-117-9
内容 アプリとしての本作り、迷った時の処方箋（ニール・ホスキンス著）〔07456〕

ボスコ, ジョヴァンニ　Bosco, Giovanni
◇オラトリオ回想録（MEMORIE DELL'ORATORIO DI S.FRANCESCO DI SALES）　ジョヴァンニ・ボスコ著, 石川康輔訳, 浦田慎二郎編訳　ドン・ボスコ社　2015.6　329p　21cm　（サレジオ家族霊性選集 1）〈解説・注釈：アルド・ジラウド　年譜あり〉1200円　①978-4-88626-590-6〔07457〕

ボスコ, テレジオ　Bosco, Teresio
◇チマッティ神父日本を愛した宣教師　テレジオ・ボスコ著, ガエタノ・コンプリ編訳　新装改訂版　ドン・ボスコ社　2015.5　87p　19cm　（DBブックレット）〈年譜あり〉500円　①978-4-88626-582-1
内容 ドン・ボスコを見つめた子　オカリナのオーケストラ　お母さん、さようなら　インクの樽に入る　忙しい大学生と教師　博士、そして神父へ　教会学校の責任者となる　戦時中の助け合い運動　「母を思うとき…」　慕われる院長・校長に〔ほか〕〔07458〕
◇ドン・ボスコ―若者にささげた生涯　テレジオ・ボスコ著, 浦田慎二郎監修, 竹下ふみ訳　新装改訂版　ドン・ボスコ社　2016.12　69p　19cm　（DBブックレット）　500円　①978-4-88626-613-2
内容 9歳の夢　野原での曲芸　兄との対立　農家で働く　決定的な出会い　毎日10キロメートルの道を　「ドン・ボスコ」となる　地下牢の黒い壁　「ぼくはバルトロメオ・ガレッリです」　移動オラトリオ 病院から墓地へ　ドラムと警官たち　二人の神父が精神病院に　見習い少年たちの奇跡　500人の子どもたちに一人のお母さん　「ぼくはみなし子で、バルセジアから来ました」　廊下で靴屋 台所で仕立て屋　神が送った犬　トリノの道ばたに死の訪れ　大きな計画の実現〔07459〕

ポスト, デイヴィッド
◇世界大学ランキングと知の序列化―大学評価と国際競争を問う　石川真由美編　京都　京都大学学術出版会　2016.3　377p　22cm　〈索引あり〉3800円　①978-4-8140-0001-2
内容 大学の「ワールド・クラス」競争と世界的な階級闘争（デイヴィッド・ポスト著, 藤井翔太, 堤亮介監訳）〔07460〕

ボストン・グローブ社
◇スポットライト 世紀のスクープ―カトリック教会の大罪（BETRAYAL）　ボストン・グローブ紙《スポットライト》チーム編, 有沢真庭訳　竹書房　2016.4　343p　19cm　1600円　①978-4-8019-0720-1
内容 第1章 ゲーガン神父の笑顔の裏側　第2章 隠蔽の循環構造　第3章 国中にはびこる虐待者たち　第4章 罪悪感に苛まれる被害者たち　第5章 全世界に波及するボストン・スキャンダル　第6章 失墜―教会に背を向ける人々　第7章 法律を超越した枢機卿　第8章 セックスと嘘と教会　第9章 変革の苦しみ〔07461〕

ポズナー, バリー・Z.　Posner, Barry Z.
◇リーダーシップ・チャレンジ（THE LEADERSHIP CHALLENGE 原書第5版の翻訳）　ジェームズ・M.クーゼス, バリー・Z.ポズナー著, 関美和訳　海と月社　2014.5　394p　21cm　2800円　①978-4-903212-47-0
内容 最高のリーダーとは？　模範となる　共通のビジョンを呼び起こす　プロセスに挑戦する　人々を行動にかりたてる　心から励ます〔07462〕

ポズナー, リチャード・アレン　Posner, Richard Allen
◇加齢現象と高齢者―高齢社会をめぐる法と経済学（AGING AND OLD AGE）　リチャード・A.ポズナー著, 国武輝久訳　木鐸社　2015.1　500p　21cm　（「法と経済学」叢書 10）〈索引あり〉5000円　①978-4-8332-2478-9
内容 第1部 加齢現象と高齢者―社会学と生理学および経済学による理解（加齢現象の実態とその背景　高齢者をめぐる過去と現在および未来　加齢現象をめぐる人的資本理論　加齢現象に関する経済学的モデル）　第2部 複雑な応用モデルとしての経済学理論（高齢者に関する経済心理学　高齢者の行動と加齢現象の相関関係　加齢現象と創造力およびアウトプット　裁判官の高齢化とその影響　高齢者の社会的地位と組織の老化現象）　第3部 規範的な論点（安楽死と高齢者の自殺　社会保障と医療ケア制度　加齢現象と高齢者をめぐる法的諸問題　雇用における年齢差別禁止法と定年退職制度）〔07463〕

ボスマンス, フィル　Bosmans, Phil
◇愛が拓く新しい道（Worte zum Menschsein）　フィル・ボスマンス著, 女子パウロ会訳　女子パウロ会　2015.9　127p　19cm　1200円　①978-4-7896-0759-9
内容 1「人よ、わたしはあなたが好きだ」　2 幸せであるために時間をとりなさい　3 所有することではなく、喜びが豊かさをもたらす　4 いのちと和解しなさい　5 非暴力の人は幸い　6 愛の中だけで、あなたは人間になることができる　7 自然と結ばれる友情　8 新しい世界の夢　9 単純な人であること〔07464〕

ホスラー, ジェイ　Hosler, Jay
◇マンガ現代物理学を築いた巨人ニールス・ボーアの量子論（SUSPENDED IN LANGUAGE）　ジム・オッタヴィアニ原作, リーランド・パーヴィス他漫画, 今枝麻子, 園田英徳訳　講談社

ホ

2016.7　318p　18cm　（ブルーバックス B-1975）〈文献あり 年表あり〉1080円　①978-4-06-257975-9

内容 舞台の準備―ニールス・ボーア登場　古典物理をあとに　博士号取得から三部作まで　彼ならではのスタイルで　若い世代　理論物理研究所　ハイゼンベルク　ソルヴェイ会議1927年と1930年　家での日々　核物理学の発展　戦時の再会　核と政治　哲学にむかって　舞台を去る　〔07465〕

ポーゼン, ロバート・C.　Pozen, Robert C.

◇ハーバード式「超」効率仕事術（EXTREME PRODUCTIVITY）　ロバート・C.ポーゼン著, 関美和訳　早川書房　2015.3　380p　16cm（ハヤカワ文庫 NF 425）　800円　①978-4-15-050425-0

内容 1 いちばん大切な三つの考え方（目標を設定し、優先順位をつける　最終的な結果を念頭に置く　雑事に手間をかけない）　2 日々の生産性向上法（日課を守る　身軽に出張する　効率よく会議を行なう）　3 個人のスキル向上法（要領よく読む　読みやすく書く　伝わるように話す）　4 上司と部下をマネジメントする（部下をマネジメントする　上司をマネジメントする）　5 実りある人生を送る（一生を通してキャリアの選択肢を広げ続ける　変化を受け入れ、基本を守る　家庭と仕事を両立させる）　〔07466〕

ポター, アンドルー　Potter, Andrew

◇反逆の神話―カウンターカルチャーはいかにして消費文化になったか（THE REBEL SELL）　ジョセフ・ヒース, アンドルー・ポター著, 栗原百代訳　NTT出版　2014.9　433p　19cm〈文献あり 索引あり〉2500円　①978-4-7571-4320-3　〔07467〕

ポーター, ジーン　Porter, Gene Stratton

◇徳倫理学―ケンブリッジ・コンパニオン（The Cambridge Companion to Virtue Ethics）　ダニエル・C.ラッセル編, 立花幸司監訳, 相沢康隆, 稲村一隆, 佐良土茂樹訳　春秋社　2015.9　521, 29p　20cm〈文献あり 索引あり〉5200円　①978-4-393-32353-3

内容 中世の徳倫理学（Gene Stratton Porter著, 佐良土茂樹訳）　〔07468〕

ポーター, マイケル・E.

◇ハーバード・ビジネス・レビューBEST10論文―世界の経営者が愛読する（HBR's 10 Must Reads）　ハーバード・ビジネス・レビュー編集部編, DIAMONDハーバード・ビジネス・レビュー編集部訳　ダイヤモンド社　2014.9　357p　19cm　（Harvard Business Review）　1800円　①978-4-478-02868-1

内容 戦略の本質（マイケル・E.ポーター著）　〔07469〕

ポーター, ロイ　Porter, Roy

◇イングランド18世紀の社会（ENGLISH SOCIETY IN THE EIGHTEENTH CENTURY）　ロイ・ポーター著, 目羅公和訳　新装版;復刊　法政大学出版局　2016.5　534, 76p　19cm　（叢書・ウニベルシタス）〈原書改訂版〉7000円　①978-4-588-14034-1

内容 1 光と闇　2 社会秩序　3 権力と政治と法律　4 日々の生活　5 稼ぐことと遣うこと　6 持つことと愉しむこと　7 日常経験の変化　8 産業社会に向かって　9 結びに　〔07470〕

ポター, ロバート・F.　Potter, Robert F.

◇メディア心理生理学（PSYCHOPHYSIOLOGICAL MEASUREMENT AND MEANING）　R.F.ポター,P.D.ボウルズ著, 入戸野宏監訳　京都　北大路書房　2014.9　271p　21cm〈索引あり〉3600円　①978-4-7628-2876-8

内容 1章 メディア研究における心理生理学　2章 心理生理学：理論的仮定と歴史　3章 心理生理学におけるキーワードと概念　4章 メディアの認知処理に関する心理生理測度　5章 メディアの情動処理に関する心理生理測度　6章 メディア研究における新しい心理生理測度　7章 心理生理測度を他の測度と結びつける　8章 自分でやってみよう：実験室の立ち上げ　9章 心理生理測度とその意味：研究の現状と将来の展望　〔07471〕

ボーダー, ローラ・L.B.

◇FDガイドブック―大学教員の能力開発（A GUIDE TO FACULTY DEVELOPMENT 原著第2版の抄訳）　ケイ・J.ガレスピー, ダグラス・L.ロバートソン編著, 羽田貴史監訳, 今野文子, 串本剛, 立石慎治, 杉本和弘, 佐藤万知訳　町田　玉川大学出版部　2014.2　338p　21cm　（高等教育シリーズ 162）〈別タイトル：Faculty Developmentガイドブック　文献あり 索引あり〉3800円　①978-4-472-40487-0

内容 大学院生および専門職大学院の学生の能力開発プログラム（ローラ・L.B.ボーダー, リンダ・M.フォン・ヘーネ著）　〔07472〕

ポーターフィールド, ジェイソン

◇世界がぶつかる音がする―サーバンツの物語（The Sound of Worlds Colliding）　クリスティン・ジャック編, 永井みぎわ訳　ヨベル　2016.6　300p　19cm　1300円　①978-4-907486-32-7

内容 感謝という贈り物―ホームレスの人から学んだこと（ジェイソン・ポーターフィールド）　〔07473〕

ポダルコ, ピョートル　Podalko, Petr

◇異郷に生きる―来日ロシア人の足跡　6　中村喜和, 長縄光男, 沢田和彦, ポダルコ・ピョートル編　横浜　成文社　2016.9　356p　22cm〈索引あり〉3600円　①978-4-86520-022-5

内容 0 呼称考　1 江戸から明治へ　2 三つの戦争、三つの時代　3 文化の世界（作家、芸術家、教師、医師）　4 宗教の世界（正教会の人々）　5 回想　〔07474〕

ボダルト=ベイリー, ベアトリス・M.　Bodart-Bailey, Beatrice M.

◇犬将軍―綱吉は名君か暴君か（THE DOG SHOGUN）　ベアトリス・M.ボダルト＝ベイリー著, 早川朝子訳　柏書房　2015.2　558p　22cm〈索引あり〉3800円　①978-4-7601-4492-1

内容 親から譲り受けたもの　養育係が男性でなくてはならなかった時　館林城主　儒教政体　偉大で優れ

ホ

た君主　将軍一年目　第8章 堀田正俊の台頭と没落　将軍の新しい家臣たち　生類憐みの令　犬公方　四十七人の義士　財政問題　貨幣生産　車の両輪　荻生徂徠の「徒弟期間」　晩年　遺産　〔07475〕

ボーツ, H.　Bots, Hans

◇学問の共和国（La République des Lettres）　H.ボーツ,F.ヴァケ〔著〕, 池端次郎, 田村滋男訳　知泉書館　2015.1　245, 37p　22cm　〈文献あり 索引あり〉 5000円　①978-4-86285-202-1

内容 第1章 "学問の共和国"とは何か　第2章 "学問の共和国"の時間　第3章 "学問の共和国"の空間　第4章 "学問の共和国"の市民　第5章 "学問の共和国"の力学　第6章 "学問の共和国"の作品　〔07476〕

ホッグ, ジェイムズ・レスター　Hogg, James Lester

◇修道院文化史事典（KULTURGESCHICHTE DER CHRISTLICHEN ORDEN IN EINZELDARSTELLUNGEN）　P.ディンツェルバッハー,J.L.ホッグ編, 朝倉文市監訳　普及版　八坂書房　2014.10　541p　20cm　〈文献あり 索引あり〉 3900円　①978-4-89694-181-4

内容 修道制と文化 2 近世以降 他（ジェイムズ・レスター・ホッグ著, 小川宏枝訳）　〔07477〕

ボック, ジャンナ　Bock, Janna

◇マララの物語―わたしは学校で学びたい（For the Right to Learn）　レベッカ・L.ジョージ文, ジャンナ・ボック絵, 西田佳子訳　西村書店東京出版編集部　2016.7　40p　29cm　1400円　①978-4-89013-970-5　〔07478〕

ボック, デレック　Bok, Derek Curtis

◇アメリカの高等教育（HIGHER EDUCATION IN AMERICA）　デレック・ボック著, 宮田由紀夫訳　町田　玉川大学出版部　2015.7　551p　22cm　（高等教育シリーズ 168）〈索引あり〉 5800円　①978-4-472-40469-6

内容 第1部 背景（アメリカの高等教育システム　目的・目標、成長の限界　非営利大学の管理）　第2部 学部教育（大学進学と学士号取得　大学進学費用の捻出―政策担当者と大学幹部に突きつけられた課題　適切な大学への進学　高等教育の対象の拡大　何を学ぶべきか　いかに教えるか　改革の展望　大学院教育）　第3部 専門職大学院（メディカルスクール　ロースクール　ビジネススクール）　第4部 研究（「出版か死か」科学研究の性格の変化　研究の環境）　第5部 最終収支決算（本当に懸念すべき問題）　〔07479〕

ボック, ビクター　Boc, Victor

◇すべてのお金の悩みを永久に解決する方法（HOW TO SOLVE ALL YOUR MONEY PROBLEMS FOREVER）　ビクター・ボック著, 弓場隆訳　サンマーク出版　2014.3　301p　20cm　1700円　①978-4-7631-3367-0

内容 第1部 お金についてあなたが知っておくべきこと（お金はあなたを幸せにするエネルギー　あなたのお金の流れをよくする法）　第2部 お金を引き寄せる力を最大化する（お金を引き寄せるためにはどうすればよいか？　ポジティブなイメージを植えつける ほか）　第3部 お金を引き離す力を最小化する（お金を引き離さないためにはどうすればよいか？　「執着」を「好み」に高める ほか）　第4部 お金の悩みを永久に解決する（「相乗方式」で人生を豊かにする　「永久にお金の悩みを解決する」Q&A）　頭でわかっていても実行しないと意味がない　〔07480〕

ボック, ラズロ　Bock, Laszlo

◇ワーク・ルールズ！―君の生き方とリーダーシップを変える（Work Rules！）　ラズロ・ボック著, 鬼沢忍, 矢羽野薫訳　東洋経済新報社　2015.8　558p　20cm　1980円　①978-4-492-53365-9

内容 悪夢のようなキャリア　なぜグーグルのルールはあなたの役に立つのか　創業者になろう　「文化が戦略を食う」　レイク・ウォビゴンの幻想―新人がみな平均以上の職場はあるのか　最高の人材を探す方法―グーグルの「自己複製する人材マシーン」　直感を信じてはいけない　避難所の運営は避難者に任せる　誰もが嫌う業績管理と、グーグルがやろうと決めたこと　2本のテール―トップテールとボトムテール　学習する組織を築こう―最良の教師は社内にいる　報酬は不公平でいい―同じ仕事でも報酬に大きな差があってかまわない　タダ（ほぼタダ）ほどステキなものはない―グーグルの人事プログラムの大半は誰でも真似できる　ナッジ/選択の背中を押す―小さなシグナルが振る舞いを大きく変える。生産性を25%向上させた1通のメール　人生は最高のときばかりじゃない―人についてグーグルが犯した最大の間違いと、間違いを回避するためにできること　あなたにも明日からできること―あなたのチームと職場を変える10のステップ　世界初のピープル・オペレーションズ・チームを築く―新しい人事部門の設計図　〔07481〕

ホッグスヘッド, サリー　Hogshead, Sally

◇あなたはどう見られているのか―2つの強みから導く、あなただけの魅力（HOW THE WORLD SEES YOU）　サリー・ホッグスヘッド著, 白倉三紀子訳　パイインターナショナル　2015.5　429p　21cm　1900円　①978-4-7562-4643-1

内容 1 人の目に、あなたはどう映っているのでしょう？（あなたらしい独自の価値を探る意味　あなたらしい独自の価値を見つける方法）　2 魅力アドバンテージ・システム（魅力をもたらす7つのアドバンテージ　アーキタイプ）　3 キャッチフレーズ あなたの個性を伝える宣伝コピー（ファシネーション研究所　他との違いを見つける　キャッチフレーズ・メソッド　チーム、アドバンテージ、キャッチフレーズ）　〔07482〕

ホッシ, マルセロ　Rossi, Marcelo

◇愛するということについて君と語ろう。（ÁGAPE）　マルセロ・ホッシ著, 和泉圭亮, 和田紀子訳　サンマーク出版　2014.3　193p　20cm　1700円　①978-4-7631-3349-6

内容 光はすべてのものを照らす―神のみことば　願いは理解される―カナでの婚礼　渇きはいつか癒される―サマリアの女　私たちは幸せになるためにつくられている―パンを増やす　憎しみではなく愛を向ける―姦通の女　大切にされていることに気づく―良い羊飼い　失うと見つかるものがある―ラザロを生き返らせる　すべての人は同じ条件を備えている―イエス、弟子の足を洗う　愛のある生き方をする―兄弟愛　不快な言葉と感情を手放す―十字架につけられる　平和の意味を知る―弟子たちに現れる　自己は他者であり、他者は自己である―ペトロの愛の告白　〔07483〕

ホッジェン, マーガレット・T.　Hodgen, Margaret

ホ

Trabue
◇英国労働者教育史（Workers' Education in England & the United Statesの抄訳）　マーガレット・T.ホッジェン著, 新海英行監訳, 英国成人教育史研究会訳　岡山　大学教育出版　2015.4　319p　22cm　〈文献あり〉3800円　①978-4-86429-323-5　〔07484〕

ホッジス, アンドルー　Hodges, Andrew
◇エニグマ アラン・チューリング伝　上（ALAN TURING）　アンドルー・ホッジス著, 土屋俊, 土屋希和子訳　勁草書房　2015.2　412p　20cm　2700円　①978-4-326-75053-5
内容 1 論理的なるもの（集団の精神　真理の精神　新しい人びと　リレー競争）　〔07485〕
◇エニグマ アラン・チューリング伝　下（ALAN TURING）　アンドルー・ホッジス著, 土屋俊, 土屋希和子, 村上祐子訳　勁草書房　2015.8　520, 13p　20cm　〈索引あり〉2700円　①978-4-326-75054-2
内容 2 物理的なるもの（助走　水銀の遅延　グリーンウッドの木　渚にて）　〔07486〕

ポッスルウェイト, ネヴィル　Postlethwaite, T.Neville
◇国際学力調査と教育政策（Monitoring Educational Achievement）　ネヴィル・ポッスルウェイト〔著〕, 野村真作訳・解説　東信堂　2015.1　119p　21cm　（ユネスコ国際教育政策叢書 6　黒田一雄, 北村友人叢書編）〈文献あり 索引あり〉1600円　①978-4-7989-1261-5
内容 第1章 なぜ世界の国々は国内学力試験や国際学力試験へ参加・実施するのか？　第2章 2つの国内試験の例　第3章 国際試験の例　第4章 学力査定調査に対する批判と批判に対する返答　第5章 学力評価における標本調査の技術基準　第6章 結論と教育計画者への情報　〔07487〕

ボッセン, マリサ
◇経験学習によるリーダーシップ開発—米国CCLによる次世代リーダー育成のための実践事例（Experience-Driven Leader Development）　シンシア・D.マッコーレイ,D.スコット・デリュ, ポール・R.ヨスト, シルベスター・テイラー編, 漆嶋稔訳　日本能率協会マネジメントセンター　2016.8　511p　27cm　8800円　①978-4-8207-5929-4
内容 学習支援顧問団の構築（マリサ・ボッセン, ポール・ヨスト）　〔07488〕

ボッツマン, ダニエル・V.
◇江戸のなかの日本、日本のなかの江戸—価値観・アイデンティティ・平等の視点から（Values, Identity, and Equality in Eighteenth-and Nineteenth-Century Japan）　ピーター・ノスコ, ジェームス・E.ケテラー, 小島康敬編, 大野ロベルト訳　柏書房　2016.12　415p　22cm　〈索引あり〉4800円　①978-4-7601-4759-5
内容 花盛りの物語（ダニエル・V.ボッツマン著）　〔07489〕

ボッテーロ, ジョバンニ　Botero, Giovanni
◇国家理性論（La ragion di stato）　ジョバンニ・ボッテーロ著, 石黒盛久訳　風行社　2015.12　335, 12p　22cm　〈索引あり〉5000円　①978-4-86258-098-6
内容 国家理性とは何か　諸領国の分類　臣民について　諸国家の崩壊の原因について　国家を拡張すること維持することのどちらがより優れた仕事か　より永続するのは大国か小国か、それとも中位の国か　統合された諸国家と分裂した諸国家のどちらがより長続きするか　国家保全の策　支配者には徳の卓越がいかに不可欠であるか　支配者の徳の卓越には二つの様態がある〔ほか〕　〔07490〕

ホッパー, ヴィンセント・フォスター　Hopper, Vincent Foster
◇中世における数のシンボリズム—古代バビロニアからダンテの『神曲』まで（Medieval Number Symbolism）　ヴィンセント・F.ホッパー著, 大木富訳　彩流社　2015.5　376, 17p　20cm　〈文献あり 索引あり〉3700円　①978-4-7791-2127-2
内容 第1章 初歩的数のシンボリズム—古代オリエント、インド、ギリシャ　第2章 占星術上の数—古代バビロニアと旧約聖書　第3章 ピュタゴラス派の数論—具体的な数論の分析と考察　第4章 グノーシス主義者—グノーシス主義、ヘルメス主義、カバラ、錬金術　第5章 初期キリスト教の著述家—数の寓意的解釈とその基礎の確立　第6章 中世における数の哲学—様々な領域の数の象徴の用法と実例　第7章 秩序の美・ダンテ—『神曲』の数的構成と数のシンボリズムの用法　補遺 北方異教における象徴としての数—古代スカンジナビア、ケルト神話など　〔07491〕

ポッパー, ナサニエル　Popper, Nathaniel
◇デジタル・ゴールド—ビットコイン、その知られざる物語（DIGITAL GOLD）　ナサニエル・ポッパー著, 土方奈美訳　日本経済新聞出版社　2016.9　474p　19cm　2800円　①978-4-532-17601-3
内容 第1部（二〇〇九年一月一〇日　一九九七年　二〇〇九年五月 ほか）　第2部（二〇一二年二月　二〇一二年五月　二〇一二年八月 ほか）　第3部（二〇一三年八月　二〇一三年九月三〇日　二〇一三年一〇月 ほか）　〔07492〕

ホップ, ジェフリー　Hoppe, Geoffrey
◇神性を生きる—アダマス・セント・ジャーメインからのメッセージ（LIVE YOUR DIVINITY）　ジェフリー・ホップ, リンダ・ホップ著, 林真弓訳　ナチュラルスピリット　2015.3　246p　21cm　2100円　①978-4-86451-158-2
内容 目覚めに入る　意識のボディ　現在の人間の意識はどんなエネルギーなのか　光と闇の錬金術　セルフをマスターする　多次元の人間になる　あなたと新しいエネルギー　可能性と現実化　主権性　五つの天使の知覚　アミョーとマキョー　二元性の終焉　何もない　〔07493〕

ボップ, メアリー・アン　Bopp, Mary Ann
◇IBMのキャリア開発戦略—変化に即応する人事管理システムの構築（AGILE CAREER DEVELOPMENT）　メアリー・アン・ボップ, ダイアナ・A.ビング, シェイラ・フォート - トラ

ホ

メル著, 川喜多喬, 平林正樹, 松下尚史監訳　同友館　2014.4　263p　21cm　2400円　Ⓘ978-4-496-05040-4

内容 第1章 適時・適材・適所な配置　第2章 キャリア深化の実現　第3章 キャリア開発プロセスの定義　第4章 優秀な人材の採用と新入社員の育成　第5章 熟練度の評価と事業を成功に導く活動　第6章 従業員と組織の能力開発　第7章 充実した開発計画の策定　第8章 協働学習活動と開発計画の連携　第9章 成功度合いの測定　〔07494〕

ホップ, リンダ　Hoppe, Linda

◇神性を生きる―アダマス・セント・ジャーメインからのメッセージ（LIVE YOUR DIVINITY）　ジェフリー・ホップ, リンダ・ホップ著, 林真弓訳　ナチュラルスピリット　2015.3　246p　21cm　2100円　Ⓘ978-4-86451-158-2

内容 目覚めに入る　意識のボディ　現在の人間の意識はどんなエネルギーなのか　光と闇の錬金術　セルフをマスターする　多次元の人間になる　あなたと新しいエネルギー　可能性と現実化　主権性　五つの天使の知覚　アミョーとマキョー　二元性の終焉　何もない　〔07495〕

ホッファー, エリック　Hoffer, Eric

◇現代という時代の気質（THE TEMPER OF OUR TIME）　エリック・ホッファー著, 柄谷行人訳　筑摩書房　2015.6　184p　15cm　（ちくま学芸文庫 ホ19-1）〈晶文社 1972年刊の再刊 著作目録あり〉1000円　Ⓘ978-4-480-09679-1

内容 1 未成年の時代　2 オートメーション、余暇、大衆　3 黒人変革　4 現代をどう名づけるか　5 自然の回復　6 現在についての考察　〔07496〕

ホッファ, ジミー

◇インタヴューズ　3　毛沢東からジョン・レノンまで（THE PENGUIN BOOK OF INTERVIEWS）　クリストファー・シルヴェスター編, 新庄哲夫他訳　文芸春秋　2014.6　463p　16cm　（文春学芸ライブラリー―雑英 7）　1690円　Ⓘ978-4-16-813018-2

内容 ジミー・ホッファ（ジミー・ホッファ述, ジェリー・スタネツキインタヴュアー, 高橋健次訳）〔07497〕

ホッブズ, トマス　Hobbes, Thomas

◇ビヒモス（BEHEMOTH）　ホッブズ著, 山田園子訳　岩波書店　2014.12　414, 5p　15cm　（岩波文庫 34-004-6）〈文献あり 年表あり 索引あり〉1020円　Ⓘ978-4-00-340046-3　〔07498〕

◇リヴァイアサン　1（LEVIATHAN）　ホッブズ著, 角田安正訳　光文社　2014.12　319p　16cm　（光文社古典新訳文庫 KCホ1-1）　1060円　Ⓘ978-4-334-75302-3

内容 感覚について　イマジネーションについて　イマジネーションの波及ないし連鎖について　話す能力について　推論および学問について　意志的な行動の、心の中での始まり（通常の言い方では情動）その表現手段としての言葉について　論理的思考の終わり、あるいは締めくくり　一般に知力と呼ばれている各種能力とその不全　学術分野の分類について　権力、価値、位階、毀誉、ふさわしさについて　行動様式の違いについて　宗教について　人類の自然状態―人類の幸不幸に関わるもの　第一、第二の自然法および契約について　その他の自然法について　人格、本人、人格化されたもの　〔07499〕

◇物体論（De Corpore）　トマス・ホッブズ著, 本田裕志訳　京都　京都大学学術出版会　2015.7　749p　20cm　（近代社会思想コレクション 13）〈索引あり〉5600円　Ⓘ978-4-87698-544-9

内容 第1部 計算すなわち論理学（哲学について　単語について ほか）　第2部 第一哲学（場所と時間について　物体と偶有性について ほか）　第3部 運動と大きさの比率について（運動と努力の本性・特性および多様な考量について　加速度運動と等速運動について、ならびに協働作用による運動について ほか）　第4部 自然学、もしくは自然の諸現象（感覚と生命運動について　宇宙と諸星群について ほか）　〔07500〕

◇法の原理―人間の本性と政治体（THE ELEMENTS OF LAW）　ホッブズ著, 田中浩, 重森臣広, 新井明訳　岩波書店　2016.4　395p　15cm　（岩波文庫 34-004-7）　1010円　Ⓘ978-4-00-340047-0

内容 第1部 自然的人格としての人間について（人間の自然的能力の一般的区分　感覚の原因　想像および想像の種類について　さまざまな種類の心の推論について　名辞、推理および言語による推理 ほか）　第2部 政治体としての人間について、法の性質と種類について（コモンウェルスの設立に必要な要件について　三種のコモンウェルスについて　主人の権力について　父権および世襲の王国について　各種の統治にみられる不都合の比較 ほか）　〔07501〕

◇法の原理―自然法と政治的な法の原理（The Elements of Law）　トマス・ホッブズ著, 高野清弘訳　大津　行路社　2016.9　349p　22cm　3600円　Ⓘ978-4-87534-384-4　〔07502〕

ホッブス, ルネ　Hobbs, Renee

◇デジタル時代のメディア・リテラシー教育―中高生の日常のメディアと授業の融合（DIGITAL and MEDIA LITERACY）　ルネ・ホッブス著, 森本洋介, 和田正人監訳, 上松恵理子, 田島知之, 高橋恵美子, 中村純子, 村上郷子訳　小金井　東京学芸大学出版会　2015.9　206p　26cm　〈文献あり 索引あり〉2000円　Ⓘ978-4-901665-43-8　〔07503〕

◇メディア・リテラシー教育と出会う―小学生がデジタルメディアとポップカルチャーに向き合うために（Discovering Media Literacy）　ルネ・ホッブス, デビッド・クーパー・ムーア著, 森本洋介監訳, 上松恵理子, 斎藤俊則, 菅原真悟, 中村純子, 村上郷子, 和田正人訳　弘前　弘前大学出版会　2016.3　221p　26cm　〈索引あり〉2000円　Ⓘ978-4-907192-38-9

内容 1 なぜデジタル時代のメディア・リテラシーが重要なのでしょうか？（デジタル時代のメディア・リテラシー―授業案：フレームの内と外には何がありますか？　デジタル時代のメディア・リテラシーを教える動機―授業案：ターゲット・オーディエンスに向けた音楽編集）　2 小学校中学年の児童と一緒に活動する（学校外の文化と授業をつなげる―授業案：本物の話し合いをつくりだす　メディアとポップカルチャーについて問いを投げかける―授業案：有名人のあなた　メディアをつくる―授業案：スクリーンキャストに批判的な問いを投げかける　すべては社会と

つながっている―授業案：ブートレグ・コーラ：賛成と反対） 3 幼稚園から小学校低学年までの児童と一緒に活動する（幼い学習者のためのメディア・リテラシー―授業案：アリとキリギリス　作家とオーディエンス―授業案：合作ストーリーテリング） 4 教師教育に取り組む（実践を変える）　〔07504〕

ポッペ, ニコラス

◇岡田英弘著作集　8　世界的ユーラシア研究の六十年　岡田英弘著　藤原書店　2016.7　687p　20cm　〈布装　索引あり〉8800円　①978-4-86578-076-5

内容 モンゴル学者ニコラス・ポッペ自伝抄（ニコラス・ポッペ著, 岡田英弘訳）　〔07505〕

ホッペ, ハンスゲオルク

◇ヘーゲル講義録研究（Nachschriften von Hegels Vorlesungen）　オットー・ペゲラー編, 寄川条路監訳　法政大学出版局　2015.11　279, 2p　22cm　〈索引あり〉3000円　①978-4-588-15074-6

内容 法哲学講義〈一八二一/二二年〉（ハンスゲオルク・ホッペ著, 佐山圭司訳）　〔07506〕

ボディアン, ステファン　Bodian, Stephan

◇今、目覚める―覚醒のためのガイドブック（WAKE UP NOW）　ステファン・ボディアン著, 高橋たまみ訳　ナチュラルスピリット　2015.1　316p　19cm　〈文献あり 索引あり〉　1700円　①978-4-86451-153-7

内容 第1章 門なき門をくぐる　第2章 探求者のいない探求　第3章 知識からの解放　第4章「今、ここに在ること」の実践　第5章 今、この瞬間を経験しているのは誰か？　第6章 自然に起きる目覚め　第7章 目覚めの後で　第8章 光の体現　第9章 光の中の闇を解き放つ　第10章 目覚めた人生　〔07507〕

ボディフォード, ウィリアム・M.

◇変容する聖地 伊勢　ジョン・ブリーン編　京都　思文閣出版　2016.5　10, 321p　21cm　2800円　①978-4-7842-1836-3

内容 中世伊勢と仏教（ウィリアム・M.ボディフォード著）　〔07508〕

ボーデイン, アンソニー　Bourdain, Anthony

◇キッチン・コンフィデンシャル（Kitchen confidential）　アンソニー・ボーデイン著, 野中邦子訳　土曜社　2015.3　354p　19cm　〈新潮社2001年刊の新装版〉1850円　①978-4-907511-00-5

内容 前菜　ファーストコース　セカンドコース　サードコース　デザート　コーヒーと煙草　〔07509〕

ホート, ジョン　Haught, John F.

◇宇宙論と進化論とキリスト教―科学と聖書が協奏する新たな啓示（Christianity and Science）　ジョン・ホート著, 田中公一訳　聖公会出版　2015.7　302, 4p　22cm　〈索引あり〉3800円　①978-4-88274-285-2　〔07510〕

ポトィリチャク, O.　Potil'chak, Oleksandr

◇ウクライナに抑留された日本人　O.ポトィリチャク,V.カルポフ, 竹内高明著, 長勢了治編訳　東洋書店　2013.12　59p　21cm　（ユーラシア・ブックレット no.188　ユーラシア研究所・ブックレット編集委員会企画・編集）〈文献あり〉　800円　①978-4-86459-159-1　〔07511〕

ホドキンソン, アラン

◇ディスアビリティ現象の教育学―イギリス障害学からのアプローチ　堀正嗣監訳　現代書館　2014.3　308p　21cm　（熊本学園大学付属社会福祉研究所社会福祉叢書 24）　4000円　①978-4-7684-3531-1

内容 みんながいて正しいのか？（アラン・ホドキンソン著, 林美輝訳）　〔07512〕

ホドキンソン, ポール　Hodkinson, Paul

◇メディア文化研究への招待―多声性を読み解く理論と視点（MEDIA, CULTURE AND SOCIETY）　ポール・ホドキンソン著, 土屋武久訳　京都　ミネルヴァ書房　2016.2　378p　21cm　〈文献あり 索引あり〉4000円　①978-4-623-07574-4

内容 メディアが先か、文化・社会が先か？　第1部 メディアの諸要素（メディアテクノロジー　メディア産業　メディアコンテンツ　メディアユーザー）　第2部 メディア・権力・コントロール（メディアが操作する？ ―マルクス主義とイデオロギー　ニュースの解剖学　公共サービスか、個人のための娯楽か？ ―メディアの方向性　国民的メディアの衰退―商業化・断片化・グローバリゼーション）　第3部 メディア・アイデンティティ・文化（メディア・エスニシティ・ディアスポラ　メディア・ジェンダー・セクシュアリティ　メディアコミュニティ―サブカルチャーとファン・グループとアイデンティティ・グループ　メディアによる飽和・集団の流動性・意味の喪失）　〔07513〕

ホドソン, A・S

◇政治学大図鑑（The Politics Book）　ポール・ケリーほか著, 堀田義太郎日本語版監修, 豊島実和訳　三省堂　2014.9　352p　25cm　〈索引あり〉　4200円　①978-4-385-16226-3　〔07514〕

ボードリヤール, ジャン　Baudrillard, Jean

◇消費社会の神話と構造（LA SOCIÉTÉ DE CONSOMMATION）　ジャン・ボードリヤール著, 今村仁司, 塚原史訳　新装版　紀伊国屋書店　2015.9　368p　19cm　〈索引あり〉2100円　①978-4-314-01116-7

内容 第1部 モノの形式的儀礼（消費の奇蹟的現状　経済成長の悪循環）　第2部 消費の理論（消費の社会的論理　消費の理論のために　個性化、あるいは最小限界差異）　第3部 マス・メディア、セックス、余暇（マス・メディア文化　消費の最も美しい対象―肉体　余暇の悲劇、または時間浪費の不可能　気づかいの秘蹟　豊かな社会のアノミー）　結論 現代の疎外、または悪魔との契約の終わり　〔07515〕

ホドロフスキー, アレハンドロ　Jodorowsky, Alexandro

◇タロットの宇宙（La Voic du Tarot）　アレハンドロ・ホドロフスキー, マリアンヌ・コスタ著, 伊泉竜一監修, 黒岩卓訳　国書刊行会　2016.12　658p　24×16cm　〈付属資料：タロットカード〉

ホ

6800円　①978-4-336-06112-6

内容 第1章 タロットの枠組みと数秘学(序：タロットは一つの完成された存在である　構成および向きに関する規則 ほか)　第2章 大アルカナ(序：魂の建築愚者 ほか)　第3章 小アルカナ(序：秘密の慎ましき守り手たち　1 数秘学の諸段階 ほか)　第4章 2枚ずつ見たタロット(序：共同作業としての「意識」　二つの十段階の列から作られる組み合わせ ほか)　第5章 タロットのリーディング(序：いかにして鏡となるか　リーディングへの最初の一歩 ほか)　〔07516〕

◇タロットの宇宙 (La Voie du Tarot)　アレハンドロ・ホドロフスキー, マリアンヌ・コスタ著, 伊泉竜一監修, 黒岩卓訳　国書刊行会　2016.12　658p　23×16cm　6800円　①978-4-336-06111-9

内容 第1章 タロットの枠組みと数秘学(序：タロットは一つの完成された存在である　構成および向きに関する規則 ほか)　第2章 大アルカナ(序：魂の建築愚者 ほか)　第3章 小アルカナ(序：秘密の慎ましき守り手たち　1 数秘学の諸段階 ほか)　第4章 2枚ずつ見たタロット(序：共同作業としての「意識」　二つの十段階の列から作られる組み合わせ ほか)　第5章 タロットのリーディング(序：いかにして鏡となるか　リーディングへの最初の一歩 ほか)　〔07517〕

ホ

ボトン, アラン・ド

◇哲学がかみつく (Philosophy Bites)　デイヴィッド・エドモンズ, ナイジェル・ウォーバートン著, 佐光紀子訳　柏書房　2015.12　281p　20cm　〈文献あり〉2800円　①978-4-7601-4658-1

内容 建築の美学(アラン・ド・ボトン述)　〔07518〕

◇人類は絶滅を逃れられるのか―知の最前線が解き明かす「明日の世界」(DO HUMANKIND'S BEST DAYS LIE AHEAD？)　スティーブン・ピンカー, マルコム・グラッドウェル, マット・リドレー他著, 藤原朝子訳　ダイヤモンド社　2016.11　162p　19cm　1400円　①978-4-478-06988-2

内容 人間の本質は1000年たっても変わらない(アラン・ド・ボトン述)　〔07519〕

ボナー, ジェラルド

◇イギリス宗教史―前ローマ時代から現代まで (A History of Religion in Britain)　指昭博, 並河葉子監訳, 赤江雄一, 赤瀬理穂, 指珠恵, 戸渡文子, 長谷川直子, 宮崎章訳, シェリダン・ギリー, ウィリアム・J.シールズ編　法政大学出版局　2014.10　629, 63p　22cm　〈文献あり 年表あり 索引あり〉9800円　①978-4-588-37122-6

内容 アングロ＝サクソン期イングランドの宗教(ジェラルド・ボナー著, 指珠恵訳)　〔07520〕

ボナヴェントゥラ

◇アシジの聖フランシスコ伝記資料集―Fontes Franciscani　フランシスコ会日本管区訳・監修　教文館　2015.11　809, 9p　22cm　(キリスト教古典叢書)〈索引あり〉7800円　①978-4-7642-1810-9

内容 聖フランシスコの大伝記 他(聖ボナヴェントゥラ著)　〔07521〕

ボニウェル, イローナ　Boniwell, Ilona

◇ポジティブ心理学が1冊でわかる本 (Positive Psychology in a Nutshell The science of happiness 原著第3版の翻訳)　イローナ・ボニウェル著, 成瀬まゆみ監訳, 永島沙友里, 松田由美, 佐布利江, 神前珠生訳　国書刊行会　2015.3　330, 28p　19cm　〈文献あり〉1600円　①978-4-336-05880-5

内容 ポジティブ心理学とは何か？　感情と「あなた」　楽観主義と希望　フローを生きる　幸福と主観的ウェルビーイング　ユーダイモニックな幸福―幸福は必要条件なのか？　十分条件なのか？　価値観、モチベーション、人生の目的　時間と人生　心的外傷後成長(PTG)とポジティブ・エイジング　選択肢の多い時代を生き抜く　「強み」を活かす　愛　ポジティブ心理学を暮らしに活かすには　もっと専門的に知りたい人に　ポジティブ心理学の未来　〔07522〕

ボニファス, パスカル　Boniface, Pascal

◇最新世界情勢地図 (Atlas du monde global)　パスカル・ボニファス, ユベール・ヴェドリーヌ〔著〕, 佐藤絵里訳　増補改訂版　ディスカヴァー・トゥエンティワン　2016.9　153p　19×26cm　1800円　①978-4-7993-1975-8

内容 第1部 過去における大きな転換点(地球で栄えた最初の人類　ヨーロッパの全盛期 ほか)　第2部 グローバル化した世界についてのさまざまな解釈(「国際共同体」という命題　「文明の衝突」という命題 ほか)　第3部 世界のさまざまなデータ(人口　世界の言語 ほか)　第4部 それぞれから見た世界(米国から見た世界　カナダから見た世界 ほか)　〔07523〕

ボーヌ, コレット　Beaune, Colette

◇幻想のジャンヌ・ダルク―中世の想像力と社会 (JEANNE D'ARC)　コレット・ボーヌ著, 阿河雄二郎, 北原ルミ, 嶋中博章, 滝沢聡子, 頼順子訳　京都　昭和堂　2014.3　400, 72p　22cm　〈文献あり 年表あり 索引あり〉6000円　①978-4-8122-1350-6

内容 第1部 ドンレミのジャンヌ・ダルク(史料の問題　国境から来た娘 ほか)　第2部 ドンレミからシノンへ(ジャンヌ以前のジャンヌ　羊飼いの娘の作戦 ほか)　第3部 一四二九年オルレアン(オルレアンの包囲　王か皇帝か ほか)　第4部 パリからルーアンへ(異端者　聖女か、女魔術師か、それとも魔女か ほか)　〔07524〕

ボーネ, マルク　Boone, Marc

◇中世末期ネーデルラントの都市社会―近代市民性の史的探求 (A la recherche d'une modernité civique)　マルク・ボーネ著, ブルゴーニュ公国史研究会訳　八朔社　2013.12　267, 43p　20cm　(叢書ベリタス)〈文献あり〉2800円　①978-4-86014-067-0

内容 序章 中世の秋―ヨハン・ホイジンガとアンリ・ピレンヌ、あるいは「同じ事柄に対する多くの真実」について　第1章 前近代のネーデルラントに民主主義はあったか―中世末期(一五～一六世紀)フランドルの同職組合：都市の経済利害、政治対立、文化的アイデンティティ　第2章 ネーデルラントにおける都市騒擾の伝統―都市アイデンティティの構築、はぐくまれる政治文化　第3章 社会的統制、行動の統制―都市共和制における「共通善」の夢は不可能か？　第4章 都市風景の権力と解読―フランドルとイタリアの比較史は可能か？　第5章 都市社会とブルゴーニュ国家の形成―都市と君主の論理、社会的要請と政治的野心 〔07525〕

◇中世ヨーロッパの都市と国家―ブルゴーニュ公国時代のネーデルラント　マルク・ボーネ著, 河原温編　山川出版社　2016.5　148p　19cm　(YAMAKAWA LECTURES 8)　〈文献あり 著作目録あり〉1500円　①978-4-634-47508-3

内容 マルク・ボーネと中世都市史研究　中世後期ヨーロッパの都市―近代性の兆候と災禍　中世ネーデルラント 都市の「世界」か？ ―ヨーロッパのコンテクストにおける都市史　高度に都市化された環境のなかの君主国家―南ネーデルラントのブルゴーニュ公たち　参考地図 15世紀のブルゴーニュ公国最大領域と都市 〔07526〕

ホネット, アクセル　Honneth, Axel

◇承認をめぐる闘争―社会的コンフリクトの道徳的文法 (KAMPF UM ANERKENNUNG)　アクセル・ホネット〔著〕, 山本啓, 直江清隆訳　増補版　法政大学出版局　2014.7　302, 44p　20cm　(叢書・ウニベルシタス 1010)　〈文献あり 索引あり〉3600円　①978-4-588-01010-1

内容 第1部 歴史的な想起―ヘーゲルの本来の理念（自己保存をめぐる闘争―近代の社会哲学の基礎づけ　犯罪と人倫―ヘーゲルの間主観性論の新たなアプローチ　承認をめぐる闘争―ヘーゲルのイェーナ実在哲学の社会理論）　第2部 体系の現在化―社会的承認関係の構造（承認と社会化―ミードによるヘーゲルの理念の自然主義的な転換　間主観的な承認のモデル―愛、法（権利）、連帯　人格の同一性と尊重欠如―暴力的抑圧、権利の剝奪、尊厳の剝奪）　第3部 社会哲学的な展望―道徳と社会的発展（社会哲学的な伝統の軌跡―マルクス、ソレル、サルトル　尊重欠如と抵抗―社会的コンフリクトの道徳的論理　人格的統合の間主観的条件―人倫の形式的構想）　承認の根拠―批判的な反問にたいする応答 〔07527〕

◇見えないこと―相互主体性理論の諸段階について (UNSICHTBARKEIT)　アクセル・ホネット〔著〕, 宮本真也, 日暮雅夫, 水上英徳訳　法政大学出版局　2015.5　251, 4p　20cm　(叢書・ウニベルシタス 1025)　〈文献あり 索引あり〉2800円　①978-4-588-01025-5

内容 第1章 見えないこと―「承認」の道徳的エピステモロジー　第2章 相互主体性の超越論的必然性―フィヒテの自然法論文における第二定理について　第3章 第三者の破壊的な力について―ガダマーと、ハイデガーの相互主体性理論　第4章 認識と承認―サルトルの相互主体性の理論について　第5章 解釈学とヘーゲリアニズムのあいだ―ジョン・マクダウェルと道徳的実在論の挑戦　第6章 対象関係論とポストモダン・アイデンティティ―精神分析は時代遅れだという思い違いについて 〔07528〕

ボネット, アラステア　Bonnett, Alastair

◇オフ・ザ・マップ―世界から隔絶された場所 (UNRULY PLACES)　アラステア・ボネット著, 夏目大訳　イースト・プレス　2015.3　303p　19cm　2400円　①978-4-7816-1292-8

内容 第1章 失われた場所（解明された幽霊島―サンディ島　改名を繰り返した都市―レニングラード ほか）　第2章 地図にない場所（探索できる都市―ミネアポリスの地下迷宮　閉鎖された地上の楽園―ジェレズノゴルスク ほか）　第3章 誰もいない場所（どの国にも属さない道―国境と国境の隙間　どの国も欲しがらない土地―ビル・タウィール ほか）　第4章 廃墟と化した場所（アスベストに呪われた場所―ウィトヌーム　経済発展が生んだがらんどうの街―カシバシ新区 ほか）　第5章 手出しできない場所（他国の法律が適用された場所―ザイスト基地　免税が認められた場所―ジュネーブ保税倉庫 ほか）　第6章 飛び地と未承認国家と浮遊島（観光資源が飛び地―バールレ　二〇〇近くの飛び地が散らばる地域―チットマハールズ ほか） 〔07529〕

ボネリー, ステファン

◇教育の大衆化は何をもたらしたか―フランス社会の階層と格差　園山大祐編著　勁草書房　2016.5　326p　22cm　〈年表あり 索引あり〉3500円　①978-4-326-60292-6

内容 学業困難は民主化政策にとって宿命か、それとも挑戦か？（ステファン・ボネリー著, 小林純子訳） 〔07530〕

ボーネル, ゲリー　Bonnell, Gary

◇叡智の道―レムリアから伝わる神秘の教え《思考の現実化》　ゲリー・ボーネル著, 大野百合子訳　ヒカルランド　2015.1　731p　21cm　〈他言語標題：THE KNOWING WAY〉8000円　①978-4-86471-242-2

内容 1 自己認識・自己実現・自己覚知（自己認識と自己覚知への導入―私たちが「生まれながらに持っている叡智」を取り戻す　自己実現への導入―自己実現に必要な「自己探究」と「意図的行動」 ほか）　2 古代の神秘主義的叡智（生命の構造―「創造」のすべてを保持しているエーテルプラズマ物質と調和引力の法則　ユニバーサルマインドと人間の叡智―活力に満ちた聖なる意思 ユニバーサルマインドの力 ほか）　3 アカシックレコードの探究（アカシャに存在する人間意識の構造―豊富な情報を備えたアカシックレコードの仕組み　アカシック情報の効果的な解釈―アカシックレコードに保持されている情報は、多次元的で時間を超えていて、過去、現在、未来の情報が含まれている ほか）　4 ユニティヒーリング（肉体のエーテル体と魂のエーテル体のつながり―魂のエーテル体から肉体へのエーテル物質の流れがブロックされると、慢性的な病気や葛藤の形成の原因となる　ユニティヒーリングの基本的なプロセス―ユニティヒーリングとは人間存在の全体を扱うエネルギーのヒーリング ほか）　Final Section 叡智と日常の統合（自己覚知した人として、模範となる人生を生きる―あなたがあなた自身になることで「努力のいらない人生」になる　自己覚知から覚醒へ移行する―無私という「中道」こそが、自己覚知から覚醒へいたる道） 〔07531〕

ボノー, ジョセフ　Bonneau, Joseph

◇仮想通貨の教科書―ビットコインなどの仮想通貨が機能する仕組み (Bitcoin and Cryptocurrency Technologies)　アーヴィンド・ナラヤナン, ジョセフ・ボノー, エドワード・W.フェルテン, アンドリュー・ミラー, スティーヴン・ゴールドフェダー著, 長尾高弘訳　日経BP社　2016.12　477p　21cm　〈索引あり　発売：日経BPマーケティング〉3400円　①978-4-8222-8545-6

内容 第1章 暗号理論と仮想通貨入門　第2章 ビットコインが非中央集権を実現している仕組み　第3章 ビッ

ホ

トコインの仕組み　第4章 ビットコインの保管と利用の方法　第5章 ビットコインの採掘　第6章 ビットコインの匿名性　第7章 コミュニティと規制　第8章 代替マイニングパズル　第9章 プラットフォームとしてのビットコイン　第10章 アルトコインと仮想通貨のエコシステム　第11章 非中央集権的な組織―ビットコインの未来？〔07532〕

ボノミー

◇再論東京裁判―何を裁き、何を裁かなかったのか（Beyond Victor's Justice？）　田中利幸, ティム・マコーマック, ゲリー・シンプソン編著, 田中利幸監訳, 饗庭朋子, 伊藤大将, 佐藤晶子, 高取由紀, 仁科由紀, 松島亜季訳　大月書店　2013.12　597, 17p　20cm　〈索引あり〉6800円　①978-4-272-52099-2

内容 パトリック判事（ボノミー著, 高取由紀訳）〔07533〕

ポパー, カール　Popper, Karl Raimund

◇カール・ポパー社会と政治―「開かれた社会」以後（After The Open Societyの抄訳）　カール・ポパー著, ジェレミー・シアマー, ピアズ・ノーリス・ターナー編, 神野慧一郎, 中才敏郎, 戸田剛文監訳　京都　ミネルヴァ書房　2014.5　345, 4p　22cm　〈索引あり〉4200円　①978-4-623-06785-5

内容 第1部 オーストリアの思い出（ユーリウス・クラフト一八九八‐一九六〇――九六二年　オットー・ノイラートの思い出――九七三年）　第2部 ニュージーランドでの講義（科学と宗教――九四〇年　道徳的な人間と不道徳な社会――九四〇年）　第3部『開かれた社会』について（公的価値と私的価値――九四六年？　アイザイア・バーリンへの手紙――九五九/一九八九年 ほか）　第4部 冷戦とその後（開かれた社会と民主国家――九六三年　抽象的社会と「内的自由」についてのポパーからハイエクへの手紙――九六四年 ほか）〔07534〕

◇議会政治　加藤秀治郎, 水戸克典編　第3版　日の出町（東京都）　慈学社出版　2015.9　210p　19cm　〈発売：大学図書〉2300円　①978-4-903425-94-8

内容 民主制について（カール・ポパー著, 荒邦啓介, 雨倉敏広訳）〔07535〕

ボーヒャード, ミヒャエル

◇現代日本の政治と外交　4　日本とドイツ―戦後の政治的変化（INWARD LOOKING OR ENGAGEMENT？）　猪口孝監修　猪口孝編　原書房　2014.3　141p　22cm　3200円　①978-4-562-04961-5

内容 現代的思考方法への転換（ミヒャエル・ボーヒャード著, 猪口孝訳）〔07536〕

ボビンスキー, ジョージ・S.　Bobinski, George Sylvan

◇カーネギー図書館―歴史と影響（Carnegie Libraries）　ジョージ・S.ボビンスキー著, 川崎良孝, 川崎智子訳　京都　京都図書館情報学研究会　2014.3　271p　22cm　〈文献あり　発売：日本図書館協会〉5000円　①978-4-8204-1318-9〔07537〕

ホフ, ジャン・コーネル

◇井筒俊彦―言語の根源と哲学の発生　河出書房新社　2014.6　223p　21cm　（KAWADE道の手帖）〈年譜あり〉1600円　①978-4-309-74053-9

内容 井筒哲学を翻訳する（ジャン・コーネル・ホフ著, 野口良次訳）〔07538〕

ポプキー, A.J.

◇EMDRがもたらす治癒―適用の広がりと工夫（EMDR Solutions）　ロビン・シャピロ編, 市井雅哉, 吉川久史, 大塚美菜子監訳　二瓶社　2015.12　460p　22cm　〈索引あり〉5400円　①978-4-86108-074-6

内容 DeTUR、アディクションおよび機能不全行動のための衝動低減プロトコル（A.J.ポプキー著, 菊池安希子訳）〔07539〕

ホプキン, ジョナサン

◇民主政治はなぜ「大統領制化」するのか―現代民主主義国家の比較研究（The Presidentialization of Politics）　T.ポグントケ,P.ウェブ編, 岩崎正洋監訳　京都　ミネルヴァ書房　2014.5　523, 7p　22cm　〈索引あり〉8000円　①978-4-623-07038-1

内容 スペインにおける大統領制化（イングリッド・ファン・ビーゼン, ジョナサン・ホプキン著, 加藤伸吾訳）〔07540〕

ホプキンス, ジェフリー　Hopkins, Jeffrey

◇思いやること―こころを育てるための小さなコツ（HOW TO BE COMPASSIONATE）　ダライ・ラマ14世著, ジェフリー・ホプキンス編, 長沢あかね訳　東洋出版　2014.10　189p　19cm　1400円　①978-4-8096-7751-9

内容 はじめに―幸せの源泉とは何かを知る　間違い1 怒りと戦うために、怒りを使うこと　間違い2 逆境は嫌なもの、という態度をとること　間違い3 自分本位になること　間違い4 魅力を誇張すること　間違い5 視野を狭くすること　間違い6「自分は永遠に存在する」と考えること　間違い7 怒りは役に立つと考えること　間違い8 見た目にとらわれること　間違い9 欲望や怒りを心の一部だと考えること　思いやりは人間関係の基本　思いやりが心の安らぎを生む　思いやりの源は平等な心〔07541〕

ホプキンズ, H.ジョゼフ　Hopkins, H.Joseph

◇木のすきなケイトさん―砂漠を緑の町にかえたある女のひとのおはなし（THE TREE LADY）　H.ジョゼフ・ホプキンズ文, ジル・マケルマリー絵, 池本佐恵子訳　神戸　BL出版　2015.9〔32p〕　24×29cm　1600円　①978-4-7764-0722-5〔07542〕

ホプキンソン, デボラ　Hopkinson, Deborah

◇サリバン先生とヘレン―ふたりの奇跡の4か月（ANNIE AND HELEN）　デボラ・ホプキンソン文, ラウル・コローン絵, こだまともこ訳　光村教育図書　2016.8〔40p〕　28cm　1500円　①978-4-89572-895-9〔07543〕

ホブズボーム, エリック　Hobsbawm, Eric J.

◇破断の時代―20世紀の文化と社会

（FRACTURED TIMES）　エリック・ホブズボーム著, 木畑洋一, 後藤春美, 菅靖子, 原田真見訳　慶応義塾大学出版会　2015.3　403, 23p　20cm　〈索引あり〉4500円　①978-4-7664-2200-9

内容 マニフェスト　第1部「高級文化」窮状の今（芸術はどこへ行く？　文化共生の世紀？ ほか）　第2部 ブルジョア世界の文化（啓蒙と成果——一八〇〇年以降のユダヤ人才能の解放　ユダヤ人とドイツ ほか）　第3部 不確実性、科学、宗教（未来への不安　科学—社会的機能と世界の変容 ほか）　第4部 芸術から神話へ（ポンと飛び出す芸術家—ポップ化する芸術家、爆発する文化　アメリカン・カウボーイ—国際的な神話？）　〔07544〕

ホプト, クラウス・J.

◇ドイツ会社法・資本市場法研究　早川勝, 正井章筰, 神作裕之, 高橋英治編　中央経済社　2016.7　648p　22cm　〈他言語標題：Studien zum deutschen Gesellschafts-und Kapitalmarktrecht　発売：中央経済グループパブリッシング〉9200円　①978-4-502-17991-4

内容 2012年12月のEU委員会のアクションプランに焦点をあてたヨーロッパの会社法（クラウス・J.ホプト著, 早川勝訳）　〔07545〕

ホブハウス, H.*　Hobhouse, Henry

◇日本立法資料全集　別巻935　英国地方制度及税法　良保両氏合著, 水野遵訳　復刻版　信山社　2013.12　276p　23cm　〈地方自治法研究復刊大系 第125巻　豊島仙太郎 明治20年刊の複製〉34000円　①978-4-7972-6641-2　〔07546〕

ホフマイスター, デイヴィッド　Hoffmeister, David

◇覚醒へのレッスン—『奇跡のコース』を通して目覚める（Awakening Through a Course in Miracles）　デイヴィッド・ホフマイスター著, 香咲弥須子監訳, ティケリー裕子訳　ナチュラルスピリット　2015.3　550p　19cm　2600円　①978-4-86451-156-8

内容 第1部 総合的な教え（基本的なこと　ゆるしとはワークブック・レッスンの仕方　人との関係と自由）　第2部 上級の教え（上級の学びにあたって　真の関係を経験することに心を開く　神の目的こそが唯一の選択肢です　原因と結果の逆転—直線状の時間という信念の底まで突き止める　心の五つのレベル　最後にもう一度）　〔07547〕

ホフマン, ジョシュア

◇アリストテレス的現代形而上学（Contemporary Aristotelian Metaphysics）　トゥオマス・E.タフコ編著, 加地大介, 鈴木生郎, 秋葉剛史, 谷川卓, 植村玄輝, 北村直彰訳　春秋社　2015.1　451, 17p　20cm　（現代哲学への招待—Anthology　丹治信春監修）〈文献あり 索引あり〉4800円　①978-4-393-32349-6

内容 新アリストテレス主義と実体（ジョシュア・ホフマン著, 北村直彰訳）　〔07548〕

ホフマン, デイヴィッド・E.　Hoffman, David Emanue

◇最高機密エージェント—CIAモスクワ諜報戦（THE BILLION DOLLAR SPY）　デイヴィッド・E.ホフマン著, 花田知恵訳　原書房　2016.7　434p 図版16p　20cm　〈年表あり〉2800円　①978-4-562-05336-0

内容 新時代のエージェント　モスクワ支局の女性工作員　情報源"スフィア"は信用できるのか　接触　スパイ志願の理由　トルカチェフの要求　スパイ・カメラ　機密情報と自殺用ピル　一〇億ドルのスパイ国外脱出作戦〔ほか〕　〔07549〕

◇死神の報復—レーガンとゴルバチョフの軍拡競争 上（THE DEAD HAND）　デイヴィッド・E.ホフマン著, 平賀秀明訳　白水社　2016.8　399, 1p　20cm　3200円　①978-4-560-09257-6

内容 第1部（危地にて　ウォーゲーム　「戦争恐怖症」細菌の悪夢　炭疽工場　死者の手　アメリカの夜明け）　第2部（「これまでのやり方じゃダメなのだ」　スパイの年　剣と楯）　〔07550〕

◇死神の報復—レーガンとゴルバチョフの軍拡競争 下（THE DEAD HAND）　デイヴィッド・E.ホフマン著, 平賀秀明訳　白水社　2016.8　446, 9p　20cm　〈索引あり〉3500円　①978-4-560-09258-3

内容 第2部（レイキャヴィクへの道　武器よさらば　細菌、毒ガス、そして秘密　失われた年　最大の突破　不穏な年）　第3部（大変動　科学者たち　発覚　エリツィンの約束　「サファイア計画」　悪との対峙）　〔07551〕

ホフマン, ポール（歴史）　Hofmann, Paul

◇ウィーン—栄光・黄昏・亡命（VIENNESE）　ポール・ホフマン著, 持田鋼一郎訳　作品社　2014.7　463p　20cm　〈索引あり〉3600円　①978-4-86182-467-8

内容 序章 ウィーン人の性格にはどうして裏表があるのか　第1章 黄金の林檎　第2章 革命、栄光、頽廃　第3章 衰退の衝撃と赤いウィーン　第4章 悪霊たち　第5章 他人の階段を上り下りする　第6章 ワルトハイムのウィーン　〔07552〕

ホフマン, リード　Hoffman, Reid

◇ALLIANCE—人と企業が信頼で結ばれる新しい雇用（THE ALLIANCE）　リード・ホフマン, ベン・カスノーカ, クリス・イェ著, 篠田真貴子監訳, 倉田幸信訳　ダイヤモンド社　2015.7　201p　20cm　1500円　①978-4-478-06257-9

内容 1 ネットワーク時代の新しい雇用—職場に信頼と忠誠を取り戻す「アライアンス」とは　2 コミットメント期間を設定しよう—アライアンスは仕事の内容と期間を定める　3 コミットメント期間で大切なもの—社員と会社の目標および価値観をそろえる　4 変革型コミットメント期間を導入する　5 社員にネットワーク情報収集力を求める—社員を通して世界を自社内に取り込む　6 ネットワーク情報収集力を育てるには—社員の人脈を伸ばすコツと戦術　7 会社は「卒業生」ネットワークをつくろう—生涯続く個人と会社のアライアンス関係　8「卒業生」ネットワークを活かすには—効果的に導入するためのコツとテクニック　〔07553〕

ホフマン, リン

◇ナラティヴ・セラピー—社会構成主義の実践（Therapy as social construction（抄訳））　シーラ・マクナミー, ケネス・J.ガーゲン編, 野口裕二, 野村直樹訳　三鷹　遠見書房　2014.12

ホ

177p 19cm 〈文献あり 金剛出版1997年刊の改訂〉2400円 ①978-4-904536-80-3
内容 家族療法のための再帰的視点(リン・ホフマン) 〔07554〕

ボベロ, ジャン Baubérot, Jean
◇世界のなかのライシテ―宗教と政治の関係史 (Les laïcités dans le monde 原著第4版の翻訳) ジャン・ボベロ著, 私市正年, 中村遥訳 白水社 2014.9 153, 9p 18cm (文庫クセジュ 994) 〈文献あり 索引あり〉1200円 ①978-4-560-50994-4
内容 序章 ライシテ―国際的現実 第1章 ライシテの前史 第2章 ライシテの哲学的土台 第3章 啓蒙専制主義、革命、ライシテ 第4章 ライシテと近代性の勝利 第5章 世俗化された社会とライシテ 第6章 ライシテの地政学 第7章 「普通の市民」、ライシテそして二十一世紀の挑戦 〔07555〕

ホ

ポポフ, リンダ・カヴェリン Popov, Linda Kavelin
◇52の美徳教育プログラム―ヴァーチューズ・プロジェクト (THE VIRTUES PROJECT EDUCATOR'S GUIDE) リンダ・カヴェリン・ポポフ著, 大内博訳 太陽出版 2016.7 437p 21cm 3800円 ①978-4-88469-877-5
内容 1部 人格の文化を築くための簡単な方法(美徳の言葉を話す 教えに最適な瞬間を認識する 明確な境界線を設定する スピリットを尊重する 「スピリチュアルな同伴」の技術) 2部 美徳：人格の贈り物(愛いたわり 思いやり 感謝 寛大 ほか) 〔07556〕

ホーマー, ローリ
◇経験学習によるリーダーシップ開発―米国CCLによる次世代リーダー育成のための実践事例 (Experience-Driven Leader Development) シンシア・D.マッコーレイ,D.スコット・デリュ, ポール・R.ヨスト, シルベスター・テイラー編, 漆嶋稔訳 日本能率協会マネジメントセンター 2016.8 511p 27cm 8800円 ①978-4-8207-5929-4
内容 新興市場におけるリーダー育成のための戦略的企業研修 他(アニタ・バシン, ローリ・ホーマー, エリック・レート) 〔07557〕

ボーム, ウィリアム・M. Baum, William M.
◇行動主義を理解する―行動・文化・進化 (UNDERSTANDING BEHAVIORISM 原著第2版の翻訳) ウィリアム・M.ボーム著, 森山哲美訳 二瓶社 2016.9 407p 22cm 〈索引あり〉4800円 ①978-4-86108-078-4
内容 第1部 行動主義とは何か(行動主義―定義と歴史 科学の哲学としての行動主義 公的事象・私的事象・自然事象・架空事象) 第2部 行動の科学的モデル(進化論と強化 目的と強化 刺激性制御と知識 言語行動と言葉 ルール支配行動と思考) 第3部 社会問題(自由 責任、信用、そして非難 関係と管理、そして統治 価値：宗教と科学 文化の進化 文化のデザイン：生存のための実験) 〔07558〕

ボーム, クリストファー Boehm, Christopher
◇モラルの起源―道徳、良心、利他行動はどのように進化したのか (MORAL ORIGINS) クリストファー・ボーム著, 斉藤隆央訳 白揚社 2014.11 482p 20cm 〈文献あり〉3600円 ①978-4-8269-0176-5
内容 ダーウィンの内なる声 高潔に生きる 利他行動とただ乗りについて われわれの直前の祖先を知る 太古の祖先をいくつか再現する 自然界のエデンの園 社会選択のポジティブな面 世代を越えた道徳を身につける 道徳的多数派の働き 更新世の「良い時期」と「悪い時期」と「危機」 「評判による選択」説を検証する 道徳の進化 〔07559〕

ボーム, デイヴィッド Bohm, David
◇思考の限界―知性のまやかし (THE LIMITS OF THOUGHT) J.クリシュナムルティ, デイヴィッド・ボーム著, 中野多一郎訳 創英社/三省堂書店 2016.2 268p 20cm 2500円 ①978-4-88142-930-3
内容 1 伝統の圧力に抗して(真理の中を生きること 欲望と善 気づきと気をつけていることを超えて 思考と気づき 伝統と真理) 2 安全性の幻想を見て取ること(閃きの解放 愛の叡智) 〔07560〕

◇ボームの思考論―知覚を清め、洞察力を培う (Thought as a System) デヴィッド・ボーム著, 大野純一訳 コスモス・ライブラリー 2016.11 422p 19cm 〈発売：星雲社〉2200円 ①978-4-434-22758-5 〔07561〕

ボーム, マイケ・ファン・デン Boom, Maike van den
◇世界幸福度ランキング上位13カ国を旅してわかったこと (Wo geht's denn hier zum Glück?) マイケ・ファン・デン・ボーム著, 畔上司訳 集英社インターナショナル 2016.7 365p 19cm 〈発売：集英社〉2000円 ①978-4-7976-7330-2
内容 アイスランド―妖精の住む国 ノルウェー―豊かな国の“ヤンテ文化” コスタリカ―すべてが「プラ・ビタ!」 デンマーク―日々の心構えはヒュグリー(心地よさ) スウェーデン―全体の中の一部であること スイス―みんなが自由に行動できるために フィンランド―湖の青、雪の白 カナダ―素朴な生活 オーストラリア―生活をゆっくり楽しむ パナマ―ここが世界の中心だ ルクセンブルク―多様性に満ちた小国 メキシコ―極彩色の国 コロンビア―毎日が恵み 〔07562〕

ホームズ, ジェイムズ・R. Holmes, James R.
◇太平洋の赤い星―中国の台頭と海洋覇権への野望 (Red Star over the Pacific) トシ・ヨシハラ, ジェイムズ・R.ホームズ著, 山形浩生訳 バジリコ 2014.2 306, 35p 22cm 2400円 ①978-4-86238-207-8
内容 第1章 マハンの二つの三叉槍/制海権 第2章 戦略理論家を動員する中国 第3章 ドイツの先例 第4章 中国的性格の艦隊戦術 第5章 海におけるミサイルと対ミサイル 第6章 台頭する中国の海中核抑止 第7章 海のソフトパワー 第8章 アジアにおけるアメリカの海事戦略 第9章 三叉槍/制海権を持つのは誰か? 〔07563〕

ホームズ, ナイジェル Holmes, Nigel
◇旅を楽しむ! トリビア大百科―ロンリープラネット (Lonely Planet) ナイジェル・ホームズ著, 八幡谷真弓訳 日経ナショナルジオグラフィック社　2014.2　203p　21cm　〈文献あり　索引あり　発売：日経BPマーケティング〉1850円　①978-4-86313-242-9

内容 世界のことは意外に知らない　まさか！　の時に役立つサバイバル術　異国であなたを救うエチケット　旅の健康維持と緊急医療　おいしい料理とお酒の話　自分のことは自分で守る　もっと楽しむ！　旅のトリビア　〔07564〕

ホームズ, リチャード　Holmes, Richard

◇戦いの世界史――一万年の軍人たち（SOLDIERS）　ジョン・キーガン, リチャード・ホームズ, ジョン・ガウ著, 大木毅監訳　原書房　2014.6　384p　22cm　〈索引あり〉5000円　①978-4-562-05072-7

内容 戦いの相貌　戦闘精神　歩兵　騎兵　砲兵　戦車　消耗人員　工兵　航空戦力　司令官　戦争の原動力　不正規兵　戦争体験　〔07565〕

ホーム・プロムォン　Hon Phrom-on

◇霊獣が運ぶアジアの山車―この世とあの世を結ぶもの　ゼイヤー・ウィン, スリヤー・ラタナクン, ホーム・プロムォン, 黄国賓, ソーン・シマトラン, 真島建吉, 三田村佳子, 神野善治, 杉浦康平, ナンシー・タケヤマ著, 浦崎雅代, マリーヤ・ドゥムロンポ, ヤーン・フォルネル訳　工作舎　2016.7　305p　21cm　（神戸芸術工科大学アジアンデザイン研究所シンポジウムシリーズ　斉木崇人監修）〈他言語標題：Boats, Floats and Sacred Animals　企画・構成：杉浦康平　文献あり〉3200円　①978-4-87502-474-3

内容 豊穣を招くナーガの舟山車（スリヤー・ラタナクン, ホーム・プロムォン著）　〔07566〕

ポメランツ, K.　Pomeranz, Kenneth

◇大分岐―中国、ヨーロッパ、そして近代世界経済の形成（THE GREAT DIVERGENCE）　K.ポメランツ著, 川北稔監訳　名古屋　名古屋大学出版会　2015.5　388, 57p　22cm　〈文献あり 索引あり〉5500円　①978-4-8158-0808-2

内容 ヨーロッパ経済発展のさまざまな比較、説明、叙述　第1部 驚くほど似ていた、ひとつの世界（ヨーロッパはアジアよりも早く発展したか―人口、資本蓄積、技術　ヨーロッパとアジアにおける市場経済）　第2部 新たな経済は新たな精神から生まれるのか―消費、投資、資本主義（奢侈的消費と資本主義の勃興　見える手―ヨーロッパとアジアにおける企業構造、社会・政治構造、「資本主義」）　第3部 スミスとマルサスを超えて―生態環境の制約から工業の持続的な成長へ（共通の制約―西ヨーロッパと東アジアにおける生態環境の重圧　土地の制約を外す―新しいかたちの周辺としての南北アメリカ）　補論（一人当たり陸上輸送能力の推計――八〇〇年前後のドイツと北インドを事例として　一八世紀末の中国北部とヨーロッパにおける施肥推計―およびその結果としての窒素流出量の比較 ほか）　〔07567〕

ボーモル, ウイリアム・J.　Baumol, William J.

◇良い資本主義悪い資本主義―成長と繁栄の経済学（Good capitalism, bad capitalism, and the economics of growth and prosperity）　ウイリアム・J.ボーモル, ロバート・E.ライタン, カール・J.シュラム著, 原洋之助監訳, 田中健彦訳　書籍工房早山　2014.5　381p　21cm　〈文献あり〉2200円　①978-4-904701-39-3　〔07568〕

ボーモント, ハンター　Beaumont, Hunter

◇ファミリー・コンステレーション―隠された愛の調和（LOVE'S HIDDEN SYMMETRY）　バート・ヘリンガー原著, グンタード・ヴェーバー, ハンター・ボーモント編著, 小林真美訳　コスモス・ライブラリー　2015.8　390p　21cm　〈発売：星雲社〉2500円　①978-4-434-21024-2

内容 第1部 近親関係システムの現象学（罪、潔白、そして良心の限界　男性と女性：家族の基盤　両親と子どもたち　家族という集合体の良心　愛とその偉大なる魂）　第2部 心理療法の考慮点（治療上の姿勢　役に立つ介入の方法　システム論に基づく心理療法の特定の主題）　〔07569〕

ボーモント, マイク　Beaumont, Mike

◇バイブルガイド―目で見てわかる聖書（The One-Stop Bible Guide）　マイク・ボーモント著, いのちのことば社出版部訳　いのちのことば社　2014.10　123p　25cm　〈索引あり〉1800円　①978-4-264-03251-9

内容 聖書　すべてのものの始まり　アダムとエバ　ノア　列強の世界　アブラハム―冒険の始まり　アブラハム―旅は続く　イサクとヤコブ　ヨセフ　モーセ―始まり〔ほか〕　〔07570〕

ボヤーリン, ダニエル　Boyarin, Daniel

◇ユダヤ教の福音書―ユダヤ教の枠内のキリストの物語（The Jewish Gospels）　ダニエル・ボヤーリン著, 土岐健治訳　教文館　2013.12　261, 15p　19cm　〈索引あり〉2000円　①978-4-7642-6710-7

内容 第1章 神の子から人の子へ　第2章 「エチオピア語エノク書」と「第四エズラ書」における人の子――世紀における他のユダヤ教のメシア　第3章 イエスは（コシェルを守って）法規定に照らして適正な食物を食べていた　第4章 ダニエル書のミドラシュとしての受難するキリスト　〔07571〕

ポラスキー, スティーブン

◇国連大学包括的「富」報告書―自然資本・人工資本・人的資本の国際比較（Inclusive Wealth Report 2012）　国連大学地球環境変化の人間・社会的側面に関する国際研究計画, 国連環境計画編, 植田和弘, 山口臨太郎訳, 武内和彦監修　明石書店　2014.12　358p　26cm　〈文献あり 索引あり〉8800円　①978-4-7503-4113-2

内容 生態系の調整サービスのための包括的富会計（ヘザー・タリス, スティーブン・ポラスキー, フアン・セバスティアン・ロサーノ著）　〔07572〕

ポラック, エリ

◇イスラエル情報戦史（ISRAEL'S SILENT DEFENDER）　佐藤優監訳, アモス・ギルボア, エフライム・ラピッド編, 河合洋一郎訳　並木書房　2015.6　373p 図版32p　21cm　〈年表あり〉2700円　①978-4-89063-328-9

内容 ビジントと諜報活動（エリ・ポラック著）　〔07573〕

ホ

ポラック, クリスチャン　Polak, Christian Philippe
◇百合と巨筒―見出された図像と書簡集 1860-1900（Lys et canon）　クリスチャン・ポラック著, 在日フランス商工会議所企画・編集, 石井朱美, 大沢啓訳　在日フランス商工会議所　c2013　248p　31cm　〈フランス語併記〉　〔07574〕

ポラック, ジューダ　Pollack, Judah
◇ひらめきはカオスから生まれる（THE CHAOS IMPERATIVE）　オリ・ブラフマン, ジューダ・ポラック著, 金子一雄訳　日経BP社　2014.2　269p　19cm　〈発売：日経BPマーケティング〉　1600円　①978-4-8222-5004-1
内容 第1章 カオスを巧みに活用する　第2章 穏やかなカオス　第3章 アインシュタインの頭脳　第4章 ひらめきの神経科学　第5章 裸でサーフィン　第6章 セレンディピティを促進する　第7章 カオスとシリコンバレー　第8章 カオスの五つのルール　〔07575〕

ホ

ポラック, パム　Pollack, Pam
◇ネルソン・マンデラ―自由へのたたかい（Who Was Nelson Mandela？）　パム・ポラック, メグ・ベルヴィソ著, 伊藤菜摘子訳　ポプラ社　2014.4　125p　20cm　（ポプラ社ノンフィクション 19）　〈年譜あり〉1200円　①978-4-591-13967-7
内容 第1章 問題児　第2章 光の都市、ヨハネスブルク　第3章 アパルトヘイト　第4章 不服従運動　第5章 シャープビル事件　第6章 地下にもぐる　第7章 ロベン島　第8章 マンデラを解放せよ！　第9章 非常事態　第10章 釈放の日　第11章 マンデラ、大統領に　〔07576〕

ポラック, レイチェル　Pollack, Rachel
◇タロットの書―叡智の78の段階（SEVENTY-EIGHT DEGREES OF WISDOM）　レイチェル・ポラック著, 伊泉竜一訳　フォーテュナ　2014.7　452p　22cm　〈文献あり 索引あり　発売：JRC〉3000円　①978-4-86538-018-7　〔07577〕

ホラディ, トム　Holladay, Tom
◇キリスト教信仰の土台―人生をささえる聖書の学び　上（Foundations）　トム・ホラディ, ケイ・ウォレン共著, 小坂直人訳　パーパス・ドリブン・ジャパン　2014.1　351p　19cm　1800円　①978-4-902680-23-2
内容 聖書的世界観　聖書　神　キリスト　聖霊　創造　〔07578〕

◇キリスト教信仰の土台―人生をささえる聖書の学び　下（Foundations）　トム・ホラディ, ケイ・ウォレン共著, 小坂直人訳　パーパス・ドリブン・ジャパン　2014.9　391p　19cm　1800円　①978-4-902680-24-9　〔07579〕

ポラード, ナイジェル　Pollard, Nigel
◇ビジュアル版 世界の歴史都市―世界史を彩った都の物語（The Great Cities in History）　ジョン・ジュリアス・ノーウィッチ編, 福井正子訳　柊風舎　2016.9　303p　27×21cm　15000円　①978-4-86498-039-5
内容 ローマ―アウグストゥスの時代（ナイジェル・ポラード）　〔07580〕

ホラン, ジェーン　Horan, Jane
◇なぜ昇進するのはいつもあなたではないのか―もっと早く知っておきたかった「社内政治」の技術（I Wish I'd Known That Earlier in My Career）　ジェーン・ホラン著, 矢沢聖子訳　阪急コミュニケーションズ　2014.7　238p　19cm　〈文献あり〉1600円　①978-4-484-14109-1
内容 第1章 政治に積極的になるわけ　第2章 政治力をつける　第3章 権力の盛衰を生き抜く　第4章 物事を額面どおりに受けとめる―信頼せよ、けれど検証せよ　第5章 権力マップをつくる―誰が権力を握っているか　第6章 周囲の認識を管理する　第7章 評判とブランド管理に気を配る―自分のストーリーはなにか　第8章 話し言葉に気をつける―ジェンダーと文化の問題　第9章 業績管理の政治を知る　第10章 権力、政治、性　〔07581〕

ボーラン, ミシュリーヌ
◇叢書『アナール1929-2010』―歴史の対象と方法 4　1969-1979（Anthologie des Annales 1929-2010）　E.ル＝ロワ＝ラデュリ,A.ビュルギエール監修, 浜名優美監訳　E.ル＝ロワ＝ラデュリ編, 池田祥英, 石川学, 井上桜子, 志村幸紀, 下村武, 寺本敬子, 中村督, 平沢勝行訳　藤原書店　2015.6　456p　22cm　8800円　①978-4-86578-030-7
内容 粉々になった家族（ミシュリーヌ・ボーラン著, 石川学訳）　〔07582〕

ポーランド
◇戦うポーランド―第二次世界大戦とポーランド　吉岡潤著　東洋書店　2014.12　79p　21cm　（ポーランド史史料叢書 3）　1500円　①978-4-86459-198-0
内容 第1部 史料編（ポーランド国民は何のために戦っているか―挙国一致評議会宣言（一九四四年三月一五日）（全訳）　ポーランド国民解放委員会マニフェスト（一九四四年七月二二日）（全訳）　ポーランド国民および連合国諸国民向け挙国一致評議会声明および地下ポーランドの遺書（一九四五年七月一日）（抄訳））　第2部 戦うポーランド―第二次世界大戦とポーランド（第二次世界大戦とポーランド　戦うポーランド　ルブリン政権の発足　戦後ポーランドの確立と地下国家の終焉）　〔07583〕

ホランド, キャロライン
◇イギリスにおける高齢期のQOL―多角的視点から生活の質の決定要因を探る（UNDERSTANDING QUALITY OF LIFE IN OLD AGE）　アラン・ウォーカー編著, 岡田進一監訳, 山田三知子訳　京都　ミネルヴァ書房　2014.7　249p　21cm　（新・MINERVA福祉ライブラリー 20）　〈文献あり 索引あり〉3500円　①978-4-623-07097-8
内容 高齢期の外出, 移動とQOL（キャロライン・ホランド, レオニ・ケラハー, シーラ・M.ピース, トーマス・シャーフ, エリザベス・ブリーズ, ジェイン・ガウ, メアリー・ギルフーリ著）　〔07584〕

ボーランド, ブラッド

◇経験学習によるリーダーシップ開発―米国CCLによる次世代リーダー育成のための実践事例（Experience-Driven Leader Development） シンシア・D.マッコーレイ,D.スコット・デリュ, ポール・R.ヨスト, シルベスター・テイラー編, 漆嶋稔訳 日本能率協会マネジメントセンター 2016.8 511p 27cm 8800円 ①978-4-8207-5929-4

内容 初日から始まる職場での能力開発 他（ブラッド・ボーランド） 〔07585〕

ボーランド, ヤスミン Boland, Yasmin

◇エンジェルアストロロジー―天使の占星術（ANGEL ASTROLOGY 101） ドリーン・バーチュー, ヤスミン・ボーランド著, 宇佐和通訳 JMA・アソシエイツステップワークス事業部 2014.8 287p 19cm 〈著作目録あり〉 2000円 ①978-4-904665-75-6

内容 1 おひつじ座と大天使アリエル 2 おうし座と大天使チャミュエル 3 ふたご座と大天使ザドキエル 4 かに座と大天使ガブリエル 5 しし座と大天使ラジエル 6 おとめ座と大天使メタトロン 7 てんびん座と大天使ジョフィエル 8 さそり座と大天使ジェレミエル 9 いて座と大天使ラギュエル 10 やぎ座と大天使アズラエル 11 みずがめ座と大天使ウリエル 12 うお座と大天使サンダルフォン 〔07586〕

ホランド, B.A. Holland, Barbara A.

◇社会参画する大学と市民学習―アセスメントの原理と技法（ASSESSING SERVICE-LEARNING AND CIVIC ENGAGEMENT） S.ゲルモン,B.A.ホランド,A.ドリスコル,A.スプリング,S.ケリガン著, 山田一隆監訳, 市川享子, 斎藤百合子, 福井里江, 村上徹也, 中原美香訳 学文社 2015.9 215p 21cm 〈文献あり〉 2500円 ①978-4-7620-2561-7

内容 アセスメント（評価）の原則と方略：概説 学生への効果 大学教員への効果 地域への効果 大学機関への効果 方法と分析 〔07587〕

ポランニー, カール Polanyi, Karl

◇経済と自由―ポランニー・コレクション 文明の転換（For a New West） カール・ポランニー著, 福田邦夫, 池田昭光, 東風谷太一, 佐久間寛訳 筑摩書房 2015.7 557p 15cm （ちくま学芸文庫 ホ9-3） 〈索引あり〉 1600円 ①978-4-480-09666-1

内容 第1部 経済、技術そして自由の問題（新しい西洋のために 経済学とわれわれの社会的運命を形成する自由 ほか） 第2部 制度について（制度分析は、いかに社会科学に貢献するか 国際理解の本質 ほか） 第3部 社会科学をいかに用いるのか（社会科学をいかに用いるのか 政治理論について ほか） 第4部 危機と転換（今、何が求められているのか―ひとつの応答 近代社会における哲学の衝突 ほか） 〔07588〕

ポーリー, クリスティン Pawley, Christine

◇20世紀アメリカの図書館と読者層（Libraries and the reading public in twentieth-century America） クリスティン・ポーリー, ルイーズ・S.ロビンズ編, 川崎良孝, 嶋崎さや香, 福井佑介訳 京都 京都図書館情報学研究会 2014.10 351p 22cm 〈発売：日本図書館協会〉 6000円 ①978-4-8204-1407-0 〔07589〕

ポリアコフ, レオン Poliakov, Léon

◇アーリア神話―ヨーロッパにおける人種主義と民族主義の源泉（LE MYTHE ARYEN） レオン・ポリアコフ著, アーリア主義研究会訳 新装版 法政大学出版局 2014.12 512, 11p 20cm （叢書・ウニベルシタス 158） 〈索引あり〉 4800円 ①978-4-588-09997-7

内容 第1部 古い起源神話（スペイン―ゴート神話 フランス―二つの人種の争い イギリス―セムの血統とノルマンのくびき イタリア―アエネアスの子孫 ドイツ―言語と人種 ロシア―ユーラシアの人種のるつぼ） 第2部 アーリアの起源神話（プレリュード 啓蒙時代の人類学 新しいアダムを求めて ゴビノーとその同時代人 アーリアの時代） 〔07590〕

ポーリウ＝フライ, J.P. Pawliw-Fry, J.P.

◇プレッシャーなんてこわくない―誰でも本番で勝てるメンタル強化術（PERFORMING UNDER PRESSURE） ヘンドリー・ウェイジンガー,J.P.ポーリウ＝フライ著, 高橋早苗訳 早川書房 2015.11 325p 19cm 〈文献あり〉 1800円 ①978-4-15-209581-7

内容 1 プレッシャーのしくみを知ろう（プレッシャーの威力 ストレスとプレッシャーのちがい プレッシャーの正体 チョーキングとは何か プレッシャーは思考にどう影響するか プレッシャーの罠にかからないためには 「第三の変数」を見逃すな） 2 今すぐプレッシャーを解消しよう（二二のプレッシャー解消法） 3 プレッシャーに強くなる鎧をつけよう（COTEの鎧を構築する 自信 楽観性 ねばり強さ 熱意） 付録（プレッシャーに対処できる人が持つ一〇の要素 ウェイジンガー・プレッシャー評価リスト（WPAI）） 〔07591〕

ポリオ, トレベリウス

◇ローマ皇帝群像 4（Scriptores Historiae Augustae.5.Auf-lage） アエリウス・スパルティアヌス他〔著〕, 井上文則訳・解題 京都 京都大学学術出版会 2014.9 323, 53p 20cm+ （西洋古典叢書 L025 内山勝利, 大戸千之, 中務哲郎, 南川高志, 中畑正志, 高橋宏幸編集委員） 〈付属資料：8p：月報 109 布装 年表あり 索引あり〉 3700円 ①978-4-87698-486-2

内容 神君クラウディウスの生涯（トレベリウス・ポリオ著） 〔07592〕

ボリス, エレン・マリー

◇聖マリ・ウージェニーの生涯―聖母被昇天修道会創立者 エレン・マリー・ボリス著, 前島由起子, 小川信訳, 野村栄子監修 箕面 聖母被昇天修道会 2016.4 189p 21cm 非売品 〔07593〕

ボリス, カラエフ Karaev, Boris

◇東から吹く風―カラエフ・ボリスの自叙伝 カラエフ・ボリス〔著〕 〔出版地不明〕 〔副島浩〕 〔2016〕 90p 26cm 〔07594〕

ホ

ホーリッジ, ポール　Horwich, Paul
◇真理（TRUTH 原著第2版の翻訳）　ポール・ホーリッジ著, 入江幸男, 原田淳平訳　勁草書房　2016.5　188p　22cm　〈文献あり 索引あり〉　3500円　①978-4-326-10251-8
内容 第1章 ミニマルな理論　第2章 適切な定式化　第3章 真理概念の説明的役割　第4章 方法論と科学的実在論　第5章 意味と論理　第6章 命題と発話　第7章「対応」の直観　結論　追記　〔07595〕

ホリデイ, ライアン　Holiday, Ryan
◇苦境（ピンチ）を好機（チャンス）にかえる法則（THE OBSTACLE IS THE WAY）　ライアン・ホリデイ著, 金井啓太訳　パンローリング　2016.10　281p　19cm　（フェニックスシリーズ 39）〈文献あり〉1500円　①978-4-7759-4158-4
内容 1 ものの見方（第一の鍛錬―ものの見方　自分の力を認識する　腹を据える ほか）　2 行動（第二の鍛錬―行動　動き続ける　粘り強く取り組む ほか）　3 意志（第三の鍛錬―意志　心の中に砦を築く　前もって考えておく（最悪の事態に備える）ほか）〔07596〕

ホ

ホリフィールド, ジェームズ・F.
◇人の国際移動とEU―地域統合は「国境」をどのように変えるのか？　岡部みどり編　京都　法律文化社　2016.4　190p　21cm　2500円　①978-4-589-03773-2
内容 人の移動, グローバリゼーション, 国家（ジェームズ・F.ホリフィールド著, 佐藤俊輔訳）　〔07597〕

ボリロン, クロード　Vorilhon, Claude
◇ハーモニー・メディテーション―五感の覚醒から脳内の覚醒へ（La Méditation Sensuelle（重訳））　ラエル著, 日本ラエリアン・ムーブメント日訳監修　多古町（千葉県）　無限堂　2016.6　101p　21cm　〈文献あり 著作目録あり〉1250円　①978-4-900480-38-4　〔07598〕

ホール, アリソン
◇ワーク・ディスカッション―心理療法の届かぬ過酷な現場で生き残る方法とその実践（WORK DISCUSSION）　マーガレット・ラスティン, ジョナサン・ブラッドリー編, 鈴木誠, 鵜飼奈津子監訳　岩崎学術出版社　2015.5　215p　21cm〈文献あり 索引あり〉3700円　①978-4-7533-1090-6
内容 小児癌治療におけるトラウマとコンテインメント（アリソン・ホール著, 平田朋美訳）　〔07599〕

ボール, エリック　Ball, Eric R.
◇アントレプレナーの経営学　1　戦略・起業・イノベーション（Unlocking the Ivory Tower）　エリック・ボール, ジョセフ・リピューマ著, 国領二郎監訳, 宮地恵美, 樺沢哲編訳　松田一敬, 氏家佐江子, 樺沢哲訳　慶応義塾大学出版会　2016.3　273p　21cm　〈索引あり〉3600円　①978-4-7664-2291-7
内容 第1章 戦略（マイケル・ポーター『競争の戦略』新制度派経済学のアプローチ　企業の資源ベース論 ほか）　第2章 起業論（起業と起業研究の必要性　機会と機会認識　起業的参入と組織的出現 ほか）　第3章 イノベーション（技術と戦略に関する問題　技術イノベーション、技術の軌跡、および業界のライフサイクルに関するパターン　技術競争 ほか）〔07600〕

◇アントレプレナーの経営学　2　リーダーシップ・組織・新トピックス（Unlocking the Ivory Tower）　エリック・ボール, ジョセフ・リピューマ著, 国領二郎監訳, 宮地恵美, 樺沢哲編訳　平田麻莉, 高多利永子, 藤村にしん訳　慶応義塾大学出版会　2016.3　205p　21cm　〈索引あり〉3200円　①978-4-7664-2292-4
内容 第1章 リーダーシップ（古典的リーダーシップ論　リーダーが実際に行っていること　リーダーシップと組織文化　建設的リーダーシップと破壊的リーダーシップ　リーダーシップ研究の成果）　第2章 組織とプロセス（組織文化　構造と状況の影響　組織学習　組織の方向に即したインセンティブ　モチベーション　パワー　ITと生産性）　第3章 経営学の新しいトピックス（非営利組織の経営（とビジネス）　意思決定　マーケティング　複雑系）　〔07601〕

◇アントレプレナーの経営学　3　国際ビジネス・ファイナンス（Unlocking the Ivory Tower）　エリック・ボール, ジョセフ・リピューマ著, 国領二郎監訳, 宮地恵美, 樺沢哲編訳　浦木史子, 今村新, 谷川寿郎, 山原聖子訳　慶応義塾大学出版会　2016.3　188p　21cm　〈索引あり〉3200円　①978-4-7664-2293-1
内容 第1章 国際ビジネス（多国籍企業（MNE）の理論　国際化の優位性とアプローチ　国際政治経済学　多国籍経営　文化）　第2章 ファイナンス（資本構成　資本資産価格（キャピタル・アセット・プライシング）　市場の効率性　エージェンシー理論　不完全情報　経営指標　行動ファイナンス）　〔07602〕

ポール, クレマン　Paurd, Clément
◇したがう？　したがわない？　どうやって判断するの？（Chouette penser！　：Obéir？　se révolter？）　ヴァレリー・ジェラール文, クレマン・ポール絵, 伏見操訳　岩崎書店　2016.4　80p　20cm　（10代の哲学さんぽ 6）〈文献あり〉1300円　①978-4-265-07912-4
内容 親にはしたがわなくてはならないの？　暴君が生まれるのは、もしかして服従する人たちがいるから…？　なぜしたがうの？　どこまでしたがうの？　人々が立ち上がるとき　〔07603〕

ボール, ジェイムズ　Ball, James
◇インフォグラフィックで見る138億年の歴史―宇宙の始まりから現代世界まで（THE INFOGRAPHIC HISTORY OF THE WORLD）　ヴァレンチナ・デフィリッポ, ジェイムズ・ボール著, 北川玲訳　大阪　創元社　2014.6　217p　26cm　〈文献あり〉2700円　①978-4-422-20270-9
内容 1 すべての始まり（すべての始まり　ビッグバンから生まれた隣人 ほか）　2 文明化へ（みな親戚　人の構成元素 ほか）　3 国家の建設（かつては征服者だった　我々に残したもの ほか）　4 モダン・ワールド（人口ピラミッド　死因 ほか）　〔07604〕

ホール, ジュディ　Hall, Judy
◇パワーストーンの小さな事典―心と身体の健康をかなえる17の石のお話（THE LITTLE BOOK OF CRYSTALS）　ジュディ・ホール著, Lurrie

Yu訳　プレジデント社　2016.7　97p　17cm　1000円　①978-4-8334-2183-6
内容 パワーストーンの活かし方(パワーストーンの選び方　パワーストーンの浄化　パワーストーンに願いを込める　パワーストーンを活用する　クリスタル・エッセンス)　代表的なパワーストーン(シュンガイト：癒しの石　ブラッドストーン：身体によい石　オーラライト23：心に効く石　アナンダライト(オーロラクォーツ)：スピリチュアルな石　ジェイド：健康と幸福の石 ほか)　〔07605〕

ホール, ダグラス・ティム　Hall, Douglas T.
◇プロティアン・キャリア－－生涯を通じて生き続けるキャリア―キャリアへの関係性アプローチ(The career is dead－－long live the career)　ダグラス・ティム・ホール著, 尾川丈一, 梶原誠, 藤井博, 宮内正臣監訳　みよし　プロセス・コンサルテーション　2015.12　373p　21cm　〈文献あり　発売：亀田ブックサービス(新潟)〉 5000円　①978-4-906364-64-0　〔07606〕

ホール, デイヴィッド
◇日米における政教分離と「良心の自由」　和田守編著　京都　ミネルヴァ書房　2014.3　304, 9p　22cm　(MINERVA人文・社会科学叢書 196)　〈索引あり〉 6000円　①978-4-623-07049-7
内容 神話と現実(デイヴィッド・ホール著, 大西直樹訳)　〔07607〕

ホール, バージル　Hall, Basil
◇ヨハネス・ア・ラスコ―1499-1560 イングランド宗教改革のポーランド人(John à Lasco 1499-1560)　バージル・ホール著, 堀江洋文訳　札幌　一麦出版社　2016.4　107p　19cm　〈文献あり〉　2200円　①978-4-86325-095-6　〔07608〕

ホール, ベンジャミン　Hall, Benjamin
◇なぜISISは平気で人を殺せるのか―“アメリカの無策”と“サウジ・イラン代理戦争”の代償(INSIDE ISIS)　ベンジャミン・ホール著, 夏野翠訳　ビジネス社　2015.6　270p　19cm　〈別タイトル：なぜイスラム国は平気で人を殺せるのか　年表あり〉 1700円　①978-4-8284-1820-9
内容 ISISの帰郷　カリフ　シリアの崩壊　自壊するイラク　ねじ曲げられた主義　優れた軍事能力―最強の武器は恐怖である　誘拐、そして殺害　アラン・ヘニングとデイヴィッド・ヘインズ　アブドゥル・ラーマン・ピーター・カッシグ　スティーヴン・ソトゥロフ〔ほか〕　〔07609〕

ポール, マリオン　Paull, Marion
◇マイ・ヴィンテージ・ハロウィン―由来やお祝いのしかたを知っておしゃれにかわいく楽しみたい(Creating your Vintage HALLOWE'EN)　マリオン・ポール著, 〔蒲池由佳〕〔ほか〕〔訳〕　グラフィック社　2015.8　143p　20cm　1600円　①978-4-7661-2800-0
内容 1章 ハロウィンの歴史　2章 アメリカのハロウィンの祝い方　3章 ハロウィンのシンボル　4章 迷信と占い　5章 コレクション　〔07610〕

ポール, マリリン　Paul, Marilyn
◇だから片づかない。なのに時間がない。―「だらしない自分」を変える7つのステップ(It's Hard to Make a Difference When You Can't Find Your Keys)　マリリン・ポール著, 堀千恵子訳　新装版　ダイヤモンド社　2015.5　286p　19cm　1500円　①978-4-478-06580-8
内容 第1部 土台をつくろう(自分を変える「7つのステップ」。　自分を説得しなければ、整理整頓は始まらない。　「どんな自分になりたいか」。具体的に描くほど実現は近づく。　だらしなさには、理由がある。　隠そうとするから解決しない。助けを呼ぶ勇気を持て。)　第2部 知恵を使おう(「整理、やる気、行動」のリズムを楽しむ。　ガラクタがあふれているのは、物に所有されている証拠。　「あわててやる」より「すばやくやる」。　約束を守ることが、信頼関係の整理術　集中力が加われば、「だらしなさ」は才能になる。　快適は、日常生活の中にある。)　第3部 成果を楽しもう(目標が決まれば、すぐに行動したくなる。　変化とは、見慣れた世界と決別すること。　一人ひとりの整理感覚は違っても、「わが家」はひとつ。　一生懸命だけでは、仕事は片づかない。)　〔07611〕

ホール, マンリー・P.　Hall, Manly Palmer
◇古代の密儀(AN ENCYCLOPEDIC OUTLINE OF Masonic, Aermetic, Qabbalistic and Rosicrucian Symbolical Philosophy ： Being an Interpretation of the Secret Teachings concealed within The Rituals, Allegories and Mysteries of all Ages)　マンリー・P.ホール著, 大沼忠弘, 山田耕士, 吉村正和訳　新版　京都　人文書院　2014.9　320p　21cm　(象徴哲学大系 1)　4000円　①978-4-409-03079-0
内容 古代密儀と秘密結社―近代フリーメーソンの象徴体系に及ぼした影響　アトランティスと古代の神々　トート・ヘルメス・トリスメギストスの生涯と作品　ピラミッドの密儀参入　イシス、世界の乙女　太陽、普遍的な神　ゾディアックと十二宮　イシスのベンバイン表　古代の七不思議　〔07612〕
◇秘密の博物誌(THE SECRET TEACHINGS OF ALL AGES ： AN ENCYCLOPEDIC OUTLINE OF Masonic, Hermetic, Qabbalistic and Rosicrucian Symbolical Philosophy Being an Interpretation of the Secret Teachings concealed within The Rituals, Allegories and Mysteries of all Ages)　マンリー・P.ホール著, 大沼忠弘, 山田耕士, 吉村正和訳　新版　京都　人文書院　2014.11　282p　21cm　(象徴哲学大系 2)　4000円　①978-4-409-03083-7
内容 ピュタゴラスの生涯と哲学　ピュタゴラスの数学　象徴体系における人間の肉体　ヒラム伝説　ピュタゴラスの音楽論と色彩論　魚・虫・獣・爬虫類・鳥　花・植物・果実・木　石・金属・宝石　典礼魔法と妖術　四大元素とその住民　ヘルメスの薬学・化学・治療学　〔07613〕
◇象徴哲学大系　3　カバラと薔薇十字団(THE SECRET TEACHINGS OF ALL AGES)　マンリー・P.ホール著, 大沼忠弘, 山田耕士, 吉村正和訳　新版　京都　人文書院　2015.1　298p 図版8枚　22cm　4000円　①978-4-409-03085-1
内容 カバラ、イスラエルの秘密教義　カバラ的宇宙創成論の根本原理　セフィロトの木　人類創造のカバ

ラ的解釈　タロット・カードの分析　荒野の幕屋　薔薇十字団　薔薇十字団の教義と信条　薔薇十字団とカバラの十五の図像　ベーコンとシェイクスピアと薔薇十字団員　象徴哲学の一要素としての暗号　フリーメーソンの象徴体系　密儀と密使　〔07614〕

◇象徴哲学大系　4　錬金術（THE SECRET TEACHINGS OF ALL AGES）　マンリー・P.ホール著, 大沼忠弘, 山田耕士, 吉村正和訳　新版　京都　人文書院　2015.2　326p 図版18枚　22cm 〈文献あり 索引あり〉4000円　①978-4-409-03086-8

内容 錬金術とその代表的人物　錬金術の理論と実践　化学の結婚　神秘的キリスト教　十字架と磔―異教とキリスト教の神秘体系において　黙示録の神秘　イスラームの信仰　アメリカ・インディアンの象徴体系　〔07615〕

ホ

ポール, ランド　Paul, Rand

◇国家を喰らう官僚たち―アメリカを乗っ取る新支配階級（GOVERNMENT BULLIES）　ランド・ポール〔著〕, 浅川芳裕訳　新潮社　2015.9　238p　20cm　1800円　①978-4-10-506941-4

内容 第1部「安全」の押し売り―FDA（食品医薬品局）とUSDA（農務省）（地獄への道は、善意で舗装されている　禁ミルク法　いじめに加担する州政府と地方政府　"ウサギ狩り"　官僚機構の暴走を止めるには）　第2部「国民いじめ」のライセンス―天下の悪法・レイシー法（商売に口を出すな　ギブソンギターが奏でる泣きのメロディー　一網打尽にされたロブスター漁師たち　潰された「キャビアドリーム」　官僚機構の暴走を止めるには）　第3部 強奪された「財産権」―EPA（環境保護庁）の暴走（政府は「湿地」マフィア　官僚主義がまかり通る自由の国　ある夫婦が味わった、アメリカの悪夢　連邦政府に怯えて暮らす日々　アメリカの英雄　無辜の民の物語　官僚機構の暴走を止めるには）　〔07616〕

ボル, D.*　Bol, Damien

◇質的比較分析（QCA）と関連手法入門（CONFIGURATIONAL COMPARATIVE METHODS : Qualitative Comparative Analysis（QCA）and Related Techniques）　ブノワ・リウー, チャールズ・C.レイガン編著, 石田淳, 斎藤圭介監訳　京都　晃洋書房　2016.10　242p　21cm　3000円　①978-4-7710-2779-4

内容 第1章 アプローチとしての質的比較分析（QCA）　第2章 比較研究デザイン―事例と変数の選定　第3章 クリスプ・セットQCA（csQCA）　第4章 マルチ・バリューQCA（mvQCA）　第5章 ファジィ・セットQCA（fsQCA）　第6章 QCAの適用例についてのレビュー　第7章 QCAへの批判に取り組む　第8章 おわりに―配置構成的比較法（CCM）の今後の展開　〔07617〕

ホルクハイマー, マックス　Horkheimer, Max

◇ティリッヒとフランクフルト学派―亡命・神学・政治　深井智朗監修, フリードリヒ・ヴィルヘルム・グラーフ, アルフ・クリストファーセン, エルトマン・シュトルム, 竹渕香織編　法政大学出版局　2014.2　293, 33p　19cm　（叢書・ウニベルシタス）　3500円　①978-4-588-01005-7

内容 パウル・ティリッヒの思い出（マックス・ホルクハイマー, テオドール・W.アドルノ, エドゥアルト・ハイマン, エルンスト・ブロッホ述, ヴォルフ＝ディーター・マルシュ司会, ゲルハルト・ライン編集, 小柳敦史訳）　〔07618〕

◇初期哲学論集（Gesammelte Schriften.Band 11の抄訳）　マックス・ホルクハイマー著, 青柳雅文訳　こぶし書房　2014.8　316, 12p　20cm 〈索引あり〉3600円　①978-4-87559-290-7

内容 認識の基礎としての直接的所与―カントの機械論的認識論の批判のために　言語と思考との関係、哲学的分析と心理学的分析との関連　フッサールによる本質直観の認識論的基礎づけ―教授資格論文試験講義　カントとヘーゲル　現代認識論の諸問題　現象学的価値哲学とカントの実践哲学―現在の調和あるいは未来の形成としての倫理学　レーニン著『唯物論と経験批判論』　カント哲学に関して―講義のための序論　哲学日記　〔07619〕

ポールグローナー

◇天台学探尋―日本の文化・思想の核心を探る　大久保良峻編著　京都　法蔵館　2014.3　319, 10p　21cm 〈文献あり 索引あり〉3600円　①978-4-8318-7386-6

内容 日本天台における戒観（ポールグローナー著, 真野新也訳）　〔07620〕

ポルケ, クリスティアン　Polke, Christian

◇キリスト教神学の主要著作―オリゲネスからモルトマンまで（Hauptwerke der Systematischen Theologie）　R.A.クライン,C.ポルケ,M.ヴェンテ編, 佐々木勝彦, 佐々木悠, 浜崎雅孝訳　教文館　2013.12　424, 18p　22cm 〈索引あり〉4000円　①978-4-7642-7375-7

内容 何のための著作史か 他（レベッカ・A.クライン, クリスティアン・ポルケ, マルティン・ヴェンテ著, 佐々木勝彦訳）　〔07621〕

ボルジギン・ブレンサイン　Borjigin Burensain

◇内モンゴルを知るための60章　ボルジギン・ブレンサイン編著, 赤坂恒明編集協力　明石書店　2015.7　424p　19cm　（エリア・スタディーズ）　2000円　①978-4-7503-4223-8

内容 1 内モンゴルとは何か？　2 現代内モンゴルの諸相　3 現代内モンゴルの生活風景　4 内モンゴルと中国　5 内モンゴルと近代日本　6 中国領モンゴル人の世界　7 内モンゴルとモンゴル国　8 内モンゴルにおける多民族世界　9 戦後の内モンゴル　〔07622〕

ポルスキ, ダニエル・アダン・シエベソ

◇地球時代の「ソフトパワー」―内発力と平和のための知恵　浅香幸枝編　大津　行路社　2012.3　362p　22cm　（南山大学地域研究センター共同研究シリーズ 4）〈文献あり〉2800円　①978-4-87534-440-7

内容 ソフトパワー的要素による国際的プレゼンスの向上（ダニエル・アダン・シエベソ・ポルスキ著, アルベルト松本訳）　〔07623〕

ホルストケッター, ルドガー

◇修道院文化史事典（KULTURGESCHICHTE DER CHRISTLICHEN ORDEN IN EINZELDARSTELLUNGEN）　P.ディンツェルバッハー,J.L.ホッグ編, 朝倉文市監訳　普及版　八坂書房　2014.10　541p　20cm 〈文献あり 索

引あり〉3900円 ①978-4-89694-181-4
内容 プレモントレ会(ルドガー・ホルストケッター著, 富田裕, 朝倉文市訳)〔07624〕

ホルストマン, ベルンハルト Horstmann, Bernhard
◇野戦病院でヒトラーに何があったのか―闇の二十八日間、催眠治療とその結果 (HITLER IN PASEWALK) ベルンハルト・ホルストマン著, 瀬野文教訳 草思社 2016.6 325p 20cm 2500円 ①978-4-7942-2210-7
内容 伝説の誕生 アメリカからの秘密報告によって明るみに出た新事実 ヒトラーを失明から救った精神科医エドムント・フォルスター 一九一八年十月十四日、ヒトラー、トラウマにより失明 パーゼヴァルク野戦病院におけるヒトラー 毒ガスによる失明は仮病だったのか ヒステリー症状、失明、催眠 フォルスターの手記をもとに書かれたエルンスト・ヴァイスの小説『目撃者』より 『目撃者』を解釈する 精神療法医ハイディ・バイティンガーによるヒトラーの心理鑑定 催眠療法の後遺症 ヒトラーが見た"幻覚"とは フォルスターの患者が首相になった フォルスター暗殺命令 消された将軍たち フォルスターの弟、定年をまえに解雇される その後のパーセヴァルク フォルスター手記の足取り〔07625〕

ポルスビー, N.W.
◇議会政治 加藤秀治郎, 水戸克典編 第3版 日の出町(東京都) 慈学社出版 2015.9 210p 19cm 〈発売：大学図書〉2300円 ①978-4-903425-94-8
内容 立法府(N.W.ポルスビー著, 加藤秀治郎, 和田修一訳)〔07626〕

ボルダック, マイケル Bolduc, Michael
◇達成の科学―確実にゴールへ導くステップ・バイ・ステップの招待状 マイケル・ボルダック著, 吉田裕澄訳, 高野内謙伍監訳 フォレスト出版 2015.1 252p 19cm 〈他言語標題：The Science of Achievement〉1600円 ①978-4-89451-650-2
内容 Prologue「達成の科学」とは何か 1「できない」のは痛みと快楽を理解していないから 2 最高のモチベーションの生み出し方 3 無意識の障害「リミティング・ビリーフ」を壊す 4 生き方に急激な変化を起こす行動 5 夢を現実化させるプランニングの技術 6 自動的に行動を生み出す7つの規律 7 どんな障害にも打ち勝つ〔07627〕

◇行動の科学―先送りする自分をすぐやる自分に変える最強メソッド マイケル・ボルダック著, 吉田裕澄訳, 高野内謙伍監訳 フォレスト出版 2015.12 220p 19cm 〈他言語標題：The Science of Action〉1500円 ①978-4-89451-695-3
内容 プロローグ 最速で行動し、最短でゴールに向かう方法 第1章「先送り」はあなたを殺す 第2章 今すぐあなたを動かす「痛みと快楽の法則」 第3章 私たちを足踏みさせる思い込みを壊せ 第4章 私たちは一瞬で行動的な人間に変化する 第5章 すぐやるためゴールのつくり方〔07628〕

ホルツマン, ジョン
◇アフリカ潜在力 第1巻 紛争をおさめる文化―不完全性とブリコラージュの実践 太田至シリーズ総編 松田素二, 平野(野元)美佐編 京都 京都大学学術出版会 2016.3 374p 22cm 〈他言語標題：African Potentials 索引あり〉3900円 ①978-4-8140-0005-0
内容 悪い友人と良い敵(ジョン・ホルツマン著, 楠和樹訳)〔07629〕

ホルツマン, ロイス Holzman, Lois
◇遊ぶヴィゴツキー―生成の心理学へ (VYGOTSKY AT WORK AND PLAY) ロイス・ホルツマン著, 茂呂雄二訳 新曜社 2014.9 182, 36p 19cm 〈文献あり 索引あり〉2200円 ①978-4-7885-1408-9
内容 第1章 方法とマルクス 第2章 ヴィゴツキーとセラピー―情動発達の領域を作り出す 第3章 教室で―パフォーマンスの学習、学習のためのパフォーマンス 第4章 学校の外で―創造的模倣と他者の受け入れ 第5章 仕事場で―自分を見つめる 第6章 変化する関係性〔07630〕

ポルテス, アレハンドロ Portes, Alejandro
◇現代アメリカ移民第二世代の研究―移民排斥と同化主義に代わる「第三の道」(LEGACIES) アレハンドロ・ポルテス, ルベン・ルンバウト著, 村井忠政訳者代表 明石書店 2014.1 678p 20cm (世界人権問題叢書 86) 〈翻訳：房岡光子ほか 文献あり 索引あり〉8000円 ①978-4-7503-3954-2
内容 第1章 一二のストーリー 第2章 新来のアメリカ人―概観 第3章 誰もが選ばれているわけではない―分節化された同化とその決定要因 第4章 アメリカで成功する 第5章 移民はアメリカでの生活にどのような展望をもっているか 第6章 ロスト・イン・トランスレーション―言語と新第二世代 第7章 状況を定義する―移民子弟のエスニック・アイデンティティ 第8章 内なるルツボ―第二世代の家族、学校、心理 第9章 学業の達成と失敗 第10章 結論―メインストリームのイデオロギーと移民コミュニティの長期展望〔07631〕

◇現代アメリカ移民第二世代の研究―移民排斥と同化主義に代わる「第三の道」(Legacies) アレハンドロ・ポルテス, ルベン・ルンバウト著, 村井忠政訳者代表 修正版 明石書店 2014.7(2刷) 679p 20cm (世界人権問題叢書 86) 〈翻訳：房岡光子ほか 文献あり〉8000円 ①978-4-7503-3954-2〔07632〕

ポルテッリ, アレッサンドロ Portelli, Alessandro
◇オーラルヒストリーとは何か (THE DEATH OF LUIGI TRASTULLI AND OTHER STORIES) アレッサンドロ・ポルテッリ著, 朴沙羅訳 水声社 2016.2 449p 22cm 7000円 ①978-4-8010-0148-0
内容 ルイージ・トラストゥッリの死 1 方法論をめぐって(調査 対等な関係を求める実験として オーラルヒストリーとは何か 「私の生きた時代」―オーラルヒストリーにおける時間の役割) 2 二つの産業文化(テルニ イタリア、ウンブリア州 ハーラン アメリカ、ケンタッキー州) 3 学際的方法(法が口述されるとき―「四月七日事件」 『アブサロム、アブサロム!』―オーラルヒストリーと文学)〔07633〕

ホールデン, ロバート　Holden, Robert

◇最高の人生を引き寄せるには自分を愛するだけでいい（Loveability）　ロバート・ホールデン著, 釘宮律子訳　大和書房　2016.1　335p　19cm　1500円　①978-4-479-77201-9

内容 第1部 愛は、あなたの運命です（「愛」は言葉で表せない　あなたの永遠の愛らしさ　私たち共通の目的　愛の地盤　あなたの愛を生きなさい）　第2部 愛が、本当のあなたです（自己愛についての独白　鏡のエクササイズ　幼少期からのメッセージ　あなたの愛の物語）　第3部 愛は、無条件です（これは愛か？　アイ・ラブ・ユー　あなたの愛を示しなさい）　第4部 愛は、恐れを知りません（鏡の原則　愛と恐れ　愛はあなたを傷つけない）　第5部 愛が、答えです（愛だけが現実です　愛を求める声　愛の存在）〔07634〕

ホルト, ジム　Holt, Jim

◇世界はなぜ「ある」のか？—「究極のなぜ？」を追う哲学の旅（WHY DOES THE WORLD EXIST？：An Existential Detective Story）　ジム・ホルト著, 寺町朋子訳　早川書房　2016.11　502p　15cm　（ハヤカワ・ノンフィクション文庫）　1040円　①978-4-15-050480-9

内容 謎との遭遇　哲学のあらまし　無の小史　偉大なる拒否者　有限か無限か？　帰納法を駆使するノース・オックスフォードの有神論者　多宇宙論の鬼才　究極のフリーランチ？　究極理論を待ちながら　プラトン主義の意見　「何かが存在することの倫理的な要件」　すべての魂からの決定的な言葉　ちょっとした軽妙な詩としての世界　自己：私は本当に存在するのか？　無への回帰〔07635〕

ボルドー, ミシェル

◇叢書『アナール1929-2010』—歴史の対象と方法 4　1969-1979（Anthologie des Annales 1929-2010）　E.ル＝ロワ＝ラデュリ,A.ビュルギエール監修, 浜名優美監訳　E.ル＝ロワ＝ラデュリ編, 池田祥英, 石川学, 井上桜子, 志村幸紀, 下村武, 寺本敬子, 中村督, 平沢勝行訳　藤原書店　2015.6　456p　22cm　8800円　①978-4-86578-030-7

内容 地理的血液学により慣習史に開かれた道（ミシェル・ボルドー著, 下村武訳）〔07636〕

ホルト, リサ・ロイヤル　Holt, Lyssa Royal

◇コンタクト—意識変容への扉 人類は、有史以前から続いてきた宇宙人との交流に気づく段階に来た！　リサ・ロイヤル・ホルト著, キース・プリースト共著, 鏡見沙椰訳　ヴォイス　2014.12　425p　19cm　〈他言語標題：Contact〉1900円　①978-4-89976-429-8

内容 第1部（コンタクトへの準備　コンタクト体験を探る　夢から醒める　ファーストコンタクトのメカニズム　共通の場 ほか）　第2部（コンタクワークは続く　基本知識　コンタクト計画　コンタクトの現実　コンタクトドリーム ほか）〔07637〕

◇黄金のしずく—私たち生命は、完璧な統合意識「黄金の湖」の一滴から始まった。チャネル情報で解きあかす「宇宙起源の人間性格と生命の秘密」。　リサ・ロイヤル・ホルト著, 鏡見沙椰訳, 喜多見竜一質問・編集　ヴォイス　2016.12　158p　19cm　〈付属資料：DVD1〉1800円　①978-4-89976-460-1

内容 第1部 銀河種族が持つ二極性の再統合をめざして（すべてのスタート地点は、「一なる意識」黄金の湖。そこからのしずくの一滴が人間。分離することで、さまざまな体験が生まれた。　戦士のような男っぽい性格の琴座人は、女性的な資質を採り入れることで、より進化していった。　スピリチュアルなのに、ハートよりも知性偏重だったベガ人は、もう一度感情にフォーカスして感情を癒して進化していった。　感情が諸悪の根源と勘違いしたゼータ・レティクル人は行き詰まり、人間との出会いから感情をふたたび取り込んでいくことで進化した。　愛と怖れを統合し、誠実さをもったエササニ人。しかし、自分たちにできることは、あなたたち人間にもできると思ってしまうところも。 ほか）　第2部 黄金の湖—それは私たちが巡り続ける「究極の意識」をもたらす世界（過去世は個人としてつながっていない。そして、湖の一滴としての私たちの魂が、両親の物理的DNAを選ぶ、という真実！　AIは、いつか「意識」を持つようになる。しかし、「魂」を持つことはない。　私たち人間は、すでに第4密度に入っている。そして、私たちの「意識」はすべての密度にあまねく存在する。　私たち個人は、体験が限定されるともいえるが、もともと湖の一部である私たちは、実は全並行現実を体験できる、ともいえる。そして、間違った分岐（体験）というのは、あり得ない。　時間、その認知しにくい隠された構造。時間には始まりも終わりもない。今という瞬間は、すべての時間とつながることができる。ほか）〔07638〕

ボールドウィン, ジョン　Baldwin, John Templeton

◇アメイジング・ラブ—あなたの人生に希望をもたらす想像を超えた愛の不思議発見の旅（Beyond imagination）　ジョン・ボールドウィン, ジェームズ・ギブソン, ジェリー・トーマス著, 島田穂波訳　立川　福音社　2014.4　175p　15cm　200円　①978-4-89222-446-1〔07639〕

ホルトグレーヴェ, ウルスラ

◇知識経済をジェンダー化する—労働組織・規制・福祉国家（GENDERING THE KNOWLEDGE ECONOMY）　S.ウォルビー,H.ゴットフリート,K.ゴットシャル, 大沢真理編著, 大沢真理編訳　京都　ミネルヴァ書房　2016.8　382p　22cm　（現代社会政策のフロンティア 10）〈索引あり〉　5500円　①978-4-623-07783-0

内容 組織におけるジェンダー化された柔軟性を再構築する（ウルスラ・ホルトグレーヴェ著）〔07640〕

ホルトン, ウィリアム

◇組織のストレスとコンサルテーション—対人援助サービスと職場の無意識（THE UNCONSCIOUS AT WORK）　アントン・オブホルツァー, ヴェガ・ザジェ・ロバーツ編, 武井麻子監訳, 榊恵子ほか訳　金剛出版　2014.3　311p　21cm　〈文献あり 索引あり〉4200円　①978-4-7724-1357-2

内容 組織生活における無意識の諸相—精神分析からの寄与（ウィリアム・ホルトン著, 鷹野朋実訳）〔07641〕

ボルトン, ウェンディ

◇組織のストレスとコンサルテーション—対人援助サービスと職場の無意識（THE UNCONSCIOUS AT WORK）　アントン・オブ

ホルツァー, ヴェガ・ザジェ・ロバーツ編, 武井麻子監訳, 榊恵子ほか訳　金剛出版　2014.3　311p　21cm　〈文献あり 索引あり〉4200円　①978-4-7724-1357-2
内容 助けを求める：スタッフサポートと感受性グループ再考（ウェンディ・ボルトン, ヴェガ・ザジェ・ロバーツ著, 今泉亜子訳）〔07642〕

ボールハチェット, ヘレン
◇近代日本のキリスト教と女子教育　キリスト教史学会編　教文館　2016.8　188, 2p　19cm　2400円　①978-4-7642-6118-1
内容 明治期のプロテスタント共同体における結婚と離婚（ヘレン・ボールハチェット著, 宇野知佐子訳）〔07643〕

ホールバック, エドワード・C., Jr.
◇信託制度のグローバルな展開―公益信託甘粕記念信託研究助成基金講演録　新井誠編訳　日本評論社　2014.10　634p　22cm　6800円　①978-4-535-52055-4
内容 米国における信託の利用状況と信託の利用目的 他（エドワード・C.ホールバック・ジュニア著, 新井誠訳）〔07644〕

ボルヒェルト, ヴォルフガンク　Borchert, Wolfgang
◇なぜ"平和主義"にこだわるのか（ENTRÜSTET EUCH！　―WARUM PAZIFISMUS FÜR UNS DAS GEBOT DER STUNDE BLEIBT）　マルゴット・ケースマン, コンスタンティン・ヴェッカー編, 木戸衛一訳　いのちのことば社　2016.12　261p　19cm　1500円　①978-4-264-03611-1
内容 そのときはただひとつ！（ヴォルフガンク・ボルヒェルト）〔07645〕

ボルフ, クリスティアン　Borch, Christian
◇ニクラス・ルーマン入門―社会システム理論とは何か（NIKLAS LUHMANN）　クリスティアン・ボルフ著, 庄司信訳　新泉社　2014.5　355p　20cm　〈文献あり 索引あり〉2500円　①978-4-7877-1406-0
内容 第1章 序論　第2章 社会システム　第3章 観察システム　第4章 近代社会の機能的分化　第5章 機能的分化の帰結　第6章 権力と政治　第7章 結論〔07646〕

ポールフリー, ジョン　Palfrey, John Gorham
◇ネット時代の図書館戦略（BIBLIO TECH）　ジョン・ポールフリー著, 雪野あき訳　原書房　2016.1　285p　20cm　3500円　①978-4-562-05284-4
内容 第1章 危機―最悪の事態　第2章 顧客―図書館利用法　第3章 空間―バーチャルとフィジカルの結合　第4章 プラットフォーム―図書館がクラウドを用いる意味とは　第5章 図書館のハッキング―未来をどう構築するか　第6章 ネットワーク―司書の人的ネットワーク　第7章 保存―文化保全のため競争せず連携を　第8章 教育―図書館でつながる学習者たち　第9章 法律―著作権とプライバシーが重要である理由　第10章 結論―危機に瀕しているもの〔07647〕

ボルヘス, ギリェルメ　Borges, Guilherme
◇世界自殺統計―研究・臨床・施策の国際比較（Suicide）　マシュー・K.ノック, ギリェルメ・ボルヘス, 大野裕編, 坂本律訳　明石書店　2015.7　436p　27cm　〈索引あり〉16000円　①978-4-7503-4208-5
内容 第1部 概要（自殺行動の国際的観点　自殺および自殺行動の疫学 ほか）　第2部 自殺行動の発生率および経過（自殺行動の発生率、発現、移行　自殺行動の経時的な持続性）　第3部 自殺行動に対する生涯の危険因子（自殺行動に対する社会人口属性危険因子：WHO世界精神保健調査の結果　親の精神病理と自殺行動のリスク ほか）　第4部 12か月の危険因子および治療（WHO世界精神保健調査における12か月間自殺行動の高リスク集団の特定　自殺傾向のある人に対する世界各地の治療）　第5部 総括および今後の方向性（世界精神保健調査の自殺行動に関する知見に基づく研究上、臨床上、施策上の指針　総括および今後の方向性）〔07648〕

ボルヘス, ホルヘ・ルイス　Borges, Jorge Luis
◇幻獣辞典（EL LIBRO DE LOS SERES IMAGINARIOS（重訳））　ホルヘ・ルイス・ボルヘス著, 柳瀬尚紀訳　河出書房新社　2015.5　329p　15cm　（河出文庫 ホ5-1）〈晶文社 1974年刊の再刊　索引あり〉1100円　①978-4-309-46408-4
内容 足萎えのウーフニック　ア・バオ・ア・クゥー　アブトゥーとアネット　ある雑種　安南の虎　イクテュオケンタウロス　一角獣　ヴァルキューレ　ウロボロス　エルフ〔ほか〕〔07649〕

ポールマン, ペートラ　Pohlmann, Petra
◇ドイツ・ヨーロッパ保険法・競争法の新展開―ポールマン教授講演集　ペートラ・ポールマン著, 山内惟介編訳　八王子　中央大学出版部　2016.8　140, 14p　21cm　（日本比較法研究所翻訳叢書 74）〈他言語標題：Neuere Entwicklungen im deutschen und europäischen Versicherungs-und Wettbewerbsrecht　著作目録あり 索引あり〉2100円　①978-4-8057-0375-5
内容 保険会社役員に対する保険事業者監督法上の規制　保険法分野における学理と実務の架橋者―ヘルムート・コロサー（一九三四年～二〇〇四年）の軌跡　ヨーロッパ連合の消費者保護法、競争法および保険監督法における事業者概念　民事訴訟における規範事実の経済学的解釈―カルテル法を素材として〔07650〕

ボルマン, ボブ　Volman, Bob
◇FX5分足スキャルピング―プライスアクションの基本と原則（Understanding Price Action）　ボブ・ボルマン著, 長尾慎太郎監修, 井田京子訳　パンローリング　2015.9　468p　22cm　（ウィザードブックシリーズ 228）　5800円　①978-4-7759-7195-6
内容 第1部 実践的な分析（トレードするとき、勉強するとき　プライスアクションの原則（理論　実践編）　注文と目標値と損切り　トレードのセットアップ　手動による手仕舞い　トレードから見送るときと、失敗ブレイクからのトレード）　第2部 評価と管理（連続した日中チャート　トレードサイズ―複利で増やす　ボラティリティが低いときのトレード　最後に）〔07651〕

ホ

ボルマン, ラルフ　Bollmann, Ralph

◇強い国家の作り方―欧州に君臨する女帝メルケルの世界戦略（DIE DEUTSCHE）　ラルフ・ボルマン著, 村瀬民子訳　ビジネス社　2014.10　255p　19cm　〈年譜あり 年表あり〉1800円　①978-4-8284-1770-7

内容 旧東ドイツ出身の、オペラ好きな女性物理学者　メルケルの決断は「ユーロ救済」　社会主義国から来たメルケルがなぜ「保守派」に　三・一一フクシマ原発事故後の素早い「脱原発」決断　「旧東ドイツ風リベラル」から「自由主義・資本主義」へ　メルケルは「二一世紀の戦争」にどう対応したか　ドイツの「国家理性」は今も「ナチス否定」　「福祉国家」のためにお金を稼ぐ資本主義　あざやかな「連立の魔術師」ドイツをEUの盟主に押し上げる　「危機の時代」に光るメルケルの統治力　〔07652〕

ボルマンス, レオ　Bormans, Leo

◇世界の学者が語る「幸福」（Geluk（重訳））　レオ・ボルマンス編, 猪口孝監訳, 藤井誠二, 李佳, 秋山知宏訳　西村書店東京出版編集部　2016.3　434p　19cm　2200円　①978-4-89013-725-1

内容 己の中の「他者」の発見―クリストファー・ピーターソン（アメリカ）　大志を抱け―クローディア・セニック（フランス）　失敗から学ぶ―ロバート・ビスワズ＝ディーナー（アメリカ）　パラドックス―スタブロス・ドラコプーロス（ギリシャ）　幸福について学ぼう―エルンスト・ゲーマッハー（オーストリア）　ウェーブ―ホセ・デ・ヘスス・ガルシア・ベガ（メキシコ）　中国における人間関係―インイ・ホン（中国）　ロシアのトンネル―エカテリナ・セレズネワ（ロシア）　サハラの教え―ハビブ・ティリュイヌ（アルジェリア）　誇りと謙遜―ミハエル・アイト（ドイツ）　〔07653〕

ホ

ホルム, モニカ　Holm, Monica

◇子どもの悲しみとトラウマ―津波被害後に行われたグループによる支援活動（BARN OCH UNGA I SORG OCH TRAUMA）　BRIS, モニカ・ホルム編, 谷沢英夫訳　新評論　2014.6　212p　19cm　2200円　①978-4-7948-0972-8

内容 第1部 悲しみ（トラウマグループ）（グループ・ミーティング　悲しみ　家族　周り（環境）　儀式　再会）　第2部 グループによる支援活動に参加したい理由（悲惨な体験をしたグループによる活動　グループによる支援活動のための準備　ティーンエージャー・グループでの指導方法　重要な最初のミーティング　テーマ活動におけるリーダーシップ　方法　保護者同席で終了（一緒に終了する））　第3部 悲しみつは一つの車輪（反応　年齢別の反応　トラウマ　ケアのプロセス（対応））　第4部 附録　〔07654〕

ホルン, クラウス＝ペーター

◇教員養成を哲学する―教育哲学に何ができるか　林泰成, 山名淳, 下司晶, 古屋恵太編著　東信堂　2014.9　332p　22cm　〈索引あり〉4200円　①978-4-7989-1247-9

内容 ドイツにおける教員養成と一般教育科学（クラウス＝ペーター・ホルン著, 藤岡綾子, 山名淳訳）　〔07655〕

ホレーベン, ヤン・フォン　Holleben, Jan von

◇みんなこうなるの？―おとなになるためのベストアンサー71のQ&A（KRIEGEN DAS EIGENTLICH ALLE？）　ヤン・フォン・ホレーベン写真, アンチェ・ヘルムス文, 北村邦夫監修, 畑沢裕子訳　講談社　2014.10　159p　18cm　〈文献あり〉1850円　①978-4-06-219093-0

内容 1 成長と変化（思春期ってだれにでもあるの？　いまが思春期って、なんでわかるの？　ほか）　2 女の子らしさ、男の子らしさ（どうすれば胸が大きくなるの？　乳房の中はどうなってるの？　ほか）　3 恋すること、愛すること（ラブレターの書き方は？　理想のカノジョはどうやって見つけるの？　ほか）　4 キスとセックス（どうやってキスするの？　キスしていいのは何歳から？　ほか）　5 妊娠と出産（どうして男の人は妊娠しないの？　赤ちゃんはなぜ10か月もおなかにいなくちゃいけないの？　ほか）　〔07656〕

ボーレン, ルードルフ　Bohren, Rudolf

◇神が美しくなられるために―神学的美学としての実践神学（Daß Gott schön werde）　R.ボーレン〔著〕, 加藤常昭訳　教文館　2015.12　398, 6p　22cm　〈索引あり〉4400円　①978-4-7642-7401-3

内容 第1章 導入のためのふたつのテーゼ（課題　関係する実践諸領域について）　第2章 聖霊論の地平における実践神学（この地平についての黙想　三位一体論の意味　神が小さくなられること　神律的相互関係　一人ひとりに、そしてすべての者に与えられる賜物としての霊）　第3章 神学的美学としての実践神学（神学的美学　知覚としての神学的美学　形成としての神学的美学　芸術としての教会―教会としての芸術？）　第4章 実践神学とその問題・実践―すなわちシュライアマハーと終わりなきことについて（聖職者と信徒の対立という緊張関係領域における神学　学と実践との間の緊張関係における実践神学　シュライアマハーの遺産―実践神学という未解決の問題）　第5章 芸術としての実践神学、そして学としての実践神学（芸術としての神学、学問としての神学、そして大学におけるその位置付け　他の神学的な諸科と争い、また交わりをする実践神学　諸学と争い、また交わる実践神学　実践の詩）　〔07657〕

ポーレン, J.＊　Pohlen, Jerome

◇アインシュタインと相対性理論―時間と空間の常識をくつがえした科学者 16の体験学習〈ためしてみよう！　〉と7つの〈思考実験〉アインシュタインのおどろきや発見を体験してみよう（Albert Einstein and Relativity for kids HIS LIFE AND IDEAS）　大森充香訳, Jerome Pohlen〔著〕　丸善出版　2014.5　15, 151p　19×26cm　（ジュニアサイエンス）〈文献あり 年譜あり 索引あり〉2800円　①978-4-621-08822-7

内容 1 好奇心旺盛で自立した子ども―1879～1901年　2 特許局と驚異の年―1901～1909年　3 特殊相対性理論―1905年　4 靴下をはかない教授―1909～1919年　5 一般相対性理論―1915年　6 名誉と悩み―1919～1933年　7 アメリカと爆弾―1933～1945年　8 平和と人権のために立ち上がる―1945～1955年　〔07658〕

ポーロ, マルコ　Polo, Marco

◇世界の記―「東方見聞録」対校訳（Le Divisament dou Monde）　マルコ・ポーロ, ルスティケッロ・ダ・ピーサ〔著〕, 高田英樹訳　名古屋　名古屋大学出版会　2013.12　796p　23cm　〈文献あり〉18000円　①978-4-8158-0756-6

内容 1 序章　2 往路　3 グラン・カンとカンバルク大都　4 カタイとマンジ　5 帰路　6 アジア　〔07659〕

ホロウィッツ, セス・S.　Horowitz, Seth S.

◇「音」と身体(からだ)のふしぎな関係（THE UNIVERSAL SENSE）　セス・S.ホロウィッツ著, 安部恵子訳　柏書房　2015.5　330p　20cm　〈文献あり 索引あり〉2500円　①978-4-7601-4555-3

内容 第1章 始まりは爆音　第2章 空間や場所―セントラルパークを歩く　第3章 ローエンドタイプの聴覚を持つ動物たち―魚類とカエル　第4章 高周波音を聞く仲間　第5章 下側に存在するもの―時間、注意、情動　第6章 誰か、「音楽」を定義してください（そして、その定義について音楽家と心理学者、作曲家、神経科学者、それからアイポッドを聴いている人の同意をもらってください…）　第7章 耳にこびりつく音―サウンドトラック、「スタジオ視聴者」の笑い声、頭から離れないCMソング　第8章 耳を通して脳をハックする　第9章 兵器と奇妙なもの　第10章 未来の音　第11章 あなたに聞こえるものがあなたなのだ　〔07660〕

ホロウィッツ, ベン　Horowitz, Ben

◇HARD THINGS―答えがない難問と困難にきみはどう立ち向かうか（THE HARD THING ABOUT HARD THINGS）　ベン・ホロウィッツ著, 滑川海彦, 高橋信夫訳　日経BP社　2015.4　389p　20cm　〈発売：日経BPマーケティング〉1800円　①978-4-8222-5085-0

内容 第1章 妻のフェリシア、パートナーのマーク・アンドリーセンと出会う　第2章 生き残ってやる　第3章 直感を信じる　第4章 物事がうまくいかなくなるとき　第5章 人、製品、利益を大切にする―この順番で　第6章 事業継続に必須な要素　第7章 やるべきことに全力で集中する　第8章 起業家のための第一法則―困難な問題を解決する法則はない　第9章 わが人生の始まりの終わり　〔07661〕

ホロウィッツ, M.C.*　Horowitz, Maryanne Cline

◇スクリブナー思想史大事典（New dictionary of the history of ideas）　Maryanne Cline Horowitz〔編〕, スクリブナー思想史大事典翻訳編集委員会訳　丸善出版　2016.1　10冊　27cm　全300000円　①978-4-621-08961-3

内容 第1巻. あいこ - いどう　第2巻. いめじ - ぎれい　第3巻. きんし - こつそ　第4巻. こてん - しゆう　第5巻. しゆか - せいよ　第6巻. せかい - てつが　第7巻. てろり - びとし　第8巻. ひはん - ぽすと　第9巻. ぽせい - ろんり　第10巻. 人名索引・事項索引　〔07662〕

ホロウェル, ジェイソン

◇共感覚から見えるもの―アートと科学を彩る五感の世界　北村紗衣編　勉誠出版　2016.3　414, 4p　21cm　〈索引あり〉4200円　①978-4-585-21033-7

内容 共感覚と言語習得（ジェイソン・ホロウェル著, 北村紗衣訳）　〔07663〕

ホロパイネン, M.*　Holopainen, Mervi

◇フィンランド理科教科書　生物編（ELÄMÄ JA EVOLUUTIO/IHMINEN）　Mervi Holopainen ほか著, 鈴木誠監訳, 山川亜古訳　京都　化学同人　2014.2　254p　24cm　〈索引あり〉2500円　①978-4-7598-1560-3

内容 1章 生命の特徴　2章 生物の分類　3章 細胞　4章 運動　5章 代謝　6章 生体の調節機能　7章 感覚　8章 生体の防御　9章 生殖　10章 遺伝　11章 ヒトの一生　〔07664〕

ボロル

◇中国エスニック・マイノリティの家族―変容と文化継承をめぐって　新保敦子編　国際書院　2014.6　284p　21cm　（早稲田現代中国研究叢書 4）〈索引あり〉2800円　①978-4-87791-259-8

内容 青海省における土族の言語文字の保護と継承（ボロル著, 山口香苗訳, 新保敦子校閲）　〔07665〕

ホロンチ, アンナ

◇21世紀型学習のリーダーシップ―イノベーティブな学習環境をつくる（Leadership for 21st Century Learning）　OECD教育研究革新センター編著, 木下江美, 布川あゆみ監訳, 斎藤里美, 本田伊克, 大西公恵, 三浦綾希子, 藤浪海訳　明石書店　2016.9　308p　22cm　4500円　①978-4-7503-4410-2

内容 カタルーニャにおける学習づくりのリーダーシップの促進と今後に向けた展望（アンナ・ホロンチ, マリウス・マルティネス, ホアン・バディア著, 藤浪海訳）　〔07666〕

ボワイエ, ロベール　Boyer, Robert

◇転換期のアジア資本主義　植村博恭, 宇仁宏幸, 磯谷明徳, 山田鋭夫編　藤原書店　2014.4　496p　22cm　5500円　①978-4-89434-963-6

内容 中国経済の発展様式と国際システムの転換（ロベール・ボワイエ著, 藤田菜々子訳）　〔07667〕

◇作られた不平等―日本、中国、アメリカ、そしてヨーロッパ（La Fabrique des Inégalités）　ロベール・ボワイエ〔著〕, 山田鋭夫監修, 横田宏樹訳　藤原書店　2016.10　324p　20cm　〈文献あり〉3000円　①978-4-86578-087-1

内容 第1章 アメリカにおける経営者報酬の高騰―そのミクロ的およびマクロ的分析（はじめに　企業統治と株主価値―伝統的な見方は観察結果と一致しない ほか）　第2章 ピケティ『21世紀の資本』を読む（資本と不平等の関係についての要約―経済学者の信念との別離　長期歴史統計への讃歌 ほか）　第3章 不平等レジームの世界的多様性と相互依存性―中国、アメリカ、ヨーロッパ、そしてラテンアメリカ（はじめに―ラテンアメリカ地域における経済史的転換点　中国―現代の産業革命、そしてクズネッツ曲線再訪 ほか）　第4章 デンマーク型フレキシキュリティからの教訓―ヨーロッパ型福祉国家の動揺と模索（はじめに　歴史的比較的観点からみた国民的社会保護システム ほか）　第5章 日本型不平等レジームの変容と独自性（日本における二つの不平等時代―戦争による断絶 一九三八～四五年　賃金型不平等レジームのゆっくりとした漂流 ほか）　〔07668〕

ホワイト, エレン・G.　White, Ellen Gould Harmon

◇天つ家郷(ふるさと)（Heaven）　エレン・G.ホワイト著, 千先瑞枝訳　立川　福音社　2014.10　277p　21cm　1500円　①978-4-89222-451-5

ホ

〔07669〕

◇各時代の希望—イエス・キリストの生涯　上巻（The desire of ages）　エレン・G.ホワイト著, 左近允公訳　立川　福音社　2014.12　494p　15cm　1000円　①978-4-89222-453-9　〔07670〕

◇各時代の希望—イエス・キリストの生涯　中巻（The desire of ages）　エレン・G.ホワイト著, 左近允公訳　立川　福音社　2014.12　511p　15cm　1000円　①978-4-89222-454-6　〔07671〕

◇各時代の希望—イエス・キリストの生涯　下巻（The desire of ages）　エレン・G.ホワイト著, 左近允公訳　立川　福音社　2014.12　503p　15cm　1000円　①978-4-89222-455-3　〔07672〕

◇教会への証　第1巻 分冊1（Testimonies for the church）　エレン・G.ホワイト著, 山地明訳　立川　福音社　2015.4　223p　21cm　1500円　①978-4-89222-457-7　〔07673〕

◇教会への証　第1巻分冊2（Testimonies for the church）　エレン・G.ホワイト著, 山地明訳　立川　福音社　2016.11　253p　21cm　1500円　①978-4-89222-485-0　〔07674〕

ホ

ホワイト, ジェフ

◇プロ・トレーダー—マーケットで勝ち続ける16人の思考と技術（TRADERS AT WORK）　ティム・ブールキン, ニコラス・マンゴー著, 森山文那生訳　日経BP社　2016.5　284p　21cm　〈発売：日経BPマーケティング〉2200円　①978-4-8222-5063-8

内容 プライスとボリュームに注目し自分のチャンスを探す（ジェフ・ホワイト述）　〔07675〕

ホワイト, スーザン・ウィリアムス　White, Susan Williams

◇発達障害児のためのSST（SOCIAL SKILLS TRAINING FOR CHILDREN WITH ASPERGER SYNDROME AND HIGH-FUNCTIONING AUTISM）　スーザン・ウィリアムス・ホワイト著, 梅永雄二監訳, 黒田美保, 諏訪利明, 深谷博子, 本田輝行訳　金剛出版　2016.8　216p　26cm　〈文献あり〉3200円　①978-4-7724-1500-2

内容 第1章 はじめに　第2章 臨床的評価とソーシャルスキルのアセスメント　第3章 介入の種類と、ASDに併せた改変の方法　第4章 SSTグループ　第5章 教室でのトレーニング　第6章 クリニックでのトレーニング　第7章 家庭でのSSTの促進　第8章 成人生活へ向けてのソーシャルスキルの改善　〔07676〕

ホワイト, デイヴィッド・A.　White, David A.

◇教えて！　哲学者たち—子どもとつくる哲学の教室　上（PHILOSOPHY for KIDS）　デイヴィッド・A.ホワイト著, 村瀬智之監訳, 上田勢子, 山岡希美訳　大月書店　2016.11　150p　22cm　〈索引あり〉2200円　①978-4-272-40618-0

内容 1 価値について（きみは公正で正しい人だろうか？　プラトン　ほんとうの友だちはだれか、どうやってわかる？　アリストテレス　いっしょうけんめい勉強すれば、評価される？　孔子　小さなことを気にするべきか？　マルクス・アウレリウス　寄付することは義務か？　マイモニデス　勉強よりも遊ぶことのほうが幸せか？　ジョン・スチュアート・ミル　ウソをついてもいいのか？　イマヌエル・カント　暴力をふるってよいときはある？　キング牧師　他人といると、いごこちが悪く感じる？　シモーヌ・ド・ボーヴォワール　人類が技術を支配しているのか、技術が人類を支配しているのか？　マルティン・ハイデガー）　2 知識について（ものが動くということが、どうしてわかるのか？　ゼノン　言ったことを真実にするものはなにか？　アリストテレス　自分の存在を疑うことはできる？　デカルト　だれもいない森の中で、木は音をたてて倒れるか？　ジョージ・バークリー　重力の法則は、ほんとうに法則なのか？　デイヴィッド・ヒューム　「知っている」ということは、どうしてわかる？　イマヌエル・カント　ほかの人に、きみの気持ちがわかるだろうか？　ルートヴィヒ・ウィトゲンシュタイン　自分にウソをつくことはできる？　ジャン＝ポール・サルトル　ものはありのままに見えているのか、それともそう見えると思うだけなのか？　バートランド・ラッセル　コンピュータは考えることはできるか？　ダニエル・デネット）　〔07677〕

◇教えて！　哲学者たち—子どもとつくる哲学の教室　下（PHILOSOPHY for KIDS）　デイヴィッド・A.ホワイト著, 村瀬智之監訳, 上田勢子, 山岡希美訳　大月書店　2016.12　144p　21cm　2200円　①978-4-272-40619-7

内容 3 実在について（「なんにもない」を考えることはできるか？　—パルメニデス　まったくの偶然はあるか？　—デモクリトス　数を使っていないとき、数はどこでなにをしている？　—プラトン　数と人は、同じように存在する？　—アリストテレス　時間とは、時計を見たときに見えるものか？　—聖アウグスティヌス ほか）　4 批判的思考（だれかに理解してもらうには、話したり書いたりすることがたいせつか？　ほかの人の意見をいつでも聞くべきか？　他人や他人の意見を批判すべきだろうか？　「なぜなら」は、なぜ重要なことばなのか？　ものごとの原因はかんたんに見つかるか？　ほか）　〔07678〕

ホワイト, ニコラス・J.

◇コロンボ・プラン—戦後アジア国際秩序の形成　渡辺昭一編著　法政大学出版局　2014.3　362p　22cm　〈他言語標題：The Colombo Plan and the International Order in Asia after World War 2　索引あり〉5800円　①978-4-588-37711-2

内容 時間と金の浪費？（ニコラス・J.ホワイト著, 都丸潤子訳）　〔07679〕

ホワイト, ヒュー　White, Hugh

◇アメリカが中国を選ぶ日—覇権国なきアジアの命運（The China Choice）　ヒュー・ホワイト著, 徳川家広訳　勁草書房　2014.11　271p　20cm　2300円　①978-4-326-35166-4

内容 第1章 困難な選択　第2章 アジアの覇権国、アメリカ　第3章 中国—その実力と野望　第4章 軍事バランス　第5章 アジアという舞台　第6章 アメリカが選ぶ道、アメリカが目指すもの　第7章 米中対立はどのような形をとるか　第8章 「アジア大国協調体制」へ向けて　第9章 中国にどう対処するか　第10章 アメリカ大統領の演説　〔07680〕

ホワイト, ヘイドン

◇歴史を射つ—言語論的転回・文化史・パブリック

ヒストリー・ナショナルヒストリー　岡本充弘, 鹿島徹, 長谷川貴彦, 渡辺賢一郎編　御茶の水書房　2015.9　429p　22cm　5500円　①978-4-275-02022-2

内容 歴史的な出来事（ヘイドン・ホワイト著, 松原俊文訳）〔07681〕

ホワイト, マイケル

◇ナラティヴ・セラピー―社会構成主義の実践（Therapy as social construction（抄訳））　シーラ・マクナミー, ケネス・J.ガーゲン編, 野口裕二, 野村直樹訳　三鷹　遠見書房　2014.12　177p　19cm　〈文献あり　金剛出版1997年刊の改訂〉 2400円　①978-4-904536-80-3

内容 書きかえ療法―人生というストーリーの再著述（デービッド・エプストン, マイケル・ホワイト）〔07682〕

◇会話・協働・ナラティヴ―アンデルセン・アンダーソン・ホワイトのワークショップ（Masters of Narrative and Collaborative Therapies）　タピオ・マリネン, スコット・J.クーパー, フランク・N.トーマス編, 小森康永, 奥野光, 矢原隆行訳　金剛出版　2015.9　301p　19cm　〈文献あり 索引あり〉 3200円　①978-4-7724-1445-6

内容 治療的会話の足場作り（マイケル・ホワイト述）〔07683〕

ホワイト, ロバート・W.　White, Robert Winthrop

◇モチベーション再考―コンピテンス概念の提唱（Motivation reconsidered）　ロバート・W.ホワイト著, 佐柳信男訳　新曜社　2015.10　93, 13p　20cm　〈文献あり 索引あり〉 1800円　①978-4-7885-1445-4

内容 1 動物心理学における動向　2 精神分析的自我心理学における動向　3 心理学全般において関連する動向　4 満足している子どもの遊びとコンピテンス　5 エフェクタンス　6 コンピテンスの生物学的意義　7 要旨〔07684〕

ホワイト, H.B., 3世*　White, Harold B., III

◇学生が変わるプロブレム・ベースド・ラーニング実践法―学びを深めるアクティブ・ラーニングがキャンパスを変える（THE POWER OF PROBLEM-BASED LEARNING）　ダッチ・B.J, グロー・S.E, アレン・D.E編, 山田康彦, 津田司監訳, 三重大学高等教育創造開発センター訳　京都　ナカニシヤ出版　2016.2　282p　22cm　〈索引あり〉 3600円　①978-4-7795-1002-1

内容 PBL（問題発見解決型学習）を始める 他（Harold B.White,III著, 中西良文訳）〔07685〕

ホワイトハースト, ジム　Whitehurst, Jim

◇オープン・オーガニゼーション―情熱に火をつけて成果を上げる新たな組織経営（The Open Organization）　ジム・ホワイトハースト著, 吉川南訳　日経BP社　2016.9　266p　19cm　〈文献あり 索引あり　発売：日経BPマーケティング〉 1800円　①978-4-8222-5174-1

内容 なぜいまオープンな組織が重要なのか　第1部 WHY モチベーションと情熱（情熱に火をつける　主体的な参加を実現する）　第2部 HOW 業務の遂行（民主主義より実力主義を選ぶ　議論を巻き起こす）　第3部 WHAT 意思決定（意思決定に社員を巻き込む　触媒役として方向性を導く）〔07686〕

ホワイトフォード, フランク　Whiteford, Frank

◇危機管理ハンドブック（Emergency Planning Officer's Handbook）　ブライアン・ディロン著, イアン・ディキンソン, フランク・ホワイトフォード, ジョン・ウィリアムソンコンサルタント・エディター, MIMMS日本委員会監訳　へるす出版　2014.2　308p　21cm　〈索引あり〉 5200円　①978-4-89269-839-2〔07687〕

ホワイトロウ, スティーブ　Whitlow, Steve

◇いーすたーのおはなし（THE STORY OF EASTER）　ジュリエット・デービッド文, スティーブ・ホワイトロウ画, 女子パウロ会訳　女子パウロ会　2016.2　〔26p〕　17×17cm　900円　①978-4-7896-0767-4〔07688〕

ホン, ジェチョル　洪 在徹

◇アンコール・ワットのサバイバル―生き残り作戦 1　洪在徹文, 文情厚絵, 〔李ソラ〕〔訳〕　朝日新聞出版　2015.1　169p　23cm　（かがくるBOOK―科学漫画サバイバルシリーズ）　1200円　①978-4-02-331365-1

内容 父子の企み　神々の都市、シェムリアップ　アンコール国立博物館　デーバラージャ、ジャヤヴァルマン2世　聖なる牛、プリヤ・コー　シヴァの神殿、バコン　巨大な王都、アンコール・トム　クメールの微笑み　天上の宮殿　ブラー・ヴィシュヌロカ　神にいたる道　宇宙の中心、メール山〔07689〕

◇アンコール・ワットのサバイバル―生き残り作戦 2　洪在徹文, 文情厚絵, 〔李ソラ〕〔訳〕　朝日新聞出版　2015.4　174p　23cm　（かがくるBOOK―科学漫画サバイバルシリーズ）　1200円　①978-4-02-331404-7〔07690〕

ホーン, ジェラルド　Horne, Gerald

◇人種戦争―レイス・ウォー―太平洋戦争もう一つの真実（RACE WARの抄訳）　ジェラルド・ホーン著, 藤田裕行訳, 加瀬英明監修　祥伝社　2015.7　438p　19cm　2000円　①978-4-396-65054-4

内容 第1章「純血の白人」以外は人にあらず　第2章 アジアの黒人　第3章 一九四一年・香港　第4章 白人収容所　第5章 アメリカの黒人から見た日本人　第6章 人種関係の逆転、性の逆転　第7章 真白い太平洋　第8章「白人の優越」と戦うアジア諸民族　第9章 戦争で変わる人種の構図　第10章 アジアがつくる新しい人種の世界　終章「白人の優越」からの覚醒〔07691〕

ホン, ソントク　洪 性徳

◇独島・鬱陵島の研究―歴史・考古・地理学的考察　洪性徳, 保坂祐二, 朴三憲, 呉江原, 任徳淳著, 朴智泳監訳, 韓春子訳　明石書店　2015.12　229p　22cm　〈索引あり〉 5500円　①978-4-7503-4244-3

内容 独島・鬱陵島の研究―歴史・考古・地理学的考察　17世紀後半の韓日外交交渉と鬱陵島―安竜福被拉と渡日事件を中心に　高宗と李奎遠の于山島認識の分析　明治初年太政官文書の歴史的性格　古代鬱陵島

社会と集団に関するいくつかの問題—鬱陵島の調査、古代の遺物を中心に　独島の機能、空間価値と所属—政治地理・地政学的視角　〔07692〕

ホン, デヨン*　洪 大容
◇乾浄筆譚—朝鮮燕行使の北京筆談録　1　洪大容著, 夫馬進訳注　平凡社　2016.11　285p　18cm（東洋文庫 860）〈布装　文献あり〉2800円 ①978-4-582-80860-5　〔07693〕

ホン, ドンヒョン*　洪 東賢
◇日韓民衆史研究の最前線—新しい民衆史を求めて　アジア民衆史研究会, 歴史問題研究所編　有志舎 2015.12　391, 4p　22cm　6400円　①978-4-903426-00-6
内容 一八九四年東学農民軍の郷村社会内での活動と武装蜂起についての正当性論理（洪東賢著, 伊藤俊介訳）〔07694〕

ホ

ホーン, ペトラ
◇いま死刑制度を考える　井田良, 太田達也編　慶応義塾大学出版会　2014.2　195p　19cm　〈索引あり〉2000円　①978-4-7664-2100-2
内容 ドイツにおける被害者支援活動（ペトラ・ホーン著, 堀田晶子訳）〔07695〕

ボンジーペン, ヴォルフガング
◇ヘーゲル講義録研究（Nachschriften von Hegels Vorlesungen）オットー・ペゲラー編, 寄川条路監訳　法政大学出版局　2015.11　279, 2p 22cm　〈索引あり〉3000円　①978-4-588-15074-6
内容 ヘーゲルの講義録 他（ヴォルフガング・ボンジーペン著, 岡崎竜訳）〔07696〕

ボンジャース, サリー　Bongers, Sally
◇わかっちゃった人たち—悟りについて普通の7人が語ったこと（Everyday Enlightenment）サリー・ボンジャース編, 古閑博丈訳　名古屋　ブイツーソリューション　2014.1　190p　18cm〈発売：星雲社〉1500円　①978-4-434-18794-0
内容 第1章 おしまい（D・A）　第2章 わたしは木（C・B）　第3章 オーストラリアはない（I・D・A）　第4章 まったくの自由、まったくの無秩序（Y・S）　第5章 海であること（C・T）　第6章 豆を数える人（T・F）　第7章 ティースプーンもスピリチュアル（K・N）〔07697〕

ボーンゼン, マルチィン
◇ドイツ教授学へのメタ分析研究の受容—ジョン・ハッティ「可視化された学習」のインパクト　原田信之, ヒルベルト・マイヤー編著, 宇都宮明子, 木戸裕, サルバション有紀訳　〔東大阪〕　デザインエッグ　2015.11　140p　21cm　〈執筆：エヴァルト・テルハルトほか　文献あり〉①978-4-86543-477-4　〔07698〕

ボンディ, アンディ　Bondy, Andy
◇教育へのピラミッド・アプローチ—役に立つABA入門（The pyramid approach to education（2nd edition））アンディ・ボンディ〔著〕, 門真一郎監訳　北九州　ピラミッド教育コンサルタントオブジャパン　2016.6　309p　26cm　〈文献あり〉3300円　①978-4-9903964-5-9　〔07699〕

ポンテル, ヘンリー・N.
◇刑事コンプライアンスの国際動向　甲斐克則, 田口守一編　信山社　2015.7　554p　22cm　（総合叢書 19—〔刑事法・企業法〕）〈他言語標題：International Trends of Criminal Compliance　文献あり〉12800円　①978-4-7972-5469-3
内容 アメリカ合衆国における企業行動規範（ヘンリー・N.ポンテル, ギルバート・ガイス著, 早稲田大学GCOE刑事法グループ訳）〔07700〕

ボンド, フランク・W.　Bond, Frank W.
◇アクセプタンス＆コミットメント・セラピー実践ガイド—ACT理論導入の臨床場面別アプローチ（A Practical Guide to Acceptance and Commitment Therapy）スティーブン・C.ヘイズ, カーク・D.ストローサル編著, 谷晋二監訳, 坂本律訳　明石書店　2014.7　473p　22cm　〈文献あり〉5800円　①978-4-7503-4046-3
内容 ストレスに対処するためのACT（フランク・W.ボンド）〔07701〕
◇マインドフルにいきいき働くためのトレーニングマニュアル—職場のためのACT〈アクセプタンス＆コミットメント・セラピー〉（The Mindful and Effective Employee）ポール・E.フラックスマン, フランク・W.ボンド, フレデリック・リブハイム著, 武藤崇, 土屋政雄, 三田村仰監訳　星和書店　2015.6　305p　21cm　〈文献あり 索引あり〉2500円　①978-4-7911-0902-9　〔07702〕

ボンド, D.スティーブンソン
◇組織セラピー—組織感情への臨床アプローチ（Organizational Therapy）E.H.シャイン編著, 尾川丈一, 稲葉祐之, 木村琢磨訳　白桃書房 2014.3　162p　21cm　〈文献あり 索引あり〉2315円　①978-4-561-26608-2
内容 やりがいのある仕事（D.スティーブンソン・ボンド著）〔07703〕

ホーンビィー, ゲーリー
◇「子育て先進国」ニュージーランドの保育—歴史と文化が紡ぐ家族支援と幼児教育　七木田敦, ジュディス・ダンカン編著　福村出版　2015.4 238p　21cm　2400円　①978-4-571-11038-2
内容 障害のある子を育てる家族への支援—ニュージーランドと日本の「親の声」（松井剛太, 七木田敦, ジュディス・ダンカン, ゲーリー・ホーンビィー, バートネックあや）〔07704〕

ボン・ペッツィンガー, ジェネビーブ　Von Petzinger, Genevieve
◇最古の文字なのか？—氷河期の洞窟に残された32の記号の謎を解く（THE FIRST SIGNS）ジェネビーブ・ボン・ペッツィンガー著, 桜井祐子訳　文芸春秋　2016.11　300p 図版12p　20cm 1650円　①978-4-16-390559-4
内容 太古の人類が残した記号　何のために印をつけたのか？　人類のはるか以前に道具を使った者たち　死者をいたむ気持ちの芽生え　言葉はいつ生まれたの

か？ 音楽の始まり 半人半獣像とヴィーナス像 農耕以前に布を織っていた 洞窟壁画をいかに描いたか？ 欧州大陸に到達以前から描いていた 唯一の人物画 遠く離れた洞窟に残される共通の記号 それは文字なのか？ 一万六千年前の女性の首飾りに残された記号群 壁画は野外にも残されていた 最古の地図か？ トランス状態で見える図形なのか？ データベースを世界の遺跡に広げる 〔07705〕

ボンヘッファー, ディートリヒ Bonhoeffer, Dietrich

◇共に生きる生活（Gemeinsames Leben） ディートリヒ・ボンヘッファー著, 森野善右衛門訳 ハンディ版 新教出版社 2014.6 227p 19cm 〈索引あり〉1600円 ①978-4-400-52126-6

内容 1 交わり（恵みとしての交わり イエス・キリストを通しての、またイエス・キリストにある交わり ほか） 2 共にいる日（朝 詩篇の秘密 ほか） 3 ひとりでいる日（ひとりでいることと交わり ひとりでいることと沈黙 ほか） 4 仕えること（言葉をつつしむという奉仕 謙虚という奉仕 ほか） 5 罪の告白と主の晩餐（交わりへの突破 十字架への突破 ほか） 〔07706〕

ホンムリッヒ, クリストフ

◇リーガルマーケットの展開と弁護士の職業像 森勇編著 八王子 中央大学出版部 2015.8 545p 22cm （日本比較法研究所研究叢書 102） 6700円 ①978-4-8057-0802-6

内容 シンディクス弁護士の職業像（ハンス・プリュッティング, クリストフ・ホンムリッヒ著, 森勇訳） 〔07707〕

【マ】

マ, デビン

◇比較制度分析のフロンティア（INSTITUTIONS AND COMPARATIVE DEVELOPMENTの抄訳, COMPLEXITY AND INSTITUTIONSの抄訳〔etc.〕） 青木昌彦, 岡崎哲二, 神取道宏監修 NTT出版 2016.9 356p 22cm （叢書《制度を考える》） 〈他言語標題：Frontiers of Comparative Institutional Analysis〉4500円 ①978-4-7571-2325-0

内容 政治制度と長期経済経路（デビン・マ著, 上西啓訳） 〔07708〕

マアー, ジャネット Meagher, Janet

◇コンシューマーの視点による本物のパートナーシップとは何か？―精神保健福祉のキーコンセプト（PARTNERSHIP OR PRETENCE 原著第3版の翻訳） ジャネット・マアー著, 野中猛監訳, 山本和儀, 栄セツコ, 平田はる奈訳 金剛出版 2015.12 125p 21cm 1800円 ①978-4-7724-1459-3

内容 背景 何が、問題なのか？ パートナーシップ エンパワメント アドボカシー 参加 成功しているコンシューマー組織 訓練 リハビリテーション、リカバリー―自己決定を通して 何が、答えなのか？ パートナーとしてのコンシューマーとは？ それは失敗？ それとも、チャンス？ あなたがやっていることは、私にはできません！ あなたのことを何と呼んだらいいでしょうか 〔07709〕

マ・アナンド・ムグダ

◇死ぬこと生きること（AND NOW AND HERE. vol.2） OSHO講話, スワミ・ボーディ・デヴァヤナ訳, マ・アナンド・ムグダ, マ・ギャン・シディカ照校 市民出版社 2014.7 436p 19cm （OSHO講話録） 2350円 ①978-4-88178-196-8

内容 第1章 生を知らずは死なり 第2章 究極の自由 第3章 宗教は瞑想の探求 第4章 選択は常にあなたのもの 第5章 距離が違いを生む 第6章 秘教の科学 第7章 準備すべきこと 第8章 真如の修行 〔07710〕

マイ, マルクス

◇ドイツ会計現代化論 佐藤博明, ヨルク・ベェトゲ編著 森山書店 2014.4 185, 5p 22cm 〈索引あり〉3500円 ①978-4-8394-2140-3

内容 ドイツ会計の国際化（ヨルク・ベェトゲ, アイディン・ツェリック, マルクス・マイ著, 佐藤博明訳） 〔07711〕

マイアー, ハインリヒ Meier, Heinrich

◇政治神学か政治哲学か―カール・シュミットの通奏低音（DIE LEHRE CARL SCHMITTS） ハインリヒ・マイアー著, 中道寿一, 清水満訳 風行社 2015.6 296, 4p 22cm 〈索引あり〉 4500円 ①978-4-86258-074-0

内容 第1章 道徳、あるいは人物としての固有の問題 第2章 政治、あるいは「真理とは何か」 第3章 啓示、あるいは「私とともにない者は、私に逆らう者である」 第4章 歴史、あるいはキリスト教のエピメテウス 政治神学に関する論争―回顧 哲学的追伸 〔07712〕

マイエール, コリンヌ Maier, Corinne

◇高校生からのフロイト漫画講座（FREUD） コリンヌ・マイエール作, アンヌ・シモン画, 岸田秀訳 いそっぷ社 2014.4 54p 22cm 1300円 ①978-4-900963-61-0 〔07713〕

◇高校生からのマルクス漫画講座（MARX） コリンヌ・マイエール作, アンヌ・シモン画, 中島香菜訳, 的場昭弘監修・解説 いそっぷ社 2015.6 59p 22cm 1300円 ①978-4-900963-66-5 〔07714〕

マイケル, デビッド Michael, David

◇世界を動かす消費者たち―新たな経済大国・中国とインドの消費マインド（THE $10 TRILLION PRIZE） マイケル・J.シルバースタイン, アビーク・シンイ, キャロル・リャオ, デビッド・マイケル著, 市井茂樹, 津坂美樹監訳, 北川知子訳 ダイヤモンド社 2014.1 324p 19cm 1800円 ①978-4-478-02542-0

内容 中国とインドの消費―黄金時代の幕開け 第1部 中国とインドにおける新しい消費者の台頭（新しい革命家たち―中間層の台頭 スーパーリッチの急増―ミリオネア（とビリオネア） 次の一〇億人とその次の一〇億人―取り残された人々の未来 ほか） 第2部 好きなもの、欲しいもの、憧れ（食べ物と飲み物―新しく覚えた味、クッキー、ワイン、ウイスキー、お茶 ハウスとホーム―理想の家、家具、冷蔵庫 ラグジュアリー―ワンランク上の消費：高級車、時計、最先端

マ

のファッション ほか）第3部 ビジネスリーダーにとっての学び（パイサ・ヴァスール―どうしたら中国とインドの新たな中間・富裕層の心をとらえられるか　ブーメラン効果―資源獲得競争の世界へのインパクト　猛スピードで前進―アクセルレーター・マインド ほか）〔07715〕

マイケルズ, バリー　Michels, Barry

◇5つのツール―勇気・自信・創造性を手にいれる方法（THE TOOLS）　フィル・スタッツ, バリー・マイケルズ著, 野津智子訳　早川書房　2015.11　325p　16cm　（ハヤカワ文庫 NF 451）〈「ツールズ」(2012年刊) の改題〉800円　①978-4-15-050451-9

内容 第1章 ツールとは何か？　第2章 ツール1「苦しみを望む」ハイヤーフォース「未来へ進む力」　第3章 ツール2「進んで与える愛」ハイヤーフォース「アウトフロー」　第4章 ツール3「内なる権威」ハイヤーフォース「自己表現の力」　第5章 ツール4「感謝の流れ」ハイヤーフォース「感謝の気持ち」　第6章 ツール5「危機」ハイヤーフォース「意志の力」　第7章 ハイヤーフォースを信じる　第8章 新たなビジョンがもたらしたもの〔07716〕

マイッセル, フランツ＝シュテファン

◇ヨーロッパ史のなかの裁判事例―ケースから学ぶ西洋法制史（Fälle aus der Rechtsgeschichte）　U.ファルク,M.ルミナティ,M.シュメーケル編著, 小川浩三, 福田誠治, 松本尚子監訳　京都　ミネルヴァ書房　2014.4　445p　22cm　〈索引あり〉6000円　①978-4-623-06559-2

内容 ユリアヌスと物権契約の発見（フランツ＝シュテファン・マイッセル著, 福田誠治訳）〔07717〕

マイネッケ, フリードリヒ　Meinecke, Friedrich

◇近代史における国家理性の理念　1（Die Idee der Staatsräson in der neueren Geschichte）　マイネッケ〔著〕, 岸田達也訳　中央公論新社　2016.9　406p　18cm　（中公クラシックス W88）〈「世界の名著 65」(中央公論社 1980年刊) の改題、抜粋〉2300円　①978-4-12-160167-4

内容 序論 国家理性の本質　第1篇 生成しつつある絶対主義の時代（マキアヴェリ　イタリアおよびドイツにおける国家理性論の流布　リシュリューのフランスにおける国家利害論）第2篇 成熟した絶対主義の時代（プーフェンドルフ　フリードリヒ大王）〔07718〕

◇近代史における国家理性の理念　2（Die Idee der Staatsräson in der neueren Geschichte）　マイネッケ〔著〕, 岸田達也訳　中央公論新社　2016.9　183p　18cm　（中公クラシックス W89）〈「世界の名著 65」(中央公論社 1980年刊) の改題、抜粋　年譜あり 索引あり〉1600円　①978-4-12-160168-1

内容 第3篇 近代ドイツにおけるマキアヴェリズム、理想主義および歴史主義（ヘーゲル　ランケ　トライチュケ　回顧と現代）〔07719〕

マイミン, セニア　Maymin, Senia

◇ポジティブ・リーダーシップ（PROFIT FROM THE POSITIVE）　マーガレット・グリーンバーグ, セニア・マイミン著, 月沢李歌子訳　草思社　2015.9　222, 16p　19cm　〈文献あり〉1500円　①978-4-7942-2153-7

内容 1 リーダーについて（生産性の高いリーダーとは？―時間管理より重要なこと　逆境に負けないリーダーとは？―自分のケツをひっぱたく　感染力の強いリーダーとは？―部下ではなく、自分の感情をコントロールする　強みを活かすリーダーとは？―うまくいってるものを最大活用する）2 チームについて（人材採用―最高の人を探そうとするか、最適な人を見抜くか？　従業員エンゲージメント―最高のものを引き出すか、最大のものを得るか？　業績評価―相手を変えるか、ダメにするか？　会議革命―エネルギーを消耗する場になるか、喚起する場になるか？）3 ポジティブを仕事に活かす（ポジティブなはみ出し者―今日から始められる3つのこと）〔07720〕

マイヤー, アンドレアス

◇契約と紛争の比較史料学―中近世における社会秩序と文書　臼井佐知子,H.ジャン・エルキン, 岡崎敦, 金炫栄, 渡辺浩一編　吉川弘文館　2014.12　362, 9p　22cm　12000円　①978-4-642-02922-3

内容 西洋中世の公証人制度（アンドレアス・マイヤー著, 中谷惣訳）〔07721〕

マイヤー, ジョアン・S.　Meier, Joan S.

◇子ども中心の面会交流―こころの発達臨床・裁判実務・法学研究・面会支援の領域から考える　梶村太市, 長谷川京子編著　日本加除出版　2015.4　368p　21cm　3400円　①978-4-8178-4224-4

内容 片親引離し症候群PASと片親引離しPA―研究レビュー（ジョアン・S.マイヤー著, 髙橋睦子訳・監修）〔07722〕

マイヤー, ジョン・W.

◇高等教育の社会学（SOCIOLOGY OF HIGHER EDUCATION）　パトリシア・J.ガンポート編著, 伊藤彰浩, 橋本鉱市, 阿曽沼明裕監訳　町田　玉川大学出版部　2015.7　476p　22cm　（高等教育シリーズ 167）〈索引あり〉5400円　①978-4-472-40514-3

内容 制度としての高等教育（ジョン・W.マイヤー, フランシスコ・O.ラミレス, デイヴィッド・ジョン・フランクほか著, 斎藤崇徳訳）〔07723〕

マイヤー, ヒルベルト　Meyer, Hilbert

◇ドイツ教授学へのメタ分析研究の受容―ジョン・ハッティ「可視化された学習」のインパクト　原田信之, ヒルベルト・マイヤー編著, 宇都宮明子, 木戸裕, サルバション有紀訳　〔東大阪〕　デザインエッグ　2015.11　140p　21cm　〈執筆：エヴァルト・テルハルトほか　文献あり〉①978-4-86543-477-4〔07724〕

マイヤーズ, イザベル・ブリッグス　Myers, Isabel Briggs

◇MBTIタイプ入門―Myers-Briggs Type Indicator(MBTI)受検者のタイプ検証のためのガイド（Introduction to type (6th ed.)）　イザベル・ブリッグス・マイヤーズ著, 園田由紀訳　第6版/リンダ K.カービィ, キャサリン D.マイヤーズ/改訂　JPP　2011.1　43p　30cm　2000円〔07725〕

マイヤーズ, キャサリン・D.　Myers, Katharine D.

◇MBTIタイプ入門―Myers-Briggs Type Indicator (MBTI) 受検者のタイプ検証のためのガイド (Introduction to type (6th ed.))　イザベル・ブリッグス・マイヤーズ著, 園田由紀訳　第6版/リンダ K.カービィ, キャサリン D.マイヤーズ/改訂　JPP　2011.1　43p　30cm　2000円　〔07726〕

マイヤーズ, スチュワート・C.　Myers, Stewart C.

◇コーポレートファイナンス　上 (PRINCIPLES OF CORPORATE FINANCE 原著第10版の翻訳)　リチャード・A.ブリーリー, スチュワート・C.マイヤーズ, フランクリン・アレン著, 藤井眞理子, 国枝繁樹監訳　日経BP社　2014.6　879p　22cm　〈索引あり　発売：日経BPマーケティング〉 6000円　①978-4-8222-4860-4

内容 第1部 価値 (企業の目標とガバナンス　現在価値の計算方法　債権の評価　普通株式の価値　純現在価値とその他の投資基準　純現在価値に基づく投資判断)　第2部 リスク (リスクとリターン入門　ポートフォリオ理論と資本資産価格モデル　リスクと資本コスト)　第3部 資本支出予算におけるベストプラクティス (プロジェクト分析　投資、戦略、経済的レント　エージェンシー問題、報酬、業績評価)　第4部 資金調達の決定と市場の効率性 (効率的市場と行動ファイナンス　企業の資金調達の概要　企業はどのように証券を発行するのか)　第5部 利益還元政策と資本構成 (利益還元政策　負債政策は重要か　企業はどれだけ借り入れるべきか　資金調達と評価)　〔07727〕

◇コーポレートファイナンス　下 (PRINCIPLES OF CORPORATE FINANCE 原著第10版の翻訳)　リチャード・A.ブリーリー, スチュワート・C.マイヤーズ, フランクリン・アレン著, 藤井眞理子, 国枝繁樹監訳　日経BP社　2014.6　726p　22cm　〈索引あり　発売：日経BPマーケティング〉 6000円　①978-4-8222-4861-1

内容 第6部 オプション　第7部 負債による資金調達　第8部 リスク管理　第9部 財務計画と運転資本の管理　第10部 合併、企業支配権とガバナンス　第11部 結論　〔07728〕

マイヤーズ, デーヴィッド　Myers, David G.

◇マイヤーズ心理学―カラー版 (PSYCHOLOGY 原著第10版の翻訳)　デーヴィッド・マイヤーズ著, 村上郁也訳　西村書店　2015.4　693p　26cm　〈文献あり 索引あり〉 9500円　①978-4-89013-448-9

内容 心理学の生い立ち　クリティカル・シンキング、科学的心理学　心の生物学的基盤　意識と二重路線の心　生得要因、獲得要因、人間の多様性　生涯を通しての発達　感覚・知覚　学習　記憶　思考と言語　知能　動機づけと仕事　情動とストレスと健康　パーソナリティ　社会心理学　精神疾患　セラピー　〔07729〕

マイリー, リンダ　Miley, Linda

◇最後の真珠貝ダイバー藤井富太郎 (Tomitaro Fujii Pearl Diver of the Torres Strait)　リンダ・マイリー著, 青木麻衣子, 松本博之, 伊井義人訳　時事通信出版局　2016.4　125p　21×22cm　〈文献あり　発売：時事通信社〉 1800円　①978-4-7887-1456-4　〔07730〕

マイルズ, グレン

◇世界がぶつかる音がする―サーバンツの物語 (The Sound of Worlds Colliding)　クリスティン・ジャック編, 永井みぎわ訳　ヨベル　2016.6　300p　19cm　1300円　①978-4-907486-32-7

内容 壊れた夢―苦しみを旅する中で (グレン・マイルズ)　〔07731〕

マイルズ, ジリアン

◇乳児観察と調査・研究―日常場面のこころのプロセス (Infant Observation and Research)　キャシー・アーウィン, ジャニーン・スターンバーグ編著, 鵜飼奈津子監訳　大阪　創元社　2015.5　273p　22cm　〈文献あり 索引あり〉 4200円　①978-4-422-11539-9

内容 子どもや家族と第一線で関わる専門家訓練における乳児観察の応用の評価 (ジリアン・マイルズ, ジュディス・トロウェル著, 山名利枝訳)　〔07732〕

マウス, インゲボルク

◇人権への権利―人権、民主主義そして国際政治 (Recht auf Menschenrechte)　ハウケ・ブルンクホルスト, ヴォルフガング・R.ケーラー, マティアス・ルッツ＝バッハマン編, 舟場保之, 御子柴善之監訳　吹田　大阪大学出版会　2015.1　335, 13p　21cm　〈索引あり〉 3700円　①978-4-87259-491-1

内容 国際政治の権限賦与規範としての人権 (インゲボルク・マウス著, 隠岐理貴訳)　〔07733〕

マーカー, ゲーリー　Marker, Gary

◇ロシア出版文化史―十八世紀の印刷業と知識人 (Publishing, Printing, and the Origins of the Intellectual Life in Russia, 1700-1800)　ゲーリー・マーカー〔著〕, 白倉克文訳　横浜　成文社　2014.7　398p　22cm　〈文献あり 索引あり〉 4800円　①978-4-86520-007-2

内容 第1章 印刷術とピョートル革命　第2章 教会とアカデミー　第3章 学校と出版業者　第4章 個人出版業の出現　第5章 地方における出版業　第6章 ロシアの書籍販売業　第7章 書籍販売と読書　第8章 検閲　〔07734〕

マカイヴァー, メレディス*　McIver, Meredith

◇金のつくり方は億万長者に聞け！―大富豪トランプの金持ち入門 (TRUMP ： HOW TO GET RICH)　ドナルド・J.トランプ著, Meredith McIver〔著〕, 石原薫訳　扶桑社　2016.7　315p　18cm　〈2004年刊の加筆修正、新書版化〉 1300円　①978-4-594-07498-2

内容 序 本書を読むべき50億の理由　第1部 ドナルド・トランプの経営塾　第2部 ドナルド直伝「見習い」のための成功術　第3部 金、金、金、金　第4部 交渉のコツ　第5部 トランプ流ライフスタイル　第6部「アプレンティス」の内幕　〔07735〕

マカーニー, ローズマリー　McCarney, Rosemary A.

◇マララさんこんにちは―世界でいちばん勇敢な少女へ (Every Day is Malala Day)　ローズマリー・マカーニー文, 西田佳子訳　西村書店東京出版編集部　2014.11　〔32p〕　23×29cm

マ

1200円　①978-4-89013-954-5　〔07736〕

マカーフィティ, ジョン

◇オックスフォード ブリテン諸島の歴史　7　17世紀―1603年―1688年（The Short Oxford History of the British Isles : Seventeenth Century 1603-1688）　鶴島博和日本語版監修　ジェニー・ウァーモールド編, 西川杉子監訳　慶応義塾大学出版会　2015.5　367, 57p　22cm　〈文献あり 年表あり 索引あり〉6800円　①978-4-7664-1647-3

内容 三王国における教会と信仰、一六〇三～一六四一年（ジョン・マカーフィティ著, 富田理恵, 稲垣春樹訳）　〔07737〕

マカラー, ジョゼフ・A.　McCullough, Joseph A.

◇サンタクロース物語―歴史と伝説（THE STORY OF SANTA CLAUS）　ジョゼフ・A.マカラー著, 伊藤はるみ訳　原書房　2015.10　124p　22cm　〈文献あり〉1800円　①978-4-562-05254-7

内容 第1章 ミラの司教、ニコラス　第2章 聖ニコラスの奇跡　第3章 贈り物をくれる人　第4章 サンタクロース　〔07738〕

マカルー, デビッド, Jr.　McCullough, David, Jr.

◇きみは特別じゃない―伝説の教師が卒業生に贈った一生の宝物（YOU ARE NOT SPECIAL）　デビッド・マカルー・ジュニア著, 大西央士訳　ダイヤモンド社　2016.2　338p　20cm　1600円　①978-4-478-02371-6

内容 第1章 きみはきみの人生の唯一の相棒―「汝自身を知れ」　第2章 きみは金槌か、それとも釘か？ ―わたしの授業はこうして始まる　第3章 ひたすら観察せよ、自ら発見せよ―夢中になれるものを見つける　第4章 なぜ大学に行くのか？ ―ランキングに振り回されるな　第5章 恵まれた環境にある者は、その特権に気づかない―差別について考える　第6章 物質主義に侵されずに生きるには？ ―上辺の豊かさに惑わされるな　第7章 同じ舟に乗って―同調圧力にも利己心にも負けない生き方　第8章 だから、生きるんだ―誰も死から逃れられないからこそ　〔07739〕

マギー, スコット

◇経験学習によるリーダーシップ開発―米国CCLによる次世代リーダー育成のための実践事例（Experience-Driven Leader Development）　シンシア・D.マッコーレイ,D.スコット・デリュ, ポール・R.ヨスト, シルベスター・テイラー編, 漆嶋稔訳　日本能率協会マネジメントセンター　2016.8　511p　27cm　8800円　①978-4-8207-5929-4

内容 教えることができる能力：教えることから指導を学ぶ（スコット・マギー）　〔07740〕

マギー, ポール　McGee, Paul

◇くじけない自分のつくり方（Self-Confidence 原著第2版の翻訳）　ポール・マギー著, 弓場隆訳　ダイヤモンド社　2016.2　255p　19cm　1400円　①978-4-478-06753-6

内容 第1部 理論編―自信をつけるために知っておくべきこと（自信をつければ、人生は好転する　自信に関するウソにだまされない　あなたの自信を失わせたもの（家庭環境と向き合う　学校生活、メディア、自分自身とのつき合い方））　第2部 実践編―くじけない自分になる方法（周りを味方につけて自信をつける方法　自分が自分の最高の親友になって、自信をつける方法　ここぞ！ という時に自信がつく方法　挫折から自信を取り戻す方法　社会に貢献して自信をつける方法）　〔07741〕

マキアヴェッリ, ニッコロ　Machiavelli, Niccolò

◇リーダーの掟―超訳君主論　ニッコロ・マキアヴェッリ著, 野田恭子訳　イースト・プレス　2014.5　325p　18cm　〈「君主論」（2008年刊）の改題、改筆〉1200円　①978-4-7816-1176-1

内容 1 覚悟を決める　2 賢くなる　3 信頼される　4 結果を出す　5 権力を守る　6 勝者になる　〔07742〕

◇マンガで伝授 課長のための「君主論」　ニッコロ・マキャベリ原作, 青木健生シナリオ, 幸田広信漫画　朝日新聞出版　2016.3　196p　19cm　1200円　①978-4-02-251362-5

内容 第1章 課長も君主？　第2章 君主は冷酷!?　第3章 君主の仕事術　第4章 君主の「アメとムチ」　第5章 「国」を守れ！　第6章 運命と力量　〔07743〕

マキト, フェルディナンド

◇ASEAN経済新時代と日本―各国経済と地域の新展開　トラン・ヴァン・トゥ編著　文真堂　2016.2　370p　21cm　2800円　①978-4-8309-4897-8

内容 フィリピン経済/低成長から脱出の可能性（フェルディナンド・マキト著）　〔07744〕

マキナニー, フランシス　McInerney, Francis

◇日本企業はモノづくり至上主義で生き残れるか―「スーパー現場」が顧客情報をキャッシュに変える（SUPER GENBA : Ten Things Japanese Companies Must Do To Gain Global Competitiveness）　フランシス・マキナニー著, 倉田幸信訳　ダイヤモンド社　2014.6　292p　19cm　1800円　①978-4-478-02657-1

内容 日本企業がグローバル競争力を回復するためになすべき一〇のこと　第1部 情報化した世界を理解する（情報コスト曲線の先を行く　情報コスト下落のインパクト　“スーパー現場”でキャッシュ化速度を加速させる）　第2部 スーパー現場への10の提言（クラウドを利用する　セールスを活性化する　イノベーションを制御する　製造を管理運営する　優れたブランドを構築する　人材を生かす　組織を設計する　ITを活用する　M&Aを巧みにこなす　顧客サービスを適切にこなす）　〔07745〕

マキニス, クライグ　McInnis, Craig

◇高等教育における教育・学習のリーダーシップ（A handbook for executive leadership of learning and teaching in higher education）　〔クライグ・マキニス, ポール・ラムズデン, ドン・マコナキー〕〔著〕, 〔杉本和弘〕〔訳・解説〕, 東北大学高等教育開発推進センター編　仙台　東北大学高等教育開発推進センター　2014.3　85p　21cm　（PDブックレット vol.5）　〔07746〕

マ・ギャン・シディカ

◇死ぬこと生きること（AND NOW AND HERE.

vol.2） OSHO講話, スワミ・ボーディ・デヴァヤナ訳, マ・アナンド・ムグダ, マ・ギャン・シディカ照校　市民出版社　2014.7　436p　19cm（OSHO講話録） 2350円 ①978-4-88178-196-8

内容 第1章 生を知らずは死なり　第2章 究極の自由　第3章 宗教は瞑想の探求　第4章 選択は常にあなたのもの　第5章 距離が違いを生む　第6章 秘教の科学　第7章 準備すべきこと　第8章 真如の修行 〔07747〕

マキューン, グレッグ　McKeown, Greg

◇エッセンシャル思考―最少の時間で成果を最大にする（essentialism） グレッグ・マキューン著, 高橋璃子訳　かんき出版　2014.11　307, 10p　19cm　1600円 ①978-4-7612-7043-8

内容 1 エッセンシャル思考とは何か―エッセンシャル思考とはどのようなものか（エッセンシャル思考と非エッセンシャル思考　選択―選ぶ力を取り戻す ほか） 2 見極める技術―多数の瑣末なことのなかから、少数の重要なことを見分ける（孤独―考えるためのスペースをつくる　洞察―情報の本質をつかみとる ほか） 3 捨てる技術―多数の瑣末なことを容赦なく切り捨てる（目標―最終形を明確にする　拒否―断固として上手に断る ほか） 4 しくみ化の技術―努力せず、自動的にエッセンシャル思考を実現する（バッファ―最悪の事態を想定する　削減―仕事を減らし、成果を増やす ほか） 〔07748〕

◇メンバーの才能を開花させる技法（MULTIPLIERS） リズ・ワイズマン, グレッグ・マキューン著, 関美和訳　武蔵野　海と月社　2015.4　310p　19cm 〈文献あり〉 1800円 ①978-4-903212-51-7

内容 第1章 なぜ、今「増幅型リーダー」なのか　第2章「才能のマグネット」としての技法　第3章「解放者」としての技法　第4章「挑戦者」としての技法　第5章「議論の推進者」としての技法　第6章「投資家」としての技法　第7章「増幅型リーダー」を目指すあなたに 〔07749〕

マキューン, マックス　Mckeown, Max

◇「戦略」大全（THE STRATEGY BOOK） マックス・マキューン著, 児島修訳　大和書房　2014.6　335p　20cm　1800円 ①978-4-479-79438-7

内容 第1部 戦略家になる心構え　第2部 戦略家として考える　第3部 戦略の策定　第4部 戦略で勝つ　第5部 戦略を活かす　第6部 戦略ツールキット 〔07750〕

マギル, ケリー

◇経験学習によるリーダーシップ開発―米国CCLによる次世代リーダー育成のための実践事例（Experience-Driven Leader Development） シンシア・D.マッコーレイ,D.スコット・デリュ, ポール・R.ヨスト, シルベスター・テイラー編, 漆嶋稔訳　日本能率協会マネジメントセンター　2016.8　511p　27cm　8800円 ①978-4-8207-5929-4

内容 戦略的な仕事と学習のための12の質問（ケリー・マギル） 〔07751〕

マーク, ロバート　Mark, Robert

◇リスクマネジメントの本質（The Essentials of Risk Management 原著第2版の翻訳） Michel Crouhy,Dan Galai,Robert Mark著, 三浦良造訳者代表　第2版　共立出版　2015.8　602p　23cm〈索引あり〉 8000円 ①978-4-320-11111-0

内容 リスク管理の鳥瞰図　企業におけるリスク管理入門　銀行と規制当局：危機後の規制枠組み　コーポレートガバナンスとリスク管理　リスクとリターンの理論に対するユーザー向けガイド　金利リスクとデリバティブによるヘッジ　市場リスクの計測：バリューアットリスク、期待ショートフォール、その他類似する方法　資産負債管理　クレジットスコアリングとリテール信用リスク管理　商業信用リスクと個々の信用格付　クレジットポートフォリオのリスクと信用リスクモデリングのための定量的アプローチ　信用リスク移転市場とその示唆　カウンターパーティー信用リスク：CVA、DVA、FVA　オペレーショナルリスク　モデルリスク　ストレステストとシナリオ分析　リスク資本の配賦ならびにリスク調整後業績評価 〔07752〕

マクガイア, ヒュー　McGuire, Hugh

◇マニフェスト本の未来（Book ： a futurist's manifesto） ヒュー・マクガイア, ブライアン・オレアリ編　ボイジャー　2013.2　339p　21cm　2800円 ①978-4-86239-117-9

内容 本とWebサイトがひとつになる理由（ヒュー・マクガイア著） 〔07753〕

マクガバン, ジャネット・ブレア・モンゴメリー
McGovern, Janett Blair Montgomery

◇ヘッドハンターズ―フォモゥサ首狩り民のはざまにて（Among the Head-hunters of Formosa） ジャネット・ブレア・モンゴメリー・マクガバン著, 中村勝訳　西東京　ハーベスト社　2014.1　288p　22cm 〈論攷：豊かな自給自足―母権と呪術の自然民属・論― 中村勝　布装　索引あり〉 3200円 ①978-4-86339-051-5

内容 第1部 フォモゥサとその住民（離れてみた印象　直接の印象　先住民との個人的接触　フォモゥサの原住人口） 第2部 先住民諸部族とその風俗・慣習（人種的血統　社会組織　宗教上の信念と習わし　結婚の慣習　病気と死にまつわる慣習　美術と工芸　文身（刺墨）およびその他の身体毀工の形態　運搬法　ありうる将来性について　先住民における文明とその利点　論攷「豊かな自給自足―母権と呪術の自然民属・論」） 〔07754〕

マクギニス, パトリック・J.　McGinnis, Patrick J.

◇10%起業―1割の時間で成功をつかむ方法（THE 10% ENTREPRENEUR） パトリック・J.マクギニス著, 長谷川圭訳　日経BP社　2016.6　269p　19cm 〈発売：日経BPマーケティング〉 1600円 ①978-4-8222-5161-1

内容 第1部 10%起業を目指す理由（一つの仕事だけでは十分ではない　10%起業の利点　10%起業の5つのタイプ） 第2部 10%起業の実践（あなたはどのタイプ？　時間と資金の有効活用　長所を生かす　発見、分析、コミットメント　チームづくり　障害を乗り越える　長期戦に勝つ） 〔07755〕

マクギネス, ブライアン　McGuinness, Brian

◇ウィトゲンシュタイン評伝―若き日のルートヴィヒ1889-1921（WITTGENSTEIN, A LIFE） ブライアン・マクギネス〔著〕, 藤本隆志, 今井道

マ

夫, 宇都宮輝夫, 高橋要訳　新装版　法政大学出版局　2016.1　572, 23p　20cm　（叢書・ウニベルシタス 453）〈文献あり 索引あり〉6800円　①978-4-588-14031-0

内容 第1章 家族的類似　第2章 幼少年期と学校時代　第3章 工学研究　第4章 ケンブリッジ 一九一一・一二年　第5章 ケンブリッジ 一九一二・一三年　第6章 ノルウェー 一九一三・一四年　第7章 戦争 一九一四・一八年　第8章 捕虜生活と復員 一九一八・二〇年　第9章『論考』一九二一・二二年　〔07756〕

マクギネス, マーク

◇いつでもどこでも結果を出せる自己マネジメント術（MANAGE YOUR DAY-TO-DAY）　ジョスリン・K.グライ編, 上原裕美子訳　サンマーク出版　2015.9　233p　19cm　〈文献あり〉1500円　①978-4-7631-3493-6

内容「未読メール」と「人生の夢」、どっちが大事？ 他（マーク・マクギネス）　〔07757〕

マクギン, ノエル　McGinn, Noel F.

◇教育分権化の国際的潮流（Decentralization of Education）　ノエル・マクギン, トーマス・ウェルシュ〔著〕, 西村幹子, 笹岡雄一訳・解説　東信堂　2015.1　91p　21cm　（ユネスコ国際教育政策叢書 8　黒田一雄, 北村友人叢書編）〈文献あり 索引あり〉1200円　①978-4-7989-1263-9

内容 第1章 基本的な概念と定義（分権化の複雑性　分権化のイメージ）　第2章 なぜ分権化か？（なぜ教育は集権化されたのか（政治的正統性　職業的専門性　市場の効率性））　第3章 どの決定が再配置されるべきか（決定の場所における差異　教育に関する決定の範疇 ほか）　第4章 分権化への準備状況：満たさなければならない諸条件（分権化のためのプロポーザルへのステークホルダーの関与　どのように異なるステークホルダーのグループが分権化に反応するのか ほか）　第5章 提言（補完性の模範原則）　〔07758〕

マクグラス, ジェームス　McGrath, James

◇経営理論大全—すぐに使える最強のビジネスセオリー（THE LITTLE BOOK OF BIG MANAGEMENT THEORIES）　ジェームス・マクグラス, ボブ・ベイツ著, 平野敦士カール監修, 藤井清美訳　朝日新聞出版　2015.8　254p　21cm　1700円　①978-4-02-331433-7

内容 第1章 人のマネジメント　第2章 リーダーシップ　第3章 モチベーション　第4章 チームの構築とマネジメント　第5章 組織文化の分析　第6章 チェンジ・マネジメント　第7章 戦略マネジメント　第8章 品質マネジメント　第9章 権限、権力、影響力　第10章 さまざまなテーマのマネジメント論　〔07759〕

マクグラス, A.E.　McGrath, Alister E.

◇キリスト教神学資料集　下（The Christian Theology Reader, Third Edition）　アリスター・E.マクグラス編, 古屋安雄監訳　オンデマンド版　キリスト新聞社　2013.9　630, 49p　21cm　〈原書第3版〉10000円　①978-4-87395-641-1

内容 第6章 人間の本性と罪と恩恵（エイレナイオス—人間の発達について　テルトゥリアヌス—罪の起源について ほか）　第7章 教会（エイレナイオス—教会の役割について　オリゲネス—教会と救済について ほか）　第8章 サクラメント（アレクサンドリアのクレメンス—キリストを食する信仰について　アレクサンドリアのクレメンス—洗礼の結果について ほか）　第9章 キリスト教と諸宗教（殉教者ユスティノス—キリスト以前のキリスト教について　ルートヴィヒ・フォイエルバッハ—宗教の起源について ほか）　第10章 最後の事柄（エイレナイオス—創造の最終的回復について　アンティオキアのテオフィロス—条件的不死性について ほか）　〔07760〕

◇ルターの十字架の神学—マルティン・ルターの神学的突破（Luther's Theology of the Cross 原著第2版の翻訳）　A.E.マクグラス著, 鈴木浩訳　教文館　2015.10　289, 17p　22cm　〈文献あり 索引あり〉4200円　①978-4-7642-7400-6

内容 第1部 背景、中世後期の神学者としてのルター（一五〇九・一五一四年）（ヴィッテンベルクでの宗教改革の夜明け　ヴィッテンベルクにおける宗教改革の源流—人文主義、唯名論、アウグスティヌス的伝統　中世後期の神学者としてのルター）　第2部 突破、変わりゆくルター（一五一四・一五一九年）（驚くべき新たな義の定義（Mira et nova diffinitio iustitiae）—ルターによる神の義の発見　十字架だけがわれわれの神学である（Crux sola est nostra theologia）—十字架の神学の出現（一五一四・一五一九年））　〔07761〕

マクグリン, クレール

◇多様性を拓く教師教育—多文化時代の各国の取り組み（Educating Teachers for Diversity）　OECD教育研究革新センター編著, 斎藤里美監訳, 布川あゆみ, 本田伊克, 木下江美, 三浦綾希子, 藤浪海訳　明石書店　2014.8　403p　22cm　4500円　①978-4-7503-4053-1

内容 多文化教育を取り入れるスクールリーダー（クレール・マクグリン著, 三浦綾希子訳）　〔07762〕

マクゴー, バリー　McGaw, Barry

◇21世紀型スキル—学びと評価の新たなかたち（ASSESSMENT AND TEACHING OF 21ST CENTURY SKILLS）　P.グリフィン,B.マクゴー,E.ケア編, 三宅なほみ監訳, 益川弘如, 望月俊男編訳　京都　北大路書房　2014.4　265p　21cm　〈索引あり〉2700円　①978-4-7628-2857-7

内容 教育と学校の役割の変化（パトリック・グリフィン, エスター・ケア, バリー・マクゴー著, 益川弘如, 望月俊男訳）　〔07763〕

マクゴニガル, ケリー　McGonigal, Kelly

◇スタンフォードの自分を変える教室（The Willpower Instinct）　ケリー・マクゴニガル著, 神崎朗子訳　大和書房　2015.10　366p　15cm　（だいわ文庫 304-1G）　740円　①978-4-479-30558-3

内容 Introduction「自分を変える教室」へようこそ—意志力を磨けば、人生が変わる　第1章 やる力、やらない力、望む力—潜在能力を引き出す3つの力　第2章 意志力の本能—あなたの体はチーズケーキを拒むようにできている　第3章 疲れていると抵抗できない—自制心が筋肉に似ている理由　第4章 罪のライセンス—よいことをすると悪いことをしたくなる　第5章 脳が大きなウソをつく—欲求を幸せと勘ちがいする理由　第6章 どうにでもなれ—気分の落ち込みが挫折につながる　第7章 将来を売りとばす—手軽な快楽の経

済学　第8章 感染した！ ―意志力はうつる　第9章 この章は読まないで―「やらない力」の限界　第10章 おわりに―自分自身をじっと見つめる　〔07764〕

◇スタンフォードの心理学講義人生がうまくいくシンプルなルール　ケリー・マクゴニガル著, 泉恵理子監訳　日経BP社　2016.10　319p　20cm　〈他言語標題：Lessons to Achieve Great Results　発売：日経BPマーケティング〉1600円　①978-4-8222-3096-8　〔07765〕

マクゴニガル, ジェイン　McGonigal, Jane

◇スーパーベターになろう！―ゲームの科学で作る「強く勇敢な自分」（SUPERBETTER）　ジェイン・マクゴニガル著, 武藤陽生, 藤井清美訳　早川書房　2015.11　602p　19cm　2000円　①978-4-15-209575-6

内容 第1部 どうしてゲームでスーパーベターになれるのか（あなたは自分が思っているよりも強い　あなたには仲間になってくれる人がたくさんいる　あなたは自分自身の物語のヒーローである　ゲームからゲームフルへの跳躍）　第2部 ゲームフルに生きるには（自分自身に挑む　パワーアップアイテム　悪者　クエスト　仲間　秘密の正体　大勝利　スコアをつける）　第3部 冒険（愛のつながり　ニンジャ式変身　時間リッチ）　〔07766〕

マクゴーワン, ビル　McGowan, Bill

◇成功する人の話し方―7つの絶対法則（PITCH PERFECT）　ビル・マクゴーワン, アリーサ・ボーマン著, 小川敏子訳　日本経済新聞出版社　2015.3　306p　19cm　1600円　①978-4-532-31986-1

内容 「その一言」が人生を変える　7つの絶対法則　絶対法則（切り札を隠すな　「映画監督」になれ　ソースのように濃く、短く　戦略的に遅らせよ　信念で信頼を勝ちとれ　話すより聴く　悟られずに話題を変えろ）　実践篇（臨機応変な話術　仕事上の困った状況を切り抜ける　プライベートの場を円滑にやりすごす）　"7つの絶対法則"を使いこなすために　〔07767〕

マクシモス　Maximus

◇キリスト者の生のかたち―東方教父の古典に学ぶ　谷隆一郎編訳　知泉書館　2014.5　376, 19p　20cm　〈布装　文献あり 索引あり〉3000円　①978-4-86285-187-1

内容 愛についての四百の断章 他（マクシモス著, 谷隆一郎訳）　〔07768〕

◇証聖者マクシモス『難問集』―東方教父の伝統の精華（Patrologia Graeca.91）　マクシモス〔著〕, 谷隆一郎訳　知泉書館　2015.10　535, 11p　22cm　〈文献あり 索引あり〉8500円　①978-4-86285-219-9

内容 聖なるディオニュシオスと（ナジアンゾスの）グレゴリオスのさまざまな難解な言葉をめぐって、マクシモスが聖なるトマスに宛てて（三一性（三位一体）の意味　子の無化と受肉―ヒュポスタシス・キリストの成立　受肉と神化　受肉の神秘―ヒュポスタシス的結合と二つのエネルゲイア）　クジコスの主教ヨハネに宛てて、マクシモスが主において挨拶を送る。（神なるロゴスの隠された在り方　人間と神化―自然・本性の存在論的ダイナミズム　神への背反（罪）と、その結果たる身体の腐敗と死とは、アレテーへと変容せしめられる　無限と卓越した否定　神学・哲学の諸問題ほか）　〔07769〕

マークス, エドワード　Marx, Edward

◇レオニー・ギルモア―イサム・ノグチの母の生涯（Leonie Gilmour）　エドワード・マークス著, 羽田美也子, 田村七重, 中地幸訳　彩流社　2014.1　520, 21p　21cm　〈文献あり 索引あり〉5000円　①978-4-7791-1978-1

内容 第1章 生い立ち（一八七三 - 一八九六）　第2章 ニューヨークとニュージャージー時代（一八九六 - 一九〇四）　第3章 ロサンジェルス時代（一九〇四 - 一九〇七）　第4章 東京時代（一九〇七 - 一九一一）　第5章 神奈川時代（一九一一 - 一九二〇）　第6章 帰国（一九二〇 - 一九三三）　〔07770〕

マークス, ジョニー　Marx, Jonny

◇ザ・マップぬりえ世界地図帳（THE MAP COLOURING BOOK）　ナタリー・ヒューズ絵, ブライオニー・ジョーンズ, ジョニー・マークス編, 〔広内かおり〕〔訳〕　日本文芸社　2015.12　1冊（ページ付なし）　30cm　1500円　①978-4-537-21342-3　〔07771〕

マークス, ローラ=U.

◇ドゥルーズ―没後20年新たなる転回　河出書房新社　2015.10　269p　21cm　〈文献あり 著作目録あり〉2100円　①978-4-309-24735-9

内容 ドゥルーズ哲学へのモッラー・サドラーの潜在的な貢献（ローラ＝U.マークス著, 森元斎訳）　〔07772〕

マクスウェル, ジョン・C.　Maxwell, John C.

◇失敗しないとわかっていたら、どんなことをしてみたい？（Sometimes You Win-Sometimes You Learn）　ジョン・C.マクスウェル著, 日暮雅通訳　ダイヤモンド社　2014.2　325p　19cm　1500円　①978-4-478-02479-9

内容 プロローグ 最後に成功する人の法則　法則1 謙虚であること　法則2 現実を見ること　法則3 責任を負うこと　法則4 向上心を持つこと　法則5 希望を持つこと　法則6 学習意欲を持つこと　法則7 逆境を恐れないこと　法則8 難問を恐れないこと　法則9 不快な経験を受け入れること　法則10 変化を受け入れること　法則11 成熟すること　エピローグ 成功で終わらない人の秘密　〔07773〕

◇人を動かす人の「質問力」（GOOD LEADERS ASK GREAT QUESTIONS）　ジョン・C.マクスウェル著, 岡本行夫監訳　三笠書房　2016.7　285p　19cm　1500円　①978-4-8379-5765-2　〔07774〕

マクスリー, J.H.*　Moxley, Jerad H.

◇ワーキングメモリと日常―人生を切り拓く新しい知性（WORKING MEMORY）　T.P.アロウェイ, R.G.アロウェイ編著, 湯沢正通, 湯沢美紀監訳　京都　北大路書房　2015.10　340p　21cm　（認知心理学のフロンティア）〈文献あり 索引あり〉3800円　①978-4-7628-2908-6

内容 熟達者のワーキングメモリ：伝統的なワーキングメモリ概念との質的な相違（K.Anders Ericsson, Jerad H.Moxley著, 大塚一徳, 宮谷真人訳）　〔07775〕

マクダウェル, ジョン　McDowell, John Henry

◇徳と理性―マクダウェル倫理学論文集（Mind, Value, and Realityの抄訳）　ジョン・マクダウェル著, 大庭健編・監訳　勁草書房　2016.2　307, 5p　20cm　（双書現代倫理学 2）〈索引あり〉3300円　①978-4-326-19968-6

内容 第1章 徳と理性　第2章 道徳の要請は仮言命法なのか　第3章 外在的理由はありうるか　第4章 価値と第二性質　第5章 倫理学における投射と真理　第6章 二種類の自然主義　第7章 非認知主義と規則順守〔07776〕

マグダナー, パトリシア・M.

◇高等教育の社会学（SOCIOLOGY OF HIGHER EDUCATION）　パトリシア・J.ガンポート編著, 伊藤彰浩, 橋本鉱市, 阿曽沼明裕監訳　町田　玉川大学出版部　2015.7　476p　22cm　（高等教育シリーズ 167）〈索引あり〉5400円　①978-4-472-40514-3

内容 不平等（パトリシア・M.マグダナー, エイミー・J.ファン著, 内田康弘訳）〔07777〕

マクダニエル, マーク　McDaniel, Mark A.

◇使える脳の鍛え方―成功する学習の科学（MAKE IT STICK）　ピーター・ブラウン, ヘンリー・ローディガー, マーク・マクダニエル著, 依田卓巳訳　NTT出版　2016.4　295p　19cm　〈文献あり 索引あり〉2400円　①978-4-7571-6066-8

内容 1章 学びは誤解されている　2章 学ぶために思い出す　3章 練習を組み合わせる　4章 むずかしさを歓迎する　5章 知っていると錯覚しない　6章「学び方」を越える　7章 能力を伸ばす　8章 学びを定着させる〔07778〕

マクダーモット, ジョセフ・P.

◇中国書籍史のパースペクティブ―出版・流通への新しいアプローチ　永冨青地編訳　勉誠出版　2015.6　359p　22cm　6000円　①978-4-585-29097-1

内容 ケンブリッジの漢籍コレクションについて（ジョセフ・P.マクダーモット著）〔07779〕

マクデード, トラヴィス　McDade, Travis

◇古書泥棒という職業の男たち―20世紀最大の稀覯本盗難事件（THIEVES OF BOOK ROW）　トラヴィス・マクデード著, 矢沢聖子訳　原書房　2016.1　261, 16p　20cm　2500円　①978-4-562-05279-0

内容 プロローグ さまよう星　1章 大恐慌時代の稀書事情　2章 蓄積した知恵　3章 盗まれたポー　4章 学識と研究　5章 ボストンの状況　6章 愛書家の資格のある人間　7章 ニューヨーク州の裁判　8章 稀覯本の終わり〔07780〕

マクドウエル, ジョシュ　McDowell, Josh

◇徹底検証キリスト教―信じる根拠はどこにあるのか　第2巻　キリスト（The New Evidence That Demands a Verdict）　ジョシュ・マクドウェル著, 中村光弘訳, 川端光生監修　三鷹　日本キャンパス・クルセード・フォー・クライスト　2014.11　477p　19cm　〈発売：いのちのことば社〉2600円　①978-4-264-03270-0

内容 5 実在したイエス　6 神でないならアカデミー賞もの　7 神性の意義―3つの選択肢（神か、詐欺師か、正気を失った者か）　8 神性の証明―旧約聖書の預言の成就　9 神性の証明―復活は虚偽か事実か　10 神性の証明―仮定からの論証〔07781〕

マクドウェル, スコット

◇いつでもどこでも結果を出せる自己マネジメント術（MANAGE YOUR DAY-TO-DAY）　ジョスリン・K.グライ編, 上原裕美子訳　サンマーク出版　2015.9　233p　19cm　〈文献あり〉1500円　①978-4-7631-3493-6

内容 ひらめきを得るために「彼ら」がやっている工夫（スコット・マクドウェル）〔07782〕

マクドゥーガル, クリストファー　McDougall, Christopher

◇ナチュラル・ボーン・ヒーローズ―人類が失った"野生"のスキルをめぐる冒険（NATURAL BORN HEROES）　クリストファー・マクドゥーガル著, 近藤隆文訳　NHK出版　2015.8　452, 9p　19cm　2000円　①978-4-14-081684-4〔07783〕

マクドナルド, ジョン　McDonald, John

◇マスターの教え―「富と知恵と成功」をもたらす秘訣（THE MESSAGE OF A MASTER）　ジョン・マクドナルド著, 山川紘矢, 山川亜希子訳　文庫版　飛鳥新社　2014.12　142p　15cm　509円　①978-4-86410-387-9

内容 前篇 出会い（僕は自分の運命の主人だ　不思議なことは誰の人生にもよく起るものです　人は誰でもすばらしい力をもっている　あなたの可能性には限界がない　始める前から結果を知ることができる　学ぶ価値のある最も効果的な法則）　後篇 メッセージ（何ごとにも心を開いて取り組みなさい　意識に保たれた心象は、必ず実現します　あなたという存在は、実は「意識」です　「内なる心」は、あなたを動かす最大の力です　確固とした目標を打ちたてればよい　個人を越えた無限の宇宙の力　貧乏はこの世で最大の罪悪です　体に栄養を与える言葉　何かに抵抗すると自分自身が弱くなってしまう　あなたはあなたという存在の主人です）〔07784〕

マクドナルド, リン　McDonald, Lynn

◇実像のナイチンゲール（Florence Nightingale at First Hand）　リン・マクドナルド著, 金井一薫監訳, 島田将夫, 小南吉彦訳　現代社　2015.4　396p　20cm　〈文献あり 索引あり〉1800円　①978-4-87474-168-9〔07785〕

マクドネル, ジャネット　McDonnell, Janet

◇子どもの認知行動療法―イラスト版　8　だいじょうぶ自分でできる失敗の乗りこえ方ワークブック（What to Do When Mistakes Make You Quake）　上田勢子訳　クレア・A.B.フリーランド, ジャクリーン・B.トーナー著, ジャネット・マクドネル絵　明石書店　2016.1　98p　25cm　1500円　①978-4-7503-4295-5

内容 第1章 さあ、探検に出発！　第2章 考えと感情を探検しよう　第3章 "もうダメ"なんかじゃないよ　第

4章 白か黒かにご用心！　第5章 しまった！　おっとっと、あれれ　第6章 失敗を探検しよう　第7章 失敗に慣れよう　第8章 自分のいいところを知ろう！　第9章 きみならできる！〔07786〕

マクドネル, ヘクター　McDonnell, Hector

◇ケルト、神々の住む聖地―アイルランドの山々と自然（HOLY HILLS & PAGAN PLACES OF IRELAND）　ヘクター・マクドネル著, 山田美明訳　大阪　創元社　2014.2　71p　18cm　（アルケミスト双書）　1200円　①978-4-422-21466-5

内容 失われなかった過去　聖なるものの創造　風景の中の空　閉じ込められた時間　大いなる力　内部分裂　各地の祭り　北部　南部　西部　東部　海沿いの地　水辺　丸　直立　人が消える　新たな意味が付与された丘や山　石を回す　泉　島〔07787〕

マクドノー, フランク

◇イギリスの今―文化的アイデンティティ（British Cultural Identities 原著第4版の翻訳）　マイク・ストーリー, ピーター・チャイルズ編, 塩谷清人監訳　京都　世界思想社　2013.12　466, 27p　21cm　〈索引あり〉3800円　①978-4-7907-1608-2

内容 階級と政治（フランク・マクドノー著, 井上真理訳）〔07788〕

マクナット, ジェニファー・パウエル　McNutt, Jennifer Powell

◇だれもが知りたいキリスト教神学Q&A（Theology Questions Everyone Asks）　G.M.バーグ,D.ラウバー編, 本多峰子訳　教文館　2016.3　235p　21cm　〈文献あり〉2800円　①978-4-7642-7405-1

内容 悪や苦難の意味は何なのか（ジェニファー・パウエル・マクナット）〔07789〕

マクナーニ, D.*　Mclnerney, Dennis M.

◇自己調整学習ハンドブック（HANDBOOK OF SELF-REGULATION OF LEARNING AND PERFORMANCE）　バリー・J.ジマーマン, ディル・H.シャンク編, 塚野州一, 伊藤崇達監訳　京都　北大路書房　2014.9　434p　26cm　〈索引あり〉5400円　①978-4-7628-2874-4

内容 文化と教育における自己調整：文化的背景と自己調整に関する考察（Dennis M.Mclnerney著, 秋場大輔訳）〔07790〕

マクナブ, クリス　McNab, Chris

◇世界の軍装図鑑―18世紀 - 2010年（Military Uniforms Visual Encyclopedia）　クリス・マクナブ著, 石津朋之監訳, 餅井雅大訳　大阪　創元社　2014.12　439p　26×20cm　4500円　①978-4-422-21528-0

内容 序 軍服の誕生と進化　第1章 18世紀　第2章 革命戦争 1789〜1914年　第3章 第一次世界大戦　第4章 第二次世界大戦　第5章 現代の戦争　用語集〔07791〕

◇SAS・特殊部隊式図解サバイバルテクニック―あらゆる災害に対応する（SAS and Elite Forces Guide）　クリス・マクナブ著, 角敦子訳　原書房　2016.3　326p　19cm　〈索引あり〉2000円　①978-4-562-05296-7

内容 第1章 大災害と向きあう（自然災害　敵を知る ほか）　第2章 自宅でのサバイバル（自宅での避難　安全対策 ほか）　第3章 野外でのサバイバル（避難のタイミング　自動車による避難 ほか）　第4章 飲食物（栄養と健康　備蓄 ほか）　第5章 自分を守る（察知と回避　身体的防御 ほか）　第6章 医療と衛生（基礎トリアージ ほか）〔07792〕

マクナマラ, B.N.B.*　Macnamara, Brooke N.

◇ワーキングメモリと日常―人生を切り拓く新しい知性（WORKING MEMORY）　T.P.アロウェイ,R.G.アロウェイ編著, 湯沢正通, 湯沢美紀監訳　京都　北大路書房　2015.10　340p　21cm　（認知心理学のフロンティア）〈文献あり 索引あり〉3800円　①978-4-7628-2908-6

内容 ワーキングメモリと知能：展望（Andrew R.A. Conway, Brooke N.Macnamara, Pascale M.J.Engel de Abreu著, 湯澤正通訳）〔07793〕

マクナミー, シーラ　McNamee, Sheila

◇ナラティヴ・セラピー―社会構成主義の実践（Therapy as social construction（抄訳））　シーラ・マクナミー, ケネス・J.ガーゲン編, 野口裕二, 野村直樹訳　三鷹　遠見書房　2014.12　177p　19cm　〈文献あり　金剛出版1997年刊の改訂〉2400円　①978-4-904536-80-3

内容 序章（シーラ・マクナミー, ケネス・J.ガーゲン）〔07794〕

マクニール, イアン　Macneil, Ian R.

◇関係的契約理論―イアン・マクニール撰集（The Relational Theory of Contract）　イアン・マクニール著, デヴィッド・キャンベル編, 池下幹彦, 東繁彦共訳　日本評論社　2015.2　323p　22cm　〈文献あり 索引あり〉5800円　①978-4-535-51832-2

内容 第1部 序論（イアン・マクニールと関係的契約理論（デヴィッド・キャンベル））　第2部 関係的契約理論（交換と協力　契約の性質と契約規範　現在化と契約のスペクトルに沿った調整　救済分析　関係理論についての省察　関係理論を踏まえた教授法についての論評）　第3部 後書き（関係的契約理論―課題と質問）〔07795〕

マクニール, ウィリアム・H.　McNeill, William Hardy

◇戦争の世界史―技術と軍隊と社会　上（THE PURSUIT OF POWER）　ウィリアム・H.マクニール著, 高橋均訳　中央公論新社　2014.1　477p　16cm　（中公文庫 マ10-5）〈刀水書房2002年刊の2分冊〉1333円　①978-4-12-205897-2

内容 第1章 古代および中世初期の戦争と社会　第2章 中国優位の時代――〇〇〇〜一五〇〇年　第3章 ヨーロッパにおける戦争というビジネス――〇〇〇〜一六〇〇年　第4章 ヨーロッパの戦争のアートの進歩――六〇〇〜一七五〇年　第5章 ヨーロッパにおける官僚化した暴力は試練のときをむかえる――七〇〇〜八九年　第6章 フランス政治革命とイギリス産業革命が軍事におよぼした影響――七八九〜一八四〇年〔07796〕

◇戦争の世界史―技術と軍隊と社会　下（THE

マ

PURSUIT OF POWER）　ウィリアム・H.マクニール著, 高橋均訳　中央公論新社　2014.1　379p　16cm　（中公文庫 マ10-6）〈刀水書房2002年刊の2分冊　索引あり〉1238円　①978-4-12-205898-9

内容 第7章 戦争の産業化の始まり――八四〇～八四年（企業間の、そして国家間の軍備をめぐる競争　新しい模範、プロイセン式の戦争　全世界的な影響）　第8章 軍事・産業間の相互作用の強化――八八四～一九一四年（イギリスの戦略的優位の崩壊　イギリスにおける軍事・産業複合体の出現　海軍軍備と経済の政治化　合理的設計と合理的経営の限界　その国際的な影響）　第9章 二十世紀の二つの世界大戦（第一次世界大戦と第二次世界大戦における勢力均衡と人口動態　第一次世界大戦における経営の変貌その一局面（一九一四～一六年）　第一次世界大戦における経営の変貌その第二局面（一九一六～一八年）　戦間期の反動、そして第二次世界大戦中の「経営された経済」への回帰）　第10章 一九四五年以来の軍備競争と指令経済の時代　〔07797〕

◇世界史―人類の結びつきと相互作用の歴史　1（THE HUMAN WEB）　ウィリアム・H.マクニール, ジョン・R.マクニール著, 福岡洋一訳　楽工社　2015.10　214p　20cm　1800円　①978-4-903063-72-0

内容 序章 ウェブと歴史　第1章 人類の始まり　第2章 食糧生産への移行――万一〇〇〇年前 - 三〇〇〇年前　第3章 旧世界におけるウェブと文明―前三五〇〇 - 後二〇〇年　第4章 旧世界とアメリカにおけるウェブの発展―二〇〇 - 一〇〇〇年　第5章 ウェブの濃密化――〇〇〇 - 一五〇〇年　〔07798〕

◇世界史―人類の結びつきと相互作用の歴史　2（THE HUMAN WEB）　ウィリアム・H.マクニール, ジョン・R.マクニール著, 福岡洋一訳　楽工社　2015.12　p231～518　20cm　〈文献あり 索引あり〉1800円　①978-4-903063-73-7

内容 第6章「世界規模のウェブ」の形成――四五〇 - 一八〇〇年（一四五〇年の世界におけるウェブ　世界のウェブの融合と拡張（一四五〇 - 一八〇〇年）ほか）　第7章 古い鎖の打破と新しいウェブの緊密化――七五〇 - 一九一四年（ウェブの進展　爆発的な人口増加 ほか）　第8章 ウェブへの圧力――八九〇年以降の世界（コミュニケーションとアイデア　科学とテクノロジーの結合 ほか）　第9章 全体像と長期的な見通し　〔07799〕

◇マクニール世界史講義（The Global Condition）　ウィリアム・H.マクニール著, 北川知子訳　筑摩書房　2016.3　241p　15cm　（ちくま学芸文庫 マ40-1）　950円　①978-4-480-09725-5

内容 第1部 グレートフロンティア―近代の自由とヒエラルキー（衝突する世界――七五〇年まで　変容する世界――七五〇年から）　第2部 人間の条件―生態学と歴史学の交差（文明化の原動力―ミクロ寄生、マクロ寄生、都市的変容　近代世界システムへ―ミクロ寄生、マクロ寄生、商業的変容）　第3部 人間の営みにおける統制と破綻（文明の破綻は避けられないのか）　〔07800〕

マクニール, ジョン・R.　McNeill, John Robert

◇世界史―人類の結びつきと相互作用の歴史　1（THE HUMAN WEB）　ウィリアム・H.マクニール, ジョン・R.マクニール著, 福岡洋一訳　楽工社　2015.10　214p　20cm　1800円　①978-4-903063-72-0

内容 序章 ウェブと歴史　第1章 人類の始まり　第2章 食糧生産への移行――万一〇〇〇年前 - 三〇〇〇年前　第3章 旧世界におけるウェブと文明―前三五〇〇 - 後二〇〇年　第4章 旧世界とアメリカにおけるウェブの発展―二〇〇 - 一〇〇〇年　第5章 ウェブの濃密化――〇〇〇 - 一五〇〇年　〔07801〕

◇世界史―人類の結びつきと相互作用の歴史　2（THE HUMAN WEB）　ウィリアム・H.マクニール, ジョン・R.マクニール著, 福岡洋一訳　楽工社　2015.12　p231～518　20cm　〈文献あり 索引あり〉1800円　①978-4-903063-73-7

内容 第6章「世界規模のウェブ」の形成――四五〇 - 一八〇〇年（一四五〇年の世界におけるウェブ　世界のウェブの融合と拡張（一四五〇 - 一八〇〇年）ほか）　第7章 古い鎖の打破と新しいウェブの緊密化――七五〇 - 一九一四年（ウェブの進展　爆発的な人口増加 ほか）　第8章 ウェブへの圧力――八九〇年以降の世界（コミュニケーションとアイデア　科学とテクノロジーの結合 ほか）　第9章 全体像と長期的な見通し　〔07802〕

マクニール, デイヴィッド　McNeill, David

◇雨ニモマケズ―外国人記者が伝えた東日本大震災（STRONG IN THE RAIN : Surviving Japan's Earthquake, Tsunami, and Fukushima Nuclear Disaster）　ルーシー・バーミンガム, デイヴィッド・マクニール著, PARC自主読書会翻訳グループ訳　えにし書房　2016.12　270p　19cm　2000円　①978-4-908073-31-1

内容 序章 二〇一一年三月十一日　第1章 地震　第2章 津波　第3章 水門を閉めろ　第4章 メルトダウン　第5章 天皇の言葉　第6章 世界に伝える　第7章 フライ人　第8章 助けて、お願い！　第9章 出発　第10章 東北魂　エピローグ　〔07803〕

マグヌス, ウルリッヒ

◇ヨーロッパ私法の展望と日本民法典の現代化　川角由和, 中田邦博, 潮見佳男, 松岡久和編　日本評論社　2016.3　541p　22cm　（竜谷大学社会科学研究所叢書 第108巻）〈他言語標題：Perspectives of European Private Law and Modernization of Japanese Civil Code〉7000円　①978-4-535-52165-0

内容 国際物品売買契約条約〈CISG〉に関する実務上の諸問題と判例による指針の形成 他（ウルリッヒ・マグヌス著, 田中洋訳）　〔07804〕

マクネア, パトリシア　Macnair, Patricia Ann

◇かんかくってなあに？―からだのふしぎ（SENSATIONAL SENSES）　パトリシア・マクネア作, リチャード・ワトソン絵, たなかあきこ訳, 今泉忠明監修　小学館　2015.9　1冊（ページ付なし）　28cm　（めくってものしり絵本）　1700円　①978-4-09-726598-6　〔07805〕

マクノートン, ヘレン

◇歴史のなかの消費者―日本における消費と暮らし1850-2000（THE HISTORICAL CONSUMER）　ペネロピ・フランクス, ジャネット・ハンター編, 中村尚史, 谷本雅之監訳　法政大学出版局　2016.3　367p　22cm　〈索引あり〉4400円　①978-4-

588-32707-0
内容 蒸気の力、消費者の力（ヘレン・マクノートン著）〔07806〕

マクファーソン, ゲーリー・E.* McPherson, Gary E.
◇自己調整学習ハンドブック（HANDBOOK OF SELF-REGULATION OF LEARNING AND PERFORMANCE） バリー・J.ジマーマン, ディル・H.シャンク編, 塚野州一, 伊藤崇達監訳 京都 北大路書房 2014.9 434p 26cm 〈索引あり〉 5400円 ①978-4-7628-2874-4
内容 自己調整と音楽スキルの熟達（Gary E. McPherson, James M.Renwick著, 佐藤礼子訳）〔07807〕

マクファーソン, ステファニー・サンマルチノ McPherson, Stephanie Sammartino
◇働く人のための探偵―米産業医学の祖女性医師アリス・ハミルトンを知っていますか？ ステファニー・サンマルチノ・マクファーソン著, 東敏昭, 吉村美穂訳 第3版 産業医学振興財団 2015.3 114p 21cm 〈年表あり 英語併記〉 1200円 ①978-4-915947-56-8
内容 働く人のための探偵. The worker's detective〔07808〕

マクフィー, ジョン McPhee, John
◇ボイドン校長物語―アメリカン・プレップスクールの名物校長伝（The Headmaster） ジョン・マクフィー著, 藤倉皓一郎訳 京都 ナカニシヤ出版 2014.10 104p 19cm 1800円 ①978-4-7795-0889-9
内容 廃校寸前から最高クラスの名門校へ 校長らしくない校長 校長先生の天分 校長先生のスポーツ教育 校長先生の生い立ち 学校のある町―デアフィールドの歴史 ミセス・ボイドン 校長先生と無口な少年―トム・アシュレイ 校長先生の危機―デアフィールド校の資金難 教師と生徒と校長先生 校長先生の入学選考 校長先生の演出 校長先生の手紙〔07809〕

マクフォール, マイケル
◇安定とその敵（Stability at bay） Project Syndicate〔編〕 土曜社 2016.2 120, 2p 18cm （プロジェクトシンジケート叢書） 952円 ①978-4-907511-36-4
内容 米ロはシリアでも手を結べない（マイケル・マクフォール著）〔07810〕

マクブライド, キャリル McBride, Karyl
◇毒になる母―自己愛マザーに苦しむ子供（WILL I EVER BE GOOD ENOUGH？） キャリル・マクブライド〔著〕, 江口泰子訳 講談社 2015.10 266p 15cm （講談社+α文庫 F53-1） 〈「毒になる母親」（飛鳥新社 2012年刊）の改題、再編集〉 630円 ①978-4-06-281622-9
内容 第1部 自己愛マザーのなにが問題か（あなたが背負っている重荷 母と娘の「空っぽの鏡」 母親の自己愛の特徴 父親の姿はどこに？ ―自己愛マザーが支配する家庭 イメージがすべて―可愛い顔でにっこり笑いなさい） 第2部 自己愛マザーの娘たち（わたしは必死に頑張った！ 必死に頑張って、なんの意味があるの？ 恋愛関係におよぼす影響 助けて！ わたし、母のようになりたくない！） 第3部 回復の5つのステップ（回復のステップ1 どう見えるかではなく、どう感じるか 回復のステップ2 母親から心理的に分離する 回復のステップ3 ほんとうの自分になる 回復のステップ4 母親とどう向きあうか 回復のステップ5 自己愛の連鎖を断ち切る）〔07811〕

マクブライド, レオ・H. McBride, Reo H.
◇インストラクショナルデザインの理論とモデル―共通知識基盤の構築に向けて（INSTRUCTIONAL-DESIGN THEORIES AND MODELS, Volume 3） C.M.ライゲルース, A.A.カー＝シェルマン編, 鈴木克明, 林雄介監訳 京都 北大路書房 2016.2 449p 21cm 〈索引あり〉 3900円 ①978-4-7628-2914-7
内容 教育のドメイン理論―学習者中心教育を可能にする到達度マッピング（C.ビクター・バンダーソン, デービッド・A.ワイリー, レオ・H.マクブライド著, 野田啓子訳）〔07812〕

マクベス, ジョン（学校経営）
◇21世紀型学習のリーダーシップ―イノベーティブな学習環境をつくる（Leadership for 21st Century Learning） OECD教育研究革新センター編著, 木下江美, 布川あゆみ監訳, 斎藤里美, 本田伊克, 大西公恵, 三浦綾希子, 藤浪海訳 明石書店 2016.9 308p 22cm 4500円 ①978-4-7503-4410-2
内容 変化する世界において学習を導く（ジョン・マクベス著, 大西公恵訳）〔07813〕

マクヘンリー, ジェフリー・J.
◇経験学習によるリーダーシップ開発―米国CCLによる次世代リーダー育成のための実践事例（Experience-Driven Leader Development） シンシア・D.マッコーレイ, D.スコット・デリュ, ポール・R.ヨスト, シルベスター・テイラー編, 漆嶋稔訳 日本能率協会マネジメントセンター 2016.8 511p 27cm 8800円 ①978-4-8207-5929-4
内容 ピンポインティング：仕事と社員のマッチング 他（ジェフリー・J.マクヘンリー）〔07814〕

マクマナス, クレア
◇オックスフォード ブリテン諸島の歴史 7 17世紀―1603年―1688年（The Short Oxford History of the British Isles : Seventeenth Century 1603-1688） 鶴島博和日本語版監修 ジェニー・ウァーモールド編, 西川杉子監訳 慶応義塾大学出版会 2015.5 367, 57p 22cm 〈文献あり 年表あり 索引あり〉 6800円 ①978-4-7664-1647-3
内容 オラだの国はなんだべな（クレア・マクマナス著, 北村紗衣訳）〔07815〕

マクマニス
◇次の大震災に備えるために―アメリカ海兵隊の「トモダチ作戦」経験者たちが提言する軍民協力の新しいあり方 ロバート・D.エルドリッヂ編 近代消防社 2016.5 141p 18cm （近代消防新書） 900円 ①978-4-421-00886-9
内容 運用部隊側の見解（マクマニス元大佐インタビ

マ

ュー)(マクマニス〔述〕, ロバート・D.エルドリッヂ聞き手)　〔07816〕

マクマハン, デヴィッド

◇ブッダの変貌—交錯する近代仏教　末木文美士, 林淳, 吉永進一, 大谷栄一編　京都　法蔵館　2014.3　415, 11p　22cm　(日文研叢書)〈他言語標題：TRANSFORMATIONS of the BUDDHA　索引あり〉8000円　①978-4-8318-6226-6

内容 仏教モダニズム(デヴィッド・マクマハン著, 田中悟訳)　〔07817〕

◇ブッダの変貌—交錯する近代仏教　末木文美士, 林淳, 吉永進一, 大谷栄一編　京都　人間文化研究機構国際日本文化研究センター　2014.3　415, 11p　22cm　(日文研叢書 51)〈他言語標題：Transformations of the Buddha　文献あり〉非売品　①978-4-901558-64-8

内容 仏教モダニズム(デヴィッド・マクマハン著, 田中悟訳)　〔07818〕

マ

マークマン, アート　Markman, Arthur B.

◇スマート・チェンジ—悪い習慣を良い習慣に作り変える5つの戦略 (Smart Change)　アート・マークマン著, 小林由香利訳　CCCメディアハウス　2015.1　290, 9p　19cm　〈文献あり〉1700円　①978-4-484-15103-8

内容 第1章 行動改善の難しさ　第2章 行動を持続する　第3章 目標を最適化する　第4章 ゴーシステムを飼いならす　第5章 ストップシステムを活用する　第6章 環境を管理する　第7章 他人と関わる　第8章 変化を起こす　第9章 自分以外もスマート・チェンジ　〔07819〕

マクミラン, ハロルド

◇インタヴューズ　3　毛沢東からジョン・レノンまで (THE PENGUIN BOOK OF INTERVIEWS)　クリストファー・シルヴェスター編, 新庄哲夫他訳　文芸春秋　2014.6　463p　16cm　(文春学芸ライブラリー—雑英 7)　1690円　①978-4-16-813018-2

内容 ハロルド・マクミラン(ハロルド・マクミラン述, ジョセリン・スティーヴンズインタヴュアー, 山岡洋一訳)　〔07820〕

マクミラン, マーガレット　MacMillan, Margaret

◇誘惑する歴史—誤用・濫用・利用の実例 (THE USES AND ABUSES OF HISTORY)　マーガレット・マクミラン著, 真壁広道訳　えにし書房　2014.12　190p　19cm　〈文献あり 索引あり〉2000円　①978-4-908073-07-6

内容 はじめ　第1章 歴史ブーム　第2章 癒やしのための歴史　第3章 過去は誰のものか　第4章 歴史とアイデンティティー　第5章 歴史をナショナリズム　第6章 歴史濫用の収支勘定　第7章 歴史戦争　第8章 ガイドとしての歴史　結び　〔07821〕

◇第一次世界大戦—平和に終止符を打った戦争 (THE WAR THAT ENDED PEACE)　マーガレット・マクミラン著, 真壁広道訳, 滝田賢治監修　えにし書房　2016.5　757p 図版16p　22cm　〈文献あり 年表あり 索引あり〉8000円　①978-4-908073-24-3

内容 戦争か平和か？　一九〇〇年のヨーロッパ　イギリスと栄光ある孤立　ヴィルヘルム二世とドイツ—「悲しいことだ国王が大人でない！」　世界政策　ドレッドノート—英独海軍競争　英仏協商—不思議な友好関係　熊と鯨—ロシアとイギリス　ニーベルングの忠誠—オーストリア=ハンガリーとドイツの二国同盟　人々が考えていたこと—希望、恐怖、思想、言葉にならない想定　平和の夢想　戦争について考える　戦争計画の作成　危機の始まり—第一次モロッコ事件　ボスニア危機—ロシアとオーストリア=ハンガリーの対立　一九一一年—第二次モロッコ事件　第一次バルカン戦争　戦争あるいは平和への準備—ヨーロッパにおける平和の最後の数カ月　サラエヴォの暗殺　「ヨーロッパ協調」の終焉—オーストリア=ハンガリーの対セルビア宣戦　消えた明かり—ヨーロッパの平和の最後の一週間　〔07822〕

マクメネミー, サラ　McMenemy, Sarah

◇ワールド・イン・ザ・ラウンド 動きだす世界地図 (THE WORLD IN THE ROUND)　サラ・マクメネミー絵, ニール・モリス文　京都　青幻舎インターナショナル　2016.9　47p　29×29cm　〈発売：青幻舎(京都)〉2200円　①978-4-86152-563-6

内容 太陽系　わたしたちが暮らす場所　アプリの使い方　地図って何？　世界の国ぐに　国旗で見る世界　カナダとグリーンランド　アメリカ合衆国　メキシコ　中央アメリカとカリブ海〔ほか〕　〔07823〕

マクラウド, L.*　Macleod, Liz

◇臨床が変わる！　PT・OTのための認知行動療法入門 (Cognitive-Behavioural Interventions in Physiotherapy and Occupational Therapy)　マリー・ダナヒー, マギー・ニコル, ケイト・デヴィッドソン編, 菊池安希子監訳, 網本和, 大嶋伸雄訳者代表　医学書院　2014.4　184p　26cm　〈索引あり〉4200円　①978-4-260-01782-4

内容 慢性疼痛(Denis Martin, Liz Macleod著, 松田雅弘訳)　〔07824〕

マクラッチー, スティーブ　McClatchy, Steve

◇決める—すべてを一瞬で判断できるシンプルな技法 (DECIDE)　スティーブ・マクラッチー著, 花塚恵訳　ダイヤモンド社　2015.4　268p　19cm　1600円　①978-4-478-02958-9

内容 第0章 8つの質問—決め方ですべてが変わる　第1章 「ほしい」のか、「避けたい」のか？　一人の動機は2つしかない　第2章 「動き」で判断する—ゲインタスクで決断を変える　第3章「結果」にフォーカスする—新しい優先順位のシンプルなルール　第4章 すべては一瞬で決まる—エネルギーとモチベーションで計れ　第5章「時間価値」を脳に刻む—わかっていないから浪費する　第6章 「計画」を立てる—1カ月、1週間、1日をどう決めるか？　第7章「中断」を管理する—1日の終わりも中断と考える　第8章「人生」を管理する—「合理的に決める」行動を継続する　第9章「行動」を起こす—決断だけで終わらせない　〔07825〕

マクラナハン, リン・E.　McClannahan, Lynn E.

◇自閉症児のための活動スケジュール (Activity Schedules for Children with Autism 原著第2版の翻訳)　リン・E.マクラナハン, パトリシア・J.

クランツ著, 園山繁樹監訳　二瓶社　2014.9 178p　21cm　〈索引あり〉2200円　①978-4-86108-070-8

内容 自立・選択・社会的相互交渉　前提として必要なスキル：子どもは活動スケジュールの準備ができているか　初めての活動スケジュールの準備　特別な指導方法　スケジュールに従う行動を測定する　最初のスケジュールを習得した！　活動はいつ終わりにするか　選択肢を増やす　写真や絵から文字へ　社会的相互交渉スキルを伸ばす　大人の活動スケジュール　活動スケジュール：進歩のためのプラットホーム　問題解決Q&A　〔07826〕

マクラレン, アンガス　McLaren, Angus

◇性的不能の文化史―"男らしさ"を求めた男たちの悲喜劇（Impotence）　アンガス・マクラレン著, 山本規雄訳　作品社　2016.8　517p　20cm 3700円　①978-4-86182-589-7

内容 第1章 挿入させない挿入者―"本物の男"を求めた古代ギリシア・ローマ　第2章 性器は時に不服従の態度を示す―勃起・挿入・射精の実証を求めた中世キリスト教会　第3章「お馬がレリダで立ち往生」―性的不能が嘲笑の対象となったヨーロッパ初期近代　第4章 普及する科学、理想化される愛―啓蒙の時代、繊細さを求められるようになった男たち　第5章 新婚初夜を恐れた男たち―19世紀、女性への恐怖と脅かされる男らしさ　第6章「一粒で驚きの精力増大…」―ヴィクトリア朝時代、医学とインチキ医学の闘い　第7章「セックスこそ幸せな結婚の条件」―フロイトとマリー・ストープス、精神分析による新たな定義　第8章 睾丸移植、ホルモン療法―戦間期の外科的治療と回春療法、そして優生学　第9章 性の解放と「インポテンツ急増中」―キンゼーとマスターズ&ジョンソン、性革命、ピル、ウーマンリブ　第10章 バイアグラと"男らしさ"の現在―幸福な解決策か、新たな不幸の誕生か　〔07827〕

マクラーレン, アン・E.

◇中国書籍史のパースペクティブ―出版・流通への新しいアプローチ　永冨青地編訳　勉誠出版 2015.6　359p　22cm　6000円　①978-4-585-29097-1

内容 近世中国における新読者層の形成（アン・E.マクラーレン著）　〔07828〕

マクリスタル, スタンリー　McChrystal, Stanley A.

◇TEAM OF TEAMS―複雑化する世界で戦うための新原則（TEAM OF TEAMS）　スタンリー・マクリスタル, タントゥム・コリンズ, デビッド・シルバーマン, クリス・ファッセル著, 吉川南, 尼丁千津子, 高取芳彦訳　日経BP社 2016.4　467p　19cm　〈発売：日経BPマーケティング〉2200円　①978-4-8222-5154-3

内容 第1部 プロテウス問題（プロテウスの息子たち　時計仕掛け　難解さから複雑さへ　正しいことを行う）　第2部 一つにまとまる（命令型からチームへ　チームのなかのチーム）　第3部 共有する（システムを考える　脳を収納ボックスから取り出す　「囚人のジレンマ」を打ち破る）　第4部 解き放つ（手は出さない　菜園主のように組織を率いる）　第5部 先を見据える（対称性）　〔07829〕

マクリーン, シヴォーン　Maclean, Siobhan

◇パワーとエンパワメント―ソーシャルワーク・ポケットブック（The Social Work Pocket Guide to... POWER AND EMPOWERMENT）　シヴォーン・マクリーン, ロブ・ハンソン著, 木全和巳訳　京都　クリエイツかもがわ　2016.3 133p　19cm　〈文献あり〉1600円　①978-4-86342-179-0

内容 1 なに？（パワーとはなにか？　パワーを定義すると　パワーはどのように構築されるのか？ ほか） 2 なぜ？（なぜ？　なぜ、ソーシャルワーカーは、パワーとエンパワメントへの理解を発展させていく必要があるのか？　パワーとソーシャルワーク ほか） 3 どうしたら？（どうしたら　エンパワメントは、願望か、現実か　ミクロ、メゾ、マクロ ほか）　〔07830〕

マクリーン, ブライアン

◇経済学の座標軸―馬渡尚憲先生追悼論文集　仙台経済学研究会編　社会評論社　2016.4　355p 21cm　〈他言語標題：Economics in Three Dimensions　著作目録あり 年譜あり 索引あり〉 3300円　①978-4-7845-1834-0

内容 リーマン・ショック以降のカナダ経済（ブライアン・マクリーン著, 芳賀健一訳）　〔07831〕

マクリーン, マルゴット

◇世界における日本のユング心理学　日本ユング心理学会編　大阪　創元社　2016.9　192p　21cm （ユング心理学研究 第8巻）〈文献あり〉2000円　①978-4-422-11498-9

内容 二頭の虎そして続くこと、去りゆくこと、残されたものまだ終わっていない、ジェイムズ・ヒルマンとの共同作業（マルゴット・マクリーン, マーマー・ブレイクスリー述, 名取琢自編訳）　〔07832〕

マクリーン, ローリー　MacLean, Rory

◇ビジュアル版 世界の歴史都市―世界史を彩った都の物語（The Great Cities in History）　ジョン・ジュリアス・ノーウィッチ編, 福井正子訳　柊風舎　2016.9　303p　27×21cm　15000円 ①978-4-86498-039-5

内容 モントリオール―カナダをつくった反骨精神 他（ローリー・マクリーン）　〔07833〕

マクルーハン, マーシャル　McLuhan, Marshall

◇メディアはマッサージである―影響の目録（THE MEDIUM IS THE MASSAGE）　M.マクルーハン,Q.フィオーレ著, 門林岳史訳, 加藤賢策デザイン監修　河出書房新社　2015.3　189p 15cm　（河出文庫 マ10-1）〈文献あり〉850円 ①978-4-309-46406-0　〔07834〕

マクレー, C.*　Macrae, Chris

◇国家ブランディング―その概念・論点・実践（NATION BRANDING）　キース・ディニー編著, 林田博光, 平沢敦監訳　八王子　中央大学出版部　2014.3　310p　22cm　（中央大学企業研究所翻訳叢書 14）　4500円　①978-4-8057-3313-4

内容 国家のブランディングの将来的展望（Philippe Favre,Chris Macrae,Stephen Brown著, 平沢敦訳）　〔07835〕

マ

マグレイス, リタ　McGrath, Rita Gunther
◇競争優位の終焉―市場の変化に合わせて、戦略を動かし続ける（The End of Competitive Advantage : How to keep your strategy moving as fast as your business）　リタ・マグレイス著, 鬼沢忍訳　日本経済新聞出版社　2014.6　243p　19cm　2000円　①978-4-532-31938-0
内容 第1章 競争優位の終焉　第2章 シナリオ1・継続的に変わり続ける―安定性とアジリティーの両立　第3章 シナリオ2・衰退の前兆をつかみ、うまく撤退する　第4章 シナリオ3・資源配分を見直し、効率性を高める　第5章 シナリオ4・イノベーションに習熟する　第6章 シナリオ5・リーダーシップとマインドセットを変える　第7章 シナリオ6・あなた個人への影響について考える　〔07836〕

マクレイニー, デイヴィッド　McRaney, David
◇思考のトラップ―脳があなたをダマす48のやり方（YOU ARE NOT SO SMART）　デイヴィッド・マクレイニー著, 安原和見訳　二見書房　2014.9　413p　19cm　〈文献あり〉1700円　①978-4-576-14115-2
内容 プライミング効果　作話　確証バイアス　あと知恵バイアス　テキサスの名射手の誤謬　先延ばし　正常性バイアス　内観　利用可能性ヒューリスティック　傍観者効果〔ほか〕　〔07837〕

マクレイノルズ, ルイーズ　McReynolds, Louise
◇〈遊ぶ〉ロシア―帝政末期の余暇と商業文化（Russia at Play）　ルイーズ・マクレイノルズ著, 高橋一彦, 田中良英, 巽由樹子, 青島陽子訳　法政大学出版局　2014.10　407, 91p　22cm　〈文献あり 索引あり〉6800円　①978-4-588-37121-9
内容 第1章 ロシアにおける官製演劇の起源　第2章 官製演劇の商業化　第3章 モダンライフとしてのスポーツ　第4章 女優とレスラー―アイデンティティの生成　第5章 内外を旅するロシア人　第6章 世紀末ロシアの夜に繰り出す　第7章 「ワルツの嵐」―夜の世界の演目　第8章 帝政ロシアの夢工房　〔07838〕

マクレオッド, ジョン　McLeod, John
◇心理臨床への多元的アプローチ―効果的なセラピーの目標・課題・方法（Pluralistic Counselling and Psychotherapy）　ミック・クーパー, ジョン・マクレオッド著, 末武康弘, 清水幹夫監訳　岩崎学術出版社　2015.7　269p　21cm　〈文献あり 索引あり〉3600円　①978-4-7533-1092-0
内容 第1章 多元的アプローチへの導入　第2章 多元的アプローチの基盤　第3章 協働的なセラピー関係の構築　第4章 クライアントの目標：セラピーの出発点　第5章 課題：セラピーの実践の焦点化　第6章 方法：変化を促進するための資源　第7章 実証的研究：多元的なカウンセリンクとサイコセラピーを発展させる　第8章 スーパービジョン、トレーニング、継続的専門職能力開発（CPD）、サービスの提供：多元的な観点　第9章 ディスカッション：新しいパラダイムに向けて　〔07839〕

マグレガー, ジェームズ　McGregor, James
◇中国の未来を決める急所はここだ（NO ANCIENT WISDOM, NO FOLLOWERS）　ジェームズ・マグレガー著, 中西輝政, 依田光江訳　ヴィレッジブックス　2014.9　241p　18cm　1100円　①978-4-86491-168-9
内容 序章 未来の勝者となるための戦略的要衝はどこか　第1章 変わらない中国の国有企業　第2章 中国の産業政策と「だまし」のテクニック　第3章 中国式資本主義に前途はあるのか　第4章 世界で自分たちのやり方を押し通す　第5章 チャイナ・モデルの再構築　〔07840〕

マクレガー, リンゼイ　McGregor, Lindsay
◇マッキンゼー流最高の社風のつくり方―高業績を生む「組織文化」のシンプル構築術（PRIMED TO PERFORM）　ニール・ドシ, リンゼイ・マクレガー著, 野中香方子訳　日経BP社　2016.8　422p　19cm　〈発売：日経BPマーケティング〉1800円　①978-4-8222-5166-6
内容 第1部 ToMoとは何か？　―高業績を導く社風は、驚くほど明快な基本的要素から始まる。それは、「なぜ働くのか」である。（動機スペクトル　ToMo指数）　第2部 ToMoはパフォーマンスをどのように押し上げるか？　―ToMoは社風と組織のパフォーマンスをつなぐミッシングリンクである。（パフォーマンスについて再考する　パフォーマンスの陰と陽）　第3部 なぜ、優れた社風は少ないのか？　―妨げとなる偏見と習慣（非難バイアス　硬直か流動的か）　第4部 どうすればToMoの高い社風を構築できるか？　―ToMoの科学を知り、適切な道具を持っていれば、悪い社風も変えることができる。（業績を照らす灯明　ファイヤー・スターター　アイデンティティー　遊び場　1000の階段がある場所　成果主義　狩猟集団　火守り人　パフォーマンスの調整　活動に火をつける　科学者の歯ブラシ）　〔07841〕

マグレディ, マイク　McGrady, Mike
◇主夫と生活（THE KITCHEN SINK PAPERS）　マイク・マグレディ著, 伊丹十三訳　アノニマ・スタジオ　2014.12　332p　19cm　〈学陽書房1983年刊の復刊　発売：KTC中央出版〉1600円　①978-4-87758-732-1
内容 コリーヌが事業家になり、俺は主婦を失うのこと　コリーヌ、俺の夫になるといい出すのこと　俺が退職金の計算をするのこと　俺が遂に辞表を書くのこと　誰も俺を引き留めず、俺は酔い潰れるのこと　俺が主夫としてデビューし、主人のコリーヌを会社へ送るのこと　主夫第一日目の生活で時間で伸びたり縮んだりするのこと　俺が晩めしを作り、コリーヌから百ドルの家計費をもらうのこと　最初の一日が終り、俺は主夫として眠りにつくのこと　料理のこと、あるいは、俺たちの結婚史〔ほか〕　〔07842〕

マクレラン, ジリアン
◇経験学習によるリーダーシップ開発―米国CCLによる次世代リーダー育成のための実践事例（Experience-Driven Leader Development）　シンシア・D.マッコーレイ,D.スコット・デリュ, ポール・R.ヨスト, シルベスター・テイラー編, 漆嶋稔訳　日本能率協会マネジメントセンター　2016.8　511p　27cm　8800円　①978-4-8207-5929-4
内容 学びのレディネスを評価するツール「GPS・R」他（ポール・ヨスト, ヒラリー・ローチェ, ジリアン・マクレラン）　〔07843〕

マ

マクレリー, ナイジェル McCrery, Nigel
◇世界が驚いた科学捜査事件簿（SILENT WITNESSES） ナイジェル・マクレリー著, 沼尻由起子訳 河出書房新社 2014.8 241p 20cm 2000円 ①978-4-309-24668-0
内容 第1章 身元 第2章 弾道学 第3章 血液 第4章 微細証拠物件 第5章 死体 第6章 毒物 第7章 DNA 〔07844〕

マグロー, フィリップ McGraw, Phillip C.
◇史上最強の人生マニュアル―あなたのまわりにある理不尽な悪意に打ち勝ち、成功を手繰り寄せる方法（LIFE CODE） フィリップ・マグロー著, 弓場隆訳 SBクリエイティブ 2015.3 262p 19cm 1600円 ①978-4-7973-7507-7
内容 第1部 現実社会の悪人たち―彼らを見抜いて遠ざける方法（人生は真剣勝負だ 悪人の8つの特徴 悪人の15の手口） 第2部 新しい「人生の鉄則」と現実社会で勝つためのルール（ターゲットにならないと決意する 16の成功戦略 交渉術を磨く 新しい子育ての秘訣） 結論 〔07845〕
◇史上最強の人生戦略マニュアル（LIFE STRATEGIES） フィリップ・マグロー著, 勝間和代訳 きこ書房 2015.5 451p 16cm 〈2008年刊の再刊〉 900円 ①978-4-87771-330-0
内容 問題がひとりでに解決することは、絶対にない 本当に生きるということ 自分の選択と態度に焦点をあてる 「見返り」が行動を支配している 問題は、あなたが認めるまで悪化していく 違うことを「する」 過去の出来事を言い訳にしない 今すぐに人生計画を立てる 見返りを断つ 憎しみはあなたの心を変えてしまう あなたのゴールラインはどこか？ ガイドつき人生の旅 目標設定の七つのステップ 自分の公式を見つけよう 〔07846〕

マグロウ, ピーター McGraw, Peter
◇世界"笑いのツボ"探し（THE HUMOR CODE） ピーター・マグロウ, ジョエル・ワーナー著, 柴田さとみ訳 CCCメディアハウス 2015.4 399p 19cm 2200円 ①978-4-484-15112-0
内容 1 コロラド―前フリ 2 ロサンゼルス―「おもしろい人」の秘密 3 ニューヨーク―笑いのつくりかた 4 タンザニア―人はなぜ笑うのか 5 日本―コメディとロスト・イン・トランスレーション 6 スカンジナビア―ユーモアの暗黒面 7 パレスチナ―この世で最も悲惨な地に、ユーモアはあるか？ 8 アマゾン―笑いは百薬の長？ 9 モントリオール―最後のオチ 〔07847〕

マクロスティー, レス
◇世界がぶつかる音がする―サーバンツの物語（The Sound of Worlds Colliding） クリスティン・ジャック編, 永井みぎわ訳 ヨベル 2016.6 300p 19cm 1300円 ①978-4-907486-32-7
内容 まなざしの向こうに（レス・マクロスティー） 〔07848〕

マクロビー, リンダ・ロドリゲス McRobbie, Linda Rodriguez
◇悪いお姫様の物語―おとぎ話のように甘くない24人の悪女の真実（PRINCESSES BEHAVING BADLY） リンダ・ロドリゲス・マクロビー著, 緒川久美子訳 原書房 2015.3 289, 10p 20cm 〈文献あり〉 2500円 ①978-4-562-05137-3
内容 簒奪者―男の世界で権力を握ったプリンセスたち 戦士―自ら戦に出たプリンセスたち 謀略家―はかりごとに長けたプリンセスたち サバイバー―賛否両論の道を歩んだプリンセスたち 狂騒―人生を思いきり謳歌したプリンセスたち 奔放―性愛に溺れたプリンセスたち 狂女―乱心した、あるいは錯乱したプリンセスたち 〔07849〕

マケイン, ドナルド McCain, Donald V.
◇ラーニング・ファシリテーションの基本―参加者中心の学びを支援する理論と実践（Facilitation basics） ドナルド・マケイン, デボラ・デイビス・トビー共著, 香取一昭訳 ヒューマンバリュー 2015.6 214p 23cm （ATDグローバルベーシックシリーズ ATD training basics series） 〈文献あり〉 2800円 ①978-4-9906893-4-6 〔07850〕

マケルマリー, ジル McElmurry, Jill
◇木のすきなケイトさん―砂漠を緑の町にかえたある女のひとのおはなし（THE TREE LADY） H.ジョゼフ・ホプキンズ文, ジル・マケルマリー絵, 池本佐恵子訳 神戸 BL出版 2015.9 〔32p〕 24×29cm 1600円 ①978-4-7764-0722-5 〔07851〕

マーケン, ジェームス Marken, James
◇インストラクショナルデザインの理論とモデル―共通知識基盤の構築に向けて（INSTRUCTIONAL-DESIGN THEORIES AND MODELS, Volume 3） C.M.ライゲルース,A.A.カー＝シェルマン編, 鈴木克明, 林雄介監訳 京都 北大路書房 2016.2 449p 21cm 〈索引あり〉 3900円 ①978-4-7628-2914-7
内容 情意的な発達を促進する―感情的知能（バーバラ・A.ビチェルマイヤー, ジェームス・マーケン, タマラ・ハリス, メラニー・ミサンチャク, エミリー・ヒクソン著, 中嶌康二訳） 〔07852〕

マーコスキー, ジェイソン Merkoski, Jason
◇本は死なない―Amazonキンドル開発者が語る「読書の未来」（BURNING THE PAGE : THE EBOOK REVOLUTION AND THE FUTURE OF READING） ジェイソン・マーコスキー著, 浅川佳秀訳 講談社 2014.6 308p 19cm 1600円 ①978-4-06-218861-6
内容 本の歴史 電子書籍の起源 キンドルプロジェクトの始まり キンドル2、さらなる高みへ 競争の始まり 神経生物学からみた読書 読書文化の存在意義 つながりを深める本 短命なテクノロジー 電子書籍の普及学〔ほか〕 〔07853〕

マコックラン, ジェラルディン McCaughrean, Geraldine
◇エッサイの木―クリスマスまでの24のお話（The Jesse Tree） ジェラルディン・マコックラン著, 沢知恵訳, 池谷陽子絵 日本キリスト教団出版局 2014.9 155p 22cm 1800円 ①978-4-8184-0900-2

マ

内容 エッサイの木. 楽園. 舟いっぱいの動物. 見知らぬ客. 愛のテスト. 天へのはしご. 夢見る人. ききんと豊作. 私の民を去らせよ！ 見知らぬ地から来た人. 主よ、お話しください。しもべは聞いております. 羊飼いの王. おどり. ソロモンの知恵. いつわりの神と静かにささやく声. 戦争と平和. おどろきのあまり口がきけなくなる. マリア. 喜びでとびはねる. 最悪のときに. すばらしい知らせ. ずるがしこさとほんとうのかしこさ. 天使たち. 一番明るい星　〔*07854*〕

マコナキー, ドン　Maconachie, Don

◇高等教育における教育・学習のリーダーシップ（A handbook for executive leadership of learning and teaching in higher education）〔クライグ・マキニス, ポール・ラムズデン, ドン・マコナキー〕〔著〕, 〔杉本和弘〕〔訳・解説〕, 東北大学高等教育開発推進センター編　仙台　東北大学高等教育開発推進センター　2014.3　85p　21cm　（PDブックレット vol.5）　〔*07855*〕

マコーマック, ガバン　McCormack, Gavan

◇転換期の日本へ―「パックス・アメリカーナ」か「パックス・アジア」か（Pax Americana versus Pax Asia）　ジョン・W.ダワー, ガバン・マコーマック著, 明田川融, 吉永ふさ子訳　NHK出版　2014.1　311p　18cm　（NHK出版新書 423）　860円　①978-4-14-088423-2

内容 第1章 サンフランシスコ体制―その過去、現在、未来（サンフランシスコ体制の歪な起源　問題を孕む八つの遺産　現在の不確実性　恐怖と希望）　第2章 属国―問題は「辺境」にあり（サンフランシスコ体制が生んだ「根本的問題」　沖縄―ないがしろにされつづける民意　馬毛島―秘密裏に進む軍事基地計画　八重山諸島、与那国島―四つの難題　尖閣（釣魚）諸島問題―五つの論争点　辺境の島々と北朝鮮―「正常化」交渉の挫折と核実験　「辺境」は「中心」へ）　第3章 対談 東アジアの現在を歴史から考える（属国の代償　歴史問題論争―戦争の記憶と忘却　朝鮮半島問題―核と拉致をめぐって　改憲―揺らぐ反軍国主義の理想　領土紛争と東アジアのナショナリズム　台頭する中国のゆくえ　「パックス・アメリカーナ」か「パックス・アジア」か）　〔*07856*〕

◇正義への責任―世界から沖縄へ　1　那覇　琉球新報社　2015.11　55p　21cm　〈発売：琉球プロジェクト（〔那覇〕）〉565円　①978-4-89742-193-3

内容 東シナ海地域の中心に―独自外交へ自治権を（ガバン・マコーマック）　〔*07857*〕

マコーマック, ティム　McCormack, Timothy L.H.

◇再論東京裁判―何を裁き、何を裁かなかったのか（Beyond Victor's Justice？）　田中利幸, ティム・マコーマック, ゲリー・シンプソン編著, 田中利幸監訳, 饗庭朋子, 伊藤大将, 佐藤晶子, 高取由紀, 仁科由紀, 松島亜季訳　大月書店　2013.12　597, 17p　20cm　〈索引あり〉6800円　①978-4-272-52099-2

内容 今日につながる東京裁判の意義（サラ・フィニン, ティム・マコーマック著, 饗庭朋子訳）　〔*07858*〕

マコーマック, デニス・K.　McCormack, Dennis K.

◇STRONGER「超一流のメンタル」を手に入れる―米海軍ネイビーシールズ式（STRONGER）　ジョージ・S.エヴァリーJr., ダグラス・A.ストラウス, デニス・K.マコーマック著, 桜田直美訳　かんき出版　2016.11　269p　19cm　1600円　①978-4-7612-7215-9

内容 序章 超一流のメンタルとはどのようなものか？　第1章 能動的な楽観主義を手に入れる　第2章 決断力と行動力を手に入れる　第3章 道徳的な指針を手に入れる　第4章 粘り強さを手に入れる　第5章 周囲のサポートを手に入れる　終章 超一流のメンタルを手に入れる　〔*07859*〕

マコーマック, メアリ

◇森の静けさの中で―カルメルの伝統における祈り　メアリ・マコーマック著, 福岡カルメル会訳　サンパウロ　2016.11　133p　19cm　1200円　①978-4-8056-8607-2

内容 序章 祈りの伝統　第1章 祈りの初歩　第2章 関係としての祈り　第3章 静けさのうちに沈められて　第4章 観想の使徒　終章 カルメル―神のうるおいの庭園　〔*07860*〕

マコーミック, エリザベス・W.　McCormick, Elizabeth Wilde

◇認知分析療法〈CAT〉による自己変革のためのマインドフルネス―あなたはなぜ「わな」や「ジレンマ」にはまってしまうのか？（CHANGE FOR THE BETTER）　エリザベス・W.マコーミック著, 古川聡訳　福村出版　2015.11　426p　21cm　〈文献あり 索引あり〉4500円　①978-4-571-24058-4

内容 1 自分は誰だろう？　―自分を形づくっているものは何？　変化するとはどういうこと？　2 自分を形づくっているもの―自分自身や他者、それに問題となっている症状を感じよう　3 名前をつけることで問題となっている症状を取り除く　4 氷山の一角をなす感情―感情の状態と抑うつと具体的な症状　5 激変する感情のジェットコースター　6 自分に関する情報を集める　7 自分を変える　8 他者との関係の中で変わってみよう　9 変化を持続させる　10 学生、セラピスト、そしてコ・カウンセラーのために　〔*07861*〕

マコーミック, パトリシア　McCormick, Patricia

◇マララ―教育のために立ち上がり、世界を変えた少女（I Am Malala）　マララ・ユスフザイ, パトリシア・マコーミック著, 道伝愛子訳　岩崎書店　2014.10　289p 図版16p　20cm　〈年表あり〉1700円　①978-4-265-86013-5

内容 第1部 タリバンがやってくる前（鳥のように自由に　夢 ほか）　第2部 渓谷をおおう影（ラジオ・ムッラー　スワート渓谷のタリバン ほか）　第3部 声をあげはじめる（発言の機会　ある女子生徒の日記 ほか）　第4部 タリバンの標的（殺害予告　春のきざし ほか）　第5部 新たな生活、故郷を遠く離れて（バーミンガムという町　問題と解決 ほか）　〔*07862*〕

マコール, ストール

◇アリストテレス的現代形而上学（Contemporary Aristotelian Metaphysics）　トゥオマス・E.タフコ編著, 加地大介, 鈴木生郎, 秋葉剛史, 谷川卓, 植村玄輝, 北村直彰訳　春秋社　2015.1　451, 17p　20cm　（現代哲学への招待―Anthology　丹治信春監修）　〈文献あり 索引あり〉4800円　①978-4-393-32349-6

マ

内容 生命の起源と生命の定義（ストール・マコール著, 谷川卓訳）〔07863〕

マーサー, スティーブン

◇経験学習によるリーダーシップ開発―米国CCLによる次世代リーダー育成のための実践事例（Experience-Driven Leader Development） シンシア・D.マッコーレイ,D.スコット・デリュ, ポール・R.ヨスト, シルベスター・テイラー編, 漆嶋稔訳 日本能率協会マネジメントセンター 2016.8 511p 27cm 8800円 ①978-4-8207-5929-4

内容 「and」組織の創設：最も本質的な課題としてリーダーシップ開発を見る（スティーブン・マーサー）〔07864〕

マザー・テレサ Mother Teresa

⇒テレサ, マザー

マサリ, グスタヴォ Mazali, Gustavo

◇1年をとおしてよむせいしょ―365のものがたりとおいのり（The One Year Handy Bible） L. M.アレックスぶん, アン・K.クラークおいのり, グスタヴォ・マサリイラスト, といかわみゆきやく サンパウロ 2016.2 496p 19cm 2800円 ①978-4-8056-0480-9 〔07865〕

マザワー, マーク

◇秩序の喪失 プロジェクトシンジケート叢書編集部訳 土曜社 2015.2 164, 3p 19cm （プロジェクトシンジケート叢書）〈他言語標題：Loss of order〉1850円 ①978-4-907511-15-9

内容 新しい欧州の古い妖怪（マーク・マザワー著）〔07866〕

マシード, スティーヴン Macedo, Stephen

◇リベラルな徳―公共哲学としてのリベラリズムへ（Liberal Virtues） スティーヴン・マシード著, 小川仁志訳 風行社 2014.8 337, 25p 22cm 〈文献あり 索引あり〉3500円 ①978-4-86258-083-2

内容 第1章 リベラリズムからの逃避 第2章 リベラリズムと公共的正当化 第3章 法とリベラルな市民権 第4章 正当化の制度 第5章 リベラリズムの憲法 第6章 自由、自律、およびリベラルな共同体 第7章 リベラルな徳〔07867〕

マーシャック, マーク Marschark, Marc

◇親と教師のための聴覚障害児の学び―教育的ニーズと根拠に基づく支援（How Deaf Children Learn） マーク・マーシャック, ピーター・C.ハウザー著, 中川辰雄訳 田研出版 2014.8 218p 21cm 〈文献あり 索引あり〉2500円 ①978-4-86089-047-6

内容 大切なこと 聴覚障害児入門 聞こえることと聞こえないこと 言語とコミュニケーション 家族と仲間―学習の基礎 聴覚障害の認知 学習と記憶 問題解決と知識 読みの学習 算数の学習―基礎と成果 聴覚障害教育の教室 ここからどこへ向かうのか〔07868〕

◇デフ・スタディーズろう者の研究・言語・教育―オックスフォード・ハンドブック（Oxford Handbook of Deaf Studies, Language, and Education.Volume1 原著第2版の翻訳） マーク・マーシャーク, パトリシア・エリザベス・スペンサー編, 四日市章, 鄭仁豪, 沢隆史監訳 明石書店 2015.2 891p 22cm 〈索引あり〉15000円 ①978-4-7503-4139-2 〔07869〕

マジャーリ, アブデル・サラム

◇世界はなぜ争うのか―国家・宗教・民族と倫理をめぐって 福田康夫, ヘルムート・シュミット, マルコム・フレーザー他著, ジェレミー・ローゼン編集, 渥美桂子訳 朝倉書店 2016.3 296p 21cm 〈他言語標題：Ethics in Decision-Making〉非売品

内容 倫理的意思決定（アブデル・サラム・マジャーリ著）〔07870〕

◇世界はなぜ争うのか―国家・宗教・民族と倫理をめぐって 福田康夫, ヘルムート・シュミット, マルコム・フレーザー他著, ジェレミー・ローゼン編集, 渥美桂子訳 朝倉書店 2016.5 296p 21cm 〈他言語標題：Ethics in Decision-Making〉1850円 ①978-4-254-50022-6

内容 倫理的意思決定（アブデル・サラム・マジャーリ著）〔07871〕

マーシャル, アルフレッド Marshall, Alfred

◇マーシャル クールヘッド&ウォームハート（The Present Position of Economics, The Old Generation of Economists and the New〔etc.〕） アルフレッド・マーシャル著, 伊藤宣広訳 京都 ミネルヴァ書房 2014.10 306, 6p 20cm 〈他言語標題：Marshall Cool Head & Warm Heart 文献あり 索引あり〉3500円 ①978-4-623-07146-3

内容 経済学の現状. 経済学者の旧世代と新世代. 労働者階級の将来. 公正な資金. 経済騎士道の社会的可能性. ジェヴォンズ氏の『経済学の理論』. ミル氏の価値論. 分配と交換. 一般物価の変動に対する救済策〔07872〕

マーシャル, メーガン Marshall, Megan

◇ピーボディ姉妹―アメリカ・ロマン主義に火をつけた三人の女性たち（The Peabody Sisters） メーガン・マーシャル著, 大杉博昭, 城戸光世, 倉橋洋子, 辻祥子訳 南雲堂 2014.3 540p 22cm 〈索引あり〉4800円 ①978-4-523-29321-7

内容 第1部 出自―一七四六‐一八〇三年 第2部 家庭学校―一八〇四‐一八二〇年 第3部 エリザベス―一八二一‐一八二四年 第4部 メアリーとエリザベス―一八二五‐一八二八年 第5部 ソファィア―一八二九‐一八三二年 第6部 サマセットとラ・レコンペンサ―一八三三‐一八三五年 第7部 セイレム時代以前―一八三六‐一八三九年 第8部 ボストン、ウェスト・ストリート十三番地―一八四〇‐一八四二年〔07873〕

マーシャル, ロバート・C.

◇日本人の贈答 伊藤幹治, 栗田靖之編著 京都 ミネルヴァ書房 2015.9 308, 8p 22cm （ミネルヴァ・アーカイブズ）〈索引あり 1984年刊の複製〉7500円 ①978-4-623-07461-7

内容 御祝儀（ロバート・C.マーシャル著, 堀江保範訳）〔07874〕

マーシャル, I.H.　Marshall, I.Howard
◇叢書新約聖書神学　9　パウロ小書簡の神学（THE THEOLOGY OF THE SHORTER PAULINE LETTERS）　J.D.G.ダン編集主幹, 山内一郎, 山内真日本語監修　K.P.ドンフリード, I.H.マーシャル著, 山内一郎, 辻学訳　新教出版社　2016.4　271p　20cm　〈文献あり 索引あり〉　4000円　①978-4-400-10463-6　〔07875〕

マーシャル, T.　Marshall, Tim
◇恐怖の地政学―地図と地形でわかる戦争・紛争の構図（PRISONERS OF GEOGRAPHY）　T.マーシャル著, 甲斐理恵子訳　さくら舎　2016.11　315p　19cm　〈索引あり〉1800円　①978-4-86581-076-9
内容 第1章 中国―自然の巨大要塞と十四億の巨大不安　第2章 ロシア―果てしない大地と凍り続ける港　第3章 日本と朝鮮半島―侵略されたことのない国と虚勢を張る弱虫　第4章 アメリカ―地形によって運命づけられた史上最強の国　第5章 西ヨーロッパ―位置と地形に恵まれた楽園を脅かすほころび　第6章 アフリカ―天然資源と人為的国境線に苦しめられる人類の生誕地　第7章 中東―引かれたばかりの脆い国境線と血にまみれた道のり　第8章 インドとパキスタン―三千キロにおよぶ国境線と永遠に続く敵意　第9章 ラテンアメリカ―北アメリカと対照的な地形の不運　第10章 北極圏―新たな戦場となるか、強欲に打ち勝てるのか　〔07876〕

マーシュ, デイヴィッド　Marsh, David
◇ヨーロッパの行き詰まり―ユーロ危機は今後どうなるのか（EUROPE'S DEADLOCK）　デイヴィッド・マーシュ著, 田村勝省訳　一灯舎　2014.7　127, 10p　19cm　〈索引あり〉1600円　①978-4-907600-00-6
内容 不幸な家族　幻滅　ドイツ問題再論　勝者と敗者　危険な空白　取り返しのつかない誤り　技術官僚のつまずき　ECBは他の中央銀行とは違う　キプロスの騒動　主権―転換点　恐怖が鍵を握っている　ドイツの限界　フランスとの関係　ブンデスバンクの反撃　イタリアでは土壇場が連続している　銀行同盟の妄想　IMFにとっての欧州の難問　アングロ・サクソンの躊躇　アジアのスター台頭　戦争と平和　〔07877〕

マーシュ, B.　Marsh, Belle
◇明治学院歴史資料館資料集　第10集 1　バラ学校を支えた二人の女性―ミセス・バラとミス・マーシュの書簡　Lydia Ballagh,Belle Marsh著　明治学院歴史資料館　2015.3　79p 図版 6p　21cm〈編集代表：長谷川一〉800円
内容 ミセス・バラの書簡. Children's work for children, 1877（翻訳）. Children's work for children, 1877（オリジナル）. Woman's work for children, 1878-1879（翻訳）. Woman's work for children, 1878-1879（オリジナル）　ミス・マーシュの書簡（翻訳）〔07878〕

マシュケ, ザビーネ
◇学校を場とする放課後活動の政策と評価の国際比較―格差是正への効果の検討　金藤ふゆ子編著　福村出版　2016.3　343p　22cm　5200円　①978-4-571-10172-4
内容 ドイツの学校を場とする放課後活動の政策と評価（ザビーネ・マシュケ, ルートヴィヒ・シュテッヒャー著, 金藤ふゆ子監訳）〔07879〕

マシューズ, ジョン・A.　Matthews, John A.
◇マシューズ＆ハーバート地理学のすすめ（GEOGRAPHY）　John A.Matthews,David T. Herbert〔原著〕, 森島済, 赤坂郁美, 羽田麻美, 両角政彦共訳　丸善出版　2015.3　180p　19cm〈文献あり 索引あり〉1900円　①978-4-621-08900-2
内容 第1章 地理学―世界が舞台　第2章 自然的側面―我々の自然環境　第3章 人文的側面―場所の中の人間　第4章 全体としての地理学―共通基盤　第5章 地理学者の研究法　第6章 地理学の現在と将来　〔07880〕

マシューズ, ポール
◇信託制度のグローバルな展開―公益信託甘粕記念信託研究助成基金講演録　新井誠編訳　日本評論社　2014.10　634p　22cm　6800円　①978-4-535-52055-4
内容 英国2000年受託者法 他（ポール・マシューズ著, 新井誠訳）〔07881〕

マシューズ, J.ジェニファー　Matthews, J.Jennifer
◇ただそのままでいるための超簡約指南（RADICALLY CONDENSED INSTRUCTIONS FOR BEING JUST AS YOU ARE）　J.ジェニファー・マシューズ著, 古閑博丈訳　ナチュラルスピリット　2014.10　92p　19cm　1000円　①978-4-86451-138-4
内容 ただそのままでいる　平凡さの陰謀　夢　虹　太陽　彗星　神秘　まとめと結び　〔07882〕

マシュナー, ハーバート・D.G.　Maschner, Herbert D. G.
◇複雑採集狩猟民とはなにか―アメリカ北西海岸の先史考古学（PEOPLES OF THE NORTHWEST COAST）　ケネス・M.エイムス, ハーバート・D.G.マシュナー著, 佐々木憲一監訳, 設楽博己訳　雄山閣　2016.9　292p 図版 32p　27cm　〈文献あり 索引あり〉12000円　①978-4-639-02429-3
内容 第1章 序章　第2章 生態系：自然環境と人口動態　第3章 アメリカ北西海岸最初の人々　第4章 パシフィック期と近代　第5章 アメリカ北西海岸の生業　第6章 世帯とその外延世界　第7章 社会的地位と儀礼　第8章 戦争　第9章 北西海岸の美術　第10章 結論　〔07883〕

マシン, デンリー
◇経営学大図鑑（The Business Book）　イアン・マルコーズほか著, 沢田博訳　三省堂　2015.2　352p　25cm　〈索引あり〉4200円　①978-4-385-16230-0
内容 小さく始めて、大きく育てる―ビジネスを立ち上げ、しっかり育てる方法　部下のハートに火をつけろ―人を活かすリーダーシップ　お金をもっと働かせよう―財務の管理　ビジョンを忘れるな―戦略、その実行　成功するセールス―マーケティングを活用する　商品を届ける―生産後の勝負　経営学人名録　用語解説　〔07884〕

マ

マス, ソフィ　Mas, Sophie

◇パリジェンヌのつくりかた（HOW TO BE PARISIAN WHEREVER YOU ARE）　カロリーヌ・ド・メグレ, アンヌ・ベレスト, オドレイ・ディワン, ソフィ・マス著, 古谷ゆう子訳　早川書房　2014.11　265p　20cm　2200円　①978-4-15-209505-3

内容 1 パリジェンヌの基本（眠りにつく前に、思い出しておきたい「18の掟」　あるパリジャンが語る、パリジェンヌのリアル ほか）　2 悪習のススメ（矛盾しているとわかっていても、ついついやってしまう「12の事柄」　「もしかして、浮気しているのでは」と恋人に思い込ませる方法 ほか）　3 パリジェンヌな"雰囲気"の作りかた（24‐Hour Look　絶対に必要不可欠なもの ほか）　4 あえて好きになってみる（理想の男とは？　恋愛に対して楽観的でいられる、これだけの理由 ほか）　5 パリジェンヌからのアドバイス（To do list　DIY ほか）　〔*07885*〕

マーズ, テックス　Marrs, Texe W.

◇フリーメーソン・イルミナティの洗脳魔術体系―そのシンボル・サイン・儀礼そして使われ方（CODEX MAGICA）　テックス・マーズ著, 宮城ジョージ訳　ヒカルランド　2015.11　575p　21cm　〈著作目録あり〉4444円　①978-4-86471-326-9

内容 巨大でとてつもない恐ろしい陰謀　気をつけろ！　あなたは今、禁断の領域にいる！　サイコパシーとメガロマニア（誇大妄想）の暴走！　イルミナティはどうして、どうやって活動するのか　秘密のメッセージ―イルミナティのハンドサインが持つ意味　ヤブロンの弟子の手に潜む秘密　"彼ら"にとっては陽気な仲間―職人の行う魔法に潜む悪魔の爪の印　角獣、ヤギ、悪魔髭やその他悪魔からのメッセージ　「エル・ディアボロ」がついに角を見せる―悪魔が暴走する！　イルミナティの秘密の握手　イルミナティが手で表現する印―それは称賛と驚きを表現するため〔ほか〕　〔*07886*〕

マスコレル, アンドリュー

◇経済学者、未来を語る―新「わが孫たちの経済的可能性」（IN 100 YEARS）　イグナシオ・パラシオス＝ウエルタ編, 小坂恵理訳　NTT出版　2015.2　295p　20cm　〈索引あり〉2200円　①978-4-7571-2335-9

内容 ケインズ、彼の孫と我々の孫―（アンドリュー・マスコレル著）　〔*07887*〕

マスザワ, トモコ　増沢 知子

◇世界宗教の発明―ヨーロッパ普遍主義と多元主義の言説（THE INVENTION OF WORLD RELIGIONS）　増沢知子〔著〕, 秋山淑子, 中村圭志訳　みすず書房　2015.3　467, 27p　22cm　〈文献あり 索引あり〉6800円　①978-4-622-07861-6

内容 第1部（「世界宗教」成立前史　比較神学の遺産）　第2部（世界宗教の出産トラウマ　世界宗教、仏教　言語学とヨーロッパの過去における裂け目の発見　セム的宗教、イスラム　時季外れの言語学者―F・マックス・ミュラーの言語と宗教の分類）　第3部（空白期間―二〇世紀初期オムニバスガイド　覇権の問題―エルンスト・トレルチと再構築されたヨーロッパ普遍主義）　〔*07888*〕

マスターズ, ブレイク　Masters, Blake

◇ゼロ・トゥ・ワン―君はゼロから何を生み出せるか（ZERO to ONE）　ピーター・ティール, ブレイク・マスターズ著, 関美和訳　NHK出版　2014.9　253p　20cm　1600円　①978-4-14-081658-5

内容 僕たちは未来を創ることができるか　一九九九年のお祭り騒ぎ　幸福な企業はみなそれぞれに違う　イデオロギーとしての競争　終盤を制する　人生は宝クジじゃない　カネの流れを追え　隠れた真実　ティールの法則　マフィアの力学　それを作れば、みんなやってくる？　人間と機械　エネルギー2.0　創業者のパラドックス　停滞かシンギュラリティか　〔*07889*〕

マスター "K"　Master K

◇緊縛の文化史（The Beauty of Kinbaku）　マスター "K"著, 山本規雄訳　すいれん舎　2013.10　323p　20cm　〈文献あり〉2800円　①978-4-86369-299-2　〔*07890*〕

マスビェア, クリスチャン　Madsbjerg, Christian

◇なぜデータ主義は失敗するのか？―人文科学的思考のすすめ（THE MOMENT OF CLARITY）　クリスチャン・マスビェア, ミゲル・B.ラスムセン著, 田沢恭子訳　早川書房　2015.7　314p　19cm　1900円　①978-4-15-209551-0

内容 霧の中を進む　第1部 人を正しく理解できないのはなぜか（事業分析、データ、ロジック―デフォルト思考的問題解決法　クリエイティブになろう！　―枠にとらわれない思考による問題解決法）　第2部 人を正しく理解するには（人文科学　方向転換―レゴ　製品デザイン―コロプラスト　企業戦略―インテル、アディダス　"霧の晴れる瞬間"を実現させるリーダーとは）　人を正しく理解する　〔*07891*〕

マスランスキー, マイケル　Maslansky, Michael

◇信頼を勝ち取る言葉―全米消費者調査で見えた！（THE LANGUAGE of TRUST）　マイケル・マスランスキー著, スコット・ウェスト, ゲイリー・デモス, デイビッド・セイラー共著, インベスコ・コミュニケーション・アカデミー訳・監修　日経BPコンサルティング　2014.10　323p　21cm　〈発売：日経BPマーケティング〉1800円　①978-4-86443-068-5

内容 第1章 信頼を勝ち取るための新しい言葉（米国の「信頼が失われた時代」　はじめにまず言葉ありき）　第2章 信頼されるメッセージを伝える4つの原則（パーソナル化せよ　わかりやすい言葉で語れ　ポジティブであれ　真実味を持たせよ）　第3章 言葉の新しい順序（聞かせる技術―議論する前に相手の興味を引くこと　あなたのことはどうでもいい―「自分」ではなく「相手」を優先すること　そういうつもりで言ったのではない―背景や前後関係（Context）が本来の意味を伝える）　第4章 メディアとメッセージ（デジタル世界における信頼を勝ち取る言葉　信頼を失う法則―20の禁句）　〔*07892*〕

マズリッシュ, エレイン

◇やさしいママになりたい！―ギノット先生の子育て講座（LIBERATED PARENTS, LIBERATED CHILDREN）　アデル・フェイバ, エレイン・マズリッシュ著, 森かほり訳　筑摩書房　2014.2　222p　19cm　1500円　①978-

マ

4-480-87871-7
内容 第1部 子どもの力になる話し方（子どもにどんな話し方をしていますか　子どもの気持ちを認めよう　子どもが自分を信じたとき　自主性について　「具体的に言う」についてもう少し　子どものレッテルをはがす　心じゃなく雰囲気を変えよう）　第2部 親だって人間です！（自分の気持ちに気づこう　自分の気持ちを大事にすることは悪いことではない　罪悪感とその苦しみ　怒り　新しい親）〔07893〕

マゼッティ, マーク　Mazzetti, Mark
◇CIAの秘密戦争―「テロとの戦い」の知られざる内幕（THE WAY OF THE KNIFE）　マーク・マゼッティ著, 小谷賢監訳, 池田美紀訳　早川書房　2016.2　423p　19cm　〈文献あり〉2200円　①978-4-15-209602-9
内容 彼方の戦争　殺害許可　スパイ同士の結婚　暗殺部隊　ラムズフェルドのスパイ　怒れる鳥　真のパシュトゥーン人　曖昧化する任務　代理戦争　基地前線なきゲーム　「親父さん」の復活　メスの刃　アフリカ・スクランブル　破綻　医者とシャイフ　空から落ちる火　引退者コミュニティのスパイ〔07894〕

マ

マーセン, ハンスーゲオルグ
◇日独公法学の挑戦―グローバル化社会の公法　松本和彦編　日本評論社　2014.3　320p　22cm　〈他言語標題：Herausforderungen der Őffentlichen Rechtswissenschaft in Japan und Deutschland　索引あり〉5300円　①978-4-535-51981-7
内容 国際警察法の可能性と限界（ハンスーゲオルグ・マーセン著, 杉原周治訳）〔07895〕

マゾワー, マーク　Mazower, Mark
◇国際協調の先駆者たち―理想と現実の200年（Governing the World）　マーク・マゾワー著, 依田卓巳訳　NTT出版　2015.6　440p　22cm　〈索引あり〉4600円　①978-4-7571-4338-8
内容 第1部 国際主義の時代（「国際」の旗印のもとに　人類愛　法の帝国　統合者としての科学　国際連盟　イデオロギー闘争）　第2部 アメリカ式の世界統治（「連盟は死んだ。国際連合万歳」　冷戦の現実 一九四五年‐一九四九年　第二世界、第三世界　世界創造としての開発 一九四九年‐一九七三年　野党のアメリカ　現実の新国際経済秩序　人道法　残ったものは―ヨーロッパ危機とその後）〔07896〕
◇国連と帝国―世界秩序をめぐる攻防の20世紀（NO ENCHANTED PALACE）　マーク・マゾワー著, 池田年穂訳　慶応義塾大学出版会　2015.8　241, 35p　20cm　〈索引あり〉2800円　①978-4-7664-2243-6
内容 第1章 ヤン・スマッツと帝国主義的インターナショナリズム　第2章 アルフレッド・ジマーンと自由の帝国　第3章 民族、難民、領土 ユダヤ人とナチス新体制の教訓　第4章 ジャワハルラール・ネルーとグローバルな国際連合の誕生〔07897〕
◇暗黒の大陸―ヨーロッパの20世紀（DARK CONTINENT）　マーク・マゾワー著, 中田瑞穂, 網谷竜介訳　未来社　2015.12　522, 31p　22cm　〈索引あり〉5800円　①978-4-624-11205-9〔07898〕

マーソン, ジャキ　Marson, Jacqui
◇もう「いい人」ぶるのはやめて楽になりなさい（THE CURSE OF LOVELY）　ジャキ・マーソン著, 月沢李歌子訳　SBクリエイティブ　2014.10　246p　19cm　〈文献あり〉1400円　①978-4-7973-8025-5
内容 1「いい人」を取り巻く世界　2 なぜ「いい子の呪い」にかかったのか？　3 さまざまな「いい人」　4 身体が伝えるメッセージに耳を傾ける　5 幼い頃に染みついたルールを明らかにする　6 わたしにはその価値がある　7 ツールを磨く　8 恐怖の要因に立ち向かう　9 上級の行動実験―相手をがっかりさせる　10 予想外の事態に備える　11「いい人」でいることを選択する〔07899〕

マーチ, ジェニファー・ケネディ
◇経験学習によるリーダーシップ開発―米国CCLによる次世代リーダー育成のための実践事例（Experience-Driven Leader Development）　シンシア・D.マッコーレイ,D.スコット・デリュ, ポール・R.ヨスト, シルベスター・テイラー編, 漆嶋稔訳　日本能率協会マネジメントセンター　2016.8　511p　27cm　8800円　①978-4-8207-5929-4
内容 経験による専門性の幅の拡大と深化（ジェニファー・ケネディ・マーチ）〔07900〕

マーチ, ジェームズ・G.　March, James G.
◇オーガニゼーションズ―現代組織論の原典（ORGANIZATIONS 原著第2版の翻訳）　ジェームズ・G.マーチ, ハーバート・A.サイモン著, 高橋伸夫訳　第2版　ダイヤモンド社　2014.8　345p　22cm　〈文献あり 索引あり〉3200円　①978-4-478-02176-7
内容 組織的行動　「古典的」組織論　動機的制約（組織内決定　参加の決定）　組織における葛藤・対立　合理性の認知限界　組織における計画と革新〔07901〕

マチェズニー, クリス　McChesney, Chris
◇図解でわかる！　戦略実行読本―「実行の4つの規律」実践ワークブック（The 4 Disciplines of Execution）　クリス・マチェズニー, ショーン・コヴィー, ジム・ヒューリング著, フランクリン・コヴィー・ジャパン編　キングベアー出版　2014.5　155p　21cm　1500円　①978-4-86394-027-7
内容 プロローグ（なぜチームの目標を達成できないのか？　戦略か、実行か？　ほか）　第1の規律（忙しいだけで、重要なことが何も達成できない！　実行の4つの規律 ほか）　第2の規律（テコを使って岩を動かす　第2の規律 先行指標に基づいて行動する ほか）　第3の規律（スコアボードが行動を変える！　第3の規律 行動を促すスコアボードをつける ほか）　第4の規律（スコアを動かすプロセスを定着させる！　第4の規律 アカウンタビリティのリズムを生み出す ほか）　エピローグ（戦略を実行できる組織になる！　「実行の4つの規律」の力）〔07902〕
◇実行の4つの規律―行動を変容し、継続性を徹底する（THE 4 DISCIPLINES OF EXECUTION）　クリス・マチェズニー, ショーン・コヴィー, ジム・ヒューリング, 竹村富士徳著,〔フランクリン・コヴィー・ジャパン〕〔訳〕

キングベアー出版　2016.9　449p　20cm　〈「戦略を、実行できる組織、実行できない組織。」(2013年刊)の改題、増補改訂〉2200円　①978-4-86394-064-2
内容 第1部 実行の4つの規律(第1の規律：最重要目標にフォーカスする　第2の規律：先行指標に基づいて行動する　第3の規律：行動を促すスコアボードをつける　第4の規律：アカウンタビリティのリズムを生み出す)　第2部 4DXのインストール：チーム編(4DXに期待できることは何か　第1の規律をインストールする「最重要目標にフォーカスする」　第2の規律をインストールする「先行指標に基づいて行動する」　第3の規律をインストールする「行動を促すスコアボードをつける」　第4の規律をインストールする「アカウンタビリティのリズムを生み出す」　4DXを自動化する)　第3部 4DXのインストール：組織編(4DXのベストストーリー　組織を最重要目標にフォーカスさせる　4DXを組織全体に展開する　4DXのよくある質問　4DXを家庭で　次のアクション)　〔07903〕

マーチャント, ジョー　Marchant, Jo
◇ツタンカーメン死後の奇妙な物語（THE SHADOW KING）　ジョー・マーチャント著, 木村博江訳　文芸春秋　2014.9　373, 16p　20cm　〈文献あり〉1950円　①978-4-16-390125-1
内容 伝説のトンネル　蠟燭の炎が照らしたもの　姿を消した文明のドラマ　死は速き翼に乗って　手荒な検死解剖　ミイラはどのように作られたのか　リヴァプールからの手紙　血と骨が語る秘密　ファラオのX線写真を撮る　王の実像　恐怖のピラミッドと死を呼ぶ墓場　輪切りにされて蘇る命　古代DNA研究室　指紋、科学捜査、そして家系図　闇の中を転がるDNA　ツタンカーメンの死因は何か　革命　ファラオとの対面　〔07904〕

マチュー, ベルトラン　Mathieu, Bertrand
◇フランスの事後的違憲審査制（Question prioritaire de constitutionnalité）　ベルトラン・マチュー著, 植野妙実子, 兼頭ゆみ子訳　日本評論社　2015.2　154p　21cm　〈文献あり 索引あり〉3300円　①978-4-535-52102-5
内容 第1章 手続(QPCが提起される裁判所　移送担当裁判所での手続　憲法院での手続)　第2章 異議を申し立てられる規定(規定の性格　条件)　第3章 合憲性問題のフィルター(新規的な性格　重大な性格)　第4章 援用可能な憲法規範　第5章 条約適合性審査と合憲性審査との関連性　第6章 憲法院判決の効力(時間的効果　解釈留保　司法裁判所と行政裁判所による憲法院判決の考慮)　結論(QPCと国内及びヨーロッパの裁判機構の間における諸関係　QPCと裁判権限の強化)　〔07905〕

マーチン, イアイン　Martin, Iain
◇メイキング・イット・ハプン―世界最大の銀行を破綻させた男たち（Making It Happen）　イアイン・マーチン著, 冨川海訳　WAVE出版　2015.4　445p　20cm　2800円　①978-4-87290-740-7
内容 2008年10月7日火曜日　カンパニー・オブ・スコットランド　新世界　ペーズリー・パターン　銀行同士の戦い　好況と破綻の繰り返しの終焉　首切り屋・フレッド　サー・フレッド　思慮深いスコットランドの銀行家たち　安全な住宅　ライト・タッチ　ダブル・ダッチ　バンク・ラン　バブル崩壊　5年が過ぎて　〔07906〕

マーチン, D.*　Martin, Denis
◇臨床が変わる！　PT・OTのための認知行動療法入門（Cognitive-Behavioural Interventions in Physiotherapy and Occupational Therapy）　マリー・ダナヒー, マギー・ニコル, ケイト・デヴィッドソン編, 菊池安希子監訳, 網本和, 大嶋伸雄訳者代表　医学書院　2014.4　184p　26cm　〈索引あり〉4200円　①978-4-260-01782-4
内容 慢性疼痛(Denis Martin, Liz Macleod著, 松田雅弘訳)　〔07907〕

マーチン, M.　Martin, Michael
◇ミルトン・エリクソンの催眠療法入門（SOLUTION-ORIENTED HYPNOSIS）　W.H.オハンロン,M.マーチン著, 宮田敬一監訳, 津川秀夫訳　新装版　金剛出版　2016.4　242p　21cm　〈文献あり 索引あり〉3400円　①978-4-7724-1483-8
内容 第1章 解決志向催眠の原則　第2章 催眠誘導の実際　第3章 トランス現象　第4章 なぜトランスを使うのか　第5章 問題のクラス・解決のクラス　第6章 性的虐待の後遺症の治療　第7章 痛みと身体の問題の治療　第8章 私はただの催眠家です　〔07908〕

マツィリア, S.*　Marzillier, Sarah
◇嫌悪とその関連障害―理論・アセスメント・臨床的示唆（DISGUST AND ITS DISORDERS）　B.O.オラタンジ,D.マッケイ編著, 堀越勝監修, 今田純雄, 岩佐和典監訳　京都　北大路書房　2014.8　319p　21cm　〈索引あり〉3600円　①978-4-7628-2873-7
内容 嫌悪と動物恐怖症(Graham C.L.Davey, Sarah Marzillier著, 和田由美子訳)　〔07909〕

マツウラ, ハナコ*　松浦 華子
◇刑事コンプライアンスの国際動向　甲斐克則, 田口守一編　信山社　2015.7　554p　22cm　(総合叢書 19―〔刑事法・企業法〕)〈他言語標題：International Trends of Criminal Compliance 文献あり〉12800円　①978-4-7972-5469-3
内容 オーストラリアにおけるコーポレートガバナンスの最近の展開(松浦華子著, 早稲田大学GCOE刑事法グループ訳)　〔07910〕

マッカイ, パウル　Mackay, Paul
◇アントロポゾフィー協会の進化について（Esoterik und Öffentlichkeit-Zum offenbaren Geheimnis der Anthroposophischen Gesellschaft, Die Anthroposophische Gesellschaft als Michael-Gemeinschaft）　パウル・マッカイ著, 入間カイ訳　水声社　2014.8　167p　20cm　2500円　①978-4-8010-0054-4
内容 秘教性と公共性―アントロポゾフィー協会の「明らかなる秘密」について(アントロポゾフィー協会の進化について　アントロポゾフィー協会の課題について　いかにすればクリスマス会議の基盤に立ちつつ、世界への架け橋を形成できるか？)　ミカエル共同体としてのアントロポゾフィー協会―礎石のことばにおける「私たち」について(個性化と現代の社会的要請　礎石のリズムと人間本質の構成要素　霊我の質的表現としての「私たち」　カルマ連関における原則と例外　九世紀の出来事　四世紀の出来事　死

マ

の秘儀と悪の秘儀　第二の磔刑と復活　自由意志からの行為　カルマの真実の再生）付録（礎石のことば　定礎の言葉（上松佑二訳）黒板に書かれた“リズム”）〔07911〕

マッカーサー, ダグラス　MacArthur, Douglas
◇マッカーサー大戦回顧録（REMINISCENCESの抄訳）ダグラス・マッカーサー著, 津島一夫訳　改版　中央公論新社　2014.7　529p　16cm（中公文庫 マ13-1）〈年譜あり〉1400円　Ⓘ978-4-12-205977-1
内容 第1章 敗北の記　第2章 ニューギニア戦　第3章 戦略の転換　第4章 フィリピン戦　第5章 廃墟の日本　第6章 占領の課題　第7章 占領政策〔07912〕

マッカーサー, C.A.*　MacArthur, Charles A.
◇自己調整学習ハンドブック（HANDBOOK OF SELF-REGULATION OF LEARNING AND PERFORMANCE）バリー・J.ジマーマン, ディル・H.シャンク編, 塚野州一, 伊藤崇達監訳　京都　北大路書房　2014.9　434p　26cm〈索引あり〉5400円　Ⓘ978-4-7628-2874-4
内容 自己調整学習プロセスと子どものライティング（Karen R.Harris, Steve Graham, Charles A. MacArthur, Robert Reid, Linda H.Mason著, 篠ヶ谷圭太訳）〔07913〕

マ

マッカーシー, ミッシェル　McCarthy, Michelle
◇知的障害のある人たちの性と生の支援ハンドブック（Sexuality and Learning Disabilities）ミッシェル・マッカーシー, ディビット・トンプソン著, 木全和巳訳　京都　クリエイツかもがわ　2014.11　173p　21cm　2000円　Ⓘ978-4-86342-143-1
内容 第1章 知的障害のある人たちに関する性と法律　第2章 自慰（マスターベーション）　第3章 月経と閉経　第4章 重度重複障害のある人たちへのセクシュアリティの支援　第5章 性に対する興味関心、きっかけ、選択　第6章 恋愛関係の支援—知的障害のある人たちの声から学ぶ　第7章 妊娠、避妊、女性の子どもをもつかどうかの選択　第8章 性虐待を受けた知的障害のある人たち　第9章 社会的に受け入れられない性行動　第10章 個別とグループでの性教育〔07914〕

マッカリー, エミリー・アーノルド　McCully, Emily Arnold
◇ラスコーの洞窟—ぼくらの秘密の宝もの（THE SECRET CAVE : Discovering Lascaux）エミリー・アーノルド・マッカリー絵と文, 青山南訳　小峰書店　2014.3　31p　29cm（絵本地球ライブラリー）1500円　Ⓘ978-4-338-28203-1〔07915〕

マッカロー, リー　McCullough, Leigh
◇短期力動療法入門（Short-Term Therapy for Long-Term Change）マリオン・ソロモン, ロバート・ネボルスキー, リー・マッカロー, マイケル・アルパート, フランシーン・シャピロ, デヴィッド・マラン著, 妙木浩之, 飯島典子監訳　金剛出版　2014.12　228p　21cm〈索引あり〉3800円　Ⓘ978-4-7724-1393-0
内容 第1章 短期心理療法の挑戦　第2章 Davanlooによるインテンシヴな短期力動心理療法　第3章 短期力動心理療法における情動恐怖症の脱感作　第4章 共感促進的セラピー　第5章 トラウマと適応的情報処理のプロセス：EMDRの力動的、行動的接点　第6章 共謀関係に陥った夫婦の行き詰まりを打開する　第7章 アタッチメントの絆と親密さ：愛の基本的な刷り込みは変容可能か？　第8章 今後の展望〔07916〕

マッキー, ケヴィン
◇イギリスにおける高齢期のQOL—多角的視点から生活の質の決定要因を探る（UNDERSTANDING QUALITY OF LIFE IN OLD AGE）アラン・ウォーカー編著, 岡田進一監訳, 山田三知子訳　京都　ミネルヴァ書房　2014.7　249p　21cm（新・MINERVA福祉ライブラリー 20）〈文献あり 索引あり〉3500円　Ⓘ978-4-623-07097-8
内容 虚弱な高齢者のアイデンティティとQOL（ケヴィン・マッキー, ムーナ・ダウンズ, メアリー・ギルフーリ, ケン・ギルフーリ, スーザン・テスター, フィオナ・ウィルソン著）〔07917〕

マッキー, ジョン　Mackey, John
◇世界でいちばん大切にしたい会社—コンシャス・カンパニー（Conscious Capitalism）ジョン・マッキー, ラジェンドラ・シソーディア著, 鈴木立哉訳　翔泳社　2014.4　415p　20cm（Harvard Business School Press）〈索引あり〉2200円　Ⓘ978-4-7981-3454-3
内容 第1部 第一の柱—存在目的（存在目的—企業にとっての意味を追求する　存在目的を発見し、育てる）　第2部 第二の柱—ステークホルダーの統合（忠誠心が高く、信頼を寄せてくれる顧客　情熱を持った、意欲的な社員 ほか）　第3部 第三の柱—コンシャス・リーダーシップ（コンシャス・リーダーの資質　コンシャス・リーダーになるには）　第4部 第四の柱—コンシャス・カルチャーとコンシャス・マネジメント（コンシャス・カルチャー　コンシャス・マネジメント ほか）〔07918〕

マッキーナン, フィオヌアラ
◇イギリスにおける高齢期のQOL—多角的視点から生活の質の決定要因を探る（UNDERSTANDING QUALITY OF LIFE IN OLD AGE）アラン・ウォーカー編著, 岡田進一監訳, 山田三知子訳　京都　ミネルヴァ書房　2014.7　249p　21cm（新・MINERVA福祉ライブラリー 20）〈文献あり 索引あり〉3500円　Ⓘ978-4-623-07097-8
内容 配偶者に先立たれた高齢者（ピーター・スペック, ケイト・M.ベネット, ピーター・G.コールマン, マリー・ミルズ, フィオヌアラ・マッキーナン, フィリップ・T.スミス, ジョージーナ・M.ヒューズ著）〔07919〕

マッキニー‐ブラウニング, マーブル・C.
◇小学校で法を語ろう（Let's Talk about Law in Elementary School）W.キャシディ,R.イェーツ編著, 同志社大学法教育研究会訳　成文堂　2015.12　232p　21cm　3000円　Ⓘ978-4-7923-0584-0
内容 市民参画のための教育（マーブル・C.マッキニー‐ブラウニング著, 林貴美訳）〔07920〕

マッキーン, エリン
◇マニフェスト本の未来（Book : a futurist's manifesto） ヒュー・マクガイア, ブライアン・オレアリ編 ボイジャー 2013.2 339p 21cm 2800円 ①978-4-86239-117-9
内容 言葉から本を作る(エリン・マッキーン著) 〔07921〕

マッキーン, クラウディア McKeen, Claudia
◇シュタイナー教育基本指針 1 誕生から三歳まで（Kindheit-Bildung-Gesundheit） ライナー・パツラフ, クラウディア・マッキーン, イーナ・フォン・マッケンゼン, クラウディア・グラー=ヴィティッヒ著, 入間カイ訳 水声社 2014.2 235p 20cm 〈文献あり〉2500円 ①978-4-8010-0022-3
内容 第1部 教育的基礎と目標設定(中心には個性 変容における発達 ほか) 第2部 乳幼児期の発達とその促進(受胎、妊娠、誕生 生後一年 直立と歩行学習 ほか) 第3部 乳幼児保育における教育的実践(関係の形成―乳幼児保育の基礎 自由な運動と自律的な遊び ほか) 第4部 保育施設運営のための条件(根本衝動 乳幼児保育の基準 ほか) 付録 三歳未満の子どもを受け入れる施設のための品質指標 〔07922〕

マッキンゼー・アンド・カンパニー
◇企業価値評価―バリュエーションの理論と実践 上（VALUATION 原著第6版の翻訳） マッキンゼー・アンド・カンパニー, ティム・コラー, マーク・フーカート, デイビッド・ウェッセルズ著, マッキンゼー・コーポレート・ファイナンス・グループ訳 ダイヤモンド社 2016.8 504p 22cm 〈索引あり〉4200円 ①978-4-478-06877-9
内容 第1部 原理編(なぜ、企業価値か? 価値創造の基本原則 企業価値不変の法則とリスクの役割 株式市場の魔力 市場はすべて織り込み済み 投下資産収益率(ROIC) 成長とは何か) 第2部 実践編(企業価値評価のフレームワーク 財務諸表の組み替え 業績の分析 将来の業績予測 継続価値の算定 資本コストの推定 企業価値から1株当たりの価値へ 算定結果の分析 マルチプル法の活用法と注意点 事業単位ごとの企業価値評価) 資料編 〔07923〕
◇企業価値評価―バリュエーションの理論と実践 下（VALUATION 原著第6版の翻訳） マッキンゼー・アンド・カンパニー, ティム・コラー, マーク・フーカート, デイビッド・ウェッセルズ著, マッキンゼー・コーポレート・ファイナンス・グループ訳 ダイヤモンド社 2016.8 509p 22cm 〈索引あり〉4200円 ①978-4-478-06878-6
内容 第3部 上級編(税金と企業価値評価 営業外損益、引当金および準備金 リースおよび退職給付債務 資産収益率を測定する別の方法 インフレーション下の企業価値評価 クロスボーダーの企業価値評価 ケース・スタディ:ハイネケン) 第4部 管理編(事業ポートフォリオ戦略と価値創造 価値創造のための業績管理 M&Aによる価値創造 事業売却を通じた価値創造 資本構成、配当、自社株買い インベスター・リレーションズ(IR)) 第5部 応用編(新興国市場での企業価値評価 高成長企業の価値評価 シクリカルな企業の価値評価 銀行の企業価値評価 経営の自由度) 〔07924〕

マッキンタイアー, ベン Macintyre, Ben
◇キム・フィルビー―かくも親密な裏切り（A SPY AMONG FRIENDS） ベン・マッキンタイアー著, 小林朋則訳 中央公論新社 2015.5 447p 20cm 〈文献あり〉2700円 ①978-4-12-004719-0
内容 見習いスパイ セクションV オットーと坊やブー、ブー、ベイビー、俺はスパイだ 三人の青年スパイ ドイツからの亡命者 ソヴィエトからの亡命者 期待の星 荒れる海 ホメロスの冒険物語 桃追いはぎ貴族 第三の男 ベイルートの男 居ついた狐 前途きわめて有望な将校 君だろうと思っていたよ ティータイム 蒸発 三人の老いたスパイ 〔07925〕

マッキンノン, アラン
◇小学校で法を語ろう（Let's Talk about Law in Elementary School） W.キャシディ,R.イェーツ編著, 同志社大学法教育研究会訳 成文堂 2015.12 232p 21cm 3000円 ①978-4-7923-0584-0
内容 法科学を通した法の探究(アラン・マッキンノン, ピーター・ウィリアムス著, 川崎友巳訳) 〔07926〕

マックウェイド, パメラ McQuade, Pamela
◇聖書の中の100人の女性たち（The top 100 women of the bible） パメラ・マックウェイド著, 根本愛一訳 立川 福音社 2014.6 279p 19cm 1800円 ①978-4-89222-449-2 〔07927〕

マックギルブレイ, ジル McGilvray, Jill
◇いのちを育むパストラルケア―神のみ手の働き（God's love in action） ジル・マックギルブレイ著, 大西修監修, 池本真知子, スチュアート・アダムソン訳 聖公会出版 2013.6 124p 21cm 〈文献あり〉1800円 ①978-4-88274-245-6 〔07928〕

マッククラウド, アンドレア McCloud, Andrea
◇夢事典（Fortune-Telling BOOK OF DREAMS） アンドレア・マッククラウド著, Kanae Ervin訳 クロニクルブックス・ジャパン 2016.2 203p 16cm 〈発売:徳間書店〉1450円 ①978-4-19-864116-0 〔07929〕

マックネヤ, H.F. MacNair, Harley Farnsworth
◇華僑問題と世界 華僑―その地位と保護に関する研究（The Chinese Abroad） 黄警頑著, 左山貞雄訳, H.F.マックネヤ著, 近藤修吾訳 大空社 2014.9 262, 309, 10p 22cm （アジア学叢書 283）〈布装 文献あり 索引あり 大同書院 昭和16年刊の複製 大雅堂 昭和20年刊の複製〉23000円 ①978-4-283-01133-5
内容 華僑問題と世界(黄警頑)(海外華僑分布の現状 海外華僑経営の事業 華僑と中国の政治関係 華僑と中国の経済関係 海外華僑の動態 海外華僑の貢献 各国の華僑政策 華僑の待遇と保護 海外華僑の国籍 中日戦争と南洋の関係) 〔07930〕

マックファーレン, チャールズ Macfarlane, Charles
◇日本1852―ペリー遠征計画の基礎資料（JAPAN） チャールズ・マックファーレン著,

マ

渡辺惣樹訳　草思社　2016.8　343p　16cm（草思社文庫 マ1-1）　900円　①978-4-7942-2220-6
内容 西洋との接触　日本の地理　民族と歴史　宗教　政体　鉱物および希少金属　植物　動物　芸術、工業、造船、航海　娯楽、嗜好、民族性　言語、文学、科学、音楽、絵画　〔07931〕

マッケイ, D.　McKay, Dean
◇嫌悪とその関連障害―理論・アセスメント・臨床的示唆（DISGUST AND ITS DISORDERS）　B.O.オラタンジ,D.マッケイ編著, 堀越勝監修, 今田純雄, 岩佐和典監訳　京都　北大路書房　2014.8　319p　21cm　〈索引あり〉3600円　①978-4-7628-2873-7
内容 嫌悪と汚染恐怖 他（Dean McKay, Melanie W. Moretz著, 岩佐和典訳）　〔07932〕

マッケイド, ジョン　McQuaid, John
◇おいしさの人類史―人類初のひと噛みから「うま味革命」まで（TASTY）　ジョン・マッケイド著, 中里京子訳　河出書房新社　2016.2　279, 22p　20cm　〈文献あり〉2400円　①978-4-309-25345-9
内容 第1章 舌の味覚分布地図　第2章 風味の誕生―五つの食事をめぐって　第3章 苦味の遺伝子　第4章 風味の文化　第5章 甘味の誘惑　第6章 味と嫌悪感　第7章 辛さの探求　第8章 後期重爆撃期　第9章 美味のDNA　〔07933〕

マッケヴィット, クリストファー
◇イギリスにおける高齢期のQOL―多角的視点から生活の質の決定要因を探る（UNDERSTANDING QUALITY OF LIFE IN OLD AGE）　アラン・ウォーカー編著, 岡田進一監訳, 山田三知子訳　京都　ミネルヴァ書房　2014.7　249p　21cm　（新・MINERVA福祉ライブラリー 20）〈文献あり 索引あり〉3500円　①978-4-623-07097-8
内容 高齢期のアイデンティティと社会的サポート（クリストファー・マッケヴィット, ジョン・バルドック, ジャン・ハドロー, ジョー・モリアーティ, ジャビア・バット著）　〔07934〕

マッケナ, ロバート
◇経験学習によるリーダーシップ開発―米国CCLによる次世代リーダー育成のための実践事例（Experience-Driven Leader Development）　シンシア・D.マッコーレイ,D.スコット・デリュ, ポール・R.ヨスト, シルベスター・テイラー編, 漆嶋稔訳　日本能率協会マネジメントセンター　2016.8　511p　27cm　8800円　①978-4-8207-5929-4
内容 業績管理とリーダーシップ開発：矛盾または将来性？　他（ロバート・マッケナ, ロブレ・キース）　〔07935〕

マッケンゼン, イーナ・フォン　Mackensen, Ina von
◇シュタイナー教育基本指針　1　誕生から三歳まで（Kindheit-Bildung-Gesundheit）　ライナー・パツラフ, クラウディア・マッキーン, イーナ・フォン・マッケンゼン, クラウディア・グラー＝ヴィティッヒ著, 入間カイ訳　水声社　2014.2　235p　20cm　〈文献あり〉2500円　①978-4-8010-0022-3
内容 第1部 教育的基礎と目標設定（中心には個性　変容における発達 ほか）　第2部 乳幼児期の発達とその促進（受胎、妊娠、誕生　生後一年 直立と歩行学習 ほか）　第3部 乳幼児保育における教育的実践（関係の形成―乳幼児保育の基礎　自由な運動と自律的な遊び ほか）　第4部 保育施設運営のための条件（根本衝動　乳幼児保育の基準 ほか）　付録 三歳未満の子どもを受け入れる施設のための品質指標　〔07936〕

マッコーリー, ジョン　Macquarrie, John
◇現代思想におけるイエス・キリスト（JESUS CHRIST IN MODERN THOUGHT）　ジョン・マッコーリー著, 河野隆一訳　聖公会出版　2014.12　595, 8p　22cm　〈索引あり〉4800円　①978-4-88274-273-9
内容 第1部 古典的キリスト論の源と立ち上がり（キリスト論の諸問題　キリスト論の前史　パウロの証言 ほか）　第2部 古典的キリスト論批判及び再構築の試み（合理主義的キリスト論　人間主義的キリスト論　観念主義的キリスト論 ほか）　第3部 今日の我々にとってイエス・キリストは実際どなたなのか（今日のキリスト論において何が要求されるか　歴史的問題　イエス・キリストの人間性 ほか）　〔07937〕

マッコール, ローレン　McCall, Lauren
◇ローレン・マッコールのもっと動物たちと話そう―結びつきを深め、あの世の動物・野生動物などともコミュニケーション（Talk to Your Animals.2）　ローレン・マッコール著, 石倉明日美, 川岸正一訳　ハート出版　2015.1　253p　19cm　1600円　①978-4-89295-992-9
内容 第1章 自分の振動を高めよう　第2章 アニマル・コミュニケーションのガイドとは？　第3章 野生動物たちと話してみよう　第4章 "大地との一体化"を手伝ってあげよう　第5章 "魂の契約"―魂が学ぶこと　第6章 "向こう側"にいる動物たち　第7章 うつろいゆく時―ゴールデン・タイム　第8章 私の見る景色、あなたの見る景色　第9章 アイヴァンのお話―様々な声、様々な世界　第10章 学び続けることが大切です　第11章 ここから新たに始めましょう　〔07938〕

マッコーレイ, シンシア・D.　McCauley, Cynthia D.
◇経験学習によるリーダーシップ開発―米国CCLによる次世代リーダー育成のための実践事例（Experience-Driven Leader Development）　シンシア・D.マッコーレイ,D.スコット・デリュ, ポール・R.ヨスト, シルベスター・テイラー編, 漆嶋稔訳　日本能率協会マネジメントセンター　2016.8　511p　27cm　8800円　①978-4-8207-5929-4
内容 現場での成長機会の特定 他（シンシア・マッコーレイ）　〔07939〕

マッコーレイ, C.*　McCauley, Clark
◇嫌悪とその関連障害―理論・アセスメント・臨床的示唆（DISGUST AND ITS DISORDERS）　B.O.オラタンジ,D.マッケイ編著, 堀越勝監修, 今田純雄, 岩佐和典監訳　京都　北大路書房　2014.8　319p　21cm　〈索引あり〉3600円　①978-4-7628-2873-7

マ

内容 嫌悪：21世紀における身体と精神の感情（Paul Rozin, Jonathan Haidt, Clark McCauley著, 今田純雄訳）〔07940〕

マッコンキー, マーク　McConkie, Mark

◇インストラクショナルデザインの理論とモデル―共通知識基盤の構築に向けて（INSTRUCTIONAL-DESIGN THEORIES AND MODELS, Volume 3）　C.M.ライゲルース,A.A.カー＝シェルマン編, 鈴木克明, 林雄介監訳　京都　北大路書房　2016.2　449p　21cm　〈索引あり〉 3900円　①978-4-7628-2914-7

内容 シミュレーションを用いたアプローチ（アンドリュー・S.ギボンズ, マーク・マッコンキー, ケイ・キオンジュ・セオ, デイビッド・A.ワイリー著, 村上正行訳）〔07941〕

マッサーリ, アリーダ　Massari, Alida

◇イースターのはなし（The story of Easter）　メアリー・ジョスリン文, アリーダ・マッサーリ絵, 堀口順子訳　ドン・ボスコ社　2016.2　25p　27cm　1000円　①978-4-88626-592-0　〔07942〕

マッシー, ドリーン　Massey, Doreen B.

◇空間のために（For Space）　ドリーン・マッシー著, 森正人, 伊沢高志訳　調布　月曜社　2014.3　437p　19cm　〈文献あり 索引あり〉 3600円　①978-4-86503-012-9

内容 第1部 舞台設定（はじまりのための命題）　第2部 見込みのない関連性（空間/表象　共時性の監獄 ほか）　第3部 空間的な複数の時間に生きる？（近代性の歴史を空間化する　瞬間性/深さのなさ ほか）　第4部 新たな方向づけ（空間の諸断面　場所のとらえどころのなさ ほか）　第5部 空間的なものの関係論的政治学（"ともに投げ込まれていること"―場所という出来事の政治学　空間と場所の原則などない ほか）〔07943〕

マッシー, ロバート・K.　Massie, Robert K.

◇エカチェリーナ大帝―ある女の肖像　上（CATHERINE THE GREAT）　ロバート・K.マッシー著, 北代美和子訳　白水社　2014.8　396p　20cm　3200円　①978-4-560-08377-2

内容 第1部 ドイツの公女（ゾフィーの幼少期　ロシアに呼ばれる ほか）　第2部 辛い結婚生活（ジューコワ事件　のぞき穴 ほか）　第3部 誘惑、母性、対決（サルトゥイコフ　後継ぎの誕生 ほか）　第4部「時は来たれり！」（パーニン、オルロフ、そしてエリザヴェータの死　ピョートル三世の短い治世 ほか）〔07944〕

◇エカチェリーナ大帝―ある女の肖像　下（CATHERINE THE GREAT）　ロバート・K.マッシー著, 北代美和子訳　白水社　2014.8　423, 27p　20cm　〈文献あり 索引あり〉 3300円　①978-4-560-08378-9

内容 第5部 ロシアの女帝（戴冠　政府と教会　農奴制 ほか）　第6部 ポチョムキンと寵臣制度（ヴァシーリチコフ　エカチェリーナとポチョムキン―情熱　ポチョムキンの出世 ほか）　第7部「わが名はエカチェリーナ二世」（エカチェリーナ、パーヴェル、ナターリヤ　パーヴェル、マリヤ、継承　ポチョムキン―建設者、そして外交官 ほか）〔07945〕

マッスミ, ブライアン

◇アフター・テレビジョン・スタディーズ　伊藤守, 毛利嘉孝編　せりか書房　2014.4　330p　21cm　〈他言語標題：After Television Studies〉 3200円　①978-4-7967-0331-4

内容 恐れ〈スペクトルは語る〉（ブライアン・マッスミ著, 伊藤守訳）〔07946〕

◇ドゥルーズ―没後20年新たなる転回　河出書房新社　2015.10　269p　21cm　〈文献あり 著作目録あり〉 2100円　①978-4-309-24735-9

内容 非人間的転回（ブライアン・マッスミ著, 黒木秀房訳）〔07947〕

マッタレッラ・ミッキー, A.*　Mattarella-Micke, Andrew

◇ワーキングメモリと日常―人生を切り拓く新しい知性（WORKING MEMORY）　T.P.アロウェイ,R.G.アロウェイ編著, 湯沢正通, 湯沢美紀監訳　京都　北大路書房　2015.10　340p　21cm　（認知心理学のフロンティア）〈文献あり 索引あり〉 3800円　①978-4-7628-2908-6

内容 情動と認知的制御の統合（Andrew Mattarella-Micke, Sian L.Beilock著, 湯澤美紀訳）〔07948〕

マッチャー, エミリー　Matchar, Emily

◇ハウスワイフ2.0（HOMEWARD BOUND）　エミリー・マッチャー著, 森嶋マリ訳　文芸春秋　2014.2　293p　20cm　〈他言語標題：HOUSEWIFE 2.0〉 1600円　①978-4-16-390027-8

内容 はじめに キャリアウーマンから新しい主婦へ　第1章 企業社会で燃えつきた母親を反面教師にする　第2章 会社を選択的に離脱する　第3章 ブログで主張する　第4章 編んで稼ぐ―起業家への道　第5章 オーガニックである　第6章 自給自足する　第7章 多様である　第8章 ハウスワイフ2.0の四条件〔07949〕

マッツェオ, マイケル　Mazzeo, Michael

◇道端の経営学―戦略は弱者に学べ（Roadside MBA）　マイケル・マッツェオ, ポール・オイヤー, スコット・シェーファー著, 楠木建監訳, 江口泰子訳　ヴィレッジブックス　2015.2　374p　19cm　1850円　①978-4-86491-199-3

内容 プロローグ 軽い気持ちでドライブに　第1章 事業規模を拡大する　第2章 参入障壁を築く　第3章 商品の差別化を図る　第4章 価格を適切に設定する　第5章 ブランドを管理する　第6章 交渉を有利に進める　第7章 人を雇う　第8章 インセンティブ制を導入する　第9章 権限を委譲する　第10章 大企業と戦う　エピローグ 戦略はそれ自体が動く目標である〔07950〕

マッツカート, マリアナ　Mazzucato, Mariana

◇企業家としての国家―イノベーション力で官は民に劣るという神話（The entrepreneurial state）　マリアナ・マッツカート著, 大村昭人訳　薬事日報社　2015.9　443p　20cm　〈文献あり〉 2800円　①978-4-8408-1315-0

内容 序説 何か違うことをやる　第1章 危機管理論からイノベーティブな役割分担へ　第2章 テクノロジー、イノベーション、成長　第3章 リスクを取る国家 リスク回避ではなく積極的に挑戦せよ！　第4章 企業家精神に富む国家アメリカ　第5章 国家の力で実現

マ

したiPhone　第6章 緑の産業革命 積極策か消極策か　第7章 風力発電と太陽光発電―国家政策の成功例とエネルギー危機における技術開発　第8章 リスクとリターン―腐ったアップルから真の共生型エコシステムへ　第9章 リスクは社会に、報酬は企業に―国はリスクを取ったにもかかわらず利益を享受できないのか？　第10章 結論〔07951〕

マットウォフ, E.* Matusov, Eugene

◇学生が変わるプロブレム・ベースド・ラーニング実践法―学びを深めるアクティブ・ラーニングがキャンパスを変える（THE POWER OF PROBLEM-BASED LEARNING）ダッチ・B.J, グロー・S.E, アレン・D.E編, 山田康彦, 津田司監訳, 三重大学高等教育創造開発センター訳　京都　ナカニシヤ出版　2016.2　282p　22cm〈索引あり〉3600円　①978-4-7795-1002-1

内容 教員養成教育におけるPBL（Eugene Matusov, John St.Julien, James A.Whitson著, 守山紗弥加訳）〔07952〕

マッフル, ジャン＝ジャック Maffre, Jean-Jacques

◇ペリクレスの世紀（Le siècle de Périclès）ジャン＝ジャック・マッフル著, 幸田礼雅訳　白水社　2014.8　162, 7p　18cm（文庫クセジュ 993）〈文献あり〉1200円　①978-4-560-50993-7

内容 第1章 ペルシア戦争からアカルナイ人の抗争まで（ペリクレス時代の黎明　イオニアの反乱とペルシア戦争（前四九九～前四七九年）　アテネの覇権と諸ポリスの葛藤（前四七九～前四三一年）　いわゆるペロポネソス戦争（前四三一～前四〇四年）　前五世紀末のギリシア世界）　第2章 政治、経済、社会（アテネ、スパルタを中心とした社会構造　経済生活のいくつかの局面　前五世紀の政治制度とその発展）　第3章 知的混沌と哲学、科学、文学の隆盛（アテネを中心としたギリシア世界の思想的開花　科学の進歩　文学）　第4章 芸術的創造（古典主義的建築　古典主義的彫刻　絵画、彩色陶器、モザイク）〔07953〕

マテ, ガボール Maté, Gabor

◇思春期の親子関係を取り戻す―子どもの心を引き寄せる「愛着脳」（HOLD ON TO YOUR KIDS）ゴードン・ニューフェルド, ガボール・マテ著, 小野善郎, 関久美子訳　福村出版　2014.10　385p　19cm　3000円　①978-4-571-24053-9

内容 第1部 「仲間指向性」という現象（子どもの問題は親の問題　歪んだ愛着、墜ちた本能　私たちの間違い）　第2部 仲間指向性は、どのように親の子育てを妨げるのか（子育ての力が衰えている　愛着が親と対立するとき　子どもはなぜ反抗するのか　仲間文化には深みがない）　第3部 仲間指向性は、どのように子どもの健全な発達を妨げるのか（感情からの危険な逃避　未熟さから抜け出せない　いじめの加害者と犠牲者　教えにくい生徒たち）　第4部 どうやって子どもを取り戻すか（子どもを引き寄せる　親子のつながりを維持し、力をもたらす　親子関係を壊さないしつけ）　第5部 仲間指向性の予防（親は仲間の競争相手ではない　拡大家族の再生）〔07954〕

マディガン, S. Madigan, Stephen

◇ナラティヴ・セラピストになる―人生の物語を語る権利をもつのは誰か？（NARRATIVE THERAPY）S.マディガン著, 児島達美, 国重浩一, バーナード紫, 坂本真佐哉監訳　京都　北大路書房　2015.8　200p　21cm〈文献あり 索引あり〉2600円　①978-4-7628-2901-7

内容 第1章 はじめに　第2章 歴史　第3章 理論　第4章 セラピーの経過　第5章 評価　第6章 将来の展望　第7章 まとめ〔07955〕

マディソン, アンガス Maddison, Angus

◇世界経済史概観―紀元1年―2030年（CONTOURS OF THE WORLD ECONOMY, 1-2030 AD）アンガス・マディソン〔著〕, 政治経済研究所監訳　岩波書店　2015.6　503p　22cm〈索引あり〉7400円　①978-4-00-061033-9

内容 第1部 世界発展の輪郭―紀元1～2003年（ローマ帝国とその経済　西ヨーロッパの復活とアメリカの転形　アジアと西の相互作用―1500～2003年　イスラムとヨーロッパがアフリカの発展に与えた影響―紀元1～2003年）　第2部 マクロ計測の進歩（マクロ計測の先駆者たち―政治算術学派と歴史人口学者　現代のマクロ計測―われわれはどこまできたか？）　第3部 来るべき事態の姿（2030年の世界経済）〔07956〕

マティソン, ドロシー

◇世界がぶつかる音がする―サーバンツの物語（The Sound of Worlds Colliding）クリスティン・ジャック編, 永井みぎわ訳　ヨベル　2016.6　300p　19cm　1300円　①978-4-907486-32-7

内容 本当の教会とは？（ドロシー・マティソン）〔07957〕

マーティネズ, ロン

◇マニフェスト本の未来（Book : a futurist's manifesto）ヒュー・マクガイア, ブライアン・オレアリ編　ボイジャー　2013.2　339p　21cm　2800円　①978-4-86239-117-9

内容 本と出会ったアプリ（ロン・マーティネズ著）〔07958〕

マーティン, ウィリアム Martin, William

◇タオの子育て―子どもを育て、親を育てる81章（THE PARENT'S TAO TE CHING）田中淳一訳, ウィリアム・マーティン著　サンガ　2015.4　197p　18cm　1800円　①978-4-86564-002-1

内容 人生の言葉　言葉のラベル貼りに注意する　幸せは伝染する　無限の可能性　ハートに耳を傾ける　力を抜く　万物すべてに恩恵を与える　満足の手本となる　空間をつくれるか　あるがまま〔ほか〕〔07959〕

マーティン, ウェンズデー Martin, Wednesday

◇継母という存在―真実と偏見のはざまで（Stepmonster）W.マーティン著, 伊藤幸代訳　京都　北大路書房　2015.7　337p　21cm〈文献あり 索引あり〉3200円　①978-4-7628-2898-0

内容 第1部 文献に見る継母（自分だけの壁―継母になるということ　「あいつは魔女だ！」―おとぎ話と継母に関する文献を紐解く）　第2部 子連れ再婚の現実（「あんたなんか母親じゃない！」―ステップファミリーの5つのジレンマ　「あんたなんか私の子どもじゃない！」―怒り、嫉妬、不満　彼―夫を理解する　結婚―再婚の歴史）　第3部 様々な観点から（社会生物学―鳥やハチに見る継母の姿　世界の継母―文化人類学と愛着と文脈） 第4部 リスクもあれば見返りもある？ （継母の悲しみと憂鬱―リスク要因を理解する 成人継子との関係―「終身継母」からの教え）〔07960〕

マーティン, サイモン Martin, Simon

◇ビジュアル版 世界の歴史都市―世界史を彩った都の物語（The Great Cities in History） ジョン・ジュリアス・ノーウィッチ編, 福井正子訳 柊風舎 2016.9 303p 27×21cm 15000円 ①978-4-86498-039-5

内容 ティカル―マヤ文明のるつぼ（サイモン・マーティン）〔07961〕

マーティン, スティーブ・J. Martin, Steve J.

◇影響力の武器 戦略編 小さな工夫が生み出す大きな効果（THE SMALL BIG） スティーブ・J.マーティン, ノア・J.ゴールドスタイン, ロバート・B.チャルディーニ著, 安藤清志監訳, 曽根寛樹訳 誠信書房 2016.7 309p 20cm 〈文献あり〉 2200円 ①978-4-414-30423-7

内容 納税期限を守ってもらうための簡単な工夫 集団との結びつきを利用したスモール・ビッグ 社会規範の効果的な利用法 わずかな環境の変化がもたらす大きなパワー 名前が生み出す驚くべき効果 共通点を探すことの大きなメリット 「よく知っている人」という思い込み 約束を守ってもらうためのスモール・ビッグ 行動力を倍加させる小さなコミットメント 思わぬ逆効果を防ぐためのひと工夫〔ほか〕〔07962〕

マーティン, ダニエラ Martin, Daniella

◇私が虫を食べるわけ（EDIBLEの抄訳） ダニエラ・マーティン著, 梶山あゆみ訳 飛鳥新社 2016.6 237p 19cm 1667円 ①978-4-86410-494-4

内容 プロローグ 虫食う女も好きずき 第1章 食肉をめぐるさまざまな問題 第2章 ヒトは虫を食べて進化した 第3章 虫がプロテインパウダーを超える？ 第4章 なぜ虫を食べるかって？ それは「美味しいから」 第5章 東京のめくるめく虫食いの宴 第6章 虫食い天国、東南アジア 第7章 最後のフロンティア エピローグ 地球が虫の息になる前に 〔07963〕

マーティン, フェリックス Martin, Felix

◇21世紀の貨幣論（MONEY） フェリックス・マーティン著, 遠藤真美訳 東洋経済新報社 2014.10 429, 57p 20cm 〈文献あり 索引あり〉 2600円 ①978-4-492-65465-1

内容 マネーとは何か マネー前夜 エーゲ文明の発明 マネーの支配者はだれか？ マネー権力の誕生 「吸血イカ」の自然史―「銀行」の発明 マネーの大和解 ロック氏の経済的帰結―マネーの神格化 鏡の国のマネー マネー懐疑派の戦略―スパルタ式とソビエト式 王子のいない『ハムレット』―マネーを忘れた経済学 正統と異端の貨幣観 バッタを蜂に変える―クレジット市場の肥大化 大胆な安全策 マネーと正面から向き合う 〔07964〕

マトゥス, ルハン Matus, Lujan

◇第三の眼を覚醒させる―反復の真の本質を見出す（AWAKENING THE THIRD EYE） ルハン・マトゥス著, 高橋徹訳 ナチュラルスピリット 2014.4 264p 19cm 1800円 ①978-4-86451-110-0

内容 第1章 ナワールの責任 第2章 ナワールのささやき 第3章 同調を求めて 第4章 技法、シリーズ1：第三の眼のベールをとる 第5章 永遠を取り入れ、すくいとる 第6章 技法、シリーズ2：高度な見つめ方 第7章 活動的な夢見る者 〔07965〕

マドハヴァン, グル Madhavan, Guruprasad

◇「考える」は技術―世界最高の思考ツールであらゆる問題を解決する（APPLIED MINDS） グル・マドハヴァン著, 須川綾子訳 ダイヤモンド社 2016.7 302p 19cm 〈文献あり〉 1600円 ①978-4-478-06740-6

内容 プロローグ 世界にまだない「解」を出す―エンジニアの思考法 1章「モジュラーシステム思考」で分解して考える 2章 モデル化で問題を「最適化」する 3章 「逆算思考」で信頼性と効率性を両立する 4章 組み換え発想で解決策を「標準化」する 5章「制約」を逆手にとってトレードオフを乗り越える 6章「適応思考」で共感と理性の均衡点を探る 7章「プロトタイプ思考」で創造力を最大化する 8章「人類学思考」でアイデアの中心に人を置く フェードアウト 万人のための思考法へ 〔07966〕

マトモロス, ロセラ

◇ブック・アートをめぐって 中西美穂編 京都 キョートット出版 2015.12 77p 21cm 1000円 ①978-4-9902637-5-1

内容 つくるプロセス 他（ロセラ・マトモロス述, ふるさかはるかコーディネーター, レベッカ・ジェニスン訳） 〔07967〕

マトラバース, デレク

◇哲学がかみつく（Philosophy Bites） デイヴィッド・エドモンズ, ナイジェル・ウォーバートン著, 佐光紀子訳 柏書房 2015.12 281p 20cm 〈文献あり〉 2800円 ①978-4-7601-4658-1

内容 アートの定義（デレク・マトラバース述） 〔07968〕

マドリック, ジェフ Madrick, Jeffrey G.

◇世界を破綻させた経済学者たち―許されざる七つの大罪（SEVEN BAD IDEAS） ジェフ・マドリック著, 池村千秋訳 早川書房 2015.8 275p 20cm 〈文献あり〉 2100円 ①978-4-15-209558-9

内容 序章 大いなる損害 第1章 あまりに「美しい」理論―見えざる手 第2章 セイの法則と緊縮財政 第3章 政府の役割は限定的であるべし―ミルトン・フリードマンの過ち 第4章 インフレさえ抑制できればいい？ 第5章 投機バブルなんて起きない 第6章 グローバリゼーション―世界版「フリードマンの誤り」 第7章 経済学は科学である 〔07969〕

マニ, A

◇アジア共同体―その構想と課題 林華生編著 町田 蒼蒼社 2013.11 434p 22cm 3800円 ①978-4-88360-119-6

内容 東アジアで勃興するインドとインド人（A.マニ著, 松本理可子訳） 〔07970〕

マニオン, メラニー
◇現代中国政治研究ハンドブック　高橋伸夫編著　慶応義塾大学出版会　2015.7　308p　21cm　(慶応義塾大学東アジア研究所・現代中国研究シリーズ)〈索引あり〉3200円　①978-4-7664-2209-2
内容 欧米の研究者による中国政治研究(メラニー・マニオン著, 上野正弥訳)〔07971〕

マニング, パトリック　Manning, Patrick
◇世界史をナビゲートする—地球大の歴史を求めて(Navigating World History)　パトリック・マニング著, 南塚信吾, 渡辺昭子監訳　彩流社　2016.5　506, 148p　22cm〈文献あり 索引あり〉8000円　①978-4-7791-2217-0
内容 第1部 世界史の展開(世界史を定義する　一九〇〇年までの歴史哲学 ほか)　第2部 歴史研究における革命(学問の諸分野　地域研究 ほか)　第3部 近年の研究成果(政治史および経済史　社会史 ほか)　第4部 世界史における分析の論理(歴史におけるスケール—時間と空間　枠組みと戦略のモデルを作る ほか)　第5部 世界史の学習と研究(大学院教育のプログラムと優先順位　学習のコース ほか)〔07972〕

マニング, ミック　Manning, Mick
◇ダーウィンが見たもの(What Mr Darwin Saw)　ミック・マニング, ブリタ・グランストロームさく, 渡辺政隆やく　福音館書店　2014.6　48p　24×28cm　1500円　①978-4-8340-8046-9〔07973〕

マニング, モリー・グプティル　Manning, Molly Guptill
◇戦地の図書館—海を越えた一億四千万冊(WHEN BOOKS WENT TO WAR)　モリー・グプティル・マニング著, 松尾恭子訳　東京創元社　2016.5　257, 59p　20cm〈索引あり〉2500円　①978-4-488-00384-5
内容 第1章 蘇る不死鳥　第2章 八十五ドルの服はあれど、パジャマはなし　第3章 雪崩れ込む書籍　第4章 思想戦における新たな武器　第5章 一冊摑め、ジョー。そして前へ進め　第6章 根性、意気、大きな勇気　第7章 砂漠に降る雨　第8章 検閲とフランクリン・デラノ・ルーズヴェルトの四期目　第9章 ドイツの降伏と神に見捨てられた島々　第10章 平和の訪れ　第11章 平均点を上げる忌々しい奴ら〔07974〕

マネル, アリシア　Munnell, Alicia Haydock
◇老後資金がショートする—米国に学ぶ破産回避法(FALLING SHORT)　チャールズ・エリス, アリシア・マネル, アンドリュー・エストゥルース著, 玉木伸介監訳, 遠山勲, 村上正人訳　中央経済社　2016.11　220p　19cm〈文献あり 索引あり 発売：中央経済グループパブリッシング〉2000円　①978-4-502-20371-8
内容 第1章 はじめに—豊かな退職後に向けて　第2章 現状に至った背景　第3章 問題はどれほど深刻であるのか　第4章 個人としてできることは何か　第5章 国としてできることは何か〔07975〕

マノヴィッチ, レフ
◇アフター・テレビジョン・スタディーズ　伊藤守, 毛利嘉孝編　せりか書房　2014.4　330p　21cm〈他言語標題：After Television Studies〉3200円　①978-4-7967-0331-4
内容 カルチュラル・ソフトウェアの発明(レフ・マノヴィッチ著, 大山真司訳)〔07976〕

マパウレ, クレヴァー
◇法文化論の展開—法主体のダイナミクス 千葉正士先生追悼　角田猛之, ヴェルナー・メンスキー, 森正美, 石田慎一郎編　信山社　2015.5　361p　22cm〈他言語標題：New developments in the study of legal culture　文献あり 著作目録あり〉8200円　①978-4-7972-8070-8
内容 アフリカの千葉正士(クレヴァー・マパウレ著, 石田慎一郎訳)〔07977〕

マハティール・ビン・モハマド　Mahathir bin Mohamad
◇ドクトル・マハティールの知恵袋—平和への処方箋(The wit & wisdom of Dr Mahathir Mohamad)　マハティール・ビン・モハマド著, 加藤暁子訳　城西大学出版会　2016.10　262p　19cm〈年譜あり〉3000円　①978-4-907630-56-0〔07978〕

マビティ, ロジャー　Mavity, Roger
◇たった2%の“ピッチ”が人生の98%を変える(LIFE'S A PITCH)　スティーブン・ベイリー, ロジャー・マビティ著, 黒沢修司訳　CCCメディアハウス　2015.8　276p　19cm　1700円　①978-4-484-15118-2
内容 第1部 仕事術(人生とは決断である　情報を伝えるのではなく、心をつかむ　「役者」よりも「脚本」が重要　優れたピッチは手帳から始まる ほか)　第2部 人生哲学(なりたい自分を装う　印象を操作する　誘惑術を身につける　名作の手紙から ほか)〔07979〕

マーフィー, クレイグ・N.　Murphy, Craig
◇国連開発計画〈UNDP〉の歴史—国連は世界の不平等にどう立ち向かってきたか(THE UNITED NATIONS DEVELOPMENT PROGRAMME)　クレイグ・N.マーフィー著, 峯陽一, 小山田英治監訳, 内山智絵, 石高真吾, 福田州平, 坂田有弥, 岡野英之, 山田佳代訳　明石書店　2014.3　679p　20cm　(世界歴史叢書)〈索引あり〉8800円　①978-4-7503-3989-4
内容 UNDPとは何か—標準のイメージではない　UNDPの歴史的責務—開発と国際連合　前身機関EPTAの誕生—実践的な連帯のための組織　南の独立国を支援する—脱植民地化と経済の変革　アフリカからの教訓—ガーナ時代のルイスとその後　組織の転換点—キャパシティ、コンセンサス、危機、帰結　敵か、友か—解放運動と革命国家に関与す　学習する組織—女性、ラテンアメリカ、アフリカ　人間開発の誕生—「一気飲み」の開発でUNDPが哺乳類になる　環境問題への関心—冷戦後、「聖人」のための働く　組織改革と民主的ガバナンス—「フェビアン社会主義者は出場不可」　「海を耕す？」—UNDPとグローバル・ガバナンスの未来〔07980〕

マーフィー, ジェームズ・T.　Murphy, James T.
◇経済地理学キーコンセプト(KEY CONCEPTS

IN ECONOMIC GEOGRAPHY）　青山裕子, ジェームズ・T.マーフィー, スーザン・ハンソン著, 小田宏信, 加藤秋人, 遠藤貴美子, 小室譲訳　古今書院　2014.2　223p　22cm　〈文献あり 索引あり〉 3000円　①978-4-7722-3157-2

内容 第1章 経済地理学における主要な作用主体　第2章 経済的変化の主要な原動力　第3章 経済的変化における産業と地域　第4章 グローバル経済地理　第5章 経済的変化の社会・文化的文脈　第6章 経済地理学の新しい研究課題　〔07981〕

マーフィー, シャーリー・A.

◇死別体験—研究と介入の最前線（Handbook of Bereavement Research and Practice 原著第3版の抄訳）　マーガレット・S.シュトレーベ, ロバート・O.ハンソン, ヘンク・シュト, ウォルフガング・シュトレーベ編, 森茂起, 森年恵訳　誠信書房　2014.3　322p　22cm　〈文献あり 索引あり〉 4400円　①978-4-414-41454-7

内容 子どもの喪失（シャーリー・A.マーフィー著）　〔07982〕

マーフィー, ジョセフ　Murphy, Joseph

◇人生に奇跡をおこす—マーフィーの成功法則（The Cosmic Power Within You）　ジョセフ・マーフィー著, 玉木薫訳　新装版　産業能率大学出版部　2014.6　330p　19cm　1500円　①978-4-382-05708-1

内容 序にかえて—この本はあなたのために何をするか　広大無辺な力と調子をあわそう　潜在意識はあなたをいかに導くか　広大無辺な力にめざめよう　問題を解決する広大無辺な力　広大無辺な治癒力の用い方　人生で成功する法　歳月の偉大な神秘　正しい決断をしよう　広大無辺な力はあなたの友人　健康な心構え　信仰が起こす不思議　求めるものを得る法　心の障害を克服しよう　広大無辺な力とあなたの未来　変動の世界を乗りきるには　苦労を征服する方法　考えを広大無辺な力に結びつける　奇跡を作り出しなさい　〔07983〕

◇マーフィー欲しいだけのお金が手に入る！（THINK YOURSELF RICH）　ジョセフ・マーフィー著, マーフィー“無限の力”研究会訳　三笠書房　2015.5　270p　18cm　〈2003年刊の再編集〉 1200円　①978-4-8379-5759-1

内容 この“奇跡の力”で、あなたは必ず「欲しいだけの富」を獲得する！　“お金の波”が自分に向かって流れ込む—「心の金庫」を今すぐ開ける方法　なぜ、金持ちはますます金持ちになるのか—今すぐ、この“成功グセ”をつけなさい！　“富の流れ”をうまくつかめ—この思考法が「お金の山」を生む！　奇跡を味方につける「毎日の瞑想法」—もう、つらい努力は一切必要ありません　こんな「心の習慣」が人生に豊かな転機をもたらす！　「お金の在処」はあなたが知っている—大切なことは頭の中の「宝の地図」　「思いどおりの人生」に必要なのは、たったこれだけの約束事！　人生のカラクリは実に簡単—あなたは“自動的に”金持ちになれる　あなたの最強の味方、“宇宙エネルギー”を自分に取り込む！　「内なる声」を静かに聞け—“直感”は最も科学的な「水先案内人」だ！　この「小さな確信」こそ、無限の富の生みの親！　「お金を引き寄せる磁石」をさらに強力にする法　この「自信」さえあれば、どんな壁も乗り切れる！　あなたに驚くほど“いいこと”をもたらす「癒し」の波及効果！　願望を最短距離で実現する「言葉の魔術」実践法　あなたは、一夜にして、最高の「満足生活」を手に入れる！　〔07984〕

◇マーフィー眠りながら奇跡を起こす（HOW TO USE THE LAW OF MIND）　ジョセフ・マーフィー著, ジョセフ・マーフィー・インスティテュート編, 井上裕之訳　きこ書房　2016.3　206p　18cm　1400円　①978-4-87771-343-0

内容 第1章 無限　第2章 黄金律　第3章 富　第4章 治癒力　第5章 愛　第6章 因果　〔07985〕

◇マーフィー奇跡を引き寄せる魔法の言葉—お金・仕事・恋愛・パートナー…望む幸せがすべて叶う秘密（52 Weekly Affirmations and Practical Techniques to Unleash the Power of Your Subconscious Mind）　ジョセフ・マーフィー著, 佳川奈未監訳　日本文芸社　2016.11　286p　19cm　1500円　①978-4-537-26158-5

内容 第1章 思い通りに「願い」を叶える秘密の教え—なぜ、潜在意識に「不可能はない」のでしょうか？（心に「良い種」をまけば、必ず「良い結果」が生まれる！　「潜在意識」は信仰心とは別次元で働く！ ほか）　第2章 潜在意識を働かせる！　効果的な九つのテクニック—あなたの「思い」の舵取りが運命を決める！（願いを秘密の領域にすんなり「引き渡す」テクニック　「ビジョン化」から、夢を叶えるテクニック ほか）　第3章 あなたにも奇跡が起こる「神秘」のルール—すばらしい体験者たちのミラクル・エピソード（「豊かな生活」のパターンを確立する　「奇跡のパワー」を手に入れ、幸せになる！ ほか）　第4章 人生がガラッと一変する52の魔法の言葉—この「アファメーション」を唱えると「いいこと」が起こる！（仕事に疲れ、生活に追われている人へのアファメーション　自分にもっと自信を持ちたい人へのアファメーション ほか）　〔07986〕

マーフィー, ジョン　Murphy, John Peter

◇プラグマティズム入門—パースからデイヴィドソンまで（PRAGMATISM）　ジョン・マーフィー, リチャード・ローティ著, 高頭直樹訳　勁草書房　2014.11　244, 47p　20cm　〈文献あり 索引あり〉 3200円　①978-4-326-15433-3

内容 序 反表象主義としてのプラグマティズム　第1章 チャールズ・パース—デカルト主義の拒絶　第2章 ウィリアム・ジェイムズ—心の目的論的理論　第3章 パースのプラグマティズム　第4章 草創期のプラグマティズム　第5章 ジェイムズのプラグマティズム　第6章 デューイのプラグマティズム　第7章 プラグマティズム的経験主義と実証主義的経験主義　第8章 ポスト‐クワインのプラグマティズム　〔07987〕

マーフィー, ナンシー

◇死者の復活—神学的・科学的論考集（RESURRECTION）　T.ピーターズ,R.J.ラッセル,M.ヴェルカー編, 小河陽訳　日本キリスト教団出版局　2016.2　441p　22cm　5600円　①978-4-8184-0896-8

内容 復活の体と人格の同一性（ナンシー・マーフィー著）　〔07988〕

マーフィー, ロバート・P.　Murphy, Robert Patrick

◇学校で教えない大恐慌・ニューディール（The Politically Incorrect Guide to the Great

マ

Depression and the New Deal)　ロバート・P.マーフィー著, マーク・J.シェフナー, 冨田新, 山口修, 梶本元信訳　岡山　大学教育出版　2015.4　200p　21cm　〈文献あり 索引あり〉1800円　Ⓘ978-4-86429-316-7　〔07989〕

マーフィー, R.ターガート　Murphy, R.Taggart

◇日本呪縛の構図―この国の過去、現在、そして未来　上（JAPAN AND THE SHACKLES OF THE PAST)　R.ターガート・マーフィー著, 仲達志訳　早川書房　2015.12　325p　20cm　〈文献あり 索引あり〉2100円　Ⓘ978-4-15-209590-9

内容 第1部 呪縛の根源を探る（江戸時代以前の日本　日本近代国家の育成　明治維新から占領期まで　奇跡の時代　高度経済成長を支えた諸制度　成長の成果と弊害）　付録（明治の指導者たち　戦後日本の有力な政治家・官僚たち）　〔07990〕

◇日本呪縛の構図―この国の過去、現在、そして未来　下（JAPAN AND THE SHACKLES OF THE PAST)　R.ターガート・マーフィー著, 仲達志訳　早川書房　2015.12　358p　20cm　〈文献あり 索引あり〉2100円　Ⓘ978-4-15-209591-6

内容 第2部 日本を支配する「歴史の呪縛」（経済と金融ビジネス　社会的・文化的変容　政治　日本と世界）　〔07991〕

マ

マブバニ, キショール　Mahbubani, Kishore

◇大収斂―膨張する中産階級が世界を変える（THE GREAT CONVERGENCE)　キショール・マブバニ著, 山本文史訳　中央公論新社　2015.10　404p　20cm　〈索引あり〉3200円　Ⓘ978-4-12-004770-1

内容 第1章 新しいグローバル文明　第2章 一つの世界という理論　第3章 グローバルな不合理　第4章 七つのグローバル矛盾　第5章 地政学は収斂を阻むのか？　第6章 収斂への障壁　第7章 グローバル・ガヴァナンス上の収斂　終章 すべては収斂する　〔07992〕

◇安定とその敵（Stability at bay)　Project Syndicate〔編〕　土曜社　2016.2　120, 2p　18cm　（プロジェクトシンジケート叢書）　952円　Ⓘ978-4-907511-36-4

内容 国連制裁、再考を要す（コフィ・アナン, キショール・マブバニ著）　〔07993〕

マブリ, G.　Mably, Gabriel Bonnot de

◇市民の権利と義務（Des droits et des devoirs du citoyen)　マブリ著, 川合清隆訳　京都　京都大学学術出版会　2014.5　305p　20cm　（近代社会思想コレクション 12)　3400円　Ⓘ978-4-87698-391-9

内容 第一の手紙　第二の手紙　第三の手紙　第四の手紙　第五の手紙　第六の手紙　第七の手紙　第八の手紙　〔07994〕

マホニー, ジェイムズ　Mahoney, James

◇社会科学のパラダイム論争―2つの文化の物語（A TALE OF TWO CULTURES)　ゲイリー・ガーツ, ジェイムズ・マホニー著, 西川賢, 今井真士訳　勁草書房　2015.8　314p　22cm　〈文献あり 索引あり〉3800円　Ⓘ978-4-326-30242-0

内容 第1部 因果モデルと因果推論（結果の理由 対 原因の効果　因果モデル　非対称性　ヒュームの因果論とその2つの定義）　第2部 事例過程分析（事例過程分析 対 事例比較分析　因果メカニズムと過程追跡　反実仮想）　第3部 概念と測定（概念：定義・指標・誤差意味と測定　意味論・統計学・データの変形　概念上の対義語と分類枠組み）　第4部 研究設計と一般化（事例選択と仮説検証　一般化　射程　結論）〔07995〕

マホニー, リアム

◇終わりなき戦争に抗う―中東・イスラーム世界の平和を考える10章　中野憲志編　新評論　2014.3　292p　19cm　〈他言語標題：Resisting Eternal War on Terror and Military Intervention〉2700円　Ⓘ978-4-7948-0961-2

内容 人権危機における武力介入（リアム・マホニー著, 木村真希子, 藤岡美恵子, 中野憲志訳）　〔07996〕

マムフォード, ケビン・J.

◇国連大学包括的「富」報告書―自然資本・人工資本・人的資本の国際比較（Inclusive Wealth Report 2012)　国連大学地球環境変化の人間・社会的側面に関する国際研究計画, 国連環境計画編, 植田和弘, 山口臨太郎訳, 武内和彦監修　明石書店　2014.12　358p　26cm　〈文献あり 索引あり〉8800円　Ⓘ978-4-7503-4113-2

内容 米国の州レベルでの包括的富の測定（ケビン・J.マムフォード著）　〔07997〕

マヤングサリ, セカール　Mayangsari, Sekar

◇インドネシアの会計教育　斎藤雅子, セカール・マヤングサリ, 平松一夫著　中央経済社　2015.11　204p　21cm　4600円　Ⓘ978-4-502-15961-9

内容 第1部 インドネシアの経済環境と制度（ASEANにおけるインドネシアのプレゼンスと潜在可能性―なぜ今インドネシアに注目するのか　日本からみたビジネス・パートナーとしてのインドネシア―インドネシア会計教育発展のニーズ　インドネシアの会計制度と関連法制）　第2部 インドネシアの高等教育と会計プログラム（インドネシア高等教育における質保証問題　インドネシア会計専門職教育の社会的役割　インドネシア公認会計士試験制度の改革と背景）　第3部 インドネシアの会計教育現場と実務スキル―調査分析を踏まえて（インドネシアにおけるIFRS教育　会計を学ぶ学生のモチベーションに関する比較研究　文化的特性が学生の経済的意思決定に与える影響　インドネシア中心企業経営者の財務報告に対する意識と教育水準）　結論・補足 本書の総括（インドネシア会計教育への期待）　〔07998〕

マラーノ, トニー　Marano, Tony

◇テキサス親父の大正論―韓国・中国の屁理屈なんて普通のアメリカ人の俺でも崩せるぜ！　トニー・マラーノ著, 藤木俊一訳・監修　徳間書店　2014.6　191p　18cm　1000円　Ⓘ978-4-19-863813-9

内容 第1章 アメリカを壊す慰安婦像に紙袋をかぶせてやったぜ！　第2章 韓国の反日は「慰安婦」「竹島」「靖国」の3本の矢でできてるぜ！　第3章 1000年恨んだ反日活動に世界がドン引きしているぜ！　第4章 常に自分たちの行動が、自分たちに返ってくるお前らが好きになりそうだぜ！　第5章 韓国の「宗主国」中国は世界制覇を目指しながら自分の墓穴を掘ってるぜ！　第6章 誕生！「プロパガンダ・バスター」！

第7章 日本の皆さんは今のアメリカに怒ってくれ！ 俺も怒っているんだっ！　第8章 日本のトップ論客、室谷克実さんと3時間も対談したぜ！　終章 だから俺は日本が好きなんだ！〔*07999*〕

◇テキサス親父、韓国・中国を叱る！―日本人よ「真実」を知り、馬鹿げた非難を笑い飛ばせ　トニー・マラーノ著, 大野和基訳　PHP研究所　2014.8　221p　19cm　1400円　①978-4-569-82028-6

内容 序章「日本は邪悪な国」なんてプロパガンダに徹底的に反論しようぜ！　第1章「慰安婦」問題を叱る　第2章 韓国を叱る　第3章 中国を叱る　第4章 アメリカ式リベラリズムを叱る　終章 日本の皆さん、俺が日本を愛する理由を語らせてくれ！〔*08000*〕

◇日本は、世界の悪を撃退できる―テキサス親父の大予言　トニー・マラーノ著,〔藤木俊一〕〔監修・翻訳〕　産経新聞出版　2016.10　228p　19cm　〈発売：日本工業新聞社〉1200円　①978-4-8191-1294-9

内容 序章 米国病「リベラル」から逃げろ　第1章 リベラルのアメリカ破壊が止まらない　第2章 ポリティカル・コレクトネスが自由を奪う　第3章 こんな国連ならいらない　第4章 在米韓国人がアメリカを汚している　第5章 中国にモノを言う資格はない　第6章 シー・シェパードはなぜ日本を糾弾するか　第7章 日米同盟こそが世界を救う〔*08001*〕

マラパルテ, クルツィオ　Malaparte, Curzio

◇クーデターの技術（Technique du Coup d'État）　クルツィオ・マラパルテ著, 手塚和彰, 鈴木純訳　中央公論新社　2015.3　334p　20cm　（中公選書 021）　2400円　①978-4-12-110021-4

内容 第1章 ボリシェヴィキ・クーデターとトロツキーの戦術　第2章 失敗せるクーデターの歴史―トロツキーとスターリンの対立　第3章 一九二〇年ポーランドの体験　第4章 カップ・三月対マルクス　第5章 ボナパルト初めての現代的クーデター　第6章 プリモ・デ・リヴェラとピウスツキ―宮廷人と社会主義将軍　第7章 ムッソリーニとファシスト・クーデター　第8章 女性・ヒトラー〔*08002*〕

マラル, アレクサンドル　Maral, Alexandre

◇マリー・アントワネット―華麗な遺産がかたる王妃の生涯（MARIE-ANTOINETTE）　エレーヌ・ドラレクス, アレクサンドル・マラル, ニコラ・ミロヴァノヴィチ著, 岩沢雅利訳　原書房　2015.3　220p　27cm　〈文献あり〉5000円　①978-4-562-05141-0

内容 ウィーンの宮廷で　王太子妃　王妃　母として、恋する女として　動乱の時代　悲劇の最期〔*08003*〕

マラン, デヴィッド　Malan, David

◇短期力動療法入門（Short-Term Therapy for Long-Term Change）　マリオン・ソロモン, ロバート・ネボルスキー, リー・マッカロー, マイケル・アルパート, フランシーン・シャピロ, デヴィッド・マラン著, 妙木浩之, 飯島典子監訳　金剛出版　2014.12　228p　21cm　〈索引あり〉3800円　①978-4-7724-1393-0

内容 第1章 短期心理療法の挑戦　第2章 Davanlooによるインテンシヴな短期力動心理療法　第3章 短期力動心理療法における情動恐怖症の脱感作　第4章 共感促進的セラピー　第5章 トラウマと適応的情報処理のプロセス：EMDRの力動的、行動的接点　第6章 共謀関係に陥った夫婦の行き詰まりを打開する　第7章 アタッチメントの絆と親密さ：愛の基本的な刷り込みは変容可能か？　第8章 今後の展望〔*08004*〕

マリー, アレックス　Murray, Alex

◇ジョルジョ・アガンベン（GIORGIO AGAMBEN）　アレックス・マリー著, 高桑和巳訳　青土社　2014.11　296p　20cm　（シリーズ現代思想ガイドブック）　〈文献あり 索引あり〉2400円　①978-4-7917-6829-5

内容 第1章 言語と存在の否定性　第2章 インファンティアと考古学的方法　第3章 潜勢力と「到来する哲学の任務」　第4章 政治―剝き出しの生と主権的権力　第5章 身振りの故郷―芸術と映画　第6章 文学という実験室　第7章 証言とメシア的時間〔*08005*〕

マリア・テレジア　Maria Theresa

◇マリー・アントワネットとマリア・テレジア秘密の往復書簡（Correspondance entre Marie-Thérèse et Marie-Antoinette）　マリー・アントワネット, マリア・テレジア〔著〕, パウル・クリストフ編, 藤川芳朗訳　岩波書店　2015.10　436, 5p　19cm　（岩波人文書セレクション）〈2002年刊の再刊　年譜あり 索引あり〉3300円　①978-4-00-028819-4

内容 一七七〇年（書簡1‐6）　一七七一年（書簡7‐20）　一七七二年（書簡21‐27）　一七七三年（書簡28‐42）　一七七四年（書簡43‐57）　一七七五年（書簡58‐62、A‐C、63‐69）　一七七六年（書簡70‐87）　一七七七年（書簡88‐93、D、94‐106）　一七七八年（書簡107‐136）　一七七九年（書簡137‐150）　一七八〇年（書簡151‐158、E、159‐167、F）〔*08006*〕

マリー・アントワネット　Marie Antoinette

◇マリー・アントワネットとマリア・テレジア秘密の往復書簡（Correspondance entre Marie-Thérèse et Marie-Antoinette）　マリー・アントワネット, マリア・テレジア〔著〕, パウル・クリストフ編, 藤川芳朗訳　岩波書店　2015.10　436, 5p　19cm　（岩波人文書セレクション）〈2002年刊の再刊　年譜あり 索引あり〉3300円　①978-4-00-028819-4

内容 一七七〇年（書簡1‐6）　一七七一年（書簡7‐20）　一七七二年（書簡21‐27）　一七七三年（書簡28‐42）　一七七四年（書簡43‐57）　一七七五年（書簡58‐62、A‐C、63‐69）　一七七六年（書簡70‐87）　一七七七年（書簡88‐93、D、94‐106）　一七七八年（書簡107‐136）　一七七九年（書簡137‐150）　一七八〇年（書簡151‐158、E、159‐167、F）〔*08007*〕

マリー・エウジェンヌ　Marie-Eugène de l'Enfant-Jésus

◇十字架の聖ヨハネのひかりの道をゆく―福者マリー・エウジェンヌ神父に導かれて（Jean de la Croix présence de la lumière）　マリー・エウジェンヌ〔述〕, 伊従信子編訳　長崎　聖母の騎士社　2016.11　249p　15cm　（聖母文庫）　500円　①978-4-88216-372-5〔*08008*〕

マリタン, ジャック

◇「ジャック・マリタンの人格・共通善論に関する

マ

研究」研究成果―平成26-27年度長崎純心大学学内共同研究　長崎　長崎純心大学　2016.3　73p　30cm

内容 人格と共通善（ジャック・マリタン著, 坂本雅彦訳）〔08009〕

マリチェバ, オルガ　Mal'tseva, Ol'ga

◇金正日とワルツを―ロシア人女性記者の金正日極東訪問同行記　オルガ・マリチェバ著, 朴廷敏, 呉正万訳　皓星社　2016.7　203p　20cm　1600円　①978-4-7744-0612-1

内容 第1部 金正日の極東訪問同行記（六ヵ月ぶりに再会した金正日　ベールに包まれた東方特急列車　ガラス窓のキズ　金正日の夢は、飛行機の操縦士　アムール川の上に差し掛かった虹 ほか）第2部 オルガ記者の北朝鮮紀行（金正日写真展を開く　世界に向かって窓を開ける北朝鮮　魅力的な四つ角の婦警たち　平壌セーヌ川での晩餐会　妙香山の神秘 ほか）〔08010〕

マリネン, タピオ　Malinen, Tapio

◇会話・協働・ナラティヴ―アンデルセン・アンダーソン・ホワイトのワークショップ（Masters of Narrative and Collaborative Therapies）タピオ・マリネン, スコット・J.クーパー, フランク・N.トーマス編, 小森康永, 奥野光, 矢原隆行訳　金剛出版　2015.9　301p　19cm　〈文献あり 索引あり〉3200円　①978-4-7724-1445-6

内容 オープニング・トリアローグ 他（スコット・J.クーパー, タピオ・マリネン, フランク・N.トーマス述）〔08011〕

マリンコビッチ, ミシェル

◇FDガイドブック―大学教員の能力開発（A GUIDE TO FACULTY DEVELOPMENT 原著第2版の抄訳）ケイ・J.ガレスピー, ダグラス・L.ロバートソン編著, 羽田貴史監訳, 今野文子, 串本剛, 立石慎治, 杉本和弘, 佐藤万知訳　町田　玉川大学出版部　2014.2　338p　21cm　（高等教育シリーズ 162）〈別タイトル：Faculty Developmentガイドブック　文献あり 索引あり〉3800円　①978-4-472-40487-0

内容 研究大学における効果的実践（コンスタンス・ユーイング・クック, ミシェル・マリンコビッチ著）〔08012〕

マリンズ, ユースタス　Mullins, Eustace

◇カナンの呪い―寄生虫ユダヤ3000年の悪魔学（THE CURSE OF CANAAN）ユースタス・マリンズ著, 天童竺丸訳・解説　新版　成甲書房　2015.6　445p　19cm　2200円　①978-4-88086-328-3

内容 1 セムに敵対する戦い　2 カインの原罪が遠く今日を呪う　3 人間至上主義という美名の陰に髑髏が蠢く　4 大英帝国を侵蝕したカナン人　5 血に塗れたフランス大革命　6 新大陸アメリカを襲ったカナンの呪い　7 セムの子孫最大の悲劇、南北戦争　8 暗黒勢力に完全支配された首都ワシントン　9 世界大戦はセム絶滅の巧妙手段だった　10 共産主義の脅威を利用した奴は誰だ　11 カナンの遺言に従う世界に未来はあるのか〔08013〕

マルカ, サロモン　Malka, Salomon

◇評伝レヴィナス―生と痕跡（EMMANUEL LÉVINAS, LA VIE ET LA TRACE）サロモン・マルカ著, 斎藤慶典, 渡名喜庸哲, 小手川正二郎訳　慶応義塾大学出版会　2016.2　413, 16p　20cm　〈文献あり〉4200円　①978-4-7664-2287-0

内容 1 さまざまな場所（カウナス　ストラスブール　フライブルク・イム・ブライスガウ　パリ　捕囚生活　東方イスラエリット師範学校の日々　ラシー講義　タルムード講話）2 さまざまな顔（水先案内人と流れ星―ヴァールとシュシャーニ　悪しき天才―ハイデガー　分身にして裏面―デリダ　近さと遠さ―リクール　文書管理人と先駆者たち―ビュルグヒュラーヴと紹介者たち　貴族と枢機卿―カステッリとヨハネ＝パウロ二世　典礼と日常生活―娘シモーヌと孫ダヴィッド　モンテーニュとラ・ボエシー―ネルソン博士　ゴーゴリの鼻―息子ミカエル　世間からの認知　イェルサレムのレヴィナス）〔08014〕

マルキヴィッチ, フィリップ

◇霊性と東西文明―日本とフランス―「ルーツとルーツ」対話　竹本忠雄監修　勉誠出版　2016.2　526p　22cm　〈表紙のタイトル：Dialogue Racines contre Racines〉7500円　①978-4-585-21030-6

内容 ベネディクト会修道士の霊性的体験（フィリップ・マルキヴィッチ著, 畑亜弥子訳）〔08015〕

マルキオディ, キャシー・A.　Malchiodi, Cathy A.

◇子どもの描画からわかること（Understanding Children's Drawings）キャシー・A.マルキオディ著, 小林芳郎訳　田研出版　2014.3　364p　21cm　〈文献あり 索引あり〉3800円　①978-4-86089-046-9

内容 第1章 子どもの描画に関する従来の見方　第2章 子どもの描画におけるいろいろな要因　第3章 子どもと子どもの描画に対する臨床的なかかわり　第4章 子どもの描画における発達的な側面　第5章 子どもの描画の情動的な内容　第6章 子どもの描画における対人関係的な側面　第7章 子どもの描画における身体的な側面と精神的な側面　第8章 倫理的な考慮と子どもの描画〔08016〕

マルキール, バートン　Malkiel, Burton Gordon

◇ウォール街のランダム・ウォーカー―株式投資の不滅の真理（A Random Walk Down Wall Street 原著第11版の翻訳）バートン・マルキール著, 井手正介訳　日本経済新聞出版社　2016.3　511p　20cm　2500円　①978-4-532-35687-3

内容 第1部 株式と価値（株式投資の二大流派―「ファンダメンタル価値」学派vs.「砂上の楼閣」学派　市場の狂気　株価はこうして作られる　二一世紀は巨大なバブルで始まった）第2部 プロの投資家の成績表（株価分析の二つの手法　テクニカル戦略は儲かるか　ファンダメンタル主義者のお手並み拝見）第3部 新しい投資テクノロジー（新しいジョギング・シューズ―現代ポートフォリオ理論　リスクをとってリターンを高める　行動ファイナンス学派の新たな挑戦　「スマート・ベータ」は本当に役に立つか）第4部 ウォール街の歩き方の手引（財産の健康管理のための一〇カ条　インフレと金融資産のリターン　投資家のライフサイクルと投資戦略　ウォール街に打ち勝つための三つのアプローチ）〔08017〕

マルキン, ローレンス　Malkin, Lawrence

◇ヒトラー・マネー（KRUEGER'S MEN）　ローレンス・マルキン著, 徳川家広訳　文芸社　2015.10　467p　15cm　（文芸社文庫 マ1-1）〈講談社 2008年刊の再刊　索引あり〉980円　①978-4-286-16145-7　〔*08018*〕

マルクシース, クリストフ　Markschies, Christoph

◇キリスト教の主要神学者　上　テルトゥリアヌスからカルヴァンまで（Klassiker der Theologie, Bd.1 ： Von Tertullian bis Calvin）　F.W.グラーフ編, 片柳栄一監訳　教文館　2014.8　360, 5p　21cm　3900円　①978-4-7642-7383-2

内容 オリゲネス（一八五/一八六—二五四）（クリストフ・マルクシース）　〔*08019*〕

マルクス, カール　Marx, Karl

◇ルイ・ボナパルトのブリュメール一八日　マルクス〔著〕, 市橋秀泰訳　新日本出版社　2014.1　232, 6p　21cm　（科学的社会主義の古典選書）〈年表あり 索引あり〉1600円　①978-4-406-05770-7　〔*08020*〕

◇賃労働と資本/賃金・価格・利潤　マルクス著, 森田成也訳　光文社　2014.4　412p　16cm　（光文社古典新訳文庫 KCマ1-2）　1100円　①978-4-334-75288-0

内容 賃労働と資本　付録1 賃金　付録2 エンゲルスによる一八九一年版序論　賃金・価格・利潤　付録3 個々の問題に関する暫定中央評議会代議員への指針　〔*08021*〕

◇ユダヤ人問題に寄せて/ヘーゲル法哲学批判序説　マルクス著, 中山元訳　光文社　2014.9　562p　16cm　（光文社古典新訳文庫 KBマ1-2）〈年譜あり〉1400円　①978-4-334-75298-9

内容 ユダヤ人問題に寄せて　『聖家族』第六章 絶対的な批判的な批判、あるいはバウアー氏による批判的な批判（抜粋）　ヘーゲル法哲学批判序説　補遺1 マルクスの学位論文『デモクリトスの自然哲学とエピクロスの自然哲学の差異』の序文と二つの脚注　補遺2 マルクスの一八四三年のルーゲ宛て書簡　〔*08022*〕

◇資本論第一部草稿—直接的生産過程の諸結果（RESULTATE DES UNMITTELBAREN PRODUCTIONSPROCESSES）　マルクス著, 森田成也訳　光文社　2016.7　463p　16cm　（光文社古典新訳文庫 KCマ2-2）〈年譜あり〉1240円　①978-4-334-75335-1

内容 1 第6章以前の諸原稿（貨幣の資本への転化　絶対的剰余価値の生産　絶対的剰余価値と相対的剰余価値との結合　資本の蓄積過程）　2 第6章 直接的生産過程の諸結果（資本の生産物としての商品　剰余価値の生産としての資本主義的生産　資本関係そのものの生産と再生産）　3 その他の諸断片　〔*08023*〕

マルクス, パトリシア

◇女友だちの賞味期限—実話集（The friend who got away）　ジェニー・オフィル, エリッサ・シャッペル編著, 糸井恵訳　プレジデント社　2014.3　317p　19cm　〈2006年刊の改訳、再編〉1500円　①978-4-8334-2076-1

内容 終身友情権私のこと気兼ねなく利用してね（パトリシア・マルクス著）　〔*08024*〕

マルクス, H.J.　Marx, Hans-Jürgen

◇ギリシア語新約聖書釈義事典　1　'Aαρων – 'Eνωχ（Exegetisches Wörterbuch zum Neuen Testament）　Horst Balz,Gerhard Schneider〔編〕, 荒井献,H.J.マルクス監修　全巻セット縮刷版　教文館　2015.3　542p　22cm　〈索引あり〉①978-4-7642-4039-1　〔*08025*〕

◇ギリシア語新約聖書釈義事典　2　ϵ'ξ – o'ψωνιον（Exegetisches Wörterbuch zum Neuen Testament）　Horst Balz,Gerhard Schneider〔編〕, 荒井献,H.J.マルクス監修　全巻セット縮刷版　教文館　2015.3　641p　22cm　〈索引あり〉①978-4-7642-4039-1　〔*08026*〕

◇ギリシア語新約聖書釈義事典　3　παγιδϵυω – ω'ϕϵλιμος（Exegetisches Wörterbuch zum Neuen Testament）　Horst Balz,Gerhard Schneider〔編〕, 荒井献,H.J.マルクス監修　全巻セット縮刷版　教文館　2015.3　597p　22cm　〈索引あり〉①978-4-7642-4039-1　〔*08027*〕

マルクーゼ, H.　Marcuse, Herbert

◇ユートピアの終焉—過剰・抑圧・暴力（DAS ENDE DER UTOPIE）　マルクーゼ〔著〕, 清水多吉訳　中央公論新社　2016.7　172p　18cm　（中公クラシックス W87）　1800円　①978-4-12-160166-7

内容 ユートピアの終焉—過剰・抑圧・暴力（ユートピアの終焉　学生反乱の目標、形態、展望　過剰社会におけるモラルと政治）　ベトナム—第三世界と大都市の反対派　〔*08028*〕

マルクッツォ, マリア・クリスティーナ　Marcuzzo, Maria Cristina

◇ケインズは、《今》、なぜ必要か？—グローバルな視点からの現在的意義　ケインズ学会編, 平井俊顕監修　作品社　2014.2　274p　20cm　2400円　①978-4-86182-458-6

内容 現代世界におけるケインズ（クリスティーナ・マルクッゾ著, 西川弘展訳）　〔*08029*〕

◇リターン・トゥ・ケインズ（THE RETURN TO KEYNES）　ブラッドリー・W.ベイトマン, 平井俊顕, マリア・クリスティーナ・マルクッツォ編, 平井俊顕監訳　東京大学出版会　2014.9　388, 56p　22cm　〈文献あり 索引あり〉5600円　①978-4-13-040262-0

内容 リターン・トゥ・ケインズ（ブラッドリー・W.ベイトマン, 平井俊顕, マリア・C.マルクッツォ著, 平井俊顕訳）　〔*08030*〕

◇市場の失敗との闘い—ケンブリッジの経済学の伝統に関する論文集（FIGHTING MARKET FAILURE）　M.C.マルクッツオ著, 平井俊顕監訳, 池田毅, 伊藤宣広, 黒木竜三, 内藤敦之, 長原徹, 袴田兆彦, 藤原新訳　日本経済評論社　2015.7　402p　22cm　（ポスト・ケインジアン叢書 38）〈索引あり〉4600円　①978-4-8188-2378-5

内容 第1部 個人（経済学の「場所」としてのケンブリッジ　ケインズとケンブリッジ　ケンブリッジ大学でのピエロ・スラッファ　ケンブリッジでの著作の序文に隠れている、かの捉えにくい人物—リチャード・カーンの貢献についての評価　ジョーン・ロビンソンと3つのケンブリッジ革命　R.F.カーンと不完全競争） 第2部 協働（J.M.ケインズとR.F.カーンの『貨幣論』から『一般理論』への協働 ジョーン・ロビンソンとリチャード・カーン―短期分析の起源 ロビンソンとスラッファ スラッファとケンブリッジ経済学 1928-31年） 第3部 接近法（市場の「不完全性」から市場の「失敗」へ―レッセ・フェールに対するいくつかのケンブリッジの挑戦 マクロ経済学の代替的なミクロ経済学的基礎―L字型費用曲線に関する論争再考 短期の経済学の回顧 「第1次」不完全競争革命 ケンブリッジ経済学の伝統における利潤最大化） 〔08031〕

マルケ, クリストフ Marquet, Christophe

◇テキストとイメージを編む―出版文化の日仏交流 林洋子, クリストフ・マルケ編 勉誠出版 2015.2 335p 22cm 〈他言語標題：Marier texte et image 年表あり〉 4800円 ①978-4-585-27021-8

内容 出版文化の日仏交流をふりかえって（クリストフ・マルケ著, 鵜飼敦子訳） 〔08032〕

マルケ, L.デビッド Marquet, L.David

◇米海軍で屈指の潜水艦艦長による「最強組織」の作り方（Turn the Ship Around！） L.デビッド・マルケ著, 花塚恵訳 東洋経済新報社 2014.6 285p 19cm 1600円 ①978-4-492-04532-9 〔08033〕

マルケス, A.H.デ・オリヴェイラ Marques, Antonio Henrique R.de Oliveira

◇ポルトガルの歴史―小学校歴史教科書（História e Geografia de Portugal.vol.1） アナ・ロドリゲス・オリヴェイラ, アリンダ・ロドリゲス, フランシスコ・カンタニェデ著, A.H.デ・オリヴェイラ・マルケス校閲, 東明彦訳 明石書店 2016.4 503p 21cm （世界の教科書シリーズ 44） 5800円 ①978-4-7503-4346-4

内容 A イベリア半島―最初の住民からポルトガルの形成（12世紀）まで（自然環境と最初の住民 イベリア半島のローマ人 イベリア半島のイスラーム教徒 ポルトガル王国の形成） B 13世紀からイベリア統一と再独立（17世紀）まで（13世紀のポルトガルと1383・1385年の革命 15世紀・16世紀のポルトガル イベリアの統一から再独立まで） C 18世紀のポルトガルから自由主義社会の成立まで（18世紀の帝国と絶対王政 ポンバル侯時代のリスボン 1820年と自由主義 19世紀後半のポルトガル） D 20世紀（王政の崩壊と第一共和政 新国家体制 1974年「4月25日」と民主制） 〔08034〕

マルコヴィッチ, ティホミール・J.

◇叢書『アナール1929-2010』―歴史の対象と方法 4 1969-1979（Anthologie des Annales 1929-2010） E.ル＝ロワ＝ラデュリ,A.ビュルギエール監修, 浜名優美監訳 E.ル＝ロワ＝ラデュリ編, 池田祥英, 石川学, 井上桜子, 志村幸紀, 下村武, 寺本敬子, 中村督, 平沢勝行訳 藤原書店 2015.6 456p 22cm 8800円 ①978-4-86578-030-7

内容 アンシアン・レジーム下のフランスの産業の成長（ティホミール・J.マルコヴィッチ著, 寺本敬子訳） 〔08035〕

マルコーズ, イアン Marcousé, Ian

◇経営学大図鑑（The Business Book） イアン・マルコーズほか著, 沢田博訳 三省堂 2015.2 352p 25cm 〈索引あり〉 4200円 ①978-4-385-16230-0

内容 小さく始めて、大きく育てる―ビジネスを立ち上げ、しっかり育てる方法 部下のハートに火をつけろ―人を活かすリーダーシップ お金をもっと働かせよう―財務の管理 ビジョンを忘れるな―戦略、その実行 成功するセールス―マーケティングを活用する 商品を届ける―生産後の勝負 経営学人名録 用語解説 〔08036〕

マルシュ, ヴォルフ＝ディーター

◇ティリッヒとフランクフルト学派―亡命・神学・政治 深井智朗監修, フリードリヒ・ヴィルヘルム・グラーフ, アルフ・クリストファーセン, エルトマン・シュトルム, 竹渕香織編 法政大学出版局 2014.2 293, 33p 19cm （叢書・ウニベルシタス） 3500円 ①978-4-588-01005-7

内容 パウル・ティリッヒの思い出（マックス・ホルクハイマー, テオドール・W.アドルノ, エドゥアルト・ハイマン, エルンスト・ブロッホ述, ヴォルフ＝ディーター・マルシュ司会, ゲルハルト・ライン編集, 小柳敦史訳） 〔08037〕

マルツ, マクスウェル

◇自分を動かす―あなたを成功型人間に変える マクスウェル・マルツ著, 小圷弘訳 知道出版 2016.8 228p 19cm 1500円 ①978-4-88664-284-4

内容 「あなたが考えているあなた」を知る 「成功の仕組み」を活用する 想像力を生かす 誤った「思い込み」を見直そう 理性の力を活用する リラックスが成功を生む 幸せを習慣づける 「成功人間」に変身しよう 「失敗の種」は心にある 心の傷を癒す秘訣 個性を開く 生活をリラックス・モードへ ピンチをチャンスに変える 勝利感を身につけよう 心豊かな人生を 〔08038〕

マルツィノット, ベネディクタ

◇財政赤字の国際比較―民主主義国家に財政健全化は可能か（Deficits and Debt in Industrialized Democracies） 井手英策, ジーン・パーク編 岩波書店 2016.3 330p 22cm 5400円 ①978-4-00-023062-9

内容 イタリアにおける財政パフォーマンス（ベネディクタ・マルツィノット著, 高端正幸訳） 〔08039〕

マルティ, エルンスト Marti, Ernst

◇四つのエーテル―ルドルフ・シュタイナーのエーテル論に向けて 四大・エーテル・形成力（Die vier Äther） エルンスト・マルティ著, 石井秀治訳 那須塩原 耕文舎 2013 51枚 26cm （耕文舎叢書 8） 〈文献あり 発売：イザラ書房（〔上里町（埼玉県）〕）〉 2000円 ①978-4-7565-0123-3

内容 エーテル的形成諸力と諸エーテルとの必然的な相違. 四つのエーテル. 四つのエーテルの共働 〔08040〕

◇エーテルと生命力―アントロポゾフィーによる自然科学の拡張（Das Ätherische） エルンスト・

マルティ著, イルムガルト・ロッスマン編, 丹羽敏雄訳　涼風書林　2015.8　248p　21cm　〈文献あり〉2700円　①978-4-903865-33-1　〔08041〕

マルティーニ, カルロ・マリア　Martini, Carlo Maria
◇イエスの教えてくれた祈り―「主の祈り」を現代的視点から（Padre Nostro（重訳））　カルロ・マリア・マルティーニ著, 篠崎栄, レナト・フィリピーニ共訳　習志野　教友社　2013.8　110p　19cm　1000円　①978-4-902211-91-7　〔08042〕

マルティネス, シルビア・リボウ　Martinez, Sylvia Libow
◇作ることで学ぶ―Makerを育てる新しい教育のメソッド（Invent to Learn）　Sylvia Libow Martinez,Gary Stager著, 阿部和広監修, 酒匂寛訳　オライリー・ジャパン　2015.3　373p　21cm　（Make Japan Books）〈文献あり 索引あり　発売：オーム社〉3000円　①978-4-87311-720-1
内容 かけ足で巡るメイキングの歴史　メイキングが導く学習　考えることについて考える　よいプロジェクトの秘訣とは？　教えること　メイキングの現在　変革を起こすものたち　ガラクタの山は宝の山　学習環境を作り上げる　生徒のリーダーシップ　メイカーデイを開きましょう　立場を主張する（事例のメイキング）　私たちの取り組み　探求のためのリソース　〔08043〕

マルティネス, マリウス
◇21世紀型学習のリーダーシップ―イノベーティブな学習環境をつくる（Leadership for 21st Century Learning）　OECD教育研究革新センター編著, 木下江美, 布川あゆみ監訳, 斎藤里美, 本田伊克, 大西公恵, 三浦綾希子, 藤浪海訳　明石書店　2016.9　308p　22cm　4500円　①978-4-7503-4410-2
内容 カタルーニャにおける学習づくりのリーダーシップの促進と今後に向けた展望（アンナ・ホロンチ, マリウス・マルティネス, ホアン・バディア著, 藤浪海訳）　〔08044〕

マルティネリ, ルス　Martinelli, Russ J.
◇グローバルプロジェクトチームのまとめ方―リーダーシップの新たな挑戦（Leading Global Project Teams）　ルス・マルティネリ, ティム・ラシュルト, ジェームズ・ワデル著, 当麻哲哉監訳, 長嶺七海訳　慶応義塾大学出版会　2015.7　209p　21cm　〈文献あり 索引あり〉3600円　①978-4-7664-2245-0
内容 第1章 グローバルに向かって　第2章 グローバルでの成功を阻む障壁と課題　第3章 グローバル戦略と事業遂行の整合　第4章 グローバルプロジェクトチームの統率　第5章 グローバルチームの持続可能な成功の実現　第6章 グローバルチームリーダーの育成　第7章 グローバルへの移行の推進　第8章 グローバル移行のフレームワーク　〔08045〕

マルティン, レオ　Martin, Leo
◇元ドイツ情報局員が明かす不愉快な相手を手なずける技術（ICH STOPP DICH！）　レオ・マルティン著, シドラ房子訳　CCCメディアハウス　2016.11　275p　19cm　1600円　①978-4-484-16114-3
内容 プロローグ―感情爆発テロリストを無力化するコード・レッド―V人材、逃亡中　感情爆発テロリストに、なぜ不意を襲われるのか　V人材が、疑われている　癇癪持ち―攻撃的な感情爆発テロリスト　代替プラン　高慢ちき―尊大な感情爆発テロリスト　証人の女性　不平家―けちばかりつける感情爆発テロリスト　証人保護プログラム　苦悩屋―万年ストレス状態の感情爆発テロリスト　脅威的状況　陰謀家―険悪な感情爆発テロリスト　不法侵入　知ったかぶり屋―利口ぶる感情爆発テロリスト　遅れてやってきた危険　おしゃべり屋―速射型の感情爆発テロリスト　クリーンな解決　あなたの抵抗力を強化するための“007計画”　コード化された情報員のエピローグ―部長はB3号俸へ　〔08046〕

マルテル, フレデリック　Martel, Frédéric
◇現地レポート世界LGBT事情―変わりつつある人権と文化の地政学（GLOBAL GAY）　フレデリック・マルテル〔著〕, 林はる芽訳　岩波書店　2016.11　352, 4p　20cm　3900円　①978-4-00-061154-1
内容 プロローグ―LGBT問題のグローバル化　第1章 レインボーフラッグのはためくところ―世界のゲイ地区を歩く　第2章 マイアミ・サウスビーチ―あこがれのアメリカン・ゲイライフ　第3章 バラク・オバマとゲイの勝利―大統領の「進化」と「最後の公民権」運動　第4章 毛沢東の新しい「同志」―中国・日本・東南アジアの同性愛者たち　第5章「性的指向」をめぐるEU、ロシア、東欧の攻防―差別禁止条約・極右勢力・民主化の波　第6章 国連での戦い―ネルソン・マンデラが思い描いた「レインボーネーション」　第7章 クイーンボート事件―アラブ世界の同性愛者たち　第8章 アフマディネジャド大統領「イランに同性愛者はいません」―テヘランのゲイライフとカウンターカルチャー　第9章 イメージの世界戦争―衛星放送・映画・LGBT革命　エピローグ―人権の新たな地平　〔08047〕

マルドナド, サルバドール　Maldonado, Salvador
◇世界の難民の子どもたち　1　「アフガニスタン」のアリの話（Ali's Story-A Journey from Afghanistan）　アンディ・グリン作, 難民を助ける会監修, いわたかよこ訳　サルバドール・マルドナド絵　ゆまに書房　2016.10　1冊（ページ付なし）　26cm　2200円　①978-4-8433-4988-5　〔08048〕
◇世界の難民の子どもたち　5　「ユーラシア」のレイチェルの話（Rachel's Story-A Journey from a country in Eurasia）　アンディ・グリン作, 難民を助ける会監修, いわたかよこ訳　サルバドール・マルドナド絵　ゆまに書房　2016.10　1冊（ページ付なし）　26cm　2200円　①978-4-8433-4992-2　〔08049〕

マルフォード, プレンティス
◇プレンティス・マルフォードの思いは実現する―オーディオブックCD　プレンティス・マルフォード著, 関岡孝平訳　〔録音資料〕　パンローリング　〔2016〕　録音ディスク 4枚（197分）：CD　〈他言語標題：Thoughts are things　企画・制作：でじじ〉1300円　①978-4-7759-

マ

8400-0 〔08050〕

マルホトラ, ディーパック　Malhotra, Deepak

◇交渉の達人―ハーバード流を学ぶ（NEGOTIATION GENIUS）　ディーパック・マルホトラ, マックス・H.ベイザーマン著, 森下哲朗監訳, 高遠裕子訳　パンローリング　2016.11　349p　19cm　（フェニックスシリーズ 44）〈索引あり〉1500円　①978-4-7759-4163-8

内容 第1部 交渉のツールキット（交渉において価値を要求する　交渉において価値を創造する　調査交渉術）　第2部 交渉の心理学（合理性が崩れるとき―認知のバイアス　合理性が崩れるとき―心理的バイアス　不合理の世界で合理的に交渉する）　第3部 実社会での交渉（影響力の戦略　交渉の盲点　嘘とごまかしに対峙する　倫理的なジレンマを認識し、解決する　弱い立場からの交渉　交渉が荒れたとき―不合理、不信、怒り、脅し、エゴに対処する　交渉してはならないとき　達人への道） 〔08051〕

マーレー, アンドリュー　Murray, Andrew

◇「聖霊」に明け渡した人々　オズワルド・J.スミス, アンドリュー・マーレー,A.B.シンプソン著, 松代幸太郎, 沢村五郎, 大江邦治訳　いのちのことば社　2015.2　126p　18cm　〈他言語標題：Voice of Christian Forerunners〉1000円　①978-4-264-03338-7

内容 1『聖霊の満たし』（オズワルド・J・スミス）（聖霊に満たされた生活　聖霊の満たし）　2『キリストの御霊』（アンドリュー・マーレー）（真理の御霊　霊に属する者と肉に属する者　御霊によって歩みなさい）　3『聖霊による歩み』（A・B・シンプソン）（聖霊の人格と特質　聖霊を妨げること） 〔08052〕

◇「祈り」をささげた人々―Voice of Christian Forerunners（THE Kneeling Christianの抄訳, THE Prayer Lifeの抄訳〔etc.〕）　ある英国の説教者, アンドリュー・マーレー,E.M.バウンズ著, 湖浜馨, 金井為一郎, 羽鳥純二訳　いのちのことば社　2015.5　126p　18cm　1000円　①978-4-264-03339-4

内容 1 ある英国の説教者『祈ることを教えてください』（求めよ。そうすれば与えられる　しるしを求めること　祈りとは何か）　2 アンドリュー・マーレー『祈りの生活』（祈らない罪　なぜ祈らないか　祈らない生活に対する戦い　どうしたら祈らない生活から救われるか　密室に関する二、三の提案）　3 E・M・バウンズ『祈りの力』（神の器　神のために実を得る道　大いなる祈りの人　神の求めたもうもの） 〔08053〕

マレー, サラ　Murray, Sarah Elizabeth

◇死者を弔うということ―世界の各地に葬送のかたちを訪ねる（MAKING AN EXIT）　サラ・マレー著, 椰野みさと訳　草思社　2014.6　350p　20cm　〈文献あり〉2700円　①978-4-7942-2059-2

内容 父の死　嘆き―イラン、涙の壺　炎の陶酔―バリ、美しい炎上　怖ろしい静寂―シチリア、死の展示　箱の中―ガーナ、夢みる棺　永遠への旅支度―香港、来世への銭別　豚を育てる―フィリピン、集い合い　異国の片隅―カルカッタ、望郷の眠り　骨そして骨―チェコ、とある礼拝堂　再会―メキシコ、オアハカの祭壇で　最終章―小さくきっちりの荷造り 〔08054〕

マレ, マリ＝ルイーズ　Mallet, Marie-Louise

◇動物を追う、ゆえに私は〈動物で〉ある（L'ANIMAL QUE DONC JE SUIS）　ジャック・デリダ著, マリ＝ルイーズ・マレ編, 鵜飼哲訳　筑摩書房　2014.11　323, 4p　20cm　〈文献あり 著作目録あり〉3200円　①978-4-480-84743-0 〔08055〕

マレイ, ジョン　Murray, John

◇英国竜動新繁昌記（Handbook to London as it is）〔ヂョン・マレイ〕〔原著〕, 丹羽純一郎訳　立川　人間文化研究機構国文学研究資料館　2012.12　502p　19cm　（リプリント日本近代文学 229）〈原本：高橋源吾郎 明治11-12年刊　発売：平凡社〉5500円　①978-4-256-90229-5 〔08056〕

マレスコッティ, ロゼット　Marescotti, Rosette

◇Humanitude―老いと介護の画期的な書（Humanitude）　イヴ・ジネスト, ロゼット・マレスコッティ, ジェローム・ペリシエ著, 本田美和子監修, 辻谷真一郎訳　大阪　トライアリスト東京　2014.9　438p　21cm　〈発売：舵社〉2500円　①978-4-8072-6409-4

内容 第1章 人間―ユマニチュード　第2章 人間関係のなかの人間―初めての事態　第3章 老人　第4章 同じ人間でも似て非なる世界　第5章 介護者　第6章 ユマニチュードの哲学　第7章 介護 〔08057〕

マレット, マイケル

◇イギリス宗教史―前ローマ時代から現代まで（A History of Religion in Britain）　指昭博, 並河葉子監訳, 赤江雄一, 赤瀬理穂, 指珠恵, 戸渡文子, 長谷川直子, 宮崎章訳, シェリダン・ギリー, ウィリアム・J.シールズ編　法政大学出版局　2014.10　629, 63p　22cm　〈文献あり 年表あり 索引あり〉9800円　①978-4-588-37122-6

内容 急進派と非国教会一六〇〇～一七五〇年（マイケル・マレット著, 長谷川直子訳） 〔08058〕

マレル, エイミー・R.　Murrell, Amy R.

◇アクセプタンス&コミットメント・セラピー実践ガイド―ACT理論導入の臨床場面別アプローチ（A Practical Guide to Acceptance and Commitment Therapy）　スティーブン・C.ヘイズ, カーク・D.ストローサル編著, 谷晋二監訳, 坂本律訳　明石書店　2014.7　473p　22cm　〈文献あり〉5800円　①978-4-7503-4046-3

内容 子ども・青少年と親を対象としたACT（エイミー・R.マレル, リサ・W.コイン, ケリー・G.ウィルソン） 〔08059〕

◇やさしいみんなのペアレント・トレーニング入門―ACTの育児支援ガイド（The Joy of Parenting）　リサ・W.コイン, アミー・R.マレル著, 谷晋二監訳　金剛出版　2014.11　326p　21cm　〈文献あり〉3400円　①978-4-7724-1398-5

内容 1 子育てについてのACTの考え方―受け入れる・選択する・行動する　2 幼少期の子育て…それは大変な仕事！　―共通の課題　3 子育ての価値――番大事なこと　4 目的はコントロール？　―感情への対処vs

行動への対処　5 マインドフルネス―あなたの子どもに感謝しよう　6 楽なことよりうまくいくこと―あなたの子どもの味方になる　7 関係を築き、適切な行動を促す　8 発散行動(Acting‐Out Behavior)にACTを使う　9 不安になっている子どもを支える　10 全体をまとめる―最後のツール　〔08060〕

マロフェエフ, ニコライ

◇「世界の特別ニーズ教育と社会開発」シリーズ 1 ロシアの障害児教育・インクルーシブ教育　黒田学編　京都　クリエイツかもがわ　2015.4　112p　21cm　〈他言語標題：THE COMPARATIVE STUDIES SERIES IN SPECIAL NEEDS EDUCATION AND SOCIAL DEVELOPMENT〉1600円　①978-4-86342-162-2

内容 ロシア連邦における障害児教育(ニコライ・マロフェエフ著, 荒木穂積訳)　〔08061〕

マローン, マイケル・S.　Malone, Michael Shawn

◇シンギュラリティ大学が教える飛躍する方法―ビジネスを指数関数的に急成長させる(EXPONENTIAL ORGANIZATIONS)　サリム・イスマイル, マイケル・マローン, ユーリ・ファン・ギースト著, 小林啓倫訳　日経BP社　2015.8　374p　19cm　〈文献あり　発売：日経BPマーケティング〉1800円　①978-4-8222-5103-1

内容 1 飛躍型企業を解明する(破壊的な変化がやってきた　「所有」をめぐる2つの会社の物語　飛躍型企業の周りにある5つの特徴　飛躍型企業の内側にある5つの特徴　飛躍型企業がもたらす真新しい世界)　2 飛躍型企業をつくり上げる(飛躍型企業を立ち上げる　中小企業が飛躍型企業になるために必要なこと　大企業が飛躍型企業になるには　飛躍型企業に生まれ変わった大企業　飛躍型リーダーを目指す)　〔08062〕

◇超チーム力―会社が変わるシリコンバレー式組織の科学(TEAM GENIUS)　リッチ・カールガード, マイケル・S.マローン著, 浜野大道訳　ハーパーコリンズ・ジャパン　2016.4　385, 12p　19cm　1700円　①978-4-596-55106-1

内容 変化は猛毒―正しいチームで毒を制す!　チームに隠された魔法の数字　新しいチーム科学　違いの力　最強チームの育て方　チームの基礎　ペアー12+5タイプのパートナーシップ　トリオ―不安定な関係　チームの典型―中規模サイズのケーススタディ　チームから組織へ　チームの誕生と寿命　チームの引退と死　〔08063〕

マン, ジョン・デイビッド　Mann, John David

◇あたえる人があたえられる(THE GO-GIVER)　ボブ・バーグ, ジョン・デイビッド・マン著, 山内あゆ子訳　海と月社　2014.2　202p　20cm　1600円　①978-4-903212-48-7

内容 野心家の思惑　秘訣　価値の法則　約束を果たす　収入の法則　とにかくやってみる　彼女の正体　影響力の法則　妻の恋文　本物の法則　ついに謎を解く　受容の法則　思わぬ電話　与える人生の喜び　〔08064〕

マン, スーザン　Mann, Susan

◇性からよむ中国史―男女隔離・纏足・同性愛(Gender and Sexuality in Modern Chinese History)　スーザン・マン著, 小浜正子, リンダ・グローブ監訳, 秋山洋子, 板橋暁子, 大橋史恵訳　平凡社　2015.6　316p　21cm　〈文献あり 索引あり〉2800円　①978-4-582-48221-8

内容 "閨秀"と"光棍"　第1部 ジェンダー、セクシュアリティ、国家(家族と国家―女性隔離　女性の人身売買と独身男性問題　政治と法のなかのセクシュアリティとジェンダー関係)　第2部 ジェンダー、セクシュアリティ、身体(医学・芸術・スポーツのなかの身体　装飾され、誇示され、隠蔽され、変形された身体　放棄される身体―女性の自殺と女児殺し)　第3部 ジェンダー、セクシュアリティ、他者(同性関係とトランスジェンダー　創作のなかのセクシュアリティ　セクシュアリティと他者)　ジェンダー、セクシュアリティ、公民性　〔08065〕

マン, チャールズ・C.　Mann, Charles C.

◇1493―世界を変えた大陸間の「交換」(1493)　チャールズ・C.マン著, 布施由紀子訳　紀伊国屋書店　2016.3　811p　20cm　〈文献あり 索引あり〉3600円　①978-4-314-01135-8

内容 はじめに 均質新世の到来　第1部 大西洋の旅　第2部 太平洋の旅　第3部 世界の中のヨーロッパ　第4部 世界の中のアフリカ　結び 命の流れ　〔08066〕

マン, パーメラ　Munn, Pamela

◇学校からの排除にかわる実践的方策を探る―スコットランドにおける停退学処分に抗する支援的学校づくり(ALTERNATIVES TO EXCLUSION FROM SCHOOL)　パーメラ・マン他著, 富田充保訳　創風社　2014.3　247p　21cm　〈文献あり〉2000円　①978-4-88352-213-2

内容 第1章 排除と排除された生徒　第2章 排除はどこまで広がっているのか?　第3章 政策にかんする問題　第4章 学校エートスと排除　第5章 制裁と支援："挑発的な"行動への学校の対応　第6章 排除処分を避けるために校内で生徒たち(そして教師たち)を支える　第7章 学校の外で―包摂的処遇にかわる方策はどれだけ効果的か?　第8章「もう1度一緒に学校へ」?　異なる国々での包摂と排除の視点　第9章 排除ゼロに向けて?　〔08067〕

マン, ベサニー　Mann, Bethany

◇図解!! やりかた大百科for KIDS―学校では教えてくれないけど役にたつ〈かもしれない〉241の豆知識(Do It Now!　Science, Do It Now!　Crafts〔etc.〕)　〔サラ・ハインズ・スティーブンス〕,〔ベサニー・マン〕〔著〕, 和田侑子訳・編集協力　パイインターナショナル　2014.4　1冊(ページ付なし)　20cm　〈索引あり〉1800円　①978-4-7562-4485-7　〔08068〕

マンキュー, N.グレゴリー　Mankiw, N.Gregory

◇マンキュー経済学 2 マクロ編(Principles of Economics 原著第6版の翻訳)　N.グレゴリー・マンキュー著, 足立英之, 石川城太, 小川英治, 地主敏樹, 中馬宏之, 柳川隆訳　第3版　東洋経済新報社　2014.3　658p　22cm　〈索引あり〉4000円　①978-4-492-31445-6

内容 第1部 イントロダクション　第2部 マクロ経済学のデータ　第3部 長期の実物経済　第4部 長期における貨幣と価格　第5部 開放経済のマクロ経済学　第6

マ

部 短期の経済変動　第7部 おわりに　〔08069〕

◇マンキュー入門経済学（Principles of Economics 原著第6版の翻訳）　N.グレゴリー・マンキュー著, 足立英之, 石川城太, 小川英治, 地主敏樹, 中馬宏之, 柳川隆訳　第2版　東洋経済新報社　2014.3　555p　21cm　〈索引あり〉3200円　①978-4-492-31443-2

内容 第1部 イントロダクション（経済学の十大原理　経済学者らしく考える　相互依存と交易（貿易）からの利益）　第2部 ミクロ経済学（市場における需要と供給の作用　需要、供給、および政府の政策　消費者、生産者、市場の効率性 ほか）　第3部 マクロ経済学（国民所得の測定　生計費の測定　生産と成長 ほか）　〔08070〕

マングェル, アルベルト　Manguel, Alberto

◇読書礼讃（A READER ON READING）　アルベルト・マングェル著, 野中邦子訳　白水社　2014.6　430, 14p　20cm　〈索引あり〉3800円　①978-4-560-08357-4

内容 1 私は誰？　2 巨匠に学ぶ　3 覚え書　4 言葉遊び　5 理想の読者　6 本をめぐるビジネス　7 罪と罰　8 荘厳なる図書館　〔08071〕

マンクテロウ, ケン　Manktelow, K.I.

◇思考と推論―理性・判断・意思決定の心理学（THINKING AND REASONING）　K.マンクテロウ著, 服部雅史, 山祐嗣監訳　京都　北大路書房　2015.4　378p　21cm　〈索引あり〉4000円　①978-4-7628-2893-5

内容 第1章 確率に関する判断と思考　第2章 推論の研究：古典的研究　第3章 命題に関する推論　第4章 推論と意味　第5章 推論の説明：古典的アプローチ　第6章 推論の説明：「新パラダイム」　第7章 仮説的思考：帰納と検証　第8章 意思決定：選好とプロスペクト　第9章 文脈の中での意思決定　第10章 思考、推論、そして個人　〔08072〕

マンゴー, ニコラス　Mango, Nicholas

◇プロ・トレーダー―マーケットで勝ち続ける16人の思考と技術（TRADERS AT WORK）　ティム・ブールキン, ニコラス・マンゴー著, 森山文那生訳　日経BP社　2016.5　284p　21cm　〈発売：日経BPマーケティング〉2200円　①978-4-8222-5063-8

内容 トレードをプランし、プランをトレードせよ（トッド・ゴードン）　大切なのは「ゴール」ではなく「ルール」（リンダ・ラシュキ）　マネーに集中するな、ゲームに集中しろ（セルジュ・バーガー）　重要なのは「マーケットの声」に耳を傾けること（アレックス・フォスター）　信じられるのは目の前のプライスだけ（デレク・シミング）　マーケットでは自分の感情を信頼してはいけない（ピーター・ブラント）　英国海軍の規律をトレーディングに活かす（ロブ・ウィルソン）　成功のカギは規律とルーティン（ジョン・カーター）　キャリアウーマンから転身しフィボナッチの第一人者に（アン・マリー・ベインド）　プライスとボリュームに注目し自分のチャンスを探す（ジェフ・ホワイト）　商品先物市場に特化し「スプレッド」を狙う（パトリック・ヘミンガー）　取引の相手方に回り利益を引き出す（ドン・ミラー）　トレンドフォローの売買を「完全自動化」（チャールズ・ジャーマン）　心理学のアプローチで市場の感情をトレード（アンドリュー・メネカー）　トレーディングの最終目標は「儲けること」（ブライアン・ランド）　徹底的な検証と分析を利益につなげる（マイケル・トマ）　プロ・トレーダーに学ぶ「成功するための20の習慣」　〔08073〕

マンズ, マリリン　Manns, Mary Lynn

◇アジャイルに効くアイデアを組織に広めるための48のパターン（Fearless Change）　Mary Lynn Manns,Linda Rising著, 川口恭伸監訳　丸善出版　2014.1　294p　21cm　〈訳：木村卓央ほか　文献あり〉2500円　①978-4-621-08786-2

内容 第1部 概要（組織と変化　戦略か、パターンか　さて、どこから始めよう ほか）　第2部 事例紹介（シルビア・ローリーの事例　エドワード・カッツの事例　ジョン・クルーピの事例 ほか）　第3部 48のパターン（エバンジェリスト　小さな成功　ステップバイステップ ほか）　〔08074〕

マンスール, アフマド　Mansour, Ahmad

◇アラー世代―イスラム過激派から若者たちを取り戻すために（Generation Allah）　アフマド・マンスール著, 高本教之, 犬飼彩乃, 由比俊行, 早川文人, 平井敏雄, 荻原耕平訳　晶文社　2016.11　333p　20cm　2500円　①978-4-7949-6945-3

内容 第1章 アラー世代（私たちがいますぐにはたらきかけなければならない若者たち　氷山の一角にすぎないのか？　私はどうやってイスラム原理主義者になったのか）　第2章 過激主義の誘惑（我が家の食卓の見知らぬ人―子どもたちが過激化するとき　過激化の諸原因　ムスリムの責任　サラフィストの方が優れたソーシャルワーカーであるわけ　過激派がみなシリアに上陸するわけではない）　第3章 予防、そして過激主義からの脱却―いますぐに！（全面的な機能不全　「私たち―君たち」という議論をやめよう　学校のあり方を変える　見栄えのよい冊子とキャンドル・ビージルでは問題は解決しない）　第4章 社会の盲点に対抗して――〇の具体的な提案　〔08075〕

マンセル, フィリップ　Mansel, Philip

◇ビジュアル版 世界の歴史都市―世界史を彩った都の物語（The Great Cities in History）　ジョン・ジュリアス・ノーウィッチ編, 福井正子訳　柊風舎　2016.9　303p　27×21cm　15000円　①978-4-86498-039-5

内容 パリ―ナポレオン3世とオスマン男爵（フィリップ・マンセル）　〔08076〕

マンティーニ, ステファーノ

◇刑事コンプライアンスの国際動向　甲斐克則, 田口守一編　信山社　2015.7　554p　22cm　（総合叢書 19―〔刑事法・企業法〕）〈他言語標題：International Trends of Criminal Compliance　文献あり〉12800円　①978-4-7972-5469-3

内容 イタリアにおける経済犯罪防止に向けたコンプライアンス・プログラム（マウロ・カテナッチ, マルタ・アゴスティーニ, ジュリア・ファロティーコ, ステファーノ・マンティーニ, フェデリコ・メログラーノ著, 早稲田大学GCOE刑事法グループ訳）　〔08077〕

マンディーノ, オグ　Mandino, Og

◇世界最強の商人（THE GREATEST SALESMAN IN THE WORLD）　オグ・マンディーノ〔著〕, 山川紘矢, 山川亜希子訳

KADOKAWA　2014.11　189p　15cm　（角川文庫 iマ17-1）　520円　①978-4-04-101789-0　〔08078〕

◇その後の世界最強の商人（THE GREATEST SALESMAN IN THE WORLD.PART II）　オグ・マンディーノ〔著〕, 山川紘矢, 山川亜希子訳　KADOKAWA　2014.11　223p　15cm　（角川文庫 iマ17-2）　560円　①978-4-04-101790-6　〔08079〕

マンデヴィル, バーナード　Mandeville, Bernard

◇蜂の寓話―私悪すなわち公益（The Fable of the Bees）　バーナード・マンデヴィル〔著〕, 泉谷治訳　新装版　法政大学出版局　2015.8　404p　20cm　（叢書・ウニベルシタス 157）〈索引あり〉4500円　①978-4-588-14015-0

内容 ブンブンうなる蜂の巣―悪者が正直者になる話　序文　美徳の起源についての考察　注釈　慈善と慈善学校についての試論　社会の本質についての考究　索引　本書の弁明　〔08080〕

◇蜂の寓話―私悪すなわち公益　続（The Fable of the Bees.Part 2）　バーナード・マンデヴィル〔著〕, 泉谷治訳　新装版　法政大学出版局　2015.8　431p　20cm　（叢書・ウニベルシタス 409）〈索引あり〉4800円　①978-4-588-14016-7

内容 ホレイショとクレオメネスとフルヴィアのあいだの第一の対話　ホレイショとクレオメネスのあいだの第二の対話　ホレイショとクレオメネスのあいだの第三の対話　ホレイショとクレオメネスのあいだの第四の対話　ホレイショとクレオメネスのあいだの第五の対話　ホレイショとクレオメネスのあいだの第六の対話　〔08081〕

マンデラ, ネルソン　Mandela, Nelson

◇自由への容易な道はない―マンデラ初期政治論集（NO EASY WALK TO FREEDOM）　ネルソン・マンデラ著, 峯陽一監訳, 鈴木隆洋訳　青土社　2014.5　312, 5p　20cm　2400円　①978-4-7917-6788-5

内容 第1部 アフリカ民族主義の流れ（自由への容易な道はない　幻の流砂）　第2部 アパルトヘイトのもとで生きる（人民が破壊されている　土地への渇望　扉は閉ざされている）　第3部 アパルトヘイトに対する戦い―私たちの戦術とかれらの戦術（私たちが生きている間に自由を　私たちの闘争には多くの戦術が必要である　フェルヴルトの部族主義　反逆罪）　第4部 地下からの抵抗（国民大会のための闘争　ゼネラル・ストライキ　地下からの手紙　銃に支配された土地）　第5部 裁判（白人の法廷に立つ黒人　リヴォニア裁判）　〔08082〕

◇ネルソン・マンデラ未来を変える言葉　ネルソン・マンデラ著, 長田雅子訳, セロ・ハタン, サーム・フェンター編　明石書店　2014.6　193p　20cm　1800円　①978-4-7503-4010-4

内容 1 英知（生まれつき人を憎む人間はいない　誰にも良いところがある ほか）　2 原点（私の信念　人種差別を憎む ほか）　3 勝利（平和と民主主義と自由を！　生まれてはじめての投票 ほか）　4 未来（私の義務だった　兄弟姉妹として守る ほか）　〔08083〕

マンデル, アンドリュー・K.

◇経験学習によるリーダーシップ開発―米国CCLによる次世代リーダー育成のための実践事例（Experience-Driven Leader Development）　シンシア・D.マッコーレイ,D.スコット・デリュ, ポール・R.ヨスト, シルベスター・テイラー編, 漆嶋稔訳　日本能率協会マネジメントセンター　2016.8　511p　27cm　8800円　①978-4-8207-5929-4

内容 リーダーシップ・ジャーニー：計画的内省の経験（ニコール・L.ダブズ, アンドリュー・K.マンデル, クリスティン・オーンスタッド, スコット・テイラー）　〔08084〕

マンデル, エルネスト　Mandel, Ernest

◇第二次世界大戦とは何だったのか（The Meaning of the Second World War）　エルネスト・マンデル著, 湯川順夫, 山本ひろし, 西島栄, 志田昇訳　柘植書房新社　2014.4　333p　21cm〈文献あり 年表あり 索引あり〉3700円　①978-4-8068-0653-0

内容 第1部 歴史的枠組み（何が賭けられていたか　直接の諸要因　社会的諸勢力　資源　戦略　兵器　兵站　科学と行政　イデオロギー）　第2部 諸事件と諸結果（ヨーロッパにおける先制攻撃　戦闘の世界的展開―ソ連侵攻と真珠湾　クライマックスに向かって　決定的転換点―スターリングラードとミッドウェイ　消耗戦　最終攻撃―ノルマンディーから広島・長崎へ　結果　余波―終戦から冷戦へ　遺産）　補論 歴史家論争によせて―第三帝国の起源と本質、その先例なき再発可能性　〔08085〕

マンドラー, ピーター

◇オックスフォード ブリテン諸島の歴史　11　20世紀―1945年以後（The Short Oxford History of the British Isles ： The British Isles Since 1945）　鶴島博和日本語版監修　キャスリーン・バーク編, 西沢保監訳　慶応義塾大学出版会　2014.11　301, 47p　22cm〈文献あり 年表あり 索引あり〉6400円　①978-4-7664-1651-0

内容 二つの文化か、一つの文化か、それともたくさんの文化か（ピーター・マンドラー著, 市橋秀夫訳）　〔08086〕

マンドレシ, ラファエル

◇男らしさの歴史　1　男らしさの創出―古代から啓蒙時代まで（HISTOIRE DE LA VIRILITÉ）　A.コルバン,J-J.クルティーヌ,G.ヴィガレロ監修　G.ヴィガレロ編, 鷲見洋一監訳　藤原書店　2016.12　788p 図版48p　22cm　8800円　①978-4-86578-097-0

内容 男の熱さ ヨーロッパの男らしさと医学思想（ラファエル・マンドレシ著, 寺田元一訳）　〔08087〕

マントン, ドン　Munton, Don

◇キューバ危機―ミラー・イメージングの罠（The Cuban Missile Crisis 原著第2版の翻訳）　ドン・マントン, デイヴィッド・A.ウェルチ著, 田所昌幸, 林晟一訳　中央公論新社　2015.4　229p　20cm〈文献あり 索引あり〉2300円　①978-4-12-004718-3

内容 第1章 危機の背景（アメリカ・キューバ関係史　ピ

マ

ッグス湾侵攻とマングース作戦 ほか） 第2章 ミサイルの配備と発見（軍事力の内訳 情報をめぐるイタチごっこ ほか） 第3章 発見から海上封鎖へ（静けさの前の嵐 選択肢をしぼる ほか） 第4章 最悪の嵐（演説 アメとムチ ほか） 第5章 その後（キューバのミサイルの撤去 爆撃機をめぐるキューバ危機 ほか）〔08088〕

マンボ, ビル　Manbo, Bill T.

◇コダクロームフィルムで見るハートマウンテン日系人強制収容所（COLORS OF CONFINEMENT） ビル・マンボ写真, エリック・L.ミューラー編, 岡村ひとみ訳 紀伊国屋書店 2014.7 151p 16×20cm 2900円 ①978-4-314-01119-8

内容 フレームの外側―ビル・マンボの写真の時代背景（エリック・L.ミューラー） 有刺鉄線の向こうの若者の日常（ベーコン・サカタニ） 収容所の中のカメラ―ビル・マンボの写真にみるヴァナキュラーな写真の力（ジャスミン・アリンダー） 日系アメリカ人研究に開く新しい扉（ロン・クラシゲ）〔08089〕

マンレイ, ビル　Manley, Bill

◇ビジュアル版 世界の歴史都市―世界史を彩った都の物語（The Great Cities in History） ジョン・ジュリアス・ノーウィッチ編, 福井正子訳 柊風舎 2016.9 303p 27×21cm 15000円 ①978-4-86498-039-5

内容 テーベ―およびエジプトの黄金時代（ビル・マンレイ）〔08090〕

【ミ】

ミーア, ファティマ　Meer, Fatima

◇ネルソン・マンデラ伝―こぶしは希望より高く（Higher than Hope） ファティマ・ミーア著, 楠瀬佳子, 神野明, 砂野幸稔, 前田礼, 峯陽一, 元木淳子訳 新装版 明石書店 2014.2 695p 19cm 〈年譜あり〉 4800円 ①978-4-7503-3961-0

内容 1 ルーツ（マンデラ少年を求めて 過去） 2 闘争（ジョハネスバーグ 政治の広がり ほか） 3 ウィニー（ビザナ ジョハネスバーグ ほか） 4 終身刑（シャープビル 暴力に閉じこめられた部族衆 ほか） 5 獄中からの手紙（手紙 写真 ほか）〔08091〕

ミアケ, ナオコ　見明 奈央子

◇包括的で持続的な発展のためのユニバーサル・ヘルス・カバレッジ―日本からの教訓（Universal health coverage for inclusive and sustainable development） 池上直己編著 日本国際交流センター 2014.9 240p 21cm 〈文献あり〉 ①978-4-88907-139-9

内容 日本のユニバーサル・ヘルス・カバレッジを維持するためのマクロ経済的な状況と課題 他（小塩隆士, 見明奈央子, 池上直己）〔08092〕

ミアシャイマー, ジョン・J.　Mearsheimer, John J.

◇大国政治の悲劇―米中は必ず衝突する！（The Tragedy of Great Power Politics） ジョン・J.ミアシャイマー著, 奥山真司訳 改訂版 五月書房 2014.10 562p 19cm 5000円 ①978-4-7727-0509-7

内容 第1章 イントロダクション 第2章 アナーキーとパワーをめぐる争い 第3章 富とパワー 第4章 ランドパワーの優位 第5章 生き残りのための戦略 第6章 大国の実際の行動 第7章 イギリスとアメリカ：オフショア・バランサー 第8章 "バランシング"対"バック・パッシング" 第9章 大国間戦争の原因 第10章 中国は平和的に台頭できるか？〔08093〕

ミアーズ, ヘレン　Mears, Helen

◇アメリカの鏡・日本（Mirror for Americans : Japan） ヘレン・ミアーズ〔著〕, 伊藤延司訳 完全版 KADOKAWA 2015.12 461p 15cm （〔角川ソフィア文庫〕〔M117-1〕）〈新版：角川学芸出版 2005年刊〉 1200円 ①978-4-04-400004-2

内容 第1章 爆撃機から見たアメリカの政策 第2章 懲罰と拘束 第3章 世界的脅威の正体 第4章 伝統的侵略性 第5章 改革と再教育 第6章 最初の教科「合法的に行動すること」 第7章 鷲鳥のソース 第8章 第五の自由 第9章 誰のための共栄圏か 第10章 教育者たちの資質〔08094〕

ミアレ, エレーヌ　Mialet, Hélène

◇ホーキングInc.（HAWKING INCORPORATED） エレーヌ・ミアレ著, 河野純治訳 柏書房 2014.6 405p 20cm 〈文献あり〉 2400円 ①978-4-7601-4410-5

内容 第1章 アシスタントと機械 第2章 学生たち 第3章 図 第4章 メディア 第5章 ホーキングの存在を読む―控えめな男へのインタヴュー 第6章 永遠の始まりに―ホーキングをアーカイヴ化する 第7章 考える人―ホーキング、ホーキングに会う 結論 くりかえされる疑問―範例から暗号文へ〔08095〕

ミアン, アティフ　Mian, Atif

◇ハウス・オブ・デット（HOUSE OF DEBT） アティフ・ミアン, アミール・サフィ著, 岩本千晴訳 東洋経済新報社 2015.11 268, 23p 20cm 〈索引あり〉 2400円 ①978-4-492-31459-3

内容 悲惨な危機を予防する 第1部 債務はこうして経済を破壊する（不況は人災である 需要低迷の本当の理由 LL理論とは―新しいフレームワーク 失業の新しい説明） 第2部 熱狂的バブル（信用はこうして膨張する 破滅への道 債務がバブルを作り出す） 第3部 悪循環を断ち切る方法（銀行を救えば、経済も救われるのか 債務を減免する 財政金融政策の効果 リスク共有を組み込む）〔08096〕

ミウ, A.C.*　Miu, Andrei C.

◇ワーキングメモリと日常―人生を切り拓く新しい知性（WORKING MEMORY） T.P.アロウェイ,R.G.アロウェイ編著, 湯沢正通, 湯沢美紀監訳 京都 北大路書房 2015.10 340p 21cm （認知心理学のフロンティア） 〈文献あり 索引あり〉 3800円 ①978-4-7628-2908-6

内容 ワーキングメモリと不安：個人差と発達の相互作用を探る（Laura Visu-Petra, Lavinia Cheie, Andrei C.Miu著, 滝口圭子訳）〔08097〕

ミウラ, ジョニ・L.　Mihura, Joni L.

◇ロールシャッハ・アセスメントシステム―実施,

ミ

コーディング, 解釈の手引き（RORSCHACH PERFORMANCE ASSESSMENT SYSTEM） グレゴリー・J.メイヤー, ドナルド・J.ビグリオン, ジョニ・L.ミウラ, ロバート・E.エラード, フィリップ・エルドバーグ著, 高橋依子監訳, 高橋真理子訳 金剛出版 2014.12 591p 27cm 〈文献あり 索引あり〉15000円 ①978-4-7724-1402-9

内容 序説 実施法 基本的コード化 上級用コード化 上級用明確化 形態水準表 コード化の練習 反応水準からプロトコル水準への変換 基準的参照データ 解釈への勧告 臨床事例 反応数最適化実施法 形態水準表の発展 信頼性 変数の選択と妥当性 基準的参照データの作成 〔08098〕

ミエ, マチアス

◇教育の大衆化は何をもたらしたか―フランス社会の階層と格差 園山大祐編著 勁草書房 2016.5 326p 22cm 〈年表あり 索引あり〉3500円 ①978-4-326-60292-6

内容 学校離れを生みだすもの（マチアス・ミエ, ダニエル・タン著, 小林純子訳） 〔08099〕

ミカエル, アラン・C. Michaels, Alan C.

◇アメリカ捜査法（Understanding Criminal Procedure.volume 1 : Investigation 原著第4版の翻訳） ジョシュア・ドレスラー, アラン・C.ミカエル著, 指宿信監訳 レクシスネクシス・ジャパン 2014.5 965p 22cm （LexisNexisアメリカ法概説 9） 〈索引あり〉13000円 ①978-4-902625-94-3

内容 刑事手続への入門 刑事手続に関する包括的な政策 権利章典の刑事手続への組込み 修正4条：概観 修正4条：「人、家屋、書類、そして私的財産」 修正4条の概念1―「捜索」 修正4条の概念2―「押収＝抑留」 修正4条：「相当な理由」 逮捕 捜索令状：総論〔ほか〕 〔08100〕

ミカロウィッツ, マイク Michalowicz, Mike

◇トイレットペーパーの起業家―最後の一切れでもキレイに拭き取れるありのままのビジネスガイド マイク・ミカロウィッツ著, サミー・コイワ訳 花泉社 2014.1 204p 21cm 1600円 ①978-4-907205-04-1

内容 第1部 信念（生理的欲求 ささやかな（心の）安らぎと静寂 ほか） 第2部 TPEの集中力（用に取り掛かる 規則正しい「お通じ」が全て） 第3部 アクション（もう、出た？ 用が済んだらさっさと出る） 第4部 お金と資産（三枚だけでキレイに拭き取る 確実によく流す ほか） 〔08101〕

ミーク, ロンルド.L. Meek, Ronald L.

◇社会のなかの数理―行列とベクトル入門（MATRICES AND SOCIETY） イアン・ブラッドリー, ロナルド・L.ミーク著, 小林淳一, 三隅一人訳 新装版 福岡 九州大学出版会 2014.2 308p 21cm 〈索引あり〉3500円 ①978-4-7985-0127-7 〔08102〕

◇社会科学と高貴ならざる未開人―18世紀ヨーロッパにおける四段階理論の出現（SOCIAL SCIENCE AND THE IGNOBLE SAVAGE） ロンルド.L.ミーク著, 田中秀夫監訳, 村井路子, 野原慎司訳 京都 昭和堂 2015.10 312, 9p 22cm 〈索引あり〉5000円 ①978-4-8122-1514-2

内容 第1章 四段階理論とその前史 第2章 「始まりにおいて全世界はアメリカであった」 第3章 一七五〇年代のフランス先駆者たち 第4章 一七五〇年代のスコットランドの先駆者たち 第5章 高貴ならざる未開人と「粗野な部族の歴史」 第6章 修正主義者、詩人、経済学者 〔08103〕

ミグラニ, ボブ Miglani, Bob

◇インドでバスに乗って考えた―混沌を生きる知恵（EMBRACE THE CHAOS） ボブ・ミグラニ著, 山本晶子訳 KADOKAWA 2015.2 198p 19cm 1500円 ①978-4-04-731687-4

内容 1 受け入れる（インドの道路を疾走する―混沌をコントロールすることはできない。自分をコントロールすることはできる 千五百メートルの山頂で神を探す―うまくいかないプランは忘れること。どこかに必ず解決の道がある 男ふたりが手をつないで歩く社会―あなたはひとりぼっちではない） 2 考えすぎない（インドの結婚式で踊るチャンスを逃す―先のことばかり心配すると、人生の最良の瞬間を逃してしまう ボリウッドの歌だけで誕生日を祝う―人生で大切なことはすでにあなたのそばにある 一時間で結婚相手を選ぶ方法―人は何にでも適応できる。そのことを知らないだけだ。 混沌の中で瞑想する人々―日々の儀式が積極的に生きることの始まりとなる） 3 前へ進む（すいているバスなど絶対にやってこない―完全なものを待っているとどこにもたどりつけない ムンバイでヒッチハイクの通勤―自分の行動に専念すれば、混乱の中でも前に進める 彼女は明日も私を待っている―目的や人に奉仕することが前に進む力になる キッチンのテーブルで混沌を受け入れることを学ぶ―まっすぐ目的地にいたる道は存在しない 導師の教え―自分の疑問にはすべて自分で答えることができる） 〔08104〕

ミグリオリ, D.L. Migliore, Daniel L.

◇現代キリスト教神学―理解を求める信仰 上（FAITH SEEKING UNDERSTANDING 原著第3版の翻訳） D.L.ミグリオリ〔著〕, 下田尾治郎訳 日本キリスト教団出版局 2016.8 343p 22cm 〈索引あり〉4200円 ①978-4-8184-0945-3 〔08105〕

ミクリッツ, ハンス－W.

◇消費者法の現代化と集団的権利保護 中田邦博, 鹿野菜穂子編 日本評論社 2016.8 591p 22cm （竜谷大学国際社会文化研究所叢書 第18巻） 〈他言語標題：Modernisation of Consumer Law and Collective Redress〉7500円 ①978-4-535-52208-4

内容 ヨーロッパ集合訴訟への道 他（ハンス－W.ミクリッツ著, 中田邦博訳） 〔08106〕

ミクリンサー, マリオ

◇死別体験―研究と介入の最前線（Handbook of Bereavement Research and Practice 原著第3版の抄訳） マーガレット・S.シュトレーベ, ロバート・O.ハンソン, ヘンク・シュト, ウォルフガング・シュトレーベ編, 森茂起, 森年恵訳 誠信書房 2014.3 322p 22cm 〈文献あり 索引あ

ミ

り〉4400円 ①978-4-414-41454-7
内容 愛着から見た死別(マリオ・ミクリンサー, フィリップ・R.シェイヴァー著) 〔08107〕

ミクルスウェイト, ジョン　Micklethwait, John
◇増税よりも先に「国と政府」をスリムにすれば？―英「エコノミスト」編集長の直言（THE FOURTH REVOLUTION）　ジョン・ミクルスウェイト, エイドリアン・ウールドリッジ著, 浅川佳秀訳　講談社　2015.1　286p　20cm　1700円　①978-4-06-219349-8
内容 国家はなぜ存在するのか　第1部 国家「理想像」の変遷史(トマス・ホッブズの国民国家―王による支配が終わり、国民が議会を通じて国を治める「国民国家」が誕生する　J.S.ミルの自由主義国家―実力次第で成功できる新しい制度や、効率的な小さな政府を望む声が高まる　ビアトリス・ウェッブの福祉国家―資本主義の矛盾が剝き出しになった時代、万人の幸福を国家が担う枠組みが生まれる　ミルトン・フリードマンの「半」革命―行き過ぎた福祉国家の反動で、スリム化の気運が生まれるも、不完全に終わった）　第2部 現在の国家・政府・地方が抱える問題点(カリフォルニア州、7つの問題と1つの長所―肥大化する行政や、利権化する公務員はなぜ世界中で常態化したのか？　アジアに学ぶ「未来の国家」モデル―良くも悪くも、シンガポールと中国が我々に教えてくれること）　第3部 変革の嵐(北欧―改革が始まる場所―スウェーデンやデンマークでは、行政に市場原理を導入して成功を収めつつある　国家・政府を再起動せよ―公務員や行政府が抱きがちな、誤った固定観念を捨て、新しい政策に舵を切れ　国家を作り替える3つの政策―鍵を握るのは国有資産売却・補助金の廃止・給付金制度の見直しだ）　第4の革命―民主主義の修正方法 〔08108〕

ミグル・ユーロップ・ネットワーク
◇国境政策のパラドクス　森千香子, エレン・ルバイ編　勁草書房　2014.9　244, 15p　22cm〈年表あり 索引あり〉4000円　①978-4-326-60269-8
内容 「再入国協定」とは何か？(ミグル・ユーロップ・ネットワーク著, 田辺佳美訳) 〔08109〕

ミゲル, エドワード　Miguel, Edward
◇悪い奴ほど合理的―腐敗・暴力・貧困の経済学（ECONOMIC GANGSTERS）　レイモンド・フィスマン, エドワード・ミゲル著, 田村勝省訳　NTT出版　2014.2　294p　20cm〈索引あり〉2000円　①978-4-7571-2328-1
内容 第1章 経済開発に向けた戦い　第2章 スハルト株式会社　第3章 密輸ギャップ　第4章 氏か育ちか？腐敗の文化を理解する　第5章 水がなければ平和もない　第6章 千の傷による死　第7章 戦争から戻る道　第8章 経済的ギャングと戦うことを学ぶ 〔08110〕

ミザーヴ, ルース・I.
◇岡田英弘著作集　8　世界的ユーラシア研究の六十年　岡田英弘著　藤原書店　2016.7　687p　20cm〈布装　索引あり〉8800円　①978-4-86578-076-5
内容 アルタイ学者デニス・サイナー(ルース・I.ミザーヴ他著, 岡田英弘訳) 〔08111〕

ミサンチャク, メラニー　Misanchuk, Melanie
◇インストラクショナルデザインの理論とモデル―共通知識基盤の構築に向けて（INSTRUCTIONAL-DESIGN THEORIES AND MODELS, Volume 3）　C.M.ライゲルース,A.A.カー＝シェルマン編, 鈴木克明, 林雄介監訳　京都　北大路書房　2016.2　449p　21cm〈索引あり〉3900円　①978-4-7628-2914-7
内容 情意的な発達を促進する―感情的知能(バーバラ・A.ビチェルマイヤー, ジェームス・マーケン, タマラ・ハリス, メラニー・ミサンチャク, エミリー・ヒクソン著, 中嶌康二訳) 〔08112〕

ミジェリンスカ, アレクサンドラ　Mizielińska, Aleksandra
◇マップス―新・世界図絵（MAPY）　アレクサンドラ・ミジェリンスカ, ダニエル・ミジェリンスキ作・絵, 徳間書店児童書編集部訳　徳間書店　2014.9　105p　38cm〈他言語標題：MAPS　文献あり〉3200円　①978-4-19-863785-9 〔08113〕

◇MAPSらくがきワークブック（MAPOWNIK）　アレクサンドラ・ミジェリンスカ, ダニエル・ミジェリンスキ作・絵, 徳間書店児童書編集部訳　徳間書店　2015.7　1冊(ページ付なし)　37cm〈タイトルは背と表紙による.奥付のタイトル：マップスらくがきワークブック〉1600円　①978-4-19-863928-0 〔08114〕

ミジェリンスキ, ダニエル　Mizieliński, Daniel
◇マップス―新・世界図絵（MAPY）　アレクサンドラ・ミジェリンスカ, ダニエル・ミジェリンスキ作・絵, 徳間書店児童書編集部訳　徳間書店　2014.9　105p　38cm〈他言語標題：MAPS　文献あり〉3200円　①978-4-19-863785-9 〔08115〕

◇MAPSらくがきワークブック（MAPOWNIK）　アレクサンドラ・ミジェリンスカ, ダニエル・ミジェリンスキ作・絵, 徳間書店児童書編集部訳　徳間書店　2015.7　1冊(ページ付なし)　37cm〈タイトルは背と表紙による.奥付のタイトル：マップスらくがきワークブック〉1600円　①978-4-19-863928-0 〔08116〕

ミシェル, ウォルター　Mischel, Walter
◇マシュマロ・テスト―成功する子・しない子（THE MARSHMALLOW TEST）　ウォルター・ミシェル著, 柴田裕之訳　早川書房　2015.5　342p　19cm　1900円　①978-4-15-209541-1
内容 第1部 先延ばしにする能力―自制を可能にする(スタンフォード大学のサプライズ・ルームで　彼らはどうやって成し遂げるのか？　ホットに考える/クールに考える ほか）　第2部 保育園時代のマシュマロから老後の資金まで(成功の原動力―「できると思う！」将来の自分　「今、ここ」を乗り越える ほか）　第3部 研究室から実生活へ(マシュマロと公共政策　中核戦略を応用する　人間の本質) 〔08117〕

ミシェル, ジャン＝バティースト　Michel, Jean-Baptiste
◇カルチャロミクス―文化をビッグデータで計測す

ミ

る（Uncharted）　エレツ・エイデン, ジャン＝バティースト・ミシェル著, 阪本芳久訳　草思社　2016.2　349p　19cm　2200円　①978-4-7942-2187-2

内容 第1章 歴史を見通す新しい眼鏡　第2章 ジップの法則と不規則動詞たち　第3章 ビッグデータで辞書を評価する　第4章 名声を定量化することは可能か？　第5章 言論弾圧の痕跡を測る　第6章 集合的記憶と集合的忘却　第7章 ビッグデータがもたらす未来　〔08118〕

ミシャル, ニシム　Mishal, Nissim

◇モサド・ファイル―イスラエル最強スパイ列伝（MOSSAD（重訳））　マイケル・バー＝ゾウハー, ニシム・ミシャル著, 上野元美訳　早川書房　2014.10　542p　16cm　（ハヤカワ文庫 NF 417）〈文献あり〉980円　①978-4-15-050417-5

内容 ライオンの巣穴に一人で飛びこむ　闇世界の帝王テヘランの葬儀　バグダッドの処刑　ソ連のスパイと海に浮かんだ死体　「ああ、それ？　フルシチョフの演説よ…」　「アイヒマンを連れてこい！　生死は問わない」　ヨセレはどこだ？　モサドに尽くすナチスの英雄　ダマスカスの男　『ミグ21が欲しい』　決して忘れない人々　赤い王子をさがす旅　シリアの乙女たち　『きょう、戦争になる！』　アトム・スパイが掛かった甘いわな（ハニートラップ）　サダムのスーパーガン　アンマンの大失態　北朝鮮より愛をこめて　午後の愛と死　アメラはまわっていた　シバの女王の国から　イランと戦争か？　〔08119〕

ミシュラ, パンカジ　Mishra, Pankaj

◇アジア再興―帝国主義に挑んだ志士たち（FROM THE RUINS OF EMPIRE）　パンカジ・ミシュラ著, 園部哲訳　白水社　2014.11　411, 31p　20cm　〈文献あり 索引あり〉3400円　①978-4-560-08395-6

内容 第1章 隷属するアジア　第2章 アフガーニーの風変わりなオデュッセイア　第3章 梁啓超の中国とアジアの運命　第4章 一九一九年、世界史の転換　第5章 タゴール、東亜へ行く―亡国から来た男　第6章 作り直されたアジア　〔08120〕

ミシュレ, ジュール　Michelet, Jules

◇全体史の誕生―若き日の日記と書簡（Ecrits de Jeunesseの抄訳）　J.ミシュレ〔著〕, 大野一道編訳　藤原書店　2014.9　315p　20cm　3000円　①978-4-89434-987-2

内容 序 全体史の誕生―ミシュレの青春　学問とは何か（一八二五年八月十七日、コレージュ・サント＝バルブでの賞与授与式にて）　少年時代の思い出―覚え書 青春日記―一八二〇年五月四日・一八二三年七月十二日（抄）　アイデア日記―一八一八・一八二九（抄） わが読書日記―一八一八・一八二九　付 ミシュレ―親友ポワンソ往復書簡（抄）　〔08121〕

◇フランス史〈中世〉1（Le Moyen Age）　ジュール・ミシュレ著, 桐村泰次訳　論創社　2016.9　516p　20cm　〈他言語標題：HISTOIRE DE FRANCE：LE MOYEN AGE　索引あり〉4800円　①978-4-8460-1554-1

内容 第1部 ケルト人・イベリア人・ローマ人（ケルト人とイベリア人　カエサルによる征服の前後　ローマ帝政下のガリア ほか）　第2部 ゲルマン人（民族移動からメロヴィング王朝まで　カルロヴィング家の人々（七～十世紀）　カルロヴィング帝国の解体）　第3部 フランスの容貌（タブロー・ド・ラ・フランス）（ブルターニュ　アンジュー地方からポワトゥーへ　リムーザン ほか）　〔08122〕

◇フランス史〈中世〉2（Le Moyen Âge）　ジュール・ミシュレ著, 桐村泰次訳　論創社　2016.12　442p　20cm　〈他言語標題：HISTOIRE DE FRANCE：LE MOYEN AGE　索引あり〉4200円　①978-4-8460-1565-7

内容 第4部 中世盛期（西暦一〇〇〇年　帝権と法王権の抗争　十字軍の開始―一〇九五～一〇九九年　都市コミューンの形成へ　フランスとイングランド　十二世紀の教会　ヨーロッパの混乱　聖ルイ王）〔08123〕

ミステリー　Mystery

◇口説きの教典―カリスマナンパ師“ミステリー”の恋愛メソッド（The Mystery Method）　ミステリー著, 赤平三千男訳, 公家シンジ監訳　パンローリング　2015.9　333p　19cm　（フェニックスシリーズ 29）　1600円　①978-4-7759-4148-5

内容 第1章 恋愛は学問である　第2章 進化の過程から恋愛を解き明かす　第3章 女とはどういう生き物なのか　第4章「ナンパ」というゲームのルールと仕組み　第5章 フェーズA1―アプローチ　第6章 フェーズA2―女に関心を持たせる方法　第7章 フェーズA3―自分からも関心を見せる　第8章 会話のテクニック　第9章 セックスへ向けた総仕上げ―中盤戦・終盤戦　〔08124〕

ミズン, スティーヴン　Mithen, Steven J.

◇氷河期以後―紀元前二万年からはじまる人類史 上（AFTER THE ICE）　スティーヴン・ミズン著, 久保儀明訳　青土社　2015.5　658p 図版16p　20cm　4500円　①978-4-7917-6859-2

内容 歴史の誕生―地球温暖化と考古学上の証拠物件と人類の歴史　紀元前二〇〇〇〇年の世界―人類の進化と気候の変動と放射性炭素年代測定法　西アジア（火災と草花―紀元前二〇〇〇〇年から一二三〇〇年における狩猟採集民と森林ステップ　オーク森林地帯の集落の生活―紀元前一二三〇〇年から一〇八〇〇年における前期ナトゥフ文化期の狩猟採集民の集落 ほか）　ヨーロッパ（北方地帯の開拓者たち―紀元前二〇〇〇〇年から一二七〇〇年における北西ヨーロッパへの再進出　トナカイの狩人たちとともに―紀元前一二七〇〇年から九六〇〇年における経済と技術と社会 ほか）　アメリカ大陸（最初のアメリカ人を求めて―紀元後一九二七年から一九九四年における氷河時代の居住地の発見　現代社会に残されているアメリカの過去―アメリカ大陸への移住に関する歯科学、言語学、遺伝学、骨格にもとづく証拠物件 ほか）　〔08125〕

◇氷河期以後―紀元前二万年からはじまる人類史 下（AFTER THE ICE）　スティーヴン・ミズン著, 久保儀明訳　青土社　2015.5　468, 80p　20cm　〈文献あり 索引あり〉4500円　①978-4-7917-6860-8

内容 オーストラリア大陸と東アジア（明らかにされた失われた世界―紀元前二〇〇〇〇年から六〇〇〇年におけるタスマニアの狩猟採集民　コウ沼沢地における人体改造―紀元前一四〇〇〇年から六〇〇〇年におけるオーストラリア南東部の埋葬と、社会と大型動物相の絶滅 ほか）　南アジア（インド亜大陸に踏み

ミ

入る―紀元前二〇〇〇〇年から八五〇〇年におけるインドの壁画とガンジス川の峡谷平野の集落　はろばろヒンドゥークシュ山脈を越える―南アジアと中央アジアにおける初期の農耕―紀元前七五〇〇年から五〇〇〇年における綿の栽培植物化 ほか）　アフリカ大陸（ナイル河畔の焼き魚―紀元前二〇〇〇〇年から一一〇〇〇年における北アフリカとナイル川流域の狩猟採集民　ルケニア・ヒルにて―紀元前二〇〇〇〇年以降のアフリカ東部の自然環境と動物相の推移 ほか）　結びの言葉―文明の恩恵　〔08126〕

ミゼリコルディア, マッシモ・デッラ

◇アルプスからのインターローカル・ヒストリー―〈地域〉から〈間地域〉へ　佐藤公美編　神戸　佐藤公美研究室　2016.3　140p　30cm　〈他言語標題：Interlocal history from the Alps　英語・イタリア語併載〉 ①978-4-908809-00-2

内容 アルプス国境沿いの「間地域的」関係 他（マッシモ・デッラ・ミゼリコルディア著, 佐藤公美訳）〔08127〕

ミッチェル, スティーヴン　Mitchell, Stephen

◇タオを生きる―あるがままを受け入れる81の言葉（A THOUSAND NAMES FOR JOY）　バイロン・ケイティ, スティーヴン・ミッチェル著, ティム・マクリーン, 高岡よし子訳　ダイヤモンド社　2014.9　341p　19cm　1800円　①978-4-478-00480-7

内容 名づけることから、幻想が始まる　あなたにとって悪いと思えるものは、まだ十分わかっていないだけ？　人生を水のごとく流れるままに任せれば、あなたはその水になる　オープンマインドであれば、「知っていること」を超えたものが贈り物として流れ込む　現実は暗闇も光も、あらゆるものを包む　意識は、幻想を尽きることなくつくりだす　ストーリーによって、世界は始まる　意識がクリアであれば、人生はとてもシンプル　いかなるものも、私のものということはない　何もする必要はなく、誰かである必要もない〔ほか〕〔08128〕

ミッチェル, ティモシー　Mitchell, Timothy

◇エジプトを植民地化する―博覧会世界と規律訓練的権力（Colonising Egypt 原著ペーパーバック版の翻訳）　ティモシー・ミッチェル著, 大塚和夫, 赤堀雅幸訳　法政大学出版局　2014.3　328p　22cm　〈文献あり 索引あり〉 5600円　①978-4-588-37602-3

内容 第1章 博覧会のエジプト　第2章 枠づけ　第3章 秩序の見かけ　第4章 私たちが彼らの身体を捕らえた後　第5章 真実の機械装置　第6章 物の哲学　〔08129〕

ミッチェル, デビッド　Mitchell, David R.

◇インクルーシブ教育をすすめる教師のために―合理的配慮に役立つ24の教育方略（What Really Works in Special and Inclusive Education？）　デビッド・ミッチェル編著, 落合俊郎監訳　アドバンテージサーバー　2014.5　222p　21cm　〈文献あり 索引あり〉 1800円　①978-4-86446-021-7　〔08130〕

◇インクルーシブ教育システムを構築するために知っておきたい27の教育法略　デビッド・ミッチェル著, 落合俊郎監訳, 秋元雅仁, 山口清春訳　姫路　ブックウェイ　2016.7　663p　19cm　〈文献あり〉 2000円　①978-4-86584-145-9　〔08131〕

ミッドフォード, ポール

◇国際関係理論　吉川直人, 野口和彦編　第2版　勁草書房　2015.11　399p　21cm　（勁草テキスト・セレクション）〈他言語標題：Perspectives on International Relations　索引あり〉 3300円　①978-4-326-30244-4

内容 定性的研究方法への道案内（ポール・ミッドフォード著, 野口和彦訳）〔08132〕

ミットン, ジャクリーン　Mitton, Jacqueline

◇なんでもまる見え大図鑑（KNOWLEDGE ENCYCLOPEDIA）　ジャクリーン・ミットンほか著, 左巻健男日本語版監修, 中川泉, 竹田純子, 荻野哲矢, 小松美都訳　河出書房新社　2014.11　360p　31cm　〈索引あり〉 4600円　①978-4-309-61543-1

内容 宇宙（宇宙と天体　宇宙探査）　地球（地球という惑星　動き続ける地球 ほか）　生物（生命の誕生　生物の世界 ほか）　人体（からだの基本　からだへの燃料補給 ほか）　科学（物質　力 ほか）　歴史（古代世界　中世世界 ほか）〔08133〕

ミード, ウォルター・ラッセル　Mead, Walter Russell

◇神と黄金―イギリス, アメリカはなぜ近現代世界を支配できたのか　上（God and Gold）　ウォルター・ラッセル・ミード著, 寺下滝郎訳　青灯社　2014.4　380p　19cm　3200円　①978-4-86228-070-1

内容 アングロ‐アメリカ勢力と世界をめぐる「六つの問い」　第1部 海象と大工（神はわれらの側にあり―クロムウェルからブッシュ・ジュニアに至る内部の敵との戦い　価値観を共有するアングロ‐サクソン人―ルイス・キャロル「海象と大工」とデフォー「生粋のイングランド人」　彼らはわれらをいかに憎みしか―英語国民とワスプ嫌いの人びとを隔てる壁）　第2部 すべての国より畏怖と羨望の的となりし（海洋国家システムのヴァージョン・アップ―オランダからイギリスを経てアメリカへ　フランス、この厄介な国―イギリスの海洋国家システムに挑戦するナポレオン　世界は彼らの牡蠣であった―英語文化圏としてのイギリス帝国の拡大　力の源泉―英語圏における公信用と私的信用の制度的基盤・イングランド銀行　イートン校の運動場―消費革命、交通革命、情報革命、大衆文化、スポーツの発展　ゴルディロックスと西洋―資本主義という荒馬を御す英語国民の国）　第3部 アングロ‐サクソンの態度（ワスプと蜜蜂―「開かれた社会」と「閉ざされた社会」、「動的宗教」と「静的宗教」　ブレイの牧師―宗教への固執と懐疑主義との共存　教義対教義―カトリックとプロテスタントと啓蒙思想のせめぎ合い）〔08134〕

◇神と黄金―イギリス, アメリカはなぜ近現代世界を支配できたのか　下（GOD AND GOLD）　ウォルター・ラッセル・ミード著, 寺下滝郎訳　青灯社　2014.5　370p　19cm　〈文献あり 索引あり〉 3200円　①978-4-86228-071-8

内容 第3部（白のクィーン―「開かれた社会」における宗教の役割　エクセルショー！ ―ヤンキーの向上心に与える資本主義とカルヴィニズムの影響　ジャイロスコープとピラミッド―アメリカ社会が依拠する理性、啓示、伝統のアングリカン社会）　第4部 神は何を為し給ひしや（歴史とは何ぞや―現代世界を形成している二つのメタ物語(一)アブラハムの物語　歴史との戦い—現代世界を形成している二つのメタ物語(二)資本主義・進歩主義の物語　黄金のミーム—見えざる手、ウイッグ史観、神との契約　ウイッグ・バビロン—「歴史の終わり」と「文明の衝突」　第5部 歴史の教訓(海洋国家の将来—アメリカ衰退論と海洋国家の大戦略「グリニッジ長老の議定書」　ゴーストダンサーたち—アメリカとイスラーム世界との関係　文明間の外交—ラインホールド・ニーバーの洞察　歴史の終わりとは—グローバル社会の発展と永続革命)　〔*08135*〕

ミード, スター　Meade, Starr

◇主を知り、主を喜ぶ—子どもから大人まで‐教理問答による日々のデボーション（Training hearts, teaching minds）　スター・ミード著, 佐藤強, 魚本つる子訳　仙台　正統長老教会日本ミッション　2015.10　425p　21cm　〈発売：いのちのことば社〉2300円　①978-4-264-03449-0　〔*08136*〕

ミードウェイ, ジェイムズ

◇経済学大図鑑（The Economics Book）　ナイアル・キシテイニーほか著, 若田部昌澄日本語版監修, 小須田健訳　三省堂　2014.2　352p　25cm　〈索引あり〉4000円　①978-4-385-16222-5

内容 さあ、交易をはじめよう—紀元前400年～後1770年　理性の時代—1770年～1820年　産業革命と経済革命—1820年～1929年　戦争と不況—1929年～1945年　戦後の経済学—1945年～1970年　現代の経済学—1970年～現在　〔*08137*〕

◇政治学大図鑑（The Politics Book）　ポール・ケリーほか著, 堀田義太郎日本語版監修, 豊島実和訳　三省堂　2014.9　352p　25cm　〈索引あり〉4200円　①978-4-385-16226-3　〔*08138*〕

ミナカタ, クマグス　南方 熊楠

◇南方熊楠英文論考　〈ノーツアンドクエリーズ〉誌篇　南方熊楠著, 飯倉照平監修, 松居竜五, 田村義也, 志村真幸, 中西須美, 南条竹則, 前島志保訳　集英社　2014.12　891p　22cm　〈布装　年譜あり 索引あり〉12000円　①978-4-08-789001-3

内容 第1章 一八九九‐一九〇〇年ロンドン滞在期　第2章 一九〇三‐一九〇四年那智滞在期　第3章 一九〇七‐一九一〇年田辺定住と投稿の再開　第4章 一九一一‐一九一三年柳田国男との協力の頃　第5章 一九一四‐一九一五年「十二支考」開始の頃　第6章 一九一六‐一九二〇年『N&Q』誌の月刊化の頃　第7章 一九二一‐一九二三年後期の大作「鷲石考」　第8章 一九二四‐一九二五年円熟期の英文論考　第9章 一九二六‐一九三三年英文論考の終息　第10章 未発表論考　〔*08139*〕

ミネア, ジェフリー・P.

◇日本の最高裁判所—判決と人・制度の考察　市川正人, 大久保史郎, 斎藤浩, 渡辺千原編著　日本評論社　2015.6　417p　22cm　〈他言語標題：SUPREME COURT OF JAPAN〉5200円　①978-4-535-52092-9

内容 事件数の増加と法的複雑性の高まりへの対応（ジェフリー・P.ミネア著, 市川正人訳）　〔*08140*〕

ミネルヴィニ, マーク　Minervini, Mark

◇ミネルヴィニの成長株投資法—高い先導株を買い、より高値で売り抜けろ（Trade Like a Stock Market Wizard）　マーク・ミネルヴィニ著, 長尾慎太郎監修, 山口雅裕訳　パンローリング　2014.1　379p　22cm　（ウィザードブックシリーズ 213）　2800円　①978-4-7759-7180-2

内容 読むに値する序文　初めに知っておくべきこと　明確な買い場分析—SEPA戦略　価値あるものは高いトレンドに沿ったトレード　カテゴリー、業種、上昇のきっかけ　注目すべきファンダメンタルズ　利益の質を評価する　先導株を追え　百聞は一見にしかず　知っている銘柄というだけで買うな　リスク管理1—リスクの性質　リスク管理2—リスクにどう対応して管理すべきか　〔*08141*〕

◇成長株投資の神（Momentum Masters）　マーク・ミネルヴィニ著, 長尾慎太郎監修, 山口雅裕訳　パンローリング　2016.9　267p　20cm　（ウィザードブックシリーズ 240）　2800円　①978-4-7759-7209-0

内容 第1章 はじめに　第2章 銘柄選択　第3章 ポジションサイズ　第4章 テクニカル分析　第5章 ファンダメンタルズ　第6章 株式市場全般　第7章 仕掛けの基準　第8章 リスク管理　第9章 トレード管理　第10章 心理　第11章 最後に　〔*08142*〕

ミノワ, ジョルジュ　Minois, Georges

◇無神論の歴史—始原から今日にいたるヨーロッパ世界の信仰を持たざる人々　上（HISTOIRE DE L'ATHÉISME）　ジョルジュ・ミノワ〔著〕, 石川光一訳　法政大学出版局　2014.7　445, 30p　20cm　（叢書・ウニベルシタス 1013）　①978-4-588-01013-2　〔*08143*〕

◇無神論の歴史—始原から今日にいたるヨーロッパ世界の信仰を持たざる人々　下（HISTOIRE DE L'ATHÉISME）　ジョルジュ・ミノワ〔著〕, 石川光一訳　法政大学出版局　2014.7　p451～1001 98p　20cm　（叢書・ウニベルシタス 1013）〈索引あり〉①978-4-588-01013-2　〔*08144*〕

ミハイロバ, Iu・D.

◇日ロ関係史—パラレル・ヒストリーの挑戦　五百旗頭真, 下斗米伸夫,A.V.トルクノフ,D.V.ストレリツォフ編　東京大学出版会　2015.9　713, 12p　22cm　〈年表あり〉9200円　①978-4-13-026265-1

内容 世紀転換期ロシアにおける日本のイメージ（Iu.D.ミハイロバ著, 木村崇訳）　〔*08145*〕

ミハルジェビック, ジョン　Mihaljevic, John

◇バリュー投資アイデアマニュアル—得意分野を見極めるための戦略の宝庫（The Manual of Ideas）　ジョン・ミハルジェビック著, 長尾慎太郎監修, 井田京子訳　パンローリング　2014.9　371p　22cm　（ウィザードブックシリーズ 220）〈文献あり〉2800円　①978-4-7759-7188-8

内容 第1章 極めて個人的な取り組み—何を保有したいのか　第2章 グレアム流ディープバリュー（割安株）投資—優雅ではないが利益は上がるしけモク投資戦略　第3章 サム・オブ・ザ・パーツの価値—追加的な資産や隠れ資産がある会社への投資　第4章 グリーン

ブラットの安くて良い株を見つける魔法の公式　第5章 ジョッキー株―素晴らしい経営陣とともに利益を上げる　第6章 リーダーに続け―スーパー投資家のポートフォリオからチャンスを見つける　第7章 小型株は大きなリターンにつながるか―あまり注目されていない小型株と超小型株で儲ける　第8章 スペシャルシチュエーション戦略―イベントドリブン型の投資チャンスを探す　第9章 スタブ株―レバレッジが高い会社への投資（または投機）　第10章 国際的なバリュー投資―自国以外で価値を探す　〔08146〕

ミーハン, バーナード　Meehan, Bernard

◇ケルズの書―ダブリン大学トリニティ・カレッジ図書館写本（The Book of Kells）　バーナード・ミーハン著, 鶴岡真弓訳　岩波書店　2015.1　255p　33cm　〈布装　文献あり〉7200円　①978-4-00-008173-3

内容 1 歴史的背景（『ケルズの書』、その後の歴史　製本と再製本 ほか）　2『ケルズの書』の諸要素（ヘブライ語の名前　対観表 ほか）　3 装飾（先行例と影響関係　象徴と主題 ほか）　4 写字生と彩飾家（写字生の仕事　写字生たち ほか）　5『ケルズの書』の物理的特徴（ヴェラム　用具 ほか）　〔08147〕

ミヤモト, サトル*　宮本 悟

◇現代日本の政治と外交　7　日本と韓国―互いに敬遠しあう関係（JAPANESE AND KOREAN POLITICS）　猪口孝監修　猪口孝編　原書房　2015.3　336, 4p　22cm　〈文献あり 索引あり〉4800円　①978-4-562-04964-6

内容 朴槿恵政権の対北朝鮮政策と今後の展望（宮本悟著）　〔08148〕

ミャンマー

◇ミャンマーの歴史教育―軍政下の国定歴史教科書を読み解く　田中義隆著・編訳　明石書店　2016.8　350p　21cm　〈文献あり 年表あり 索引あり〉4600円　①978-4-7503-4385-3

内容 序章　第1章「先史時代」を教える　第2章「古代の都市国家」を教える　第3章「最初の統一王朝 パガン朝」を教える　第4章「小国分裂の時代」を教える　第5章「二度目の統一王朝」を教える　第6章「最後の統一王朝 コンバウン朝」を教える　第7章「イギリス植民地時代」を教える　第8章「独立後の時代」を教える　第9章「社会主義国家から軍事政権、そして民主政権へ」を教える　〔08149〕

ミュージック, キャサリン

◇正義への責任―世界から沖縄へ　1　那覇　琉球新報社　2015.11　55p　21cm　〈発売：琉球プロジェクト（〔那覇〕）〉565円　①978-4-89742-193-3

内容 平和、環境永続の道を―ウチナーンチュの力に希望（キャサリン・ミュージック）　〔08150〕

ミュージック, グレイアム　Music, Graham

◇乳児観察と調査・研究―日常場面のこころのプロセス（Infant Observation and Research）　キャシー・アーウィン, ジャニーン・スターンバーグ編著, 鵜飼奈津子監訳　大阪　創元社　2015.5　273p　22cm　〈文献あり 索引あり〉4200円　①978-4-422-11539-9

内容 乳児の体験世界をいかにして知ることができるのか？（グレイアム・ミュージック著, 中沢鮎美訳）　〔08151〕

◇子どものこころの発達を支えるもの―アタッチメントと神経科学、そして精神分析の出会うところ（NURTURING NATURES）　グレイアム・ミュージック〔著〕, 鵜飼奈津子監訳　誠信書房　2016.1　260p　21cm　〈文献あり 索引あり〉3200円　①978-4-414-41462-2

内容 序論：群盲象を評す　1 情緒的・社会的発達の始まり（命の始まり：受精から誕生まで　関係性の中に生まれてくる　共感、自己、そして他者のこころ）　2 さまざまな観点から（アタッチメント　生物学と脳）　3 発達の力とその諸段階（言語、言葉、そして象徴　記憶：自分が何者で、何を期待するのかについて学ぶ　遊び：楽しみ、象徴化、練習、そしてふざけること　大人に向かって）　4 早期の体験の結末（トラウマ、ネグレクト、そしてその影響　遺伝子、素質と養育　本書のまとめ：早期の体験とその長期的な結末）　〔08152〕

ミューズ, ステュアート

◇イギリス宗教史―前ローマ時代から現代まで（A History of Religion in Britain）　指昭博, 並河葉子監訳, 赤江雄一, 赤瀬理穂, 指珠恵, 戸渡文子, 長谷川直子, 宮崎章訳, シェリダン・ギリー, ウィリアム・J.シールズ編　法政大学出版局　2014.10　629, 63p　22cm　〈文献あり 年表あり 索引あり〉9800円　①978-4-588-37122-6

内容 両大戦間期の宗教生活一九二〇～一九四〇年（ステュアート・ミューズ著, 宮崎章訳）　〔08153〕

ミューニッツ, マルセラ・M.

◇高等教育の社会学（SOCIOLOGY OF HIGHER EDUCATION）　パトリシア・J.ガンポート編著, 伊藤彰浩, 橋本鉱市, 阿曽沼明裕監訳　町田　玉川大学出版部　2015.7　476p　22cm　（高等教育シリーズ 167）〈索引あり〉5400円　①978-4-472-40514-3

内容 多様性の社会学（アンソニー・ライジング・アントニオ, マルセラ・M.ミューニッツ著, 丸山和昭訳）　〔08154〕

ミューラー, エリック・L.　Muller, Eric L.

◇コダクロームフィルムで見るハートマウンテン日系人強制収容所（COLORS OF CONFINEMENT）　ビル・マンボ写真, エリック・L.ミューラー編, 岡村ひとみ訳　紀伊国屋書店　2014.7　151p　16×20cm　2900円　①978-4-314-01119-8

内容 フレームの外側（エリック・L.ミューラー著）　〔08155〕

ミュラー, フリードリヒ・マックス　Müller, Friedrich Max

◇宗教学名著選　第2巻　比較宗教学の誕生―宗教・神話・仏教　島薗進, 鶴岡賀雄, 山中弘, 松村一男, 深沢英隆, 奥山倫明, 江川純一編集委員　フリードリヒ・マックス・ミュラー著, 松村一男, 下田正弘監修, 山田仁史, 久保田浩, 日野慧運訳　国書刊行会　2014.10　629, 15p　22cm　〈索引あり〉6800円　①978-4-336-05689-4

内容 比較神話学　『宗教学論集』序文（ドイツ人工房からの削り屑、第一巻）　神話の哲学について　宗教

学序説―王立研究所で行われた四つの講義　仏教の巡礼者たち　涅槃の意味　仏教　仏教の虚無主義について　〔08156〕

ミュラー, A.チャールズ

◇シリーズ大乗仏教　8　如来蔵と仏性　高崎直道監修, 桂紹隆, 斎藤明, 下田正弘, 末木文美士編　春秋社　2014.1　365p　22cm　〈文献あり〉　3500円　①978-4-393-10168-1

内容 煩悩と認識を画定する(A.チャールズ・ミュラー著, 吉村誠訳)　〔08157〕

ミュルダール, グンナー　Myrdal, Gunnar

◇ミュルダール福祉・発展・制度　グンナー・ミュルダール著, 藤田菜々子訳　京都　ミネルヴァ書房　2015.10　340, 10p　20cm　〈他言語標題：Myrdal Welfare, Development and Institutions 索引あり〉4200円　①978-4-623-07288-0

内容 第1章 経済学における目的と手段　第2章 景気循環における財政政策　第3章 人口問題と政策　第4章 社会理論と社会政策の関係　第5章 いっそう緊密に統合された自由世界経済に向けて　第6章 貿易と援助　第7章 世界の発展における平等問題　第8章 紹介への返答―経済学の発展における危機と循環　第9章 発展とは何か　第10章 制度派経済学　第11章 功利主義と現代経済学　〔08158〕

ミュールホイザー, レギーナ　Mühlhäuser, Regina

◇戦場の性―独ソ戦下のドイツ兵と女性たち (EROBERUNGEN)　レギーナ・ミュールホイザー著, 姫岡とし子監訳　岩波書店　2015.12　242, 84p　22cm　〈文献あり〉3800円　①978-4-00-061084-1

内容 第1章 本書の視角　第2章 性暴力　第3章 取引としての性　第4章 合意の上での関係　第5章 占領下ドイツ兵の子どもたち　結論 戦時および戦後におけるセクシュアリティとジェンダー秩序　〔08159〕

ミューレン, C.A.*　Mullen, Carol A.

◇自己調整学習ハンドブック (HANDBOOK OF SELF-REGULATION OF LEARNING AND PERFORMANCE)　バリー・J.ジマーマン, ディル・H.シャンク編, 塚野州一, 伊藤崇達監訳　京都　北大路書房　2014.9　434p　26cm　〈索引あり〉5400円　①978-4-7628-2874-4

内容 メンタリング・アプローチによる博士課程学生の自己調整学習の促進(Carol A.Mullen著, 伊藤秀子訳)　〔08160〕

ミュロンエム, ソフィー・ド

◇まちどおしいねクリスマス―24のアドベントストーリー (24 histoires de Noël pour attendre Jésus avec les petits)　MAME編, つばきうたこ訳　ドン・ボスコ社　2014.10　79p　23cm　1200円　①978-4-88626-574-6

内容 4本のろうそく 他(ソフィー・ド・ミュロンエム作)　〔08161〕

ミョウホン　明本

◇中峰明本『山房夜話』訳注―禅への疑問に答えた元代名僧の問答集　野口善敬, 松原信樹訳注　汲古書院　2015.5　357, 8p　22cm　〈文献あり 索引あり〉8000円　①978-4-7629-6549-4　〔08162〕

ミラー, アーサー・I.　Miller, Arthur I.

◇インタヴューズ　3　毛沢東からジョン・レノンまで (THE PENGUIN BOOK OF INTERVIEWS)　クリストファー・シルヴェスター編, 新庄哲夫他訳　文芸春秋　2014.6　463p　16cm　(文春学芸ライブラリー―雑英 7)　1690円　①978-4-16-813018-2

内容 アーサー・ミラー(アーサー・ミラー述, ジョシュ・グリーンフェルドインタヴュアー, 野中邦子訳)　〔08163〕

ミラー, アンドリュー　Miller, Andrew

◇仮想通貨の教科書―ビットコインなどの仮想通貨が機能する仕組み (Bitcoin and Cryptocurrency Technologies)　アーヴィンド・ナラヤナン, ジョセフ・ボノー, エドワード・W.フェルテン, アンドリュー・ミラー, スティーヴン・ゴールドフェダー著, 長尾高弘訳　日経BP社　2016.12　477p　21cm　〈索引あり　発売：日経BPマーケティング〉3400円　①978-4-8222-8545-6

内容 第1章 暗号理論と仮想通貨入門　第2章 ビットコインが非中央集権を実現している仕組み　第3章 ビットコインの仕組み　第4章 ビットコインの保管と利用の方法　第5章 ビットコインの採掘　第6章 ビットコインの匿名性　第7章 コミュニティと規制　第8章 代替マイニングパズル　第9章 プラットフォームとしてのビットコイン　第10章 アルトコインと仮想通貨のエコシステム　第11章 非中央集権的な組織―ビットコインの未来？　〔08164〕

ミラー, キム　Miller, Kim

◇オラクル流コンサルティング (THE ORACLE WAY TO CONSULTING)　キム・ミラー著, 夏井幸子訳　日本実業出版社　2016.7　254p　19cm　1600円　①978-4-534-05407-4

内容 1 コンサルタントという職業(一流のコンサルタントになる必須条件　クライアントからの「信頼」こそすべて ほか)　2 オラクル流コンサルティングの基本(コンサルティングに「サプライズ」はいらない　コンサルタントは「問題解決のエキスパート」である ほか)　3 信頼を自分の手でつかみ取る(クライアントに「信頼できる助言者」と思わせる　クライアント面接の成否は「準備」で決まる ほか)　4 コンサルタントの「腕の見せ所」はここだ(キックオフミーティングで必要な情報を一通り示す　メンバーの「知識量」を的確に把握する ほか)　5 他人に自分のキャリアを委ねるな(自らを積極的に売り込む「プロアクティブ・キャリア」　上司の目標を突きとめろ ほか)　〔08165〕

ミラー, ジェレミー　Miller, Jeremy C.

◇バフェット伝説の投資教室―パートナーへの手紙が教える賢者の哲学 (Warren Buffett's Ground Rules)　ジェレミー・ミラー著, 渡部典子訳　日本経済新聞出版社　2016.11　451p　20cm　2300円　①978-4-532-32116-1

内容 第1部(バフェットの投資教室 開講にあたって　複利運用について考える　インデックス投資―「何もしない」投資戦略　運用実績の評価―市場インデックスと比べてみる　「パートナーシップ」である理由―そ

ミ

のエレガントな構造を解き明かす）第2部（ジェネラル―銘柄選定3つのタイプ1　ワークアウト―銘柄選定3つのタイプ2　コントロール―銘柄選定3つのタイプ3　デンプスターに飛びこむ―資産転換で企業価値を向上）第3部（「安全志向」対「慣例主義」　税金「規模」対「運用実績」　高度成長期の対極的な運用戦略―「ゴーゴー」対「ノーゴー」　有終の美を飾るための知恵）〔08166〕

ミラー, ジェーン　Miller, Jane
◇女性のキャリアアップ38の嘘（Sleep Your Way to the Top）　ジェーン・ミラー著, 上原裕美子訳　すばる舎　2016.3　369p　19cm　1500円　①978-4-7991-0500-9
内容 1 キャリアのスタート―ブランディング、面接、人脈作り、そして初めての就職　2 オフィスでの本領発揮―理想と現実、涙と裏切り　3 逆境に遭ったとき(1)―いじめやセクハラ　4 逆境に遭ったとき(2)―プレゼンやフィードバック　5 責任が増えてきたら―昇進、指導、退職、解雇　6 究極のキャリアアップとは？ ―ワークライフバランス、出世、その先の未来〔08167〕

ミ

ミラー, ドナリン　Miller, Donalyn
◇子どもが「読書」に夢中になる魔法の授業（THE BOOK WHISPERER）　ドナリン・ミラー著, 高橋璃子訳　かんき出版　2015.4　208, 44p　19cm　〈文献あり〉1400円　①978-4-7612-7072-8
内容 第1章 魔法の授業が生まれたところ　第2章 誰でも読書好きになる素質がある　第3章 みんなが本を読みたくなる場をつくる　第4章 大好きな本に出会う力をつける　第5章 大人が読書のロールモデルになろう　第6章 学校教育のおかしな常識を捨てよう　第7章 いつまでも本が好きでいるために　日本語版付録 小学生のうちに読んでおきたい花まる学習会のおすすめ読書リスト141冊〔08168〕

ミラー, ドン　Miller, Don
◇プロ・トレーダー―マーケットで勝ち続ける16人の思考と技術（TRADERS AT WORK）　ティム・ブールキン, ニコラス・マンゴー著, 森山文那生訳　日経BP社　2016.5　284p　21cm　〈発売：日経BPマーケティング〉2200円　①978-4-8222-5063-8
内容 取引の相手方に回り利益を引き出す（ドン・ミラー述）〔08169〕

ミラー, パディ　Miller, Paddy
◇イノベーションは日々の仕事のなかに―価値ある変化のしかけ方（INNOVATION AS USUAL）　パディ・ミラー, トーマス・ウェデル＝ウェデルスボルグ著, 平林祥訳　英治出版　2014.9　238p　19cm　〈文献あり〉1500円　①978-4-86276-191-0
内容 序章 日々の仕事のなかでイノベーションを起こすには？　第1章 フォーカス―真に重要なことに焦点を絞るには？　第2章 外の世界とつながる―影響力のあるアイデアを生み出すには？　第3章 アイデアをひねる―アイデアに磨きをかけるには？　第4章 アイデアを選ぶ―本当に価値のあるアイデアを選別するには？　第5章 ひそかに進める（ステルスストーミング）―社内政治をかいくぐるには？　第6章 あきらめない―イノベーション追求のモチベーションを高めるには？〔08170〕

ミラー, ブライアン・コール　Miller, Brian Cole
◇15分でチームワークを高めるゲーム39―2人から100人でもできる！（QUICK TEAM-BUILDING ACTIVITIES FOR BUSY MANAGERS 原著第2版の翻訳）　ブライアン・コール・ミラー著, 富樫奈美子訳　ディスカヴァー・トゥエンティワン　2015.4　133p　19cm　〈「15分でできるチーム・ビルディング・ゲーム」(2005年刊) の改題、再編集〉1400円　①978-4-7993-1658-0
内容 1 準備編（ゲームを成功させるための7つのステップ　ゲームで発生する可能性のある8つの問題）　2 実践編（初対面のメンバーが親しくなるゲーム　チームが盛り上がって活性化するゲーム　チームに交渉力・創造力がつくゲーム　変化に負けないチームをつくるゲーム）〔08171〕

ミラー, マーク・クリスピン　Miller, Mark Crispin
◇不正選挙―電子投票とマネー合戦がアメリカを破壊する（LOSER TAKE ALL）　マーク・クリスピン・ミラー編著, 大竹秀子, 桜井まり子, 関房江訳　亜紀書房　2014.7　343, 31p　19cm　2400円　①978-4-7505-1411-6
内容 コモン・センス 他（マーク・クリスピン・ミラー著）〔08172〕

ミラー, M.*　Miller, Mariel
◇自己調整学習ハンドブック（HANDBOOK OF SELF-REGULATION OF LEARNING AND PERFORMANCE）　バリー・J.ジマーマン, ディル・H.シャンク編, 塚野州一, 伊藤崇達監訳　京都　北大路書房　2014.9　434p　26cm　〈索引あり〉5400円　①978-4-7628-2874-4
内容 自己調整学習、共調整学習、社会的に共有された調整学習（Allyson Fiona Hadwin, Sanna Järvelä, Mariel Miller著, 佐藤礼子訳）〔08173〕

ミラード, キャンディス　Millard, Candice
◇大統領の冒険―ルーズベルト、アマゾン奥地への旅（The River of Doubt）　キャンディス・ミラード著, カズヨ・フリードランダー訳　エイアンドエフ　2016.4　475p　20cm　2600円　①978-4-9907065-3-1〔08174〕

ミラーリッチ, メイ　Miller-Ricci, May
◇21世紀型スキル―学びと評価の新たなかたち（ASSESSMENT AND TEACHING OF 21ST CENTURY SKILLS）　P.グリフィン,B.マクゴー,E.ケア編, 三宅なほみ監訳, 益川弘如, 望月俊男編訳　京都　北大路書房　2014.4　265p　21cm　〈索引あり〉2700円　①978-4-7628-2857-7
内容 21世紀型スキルを定義する（マリリン・ビンクレー, オラ・アースタッド, ジョーン・ハーマン, ゼンタ・ライゼン, マーティン・リプリー, メイ・ミラーリッチ, マイク・ランブル著, 山口悦司, 林一雅, 池尻良平訳）〔08175〕

ミール, ザバナ
◇21世紀の比較教育学―グローバルとローカルの

弁証法（COMPARATIVE EDUCATION）　ロバート・F.アーノブ, カルロス・アルベルト・トーレス, スティーヴン・フランツ編著, 大塚豊訳　福村出版　2014.3　727p　22cm　〈文献あり 索引あり〉9500円　①978-4-571-10168-7
内容 中東の高等教育（ザバナ・ミール著）　〔08176〕

ミル, ジョン・スチュアート　Mill, John Stuart
◇自由之理（On liberty）　ミル著, 中村正直訳　立川　人間文化研究機構国文学研究資料館　2012.12　418p　21cm　（リプリント日本近代文学 236）〈発売：平凡社〉6100円　①978-4-256-90236-3　〔08177〕

ミルズ, オルデン・M.　Mills, Alden M.
◇必ず、できる！―元米国海軍ネイビーシールズ隊員父が教えるビジネスと人生の8つの基本（BE UNSTOPPABLE）　オルデン・M.ミルズ著, 上原裕美子訳　すばる舎　2015.7　299p　19cm　1600円　①978-4-7991-0443-9
内容 第1章 Understand the Why―「なぜ」を理解する　第2章 Plan in Three Dimensions―立体的に計画する　第3章 Exercise to Execute―体力づくりをする。毎日！　第4章 Recognize Your Reason to Believe―信じる根拠をつくる　第5章 Survey Your Habits―習慣の見直しをする　第6章 Improvise to Overcome Obstacles―試行錯誤で乗り越える　第7章 Seek Expert Advice―達人の教えをあおぐ　第8章 Team Up―チームをつくる　〔08178〕

ミルズ, マリー
◇イギリスにおける高齢期のQOL―多角的視点から生活の質の決定要因を探る（UNDERSTANDING QUALITY OF LIFE IN OLD AGE）　アラン・ウォーカー編著, 岡田進一監訳, 山田三知子訳　京都　ミネルヴァ書房　2014.7　249p　21cm　（新・MINERVA福祉ライブラリー 20）〈文献あり 索引あり〉3500円　①978-4-623-07097-8
内容 配偶者に先立たれた高齢者（ピーター・スペック, ケイト・M.ベネット, ピーター・G.コールマン, マリー・ミルズ, フィオヌアラ・マッキーナン, フィリップ・T.スミス, ジョージーナ・M.ヒューズ著）　〔08179〕

ミルスタイン, シンディ　Milstein, Cindy
◇アナキズムの展望―資本主義への抵抗のためにシンディ＝ミルスタイン アンソロジー　シンディ＝ミルスタイン著, 森川莫人訳　『アナキズム叢書』刊行会　2014.12　95p　19cm　（アナキズム叢書）〈発売：『アナキズム』誌編集委員会〉833円　①978-4-9906230-7-4
内容 アナキズム　都市の奪還―抗議行動から民衆権力へ　民主主義は直接的　もう一つの世界は確かに可能だ…だが、それはどのような種類で、誰が創り出すのか？　アナキズムの展望―資本主義への抵抗のために　〔08180〕

ミルスタイン, セス　Millstein, Seth
◇ドナルド・トランプ、大いに語る　ドナルド・トランプ〔述〕, セス・ミルスタイン編, 講談社編訳　講談社　2016.7　181p　18cm　（講談社＋α新書 736-1C）〈英語併記〉840円　①978-4-06-272953-6
内容 国内政策について　アメリカについて　国際情勢について　選挙運動について　対立候補について　他の政治家について　メディアについて　ポップ・カルチャーについて　ビジネスについて　自身について　人生訓について　〔08181〕

ミルチャンダニ, バーラティ
◇静寂の瞬間―ラマナ・マハルシとともに（Heart is Thy Name, Oh Lord ： Moments of Silence with Sri Ramana Maharshi）　バーラティ・ミルチャンダニ編, 山尾三省, 福間巌訳　新版　ナチュラルスピリット　2014.6　108p　21×21cm　1500円　①978-4-86451-121-6　〔08182〕

ミルディンホール, ジョン　Mildinhall, John
◇10代からの心理学図鑑（Heads Up Psychology）　マーカス・ウィークス著, ジョン・ミルディンホール監修, 渡辺滋人訳　三省堂　2015.9　160p　24cm　〈索引あり〉2200円　①978-4-385-16234-8
内容 私を動かすものは何？（どうして親は必要なのか？　成長できない？　ほか）　脳はどう働くのか？（心と脳は別のもの？　脳で何が起こっているのか？　ほか）　心はどう働くのか？（知識とは？　判断・決断・意思決定 ほか）　自分らしさとは？（あなたの個性をつくるのは何？　私ってどんな人間？　ほか）　私の居場所はどこ？（みんなに従う？　なぜ「いい人」が悪いことをするのか？　ほか）　〔08183〕

ミルトン, ジャイルズ　Milton, Giles
◇レーニン対イギリス秘密情報部（RUSSIAN ROULETTE）　ジャイルズ・ミルトン著, 築地誠子訳　原書房　2016.3　431p　20cm　〈文献あり〉3500円　①978-4-562-05256-1
内容 第1部 ロシア革命（ラスプーチン殺害　マンスフィールド・カミング　サマセット・モーム　敵を知れ）　第2部 一流のスパイたち（シドニー・ライリー　ジョージ・ヒル　フレデリック・ベイリー　ロシア転覆計画　ダシケントの革命政府　ロシア追放　命がけのゲーム　ただならぬ脅威）　第3部 大団円（ポール・デュークス　白軍敗走　オーガスタス・エイガー　ウィルフリッド・マルソン　神の軍隊　ひとり勝ち　後日談）　〔08184〕

ミルナー, H.リチャード, 4世
◇多様性を拓く教師教育―多文化時代の各国の取り組み（Educating Teachers for Diversity）　OECD教育研究革新センター編著, 斎藤里美監訳, 布川あゆみ, 本田伊克, 木下江美, 三浦綾希子, 藤浪海訳　明石書店　2014.8　403p　22cm　4500円　①978-4-7503-4053-1
内容 カリキュラムの設計と開発（H.リチャード・ミルナーIV,F.ブレーク・テノアー著, 本田伊克訳）　〔08185〕

ミルバーグ, ウィリアム　Milberg, William S.
◇経済社会の形成（THE MAKING OF ECONOMIC SOCIETY 原著第12版の翻訳）　ロバート・ハイルブローナー, ウィリアム・ミルバーグ著, 菅原歩訳　丸善出版　2014.4　400p　21cm　〈ピアソン・エデュケーション 2009年刊の再出版〉2600円　①978-4-621-06621-8

ミ

内容 経済問題とは何か　市場経済以前　市場経済の登場　産業革命　工業技術のインパクト　大恐慌　公共部門の登場　ヨーロッパにおける現代資本主義の登場　資本主義の黄金時代　黄金時代の終わり　社会主義の興亡　経済生活のグローバル化　なぜ貧しいままの国があるのか　情報化経済の形成　問題と可能性　〔08186〕

ミルバーン, ジョシュア・フィールズ　Millburn, Joshua Fields

◇minimalism―30歳からはじめるミニマル・ライフ（THE MINIMALISTS）　ジョシュア・フィールズ・ミルバーン, ライアン・ニコデマス著, 吉田俊太郎訳　フィルムアート社　2014.3　223p　19cm　1700円　①978-4-8459-1324-4

内容 1 イントロダクション　2 今を生きる　3 心の健康　4 成長　5 貢献　6 パッションとミッション　7 行動を起こす　8 変化と試行錯誤　〔08187〕

ミレット, リディア

◇女友だちの賞味期限―実話集（The friend who got away）　ジェニー・オフィル, エリッサ・シャッペル編著, 糸井恵訳　プレジデント社　2014.3　317p　19cm　〈2006年刊の改訳、再編〉　1500円　①978-4-8334-2076-1

内容 完璧な彼女こよなく美しい彼女の許しがたい一面（リディア・ミレット著）　〔08188〕

ミレフ, ジェコ

◇ユーロ危機と欧州福祉レジームの変容―アクティベーションと社会的包摂　福原宏幸, 中村健吾, 柳原剛司編著　明石書店　2015.8　283p　22cm　3600円　①978-4-7503-4235-1

内容 市場移行と経済危機がもたらした福祉システムの変容（ニコライ・ネノフスキー, ジェコ・ミレフ著, 岩熊典乃, 北西正人, 柳原剛司訳）　〔08189〕

ミレール, ジャック＝アラン　Miller, Jacques-Alain

◇転移　上（LE SÉMINAIRE DE JACQUES LACAN）　ジャック・ラカン〔著〕, ジャック＝アラン・ミレール編, 小出浩之, 鈴木国文, 菅原誠一訳　岩波書店　2015.10　300p　22cm　5200円　①978-4-00-024051-2

内容 導入（始めに愛ありき）　愛の源―プラトンの『饗宴』の注釈（舞台装置と登場人物たち　愛の隠喩―ファイドロス　富者の心理学―パウサニアス　医学的調和―エリュキシマコス　球体の嘲弄―アリストファネス　エロスの場違いさ―アガトン　「エピステーメー」から「ミュトス」へ　超世界の出口　「アガルマ」　ソクラテスとアルキビアデスの間）　欲望の対象、そして去勢の弁証法（現在への転移　逆転移の批判）　〔08190〕

◇転移　下（LE SÉMINAIRE DE JACQUES LACAN.Livre 8 ： Le Transfert 1960-1961）　ジャック・ラカン〔著〕, ジャック＝アラン・ミレール編, 小出浩之, 鈴木国文, 菅原誠一訳　岩波書店　2015.11　310p　22cm　5200円　①978-4-00-024052-9

内容 欲望の対象、そして去勢の弁証法（承前）（口唇期と肛門期における要求と欲望　口唇的、肛門的、性器的　プシュケと去勢コンプレックス　象徴ϕ　現実的な眼前）　今日のエディプス神話―ポール・クローデルのクーフォンテーヌ三部作の注釈（シーニュの否チュルリュールのおぞましさ　パンセの欲望　構造的分解）　大文字のIと小文字のa（理想の意味の滑動　"EIN EINZIGER ZUGただ一つの線刻"による同一化　欲望との関係における不安　影の夢、人間　分析家とその喪）　〔08191〕

ミロヴァノヴィチ, ニコラ　Milovanovic, Nicolas

◇マリー・アントワネット―華麗な遺産がかたる王妃の生涯（MARIE-ANTOINETTE）　エレーヌ・ドラレクス, アレクサンドル・マラル, ニコラ・ミロヴァノヴィチ著, 岩沢雅利訳　原書房　2015.3　220p　27cm　〈文献あり〉　5000円　①978-4-562-05141-0

内容 ウィーンの宮廷で　王太子妃　王妃　母として、恋する女として　動乱の時代　悲劇の最期　〔08192〕

ミロン, マルク　Millon, Marc

◇ワインの歴史（Wine）　マルク・ミロン著, 竹田円訳　原書房　2015.11　181p　20cm　（「食」の図書館）　2000円　①978-4-562-05173-1

内容 序章 神からの贈りもの　第1章 ブドウ　第2章 古代のワイン　第3章 ヨーロッパのワイン　第4章 世界のワイン　第5章 ワインをつくる　第6章 ワインの未来　〔08193〕

ミン, キョンソン*　閔 庚仙

◇百済寺刹研究―日本語版　大韓民国国立扶余文化財研究所原著, 奈良県立橿原考古学研究所訳　橿原　奈良県立橿原考古学研究所　2014.12　225p　27cm　〈文献あり〉　非売品　①978-4-905398-31-8

内容 百済寺院と都城の立地関係（閔庚仙著）　〔08194〕

ミン, ユギ　閔 有基

◇ヨーロッパからみた独島―フランス・イギリス・ドイツ・ロシアの報道分析　閔有基, 崔在熙, 崔豪根, 閔庚鉉著, 舘野皙訳　明石書店　2015.3　369p　20cm　5800円　①978-4-7503-4117-0

内容 フランス・メディアの独島認識（フランス・メディアの独島報道フレーム　フランス・メディアの独島名称の使用　フランス・メディアの独島関連論議）　英国メディアの独島認識（独島関連報道の戦略的分析　英国の新聞の独島問題認識）　ドイツ・メディアの独島認識（ドイツ・メディアの独島報道フレーム　ドイツ・メディアが見た独島）　ロシア・メディアの独島認識（ロシア・メディアの独島報道：整理分析　ロシア・メディアの独島認識）　〔08195〕

ミンクッツィ, アンジェロ　Mincuzzi, Angelo

◇世界の権力者が寵愛した銀行―タックスヘイブンの秘密を暴露した行員の告白（La Cassaforte Degli Evasori）　エルヴェ・ファルチャーニ, アンジェロ・ミンクッツィ著, 橘玲監修・イントロダクション, 芝田高太郎訳　講談社　2015.9　291p　19cm　1600円　①978-4-06-219552-2

内容 第1部 世界の権力者たちへの私の挑戦（さらば銀行機密　パラダイスでの生活　HSBCの内部抗争　罠：ベイルートへの旅　危険すぎるリスト）　第2部 銀行の巨大権力（秘密がすべて　お客様一人ひとりにタックスヘイブン　アメリカの恐喝　方向転換　政治家たちの腐敗）　第3部 銀行と政治家の不正義と戦う（内部告発者を守るためのシステム　新しい金融　政治

ミ

の責務　脱税との戦い）〔08196〕

ミーンズ, G.C.　Means, Gardiner Coit

◇現代株式会社と私有財産（THE MODERN CORPORATION AND PRIVATE PROPERTY）　A.A.バーリ,G.C.ミーンズ著, 森杲訳　札幌　北海道大学出版会　2014.5　402p　22cm　〈布装　索引あり〉6800円　①978-4-8329-6804-2

内容 第1編 変転する財産―株式会社制度下における所有権の諸属性の分離（過渡期の財産　株式会社制度の出現 ほか）　第2編 諸権利の再構成―所有権と「支配」との相対的な法律上の地位（現代株式会社構造の進化　株券に付与されたさまざまな参加の権限 ほか）　第3編 株式市場における財産―評価および換金のための証券取引（公開市場の機能　新規証券の募集と銀行家の情報開示 ほか）　第4編 事業体の新しい方向づけ―株式会社制度が基本的な経済概念に及ぼす影響（財産の伝統的な論理　利潤の伝統的な論理 ほか）〔08197〕

ミンスキー, ハイマン.P.　Minsky, Hyman P.

◇ケインズ理論とは何か―市場経済の金融的不安定性（JOHN MAYNARD KEYNES）　ハイマン.P.ミンスキー〔著〕, 堀内昭義訳　岩波書店　2014.1　281, 11p　19cm　（岩波人文書セレクション）〈1988年刊の再刊　文献あり 索引あり〉2800円　①978-4-00-028677-0

内容 第1章 『一般理論』とその解釈　第2章 通説―標準的ケインズ解釈　第3章 基本的な視点　第4章 企業金融と資産価格の決定　第5章 投資理論　第6章 金融機関、金融不安、投資　第7章 新しい解釈の含意　第8章 社会哲学と経済政策　第9章 新しい解釈の政治的含意〔08198〕

ミンチェバ, スヴェトラーナ

◇改正児童ポルノ禁止法を考える　園田寿, 曽我部真裕編著　日本評論社　2014.10　196p　21cm　〈他言語標題：Commentary on the Revised Child Pornography Act〉2200円　①978-4-535-52057-8

内容 性的空想に法的制限を設けるべきか？（スヴェトラーナ・ミンチェバ著, 曽我部真裕訳）〔08199〕

ミンチントン, ジェリー　Minchinton, Jerry

◇あなたがなりうる最高のあなたになる方法―Be Your Best（UP YOUR ATTITUDE）　ジェリー・ミンチントン〔著〕, 弓場隆訳　ディスカヴァー・トゥエンティワン　2015.4　143p　20cm　〈「新しい自分に出会う本」（2007年刊）の改題、再編集、新装〉1400円　①978-4-7993-1662-7

内容 1 幸福な人生不幸な人生（幸せになるのはいいことだと思っていますか？　幸せな生き方を選ぶ人と不幸せな生き方を選ぶ人　どうしても心がざわざわするときは… ほか）　2 自分を磨く（どんな人として記憶されたいですか？　間違えてもいい　「完全」より「ほぼ完全」 ほか）　3 あなたの隣の人生の教師（ほんとうはいっしょにいたくない人と無理していっしょにいませんか？　相手の気持ちや状況が理解できるようになる方法　どうしても許せない人はいますか？　その人の幸せを祈れますか？　ほか）　4 新しい選択新しい人生（新しい人生をつくる方法　習慣をコントロールする方法　自分のパターンを知っていますか？　ほか）〔08200〕

◇心の持ち方（50 STEPS TO PERSONAL TRANSFORMATION, 50 WAYS TO INCREASE YOUR PERSONAL POWER）　ジェリー・ミンチントン〔著〕, 弓場隆訳　完全版　ディスカヴァー・トゥエンティワン　2015.7　211p　18cm　（ディスカヴァー携書 149）〈「心の持ち方」（2004年刊）と「じょうぶな心のつくり方」（2005年刊）の改題、1冊に再編集〉1000円　①978-4-7993-1728-0

内容 1 自分を大切にする（自尊心を高める　ニセの自尊心に気をつける　自分の自尊心は自分で育てる ほか）　2 ネガティブな考えや人から離れる（自分を人と比較しない　人の目を気にしない　ねたみを絶つ ほか）　3 楽観的になる（心配しない　問題を書くことで解決する　日記をつける ほか）　4 目標に向かって進む（成功とは何かを問い直す　成功のリハーサルをする　目標を持ち、計画を立てて実行する ほか）　5 自分らしく生きる（人と違っていることを恐れない　物欲に歯止めをかける　企業の広告に乗らず、自分に必要な物だけを買う ほか）　6 よい人間関係をつくる（人が自分と同じルールで生きていると思わない　人それぞれ違う考え方があることを理解する　害がないかぎり、人の行動を変えようとしない ほか）〔08201〕

◇たったひとつの愛をそだてる50のレッスン（50 WAYS TO MAKE YOUR LOVE LAST FOREVER）　ジェリー・ミンチントン〔著〕, 弓場隆訳　ディスカヴァー・トゥエンティワン　2015.10　127p　19cm　1300円　①978-4-7993-1783-9

内容 1 自分に合った恋をみつける（素敵な人と恋愛する資格が自分にもあると気づく　失恋は、なりたかった自分になる絶好の機会 ほか）　2 素敵な恋を摑んだら（愛の強さを信じ、愛をはぐくむ努力をする　自分らしい恋愛をするための六つの条件 ほか）　3 愛を大切にはぐくむ（化学反応を誘発し、二人の愛を育てつづける　心のガードを外して正直に話し合える関係を築く ほか）　4 ずっと愛し合うということ（おたがいの不完全さを受け入れ合う　自分の感情をさらけ出し、相手の感情を受け入れる ほか）〔08202〕

◇自分の価値に気づくヒント（THE LAWS OF SELF-CONFIDENCE, BEYOND SELF-ESTEEM）　ジェリー・ミンチントン〔著〕, 弓場隆訳　ディスカヴァー・トゥエンティワン　2016.8　239p　18cm　（ディスカヴァー携書 171）〈「自信の法則」（2006年刊）と「1日5分で自分に奇跡を起こす法」（ソフトバンククリエイティブ 2009年刊）の改題、再編〉1000円　①978-4-7993-1941-3

内容 新しい自分を創造する　いい思考の習慣をつける　なりたい自分になる工夫をする　自分の人生に責任を持つ　自分の生き方を追求する　完璧主義をやめる　人間関係を円満にする　自尊心を高める　ぞんぶんに人生を楽しむ　自分に誇りを持つ　心を磨く〔08203〕

ミンツバーグ, ヘンリー　Mintzberg, Henry

◇ハーバード・ビジネス・レビューBEST10論文―世界の経営者が愛読する（HBR's 10 Must Reads）　ハーバード・ビジネス・レビュー編集部編, DIAMONDハーバード・ビジネス・レビュー編集部訳　ダイヤモンド社　2014.9

ミ

357p 19cm (Harvard Business Review) 1800円 ①978-4-478-02868-1
内容 マネジャーの仕事(ヘンリー・ミンツバーグ著) 〔08204〕

◇ミンツバーグマネジャー論—エッセンシャル版 (SIMPLY MANAGING) ヘンリー・ミンツバーグ著, 池村千秋訳 日経BP社 2014.9 301p 21cm 〈文献あり 発売：日経BPマーケティング〉 2000円 ①978-4-8222-5045-4
内容 第1章 マネジャーにまつわる定説—「マネジャーの仕事」と「マネジャーの仕事でないこと」 第2章 時間に追われるマネジャーたち—プレッシャーにさらされ続ける仕事 第3章 情報、人間、行動をマネジメントする—マネジメントのモデル 第4章 いろいろなマネジメント—マネジメントの知られざる多様性 第5章 マネジャーの綱渡り—マネジメントの避けられないジレンマ 第6章 有効なマネジメントとは—マネジメントの本質を明らかにする 〔08205〕

◇私たちはどこまで資本主義に従うのか—市場経済には「第3の柱」が必要である (REBALANCING SOCIETY) ヘンリー・ミンツバーグ著, 池村千秋訳 ダイヤモンド社 2015.12 204p 20cm 〈文献あり〉 1600円 ①978-4-478-06520-4
内容 第1章 アンバランスの勝利 第2章 資源をしぼり取らずに、知恵をしぼる 第3章 バランスの取れた社会に必要な「第三の柱」 第4章 抜本的刷新 第5章 問題を抱えた世界におけるあなたと私と私たち 第6章 アンバランスへの不満と変革への提言 〔08206〕

ミントン, スティーブン・ジェームズ Minton, Stephen James

◇教育現場で役立つ心理学の基礎—ミントン先生の教育心理学入門 (Using Psychology in the Classroom) スティーブン・ジェームズ・ミントン著, 古川聡, 福田幸男訳 福村出版 2015.4 254p 21cm 〈文献あり 索引あり〉 3200円 ①978-4-571-22053-1
内容 第1章 教室で心理学を活かそう 第2章 青年期までの心理学的な発達を概観する 第3章 自己と自尊心、そして教育実践を通した自尊心の向上 第4章 知能、学習スタイル、そして学歴 第5章 褒めて育てる指導、対立の解消、学校での協同学習 第6章 特別な教育的支援の必要性について考える 第7章 学校でのいじめとネットいじめを阻止し、防止する 第8章 偏見に立ち向かう—人種差別、同性愛恐怖症、異質恐怖症 第9章 教育にかかわる人たちのストレスとその管理 第10章 まとめ 〔08207〕

ミントン‐ベドーズ, ザニー

◇英エコノミスト誌のいまどき経済学 (ECONOMICS 原著第3版の翻訳) サウガト・ダッタ編, 松本剛史訳 日本経済新聞出版社 2014.9 321p 19cm 〈索引あり〉 2000円 ①978-4-532-35606-4
内容 経済はどのように成長するか 他(サイモン・コックス, サウガト・ダッタ, ザニー・ミントン‐ベドーズ, ジョン・パーカー, パム・ウッドール著) 〔08208〕

【ム】

ムーア, ウェンディ Moore, Wendy

◇理想の花嫁と結婚する方法—児童文学作家トマス・デイの奇妙な実験 (HOW TO CREATE THE PERFECT WIFE) ウェンディ・ムーア著, 鈴木涼子訳 原書房 2014.6 349, 25p 19cm 3200円 ①978-4-562-05079-6
内容 マーガレット——七六九年春ロンドン ローラー—七五三年ごろロンドン北部ストーク・ニューイントン ソフィー——七六六年夏スタッフォードシャーアンとドーカス——七六九年八月ロンドン サブリナとルクレティア——七六九年一一月パリ ホノーラ—一七七〇年春リッチフィールド エリザベス——七七一年春サットン・コールドフィールド サブリナ—一七七三年七月ロンドン エスター——七七五年ヨークシャー、ウェイクフィールド ヴァージニア——七八三年五月バーミンガム、ファイヴ・ウェイズ ガラティア——八〇五年一月グリニッジ 〔08209〕

ムーア, デイビッド・W.

◇不正選挙—電子投票とマネー合戦がアメリカを破壊する (LOSER TAKE ALL) マーク・クリスピン・ミラー編著, 大竹秀子, 桜井まり子, 関房江訳 亜紀書房 2014.7 343, 31p 19cm 2400円 ①978-4-7505-1411-6
内容 ジェブがそう言ったから(デイビッド・W.ムーア著) 〔08210〕

ムーア, デビッド・クーパー Moore, David Cooper

◇メディア・リテラシー教育と出会う—小学生がデジタルメディアとポップカルチャーに向き合うために (Discovering Media Literacy) ルネ・ホッブス, デビッド・クーパー・ムーア著, 森本洋介監訳, 上松恵理子, 斎藤俊則, 菅原真悟, 中村純子, 村上郷子, 和田正人訳 弘前 弘前大学出版会 2016.3 221p 26cm 〈索引あり〉 2000円 ①978-4-907192-38-9
内容 1 なぜデジタル時代のメディア・リテラシーが重要なのでしょうか? (デジタル時代のメディア・リテラシー—授業案：フレームの内と外には何がありますか? デジタル時代のメディア・リテラシーを教える動機—授業案：ターゲット・オーディエンスに向けた音楽編集) 2 小学校中学年の児童と一緒に活動する(学校外の文化と授業をつなげる—授業案：本物の話し合いをつくりだす メディアとポップカルチャーについて問いを投げかける—授業案：有名人のあなた メディアをつくる—授業案：スクリーンキャストに批判的な問いを投げかける すべては社会とつながっている—授業案：ブートレグ・コーラ：賛成と反対) 3 幼稚園から小学校低学年までの児童と一緒に活動する(幼い学習者のためのメディア・リテラシー—授業案：アリとキリギリス 作家とオーディエンス—授業案：合作ストーリーテリング) 4 教師教育に取り組む(実践を変える) 〔08211〕

ムーア, ドーン Moore, Dawn

◇刑事司法における薬物処遇の社会学—「犯罪者/アディクト」と薬物の統治 (CRIMINAL

ARTEFACTS）　ドーン・ムーア著, 平井秀幸訳　現代人文社　2015.11　298p　21cm　〈文献あり　索引あり　発売：大学図書〉3600円　①978-4-87798-621-6
内容 第1章 序論　第2章 トリートメントの心性―犯罪者/アディクトと変容のプロジェクト　第3章 薬物のパーソナリティ　第4章 司法とセラピーの翻訳―DTCのネットワーク　第5章 アディクトによる自己への配慮　第6章 結論　訳者解題 本書の独創性と普遍性―1人の批判的犯罪学者のライフヒストリーを手がかりに　〔*08212*〕

ムーア, A.W.
◇哲学がかみつく（Philosophy Bites）　デイヴィッド・エドモンズ, ナイジェル・ウォーバートン著, 佐光紀子訳　柏書房　2015.12　281p　20cm　〈文献あり〉2800円　①978-4-7601-4658-1
内容 無限について（A.W.ムーア述）　〔*08213*〕

ムアジャーニ, アニータ　Moorjani, Anita
◇もしここが天国だったら？―あなたを制限する信念から自由になり、本当の自分を生きる（WHAT IF THIS IS HEAVEN？）　アニータ・ムアジャーニ著, 奥野節子訳　ナチュラルスピリット　2016.11　300p　20cm　1700円　①978-4-86451-222-0
内容 第1章 誤った社会通念1―したことが自分に返ってくる　第2章 誤った社会通念2―自分を愛することは利己的である　第3章 誤った社会通念3―真の愛とは何をされてもゆるすこと　第4章 誤った社会通念4―自分には問題があり、あなたにも問題がある　第5章 誤った社会通念5―ヘルスケア制度が健康管理をしてくれる　第6章 誤った社会通念6―それは単なる偶然だ　第7章 誤った社会通念7―死んだら自分の罪を償う　第8章 誤った社会通念8―スピリチュアルな人にはエゴがない　第9章 誤った社会通念9―女性は男性より弱い　第10章 誤った社会通念10―いつもポジティブでなければいけない　〔*08214*〕

ムカジー, バラティ　Mukherjee, Bharati
◇新たな地球文明の詩を―タゴールと世界市民を語る　バラティ・ムカジー, 池田大作著　第三文明社　2016.10　397p　19cm　1600円　①978-4-476-05055-4
内容 第1章「大いなる未来」を見つめて（人類を結ぶ文化と芸術の懸け橋　若き可能性を育む教育　東西を結ぶ哲学）　第2章「女性が輝く世紀」の実現へ（母こそ人類愛と平和の原点　女性の力と時代創造　未来を開くヒューマニズムの精神）　第3章 信念と行動の人タゴール（タゴールと非暴力の思想　人間主義の夜明け　民衆のエンパワーメントと詩心）　第4章「生命の尊厳」を時代精神に（時代が希求する新たな生命哲学　対話は不信の壁を超えて　人間と環境の調和）　第5章 青年の力と情熱の連帯（「教育のための社会」への挑戦　生命の讃歌 教育の光　アショーカ王の治世と精神遺産　開かれた対話の精神）　〔*08215*〕

ムクティ, アブダル
◇世界はなぜ争うのか―国家・宗教・民族と倫理をめぐって　福田康夫, ヘルムート・シュミット, マルコム・フレーザー他著, ジェレミー・ローゼン編集, 渥美桂子訳　朝倉書店　2016.3　296p　21cm　〈他言語標題：Ethics in Decision-Making〉非売品
内容 倫理的概念としてのジハード（アブダル・ムクティ述）　〔*08216*〕
◇世界はなぜ争うのか―国家・宗教・民族と倫理をめぐって　福田康夫, ヘルムート・シュミット, マルコム・フレーザー他著, ジェレミー・ローゼン編集, 渥美桂子訳　朝倉書店　2016.5　296p　21cm　〈他言語標題：Ethics in Decision-Making〉1850円　①978-4-254-50022-6
内容 倫理的概念としてのジハード（アブダル・ムクティ述）　〔*08217*〕

ムザヴィザドゥ, ネイダー　Mousavizadeh, Nader
◇介入のとき―コフィ・アナン回顧録　上（INTERVENTIONS）　コフィ・アナン, ネイダー・ムザヴィザドゥ〔著〕, 白戸純訳　岩波書店　2016.11　248p　20cm　2700円　①978-4-00-061161-9
内容 ピースキーパー、ピースメーカー　独立―アフリカでの子供時代　守るべき誓約―ソマリア、ルワンダ、ボスニア、そして内戦が多発する世界での平和維持の試み　国家主権と人権―コソボ、東チモール、ダルフール、そして保護する責任　人びとのための国連―グローバルガバナンス改革と法の支配の回復　アフリカの運命―戦争と平和　〔*08218*〕
◇介入のとき―コフィ・アナン回顧録　下（INTERVENTIONS）　コフィ・アナン, ネイダー・ムザヴィザドゥ〔著〕, 白戸純訳　岩波書店　2016.11　220, 7p　20cm　〈索引あり〉2700円　①978-4-00-061162-6
内容 第6章 人間の安全保障の再定義―貧困撲滅とミレニアム開発目標　第7章 世界の断層線―中東における平和構築（国連を和平会議に？　働きかけと信頼醸成　業績を残して―二〇〇〇年、イスラエルのレバノン撤退　深淵に―キャンプ・デーヴィッドと第二次インティファーダ　カルテット形成 ほか）　第8章 九・一一の戦争―テロ、アフガニスタン、イラク、そして危機に瀕する国連（イラクと国連　九・一一、アフガニスタン、新たな戦争　予告された戦争の記録　嵐のなかへ―侵攻後のイラク　爆撃が止まる時―イラクの教訓）　終章 リアリストの夢　〔*08219*〕

ムージ　Mooji
◇絶対なるものの息―ムージとの対話 見えるものと見えざるものは一つ（BREATH OF THE ABSOLUTE）　ムージ著述, 広瀬久美訳　ナチュラルスピリット　2014.11　274p　19cm　1800円　①978-4-86451-142-1
内容 アドヴァイタ―道なき道　時限爆弾が動き出したマスターキー　真我が見えるとき　あなたはそのままで完璧である　ぜひ経験しよう　自由の大使　マインドへの電力を止める　意識の幻覚　「それから…」〔ほか〕　〔*08220*〕

ムシャノコウジ, キンヒデ　武者小路 公秀
◇国際社会科学講義―文明間対話の作法（Global Issues and Interparadigmatic Dialogue）　武者小路公秀著, 三橋利光, 松本行広監訳, 武者小路研究会訳　国際書院　2015.2　345p　19cm　〈索引あり〉2500円　①978-4-87791-264-2
内容 第1部 政治学における新しい方法論に向けて（科学革命と学際的パラダイム対話　創造性と学際性　1980

ム

年代における社会科学の発展　政治発展の比較学と比較政治学の発展）　第2部 現代の世界的危機に対峙する科学と科学交流（世界における個人の平等と連帯の役割　グローバル諸問題に対する近代科学研究　知的国際交流・科学交流のグローバル化）　〔08221〕

ムッツァレッリ, M.G.　Muzzarelli, Maria Giuseppina

◇イタリア・モード小史（Breve storia della moda in Italia）　M.G.ムッツァレッリ著, 伊藤亜紀, 山崎彩, 田口かおり, 河田淳訳　知泉書館　2014.1　252, 42p 図版24p　20cm 〈布装　索引あり〉 3600円　①978-4-86285-171-0

内容 モードとは何か　イタリア製　仕立屋　そしてその他の主役たち　モードと奢侈　モードと節度　衣服、そして地域と「ステータス」の違い　色彩、縞、格子縞、柄物　リヴァイヴァル、古着、ヴィンテージ　オリエントの影響　モードのリズム―短く長く、あるいはきつくゆるく　ヴェルチュガダン、ファルディア、クリノリン、トゥルニュール　フェティシズムの曙にて　子どもと若者　モードの技術と生産地域―製造業はどのように変化したか　ミラノ・ローマ・トリノ・フィレンツェ―モードの都市　二〇世紀の品物　芸術とモード　〔08222〕

ム

ムッライナタン, センディル　Mullainathan, Sendhil

◇いつも「時間がない」あなたに―欠乏の行動経済学（SCARCITY）　センディル・ムッライナタン, エルダー・シャフィール著, 大田直子訳　早川書房　2015.2　335p　19cm　2000円　①978-4-15-209524-4

内容 第1部 欠乏のマインドセット（集中とトンネリング　処理能力への負荷）　第2部 欠乏が欠乏を生む（荷づくりとスラック　専門知識　借金と近視眼　欠乏の罠　貧困）　第3部 欠乏に合わせた設計（貧困者の生活改善　組織における欠乏への対処　日常生活の欠乏）　〔08223〕

ムーティエ, マリー　Moutier, Marie

◇ドイツ国防軍兵士たちの100通の手紙（LETTRES DE LA WEHRMACHT）　マリー・ムーティエ著, 森内薫訳　河出書房新社　2016.3　356p　20cm 〈文献あり〉3800円　①978-4-309-22661-3

内容 第1部 戦争貴族――九三九‐一九四一年（略奪―愛するみんな！　「泥沼」―愛する父さん、そして愛する母さん！　西部戦線異状なし―愛するE！　ほか）　第2部 血と鉄――九四二‐一九四三年（地方の祝祭―愛する父さん母さん、そしてウィリーとレネ！　リサイタル―愛する父さん母さん、そしてウィリーとレネ！　牢獄の看守―愛しいディータ　ほか）　第3部 罪と罰――九四四‐一九四五年（幻滅―愛するみんな！　チェスの試合―愛する父さん母さん　カヴァレリア・ルスティカーナ―愛する父さん母さん！　愛するグロッデス！　ほか）　〔08224〕

ムート, イエルク　Muth, Jörg

◇コマンド・カルチャー―米独将校教育の比較文化史（COMMAND CULTURE）　イエルク・ムート著, 大木毅訳　中央公論新社　2015.4　397p　20cm 〈文献あり 索引あり〉3500円　①978-4-12-004726-8

内容 前触れ―合衆国とドイツの軍事関係ならびに大参謀本部幻想　第1部 将校の選抜と任官（「同胞たる将校に非ず」―合衆国ウェスト・ポイント陸軍士官学校の生徒たち　「死に方を習う」―ドイツの士官学校生徒）　第2部 中級教育と進級（ドクトリンの重要性と管理運営の方法―アメリカの指揮幕僚大学校と見過ごされてきた歩兵学校　攻撃の重要性と統率の方法―ドイツ陸軍大学校）　第3部 結論（教育、文化、その帰結）　〔08225〕

ムートン, アレックス　Mouton, Alex

◇ライカと歩く京都　小山薫堂, アレックス・ムートン著　京都　PHP研究所　2015.9　185, 4p　18cm （京都しあわせ倶楽部）　950円　①978-4-569-82808-4

内容 第1章「歩くまち・京都」を歩く（路地を歩くと「宝物」が発見できる　カメラを持って歩くと、見えてくる京都 ほか）　第2章 小山薫堂とアレックス・ムートンが撮った普段着の京都（カメラを持って歩けば、京都のまちの別の顔が見える　ライカが結びつけた偶然。アレックス・ムートンと小山薫堂の撮る京都）　第3章「京都館」館長・小山薫堂がすすめるまち歩きコース（著名な観光地の合間に、京都のほんとうの魅力がある　朝の平安神宮神苑から一日をスタート！　ほか）　第4章 ライカと京都への憧れを語る―小山薫堂×アレックス・ムートン（理屈ではなくライカは本能をくすぐるカメラだ　ライカで京都を撮ると見えてくるものがある ほか）　〔08226〕

ムーニー, マイケル・J.　Mooney, Michael J.

◇アメリカン・スナイパー―クリス・カイルの伝説と真実（THE LIFE AND LEGEND OF CHRIS KYLE）　マイケル・J.ムーニー著, 有沢真庭訳　竹書房　2015.4　204p　15cm （竹書房文庫 む3-1）　600円　①978-4-8019-0301-2

内容 二〇一三年二月十一日　悪魔と呼ばれた男　後悔したことは一度もない　ケンカを始める側ではなく、終わらせる側　目指すはSEAL一筋　SEALなんかとは結婚しない　伝説の始まり　連中は自分の国を愛していないんだよ　性根に喝を入れた　スナイパー、ウォール・ストリートと出会う　鹿にまつわるおとぎ話　尊敬は自分で稼がねば得られない、そして示さないといけない　魂をトラックの新車と交換してしまった男　ただのクリス・カイルとして覚えて欲しかったんだ　ときに人は、伝説を信じる必要がある　そして伝説は続く　〔08227〕

ムーニィ, キム・M.

◇FDガイドブック―大学教員の能力開発（A GUIDE TO FACULTY DEVELOPMENT 原著第2版の抄訳）　ケイ・J.ガレスピー, ダグラス・L.ロバートソン編著, 羽田貴史監訳, 今野文子, 串本剛, 立石慎治, 杉本和弘, 佐藤万知訳　町田　玉川大学出版部　2014.2　338p　21cm （高等教育シリーズ 162） 〈別タイトル：Faculty Developmentガイドブック　文献あり 索引あり〉 3800円　①978-4-472-40487-0

内容 ファカルティ・ディベロップメント委員会との協働（キム・M.ムーニィ著）　〔08228〕

ムーニエ, S.A.*　Meunier, Suzanne A.

◇嫌悪とその関連障害―理論・アセスメント・臨床的示唆（DISGUST AND ITS DISORDERS）　B.O.オラタンジ,D.マッケイ編著, 堀越勝監修, 今田純雄, 岩佐和典監訳　京都　北大路書房　2014.8　319p　21cm 〈索引あり〉 3600円　①978-4-

7628-2873-7
内容 嫌悪の治療(Suzanne A.Meunier, David F.Tolin著, 田中恒彦訳)〔08229〕

ムニクー, ピエール

◇七つの御悲しみの聖母天主堂創設者パリ外国宣教会宣教師ピエール・ムニクー師と同僚宣教師の書簡―1868年7月―1871年10月 神戸における日本再宣教　ショファイュの幼きイエズス修道会〔訳〕　宝塚　ショファイユの幼きイエズス修道会日本管区　2013.11　89p　26cm　〔08230〕

◇七つの御悲しみの聖母天主堂創設者パリ外国宣教会宣教師ピエール・ムニクー師と同僚宣教師の書簡―1868年7月―1871年10月 神戸における日本再宣教　ショファイュの幼きイエズス修道会〔訳〕　改訂版　宝塚　ショファイユの幼きイエズス修道会日本管区　2014.3　89p　26cm　〔08231〕

ムニョス, グスタボ・カノ　Muñoz, Gustavo Cano

◇ドイツ空軍装備大図鑑(DEUTSCHE LUFTWAFFE)　グスタボ・カノ・ムニョス, サンティアゴ・ギリェン・ゴンサレス著, 村上和久訳　原書房　2014.9　366p　31cm　〈文献あり　索引あり〉9500円　①978-4-562-05098-7
内容 第1章 ドイツ空軍史　第2章 制服(帽子類　上衣　オーバーコート　ズボン　ベルトとバックル　軍靴　長剣と短剣)　第3章 飛行服と装備(飛行帽　飛行眼鏡　マスク　飛行服　飛行手袋　毛皮張りの飛行ブーツ　救命胴衣　パラシュート　作戦用および個人用飛行機装備　拳銃)　第4章 エピローグ(マシーンをささえた男たち)〔08232〕

ムニョス, パブロ

◇国連大学包括的「富」報告書―自然資本・人工資本・人的資本の国際比較(Inclusive Wealth Report 2012)　国連大学地球環境変化の人間・社会的側面に関する国際研究計画, 国連環境計画編, 植田和弘, 山口臨太郎訳, 武内和彦監修　明石書店　2014.12　358p　26cm　〈文献あり　索引あり〉8800円　①978-4-7503-4113-2
内容 各国の包括的富を計上する 他(パブロ・ムニョス, エローム・ダーキー, キルステン・オールソン, レオニー・ピアソン著)〔08233〕

ムバイヤド, サーミー　Moubayed, Sami M.

◇イスラーム国の黒旗のもとに―新たなるジハード主義の展開と深層(Under the Black Flag)　サーミー・ムバイヤド著, 高尾賢一郎, 福永浩一訳　青土社　2016.10　345, 5p　20cm　〈索引あり〉2600円　①978-4-7917-6946-9
内容 第1章 カリフ誕生の歩み　第2章 ジハード主義者に穏健な人々　第3章 シリアにおけるイスラームの反動：一九八二年から二〇一一年　第4章 ヌスラ戦線の誕生　第5章 イラクのジハード主義者たち　第6章 ISISの誕生　第7章 血の家　第8章 外国人ジハード主義者　第9章 ISISの女性たち　第10章 ISISの新たな前線〔08234〕

ムミノフ, シェルゾッド

◇日ロ関係歴史と現代　下斗米伸夫編著　法政大学現代法研究所　2015.3　210p　22cm　(法政大学現代法研究所叢書 39)〈発売：法政大学出版局〉2800円　①978-4-588-63039-2
内容 冷戦初期日本における菅季治の犠牲(シェルゾッド・ムミノフ著, 清水美加訳)〔08235〕

ムラネ, ラウラ・アン　Mullane, Laura Ann

◇ルワンダ・ジェノサイド生存者の証言―憎しみから赦しと和解へ(GOD SLEEPS IN RWANDA)　ジョセフ・セバレンジ, ラウラ・アン・ムラネ著, 米川正子訳　立教大学出版会　2015.3　17, 311, 12p　22cm　〈他言語標題：Genocide in Rwanda and Testimony of a Survivor　文献あり 年表あり 索引あり　発売：有斐閣〉4000円　①978-4-901988-28-5
内容 序章　第1章 太鼓が鳴り響き、命が救われた　第2章 我々が殺されても、おまえは生き残る　第3章 誰も紛争の終わり方を知らない　第4章 信じがたい悲劇　第5章 神様の示した道　第6章 署名欄に賭けた人生　第7章 クリントン氏とアナン氏の癒しの使命　第8章 忍び寄る独裁政治　第9章 裏切り　第10章 亡命への道〔08236〕

ムリン, ナンシー　Mullin, Nancy

◇オルヴェウス・いじめ防止プログラム―学校と教師の道しるべ(Olweus Bullying Prevention Program Schoolwide Guide, Olweus Bullying Prevention Program Teacher Guide)　ダン・オルヴェウス, スーザン・P.リンバー, ヴイツキー・C.フラークス, ナンシー・ムリン, シェーン・リース, マリーネ・スナイダー著, 小林公司, 横田克哉監訳, オルヴェウス・いじめ防止プログラム刊行委員会訳　現代人文社　2013.12　295p　21cm　〈発売：大学図書〉2500円　①978-4-87798-573-8
内容 第1部 オルヴェウス・いじめ防止プログラム学校版ガイド(「オルヴェウス・いじめ防止プログラム」の導入　「いじめ防止プログラム」の実施にあたって考えること　学校で「いじめ防止プログラム」を開始する ほか)　第2部 オルヴェウス・いじめ防止プログラム教師版ガイド(「オルヴェウス・いじめ防止プログラム」の導入　いじめのいろいろな側面を理解すること　学校全体でプログラムを実施するためのサポート ほか)　第3部 資料篇(いじめの実態と「反いじめ4ルール」(本文の補足)　いじめ記録帳　反いじめ活動の進め方と留意点 ほか)〔08237〕

ムール, G.*　Meur, Gisèle De

◇質的比較分析(QCA)と関連手法入門(CONFIGURATIONAL COMPARATIVE METHODS：Qualitative Comparative Analysis(QCA) and Related Techniques)　ブノワ・リウー, チャールズ・C.レイガン編著, 石田淳, 斎藤圭介監訳　京都　晃洋書房　2016.10　242p　21cm　3000円　①978-4-7710-2779-4
内容 第1章 アプローチとしての質的比較分析(QCA)　第2章 比較研究デザイン―事例と変数の選定　第3章 クリスプ・セットQCA(csQCA)　第4章 マルチ・バリューQCA(mvQCA)　第5章 ファジィ・セットQCA(fsQCA)　第6章 QCAの適用例についてのレビュー　第7章 QCAへの批判に取り組む　第8章 おわりに―配置構成的比較法(CCM)の今後の展開〔08238〕

ムールティ, B.N.ナラシンハ　Murthy, B.N. Narashimha

◇サッティヤム・シヴァム・スンダラム―帰依者た

ム

ちの体験で綴るサティヤ・サイ・ババの生涯 6 1986-1993 (Sathyam sivam sundaram) B.N.ナラシンハ・ムールティ著, 天野二美代訳 サティヤサイ出版協会 2012.7 401p 21cm 1600円 Ⓘ978-4-916138-74-3 〔08239〕

ムロディナウ, レナード Mlodinow, Leonard
◇ファインマンさん最後の授業 (Feynman's Rainbow) レナード・ムロディナウ著, 安平文子訳 筑摩書房 2015.9 233p 15cm (ちくま学芸文庫 ム6-2—〔Math & Science〕) 〈メディアファクトリー 2003年刊の再刊 文献あり 著作目録あり〉 1000円 Ⓘ978-4-480-09690-6
内容 おとなりは、ファインマンさん—ガンと闘うノーベル賞受賞者 ファインマンとの出会い—イスラエルの小さな図書館にて カルテクへの招待—僕はフリーエージェント 電子的なふるまい—バビロニア人タイプVSギリシャ人タイプ 知恵くらべ—「サルにできるなら、君にもできる」 科学の探偵—誰がシャーロック・ホームズになれるのか? 物理とストリップ—「強い力」から逃れろ! 想像の翼—ファインマンは、いつだってインコースを走る 世界を変えるひも—目には見えない六つの次元 空腹の方程式を解く—結婚披露宴には平服で〔ほか〕 〔08240〕

ム

ムロン, ジャン・フランソワ Melon, Jean François
◇商業についての政治的試論 (Essai Politique sur le Commerce) ジャン・フランソワ・ムロン著, 米田昇平, 後藤浩子訳 京都 京都大学学術出版会 2015.12 434p 20cm (近代社会思想コレクション 14) 〈索引あり〉 4200円 Ⓘ978-4-87698-883-9
内容 諸原理 小麦について 住民の増加について 植民地について 奴隷制について 独占会社について 軍事的政府について 産業活動について 奢侈について 輸入と輸出について〔ほか〕 〔08241〕

ムン, ジョンイン* 文 正仁
◇現代日本の政治と外交 7 日本と韓国—互いに敬遠しあう関係 (JAPANESE AND KOREAN POLITICS) 猪口孝監修 猪口孝編 原書房 2015.3 336, 4p 22cm 〈文献あり 索引あり〉 4800円 Ⓘ978-4-562-04964-6
内容 韓国の外交政策 (文正仁, 夫勝粲著) 〔08242〕

ムン, ジョンフ 文 情厚
◇アンコール・ワットのサバイバル—生き残り作戦 1 洪在徹文, 文情厚絵, 〔李ソラ〕〔訳〕 朝日新聞出版 2015.1 169p 23cm (かがくるBOOK—科学漫画サバイバルシリーズ) 1200円 Ⓘ978-4-02-331365-1
内容 父子の企み 神々の都市、シェムリアップ アンコール国立博物館 デーバラージャ、ジャヤヴァルマン2世 聖なる牛、プリヤ・コー シヴァの神殿、バコン 巨大な王都、アンコール・トム クメールの微笑み 天上の宮殿 ブラー・ヴィシュヌロカ 神にいたる道 宇宙の中心、メール山 〔08243〕
◇アンコール・ワットのサバイバル—生き残り作戦 2 洪在徹文, 文情厚絵, 〔李ソラ〕〔訳〕 朝日新聞出版 2015.4 174p 23cm (かがくるBOOK—科学漫画サバイバルシリーズ) 1200円 Ⓘ978-4-02-331404-7 〔08244〕

ムン, スクジャ* 文 叔子
◇契約と紛争の比較史料学—中近世における社会秩序と文書 臼井佐知子,H.ジャン・エルキン, 岡崎敦, 金炫栄, 渡辺浩一編 吉川弘文館 2014.12 362, 9p 22cm 12000円 Ⓘ978-4-642-02922-3
内容 朝鮮時代 個人間の契約と契約文書について (文叔子著, 加藤裕人訳) 〔08245〕

ムン, ソヨン 文 素然
◇韓国・済州島と遊牧騎馬文化—モンゴルを抱く済州 金日宇, 文素然著, 井上治監訳, 石田徹, 木下順子訳 明石書店 2015.1 131p 20cm 〈索引あり〉 2200円 Ⓘ978-4-7503-4129-3
内容 1 予見された出会い (耽羅星主、モンゴルのカーンと出会う 済州、高麗の都の候補地に ほか) 2 三別抄と済州、そしてモンゴル (三別抄、済州を掌握する 最後の反モンゴル勢力倒れる ほか) 3 モンゴルとの一〇〇年、済州の変化 (モンゴルの直接支配の始まり 牧場の歴史の始まり ほか) 4 モンゴル支配一〇〇年に終止符、崔瑩将軍の牧胡討伐 (モンゴルの衰亡 明の登場 ほか) 5 モンゴルとの一〇〇年が遺したもの (再び高麗に帰属するも明に馬を捧げる 済州、朝鮮建国の決定的な契機に ほか) 〔08246〕

ムンク, ジェラルド
◇社会科学の方法論争—多様な分析道具と共通の基準 (Rethinking social inquiry 原著第2版の翻訳) ヘンリー・ブレイディ, デヴィッド・コリアー編, 泉川泰博, 宮下明聡訳 勁草書房 2014.5 432p 22cm 〈文献あり 索引あり〉 4700円 Ⓘ978-4-326-30231-4
内容 基準の追求 (デヴィッド・コリアー, ジェイソン・シーライト, ジェラルド・ムンク著) 〔08247〕

ムンク, J.* Münch, Jürgen
◇ゴール&ストラテジ入門—残念なシステムの無くし方 (Aligning Organizations Through Measurement) Victor Basili,Adam Trendowicz,Martin Kowalczyk,Jens Heidrich, Carolyn Seaman,Jürgen Münch,Dieter Rombach共著, 鷲崎弘宜, 小堀貴信, 新谷勝利, 松岡秀樹監訳, 早稲田大学グローバルソフトウェアエンジニアリング研究所ゴール指向経営研究会訳 オーム社 2015.9 218p 21cm 〈他言語標題:GQM+Strategies 文献あり 索引あり〉 2800円 Ⓘ978-4-274-50584-3
内容 第1部 GQM+Strategiesアプローチ (GQM+Strategiesのポイント フェーズ0:初期化 フェーズ1:環境の特性化 フェーズ2:目標と戦略の設定 フェーズ3:実行計画の策定 フェーズ4:計画の実行 フェーズ5:成果の分析 フェーズ6:結果のまとめ) 第2部 業界への適用と他の手法との関係 (各社の適用例 他のアプローチとの関係 まとめと今後に向けた見解) 付録 (GQM+Strategiesプロセスチェックリスト GQM+Strategies評価アンケート) 〔08248〕

ムンフツェツェグ, T. Munkhtsetseg, T.
◇チンギス・ハーン (Чингис хааны цадиг) Sh.ナツァグドルジ著, T.ムンフツェツェグ監修, 吉本るり子訳 奈良 アルド書店 2016.8 326p 21cm (モンゴル文庫 1) 〈年表あり 文献あ

り〉2500円 ①978-4-908814-00-6 〔08249〕

【メ】

メイ, ティム May, Tim
◇社会学の考え方（THINKING SOCIOLOGICALLY 原著第2版の翻訳） ジグムント・バウマン, ティム・メイ著, 奥井智之訳 筑摩書房 2016.8 418p 15cm （ちくま学芸文庫 ハ35-2）〈文献あり 索引あり〉1400円 ①978-4-480-09746-0
内容 序章 社会学とは何か 第1章 自由と依存 第2章 わたしたちとかれら 第3章 コミュニティと組織 第4章 権力と選択 第5章 贈与と交換 第6章 身体の諸相 第7章 秩序と混乱 第8章 自然と文化 第9章 テクノロジーとライフスタイル 第10章 社会学的思考 〔08250〕

メイ, ヘイゼル May, Hazel
◇認知症と共に生きる人たちのためのパーソン・センタードなケアプランニング（Enriched Care Planning for People with Dementia） ヘイゼル・メイ, ポール・エドワーズ, ドーン・ブルッカー著, 水野裕監訳, 中川経子訳 京都 クリエイツかもがわ 2016.2 260p 26cm 2600円 ①978-4-86342-174-5
内容 第1章 パーソン・センタードなケアプランニングとは 第2章 人生歴 第3章 今までの生活スタイルとこれからの生活に望むこと 第4章 性格傾向 第5章 心と体の健康 第6章 何かをする潜在的な能力 第7章 認知能力 第8章 今まさに生きている人生 第9章 パーソン・センタードなケアプランを実行し、見直しをする ケアプランの書式 〔08251〕

メイザー, ウェンディー・ヒング
◇世界がぶつかる音がする—サーバンツの物語（The Sound of Worlds Colliding） クリスティン・ジャック編, 永井みぎわ訳 ヨベル 2016.6 300p 19cm 1300円 ①978-4-907486-32-7
内容 時間という贈り物—貧しい人々から学んだこと（ウェンディー・ヒング・メイザー） 〔08252〕

メイザー, シンシア・リン Mather, Cynthia Lynn
◇あなたに伝えたいこと—性的虐待・性被害からの回復のために（How Long Does It Hurt？） シンシア・L.メイザー,K.E.デバイ著, 野坂祐子, 浅野恭子訳 誠信書房 2015.4 328p 21cm 〈文献あり〉3600円 ①978-4-414-41460-8
内容 第1部 痛みが始まる（あなたはひとりじゃない あれは本当に性暴力だったの？ インターネット性犯罪） 第2部 助けを求めよう（だれかに話すこと まわりの人はなんて言うだろう？ わたしはどうなっちゃうの？ うちあけたあとの家族との生活） 第3部 さらなる前進（回復することも、ひとつの選択肢 生き抜いてきた自分を誇ろう 未来への道を築くこと 許すこと—許す？ 許さない？ セックス—セックスってなんだろう？） 第4部 知っておきたいこと（加害者について知っておくべきこと 友だちとして知っておくべきこと サバイバーからあなたへのメッセージ） 〔08253〕

メイシー, ジョアンナ Macy, Joanna
◇アクティブ・ホープ（ACTIVE HOPE） ジョアンナ・メイシー, クリス・ジョンストン著, 三木直子訳 春秋社 2015.10 330p 20cm 3000円 ①978-4-393-33344-0
内容 1 大転換（現代を覆う三つのストーリー スパイラルを信じる 感謝の気持ちを感じる 世界に対する痛みを大切にする） 2 新しい目で観る（自己という概念を拡げる 異なる種類の力を使う コミュニティの体験を豊かにする 時間をより大きな流れでとらえる） 3 前に向かって進む（気持ちが奮い立つようなビジョンをつかまえる 可能性を信じる勇気を持つ 自分の周りにサポート・システムをつくる 熱意と活力を保ち続ける 不確実性が私たちを強くする） 〔08254〕

メイズマン, ヴァンドラ・リー
◇21世紀の比較教育学—グローバルとローカルの弁証法（COMPARATIVE EDUCATION） ロバート・F.アーノブ, カルロス・アルベルト・トーレス, スティーヴン・フランツ編著, 大塚豊訳 福村出版 2014.3 727p 22cm 〈文献あり 索引あり〉9500円 ①978-4-571-10168-7
内容 文化と教育（ヴァンドラ・リー・メイズマン著） 〔08255〕

メイスン, L.* Mason, Lucia
◇自己調整学習ハンドブック（HANDBOOK OF SELF-REGULATION OF LEARNING AND PERFORMANCE） バリー・J.ジマーマン, ディル・H.シャンク編, 塚野州一, 伊藤崇達監訳 京都 北大路書房 2014.9 434p 26cm 〈索引あり〉5400円 ①978-4-7628-2874-4
内容 数学的知識とスキルの自己調整（Erik De Corte, Lucia Mason, Fien Depaepe, Lieven Verschaffel著, 瀬尾美紀子訳） 〔08256〕

メイスン, L.H.* Mason, Linda H.
◇自己調整学習ハンドブック（HANDBOOK OF SELF-REGULATION OF LEARNING AND PERFORMANCE） バリー・J.ジマーマン, ディル・H.シャンク編, 塚野州一, 伊藤崇達監訳 京都 北大路書房 2014.9 434p 26cm 〈索引あり〉5400円 ①978-4-7628-2874-4
内容 自己調整学習プロセスと子どものライティング（Karen R.Harris, Steve Graham, Charles A. MacArthur, Robert Reid, Linda H.Mason著, 篠ヶ谷圭太訳） 〔08257〕

メイスン, M.* Mason, Micheline
◇インクルーシブ教育の輝ける実例—可能性のスナップショット（Snapshots of possibility） Micheline Mason,Jackie Dearden調査・執筆, 豊高明枝訳 〔枚方〕 放課後クラブ「チャレンジ・キッズ」 2015.3 53p 30cm 〔08258〕

メイナード, メアリー
◇イギリスにおける高齢期のQOL—多角的視点から生活の質の決定要因を探る（UNDERSTANDING QUALITY OF LIFE IN OLD AGE） アラン・ウォーカー編著, 岡田進一監訳, 山田三知子訳 京都 ミネルヴァ書房

メ

2014.7　249p　21cm　（新・MINERVA福祉ライブラリー 20）〈文献あり 索引あり〉3500円
①978-4-623-07097-8
内容 ジェンダーと民族性からみた高齢期の社会参加（ケイト・デーヴィッドソン, ローナ・ウォレン, メアリー・メイナード著）〔08259〕

メイナルディ, チェザレ　Mainardi, Cesare
◇なぜ良い戦略が利益に結びつかないのか―高収益企業になるための5つの実践法（STRATEGY THAT WORKS : How Winning Companies Close the Strategy‐to‐Execution Gap）　ポール・レインワンド, チェザレ・メイナルディ著, PwC Strategy＆訳, アート・クライナー協力　ダイヤモンド社　2016.12　333p　19cm　2000円
①978-4-478-06993-6
内容 第1章 戦略と実行のギャップを克服する　第2章 自社の独自性を貫く　第3章 戦略を日常業務に落とし込む　第4章 自社の組織文化を活用する　第5章 成長力を捻出するためにコストを削減する　第6章 将来像を自ら作り出す　第7章 大胆に、恐れずに〔08260〕

メ

メイプス, メアリー　Mapes, Mary
◇大統領の疑惑―米大統領選を揺るがせたメディア界一大スキャンダルの真実（TRUTH）　メアリー・メイプス著, 稲垣みどり訳　キノブックス　2016.7　462p　19cm　2200円　①978-4-908059-44-5〔08261〕

メイブリン, ビル　Mayblin, Bill
◇ロジックの世界―論理学の哲人たちがあなたの思考を変える（INTRODUCING LOGIC）　ダン・クライアン, シャロン・シュアティル文, ビル・メイブリン絵, 田中一之訳　講談社　2015.3　190p　18cm　（ブルーバックス B-1906）〈文献あり 索引あり〉800円　①978-4-06-257907-0
内容 ロジックとは？　文を研究する　対立の四角形　三段論法　接続詞のロジック　ライプニッツの法則　背理法　新オルガノン　フレーゲの量化詞　文脈の原則〔ほか〕〔08262〕

メイホン, ベイジル　Mahon, Basil
◇物理学を変えた二人の男―ファラデー、マクスウェル、場の発見（FARADAY, MAXWELL, AND THE ELECTROMAGNETIC FIELD）　ナンシー・フォーブス, ベイジル・メイホン〔著〕, 米沢富美子, 米沢恵美訳　岩波書店　2016.9　295, 5p　20cm　〈索引あり〉3200円
①978-4-00-006324-1
内容 本屋の丁稚から研究所の丁稚へ 一七九一‐一八一三　今は「化学」と呼ばれる研究分野 一八一三‐一八二〇　電気と磁気の長い歴史 一六〇〇‐一八二〇　円形方向に作用する力 一八二〇‐一八三一　電磁誘導―磁気の変化が電気を起こす 一八三一‐一八四〇　推測が遙かな未来を先取りする 一八四〇‐一八五七　称号なしのマイケル・ファラデーのままで 一八五七‐一八六七　「これはどうなっているの？ 教えて」一八三一‐一八五〇　ケンブリッジでの切磋琢磨の日々 一八五〇‐一八五四　「力線」を「仮想流体」との類推で説明する 一八五四‐一八五六　ここは冗談が通じない 一八五六‐一八六〇　光は電磁波だった！ 一八六〇‐一八六三　これは大当たり（！）だと思う 一八六三‐一八六五　田舎暮らし 一八六五‐一八七一　キャヴェンディッシュ研究所の創設 一八七一‐一八七九　マクスウェル信奉者たち 一八五〇‐一八九〇　科学史の新しい時代 一八九〇年以降〔08263〕

メイヤー, アレクサンダー
◇東アジアの宗教文化―越境と変容　国立歴史民俗博物館, 松尾恒一編　岩田書院　2014.3　467, 3p　図版 8p　21cm　〈文献あり〉4800円　①978-4-87294-863-9
内容 中国の仏教修行における経典と講釈の意義・特質の考察（アレクサンダー・メイヤー著, 荒見泰史, 松尾恒一訳）〔08264〕

メイヤー, エリン　Meyer, Erin
◇異文化理解力―相手と自分の真意がわかるビジネスパーソン必須の教養（The Culture Map）　エリン・メイヤー著, 田岡恵監訳, 樋口武志訳　英治出版　2015.8　317p　20cm　1800円　①978-4-86276-208-5
内容 1 空気に耳を澄ます―異文化間のコミュニケーション　2 様々な礼節のかたち―勤務評価とネガティブ・フィードバック　3 「なぜ」VS「どうやって」―多文化世界における説得の技術　4 敬意はどれくらい必要？ ―リーダーシップ、階層、パワー　5 大文字の決断か小文字の決断か―誰が、どうやって決断する？　6 頭か心か―二種類の信頼とその構築法　7 ナイフではなく針を―生産的に見解の相違を伝える　8 遅いってどれくらい？ ―スケジューリングと各文化の時間に対する認識〔08265〕

メイヤー, グレゴリー・J.　Meyer, Gregory J.
◇ロールシャッハ・アセスメントシステム―実施, コーディング, 解釈の手引き（RORSCHACH PERFORMANCE ASSESSMENT SYSTEM）　グレゴリー・J.メイヤー, ドナルド・J.ビグリオン, ジョニ・L.ミウラ, ロバート・E.エラード, フィリップ・エルドバーグ著, 高橋依子監訳, 高橋真理子訳　金剛出版　2014.12　591p　27cm　〈文献あり 索引あり〉15000円　①978-4-7724-1402-9
内容 序説　実施法　基本的コード化　上級用コード化　上級用明確化　形態水準表　コード化の練習　反応水準からプロトコル水準への変換　基準的参照データ解釈への勧告　臨床事例　反応数最適化実施法　形態水準表の発展　信頼性　変数の選択と妥当性　基準的参照データの作成〔08266〕

メイヤー, コリン　Mayer, Colin P.
◇ファーム・コミットメント―信頼できる株式会社をつくる（Firm Commitment）　コリン・メイヤー著, 宮島英昭監訳, 清水真人, 河西卓弥訳　NTT出版　2014.7　335p　20cm　〈文献あり 索引あり〉2800円　①978-4-7571-2334-2
内容 第1部 株式会社はどのように信頼を裏切るのか（旅のはじまり　道徳と市場　評判 ほか）　第2部 なぜ信頼の崩壊が生じているのか（企業の進化　買収と閉鎖資本とコミットメント）　第3部 信頼を取り戻すために何をすべきか（株主価値と企業の使命　ガバナンスと政府　終わりなき旅）〔08267〕

メイヤー, パメラ
◇身体知―成人教育における身体化された学習（Bodies of knowledge）　ランディ・リプソン・

ローレンス編, 立田慶裕, 岩崎久美子, 金藤ふゆ子, 佐藤智子, 荻野亮吾, 園部友里恵訳　福村出版　2016.3　133p　22cm　〈文献あり〉2600円　①978-4-571-10174-8

内容 仕事における身体化された学習：職場から遊び場への発想の転換（パメラ・メイヤー著, 園部友里恵訳）〔08268〕

メイヤスー, カンタン　Meillassoux, Quentin

◇有限性の後で―偶然性の必然性についての試論（Après la finitude 原著新版の翻訳）　カンタン・メイヤスー著, 千葉雅也, 大橋完太郎, 星野太訳　京都　人文書院　2016.1　235p　20cm　〈索引あり〉2200円　①978-4-409-03090-5

内容 第1章 祖先以前性　第2章 形而上学、信仰主義、思弁　第3章 事実論性の原理　第4章 ヒュームの問題　第5章 プトレマイオスの逆襲〔08269〕

メイヨー, ピーター　Mayo, Peter

◇グラムシとフレイレ―対抗ヘゲモニー文化の形成と成人教育（GRAMSCI, FREIRE AND ADULT EDUCATION）　ピーター・メイヨー著, 里見実訳　太郎次郎社エディタス　2014.6　347p　20cm　〈文献あり 索引あり〉4500円　①978-4-8118-0766-9

内容 第1章 序論　第2章 アントニオ・グラムシ―革命戦略と成人教育　第3章 パウロ・フレイレ―批判教育学と成人教育　第4章 グラムシとフレイレ―共鳴と相違　第5章 グラムシとフレイレ―今日の問題には応えていない諸側面　第6章 グラムシとフレイレ―補いあう両者の総合　第7章 結論―どんな時代のなかで、それは息づくのか？〔08270〕

メイラー, ノーマン

◇インタヴューズ　3　毛沢東からジョン・レノンまで（THE PENGUIN BOOK OF INTERVIEWS）　クリストファー・シルヴェスター編, 新庄哲夫他訳　文芸春秋　2014.6　463p　16cm　（文春学芸ライブラリー―雑英 7）　1690円　①978-4-16-813018-2

内容 ノーマン・メイラー（ノーマン・メイラー述, イヴ・オーチンクロス, ナンシー・リンチインタヴュアー, 山形浩生訳）〔08271〕

メインツ, E.J.*　Meinz, Elizabeth J.

◇ワーキングメモリと日常―人生を切り拓く新しい知性（WORKING MEMORY）　T.P.アロウェイ,R.G.アロウェイ編著, 湯沢正通, 湯沢美紀監訳　京都　北大路書房　2015.10　340p　21cm　（認知心理学のフロンティア）　〈文献あり 索引あり〉3800円　①978-4-7628-2908-6

内容 ワーキングメモリ容量と音楽の技能（David Z. Hambrick, Elizabeth J.Meinz著, 宮谷真人, 橋本翠訳）〔08272〕

メーウィッセ, マリーケ

◇多様性を拓く教師教育―多文化時代の各国の取り組み（Educating Teachers for Diversity）　OECD教育研究革新センター編著, 斎藤里美監訳, 布川あゆみ, 本田伊克, 木下江美, 三浦綾希子, 藤浪海訳　明石書店　2014.8　403p　22cm　4500円　①978-4-7503-4053-1

内容 多様な教師の確保と定着（リック・ウォルフ, サビヌ・サーヴェリエンヌ, マリーケ・メーウィッセ著, 三浦綾希子訳）〔08273〕

メキシコ

◇外国著作権法令集　49　メキシコ編　大山幸房訳　著作権情報センター　2014.11　77p　21cm　〈SARVH共通目的事業（平成26年度）〉非売品〔08274〕

メグレ, ウラジーミル　Megre, Vladimir

◇愛の空間（Пространство любви（重訳））　ウラジーミル・メグレ著, 水木綾子訳, 岩砂晶子監修　ナチュラルスピリット　2014.1　315p　19cm　（響きわたるシベリア杉 シリーズ3）　1700円　①978-4-86451-107-0

内容 再びタイガへ　くだらんことに金は出さんぞ　招かれざる客　宇宙の音　女性ご先祖の霊　光の勢力　捕らえる　地獄を見る　言葉が運命を変えるとき　あなたの幸せを自分で創り出しなさい〔ほか〕〔08275〕

◇共同の創造（Сотворение）　ウラジーミル・メグレ著, にしやまやすよ訳, 岩砂晶子監修　岐阜　直日　2014.9　322p　19cm　（アナスタシア・リンギングシダー 4）　〈発売：評論社〉1700円　①978-4-566-05175-1

内容 すべてが今でも存在している！　創造のはじまり　あなたが初めて現れたとき　第一日目　問題の存在は完全なる命の証明　最初の出会い　愛に包み込まれるとき　誕生　満たすことのできない林檎　それとの密接な関わりを避けなければ〔ほか〕〔08276〕

メグレ, カロリーヌ・ド　Maigret, Caroline de

◇パリジェンヌのつくりかた（HOW TO BE PARISIAN WHEREVER YOU ARE）　カロリーヌ・ド・メグレ, アンヌ・ベレスト, オドレイ・ディワン, ソフィ・マス著, 古谷ゆう子訳　早川書房　2014.11　265p　20cm　2200円　①978-4-15-209505-3

内容 1 パリジェンヌの基本（眠りにつく前に、思い出しておきたい「18の掟」　あるパリジャンが語る、パリジェンヌのリアル ほか）　2 悪習のススメ（矛盾しているとわかっていても、ついついやってしまう「12の事柄」　「もしかして、浮気しているのでは」と恋人に思い込ませる方法 ほか）　3 パリジェンヌな“雰囲気”の作りかた（24‐Hour Look　絶対に必要不可欠なもの ほか）　4 あえて好きになってみる（理想の男とは？　恋愛に対して楽観的でいられる、これだけの理由 ほか）　5 パリジェンヌからのアドバイス（To do list　DIY ほか）〔08277〕

メサウーディ, ハーリダ　Messaoudi, Khalida

◇アルジェリアの闘うフェミニスト（Une Algerienne debout）　ハーリダ・メサウーディ著, エリザベート・シェムラ聞き手, 中島和子訳　水声社　2015.7　277p　20cm　〈年譜あり〉3000円　①978-4-8010-0123-7

内容「もうけもの」の年月　青春時代のイスラーム　「内の内」の女たち　ヴォルテールとアヴェロエスの娘　家族法、恥辱の法　ホメイニなんて知らない！　混迷の教育現場　一九八八年十月選挙を自問し続けて　アルジェリアの爆弾―FIS　FISの核にあるもの「性」　選挙中止―歴史的誤謬か、愛国的義務か　袋小路から

メ

の脱出は可能か？　エピローグ―アルジェリアのそれから 〔08278〕

メジェ, シャンタル　Metzger, Chantal

◇平和と和解―思想・経験・方法　足羽与志子, 中野聡, 吉田裕編　旬報社　2015.3　414p　22cm（一橋大学大学院社会学研究科先端課題研究叢書 6）　5000円　①978-4-8451-1405-4

内容 フランス・ドイツの歴史研究における「極東」への関心 他（シャンタル・メジェ著, 清水由希江訳） 〔08279〕

メスーディ, アレックス　Mesoudi, Alex

◇文化進化論―ダーウィン進化論は文化を説明できるか（CULTURAL EVOLUTION）　アレックス・メスーディ著, 野中香方子訳　NTT出版　2016.2　403p　20cm　〈文献あり 索引あり〉　3400円　①978-4-7571-4330-2

内容 第1章 文化的な種　第2章 文化進化　第3章 文化の小進化　第4章 文化の大進化1―考古学と人類学　第5章 文化の大進化2―言語と歴史　第6章 進化の実験―実験室における文化進化　第7章 進化民族誌学―現実社会での文化進化　第8章 進化経済学―市場における文化進化　第9章 人間以外の種の文化　第10章 社会科学の進化的統合に向けて 〔08280〕

メーダサーナンダ, スワーミー　Medhasananda

◇インドと日本の関係交流の先駆者―スワーミー・ヴィヴェーカーナンダと岡倉天心（Pioneering the Indo-Japanese relationship）　スワーミー・メーダサーナンダ〔著〕,〔日本ヴェーダーンタ協会〕〔訳〕　逗子　日本ヴェーダーンタ協会　2014.5　123p　19cm 〔08281〕

メッサーシュミット, ベティ

◇バーンファインド ＝ メッサーシュミット家系と小石川白山教会　ベティ・メッサーシュミット著, 三本木健治訳　小石川白山教会宣教師記念会　2012.11　40p　21cm　〈他言語標題：Bauernfeind Messerschmidt family and the Hakusan Church　英語併記〉 〔08282〕

メッサーシュミット, マンフレート

◇軍服を着た救済者たち―ドイツ国防軍とユダヤ人救出工作（Retter in Uniform）　ヴォルフラム・ヴェッテ編, 関口宏道訳　白水社　2014.6　225, 20p　20cm　2400円　①978-4-560-08370-3

内容 カール・フォン・ボトマー大佐（マンフレート・メッサーシュミット著） 〔08283〕

メッザードラ, サンドロ　Mezzadra, Sandro

◇逃走の権利―移民、シティズンシップ、グローバル化（Diritto di fuga 原著新版の抄訳）　サンドロ・メッザードラ著, 北川真也訳　京都　人文書院　2015.11　368p　19cm　〈文献あり 索引あり〉　3400円　①978-4-409-24103-5

内容 第1部（若きマックス・ウェーバー、ドイツ人移民たちの逃走の権利、ポーランド人たちの胃　はじまりはさらし絞首台だった―移民、労働の移動性、資本主義史　境界地帯の市民とシティズンシップの境界　世界、植民地以後）　第2部（ここでもなく、よそでもなく―ヨーロッパとオーストラリアのあいだで、移民・拘禁・脱走、ブレット・ニールソンとの会話　移民の主体性、従属的包摂を越えて―コレクティボ・シトゥアシオネスとの対話　境界、シティズンシップ、戦争、階級―エティエンヌ・バリバールらとの討論　自律性のまなざし―移民、資本主義、社会闘争） 〔08284〕

◇資本の専制、奴隷の叛逆―「南欧」先鋭思想家8人に訊くヨーロッパ情勢徹底分析　広瀬純編著　航思社　2016.1　379p　19cm　〈他言語標題：Dictadura capitalista y esclavos rebeldes Conversaciones “bajo la coyuntura”〉　2700円　①978-4-906738-15-1

内容 「危機」の政治化 他（サンドロ・メッザードラ述, 広瀬純聞き手・訳） 〔08285〕

メッツィンガー, トーマス　Metzinger, Thomas

◇エゴ・トンネル―心の科学と「わたし」という謎（THE EGO TUNNEL）　トーマス・メッツィンガー〔著〕, 原塑, 鹿野祐介訳　岩波書店　2015.6　368, 37p　20cm　〈索引あり〉　3800円　①978-4-00-005096-8

内容 第1部 意識の問題（世界の現出　トンネルをめぐる周遊旅行）　第2部 着想と発見（身体から出て、心の中へ―身体イメージ、体外離脱経験、バーチャルな自己　所有者性から行為者性、自由意志へ　哲学的な心の航海術―明晰夢から何を学ぶことができるか　共感するエゴ）　第3部 意識革命（人工的なエゴ・マシーン　意識の技術と人間のイメージ　新しい種類の倫理学）　補論 スピリチュアリティと知的誠実性 〔08286〕

メドヴェージェフ, アレクサンドル　Medvedev, Alexandr Romanovich

◇史的唯物論　1　アレクサンドル・メドヴェージェフ著　復刻版　かつらぎ町（和歌山県）　桜耶書院　2016.11　71p　21cm　（桜町復刻選書） 〔08287〕

メドウズ, ドネラ・H.　Meadows, Donella H.

◇世界はシステムで動く―いま起きていることの本質をつかむ考え方（Thinking in Systems）　ドネラ・H.メドウズ著, 枝広淳子訳　英治出版　2015.1　357p　20cm　〈文献あり〉　1900円　①978-4-86276-180-4

内容 第1部 システムの構造と挙動（基礎　“システムの動物園”にちょっと行ってみる）　第2部 システムと私たち（なぜシステムはとてもよく機能するのか　なぜシステムは私たちをびっくりさせるか　システムの落とし穴…とチャンス）　第3部 システムと私たちの根底にある価値観に変化を創り出す（レバレッジ・ポイント―システムの中で介入すべき場所　システムの世界に生きる） 〔08288〕

◇システム思考をはじめてみよう　ドネラ・H.メドウズ著, 枝広淳子訳　英治出版　2015.12　73p　18cm　〈著作目録あり〉　1200円　①978-4-86276-219-1

内容 お互いと競うのはやめて、クマに立ち向かおう　成功者はさらに成功する　問題はつながっている、解決策もつながっている　魅力をコントロールすることで、成長をコントロールする　フィードバックをもう少し　フィードバックがあれば、自分だって、世界だって変えられる　個人としては学び、組織としては抵抗する私たち　境界線は、現実の世界ではなく、心の中にある 〔08289〕

メ

メドレー, リンダ　Medoley, Linda
◇マンガ現代物理学を築いた巨人ニールス・ボーアの量子論（SUSPENDED IN LANGUAGE）　ジム・オッタヴィアニ原作, リーランド・パーヴィス他漫画, 今枝麻子, 園田英徳訳　講談社　2016.7　318p　18cm　（ブルーバックス B-1975）〈文献あり 年表あり〉1080円　①978-4-06-257975-9
内容 舞台の準備―ニールス・ボーア登場　古典物理をあとに　博士号取得から三部作まで　彼ならではのスタイルで　若い世代　理論物理研究所　ハイゼンベルク　ソルヴェイ会議1927年と1930年　家での日々　核物理学の発展　戦時の再会　核と政治　哲学にむかって　舞台を去る　〔08290〕

メナシェ, ダヴィード　Menasche, David
◇人生という教室―プライオリティ・リストが教えてくれたこと（THE PRIORITY LIST）　ダヴィード・メナシェ著, 川田志津訳　東洋出版　2014.7　253p　19cm　1600円　①978-4-8096-7742-7
内容 余命宣告　感謝祭　告白　天職　理想の教師　最年少　名前の由来　初日　言葉の魔法　プライオリティ・リスト〔ほか〕　〔08291〕

メネカー, アンドリュー
◇プロ・トレーダー―マーケットで勝ち続ける16人の思考と技術（TRADERS AT WORK）　ティム・ブールキン, ニコラス・マンゴー著, 森山文那生訳　日経BP社　2016.5　284p　21cm　〈発売：日経BPマーケティング〉2200円　①978-4-8222-5063-8
内容 心理学のアプローチで市場の感情をトレード（アンドリュー・メネカー述）　〔08292〕

メホロトラ, ヴィカス
◇日本経済―変革期の金融と企業行動　堀内昭義, 花崎正晴, 中村純一編　東京大学出版会　2014.9　373p　22cm　6800円　①978-4-13-040266-8
内容 リストラクチャリングとその帰結（ディック・ビーソン, ケン・ゴードン, ヴィカス・メホロトラ, 渡邊安芸子著, 田中茉利子, 土居直史, 田中晋矢訳）〔08293〕

メラー, クリスティアン　Möller, Christian
◇魂への配慮としての説教―12の自伝的・神学的出会い（Die homiletische Hintertreppe）　クリスティアン・メラー著, 小泉健訳　教文館　2014.11　334p　19cm　2600円　①978-4-7642-6715-2
内容 第1部 声 Stimme（ハイデルベルク大学就任講義　ゲアハルト・フォン・ラート―もしくは、声の形成としての説教学　マルティン・ルター―もしくは、福音の「口頭性」　クラウス・ペーター・ヘルチ―もしくは、福音の響きの音色　パウル・ゲアハルト―もしくは、讃美歌による説教と天のはしご）　第2部 今日 Heute（ハンス・ヨアヒム・イーヴァント―もしくは、時を告げる言葉としての説教　エルンスト・フックス―もしくは、福音の言葉の出来事　カール・バルト―もしくは、囚われている人々に解放を　ディートリヒ・ボンヘッファー―もしくは、キリストのために旧約聖書を説教する）　第3部 聞くこと Hören（ルードルフ・ボーレン―もしくは、第二の説教者としての聞き手　加藤常昭―もしくは、魂への配慮に満ちた説教の根源　ヘルバート・クリム―もしくは、教会の心臓の鼓動 また手のわざとしてのリタージーとディアコニア　セーレン・キェルケゴール―もしくは、個人、聴衆、そして共同体）　〔08294〕

メラー, ヒュー
◇哲学がかみつく（Philosophy Bites）　デイヴィッド・エドモンズ, ナイジェル・ウォーバートン著, 佐光紀子訳　柏書房　2015.12　281p　20cm　〈文献あり〉2800円　①978-4-7601-4658-1
内容 時間について（ヒュー・メラー述）　〔08295〕

メラース, クリストフ　Möllers, Christoph
◇越境する司法―ドイツ連邦憲法裁判所の光と影（Das entgrenzte Gericht）　マティアス・イェシュテット, オリヴァー・レプシウス, クリストフ・メラース, クリストフ・シェーンベルガー著, 鈴木秀美, 高田篤, 棟居快行, 松本和彦監訳　風行社　2014.9　380p　22cm　5000円　①978-4-86258-070-2
内容 連邦憲法裁判の合法性・正統性・正統化（クリストフ・メラース著, 松本和彦, 村西良太, 棟居快行訳）　〔08296〕

メラン, アンジェリーヌ　Mélin, Angéline
◇パリジェンヌたちのとっておきのパリ　エロディ・ルージュ著, アンジェリーヌ・メランイラスト, 太田佐絵子訳　原書房　2016.3　205p　21cm　2000円　①978-4-562-05266-0
内容 パレ・ロワイヤル*ヴァンドーム*サントノレ　サン・ドニ通り*モントルグイユ　マレ地区　カルティエ・ラタン*オデオン　サン・ジェルマン・デ・プレ*セーヴル・バビロン　シャンゼリゼ*アルマ　グラン・ブルヴァール*マルティール通り　フォーブール・サン・ドニ*サン・マルタン運河　オベルカンフ*ベルヴィル*メニルモンタン　バスティーユ*アリーグル　ビュット・オ・カイユ*ダンフェール・ロシュロー　オートゥイユ*ヌイイ*パッシー　パティニョル・テルヌ　モンマルトルの丘　〔08297〕

メランダー, クラス　Mellander, Klas
◇ビジネスパーソンのためのスウェーデン式会計力のレッスン（Apples & Oranges 原著第3版の翻訳）　クラス・メランダー著, 国貞克則監訳, 吉松隆訳　ディスカヴァー・トゥエンティワン　2015.3　119p　21cm　1300円　①978-4-7993-1647-4
内容 1 The big picture―全体像をつかむ（すべては価値を生むために　基本となるシンプルな考え方　出ていく価値と入ってくる価値　資産―どのような形でどこにあるのか　工場・設備に関する年間費用　資産の持ち主は誰？　ビジネスの全体像―ビジネス・ファイナンス・モデル　キャッシュに注目―　キャッシュフローのおおまかな全体像）　2 How are you doing？―会社はうまくいっているか？（ビジネスの成果を測定する　過去の検証（財務諸表の分析　業績は伸びているのか、悪化しているのか　業績評価―EBITあるいはEVA）　未来の展望（将来の収入の現在価値　将来のキャッシュフローに注目する）　バランスシートに表れない高価値資産　バランスト・スコアカード）　3 Tapping the potentials―可能性を探る（引くべきレバーを探す　改善の機会を特定して正しいレバーを見出すために）　〔08298〕

メ

メランヒトン, フィリップ　Melanchthon, Philipp
◇アウグスブルク信仰告白　フィリップ・メランヒトン著, ルター研究所訳　リトン　2015.11　129p　19cm　1000円　①978-4-86376-046-2
内容 信仰と教理の条項（神について　原罪について　神のみ子について　義認について　説教の職務についてほか）　分裂のある事柄についての条項。悪習について検討を加え、それを正したもの。（二種陪餐について　司祭の結婚について　ミサについて　ざんげ告白について　食物の区別について ほか）〔08299〕

メリデール, キャサリン　Merridale, Catherine
◇クレムリン―赤い城塞の歴史　上（Red Fortress）　キャサリン・メリデール著, 松島芳彦訳　白水社　2016.9　255, 36p　20cm　2900円　①978-4-560-09504-1
内容 第1章 礎石　第2章 ルネサンス　第3章 黄金の間　第4章 クレムレナグラード　第5章 永遠なるモスクワ　第6章 伝統の秩序〔08300〕
◇クレムリン―赤い城塞の歴史　下（Red Fortress）　キャサリン・メリデール著, 松島芳彦訳　白水社　2016.9　267, 74p　20cm　〈文献あり 索引あり〉2900円　①978-4-560-09505-8
内容 第7章 不死鳥　第8章 郷愁　第9章 アクロポリス　第10章 赤い城塞　第11章 クレムリノロジー　第12章 正常化〔08301〕

メリニコワ, イリーナ
◇女たちの満洲―多民族空間を生きて　生田美智子編　吹田　大阪大学出版会　2015.4　315p　19cm　（阪大リーブル 50）〈文献あり〉2100円　①978-4-87259-432-4
内容 『私の鶯』に写った李香蘭の神話と現実（メリニコワ・イリーナ著, 内山ヴァルーエフ紀子訳）〔08302〕

メリーマン, アシュリー　Merryman, Ashley
◇競争の科学―賢く戦い、結果を出す（TOP DOG）　ポー・ブロンソン, アシュリー・メリーマン著, 児島修訳　実務教育出版　2014.9　357p　20cm　〈索引あり〉1600円　①978-4-7889-0816-1
内容 第1部 競争とはどういうものか（唾液は語る　競争相手との関係　環境的要因）　第2部 競争スタイルは人それぞれ（遺伝子の酵素　男女の違い　幼少期の環境）　第3部 勝敗を決定づけるもの（獲得型と防御型　ポジティブとネガティブ　競争のホルモン）　第4部 競争で変化は加速する（チームのヒエラルキー　競争とイノベーション　公正なる競争）〔08303〕

メリル, アダム　Merrill, Adam
◇5つの選択―卓越した生産性を実現する 21世紀のタイム・マネジメント　コリー・コーゴン, アダム・メリル, リーナ・リンネ著, フランクリン・コヴィー・ジャパン訳　キングベアー出版　2015.11　356p　20cm　2000円　①978-4-86394-049-9
内容 第1部 意思決定の管理（第1の選択 重要軸で行動し、緊急軸に流されない　第2の選択 平凡に満足せず、卓越を目指す）　第2部 集中力の管理（第3の選択 小さな石に飛びつかず、大きな石をスケジュールする　第4の選択 テクノロジーに使われることなく、テクノロジーを支配する）　第3部 エネルギーの管理（第5の選択 燃え尽きることなく、燃え上がる）　第4部 Q2リーダーになる（リーダーとしてできること　あなたの組織にQ2カルチャーを醸成する　付録A：電子メール利用指針―主要な二五項目　付録B：主要なモデル）〔08304〕

メリル, レベッカ・R.　Merrill, Rebecca R.
◇信頼マネジメント―ビジネスを加速させる最強エンジン（SMART TRUST）　スティーブン・M.R.コヴィー, グレッグ・リンク, レベッカ・R.メリル著, フランクリン・コヴィー・ジャパン訳　キングベアー出版　2014.11　391, 19p　20cm　〈文献あり〉2000円　①978-4-86394-032-1
内容 第1部 パラドックス、そして希望（大いなるパラドックス　盲目的信頼と不信：あなたはどちらのメガネで見ているか？　第3の案：「スマート・トラスト」）　第2部 「スマート・トラスト」の五つの行動（「スマート・トラスト」の行動その一：信頼がもたらす効果を信じる　「スマート・トラスト」の行動その二：まずは自分から始める　「スマート・トラスト」の行動その三：自分の意図を明確にし、他者の意図を好意的に捉える　「スマート・トラスト」の行動その四：やると言ったことを実行する　「スマート・トラスト」の行動その五：自分から率先して他者に信頼を与える）　第3部 あなたにもできることがある（あなた自身の信頼を再生する）〔08305〕
◇7つの習慣最優先事項―生きること、愛すること、学ぶこと、貢献すること（FIRST THINGS FIRST）　スティーブン・R.コヴィー,A.ロジャー・メリル, レベッカ・R.メリル著, フランクリン・コヴィー・ジャパン訳　キングベアー出版　2015.8　557p　20cm　2200円　①978-4-86394-040-6
内容 第1部 時計とコンパス（死の床で「もっと長い時間を職場で過ごしておけばよかった」と後悔する人はどのくらいいるだろう？　緊急中毒　生きること、愛すること、学ぶこと、貢献すること）　第2部 大切なのは最優先事項を優先すること（第2領域の時間管理：最優先事項を優先するプロセス　ビジョンは情熱の源　バランスよく役割を果たす　目標のパワー　一週間という視野　選択の瞬間に誠実である　人生から学ぶ）　第3部 相互依存のシナジー（相互依存の現実　他者と一緒に最優先事項を優先する　インサイド・アウトからのエンパワーメント）　第4部 原則中心の生き方がもたらす力と安らぎ（時間管理からパーソナル・リーダーシップへ　心の安らぎという結果）〔08306〕

メリル, A.ロジャー　Merrill, A.Roger
◇7つの習慣最優先事項―生きること、愛すること、学ぶこと、貢献すること（FIRST THINGS FIRST）　スティーブン・R.コヴィー,A.ロジャー・メリル, レベッカ・R.メリル著, フランクリン・コヴィー・ジャパン訳　キングベアー出版　2015.8　557p　20cm　2200円　①978-4-86394-040-6
内容 第1部 時計とコンパス（死の床で「もっと長い時間を職場で過ごしておけばよかった」と後悔する人はどのくらいいるだろう？　緊急中毒　生きること、愛すること、学ぶこと、貢献すること）　第2部 大切なのは最優先事項を優先すること（第2領域の時間管理：最優先事項を優先するプロセス　ビジョンは情熱の源　バランスよく役割を果たす　目標のパワー　一週間という視野　選択の瞬間に誠実である　人生から学ぶ）　第3部 相互依存のシナジー（相互依存の現実　他者と一緒に最優先事項を優先する　インサイド・アウトか

メ

らのエンパワーメント）　第4部 原則中心の生き方がもたらす力と安らぎ（時間管理からパーソナル・リーダーシップへ　心の安らぎという結果）〔08307〕

メリル, M.デイビッド　Merrill, M.David

◇インストラクショナルデザインの理論とモデル―共通知識基盤の構築に向けて（INSTRUCTIONAL-DESIGN THEORIES AND MODELS, Volume 3）　C.M.ライゲルース,A.A.カー＝シェルマン編, 鈴木克明, 林雄介監訳　京都　北大路書房　2016.2　449p　21cm　〈索引あり〉3900円　①978-4-7628-2914-7

内容 IDの第一原理（M.デイビッド・メリル著, 中嶌康二訳）〔08308〕

メルウィッシュ, エドワード　Melhuish, Edward C.

◇「保育プロセスの質」評価スケール―乳幼児期の「ともに考え、深めつづけること」と「情緒的な安定・安心」を捉えるために（Assessing Quality in Early Childhood Education and Care）　イラム・シラージ, デニス・キングストン, エドワード・メルウィッシュ著, 秋田喜代美, 淀川裕美訳　明石書店　2016.2　117p　26cm　2300円　①978-4-7503-4233-7

内容 サブスケール1 信頼、自信、自立の構築（自己制御と社会的発達　子どもの選択と自立した遊びの支援　小グループ・個別のかかわり、保育者の位置取り）サブスケール2 社会的、情緒的な安定・安心（社会情緒的な安定・安心）　サブスケール3 言葉・コミュニケーションを支え、広げる（子ども同士の会話を支えること　保護者が子どもの声を聴くこと、子どもが他者の言葉を聴くように支えること　子どもの言葉の使用を保育者が支えること　迅速で適切な応答）　サブスケール4 学びと批判的思考を支える（好奇心と問題解決の支援　お話・本・歌・言葉遊びを通した「ともに考え、深めつづけること」　調べること・探求を通した「ともに考え、深めつづけること」　概念発達と高次の思考の支援）　サブスケール5 学び・言葉の発達を評価する（学びと批判的思考を支え、広げるための評価の活用　言葉の発達に関する評価）〔08309〕

メルヴィン, マンゴウ　Melvin, Mungo

◇ヒトラーの元帥マンシュタイン　上（HITLER'S GREATEST GENERAL）　マンゴウ・メルヴィン著, 大木毅訳　白水社　2016.11　422, 67p 図版16p　20cm　5000円　①978-4-560-09518-8

内容 第1章 プロイセンの子　第2章 昇る星ライヒスヴェーア時代　第3章 ヒトラーに仕える　第4章 権力の中枢にて　第5章 再び戦争へ　第6章 勝利の設計者　第7章 輝ける夏　第8章 フランスからロシアへ　第9章 装甲軍団長　第10章 クリミア戦役〔08310〕

◇ヒトラーの元帥マンシュタイン　下（HITLER'S GREATEST GENERAL）　マンゴウ・メルヴィン著, 大木毅訳　白水社　2016.11　389, 87p 図版16p　20cm　〈文献あり 著作目録あり 年譜あり 索引あり〉5000円　①978-4-560-09519-5

内容 第11章 スターリングラードへの虚しき戦い　第12章 かいま見た勝利　第13章 クルスクの敗北　第14章 二正面の闘争　第15章 最後の闘争　第16章 罪と罰〔08311〕

メルクト, ハンノ

◇グローバル化と社会国家原則―日独シンポジウム　高田昌宏, 野田昌吾, 守矢健一編　信山社　2015.5　386p　22cm　（総合叢書 17―〔ドイツ法〕）　12000円　①978-4-7972-5467-9

内容 外国会社のための企業共同決定？（ハンノ・メルクト著, 高橋英治訳）〔08312〕

メルツァー, ドナルド　Meltzer, Donald

◇自閉症世界の探求―精神分析的研究より（EXPLORATIONS IN AUTISM）　ドナルド・メルツァー, ジョン・ブレンナー, シャーリー・ホクスター, ドリーン・ウェッデル, イスカ・ウィッテンバーグ著, 平井正三監訳, 賀来博光, 西見奈子他訳　金剛出版　2014.11　300p　22cm　〈文献あり 索引あり〉3800円　①978-4-7724-1392-3

内容 A 理論（探究の目的、範囲、方法　自閉状態およびポスト自閉心性の心理学）　B 臨床上の諸発見（中核的自閉状態―ティミー　自閉症における原初の抑うつ―ジョン　自閉症における障害された生活空間の地理学―バリー　自閉症の残余状態と学ぶことへのその影響―ピフィー　幼児期自閉症、統合失調症、躁うつ状態における緘黙症：臨床精神病理学と言語学との相関関係）　C 本書で見出された知見の含み（強迫機制全般に対する自閉症の関係　精神機能のパラメーター（媒介変数）としての次元性：自己愛組織との関係　おわりに）〔08313〕

◇クライン派の発展（The Kleinian Development）　ドナルド・メルツァー著, 松木邦裕監訳, 世良洋, 黒河内美鈴訳　金剛出版　2015.10　608, 24p　22cm　〈索引あり〉8500円　①978-4-7724-1455-5

内容 第1部 フロイトの臨床的発展―方法・資料・理論（何故に歴史か？　方法と資料のらせん状進行―『ヒステリー研究』　夢分析法の結晶化―『ドラ』ほか）　第2部 クラインの症例リチャード再考―『児童分析の記録』の批評とメラニー・クライン解説（分析状況を確立すること、妄想 - 分裂ポジションと抑うつポジション概念の進展　知識欲（Thirst for knowledge）の発達的役割　メラニー・クラインの理論的業績の主要部を組織化する補記としての『羨望と感謝』ほか）　第3部 ビオン―ビオンの業績の臨床的意義（集団での経験　集団力動の再検討と想像上の双子　統合失調症論文 ほか）〔08314〕

メルッチ, A.

◇"境界領域"のフィールドワーク―"惑星社会の諸問題"に応答するために　新原道信編著　八王子　中央大学出版部　2014.3　456p　22cm　（中央大学社会科学研究所研究叢書 27）〈索引あり〉5600円　①978-4-8057-1328-0

内容 リフレクシヴな調査研究にむけて（A.メルッチ著, 新原道信訳）〔08315〕

メルレル, A.

◇"境界領域"のフィールドワーク―"惑星社会の諸問題"に応答するために　新原道信編著　八王子　中央大学出版部　2014.3　456p　22cm　（中央大学社会科学研究所研究叢書 27）〈索引あり〉5600円　①978-4-8057-1328-0

内容 海と陸の"境界領域"（A.メルレル, 新原道信著, 新原道信訳）〔08316〕

メ

メルロ＝ポンティ, モーリス　Merleau-Ponty, Maurice

◇行動の構造　上（LA STRUCTURE DU COMPORTEMENT 原著第2版の翻訳）　モーリス・メルロ＝ポンティ〔著〕, 滝浦静雄, 木田元訳　みすず書房　2014.4　258p　20cm　（始まりの本）〈1964年刊の新編集、上下2分冊〉3700円　①978-4-622-08370-2　〔08317〕

◇行動の構造　下（LA STRUCTURE DU COMPORTEMENT 原著第2版の翻訳）　モーリス・メルロ＝ポンティ〔著〕, 滝浦静雄, 木田元訳　みすず書房　2014.4　220, 23p　20cm　（始まりの本）〈1964年刊の新編集、上下2分冊　文献あり 索引あり〉3700円　①978-4-622-08371-9　〔08318〕

◇見えるものと見えざるもの（LE VISIBLE ET L'INVISIBLE）　モーリス・メルロ＝ポンティ著, クロード・ルフォール編, 中島盛夫監訳, 伊藤泰雄, 岩見徳夫, 重野豊隆訳　新装版　法政大学出版局　2014.4　583, 25p　20cm　（叢書・ウニベルシタス 426）〈索引あり〉6300円　①978-4-588-09979-3

内容 見えるものと自然—哲学的問いかけ（反省と問いかけ　問いかけと弁証法　問いかけと直観　編み合わせ—交差）　付録（前客観的存在—独我論的世界　現前）　研究ノート　〔08319〕

◇メルロ＝ポンティ『眼と精神』を読む（L'ŒIL ET L'ESPRIT）　モーリス・メルロ＝ポンティ著, 富松保文訳・注　武蔵野　武蔵野美術大学出版局　2015.3　261p　19cm　1700円　①978-4-86463-020-7　〔08320〕

◇知覚の本性—初期論文集　モーリス・メルロ＝ポンティ〔著〕, 加賀野井秀一編訳　新装版　法政大学出版局　2015.6　152, 2p　20cm　（叢書・ウニベルシタス 252）　2000円　①978-4-588-14019-8

内容 知覚の本性に関する研究計画　知覚の本性　キリスト教とルサンチマン　『存在と所有』　J・P・サルトル著『想像力』　J・P・サルトル著『蠅』　実存の哲学　〔08321〕

◇知覚の現象学（Phénoménologie de la Perception）　モーリス・メルロ＝ポンティ〔著〕, 中島盛夫訳　改装版　法政大学出版局　2015.12　862, 19p　20cm　（叢書・ウニベルシタス 112）〈文献あり 索引あり〉8000円　①978-4-588-14025-9

内容 緒論 古典的偏見と現象への復帰（「感覚」　「連合」と「追憶の投射」　「注意」と「判断」　現象の領野）　第1部 身体（客体としての身体と機械論的生理学　身体の経験と古典的心理学　自己の身体の空間性と運動機能　自己の身体の総合　性的存在としての身体　表現としての身体と言葉）　第2部 知覚された世界（感覚すること　空間　他人と人間的世界）　第3部 対自存在と世界における（への）存在（コギト　時間性　自由）　〔08322〕

メールワール, T.C.*　Melewar, T.C.

◇国家ブランディング—その概念・論点・実践（NATION BRANDING）　キース・ディニー編著, 林田博光, 平沢敦監訳　八王子　中央大学出版部　2014.3　310p　22cm　（中央大学企業研究所翻訳叢書 14）　4500円　①978-4-8057-3313-4

内容 国家ブランディングの概念をめぐる実際的問題点（Inga Hlín Pálsdóttir,Olutayo B.Otubanjo,T.C. Melewar,Gyorgy Szond著, 姜京守訳）　〔08323〕

メーレン, K.V.D.*　Meulen, Kevin van der

◇ゆがんだ認知が生み出す反社会的行動—その予防と改善の可能性　吉沢寛之, 大西彩子, G.ジニ, 吉田俊和編著　京都　北大路書房　2015.3　270p　21cm　3000円　①978-4-7628-2889-8

内容 中等教育の教育者におけるEQUIPの実践（Kevin van der Meulen,Cristina del Barrio）　〔08324〕

メログラーノ, フェデリコ

◇刑事コンプライアンスの国際動向　甲斐克則, 田口守一編　信山社　2015.7　554p　22cm　（総合叢書 19—〔刑事法・企業法〕）〈他言語標題：International Trends of Criminal Compliance　文献あり〉12800円　①978-4-7972-5469-3

内容 イタリアにおける経済犯罪防止に向けたコンプライアンス・プログラム（マウロ・カテナッチ, マルタ・アゴスティーニ, ジュリア・ファロティーコ, ステファーノ・マンティーニ, フェデリコ・メログラーノ著, 早稲田大学GCOE刑事法グループ訳）　〔08325〕

メンケ, クリストフ

◇デリダ、ルーマン後の正義論—正義は〈不〉可能か（Nach Jacques Derrida und Niklas Luhmann）　グンター・トイプナー編著, 土方透監訳　新泉社　2014.4　317p　22cm　〈文献あり〉3800円　①978-4-7877-1405-3

内容 権利（クリストフ・メンケ著, 毛利康俊訳）　〔08326〕

メンスキー, ヴェルナー　Menski, Werner

◇法文化論の展開—法主体のダイナミクス 千葉正士先生追悼　角田猛之, ヴェルナー・メンスキー, 森正美, 石田慎一郎編　信山社　2015.5　361p　22cm　〈他言語標題：New developments in the study of legal culture　文献あり 著作目録あり〉8200円　①978-4-7972-8070-8

内容 グローバルな規模で最も妥当性を有する刺激物としての多元的法体制（ヴェルナー・メンスキー著, 角田猛之, 木村光豪訳）　〔08327〕

メンディエッタ, エドゥアルド　Mendieta, Eduardo

◇公共圏に挑戦する宗教—ポスト世俗化時代における共棲のために（THE POWER OF RELIGION IN THE PUBLIC SPHERE）　ユルゲン・ハーバーマス, チャールズ・テイラー, ジュディス・バトラー, コーネル・ウェスト〔著〕, エドゥアルド・メンディエッタ, ジョナサン・ヴァンアントワーペン編, 箱田徹, 金城美幸訳　岩波書店　2014.11　209, 3p　20cm　〈索引あり〉2500円　①978-4-00-022938-8

内容 序章 公共圏における宗教の力　「政治的なもの」—政治神学のあいまいな遺産の合理的意味　なぜ世俗主義を根本的に再定義すべきなのか　対談 ハーバーマス×テイラー　ユダヤ教はシオニズムなのか？　預言宗教と資本主義文明の未来　対談 バトラー×ウェスト　総括討議 ハーバーマス×テイラー×バトラー×ウェスト　後記—宗教に備わる多くの力　付論 ハー

メ

バーマスへのインタビュー ポスト世俗化世界社会とは？ ―ポスト世俗意識と多文化型世界社会の哲学的意義について 〔08328〕

メンデルサンド, ピーター　Mendelsund, Peter

◇本を読むときに何が起きているのか―ことばとビジュアルの間、目と頭の間（WHAT WE SEE WHEN WE READ）　ピーター・メンデルサンド著・デザイン, 細谷由依子訳　フィルムアート社　2015.6　427p　21cm　2600円　①978-4-8459-1452-4

内容 「描くこと」を思い描く　フィクション　冒頭　時間　鮮やかさ　演奏　素描する　技　共同創作　地図と規則　抽象　目、錯覚、媒体　記憶と幻想　共感覚　意味しているもの　信念　模型　部分と全体　ぼやけて見える 〔08329〕

メンデルスォン, ラケル・ジェリネック

◇「世界の特別ニーズ教育と社会開発」シリーズ 3　スペイン語圏のインクルーシブ教育と福祉の課題―スペイン、メキシコ、キューバ、チリ　黒田学編　京都　クリエイツかもがわ　2016.3　173p　21cm　〈他言語標題：THE COMPARATIVE STUDIES SERIES IN SPECIAL NEEDS EDUCATION AND SOCIAL DEVELOPMENT〉2000円　①978-4-86342-185-1

内容 メキシコにおける障害児教育、インクルーシブ教育の現状と待ち受ける課題（ラケル・ジェリネック・メンデルスォン著, 一井崇訳） 〔08330〕

【モ】

モ, ジョンイン*　牟 鍾隣

◇現代日本の政治と外交　7　日本と韓国―互いに敬遠しあう関係（JAPANESE AND KOREAN POLITICS）　猪口孝監修　猪口孝編　原書房　2015.3　336, 4p　22cm　〈文献あり 索引あり〉4800円　①978-4-562-04964-6

内容 韓国の開発資本主義の変容（牟鍾隣著） 〔08331〕

モーア, ダニエル

◇異文化間教育とは何か―グローバル人材育成のために　西山教行, 細川英雄, 大木充編　くろしお出版　2015.10　237p　21cm　（リテラシーズ叢書 4）　2400円　①978-4-87424-673-3

内容 複言語能力の養成（ダニエル・モーア著, 大山万容訳） 〔08332〕

モア, タラ　Mohr, Tara

◇繊細な女性のための大胆な働き方―男社会でのびやかに成功する10のヒント（Playing Big）　タラ・モア著, 谷町真珠訳　講談社　2015.9　270p　19cm　1600円　①978-4-06-219501-0

内容 第1章 自分のなかの「批評家」を理解する　第2章 自分のなかの「賢者」に会う　第3章 2つの「恐怖心」と上手に付き合う　第4章 ほめられてもけなされても気にしない　第5章「優等生体質」を改善する　第6章「隠れる技術」を捨てる　第7章「跳ねる技術」に挑戦する　第8章 発言力を高める　第9章「天職」を感じる　第10章「楽に」実現する 〔08333〕

モア, トマス　More, Thomas

◇エラスムス＝トマス・モア往復書簡（Opus epistolarum Des.Erasmi Roterodamiの抄訳）　エラスムス, トマス・モア〔著〕, 沓掛良彦, 高田康成訳　岩波書店　2015.6　442, 4p　15cm　（岩波文庫 33-612-3）〈年譜あり 索引あり〉1080円　①978-4-00-336123-8 〔08334〕

モアコット, ロバート　Morkot, Robert

◇ビジュアル版 世界の歴史都市―世界史を彩った都の物語（The Great Cities in History）　ジョン・ジュリアス・ノーウィッチ編, 福井正子訳　柊風舎　2016.9　303p　27×21cm　15000円　①978-4-86498-039-5

内容 メロエ―ヌビア地方の王家の都（ロバート・モアコット） 〔08335〕

モイザー, ベルンハルト　Meuser, Bernhard

◇YOUCAT―堅信の秘跡 日本語（YOUCAT Firmbuch）　ベルンハルト・モイザー, ニルス・ベール編集, カトリック中央協議会事務局訳, 日本カトリック司教協議会聖書・教理部門監修　カトリック中央協議会　2015.6　111p　21cm　900円　①978-4-87750-193-8 〔08336〕

モイス, リチャード

◇信託制度のグローバルな展開―公益信託甘粕記念信託研究助成基金講演録　新井誠編訳　日本評論社　2014.10　634p　22cm　6800円　①978-4-535-52055-4

内容 連合王国における私益信託の利用（リチャード・モイス著, 新井誠, 岸本雄次郎訳） 〔08337〕

モイラン, ディードリー

◇組織のストレスとコンサルテーション―対人援助サービスと職場の無意識（THE UNCONSCIOUS AT WORK）　アントン・オブホルツァー, ヴェガ・ザジェ・ロバーツ編, 武井麻子監訳, 榊恵子ほか訳　金剛出版　2014.3　311p　21cm　〈文献あり 索引あり〉4200円　①978-4-7724-1357-2

内容 伝染の危機―組織における投影同一化のプロセス（ディードリー・モイラン著, 鷹野朋実訳） 〔08338〕

モウ, エンカ*　毛 艶華

◇変容する華南と華人ネットワークの現在　谷垣真理子, 塩出浩和, 容応萸編　風響社　2014.2　498p　22cm　〈文献あり〉6000円　①978-4-89489-193-7

内容 珠江デルタの地域一体化（毛艶華, 楊本建著, 伊藤博訳） 〔08339〕

モウ, ケンジツ*　孟 憲実

◇シルクロードと近代日本の邂逅―西域古代資料と日本近代仏教　荒川正晴, 柴田幹夫編　勉誠出版　2016.3　811p　22cm　〈著作目録あり 年譜あり〉8500円　①978-4-585-22125-8

内容 名岸戦役より西州府兵を覗く（孟憲実著, 王鼎訳）

〔08340〕

モウ, タクトウ　毛 沢東

◇インタヴューズ　3　毛沢東からジョン・レノンまで（THE PENGUIN BOOK OF INTERVIEWS）　クリストファー・シルヴェスター編, 新庄哲夫他訳　文芸春秋　2014.6　463p　16cm　（文春学芸ライブラリー―雑英 7）　1690円　①978-4-16-813018-2

内容 毛沢東（毛沢東述, エドガー・スノーインタヴュアー, 新庄哲夫訳）　〔08341〕

◇抗日遊撃戦争論　毛沢東著, 小野信爾, 藤田敬一, 吉田富夫訳　改版　中央公論新社　2014.10　265p　16cm　（中公文庫 モ10-1）〈初版のタイトル：遊撃戦論〉1400円　①978-4-12-206032-6

内容 湖南省農民運動視察報告――九二七年三月　抗日遊撃戦争の戦略問題――九三八年五月　文芸講話 延安の文芸座談会における講演――九四二年五月　〔08342〕

◇ニクソン訪中機密会談録　毛里和子, 毛里興三郎訳　増補決定版　名古屋　名古屋大学出版会　2016.8　336, 8p　20cm　〈索引あり〉3600円　①978-4-8158-0843-3

内容 資料1 一九七二年二月二十一日 毛沢東・ニクソン会談　資料2 一九七二年二月二十一日 第一回全体会談　資料3 一九七二年二月二十二日 ニクソン・周恩来第一回会談　補足資料 一九七二年二月二十三日 キッシンジャー・葉剣英会談　資料4 一九七二年二月二十三日 ニクソン・周恩来第二回会談　資料5 一九七二年二月二十四日 ニクソン・周恩来第三回会談　資料6 一九七二年二月二十五日 ニクソン・周恩来第四回会談　資料7 一九七二年二月二十六日 第二回全体会談　資料8 一九七二年二月二十八日 ニクソン・周恩来第五回会談　〔08343〕

モウ, タンセイ　毛 丹青

◇在日本―中国人がハマった！　ニッポンのツボ71　毛丹青責任編集, 西村英希訳　潮出版社　2016.7　108p　21cm　〈他言語標題：in japan〉1600円　①978-4-267-02056-8

内容 巻頭企画 村上春樹を歩く　在日本ニッポンのツボ71　特別対談「ライフスタイル」が日中関係を開く　新たなキーワード―日本再建イニシアティブ理事長 船橋洋一×毛丹青　〔08344〕

モウ, ニトウ*　孟 二冬

◇中国の文明―北京大学版　6　世界帝国としての文明　下（隋唐―宋元明）　稲畑耕一郎日本語版監修・監訳, 袁行霈, 厳文明, 張伝璽, 楼宇烈原著主編　原田信訳　潮出版社　2015.12　476, 20p　23cm　〈他言語標題：THE HISTORY OF CHINESE CIVILIZATION　文献あり 年表あり 索引あり〉5000円　①978-4-267-02026-1

内容 第7章 学問領域の拡大と教育の発展　第8章 北方民族の発展と中華文明への貢献　第9章 外国との関係史の新たな一ページ　第10章 先進的な科学技術と科学観念の発展　第11章 文学の下方への移行と全面的繁栄　第12章 芸術の様相と時代の精神　第13章 多種多彩な社会生活　〔08345〕

モウ, ハンカ　孟 繁華

◇現代中国カルチャーマップ―百花繚乱の新時代　孟繁華著, 日中翻訳学院監訳, 脇屋克仁, 松井仁子訳　日本僑報社（発売）　2015.12　258p　21cm　〈他言語標題：Modern China Culture Map〉　2800円　①978-4-86185-201-5

内容 序論 引き裂かれた精神と浮かれ騒ぐ神々と化した人々　第1章 次第に不明瞭になる「文化地図」　第2章 国家意志と主流文化資源　第3章 90年代の風潮とその先導者　第4章 スワンソングと東洋のユートピア　第5章「千のプラトー」の仮想世界　第6章 グローバル化/アジアの青年の抵抗とお祭り騒ぎ　〔08346〕

モウシ　孟子

◇国文孟子―私家版　孟子〔著〕, 小林政太郎訳, 小林厚編　復刻版　千葉　小林厚　2014.4　167p　30cm　〈原本：孔子廟大正15年刊　私家版〉　〔08347〕

モウラ, アン　Moura, Ann

◇グリーンウイッチの書―A Complete Book of Shadows（Grimoire for the Green Witch）　アン・モウラ著, 鈴木景子訳　パンローリング　2016.12　507p　21cm　（フェニックスシリーズ 45）　2800円　①978-4-7759-4164-5

内容 オーミエルの影の書 儀式編（緑魔術　魔法円の構築　エスバットの儀式　サバトの儀式　祈りの言葉儀式　瞑想）　オーミエルの影の書 呪術編（呪術と照応　基本的なまじない　ハーブティー、オイル、ハーブ湯　占い）　〔08348〕

モーガン, ケヴィン　Morgan, Kevin

◇学校給食改革―公共食と持続可能な開発への挑戦（THE SCHOOL FOOD REVOLUTION）　ケヴィン・モーガン, ロバータ・ソンニーノ著, 杉山道雄, 大島俊三共編訳著, 堀田康雄, 野沢義則, 下内充共訳　筑波書房　2014.3　268p　21cm　〈文献あり〉3000円　①978-4-8119-0436-8

内容 第1章 公共食と持続可能な開発：課題と未来像　第2章 調達の諸事項：公共食の在り方を見直す　第3章 ファストフード国家か？　：ニューヨーク市の学校給食プログラムの再発足　第4章 社会的公正さとしての学校給食：ローマにおける食の品質革命　第5章 持続可能な世界都市：ロンドンにおける学校給食改革　第6章 都市を越えて：地域における学校給食の改革　第7章 自国産：発展途上国における学校給食　第8章 持続可能な開発と公共領域（realm）：公共食の力　〔08349〕

モーガン, ジュリー　Morgan, Julie

◇性加害行動のある少年少女のためのグッドライフ・モデル（The Good Lives Model for Adolescents Who Sexually Harm）　ボビー・プリント編, 藤岡淳子, 野坂祐子監訳　誠信書房　2015.11　231p　21cm　〈索引あり〉3000円　①978-4-414-41461-5

内容 はじめに（ジュリー・モーガン）　〔08350〕

モーガン, トマス・B.

◇インタヴューズ　3　毛沢東からジョン・レノンまで（THE PENGUIN BOOK OF INTERVIEWS）　クリストファー・シルヴェスター編, 新庄哲夫他訳　文芸春秋　2014.6　463p　16cm　（文春学芸ライブラリー―雑英 7）　1690円　①978-4-16-813018-2

内容 アルフ・ランドン（アルフ・ランドン述, トマス・B.モーガンインタヴュアー, 高橋健次訳）〔08351〕

モグリッジ, ドナルド Moggridge, Donald Edward

◇ケインズ全集　第21巻　世界恐慌と英米における諸政策―1931～39年の諸活動（THE COLLECTED WRITINGS OF JOHN MAYNARD KEYNES）　ケインズ〔著〕　ドナルド・モグリッジ編, 舘野敏, 北原徹, 黒木竜三, 小谷野俊夫訳　東洋経済新報社　2015.5　717, 39p　22cm　〈索引あり〉 15000円　①978-4-492-81329-4

内容 第1章 通貨問題　第2章 低金利、賢明な支出と繁栄への道　第3章 世界経済会議　第4章 ニューディール　第5章 一般理論の合間での小休止　第6章 不況と再軍備　第7章 戦争に向けて〔08352〕

◇ケインズ全集　第14巻　一般理論とその後　第2部（弁護と発展）（THE COLLECTED WRITINGS OF JOHN MAYNARD KEYNES）　ケインズ〔著〕　ドナルド・モグリッジ編, 清水啓典, 柿原和夫, 細谷圭訳　東洋経済新報社　2016.1　454, 198p　22cm　〈索引あり〉 15000円　①978-4-492-81313-3

内容 第2部 弁護と発展（一般理論以後）　付録『一般理論』草稿の集注版〔08353〕

モケット, マリー・ムツキ Mockett, Marie Mutsuki

◇死者が立ち止まる場所―日本人の死生観（Where the Dead Pause, and the Japanese Say Goodbye）　マリー・ムツキ・モケット著, 高月園子訳　晶文社　2016.1　371p　20cm　2500円　①978-4-7949-6914-9

内容 大災害　寺　お別れ　冬の悪魔　春爛漫　日本列島の仏陀　ともに座して　ともに食して　小さなプリンセス　原子の分離　死者のゆくえ　あの世　夏の訪問者　霊との告別　秋の紅葉　盲目の霊媒　ダース・ベイダー　あの世からのメッセージ〔08354〕

モーザー, アルフレッド Moser, Alfred

◇明治初期日本の原風景と謎の少年写真家―ミヒャエル・モーザーの「古写真アルバム」と世界旅行　アルフレッド・モーザー著, ペーター・パンツァー監修, 宮田奈奈訳　洋泉社　2016.7　8, 191p　21cm　〈年譜あり〉 2500円　①978-4-8003-0977-8

内容 第1章 オーストリアの山里から世界へ（一五歳で帝国東アジア遠征隊に参加　地中海からアフリカ西岸を南下、喜望峰へ　インド洋を渡り、アジア大陸へ到着　香港から北上し、上海へ）　第2章 日本での生活のはじまり（長崎に到着　横浜での生活とブラックとの出会い　箱根への撮影旅行　日本橋魚河岸の事件　浅草寺の賑わい）　第3章 通訳としてウィーン万博へ（横浜港から出発　ウィーン万博と家族との再会　写真技術を修得し、日本へ帰国）　第4章 二度目の日本滞在（変わりゆく東京の風景　日本人の暮らしや習慣について）　第5章 フィラデルフィア万博から故郷への旅（太平洋を渡りフィラデルフィア万博へ　帰郷する決意　大西洋を渡りアルトアウスゼーへ　帰郷後、写真家として活躍する）〔08355〕

モーザー, D.* Moser, Diane

◇ノーベル賞学者バーバラ・マクリントックの生涯―動く遺伝子の発見（Barbara McClintock）　RAY SPANGENBURG,DIANE KIT MOSER著, 大坪久子, 田中順子, 土本卓, 福井希一共訳　養賢堂　2016.8　136p　21cm　〈年譜あり〉 1800円　①978-4-8425-0552-7〔08356〕

モシムとサリム研究所

◇殺生の文明からサリムの文明へ―ハンサリム宣言ハンサリム宣言再読　モシムとサリム研究所著, 大西秀尚訳　神戸　神戸学生青年センター出版部　2014.7　164p　21cm　〈年譜あり〉 700円　①978-4-906460-46-5〔08357〕

モス, ジェームズ

◇組織のストレスとコンサルテーション―対人援助サービスと職場の無意識（THE UNCONSCIOUS AT WORK）　アントン・オブホルツァー, ヴェガ・ザジェ・ロバーツ編, 武井麻子監訳, 榊恵子ほか訳　金剛出版　2014.3　311p　21cm　〈文献あり 索引あり〉 4200円　①978-4-7724-1357-2

内容 はじめに―施設へのコンサルテーションの制度としてのルーツ 他（ジェームズ・モス著, 岩崎壮登訳）〔08358〕

モス, デヴィッド Moss, David A.

◇世界のエリートが学ぶマクロ経済入門―ハーバード・ビジネス・スクール教授の実践講座（A CONCISE GUIDE TO MACROECONOMICS 原著第2版の翻訳）　デヴィッド・モス著, 久保恵美子訳　日本経済新聞出版社　2016.1　238p　19cm　〈索引あり〉 2000円　①978-4-532-35674-3

内容 第1部 これだけは知っておきたいマクロ経済の3要素（産出高（アウトプット）　貨幣　期待）　第2部 マクロ経済学の視点から、今の論点を読む（通貨と金融政策、これまでの流れ　GDP統計の基礎　国際収支表の読み方　為替レートを理解する　それぞれの要素を組み合わせる）〔08359〕

モース, マルセル Mauss, Marcel

◇贈与論―他二篇（Essai sur le don, Une forme ancienne de contrat chez les Thraces〔etc.〕）　マルセル・モース著, 森山工訳　岩波書店　2014.7　489p　15cm　（岩波文庫 34-228-1）　1140円　①978-4-00-342281-6

内容 トラキア人における古代的な契約形態　ギフト、ギフト　贈与論―アルカイックな社会における交換の形態と理由（贈与について、とりわけ、贈り物に対してお返しをする義務について　贈り物を交換すること、および、贈り物に対してお返しをする義務（ポリネシア）　この体系の広がり。気前の良さ、名誉、貨幣　こうした諸原理の古代法および古代経済における残存　結論）〔08360〕

モス, A.S.* Moss, Aleezé Sattar

◇ワーキングメモリと日常―人生を切り拓く新しい知性（WORKING MEMORY）　T.P.アロウェイ,R.G.アロウェイ編著, 湯沢正通, 湯沢美紀監訳　京都　北大路書房　2015.10　340p　21cm　（認知心理学のフロンティア）　〈文献あり 索引あり〉 3800円　①978-4-7628-2908-6

モ

内容 ワーキングメモリと瞑想（Aleezé Sattar Moss, Daniel A.Monti, Andrew Newberg著, 蔵永瞳訳）〔08361〕

モーズバッハ, ヘルムート

◇日本人の贈答　伊藤幹治, 栗田靖之編著　京都　ミネルヴァ書房　2015.9　308, 8p　22cm（ミネルヴァ・アーカイブズ）〈索引あり　1984年刊の複製〉7500円　①978-4-623-07461-7

内容 西欧人からみた日本人の贈答風俗（ヘルムート・モーズバッハ著, 梨本三四子訳）〔08362〕

モーズリー, エマ　Mawdsley, Emma

◇国際開発援助の変貌と新興国の台頭—被援助国から援助国への転換（FROM RECIPIENTS TO DONORS）　エマ・モーズリー著, 佐藤真理子, 加藤佳代訳　明石書店　2014.5　312p　22cm〈文献あり 索引あり〉4800円　①978-4-7503-4011-1

内容 第1章 背景—新興パワーと主流対外援助　第2章 非DAC援助の開発協力の歴史と経験　第3章 今日の（再）新興開発パートナー—機関・被援助国・資金フロー　第4章 モダリティと実践—（再）新興開発パートナーシップの実態　第5章 言説・想像・パフォーマンス—非DAC開発援助の構築　第6章 組織的提案・課題・変容—変容する開発ガヴァナンス　第7章 効果的援助から開発効果と新グローバル・パートナーシップへ〔08363〕

モーソン, クリス

◇組織のストレスとコンサルテーション—対人援助サービスと職場の無意識（THE UNCONSCIOUS AT WORK）　アントン・オブホルツァー, ヴェガ・ザジェ・ロバーツ編, 武井麻子監訳, 榊恵子ほか訳　金剛出版　2014.3　311p　21cm〈文献あり 索引あり〉4200円　①978-4-7724-1357-2

内容 傷ついた子どもたちとの仕事における不安をコンテインすること（クリス・モーソン著, 郷良淳子訳）〔08364〕

モチズキ, ケン　Mochizuki, Ken

◇杉原千畝と命のビザ—自由への道（From PASSAGE TO FREEDOM）　ケン・モチヅキ作, ドム・リー絵, 中家多恵子訳　汐文社　2015.7　34p　21×26cm　1600円　①978-4-8113-2180-6〔08365〕

モチズキ, マイク

◇北東アジアの歴史と記憶（Northeast Asia's Difficult Past）　金美景,B.シュウォルツ編著, 千葉真監修, 稲正樹, 福岡和哉, 寺田麻佑訳　勁草書房　2014.5　315, 9p　22cm〈索引あり〉3200円　①978-4-326-30226-0

内容 靖国神社という難問（マイク・M.モチヅキ著, 稲正樹訳）〔08366〕

◇シリーズ日本の安全保障　2　日米安保と自衛隊　遠藤誠治, 遠藤乾編集代表　遠藤誠治責任編集　岩波書店　2015.3　326p　20cm　2900円　①978-4-00-028752-4

内容 米国の安全保障戦略とアジア太平洋地域へのリバランス（マイク・モチヅキ著, 遠藤誠治訳）〔08367〕

モティア, スティーブン　Motyer, S.

◇新約聖書入門（New Testament Introduction）　スティーブン・モティア著, 鈴木結実訳　いのちのことば社　2016.9　31p　23cm（エッセンシャル・バイブル・レファレンス）〈文献あり 索引あり〉500円　①978-4-264-03582-4

内容 イエス—すべての理由　イエスの生涯　福音書　マタイの福音書　ルカの福音書　ヨハネの福音書　使徒の働き　パウロの初期の手紙　パウロとコリント　パウロとローマ　パウロの後期の手紙　ヘブル人への手紙　ペテロの手紙とヨハネの手紙　ヤコブの手紙、ユダの手紙、ペテロの手紙第二　ヨハネの黙示録　一千年期に向かって〔08368〕

モーティマー, チャーリー　Mortimer, Charlie

◇定職をもたない息子への手紙（DEAR LUPIN）　ロジャー・モーティマー, チャーリー・モーティマー著, 田内志文訳　ポプラ社　2015.2　237p　20cm　1600円　①978-4-591-14309-4

内容 一九六七年 - 一九七〇年「このおびただしい電話代の請求書を同封する」　一九七一年 - 一九七五年「小切手をすべて煙草に換えたりしないように！」　一九七六年 - 一九七九年「面倒なことに首を突っ込んでいないことを祈る」　一九八〇年 - 一九八三年「今、お前は何をして働いているのだろう？」　一九八四年 - 一九九一年「ともあれ、生きているようで何よりだ」〔08369〕

モーティマー, ロジャー　Mortimer, Roger

◇定職をもたない息子への手紙（DEAR LUPIN）　ロジャー・モーティマー, チャーリー・モーティマー著, 田内志文訳　ポプラ社　2015.2　237p　20cm　1600円　①978-4-591-14309-4

内容 一九六七年 - 一九七〇年「このおびただしい電話代の請求書を同封する」　一九七一年 - 一九七五年「小切手をすべて煙草に換えたりしないように！」　一九七六年 - 一九七九年「面倒なことに首を突っ込んでいないことを祈る」　一九八〇年 - 一九八三年「今、お前は何をして働いているのだろう？」　一九八四年 - 一九九一年「ともあれ、生きているようで何よりだ」〔08370〕

モド, クレイグ　Mod, Craig

◇マニフェスト本の未来（Book ： a futurist's manifesto）　ヒュー・マクガイア, ブライアン・オレアリ編　ボイジャー　2013.2　339p　21cm　2800円　①978-4-86239-117-9

内容 デジタル時代の書籍デザイン（クレイグ・モド著）〔08371〕

◇ぼくらの時代の本　クレイグ・モド著, 樋口武志, 大原ケイ訳　ボイジャー　2014.12　217p　19cm　2000円　①978-4-86239-167-4

内容 第1章「iPad時代の本」を考える—本作りの二つのゆくえ　第2章 表紙をハックせよ—すべては表紙でできている　第3章 テキストに愛を—こんなEリーダーが大事　第4章「超小型」出版—シンプルなツールとシステムを電子出版に　第5章 キックスタートアップ—kickstarter.comでの資金調達成功事例　第6章 本をプラットフォームに—電子版『Art Space Tokyo』制作記　第7章 形のないもの←→形のあるもの—デジタルの世界に輪郭を与えることについて〔08372〕

モートン, リサ　Morton, Lisa

◇ハロウィーンの文化誌（TRICK OR TREAT）　リサ・モートン著, 大久保庸子訳　原書房　2014.8　293p　22cm　〈索引あり〉2800円　①978-4-562-05091-8

内容 第1章 ハロウィーン―誤解に満ちた祝祭　第2章 イギリス諸島のハロウィーン―スナップアップル・ナイトと二月前夜祭　第3章 新大陸のトリック・オア・トリート　第4章 世界的祝祭―ラ・トゥーサン（フランス）、アラーハイリゲン（ドイツ）、トゥッティ・イ・サンティ（イタリア）　第5章 死者の日―ディアス・デ・ロス・ムエルトス　第6章 ハロウィーンと大衆文化―バーンズからバートンまで　〔08373〕

モネスティエ, マルタン　Monestier, Martin

◇図説食人全書（CANNIBALES）　マルタン・モネスティエ著, 大塚宏子訳　普及版　原書房　2015.8　413p　20cm　2800円　①978-4-562-05194-6

内容 胃の記憶　食人の起源　なぜ人食い人種は人を食べるのか？　人食い人種たちの食人風習　人食い人種の慣例的料理　食糧としての食人　復讐のための食人　神々と信者たちの食人　悪魔とその使徒たちの食人　食人療法　食人犯たちのリスト　産業化・組織化された食人 21世紀の食糧難に対する答え　〔08374〕

モネッチ, デイビット・M.　Monetti, David M.

◇インストラクショナルデザインの理論とモデル―共通知識基盤の構築に向けて（INSTRUCTIONAL-DESIGN THEORIES AND MODELS, Volume 3）　C.M.ライゲルース,A.A.カー＝シェルマン編, 鈴木克明, 林雄介監訳　京都　北大路書房　2016.2　449p　21cm　〈索引あり〉3900円　①978-4-7628-2914-7

内容 直接教授法を用いたアプローチ（ウィリアム・G.ヒューイット, デイビット・M.モネッチ, ジョン・H.ハンメル著, 今野文子訳）　〔08375〕

モハメド・ムスタファ・イスハック　Mohamed Mustafa Ishak

◇マレーシア国民のゆくえ―多民族社会における国家建設（The politics of Bangsa Malaysia）　モハメド・ムスタファ・イスハック著, 岡野俊介, 森林高志, 新井卓治訳　日本マレーシア協会　2015.6　14, 305p　23cm　〈文献あり　発売：紀伊国屋書店〉4000円　①978-4-87738-463-0　〔08376〕

モービー, ジョン・E.　Morby, John E.

◇世界歴代王朝・王名ハンドブック（Dynasties of the World）　ジョン・E.モービー著, 堀田郷弘訳　柊風舎　2014.5　476p　22cm　〈「世界歴代王朝王名総覧」新訂（東洋書林 1998年刊）の改題、増補改訂版　文献あり 索引あり〉12000円　①978-4-86498-013-5

内容 1 古代オリエント　2 古代ギリシア世界　3 ローマとビザンティン世界　4 ゲルマン民族大移動の世界　5 ヨーロッパ　6 イスラム諸王朝（インドを除く）　7 インド　8 アジア（イスラムとインドを除く）　9 アフリカ　10 新世界　〔08377〕

モボルニュ, レネ　Mauborgne, Renée

◇ハーバード・ビジネス・レビューBEST10論文―世界の経営者が愛読する（HBR's 10 Must Reads）　ハーバード・ビジネス・レビュー編集部編, DIAMONDハーバード・ビジネス・レビュー編集部訳　ダイヤモンド社　2014.9　357p　19cm　（Harvard Business Review）　1800円　①978-4-478-02868-1

内容 ブルー・オーシャン戦略（W.チャン・キム, レネ・モボルニュ著）　〔08378〕

◇ブルー・オーシャン戦略―競争のない世界を創造する（Blue Ocean Strategy 原著補訂版の翻訳）　W.チャン・キム, レネ・モボルニュ著, 入山章栄監訳, 有賀裕子訳　新版　ダイヤモンド社　2015.9　371p　20cm　〈初版：ランダムハウス講談社 2005年刊　文献あり 索引あり〉2000円　①978-4-478-06513-6

内容 第1部 ブルー・オーシャン戦略とは（ブルー・オーシャン戦略を生み出す　分析のためのツールとフレームワーク）　第2部 ブルー・オーシャン戦略を策定する（市場の境界を引き直す　細かい数字は忘れ、森を見る　新たな需要を掘り起こす　正しい順序で戦略を考える）　第3部 ブルー・オーシャン戦略を実行する（組織面のハードルを乗り越える　実行を見据えて戦略を立てる　価値、利益、人材についての提案を整合させる　ブルー・オーシャン戦略を刷新する　レッド・オーシャンの罠を避ける）　〔08379〕

モーマン, D.マックス

◇変容する聖地 伊勢　ジョン・ブリーン編　京都　思文閣出版　2016.5　10, 321p　21cm　2800円　①978-4-7842-1836-3

内容 地中の仏教/伊勢神宮の地下からの眺望（D.マックス・モーマン著）　〔08380〕

モラスキー, マイク　Molasky, Michael S.

◇日本文化に何をみる？―ポピュラーカルチャーとの対話 成城学園創立100周年 成城大学文芸学部創設60周年記念　東谷護, マイク・モラスキー, ジェームス・ドーシー, 永原宣著　東久留米　共和国　2016.3　201p　19×15cm　1800円　①978-4-907986-19-3

内容 1 ポピュラーカルチャーとの対話（女子プロレスラーはいかにマイクを持つに至ったのか　「プチ本物主義」のすすめ―米国内のジャズ史における「地域性の介在」と日本のジャズ受容について　一九六〇年代のフォーク的主体性―音楽における「本物」追求　戦前日本の音楽文化にみるヒエラルキーとデモクラシー）　2 新たな日本研究の視座（家（うち）なるアメリカからみるニホン―家族史としての日米近現代史　文学研究からポップ・カルチャー研究への転向―戦時下の文学から六〇年代政治的フォークへ　"もっと自由な"文化研究は可能か―ジャズの実践を手がかりとして　日本のポピュラー音楽をどうとらえるか―グローバルとローカルの狭間で）　〔08381〕

モラド, ケルション・J.

◇スーパーヴィジョンのパワーゲーム―心理療法家訓練における影響力・カルト・洗脳（Power Games）　リチャード・ローボルト編著, 太田裕一訳　金剛出版　2015.3　424p　22cm　〈索引あり〉6000円　①978-4-7724-1417-3

モ

内容 四部構造訓練モデルに向かって〈権力の〉同一化関係から〈愛情の〉内在化関係へ（ケルション・J.モラド，ジュディス・E.ヴィダ著）〔08382〕

モラール，ニコラ

◇戦後思想の光と影―日仏会館・戦後70年記念シンポジウムの記録　三浦信孝編　風行社　2016.3　359p　21cm　〈会期・会場：2015年7月18日（土）～19日（日）日仏会館1階ホール〉 2200円　①978-4-86258-100-6

内容 橋川文三と政治的ロマン主義（ニコラ・モラール述，河野南帆子訳）〔08383〕

モラレ，アンリ・H.　Mollaret, Henri H.

◇見えない敵との闘い―パストゥール最後の弟子エルサンの生涯（YERSIN 原著第2版の翻訳）　アンリ・H.モラレ，ジャックリーヌ・ブロソレ著，瀬戸昭訳　京都　人文書院　2015.6　422p　20cm　〈年譜あり 索引あり〉 3000円　①978-4-409-94008-2

内容 スイス（一八六三年～一八八四年）―生い立ち　ドイツ（一八八四年～一八八五年）―マールブルグの医学生　フランス（一八八五年～一八九〇年）―病理学に傾倒するエルサン　フランス郵船（一八九〇年～一八九一年）―船医時代　探検（一八九二年～一八九四年）―リビングストンに憧れて　ペスト（一八九四年～一八九八年）―ペスト菌発見　ニャチャン（一八九八年～一九〇二年）―船上で見初めた絵のような漁村　ハノイ医学校（一九〇二年～一九〇四年）　ニャチャンへの帰還（一九〇四年～一九四三年）―終の住処に戻る　インドシナ・パストゥール研究所―四つの研究所の連携　ナムさん―漁師岬の老科学者を回想して　エルサン以降―動乱の時代を経て今〔08384〕

モラン，エリザベス　Moran, Elizabeth

◇誰でもわかる正統派風水（THE COMPLETE IDIOT'S GUIDE TO Feng Shui 原著第3版の翻訳）　エリザベス・モラン，マスター・ジョセフ・ユー，マスター・ヴァル・ビクタシェフ著，島内大乾訳　太玄社　2014.2　486p　21cm　〈文献あり 索引あり　発売：ナチュラルスピリット〉 3000円　①978-4-906724-10-9

内容 1 風水を知ろう　2 風水の基礎理論　3 環境を理解する　4 風水のメカニズム　5 実際の応用方法　6 運命もしくは自由意志―あなたの運命は？〔08385〕

モリアーティ，ジョー

◇イギリスにおける高齢期のQOL―多角的視点から生活の質の決定要因を探る（UNDERSTANDING QUALITY OF LIFE IN OLD AGE）　アラン・ウォーカー編著，岡田進一監訳，山田三知子訳　京都　ミネルヴァ書房　2014.7　249p　21cm　（新・MINERVA福祉ライブラリー 20）〈文献あり 索引あり〉 3500円　①978-4-623-07097-8

内容 高齢期のアイデンティティと社会的サポート（クリストファー・マッケヴィット，ジョン・バルドック，ジャン・ハドロー，ジョー・モリアーティ，ジャビア・バット著）〔08386〕

モリス，イアン　Morris, Ian

◇人類5万年文明の興亡―なぜ西洋が世界を支配しているのか　上（WHY THE WEST RULES…FOR NOW）　イアン・モリス著，北川知子訳　筑摩書房　2014.3　404p　20cm　〈索引あり〉 3600円　①978-4-480-86127-6

内容 1 黎明―東西世界の誕生（「東洋」と「西洋」の生まれる前　西洋がリード　過去を測る）　2 興亡―文明隆盛と衰退の法則（東洋の追い上げ　接戦　衰退と崩壊）〔08387〕

◇人類5万年文明の興亡―なぜ西洋が世界を支配しているのか　下（WHY THE WEST RULES…FOR NOW）　イアン・モリス著，北川知子訳　筑摩書房　2014.3　444p　20cm　〈文献あり 索引あり〉 3600円　①978-4-480-86128-3

内容 2 興亡―文明隆盛と衰退の法則（承前）（東洋の時代　世界へ向かう　西洋が追いつく　西洋の時代）　3 未来―歴史が指し示すもの（なぜ西洋が支配しているのか…　…今のところは）〔08388〕

モリス，ウィリアム　Morris, William

◇社会主義―その成長と帰結（SOCIALISM）　ウィリアム・モリス，E.B.バックス著，大内秀明監修，川端康雄監訳　晶文社　2014.12　355p　20cm　〈索引あり〉 2300円　①978-4-7949-6775-6

内容 古代社会　歴史上の最初の社会、あるいは古代社会　古典古代から中世期への移行　中世社会―その初期　中世の粗野な面　中世の終わり　ルネサンスと宗教改革　近代社会―初期段階　革命への準備―イングランド　革命への準備―フランス〔ほか〕〔08389〕

モリス，ジャン　Morris, Jan

◇ビジュアル版 世界の歴史都市―世界史を彩った都の物語（The Great Cities in History）　ジョン・ジュリアス・ノーウィッチ編，福井正子訳　柊風舎　2016.9　303p　27×21cm　15000円　①978-4-86498-039-5

内容 ニューヨーク―未来の眺め（ジャン・モリス，アレクサンダー・ブルーム）〔08390〕

モリス，ナレーレ

◇再論東京裁判―何を裁き、何を裁かなかったのか（Beyond Victor's Justice？）　田中利幸，ティム・マコーマック，ゲリー・シンプソン編著，田中利幸監訳，饗庭朋子，伊藤大将，佐藤晶子，高取由紀，仁科由紀，松島亜季訳　大月書店　2013.12　597, 17p　20cm　〈索引あり〉 6800円　①978-4-272-52099-2

内容 女性の身体と国際刑事法（ヘレン・ダラム，ナレーレ・モリス著，仁科由紀訳）〔08391〕

モリス，ニール　Morris, Neil

◇ワールド・イン・ザ・ラウンド 動きだす世界地図（THE WORLD IN THE ROUND）　サラ・マクメネミー絵，ニール・モリス文　京都　青幻舎インターナショナル　2016.9　47p　29×29cm　〈発売：青幻舎（京都）〉 2200円　①978-4-86152-563-6

内容 太陽系　わたしたちが暮らす場所　アプリの使い方　地図って何？　世界の国ぐに　国旗で見る世界　カナダとグリーンランド　アメリカ合衆国　メキシコ　中央アメリカとカリブ海〔ほか〕〔08392〕

モリス, メアリー

◇女友だちの賞味期限—実話集（The friend who got away）　ジェニー・オフィル, エリッサ・シャッペル編著, 糸井恵訳　プレジデント社　2014.3　317p　19cm　〈2006年刊の改訳、再編〉　1500円　①978-4-8334-2076-1

内容 巨匠の絵お金の心配はしないでと言ったくせに（メアリー・モリス著）　〔08393〕

モリス, レオン　Morris, Leon

◇ルカの福音書（Luke）　レオン・モリス著, 岡本昭世訳　いのちのことば社　2014.3　453p　22cm　（ティンデル聖書注解）　4500円　①978-4-264-02271-8

内容 緒論（著者問題　執筆年代　言語　神学者ルカ　ルカと他の福音書との関係）　アウトライン　〔08394〕

モーリス‐スズキ, テッサ　Morris-Suzuki, Tessa

◇「帰郷」の物語/「移動」の語り—戦後日本におけるポストコロニアルの想像力　伊予谷登士翁, 平田由美編　平凡社　2014.1　333p　20cm　〈欧文タイトルNarrating Mobilities, Narrating "Home"－comings〉　3600円　①978-4-582-45236-5

内容 越境する記憶（テッサ・モーリス＝スズキ著, 平田由美訳）　〔08395〕

◇日本を再発明する—時間、空間、ネーション（Re-Inventing Japan）　テッサ・モーリス＝スズキ著, 伊藤茂訳　以文社　2014.2　272, 26p　20cm　〈文献あり 索引あり〉　2800円　①978-4-7531-0319-5

内容 第1章　はじめに　第2章　日本　第3章　自然　第4章　文化　第5章　人種　第6章　ジェンダー　第7章　文明　第8章　グローバリゼーション　第9章　市民権　〔08396〕

◇過去は死なない—メディア・記憶・歴史　テッサ・モーリス‐スズキ〔著〕, 田代泰子訳　岩波書店　2014.6　341, 27p　15cm　（岩波現代文庫—学術 312）　〈文献あり〉　1360円　①978-4-00-600312-8

内容 第1章 過去は死んでいない　第2章 想像しがたい過去—歴史小説の地平　第3章 レンズに映る影—写真という記憶　第4章 活動写真—歴史を映画化する　第5章 視角—漫画の見る歴史　第6章 ランダム・アクセス・メモリー—マルチメディア時代の歴史　第7章 "歴史への真摯さ"の政治経済学に向かって　〔08397〕

◇ハワイベストレストラン　2015　本田直之, マキ・コニクソン, 内野亮, ショーン・モーリス, 稲本健一著　実業之日本社　2014.10　165p　19×12cm　1500円　①978-4-408-42064-6

内容 ベストレストランランキング一覧　ハワイグルメ最新トレンド　ベストレストランランキング　カテゴリーランキング　個人TOP10ランキング　〔08398〕

◇ひとびとの精神史　第6巻　日本列島改造—1970年代　杉田敦編　岩波書店　2016.1　298, 2p　19cm　2500円　①978-4-00-028806-4

内容 金順烈（テッサ・モーリス‐スズキ著, 伊藤茂訳）　〔08399〕

モリソン, カーリン　Morrison, Karin

◇子どもの思考が見える21のルーチン—アクティブな学びをつくる（MAKING THINKING VISIBLE）　R.リチャート,M.チャーチ,K.モリソン著, 黒上晴夫, 小島亜華里訳　京都　北大路書房　2015.9　287p　21cm　〈文献あり 索引あり〉　3000円　①978-4-7628-2904-8

内容 第1部 思考についての考え（思考とは何か　思考を教育の中心に）　第2部 思考ルーチンによる思考の可視化（思考ルーチンの導入　考えの導入と展開のためのルーチン　考えを総合・整理するためのルーチン　考えを掘り下げるためのルーチン）　第3部 思考の可視化に命を吹き込む（思考が評価され、可視化され、推奨される場をつくる　実践記録から）　〔08400〕

モーリッツ, マイケル　Moritz, Michael

◇変革の知　ジャレド・ダイアモンドほか〔述〕, 岩井理子訳　KADOKAWA　2015.2　251p　18cm　（角川新書 K-1）　900円　①978-4-04-102413-3

内容 成功する企業は一目で分かる（マイケル・モーリッツ述）　〔08401〕

モリュー, イヴ　Morieux, Yves

◇組織が動くシンプルな6つの原則—部門の壁を越えて問題を解決する方法（Six Simple Rules）　イヴ・モリュー, ピーター・トールマン著, 重竹尚基, 東海林一監訳　ダイヤモンド社　2014.10　213p　19cm　1600円　①978-4-478-02748-6

内容 序章 なぜ六つのシンプル・ルールが必要なのか　第1章 従業員の行動を理解する　第2章 協働の要を見つける　第3章 権限の総量を増やす　第4章 助け合いを仕組み化する　第5章 助け合いの結果をフィードバックする　第6章 助け合った人に報いる　終章 六つのシンプル・ルール導入のステップ　〔08402〕

モリル, ジョン

◇オックスフォード ブリテン諸島の歴史　7　17世紀—1603年—1688年（The Short Oxford History of the British Isles ： Seventeenth Century 1603-1688）　鶴島博和日本語版監修　ジェニー・ウァーモールド編, 西川杉子監訳　慶応義塾大学出版会　2015.5　367, 57p　22cm　〈文献あり 年表あり 索引あり〉　6800円　①978-4-7664-1647-3

内容 聖者と兵士の支配（ジョン・モリル著, 那須敬, 矢島宏紀訳）　〔08403〕

モルグン, ゾーヤ　Morgun, Zoia Fedorovna

◇ウラジオストク—日本人居留民の歴史1860～1937年（Японская мозаика Владивостока）　ゾーヤ・モルグン著, 藤本和貴夫訳　東京堂出版　2016.8　340p　22cm　〈年表あり 索引あり〉　3800円　①978-4-490-20942-6

内容 第1部 ウラジオストクへの最初の日本人の出現から日露戦争の終結まで（ここがウラジオストクの港となるであろう　瀬脇寿人のウラジオストク訪問　ウラジオストクを訪れた最初の日本人たち ほか）　第2部 ポーツマス条約から日本の軍事干渉終了まで（1905～1922年）のウラジオストク日本人居留民（ポーツマス講和条約締結からロシア革命まで（1905～1917年）の日露関係　日本に対する極東諸権力の立場（1906～1916年）　スパイ熱 ほか）　第3部 日ソ外交関係の樹立前後から1937年の全日本人引き揚げまでのウラジオストク日本人社会（ロシア内戦と干渉戦争の終結か

モ

ら日ソ間の外交関係樹立まで　横浜正金銀行とツァーリの金塊　初期の外交関係とウラジオストクにおける日本の存在（1925～1929年）ほか）〔08404〕

モルゲンシュテルン, オスカー　Morgenstern, Oskar

◇ゲーム理論と経済行動―刊行60周年記念版（THEORY OF GAMES AND ECONOMIC BEHAVIOR 原著60周年記念版の翻訳）　ジョン・フォン・ノイマン, オスカー・モルゲンシュテルン著, 武藤滋夫訳　勁草書房　2014.6　988p　22cm　〈文献あり 索引あり〉13000円　①978-4-326-50398-8

内容 経済問題の定式化　戦略ゲームの一般的・本格的な記述　ゼロ和2人ゲーム：理論　ゼロ和2人ゲーム：例　ゼロ和3人ゲーム　一般理論の定式化：ゼロ和n人ゲーム　ゼロ和4人ゲーム　n≧5なる参加者の場合についてのいくつかの注意　ゲームの合成と分解　単純ゲーム　一般非ゼロ和ゲーム　支配および解の概念の拡張　効用の公理的取り扱い〔08405〕

モ

モルゲンロート, マティアス

◇なぜ"平和主義"にこだわるのか（ENTRÜSTET EUCH！　―WARUM PAZIFISMUS FÜR UNS DAS GEBOT DER STUNDE BLEIBT）　マルゴット・ケースマン, コンスタンティン・ヴェッカー編, 木戸衛一訳　いのちのことば社　2016.12　261p　19cm　1500円　①978-4-264-03611-1

内容〈対談〉平和主義の声を強めるために（マルゴット・ケースマン, コンスタンティン・ヴェッカー〔述〕, マティアス・モルゲンロート〔インタビュアー〕）〔08406〕

モルティエ, キャスリーン

◇ディスアビリティ現象の教育学―イギリス障害学からのアプローチ　堀正嗣監訳　現代書館　2014.3　308p　21cm　（熊本学園大学付属社会福祉研究所社会福祉叢書 24）　4000円　①978-4-7684-3531-1

内容 口出しはいらない、サポートが欲しいんだ（キャスリーン・モルティエ, ロアー・ディシンペル, エリザベス・ドゥ・シャウヴァー, ギァート・ファン・ホーヴェ著, 三好正彦訳）〔08407〕

モルデンケ, A.　Moldenke, Alma Lance

◇聖書の植物事典（Plants of the Bible）　H.モルデンケ,A.モルデンケ著, 奥本裕昭編訳　八坂書房　2014.7　260p　22cm　〈「聖書の植物」（1981年刊）の改題、改版　索引あり〉2800円　①978-4-89694-177-7

内容 1 聖書植物の研究（聖書の成り立ち　聖地の概要　聖書植物研究小史）　2 聖書の植物（アカシアとヤドリギ　アザミの仲間　アネモネとカミツレ、ユリ　アマ　アマモ ほか）〔08408〕

モルデンケ, H.　Moldenke, Harold Norman

◇聖書の植物事典（Plants of the Bible）　H.モルデンケ,A.モルデンケ著, 奥本裕昭編訳　八坂書房　2014.7　260p　22cm　〈「聖書の植物」（1981年刊）の改題、改版　索引あり〉2800円　①978-4-89694-177-7

内容 1 聖書植物の研究（聖書の成り立ち　聖地の概要　聖書植物研究小史）　2 聖書の植物（アカシアとヤドリギ　アザミの仲間　アネモネとカミツレ、ユリ　アマ　アマモ ほか）〔08409〕

モルトマン, ユルゲン　Moltmann, Jürgen

◇希望の倫理（Ethik der Hoffnung）　ユルゲン・モルトマン著, 福嶋揚訳　新教出版社　2016.12　463p　19cm　4000円　①978-4-400-40738-6

内容 第1章 終末論と倫理（黙示録的な終末論　キリスト論的な終末論　分離主義的な終末論　変革的な終末論）　第2章 生命の倫理（生命の文化　医療の倫理　健康と病気における生命力　死にゆくことと死ぬことの中にある生命力　肉体の復活？）　第3章 地球の倫理（地球の空間において―地球とは何か？　地球の時間の中で―創造論と進化論　生態系　地球の倫理）　第4章 正義に基づく平和の倫理（判断形成の基準　神的な義と人間的な義　キリスト教における竜殺しと平和づくり）　第5章 神への喜び―美的な対位法（安息日―創造の祝祭　キリストの復活の歓喜　「そして争いのただ中の平和」）〔08410〕

モレスキー, ジョアンヌ　Molesky, Joanne

◇リーンエンタープライズ―イノベーションを実現する創発的な組織づくり（Lean Enterprise）　ジェズ・ハンブル, ジョアンヌ・モレスキー, バリー・オライリー著, 角征典監訳, 笹井崇司訳　オライリー・ジャパン　2016.10　355p　21cm　（THE LEAN SERIES　エリック・リースシリーズエディタ）〈文献あり 索引あり　発売：オーム社〉3400円　①978-4-87311-774-4

内容 第1部 指向（イントロダクション　企業ポートフォリオのダイナミクスを管理する）　第2部 探索（投資リスクをモデル化して計測する　不確実性を探索して機会を見つける　製品/市場フィットを評価する）　第3部 活用（継続的改善をデプロイする　価値を明らかにしてフローを増やす　リーンエンジニアリングプラクティスを導入する　製品開発に実験的手法を使う　ミッションコマンドを実行する）　第4部 変革（イノベーション文化を育てる　GRCにリーン思考を取り入れる　財務管理を進化させて製品イノベーションを促進する　ITを競争優位にする　今いる場所から始めよう）〔08411〕

モレッツ, M.W.*　Moretz, Melanie W.

◇嫌悪とその関連障害―理論・アセスメント・臨床的示唆（DISGUST AND ITS DISORDERS）　B.O.オラタンジ,D.マッケイ編著, 堀越勝監修, 今田純雄, 岩佐和典監訳　京都　北大路書房　2014.8　319p　21cm　〈索引あり〉3600円　①978-4-7628-2873-7

内容 嫌悪と汚染恐怖（Dean McKay, Melanie W. Moretz著, 岩佐和典訳）〔08412〕

モレッティ, エンリコ　Moretti, Enrico

◇年収は「住むところ」で決まる―雇用とイノベーションの都市経済学（THE NEW GEOGRAPHY OF JOBS）　エンリコ・モレッティ著, 池村千秋訳　プレジデント社　2014.4　335, 18p　19cm　〈文献あり〉2000円　①978-4-8334-2082-2

内容 日本語版への序章 浮かぶ都市、沈む都市　第1章 なぜ「ものづくり」だけでは駄目なのか　第2章 イノベーション産業の「乗数効果」　第3章 給料は学歴より住所で決まる　第4章「引き寄せ」のパワー　第5章 移住と生活コスト　第6章「貧困の罠」と地域再生の

条件 第7章 新たなる「人的資本の世紀」 〔08413〕

モレリ, アンヌ Morelli, Anne

◇戦争プロパガンダ10の法則 (PRINCIPES ÉLÉMENTAIRES DE PROPAGANDE) アンヌ・モレリ著, 永田千奈訳 草思社 2015.2 200p 16cm (草思社文庫 モ1-1) 800円 ①978-4-7942-2106-3

内容 第1章「われわれは戦争をしたくはない」 第2章「しかし敵側が一方的に戦争を望んだ」 第3章「敵の指導者は悪魔のような人間だ」 第4章「われわれは領土や覇権のためではなく、偉大な使命のために戦う」 第5章「われわれも意図せざる犠牲を出すことがある。だが敵はわざと残虐行為におよんでいる」 第6章「敵は卑劣な兵器や戦略を用いている」 第7章「われわれの受けた被害は小さく、敵に与えた被害は甚大」 第8章「芸術家や知識人も正義の戦いを支持している」 第9章「われわれの大義は神聖なものである」 第10章「この正義に疑問を投げかける者は裏切り者である」 〔08414〕

モレル, マイケル Morell, Michael J.

◇秘録CIAの対テロ戦争—アルカイダからイスラム国まで (THE GREAT WAR OF OUR TIME) マイケル・モレル著, 月沢李歌子訳 朝日新聞出版 2016.5 324p 19cm 2200円 ①978-4-02-331504-4

内容 戦いの始まり 大統領とシャイフ 最も暗い時間 最良のとき 不完全な嵐 アルカイダの復活 ミッキーマウス会議 アルカイダの春 2012年9月11日 論拠を巡って 難しい判断 背信 先の長い戦い 星を刻む 〔08415〕

モロー, ジェイムズ Morrow, James D.

◇政治学のためのゲーム理論 (GAME THEORY FOR POLITICAL SCIENTISTS) ジェイムズ・モロー著, 石黒馨監訳 勁草書房 2016.12 454p 21cm 5500円 ①978-4-326-30252-9

内容 第1章 概観 第2章 効用理論 第3章 ゲームの特定化 第4章 古典的ゲーム理論 第5章 展開形ゲームの解法：後向き帰納法と部分ゲーム完全性 第6章 信念と完全ベイジアン均衡 第7章 非協力ゲームにおける他の均衡：完全均衡と逐次均衡 第8章 制限情報ゲームと信念に対する制約 第9章 繰り返しゲーム 第10章 結論：ここからどこに行くのか？ 〔08416〕

モロウ, キャロル・アン Morrow, Carol Ann

◇年を重ねるほど知恵を深めるセラピー (Getting Older, Growing Wiser) キャロル・アン・モロウ文, R.W.アリー絵, 目黒摩天雄訳 サンパウロ 2014.1 1冊(ページ付なし) 16cm (Elf-Help books) 〈英語併記〉 700円 ①978-4-8056-6324-0 〔08417〕

モロウ, レイモンド

◇21世紀の比較教育学—グローバルとローカルの弁証法 (COMPARATIVE EDUCATION) ロバート・F.アーノブ, カルロス・アルベルト・トーレス, スティーヴン・フランツ編著, 大塚豊訳 福村出版 2014.3 727p 22cm 〈文献あり 索引あり〉 9500円 ①978-4-571-10168-7

内容 国家・社会運動・教育改革(レイモンド・モロウ, カルロス・アルベルト・トーレス著) 〔08418〕

モロン, アナ・パウリナ

◇動物と戦争—真の非暴力へ、《軍事—動物産業》複合体に立ち向かう (Animals and War) アントニー・J.ノチェッラ二世, コリン・ソルター, ジュディー・K.C.ベントリー編, 井上太一訳 新評論 2015.10 306p 20cm 〈文献あり 索引あり〉 2800円 ①978-4-7948-1021-2

内容 兵器にされる人間以外の動物たち(アナ・パウリナ・モロン著) 〔08419〕

モンク, G. Monk, Gerald

◇話がこじれたときの会話術—ナラティヴ・メディエーションのふだん使い (WHEN STORIES CLASH) G.モンク, J.ウィンズレイド著, 池田真依子訳 京都 北大路書房 2014.6 110p 21cm 〈文献あり〉 2200円 ①978-4-7628-2860-7 〔08420〕

モンゴメリー, サイ Montgomery, Sy

◇テンプル・グランディン—自閉症と生きる (TEMPLE GRANDIN) サイ・モンゴメリー著, 杉本詠美訳 汐文社 2015.2 219p 20cm 1600円 ①978-4-8113-2168-4

内容 プロローグ わたしたちは"絵"で考える 自閉症に生まれて なぜ、ほかの子と違うの？ 違ってても友だち 中学時代 ハンプシャー魔法学校 アリゾナの牧場 科学者への道 「女はおことわり」 動物愛護の設計 天国への階段 技術だけでは解決できないこと テンプルはいま… 〔08421〕

モンゴメリー, シンシア Montgomery, Cynthia A.

◇ハーバード戦略教室 (THE STRATEGIST) シンシア・モンゴメリー著, 野中香方子訳 文芸春秋 2014.1 237, 13p 20cm 〈文献あり〉 1500円 ①978-4-16-390012-4

内容 シラバス 企業のオーナー・経営者だけが受けられる講義 第1講 三五の国から一六四名の経験豊富なリーダーが集まった 第2講 最初の課題「マスコの異業種参入」をクラス全員で検討 第3講 「スーパーマネージャー」の失敗にどよめく受講生 第4講 イケアの躍進が示す、会社の「目標」の重要性を議論 第5講 ファッションという意外な業界に、目標を実現する戦略の例を見る 第6講 今度は受講生の番だ。独自の戦略を立てるメソッドを明かす 第7講 最後のケーススタディで、戦略決定後も続く戦いを知る 最終講 最後にストラテジスト、そして戦略の本質を語る 〔08422〕

モンダ, ロレーナ Monda, Lorena

◇自己変容をもたらすホールネスの実践—マインドフルネスと思いやりに満ちた統合療法 (The Practice of Wholeness) ロレーナ・モンダ著, ウィリングヘム広美, 木村章鼓訳 星和書店 2014.10 463p 19cm 〈文献あり〉 2900円 ①978-4-7911-0886-2

内容 1 ホールネスとは(身体の叡智 開花する感情 こころの領域 拡大的な精神性(スピリット)) 2 トランスフォーメーションの諸要素(トランスフォーメーションへの扉 行き詰まりの壁 統合と同調 ミステリー—未知の領域への突入) 3 ホールネスの実践(ト

モ

ランスフォーメーションのサイクル　壁の向こうにある人生　つながり　ホールネスの実践）〔08423〕

モンタナーリ, アルマンド

◇持続可能な未来の探求：「3.11」を超えて―グローバリゼーションによる社会経済システム・文化変容とシステム・サステイナビリティ　河村哲二, 陣内秀信, 仁科伸子編著　御茶の水書房　2014.3　279p　23cm　〈執筆：河村哲二ほか　索引あり〉4000円　①978-4-275-01068-1

内容 沿岸都市地域における持続可能な開発（アルマンド・モンタナーリ著, 仁科伸子訳）〔08424〕

モンタネッリ, I.　Montanelli, Indro

◇ルネサンスの歴史　上　黄金世紀のイタリア　I.モンタネッリ,R.ジェルヴァーゾ著, 藤沢道郎訳　改版　中央公論新社　2016.11　351p　16cm　（中公文庫　モ5-5）　920円　①978-4-12-206282-5

内容 ルネサンスとヒューマニズム　大帝の遺産　シチリアの晩鐘　イタリアの情勢　ボニファティウス八世　ハインリヒ七世　ダンテ　バビロニア捕囚　コーラ・ディ・リエンツォ　ペトラルカ〔ほか〕〔08425〕

◇ルネサンスの歴史　下　反宗教改革のイタリア　I.モンタネッリ,R.ジェルヴァーゾ著, 藤沢道郎訳　改版　中央公論新社　2016.11　507p　16cm　（中公文庫　モ5-6）　〈年表あり 索引あり〉1100円　①978-4-12-206283-2

内容 イル・モーロとシャルル八世　サヴォナローラ　ボルジア家の人びと　ユリウス二世　レオ十世　統一世界の終焉　ウィクリフ　フス　エラスムス　ウィッテンベルグ 一五一七年〔ほか〕〔08426〕

モンタルバン, ルイス・カルロス　Montalván, Luis Carlos

◇ぼくは、チューズデー―介助犬チューズデーのいちにち（TUESDAY TUCKS ME IN）　ルイス・カルロス・モンタルバン文, ブレット・ウィッター共著, ダン・ディオン写真, おびかゆうこ訳　ほるぷ出版　2015.5　40p　24×24cm　1400円　①978-4-593-50575-3〔08427〕

モンティ, D.A.*　Monti, Daniel A.

◇ワーキングメモリと日常―人生を切り拓く新しい知性（WORKING MEMORY）　T.P.アロウェイ,R.G.アロウェイ編著, 湯沢正通, 湯沢美紀監訳　京都　北大路書房　2015.10　340p　21cm　（認知心理学のフロンティア）　〈文献あり 索引あり〉3800円　①978-4-7628-2908-6

内容 ワーキングメモリと瞑想（Aleezé Sattar Moss, Daniel A.Monti, Andrew Newberg著, 蔵永瞳訳）〔08428〕

モンテスキュー, シャルル　Montesquieu, Charles de Secondat, baron de

◇法の精神　モンテスキュー〔著〕, 井上堯裕訳　中央公論新社　2016.3　26, 330p　18cm　（中公クラシックス W86）　〈「世界の名著 34」（中央公論社 1980年刊）の改題、再編集〉1800円　①978-4-12-160165-0

内容 モンテスキューの生涯と著作 安武真隆 著. 法の精神〔08429〕

モンテッソーリ, マリア　Montessori, Maria

◇創造する子供（LA MENTE DEL BAMBINO）　マリーア・モンテッソーリ著, 武田正実訳, 菊野正隆監修　第10版　サンパウロ　2014.3　293p　21cm　〈原著第6版〉2800円　①978-4-8056-5416-3

内容 世界再建に果たす子供の役割　生涯にわたる教育　成長の時期区分　新しい動き　創造の奇蹟　発生学―行動　精神的胎児　自立の達成　新生児への配慮　言語について〔ほか〕〔08430〕

◇人間の可能性を伸ばすために―実りの年 6歳～12歳（To Educate The Human Potential）　マリア・モンテッソーリ著, 田中正浩訳　サンパウロ　2014.3　131p　19cm　2100円　①978-4-8056-6533-6

内容 宇宙の計画に直面した六歳児　想像力の正しい用い方　無意識についての新しい心理学　子どもの想像力に贈られた世界　大洋の劇的なドラマ　母なる大地の創造　原始世界の戦い　白亜紀　再び陣痛にみまわれた大地　初期の人類　遊牧民と開拓民　創造者であり啓示者である人間　初期の偉大な文明　数世代にわたるエジプト　バビロンの生活とテュロスとの関係　尊敬と無遠慮　古代ギリシア精神―ヨーロッパの創造者　人間―その目指すもの〔08431〕

◇人間の傾向性とモンテッソーリ教育―普遍的な人間の特質とは何か？（The Human Tendencies and Montessori Education）　マリオ・M.モンテッソーリ著, AMI友の会NIPPON訳・監修　風鳴舎　2016.7　133p　21cm　（国際モンテッソーリ協会〈AMI〉公認シリーズ 01）　〈年譜あり　発売：新日本教育図書〉2000円　①978-4-88024-538-6

内容 人類と安心感　六歳以降の子どもたち　次に続く生命のために　子ども自身が気づくように　世界への鍵　善意の無名性　自分で考える子どもたち　適応すること　変わるものと変わらないもの　人間の精神と動物の精神〔ほか〕〔08432〕

◇1946年ロンドン講義録（The 1946 London Lectures）　マリア・モンテッソーリ著, アネット・ヘインズ編, 中村勇訳, AMI友の会NIPPON監修　風鳴舎　2016.10　335p　21cm　（国際モンテッソーリ協会〈AMI〉公認シリーズ 02）　2970円　①978-4-907537-02-9

内容 生命への援助としての教育　科学的教育学　心理学に基づく教育　発達の段階　遺伝と創造　無意識の心理学　誕生時からの教育　ことばの発達　自然との調和　知性の鍵をあける〔ほか〕〔08433〕

モントゴメリー, B.　Montgomery of Alamein, Bernard Law Montgomery

◇リーダーシップの条件―いま、指導者に求められる真のリーダーシップとは？（THE PATH TO LEADERSHIP）　モントゴメリー元帥著, 山崎高司訳　長野　新建新聞社　2015.2　409p　21cm　〈「指導者への道」（講談社 1972年刊）の改題〉1800円　①978-4-86527-026-6〔08434〕

モントミニー, ゼラーナ　Montminy, Zelana

◇折れない心のつくり方―人生が変わる21日間プログラム（21 DAYS TO RESILIENCE）　ゼラーナ・モントミニー著, 森嶋マリ訳　ハーパー

コリンズ・ジャパン　2016.8　258p　19cm　1300円　①978-4-596-55110-8

内容 WEEK1 自分（習慣にする　希望を抱く　健康になる ほか）　WEEK2 精神（楽観的になる　マインドフルネス　高潔を目指す ほか）　WEEK3 社会（独創的になる　心の知能を磨く　目的を持つ ほか）〔08435〕

モンロー, マリリン

◇インタヴューズ　3　毛沢東からジョン・レノンまで（THE PENGUIN BOOK OF INTERVIEWS）　クリストファー・シルヴェスター編, 新庄哲夫他訳　文芸春秋　2014.6　463p　16cm　（文春学芸ライブラリー―雑英 7）　1690円　①978-4-16-813018-2

内容 マリリン・モンロー（マリリン・モンロー述, ジョルジュ・ベルモンインタヴュアー, 宮本高晴訳）〔08436〕

【ヤ】

ヤアリ, アヴィエゼル

◇イスラエル情報戦史（ISRAEL'S SILENT DEFENDER）　佐藤優監訳, アモス・ギルボア, エフライム・ラピッド編, 河合洋一郎訳　並木書房　2015.6　373p 図版32p　21cm　〈年表あり〉　2700円　①978-4-89063-328-9

内容 イラク原子炉攻撃〈1981年〉（アヴィエゼル・ヤアリ著）〔08437〕

ヤウフ, ヘルベルト　Jauch, Herbert

◇グローバル・ベーシック・インカム入門―世界を変える「ひとりだち」と「ささえあい」の仕組み　岡野内正著・訳, クラウディア・ハーマン, ディルク・ハーマン, ヘルベルト・ヤウフ, ヒルマ・シンドンドラ＝モテ, ニコリ・ナットラス, イングリッド・ヴァン・ニーケルク, マイケル・サムソン著　明石書店　2016.1　248p　21cm　〈他言語標題：Making the Difference！　The BIG in Namibia〉2000円　①978-4-7503-4291-7

内容 第1部 世界を変える！　ナミビアのベーシック・インカム―ベーシック・インカム給付試験実施プロジェクト評価報告書（2009年4月）（大きな目標をもつ小さな実験―ベーシック・インカム給付　パンを保証された村人は何をして、村はどうなったか？ ―影響評価　全国レベルの給付を目指して）　第2部 学生たちと訪ねたベーシック・インカムの現場―ナミビア、ブラジル、インド、アラスカ、イラン（ナミビア2010年8月31日～9月17日 人の助けになることがしたくって　ブラジル2011年8月29日～9月15日 権力を取らずに世界を変える！　ナミビア2012年8月31日～9月18日 村人を先頭に、首都に向かってデモ行進　インド2013年2月13日～28日 みんな自分の意見を言うようになった　アラスカ2013年8月29日～9月8日 正義を実現するには経済的な力がいる　イラン2014年3月2日～17日 ああ、ヤーラーネ！）〔08438〕

ヤーギン, ダニエル　Yergin, Daniel

◇世界論　安倍晋三, 朴槿恵ほか〔著〕, プロジェクトシンジケート叢書編集部訳　土曜社　2014.1　185p　19cm　（プロジェクトシンジケート叢書）〈他言語標題：A WORLD OF IDEAS　文献あり〉1199円　①978-4-907511-05-0

内容 米国産シェールガスの衝撃（ダニエル・ヤーギン著）〔08439〕

ヤーゴ, グレン　Yago, Glenn

◇金融は人類に何をもたらしたか―古代メソポタミア・エジプトから現代・未来まで（FINANCING THE FUTURE）　フランクリン・アレン, グレン・ヤーゴ著, 藤野直明監訳, 空閑裕美子訳　東洋経済新報社　2014.9　352, 53p　20cm　〈索引あり〉2600円　①978-4-492-65463-7

内容 第1章 金融の歴史　第2章 金融イノベーションのための枠組み―資本構成を管理する　第3章 企業金融のイノベーション　第4章 住宅金融のイノベーション　第5章 環境金融―地球を救うイノベーション　第6章 開発金融　第7章 医薬品金融　第8章 金融イノベーションの6つの教訓〔08440〕

ヤコブ, ジッタ　Jacob, Gitta

◇スキーマ療法実践ガイド―スキーマモード・アプローチ入門（Schematherapie in der Praxis（重訳））　アーノウド・アーンツ, ジッタ・ヤコブ著, 伊藤絵美監訳, 吉村由未訳　金剛出版　2015.9　364p　22cm　〈文献あり 索引あり〉4400円　①978-4-7724-1447-0

内容 第1部 ケースの概念化（スキーマ療法とは何か？　モードの概念　モードの概念について当事者と話し合う）　第2部 治療（治療の全体像　コーピングモードを克服する　脆弱なチャイルドモードに対応する　怒れるチャイルドモードと衝動的チャイルドモードに対応する　非機能的ペアレントモードに対応する　ヘルシーアダルトモードを強化する）〔08441〕

ヤコブス, ギュンター　Jakobs, Günther

◇ギュンター・ヤコブス著作集　第1巻　犯罪論の基礎　ギュンター・ヤコブス〔著〕, 松宮孝明編訳　成文堂　2014.11　279p　22cm　6000円　①978-4-7923-5132-8

内容 刑法の行為概念　責任原理　結果犯における遡及禁止―作為に対する刑法上の負責根拠についての研究　作為および不作為の刑法的帰責　従属性―共同組織化の前提条件について　故意なき道具を利用した間接正犯における客観的帰属　客観的帰属論に関する覚え書き　異邦人の責任　刑法上の故意概念に関する新しいものと古いもの〔08442〕

◇法益保護によって刑法は正当化できるか？（Rechtsgüterschutz？　Zur Legitimation des Strafrechts）　ギュンター・ヤコブス著, 川口浩一, 飯島暢訳　吹田　関西大学出版部　2015.2　94p　22cm　〈布装　索引あり〉2000円　①978-4-87354-594-3

内容 1 1933年までの近代における展開（神権主義的な正当性　啓蒙主義（第一部（絶対主義）　第二部（フォイエルバッハ））　法益の保護）　2 中間的覚書：規範と財（消極的義務と積極的義務　刑法益としての規範妥当）　3 1933年以降の展開（義務違反：法益のルネッサンス　「風俗犯」　人格、社会、国家）　4 社会損害（人格に対する罪　争いのある構成要件　特に争われているパターナリズムの問題）〔08443〕

ヤコブセン, ミカエル・ヴィード　Jacobsen, Michael Hviid

◇社会学の使い方（WHAT USE IS SOCIOLOGY？）　ジグムント・バウマン著, ミカエル・ヴィード・ヤコブセン, キース・テスター聞き手, 伊藤茂訳　青土社　2016.10　191, 5p　20cm　〈索引あり〉2200円　①978-4-7917-6945-2

内容 第1章 社会学とは何か（人間の経験との会話の意味　社会学と文学　科学と芸術　社会学と神学　社会学と科学）　第2章 なぜ社会学するのか（制度化がもたらしたもの　ビンの中のメッセージ　社会学的解釈学とは　今日の社会学が置かれた状況　読者との関係）　第3章 社会学するにはどうすればよいか（自問することと価値を問い直すことの意義　オルタナティヴな社会学の構想　メタファーの有用性　リキッド・モダニティの行き着く先　誰に向けて語るべきか）　第4章 社会学はいかにして達成されるか（社会学は真剣に受け止めてもらえるか　批判的社会理論の課題　現代社会とどう向き合うか）〔08444〕

ヤコブセン, リセロッテ　Jakobsen, Liselotte

◇社会を説明する―批判的実在論による社会科学論（EXPLAINING SOCIETY）　バース・ダナーマーク, マッツ・エクストローム, リセロッテ・ヤコブセン, ジャン・Ch.カールソン著, 佐藤春吉監訳　京都　ナカニシヤ出版　2015.3　342p　22cm　〈文献あり 索引あり〉3200円　①978-4-7795-0875-2

内容 第1部 批判的実在論への導入（科学、実在、概念　概念的抽象と因果性）　第2部 方法論的含意（説明的な社会科学のための一般化、科学的推論、モデル　社会科学の方法論における理論　批判的方法論的多元主義―インテンシヴならびにエクステンシヴな研究デザイン　社会科学と実践　結論）〔08445〕

ヤコボビッチ, シンハ　Jacobovici, Simcha

◇失われた福音―「ダ・ヴィンチ・コード」を裏付ける衝撃の暗号解読（THE LOST GOSPEL）　シンハ・ヤコボビッチ, バリー・ウィルソン共著, 守屋彰夫翻訳監修, 桜の花出版編集部訳　桜の花出版　2016.11　764p 図版16p　19cm　〈文献あり　発売：星雲社〉2300円　①978-4-434-22631-1

内容 第1部 不可思議な古文書（古文書17202　書かれている事、いない事　古文書についてわかっている事は何か　いつ書かれたのか　文章以上の意味があるのか）　第2部 古文書を読み解く（一番重要な証拠は何か　ヨセフ　アセナト　アセナトの物語　ヨセフの物語　史上最高の結婚式　イエスと異邦人　イエスと子供を殺しマリアを誘拐する計画　悪者　磔刑の裏にある権力政治）　第3部 推測できること（結論　あとがき）〔08446〕

ヤザワ, シュウジロウ*　矢沢 修次郎

◇国際社会学の射程―社会学をめぐるグローバル・ダイアログ　西原和久, 芝真里編訳　東信堂　2016.2　118p　21cm　（国際社会学ブックレット 1）　1200円　①978-4-7989-1336-0

内容 日本社会学会と国際社会学会（矢沢修次郎述, マイケル・ブラウォイ聞き手, 矢沢修次郎訳, 西原和久補記）〔08447〕

ヤージニク, ビラード・ラージャラーム　Yajnik, Birad Rajaram

◇インドのヨガ偉大な師たち―ヨガ2500年の足跡紀元前500年から21世紀へ（The Great Indian Yoga Masters）　ビラード・ラージャラーム・ヤージニク著, 橋本光日本語版監修, 塩崎香代訳　ガイアブックス　2014.11　184p　35cm　8000円　①978-4-88282-928-7

内容 ヨガの起源　インドの師たち（パタンジャリ　パラマハンサ・ヨガナンダ　スワミ・シヴァナンダ・サラスワティ　ティルマライ・クリシュナマチャリヤ　K.パタビ・ジョイス　B.K.S.アイアンガー　T.K.V.デシカチャール　ビクラム・チョードリー　マスター・カマル）　ヨガの未来〔08448〕

ヤスパース, カール　Jaspers, Karl

◇われわれの戦争責任について（DIE SCHULDFRAGE）　カール・ヤスパース著, 橋本文夫訳　筑摩書房　2015.3　243p　15cm　（ちくま学芸文庫 ヤ25-1）　〈「ヤスパース選集 10 責罪論」（理想社 1965年刊）の改題〉1100円　①978-4-480-09669-2

内容 ドイツにおける精神的状況に関する講義の序説（大学の現状、新たな自由）　罪の問題（区別の図式　ドイツ人としての問題）〔08449〕

ヤッフェ, エリック　Jaffe, Eric

◇大川周明と狂気の残影―アメリカ人従軍精神科医とアジア主義者の軌跡と邂逅（A Curious Madness）　エリック・ヤッフェ著, 樋口武志訳　明石書店　2015.7　350p　20cm　2600円　①978-4-7503-4219-1

内容 東京裁判での奇行　若き哲学者/愛国者　ライム・アヴェニューの家　天からの使命　未解決事項　昭和維新　軍精神科医になるまで　アジア解放への戦い　衰弱　無意識の意識　審判　東洋と西洋の魂〔08450〕

ヤティシュワラーナンダ, スワーミー　Yatiswarananda, Swami

◇瞑想と霊性の生活　2　スワーミー・ヤティシュワラーナンダ〔著〕　逗子　日本ヴェーダーンタ協会　2016.7　236p　19cm　1000円　①978-4-931148-61-1〔08451〕

ヤドフ, U.

◇国際社会学の射程―社会学をめぐるグローバル・ダイアログ　西原和久, 芝真里編訳　東信堂　2016.2　118p　21cm　（国際社会学ブックレット 1）　1200円　①978-4-7989-1336-0

内容 人生の定めとしての社会学者（U.ヤドフ著, 仲修平訳）〔08452〕

ヤドリン, アモス

◇イスラエル情報戦史（ISRAEL'S SILENT DEFENDER）　佐藤優監訳, アモス・ギルボア, エフライム・ラピッド編, 河合洋一郎訳　並木書房　2015.6　373p 図版32p　21cm　〈年表あり〉2700円　①978-4-89063-328-9

内容 進化するIDIの能力（アモス・ヤドリン著）〔08453〕

ヤネス, キム・アネ　Jannes, Kim-Anne
◇自分のすべてを抱きしめる言葉88　キム・アネ・ヤネス著, 神谷謙伯解説・監修, 三浦英樹訳　アスペクト　2015.10　222p　19cm　〈他言語標題：88 magic words that help you embrace everything of yourself〉1400円　①978-4-7572-2424-7
内容 あなたが何かに迷っているとき。「感じること」を信じてください　あなたの意図はピュアですか？　自分自身に訊いてください　自分の運命の決定者になってください　あなたのなかの、自由の女神　私は「イエス！」と言います　私は「ノー！」と言います　自分にハグしてあげてください　この道はいつか通った道ではありませんか？　「～しなければいけない」を「～したい」の言葉に換える　朝は夜より賢い〔ほか〕〔08454〕

ヤノウィン, フィリップ　Yenawine, Philip
◇学力をのばす美術鑑賞―どこからそう思う？ ヴィジュアル・シンキング・ストラテジーズ（Visual Thinking Strategies）　フィリップ・ヤノウィン著, 京都造形芸術大学アート・コミュニケーション研究センター訳　京都　淡交社　2015.1　239p　21cm　〈文献あり〉2500円　①978-4-473-03979-8
内容 第1章「問い続けること」を受け容れる　第2章 VTS：基本編　第3章 VTS：他教科への応用　第4章 筆記で思考力を評価する　第5章 VTSと言語発達　第6章 VTS：実践編　第7章 効果的な教育とは　付録 実践してみたい人へ〔08455〕

ヤノハ, ペーター　Janocha, Peter
◇新潟居留ドイツ商人ウェーバーの生涯（Arthur Richard Weber-ein norddeutscher Kaufmann in Japan zur Zeit der Meiji-Restauration）　青柳正俊訳・編, ペーター・ヤノハ, 青柳正俊著　新潟　考古堂書店　2014.6　175p　19cm　〈文献あり 著作目録あり〉1400円　①978-4-87499-820-5〔08456〕

ヤマサキ, サクラ　Yamasaki, Sakura
◇質的比較分析（QCA）と関連手法入門（CONFIGURATIONAL COMPARATIVE METHODS ： Qualitative Comparative Analysis（QCA）and Related Techniques）　ブノワ・リウー, チャールズ・C.レイガン編著, 石田淳, 斎藤圭介監訳　京都　晃洋書房　2016.10　242p　21cm　3000円　①978-4-7710-2779-4
内容 第1章 アプローチとしての質的比較分析（QCA）　第2章 比較研究デザイン―事例と変数の選定　第3章 クリスプ・セットQCA（csQCA）　第4章 マルチ・バリューQCA（mvQCA）　第5章 ファジィ・セットQCA（fsQCA）　第6章 QCAの適用例についてのレビュー　第7章 QCAへの批判に取り組む　第8章 おわりに―配置構成的比較法（CCM）の今後の展開〔08457〕

ヤマダ, コビ　Yamada, Kobi
◇7―1週間のうち何日を特別な日にできるだろう？　(7)　ダン・ゼドラ, コビ・ヤマダ著, 池村千秋訳　武蔵野　海と月社　2014.11　1冊（ページ付なし）　24cm　〈他言語標題：SEVEN〉1600円　①978-4-903212-50-0〔08458〕

ヤマニ, マイ
◇世界論　安倍晋三, 朴槿恵ほか〔著〕, プロジェクトシンジケート叢書編集部訳　土曜社　2014.1　185p　19cm　（プロジェクトシンジケート叢書）〈他言語標題：A WORLD OF IDEAS　文献あり〉1199円　①978-4-907511-05-0
内容 当惑のサウジ王国（マイ・ヤマニ著）〔08459〕

ヤマニ, モハメド
◇日本・アルジェリア友好の歩み―外交関係樹立50周年記念誌　私市正年, スマイル・デベシュ, 在アルジェリア日本国大使館編著　千倉書房　2014.8　286p　19cm　2800円　①978-4-8051-1041-6
内容 一九六四年東京オリンピック―独立国家アルジェリア初めてのオリンピック出場（モハメド・ヤマニ（旧姓ラザリ））〔08460〕

ヤマモト, ベバリー・アン*　山本 ベバリー・アン
◇日本の外国人学校―トランスナショナリティをめぐる教育政策の課題　志水宏吉, 中島智子, 鍛治致編著　明石書店　2014.7　404p　22cm　〈文献あり〉4500円　①978-4-7503-4038-8
内容 過去と現在との親密な結びつき（山本ベバリーアン著, 渋谷真樹訳）〔08461〕
◇共生学が創る世界　河森正人, 栗本英世, 志水宏吉編集　吹田　大阪大学出版会　2016.3　289p　21cm　（大阪大学新世紀レクチャー）　2200円　①978-4-87259-542-0
内容 共生社会におけるジェンダー公正（山本ベバリー・アン著, 志田未来訳）〔08462〕

ヤルヴェラ, S.*　Järvelä, Sanna
◇自己調整学習ハンドブック（HANDBOOK OF SELF-REGULATION OF LEARNING AND PERFORMANCE）　バリー・J.ジマーマン, ディル・H.シャンク編, 塚野州一, 伊藤崇達監訳　京都　北大路書房　2014.9　434p　26cm　〈索引あり〉5400円　①978-4-7628-2874-4
内容 自己調整学習、共調整学習、社会的に共有された調整学習（Allyson Fiona Hadwin, Sanna Järvelä, Mariel Miller著, 佐藤礼子訳）〔08463〕

ヤロシンスカヤ, アラ　Yaroshinska, Alla
◇チェルノブイリの嘘（ЧЕРНОБЫЛЬ Большая ложь）　アラ・ヤロシンスカヤ著, 村上茂樹訳　緑風出版　2016.3　548p　20cm　〈文献あり 年表あり〉3700円　①978-4-8461-1603-3
内容 チェルノブイリの村で生きる　ルードニャ＝オソシニャ、それは騙された村　進入禁止！　生命の保障はない　ジトーミルにおける洗脳教育　議会での虚しい叫び　極秘：チェルノブイリ　罰なき罪　かばいあい　クレムリンのなかの権謀術数　異端の科学者〔ほか〕〔08464〕

ヤーロム, アーヴィン
◇家族相互作用―ドン・D.ジャクソン臨床選集（Selected Essays at the Dawn of an Eraの抄訳, Interactional Theory in the Practice of Therapyの抄訳）　ドン・D.ジャクソン著, ウェンデル・A.レイ編, 小森康永, 山田勝訳　金剛出版　2015.

ヤ

4　342p　20cm　5400円　①978-4-7724-1413-5

内容 家族ホメオスターシスと患者変化（ドン・D.ジャクソン,アーヴィン・ヤーロム著,小森康永訳）〔08465〕

ヤローン, ダフネ Yalon, Dafna

◇星と波描画テストの発展―理論・研究・実践：アクロス・ザ・ライフスパン（The Star-Wave Test Across the Life Span）　ダフネ・ヤローン著, 杉浦京子監訳　川島書店　2015.3　292p　26cm 〈文献あり 索引あり〉 3800円　①978-4-7610-0901-4

内容 イントロダクション　適応的側面　文化人類学的側面　機能的・発達的側面　パーソナリティ・テストとしてのSWT：投映法的側面　パーソナリティ・テストとしてのSWT：表現的側面―（パート1）反応の様式　パーソナリティ・テストとしてのSWT：表現的側面―（パート2）筆跡分析　一時的な状態かパーソナリティ特性か―障害のサインについて　さまざまな応用　事例研究　結論〔08466〕

ヤン, セフン 梁 世勲

◇人生第二期―EH創業者深江今朝夫オーナーに出会って　梁世勲著, 梁秀智訳　川越　すずさわ書店　2014.5　166p　20cm　1800円　①978-4-7954-0288-1

内容 第1章 外交官引退とその後の生活（ついに来た定年通告　幼少期の逃避行体験とその後　朴正熙政権の下での公職　外交官生活の始まりと終わり ほか）第2章 深江今朝夫氏との出会い（最初の出会いの驚き　ウォーカーヒル・ホテルでの二度目の驚き　高まるEH社への好奇心　徹底した教育中心の会社 ほか）〔08467〕

ヤン, ヒョンジョン

◇+1cm（イッセンチ）―たった1cmの差があなたの世界をがらりと変える　キムウンジュ文, ヤンヒョンジョンイラスト, 築田順子, 文響社編集部訳　文響社　2016.7　271p　19cm　1430円　①978-4-905073-35-2

内容 BREAKING.+1cm、視線を変えるだけでも新しい世界が見える　LOVING.愛と争いを生む男女の1cmの違い　FINDING.こころの奥1cmで起きること　RELAXING.忙しいときほどあと1cmの余裕が必要だ　GETTING CLOSER.お互いに1cm近づいて　DREAMING.あなたの夢が叶うまで、あとたった1cm〔08468〕

ヤン, ビョンジョン* 梁 炳鍾

◇日韓の刑事司法上の重要課題―日本比較法研究所・韓国法務部との交流30周年記念シンポジウム　椎橋隆幸編著　八王子　中央大学出版部　2015.3　250p　22cm　（日本比較法研究所研究叢書 100）3200円　①978-4-8057-0599-5

内容 国民参与裁判の今後の課題（梁炳鍾著, 氏家仁訳）〔08469〕

ヤン, ヨンソン* 梁 英聖

◇原発災害下の福島朝鮮学校の記録―子どもたちとの県外避難204日　具永泰, 大森直樹編, 遠藤正承訳　明石書店　2014.3　123p　21cm　2000円　①978-4-7503-3996-2

内容 原発事故後の新潟・福島朝鮮初中級学校を取材して（梁英聖著）〔08470〕

ヤン, J.* Yan, Jack

◇国家ブランディング―その概念・論点・実践（NATION BRANDING）　キース・ディニー編著, 林田博光, 平沢敦監訳　八王子　中央大学出版部　2014.3　310p　22cm　（中央大学企業研究所翻訳叢書 14）　4500円　①978-4-8057-3313-4

内容 国家ブランディングにおける倫理的責任（Ximena Alvarez Aguirre,Ximena Siles Renjel,Jack Yan著, 舟木律子訳）〔08471〕

ヤンガー, ジョン Younger, Jon

◇グローバル時代の人事コンピテンシー―世界の人事状況と「アウトサイド・イン」の人材戦略（Global HR Competencies）　デイブ・ウルリッチ, ウェイン・ブロックバンク, ジョン・ヤンガー, マイク・ウルリッチ著, 加藤万里子訳　マグロウヒル・エデュケーション　2014.3　406p　19cm 〈索引あり　発売：日本経済新聞出版社〉 3500円　①978-4-532-60536-0

内容 第1部 グローバルなビジネスの変化と人事が果たすべき役割（概要と理論　世界的な展望）　第2部 世界九大地域のビジネスと人事（アフリカ　オーストラリアとニュージーランド　中国　ヨーロッパ　インド　ラテンアメリカ諸国　中東　北アメリカ　トルコ）　第3部 まとめ（共通のコンピテンシーと地域特有のコンピテンシー　グローバル人事の未来―今後はどうなるのか？）〔08472〕

ヤング, アイリス・マリオン Young, Iris Marion

◇正義への責任（RESPONSIBILITY FOR JUSTICE）　アイリス・マリオン・ヤング〔著〕, 岡野八代, 池田直子訳　岩波書店　2014.6　296, 8p　20cm 〈索引あり〉 3900円　①978-4-00-025963-7

内容 第1章 自己責任から政治的責任へ　第2章 正義の主題としての構造　第3章「罪」対「責任」―ハンナ・アーレントをめぐるひとつの読解、そして実践的批評　第4章 社会的つながりモデル　第5章 国境を越える責任　第6章 責任を避ける　第7章 責任と歴史的な不正義〔08473〕

ヤング, キャサリン・K. Young, Katherine K.

◇広がるミサンドリー―ポピュラーカルチャー、メディアにおける男性差別（Spreading Misandryの抄訳）　ポール・ナサンソン, キャサリン・K.ヤング著, 久米泰介訳　彩流社　2016.9　453p　22cm　4500円　①978-4-7791-2215-6

内容 第1章 ポピュラーカルチャーの中のミサンドリー　第2章 笑われる男性―最後のボードビル　第3章 男性への見下し―分離するが不平等　第4章 無視される男性―女性と共に孤独　第5章 責められる男性―自分たち自身の歴史　第6章 男性の人間性の剥奪―悪人から獣へ　第7章 男性の悪魔化―悪とは男のことである　第8章 イデオロギーのために世界を平和にする―ミサンドリーのルーツ　第9章 結論〔08474〕

ヤング, サラ Young, Sarah

◇わたしの希望があなたを永遠に守る―主の愛に思いを馳せる150の黙想（Jesus Today）　サラ・ヤング著, 佐藤知津子訳　いのちのことば社

2015.1　283p　19cm　〈索引あり〉1600円　①978-4-264-03277-9　〔08475〕

◇ジーザス・コーリング―バイブルストーリーブック（Jesus Calling Bible Storybook）　サラ・ヤング著, 尾野庸子訳, キャロリーナ・ファリアス絵　アイシーメディックス　2015.7　256p　21cm　〈発売：星雲社〉2500円　①978-4-434-20607-8

内容 旧約聖書（神さまの大きな計画　神さま、はじめての家族を造られる　アダムとエバの大きな過ち　カインとアベル、二人の兄弟 ほか）　新約聖書（マリヤ、天使に会う　ヨハネという名の赤ちゃん　神さまはここに！　少年のイエスさま ほか）　〔08476〕

ヤング, ジョン・M.L.　Young, John M.L.

◇真理に自由がある―戦争時の捕虜の扱いから知る（From Frozen Rage to Inner Peace）　スティーブ・T.ヤング, ジョン・M.L.ヤング著, 川崎豊, ブラウン尚子訳, 村瀬俊夫, 井上圭典監修　アイシーメディックス　2015.7　173p　19cm　〈文献あり　発売：星雲社〉1000円　①978-4-434-20608-5

内容 1 日本軍の連合捕虜に対する待遇　2 戦争捕虜体験の後遺症　3 武士道　4 戦争イデオロギーと捕虜　5 真理と正義を求めて　6 捕虜収容所の一日本人通訳　7 偉大なる癒し主　付録 仏教における大変革　〔08477〕

ヤング, スティーブ・T.　Young, Stephen T.

◇真理に自由がある―戦争時の捕虜の扱いから知る（From Frozen Rage to Inner Peace）　スティーブ・T.ヤング, ジョン・M.L.ヤング著, 川崎豊, ブラウン尚子訳, 村瀬俊夫, 井上圭典監修　アイシーメディックス　2015.7　173p　19cm　〈文献あり　発売：星雲社〉1000円　①978-4-434-20608-5

内容 1 日本軍の連合捕虜に対する待遇　2 戦争捕虜体験の後遺症　3 武士道　4 戦争イデオロギーと捕虜　5 真理と正義を求めて　6 捕虜収容所の一日本人通訳　7 偉大なる癒し主　付録 仏教における大変革　〔08478〕

ヤング, ブラッド

◇共観福音書が語るユダヤ人イエス　共観福音書研究エルサレム学派編著, 有馬七郎, 河合一充訳　ミルトス　2016.3　348p　19cm　〈「イエス時代の背景」（1992年刊）と「主の祈りのユダヤ的背景」（1998年刊）ほかからの改題、再編集、改訂版　索引あり〉2000円　①978-4-89586-160-1

内容 『主の祈り』のユダヤ的背景（ブラッド・ヤング著, 河合一充訳）　〔08479〕

ヤング, リサ

◇離別後の親子関係を問い直す―子どもの福祉と家事実務の架け橋をめざして　小川富之, 高橋睦子, 立石直子編　京都　法律文化社　2016.2　196p　21cm　3200円　①978-4-589-03730-5

内容 オーストラリアの家族法をめぐる近年の動向（リサ・ヤング著, 高橋睦子, 立石直子監訳）　〔08480〕

ヤンシー, フィリップ　Yancey, Philip

◇消え去らない疑問―悲劇の地で、神はどうして…（The Question That Never Goes Away）　フィリップ・ヤンシー著, 山下章子訳　いのちのことば社　2014.7　191p　19cm　1300円　①978-4-264-03243-4

内容 第1部 神はどこにおられるのか（繰り返される疑問　沈鬱なクリスマス）　第2部 「なぜだか知りたい！」（最初に揺れが来て、そのあと津波が押し寄せた　悲劇の顔 ほか）　第3部 神が寝過ごされたとき（「なぜ、そのような蛮行が」　目が見えず、歯もない世界 ほか）　第4部 悪を癒す（悲しみにくれる町　消防署の中で ほか）　第5部 三つの過酷な試練　〔08481〕

◇隠された恵―“福音”は良き知らせになっているのか（Vanishing Grace）　フィリップ・ヤンシー著, 山下章子訳　いのちのことば社　2015.11　463p　19cm　〈文献あり〉2400円　①978-4-264-03442-1

内容 第1部 渇いている世界（大きな隔たり　危機に瀕している恵み　渇いている魂　良き知らせの回復）　第2部 恵みを運ぶ人々（信仰の“旅人”　活動家　芸術家）　第3部 福音は本当に“良き知らせ”なのか（信仰は重要か　ほかにだれかいるのだろうか―神についての問い　私たちはなぜ、ここにいるのか―人間についての問い　いかに生きるべきか―社会に関わる問い）　第4部 信仰と文化（不安定なパートナー―クリスチャンと政治　聖なる転覆）　〔08482〕

ヤンセン, ニルス

◇ヨーロッパ意思表示論の展開と民法改正―ハイン・ケッツ教授古稀記念（Störungen der Willensbildung bei Vertragsschluss）　R.ツィンマーマン編集, 半田吉信訳著　信山社　2014.6　287p　22cm　（総合叢書 2―〔民法〕）〈索引あり〉8800円　①978-4-7972-5452-5

内容 重い負担となる約束の真摯さのコントロール（ニルス・ヤンセン著）　〔08483〕

ヤンツ, ジョン　Jantsch, John

◇コミットする力―いつもの仕事をスペシャルな冒険に変える（THE COMMITMENT ENGINE）　ジョン・ヤンツ著, 高橋璃子訳　阪急コミュニケーションズ　2014.9　189p　19cm　1500円　①978-4-484-14114-5

内容 第1章 目的―あなたはなぜ、働くのか　第2章 集中―内なる自分を発見する　第3章 具体化―夢をビジネスに進化させる　第4章 共有―すぐれたリーダーはすぐれた語り手である　第5章 メンバー―社員のパフォーマンスを最大限に引き出す　第6章 計画と実行―計画を制するものは仕事を制する　第7章 成長―仕事は成長の場である　第8章 コミュニティ―すぐれたビジネスは人をつなげる　第9章 ストーリー―誰もが主役になりたがっている　第10章 拡大―世の中に価値を広めよう　〔08484〕

ヤンポルスカヤ, アンナ

◇顔とその彼方―レヴィナス『全体性と無限』のプリズム　合田正人編　知泉書館　2014.2　234, 5p　22cm　（明治大学人文科学研究所叢書）〈索引あり〉4200円　①978-4-86285-178-9

内容 レヴィナスとコイレにおける無限の観念（アンナ・ヤンポルスカヤ著, 柿並良佑訳）　〔08485〕

ヤ

【ユ】

ユ

ユ, キツシュン*　兪 吉濬
⇒ユ, ギルチュン

ユ, ギルチュン　兪 吉濬
◇朝鮮開化派選集―金玉均・朴泳孝・兪吉濬・徐載弼　金玉均, 朴泳孝, 兪吉濬, 徐載弼〔著〕, 月脚達彦訳注　平凡社　2014.4　310p　18cm　（東洋文庫 848）〈布装　文献あり 年表あり〉2900円　①978-4-582-80848-3
内容 甲申日録（金玉均）　建白書（朴泳孝）　中立論（兪吉濬）『西遊見聞』（兪吉濬）（抄）（第三編「邦国の権利」　第4編「人民の権利」「人世の競励」　第5編「政府の始初」「政府の種類」　第十四編 開化の等級）　独立新聞創刊辞（徐載弼）〔08486〕

ユ, コウシュン*　兪 弘濬
⇒ユ, ホンジュン

ユ, コクメイ*　喩 国明
◇中国発展報告―最新版　陳雨露監修, 袁衛, 彭非編著, 日中翻訳学院監訳, 平間初美訳　日本僑報社（発売）　2015.7　375p　21cm　〈他言語標題：STUDIES ON CHINA'S DEVELOPMENT INDEX〉3800円　①978-4-86185-178-0
内容 中国社会の世情分析（喩国明, 李彪著）〔08487〕

ユ, シミン　柳 時敏
◇ボクの韓国現代史―1959-2014　ユシミン著, 萩原恵美訳　三一書房　2016.1　405p　19cm　〈年表あり〉2500円　①978-4-380-15009-8
内容 プロローグ プチブル・リベラルの歴史体験　第1章 歴史の地層を横断する――九五九年と二〇一四年の韓国　第2章 4・19と5・16―難民キャンプで生まれた二卵性双生児韓国　第3章 経済発展の光と影―絶対貧困、高度成長、格差社会　第4章 韓国型の民主化―全国的な都市蜂起による民主主義政治　第5章 社会文化の急激な変化―社会文化の急激な変化　第6章 南北関係七〇年―偽りの革命と偽りの恐怖の敵対的共存　エピローグ セウォル号の悲劇、僕らの中の未来〔08488〕

ユー, ジョセフ　Yu, Joseph
◇誰でもわかる正統派風水（THE COMPLETE IDIOT'S GUIDE TO Feng Shui 原著第3版の翻訳）　エリザベス・モラン, マスター・ジョセフ・ユー, マスター・ヴァル・ビクタシェフ著, 島内大乾訳　太玄社　2014.2　486p　21cm　〈文献あり 索引あり　発売：ナチュラルスピリット〉3000円　①978-4-906724-10-9
内容 1 風水を知ろう　2 風水の基礎理論　3 環境を理解する　4 風水のメカニズム　5 実際の応用方法　6 運命もしくは自由意志―あなたの運命は？〔08489〕

ユ, ジョンピル　柳 鍾珌
◇世界の図書館―夢を育む知のミュージアム　柳鍾珌著, ジェイ・ティー・シーアイ訳, 塚原正彦監修　日本地域資源研究所　2016.9　466p　21cm　〈文献あり〉2500円　①978-4-907106-01-0〔08490〕

ユ, スンハ　柳 舜夏
◇韓国人の癇癪日本人の微笑み　柳舜夏著, 河鐘基, 藤原修平訳　小学館　2014.12　318p　19cm　1400円　①978-4-09-389753-2〔08491〕

ユ, ホンジュン　兪 弘濬
◇日本の中の朝鮮をゆく　九州編　光は朝鮮半島から　兪弘濬〔著〕, 橋本繁訳　岩波書店　2015.1　257p　20cm　2800円　①978-4-00-061009-4
内容 第1部 北部九州（吉野ヶ里―光は朝鮮半島から　肥前名護屋城と玄海灘―玄海灘の海は傷みの歴史を秘して　唐津―日本の関門に残っている朝鮮文化の痕跡　有田―陶磁の神、朝鮮陶工李参平　有田・伊万里―秘窯の村には陶工無縁塔が　武雄・太宰府―その時そんなことがあったのか）　第2部 南部九州（鹿児島―桜島の火山灰はいまも飛んでいる　美山の薩摩焼―故郷難忘　宮崎南郷村―そこにそれがあるので私は行く）〔08492〕
◇日本の中の朝鮮をゆく　飛鳥・奈良編　飛鳥の原に百済の花が咲きました　兪弘濬〔著〕, 橋本繁訳　岩波書店　2015.2　224p　20cm　2600円　①978-4-00-061024-7
内容 飛鳥・奈良踏査―渡来文化の足跡　第1部 飛鳥（近つ飛鳥―百済人、加耶人の移民開拓史　高松塚古墳と石舞台―渡来人神社に捧げる一輪のツバキ　橘寺と飛鳥寺―飛鳥の原に百済の花が咲きました　斑鳩の法隆寺―私はそこに長く留まらざるをえなかった）　第2部 奈良（奈良の名勝と博物館―我々の昔の姿をここに見る　興福寺―廃仏毀釈も犯せなかった美　東大寺―東大寺に行ったら三月堂まで上がりなさい　薬師寺と唐招提寺―東塔は歌い、彫刻像は呼吸する）〔08493〕

ユー, マイケル　Yoo, Michael
◇「日本」が世界で畏れられる理由（わけ）―韓国人ジャーナリストがここまで書いた　マイケル・ユー著, 宋允復訳　KADOKAWA　2015.10　254p　19cm　1400円　①978-4-04-601127-5
内容 第1章 日本と日本人　第2章 空気を読む日本人と空気で動く日本　第3章 日本集団主義の「狂気」と「強さ」　第4章 日本のソフトパワー　第5章 2020年東京オリンピックと韓国　第6章 深化する日米同盟　第7章 太平洋戦争の遺産　第8章 懺悔をしない日本〔08494〕

ユイス, バユス
◇「世界の特別ニーズ教育と社会開発」シリーズ 3　スペイン語圏のインクルーシブ教育と福祉の課題―スペイン、メキシコ、キューバ、チリ　黒田学編　京都　クリエイツかもがわ　2016.3　173p　21cm　〈他言語標題：THE COMPARATIVE STUDIES SERIES IN SPECIAL NEEDS EDUCATION AND SOCIAL DEVELOPMENT〉2000円　①978-4-86342-185-1
内容 キューバ・ハバナにおける障害児教育の実情（黒田学, 小西豊, 荒木穂積, バユス・ユイス, 平沼博将, 坂井清泰, 向井啓二, 仲春奈著, 荒木穂積訳）〔08495〕

ユウ, ゲッシ 熊 月之

◇馮桂芬評伝 熊月之著, 河野明訳 大阪 河野明 2016.4 378p 22cm 〈私家本 著作目録あり 文献あり 年譜あり〉 〔08496〕

ユウ, チョウウ* 熊 澄宇

◇転換を模索する中国―改革こそが生き残る道 高尚全主編, 岡本信広監訳, 岡本恵子訳 科学出版社東京 2015.6 375p 21cm 4800円 ①978-4-907051-34-1

内容 文化立国に向けて（熊澄宇著） 〔08497〕

ユウ, ヒョウ* 游 彪

◇宋代史から考える 『宋代史から考える』編集委員会編 汲古書院 2016.7 455, 20p 22cm 12000円 ①978-4-7629-6557-9

内容 家族史の構築：宋朝士人階層の精神的故郷（游彪著, 河野峰生, 小二田章訳） 〔08498〕

ユーウィン, ダブニー Ewin, Dabney M.

◇催眠をはじめるときに知っておきたかった101のこと（101 things I wish I'd known when I started using hypnosis） ダブニー・ユーウィン著, 福井義一訳 金剛出版 2016.11 225p 20cm 〈文献あり〉 2600円 ①978-4-7724-1526-2

内容 単語編（～のように思える まだ ほか） 禁煙編（やめる 私は喫煙者です ほか） 痛み編（患者さんに言っていることを信じなくてはなりません あなたが必要なだけの快適さを手に入れるでしょう ほか） 技術編（満タンの膀胱 誘導 ほか） 何でも知恵袋（左右脳機能にノーベル賞を 左と右はタイトルと絵柄です ほか） 〔08499〕

ユウィング, エリザベス Ewing, Elizabeth

◇こども服の歴史（History of Children's Costume） エリザベス・ユウィング著, 能沢慧子, 杉浦悦子訳 東京堂出版 2016.8 300p 22cm 〈文献あり〉 2800円 ①978-4-490-20944-0

内容 スワドリングと服従 大人のファッションの模倣 最初の改革者と最初のファッション 18世紀のこども服についての回想 黄金時代の終焉 ドレスアップか普段着か ヴィクトリア朝 変化する女の子のファッション 戻ってきた衣服の改革 学校の制服 「こどもの世紀」鈍いスタート さらなる自由とアメリカの影響 法令による衣服 第二次世界大戦 大量生産の巨人 現在 〔08500〕

憂慮する科学者同盟

◇実録FUKUSHIMA―アメリカも震撼させた核災害（FUKUSHIMA） デイビッド・ロックバウム, エドウィン・ライマン, スーザン・Q.ストラナハン, 憂慮する科学者同盟〔著〕, 水田賢政訳 岩波書店 2015.10 390, 8p 20cm 〈文献あり 索引あり〉 3400円 ①978-4-00-005471-3

内容 二〇一一年三月一一日「これまで考えたことのなかった事態」 二〇一一年三月一二日「本当にひどいことになるかもしれない」 二〇一一年三月一二日から一四日「いったいどうなってるんだ！」 二〇一一年三月一五日から一八日「一層悪くなっていくと思います」 幕間―答を探す「県民の不安や怒りは極限に達している」 二〇一一年三月一九日から二〇日「最悪のケースを教えてくれ」 もう一つの三月、もう一つの国、もう一つの炉心溶融 二〇一一年三月二一日から一二月「安全確保という考え方だけでは律することができない」 不合理な保証 「この会議は非公開ですよね？」 二〇一二年「本当に大丈夫なのか。きちんと国民に説明すべきである」 あっという間にしぼんでいく機会 福島の事後分析 何が起こったのか？ 〔08501〕

ユーザス, クリスティ Yuthas, Kristi

◇社会的インパクトとは何か―社会変革のための投資・評価・事業戦略ガイド（Measuring and Improving Social Impacts） マーク・J.エプスタイン, クリスティ・ユーザス著, 鵜尾雅隆, 鴨崎貴泰監訳, 松本裕訳 英治出版 2015.10 333p 22cm 〈文献あり〉 3500円 ①978-4-86276-207-8

内容 第1部 何を投資するのか？（社会的インパクト創造サイクル 投資家を理解する） 第2部 どの問題に取り組むのか？（問題を理解する 投資の選択肢を理解する） 第3部 どのような手順を踏むのか？（社会的インパクトがどのように生み出されるのか 行動をインパクトにつなげる） 第4部 成功はどのように測定するのか？（測定の基本 測定手法 インパクトを測定する） 第5部 インパクトを大きくするにはどうすればいいのか？（社会的インパクト測定の成熟度 インパクトを大きくする 行動への呼びかけ） 〔08502〕

ユシーム, マイケル Useem, Michael

◇取締役会の仕事―先頭に立つとき、協力するとき、沈黙すべきとき（BOARDS THAT LEAD） ラム・チャラン, デニス・ケアリー, マイケル・ユシーム著, 川添節子訳 日経BP社 2014.12 338p 21cm 〈文献あり 索引あり 発売：日経BPマーケティング〉 2000円 ①978-4-8222-5061-4

内容 形式的な役職から監視役、そしてリーダーへ 1 機能する取締役会（もっとも大切なこと―基本理念を決める 価値を創造する取締役を雇う 機能不全を取り除く ボードリーダー、求む） 2 リーダーをリードする（CEOの承継―究極の決断 適任者を探す CEOを解雇する） 3 価値を創造する（リスクをチャンスに変える 距離を置く リーダーシップの有無がもたらすもの コーポレート・ガバナンスを再定義する） 〔08503〕

ユスフザイ, マララ Yousafzai, Malala

◇マララ―教育のために立ち上がり、世界を変えた少女（I Am Malala） マララ・ユスフザイ, パトリシア・マコーミック著, 道伝愛子訳 岩崎書店 2014.10 289p 図版16p 20cm 〈年表あり〉 1700円 ①978-4-265-86013-5

内容 第1部 タリバンがやってくる前（鳥のように自由に 夢 ほか） 第2部 渓谷をおおう影（ラジオ・ムッラー スワート渓谷のタリバン ほか） 第3部 声をあげはじめる（発言の機会 ある女子生徒の日記 ほか） 第4部 タリバンの標的（殺害予告 春のきざし ほか） 第5部 新たな生活、故郷を遠く離れて（バーミンガムという町 問題と解決 ほか） 〔08504〕

ユニセフ・イノチェンティ研究所

◇不況の中の子どもたち―先進諸国における経済危

ユ

機が子どもの幸福度に及ぼす影響（Children of the recession）　ユニセフ・イノチェンティ研究所著, 日本ユニセフ協会広報室訳　日本ユニセフ協会　2014.12　4, 48p　30cm　（イノチェンティレポートカード Innocenti report card 12）〔08505〕

◇子どもたちのための公平性―先進諸国における子どもたちの幸福度の格差に関する順位表 日本語版（Fairness for children）　ユニセフ・イノチェンティ研究所著, 日本ユニセフ協会広報室訳　日本ユニセフ協会　2016.4　2, 48p　30cm　（イノチェンティレポートカード Innocenti report card 13）〔08506〕

ユヌス, ムハマド　Yunus, Muhammad

◇ムハマド・ユヌス自伝　上（VERS UN MONDE SANS PAUVRETÉ）　ムハマド・ユヌス, アラン・ジョリ著, 猪熊弘子訳　早川書房　2015.9　289p　16cm　（ハヤカワ文庫 NF 444）〈1998年刊の上下2分冊〉880円　①978-4-15-050444-1

内容 第1部 はじまり（一九四〇年〜一九七六年）―ジョブラ村から世界銀行へ（ジョブラ村にて―教科書から実践へ　世界銀行との関係　チッタゴン、ボクシラート通り二〇番地　少年時代の情熱　アメリカ留学（一九六五年〜一九七二年）　結婚とバングラデシュ独立（一九六七年〜一九七一年）　チッタゴン大学時代（一九七二年〜一九七四年）　三人農場での実験（一九七四年〜一九七六年）　銀行経営に乗り出す（一九七六年六月））　第2部 実験段階（一九七六年〜一九七九年）（男性ではなく女性に貸す理由　パルダで隠されている女性たち　グラミンの女性行員　グラミンに参加する方法　返済方法　グラミンと一般の銀行との違い　農業銀行の実験プロジェクト（一九七七年〜一九七九年）　聖なるイードの日（一九七七年））〔08507〕

◇ムハマド・ユヌス自伝　下（VERS UN MONDE SANS PAUVRETÉ）　ムハマド・ユヌス, アラン・ジョリ著, 猪熊弘子訳　早川書房　2015.9　313p　16cm　（ハヤカワ文庫 NF 445）〈1998年刊の上下2分冊〉880円　①978-4-15-050445-8

内容 第3部 創造（一九七九年〜一九九〇年）（最初はゆっくり始めよう（一九七八年〜一九八三年）　心の壁を打ち破る ほか）　第4部 世界への広がり（世界のマイクロクレジット組織　合衆国での展開 ほか）　第5部 哲学（経済学の発見―社会の意識が自由市場を操る　自己雇用の原点に戻る ほか）　第6部 新たなる展開（一九九〇年〜一九九七年）（住宅ローン・プログラム　健康プログラム ほか）　第7部 新しい世界へ（最も貧しい人々を助ける世界　マイクロクレジット・サミット ほか）〔08508〕

ユーライト, ウルリケ

◇現代ドイツへの視座―歴史学的アプローチ　1　想起の文化とグローバル市民社会　石田勇治, 福永美和子編　勉誠出版　2016.8　434p　22cm　〈他言語標題：Neue Forschungen zur deutschen Zeitgeschichte〉5200円　①978-4-585-22512-6

内容 公的資源としての歴史（ウルリケ・ユーライト著, 石田勇治訳）〔08509〕

ユーリー, ウィリアム　Ury, William

◇ハーバード流最後までブレない交渉術―自分を見失わず、本当の望みをかなえる（GETTING TO YES WITH YOURSELF）　ウィリアム・ユーリー著, 中川治子訳　日本経済新聞出版社　2015.6　217p　19cm　1600円　①978-4-532-32009-6

内容 自分にYES（自分という「最強の敵」を理解する―自己批判から自己認識へ　何があってもブレない「インナー・バトナ」を養う―非難から自己責任へ）　人生にYES（逆境にあっても「世界は自分の味方だ」と信じる―敵意から安らぎへ　うまくいかないときこそ「ゾーン」にとどまる―抵抗から受容へ）　相手にYES（どんな許しがたい相手でも尊重する―排斥から包容へ　ウィン - ルーズの罠からぬけだし、与え合う―ウィン - ウィン - ウィンへと導く）〔08510〕

ユリーチェク, ヤーン　Juríček, Ján

◇彗星と飛行機と幻の祖国と―ミラン・ラスチスラウ・シチェファーニクの生涯（Milan Rastislav Štefánik vedec・politik・diplomat・letec・generál・minister・človek（第4版））　ヤーン・ユリーチェク〔著〕, 長与進訳　横浜　成文社　2015.11　334p　22cm　〈折り込 1枚　文献あり〉4000円　①978-4-86520-012-6

内容 コシャリスカー村・プレシポロク・ショプロニ・サルヴァシ（一八八〇 - 九八年）　プラハ・コシャリスカー村（一八九八 - 一九〇〇年）　プラハ・スイス・イタリア（一九〇〇 - 〇四年）　パリ・モンブラン・スペイン・イギリス・コシャリスカー村（一九〇四 - 〇五年）　パリ・モンブラン・ロシア・トゥルケスタン・プラハ・スロヴァキア（一九〇六 - 〇七年）　パリ・モンブラン・シャモニー・北アフリカ・ロンドン（一九〇八 - 〇九年）　アメリカ合衆国・タヒチ島・ニュージーランド・ヴァヴァウ島（一九一〇 - 一一年）　コシャリスカー村・パリ・プラハ・ブラジル（一九一一 - 一三年）　パリ・アメリカ合衆国・パナマ・エクアドル（一九一三年）　フランス・モロッコ・アラスの前線（一九一四 - 一五年）　セルビア戦線・アルバニア上空・イタリア（一九一五年）　パリ（一九一九 - 一六年）　イタリア・パリ・ロシア・ルーマニア（一九一六 - 一七年）　ロシア・ロンドン・パリ・ローマ・アメリカ合衆国（一九一七年）　パリ・ローマ（一九一七 - 一八年）　パリ・アメリカ合衆国・日本（一九一八年）　シベリア・ハルビン・ウラル戦線（一九一八 - 一九年）　上海・パリ・イタリア・ヴァイノリ近郊（一九一九年）〔08511〕

ユール*　Jul

◇賢者の惑星―世界の哲学者百科（LA PLANÈTE DES SAGES）　JUL絵, シャルル・ペパン文, 平野暁人訳　明石書店　2014.10　126p　31cm　〈索引あり〉2700円　①978-4-7503-4094-4

内容 デカルト―コギト　モンテーニュ―妄想録　キルケゴール―デンマーク人といえばやっぱり　ディオゲネス―円米　ニーチェ―ツァラトゥストラはかく産卵し　ライプニッツ―波…　ハイデッガー―我がダーザインにおけるダダイズム　孔子―こうしなきゃダメ！　トマス・アクィナス―ププッピ・デュー　ヘラクレイトス―エフェソス・ビーチにて〔ほか〕〔08512〕

ユルドゥルム, ユスフ・エルソイ　Yildirim, Yusuf Ersoy

◇トルコと日本の経済・経営関係―国際共同研究　関根謙司, ユスフ・エルソイ・ユルドゥルム, 川辺信雄編著　文京学院大学総合研究所　2016.6　180p　26cm　（文京学院大学総合研究所叢書 2）〈他言語標題：The Economic and Business

ユ

Relations between Turkey and Japan 発売：冨山房インターナショナル〉2500円 ①978-4-86600-015-2
内容 トルコの農業（ユスフ・エルソイ・ユルドゥルム著, 杉山剛訳）〔08513〕

ユン, ジェウン* 尹 載云

◇古代環東海交流史 1 高句麗と倭 東北亜歴史財団編著, 羅幸柱監訳, 橋本繁訳 明石書店 2015.7 253p 22cm 〈索引あり〉7200円 ①978-4-7503-4181-1
内容 東海航路の由来と経路（尹載云著）〔08514〕

◇古代環東海交流史 2 渤海と日本 東北亜歴史財団編著, 羅幸柱監訳, 橋本繁訳 明石書店 2015.7 251p 22cm 〈索引あり〉7200円 ①978-4-7503-4182-8
内容 渤海の首領 他（尹載云著）〔08515〕

ユン, ビョンソク* 尹 炳奭

◇安重根と東洋平和論 李泰鎮, 安重根ハルピン学会編著, 勝村誠, 安重根東洋平和論研究会監訳 日本評論社 2016.9 421p 22cm 〈文献あり 索引あり〉6000円 ①978-4-535-58690-1
内容 安重根のハルピン義挙100周年の省察（尹炳奭著, 藤井幸之助訳）〔08516〕

ユン, ベネディクト・カンユップ

◇アジアにおけるイエズス会大学の役割 高祖敏明, サリ・アガスティン共編 上智大学出版 2015.12 253p 21cm 〈発売：ぎょうせい〉2500円 ①978-4-324-09945-2
内容 韓国におけるカトリック教育/1960年以降の課題への応答の歴史（ベネディクト・カンユップ・ユン著）〔08517〕

ユンカーマン, ジャン

◇正義への責任―世界から沖縄へ 2 琉球新報社編, 乗松聡子監修・翻訳 那覇 琉球新報社 2016.6 77p 21cm 〈発売：琉球プロジェクト（〔那覇〕）〉565円 ①978-4-89742-208-4
内容 言語道断の新基地計画―差別と戦利品扱い根源に（ジャン・ユンカーマン）〔08518〕

ユング, カール・グスターフ Jung, Carl Gustav

◇赤の書（THE RED BOOK） C.G.ユング著, ソヌ・シャムダサーニ編, 河合俊雄監訳, 河合俊雄, 田中康裕, 高月玲子, 猪股剛訳 テキスト版 大阪 創元社 2014.8 687p 21cm 4500円 ①978-4-422-11577-1〔08519〕

◇ユング著作集 1 人間のタイプ カール・グスターフ・ユング著 高橋義孝訳 〔改装版〕デジタル・オンデマンド版 日本教文社 2014.8 305, 5p 21cm 〈印刷・製本：デジタル・オンデマンド出版センター〉2500円 ①978-4-531-02651-7
内容 第1部 タイプの一般的叙述（外向型（意識の一般的態度 無意識の態度 外向的態度における心理的根本諸機能の諸特性） 内向型（意識の一般的態度 無意識の態度 内向的態度における心理的根本諸機能の諸特性）） 第2部 定義―全59項（抽象（抽象化とも）情緒性 激情（興奮）ほか）〔08520〕

◇ユング著作集 4 人間心理と宗教 カール・グスターフ・ユング著 浜川祥枝訳 〔改装版〕デジタル・オンデマンド版 日本教文社 2014.8 306, 7p 21cm 〈印刷・製本：デジタル・オンデマンド出版センター〉2500円 ①978-4-531-02654-8
内容 人間心理と宗教（無意識の自立性 ドグマと自然的象徴 ある自然的象徴の歴史とその心理的構造） 東洋的瞑想の心理 ヨーロッパの女性〔08521〕

◇ユング著作集 2 現代人のたましい カール・グスターフ・ユング著 高橋義孝, 江野専次郎訳 〔改装版〕デジタル・オンデマンド版 日本教文社 2014.12 307, 5p 21cm 〈印刷・製本：デジタル・オンデマンド出版センター〉3500円 ①978-4-531-02652-4
内容 1 近代精神治療学の諸問題 2 分析的心理学と文学作品との諸関係について 3 心の構造 4 心と大地 5 古代的人間 6 心理学的関係としての結婚 7 精神と生命 8 現代人の魂の問題〔08522〕

◇ユング著作集 3 こころの構造（Wirklichkeit der Seeleの抄訳） カール・グスターフ・ユング著 江野専次郎訳 〔改装版〕デジタル・オンデマンド版 日本教文社 2015.4 254, 7p 21cm 〈印刷・製本：デジタル・オンデマンド出版センター〉2900円 ①978-4-531-02653-1
内容 1 現代心理学の根本問題 2 心理学の現代的意義 3 夢分析の実用性 4 文化史的現象としてのジークムント・フロイト 5 ユリシーズ 6 ピカソ論 7 人格の形成について 8 魂と死〔08523〕

◇ユング著作集 5 人間心理と教育（Analytische Psychologie und Erziehung, Konflikte der kindlichen Seele, Der Begabte, Zur Phänomenologie des Geistes im Märchen） カール・グスターフ・ユング著 西丸四方訳 〔改装版〕デジタル・オンデマンド版 日本教文社 2015.6 253, 7p 21cm 〈印刷・製本：デジタル・オンデマンド出版センター〉2900円 ①978-4-531-02655-5
内容 心理学と教育（分析的心理学と教育―三つの講義 子供の心の葛藤について 秀才） お伽噺の精神の現象学（「精神」という言葉について 夢における精神の自己示現 お伽噺における精神 お伽噺で精神の象徴が獣の姿をとること 附録 結語）〔08524〕

◇個性化とマンダラ C.G.ユング〔著〕, 林道義訳 新装版 みすず書房 2016.8 280p 図版12p 20cm 3600円 ①978-4-622-08548-5
内容 1 生まれ変わりについて 2 意識、無意識、および個性化 3 個性化過程の経験について 4 マンダラ・シンボルについて 5 マンダラ〔08525〕

◇心理療法論 C.G.ユング〔著〕, 林道義編訳 新装版 みすず書房 2016.8 159p 20cm 2800円 ①978-4-622-08547-8
内容 1 臨床的心理療法の基本 2 心理療法の目標 3 心理療法と世界観 4 心理学から見た良心 5 分析心理学における善と悪 6 ナチズムと心理療法〔08526〕

◇転移の心理学（DIE PSYCHOLOGIE DER ÜBERTRAGUNG） C.G.ユング〔著〕, 林道義, 磯上恵子訳 新装版 みすず書房 2016.8 288, 25p 20cm 〈索引あり〉3700円 ①978-4-622-08549-2

ユ

内容 第1章 メルクリウスの泉　第2章 王と女王　第3章 裸の真実　第4章 浴槽の水に漬かること　第5章 結合　第6章 死　第7章 魂の上昇　第8章 浄化　第9章 魂の帰還　第10章 新たな誕生 〔08527〕

◇ユング夢分析論　C.G.ユング〔著〕, 横山博監訳, 大塚紳一郎訳　みすず書房　2016.8　278, 9p　20cm　3400円　①978-4-622-08517-1

内容 夢分析の臨床使用の可能性　夢心理学概論　夢の本質について　夢の分析　数の夢に関する考察　象徴と夢解釈 〔08528〕

ユンケル, ジャン＝クロード

◇安定とその敵（Stability at bay）　Project Syndicate〔編〕　土曜社　2016.2　120, 2p　18cm　（プロジェクトシンジケート叢書）　952円　①978-4-907511-36-4

内容 試される欧州の連帯（ジャン＝クロード・ユンケル著） 〔08529〕

ユンケルマン, マルクス　Junkelmann, Marcus

◇ナポレオンとバイエルン―王国の始まり（Napoleon und Bayern）　マルクス・ユンケルマン著, 辻伸浩訳　堺　銀河書籍　2016.9　371p　21cm　〈文献あり　発売：星雲社〉2800円　①978-4-434-22463-8

内容 フランスとバイエルン　革命の影　旧帝国の崩壊　同盟　バイエルンの解放　王冠　ライン連邦　上からの革命　大陸体制　ナポレオンとカール大公　最も輝かしい進軍　ティロールの反乱　離反　ロシアでの惨事　崩壊　ナポレオンの失墜　一つの時代の終わりと後世への影響 〔08530〕

ユンティラ, ヘンリ　Junttila, Henri

◇人生を大きくジャンプさせるワクワクの見つけ方　ヘンリ・ユンティラ著, 栗宇美帆訳　ヴォイス出版事業部　2015.9　133p　19cm　〈他言語標題：Find Your Passion〉1400円　①978-4-89976-444-1

内容 定義の罠　最終目標　夢が叶う　信じていることと思い込み　あなたの中の教師　個性の発見　強みささやかなスタート　真の願望　やらないでください！　あきらめる　心の声　ふりをする　不可能に見えること　保証　タイムトラベル　激しい怒り　フロー　不確実性　隠れた恩恵　怖れ　お金は大切　死　問題がパッと消える　行動 〔08531〕

◇「考える」より「感じる」を大切にすることが幸せへの近道―理屈や怖れで幸せを邪魔する「頭」を離れ、今のすなおな気持ちを表す「心」に従う生き方へ（FOLLOW YOUR HEART）　ヘンリ・ユンティラ著, 栗宇美帆訳　ヴォイス出版事業部　2016.2　119p　19cm　1400円　①978-4-89976-449-6

内容 つながる　自分の反応に気づく　ベストは無理せず尽くす　心をオープンにする　怖れと友だちになる　本来の自分になる　待つのをやめる　正しい道を進む　シンプルにする　適切な決断をする〔ほか〕 〔08532〕

◇あなたの考えは、あなたをだます（DO WHAT YOU LOVE）　ヘンリ・ユンティラ著, 栗宇美帆訳　ヴォイス出版事業部　2016.9　121p　19cm　〈文献あり〉1400円　①978-4-89976-456-4

内容 行動する勇気を持つ　多すぎるアイデアに困ったら　無意味な時間と有意義な時間　思考と感情　与えること　批判の源　毎瞬がチャンス　壁という名の師　予想できないこと　ローマは一日して成らず〔ほか〕 〔08533〕

【ヨ】

ヨー, ジェフリー　Yeo, Geoffrey

◇レコード・マネジメント・ハンドブック―記録管理・アーカイブズ管理のための（Managing Records）　エリザベス・シェパード, ジェフリー・ヨー共著, 森本祥子, 平野泉, 松崎裕子編・訳, 清原和之, 斎藤柳子, 坂口貴弘, 清水善仁, 白川栄美, 渡辺悦子訳　日外アソシエーツ　2016.6　393p　21cm　〈文献あり 索引あり　発売：紀伊国屋書店〉3700円　①978-4-8169-2611-2

内容 第1章 レコード・マネジメントを理解する　第2章 レコード・マネジメントのコンテクストを分析する　第3章 レコードを分類し、コンテクストをドキュメント化する　第4章 レコードを作成して取り込む　第5章 評価選別、リテンション、処分を管理する　第6章 レコードを保持し完全性を確保する　第7章 アクセスを提供する　第8章 レコード・マネジメントを導入する：実務および管理上の諸問題 〔08534〕

ヨ, シキョウ　余 子俠

◇日本の中国侵略植民地教育史　1　東北編　宋恩栄, 余子俠主編　曲鉄華, 梁清著, 王智新監修, 大森直樹監訳, 楊倩, 張方鼎, 朴明権, 王紫薇訳　明石書店　2016.1　619p　22cm　〈文献あり〉9200円　①978-4-7503-4277-1 〔08535〕

◇日本の中国侵略植民地教育史　2　華北編　宋恩栄, 余子俠主編　余子俠, 宋恩栄著, 王智新監修・監訳, 木村淳訳　明石書店　2016.1　711p　22cm　〈文献あり〉9200円　①978-4-7503-4278-8 〔08536〕

◇日本の中国侵略植民地教育史　3　華東・華中・華南編　宋恩栄, 余子俠主編　曹必宏, 夏軍, 沈嵐著, 王智新監修・監訳, 皮細庚, 王偉軍, 樊士進, 童暁薇訳　明石書店　2016.1　624p　22cm　〈文献あり〉9200円　①978-4-7503-4279-5 〔08537〕

◇日本の中国侵略植民地教育史　4　台湾編　宋恩栄, 余子俠主編　荘明水著, 王智新監修, 趙軍監訳, 椿正美訳　明石書店　2016.1　624p　22cm　〈文献あり〉9200円　①978-4-7503-4280-1 〔08538〕

ヨ, タツキ*　余 達喜

◇国際常民文化研究叢書　第7巻　アジア祭祀芸能の比較研究　神奈川大学国際常民文化研究機構編　横浜　神奈川大学国際常民文化研究機構　2014.10　424p　30cm　〈他言語標題：International Center for Folk Culture Studies monographs　文献あり〉非売品　①978-4-9907018-7-1

内容 中国儺文化と日本の祭祀芸能（余達喜著, 余果訳） 〔08539〕

ヨ

ヨ, ヒン　余 斌
◇さあ『資本論』を読んでみよう　余斌著, 荘厳, 角田史幸訳　こぶし書房　2014.3　323, 2p　20cm（こぶしフォーラム 25）〈索引あり〉3400円 ①978-4-87559-286-0
内容 第1篇 商品と貨幣　第2篇 貨幣の資本への転化（資本主義経済の本質　剰余価値の生産　資本主義経済の急所　資本の蓄積）　第3篇 転形した商品経済（価値の生産価格への転形　商業利潤と地代）　第4篇 金融資本による支配（利子を生む資本　株式資本　インフレーション）　第5篇 新たな社会の曙（絶体絶命の資本主義　自由人の連合体）〔08540〕

ヨウ, イミン*　楊 偉民
◇転換を模索する中国―改革こそが生き残る道　高尚全主編, 岡本信広監訳, 岡本恵子訳　科学出版社東京　2015.6　375p　21cm　4800円 ①978-4-907051-34-1
内容 生態文明の建設（楊偉民著）〔08541〕

ヨウ, キンチ*　楊 鈞池
◇民主と両岸関係についての東アジアの観点　馬場毅, 謝政論編　東方書店（発売）　2014.3　275p　22cm〈索引あり〉4000円 ①978-4-497-21403-4
内容 「アジア太平洋主義」から「東アジア主義」へ（楊鈞池著, 加藤紀子訳）〔08542〕

ヨウ, ケンエイ　葉 剣英
◇ニクソン訪中機密会談録　毛里和子, 毛里興三郎訳　増補決定版　名古屋　名古屋大学出版会　2016.8　336, 8p　20cm〈索引あり〉3600円 ①978-4-8158-0843-3
内容 資料1 一九七二年二月二十一日 毛沢東・ニクソン会談　資料2 一九七二年二月二十一日 第一回全体会談　資料3 一九七二年二月二十二日 ニクソン・周恩来第一回会談　補足資料 一九七二年二月二十三日 キッシンジャー・葉剣英会談　資料4 一九七二年二月二十三日 ニクソン・周恩来第二回会談　資料5 一九七二年二月二十四日 ニクソン・周恩来第三回会談　資料6 一九七二年二月二十五日 ニクソン・周恩来第四回会談　資料7 一九七二年二月二十六日 第二回全体会談　資料8 一九七二年二月二十八日 ニクソン・周恩来第五回会談〔08543〕

ヨウ, コクヒン*　揚 国斌
◇北東アジアの歴史と記憶（Northeast Asia's Difficult Past）　金美景, B.シュウォルツ編著, 千葉真監修, 稲正樹, 福岡和哉, 寺田麻佑訳　勁草書房　2014.5　315, 9p　22cm〈索引あり〉3200円 ①978-4-326-30226-0
内容 代替的ジャンル、新メディア、中国文化大革命の対抗記憶（揚国斌著, 寺田麻佑, 稲正樹訳）〔08544〕

ヨウ, シクン　楊 士勛
◇春秋穀梁伝楊士勛疏―自隠公元年至閔公二年　楊士勛疏, 田中麻紗巳訳　汲古書院　2015.10　398p　27cm　13000円 ①978-4-7629-6560-9〔08545〕

ヨウ, シュケイ　楊 守敬
◇水経注疏訳注　洛水・伊水篇　東洋文庫中国古代地域史研究グループ編　東洋文庫　2015.3　594, 35p　22cm（東洋文庫論叢 第78）〈折り込 1枚〉非売品 ①978-4-8097-0258-7
内容 洛河（洛水）・伊河（伊水）とその流域の都城・集落遺跡 塩沢裕仁 著.『水経注』巻一五にみえる塢について 窪添慶文 著.『水経注疏』訳注凡例.『水経注疏』巻15 洛水・伊水・瀍水・澗水.『水経注疏』影印〔08546〕

ヨウ, ズイショウ*　楊 瑞松
◇漂泊の叙事――九四〇年代東アジアにおける分裂と接触　浜田麻矢, 薛化元, 梅家玲, 唐顥芸編　勉誠出版　2015.12　561p　22cm　8000円 ①978-4-585-29112-1
内容 曖昧な他者（楊瑞松著, 浜田麻矢訳）〔08547〕

ヨウ, チョウキ*　楊 朝暉
◇中国式発展の独自性と普遍性―「中国模式」の提起をめぐって　宇野重昭, 江口伸吾, 李暁東編　国際書院　2016.3　390p　21cm〈索引あり〉3800円 ①978-4-87791-273-4
内容 党の領導の歴史地位と転換（楊朝暉著, 黄宇暁訳）〔08548〕

ヨウ, テキ*　楊 笛
◇歴史をひらく―女性史・ジェンダー史からみる東アジア世界　早川紀代, 秋山洋子, 伊集院葉子, 井上和枝, 金子幸子, 宋連玉編　御茶の水書房　2015.6　252p　22cm　2800円 ①978-4-275-02016-1
内容 南洋の移民（金一虹, 楊笛著, 大橋史恵訳）〔08549〕

ヨウ, ホンケン*　楊 本建
◇変容する華南と華人ネットワークの現在　谷垣真理子, 塩出浩和, 容応萸編　風響社　2014.2　498p　22cm〈文献あり〉6000円 ①978-4-89489-193-7
内容 珠江デルタの地域一体化（毛艶華, 楊本建著, 伊藤博訳）〔08550〕

ヨウ, メイセイ*　葉 明生
◇東アジア海域文化の生成と展開―〈東方地中海〉としての理解　野村伸一編著　風響社　2015.3　750p　22cm（慶応義塾大学東アジア研究所叢書）〈文献あり〉6000円 ①978-4-89489-214-9
内容 閩南傀儡戯と閩南人の社会生活との関係（葉明生著, 道上知弘訳）〔08551〕

ヨガナンダ, パラマハンサ　Yogananda, Paramahansa
◇パラマハンサ・ヨガナンダの友情と結婚（SPIRITUAL RELATIONSHIPS）　パラマハンサ・ヨガナンダ著, 広常仁慧訳　岡山　三雅　2015.4　187p　21cm（叡知シリーズ）〈発売：星雲社〉2000円 ①978-4-434-20551-4
内容 第1章 友情　第2章 利己主義の愚さ　第3章 友人になる方法　第4章 霊的な結婚と家庭生活　第5章 別離と喪失　第6章 すべての友人の友人〔08552〕

ヨシカワ, ヒロシ　吉川 洋
◇リターン・トゥ・ケインズ（THE RETURN TO

ヨ

KEYNES）　ブラッドリー・W.ベイトマン, 平井俊顕, マリア・クリスティーナ・マルクッツォ編, 平井俊顕監訳　東京大学出版会　2014.9　388, 56p　22cm　〈文献あり 索引あり〉5600円　①978-4-13-040262-0

内容 一般理論（吉川洋著, 袴田兆彦訳）〔08553〕

ヨシハラ, トシ　Yoshihara, Toshi

◇太平洋の赤い星―中国の台頭と海洋覇権への野望（Red Star over the Pacific）　トシ・ヨシハラ, ジェイムズ・R.ホームズ著, 山形浩生訳　バジリコ　2014.2　306, 35p　22cm　2400円　①978-4-86238-207-8

内容 第1章 マハンの二つの三叉槍/制海権　第2章 戦略理論家を動員する中国　第3章 ドイツの先例　第4章 中国的性格の艦隊戦術　第5章 海におけるミサイルと対ミサイル　第6章 台頭する中国の海中核抑止　第7章 海のソフトパワー　第8章 アジアにおけるアメリカの海事戦略　第9章 三叉槍/制海権を持つのは誰か？〔08554〕

ヨシポヴィッチ, タチアナ

◇中東欧地域における私法の根源と近年の変革（Geschichtliche Wurzeln und Reformen in mittel-und osteuropäischen Privatrechtsordnungen）　奥田安弘, マルティン・シャウアー編, 奥田安弘訳　八王子　中央大学出版部　2014.11　190p　21cm　（日本比較法研究所翻訳叢書 70）　2400円　①978-4-8057-0371-7

内容 EU法の諸原則と国内私法の発展（タチアナ・ヨシポヴィッチ著）〔08555〕

ヨスコビッツ, ベンジャミン　Yoskovitz, Benjamin

◇Lean Analytics―スタートアップのためのデータ解析と活用法（Lean Analytics）　アリステア・クロール, ベンジャミン・ヨスコビッツ著, 角征典訳　オライリー・ジャパン　2015.1　366p　21cm　（THE LEAN SERIES）〈索引あり　発売：オーム社〉3300円　①978-4-87311-711-9

内容 第1部 自分にウソをつかない（みんなウソつきだスコアのつけ方 ほか）　第2部 今すぐに適切な指標を見つける（アナリティクスフレームワーク　最重要指標の規律 ほか）　第3部 評価基準（追跡する指標はモデルとステージで決まる　もう十分なのか？ ほか）　第4部 リーンアナリティクスを導入する（エンタープライズ市場に売り込む　内側からのリーン：組織内起業家 ほか）〔08556〕

ヨスト, ポール・R.　Yost, Paul R.

◇経験学習によるリーダーシップ開発―米国CCLによる次世代リーダー育成のための実践事例（Experience-Driven Leader Development）　シンシア・D.マッコーレイ,D.スコット・デリュ, ポール・R.ヨスト, シルベスター・テイラー編, 漆嶋稔訳　日本能率協会マネジメントセンター　2016.8　511p　27cm　8800円　①978-4-8207-5929-4

内容 リーダーシップ・マップ：成長を促す経験の特定 他（ポール・ヨスト, ジョイ・ヘレフォード）〔08557〕

ヨースト, J.B.*　Yost, Janice B.

◇エンパワーメント評価の原則と実践―教育、福祉、医療、企業、コミュニティ介入プログラムの改善と活性化に向けて（Empowerment Evaluation Principles in Practice）　D.M.フェターマン,A.ワンダーズマン編著, 笹尾敏明監訳, 玉井航太, 大内潤子訳　風間書房　2014.1　310p　21cm　〈索引あり〉3500円　①978-4-7599-2022-2

内容 エンパワーメント評価と組織の学び（Barry E.Lentz,Pamela S.Imm,Janice B.Yost,Noreen P. Johnson,Christine Barron,Margie Simone Lindberg,Joanne Treistman著, 笹尾敏明, 玉井航太訳）〔08558〕

ヨダー, デイブ　Yoder, Dave

◇ビジュアル新生バチカン―教皇フランシスコの挑戦　デイブ・ヨダー写真, ロバート・ドレイパー文, 高作自子訳　日経ナショナルジオグラフィック社　2016.2　253p　23cm　（NATIONAL GEOGRAPHIC）〈年表あり　発売：日経BPマーケティング〉2800円　①978-4-86313-345-7

内容 新生バチカン　異彩を放つ空間　教皇フランシスコのあゆみ　家族と教皇フランシスコ　バチカンの伝統　多様な儀式　変わりゆく世界　人々に愛される教皇〔08559〕

ヨッツォ, マルクス　Jotzo, Markus

◇「最高の上司」は嫌われる―最強の部下とチームをつくるリーダーの条件（DER CHEF, DEN KEINER MOCHTE）　マルクス・ヨッツォ著, 長谷川圭訳　CCCメディアハウス　2016.7　311p　19cm　1700円　①978-4-484-16106-8

内容 第1章 情熱―与えられた以上の仕事をする部下を育てる方法　第2章 企業の代弁者―「最高の上司」が他人に厳しいわけ　第3章 翼を授ける―チームを自立させる方法　第4章 ボーナス？　それとも…―部下のモチベーションを上げるもの　第5章 山を動かせ―ハードルは高いほうがいい　第6章 垣根を取り払え―一丸となって目標よりも大きな成果を残す方法　第7章 ノーと言える部下―全力を尽くす部下はいらない　第8章 対戦相手―リーダーにもフィードバックが必要　第9章 夢をつかめ―小さなプロジェクトにサヨナラ　第10章 バックアップ―「最高の上司」は毎日がホリデー〔08560〕

ヨッフィー, デイビッド　Yoffie, David B.

◇ストラテジー・ルールズ―ゲイツ、グローブ、ジョブズから学ぶ戦略的思考のガイドライン（STRATEGY RULES）　デイビッド・ヨッフィー, マイケル・クスマノ著, 児島修訳　パブラボ　2016.3　390p　19cm　〈発売：星雲社〉1700円　①978-4-434-21618-3

内容 第1章 未来のビジョンを描き、逆算して今何をすべきかを導き出す　第2章 会社を危険にさらすことなく、大きな賭けをする　第3章 製品だけではなく、プラットフォームとエコシステムを構築する　第4章 パワーとレバレッジを活用する―柔道と相撲の戦術　第5章 個人的な強み（パーソナル・アンカー）を核にして組織をつくる　終章 次世代への教訓〔08561〕

ヨートン, トム　Yorton, Tom

◇なぜ一流の経営者は即興コメディを学ぶのか？

(YES, AND)　ケリー・レオナルド, トム・ヨートン〔著〕, ディスカヴァー・トゥエンティワン編集部訳　ディスカヴァー・トゥエンティワン　2015.4　412p　19cm　1800円　①978-4-7993-1657-3

内容 第1章 笑いのビジネス（コメディの手法をビジネスに応用する　セカンド・シティは革新的なコメディを創造してきた　セカンド・シティのトレーニングが仕事での成功に役立つ ほか）　第2章 イエス、アンド―何もないところから何かを創造する方法（即興劇の演習から気づきが得られる　イエス、アンドとは何か？ …　イエス、バット（はい、ですが）ほか）　第3章 アンサンブルを構築する方法（常に全体の中の一員であることを意識する　アンサンブルを構築する理由　アンサンブルの作業はハードだ…だが努力する価値はある ほか）　第4章 共創―観客とともに舞台を創る（観客の反応に耳を傾ける　組織内での共創を向上させる3つの鍵　あなたの観客との共創を向上させる ほか）　第5章 コメディとインプロビゼーションを使って変革を起こす（企業はコメディを活用できる　コメディの3つの本質的ヨウ素　重要な問題を指摘する ほか）　第6章 失敗を活用する（私たちが犯した有名な失敗の数々　ほら、痛くもかゆくもなかったでしょう？　創造するために失敗する ほか）　第7章 フォロー・ザ・フォロワー（インプロビゼーション・コメディがピーター・ドラッカーに出会う　邪魔をしない　場を読む ほか）　第8章「聞くこと」は「筋肉」だ（われわれは聞く能力を欠いている　聞く練習をしよう　意図を汲み取るために聞く）　〔08562〕

ヨナス, ハンス　Jonas, Hans

◇生命の哲学―有機体と自由（Das Prinzip Leben. Ansätze zu einer philosophischen Biologie）　ハンス・ヨーナス著, 細見和之, 吉本陵訳　新装版　法政大学出版局　2014.10　497, 2p　19cm　（叢書・ウニベルシタス）　5800円　①978-4-588-09991-5

内容 生命の哲学の主題について　存在についての理論における生命と身体の問題　知覚、因果性、目的論　ダーウィニズムの哲学的側面　調和、均衡、生成―体系概念およびそれを生命存在へ適用することについて　神は数学者か？ ―物質交代の意味について　運動と感情―動物の魂について　サイバネティクスと目的――一つの批判　視覚の高貴さ―感覚の現象学の試み　ホモ・ピクトル、あるいは像を描く自由について　有機体の哲学から人間の哲学へ　理論の実践的使用について　グノーシス主義、実存主義、ニヒリズム　不死性とこんにちの実存　〔08563〕

◇グノーシスと古代末期の精神　第1部　神話論的グノーシス（Gnosis und spätantiker Geist）　ハンス・ヨナス〔著〕, 大貫隆訳　ぷねうま舎　2015.9　544p　22cm　6800円　①978-4-906791-49-1

内容 序論 研究史と方法論について　2 神話的形態のグノーシス（グノーシスのロゴス（ことば）　グノーシスの現存在の姿勢　グノーシスの神話論と思弁　グノーシスの新しい本文）　〔08564〕

◇グノーシスと古代末期の精神　第2部　神話論から神秘主義哲学へ（Gnosis und spätantiker Geist）　ハンス・ヨナス〔著〕, 大貫隆訳　ぷねうま舎　2015.10　467, 8p　22cm　〈文献あり〉　6400円　①978-4-906791-50-7

内容 序論 客観化とその形態変化の問題に寄せて　第1章 グノーシスの領域における古代の「徳性」概念の解体　第2章「終末」の先取りとグノーシス的な「徳性」概念の形成　第3章 アレキサンドリアのフィロンにおける神認識、見神、完成　第4章 後二世紀から三世紀へ、あるいは神話論的グノーシスから哲学的・神秘主義的グノーシスへ　第5章 後三世紀の三つの体系その1 オリゲネス　第6章 プロティノスに関する断章　〔08565〕

ヨハネ・パウロ2世　Iohannes Paulus

◇女性の尊厳と使命―使徒的書簡（Mulieris dignitatem）　教皇ヨハネ・パウロ二世著, 初見まり子, 松本三朗訳　カトリック中央協議会　2014.9　215p　15cm　（ペトロ文庫）　〈1991年刊の改訂〉 750円　①978-4-87750-188-4　〔08566〕

◇いつくしみ深い神―教皇ヨハネ・パウロ二世回勅（Dives in misericordia）　教皇ヨハネ・パウロ二世著, 沢田和夫訳　カトリック中央協議会　2015.12　142p　15cm　（ペトロ文庫）　625円　①978-4-87750-196-9

内容 第1章 わたしを見る人は父を見る　第2章 メシア的メッセージ　第3章 旧約　第4章 放蕩息子のたとえ　第5章 復活秘義　第6章 代々に至るあわれみ　第7章 教会の使命における神のいつくしみ　第8章 現代における教会の祈り　〔08567〕

ヨハンソン, ビョルン　Johansson, Bjørn

◇一般化線形モデルを使用した損害保険料率の算定（Non-life insurance pricing with generalized linear models）　エスビョルン・オールソン, ビョルン・ヨハンソン共著, 岩沢宏和監修, 日本アクチュアリー会ASTIN関連研究会訳　日本アクチュアリー会　2014.1　229p　21cm　〈文献あり〉　〔08568〕

ヨハンソン, フランス　Johansson, Frans

◇アイデアは交差点から生まれる―イノベーションを量産する「メディチ・エフェクト」の起こし方（The Medici Effect）　フランス・ヨハンソン著, 幾島幸子訳　阪急コミュニケーションズ　2014.9　277p　19cm　〈「メディチ・インパクト」（ランダムハウス講談社 2005年刊）の改題〉 1700円　①978-4-484-14116-9

内容 第1部 交差点（イノベーションの生まれる場所―サルの心を読んだ人たち　交差点が生まれるとき―シャキーラの音楽とシュレックの感情）　第2部 メディチ・エフェクトを生み出す（垣根を取り払う―ウニ味のキャンデーとダーウィン・フィンチ　連想のバリアを壊す―ヒースロー・トンネルと食べ物のないレストラン　偶発的な概念の組み合わせ―カードゲームと高層マンション　偶発的な組み合わせを見つける―隕石の衝突と暗号解読　アイデアの爆発に火をつける―潜水艦とチューブラー・ベルズ　爆発をわがものにする―マクガイバーとゆでたジャガイモ）　第3部 交差的アイデアを形にする（失敗を乗り越えて実行せよ―暴力と学校のカリキュラム　決してひるまず、成功へと前進する―パームパイロットと逆効果のごほうび　既存のネットワークから飛び出す―アリとトラック運転手　ネットワークからの脱却―ペンギンと瞑想　リスクを引き受け、不安に打ち克つ―飛行機とシリアル・アントレプレナー　公平な目でリスクを測る―ゾウと伝染病　交差点に踏み込め―メディチ・エフェクトを生み出そう）　〔08569〕

ヨプケ, クリスチャン Joppke, Christian
◇ヴェール論争―リベラリズムの試練（VEIL） クリスチャン・ヨプケ著, 伊藤豊, 長谷川一年, 竹島博之訳　法政大学出版局　2015.6　245, 21p　20cm　（サピエンティア 40）〈文献あり 索引あり〉3000円　①978-4-588-60340-2
内容 第1章 西欧におけるイスラムのヘッドスカーフ　第2章 共和国フランスにおける生徒のヘッドスカーフ　第3章 キリスト教的‐西洋的ドイツにおける教師のヘッドスカーフ　第4章 多文化主義国家イギリスにおける過激なヘッドスカーフ　第5章 リベラリズムとムスリムの統合　〔08570〕

ヨーロッパ
⇒欧州も見よ

ヨーロッパの怒れる経済学者たち《Économistes Atterrés》
◇今とは違う経済をつくるための15の政策提言―現状に呆れている経済学者たちの新宣言（NOUVEAU MANIFESTE DES ÉCONOMISTES ATTERRÉS）　ヨーロッパの怒れる経済学者たち著, 的場昭弘監訳, 尾沢和幸訳　作品社　2016.2　205p　19cm　1600円　①978-4-86182-567-5
内容 エコロジー、われらの新たなるフロンティア　平等を経済の原則と定める　産業政策を再構築する　企業ガバナンスに変化を　経済を維持するために給与を引き上げる　完全雇用は実現可能である―経済政策にとっての最重要課題　公共支出を見なおす　社会の結束を高め、環境を守る税制　社会保険―上機嫌で負担金を支払う　別のことを考える指標を　公的債務を罪悪視するのをやめよう　金融を手なずける　貨幣を経済のために使い、中央銀行を改革する　ユーロ―変革すべきか、廃止すべきか？　貿易のルールを考え直す　〔08571〕

ヨングスマ, アーサー・E., Jr. Jongsma, Arthur E., Jr.
◇教育現場で使えるスクールカウンセラーとスクールソーシャルワーカーのための支援計画（THE SCHOOL COUNSELING AND SCHOOL SOCIAL WORK TREATMENT PLANNER）　アーサー・E.ヨングスマ・ジュニア, サラ・エディソン・ナップ著, 田中康雄監修, 東真理子訳　明石書店　2015.6　435p　26cm　（心理治療計画実践ガイド）〈文献あり〉6000円　①978-4-7503-4203-0
内容 学習に関する動機づけ/学習と整理に関するスキル　怒りのマネジメント/攻撃性　不安の軽減　特別支援のための評価　アタッチメント/絆の不足　注意欠如・多動性障害（ADHD）　注意を引くための行動　混合家族　進路相談　喧嘩のマネジメント〔ほか〕　〔08572〕

ヨンセン, イェスパー
◇政治学大図鑑（The Politics Book）　ポール・ケリーほか著, 堀田義太郎日本語版監修, 豊島実和訳　三省堂　2014.9　352p　25cm〈索引あり〉4200円　①978-4-385-16226-3　〔08573〕

ラ

【ラ】

ラ, エイキン* 羅 英均
⇒ナ, ヨンギュン

ラ, エイセイ 羅 永生
◇誰も知らない香港現代思想史　羅永生著, 丸川哲史, 鈴木将久, 羽根次郎編訳　東久留米　共和国　2015.8　357p　19cm〈年表あり〉2700円　①978-4-907986-09-4
内容 1（香港現代思想史―「本土意識」の歩み）　2（冷戦下の脱植民地化―香港「中文公用語化運動」の評論　六〇、七〇年代香港の返還言説）　3（七・一をふりかえる―市民共和のポストコロニアルな主体性の議論とともに　香港は「国民教育運動に従わない」　勇士の凱旋に際して保釣をふりかえる　コンセンサスが崩れた新選挙文化）　4（バーチャル・リベラリズムの終結　植民地主義―一つの見失われた視野　主体性をもった本土性に向けて）　〔08574〕

ラ, コウチュウ 羅 幸柱
⇒ナ, ヘンジュ*

ラ, タイカ* 羅 大華
◇日中法と心理学の課題と共同可能性　浜田寿美男, 馬皚, 山本登志哉, 片成男編著　京都　北大路書房　2014.10　297p　21cm　（法と心理学会叢書）〈索引あり〉4200円　①978-4-7628-2875-1
内容 被疑者の自白に影響する要因とその対策に関する研究（羅大華, 周勇, 趙桂芬著, 山本登志哉訳）〔08575〕

ラ, フクゼン 羅 福全
◇台湾と日本のはざまを生きて―世界人、羅福全の回想　羅福全著, 陳柔縉編著, 小金丸貴志訳　藤原書店　2016.3　342p 図版16p　20cm〈著作目録あり 年譜あり 索引あり〉3600円　①978-4-86578-061-1　〔08576〕

ライ, ブン* 雷 聞
◇東アジアの礼・儀式と支配構造　古瀬奈津子編　吉川弘文館　2016.3　312p　22cm　10000円　①978-4-642-04628-2
内容 "京観"から仏寺へ（雷聞著, 江川式部訳）　〔08577〕

ライ, T.L.* Lai, T.L.
◇ファイナンスのための統計学―統計的アプローチによる評価と意思決定（Statistical models and methods for financial markets）　Tze Leung Lai,Haipeng Xing著, 松原望, 山村吉信訳　東京図書　2016.5　403p　21cm〈文献あり 索引あり〉3800円　①978-4-489-02239-5
内容 第1部 基礎的な統計的方法とファイナンスへの応用（線形回帰モデル　多変量解析と尤度推定　基本的投資モデルとその統計分析　最尤法とベイズ推定　時系列解析　資産利回りのダイナミック・モデルとそのボラティリティ）　第2部 計量ファイナンスにおける先進的話題（ノンパラメトリック回帰と実体実証的モ

デル化　オプション価格とマーケットデータ　フィナンシャル計量経済学における多変量解析と時系列分析の進んだ方法　金利市場　統計的トレーディング戦略　リスクマネジメントの統計的方法）〔08578〕

ライアン, クリストファー　Ryan, Christopher

◇性の進化論―女性のオルガスムは、なぜ霊長類にだけ発達したか？（Sex at Dawn）クリストファー・ライアン, カシルダ・ジェタ著, 山本規雄訳　作品社　2014.7　511p　20cm〈文献あり〉3600円　①978-4-86182-495-1

内容 序文 人類の“セクシュアリティ進化”の真実―人類の女性に、なぜオルガスムが発達したのか？　第1部 進化論は“性”をどのように扱ってきたか？　第2部 先史時代の人類の性生活―“エデンの園”は、性の楽園だったのか？　第3部 われわれの祖先の日常生活　第4部 性器とオルガスムの進化論　第5部 人類のセクシュアリティ進化の未来は？〔08579〕

ライアン, ジェームス・R.　Ryan, James R.

◇失われた世界の記憶―幻灯機がいざなう世界旅行（Memories of a Lost World）シャーロット・フィール, ジェームス・R.ライアン著　京都　光村推古書院　2016.1　699p　23cm　5000円　①978-4-8381-0541-0

内容 Northern Europe Eastern Europe Western Europe Southern Europe Northern Africa Central&Eastern Africa Southern Africa The Middle East Southern Asia Eastern Asia South Eastern Asia Oceania Antarcita South America Central America United States of America Canada Alaska〔08580〕

ライアン, デイヴィッド　Lyon, David

◇スノーデン・ショック―民主主義にひそむ監視の脅威（SURVEILLANCE AFTER SNOWDEN）デイヴィッド・ライアン〔著〕, 田島泰彦, 大塚一美, 新津久美子訳　岩波書店　2016.4　159, 35p　19cm〈文献あり 索引あり〉1900円　①978-4-00-001084-9〔08581〕

ライアン, メアリー

◇文化の新しい歴史学（THE NEW CULTURAL HISTORY）リン・ハント編, 筒井清忠訳　岩波書店　2015.10　363, 5p　19cm（岩波人文書セレクション）〈1993年刊の再刊　索引あり〉3100円　①978-4-00-028817-0

内容 アメリカのパレード（メアリー・ライアン著）〔08582〕

ライゲルース, チャールス・M.　Reigeluth, Charles M.

◇インストラクショナルデザインの理論とモデル―共通知識基盤の構築に向けて（INSTRUCTIONAL-DESIGN THEORIES AND MODELS, Volume 3）C.M.ライゲルース,A.A.カー＝シェルマン編, 鈴木克明, 林雄介監訳　京都　北大路書房　2016.2　449p　21cm〈索引あり〉3900円　①978-4-7628-2914-7

内容 教授理論の理解 他（チャールス・M.ライゲルース, アリソン・A.カー＝シェルマン著, 林雄介訳）〔08583〕

ライシュ, マイケル

◇包括的で持続的な発展のためのユニバーサル・ヘルス・カバレッジ―日本からの教訓（Universal health coverage for inclusive and sustainable development）池上直己編著　日本国際交流センター　2014.9　240p　21cm〈文献あり〉①978-4-88907-139-9

内容 日本における保健所を通じた公衆衛生の向上への取り組み（津川友介, 池上直己, 見明奈央子, マイケル・ライシュ）〔08584〕

◇包括的で持続的な発展のためのユニバーサル・ヘルス・カバレッジ―11ヵ国研究の総括（Universal health coverage for inclusive and sustainable development）前田明子, エドソン・アロージョ, シェリル・キャッシン, ジョセフ・ハリス, 池上直己, マイケル・ライシュ著　日本国際交流センター　2014.10　73p　21cm〈文献あり〉①978-4-88907-140-5〔08585〕

ライシュ, ロバート・B.　Reich, Robert B.

◇ロバート・ライシュ格差と民主主義（BEYOND OUTRAGE）ロバート・B.ライシュ著, 雨宮寛, 今井章子訳　東洋経済新報社　2014.12　219p　20cm　1600円　①978-4-492-44400-9

内容 1 不公正なゲーム（試される自由企業体制　政府の大きさは本当の問題ではない―問題は誰のために存在するかだ　巨額の資金が乗っ取る民主主義 ほか）2 逆進主義的右派の勃興（社会ダーウィン主義の再来「目的のためには手段を選ばず」戦略　道徳観の逆転 ほか）3 怒りを乗り越えて―私たちがしなければならないこと（行動を起こすには　進歩派の支持を獲得し、維持するための申し入れ書（サンプル）企業の忠誠についての誓い ほか）〔08586〕

◇最後の資本主義（SAVING CAPITALISM）ロバート・B.ライシュ著, 雨宮寛, 今井章子訳　東洋経済新報社　2016.12　346, 17p　20cm〈索引あり〉2200円　①978-4-492-44440-5

内容 第1部 自由市場（支配的な見方　資本主義の五つの構成要素　自由と権力 ほか）第2部 労働と価値（能力主義という神話　CEO報酬の隠れた仕組み　ウォール街の高額報酬のカラクリ ほか）第3部 拮抗勢力（ここまでのまとめ　資本主義に対する脅威　拮抗力の衰退 ほか）〔08587〕

ライジング, リンダ　Rising, Linda

◇アジャイルに効くアイデアを組織に広めるための48のパターン（Fearless Change）Mary Lynn Manns,Linda Rising著, 川口恭伸監訳　丸善出版　2014.1　294p　21cm〈訳：木村卓央ほか　文献あり〉2500円　①978-4-621-08786-2

内容 第1部 概要（組織と変化　戦略か、パターンか　さて、どこから始めよう ほか）第2部 事例紹介（シルビア・ローリーの事例　エドワード・カッツの事例　ジョン・クルーピの事例 ほか）第3部 48のパターン（エバンジェリスト　小さな成功　ステップバイステップ ほか）〔08588〕

ライス, ジョン

◇変革の知　ジャレド・ダイアモンドほか〔述〕, 岩井理子訳　KADOKAWA　2015.2　251p　18cm（角川新書 K-1）900円　①978-4-04-102413-3

内容 やると言ったことを実践し、なると言った人にな

ラ

らねばならない（ジョン・ライス述）〔08589〕

ライゼン，ゼンタ　Raizen, Senta

◇21世紀型スキル―学びと評価の新たなかたち（ASSESSMENT AND TEACHING OF 21ST CENTURY SKILLS）　P.グリフィン,B.マクゴー,E.ケア編，三宅なほみ監訳，益川弘如，望月俊男編訳　京都　北大路書房　2014.4　265p　21cm　〈索引あり〉2700円　①978-4-7628-2857-7

内容 21世紀型スキルを定義する（マリリン・ビンクレー，オラ・アースタッド，ジョーン・ハーマン，ゼンタ・ライゼン，マーティン・リプリー，メイ・ミラーリッチ，マイク・ランブル著，山口悦司，林一雅，池尻良平訳）〔08590〕

ライダー，ピーター　Ryder, Peter

◇クラウドストーミング―組織外の力をフルに活用したアイディアのつくり方（CROWDSTORM）　ショーン・エイブラハムソン，ピーター・ライダー，バスティアン・ウンターベルグ著，須川綾子訳　阪急コミュニケーションズ　2014.2　295,5p　19cm　1800円　①978-4-484-14102-2

内容 第1章 まずはコンテクストから　第2章 知的財産、機密保持、ブランド　第3章 適切な問いを投げかける　第4章 意欲を高める公正なインセンティブ　第5章 パートナーシップを構築する　第6章 最良の人材を採用する　第7章 優れた結果を得るためのコミュニティ管理　第8章 参加者の貢献度を測る　第9章 膨大な数のアイディアを手なずける　第10章 最適なオンライン空間を構築する　第11章 さらに先へ〔08591〕

ライター，マーク　Reiter, Mark

◇トリガー―自分を変えるコーチングの極意（Triggers）　マーシャル・ゴールドスミス，マーク・ライター著，斎藤聖美訳　日本経済新聞出版社　2016.1　307p　20cm　1800円　①978-4-532-32049-2

内容 1 なぜ、なりたい自分になれないのか（大人の行動改善は難しい　行動改善を阻む「信念のトリガー」それは環境だ　トリガーを定義する　トリガーはどう働くか　計画するのは上手だが、実行するのは下手　環境を予測する　変化の輪）2 実践する（能動的な質問の力　エンゲージの質問　日課の質問を実行する　計画する人、実行する人、そしてコーチ　空っぽの船）3 もっと仕組みを！（仕組みがなければ、私たちは改善しない　だが、正しい仕組みでなければならない　自我が消耗する中で行動する　助けが得られそうもないとき、助けを必要とするものだ　一時間ごとの質問　「まあまあ」の問題　トリガーになる）4 後悔しない（エンゲージメントの輪　変化のない生活を送る危険）〔08592〕

ライダル，マレーヌ　Rydahl, Malene

◇デンマーク人が世界で一番幸せな10の理由（HEUREUX COMME UN DANOIS）　マレーヌ・ライダル著，田中裕子訳　サンマーク出版　2015.8　248p　19cm　1500円　①978-4-7631-3465-3

内容 プロローグ なぜ、デンマーク人は世界で一番幸せなのか？　理由1 人を信頼するから　理由2 教育によって自分の居場所が見つけられるから　理由3 自立して自由に自分の道を選べるから　理由4 平等でなりたいものになれるから　理由5 現実的な夢をもつリアリストであるから　理由6 他人を尊重するから　理由7 仕事と私生活のバランスが取れているから　理由8 必要以上のモノは望まないから　理由9 自分が特別な人間ではないことを知っているから　理由10 男性と女性の役割が同じだから　エピローグ デンマーク人でなくても幸せになれる10の方法〔08593〕

ライタン，ロバート・E.　Litan, Robert E.

◇良い資本主義悪い資本主義―成長と繁栄の経済学（Good capitalism, bad capitalism, and the economics of growth and prosperity）　ウイリアム・J.ボーモル，ロバート・E.ライタン，カール・J.シュラム著，原洋之助監訳，田中健彦訳　書籍工房早山　2014.5　381p　21cm　〈文献あり〉2200円　①978-4-904701-39-3〔08594〕

◇成長戦略論―イノベーションのための法と経済学（RULES FOR GROWTH）　ロバート・E.ライタン編著，木下信行，中原裕彦，鈴木淳人監訳　NTT出版　2016.3　383p　23cm　6500円　①978-4-7571-2352-6

内容 イノベーションと成長を促進するうえでの法の重要性 他（ロバート・クーター，アーロン・エドリン，ロバート・E.ライタンほか著，鈴木淳人監訳，山岡浩巳訳）〔08595〕

ライト，クリストファー・J.H.　Wright, Christopher J.H.

◇神の宣教―聖書の壮大な物語を読み解く　第2巻（The mission of God）　クリストファー・J.H.ライト著，東京ミッション研究所訳　東村山　東京ミッション研究所　2016.9　319p　21cm（東京ミッション研究所選書シリーズ 16）〈発売：いのちのことば社〉3100円　①978-4-264-03608-1

内容 第3部 宣教の民（祝福となるべく神の選びの民　万民の救いのために神に特別に選ばれた民　神の贖いのモデル―出エジプト　神による回復のモデル―ヨベル　神の宣教的契約の範囲　神に遣わされた民の生き方）〔08596〕

◇神の宣教―聖書の壮大な物語を読み解く　第3巻（The mission of God）　クリストファー・J.H.ライト著，東京ミッション研究所訳　東村山　東京ミッション研究所　2016.9　255p　21cm（東京ミッション研究所選書シリーズ 17）〈文献あり　発売：いのちのことば社〉2700円　①978-4-264-03609-8

内容 第4部 宣教の領域（宣教と神のものである地球　宣教と神の像　旧約の幻における神と諸国民　新約聖書の宣教に見る神と諸国民）　結びの言葉（エピローグ）〔08597〕

◇今日におけるキリスト者の宣教（Christian Mission in the Modern World 原著改訂補訂版の翻訳）　ジョン・ストット，クリストファー・J.H.ライト共著，立木信恵訳　いのちのことば社　2016.10　399p　19cm　2000円　①978-4-264-03593-0

内容 1章 宣教　2章 宣教についての考察　3章 伝道　4章 伝道についての考察　5章 対話　6章 対話についての考察　7章 救い　8章 救いについての考察　9章 回心　10章 回心についての考察〔08598〕

ラ

ライト, スーザン

◇世界大学ランキングと知の序列化―大学評価と国際競争を問う　石川真由美編　京都　京都大学学術出版会　2016.3　377p　22cm　〈索引あり〉　3800円　①978-4-8140-0001-2

内容 誰のために, 何のために?(スーザン・ライト著, 石川真由美監訳)　〔08599〕

ライト, リック・A., Jr.　Wright, Rick A., Jr.

◇内部監査人のためのリスク評価ガイド (The internal auditor's guide to risk assessment)　リック・A.ライト・ジュニア著, 堺咲子訳　日本内部監査協会　2014.12　176p　31cm　8800円　①978-4-907332-07-5　〔08600〕

ライト, E.O.

◇国際社会学の射程―社会学をめぐるグローバル・ダイアログ　西原和久, 芝真里編訳　東信堂　2016.2　118p　21cm　(国際社会学ブックレット 1)　1200円　①978-4-7989-1336-0

内容 グローバル社会学のためのリアル・ユートピア(E.O.ライト著, 姫野宏輔訳)　〔08601〕

ライト, N.T.　Wright, Nicholas Thomas

◇クリスチャンであるとは―N.T.ライトによるキリスト教入門 (Simply Christian 原著改訂版の翻訳)　N.T.ライト著, 上沼昌雄訳　あめんどう　2015.5　342p　19cm　2500円　①978-4-900677-26-5　〔08602〕

◇新約聖書と神の民　上巻 (The New Testament and The People of God)　N.T.ライト著, 山口希生訳　新教出版社　2015.12　610p　22cm　(キリスト教の起源と神の問題 1)　6400円　①978-4-400-12441-2

内容 第1部 序論(キリスト教の起源と新約聖書)　第2部 課題のための方法(知識―その問題と多様性　「文学」、ストーリー、そして世界観の表明　「歴史」、そして紀元1世紀　「神学」、権威、そして新約聖書)　第3部 ギリシャ・ローマ世界における1世紀のユダヤ教(背景とストーリー　多様性の広がり　ストーリー、シンボル、実践―イスラエルの世界観を構成するもの　イスラエルの信仰内容(beliefs)　イスラエルの希望)　〔08603〕

ライト, R.S.*　Wright, Robert Samuel

◇日本立法資料全集　別巻935　英国地方制度及税法　良保両氏合著, 水野遵訳　復刻版　信山社　2013.12　276p　23cm　〈地方自治法研究復刊大系 第125巻　豊島仙太郎 明治20年刊の複製〉　34000円　①978-4-7972-6641-2　〔08604〕

ライネス, ドリット

◇自己語りと記憶の比較都市史　渡辺浩一, ヴァネッサ・ハーディング編　勉誠出版　2015.11　263, 2p　22cm　〈他言語標題：Comparative Urban History of Ego-document and Memory〉　4500円　①978-4-585-22131-9

内容 集合記憶の構築と自己(ドリット・ライネス著, 木村晶子訳, 髙田良太校閲)　〔08605〕

ライパー, ロブ

◇組織のストレスとコンサルテーション―対人援助サービスと職場の無意識 (THE UNCONSCIOUS AT WORK)　アントン・オブホルツァー, ヴェガ・ザジェ・ロバーツ編, 武井麻子監訳, 榊恵子ほか訳　金剛出版　2014.3　311p　21cm　〈文献あり 索引あり〉　4200円　①978-4-7724-1357-2

内容 評価―経験から学ぶ組織(ロブ・ライパー著, 森谷弥生訳)　〔08606〕

ライヒ, ノルベルト

◇消費者法の現代化と集団的権利保護　中田邦博, 鹿野菜穂子編　日本評論社　2016.8　591p　22cm　(竜谷大学国際社会文化研究所叢書 第18巻)　〈他言語標題：Modernisation of Consumer Law and Collective Redress〉　7500円　①978-4-535-52208-4

内容 ヨーロッパ契約法の平準化 他(ノルベルト・ライヒ著, 寺川永訳)　〔08607〕

ライビッチ, カレン　Reivich, Karen

◇レジリエンスの教科書―逆境をはね返す世界最強トレーニング (THE RESILIENCE FACTOR)　カレン・ライビッチ, アンドリュー・シャテー著, 宇野カオリ訳　草思社　2015.6　381p　21cm　〈文献あり〉　1900円　①978-4-7942-2130-8

内容 1 変化に向き合う(レジリエンスとは、何か?　あなたのレジリエンス度は?　レジリエンスの土台を築く)　2 7つのスキルを身につける(自分をABC分析する　思考のワナを避ける　氷山を見つける　思い込みに挑む　大局的にとらえる　速攻型：心を静め、瞬時に反応する)　3 レジリエンス・スキルを実践する(大切な人との関係をつなぐレジリエンス　レジリエンスで子育てがラクになる　仕事に活かすレジリエンス　レジリエントな人生を送るために)　〔08608〕

ライプニッツ, ゴットフリート・ヴィルヘルム　Leibniz, Gottfried Wilhelm

◇初期ライプニッツにおける信仰と理性―『カトリック論証』注解　町田一訳著　知泉書館　2015.4　387p　23cm　〈文献あり 索引あり〉　7000円　①978-4-86285-209-0

内容 第1部 『カトリック論証』の成立とその思想的展望(『カトリック論証』の成立　『カトリック論証』における思想的展望)　第2部 『カトリック論証』注解(無神論者に対する自然の告白　カトリック論証の一覧　聖体の神秘の可能性の論証　ウィソワティウスに対する三位一体の擁護　三位一体の神と受肉に対するダニエル・ツヴィッカーの異論論駁　神の受肉について、ないし位格的結合について　神の恩寵の可能性について　神の全能と全治そして人間の自由について　ローマ教会の統一について　聖書解釈論争の審判者についての小論)　〔08609〕

◇ライプニッツ著作集　第2期1　哲学書簡―知の綺羅星たちとの交歓　ゴットフリート・ヴィルヘルム・ライプニッツ著, 酒井潔, 佐々木能章監修　山内志朗〔ほか〕訳　工作舎　2015.5　447, 6p　22cm　〈他言語標題：Gottfried Wilhelm Leibniz Opera omnia　索引あり〉　8000円　①978-4-87502-463-7

内容 第1部 学者の共和国(ヤコプ・トマジウスとの往復

ラ

書簡（1663 - 1668）　ホッブズ宛書簡（1670・1674）　スピノザとの往復書簡とスピノザ注解（1671 - 1678）　初期アルノー宛書簡（1671）　マルブランシュとの往復書簡（1676 - 1712）　ベールとの往復書簡（1687 - 1702））　第2部 サロン文化圏（ハノーファー選帝侯妃ゾフィーとの交流（1696 - 1705）　ゾフィー・シャルロッテ宛書簡（1702 - 1704）　マサム夫人との往復書簡（1704 - 1705））　〔08610〕

◇ライプニッツ著作集　第2期2　法学・神学・歴史学―共通善を求めて　ゴットフリート・ヴィルヘルム・ライプニッツ著, 酒井潔, 佐々木能章監修　酒井潔〔ほか〕訳　工作舎　2016.9　451, 6p　22cm　〈他言語標題：Gottfried Wilhelm Leibniz Opera omnia　索引あり〉8000円　①978-4-87502-477-4

内容 第1部 法学（法学を学習し教授する新方法（1667）　自然法の諸要素（1669 - 70？）　王子の教育についての書簡（1685 - 86）　普遍学への序言。ユートピア的な島について（1688？）　善意に満ちた聡明な人々に宛てた覚え書き（c.1692）　正義の共通概念についての省察（1703？）　サン・ピエール師の恒久平和計画にかんする所見（1715））　第2部 神学（哲学者の告白（1672/73？）　宗教の平和について（c.1691）　ボシュエとの往復書簡（1692）　ウィーン講演―聖なる哲学者の創始者としてのギリシア人について（1714））　第3部 歴史学（ヨハン・アンドレアス・ボーゼ宛書簡（1670）　新アプローチ―諸学問の完成と人間の幸福のための歴史学（1686）『国際法史料集成』序文（1693）　歴史学の対象、歴史、方法について（1695/96））　〔08611〕

ライブホルツ, ゲアハルト　Leibholz, Gerhard

◇代表の本質と民主制の形態変化（Das Wesen der Repäsentation und der Gestaltwandel der Demokratie im 20.Jahrhundert）　ゲアハルト・ライブホルツ原著, 渡辺中, 広田全男監訳, 広田健次, 柏崎敏義, 加藤一彦, 小橋昇, 斎藤康輝, 名雪健二〔訳〕　成文堂　2015.7　189p　21cm　〈年譜あり 索引あり〉2500円　①978-4-7923-0579-6

内容 第1編 方法論的基礎（国家論的な本質認識の明確化の必要性　国家論的概念の本質と正当化の区別 ほか）　第2編 代表の本質（代表の言語分析的意味内容、その一般法的規定および限定　代表の一般国家論的意義 ほか）　第3編 二〇世紀における民主制の形態変化（宗教的概念の世俗化　基本権と人権 ほか）　第4編 憲法と憲法現実（憲法と憲法現実　議会制的代表制に対するボン基本法の標榜 ほか）　〔08612〕

ライブリー, エマ　Lively, Emma

◇子供はみんなアーティスト！（The Artist's Way For Parents）　ジュリア・キャメロン, エマ・ライブリー著, 沼田壮平監訳, 荒尾日南子, 渡辺典代訳　A-Works　2015.3　261p　19cm　1600円　①978-4-902256-62-8

内容 安心を育む　好奇心を育む　つながりを育む　心地良い環境を育む　自分を表現する力を育む　発明する力を育む　感じる心を育む　集中力を育む　自分らしく生きる力を育む　自分らしさを育む　自立心を育む　信じる心を育む　〔08613〕

ライポルト, ディーター　Leipold, Dieter

◇グローバル化と社会国家原則―日独シンポジウム　高田昌宏, 野田昌吾, 守矢健一編　信山社　2015.5　386p　22cm　（総合叢書 17―〔ドイツ法〕）　12000円　①978-4-7972-5467-9

内容 21世紀における社会的民事訴訟, 訴訟の諸原則および訴訟基本権（ディーター・ライポルド著, 松本博之訳）　〔08614〕

◇民事責任の法理―円谷峻先生古稀祝賀論文集　滝沢昌彦, 工藤祐巌, 松尾弘, 北居功, 本山敦, 住田英穂, 武川幸嗣, 中村肇編集委員　成文堂　2015.5　825p　22cm　〈著作目録あり 年譜あり〉20000円　①978-4-7923-2673-9

内容 欧州法およびドイツ法における消費者保護の発展（ディーター・ライポルト著, 円谷峻, 大滝哲祐訳）　〔08615〕

◇ドイツ民法総論―設例・設問を通じて学ぶ（BGB.1 ： Einführung und Allgemeiner Teil 原著第7版の翻訳）　ディーター・ライポルト原著, 円谷峻訳　第2版　成文堂　2015.12　595p　22cm　〈索引あり〉6000円　①978-4-7923-2646-3

内容 第1部 民法入門（基礎的な考察　民法の基本概念）　第2部 民法典総則（法律行為　権利の主体　総則におけるその他の部分）　〔08616〕

◇民事手続法制の展開と手続原則―松本博之先生古稀祝賀論文集　徳田和幸, 上野泰男, 本間靖規, 高田裕成, 高田昌宏編集委員　弘文堂　2016.4　861p　22cm　〈著作目録あり〉13000円　①978-4-335-35676-6

内容 既判力についての考察（ディーター・ライポルド著, 松本博之訳）　〔08617〕

ライマン, エドウィン　Lyman, Edwin Stuart

◇実録FUKUSHIMA―アメリカも震撼させた核災害（FUKUSHIMA）　デイビッド・ロックバウム, エドウィン・ライマン, スーザン・Q.ストラナハン, 憂慮する科学者同盟〔著〕, 水田賢政訳　岩波書店　2015.10　390, 8p　20cm　〈文献あり 索引あり〉3400円　①978-4-00-005471-3

内容 二〇一一年三月一一日「これまで考えたことのなかった事態」　二〇一一年三月一二日「本当にひどいことになるかもしれない」　二〇一一年三月一二日から一四日「いったいどうなってるんだ！」　二〇一一年三月一五日から一八日「一層悪くなっていくと思います」　幕間―答を探す「県民の不安や怒りは極限に達している」　二〇一一年三月一九日から二〇日「最悪のケースを教えてくれ」　もう一つの三月、もう一つの国、もう一つの炉心溶融　二〇一一年三月二一日から一二月「安全確保という考え方だけでは律することができない」　不合理な保証　「この会議は非公開ですよね？」　二〇一二年「本当に大丈夫なのか。きちんと国民に説明すべきである」　あっという間にしぼんでいく機会　福島の事後分析 何が起こったのか？　〔08618〕

ライムズ, ションダ　Rhimes, Shonda

◇Yes―ダメな私が最高の人生を手に入れるまでの12カ月（YEAR OF YES）　ションダ・ライムズ著, 押野素子訳　あさ出版　2016.11　254p　19cm　1400円　①978-4-86063-947-1

内容 「ノー」と言い続けてきた私―チャンスを潰しているのは自分かも？　「自分を変える」スタートに立つ―輝きを取り戻すために　一歩を踏み出す―最悪な自分にグッドバイ！　恐れを克服する―その不

ラ

安はただの幻想かもしれない　他人の評価に振り回されない―弱っている時は、パワーポーズ！　優先順位を見直す―働く女性にいちばん必要なこと　自分の体、愛してる？　―デブな"気分"が私をブスにする　自信を手に入れる―自尊心が女性を美しくする　きっぱり、上手に断る―本当に大切なことに気づくために　消耗する関係を断つ―高め合える友人がひとりいれば〔ほか〕　〔08619〕

ライール, ベルナール　Lahire, Bernard

◇複数的世界―社会諸科学の統一性に関する考察（MONDE PLURIEL）　ベルナール・ライール著, 村井重樹訳　青弓社　2016.5　391p　22cm（ソシオロジー選書 3）〈文献あり 索引あり〉5000円　①978-4-7872-3404-9

内容 第1章 統一的な科学的公式　第2章 社会的分化に関する考察　第3章 場の限界　第4章 文脈化―レベル・水準・対象　結論 科学の社会的分業を再考する　補遺 全体的社会空間とその下位区分　〔08620〕

ライン, ゲルハルト

◇ティリッヒとフランクフルト学派―亡命・神学・政治　深井智朗監修, フリードリヒ・ヴィルヘルム・グラーフ, アルフ・クリストファーセン, エルトマン・シュトルム, 竹淵香織編　法政大学出版局　2014.2　293, 33p　19cm（叢書・ウニベルシタス）3500円　①978-4-588-01005-7

内容 パウル・ティリッヒの思い出（マックス・ホルクハイマー, テオドール・W.アドルノ, エドゥアルト・ハイマン, エルンスト・ブロッホ述, ヴォルフ＝ディーター・マルシュ司会, ゲルハルト・ライン編集, 小柳敦史訳）　〔08621〕

ラインアルター, ヘルムート　Reinalter, Helmut

◇フリーメイソンの歴史と思想―「陰謀論」批判の本格的研究（Die Freimauer 原著第6版の翻訳）ヘルムート・ラインアルター著, 増谷英樹, 上村敏郎訳・解説　三和書籍　2016.5　131p　24cm〈文献あり 索引あり〉2000円　①978-4-86251-195-9

内容 序文 フリーメイソンとは何か？　第1章 成立と歴史的発展　第2章 目的と内部活動、理論と実践　第3章 憲章、組織構造、方針　第4章 フリーメイソン、政治、教会、反メイソン主義　終章 フリーメイソンの影響史について　〔08622〕

ラインバック, ケント　Lineback, Kent

◇ハーバード流逆転のリーダーシップ（COLLECTIVE GENIUS）　リンダ・A.ヒル, グレッグ・ブランドー, エミリー・トゥルーラブ, ケント・ラインバック著, 黒輪篤嗣訳　日本経済新聞出版社　2015.4　382p　20cm〈文献あり〉2000円　①978-4-532-31989-2

内容 イノベーションはひとりの天才からは生まれない　リーダーが直面する六つのパラドックス　従来のリーダーシップは通用しない　第1部 メンバーの意欲を引き出すリーダー（コミュニティーを築く　価値観と参加規則）　第2部 組織の能力を築くリーダー（創造的な摩擦　創造的な敏速さ　創造的な解決）　第3部 未来を切り拓くリーダー（イノベーションの生態系を育てる　未来のイノベーションのリーダーはどこにいるか）　〔08623〕

ラインハルト, レベッカ　Reinhard, Rebekka

◇恋に嘘、仕事にルブタンは必要か？―心が楽になる57の賢人の言葉（WÜRDE PLATON PRADA TRAGEN？）　レベッカ・ラインハルト著, 小嶋有里訳　CCCメディアハウス　2015.9　190p　19cm　1400円　①978-4-484-15123-6

内容 01 女の生き方　02 教訓　03 人間関係　04 仕事　05 男と女　06 家族　07 健康　〔08624〕

ラインボー, ピーター

◇現代を読み解くための西洋中世史―差別・排除・不平等への取り組み（Why the Middle Ages Matter）　シーリア・シャゼル, サイモン・ダブルデイ, フェリス・リフシッツ, エイミー・G.リーメンシュナイダー編著, 赤阪俊一訳　明石書店　2014.9　368p　20cm（世界人権問題叢書 89）4600円　①978-4-7503-4072-2

内容 階級の正義―我々にはなぜワット・タイラーの日が必要なのか（ピーター・ラインボー）　〔08625〕

ラウ, イスラエル・メイル　La'u, Yiśra'el Me'ir

◇深淵よりラビ・ラウ回想録―ホロコーストから生還した少年の物語（OUT OF THE DEPTHS）　イスラエル・メイル・ラウ著, 滝川義人訳　ミルトス　2015.6　382p 図版16p　21cm　2500円　①978-4-89586-159-5

内容 第1部 刃物、そして火、薪（最初の記憶―蹂躙、潰滅　家族の絆　命を救った言葉　ブッヘンヴァルト―暗黒のトンネルと一条の光　解放 ほか）　第2部 雄羊の角笛（追憶　イスラエルを守る者　イスラエルの主席ラビとして　イツハク・ラビン―崩壊した懸け橋　ローマ教皇との対話 ほか）　〔08626〕

ラウ, マーティン

◇現代のイスラーム法―ASIAN LAW　アジア法学会編　成文堂　2016.11　274p　22cm〈索引あり〉4800円　①978-4-7923-3353-9

内容 パキスタンおよびインドにおける司法積極主義とムスリム家族法改革の比較分析（マーティン・ラウ著, 堀井聡江訳）　〔08627〕

ラヴァージ, ジャンフランコ　Ravasi, Gianfranco

◇出会い―祈りにおける神との再会 ローマ教皇庁四旬節黙想会講話（L'INCONTRO）　ジャンフランコ・ラヴァージ著, 田中昇訳, 高久充監修　フリープレス　2014.4　175p　22cm〈発売：星雲社〉1500円　①978-4-434-19019-3

内容 第1部 神の顔（呼吸すること、考えること、戦うこと、愛すること―祈りに関するキーワード　魂の泉、ヨルダンの水限へ―御言葉と恩恵の神　2つの太陽の歌―創造主である神　神殿の雀と燕たち―典礼の神　時間の川―歴史の神　「本当に必要とされる」神―神のメシア　あなたの目は、胎児であったときの私をも見ていた！　―人間の内に働く神）　第2部 人の顔（乳離れした幼子のように―信仰ある人　ひと吹きの息、それが一人ひとりの人間―はかない被造物である人間　私は弱り衰えています。私を癒してください！　―苦しむ人間　罪と罰とゆるし―罪を犯す人間　不在と虚無―神を信じない人間　知恵とは味わい―賢く幸いな人　祭司たちの歌―不滅の人間　祝いのテーブルを囲んで―人間・家族・年長者　香油のように、露のように―人間と愛　言葉の七つ星―Lectio divina

ラ

（霊的読者））　〔08628〕

ラヴァル, クリスチャン　Laval, Christian
◇経済人間―ネオリベラリズムの根底（L'Homme économique）　クリスチャン・ラヴァル〔著〕, 菊地昌実訳　新評論　2015.7　446p　20cm 〈索引あり〉 3800円　①978-4-7948-1007-6
内容 正当な生活の変貌　政治的まとめ役としての効用　総取引所、道徳の大逆説　大逆転　行動の擁護、情念の礼賛　経済学の公理　自己規律としての計算について　利益の内発的秩序　相互監視社会　幸福の道具　経済人間の政治的製造工場　われわれは今どこにいるのか　〔08629〕

ラヴァル, ティエリー　Laval, Thierry
◇どこだか見つけてみよう！　五大陸編（CHERCHE ET TROUVE GÉANT SUR LES 5 CONTINENTS）　ティエリー・ラヴァルぶん・え, すがのあきのぶやく　大日本絵画〔2015.8〕　1冊（ページ付なし）　38×17cm（めくりしかけえほん）　2200円　①978-4-499-28630-5　〔08630〕

ラヴァル, マリー＝エディット　Laval, Marie－Édith
◇フランスからお遍路にきました。（COMME UNE FEUILLE DE THÉ À SHIKOKU）　マリー＝エディット・ラヴァル著, 鈴木孝弥訳　イースト・プレス　2016.7　277p　19cm　1600円　①978-4-7816-1450-2
内容 第1章 "自由の鍵"第一霊場～第二十三霊場（阿波（現：徳島県））―発心の道場（敷居の向こうに　東洋の光　地面を踏みしめて　シンプルな歓喜）　第2章 "軽やかさの鍵"第二十四霊場～第三十九霊場（土佐（現：高知県））―修行の道場（自然の学舎で　進行中の人生　世界に目がくらむ　光（菩薩）へ向かうタラップ）　第3章 "この地の鍵"第四十霊場～第六十五霊場（伊予（現：愛媛県））―菩提の道場（存在することの味わい　あるがままの道　英知の断片　生命の歌）　第4章 "天国の鍵"第六十六霊場～第八十八霊場（讃岐（現：香川県））―涅槃の道場（不思議の糸　絶対的なものに対するおののき　無限の祝賀）　第5章 "常にもっと先へ、常にもっと高く！"（ULTREIA E SUS EIA！）（わたしの歩みの向こうに　天空の鍵　通過儀礼の道、変化の鍵）　〔08631〕

ラヴィー, エフライム
◇イスラエル情報戦史（ISRAEL'S SILENT DEFENDER）　佐藤優監訳, アモス・ギルボア, エフライム・ラピッド編, 河合洋一郎訳　並木書房　2015.6　373p 図版32p　21cm 〈年表あり〉 2700円　①978-4-89063-328-9
内容 パレスチナ情勢をめぐるインテリジェンスの課題（エフライム・ラヴィー著）　〔08632〕

ラヴィス, アレクシィ
◇霊性と東西文明―日本とフランス―「ルーツとルーツ」対話　竹本忠雄監修　勉誠出版　2016.2　526p　22cm 〈表紙のタイトル：Dialogue Racines contre Racines〉 7500円　①978-4-585-21030-6
内容 「かたち」の体験（アレクシィ・ラヴィス著, 野田農訳）　〔08633〕

ラヴィル, ジャン＝ルイ
◇21世紀の豊かさ―経済を変え、真の民主主義を創るために　中野佳裕編・訳, ジャン＝ルイ・ラヴィル, ホセ・ルイス・コラッジオ編　コモンズ　2016.10　415p　20cm 〈他言語標題：REINVENTING THE COMMONS IN THE 21st CENTURY〉 3300円　①978-4-86187-137-5
内容 ヨーロッパの左派（ジャン＝ルイ・ラヴィル著）　〔08634〕

ラヴォア, ジョアンヌ　Lavoie, Johanne
◇書くだけであなたの最高の力を引き出す方法（CENTERED LEADERSHIP）　ジョアンナ・バーシュ, ジョアンヌ・ラヴォア著, 大嶋祥誉監訳　SBクリエイティブ　2016.4　303p　19cm　1500円　①978-4-7973-8422-2
内容 1「センタード・リーダーシップ」入門　2 意義　3 フレーミング―物事のとらえ方　4 つながり　5 主体的に行動する　6 エネルギー　7 旅は続く　〔08635〕

ラウスティアラ, カル　Raustiala, Kal
◇パクリ経済―コピーはイノベーションを刺激する（THE KNOCKOFF ECONOMY）　カル・ラウスティアラ, クリストファー・スプリグマン〔著〕, 山形浩生, 森本正史訳　みすず書房　2015.11　356, 28p　20cm 〈索引あり〉 3600円　①978-4-622-07940-8
内容 第1章 コピー商品とファッションの虜たち　第2章 料理、コピー、創造性　第3章 コメディ自警団　第4章 アメフト、フォント、金融、ファイスト裁判　結論 コピーと創造性　エピローグ 音楽の未来　〔08636〕

ラウバー, クルト　Lauber, Kurt
◇マッターホルン最前線―ヘルンリ小屋の日々と山岳レスキュー（DER WÄCHTER DES MATTERHORNS）　クルト・ラウバー著, ブルンネル淑美, 西村志津共訳　東京新聞　2015.7　254p　21cm　1700円　①978-4-8083-1004-2
内容 山上の貴重な物語を　ヘルンリ小屋　シーズン始まり　初めての客　貴重な水　山での飲料水　これ以上、悪くなることはない　もしザイルが引き裂かれたら　人生の曲がり角　固定ザイル・コントロール〔ほか〕　〔08637〕

ラウバー, D.　Lauber, David
◇だれもが知りたいキリスト教神学Q&A（Theology Questions Everyone Asks）　G.M.バーグ,D.ラウバー編, 本多峰子訳　教文館　2016.3　235p　21cm 〈文献あり〉 2800円　①978-4-7642-7405-1
内容 人間とは誰か（デイヴィッド・ラウバー）　〔08638〕

ラウレス, ヨハネス　Laures, Johannes
◇高山右近の生涯―日本初期キリスト教史　ヨハネス・ラウレス著, 溝部脩監修, やなぎやけいこ現代語訳　長崎　聖母の騎士社　2016.8　622p　15cm（聖母文庫）　1000円　①978-4-88216-371-8
内容 都における教会の基礎　情勢の変転　高山ダリオと都の教会　高山氏の高槻領有　高槻における布教　日本教会の全盛　最初の試練　ヴァリニャーノの中日本訪問　武将右近　使徒右近〔ほか〕　〔08639〕

ラ

ラヴン, ヤコブ

◇BoPビジネス3.0—持続的成長のエコシステムをつくる（Base of the Pyramid 3.0）　フェルナンド・カサード・カニェーケ, スチュアート・L.ハート編著, 平本督太郎訳　英治出版　2016.8　311p　22cm　〈文献あり〉3200円　①978-4-86276-233-7

内容 パートナーシップを促進する仕組みとは（ヤコブ・ラヴン著）〔08640〕

ラウンデス, レイル　Lowndes, Leil

◇どんな場面でもそつなく振る舞えるコミュニケーション・テクニック90（HOW TO INSTANTLY CONNECT WITH ANYONE）　レイル・ラウンデス著, 小林由香利訳　阪急コミュニケーションズ　2014.5　318p　19cm　1700円　①978-4-484-14105-3

内容 1 相手に会う前から好印象を与える小さなコツ　2 気持ちのいい出会いと別れのあいさつをする小さなコツ　3 とびきりのおしゃべり上手になる小さなコツ　4 実際にパーティーを楽しむための小さなコツ　5 いい人、悪い人、たかり屋からの誘いに対処するための小さなコツ　6 コミュニケーション上手になるための小さなコツ　7 絶対にやってはいけない最悪の言動を回避するための小さなコツ　8 eメールに今のあなたらしさを加えて将来のチャンスにつなげるための小さなコツ　9 電話で強く印象づけるための小さなコツ　10 相手との絆をいっそう深めるための小さなコツ〔08641〕

ラエル　Raël

⇒ボリロン, クロード

ラオハヴァニッチ, マノ・メタナンド

◇世界はなぜ争うのか—国家・宗教・民族と倫理をめぐって　福田康夫, ヘルムート・シュミット, マルコム・フレーザー他著, ジェレミー・ローゼン編集, 渥美桂子訳　朝倉書店　2016.3　296p　21cm　〈他言語標題：Ethics in Decision-Making〉非売品

内容 個人的道徳感の連邦としての社会（マノ・メタナンド・ラオハヴァニッチ述）〔08642〕

◇世界はなぜ争うのか—国家・宗教・民族と倫理をめぐって　福田康夫, ヘルムート・シュミット, マルコム・フレーザー他著, ジェレミー・ローゼン編集, 渥美桂子訳　朝倉書店　2016.5　296p　21cm　〈他言語標題：Ethics in Decision-Making〉1850円　①978-4-254-50022-6

内容 個人的道徳感の連邦としての社会（マノ・メタナンド・ラオハヴァニッチ述）〔08643〕

ラカー, トマス・W.

◇文化の新しい歴史学（THE NEW CULTURAL HISTORY）　リン・ハント編, 筒井清忠訳　岩波書店　2015.10　363, 5p　19cm　（岩波人文書セレクション）〈1993年刊の再刊　索引あり〉3100円　①978-4-00-028817-0

内容 身体・細部描写・人道主義的物語（トマス・W.ラカー著）〔08644〕

ラガルド, クリスティーヌ

◇世界論　安倍晋三, 朴槿恵ほか〔著〕, プロジェクトシンジケート叢書編集部訳　土曜社　2014.1　185p　19cm　（プロジェクトシンジケート叢書）〈他言語標題：A WORLD OF IDEAS　文献あり〉1199円　①978-4-907511-05-0

内容 グローバル経済を再びエンパワーする（クリスティーヌ・ラガルド著）〔08645〕

◇秩序の喪失　プロジェクトシンジケート叢書編集部訳　土曜社　2015.2　164, 3p　19cm　（プロジェクトシンジケート叢書）〈他言語標題：Loss of order〉1850円　①978-4-907511-15-9

内容 今年こそ賢明な選択を（クリスティーヌ・ラガルド著）〔08646〕

◇安定とその敵（Stability at bay）　Project Syndicate〔編〕　土曜社　2016.2　120, 2p　18cm　（プロジェクトシンジケート叢書）　952円　①978-4-907511-36-4

内容 転換期（クリスティーヌ・ラガルド著）〔08647〕

ラカン, ジャック　Lacan, Jacques

◇精神分析における話と言語活動の機能と領野—ローマ大学心理学研究所において行われたローマ会議での報告 1953年9月26日・27日（Écritsの抄訳）　ジャック・ラカン著, 新宮一成訳　弘文堂　2015.2　182p　22cm　4000円　①978-4-335-15048-7

内容 1 主体の精神分析的実現における、充ちた話と空ろな話　2 精神分析の領野の構造と境界としての、象徴と言語活動　3 精神分析技法における、解釈の共鳴と主体の時間〔08648〕

◇転移　上（LE SÉMINAIRE DE JACQUES LACAN）　ジャック・ラカン〔著〕, ジャック＝アラン・ミレール編, 小出浩之, 鈴木国文, 菅原誠一訳　岩波書店　2015.10　300p　22cm　5200円　①978-4-00-024051-2

内容 導入（始めに愛ありき）　愛の源—プラトンの『饗宴』の注釈（舞台装置と登場人物たち　愛の隠喩—ファイドロス　富者の心理学—パウサニアス　医学的調和—エリュキシマコス　球体の嘲弄—アリストファネス　エロスの場違いさ—アガトン　「エピステーメー」から「ミュトス」へ　超世界の出口　「アガルマ」　ソクラテスとアルキビアデスの間）　欲望の対象、そして去勢の弁証法（現在への転移　逆転移の批判）〔08649〕

◇転移　下（LE SÉMINAIRE DE JACQUES LACAN.Livre 8 ： Le Transfert 1960-1961）　ジャック・ラカン〔著〕, ジャック＝アラン・ミレール編, 小出浩之, 鈴木国文, 菅原誠一訳　岩波書店　2015.11　310p　22cm　5200円　①978-4-00-024052-9

内容 欲望の対象、そして去勢の弁証法（承前）（口唇期と肛門期における要求と欲望　口唇的、肛門的、性器的　プシュケと去勢コンプレックス　象徴ϕ　現実的な眼前）　今日のエディプス神話—ポール・クローデルのクーフォンテーヌ三部作の注釈（シーニュの否チュルリュールのおぞましさ　パンセの欲望　構造的分解）　大文字のIと小文字のa（理想の意味の滑動 "EIN EINZIGER ZUGただ一つの線刻"による同一化　欲望との関係における不安　影の夢、人間　分析家とその喪）〔08650〕

ラ

◇テレヴィジオン（TÉLÉVISION）　ジャック・ラカン〔著〕, 藤田博史, 片山文保訳　講談社　2016.12　119p　15cm　（講談社学術文庫 2402）〈青土社 1992年刊の再刊　索引あり〉600円　①978-4-06-292402-3
内容 1 わたしはつねに真理を語る　2 無意識、きわめて精確なるもの　3 聖人であること　4 人がわたしのディスクールから身を守るこれらの曖昧な態度　5 わたしたちの享楽の迷い　6 知る、為す、望む　7 よく表現されたことは、明晰に理解される　〔08651〕

ラギー, ジョン・ジェラルド　Ruggie, John Gerard
◇正しいビジネス―世界が取り組む「多国籍企業と人権」の課題（JUST BUSINESS）　ジョン・ジェラルド・ラギー〔著〕, 東沢靖訳　岩波書店　2014.5　275, 28p　20cm　〈索引あり〉3400円　①978-4-00-025976-7
内容 序章 なぜ、ビジネスと人権なのか？　第1章 チャレンジ　第2章 銀の弾丸などはない　第3章 保護、尊重、そして救済　第4章 戦略上の道程　第5章 次なるステップ　〔08652〕

ラク, コウ　駱 鴻
◇民富優先―中国の二次転換と改革の行方　遅福林, 方栓喜, 匡賢明編著, 張兆洋訳, 駱鴻監修　岡山　グローバル科学文化出版　c2013　313p　21cm　（シリーズ中国経済の行方―中国（海南）改革発展研究院中国改革研究報告 2011）　2800円　①978-4-86516-033-8　〔08653〕

ラクシュミー・ナラス, P.　Lakshmi Narasu, Pokala
◇本来のブッダ、仏教（THE ESSENCE OF BUDDHISM）　ラクシュミー・ナラス著, 陶山純夫訳　大阪　風詠社　2016.2　259p　22cm　〈布装　発売：星雲社〉2500円　①978-4-434-21561-2
内容 歴史上のブッダ　仏教の合理性　仏教の道徳性　仏教とカースト制度　仏教に於ける女性　4つの崇高な真実　仏教と苦行主義　仏教と厭世主義　高尚な八重の道筋　この世の不思議　人格　死とその後　最高善（The Summum Bonum）　〔08654〕

ラクラウ, エルネスト　Laclau, Ernesto
◇現代革命の新たな考察（NEW REFLECTIONS ON THE REVOLUTION OF OUR TIME）　エルネスト・ラクラウ〔著〕, 山本圭訳　法政大学出版局　2014.12　394, 6p　20cm　（叢書・ウニベルシタス 1020）　〈著作目録あり 索引あり〉4200円　①978-4-588-01020-0
内容 第1部（現代革命の新たな考察）　第2部（社会の不可能性について　精神分析とマルクス主義 ほか）　第3部 南アフリカについて（エルネストへの書簡（アレッタ・J・ノーバル）　アレッタへの書簡）　第4部 インタビュー（ニューレフトの形成　理論、民主主義、社会主義）　付録 言説 - 分析を超えて（スラヴォイ・ジジェク）　〔08655〕

◇21世紀の豊かさ―経済を変え、真の民主主義を創るために　中野佳裕編・訳, ジャン＝ルイ・ラヴィル, ホセ・ルイス・コラッジオ編　コモンズ　2016.10　415p　20cm　〈他言語標題：REINVENTING THE COMMONS IN THE 21st CENTURY〉3300円　①978-4-86187-137-5
内容 政治的構築の論理と大衆アイデンティティ（エルネスト・ラクラウ著）　〔08656〕

ラグレインジ, ゼルダ　La Grange, Zelda
◇ネルソン・マンデラ私の愛した大統領―秘書が見つめた最後の19年（Good Morning, Mr Mandela）　ゼルダ・ラグレインジ著, 長田雅子訳　明石書店　2016.9　451p　19cm　3600円　①978-4-7503-4392-1
内容 第1部 マディバに会うまで―1970 - 1994（少女時代　変化）　第2部 大統領府時代―1994 - 1999（ネルソン・マンデラに出会う　大統領の元で働く　大統領と旅する　大統領任期の終わり）　第3部 マンデラ財団時代―1999 - 2008（マンデラ財団を立ち上げる　世界の指導者たちを相手にする　忙しい引退生活　旅の終わり）　第4部 最後の日々―2009 - 2013（最後まで共に　別れ　また会う日まで）　〔08657〕

ラーゴ, コリン
◇ロジャーズの中核三条件 受容―無条件の積極的関心　飯長喜一郎監修, 坂中正義, 三国牧子, 本山智敬編著　大阪　創元社　2015.8　137p　21cm　（カウンセリングの本質を考える 2）〈他言語標題：Unconditional Positive Regards　文献あり　索引あり〉2200円　①978-4-422-11459-0
内容 エンカウンター・グループに対するパーソンセンタード・アプローチ（コリン・ラーゴ著, 坂中正義, 中鉢路子監訳, 中島良訳）　〔08658〕

ラコステ, アン　Lacoste, Anne
◇フェリーチェ・ベアトの東洋―日本語版（Felice Beato）　フェリーチェ・ベアト〔写真〕, アン・ラコステ監修, 東京都歴史文化財団東京都写真美術館編　東京都写真美術館　2012.3　84p　28×29cm　〈会期・会場：平成24年3月6日―5月6日 東京都写真美術館2階展示室　年譜あり　年表あり〉　〔08659〕

ラゴンデ, ナタリー　Ragondet, Nathalie
◇シールをはって楽しくおぼえる世界がわかる地図絵本（Sticker Picture Atlas of the World）　サム・レイク作, ナタリー・ラゴンデ絵, 広内かおり〔訳〕　東京書籍　2016.5　23p　31cm　〈英語併記〉1200円　①978-4-487-80976-9
内容 世界全図　西ヨーロッパ　東ヨーロッパ　北アフリカ　南アフリカ　西アジア　東アジア　北・中央アメリカ　南アメリカ　オセアニア　北極・南極大陸　世界クイズ　〔08660〕

ラザニン, サーニャ
◇16・17世紀の海商・海賊―アドリア海のウスコクと東シナ海の倭寇　越村勲編　彩流社　2016.3　135, 110p　21cm　〈他言語標題：MARINE MERCHANTS & PIRATES DURING THE 16TH AND 17TH CENTURIES　英語併記〉3200円　①978-4-7791-2146-3
内容 難民から海賊へ（サーニャ・ラザニン著, 越村勲訳）　〔08661〕

ラザフォード, サミュエル　Rutherford, Samuel
◇ラザフォード信仰問答（Catechism of the second reformation）　サミュエル・ラザフォード著, 高

ラ

内義宣訳　神戸　神戸改革派神学校　2015.5　306p　19cm　〈文献あり〉1600円　〔08662〕

ラザフォード, ジェームズ　Rutherford, James

◇D.トランプ破廉恥な履歴書（TRUMPED！）　ジョン・オドンネル, ジェームズ・ラザフォード著, 植山周一郎訳　飛鳥新社　2016.4　294p　19cm　〈「経営者失格」（1992年刊）の改題・再編集した新装版〉1204円　①978-4-86410-488-3

内容 トランプの虚と実　会社を疲弊させるワンマン経営　大衆を嫌っていた「ヒーロー」　対決を好み、競争をあおる　コスト計算なき放漫経営　冷酷非情な「取引の達人」　部下に要求すること　自意識過剰のふるまい　かけがえなき腹心の死　トランプ一流の保身術　バブルの申し子　大物ギャンブラー、柏木昭男　神から人間への転落　トランプ最後の大ばくち　帝国崩壊の足音　トランプと決別した日　〔08663〕

ラザール, ロス・A.

◇乳児観察と調査・研究―日常場面のこころのプロセス（Infant Observation and Research）　キャシー・アーウィン, ジャニーン・スターンバーグ編著, 鵜飼奈津子監訳　大阪　創元社　2015.5　273p　22cm　〈文献あり 索引あり〉4200円　①978-4-422-11539-9

内容 老人ホームにおける観察（ウィルフリード・ダトラー, ロス・A.ラザール, カトリン・トランケンポルツ著, 柏谷純子, 山名利枝訳）　〔08664〕

ラシッド, カリム

◇変革の知　ジャレド・ダイアモンドほか〔述〕, 岩井理子訳　KADOKAWA　2015.2　251p　18cm　（角川新書 K-1）　900円　①978-4-04-102413-3

内容 私たちは何か素敵なことをするためにこの惑星に来た（カリム・ラシッド述）　〔08665〕

ラジニーシ, A.*　Rajaneesh, Acharya

◇草はひとりでに生える（The Grass Grows by Itself）　OSHO講話, ナルタン訳　鎌倉　OEJ Book　2013.12　379p　19cm　〈ふみくら書房1978年刊の再刊〉1800円　①978-4-900612-34-1

内容 第1章 禅の意義　第2章 師と弟子　第3章 虚空と僧侶の鼻　第4章 呂梁の大滝　第5章 沈黙の師　第6章 覚醒　第7章 死んではいません　第8章 濃紫に染められた野辺　〔08666〕

◇TAO永遠の大河―OSHO老子を語る　1（TAO：The Three Treasures）　OSHO著, スワミ・プレム・プラブッダ訳　いまここ塾　2014.2　559p　19cm　〈めるくまーる社 1979～1982年刊の再刊　発売：河出書房新社〉1900円　①978-4-309-91141-0

内容 第1話 老子―存在へのマスターキー　第2話 凡庸のなかで―Q&A　第3話 アナロジー―老子の世界　第4話 空と無限―Q&A　第5話 綱渡り　第6話 無言のメッセージ―Q&A　第7話 汝、それなり　第8話 "観照"の心―Q&A　第9話 賢者　第10話 知恵と理解―Q&A　〔08667〕

◇存在とひとつに―ヴィギャン・バイラヴ・タントラ（VIGYAN BHAIRAV TANTRA）　OSHO講話, スワミ・アドヴァイト・パルヴァ翻訳　改装版　市民出版社　2014.3　319p　19cm　（タントラ秘法の書 8）　2200円　①978-4-88178-195-1

内容 第1章 あなたはいたるところにいる　第2章 カルマを超えて　第3章 丘の上から見る　第4章 自分自身から自由になる　第5章 全体とひとつになる技法　第6章 今こそがゴール　第7章 まず自分自身をつくる　第8章 無選択は至福　〔08668〕

◇TAO永遠の大河―OSHO老子を語る　2（TAO：The Three Treasures）　OSHO著, スワミ・プレム・プラブッダ訳　いまここ塾　2014.4　505p　19cm　〈めるくまーる社 1979～1982年刊の再刊　発売：河出書房新社〉1900円　①978-4-309-91142-7

内容 第1話 永遠の法則を知ることについて　第2話 選択と無選択―Q&A　第3話 論争の空しさについて　第4話 ブッダたちと馬鹿者たち―Q&A　第5話 道士の資質について　第6話 規律とコントロール―Q&A　第7話 最も柔らかいものについて　第8話 存在の中に問いなどというものはない―Q&A　第9話 穏やかな静けさについて　第10話 あらゆるブッダが宇宙を豊かにしている―Q&A　〔08669〕

◇TAO永遠の大河―OSHO老子を語る　3（TAO：The Three Treasures）　OSHO著, スワミ・プレム・プラブッダ訳　いまここ塾　2014.6　517p　19cm　〈めるくまーる社 1979～1982年刊の再刊　発売：河出書房新社〉1900円　①978-4-309-91143-4

内容 第1話 知識は重荷だ　第2話 利己と利他―Q&A　第3話 "無為"によってすべてが為される　第4話 "全体"とエゴ―Q&A　第5話 "一なるもの"のエクスタシー　第6話 祈りと瞑想―Q&A　第7話 ユリイカ！ユリイカ！　第8話 愛と責任―Q&A　第9話 自らの死体を見た者に祝福あれ　第10話 老子とグルジェフ―Q&A　〔08670〕

◇死ぬこと生きること（AND NOW AND HERE. vol.2）　OSHO講話, スワミ・ボーディ・デヴァヤナ訳, マ・アナンド・ムグダ, マ・ギャン・シディカ照校　市民出版社　2014.7　436p　19cm　（OSHO講話録）　2350円　①978-4-88178-196-8

内容 第1章 生を知らずは死なり　第2章 究極の自由　第3章 宗教は瞑想の探求　第4章 選択は常にあなたのもの　第5章 距離が違いを生む　第6章 秘教の科学　第7章 準備すべきこと　第8章 真如の修行　〔08671〕

◇TAO永遠の大河―OSHO老子を語る　4（TAO：The Three Treasures）　OSHO著, スワミ・プレム・プラブッダ訳　いまここ塾　2014.8　484p　19cm　〈めるくまーる社 1979～1982年刊の再刊　発売：河出書房新社〉1900円　①978-4-309-91144-1

内容 第1話 先頭に立つべからず　第2話 マスターをしたたかに殴りつけよ―Q&A　第3話 理解こそ実践　第4話 なぜ「どうやって？」ばかりきくのか―Q&A　第5話 病める心　第6話 成熟と老い―Q&A　第7話 役立たずでいなさい　第8話 神は肉体まで来ている―Q&A　第9話 生は呼吸とともに始まる　〔08672〕

◇Courage―勇気（COURAGE）　OSHO著, 山川紘矢, 山川亜希子訳　KADOKAWA　2014.10　247p　19cm　1600円　①978-4-04-101358-8

内容 第1章 勇気とは何か？　第2章 新しいものがあなたのドアをノックしたら、開けなさい　第3章 愛の勇気　第4章 群衆から離脱しよう　第5章 危険に生きる喜び　第6章 恐れをなくすには　〔08673〕

◇炎の伝承　1（THE TRANSMISSION OF THE

ラ

LAMP）OSHO講話, スワミ・ボーディ・デヴァヤナ訳, マ・アナンド・ムグダ, マ・ギャン・シディカ照校　市民出版社　2014.12　484p　19cm　（OSHO〈講話録〉）　2450円　①978-4-88178-197-5

内容 動物たちはみんな笑っているに違いない　コップ一杯の水　本当のバランス　香りの網を広げる　ひとつの世界のためのまさに基礎となるもの　純粋な意識は決して狂わない　キャラバンはますます大きくなった　変化は生の法則だ　本質に調子を合わせなさい　ハートに用意ができたら客は来る〔ほか〕〔08674〕

◇愛の円環—ヴィギャン・バイラヴ・タントラ（VIGYAN BHAIRAV TANTRAの抄訳）　OSHO講話, スワミ・アドヴァイト・パルヴァ訳　改装版　市民出版社　2015.1　325p　19cm　（タントラ秘法の書 5）　2200円　①978-4-88178-198-2

内容 第1章 タントラ的性行為の精神性　第2章 タントラによる宇宙的オーガズム　第3章 内側の真実に向かって　第4章 まぼろしから真実へ　第5章「生」という映画を観照する技法　第6章 本来の存在へ　第7章 波から宇宙的大海へ　第8章 突然の開悟とその障害〔08675〕

◇死について41の答え（The Art of Living and Dying）　OSHO講話, 伊藤アジータ訳, ニラーラ照校　鎌倉　OEJ Books　2015.1　455p　19cm　〈発売：めるくまーる〉2400円　①978-4-8397-0160-4

内容 第1部 死は最後のタブー（死の挑戦を受け入れる　疑いを信頼する ほか）　第2部 未知なる旅—恐怖を理解し、それに直面する（生まれもせず、死にもしない　生きられなかった生が、死にパワーを与える ほか）　第3部 不死の発見（死を歓迎する　意識的に死ぬための準備 ほか）　第4部 別れを告げるときのために—ケアテイカーと遺族のための洞察（大いなる啓示　死とともにある ほか）〔08676〕

◇炎の伝承　2（THE TRANSMISSION OF THE LAMP）　OSHO講話, スワミ・ボーディ・デヴァヤナ訳, マ・アナンド・ムグダ, マ・ギャン・シディカ照校　市民出版社　2015.3　477p　19cm　（OSHO〈講話録〉）　2450円　①978-4-88178-199-9

内容 魂は男でも女でもない　ブラボー、アメリカ！　社会のがらくたを完全に断ち切りなさい　続けよ、続けよ！　あなたの足が神聖でない限り…　まさに熟した果実のように　この椅子は空だ　私は頑固な楽天主義者だ　水がワインになるのは本当の奇跡ではない　私には明け渡しではなく、あなたの知性が必要だ〔ほか〕〔08677〕

◇内なる宇宙の発見—ヴィギャン・バイラヴ・タントラ（VIGYAN BHAIRAV TANTRAの抄訳）　OSHO講話, スワミ・アドヴァイト・パルヴァ訳　改装版　市民出版社　2015.10　356p　19cm　（タントラ秘法の書 1—OSHO講話録）　2200円　①978-4-88178-255-2

内容 第1章 タントラの世界　第2章 ヨガの道とタントラの道　第3章 息—宇宙との掛け橋　第4章 マインドの策略　第5章 注意力に関する五つの技法　第6章 夢見を越える　第7章 やすらぎの技法　第8章 タントラと道徳〔08678〕

◇奇跡の探求　2　七つのチャクラの神秘（IN SEARCH OF THE MIRACULOUS.vol.2）　OSHO講話, OSHOサクシン瞑想センター訳, マ・ジヴァン・アナンディ照校　改装版　市民出版社　2016.5　476p　19cm　2450円　①978-4-88178-256-9

内容 第1章 クンダリーニ・エネルギーの成長における外部からの助け　第2章 道行く瞑想者の成熟　第3章 クンダリーニの道—真正さと自由　第4章 七つの身体と七つのチャクラの神秘　第5章 宗教における神秘的技法　第6章 シャクティパット—生体電気の神秘　第7章 クンダリーニ—超越の法則　第8章 タントラの秘法的側面　第9章 クンダリーニと霊性の深遠なる神秘〔08679〕

◇Intuition—直観（INTUITION）　OSHO著, 山川紘矢, 山川亜希子訳　KADOKAWA　2016.8　239p　19cm　1800円　①978-4-04-104948-8

内容 第1章 地図　第2章 知ることにとっての障害　第3章 戦略〔08680〕

◇空の哲学（VIGYAN BHAIRAV TANTRA）　OSHO講話, 田中ぱるば訳　改装版　市民出版社　2016.10　327p　19cm　（タントラ秘法の書 第10巻）　2200円　①978-4-88178-257-6

内容 第1章 変容に対する根強い恐怖　第2章 鋭敏さは覚醒　第3章 対立物のリズム　第4章 生とは性エネルギー　第5章 各々の存在となる　第6章 内なる導き　第7章 空の哲学　第8章 全と無は同じ〔08681〕

◇真理の泉—講話録（The Long and the Short and the All）　OSHO著　市民出版社　2016.12　407p　19cm　2350円　①978-4-88178-258-3

内容 第1章 知識と理解　第2章 真理と科学　第3章 宗教と教育　第4章 思考とビジョン　第5章 生と死　第6章 愛と幸福〔08682〕

ラジャン, ラグラム

◇秩序の喪失　プロジェクトシンジケート叢書編集部訳　土曜社　2015.2　164, 3p　19cm　（プロジェクトシンジケート叢書）〈他言語標題：Loss of order〉1850円　①978-4-907511-15-9

内容 停滞に備えて（ラグラム・ラジャン著）〔08683〕

◇安定とその敵（Stability at bay）　Project Syndicate〔編〕　土曜社　2016.2　120, 2p　18cm　（プロジェクトシンジケート叢書）　952円　①978-4-907511-36-4

内容 国際通貨制度の不順（ラグラム・ラジャン著）〔08684〕

ラシュキ, リンダ

◇プロ・トレーダー—マーケットで勝ち続ける16人の思考と技術（TRADERS AT WORK）　ティム・ブールキン, ニコラス・マンゴー著, 森山文那生訳　日経BP社　2016.5　284p　21cm　〈発売：日経BPマーケティング〉2200円　①978-4-8222-5063-8

内容 大切なのは「ゴール」ではなく「ルール」（リンダ・ラシュキ述）〔08685〕

ラシュルト, ティム　Rahschulte, Tim J.

◇グローバルプロジェクトチームのまとめ方—リーダーシップの新たな挑戦（Leading Global Project Teams）　ルス・マルティネリ, ティム・ラシュルト, ジェームズ・ワデル著, 当麻哲哉監訳, 長嶺七海訳　慶応義塾大学出版会　2015.7

209p 21cm 〈文献あり 索引あり〉3600円 ①978-4-7664-2245-0
内容 第1章 グローバルに向かって 第2章 グローバルでの成功を阻む障壁と課題 第3章 グローバル戦略と事業遂行の整合 第4章 グローバルプロジェクトチームの統率 第5章 グローバルチームの持続可能な成功の実現 第6章 グローバルチームリーダーの育成 第7章 グローバルへの移行の推進 第8章 グローバル移行のフレームワーク 〔08686〕

ラショー, フランソワ
◇霊性と東西文明―日本とフランス―「ルーツとルーツ」対話 竹本忠雄監修 勉誠出版 2016.2 526p 22cm 〈表紙のタイトル：Dialogue Racines contre Racines〉7500円 ①978-4-585-21030-6
内容 『沈黙の声』と歴史の道(フランソワ・ラショー著, 野田農訳) 〔08687〕

ラス, トム Rath, Tom
◇元気は、ためられる（ARE YOU FULLY CHARGED? の抄訳） トム・ラス著, 坂東智子訳 ヴォイス出版事業部 2015.12 219p 19cm 〈文献あり〉1500円 ①978-4-89976-446-5
内容 1 意義(小さな成功に「意義」を見いだす 人生、仕事に「意義」を見いだす 仕事を「居場所」ではなく「目的」にする ほか) 2 交流(ひとつひとつの「交流」を大事にする 会話の80%をポジティブなコメントにする 小さなことからスタートする ほか) 3 エネルギー(「自分の健康」を第一に考える 「食べる」ことで、1日をよりよいものに変える 走るより、たくさん歩く ほか) 〔08688〕

ラスウェル, ハロルド・D. Lasswell, Harold Dwight
◇権力と社会―政治研究の枠組み（Power and society） ハロルド・D.ラスウェル, エイブラハム・カプラン著, 堀江湛, 加藤秀治郎, 永山博之訳 芦書房 2012.10 338p 21cm 〈文献あり〉3000円 〔08689〕

ラスカー=シューラー, エルゼ Lasker-Schüler, Else
◇なぜ"平和主義"にこだわるのか（ENTRÜSTET EUCH! ―WARUM PAZIFISMUS FÜR UNS DAS GEBOT DER STUNDE BLEIBT） マルゴット・ケースマン, コンスタンティン・ヴェッカー編, 木戸衛一訳 いのちのことば社 2016.12 261p 19cm 1500円 ①978-4-264-03611-1
内容 私たちはもう眠れない(エルゼ・ラスカー=シューラー) 〔08690〕

ラーズス, ペテル
◇グローバル化と地域社会の変容 石川晃弘, 佐々木正道, リュボミール・ファルチャン編著 八王子 中央大学出版部 2016.3 533p 22cm （中央大学社会科学研究所研究叢書 33―スロヴァキア地方都市定点追跡調査 2） 6300円 ①978-4-8057-1334-1
内容 スロヴァキアの市民セクター(ペテル・ラーズス著, 近重亜郎訳) 〔08691〕

ラスティグ, C.* Lustig, Cindy
◇ワーキングメモリと日常―人生を切り拓く新しい知性（WORKING MEMORY） T.P.アロウェイ,R.G.アロウェイ編著, 湯沢正通, 湯沢美紀監訳 京都 北大路書房 2015.10 340p 21cm （認知心理学のフロンティア） 〈文献あり 索引あり〉3800円 ①978-4-7628-2908-6
内容 ワーキングメモリトレーニング：神経イメージングからの洞察(Cindy Lustig, Patricia A.Reuter-Lorenz著, 森田愛子, 岡崎善弘訳) 〔08692〕

ラスティン, マイケル
◇乳児観察と調査・研究―日常場面のこころのプロセス（Infant Observation and Research） キャシー・アーウィン, ジャニーン・スターンバーグ編著, 鵜飼奈津子監訳 大阪 創元社 2015.5 273p 22cm 〈文献あり 索引あり〉4200円 ①978-4-422-11539-9
内容 調査・研究方法としての乳児観察(マイケル・ラスティン著, 堀内瞳訳) 〔08693〕

ラスティン, マーガレット Rustin, Margaret
◇ワーク・ディスカッション―心理療法の届かぬ過酷な現場で生き残る方法とその実践（WORK DISCUSSION） マーガレット・ラスティン, ジョナサン・ブラッドリー編, 鈴木誠, 鵜飼奈津子監訳 岩崎学術出版社 2015.5 215p 21cm 〈文献あり 索引あり〉3700円 ①978-4-7533-1090-6
内容 1 イントロダクション(ワーク・ディスカッションとは何か ワーク・ディスカッション・グループが機能する時―その方法の応用) 2 教育現場での実践(幼児学校の学習メンターとして 小学生への治療的アプローチ) 3 医療現場での実践(医療保健と入所施設の現場―病院における病気の子どもとの仕事 小児癌治療におけるトラウマとコンテインメント) 4 福祉現場での実践(脆弱な家族―難民コミュニティでの仕事 服役中の親に面会する子どものためのプレイの設定 入所型アセスメント施設における感情麻痺と無思考) 5 社会資源が乏しい環境での実践(「シボニエは固まって動かないの…」―南アフリカの状況に応用したワーク・ディスカッション・モデル 新しい施設を育てる 児童養護施設の職員とのワーク・ディスカッション・セミナー(メキシコ、プエブラのストリート・チルドレン)) 〔08694〕

ラスト, ダン Rust, Dan
◇戦力「内」通告―ハーバードが教えてくれない「本当に生き残れる社員」（WORKPLACE POKER） ダン・ラスト著, 武藤陽生訳 ハーパーコリンズ・ジャパン 2016.5 381p 19cm 1600円 ①978-4-596-55108-5
内容 1 職場で行われている「ゲーム下のゲーム」―観察する者は救われる 2 地雷原で踊る―職場のイバラ道、社内政治 3 パンチを食らう―防御か反撃か、それとも… 4 キャリアの炎を燃やす―感情・肉体・野心・メンタルのエネルギー 5 ネバネバのチョウとツルツルのサイ―ハートは熱く、面の皮は厚く 6 職場のショウを楽しむ―あなたはあなたが取り扱う「商品」である 7 ツイてる人の秘密―好感度を最大限あげるべし 8 ブッダ、スポック、パットン、シャーロック―自分の内に四人の賢人を住まわせる 9 ゴム猫のごとく―逆境や挫折からすばやく立ち直る 〔08695〕

ラ

ラスト, V.D.
◇高等教育の質とその評価―日本と世界　山田礼子編著　東信堂　2016.9　261p　22cm　〈索引あり〉2800円　①978-4-7989-1383-4
内容 東ヨーロッパの高等教育における国際競争(V.D.ラスト著, 中世古貴彦訳)　〔08696〕

ラスネール, ピエール=フランソワ　Lacenaire, Pierre-François
◇ラスネール回想録―十九世紀フランス詩人＝犯罪者の手記（Mémoiresの抄訳）　ピエール＝フランソワ・ラスネール著, 小倉孝誠, 梅沢礼訳　平凡社　2014.8　319p　16cm　(平凡社ライブラリー 816)　〈年譜あり〉1500円　①978-4-582-76816-9
内容 第1章 少年時代　第2章 学校時代　第3章 放浪生活　第4章 パリでの犯罪　第5章 社会復帰の試み　第6章 詩作のとき　第7章 転落　第8章 最期の日々　〔08697〕

ラスムセン, ミゲル・B.　Rasmussen, Mikkel B.
◇なぜデータ主義は失敗するのか？―人文科学的思考のすすめ（THE MOMENT OF CLARITY）　クリスチャン・マスビェア, ミゲル・B.ラスムセン著, 田沢恭子訳　早川書房　2015.7　314p　19cm　1900円　①978-4-15-209551-0
内容 霧の中を進む　第1部 人を正しく理解できないのはなぜか(事業分析、データ、ロジック―デフォルト思考的問題解決法　クリエイティブになろう！　―枠にとらわれない思考による問題解決法)　第2部 人を正しく理解するには(人文科学　方向転換―レゴ　製品デザイン―コロプラスト　企業戦略―インテル、アディダス　"霧の晴れる瞬間"を実現させるリーダーとは)　人を正しく理解する　〔08698〕

ラスムセン, ロバート　Rasmussen, Robert
◇戦略を形にする思考術―レゴシリアスプレイで組織はよみがえる　ロバート・ラスムセン著, 蓮沼孝, 石原正雄編著　徳間書店　2016.7　203p　19cm　1300円　①978-4-19-864169-6
内容 第1章 「本当の思い」に近づく技術(無意識下の答えにたどり着く　レゴシリアスプレイとは？　ほか)　第2章 レゴブロックで組織を高める(レゴシリアスプレイは環境が大切　心を整えるウォームアップ ほか)　第3章 レゴシリアスプレイの開発ストーリー(教育者としてのキャリアをスタート　本格的な研究のはじまり ほか)　第4章 世界で広がるレゴシリアスプレイの可能性(「LEGO」世界で最も価値あるブランド　レゴシリアスプレイの現状 ほか)　第5章 レゴシリアスプレイの実例ストーリー(博報堂(広告会社)　JTB(旅行代理店) ほか)　〔08699〕

ラズレグ, ハセン
◇日本・アルジェリア友好の歩み―外交関係樹立50周年記念誌　私市正年, スマイル・デベシュ, 在アルジェリア日本国大使館編著　千倉書房　2014.8　286p　19cm　2800円　①978-4-8051-1041-6
内容 オラン科学技術大学を舞台にした日・アルジェリア協力(ハセン・ラズレグ)　〔08700〕

ラーセン, キャロリン　Larsen, Carolyn
◇神を知る365日for Guys（365 Days to Knowing God for Guys）　キャロリン・ラーセン著, ブルキ羊子訳　いのちのことば社　2016.1　1冊（ページ付なし）　18cm　1500円　①978-4-264-03463-6　〔08701〕
◇神を知る365日for Girls（365 Days to Knowing God for Girls）　キャロリン・ラーセン著, ブルキ羊子訳　いのちのことば社　2016.1　1冊（ページ付なし）　18cm　1500円　①978-4-264-03464-3　〔08702〕

ラーセン, ジョアン
◇ダイレクト・ソーシャルワークハンドブック―対人支援の理論と技術（Direct social work practice（第8版））　ディーン・H.ヘプワース, ロナルド・H.ルーニー, グレンダ・デューベリー・ルーニー, キム・シュトローム - ゴットフリート, ジョアン・ラーセン著, 武田信子監修, 北島英治, 渋谷昌史, 平野直己, 藤林慶子, 山野則子監訳　明石書店　2015.3　975p　27cm　〈文献あり〉25000円　①978-4-7503-4171-2　〔08703〕

ラーソン, エリック　Larson, Erik
◇第三帝国の愛人―ヒトラーと対峙したアメリカ大使一家（IN THE GARDEN OF BEASTS）　エリック・ラーソン〔著〕, 佐久間みかよ訳　岩波書店　2015.9　407p　20cm　2600円　①978-4-00-061069-8　〔08704〕

ラーソン, ジェフリー・H.　Larson, Jeffry H.
◇幸せな結婚生活のために―三つの重要要素でふたりの未来を診断する（SHOULD WE STAY TOGETHER？）　ジェフリー・H.ラーソン著, 内田寿美, 風見幸代, 和代, 北方久代, 永正理恵子, 浪川静恵訳, 宮本寿代監訳　武蔵野　バベルプレス　2014.1　208p　26cm　1900円　①978-4-89449-144-1
内容 第1章 結婚への備えにまつわる「通説」を信じるべきか　第2章 マリッジ・トライアングル―将来の結婚満足度を予見する3つの構成要素　第3章 マリッジ・トライアングル 構成要素1―個人的背景およびふたりの関係の背景　第4章 マリッジ・トライアングル 構成要素2―個人特性　第5章 マリッジ・トライアングル 構成要素3―カップル特性　第6章 あなた自身のマリッジ・トライアングル―3つの構成要素を合わせてみると　第7章 この人と、今、結婚してはいけない！　第8章 結婚に備えるための情報源　〔08705〕

ラーソン, フランシス　Larson, Frances
◇首切りの歴史（SEVERED）　フランシス・ラーソン著, 矢野真千子訳　河出書房新社　2015.9　342p　20cm　3200円　①978-4-309-20685-1
内容 第1章 首狩り族(ピット・リヴァーズ博物館の干し首　首と銃を交換するビジネス ほか)　第2章 戦利品の首(太平洋戦争中の首狩り　土産物ハンティング ほか)　第3章 反逆者の首(二一世紀の処刑台　社会の価値観間の変化 ほか)　第4章 額に入れた首(究極の肖像　画家たちが追求した断頭シーン ほか)　第5章 聖なる首(オリヴァー・プランケットの首　注目と富を集める首 ほか)　第6章 頭蓋骨フィーバー(骨相学ブーム　人種の研究という科学 ほか)　第7章 切開される頭部(人体解剖の授業　感情の切り替え方を学ぶ ほか)　第8章 生きている頭部(水槽に浮かぶ脳　ギロチン処刑後に動く東部 ほか)　〔08706〕

ラツィンガー, ヨゼフ　Ratzinger, Joseph
⇒ベネディクト16世

ラッサム, スハ　Rassam, Suha
◇イラクのキリスト教（Christianity in Iraq 原著新版の翻訳）　スハ・ラッサム著, 浜島敏訳　キリスト新聞社出版事業課　2016.10　40, 293p　19cm　〈年表あり〉2300円　Ⓘ978-4-87395-706-7
内容 第1章 中東におけるキリスト教の母体　第2章 最初の四世紀　第3章 五世紀と六世紀　第4章 七世紀から十六世紀まで　第5章 十六世紀から二十世紀まで―オスマン支配のもとで　第6章 二十世紀―現代イラク国家　第7章 二十一世紀　〔08707〕

ラッザラート, マウリツィオ
◇資本の専制、奴隷の叛逆―「南欧」先鋭思想家8人に訊くヨーロッパ情勢徹底分析　広瀬純編著　航思社　2016.1　379p　19cm　〈他言語標題：Dictadura capitalista y esclavos rebeldes Conversaciones “bajo la coyuntura”〉2700円　Ⓘ978-4-906738-15-1
内容 資本の戦争的本性とその回帰（マウリツィオ・ラッザラート述, 広瀬純聞き手・訳）　〔08708〕

ラッシオ, ジョン　Ruscio, John
◇本当は間違っている心理学の話―50の俗説の正体を暴く（50 Great Myths of Popular Psychology）　スコット・O.リリエンフェルド, スティーヴン・ジェイ・リン, ジョン・ラッシオ, バリー・L.バイアースタイン著, 八田武志, 戸田山和久, 唐沢穣監訳　京都　化学同人　2014.3　340, 93p　20cm　〈文献あり 索引あり〉3200円　Ⓘ978-4-7598-1499-6
内容 心理学神話の世界　脳が秘めた力―脳と知覚をめぐる神話　人が死ぬまでに経験すること―発達と加齢をめぐる神話　過去の出来事の思い出―記憶をめぐる神話　学習効果の高め方―知能と学習をめぐる神話　こころの奥をのぞき込む―意識をめぐる神話　気の持ちようで変わること―感情と動機をめぐる神話　他者との良好な関係を築くために―対人行動をめぐる神話　自分の内面に目を向ける―パーソナリティをめぐる神話　こころの病気への対処―精神疾患をめぐる神話　犯罪者の取り違え―心理学と法律をめぐる神話　こころの問題を解決する―心理療法をめぐる神話　〔08709〕

ラッシュ, デンジル
◇信託制度のグローバルな展開―公益信託甘粕記念信託研究助成基金講演録　新井誠編訳　日本評論社　2014.10　634p　22cm　6800円　Ⓘ978-4-535-52055-4
内容 信託と人身被害賠償金の管理（デンジル・ラッシュ著, 新井誠訳）　〔08710〕

ラッシュ, ローラ・C.　Rusch, Laura C.
◇認知行動療法の新しい潮流　2　行動活性化（Behavioral Activation）　ウィンディ・ドライデン編　ジョナサン・W.カンター, アンドリュー・M.ブッシュ, ローラ・C.ラッシュ著, 大野裕監修, 岡本泰昌監訳, 西川美樹訳　明石書店　2015.8　244p　20cm　〈文献あり 索引あり〉2800円　Ⓘ978-4-7503-4229-0
内容 第1部 行動活性化の理論的特徴（特徴的な歴史　人間の行動についての特徴的な定義　特徴的な専門用語　特徴的な理念と理論　特徴的な行動ABCモデル ほか）　第2部 行動活性化の実践的特徴（特徴的な歴史　初回治療の論理的根拠　活動モニタリング　価値観の評価　単純な活性化 ほか）　〔08711〕

ラッセル, ジェフリー　Russell, Jeffrey Lee
◇組織を変える基本―変革を成功させるチェンジ・マネジメント（Change Basics）　ジェフリー・ラッセル, リンダ・ラッセル共著, 野原裕美訳　ヒューマンバリュー　2014.11　179p　23cm　（ASTDグローバルベーシックシリーズ）〈文献あり〉2400円　Ⓘ978-4-9906893-3-9
内容 1章 変化の難しさ　2章 変化を強いる要因を理解する　3章 組織の変革へのレディネスを測る　4章 変革をリードするモデル　5章 変革に対する感情的な反応を理解し、管理する　6章 変革に対する抵抗を理解し、それに対処する　7章 従業員のレジリエンスを高める　8章 変革プランを設計する　〔08712〕

ラッセル, ダニエル・C.　Russell, Daniel C.
◇徳倫理学―ケンブリッジ・コンパニオン（The Cambridge Companion to Virtue Ethics）　ダニエル・C.ラッセル編, 立花幸司監訳, 相沢康隆, 稲村一隆, 佐良土茂樹訳　春秋社　2015.9　521, 29p　20cm　〈文献あり 索引あり〉5200円　Ⓘ978-4-393-32353-3
内容 現代道徳哲学における徳倫理学 他（ダニエル・C.ラッセル著, 立花幸司訳）　〔08713〕

ラッセル, バートランド　Russell, Bertrand
◇現代哲学（AN OUTLINE OF PHILOSOPHY）　バートランド・ラッセル著, 高村夏輝訳　筑摩書房　2014.10　532p　15cm　（ちくま学芸文庫 ラ4-3）〈索引あり〉1600円　Ⓘ978-4-480-09616-6
内容 第1部（人間とその環境　動物と幼児の学習過程 ほか）　第2部（原子の構造　相対性理論 ほか）　第3部（自己観察　イメージ ほか）　第4部（過去の偉大な哲学者たち　真理と虚偽 ほか）　〔08714〕

ラッセル, ポール
◇徳倫理学―ケンブリッジ・コンパニオン（The Cambridge Companion to Virtue Ethics）　ダニエル・C.ラッセル編, 立花幸司監訳, 相沢康隆, 稲村一隆, 佐良土茂樹訳　春秋社　2015.9　521, 29p　20cm　〈文献あり 索引あり〉5200円　Ⓘ978-4-393-32353-3
内容 ヒュームによる徳の解剖（ポール・ラッセル著, 佐良土茂樹訳）　〔08715〕

ラッセル, メグ
◇二院制の比較研究―英・仏・独・伊と日本の二院制　岡田信弘編　日本評論社　2014.3　237p　22cm　5500円　Ⓘ978-4-535-52020-2
内容 イギリスの貴族院（メグ・ラッセル著, 木下和朗訳）　〔08716〕

ラッセル, リンダ　Russell, Linda
◇組織を変える基本―変革を成功させるチェンジ・

ラ

マネジメント（Change Basics） ジェフリー・ラッセル, リンダ・ラッセル共著, 野原裕美訳 ヒューマンバリュー 2014.11 179p 23cm （ASTDグローバルベーシックシリーズ） 〈文献あり〉 2400円 ①978-4-9906893-3-9

内容 1章 変化の難しさ 2章 変化を強いる要因を理解する 3章 組織の変革へのレディネスを測る 4章 変革をリードするモデル 5章 変革に対する感情的な反応を理解し、管理する 6章 変革に対する抵抗を理解し、それに対処する 7章 従業員のレジリエンスを高める 8章 変革プランを設計する 〔08717〕

ラッセル, R.J. Russell, Robert J.

◇死者の復活―神学的・科学的論考集（RESURRECTION） T.ピーターズ,R.J.ラッセル,M.ヴェルカー編, 小河陽訳 日本キリスト教団出版局 2016.2 441p 22cm 5600円 ①978-4-8184-0896-8

内容 体の復活、終末論、ならびに科学的宇宙論（ロバート・ジョン・ラッセル著） 〔08718〕

ラッセルズ, クリストファー Lascelles, Christopher

◇いちばんシンプルな世界の歴史（A SHORT HISTORY OF THE WORLD） クリストファー・ラッセルズ著, 島田誠監訳, 得重達朗訳 日本能率協会マネジメントセンター 2015.12 314p 19cm 1600円 ①978-4-8207-1936-6

内容 1 先史時代（ビッグバン - 前3500年） 2 古代の世界（前3500年 - 500年） 3 中世前期（500年 - 1000年） 4 中世後期（1000年 - 1500年） 5 西洋の勃興（1450年 - 1800年） 6 近現代の世界 7 20世紀 〔08719〕

ラッタンシ, P.M. Rattansi, Piyo

◇ニュートンと万有引力（Isaac Newton and Gravity） P.M.ラッタンシ作, 原田佐和子訳 町田 玉川大学出版部 2016.5 131p 22cm （世界の伝記科学のパイオニア） 〈年譜あり 索引あり〉 1900円 ①978-4-472-05967-4

内容 1 若き日のニュートン 2 アリストテレスの考えかた 3 アリストテレスに代わる「新しい科学」の誕生 4 光と色 ニュートンの科学界デビュー 5 引力と運動法則 6 栄光の人 〔08720〕

ラッツァラート, マウリツィオ Lazzarato, Maurizio

◇記号と機械―反資本主義新論（Sings and Machines） マウリツィオ・ラッツァラート著, 杉村昌昭, 松田正貴訳 東久留米 共和国 2015.12 365p 19cm 3400円 ①978-4-907986-14-8

内容 序章 ロゴスか機械か 第1章 生産と主観性の生産―社会的服従と機械状隷属とのあいだ 第2章 主観性の生産といわゆる生産におけるシニフィアンの記号学と非シニフィアンの記号論 第3章 複合的記号論 第4章 対立と記号体系 第5章「社会のクズ」発言と行為遂行的なものにたいする批判 第6章 主観性の生産における言説的なものと実在的なもの 第7章 言表行為と政治学―民主主義をパラレルに読む フーコーとランシエール 〔08721〕

◇記号と機械―反資本主義新論（Signs and machines） マウリツィオ・ラッツァラート著, 杉村昌昭, 松田正貴訳 新装版 東久留米 共和国 2016.12 365p 19cm 2700円 ①978-4-907986-33-9

内容 序章 ロゴスか機械か 第1章 生産と主観性の生産―社会的服従と機械状隷属とのあいだ 第2章 主観性の生産といわゆる生産におけるシニフィアンの記号学と非シニフィアンの記号論 第3章 複合的記号論 第4章 対立と記号体系 第5章「社会のクズ」発言と行為遂行的なものにたいする批判 第6章 主観性の生産における言説的なものと実在的なもの 第7章 言表行為と政治学―民主主義をパラレルに読む - フーコーとランシエール 〔08722〕

ラッド, ジョージ・エルドン Ladd, George Eldon

◇終末論（The Last Things） ジョージ・エルドン・ラッド著, 安黒務訳 いのちのことば社 2015.3 190p 19cm 1800円 ①978-4-264-03341-7

内容 第1章 聖書の預言をどのように解釈すべきか 第2章 イスラエルについてはどうか 第3章 中間状態 第4章 キリストの再臨 第5章 再臨についてのことば 第6章 反キリストと大患難 第7章 復活と携挙 第8章 審判 第9章 神の国 〔08723〕

ラッド, ジョージ・T. Ladd, George Trumbull

◇1907―日英対訳（IN KOREA WITH MARQUIS ITOの抄訳） ジョージ・T.ラッド著, 桜の花出版編集部編 町田 桜の花出版 2015.4 583p 21cm 〈発売：星雲社〉 2270円 ①978-4-434-20431-9

内容 第一部（第一章 招待 第二章 初めて見た朝鮮 第三章 ソウルでの生活 第四章 ソウルでの生活（続き） 第五章 平壌への訪問 第六章 済物浦およびその他の地域 第七章 出発 第八章 個人的な回想と印象） 第二部（第九章 歴史的問題 第十章 歴史的問題（続き） 第十一章 契約 第十二章 統治者と国民（要約） 第十三章 資源と財政（要約） 第十四章 教育と公共司法（要約） 第十五章 外国人と外交関係（要約） 第十六章 間違い：現実のものと架空のもの 第十七章 使節団と宣教師（要約） 第十八章 1907年7月そしてその後 第十九章 問題の解決） 附録 〔08724〕

ラップ, チャールズ・A. Rapp, Charles Anthony

◇ストレングスモデル―リカバリー志向の精神保健福祉サービス（The Strengths Model 原著第3版の翻訳） チャールズ・A.ラップ, リチャード・J.ゴスチャ著, 田中英樹監訳 第3版 金剛出版 2014.1 427p 22cm 〈文献あり 索引あり〉 4600円 ①978-4-7724-1346-6

内容 第1章 歴史、批判、有益な概念―ストレングスパラダイムに向けて 第2章 ストレングスの基礎理論 第3章 ストレングスモデルの目的、原則、研究結果 第4章 関係とその結び方―新しいパートナーシップ 第5章 ストレングスアセスメント―個人の健康的な部分を展開する 第6章 個別計画―達成課題を創造するために 第7章 資源の獲得―地域を地域精神保健に戻す 第8章 ストレングスモデルを支える背景―効果的な実践のための状況づくり 第9章 ストレングスモデルのエピローグ―よく聞かれる質問/異議 〔08725〕

ラップ, デボラ・E. Rupp, Deborah E.

◇人事戦略のためのアセスメント・センター―予測・診断・開発の理論と実践（Assessment Centers in Human Resource Management） ジョージ・C.ソーントン3世, デボラ・E.ラップ著, 広瀬紳一, 渡辺直登監訳, 日詰慎一郎, 林洋一

ラ

郎, 佐野達訳　中央経済社　2014.5　405p　22cm　〈文献あり 索引あり〉6000円　①978-4-502-09550-4

内容 人的資源管理におけるアセスメント・センター　アセスメント・センター適用例のケーススタディ　アセスメント・センターの基本要件　開発的アセスメント・センターの詳細　行動の次元—アセスメント・センターの構成要素　シミュレーション演習　評価者個々人の役割—行動の観察・記録・分類・評定　評価者グループの役割—アセスメント情報の統合　アセスメント・センター結果のフィードバック　アセスメント・センター・メソッドの妥当性に関する根拠　アセスメント・センターと人的資源管理および組織戦略　アセスメント・センタ—総括と今後の展望　アセスメント・センター運営のためのガイドラインおよび倫理的配慮指針　〔08726〕

ラッファー, アーサー　Laffer, Arthur

◇金持ちは税率70%でもいいvsみんな10%課税がいい—1時間でわかる格差社会の増税論（Should We Tax the Rich More？）　ポール・クルーグマン, ジョージ・パパンドレウ, ニュート・ギングリッチ, アーサー・ラッファー著, 町田敦夫訳　東洋経済新報社　2014.6　174p　19cm　1200円　①978-4-492-61062-6

内容 第1章 金持ちからもっと税金を取るべきか？　—賛成：ポール・クルーグマン、ジョージ・パパンドレウ 反対：ニュート・ギングリッチ、アーサー・ラッファー（賛成58%、反対28%、未定14%　クルーグマンの論点 ほか）　第2章 ギングリッチへのインタビュー——律10%課税はどうか（政府は金を奪っていく　リッチな人は、税を逃れる手だてを見つける ほか）　第3章 クルーグマンへのインタビュー—金持ちは最高税率70%でもいける（富裕層への税率は低すぎる　70%の最高税率でも税収は減らない ほか）　第4章 ラッファーへのインタビュー—税制を改革して12%の一律課税に（税率を上げると税収は減る　ラッファーの一律課税案 ほか）　〔08727〕

ラデーア, カール=ハインツ

◇デリダ、ルーマン後の正義論—正義は〈不〉可能か（Nach Jacques Derrida und Niklas Luhmann）　グンター・トイプナー編著, 土方透監訳　新泉社　2014.4　317p　22cm　〈文献あり〉3800円　①978-4-7877-1405-3

内容 権利と、権利に寄生する正義願望（カール＝ハインツ・ラデーア著, 庄司信訳）　〔08728〕

ラーデマッハ, クリストフ　Rademacher, Christoph

◇デザイン保護法制の現状と課題—法学と創作の視点から　麻生典, クリストフ・ラーデマッハ編　日本評論社　2016.12　614p　21cm　6300円　①978-4-535-52182-7

内容 第1部 法学（各国のデザイン保護法制の課題　デザインと諸法　意匠法の淵源）　第2部 デザイン学（プロダクトデザイン　情報デザイン　アート）　第3部 認知科学（カード配置による外観類似の可視化　文脈効果を考慮した他の意匠の存在による類似度の変化—認知科学的見地に基づく意匠の類否判断の再検討）　〔08729〕

ラドヴィッチ, ダルコ

◇持続可能な未来の探求：「3.11」を超えて—グローバリゼーションによる社会経済システム・文化変容とシステム・サステイナビリティ　河村哲二, 陣内秀信, 仁科伸子編著　御茶の水書房　2014.3　279p　23cm　〈執筆：河村哲二ほか 索引あり〉4000円　①978-4-275-01068-1

内容 ラディカル・リアリズム（ダルコ・ラドヴィッチ著, 井上直子訳）　〔08730〕

ラトゥーシュ, セルジュ　Latouche, Serge

◇脱成長（ダウンシフト）のとき—人間らしい時間をとりもどすために（LE TEMPS DE LA DÉCROISSANCE）　セルジュ・ラトゥーシュ, ディディエ・アルパジェス著, 佐藤直樹, 佐藤薫訳　未来社　2014.6　152, 15p　19cm　〈文献あり〉1800円　①978-4-624-01191-8

内容 序章 いまこそそのとき　第1章 時間の多様性の喪失：方向転換の必然性（生産至上主義の名のもとに押しつぶされた時間　強制されたスピード　製品寿命の人為的操作　永遠を現在に：持続可能な発展　仮想的な時間　時間を売るということ）　第2章 本来の時間をとりもどす（時空間の再構築　より良く生きるために働く量を減らそう　隔たりを減らし、ゆとりを見出す　地域活動の再発見　時間を元に戻す）　終章 同じ世界で別の生き方をする　〔08731〕

ラドクリフ, ティモシィ　Radcliffe, Timothy

◇なぜ教会に行くの—パンとぶどう酒のドラマ（Why go to church？）　ティモシィ・ラドクリフ著, 岩城聡, 伊達民和監修, 芦屋聖マルコ教会翻訳の会訳　聖公会出版　2013.9　14, 405p　19cm　2800円　①978-4-88274-252-4　〔08732〕

◇なぜクリスチャンになるの—その意義は何か（What Is the Point of Being a Christian？）　ティモシィ・ラドクリフ著, 伊達民和監修, 伊達民和, 芦屋聖マルコ教会翻訳の会訳　教文館　2016.7　428p　19cm　2700円　①978-4-7642-9201-7　〔08733〕

ラドケ, マット　Radtke, Matt

◇高勝率システムの考え方と作り方と検証—リスクが少なく無理しない短期売買（How To Trade High Probability Stock Gaps 原著第2版の翻訳）　ローレンス・A.コナーズ, シーザー・アルバレス, マット・ラドケ著, 長尾慎太郎監修, 山口雅裕訳　パンローリング　2014.4　301p　22cm　（ウィザードブックシリーズ 216）　7800円　①978-4-7759-7183-3

内容 第1部 ギャップを利用した高勝率の株式トレード法（第2版）　第2部 押し目買い戦略　第3部 VXXのトレンドフォロー戦略　第4部 ETFでのギャップトレード—決定版　第5部 コナーズRSIに基づくレバレッジ型ETFのトレード　第6部 ETFの買い下がりトレード　第7部 ボリンジャーバンドを利用したトレード—数量化された指針　〔08734〕

ラドリー, クリス　Radley, Chris

◇まんがカップル・セラピー（Couple Therapy）　バーバラ・ブルームフィールド, クリス・ラドリー著, 信田さよ子監訳, 渋谷繭子, 吉田精次訳　金剛出版　2015.2　172p　19×19cm　〈文献あり〉2600円　①978-4-7724-1410-4

ラ

内容 他人のぬくもり　悩める少年　親愛なるママ 〔08735〕

ラーナー, ポール・M.　Lerner, Paul M.

◇ロールシャッハ法と精神分析的視点（PSYCHOANALYTIC PERSPECTIVES on the RORSCHACH）　ポール・M.ラーナー著, 溝口純二, 菊池道子監訳　新装版　金剛出版　2016.9　494p　21cm　〈文献あり 索引あり〉6000円　①978-4-7724-1521-7

内容 体験的精神分析的アプローチ　ロールシャッハ課題の性質　心理検査レポート　精神分析的診断図式　ロールシャッハ査定枠　施行とスコアリング　患者─検査者関係　主要スコア：ロールシャッハ法の諸次元　5番目のスコアリング・カテゴリー　特定のスコアとその意味　内容分析　継列分析　解釈の二つのアプローチ　推論過程　ロールシャッハ査定と治療計画　Lerner法の施行法とスコアリングの中の特徴的なもの 〔08736〕

ラーナー, ローズマリー

◇間文化性の哲学　谷徹編　京都　文理閣　2014.8　284p　21cm　（立命館大学人文学企画叢書 01）〈他言語標題：Philosophy of Interculturality〉3500円　①978-4-89259-736-7

内容 文化的、イデオロギー的な遭遇と衝突の状況についての現象学的考察（ローズマリー・ラーナー著, 小西真理子訳） 〔08737〕

ラ

ラナイリー＝ダーヘン, ナダイェ

◇男らしさの歴史　1　男らしさの創出─古代から啓蒙時代まで（HISTOIRE DE LA VIRILITÉ）　A.コルバン,J-J.クルティーヌ,G.ヴィガレロ監修　G.ヴィガレロ編, 鷲見洋一監訳　藤原書店　2016.12　788p 図版48p　22cm　8800円　①978-4-86578-097-0

内容 絵画の証言（ナダイェ・ラナイリー＝ダーヘン著, 篠原洋治訳） 〔08738〕

ラーニシュ, ヴィルヘルム　Ranisch, Wilhelm

◇図説北欧神話の世界（WALHALL.DIE GÖTTERWELT DER GERMANEN）　E.デープラー画, W.ラーニシュ文, 吉田孝夫訳　八坂書房　2014.12　178, 3p　22cm　〈索引あり〉2400円　①978-4-89694-183-8

内容 序章 古代ドイツ人の信仰　1 オーディンの物語　2 トールの物語　3 フレイの物語　4 テュール、バルドルと女神たちの物語　5 ロキの物語　6 ラグナロク─世の終わり 〔08739〕

ラパヴィツァス, コスタス　Lapavitsas, Costas

◇ギリシアデフォルト宣言─ユーロ圏の危機と緊縮財政（AGAINST THE TROIKA）　ハイナー・フラスベック, コスタス・ラパヴィツァス著, 村沢真保呂, 森元斎訳　河出書房新社　2015.9　200, 4p　19cm　1400円　①978-4-309-24729-8

内容 欧州通貨同盟（EMU）の深刻な危機　欧州通貨同盟の理論的根拠　ドイツ─ユーロ圏危機の原因　EMUにおけるストック/フローとその問題点　ヨーロッパは対外不均衡を解決できない　破綻に向かう欧州通貨同盟　左派は何をすべきか─EMU離脱とEUとの対決　欧州通貨同盟から離脱するために　欧州通貨同盟を解体する　ギリシア危機　ギリシアの新たな道─デフォルト宣言に向けて　ギリシアとヨーロッパの希望 〔08740〕

ラパポート, ドリーン　Rappaport, Doreen

◇ヘレン・ケラーのかぎりない夢─見る・聞く・話す・読む・書く・学ぶ夢に挑戦した生涯（HELEN'S BIG WORLD）　ドリーン・ラパポート文, マット・タヴァレス絵, もりうちすみこ訳　国土社　2014.8　39p　29cm　〈年譜あり〉1500円　①978-4-337-06248-1 〔08741〕

ラビー, マルク　Labie, Marc

◇マイクロファイナンス事典（THE HANDBOOK OF MICROFINANCE）　ベアトリス・アルメンダリズ, マルク・ラビー編, 笠原清志監訳, 立木勝訳　明石書店　2016.2　704p　27cm　〈索引あり〉25000円　①978-4-7503-4293-1 〔08742〕

ラピエール, デヴィッド・P.　Lapierre, David P.

◇エレガント・エンパワーメント─EMFバランシング・テクニックで宇宙とつながる（Elegant Empowerment）　ペギー・フェニックス・ドゥブロ, デヴィッド・P.ラピエール著, 山形聖訳　ナチュラルスピリット　2015.4　354, 21p　26cm　〈文献あり 索引あり〉3300円　①978-4-86451-161-2

内容 第1章 光の世界へ─ペギーの物語　第2章 新たなパラダイムに向かって─心と物質と意図性　第3章 ユニバーサル・カリブレーション・ラティスへの誘い─次元を超えて広がる網の目　第4章 多次元回路─超空間への入口　第5章 認識の拡大─意識の軸に沿って　第6章 七色の手─その手でつかむ夢　第7章 多彩な相互作用─隣り合う生命の網の目に触れる　第8章 マスター・スイッチ─すべての中心　第9章 愛でできた革新的システム─EMFバランシング・テクニック　第10章 新たな展望─ユニバーサル・カリブレーションへの呼び声 〔08743〕

ラピエール, ドミニク　Lapierre, Dominique

◇パリは燃えているか？　上（IS PARIS BURNING？）　ラリー・コリンズ, ドミニク・ラピエール著, 志摩隆訳　新版　早川書房　2016.2　437p　16cm　（ハヤカワ文庫 NF 455）1100円　①978-4-15-050455-7

内容 第1部 脅威　第2部 闘争 〔08744〕

◇パリは燃えているか？　下（IS PARIS BURNING？）　ラリー・コリンズ, ドミニク・ラピエール著, 志摩隆訳　新版　早川書房　2016.2　462p　16cm　（ハヤカワ文庫 NF 456）〈文献あり〉1100円　①978-4-15-050456-4

内容 第2部 闘争（承前）　第3部 解放 〔08745〕

ラビッチ, ダイアン　Ravitch, Diane

◇偉大なるアメリカ公立学校の死と生─テストと学校選択がいかに教育をだめにしてきたのか（THE DEATH AND LIFE OF THE GREAT AMERICAN SCHOOL SYSTEM）　ダイアン・ラビッチ著, 本図愛実監訳　協同出版　2013.10　304p　21cm　〈著作目録あり 索引あり〉2700円　①978-4-319-00681-6 〔08746〕

◇アメリカ間違いがまかり通っている時代―公立学校の企業型改革への批判と解決法（Reign of Error）　ダイアン・ラヴィッチ著, 末藤美津子訳　東信堂　2015.6　514p　22cm　〈索引あり〉　3800円　①978-4-7989-1305-6

内容 我々の学校は危機に瀕している　企業型教育改革の流れ　企業型教育改革を推進しているのは誰か　企業型教育改革で語られる言葉　テスト得点の真実　学力格差の真実　国際学力テストの得点の真実　ハイスクール卒業率の真実　大学の卒業率の真実　貧困はどのように学力に影響を及ぼすか〔ほか〕　〔08747〕

ラピッド, エフライム　Lapid, Efrayim

◇イスラエル情報戦史（ISRAEL'S SILENT DEFENDER）　佐藤優監訳, アモス・ギルボア, エフライム・ラピッド編, 河合洋一郎訳　並木書房　2015.6　373p 図版32p　21cm　〈年表あり〉　2700円　①978-4-89063-328-9

内容 3つの情報機関 他（アモス・ギルボア, エフライム・ラピッド著）　〔08748〕

ラピーデ, ピンハス　Lapide, Pinchas

◇人生の意味と神―信仰をめぐる対話（Gottsuche und Sinnfrage）　ヴィクトール・フランクル, ピンハス・ラピーデ著, 芝田豊彦, 広岡義之訳　新教出版社　2014.9　193p　20cm　2400円　①978-4-400-31072-3

内容 対話（宗教的次元と非宗教的次元　ユダヤ的思考　対立の一致　無神論　逆説 ほか）　訳注　〔08749〕

ラヒム, A.*　Rahim, Ahmed

◇自己調整学習ハンドブック（HANDBOOK OF SELF-REGULATION OF LEARNING AND PERFORMANCE）　バリー・J.ジマーマン, ディル・H.シャンク編, 塚野州一, 伊藤崇達監訳　京都　北大路書房　2014.9　434p　26cm　〈索引あり〉　5400円　①978-4-7628-2874-4

内容 教室における自己調整学習に関する研究（Nancy E.Perry, Ahmed Rahim著, 伊藤崇達訳）　〔08750〕

ラファエロヴィッチ, カマイリ　Rafaelovich, Kamaile

◇ホ・オポノポノライフ―ほんとうの自分を取り戻し、豊かに生きる　カマイリ・ラファエロヴィッチ〔著〕, 平良アイリーン訳　講談社　2014.10　252p　16cm　（講談社+α文庫 A150-1）　〈2011年刊の再編集〉　890円　①978-4-06-281571-0

内容 ゴール　期待　人間関係　お金　仕事　自然　土地と家　体　わたしとウニヒピリ　母と子　〔08751〕

ラプジャード, ダヴィッド　Lapoujade, David

◇ドゥルーズ 常軌を逸脱する運動（DELEUZE, LES MOUVEMENTS ABERRANTS）　ダヴィッド・ラプジャード著, 堀千晶訳　河出書房新社　2015.9　379p　20cm　4000円　①978-4-309-24730-4

内容 常軌を逸脱する運動　大地の問い　根拠の循環　三つの綜合（あるいは「なにが起こったのか」）　帰結―超越論的経験論　倒錯者と分裂症者　分裂即自然　大地のトリアーデ　民衆と人祓い　モナドを引き裂くこと〔ほか〕　〔08752〕

ラプスレー, マイケル　Lapsley, Michael

◇記憶の癒し―アパルトヘイトとの闘いから世界へ（Redeeming the Past My Journey from Freedom Fighter to Healer）　マイケル・ラプスレー著, 西原廉太監修, 榊原芙美子, 吉谷かおる訳　聖公会出版　2014.10　394p　19cm　3000円　①978-4-88274-269-2

内容 第1部 爆撃とその余波（手紙爆弾　回復 ほか）　第2部 自由の闘士（信仰篤き少年時代　南アフリカ―引き裂かれた国 ほか）　第3部 癒す者として歩み出す（南アフリカへの帰還―新しい自己の確立　歴史の呪縛を解き放つ ほか）　第4部 世界規模の宣教（ルワンダと集団殺戮　オーストラリアの盗まれた世代 ほか）　〔08753〕

ラブソン, スティーブ

◇正義への責任―世界から沖縄へ　1　那覇　琉球新報社　2015.11　55p　21cm　〈発売：琉球プロジェクト（〔那覇〕）〉　565円　①978-4-89742-193-3

内容 日本政府が占領了承―「本土並み」の約束反故（スティーブ・ラブソン）　〔08754〕

ラプソン, リチャード・L.

◇共感の社会神経科学（THE SOCIAL NEUROSCIENCE OF EMPATHY）　ジャン・デセティ, ウィリアム・アイクス編著, 岡田顕宏訳　勁草書房　2016.7　334p　22cm　〈索引あり〉　4200円　①978-4-326-25117-9

内容 情動感染と共感（エレイン・ハットフィールド, リチャード・L.ラプソン, イェン・チ・L.リー著）　〔08755〕

ラーフラ, ワールポラ　Rahula, Walpola

◇ブッダが説いたこと（WHAT THE BUDDHA TAUGHT）　ワールポラ・ラーフラ著, 今枝由郎訳　岩波書店　2016.2　207p　15cm　（岩波文庫 33-343-1）　680円　①978-4-00-333431-7

内容 第1章 仏教的な心のあり方　第2章 第一聖諦―ドゥッカの本質　第3章 第二聖諦―ドゥッカの生起　第4章 第三聖諦―ドゥッカの消滅　第5章 第四聖諦―ドゥッカの消滅に至る道　第6章 無我（アナッタ）　第7章 心の修養（バーヴァナー）　第8章 ブッダの教えと現代　〔08756〕

ラフリン, マーティン　Loughlin, Martin

◇公法の観念（THE IDEA OF PUBLIC LAW）　マーティン・ラフリン著, 猪股弘貴訳　勁草書房　2015.8　283p　22cm　〈文献あり 索引あり〉　7000円　①978-4-326-40302-8

内容 第1章 序論　第2章 統治作用　第3章 政治　第4章 代表　第5章 主権　第6章 憲法制定権力　第7章 権利　第8章 方法　第9章 公法の純粋理論　〔08757〕

ラベット, マーシャ・C.　Lovett, Marsha C.

◇大学における「学びの場」づくり―よりよいティーチングのための7つの原理（How Learning Works）　スーザン・A.アンブローズ, マイケル・W.ブリッジズ, ミケーレ・ディピエトロ, マーシャ・C.ラベット, マリー・K.ノーマン著, 栗田佳代子訳　町田　玉川大学出版部　2014.7　267p　21cm　（高等教育シリーズ 164）　〈文献あり 索引あり〉　3200円　①978-4-472-40489-4

ラ

内容 序論 学習に関する研究と教育実践の橋渡し　第1章 学生の先行知識が学習におよぼす影響　第2章 知識の体系化の方法が学習におよぼす影響　第3章 学習のモチベーションを高める要素　第4章 学生が熟達するには　第5章 学習を強化できる練習とフィードバック　第6章 学生の発達レベルと授業の雰囲気が学生の学習にとって重要な理由　第7章 自律的な学習者になってもらうために　結語 7つの原理を私たち自身にあてはめる 〔08758〕

ラベール, ネリー　Labère, Nelly

◇100語でわかる西欧中世（Les 100 mots du moyen âge）ネリー・ラベール, ベネディクト・セール著, 高名康文訳　白水社　2014.2　168, 6p　18cm　（文庫クセジュ 988）〈文献あり 索引あり〉1200円　①978-4-560-50988-3

内容 寓意　年代記、編年記　古代　アーサー王　作者　冒険　アヴェロエス主義　美醜　ベネフィキウム（恩貸地、聖職禄）　動物寓意譚〔ほか〕 〔08759〕

ラーマクリシュナ　Ramakrishna

◇ラーマクリシュナの福音―全訳（The Gospel of Sri Ramakrishna）ラーマクリシュナ〔述〕, 日本ヴェーダーンタ協会〔訳〕　改訂版　逗子　日本ヴェーダーンタ協会　2014.3　1190p 図版〔20〕枚　22cm　6900円　①978-4-931148-14-7 〔08760〕

ラ

ラマス, パンチョ

◇資本の専制、奴隷の叛逆―「南欧」先鋭思想家8人に訊くヨーロッパ情勢徹底分析　広瀬純編著　航思社　2016.1　379p　19cm　〈他言語標題：Dictadura capitalista y esclavos rebeldes Conversaciones “bajo la coyuntura”〉2700円　①978-4-906738-15-1

内容 「バルサロナ・アン・クムー」とは何か 他（パンチョ・ラマス述, 広瀬純聞き手・訳） 〔08761〕

ラマドリッド, エンリケ

◇沖縄ジェンダー学　第3巻　交差するアイデンティティ　喜納育江編著　大月書店　2016.2　266, 11p　22cm　（琉球大学国際沖縄研究所ライブラリ）〈索引あり〉3400円　①978-4-272-35053-7

内容 神話、伝説、そして歴史（アナ・ノガール, エンリケ・ラマドリッド著, 喜納育江訳） 〔08762〕

ラマナタピッライ, ラジモハン

◇動物と戦争―真の非暴力へ、《軍事―動物産業》複合体に立ち向かう（Animals and War）アントニー・J.ノチェッラ二世, コリン・ソルター, ジュディー・K.C.ベントリー編, 井上太一訳　新評論　2015.10　306p　20cm　〈文献あり 索引あり〉2800円　①978-4-7948-1021-2

内容 戦地の動物（ラジモハン・ラマナタピッライ著） 〔08763〕

ラマムラ, ラムタン

◇日本・アルジェリア友好の歩み―外交関係樹立50周年記念誌　私市正年, スマイル・デベシュ, 在アルジェリア日本国大使館編著　千倉書房　2014.8　286p　19cm　2800円　①978-4-8051-1041-6

内容 序文（ラムタン・ラマムラ） 〔08764〕

ラミレス, フランシスコ・O.

◇高等教育の社会学（SOCIOLOGY OF HIGHER EDUCATION）パトリシア・J.ガンポート編著, 伊藤彰浩, 橋本鉱市, 阿曽沼明裕監訳　町田　玉川大学出版部　2015.7　476p　22cm　（高等教育シリーズ 167）〈索引あり〉5400円　①978-4-472-40514-3

内容 制度としての高等教育（ジョン・W.マイヤー, フランシスコ・O.ラミレス, デイヴィッド・ジョン・フランクほか著, 斎藤崇徳訳） 〔08765〕

ラム, オリビア

◇変革の知　ジャレド・ダイアモンドほか〔述〕, 岩井理子訳　KADOKAWA　2015.2　251p　18cm　（角川新書 K-1）　900円　①978-4-04-102413-3

内容 世界を救いたいと夢見たことが私を救った（オリビア・ラム述） 〔08766〕

ラム, クラウス

◇共感の社会神経科学（THE SOCIAL NEUROSCIENCE OF EMPATHY）ジャン・デセティ, ウィリアム・アイクス編著, 岡田顕宏訳　勁草書房　2016.7　334p　22cm　〈索引あり〉4200円　①978-4-326-25117-9

内容 共感と個人的苦悩：神経科学からの最新の証拠（ジャン・デセティ, クラウス・ラム著） 〔08767〕

ラム, ジェームズ　Lam, James

◇戦略的リスク管理入門（Enterprise Risk Management 原著第2版の翻訳）ジェームズ・ラム著, 林康史, 茶野努監訳　勁草書房　2016.1　524p　22cm　〈「統合リスク管理入門」（ダイヤモンド社 2008年刊）の改題、改訂版　索引あり〉6000円　①978-4-326-50417-6

内容 第1部 リスク管理の背景（イントロダクション　学べる教訓 ほか）　第2部 ERMの枠組み（コーポレート・ガバナンス　業務執行部門の管理 ほか）　第3部 リスク管理の応用（信用リスク管理　市場リスク管理 ほか）　第4部 将来展望（予測　エバーラスト・フィナンシャル社）　第5部 ERMの導入（ERMの導入　取締役会の役割 ほか） 〔08768〕

ラム, ペン・アー

◇「普通」の国日本（JAPAN AS A 'NORMAL COUNTRY'?）添谷芳秀, 田所昌幸, デイヴィッド・A.ウェルチ編著　千倉書房　2014.3　340p　20cm　〈索引あり〉2800円　①978-4-8051-1032-4

内容 冷戦後の日本と東南アジアの関係（ラム・ペン・アー著, 昇亜美子訳） 〔08769〕

ラムゥニ・ベンヒーダ, ブーシュラ　Rahmouni Benhida, Bouchra

◇文明の交差路としての地中海世界（Géopolitique de la Méditerranée）ブーシュラ・ラムゥニ・ベンヒーダ, ヨゥン・スラウィ著, 吉田敦訳　白水社　2016.8　152, 2p　18cm　（文庫クセジュ 1007）〈文献あり〉1200円　①978-4-560-51007-0

内容 第1章 地中海世界の形成―分節化から地域統合へ

第2章 地中海世界の分裂と統一の歴史と地政学　第3章 地中海世界の社会、生活様式、文化―アイデンティティの危機と歩みより　第4章 アラブの春―地中海世界の論理とその位置づけ　第5章 水資源とエネルギー資源―地中海世界の挑戦と地政学的な役割　第6章 地中海世界における「ソフトパワー」の展開と国境を越えた違法薬物取引の現状　第7章 将来への展望〔08770〕

ラムサ Ramtha

◇ラムサホワイトブック（Ramtha the white book）　ラムサ著, 松野健一訳　改訂版　神戸　水山産業出版部　2014.3　453p　21cm　2750円　①978-4-906860-34-0〔08771〕

ラムザイヤー, J.マーク Ramseyer, J.Mark

◇ケースブックM&A―ハーバード・ロースクールでの講義を基に　J.マーク・ラムザイヤー, 岩倉正和編著　商事法務　2015.6　332p　21cm　4600円　①978-4-7857-2292-0

内容 1 アメリカ法の概要（敵対的買収　信認義務に関する注記）　2 日本法の概要　3 日本判例の英語訳（ニッポン放送事件東京地裁決定　ニッポン放送事件東京高裁決定 ほか）　4 アメリカ判例（ユノカル事件デラウェア州エクイティ裁判所判決　ユノカル事件デラウェア州最高裁判決 ほか）　5 論文（取締役の責任・行動準則　取締役の責任・行動準則―わが国においてレブロン義務は認められるか ほか）〔08772〕

ラムズデン, ポール Ramsden, Paul

◇高等教育における教育・学習のリーダーシップ（A handbook for executive leadership of learning and teaching in higher education）〔クライグ・マキニス, ポール・ラムズデン, ドン・マコナキー〕〔著〕,〔杉本和弘〕〔訳・解説〕, 東北大学高等教育開発推進センター編　仙台　東北大学高等教育開発推進センター　2014.3　85p　21cm　（PDブックレット vol.5）〔08773〕

ラムービデシ, ヴィナ

◇島嶼地域の新たな展望―自然・文化・社会の融合体としての島々　藤田陽子, 渡久地健, かりまたしげひさ編　福岡　九州大学出版会　2014.4　382p　22cm　（琉球大学国際沖縄研究所ライブラリ）〈索引あり〉3600円　①978-4-7985-0130-7

内容 太平洋島嶼の漁村における海洋管理責任と女性の役割（ヴィナ・ラムービデシ著, 池田知世訳）〔08774〕

ラモス＝ホルタ, ジョゼ

◇記憶の共有をめざして―第二次世界大戦終結70周年を迎えて　川島正樹編　大津　行路社　2015.8　533p　22cm　（南山大学地域研究センター共同研究シリーズ 8）〈英語抄訳付〉4500円　①978-4-87534-381-3

内容 紛争終結後の当事国間関係（ジョゼ・ラモス＝ホルタ述, 川島正樹訳, Ve-Yin Tee英語録）〔08775〕

ラモット, エティエンヌ Lamotte, Étienne Paul Marie

◇ラモットの維摩経入門（TEACHING OF VIMALAKĪRTI（重訳））　エティエンヌ・ラモット著, 高橋尚夫監修, 西野翠訳　春秋社　2015.3　160p　26cm　〈文献あり〉4600円　①978-4-393-11318-9

内容 第1章『維摩経』の訳本　第2章『維摩経』の経題　第3章『維摩経』の哲学思想　第4章『維摩経』の資料の源泉　第5章『維摩経』の年代　第6章『維摩経』の構成　第7章『維摩経』の舞台　第8章 インドの伝承における維摩　第9章 インドの論書に引用された『維摩経』　付録〔08776〕

ラモント, プリシラ Lamont, Priscilla

◇こどもせいしょ―バイリンガル（The Lion Nursery Bible）　エレナ・パスカリ文, プリシラ・ラモント絵, いのちのことば社出版部訳　いのちのことば社　2016.9　191p　22cm　〈英語併記〉1800円　①978-4-264-03583-1〔08777〕

ララッタ, ロザリオ

◇市民参加の新展開―世界で広がる市民参加予算の取組み　兼村高文編・著, 洪万杓, ロザリオ・ララッタ著, 自治体議会政策学会監修　イマジン出版　2016.5　146p　21cm　（COPA BOOKS―自治体議会政策学会叢書）　1200円　①978-4-87299-726-2

内容 1 市民参加これからのカタチ（地方政治の危機と市民参加の台頭　代表制民主主義の危機と市民参加の役割　公共経営論（NPM）から公共ガバナンス論（NPG）へのパラダイムシフトと市民参加　市民の真の意見を探る市民参加のカタチ）　2 市民参加予算の登場と広がり―世界の動きと日本の現状（市民参加予算とは　市民参加予算の誕生―ブラジル・ポルトアレグレ市から始まった市民参加予算　市民参加予算の世界への広がり　日本の市民参加（型）予算―市民参加による意思決定の事例）　3 新たな市民参加のガバナンスをどう築くか―市民参加（型）予算の制度設計（市民参加（型）予算のデザイン　市民参加のアカウンタビリティ　これからの市民参加のガバナンス：予算の財政民主主義に関わって）　参考資料：韓国住民参与予算制に関する資料（日本語訳）〔08778〕

ラリヴィエール, ミシェル

◇スーパーヴィジョンのパワーゲーム―心理療法家訓練における影響力・カルト・洗脳（Power Games）　リチャード・ローボルト編著, 太田裕一訳　金剛出版　2015.3　424p　22cm　〈索引あり〉6000円　①978-4-7724-1417-3

内容 制度のクローン化（ミシェル・ラリヴィエール著）〔08779〕

ラリュー, ジャック

◇財産管理の理論と実務　水野紀子, 窪田充見編集代表　日本加除出版　2015.6　576p　22cm　7000円　①978-4-8178-4236-7

内容 画家, 家族及び著作権（ジャック・ラリュー著, マルセロ デ アウカンタラ訳）〔08780〕

ラルストン, G.E* Ralston, George E.

◇臨床が変わる！ PT・OTのための認知行動療法入門（Cognitive-Behavioural Interventions in Physiotherapy and Occupational Therapy）　マリー・ダナヒー, マギー・ニコル, ケイト・デヴィッドソン編, 菊池安希子監訳, 網本和, 大嶋伸雄訳者代表　医学書院　2014.4　184p　26cm

ラ

〈索引あり〉 4200円 ①978-4-260-01782-4
内容 不安障害に対する認知行動療法(George E. Ralston著, 冨澤涼子訳) 〔08781〕

ラルセン, ティモシー　Larsen, Timothy
◇だれもが知りたいキリスト教神学Q&A (Theology Questions Everyone Asks)　G.M. バーグ,D.ラウバー編, 本多峰子訳　教文館 2016.3　235p　21cm　〈文献あり〉 2800円 ①978-4-7642-7405-1
内容 キリスト教とは何か(ティモシー・ラルセン) 〔08782〕

ラワット, プレム　Rawat, Prem
◇Pot with the Hole―穴のあいた桶　プレム・ラワット著, マックス・ウィトル訳　小布施町(長野県)　文屋　2015.9　1冊(ページ付なし) 20cm　〈発売：サンクチュアリ出版〉 1500円 ①978-4-86113-775-4
内容 Yourself(痛みの原因　ヤシの実)　Choice(2匹のアリ　2羽のオウム)　Peace(カメ一家のピクニック) Life(この瞬間を生きる　王様とネズミ)　Thankfulness(おじいさんのミルク)　Seeds(弓の名人と油売り　砂漠の種　水の力)　Relationship 〔08783〕

ラン, ペーター　Lam, Peter
◇仮想通貨アトムコインの秘密―賢い人からはじめてる、仮想通貨投資術　ペーター・ラン著, アドバンス監訳　LUFTメディアコミュニケーション 2015.12　183p　19cm　1400円　①978-4-906784-33-2
内容 第1章 なぜ今、仮想通貨なのか(回復しない日本経済　あなたの資産は目減りする ほか)　第2章 事業投資としてのアトムコイン(Gクラウドの概要　アトムコインとビットコインの比較1 使える ほか)　第3章 アトムコインを始めてみよう(アトムコインを入手する　管理サイトにログインする ほか)　第4章 メンバーは語る アトムコインの魅力(資産形成に生かしていけるのが楽しみ　アトムコインで車を買いたい！) 〔08784〕

ラン, ルー・ルー
◇アジア地域における会社情報提供制度の実情と課題　国際民商事法センター監修, アジア・太平洋会社情報提供制度研究会編集　商事法務　2016.1 204p　21cm　4200円　①978-4-7857-2374-3
内容 シンガポールにおける独立取締役―コンプライ・オア・エクスプレイン・コードの難問(ダン・W.プチニャック, ルー・ルー・ラン著, 渡辺彰子訳) 〔08785〕

ランキン, マリアン　Rankin, Marianne
◇シシリー・ソンダース―近代ホスピス運動の創始者 (CICELY SAUNDERS)　シャーリー・ドゥブレイ, マリアン・ランキン著, 若林一美監訳, 若林一美, 若山隆良, 棚瀬多喜雄, 岡田要, 小林麻衣子, 五十嵐美奈訳　増補新装版　日本看護協会出版会　2016.5　559p　19cm　〈年表あり〉 2800円　①978-4-8180-1939-3 〔08786〕

ラング, レグ　Lang, Reg
◇あなたは祈るとき (When ye pray)　レグ・ラング著, 鈴木泰之訳　スヴェーデンボリ出版 2013.7　41p　18cm　(スヴェーデンボリ出版ブックレット no.4)　200円　①978-4-906861-09-5 〔08787〕
◇神の祝福 (Divine blessings)　レグ・ラング著, 鈴木泰之訳　スヴェーデンボリ出版　2013.7 57p　18cm　(スヴェーデンボリ出版ブックレット no.3)　300円　①978-4-906861-08-8 〔08788〕
◇わたしのところに来なさい (Come unto me) レグ・ラング著, 鈴木泰之訳　スヴェーデンボリ出版　2013.9　57p　18cm　(スヴェーデンボリ出版ブックレット no.5)　300円　①978-4-906861-11-8 〔08789〕
◇日々のみことばと祈り　前期　1月―6月 (Daily readings)　レグ・ラング著, 鈴木泰之訳　スヴェーデンボリ出版　2014.4　203p　18cm (スヴェーデンボリ出版ブックレット no.7) 600円　①978-4-906861-15-6 〔08790〕
◇日々のみことばと祈り　後期　7月―12月 (Daily readings)　レグ・ラング著, 鈴木泰之訳 スヴェーデンボリ出版　2014.6　387p　18cm (スヴェーデンボリ出版ブックレット no.8) 600円　①978-4-906861-16-3 〔08791〕

ラングス, ロバート・J
◇「ねずみ男」の解読―フロイト症例を再考する (Freud and His Patientsの抄訳)　マーク・カンザー, ジュール・グレン編, 馬場謙一監訳, 児玉憲典訳　金剛出版　2015.7　234p　22cm　〈文献あり〉 3400円　①978-4-7724-1427-2
内容 症例ねずみ男における誤同盟の次元(ロバート・J.ラングス著, 児玉憲典訳) 〔08792〕

ラングスドルフ, ゲオルク・ハインリヒ・フォン
Langsdorff, Georg Heinrich von
◇ラングスドルフ日本紀行―クルーゼンシュテルン世界周航・レザーノフ遣日使節随行記 (Voyages and Travels in Various Parts of the World, during the Years 1803, 1804, 1805, 1806, and 1807 原著復刻版の抄訳)　ゲオルク・ハインリヒ・フォン・ラングスドルフ著, 山本秀峰編訳 露蘭堂　2016.7　255p 図版14p　22cm　〈文献あり 年譜あり 年表あり　発売：ナウカ出版営業部(富士見)〉 3700円　①978-4-904059-56-2
内容 序章 コペンハーゲン出発からカムチャツカ到着まで　第1章 日本への航海・使節団に向けての序章　第2章 日本滞在・長崎港への航路での出来事　第3章 高鉾島の背後の道　第4章 梅が崎滞在　第5章 長崎における出来事の要約　第6章 日本からの出発、蝦夷地・サハリン島の探検　第7章 カムチャツカ滞在中の特別な出来事 〔08793〕

ラングストン・ジョージ, レベッカ*　Langston-George, Rebecca
◇マララの物語―わたしは学校で学びたい (For the Right to Learn)　レベッカ・L.ジョージ文, ジャンナ・ボック絵, 西田佳子訳　西村書店東京出版編集部　2016.7　40p　29cm　1400円 ①978-4-89013-970-5 〔08794〕

ラ

ラングート, ゲアード
◇現代日本の政治と外交　4　日本とドイツ―戦後の政治的変化（INWARD LOOKING OR ENGAGEMENT？）　猪口孝監修　猪口孝編　原書房　2014.3　141p　22cm　3200円　①978-4-562-04961-5
内容 現行制度への挑戦としての社会変化（ゲアード・ラングート著, 猪口孝訳）〔08795〕

ラングドリッジ, ダレン　Langdridge, Darren
◇現象学的心理学への招待―理論から具体的技法まで（PHENOMENOLOGICAL PSYCHOLOGY）　ダレン・ラングドリッジ著, 田中彰吾, 渡辺恒夫, 植田嘉好子訳　新曜社　2016.7　268p　22cm　〈文献あり 索引あり〉　3100円　①978-4-7885-1485-0
内容 1章 文脈の中の現象学的心理学　2章 現象学の基礎　3章 実存主義と現象学　4章 解釈学的転回　5章 現象学的心理学のさまざまな領域を区分けし概観する　6章 事象そのものへの接近―記述的現象学　7章 解釈と意味―IPA、解釈学的現象学、鋳型分析　8章 生活世界を物語る―批判的ナラティヴ分析　9章 鍵になる論点、論争、反論〔08796〕

ラングバイン, ジョン・H.
◇信託制度のグローバルな展開―公益信託甘粕記念信託研究助成基金講演録　新井誠編訳　日本評論社　2014.10　634p　22cm　6800円　①978-4-535-52055-4
内容 米国における商事信託 他（ジョン・H.ラングバイン著, 新井誠訳）〔08797〕

ランケ, レオポルト・フォン　Ranke, Leopold von
◇宗教改革時代のドイツ史　1（Deutsche Geschichte im Zeitalter der Reformation）　ランケ〔著〕, 渡辺茂訳　中央公論新社　2015.12　417p　18cm　（中公クラシックス W84）〈「世界の名著 47」（中央公論社 1980年刊）の改題、再編集、2分冊〉　1900円　①978-4-12-160162-9
内容 第1書 帝国制度改造計画 一四八六年～一五一七年　第2書 ルターとカール五世の初期 一五一七年～一五二一年（宗教上の対立起る　皇帝権、マクシミリアン一世よりカール五世に移る　教皇制に最初の離反起る 一五一九年～一五二〇年　一五二一年のヴォルムス国会）〔08798〕
◇宗教改革時代のドイツ史　2（Deutsche Geschichte im Zeitalter der Reformation）　ランケ〔著〕, 渡辺茂訳　中央公論新社　2015.12　246p　18cm　（中公クラシックス W85）〈「世界の名著 47」（中央公論社 1980年刊）の改題、再編集、2分冊　年譜あり 索引あり〉　1550円　①978-4-12-160163-6
内容 第3書 国民的立場からの改革案実施の試み 一五二一年～一五二五年（ヴィッテンベルク騒擾 一五二一年十月～一五二二年三月　帝国統治院の世俗的・宗教的動向 一五二一年～一五二三年　教理の普及 一五二二年～一五二四年　帝国統治院に対する反対。一五二三年と一五二四年の国会　どのようにしてドイツ国民に分裂が起ったか　農民戦争　カトリック同盟と福音は同盟対立の発端。一五二五年十二月のアウグスブルク国会）〔08799〕
◇大黒死病とヨーロッパ社会―中・近世社会史論雑編　瀬原義生著　京都　文理閣　2016.6　300p　22cm　3600円　①978-4-89259-792-3
内容 一五三〇年のアウクスブルク帝国議会（レオポルト・フォン・ランケ著, 瀬原義生訳）〔08800〕

ランコフ, アンドレイ　Lan'kov, Andreĭ Nikolaevich
◇北朝鮮の核心―そのロジックと国際社会の課題（THE REAL NORTH KOREA 原著改訂版の翻訳）　アンドレイ・ランコフ〔著〕, 山岡由美訳　みすず書房　2015.6　339, 16p　20cm　〈索引あり〉　4600円　①978-4-622-07895-1
内容 第1章 金日成のつくりあげた社会とその軌跡（金大尉の帰国　戦争とその影響 ほか）　第2章 危機の二〇年（そして世界は変わった　よみがえる資本主義 ほか）　第3章 生き残りの論理（改革は政治的集団自殺に等しい　市場経済活動の（不首尾な）取り締まり ほか）　第4章 最高領導者とその時代（ついに登場、「若大将」　新しい時代の唐突な到来 ほか）　第5章 生き残りをかけた外交（核カードをちらつかせる　援助最大化外交 ほか）　第6章 何をなすべきか（鞭が弱すぎたわけ　飴が甘くなったわけ ほか）　第7章 準備を整える（最悪の事態について考える　最も無難な解決策としての連邦制 ほか）〔08801〕

ランシエール, ジャック　Rancière, Jacques
◇アルチュセールの教え（La leçon d'Althusser 原著新版の翻訳）　ジャック・ランシエール著, 市田良彦, 伊吹浩一, 箱田徹, 松本潤一郎, 山家歩訳　航思社　2013.7　325p　20cm　（革命のアルケオロジー 1）〈索引あり〉2800円　①978-4-906738-04-5〔08802〕
◇平等の方法（La méthode de l'égalité）　ジャック・ランシエール著, 市田良彦, 上尾真道, 信友建志, 箱田徹訳　航思社　2014.10　389p　19cm　〈索引あり〉3400円　①978-4-906738-08-3
内容 第1章 生成過程（幼年時代と青年時代　高師時代の教育 ほか）　第2章 いくつもの線（相続と特異性　反体系的体系性 ほか）　第3章 閾（脱神秘化あるいは脱構築　コンセンサスと愚鈍 ほか）　第4章 現在（可能なものの地図作成　現在の姿、「ポリス」のあり方 ほか）〔08803〕
◇人民とはなにか？（Qu'est-ce qu'un peuple？）　アラン・バディウ, ピエール・ブルデュー, ジュディス・バトラー, ジョルジュ・ディディ＝ユベルマン, サドリ・キアリ, ジャック・ランシエール著, 市川崇訳　以文社　2015.5　221p　20cm　2400円　①978-4-7531-0325-6
内容 「人民」という語の使用に関する二四の覚え書き　「大衆的（人民の）」と言ったのですか？　われわれ人民―集会の自由についての考察　可感的にする（表象可能な民衆、想像の民衆？　弁証法的イメージの前で目を擦る　覆いを取り去る、ヘテロトピアを可視的にする　接近し、資料を集め、可感的にする）　人民と第三の人民（人民は何に抗して形成されるのか　人種によって/抗して形成される人民　急進的左翼の国家主義への傾倒　いかにしてフランス人たらずしてフランス人であり得るのか）　不在のポピュリズム〔08804〕

ランシング, アルフレッド　Lansing, Alfred
◇エンデュアランス―史上最強のリーダーシャクルトンとその仲間はいかにして生還したか

ラ

(Endurance)　アルフレッド・ランシング著, 山本光伸訳　パンローリング　2014.9　407p　19cm　(フェニックスシリーズ 21)　〈「エンデュアランス号漂流」(新潮社 1998年刊) の改題、新装改訂版〉 1000円　①978-4-7759-4126-3 〔08805〕

ランダウアー, グスタフ　Landauer, Gustav

◇自治―協同社会宣言―社会主義への呼びかけ (Aufruf zum Sozialismus)　グスタフ・ランダウアー著, 寺尾佐樹子訳　同時代社　2015.5　211p　19cm　2200円　①978-4-88683-779-0

内容 1 社会主義とは何か？　2 没落から上昇への道のり　3 精神を欠いた世界　4 社会主義の本分と実際　5 マルクス主義　6 資本主義の先にある未来？　7 共同体の再生　8 共同精神・民衆・連合　付録 〔08806〕

ランツ, フランク・I.　Luntz, Frank I.

◇勝つ人はなぜ、「この言葉」を使うのか？―「普通」から「非凡」になる9つの法則 (WIN)　フランク・I.ランツ著, 高橋由紀子訳　サンマーク出版　2014.4　397p　19cm　1900円　①978-4-7631-3363-2

内容 第1章 勝つ人とは、どういう人たちだろう？ 一勝者に共通する一五の特性　第2章 勝つ人になるための九つの法則―勝者になるためには、何が必要か？　第3章 勝つ人は、「人間中心」に考える―人間を大事にしたアプローチ　第4章 勝つ人は、「パラダイム」を壊す――番先にやることの価値　第5章 勝つ人は、「優先順位」をつける――歩ずつ自信をつけていく　第6章 勝つ人は、「完璧」をめざす―なぜ、「グレート」でもまだ足りないのか？　第7章 勝つ人は、「パートナーシップ」を大事にする―言葉と行動で連帯感をつくり出す　第8章 勝つ人は、「情熱」を表現する―人を突き動かす力　第9章 勝つ人は、「説得力」がある―評判と信頼を築く　第10章 勝つ人は、「粘り強さ」がある―失敗から学ぶ　第11章 勝つ人は、「理念に基づいた行動」をする―正しい方法で勝利する 〔08807〕

ランツ, B.E.*　Lentz, Barry E.

◇エンパワーメント評価の原則と実践―教育、福祉、医療、企業、コミュニティ介入プログラムの改善と活性化に向けて (Empowerment Evaluation Principles in Practice)　D.M.フェターマン, A.ワンダーズマン編著, 笹尾敏明監訳, 玉井航太, 大内潤子訳　風間書房　2014.1　310p　21cm　〈索引あり〉 3500円　①978-4-7599-2022-2

内容 エンパワーメント評価の原則 他 (Abraham Wandersman, Jessica Snell-Johns, Barry E.Lentz, David M.Fetterman, Dana C.Keener, Melanie Livet, Pamela S.Imm, Paul Flapohler著, 笹尾敏明訳) 〔08808〕

ランド, ニコラス　Rand, Nicholas Thomas

◇フロイトの矛盾―フロイト精神分析の精神分析と精神分析の再生 (QUESTIONS À FREUD)　ニコラス・ランド, マリア・トローク著, 大西雅一郎訳　書肆心水　2016.6　286p　22cm　〈索引あり〉 4900円　①978-4-906917-55-6

内容 フロイトに問いを提起する理由は何か？　夢の解釈. 心的現実という観念とその罠. 前置き―問われる応用精神分析. イェンゼンの『グラディーヴァ』における喪の病と再生. フロイトとポンペイ、抑圧されたものの回帰あるいは埋葬された死？　精神分析の歴史に見られる局所構造のなかのパラドックスと秘密. 方法論についての見取図. 資料を通してみたフロイト家の破滅的出来事. フロイトの自己分析、および彼の伝記に関する研究分野. フロイトの夢、家族を襲った破滅的出来事の証言者たち. ジークムント・フロイトの精神分析的理解に向けて. 結論 〔08809〕

ランド, ブライアン

◇プロ・トレーダー―マーケットで勝ち続ける16人の思考と技術 (TRADERS AT WORK)　ティム・ブールキン, ニコラス・マンゴー著, 森山文那生訳　日経BP社　2016.5　284p　21cm　〈発売：日経BPマーケティング〉 2200円　①978-4-8222-5063-8

内容 トレーディングの最終目標は「儲けること」(ブライアン・ランド述) 〔08810〕

ランドグレン, トビアス　Lundgren, Tobias

◇アクセプタンス&コミットメント・セラピー実践ガイド―ACT理論導入の臨床場面別アプローチ (A Practical Guide to Acceptance and Commitment Therapy)　スティーブン・C.ヘイズ, カーク・D.ストローサル編著, 谷晋二監訳, 坂本律訳　明石書店　2014.7　473p　22cm　〈文献あり〉 5800円　①978-4-7503-4046-3

内容 一般医療施設におけるACT (パトリシア・ロビンソン, ジェニファー・グレッグ, ジョアン・ダール, トビアス・ランドグレン) 〔08811〕

ランドホルム, ラッセル　Lundholm, Russell James

◇企業価値評価―eValによる財務分析と評価 (Equity Valuation and Analysis with eVal 原著第3版の翻訳)　ラッセル・ランドホルム, リチャード・スローン著, 深井忠, 高橋美穂子, 山田純平訳　マグロウヒル・エデュケーション　2015.12　366p　21cm　〈索引あり　発売：日本経済新聞出版社〉 3500円　①978-4-532-60540-7

内容 イントロダクション　情報収集　事業の理解　会計分析　財務比率分析　キャッシュ・フロー分析　体系的な予測　各項目の予測　資本コスト　株主価値評価　株価指標　複雑な問題 〔08812〕

ランドレス, ゲリー・L.　Landreth, Garry L.

◇プレイセラピー―関係性の営み (PLAY THERAPY 原著第3版の翻訳)　ゲリー・L.ランドレス著, 山中康裕監訳, 江城望, 勅使川原学訳者代表　新版　日本評論社　2014.7　356p　26cm　〈索引あり〉 3500円　①978-4-535-56337-7

内容 私、ゲリー・ランドレスについて　遊びの意味　プレイセラピーの歴史と発展　子どもたちとは　子ども中心プレイセラピー　プレイセラピスト　プレイセラピーのパートナーとしての親　プレイルームとプレイ道具　関係性の始まり：子どものための時間　促進的な応答の特徴　治療的な制限設定　典型的な問題とその対応　プレイセラピーの諸問題　プレイセラピーの中の子どもたち　治療的なプロセスと終結の決定　短期集中プレイセラピー　プレイセラピーに関する調査 〔08813〕

◇子どもと親の関係性セラピーCPRT―10セッションフィリアルセラピーモデル (Child Parent Relationship Therapy (CPRT))　ゲリー・L.ラ

ラ

ンドレス, スー・C.ブラットン著, 小川裕美子, 湯野貴子監訳　日本評論社　2015.8　328p　26cm　3600円　①978-4-535-56269-1

内容 CPRTの歴史・発展・目的　CPRTの特徴　CPRTフィリアルセラピストのトレーニングとスーパーヴィジョン　CPRTのプロセスを促進する要素　CPRTで取り扱うスキル、概念、態度　10セッションのCPRTトレーニングプロセス　CPRTトレーニングセッション1 トレーニングの目的と反映する対応　CPRTトレーニングセッション2 プレイセッションの基本原則　CPRTトレーニングセッション3 親子プレイセッションのスキルと手順CPRTトレーニングセッション4 スーパーヴィジョンの方式と制限設定　CPRTトレーニングセッション5 プレイセッションスキルの見直し　CPRTトレーニングセッション6 スーパーヴィジョンと選択肢を与えること　CPRTトレーニングセッション7 スーパーヴィジョンと自尊心を育てる対応　CPRTトレーニングセッション8 スーパーヴィジョンと励ますvs.ほめる　CPRTトレーニングセッション9 スーパーヴィジョンとスキルの適用　CPRTトレーニングセッション10 評価とまとめ　親と子どもからの質問、CPRTトレーニング中に生じる問題と解決策　他の形式による10セッションCPRTモデル　CPRT研究成果　〔*08814*〕

◇子どもと親の関係性セラピーCPRT治療マニュアル―親のための10セッションフィリアルセラピーモデル（Child Parent Relationship Therapy (CPRT) Treatment Manual）　スー・C.ブラットン, ゲリー・L.ランドレス, テレサ・ケーラム, サンドラ・R.ブラッカード著, 小川裕美子, 湯野貴子訳　日本評論社　2015.8　195p　26cm　〈文献あり〉3200円　①978-4-535-56270-7

内容 1 子どもと親の関係性セラピー（CPRT）セラピストのためのノート　2 子どもと親の関係性（CPR）トレーニング親のためのノート　3 子どもと親の関係性セラピー（CPRT）トレーニングリソース　〔*08815*〕

ランドン, アルフ

◇インタヴューズ　3　毛沢東からジョン・レノンまで（THE PENGUIN BOOK OF INTERVIEWS）　クリストファー・シルヴェスター編, 新庄哲夫他訳　文芸春秋　2014.6　463p　16cm　（文春学芸ライブラリー―雑英 7）　1690円　①978-4-16-813018-2

内容 アルフ・ランドン（アルフ・ランドン述, トマス・B.モーガンインタヴュアー, 高橋健次訳）〔*08816*〕

ランドン, レスリー　Landon Matthews, Leslie

◇子どもの悲しみによりそう―喪失体験の適切なサポート法（WHEN CHILDREN GRIEVE : For Adults to Help Children Deal with Death, Divorce, Pet Loss, Moving, and Other Losses）　ジョン・ジェームズ, ラッセル・フリードマン, レスリー・ランドン著, 水沢都加佐, 黒岩久美子訳　大月書店　2014.6　270p　19cm　2400円　①978-4-272-42016-2

内容 1 喪失に関する神話を見つめる　2 未完の感情を知る　3 未完から完結への道　4 発見から完結へ　5 その他の喪失　6 子どもと死を考える　〔*08817*〕

ランバス, ウォルター・R.　Lambuth, Walter Russell

◇医療宣教―二重の任務（Medical Missions）　ウォルター・R.ランバス著, 堀忠訳, 山内一郎, 神田健次監修　西宮　関西学院　2016.3　294p　21cm　〈文献あり　発売：関西学院大学出版会（〔西宮〕）〉2800円　①978-4-86283-215-3

内容 第1章 必要性　第2章 宣教師自身　第3章 医療宣教団の目標と展望　第4章 志願者から宣教師へ　第5章 練達の働き手たちと彼らの装備　第6章 女性のための女性の働き　第7章 挑戦　第8章 力の秘密　〔*08818*〕

ランブル, マイク　Rumble, Mike

◇21世紀型スキル―学びと評価の新たなかたち（ASSESSMENT AND TEACHING OF 21ST CENTURY SKILLS）　P.グリフィン,B.マクゴー,E.ケア編, 三宅なほみ監訳, 益川弘如, 望月俊男編訳　京都　北大路書房　2014.4　265p　21cm　〈索引あり〉2700円　①978-4-7628-2857-7

内容 21世紀型スキルを定義する（マリリン・ビンクレー, オラ・アースタッド, ジョーン・ハーマン, ゼンタ・ライゼン, マーティン・リプリー, メイ・ミラーリッチ, マイク・ランブル著, 山口悦司, 林一雅, 池尻良平訳）　〔*08819*〕

ランプルゥ, アラン　Lempereur, Alain

◇交渉のメソッド―リーダーのコア・スキル（The First Move）　アラン・ランプルゥ, オウレリアン・コルソン〔著〕, 奥村哲史訳　白桃書房　2014.5　296p　20cm　〈文献あり〉2750円　①978-4-561-23628-3

内容 序 古い対応に頼る「前に」新しい方法を試す―適切な交渉行動をどう培うか　第1章 交渉する「前に」問い直す―直感型を超えるために　第2章 交渉に入る「前に」準備する―プロセス、問題、人への計画の立て方　第3章 明白なことの「前に」大切なことを行う―プロセスをどう処理するか　第4章 切り分ける「前に」ジョイントバリューを最大にする―問題にどう対処するか　第5章 話す「前に」聞く―人にどう対処するか（1）：アクティブ・コミュニケーション　第6章 問題解決の「前に」感情を受けとめる―人にどう対処するか（2）　第7章 複雑性にぶつかる「前に」メソッドを深める―複層交渉、多者間交渉、多文化間交渉をどう管理するか　第8章 締めくくる「前に」合意を形にする―交渉の成果をどう収穫するか　結論 実践に移る「前に」理論を自分のものにする―交渉スキルを改善し続けるために　〔*08820*〕

ランプレヒト, カール　Lamprecht, Karl

◇中世におけるドイツの経済生活―結語（Deutsches Wirtschaftsleben im Mittelalter）　カール・ランプレヒト〔著〕, 森宜人監訳, 東風谷太一, 志田達彦訳　国立　一橋大学社会科学古典資料センター　2015.3　47p　26cm　（一橋大学社会科学古典資料センターstudy series no.70）　〔*08821*〕

ランペ, ペーター

◇死者の復活―神学的・科学的論考集（RESURRECTION）　T.ピーターズ,R.J.ラッセル,M.ヴェルカー編, 小河陽訳　日本キリスト教団出版局　2016.2　441p　22cm　5600円　①978-4-8184-0896-8

内容 霊的な体についてのパウロの概念（ペーター・ランペ著）　〔*08822*〕

ラ

ランベッリ, ファビオ
◇変容する聖地 伊勢　ジョン・ブリーン編　京都　思文閣出版　2016.5　10, 321p　21cm　2800円　①978-4-7842-1836-3
内容 浮遊する記号としての「伊勢」/日本史における伊勢神宮の多重性と神道の絶えざる再コード化（ファビオ・ランベッリ著）〔08823〕

ランボー, ルイス・R.　Rambo, Lewis Ray
◇宗教的回心の研究（Understanding Religious Conversion）　ルイス・R.ランボー著, 渡辺学, 高橋原, 堀雅彦共訳　相模原　ビイング・ネット・プレス　2014.9　287p　21cm　〈文献あり〉　3600円　①978-4-904117-98-9
内容 第1章 モデルと方法　第2章 文脈　第3章 危機　第4章 探究　第5章 伝道者　第6章 伝道者の戦略　第7章 伝道者と回心者の出会い　第8章 相互作用　第9章 献身　第10章 帰結〔08824〕

【リ】

リ

リ, アセン*　李 亜泉
◇近代日本と「満州国」　植民地文化学会編　不二出版　2014.7　590p　22cm　6000円　①978-4-8350-7695-9
内容 東北抗日連軍中の日本人戦士「福間一夫」（李亜泉著, 周海林訳）〔08825〕

リー, アラン　Lee, Alan
◇フェアリー（Faeries）　ブライアン・フラウド, アラン・リー絵・文, 井辻朱美訳　愛蔵版　グラフィック社　2014.1　207p　31cm　2800円　①978-4-7661-2466-8
内容 妖精国の領土　うつろの丘　ノックグラフトンの伝説　妖精の輪　スプリガン　妖精のガンプのけちんぼう　東の緑野の妖精たち　妖精のお練り　妖精の島々　オシーン〔ほか〕〔08826〕

リ, アン*　李 安
◇日中法と心理学の課題と共同可能性　浜田寿美男, 馬皚, 山本登志哉, 片成男編著　京都　北大路書房　2014.10　297p　21cm　（法と心理学会叢書）〈索引あり〉4200円　①978-4-7628-2875-1
内容 同一性識別手続きと同一性識別結果の正確性の評価（李安著, 渡辺忠温訳）〔08827〕

リ, イウン*　李 衣雲
◇新領域・次世代の日本研究―海外シンポジウム2014　細川周平, 山田奨治, 佐野真由子編　京都　人間文化研究機構国際日本文化研究センター　2016.11　174p　26cm　〈他言語標題：New vistas：Japanese studies for the next generation　文献あり〉非売品　①978-4-901558-85-3
内容 戦時から戦時まで（李衣雲著, 斉藤啓介訳）〔08828〕

リー, イエン・チ・L.
◇共感の社会神経科学（THE SOCIAL NEUROSCIENCE OF EMPATHY）　ジャン・デセティ, ウィリアム・アイクス編著, 岡田顕宏訳　勁草書房　2016.7　334p　22cm　〈索引あり〉4200円　①978-4-326-25117-9
内容 情動感染と共感（エレイン・ハットフィールド, リチャード・L.ラプソン, イエン・チ・L.リー著）〔08829〕

リ, インケイ　李 尹慧
⇒イ, ユンヘ*

リ, インセン*　李 允先
⇒イ, ユンソン*

リ, ウォンスン　李 元淳
◇日韓でいっしょに読みたい韓国史―未来に開かれた共通の歴史認識に向けて　徐毅植, 安智源, 李元淳, 鄭在貞著, 君島和彦, 国分麻里, 山崎雅稔訳　明石書店　2014.1　211p　23cm　〈「若者に伝えたい韓国の歴史」（2004年刊）の改題・改訂　年表あり 索引あり〉2000円　①978-4-7503-3958-0
内容 第1部 韓国の歴史と文化（文明の発生と国家の登場　いくつかの国から統一国家へ　統一国家の安定と文化の発展　欧米との出会いと近代社会　南北分断と大韓民国の発展）　第2部 韓国と日本の文化交流―文化交流の歴史を正しく理解しよう（原始時代、東北アジア大陸と日本列島の文化交流　3国から日本列島に向かった人々、そして文化　統一新羅と高麗による対日外交の閉塞と民間での文化交流　朝鮮から日本に向かう文化の流れ　日本の近代化と文化の流れの逆転　韓国と日本の新しい関係と文化交流）〔08830〕
◇近世印刷史とイエズス会系「絵入り本」―EIRI報告書　浅見雅一編　慶応義塾大学文学部　2014.2　249p　22cm　〈他言語標題：The history of early modern printing and Jesuit illustrated books　平成21-25年度文部科学省私立大学戦略的研究基盤形成支援事業「15-17世紀における絵入り本の世界的比較研究の基盤形成」報告書〉非売品
内容 漢訳西学書の朝鮮伝来とその受容（李元淳著, 安廷苑訳）〔08831〕

リ, ウショウ　李 雨鍾
⇒イ, ウジョン*

リ, エイ*　李 栄
◇ソーシャル・ウェルビーイング研究論集　第1号　川崎　専修大学社会知性開発研究センター/ソーシャル・ウェルビーイング研究センター　2015.3　190p　26cm　〈文部科学省私立大学戦略的研究基盤形成支援事業（平成26年度―平成30年度）　文献あり〉①978-4-9908234-0-5
内容 中国における幸福感の研究状況（李栄著, 宮川英一訳）〔08832〕

リ, エイクン*　李 永勲
⇒イ, ヨンフン

リ, エンショク*　李 淵植
⇒イ, ヨンシク*

リ, ガクキン*　李 学勤
◇漢代を遡る奏獻讞―中国古代の裁判記録　池田雄

一編　汲古書院　2015.4　216, 29p　22cm　〈索引あり〉 6000円　①978-4-7629-6547-0
内容 李学勤「《奏讞書》解説〈下〉」(飯島和俊, 板垣明, 宮坂弥代生訳)　〔08833〕

リ, キシン*　李 熙真
⇒イ, フィジン

リ, キョウエン*　李 京遠
⇒イ, キョンウォン*

リ, キョウショウ*　李 京燮
⇒イ, キョンソプ*

リ, キョウヨウ*　李 京燁
⇒イ, キョンヨプ*

リ, キンテイ*　李 垠廷
⇒イ, ウンジョン*

リ, ギンボ*　李 銀模
⇒イ, ウンモ*

リー, クアンユー　Lee, Kuan Yew
◇リー・クアンユー未来への提言 (Lee Kuan Yew)　リークアンユー〔述〕, ハン・フッククワン, ズライダー・イブラヒム, チュア・ムイフーン, リディア・リム, イグナチウス・ロウ, レイチェル・リン, ロビン・チャン著, 小池洋次監訳　日本経済新聞出版社　2014.1　356p　20cm　〈年表あり〉 3000円　①978-4-532-16896-4
内容 第1章 沼地に立つ八〇階建てのビル　第2章 人民行動党は存続するか　第3章 最良の精鋭たち　第4章 奇跡的な経済成長を持続するために　第5章 異邦人からシンガポール人へ　第6章 大国のはざまで　第7章 夫、父、祖父、そして友として　〔08834〕
◇リーダーシップとはなにか―リー・クアンユー自選語録 (The Wit and Wisdom of Lee Kuan Yew)　リークアンユー著, 佐々木藤子訳　潮出版社　2014.7　245p　19cm　〈年譜あり〉 1650円　①978-4-267-01987-6
内容 第1章 リーダーシップとは　第2章 国を治めるということ　第3章 経済大国への道　第4章 自国の文化を守る　第5章 家族と教育を問う　第6章 シンガポールを想う　〔08835〕

リー, グレゴリー・W.　Lee, Gregory W.
◇だれもが知りたいキリスト教神学Q&A (Theology Questions Everyone Asks)　G.M.バーグ,D.ラウバー編, 本多峰子訳　教文館　2016.3　235p　21cm　〈文献あり〉 2800円　①978-4-7642-7405-1
内容 神はどのように世界と関わっているか (グレゴリー・W.リー)　〔08836〕

リ, グン*　李 軍
◇世界大学ランキングと知の序列化―大学評価と国際競争を問う　石川真由美編　京都　京都大学学術出版会　2016.3　377p　22cm　〈索引あり〉 3800円　①978-4-8140-0001-2
内容 東アジアの高等教育の変容と世界大学ランキング (李軍著, 藤井翔太, 堤亮介監訳)　〔08837〕

リ, ケイケイ*　李 恵景
⇒イ, ヘギョン*

リ, ケイジュン*　李 慧淳
⇒イ, ヘスン*

リ, ケイジョウ*　李 蕙丞
⇒イ, ヘスン*

リ, ケイチ　李 景治
◇中国による平和―新たなるパックス・シニカへ向けて　李景治著, 日中翻訳学院監訳, 林永健訳　日本僑報社　2015.12　193p　19cm　2600円　①978-4-86185-212-1
内容 第1章 「平和的発展」「和諧世界」とは何か (「平和的発展」と「和諧世界」論の提起　「平和的発展の道」と「和諧世界」の主要な内実と研究意義　中国の「平和的発展の道」の特徴)　第2章 中国の「平和的発展」と国際秩序 (中国の「平和的発展の道」が国際秩序にもたらすチャンス　中国の「平和的発展」による公平かつ合理的な新国際秩序の構築へ)　第3章 中国の「平和的発展」と経済のグローバル化 (経済のグローバル化からもたらされる「平和的発展」　資源・環境問題がもたらす「平和的発展」への影響　ボトルネックとしての資源・環境問題を解決する方途と意義)　第4章 「平和的発展」と外交 (関係国との戦略的相互信頼の強化　歴史に残された問題の理性的解決を求めて　外交におけるソフトパワーの強化)　第5章 「平和的発展」の堅持と「和諧社会」構築の推進 (「平和的台頭」は歴史的趨勢　「和諧世界」は「平和的発展」の合理的な帰結　中国が堅持する「平和的発展の道」は和諧世界構築に有益　中国の平和的発展における国際戦略)　〔08838〕

リ, ケイツル*　李 圭鶴
⇒イ, ギュハク

リ, ケイリン　李 恵鈴
⇒イ, ヘリョン

リ, ゲンキン*　李 元瑾
◇漂泊の叙事――九四〇年代東アジアにおける分裂と接触　浜田麻矢, 薛化元, 梅家玲, 唐顥芸編　勉誠出版　2015.12　561p　22cm　8000円　①978-4-585-29112-1
内容 大分裂時代における東南アジア華人文化の断絶と存続 (李元瑾著, 羽田朝子訳)　〔08839〕

リ, ゲンジュン　李 元淳
⇒リ, ウォンスン

リ, ケンセン*　李 賢鮮
⇒イ, ヒョンソン*

リ, コウコン*　李 康根
⇒イ, カングン*

リ, コウソウ*　李 孝聡
◇中国の文明―北京大学版　8　文明の継承と再生 下 (明清―近代)　稲畑耕一郎日本語版監修・監訳, 袁行霈, 厳文明, 張伝璽, 楼宇烈原著主編　岩

田和子訳　潮出版社　2016.6　441, 18p　23cm　〈他言語標題：THE HISTORY OF CHINESE CIVILIZATION　文献あり 年表あり 索引あり〉　5000円　Ⓘ978-4-267-02028-5　〔08840〕

リ, コウヘイ*　李 広平

◇「東アジア的教師」の今　東アジア教員養成国際共同研究プロジェクト編　小金井　東京学芸大学出版会　2015.3　253p　21cm　〈索引あり〉　2400円　Ⓘ978-4-901665-38-4

内容 中国における教師教育者の養成と研修（饒従満, 李広平, 陳欣ほか著, 殷爽訳, 岩田康之監訳）〔08841〕

リ, コウライ*　李 光来

◇思想間の対話―東アジアにおける哲学の受容と展開　藤田正勝編　法政大学出版局　2015.2　359, 11p　22cm　〈索引あり〉 5500円　Ⓘ978-4-588-15071-5

内容 哲学的オーケストラの実現のために（李光来著, 李基原訳）〔08842〕

リ, ザイショウ*　李 在承

⇒イ, ジェスン*

リ, サンシュ*　李 賛洙

◇リーラー「遊」　vol.9　戦後70年と宗教　北島義信編集　京都　文理閣　2015.11　619, 89p　21cm　2000円　Ⓘ978-4-89259-771-8

内容 新自由主義時代の「自由」の様相と「自由」の連帯（李賛洙著, 李相勁訳）〔08843〕

◇東北アジア平和共同体構築のための課題と実践―「IPCR国際セミナー2013」からの提言　韓国社会法人宗教平和国際事業団著, 世界宗教者平和会議日本委員会編, 山本俊正監修, 金永完監訳, 中央学術研究所編集責任　佼成出版社　2016.8　191, 3p　18cm　（アーユスの森新書 010）　900円　Ⓘ978-4-333-02739-2

内容 自然法則と「緑〈Green〉」の平和（李賛洙述, 金永完訳）〔08844〕

リー, ジェイ　Lee, Jay

◇インダストリアル・ビッグデーター第4次産業革命に向けた製造業の挑戦　ジェイ・リー著, 電通国際情報サービス訳　日刊工業新聞社　2016.3　171p　21cm　1800円　Ⓘ978-4-526-07553-7

内容 序章 目に見えない世界での産業変革とグローバル競争　第1章 インダストリー4.0のコンセプト―価値の創造　第2章 インダストリアル・ビッグデータによる価値創造　第3章 データ価値創造のための設計と実践技術　第4章 価値創造のビジネス・モデル設計　第5章 ケーススタディ　第6章 競争力に対する新しい戦略的思考〔08845〕

リー, ジェニー

◇ポスト工業社会における東アジアの課題―労働・ジェンダー・移民　筒井淳也, グワンヨンシン, 柴田悠編著　京都　ミネルヴァ書房　2016.3　252p　22cm　（立命館大学産業社会学部創設50周年記念学術叢書）〈索引あり〉5500円　Ⓘ978-4-623-07634-5

内容 北米における東アジア移民の統合と移民第2世代（ジェニー・リー, エリック・フォン著, 野村優訳）〔08846〕

リー, シャーリーン　Li, Charlene

◇エンゲージド・リーダー―デジタル変革期の「戦略的につながる」技術（The Engaged Leader）　シャーリーン・リー著, 山本真司, 安部義彦訳　英治出版　2016.2　173p　21cm　〈索引あり〉　1500円　Ⓘ978-4-86276-228-3

内容 1 情報収集―より広く意見を聴く（「聴く」ことに対する新たな認識　情報収集の技法的側面 ほか）　2 情報共有―ストーリーを伝えて共感を生む（情報を共有すると、なぜ共感が生まれるのか　情報共有における変化―乏しい情報量からありあまる情報へ ほか）　3 エンゲージメント―フォロワーとの信頼関係を築く（なぜエンゲージメントはリーダーと組織を変革するのか　エンゲージメントに対する考え方の変化 ほか）　4 組織変革（変化も一過程　組織を変革する ほか）〔08847〕

リ, シュウレイ*　李 秋零

◇東アジアのカント哲学―日韓中台における影響作用史　牧野英二編　法政大学出版局　2015.3　260p　22cm　4500円　Ⓘ978-4-588-15072-2

内容 中国大陸のカント研究（李秋零著, 張政遠訳）〔08848〕

リ, シュクジン*　李 淑仁

⇒イ, スギン

リ, シュンウ　李 春雨

◇ゼミナール中国文化―カラー版　文学編　李春雨著, 加瀬琴菜訳, 劉偉監訳　グローバル科学文化出版　2016.8　189p　21cm　2980円　Ⓘ978-4-86516-039-0

内容 上編 中国古代文学（中国古代文学の発展概観　文章の模範　詩の輝き　詞の艶やかさの争い　晩成の演劇　小説の高潮期）　下編 中国現代文学（中国現代文学の発展概観　現代小説―時代の響き　現代詩歌―自らの声を探し出す　現代活劇―移植と発展　新時期・新しい詩の波　新時期・多元的小説）〔08849〕

リ, シュンエン*　李 春燕

◇近代日本と「満州国」　植民地文化学会編　不二出版　2014.7　590p　22cm　6000円　Ⓘ978-4-8350-7695-9

内容 『鉄の檻』から『北へ帰る』までの小松の創作傾向 他（李春燕著, 李青訳, 西田勝補）〔08850〕

リ, シュンコン*　李 春根

⇒イ, チュングン

リ, ジュンテイ*　李 潤楨

⇒イ, ユンジョン*

リ, ショウオン*　李 承恩

⇒イ, スンウン*

リ, ショウキ*　李 承姫

⇒イ, スンヒ*

リ, ショウケン　李 承憲
⇒イ, スンホン

リ, ショウゴ*　李 鍾護
⇒イ, ジョンホ*

リ, ショウコウ*　李 小江
◇現代中国のジェンダー・ポリティクス―格差・性売買・「慰安婦」　小浜正子, 秋山洋子編　勉誠出版　2016.10　247p　21cm　2400円　①978-4-585-23048-9
内容 グローバル化のもとでの中国女性学と国際開発プロジェクト (李小江著, 秋山洋子訳)　〔08851〕

リ, ショウテン　李 尚典
⇒イ, サンジョン*

リ, ショウニチ*　李 相日
⇒イ, サンイル*

リ, ショウモク*　李 鍾黙
⇒イ, ジョンムク*

リー, ジョージ・ブロンソン　Rea, George Bronson
◇満洲国建国の正当性を弁護する (THE CASE FOR MANCHOUKUO)　ジョージ・ブロンソン・リー著, 田中秀雄訳　草思社　2016.7　446p　19cm　2200円　①978-4-7942-2211-4
内容 第1編 アメリカはアジアに何を求めているのか (不承認主義　日米戦争という陰謀 ほか)　第2編 満洲国はその判決を問題にする (発言も聞かずに有罪と判決　満洲国は中国の領土ではない ほか)　第3編 条約論 (日本はパリ平和条約に違反したのか　九か国条約とその決議 ほか)　第4編 本当の問題、日本vs.共産主義 (日本はその存在を賭けている　田中上奏文 ほか)　第5編 アメリカは選択せねばならない (アメリカは共産主義のためにシベリアを守っている　日本はその立場を宣言する ほか)　〔08852〕
◇「満洲国建国」は正当である―米国人ジャーナリストが見た、歴史の真実 (The case for Manchukuo)　ジョージ・ブロンソン・レー著, 竹田恒泰監修, 吉重丈夫企画・調査・編集, 藤永二美訳　PHP研究所　2016.8　470p　20cm　2000円　①978-4-569-83091-9
内容 第1部 米国はアジアに何を求めるのか? (不承認主義　戦争を企てる者 ほか)　第2部 問われる判事の中立性 (審問なしの有罪判決　支那ではない満洲国 ほか)　第3部 条約について (日本は不戦条約に違反したのか?　九カ国条約と決議 ほか)　第4部 真の問題は日本対共産主義 (日本の存亡と危機　田中上奏文とされるもの ほか)　第5部 選択を迫られる米国 (共産主義のためにシベリアを救った米国　立場を宣言した日本 ほか)　〔08853〕

リ, シリュウ*　李 四龍
◇中国の文明―北京大学版　5　世界帝国としての文明　上 (隋唐―宋元明)　稲畑耕一郎日本語版監修・監訳, 袁行霈, 厳文明, 張伝璽, 楼宇烈原著主編　紺野達也訳　潮出版社　2015.10　455, 18p　23cm　〈他言語標題：THE HISTORY OF CHINESE CIVILIZATION　文献あり 年表あり 索引あり〉5000円　①978-4-267-02025-4　〔08854〕

リ, セイシ*　李 成市
⇒イ, ソンシ*

リ, セイセイ*　李 成制
⇒イ, ソンジェ*

リ, セイバイ*　李 正培
⇒イ, ジョンベ*

リ, セイモ*　李 成茂
⇒イ, ソンム

リ, セイユ　李 世瑜
◇中国近代の秘密宗教　李世瑜著, 武内房司監訳　研文出版　2016.3　424p　22cm　〈文献あり〉4800円　①978-4-87636-408-4　〔08855〕

リ, ソウゴ　李 宗吾
◇厚黒学　李宗吾著, 尾鷲卓彦訳　徳間書店　2016.3　309p　15cm　(徳間文庫カレッジ)　〈徳間文庫 2002年刊の再刊〉1100円　①978-4-19-907057-0
内容 1 厚黒学―なぜ「厚かましく」「腹黒く」生きるのか (厚黒学　厚黒伝習録　厚黒経　わが聖人への懐疑心理と力学)　2 厚黒叢話―いかに「厚かましさ」「腹黒さ」を貫くか (厚黒学で国家を救え　四川の日本人教師　右も左も厚黒の世の中　西洋の聖人に異議あり　世界大戦と厚黒学　儒学は厚黒学の基礎である)　〔08856〕

リ, タイチン　李 泰鎮
⇒イ, テジン

リ, ダエイ*　李 娜栄
⇒イ, ナヨン

リ, チンケイ　李 珍景
⇒イ, ジンギョン

リ, テイ*　李 丁
◇中国発展報告―最新版　陳雨露監修, 袁衛, 彭非編著, 日中翻訳学院監訳, 平間初美訳　日本僑報社 (発売)　2015.7　375p　21cm　〈他言語標題：STUDIES ON CHINA'S DEVELOPMENT INDEX〉3800円　①978-4-86185-178-0
内容 流動児童のアイデンティティと社会的同化 (李丁著)　〔08857〕

リー, デイヴィッド*　Lee, David
◇10分でできる認知行動療法入門―10分間CBTハンドブック第2版 (Using CBT in General Practice 原著第2版の翻訳)　Lee David著, 竹本毅訳　日経BP社　2016.6　314p　26cm　〈文献あり 索引あり　発売：日経BPマーケティング〉5000円　①978-4-8222-0077-0　〔08858〕

リ, テイトク*　李 貞徳
◇歴史をひらく―女性史・ジェンダー史からみる東アジア世界　早川紀代, 秋山洋子, 伊集院葉子, 井上和枝, 金子幸子, 宋連玉編　御茶の水書房

リ

2015.6　252p　22cm　2800円　①978-4-275-02016-1
内容 女主の世界(李貞徳著, 須藤瑞代訳)　〔08859〕

リ, テンセキ*　李 天石
◇中国史の時代区分の現在―第六回日中学者中国古代史論壇論文集　中国社会科学院歴史研究所, 東方学会〔編〕, 渡辺義浩編　汲古書院　2015.8　462, 4p　27cm　〈布装〉13000円　①978-4-7629-6554-8
内容 身分制度より見る中国中世社会の変遷(李天石著, 袴田郁一訳)　〔08860〕

リ, トウゲン*　李 東元
⇒イ, ドンウォン

リ, ドウゴウ*　李 道剛
⇒イ, ドガン*

リ, トウトウ　李 東東
◇中国名記者列伝―正義を貫き、その文章を歴史に刻み込んだ先人たち　第1巻　柳斌傑, 李東東編, 加藤青延監訳, 渡辺明次訳　日本僑報社　2016.9　221p　21cm　3600円　①978-4-86185-224-4
内容 新聞・雑誌の政治評論の開拓者 王韜(おう・とう 1828 - 1897)　『万国公報』の魂 蔡爾康(さい・じこう 1851 - 1921)　西洋の学問を中国に取りこんだ「西学東漸」の先駆 厳復(げん・ふく 1854 - 1921)　民国時代の北京新聞界の元老 朱淇(しゅ・き 1858 - 1931)　傑出した職業ジャーナリスト 汪康年(おう・こうねん 1860 - 1911)　家財を投げ打ち民衆のために新聞発行 彭翼仲(ほう・よくちゅう 1864 - 1921)　公のために「直言」をいとわず 英斂之(えい・れんし 1867 - 1926)　湖南省言論界一の健筆 唐才常(とう・さいじょう 1867 - 1900)　清末民初の新聞政治評論家 章太炎(しょう・たいえん 1869 - 1936)　人民の中の先覚者 陳少白(ちん・しょうはく 1869 - 1934)　民国初期の北京新聞界の「怪傑」 劉少少(りゅう・しょうしょう 1870 - 1929)　義侠心に燃えた女性ジャーナリスト 唐群英(とう・ぐんえい 1871 - 1937)　海に身を投じた烈士 楊篤生(よう・とくせい 1872 - 1911)　新聞発行のために私財を投げ打つ 卞小吾(べん・しょうご 1872 - 1908)　新聞を創刊し維新を推進 梁啓超(りょう・けいちょう 1873 - 1929)　マスコミ刷新の牽引者 狄楚青(てき・そせい 1873 - 1941)　口語体新聞の先駆者 林白水(りん・はくすい 1874 - 1926)　革命世論の旗手 陳去病(ちん・きょへい 1874 - 1933)　傑出したマスコミ事業者 汪漢渓(おう・かんけい 1874 - 1924)　革命党の大文豪 陳天華(ちん・てんか 1875 - 1905)　〔08861〕

リ, トエイ　李 斗暎
⇒イ, ドゥヨン*

リー, ドム　Lee, Dom
◇杉原千畝と命のビザ―自由への道 (From PASSAGE TO FREEDOM)　ケン・モチヅキ作, ドム・リー絵, 中家多恵子訳　汐文社　2015.7　34p　21×26cm　1600円　①978-4-8113-2180-6　〔08862〕

リ, バイキン*　李 玫瑾
◇日中法と心理学の課題と共同可能性　浜田寿美男, 馬皚, 山本登志哉, 片成男編著　京都　北大路書房　2014.10　297p　21cm　(法と心理学会叢書)　〈索引あり〉4200円　①978-4-7628-2875-1
内容 捜査における犯罪プロファイリングの実際と価値(李玫瑾著, 渡辺忠温訳)　〔08863〕

リー, バージニア・S.
◇FDガイドブック―大学教員の能力開発 (A GUIDE TO FACULTY DEVELOPMENT 原著第2版の抄訳)　ケイ・J.ガレスピー, ダグラス・L.ロバートソン編著, 羽田貴史監訳, 今野文子, 串本剛, 立石慎治, 杉本和弘, 佐藤万知訳　町田　玉川大学出版部　2014.2　338p　21cm　(高等教育シリーズ 162)　〈別タイトル：Faculty Developmentガイドブック　文献あり 索引あり〉3800円　①978-4-472-40487-0
内容 プログラムの型と原型(バージニア・S.リー著)　〔08864〕

リー, パティ　Lee, Patty
◇教師のチームワークを成功させる6つの技法―あなたから始めるコミュニケーションの工夫 (Collaborative Practices for Educators)　パティ・リー著, 石隈利紀監訳, 中田正敏訳　誠信書房　2015.2　114p　21cm　〈文献あり〉1300円　①978-4-414-20220-5
内容 第1章 今後に期待をもつ　第2章 前もっと準備しておく　第3章 さまざまなものの見方を理解する　第4章 質問する　第5章 人の話を聞く　第6章 明確に話す　チームワークの活性化に役立つヒントカード―あなたの日々の生活でのストレスを減らし、生産性を上げるための100のアイディア　〔08865〕

リ, ヒョウ*　李 彪
◇中国発展報告―最新版　陳雨露監修, 袁衛, 彭非編著, 日中翻訳学院監訳, 平間初美訳　日本僑報社(発売)　2015.7　375p　21cm　〈他言語標題：STUDIES ON CHINA'S DEVELOPMENT INDEX〉3800円　①978-4-86185-178-0
内容 中国社会の世情分析(喩国明, 李彪著)　〔08866〕

リ, ヒンチュウ*　李 旻柱
⇒イ, ミンジュ*

リ, フエイ*　李 符永
◇世界における日本のユング心理学　日本ユング心理学会編　大阪　創元社　2016.9　192p　21cm　(ユング心理学研究 第8巻)　〈文献あり〉2000円　①978-4-422-11498-9
内容 ユング派分析家訓練の東と西(李符永述, 禹鍾泰訳)　〔08867〕

リ, ブンユウ*　李 文雄
⇒イ, ムンウン*

リ, ヘイコウ*　李 炳鎬
⇒イ, ビョンホ*

リ, メイキ*　李 明輝
◇東アジアのカント哲学―日韓中台における影響作用史　牧野英二編　法政大学出版局　2015.3

260p　22cm　4500円　①978-4-588-15072-2
内容 中国におけるカント研究 他(李明輝著, 廖欽彬訳)〔08868〕

リ, モケツ*　李 茂傑
◇近代日本と「満州国」　植民地文化学会編　不二出版　2014.7　590p　22cm　6000円　①978-4-8350-7695-9
内容 万宝山事件の経緯 他(李茂傑著, 趙夢雲訳)〔08869〕

リ, モケツ*　李 茂杰
◇日中両国から見た「満洲開拓」―体験・記憶・証言　寺林伸明, 劉含発, 白木沢旭児編　御茶の水書房　2014.2　26, 588p　22cm　〈索引あり〉9400円　①978-4-275-01061-2
内容 傀儡満洲国「新京」特別市周辺の日本開拓団(李茂杰著, 胡慧君訳)〔08870〕

リ, ユウセイ*　李 有成
◇リーラー「遊」　vol.8　東アジアの平和と宗教　北島義信編集　京都　文理閣　2014.9　274, 40p　21cm　1400円　①978-4-89259-739-8
内容 日本紀行(李有成著, 加納光訳)〔08871〕
◇リーラー「遊」　vol.9　戦後70年と宗教　北島義信編集　京都　文理閣　2015.11　619, 89p　21cm　2000円　①978-4-89259-771-8
内容 歴史の中の亡霊(李有成著, 加納光訳)〔08872〕

リ, ヨウトウ*　李 耀東
◇2015産業統合のチャイナ・エンジン　中国M&A公会監修, 尉立東, 柏亮ほか著, 中出了真, 黄伯, 陳亮訳　明月堂書店　2015.9　188p　19cm　2000円　①978-4-903145-50-1
内容 第1部 産業統合の歴史概要(産業統合の歴史　中国産業統合の起動)　第2部 産業M&Aのチャンス(金融業:インターネット金融がM&Aの起爆剤となる　インターネットM&Aの趨勢と反復　消費財業界のM&Aチャンスについての研究報告　文化メディア産業　複合改革:古い瓶に新しい酒を詰めるチャンス多し　グローバルなM&A気運　高速鉄道経済圏がもたらした地域統合の生態圏)　第3部 産業M&Aのプラットフォームとツール(企業買収ファンド　M&Aローン　M&A債券　レバレッジ・バイアウト　M&Aの見積もり　M&A税務　M&A仲裁)〔08873〕

リ, レイ*　李 零
◇中国の文明―北京大学版　2　古代文明の誕生と展開　下(先史・夏殷周―春秋戦国)　稲畑耕一郎日本語版監修・監訳, 袁行霈, 厳文明, 張伝璽, 楼宇烈原著主編　野原将揮訳　潮出版社　2016.10　469, 15p　23cm　〈他言語標題:THE HISTORY OF CHINESE CIVILIZATION　文献あり 年表あり 索引あり〉5000円　①978-4-267-02022-3
内容 第5章 鉄器の活用と生産の増大　第6章 殷周期の都市と商業　第7章 漢字の起源と早期の発展　第8章 殷周時期の宗教と信仰　第9章 教育の発達と学術の隆盛　第10章 文学と芸術の誕生と繁栄〔08874〕

リー, ロバート・エリス　Lee, Robert Ellis
◇アメリカ公立図書館と成人継続教育―1833-1964年(Continuing education for adults through the American public library)　ロバート・エリス・リー著, 川崎良孝, 鑓純香, 久野和子訳　京都　京都図書館情報学研究会　2014.12　215p　22cm　〈文献あり　発売:日本図書館協会〉3500円　①978-4-8204-1415-5〔08875〕

リアドン, ニーナ　Reardon-Reeves, Nina
◇吃音のある学齢児のためのワークブック―態度と感情への支援(The School-Age Child Who Stutters)　リサ・スコット編, クリスティン・A.クメラ, ニーナ・リアドン著, 長沢泰子監訳, 中村勝則, 坂田善政訳　学苑社　2015.6　201p　26cm　〈文献あり〉2500円　①978-4-7614-0773-5
内容 第1章 はじめに(バランス感覚を養おう　吃音に対する態度と感じ方はさまざま ほか)　第2章 コミュニケーション力を高める(子どもの内なる感情をとらえる　励まし褒めことばを使う)　第3章 アセスメント(子どもと吃音について話し合おう　記述式課題を活用しよう)　第4章 指導の手立て(スピーチノートを作る　話すということ・どもるということ ほか)　第5章 指導の例(ジョン　ヘイリー ほか)〔08876〕

リウー, ブノワ　Rihoux, Benoît
◇質的比較分析(QCA)と関連手法入門(CONFIGURATIONAL COMPARATIVE METHODS : Qualitative Comparative Analysis(QCA) and Related Techniques)　ブノワ・リウー, チャールズ・C.レイガン編著, 石田淳, 斎藤圭介監訳　京都　晃洋書房　2016.10　242p　21cm　3000円　①978-4-7710-2779-4
内容 第1章 アプローチとしての質的比較分析(QCA)　第2章 比較研究デザイン―事例と変数の選定　第3章 クリスプ・セットQCA(csQCA)　第4章 マルチ・バリューQCA(mvQCA)　第5章 ファジィ・セットQCA(fsQCA)　第6章 QCAの適用例についてのレビュー　第7章 QCAへの批判に取り組む　第8章 おわりに―配置構成的比較法(CCM)の今後の展開〔08877〕

リウ, リディア・H
◇東アジアにおける近代知の空間の形成　孫江, 劉建輝編著　東方書店(発売)　2014.3　433p　22cm　5000円　①978-4-497-21405-8
内容 普遍性を立法する(リディア・H.リウ著, 中里見敬訳)〔08878〕

リーヴァフッド, ベルナード　Lievegoed, Bernardus Cornelis Johannes
◇魂の救済―三人の偉大な人類の指導者の協働活動(Über die Rettung der Seele)　ベルナード・リーヴァフッド著, 丹羽敏雄訳　涼風書林　2015.12　143, 14p　21cm　2400円　①978-4-903865-34-8〔08879〕

リウィウス　Livy
◇ローマ建国以来の歴史　4　イタリア半島の征服　2　リウィウス著, 毛利昌訳　京都　京都大学学術出版会　2014.1　311, 27p　19cm　(西洋古典叢書)　3400円　①978-4-87698-293-6〔08880〕
◇ローマ建国以来の歴史　5　ハンニバル戦争　1(Titi Livi Ab Urbe Condita)　リウィウス〔著〕安井萌訳　京都　京都大学学術出版会　2014.4

リ

234p　20cm　（西洋古典叢書 L024　内山勝利, 大戸千之, 中務哲郎, 南川高志, 中畑正志, 高橋宏幸編集委員）〈付属資料：8p：月報 107　布装〉 2900円　①978-4-87698-484-8
内容 第二一巻　第二二巻　〔08881〕

◇ローマ建国以来の歴史　2　伝承から歴史へ　2 (Titi Livi Ab Urbe Condita)　リウィウス〔著〕 岩谷智訳　京都　京都大学学術出版会　2016.7 414, 27p　20cm　（西洋古典叢書 L027　内山勝利, 大戸千之, 中務哲郎, 南川高志, 中畑正志, 高橋宏幸, マルティン・チエシュコ編集委員）〈付属資料：8p：月報 122　布装　文献あり 年表あり 索引あり〉4000円　①978-4-8140-0031-9
内容 第三巻　第四巻　第五巻　〔08882〕

リヴィ‐バッチ, マッシモ　Livi Bacci, Massimo
◇人口の世界史（A Concise History of World Population 原著第5版の翻訳）　マッシモ・リヴィ‐バッチ著, 速水融, 斎藤修訳　東洋経済新報社　2014.3　301p　22cm　〈索引あり〉2800円　①978-4-492-37116-9
内容 第1章 人口成長の空間と戦略　第2章 人口成長：選択と制約の間で　第3章 土地・労働・人口　第4章 秩序と効率をめざして：近現代ヨーロッパと先進国の人口学　第5章 貧困国の人口　第6章 将来展望　〔08883〕

リ

リヴィングストン, マーティ
◇スーパーヴィジョンのパワーゲーム―心理療法家訓練における影響力・カルト・洗脳（Power Games）　リチャード・ローボルト編著, 太田裕一訳　金剛出版　2015.3　424p　22cm　〈索引あり〉6000円　①978-4-7724-1417-3
内容 訓練体験における傷つきやすさ, カリスマ, 外傷（マーティ・リヴィングストン著）　〔08884〕

リヴェ, M.*　Livet, Melanie
◇エンパワーメント評価の原則と実践―教育、福祉、医療、企業、コミュニティ介入プログラムの改善と活性化に向けて（Empowerment Evaluation Principles in Practice）　D.M.フェターマン,A.ワンダーズマン編著, 笹尾敏明監訳, 玉井航太, 大内潤子訳　風間書房　2014.1　310p 21cm　〈索引あり〉3500円　①978-4-7599-2022-2
内容 エンパワーメント評価の原則　他（Abraham Wandersman,Jessica Snell-Johns,Barry E.Lentz, David M.Fetterman,Dana C.Keener,Melanie Livet, Pamela S.Imm,Paul Flapohler著, 笹尾敏明訳）〔08885〕

リーウェンバーグ, エリカ　Leeuwenburgh, Erica
◇どうして死んじゃったの？（Why Did You Die？）　エリカ・リーウェンバーグ, エレン・ゴールドリング著, 上田勢子訳　福村出版 2014.7　138p　26cm　（子どもの「こころ」を親子で考えるワークブック 4）　1500円　①978-4-571-20603-0
内容 変わらないものなんてありません　自分で変えられることと変えられないこと　あなたは自分をどのように見ていますか？　まわりからはどのように見られていますか？　いろいろな気持ち　人生は旅のようなものです　あなたを支えてくれる人たち　どんな家族も特別な家族です　気分が良くなる特別な場所　大好きな人からの贈り物　どんな命にも終わりがあります〔ほか〕　〔08886〕

リウヒエール, H.F.　Rivière, Hippolyte Ferréol
◇日本立法資料全集　別巻870　仏国商法復説　第1篇（自第壱巻至第七巻）　リウヒエール編著, 商法編纂局訳, 松下直美, 室田充美, 井田鐘次郎, 立木頼三, 杉村虎一合訳, 長森敬斐校正　復刻版 信山社出版　2014.10　45, 16, 656p　23cm　〈明治15年刊の複製〉75000円　①978-4-7972-7171-3　〔08887〕

◇日本立法資料全集　別巻871　仏国商法復説　第1篇第8巻　リウヒエール編著, 商法編纂局訳, 松下直美, 室田充美, 井田鐘次郎, 立木頼三, 杉村虎一合訳, 長森敬斐校正　復刻版　信山社出版　2014. 11　309, 104p　23cm　〈博聞本社 明治15年刊の複製〉45000円　①978-4-7972-7172-0　〔08888〕

◇日本立法資料全集　別巻872　仏国商法復説　自第2篇至第4篇　リウヒエール編著, 商法編纂局訳, 松下直美, 室田充美, 井田鐘次郎, 立木頼三, 杉村虎一合訳, 長森敬斐校正　復刻版　信山社出版 2014.11　691, 2p　23cm　〈博聞本社 明治18年刊の複製〉70000円　①978-4-7972-7173-7　〔08889〕

◇日本立法資料全集　別巻873　仏国商法復説　書式之部　リウヒエール編著, 商法編纂局訳, 松下直美, 室田充美, 井田鐘次郎, 立木頼三, 杉村虎一合訳, 長森敬斐校正　復刻版　信山社出版　2014. 11　325p　23cm　〈博聞本社 明治18年刊の複製〉40000円　①978-4-7972-7174-4　〔08890〕

リエラ, ヨアン　Riera, Joan
◇模擬起業―あなたの経営センスを試す起業シミュレーションブック（EMPRENDE TU PROPIA AVENTURA）　ヨアン・リエラ, トマス・ソレル著, 円田藍訳　CCCメディアハウス　2015.3 378p　19cm　2000円　①978-4-484-15110-6
内容 アイデアが生まれた日　列車が通過するのは一度だけ…乗ってしまおう　まずはチーム作りから　この列車は速すぎる。見送るのがよさそうだ　まずは、ビジネスプランの精度を上げる　近道はベンチャーキャピタル　相談するなら親類や友人　観光業界での経験があるアンドレア　全幅の信頼がおけるルイス　モチベーションが高く、行動力のあるサンジェイ〔ほか〕　〔08891〕

リエンナール, マルク　Lienhard, Marc
◇プロテスタントからカトリックへ橋をかける説教―ストラスブールの街から（Le Jour Vient）　マルク・リエンナール著, 時任美万子訳　ヨベル 2015.10　212p　18cm　（YOBEL新書 034）〈年譜あり 著作目録あり〉1100円　①978-4-907486-28-0
内容 第1部 救いは布告され現実化され祝われる“教会暦による説教・黙想”（待降節 マリア―選ばれ信じる者 ルカ1：46‐55　降誕節 信仰のクリスマスを求めて　公現節 起きよ、光を放て イザヤ書60：1‐6　受難節 イエスの試み マタイ4：1‐11　枝の主日 エルサレム入城 ルカ19：29‐38 ほか）　第2部 祝いと出会い“記念礼拝他”(神のおろかであること(大学新学期10月の学長説教) 第1コリント1：18 - 25　怖れるな(1997年アルザスロレーヌ、アウグスブルク信仰告白教会議長就任) マルコ6：47 - 52　弟子であること、弟子にすること(2001年9月16日バ・ラン、ハングヴィレでの牧師任職式) マタイ28：16 - 20　共に歩く(2005年ストラスブール、サンピエール・ル・ジューヌ・カトリック教会)(エキュメニカル訳) ローマ12：5 - 7、13　三つの言葉、恵み - 信仰 - イエス・キリスト(1999年ルター派とカトリックの信仰義認教理共同宣言記念・2000年1月21日ストラスブール大聖堂) ローマ3：21 - 28 ほか)〔08892〕

リオタール, ジャン=フランソワ　Lyotard, Jean-François

◇なぜ哲学するのか？(POURQUOI PHILOSOPHER?) ジャン＝フランソワ・リオタール〔著〕, 松葉祥一訳　法政大学出版局　2014.3　205p　20cm　(叢書・ウニベルシタス 1001)　2000円　①978-4-588-01001-9

内容 第1講 なぜ欲望するのか？　第2講 哲学と起源　第3講 哲学の言葉について　第4講 哲学と活動について〔08893〕

リカーズ, ジェームズ　Rickards, James

◇ドル消滅―国際通貨制度の崩壊は始まっている！(THE DEATH OF MONEY) ジェームズ・リカーズ著, 藤井清美訳　朝日新聞出版　2015.6　430p　20cm　〈文献あり〉2500円　①978-4-02-331359-0

内容 第1部 貨幣と地政学(市場のシグナル　金融戦争) 第2部 貨幣と市場(市場の緩やかな死　中国の新興金融閥　新しいドイツ帝国　BELLs、BRICS、その他の新興市場国) 第3部 貨幣と富(債務と赤字とドル　IMF　貨幣化する金　FRB　金融崩壊)〔08894〕

◇金価格は6倍になるいますぐ金(ゴールド)を買いなさい(THE NEW CASE FOR GOLD) ジェームズ・リカーズ著, 藤井清美訳　朝日新聞出版　2016.12　221p　19cm　1500円　①978-4-02-331562-4

内容 第1章 金とFRB　第2章 金は貨幣だ　第3章 金はタフな保険である　第4章 金は永遠に変わらない　第5章 金のしなやかな強さ　第6章 金を買う〔08895〕

リカーマン, ミーラ　Likierman, Meira

◇新釈メラニー・クライン(Melanie Klein) ミーラ・リカーマン著, 飛谷渉訳　岩崎学術出版社　2014.11　300p　22cm　〈索引あり〉4000円　①978-4-7533-1081-4

内容「クライン論文の衝撃」―はじめに　「微妙な批判の兆しに気づく必要性」―フェレンツィ、フロイト、そして精神分析との出会い　「どうやってお船たちはドナウ川に浮かべられるの？」―子どもの心的発達　「ただの奔放さにあらず」―初めてやってきた子どもの患者たち　「完全に現実離れしたイマーゴ」―フロイトからの離脱　「誰がそれを疑えようか？」―早期対象愛、心的防衛と解離のプロセス　「愛の対象の喪失」―アンビヴァレンスと抑うつ状態　「愛の対象の喪失」―抑うつポジションにおける悲劇性と道徳性　「この非現実的な現実」―クラインの空想(幻想)phantasy概念　「超然とした敵意」―妄想分裂ポジション　「バラバラになること、自らを分割すること」―投影同一化、未統合状態と分割過程　「あまりにも得難いゆえ」―羨望に関する2つの説明　「言葉なくても分かってほしい、果たされぬ望み」―孤独 loneliness〔08896〕

リクター, サンドラ・L.　Richter, Sandra L.

◇エデンの物語―旧約の民が読んだ聖書(The Epic of Eden) サンドラ・L.リクター著, 藤原祥隆訳　いのちのことば社(発売)　2016.9　270p　21cm　〈文献あり〉2200円　①978-4-264-03480-3〔08897〕

リグリィ, エドワード・アンソニー

◇叢書『アナール1929-2010』―歴史の対象と方法 4　1969-1979(Anthologie des Annales 1929-2010) E.ル＝ロワ＝ラデュリ,A.ビュルギエール監修, 浜名優美監訳　E.ル＝ロワ＝ラデュリ編, 池田祥英, 石川学, 井上桜子, 志村幸紀, 下村武, 寺本敬子, 中村督, 平沢勝行訳　藤原書店　2015.6　456p　22cm　8800円　①978-4-86578-030-7

内容 近代化のプロセスとイギリスにおける産業革命(エドワード・アンソニー・リグリィ著, 池田祥英訳)〔08898〕

リクール, ポール　Ricœur, Paul

◇別様に―エマニュエル・レヴィナスの『存在するとは別様に、または存在の彼方へ』を読む(Autrement) ポール・リクール著, 関根小織訳・解説　現代思潮新社　2014.3　130p　20cm　〈索引あり〉2000円　①978-4-329-00489-5

内容 第1章 ～とは別様に―“語ることDire”と“語られたことDit”　第2章 別様に語られると―第三者と正義(近さ・応答責任・身代り　第三者と正義　存在論の反復？)〔08899〕

◇ポール・リクール聖書論集 2　愛と正義　ポール・リクール著　久米博, 小野文, 小林玲子訳　新教出版社　2014.8　291p　20cm　3300円　①978-4-400-31999-3

内容 宗教の哲学的解釈学―カント　問題の“黄金律”　聖書の言説における声と書の絡み合い　「理解を求める信仰」―その聖書的先例？　ひとつの聖書からもうひとつの聖書へ　愛と正義〔08900〕

リーコック, エルズペス　Leacock, Elspeth

◇セルマの行進―リンダ十四歳投票権を求めた戦い(TURNING 15 ON THE ROAD TO FREEDOM) リンダ・ブラックモン・ロワリー, エルズペス・リーコック, スーザン・バックリー原作, PJローラン絵, 渋谷弘子訳　汐文社　2015.7　133p　20cm　1600円　①978-4-8113-2210-0

内容 第1章 強い意志を持った人に　第2章 公民権運動とわたし　第3章 刑務所に入れられて　第4章「発汗箱」と呼ばれた拷問部屋　第5章「血の日曜日」　第6章 モントゴメリめざして　第7章 十五歳の誕生日　第8章 疲れた体に打ちつける雨　第9章 ついにモントゴメリに　なぜ投票権を求めて戦わなければならなかったのか？〔08901〕

リコーマン, ウェイン　Liquorman, Wayne

◇意識は語る―ラメッシ・バルセカールとの対話(CONSCIOUSNESS SPEAKS) ラメッシ・バルセカール〔述〕, ウェイン・リコーマン編, 高木悠鼓訳　ナチュラルスピリット　2014.12　699p　19cm　3300円　①978-4-86451-147-6

リ

内容 はじめに　意識の本質　束縛という幻想　心　悟り　悟った観点から　解体の非個人的プロセス　選択と意志　為されるべきこと　グルと弟子の関係　形而上学的質問　感情について　〔08902〕

リシアック, マシュー　Lysiak, Matthew

◇ぼくは科学の力で世界を変えることに決めた（BREAKTHROUGH）　ジャック・アンドレイカ, マシュー・リシアック著, 中里京子訳　講談社　2015.11　270p　19cm　1600円　①978-4-06-219800-4

内容 はじめに 家族会議　1 アンドレイカ家に生まれて　2 サイエンスフェアと「いじめ」　3 カミングアウトと大事な人の死　4 宿敵の膵臓がん　5 患者のことを忘れないで　6 193番目の奇跡　7 キャンサー・ペーパー・ボーイ　8 うわっ！　モーリー・セイファーを殺しちゃった！　9 ブレイクスルー　ジャックの学校―実験+ヒント+情報　〔08903〕

リース, ウイリアム・J.　Reese, William J.

◇アメリカ公立学校の社会史―コモンスクールからNCLB法まで（AMERICA'S PUBLIC SCHOOLS）　ウイリアム・J.リース著, 小川佳万, 浅沼茂監訳　東信堂　2016.1　506p　22cm〈文献あり 索引あり〉4600円　①978-4-7989-1328-5

内容 序論　第1章 コモンスクールの起源　第2章 南北戦争後のアメリカとコモンスクール　第3章「新教育」　第4章 民主主義、効率、学校の拡大　第5章 差異の民主主義　第6章 大衆のカレッジ　第7章 高まる期待と水準　第8章 伝統の保護者　第9章 ハイスクールの運命　エピローグ　〔08904〕

リース, シェーン　Riese, Jane

◇オルヴェウス・いじめ防止プログラム―学校と教師の道しるべ（Olweus Bullying Prevention Program Schoolwide Guide, Olweus Bullying Prevention Program Teacher Guide）　ダン・オルヴェウス, スーザン・P.リンバー, ヴイツキー・C.フラークス, ナンシー・ムリン, シェーン・リース, マリーネ・スナイダー著, 小林公司, 横田克哉監訳, オルヴェウス・いじめ防止プログラム刊行委員会訳　現代人文社　2013.12　295p　21cm〈発売：大学図書〉2500円　①978-4-87798-573-8

内容 第1部 オルヴェウス・いじめ防止プログラム学校版ガイド（「オルヴェウス・いじめ防止プログラム」の導入　「いじめ防止プログラム」の実施にあたって考えること　学校で「いじめ防止プログラム」を開始する ほか）　第2部 オルヴェウス・いじめ防止プログラム教師版ガイド（「オルヴェウス・いじめ防止プログラム」の導入　いじめのいろいろな側面を理解すること　学校全体でプログラムを実施するためのサポート ほか）　第3部 資料篇（いじめの実態と「反いじめ4ルール」（本文の補足）　いじめ記録帳　反いじめ活動の進め方と留意点 ほか）　〔08905〕

リーズ, ジョン　Lees, John

◇逆境力の秘密50―何があっても打たれ強い自分をつくる（SECRETS OF RESILIENT PEOPLE）　ジョン・リーズ著, 関根光宏訳　CCCメディアハウス　2016.10　270p　19cm　1500円　①978-4-484-16112-9

内容 レジリエンスのレベルをチェックする　失敗を糧に前進し、後退しない　うまくいっていることに目を向ける　事実に意識を集中する　見方の枠組みを変える　被害者モードから抜け出す　過去に立ち直った経験から学ぶ　自分を責めるのは慎重に　"午前2時の声"に耳を傾けない　心配するのをやめる〔ほか〕　〔08906〕

リース, トム　Reiss, Tom

◇ナポレオンに背いた「黒い将軍」―忘れられた英雄アレックス・デュマ（THE BLACK COUNT）　トム・リース著, 高里ひろ訳　白水社　2015.5　346, 87p　20cm〈文献あり〉3600円　①978-4-560-08426-7

内容 第1部（砂糖工場　黒人法典　ノルマン征服 ほか）　第2部（革命の夏　"血による再生"　"黒人の心臓も自由を求めて鼓動する" ほか）　第3部（遠征の指導者「共和主義という譫言」　炎上する夢 ほか）　〔08907〕

リース, リンダ

◇学校を場とする放課後活動の政策と評価の国際比較―格差是正への効果の検討　金藤ふゆ子編著　福村出版　2016.3　343p　22cm　5200円　①978-4-571-10172-4

内容 イギリスの学校を場とする放課後活動の政策と評価（アラン・ダイソン, カースティン・カー, リンダ・リース, 錦織嘉子著, 錦織嘉子訳）　〔08908〕

リース, ルートヴィッヒ　Riess, Ludwig

◇ドイツ歴史学者の天皇国家観（Allerlei aus Japanの抄訳）　ルートヴィッヒ・リース〔著〕, 原潔, 永岡敦訳　講談社　2015.7　252p　15cm（講談社学術文庫 2305）〈新人物往来社 1988年刊の再刊〉880円　①978-4-06-292305-7

内容 第1章 国家と政治（ロシア皇太子襲撃事件　日露戦争の本質　元老会議 ほか）　第2章 文化と精神基盤（日本の文化発展における一つの欠点　浜田彦蔵 異彩を放つ日本人たち ほか）　第3章 家庭生活と経済（ある日本家庭での一日　濃尾地方の大地震　京都の国内博覧会 ほか）　第4章 日本の歳事（皇后主催の観菊会　正月点景　祖先の霊を迎える日 ほか）　〔08909〕

リスケス・コルベーリャ, M.　Risques Corbella, M.

◇スペインの歴史―スペイン高校歴史教科書（CRISOL, Historia）　J.アロステギ・サンチェス,M.ガルシア・セバスティアン,C.ガテル・アリモント,J.パラフォクス・ガミル,M.リスケス・コルベーリャ著, 立石博高監訳, 竹下和亮, 内村俊太, 久木正雄訳　明石書店　2014.6　386p　27cm（世界の教科書シリーズ 41）　5800円　①978-4-7503-4032-6

内容 1 現代スペインの起源（スペインの歴史的起源　アンダルスと最初のキリスト教諸国（8世紀 - 12世紀）　キリスト教諸国の拡大と危機（13世紀 - 15世紀）ほか）　2 19世紀のスペイン（旧体制の危機（1808 - 1833）　自由主義国家の形成（1833 - 1874）　農業の変化と工業の発展（1833 - 1930）ほか）　3 20世紀のスペイン（王政復古体制の危機（1902 - 1931）　第二共和政（1931 - 1936）　スペイン内戦（1936 - 1939）ほか）　〔08910〕

リスター, ティム　Lister, Tim

◇イスラム過激派二重スパイ（AGENT STORM）

モーテン・ストーム, ポール・クルックシャンク, ティム・リスター著, 庭田よう子訳　亜紀書房　2016.7　508p　20cm　(亜紀書房翻訳ノンフィクション・シリーズ 2-8)　2700円　①978-4-7505-1438-3
内容 砂漠の道―二〇〇九年九月中旬　ギャング、女の子たち、そして神―一九七六年 - 九七年　改宗―一九九七年初頭 - 夏　アラビア―一九九七年晩夏 - 九八年夏　ロンドニスタン―一九九八年夏 - 二〇〇〇年初頭　アメリカに死を―二〇〇〇年初頭 - 〇二年春　家庭不和―二〇〇二年夏 - 〇五年春　MI5、ルートンに来る―二〇〇五年春 - 秋　シャイフとの出会い―二〇〇五年後半 - 〇六年晩夏　崩壊―二〇〇六年晩夏 - 〇七年春〔ほか〕 〔08911〕

リスト, ジョン・A.　List, John A.
◇その問題、経済学で解決できます。(The Why Axis)　ウリ・ニーズィー, ジョン・A.リスト著, 望月衛訳　東洋経済新報社　2014.9　364, 15p　20cm　1800円　①978-4-492-31449-4
内容 はじめに 思い込みの向こうへ　人にやってほしいことをやらせるには？　女が男ほど稼げないのはなぜか、クレイグズリスト、迷路、それにボールとバケツでわかること　母系社会は女性と競争について何を教えてくれるだろう？　惜しくも銀のメダリストと大健闘で銅のメダリストが成績格差を埋めてくれる、とは？　貧しい子がお金持ちの子にほんの数ヵ月でどうすれば追いつける？　いまどきの差別を終わらせるカンタンな一言とは？　なにか選ぶときにはご用心。選んだものがあだになるかも　ぼくたちをぼくたち自身から守るには？　人に寄付をさせるのは本当はなんだろう？　割れた唇と「これっきり」のチェック欄から、人が寄付をする理由についてわかること　管理職は絶滅の危機？　世界を変えるには…まあ、少なくとも得をするには 〔08912〕

リーゼンフーバー, K.　Riesenhuber, Klaus
◇近代哲学の根本問題　K.リーゼンフーバー著, 〔村井則夫〕〔監訳〕　知泉書館　2014.7　408, 14p　22cm　(上智大学中世思想研究所中世研究叢書)　〈索引あり〉6500円　①978-4-86285-190-1
内容 第1部 言葉と歴史(解釈学と言語分析―対話への手掛かり　歴史哲学と歴史理解　時間と歴史　呼びかけへの傾聴―言語の超越論的構成機能について)　第2部 自由とその根底(自由な自己規定と意味への関わり　意味と価値―言語論的観点から　価値と存在―リンテレンの価値哲学から出発して　無の概念と現象)　第3部 超越理解と宗教論―フィヒテ、ハイデガーをめぐって(フィヒテと現象学―フィヒテ思想(一八〇四 - 〇六年)における現象概念について　フィヒテの宗教思想の生成―『浄福なる生への導き』を中心に　フィフテの宗教哲学的思惟の発展　ハイデガーにおける神学と神への問い)　第4部 純粋経験と宗教―西田哲学をめぐって(西田幾多郎―生涯と思想　「純粋経験」の宗教的側面　前期西田における自己意識と自由意志　純粋経験と絶対意思) 〔08913〕

リーソン, シャロン　Leeson, Sharon
◇性加害行動のある少年少女のためのグッドライフ・モデル (The Good Lives Model for Adolescents Who Sexually Harm)　ボビー・プリント編, 藤岡淳子, 野坂祐子監訳　誠信書房　2015.11　231p　21cm　〈索引あり〉3000円　①978-4-414-41461-5
内容 グッドライフ・アプローチにたいする少年と実践家の反応(シャロン・リーソン, マーク・アズヘッド) 〔08914〕

リーソン, ピーター・T.
◇移民の経済学 (THE ECONOMICS OF IMMIGRATION)　ベンジャミン・パウエル編, 藪下史郎監訳, 佐藤綾野, 鈴木久美, 中田勇人訳　東洋経済新報社　2016.11　313, 35p　20cm　〈文献あり 索引あり〉2800円　①978-4-492-31488-3
内容 国際労働移動の経済効果(ピーター・T.リーソン, ザッカリ・ゴチェノアー著, 藪下史郎訳) 〔08915〕

リーチ, ケネス　Leech, Kenneth
◇魂の同伴者―現代世界におけるキリスト教の霊性 (Soul Friend)　ケネス・リーチ著, 関澄子, 関正勝訳　〔出版地不明〕　渋谷聖公会聖ミカエル教会　2014.1　419p　19cm　(ヒルダ・ミッシェル叢書 1)　〈発行所：聖公会出版　文献あり〉2300円　①978-4-88274-258-6
内容 1章 霊性と今日の潮流　2章 キリスト教の伝統における霊的指導　3章 霊的指導、カウンセリング、治療　4章 祈りとキリスト教の霊的伝統　5章 祈りの生活の実践　6章 霊的指導の預言者的理解を目指して　補遺 霊的指導と和解のサクラメント 〔08916〕

リチャーズ, チャールズ　Richards, Charles L.
◇「普通の人」は気づかないけれど、億万長者はここを見ている (The Psychology of Wealth)　チャールズ・リチャーズ著, 木暮太一監訳　三笠書房　2014.6　254p　19cm　1350円　①978-4-8379-5751-5
内容 1 お金持ちになる人はすべて「自分のモノサシ」で考える―なれない人は「自分の欲しいもの」がわかっていない　2 お金持ちになる人は「他人の持ち物」をうらやまない―なれない人は流行りものに振り回される　3 お金持ちになる人はこんな「夢」を描いている―なれない人は「現実」から抜け出せない　4 お金持ちになる人は「一歩踏み出す勇気」をもつ―なれない人は後ろばかり見ている　5 お金持ちになる人は「価値」にこだわる―なれない人は「価格」しか見ない　6 お金持ちになる人は「自分で選択」している―なれない人は「無意識」に左右される　7 お金持ちになる人は「与える」ことを優先する―なれない人は「得る」ことばかりを画策する　8 お金持ちになる人は「失敗してもやり直せる」と信じる―なれない人は挑戦すらしない　9 お金持ちになる人は「プラスのほう」へ目を向ける―なれない人は「マイナス」ばかり気にかかる　10 お金持ちになる人は「オリジナルの人生」を生きている―なれない人は「人の後ろ」ばかり歩く 〔08917〕

リチャード, アネット
◇スーパーヴィジョンのパワーゲーム―心理療法家訓練における影響力・カルト・洗脳 (Power Games)　リチャード・ローボルト編著, 太田裕一訳　金剛出版　2015.3　424p　22cm　〈索引あり〉6000円　①978-4-7724-1417-3
内容 強制的な訓練プログラムにおける服従を体験したセラピストのイニシエーションの旅(アネット・リチャード著) 〔08918〕

リ

リチャート, ロン　Ritchhart, Ron

◇子どもの思考が見える21のルーチン―アクティブな学びをつくる（MAKING THINKING VISIBLE）　R.リチャート,M.チャーチ,K.モリソン著, 黒上晴夫, 小島亜華里訳　京都　北大路書房　2015.9　287p　21cm　〈文献あり 索引あり〉3000円　①978-4-7628-2904-8

内容 第1部 思考についての考え（思考とは何か　思考を教育の中心に）　第2部 思考ルーチンによる思考の可視化（思考ルーチンの導入　考えの導入と展開のためのルーチン　考えを総合・整理するためのルーチン　考えを掘り下げるためのルーチン）　第3部 思考の可視化に命を吹き込む（思考が評価され、可視化され、推奨される場をつくる　実践記録から）〔08919〕

リチャードソン, クリスティーナ

◇現代を読み解くための西洋中世史―差別・排除・不平等への取り組み（Why the Middle Ages Matter）　シーリア・シャゼル, サイモン・ダブルデイ, フェリス・リフシッツ, エイミー・G.リーメンシュナイダー編著, 赤阪俊一訳　明石書店　2014.9　368p　20cm　（世界人権問題叢書 89）　4600円　①978-4-7503-4072-2

内容 障害？―身体の差異に関する中東からのまなざし（クリスティーナ・リチャードソン）〔08920〕

リ

リチャードソン, マイケル

◇不正選挙―電子投票とマネー合戦がアメリカを破壊する（LOSER TAKE ALL）　マーク・クリスピン・ミラー編著, 大竹秀子, 桜井まり子, 関房江訳　亜紀書房　2014.7　343, 31p　19cm　2400円　①978-4-7505-1411-6

内容 「ペーパー・トレイル」付きタッチスクリーン投票機販売戦略（マイケル・リチャードソン, ブラッド・フリードマン著）〔08921〕

リッチマン, シーラ　Richman, Shira

◇自閉症スペクトラムへのABA入門―親と教師のためのガイド（Raising a Child with Autism）　シーラ・リッチマン著, 井上雅彦, 奥田健次監訳, テーラー幸恵訳　東京書籍　2015.3　180p　21cm　〈「自閉症へのABA入門」（2003年刊）の改題、新訂版　文献あり 索引あり〉1800円　①978-4-487-80937-0

内容 第1章 自閉症スペクトラムとは何か　第2章 学習についての基礎理解と応用行動分析によるアプローチ　第3章 子どもの自由時間を構造化する　第4章 不適応行動への対応　第5章 日常生活スキル　第6章 コミュニケーションを育てる　第7章 きょうだいのかかわり　第8章 地域参加のために〔08922〕

リッチモンド, メアリー・E.　Richmond, Mary Ellen

◇善意からソーシャルワーク専門職へ―ソーシャルワークの源流（FRIENDLY VISITING AMONG THE POOR）　メアリー・E.リッチモンド著, 星野晴彦, 山中裕剛, 陳麗婷訳　筒井書房　2014.3　160p　21cm　1800円　①978-4-86479-042-0〔08923〕

リッチョーニ, フランチェスカ　Riccioni, Francesca

◇マンガエニグマに挑んだ天才数学者チューリング（ENIGMA）　フランチェスカ・リッチョーニ原作, トゥオノ・ペッティナート漫画, 竹内薫訳　講談社　2015.4　123p　19cm　〈文献あり〉1500円　①978-4-06-219526-3〔08924〕

リッツォ, ポーラ　Rizzo, Paula

◇リストマニアになろう！―理想の自分を手に入れる「書きだす」習慣（Listful Thinking）　ポーラ・リッツォ著, 金井真弓訳　飛鳥新社　2016.6　221p　19cm　1500円　①978-4-86410-492-0

内容 第1章 さあ、リストで自分の人生を取り戻そう！　第2章 リストの定番！　ToDoリストをつくろう　第3章 ToDoリストを使ってビジネスで成功する！　第4章 夢をかなえるためのリストいろいろ　第5章 リストを使えば家庭もうまくいく！　第6章 人づき合いもイベントもリストにお任せ！　第7章 人生をアウトソーシングしよう！　第8章 今すぐ、デジタルで行こう！　巻末付録 あなたにもきっと役立つリスト〔08925〕

リッテルマイヤー, C.　Rittelmeyer, Christian

◇芸術体験の転移効果―最新の科学が明らかにした人間形成の真実（Warum und wozu ästhetische Bildung？）　C.リッテルマイヤー著, 遠藤孝夫訳　東信堂　2015.9　138p　22cm　〈索引あり〉2000円　①978-4-7989-1314-8〔08926〕

リッテンバーグ, ラリー・E.　Rittenberg, Larry E.

◇COSO内部統制の統合的フレームワーク―内部監査に活かす原則主義的実践ガイド（COSO internal controI-integrated framework）　ラリー・E.リッテンバーグ著, 八田進二監訳, 堺咲子訳　日本内部監査協会　2014.3　82p　22cm　2500円　①978-4-907332-06-8〔08927〕

リップ, フォルカー

◇民事法学の歴史と未来―田山輝明先生古稀記念論文集　五十嵐敬喜, 近江幸治, 楜沢能生編集委員　成文堂　2014.3　708p　22cm　〈著作目録あり 年譜あり〉18000円　①978-4-7923-2659-3

内容 成年者保護と憲法（フォルカー・リップ著, 青木仁美訳）〔08928〕

◇成年後見人の医療代諾権と法定代理権―障害者権利条約下の成年後見制度　田山輝明編著　三省堂　2015.6　279p　21cm　〈索引あり〉3200円　①978-4-385-32247-6

内容 ドイツにおける成年者保護と健康関連事務の〈法定〉代理　他（フォルカー・リップ述, 青木仁美訳）〔08929〕

リップマン, マシュー　Lipman, Matthew

◇探求の共同体―考えるための教室（Thinking in Education 原著第2版の翻訳）　マシュー・リップマン著, 河野哲也, 土屋陽介, 村瀬智之監訳　町田　玉川大学出版部　2014.7　441p　21cm　〈索引あり〉4000円　①978-4-472-40488-7

内容 1 思考力のための教育（教育実践の反省的様式　思考教育の方法論　思考のための教育の障害物と誤解）　2 探求の共同体（共同体の中で考える　暴力を減らすための探求の共同体アプローチ）　3 思考のオーケストラ（情動、思考、教育　心の行為　思考のスキル）　4 思考をよりよいものにしていくための教育（思考の相互的側面　批判的思考の教育　創造的思考の教育

ケア的思考の教育　判断力を高める）〔08930〕
◇子どものための哲学授業―「学びの場」のつくりかた（PHILOSOPHY IN THE CLASSROOM 原著第2版の翻訳）　マシュー・リップマン, アン・マーガレット・シャープ, フレデリック・オスカニアン著, 河野哲也, 清水将吾監訳　河出書房新社　2015.4　384p　20cm　〈索引あり〉3200円　①978-4-309-24701-4
内容 1 よく考える子どもを育てるために（教育をデザインし直す必要性　思考と学校カリキュラム　哲学―教育において失われた次元　子どものための哲学に関するいくつかの教育的前提）　2 子どものための哲学のねらいと方法（「子どものための哲学」の教育課程　教えるための方法論―価値の考察と実践における基準　哲学のディスカッションを導く）　3 実際の学校生活で思考スキルを生かすために（子どもが論理的に考えられるよう後押しする　道徳教育は哲学的な探求から切り離すことができるのか　子どものための倫理的探求における哲学的テーマ）〔08931〕

リテンバーガー, E.O.*　Lichtenberger, Elizabeth O.
◇エッセンシャルズKABC-2による心理アセスメントの要点（Essentials of KABC-2 Assessment）Alan S.Kaufman,Elizabeth O.Lichtenberger, Elaine Fletcher-Janzen,Nadeen L.Kaufman〔著〕, 藤田和弘, 石隈利紀, 青山真二, 服部環, 熊谷恵子, 小野純平監修　丸善出版　2014.8　332p　21cm　〈索引あり〉3800円　①978-4-621-08752-7〔08932〕

リード, ジュリアン　Reade, Julian
◇ビジュアル版 世界の歴史都市―世界史を彩った都の物語（The Great Cities in History）　ジョン・ジュリアス・ノーウィッチ編, 福井正子訳　柊風舎　2016.9　303p　27×21cm　15000円　①978-4-86498-039-5
内容 ニネヴェ―アッシリアの王宮と神殿（ジュリアン・リード）〔08933〕

リドー, デレク　Lidow, Derek
◇プリンストン大学の起業の教科書―元気に育ち、長く続く会社のつくり方（STARTUP LEADERSHIP）　デレク・リドー著, 山内あゆ子訳　日本能率協会マネジメントセンター　2015.12　365p　21cm　2000円　①978-4-8207-4969-1
内容 起業を成功させるために必要なこと　第1部「本物の起業家」スキルを身につける（自己中心的に無私無欲になる　起業の4つのステージ　人間関係を築く　他人のモチベーションを高める　変化をリードするパーソナル・リーダーシップ戦略を立てる）　第2部「本物の起業家」スキルを活用する（不安定な段階での成長戦略　成功する組織　採用と解雇　チームを率いる　危機管理の指揮を執る）　さあ、行動を起こそう〔08934〕

リード, ブレンダン　Reid, Brendan
◇同僚に知られずにこっそり出世する方法―社内政治を使いこなす7つのルール（STEALING THE CORNER OFFICE）　ブレンダン・リード著, 酒井泰介訳　ダイヤモンド社　2015.4　205p　19cm　1500円　①978-4-478-02968-8
内容 第1章 能力主義の虚飾を剝ぐ―企業社会の本当のルール（知られざる社内力学　どうしてこうなった？　ほか）　第2章「結果がすべて」は大まちがい―優先順位を変える（同床異夢　上げ潮に乗る？　ほか）　第3章 本当に評価されるのはどんな人か？ ―競争相手の正体（彼らの正体は？　彼らの住処は？　ほか）　第4章 社内政治を使いこなす7つのルール―失敗例と成功例から学ぶ（自分のアイデアに決してこだわるな　誰もが嫌う変化を受け入れろ ほか）　第5章 勝ち残るための7つの戦術―明日から実践できること（実力者リストを作れ　意思決定の枠組みを作れ ほか）〔08935〕

リード, マーグリート
◇乳児観察と調査・研究―日常場面のこころのプロセス（Infant Observation and Research）　キャシー・アーウィン, ジャニーン・スターンバーグ編著, 鵜飼奈津子監訳　大阪　創元社　2015.5　273p　22cm　〈文献あり 索引あり〉4200円　①978-4-422-11539-9
内容 赤ん坊の喪失の後に新たに生まれてきた赤ん坊の体験（マーグリート・リード著, 二宮一美訳）〔08936〕

リード, レックス
◇インタヴューズ　3　毛沢東からジョン・レノンまで（THE PENGUIN BOOK OF INTERVIEWS）　クリストファー・シルヴェスター編, 新庄哲夫他訳　文芸春秋　2014.6　463p　16cm　（文春学芸ライブラリー―雑英 7）　1690円　①978-4-16-813018-2
内容 ベティ・デイヴィス（ベティ・デイヴィス述, レックス・リードインタヴュアー, 渡辺武信訳）〔08937〕

リード, ロバート*　Reid, Robert
◇自己調整学習ハンドブック（HANDBOOK OF SELF-REGULATION OF LEARNING AND PERFORMANCE）　バリー・J.ジマーマン, ディル・H.シャンク編, 塚野州一, 伊藤崇達監訳　京都　北大路書房　2014.9　434p　26cm　〈索引あり〉5400円　①978-4-7628-2874-4
内容 自己調整学習プロセスと子どものライティング（Karen R.Harris, Steve Graham, Charles A. MacArthur, Robert Reid, Linda H.Mason著, 篠ヶ谷圭太訳）〔08938〕

リトル, ブライアン・R.　Little, Brian R.
◇自分の価値を最大にするハーバードの心理学講義（ME, MYSELF, AND US）　ブライアン・R.リトル著, 児島修訳　大和書房　2016.7　295p　19cm　1600円　①978-4-479-79531-5
内容 第1章 あなたを閉じ込めている檻―“メガネ”を変えて世界を見る　第2章「自分の性格」を理解する―五つの要素で適性がわかる　第3章 別人を演じる―大切なもののために性格を変えるということ　第4章「タマネギ」か「アボカド」か―場に合わせるか、信念に従うか　第5章 主体的に人生を生きる―運命はどのくらいコントロールできるのか？　第6章 性格は寿命も左右する―すべてを勝負にする人、しない人　第7章 クリエイティビティは「才能」ではない―独創的な人ほど性格が悪い？　第8章 住んでいる場所が「生活の質」を決める―SNSで回復する人、疲れる人　第9章「パーソナル・プロジェクト」を追求する―人生をかけて達成したいことを見直す　第10章 自分を変える挑戦―幸福な人生を自分でつくる〔08939〕

リ

リトルウッド, ウィリアム・C.　Littlewood, William C.

◇センサリーアウェアネス―つながりに目覚めるワーク（WAKING UP）　シャーロット・セルバー著, 斉藤由香訳, ウィリアム・C.リトルウッド, メアリー・アリス・ロシェ編　相模原　ビイング・ネット・プレス　2014.10　253p　19cm（実践講座 17）　1800円　①978-4-908055-00-3

内容 1 ずっとあったものに気づくこと（私たちは感覚をもって生まれてきた　純粋で静かな反応性の発現 ほか）　2 センサリーアウェアネス―より目覚めていくこと（内側を目覚めさせる　全ては、いつでも、新しい ほか）　3 自分を解放すること（私たちの自由を妨げるもの　興味をもって ほか）　4 感じるとは今の自分に触れること（感覚に従うことを学ぶ　選ぶのではなく ほか）　クラス・セッション（呼吸を生きる実験　引力に自分をゆだねる―全ての生命あるものにそなわる上下の流れ ほか）〔08940〕

リドレー, マット　Ridley, Matt

◇フランシス・クリック―遺伝暗号を発見した男（FRANCIS CRICK）　マット・リドレー著, 田村浩二訳　勁草書房　2015.8　236, 8p　20cm　〈索引あり〉2400円　①978-4-326-75055-9

内容 プロローグ 生命　クラッカーズ　三人の友だち　ケンブリッジ　ワトソン　大勝利　暗号　ブレナー　三連文字とチャペル　賞　決しておとなしくしていない　宇宙　カリフォルニア　意識　驚異なる仮説家〔08941〕

◇進化は万能である―人類・テクノロジー・宇宙の未来（THE EVOLUTION OF EVERYTHING）　マット・リドレー著, 大田直子, 鍛原多恵子, 柴田裕之, 吉田三知世訳　早川書房　2016.9　454p　20cm　〈文献あり〉2700円　①978-4-15-209637-1

内容 一般進化理論　宇宙の進化　道徳の進化　生物の進化　遺伝子の進化　文化の進化　経済の進化　テクノロジーの進化　心の進化　人格の進化　教育の進化　人口の進化　リーダーシップの進化　政府の進化　宗教の進化　通貨の進化　インターネットの進化　未来の進化〔08942〕

◇人類は絶滅を逃れられるのか―知の最前線が解き明かす「明日の世界」（DO HUMANKIND'S BEST DAYS LIE AHEAD？）　スティーブン・ピンカー, マルコム・グラッドウェル, マット・リドレー他著, 藤原朝子訳　ダイヤモンド社　2016.11　162p　19cm　1400円　①978-4-478-06988-2

内容 貧困・飢餓・疫病のリスクを人類は乗り越えてきた 他（マット・リドレー述）〔08943〕

リドレイ, ジェーン　Ridley, Jane

◇ビジュアル版 世界の歴史都市―世界史を彩った都の物語（The Great Cities in History）　ジョン・ジュリアス・ノーウィッチ編, 福井正子訳　柊風舎　2016.9　303p　27×21cm　15000円　①978-4-86498-039-5

内容 ニューデリー―石の象徴（ジェーン・リドレイ）〔08944〕

リーバマン, アリシア・F.　Lieberman, Alicia F.

◇子ども‐親心理療法―トラウマを受けた早期愛着関係の修復（PSYCHOTHERAPY WITH INFANTS AND YOUNG CHILDREN）　アリシア・F.リーバーマン, パトリシア・ヴァン・ホーン著, 青木紀久代監訳, 門脇陽子, 森田由美訳　福村出版　2014.11　425p　22cm　〈文献あり 索引あり〉7000円　①978-4-571-24054-6

内容 1章 発達につまずくとき―関係性を第一に　2章 危険に対処する―ストレス‐トラウマ連続体　3章 子ども‐親心理療法の実践―治療の目標と戦略　4章 アセスメントのプロセス　5章「ほど良く」でなくなるとき―早期関係性の動揺　6章 赤ちゃん部屋のお化けと天使―関係性の阻害と障害を治療する　7章 子ども‐親心理療法（CPP）のバリエーション　8章 調律の喪失―治療関係の失敗　9章 子ども‐親心理療法と他のサービス制度の統合　10章 結びの考察―視点の提示〔08945〕

◇虐待・DV・トラウマにさらされた親子への支援―子ども‐親心理療法（DON'T HIT MY MOMMY！　原著改訂版の抄訳）　アリシア・F.リーバマン, シャンドラ・道子・ゴッシュ・イッペン, パトリシア・ヴァン・ホーン著, 渡辺久子監訳, 佐藤恵美子, 京野尚子, 田中祐子, 小室愛枝訳　日本評論社　2016.10　232p　21cm　〈文献あり〉2400円　①978-4-535-56356-8

内容 第1章 子ども‐親心理療法―関係性に焦点を当てたトラウマ治療（基本の前提概念　子ども‐親心理療法の歴史的起源と発展 ほか）　第2章 子ども‐親心理療法の段階（第1段階 基礎段階：見立てと治療契約　第2段階 中核的介入段階 ほか）　第3章 ケースマネジメント（児童虐待が疑われる時―児童保護局への通告　親権問題が起こる時―家庭裁判所との連携）　第4章 さまざまな治療法との類似点と相違点（心理療法全般に必須の項目　子ども‐親心理療法と相容れない項目）〔08946〕

リヒトブラウ, エリック　Lichtblau, Eric

◇ナチスの楽園―アメリカではなぜ元SS将校が大手を振って歩いているのか（THE NAZIS NEXT DOOR）　エリック・リヒトブラウ〔著〕, 徳川家広訳　新潮社　2015.11　381p　20cm　〈索引あり〉2400円　①978-4-10-506971-1

内容 旧知の間柄――九七四年七月一二日 ヴァージニア州ラングレー　ヨーロッパ解放の真実――九四五年春 ミュンヘン郊外、フェーレンヴァルト難民収容所　「善玉ナチス」――九四五年三月 スイス、チューリヒ　「軽微な戦争犯罪」――九五六年二月二二日 首都ワシントン　次は自分かもしれない――九六〇年五月一一日 ブエノス・アイレス　鉤十字に向かって突撃せよ！　――九六三年五月一九日 イリノイ州シカゴ　科学的探求のために――九七四年一一月二三日 テキサス州サン・アントニオ　暗闇に隠れているわけにいかなくなった――九七八年九月二〇日 ニュージャージー州パターソン　「醜悪なシミ」――九八〇年七月一〇日 首都ワシントン　父親のしでかした悪行――九八一年二月二日 カリフォルニア州サクラメント　せっかくのパーティーが台無しに――九二八年一〇月一三日 カリフォルニア州サンノゼ　潔白な男――九八三年六月 ニューヨーク　反動の時――九八七年四月一五日 首都ワシントン　イワン雷帝――九九三年一一月一七日 オハイオ州シンシナチ 第六巡回控訴裁判所　ポナリーへの道――九九三年九月 リトアニア、ヴィリニュス〔08947〕

リヒトホーフェン, フェルディナンド・フォン

リ

Richthofen, Ferdinand Paul Wilhelm, Freiherr von
◇リヒトホーフェン日本滞在記―ドイツ人地理学者の観た幕末明治（FERDINAND VON RICHTHOFENs Aufenthalt in Japan） フェルディナンド・フォン・リヒトホーフェン著, 上村直己訳 福岡 九州大学出版会 2013.12 236, 10p 22cm 〈索引あり〉 3400円 ①978-4-7985-0107-9
内容 使節団旅行日記一八六〇 六一. 第二回日本滞在日記一八七〇 七一 〔08948〕

リピューマ, ジョセフ LiPuma, Joseph A.
◇アントレプレナーの経営学 1 戦略・起業・イノベーション（Unlocking the Ivory Tower） エリック・ボール, ジョセフ・リピューマ著, 国領二郎監訳, 宮地恵美, 樺沢哲編訳 松田一敬, 氏家佐江子, 樺沢哲訳 慶応義塾大学出版会 2016.3 273p 21cm 〈索引あり〉 3600円 ①978-4-7664-2291-7
内容 第1章 戦略（マイケル・ポーター『競争の戦略』 新制度派経済学のアプローチ 企業の資源ベース論 ほか） 第2章 起業論（起業と起業研究の必要性 機会と機会認識 起業的参入と組織的出現 ほか） 第3章 イノベーション（技術と戦略に関する問題 技術イノベーション、技術の軌跡、および業界のライフサイクルに関するパターン 技術競争 ほか） 〔08949〕
◇アントレプレナーの経営学 2 リーダーシップ・組織・新トピックス（Unlocking the Ivory Tower） エリック・ボール, ジョセフ・リピューマ著, 国領二郎監訳, 宮地恵美, 樺沢哲編訳 平田麻莉, 高多利永子, 藤村にしん訳 慶応義塾大学出版会 2016.3 205p 21cm 〈索引あり〉 3200円 ①978-4-7664-2292-4
内容 第1章 リーダーシップ（古典的リーダーシップ論 リーダーが実際に行っていること リーダーシップと組織文化 建設的リーダーシップと破壊的リーダーシップ リーダーシップ研究の成果） 第2章 組織とプロセス（組織文化 構造と状況の影響 組織学習 組織の方向に即したインセンティブ モチベーション パワー ITと生産性） 第3章 経営学の新しいトピックス（非営利組織の経営（とビジネス） 意思決定 マーケティング 複雑系） 〔08950〕
◇アントレプレナーの経営学 3 国際ビジネス・ファイナンス（Unlocking the Ivory Tower） エリック・ボール, ジョセフ・リピューマ著, 国領二郎監訳, 宮地恵美, 樺沢哲編訳 浦木史子, 今村新, 谷川寿郎, 山原聖子訳 慶応義塾大学出版会 2016.3 188p 21cm 〈索引あり〉 3200円 ①978-4-7664-2293-1
内容 第1章 国際ビジネス（多国籍企業（MNE）の理論 国際化の優位性とアプローチ 国際政治経済学 多国籍経営 文化） 第2章 ファイナンス（資本構成 資本資産価格（キャピタル・アセット・プライシング） 市場の効率性 エージェンシー理論 不完全情報 経営指標 行動ファイナンス） 〔08951〕

リービン, フィル
◇変革の知 ジャレド・ダイアモンドほか〔述〕, 岩井理子訳 KADOKAWA 2015.2 251p 18cm （角川新書 K-1） 900円 ①978-4-04-102413-3
内容 競争ではなく、ただ製品のためにエネルギーを使う（フィル・リービン述） 〔08952〕

リフキン, ジェレミー Rifkin, Jeremy
◇限界費用ゼロ社会―〈モノのインターネット〉と共有型経済の台頭（THE ZERO MARGINAL COST SOCIETY） ジェレミー・リフキン著, 柴田裕之訳 NHK出版 2015.10 531p 20cm 〈文献あり〉 2400円 ①978-4-14-081687-5
内容 市場資本主義から協働型コモンズへの一大パラダイムシフト 第1部 資本主義の語られざる歴史（ヨーロッパにおける囲い込みと市場経済の誕生 資本主義と垂直統合の蜜月 資本主義のレンズを通して眺めた人間の本性） 第2部 限界費用がほぼゼロの社会（極限生産性とモノのインターネットと無料のエネルギー 3Dプリンティング―大量生産から大衆による生産へ MOOCと限界費用ゼロ教育 最後の労働者 生産消費者の台頭とスマート経済の構築） 第3部 協働型コモンズの台頭（コモンズの喜劇 協働主義者は闘いに備える インテリジェント・インフラの規定と支配をめぐる争い） 第4部 社会関係資本と共有型経済（所有からアクセスへの転換 社会関係資本のクラウドファンディング、民主化する通貨、人間味ある起業家精神、労働の再考） 第5部 潤沢さの経済（持続可能な「豊穣の角」 生物圏のライフスタイル） 〔08953〕

リプシー, フィリップ
◇大震災に学ぶ社会科学 第1巻 政治過程と政策 〔村松岐夫〕,〔恒川恵市〕〔監修〕 辻中豊編 東洋経済新報社 2016.5 371p 22cm 〈索引あり〉 3800円 ①978-4-492-22356-7
内容 福島原発事故の定量分析（フィリップ・リプシー著, 阿部弘臣訳） 〔08954〕

リフシッツ, フェリス Lifshitz, Felice
◇現代を読み解くための西洋中世史―差別・排除・不平等への取り組み（Why the Middle Ages Matter） シーリア・シャゼル, サイモン・ダブルデイ, フェリス・リフシッツ, エイミー・G.リーメンシュナイダー編著, 赤阪俊一訳 明石書店 2014.9 368p 20cm （世界人権問題叢書 89） 4600円 ①978-4-7503-4072-2
内容 序論 他（シーリア・シャゼル, サイモン・ダブルデイ, フェリス・リフシッツ, エイミー・G.リーメンシュナイダー） 〔08955〕

リーブス, マーティン Reeves, Martin
◇戦略にこそ「戦略」が必要だ―正しいアプローチを選び、実行する（YOUR STRATEGY NEEDS A STRATEGY） マーティン・リーブス, クヌート・ハーネス, ジャンメジャヤ・シンハ著, 御立尚資, 木村亮示監訳, 須川綾子訳 日本経済新聞出版社 2016.2 428p 20cm 〈文献あり 索引あり〉 2500円 ①978-4-532-32059-1
内容 第1章 戦略に戦略が必要な理由 第2章 クラシカル型戦略アプローチ―規模を拡大する 第3章 アダプティブ型戦略アプローチ―素早く動く 第4章 ビジョナリー型戦略アプローチ―パイオニアになる 第5章 シェーピング型戦略アプローチ―オーケストレーターになる 第6章 リニューアル型戦略アプローチ―生存能力を高める 第7章 両利き―さまざまな色をもつ 第8章 リーダーの心得―生命を吹き込む 〔08956〕

リーブス, ロバート Reeves, Robert
◇エンジェルデトックス（ANGEL DETOX） ドリーン・バーチュー, ロバート・リーブス著, 奥

リ

野節子訳　JMA・アソシエイツステップワークス事業部　2014.7　405p　19cm　2000円　①978-4-904665-74-9
内容 1章 天使のヒーリング　2章 身体が喜ぶ食べ物　3章 ハーブとビタミン　4章 アロマセラピーと精油　5章 キッチンのデトックス　6章 私たちがとるべきもの　7章 7日間のデトックスプラン　8章 感情のデトックス　9章 エネルギーのデトックス　10章 ヒーリングホームを作る　〔08957〕

◇からだの痛みはこころのサイン―やさしくいたわるセルフケアブック（LIVING PAIN-FREE）　ドリーン・バーチュー，ロバート・リーブス著，宇佐和通訳　JMA・アソシエイツステップワークス事業部　2015.5　361p　19cm　〈著作目録あり〉2000円　①978-4-904665-82-4
内容 1 痛みの真相を解き明かす（痛みの原因　痛みを克服する心　ストレスと炎症の観察）　2 痛みを癒すナチュラルな方法（痛みを和らげるハーブとサプリメント　炎症と痛みを克服するための栄養素　痛みを捨てるためのデトックス　生活に運動を取り入れる　理学療法とヒーリングの方法論）　3 スピリチュアルな痛みの解決法（エネルギー面で考える痛みの除去　スピリチュアル・ヒーリングの方法論　感受性を尊重する）　〔08958〕

◇あなたの未来は直感力で変えられる（Nutrition for Intuition）　ドリーン・バーチュー，ロバート・リーブス著，奥野節子訳　JMA・アソシエイツステップワークス事業部　2016.3　331p　19cm　2000円　①978-4-904665-97-8
内容 1 栄養と直感のつながり（直感の生理学　チャクラと4つのクレア　食べ物の持つエネルギー）　2 直感を高めるためのレシピと栄養アドバイス（食生活に関するガイドライン　直感を蘇らせるスーパーフードのスナックやスープ　栄養分に富むナッツ、種、“ミルク”スピリチュアルな人のためのスムージーやジュース　直感のためのハーブティー（浸出液））　3 あなたの身体とエネルギーを癒す（直感を高めるためのデトックス法　チャクラの浄化法　曜日のパワーを活用する方法）　〔08959〕

リプスキ，アレクサンダー　Lipski, Alexander

◇シュリ・アーナンダマイー・マーの生涯と教え（Life and Teaching of Sri Anandamayi Ma）　アレクサンダー・リプスキ著，藤本洋訳　ナチュラルスピリット　2015.11　200p　19cm　〈文献あり〉1500円　①978-4-86451-186-5
内容 第1章 アーナンダマイー・マーのリーラ　第2章 アーナンダマイー・マーの人と教え　補遺1 アーナンダマイー・マーの言葉より　補遺2 アーナンダマイー・マーによる日々の生活へのアドバイス　補遺3 チャクラに関するアーナンダマイー・マーの観察と説明　補遺4 アーナンダマイー・マーへ信者が捧げた詩より　〔08960〕

リブスタイン，ラリー・E.

◇成長戦略論―イノベーションのための法と経済学（RULES FOR GROWTH）　ロバート・E.ライタン編著，木下信行，中原裕彦，鈴木淳人監訳　NTT出版　2016.3　383p　23cm　6500円　①978-4-7571-2352-6
内容 イノベーションと成長の育成に向けた法形成過程とより良い政策の発見（ヘンリー・バトラー，ラリー・E.リブスタイン著，木下信行監訳，木下信行訳）　〔08961〕

リプチンスキ，ジョン　Lipczynski, John

◇図説世界を変えた50のビジネス（Fast Track Business）　ジョン・リプチンスキ著，月谷真紀訳　原書房　2014.11　128p　22cm　（シリーズ知の図書館 8）〈索引あり〉2000円　①978-4-562-05000-0
内容 第1章 パイオニアたち（ジョサイア・ウェッジウッド　リチャード・アークライト ほか）　第2章 起業家たち（ウィリアム・コッカリル　サミュエル・キュナード ほか）　第3章 金融の天才たち（ロスチャイルド家　ジェイ・グールド ほか）　第4章 戦略家たち（ロナルド・コース　大野耐一 ほか）　第5章 理論家たち（ピーター・ドラッカー　石川馨 ほか）　〔08962〕

リブハイム，フレデリック　Livheim, Fredrik

◇マインドフルにいきいき働くためのトレーニングマニュアル―職場のためのACT〈アクセプタンス&コミットメント・セラピー〉（The Mindful and Effective Employee）　ポール・E.フラックスマン，フランク・W.ボンド，フレデリック・リブハイム著，武藤崇，土屋政雄，三田村仰監訳　星和書店　2015.6　305p　21cm　〈文献あり 索引あり〉2500円　①978-4-7911-0902-9　〔08963〕

リプリー，アマンダ　Ripley, Amanda

◇世界教育戦争―優秀な子供をいかに生み出すか（THE SMARTEST KIDS IN THE WORLD）　アマンダ・リプリー著，北和丈訳　中央公論新社　2014.11　397p　20cm　〈文献あり〉2800円　①978-4-12-004661-2
内容 1 秋（宝の地図　旅立ち　圧力鍋　とある数学の問題）　2 冬（アメリカ少女、ユートピアへ行く　駆り立てるもの　変容）　3 春（差異　四〇〇万ドル教師　帰国）　〔08964〕

リプリー，マーティン　Ripley, Martin

◇21世紀型スキル―学びと評価の新たなかたち（ASSESSMENT AND TEACHING OF 21ST CENTURY SKILLS）　P.グリフィン，B.マクゴー，E.ケア編，三宅なほみ監訳，益川弘如，望月俊男編訳　京都　北大路書房　2014.4　265p　21cm　〈索引あり〉2700円　①978-4-7628-2857-7
内容 21世紀型スキルを定義する（マリリン・ビンクレー，オラ・アースタッド，ジョーン・ハーマン，ゼンタ・ライゼン，マーティン・リプリー，メイ・ミラーリッチ，マイク・ランブル著，山口悦司，林一雅，池尻良平訳）　〔08965〕

リム，イヴリン　Lim, Evelyn

◇人生が変わる自分の愛し方（SELF-LOVE SECRETS）　イヴリン・リム著，弓場隆訳　サンマーク出版　2014.12　221p　19cm　1400円　①978-4-7631-3434-9
内容 第1章 自分を愛すれば、人生はうまくいく　第2章 自分自身を愛する準備　第3章 自分の体をいつくしむということ　第4章 自分を愛するために、自分の心と対話する　第5章 自分で自分をおとしめることを今日からいっさいやめる　第6章 そのままの自分をまるごと受け入れられるようになるために　〔08966〕

リ

リム, リチャード

◇古代世界の呪詛板と呪縛呪文（Curse Tablets and Binding Spells from the Ancient World） ジョン・G.ゲイジャー編, 志内一興訳 京都 京都大学学術出版会 2015.12 472p 22cm 〈索引あり〉 5400円 ①978-4-87698-891-4

内容 序章 第1章 競技呪詛板―劇場や競走場で 第2章 性愛の呪詛板―セックス、愛、そして結婚 第3章 訴訟・政争―「法廷で舌が麻痺しますように！」 第4章 ビジネス、商店、酒場での呪詛板 第5章 正義と復讐を求める嘆願呪詛板 第6章 その他の呪詛板 第7章 護符、解毒呪文、対抗呪文 第8章 文学史料、碑文史料の証言 〔08967〕

リム, リディア Lim, Lydia

◇リー・クアンユー未来への提言（Lee Kuan Yew） リークアンユー〔述〕, ハン・フッククワン, ズライダー・イブラヒム, チュア・ムイフーン, リディア・リム, イグナチウス・ロウ, レイチェル・リン, ロビン・チャン著, 小池洋次監訳 日本経済新聞出版社 2014.1 356p 20cm 〈年表あり〉 3000円 ①978-4-532-16896-4

内容 第1章 沼地に立つ八〇階建てのビル 第2章 人民行動党は存続するか 第3章 最良の精鋭たち 第4章 奇跡的な経済成長を持続するために 第5章 異邦人からシンガポール人へ 第6章 大国のはざまで 第7章 夫、父、祖父、そして友として 〔08968〕

リーメンシュナイダー, エイミー・G. Remensnyder, Amy G.

◇現代を読み解くための西洋中世史―差別・排除・不平等への取り組み（Why the Middle Ages Matter） シーリア・シャゼル, サイモン・ダブルデイ, フェリス・リフシッツ, エイミー・G.リーメンシュナイダー編著, 赤阪俊一訳 明石書店 2014.9 368p 20cm （世界人権問題叢書 89） 4600円 ①978-4-7503-4072-2

内容 序論 他（シーリア・シャゼル, サイモン・ダブルデイ, フェリス・リフシッツ, エイミー・G.リーメンシュナイダー） 〔08969〕

リャオ, キャロル Liao, Carol

◇世界を動かす消費者たち―新たな経済大国・中国とインドの消費マインド（THE $10 TRILLION PRIZE） マイケル・J.シルバースタイン, アビーク・シンイ, キャロル・リャオ, デビッド・マイケル著, 市井茂樹, 津坂美樹監訳, 北川知子訳 ダイヤモンド社 2014.1 324p 19cm 1800円 ①978-4-478-02542-0

内容 中国とインドの消費―黄金時代の幕開け 第1部 中国とインドにおける新しい消費者の台頭（新しい革命家たち―中間層の台頭 スーパーリッチの急増―ミリオネア（とビリオネア） 次の一〇億人とその次の一〇億人―取り残された人々の未来 ほか） 第2部 好きなもの、欲しいもの、憧れ（食べ物と飲み物―新しく覚えた味、クッキー、ワイン、ウイスキー、お茶 ハウスとホーム―理想の家、家具、冷蔵庫 ラグジュアリー―ワンランク上の消費：高級車、時計、最先端のファッション ほか） 第3部 ビジネスリーダーにとっての学び（パイサ・ヴァスール―どうしたら中国とインドの新たな中間・富裕層の心をとらえられるか ブーメラン効果―資源獲得競争の世界へのインパクト 猛スピードで前進―アクセルレーター・マインド ほか） 〔08970〕

リャオ, ティム・F.

◇北東アジアの歴史と記憶（Northeast Asia's Difficult Past） 金美景,B.シュウォルツ編著, 千葉真監修, 稲正樹, 福岡和哉, 寺田麻佑訳 勁草書房 2014.5 315, 9p 22cm 〈索引あり〉 3200円 ①978-4-326-30226-0

内容 中国国歌の変化する運命（ティム・F.リャオ, 張戈卉, 張莉彬著, 稲正樹訳） 〔08971〕

リュー, E.M.* Lieux, Elizbeth M.

◇学生が変わるプロブレム・ベースド・ラーニング実践法―学びを深めるアクティブ・ラーニングがキャンパスを変える（THE POWER OF PROBLEM-BASED LEARNING） ダッチ・B.J, グロー・S.E, アレン・D.E編, 山田康彦, 津田司監訳, 三重大学高等教育創造開発センター訳 京都 ナカニシヤ出版 2016.2 282p 22cm 〈索引あり〉 3600円 ①978-4-7795-1002-1

内容 PBLに対する懐疑的見方について―栄養士専攻プログラムにおける講義とPBLの比較（Elizbeth M. Lieux著, 中川正訳） 〔08972〕

リュウ, アシュウ 劉 亜洲

◇精神論―日清戦争で中国が学んだ事 劉亜洲著, 岡田充訳 創芸社 2016.7 191p 20cm 1800円 ①978-4-88144-221-0

内容 精神（抗日戦争の勝利は文化の勝利でもある 秦時代に本来の精神を失った中国人 ほか） 国家の記憶―日清戦争（制度 戦略 ほか） 那小兵、ドイツ、ロシア学者と劉亜洲論文「日清戦争―国家の記憶」を論ずる（ドイツの学者による劉亜洲新作「日清戦争―国家の記憶」の深層分析 ロシアの学者による劉亜洲新作「日清戦争―国家の記憶」の深層解析 ほか） 再び甲申年を追悼する（皇帝 人民） 〔08973〕

リュウ, アンシ* 劉 安志

◇シルクロードと近代日本の邂逅―西域古代資料と日本近代仏教 荒川正晴, 柴田幹夫編 勉誠出版 2016.3 811p 22cm 〈著作目録あり 年譜あり〉 8500円 ①978-4-585-22125-8

内容 吐魯番出土唐代解文についての雑考（劉安志著, 楽洵訳） 〔08974〕

リュウ, インガ* 劉 茵雅

◇東アジアでボンヘッファーを読む―東アジア・ボンヘッファー学会2013 日本ボンヘッファー研究会編 新教出版社 2014.11 182p 21cm （新教コイノーニア 29） 1800円 ①978-4-400-32450-8

内容 社会神学志向倫理としてのキリスト論の非宗教的解釈 他（刘茵雅著, 三村修訳） 〔08975〕

リュウ, ウセイ* 劉 雨晴

◇中国式発展の独自性と普遍性―「中国模式」の提起をめぐって 宇野重昭, 江口伸吾, 李暁東編 国際書院 2016.3 390p 21cm 〈索引あり〉 3800円 ①978-4-87791-273-4

内容 1949年以来の中国の都市と農村における市場化プロセス（董筱丹, 張蘭英, 劉雨晴, 温鉄軍著, 黄宇暁訳） 〔08976〕

リ

リュウ, エイ*　劉 穎

◇中国発展報告―最新版　陳雨露監修, 袁衛, 彭非編著, 日中翻訳学院監訳, 平間初美訳　日本僑報社(発売)　2015.7　375p　21cm　〈他言語標題:STUDIES ON CHINA'S DEVELOPMENT INDEX〉 3800円　①978-4-86185-178-0

内容 中国都市外国貿易競争力研究報告(黄国華, 張炳政, 劉穎著)〔08977〕

リュウ, エイゾウ*　劉 永増

◇仏教文明の転回と表現―文字・言語・造形と思想　新川登亀男編　勉誠出版　2015.3　655p　22cm　9800円　①978-4-585-21025-2

内容 敦煌壁画に見る八大菩薩像(劉永増著, 阮麗訳)〔08978〕

リュウ, エキシュン*　劉 益春

◇「東アジア的教師」の今　東アジア教員養成国際共同研究プロジェクト編　小金井　東京学芸大学出版会　2015.3　253p　21cm　〈索引あり〉　2400円　①978-4-901665-38-4

内容 開放制原則下の中国の教師教育における質保障体系の構築(劉益春, 饒従満著, 呉恵升, 下田誠訳, 岩田康之監訳)〔08979〕

リュウ, エンコウ*　劉 艶紅

◇日中刑事法の基礎理論と先端問題　山口厚, 甲斐克則編　成文堂　2016.2　226p　21cm　(日中刑事法シンポジウム報告書)　〈会期・会場:2015年10月2日(金)～2015年10月4日(日) 早稲田大学早稲田キャンパス〉 2500円　①978-4-7923-5174-8

内容 組織体により法定個人犯罪を実施した場合の刑事責任(劉艶紅著, 金光旭訳)〔08980〕

リュウ, ガンハツ　劉 含発

◇日中両国から見た「満洲開拓」―体験・記憶・証言　寺林伸明, 劉含発, 白木沢旭児編　御茶の水書房　2014.2　26, 588p　22cm　〈索引あり〉　9400円　①978-4-275-01061-2

内容 黒竜江省寧安市鏡泊郷の中国人在住者 他(寺林伸明, 劉含発, 白木沢旭児, 辛培林著, 劉含発訳)〔08981〕

◇近代日本と「満州国」　植民地文化学会編　不二出版　2014.7　590p　22cm　6000円　①978-4-8350-7695-9

内容 日本帝国主義の朝鮮移民政策(孫継武, 劉含発著, 西田勝訳)〔08982〕

リュウ, ギケイ　劉 義慶

◇世説新語　2　劉義慶撰, 井波律子訳注　平凡社　2014.1　446p　18cm　(東洋文庫 845)　〈布装 年表あり〉 3100円　①978-4-582-80845-2

内容 上巻(文学第四―学問・文学に関する言動)　中巻(方正第五―剛直で一本気な言動　雅量第六―方正と対照的な余裕ある言動　識鑒第七―人物の識別評論)〔08983〕

◇世説新語　3　劉義慶撰, 井波律子訳注　平凡社　2014.3　414p　18cm　(東洋文庫 847)　〈布装 年表あり〉 3100円　①978-4-582-80847-6

内容 賞誉第八―人物批評、主として賞賛　品藻第九―人物批評、主として比較論評　規箴第十―他人の誤りに対する忠告　捷悟第十一―勘のよい人びとの言動　夙恵第十二―幼にして聡明な人びとの言動　豪爽第十三―豪快な言動〔08984〕

◇世説新語　4　劉義慶撰, 井波律子訳注　平凡社　2014.5　453p　18cm　(東洋文庫 849)　〈布装 年表あり〉 3100円　①978-4-582-80849-0

内容 容止第十四―容貌風采に関する論評　自新第十五―反省・改悟した人物の話　企羨第十六―他人の美点を羨望する言動　傷逝第十七―死者の哀悼に関する言動　棲逸第十八―隠遁的行為にまつわる言動　賢媛第十九―すぐれた女性の言動　術解第二十―様々の技術にすぐれた人びとの言動　巧芸第二十一―様々の技芸にすぐれた人びとの言動　寵礼第二十二―寵愛を受けた人びとの言動　任誕第二十三―世俗にとらわれぬ自由な生き方・態度〔ほか〕〔08985〕

◇世説新語　5　劉義慶撰, 井波律子訳注　平凡社　2014.7　297p　18cm　(東洋文庫 851)　〈布装 文献あり 年表あり 索引あり〉 2800円　①978-4-582-80851-3

内容 軽詆第二十六―排調よりも露骨に他人を非難した言動　仮譎第二十七―他人を欺く狡知に長けた言動　黜免第二十八―官位を貶されたり免職された話　倹嗇第二十九―過度に吝嗇な行為　汰侈第三十―過度に豪奢で浪費的な行為　忿狷第三十一―短気で癇性な人びとの言動　讒険第三十二―術策を弄し告げ口をする腹黒い言動　尤悔第三十三―自らを責め悔やみ、嘆いた人びとの言動　紕漏第三十四―うかつで失策した話　惑溺第三十五―女性に迷った人びとの言動　惑溺第三十五―女性に迷った人びとの言動　仇隟(げき)第三十六―仲たがいし対立・反目した話〔08986〕

リュウ, キツ*　劉 屹

◇中国史の時代区分の現在―第六回日中学者中国古代史論壇論文集　中国社会科学院歴史研究所, 東方学会〔編〕, 渡辺義浩編　汲古書院　2015.8　462, 4p　27cm　〈布装〉 13000円　①978-4-7629-6554-8

内容 「霊宝略紀」と北宋初年における霊宝経の伝統(劉屹著, 冨田絵美訳)〔08987〕

リュウ, ギョウタン　劉 暁丹

◇上海地区モバイル図書館サービスに関する調査報告　川崎良孝, 劉暁丹, 徐宏宇著, 桜井待子訳　京都　京都図書館情報学研究会　2014.10　46p　30cm　(KSPシリーズ 19)　非売品〔08988〕

リュウ, キョウトウ*　劉 向東

◇中国発展報告―最新版　陳雨露監修, 袁衛, 彭非編著, 日中翻訳学院監訳, 平間初美訳　日本僑報社(発売)　2015.7　375p　21cm　〈他言語標題:STUDIES ON CHINA'S DEVELOPMENT INDEX〉 3800円　①978-4-86185-178-0

内容 中国人の幸福感(陶濤, 劉向東著)〔08989〕

リュウ, ギョクサイ*　劉 玉才

◇中国の文明―北京大学版　8　文明の継承と再生　下(明清―近代)　稲畑耕一郎日本語版監修・監訳, 袁行霈, 厳文明, 張伝璽, 楼宇烈原著主編　岩田和子訳　潮出版社　2016.6　441, 18p　23cm　〈他言語標題:THE HISTORY OF CHINESE CIVILIZATION　文献あり 年表あり 索引あり〉

リ

5000円 ①978-4-267-02028-5 〔08990〕

◇中国の文明―北京大学版 2 古代文明の誕生と展開 下(先史・夏殷周―春秋戦国) 稲畑耕一郎日本語版監修・監訳, 袁行霈, 厳文明, 張伝璽, 楼宇烈原著主編 野原将揮訳 潮出版社 2016.10 469, 15p 23cm 〈他言語標題：THE HISTORY OF CHINESE CIVILIZATION 文献あり 年表あり 索引あり〉5000円 ①978-4-267-02022-3

内容 第5章 鉄器の活用と生産の増大 第6章 殷周期の都市と商業 第7章 漢字の起源と早期の発展 第8章 殷周時期の宗教と信仰 第9章 教育の発達と学術の隆盛 第10章 文学と芸術の誕生と繁栄 〔08991〕

リュウ, グンゲイ 劉 群芸

◇日本経済思想史―江戸から昭和 川口浩, 石井寿美世, ベティーナ・グラムリヒ＝オカ, 劉群芸著 勁草書房 2015.9 328, 5p 21cm 2800円 ①978-4-326-50413-8

内容 第1部(経済思想史とは 身分制社会の成立 泰平の世の武士 脱市場の経世済民論 将軍権力による脱市場 ほか) 第2部(欧米における日本経済思想史研究 東アジアにおける日本経済思想史研究) 〔08992〕

リュウ, グンバイ 劉 軍梅

◇中国人と中国経済 劉軍梅著, 平沢佳代訳, 任雲監訳 朝日出版社 2015.3 197p 21cm (桜美林大学孔子学院中国学叢書 楊光俊, 陳強, 孫宜学, 雷桂林監修) 2800円 ①978-4-255-00829-5

内容 第1章 中国人を読み解く 第2章 中国人の「関係学」 第3章 儒教文化が中国人と中国経済に与えた影響 第4章 中国の商業文化、投資環境と製造業の発展 第5章 中国人の財テク観 第6章 中国人と中国経済の関係 第7章 中国経済の三大立役者、国有企業・民間企業・外資系企業 〔08993〕

リュウ, グンユ 劉 軍茹

◇ゼミナール中国文化―カラー版 飲食編 劉軍茹著, 水谷友美, 西尾颯記訳, 劉偉監訳 グローバル科学文化出版 2016.12 155p 21cm 2980円 ①978-4-86516-044-4 〔08994〕

リュウ, ケイ* 劉 擎

◇現代中国のリベラリズム思潮―1920年代から2015年まで 石井知章編 藤原書店 2015.10 566p 22cm 〈年表あり 索引あり〉5500円 ①978-4-86578-045-1

内容 中国的文脈におけるリベラリズム(劉擎著, 李妍淑訳) 〔08995〕

リュウ, ケイ* 劉 佳

◇2015産業統合のチャイナ・エンジン 中国M&A公会監修, 尉立東, 柏亮ほか著, 中出了真, 黄伯, 陳亮訳 明月堂書店 2015.9 188p 19cm 2000円 ①978-4-903145-50-1

内容 第1部 産業統合の歴史概要(産業統合の歴史 中国産業統合の起動) 第2部 産業M&Aのチャンス(金融業：インターネット金融がM&Aの起爆剤となる インターネットM&Aの趨勢と反復 消費財業界のM&Aチャンスについての研究報告 文化メディア産業 複合改革：古い瓶に新しい酒を詰めるチャンス多し グローバルなM&A気運 高速鉄道経済圏がもたらした地域統合の生態圏) 第3部 産業M&Aのプラットフォームとツール(企業買収ファンド M&Aローン M&A債券 レバレッジ・バイアウト M&Aの見積もり M&A税務 M&A仲裁) 〔08996〕

リュウ, ケイセン 劉 継宣

◇中華民族南洋開拓史 劉継宣著, 種村保三郎訳 大空社 2015.9 401, 6, 19p 22cm (アジア学叢書 300) 〈布装 索引あり 東都書籍株式会社台北支店 昭和18年刊の複製〉17000円 ①978-4-283-01152-6 〔08997〕

リュウ, ケンコウ 劉 謙功

◇ゼミナール中国文化―カラー版 芸術編 劉謙功著, 佐野慎訳, 劉偉監訳 グローバル科学文化出版 2016.12 148p 21cm 2980円 ①978-4-86516-042-0 〔08998〕

リュウ, ケンリ* 劉 建利

◇日中刑事法の基礎理論と先端問題 山口厚, 甲斐克則編 成文堂 2016.2 226p 21cm (日中刑事法シンポジウム報告書) 〈会期・会場：2015年10月2日(金)～2015年10月4日(日)早稲田大学早稲田キャンパス〉2500円 ①978-4-7923-5174-8

内容 中国における安楽死・尊厳死(劉建利著, 劉建利訳, 福山好典補正) 〔08999〕

リュウ, コウエイ* 劉 江永

◇現代日本の政治と外交 5 日本・アメリカ・中国―錯綜するトライアングル (THE TROUBLED TRIANGLE) 猪口孝監修 猪口孝,G.ジョン・アイケンベリー編 原書房 2014.4 301, 6p 22cm 〈文献あり 索引あり〉4800円 ①978-4-562-04962-2

内容 中国の対日方針とその国内的背景(劉江永著, 猪口孝監訳) 〔09000〕

リュウ, コウハ* 劉 洪波

◇中国史の時代区分の現在―第六回日中学者中国古代史論壇論文集 中国社会科学院歴史研究所, 東方学会〔編〕, 渡辺義浩編 汲古書院 2015.8 462, 4p 27cm 〈布装〉13000円 ①978-4-7629-6554-8

内容 陰陽五行観念と魏晋南北朝時代の「祓災、滅災」(劉洪波著, 西念咲和希訳) 〔09001〕

リュウ, コクキョウ 劉 国強

◇日本人孤児 劉国強著, 王競超訳 エステティックBP 2015.2 292p 25cm 1500円 ①978-4-908271-00-7 〔09002〕

リュウ, ジビン* 柳 時敏

⇒ユ, シミン

リュウ, シュンカ* 柳 舜夏

⇒ユ, スンハ

リュウ, ショ* 劉 緒

◇中華文明の考古学 飯島武次編 同成社 2014.3 486p 27cm 12000円 ①978-4-88621-658-8

内容 殷文化の東方開拓と発展(劉緒著, 近藤はる香訳)

リ

〔09003〕

◇中国の文明―北京大学版　1　古代文明の誕生と展開　上（先史・夏殷周―春秋戦国）　稲畑耕一郎日本語版監修・監訳, 袁行霈, 厳文明, 張伝璽, 楼宇烈原著主編　角道亮介訳　潮出版社　2016.8　495, 14p　23cm　〈他言語標題：THE HISTORY OF CHINESE CIVILIZATION　文献あり 年表あり 索引あり〉 5000円　①978-4-267-02021-6

内容 総説（世界の古代文明　中華文明を支える思想内容 ほか）　緒論（中華文明が誕生した地理的環境　中国大陸の古代の居住民 ほか）　第1章 中華文明の曙（文明胎動期の経済　社会の階層化と複雑化 ほか）　第2章 中華文明の幕開け―夏（夏王朝の成立と中原の優位化　夏文化の考古学的探索 ほか）　第3章 殷周時代―文明の興隆（殷周王朝の成立と華夏文明の興隆　殷周時代の宗法と分封制・井田制 ほか）　第4章 燦爛たる青銅器文化（青銅器文化の中心地とその形成　大規模な青銅器生産 ほか）　〔09004〕

◇中国の文明―北京大学版　2　古代文明の誕生と展開　下（先史・夏殷周―春秋戦国）　稲畑耕一郎日本語版監修・監訳, 袁行霈, 厳文明, 張伝璽, 楼宇烈原著主編　野原将揮訳　潮出版社　2016.10　469, 15p　23cm　〈他言語標題：THE HISTORY OF CHINESE CIVILIZATION　文献あり 年表あり 索引あり〉 5000円　①978-4-267-02022-3

内容 第5章 鉄器の活用と生産の増大　第6章 殷周期の都市と商業　第7章 漢字の起源と早期の発展　第8章 殷周時期の宗教と信仰　第9章 教育の発達と学術の隆盛　第10章 文学と芸術の誕生と繁栄　〔09005〕

リュウ, ショウヒツ*　柳 鍾珌
⇒ユ, ジョンピル

リュウ, ションフォン　劉 雄峰
⇒リュウ, ユウホウ

リュウ, セイキョウ*　劉 世強

◇大国の責任とは―中国平和発展への道のり　金燦栄等著, 日中翻訳学院監訳, 本田朋子訳　日本僑報社　2014.7　304p　19cm　2500円　①978-4-86185-168-1

内容 第1章 中国の大国責任の分析　第2章 国際責任の起源　第3章 責任ある大国としての中国―そのモチベーションと歴史的特徴　第4章 平和維持と責任分担　第5章 発展の推進と福祉の共有　第6章 協力の推進と共同繁栄の実現　第7章 友好的共存、調和とウインウイン　第8章 中国の国際責任―チャンスと課題　〔09006〕

リュウ, セキセイ*　柳 錫成

◇東アジアでボンヘッファーを読む―東アジア・ボンヘッファー学会2013　日本ボンヘッファー研究会編　新教出版社　2014.11　182p　21cm　（新教コイノーニア 29）　1800円　①978-4-400-32450-8

内容 ボンヘッファーの平和思想と東アジアの平和（柳錫成著, 崔順育訳）　〔09007〕

リュウ, タンカ*　劉 丹華

◇近代日本と「満州国」　植民地文化学会編　不二出版　2014.7　590p　22cm　6000円　①978-4-8350-7695-9

内容 私の文学活動（劉丹華著, 趙夢雲訳）　〔09008〕

リュウ, ヒンケツ　柳 斌傑

◇中国名記者列伝―正義を貫き、その文章を歴史に刻み込んだ先人たち　第1巻　柳斌傑, 李東東編, 加藤青延監訳, 渡辺明次訳　日本僑報社　2016.9　221p　21cm　3600円　①978-4-86185-224-4

内容 新聞・雑誌の政治評論の開拓者 王韜（おう・とう 1828‐1897）　『万国公報』の魂 蔡爾康（さい・じこう 1851‐1921）　西洋の学問を中国に取りこんだ「西学東漸」の先駆 厳復（げん・ふく 1854‐1921）　民国時代の北京新聞界の元老 朱淇（しゅ・き 1858‐1931）　傑出した職業ジャーナリスト 汪康年（おう・こうねん 1860‐1911）　家財を投げ打ち民衆のために新聞発行 彭翼仲（ほう・よくちゅう 1864‐1921）　公のために「直言」をいとわず 英斂之（えい・れんし 1867‐1926）　湖南省言論界一の健筆 唐才常（とう・さいじょう 1867‐1900）　清末民初の新聞政治評論家 章太炎（しょう・たいえん 1869‐1936）　人民の中の先覚者 陳少白（ちん・しょうはく 1869‐1934）　民国初期の北京新聞界の「怪傑」 劉少少（りゅう・しょうしょう 1870‐1929）　義侠心に燃えた女性ジャーナリスト 唐群英（とう・ぐんえい 1871‐1937）　海に身を投じた烈士 楊篤生（よう・とくせい 1872‐1911）　新聞発行のために私財を投げ打つ 卞小吾（べん・しょうご 1872‐1908）　新聞を創刊し維新を推進 梁啓超（りょう・けいちょう 1873‐1929）　マスコミ刷新の牽引者 狄楚青（てき・そせい 1873‐1941）　口語体新聞の先駆者 林白水（りん・はくすい 1874‐1926）　革命世論の旗手 陳去病（ちん・きょへい 1874‐1933）　傑出したマスコミ事業者 汪漢渓（おう・かんけい 1874‐1924）　革命党の大文豪 陳天華（ちん・てんか 1875‐1905）　〔09009〕

リュウ, ブンセイ*　劉 文正

◇現代アジアにおける華僑・華人ネットワークの新展開　清水純, 潘宏立, 庄国土編　風響社　2014.2　577p　22cm　〈文献あり〉 7000円　①978-4-89489-195-1

内容 シンガポールにおける中国新移民社団試論（劉文正著, 林松濤訳）　〔09010〕

リュウ, マンケイ　劉 曼卿

◇西康・西蔵踏査記　劉曼卿著, 松枝茂夫, 岡崎俊夫訳　慧文社　2015.8　227p　22cm　（近代チベット史叢書 11）　〈改造社 1939年刊の再編集、改訂　布装〉 7000円　①978-4-86330-074-3　〔09011〕

リュウ, メイショウ*　劉 明祥

◇21世紀日中刑事法の重要課題―日中刑事法シンポジウム報告書　山口厚, 甲斐克則編　成文堂　2014.6　230p　21cm　〈会期・会場：2013年9月29日―30日 西北政法大学〉 2500円　①978-4-7923-5115-1

内容 中国特有の犯罪関与体系について（劉明祥著, 劉建利訳, 甲斐克則補正）　〔09012〕

リュウ, ユウキョウ*　劉 勇強

◇中国の文明―北京大学版　7　文明の継承と再生　上（明清―近代）　稲畑耕一郎日本語版監修・監訳, 袁行霈, 厳文明, 張伝璽, 楼宇烈原著主編　松

浦智子訳　潮出版社　2016.2　497, 17p　23cm〈他言語標題：THE HISTORY OF CHINESE CIVILIZATION　文献あり 年表あり 索引あり〉5200円　①978-4-267-02027-8
内容 緒論　第1章 社会経済の発展　第2章 初期の啓蒙思潮と政治文明の新要素　第3章 総括するなかで発展した伝統的な科学技術　第4章 多民族国家の強化と発展　第5章 政治の発展と国家の経済および民衆の生活　第6章 清代前期・中期の文化意識とその業績　第7章 西洋学問の東洋への伝播と中華文明の外国への伝播 〔09013〕

◇中国の文明―北京大学版　8　文明の継承と再生下（明清―近代）　稲畑耕一郎日本語版監修・監訳, 袁行霈, 厳文明, 張伝璽, 楼宇烈原著主編　岩田和子訳　潮出版社　2016.6　441, 18p　23cm〈他言語標題：THE HISTORY OF CHINESE CIVILIZATION　文献あり 年表あり 索引あり〉5000円　①978-4-267-02028-5 〔09014〕

リュウ, ユウホウ　劉 雄峰
◇神話から神化へ―中国民間宗教における神仏観　劉雄峰著, 二階堂善弘監訳　吹田　関西大学東西学術研究所　2015.12　7, 218p　21cm　（関西大学東西学術研究所訳注シリーズ 18）〈発行所：関西大学出版部　文献あり〉2900円　①978-4-87354-618-6
内容 導論　第1章 明清民間宗教の神仏の系譜　第2章 明清民間宗教の神話理論　第3章 明清民間宗教の救済観念　第4章 明清時期民間宗教の倫理思想　結語 〔09015〕

リュウ, リンリン　劉 琳琳
◇変容する聖地 伊勢　ジョン・ブリーン編　京都　思文閣出版　2016.5　10, 321p　21cm　2800円　①978-4-7842-1836-3
内容 御蔭参りにおけるお札降り現象/近世庶民の伊勢信仰の一側面（劉琳琳著） 〔09016〕

リューウェリン, ギャレス　Llewhellin, Gareth
◇かみさまきいてねよるのおいのり（Goodnight God Bless）　ソフィー・パイパー文, ギャレス・リューウェリン画, 女子パウロ会訳　女子パウロ会　2016.10　45p　18cm　850円　①978-4-7896-0779-7 〔09017〕

リュウジュ　竜樹
⇒ナーガールジュナ

リュエフ, マルタン
◇ルソーと近代―ルソーの回帰・ルソーへの回帰　ジャン＝ジャック・ルソー生誕300周年記念国際シンポジウム　永見文雄, 三浦信孝, 川出良枝編　風行社　2014.4　426p　22cm〈他言語標題：Rousseau, le moderne？　作品目録あり 年譜あり〉4600円　①978-4-86258-082-5
内容 ルソーにおける諸能力の理論（マルタン・リュエフ著, 飯田賢穂, 淵田仁訳） 〔09018〕

リュカ, ナタリ　Luca, Nathalie
◇セクトの宗教社会学（Les Sectes 原著第2版の翻訳）　ナタリ・リュカ著, 伊達聖伸訳　白水社　2014.11　139, 7p　18cm　（文庫クセジュ 996）〈文献あり〉1200円　①978-4-560-50996-8
内容 第1章 歴史のなかのセクト運動（キリスト教　キリスト教の分裂　キリスト教以外の宗教における分裂　戦闘的タクト　二十世紀における宗教情勢の変化）　第2章 近代の産物としてのセクト（個人　共同体主義的な集団の盛衰　資本主義の産物としてのセクト）　第3章 問題宗教団体の公的管理―不可能な国家の中立性（逸脱行為を取り締まることの難しさ―いくつかの失敗例　セクトに対峙するヨーロッパ） 〔09019〕

リュケン, ミカエル　Lucken, Michael
◇戦後思想の光と影―日仏会館・戦後70年記念シンポジウムの記録　三浦信孝編　風行社　2016.3　359p　21cm〈会期・会場：2015年7月18日（土）～19日（日）日仏会館1階ホール〉2200円　①978-4-86258-100-6
内容 「現代思想」の基準と限界（ミカエル・リュケン述, 中川真知子訳） 〔09020〕

リューゲンベルク, ルーカス　Ruegenberg, Lukas
◇パパ・ヴァイト―ナチスに立ち向かった盲目の人（PAPA WEIDT）　インゲ・ドイチュクローン作, ルーカス・リューゲンベルク絵, 藤村美織訳　汐文社　2015.8　29p　28cm　1600円　①978-4-8113-2226-1 〔09021〕

リュッターマン, マルクス　Rüttermann, Markus
◇近代日本の公と私、官と民　猪木武徳, マルクス・リュッターマン編著　NTT出版　2014.10　412p　21cm　5400円　①978-4-7571-4333-3
内容 書簡の私的記号について 他（マルクス・リュッターマン著） 〔09022〕

リュトゲマイアー＝ダフィン, ラインホルト
◇軍服を着た救済者たち―ドイツ国防軍とユダヤ人救出工作（Retter in Uniform）　ヴォルフラム・ヴェッテ編, 関口宏道訳　白水社　2014.6　225, 20p　20cm　2400円　①978-4-560-08370-3
内容 カール・ラープス軍曹（ラインホルト・リュトゲマイアー＝ダフィン著） 〔09023〕

リュープ, ゲイリー・P.　Leupp, Gary P.
◇男色の日本史―なぜ世界有数の同性愛文化が栄えたのか（Male Colors）　ゲイリー・P.リュープ著, 藤田真利子訳　作品社　2014.9　351p　20cm〈文献あり〉3200円　①978-4-86182-117-2
内容 第1章 日本の古代～中世における男色の発展　第2章 日本における都市発展と男色の商業化　第3章 全盛期を迎えた日本男色文化―徳川時代　第4章 男色は日本社会にいかに受容されていたか　第5章 日本のジェンダー構造と男色　終章 明治以後の日本社会と男色 〔09024〕

リュプケ, クリスチャン・フォン
◇アカウンタビリティ改革の政治学　高橋百合子編　有斐閣　2015.3　308p　22cm〈他言語標題：The Politics of Accountability Reform　索引あり〉4600円　①978-4-641-14912-0
内容 インドネシアにおける社会的権力とアカウンタビリティ（クリスチャン・フォン・リュプケ著, 伊賀司

リ

訳）〔09025〕

リュベル, マクシミリアン　Rubel, Maximilien
◇市場なき社会主義の系譜（NON-MARKET SOCIALISM IN THE NINETEENTH AND TWENTIETH CENTURIES）マクシミリアン・リュベル, ジョン・クランプ編著, 角田史幸, 藤井真生訳　現代思潮新社　2014.7　304, 9p　20cm　〈文献あり 索引あり〉3600円　①978-4-329-00491-8
内容 十九世紀における市場なき社会主義（マクシミリアン・リュベル著, 角田史幸訳）〔09026〕

リュボミアスキー, ソニア　Lyubomirsky, Sonja
◇リュボミアスキー教授の人生を「幸せ」に変える10の科学的な方法（THE MYTHS OF HAPPINESS）ソニア・リュボミアスキー著, 金井真弓訳, 渡辺誠監修　日本実業出版社　2014.9　321p　19cm　1650円　①978-4-534-05212-4
内容 1「仕事」と「お金」にまつわる誤った神話（理想の仕事に就けば、幸せになれる　貧乏だと、幸せになれない　お金持ちになれば、幸せになれる）2「人とのつながり」にまつわる誤った神話（理想の人と結婚すれば、幸せになれる　パートナーとの関係がうまくいかなかったら、幸せになれない　子どもがいれば、幸せになれる　パートナーがいないと、幸せになれない）3「年齢」と「健康」にまつわる誤った神話（検査結果が陽性だったら、幸せになれない　「夢がかなわない」とわかったら、幸せになれない　「人生で最良のとき」が過ぎたら、幸せになれない）〔09027〕

リョ, キンソウ*　呂 金藻
◇近代日本と「満州国」　植民地文化学会編　不二出版　2014.7　590p　22cm　6000円　①978-4-8350-7695-9
内容 歴史のこだま（韓岡覚, 呂金藻, 馮伯陽著, 伊藤宜雄訳, 丸山昇閲）〔09028〕

リョ, ゲンメイ*　呂 元明
◇地域発展のための日本研究―中国、東アジアにおける人文交流を中心に　王敏編　勉誠出版　2012.3　363p　21cm　3800円　①978-4-585-22033-6
内容 日本文学研究会創立当時の思い出（呂元明著, 劉春英, 呉佩軍訳）〔09029〕
◇近代日本と「満州国」　植民地文化学会編　不二出版　2014.7　590p　22cm　6000円　①978-4-8350-7695-9
内容 夏目漱石『満韓ところどころ』私見 他（呂元明著, 西田勝訳）〔09030〕

リョ, ジュンギョク*　呂 淳鈺
◇漂泊の叙事――九四〇年代東アジアにおける分裂と接触　浜田麻矢, 薛化元, 梅家玲, 唐顥芸編　勉誠出版　2015.12　561p　22cm　8000円　①978-4-585-29112-1
内容 「情」のユートピア？（呂淳鈺著, 浜田麻矢訳）〔09031〕

リョ, ショウ　呂 尚
◇六韜 三略　守屋洋, 守屋淳訳・解説　新装版　プレジデント社　2014.9　306p　21cm　（全訳「武経七書」3）　2500円　①978-4-8334-2098-3
内容 『六韜』（文韜の巻　武韜の巻　竜韜の巻　虎韜の巻　豹韜の巻　犬韜の巻）『三略』（上略　中略　下略）〔09032〕

リョ, ホウジョウ*　呂 芳上
◇多角的視点から見た日中戦争―政治・経済・軍事・文化・民族の相克　馬場毅編　福岡　集広舎　2015.5　378, 5p　22cm　〈他言語標題：Second Sino-Japanese War　文献あり〉5500円　①978-4-904213-27-8
内容 第二次大戦期中国とカイロ会議における東アジア秩序の再構想について（呂芳上著, 野口武訳）〔09033〕

リョウ, イチヘイ*　梁 一萍
◇沖縄ジェンダー学　第1巻　「伝統」へのアプローチ　喜納育江編著　大月書店　2014.3　277, 11p　22cm　（琉球大学国際沖縄研究所ライブラリ）〈索引あり〉3400円　①978-4-272-35051-3
内容 台湾の植民地化と先住民女性の抵抗（梁一萍著, 仲里和花訳）〔09034〕

リョウ, ウンショウ*　梁 雲祥
◇中国式発展の独自性と普遍性―「中国模式」の提起をめぐって　宇野重昭, 江口伸吾, 李暁東編　国際書院　2016.3　390p　21cm　〈索引あり〉3800円　①978-4-87791-273-4
内容 「世界の中国」か、それとも「中国の世界」か（梁雲祥著, 黄宇暁訳）〔09035〕

リョウ, エイセイ*　梁 英聖
⇒ヤン, ヨンソン*

リョウ, エイセン　梁 永宣
◇ゼミナール中国文化―カラー版　医薬編　梁永宣, 趙歆, 甄雪燕著, 鈴木基井訳, 駱鴻日本語版監修, 劉偉監訳　グローバル科学文化出版　2016.12　176p　21cm　2980円　①978-4-86516-045-1〔09036〕

リョウ, カンケイ*　廖 咸恵
◇中国伝統社会への視角　汲古書院　2015.7　386, 10p　22cm　（宋代史研究会研究報告 第10集　宋代史研究会編）　11000円　①978-4-7629-6553-1
内容 知識から実践へ（廖咸恵著, 梶田祥嗣訳）〔09037〕

リョウ, ケイチョウ　梁 啓超
◇新民説　梁啓超〔著〕, 高嶋航訳注　平凡社　2014.3　542p　18cm　（東洋文庫 846）〈布装 索引あり〉3300円　①978-4-582-80846-9
内容 叙論　新民は今日中国の第一の急務であることを論ず　新民の義を釈す　優勝劣敗の理に基づいて新民の帰結を証明し、ふさわしい手本に論及す　公徳を論ず　国家思想を論ず　進取冒険を論ず　権利思想を論ず　自由を論ず　自治を論ず　進歩を論ず（または、中国で群治の発展しない原因を論ず）　自尊を論ず　合群（団結）を論ず　生利分利を論ず　毅力を論ず　義務思想を論ず　尚武を論ず　私徳を論ず　民気を論ず　政治能力を論ず〔09038〕

リ

リョウ, ケンコク*　梁 建国
◇中国史の時代区分の現在—第六回日中学者中国古代史論壇論文集　中国社会科学院歴史研究所, 東方学会〔編〕, 渡辺義浩編　汲古書院　2015.8　462, 4p　27cm　〈布装〉13000円　①978-4-7629-6554-8
内容 北宋東京街巷の時代特性と公共性質（梁建国著, 関俊史訳）　〔09039〕

リョウ, コンリン*　梁 根林
◇21世紀日中刑事法の重要課題—日中刑事法シンポジウム報告書　山口厚, 甲斐克則編　成文堂　2014.6　230p　21cm　〈会期・会場：2013年9月29日—30日 西北政法大学〉2500円　①978-4-7923-5115-1
内容 中国刑法における危険運転罪（梁根林著, 于佳佳訳）　〔09040〕

リョウ, サンテイ*　梁 山丁
◇近代日本と「満州国」　植民地文化学会編　不二出版　2014.7　590p　22cm　6000円　①978-4-8350-7695-9
内容 東北郷土文学の主張とその特徴（梁山丁著, 趙夢雲訳）　〔09041〕

リョウ, セイ　梁 清
◇日本の中国侵略植民地教育史　1　東北編　宋恩栄, 余子俠主編　曲鉄華, 梁清著, 王智新監修, 大森直樹監訳, 楊倩, 張方鼎, 朴明権, 王紫薇訳　明石書店　2016.1　619p　22cm　〈文献あり〉9200円　①978-4-7503-4277-1　〔09042〕

リョウ, セイクン*　梁 世勲
⇒ヤン, セフン

リョウ, ダイカ*　廖 大珂
◇現代アジアにおける華僑・華人ネットワークの新展開　清水純, 潘宏立, 庄国土編　風響社　2014.2　577p　22cm　〈文献あり〉7000円　①978-4-89489-195-1
内容 マレーシアにおける中国新移民（廖大珂著, 奈倉京子訳）　〔09043〕
◇変容する華南と華人ネットワークの現在　谷垣真理子, 塩出浩和, 容応萸編　風響社　2014.2　498p　22cm　〈文献あり〉6000円　①978-4-89489-193-7
内容 海南島における海外交通と回族の形成（廖大珂著, 小池求訳）　〔09044〕

リョウ, トクショウ*　梁 徳昌
◇東北アジア平和共同体構築のための課題と実践—「IPCR国際セミナー2013」からの提言　韓国社会法人宗教平和国際事業団著, 世界宗教者平和会議日本委員会編, 山本俊正監修, 金永完監訳, 中央学術研究所編集責任　佼成出版社　2016.8　191, 3p　18cm　（アーユスの森新書 010）　900円　①978-4-333-02739-2
内容 「「平和への権利」の協働を目指して」に対する論評（梁徳昌述, 金永完訳）　〔09045〕

リョウ, ビンジ*　梁 敏児
◇漂泊の叙事—一九四〇年代東アジアにおける分裂と接触　浜田麻矢, 薛化元, 梅家玲, 唐顥芸編　勉誠出版　2015.12　561p　22cm　8000円　①978-4-585-29112-1
内容 葉霊鳳の小説創作とビアズレー（梁敏児著, 池田智恵訳）　〔09046〕

リョウ, ヘイショウ*　梁 炳鍾
⇒ヤン, ビョンジョン*

リョウワ, ヘイモウ*　梁 炳猛
◇現代アジアにおける華僑・華人ネットワークの新展開　清水純, 潘宏立, 庄国土編　風響社　2014.2　577p　22cm　〈文献あり〉7000円　①978-4-89489-195-1
内容 一九八〇年代以降の広西籍の華人社団（梁炳猛著, 高天亮訳）　〔09047〕

リリー, ウィリアム　Lilly, William
◇クリスチャン・アストロロジー　第3書（CHRISTIAN ASTROLOGY）　ウィリアム・リリー著, 田中要一郎監訳, 田中紀久子訳　太玄社　2015.5　p489〜883　22cm　〈文献あり　発売：ナチュラルスピリット〉3500円　①978-4-906724-18-5
内容 出生図を時刻修正する様々な方法　アニモダーによる出生図の修正　過去の出来事による出生図の時刻修正と、占星術のスペキュラムの作成　レギオモンタヌスの表によって天象図を作る　出生図を判断する前に考慮すること　寿命について、長生きか否かハイレック、ハイレグ、アフェータと呼ばれる寿命のプロロゲーター、そして、死や破壊の惑星　ロード・オブ・ザ・ジェニチャー　身体の顔や気質、惑星とサインの性質　出生図の持ち主や子供の行動様式　「撤郷変村」行政改革後の元郷集鎮の環境問題　流域環境ガバナンスと日中の学術交流　流域環境ガバナンスに関する日中共同セミナー　〔09048〕

リリウス, A.E.　Lilius, Aleko E.
◇海南島—南支那海之一大宝庫　南支那海物語—海賊船同舟記　後藤元宏著, A.E.リリウス著, 山本実訳　大空社　2016.4　232, 301p　22cm　（アジア学叢書 303）〈布装　武道社 昭和7年刊の複製　教材社 昭和15年刊の複製〉25200円　①978-4-283-01156-4　〔09049〕

リリエンフェルド, スコット・O.　Lilienfeld, Scott O.
◇本当は間違っている心理学の話—50の俗説の正体を暴く（50 Great Myths of Popular Psychology）　スコット・O.リリエンフェルド, スティーヴン・ジェイ・リン, ジョン・ラッシオ, バリー・L.バイアースタイン著, 八田武志, 戸田山和久, 唐沢穣監訳　京都　化学同人　2014.3　340, 93p　20cm　〈文献あり 索引あり〉3200円　①978-4-7598-1499-6
内容 心理学神話の世界　脳が秘めた力—脳と知覚をめぐる神話　人が死ぬまでに経験すること—発達と加齢をめぐる神話　過去の出来事の思い出—記憶をめぐる神話　学習効果の高め方—知能と学習をめぐる神話　こころの奥をのぞき込む—意識をめぐる神話　気の持ちようで変わること—感情と動機をめぐる神

リ

話　他者との良好な関係を築くために―対人行動をめぐる神話　自分の内面に目を向ける―パーソナリティをめぐる神話　こころの病気への対処―精神疾患をめぐる神話　犯罪者の取り違え―心理学と法律をめぐる神話　こころの問題を解決する―心理療法をめぐる神話　〔09050〕

リル, マチルド・ドゥ
◇排外主義を問いなおす―フランスにおける排除・差別・参加　中野裕二, 森千香子, エレン・ルバイ, 浪岡新太郎, 園山大祐編著　勁草書房　2015.5　252p　22cm　〈年表あり 索引あり〉4500円　①978-4-326-60277-3
内容 異文化間共生および市民権に関するルーベ市委員会（マチルド・ドゥ・リル, フロランス・ジャニ＝カトリス著, 平野暁人訳）　〔09051〕

リン, キフ　林 毅夫
⇒リン, ジャスティン

リン, キョウジュン*　林 京順
⇒イム, キョンスン*

リン, ゴドウ　林 語堂
◇パイプ随筆　青羽芳裕編　未知谷　2014.11　286p　19cm　〈他言語標題：On Pipe Smoking：Essays〉2400円　①978-4-89642-459-1
内容 煙草と香について（林語堂著, 阪本勝訳）　〔09052〕

リン, シコウ*　林 志興
◇台湾原住民族の音楽と文化　下村作次郎, 孫大川, 林清財, 笠原政治編　浦安　草風館　2013.12　424p　22cm　4800円　①978-4-88323-191-1
内容 「原舞者」と台湾原住民族楽舞の復興と発展（林志興著, 山本和行訳）　〔09053〕

リン, シジュン*　林 子淳
◇東アジアでボンヘッファーを読む―東アジア・ボンヘッファー学会2013　日本ボンヘッファー研究会編　新教出版社　2014.11　182p　21cm（新教コイノーニア 29）　1800円　①978-4-400-32450-8
内容 近年の漢語基督教神学の論争に対するボンヘッファー思想の意義 他（林子淳著, 三村修訳）　〔09054〕

リン, シジン*　林 志仁
◇国際常民文化研究叢書　第10巻　アチックフィルム・写真にみるモノ・身体・表象 論文編　神奈川大学国際常民文化研究機構編　横浜　神奈川大学国際常民文化研究機構　2015.3　288p　30cm　〈他言語標題：International Center for Folk Culture Studies monographs　文献あり〉　非売品　①978-4-9907018-9-5
内容 「台湾パイワン族アチックフィルムと写真」上映調査の来歴及び当地の評価に関して（林志仁著, 余志清訳, 小熊誠監訳）　〔09055〕

リン, ジャスティン　Lin, Justin Yifu
◇秩序の喪失　プロジェクトシンジケート叢書編集部訳　土曜社　2015.2　164, 3p　19cm　（プロジェクトシンジケート叢書）〈他言語標題：Loss of order〉 1850円　①978-4-907511-15-9
内容 中国に残された成長速度（林毅夫著）　〔09056〕
◇転換を模索する中国―改革こそが生き残る道　高尚全主編, 岡本信広監訳, 岡本恵子訳　科学出版社東京　2015.6　375p　21cm　4800円　①978-4-907051-34-1
内容 中国、復興への道（林毅夫著）　〔09057〕
◇安定とその敵（Stability at bay）　Project Syndicate〔編〕　土曜社　2016.2　120, 2p　18cm　（プロジェクトシンジケート叢書）　952円　①978-4-907511-36-4
内容 中国のシルクロード構想（林毅夫著）　〔09058〕
◇貧困なき世界―途上国初の世銀チーフ・エコノミストの挑戦（THE QUEST FOR PROSPERITY）　ジャスティン・リン著, 小浜裕久監訳　東洋経済新報社　2016.10　309, 32p　22cm　〈文献あり 索引あり〉3400円　①978-4-492-44433-7
内容 第1章 新たな難題と新たな解決策　第2章 ナラティブの戦いとパラダイムの変化　第3章 経済開発―失敗から学ぶこと　第4章 追上げ国の成功から得られる教訓　第5章 経済発展再考のための枠組み―新構造主義経済学　第6章 新構造主義経済学では何が違うのか　第7章 新構造主義経済学の実践―二つの工程と六つの手順　第8章 移行経済の特性と経路　第9章 より高い発展段階における構造変化の促進　第10章 経済発展の処方箋　〔09059〕

リン, ショウセン*　林 相先
⇒イム, サンソン*

リン, スウヤ*　林 崇椰
◇アジア共同体―その構想と課題　林華生編著　町田　蒼蒼社　2013.11　434p　22cm　3800円　①978-4-88360-119-6
内容 成長理論と日本のGDP成長率（林崇椰著, 岩間正春訳）　〔09060〕

リン, スティーヴン・ジェイ　Lynn, Steven J.
◇本当は間違っている心理学の話―50の俗説の正体を暴く（50 Great Myths of Popular Psychology）　スコット・O.リリエンフェルド, スティーヴン・ジェイ・リン, ジョン・ラッシオ, バリー・L.バイアースタイン著, 八田武志, 戸田山和久, 唐沢穣監訳　京都　化学同人　2014.3　340, 93p　20cm　〈文献あり 索引あり〉3200円　①978-4-7598-1499-6
内容 心理学神話の世界　脳が秘めた力―脳と知覚をめぐる神話　人が死ぬまでに経験すること―発達と加齢をめぐる神話　過去の出来事の思い出―記憶をめぐる神話　学習効果の高め方―知能と学習をめぐる神話　こころの奥をのぞき込む―意識をめぐる神話　気の持ちようで変わること―感情と動機をめぐる神話　他者との良好な関係を築くために―対人行動をめぐる神話　自分の内面に目を向ける―パーソナリティをめぐる神話　こころの病気への対処―精神疾患をめぐる神話　犯罪者の取り違え―心理学と法律をめぐる神話　こころの問題を解決する―心理療法をめぐる神話　〔09061〕

リン, セイザイ　林 清財
◇台湾原住民族の音楽と文化　下村作次郎, 孫大川,林清財, 笠原政治編　浦安　草風館　2013.12　424p　22cm　4800円　①978-4-88323-191-1
内容 歌で書く（林清財著, 山西弘朗訳）〔09062〕

リン, セツケイ*　林 碩奎
⇒イム, ソクギュ*

リン, チリュウ*　林 治竜
◇民事手続の現代的使命―伊藤真先生古稀祝賀論文集　高橋宏志, 上原敏夫, 加藤新太郎, 林道晴, 金子宏直, 水元宏典, 垣内秀介編　有斐閣　2015.2　1472p　22cm　〈著作目録あり 年譜あり〉28000円　①978-4-641-13686-1
内容 イギリスサッカークラブの倒産（林治竜著, 蔡然琇訳）〔09063〕

リン, ビモ*　林 美茂
◇思想間の対話―東アジアにおける哲学の受容と展開　藤田正勝編　法政大学出版局　2015.2　359, 11p　22cm　〈索引あり〉5500円　①978-4-588-15071-5
内容 日本哲学の成立、意義そして展望（卞崇道, 林美茂著, 宮崎隆幸訳）〔09064〕

リン, レイチェル
◇リー・クアンユー未来への提言（Lee Kuan Yew）　リークアンユー〔述〕, ハン・フッククワン, ズライダー・イブラヒム, チュア・ムイフーン, リディア・リム, イグナチウス・ロウ, レイチェル・リン, ロビン・チャン著, 小池洋次監訳　日本経済新聞出版社　2014.1　356p　20cm　〈年表あり〉3000円　①978-4-532-16896-4
内容 第1章 沼地に立つ八〇階建てのビル　第2章 人民行動党は存続するか　第3章 最良の精鋭たち　第4章 奇跡的な経済成長を持続するために　第5章 異邦人からシンガポール人へ　第6章 大国のはざまで　第7章 夫、父、祖父、そして友として〔09065〕

リン, レンカ*　林 聯華
◇現代アジアにおける華僑・華人ネットワークの新展開　清水純, 潘宏立, 庄国土編　風響社　2014.2　577p　22cm　〈文献あり〉7000円　①978-4-89489-195-1
内容 一九八〇年代以降の東南アジアにおける泉州籍地縁型社団の変遷（林聯華著, 殷娟訳）〔09066〕

リンギス, アルフォンソ　Lingis, Alphonso
◇変形する身体（BODY TRANSFORMATIONS）　アルフォンソ・リンギス著, 小林徹訳　水声社　2016.1　287p　20cm　（〈叢書〉人類学の転回）　2800円　①978-4-8010-0137-4
内容 導入（不連続性　人類―未熟、共生、先祖返り）　華やかさの進化（カドリーユ　どう感じるか、どう見えるか）　分断（社会的身体　芸術の生理学　透明性　つながり　食欲　フェティシズム）　ポトラッチ（肉体の取引　善い行い）〔09067〕

リンク, グレッグ　Link, Greg
◇信頼マネジメント―ビジネスを加速させる最強エンジン（SMART TRUST）　スティーブン・M.R.コヴィー, グレッグ・リンク, レベッカ・R.メリル著, フランクリン・コヴィー・ジャパン訳　キングベアー出版　2014.11　391, 19p　20cm　〈文献あり〉2000円　①978-4-86394-032-1
内容 第1部 パラドックス、そして希望（大いなるパラドックス　盲目的信頼と不信：あなたはどちらのメガネで見ているか？　第3の案：「スマート・トラスト」）　第2部 「スマート・トラスト」の五つの行動（「スマート・トラスト」の行動その一：信頼がもたらす効果を信じる　「スマート・トラスト」の行動その二：まずは自分から始める　「スマート・トラスト」の行動その三：自分の意図を明確にし、他者の意図を好意的に捉える　「スマート・トラスト」の行動その四：やると言ったことを実行する　「スマート・トラスト」の行動その五：自分から率先して他者に信頼を与える）　第3部 あなたにもできることがある（あなた自身の信頼を再生する）〔09068〕

リンク, ユルゲン
◇〈居場所〉の喪失、これからの〈居場所〉―成長・競争社会とその先へ　総合人間学会編　学文社　2015.6　138p　21cm　（総合人間学 9）　1900円　①978-4-7620-2549-5
内容 ノーマリズム〈正常化志向〉と成長の危機、そしてサステナビリティ〈持続可能性〉の二重の意味について（ユルゲン・リンク著, 真鍋正紀訳）〔09069〕

リンクレイター, マグナス　Linklater, Magnus
◇ビジュアル版 世界の歴史都市―世界史を彩った都の物語（The Great Cities in History）　ジョン・ジュリアス・ノーウィッチ編, 福井正子訳　柊風舎　2016.9　303p　27×21cm　15000円　①978-4-86498-039-5
内容 エディンバラ―および「スコットランド啓蒙」の時代（マグナス・リンクレイター）〔09070〕

リンケ, クラウディア　Rinke, Claudia
◇ダライ・ラマ子どもと語る（KINDER SPRECHEN MIT DEM DALAI LAMA）　クラウディア・リンケ著, 森内薫, 中野真紀訳　春秋社　2016.8　239p　20cm　〈文献あり〉1800円　①978-4-393-13408-5
内容 第1部 ダライ・ラマという人（智慧の大海　獅子の玉座に座る男の子　「すべての人々が幸せになりますように」―仏教の基礎）　第2部 ダライ・ラマの言葉（二一世紀の世代に語るダライ・ラマのスピーチ　ダライ・ラマへの質問―内面的価値とよき人生について　平和と正義についての質問　宗教についての質問　ダライ・ラマの人生についての質問　親と教師たちへ）〔09071〕

リンケ, デトレフ・B.
◇死者の復活―神学的・科学的論考集（RESURRECTION）　T.ピーターズ,R.J.ラッセル,M.ヴェルカー編, 小河陽訳　日本キリスト教団出版局　2016.2　441p　22cm　5600円　①978-4-8184-0896-8
内容 神が記憶を与える（デトレフ・B.リンケ著）〔09072〕

リンジー, ロバート
◇共観福音書が語るユダヤ人イエス　共観福音書研究エルサレム学派編著, 有馬七郎, 河合一充訳　ミルトス　2016.3　348p　19cm　〈「イエス時代

リ

の背景」(1992年刊)と「主の祈りのユダヤ的背景」(1998年刊)ほかからの改題、再編集、改訂版　索引あり〉2000円　①978-4-89586-160-1

内容 共観福音書の忘れられた重要問題(ロバート・リンジー著, 河合一充訳)　〔09073〕

リンゼイ, リー　Lindsey, Lee

◇インストラクショナルデザインの理論とモデル―共通知識基盤の構築に向けて(INSTRUCTIONAL-DESIGN THEORIES AND MODELS, Volume 3)　C.M.ライゲルース,A.A.カー＝シェルマン編, 鈴木克明, 林雄介監訳　京都　北大路書房　2016.2　449p　21cm　〈索引あり〉3900円　①978-4-7628-2914-7

内容 経験を用いたアプローチ(リー・リンゼイ, ナンシー・バーガー著, 桑原千幸訳)　〔09074〕

リンゼイ, D.マイケル　Lindsay, David Michael

◇世界を動かすリーダーは何を学び、どう考え、何をしてきたのか?―プラチナリーダー550人を調査してわかったこと(View from the top)　D.マイケル・リンゼイ,M.G.ヘイガー著, バートン久美子訳　日本実業出版社　2016.6　247, 23p　19cm　1700円　①978-4-534-05393-0

内容 第1章「個人」として行動し、「組織」として思考する―組織を超えたネットワーク　第2章 リーダーへの道は20歳で始まる―革靴と名門校の向こうにあるもの　第3章 リーダーを生み出す「触媒」―広く、浅く　第4章 リーダーシップの本質―生産性と信頼と独自の文化　第5章 危機に直面したリーダーに求められること―試練の中の強さ　第6章 24時間、リーダーとして生きる―「仕事」という言葉では定義しきれないもの　第7章 リーダーの倫理―モチベーションと成果　〔09075〕

リンダー, ジョスリン　Linder, Joselin

◇ゲーミフィケーションは何の役に立つのか―事例から学ぶおもてなしのメカニクス(The Gamification Revolution)　ゲイブ・ジカーマン, ジョスリン・リンダー著, 田中幸訳, ゆめみ監修　SBクリエイティブ　2014.3　419p　19cm　〈索引あり〉2400円　①978-4-7973-7494-0

内容 第1部 必勝法としてのゲーミフィケーション(革命はゲーミファイされる　企業の必勝法としてのゲーミフィケーション　戦略的なプロセスをゲーミファイする)　第2部 チームをエンゲージさせて結果を出す(スタッフのパフォーマンスを大きく伸ばす　社員のイノベーションを刺激する　採用、トレーニング、能力開発のイメージを再考する　社員の健康とウェルネスに対する意識を促進する)　第3部 顧客と繋がり、エンゲージし、そして顧客を活用する(顧客のノイズを跳ね除ける　顧客のエンゲージメントを長続きさせる　クラウドソーシングによるイノベーション　結論「ゲーミフィケーションの進化はゲーミフィケーションからの脱却を生み出す」)　〔09076〕

リンチ, ケイトリン　Lynch, Caitrin

◇高齢者が働くということ―従業員の2人に1人が74歳以上の成長企業が教える可能性(RETIREMENT ON THE LINE)　ケイトリン・リンチ著, 平野誠一訳　ダイヤモンド社　2014.4　416p　19cm　〈文献あり〉2400円　①978-4-478-02166-8

内容 針をつくることは、人生を生きること　第1部 UP THE STAIRS階段をのぼった先にある世界(フレッドのために稼ぐ―生産性、人々、生きがい　アンティークな機械とアンティークな人たち―ヴァイタニードルという家族　しばられない生き方―自由と柔軟性)　第2部 IN THE PRESSメディアはどう見ているか(「高齢化の波」に乗る―世界各地で高まるヴァイタニードルへの関心　ローザは国の宝―「スター」になって発揮された行為主体性)　小さな工場が教える大きな教訓　〔09077〕

リンチ, ナンシー

◇インタヴューズ　3　毛沢東からジョン・レノンまで(THE PENGUIN BOOK OF INTERVIEWS)　クリストファー・シルヴェスター編, 新庄哲夫他訳　文芸春秋　2014.6　463p　16cm　(文春学芸ライブラリー―雑英 7)　1690円　①978-4-16-813018-2

内容 ノーマン・メイラー(ノーマン・メイラー述, イヴ・オーチンクロス, ナンシー・リンチインタヴュアー, 山形浩生訳)　〔09078〕

リンチ, ピーター　Lynch, Peter S.

◇ピーター・リンチの株の法則―90秒で説明できない会社には手を出すな(BEATING THE STREET)　ピーター・リンチ著, 平野誠一訳　ダイヤモンド社　2015.2　365p　19cm　〈「ピーター・リンチの株式投資の法則」(1994年刊)の改題、新訳〉1800円　①978-4-478-02840-7

内容 聖アグネスの奇跡―アマチュアでも勝てる!　週末の不安に負けない　投資信託では何を選ぶべきか　一三年間で資産規模を七七七倍に育てる(解約の嵐の中、中小型株で稼ぐ　銘柄選択の究極の目標は、掘り出し物を見つけること　外国株投資とブラック・マンデー後の復活)　銘柄選択とは、芸術、科学、地道な情報収集によるものである　小売株は、ショッピング・モールで探せ!　誰でも分かる外食株を買う基準を授けよう　不動産市場が急落したら、家具店や園芸店に目を向けろ　体験に勝る調査はない―格安理容店で危機一髪!　荒野の七人―さえない業界の素晴らしい企業　素晴らしき哉、S&L株!　上り調子で最も値上がりする循環株を選び抜け　公益株は長期の視点で判断しよう　政府資産のガレージセール　私のファニーメイ日誌―最も情熱を注いだ銘柄の一六年間の記録　〔09079〕

リンチ, マイケル

◇イギリス宗教史―前ローマ時代から現代まで(A History of Religion in Britain)　指昭博, 並河葉子監訳, 赤江雄一, 赤瀬理穂, 指珠恵, 戸渡文子, 長谷川直子, 宮崎章訳, シェリダン・ギリー, ウィリアム・J.シールズ編　法政大学出版局　2014.10　629, 63p　22cm　〈文献あり 年表あり 索引あり〉9800円　①978-4-588-37122-6

内容 中世スコットランドの宗教生活(マイケル・リンチ著, 赤瀬理穂訳)　〔09080〕

リンデン, デイヴィッド・J.　Linden, David J.

◇触れることの科学―なぜ感じるのかどう感じるのか(TOUCH)　デイヴィッド・J.リンデン著, 岩坂彰訳　河出書房新社　2016.9　286p　20cm　1800円　①978-4-309-25353-4

リ

内容 第1章 皮膚は社会的器官である　第2章 コインを指先で選り分けるとき　第3章 愛撫のセンサー　第4章 セクシュアル・タッチ　第5章 ホットなチリ、クールなミント　第6章 痛みと感情　第7章 痒いところに手が届かない　第8章 錯覚と超常体験　〔09081〕

リンド, ジェニファー

◇「戦後保守」は終わったのか―自民党政治の危機　日本再建イニシアティブ〔著〕　KADOKAWA　2015.11　335p　18cm　（角川新書 K-60）〈年表あり〉860円　①978-4-04-082053-8

内容「村山コンセンサス」の形成と課題（ジェニファー・リンド著, 中野晃一訳・監修）　〔09082〕

リンドハウト, アマンダ　Lindhout, Amanda

◇人質460日―なぜ生きることを諦めなかったのか（A House in the Sky）　アマンダ・リンドハウト, サラ・コーベット著, 鈴木彩織訳　亜紀書房　2015.10　485p　20cm　（亜紀書房翻訳ノンフィクション・シリーズ 2-4）　2700円　①978-4-7505-1434-5

内容 わたしだけの世界　カルガリーへ　旅立ち　ささやかな真実　恋の終わり　ご主人はどこですか？　旅の法則　牙を剝くアフガニスタン　新しい物語　見えない未来〔ほか〕　〔09083〕

リンドバーグ, チャールズ・A.　Lindbergh, Charles Augustus

◇ザスピリットオブセントルイス―大西洋横断単独無着陸飛行の物語　上（The Spirit of St. Louis）　チャールズ・A.リンドバーグ著, 岩見雅夫訳　刈谷　TI出版　2014.6　269p　21cm　〈私家版〉　非売品　①978-4-9907392-0-1　〔09084〕

◇ザスピリットオブセントルイス―大西洋横断単独無着陸飛行の物語　下（The Spirit of St. Louis）　チャールズ・A.リンドバーグ著, 岩見雅夫訳　刈谷　TI出版　2014.6　279p　21cm　〈私家版〉　非売品　①978-4-9907392-1-8　〔09085〕

◇ザ・スピリット・オブ・セントルイス―大西洋横断単独無着陸飛行の物語（The spirit of St. Louis）　チャールズ・A.リンドバーグ著, 岩見雅夫訳　〔電子資料〕　改訂新版　刈谷　TI出版　2015.12　CD-ROM 1枚　12cm　〈私家版〉非売品　①978-4-9907392-2-5　〔09086〕

◇ザ・スピリット・オブ・セントルイス―大西洋横断単独無着陸飛行の物語　上（The Spirit of St. Louis）　チャールズ・A.リンドバーグ著, 岩見雅夫訳　改訂新版　刈谷　TI出版　2016.7　269p　22cm　〈私家版〉非売品　①978-4-9907392-3-2　〔09087〕

◇ザ・スピリット・オブ・セントルイス―大西洋横断単独無着陸飛行の物語　下（The Spirit of St. Louis）　チャールズ・A.リンドバーグ著, 岩見雅夫訳　改訂新版　刈谷　TI出版　2016.7　279p　22cm　〈私家版〉非売品　①978-4-9907392-4-9　〔09088〕

◇リンドバーグ第二次大戦日記　上（THE WARTIME JOURNALS OF CHARLES A. LINDBERGH）　チャールズ・A.リンドバーグ〔著〕, 新庄哲夫訳　KADOKAWA　2016.7　391p　15cm　（〔角川ソフィア文庫〕〔M118-1〕）〈「孤高の鷲 上」（学研M文庫 2002年刊）の改題〉1120円　①978-4-04-400165-0

内容 大戦前夜―ヨーロッパで（大英帝国、老いたり――一九三八年　戦争か平和か帰国――一九三九年　ロンドン炎上米国で――一九四〇年）　大戦前夜―米本国で（ファシスト呼ばわりされて――一九四一年）　〔09089〕

◇リンドバーグ第二次大戦日記　下（THE WARTIME JOURNALS OF CHARLES A. LINDBERGH）　チャールズ・A.リンドバーグ〔著〕, 新庄哲夫訳　KADOKAWA　2016.7　393p　15cm　（〔角川ソフィア文庫〕〔M118-2〕）〈「孤高の鷲 下」（学研M文庫 2002年刊）の改題　年譜あり〉1120円　①978-4-04-400166-7

内容 大戦前夜―米本国で（承前）（ファシスト呼ばわりされて――一九四一年）　戦時下―米本国で（現役復帰、かなわず――一九四二年）　戦時下―米本国で（戦場も根回しだ――一九四三年）　最前線―南太平洋で（日本軍と対峙した日々――一九四四年）　終戦時―ヨーロッパで（廃墟の中に立つ――一九四五年）　〔09090〕

リンドバーグ, M.S.*　Lindberg, Margie Simone

◇エンパワーメント評価の原則と実践―教育、福祉、医療、企業、コミュニティ介入プログラムの改善と活性化に向けて（Empowerment Evaluation Principles in Practice）　D.M.フェターマン,A.ワンダーズマン編著, 笹尾敏明監訳, 玉井航太, 大内潤子訳　風間書房　2014.1　310p　21cm　〈索引あり〉3500円　①978-4-7599-2022-2

内容 エンパワーメント評価と組織の学び（Barry E.Lentz,Pamela S.Imm,Janice B.Yost,Noreen P. Johnson,Christine Barron,Margie Simone Lindberg,Joanne Treistman著, 笹尾敏明, 玉井航太訳）　〔09091〕

リンネ, カール・フォン　Linné, Carl von

◇カール・フォン・リンネの地域誌―『スコーネ旅行』に描かれた自然・経済・文化　塚田秀雄訳著　古今書院　2014.5　605, 18p　22cm　〈文献あり　索引あり〉6000円　①978-4-7722-9005-0

内容 第1部 『スコーネ旅行』の内外（カール・フォン・リンネと十八世紀のスウェーデン　『スコーネ旅行』の書誌学　地域調査の目的と方法　リンネの思想―神と自然と人間と ほか）　第2部 『スコーネ旅行』（『スコーネ旅行』序文　リンネの「スコーネ」　日記の事例　自然 ほか）　〔09092〕

リンネ, リーナ　Rinne, Leena

◇5つの選択―卓越した生産性を実現する 21世紀のタイム・マネジメント　コリー・コーゴン, アダム・メリル, リーナ・リンネ著, フランクリン・コヴィー・ジャパン訳　キングベアー出版　2015.11　356p　20cm　2000円　①978-4-86394-049-9

内容 第1部 意思決定の管理（第1の選択 重要軸で行動し、緊急軸に流されない　第2の選択 平凡に満足せず、卓越を目指す）　第2部 集中力の管理（第3の選択 小さな石に飛びつかず、大きな石をスケジュールする　第4の選択 テクノロジーに使われることなく、テクノロジーを支配する）　第3部 エネルギーの管理（第5の選択 燃え尽きることなく、燃え上がる）　第4部 Q2リーダーになる（リーダーとしてできること　あなたの組織にQ2カルチャーを醸成する　付録A：電

子メール利用指針―主要な二五項目　付録B：主要なモデル）　〔09093〕

リンバー, スーザン・P.　Limber, Sue
◇オルヴェウス・いじめ防止プログラム―学校と教師の道しるべ（Olweus Bullying Prevention Program Schoolwide Guide, Olweus Bullying Prevention Program Teacher Guide）　ダン・オルヴェウス, スーザン・P.リンバー, ヴイツキー・C.フラークス, ナンシー・ムリン, シェーン・リース, マリーネ・スナイダー著, 小林公司, 横田克哉監訳, オルヴェウス・いじめ防止プログラム刊行委員会訳　現代人文社　2013.12　295p　21cm 〈発売：大学図書〉 2500円　①978-4-87798-573-8
内容 第1部 オルヴェウス・いじめ防止プログラム学校版ガイド（「オルヴェウス・いじめ防止プログラム」の導入　「いじめ防止プログラム」の実施にあたって考えること　学校で「いじめ防止プログラム」を開始する ほか）　第2部 オルヴェウス・いじめ防止プログラム教師版ガイド（「オルヴェウス・いじめ防止プログラム」の導入　いじめのいろいろな側面を理解すること　学校全体でプログラムを実施するためのサポート ほか）　第3部 資料篇（いじめの実態と「反いじめ4ルール」（本文の補足）　いじめ記録帳　反いじめ活動の進め方と留意点 ほか）　〔09094〕

リンポチェ, ヨンゲイ・ミンゲール　Rinpoche, Yongey Mingyur
◇今、ここを生きる―新世代のチベット僧が説くマインドフルネスへの道（The Joy of Living）　ヨンゲイ・ミンゲール・リンポチェ著, 松永太郎, 今本渉訳　パンローリング　2016.10　330p　19cm（フェニックスシリーズ 40）〈PHP研究所 2011年刊の新装改訂〉 2000円　①978-4-7759-4159-1
内容 第1部 礎（旅の始まり　内面の交響楽　心と脳を超えて　空―実在を超えた実在　知覚の相対性　「明晰」の贈り物　慈悲―親愛の適者生存　なぜ私たちは不幸なのか）　第2部 道（バランスを見つける　ただ、くつろぐこと―最初のステップ　対象にやすらぐ―次のステップ　思考や感情に関する瞑想　慈悲―心のまん中を開くこと　いつ、どこで、どのように実践するか）　第3部 果（問題が起きたら　内なる仕事　幸福の生物学　さらに先へ）　〔09095〕

【ル】

ルアレン, アン‐エリス
◇ひとびとの精神史　第6巻　日本列島改造―1970年代　杉田敦編　岩波書店　2016.1　298, 2p　19cm　2500円　①978-4-00-028806-4
内容 宇梶静江（アン‐エリス・ルアレン著, 中村歩訳）　〔09096〕

ルイス, キャサリン・C.
◇岩波講座教育変革への展望　4　学びの専門家としての教師　佐藤学, 秋田喜代美, 志水宏吉, 小玉重夫, 北村友人編集委員　佐藤学編　岩波書店　2016.8　243, 2p　22cm　3200円　①978-4-00-011394-6
内容 アメリカの研究者の視点からとらえた日本の教師文化（キャサリン・C.ルイス著, 北田佳子訳）　〔09097〕

ルイス, ジェイコブ
◇マニフェスト本の未来（Book : a futurist's manifesto）　ヒュー・マクガイア, ブライアン・オレアリ編　ボイジャー　2013.2　339p　21cm　2800円　①978-4-86239-117-9
内容 忘れられた消費者（ジェイコブ・ルイス著）　〔09098〕

ルイス, チモシー・J.　Lewis, Timothy J.
◇いじめ、学級崩壊を激減させるポジティブ生徒指導〈PBS〉ガイドブック―期待行動を引き出すユニバーサルな支援（IMPLEMENTING POSITIVE BEHAVIOR SUPPORT SYSTEMS IN EARLY CHILDHOOD AND ELEMENTARY SETTINGS）　メリッサ・ストーモント, チモシー・J.ルイス, レベッカ・ベックナー, ナンシー・W.ジョンソン著, 市川千秋, 宇田光監訳　明石書店　2016.9　153p　21cm 〈文献あり〉 2400円　①978-4-7503-4402-7
内容 第1章 ポジティブ生徒指導により、問題行動を起きなくする　第2章 体制づくりを支援する　第3章 委員会を立ち上げ、引っ張る　第4章 期待行動を教える　第5章 適切な行動を支援する　第6章 矯正的な指導をする　第7章 データに基づいて意思決定する　第8章 小集団および個別支援の基盤をつくる　〔09099〕

ルイス, デイヴィッド・K.　Lewis, David Kellogg
◇世界の複数性について（On the Plurality of Worlds）　デイヴィッド・ルイス著, 出口康夫監訳, 佐金武, 小山虎, 海田大輔, 山口尚訳　名古屋　名古屋大学出版会　2016.8　332, 12p　22cm 〈文献あり 索引あり〉 5800円　①978-4-8158-0846-4
内容 第1章 哲学者の楽園（世界の複数性テーゼ　様相実在論に何ができるか―様相 ほか）　第2章 楽園にあるパラドックス？（あらゆるものが現実的になってしまう？　すべての世界がひとつの世界のうちにある？ ほか）　第3章 安上がりな楽園？（代用主義のプログラム　言語的代用主義 ほか）　第4章 対応者か、それとも二重生活者か？（良い問いと悪い問い　世界のオーバーラップへの反論 ほか）　〔09100〕

ルイス, デイビッド　Lewis, David
◇なぜ「つい」やってしまうのか―衝動と自制の科学（IMPULSE）　デイビッド・ルイス著, 得重達朗訳　CCCメディアハウス　2015.3　319p　19cm　2000円　①978-4-484-15108-3
内容 命を救ってくれた衝動（マガトーク一家との約束　決して遅刻しない男　トンネルの中の少年 ほか）　無意識のゾンビ脳（思考の大部分は舞台裏でなされる　システムI―速く、直感的に　システムR―ゆっくり、整然と ほか）　衝動性と脳科学（新しい脳科学の台頭　現代のフィニアス・ゲージ　衝動性について脳損傷からわかること ほか）　発達途上の脳―ティーンエイジャーはなぜ衝動的に行動しがちなのか（幼少期の衝動　ADHD―衝動に支配されるとき　子どもの脳はどのように発達するのか ほか）　様々な感覚と衝動性（世界を理解する21の方法　嗅覚のもつ衝動的な力　第0脳神経という嗅覚 ほか）　衝動を招く視覚の力（われわれはいかにして見るのか　見る方法は学ぶ必要がある　閾下プライミングの力 ほか）　個人差がある理由—リスクをとるか否かであなたの衝動性がわかる（あなたのリスク比率を調べてみよう　リスクテーキングのスタイル　スコアの出し方 ほか）　愛の衝動—一目惚れから性衝動まで（（即座に湧く欲望、徐々に募る恋心　ダーウィンが考えた恋愛の理由　愛とと情熱 ほか）　食べ過ぎの衝動—なぜダイエットできないか（ジャンクフードとジャングルでの生存競争　食べたいという欲求　衝動的な過食　生活を支えるバクテリア ほか）　衝動買い—買い物客を誘惑する手法（衝動買いの心理学　衝動買いとスーパーマーケットの台頭　世界一強力な販売マシンの中身 ほか）　模倣衝動—突発的な暴動・自殺　自制心を鍛えるには（暴動の衝動　模倣による自殺　同調圧力と自殺衝動 ほか）〔09101〕

ルイス, ドン・ミゲル, Jr.　Ruiz, Miguel, Jr.

◇執着をゆるめてゆたかに生きる—無限の可能性につながる（THE FIVE LEVELS OF ATTACHMENT）　ドン・ミゲル・ルイス・ジュニア著, こまいひさよ訳　コスモス・ライブラリー　2013.12　162p　19cm　〈発売：星雲社〉1500円　①978-4-434-18807-7

内容 知覚と可能性の探求　個人の夢と惑星の夢を理解する　知識と執着　執着の五つのレベル　レベル1：真の自分　レベル2：好み　レベル3：アイデンティティ　レベル4：浸透　レベル5：狂信　最もおそろしい悪魔　執着のレベルをゆるめる　物語と思い込みを明らかにする　対立における執着の役割に気がつく　感情を尊ぶ〔09102〕

ルイス, マイケル　Lewis, Michael M.

◇ブーメラン—欧州から恐慌が返ってくる（BOOMERANG）　マイケル・ルイス著, 東江一紀訳　文芸春秋　2014.9　287p　16cm　（文春文庫 ル5-2）　660円　①978-4-16-790195-0

内容 序章 欧州危機を見通していた男　第1章 漁師たちは投資銀行家になった　第2章 公務員が民間企業の三倍の給料をとる国　第3章 アイルランド人は耐え忍ぶ　第4章 ドイツ人の秘密の本性　第5章 あなたの中の内なるギリシャ〔09103〕

◇フラッシュ・ボーイズ—10億分の1秒の男たち（FLASH BOYS）　マイケル・ルイス著, 渡会圭子, 東江一紀訳　文芸春秋　2014.10　346p　20cm　1650円　①978-4-16-390141-1

内容 序章 幻想のウォール街　第1章 時は金なり　第2章 取引画面の蜃気楼　第3章 捕食者の手口　第4章 捕食者の足跡を追う　第5章 ゴールドマン・サックスは何を恐れたか？　第6章 新しい取引所をつくる　第7章 市場の未来をかいま見る　第8章 セルゲイはなぜコードを持ち出したか？　終章 光より速く〔09104〕

ルイス, マデリン　Lewis, Madeleine

◇ヒマラヤ探検史—地勢・文化から現代登山まで（HIMALAYA）　フィリップ・パーカー編, 藤原多伽夫訳　東洋書林　2015.2　353p　22cm　〈文献あり 索引あり〉4500円　①978-4-88721-820-8

内容 ヒマラヤを解剖する（山脈の形成と地形）（マデリン・ルイス）〔09105〕

ルイス, ロン　Louis, Ron

◇モテる技術　実践編（How To Succeed With Women）　デイビッド・コープランド, ロン・ルイス著, 大沢章子訳　SBクリエイティブ　2014.2　397p　16cm　（SB文庫 コ2-5）　666円　①978-4-7973-7674-6

内容 第1章 プレ・デート　第2章 勝負デート　第3章 交際成立—初めてのキスからその先へ　第4章 ベッドで理想の男になるために　第5章 女性に攻撃されたとき—女性が引き起こすトラブルにどう対処するか　第6章 デートのあとに—手間を惜しまず心遣いを示し続ける　第7章 別れるのは簡単だ　第8章 軽いつき合いから長いつき合いへ　第9章 終わりに〔09106〕

◇モテる技術　入門編（How To Succeed With Women）　デイビッド・コープランド, ロン・ルイス著, 大沢章子訳　SBクリエイティブ　2014.2　301p　16cm　（SB文庫 コ2-4）　650円　①978-4-7973-7673-9

内容 第1章 女性にモテたいあなたへ　第2章 モテる男になるには　第3章 パーソナル・スタイル—服装と自信　第4章 どこで女性に出会えるか　第5章 失敗しない声のかけ方　第6章 恋の語り方速修コース—彼女をコロリと参らせて、ベッドに連れ込む方法〔09107〕

ルヴァスール, クレール　Levasseur, Claire

◇地図で見るアラブ世界ハンドブック（ATLAS DES PAYS ARABES 原著第3版の翻訳）　マテュー・ギデール著, 太田佐絵子訳, クレール・ルヴァスール地図制作　原書房　2016.12　161p　21cm　〈文献あり 索引あり〉2800円　①978-4-562-05357-5

内容 「アラブの春」以後　アラブ諸国—過去と現在　権力と政治　戦争と平和　人々と社会　経済と発展　変革と革命　民主主義への長い道のり　付録 アラブ連盟の22カ国〔09108〕

ルーエンバーガー, デービッド・G.　Luenberger, David G.

◇金融工学入門（Investment Science 原著第2版の翻訳）　デービッド・G.ルーエンバーガー著, 今野浩, 鈴木賢一, 枇々木規雄訳　第2版　日本経済新聞出版社　2015.3　749p　22cm　〈初版：日本経済新聞社 2002年刊　索引あり〉6000円　①978-4-532-13458-7

内容 イントロダクション　第1部 確定的なキャッシュ・フロー流列（基本的な金利理論　確定利付証券　金利の期間構造　応用金利分析）　第2部 1期間確率的キャッシュ・フロー（平均 - 分散ポートフォリオ理論　資本資産価格付けモデル　その他の価格付けモデル　データと統計　リスク尺度　一般原理）　第3部 派生証券（先渡、先物、スワップ　資産ダイナミクスのモデル　基本的なオプション理論　オプションについての追加事項　金利派生証券　信用リスク）　第4部 一般的なキャッシュ・フロー流列（最適ポートフォリオ成長　一般の投資評価）　付録〔09109〕

ルオマ, ジェイソン　Luoma, Jayson

◇アクセプタンス&コミットメント・セラピー実践ガイド—ACT理論導入の臨床場面別アプローチ（A Practical Guide to Acceptance and Commitment Therapy）　スティーブン・C.ヘイズ, カーク・D.ストローサル編著, 谷晋二監訳, 坂本律訳　明石書店　2014.7　473p　22cm　〈文献あり〉5800円　①978-4-7503-4046-3

内容 ACTのケース・フォーミュレーション（スティーブン・C.ヘイズ, カーク・D.ストローサル, ジェイソ

ル

ン・ルオマ, アレシア・A.ヴァラ, ケリー・G.ウィルソン）〔09110〕

ルカス, ティモシー　Lucas, Timothy

◇学習する学校―子ども・教員・親・地域で未来の学びを創造する（SCHOOLS THAT LEARN）　ピーター・M.センゲ, ネルダ・キャンブロン＝マッケイブ, ティモシー・ルカス, ブライアン・スミス, ジャニス・ダットン, アート・クライナー著, リヒテルズ直子訳　英治出版　2014.1　885p　21cm　4800円　①978-4-86276-140-8

内容 スタート（オリエンテーション　5つのディシプリン入門）　第1部 教室（教室のドアを開ける　学習者を理解する　実践　生産的な会話　教室におけるシステム思考）　第2部 学校（学校に入っていく　学校のビジョン　今の現実　能力開発　リーダーシップ）　第3部 コミュニティ（コミュニティに入る　アイデンティティ　つながり　持続可能性）〔09111〕

ルーカス, ハンス・クリスチャン

◇ヘーゲル講義録研究（Nachschriften von Hegels Vorlesungen）　オットー・ペゲラー編, 寄川条路監訳　法政大学出版局　2015.11　279, 2p　22cm　〈索引あり〉3000円　①978-4-588-15074-6

内容 論理学・形而上学講義（ハンス・クリスチャン・ルーカス著, 竹島尚仁訳）〔09112〕

ルーカネン, タルヤ＝リーサ

◇ロシア帝国の民族知識人―大学・学知・ネットワーク　橋本伸也編　京都　昭和堂　2014.5　345, 14p　22cm　〈索引あり〉6000円　①978-4-8122-1358-2

内容 一八三〇年代の新しいフィンランド知識人とナショナリズムの影響回路（タルヤ＝リーサ・ルーカネン著, 石野裕子訳）〔09113〕

ルガル, ジャン＝マリ

◇男らしさの歴史　1　男らしさの創出―古代から啓蒙時代まで（HISTOIRE DE LA VIRILITÉ）　A.コルバン,J-J.クルティーヌ,G.ヴィガレロ監修　G.ヴィガレロ編, 鷲見洋一監訳　藤原書店　2016.12　788p 図版48p　22cm　8800円　①978-4-86578-097-0

内容 僧侶の男らしさ（ジャン＝マリ・ルガル著, 寺田元一訳）〔09114〕

ルーカル, ベッツィ　Lucal, Betsy

◇食の社会学―パラドクスから考える（Food and Society）　エイミー・グプティル, デニス・コプルトン, ベッツィ・ルーカル著, 伊藤茂訳　NTT出版　2016.3　270p　19cm　〈文献あり 索引あり〉2800円　①978-4-7571-4339-5

内容 第1章 食の社会学―原則とパラドクス　第2章 食とアイデンティティ―包摂と排除　第3章 スペクタクルとしての食―豪華ディナーと過酷な労働　第4章 栄養と健康―体によくてもおいしくない？　第5章 ブランド化とマーケティング―消費者主権と企業の影響力　第6章 工業化される食―安い食品にかかる高いコスト　第7章 グローバルフード―複雑化する食品供給網　第8章 食料アクセスの問題―余剰と不足が同時に起きている　第9章 食と社会変化―新たな価値を求めて〔09115〕

ル・カントレック, ギヨーム　Le Quintrec, Guillaume

◇ドイツ・フランス共通歴史教科書―ドイツ ギムナジウム第11ないし12学年 フランス リセ第1学年〈2年生〉近現代史　ウィーン会議から1945年までのヨーロッパと世界（Histoire/Geschichte）　ペーター・ガイス, ギヨーム・ル・カントレック監修, 福井憲彦, 近藤孝弘監訳　明石書店　2016.2　389p　27cm　（世界の教科書シリーズ 43）〈訳：加納教孝 ほか〉5400円　①978-4-7503-4306-8

内容 第1部 民族の時代（1814～1914年）　第2部 19世紀および20世紀初頭における産業社会の形成　第3部 19世紀および20世紀前半における文化の発展　第4部 ヨーロッパの拡大と植民地主義　第5部 第一次世界大戦　第6部 戦間期における民主主義と全体主義体制　第7部 第二次世界大戦〔09116〕

ルーク, デヴィッド　Rooke, David

◇行動探求―個人・チーム・組織の変容をもたらすリーダーシップ（ACTION INQUIRY）　ビル・トルバートほか著, 小田理一郎, 中小路佳代子訳　英治出版　2016.2　341p　22cm　〈文献あり〉2400円　①978-4-86276-213-9

内容 第1部 行動探求のリーダーシップ・スキルを学ぶ（行動探求の基本　話し方としての行動探求　組織化する方法としての行動探求　行動探求―概念と体験）　第2部 変容をもたらすリーダーシップ（機会獲得型と外交官型　専門家型と達成者型　再定義型の行動論理　変容者型の行動論理）　第3部 変容をもたらす組織（変容をもたらす会議、チーム、組織　組織変革をファシリテーションする　社会的ネットワークの組織と、協働的な探求への変容　協働的な探求の真髄）　第4部 行動探求の究極の精神的・社会的な意図（アルケミスト型の行動についての新鮮な気づき　探求の基盤コミュニティを創り出す）〔09117〕

ルクナー, ケアスティン

◇戦争への終止符―未来のための日本の記憶　グレン・D.フック, 桜井智恵子編　京都　法律文化社　2016.5　188p　21cm　〈他言語標題：Full Stop to War　文献あり〉3000円　①978-4-589-03759-6

内容 東京からハーグへ、戦犯法廷と戦争記憶の政治（ケアスティン・ルクナー著, ファン・デル・ドゥース石川瑠璃訳）〔09118〕

ルクリュ, エリゼ　Reclus, Élisée

◇ルクリュの19世紀世界地理　第1期セレクション　1　東アジア―清帝国、朝鮮、日本（Nouvelle Gèographie Universelle）　エリゼ・ルクリュ著, 柴田匡平訳　古今書院　2015.1　814, 41p 図版8枚　22cm　〈索引あり〉20000円　①978-4-7722-9006-7

内容 第1章 総説　第2章 チベット　第3章 中国トルキスタン（東トルキスタン）―タリム盆地　第4章 モンゴル　第5章 中国　第6章 朝鮮　第7章 日本〔09119〕

◇ルクリュの19世紀世界地理　第1期セレクション　2　北アフリカ第二部―トリポリタニア、チュニジア、アルジェリア、モロッコ、サハラ（Nouvelle Géographie Universelle.tome 11 ： L'Afrique septentrionale, deuxième partie）　エリゼ・ルクリュ著, 柴田匡平訳　古今書院　2016.

ル

1　878, 60p　22cm　〈索引あり〉23000円　Ⓘ978-4-7722-9007-4
内容 第1章 トリポリタニア（バルカ　アウジラのオアシス群 ほか）　第2章 チュニジア（マウレタニア（マグリブ地方総説）　チュニジアの自然 ほか）　第3章 アルジェリア（概史　地勢 ほか）　第4章 モロッコ（概説および自然　住民 ほか）　第5章 サハラ（大沙漠ティベスティ山地とボルクー地方 ほか）〔09120〕

◇ルクリュの19世紀世界地理　第1期セレクション 3　アメリカ合衆国（Nouvelle Géographie Universelle.tome 16 : Les États-Unis）　エリゼ・ルクリュ著, 柴田匡平訳　古今書院　2016.11　831, 56p 図版5枚　22cm　〈索引あり〉23000円　Ⓘ978-4-7722-9008-1
内容 第1章 総説 国土面積、地質構造、および自然区分　第2章 先住民　第3章 合衆国への入植者、白人と黒人　第4章 アパラチア山脈と大西洋側斜面　第5章 五大湖およびミシシッピ川流域　第6章 ロッキー山脈と太平洋側斜面　第7章 合衆国の人口と統計　第8章 政府と行政　付録 黒人法と黒人奴隷（両世界評論第30巻、一八六〇年十二月十五日号、868〜901頁所載）〔09121〕

ル・クレジオ, J.M.G.　Le Clézio, Jean-Marie Gustave

◇ラガ―見えない大陸への接近（RAGA）　ル・クレジオ〔著〕, 管啓次郎訳　岩波書店　2016.3　146p　20cm　〈文献あり〉2200円　Ⓘ978-4-00-025502-8
内容 ラガ　帰還なき旅　メルシッシ　ブラックバーズ　タロ、イグナム、カヴァ　神、神々、影　抵抗の技芸　島々〔09122〕

ルクレール, アントワーヌ　LeClair, Antoine

◇ブラック・ホークの自伝―あるアメリカン・インディアンの闘争の日々（BLACK HAWK）　ブラック・ホーク著, アントワーヌ・ルクレール編, 高野一良訳　風濤社　2016.11　249p　20cm　〈年譜あり〉2800円　Ⓘ978-4-89219-422-1
内容 祖父と"白い人"　戦士ブラック・ホーク誕生　新たなる"白い人"との交わり　イギリスとアメリカの戦争　和平条約へのサイン　我々の土地、我々の暮らし再びの試練　故郷を占拠する白人入植者　故郷を離れる　ミシシッピー川を再び渡る〔ほか〕〔09123〕

ル・クレール, ジャン

◇ピエール・ベール関連資料集　補巻　良心の自由　野沢協編訳　法政大学出版局　2015.1　387p　22cm　14000円　Ⓘ978-4-588-12025-1
内容 ジャン・ル・クレールによる紹介 他（ジャン・ル・クレール）〔09124〕

ルーケン, リンダ・J.

◇死別体験―研究と介入の最前線（Handbook of Bereavement Research and Practice 原著第3版の抄訳）　マーガレット・S.シュトレーベ, ロバート・O.ハンソン, ヘンク・シュト, ウォルフガング・シュトレーベ編, 森茂起, 森年恵訳　誠信書房　2014.3　322p　22cm　〈文献あり 索引あり〉4400円　Ⓘ978-4-414-41454-7
内容 子ども時代の親の死による長期的影響（リンダ・J.ルーケン著）〔09125〕

ル＝ゴフ, ジャック　Le Goff, Jacques

◇煉獄の誕生（LA NAISSANCE DU PURGATOIRE）　ジャック・ル・ゴッフ著, 渡辺香根夫, 内田洋訳　新装版　法政大学出版局　2014.5　648, 38p　19cm　（叢書・ウニベルシタス）　7000円　Ⓘ978-4-588-09986-1
内容 第三の場所　第1部 煉獄以前の死後世界（古代の想像的形象　煉獄の父たち　中世初期―教義上の停滞とヴィジョンの増殖）　第2部 一二世紀 煉獄の誕生（浄罪の火　浄罪の場所"LOCUS PURGATORIUS"　シチリア・アイルランド間の煉獄　煉獄の論理）　第3部 煉獄の勝利（スコラ的体系化　社会的勝利―司牧と煉獄　詩的勝利―『神曲』）〔09126〕

◇ヨーロッパは中世に誕生したのか？（L'EUROPE EST-ELLE NEE AU MOYEN AGE？）　J.ル＝ゴフ〔著〕, 菅沼潤訳　藤原書店　2014.11　509p 図版16p　20cm　〈文献あり 年表あり 索引あり〉4800円　Ⓘ978-4-86578-001-7
内容 序章 中世以前　第1章 胚胎するヨーロッパ―四世紀から八世紀　第2章 流産したヨーロッパ―八世紀から十世紀　第3章 空想のヨーロッパと潜在的ヨーロッパ―紀元千年　第4章 封建制ヨーロッパ―十一世紀から十二世紀　第5章 都市と大学の「黄金期」ヨーロッパ―十三世紀　第6章 中世の秋、あるいは新時代の春？〔09127〕

◇叢書『アナール1929-2010』―歴史の対象と方法 4　1969-1979（Anthologie des Annales 1929-2010）　E.ル＝ロワ＝ラデュリ,A.ビュルギエール監修, 浜名優美監訳　E.ル＝ロワ＝ラデュリ編, 池田祥英, 石川学, 井上桜子, 志村幸紀, 下村武, 寺本敬子, 中村督, 平沢勝行訳　藤原書店　2015.6　456p　22cm　8800円　Ⓘ978-4-86578-030-7
内容 中世初期のペスト 他（ジャック・ル＝ゴフ, ジャン＝ノエル・ビラベン著, 下村武訳）〔09128〕

◇中世と貨幣―歴史人類学的考察（LE MOYEN AGE ET L'ARGENT）　ジャック・ル＝ゴフ〔著〕, 井上桜子訳　藤原書店　2015.12　325p　20cm　〈文献あり 索引あり〉3600円　Ⓘ978-4-86578-053-6〔09129〕

◇時代区分は本当に必要か？―連続性と不連続性を再考する（FAUT-IL VRAIMENT DÉCOUPER L'HISTOIRE EN TRANCHES？）　ジャック・ル＝ゴフ〔著〕, 菅沼潤訳　藤原書店　2016.8　214p　20cm　〈文献あり 索引あり〉2500円　Ⓘ978-4-86578-079-6
内容 古い時代区分　中世の出現　歴史、教育、時代　ルネサンスの誕生　今日から見たルネサンス　中世は「闇の時代」か？　長い中世〔09130〕

ルゴフ, ジャン＝ピエール　Le Goff, Jean-Pierre

◇プロヴァンスの村の終焉　上（LA FIN DU VILLAGE, Une histoire française）　ジャン＝ピエール・ルゴフ著, 伊藤直訳　青灯社　2015.11　368p　19cm　3800円　Ⓘ978-4-86228-084-8
内容 プロローグ（バル・デ・ブール―プロヴァンスのカフェの伝統と日常　時が止まったままの情景）　第1部 村落共同体とかつての庶民（農民と籠細工師たちの村―プロヴァンスの労働と伝統　我が少年時代の愛しき郷里―かつての若者たちと楽しみ　言葉の楽しみ―人づき合いの良さと確執　「地元の人たち」―血縁と「相互認識」　戦争の記憶―人間についての教訓

ル

最後の兵士たち？）　第2部 一つの世界の終焉（大変化　農村に暮らす「六八年世代」　「新時代の空気」に直面する共産主義の活動家たち　過去を蘇らせることは誰にもできない―遺産、文化、そして大規模工事　各種団体のネットワーク―再生の兆し？　団体活動による社会参加にはかつての面影はもはやない―ボランティアから専門職へ）　〔09131〕

◇プロヴァンスの村の終焉　下（LA FIN DU VILLAGE, Une histoire française）　ジャン＝ピエール・ルゴフ著, 伊藤直訳　青灯社　2015.12　452p　19cm　〈文献あり〉3800円　①978-4-86228-085-5

内容 第3部 新たな世界（田舎に暮らす都会人たち―村落共同体から都会的な個人主義へ　村長、消防士、そして憲兵―共同体の伝統の急変　"公園"に住む　新たな世界の観光客とキャンパーたち　「文化人たち」の奇妙な世界　新旧主任司祭たち―儀礼と慣習　拡散する新たな形式の精神的・霊的生活）　第4部 統一のない村（問題だらけの現代化―社会的共存と再編成　退職者、管理職の妻そして企業経営者　話しかけねばならない人たち？　統合、貧困そして「瓦解」）　第5部 カドネで成長すること、そして老いていくこと（「小学校の先生たち」と新時代の教師たち　「ジュニア公民」の組織化と演出　子供と青少年の新たな歩み　家庭と教育：大変動　老人たちはどこへ行った？）　エピローグ（ばらばらになったプロヴァンス―猟師、羊飼い、そしてカフェの主人　文化的、精神的遺産が息づくあの場所に帰る）　〔09132〕

ル

ルコヤノフ, I.V.

◇日ロ関係史―パラレル・ヒストリーの挑戦　五百旗頭真, 下斗米伸夫,A.V.トルクノフ,D.V.ストレリツォフ編　東京大学出版会　2015.9　713, 12p　22cm　〈年表あり〉9200円　①978-4-13-026265-1

内容 世紀転換期のロシアと日本（I.V.ルコヤノフ著, 藤本健太朗訳）　〔09133〕

ルコント, コンラッド

◇スーパーヴィジョンのパワーゲーム―心理療法家訓練における影響力・カルト・洗脳（Power Games）　リチャード・ローボルト編著, 太田裕一訳　金剛出版　2015.3　424p　22cm　〈索引あり〉6000円　①978-4-7724-1417-3

内容 臨床スーパーヴィジョン（コンラッド・ルコント著）　〔09134〕

ルシアック, ミカエル

◇多様性を拓く教師教育―多文化時代の各国の取り組み（Educating Teachers for Diversity）　OECD教育研究革新センター編著, 斎藤里美監訳, 布川あゆみ, 本田伊克, 木下江美, 三浦綾希子, 藤浪海訳　明石書店　2014.8　403p　22cm　4500円　①978-4-7503-4053-1

内容 教育的文脈における多様性（ミカエル・ルシアック著, 布川あゆみ訳）　〔09135〕

ルージュ, エロディ　Rouge, Élodie

◇パリジェンヌたちのとっておきのパリ　エロディ・ルージュ著, アンジェリーヌ・メランイラスト, 太田佐絵子訳　原書房　2016.3　205p　21cm　2000円　①978-4-562-05266-0

内容 パレ・ロワイヤル*ヴァンドーム*サントノレ　サン・ドニ通り*モントルグイユ　マレ地区　カルティエ・ラタン*オデオン　サン・ジェルマン・デ・プレ*セーヴル・バビロン　シャンゼリゼ*アルマ　グラン・ブルヴァール*マルティール通り　フォーブール・サン・ドニ*サン・マルタン運河　オベルカンフ*ベルヴィル*メニルモンタン　バスティーユ*アリーグル　ビュット・オ・カイユ*ダンフェール・ロシュロー　オートゥイユ*ヌイイ*パッシー　パティニョル・テルヌ　モンマルトルの丘　〔09136〕

ルシュヴァリエ, セバスチャン　Lechevalier, Sébastien

◇日本資本主義の大転換（LA GRANDE TRANSFORMATION DU CAPITALISME JAPONAIS（重訳））　セバスチャン・ルシュヴァリエ〔著〕, 新川敏光監訳　岩波書店　2015.12　239, 28p　20cm　〈文献あり〉3400円　①978-4-00-061087-2

内容 資本主義の多様性と資本主義の未来への日本からの教訓 他（セバスチャン・ルシュヴァリエ, イヴ・ティベルゲン著, 安周永訳）　〔09137〕

ルジュヌ, チャド　Lejeune, Chad

◇アクセプタンス＆コミットメント・セラピー実践ガイド―ACT理論導入の臨床場面別アプローチ（A Practical Guide to Acceptance and Commitment Therapy）　スティーブン・C.ヘイズ, カーク・D.ストローサル編著, 谷晋二監訳, 坂本律訳　明石書店　2014.7　473p　22cm　〈文献あり〉5800円　①978-4-7503-4046-3

内容 不安障害を対象としたACT（スーザン・M.オーシロ, リザベス・レーマー, ジェニファー・ブロック＝ラーナー, チャド・ルジュヌ, ジェームス・D.ハーバート）　〔09138〕

ルーシュV　Roosh V

◇抱けるナンパ術―出会いからベッドにいたるアルファ男の心得（BANG）　ルーシュV著, 永井二菜訳　パンローリング　2015.6　234p　19cm　（フェニックスシリーズ 28）　1300円　①978-4-7759-4146-1

内容 第1ステージ ナンパ師の心得　第2ステージ アプローチで女心をつかめ　第3ステージ デートからベッドまで　第4ステージ セックスの前・中・後にやること　エンドゲーム 究極のモテ男とは？　付録 ナンパのヒント―ナンパ6カ条　〔09139〕

ルシール, フランシス　Lucille, Francis

◇今、永遠であること（Eternity Now）　フランシス・ルシール著, わたなべゆみこ訳　ナチュラルスピリット　2016.1　246p　19cm　1700円　①978-4-86451-192-6

内容 求めないという芸術　ダイレクト・パス（直接的な道）　愛は決して死なない　ほんとうの自分とは、客体ではない　真の人生に目的はない　ジョーン・ドー（匿名）俳優　真の師は自らを師としない　神でないものなどない　時を超えた今という驚くべき芝居　真の理解はハートにある　熟睡はあり、死はない　愛を愛する　不死の壮麗さに目覚める　〔09140〕

ルスティガー, アルノ

◇軍服を着た救済者たち―ドイツ国防軍とユダヤ人救出工作（Retter in Uniform）　ヴォルフラム・ヴェッテ編, 関口宏道訳　白水社　2014.6　225,

20p　20cm　2400円　①978-4-560-08370-3
内容 アントーン・シュミット軍曹（アルノ・ルスティガー著）　〔09141〕

ル・ストウム, フィリップ

◇テキストとイメージを編む―出版文化の日仏交流　林洋子, クリストフ・マルケ編　勉誠出版　2015.2　335p　22cm　〈他言語標題：Marier texte et image　年表あり〉4800円　①978-4-585-27021-8
内容 日本からの教示（フィリップ・ル・ストウム著, 鵜飼敦子訳）　〔09142〕

ルスロ, リュシアン　Rousselot, Lucien

◇華麗なるナポレオン軍の軍服―絵で見る上衣・軍帽・馬具・配色（The Uniforms of La Grande Armée（重訳））　リュシアン・ルスロ著, 辻元よしふみ, 辻元玲子監修翻訳　マール社　2014.10　223p　15×21cm　〈文献あり〉2450円　①978-4-8373-0743-3
内容 正規軍の章（歩兵　騎兵　砲兵　支援部隊　幕僚）　皇帝親衛隊の章（歩兵　騎兵　砲兵　海兵・工兵・支援部隊）　〔09143〕

ルソー, ジャン=ジャック　Rousseau, Jean-Jacques

◇日本立法資料全集　別巻840　民約論　ルソー原著, 藤田浪人解説　復刻版　信山社出版　2014.2　257p　23cm　〈新鋭堂書店 大正8年刊の複製〉30000円　①978-4-7972-7138-6　〔09144〕

◇人間不平等起源論―付「戦争法原理」（Discours sur l'origine et les fondements de l'inégalité parmi les hommes）　ジャン＝ジャック・ルソー〔著〕, 坂倉裕治訳　講談社　2016.6　232p　15cm　（講談社学術文庫 2367）　860円　①978-4-06-292367-5
内容 人間たちの間の不平等の起源と根拠に関する論文　戦争法原理　〔09145〕

ルター, マルティン　Luther, Martin

◇エンキリディオン小教理問答―キリスト者必携（Die Bekenntnisschriften der evangelisch-lutherischen Kirche）　マルティン・ルター著, ルター研究所訳　リトン　2014.10　113p　19cm　〈宗教改革500年記念〉900円　①978-4-86376-038-7
内容 小教理問答（一般の牧師たちと説教者たちへ　十戒　使徒信条（信仰）　主の祈り　聖なる洗礼の聖礼典　普通の人に懺悔することについてどのように教えるべきか　聖壇の礼典）　朝の祈り、夕の祈り、食事の感謝　いくつかの聖句による家訓　結婚式文（一般の牧師たちへ　（式文））　（嬰児）洗礼式文（（牧師たちへ）　（式文））　〔09146〕

◇ルターの言葉―信仰と思索のために（Martin Luther Lektüre für Augenblicke）　W.シュパルン編, 湯川郁子訳　教文館　2014.10　252, 5p　19cm　2000円　①978-4-7642-6714-5
内容 1 信仰　2 みことば　3 経験　4 自由　5 人の心　〔09147〕

◇『キリスト者の自由』を読む　ルター研究所編著　リトン　2016.10　146p　19cm　1000円　①978-4-86376-050-9
内容 『キリスト者の自由』抄訳　『キリスト者の自由』を読む人のために　主要テーマをめぐって（自由　律法と福音　信仰義認　全信徒祭司性　信仰と行為　愛の奉仕）　座談会・二一世紀に『キリスト者の自由』を読む　〔09148〕

ルタブリエ, マリー・テレーズ

◇フランスに学ぶ男女共同の子育てと少子化抑止政策　冨士谷あつ子, 伊藤公雄編著　明石書店　2014.7　221p　22cm　2800円　①978-4-7503-4044-9
内容 フランスの家族政策（マリー・テレーズ・ルタブリエ著）　〔09149〕

ルーダーマン, マリアン・N.

◇経験学習によるリーダーシップ開発―米国CCLによる次世代リーダー育成のための実践事例（Experience-Driven Leader Development）　シンシア・D.マッコーレイ,D.スコット・デリュ, ポール・R.ヨスト, シルベスター・テイラー編, 漆嶋稔訳　日本能率協会マネジメントセンター　2016.8　511p　27cm　8800円　①978-4-8207-5929-4
内容 私生活上の経験から学ぶこと（マリアン・N.ルーダーマン, パトリシア・J.オーロット）　〔09150〕

ル

ルックマン, トーマス　Luckmann, Thomas

◇生活世界の構造（STRUKTUREN DER LEBENSWELT）　アルフレッド・シュッツ, トーマス・ルックマン著, 那須寿監訳　筑摩書房　2015.11　634, 4p　15cm　（ちくま学芸文庫 シ36-1）　〈索引あり〉1700円　①978-4-480-09705-7
内容 第1章 日常の生活世界と自然的態度（自然な世界観の問われることのない地盤としての生活世界　疑いのない所与と問題的なもの　体験する主観にとっての生活世界の構造化　プランと実行可能性）　第2章 生活世界の成層化（限定的な意味構造をもった現実の諸領域　日常の生活世界の成層化）　第3章 生活世界についての知識（知識集積―その状況関係性と発生、構造　レリヴァンス　類型性）　第4章 知識と社会（主観的知識集積の社会的条件づけ　社会的な知識集積の成立　社会的な知識集積の構造　社会的な知識集積の主観的対応物）　〔09151〕

ルッジウ, フランソワ=ジョゼフ　Ruggiu, François-Joseph

◇自己語りと記憶の比較都市史　渡辺浩一, ヴァネッサ・ハーディング編　勉誠出版　2015.11　263, 2p　22cm　〈他言語標題：Comparative Urban History of Ego-document and Memory〉4500円　①978-4-585-22131-9
内容 フランスにおける都市民意識、都市体験、アイデンティティ（フランソワ＝ジョゼフ・ルッジウ著, 加太康孝英語訳, 舟橋倫子仏語訳, 坂野正則校閲）　〔09152〕

◇都市・身分・新世界　フランソワ＝ジョゼフ・ルッジウ著, 高沢紀恵, 竹下和亮編　山川出版社　2016.11　120p　19cm　（YAMAKAWA LECTURES 9）　〈文献あり 著作目録あり〉1500円　①978-4-634-47509-0
内容 近世ヨーロッパの政治空間―都市・身分・新世界　十八世紀における市民の政治参加―英仏の比較から

大西洋貴族は存在するか―旧世界から新世界に渡ったフランスの第二身分　〔09153〕

ルッセ, ピエール　Russet, Pierre

◇台頭する中国その強靱性と脆弱性（China's Rise）　区竜宇著, 白瑞雪, ブルーノ・ジュタン, ピエール・ルッセ寄稿, 寺本勉, 喜多幡佳秀, 湯川順夫, 早野一訳　柘植書房新社　2014.8　449, 24p　22cm　4600円　①978-4-8068-0664-6

内容 毛沢東主義、その功績と限界（ピエール・ルッセ著, 湯川順夫訳）　〔09154〕

ルッソ, アルベルト

◇比較制度分析のフロンティア（INSTITUTIONS AND COMPARATIVE DEVELOPMENTの抄訳, COMPLEXITY AND INSTITUTIONSの抄訳〔etc.〕）　青木昌彦, 岡崎哲二, 神取道宏監修　NTT出版　2016.9　356p　22cm　（叢書《制度を考える》）〈他言語標題：Frontiers of Comparative Institutional Analysis〉 4500円　①978-4-7571-2325-0

内容 産業間不均衡と長期的危機（ドメニコ・デリ・ガッティ, マウロ・ガレガティ, ブルース・C.グリーンウォルド, アルベルト・ルッソ, ジョセフ・E.スティグリッツ著, 藪下史郎訳）　〔09155〕

ルッソ, クリスティン　Russo, Kristin

◇LGBTの子どもに寄り添うための本―カミングアウトから始まる日常に向き合うQ&A（This Is a Book for Parents of Gay Kids）　ダニエル・オウェンズ＝リード, クリスティン・ルッソ著, 金成希訳　白桃書房　2016.2　214p　21cm　〈文献あり 索引あり〉 1852円　①978-4-561-51093-2

内容 第1章 子どものカミングアウト　第2章 親としての最初の反応　第3章 誰に話すか　第4章 子どもの将来　第5章 性教育について　第6章 信仰との関係　第7章 ジェンダー・アイデンティティ　第8章 子どもを支えていくために　〔09156〕

ルッツ, キャサリン

◇正義への責任―世界から沖縄へ　1　那覇　琉球新報社　2015.11　55p　21cm　〈発売：琉球プロジェクト（〔那覇〕）〉 565円　①978-4-89742-193-3

内容 安全保障損ねる「贈り物」―在外米軍が戦争誘発（キャサリン・ルッツ）　〔09157〕

ルッツ, クリステル　Lutz, Christel

◇ヒルガードの心理学（ATKINSON & HILGARD'S INTRODUCTION TO PSYCHOLOGY 原著第16版の翻訳）　Susan Nolen-Hoeksema,Barbara L.Fredrickson, Geoffrey R.Loftus,Christel Lutz著, 内田一成監訳　金剛出版　2015.9　1094p　27cm　〈文献あり 索引あり〉 22000円　①978-4-7724-1438-8

内容 心理学の特徴　心理学の生物学的基礎　心理発達　感覚過程　知覚　意識　学習と条件づけ　記憶　言語と思考　動機づけ　感情　知能　人格　ストレス、健康、コーピング　心理障害　心の健康問題の治療　社会的影響　社会的認知　〔09158〕

ルッツ, トーマス

◇現代ドイツへの視座―歴史学的アプローチ　1　想起の文化とグローバル市民社会　石田勇治, 福永美和子編　勉誠出版　2016.8　434p　22cm　〈他言語標題：Neue Forschungen zur deutschen Zeitgeschichte〉 5200円　①978-4-585-22512-6

内容 想起なき記念？（トーマス・ルッツ著, 福永美和子訳）　〔09159〕

ルッツ, H.

◇国際社会学の射程―社会学をめぐるグローバル・ダイアログ　西原和久, 芝真里編訳　東信堂　2016.2　118p　21cm　（国際社会学ブックレット 1）　1200円　①978-4-7989-1336-0

内容 コスモポリタニズムからパブリック・ソシオロジーへ（H.ルッツ著, 塩谷芳也訳）　〔09160〕

ルッツ＝バッハマン, マティアス　Lutz-Bachmann, Matthias

◇人権への権利―人権、民主主義そして国際政治（Recht auf Menschenrechte）　ハウケ・ブルンクホルスト, ヴォルフガング・R.ケーラー, マティアス・ルッツ＝バッハマン編, 舟場保之, 御子柴善之監訳　吹田　大阪大学出版会　2015.1　335, 13p　21cm　〈索引あり〉 3700円　①978-4-87259-491-1

内容 伝統的〈国民国家〉終焉後の〈世界国家的枠組み〉と人権（マティアス・ルッツ＝バッハマン著, 石田京子訳）　〔09161〕

ルーデンドルフ, エーリヒ　Ludendorff, Erich

◇ルーデンドルフ総力戦（Der totale Krieg）　エーリヒ・ルーデンドルフ著, 伊藤智央訳・解説　原書房　2015.11　282p　20cm　〈索引あり〉　2800円　①978-4-562-05263-9

内容 第1部 総力戦（総力戦の本質　国民の精神的団結性―総力戦の基礎　経済と総力戦　軍の強さと本質　軍の構成要素とその投入　総力戦の遂行　将帥）　第2部 解説（総力戦思想形成の背景　クラウゼヴィッツ思想との関係　総力戦としての第二次世界大戦に向けて）　〔09162〕

ルート, ウェイン・アリン　Root, Wayne Allyn

◇ユダヤ人億万長者に学ぶ「不屈」の成功法則（THE POWER OF RELENTLESS）　ウェイン・アリン・ルート著, 弓場隆訳　サンマーク出版　2016.3　217p　19cm　1500円　①978-4-7631-3534-6

内容 第1部 大成功を収める7つの秘訣（不屈の心　不屈の執念　不屈の野心と目標設定　不屈の準備　不屈のブランド戦略 ほか）　第2部 エネルギーにあふれるための12のポジティブな習慣（12のポジティブな習慣　不屈の早起き　不屈の家庭生活　不屈の瞑想　不屈の祈り、感謝、許し ほか）　〔09163〕

ルードヴィッヒ, グンドゥラ

◇歴史に生きるローザ・ルクセンブルク―東京・ベルリン・モスクワ・パリ‐国際会議の記録　伊藤成彦編著　社会評論社　2014.9　369p　21cm　2700円　①978-4-7845-1523-3

内容 ローザ・ルクセンブルクの観点から見る公共圏再考（コルネリア・ハウザー, グンドゥラ・ルードヴィッ

ヒ著, 森山あゆみ訳）〔09164〕

ルトクヴィスト, ヤコブ　Rutqvist, Jakob

◇サーキュラー・エコノミー―デジタル時代の成長戦略（Waste to Wealth The Circular Economy Advantage）　ピーター・レイシー, ヤコブ・ルトクヴィスト著, アクセンチュア・ストラテジー訳, 牧岡宏, 石川雅崇監訳　日本経済新聞出版社　2016.11　459p　19cm　2500円　①978-4-532-32123-9

内容 第1部 サーキュラー・エコノミーの時代（終焉の時　サーキュラー・エコノミーのルーツ　サーキュラー・エコノミーモデルで優位に立つ）　第2部 サーキュラー・エコノミーの5つのビジネスモデル（サーキュラー型のサプライチェーン 始まりの始まり　回収とリサイクル「無駄」の歴史を塗り替える　「製品寿命の延長」に基づくビジネスモデル―高い耐久性を備えた製品　シェアリング・プラットフォーム型のビジネスモデル―遊休資産の活用　「サービスとしての製品」に基づくビジネスモデル―製品の所有ではなくパフォーマンスの追求へ）　第3部 サーキュラー・エコノミーの競争優位性「サーキュラー・アドバンテージ」を獲得する（サーキュラー・エコノミーのビジネスモデル評価、イネイブラー、エコシステム　サーキュラー・アドバンテージにおけるテクノロジーとデジタルの最先端時代を動かす10のテクノロジー　サーキュラー・エコノミーによる価値向上に必要な5つの機能　政策がサーキュラー・エコノミーにもたらす影響力）　第4部 初めの一歩（競争優位性の確保 スタートに向かって）　第5部 日本企業とサーキュラー・アドバンテージ（日本企業にとっての新しい成長戦略論）〔09165〕

ルドルフ, ジェニー　Rudolph, Jenny

◇行動探求―個人・チーム・組織の変容をもたらすリーダーシップ（ACTION INQUIRY）　ビル・トルバートほか著, 小田理一郎, 中小路佳代子訳　英治出版　2016.2　341p　22cm　〈文献あり〉　2400円　①978-4-86276-213-9

内容 第1部 行動探求のリーダーシップ・スキルを学ぶ（行動探求の基本　話し方としての行動探求　組織化する方法としての行動探求　行動探求―概念と体験）　第2部 変容をもたらすリーダーシップ（機会獲得型と外交官型　専門家型と達成者型　再定義型の行動論理　変容者型の行動論理）　第3部 変容をもたらす組織（変容をもたらす会議、チーム、組織　組織変革をファシリテーションする　社会的ネットワークの組織と、協働的な探求への変容　協働的な探求の真髄）　第4部 行動探求の究極の精神的・社会的な意図（アルケミスト型の行動についての新鮮な気づき　探求の基盤コミュニティを創り出す）〔09166〕

ルトワック, エドワード　Luttwak, Edward

◇エドワード・ルトワックの戦略論―戦争と平和の論理（STRATEGY 原著改訂, 増補版の翻訳）　エドワード・ルトワック著, 武田康裕, 塚本勝也訳　毎日新聞社　2014.4　417, 20p　20cm　〈文献あり 索引あり〉　2600円　①978-4-620-32240-7

内容 第1部 戦略の論理（戦争における逆説の意識的活用　行動の論理　効率性と成功の極限点　反対の一致）　第2部 戦略のレベル（技術レベル　戦術レベル　作戦レベル　戦域戦略―その一・軍事作戦と政治的選択　戦域戦略―その二・攻撃と防御　戦域戦略―その三・阻止攻撃と奇襲攻撃　非戦略―海軍、空軍、核戦力　戦略的エア・パワーのルネサンス）　第3部 最終結果―大戦略（大戦略の射程　武力による誘導　戦争における調和と不調和　戦略は有用か）〔09167〕

◇中国（チャイナ）4.0―暴発する中華帝国　エドワード・ルトワック著, 奥山真司訳　文芸春秋　2016.3　207p　18cm　（文春新書 1063）　780円　①978-4-16-661063-1

内容 序章 中国1・0―平和的台頭　第1章 中国2・0―対外強硬路線　第2章 中国3・0―選択的攻撃　第3章 なぜ国家は戦略を誤るのか？ ―G2論の破綻　第4章 独裁者、習近平の真実―パラメータと変数　第5章 中国軍が尖閣に上陸したら？ ―封じ込め政策　第6章 ルトワック戦略論のキーワード〔09168〕

ルーニー, グレンダ・デューベリー　Rooney, Glenda Dewberry

◇ダイレクト・ソーシャルワークハンドブック―対人支援の理論と技術（Direct social work practice（第8版））　ディーン・H.ヘプワース, ロナルド・H.ルーニー, グレンダ・デューベリー・ルーニー, キム・シュトローム‐ゴットフリート, ジョアン・ラーセン著, 武田信子監修, 北島英治, 渋谷昌史, 平野直己, 藤林慶子, 山野則子監訳　明石書店　2015.3　975p　27cm　〈文献あり〉　25000円　①978-4-7503-4171-2〔09169〕

ルーニー, ロナルド・H.　Rooney, Ronald H.

◇ダイレクト・ソーシャルワークハンドブック―対人支援の理論と技術（Direct social work practice（第8版））　ディーン・H.ヘプワース, ロナルド・H.ルーニー, グレンダ・デューベリー・ルーニー, キム・シュトローム‐ゴットフリート, ジョアン・ラーセン著, 武田信子監修, 北島英治, 渋谷昌史, 平野直己, 藤林慶子, 山野則子監訳　明石書店　2015.3　975p　27cm　〈文献あり〉　25000円　①978-4-7503-4171-2〔09170〕

ルノー, エマニュエル　Renault, Emmanuel

◇100語でわかるマルクス主義（Les 100 mots du marxisme）　ジェラール・デュメニル, ミシェル・レヴィ, エマニュエル・ルノー著, 井形和正, 斎藤かぐみ訳　白水社　2015.2　162p　18cm　（文庫クセジュ 997）　1200円　①978-4-560-50997-5〔09171〕

ルノー, ミッシェル

◇排外主義を問いなおす―フランスにおける排除・差別・参加　中野裕二, 森千香子, エレン・ルバイ, 浪岡新太郎, 園山大祐編著　勁草書房　2015.5　252p　22cm　〈年表あり 索引あり〉　4500円　①978-4-326-60277-3

内容 参加と反排除（ミッシェル・ルノー著, 平野暁人訳）〔09172〕

ルバー, マーク

◇徳倫理学―ケンブリッジ・コンパニオン（The Cambridge Companion to Virtue Ethics）　ダニエル・C.ラッセル編, 立花幸司監訳, 相沢康隆, 稲村一隆, 佐良土茂樹訳　春秋社　2015.9　521, 29p　20cm　〈文献あり 索引あり〉　5200円　①978-4-393-32353-3

ル

内容 徳と政治（マーク・ルバー著, 稲村一隆訳）〔09173〕

ルバイ, エレン　Le Bail, Hélène

◇排外主義を問いなおす―フランスにおける排除・差別・参加　中野裕二, 森千香子, エレン・ルバイ, 浪岡新太郎, 園山大祐編著　勁草書房　2015.5　252p　22cm　〈年表あり 索引あり〉4500円　①978-4-326-60277-3

内容 「公衆衛生へのアクセス」から「政治参加」へ（エレン・ルバイ著, 平野暁人訳）〔09174〕

ル・バロン, ミシェル

◇小学校で法を語ろう（Let's Talk about Law in Elementary School）　W.キャシディ,R.イェーツ編著, 同志社大学法教育研究会訳　成文堂　2015.12　232p　21cm　3000円　①978-4-7923-0584-0

内容 小学校の教室での対立解決（ミシェル・ル・バロン, ヴィクター・ロビンソン著, 林貴美訳）〔09175〕

ルーバン, オトカール

◇歴史に生きるローザ・ルクセンブルク―東京・ベルリン・モスクワ・パリ - 国際会議の記録　伊藤成彦編著　社会評論社　2014.9　369p　21cm　2700円　①978-4-7845-1523-3

内容 1919年11月、ドイツ11月革命の中でのローザ・ルクセンブルク〈1918年9月―1919年1月〉（オトカール・ルーバン述, 伊藤成彦訳）〔09176〕

ル・ビロン, カレン　Le Billon, Karen

◇フランスの子どもはなんでも食べる―好き嫌いしない、よく食べる子どもが育つ10のルール（FRENCH KIDS EAT EVERYTHING）　カレン・ル・ビロン著, 石塚由香子, 狩野綾子訳　WAVE出版　2015.12　223p　19cm　1400円　①978-4-87290-774-2

内容 フランスの子どもはなんでも食べる（そしてあなたの子どもも！）　ヨチヨチ歩きとビーツ・ピューレ―フランスに来て見たことのない食べ物に遭遇　お腹を教育する―「フランス式」の食べ方を学び始める　食卓の芸術―友人とのディナーとちょっとした議論　食べ物をめぐるバトル―子どもを食べなくさせてしまう方法　コールラビ実験―初めての食べ物が好きになる方法　4回の決まった時間の食事―フランスの子どもはなぜ間食をしない!?　スローフードの国―何を食べるかではなく、どのように食べるかが大事　2つの世界のいい点　最も大切なフードルール　ハッピーに食べる子どもを育てるためのコツ　子どものためのフレンチ・レシピ〔09177〕

ルービン, イサーク・イリイチ

◇マルクス貨幣論概説　イサーク・イリイチ・ルービン著, 竹永進編訳　法政大学出版局　2016.12　332, 3p　21cm　5800円　①978-4-588-64005-6

内容 1 マルクス貨幣論概説（マルクスにおける価値の理論と貨幣の理論　貨幣の必然性　商品の使用価値と交換価値のあいだの矛盾の結果としての貨幣　貨幣の発生　貨幣と抽象的・社会的労働　価値尺度　流通手段　蓄蔵貨幣）　2 イ・イ・ルービンと草稿「マルクス貨幣論概説」　3 一九二二年から一九三一年までのルービン著作目録　4 関連資料（ルービンシチナ　ルービンのマルクス貨幣理論解釈　ルービンの経済学史と西欧経済学者に対する批判　ルービン指導下のマルクス - エンゲルス研究所の経済学部門　二度の逮捕のあいだ―イサーク・イ・ルービンの生涯と著作活動における知られざる期間　付録 一九三七年一一月二三日のイサーク・イリイチ・ルービンの証言）　5 編訳者解説 イ・イ・ルービンの「マルクス貨幣論概説」（マルクスの資本主義理論における貨幣論と価値論　貨幣生成論と価値実体規定　価値尺度としての貨幣　蓄蔵貨幣）〔09178〕

ルービン, グレッチェン

◇いつでもどこでも結果を出せる自己マネジメント術（MANAGE YOUR DAY-TO-DAY）　ジョスリン・K.グライ編, 上原裕美子訳　サンマーク出版　2015.9　233p　19cm　〈文献あり〉1500円　①978-4-7631-3493-6

内容 「毎日少しずつ」が大きなパワーを生み出す（グレッチェン・ルービン）〔09179〕

◇人生を変える習慣のつくり方　グレッチェン・ルービン著, 花塚恵訳　文響社　2016.12　384p　19cm　1580円　①978-4-905073-56-7

内容 はじめに 「習慣を変えれば人生が変わる」と断言する理由　Part1 知る（「この質問」で人は4タイプに分けられる　「成功者の真似だけ」は絶対するな）　Part2 身につける（節約もダイエットも思いのままにする方法　まず初めに変えるべき習慣は？　「先延ばし」をやめる強力な武器　「見られている」と人は変わる）　Part3 変わる（「リスト化」すれば9割はできたも同然　「とりあえず」の罠～適当に始めた習慣ほどやめられなくなる　愛煙家が一晩で禁煙できた真相）　Part4 断つ（誰もが「絶対」欲しくならないものとは？　結局、習慣化できることに共通する条件　資産家の金庫に入っている「意外なもの」　万が一、習慣を破ったときの「条件式」　良い習慣を破壊する原因はこれだ　15分あればどんな欲求も必ず消せる　30日チャレンジは31日目で全て決まる　「めんどうくさい」「疲れた」と感じたら　習慣における諸刃（もろは）の剣（つるぎ））　Part5 発見する（身につく習慣・身につかない習慣のちがい　毎日の行動に「自分らしさ」は必要か？　習慣は伝染する）　最後に 手に入れる〔09180〕

ルビン, セルヒオ　Rubin, Sergio

◇教皇フランシスコとの対話―みずからの言葉で語る生活と意見（EL PAPA FRANCISCO）　教皇フランシスコ〔述〕, フランチェスカ・アンブロジェッティ, セルヒオ・ルビン著, 八重樫克彦, 八重樫由貴子訳　新教出版社　2014.4　245p　19cm　1500円　①978-4-400-22668-0

内容 インタビューに答える（ロサおばあちゃんと狐の襟巻つきコート　「そろそろ働いてもいい頃合いだ…」「イエスと同じ体験をしている」　信仰に目覚めた春の日　苦境から教育する　ターザンごっこをしていた頃　人との出会いを求め、外に出ていく試み　宗教のメッセージを損なう危険性　信仰の光と影　いまだ飛び立てぬ祖国への憂い　「歩み寄りの文化」の構築　「実はタンゴも好きでしてね」　国民の和解への長く険しい道のり　アルゼンチンを覆った闇の時代　未来に希望を託す理由）　付論『マルティン・フィエロ』に基づく一考察（国民的叙事詩『マルティン・フィエロ』　あらゆる要素を含んだ詩『マルティン・フィエロ』　市民道徳が集約された『マルティン・フィエロ』　おわりに―言葉と友情）〔09181〕

ル

ルビーン, デイビッド・M.　Levine, David M.

◇ビジネス統計学—Excelで学ぶ実践活用テクニック（Business Statistics 原著第6版の翻訳） David M.Levine,Timothy C.Krehbiel,Mark L. Berenson〔著〕, 前田祐治訳　丸善出版　2014.11 458p　21cm 〈索引あり〉3800円 ①978-4-621-08891-3

内容 統計学とは　データの整理と数値の尺度　基本的な確率　離散確率分布　正規分布　標本抽出と標本分布　信頼区間の推定　仮説検定の基礎—1 標本検定　2 標本検定と一元配置分散分析　カイ二乗（$\chi 2$）検定　単純線形回帰分析　重回帰分析　〔*09182*〕

ルービン, リチャード　Rubin, Richard

◇図書館情報学概論（Foundations of Library and Information Science 原著第3版の翻訳） リチャード・ルービン著, 根本彰訳　東京大学出版会　2014.5　356p　22cm 〈索引あり〉5600円 ①978-4-13-001007-8

内容 1 教育、娯楽、情報のインフラ整備　2 図書館情報学：進化し続ける専門職　3 情報の組織化：その技術と問題点　4 機関としての図書館：その組織を展望する　5 図書館を再定義する：テクノロジー変化の影響と意義　6 情報学：サービスの視点　〔*09183*〕

ルービンシュタイン, アリエル　Rubinstein, Ariel

◇ルービンシュタイン ゲーム理論の力（Economic Fables） アリエル・ルービンシュタイン著, 松井彰彦監訳, 村上愛, 矢ケ崎将之, 松井彰彦, 猿谷洋樹訳　東洋経済新報社　2016.9　293, 6p 20cm　3200円 ①978-4-492-31484-5

内容 序章 経済学という物語　第1章 合理性と非合理性　第2章 ゲーム理論：ビューティフル・マインド　第3章 ジャングルの物語と市場の物語　第4章 経済学と語用論、そして7つの落とし穴　第5章（ある種の）経済政策　〔*09184*〕

ルビンフェルド, ダニエル・L.　Rubinfeld, Daniel L.

◇ピンダイク＆ルビンフェルドミクロ経済学　1（MICROECONOMICS 原著第7版の翻訳） ロバート・S.ピンダイク, ダニエル・L.ルビンフェルド著, 姉川知史監訳　KADOKAWA　2014.11 464p　21cm 〈索引あり〉3000円 ①978-4-04-601102-2

内容 第1部 はじめに：市場と価格（ミクロ経済学の基本解説　需要と供給の基本原理） 第2部 生産者、消費者、競争市場（消費者行動　個別需要と市場需要　不確実性と消費者行動　生産　生産費用　利潤最大化と競争市場における供給　競争市場の分析）〔*09185*〕

◇ピンダイク＆ルビンフェルドミクロ経済学　2（MICROECONOMICS 原著第7版の翻訳） ロバート・S.ピンダイク, ダニエル・L.ルビンフェルド著, 姉川知史監訳　KADOKAWA　2014.11 480p　21cm 〈索引あり〉3000円 ①978-4-04-601103-9

内容 第3部 市場構造と競争戦略（市場支配力：売り手独占と買い手独占　市場支配力を持つ企業の価格戦略　独占的競争と寡占　ゲーム理論と競争戦略　生産要素市場　投資と時間および資本市場） 第4部 情報などによる市場の失敗と政府の役割（一般均衡と経済効率　情報の非対称性と市場　外部性と公共財）〔*09186*〕

ルファート, ルーカ　Ruffato, Luca

◇台南海軍航空隊　ニューギニア戦線篇　モレスビー街道に消えた勇者たちを追って（EAGLES OF THE SOUTHERN SKY） ルーカ・ルファート, マイケル・ジョン・クラーリングボールド共著, 平田光夫訳　大日本絵画　2016.2 311p　26cm 〈他言語標題：The I.J.N. TAINAN AIR Group in NEW GUINEA　文献あり〉5500円 ①978-4-499-23172-5

内容 台南空の進出以前　始まり　最初の一手　連合軍の逆襲　しっぺ返し　グッバイ、キティホーク　5月の消耗戦　力と力の対決　ココダ　要塞という名の復讐者　ミルン湾の触手　最後の一手　彼らのその後　考察　〔*09187*〕

ルフォール, クロード　Lefort, Claude

◇見えるものと見えざるもの（LE VISIBLE ET L'INVISIBLE） モーリス・メルロ＝ポンティ著, クロード・ルフォール編, 中島盛夫監訳, 伊藤泰雄, 岩見徳夫, 重野豊隆訳　新装版　法政大学出版局　2014.4　583, 25p　20cm （叢書・ウニベルシタス 426）〈索引あり〉6300円 ①978-4-588-09979-3

内容 見えるものと自然—哲学的問いかけ（反省と問いかけ　問いかけと弁証法　問いかけと直観　編み合わせ—交差） 付録（前客観的存在—独我論的世界　現前） 研究ノート　〔*09188*〕

ル・ブラーズ, エルヴェ　Le Bras, Hervé

◇不均衡という病—フランスの変容1980-2010（LE MYSTÈRE FRANÇAIS） エマニュエル・トッド, エルヴェ・ル・ブラーズ〔著〕, 石崎晴己訳　藤原書店　2014.3　436p　20cm　3600円 ①978-4-89434-962-9　〔*09189*〕

ルフラン, ジャン　Lefranc, Jean

◇十九世紀フランス哲学（La philosophie en France au 19e siècle） ジャン・ルフラン著, 川口茂雄監修, 長谷川琢哉, 根無一行訳　白水社 2014.4　194, 8p　18cm （文庫クセジュ 989）〈文献あり 年表あり 索引あり〉1200円 ①978-4-560-50989-0

内容 第1章 あの“革命”をどう解釈する？　一七八九〜一八三〇年（イデオロジー学派 大革命・ナポレオン時代の思想家群像　スピリチュアリスム 十九世紀フランス哲学のひとつの本流　伝統主義 “革命”の負の遺産を清算せよ　“新キリスト教”—新たな社会をめがける閃光） 第2章 スピリチュアリスムと実証主義 一八三〇〜四八年（スピリチュアリスム—七月王政下でのクザン派の展開　宗教と進歩—サン＝シモン主義、連帯、メシアニスム　オーギュスト・コントの“実証主義”） 第3章 批判的撤退 一八四八〜七〇年（貧困の哲学—プルードン、所有と無政府主義　悪の詩—ボードレール、ヴィニー、ユゴー　スピリチュアリズムとリベラリズム—クザン派の黄昏、その遺産　“新-批判哲学”　“ヘーゲル主義者たち”） 第4章 諸々の達成、諸々の再生 一八七一年〜世紀転換期（実証主義の確実性と不確実性—生物学・進化論・科学主義　“反省哲学”—フランス現代哲学の黎明　科学史の哲学—数理と科学のエピステモロジーへ向けて　生の哲学、行為の哲学）〔*09190*〕

ル

ルブルク, W.　Ruysbroek, Willem van

◇中央アジア・蒙古旅行記　カルピニ, ルブルク〔著〕, 護雅夫訳　講談社　2016.6　445p　15cm（講談社学術文庫 2374）〈桃源社 1979年刊の再刊〉1330円　①978-4-06-292374-3

内容 第1部 プラノ＝カルピニのジョン修道士の旅行記―「モンゴル人の歴史」(タルタル人の土地、その位置、地勢、気候　タルタル人の風采、かれらの衣服、かれらの住居・財産・結婚について　タルタル人の神の礼拝、かれらが罪悪とみなすこと、占いとお祓い、葬儀そのほかについて　タルタル人の性格、良い点・悪い点、かれらのしきたり、食物そのほかについて　タルタル人の帝国のおこり、その首長たち、皇帝および諸侯たちの行なった支配 ほか)　第2部 ルブルクのウィリアム修道士の旅行記(ガザリアの地区　タルタル人とその住居　タルタル人の食物　タルタル人の、コスモス酒の醸りかた　タルタル人の食べる動物、その衣服、その狩猟 ほか)　〔09191〕

ルベン

◇世界がぶつかる音がする―サーバンツの物語（The Sound of Worlds Colliding）　クリスティン・ジャック編, 永井みぎわ訳　ヨベル　2016.6　300p　19cm　1300円　①978-4-907486-32-7

内容 スラム住民が土地所有権を得るために 他(ルベン, キム)　〔09192〕

ル

ルーマン, ニクラス　Luhmann, Niklas

◇リスクの社会学（Soziologie des Risikos）　ニクラス・ルーマン著, 小松丈晃訳　新泉社　2014.12　349p　22cm　〈索引あり〉3800円　①978-4-7877-1407-7

内容 リスクの概念　リスクとしての未来　時間拘束―内容的観点と社会的観点　観察のリスクと機能システムのコード化　ハイテクノロジーという特殊事例　決定者と被影響者　抗議運動　政治への要求　経済システムにおけるリスク　組織におけるリスク行動　そして科学は？　セカンド・オーダーの観察　〔09193〕

◇社会の道徳（Die Moral der Gesellschaftの抄訳）　ニクラス・ルーマン著, 馬場靖雄訳　勁草書房　2015.4　414, 5p　22cm　〈索引あり〉4500円　①978-4-326-60278-0

内容 第1章 分業と道徳―デュルケムの理論　第2章 社会学的パースペクティブから見た規範　第3章 道徳の社会学　第4章 政治家の誠実さと、政治の高度な非道徳性　第5章 政治、民主制、道徳　第6章 経済倫理―それは倫理なのか　第7章 相互行為、組織、全体社会―システム理論の応用　第8章 われわれの社会においてなおも、放棄されえない規範は存在するか　第9章 パラダイム・ロスト―道徳の倫理(学)的反省について　第10章 リスクと危険についての了解　第11章 リスクの道徳と道徳のリスク　〔09194〕

◇社会の法　1（DAS RECHT DER GESELLSCHAFT）　ニクラス・ルーマン〔著〕, 馬場靖雄, 上村隆広, 江口厚仁訳　新装版　法政大学出版局　2016.1　418p　20cm　（叢書・ウニベルシタス 767）　4800円　①978-4-588-14026-6

内容 第1章 法理論はどこから出発すべきか　第2章 法システムの作動上の閉鎖性　第3章 法の機能　第4章 コード化とプログラム化　第5章 偶発性定式としての正義　第6章 法の進化　〔09195〕

◇自己言及性について（ESSAYS ON SELF-REFERENCEの抄訳）　ニクラス・ルーマン著, 土方透, 大沢善信訳　筑摩書房　2016.5　378p　15cm　（ちくま学芸文庫 ル7-1）　〈国文社 1996年刊の改訂〉1300円　①978-4-480-09677-7

内容 社会システムのオートポイエーシス　複雑性と意味　コミュニケーションの非蓋然性　コミュニケーション様式と社会　個人の個性―歴史的意味および今日的諸問題　近代社会の自己記述におけるトートロジーとパラドクス　社会、意味、宗教―自己言及にもとづいて　政治システムのなかの“国家”　社会システムとしての世界社会　芸術作品と芸術の自己再生産　芸術というメディア　法の自己再生産とその限界　〔09196〕

◇社会の宗教（DIE RELIGION DER GESELLSCHAFT）　ニクラス・ルーマン〔著〕, 土方透, 森川剛光, 渡会知子, 畠中茉莉子訳　法政大学出版局　2016.6　474, 8p　20cm　（叢書・ウニベルシタス 1042）　〈索引あり〉5800円　①978-4-588-01042-2

内容 第1章 宗教という意味形式　第2章 コード化　第3章 宗教の機能　第4章 偶発性定式としての神　第5章 宗教的コミュニケーションの分出　第6章 宗教組織　第7章 宗教の進化　第8章 世俗化　第9章 自己記述　〔09197〕

ルミア, ベヴァリ

◇歴史のなかの消費者―日本における消費と暮らし 1850-2000（THE HISTORICAL CONSUMER）　ペネロピ・フランクス, ジャネット・ハンター編, 中村尚史, 谷本雅之監訳　法政大学出版局　2016.3　367p　22cm　〈索引あり〉4400円　①978-4-588-32707-0

内容 歴史と消費主義の研究(ベヴァリ・ルミア著)　〔09198〕

ルーミス, エヴァン　Loomis, Evan

◇巻き込む力―支援を勝ち取る起業ストーリーのつくり方（GET BACKED : Craft Your Story, Build the Perfect Pitch Deck, and Launch the Venture of Your Dreams）　エヴァン・ベアー, エヴァン・ルーミス著, 津田真吾訳, 津嶋辰郎監修　翔泳社　2016.12　239p　19×19cm　2400円　①978-4-7981-4869-4

内容 1 ピッチをつくる(ピッチ資料の誕生　ピッチ資料の構成要素　ストーリー　デザイン　テキスト ほか)　2 支援を得る(スタートアップの資金調達入門　調達源の概要　紹介　構築　喜ばせる ほか)　〔09199〕

ルーミス, キャロル　Loomis, Carol

◇完全読解伝説の投資家バフェットの教え（Tap dancing to work）　キャロル・ルーミス編著, 峯村利哉訳　朝日新聞出版　2014.3　494p　19cm　2000円　①978-4-02-331285-2

内容 第1章 無名時代　第2章 “バークシャー”の株主の寄付　第3章 バフェットと“キャピタル・シティーズ/ABC”　第4章 バフェットと“ソロモン”　第5章 新型のウォーレン・バフェット？　そして旧型も　第6章 バフェットと“コカ・コーラ”　第7章 バフェットとゲイツ　第8章 賞賛―何度も何度も　第9章 権力問題　第10章 慈善家の出現　第11章 ギビング・プレッジ　〔09200〕

ルミナティ, ミケレ　Luminati, Michele

◇ヨーロッパ史のなかの裁判事例―ケースから学ぶ西洋法制史（Fälle aus der Rechtsgeschichte）　U.ファルク,M.ルミナティ,M.シュメーケル編著, 小川浩三, 福田誠治, 松本尚子監訳　京都　ミネルヴァ書房　2014.4　445p　22cm　〈索引あり〉　6000円　①978-4-623-06559-2

内容 私はあなた方にいう, あなた方は決して誓ってはならない（ミケレ・ルミナティ著, 上田理恵子訳）〔09201〕

ルーリー, ジャイルズ　Lury, Giles

◇社長のための世界の朝礼ネタ集（THE PRISONER AND THE PENGUIN）　山田真哉監修, ジャイルズ・ルーリー著, 峯村利哉訳　ヒカルランド　2014.9　269p　19cm　1620円　①978-4-86471-214-9

内容 囚人とペンギン（ペンギン・ブックス）　くるぶしの刺青（ナイキ）　スイスのセクシー美女（バービー人形）　世界一有名なネズミと駐車場係（ディズニー）　たったひとつのサンプル（ヴァージン・アトランティック航空）　だまされたチョコ愛好者（グー）　美女と葬儀屋（ザ・ボディショップ）　装飾付きの腕輪と、52の根本的欠陥（モノポリー）　死ぬほど染めたい（クレイロール）　ひらめきを与えるバースデーケーキ（ビエネッタ）〔ほか〕〔09202〕

ルーリー, ジョン・L.　Rury, John L.

◇黒人ハイスクールの歴史社会学―アフリカ系アメリカ人の闘い1940-1980（The African American Struggle for Secondary Schooling, 1940-1980）　ジョン・L.ルーリー, シェリー・A.ヒル著, 倉石一郎, 久原みな子, 末木淳子訳　京都　昭和堂　2016.11　266, 66p　21cm　〈索引あり〉　3000円　①978-4-8122-1556-2

内容 第1部 進学機会の拡大（一九四〇年代の南部　大転換―「平等化」と中等教育　南部以外での不公正、差別、そして発展（一九四〇・一九六〇））　第2部 平等のための闘い（黒人の若者と都市の危機　人種隔離との戦い　アフリカ系アメリカ人のハイスクール経験への視座）〔09203〕

ルロワ・ボーリユー, ポール　Leroy-Beaulieu, Paul

◇日本立法資料全集　別巻1105　今世国家論　今世国務論 上　今世国務論 下　ポール・ルロワ・ボーリユー著　復刻版　信山社出版　2015.12　220, 191, 300p　23cm　〈八尾書店 明治27年刊の複製〉　80000円　①978-4-7972-7209-3　〔09204〕

ル＝ロワ＝ラデュリ, E.　Le Roy Ladurie, Emmanuel

◇叢書『アナール1929-2010』―歴史の対象と方法　4　1969-1979（Anthologie des Annales 1929-2010）　E.ル＝ロワ＝ラデュリ,A.ビュルギエール監修, 浜名優美監訳　E.ル＝ロワ＝ラデュリ編, 池田祥英, 石川学, 井上桜子, 志村幸紀, 下村武, 寺本敬子, 中村督, 平沢勝行訳　藤原書店　2015.6　456p　22cm　8800円　①978-4-86578-030-7

内容 マテリアリストの時代 他（エマニュエル・ル＝ロワ＝ラデュリ著, 浜名優美訳）〔09205〕

ルンドクゥイスト, マシュー　Lundquist, Matthew

◇インプロをすべての教室へ―学びを革新する即興ゲーム・ガイド（UNSCRIPTED LEARNING）　キャリー・ロブマン, マシュー・ルンドクゥイスト著, ジャパン・オールスターズ訳　新曜社　2016.5　210p　21cm　〈文献あり 索引あり〉　2100円　①978-4-7885-1481-2

内容 1章 インプロと学習―なぜ学級でインプロを？　2章 インプロとは何か？　その方法は？　3章 アンサンブルをつくる　4章 話す・聞く・読む・書くをインプロする　5章 算数をインプロする　6章 教科学習におけるインプロ　7章 もっと進んだシーンワーク〔09206〕

ルンバウト, ルベン　Rumbaut, Rubén G.

◇現代アメリカ移民第二世代の研究―移民排斥と同化主義に代わる「第三の道」（LEGACIES）　アレハンドロ・ポルテス, ルベン・ルンバウト著, 村井忠政訳者代表　明石書店　2014.1　678p　20cm　（世界人権問題叢書 86）〈翻訳：房岡光子ほか　文献あり 索引あり〉8000円　①978-4-7503-3954-2

内容 第1章 一二のストーリー　第2章 新来のアメリカ人―概観　第3章 誰もが選ばれているわけではない―分節化された同化とその決定要因　第4章 アメリカで成功する　第5章 移民はアメリカでの生活にどのような展望をもっているか　第6章 ロスト・イン・トランスレーション―言語と新第二世代　第7章 状況を定義する―移民子弟のエスニック・アイデンティティ　第8章 内なるルツボ―第二世代の家族、学校、心理　第9章 学業の達成と失敗　第10章 結論―メインストリームのイデオロギーと移民コミュニティの長期展望〔09207〕

◇現代アメリカ移民第二世代の研究―移民排斥と同化主義に代わる「第三の道」（Legacies）　アレハンドロ・ポルテス, ルベン・ルンバウト著, 村井忠政訳者代表　修正版　明石書店　2014.7（2刷）　679p　20cm　（世界人権問題叢書 86）〈翻訳：房岡光子ほか　文献あり〉8000円　①978-4-7503-3954-2　〔09208〕

【レ】

レ, ヴァン・ディン　Lê, Văn Dịnh

◇ベトナムの都市化とライフスタイルの変遷　チュオン・ミン・ズク, レ・ヴァン・ディン著, 野島和男訳　伊豆　ビスタピー・エス　2015.5　229p　21cm　（シリーズ ベトナムを知る）　4630円　①978-4-907379-02-5

内容 第1章 ベトナムにおける都市化の特徴（世界の都市化過程　ベトナムの都市過程の特徴）　第2章 ベトナムの都市化とライフスタイルの変遷（ライフスタイルの文化的考察　ライフスタイルの変遷要因　歴史的に見たベトナム都市の基本的特徴）　第3章 ベトナム都市生活への多面的アプローチ（都市生活の発生とライフスタイルの相互作用　グループ別にみた都市居住者の問題点　工業化過程にあるベトナム都市ライフスタイルの特徴）　第4章 工業化と近代化過程における都市型ライフスタイルの構築（都市生活構築の基本的観点　都市ライフスタイル建設の主要な問題解決　いくつかの提言）〔09209〕

レイ, イネイ*　厲 以寧
◇転換を模索する中国―改革こそが生き残る道　高尚全主編, 岡本信広監訳, 岡本恵子訳　科学出版社東京　2015.6　375p　21cm　4800円　①978-4-907051-34-1
内容 発展の優位性と「ボーナス」の創造（厲以寧著）〔09210〕

レイ, ウェンデル　Ray, Wendel A.
◇家族相互作用―ドン・D.ジャクソン臨床選集（Selected Essays at the Dawn of an Eraの抄訳, Interactional Theory in the Practice of Therapyの抄訳）　ドン・D.ジャクソン著, ウェンデル・A.レイ編, 小森康永, 山田勝訳　金剛出版　2015.4　342p　20cm　5400円　①978-4-7724-1413-5
内容 ドン・ジャクソンの目で見る（ウェンデル・レイ著, 小森康永訳）〔09211〕

レイ, ハリー　Wray, Harry
◇日本人の原爆投下論はこのままでよいのか―原爆投下をめぐる日米の初めての対話　ハリー・レイ, 杉原誠四郎著, 山本礼子訳　日新報道　2015.12　365p　19cm　1800円　①978-4-8174-0788-7
内容 第1章 人間性の崩壊　第2章 無条件降伏方式と原爆投下代替案の限界　第3章 ポツダム宣言―原爆投下とソ連参戦を回避する機会を失う　第4章 最終（本土）決戦　第5章 解読された暗号通信の役割　第6章 広島の原爆投下に至った本土決戦計画　第7章 一日に二つの衝撃―長崎とソ連参戦　第8章 軍部の非妥協的な対決姿勢―降伏直前の屈服　第9章 原爆投下をめぐる問題、「原爆外交説」、そして、日本の教科書に与えた影響　第10章 結論　解題付録 日米の開戦外交と終戦外交とその後の問題〔09212〕

レイアロハ, スティーヴ　Leialoha, Steve
◇マンガ現代物理学を築いた巨人ニールス・ボーアの量子論（SUSPENDED IN LANGUAGE）　ジム・オッタヴィアニ原作, リーランド・パーヴィス他漫画, 今枝麻子, 園田英徳訳　講談社　2016.7　318p　18cm　（ブルーバックス B-1975）〈文献あり 年表あり〉1080円　①978-4-06-257975-9
内容 舞台の準備―ニールス・ボーア登場　古典物理をあとに　博士号取得から三部作まで　彼ならではのスタイルで　若い世代　理論物理研究所　ハイゼンベルク　ソルヴェイ会議1927年と1930年　家での日々　核物理学の発展　戦時の再会　核と政治　哲学にむかって　舞台を去る〔09213〕

レイヴァリ, ブライアン　Lavery, Brian
◇航海の歴史―探検・海戦・貿易の四千年史（The Conquest of the Ocean）　ブライアン・レイヴァリ著, 千葉喜久枝訳　大阪　創元社　2015.1　400p　25cm　〈文献あり 索引あり〉2800円　①978-4-422-20237-2
内容 最初の航海者たち―1450年まで　探検の時代―1450‐1600年　帝国の時代―1600‐1815年　蒸気船と移民―1815‐1914年　海戦―1914‐1945年　地球の海―1945年以降〔09214〕

レイガン, チャールズ・C.　Ragin, Charles C.
◇質的比較分析（QCA）と関連手法入門（CONFIGURATIONAL COMPARATIVE METHODS：Qualitative Comparative Analysis（QCA）and Related Techniques）　ブノワ・リウー, チャールズ・C.レイガン編著, 石田淳, 斎藤圭介監訳　京都　晃洋書房　2016.10　242p　21cm　3000円　①978-4-7710-2779-4
内容 第1章 アプローチとしての質的比較分析（QCA）　第2章 比較研究デザイン―事例と変数の選定　第3章 クリスプ・セットQCA（csQCA）　第4章 マルチ・バリューQCA（mvQCA）　第5章 ファジィ・セットQCA（fsQCA）　第6章 QCAの適用例についてのレビュー　第7章 QCAへの批判に取り組む　第8章 おわりに―配置構成的比較法（CCM）の今後の展開〔09215〕

レイク, サム　Lake, Sam
◇シールをはって楽しくおぼえる世界がわかる地図絵本（Sticker Picture Atlas of the World）　サム・レイク作, ナタリー・ラゴンデ絵, 広内かおり〔訳〕　東京書籍　2016.5　23p　31cm　〈英語併記〉1200円　①978-4-487-80976-9
内容 世界全図　西ヨーロッパ　東ヨーロッパ　北アフリカ　南アフリカ　西アジア　東アジア　北・中央アメリカ　南アメリカ　オセアニア　北極・南極大陸　世界クイズ〔09216〕

レイシー, ピーター　Lacy, Peter
◇サーキュラー・エコノミー―デジタル時代の成長戦略（Waste to Wealth The Circular Economy Advantage）　ピーター・レイシー, ヤコブ・ルトクヴィスト著, アクセンチュア・ストラテジー訳, 牧岡宏, 石川雅崇監訳　日本経済新聞出版社　2016.11　459p　19cm　2500円　①978-4-532-32123-9
内容 第1部 サーキュラー・エコノミーの時代（終焉の時　サーキュラー・エコノミーのルーツ　サーキュラー・エコノミーモデルで優位に立つ）　第2部 サーキュラー・エコノミーの5つのビジネスモデル（サーキュラー型のサプライチェーン 始まりの始まり　回収とリサイクル「無駄」の歴史を塗り替える　「製品寿命の延長」に基づくビジネスモデル―高い耐久性を備えた製品　シェアリング・プラットフォーム型のビジネスモデル―遊休資産の活用　「サービスとしての製品」に基づくビジネスモデル―製品の所有ではなくパフォーマンスの追求へ）　第3部 サーキュラー・エコノミーの競争優位性「サーキュラー・アドバンテージ」を獲得する（サーキュラー・エコノミーのビジネスモデル評価、イネイブラー、エコシステム　サーキュラー・アドバンテージにおけるテクノロジーとデジタルの最先端時代を動かす10のテクノロジー　サーキュラー・エコノミーによる価値向上に必要な5つの機能　政策がサーキュラー・エコノミーにもたらす影響力）　第4部 初めの一歩（競争優位性の確保 スタートに向かって）　第5部 日本企業とサーキュラー・アドバンテージ（日本企業にとっての新しい成長戦略論）〔09217〕

レイスロップ, G.W.　Lathrop, Gordon
◇二十一世紀の礼拝―文化との出会い　G.W.レイスロップ著, 平岡仁子編訳　教文館　2014.4　125p　19cm　1500円　①978-4-7642-6711-4
内容 二十一世紀の礼拝―文化との出会い　礼拝の中心　礼拝のオルド（Ordo）　オルド―東洋と西洋の対話　司式とは　保護と批判・ルターの遺産　説教（ルーテ

レ

ル学院大学チャペル説教　日本福音ルーテル保谷教会主日礼拝説教）〔09218〕

レイスン, ミア

◇共感の社会神経科学（THE SOCIAL NEUROSCIENCE OF EMPATHY）　ジャン・デセティ, ウィリアム・アイクス編著, 岡田顕宏訳　勁草書房　2016.7　334p　22cm　〈索引あり〉4200円　①978-4-326-25117-9

内容 心理療法における共感：対話的・身体的な理解（マティアス・デカイザー, ロバート・エリオット, ミア・レイスン著）〔09219〕

レイチェルズ, ジェームズ　Rachels, James

◇哲学のアポリア―批判的に思考する（Problems from Philosophy 原著第3版の翻訳）　ジェームズ・レイチェルズ, スチュアート・レイチェルズ著, 古牧徳生, 次田憲和訳　京都　晃洋書房　2015.7　195, 15p　22cm　〈索引あり〉2600円　①978-4-7710-2511-0

内容 序説 論証をどのように評価するか　ソクラテスの遺産　神と宇宙の起源　悪の問題　死後の生命はあるか？　人格の同一性の問題　身体と心　機械は思考できるか？　自由意志への反論　自由意志をめぐる論争　世界についての知識　倫理と客観性　なぜ道徳的であるべきなのか　人生の意味〔09220〕

レイチェルズ, スチュアート　Rachels, Stuart

◇哲学のアポリア―批判的に思考する（Problems from Philosophy 原著第3版の翻訳）　ジェームズ・レイチェルズ, スチュアート・レイチェルズ著, 古牧徳生, 次田憲和訳　京都　晃洋書房　2015.7　195, 15p　22cm　〈索引あり〉2600円　①978-4-7710-2511-0

内容 序説 論証をどのように評価するか　ソクラテスの遺産　神と宇宙の起源　悪の問題　死後の生命はあるか？　人格の同一性の問題　身体と心　機械は思考できるか？　自由意志への反論　自由意志をめぐる論争　世界についての知識　倫理と客観性　なぜ道徳的であるべきなのか　人生の意味〔09221〕

レイナー, サラ　Rayner, Sarah

◇不安と友だちになる―あなたの心の支えとなる温かいメッセージ（Making Friends with Anxiety）　サラ・レイナー著, 渡辺滋人訳　大阪　創元社　2016.7　143p　19cm　1200円　①978-4-422-11624-2

内容 第1章 A―アドレナリン（不安のホルモン分泌）体の症状を考える　第2章 N―ネガティブ（悲観的な考え）くじけそうな心を立て直す　第3章 X―Xファクター（未知の要因）何が不安の引き金になっているのかを見抜く　第4章 I―イマジネーション（想像）悲観的な想像を頭から追い出す　第5章 E―エスカレーション（悪化のメカニズム）悪循環を断ち、行動を変える　第6章 T―タイム（時間）「今」に集中する生き方を見つける　第7章 Y―ユー（あなた）あなた自身が不安をコントロールする〔09222〕

レイニアス, ウーリッチ・F.

◇EMDRがもたらす治癒―適用の広がりと工夫（EMDR Solutions）　ロビン・シャピロ編, 市井雅哉, 吉川久史, 大塚美菜子監訳　二瓶社　2015.12　460p　22cm　〈索引あり〉5400円　①978-4-86108-074-6

内容 解離を伴うクライエントにおけるEMDR処理（ウーリッチ・F.レイニアス著, 榎日出夫訳）〔09223〕

レイノルズ, ガー　Reynolds, Garr

◇プレゼンテーションZen―プレゼンのデザインと伝え方に関するシンプルなアイデア（PRESENTATION ZEN 原著第2版の翻訳）　ガー・レイノルズ著, 熊谷小百合訳　第2版　丸善出版　2014.2　333p　23cm　〈ピアソン桐原2012年刊の再刊　文献あり 索引あり〉2600円　①978-4-621-06603-4

内容 イントロダクション（今日のプレゼンテーション）準備（創造性と制約　アナログ式に計画を練ろう　ストーリーを作り上げる）　デザイン（シンプルであることの大切さ　プレゼンテーションのデザイン：原則とテクニック　サンプルビジュアル：画像とテキスト）　実施（完全にその場に集中すること　聴衆と心を通い合わせる　聴衆をプレゼンテーションに引き込む）　次のステップ（長い旅が始まる）〔09224〕

◇プレゼンテーションZenデザイン―あなたのプレゼンを強化するデザインの原則とテクニック（PRESENTATION ZEN DESIGN）　ガー・レイノルズ著, 熊谷小百合訳　丸善出版　2014.2　277p　23cm　〈ピアソン・エデュケーション2010年刊の再刊　索引あり〉2400円　①978-4-621-06601-0

内容 構成要素（タイポグラフィの活用　色彩によるコミュニケーション　写真や動画でストーリーを語る　データを簡素化する）　デザインの原則（スペースを活用する　狙いをはっきりさせ、焦点を絞る　調和を生み出す）　プレゼンテーション向上への道（スライドサンプル　旅は続く）〔09225〕

◇裸のプレゼンター―「自然さ」とインパクトのあるプレゼンのための心得（THE NAKED PRESENTER）　ガー・レイノルズ著, 熊谷小百合訳　丸善出版　2014.4　207p　23cm　〈ピアソン桐原 2011年刊の再刊　索引あり〉2300円　①978-4-621-06602-7

内容 1「自然さ」と裸のプレゼンテーション　2「準備」を最優先する　3 聴衆と心を通わせるための3つのポイント―「パンチ」、「存在感」、「プレゼンターの印象」　4「情熱」、「近接」、「遊び心」によって聴衆の心をつかむ　5「ペース」に気を配り、聴衆の「参加」を促す　6 インパクトのあるエンディングを演出する　7「粘り強さ」を持って前進し続ける〔09226〕

レイノルズ, ヘレン　Reynolds, Helen

◇帽子とヘアスタイル（A FASHIONABLE HISTORY OF HATS AND HAIRSTYLES）　ほるぷ出版　2014.8　31p　29cm　（ビジュアルでわかる世界ファッションの歴史　ヘレン・レイノルズ文, 徳井淑子監修）〈他言語標題：Hats & Hairstyles　翻訳協力：バベル　年表あり 索引あり〉2800円　①978-4-593-58710-0

内容 帽子とヘアスタイル　ヘアスタイルの歴史　新しいヘアスタイル　かつらのいろいろ　さまざまなかざりつけ　宗教と儀式　天候から身を守る　英雄のヘルメット　スカーフとターバン　背の高い帽子　平らな帽子　奇抜なデザイン　帽子と髪に関する技術〔09227〕

レ

◇ドレスとスカート（A FASHIONABLE HISTORY OF DRESSES AND SKIRTS）　ほるぷ出版　2014.10　31p　29cm　（ビジュアルでわかる世界ファッションの歴史　ヘレン・レイノルズ文, 徳井淑子監修）〈他言語標題：Dresses & Skirts　翻訳協力：バベル　年表あり　索引あり〉2800円　①978-4-593-58711-7

内容 天然素材から合成素材へ　布をまとう　チュニック　ドレスを仕立てる技術　ウエストライン　働く女性の服　細く、まっすぐなスカート　プリーツの流行　肌を見せる　エスニック・スタイル　子ども服　男性のスカート　縫製技術　〔09228〕

◇上着とズボン（A FASHIONABLE HISTORY OF COATS AND TROUSERS）　ほるぷ出版　2014.12　31p　29cm　（ビジュアルでわかる世界ファッションの歴史　ヘレン・レイノルズ文, 徳井淑子監修）〈他言語標題：Coats & Trousers　翻訳協力：バベル　年表あり 索引あり〉2800円　①978-4-593-58712-4

内容 腰布からズボンまで　上着の歴史　ダブレットからボンバー・ジャケットへ　ブリーチズとプラス・フォアーズ　長ズボン　幅広のズボン　女性とズボン　コート　スーツの登場と広まり　グレートコートとアノラック　デニム・ジーンズ　ショートパンツ　テクノロジーの進歩　〔09229〕

◇下着（A FASHIONABLE HISTORY OF UNDERWEAR）　ほるぷ出版　2015.1　31p　29cm　（ビジュアルでわかる世界ファッションの歴史　ヘレン・レイノルズ文, 徳井淑子監修）〈他言語標題：Underwear　翻訳協力：バベル　年表あり 索引あり〉2800円　①978-4-593-58713-1

内容 下着のはじまり　なぜ下着が必要なのか　ファッションを下から支える　コルセット　スカートをふくらませるために　シュミーズとペチコート　ドロワーズ、ニッカーズ、パンツ　ブリーフとトランクス　ブラジャー　くつ下とストッキング　ナイトウェアとランジェリー　見せる下着　素材の進歩と洗濯　〔09230〕

◇くつ（A FASHIONABLE HISTORY OF THE SHOE）　ほるぷ出版　2015.2　31p　29cm　（ビジュアルでわかる世界ファッションの歴史　ヘレン・レイノルズ文, 徳井淑子監修）〈他言語標題：Shoes　翻訳協力：バベル　年表あり 索引あり〉2800円　①978-4-593-58714-8

内容 革袋から流行ファッションまで　さまざまな素材　形のうつりかわり　じょうぶなくつ底を求めて　背が高くなるくつ　ヒールあれこれ　留め具いろいろ　今も昔もサンダル　勝敗を決めるくつ　アートの世界　ブーツをはいた男性　女性とブーツ　テクノロジーの進歩　〔09231〕

レイフ, イーゴリ　Reĭf, Igor'

◇天才心理学者ヴィゴツキーの思想と運命（Мысль и судьба психолога Выгоцкого）　イーゴリ・レイフ著, 広瀬信雄訳　京都　ミネルヴァ書房　2015.10　171, 15p　20cm　〈文献あり 年譜あり 索引あり〉3000円　①978-4-623-07438-9

内容 第1章 心理学のモーツァルトと三人組　第2章 田舎町が生んだ芸術心理学　第3章 自らの闘病と障害児教育改革　第4章 思想劇としての心理学授業　第5章 子どもの思考と言語―心理学の宝石箱　第6章 心理学の世界遺産―名著『思考と言語』　第7章 優しい父親ヴィゴツキー　終章「愛よ、おまえにありがとう…」―L.S.ヴィゴツキーの、ある自筆サインの物語　〔09232〕

レイプハルト, アレンド　Lijphart, Arend

◇民主主義対民主主義―多数決型とコンセンサス型の36カ国比較研究（PATTERNS OF DEMOCRACY）　アレンド・レイプハルト著, 粕谷祐子, 菊池啓一訳　原著第2版　勁草書房　2014.6　310p　22cm　（ポリティカル・サイエンス・クラシックス 2　河野勝, 真淵勝監修）〈文献あり 索引あり〉3800円　①978-4-326-30233-8

内容 民主主義体制のウエストミンスターモデル　民主主義体制のコンセンサスモデル　36の民主主義体制　政党制：二党制と多党制　内閣の類型：執政権の集中と共有　執政府と議会の関係：優越と均衡の諸形態　選挙制度：比例代表制と単純多数制・絶対多数制　利益媒介システム：多元主義とコーポラティズム　権力分割：連邦制と分権　議会：立法権の集中と分割　憲法：改正過程と違憲審査　民主主義体制の二次元概念図　ガバナンスへの帰結：コンセンサス型民主主義はより有効なのか　民主主義の質と「より寛容な」民主主義：コンセンサス型民主主義には効果がある　結論と提言　〔09233〕

レイユ, アンドリース・フォン・デア

◇共感の社会神経科学（THE SOCIAL NEUROSCIENCE OF EMPATHY）　ジャン・デセティ, ウィリアム・アイクス編著, 岡田顕宏訳　勁草書房　2016.7　334p　22cm　〈索引あり〉4200円　①978-4-326-25117-9

内容 模倣されることの効果（リック・B.フォン・バーレン, ジャン・デセティ, アプ・ダイクスターハイス, アンドリース・フォン・デア・レイユ, マータイス・L.フォン・レーウン著）　〔09234〕

レイン, エイドリアン　Raine, Adrian

◇暴力の解剖学―神経犯罪学への招待（The Anatomy of Violence）　エイドリアン・レイン〔著〕, 高橋洋訳　紀伊国屋書店　2015.3　635p　20cm　〈索引あり〉3500円　①978-4-314-01126-6

内容 本能―いかに暴力は進化したか　悪の種子―犯罪の遺伝的基盤　殺人にはやる心―暴力犯罪者の脳はいかに機能不全を起こすか　冷血―自律神経系　壊れた脳―暴力の神経解剖学　ナチュラル・ボーン・キラーズ―胎児期、周産期の影響　暴力のレシピ―栄養不良、金属、メンタルヘルス　バイオソーシャルなジグソーパズル―各ピースをつなぎ合わせる　犯罪を治療する―生物学的介入　裁かれる脳―法的な意味　未来―神経犯罪学は私たちをどこへ導くのか？　〔09235〕

レイン, パトリック

◇英エコノミスト誌のいまどき経済学（ECONOMICS 原著第3版の翻訳）　サウガト・ダッタ編, 松本剛史訳　日本経済新聞出版社　2014.9　321p　19cm　〈索引あり〉2000円　①978-4-532-35606-4

内容 経済学の基本をめぐる議論 他（マシュー・ビショップ, サイモン・コックス, サウガト・ダッタ, パトリッ

ク・レイン, パム・ウッドール著）〔09236〕

レイン, マイケル
◇新領域・次世代の日本研究―海外シンポジウム 2014　細川周平, 山田奨治, 佐野真由子編　京都　人間文化研究機構国際日本文化研究センター　2016.11　174p　26cm　〈他言語標題：New vistas：Japanese studies for the next generation 文献あり〉非売品　①978-4-901558-85-3
内容 歌謡映画とメディア・ミックス（マイケル・レイン著, 細川周平訳）〔09237〕

レイン, D.J.　Raine, Derek J.
◇アインシュタインと相対性理論（Albert Einstein and Relativity）　D.J.レイン作, ないとうふみこ訳　町田　玉川大学出版部　2015.12　123p　22cm　（世界の伝記科学のパイオニア）〈年譜あり 索引あり〉1900円　①978-4-472-05965-0
内容 プロローグ 物理学の話　生い立ちから青年期まで　特許局の役人　特殊相対性理論 時間と空間の結びつき　コペルニクスの再来　一般相対性理論 時空の織りなす宇宙　有名人になって　宇宙論 世界のすがた　アメリカへ　量子力学の先へ　戦争と原子爆弾　晩年〔09238〕

レインワンド, ポール　Leinwand, Paul
◇なぜ良い戦略が利益に結びつかないのか―高収益企業になるための5つの実践法（STRATEGY THAT WORKS：How Winning Companies Close the Strategy‐to‐Execution Gap）　ポール・レインワンド, チェザレ・メイナルディ著, PwC Strategy＆訳, アート・クライナー協力　ダイヤモンド社　2016.12　333p　19cm　2000円　①978-4-478-06993-6
内容 第1章 戦略と実行のギャップを克服する　第2章 自社の独自性を貫く　第3章 戦略を日常業務に落とし込む　第4章 自社の組織文化を活用する　第5章 成長力を捻出するためにコストを削減する　第6章 将来像を自ら作り出す　第7章 大胆に、恐れずに〔09239〕

レヴァイン, アリソン　Levine, Alison
◇エゴがチームを強くする―登山家に学ぶ究極の組織論（On the edge）　アリソン・レヴァイン著, 小林由香利訳　CCCメディアハウス　2015.9　298p　19cm　1800円　①978-4-484-15120-5
内容 準備はとことん―ときには痛みも　引き返してやり直す―後退が正しい場合が多いのはなぜか　チームの人選―経験、専門知識、エゴ　高地での味方―人脈をオンにしよう　慢心は命取り―行動しよう　何かが足りない―弱点を最大活用する　持っていく―念には念を　あなたは特別じゃない―信頼と忠誠を構築する　ルールを無視する―どんなときでも、正しいことをする　あなたの三つの言葉―あなたのモットーは？　失敗を受け入れる―受け入れて、絶対にカムバックする〔09240〕

レヴィ, クリスチーヌ
◇ルソーと近代―ルソーの回帰・ルソーへの回帰　ジャン＝ジャック・ルソー生誕300周年記念国際シンポジウム　永見文雄, 三浦信孝, 川出良枝編　風行社　2014.4　426p　22cm　〈他言語標題：Rousseau, le moderne？　作品目録あり 年譜あり〉4600円　①978-4-86258-082-5
内容 兆民を通したルソーの受容（クリスチーヌ・レヴィ著, 坂倉裕治訳）〔09241〕

レヴィー, ジョエル　Levy, Joel
◇あなたも心理学者！―これだけキーワード50（FREUDIAN SLIPS）　ジョエル・レヴィー〔著〕, 浅野ユカリ訳　ディスカヴァー・トゥエンティワン　2015.8　195p　19cm　〈表紙のタイトル：ALL THE PSYCHOLOGY YOU NEED TO KNOW　文献あり〉1300円　①978-4-7993-1764-8
内容 アルバート坊や　イド・自我・超自我　乖離と遁走　カクテルパーティー効果　共感覚　恐怖症　虚偽記憶　去勢不安　クレバー・ハンス効果　権威への服従実験〔ほか〕〔09242〕

レヴィ, バーバラ　Levy, Barbara
◇パリの断頭台―七代にわたる死刑執行人サンソン家年代記（LEGACY OF DEATH）　バーバラ・レヴィ〔著〕, 喜多迅鷹, 喜多元子訳　新装版　法政大学出版局　2014.3　292p 図版16p　20cm　2600円　①978-4-588-36416-7
内容 初代サンソンのデビュー　初代シャルル・サンソンの運命の恋　初代シャルル・サンソンの生活と生涯　二代目シャルルとその子ジャン‐バチストの生活と生涯　シャルル‐アンリと二つの処刑―ダミアンと首飾り事件　近づく大革命とシャルル‐アンリ　フランス革命の勃発とシャルル‐アンリの生活　ギロチンの出現　浮沈するシャルル‐アンリの身の上　ルイ十六世とシャルロット・コルデーの処刑〔ほか〕〔09243〕

レーヴィ, プリーモ　Levi, Primo
◇溺れるものと救われるもの（I sommersi e i salvati）　プリーモ・レーヴィ著, 竹山博英訳　朝日新聞出版　2014.6　243p　19cm　（朝日選書 922）〈朝日新聞社 2000年刊の加筆修正〉1400円　①978-4-02-263022-3
内容 1 虐待の記憶　2 灰色の領域　3 恥辱　4 意思の疎通　5 無益な暴力　6 アウシュヴィッツの知識人　7 ステレオタイプ　8 ドイツ人からの手紙〔09244〕

レヴィ, ミシェル　Löwy, Michael
◇100語でわかるマルクス主義（Les 100 mots du marxisme）　ジェラール・デュメニル, ミシェル・レヴィ, エマニュエル・ルノー著, 井形和正, 斎藤かぐみ訳　白水社　2015.2　162p　18cm　（文庫クセジュ 997）　1200円　①978-4-560-50997-5〔09245〕

レヴィ, リチャード・E.
◇経済危機下の分権改革―「再国家化」と「脱国家化」の間で　山田徹編著　公人社　2015.7　247p　21cm　3800円　①978-4-86162-103-1
内容 アメリカ合衆国の連邦制度とイデオロギー的二極化（リチャード・E.レヴィ著, 柴田直子訳）〔09246〕

レヴィ＝ストロース, クロード　Lévi-Strauss, Claude
◇月の裏側―日本文化への視角（L'AUTRE FACE DE LA LUNE）　クロード・レヴィ＝ストロース著, 川田順造訳　中央公論新社　2014.7　161p

レ

20cm 〈著作目録あり〉2000円 ①978-4-12-004424-3
内容 世界における日本文化の位置　月の隠れた面　因幡の白兎　シナ海のヘロドトス　仙厓(がい) 世界を甘受する芸術　異様を手なずける　アメノウズメの淫らな踊り　知られざる東京　川田順造との対話 〔09247〕

◇大山猫の物語（HISTOIRE DE LYNX）　クロード・レヴィ＝ストロース〔著〕, 渡辺公三監訳, 福田素子, 泉克典訳　みすず書房　2016.3　340, 41p　20cm 〈文献あり 索引あり〉5400円 ①978-4-622-07912-5
内容 第1部 霧の方へ(時ならぬ妊娠　コヨーテ父子　ツノガイを盗む女たち　時をさかのぼる神話　運命を告げる宣告　シロイワヤギたちへの訪問)　第2部 晴れ間(ミミズクにさらわれた子供　服飾品、傷　根の息子　双子―サケ、クマ、オオカミ　家庭の気象学　服飾品、食糧　月から太陽へ　イヌと番う女)　第3部 風の方へ(風の捕獲　インディアンの神話、フランスの民話　鳥の巣あさりの最後の帰還　モンテーニュを読み返しながら　アメリカ・インディアンの二分性イデオロギー) 〔09248〕

◇神話と意味（MYTH AND MEANING 原著第2版の翻訳）　クロード・レヴィ＝ストロース〔著〕, 大橋保夫訳　新装版　みすず書房　2016.11　79, 4p　20cm 〈文献あり〉2400円 ①978-4-622-08591-1
内容 1 神話と科学の出会い　2 "未開"思考と "文明"心性　3 兎唇と双生児―ある神話の裂け目　4 神話が歴史になるとき　5 神話と音楽 〔09249〕

◇火あぶりにされたサンタクロース（Le Père Noël supplicié）　クロード・レヴィ＝ストロース著, 中沢新一訳・解説　KADOKAWA　2016.11　113p　20cm 〈「サンタクロースの秘密」(せりか書房 1995年刊) の改題、新版〉1800円 ①978-4-04-400220-6 〔09250〕

レヴィット, アレクサンドラ　Levit, Alexandra

◇大学では教えてくれないビジネスの真実（They Don't Teach Corporate in College 原著第3版の翻訳）　アレクサンドラ・レヴィット著, 片山奈緒美訳　アルファポリス　2014.12　341p　19cm 〈文献あり　発売：星雲社〉1400円 ①978-4-434-20147-9
内容 1「採用前」の真実　2「採用後」の真実　3 職場の人間関係　4 人生の目標を立てる　5 武器としてのビジネススキル　6「心」を見直す　7 人を動かす　8 昇進する　9 部下を持つ　10 辞める決断する 〔09251〕

レヴィット, スティーヴン・D.　Levitt, Steven D.

◇0ベース思考―どんな難問もシンプルに解決できる（THINK LIKE FREAK）　スティーヴン・レヴィット, スティーヴン・ダブナー著, 桜井祐子訳　ダイヤモンド社　2015.2　277p　19cm 1600円 ①978-4-478-02906-0
内容 第1章 何でもゼロベースで考える―バイアスをゼロにしてアプローチする思考法　第2章 世界でいちばん言いづらい言葉―「知らない」を言えれば、合理的に考えられる　第3章 あなたが解決したい問題は何？―問題設定を変えて、すごい答えを見つける　第4章 真実はいつもルーツにある―ここまでさかのぼって根本原因を考える　第5章 子どものように考える―「わかりきったこと」にゼロベースで向き合う　第6章 赤ちゃんにお菓子を与えるように―地球はインセンティブで回っている　第7章 ソロモン王とデイビッド・リー・ロスの共通点は何か？ ―庭に雑草を引っこ抜かせる方法　第8章 聞く耳をもたない人を説得するには？ ―その話し方では100年かけても人は動かない　第9章 やめる―人生を「コイン投げ」で決める正確なやり方 〔09252〕

◇ヤバすぎる経済学―常識の箱から抜け出す最強ロジック（WHEN TO ROB A BANK）　スティーヴン・D.レヴィット, スティーヴン・J.ダブナー著, 望月衛訳　東洋経済新報社　2016.4　409, 11p　19cm　1800円 ①978-4-492-31477-7
内容 ぼくたち、お役に立ちたかっただけなんです　マス掻く手コキとウェインの恐怖　ガソリン値上がり万歳！　コンテストいろいろ　間違ったものを怖がるとは　インチキしてないってことは一所懸命やってないってことだ　でもそれ、地球にやさしいの？ 21で大当たり　銀行襲うならいつがいい？　もっとヤらせて、ぼくら経済学者だし　万華鏡みたいなものひとたびジェットになったなら… 〔09253〕

レーヴィット, K.　Löwith, Karl

◇ヘーゲルからニーチェへ―十九世紀思想における革命的断絶　上（VON HEGEL ZU NIETZSCHE）　レーヴィット著, 三島憲一訳　岩波書店　2015.12　544, 119p　15cm （岩波文庫 33-693-2）〈文献あり〉1440円 ①978-4-00-336932-6
内容 第1部 十九世紀における精神の歴史(ゲーテとヘーゲル)　時代の精神的潮流の起源―ヘーゲルの精神の歴史哲学から見る(ヘーゲルにおける世界史と精神史の完成―歴史の終結　老年ヘーゲル派、青年ヘーゲル派、新ヘーゲル派　マルクスとキルケゴールの決断―ヘーゲル的媒介の解体)　歴史的時間の哲学から永遠性の希求へ(われわれの時代および永遠性の哲学者ニーチェ　時代の精神と永遠性への問い) 〔09254〕

◇ヘーゲルからニーチェへ―十九世紀思想における革命的断絶　下（VON HEGEL ZU NIETZSCHE）　レーヴィット著, 三島憲一訳　岩波書店　2016.2　412, 66p　15cm （岩波文庫 33-693-3）〈文献あり 年表あり 索引あり〉1200円 ①978-4-00-336933-3
内容 第2部 市民的＝キリスト教的世界の歴史(市民社会の問題　労働の問題　教養の問題　人間性の問題　キリスト教の問題) 〔09255〕

レヴィナス, エマニュエル　Lévinas, Emmanuel

◇レヴィナス著作集　1　捕囚手帳ほか未刊著作（EMMANUEL LEVINAS.ŒUVRES1）　エマニュエル・レヴィナス著, ロドルフ・カラン, カトリーヌ・シャリエ監修, 三浦直希, 渡名喜庸哲, 藤岡俊博訳　法政大学出版局　2014.3　545, 27p　22cm 〈索引あり〉5200円 ①978-4-588-12121-0
内容 1 捕囚手帳―一九四〇‐一九四五年　2 捕囚をめぐるテクストとベルクソン讃(捕囚　イスラエルびとの捕虜における精神性　ユダヤ的捕虜体験　〔ベルクソン讃〕)　3 哲学雑記(東　手帳) 〔09256〕

◇貨幣の哲学（EMMANUEL LEVINAS ET AL SOCIALITÉ DE L'ARGENT）　エマニュエル・

レヴィナス著, ロジェ・ビュルグヒュラーヴ編, 合田正人, 三浦直希訳　新装版　法政大学出版局　2014.4　195, 28p　20cm　（叢書・ウニベルシタス 779）　2500円　①978-4-588-09977-9

内容 1 プレリュード（エマニュエル・レヴィナスのこの研究が生まれた背景　貨幣とつねに改善される正義―エマニュエル・レヴィナスの視点）　2「社会性と貨幣」の生成過程（予備的対談―貨幣、貯蓄、貸与に関するエマニュエル・レヴィナスとの予備的対談（一九八六年四月一〇日）　学術講演 貨幣の両義性―ベルギー貯蓄銀行のための貨幣の意味に関する学術講演（一九八六年一二月一一日）　決定版論文（校訂版）―社会性と貨幣（一九八七年五月））　3ダ・カーポ―敬意を込めた感謝のうちで（往復書簡―ロジェ・ビュルグヒュラーヴ - エマニュエル・レヴィナス（一九七五年七月一〇日 - 八月四日）　ある哲学的伝記―エルサレムとアテネのあいだの思想家エマニュエル・レヴィナス）〔09257〕

◇聖句の彼方―タルムード 読解と講演（L'AU-DELÀ DU VERSET）　エマニュエル・レヴィナス著, 合田正人訳　新装版　法政大学出版局　2014.11　340, 3p　19cm　（叢書・ウニベルシタス）　3800円　①978-4-588-09995-3

内容 忠誠（強いるユダヤ教）　タルムード読解（西欧のモデル　逃れの町　最後に残るのは誰か　条約　宗教的言語と神への畏れについて）　神学（聖典のユダヤ的読解について　タルムードの諸節による神の名　ユダヤ教の伝承における啓示　「神にかたどって」―ボロズィンのラビ・ハイームによる　スピノザの背景）　シオニズム（カエサルの国とダヴィデの国　政治は後で！　同化と新しい文化）〔09258〕

◇われわれのあいだで―"他者に向けて思考すること"をめぐる試論（ENTRE NOUS）　エマニュエル・レヴィナス著, 合田正人, 谷口博史訳　新装版　法政大学出版局　2015.5　361, 4p　19cm　（叢書・ウニベルシタス）　4000円　①978-4-588-14013-6

内容 存在論は根源的か　自我と全体性　レヴィ＝ブリュールと現代哲学　神人？　ある新たな合理性―ガブリエル・マルセルについて　解釈学と彼方　哲学と目覚め　無用の苦しみ　哲学、正義、愛　非志向的意識　一者から他者へ 超越と時間　隔時性と再現前化　文化の観念の哲学的規定　唯一性について　「～の代わりに死ぬこと」　人間の権利と善なる意志　"他者に向けて思考すること"についての対話　われわれのうちなる無限の観念について　『全体性と無限』、ドイツ語訳への序文　他者、ユートピア、正義〔09259〕

◇タルムード新五講話―神聖から聖潔へ（Du Sacré au Saint）　エマニュエル・レヴィナス著, 内田樹訳　新装版　京都　人文書院　2015.10　273p　20cm　〈初版：国文社 1990年刊〉2800円　①978-4-409-03088-2

内容 第1講 ユダヤ教と革命　第2講 イスラエルと若者　第3講 脱神聖化と脱呪術化　第4講 そして神は女を造り給う　第5講 火によってもたらされた被害〔09260〕

◇タルムード四講話（Quatre Lectures Talmudiques）　エマニュエル・レヴィナス著, 内田樹訳　新装版　京都　人文書院　2015.10　226p　20cm　〈初版：国文社 1987年刊〉2500円　①978-4-409-03087-5

内容 第1講 他者に対して　第2講 誘惑の誘惑　第3講 約束の土地か許された土地か　第4講 世界と同じだけ古く〔09261〕

◇レヴィナス著作集　2　哲学コレージュ講演集（EMMANUEL LEVINAS : OEUVRES 2 : PAROLE ET SILENCE et autres conférences inédites au Collège philosophique）　エマニュエル・レヴィナス著, ロドルフ・カラン, カトリーヌ・シャリエ監修, 藤岡俊博, 渡名喜庸哲, 三浦直希訳　法政大学出版局　2016.7　408, 18p　21cm　4800円　①978-4-588-12122-7

内容 発話と沈黙　権力と起源　糧　教え　書かれたものと口頭のもの　意欲　分離　可能事の彼方　隠喩　補遺1 "意義"　補遺2〔09262〕

レヴィン, マデリーン　Levine, Madeline

◇親の「その一言」がわが子の将来を決める―学歴どまりの残念な子か、学びが自立につながる子か　幼・小学生篇（TEACH YOUR CHILDREN WELL）　マデリーン・レヴィン〔著〕, 片山奈緒美訳　新潮社　2014.7　221p　20cm　1400円　①978-4-10-506791-5

内容 第1部「本物の成功」とは何か（子どもの親離れ、親の子離れ　アメリカの現状）　第2部 立ち直れる子どもに育てる―七つの対応力（解決策の見つけかたを教える　行動の起こしかたを教える）　第3部 学齢期に学ぶこと―子どもの成長は親の成長（前半）（幼稚園児から小学生 五歳から十一歳）〔09263〕

◇親の「その一言」がわが子の将来を決める―学歴どまりの残念な子か、学びが自立につながる子か　中・高校生篇（TEACH YOUR CHILDREN WELL）　マデリーン・レヴィン〔著〕, 片山奈緒美訳　新潮社　2014.7　221p　20cm　1400円　①978-4-10-506792-2

内容 第3部 学齢期に学ぶこと―子どもの成長は親の成長（後半）（中学生 十一歳から十四歳　高校生 十四歳から十八歳）　第4部 大切なのは話をすること（家族で価値観を共有する　理想の親になるために）〔09264〕

レヴィンソン, スティーヴ　Levinson, Steve

◇最後までやりきる力―目標達成のコーチが教える、やる気がなくても楽にできる方法（THE POWER TO GET THINGS DONE）　スティーヴ・レヴィンソン, クリス・クーパー〔著〕, 門脇弘典訳　クロスメディア・パブリッシング　2016.3　189p　19cm　〈発売：インプレス〉1380円　①978-4-8443-7464-0

内容 1 最後までやりきるのはなぜ難しいのか（動機だけではやる気が続かない理由　手をつけたくない仕事　経営者を待ち受ける罠）　2「もっとがんばる」をやめる（やる気は自然とは湧いてこない　自分の決意を真剣に扱う　決意に必要な力を与える）　3 やりとげるための賢い戦略（自分を追い込む方法を探す　嫌いな作業を解毒する　お金で助けを買う）　4「最後までやりきる」を続ける（「最後までやりきる力」を維持するカギ）〔09265〕

レーウェン, C.ファン　Leeuwen, Cornelis van

◇ホセア書（Hosea）　C.ファン・レーウェン著, 池永倫明訳　教文館　2014.11　218p　19cm　（コンパクト聖書注解）　2700円　①978-4-7642-1849-9

レ

内容 第1部 ホセアの結婚（一章2節 - 三章5節）（ホセアの家族、神の判決の告知 一章2 - 9節　将来の救い 一章10 - 12節（ヘブライ語本文二章1 - 3節）　イスラエルの背信と神の対応 二章1 - 14節（ヘブライ語本文二章4 - 17節）ほか）　第2部 イスラエルの不実（四章1節 - 一一章11節）（民と祭司たちへの告発 四章1 - 10節　イスラエルの偶像崇拝は罰せられる 四章11 - 19節　指導者たちと民に対する告発 五章1 - 7節 ほか）　第3部 エジプトから導き出した神（一二章1節 - 一四章10節）（一一章12節 - 一四章9節。口語訳、新改訳）（イスラエルとその父祖 一二章1 - 15節（一一章12節 - 一二章14節）　イスラエルは自らの解放者を見くびったゆえに償わねばならない 一三章1節 - 一四章1節（一三章1 - 16節）　悔い改めと救い 一四章2 - 9節（一四章1 - 8節）ほか）〔09266〕

レヴスティク, リンダ・S.　Levstik, Linda S.

◇コモン・グッドのための歴史教育―社会文化的アプローチ（TEACHING HISTORY FOR THE COMMON GOOD）　キース・C.バートン, リンダ・S.レヴスティク著, 渡部竜也, 草原和博, 田口紘子, 田中伸訳　横浜　春風社　2015.3　440, 56p　22cm　6000円　①978-4-86110-445-9

内容 歴史教育についての社会文化的な見方　参加民主主義と民主主義的人道主義　自己認識のスタンス　分析的探究のスタンス　道徳的反応のスタンス　陳列展示のスタンス　物語の構造と歴史教育　個人の功績と動機の物語　国家の自由と進歩の物語　探求　見解認識としての歴史的エンパシー（感情理解）　ケアリングとしてのエンパシー（感情理解）　教師教育と歴史教育の目的〔09267〕

レ

レーウン, マータイス・L.フォン

◇共感の社会神経科学（THE SOCIAL NEUROSCIENCE OF EMPATHY）　ジャン・デセティ, ウィリアム・アイクス編著, 岡田顕宏訳　勁草書房　2016.7　334p　22cm　〈索引あり〉4200円　①978-4-326-25117-9

内容 模倣されることの効果（リック・B.フォン・バーレン, ジャン・デセティ, アプ・ダイクスターハイス, アンドリース・フォン・デア・レイユ, マータイス・L.フォン・レーウン著）〔09268〕

レオナルド, ケリー　Leonard, Kelly

◇なぜ一流の経営者は即興コメディを学ぶのか？（YES, AND）　ケリー・レオナルド, トム・ヨートン〔著〕, ディスカヴァー・トゥエンティワン編集部訳　ディスカヴァー・トゥエンティワン　2015.4　412p　19cm　1800円　①978-4-7993-1657-3

内容 第1章 笑いのビジネス（コメディの手法をビジネスに応用する　セカンド・シティは革新的なコメディを創造してきた　セカンド・シティのトレーニングが仕事での成功に役立つ ほか）　第2章 イエス、アンド―何もないところから何かを創造する方法（即興劇の演習から気づきが得られる　イエス、アンドとは何か？　…　イエス、バット（はい、ですが）ほか）　第3章 アンサンブルを構築する方法（常に全体の中の一員であることを意識する　アンサンブルを構築する理由　アンサンブルの作業はハードだ…だが努力する価値はある ほか）　第4章 共創―観客とともに舞台を創る（観客の反応に耳を傾ける　組織内での共創を向上させる3つの鍵　あなたの観客との共創を向上させる ほか）　第5章 コメディとインプロビゼーションを使って変革を起こす（企業はコメディを活用できるコメディの3つの本質的ヨウ素　重要な問題を指摘する ほか）　第6章 失敗を活用する（私たちが犯した有名な失敗の数々　ほら、痛くもかゆくもなかったでしょう？　創造するために失敗する ほか）　第7章 フォロー・ザ・フォロワー（インプロビゼーション・コメディがピーター・ドラッカーに出会う　邪魔をしない　場を読む ほか）　第8章「聞くこと」は「筋肉」だ（われわれは聞く能力を欠いている　聞く練習をしよう　意図を汲み取るために聞く）〔09269〕

レゲァスティ, マリア　Legerstee, Maria Theresia

◇乳児の対人感覚の発達―心の理論を導くもの（INFANTS' SENSE OF PEOPLE）　マリア・レゲァスティ著, 大藪泰訳　新曜社　2014.5　265, 33p　21cm　〈索引あり〉3400円　①978-4-7885-1390-7

内容 第1章 定義、理論、本書の構成　第2章 発達におよぼす内因的影響と外因的影響　第3章 生命体/非生命体の区別　第4章 自己と意識　第5章 二項的相互作用　第6章 三項的相互作用―5か月児と7か月児の共同的関わり　第7章 乳児の対人感覚の発達に対する社会的影響　第8章 情動調律と前言語的コミュニケーション　第9章 社会的相互作用の質が乳児の原初的な欲求推理に影響する　第10章 社会的認知―情動調律、模倣、随伴性〔09270〕

レーケン, シルビア　Löhken, Sylvia C.

◇内向型人間のための人生戦略大全―QUIET IMPACT（LEISE MENSCHEN-STARKE WIRKUNG）　シルビア・レーケン著, 岡本朋子訳　CCCメディアハウス　2014.11　310p　21cm　〈文献あり〉2000円　①978-4-484-14122-0

内容 第1部 自分は誰か、何ができるか、何が必要かを知る方法（なぜ「内気」なのか？　「内向型人間」の強み　「内向型人間」の弱み）　第2部 プライベートと職場での成功の両方を手に入れる方法（居心地のいいプライベート空間のつくり方　職場でのふるまい方）　第3部 注目され、耳を傾けてもらうためにはどうすればいいか（人間関係を広げ、深める　交渉　スピーチ　会議）〔09271〕

レゴ, リンドン

◇経験学習によるリーダーシップ開発―米国CCLによる次世代リーダー育成のための実践事例（Experience-Driven Leader Development）　シンシア・D.マッコーレイ,D.スコット・デリュ, ポール・R.ヨスト, シルベスター・テイラー編, 漆嶋稔訳　日本能率協会マネジメントセンター　2016.8　511p　27cm　8800円　①978-4-8207-5929-4

内容 ラーニング・アジリティの開発：マイクロファイナンスの教訓（リンドン・レゴ, ヴァンダナ・ヴィスワナサン, ペグ・ロス）〔09272〕

レザーランド, ルーシー　Letherland, Lucy

◇世界冒険アトラス（ATLAS OF ADVENTURES）　レイチェル・ウィリアムズ文, ルーシー・レザーランド絵, 徳間書店児童書編集部訳　徳間書店　2015.10　85p　38cm　〈文献あり 索引あり〉2800円　①978-4-19-863990-7

内容 ヨーロッパ　北アメリカ　中央アメリカ・南アメ

リカ　アジア・中東　アフリカ　オセアニア　南極〔09273〕

レシーノス, アドリアン　Recinos, Adrián

◇マヤ神話ポポル・ヴフ　A.レシーノス原訳, 林屋永吉訳　3版　中央公論新社　2016.4　363p　16cm　（中公文庫 レ2-2）　1000円　①978-4-12-206251-1

内容 太陽と死の神話（三島由紀夫）　入門（アドリアン・レシーノス）　ポポル・ヴフ　付録 首長の起原の書〔09274〕

レシャード, カレッド　Reshad, Khaled

◇戦争に巻きこまれた日々を忘れない―日本とアフガニスタンの証言　長倉礼子, カレッド・レシャード著　新日本出版社　2016.7　115p　21cm　1400円　①978-4-406-06038-7

内容 第1章 日本が戦争をしていた時代（戦争の下の学校で　戦時下の私の日々　静岡大空襲の日のこと　敗戦の日を迎えてから　二年後の父の復員　生き残って考えること）　第2章 アフガニスタンの戦乱はどこから来たか（侵略にさらされてきた歴史　米国の報復戦争カレーズの会の発足　国際社会と日本国政府のアフガニスタン情勢への対応）　第3章 戦争をする国にしないために（人権、仁愛と日本の価値　安保法制になぜ反対するのか　ISはどこから来たか）〔09275〕

レシュチュ, モーリン

◇スーパーヴィジョンのパワーゲーム―心理療法家訓練における影響力・カルト・洗脳（Power Games）　リチャード・ローボルト編著, 太田裕一訳　金剛出版　2015.3　424p　22cm　〈索引あり〉　6000円　①978-4-7724-1417-3

内容 ドーパット, カヴァナフ, ラリヴィエール, ローボルト博士が執筆した章について（モーリン・レシュチュ著）〔09276〕

レステル, ドミニック

◇受容と抵抗―西洋科学の生命観と日本 国際シンポジウム報告書　法政大学国際日本学研究所編　法政大学国際日本学研究所　2015.2　257p　21cm　（国際日本学研究叢書 22）　〈他言語標題：La réception et la résistance　フランス語併記〉

内容 私の友達ロボット（ドミニック・レステル著, 松本力訳）〔09277〕

レスブロ, ドミニク　Lesbros, Dominique

◇街角の遺物・遺構から見たパリ歴史図鑑（CURIOSITÉS DE PARIS）　ドミニク・レスブロ著, 蔵持不三也訳　原書房　2015.4　243p　22cm　〈索引あり〉　3800円　①978-4-562-05136-6

内容 馬の首都パリ　光の都市　市壁の跡で　時の試練　見事な樹木　カジモドの周遊　不思議な噴水　都市の記号論　奇妙な建物　ロマンティックな廃墟〔ほか〕〔09278〕

レズリー, イアン　Leslie, Ian

◇子どもは40000回質問する―あなたの人生を創る「好奇心」の驚くべき力（CURIOUS）　イアン・レズリー著, 須川綾子訳　光文社　2016.4　326p　19cm　〈文献あり〉　1800円　①978-4-334-96214-2

内容 「知りたい」という欲求が人生と社会を変える　第1部 好奇心のはたらき（ヒトは好奇心のおかげで人間になった　子どもの好奇心はいかに育まれるか　パズルとミステリー）　第2部 好奇心格差の危険（好奇心の三つの時代　好奇心格差が社会格差を生む　問いかける力　知識なくして創造性も思考力もない）　第3部 好奇心を持ち続けるには（好奇心を持ち続ける7つの方法）　さあ、知識の世界を探究しよう〔09279〕

レダー, マイケル

◇FDガイドブック―大学教員の能力開発（A GUIDE TO FACULTY DEVELOPMENT 原著第2版の抄訳）　ケイ・J.ガレスピー, ダグラス・L.ロバートソン編著, 羽田貴史監訳, 今野文子, 串本剛, 立石慎治, 杉本和弘, 佐藤万知訳　町田　玉川大学出版部　2014.2　338p　21cm　（高等教育シリーズ 162）　〈別タイトル：Faculty Developmentガイドブック　文献あり 索引あり〉　3800円　①978-4-472-40487-0

内容 小規模カレッジにおける効果的実践（マイケル・レダー著）〔09280〕

レッサー, ジェフリー　Lesser, Jeffery

◇ブラジルのアジア・中東系移民と国民性の構築―「ブラジル人らしさ」をめぐる葛藤と模索（Negotiating National Identity）　ジェフリー・レッサー著, 鈴木茂, 佐々木剛二訳　明石書店　2016.3　393p　20cm　（世界人権問題叢書 95）　〈文献あり 索引あり〉　4800円　①978-4-7503-4296-2

内容 第1章 隠されたハイフン　第2章 中国人労働と人種統合をめぐる論争　第3章 エスニックな空間の構築　第4章 ハイフンを求めて　第5章 交渉と新たなアイデンティティ　第6章 日本人になる　第7章 エピローグ〔09281〕

レッタ, エンリコ

◇世界論　安倍晋三, 朴槿恵ほか〔著〕, プロジェクトシンジケート叢書編集部訳　土曜社　2014.1　185p　19cm　（プロジェクトシンジケート叢書）　〈他言語標題：A WORLD OF IDEAS　文献あり〉　1199円　①978-4-907511-05-0

内容 ヨーロッパ製の未来（エンリコ・レッタ著）〔09282〕

レッチェ, S.

◇「心の理論」から学ぶ発達の基礎―教育・保育・自閉症理解への道　子安増生編著　京都　ミネルヴァ書房　2016.3　250p　22cm　〈他言語標題：Theory of Mind as the Basis of Development　索引あり〉　2700円　①978-4-623-07537-9

内容 「心の理論」の訓練（S.レッチェ,F.ビアンコ著, 溝川藍訳）〔09283〕

レッドフィールド, ジェームズ　Redfield, James

◇第十二の予言―決意のとき（THE TWELFTH INSIGHT）　ジェームズ・レッドフィールド〔著〕, 山川紘矢, 山川亜希子訳　KADOKAWA　2015.5　386p　15cm　（角川文庫 iレ5-10）　〈角川書店 2011年刊の再刊〉　720円　①978-4-04-

レ

102509-3
内容 共時性の持続　意識的な会話　アラインメントの状態に入る　イデオロギーの対立　神との繋がり　使命の発見　神と同調する方法　ワンネスの意思　洞察力の深まり　天国とつながる　影響力を高める　神の帰還　〔09284〕

レッドベター, リリー　Ledbetter, Lilly M.

◇賃金差別を許さない！―巨大企業に挑んだ私の闘い（GRACE AND GRIT）　リリー・レッドベター, ラニアー・S.アイソム〔著〕, 中窪裕也訳　岩波書店　2014.1　295p　20cm　3300円　①978-4-00-023883-0
内容 第1章 ポッサムトロット　第2章 チャールズとの結婚　第3章 働きに出る　第4章 ゴム産業の労働者となる　第5章 心明るく、足取りも軽く　第6章 ワニに膝まで食われて　第7章 虎のしっぽを摑んで　第8章 名誉を守るために　第9章 レッドベター氏、都へ行く　第10章 平等賃金の祖母となる　付録 オバマ大統領のスピーチ―リリー・レッドベター公正賃金復元法の署名にあたって　〔09285〕

レットマン, ジョン

◇正義への責任―世界から沖縄へ　2　琉球新報社編, 乗松聡子監修・翻訳　那覇　琉球新報社　2016.6　77p　21cm　〈発売：琉球プロジェクト（〔那覇〕）〉565円　①978-4-89742-208-4
内容 沖縄の願い尊重できず―日本の「共同防衛」に固執（ジョン・レットマン）　〔09286〕

レ

レッピン, フォルカー　Leppin, Volker

◇キリスト教の主要神学者　上　テルトゥリアヌスからカルヴァンまで（Klassiker der Theologie, Bd.1 : Von Tertullian bis Calvin）　F.W.グラーフ編, 片柳栄一監訳　教文館　2014.8　360, 5p　21cm　3900円　①978-4-7642-7383-2
内容 オッカムのウィリアム（一二八五―一三四七）（フォルカー・レッピン）　〔09287〕

レディ, ヴァスデヴィ　Reddy, Vasudevi

◇驚くべき乳幼児の心の世界―「二人称的アプローチ」から見えてくること（How infants know minds）　ヴァスデヴィ・レディ著, 佐伯胖訳　京都　ミネルヴァ書房　2015.4　363p　22cm　〈索引あり〉3800円　①978-4-623-07173-9
内容 1 ひとつの謎　2 ギャップに注意　3 かかわる心：二人称的アプローチ　4 出合いをつくる：模倣　5 会話をはじめる　6 注目を経験する　7 自己意識を感じる　8 意図をもてあそぶ　9 おかしみの共有　10 コミュニケーションでだます　11 他の心、他の文化　〔09288〕

レディカー, マーカス　Rediker, Marcus

◇海賊たちの黄金時代―アトランティック・ヒストリーの世界（VILLAINS OF ALL NATIONS）　マーカス・レディカー著, 和田光弘, 小島崇, 森丈夫, 笠井俊和訳　京都　ミネルヴァ書房　2014.8　307, 10p　20cm　（MINERVA歴史・文化ライブラリー 24）〈索引あり〉3500円　①978-4-623-07110-4
内容 第1章 二つの恐怖の物語　第2章 海賊行為の政治算術　第3章 海賊となる者　第4章 船上の新たなる統治　第5章「水夫に公平な扱いを」　第6章 女海賊ボニーとリード　第7章「奴らを世界から一掃せよ」　第8章「死をものともせず」　終章 血と黄金　〔09289〕

◇奴隷船の歴史（THE SLAVE SHIP）　マーカス・レディカー〔著〕, 上野直子訳　みすず書房　2016.6　339, 66p 図版16p　22cm　〈索引あり〉6800円　①978-4-622-07892-0
内容 奴隷貿易における、生と死、そして恐怖　奴隷船の進化　中間航路への道　オラウダ・エクィアーノ―驚愕と恐怖と　ジェイムズ・フィールド・スタンフィールドと浮かぶ地下牢　ジョン・ニュートンと平安の王国　船長の創る地獄　水夫たちの巨大な機械　捕囚から船友へ　奴隷船“ブルックス”の長い旅　エピローグ 終わりなき旅路　〔09290〕

レート, エリック

◇経験学習によるリーダーシップ開発―米国CCLによる次世代リーダー育成のための実践事例（Experience-Driven Leader Development）　シンシア・D.マッコーレイ,D.スコット・デリュ, ポール・R.ヨスト, シルベスター・テイラー編, 漆嶋稔訳　日本能率協会マネジメントセンター　2016.8　511p　27cm　8800円　①978-4-8207-5929-4
内容 新興市場におけるリーダー育成のための戦略的企業研修（アニタ・バシン, ローリ・ホーマー, エリック・レート）　〔09291〕

レート, ポール

◇不正選挙―電子投票とマネー合戦がアメリカを破壊する（LOSER TAKE ALL）　マーク・クリスピン・ミラー編著, 大竹秀子, 桜井まり子, 関房江訳　亜紀書房　2014.7　343, 31p　19cm　2400円　①978-4-7505-1411-6
内容 ブッシュ対ゴア判決そして選挙の息の根を止める最高裁（ポール・レート著）　〔09292〕

レナー, ダイアナ　Renner, Diana

◇「無知」の技法―不確実な世界を生き抜くための思考変革（NOT KNOWING）　スティーブン・デスーザ, ダイアナ・レナー著, 上原裕美子訳　日本実業出版社　2015.11　352, 6p　19cm　2000円　①978-4-534-05329-9
内容 1「知識」の危険性（「知っている」はいいことか？専門家とリーダーへの依存　「未知のもの」の急成長）　2 境界（既知と未知の境界　暗闇が照らすもの）　3「ない」を受容する能力（カップをからっぽにする　見るために目を閉じる　闇に飛び込む　「未知のもの」を楽しむ）　〔09293〕

レナード, ゲイリー・R.　Renard, Gary R.

◇不死というあなたの現実（YOUR IMMORTAL REALITY）　ゲイリー・R.レナード著, 吉田利子訳　新装版　河出書房新社　2015.11　311p　20cm　2500円　①978-4-309-23095-5
内容 1 アーテンとパーサ！　2 真のパワー　3 ゲイリーの人生　4 死体なき殺人　5 夢の「英雄」　6 大事なのは今回の人生だ、あたりまえだろ　7 パーサによるトマスの福音書　8 未来をのぞく、パート2　9 アーテンは誰か？　10 地球という粗末な玩具　11 不死というあなたの現実　〔09294〕

◇愛は誰も忘れていない―人生への答えがここにある（LOVE HAS FORGOTTEN NO ONE）　ゲ

イリー・R.レナード著, ティケリー裕子訳 ナチュラルスピリット 2016.6 355p 19cm 2400円 ①978-4-86451-208-4

内容 1 きみは何になりたいかい？ 2 今世と来世をめぐる旅 3 脚本は書かれているが確定ではない―それが次元の本質だ 4 悟りを開いた心のための身体的治癒 5 トマスとタダイのレッスン 6 ゲイリーのレッスン 7 今世のアーテン 8 パーサの最後のレッスン 9 アーテンの最後のレッスン 10 愛は誰も忘れていない 〔09295〕

レーナル, ギヨーム＝トマ Raynal, Guillaume-Thomas-François

◇両インド史 西インド篇/上巻 (Histoire philosophique et politique des Établissemens et du commerce des Européens dans les deux Indes) ギヨーム＝トマ・レーナル著, 大津真作訳 法政大学出版局 2015.9 812, 22p 図版16p 22cm 〈索引あり〉 22000円 ①978-4-588-15058-6

内容 第6篇 アメリカの発見。メキシコ征服。新世界のこの地域におけるスペイン人の植民(古代史と近代史の比較 スペインの古代諸革命 ほか) 第7篇 スペイン人によるペルー征服。この帝国が支配を変えてから、そこで起きた変化(スペイン人による新世界の征服に拍手を送ることができるだろうか？ 南アメリカへのスペイン人の第一歩は、乱暴狼藉と残忍さを刻印している ほか) 第8篇 スペイン人によるチリとパラグアイの征服。侵略にともなって起こった事件と侵略ののちに起こった事件の詳細。この強国は、どのような原理にもとづいて植民地を運営しているのか(ヨーロッパ人には、新世界において植民地を設立する権利があったのか？ 最初、チリにスペイン人は突如、姿を現わした ほか) 第9篇 ブラジルにおけるポルトガル人の植民地。彼らがそこで持ちこたえてきた戦争。この植民地の生産物と富(ヨーロッパ人は、植民地を築く技法を身につけてきたのか？ だれによって、どのようにしてブラジルは発見されたか ほか) 〔09296〕

レーニン, ウラジーミル・イリイチ Lenin, Vladimir Il'ich

◇レーニン哲学ノート 上巻 レーニン著, 松村一人訳 岩波書店 2015.5 298p 15cm (岩波文庫) 780円 ①4-00-341347-4

内容 ヘーゲル『論理学』にかんするノート(有論 本質論 概念論) 〔09297〕

◇レーニン哲学ノート 下巻 レーニン著, 松村一人訳 岩波書店 2015.5 329p 15cm (岩波文庫) 840円 ①4-00-341348-2

内容 ヘーゲル『歴史哲学講義』にかんするノート ヘーゲル『哲学史講義』にかんするノート ヘーゲルの弁証法(論理学)の見取図 ラッサール『エフェソスの暗い人ヘラクレイトスの哲学』にかんするノート アリストテレス『形而上学』にかんするノート フォイエルバッハ『ライプニッツ哲学の叙述、展開、および批判』にかんするノート 弁証法の問題によせて フォイエルバッハ『宗教の本質についての講義』にかんするノート マルクス、エンゲルス『神聖家族』にかんするノート 〔09298〕

レーネン, ウィリアム Rainen, William

◇CHANGE！―"発想力"で新しい自分に生まれ変わる。 ウィリアム・レーネン著, 伊藤仁彦訳 椎出版社 2013.12 127p 19cm 1200円 ①978-4-7779-3085-2 〔09299〕

◇人生が上手くいく直感力の高め方 ウィリアム・レーネン著, 伊藤仁彦訳 KADOKAWA 2014.3 175p 15cm (中経の文庫 う-12-2) 〈「直感力が高まる生き方」(中経出版 2011年刊)の改題、加筆・再編集〉 600円 ①978-4-04-600254-9

内容 第1章 「直感力」がすべての幸運の鍵(幸せとはあなたは「本当の自分」を知っていますか？ 「直感力」がすべての幸運の鍵 ほか) 第2章 「直感力」の磨き方使い方(五感を使って、幸運サイクルをスタートさせよう 思考を手放し、直感に耳をすませよう 体が教えてくれる大切なメッセージを受け取ろう ほか) 第3章 「直感力」が高まる生き方(客観性を確立する必要な経験を引き寄せ、人生を豊かにしよう 感情移入せずに、真の思いやりを持つ ほか) 〔09300〕

◇夢を叶える人―「とにかくやってみる」と人生が動きだす ウィリアム・レーネン, みよこ著, 伊藤仁彦訳 KADOKAWA 2014.4 190p 19cm 〈他言語標題：Only Actions Make Your Dreams Come True〉 1400円 ①978-4-04-653296-1

内容 プロローグ 夢を叶えるために 第1章 行動が未来を創る 第2章「行動できる人」になる 第3章 対談1 行動は「風」。小さな風が、やがてすべてを変えていく 第4章 一歩踏み出したいあなたに贈る10のアドバイス 第5章 対談2 人のために何かすることで未来への扉は開かれていく エピローグ 夢は叶う 〔09301〕

◇一瞬で誰もが虜に！ 「忘れられない人」になる方法―レーネンさんが教えてくれた宇宙のエネルギーとつながる74のメッセージ ウィリアム・レーネン著, 伊藤仁彦訳 マガジンハウス 2014.5 189p 19cm 1315円 ①978-4-8387-2670-7

内容 自信を持ってください(私を見てください、という意識が大切です 人から隠れるクセをなくしましょう 心地よいものを着て、背を伸ばして歩きましょう 自分自身を最大限に使ってください 自分自身をもっと信じて！ ほか) 誕生月ごとの自信の持ち方(誕生月ごとに自信に対する意識、感じ方に傾向があります) 宇宙のエネルギーとつながって生きてください(宇宙のエネルギーはすべての人に平等 すすんで人の話を聞きましょう 宇宙から見つけられるように目立ちましょう 「いつかやります」はもうやめましょう 言い訳をしない生き方 ほか) 〔09302〕

◇すべての人が幸せになる魔法の言葉219 ウィリアム・レーネン著, 伊藤仁彦訳 KADOKAWA 2014.9 269p 15cm (中経の文庫 う-12-3) 〈「すべての人が幸せになる「魔法の言葉」」(マキノ出版 2010年刊)の改題、再編集〉 650円 ①978-4-04-600363-8

内容 サイキック・チャネラーとしての私の歩み―癒される準備はできています すべての人が幸せになる魔法の言葉219 オーラの広げ方 エネルギー・コードの切断のしかた 〔09303〕

◇幸運体質になれる浄化ブック ウィリアム・レーネン著, 伊藤仁彦訳 KADOKAWA 2014.11 190p 19cm 1600円 ①978-4-04-653329-6

内容 プロローグ ネガティブなエネルギーを浄化し、幸運体質になろう！ 第1章 まわりからやってくるネガティブなエネルギーを浄化する(他人からのネガティブなエネルギーを浄化する方法 モノからやってくるネガティブなエネルギーを浄化する方法 ほか) 第2章 自分の中にあるネガティブなエネルギーを浄化す

レ

る方法（いつまでも断ち切れない過去を浄化する　ネガティブな感情や習慣を浄化する ほか）　第3章 ネガティブな影響を受けない自分になる（人生に無意味な経験は何ひとつない　高いエネルギーの自分になれば、ネガティブなものは近づけない ほか）　エピローグ 人や地球に奉仕しよう 〔09304〕

◇トビラ―ハワイのレーネンさんから届いた、心の扉を開くヒント　ウィリアム・レーネン著, 伊藤仁彦訳, 畑良太アートワーク　椎出版社　2014.11　120p　19cm　〈英語抄訳付〉1500円　①978-4-7779-3400-3 〔09305〕

◇過去の呪縛から自由になって、奇跡体質になる　ウィリアム・レーネン著, 伊藤仁彦訳　KADOKAWA　2015.3　159p　19cm　〈表紙のタイトル：HOW TO BREAK FREE FROM THE CHAINS OF YOUR PAST AND RECEIVE MIRACLES〉1600円　①978-4-04-601089-6

内容 第1章 奇跡体質になる仕組み（奇跡とは「予期しない経験と出来事」である　奇跡を引き寄せるカギは、「あなたの生き方」にある ほか）　第2章 過去の呪縛から自由になる（手放すことは、「フォーカスしない」こと　過去から自由になるレッスン1 期待を持たない ほか）　第3章 感情・記憶・物から自由になる（家を見渡し、触っていないもの、必要のないものを見つける　期待を手放す ほか）　第4章 人間関係から自由になる（幸せは誰かが与えてくれるという幻想を捨てる　毎日の生活の中で気づく力を上げ、本当の自分を知る ほか） 〔09306〕

◇生き方の答えが見つかる本―あなたを導くメッセージ　ウィリアム・レーネン著, 伊藤仁彦訳　KADOKAWA　2015.7　319p　15cm　（中経の文庫 う-12-4）〈中経出版 2011年刊の再編集〉800円　①978-4-04-601324-8

内容 Prologue（今、あなたに必要な「答え」を見つけるために―迷ったとき、アドバイスがほしいとき、この本を開いてください　最適な「答え」に出あえる！　本書の効果的な使い方　人生が変わる！　願いが叶う！　アファメーションの作り方・使い方）　Oracle Book あなたへの答え　Epilogue 私たちが今、知っておきたいこと―私たちは皆、大きな宇宙の流れの中に生きている 〔09307〕

◇幸せになれるスピリチュアル・ティーチング　ウィリアム・レーネン〔著〕, 伊藤仁彦訳　KADOKAWA　2015.12　254p　15cm　（角川文庫 iレ10-1）〈「幸せの芽がどんどん育つ魔法のガーデニング」（徳間書店 2009年刊）の改題、加筆・編集〉800円　①978-4-04-400006-6

内容 第1章 スピリチュアルに生きる―すばらしい人生を招く秘密　第2章 この新しい時代に、あなたが光り輝くための宇宙の法則　第3章 厳しいビジネス社会で、あなたらしく生き生きと活躍するための魔法　第4章 心の扉をいっぱいに開き、みんなを幸せにするコミュニケーションの鍵　第5章 直感力が飛躍的に高まるスピリチュアル・エクササイズ　第6章 スピリットワールドのしくみ―より高い光のレベルへ　第7章 ウィリアム・レーネンによるフルトランス―ドクター・ピーブルズが贈るメッセージ　第8章 ウィリアム・レーネンによるフルトランス―ドクター・ピーブルズが語る不思議な王国 〔09308〕

◇きらきらオーラで幸せを引き寄せる本　ウィリアム・レーネン著, 伊藤仁彦訳　KADOKAWA　2016.3　159p　19cm　〈他言語標題：Sparkling aura attracts universal level happiness〉1600円　①978-4-04-103981-6

内容 第1章 あなたを守り、輝かせるオーラ（輝く「オーラ」が幸せを引き寄せる！　みずがめ座の時代の「幸せ」 ほか）　第2章 オーラは気持ちや体調のバロメーター（すべての生命が個々に持つエネルギー・フィールド　オーラの形には、「平均」も「理想」もない！ ほか）　第3章 オーラを磨いて輝かせるレッスン（オーラを磨くエクササイズ　オーラを見よう！　感じよう！ ほか）　第4章 オーラが輝く生き方で人生に本当の満足を呼ぶ（オーラが輝いている人でも、失敗することがある　誰もが霊的な進化の途上にある ほか） 〔09309〕

◇「ドリームタイム」の智慧―あなたらしく幸せに、心豊かに生きる　ウィリアム・レーネン, 吉本ばなな〔著〕, 伊藤仁彦訳　KADOKAWA　2016.6　249p　15cm　（角川文庫 iレ10-2）〈「超スピリチュアル次元ドリームタイムからのさとし」（徳間書店 2009年刊）の改題、加筆・修正〉880円　①978-4-04-400042-4

内容 第1の扉 ドリームタイムからのさとし Knowing Wisdom of Dream - time～スピリチュアル・トーク（ドリームタイムとは何か、どのような場所なのか？　サイキックな力を持った人の子ども時代は苦しい　「スピリチュアリティ」を超える言葉があるはず！　ドリームタイムの次元に行くには、ただただ正直であること。それだけです！　「完全な正直さ」を実現するのは身近な人ほどむずかしい ほか）　第2の扉 超スピリチュアル次元からのさとし Nothing Happens by Chance～スピリチュアル・ガイダンス（あなたをスピリチュアルな次元に高めてゆくための8つのエッセンス　「水瓶座の時代」のポジティブでデュアリティな生き方　スピリットワールドのしくみと「人生のレッスン」が意味するもの　恋愛から結婚・出産へ―運命のパートナーと幸せな経験を築くために　子どもはあなたを成長させてくれる最高の贈りもの ほか） 〔09310〕

レノルズ, デイヴィット

◇オックスフォード ブリテン諸島の歴史　11　20世紀―1945年以後（The Short Oxford History of the British Isles ： The British Isles Since 1945）　鶴島博和日本語版監修　キャスリーン・バーク編, 西沢保監訳　慶応義塾大学出版会　2014.11　301, 47p　22cm　〈文献あり 年表あり 索引あり〉6400円　①978-4-7664-1651-0

内容 一九四五年以降のイギリスと世界（デイヴィット・レノルズ著, 菅一城訳） 〔09311〕

レノレ, ヤン　L'Hénoret, Yann

◇学校へいきたい！　世界の果てにはこんな通学路が！―デヴィ インドの13歳　パスカル・プリッソン原案, ヤン・レノレ写真　六耀社　2016.12　75p　21cm　1400円　①978-4-89737-867-1 〔09312〕

レノン, ジョン

◇インタヴューズ　3　毛沢東からジョン・レノンまで（THE PENGUIN BOOK OF INTERVIEWS）　クリストファー・シルヴェスター編, 新庄哲夫他訳　文芸春秋　2014.6　463p　16cm　（文春学芸ライブラリー―雑英 7）　1690

円 ①978-4-16-813018-2
内容 ジョン・レノン（ジョン・レノン述, ヤーン・ウェーナーインタヴュアー, 片岡義男訳）〔09313〕

レバイン, アミール　Levine, Amir
◇異性の心を上手に透視する方法（Attached） アミール・レバイン, レイチェル・ヘラー著, 塚越悦子訳　プレジデント社　2016.6　284p　19cm　1500円 ①978-4-8334-5098-0
内容 1日目 99%の人が知らない事実―人は恋愛するとロボットのような決まった行動をする　2日目 愛情体質診断―二人の関係は3つの愛情タイプの“組み合わせ”で9割決まる　3日目 自分の取扱説明書―なぜ合わないタイプの人を好きになってしまうのか　4日目 愛情のブラックホール―“最悪の組み合わせ”から抜け出すには？　5日目 100%幸せな結婚を手に入れるための10の習慣　エピローグ パートナーシップの3つの“嘘”とは〔09314〕

レビ, アントニア　Levi, Antonia J.
◇大学教員のためのルーブリック評価入門（INTRODUCTION TO RUBRICS 原著第2版の翻訳） ダネル・スティーブンス, アントニア・レビ著, 佐藤浩章監訳, 井上敏憲, 保野秀典訳　町田　玉川大学出版部　2014.3　180p　26cm（高等教育シリーズ 163） 2800円 ①978-4-472-40477-1
内容 第1部 ルーブリック入門（ルーブリックの基礎　ルーブリックを使う理由　ルーブリックの作成法） 第2部 ルーブリックの作成と様々な状況での使い方（学生と作成するルーブリック　教職員と作成するルーブリック　ルーブリックを使った採点　ルーブリックのカスタマイズ　体験学習のためのルーブリック ほか）〔09315〕

レビット, セオドア
◇ハーバード・ビジネス・レビューBEST10論文―世界の経営者が愛読する（HBR's 10 Must Reads） ハーバード・ビジネス・レビュー編集部編, DIAMONDハーバード・ビジネス・レビュー編集部訳　ダイヤモンド社　2014.9　357p　19cm（Harvard Business Review） 1800円 ①978-4-478-02868-1
内容 マーケティング近視眼（セオドア・レビット著）〔09316〕

レビン, ヒレル　Levine, Hillel
◇千畝――万人の命を救った外交官杉原千畝の謎（In Search of Sugihara） ヒレル・レビン著, 諏訪澄, 篠輝久監修・訳　新装版　清水書院　2015.12　484p　19cm　2000円 ①978-4-389-50046-7
内容 序章“汝の隣人の血の上に立つなかれ”　第1章 少年期の千畝が生きた時代　第2章 セルゲイ・パブロビッチ・スギハラ　第3章 外交官と諜報活動　第4章 カウナスへの道―思い出の街　第5章 カウナス領事館の外側――九四〇年春　インターメッツォ（間奏曲）―千畝に届かなかった手紙　第6章「慣例として通過ヴィザ発行には…」　終章 カウナスからの道―救助者と生存者〔09317〕

レプゲン, ティルマン
◇ヨーロッパ史のなかの裁判事例―ケースから学ぶ西洋法制史（Fälle aus der Rechtsgeschichte） U.ファルク,M.ルミナティ,M.シュメーケル編著, 小川浩三, 福田誠治, 松本尚子監訳　京都　ミネルヴァ書房　2014.4　445p　22cm〈索引あり〉6000円 ①978-4-623-06559-2
内容 水車粉屋アルノルトとフリードリヒ大王時代のプロイセンにおける裁判官独立（ティルマン・レプゲン著, 屋敷二郎訳）〔09318〕

レプシウス, オリヴァー　Lepsius, Oliver
◇越境する司法―ドイツ連邦憲法裁判所の光と影（Das entgrenzte Gericht） マティアス・イェシュテット, オリヴァー・レプシウス, クリストフ・メラース, クリストフ・シェーンベルガー著, 鈴木秀美, 高田篤, 棟居快行, 松本和彦監訳　風行社　2014.9　380p　22cm　5000円 ①978-4-86258-070-2
内容 基準定立権力（オリヴァー・レプシウス著, 棟居快行, 西土彰一郎訳）〔09319〕

レプシウス, スザンネ
◇ヨーロッパ史のなかの裁判事例―ケースから学ぶ西洋法制史（Fälle aus der Rechtsgeschichte） U.ファルク,M.ルミナティ,M.シュメーケル編著, 小川浩三, 福田誠治, 松本尚子監訳　京都　ミネルヴァ書房　2014.4　445p　22cm〈索引あり〉6000円 ①978-4-623-06559-2
内容 婚姻と嫁資と死（スザンネ・レプシウス著, 松本尚子訳）〔09320〕

レプリ, ラウラ　Lepri, Laura
◇書物の夢、印刷の旅―ルネサンス期出版文化の富と虚栄（Del denaro o della gloria） ラウラ・レプリ著, 柱本元彦訳　青土社　2014.12　279, 8p　20cm〈文献あり〉2800円 ①978-4-7917-6831-8
内容 第1章 一五二七年秋、ヴェネツィア、書籍ブームの到来。カスティリオーネの『宮廷人』が印刷にかけられようとしているが、出版者はまだ決心がつかない。　第2章 碇とイルカの印刷所、アルド・マヌーツィオとその後継者たち。世代交代。校正者は誰か。　第3章『宮廷人』の仲間たち。ローマに遊ぶヴェネツィアの文人たち。誰もが蒐集熱に取り憑かれていた。　第4章 ついに校正者は仕事にとりかかる。略奪されるローマからヴェネツィアへ。　第5章「熾烈な競争」。盗難、横領、暴力、虚偽、詐欺。争う出版者たち。激怒する著者たち。　第6章 死者は横たわり生者はみなボローニャに赴く。教皇と皇帝の到着。遺産争奪戦。　第7章 ペンは剣よりも強し。ヴェネツィアの文士たち。　第8章 奢侈、祝祭、放縦。『ヴェネツィア婦人』。良家の子女と巷の噂。　第9章 一五四二年九月末。砕かれた野望。仮借ない共和国の審判。われらの編集者には悲劇が。そして忘却、すべてが無に沈む。おそらく。〔09321〕

レーブレ, アルベルト　Reble, Albert
◇教育学の歴史（Geschichte der Pädagogik） アルベルト・レーブレ著, 広岡義之, 津田徹訳　青土社　2015.12　571, 21p　20cm〈文献あり 索引あり〉3800円 ①978-4-7917-6897-4
内容 第1章 古代　第2章 キリスト教精神と中世　第3章 ルネサンス、宗教改革、反宗教改革の時代　第4章 バロックの世紀　第5章 啓蒙主義の時代　第6章 古典主義・理想主義の時代　第7章 産業化の時代　第8章 二

レ

○世紀 〔09322〕

レペタ, ローレンス

◇正義への責任—世界から沖縄へ　2　琉球新報社編, 乗松聡子監修・翻訳　那覇　琉球新報社　2016.6　77p　21cm　〈発売：琉球プロジェクト(〔那覇〕)〉565円　①978-4-89742-208-4

内容 秘密主義の代償払う基地—住民を阻む強固な壁（ローレンス・レペタ） 〔09323〕

レヘニー, デーヴィッド

◇現代日本の政治と外交　5　日本・アメリカ・中国—錯綜するトライアングル（THE TROUBLED TRIANGLE）猪口孝監修　猪口孝,G.ジョン・アイケンベリー編　原書房　2014.4　301, 6p　22cm　〈文献あり 索引あり〉4800円　①978-4-562-04962-2

内容 姉妹間のライバル意識？ 国内政治と日米同盟（デーヴィッド・レヘニー著, 猪口孝監訳） 〔09324〕

レボー, アダム　LeBor, Adam

◇BIS国際決済銀行隠された歴史（TOWER OF BASEL）アダム・レボー著, 副島隆彦監訳・解説, 古村治彦訳　成甲書房　2016.1　493p　19cm　〈文献あり〉2700円　①978-4-88086-336-8

内容 第1部 資本こそ全て（バンカーたちの夢の銀行　バーゼルに生まれた秘密クラブ　各国の国益に翻弄される国際銀行　ナチスに利用されるBIS　ナチス・ドイツの侵略に加担したBIS　ヒトラーのために働くアメリカ人銀行家　戦争で儲けるウォール街　生き残りを懸けて手を握る）第2部 ドイツ連邦という帝国（米国から欧州へ—連帯せよ、さもなくば滅びるのみ　何もかも許される　ドイツは不死鳥のごとく蘇る　机上の殺人者たちの台頭　そびえ立つバーゼルの塔）第3部 金融溶解（第二の塔　全てを見通す目　傷ついた要塞） 〔09325〕

レーマー, リザベス　Roemer, Lizabeth

◇アクセプタンス＆コミットメント・セラピー実践ガイド—ACT理論導入の臨床場面別アプローチ（A Practical Guide to Acceptance and Commitment Therapy）スティーブン・C.ヘイズ, カーク・D.ストローサル編著, 谷晋二監訳, 坂本律訳　明石書店　2014.7　473p　22cm　〈文献あり〉5800円　①978-4-7503-4046-3

内容 不安障害を対象としたACT（スーザン・M.オーシロ, リザベス・レーマー, ジェニファー・ブロック＝ラーナー, チャド・ルジュヌ, ジェームス・D.ハーバート） 〔09326〕

レーマン, レオンハルト

◇修道院文化史事典（KULTURGESCHICHTE DER CHRISTLICHEN ORDEN IN EINZELDARSTELLUNGEN）P.ディンツェルバッハー,J.L.ホッグ編, 朝倉文市監訳　普及版　八坂書房　2014.10　541p　20cm　〈文献あり 索引あり〉3900円　①978-4-89694-181-4

内容 フランシスコ会とクララ会（レオンハルト・レーマン著, 伊能哲大訳） 〔09327〕

レミーン, オリバー

◇ヨーロッパ私法の展望と日本民法典の現代化　川角由和, 中田邦博, 潮見佳男, 松岡久和編　日本評論社　2016.3　541p　22cm　（竜谷大学社会科学研究所叢書 第108巻）〈他言語標題：Perspectives of European Private Law and Modernization of Japanese Civil Code〉7000円　①978-4-535-52165-0

内容 強行法、基本的自由、ヨーロッパ契約法（オリバー・レミーン著, 中田邦博訳） 〔09328〕

レムニック, デイヴィッド　Remnick, David

◇懸け橋（ブリッジ）—オバマとブラック・ポリティクス　上（THE BRIDGE）デイヴィッド・レムニック著, 石井栄司訳　白水社　2014.12　418p　20cm　2800円　①978-4-560-08387-1

内容 プロローグ ヨシュア・ジェネレーション　1（複雑な運命　表層と底引き流　誰も私の名を知らない）2（黒いメトロポリス　野心　上昇のナラティブ）3（誰から派遣されたわけでもない） 〔09329〕

◇懸け橋（ブリッジ）—オバマとブラック・ポリティクス　下（THE BRIDGE）デイヴィッド・レムニック著, 石井栄司訳　白水社　2014.12　394, 8p　20cm　〈文献あり〉2900円　①978-4-560-08388-8

内容 3（十分に黒人的か　荒野の選挙戦　再建　正義の風）4（かすかな狂気　眠れる巨人　人種のファンハウス　ジェレマイアの書）5（「どれくらいかかるのか？ もうすぐだ」　ホワイトハウスへ） 〔09330〕

レムリー, マーク・A.

◇成長戦略論—イノベーションのための法と経済学（RULES FOR GROWTH）ロバート・E.ライタン編著, 木下信行, 中原裕彦, 鈴木淳人監訳　NTT出版　2016.3　383p　23cm　6500円　①978-4-7571-2352-6

内容 アメリカ特許商標庁は立て直せるか？（マーク・A.レムリー著, 中原裕彦監訳, 横田之俊訳） 〔09331〕

レメリンク, ウラン

◇日蘭関係史をよみとく　下巻　運ばれる情報と物　フレデリック・クレインス編　京都　臨川書店　2015.6　253p　22cm　4200円　①978-4-653-04312-6

内容 江戸期日本における科学知識伝達の視覚化としての植物図（ウラン・レメリンク著, クレインス桂子訳） 〔09332〕

レモロナ, エリ

◇揺れ動くユーロ—通貨・財政安定化への道　吉国真一, 小川英治, 春井久志編　蒼天社出版　2014.4　231p　20cm　〈索引あり〉2800円　①978-4-901916-32-5

内容 グローバリゼーションとクレジット危機（エリ・レモロナ, エリック・チャン著, 吉国真一訳） 〔09333〕

レモン, ゲイル・スマク　Lemmon, Gayle Tzemach

◇アシュリーの戦争—米軍特殊部隊を最前線で支えた、知られざる「女性部隊」の記録（ASHLEY'S WAR）ゲイル・スマク・レモン著, 新田享子訳　KADOKAWA　2016.6　383p　19cm　1800円

①978-4-04-601451-1

内容 序章 カンダハル　1 召集の声（アンクルサムは「君」を求む　召集　ランドマーク・イン　地獄の100時間合格　訓練の日々　ダイヤモンドの中のダイヤモンド）　2 派遣（アフガニスタン到着　「フィットイン」作戦　通訳　夜の山に登る　貢献　戦争のウソ）　3 最後の点呼（最初の死　悲しみ　闘技場の男　カンダハル）　〔09334〕

レル, イリス　Röll, Iris

◇わが子からいつか感謝される45のこと（50 DINGE, FÜR DIE IHR KIND IHNEN EINMAL DANKBAR SEIN WIRD）　イリス・レル著, 長谷川圭訳　サンマーク出版　2015.7　93p　20cm　1200円　①978-4-7631-3484-4

内容 具体的に、たくさんほめる　子どもの緊急時には、ふとんに入れてあげる　思い出の品はとっておく　図書館の初体験をビッグイベントにする　ニキビができたら、すぐ医者へ連れていく　4つの貯金箱を与える　親子貯金をする　預金通帳をわたす　マナーを身につけさせる　運動の大切さを教える〔ほか〕　〔09335〕

レンウィック, J.M.*　Renwick, James M.

◇自己調整学習ハンドブック（HANDBOOK OF SELF-REGULATION OF LEARNING AND PERFORMANCE）　バリー・J.ジマーマン, ディル・H.シャンク編, 塚野州一, 伊藤崇達監訳　京都　北大路書房　2014.9　434p　26cm　〈索引あり〉　5400円　①978-4-7628-2874-4

内容 自己調整と音楽スキルの熟達（Gary E. McPherson, James M.Renwick著, 佐藤礼子訳）　〔09336〕

レンギル, E.　Lengyel, Emil

◇トルコ・その民族と歴史　レンギル著, 荒井武雄訳　大空社　2015.4　489p　22cm　（アジア学叢書 293）〈布装　興風館 昭和18年刊の複製〉　18500円　①978-4-283-01144-1　〔09337〕

レンジェル, X.S.*　Renjel, Ximena Siles

◇国家ブランディング―その概念・論点・実践（NATION BRANDING）　キース・ディニー編著, 林田博光, 平沢敦監訳　八王子　中央大学出版部　2014.3　310p　22cm　（中央大学企業研究所翻訳叢書 14）　4500円　①978-4-8057-3313-4

内容 国家ブランディングにおける倫理的責任（Ximena Alvarez Aguirre,Ximena Siles Renjel,Jack Yan著, 舟木律子訳）　〔09338〕

レンチ, ケイティー　Wrench, Katie

◇施設・里親家庭で暮らす子どもとはじめるクリエイティブなライフストーリーワーク（LIFE STORY WORK WITH CHILDREN WHO ARE FOSTERED OR ADOPTED）　ケイティー・レンチ, レズリー・ネイラー著, 才村真理, 徳永祥子監訳, 徳永健介, 楢原真也訳　福村出版　2015.7　155p　21cm　〈文献あり 索引あり〉　2200円　①978-4-571-42056-6

内容 第1章 ライフストーリーのための基礎を築く　第2章 子どもの安心感を築く　第3章 エモーショナル・リテラシー　第4章 レジリエンスと自尊心　第5章 アイデンティティー　第6章 情報の共有と統合　第7章 未来を見つめて　補章 英国と日本のライフストーリーワーク　〔09339〕

レンツ, イルゼ

◇変革の鍵としてのジェンダー―歴史・政策・運動　落合恵美子, 橘木俊詔編著　京都　ミネルヴァ書房　2015.8　317p　22cm　〈索引あり〉　5000円　①978-4-623-07385-6

内容 フェミニズムとジェンダー政策の日独比較（イルゼ・レンツ著, 山本耕平, 左海陽子訳）　〔09340〕

◇知識経済をジェンダー化する―労働組織・規制・福祉国家（GENDERING THE KNOWLEDGE ECONOMY）　S.ウォルビー,H.ゴットフリート,K.ゴットシャル, 大沢真理編著, 大沢真理編訳　京都　ミネルヴァ書房　2016.8　382p　22cm　（現代社会政策のフロンティア 10）〈索引あり〉　5500円　①978-4-623-07783-0

内容 多様なジェンダー・レジームと職場におけるジェンダー平等規制（イルゼ・レンツ著）　〔09341〕

連邦預金保険公社

◇連邦預金保険公社2012年次報告書（Federal Deposit Insurance Corporation（FDIC）annual report 2012）　連邦預金保険公社〔著〕, 農村金融研究会訳　農村金融研究会　〔2014〕　14, 208p　30cm　〔09342〕

◇連邦預金保険公社2013年次報告書（Federal Deposit Insurance Corporation（FDIC）annual report 2013）　連邦預金保険公社〔著〕, 農村金融研究会訳　農村金融研究会　〔2015〕　16, 206p　30cm　〔09343〕

◇連邦預金保険公社2014年次報告書（Federal Deposit Insurance Corporation（FDIC）annual report 2014）　連邦預金保険公社〔著〕, 農村金融研究会抄訳　農村金融研究会　〔2015〕　147p　30cm　〔09344〕

◇連邦預金保険公社2015年次報告書（Federal Deposit Insurance Corporation（FDIC）annual report 2015）　連邦預金保険公社〔著〕, 農村金融研究会抄訳　農村金融研究会　〔2016〕　4, 133p　30cm　〔09345〕

【ロ】

ロ, コウリツ　盧 恒立

◇〈実践〉四柱推命鑑定術　盧恒立著, 山道帰一監訳, アマーティ正子訳　太玄社　2014.12　450p　22cm　〈発売：ナチュラルスピリット〉　3800円　①978-4-906724-13-0

内容 古代の秘技　四柱と太極　四柱と五行　驚くべき中国暦と9・11との関係　西洋暦から四柱への変換　あなたの運命を知るために大きくステップアップしよう！　運の予測の方法　基本的な運命の分析　李嘉誠はどのように不動産王になったのか？　世界を変えた三番目のアップル―スティーブ・ジョブズ〔ほか〕　〔09346〕

◇易占大全―完全定本　盧恒立著, 山道帰一監訳, 島内大乾訳　新装版　河出書房新社　2016.2　221p　22cm　2800円　Ⓘ978-4-309-27685-4

内容 易占概説　易についての小史　八卦と六十四卦（六爻）の基礎　易占の実践方法　世爻と応爻を六爻に割り当てる　易占起例1：エマの犬はどうなったのか？　六獣を六爻に配当　六爻卦から答えを導き出す方法　易占起例2：ブッシュとゴア　易占起例3：クリントンのスキャンダル〔ほか〕　〔09347〕

◇完全定本風水大全（Feng Shui Essentials）　盧恒立著, 山道帰一監訳, 島内大乾訳　新装版　河出書房新社　2016.3　333p　22cm　3800円　Ⓘ978-4-309-27686-1

内容 山水形勢　玄空飛星派風水　陽宅のための巒頭派　羅盤　三元派　三合派　水法　その他重要な風水法　〔09348〕

ロー, スティーブン　Law, Stephen

◇ビジュアルではじめてわかる哲学―あなたは哲学を「目撃」する！　スティーブン・ロー著, 吉原雅子監訳, 脇崇晴, 山本麻衣子, 寺田篤史, 富永和子訳　東京書籍　2014.8　351p　23cm　〈索引あり〉2800円　Ⓘ978-4-487-80856-4　〔09349〕

◇10代からの哲学図鑑（Heads Up Philosophy）　マーカス・ウィークス著, スティーブン・ロー監修, 日暮雅通訳　三省堂　2015.11　160p　25cm　〈索引あり〉2200円　Ⓘ978-4-385-16235-5

内容 知識って何？（「知ること」の必要性　どうやって知るのか？　ほか）現実って何？（宇宙は何からできている？　宇宙には構造があるのだろうか？　ほか）心って何？（「不滅の魂」は存在するのか？　心と体は別々のもの？　ほか）論理的思考って何？（真か偽か？　証明せよ…　論証って何？　ほか）何が正しくて何がまちがっているの？（善とか悪とかは存在しない　よい人生とは？　ほか）　〔09350〕

◇哲学がかみつく（Philosophy Bites）　デイヴィッド・エドモンズ, ナイジェル・ウォーバートン著, 佐光紀子訳　柏書房　2015.12　281p　20cm　〈文献あり〉2800円　Ⓘ978-4-7601-4658-1

内容 悪の問題（スティーブン・ロー述）　〔09351〕

ロ, ヒエキ*　盧 非易

◇漂泊の叙事――九四〇年代東アジアにおける分裂と接触　浜田麻矢, 薛化元, 梅家玲, 唐顥芸編　勉誠出版　2015.12　561p　22cm　8000円　Ⓘ978-4-585-29112-1

内容 ためらいの近代（盧非易著, 三須祐介訳）　〔09352〕

ロー, ミンチェン　Lo, Ming-cheng Miriam

◇医師の社会史―植民地台湾の近代と民族（DOCTORS WITHIN BORDERS）　ローミンチェン著, 塚原東吾訳　法政大学出版局　2014.4　316, 62p　20cm　（サピエンティア 36）〈文献あり 索引あり〉4400円　Ⓘ978-4-588-60336-5

内容 第1章 日本統治下の台湾人医師―対立する矛盾と交渉するアイデンティティ　第2章 台湾―植民地権力の結びつき　第3章 国家の医師――九二〇年‐一九三一年　第4章 運動解体の時代――九三一年‐一九三六年　第5章 医学的近代主義者――九三七‐一九四五　第6章 医学における境界―中国における同仁会プロジェクト　第7章 専門職のアイデンティティ、植民地的両義性と近代性のエージェント　付論 史料とデータについて　〔09353〕

ロ, メイゼン*　盧 明善

⇒ノ, ミョンソン*

ロー, J.M.*　Lohr, Jefferey M.

◇嫌悪とその関連障害―理論・アセスメント・臨床的示唆（DISGUST AND ITS DISORDERS）　B.O.オラタンジ,D.マッケイ編著, 堀越勝監修, 今田純雄, 岩佐和典監訳　京都　北大路書房　2014.8　319p　21cm　〈索引あり〉3600円　Ⓘ978-4-7628-2873-7

内容 嫌悪の認知的側面（Nathan L.Williams, Kevin M.Connolly, Josh M.Cisler, Lisa S.Elwood, Jefferey L.Willems, Jefferey M.Lohr著, 岩佐和典訳）　〔09354〕

ロアー, アン　Loehr, Anne

◇困った部下を戦力に変えるリーダーは、まず時間とお金のことを考える（MANAGING THE UNMANAGEABLE）　アン・ロアー, ジェズラ・ケイ著, 金井啓太訳　アルファポリス　2015.2　327p　19cm　〈発売：星雲社〉1400円　Ⓘ978-4-434-20244-5

内容 困った部下とは？　困った部下を戦力に変える「5つのステップ」　言い訳ばかりの部下　文句が多い部下　自己中な部下　制御不能の部下　おどけ者の部下　世話焼きの部下　内気な部下　うわさ好きの部下　サボる部下　キレる部下　あきらめるとき　〔09355〕

ロアイサ, マルセーラ　Loaiza, Marcela

◇サバイバー―池袋の路上から生還した人身取引被害者（Atrapada por la mafia yakuza）　マルセーラ・ロアイサ著, 常盤未央子, 岩崎由美子訳　ころから　2016.8　219p　19cm　1800円　Ⓘ978-4-907239-20-6　〔09356〕

ロイ, ジム　Roy, Jim

◇ウィリアム・グラッサー―選択理論への歩み（WILLIAM GLASSER）　ジム・ロイ著, 柿谷正期監訳　アチーブメント出版　2015.6　601p　20cm　〈索引あり〉3800円　Ⓘ978-4-905154-83-9

内容 離陸、そして急上昇　クリーブランド、オハイオ州　理解者はいた　ほんとうに存在した落伍者なき学校　どこからともなく（発想の起源）　まったくの新世界（教育改革）　内側からの取り組み（内的動機）　パワーズに会いにシカゴへ行く　自分のものになった理論　ふたたび学校教育へ　痛みと喜び（死別、再婚）　オーストラリアでの決断（亀裂）　警告（メンタルヘルス）　まだ先を見ながら　〔09357〕

ロイ, デイヴィッド　Loy, David

◇西洋の欲望仏教の希望（Money Sex War Karma）　デイヴィッド・ロイ著, 大来尚順訳　サンガ　2015.1　311p　18cm　2800円　Ⓘ978-4-86564-007-6

内容 自我の苦しみ　貧困　大きな誘惑　時間に仕掛けられた罠　第二のブッダ　「カルマ」の扱い方　セッ

クスの何が悪いのか？　ブッダなら何をしたのだろうか？　組織化された三毒　商品化された意識：注意欠陥多動性社会　エコロジーの治癒　食物の「カルマ」　どうして戦争をこよなく愛してしまうのか？　アメリカ社会：仏教的革命への覚書　〔*09358*〕

ロイス, キャサリン　Royce, Catherine

◇行動探求―個人・チーム・組織の変容をもたらすリーダーシップ（ACTION INQUIRY）　ビル・トルバートほか著, 小田理一郎, 中小路佳代子訳　英治出版　2016.2　341p　22cm　〈文献あり〉　2400円　①978-4-86276-213-9

内容 第1部 行動探求のリーダーシップ・スキルを学ぶ（行動探求の基本　話し方としての行動探求　組織化する方法としての行動探求　行動探求―概念と体験）　第2部 変容をもたらすリーダーシップ（機会獲得型と外交官型　専門家型と達成者型　再定義型の行動論理　変容者型の行動論理）　第3部 変容をもたらす組織（変容をもたらす会議、チーム、組織　組織変革をファシリテーションする　社会的ネットワークの組織と、協働的な探求への変容　協働的な探求の真髄）　第4部 行動探求の究極の精神的・社会的な意図（アルケミスト型の行動についての新鮮な気づき　探求の基盤コミュニティを創り出す）　〔*09359*〕

ロイター・ロレンツ, P.A.＊　Reuter-Lorenz, Patricia A.

◇ワーキングメモリと日常―人生を切り拓く新しい知性（WORKING MEMORY）　T.P.アロウェイ,R.G.アロウェイ編著, 湯沢正通, 湯沢美紀監訳　京都　北大路書房　2015.10　340p　21cm　（認知心理学のフロンティア）　〈文献あり 索引あり〉　3800円　①978-4-7628-2908-6

内容 ワーキングメモリトレーニング：神経イメージングからの洞察（Cindy Lustig, Patricia A.Reuter-Lorenz著, 森田愛子, 岡崎善弘訳）　〔*09360*〕

ロイド, アラン・B.　Lloyd, Alan B.

◇ビジュアル版 世界の歴史都市―世界史を彩った都の物語（The Great Cities in History）　ジョン・ジュリアス・ノーウィッチ編, 福井正子訳　柊風舎　2016.9　303p　27×21cm　15000円　①978-4-86498-039-5

内容 アレクサンドリア―プトレマイオス朝の地中海における中心都市（アラン・B.ロイド）　〔*09361*〕

ロイド, アレクサンダー　Loyd, Alexander

◇「潜在意識」を変えれば、すべてうまくいく（THE LOVE CODE）　アレクサンダー・ロイド著, 桜田直美訳　SBクリエイティブ　2016.4　263p　19cm　1500円　①978-4-7973-8423-9

内容 1 意志を使わず幸せになる「偉大なる原則」（「究極の成功目標」を決める　「細胞記憶」を癒せば、問題は消える　スピリチュアルを物理学で解明する）　2 あなたの潜在意識をポジティブに変える方法（あなたの潜在意識を変える三つのツール　成功目標とストレス目標）　3「偉大なる原則」を実践する（あなたの成功を妨げている根本的な問題　「成功の地図」で幸福への道筋を描く）　〔*09362*〕

ロイドジョンズ, D.M.　Lloyd-Jones, David Martyn

◇ロイドジョンズローマ書講解―8・5-17 神の子ら（Romans）　D.M.ロイドジョンズ著, 渡部謙一訳　いのちのことば社　2014.1　841p　20cm　6000円　①978-4-264-03185-7

内容 肉的な者かキリスト者か　御霊に制され　本当のキリスト教とは―試金石　神との平和を得て　キリストの御霊を持つ　からだは死んでいても、霊が生きています　完全な救い　行動への召し　聖化の道　罪とキリスト者〔ほか〕　〔*09363*〕

◇ロイドジョンズローマ書講解―8・17-39 聖徒の最終的堅忍（Romans）　D.M.ロイドジョンズ著, 渡部謙一訳　いのちのことば社　2015.4　861p　20cm　6200円　①978-4-264-03331-8

内容 救いの目的　苦しみに対する反応　栄光の分け前　苦しみを軽視する　解放される被造世界　回復される楽園　死と天国　希望の圏域　実践に移される希望　御霊のさらなるみわざ〔ほか〕　〔*09364*〕

◇神はなぜ戦争をお許しになるのか（Why Does God Allow War？）　D.M.ロイドジョンズ著, 渡部謙一訳　いのちのことば社　2015.8　141p　19cm　1400円　①978-4-264-03435-3　〔*09365*〕

ロイル, エドワード

◇イギリス宗教史―前ローマ時代から現代まで（A History of Religion in Britain）　指昭博, 並河葉子監訳, 赤江雄一, 赤瀬理穂, 指珠恵, 戸渡文子, 長谷川直子, 宮崎章訳, シェリダン・ギリー, ウィリアム・J.シールズ編　法政大学出版局　2014.10　629, 63p　22cm　〈文献あり 年表あり 索引あり〉　9800円　①978-4-588-37122-6

内容 世俗主義者と合理主義者一八〇〇～一九四〇年（エドワード・ロイル著, 宮崎章訳）　〔*09366*〕

ロイル, トレヴァー　Royle, Trevor

◇薔薇戦争新史（The Wars of the Roses England's First Civil War）　トレヴァー・ロイル著, 陶山昇平訳　彩流社　2014.8　437p　22cm　4500円　①978-4-7791-2032-9

内容 もう一つの楽園、天国の如き地　シェイクスピアと薔薇戦争　幼君の統べる地に降りかかる災厄　神に選ばれて　あらゆる栄華も威厳も遠ざけることを、朕は誓う　僭王　王者に安眠なし　筆舌に尽くしがたい名声　権勢高き征服者　嬰児の手に渡った王笏〔ほか〕　〔*09367*〕

ロイル, ニコラス　Royle, Nicholas

◇デリダと文学　ニコラス・ロイル著, 中井亜佐子, 吉田裕訳　調布　月曜社　2014.6　228p　19cm　（叢書・エクリチュールの冒険）　〈背のタイトル：Jacques Derrida and the Question of Literature〉　2800円　①978-4-86503-015-0

内容 詩、動物性、デリダ　ジョウゼフ・コンラッドを読む―海岸からのエピソード　ジャック・デリダと小説の未来　海岸から読むこと―文学、哲学、新しいメディア　〔*09368*〕

ロウ, イグナチウス　Low, Ignatius

◇リー・クアンユー未来への提言（Lee Kuan Yew）　リークアンユー〔述〕, ハン・フッククワン, ズライダー・イブラヒム, チュア・ムイフーン, リディア・リム, イグナチウス・ロウ, レイチェル・リン, ロビン・チャン著, 小池洋次監訳　日本経済新聞出版社　2014.1　356p　20cm

ロ

〈年表あり〉3000円 ①978-4-532-16896-4
内容 第1章 沼地に立つ八〇階建てのビル 第2章 人民行動党は存続するか 第3章 最良の精鋭たち 第4章 奇跡的な経済成長を持続するために 第5章 異邦人からシンガポール人へ 第6章 大国のはざまで 第7章 夫、父、祖父、そして友として 〔09369〕

ロウ, ウレツ　楼 宇烈

◇中国の文明—北京大学版 3 文明の確立と変容 上（秦漢—魏晋南北朝） 稲畑耕一郎日本語版監修・監訳, 袁行霈, 厳文明, 張伝璽, 楼宇烈原著主編, 柿沼陽平訳 潮出版社 2015.7 474, 18p 23cm 〈他言語標題：THE HISTORY OF CHINESE CIVILIZATION 文献あり 年表あり 索引あり〉5000円 ①978-4-267-02023-0 〔09370〕

◇中国の文明—北京大学版 5 世界帝国としての文明 上（隋唐—宋元明） 稲畑耕一郎日本語版監修・監訳, 袁行霈, 厳文明, 張伝璽, 楼宇烈原著主編 紺野達也訳 潮出版社 2015.10 455, 18p 23cm 〈他言語標題：THE HISTORY OF CHINESE CIVILIZATION 文献あり 年表あり 索引あり〉5000円 ①978-4-267-02025-4 〔09371〕

◇中国の文明—北京大学版 6 世界帝国としての文明 下（隋唐—宋元明） 稲畑耕一郎日本語版監修・監訳, 袁行霈, 厳文明, 張伝璽, 楼宇烈原著主編 原田信訳 潮出版社 2015.12 476, 20p 23cm 〈他言語標題：THE HISTORY OF CHINESE CIVILIZATION 文献あり 年表あり 索引あり〉5000円 ①978-4-267-02026-1
内容 第7章 学問領域の拡大と教育の発展 第8章 北方民族の発展と中華文明への貢献 第9章 外国との関係史の新たな一ページ 第10章 先進的な科学技術と科学観念の発展 第11章 文学の下方への移行と全面的繁栄 第12章 芸術の様相と時代の精神 第13章 多種多彩な社会生活 〔09372〕

◇中国の文明—北京大学版 7 文明の継承と再生 上（明清—近代） 稲畑耕一郎日本語版監修・監訳, 袁行霈, 厳文明, 張伝璽, 楼宇烈原著主編 松浦智子訳 潮出版社 2016.2 497, 17p 23cm 〈他言語標題：THE HISTORY OF CHINESE CIVILIZATION 文献あり 年表あり 索引あり〉5200円 ①978-4-267-02027-8
内容 緒論 第1章 社会経済の発展 第2章 初期の啓蒙思潮と政治文明の新要素 第3章 総括するなかで発展した伝統的な科学技術 第4章 多民族国家の強化と発展 第5章 政治の発展と国家の経済および民衆の生活 第6章 清代前期・中期の文化意識とその業績 第7章 西洋学問の東洋への伝播と中華文明の外国への伝播 〔09373〕

◇中国の文明—北京大学版 4 文明の確立と変容 下（秦漢—魏晋南北朝） 稲畑耕一郎日本語版監修・監訳, 袁行霈, 厳文明, 張伝璽, 楼宇烈原著主編 住谷孝之, 土谷彰男訳 潮出版社 2016.4 363, 14p 23cm 〈他言語標題：THE HISTORY OF CHINESE CIVILIZATION 文献あり 年表あり 索引あり〉4800円 ①978-4-267-02024-7
内容 第7章 歴史学と地理学の基礎固めとその発展（紀伝体の新たな歴史学を創り出した『史記』 紀伝体による断代歴史学の確立と発展 ほか） 第8章 秦漢魏晋南北朝の文学（文学の自覚 伝記文学の伝統の確立 ほか） 第9章 芸術の全面的な繁栄（芸術の新たな局面の幕開け 建築芸術の力強さと美しさ ほか） 第10章 科学技術の形成と発展（天文暦算 中国薬学の体系の基礎固めと発展 ほか） 第11章 社会生活（多彩な衣・食・住・行 家庭と宗族 ほか） 〔09374〕

◇中国の文明—北京大学版 8 文明の継承と再生 下（明清—近代） 稲畑耕一郎日本語版監修・監訳, 袁行霈, 厳文明, 張伝璽, 楼宇烈原著主編 岩田和子訳 潮出版社 2016.6 441, 18p 23cm 〈他言語標題：THE HISTORY OF CHINESE CIVILIZATION 文献あり 年表あり 索引あり〉5000円 ①978-4-267-02028-5 〔09375〕

◇中国の文明—北京大学版 1 古代文明の誕生と展開 上（先史・夏殷周—春秋戦国） 稲畑耕一郎日本語版監修・監訳, 袁行霈, 厳文明, 張伝璽, 楼宇烈原著主編 角道亮介訳 潮出版社 2016.8 495, 14p 23cm 〈他言語標題：THE HISTORY OF CHINESE CIVILIZATION 文献あり 年表あり 索引あり〉5000円 ①978-4-267-02021-6
内容 総説（世界の古代文明 中華文明を支える思想内容 ほか） 緒論（中華文明が誕生した地理的環境 中国大陸の古代の居住民 ほか） 第1章 中華文明の曙（文明胎動期の経済 社会の階層化と複雑化 ほか） 第2章 中華文明の幕開け—夏（夏王朝の成立と中原の優位化 夏文化の考古学的探索 ほか） 第3章 殷周時代—文明の興隆（殷周王朝の成立と華夏文明の興隆 殷周時代の宗法と分封制・井田制 ほか） 第4章 燦爛たる青銅器文化（青銅器文化の中心地とその形成 大規模な青銅器生産 ほか） 〔09376〕

◇中国の文明—北京大学版 2 古代文明の誕生と展開 下（先史・夏殷周—春秋戦国） 稲畑耕一郎日本語版監修・監訳, 袁行霈, 厳文明, 張伝璽, 楼宇烈原著主編 野原将揮訳 潮出版社 2016.10 469, 15p 23cm 〈他言語標題：THE HISTORY OF CHINESE CIVILIZATION 文献あり 年表あり 索引あり〉5000円 ①978-4-267-02022-3
内容 第5章 鉄器の活用と生産の増大 第6章 殷周期の都市と商業 第7章 漢字の起源と早期の発展 第8章 殷周時期の宗教と信仰 第9章 教育の発達と学術の隆盛 第10章 文学と芸術の誕生と繁栄 〔09377〕

ロウ, ケイ*　楼 勁

◇中国史の時代区分の現在—第六回日中学者中国古代史論壇論文集 中国社会科学院歴史研究所, 東方学会〔編〕, 渡辺義浩編 汲古書院 2015.8 462, 4p 27cm 〈布装〉13000円 ①978-4-7629-6554-8
内容 法律の儒教化と魏晋以降の制定法運動（楼勁著, 島田悠訳） 〔09378〕

ロウ, ケイイ*　楼 継偉

◇比較制度分析のフロンティア（INSTITUTIONS AND COMPARATIVE DEVELOPMENTの抄訳, COMPLEXITY AND INSTITUTIONSの抄訳〔etc.〕） 青木昌彦, 岡崎哲二, 神取道宏監修 NTT出版 2016.9 356p 22cm （叢書《制度を考える》）〈他言語標題：Frontiers of Comparative Institutional Analysis〉4500円 ①978-4-7571-2325-0

ロ

内容 中国が引き続き深化させるべき6つの制度改革（楼継偉著, 津上俊哉訳）〔09379〕

ロウ, E.J.

◇アリストテレス的現代形而上学（Contemporary Aristotelian Metaphysics） トゥオマス・E.タフコ編著, 加地大介, 鈴木生郎, 秋葉剛史, 谷川卓, 植村玄輝, 北村直彰訳 春秋社 2015.1 451, 17p 20cm （現代哲学への招待―Anthology 丹治信春監修） 〈文献あり 索引あり〉 4800円 ①978-4-393-32349-6

内容 新アリストテレス主義的実体存在論のひとつの形（E.J.ロウ著, 加地大介訳）〔09380〕

ロウヴェンダール, P.L.

◇改革派正統主義の神学―スコラ的方法論と歴史的展開（Inleiding in de Gereformeerde Scholastiek（重訳）） W.J.ファン・アッセルト編, 青木義紀訳 教文館 2016.6 333, 12p 22cm 〈文献あり 索引あり〉 3900円 ①978-4-7642-7392-4

内容 序論 他（W.J.ファン・アッセルト,P.L.ロウヴェンダール著）〔09381〕

ロヴェル, キャロル

◇EMDRがもたらす治癒―適用の広がりと工夫（EMDR Solutions） ロビン・シャピロ編, 市井雅哉, 吉川久史, 大塚美菜子監訳 二瓶社 2015.12 460p 22cm 〈索引あり〉 5400円 ①978-4-86108-074-6

内容 トラウマと虐待の回復グループにおけるEMDRとDBTの使用（キャロル・ロヴェル著, 北村雅子訳）〔09382〕

ロウシ　老子

◇老子道徳経　老子〔著〕, 呉怡訳, 中野ゆみ和訳 千早赤阪村（大阪府） グレートラーニングジャパン 2014.4 330p 21cm 〈他言語標題：The book of Lao Tzu 中国語・英語併記〉 2500円 ①978-4-9907676-0-0 〔09383〕

ロウハニ, ハサン　Rouhani, Hassan

◇世界論　安倍晋三, 朴槿恵ほか〔著〕, プロジェクトシンジケート叢書編集部訳 土曜社 2014.1 185p 19cm （プロジェクトシンジケート叢書） 〈他言語標題：A WORLD OF IDEAS 文献あり〉 1199円 ①978-4-907511-05-0

内容 わがイランの望み（ハサン・ロウハニ著）〔09384〕

ロウマン, サネヤ　Roman, Sanaya

◇リヴィング・ウィズ・ジョイ―オリンが語るパーソナル・パワーとスピリチュアルな変容への鍵（LIVING WITH JOY 原著25周年記念改訂版の翻訳） サネヤ・ロウマン著, アナ原田訳 25周年記念改訂版 ナチュラルスピリット 2014.5 358p 21cm 〈初版：マホロバアート 1991年刊〉 2500円 ①978-4-86451-117-9

内容 オリンからのごあいさつ　みなさんは喜びにあふれて生きることができます　ネガティブなことをポジティブに変える　自己を愛する術　自尊心、自負心、自己価値　エゴを洗練させる―自分とは何者かを認識する　副人格―分離した自己を一つに統合する愛―ハートの叡智を知る　受けとれるようオープンになる　真価の認識と、感謝と、増加の法則　内なる平安さを感じる　バランスと安定と安心に至る　明晰さ―さらなる光に生きる　自由―みなさんが持って生まれた権利　新しきを抱擁する　画期的な飛躍を遂げる　より高い目的に生きる　人生の目的を認識する―私はここに何をしに来たのか〔09385〕

ロウレイロ, イザベル

◇歴史に生きるローザ・ルクセンブルク―東京・ベルリン・モスクワ・パリ - 国際会議の記録　伊藤成彦編著 社会評論社 2014.9 369p 21cm 2700円 ①978-4-7845-1523-3

内容 ブラジルから見たローザ・ルクセンブルクの現在性（イザベル・ロウレイロ著, 有沢秀重訳）〔09386〕

ロガウスキー, ロナルド

◇社会科学の方法論争―多様な分析道具と共通の基準（Rethinking social inquiry 原著第2版の翻訳） ヘンリー・ブレイディ, デヴィッド・コリアー編, 泉川泰博, 宮下明聡訳 勁草書房 2014.5 432p 22cm 〈文献あり 索引あり〉 4700円 ①978-4-326-30231-4

内容 社会科学の推論はいかに逸脱事例を見落としているか（ロナルド・ロガウスキー著）〔09387〕

ロガック, ライザ　Rogak, Lisa

◇ヒラリー・クリントンの言葉（HILLARY CLINTON IN HER OWN WORDS） ヒラリー・クリントン〔述〕, ライザ・ロガック編, 池上彰監訳, 高橋璃子訳 かんき出版 2016.3 269p 19cm 〈文献あり 年譜あり〉 1500円 ①978-4-7612-7157-2

内容 アメリカ　政治　国内政策　国内格差と教育　国際政治　外交　大統領選挙　人間観　仕事観　価値観　生き方　女性として　宗教観　私生活　家族　成長〔09388〕

ロガルスキー, ケリー・M.　Rogalski, Kelly M.

◇十代の自殺の危険―臨床家のためのスクリーニング、評価、予防のガイド（TEEN SUICIDE RISK） シェリル・A.キング, シンシア・E.フォスター, ケリー・M.ロガルスキー著, 高橋祥友監訳, 高橋晶, 今村芳博, 鈴木吏良訳 金剛出版 2016.1 266p 19cm 〈文献あり 索引あり〉 2800円 ①978-4-7724-1466-1

内容 第1章 イントロダクション　第2章 全般的な危険因子と保護因子　第3章 スクリーニング―どのようにして自殺の危険を認識するか　第4章 自殺の危険についての評価と定式化　第5章 介入計画とケアマネジメント　第6章 親や学校との連携　第7章 法的問題〔09389〕

ロクベール, ミシェル　Roquebert, Michel

◇異端カタリ派の歴史―十一世紀から十四世紀にいたる信仰、十字軍、審問（HISTOIRE DES CATHARES） ミシェル・ロクベール著, 武藤剛史訳 講談社 2016.11 761p 19cm （講談社選書メチエ 635） 〈文献あり 索引あり〉 3100円 ①978-4-06-258502-6

内容 第1部 二元論的異端の勃興（ボゴミル派からカタリ派へ　カタリ派社会とその教会　イノケンティウス三世―前代未聞の十字軍）　第2部 十字軍（シモン・

ロ

ド・モンフォールあるいは電撃戦争　城争奪戦　トゥールーズの孤立 ほか）　第3部 異端審問（異端審問の誕生　迫害と抵抗　アヴィニョネの大虐殺 ほか）〔09390〕

ロサーノ, フアン・セバスティアン

◇国連大学包括的「富」報告書—自然資本・人工資本・人的資本の国際比較（Inclusive Wealth Report 2012）　国連大学地球環境変化の人間・社会的側面に関する国際研究計画, 国連環境計画編, 植田和弘, 山口臨太郎訳, 武内和彦監修　明石書店　2014.12　358p　26cm　〈文献あり 索引あり〉 8800円　①978-4-7503-4113-2

内容 生態系の調整サービスのための包括的富会計（ヘザー・タリス, スティーブン・ポラスキー, フアン・セバスティアン・ロサーノ著）〔09391〕

ローシー, メグ・ブラックバーン　Losey, Meg Blackburn

◇新時代の子供たち—なにか、どこかが決定的に違う 進化した《ニューチルドレン世代》が異次元よりもたらす《愛と叡智と癒し》（THE CHILDREN OF NOW）　メグ・ブラックバーン・ローシー著, 石原まどか訳　ヒカルランド　2015.8　287p　19cm　〈文献あり〉 2222円　①978-4-86471-301-6

内容 人類が進化することによって起こる変化—本当の自分の姿を思い出させてくれる新時代の子供たち　新しい子供たちが受けている医学的な誤解—落ちこぼれや問題児に秘められた素晴らしい可能性を伸ばすために　オーブは人間の意識の投影体だった—新時代の子供たちが生まれてきた目的と、わたしたちに伝えたいこと　クリスタル・チルドレン—世界平和の実現を手助けするためにやってきた、愛にあふれる子供たち　スター・チルドレン—高い知性とサイキックな才能に恵まれ、世界に新しいテクノロジーをもたらす人々　ほかの銀河系のパラレルな側面を持つ子供たち—テレパシー能力や霊的直感力に恵まれ、世界に叡智をもたらすスピリチュアルなマスター　美しい沈黙者たち—見た目は不自由そうに見えるが、時空を超えて旅することもできる全能の存在　移行期の子供たち—さまざまなタイプのエネルギーが入り混じった、超敏感体質で才能豊かな若者たち　アース・エンジェル/地上の天使—人間の不完全な肉体をまとって、ひっそりと降臨している神聖な存在　新時代の子供たちをどのように支援していけばいいのか—未来の才能豊かな世代が最大限に力を発揮できるような環境を用意するために　現在の学校制度の問題点と望まれる対策—子供たちの魂がなおざりにされる教育から、大切に教え育む教育へ　これからどうすればいいのか？ —進化のプロセスの加速により、新たな人類の夜明けはすぐそこまで来ている〔09392〕

ロシェ, アラン

◇受容と抵抗—西洋科学の生命観と日本 国際シンポジウム報告書　法政大学国際日本学研究所編　法政大学国際日本学研究所　2015.2　257p　21cm　（国際日本学研究叢書 22）〈他言語標題：La réception et la résistance　フランス語併記〉

内容 江戸時代の思想における生命論の二源泉（アラン・ロシェ著, 石渡崇文訳）〔09393〕

ロシェ, メアリー・アリス　Roche, Mary Alice

◇センサリーアウェアネス—つながりに目覚めるワーク（WAKING UP）　シャーロット・セルバー著, 斉藤由香訳, ウィリアム・C.リトルウッド, メアリー・アリス・ロシェ編　相模原　ビイング・ネット・プレス　2014.10　253p　19cm　（実践講座 17）　1800円　①978-4-908055-00-3

内容 1 ずっとあったものに気づくこと（私たちは感覚をもって生まれてきた　純粋で静かな反応性の発現 ほか）　2 センサリーアウェアネス—より目覚めていくこと（内側を目覚めさせる　全ては、いつでも、新しい ほか）　3 自分を解放すること（私たちの自由を妨げるもの　興味をもって ほか）　4 感じるとは今の自分に触れること（感覚に従うことを学ぶ　選ぶのではなく ほか）　クラス・セッション（呼吸を生きる実験　引力に自分をゆだねる—全ての生命あるものにそなわる上下の流れ ほか）〔09394〕

ロシェックス, ジャン=イヴ

◇教育の大衆化は何をもたらしたか—フランス社会の階層と格差　園山大祐編著　勁草書房　2016.5　326p　22cm　〈年表あり 索引あり〉 3500円　①978-4-326-60292-6

内容 不平等との闘いから特殊性の拡大へ（ダニエル・フランジ, ジャン=イヴ・ロシェックス著, 小林純子訳）〔09395〕

ロジエール, ステファン

◇国境政策のパラドクス　森千香子, エレン・ルバイ編　勁草書房　2014.9　244, 15p　22cm　〈年表あり 索引あり〉 4000円　①978-4-326-60269-8

内容 現在おきているのは構造的な「対移民戦争」である（ステファン・ロジエール著, 小山晶子訳）〔09396〕

ローシキナ, A.S.

◇日ロ関係史—パラレル・ヒストリーの挑戦　五百旗頭真, 下斗米伸夫,A.V.トルクノフ,D.V.ストレリツォフ編　東京大学出版会　2015.9　713, 12p　22cm　〈年表あり〉 9200円　①978-4-13-026265-1

内容 ソ連外交と対中・日関係 他（V.A.グリニューク, Ia.A.シュラートフ,A.S.ローシキナ著, 富田武訳）〔09397〕

ロジャーズ, マット　Rogers, Matt

◇リソース・レボリューションの衝撃—100年に1度のビジネスチャンス（RESOURCE REVOLUTION）　ステファン・ヘック, マット・ロジャーズ著, 関美和訳　プレジデント社　2015.9　357p　19cm　〈文献あり〉 1800円　①978-4-8334-2143-0

内容 1 100年に1度のビジネスチャンス　2 石油の掘削はジョイスティックで　3 10倍の資源効率で自動車業界が激変　4 建設業界という巨大フロンティア　5 モノのインターネットとスマートグリッド　6 タイミングがすべて　7 太陽光発電の教訓　8 ネットワーク組織とソフトウェア人材　9 革命を担う12のビジネスアイデア〔09398〕

ロジャース, P.クリント　Rogers, P.Clint

◇インストラクショナルデザインの理論とモデル—共通知識基盤の構築に向けて

ロ

(INSTRUCTIONAL-DESIGN THEORIES AND MODELS, Volume 3) C.M.ライゲルース,A.A.カー＝シェルマン編, 鈴木克明, 林雄介監訳 京都 北大路書房 2016.2 449p 21cm 〈索引あり〉3900円 ①978-4-7628-2914-7

内容 教授理論のアーキテクチャ(アンドリュー・S.ギボンズ, P.クリント・ロジャース著, 根本淳子訳) 〔09399〕

ロージヤース, S. Rogers, Stanley

◇太平洋航海史 太平洋の歴史 (THE PACIFIC) 東村大三郎著, S.ローヂヤース著, 北見総一訳 大空社 2016.4 315, 358p 22cm (アジア学叢書 301) 〈布装 二里木書店 昭和18年刊の複製 モナス 昭和7年刊の複製〉26000円 ①978-4-283-01154-0 〔09400〕

ロジャーソン, バーナビー Rogerson, Barnaby

◇ビジュアル版 世界の歴史都市―世界史を彩った都の物語 (The Great Cities in History) ジョン・ジュリアス・ノーウィッチ編, 福井正子訳 柊風舎 2016.9 303p 27×21cm 15000円 ①978-4-86498-039-5

内容 ダマスカス―壮麗なるオアシスの都 他(バーナビー・ロジャーソン) 〔09401〕

ロシヤーノフ, キリル・オレゴヴィチ

◇科学の参謀本部―ロシア/ソ連邦科学アカデミーに関する国際共同研究 市川浩編著 札幌 北海道大学出版会 2016.2 522p 22cm 〈索引あり〉12500円 ①978-4-8329-8224-6

内容 1948年全連邦農業科学アカデミー8月総会におけるルィセンコ派の勝利(キリル・オレゴヴィチ・ロシヤーノフ著, 斎藤宏文訳) 〔09402〕

ロシュフェルド, ジュディット

◇ヨーロッパ私法の展望と日本民法典の現代化 川角由和, 中田邦博, 潮見佳男, 松岡久和編 日本評論社 2016.3 541p 22cm (竜谷大学社会科学研究所叢書 第108巻) 〈他言語標題 : Perspectives of European Private Law and Modernization of Japanese Civil Code〉7000円 ①978-4-535-52165-0

内容 ヨーロッパ契約法の構築とフランスにおける改正案への影響(ジュディット・ロシュフェルド著, 馬場圭太訳) 〔09403〕

ロジン, P.* Rozin, Paul

◇嫌悪とその関連障害―理論・アセスメント・臨床的示唆 (DISGUST AND ITS DISORDERS) B.O.オラタンジ,D.マッケイ編著, 堀越勝監修, 今田純雄, 岩佐和典監訳 京都 北大路書房 2014.8 319p 21cm 〈索引あり〉3600円 ①978-4-7628-2873-7

内容 嫌悪 : 21世紀における身体と精神の感情(Paul Rozin, Jonathan Haidt, Clark McCauley著, 今田純雄訳) 〔09404〕

ロジンスキー, フィリップ Rosinski, Philippe

◇コーチング・アクロス・カルチャーズ―国籍、業種、価値観の違いを超えて結果を出すための7つの枠組み (COACHING ACROSS CULTURES) フィリップ・ロジンスキー著, 山内麻理監訳・訳, 林俊宏, 比留間進訳 プレジデント社 2015.1 345p 21cm 〈文献あり〉2500円 ①978-4-8334-2118-8

内容 Introduction 文化を超えたコーチング 1 コーチングと文化(最近のコーチングに求められるもの 文化的特性を統合する) 2 文化の違いを活用する(文化的志向性の枠組み 権力と責任に関する意識をどう活用するか 時間管理のアプローチをどう活用するか アイデンティティと目標に関する定義をどう活用するか 組織編成をどう活用するか 領域と境界に関する概念をどう活用するか コミュニケーション様式をどう活用するか 思考様式をどう活用するか) 〔09405〕

ロス, アルヴィン・E. Roth, Alvin E.

◇経済学者、未来を語る―新「わが孫たちの経済的可能性」(IN 100 YEARS) イグナシオ・パラシオス＝ウエルタ編, 小坂恵理訳 NTT出版 2015.2 295p 20cm 〈索引あり〉2200円 ①978-4-7571-2335-9

内容 一〇〇年後には(アルヴィン・E.ロス著) 〔09406〕

◇Who Gets What―and Why マッチメイキングとマーケットデザインの新しい経済学 (Who Gets What-and Why) アルビン・E.ロス著, 桜井祐子訳 日本経済新聞出版社 2016.3 339p 20cm 2000円 ①978-4-532-35688-0

内容 第1部 市場はどこにでもある(はじめに―どんな市場にも物語がある 一日のさまざまな活動を支える市場 命を救う市場プログラム) 第2部 挫かれた欲求―市場はいかにして失敗するか(抜けがけ 速すぎる取引 混雑―厚みのある市場がすばやく機能しなくてはならないわけ 高すぎるリスク―信頼性、安全性、簡便性) 第3部 市場をよりスマートにし、より厚みをもたせ、より速くするためのデザインの発明(病院と研修医のマッチングはどう進化したか 安心できる学校選択へ シグナリング) 第4部 禁じられた市場と自由市場(不快な市場、禁じられた市場…そしてデザインされた市場 自由市場とマーケットデザイン) 〔09407〕

ロス, アレックス Ross, Alex

◇未来化する社会―世界72億人のパラダイムシフトが始まった (THE INDUSTRIES OF THE FUTURE) アレック・ロス著, 依田光江訳 ハーパーコリンズ・ジャパン 2016.4 375, 31p 19cm 1800円 ①978-4-596-55107-8

内容 はじめに 1 ロボットがやってくる 2 ゲノムの未来 3 通貨・市場・信用のコード化 4 コード戦争時代 5 情報化時代の原材料―データ 6 未来の市場の地勢 終わりに―この世で最もだいじな仕事 〔09408〕

ロス, エリック・A. Roth, Erik A.

◇イノベーションの最終解 (Seeing What's Next) クレイトン・M.クリステンセン, スコット・D.アンソニー, エリック・A.ロス著, 桜井祐子訳 翔泳社 2014.7 460p 20cm 〈索引あり〉2200円 ①978-4-7981-3231-0

内容 第1部 理論を分析に用いる方法(変化のシグナル

—機会はどこにある？　競争のバトル—競合企業の経営状況を把握する　戦略的選択—重要な選択を見きわめる　イノベーションに影響を与える市場外の要因）　第2部 理論に基づく分析の実例（破壊の学位—教育の未来　破壊が翼を広げる—航空の未来　ムーアの法則はどこへ向かうのか？　—半導体の未来　肥大化した業界を治療する—医療の未来　海外のイノベーション—理論をもとに企業と国家の戦略を分析する　電線を切断する—通信の未来　結論—次に来るのは何か？）〔09409〕

ロス, キャシー　Ross, Catherine

◇ロンドン歴史図鑑（LONDON）　キャシー・ロス, ジョン・クラーク著, 大間知知子訳　原書房　2015.10　357p　31cm　〈文献あり 索引あり〉　8000円　①978-4-562-05249-3

内容 再発見されたロンドン　先史時代　ローマ時代のロンドン　中世前期のロンドン　中世後期のロンドン　テューダー朝とステュアート朝初期のロンドン　ステュアート朝後期のロンドン　ジョージ王朝時代のロンドン　摂政時代のロンドン　ヴィクトリア朝初期のロンドン　ヴィクトリア朝後期のロンドン　エドワード朝のロンドン　戦間期のロンドン　第二次世界大戦と終戦後のロンドン　1960年代と70年代のロンドン　現代のロンドン〔09410〕

ロ

ローズ, キャロル　Rose, Carol

◇世界の妖精・妖怪事典（SPIRITS, FAIRIES, GNOMES AND GOBLINS）　キャロル・ローズ著, 松村一男監訳　普及版　原書房　2014.8　535p　20cm　（シリーズ・ファンタジー百科）〈文献あり 索引あり〉2800円　①978-4-562-05088-8〔09411〕

◇世界の怪物・神獣事典（GIANTS, MONSTERS, AND DRAGONS）　キャロル・ローズ著, 松村一男監訳　普及版　原書房　2014.9　537p　20cm　（シリーズ・ファンタジー百科）〈文献あり 索引あり〉2800円　①978-4-562-05089-5〔09412〕

ロス, クリスティン　Ross, Kristin

◇68年5月とその後—反乱の記憶・表象・現在（May '68 and its afterlives）　クリスティン・ロス著, 箱田徹訳　航思社　2014.11　475p　20cm（革命のアルケオロジー 3）〈文献あり 索引あり〉4300円　①978-4-906738-09-0

内容 第1章 ポリスによる歴史　第2章 さまざまな形態、さまざまな実践　第3章 違う窓に同じ顔　第4章 コンセンサスが打ち消したもの　日本語版補遺 いまを操ること　訳者あとがき 反乱の想起〔09413〕

ローズ, ゲーリー

◇高等教育の社会学（SOCIOLOGY OF HIGHER EDUCATION）　パトリシア・J.ガンポート編著, 伊藤彰浩, 橋本鉱市, 阿曽沼明裕監訳　町田 玉川大学出版部　2015.7　476p　22cm　（高等教育シリーズ 167）〈索引あり〉5400円　①978-4-472-40514-3

内容 大学教授職（ゲーリー・ローズ著, 金井徹訳）〔09414〕

ロス, ジョゼフィーン　Ross, Josephine

◇ジェイン・オースティンのマナー教本—お世辞とシャレード、そして恐るべき失態（JANE AUSTEN'S GUIDE TO GOOD MANNERS）　ジョゼフィーン・ロス著, 村瀬順子訳　英宝社　2014.8　141p　19cm　1800円　①978-4-269-82041-8

内容 第1章 マナーは人をつくる、男も女も　第2章 紹介の作法　第3章 訪問とおしゃべり　第4章 ダンスと晩餐　第5章 服装と趣味　第6章 結婚について　第7章 家庭生活　第8章 召使いたちの支え〔09415〕

ロス, セイラ　Ross, Sara

◇行動探求—個人・チーム・組織の変容をもたらすリーダーシップ（ACTION INQUIRY）　ビル・トルバートほか著, 小田理一郎, 中小路佳代子訳　英治出版　2016.2　341p　22cm　〈文献あり〉2400円　①978-4-86276-213-9

内容 第1部 行動探求のリーダーシップ・スキルを学ぶ（行動探求の基本　話し方としての行動探求　組織化する方法としての行動探求　行動探求—概念と体験）　第2部 変容をもたらすリーダーシップ（機会獲得型と外交官型　専門家型と達成者型　再定義型の行動論理　変容者型の行動論理）　第3部 変容をもたらす組織（変容をもたらす会議、チーム、組織　組織変革をファシリテーションする　社会的ネットワークの組織と、協働的な探求への変容　協働的な探求の真髄）　第4部 行動探求の究極の精神的・社会的な意図（アルケミスト型の行動についての新鮮な気づき　探求の基盤コミュニティを創り出す）〔09416〕

ローズ, ソニア・O.　Rose, Sonya O.

◇ジェンダー史とは何か（WHAT IS GENDER HISTORY？）　ソニア・O.ローズ著, 長谷川貴彦, 兼子歩訳　法政大学出版局　2016.12　209, 43p　19cm　3200円　①978-4-588-35008-5

内容 第1章 なぜジェンダー史なのか？　第2章 身体とセクシュアリティ　第3章 人種・階級・ジェンダー　第4章 男性と男らしさ　第5章 政治文化のジェンダー史に向けて　第6章「転回」以降の新潮流〔09417〕

ローズ, ニコラス　Rose, Nikolas S.

◇魂を統治する—私的な自己の形成（GOVERNING THE SOUL 原著第2版の翻訳）　ニコラス・ローズ著, 堀内進之介, 神代健彦監訳　以文社　2016.6　505p　20cm　4800円　①978-4-7531-0333-1

内容 第1章 戦時下の人々（戦争の心理学　士気の統治 ほか）　第2章 生産的な主体（労働の主体　満足した労働者 ほか）　第3章 子どもと家族とまわりの世界（小さな市民　心理学者のまなざし ほか）　第4章 私たちの自己のマネジメント（自由を義務づけられた人々　行動の再形成 ほか）〔09418〕

ロス, バーナード　Roth, Bernard

◇スタンフォード大学dスクール 人生をデザインする目標達成の習慣（THE ACHIEVEMENT HABIT ： STOP WISHING, START DOING, and TAKE COMMAND OF YOUR LIFE）　バーナード・ロス著, 庭田よう子訳　講談社　2016.12　317p　19cm　1800円　①978-4-06-219271-2

内容 第1章 固定観念は当てにならない　第2章 理由なんてナンセンス　第3章 こだわりを捨ててみよう　第4章 協力を求める　第5章 行動がすべて　第6章 言葉に気をつける　第7章 集団の習慣　第8章 セルフイメージをデザインする　第9章 全体像をつかむ　第10章 自分の習慣をつくりあげる　〔09419〕

ロス, ペグ

◇経験学習によるリーダーシップ開発―米国CCLによる次世代リーダー育成のための実践事例（Experience-Driven Leader Development）　シンシア・D.マッコーレイ,D.スコット・デリュ, ポール・R.ヨスト, シルベスター・テイラー編, 漆嶋稔訳　日本能率協会マネジメントセンター　2016.8　511p　27cm　8800円　①978-4-8207-5929-4

内容 ラーニング・アジリティの開発：マイクロファイナンスの教訓（リンドン・レゴ, ヴァンダナ・ヴィスワナサン, ペグ・ロス）　〔09420〕

ロス, ヘレン　Ross, Helen Elizabeth

◇月の錯視―なぜ大きく見えるのか（The Mystery of the Moon Illusion）　ヘレン・ロス, コーネリス・プラグ著, 東山篤規訳　勁草書房　2014.8　286, 73p　22cm　〈年表あり 索引あり〉3700円　①978-4-326-25099-8

内容 天体錯視　月と太陽の実際の大きさ　知覚された大きさ　月の錯視の測定　大気の屈折　空気遠近　観察者の目の中で　天の丸天井　近くにありながら遠い　月を拡大する　注視角　平衡の問題　結論と謎　〔09421〕

ローズ, マイケル・J.　Roads, Michael J.

◇光のかけらが降り注ぐ地球―異なる現実を旅する（Stepping…between…realities）　マイケル・J.ローズ著, 大亀安美訳　さいたま　知玄舎　2015.8　254p　22cm　①978-4-907875-14-5　〔09422〕

◇魂への旅　マイケル・J.ローズ著, 大亀安美訳　さいたま　知玄舎　2015.9　169p　22cm　①978-4-907875-17-6　〔09423〕

ロス, リサ・M.　Ross, Lisa M.

◇ミニマル子育て―少ないは多いにまさる子どもと親が育ち合う（Simplicity Parenting）　キム・ジョン・ペイン, リサ・M.ロス著, 小山美奈訳　風濤社　2016.5　547p　19cm　〈文献あり〉1800円　①978-4-89219-414-6

内容 第1章 なぜミニマルにするのか？　第2章 心の風邪　第3章 環境　第4章 リズム　第5章 スケジュール　第6章 大人の世界から子どもを守る　最終章 実践にあたって　〔09424〕

ロース, レニー・R.

◇信託制度のグローバルな展開―公益信託甘粕記念信託研究助成基金講演録　新井誠編訳　日本評論社　2014.10　634p　22cm　6800円　①978-4-535-52055-4

内容 ニューヨークの検認後見裁判所から見たアメリカの信託実務（レニー・R.ロース著, 新井誠訳）　〔09425〕

ロス, ロバート　Ross, Robert J.

◇洋服を着る近代―帝国の思惑と民族の選択（CLOTHING）　ロバート・ロス著, 平田雅博訳　法政大学出版局　2016.2　301, 15p　20cm　（サピエンティア 42）〈索引あり〉3600円　①978-4-588-60342-6

内容 序論　衣服の規制　旧世界の衣服改革　最初の植民地主義　衣服の製造、保管、流通　ヨーロッパの輸出　正しき心でお召し替え―キリスト教の布教と衣服　身体の再編、精神の改革　植民地ナショナリズムの衣服　衣服の解放　衣服の受容と拒否　結論　〔09426〕

ローズ, D.リチャード　Laws, D.Richard

◇性犯罪からの離脱―「良き人生モデル」がひらく可能性（DESISTANCE FROM SEX OFFENDING）　D.リチャード・ローズ, トニー・ウォード著, 津富宏, 山本麻奈監訳　日本評論社　2014.7　379p　21cm　〈文献あり 索引あり〉5000円　①978-4-535-98383-0

内容 第1部 全般的な問題　第2部 犯罪学の視点　第3部 司法心理学の視点　第4部 社会への再参入と再統合　第5部 治療につなぐ　第6部 離脱に着目した介入　第7部 これからの道のり　〔09427〕

ローズ, R.A.W.　Rhodes, R.A.W.

◇ウェストミンスター政治の比較研究―レイプハルト理論・新制度論へのオルターナティヴ（COMPARING WESTMINSTER）　R.A.W.ローズ, ジョン・ワンナ, パトリック・ウェラー著, 小堀真裕, 加藤雅俊訳　京都　法律文化社　2015.10　307p　22cm　〈文献あり 索引あり〉7200円　①978-4-589-03691-9

内容 第1章 ウェストミンスターを探求する（ウェストミンスター・モデルに関する信念　ウェストミンスターを比較する ほか）　第2章 ウェストミンスターを比較する（競合するアプローチ　解釈アプローチというオルターナティヴ ほか）　第3章 生きている伝統（君主大権　責任政府という伝統 ほか）　第4章 執政と内閣（主張の検討―カナダの独裁制　大統領化に関する逸話はどこかよそで信憑性を得る ほか）　第5章 大臣責任（「規則なし」という進化する伝統　「責任政府」―公式的立場 ほか）　第6章 公務サーヴィス（屈折した諸伝統　諸伝統の伝達と再修正 ほか）　第7章 議会と代表（議会主権に対する今日の制限　執政府の持続 ほか）　第8章 ウェストミンスターの意味（ウェストミンスターの諸議論の立脚点　ウェストミンスター神話の恩恵 ほか）　〔09428〕

ロスウェル, ウィリアム　Rothwell, William J.

◇コンピテンシーを活用したトレーニングの基本―効率的な事業運営に役立つ研修開発の実践ガイド（Competency-based training basics）　ウィリアム・ロスウェル, ジェームズ・グラバー著, 平田謙次監訳, 日本イーラーニングコンソシアム訳　ヒューマンバリュー　2016.1　200p　23cm　（ATDグローバルベーシックシリーズ ATD training basics series）〈文献あり〉2800円　①978-4-9906893-5-3

内容 第1章 コンピテンシーベース・トレーニングとは　第2章 なぜ組織はコンピテンシーを活用するのか　第3章 コンピテンシー・アセスメントと学習とトレーニングニーズの決定の基本　第4章 コンピテンシーを活用したトレーニング設計　第5章 コンピテンシーベース学習をサポートするためのテクノロジー活用　第

ロ

6章 コンピテンシーベース・アプローチに関するコミュニケーション　第7章 学習を導き出すためのコンピテンシー活用―アプリケーションガイド　第8章 コンピテンシーベース・トレーニングと学習の将来　付録(コンピテンシーベース・トレーニングに関するFAQ　コンピテンシーモデル開発：コンピテンシー特定の基本)　〔09429〕

ロスステイン, ダン　Rothstein, Dan

◇たった一つを変えるだけ―クラスも教師も自立する「質問づくり」(MAKE JUST ONE CHANGE)　ダン・ロスステイン, ルース・サンタナ〔著〕, 吉田新一郎訳　新評論　2015.9　289p　19cm　2400円　①978-4-7948-1016-8

内容 はじめに　第1章 質問づくりの全体像―多様な思考力を磨く方法　第2章 教師が「質問の焦点」を決める　第3章 質問づくりのルールを紹介する　第4章 生徒たちが質問をつくる　第5章 質問を書き換える　第6章 質問に優先順位をつける　第7章 質問を使って何をするか考える　第8章 学んだことについて振り返る　第9章 教師や指導者へのアドバイス　第10章 生徒もクラスも変化する―自立した学び手たちのコミュニティ　おわりに―質問と教育、質問と民主主義　〔09430〕

ロースタム, ハンネス　Råstam, Hannes

◇トマス・クイック―北欧最悪の連続殺人犯になった男 (FALLET THOMAS QUICK)　ハンネス・ロースタム著, 田中文訳　早川書房　2015.6　568p　19cm　〈年表あり〉2800円　①978-4-15-209544-2

内容 第1部(セーテル病院―二〇〇八年六月二日月曜日　セーテルの男　見出し ほか)　第2部(偽りの人生　連続殺人犯の出現　特別な患者 ほか)　第3部(風向きが変わる　十三のバインダー　犯罪記者 ほか)　〔09431〕

ローゼ, ミリアム

◇キリスト教神学の主要著作―オリゲネスからモルトマンまで (Hauptwerke der Systematischen Theologie)　R.A.クライン,C.ポルケ,M.ヴェンテ編, 佐々木勝彦, 佐々木悠, 浜崎雅孝訳　教文館　2013.12　424, 18p　22cm　〈索引あり〉4000円　①978-4-7642-7375-7

内容 トマス・アクィナス『神学大全』(ミリアム・ローゼ著, 佐々木勝彦, 浜崎雅孝訳)　〔09432〕

ローゼン, ジェレミー　Rosen, Jeremy

◇世界はなぜ争うのか―国家・宗教・民族と倫理をめぐって　福田康夫, ヘルムート・シュミット, マルコム・フレーザー他著, ジェレミー・ローゼン編集, 渥美桂子訳　朝倉書店　2016.3　296p　21cm　〈他言語標題：Ethics in Decision-Making〉非売品

内容 言葉の変遷する意味 他(ラビ・ジェレミー・ローゼン述)　〔09433〕

◇世界はなぜ争うのか―国家・宗教・民族と倫理をめぐって　福田康夫, ヘルムート・シュミット, マルコム・フレーザー他著, ジェレミー・ローゼン編集, 渥美桂子訳　朝倉書店　2016.5　296p　21cm　〈他言語標題：Ethics in Decision-Making〉1850円　①978-4-254-50022-6

内容 言葉の変遷する意味 他(ラビ・ジェレミー・ローゼン述)　〔09434〕

ローゼン, フレデリック

◇ジェレミー・ベンサムの挑戦　深貝保則, 戒能通弘編　京都　ナカニシヤ出版　2015.2　395p　22cm　〈他言語標題：The Challenges of Jeremy Bentham　文献あり 索引あり〉5600円　①978-4-7795-0896-7

内容 憲法上の権利と安全(フレデリック・ローゼン著, 小畑俊太郎訳)　〔09435〕

ローセン, P.*　Rosen, Peter J.

◇ワーキングメモリと日常―人生を切り拓く新しい知性 (WORKING MEMORY)　T.P.アロウェイ,R.G.アロウェイ編著, 湯沢正通, 湯沢美紀監訳　京都　北大路書房　2015.10　340p　21cm　(認知心理学のフロンティア)　〈文献あり 索引あり〉3800円　①978-4-7628-2908-6

内容 断眠とパフォーマンス：ワーキングメモリの役割(Paul Whitney, Peter J.Rosen著, 近藤綾, 渡辺大介訳)　〔09436〕

ローゼンクランツ, カール　Rosenkranz, Karl

◇日本国と日本人 (Japan und die Japaner)　カール・ローゼンクランツ著, 寄川条路訳　法政大学出版局　2015.4　180p　20cm　〈文献あり〉2000円　①978-4-588-31622-7

内容 日本の登場　日本事情　日本の概観　日本の生物　日本の宗教　日本の歴史　日本の身分制度　日本の文化　日本の司法　日本の風俗　日本の建築　日本の産業　日本人の社交　日本の外交　日本の課題　〔09437〕

ローゼンクランツ, ゲイリー

◇アリストテレス的現代形而上学 (Contemporary Aristotelian Metaphysics)　トゥオマス・E.タフコ編著, 加地大介, 鈴木生郎, 秋葉剛史, 谷川卓, 植村玄輝, 北村直彰訳　春秋社　2015.1　451, 17p　20cm　(現代哲学への招待―Anthology　丹治信春監修)　〈文献あり 索引あり〉4800円　①978-4-393-32349-6

内容 存在論的カテゴリー(ゲイリー・ローゼンクランツ著, 植村玄輝訳)　〔09438〕

ローゼンサール, ジャン=ローラン

◇比較制度分析のフロンティア (INSTITUTIONS AND COMPARATIVE DEVELOPMENTの抄訳, COMPLEXITY AND INSTITUTIONSの抄訳〔etc.〕)　青木昌彦, 岡崎哲二, 神取道宏監修　NTT出版　2016.9　356p　22cm　(叢書《制度を考える》)　〈他言語標題：Frontiers of Comparative Institutional Analysis〉4500円　①978-4-7571-2325-0

内容 大分岐を超えて(ジャン=ローラン・ローゼンサール,R.ビン・ウォン著, 日野正子訳)　〔09439〕

ローゼンスティール, トム　Rosenstiel, Tom

◇インテリジェンス・ジャーナリズム―確かなニュースを見極めるための考え方と実践 (BLUR)　ビル・コヴァッチ, トム・ローゼンス

ロ

ティール著, 奥村信幸訳　京都　ミネルヴァ書房　2015.8　350, 11p　22cm　〈索引あり〉5500円　①978-4-623-07387-0

内容 第1章 これから何を信じればいいのか　第2章 いつか来た道　第3章 疑いながら物事を知る方法―検証のためのスパイ技術　第4章 完全さ―何が書かれていて、何が欠けているのか　第5章 ソース―その情報はどこからもたらされたのか　第6章 エビデンスと検証のジャーナリズム　第7章 断定や決めつけ―どこにエビデンスがあるのか　第8章 いかにして真に重大な問題を発見するか　第9章 次世代のジャーナリズムに必要なもの　終章 物事を知る新しい方法　〔*09440*〕

ローゼンストック, バーブ　Rosenstock, Barb

◇トマス・ジェファソン本を愛し、集めた人（Thomas Jefferson Builds a Library）　バーブ・ローゼンストック文, ジョン・オブライエン絵, 渋谷弘子訳　さ・え・ら書房　2014.9　1冊（ページ付なし）　24×24cm　1400円　①978-4-378-04141-4　〔*09441*〕

ローゼンストーン, ロバート

◇歴史を射つ―言語論的転回・文化史・パブリックヒストリー・ナショナルヒストリー　岡本充弘, 鹿島徹, 長谷川貴彦, 渡辺賢一郎編　御茶の水書房　2015.9　429p　22cm　5500円　①978-4-275-02022-2

内容 映画製作者が歴史家として歴史に対して行っていることについての考察（ロバート・ローゼンストーン著, 岡本充弘訳）　〔*09442*〕

ローゼンツヴァイク, フランツ　Rosenzweig, Franz

◇ヘーゲルと国家（HEGEL UND DER STAAT）　フランツ・ローゼンツヴァイク著, 村岡晋一, 橋本由美子訳　作品社　2015.10　558p　22cm　〈索引あり〉6000円　①978-4-86182-542-2

内容 第1部 人生の諸段階（一七〇〇～一八〇六）（序論　シュトゥットガルト　テュービンゲン　ベルン　二つの政治的著作　フランクフルト　イエナ（一八〇三年まで）　イエナ（一八〇四年以後））　第2部 世界的転換期（一八〇六～一八三一）（ナポレオン　王政復古　プロイセン　七月革命　結語）　〔*09443*〕

ローゼンツヴァイク, ポール　Rosenzweig, Paul

◇サイバー世界大戦―すべてのコンピューターは攻撃兵器である（Cyber Warfare）　ポール・ローゼンツヴァイク著, 戸崎真一訳　サイゾー　2016.1　423p　22cm　〈文献あり〉3000円　①978-4-904209-90-5

内容 第1部 サイバー空間における紛争の性質（ウイルスと脆弱性　紛争中の国々 ほか）　第2部 ウェブを守る（アイデンティティの根本的問題　サイバー犯罪 ほか）　第3部 答えの出ない質問（サイバーセキュリティの経済学　民間企業を規制する政府の役割 ほか）　第4部 未来とその先（未来の姿　結論としての考察）　〔*09444*〕

ローゼンハフト, イヴ

◇欲望と消費の系譜　草光俊雄, 真嶋史叙監修　NTT出版　2014.7　179p　20cm　（シリーズ消費文化史）　〈文献あり〉2400円　①978-4-7571-4328-9

内容 ショッピングとしての投資（イヴ・ローゼンハフト著, 新広記訳）　〔*09445*〕

ローゼンハン, デヴィッド・L.　Rosenhan, David L.

◇異常心理学大事典（Abnormal Psychology）　M.E.P.セリグマン,E.F.ウォーカー,D.L.ローゼンハン著, 上里一郎, 瀬戸正弘, 三浦正江監訳　西村書店　2016.8　763p　27cm　〈文献あり 索引あり〉8800円　①978-4-89013-467-0

内容 異常性：過去と現在　アセスメント、診断、研究法　心理学的アプローチ　生物学的アプローチと神経科学　不安障害　身体表現性障害と解離性障害　気分障害　早期に発症する疾患　パーソナリティ障害　統合失調症　高齢期の障害　心理的要因と身体疾患　性障害　精神作用性物質使用障害　社会的・法的観点　未来への方向性　〔*09446*〕

ローゼンフェルド, スティーブン

◇不正選挙―電子投票とマネー合戦がアメリカを破壊する（LOSER TAKE ALL）　マーク・クリスピン・ミラー編著, 大竹秀子, 桜井まり子, 関房江訳　亜紀書房　2014.7　343, 31p　19cm　2400円　①978-4-7505-1411-6

内容 「ディキシー」を口ずさむ司法省（スティーブン・ローゼンフェルド著）　〔*09447*〕

ローソン, マーティン　Rawson, Martyn

◇シュタイナー教育（Waldorf Education 原著改訂版の翻訳）　クリストファー・クラウダー, マーティン・ローソン著, 遠藤孝夫訳　新訂版　上里町（埼玉県）　イザラ書房　2015.9　190p　21cm　〈文献あり 著作目録あり 索引あり〉2300円　①978-4-7565-0128-8

内容 第1章 学校祭にて　第2章 子どもの発達　第3章 幼児期の教育　第4章 児童期の中心　第5章 上級学年　第6章 環境教育　第7章 教えることは学ぶこと　第8章 学校の起源と将来の展望　第9章 新たな教育的挑戦―有能さへの教育　〔*09448*〕

ローダン, レイチェル　Laudan, Rachel

◇料理と帝国―食文化の世界史紀元前2万年から現代まで（CUISINE AND EMPIRE）　レイチェル・ローダン〔著〕, ラッセル秀子訳　みすず書房　2016.5　448, 63p　22cm　〈文献あり 索引あり〉6800円　①978-4-622-07960-6

内容 第1章 穀類料理の習得 紀元前二万年～紀元前三〇〇年　第2章 古代帝国の牲としての大麦・小麦食文化 紀元前五〇〇年～紀元四〇〇年　第3章 仏教が変えた南アジアと東アジアの食文化 紀元前二六〇年～紀元八〇〇年　第4章 イスラム文化が変えた中央アジアと西アジアの食文化 八〇〇～一六五〇年　第5章 キリスト教が変えたヨーロッパとアメリカ大陸の食文化 一〇〇～一六五〇年　第6章 近代食への序章 北ヨーロッパ 一六五〇～一八〇〇年　第7章 近代の食 中流食のひろがり 一八一〇～一九二〇年　第8章 現代の食 中流食のグローバル化 一九二〇～二〇〇〇年　〔*09449*〕

ロタンダ, ロナルド・D.　Rotunda, Ronald D.

◇アメリカの法曹倫理―事例解説（LEGAL ETHICS IN A NUTSHELL 原著第4版の翻訳）　ロナルド・D.ロタンダ著, 当山尚幸, 武田昌則, 石

ロ

田京子訳　彩流社　2015.4　390p　22cm　〈「概論アメリカの法曹倫理」(2012年刊)の改題、改訂　索引あり〉 3500円　①978-4-7791-2090-9

内容 1 総論　2 依頼者と法律家の関係　3 相談役(Counselor)　4 代弁者(Advocate)　5 依頼者以外の者との関係　6 法律事務所及びその他の団体　7 公的役務　8 法的役務に関する情報　9 法律専門職としての品格の保持　〔09450〕

ローチ, ゲシェ・マイケル　Roach, Geshe Michael

◇ダイヤモンドの知恵—古代チベット仏教の教えに学ぶ成功法則 (The Diamond Cutter)　ゲシェ・マイケル・ローチ著, 渡辺千鶴訳　セルバ出版　2015.12　367p　19cm　〈PHP研究所2009年刊の新装　発売：創英社三省堂書店〉 1800円　①978-4-86367-234-5

内容 第一の目標 お金を稼ぐ(教えの源泉　『金剛般若経』の意味するところ　『金剛般若経』の成り立ち　森羅万象に隠された潜在性　潜在性を生かすための原則　潜在性を生かす方法　相関—ビジネスで起こりがちな問題とその解決策　真実の誓願)　第二の目標 成功を楽しみ、心身を管理する(瞑想で始める一日　煩悩を回避し、心身を健康にする　瞑想修行　転禍為福—ピンチが生み出すチャンス)　第三の目標 振り返り、その価値を確認する(シャーリー　究極のマネジメントツール　無量の富の源泉)　『ダイヤモンドの知恵』の教えの実践者たちから　〔09451〕

ロ

◇愛のカルマ—古代チベット仏教の教えに学ぶ人間関係の法則 (Karma of Love)　ゲシェ・マイケル・ローチ著, 矢島佳奈子訳　セルバ出版　2016.8　623p　19cm　〈発売：創英社三省堂書店〉 3000円　①978-4-86367-285-7

内容 最も重要な質問　パートナーを見つける　時間のプレッシャー　コミットメント　愛　一緒に暮らすこと　性について その1　信頼　ルックス　コミュニケーション その1〔ほか〕　〔09452〕

ローチ, スティーブン　Roach, Stephen Samuel

◇アメリカと中国もたれ合う大国 (UNBALANCED)　スティーブン・ローチ著, 田村勝省訳　日本経済新聞出版社　2015.2　464p　20cm　2800円　①978-4-532-35621-7

内容 1 最初は(偽りの繁栄の政治経済学　だれがだれに依存しているのか？)　2 指導力と権力(親分と巨匠—グリーンスパンと朱　大安定についての論争—温とバーナンキ　両国は戦略に取り組む—ワシントンと国家発展改革委員会)　3 緊張(新しいグローバリゼーション　多角的な世界における二国間主義　中国に関するぼやき)　4 威嚇射撃(不均衡と大危機　スムート＝ホーリー法再び)　5 決意(バランス調整を図る　新しいアメリカが新しい中国と出会う　もたれ合い・インターネット・二重アイデンティティの危機)　〔09453〕

ローチェ, ヒラリー

◇経験学習によるリーダーシップ開発—米国CCLによる次世代リーダー育成のための実践事例 (Experience-Driven Leader Development)　シンシア・D.マッコーレイ,D.スコット・デリュ, ポール・R.ヨスト, シルベスター・テイラー編, 漆嶋稔訳　日本能率協会マネジメントセンター　2016.8　511p　27cm　8800円　①978-4-8207-5929-4

内容 学びのレディネスを評価するツール「GPS・R」(ポール・ヨスト, ヒラリー・ローチェ, ジリアン・マクレラン)　〔09454〕

ロッキャー, アンガス

◇世界の蒐集—アジアをめぐる博物館・博覧会・海外旅行　福井憲彦監修, 伊藤真実子, 村松弘一編　山川出版社　2014.2　359p　22cm　(学習院大学東洋文化研究叢書)　4000円　①978-4-634-67233-8

内容 博覧会の拘束、日本という問題(アンガス・ロッキャー著, 大道寺慶子, 梅川純代訳)　〔09455〕

◇歴史のなかの消費者—日本における消費と暮らし1850-2000 (THE HISTORICAL CONSUMER)　ペネロピ・フランクス, ジャネット・ハンター編, 中村尚史, 谷本雅之監訳　法政大学出版局　2016.3　367p　22cm　〈索引あり〉 4400円　①978-4-588-32707-0

内容 社用から行楽へ(アンガス・ロッキャー著)　〔09456〕

ロック, ジョン　Locke, John

◇ピエール・ベール関連資料集　補巻　良心の自由　野沢協編訳　法政大学出版局　2015.1　387p　22cm　14000円　①978-4-588-12025-1

内容 『寛容についての手紙』(ジョン・ロック)　〔09457〕

◇知性の正しい導き方 (Of the Conduct of the Understanding)　ジョン・ロック著, 下川潔訳　筑摩書房　2015.3　330p　15cm　(ちくま学芸文庫 ロ10-1)　〈御茶の水書房 1999年刊の再刊　索引あり〉 1300円　①978-4-480-09658-6

内容 はじめに　才能　推論　練習と習慣　観念　原理　数学　宗教　偏見　不偏不党性〔ほか〕　〔09458〕

ロック, ロイス　Rock, Lois

◇あらしを静めたイエスさま (Jesus and the storm)　ロイス・ロック文, アレックス・アイリフ絵, 大越結実訳　いのちのことば社CS成長センター　2012.10　16p　13cm　(わくわくバイブルみにぶっく—新約聖書 2)　100円　①978-4-820-60310-8　〔09459〕

◇イースターのお話 (The Easter story)　ロイス・ロック文, アレックス・アイリフ絵, 大越結実訳　いのちのことば社CS成長センター　2012.10　16p　13cm　(わくわくバイブルみにぶっく—新約聖書 6)　100円　①978-4-820-60314-6　〔09460〕

◇選ばれたモーセ (Moses and his sister)　ロイス・ロック文, アレックス・アイリフ絵, 大越結実訳　いのちのことば社CS成長センター　2012.10　16p　13cm　(わくわくバイブルみにぶっく—旧約聖書 3)　100円　①978-4-820-60305-4　〔09461〕

◇最初のクリスマス (Baby Jesus by lion)　ロイス・ロック文, アレックス・アイリフ絵, 大越結実訳　いのちのことば社CS成長センター　2012.10　16p　13cm　(わくわくバイブルみにぶっく—新約聖書 1)　100円　①978-4-820-60309-2　〔09462〕

◇魚にのまれたヨナ（Jonah and the whale）　ロイス・ロック文, アレックス・アイリフ絵, 大越結実訳　いのちのことば社CS成長センター　2012.10　16p　13cm　（わくわくバイブルみにぶっく―旧約聖書 5）　100円　①978-4-820-60307-8　〔09463〕

◇主の祈り（Our Father）　ロイス・ロック文, アレックス・アイリフ絵, 大越結実訳　いのちのことば社CS成長センター　2012.10　16p　13cm　（わくわくバイブルみにぶっく―新約聖書 5）　100円　①978-4-820-60313-9　〔09464〕

◇世界のはじまり（In the beginning）　ロイス・ロック文, アレックス・アイリフ絵, 大越結実訳　いのちのことば社CS成長センター　2012.10　15p　13cm　（わくわくバイブルみにぶっく―旧約聖書 1）　100円　①978-4-820-60303-0　〔09465〕

◇ノアとはこぶね（Noah and the ark）　ロイス・ロック文, アレックス・アイリフ絵, 大越結実訳　いのちのことば社CS成長センター　2012.10　16p　13cm　（わくわくバイブルみにぶっく―旧約聖書 2）　100円　①978-4-820-60304-7　〔09466〕

◇まいごの羊（The lost sheep）　ロイス・ロック文, アレックス・アイリフ絵, 大越結実訳　いのちのことば社CS成長センター　2012.10　16p　13cm　（わくわくバイブルみにぶっく―新約聖書 4）　100円　①978-4-820-60312-2　〔09467〕

◇守られたダニエル（Daniel and the lions）　ロイス・ロック文, アレックス・アイリフ絵, 大越結実訳　いのちのことば社CS成長センター　2012.10　16p　13cm　（わくわくバイブルみにぶっく―旧約聖書 6）　100円　①978-4-820-60308-5　〔09468〕

◇ゆうかんなダビデ（Brave David）　ロイス・ロック文, アレックス・アイリフ絵, 大越結実訳　いのちのことば社CS成長センター　2012.10　16p　13cm　（わくわくバイブルみにぶっく―旧約聖書 4）　100円　①978-4-820-60306-1　〔09469〕

◇よいサマリヤ人（The good Samaritan）　ロイス・ロック文, アレックス・アイリフ絵, 大越結実訳　いのちのことば社CS成長センター　2012.10　16p　13cm　（わくわくバイブルみにぶっく―新約聖書 3）　100円　①978-4-820-60311-5　〔09470〕

◇はじめてのおいのり（My Very First Prayers）　ロイス・ロックぶん, アレックス・アイリッフェきりえ, かげやまあきこやく　サンパウロ　2014.11　159p　14cm　〈索引あり〉①978-4-8056-7037-8　〔09471〕

◇はじめてよむこどものせいしょ（My Very First Bible）　ロイス・ロックぶん, アレックス・アイリッフェきりえ, といかわみゆきやく, すずきしんいちかんしゅう　サンパウロ　2014.11　256p　14cm　①978-4-8056-7037-8　〔09472〕

◇ちいさいこどものせいしょ（Tiny Tots Bible）　ロイス・ロックぶん, ケイ・ウィドーソンえ, かげやまあきこやく　サンパウロ　2014.12　127p　19cm　1400円　①978-4-8056-5815-4

内容 ノアとはこぶね　アブラハムとかみさまのやくそく　ゆめみるヨセフ　モーセのながいたび　みちをしめすヨシュア　ダビデとゴリアテ　ちいさいおんなのことおおきなかわ　ヨナとくらいうみ　ダニエルとライオン　ベツレヘムでうまれたあかちゃん　おくりものをもってきたはかせたち　おおきくよいこになりました　イエスさまとあらし　ちいさいおんなのこ　パンとさかな　たすけてあげたひと　まいごになったひつじ　おうさまがやってきた　はじめてのイースター　〔09473〕

◇クリスマスの夜（On That Christmas Night）　ロイス・ロック文, アリソン・ジェイ絵, 関谷義樹訳　ドン・ボスコ社　2015.10　1冊（ページ付なし）　31cm　1000円　①978-4-88626-585-2　〔09474〕

ロックシュタイン, マルギッタ　Rockstein, Margitta

◇遊びが子どもを育てる―フレーベルの〈幼稚園〉と〈教育遊具〉（KINDERGARTEN 原著改訂版の翻訳）　マルギッタ・ロックシュタイン著, 小笠原道雄監訳, 木内陽一, 松村納央子訳　福村出版　2014.12　97p　22cm　〈文献あり 年譜あり〉2500円　①978-4-571-11034-4

内容 フリードリヒ・フレーベル博物館について　フリードリヒ・フレーベルの生涯（子ども時代と青年時代　1805年、教職に就くことを決意する）　遊びと教育遊具（"与えられしもの"　第1教育遊具―球体　第2教育遊具―球体、円柱、立方体　第3教育遊具―立方体の集合　第4教育遊具―新たな形、直方体　第5教育遊具―"屋根の形"　第6教育遊具―さまざまな形の直方体　平面の教育遊具―木製の色板　折り紙と切り絵　直線の作業具　点の作業具―多様な素材を組み合わせる）　フリードリヒ・フレーベルの年譜　よりよくフレーベルを知るために　〔09475〕

ロックバウム, デイビッド　Lochbaum, David A.

◇実録FUKUSHIMA―アメリカも震撼させた核災害（FUKUSHIMA）　デイビッド・ロックバウム, エドウィン・ライマン, スーザン・Q.ストラナハン, 憂慮する科学者同盟〔著〕, 水田賢政訳　岩波書店　2015.10　390, 8p　20cm　〈文献あり 索引あり〉3400円　①978-4-00-005471-3

内容 二〇一一年三月一一日「これまで考えたことのなかった事態」　二〇一一年三月一二日「本当にひどいことになるかもしれない」　二〇一一年三月一二日から一四日「いったいどうなってるんだ！」　二〇一一年三月一五日から一八日「一層悪くなっていくと思います」　幕間―答を探す「県民の不安や怒りは極限に達している」　二〇一一年三月一九日から二〇日「最悪のケースを教えてくれ」　もう一つの三月、もう一つの国、もう一つの炉心溶融　二〇一一年三月二一日から一二月「安全確保という考え方だけでは律することができない」　不合理な保証　「この会議は非公開ですよね？」　二〇一二年「本当に大丈夫なのか。きちんと国民に説明すべきである」　あっという間にしぼんでいく機会　福島の事後分析 何が起こったのか？　〔09476〕

ロックハート, ポール　Lockhart, Paul

◇算数・数学はアートだ！―ワクワクする問題を子どもたちに（A MATHEMATICIAN'S LAMENT）　ポール・ロックハート〔著〕, 吉田

ロ

新一郎訳　新評論　2016.4　184p　19cm　1700円　①978-4-7948-1035-9
内容 1 嘆き(音楽家と画家が見た悪夢　数学者と社会　学校の算数・数学　算数・数学のカリキュラム　中学校・高校の幾何―悪魔の道具)　2 喜び(算数・数学の楽しさと魅力　奇数を足すと　最短の距離は　パーティーでの友人たち)　〔09477〕

ロックフェラー, ジョン・D.　Rockefeller, John Davison
◇ロックフェラーお金の教え―成功と幸福と豊かさへの道（JOHN D.ROCKEFELLER ON MAKING MONEY）　ジョン・D.ロックフェラー著, 中島早苗訳　サンマーク出版　2016.6　170p　20cm　1400円　①978-4-7631-3562-9
内容 第1章 アメリカで大成功するということ　第2章 批判への対処法　第3章 お金と正しくつきあう知恵　第4章 豊かさと幸福の関係　第5章 利益の還元　第6章 きみへ贈る言葉　〔09478〕

ロックフェラー, デイヴィッド　Rockefeller, David
◇ロックフェラー回顧録　上巻（MEMOIRS）　デイヴィッド・ロックフェラー〔著〕, 楡井浩一訳　新潮社　2014.12　541p　16cm　（新潮文庫 シ-38-19）　790円　①978-4-10-218631-2
内容 祖父　父と母　子ども時代　旅行　ロックフェラー・センター　ハーヴァード大学　偉大な経済学者に学ぶ　論文、結婚、就職　戦争　チェース銀行への就職　第二の本職のはじまり　チェース・マンハッタン銀行の誕生　対立　困難な過渡期　グローバルな銀行を創る　舵取り　ソ連との関わり　竹のカーテンを越えて中国へ　〔09479〕
◇ロックフェラー回顧録　下巻（MEMOIRS）　デイヴィッド・ロックフェラー〔著〕, 楡井浩一訳　新潮社　2014.12　489p　16cm　（新潮文庫 シ-38-20）　750円　①978-4-10-218632-9
内容 中東の“バランス”を保つ使者　生き残るOPEC　仕事上の動乱　家庭内の悩み　兄弟間の対立　シャー　目標の履行　ニューヨーク、ニューヨーク　誇り高き国際主義者　国境の南　近代美術への情熱　帰ってきたロックフェラー・センター　パートナーシップ　〔09480〕

ロッシ, アーネスト・L.　Rossi, Ernest Lawrence
◇ミルトン・エリクソンの催眠の現実―臨床催眠と間接暗示の手引き（Hypnotic Realities）　ミルトン・H.エリクソン, アーネスト・L.ロッシ, シーラ・I.ロッシ著, 横井勝美訳　金剛出版　2016.5　346p　22cm　〈文献あり〉　5400円　①978-4-7724-1491-3
内容 第1章 会話での誘導―早期学習セット　第2章 リカピテュレーションによる間接誘導　第3章 握手誘導　第4章 相互トランス誘導　第5章 連想によるトランス学習　第6章 催眠学習を促進すること　第7章 間接的に条件づけされた閉眼誘導　第8章 学習の無限のパターン―二年後のフォローアップ　第9章 まとめ　〔09481〕

ロッシ, シーラ・I.　Rossi, Sheila I.
◇ミルトン・エリクソンの催眠の現実―臨床催眠と間接暗示の手引き（Hypnotic Realities）　ミルトン・H.エリクソン, アーネスト・L.ロッシ, シーラ・I.ロッシ著, 横井勝美訳　金剛出版　2016.5　346p　22cm　〈文献あり〉　5400円　①978-4-7724-1491-3
内容 第1章 会話での誘導―早期学習セット　第2章 リカピテュレーションによる間接誘導　第3章 握手誘導　第4章 相互トランス誘導　第5章 連想によるトランス学習　第6章 催眠学習を促進すること　第7章 間接的に条件づけされた閉眼誘導　第8章 学習の無限のパターン―二年後のフォローアップ　第9章 まとめ　〔09482〕

ロッスマン, イルムガルト　Rossmann, Irmgard
◇エーテルと生命力―アントロポゾフィーによる自然科学の拡張（Das Ätherische）　エルンスト・マルティ著, イルムガルト・ロッスマン編, 丹羽敏雄訳　涼風書林　2015.8　248p　21cm　〈文献あり〉　2700円　①978-4-903865-33-1　〔09483〕

ロッツ, ヨハネス　Lotz, Johannes Baptist
◇ハイデガーとトマス・アクィナス（MARTIN HEIDEGGER UND THOMAS VON AQUIN）　ヨハネス・ロッツ著, 村上喜良訳　勁草書房　2014.1　290, 22p　22cm　〈索引あり〉　4500円　①978-4-326-10228-0
内容 第1研究 マルティン・ハイデガーによれば「人間はいかにあるのか」(ハイデガーによる今日の人間の危機　ハイデガーによる今日の人間の救済　無の地平における現存在の全体)　第2研究 ハイデガーとトマス・アクィナスにおける存在(ハイデガーにおける存在　トマス・アクィナスにおける存在)　第3研究 根拠への問い―マルティン・ハイデガーとの邂逅(ハイデガーにおける根拠への問い　根拠への問い―事象的解明の試み)　第4研究 人間 - 時間 - 存在(時間を介して人間から存在へ　時間を介して存在から人間へ)　〔09484〕

ロット, ジョーイ　Lott, Joey
◇これのこと（You're Trying Too Hard, No One Home）　ジョーイ・ロット著, 古閑博丈訳　名古屋　ブイツーソリューション　2015.4　223p　19cm　〈発売：星雲社〉　1500円　①978-4-434-20417-3
内容 しなくてもいい努力―今すでにあるものへの直接の道(たどりつくのは思ってるほど難しくない　壮大な観念　自己の存在を否定すること ほか)　誰もいない―あるということの単純さに気づくためのガイド(求めているって、なにを？　なにも変わらない知覚 ほか)　非二元についてのQ&A―動画シリーズNothing In The Middleより(サット・チット・アーナンダ　すべてを解き明かした人　ラベルや解釈を現実に重ねる ほか)　〔09485〕

ローディ, マリオ
◇田辺敬子の仕事―教育の主役は子どもたち イタリアの教育研究から見えたもの　田辺厚子, 青柳啓子編　社会評論社　2014.5　303p　20cm　〈文献あり 著作目録あり 年譜あり〉　2400円　①978-4-7845-1722-0
内容 ケイコとの想い出(マリオ・ローディ著, 青柳啓子, 石田美緒訳)　〔09486〕

ローティ, リチャード　Rorty, Richard
◇プラグマティズムの帰結（CONSEQUENCES

ロ

OF PRAGMATISM) リチャード・ローティ著, 室井尚, 吉岡洋, 加藤哲弘, 浜日出夫, 庁茂訳 筑摩書房 2014.6 636p 15cm (ちくま学芸文庫 ロ9-1) 〈「哲学の脱構築」(御茶の水書房 1985年刊)の改題 索引あり〉 1700円 ①978-4-480-09613-5

内容 プラグマティズムと哲学 たとえ世界を失っても哲学を純粋に保つこと―ウィトゲンシュタイン試論 伝統を超えること―ハイデガーとデューイ 職業化した哲学と超越論主義文化 デューイの形而上学 エクリチュールとしての哲学―デリダ試論 虚構的言説の問題なんてあるのだろうか? 一九世紀の観念論と二〇世紀のテクスト主義 プラグマティズム・相対主義・非合理主義 カヴェルと懐疑論 方法・社会科学・社会的希望 今日のアメリカ哲学 〔09487〕

◇プラグマティズム入門―パースからデイヴィドソンまで (PRAGMATISM) ジョン・マーフィー, リチャード・ローティ著, 高頭直樹訳 勁草書房 2014.11 244, 47p 20cm 〈文献あり 索引あり〉 3200円 ①978-4-326-15433-3

内容 序 反表象主義としてのプラグマティズム 第1章 チャールズ・パース―デカルト主義の拒絶 第2章 ウィリアム・ジェイムズ―心の目的論的理論 第3章 パースのプラグマティズム 第4章 草創期のプラグマティズム 第5章 ジェイムズのプラグマティズム 第6章 デューイのプラグマティズム 第7章 プラグマティズム的経験主義と実証主義的経験主義 第8章 ポスト‐クワインのプラグマティズム 〔09488〕

ローディガー, ヘンリー Roediger, Henry L.

◇使える脳の鍛え方―成功する学習の科学 (MAKE IT STICK) ピーター・ブラウン, ヘンリー・ローディガー, マーク・マクダニエル著, 依田卓巳訳 NTT出版 2016.4 295p 19cm 〈文献あり 索引あり〉 2400円 ①978-4-7571-6066-8

内容 1章 学びは誤解されている 2章 学ぶために思い出す 3章 練習を組み合わせる 4章 むずかしさを歓迎する 5章 知っていると錯覚しない 6章「学び方」を越える 7章 能力を伸ばす 8章 学びを定着させる 〔09489〕

ローデンブルク, フローリアーン

◇軍服を着た救済者たち―ドイツ国防軍とユダヤ人救出工作 (Retter in Uniform) ヴォルフラム・ヴェッテ編, 関口宏道訳 白水社 2014.6 225, 20p 20cm 2400円 ①978-4-560-08370-3

内容 大尉フリッツ・フィードラー博士 (フローリアーン・ローデンブルク著) 〔09490〕

ロート, ヘルマン・ヨーゼフ

◇修道院文化史事典 (KULTURGESCHICHTE DER CHRISTLICHEN ORDEN IN EINZELDARSTELLUNGEN) P.ディンツェルバッハー,J.L.ホッグ編, 朝倉文市監訳 普及版 八坂書房 2014.10 541p 20cm 〈文献あり 索引あり〉 3900円 ①978-4-89694-181-4

内容 シトー会 (ペーター・ディンツェルバッハー, ヘルマン・ヨーゼフ・ロート著, 平伊佐雄訳) 〔09491〕

ロード, マリア

◇乳児観察と調査・研究―日常場面のこころのプロセス (Infant Observation and Research) キャシー・アーウィン, ジャニーン・スターンバーグ編著, 鵜飼奈津子監訳 大阪 創元社 2015.5 273p 22cm 〈文献あり 索引あり〉 4200円 ①978-4-422-11539-9

内容 早期介入としての乳児観察 (マリア・ロード著, 柏谷純子訳) 〔09492〕

ロドリゲス, アリンダ Rodrigues, Arinda

◇ポルトガルの歴史―小学校歴史教科書 (História e Geografia de Portugal.vol.1) アナ・ロドリゲス・オリヴェイラ, アリンダ・ロドリゲス, フランシスコ・カンタニェデ著, A.H.デ・オリヴェイラ・マルケス校閲, 東明彦訳 明石書店 2016.4 503p 21cm (世界の教科書シリーズ 44) 5800円 ①978-4-7503-4346-4

内容 A イベリア半島―最初の住民からポルトガルの形成 (12世紀) まで (自然環境と最初の住民 イベリア半島のローマ人 イベリア半島のイスラーム教徒 ポルトガル王国の形成) B 13世紀からイベリア統一と再独立 (17世紀) まで (13世紀のポルトガルと1383‐1385年の革命 15世紀・16世紀のポルトガル イベリアの統一から再独立まで) C 18世紀のポルトガルから自由主義社会の成立まで (18世紀の帝国と絶対王政 ポンバル侯時代のリスボン 1820年と自由主義 19世紀後半のポルトガル) D 20世紀 (王政の崩壊と第一共和政 新国家体制 1974年「4月25日」と民主制) 〔09493〕

ロドリゲス, パブロ・ガリェゴ

◇日出づる国と日沈まぬ国―日本・スペイン交流の400年 上川通夫, 川畑博昭編 勉誠出版 2016.3 357, 20p 22cm 7500円 ①978-4-585-22145-6

内容 スペインにおける君主制の展開 (パブロ・ガリェゴ・ロドリゲス著, 川畑博昭訳) 〔09494〕

ロドリゲス=ロメロ, マー

◇学びのイノベーション―21世紀型学習の創発モデル (Innovating to Learn, Learning to Innovate) OECD教育研究革新センター編著, 有本昌弘監訳, 多々納誠子, 小熊利江訳 明石書店 2016.9 329p 22cm 4500円 ①978-4-7503-4400-3

内容 状況に埋め込まれたペダゴジー、カリキュラムジャスティス、民主主義の教授学習 (マー・ロドリゲス=ロメロ著, 小熊利江訳) 〔09495〕

ロドリゴ, ピエール

◇間文化性の哲学 谷徹編 京都 文理閣 2014.8 284p 21cm (立命館大学人文学企画叢書 01) 〈他言語標題:Philosophy of Interculturality〉 3500円 ①978-4-89259-736-7

内容 芸術、地平、「浮かんでいる世界〈浮世絵〉」(ピエール・ロドリゴ著, 亀井大輔訳) 〔09496〕

ロドリック, ダニ Rodrik, Dani

◇グローバリゼーション・パラドクス―世界経済の未来を決める三つの道 (THE GLOBALIZATION PARADOX) ダニ・ロドリック著, 柴山桂太, 大川良文訳 白水社 2014.1 329, 25p 20cm 〈索引あり〉 2200円 ①978-4-560-08276-8

内容 グローバリゼーションの物語を練り直す　市場と国家について―歴史からみたグローバリゼーション　第一次グローバリゼーションの興隆と衰退　なぜ自由貿易論は理解されないのか？　ブレトンウッズ体制、GATT、そしてWTO―政治の世界における貿易問題　金融のグローバリゼーションという愚行　金融の森のハリネズミと狐　豊かな世界の貧しい国々　熱帯地域の貿易原理主義　世界経済の政治的トリレンマ　グローバル・ガバナンスは実現できるのか？　望ましいのか？　資本主義3.0をデザインする　健全なグローバリゼーション　大人たちへのお休み前のおとぎ話　〔09497〕

ロハス, エフレン

◇世界がぶつかる音がする―サーバンツの物語（The Sound of Worlds Colliding）　クリスティン・ジャック編, 永井みぎわ訳　ヨベル　2016.6　300p　19cm　1300円　①978-4-907486-32-7

内容 苦しみという贈り物―私たちの歩みから学んだこと（エフレン・ロハス, ベッキー・ロハス）〔09498〕

ロパーズ, エリック

◇戦争社会学―理論・大衆社会・表象文化　好井裕明, 関礼子編著　明石書店　2016.10　243p　22cm　3800円　①978-4-7503-4429-4

内容 証言・トラウマ・芸術（エリック・ロパーズ著, 目黒茜訳）〔09499〕

ロ

ロハス, ベッキー

◇世界がぶつかる音がする―サーバンツの物語（The Sound of Worlds Colliding）　クリスティン・ジャック編, 永井みぎわ訳　ヨベル　2016.6　300p　19cm　1300円　①978-4-907486-32-7

内容 苦しみという贈り物―私たちの歩みから学んだこと（エフレン・ロハス, ベッキー・ロハス）〔09500〕

ロバーソン, ジェームス

◇仕事の人類学―労働中心主義の向こうへ　中谷文美, 宇田川妙子編　京都　世界思想社　2016.3　307p　22cm　〈索引あり〉4000円　①978-4-7907-1675-4

内容 戦後日本における「仕事」の意味と男性性（ジェームス・ロバーソン著, 桑島薫訳）〔09501〕

ロバーソン, ジェームス・E.

◇日本はどのように語られたか―海外の文化人類学的・民俗学的日本研究　桑山敬己編　京都　昭和堂　2016.3　437, 14p　22cm　〈索引あり〉5000円　①978-4-8122-1534-0

内容「沖縄」を描くということ（ジェームス・E.ロバーソン著, 徳森りま, 桑山敬己訳）〔09502〕

ロバーツ, ヴェガ・ザジェ　Roberts, Vega Zagier

◇組織のストレスとコンサルテーション―対人援助サービスと職場の無意識（THE UNCONSCIOUS AT WORK）　アントン・オブホルツァー, ヴェガ・ザジェ・ロバーツ編, 武井麻子監訳, 榊恵子ほか訳　金剛出版　2014.3　311p　21cm　〈文献あり 索引あり〉4200円　①978-4-7724-1357-2

内容 職場という組織―開放システム理論からの寄与 他（ヴェガ・ザジェ・ロバーツ著, 出口禎子訳）〔09503〕

ロバーツ, ウォルター, Jr.　Roberts, Walter B., Jr.

◇いじめっ子・いじめられっ子の保護者支援マニュアル―教師とカウンセラーが保護者と取り組むいじめ問題（Working with Parents of Bullies and Victims）　ウォルター・ロバーツJr.著, 伊藤亜矢子監訳, 多々納誠子訳　金剛出版　2015.5　200p　21cm　〈文献あり 索引あり〉2600円　①978-4-7724-1421-0

内容 第1章 すべての親にとっての悪夢―もちろん、あなたにとっても！　第2章 いじめとからかいが子ども・大人・コミュニティにもたらすもの　第3章 なぜ保護者は学校のいじめ対応に不満を言うのか？　第4章 いじめられた子どもの保護者との話し方　第5章 いじめた子どもの保護者との取り組み　第6章 協力を拒む保護者　第7章 難しいタイプの保護者　第8章 家庭で子どもといじめについて話し合う保護者を支援する　第9章 子どもといじめについて話す保護者を援助するための7つのポイント　第10章 いじめの問題解決について保護者と教育者が期待してもいいこと（妥当な期待）　第11章 行動する勇気　〔09504〕

ロバーツ, ヴォーン　Roberts, Vaughan

◇神の大いなる物語（ストーリー）―聖書の全体像がわかる（God's Big Picture）　ヴォーン・ロバーツ著, 山崎ランサム和彦訳　いのちのことば社　2016.7　252p　19cm　1600円　①978-4-264-03482-7　〔09505〕

ロバーツ, グレンダ・S.

◇知識経済をジェンダー化する―労働組織・規制・福祉国家（GENDERING THE KNOWLEDGE ECONOMY）　S.ウォルビー,H.ゴットフリート, K.ゴットシャル, 大沢真理編著, 大沢真理編訳　京都　ミネルヴァ書房　2016.8　382p　22cm　（現代社会政策のフロンティア 10）〈索引あり〉5500円　①978-4-623-07783-0

内容 似たような成果だが経路は異なる（グレンダ・S.ロバーツ著）〔09506〕

ロバーツ, ナンシー・L.　Roberts, Nancy L.

◇アメリカ報道史―ジャーナリストの視点から観た米国史（The Press and America）　マイケル・エメリー, エドウィン・エメリー, ナンシー・L.ロバーツ著, 大井真二, 武市英雄, 長谷川倫子, 別府三奈子, 水野剛也訳　松柏社　2016.9　1066p　22cm　〈索引あり〉15000円　①978-4-7754-0238-2

内容 アメリカン・プレスの遺産　植民地時代　プレスとアメリカ独立革命　新国家の建設　西部への拡大　大衆のための新聞　抑しがたい対立（南北戦争）　国民生活における変革　ニュー・ジャーナリズム　庶民の擁護者　ニュース企業のとりで　第1次世界大戦とアメリカ　ラジオ、映画、ジャズ・ジャーナリズムの1920年代　大恐慌とニュー・ディール　第2次世界大戦の勃発　テレビ時代の到来　挑戦そして異議あり　信頼のゆらぎ　メディアを改善する努力　メディア・テクノロジー：21世紀の挑戦　〔09507〕

ロバーツ, バーナデット　Roberts, Bernadette

◇無我の体験（THE EXPERIENCE OF NO-SELF）　バーナデット・ロバーツ著, 立花ありみ訳　ナチュラルスピリット　2014.10　282p　20cm　1930円　①978-4-86451-140-7

内容 第1部 旅　第2部 さらなる観察（問いかけとコメント　キリストはどこに？　自己）〔09508〕

ロバーツ, ポール　Roberts, Paul

◇「衝動」に支配される世界―我慢しない消費者が社会を食いつくす（THE IMPULSE SOCIETY）　ポール・ロバーツ著, 東方雅美訳　ダイヤモンド社　2015.3　373p　20cm　2400円　①978-4-478-02930-5

内容 第1部 この社会の主役は誰なのか（束の間の繁栄と戦後時代　すべては株価のために　脳は目先の利益を重視する　すべてが金融化される社会）　第2部 壊れかけた社会の断面（「いいね！」を渇望する人々　追いやられ、捨てられた労働者　もっと新しい、もっと高額な医療を　ブランド化、マーケティング化する政治）　第3部 再びつながり合う社会へ（私たちはどこへ向かうのか）〔09509〕

ロバーツ, メアリー・ルイーズ　Roberts, Mary Louise

◇兵士とセックス―第二次世界大戦下のフランスで米兵は何をしたのか？（WHAT SOLDIERS DO）　メアリー・ルイーズ・ロバーツ著, 佐藤文香監訳, 西川美樹訳　明石書店　2015.8　433p　20cm　3200円　①978-4-7503-4234-4

内容 1 恋愛（兵士、解放者、旅行者　男らしいアメリカ兵（GI）という神話　一家の主人）　2 売買春（アメリロットと売春婦　ギンギツネの巣穴　危険で無分別な行動）　3 レイプ（無実の受難者　田園の黒い恐怖）〔09510〕

ロバーツ, ラス　Roberts, Russell D.

◇スミス先生の道徳の授業―アダム・スミスが経済学よりも伝えたかったこと（HOW ADAM SMITH CAN CHANGE YOUR LIFE）　ラス・ロバーツ著, 村井章子訳　日本経済新聞出版社　2016.2　285p　19cm　1600円　①978-4-532-35683-5

内容 第1章 スミス先生の教え　第2章 自分を知るには　第3章 幸福になるには　第4章 自分をだまさずに生きるには　第5章 愛されるには　第6章 愛されるに値する人になるには　第7章 よき人になるには　第8章 世界をよりよいところにするには　第9章 世界を住みにくいところにするには　第10章 現代の世界で生きるには〔09511〕

ロバートソン, ダグラス・L.　Robertson, Douglas L.

◇FDガイドブック―大学教員の能力開発（A GUIDE TO FACULTY DEVELOPMENT 原著第2版の抄訳）　ケイ・J.ガレスピー, ダグラス・L.ロバートソン編著, 羽田貴史監訳, 今野文子, 串本剛, 立石慎治, 杉本和弘, 佐藤万知訳　町田　玉川大学出版部　2014.2　338p　21cm　（高等教育シリーズ 162）〈別タイトル：Faculty Developmentガイドブック　文献あり 索引あり〉3800円　①978-4-472-40487-0

内容 教育開発プログラムの開始（ダグラス・L.ロバートソン著）〔09512〕

ロバートソン, ブライアン・J.　Robertson, Brian J.

◇ホラクラシー―役職をなくし生産性を上げるまったく新しい組織マネジメント（HOLACRACY）　ブライアン・J.ロバートソン著, 滝下哉代訳　PHP研究所　2016.2　332p　19cm　1700円　①978-4-569-82771-1

内容 第1部 職場が進化する!?　―ホラクラシーのすすめ（理想の組織とは　権力を分配しよう！　ホラクラシーの組織構造）　第2部 進化を楽しめ―ホラクラシーを体感せよ（ガバナンス・ミーティング　オペレーション・ミーティング　進行役の全く新しい仕事　ホラクラシー流の戦略とは）　第3部 進化を宿せ―さあ、ホラクラシーを始めよう（ホラクラシーを導入しよう　全システムを導入できないなら　ホラクラシーがもたらすもの）〔09513〕

ロバートソン, J.*　Robertson, Jane

◇自己調整学習ハンドブック（HANDBOOK OF SELF-REGULATION OF LEARNING AND PERFORMANCE）　バリー・J.ジマーマン, ディル・H.シャンク編, 塚野州一, 伊藤崇達監訳　京都　北大路書房　2014.9　434p　26cm　〈索引あり〉5400円　①978-4-7628-2874-4

内容 発話思考法を使用した自己調整学習の測定（Jeffrey Alan Greene, Jane Robertson, Lara-Jeane Croker Costa著, 塚野州一訳）〔09514〕

ロビラ, アレックス　Rovira, Alex

◇ザ・ワーズ―心を癒す言葉（LAS PALABRAS QUE CURAN）　アレックス・ロビラ編著, 田内志文訳　ポプラ社　2015.1　151, 5p　20cm　〈他言語標題：The Words〉1200円　①978-4-591-14277-6

内容 1 いま、ここで　2 責任の力　3 憧れと勇気　4 試練のとき　5 自信と信頼　6 目的、意志、幸運　7 幸福　8 人生と愛　9 成しとげること　10 知恵のかがやき　11 美しさ〔09515〕

◇グッドクライシス（LA BUENA CRISIS）　アレックス・ロビラ著, 田内志文, 青砥直子訳　CCCメディアハウス　2015.11　244p　19cm　〈他言語標題：Good Crisis〉1500円　①978-4-484-15124-3

内容 1通目の手紙 危機よ、ありがとう　2通目の手紙 正しく批判的であるために　3通目の手紙 逆境から果汁を搾る　4通目の手紙 必要性－抵抗＝変化　5通目の手紙 変化+意味＝変革　6通目の手紙 「今日はどんな日になるだろう」から「今日はどんな日にしよう」へ　7通目の手紙 原因になるのか、それとも結果になるのか　8通目の手紙 納得して変わるか、それともやむを得ず変わるか　9通目の手紙 心の錬金術に着手するとき　10通目の手紙 蝶はなぜ助けも借りずに生まれてくるのか〔ほか〕〔09516〕

ロビンズ, アンソニー　Robbins, Anthony

◇アンソニー・ロビンズの運命を動かす―世界NO.1カリスマコーチ（AWAKEN THE GIANT WITHINの抄訳）　アンソニー・ロビンズ著, 本田健訳・解説　三笠書房　2014.3　267p　19cm　〈「一瞬で「自分の夢」を実現する法」（2007年刊）の改題、再編集〉1450円　①978-4-8379-5748-5

内容 「運命」は、自分の手で動かす―「夢」を実現するための“最強ツール”を手に入れる　「決断」した瞬間、すべてが決まる―人生に“決定的な違い”をもたらすもの　「快感」と「苦痛」の原則―これが人生の“究極の原動力”になる　成功を「脳」に条件づける法―なぜ、問題が「たちどころに解決してしまう」のか　人生を自在に操る法―この六ステップで“まったく新しい自分”に出会う　「一つの質問」が人生を

ロ

支配する―いつもどんな言葉を自分にかけているか　運命が好転する「変身ボキャブラリー」―「言葉一つ」の計り知れない影響力　人間力とは「表現力」である―「何を語るか」より「どのように語るか」　「感情」は心の羅針盤―無視せず、振り回されず、賢く利用するコツ　「想像力」は夢への最短ルート―ワクワクした瞬間、自分に魔法がかかる　「奇跡の十日間」メンタル・チャレンジ―「壁」を打ち破り、成長の旅を探求するために　〔09517〕

◇世界No.1カリスマ・コーチアンソニー・ロビンズの「成功法則」―人生に奇跡を起こす12のステップ（GIANT STEPS）　アンソニー・ロビンズ著, クリス岡崎訳　PHP研究所　2014.4　350p　19cm　〈「あなたの「最高」をひきだす方法」（PHP文庫 2005年刊）の改題、新しく翻訳しなおして再編集〉1600円　①978-4-569-81792-7

内容「決意した瞬間」から、あなたの「運命」は変わる―成功者は「決断」が速く、容易に変えない　望みどおりの夢が自動的にかなう法―「苦痛」と「快感」をコントロールせよ　最高の人生を引き寄せる「信念」の法則―根拠のない「自信」をどれほど持てるか　最高の「質問」が、最高の「人生」をつくる―自分自身に質問をすれば、最良の答えをくれる　人生が動きだす「心」と「行動」の習慣―今すぐ悪い習慣を断ち切るには　逆境を逆境にしない「言葉」の力―「言葉」は人生を激変させる最強のツール　目的に向かってどんどん行動が加速する不思議―ネガティブ感情は小さいうちにやっつけろ　自己否定がなくなる「10日間のメンタルチャレンジ」―新しい感情エンジンを積んで、成長の旅に出よ　「人生のルール」をリニューアルする方法―自分の人生を、人任せにするな　自分で自分を超えるテクニック―今、この瞬間から変わることができる　富を今すぐ手に入れる5つのカギ―お金に「複雑な感情」を持たない　人生を愉しむための贈り物―困難はすべてあなたを成長させる「宝物」　〔09518〕

◇アンソニー・ロビンズの自分を磨く―世界NO.1カリスマコーチ（AWAKEN THE GIANT WITHIN）　アンソニー・ロビンズ著, 本田健訳・解説　三笠書房　2014.10　381p　19cm　1550円　①978-4-8379-5752-2

内容「信念」が人生を切り拓く―「望むまま」に生きるために一番大切なこと　「本当にほしいもの」に心を集中させる―「気持ちが沸き立つこと」だけ考えればいい　人生の“主導権”を手放すな―自分の運命を見えないところで操る「5つの鍵」とは？　自分の「羅針盤」のつくり方―「優先順位」がはっきりすれば、迷わない・動じない！　自分の可能性を“無限に”広げるために―夢、成功、自由、豊かさ…望むものはすべて手に入る！　あなたの人生を変える奇跡の7日間―たった1週間のチャレンジで、すべてが見違える！　自分が変われば「世界」も変わる―人生にブレイクスルーを起こす「究極のチャレンジ」〔ほか〕　〔09519〕

ロビンス, キース

◇イギリス宗教史―前ローマ時代から現代まで（A History of Religion in Britain）　指昭博, 並河葉子監訳, 赤江雄一, 赤瀬理穂, 指珠恵, 戸渡文子, 長谷川直子, 宮崎章訳, シェリダン・ギリー, ウィリアム・J.シールズ編　法政大学出版局　2014.10　629, 63p　22cm　〈文献あり 年表あり 索引あり〉9800円　①978-4-588-37122-6

内容 一八〇〇年以降のスコットランドとウェールズにおける宗教と共同体（キース・ロビンス著, 赤瀬理穂訳）　〔09520〕

ロビンス, スティーブン・P.　Robbins, Stephen P.

◇マネジメント入門―グローバル経営のための理論と実践（Fundamentals of Management 原著第8版の翻訳）　スティーブン・P.ロビンス, デービッド・A.ディチェンゾ, メアリー・コールター著, 高木晴夫監訳　ダイヤモンド社　2014.7　582p　21cm　〈文献あり 索引あり〉2800円　①978-4-478-02816-2　〔09521〕

ロビンズ, ライオネル　Robbins, Lionel Robbins

◇経済学の本質と意義（An Essay on the Nature and Significance of Economic Science）　ライオネル・ロビンズ著, 小峯敦, 大槻忠史訳　京都　京都大学学術出版会　2016.1　218p　20cm　（近代社会思想コレクション 15）〈文献あり 索引あり〉2400円　①978-4-87698-885-3

内容 第1章 経済学の主題　第2章 目的と手段　第3章 経済「量」の相対性　第4章 経済学の一般法則における本質　第5章 経済学の一般法則と現実　第6章 経済学の意義　〔09522〕

ロビンズ, ルイーズ・S.　Robbins, Louise S.

◇20世紀アメリカの図書館と読者層（Libraries and the reading public in twentieth-century America）　クリスティン・ポーリー, ルイーズ・S.ロビンズ編, 川崎良孝, 嶋崎さや香, 福井佑介訳　京都　京都図書館情報学研究会　2014.10　351p　22cm　〈発売：日本図書館協会〉6000円　①978-4-8204-1407-0　〔09523〕

ロビンソン, ヴィクター

◇小学校で法を語ろう（Let's Talk about Law in Elementary School）　W.キャシディ,R.イェーツ編著, 同志社大学法教育研究会訳　成文堂　2015.12　232p　21cm　3000円　①978-4-7923-0584-0

内容 小学校の教室での対立解決（ミシェル・ル・バロン, ヴィクター・ロビンソン著, 林貴美訳）　〔09524〕

ロビンソン, ケン　Robinson, Ken

◇才能を磨く―自分の素質の生かし方、殺し方（FINDING YOUR ELEMENT）　ケン・ロビンソン, ルー・アロニカ著, 宮吉敦子訳　大和書房　2014.1　269p　19cm　1500円　①978-4-479-79428-8

内容 1 エレメントを見つける　2 何が「できる」のか？　3 自分の中を掘る　4 何が「好き」なのか？　5 何をすると「幸せ」か？　6 世界との「接し方」を変える　7「現状」を正確に知る　8「同族」を探す　9 次はどうする？　10 足を踏みだす　〔09525〕

ロビンソン, ジェイムズ・A.　Robinson, James A.

◇国家はなぜ衰退するのか―権力・繁栄・貧困の起源 上（WHY NATIONS FAIL）　ダロン・アセモグル, ジェイムズ・A.ロビンソン著, 鬼沢忍訳　早川書房　2016.5　414p　16cm　（ハヤカワ文庫 NF 464）〈索引あり〉1000円　①978-4-15-050464-9

内容 序文　第1章 こんなに近いのに、こんなに違う　第2章 役に立たない理論　第3章 繁栄と貧困の形成過程

ロ

第4章 小さな相違と決定的な岐路―歴史の重み　第5章「私は未来を見た。うまくいっている未来を」―収奪的制度のもとでの成長　第6章 乖離　第7章 転換点　第8章 縄張りを守れ―発展の障壁　〔09526〕

◇国家はなぜ衰退するのか―権力・繁栄・貧困の起源　下（WHY NATIONS FAIL）　ダロン・アセモグル, ジェイムズ・A.ロビンソン著, 鬼沢忍訳　早川書房　2016.5　410p　16cm　（ハヤカワ文庫 NF 465）〈文献あり 索引あり〉1000円　①978-4-15-050465-6

内容 第9章 後退する発展　第10章 繁栄の広がり　第11章 好循環　第12章 悪循環　第13章 こんにち国家はなぜ衰退するのか　第14章 旧弊を打破する　第15章 繁栄と貧困を理解する　付録 著者と解説者の質疑応答　〔09527〕

ロビンソン, ジェフリー　Robinson, Jeffrey

◇グレース・オブ・モナコ（GRACE OF MONACO）　ジェフリー・ロビンソン〔著〕, 藤沢ゆき, 小松美都訳　KADOKAWA　2014.9　463p　15cm　（角川文庫 ロ15-1）　880円　①978-4-04-101549-0

内容 美しく、そして優美に　シャイな男　パブリック・ロマンス　たったひとつの秘密の花園　極秘のうちに結婚に向けて　結婚式　レーニエ大公と語り合って　モナコ人の誇り　近代モナコの誕生〔ほか〕〔09528〕

ロビンソン, デイヴ　Robinson, David

◇ビギナーズ倫理学（INTRODUCING ETHICS）　デイヴ・ロビンソン著, 鬼沢忍訳　筑摩書房　2014.4　183p　15cm　（ちくま学芸文庫 ヒ4-8）〈文献あり〉1100円　①978-4-480-09589-3

内容 舞台の準備（10の中心問題　信念体系の社会的起源 ほか）　倫理学小史（ギリシャの都市国家　民主主義 ほか）　倫理学と動物（中傷する哲学者たち　動物の権利 ほか）　倫理学と安楽死（コックス医師とボイズ夫人の裁判　裁判 ほか）　〔09529〕

ロビンソン, パトリシア　Robinson, Patricia

◇アクセプタンス＆コミットメント・セラピー実践ガイド―ACT理論導入の臨床場面別アプローチ（A Practical Guide to Acceptance and Commitment Therapy）　スティーブン・C.ヘイズ, カーク・D.ストローサル編著, 谷晋二監訳, 坂本律訳　明石書店　2014.7　473p　22cm　〈文献あり〉5800円　①978-4-7503-4046-3

内容 一般医療施設におけるACT 他（パトリシア・ロビンソン, ジェニファー・グレッグ, ジョアン・ダール, トビアス・ランドグレン）　〔09530〕

ローブ, E.M.　Loeb, Edwin Meyer

◇スマトラの民族（Sumatra, its History and People）　E.M.ローブ著, 東亜研究所訳　大空社　2015.4　197, 287p　22cm　（アジア学叢書 291）〈布装　再版 東亜研究所 昭和18年刊の複製　東亜研究所 昭和19年刊の複製〉21000円　①978-4-283-01142-7　〔09531〕

ロフタス, ジェフ・R.　Loftus, Geoffrey R.

◇ヒルガードの心理学（ATKINSON & HILGARD'S INTRODUCTION TO PSYCHOLOGY 原著第16版の翻訳）　Susan Nolen-Hoeksema,Barbara L.Fredrickson, Geoffrey R.Loftus,Christel Lutz著, 内田一成監訳　金剛出版　2015.9　1094p　27cm　〈文献あり 索引あり〉22000円　①978-4-7724-1438-8

内容 心理学の特徴　心理学の生物学的基礎　心理発達　感覚過程　知覚　意識　学習と条件づけ　記憶　言語と思考　動機づけ　感情　知能　人格　ストレス、健康、コーピング　心理障害　心の健康問題の治療　社会的影響　社会的認知　〔09532〕

ロブマン, キャリー　Lobman, Carrie

◇インプロをすべての教室へ―学びを革新する即興ゲーム・ガイド（UNSCRIPTED LEARNING）　キャリー・ロブマン, マシュー・ルンドクゥイスト著, ジャパン・オールスターズ訳　新曜社　2016.5　210p　21cm　〈文献あり 索引あり〉2100円　①978-4-7885-1481-2

内容 1章 インプロと学習―なぜ学級でインプロを？　2章 インプロとは何か？　その方法は？　3章 アンサンブルをつくる　4章 話す・聞く・読む・書くをインプロする　5章 算数をインプロする　6章 教科学習におけるインプロ　7章 もっと進んだシーンワーク　〔09533〕

ロペス, シェーン・J.　Lopez, Shane J.

◇5年後の自分を計画しよう―達成する希望術（MAKING HOPE HAPPEN）　シェーン・J.ロペス著, 森嶋マリ訳　文芸春秋　2015.5　317p　20cm　〈文献あり〉1500円　①978-4-16-390263-0

内容 第1部 将来について考える（なぜ、ジョンは自殺から立ち直ったのか？　薬を忘れずに飲むという意志の意味 ほか）　第2部 よりよい明日を選択する（五年先の自分を思い描く　変化できるという考えが限界を超えさせる ほか）　第3部「目標・動機づけ・方法」を実行する（あなたは階段の何段目にいるのか　いかに誘惑に克つか？　ほか）　第4部 ネットワークの力（リーダーの役割　子供たちを伸ばすための方法 ほか）　〔09534〕

ロペス, ドナルド

◇ブッダの変貌―交錯する近代仏教　末木文美士, 林淳, 吉永進一, 大谷栄一編　京都　法蔵館　2014.3　415, 11p　22cm　（日文研叢書）〈他言語標題：TRANSFORMATIONS of the BUDDHA　索引あり〉8000円　①978-4-8318-6226-6

内容「ブッダ」の誕生（ドナルド・ロペス著, 新田智通抄訳）　〔09535〕

◇ブッダの変貌―交錯する近代仏教　末木文美士, 林淳, 吉永進一, 大谷栄一編　京都　人間文化研究機構国際日本文化研究センター　2014.3　415, 11p　22cm　（日文研叢書 51）〈他言語標題：Transformations of the Buddha　文献あり〉非売品　①978-4-901558-64-8

内容「ブッダ」の誕生（ドナルド・ロペス著, 新田智通抄訳）　〔09536〕

ロペス, C.　López, Celso

◇ぼくたちの倫理学教室（Wie sollen wir handeln？ Schülergespräche über Moral（重訳））　E.トゥーゲントハット,A.M.ビクーニャ,

ロ

C.ロペス著, 鈴木崇夫訳 平凡社 2016.1 270p 18cm (平凡社新書 801) 800円 ①978-4-582-85801-3

内容 1 いちばんひどい犯罪って何？ 2 どんな種類の盗みも同じように人に害を与える？ 3 他者を苦しめるのはぜったいだめ？ 4 約束することと欺くこと 5 黄金律と敬意 6 連帯—人助けの義務 7 共感と反感 8 罰と責任能力 9 徳と自己決定 10 人生の意味 〔09537〕

ロペス‐コルヴォ, ラファエル・E. López Corvo, Rafael E.

◇内なる女性—女性性に関する精神分析的小論 (The Woman Within) ラファエル・E.ロペス‐コルヴォ著, 井上果子監訳, 飯野晴子, 赤木里奈, 山田一子訳 星和書店 2014.11 227p 20cm 〈文献あり 索引あり〉2500円 ①978-4-7911-0888-6

内容 イヴの共謀 イヴの三つの段階 防衛としてのアンチテーゼ インプリンティング 女性の身体がもつ力 「キリン女」またはラテンアメリカの「混乱したイヴ」 フロイディアンの女性 一孔仮説 基底的な損傷 肛門空間、子宮空間 魔力 錬金術 トーテムとタブー：男性の神から女性の神へ 女性性 混乱したイヴ アダム 無実を立証されたイヴ インプリンティングを越えて 〔09538〕

ロペスビダル, ユク

◇地域と理論から考えるアジア共同体 坂井一成編 芦書房 2015.8 238p 20cm 1800円 ①978-4-7556-1280-0

内容 EUとアジア（ユク・ロペスビダル著, 池内梨紗, 佐藤良輔訳） 〔09539〕

ロベール, ジャン＝ノエル

◇両大戦間の日仏文化交流—REVUE FRANCO-NIPPONNE 別巻 松崎碩子, 和田桂子, 和田博文編 ゆまに書房 2015.3 381p 22cm 〈年表あり 索引あり〉8500円 ①978-4-8433-4611-2

内容 日本、フランスと仏教（ジャン＝ノエル・ロベール著, 松崎碩子訳） 〔09540〕

ローベル, タルマ Lobel, Thalma

◇赤を身につけるとなぜもてるのか？ (Sensation) タルマ・ローベル著, 池村千秋訳 文芸春秋 2015.8 277p 20cm 1500円 ①978-4-16-390317-0

内容 温度—アイスかホットか 手触り—商談に勝つ椅子、負ける椅子 重さ—バックパッカーが旅に魅せられる理由 赤その1—赤ペンの使用を禁じた学校 赤その2—赤を身につけるとなぜもてるのか？ 光—冬になるとなぜ気持ちが沈むのか？ 空間その1—感情的な交渉と論理的な交渉 空間その2—選挙に勝つと背が高くなる？ 浄め—心の汚れは除菌シートで落ちる 匂い—あの店ではなぜ財布のヒモが緩むのか？ 閃き—グーグルのオフィスは何が違うのか？ 〔09541〕

ローホー, ドミニック Loreau, Dominique

◇屋根ひとつお茶一杯—魂を満たす小さな暮らし方 ドミニック・ローホー著, 原秋子訳 講談社 2015.1 238p 18cm 1200円 ①978-4-06-219342-9

内容 1「小さな住まい」という贅沢 2「孤独」のない人生に喜びはない 3 宝石のようなわが家を持つ人々 4 日本に息づくシンプルな美に学ぶ 5 上質に暮らすインテリアの知恵 6 幸福のためにお金を投資する秘訣 7 魂を満たすシンプルな生き方 8 引っ越しという人生の賢い選択 〔09542〕

◇シンプルリスト—ゆたかな人生が始まる (L'ART DES LISTES) ドミニック・ローホー〔著〕, 笹根由恵訳 講談社 2015.11 249p 15cm (講談社+α文庫 A157-1) 〈「ゆたかな人生が始まるシンプルリスト」(2011年刊) の改題 文献あり〉630円 ①978-4-06-281623-6

内容 1 本当の自分に出会うためのリスト 2 毎日をシンプルに生きるためのリスト 3 幸せが再生産されるリスト 4 五感を磨くリスト 5 自分と人生をもっと好きになるリスト 6 悩みから解放されるためのリスト 7 恋愛の苦しみを昇華するリスト 8 魔法のようなリスト 9 人生の脚本家は私 〔09543〕

◇シンプルだから、贅沢 ドミニック・ローホー著, 原秋子訳 講談社 2016.2 228p 19cm 〈表紙のタイトル：Luxe et simplicité〉1200円 ①978-4-06-219966-7

内容 ものから身軽になるという贅沢 シンプルなエレガンスを極める 成熟を求め自分のスタイルを持つ お金はシンプルな贅沢のために使う 感性を喜ばせるたくらみ 豊かで縛られない住まい方 心を刺激する上質なものたち 上質を見極める楽しみ 美への感性が人生を変える 幸福を呼ぶ時間の使い方 旅は情熱を養う 人との優しい距離 大切なものと丁寧に暮らす 〔09544〕

◇シンプルに生きる—人生の本物の安らぎを味わう ドミニック・ローホー著, 原秋子訳 講談社 2016.12 260p 15cm (講談社プラスアルファ文庫) 780円 ①978-4-06-281624-3

内容 本物しか残さない シンプルがあなたのスタイルを磨く 幸せを呼び込む家 ものが減ると幸せが増す お金を甘やかさない使い方 かけがえのない時間のすごし方 美しいからだをつくる 根本からボディケア 身もこころもダイエット 私の夢をイメージする シンプルな自分になる ストレスからの解放 メンタルコントロールの実践 人間関係でいちばん大事なこと エネルギーを満たす 十分は十分 〔09545〕

ロボ, マリーナ・コスタ

◇民主政治はなぜ「大統領制化」するのか—現代民主主義国家の比較研究 (The Presidentialization of Politics) T.ポグントケ,P.ウェブ編, 岩崎正洋監訳 京都 ミネルヴァ書房 2014.5 523, 7p 22cm 〈索引あり〉8000円 ①978-4-623-07038-1

内容 ポルトガル民主主義の大統領制化？（マリーナ・コスタ・ロボ著, 加藤伸吾訳） 〔09546〕

ロホマン, シェーク・ムジブル Rahman, Sheikh Mujibur

◇バングラデシュ建国の父シェーク・ムジブル・ロホマン回想録 シェーク・ムジブル・ロホマン著, 渡辺一弘訳 明石書店 2015.8 614p 20cm (世界歴史叢書) 〈年譜あり 索引あり〉7200円 ①978-4-7503-4197-2

内容 第1部 政治の道へ（シェークの家 はじめての投

ロ

獄 ベンガル大飢饉 ほか） 第2部 新生パキスタン（ダカでの活動開始 ウルドゥー語国語化の動き 東ベンガル新政府との軋轢 ほか） 第3部 政権の道へ（言語運動 政治活動再開 中国へ ほか） 〔09547〕

ローボルト, リチャード Raubolt, Richard Raleigh

◇スーパーヴィジョンのパワーゲーム―心理療法家訓練における影響力・カルト・洗脳（Power Games） リチャード・ローボルト編著, 太田裕一訳 金剛出版 2015.3 424p 22cm 〈索引あり〉 6000円 ①978-4-7724-1417-3

内容 外傷の素描・翻訳・愛の対話 他（リチャード・ローボルト著） 〔09548〕

ローボルト, リンダ

◇スーパーヴィジョンのパワーゲーム―心理療法家訓練における影響力・カルト・洗脳（Power Games） リチャード・ローボルト編著, 太田裕一訳 金剛出版 2015.3 424p 22cm 〈索引あり〉 6000円 ①978-4-7724-1417-3

内容 ある妻の物語（リンダ・ローボルト, ドリス・ブラザーズ著） 〔09549〕

ローマー, ジョン・E.

◇経済学者、未来を語る―新「わが孫たちの経済的可能性」（IN 100 YEARS） イグナシオ・パラシオス＝ウエルタ編, 小坂恵理訳 NTT出版 2015.2 295p 20cm 〈索引あり〉 2200円 ①978-4-7571-2335-9

内容 二一世紀のアメリカ政治とグローバルな進歩（ジョン・E.ローマー著） 〔09550〕

ロマゾウ, スティーヴン Lomazow, Steven

◇ルーズベルトの死の秘密―日本が戦った男の死に方（FDR'S DEADLY SECRET） スティーヴン・ロマゾウ, エリック・フェットマン著, 渡辺惣樹訳 草思社 2015.3 350p 20cm 〈年表あり 索引あり〉 2700円 ①978-4-7942-2116-2

内容 名演説家の躓き ウィルソン大統領の悪しき先例 死の危機を乗り越えて 大統領職に耐える身体だったのか 平凡な軍医の出世 眉の上のシミ 終わりの始まり ハワード・ブルーエン医師はいつから関与したか 四選を目指すのか 噂の拡散 「FDRは回復する。彼はいつでもそうだった」 ヤルタ怪談（一九五四年二月） 予想できた事態 いまだに続く隠蔽工作 やまない疑惑 「ルーズベルトの死」の教訓 〔09551〕

ロマネンコ, イーゴリ

◇ドラマチック・ロシアin JAPAN 3 日露異色の群像30―文化・相互理解に尽くした人々 長塚英雄責任編集 東洋書店 2014.4 503p 22cm 5000円 ①978-4-86459-171-3

内容 グザーノフの生涯と歴史分野での日露交流（イーゴリ・ロマネンコ著, 荒井雅子訳） 〔09552〕

ロマリー, ピーター

◇交渉に使えるCIA流真実を引き出すテクニック（GET THE TRUTH） フィリップ・ヒューストン, マイケル・フロイド, スーザン・カルニセロ, ピーター・ロマリー, ドン・テナント著, 鈴木淑美訳 大阪 創元社 2015.7 266p 19cm 1400円 ①978-4-422-30063-4

内容 女スパイの告白とインフォマーシャル―「その場思考」モードの驚くべき力 最良のシナリオか最悪のシナリオか 「取り調べ」モードにスイッチを入れるとき モノローグで真実を引き出す 効果を上げる「話し方」 相手に合わせてモノローグを組み立てる モノローグに抵抗されたら 相手の発言を聞き逃さない 嘘も方便 対立や敵対は逆効果―人を裁くなラルフの告白―こうして彼は口を開いた もしO・J・シンプソンを取り調べたとしたら 真実を引き出したいなら 〔09553〕

ローマン, ゲオルク

◇経済・環境・スポーツの正義を考える 尼寺義弘, 牧野広義, 藤井政則編著 京都 文理閣 2014.3 316p 22cm （阪南大学叢書 102） 〈他言語標題：Thinking about the Justice of Economy, Enviroment & Sports〉 3500円 ①978-4-89259-727-5

内容 人権と「グローバルな法」（ゲオルク・ローマン著, 牧野広義訳） 〔09554〕

ロミ Romi

◇乳房の神話学（MYTHOLOGIE DU SEIN） ロミ〔著〕, 高遠弘美訳・解説 KADOKAWA 2016.9 474p 15cm （〔角川ソフィア文庫〕〔J151-1〕） 〈青土社 1997年刊の改訂〉 1200円 ①978-4-04-400162-9

内容 第1章 歴史をたどり風俗からみた乳房（豊饒なるものの象徴 古代神話の恵みの乳房 ヴィーナスの登場 恥じらいのヴィーナス 天上のヴィーナスと卑俗なヴィーナス ほか） 第2章 文学にみる乳房の強迫観念（古代エジプト 『カーマ・スートラ』 ソロモンの「雅歌」 アンドレ・デュシェーヌ シャルル・エルサン ほか） 第3章 乳房用語集 〔09555〕

ロミゾウスキー, アレクサンダー Romiszowski, Alexander

◇インストラクショナルデザインの理論とモデル―共通知識基盤の構築に向けて（INSTRUCTIONAL-DESIGN THEORIES AND MODELS, Volume 3） C.M.ライゲルース,A.A.カー＝シェルマン編, 鈴木克明, 林雄介監訳 京都 北大路書房 2016.2 449p 21cm 〈索引あり〉 3900円 ①978-4-7628-2914-7

内容 スキルの発達を促進する（アレクサンダー・ロミゾウスキー著, 市川尚訳） 〔09556〕

ロム, ジェイムズ Romm, James S.

◇セネカ哲学する政治家―ネロ帝宮廷の日々（DYING EVERY DAY） ジェイムズ・ロム著, 志内一興訳 白水社 2016.5 315, 45p 20cm 〈文献あり 索引あり〉 3400円 ①978-4-560-08497-7

内容 序章 二人のセネカ 第1章 自殺（1）―四九年以前 第2章 王殺し―四九年～五四年 第3章 兄弟殺し―五四年～五五年 第4章 母親殺し―五五年～五九年 第5章 妻殺し―五九年～六二年 第6章 全燔祭―六二年～六四年 第7章 自殺（2）―六四年～六六年 終章 安楽死―六八年、その後 〔09557〕

ローム, ダン Roam, Dan

◇描いて、見せて、伝えるスゴい！ プレゼン

ロ

（SHOW AND TELL） ダン・ローム著, 住友進訳　講談社　2015.3　256p　18×18cm　1900円　①978-4-06-219270-5
内容 第1章 3つのルール　第2章 ルール1：真実を語れ　第3章 ルール2：物語を使って真実を語れ　第4章 ルール3：絵を使って物語を説明しなさい　第5章 心配しないための方法　第6章 贈り物〔09558〕

ローム, デヴィッド・I.　Rome, David I.
◇マインドフル・フォーカシング―身体は答えを知っている（YOUR BODY KNOWS THE ANSWER） デヴィッド・I.ローム著, 日笠摩子, 高瀬健一訳　大阪　創元社　2016.3　173p　21cm　〈文献あり 索引あり〉2500円　①978-4-422-11615-0
内容 第1部 自分の中に友だちを作る（フェルトセンスを見つけるためのステップ　フェルトセンスへの入り口　気持ちの下の気持ち　フェルトセンスを育む状況に取り組む　フェルトセンスに焦点を合わせる　フェルトセンスからの洞察を求める　小さな一歩とフェルトシフト、そして出てきたものを味わうこと―マインドフル・フォーカシングの手順　自己への共感を育み、内なる批判家を和らげる）　合間に　第2部 人生を前に進める（洞察から行動ステップへ　深い傾聴　葛藤　難しい決断をする　理解する　「最初の考えが最もよい考え」―創造のプロセスにおけるフェルトセンス　空間を拡げる　観想―それ以上を感じる）〔09559〕

ロ

ローム, マリウス　Romme, Marius A.J.
◇まわりには聞こえない不思議な声―中高生のための幻声体験ガイド（YOUNG PEOPLE HEARING VOICES） サンドラ・エッシャー, マリウス・ローム著, 藤田純一監訳　日本評論社　2016.5　175p　21cm　2400円　①978-4-535-98438-7
内容 声について理解しよう（声が聞こえるってどういうこと？　声とのつきあい方　声はどんな影響をもたらすのか　声が聞こえるときに何が起こったのか　声が聞こえてくるきっかけ　声と感情の関係　声をどう理解すればよいか）　声を体験した子たちの物語（ポーラの物語　デイビッドの物語　エミリーの物語　ベンの物語　デイジーの物語）　ご家族のみなさんへ（声が聞こえる子をもつ親の立場から　タムシンの母・マリーの話　アンの母・カリンの話　聞こえる声をどう解釈するか　精神医療が果たすべき役割）　付録〔09560〕

ローラン, サミュエル　Laurent, Samuel
◇「イスラム国」謎の組織構造に迫る（L'ÉTAT ISLAMIQUE） サミュエル・ローラン著, 岩沢雅利訳　集英社　2015.5　173p　20cm　1500円　①978-4-08-781571-9
内容 序章　第1章「シャリーアが地上を支配する」　第2章 組織の構成　第3章 軍隊　第4章 司法　第5章 情報機関　第6章 財務　第7章 メディア戦略　第8章 カリフ　第9章 感化　第10章 イスラム国に立ち向かう欧米　第11章 イスラム国と西側世界〔09561〕

ローラン, ジャン=ピエール
◇霊性と東西文明―日本とフランス―「ルーツとルーツ」対話　竹本忠雄監修　勉誠出版　2016.2　526p　22cm　〈表紙のタイトル：Dialogue Racines contre Racines〉7500円　①978-4-585-21030-6
内容 空想的東洋の中の日本（ジャン=ピエール・ローラン著, 青木佑介訳）〔09562〕

ローラン, PJ.　Loughran, PJ.
◇セルマの行進―リンダ十四歳投票権を求めた戦い（TURNING 15 ON THE ROAD TO FREEDOM） リンダ・ブラックモン・ロワリー, エルズペス・リーコック, スーザン・バックリー原作, PJローラン絵, 渋谷弘子訳　汐文社　2015.7　133p　20cm　1600円　①978-4-8113-2210-0
内容 第1章 強い意志を持った人に　第2章 公民権運動とわたし　第3章 刑務所に入れられて　第4章「発汗箱」と呼ばれた拷問部屋　第5章「血の日曜日」　第6章 モントゴメリめざして　第7章 十五歳の誕生日　第8章 疲れた体に打ちつける雨　第9章 ついにモントゴメリに　なぜ投票権を求めて戦わなければならなかったのか？〔09563〕

ロールス, ヤン　Rohls, Jan
◇キリスト教の主要神学者　上　テルトゥリアヌスからカルヴァンまで（Klassiker der Theologie, Bd.1 : Von Tertullian bis Calvin） F.W.グラーフ編, 片柳栄一監訳　教文館　2014.8　360, 5p　21cm　3900円　①978-4-7642-7383-2
内容 ヨハネス・ドゥンス・スコトゥス（一二六五/一二六六―一三〇八）（ヤン・ロールス）〔09564〕

ロルドン, フレデリック　Lordon, Frédéric
◇私たちの“感情”と“欲望”は、いかに資本主義に偽造されてるか？―新自由主義社会における〈感情の構造〉（La société des affects） フレデリック・ロルドン著, 杉村昌昭訳　作品社　2016.11　280p　20cm　〈文献あり〉2400円　①978-4-86182-602-3
内容 序論 社会を動かす“感情”と“欲望”を構造分析する　第1部 再交差―社会科学と哲学の新たな結合（哲学と社会科学は新たな結合に向かうのか？　形式システムからスペクトル・システムへ―スピノザ主義的政治経済学の道程）　第2部 構造―人間とは感情を持ったロボットである（感情の構造主義のために　経済的危機の感情）　第3部 制度―その正当性と権威とは何か？（正当性は存在しない―スピノザ主義的制度論のための諸要素　制度の力）　第4部 個人―同意と支配、自発的隷属、そして叛乱（自発的隷従は存在しない―同意と支配（スピノザとブルデューの場合）　幸せな愚か者たち―反新自由主義者になるためにもう少し努力せよ！）〔09565〕

ロルベール, ルカス
◇キリスト教神学の主要著作―オリゲネスからモルトマンまで（Hauptwerke der Systematischen Theologie） R.A.クライン,C.ポルケ,M.ヴェンテ編, 佐々木勝彦, 佐々木悠, 浜崎雅孝訳　教文館　2013.12　424, 18p　22cm　〈索引あり〉4000円　①978-4-7642-7375-7
内容 ヨハン・ゲアハルト『神学総覧〈ロキ・テオロギキ〉』（ルカス・ロルベール著, 佐々木勝彦, 浜崎雅孝訳）〔09566〕

ロールム, マイノルフ
◇修道院文化史事典（KULTURGESCHICHTE

DER CHRISTLICHEN ORDEN IN EINZELDARSTELLUNGEN) P.ディンツェルバッハー,J.L.ホッグ編, 朝倉文市監訳 普及版 八坂書房 2014.10 541p 20cm 〈文献あり 索引あり〉 3900円 ①978-4-89694-181-4

内容 ドミニコ会(マイノルフ・ロールム著, 山本耕平訳) 〔09567〕

ロレッド, パトリック

◇ドゥルーズ―没後20年新たなる転回 河出書房新社 2015.10 269p 21cm 〈文献あり 著作目録あり〉 2100円 ①978-4-309-24735-9

内容 動物は人間のように愚かであることができるか(パトリック・ロレッド著, 西山雄二, 小川歩人訳) 〔09568〕

ローレンス, ブルース Lawrence, Bruce

◇コーランの読み方―イスラーム思想の謎に迫る (The Qur'an) ブルース・ローレンス著, 池内恵訳 ポプラ社 2016.2 269p 18cm (ポプラ新書 089) 〈「コーラン」(2008年刊)の改題、加筆、再編集 文献あり〉 820円 ①978-4-591-14964-5

内容 1 アラビア半島での発祥(商人ムハンマドへの啓示 預言者ムハンマドの戦いと政治 エルサレムの岩のドーム) 2 草創期の注釈者たち(シーア派の対抗思想ジャアファル・サーディク イスラーム史の大成タバリー) 3 解釈の試行(西洋中世とコーランの挑戦 イブン・アラビーの幻視的解釈 神秘主義詩人ルーミー) 4 アジアへの伝播(楽園への入り口タージ・マハル イスラーム教と近代化アフマド・ハーン 詩と真実 ムハンマド・イクバール) 5 現代社会とコーラン(人種平等への導き ビン・ラーディンとジハードの指令 病からの癒し) 〔09569〕

ローレンス, ランディ・リプソン Lawrence, Randee Lipson

◇身体知―成人教育における身体化された学習 (Bodies of knowledge) ランディ・リプソン・ローレンス編, 立田慶裕, 岩崎久美子, 金藤ふゆ子, 佐藤智子, 荻野亮吾, 園部友里恵訳 福村出版 2016.3 133p 22cm 〈文献あり〉 2600円 ①978-4-571-10174-8

内容 序文 編集ノート 他(ランディ・リプソン・ローレンス著, 荻野亮吾訳) 〔09570〕

ローレンス, ロバート・C., 3世

◇信託制度のグローバルな展開―公益信託甘粕記念信託研究助成基金講演録 新井誠編訳 日本評論社 2014.10 634p 22cm 6800円 ①978-4-535-52055-4

内容 米国における信託財産投資運用基準の発展(ロバート・C.ローレンス三世著, 新井誠訳) 〔09571〕

ロレンス, T.E. Lawrence, Thomas Edward

◇砂漠の反乱 (Revolt in the Desert) T.E.ロレンス著, 小林元訳 改版 中央公論新社 2014.5 309p 16cm (中公文庫 ロ6-2) 〈年譜あり〉 1000円 ①978-4-12-205953-5

内容 ジッダ行 アラブの指導者 フェイサルの陣営 新たな任務 ウェジュフめざして アラブ軍の増強 戦局の発展 アカバ遠征 炎熱とのたたかい アレンビーとの会見〔ほか〕 〔09572〕

ロレンツ, ポール Lorenz, Paul

◇パリ職業づくし―中世〜近代の庶民生活誌 (Métiers Disparus) ポール・ロレンツ監修, F.クライン=ルブール著, 北沢真木訳 改訂新版 論創社 2015.11 309p 20cm 〈文献あり〉 3000円 ①978-4-8460-1472-8

内容 過去の呼び声 ペンと筆 早打ち 昔のアトランション 職工たち 火にまつわる仕事 戦争 行商人 民間医療師と刑の執行人 ファンシーグッズ 水上で 見張り 苦役 女性の仕事 〔09573〕

ロレンツ, S.* Lorenz, Stephan

◇債権法改正に関する比較法的検討―日独法の視点から 独日法律家協会・日本比較法研究所シンポジウム記録集 只木誠, ハラルド・バウム編 八王子 中央大学出版部 2014.6 439p 22cm (日本比較法研究所研究叢書 96) 〈他言語標題:Schuldrechtsmodernisierung in Japan ドイツ語抄訳付〉 5500円 ①978-4-8057-0595-7

内容 給付障害法と瑕疵担保責任法の体系化と再編成(Stephan LORENZ述, 森光訳) 〔09574〕

ロワー, ウェンディ Lower, Wendy

◇ヒトラーの娘たち―ホロコーストに加担したドイツ女性 (HITLER'S FURIES) ウェンディ・ロワー著, 武井彩佳監訳, 石川ミカ訳 明石書店 2016.7 325p 20cm 3200円 ①978-4-7503-4374-7

内容 第1章 ドイツ女性の失われた世代 第2章 東部が諸君を必要としている―教師、看護師、秘書、妻 第3章 目撃者―東部との出会い 第4章 共犯者 第5章 加害者 第6章 なぜ殺したのか―女性たちによる戦後の釈明とその解釈 第7章 女性たちのその後 〔09575〕

ロワリー, リンダ・ブラックモン Lowery, Lynda Blackmon

◇セルマの行進―リンダ十四歳投票権を求めた戦い (TURNING 15 ON THE ROAD TO FREEDOM) リンダ・ブラックモン・ロワリー, エルズペス・リーコック, スーザン・バックリー原作, PJローラン絵, 渋谷弘子訳 汐文社 2015.7 133p 20cm 1600円 ①978-4-8113-2210-0

内容 第1章 強い意志を持った人に 第2章 公民権運動とわたし 第3章 刑務所に入れられて 第4章「発汗箱」と呼ばれた拷問部屋 第5章「血の日曜日」 第6章 モントゴメリめざして 第7章 十五歳の誕生日 第8章 疲れた体に打ちつける雨 第9章 ついにモントゴメリに なぜ投票権を求めて戦わなければならなかったのか? 〔09576〕

ロング, アリョーシャ・A. Long, Aljoscha A.

◇カメが教えてくれた、大切な7つのこと (DIE 7 GEHEIMNISSE DER SCHILDKRÖTE) アリョーシャ・A.ロング, ロナルド・シュヴェッペ著, 田中順子訳 サンマーク出版 2016.4 315p 19cm 1500円 ①978-4-7631-3528-5

内容 その1 落ち着くこと―何が起こっても大丈夫 その2 あわてないこと―ゆっくり、じっくり時間をかけよう その3 一貫していること―目標から目を離さないで その4 しなやかでいること―どんどん譲歩しよ

ロ

う　その5 足るを知ること—すぐに満足してしまおう　その6 穏やかでいること—誰かにも自分にもやさしくしよう　その7 集中すること—自分のことを見失わないで　クールマが教えてくれた大切な7つのこと 〔09577〕

ロング, ジェフリー　Long, Jeffrey

◇臨死体験9つの証拠（EVIDENCE of the AFTERLIFE）　ジェフリー・ロング, ポール・ペリー著, 河村めぐみ訳　ブックマン社　2014.10　295p　19cm　1600円　①978-4-89308-829-1

内容 最初の出会い　理解への旅　証拠1：明晰な死　証拠2：体外離脱　証拠3：盲人の視覚　証拠4：ありえない意識の向上　証拠5：完璧な回想　証拠6：家族との再会　証拠7：幼子の言葉から　証拠8：世界的な共通点　証拠9：変えられた人生 〔09578〕

ロング, テリー　Long, Terri

◇背伸びしない上司がチームを救う—生産性と利益を上げるあきれるほど簡単な77の方法（LOW-HANGING FRUIT）　ジェレミー・イーデン, テリー・ロング著, 月谷真紀訳　扶桑社　2015.1　287p　19cm　1600円　①978-4-594-07184-4

内容 はじめに なぜすぐ手の届く成果は目につきにくいのか　第1部 すぐ手の届く成果の見つけかた—問題の発見は解決よりも難しい　第2部 問題は見えた。さあ解決だ！　第3部 すぐ手の届く果実の収穫に向けて、チームのモチベーションを上げよ　第4部 ワン・カンパニーは見果てぬ夢ではない　第5部 決定し実行せよ　第6部 説明責任は絶対に押えておきたい　第7部 時間が足りない？　時間を作るのは意外に簡単だ　補足 〔09579〕

ロング, トーマス・G.　Long, Thomas G.

◇歌いつつ聖徒らと共に—キリスト者の死と教会の葬儀（Accompany Them with Singing）　トーマス・G.ロング〔著〕, 吉村和雄訳　日本キリスト教団出版局　2013.12　328p　22cm　4500円　①978-4-8184-0876-0 〔09580〕

ロンドン, ハーバート

◇移民の経済学（THE ECONOMICS OF IMMIGRATION）　ベンジャミン・パウエル編, 藪下史郎監訳, 佐藤綾野, 鈴木久美, 中田勇人訳　東洋経済新報社　2016.11　313, 35p　20cm　〈文献あり 索引あり〉 2800円　①978-4-492-31488-3

内容 移民の将来：自由化と同化への道（ハーバート・ロンドン著, 藪下史郎訳） 〔09581〕

ロンバッハ, D.*　Rombach, Dieter

◇ゴール&ストラテジ入門—残念なシステムの無くし方（Aligning Organizations Through Measurement）　Victor Basili,Adam Trendowicz,Martin Kowalczyk,Jens Heidrich,Carolyn Seaman,Jürgen Münch,Dieter Rombach共著, 鷲崎弘宜, 小堀貴信, 新谷勝利, 松岡秀樹監訳, 早稲田大学グローバルソフトウェアエンジニアリング研究所ゴール指向経営研究会訳　オーム社　2015.9　218p　21cm　〈他言語標題：GQM+Strategies　文献あり 索引あり〉 2800円　①978-4-274-50584-3

内容 第1部　GQM+Strategiesアプローチ（GQM+Strategiesのポイント　フェーズ0：初期化　フェーズ1：環境の特性化　フェーズ2：目標と戦略の設定　フェーズ3：実行計画の策定　フェーズ4：計画の実行　フェーズ5：成果の分析　フェーズ6：結果のまとめ）　第2部 業界への適用と他の手法との関係（各社の適用例　他のアプローチとの関係　まとめと今後に向けた見解）　付録（GQM+Strategiesプロセスチェックリスト　GQM+Strategies評価アンケート） 〔09582〕

ロンメル, エルヴィン・ヨハネス・オイゲン　Rommel, Erwin Johannes Eugen

◇歩兵は攻撃する（Infanterie greift an）　エルヴィン・ロンメル著, 浜野喬士訳, 田村尚也, 大木毅解説・軍事用語校閲　作品社　2015.8　526p　20cm　3200円　①978-4-86182-483-8

内容 第1部 ベルギーおよび北フランスにおける機動戦、一九一四年　第2部 アルゴンヌの戦い、一九一五年　第3部 ヴォージュ山脈陣地戦、一九一六年—ルーマニア機動戦、一九一六/一七年　第4部 南東カルパチア山脈の戦い、一九一七年八月　第5部 トールミン攻撃会戦、一九一七年　第6部 タリアメント川、ピアーヴェ川追撃戦、一九一七年、一八年 〔09583〕

【ワ】

ワイカート, デイヴィッド・P.　Weikart, David P.

◇幼児教育への国際的視座（Early Childhood Education）　デイヴィッド・P.ワイカート〔著〕, 浜野隆訳・解説　東信堂　2015.1　91p　21cm　（ユネスコ国際教育政策叢書 5　黒田一雄, 北村友人叢書編）〈文献あり 索引あり〉 1200円　①978-4-7989-1260-8

内容 第1章 幼児教育：小史　第2章 保育サービスの使用：その課題と政策　第3章 幼児教育への期待：子どもたちは何を経験すべきなのか　第4章 幼児教育の効果：学業達成と生産性　第5章 幼児教育カリキュラムのモデル：プログラムはすべて機能するのか？　第6章 有効なカリキュラム・モデル：選択と活用　第7章 政策提言：幼児期の発達の社会的貢献 〔09584〕

ワイザー, フィリップ・J.　Weiser, Philip J.

◇市民の司法参加と民主主義—アメリカ陪審制の実証研究（THE JURY AND DEMOCRACY）　ジョン・ガスティル, ペリー・ディース, フィリップ・J.ワイザー, シンディ・シモンズ著, ダニエル・H.フット監訳, 佐伯昌彦, 森大輔, 笹倉香奈訳　日本評論社　2016.3　340p　21cm　〈文献あり 索引あり〉 5300円　①978-4-535-52131-5

内容 民主制への陪審制の貴重な寄与をはじめて実証的に検証する！　第1章 我らの手にある自由　第2章 国家と社会との間で　第3章 陪審員席から投票箱へ　第4章 召喚状に応じる　第5章 市民裁判官　第6章 裁判所からコミュニティへ　第7章 市民としての態度への影響　第8章 陪審制の活性化のために　第9章 政治的社会と熟議民主主義　方法論に関する補足 〔09585〕

ワイス, エイミー・E.　Weiss, Amy E.

◇ワイス博士の奇跡は起こる—過去生の記憶が持つ

ワ

意識変革のヒーリングパワー（MIRACLES HAPPEN） ブライアン・L.ワイス, エイミー・E.ワイス著, 山川紘矢, 山川亜希子訳 PHP研究所 2015.1 666p 15cm （PHP文庫 わ9-6）〈「奇跡が起こる前世療法」（2013年刊）の改題〉 1200円 ①978-4-569-76267-8

内容 私たちは皆つながっている 前世の証明 理解と癒し 感情的な痛みからの解放 身体の症状や病気を治す 悲しみを手放す 直感とそのほかの超能力について さまざまな現象 永遠の間柄 動物が教えてくれる学び〔ほか〕 〔*09586*〕

ワイス, キャロル・H. Weiss, Carol H.

◇入門評価学―政策・プログラム研究の方法（Evaluation 原著第2版の翻訳） キャロル・H.ワイス著, 佐々木亮監修, 前川美湖, 池田満監訳 日本評論社 2014.3 475p 21cm 〈文献あり 索引あり〉 6000円 ①978-4-535-58656-7

内容 場面の設定 評価の目的 プログラムを理解する 評価のプランニング 評価者の役割 測定尺度の開発 データ収集 評価のデザイン 無作為化実験 よいデザインの応用 定性的手法 データの解釈と分析 報告書の作成と結果の伝達 誠実な評価 〔*09587*〕

ワイス, スタンリー・S

◇「ねずみ男」の解読―フロイト症例を再考する（Freud and His Patientsの抄訳） マーク・カンザー, ジュール・グレン編, 馬場謙一監訳, 児玉憲典訳 金剛出版 2015.7 234p 22cm 〈文献あり〉 3400円 ①978-4-7724-1427-2

内容 ねずみ男の精神分析に関する考察と推測（スタンリー・S.ワイス著, 児玉憲典訳） 〔*09588*〕

ワイス, ブライアン・L. Weiss, Brian Leslie

◇ワイス博士の奇跡は起こる―過去生の記憶が持つ意識変革のヒーリングパワー（MIRACLES HAPPEN） ブライアン・L.ワイス, エイミー・E.ワイス著, 山川紘矢, 山川亜希子訳 PHP研究所 2015.1 666p 15cm （PHP文庫 わ9-6）〈「奇跡が起こる前世療法」（2013年刊）の改題〉 1200円 ①978-4-569-76267-8

内容 私たちは皆つながっている 前世の証明 理解と癒し 感情的な痛みからの解放 身体の症状や病気を治す 悲しみを手放す 直感とそのほかの超能力について さまざまな現象 永遠の間柄 動物が教えてくれる学び〔ほか〕 〔*09589*〕

ワイズマン, リズ Wiseman, Liz

◇メンバーの才能を開花させる技法（MULTIPLIERS） リズ・ワイズマン, グレッグ・マキューン著, 関美和訳 武蔵野 海と月社 2015.4 310p 19cm 〈文献あり〉 1800円 ①978-4-903212-51-7

内容 第1章 なぜ、今「増幅型リーダー」なのか 第2章「才能のマグネット」としての技法 第3章「解放者」としての技法 第4章「挑戦者」としての技法 第5章「議論の推進者」としての技法 第6章「投資家」としての技法 第7章「増幅型リーダー」を目指すあなたに 〔*09590*〕

ワイツマン, マーティン Weitzman, Martin L.

◇経済学者、未来を語る―新「わが孫たちの経済的可能性」（IN 100 YEARS） イグナシオ・パラシオス＝ウエルタ編, 小坂恵理訳 NTT出版 2015.2 295p 20cm 〈索引あり〉 2200円 ①978-4-7571-2335-9

内容 地球の気候を変える（マーティン・L.ワイツマン著） 〔*09591*〕

ワイナー, エリック Weiner, Eric

◇世界しあわせ紀行（THE GEOGRAPHY OF BLISS） エリック・ワイナー著, 関根光宏訳 早川書房 2016.6 542p 16cm （ハヤカワ文庫 NF 466） 1100円 ①978-4-15-050466-3

内容 1章 オランダ―幸せは数値 2章 スイス―幸せは退屈 3章 ブータン―幸せは国是 4章 カタール―幸せは当たりくじ 5章 アイスランド―幸せは失敗 6章 モルドバ―幸せは別の場所に 7章 タイ―幸せとは何も考えないこと 8章 イギリス―幸せは未完成 9章 インド―幸せは矛盾する 10章 アメリカ―幸せは安住の地に エピローグ―幸せは見つかったのか？ 〔*09592*〕

◇世界天才紀行―ソクラテスからスティーブ・ジョブズまで（THE GEOGRAPHY OF GENIUS） エリック・ワイナー著, 関根光宏訳 早川書房 2016.10 446p 19cm 〈文献あり〉 2600円 ①978-4-15-209645-6

内容 はじめに―ゴルトン・ボックスをめぐる冒険 1章 アテネ―天才は単純 2章 杭州―天才は新しくない 3章 フィレンツェ―天才は高価 4章 エディンバラ―天才は実際的 5章 カルカッタ―天才は混沌 6章 ウィーン―天才は無意識のうちに完璧な調和を求めて 7章 ウィーン―天才は伝染しやすい長椅子の上で 8章 シリコンバレー―天才は脆弱 エピローグ―パンとサーフィン 〔*09593*〕

ワイナー, ティム Weiner, Tim

◇FBI秘録―その誕生から今日まで 上（ENEMIES） ティム・ワイナー著, 山田侑平訳 文芸春秋 2014.2 386p 20cm 〈文献あり〉 1800円 ①978-4-16-390017-9

内容 第1部 フーヴァー＆FBI誕生―1895‐1934（「無政府状態」フーヴァー、司法省に入る 「革命」セオドア・ルーズヴェルトの宣戦布告 「裏切り者」ウッドロー・ウィルソンの警鐘 ほか） 第2部 第二次世界大戦前夜からの秘密諜報―1934‐1945（「スパイビジネス」フランクリン・ルーズヴェルトの白紙命令 「曲芸師」大統領直属の諜報長官 「秘密諜報」トロイの木馬と第五列 ほか） 第3部 冷戦―（「ゲシュタポ無用」トルーマンの戸惑い 「対決」冷戦の予兆 「赤いファシズム」若きニクソンと意気投合 ほか） 〔*09594*〕

◇FBI秘録―その誕生から今日まで 下（ENEMIES） ティム・ワイナー著, 山田侑平訳 文芸春秋 2014.2 386p 20cm 1800円 ①978-4-16-390018-6

内容 第3部 冷戦（承前）―1945‐1972（「危険な男」ケネディ兄弟は名義上の上司 「恐怖による支配」狙われたキング牧師 「この電話を盗聴させているのか」ジョンソン、大いに笑う 「わたしが頼りにしている男」FBIがドミニカ共和国を平定 「明らかに違法」揺らぐ「法と秩序」の権化 「究極の兵器」ニクソンが盗聴、不法侵入を復活させた 「神殿を壊せ」フーヴァー個人崇拝の黄昏） 第4部 テロとの戦い―1972‐2011（「陰謀家たち」ウォーターゲイトで蠢く人々 「FBI存亡の危機」ニクソンを倒せ！ 「カルタの家」

ワ

掘り返される過去の不法行為　「危険がつづく状態」レーガンの反テロ報復宣言　「沈黙の代価」軽視された米本土への「テロの脅威」　「モザイク」諜報機関で共有されないテロ情報　「盲目の首長」女性初の司法長官）〔09595〕

ワイリー, デイビッド・A.　Wiley, David A.

◇インストラクショナルデザインの理論とモデル―共通知識基盤の構築に向けて（INSTRUCTIONAL-DESIGN THEORIES AND MODELS, Volume 3）　C.M.ライゲルース,A.A.カー＝シェルマン編, 鈴木克明, 林雄介監訳　京都　北大路書房　2016.2　449p　21cm〈索引あり〉3900円　①978-4-7628-2914-7

内容 シミュレーションを用いたアプローチ 他（アンドリュー・S.ギボンズ, マーク・マッコンキー, ケイ・キオンジュ・セオ, デイビッド・A.ワイリー著, 村上正行訳）〔09596〕

ワイリー, ルーク・L.　Wiley, Luke L.

◇グレアム・バフェット流投資のスクリーニングモデル―「安く買って、高く売る」中長期投資の奥義（The 52-Week Low Formula）　ルーク・L.ワイリー著, 長尾慎太郎監修, 山下恵美子訳　パンローリング　2015.10　240p　22cm（ウィザードブックシリーズ 229）　3800円　①978-4-7759-7196-3

内容 52週安値戦略の公式　群れの行動とバンドワゴン効果　フィルター1―競争優位性　投資家が犯しやすい5つの過ち　フィルター2―フリーキャッシュフロー利回り　恐怖と意思決定疲れが持つ力　フィルター3―ROIC　今回だけは違うということはない　フィルター4―長期負債対フリーキャッシュフロー比率　サンクコスト・バイアス、プライド、後悔　フィルター5―52週安値の公式とそれを反証する私の旅　－25%の直近12カ月のリターンを受け入れることの重要性　選択的知覚と確証バイアス　本書のまとめ〔09597〕

ワイリー, ローラ　Wylie, Laura

◇性加害行動のある少年少女のためのグッドライフ・モデル（The Good Lives Model for Adolescents Who Sexually Harm）　ボビー・プリント編, 藤岡淳子, 野坂祐子監訳　誠信書房　2015.11　231p　21cm〈索引あり〉3000円　①978-4-414-41461-5

内容 旅路：Gマップによるグッドライフ・モデルの修正 他（ヘレン・グリフィン, ローラ・ワイリー）〔09598〕

ワインチェンク, スーザン　Weinschenk, Susan

◇説得とヤル気の科学―最新心理学研究が解き明かす「その気にさせる」メカニズム（HOW TO GET PEOPLE TO DO STUFF）　Susan Weinschenk著, 武舎広幸, 武舎るみ訳　オライリー・ジャパン　2014.1　272p　21cm〈文献あり 索引あり　発売：オーム社〉2200円　①978-4-87311-657-0

内容 第1章 人をヤル気にさせる要因　第2章 帰属意識　第3章 習慣　第4章 物語の力　第5章 アメとムチ　第6章 本能　第7章 熟達願望　第8章 心の錯覚　第9章 ケーススタディ　第10章 ストラテジー一覧〔09599〕

◇心理学的に正しいプレゼン―聴衆を納得させる99のアプローチ（100 THINGS EVERY PRESENTER NEEDS TO KNOW ABOUT PEOPLE）　スーザン・ワインチェンク著, 壁谷さくら訳　イースト・プレス　2015.9　358p　19cm　1500円　①978-4-7816-1353-6

内容 第1章 記憶させる22のアプローチ　第2章 注意を引きつける5のアプローチ　第3章 前のめりにさせる12のアプローチ　第4章 十分に見聞きさせる12のアプローチ　第5章 活気を生む環境にする9のアプローチ　第6章 心をつかみ熱中させる10のアプローチ　第7章 信頼し安心させる13のアプローチ　第8章 行動を起こさせる16のアプローチ　補章1 プレゼンテーションの組み立て方　補章2 90日間の改革計画〔09600〕

ワクスベルク, アルカディ　Vaksberg, Arkadiĭ

◇毒殺―暗殺国家ロシアの真実（LE LABORATOIRE DES POISONS（重訳））　アルカディ・ワクスベルク著, 松宮克昌訳　柏書房　2014.9　326p　20cm〈索引あり〉2200円　①978-4-7601-4491-4

内容 力は正義　人肉粉砕機　死刑宣告　博士の死と彼の助手　鉄仮面の男たち　暗殺、それは独裁者の気晴らし　家族のお荷物　誕生日の女子に三杯の祝杯！　彼は落ちたのか、それとも突き落とされたのか？　心臓麻痺　テロの才能　犯罪が残す痕跡　有名女優の暗殺指令　狩りの季節　党の軍資金　丁重な弔い　正義を求める男が殺されるとき　毒殺の輸出〔09601〕

ワクテル, ポール・L.　Wachtel, Paul L.

◇心理療法家の言葉の技術―治療的コミュニケーションをひらく（Therapeutic Communication 原著第2版の翻訳）　ポール・L.ワクテル著, 杉原保史訳　第2版　金剛出版　2014.2　450p　22cm〈文献あり 索引あり〉5800円　①978-4-7724-1351-0

内容 序論 談話療法再考―治療者も話す　第1部 理論的・経験的基礎（絶え間なき心理療法の発展―精神分析的、認知行動論的、システム論的、体験的な諸アプローチにおける重なり合う新しい展開　愛着への注目―愛着理論と愛着研究が治療に与える示唆への関心の高まり　循環的心理力動論1―悪循環と良循環　循環的心理力動論2―不安、エクスポージャー、解釈　循環的心理力動論3―洞察、治療関係、外的世界）　第2部 臨床的応用とガイドライン（非難的コメントと促進的コメント―治療的対話における批判と許し　治療者による問いかけ―治療は取り調べではない　患者の強さに依拠する　ありのままを認めることと変化を促進すること　帰属的コメントと暗示　リフレーミングとパラドックス　治療者の自己開示―有用性と落とし穴　実際の問題解決にまでもっていく―抵抗、徹底操作、フォロー・スルー）　夫婦に対する治療的コミュニケーション〔09602〕

◇ポール・ワクテルの心理療法講義―心理療法において実際は何が起こっているのか？（Inside the Session）　ポール・L.ワクテル著, 杉原保史監訳, 杉原保史, 小林真理子訳　金剛出版　2016.3　387p　22cm〈文献あり 索引あり〉5200円　①978-4-7724-1473-9

内容 第1部 基礎となる前提と原理（地面の視点から見た心理療法　2つの頭のなかで―トゥー・パーソンの視点ならびに理論と実践に対する示唆）　第2部 セッション（ルイーズ　メリッサ）　第3部 考察（セッションを振り返って）〔09603〕

ワ

ワグナー, トニー　Wagner, Tony
◇未来のイノベーターはどう育つのか—子供の可能性を伸ばすもの・つぶすもの（CREATING INNOVATORS）　トニー・ワグナー著, 藤原朝子訳　英治出版　2014.5　317p　20cm　1900円　①978-4-86276-179-8
内容 1 イノベーション入門　2 若きイノベーターの肖像　3 STEM系イノベーター　4 社会イノベーター　5 学びのイノベーション　6 イノベーションの未来　〔09604〕

ワグナー, リチャード・E.　Wagner, Richard E.
◇赤字の民主主義—ケインズが遺したもの（Democracy In Deficit）　ジェームズ・M.ブキャナン, リチャード・E.ワグナー著, 大野一訳　日経BP社　2014.11　363p　20cm　（NIKKEI BP CLASSICS）〈文献あり　発売：日経BPマーケティング〉2400円　①978-4-8222-5053-9
内容 第1部 何が起きていたのか（ケインズが遺したもの　ケインズ以前の財政信仰　まずは三流学者を　伝播する新たな「教え」　被害の検証）　第2部 何がいけなかったのか（ハーベイロードの前提　民主政治のケインズ経済学　通貨発行型の財政赤字と民主政治　制度面の制約と政治的な選択）　第3部 どうすればよいのか（代替的な予算ルール　完全雇用はどうなるのか　財政理念への回帰）　〔09605〕

ワシック, ジョン・F.　Wasik, John F.
◇ケインズ投資の教訓—20世紀最高の経済学者（Keynes's Way to Wealth）　ジョン・F.ワシック著, 町田敦夫訳　東洋経済新報社　2015.7　256, 22p　19cm　〈文献あり〉1800円　①978-4-492-73322-6
内容 第1章 投機家の誕生　第2章 経済的帰結　第3章 マクロ対ミクロ…新たな貨幣論　第4章 相反するリスクを組み合わせたポートフォリオを作る　第5章 価値の誕生　第6章 アニマルスピリット…行動ファイナンス投資の誕生　第7章 ケインズのペット　第8章 ケインズの後継者たち　第9章 ケインズの投資術のカギ　エピローグ 過去のケインズ、未来のケインズ　A ケインズの国を訪ねる/彼のもう1つの資産　B インデペンデント投資会社のポートフォリオ　〔09606〕

ワースリー, ルーシー　Worsley, Lucy
◇イギリス風殺人事件の愉しみ方（A Very British Murder）　ルーシー・ワースリー著, 中島俊郎, 玉井史絵訳　NTT出版　2015.12　300p 図版16p　22cm　〈文献あり 索引あり〉3600円　①978-4-7571-4329-6
内容 第1部 殺人の愉しみ方（趣味としての殺人　ラトクリフ街道殺人事件　夜警 ほか）　第2部 探偵、登場す（ミドルクラスの殺人者と医師　良き妻　探偵登場—ロード・ヒル・ハウス殺人事件 ほか）　第3部 黄金時代（大戦間の時代　アガサ・クリスティ　ドロシー・L.セイヤーズ ほか）　〔09607〕

ワッサーマン, ノーム　Wasserman, Noam
◇起業家はどこで選択を誤るのか—スタートアップが必ず陥る9つのジレンマ（THE FOUNDER'S DILEMMAS）　ノーム・ワッサーマン著, 小川育男訳　英治出版　2014.1　581p　22cm　〈文献あり〉3500円　①978-4-86276-168-2
内容 第1部 創業前夜（イントロダクション　キャリアのジレンマ）　第2部 創業チームのジレンマ（ソロかチームかのジレンマ　人間関係のジレンマ　役割のジレンマ　報酬のジレンマ　3Rシステム）　第3部 創業チームを超えて（雇用のジレンマ　投資家のジレンマ　ファウンダーCEO交代のジレンマ）　第4部 総論（富かコントロールかのジレンマ）　〔09608〕

ワッセルマン, ミッシェル　Wasserman, Michel
◇ベアテ・シロタと日本国憲法—父と娘の物語　ナスリーン・アジミ, ミッシェル・ワッセルマン著, 小泉直子訳　岩波書店　2014.1　71p　21cm　（岩波ブックレット No.889）　560円　①978-4-00-270889-8
内容 第1部（父、レオ—日本の音楽家を育てた天才ピアニスト　娘、ベアテ—男女平等を日本国憲法に書き込む　アメリカ帰国後のベアテ—アジア文化の紹介者として）　第2部（思い起こされる日々—ベアテへのインタビュー　ベアテ最後の日々（ニコル・ゴードン））　〔09609〕

ワッツ, アラン　Watts, Alan
◇「ラットレース」から抜け出す方法—「私」をわからなくする世の中の無意識ルール（THE BOOK : On the Taboo Against Knowing Who You Are）　アラン・ワッツ著, 竹淵智子訳　サンガ　2014.6　268p　20cm　〈「タブーの書」（めるくまーる 1991年刊）の改題、改訂　文献あり〉1600円　①978-4-905425-93-9
内容 1 極秘事項　2 白と黒のゲーム　3 正真正銘のまがいものになる方法　4 世界はあなたの身体だ　5 それで？　6 それ　〔09610〕

ワッツ, スティーブン　Watts, Steven
◇デール・カーネギー　上（SELF-HELP MESSIAH）　スティーブン・ワッツ著, 菅靖彦訳　河出書房新社　2014.10　272p　20cm　2000円　①978-4-309-24679-6
内容 第1部 品格から人格へ（貧困と信心深さ　反抗と回復　商品を売る、自分自身を売る　若者よ、東に行け　教えること 書くこと　マインド・パワーとポジティブ思考　国外移住と失われた世代　ビジネスと自己制御）　第2部 人を動かす（「するのを恐れていることをやりなさい」）　〔09611〕
◇デール・カーネギー　下（SELF-HELP MESSIAH）　スティーブン・ワッツ著, 菅靖彦訳　河出書房新社　2014.10　310p　20cm　2300円　①978-4-309-24680-2
内容 第2部 人を動かす（続き）（「相手に大切にされていると感じさせる」　「私たちは感情の生き物を相手にしている」　「あなたが誕生して以来これまでにした行動は、すべてあなたが何かを欲したからしたのだ」　「生きる指針となる良い評価を与えよう」　「楽しめる仕事を探そう」　運命の出会い　道は開ける—不安と闘う方法　「熱意こそが成功の秘訣」　エピローグ　デール・カーネギーの自己啓発の遺産）　〔09612〕

ワッツ, ダンカン　Watts, Duncan J.
◇スモールワールド・ネットワーク—世界をつなぐ「6次」の科学（Six Degrees）　ダンカン・ワッツ著, 辻竜平, 友知政樹訳　増補改訂版　筑摩書房　2016.10　449, 60p　15cm　（ちくま学芸文庫 ワ16-1）〈初版：阪急コミュニケーションズ 2004年刊　文献あり 索引あり〉1600円　①978-4-

ワ

480-09737-8
内容 第1章 結合の時代 第2章 「新しい」科学の起源 第3章 スモールワールド現象 第4章 スモールワールドを超えて 第5章 ネットワークの探索 第6章 伝染病と不具合 第7章 意思決定と妄想と群集の狂気 第8章 閾値とカスケードと予測可能性 第9章 イノベーションと適応と回復 第10章 始まりの終わり 第11章 世界はより狭く―結合の時代のもう一年 〔09613〕

ワッツ, バリー Watts, Barry D.
◇帝国の参謀―アンドリュー・マーシャルと米国の軍事戦略（THE LAST WARRIOR） アンドリュー・クレピネヴィッチ, バリー・ワッツ著, 北川知子訳 日経BP社 2016.4 502p 20cm 〈発売：日経BPマーケティング〉 2800円 ①978-4-8222-5149-9
内容 第1章 自ら学ぶ 一九二一～一九四九年 第2章 ランド研究所時代前半 一九四九～一九六〇年 第3章 優れた分析手法を求めて 一九六一～一九六九年 第4章 ネットアセスメントの誕生 一九六九年～一九七三年 第5章 国防総省へ 一九七三年～一九七五年 第6章 ネットアセスメントの成熟 一九七六～一九八〇年 第7章 冷戦時代の終盤 一九八一～一九九一年 第8章 軍事革命 一九九一～二〇〇〇年 第9章 アジア太平洋地域への転換 二〇〇一～二〇一四年 結論 〔09614〕

ワ

ワット, ジェームズ Watt, James
◇ビジネス・フォー・パンクス―ルールを破り熱狂を生むマーケティング（Business for Punks） ジェームズ・ワット著, 高取芳彦訳 日経BP社 2016.9 390p 19cm 〈発売：日経BPマーケティング〉 1900円 ①978-4-8222-5170-3
内容 1章 戦う自由人のための起業論 2章 未来を見る反逆者のための財務論 3章 迷える子羊のためのマーケティング論 4章 新時代の破滅的パンクのためのセールス論 5章 野望に燃える海賊船長のためのチームビルディング 6章 ひたむきな自由人のための時空論 7章 パンク起業家の頭の中 〔09615〕

ワツラウィック, ポール
◇家族相互作用―ドン・D.ジャクソン臨床選集（Selected Essays at the Dawn of an Eraの抄訳, Interactional Theory in the Practice of Therapyの抄訳） ドン・D.ジャクソン著, ウェンデル・A.レイ編, 小森康永, 山田勝訳 金剛出版 2015.4 342p 20cm 5400円 ①978-4-7724-1413-5
内容 はじめに（ポール・ワツラウィック著, 小森康永訳） 〔09616〕

ワデル, ジェームズ Waddell, James M.
◇グローバルプロジェクトチームのまとめ方―リーダーシップの新たな挑戦（Leading Global Project Teams） ルス・マルティネリ, ティム・ラシュルト, ジェームズ・ワデル著, 当麻哲哉監訳, 長嶺七海訳 慶応義塾大学出版会 2015.7 209p 21cm 〈文献あり 索引あり〉 3600円 ①978-4-7664-2245-0
内容 第1章 グローバルに向かって 第2章 グローバルでの成功を阻む障壁と課題 第3章 グローバル戦略と事業遂行の整合 第4章 グローバルプロジェクトチームの統率 第5章 グローバルチームの持続可能な成功の実現 第6章 グローバルチームリーダーの育成 第7章 グローバルへの移行の推進 第8章 グローバル移行のフレームワーク 〔09617〕

ワデル, ノーマン Waddell, Norman
◇売茶翁の生涯（Baisao, The Old Tea Seller） ノーマン・ワデル著, 樋口章信訳 京都 思文閣出版 2016.7 241, 5p 22cm 〈他言語標題：The Life of Baisao 文献あり 年譜あり 索引あり〉 3500円 ①978-4-7842-1845-5
内容 プロローグ 第1章 肥前時代 第2章 京都へ 第3章 東山で茶を売る 第4章 肥前に戻る 第5章 在家居士として 第6章 最後の十年 第7章 最晩年 エピローグ 地方の有力な支持者たち 〔09618〕

ワーテルロ, ギラン
◇ルソーと近代―ルソーの回帰・ルソーへの回帰 ジャン＝ジャック・ルソー生誕300周年記念国際シンポジウム 永見文雄, 三浦信孝, 川出良枝編 風行社 2014.4 426p 22cm 〈他言語標題：Rousseau, le moderne? 作品目録あり 年譜あり〉 4600円 ①978-4-86258-082-5
内容 市民宗教（ギラン・ワーテルロ著, 伊達聖伸訳） 〔09619〕

ワーテンワイラー, ダニエル
◇世界がぶつかる音がする―サーバンツの物語（The Sound of Worlds Colliding） クリスティン・ジャック編, 永井みぎわ訳 ヨベル 2016.6 300p 19cm 1300円 ①978-4-907486-32-7
内容 シャブ売りの子どもたち（ダニエル・ワーテンワイラー） 〔09620〕

ワード, ジョン Ward, John L.
◇ファミリービジネス最良の法則（WHEN FAMILY BUSINESSES ARE BEST） ランデル・カーロック, ジョン・ワード著, 階戸照雄訳 ファーストプレス 2015.2 374p 21cm 〈索引あり〉 3800円 ①978-4-904336-81-6
内容 第1部 なぜグローバル・ビジネス・ファミリーにとってプランニングが必要なのか（なぜファミリービジネスは悪戦苦闘しているのか ファミリー計画と事業計画の策定を同時進行させる） 第2部 人間の価値を生み出す（ファミリーの価値観と企業文化 ファミリーとビジネスのビジョン：ファミリーのコミットメントを探る） 第3部 ファミリーとビジネスの戦略（ファミリーの戦略：ファミリーの参加に関するプランニング ビジネス戦略：会社の将来の計画 ファミリービジネスを成功へと導くための投資） 第4部 ファミリーとビジネスのガバナンス（ファミリービジネス・ガバナンスと取締役会の役割 ファミリー・ガバナンス：ファミリー集会とファミリー協定） 第5部 企業形態のファミリービジネスの受託責任（木を植える人々） 〔09621〕

ワード, トニー
◇性加害行動のある少年少女のためのグッドライフ・モデル（The Good Lives Model for Adolescents Who Sexually Harm） ボビー・プリント編, 藤岡淳子, 野坂祐子監訳 誠信書房 2015.11 231p 21cm 〈索引あり〉 3000円 ①978-4-414-41461-5
内容 まえがき（トニー・ワード） 〔09622〕

ワード, J.S.M.　Ward, John Sebastian Marlow

◇ワードの「死後の世界」—地獄のどん底から帰った体験記　J.S.M.ワード原著, 浅野和三郎原訳, 桑原啓善編著　新装版　〔鎌倉〕　山波言太郎総合文化財団　2015.8　224p　19cm　(ワンネス・ブックシリーズ 第5巻)　〈発行所：でくのぼう出版　発売：星雲社〉1200円　①978-4-434-20962-8

内容 前編「叔父さんの住む霊界」(不思議な夢　叔父さんの臨終　煉国の学校　夕陽の国　夢の国　地獄の生徒)　後編「地獄めぐり」(地獄への道　残忍地獄　禁じられた快楽　鬼のいる地獄　第一境 地獄のどん底　第二境 再び鬼のいる地獄　第三境 再び残忍地獄　第四境 欲望地獄　第五境 唯物主義者の国　第六境 俗物の国　第七境から地獄脱出まで)　〔09623〕

ワード, T.*　Ward, Thomas B.

◇創造的認知—実験で探るクリエイティブな発想のメカニズム (CREATIVE COGNITION)　Ronald A.Finke,Thomas B.Ward, スティーブン・スミス著, 小橋康章訳　POD版　森北出版　2013.12　242p　21cm　4200円　①978-4-627-25119-9

内容 第1章 創造的認知への序説　第2章 理論的方法論的考察　第3章 創造的視覚化　第4章 創造的発明　第5章 概念合成　第6章 構造化イマジネーション　第7章 洞察・固着・孵化　第8章 問題解決の創造的諸方略　第9章 一般的な示唆と応用　〔09624〕

ワトキンス, マイケル　Watkins, Michael D.

◇90日で成果を出すリーダー (The First 90 Days, Updated and Expanded)　マイケル・ワトキンス著, 伊豆原弓訳　翔泳社　2014.3　281p　20cm　(Harvard business school press—ハーバード流マネジメント講座)　〈索引あり〉2000円　①978-4-7981-3550-2

内容 はじめに 最初の九〇日　第1章 準備をととのえる　第2章 効率よく学ぶには　第3章 状況に合った戦略を立てる　第4章 上司と成功条件を交渉する　第5章 初期の成果をあげる　第6章 組織のバランスをととのえる　第7章 理想のチームをつくる　第8章 味方の輪をつくる　第9章 自己管理の意味を考える　第10章 組織全体の移行を速める　〔09625〕

ワトソン, ジーン・C.

◇共感の社会神経科学 (THE SOCIAL NEUROSCIENCE OF EMPATHY)　ジャン・デセティ, ウィリアム・アイクス編著, 岡田顕宏訳　勁草書房　2016.7　334p　22cm　〈索引あり〉4200円　①978-4-326-25117-9

内容 共感的共鳴：神経科学的展望 (ジーン・C.ワトソン, レズリー・S.グリーンバーグ著)　〔09626〕

ワトソン, ナイジェル

◇経営学大図鑑 (The Business Book)　イアン・マルコーズほか著, 沢田博訳　三省堂　2015.2　352p　25cm　〈索引あり〉4200円　①978-4-385-16230-0

内容 小さく始めて、大きく育てる—ビジネスを立ち上げ、しっかり育てる方法　部下のハートに火をつけろ—人を活かすリーダーシップ　お金をもっと働かせよう—財務の管理　ビジョンを忘れるな—戦略、その実行　成功するセールス—マーケティングを活用する　商品を届ける—生産後の勝負　経営学人名録　用語解説　〔09627〕

ワトソン, マーク　Watson, Mark W.

◇入門計量経済学 (INTRODUCTION TO ECONOMETRICS 原著第2版の翻訳)　James H.Stock,Mark W.Watson著, 宮尾竜蔵訳　共立出版　2016.5　732p　27cm　〈文献あり 索引あり〉13000円　①978-4-320-11146-2

内容 第1部 問題意識と復習 (経済学の問題とデータ　確率の復習 ほか)　第2部 回帰分析の基礎 (1説明変数の線形回帰分析　1説明変数の回帰分析：仮説検定と信頼区間 ほか)　第3部 回帰分析のさらなるトピック (パネルデータの回帰分析　被説明変数が(0、1)変数の回帰分析 ほか)　第4部 経済時系列データの回帰分析 (時系列回帰と予測の入門　動学的な因果関係の効果の推定 ほか)　第5部 回帰分析に関する計量経済学の理論 (線形回帰分析の理論：1説明変数モデル　多変数回帰分析の理論)　〔09628〕

ワトソン, リチャード　Watson, Richard

◇かんかくってなあに？—からだのふしぎ (SENSATIONAL SENSES)　パトリシア・マクネア作, リチャード・ワトソン絵, たなかあきこ訳, 今泉忠明監修　小学館　2015.9　1冊(ページ付なし)　28cm　(めくってものしり絵本)　1700円　①978-4-09-726598-6　〔09629〕

◇もっとたのしいハロウィンがいっぱい！ (Halloween)　リチャード・プラット作, リチャード・ワトソン絵, たなかあきこ訳　小学館　2016.9　1冊(ページ付なし)　28cm　(めくってものしり絵本)　1700円　①978-4-09-726651-8　〔09630〕

ワトソン, G.H.*　Watson, Geoge H.

◇学生が変わるプロブレム・ベースド・ラーニング実践法—学びを深めるアクティブ・ラーニングがキャンパスを変える (THE POWER OF PROBLEM-BASED LEARNING)　ダッチ・B.J, グロー・S.E, アレン・D.E編, 山田康彦, 津田司監訳, 三重大学高等教育創造開発センター訳　京都　ナカニシヤ出版　2016.2　282p　22cm　〈索引あり〉3600円　①978-4-7795-1002-1

内容 教員が同僚教員のメンターになる—学士課程教育改革機構について 他 (Geoge H.Watson, Susan E. Groh著, 岩垣(山路)紀子, 津田司訳)　〔09631〕

ワトソン‐ガンディ, マーク

◇刑事コンプライアンスの国際動向　甲斐克則, 田口守一編　信山社　2015.7　554p　22cm　(総合叢書 19—〔刑事法・企業法〕)　〈他言語標題：International Trends of Criminal Compliance　文献あり〉12800円　①978-4-7972-5469-3

内容 英国における企業関連犯罪 (マーク・ワトソン‐ガンディ著, 早稲田大学GCOE刑事法グループ訳)　〔09632〕

ワトルズ, ウォレス・D.　Wattles, Wallace Delois

◇「思い」と「実現」の法則 (How to be a Genius or The Science of Being Great)　ウォレス・D.ワトルズ著, 佐藤富雄監訳　イースト・プレス　2014.4　197p　15cm　(文庫ぎんが堂 わ2-1)

ワ

〈イースト・プレス 2006年刊の再刊〉648円
①978-4-7816-7109-3
内容 誰でも偉大な人間になれる　成功脳をつくる　「力」のありか　「偉大な心」のありか　捨てるべき心　すべてのものは進化する　恐れの克服　内なる声に身をゆだねる　偉大な心と一体になる　「思い」の描き方〔ほか〕　〔09633〕

◇確実に金持ちになる「引き寄せの法則」―超実践版（THE SCIENCE OF GETTING RICH）
ウォレス・ワトルズ著, 川島和正監訳　三笠書房　2015.3　198p　18cm〈知的生きかた文庫 2008年刊の加筆、改筆、再編集〉1100円　①978-4-8379-5757-7
内容 あなたには「金持ちになる権利」がある―富を引き寄せる人の「思考法」を知れば、意識に強烈な革命が起こる　この世には「確実に金持ちになる法則」がある―万物の発展には、ゆるぎない原理原則があると知る　世の中には「無限の富」がある―競争思考に陥らないために、今、理解しておくべきこと　「引き寄せの法則」とその具体的な使い方―無から有を生みだすたった1つの力とは？　金持ちになるための「考え方」―繁栄することが、すべての命の本質的な望み　「無限のお金」が生みだされる仕組み―自分をクリエイティブな状態に引きあげる法　無限の力と一体化できる「感謝の法則」―「ただ1つの物質」に、イメージを投影する実践法　お金を引き寄せる「イメージ・決意・信念の法則」―願いを上手に確実に伝えるには？　お金を引き寄せる「強い意志の法則」―意志の力を、自分に集中させるのが鍵　お金を引き寄せる「創造の法則」―創造力をめいっぱい発揮するために気をつけたいこと　いよいよ、莫大な富を受け取るために―何をどうすればいいのか？　実践的な行動のハウツー　最高にスピーディーに、金持ちになる秘訣―行動にエネルギーをこめて、「燃費」を高めるのが鍵　自分の「好きなこと」をして金持ちになるために―真の喜びも豊かさも、両方得れば、やはり楽しい！　愛され、好かれ、人を惹きつけて金持ちになる方法―豊かな人間関係は、孤独を癒し、真の充足を運んでくる　賃金労働者から大金持ちになる方法―出世も、起業も、思いのままに！　必ず注意しておくべき「7つのポイント」―すべてが豊かなユートピア、「別世界」の住人になるために　確実に金持ちになる「引き寄せの法則」のまとめ　〔09634〕

ワーナー, ジョエル　Warner, Joel
◇世界“笑いのツボ”探し（THE HUMOR CODE）
ピーター・マグロウ, ジョエル・ワーナー著, 柴田さとみ訳　CCCメディアハウス　2015.4　399p　19cm　2200円　①978-4-484-15112-0
内容 1 コロラド―前フリ　2 ロサンゼルス―「おもしろい人」の秘密　3 ニューヨーク―笑いのつくりかた　4 タンザニア―人はなぜ笑うのか　5 日本―コメディとロスト・イン・トランスレーション　6 スカンジナビア―ユーモアの暗黒面　7 パレスチナ―この世で最も悲惨な地に、ユーモアはあるか？　8 アマゾン―笑いは百薬の長？　9 モントリオール―最後のオチ　〔09635〕

ワプショット, ニコラス　Wapshott, Nicholas
◇レーガンとサッチャー―新自由主義のリーダーシップ（RONALD REAGAN AND MARGARET THATCHER）　ニコラス・ワプショット著, 久保恵美子訳　新潮社　2014.2　430p　20cm　（新潮選書）〈文献あり 索引あり〉1800円　①978-4-10-603742-9
内容 第1章 店の上階で　第2章 仕事の世界　第3章 権力の味　第4章 頂点への道　第5章 選挙での勝利　第6章 蜜月時代　第7章「恋人たち」の諍い　第8章 島を追われて　第9章 冷戦の戦士たち　第10章 ストライキ・バスターズ　第11章 ロシアより愛をこめて　第12章 勝利者たち　第13章 残された者　〔09636〕

◇ケインズかハイエクか―資本主義を動かした世紀の対決（KEYNES HAYEK）　ニコラス・ワプショット〔著〕, 久保恵美子訳　新潮社　2016.8　616p　16cm　（新潮文庫 シ-38-25―〔Science & History Collection〕）〈文献あり〉890円　①978-4-10-220051-3
内容 魅力的なヒーロー―ケインズがハイエクの崇拝対象になるまで 一九一九～二七年　帝国の終焉―ハイエクがハイパーインフレを直接経験する 一九一九～二四年　戦線の形成―ケインズが「自然な」経済秩序を否定する 一九二三～二九年　スタンリーとリヴィングストン―ケインズとハイエクが初めて出会う 一九二八～三〇年　リバティ・バランスを射った男―ハイエクがウィーンから到着する 一九三一年　暁の決闘―ハイエクがケインズの『貨幣論』を辛辣に批評する 一九三一年　応戦―ケインズとハイエクが衝突する 一九三一年　イタリア人の仕事―ケインズがピエロ・スラッファに論争の継続を依頼する 一九三二年　『一般理論』への道―コストゼロの失業対策 一九三二～三三年　ハイエクの驚愕―『一般理論』が反響を求める 一九三二～三六年　ケインズが米国を魅了する―ルーズベルトとニューディールを支持する若手経済学者たち 一九三六年　第六章でどうしようもなく行き詰まる―ハイエクがみずからの『一般理論』を書く 一九三六～四一年　先の見えない道―ハイエクがケインズの対応策を仲裁に結びつける 一九三七～四六年　わびしい年月―モンペルラン・ソサエティーとハイエクのシカゴ移住 一九四四～六九年　ケインズの時代―三十年にわたる米国の無双の繁栄 一九四六～八〇年　ハイエクの反革命運動―フリードマン、ゴールドウォーター、サッチャー、レーガン 一九六三～八八年　戦いの再開―淡水学派と海水学派 一九八九～二〇〇八年　そして勝者は…―「大不況」の回避 二〇〇八年以降　〔09637〕

ワプニック, グロリア　Wapnick, Gloria
◇赦しのカリキュラム―奇跡講座について最もよく聞かれる72の質問と答え（THE MOST COMMONLY ASKED QUESTIONS ABOUT A COURSE IN MIRACLES）　ケネス・ワプニック, グロリア・ワプニック著, 沢井美子訳, 加藤三代子監修　中央アート出版社　2015.4　301p　20cm　〈索引あり〉2800円　①978-4-8136-0767-0
内容 第1章 天国とは（神とは、どういう性質のものでしょうか？　実相とは、どういう性質のものでしょうか？ ほか）　第2章 分離とは（自我はどのようにして始まったのでしょうか？　何が分離の再発を防ぐのでしょうか？　神がこの世界や肉体を創造しなかったのなら、誰がそれらを創造したのですか？　そしてまた、私たちは誰であり、どのようにしてここにやってきたのですか？ ほか）　第3章『奇跡講座』の応用と実践（このすべてが、夢や幻想、あるいはすでに書かれた脚本であるというのなら、私が自分の人生で何を行なおうと、どんな違いをもたらすというのでしょうか？　このすべてが夢や幻想であるなら、私が子供のときに苦しんだ虐待は実在しておらず、否定され

ワ

無視されるべきものだということなのでしょうか？ ほか） 第4章 イエス（『奇跡講座』は、その中のどこで、イエスが著者だと言っているのですか？ なぜこの本には著者名がないのですか？ さらに、なぜ「教師のためのマニュアル」の中に、三人称で書かれたイエスについてのセクションがあるのですか？ 『奇跡講座』が述べているように、イエスが自分自身に贖罪を受け入れた最初の者だったとしたら、仏陀のような人々についてはどうなのでしょうか？ ほか） 第5章 『奇跡講座』のカリキュラム（誰が、『奇跡講座』という題名をつけたのですか？ それはなぜなのですか？ 『奇跡講座』はその他の霊性の道、特に聖書とどのような関係にあるのですか？ ほか）〔*09638*〕

◇赦しのカリキュラム―奇跡講座について最もよく聞かれる72の質問と答え（The Most Commonly Asked Questions About A COURSE IN MIRACLES） ケネス・ワプニック, グロリア・ワプニック著, 沢井美子訳, 加藤三代子監修 改訂新版 中央アート出版社 2016.8 301p 19cm 2600円 ①978-4-8136-0770-0

内容 第1章 天国とは（神とは、どういう性質のものでしょうか？ 実相とは、どういう性質のものでしょうか？ ほか） 第2章 分離とは（自我はどのようにして始まったのでしょうか？ 何が分離の再発を防ぐのでしょうか？ 神がこの世界や肉体を創造しなかったのなら、誰がそれらを創造したのですか？ そしてまた、私たちは誰であり、どのようにしてここにやってきたのですか？ ほか） 第3章 『奇跡講座』の応用と実践（このすべてが、夢や幻想、あるいはすでに書かれた脚本であるというのなら、私が自分の人生で何を行なおうと、どんな違いをもたらすというのでしょうか？ このすべてが夢や幻想であるなら、私が子供のときに苦しんだ虐待は実在しておらず、否定され無視されるべきものだということなのでしょうか？ ほか） 第4章 イエス（『奇跡講座』は、その中のどこで、イエスが著者だと言っているのですか？ なぜこの本には著者名がないのですか？ さらに、なぜ「教師のためのマニュアル」の中に、三人称で書かれたイエスについてのセクションがあるのですか？ 『奇跡講座』が述べているように、イエスが自分自身に贖罪を受け入れた最初の者だったとしたら、仏陀のような人々についてはどうなのでしょうか？ ほか） 第5章 『奇跡講座』のカリキュラム（誰が、『奇跡講座』という題名をつけたのですか？ それはなぜなのですか？ 『奇跡講座』はその他の霊性の道、特に聖書とどのような関係にあるのですか？ ほか）〔*09639*〕

ワプニック, ケネス Wapnick, Kenneth

◇奇跡のコース 第1巻 テキスト（A COURSE IN MIRACLES） ヘレン・シャックマン記, ウィリアム・セットフォード, ケネス・ワプニック編, 大内博訳 普及版 ナチュラルスピリット 2014.6 946p 21cm 〈初版：ナチュラルスピリット・パブリッシング80 2010年刊 文献あり 年表あり〉 3800円 ①978-4-86451-122-3

内容 奇跡の意味 分離とあがない 罪のない知覚 エゴの幻想 癒しと完全性 愛のレッスン 神の王国の贈り物 故郷へ帰る旅 あがないの受容 病の偶像〔ほか〕〔*09640*〕

◇赦しのカリキュラム―奇跡講座について最もよく聞かれる72の質問と答え（THE MOST COMMONLY ASKED QUESTIONS ABOUT A COURSE IN MIRACLES） ケネス・ワプニック, グロリア・ワプニック著, 沢井美子訳, 加藤三代子監修 中央アート出版社 2015.4 301p 20cm 〈索引あり〉 2800円 ①978-4-8136-0767-0

内容 第1章 天国とは（神とは、どういう性質のものでしょうか？ 実相とは、どういう性質のものでしょうか？ ほか） 第2章 分離とは（自我はどのようにして始まったのでしょうか？ 何が分離の再発を防ぐのでしょうか？ 神がこの世界や肉体を創造しなかったのなら、誰がそれらを創造したのですか？ そしてまた、私たちは誰であり、どのようにしてここにやってきたのですか？ ほか） 第3章 『奇跡講座』の応用と実践（このすべてが、夢や幻想、あるいはすでに書かれた脚本であるというのなら、私が自分の人生で何を行なおうと、どんな違いをもたらすというのでしょうか？ このすべてが夢や幻想であるなら、私が子供のときに苦しんだ虐待は実在しておらず、否定され無視されるべきものだということなのでしょうか？ ほか） 第4章 イエス（『奇跡講座』は、その中のどこで、イエスが著者だと言っているのですか？ なぜこの本には著者名がないのですか？ さらに、なぜ「教師のためのマニュアル」の中に、三人称で書かれたイエスについてのセクションがあるのですか？ 『奇跡講座』が述べているように、イエスが自分自身に贖罪を受け入れた最初の者だったとしたら、仏陀のような人々についてはどうなのでしょうか？ ほか） 第5章 『奇跡講座』のカリキュラム（誰が、『奇跡講座』という題名をつけたのですか？ それはなぜなのですか？ 『奇跡講座』はその他の霊性の道、特に聖書とどのような関係にあるのですか？ ほか）〔*09641*〕

◇奇跡のコース 第2巻 学習者のためのワークブック/教師のためのマニュアル（A COURSE IN MIRACLES） ヘレン・シャックマン記, ウィリアム・セットフォード, ケネス・ワプニック編, 大内博訳 普及版 ナチュラルスピリット 2015.10 809, 105p 21cm 3800円 ①978-4-86451-182-7

内容 1（この部屋の中で（この通りで、この窓から、この場所で）私が見ているものには、何の意味もありません。 私は、この部屋の中で（この通りで、この窓から、この場所で）見ているもののすべてに、それらが私に対してもっている意味のすべてを与えています。 私は、この部屋で（この通りで、この窓から、この場所で）見ているものを何も理解していません。 ほか） 2（ゆるしとは何でしょうか 救いとは何でしょうか この世界とは何でしょうか ほか） 最後のレッスン（この神聖な瞬間を私は「あなた」に捧げます。「あなた」が責任者です。というのは、「あなた」の導きが私に安らぎを与えてくれることを確信して、私はあなたの後をついていくからです。）〔*09642*〕

◇奇跡の道―兄イエズスの教え 1 本文・序文〜第六章（A Course In Miracles） ヘレン・シャックマン記, ウィリアム・セットフォード, ケネス・ワプニック編, 田中百合子訳 ナチュラルスピリット 2016.3 241, 20p 19cm 1600円 ①978-4-86451-198-8

内容 第1章 奇跡の意味 第2章 分離と贖罪 第3章 潔白な知覚 第4章 自我の錯覚 第5章 癒しと完全なすがた 第6章 愛の教訓〔*09643*〕

◇奇跡の原理―奇跡講座「50の奇跡の原理」解説（THE FIFTY MIRACLE PRINCIPLES OF A COURSE IN MIRACLES） ケネス・ワプニック著, 加藤三代子訳 中央アート出版社 2016.6 300p 19cm 〈索引あり〉 2400円 ①978-4-

ワ

8136-0769-4
内容 黙想　序　原理　『奇跡講座』引用箇所索引 〔09644〕

◇赦しのカリキュラム―奇跡講座について最もよく聞かれる72の質問と答え（The Most Commonly Asked Questions About A COURSE IN MIRACLES）　ケネス・ワプニック, グロリア・ワプニック著, 沢井美子訳, 加藤三代子監修　改訂新版　中央アート出版社　2016.8　301p　19cm　2600円　①978-4-8136-0770-0
内容 第1章 天国とは（神とは、どういう性質のものでしょうか？　実相とは、どういう性質のものでしょうか？ ほか）　第2章 分離とは（自我はどのようにして始まったのでしょうか？ 何が分離の再発を防ぐのでしょうか？　神がこの世界や肉体を創造しなかったのなら、誰がそれらを創造したのですか？ そしてまた、私たちは誰であり、どのようにしてここにやってきたのですか？ ほか）　第3章『奇跡講座』の応用と実践（このすべてが、夢や幻想、あるいはすでに書かれた脚本であるというのなら、私が自分の人生で何を行なおうと、どんな違いをもたらすというのでしょうか？　このすべてが夢や幻想であるなら、私が子供のときに苦しんだ虐待は実在しておらず、否定され無視されるべきものだということなのでしょうか？ ほか）　第4章 イエス（『奇跡講座』は、その中のどこで、イエスが著者だと言っているのですか？ なぜこの本には著者名がないのですか？ さらに、なぜ「教師のためのマニュアル」の中に、三人称で書かれたイエスについてのセクションがあるのですか？　『奇跡講座』が述べているように、イエスが自分自身に贖罪を受け入れた最初の者だったとしたら、仏陀のような人々についてはどうなのでしょうか？ ほか）　第5章『奇跡講座』のカリキュラム（誰が、『奇跡講座』という題名をつけたのですか？ それはなぜなのですか？　『奇跡講座』はその他の霊性の道、特に聖書とどのような関係にあるのですか？ ほか）〔09645〕

ワリー・P.
◇バック・トゥ・ベーシックス―AAビギナーズ・ミーティング 12のステップを、1時間のセッション4回で（Back to basics）　ワリー・P著, ジャパンマック訳　ジャパンマック　2016.9　10, 212p　26cm　〈発売：萌文社〉1500円　①978-4-89491-319-6
内容 第1章 AAビギナーズ・ミーティングの発展　第2章 セッション1「概論とステップ1」　第3章 セッション2「ステップ2・3・4」　第4章 セッション3「ステップ5・6・7・8・9」　第5章 セッション4「ステップ10・11・12」　第6章 いきさつ　付録 〔09646〕

ワルシャウスキー, ミシェル　Warschawski, Michel
◇国境にて―イスラエル/パレスチナの共生を求めて（SUR LA FRONTIÈRE）　ミシェル・ワルシャウスキー著, 脇浜義明訳　柘植書房新社　2014.8　301p　21cm　〈年表あり〉3800円　①978-4-8068-0663-9
内容 第1部 砂漠（国境の街　ダビデがゴリアテとなる　荒野の説教 ほか）　第2部 ひび割れ（地震　「国境というものがある！」　ともに ほか）　第3部 内なる国境（ついに決別？　ユダヤ人とイスラエル人　周辺部が中心部になる ほか）〔09647〕

ワルシュ, S.D.
◇徳倫理学基本論文集　加藤尚武, 児玉聡編・監訳　勁草書房　2015.11　342, 7p　22cm　〈索引あり〉3800円　①978-4-326-10248-8
内容 目的論、アリストテレス的徳、正しさ（S.D.ワルシュ著, 荻原理訳）〔09648〕

ワルチンスキー, デビッド　Wallechinsky, David
◇ビジュアル教養大事典（The Knowledgebook）　デビッド・ワルチンスキーほか著, 北村京子, 倉田真木, 神原里枝, 小俣鐘子, 滝野沢友理, 武田正紀, 武智美佳, 田中ちよ子, 林恭子, 村田綾子, 森江里, 森友子, 山本裕子訳　日経ナショナルジオグラフィック社　2014.12　512p　28cm　(NATIONAL GEOGRAPHIC)　〈索引あり　発売：日経BPマーケティング〉9000円　①978-4-86313-290-0
内容 青い惑星　発見と発明　社会生活　心と魂　芸術　現代生活 〔09649〕

ワレン, カット　Warren, Cat
◇死体捜索犬ソロが見た驚くべき世界（What the Dog Knows）　カット・ワレン著, 日向やよい訳　エクスナレッジ　2014.5　392p　19cm　2200円　①978-4-7678-1795-8
内容 小さな闇の王子　死と犬　鼻について　遺体捜索犬の誕生　インチキ賭博　死の匂い　スペアリブ　落ち込んだときはバイトワークをしよう　沼地へ　だます者、だまされる者　世界はシナリオであふれている　他人の悲しみ　そして兵士たちはいなくなった　水上を駆ける　完璧な道具　いにしえの香り　犬たちの第2幕　しっぽを揺らして 〔09650〕

ワレン, ジェームズ・フランシス　Warren, James Francis
◇阿姑とからゆきさん―シンガポールの買売春社会1870-1940年（Ah Ku and Karayuki-san）　ジェームズ・フランシス・ワレン著, 蔡史君, 早瀬晋三監訳, 藤沢邦子訳　法政大学出版局　2015.6　490p　22cm　〈文献あり 索引あり〉7800円　①978-4-588-37713-6 〔09651〕

ワン, エドワード　Wang, Q.Edward
◇箸はすごい（CHOPSTICKS）　エドワード・ワン著, 仙名紀訳　柏書房　2016.6　257p 図版12p　20cm　〈索引あり〉2200円　①978-4-7601-4712-0
内容 1 なぜ箸なのか。その起源と初期の役割　2 おかず、ごはん、麺―箸の役割変化　3 箸文化圏の形成―ベトナム、日本、朝鮮半島、そしてさらに広域に　4 箸の使い方、習慣、作法、礼儀　5 分かちがたい一対の箸―贈りもの、隠喩、象徴としての人気　6 世界の食文化に箸が橋渡し 〔09652〕

ワン, エドワード・Q.
◇歴史を射つ―言語論的転回・文化史・パブリックヒストリー・ナショナルヒストリー　岡本充弘, 鹿島徹, 長谷川貴彦, 渡辺賢一郎編　御茶の水書房　2015.9　429p　22cm　5500円　①978-4-275-02022-2
内容 世界のなかのアジアを理解しなおす（エドワード・Q.ワン著, 内田力訳）〔09653〕

ワ

ワン, ジエンウェイ
◇「普通」の国日本（JAPAN AS A 'NORMAL COUNTRY'？） 添谷芳秀, 田所昌幸, デイヴィッド・A.ウェルチ編著 千倉書房 2014.3 340p 20cm 〈索引あり〉2800円 ①978-4-8051-1032-4
内容 「普通の国」日本をめぐる中国の言説（ワン・ジエンウェイ著, 手賀裕輔訳） 〔09654〕

ワン, ジョン 汪 錚
⇒オウ, ソウ

ワン, セリーヌ
◇ルソーと近代―ルソーの回帰・ルソーへの回帰 ジャン＝ジャック・ルソー生誕300周年記念国際シンポジウム 永見文雄, 三浦信孝, 川出良枝編 風行社 2014.4 426p 22cm 〈他言語標題：Rousseau, le moderne？ 作品目録あり 年譜あり〉4600円 ①978-4-86258-082-5
内容 「人民」と「社会契約」（セリーヌ・ワン著, 坂倉裕治訳） 〔09655〕

ワン, チエン 王 征
⇒オウ, セイ

ワン, フイ 汪 暉
⇒オウ, キ

ワンダーズマン, エイブラハム Wandersman, Abraham
◇エンパワーメント評価の原則と実践―教育、福祉、医療、企業、コミュニティ介入プログラムの改善と活性化に向けて（Empowerment Evaluation Principles in Practice） D.M.フェターマン,A.ワンダーズマン編著, 笹尾敏明監訳, 玉井航太, 大内潤子訳 風間書房 2014.1 310p 21cm 〈索引あり〉3500円 ①978-4-7599-2022-2
内容 エンパワーメント評価の原則 他（Abraham Wandersman,Jessica Snell-Johns,Barry E.Lentz, David M.Fetterman,Dana C.Keener,Melanie Livet, Pamela S.Imm,Paul Flapohler著, 笹尾敏明訳） 〔09656〕

ワンナ, ジョン Wanna, John
◇ウェストミンスター政治の比較研究―レイプハルト理論・新制度論へのオルターナティヴ（COMPARING WESTMINSTER） R.A.W.ローズ, ジョン・ワンナ, パトリック・ウェラー著, 小堀真裕, 加藤雅俊訳 京都 法律文化社 2015.10 307p 22cm 〈文献あり 索引あり〉7200円 ①978-4-589-03691-9
内容 第1章 ウェストミンスターを探求する（ウェストミンスター・モデルに関する信念 ウェストミンスターを比較する ほか） 第2章 ウェストミンスターを比較する（競合するアプローチ 解釈アプローチというオルターナティヴ ほか） 第3章 生きている伝統（君主大権 責任政府という伝統 ほか） 第4章 執政と内閣（主張の検討―カナダの独裁制 大統領化に関する逸話はどこかよそで信憑性を得る ほか） 第5章 大臣責任（「規則なし」という進化する伝統 「責任政府」―公式的立場 ほか） 第6章 公務サーヴィス（屈折した諸伝統 諸伝統の伝達と再修正 ほか） 第7章 議会と代表（議会主権に対する今日の制限 執政府の持続 ほか） 第8章 ウェストミンスターの意味（ウェストミンスターの諸議論の立脚点 ウェストミンスター神話の恩恵 ほか） 〔09657〕

ワンプロダクション《Won-production》
◇シュバイツァー イムヨンジェ文, ワンプロダクション絵, 猪川なと訳 岩崎書店 2014.11 163p 23cm （オールカラーまんがで読む知っておくべき世界の偉人 13）〈年譜あり〉1600円 ①978-4-265-07683-3
内容 01 自分だけ幸せではいられない 02 命をいつくしむ少年 03 アフリカのことを知る 04 人々のための生きる 05 アフリカの人々とともに 06 戦争の渦の中へ 07 アフリカのエデンの園 〔09658〕

【無著者】

聖書
◇新約全書―現代仮名字体版『志無也久世無志与』 ネイサン・ブラウン訳, 川島第二郎, 松岡正樹監修 新教出版社 2011.3 896p 22cm 7000円 ①978-4-400-10682-1 〔09659〕
◇新約聖書―詩編つき 新共同訳 日本聖書協会 2012 480, 155, 52p 21cm 〈他言語標題：New Testament with Psalms〉1500円 ①978-4-8202-3248-3 〔09660〕
◇創造主訳聖書―旧新約聖書 創造主訳聖書刊行会主宰, 尾山令仁訳 横浜 ロゴス出版社 2013.4 860, 349p 図版 8枚 19cm 2800円 ①978-4-907252-00-7 〔09661〕
◇民数記 1 〔1～18章〕 ミルトス・ヘブライ文化研究所編 ミルトス 2013.12 214p 21cm （ヘブライ語聖書対訳シリーズ 7） 2800円 ①978-4-89586-224-0 〔09662〕
◇新約聖書―新共同訳 日本聖書協会 2014 933p 12cm 〈他言語標題：New Testament フリップバック装〉2500円 ①978-4-8202-3246-9 〔09663〕
◇BIBLE naviディボーショナル聖書注解 いのちのことば社出版部訳 いのちのことば社 2014.1 1613p 22cm 〈「BIBLE navi」（2011年刊）の抜粋 年表あり〉6000円 ①978-4-264-03166-6
内容 旧約聖書（創世記 出エジプト記 レビ記 民数記 申命記 ほか） 新約聖書（マタイの福音書 マルコの福音書 ルカの福音書 ヨハネの福音書 使徒の働き/使徒言行録 ほか） 〔09664〕
◇文語訳 新約聖書―詩篇付 岩波書店 2014.1 786p 15cm （岩波文庫） 1440円 ①978-4-00-338033-8
内容 マタイ伝福音書 マルコ伝福音書 ルカ伝福音書 ヨハネ伝福音書 使徒行伝 ロマ書 コリント前書 コリント後書 ガラテヤ書 エペソ書〔ほか〕 〔09665〕
◇イラストリビングバイブル 新約 ケリー篠沢画 いのちのことば社フォレストブックス 2014.2

無著者

606p 19cm 1600円 ①978-4-264-03137-6
内容 イラストリビングバイブル名画集 キリストの生涯 キリスト教会の誕生 クリスチャンへの手紙 世界の終りに 聖書地図 〔09666〕

◇バイブル・プラス―カラー資料（Parola del Signore, la Bibbia in lingua corrente） 日本聖書協会 2014.4 128p 21cm 〈他言語標題：The Bible +〉 600円 ①978-4-8202-9233-3 〔09667〕

◇聖マタイ331―聖マタイによる福音書から選択された331詩 Mary Paola,Stean Anthony編訳 京都 山口書店 2014.5 351p 15cm （MTMM series） 〈他言語標題：Saint Matthew 331〉 2000円 ①978-4-8411-0923-8 〔09668〕

◇文語訳 新約聖書―詩篇付 岩波書店 2014.6 786p 18×13cm （ワイド版岩波文庫） 2300円 ①978-4-00-007375-2
内容 新約聖書（マタイ伝福音書 マルコ伝福音書 ルカ伝福音書 ヨハネ伝福音書 使徒行伝 ロマ書 コリント前書 コリント後書 ガラテヤ書 エペソ書 ほか） 旧約聖書―詩篇 〔09669〕

◇新約聖書試訳 塚本虎二訳 聖書知識社 2014.10 1252p 22cm 〈複製〉 4000円 〔09670〕

◇民数記 2 ミルトス・ヘブライ文化研究所編 ミルトス 2014.12 190p 21cm （ヘブライ語聖書対訳シリーズ 8） 2800円 ①978-4-89586-225-7 〔09671〕

◇バイリンガル聖書―旧新約聖書 新改訳（The Holy Bible, New International Version） 2版 いのちのことば社 2015.1 561, 13p 21cm 〈本文：日英両文〉 6900円 ①978-4-264-03266-3
内容 旧約聖書（創世記 出エジプト記 レビ記 民数記 ほか） 新約聖書（マタイの福音書 マルコの福音書 ルカの福音書 ヨハネの福音書 ほか） 〔09672〕

◇バイリンガル聖書―旧新約聖書 新改訳（The Holy Bible, New International Version） 2版 いのちのことば社 2015.1 561, 13p 21cm 〈本文：日英両文〉 6900円 ①978-4-264-03267-0
内容 旧約聖書（創世記 出エジプト記 レビ記 民数記 ほか） 新約聖書（マタイの福音書 マルコの福音書 ルカの福音書 ヨハネの福音書 ほか） 〔09673〕

◇新約聖書―訳と註 6 公同書簡/ヘブライ書 田川建三訳著 作品社 2015.3 843p 22cm 6200円 ①978-4-86182-155-4
内容 本文の訳（ヤコブ書簡 ペテロ書簡 ユダ書簡 ヨハネ書簡 ヘブライ人へ） 本文への註（ヤコブ書簡 ペテロ書簡 ユダ書簡 ヨハネ書簡 ヘブライ人へ） 〔09674〕

◇聖ヨハネ391―聖ヨハネによる福音書から選択・作詩された391詩 Mary Paola,Stean Anthony編訳 京都 山口書店 2015.3 142p 15cm （MTMM series） 〈他言語標題：Saint John 391〉 1000円 ①978-4-8411-0928-3 〔09675〕

◇バイリンガル聖書・新約（The Holy Bible, New International Version） 2版 いのちのことば社 2015.3 561, 8p 21cm 〈本文：日英両文〉 2200円 ①978-4-264-03279-3
内容 マタイの福音書 マルコの福音書 ルカの福音書 ヨハネの福音書 使徒の働き ローマ人への手紙 コリント人への手紙・第一 コリント人への手紙・第二 ガラテヤ人への手紙 エペソ人への手紙〔ほか〕 〔09676〕

◇聖書 新改訳―注解・索引・チェーン式引照付 新改訳聖書刊行会訳 改訂新版 いのちのことば社 2015.4 1568, 503, 204p 21cm 8000円 ①978-4-264-02382-1
内容 旧約聖書（創世記 出エジプト記 レビ記 民数記 申命記 ほか） 新約聖書（マタイの福音書 マルコの福音書 ルカの福音書 ヨハネの福音書 使徒の働き ほか） 〔09677〕

◇文語訳 旧約聖書 1 律法 岩波書店 2015.5 473p 15cm （岩波文庫） 1080円 ①978-4-00-338034-5
内容 創世記 出エジプト記 レビ記 民数紀略 申命記 〔09678〕

◇聖書―引照・注付 新日本聖書刊行会訳 新改訳 第3版 小型スタンダード版 いのちのことば社 2015.6 1568, 503p 16cm 〈11刷 初刷：日本聖書刊行会 2003年刊〉 3000円 ①978-4-264-03206-9 〔09679〕

◇聖書―引照・注付 新日本聖書刊行会訳 新改訳 第3版 小型折革装スタンダード版 いのちのことば社 2015.7 1568, 503p 17cm 〈6刷 初刷：日本聖書刊行会 2003年刊〉 9800円 ①978-4-264-03202-1 〔09680〕

◇聖ヨハネ190―聖ヤコブ・ペトロ・ヨハネ・ユダの手紙から選択・作詩された190詩 Mary Paola,Stean Anthony編訳 京都 山口書店 2015.7 76p 15cm （MTMM series） 〈他言語標題：Saint John 190〉 1000円 ①978-4-8411-0930-6 〔09681〕

◇レビ記 1 〔1～14章〕 ミルトス・ヘブライ文化研究所編 ミルトス 2015.10 150p 21cm （ヘブライ語聖書対訳シリーズ 5） 2800円 ①978-4-89586-226-4 〔09682〕

◇聖書 新共同訳（THE BIBLE ： The New Interconfessional Translation） 日本聖書協会 2015.11 1502, 480, 71p 22×16cm 8000円 ①978-4-8202-1328-4
内容 旧約聖書（創世記 出エジプト記 レビ記 民数記 申命記 ほか） 新約聖書（マタイによる福音書 マルコによる福音書 ルカによる福音書 ヨハネによる福音書 使徒言行録 ほか） 〔09683〕

◇聖書 新共同訳（THE BIBLE ： The New Interconfessional Translation） 日本聖書協会 2015.11 1502, 480, 71p 22×16cm 17500円 ①978-4-8202-1329-1
内容 旧約聖書（創世記 出エジプト記 レビ記 民数記 申命記 ほか） 新約聖書（マタイによる福音書 マルコによる福音書 ルカによる福音書 ヨハネによる福音書 使徒言行録 ほか） 〔09684〕

◇元始に言霊あり―新約聖書 約翰伝 全 禁教下の和訳聖書 新約聖書 約翰伝 ヨハネ伝 元始に言霊あり J.C.ヘボン,S.R.ブラウン, 奥野昌綱著, 久米三千雄編・校注 上田 和訳聖書分冊刊行会 2015.11 115, 29p 21cm 〈発売：キリスト新聞社〉 1200円 ①978-4-87395-679-4

内容 序文―創造と啓示。洗礼者のヨハンネの証し。神の羔。最初の弟子。ピリッポとナタナエル。 カナの婚宴。神殿の潔。耶穌(イエス)人の心を知る。 ニコデモ。イエスと洗礼者。天より来るもの。 イエスとサマリアの女。王の司の子の癒し。 ベトザタの池。安息日の癒し。子と天の父。 五千人の食物。湖を歩く。命のパン。命の言葉。 兄弟の不信。仮庵のまつり。キリストなりや。 姦淫の女。世の光。真理と自由。アブラハム。 目みえぬ人のいやし。世をさばくイエス。 羊の門。牧人と盗人。父の業とイエスは一つ。〔ほか〕 〔09685〕

◇口語新約聖書―教会無き人々のための 塚本虎二訳 聖書知識社 2016.2 873p 19cm 〈折り込 1枚〉 3704円 〔09686〕

◇聖書 新改訳―引照・注付 新日本聖書刊行会訳 中型スタンダード版 いのちのことば社 2016.2 1568, 503p 19cm 4800円 ①978-4-264-03207-6

内容 旧約聖書(創世記 出エジプト記 レビ記 民数記 申命記 ほか) 新約聖書(マタイの福音書 マルコの福音書 ルカの福音書 ヨハネの福音書 使徒の働き ほか) 〔09687〕

◇聖書 新改訳―引照・注付 えんじ 新日本聖書刊行会訳 中型スタンダード版 いのちのことば社 2016.2 1568, 503p 19cm 4800円 ①978-4-264-03208-3

内容 旧約聖書(創世記 出エジプト記 レビ記 民数記 申命記 ほか) 新約聖書(マタイの福音書 マルコの福音書 ルカの福音書 ヨハネの福音書 使徒の働き ほか) 〔09688〕

◇ダイグロットバイブル 和英対照 聖書 ピンク 日本聖書協会 2016.9 764p 19cm 〈本文:日英両文〉 6300円 ①978-4-8202-1334-5

内容 旧約聖書(創世記 出エジプト記 レビ記 民数記 申命記 ほか) 新約聖書(マタイによる福音書 マルコによる福音書 ルカによる福音書 ヨハネによる福音書 使徒言行録 ほか) 〔09689〕

◇ダイグロットバイブル 和英対照 聖書 ブルー 日本聖書協会 2016.9 764p 19cm 〈本文:日英両文〉 6300円 ①978-4-8202-1335-2

内容 旧約聖書(創世記 出エジプト記 レビ記 民数記 申命記 ほか) 新約聖書(マタイによる福音書 マルコによる福音書 ルカによる福音書 ヨハネによる福音書 使徒言行録 ほか) 〔09690〕

◇超訳聖書生きる知恵 石井希尚編訳 エッセンシャル版 ディスカヴァー・トゥエンティワン 2016.9 1冊(ページ付なし) 15cm 〈他言語標題:WISDOM TO LIVE FROM THE OLD AND NEW TESTAMENTS 初版のタイトル:超訳聖書古代ユダヤ賢人の言葉〉 1000円 ①978-4-7993-1984-0

内容 1 自分自身について 2 生きる姿勢について 3 人の心について 4 言葉と行動について 5 人間関係について 6 働くことについて 7 リーダーシップについて 8 成功について 9 人生について 10 愛と結婚について 11 信仰について 〔09691〕

◇七十人訳ギリシア語聖書イザヤ書 秦剛平訳 青土社 2016.11 344, 10p 22cm 〈文献あり 索引あり〉 3600円 ①978-4-7917-6953-7

内容 前置き 神の裁きの日には その日、七人の女は… わが愛する者の葡萄園 イザヤの召命 シリア・エフライム戦争とアハズとイザヤの会合 イザヤ、息子を儲ける 平和の幻 不正な裁き 動物と人間が共存する新しい秩序について〔ほか〕 〔09692〕

仏教経典

◇壺の中の女―呉天竺三蔵康僧会旧雑譬喩経全訳 西村正身, 羅党興訳 広島 溪水社 2013.5 230p 22cm 〈文献あり〉 3800円 ①978-4-86327-214-9 〔09693〕

◇ダンマパダ―ブッダの〈真理の言葉〉日常語訳 (Dhammapada) 今枝由郎訳 トランスビュー 2013.10 205p 19cm 〈文献あり〉 1200円 ①978-4-7987-0142-4 〔09694〕

◇原始仏典 2〔第5巻〕 相応部経典 第5巻 中村元監修 前田専学編集, 橋本哲夫訳 春秋社 2013.12 828p 22cm 〈布装〉 10000円 ①978-4-393-11305-9 〔09695〕

◇新編スッタニパーター―ブッダの〈智恵の言葉〉日常語訳 (Suttanipāta) 今枝由郎訳 トランスビュー 2014.1 174p 19cm 〈文献あり〉 1200円 ①978-4-7987-0145-5

内容 第1章 蛇の脱皮の章(蛇の脱皮の経 牛飼いダニヤの経 犀のの角の経 耕作者バーラドヴァージャの経 破滅の経 賤しい人の経 慈しみの経 夜叉ヘーマヴァッタの経 夜叉アーラヴァカの経 聖者の経) 第2章 小さな章(三宝の経 こよなき幸せの経 夜叉スーチローマの経 道理にかなった行ないの経 船の経 戒めの経 奮起の経 信者ダンミカの経) 第3章 大きな章(矢の経 青年ヴァーセッタの経) 第4章 八偈の章(欲望の経 洞窟についての八偈の経 最上についての八偈の経 老いの経 生前の経 暴力の経) 第5章 彼岸に至る章(十六学生の経の結び) 〔09696〕

◇パーリ仏典 第3期3 相応部〈サンユッタニカーヤ〉因縁篇 1 片山一良訳 大蔵出版 2014.2 568p 22cm 〈索引あり〉 12000円 ①978-4-8043-1215-6

内容 第1 因縁相応(仏の章 食の章 十力の章 カラーラ・カッティヤの章 資産家の章 苦の章 大の章 沙門バラモンの章 中略分) 第2 現観相応 〔09697〕

◇全訳降三世大儀軌王/同ムディタコーシャ註釈 (Trailokyavijaya-mahākalpa-rāja, Ārya-trailokyavijaya-nāma-vrtti) 北村太道, タントラ仏教研究会訳 浦安 起心書房 2014.3 282p 22cm (『金剛頂経』系密教原典研究叢刊 3) 〈索引あり〉 6600円 ①978-4-907022-04-4 〔09698〕

◇パーリ仏典 第3期4 相応部〈サンユッタニカーヤ〉因縁篇 2 片山一良訳 大蔵出版 2014.3 550p 22cm 〈索引あり〉 12000円 ①978-4-8043-1216-3

内容 第3 界相応 第4 無始相応 第5 カッサパ相応 第6 利得尊敬相応 第7 ラーフラ相応 第8 ラッカナ相応 第9 比喩相応 第10 比丘相応 〔09699〕

◇般若心経―新訳 人生を生きやすくする智慧 ひろさちや編訳 PHP研究所 2014.4 205p 18cm 〈他言語標題:The Heart Sutra〉 1100円 ①978-4-569-81854-2

内容 第1部 新訳『般若心経』 第2部 解説『般若心経』(般若波羅蜜多心経 すばらしい般若波羅蜜の精髄を

無著者

教えたお経　観自在菩薩。行深般若波羅蜜多時。照見五蘊皆空。度一切苦厄。ほか）　第3部 実践『般若心経』（彼岸に渡れ！　此岸を支配する欲望原理　此岸を支配する競争原理 ほか）〔09700〕

◇原始仏典　2〔第6巻〕　相応部経典　第6巻　中村元監修　前田専学編集, 橋本哲夫, 河崎豊, 畑昌利訳　春秋社　2014.5　715p　22cm　〈布装〉　9500円　①978-4-393-11306-6

内容 第5篇「正しい奮励」に関する集成　第6篇「力」に関する集成　第7篇 心がけに関する集成　第8篇 アヌルッダに関する集成　第9篇 瞑想に関する集成　第10篇 呼吸についての集成　第11篇 流れへの到達についての集成　第12篇 真実についての集成〔09701〕

◇仏説大安般守意経解読書―お釈迦さんの呼吸法「訓読」「読み下し」付　宮沢大三郎訳・著・編　帯広　宮沢大三郎　2014.5　233, 49p　21cm　〈付・用語辞典　標題紙のタイトル：安般守意経解読書〉〔09702〕

◇ブッダの言葉　中村元訳, 丸山勇写真　新潮社　2014.8　175p　19cm　1400円　①978-4-10-336311-8

内容 慈しみ　幸福　道を歩む　怒り 怨み　世に生きる　執著を離れる　死と向き合う　真理とは　心　つとめ励む　ブッダの生涯〔09703〕

◇Anandagarbha造『Tattvaloka』「金剛界品」金剛界大曼荼羅 和訳　遠藤祐純著　ノンブル社　2014.10　332p　21cm　（蓮花寺仏教研究所研究叢書）　11000円　①978-4-903470-82-5

内容 1　緒論　2　和訳（帰敬偈　序分　正宗分）〔09704〕

◇縮刷蔵経から大正蔵経へ―平成26年度秋期特別展関連シンポジウム　仏教大学宗教文化ミュージアム編　京都　仏教大学宗教文化ミュージアム　2014.11　62p　30cm　〈会期・会場：平成26年11月3日 仏教大学宗教文化ミュージアム宗教文化シアター〉

内容 基調講演. 古籍数字化視野中的《大蔵経》方広錩 述.〈日本語訳〉古典籍デジタル化という視野における『大正蔵』高津孝 訳　研究発表. 日本近代出版の大蔵経と大蔵経出版 梶浦晋 述.『大正新脩大蔵経』巻八五・古逸部疑似部の編纂とその意義 大内文雄 述. デジタル化の現場から見えてくる大正新脩大蔵経 永崎研宣 述〔09705〕

◇観無量寿経　佐藤春夫訳・注, 石田充之解説　筑摩書房　2015.1　266p　15cm　（ちくま学芸文庫 サ33-1）　〈法蔵館 1957年刊の再刊〉1100円　①978-4-480-09657-9

内容 釈尊が「無量寿仏を観奉ること」を説かれた聖典『観無量寿経』入門（『観無量寿経』の成立と翻訳　『観無量寿経』の流伝と理解の発展　『観無量寿経』の教説内容について　参考註釈書について）〔09706〕

◇法華経―サンスクリット原典現代語訳　上　植木雅俊訳　岩波書店　2015.3　287p　20cm　2300円　①978-4-00-024787-0

内容 第1章 序（序品第一）　第2章 巧みなる方便（方便品第二）　第3章 譬喩（譬喩品第三）　第4章 信順の志（信解品第四）　第5章 薬草（薬草喩品第五）　第6章 予言（授記品第六）　第7章 過去との結びつき（化城喩品第七）　第8章 五百人の男性出家者たちへの予言（五百弟子受記品第八）　第9章 アーナンダとラーフラ、そのほか二千人の男性出家者への予言（授学無学人記品第九）　第10章 説法者（法師品第十）〔09707〕

◇法華経―サンスクリット原典現代語訳　下　植木雅俊訳　岩波書店　2015.3　300p　20cm　2300円　①978-4-00-024788-7

内容 ストゥーパの出現（見宝塔品第十一）　ストゥーパの出現＝続き（提婆達多品第十二）　果敢なる努力（勧持品第十三）　安楽の住所（安楽行品第十四）　大地の裂け目からの菩薩の出現（従地涌出品第十五）　如来の寿命の長さ（如来寿量品第十六）　福徳の分別（分別功徳品第十七）　喜んで受け容れることの福徳の表明（随喜功徳品第十八）　説法者に対する讃嘆（法師功徳品第十九）　常に軽んじない“のに、常に軽んじていると思われ、その結果、常に軽んじられることになるが、最終的には常に軽んじられないものとなる”菩薩（常不軽菩薩品第二十）　如来の神力の顕現（如来神力品第二十一）　ダーラニー（陀羅尼品第二十六）“薬の王”の過去との結びつき（薬王菩薩本事品第二十三）　明瞭で流暢に話す声を持つもの（妙音菩薩品第二十四）　あらゆる方向に顔を向けた“自在に観るもの”の神変についての教説（観世音菩薩普門品第二十五）　“美しく荘厳された王”の過去との結びつき（妙荘厳王本事品第二十七）　“普く祝福されている人”による鼓舞（普賢菩薩勧発品第二十八）　付嘱（嘱累品第二十二）〔09708〕

◇スッタニパーター釈尊のことば 全現代語訳　荒牧典俊, 本庄良文, 榎本文雄訳　講談社　2015.4　326p　15cm　（講談社学術文庫 2289）　〈「原始仏典 7」（1986年刊）の抜粋〉1080円　①978-4-06-292289-0

内容 第1章 蛇（蛇　富裕なるダニヤ ほか）　第2章 小さき章（宝　生ぐさ ほか）　第3章 大いなる章（出家奮闘 ほか）　第4章 八詩頌の経（さまざまな欲望の対象　洞窟についての八詩頌 ほか）　第5章 彼岸への超脱（説法の因縁となる仏伝の出来事を述べる詩頌　バラモンの門弟アジタの問い ほか）〔09709〕

◇『法華経』日本語訳　ひろさちや著　佼成出版社　2015.4　277, 5p　19cm　1800円　①978-4-333-02704-0

内容 幕開けの章（序品第一）　仏に向かっての歩み（方便品第二）　三界は火宅なり（譬喩品第三）　大乗に心を向ける（信解品第四）　草いろいろ（薬草喩品第五）　未来に対する保証（授記品第六）　過去世の因縁（化城喩品第七）　五百人への授記（五百弟子受記品第八）　まだ未熟でも（授学無学人記品第九）　“法華経”を説く心構え（法師品第十）〔ほか〕〔09710〕

◇現代日本語訳 法華経　正木晃著　春秋社　2015.5　362p　21cm　2600円　①978-4-393-11319-6

内容 第1部 法華経全訳（序品　方便品　譬喩品　信解品　薬草喩品 ほか）　第2部 解説（法華経とは何か　各品の解説）〔09711〕

◇梵文和訳無量寿経・阿弥陀経　藤田宏達訳　新訂　京都　法蔵館　2015.5　270, 22p　22cm　〈索引あり〉6500円　①978-4-8318-7077-3

内容 解題（“無量寿経”の文献　“阿弥陀経”の文献）“無量寿経”の梵文和訳　“阿弥陀経”の梵文和訳　訳註〔09712〕

◇大阪のおばちゃん超訳ブッダの言葉　釈徹宗監修, 大阪のおばちゃん井戸端愛好会編訳　京都　PHP研究所　2015.9　203p　19cm　〈文献あり〉1200円　①978-4-569-82329-4

内容 第1章 仏教と初期仏典―仏教ってなんやろか？　第

無著者

2章 法華経—仏さんのごっつい慈悲をうまいこと表現してるねん 第3章 華厳経—菩薩修行体験談を交えてご縁や悟りへの道を説しているよ 第4章 維摩経—テーマは「脱・自分的生き方」口達者なおっちゃんの説法独演会 第5章 観無量寿経—苦しみを引き受けるのが幸せへの近道やで！ 番外編 大阪のおばちゃんを演じてみよう 〔09713〕

◇柔訳釈尊の言葉 第1巻 谷川太一訳 電波社 2015.9 263p 19cm 1500円 ①978-4-86490-030-0

内容 執着を捨てれば人生は変わります 悟りとは「自分の正体を見抜くこと」です 釈尊の真意を「逆向き」に信じるな！ ほんとうの安心感が訪れて来ます 自分自身を育てる意識を持ちましょう 素直に真理の話が聞ける人は大丈夫です 社会の中での生活こそが最高の修行です 明るく自分に打ち勝ちましょう 善悪の帳尻合わせは完璧です キーワードは「常識」と「道徳」です〔ほか〕 〔09714〕

◇超訳ブッダの言葉 小池竜之介編訳 エッセンシャル版〔ギフト版〕 ディスカヴァー・トゥエンティワン 2015.11 1冊（ページ付なし） 15cm 〈他言語標題：BUDDHA'S VOICE REINTERPRETED IN MODERN WORDS 文献あり〉 1000円 ①978-4-7993-1808-9

内容 1 怒らない 2 比べない 3 求めない 4 業を変える 5 友を選ぶ 6 幸せを知る 7 自分を知る 8 身体を見つめる 9 自由になる 10 慈悲を習う 11 悟る 12 死と向き合う 〔09715〕

◇超訳ブッダの言葉 エッセンシャル版 小池竜之介編訳 ディスカヴァー・トゥエンティワン 2015.11 1冊 15cm 〈『超訳ブッダの言葉』再編集・改題書〉 1000円 ①978-4-7993-1814-0

内容 1 怒らない 2 比べない 3 求めない 4 業を変える 5 友を選ぶ 6 幸せを知る 7 自分を知る 8 身体を見つめる 9 自由になる 10 慈悲を習う 11 悟る 12 死と向き合う 〔09716〕

◇ブッダ100の言葉—仕事で家庭で、毎日をおだやかに過ごす心得 佐々木閑訳・監修 宝島社 2015.11 223p 19cm 1000円 ①978-4-8002-4616-5

内容 第1章 自己を鍛える 第2章 心への配慮 第3章 執着と煩悩 第4章 生死を見つめる 第5章 幸福とは何か 第6章 真理の道へ 〔09717〕

◇新国訳大蔵経 インド撰述部 8 如来蔵・唯識部 2楞伽経 高崎直道, 堀内俊郎校註 大蔵出版 2015.12 422p 23×17cm 12000円 ①978-4-8043-8051-3

内容 楞伽阿跋多羅宝経（序分（通序 別序 偈問 百八問 偈答 ほか）） 正宗分（説識異外分（識の特質と生住滅） 二七性心分（ものの本性とものの見方の心髄—七種の自性と七種の第一義） 邪正見異分（小乗・外教の因果論と大乗の唯心の理） 識転不壊分（アーラヤ識と七転識（1）） 別説識真分（アーラヤ識と七転識（2）ほか）） 〔09718〕

◇柔訳釈尊の言葉 第2巻 谷川太一訳 電波社 2016.1 287p 19cm 1500円 ①978-4-86490-041-6

内容 第12章 自分を浄化できるのは自分自身だけです 第13章 ほんとうの信仰とは何か？ 第14章 心の拠りどころは自分に内在します 第15章 最高の快楽とは自分の心を安心させている瞬間です 第16章 人生に逃げ得はありません 第17章 人は自分自身を成仏させるために生まれて来ます 第18章「思いやり力」がすべての幸福を連れて来ます 第19章 生きている間はずっとチャンスです 第20章 苦しみから離れる明るい道があります 第21章 自分の自我に勝ち、自分のサガに勝つ 〔09719〕

◇ブッダのおしえ—真訳・スッタニパータ（SUTTA-NIPĀTA, NEW EDITION） 前谷彰訳・解説, 今村正也, 川根佑介, 宮本敬三共同現代語訳 講談社 2016.5 473p 20cm 〈文献あり〉 2500円 ①978-4-06-219237-8

内容 1 蛇の章（蛇の経 ダニヤの経 ほか） 2 小さい章（宝の経 なまぐさの経 ほか） 3 大きな章（出家の経 努め励む経 ほか） 4 八つの詩句の章（愛欲の経 洞窟の経 ほか） 5 彼岸への道の章（志あるアジタ青年の質問 志あるティッサ・メッティヤ青年の質問 ほか） 〔09720〕

◇現代仏教聖典 東京大学仏教青年会編 新装版 大法輪閣 2016.7 373p 19cm 2700円 ①978-4-8046-1385-7

内容 1 自己を見つめる 2 人間の出会い 3 社会の中で 4 存在と心 5 知識と智慧 6 真実に生きる 〔09721〕

◇パーリ仏典 第3期5 相応部〈サンユッタニカーヤ〉蘊篇 1 片山一良訳 大蔵出版 2016.8 706p 22cm 〈索引あり〉 14000円 ①978-4-8043-1217-0

内容 第1 蘊相応（ナクラピターの章 無常の章 荷物の章 「そなたらのものに非ず」の章 自島の章 接近の章 阿羅漢の章 所食の章 長老の章 花の章 ほか） 〔09722〕

◇パーリ仏典 第3期6 相応部〈サンユッタニカーヤ〉蘊篇 2 片山一良訳 大蔵出版 2016.10 586p 22cm 〈索引あり〉 13000円 ①978-4-8043-1218-7

内容 第2 ラーダ相応 第3 見相応 第4 入相応 第5 生起相応 第6 煩悩相応 第7 サーリプッタ相応 第8 竜相応 第9 金翅鳥相応 第10 ガンダッバ身相応 第11 雲相応 第12 ヴァッチャゴッタ相応 第13 禅相応 〔09723〕

◇原始仏典 3〔第1巻〕 増支部経典 中村元監修, 前田専学編, 浪花宣明訳 春秋社 2016.11 254p 21cm 5000円 ①978-4-393-11351-6

内容 第1集（容色などの章 覆い隠すものを捨断する章 実習に堪えないものの章 調御されていないこころの章 ほか） 第2集（刑罰の章 言い争いの章 愚人の章 等しいこころの章 ほか） 〔09724〕

◇法華文句 1 菅野博史訳注 第三文明社 2016.12 326p 18cm （第三文明選書 4） 2300円 ①978-4-476-18004-6

内容 妙法蓮華経文句 巻第一上（釈序品） 妙法蓮華経文句 巻第一下（釈序品） 妙法蓮華経文句 巻第二上（釈序品） 妙法蓮華経文句 巻第二下（釈序品） 〔09725〕

◇梵文和訳 金剛頂経 津田真一著 春秋社 2016.12 182p 19cm 2200円 ①978-4-393-11342-4

内容 序分（通序 別序） 正宗分（五相成身 三十七尊の出生 灌頂作法 悉地を成就する智慧 大三法羯・四種印の智慧 諸儀則） 〔09726〕

法令・判例集

◇極東国際軍事裁判審理要録—東京裁判英文公判記

録要訳　第2巻　国士舘大学法学部比較法制研究所監修, 松元直歳編・監訳, 松元直歳, 山本昌弘要訳　原書房　2014.3　376p　27cm　(明治百年史叢書 468)　20000円　①978-4-562-04894-6
内容 2 検察主張立証段階（続）（検察主張立証第5局面「中国関連残虐行為（通例の戦争犯罪）と阿片麻薬取引」（第5回審理─続）　検察主張立証第6局面「満州・支那の経済的支配」（第3回審理）　検察主張立証第7局面「日独伊枢軸協同」）〔09727〕

◇ベーシック条約集　2014　田中則夫, 薬師寺公夫, 坂元茂樹編集代表　東信堂　2014.4　1267p　19cm　2600円　①978-4-7989-1226-4
内容 国際機構　国家　個人　条約　海洋　空域　国際化地域　環境　国際経済　外交機関　国際犯罪　紛争の平和的解決　安全保障　軍備の規制　武力紛争　平和の回復　国際法関係資料〔09728〕

◇極東国際軍事裁判審理要録─東京裁判英文公判記録要訳　第3巻　国士舘大学法学部比較法制研究所監修, 松元直歳編・監訳, 山本昌弘, 松元直歳要訳　原書房　2015.3　732p　27cm　(明治百年史叢書 469)　30000円　①978-4-562-04895-3
内容 2 検察主張立証段階（承前）（検察主張立証第8局面「仏・仏印及びタイ関係」　検察主張立証第9局面「ソヴィエト連邦関係」　検察主張立証第10局面「日本の全般的戦争準備」　検察主張立証第11局面「米・英・英連邦諸国関係」）〔09729〕

◇国際条約集　2015年版　奥脇直也, 岩沢雄司編集代表　有斐閣　2015.3　990p　19cm　〈他言語標題：International Law Documents　英語抄訳付　索引あり〉2800円　①978-4-641-00146-6
内容 国際組織　国家　国際交渉の機関　条約　領域　国籍　人権　国際犯罪　経済　文化　環境　国際紛争処理　安全保障　武力紛争　軍縮・軍備管理　第二次大戦と日本　歴史的文書〔09730〕

◇現代語訳でよむ日本の憲法　柴田元幸訳, 木村草太法律用語監修　アルク　2015.8　163p　21cm　〈他言語標題：THE CONSTITUTION OF JAPAN〉1500円　①978-4-7574-2645-0
内容 日本の憲法をよむ1（（天皇の言葉）　（前文）　天皇（第1条～第8条）　戦争の放棄（第9条）　人びとの権利と義務（第10条～第40条））　日本の憲法をよむ2（国会（第41条～第64条）　内閣（第65条～第75条）　司法（第76条～第82条））　日本の憲法をよむ3（財政（第83条～第91条）　地方自治体（第92条～第95条）　改正（第96条）　最高の法（第97条～第99条）　補足条項（第100条～第103条））　日本国憲法が成立するまで　柴田元幸×木村草太対談 英語からみた「日本の憲法」〔09731〕

◇オスマン民法典（メジェッレ）の研究　売買編　大河原知樹, 堀井聡江, シャリーアと近代研究会編　NIHUプログラム「イスラーム地域研究」東洋文庫拠点東洋文庫研究部イスラーム地域研究資料室　2016.3　72p　26cm　(NIHU program Islamic area studies)　〈文献あり〉①978-4-904039-98-4〔09732〕

◇極東国際軍事裁判審理要録─東京裁判英文公判記録要訳　第4巻　国士舘大学法学部比較法制研究所監修, 松元直歳編・監訳, 山本昌弘, 松元直歳要訳　原書房　2016.3　824p　27cm　(明治百年史叢書 470)　35000円　①978-4-562-04896-0
内容 2 検察主張立証段階（承前）（検察主張立証第11局面「米・英・英連邦諸国関係」第6部「ワシントン日米交渉第三段階─東条内閣成立から開戦決定まで」　検察主張立証第12局面「オランダ・オランダ領東インド・ポルトガル関係」第一部「日本の南進策」ほか）〔09733〕

◇国際条約集　2016年版　岩沢雄司編集代表　有斐閣　2016.3　990p　19cm　〈他言語標題：INTERNATIONAL LAW DOCUMENTS　英語抄訳付　索引あり〉2800円　①978-4-641-00149-7
内容 国際組織　国家　国際交渉の機関　条約　領域　国籍　人権　国際犯罪　経済　文化　環境　国際紛争処理　安全保障　武力闘争　軍縮・軍備管理　第二次大戦と日本　歴史的文書〔09734〕

◇ベーシック条約集　2016年版　薬師寺公夫, 坂元茂樹, 浅田正彦編集代表　東信堂　2016.3　1319p　19cm　2600円　①978-4-7989-1352-0
内容 国際機構　国家　個人　条約　海洋　空域　国際化地域　環境　国際経済　外交機関　国際犯罪　紛争の平和的解決　安全保障　軍備の規則　武力紛争　平和の回復　国際法関係資料〔09735〕

その他

◇毎日の読書─「教会の祈り」読書第二朗読　第8巻　年間　5　日本カトリック典礼委員会編集・監修　第4版　カトリック中央協議会　2011.4　206p　19cm　1200円　①978-4-87750-419-9〔09736〕

◇毎日の読書─「教会の祈り」読書第二朗読　第9巻　祝日共通　日本カトリック典礼委員会編集・監修　第3版　カトリック中央協議会　2011.8　155p　19cm　1200円　①978-4-87750-420-5〔09737〕

◇フィロカリア─東方キリスト教霊性の精華　第8巻　(Φιλοκαλια)　宮本久雄, 高橋雅人, 北垣創, 大森正樹訳　名古屋　新世社　2012.1　376p　22cm　6000円　①978-4-88382-107-5〔09738〕

◇フィロカリア─東方キリスト教霊性の精華　第9巻　(Φιλοκαλια)　橋村直樹, 大森正樹訳　名古屋　新世社　2013.1　216p　22cm　5000円　①978-4-88382-108-2〔09739〕

◇毎日の読書─「教会の祈り」読書第二朗読　第5巻　年間　2　日本カトリック典礼委員会編集・監修　第4版　カトリック中央協議会　2013.3　230p　19cm　1200円　①978-4-87750-416-8〔09740〕

◇毎日の読書─「教会の祈り」読書第二朗読　第7巻　年間　4　日本カトリック典礼委員会編集・監修　第4版　カトリック中央協議会　2013.3　210p　19cm　1200円　①978-4-87750-418-2〔09741〕

◇フィロカリア─東方キリスト教霊性の精華　第6巻　(Φιλοκαλια)　土橋茂樹, 坂田奈々絵, 桑原直己訳　名古屋　新世社　2013.5　390p　22cm　6000円　①978-4-88382-110-5〔09742〕

◇フィロカリア─東方キリスト教霊性の精華　第2巻　(Φιλοκαλια)　宮本久雄, 高橋英海, 中西恭子, 高橋雅人, 袴田玲訳　名古屋　新世社　2013.6

436p 22cm 6000円 ①978-4-88382-109-9 〔*09743*〕

◇エレミヤの肖像（Images of Jeremiah） 聖公会出版 2013.9 154p 21cm （日本版インタープリテイション 82号 大貫隆, 月本昭男, 西原廉太監修） 〈文献あり〉 2000円 ①978-4-88274-251-7 〔*09744*〕

◇オーストラリア神話と伝説（Myths and legends of the Australian aboriginals） 沢田晴恵編訳 静岡 日本公文教育研究会西千代田教室 2013.9 161p 20cm 非売品 〔*09745*〕

◇ローマ式典礼による時課の典礼―待降節・降誕祭（Liturgia horarum-juxta ritum Roma） 冨樫庯一編修翻訳 真庭 巡礼舎 2013.10 627p 21cm 4300円 〔*09746*〕

◇アドベントと典礼（Liturgy and advent） 聖公会出版 2013.11 150p 21cm （日本版インタープリテイション Interpretation 83号 大貫隆, 月本昭男, 西原廉太監修） 2000円 ①978-4-88274-257-9 〔*09747*〕

◇モンスーン文書と日本―十七世紀ポルトガル公文書集 高瀬弘一郎訳註 オンデマンド版 八木書店古書出版部 2013.12 569, 60p 21cm 〈初版：八木書店 2006年刊 印刷・製本：デジタルパブリッシングサービス 索引あり 発売：八木書店〉 16000円 ①978-4-8406-3454-0 〔*09748*〕

◇お子さんを教えましょう（Teach your children） 〔海老名〕 ものみの塔聖書冊子協会 c2014 31p 23cm 〔*09749*〕

◇『四国霊験奇応記』から選択された物語―現代日本語訳と英語訳 山根勝哉, 近清慶子, モートン常慈訳編 Tokushima 教育出版センター 2014 104p 26cm 〈他言語標題：Selected stories from the Shikoku reigen kiōki〉 1500円 ①978-4-905702-66-5 〔*09750*〕

◇ほら、むすべるよ（I can tie my own shoelaces） 〔Masami Shikata〕〔訳〕 ディー・ティー・ジャパン c2014 13p 22cm （World library イギリス） 1800円 ①978-4-908013-05-8 〔*09751*〕

◇まいにちいっしょスミリングィードと仲間たち―365のおはなしディボーション（Dia a dia com Smilinguido e sua turma） 桑原百合子訳 厚木 ジェオヴァジレコーポレーション 〔2014〕 1冊（ページ付なし） 29cm 4667円 ①978-4-904100-00-4 〔*09752*〕

◇聖クリシュナの神譚詩―ローマ字表記によるサンスクリット語和訳 朗誦用 梵和訳 第3巻 下 坂本弘子訳 〔横浜〕 ヴァースデーヴァクリシュナ協会 2014.2 252p 27cm 〈他言語標題：Śrīmad Bhāgavata Purāna〉 ①978-4-904241-37-0 〔*09753*〕

◇仏弟子達のことば註―パラマッタ・ディーパニー 2 村上真完, 及川真介訳註 春秋社 2014.2 570p 23cm 〈布装〉 16000円 ①978-4-393-11322-6

内容 二偈集（Duka - nipata） 三偈集（Tika - nipata） 四偈集（Catukka - nipata） 五偈集（Pancaka - nipata） 六偈集（Chakka - nipata） 七偈集（Sattaka - nipata） 八偈集（Atthaka - nipata） 九偈集（Navaka - nipata） 十偈集（Dasa - nipata） 十一偈集（Ekadasa - nipata） 十二偈集（Dvadasa - nipata） 十三偈集（Terasa - nipata） 十四偈集（Cuddasa - nipata） 〔*09754*〕

◇ワールド・ウォッチ―地図と統計で見る世界（COLLINS WORLD WATCH） こどもくらぶ訳 丸善出版 2014.2 143p 25cm 〈文献あり 索引あり〉 3000円 ①978-4-621-08795-4

内容 人口（人口分布、密度、構成 人口の変化 ほか） 教育・健康（識字能力 就学率 ほか） 経済（農業 所得 ほか） 環境（環境と開発 世界の地理 ほか） 開発指標（ミレニアム開発目標 ミレニアム開発目標指標（2010年） ほか） 〔*09755*〕

◇あなたもお読みでしたか…―『日々の聖句』〈ローズンゲン〉による366日の聖務日課■神学歳時記 2 春から夏への暦〈4月、5月、6月〉 鈴木和男編・訳 燦葉出版社 2014.3 199p 21cm 1800円 ①978-4-87925-112-1

内容 春から夏への暦（4月、5月、6月）―復活後より、昇天祭、聖霊降臨祭、三位一体期 〔*09756*〕

◇イラン・エジプト・トルコ議会内規―全訳 八尾師誠, 池田美佐子, 粕谷元編 東洋文庫 2014.3 411p 22cm 非売品 ①978-4-8097-0266-2 〔*09757*〕

◇Fit for the future―世界的な潮流をつかむ 第17回世界CEO意識調査 PwC 2014.3 41p 29cm 〔*09758*〕

◇神の王国は支配している！（God's kingdom rules） 〔海老名〕 ものみの塔聖書冊子協会 2014.5印刷 237p 23cm 〈年表あり〉 〔*09759*〕

◇グノーシスの神話 大貫隆訳・著 講談社 2014.5 333p 15cm （講談社学術文庫 2233） 〈文献あり〉 1080円 ①978-4-06-292232-6

内容 1 グノーシス主義とは何か（グノーシス主義の世界観と救済観 グノーシス主義の系譜学） 2 ナグ・ハマディ文書の神話（世界と人間は何処から来たのか 世界と人間は何処へ行くのか ほか） 3 マンダ教の神話（マンダ教について 『ギンザー（財宝）』の神話） 4 マニ教の神話（マニとマニ教について マニ教の神話） 結び グノーシス主義と現代 〔*09760*〕

◇あなたもお読みでしたか…―『日々の聖句』〈ローズンゲン〉による366日の聖務日課■神学歳時記 3 夏から秋への暦〈7月、8月、9月〉 鈴木和男編・訳 燦葉出版社 2014.6 201p 21cm 1800円 ①978-4-87925-114-5 〔*09761*〕

◇ウェストミンスター大教理問答（Westminster Confession of Faithの抄訳） 宮崎弥男訳 教文館 2014.6 98p 21cm 〈他言語標題：The Westminster Larger Catechism〉 1200円 ①978-4-7642-7381-8 〔*09762*〕

◇緊急時総合調整システムIncident Command System〈ICS〉基本ガイドブック―あらゆる緊急事態〈All hazard〉に対応するために 永田高志, 石井正三, 長谷川学, 寺谷俊康, 水野浩利, 深見真希, レオ・ボズナー監訳 日本医師会 2014.6 265p 26cm 〈背のタイトル：緊急時総合調整

システム基本ガイドブック　発売：東京法規出版〉2000円　①978-4-924763-38-8

内容 第1部 緊急時総合調整システムICSの基本ルール—ICSって何？　（はじめに—Why ICS？　現場指揮—Incident Command　部門スタッフ—General Staff　様々な機関との連携—Multi - Agency Coordination/Collaboration　緊急時総合調整システムICSを動かすために—Making Incident Command System work）　第2部 事例研究—実際緊急時総合調整システムICSはどう動く？（緊急時総合調整システムICSの実際の活動 2013年にコロラド州で発生した洪水での対応　ハリケーン・カトリーナ 緊急時総合調整システムICSが活用されず混乱が生じたケース　健康危機管理事例（髄膜炎菌感染症）に対して、文化・背景の異なる組織が「統合指揮」を活用し適切に対応した例　緊急時総合調整システムICSの原則を取り入れた大規模イベントの公共安全・警備計画 ボストンマラソン爆弾テロ 彼らは事前に備え、そして実際に対応した）　第3部 ディスカッション—緊急時総合調整システムICSを始める前に知っておきたい大事なこと（緊急時総合調整システムICSと地域の危機管理　災害時の危機管理とリーダーシップの課題 緊急事態対応のリーダーシップ 現場指揮者と危機管理担当者　緊急時総合調整システムICSと危機管理における広報の役割　緊急時対応体制への米軍の統合）〔*09763*〕

◇ベラン世界地理大系　4　南ヨーロッパ（BELIN-RECLUS Géographie Universelle）　田辺裕, 竹内信夫監訳　牛場暁夫, 田辺裕編訳　朝倉書店　2014.6　250p　31cm　〈文献あり 索引あり〉15000円　①978-4-254-16734-4　〔*09764*〕

◇日亜対訳クルアーン　中田考監修, 中田香織, 下村佳州紀訳, 黎明イスラーム学術・文化振興会責任編集　作品社　2014.8　766p　22cm　〈〔付〕訳解と正統十読誦注解　索引あり〉4800円　①978-4-86182-471-5

内容 開端　雌牛　イムラーン家　女性　食卓　家畜　高壁　戦利品　悔悟　ユーヌス〔ほか〕〔*09765*〕

◇必読！　今、中国が面白い—中国が解る60編　Vol.8（2014～2015年版）　而立会訳, 三潴正道監訳　日本僑報社　2014.8　336p　21cm　2600円　①978-4-86185-169-8

内容 「発信する中国文化」の巻　「伝統と回顧」の巻　「民間風俗」の巻　「言語と人材」の巻　「国や地域を越えて」の巻　「地域発展」の巻　「経済の行方」の巻　「都市化談議」の巻　「村の話題」の巻　「庶民生活」の巻　「官の横暴」の巻　「社会モラル」の巻　「環境問題」の巻　「福祉とボランティア」の巻　「抱える諸問題」の巻　〔*09766*〕

◇あなたもお読みでしたか…—『日々の聖句』〈ローズンゲン〉による366日の聖務日課■神学歳時記　4　秋から冬への暦〈10月、11月、12月〉　鈴木和男編・訳　燦葉出版社　2014.9　201p　21cm　1800円　①978-4-87925-116-9　〔*09767*〕

◇新編国訳成唯識論　橘川智昭編訳　第2版　中山書房仏書林　2014.9　196p　26cm　〈文献あり〉2000円　〔*09768*〕

◇ローマ典文による時課の典礼—四旬節・聖週間（Liturgia horarum-juxta ritum Romano（6版, 抄訳））　冨樫庯一編修翻訳　真庭　巡礼舎　2014.10　640p　21cm　〈標題紙等のタイトル関連情報の表示：四旬節・聖週間〉5800円　〔*09769*〕

◇『漢書』百官公卿表訳注　大庭脩監修, 『漢書』百官公卿表研究会訳注　朋友書店　2014.11　244p　27cm　〈年表あり　文献あり〉6000円　①978-4-89281-141-8　〔*09770*〕

◇世界の歴史—ビジュアル版 時代の流れがよくわかる（History Year by Year）　増田ユリヤ日本語版監修　ポプラ社　2014.11　320p　29cm　〈年表あり 索引あり〉6800円　①978-4-591-14037-6

内容 650万年前～紀元前3000年—歴史がはじまるまで　紀元前3000年～700年—古代文明のすがた　紀元前700年～紀元500年—進みゆく文明　500年～1450年—すばらしき中世の世界　1450年～1750年—大航海と変革の時代　1750年～1850年—変化の時代　1850年～1945年—帝国主義と世界大戦　1945年～2012年—めまぐるしく変わる現代社会　〔*09771*〕

◇ビジュアル世界大地図—地球の今と歴史がわかる（WHAT'S WHERE in the WORLD）　左巻健男日本語版監修　日東書院本社　2014.11　192p　31cm　〈索引あり〉2400円　①978-4-528-01005-5

内容 世界の自然　世界の生きもの　人間と地球　工学と科学技術　世界の歴史　世界の文化　〔*09772*〕

◇世界経済の購買力平価及び実質規模—2011年国際比較プログラムの包括的報告書（仮訳）（Purchasing power parities and the real size of world economies）　総務省政策統括官（統計基準担当）付国際統計管理官室　〔2015〕　361p　30cm　〈文献あり〉　〔*09773*〕

◇聖クリシュナの神譚詩—ローマ字表記によるサンスクリット語和訳 朗誦用 梵和訳　第4巻 上　坂本弘子訳　〔横浜〕　ヴァースデーヴァクリシュナ協会　2015.1　247p　27cm　〈他言語標題：Śrīmad Bhāgavata Purāṇa〉①978-4-904241-51-6　〔*09774*〕

◇仏弟子達のことば註—パラマッタ・ディーパニー　3　村上真完, 及川真介訳註　春秋社　2015.1　456, 120p　23cm　〈布装〉16000円　①978-4-393-11323-3

内容 十六偈集　二十偈集　三十偈集　四十偈集　五十偈集　六十偈集　大集　〔*09775*〕

◇毎日の読書—「教会の祈り」読書第二朗読　第1巻　待降節・降誕節　日本カトリック典礼委員会編集・監修　第5版　カトリック中央協議会　2015.1　181p　19cm　1200円　①978-4-87750-412-0　〔*09776*〕

◇毎日の読書—「教会の祈り」読書第二朗読　第2巻　四旬節　日本カトリック典礼委員会編集・監修　第5版　カトリック中央協議会　2015.2　201p　19cm　1200円　①978-4-87750-413-7　〔*09777*〕

◇ウェストミンスター小教理問答（The Westminster Standards）　袴田康裕訳　教文館　2015.6　56, 6p　18cm　〈他言語標題：THE WESTMINSTER SHORTER CATECHISM　文献あり 索引あり〉800円　①978-4-7642-0034-0　〔*09778*〕

無著者

◇レゴシティ（LEGO CITY） 児玉敦子日本語版翻訳 ポプラ社 2015.6 97p 28cm （シールでひらめきワークブック 2） 1200円 ①978-4-591-14492-3 〔09779〕

◇古代エジプト（Pocket Eyewitness Ancient Egypt） 和田浩一郎日本語版監修, 川村まゆみ訳 東京美術 2015.8 156p 18cm （てのひら博物館）〈他言語標題：ANCIENT EGYPT 索引あり〉1600円 ①978-4-8087-1036-1

内容 ナイル川 古代エジプトの歴史 文字 戦争 古代エジプトの人々 墓と記念建造物 信仰 日々の暮らし 〔09780〕

◇古代ローマ（Pocket Eyewitness Ancient Rome） 樋脇博敏日本語版監修, 五十嵐友子訳 東京美術 2015.8 156p 18cm （てのひら博物館）〈他言語標題：ANCIENT ROME 索引あり〉1600円 ①978-4-8087-1037-8

内容 共和政ローマ 帝政ローマ ローマ帝国の衰退 交易と交通 古代ローマの人々 軍隊 宗教 建築物とモニュメント ローマ人の生活 〔09781〕

◇旅立ちのとき―寄りそうあなたへのガイドブック（Ces derniers moments de vie…） 恒藤暁監修, 水間章世訳 大阪 ホスピス財団 2015.8 16p 21cm ①978-4-903246-19-2 〔09782〕

◇ナーナイの文化と生活 1 風間伸次郎採録・訳注, 風間伸次郎編著 〔府中（東京都）〕 東京外国語大学アジア・アフリカ言語文化研究所 2015.8 137p 26cm （ツングース言語文化論集 Publications on Tungus languages and cultures 60）〈他言語標題：Nanay culture and living ナーナイ語併記〉①978-4-86337-209-2 〔09783〕

◇必読！ 今、中国が面白い―中国が解る60編 Vol.9 而立会訳, 三潴正道監訳 日本僑報社 2015.8 332p 21cm 2600円 ①978-4-86185-187-2

内容 「日本と中国」の巻 「歴史と文化」の巻 「地域の話題」の巻 「人口問題」の巻 「農村と都市化」の巻 「都市生活こぼれ話」の巻 「庶民のくらし」の巻 「農村の話題」の巻 「弱者に配慮を」の巻 「言葉にまつわる話」の巻 「食にまつわる話」の巻 「モラルにまつわる話」の巻 「環境汚染あれこれ」の巻 「官と民に関わる話題」の巻 「官の腐敗」の巻 〔09784〕

◇「ポツダム宣言」を読んだことがありますか？ 山田侑平訳・監修, 共同通信社出版センター編集 共同通信社 2015.8 174p 19cm 〈年表あり〉900円 ①978-4-7641-0681-9

内容 1「ポツダム宣言」を知っていますか？ 2「ポツダム宣言」を読んでみる 3 英語で読む「ポツダム宣言」 4 写真で見る「ポツダム宣言」 5「降伏文書」 6「カイロ宣言」 〔09785〕

◇新編国訳成唯識論 橘川智昭編訳 第3版 中山書房仏書林 2015.9 199p 26cm 〈文献あり〉2000円 〔09786〕

◇ベトナム大学全覧 2015 Ngô Minh Thuy翻訳・編集, 入管協会監修 厚有出版 2015.9 828p 27cm 〈索引あり〉23000円 ①978-4-906618-75-0 〔09787〕

◇ローマ典文による時課の典礼―復活節（Liturgia horarum-juxta ritum Romanorum（6版, 抄訳）） 冨樫侕一編訳 真庭 巡礼舎 2015.10 698p 21cm 6500円 〔09788〕

◇シュメール神話集成 杉勇, 尾崎亨訳 筑摩書房 2015.11 318, 6p 15cm （ちくま学芸文庫 シ35-1）〈「筑摩世界文学大系 1」（1978年刊）の抜粋 索引あり〉1200円 ①978-4-480-09700-2

内容 人間の創造 農牧のはじまり 洪水伝説 エンキとニンフルサグ イナンナの冥界下り ギルガメシュとアッガ ドゥムジとエンキムドゥ ウルの滅亡哀歌 イナンナ女神の歌 ババ女神讃歌 シュルギ王讃歌 グデアの神殿讃歌 ダム挽歌 悪霊に対する呪文 ナンナル神に対する「手をあげる」祈禱文 シュメールの格言と諺 〔09789〕

◇聖クリシュナの神譚詩―ローマ字表記によるサンスクリット語和訳 朗誦用 梵和訳 第4巻 下 坂本弘子訳 〔横浜〕 ヴァースデーヴァクリシュナ協会 2015.11 254p 27cm 〈他言語標題：Śrīmad Bhāgavata Purāṇa〉①978-4-9907479-5-4 〔09790〕

◇気候変動による国内避難に関する半島原則―Japanese（The peninsula principles on climate displacement within states） 人間いきいき研究会, いきいきアジア交流訳, 鈴木賢士, 藤井賢彦監修 宇部 人間いきいき研究会 2015.12 28p 30cm 〔09791〕

◇戦国縦横家書 大西克也, 大櫛敦弘著 東方書店 2015.12 250, 16p 22cm （馬王堆出土文献訳注叢書 馬王堆出土文献訳注叢書編集委員会編）〈文献あり 索引あり〉4200円 ①978-4-497-21513-0 〔09792〕

◇東アジア古代寺址比較研究―日本語版 2 金堂址編 国立文化財機構奈良文化財研究所編 〔奈良〕 奈良文化財研究所 2015.12 377p 30cm 〈共同刊行：国立扶余文化財研究所 文献あり〉①978-4-905338-58-1 〔09793〕

◇ホワイト・イーグル静寂の声（The Still Voice） 松原教夫訳 文芸社 2015.12 166p 19cm 1200円 ①978-4-286-16745-9 〔09794〕

◇和訳『清浄道論』―電子文書CD-R版 Microsoft Word版 第2品 十三頭陀支の解釈 北嶋泰観訳注 〔電子資料〕 〔大和郡山〕 ダンマパダ（法句経）を学ぶ会 2016 CD-ROM 1枚 12cm 〈他言語標題：Visuddhi-magga 発売：スリランカの店ウイラ（大和郡山）〉1000円 〔09795〕

◇和訳『清浄道論』―電子文書CD-R版 Microsoft Word版 第3品 業処把持の解釈 北嶋泰観訳注 〔電子資料〕 〔大和郡山〕 ダンマパダ（法句経）を学ぶ会 2016 CD-ROM 1枚 12cm 〈他言語標題：Visuddhi-magga 発売：スリランカの店ウイラ（大和郡山）〉1500円 〔09796〕

◇和訳『清浄道論』―電子文書CD-R版 Microsoft Word版 第4品 地遍の解釈 北嶋泰観訳注 〔電子資料〕 〔大和郡山〕 ダンマパダ（法句経）を学ぶ会 2016 CD-ROM 1枚 12cm 〈他言語標題：Visuddhi-magga 発売：スリラン

カの店ウイラ(大和郡山)〉1500円 〔09797〕

◇和訳『清浄道論』—電子文書CD-R版 Microsoft Word版 第5品 残余の遍の解釈 北嶋泰観訳注 〔電子資料〕 〔大和郡山〕 ダンマパダ(法句経)を学ぶ会 2016 CD-ROM 1枚 12cm 〈他言語標題:Visuddhi-magga 発売:スリランカの店ウイラ(大和郡山)〉500円 〔09798〕

◇和訳『清浄道論』—電子文書CD-R版 Microsoft Word版 第6品 不浄の業処の解釈 北嶋泰観訳注 〔電子資料〕 〔大和郡山〕 ダンマパダ(法句経)を学ぶ会 2016 CD-ROM 1枚 12cm 〈他言語標題:Visuddhi-magga 発売:スリランカの店ウイラ(大和郡山)〉1000円 〔09799〕

◇和訳『清浄道論』—電子文書CD-R版 Microsoft Word版 第7品 六つの随念の解釈 北嶋泰観訳注 〔電子資料〕 〔大和郡山〕 ダンマパダ(法句経)を学ぶ会 2016 CD-ROM 1枚 12cm 〈他言語標題:Visuddhi-magga 発売:スリランカの店ウイラ(大和郡山)〉1500円 〔09800〕

◇和訳『清浄道論』—電子文書CD-R版 Microsoft Word版 第8品 随念業処の解釈 北嶋泰観訳注 〔電子資料〕 〔大和郡山〕 ダンマパダ(法句経)を学ぶ会 2016 CD-ROM 1枚 12cm 〈他言語標題:Visuddhi-magga 発売:スリランカの店ウイラ(大和郡山)〉2000円 〔09801〕

◇和訳『清浄道論』—電子文書CD-R版 Microsoft Word版 第9品 梵住の解釈 北嶋泰観訳注 〔電子資料〕 〔大和郡山〕 ダンマパダ(法句経)を学ぶ会 2016 CD-ROM 1枚 12cm 〈他言語標題:Visuddhi-magga 発売:スリランカの店ウイラ(大和郡山)〉1500円 〔09802〕

◇和訳『清浄道論』—電子文書CD-R版 Microsoft Word版 第10品 無色界の解釈 北嶋泰観訳注 〔電子資料〕 〔大和郡山〕 ダンマパダ(法句経)を学ぶ会 2016 CD-ROM 1枚 12cm 〈他言語標題:Visuddhi-magga 発売:スリランカの店ウイラ(大和郡山)〉500円 〔09803〕

◇和訳『清浄道論』—電子文書CD-R版 Microsoft Word版 第11品 定の解釈 北嶋泰観訳注 〔電子資料〕 〔大和郡山〕 ダンマパダ(法句経)を学ぶ会 2016 CD-ROM 1枚 12cm 〈他言語標題:Visuddhi-magga 発売:スリランカの店ウイラ(大和郡山)〉1500円 〔09804〕

◇和訳『清浄道論』—電子文書CD-R版 Microsoft Word版 第12品 神変の解釈 北嶋泰観訳注 〔電子資料〕 〔大和郡山〕 ダンマパダ(法句経)を学ぶ会 2016 CD-ROM 1枚 12cm 〈他言語標題:Visuddhi-magga 発売:スリランカの店ウイラ(大和郡山)〉1500円 〔09805〕

◇和訳『清浄道論』—電子文書CD-R版 Microsoft Word版 第13品 神通の解釈 北嶋泰観訳注 〔電子資料〕 〔大和郡山〕 ダンマパダ(法句経)を学ぶ会 2016 CD-ROM 1枚 12cm 〈他言語標題:Visuddhi-magga 発売:スリランカの店ウイラ(大和郡山)〉1500円 〔09806〕

◇和訳『清浄道論』—電子文書CD-R版 Microsoft Word版 第14品 蘊の解釈 北嶋泰観訳注 〔電子資料〕 〔大和郡山〕 ダンマパダ(法句経)を学ぶ会 2016 CD-ROM 1枚 12cm 〈他言語標題:Visuddhi-magga 発売:スリランカの店ウイラ(大和郡山)〉1500円 〔09807〕

◇和訳『清浄道論』—電子文書CD-R版 Microsoft Word版 第15品 処・要素の解釈 北嶋泰観訳注 〔電子資料〕 〔大和郡山〕 ダンマパダ(法句経)を学ぶ会 2016 CD-ROM 1枚 12cm 〈他言語標題:Visuddhi-magga 発売:スリランカの店ウイラ(大和郡山)〉500円 〔09808〕

◇和訳『清浄道論』—電子文書CD-R版 Microsoft Word版 第16品 能力・真理の解釈 北嶋泰観訳注 〔電子資料〕 〔大和郡山〕 ダンマパダ(法句経)を学ぶ会 2016 CD-ROM 1枚 12cm 〈他言語標題:Visuddhi-magga 発売:スリランカの店ウイラ(大和郡山)〉1500円 〔09809〕

◇和訳『清浄道論』—電子文書CD-R版 Microsoft Word版 第17品 智慧の段階の解釈 北嶋泰観訳注 〔電子資料〕 〔大和郡山〕 ダンマパダ(法句経)を学ぶ会 2016 CD-ROM 1枚 12cm 〈他言語標題:Visuddhi-magga 発売:スリランカの店ウイラ(大和郡山)〉2500円 〔09810〕

◇和訳『清浄道論』—電子文書CD-R版 Microsoft Word版 第18品 見清浄の解釈 北嶋泰観訳注 〔電子資料〕 〔大和郡山〕 ダンマパダ(法句経)を学ぶ会 2016 CD-ROM 1枚 12cm 〈他言語標題:Visuddhi-magga 発売:スリランカの店ウイラ(大和郡山)〉500円 〔09811〕

◇和訳『清浄道論』—電子文書CD-R版 Microsoft Word版 第19品 度疑清浄の解釈 北嶋泰観訳注 〔電子資料〕 〔大和郡山〕 ダンマパダ(法句経)を学ぶ会 2016 CD-ROM 1枚 12cm 〈他言語標題:Visuddhi-magga 発売:スリランカの店ウイラ(大和郡山)〉500円 〔09812〕

◇和訳『清浄道論』—電子文書CD-R版 Microsoft Word版 第20品 道非道智見清浄の解釈 北嶋泰観訳注 〔電子資料〕 〔大和郡山〕 ダンマパダ(法句経)を学ぶ会 2016 CD-ROM 1枚 12cm 〈他言語標題:Visuddhi-magga 発売:スリランカの店ウイラ(大和郡山)〉1500円 〔09813〕

◇和訳『清浄道論』—電子文書CD-R版 Microsoft Word版 第21品 行道智見清浄の解釈 北嶋泰観訳注 〔電子資料〕 〔大和郡山〕 ダンマパダ(法句経)を学ぶ会 2016 CD-ROM 1枚 12cm 〈他言語標題:Visuddhi-magga 発売:スリランカの店ウイラ(大和郡山)〉1500円 〔09814〕

◇和訳『清浄道論』—電子文書CD-R版 Microsoft Word版 第22品 智見清浄の解釈 北嶋泰観訳注 〔電子資料〕 〔大和郡山〕 ダンマパダ(法句経)を学ぶ会 2016 CD-ROM 1枚 12cm 〈他言語標題:Visuddhi-magga 発売:スリランカの店ウイラ(大和郡山)〉1500円 〔09815〕

◇和訳『清浄道論』—電子文書CD-R版 Microsoft

Word版　第23品　智慧の修習の利益の解釈　北嶋泰観訳注　〔電子資料〕　〔大和郡山〕　ダンマパダ(法句経)を学ぶ会　2016　CD-ROM 1枚　12cm　〈他言語標題：Visuddhi-magga　発売：スリランカの店ウイラ(大和郡山)〉1000円　〔09816〕

◇和訳『清浄道論』―電子文書CD-R版 Microsoft Word版 因縁等の論　第1品　戒の解釈　北嶋泰観訳注　〔電子資料〕　〔大和郡山〕　ダンマパダ(法句経)を学ぶ会　2016　CD-ROM 1枚　12cm　〈他言語標題：Visuddhi-magga　発売：スリランカの店ウイラ(大和郡山)〉1500円　〔09817〕

◇2016世界はこうなる (The World in 2016)　日経BP社　2016.1　168p　28cm　(日経BPムック)　〈発売：日経BPマーケティング〉1800円　①978-4-8222-7292-0　〔09818〕

◇毎日の読書―「教会の祈り」読書第二朗読　第3巻　復活節　日本カトリック典礼委員会編集・監修　第5版　カトリック中央協議会　2016.2　214p　19cm　1200円　①978-4-87750-414-4　〔09819〕

◇ウパニシャド (The Upanishads breath of the eternal)〔日野紹運〕〔監修〕,〔奥村文子〕〔訳〕　改訂版　逗子　日本ヴェーダーンタ協会　2016.4　256, 16p　19cm　1500円　①978-4-931148-60-4　〔09820〕

◇エリュトラー海案内記　1　蔀勇造訳註　平凡社　2016.4　422p　18cm　(東洋文庫 870)　〈布装　文献あり〉3200円　①978-4-582-80870-4

内容 エリュトラー海案内記 第1‐37節　註 第1‐37節　解題(手稿本、校訂本、ならびに訳註書　『案内記』の作者と著作年代　『案内記』成立の歴史的背景)　〔09821〕

◇自分を信じる―超訳「北欧神話」の言葉　杉原梨江子編訳　幻冬舎　2016.6　1冊(ページ付なし)　19cm　〈表紙のタイトル：NORRÆN GODAFRÆDI　文献あり〉1200円　①978-4-344-02958-3

内容 自分について　会話について　勇気について　友情について　憎しみについて　賢さについて　富について　宴会について　愛について　運命について　〔09822〕

◇曖昧になる境界―フィンテックは金融サービスをどのように形成するか グローバルフィンテックレポート　PwC　2016.7　35p　21×28cm　〔09823〕

◇アレクサンドリア戦記・アフリカ戦記・ヒスパーニア戦記 (C.Iuli Caesaris Commentarii.Vol.3 : Commentarii Belli Alexandrini, Belli Africi, Belli Hispaniensis, Pseudo-César Guerre d'Espangne)　高橋宏幸訳　岩波書店　2016.7　235, 31p　20cm　(カエサル戦記集)　〈文献あり 年表あり 索引あり〉3000円　①978-4-00-022092-7

内容 アレクサンドリア戦記　アフリカ戦記　ヒスパーニア戦記　〔09824〕

◇仏弟子達のことば註　4　パラマッタ・ディーパニー　村上真完, 及川真介訳註　春秋社　2016.7　526p　24×17cm　16000円　①978-4-393-11324-0

内容 一偈集　二偈集　三偈集　四偈集　五偈集　六偈集　七偈集　八偈集　九偈集　十一偈集　十二偈集　十六偈集　二十偈集　三十偈集　四十偈集　大集　〔09825〕

◇エリュトラー海案内記　2　蔀勇造訳註　平凡社　2016.8　374p　18cm　(東洋文庫)　3100円　①978-4-582-80874-2　〔09826〕

◇エジプト神話集成　杉勇, 屋形禎亮訳　筑摩書房　2016.9　696, 7p　15cm　(ちくま学芸文庫 シ35-2)　〈「筑摩世界文学大系 1」(1978年刊)の抜粋　索引あり〉1900円　①978-4-480-09733-0

内容 シヌへの物語　ウェストカー・パピルスの物語　難破した水夫の物語　生活に疲れた者の魂との対話　雄弁な農夫の物語　イプエルの訓戒　ネフェルティの予言　ホルスとセトの争い　メンフィスの神学　二人兄弟の物語〔ほか〕　〔09827〕

◇新編国訳成唯識論　橘川智昭編訳　第4版　中山書房仏書林　2016.9　3, 199p　26cm　〈文献あり〉2000円　〔09828〕

◇パリの住人の日記　2　1419-1429 (Journal d'un Bourgeois de Paris 1405-1449)　堀越孝一訳・校注　八坂書房　2016.10　440, 28p　20cm　〈文献あり 索引あり　文献あり 索引あり〉3800円　①978-4-89694-746-5　〔09829〕

◇世界史MAPS―歴史を動かした72の大事件 (What Happened When in the World)　主婦と生活社　2016.11　160p　31×26cm　2800円　①978-4-391-14778-0

内容 古代の世界(先史時代から古代へ　出アフリカ ほか)　中世の世界(中世　シルクロード ほか)　近代の世界(近代　大航海時代 ほか)　20世紀から21世紀へ(1900年代以降の世界　南極点をめざして ほか)　〔09830〕

◇全訳 易経　田中佩刀著　明徳出版社　2016.12　361p　19cm　2500円　①978-4-89619-951-2

内容 第1部 全訳 易経(周易 上経　周易 下経　上象伝　下象伝　上象伝　下象伝　文言伝　上繫辞伝　下繫辞伝　説卦伝　序卦伝　雑卦伝)　第2部 訓読 易経　第3部 簡単な占い方　附録 六十四卦一覧表　〔09831〕

著 者 名 索 引

（ABC順）

【 A 】

【B】

【C】

【D】

【E】

【 F 】

【G】

【 H 】

【 I 】

【 J 】

【K】

【L】

【 M 】

【 N 】

【O】

【P】

【Q】

【R】

【S】

【T】

【U】

【V】

【 W 】

Werner, Heinz（ウェルナー, H.）……80
Werth, Nicolas（ヴェルト, ニコラ）……80
Wertheimer, Andrew B.（ウェルトハイマー, アンドリュー）……80
Wesselman, Henry Barnard（ウェスルマン, ハンク）……74
Wessels, David（ウェッセルズ, デイビッド）……75
West, Cornel（ウェスト, コーネル）……73
West, Michael A.（ウェスト, マイケル・A.）……74
West, Scott（ウェスト, スコット）……74
Westerlind, Marie（ウェスターリンデ, M.）……73
Weston, Martha（ウェストン, マーサ）……74
Weston, Walter（ウェストン, ウォルター）……74
Wette, Wolfram（ヴェッテ, ヴォルフラム）……75
Wheelan, Charles J.（ウィーラン, チャールズ）……64
Wheeler, Michael（ウィーラー, マイケル）……64
White, David A.（ホワイト, デイヴィッド・A.）……748
White, Ellen Gould Harmon（ホワイト, エレン・G.）……747
White, Harold B., III（ホワイト, H.B., 3世）……749
White, Hugh（ホワイト, ヒュー）……748
White, Robert Winthrop（ホワイト, ロバート・W.）……749
White, Susan Williams（ホワイト, スーザン・ウィリアムス）……748
Whiteford, Frank（ホワイトフォード, フランク）……749
Whitehurst, Jim（ホワイトハースト, ジム）……749
Whitlock, Flint（ホィットロック, フリント）……720
Whitlow, Steve（ホワイトロウ, スティーブ）……749
Whitney, Paul（ホイットニー, P.）……720
Whitson, James A.（ウィットソン, J.）……62
Whittington, Lucy（ウィッティントン, ルーシー）……62
WHO（世界保健機関）……400
Wicksell, Rikard K.（ウィクセル, リカルド・K.）……59
Widdows, Nancy（ウィドウズ, ナンシー）……62
Widdowson, Kay（ウィドーソン, ケイ）……63
Widger, Chuck（ウィジャー, チャック）……60
Wiedmann, Klaus-Peter（ウィードマン, K.P.）……63
Wiehle, Katrin（ヴィール, カトリン）……67
Wigfield, Allan（ウィグフィールド, A.）……60
Wigger, Lothar（ヴィガー, ローター）……58
Wiggins, David（ウィギンズ, デイヴィッド）……58
Wilcock, David（ウィルコック, デイヴィド）……69
Wiley, David A.（ワイリー, デイビッド・A.）……938
Wiley, Luke L.（ワイリー, ルーク・L.）……938
Wilken, Robert Louis（ウィルケン, ロバート・ルイス）……68
Wilkes, Paget（ウィルクス, パジェット）……68
Wilkin-Armbrister, Elsa（ウィルキン・アームブリスター, E.）……67
Wilkins, Mira（ウィルキンス, ミラ）……68
Wilkinson, Amy（ウィルキンソン, エイミー）……68
Wilkinson, Philip（ウィルキンソン, フィリップ）……68
Wilkinson, Toby A.H.（ウィルキンソン, トビー）……68
Willems, Jefferey L.（ウィレムズ, J.L.）……71
Willett, John B.（ウィレット, ジョン・B.）……71
Williams, Barbara A.（ウィリアムズ, B.A.）……66
Williams, Charles F.（ウィリアムズ, チャールズ・F.）……65
Williams, Eric Eustace（ウィリアムズ, E.）……66
Williams, Geoffrey（ウィリアムス, ジョフリー）……64
Williams, Heather Andrea（ウィリアムズ, ヘザー・アンドレア）……65
Williams, J.Mark G.（ウィリアムズ, マーク）……65
Williams, Larry R.（ウィリアムズ, ラリー）……65
Williams, Luke（ウィリアムス, ルーク）……66
Williams, Michael（ウィリアムズ, マイケル）……65
Williams, Nathan（ウィリアムス, ネイサン）……65
Williams, Rachel（ウィリアムズ, レイチェル）……66
Williams, Raymond（ウィリアムズ, レイモンド）……66
Williams, Robin（ウィリアムズ, ロビン）……66
Williams, Trevor Illtyd（ウィリアムズ, トレバー・I.）……65
Williamson, John（ウィリアムソン, ジョン）……67
Williamson, Karen（ウィリアムソン, カレン）……67
Williamson, Peter S.（ウィリアムソン, ピーター）……67
Williamson, Piers R.（ウィリアムソン, ピアーズ・R.）……67
Willimon, William H.（ウィリモン, W.H.）……67
Willmott, H.P.（ウィルモット, H.P.）……70
Wills, Frank（ウィルス, フランク）……69
Wilson, A.N.（ウィルソン, A.N.）……70
Wilson, Barrie A.（ウィルソン, バリー）……70
Wilson, Bee（ウィルソン, ビー）……70
Wilson, Colin（ウィルソン, コリン）……69
Wilson, Damon（ウィルソン, デイモン）……69
Wilson, Jonathan（ウィルソン, ジョナサン）……69
Wilson, Kelly G.（ウィルソン, ケリー・G.）……69
Wilson, Marvin R.（ウィルソン, マービン・R.）……70
Wilson, Ted N.C.（ウィルソン, テッド・N.C.）……70
Wilson, Ward（ウィルソン, ウォード）……69
Winchester, Kent（ウインチェスター, ケント）……72
Winn, Thomas Clay（ウィン, トマス）……71
Winne, Philip H.（ウィニー, P.）……63
Winner, Michelle Garcia（ウィナー, ミシェル・ガルシア）……63
Winnicott, Donald Woods（ウィニコット, ドナルド・W.）……63
Winock, Michel（ヴィノック, ミシェル）……63

【 X 】

【 Y 】

【Z】

翻訳図書目録 2014-2016
Ⅰ 総記・人文・社会

2017年5月25日 第1刷発行

発 行 者／大高利夫
編集・発行／日外アソシエーツ株式会社
〒140-0013 東京都品川区南大井6-16-16 鈴中ビル大森アネックス
電話 (03)3763-5241(代表) FAX(03)3764-0845
URL http://www.nichigai.co.jp/
発 売 元／株式会社紀伊國屋書店
〒163-8636 東京都新宿区新宿 3-17-7
電話 (03)3354-0131(代表)
ホールセール部(営業) 電話 (03)6910-0519

電算漢字処理／日外アソシエーツ株式会社
印刷・製本／株式会社平河工業社

《中性紙三菱クリームエレガ使用》

ISBN978-4-8169-2656-3 Printed in Japan,2017

本書はディジタルデータでご利用いただくことができます。詳細はお問い合わせください。